阳泉市矿区志

阳泉市矿区地方志编纂委员会　编

方志出版社
Publishing House of Local Records

图书在版编目（CIP）数据

阳泉市矿区志 / 阳泉市矿区地方志编纂委员会编
— 北京 ：方志出版社，2014.11
ISBN 978-7-5144-1430-1

Ⅰ.①阳… Ⅱ.①阳… Ⅲ.①煤矿－矿区－概况－阳泉市 Ⅳ.①F426.21

中国版本图书馆 CIP 数据核字（2014）第 249462 号

阳泉市矿区志

编　　者：阳泉市矿区地方志编纂委员会
责任编辑：张　昊　丛　珺

出 版 人：冀祥德
出 版 者：方志出版社
地址　北京市朝阳区潘家园东里 9 号（国家方志馆 4 层）
邮编　100021
网址　http://www.fzph.org
发　　行：方志出版社发行中心
电话（010）67110500
经　　销：各地新华书店
印　　刷：太原市隆盛达印业有限公司

开　　本：889 × 1194　　1/16
印　　张：72
字　　数：2180 千字
版　　次：2014 年 11 月第 1 版　　2014 年 11 月第 1 次印刷
印　　数：0001~5000 册

ISBN 978-7-5144-1430-1/F·145　　定价：368.00 元

阳泉市矿区地方志编纂委员会

阳泉市矿区地方志办公室

主　　任　王　泉

副 主 任　李荷花

工作人员　孙燕平　王宏英　张　嘉

《阳泉市矿区志》编辑部

主　　编　王　泉

副 主 编　李荷花

编纂人员　武　扬　郭朝辉　孙燕平　王宏英　张　嘉

王秋生　潘　伟　王学斌　王兰芬　陈志军

王世钧　郭占升　马根全　张水江　张青山

张素林　韩彤春　荆升文

美术编辑　王世钧

审查验收　阳泉市地方志办公室

审　　核　山西省地方志办公室

批准出版　阳泉市矿区人民政府

《阳泉市矿区志》评审人员

刘益龄	山西省地方志办公室副主任
马正英	山西省地方志办公室市县志处处长
郝世文	山西省地方志办公室市县志处处级调研员
杨　颖（女）	山西省地方志办公室市县志处副处长
陈　霈	阳泉市地方志办公室原主任
孟宏儒	阳泉市地方志办公室原主任
任佟苏	阳泉市地方志办公室主任
董雪卉（女）	阳泉市地方志办公室副主任
高忠乐	阳泉市地方志办公室正县级调研员
周立业	阳泉市地方志办公室副编审
王秋生	阳泉市地方志办公室原总编室主任
魏兰花（女）	阳泉市地方志办公室原资料征集科科长
张卫萍（女）	阳泉市地方志办公室方志科科长
孟学武	阳泉市地方志办公室年鉴科科长

各单位供稿人员

（按姓氏笔划为序）

弓晋生	马志庆	马金良	孔金莲	尹存财	牛青麓	王　坚
王　芳	王　萍	王　颖	王　镁	王　璐	王永刚	王志宏
王秀军	王建英	王俊平	王晋明	王晓青	王海丽	王海燕
王艳丽	冯　伟	冯　兵	史桂平	史荷伟	白　娜	石　磊
石美芝	石贺梅	石爱喜	任花云	任经生	任颖慧	刘　鹏
刘子彦	刘小东	刘军峰	刘秀英	刘秀珍	刘晓芳	吕　静
吕正丽	吕雪尧	孙志国	安文华	朱爱卿	江艳辉	米贵英
余利民	宋玉芝	宋润生	张　宁	张　瑜	张　鹏	张文玉
张伟荣	张宏亮	张娅丽	张彦平	张哲峰	张晓丽	张海天
张爱民	张素林	张敬泽	张新然	张慧林	张黎芳	李　冉
李　欣	李　振	李　婷	李小龙	李小梅	李红梅	李丽清
李克功	李志萍	李明珠	李彦茹	李晓燕	李海红	李海芳
李智才	李雅鹃	杜彦青	杨长安	杨丽琴	杨述民	杨晓成
杨晓玲	杨晓静	杨素生	杨媛媛	杨新娟	芦锁宝	苏　伟
苏志鹏	陈　群	陈亚男	陈晓萍	季晓雷	武彦青	侯哲明
姚兴华	段　练	段玉林	胡巧生	胡丽雅	荆升文	荆锁鱼
赵　璟	赵世英	赵亚琴	赵秀志	赵俊生	郝丽丽	郝晓栋
徐　双	秦　斌	耿国玉	聂旗东	贾　慧	贾希平	贾志萍
贾进成	郭　成	郭　莉	郭维民	高运晨	康建丽	康爱祥
渠新华	黄洁瑞	程　宇	程占军	董彦伟	韩　静	韩大鹏
韩彤春	韩鲜瑞	路引洁	路希凌	翟玉玺	翟爱华	潘耀炬
穆世卿	穆志强	穆秀怀				

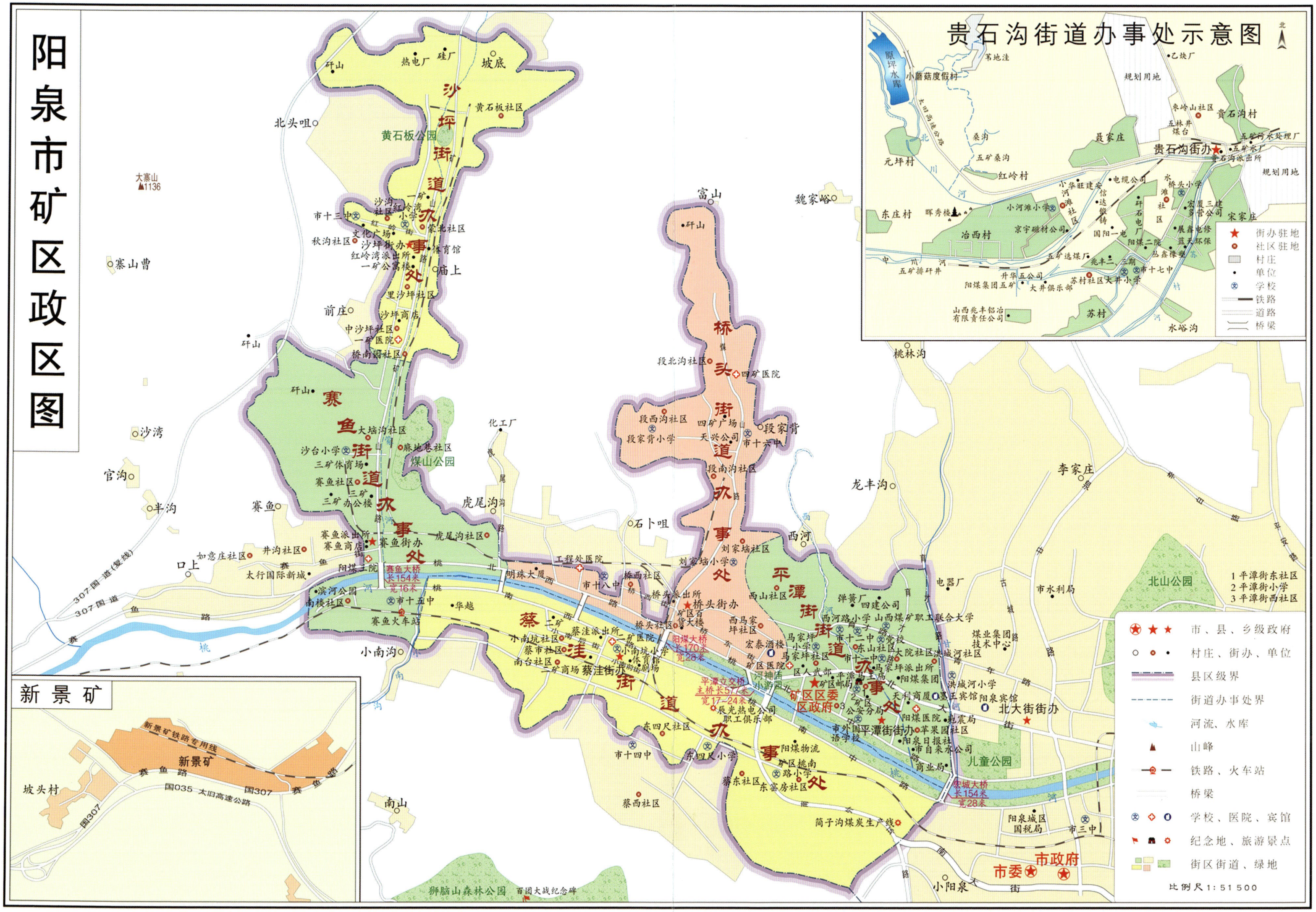
阳泉市矿区政区图
贵石沟街道办事处示意图
新景矿
沙坪街道办事处
赛鱼街道办事处
桥头街道办事处
蔡洼街道办事处
平潭街道办事处
市、县、乡级政府
村庄、街办、单位
县区级界
街道办事处界
河流、水库
山峰
铁路、火车站
桥梁
学校、医院、宾馆
纪念地、旅游景点
街区街道、绿地
比例尺1:51500
街办驻地
社区驻地
村庄
单位
学校
铁路
道路
桥梁
1 平潭街东社区
2 平潭街小学
3 平潭街西社区
矿区区委
区政府
市委
市政府
北山公园
儿童公园
煤山公园
黄石板公园
狮脑山森林公园
百团大战纪念碑
赛鱼大桥 长154米 宽16米
阳煤大桥 长170米 宽28米
平潭立交桥 主桥长577米 宽17-24米
实城大桥 长154米 宽28米
307国道
307国道(复线)
大寨山 1136

矿井晨晖

壮美山河

秋染矿山

绚丽风光

北大西街夜景

2013年8月21日，中共山西省委书记袁纯清（前排中）在矿区调研

2012年10月18日，中共山西省委常委、宣传部部长胡苏平（左四）在阳煤集团调研

2012年10月26日，山西省副省长张建欣（前排左二）、中共阳泉市委书记洪发科（左一）在矿区观摩人口信息系统应用演示

2012年12月7日，国家人口计生委副主任陈立（前排左三）在矿区观摩指导人口计生信息化工作

2012 年 9 月 26 日，矿区社会服务管理指导中心启用，山西省政协副主席李雁红（左三）、中共阳泉市委书记洪发科（右二）、市长李栋梁（左二）及区领导共同启动该中心水晶球

2009 年 4 月 23 日，山西省检查组深入矿区检查学习实践科学发展观活动开展情况

2012 年 6 月 8 日，阳泉市领导在阳煤集团四矿沉陷区检查工作

2012 年 12 月 25 日，阳泉市机关基层组织建设现场会在矿区召开，中共阳泉市委书记洪发科（前排右二）、山西省直工委书记王铁选（前右一）出席会议

2012 年 3 月 29 日，中共阳泉市委书记洪发科（左一）在矿区调研山西肇文美术工艺品有限公司

2014 年 5 月 5 日，阳泉市市长陈永奇（前排右三）在山西华鑫电气有限公司调研

2012 年 5 月 5 日，阳泉市加强和创新社会管理现场推进会在矿区召开，中共阳泉市委副书记郭长青（前排右三）等领导观摩平潭街东社区工作

2013 年 5 月 30 日，阳泉市人大常委会主任刘高官（右一）在矿区调研社会管理创新工作

2014 年 8 月 13 日，阳泉市和矿区有关领导视察天网工程

2009年4月30日，阳泉市市长李栋梁在华鑫变压器有限责任公司调研

2014年3月19日，中共阳泉市委常委、统战部部长李云峰（前排右三）在蔡洼办事处调研

2010年8月17日，阳泉市、矿区领导为庆祝阳泉市矿区建区三十周年暨首届版画邀请展剪彩

2011 年 12 月 30 日，阳泉市市长李栋梁（右一）慰问全国道德模范黄代小

2014 年 6 月 25 日，教育部司长王定华（前排右二）在矿区调研义务教育均衡发展情况

2010 年 6 月 5 日，矿区召开山西保矿运动历史阳泉矿区研讨会

2010 年 8 月 27 日，
矿区老领导参观矿区

2010 年 9 月 6 日，阳泉市、
矿区领导参观矿区 30 周年图片展

2014 年 1 月 5 日，在阳泉市文化展览中心举办迎春剪纸展

2011 年 5 月 4 日，矿区区长刘乙佑（前排左二）在企业调研

2013 年 9 月 26 日，矿区区长刘乙佑（右三）考察环保石头造纸项目

2014 年 5 月 16 日，矿区区长刘乙佑（右一）在华鑫公司调研

保晋公司办公旧址八角楼

保晋公司二矿东竖井钢制井架

山西保晋公司第二矿厂全景

平潭街旧景

平潭街烽火台

阳泉矿务局建局初期，全靠矿工人工选煤、装煤

1950 年，在四矿口木桥上运送煤炭的小煤车

1951 年时的赛鱼口木桥

马家坪居民区旧貌

1956 年 3 月，三矿丈八竖井举行开工典礼

金花园小区夜景

矿区政府大楼

恒康家园

御康山庄

馨康家园

阳煤大桥

太行新城

阳煤集团夜景

美丽家园

棚户区改造

矿 山 路

新 景 矿

桃河河神庙—总仓库人行便桥

矿山路元宵夜景

一矿文化广场

蔡洼二区小游园

西城儿童乐园

煤山公园

东四尺小游园

药林会议中心

桃河矿区段

平潭立交桥

平潭街东社区

新景矿与太旧高速公路

奥伦带芯车间

华越公司厂房

华鑫公司变压器生产车间

民营企业

油缸车间

坡口切割工作站

阳煤集团机械综合自动采煤工作面

煤炭铁路运输

治理前的矸山

治理后的矸山

教师节表彰大会

美术课堂

第十五中学

祖国在我心中教育活动

爱花天使

安全教育

素质教育展

资助特困家庭子女

“煤海之春”文艺汇演

小戏小品文艺演出

和谐之歌文艺晚会

建区三十周年文艺演出

和谐之韵文艺汇演

文化艺术产品展览

首届道德模范颁奖典礼

书画艺术展

居民体验上网

社区开展学习实践科学发展观活动

社区文化艺术节

（版画）煤城丰碑

（铝箔画）锦鲤戏水

（版画）送饭工

（铝箔画）百年好合

（木刻画）国色天香

（木刻画）飞鹤

（剪纸）鹏程万里

（刺绣）和谐村韵

（剪纸）矿工魂

矿山煤雕

（十字绣）牡丹

（获奖煤雕作品）瓶薰

平潭街早市

赛鱼集贸市场

平潭集贸市场

华龙超市

天利购物广场

天利购物广场

城镇居民医疗保险试点工作启动大会

工商人员检查市场

残疾人创业

困难职工再就业用具

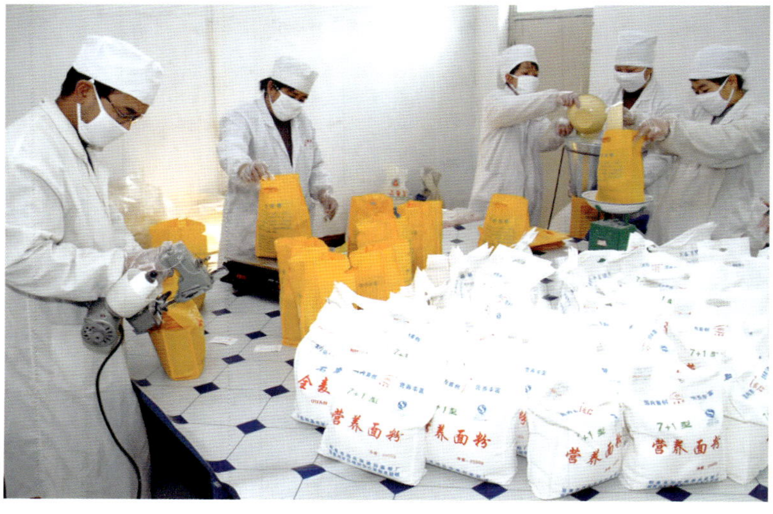

再就业培训基地

阳煤集团总医院急救中心

马王庙戏台

马王庙建筑彩画

马王庙碑文

马王庙房檐砖雕

马王庙房顶砖雕

马王庙全景

重点文物保护单位——辰光热电公司职工俱乐部

重点文物保护单位——筒子沟煤炭生产线

联合国经济社会发展部能源环保专家与煤矿技术员进行技术交流

英国切斯特菲尔德市市长比尔·支密斯等一行四人在三矿参观

美国卡斯特姗煤业公司总裁罗伯特·霍顿在一矿选煤厂考察洗选工艺

前苏联莫斯科矿业学院马尔金教授率顿巴斯矿区考察组在矿务局考察

射击演练

民兵刺杀操演练

征兵宣传

阳煤一矿武装部指挥控制中心

全国社区建设示范区
中华人民共和国民政部 颁发

2007—2008年度
全国婚姻登记规范化单位
中华人民共和国民政部

2005–2008年度
全国群众体育先进单位
国家体育总局
二OO九年十月

2000年全民健身宣传周
先进单位
国家体育总局
二OOO年十二月

全国贯彻落实居民委员会组织法
先进单位
中华人民共和国民政部
二OO九年十二月

2010年全国法制宣传教育
先进县(市、区)
中共中央宣传部 中华人民共和国司法部
二O一一年五月

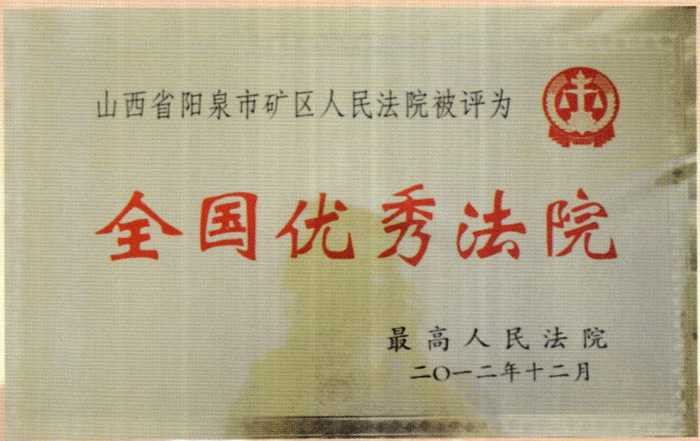
山西省阳泉市矿区人民法院被评为
全国优秀法院
最高人民法院
二O一二年十二月

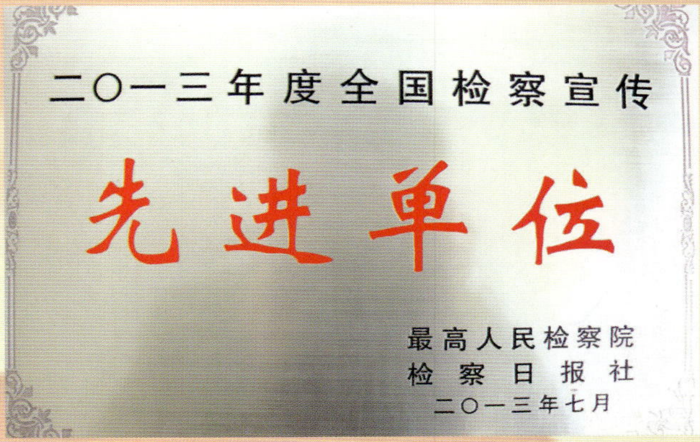
二O一三年度全国检察宣传
先进单位
最高人民检察院
检察日报社
二O一三年七月

全国计划生育优质服务
先 进 区
中 华 人 民 共 和 国
国家人口和计划生育委员会
二OO五年十二月

基层团组织建设先进县
共青团山西省委
二OO二年十二月

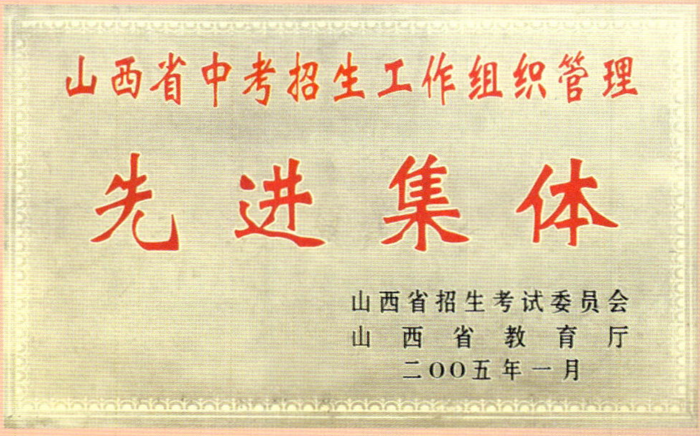
山西省中考招生工作组织管理
先 进 集 体
山西省招生考试委员会
山 西 省 教 育 厅
二OO五年一月

2002—2005年度
全省群众体育先进单位
山西省体育局
二OO六年八月

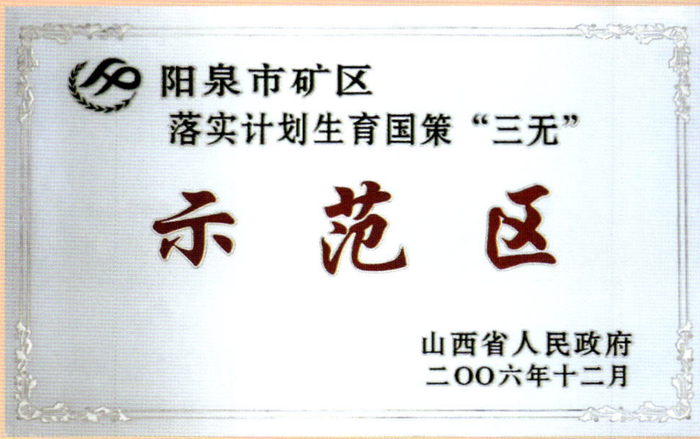
阳泉市矿区
落实计划生育国策“三无”
示 范 区
山西省人民政府
二OO六年十二月

授予:阳泉市矿区
卫生城区
山西省爱国卫生运动委员会
二OO八年十二月

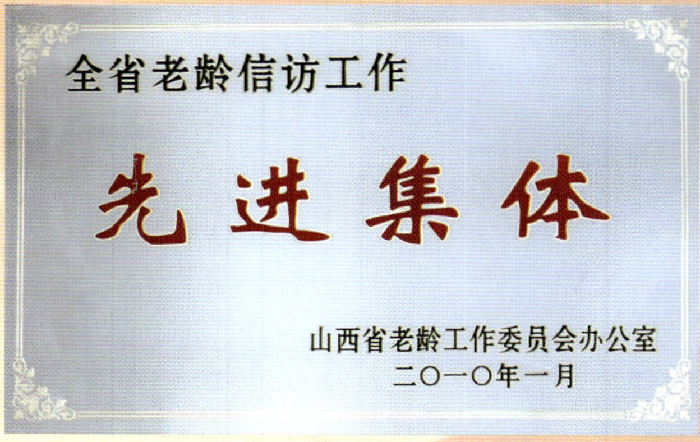
全省老龄信访工作
先 进 集 体
山西省老龄工作委员会办公室
二O一O年一月

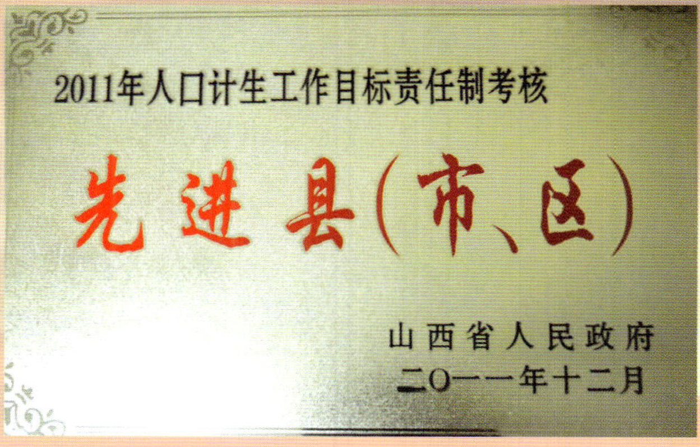
2011年人口计生工作目标责任制考核
先进县(市、区)
山西省人民政府
二O一一年十二月

新编《阳泉市矿区志》评审会全体合影

《阳泉市矿区志》评审会人员合影

《阳泉市矿区志》评审会现场

区方志办工作人员讨论志稿

序

阳泉市矿区人民政府区长　刘乙佑

按照国务院《地方志工作条例》关于“地方志书每20年左右编修一次”的规定，在区委、区政府的领导下，我区方志工作者与各部门、各单位，驻区各单位通力合作，奋斗十载，六易其稿，精益求精，完成了第二版《阳泉市矿区志》的编纂。现在，新的《阳泉市矿区志》就要出版了。此刻，我们心中充满激动与自豪。正如专家所说，编修志书是一项规模浩大的系统工程，写志书就好比照相，是什么样，照出来让人一看就什么样，不容易。在此，谨向所有为新编《阳泉市矿区志》付出辛勤与汗水的同志们致以衷心的感谢与祝贺！

阳泉矿区是全省乃至全国最早进行工业化开发的区域之一，矿区人民为民族解放和国家富强作出了巨大贡献。20世纪初叶，矿区民众为民族煤炭工业的勃兴前仆后继，团结奋斗。抗日战争中，阳泉矿工与日本侵略者进行了不屈的斗争。解放战争中，矿区人民积极恢复煤铁生产，用实际行动支援人民解放军。矿区解放后，人民成为矿山的主人，积极投入矿区的建设和发展。作为市辖区，矿区成立于1971年4月，在阳泉市5个县区中是最年轻的。矿区成立后，经济社会迅速发展。2011年，矿区地区生产总值达到148亿元，原煤年产量从81万吨提高到3446万吨，提高了41.5倍；电力、磁材、电解铝、水泥和煤机的生产达到相当规模；第三产业增加值实现15.4亿元。矿区围绕阳煤5大煤矿，先后成立了6个街道办事处，肩负着为煤炭生产服务、为矿区人民生活服务的任务。展望21世纪，矿区人民定将发扬光荣传统，支持阳煤跨越发展、转型发展，紧紧围绕“发展总部经济、培育第三产业、创新社会管理、构建和谐矿区”的总思路，全面加强经济、政治、文化、社会，生态文明和党的建设，为把我区打造成为全市“资源转型首创之区、经济发展首富之区、社会和谐首善之区”而努力奋斗。

面对新的发展机遇，让更多的人了解矿区、认识矿区，从而更好地开发矿区、建设矿区，使矿区在新的世纪大放异彩，《阳泉市矿区志》的编修正是适应了这种客观需要。新版《阳泉市矿区志》全方位立体地展示了矿区的形象，具有存史、资治、教化功能，是一部进行爱国主义和革命传统教育的好教材。相信这部志书将以其翔实的内容，较高的利用和收藏价值，受到社会各界的认同和欢迎。伴随着25万矿区人民建设小康社会的伟大征程，该志必将为弘扬主旋律，凝聚正能量，提振精气神发挥应有的作用；成为矿区人民开宏图，创新业，奋发有为争一流，履职尽责谋发展的智库；为建设繁荣昌盛的新矿区提供有益的历史借鉴，对矿区的发展产生积极而深远的影响。

要进一步搞好地方志工作，要强化经世致用意识，依法做好读志用志。“以史为鉴，可以为师”。要紧紧围绕全区经济建设这个中心，加强为现实服务的主动性和创造性，为全区经济社会又好又快发展提供精神动力和智力支撑。要遵循文化事业发展规律，认真贯彻“修以致用、修用并举”的工作方针，摒弃重修轻用、重存史轻服务，积极开展资政、资业工作：积极资政，为各级党委政府服务；积极资业，为矿区发展现代服务业服务，为全民创业、兴业服务。努力实现“三个转变”：一是创新志书工作思维方式，由自我封闭向对外开放转变。二是创新志书研究方式，由单项突进向单项与整体并重转变。三是创新志书宣传教育形式，由过去单一的“写本子”向多种载体并用转变。要充分利用重大庆典活动和全区志书资源，通过现代传媒手段和各种载体，组织开展志书宣讲、报告、展览等活动，使志书宣传进机关、进学校、进企业、进社区，全力推动志书成果的转化。

区方志办的同志要我为即将出版的《阳泉市矿区志》作序，我在良久思索之余，把自己的一些思考和希望写下来，权且为序。

2014年6月15日

凡　例

一、本志以毛泽东思想、邓小平理论、“三个代表”重要思想和科学发展观为指导，遵循辩证唯物主义和历史唯物主义的基本原理，力求全面反映阳泉市矿区自然、经济、政治、文化和社会的历史和现状，力求做到思想性、科学性和资料性的统一。

二、本志记述的地域范围，以2011年阳泉市矿区的行政区域为准。个别涉及域外的史实和数据随文予以注明。

三、本志记述的时间范围，上起事物发端，下至2011年年末。主要记述1971年建区后，特别是改革开放以来矿区各方面的巨大变化。为了适当反映下限以后至本志成书期间的区情，特设“限外辑要”一卷。彩页的下限也作了适当延伸。

四、全志由彩图、概述、专志、大事记和附录等部分构成，专志为全志主体，按照“以类系事，横分竖写”的方法，分为30编，编下设置章、节、目等层次。对于集中反映区情特色的内容，适当予以升格处理。

五、体裁以志为主，兼用述、记、传、图、表、录。图照的编排采取集中与分散两种方式，表、录随文设置。书前设目录、图表目录和英文简目，书后设主题音序索引。文中注释采用夹注。

六、大事记采用编年体结合纪事本末体的体例。对于涉及不同时间的同一件事，在首次出现时记述。

七、人物志兼载本籍人物和在境内有突出贡献和重要活动的客籍人物。人物传记遵循“生不立传”的原则，按人物卒年先后排列。

八、纪年法：清朝以前采用帝王纪年法和年号纪年法；民国时采用民国纪年法；从1949年10月1日中华人民共和国建国起，采用公元纪年法。为方便读者对照，在帝王纪年、年号纪年和民国纪年之后括注公元纪年，但相同的年号每一目只标一次。

九、数字用法，以国家质量监督检验检疫总局、国家标准化管理委员会于2011年7月29日批准发布的国家标准《出版物上数字用法》为准。标点符号用法，以国家质量监督检验检疫总局、国家标准化管理委员会于2011年12月30日批准发布的国家标准《标点符号用法》为准。计量单位的使用，以1984年2月27日国务院《关于我国统一实行法定计量单位的命令》为准。

十、本志采用语体文记述，行文力求朴实、简练、流畅。

十一、对于频繁使用的较长名称和词组，酌情使用简称和略写。如中华民国简称民国，中国共产党简称中共，中华人民共和国简称新中国，阳泉煤业（集团）有限责任公司简称阳煤集团或阳煤。再如民国36年（1947）5月2日矿区解放前、后，略写为解放前、后；1978年中共十一届三中全会后的改革开放新时期，也就是社会主义建设新时期，略写为新时期；国民经济和社会发展的第七个五年计划，略写为“七五”；中国共产党党员，略写为党员，特殊情况予以说明。一些不常用的较长名称和词组，在各编首次出现时使用全称，其后酌情使用简称或略写。

十二、本志所用资料，来源于区党政机关、事业单位提供的资料，以及区内外档案馆和图书馆馆藏文献、有关人士的回忆材料以及口述资料。统计数据原则上依据阳泉市、矿区统计部门公布的资料，部分用部门统计数据。

目　录

第四编 城市建设

第五编 交通运输 邮政电信

第六编 经济要览

第七编 经济综合管理

第八编 财政 税务

第九编 煤 业

第十编　工　业

第十一编　建筑　房地产

第十二编　商业　服务　金融

第十三编　中共地方组织

第十四编　民主党派　工商联和群众团体

第十五编　人民代表大会

第十六编　人民政府

第十七编　人民政协

第十八编　民　政

第十九编　人事　劳动和社会保障

第二十编　检察　审判

第二十一编　公安　司法行政

第二十二编　军　　事

第二十三编 教 育

第二十四编 科学技术

第二十五编 文 化

第二十六编 卫 生

第二十七编　体　　育

第二十八编　民俗　方言

第二十九编　精神文明建设

第三十编　人　物

附　录

图表目录

Contents

Part Four : Urban Construction

Part Five : Traffic and Transportation, Post and Telecommunication

Part Six : Economic Overview

Part Seven : Economic Management

Part Eight: Finance and Tax Administration

Part Nine: Coal Industry

Part Ten: Industry

Part Eleven : Architecture and Real Estate

Part Twelve : Commerce, Service and Banking

Part Thirteen: Regional Organization of CPC

Part Fourteen: Democratic Party, Association of Industry and Commerce and Mass Organizations

Part Fifteen: People's Congress

Part Sixteen: People's Government

Part Seventeen: People 's Political Consultative Conference

Part Eighteen: Civil Affairs

Part Nineteen: Personnel Affairs, Labor and Social Security

Part Twenty: Public Prosecutor and Judicial

Part Twenty - one: Public Security, Administration of Justice

Part Twenty - two: Military Affairs

Part Twenty - three: Education

Part Twenty – four: Science and Technology

Part Twenty – five: Culture

Part Twenty – six: Health

Part Twenty - seven: Physical Culture

Part Twenty - eight: Folklore and Dialect

Part Twenty - nine: Spiritual Civilization Construction

Part Thirty: Personage

Appendix

概　述

阳泉市矿区是山西省东部的著名无烟煤产地，是国家能源重化工基地，1971 年设置为市辖区。新中国建立后的62 年中，矿区人民在这片热土上辛勤耕耘，奋发进取，以超群的胆识和智慧，把矿区建设成以煤炭工业为主、多业并举的现代化新型城区，开创了经济社会蓬勃发展、城市面貌日新月异、人民生活明显改善的崭新局面。

一

矿区位于阳泉市南部，地处黄土高原东部，沁水煤田东北隅。全境分为南北两个区域。北区地理坐标为北纬 37°51′~37°55′，东经 113°29′~113°33′，东毗城区，北、西、南均与郊区接壤，面积 9.88 平方千米。南区位于北纬 37°40′~37°43′，东经 113°35′~113°38′，位于平定县域，面积 9.27 平方千米，与北区相距 18 千米。全区 2011 年年末总人口 24.43 万人。石太铁路、太旧高速公路和 307 国道穿越区境，交通便利。矿区人民政府位于桃北中路中段，距市政府驻地 3.3 千米，距省城太原 122 千米，距首都北京 392 千米。2011 年辖平潭街、桥头、蔡洼、赛鱼、沙坪、贵石沟 6 个街道办事处，设 40 个社区居民委员会。

矿区地层出露简单，煤系地层总厚约 200 米，含煤 16 层，赋存于古生界石炭系山西组和太原组地层中，3 号、12 号、15 号为主要可采煤层，习惯上称为七尺煤、四尺煤、丈八煤。煤系地层含有大量煤层气，以七尺煤含量为最高。区内主要构造为东西向的桃河向斜，断裂较少，区内古岩溶陷落柱发育，主要分布在矿区的西部和南部。矿区位于娘子关水文地质单元，上部含水层富水性弱，下部奥陶系灰岩富水性强。区境地势西高东低，海拔约 650 米~1000 米。北、南两区分处于阳泉盆地和平定盆地中，盆地底部均为起伏和缓的土石丘陵。环绕区境的刘备山脉、狮脑山脉和七岭山脉均为系舟山支脉，属沙页岩山地。区境属大陆性季风气候区。四季分明，但冬季较长。四季各有特点：春季干旱严重，夏季炎热多雨，秋季降温迅速，冬季寒冷干燥。日照充足，多风。年平均气温为 11.5℃，年平均降水量为 516.0 毫米。区境属海河流域，桃河、南川河是境内主要河流，均为暴雨型间歇性河流，夏季暴雨过后往往形成泥石流，其余季节多数时间河床裸露，沙砾、鹅卵石堆积于河道之中。

矿区地下富藏无烟煤资源。矿区及周边煤田面积 1218 平方千米，煤炭地质储量 118.2 亿吨。煤层气总储量 360 亿立方米以上。此外，还有铝土矿、硫铁矿等多种矿产资源。但水资源较为匮乏。境内自然灾害频繁，主要为旱灾、洪灾、雹灾等气候灾害，以及由采煤造成的地表沉陷和滑坡等地质灾害，对经济建设和人民生活有较大影响。

矿区历史悠久，自古就有人类居住。20 世纪 50 年代，周边的枣园遗址和冶西遗址曾有石器、陶器等出土，分别属于旧石器时代文化和新石器时代文化。西汉至民国 36 年（1947）5 月阳泉建市前，矿区辖境历属上艾县、石艾县、广阳县、平定军、平定州、平定县。阳泉建市后陆续划归阳泉市。新中国成立后，今矿区境域先后归属阳泉工矿区、阳泉市、阳泉市一区、站上区、矿区人民公社。1971 年 4 月设置矿区，与阳泉矿务局（今阳煤集团）实行政企合一的领导体制，矿区革委与阳泉矿务局革委合署办公，两块牌子一套人马。1980 年 5 月，矿区与阳泉矿务局实行政企分开，机构分设，矿区逐步建成功能完备的市辖区，国有企业阳泉矿务局（阳煤集团）逐渐转变为自主经营、自负盈亏、自我发展、自我约束的法人实体和市场竞争主体。

二

新中国建立后，矿区城市化进程不断加快，城市基础设施建设日益完备，城市环境日益优化。

20 世纪 50 ~ 70 年代，矿区建设了大量平房和简易房屋供居民居住。80 年代后，居住用房以楼房为主。2000 年后，新建了赛鱼南楼、馨康家园等多处环卫制度化小区和西河、红岭湾、水滩等便民市场。2002 年，启动了棚户区和自建房改造工程，并对沉陷区进行集中治理，还建设了一批廉租廉价房。先后实施热电联供、蒙河综合治理、北大西街及平潭小区综合改造等重点工程，建成了现代化信息传输网络，建立了完备的公用事业体系，城市承载能力和综合服务功能显著提高。境内建成了北大街、桃北街、桃南街、矿山路、煤山路、洪城路、育才路、南外环路、冠山路、苏村路、大井路、南川路等 40 余条主干街道，全长 62 千米。街道绿树成荫，街市路灯明亮，排污设施完善。建成了蒙河道路桥、赛鱼大桥、阳煤大桥、平潭立交桥、宏城大桥等大型桥梁，为了市民方便，在适当地点修建了人行便桥。桃河、蒙河建成了兼具绿化和美化功能的防洪设施。

深入推进“三城同创”，投资 7 亿多元实施了“蓝天碧水”及“治污减排”工程，完成矸山治理 179 万平方米，新增各类绿化面积 270 万平方米。建成了煤山公园、太行国际新城滨河公园、黄石板公园、七尺煤公园等城市公园，以及平潭街小游园、蒙北小游园、河神庙三角线小游园（南、北）、蔡洼二区小游园、东四尺小游园、立交桥南口小游园、虎尾沟小游园。2011 年，全区绿化覆盖率达到 35.66%，建成区绿地率达到 27.46%，人均公共绿地 7.01 平方米。环境污染不断得到治理。煤矸石山的治理取得进展，工业企业污染排放全面达标，二级以上天数达到 345 天，大气综合污染指数 2.04，空气质量达到国家二级标准。深入开展环境卫生清洁整治工程，全面推广“严管街”管理经验，推进“网格化”管理试点，实施了硬化、亮化、净化、绿化、美化工程，城市环境有效改善。矿区逐渐成为宜居的生态文明城区。

三

经济建设日新月异。依托得天独厚的资源优势，煤炭成为矿区经济的主业。19 世纪前，境内煤业尚未进行工业化开发，几十处小煤窑散布于山沟河岸，与农田杂处。20 世纪前半叶，保晋公司等企业建立了一批较大的煤矿，但煤炭总产量一直停留在年产几十万吨。新中国建立后，煤炭生产迅速发展。1950 年阳泉矿务局成立当年，产煤 81 万吨。经过三年经济恢复，1952 年达到 136 万吨。至 1957 年，建成 7 个新井，煤炭年产量增长到 418 万吨。1959 年达 744 万吨。度过三年困难时期和“文化大革命”初期的低谷后，1974 年到 1976 年，阳泉矿务局用 3 年时间实现了煤炭产量翻番的目标，年产原煤 1252 万吨，达到设计能力的两倍。随着综采、高档普采、综放技术的普遍采用，阳泉矿务局煤炭产量逐步提升，1984 年为 1366 万吨，1987 年为 1497 万吨，1990 年突破 1623 万吨。克服了 20 世纪 90 年代煤炭市场疲软造成的困扰，2002 年后，阳煤集团全面实施“老矿挖潜、联营兼并、新井建设”三管齐下战略，伴随装备和技术的不断更新，煤炭年产量由 2002 年的 1587 万吨增长到 2011 年的 5852 万吨，增幅高达 269%。

20 世纪 80 年代中期以后，阳泉矿务局所属各单位广开门路，以短平快项目为主，建成一大批“厂、队、店”。随着中小企业股份合作制改制的基本完成和投资的逐步倾斜，到 1998 年，初步形成铝锭、磁材、建筑建材、热电、煤机、轻工、商贸七大产业群，多种经营实现了产业化。经过 10 多年的产业结构调整和规模化发展，到 2011 年年末，非煤企业占阳煤集团整体销售收入的 75.73%。

2011年，阳煤集团拥有包括阳泉煤业、山西三维和太化股份三个上市公司在内的502个分公司和子公司，总资产1050亿元，发展成一个以煤炭和煤化工为主导产业，铝电、建筑建材地产、装备制造、贸易物流服务业并举的煤基多元化企业集团，位列中国企业500强第108位。

矿区1980年与阳泉矿务局“政企分开”后，将工作重点转移到经济建设上来，确定了“为煤炭生产服务，为职工群众生活服务”的工作方针。境内的商业、饮食服务业、建筑业、个体福利企业、环保企业逐步发展壮大起来，建成了明珠建材市场、桥东集贸市场、平北集贸中心等商贸中心，创建了全市首家民营科技企业园区。同时建立了包括矿灯厂、木器厂、包装厂、锻压厂、橡塑制品厂、肉类加工厂等一批小型企业在内的加工制造业。在发展区域经济、增加就业、方便人民生活等方面起到巨大作用。80年代和90年代，矿区实施了一系列经济改革措施，推行厂长（经理）负责制，扩大企业经营自主权，引入竞争和风险机制，积极探索在市场经济体制下各种生产资料所有制的实现形式，深化企业劳动、人事、分配三项制度改革。2000年后，矿区坚持以科学发展观统领全局，全区大力推进经济结构调整，加快资源型城市转型步伐，全区经济进入创新驱动、内生增长的发展轨道。第三产业发展迅猛。扶持引导社会力量广泛参与服务业发展，以新泉物流、佰益粮油物流为中心的赛鱼物流园区初具规模；以天利购物为中心的平潭商贸区，以华龙宜购、明珠家私为中心的桥头商贸区欣欣向荣；完成了马家坪东西区、亚美水泥原址等旧区、沉陷区和棚户区治理改造，房地产业蓬勃发展。特色经济活力增强。完善政策措施助推楼宇经济，采取住户加公司、社区加公司的方式，发展适合群众就业和楼内生产的加工贸易业，先后引进了美帅书包、肇文美术工艺品、剪纸编织等项目。大力发展文化旅游产业，扶持煤雕、剪纸等特色旅游商品，深入挖掘保矿运动遗址、资源枯竭矿井、民间文化等旅游项目。

四

在经济加快发展的同时，矿区社会文化事业也获得长足发展。

教育事业在改革开放中加快发展。教育、教学质量稳步提高，学校基础建设取得显著成绩，成为矿区社会发展的一大亮点。“七五”期间，九年制义务教育基本普及，形成阳煤企业和矿区政府共同办学的管理体制。“八五”期间，改建了矿一中、洪城河小学、平潭街小学等10所学校，全区27所中小学全部达到市级规范化学校标准，形成门类齐全的系列教育体系，被国家教委、省政府命名为“双基教育合格区”和“三配套成绩显著区”。“九五”期间，创办了外国语学校，公开选拔和招聘区直中小学校校长和高中教师，建立和完善了素质教育课程体系，全区各级各类学校教师学历合格率均达到或超过“实验教学普及区”标准。“十五”期间，大力实施“希望工程”“春蕾计划”和“两免一补”政策，加大对贫困生的帮扶，成为全省巩固和提高“普九”成果先进县区。2005年12月，阳煤集团25所中小学校整体移交地方政府。“十一五”期间，投资近亿元新建改造校舍22.13万平方米，投资1327万元购置教学仪器、设备、资料，建成校园局域网，实现“校校通”。深入推进内涵发展，“一校一品”特色教育成效突出。为学校配备了校警和专业安保人员，安全防范体系进一步健全。全部落实了义务教育绩效工资。“春蕾计划”“营养早餐”等惠民工程有效实施。矿区被评为山西省义务教育标准化建设区、全国“阳光体育”先进区，市十五中建成山西省示范高中。

科技发展日新月异。制定和实施了促进矿区科技发展的优惠政策和激励机制。1997年，矿区被评为全国首批“科技工作先进城区”。采矿工程、医药卫生和一般科技领域取得许多重要成果。由阳煤集团与煤科总院重庆分院共同完成的“阳泉矿区高瓦斯易燃煤层高产高效综放工作面瓦斯综合治理技术研究与应用”项目，获得2005年度国家科学技术进步奖二等奖。多项成果达到国际领先水平、国际先进水平和国内领先水平，多次获得国家级和省部级、市级奖项，取得多项国家专利。6个街道科协组织相继成立，并顺利通过省级科普示范区验收。

文化生活丰富多彩。新中国建立后，党和政府在发展经济的同时，努力进行文化建设，开展文化活动，充实文化设施，培养文化队伍，营造文化氛围。经过60年的耕耘，矿区文化园地呈现一派百花盛开的景象。群众文化活动遍及全区，居民消夏文化活动渐成惯例，“煤海欢歌闹元宵”街头民间艺术表演发展成为地方特色文化活动。有文学艺术协会6个，拥有会员300多人，文艺创作成绩斐然，各类作品多次在国家和省、市获奖。文化市场欣欣向荣。《阳泉日报》《阳泉矿区》《阳泉矿工报》《阳煤科技》等报刊在社会生活中发挥越来越大的作用。有电影放映点11个，广播电视实现了联网。阳泉矿区网、阳煤集团网成为宣传矿区、宣传阳煤、便民服务的重要平台。党史研究和方志编纂成果丰硕。在第三次全国文物普查中，新发现简子沟煤炭生产线、辰光热电有限公司职工俱乐部两处文物。全区有图书馆（室）30余家，共有图书35万册。档案馆建设步入标准化、现代化、信息化轨道，档案收集、保管、编研、利用达到新的水平。

卫生条件大幅改善，医疗水平稳步提高。新中国建立后，医药卫生事业与经济建设同步发展。开展了卫生防疫和疾病防治管理。正确处置突发公共卫生事件，有效遏制了传染病流行，减轻了职业病和地方病的危害。大力提高医疗护理水平。广泛开展婚前保健、孕期保健，推行科学接生，大力开展妇女病防治和儿童免疫、儿童常见病防治。2000年，矿区被评为国家级妇儿“两纲”（《中国妇女发展纲要》和《中国儿童发展纲要》）工作示范区。2001年，矿区被评为山西省初级卫生保健达标区。截至2011年年末，境内有各级各类医疗机构113家，其中三级甲等医院1家，二级医院5家，一级医院3家；医疗机构有职工2762人，其中医师983人，注册护士1152人；有床位1774张；年诊疗93.4万人次。公共卫生受到各级政府和全社会的重视，职工医疗保健、社区卫生、学校卫生、食品卫生、饮水卫生、计划生育技术服务等项工作取得显著成绩。爱国卫生运动与精神文明建设和卫生城市创建活动紧密结合，规模宏大，活动持久，效果显著。突出“公共卫生服务和基本医疗服务”两个重点，积极推进基本公共卫生服务均等化，实行基本药物制度，居民最多步行15分钟就能享受社区公共卫生服务，实现了大病治疗在医院，小病康复在社区的目标。实施食品放心工程和食品卫生监督量化分级管理制度。医疗救治、卫生监督、疾病预防控制、食品安全监管体系建设不断加强。

体育事业蓬勃发展。群众体育广泛、持久开展。职工体育成绩斐然。学校体育以体育课和课间操为主，广泛开展专项训练，举办多种形式的体育比赛，学生体质不断增强。社区体育多次获得国家和省市有关部门的表彰。平潭社区腰鼓队两次被全国妇联、国家体育总局命名为“全国亿万妇女健身活动巾帼文明健身队”。老年人和残疾人体育受到社会各界广泛重视。至2011年，全区共有各类体育场地106处，设置了多处健身路径、健身器材，每个社区均有60平方米文体活动室。经常举办各种体育比赛，体育人才不断涌现，矿区运动员多次参加国家、省、部、市和行业体育比赛并取得优异成绩，有的在国际体育赛事中为国争光。

五

高度关注民生，社会管理有了新发展。

大力落实综治措施，平安创建扎实推进。投资600多万元，在6个街道办事处建成综治信访中心，完成了“天网”工程三级（公安分局、派出所、社区警务室）视频监控平台建设，全区治安防范能力明显增强。社区矫正工作全面启动，40个社区戒毒（康复）站点挂牌运行。先后开展了“泉安”、打击“两抢一盗”、“追风”百日破案等专项行动，成功侦破了震惊全国的马家坪系列残害妇女案，命案破案率连续5年达到100%，严打整治成效明显。矿区连续4年荣获“全省综治标兵单位”称号，获得“全国法治县（市、区）创建活动先进单位”称号，普法依法治区工作2009年度排名全省第一。

精神文明建设有效加强。深入开展社会主义新社区建设。“三节”文化活动、“激情广场大家唱”、社区文体艺术节等活动蓬勃开展。人口与计划生育工作稳步发展。国防和“双拥”工作得到巩固和提高。矿区先后荣获“全国社区建设示范区”“全国创建文明社区示范点”“全国计划生育协会先进集体”“全国计划生育优质服务工作先进区”等称号。

民主政治建设稳步推进。区人大紧紧围绕中心工作，认真督办代表意见、建议，强化对“一府两院”的工作监督和法律监督，创新开展了“两联系一进入”活动。区政协牢牢把握团结和民主两大主题，充分发挥政治协商、民主监督和参政议政职能，积极为全区发展建言献策。基层工会规范化建设取得突破，成立了职工就业培训中心和职工素质教育学校。“和谐文明家庭”创建和“零暴力社区”示范点建设不断引深。青年志愿者服务和青年文明号创建扎实推进。创建国家级文明单位1家、省级文明单位6家、省级文明社区1个，涌现出全国道德模范黄代小、全国第三届道德模范候选人赵泉祥、“2010感动山西”人物张明等一批先进典型。

大力推进社区建设。2000年1月，省民政厅将矿区列为全省首个社区建设实验区。结合区划规模、资源配置、管理覆盖等因素，矿区将150个居民区整合为40个社区，在全省率先开展了居民直选社区干部工作。2002年4月，矿区被民政部授予“全国社区建设示范区”的光荣称号。2004～2008年，区委、区政府及驻区企业阳煤集团增加投入，强化软硬件建设，建成了统一名称、统一标识、统一建筑风格、统一基本服务功能，平均面积434平方米的39幢社区综合服务楼，完成了社区标准化、规范化建设。各社区都设立了“五室三站一中心”，达到了“管理有阵地，服务有载体，活动有依托，工作有平台”的建设要求。按照“环境优美，治安良好，文明和谐，管理民主，服务完善”的标准，绝大多数社区建设成为全市一类、二类社区，其中平潭街西社区等4个社区被评为十星级示范区，矿区马家坪社区先后获得“全国商业示范社区”“全国社区建设示范区”“全国创建文明社区示范点”等多项荣誉。

社会保障全面推进。以职工基本养老保险、失业保险、医疗保险和城市居民最低生活保障制度为重点的社会保障体系基本建立。在6个街道办事处设立了劳动保障所，在40个社区设立了劳动保障站，建立了劳动保障网络三级管理机制，提出援助“零就业家庭”就业工程，实现了“动态清零”。举办各类再就业培训和职业技能培训23次，累计培训3526人次。实施创业带动就业工程，搭建招聘平台，为大中专毕业生、下岗失业人员以及各类求职者实现就业再就业提供服务。开展了公共就业网络信息服务建设，充分利用“一点登录、全区查询、信息共享”的“网上职介”平台。建立完善了用工服务、培训、就业、监察、维权五位一体的就业服务体系。“十一五”期间，全区累计安排就业23042人，登记失业率控制在4%以内，全区就业形势稳定。完善了社会统筹和个人账户相结合的基本养老保险制度，全区离退休职工基本养老金发放率、失业保险参保率、“零就业”家庭安置率均为100%，城市低保社会保障综合覆盖率达到93%。按照“分类施保、动态管理”原则，健全了低保相关制度，实现了“应保尽保”。大力实施医疗救助，通过降低救助门槛、取消病种限制等措施，有效缓解了弱势群体看病难问题。积极落实国家扶贫助学政策，实现了不让一名中小学生因家庭贫困而失学的目标，5年累计为150名贫困家庭子女上大学发放资助金68.15万元。廉租住房实物配租政策全部落实到位。残疾人帮扶成效突出，获“全国残疾人社区康复示范区”称号。

六

阳泉矿区是山西省最早建立中共党组织的地区之一。1927年2月7日，阳泉矿区第一个中共基层组织——保晋铁厂支部成立。党组织发动和领导工人群众，积极参加革命斗争，为革命胜利作出巨大贡献。中华人民共和国成立后，境内党的组织建制和隶属关系几经变化。1966年5月“文化大革命”开始后，境内党组织一度陷入瘫痪和半瘫痪。1970年1月19日，山西省革命委员会批准增设阳泉市矿区，直属于阳泉市。阳泉市矿区与阳泉矿务局实行“政企合一”的体制，阳泉矿务局的局、矿两级领导分别参与矿区和各公社的领导。1980年1月，矿区革命委员会与阳泉矿务局革命委员会分设，“政企”分开。同年4月，组建中共阳泉市矿区区委。自此矿区存在区委和矿务局党委两个组织系统；在这两个系统之外，还有一些其他驻区单位的党组织，各归其所属系统党组织领导。

区委以加强党的执政能力和先进性建设为主线，全面推进党的思想、组织、作风、制度建设和反腐倡廉建设，为加快科学发展、促进社会和谐提供了坚强的政治保证。班子和队伍建设进一步加强。不断完善区委中心组及各级党组织学习制度，着力打造学习型党组织和学习型领导班子。坚持德才兼备、以德为先的用人标准，推进公开、平等、竞争、择优的用人机制，干部选拔任用实行了区委常委会票决制。举办各级各类干部主题教育培训78期。全面推进人才工作，分类建立了人才信息库及专门档案，为全区经济社会发展提供了人才保障和智力支持。

全区深入开展保持共产党员先进性教育、学习实践科学发展观、创先争优等主题活动，推行社区“四议两公开”工作法，创新开展了“我是党员我承诺、服务群众促和谐”活动。全区累计有139个党组织、7100名党员帮扶困难群众11200人次，帮扶物品和现金合计金额360余万元。全区党员承诺活动被评为全国首届基层党建创新优秀范例。

反腐倡廉不断深入。深化反腐倡廉宣传教育，以学习贯彻《中国共产党党员领导干部廉洁从政若干准则》为重点，广泛开展廉政文化“四进”活动。拓展源头治腐工作，建立备案制度，逐年压缩“三公”经费支出。以开展“作风建设年”“制度建设年”活动为契机，不断健全完善廉政制度，建立了行政效能电子监察系统。开展煤焦、“小金库”等专项治理，依纪依法严查案件，创新民主评议和政风行风工作，着力解决损害群众切身利益的问题。

展望未来，前程似锦。矿区人民正按照2011年5月召开的区第八次党代会提出的目标和措施，坚持科学发展，深化“三区”建设，为实现“十二五”规划宏伟目标，加快小康建设步伐而努力奋斗。全区人民继承革命光荣传统，利用得天独厚的自然资源优势，励精图治，奋发作为，同心同德，群策群力，必将使晋东大地上这一片古老的矿山、年轻的矿区绽放出更加夺目的光彩。

大 事 记

矿区历史悠久，大事要事众多。为了反映矿区历史发展脉络，大事记着重收录有关政区沿革、区划演变的内容，区级以上党政军组织机构的重大变动及主要领导任职，重要会议，重要制度、方针、政策、法令的颁布，新生事物的出现，经济文化建设的重要成就和重大科技成果，著名人物的活动，省部级以上领导人莅临视察调研，重大革命斗争事件和兵事活动，重要涉外事件，重大灾害、事故和其他重大事件等。

西汉至清

西汉（公元前206年至公元25年）
置上艾县，属太原郡。今矿区境属上艾县。

北魏孝昌年间（525～527年）
上艾县改称石艾县，属并州乐平郡。今矿区境属石艾县。

唐武德三年（620年）
置受州，治盂县，辖盂县、受阳（今寿阳）二县。置辽州，治乐平，石艾县属辽州。

唐武德六年（623年）
受州移置受阳，石艾县属受州。

唐武德八年（625年）
受州移置塞鱼城（今赛鱼街道办事处辖区）。

唐贞观八年（634年）
废受州。石艾县属并州。

唐天宝元年（742年）
石艾县改名广阳县，今矿区境属广阳县。

北宋太平兴国二年（977年）
以镇州广阳寨建平定军。

北宋太平兴国四年（979年）
广阳县改名平定县，属平定军。今矿区境属平定县。

金大定二年（1162年）
平定军改为平定州。

元至元二年（1265年）
撤销平定县建置，其辖地直属平定州，今矿区境属平定州。

清光绪七年（1881年）
平定知州张彬主持勘修晋冀通道，途经今矿区境平潭、赛鱼。

清光绪二十四年（1898年）
5月21日　山西商务局同英福公司订立《山西开矿制铁及转运各色矿产章程》20条。福公司获得潞安府、泽州府、平定州、盂县、平阳府各矿的开采冶炼权。章程给予福公司以修筑铁路、开浚河港的特权。

清光绪二十九年（1903 年）

英福公司派员在平潭村购置房屋并加以扩建，作为勘探和开采煤矿的基地。

清光绪三十一年（1905 年）

工部左侍郎、会办商级大臣盛宣怀、北洋大臣袁世凯和山西巡抚张曾扬，在今矿区境内购地开办同济矿务公司。

清光绪三十二年（1906 年）

9 月　正（定）太（原）铁路振头（石家庄）至平潭段建成通车。今矿区境内设赛鱼站。

10 月 13 日　山西阳高籍留日学生李培仁为抗议清廷辱卖矿权，于东京湾八重桥下蹈海身亡。10 月 23 日，李培仁灵柩返乡途经平潭时，平潭乡民搭灵棚路祭，吊祭者有上千人。

清光绪三十二年（1906 年）

冬　刘懋赏、冯济川等山西爱国绅商在太原海子边创办“山西商办全省保晋矿务有限总公司”（保晋公司），并在平定等地设立分公司。

清光绪三十三年（1908 年）

1 月 20 日（十二月十七日）　山西商务局与英国福公司订立《赎回开矿制铁转运合同》12 条，保晋矿务总公司以 275 万两白银，将潞、泽、平、盂、平阳各矿赎回自办。英福公司从阳泉各矿点撤走。

清光绪三十四年（1908 年）

7 月 1 日（六月初三日）　保晋公司呈奉农工商部批准奏明在案，颁发关防，正式成立。

中华民国

民国元年（1912）

3 月　平定废州设县，今矿区境属平定县。

9 月 21 日　孙中山视察太原返京途中，在平潭铁炉沟口下车，徒步到“平定第一煤矿场”（属保晋公司）“聚源窑”（平潭人牛惇隆所办）视察，指示“以平定煤冶太行铁，将来可操全国实业界的牛耳”。

民国 2 年（1913）

陕西督军陆建章之子陆绍文集股 80 万元，在菜洼（今矿区蔡洼）创办建昌公司，经营煤炭开采与销售业务。民国 20 年停业。

民国 5 年（1916）

8 月　保晋公司迁至阳泉站上。

民国6年（1917）

11月　保晋公司在平潭垴村南购地8公顷（120亩），兴建保晋铁厂。于民国15年（1926）8月1日炼出第一炉铁水。

民国9年（1920）

保晋公司西河煤矿竖井发生透水事故，死亡21人。

民国11年（1922）

12月15日　正太铁路总工会举行全线大罢工，赛鱼火车站的工人全部参加了罢工斗争。

民国14年（1925）

11月30日　保晋公司第三矿厂（贾地沟煤矿）工人自发组织蒙村工会。民国16年7月自行解散。

民国16年（1927）

2月7日　阳泉矿区第一个中共基层组织——保晋铁厂支部成立。

民国22年（1933）

春　中共山西省委派何英才到阳泉矿区开展工作，翌年在保晋公司二矿厂建立中共党小组。

民国24年（1935）

年初　中共阳泉矿区支部成立。

民国26年（1937）

4月　中共阳泉矿区委员会成立，下属4个基层支部，有党员40余人。

7月7日　抗日战争爆发。中国共产党以牺盟会的名义，在保晋公司各矿组建护矿队。

9月　保晋公司各护矿队改称工人护矿自卫队。

10月　阳泉煤矿工人抗日游击大队成立，王凤山（焦岐峰）任大队长，何英才（杨高悟）任政委。成立后随即转移到和顺县石拐镇，加入八路军129师。

10月30日　日军侵占阳泉镇和阳泉矿区。

11月10日　日军劫夺保晋公司和建昌公司。

民国27年（1938）

春　平定（路北）县民兵与阳泉矿工配合，智取四矿厂矿警队一批枪支弹药。

民国28年（1939）

10月1日　正太铁路窄轨换宽轨改造工程完工，全线展宽后正太铁路改称石太线。

民国29年（1940）

8月20日　22时，“百团大战”第一阶段交通总破击战打响。至23日，阳泉、榆次间的日军据点和车站均被攻占。八路军129师385旅部队坚守狮脑山阵地6昼夜，确保了阳泉以西破击战的胜利。阳泉矿工悉数出动，参加破击战，大力支援狮脑山上的八路军部队。

11月　日本“北支那电业株式会社”在菜洼口杨树坪建成“蔡洼发电所”。民国34年（1945）8月日军投降后，更名为阳泉发电厂。

民国30年（1941）

12月18日　阳泉煤矿数十名工人和一名工程师破坏一台锅炉后，奔赴抗日根据地。

民国31年（1942）

12月　阳泉二矿井下发生瓦斯爆炸，死伤矿工100余人。

民国33年（1944）

3月19日　阳泉二矿井下发生瓦斯爆炸，遇难矿工44人，重伤6人。

春　中共地下人员与矿工配合，采用调虎离山计，搞到日军石卜咀变电所的3台变压器，并运到晋察冀边区北冶兵工厂。

初冬　平（定）西县南茹敌工站站长周斌率小分队夜袭筒子沟煤矿矿警队。

民国34年（1945）

4月4日　阳泉煤矿60余名昔阳籍劳工，在聂以率领下举行暴动，夺取保安队枪支，奔赴太行区抗日根据地。

8月15日　日军投降。阎锡山派员接管阳泉煤矿、阳泉电厂。

民国36年（1947）

5月2日　人民解放军解放阳泉。

5月4日　阳泉设市。中共阳泉市委员会、阳泉市人民政府成立。

8月　阳泉市公安局在矿区设立派出所，所长张志功。翌年更名为工矿派出所。

民国37年（1948）

1月　国营阳泉煤矿公司成立。

12月28日　国营阳泉煤矿公司与河北井陉煤矿合并成立井阳煤业公司，翌年9月15日改名为井阳矿务局。

民国38年（1949）

4月　井阳煤业公司修理厂阳泉分厂成立。1950年4月更名为阳泉矿务局修理厂。

9月中旬　阳泉市改称阳泉工矿区。矿区（北区）境隶属于阳泉工矿区。

中华人民共和国

1949年

10月1日　石卜咀老君庙广场锣鼓喧天，阳泉煤矿工人和各界群众欢庆新中国成立。

10月7日　国营裕公矿职工子弟小学成立，此为境内首个职工子弟学校。

10月10日　四矿俱乐部建成，此为境内首个职工俱乐部，可容纳职工400人。

1950 年

1月7日　奉华北煤矿管理总局命令，成立阳泉矿务局，下辖两矿一厂（四矿、裕公矿和修理厂）。白猷之任局长。同时撤销井阳矿务局。

1月　阳泉矿务局四矿成立。

同月　中国新民主主义青年团阳泉矿务局委员会成立。

同月　甘河磺业生产合作社成立。

2月　国营企业进行工资改革，改“米薪制”为“米分制”。

3月21日　《人民日报》头版头条发表记者调查报告《阳泉国营煤矿存在严重问题，封建把头剥削工人》。同日，中央燃料工业部发布通令，要求全国煤矿开展废除残余的把头制运动。3月21日至5月5日，根据燃料工业部指示，阳泉矿务局四矿、裕公矿开展废除封建把头制、实行民主改革运动。

3月　阳泉矿务局所有党组织都由秘密活动转为公开活动。

同月　阳泉矿务局井下照明由明火灯改为挥发油安全灯，四矿巷道掘进由手工打眼凿壕改为电钻打眼，由裸体道改为支棚。

5月　阳泉矿务局三矿成立。

同月　阳泉矿务局职工医院成立，后改称阳泉矿务局医院。

同月　阳泉矿务局组建矿山救护队。

6月1日　中共阳泉煤矿委员会成立，负责领导阳泉矿务局和阳泉其他煤矿的党组织。

6月　中国煤矿工会阳泉矿区工会筹备委员会成立，同时创办机关报《阳泉矿报》。

9月25日　阳泉矿务局工人王四毛被推选为全国工农兵劳动模范，并当选为全国工农兵劳动模范代表会议主席团成员。

10月10日　阳泉矿务局工会首届会员代表大会召开，选举产生了第一届委员会和经费审查委员会、工厂管理委员会。

1951 年

5月1日　阳泉矿务局二矿成立。

5月　在纳古诺夫等苏联专家的帮助下，阳泉矿务局改进采煤方法，由单纯开采丈八煤层改为从上至下分层开采。

7月30日至8月3日　阳泉煤矿召开党组织公开后的第一次党员代表大会。

9月20日　阳泉矿务局四矿一井丈八煤3012工作面试验走向长壁倾斜分层下行陷落采煤法（亦称煤皮假顶分层陷落采煤法）获得成功，并在全局丈八煤层推广。

12月5日　阳泉矿务局二矿小南坑恢复生产，设计生产能力年产原煤35万吨。

1952 年

1月8日　23时50分，四矿丈八煤井东北大巷十东顺槽发生瓦斯爆炸，死亡14人，重伤19人，轻伤27人，直接经济损失4.8亿元（旧币）。

4月1日　阳泉工矿区改设为阳泉市。

6月　阳泉矿务局二矿燕子沟竖井恢复投产。

9月　阳泉矿务局煤矿职工养老院在北大街落成，占地4.4公顷（66亩）。1960年改建为阳泉宾馆。

同月　甘河磺业社被中华手工业总社评为全国模范生产合作社。

10 月　四矿二井七尺煤投产，设计生产能力年产原煤 15 万吨。

12 月　阳泉发电厂试烧阳泉无烟煤取得成功。

同年　阳泉矿务局从北京购回 1 辆美制司蒂培克卡车，改装成布篷车，接送阳泉市区至四矿口之间工人。

1953 年

5 月　阳泉市设一区和二区。今矿区境属一区，下设平潭街、菜洼、石卜咀、赛鱼 4 个乡。

7 月　阳泉矿务局一矿成立，1956 年 7 月建成投产。

同月　阳泉矿务局三矿二坑 308 工作面采用金属网假顶分层开采丈八煤，回收率达 62%。

10 月　阳泉矿务局三矿七尺煤一号井投产。

1954 年

4 月 1 日　阳泉发电厂 2 号机组发生电环爆炸事故，经济损失 2.87 亿元（旧币）。

5 月 1 日至 15 日　阳泉矿务局举办第一届职工体育运动会，有 10 多个单位，100 多名运动员参加，比赛项目仅有男子篮球一项。

8 月 29 日至 9 月 3 日　连日阴雨，洪水冲毁赛鱼木桥。

1955 年

4 月 13 日　矿务局机关幼儿园成立，占地 1200 平方米。

8 月 16 日　三矿二号井建成投产，设计生产能力年产原煤 30 万吨，在井下运输中使用了黏着力 6 吨的架线式电机车。

11 月 15 日　矿区境内的 4 个乡调整为平潭街、菜洼、赛鱼 3 个街道办事处。

12 月 27 日　太原—榆次—阳泉马家坪 110 千伏输电线路建成，全长 112 千米，阳泉电网并入太原电网。

1956 年

1 月　矿区境内私营工商业户全部实现公私合营。

2 月　国家煤炭工业部部长陈郁到阳泉矿务局视察指导工作，并与职工一起欢度春节。

3 月　阳泉市一区改称站上区，矿区境内增设石卜咀街道办事处。

5 月　阳泉发电厂汽轮发电机运行一班班长梁珪赴北京出席全国先进生产者代表会议。

4 月　阳泉矿务局实行轮换工制，招收农民当工人，轮换期为 5 年。

7 月 5 日　国家煤炭工业部在阳泉召开全国煤炭测量先进经验交流会议，阳泉矿务局建立的“三角控制网”和“井下经纬仪导线与水准导线控制”在大会上进行了重点交流。

8 月　四矿四尺煤斜井投产，设计生产能力年产原煤 15 万吨。

10 月　一矿铁路专用线建成通车，铺轨总长 9.8 千米。同时建成石卜咀编组站，年编解能力 750 万吨。

11 月　二矿西四尺井建成投产，设计生产能力年产原煤 21 万吨。

同年　阳泉矿务局青年民歌手商宝珍获全国煤炭系统第一届文艺汇演一等奖。

同年　矿区境内职工工资由“工资分制”（米分制）改为货币工资制。

1957 年

5 月　阳泉矿务局在四矿四尺煤斜井 4011 工作面进行顶板岩层钻孔抽放瓦斯获得成功。

8月　站上区撤销，今矿区境内4个街道办事处直属于阳泉市。

11月　菜洼街道办事处并入石卜咀街道办事处。

12月　阳泉矿务局一矿北头咀平峒建成投产，设计生产能力年产原煤60万吨。

1958年

1月　三矿裕公坑口改建为四尺煤井，设计生产能力年产煤30万吨。

6月1日　阳泉电石厂建成投产。

6月　阳泉矿务局水泥厂建成投产。

6月30日　阳泉矿务局二矿小南坑平峒井下运输由电无极绳改用电机车。

9月26日　中共中央政治局候补委员陆定一、山西省委第一书记陶鲁笳到阳泉矿务局视察。

9月　阳泉矿务局火药厂建成投产，翌年更名为阳泉矿务局化工厂。

同月　阳泉矿务局第一中学成立。

10月　阳泉市组建矿区人民公社。全社人口15万，总面积500平方千米。撤销街道办事处，设立若干个管理区。

同月　三矿裕公四尺煤井投产，设计生产能力年产煤30万吨。

12月　四矿筛选厂建成投产，设计筛选能力90万吨/年。

同年　矿区弹簧厂成立。

同年　洪城河口—赛鱼—红岭湾公路开通，全长8.527千米，宽7米。

同年　阳泉矿务局工程处工人李永志在山西省场地自行车赛中，以2分33秒的成绩获得1500米单项冠军。

1959年

4月29日　矿区人民公社撤销，设立平潭街街道办事处，直属于阳泉市。

6月26日　中共阳泉市委出台《关于坚决减少职工人数和压缩城市人口的方案（草案）》，决定7月15日前减少职工16000人，压缩城市无职业居民3200人，动员缩减人员返乡参加农业生产。

8月1日　石太铁路石家庄至阳泉段复线建成通车。

8月24日　境内突降暴雨，山洪暴发，桃河流量达2200立方米/秒，赛鱼煤运桥被冲毁106米，桃河洪水漫过四矿口大桥桥面，冲垮阳泉发电厂附近河坝120米，矿务局三矿被迫停产数天。

10月　阳泉矿务局三矿铁路专用线和四矿铁路专用线竣工通车。

12月20日　治理桃河工程举行开工典礼。

1960年

3月　阳泉市撤销平潭街街道办事处，组建以阳泉矿务局为主体的政企合一的矿区人民公社。

4月18日　阳泉矿务局三矿党委副书记、民兵师政委王保柱代表三矿民兵出席全国民兵代表大会。

7月　矿区人民公社与阳泉矿务局实行机构分设。

11月　赛鱼商店和马家坪商店合并为矿区商店。

1961年

10月　三矿筛选厂建成投产，设计筛选能力255万吨。

12月　矿区人民公社设立北大街、石卜咀、赛鱼3个街道办事处。

1962 年

2 月 23 日　西河、老坪掌、前南沟、里南沟 4 个生产大队划归矿区人民公社管辖。

12 月　阳泉矿务局根据中共中央、国务院关于调整国民经济的方针，精减职工 7691 名。

1963 年

2 月　恢复站上区建置，矿区人民公社划归站上区，下设赛鱼、石卜咀 2 个街道办事处。

3 月　矿区青少年和民兵掀起向雷锋同志学习的热潮。

8 月 2 日至 9 日　连降暴雨，降雨量达 332 毫米，桃河山洪暴发，损失严重。

12 月 3 日　增设前庄街道办事处。

1964 年

1 月 30 日至 2 月 6 日　全国煤矿生产先进经验交流会在阳泉矿务局召开，介绍了三矿安全生产、四矿瓦斯管理及机电管理的经验。

同年　二矿职工王永顺创作的歌曲《石圪节矿风实在好》在中央人民广播电台播放。

同年　阳泉市公共汽车公司开辟经四矿口、赛鱼口至红岭湾的公共汽车线路。

同年　矿务局七尺煤层邻近层瓦斯抽放试验成功。

1965 年

1 月　前庄街道办事处更名为沙坪街道办事处。

5 月　国家煤炭工业部部长张霖之到阳泉矿务局视察指导工作。

11 月　阳泉矿务局在四矿二坑四尺煤回采工作面试用普采机组采煤获得成功。

12 月　一矿选煤厂建成投产，设计原煤洗选能力 150 万吨/年。

同月　一矿北头咀四尺煤井建成投产，设计生产能力年产原煤 45 万吨。

1966 年

1 月　阳泉市黑白铁厂在河边街建成，7 月迁至洪城河，先后更名为阳泉市金属制品厂、阳泉市五金工具二厂。

6 月　矿区人民公社所辖的农业生产大队划归北大街人民公社，北大街人民公社所辖的街道居民委员会划入矿区人民公社。

8 月 23 日　突降暴雨，4 小时降雨量达 261 毫米，桃河流量 1760 立方米/秒，洪水冲毁河堤，大量矿山物资被冲走，铁路运输中断，阳泉矿务局停产 15 天，造成经济损失 568.5 万元。二矿小学教师李宜德在洪水中为抢救一名落水妇女牺牲，被市民政局追认为烈士。

1962～1966 年　先后两次分段修建桃河北侧大坝洪城河口至赛鱼桥的公路，全长 6.4 千米，宽 9 米，路面为矿渣黏土（桃北中街、桃北西街）。

1967 年

1 月 20 日至 2 月 13 日　阳泉矿务局“造反”组织先后夺取全局各级党政财文领导权。

3 月 11 日　中国人民解放军 4660 部队奉命进驻阳泉矿务局，担负“三支两军”（支工、支农、支左，军管、军训）任务。

8 月　西河口至赛鱼段公路改建成柏油路。

8 月 8 日　两派“造反”组织发生“武斗”，阳泉矿务局全局停工停产。

9 月 12 日至 13 日　两派“造反”组织再次发生“武斗”。

9月21日至22日　两派“造反”组织又发生“武斗”。

12月21日至22日　市内两派“造反”组织发生“武斗”，全市停工停产3天。

1968年

6月25日　根据中央对阳泉问题的指示，中共山西省核心小组、山西省革命委员会联合发出《关于解决阳泉问题的通知》。阳泉市实行军管，两派“造反”组织拆除“武斗”工事，上缴武器，实现联合。

6月　中国人民解放军4594部队进驻阳泉，对阳泉实行军管。

9月27日　由解放军代表、革命干部和群众代表组成的阳泉矿务局革命委员会成立。

10月13日　矿区人民公社革命委员会成立，党政实行“一元化”领导，琚廷瑞任主任。

11月11日　位于二矿、四矿口之间的桃河大桥建成通车。

1969年

1月9日　站上区更名为城区，北大街人民公社划归郊区（1972年12月更名为平潭人民公社）。

6月　矿区人民公社划分为大庆路人民公社（1973年6月更名为北大街人民公社）和矿区人民公社。

12月1日　国家煤炭部在阳泉矿务局召开通风瓦斯管理工作经验交流会。

1970年

1月19日　山西省革命委员会批准增设阳泉市矿区，直属于阳泉市革命委员会领导。

1月　阳泉矿务局将合同工全部转为固定工。

3月30日　阳泉市革命委员会党的核心小组会议决定，成立矿区革命委员会筹备小组。

同日　阳泉市矿区人民武装部成立，同时列入中国人民解放军序列。

6月　撤销矿区人民公社，设立沙坪、红卫、红旗、向阳、红旗岗5个人民公社。

7月1日　阳泉矿务局金属支柱厂开始试生产，设计生产能力年产金属支柱5万根，金属顶梁2.5万根。

11月　向阳公社小五金厂建成投产，有职工28名，生产火炉铲、火钩、烟筒、水桶等20余种产品。后改为桥头街道办事处钢窗厂。

12月25日至27日　中共阳泉市矿区党员代表大会（阳泉矿务局第五次党代会）在矿务局礼堂召开，温藏宝当选为区委书记。

年内　阳泉矿务局原煤产量达到1004万吨，首次突破千万吨大关。

1971年

1月　大庆路人民公社从矿区划归城区直辖。

4月1日　设置阳泉市矿区。阳泉市矿区革命委员会成立，与阳泉矿务局实行政企合一的领导体制。矿区革委与阳泉矿务局革委合署办公，一套领导班子，两块牌子。

12月　成伍江兼任区委书记。

年内　按国家分配的指标，阳泉矿务局将4000多名轮换工全部转为固定工。

1972年

3月上旬　红旗岗公社居民办起三八加工厂，生产圪斗床、脸盆架、锅盖、铁簸箕等20余种产品。后并入区属工艺美术厂。

3月　阳泉市经委投资7万元，在四矿口筹建阳泉市工艺美术厂。1974年迁至平潭街。

7月　阳泉矿务局交通运输处取消"大篷车"，改用大客车接送职工上下班。

9月22日 石太铁路阳泉至太原段复线建成通车。

9月　阳泉市工艺美术制品厂成立。

年内　矿区弹簧厂在原街道弹簧社的基础上成立。2004年，该厂由亚昊经贸公司整体承债式兼并，更名为阳泉市广鑫机械制造有限公司。

1973年

4月1日　矿区党委、矿务局党委常委会议研究决定，在保证"政企合一"体制的同时，将办事机构分设。郑德贤任矿区党委书记、矿务局党委第一书记，成五江任矿务局党委书记、革委主任、矿区革委第一副主任。

6月4日至6日　矿区第一次妇女代表大会举行，矿区妇女联合会成立，张赛花、王玉花当选为副主任。

6月28日　阳泉市公安局矿区分局成立。

6月29日　经中共山西省委批准，李源兼任矿区区委书记，矿务局革命委员会副主任任仲元兼任矿区革命委员会主任。

1974年

1月　连环画《煤海新歌》（杨建国、郭礼成、王远明绘画，许元上撰文）、中国画《踏遍煤海千条巷》（赵荣纪、张登魁合作）参加了中国香港、澳门和美国的美术展览。中国美术馆收藏了这两件作品以及美术作品《热心帮，虚心学》（李贵毛、李廷惠作）。

3月5日　中国自行设计和制造的第一套综合机械化采煤（简称综采）设备，在四矿二号井4223工作面安装试产。10月，通过了国家燃化部的技术鉴定，并开始推广使用。

10月　阳泉矿务局煤矿工人业余创作的50余件美术作品，参加了上海、旅大、阳泉三市工人画巡回展览。

1975年

1月30日　以红卫公社车辆修配厂为基础，组建矿区钢木制品厂。后于2004年改制为阳泉市华宝机电有限公司。

3月13日　著名数学家华罗庚率领小分队到阳泉矿务局推广"优选法"和"统筹法"。

4月6日　四矿小学学生刘春祥为保护集体羊群献出了生命。四矿党委、团委、向阳公社分别发出向刘春祥学习的通知，《阳泉报》为此发表了专门社论。

7月　原兴华兼任矿区区委书记。

10月30日　在全国煤炭采掘队队长会议上，阳泉矿务局三矿硬骨头采煤二队被命名为"严细成风的硬骨头采煤队"，跻身全国煤炭系统"十面红旗"。

1976年

4月30日　罗马尼亚国厚煤层采煤方法和开采程序考察组到矿务局四矿参观考察。

7月29日　阳泉市派出50余人组成的医疗队奔赴唐山地震灾区参加抗灾救灾。市第一人民医院、矿务局医院等10所医院接待治疗唐山地震伤员200余名。

12月30日　阳泉矿务局召开庆祝原煤产量翻番胜利祝捷大会，煤炭工业部和中共山西省委分别向阳泉矿务局致贺电。煤炭工业部副部长邹桐、张超、贾慧生等领导人出席会议，并在阳泉矿务局视察指导工作。

年内　矿区五金电机修理厂成立，后于1981年改称矿区五金电器厂。2002年11月与名扬电子有限公司签订了承债式兼并协议。

1977年

7月　刘宝山兼任矿区区委书记。

9月27日　阳泉矿务局派出15人的实习组，前往联邦德国进行综采实习，12月13日回国。

1978年

1月　二矿选煤厂建成投产，设计原煤洗选能力150万吨/年。

3月　矿务局三矿、四矿与山西矿业学院共同研制的脉冲载频数字显示式矿井瓦斯遥测装置获全国科学大会奖。

4月　阳泉矿务局成立煤炭科学研究所，矿务局总工程师何秉权兼任所长。

6月　中国人民解放军基建工程兵00433部队奉命开赴阳泉贵石沟矿区进行煤矿建设。

12月3日　当天9时50分，二矿小南坑29采区72903工作面进风顺槽发生瓦斯爆炸，死亡10人，轻伤1人，直接经济损失3.3万元。

年内　阳泉市建筑一公司成立，公司位于矿区平潭街东区。

1979年

1月　阳泉市商业局办公大楼在桃北中街建成交付使用。

7月　国家煤炭工业部部长肖寒到阳泉矿务局视察指导工作。

8月　阳泉矿务局技术学校成立。该校由煤炭工业部直属，阳泉矿务局主管。

10月16日　国务院副总理谷牧到阳泉市工艺美术厂视察。

1980年

1月7日　中共阳泉市委决定改变阳泉市矿区与阳泉矿务局“政企合一”的体制，将矿区与矿务局分别单独设置。同时决定成立阳泉市矿区筹备领导组，负责筹备组建矿区党政机构并统管筹备期间的日常工作，耿义德任组长。

4月28日　中共阳泉市委决定成立中共阳泉市矿区委员会，耿义德任书记，主持区委工作；田礼耕主持行政工作。

5月15日　矿区与阳泉矿务局党政机构分设。

10月1日　从零点班开始，阳泉矿务局向井下采掘工人免费供应班中餐。

同日　赛鱼口桃河公路大桥竣工通车。

10月27日　经山西省人民政府批准，阳泉矿务局职工大学正式成立。该校包含工大、电大和函大3种体制。

10月　阳泉矿务局服务公司成立。

12月9日　平潭街生产大队农业户口转为城市户口。1981年原生产大队的体制改为居委会，归矿区领导。

同年　矿区开设二矿、沙坪、红岭湾3个集市贸易市场。

同年　全区开展“五好家属”竞赛活动，评出“五好家属”172人。街办和区办企业开展“五好职工”竞赛活动，评出“五好职工”40人（“五好”包括破旧俗，立新风；用社会主义思想正确处理恋爱、婚姻、夫妻和睦和家庭问题；尊婆爱媳；实行计划生育；精心培养后代五个方面）。

1981 年

2 月　耿义德任矿区区委书记。

3 月 18 日　根据省委常委会议意见，决定任命耿义德为矿区区委书记，王伟堂为矿区区委副书记。

3 月　矿区所辖沙坪、红卫、红旗、向阳、红旗岗 5 个人民公社分别改建为沙坪、赛鱼、小南坑、桥头、平潭街 5 个街道办事处，为矿区革命委员会的派出机构。

同月　全区开展第一个“文明礼貌月”活动。

5 月 2 日至 3 日　中共中央政治局委员、国务院副总理余秋里到阳泉矿务局视察慰问。

5 月 9 日　矿区百货大楼建成营业。营业面积 3030 平方米，是矿区境内最大的综合商店。

7 月 22 日　20 时许，三矿俱乐部发生爆炸，死 32 人，伤 127 人，直接经济损失 30 万元。罪犯高海平当场身亡。

9 月 1 日至 7 日　矿区人大一届一次会议召开，选举翟吉义为常务委员会主任，王伟堂当选为区长。会议确定了“为煤炭生产服务，为矿区人民生活服务”的“双服务”工作方针。

12 月 15 日　共青团矿区第一次代表大会召开，选举产生了共青团矿区第一届委员会。

1982 年

3 月 1 日　阳泉矿务局、阳泉市商业局、阳泉发电厂、阳泉金属支柱厂民兵工作划归矿区武装部领导。

6 月 26 日　矿区人民武装委员会成立。

9 月 29 日　石太铁路电气化改造工程全线告竣。

10 月　阳泉矿务局贵石沟施工处成立。翌年 4 月更名为阳泉矿务局第二工程处。该处为矿建、土建、机电安装综合工程处。

11 月 5 日至 10 日　中国共产党阳泉市矿区第一次代表大会召开，耿义德当选为书记。

11 月　中共阳泉市矿区委员会纪律检查委员会成立，为区委的工作机构。

12 月 18 日　小南坑街道办事处更名为蔡洼街道办事处。

12 月 31 日　矿区镶雕工艺制品厂成立。1985 年 5 月，改称阳泉市社会福利工艺制品厂。

1983 年

2 月 1 日　矿区弹簧厂 1511 布机弹簧达省优产品标准，该厂技术攻关组被市人民政府授予“科技先进单位”称号。

2 月 3 日至 4 日　矿区首届工会代表大会举行，矿区总工会成立。

4 月 27 日　矿区社会主义劳动竞赛委员会成立。

5 月 17 日　中国人民解放军基建工程兵 00433 部队奉命集体转业，改建为阳泉矿务局第三工程处。

6 月 17 日　矿区初级中学成立，9 月 17 日开始招收新生。

6 月　阳泉市个体劳动者协会矿区分会成立，1987 年 5 月更名为阳泉市矿区个体劳动者协会。

9 月 13 日至 15 日　山西省省长王森浩到阳泉矿务局视察工作。

10 月 28 日　中共阳泉市委任命郭彦庚为矿区区委书记。

12 月　中共阳泉市矿区委员会纪律检查委员会改名为中共阳泉市矿区纪律检查委员会，升格为副县级机构。

1984 年

4 月 17 日　根据市政府决定，矿区人民政府在贵石沟矿区设立贵石沟街道办事处。

5 月 26 日至 31 日　矿区人大二届一次会议举行，选举董义琦为区人大常务委员会主任，杨宝国当选为区长。

5 月　在阳泉矿务局第三工程处支持下，矿区政府投资 25 万元，在贵石沟成立预制厂，安置原基建工程兵驻贵石沟部队的随军家属。

6 月　矿区妇幼保健院成立，1999 年更名为矿区妇幼保健院。

8 月 10 日　矿区总工会发文，决定在街道集体企业建立工会组织。阳泉市总工会转发该文件，要求所属工会参照执行。

12 月 20 日　阳泉矿务局五矿成立。

同日　贵石沟六号层斜井建成投产，设计生产能力年产原煤 45 万吨。

12 月　矿务局退休职工周竹堂自筹资金，创办阳泉市矿区矿山技术设备研究所，此为全市第一个民办科研机构。

同年　矿区卫生防疫站成立。

1985 年

3 月 14 日　贵石沟矿区铁路专用线开通，该线年运输能力 450 万吨。

3 月　五矿小井选煤厂建成投产，设计原煤洗选能力 90 万吨/年。

4 月 2 日　区委、区政府下发《关于贯彻落实〈山西省以增强企业活力为中心的经济体制改革实施方案〉的意见》，要求激活企业发展活力，增强企业发展后劲，推进全区经济发展。

7 月 1 日　阳泉市城区北大街街道办事处测石居民区划归矿区赛鱼街道办事处管辖。

7 月　国家铁道部部长丁关根到阳泉矿务局四矿了解煤炭生产、运输、储存情况。

8 月 17 日至 18 日　煤炭工业部部长于洪恩到阳泉矿务局视察工作。

10 月　阳泉矿务局矿史编写组编纂、姚富祥执笔的《阳泉煤矿史》由山西人民出版社出版。

12 月 3 日　《山西工人报》刊登长篇通讯，介绍矿务局二矿工会代主席葛德林生前全心全意为矿工服务的先进事迹。随后阳泉市总工会、山西省总工会、中共阳泉市委分别作出向葛德林学习的决定。

12 月　经山西省人民政府批准，阳泉矿务局根据国务院政策规定，将首批 2604 户井下职工的家属由农村户口转为城市户口。

1986 年

1 月　《工人日报》头版头条刊登通讯《忠于职工群众的公仆》，介绍阳泉矿务局二矿工会代主席葛德林全心全意为矿工服务的先进事迹。该报还同时发表评论员文章《全心全意为职工群众服务》。

同月　民盟阳泉矿务局一中支部成立。

3 月 1 日　在全国计划生育“双先”表彰会上，阳泉矿务局一矿选煤厂被国家计划生育委员会授予“全国计划生育先进集体”称号，平淹街街道办事处计划生育助理员张翠茹被国家计划生育委员会授予“全国计划生育先进工作者”称号。

5 月 10 日　矿区人民武装部改归地方建制，级别定为副县级。

5 月 24 日至 29 日　矿区政协一届一次会议召开，王伟堂当选为区政协主席。

12 月 28 日至 30 日　中国共产党阳泉市矿区第二次代表大会召开，郭彦庚当选为区委书记。

12 月　菜洼街道办事处更名为蔡洼街道办事处。

1987 年

5 月 29 日至 6 月 4 日　矿区政协二届一次会议举行，张书田当选为区政协主席。

5 月 31 日至 6 月 6 日　矿区人大三届一次会议举行，选举董义琦为常务委员会主任，王克恭当选为区长。

9 月 2 日　当天 20 时，阳泉四矿四尺煤 31 采区煤仓发生水煤溃泄事故，致水煤淤积巷道 210 米，6 人被淹埋而死亡，造成直接经济损失 1.5 万元。

9 月 18 日　矿区科学技术协会成立。

10 月　矿区卫生院成立。

1988 年

1 月 1 日　中共中央政治局常委、书记处书记胡启立专程到阳泉矿务局视察，深入采煤工作面，看望煤矿工人，与职工一起欢度新年。

2 月　中国民主促进会阳泉矿务局支部成立。

3 月 1 日　中顾委委员王谦、池必卿、马兴元等到阳泉矿务局调研，并于当晚到阳泉矿务局一矿观看元宵节花灯会。

5 月 18 日　矿区消费者协会成立。

5 月 28 日　中国国民党革命委员会阳泉矿务局支部成立。

10 月 22 日至 23 日　国家能源部部长黄毅诚视察阳泉矿务局。

同年　矿区统计局编印《国民经济统计资料》。至 2011 年年底，共编辑成书 14 卷，约 140 余万字。

1989 年

2 月 15 日　全市财税工作会议确定了县区新的财政体制。阳泉市对矿区实行收入递增包干办法，确定递增率为 9%，一定三年不变。

5 月　中国农工民主党阳泉矿务局总支委员会成立。

7 月 10 日　山西省省长王森浩到阳泉矿务局机厂视察。

10 月 7 日　矿区桥东街（河神庙—四矿口）街道改造一期工程动工，全长 1080 米，路面平均宽度 11 米。

10 月　姚富祥主编的《阳泉矿务局四十年》由山西人民出版社出版。

11 月 14 日　矿区残疾人联合会成立。

1990 年

3 月 24 日　阳泉矿务局被中国统配煤矿总公司命名为质量标准化矿务局和现代化矿务局。

4 月 29 日　阳泉矿务局第一支民兵应急分队在四矿成立。

6 月 4 日至 9 日　矿区政协三届一次会议举行，卫怀义当选为政协主席。

6 月 5 日至 12 日　矿区人大四届一次会议举行，选举张宸为人大常务委员会主任，王克恭当选为区长。

7 月 11 日　桃河上游郊区旧街乡境内凌晨骤降暴雨，2 小时降水量 120 毫米，造成山洪暴发，桃河洪峰流量达 1500 立方米/秒，农田和交通水利设施严重受损，石太铁路中断运行 5.5 小时。

9 月 3 日　矿区召开经济体制改革工作会议，研究企业第二轮经营承包工作。

9 月 13 日至 15 日　中国共产党阳泉市矿区第三次代表大会召开，张希祯当选为区委书记。

10 月 11 日　区政府召开贯彻落实《中华人民共和国城市居民委员会组织法》动员大会，全区 114 个居委会进行了选举。

10 月　阳泉市矿区国防教育委员会成立。

12 月 5 日　国家能源部主持召开阳泉矿区总体发展规划审查会，原则通过了《阳泉矿区总体发展规划》。

1991 年

1 月 25 日　全区开展以整顿市容环境卫生、交通秩序、集贸市场、食品卫生为内容的“四整顿”活动月活动。

1 月 28 日　全区召开“扫黄”工作会议。

3 月　中国民主同盟会矿区综合支部成立。

7 月 24 日　矿区 14300 多名干部、职工、家属及个体工商人士，向灾区人民捐款 35895.47 元，全部送交市民政局寄往灾区。

9 月 28 日　贵石沟造纸厂技术改造工程竣工投产。

10 月 21 日　山西省委书记王茂林到贵石沟新区视察。

10 月　阳泉矿务局一矿“十级洗中块煤”获国家银质奖章，成为阳泉矿务局首个国优产品。

12 月 19 日　五矿大井及选煤厂正式投产（年处理原煤能力 400 万吨）。国家煤炭工业部部长高扬文等领导为矿井投产剪彩。

1992 年

1 月 15 日　区政府出台《关于进一步搞活和发展矿区集体经济若干规定》。

2 月 13 日　区政府出台《关于调整产品结构的实施意见》。

4 月 11 日至 12 日　国家能源部副部长、中国统配煤矿总公司总经理胡富国，专程视察阳泉矿务局。

4 月 22 日　区政府出台《关于深化企业劳动、人事、工资制度改革的实施意见》，确定弹簧厂、桥头钢窗厂、沙坪第一百货门市部、沙坪办事处 4 个单位为相关改革的试点单位。

4 月 30 日　矿区河神庙市场开业。该市场总投资 107 万元，营业面积 5590 平方米，可容纳 360 个摊位。

5 月 15 日　区政府出台《关于进一步解放思想，深化改革，加速矿区经济发展的意见》，提出实施“51811”工程计划。

5 月 26 日至 27 日　国务院副总理朱镕基视察阳泉矿务局，就扭亏增盈、多种经营、发展第三产业、煤炭外运，以及阳泉矿区吃水、住房等问题作出指示。

6 月 27 日　区政府召开矿区助残募捐表彰大会。全区共募集善款 111893.43 元，名列全市三区两县之首。

7 月 16 日至 18 日　联合国经济社会发展能源环保专家密灵翰和采矿环保专家弗罗杰夫到阳煤集团实地考察二矿、四矿矸山灭火覆盖治理和三矿矿井水复用等环保工作，认为矸山综合治理特别是灭火工作是一项开拓性创举。

10 月 10 日　区政府出台《关于“八五”后三年加速经济发展的意见》。

10 月 29 日　山西省委常委、省军区政委曹丁到矿区检查民兵工作和国防教育工作。

12 月 26 日　矿区环卫基地建成。该基地总投资 140 万元，占地面积 3400 平方米，建筑面积 1300 平方米。

12月29日　区政府出台《关于加速发展第三产业的意见》。

同年　全国人大常委、电子工业部原部长张挺等一行到阳泉矿务局视察。

1993 年

1月18日　区房地产开发公司举行开业典礼。

4月21日　阳泉矿务局矿灯厂正式投产。

5月7日　阳泉市矿区医院在原矿区卫生院的基础上建成开诊。

5月18日　国务院副总理邹家华到阳泉矿务局视察。

6月4日至8日　矿区政协四届一次会议举行，卫怀义当选为政协主席。

6月5日至10日　矿区人大五届一次会议举行，选举张宸为人大常务委员会主任，李儒泉当选为区长。

6月27日至29日　中国共产党阳泉市矿区第四次代表大会召开，张希祯当选为区委书记。

8月6日　山西省军区司令员陈玉田到矿区视察民兵工作。

8月30日　在阳泉市首届职工技术大赛上，阳泉矿务局代表团获团体总分第一名。

9月6日　山西省委常委、省军区司令员董云海视察矿区民兵建设工作。

10月5日至7日　全省民兵参加维护社会治安经验交流会在阳泉市矿区召开，阳泉矿务局、矿务局一矿和四矿分别介绍了经验，被省委、省政府、省军区授予“组织发动民兵参加维护社会治安先进单位”和“民兵维护社会治安先进单位”的光荣称号。山西省委书记、省军区党委第一书记胡富国，省委副书记、代省长、省人民武装委员会主任孙文盛，省人大常委会主任卢功勋，省委常委、省军区司令员董云海等领导参加了会议，充分肯定阳泉矿务局民兵参加维护社会治安的经验。

10月13日　由阳泉矿务局四矿多营和台湾昱建有限公司共同投资400万元合办的“山西泉顺制鞋有限公司”正式投产。

1994 年

4月15日　桥头钢窗厂研制出性能优越的彩板门窗。

5月12日　在首届中国金属技术与产品博览会上，阳泉矿务局四矿矿筛厂生产的筛板获金奖。

5月28日　山西省委书记胡富国为阳泉矿务局洪城河小学多功能教学综合大楼剪彩。

6月8日　阳泉矿务局蓝天技术开发公司成立。

7月16日　翔达金属复合材料有限公司引进的金属复合材料项目、区矿灯厂开发的硅胶托辊、赛鱼陶粒砂厂生产的陶粒砂在北京举办的首届城镇集体企业产品成果展示会获奖。

8月19日　山西兆丰铝冶有限公司成立。

10月30日　区房地产开发公司、区弹簧厂等7家企业推行全员劳动合同制，落实企业用工自主权。

11月25日　矿区工商联召开第一次会员代表大会，选举产生了第一届执行委员会。

12月1日　桥头生产资料市场开业。该市场投资15万元，占地面积40000平方米，营业面积5000平方米。

同日　赛鱼集贸市场开业。该市场投资470万元，营业面积3263平方米，可容纳摊位400个。

12月8日　矿区完成307国道矿区段修路任务。共投义务工11000余个，动用机具1000余台班，回填土方32910立方米，并一次性验收合格。

12月　九三学社阳泉矿务局支社成立，2006年元月更名为九三学社阳泉市矿区支社。

12月　区委组织部、党史研究室、矿区档案局编纂，梁怀玉主编的《中国共产党山西省阳泉市矿区组织史资料·第一卷（1945.7～1987.10）》由山西人民出版社出版。

1995 年

3 月　矿区公安分局依法取缔“门牌会”组织。

5 月 8 日　郊区辛兴乡柳渠和上庄两地发生森林火灾。矿区人武部组织 350 名民兵，调用 11 部车辆，历时 8 个多小时将火扑灭。

5 月 15 日　阳泉矿务局制定《关于加快分流转岗步伐，实现减人提效目标的实施办法》。

7 月上旬　阳泉矿务局机电总厂研制的 ZFS4400/16.5/26 型放顶煤液压支护、ZFBZ2200 型轻型放顶煤支架获得成功并通过国家检验。

8 月 15 日　矿区举行“纪念抗战胜利 50 周年·黄河颂”歌咏比赛，12 个部门和单位的 600 余人参加了比赛。

8 月　全区展开打击卖淫嫖娼专项行动。至 9 月，共查封变相赌博游戏厅 6 个，取缔无证经营的歌舞厅、放像厅、卡拉 OK 歌厅 6 个，打掉卖淫嫖娼窝点 23 个，涉及成员 195 名。

11 月 17 日　山西省委常委、省军区司令员董云海到阳泉矿务局预备役军校（职业二校）检查指导工作。

1996 年

4 月 1 日　阳泉市矿区人民武装部重新收归军队建制，改称“中国人民解放军山西省阳泉市矿区人民武装部”，受阳泉军分区和矿区区委、区政府的双重领导，为正团级建制。

4 月 3 日　北京军区副司令员梁光烈中将到阳泉矿务局预备役军校视察。

4 月 16 日　山西省委书记胡富国、省政协主席郭裕怀等领导视察 307 国道工程。

4 月 24 日　国家煤炭工业部部长王森浩到阳泉矿务局视察工作。

4 月　全区展开打击犯罪团伙、扫除社会恶势力行动。至 11 月，共破获各类刑事案件 345 起，其中重大案件 137 起，打掉各类违法犯罪团伙 97 个。

6 月 20 日　全国煤矿推广阳泉矿务局防治瓦斯经验交流会在阳泉矿务局召开。

6 月 22 日　太旧高速公路配套工程赛鱼路改扩建工程竣工通车。市委、市政府在赛鱼主会场举行隆重庆典。全国政协副主席杨汝岱，中国干部教育协会主席王定国，省领导胡富国、孙文盛、王云龙、梁国英、路正西和原省级领导王庭栋、霍泛等出席通车典礼。

7 月 18 日　山西兆丰铝冶有限公司正式投产。

8 月 22 日　阳泉矿务局计算机网络系统互联工程通过终试验收，阳泉矿务局信息公路建成。

8 月　区政府出台《关于加快经济发展的若干优惠政策》，扶持区属工商企业加快发展。

10 月　区政府决定改造平潭旧区，制定出台了《平潭旧区改造搬迁安置方案》。

11 月 7 日　阳泉矿务局煤层气开发总公司成立。

12 月 21 日　阳泉市京宇磁材有限公司成立。

12 月 26 日　由阳泉矿务局和北京军区后勤部企业局等 6 家单位共同投资 7000 万元兴建的安庆大酒店举行开工庆典。

1997 年

1 月 16 日至 17 日　山西省委书记胡富国到矿区视察指导工作，看望贫困户和工残职工，向阳泉矿务局 20 万职工家属拜年。

1 月 29 日　阳泉市安全文明小区现场会在矿区召开，250 余人参加了会议。

2 月 17 日　山西省委书记胡富国率领省五大班子和全省各地市领导到阳泉矿务局视察文明局矿建设工作。

3月20日至24日　全国著名经济学家厉以宁教授到阳泉矿务局指导工作，作了《现代企业制度与市场经济》的报告。

3月20日至24日　矿区人大五届五次会议召开，选举张宸为常务委员会主任，李体柱当选为区长。

4月4日　阳泉市委、市政府批准《阳泉市矿区党政机构改革方案》，方案规定矿区设党政机构25个，定编308人。

5月18日　山西新派塑胶有限公司成立。

5月　阳泉矿务局被命名为“山西省精神文明建设先进企业”和“1995～1996年度山西省思想政治工作优秀企业”。

7月3日　山西省委常委、省军区司令员刘荫超视察矿区民兵应急分队工作。

7月14日　矿区进行流动人口普查。

7月　李体柱任中共阳泉市矿区区委书记。

8月18日　平潭旧区改造工程奠基开工。

8月23日　“阳泉矿务局瓦斯综合治理技术的研究”项目获煤炭部第十五次科技进步特等奖。

9月8日　全国人大常委会副委员长费孝通视察阳泉矿务局三矿改扩建工程。

9月22日　阳泉市计划生育流动人口管理现场会暨城市工作经验交流会在矿区召开。

10月1日　矿区被确定为阳泉市统计体制改革试点单位。

10月7日　国家科委正式批准阳泉市矿区为“全国科技工作城区”，阳泉市矿区跨入全国科技工作先进区行列。

10月17日　阳泉矿务局发供电总公司举行挂牌揭幕仪式。

10月　新景矿选煤厂建成投产，设计洗选能力360万吨/年。

11月17日　矿区国防动员委员会成立，原矿区人民防空委员会撤销，职能并入国防动员委员会。

11月24日　阳泉矿务局总务处和水电处合并，成立升华实业总公司。

12月20日　国家煤炭部人事司宣布，阳泉矿务局改建为国有独资公司，更名为阳泉煤业（集团）有限责任公司。

12月　区政府出台《阳泉市矿区加快企业改革实施意见》，全区13个区直企业均改为股份合作制企业。

1998年

2月1日　区政府改革机关公务用车制度，成立机关车辆管理中心。

1月24日　山西省委书记胡富国到阳煤集团慰问职工。

2月18日　阳煤集团召开成立大会。国家煤炭部部长王森浩到会并听取阳煤集团工作汇报。

5月17日　全国人大财经委副主任、原能源部部长黄毅诚到三矿新井视察，详细听取了三矿新井的建设情况汇报。

5月19日至21日　中国共产党阳泉市矿区第五次代表大会召开。李体柱当选为区委书记。

5月25日至29日　矿区政协五届一次会议召开，王银锁当选为主席。

5月26日至31日　矿区人大六届一次会议召开，选举王善桂为人大常务委员会主任，冯岩松当选为区长。

6月18日　阳泉市外国语学校在矿区成立。

7月7日　全区深入开展创建卫生城市和城市环境综合整顿活动，投资300万元解决“脏乱差”问题，涌现红旗单位21个，文明单位65个，文明居民区46个。

7 月 30 日　国家建设部在阳煤集团召开彩板门窗型材产品标准编制工作会议。阳煤集团方正门窗有限责任公司为六家参编单位之一。

7 月　矿区深入开展反对邪教组织斗争。

8 月 4 日　赛鱼地区发生霍乱疫情，经采取强制防控措施，疫情得到有效控制。

10 月 1 日　阳煤集团新景矿成立。

10 月 27 日　国家水泥质量监督检验中心公布第六次全国水泥化学分析大对比结果，阳煤集团水泥厂被评为全合格单位。

12 月 25 日　区政府投资 12 万元，建立计算机信息工程网站。

1999 年

3 月 16 日　阳煤集团精简重组机关处室，由原来的 21 个减少为 16 个，机关管理人员由 1997 年前的 1341 人减少为 269 人。

3 月 26 日　阳煤集团房地产总公司揭牌。

5 月 18 日　阳煤集团五林煤炭有限责任公司成立。

5 月 27 日　山西省委书记胡富国到阳煤集团调研。

5 月　《阳泉矿区报》创刊。

7 月　矿区地方志编纂委员会编纂、赵联庆主编的《阳泉市矿区志》由中华书局出版。

12 月 27 日　阳煤集团组建煤质检测管理中心和铁路运输公司。

同日　在山西省文化先进县区经验交流会上，省政府授予矿区“全省文化先进县区”称号。

年内　矿区文联举行第一次代表大会。

2000 年

1 月 5 日　矿区被山西省民政厅列为社区建设实验区。

同日　山西国阳新能股份有限公司成立。

1 月 25 日　矿区召开私营企业工会联合会第一次会员代表大会。

4 月 5 日　山西省委书记田成平到阳煤集团兆丰铝冶公司调研。

5 月 1 日　矿区创建民营科技园区。

5 月　矿区被全国拥军优属拥政爱民工作领导小组和国家民政部授予全国“爱心献功臣行动”先进区。

6 月 6 日　矿区组织 500 名机关干部深入街道社区进行社会调查，走访了 5000 余户居民。

6 月 9 日　山西国辰建设工程设计咨询有限责任公司成立，为阳煤集团下属子公司，资质为煤炭乙级，并拥有建筑乙级和勘察乙级资质。该公司又称阳煤集团设计研究院。

7 月　矿区将全区 150 个居民区调整为 39 个社区，各社区建立了居民委员会。

同月　区委组织部编纂，李富平主编的《中国共产党山西省阳泉市矿区组织史资料 · 第二卷（1987.10～1998.6）》由山西人民出版社出版发行。

8 月 4 日　矿区初级卫生保健工作通过省级验收，实现了“人人享有卫生保健”目标。

8 月 4 日　山西省重点煤炭企业扭亏脱困工作会议在阳煤集团召开，副省长杨志明出席会议并作了题为《迎难而上，开拓市场，打好国有重点煤矿扭亏脱困攻坚硬仗》的讲话。

8 月　高全怀任中共阳泉市矿区区委书记。

9 月 13 日　阳煤集团授予三矿竖井运输队电车班班长薛国仁“矿山鲁班”荣誉称号。

9 月 30 日　阳泉市桃北西路维修工程竣工通车。

11 月 10 日　区政府出台《关于加强社区居委会民主建设实行规范管理的方案》。

11 月 25 日至 26 日　山西省推进社区建设阳泉矿区座谈会召开。国家民政部副部长李宝库、山西省副省长范堆相在会议期间与参会代表先后到平潭街道平潭社区、沙坪街道桥南园社区、桥头街道桥头社区、蔡洼街道小南坑社区、赛鱼街道虎尾沟社区进行参观。

12 月 31 日　日潭小区安居工程基本竣工。

2001 年

4 月 18 日　山西省委书记田成平到阳煤集团京宇磁材公司考察。

同日　阳泉市公安局西城分局、阳煤集团保卫处成立。

6 月 12 日　在国务院召开的全国基础教育工作会议上，阳煤集团荣获全国“两基”（基本普及九年义务教育和基本扫除青壮年文盲）工作先进单位称号。

6 月 28 日至 7 月 2 日　矿区人大六届四次会议召开，选举冯俊杰为常务委员会主任，董仙桃当选为区长。

7 月 1 日　在庆祝建党 80 周年大会上，阳煤集团一矿党委被中共中央授予“全国先进基层党组织”荣誉。

9 月 29 日　山西奥伦胶带有限责任公司挂牌成立。

10 月 10 日　区政府决定对政府机构进行精简改革，机构由 25 个精简为 19 个，政府系统 19 个部门编制完成了“三定”方案，规范调整职能 22 项。

10 月 17 日　区政府制定下发了《矿区关于实施〈阳泉市城市居民最低生活保障办法〉的实施细则》。

11 月 15 日　山西省政府对阳煤集团正式实行国有资产授权经营。山西省委常委、副省长王显政受省长刘振华委托，代表省政府与阳煤集团签订了国有资产授权经营协议书。

12 月 25 日　区政府出台《矿区关于社区职能界定的意见》。

2002 年

4 月 29 日　阳煤集团荣获“全国五一劳动奖状”。

6 月　中国民主建国会矿区支部成立。

7 月 1 日　阳煤集团开元公司投产。四矿结束百年采矿史，顺利接续开元公司。

8 月 6 日　山西省委书记田成平视察矿区宏苑小区。

10 月　马骥任中共阳泉市矿区区委书记。

同月　全省安全生产工作暨煤矿瓦斯治理现场会在阳煤集团召开，山西省副省长靳善忠出席大会并作重要讲话。

11 月 6 日　阳煤集团一矿被中央精神文明建设指导委员会授予“全国精神文明建设先进单位”称号。

11 月 9 日　阳煤集团四矿因资源枯竭破产，重组为天兴公司。

同年　中国人民解放军总参谋部、总政治部授予一矿武装部“全国基层民兵预备役工作先进单位”称号。

同年　平潭旧区改造工程全面竣工。

2003 年

4 月 11 日至 13 日　中国共产党阳泉市矿区第六次代表大会召开。马骥当选为区委书记。

4 月 14 日　山西省委副书记、省长刘振华视察阳煤集团兆丰公司和煤电铝工业园区。

4 月 23 日至 27 日　矿区政协六届一次会议召开，赵德华当选为政协主席。

4月25日至28日　矿区人大七届一次会议召开，选举冯俊杰为人大常务委员会主任，董仙桃当选为区长。

6月12日　山西省委书记田成平视察阳煤集团兆丰公司。

7月31日　经中国证券监督管理委员会核准，山西国阳新能股份有限公司向社会公开发行人民币普通股股票15000万股。

8月14日　12时40分，阳煤集团三矿裕公井扩二区南六掘进工作面发生瓦斯爆炸，28名矿工遇难。

8月　在马家坪旧区改造施工中，发现距今约2000年的东汉家族古墓。

11月23日　国家安全生产监督管理局及国家煤矿安全监察局局长、党组书记王显政到阳煤集团检查指导工作。

12月　设置南台社区，属蔡洼街道办事处。

同年　全区开展上消化道疾病普查，共普查3万余人。300余名街道干部、社区干部、医务人员和企事业单位管理人员参与了此项工作。

2004年

1月16日　《阳泉矿区报》改名为《阳泉矿区》。

1月　区政府出台《关于改革行政审批制度的意见》。

3月18日　矿区进行政府机构改革。

3月29日　盂县诸龙山发生森林火灾，矿区人武部调集一矿民兵应急分队百余名队员赶赴火场，激战40多个小时，及时控制了火势，取得灭火胜利。

4月5日　区政府与阳煤集团联合印发了《关于全面推进共驻共建加强社区基础设施建设的实施方案》。方案规定，用两年左右的时间，在全区40个社区建成高标准社区综合服务楼，完善社区服务基础设施，为社区居民和阳煤集团职工家庭提供良好的服务。

4月30日　山西省委书记田成平到矿区考察构建煤电铝产业链和能源型城市转型工作。

5月25日　矿区成立特困职工援助中心，建立援助特困职工长效捐赠机制。

5月26日　国家计生委主任张维庆到新景矿考察了解计生工作开展情况。

8月4日　矿区在全区开展创建“平安矿区”活动。

8月16日　区政府决定成立贵石沟工业园区，区委办公室下发《关于成立贵石沟工业园区管理委员会的通知》。

9月2日　山西省委副书记、省长张宝顺到阳煤集团视察指导工作。

9月6日　区政府出台《矿区关于加强街道和社区劳动保障平台建设的实施意见》。

9月23日　区委办公室下发《关于成立简子沟开发项目领导组的通知》，黄俊德任组长。

10月30日　山西省政协主席刘泽民等省领导到阳煤集团氧化铝项目工地、兆丰公司、煤矸石电厂工地调研。

同年　矿区卫生防疫站按照全国结核病防治规范的要求，启动全球基金结核病控制项目，全面实施“全程监督短程化疗”防治策略，对初治涂阳和复治涂阳病人实行免费诊断和治疗。

2005年

2月4日　区委下发《关于在全区开展以实践“三个代表”重要思想为主要内容的保持共产党员先进性教育活动的实施意见》。

3月18日　山西亚美耐火材料有限公司揭牌。

4月14日　山西省委书记田成平视察阳煤集团氧化铝工地。

5月16日　中国文联副主席、中国曲协主席、著名评书表演艺术家刘兰芳率团在一矿俱乐部进行慰问演出。

5月26日　民革西城支部成立。

5月31日　区政府出台《阳泉市矿区特困家庭子女上大学资助实施办法（试行）》。

6月21日至23日　由中国能源化学工会、中国煤炭工业协会主办的“国阳新能杯”全国煤炭行业矿灯管理工技术大赛在阳煤集团三矿举行。

6月24日　市自来水公司和阳煤集团签字，分步彻底解决居民吃水问题。

6月　矿区疾病预防控制中心、矿区卫生监督所成立。

7月30日　阳煤集团党委作出《关于向郑拴龙同志学习的决定》。

8月1日　区委、区政府下发《关于转发〈关于在全区开展联动大接访工作的实施意见〉》。

8月　矿区文化广场工程全面竣工。

10月18日　矿区下发《关于成立接收阳煤集团企业办中小学校工作领导组的通知》，董仙桃任组长。

10月21日　区政府出台《关于接收阳煤集团企业办中小学校的实施方案》。

10月26日　一矿被评为“全国文明单位”。

11月3日　区政府与阳煤集团联合出台《关于拆除蒙河沿线违法违章建筑的实施方案》，以确保由市委市政府组织、区委区政府协调、阳煤集团投入巨资并组织施工的蒙河治理工程的顺利实施。

11月21日至22日　山西省委副书记、代省长于幼军视察阳煤集团。

12月10日　俄罗斯南库兹巴斯奥矿综放工作面技术服务合同签字仪式在阳煤集团举行，阳煤集团首次向国外输出技术项目。

12月11日　阳煤集团与中国信达资产管理公司等金融机构签订债转股协议，阳煤集团由国有独资公司变为由多个股东共同出资的有限责任公司。

12月19日　区政府下达《关于改革统计管理体制，实行在地统计的通知》。

12月30日　阳煤集团25所中小学校整体移交地方政府。

12月　中共阳泉市矿区区委党史研究室编纂、史润才主编的《中国共产党阳泉市矿区历史纪事·（1924.7～2000.12）》由山西人民出版社正式出版发行。

年内　矿区统计局编印《经济普查年鉴》。

2006年

1月9日　在全国科学技术大会上，由阳煤集团和煤科院重庆分院完成的《高瓦斯易燃煤层高产高效综放面瓦斯综合治理技术研究与应用》项目获国家科学技术进步二等奖。

1月16日　矿区荣获全国计生优质服务先进区称号。

4月5日　马家坪系列杀人案告破。

5月17日　在煤炭工业科技进步评价专家评审会上，阳煤集团二矿荣获“科技创新型矿井”称号。

5月25日　阳煤集团《煤质管理创新与应用》获中国煤炭工业协会一等奖。

6月16日　阳煤集团与华润电力、香港南亚洲公司、山西省煤运阳泉分公司在太原正式签署《关于合作建设晋东循环经济带煤电项目之框架协议》。山西省委副书记、省长于幼军等领导参加了签署仪式并与各方代表进行了座谈。

6月19日至20日　中国共产党阳泉市矿区第七次代表大会召开。董仙桃当选为区委书记。

6月26日　氯碱公司10万吨聚氯乙烯项目一期工程投产，进入试生产阶段。聚氯乙烯项目是省、市、阳煤集团重点调产项目，项目总投资47699万元。

6月27日　阳煤集团煤矸石电厂1号机组正式投产发电，进入商业化运作状态。

6月28日　100万吨水泥项目投产点火，标志着阳煤集团水泥产业成功实现优化升级。

7月1日　二矿党委被命名为“全国先进基层党组织”。

7月4日　阳煤集团劳动预备制培训十周年成果展示会召开。

7月13日　山西省国有重点和地方骨干煤矿安全管理现场会在阳煤集团召开。山西省副省长靳善忠出席会议并作重要讲话。

8月14日至15日　连降大雨，小南沟洪流暴发，辰光热电有限责任公司倾倒的粉煤灰沿沟下泻。华越公司、供应科木场、小南沟自建区、铁路宿舍等单位和居民遭受粉煤灰溃泻灾害，有79户居民229人受灾，经估算损失达7400余万元。阳煤集团和各单位奋力救灾。

9月3日　40.5万千瓦煤矸石电厂、百万吨水泥厂、十万吨聚氯乙烯项目竣工投产。省委书记张宝顺、省长于幼军为阳煤集团这三大非煤项目剪彩。

9月8日　山西省煤炭企业座谈会在阳煤集团召开。国家安全生产监督管理总局副局长王显政、国家煤矿安全监察局副局长彭建勋等领导出席会议。

9月15日　西河路小学荣获第二届中国青少年创新奖，王兆国颁奖。

9月26日　山西省军区政委李国辉到矿区检查国防教育工作。

9月30日　国家发改委、科技部、财政部、海关总署、国家税务总局联合发表2006年第67号公告，认定阳泉煤业（集团）有限责任公司技术中心为第十三批享受优惠政策的国家级企业（集团）技术中心。

11月18日　由国家煤矿安全监察局局长赵铁锤带队的国务院安委会整顿关闭煤矿督察组到阳煤集团检查指导工作。

12月10日　阳煤集团工程质量检测中心获国家实验室资格。

12月11日至15日　《三晋都市报》连载郭玉田、荆升文采写的通讯《阳泉媳妇：“婆婆，您比亲妈还要亲”》，报道了阳泉市矿区蔡东社区居民黄代小15年照顾身患重病儿媳的事迹，在全国引起强烈反响，被《人民日报》《光明日报》《山西日报》等30多家媒体转载，中央电视台、山西电视台播发了黄代小的事迹。

同年　西河地区整体改造规划、简子沟地区改造工程修建性详细规划、太行国际新城规划、桃北路景观大道规划出台。

2007年

1月9日　区政府出台《关于振兴矿区矿山机械制造业的实施方案》。

1月16日　阳煤集团与华润电力控股有限公司、香港南亚洲能源投资有限公司签署“晋东循环经济带煤电项目之框架协议”。

3月24日　阳煤集团与山西国际电力集团签订中长期战略合作伙伴关系协议书。

3月　区政协文史资料委员会编辑出版《阳泉矿区文史》。第一辑为平潭街专辑。

4月11日　在第十一届煤炭企业科技进步评价工作会上，阳煤集团获“煤炭工业科技进步十佳企业”称号。新景矿获“煤炭工业科技创新型矿井”称号，五矿获“煤炭工业科技进步优秀矿井”称号。

4月11日　阳煤集团《高瓦斯矿井陷落柱密集区松散顶板条件下开采技术的研究与应用》项目被评为2006年煤炭工业十大科技成果。

4月15日　在首届寻找感动中国矿工活动中，二矿副矿长郑拴龙被推选为“兖矿杯·寻找感动中国矿工”十大杰出人物。

4月19日至23日　矿区政协七届一次会议召开，苏满晓当选为政协主席。

4 月 20 日至 24 日　矿区人大八届一次会议召开，选举孙彦增为人大常务委员会主任，张清河当选为区长。

4 月 28 日　阳煤集团二矿获全国“五一”劳动奖状。

5 月 16 日　山西省委书记、省人大常委会主任张宝顺到马家坪馨康家园住宅小区视察指导。

6 月 15 日　区政府下发《关于发展城市社区卫生服务的实施意见》。

6 月 30 日　阳煤集团氧化铝项目进入试生产阶段，3 号锅炉点火。

6 月　矿区在各街道办事处设立街道政协工作委员会。

7 月 6 日　矿区启动“天网工程”。

8 月 5 日　含氧煤层气分离液化工业实验在五矿实验工厂获得成功。

8 月 31 日　阳煤集团非煤重点项目——120 万米输送带项目投入试生产。

9 月 10 日　全煤系统岗位价值精细管理现场推广会在阳煤集团召开。

10 月 30 日至 31 日　山西省委副书记、代省长孟学农到阳煤集团调研。

11 月 18 日　二矿矿工广场投入使用，该广场面积为 28861 平方米。

11 月 29 日　阳煤集团与美国铝业公司签署战略合作框架协议。山西省委书记、省人大常委会主任张宝顺出席了签字仪式并会见了美国铝业公司副总裁杰克·斯沃特。

12 月 17 日　北大街过街人行天桥正式通行。

12 月 20 日　阳煤集团与山西国际电力集团有限公司举行煤电战略合作签字仪式。

12 月 26 日　区政府下达《关于中小学体育场馆首批纳入公共开放范围的通知》，要求扩展公共体育场地，扩大人民群众的业余生活空间。

12 月 28 日　山西天安能源投资有限责任公司正式挂牌。

2008 年

1 月 16 日　矿区公安分局召开禁毒严打专项行动动员会议。

1 月 21 日　阳煤集团与山西省煤炭地质局举行战略合作协议签字仪式。

同日　阳煤集团与北京中冶天誉投资管理有限公司、山西晋煤地质勘察基础工程公司共同出资设立阳煤昊源矿业有限责任公司。

2 月 7 日　山西省委副书记、省长孟学农在大年初一到阳煤集团看望慰问坚持生产的干部职工。

2 月 19 日　山西省委书记、省人大常委会主任张宝顺，省委副书记、省政协主席金银焕等领导到阳煤集团调研慰问。

同日　中国煤矿文工团和国内部分知名文艺工作者，专程赴阳煤集团慰问春节坚守在电煤生产供应一线为抗灾救灾作出重要贡献的矿工。

3 月 27 日　阳煤集团与中国电力投资集团公司在北京签署煤电联营战略合作协议。

4 月 30 日　三矿综采一队蔡廷军获“全国五一劳动奖章”。

5 月 14 日　阳煤集团在氧化铝分公司召开兆丰铝业公司成立大会。

5 月 22 日　阳煤大桥建成通车。

5 月 24 日　阳煤集团积极支援汶川地震灾区，共募集善款 2114.87 万元，捐赠棉衣棉被 12361 件，两次派援建突击队赴川援建过渡房和帮助当地煤矿恢复生产。

6 月 24 日　阳煤集团与香港中华煤气有限公司签署战略合作框架协议，双方就煤层气地面抽采及井下瓦斯脱氧液化项目达成共识。

7 月 3 日　赛鱼大桥大修工程竣工，赛鱼大桥通车。

7 月 17 日　全市城市环境综合整治现场办公会在矿区召开。

7 月 28 日　阳煤集团与江苏沙钢集团举行合作协议签字仪式，双方合资成立阳泉煤业集团沙钢能源投资有限责任公司。

7月31日　阳煤集团与华能国际电力股份有限公司签署合作协议，合资成立阳泉煤业集团华能煤电投资有限责任公司。

8月28日　山西省委书记、省人大常委会主任张宝顺到阳煤集团调研。

9月15日　阳煤集团与华能国际电力股份有限公司签署中长期煤炭购销协议。

11月6日至7日　山西省委副书记、代省长王君到阳煤集团调研。

11月12日　区属单位开展送温暖献爱心活动，全年共捐款209599元。

11月20日　区政府下发《关于支持阳泉市第十五中学创建省普通高中示范校的意见》。

2009年

1月20日　阳煤集团与省煤炭地质局签署战略合作协议。

3月28日　山西省委副书记、省长王君到阳煤集团视察棚户区改造工程。

3月31日　中华全国总工会党组书记、副主席、书记处第一书记孙春兰等领导以及在阳泉市参加全国工会基层组织建设暨县级工会工作会的300余名代表到阳煤集团观摩指导。

3月　矿区启动深入开展学习实践科学发展观活动第二批学习实践活动，全区4个党工委、9个党组、56个党支部的1230名党员完成学习实践活动的各项任务。

4月3日　阳煤集团获中国生态贡献集体奖。

4月9日　矿区人大常委会在平潭街街道办事处东山社区启动"两联系一进入"（委员联系代表，代表联系群众；代表进入社区）活动。

5月12日　北京军区原司令员李来柱上将，山西省委常委、省军区司令员方文平少将到阳煤集团新景矿参观考察，对花园式的矿山建设予以高度赞赏。

6月17日至18日　山西省委书记、省人大常委会主任张宝顺到阳煤集团视察。

8月20日　矿区召开"三城同创"动员大会，全面启动国家园林城市、国家卫生城市、国家环境保护模范城市的"三城同创"工作。

同日　阳煤集团与省经贸资产经营有限责任公司在药林会议中心签署100万吨/年（一期40万吨/年）电石项目合资经营协议。

9月20日　第二届全国道德模范评选在北京揭晓，矿区蔡洼街道蔡东社区居民黄代小当选全国道德模范，获得"全国孝老爱亲模范"称号。

9月　矿区启动深入开展学习实践科学发展观活动第三批学习实践活动，活动到2010年2月份结束。参加第三批学习实践活动的单位主要有5个街道党工委、40个社区、26所中小学校、1所幼儿园、6个新经济组织、1个区属企业，共有87个支部、85个单位、3441名党员。

10月21日　阳煤集团与平定县、盂县区域煤矿签订兼并、重组、整合协议。

10月22日　在全省社会治安综合治理"双先"表彰会上，矿区获全省"综治标兵单位"称号。

10月25日　新大地公司在天兴留守处文化广场隆重举行百年四矿关井纪念碑揭牌仪式。

10月26日　省委常委、副省长李小鹏视察阳煤集团馨泽苑棚户区改造工程。

11月17日　全省残疾人社区康复示范县（市、区）培育活动启动仪式暨矿区现场会举行。

12月3日　矿区政府机构改革和事业单位分类改革工作启动。

年内　人民日报出版社出版的《新时期政协工作管理规范》一书，收入矿区政协主席苏满晓撰写的理论文章《人民政协是推进社会主义民主政治的重要力量》。

2010年

1月11日　在国家科学技术奖励大会上，阳煤集团参与完成的《深井煤与瓦斯突出煤层区域性瓦斯灾害防治关键技术及应用》项目获国家科学技术进步奖二等奖。

3月 《阳泉矿区文史》第二辑《保矿运动中的平潭》出版。

5月5日 阳煤集团获2009年中国煤炭工作质量奖。

5月 矿区政协被省政协表彰为全省提案工作先进单位。

6月9日 阳煤集团香港国际贸易有限公司在港挂牌开业。

6月12日 在人民网、中国共产党新闻网主办的“基层党建宣传工作”座谈会上，阳泉市矿区区委获“基层党建宣传示范单位”称号。

6月30日 省委书记袁纯清到阳煤集团调研。

7月10日 阳煤集团举行兆丰铝业公司80万吨氧化铝二期项目、华越公司采掘设备成套制造项目开工奠基，20万吨铝板带配套项目竣工投产剪彩仪式。

8月1日 区长张清河被北京军区表彰为“关心支持国防建设好领导”。

9月5日 中德转型发展论坛在阳泉市举办。作为本次论坛的唯一企业代表，阳煤集团总经理赵石平作了题为《做大做强与加快转型紧密结合，促进总部地区经济社会转型》的演讲。

9月17日 赵泉祥当选第三届山西省道德模范。

11月1日 山西省委书记、省人大常委会主任袁纯清，省委副书记、省长王君带领省观摩检查组，对阳煤集团贯彻落实十七届五中全会精神和全省领导干部大会精神、推进转型发展跨越发展的重点工作和项目进行观摩检查。

11月17日 全国人大常委会副委员长陈至立，全国人大常委会委员、全国人大环资委主任委员汪光焘到阳煤集团华鑫公司调研。

11月 矿区被国家民政部、卫生部和中国残联联合授予“全国残疾人社区康复示范区”称号。

同月 民盟阳泉市十五中支部成立。

12月13日 在全省第二届“十大法治人物”暨法治建设先进集体表彰大会上，阳泉市矿区被表彰为全省首批法治县（市、区）创建活动先进集体。

年内 中央文献出版社出版的《人民政协60年实践与探索》一书，收入矿区政协组织编写的大型调研报告《山西阳泉煤业四矿破产后该区域经济社会情况的调研报告》。

2011年

2月18日 阳煤集团与山西国际电力集团举行煤电铝项目合作协议签字仪式。

3月初 郊区保安沟发生森林火灾，矿区人武部组织新景矿和宏厦一建400多名民兵第一时间投入战斗，取得灭火胜利。

3月中旬 矿区人武部组织民兵应急分队120人在郊区万亩生态园植树500余株。

4月30日 阳煤集团获全国“五一”劳动奖状。

5月1日 矿区人武部组织阳煤集团一、二、三矿210名民兵参加翠枫山森林大火的灭火行动，圆满完成灭火任务。

5月18日至21日 中国共产党阳泉市矿区第八次代表大会召开。刘德跃当选为区委书记。

5月 矿区被中宣部、司法部授予“2006～2010年全国法制宣传教育先进县（市、区）”荣誉称号。

6月9日 阳煤二矿大桥正式通车。

6月14日至23日 矿区政协八届一次会议召开，王贵平当选为政协主席。

6月16日 由全国政协副主席、民盟中央第一副主席张梅颖带队的全国政协“推动资源大省产业转型、跨越发展”调研组到阳煤集团调研。

6月15日至18日 矿区人大九届一次会议召开，选举苏满晓为人大常务委员会主任，刘乙佑当选为区长。

6月　矿区成为全省创新社会管理工作试点区。

7月6日　国阳新能股份有限公司更名为阳泉煤业（集团）股份有限公司，上市公司名称由“国阳新能”变更为“阳泉煤业”，股票代码仍为600348。

7月29日　中共阳泉市矿区非公有制经济组织工作委员会（简称“区非公经济组织工委”）成立。

8月9日　阳煤有线电视台获“2010年度全国最佳企业电视台”称号。

9月1日　阳煤扬德低浓度瓦斯发电项目正式开工奠基。

9月16日至17日　省委书记、省人大常委会主任袁纯清，省委副书记、省长王君带领省观摩检查组深入阳煤集团华越创力、京宇天成、华鑫电气观摩检查。

11月1日　桃南路延伸工程、四矿广场和煤山路改扩建工程竣工。

12月20日　一矿第五次被中央文明委授予“全国文明单位”称号。

12月29日　省委书记、省人大常委会主任袁纯清与省委常委、常务副省长李小鹏到阳煤集团考察指导工作。

第一编　政　　区

阳泉市矿区位于阳泉市南部，是阳泉市的城市中心区之一，是山西省东部的重要工矿区。阳泉市矿区境域原属平定，民国36年（1947），解放后划归阳泉市，1971年4月正式成立矿区，是阳泉市建置最晚的城市区。建区初期，矿区革命委员会与阳泉矿务局革命委员会合署办公，一套领导班子，两块牌子。1980年5月，矿区与矿务局机构分设，矿区的行政机构按照精简高效的原则，逐渐建立和完备，行政职能逐步加强；矿务局独立为矿区的一个驻区单位，并加快了企业社会职能剥离的进程。阳泉矿务局（今阳煤集团）是矿区经济的主要组成部分，矿区也把为煤炭生产服务，为矿区人民生活服务作为自己的光荣任务。

矿区总面积21.1平方千米，占全市总面积的0.46%，总人口258880人。境域包括互不相连的北、南两部分：北区位于阳泉市的城市区西部，面积9.88平方千米，包括平潭街、桥头、蔡洼、赛鱼、沙坪5个街道；南区位于平定县西部冠山镇境内，面积9.27平方千米，建有贵石沟1个街道。两区相距约18千米。矿区的不少地段与郊区及平定县的农业地区相毗，城乡交错，城市居民与农村居民呈杂居状态。

第一章　建置　区划

矿区成立于1971年4月，是阳泉市建置最晚的一个城市区。在其建置初期，经历了一个与阳泉矿务局（今阳煤集团）“政企合一”的阶段，这个阶段持续了大约9年。其后，矿区与阳泉矿务局机构分设，矿区人民政府的建设向加强管理和服务发展；阳泉矿务局加快了企业社会职能剥离的进程。

第一节　建置沿革

西汉（公元前206年至公元25年），在境内设置上艾县，属太原郡，今矿区辖境是上艾县的一部分。北魏孝昌年间（525～527）上艾县改称石艾县，属并州乐平郡。

唐武德三年（620）置受州，治盂县，辖盂县、受阳（今寿阳）二县。置辽州，治乐平，石艾县属辽州。唐武德六年，受州移置受阳，石艾县属受州。唐武德八年，受州移置塞鱼城（今赛鱼）。唐贞观八年（634）废受州，石艾县属并州。唐天宝元年（742），石艾县改名广阳县，今矿区境属广阳县。

北宋太平兴国二年（977），以镇州广阳寨建平定军。北宋太平兴国四年，广阳县改名平定县，属平定军，今矿区境属平定县。金大定二年（1162），平定军改为平定州，平定县属平定州。元至元二年（1265），撤销平定县建置，其辖地直属平定州，今矿区境属平定州。

民国元年（1912）1月，中华民国成立。3月，平定废州设县，今矿区境属平定县。民国36年5月，阳泉解放设市，今矿区境属阳泉市。民国38年9月中旬，阳泉市改设为阳泉工矿区，今矿区（北区）境属阳泉工矿区。

1952年4月1日，阳泉工矿区改设为阳泉市，今矿区（北区）境属阳泉市。1953年5月，阳泉市设一区和二区，今矿区境属一区。1956年3月，阳泉市一区改称站上区。1957年8月，撤销站上区，今矿区境内直属于阳泉市。1963年2月，恢复站上区建置，今矿区境内仍属站上区。

1970年1月19日，山西省革命委员会决定增设阳泉市矿区，直属于阳泉市。同年3月30日，经阳泉市革命委员会党的核心小组会议决定，成立矿区革命委员会筹备小组。

1971年4月1日，阳泉市矿区筹备工作完成，正式设置阳泉市矿区，成立阳泉市矿区革命委员会。矿区设置初期，与阳泉矿务局实行政企合一的领导体制，矿区革委与阳泉矿务局革委合署办公，一套领导班子，两块牌子。

1980年1月，中共阳泉市委决定改变矿区和阳泉矿务局政企合一的体制，将矿区与阳泉矿务局的领导机构分设，成立矿区区级机构筹备领导组。同年5月15日，矿区与阳泉矿务局完成机构分设工作。

1981～2011年，矿区建置无变化。

第二节　位置　境域

阳泉市矿区位于阳泉市南部，是阳泉市的一个城市中心区，是山西省东部的重要工矿区。矿区人民政府驻北大街386号，距市政府驻地3.3千米，距省城太原122千米，距首都北京392千米。

矿区包括互不相连的北区（老区）和南区（新区）两部分。北区位于阳泉市的城市区西部，地理坐标为北纬37°51′~37°55′，东经113°29′~113°33′；南区位于平定县冠山镇境内，地理坐标为北纬37°40′~37°43′，东经113°35′~113°38′。两区直线距离约11千米，公路距离约18千米。

矿区居黄土高原东部，太行山之西。北区位于阳泉盆地西部，系舟山支脉刘备山、狮脑山之间，地处桃河中游。南区位于平定盆地西部，系舟山支脉狮脑山、七岭山脉之间，地处南川河上游。北区和南区隔狮脑山相望。

矿区交通便利，石太铁路和307国道穿越北区，太旧高速公路穿越南区。这些铁路、国道、高速公路是连通山西腹地与冀、鲁、京、津的交通大动脉。为了便于煤炭运输，国家为境内各煤矿建设了与石太铁路相连的铁路专用线。

阳泉市是解放战争中诞生的新兴工矿城市，阳泉市矿区是20世纪70年代初设置的年轻城市区。矿区具有城市区和矿区的双重属性。矿区东临城区，北、西、南三面为郊区所环绕。矿区所属的居民区和厂矿部分建在郊区，郊区又有数个行政村为矿区所包围，是“城中村”。矿区境域与郊区地面形成犬牙交错的形态。

北区东面与阳泉市城区相连，南、北、西三面均与阳泉市郊区相接，面积为9.88平方千米。南区位于平定县域，面积为9.27平方千米。矿区的不少地段与郊区及平定县的农业地区相毗，城乡交错，城市居民与农村居民呈杂居状态。

第三节　区划演变

新中国建立后，境内区划变动较为频繁，大致可划分为三个阶段。

一、乡——街道（1953~1958）

在本阶段中，境内区划由4个乡演变为3个街道。

1953年5月，阳泉市设一、二两个区，境内属一区，有平潭街乡、莱洼乡、石卜咀乡、赛鱼乡4个乡。

1955年11月，境内的4个乡调整为3个街道：平潭街乡与平潭垴乡（包括马家坪、西河、矿务局、洪城河、铁厂集体宿舍、北大街）合并组建为平潭街街道；莱洼乡（包括小南坑、二矿、修理厂、发电厂、总仓库等职工集体宿舍、家属区）与赛鱼乡所辖的南山、小南沟两个自然村合并组建为莱洼街道；赛鱼乡其余部分与石卜咀乡（包括赛鱼、官沟、大南沟等村及三矿、四矿宿舍）合并组建为赛鱼街道。

1956年3月，阳泉市一区改称站上区。庙上乡划入赛鱼街道。原石卜咀乡和四矿职工宿舍从赛鱼街道划出，组建石卜咀街道。至此，境内的3个街道调整为4个。

1957年8月，站上区撤销，境内的4个街道办事处直属于阳泉市。同年11月，莱洼街道办事处并入石卜咀街道办事处，境内的街道办事处由4个减少为3个。

二、街道——人民公社（1958～1981）

在本阶段中，境内区划由3个街道演变为5个人民公社。

1958年10月，阳泉市组建矿区人民公社（管辖范围大于今矿区），境内的3个街道办事处撤销，设立若干个管理区。

1959年4月，矿区人民公社撤销，设立平潭街街道办事处，对上直属于阳泉市，对下管辖各管理区。

1960年3月，撤销平潭街街道办事处，组建以阳泉矿务局为主体的政企合一的矿区人民公社。4月，矿区人民公社将所辖的10个工业管理区调整为8个（一矿、二矿、三矿、四矿、建安处、局机关、制修厂和工厂管理区）。6月，将8个工业管理区改建为5个分社（一矿、二矿、三矿、四矿和公社机关）。1961年2月，矿区人民公社所属农业管理区改称生产大队。同年7月，矿区人民公社与阳泉矿务局实行机构分设。公社直接领导社营工业、分散的职工家属、居民和11个农业生产大队（平潭街、石卜咀、南山、小南沟、大南沟、赛鱼、前庄、半坡、大村、北头咀、庙上）。

1961年11月，原北大街公社所属的街道居民委员会和平潭垴农业生产大队划入矿区人民公社。12月，矿区人民公社设立北大街、石卜咀、赛鱼3个街道办事处。

1963年2月，站上区恢复建置，矿区人民公社归站上区管辖。所属街道办事处调整为2个（赛鱼、石卜咀）。设菜洼街道工作委员会，属石卜咀街道办事处。12月，增设前庄街道办事处（后于1965年1月更名为沙坪街道办事处）。

1966年6月，矿区人民公社所辖的农业生产大队划归北大街人民公社，北大街人民公社所辖的街道居民委员会划入矿区人民公社。

1969年1月，站上区更名为城区。北大街人民公社划归郊区（1972年12月更名为平潭人民公社）。6月，矿区人民公社划分为大庆路人民公社（1973年6月更名为北大街人民公社）和矿区人民公社。

1970年6月，撤销矿区人民公社，设立沙坪、红卫（赛鱼）、红旗（菜洼）、向阳（石卜咀）、红旗岗（平潭街）5个人民公社。

1971年1月，大庆路人民公社从矿区划归城区直辖。

1980年12月9日，平潭街生产大队农业户口转为城市户口。1981年原生产大队的体制改为居委会，归矿区领导。

三、人民公社——街道（1981～2011）

在本阶段中，境内区划在5个人民公社的基础上发展为6个街道办事处。

1981年3月，矿区所辖的沙坪、红卫、红旗、向阳、红旗岗5个人民公社分别改建为沙坪、赛鱼、小南坑、桥头、平潭街5个街道办事处，是矿区革命委员会的派出机构。

1982年12月，小南坑街道更名为菜洼街道。

1984年4月，矿区人民政府在阳泉矿务局贵石沟矿区设立贵石沟街道办事处。

1986年12月，菜洼街道更名为蔡洼街道。

2000年7月，矿区将全区150个居民区调整为39个社区，各社区建立了居民委员会。

2003年12月，蔡洼街道办事处设南台社区。至此，矿区共辖6个街道办事处、40个社区居民委员会。

2004～2011年，矿区境内区划无变化。

2011年阳泉市矿区行政区划代码一览表

表1-1

行政区划代码	行政区划名称	行政区划代码	行政区划名称
140303000000	矿区	140303003006	东窑房社区居委会
140303001000	平潭街街道	140303003007	南台社区居委会
140303001001	平潭街东社区居委会	140303004000	赛鱼街道
140303001002	平潭街西社区居委会	140303004001	赛鱼社区居委会
140303001003	大院社区居委会	140303004002	大垴沟社区居委会
140303001004	洪城河社区居委会	140303004003	麻地巷社区居委会
140303001005	西山社区居委会	140303004004	南楼社区居委会
140303001006	东山社区居委会	140303004005	虎尾沟社区居委会
140303001007	苹果园社区居委会	140303004006	如意庄社区居委会
140303001008	马家坪社区居委会	140303004007	井沟社区居委会
140303002000	桥头街道	140303005000	沙坪街道
140303002001	刘家垴社区居委会	140303005001	秋沟社区居委会
140303002002	桥头社区居委会	140303005002	蒙北社区居委会
140303002003	桥西社区居委会	140303005003	桥南园社区居委会
140303002004	段西沟社区居委会	140303005004	里沙坪社区居委会
140303002005	段北沟社区居委会	140303005005	中沙坪社区居委会
140303002006	段南沟社区居委会	140303005006	沙沟社区居委会
140303002007	西马家坪社区居委会	140303005007	黄石板社区居委会
140303003000	蔡洼街道	140303006000	贵石沟街道
140303003001	小南坑社区居委会	140303006001	枣岭山社区居委会
140303003002	菜市社区居委会	140303006002	小河滩社区居委会
140303003003	东四尺社区居委会	140303006003	苏村社区居委会
140303003004	蔡东社区居委会	140303006004	水滩社区居委会
140303003005	蔡西社区居委会		

第二章 街道办事处

街道办事处是区人民政府的派出机关，受区人民政府领导，行使区人民政府赋予的职权。矿区共设6个街道办事处。各街道办事处自成立以来，认真贯彻执行党和国家的路线、方针、政策和市、区关于街道工作的指示，加强社区建设，倾听和反映居民意见和建议，开展各项工作。随着社会经济的快速发展，街道办事处作为面向基层的派出机构，管理和服务的各种事项不断增多，成为城市管理和服务的基础环节。

第一节　平潭街街道办事处

一、历史沿革

1955 年 11 月，阳泉市设平潭街街道办事处，属一区，下设 9 个居民委员会，境域包括原矿务局、马家坪、铁厂集体宿舍、北大街、西河、洪城河。1956 年 3 月，一区改称站上区。1957 年 8 月，撤销站上区，平潭街街道办事处直属于阳泉市。1958 年 10 月，阳泉市设矿区人民公社，撤销平潭街街道办事处。1959 年 4 月，撤销矿区人民公社，设立平潭街街道办事处，直属于阳泉市。1960 年 3 月，撤销平潭街街道办事处，组建以阳泉矿务局为主体的政企合一的矿区人民公社。1961 年 7 月，矿区人民公社与阳泉矿务局实行机构分设。1970 年 6 月，撤销矿区人民公社，设立红旗岗等 5 个人民公社。1980 年 12 月 9 日，境内平潭街生产大队农业户口转为城市户口，原生产大队的体制改为居委会，划归矿区，并入红旗岗等人民公社。1981 年 3 月，红旗岗人民公社改建为平潭街街道办事处，为矿区革命委员会的派出机构。截至 2000 年 6 月，辖 28 个居民委员会：平潭街、平潭街东、平潭街西、平潭街北、平潭街中、苹果园、洪城河一、洪城河二、洪城河三、洪城河四、洪城河五、洪城路、局大院东、局大院西、局大院中、西河东山、西河西山、西河路东、马家坪东、马家坪西、马家坪南、马家坪北、新建第一、新建第二、新建三小区、大垴第一、大垴第二、寿阳农林场居民点。2000 年 7 月后，辖区重新划分为苹果园、大院、东山、平潭街东、平潭街西、马家坪、洪城河、西山 8 个社区。境内有阳煤集团、阳泉日报社、市自来水公司、天利购物广场、顺达出租、正达彩印、麟豪防盗门等企事业单位 170 余个。截至 2011 年年末，社区设置无变动。

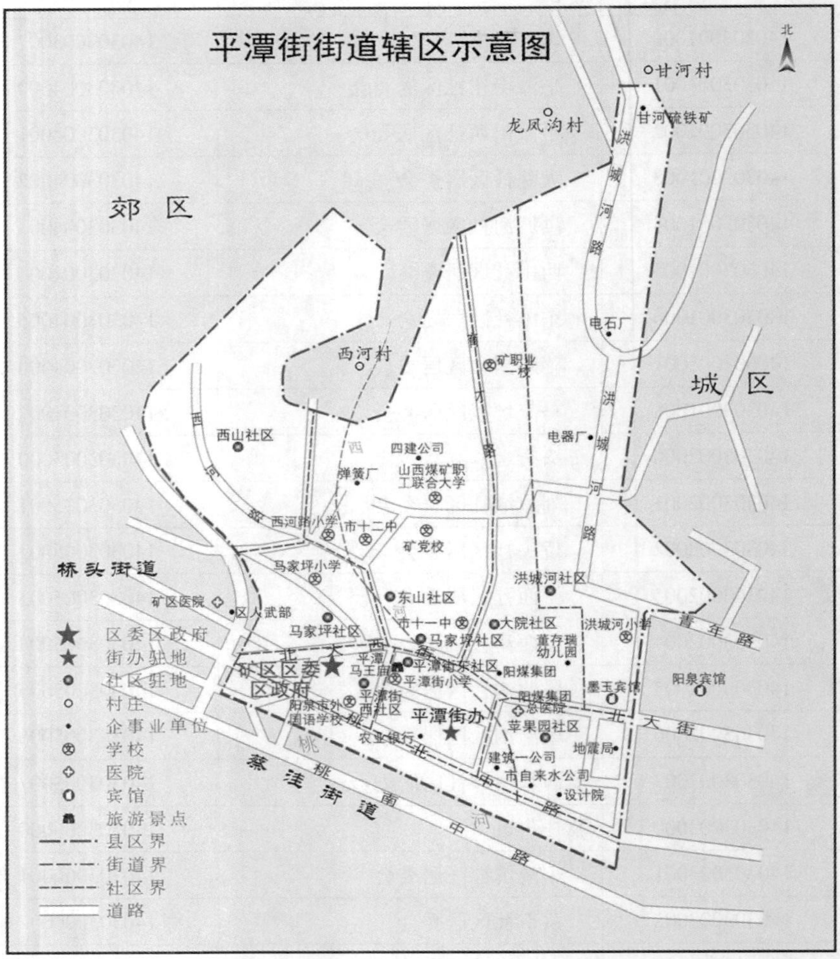

二、环境和人口

平潭街街道位于矿区东北部，东与城区以洪城河为界，南与蔡洼街道隔桃河相望，西与桥头街道相连，北与郊区西河、甘河、龙凤沟等村接壤，辖区面积 1.88 平方千米。

境内北部为低山、丘陵，南部低平，海拔 700 米左右。西河、甘河两条季节性小河经此注入桃河。

1980年年末总人口22041人，人口密度11723.9人/平方千米；2011年年末总人口56489人，人口密度30047.3人/平方千米。

三、街道工作

（一）党建工作

2000~2011年，平潭街街道党工委逐级建立和改善了党建工作责任制，加强基层党组织思想建设，加强党员干部的理论教育，抓好中心组学习，坚持每月1~2次由街道党工委书记主持的理论学习，联系实际，研究解决街道工作的重大问题。重点加强了党风廉政教育工作，组建了社区廉政建设领导组，认真查办群众来信案件。促进党建工作规范运作，加强组织工作。开展了“我是党员我承诺，服务群众促和谐”的扶贫帮困活动，开展了“关爱老党员，凝心聚力促和谐”为主题的迎“七一”党员活动月。街道同8个社区签订了“平潭街街道抓基层党建工作责任书”。加强社区党建示范点建设；开展创建标准化、示范化社区党组织活动。推进党内基层民主建设，规范实行社区“四议两公开”工作法。在基层党组织和党员中深入扎实开展了“创先争优”活动。实行班子成员分片包点责任制，定期深入基层支部指导帮助工作。积极探索在私营企业中发展党员工作，不断改善党员结构和分布。加强统战工作，对非公企业进行调查摸底，完成矿区统战部安排的理论调研报告4篇。

（二）经济工作

优化发展环境，吸引外来投资。2005年5月，投资280万元的天地人娱乐中心开业。2007年9月，投资220万元的金麒利商务会馆开业。2008年12月，投资500余万元的肯德基天利餐厅开业，安置就业人员百余名；投资1000万元的天利购物广场顶层综合餐厅开始兴建。2009年，马家坪社区完成国家级商业标准小区申报，平潭东社区完成省级商业标准社区申报；馨安家园3900平方米底商开始招租。2010年3月，市建一公司2500平方米写字楼建成并完成招租；6月，阳泉市益阳公司井下局部扇风机集控开关项目投产；阳泉市新鑫科技研究所防爆泄压密器综合项目年内进入工业性试验，鸿瑞达公司生产制造阀门项目已立项。2011年，区委、区政府确定的重点工程项目苹果园地区开发改造项目进入前期研讨阶段；投资2300万元的矿区文化广场完成招租投入使用；年内上报“一街一业”建设项目3个（阳泉市利阳农产品有限公司农产品物流配送中心建设项目、桶装纯净水建设项目、无公害菜市场建设项目）；上报“一社一品”建设项目1个（平潭街文化旅游中心）。

（三）城建工作

“十一五”期间，在国家级园林城市创建工作中，完成补植增绿任务，完成了景观大道创建任务，创建国家级园林小区22个，新增绿化面积25964平方米。在卫生城市创建工作中，按时完成积存垃圾清运任务，硬化了道路，规范了居民生活垃圾投放，清挖了排水口，对洪城河200米河道清淤清障150吨。组织了50余次行动，集中整饰粉刷了主要街道两侧树木和建筑物，清理胡写乱画和非法小广告35万条。开展大规模灭鼠活动，鼠密度降至2%以下。2011年被评为全省爱卫工作先进集体。在环保模范城市创建工作中，组织了15次环保宣传活动，对建筑工地进行了环保排查，先后对主要路段开展了30余次油烟净化和禁烧原煤行动，130家餐饮业全部使用了清洁能源，安装了油烟净化装置。大院社区被评为全市绿色社区。

（四）社区建设

2000~2011年，社区新办公楼达到“三规范，一推进”（规范社区办公模式，规范社区工作制度，规范社区档案管理，推进社区向服务型转变）的要求，实现了“六个一”（电脑、电视、放像机、打印机、数码相机、电话）配备。办事处成立“一委、一居、一站、一办”新机构，分别指社区党总支部委员会、社区居民委员会、社区管理服务站和社区综治办。创建了戏迷协会、文史研究协会、老年腰鼓协会、书法协会、医疗保健协会、传统文艺协会等16个协会组织，丰富了居民业余生活，促进社会和谐。“十一五”期间，在全区率先创建了平潭街东社区、大院社区、东山社区一站式便民服务厅，建成平东和大院社区夕阳红图书室，藏书分别达到3000册和5000册。按照区委、区政府“一社区一品位一特色”的要求，建设特色社区、标杆社区。8个社区各有特色：平潭街西社区民间文艺特色鲜明，平潭街东社区居家养老内涵丰富，苹果园社区实施免费日常医疗服务，马家坪社区便民服务一条街示范效应显著，大院社区全面提升综合服务功能，洪城河社区善于发挥老年人文艺特长，东山社区依托优质教育卫生资源，西山社区凭借传统文化体育优势。平东社区更以老年服务中心和服务平台衍生27项老年服务公益事业链，全面提高服务功能和水平，而成为标杆社区。街道办事处组建了老年腰鼓队、老年乐队、锣鼓队、大型合唱团和合唱队、传统文艺演出队，参加了庆祝建党90周年、建区30周年大型文艺演出活动和煤海欢歌闹元宵活动。加强基层武装部规范化建设，完善了档案资料，对现役军人进行了摸底登记，做好冬季征兵各阶段工作。

（五）社会服务

2000～2011年，对重点残疾、大病重病、子女上学困难、单亲家庭、重点优扶对象、孤儿、老年人、空巢老人实施分类施保，建立“连心卡”工作机制。“十一五”期间，全街道有1837名残疾人享有康复服务，有231名残疾人享有补贴，有213户家庭享有廉租房货币补贴，有62人次享受医疗救助，为23名大病重症病人申请了大病医疗救助。开展城镇居民医疗保险缴费工作、未参保集体企业退休职工纳入养老保险统筹工作。低保工作全面实施应保尽保、动态管理的工作机制，为853户、2018人累计发放低保金350万元，为46人累计发放优抚金41万元，发放6.4万元资助16名特困家庭子女上大学。街道和社区劳动保障所（站）加强宣传摸底，建立社区劳动保障工作基础台账，对原矿务局砖厂的“五七家属工”进行了摸底上报，组织残疾人员参加了残疾人劳动服务所举办的电脑知识培训。

（六）综合治理和安全工作

2000～2011年，实行综治领导责任制，开展创建平安街道活动，与32个内部单位签订了“综合治理目标责任书”。采取打防结合，预防为主的工作方法，认真开展综治信访工作和矛盾纠纷排查调处工作，矛盾纠纷调解率为100%。层层落实，严密防范，做好“两会”、世博会、广州亚运会安保工作。街道办事处和各社区均建立了防汛值班制度和登记制度，实行24小时防汛监控监测制度和及时上报制度，推行一周小督查、一月大排查的群防群测督查工作机制。对辖区内416户危房按产权归属管理的原则，明确责任，构建了防汛预测预警体系。全面落实安全生产目标责任制，开展以“安全第一、预防为主”为主题的安全生产月活动；深入开展安全生产专项整治，严格进行安全生产隐患大排查，及时上报，及时通知，尽快处置。

（七）计划生育工作

2000～2011年，加强学习和宣传，大力倡导生育文化，不断引深婚育新风进万家活动。实现了“三个全覆盖”（计划生育优质服务全覆盖、服务网络标准化建设全覆盖、免费孕前优生咨询指导检查全覆盖），加大流动人口的管理和服务力度，维护流动人口的合法权益。加强计生协会工作，发挥协会的桥梁和纽带作用。认真落实各项计生政策，严格依法行政。成立了行政执法领导小组，建立并推行行政执法责任制、公示制、评议制等制度，做到了依法办事，文明执法。

第二节　桥头街道办事处

一、历史沿革

1956年3月，阳泉市设立石卜咀街道办事处，属站上区。1957年8月，站上区撤销，石卜咀街道办事处直属于阳泉市。11月，莱洼街道并入石卜咀街道。1958年10月，阳泉市设矿区人民公社，撤销石卜咀街道办事处。1959 年 4 月，撤销矿区人民公社，设立平潭街街道办事处。1960 年 3 月，撤销平潭街街道办事处，组建以阳泉矿务局为主体的政企合一的矿区人民公社。1961 年 7 月，矿区人民公社与阳泉矿务局实行机构分设。1961 年 12 月，设石卜咀街道办事处，属矿区人民公社。1970 年 6 月，撤销矿区人民公社，设立向阳等 5 个人民公社。1981 年 3 月，向阳人民公社改建为桥头街道办事处，为矿区革命委员会的派出机构。截至 2000 年 6 月，辖 22 个居民委员会：桥头、桥北街、桥东街、桥西街、中兴矿南坡、中兴矿东坡、中兴矿西坡、向阳东、向阳西、向阳村南、萝葡台、黄水沟、段背沟、段西沟第一、段西沟第二、段南沟、水泉沟、王岩沟东、王岩沟西、东自建、刘家垴、立新。2000 年 7 月，辖区重新划分为西马家坪、段北沟、段南沟、段西沟、桥西、桥头、刘家垴 7 个社区。境内有宏厦一公司、天兴公司（原四矿）等单位 40 多个。截至 2011 年年末，社区设置无变动。

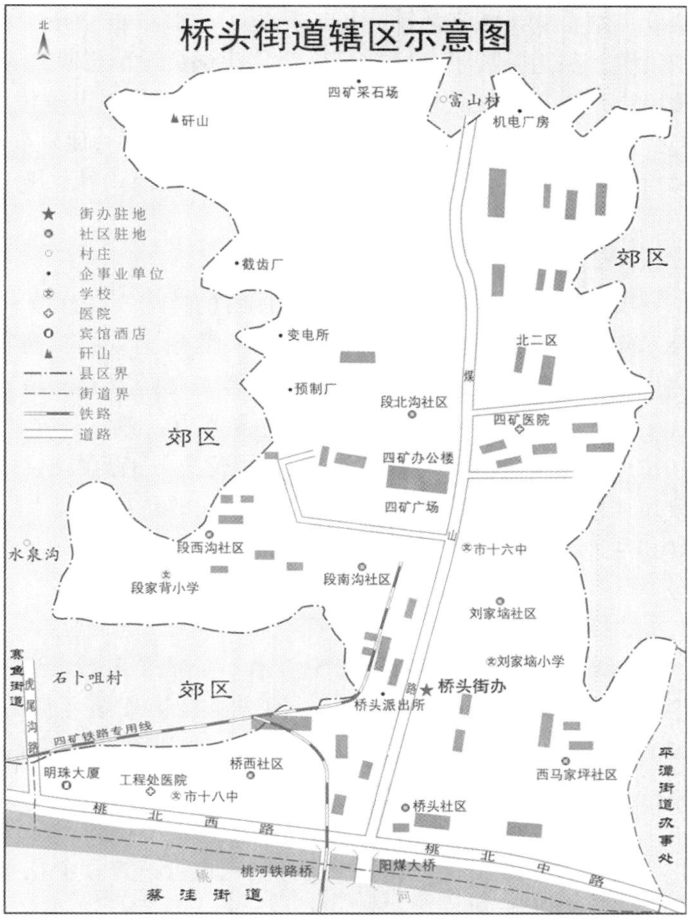

二、环境和人口

桥头街道办事处位于矿区中部，因位于阳煤大桥（原称四矿口大桥）北端附近，故名。东与平潭街街道办事处接壤，南与蔡洼街道办事处隔桃河相望，西与赛鱼街道办事处搭界，北与郊区石卜咀、富山、桃林沟等村相邻，辖区面积 2.84 平方千米。

境内北部为低山、丘陵，南部低平，海拔 688 米～825 米，以西北侧的百亩梁为中心，形成了一个放射状的水系网。

1980 年年末总人口 24077 人，人口密度 8477.8 人/平方千米；2011 年年末总人口 46985 人，人口密度 16544.0 人/平方千米。

三、街道工作

（一）党建工作

2000～2011 年，推进高标准基层党组织建设，完善了街道党工委、社区党支部各项规章制度，夯实党建基础工作。实施党员挂牌工程。街道党工委与 9 个支部签订党建责任书，开展 8 小时以外联系党员制度，西马家坪社区开展党员“带好家庭、带好邻居、带好楼栋、带好联系户”的活动，推广“有一个团结齐心的班子，有一个切实可行的方案，有一个完善周密的标准，有一颗服务群众的真心，有一个鼓舞人心的目标”的“五个一”工作方法。加强党风廉政建设，开展廉政文化进社区活动；引深“我是党员我承诺，服务群众促和谐”活动，充分发挥党员的先锋模范作用；开展了第三批学习实践科学发展观活动；结合学习型党组织建设，街道开展了“高质量学习，高标准教育”

活动；结合党员承诺活动，街道开展了“服务群众拓承诺，岗上岗下比奉献”活动；结合创新党组织设置，街道开展了“楼院挂牌，创建党员示范楼院”活动；结合“四议两公开”，开展了“集民意聚民心，丰富‘四议两公开’内容”活动。在创先争优活动中，段西沟社区党支部与平定县东回镇瓦岭村党支部结成“友好党支部”，互通经验，共促发展，并为该村贫困家庭捐助衣物300余件，为该村困难老人张巨堂送去慰问金600元。段西沟社区党员张明被评为“2010年感动山西十大人物”“阳泉市第二届十佳道德模范”。

（二）经济工作

引导明珠家具广场周边单位将闲置的厂房、仓库改造为经销建材、家具的格局，使明珠家具商贸区不断扩展。加强矿区百货大楼、桥头商场为主的百货商贸区建设，创优经营环境。筹资10万元，完成了桥东街市场西口路面硬化。投资100余万元，建成桥东街西口的桥头综合服务楼，面积1000余平方米。7个社区自筹资金，开办复印店、邮件递送、物业管理等服务项目。四矿金桥集贸市场顺利建成，并于2010年12月25日正式营业。铝箔画项目2011年9月初开始试生产。350平方米的阳泉煤雕艺术馆基本建成。总投资300万元的益亨集贸市场在2011年2月开业。四矿口综合大厦工程规划占地面积16380平方米，建筑面积161270平方米，该项目于2011年年末已进入开工前的准备阶段。

（三）城市建设

2008年，开展园林城市创建工作，完成了景观大道建设任务。投资41万元，硬化5条道路3670平方米，段西沟、段北沟、段南沟3个社区安装了路灯，西马家坪社区安装了射灯。拆迁自建房1600平方米，新增绿地面积1961平方米。建成美丽家园公共绿地和工程处材料科西小游园。成立社区环境卫生整治队。对脏、乱、差现象进行了6次集中整治，清除垃圾死角1650余吨。组织志愿者、社区干部100余人对桃北路、煤山路两侧树木墙体多次进行粉刷，对小街小巷的小广告、乱贴乱画等进行清除，对垃圾死角、市场混乱问题进行清查。金花园小区、美丽家园小区通过国家级园林小区达标验收。桥头小区、刘家垴一区、宏泉A区等5个小区通过省级园林小区达标验收。针对四矿口环境差、交通挤等问题，街道协调升华总公司投资30万元对四矿口进行环境整治，拆除了四矿牌楼，拓宽路面3米，缓解了交通堵塞，改善了四矿口整体形象。辖区内40余个中型以上餐饮企业实现了煤气化作业。

（四）社区建设

2009年9月，桥头社区搬入340平方米新办公楼。街道协调阳煤房地产总公司为西马家坪社区办公楼重新选址，完成了图纸设计。街道为段南沟社区暖气改造工程事宜多次与天兴留守处、升华公司等单位协调沟通，社区配备了空调，解决了冬季取暖问题。社区协会建设是桥头街道的特色社区工程，街道各社区协会举办的活动形式多样。街道根据各社区的特点，重新整合了10个协会，定期开展活动。段北沟社区、刘家垴社区书画协会举办了书画作品展；段南沟和西马家坪社区的晋剧协会在益民广场举办了专场晋剧演出；区声乐协会多次举办大型晚会；桥头社区信鸽协会参加了市信鸽协会组织的比赛；桥西舞蹈协会和段西沟社区健身协会成员节假日走上街头进行表演。

（五）社会服务

2000～2011年，街道领导班子成员开展结对帮扶，多渠道筹集资金，开展助困、助学、助医、助残等送温暖活动，规范低保，实现了应保尽保、应出尽出的动态管理。对辖区内16周岁以上城镇居民、对未参保的“五七家属工”进行养老保险摸底、登记。为多名大学生申请了助学金。街道人口普查和1%人口抽样调查工作受到市、区普查办的好评。建立健全计划生育工作目标责任制，健全和完善计划生育基层基础网络。开展城镇居民医疗保险，大病医疗救助逐步走向规范化。城镇居民医疗保险参保率达91.63%，大病医疗救助受益人数逐年增加。辖区内成立了卫生服务一个中心（四矿医院），两个服务站（桥头社区、西马家坪社区）。成立了劳动保障事务所和劳动保障事务站。建立了现役军人家属台账，做好伤残军人、退役军人工作。针对辖区内阳煤集团四矿破产，大量中青年职工转到外地工作，留守儿童和空巢老人较多的现象，通过“楼宇信息表”掌握社区居民各类信息，发放“邻里守望连心卡”“爱心服务卡”开展服务，使辖区336名60岁以上“空巢老人”得到照顾，解决邻里纠纷6起，环境卫生整治9次。专业巡防队昼夜不间断巡逻。建立完善了人防、物防、技防的治安防控网络。开展了“安全生产咨询日”活动。发现上报私挖滥采事件2起。加强了汛区防汛工作。

第三节　蔡洼街道办事处

一、历史沿革

1955年11月，阳泉市设菜洼街道办事处，属一区，境域包括二矿、修理厂、发电厂、总仓库及南山和小南沟两个自然村。1956年3月，一区改称站上区。1957年8月，站上区撤销，菜洼街道办事处直属于阳泉市。11月，菜洼街道办事处并入石卜咀街道办事处。1958年10月，设矿区人民公社，撤销石卜咀街道办事处。

1959年4月，撤销矿区人民公社，设立平潭街街道办事处，直属于阳泉市。1960年3月，撤销平潭街街道办事处，组建以阳泉矿务局为主体的政企合一的矿区人民公社。1961年7月，矿区人民公社与阳泉矿务局实行机构分设。12月，设立石卜咀街道办事处，属矿区人民公社。1963年2月，设蔡洼街道工作委员会，属石卜咀街道办事处。1970年6月，撤销矿区人民公社，设立红旗等5个人民公社。1981年3月，红旗人民公社改建为小南坑街道办事处，为矿区革命委员会的派出机构。1982年12月，小南坑街道办事处更名为菜洼街道办事处。1986年12月，菜洼街道办事处更名为蔡洼街道办事处。截至2000年6月，辖20个居民委员会：蔡洼第一、蔡洼第二、蔡洼第三、蔡洼第四、蔡北、菜市、小南坑东、小南坑西、小南坑西楼、小南坑中区、小南坑南台、小南坑南区、东四尺、六股道、七股道、巩窑洼、东窑房、河滩、简子沟、东台。2000年7月，辖区重新划分为小南坑、菜市、蔡东、蔡西、东四尺、东窑房6个社区。2003年12月，增设南台社区。境内有阳煤二矿、辰光热电、华越公司等几十家驻地单位。截至2011年年末，社区设置无变动。

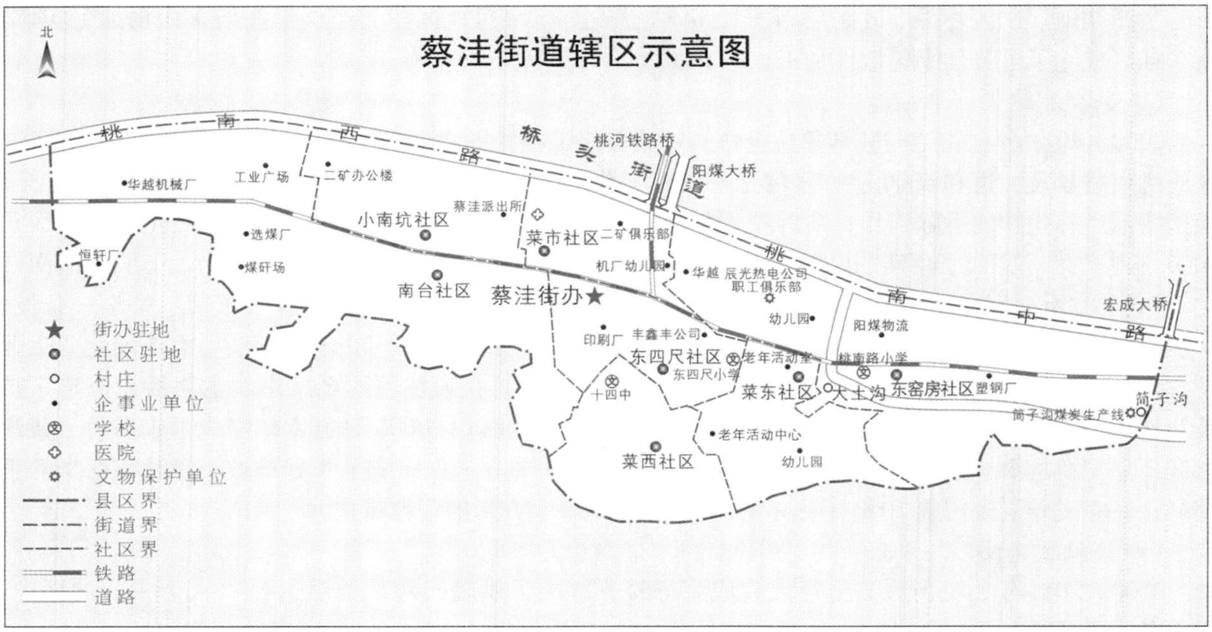

二、环境和人口

蔡洼街道位于矿区南部，地处狮脑山北麓，桃河南岸。东起筒子沟，与阳泉市城区接壤；西至小南沟，与赛鱼街道及郊区南山村为邻；南依狮脑山；北隔桃河，与桥头街道及平潭街街道相望。辖区面积1.01平方千米。

蔡洼街道地域系砂页岩中山的山麓，呈南高北低、西高东低之势，有小南沟等山沟经此注入桃河。

1980年年末总人口19161人，人口密度18971.3人/平方千米；2011年年末总人口39060人，人口密度38673.3人/平方千米。

三、街道工作

（一）党建工作

2000~2011年，蔡洼街道党工委狠抓制度建设，完善岗位责任制、首办负责制、挂牌上岗和离岗公示制度，建立上门服务制度、办事程序书面告示制度、班子成员轮流值日制度、班子成员入户制度等一系列规章制度。抓组织建设，通过“公推直选”，实行街道社区干部年轻化。与社区党支部签订了《创建高标准基层党组织责任书》，培养适应市场经济和社会发展的强班子、强队伍。开展创建学习型街道活动，着重抓了中心组学习，组织青年成立博思学习小组，开展“五个一”学习活动、论文交流和演讲活动。开展党员示范楼院活动、党员承诺活动，为群众办实事，建设文明和谐新社区。全面推行“四议两公开”工作法。

（二）经济工作

落实区政府建设蔡洼商贸板块规划，将露天游泳场、网球场、门球场、体育馆、俱乐部集成为文体娱乐广场。成立了社区生产生活服务中心，有小卖部、存车房、幼儿园、家政服务、文化娱乐、医疗保健等各类服务网点60个。菜市社区家政服务网点的服务项目有家电维修、线路改造等。蔡洼集贸市场于2007年开始营业，面积有2500平方米。阳煤供应处开设了文化办公用品超市。投资2000万元的蔡洼北区拆迁面积达2700余平方米，建筑面积为12784平方米。辰光电厂小区新增商业面积2600余平方米。引进阳泉晋特商贸有限公司，整体承租金园小区近6000平方米的底商。注册资金5000万元的山西九橡良房地产开发公司完成工商税务登记工作。二矿多营公司投资600万元建成矸石砖生产基地。矿区管件厂改制后新安置14人就业。东窑房社区建成产供销一条龙面食加工实体。蔡东社区成立了贝贝佳书包散件加工点。

（三）城市建设

2000~2011年，街道与驻地单位合作，实施美化工程，创建二矿一号岗至二矿广场文明示范街，建成桃南路景观大道和4000平方米的二矿工业文化广场；完成蔡东社区二小区内9幢楼房和蔡西7幢楼房前后临建物的拆除工作，共拆除216个菜窖、2个商店、210处临建物，完成硬化和绿化面积6000多平方米。完成了蔡洼一区路面硬化5500平方米，蔡洼二区路面硬化长900米，七股道路面硬化2000平方米；完成小区内主路、便道及楼前楼后硬化30000平方米；菜市一条街、中学一条坡、蔡洼一区二区的小街小巷、东四尺新旧住宅楼前后及街道硬化道路3300米，修整场面及硬化2.7万平方米，修建排水沟600米，铺草坪砖及人行道砖793米。在通往蔡西至蔡东的主路沿线修建了护坡。建成11个国家级和省级园林小区。共新增、补栽绿化面积20000平方米；完成了东四尺、蔡洼二区、立交桥南3个小游园的建设，共计绿化面积3600平方米；完成了4处护坡、总长400米的垂直绿化；完成养老院门前2000平方米和蔡西社区5000平方米的荒坡绿化。

（四）社区建设

2000~2011年，为所属7个社区建成服务楼，解决了供暖问题，全部达到“六个一”的标准。成立党员服务站、文化活动室、体育健身场所、法律咨询点、警务室。东窑房社区建成社区活动室，开放图书阅览室。建成社区卫生服务中心1个，社区卫生服务站3个，社区信息服务中心3个，解决了蔡东、蔡西、东四尺、南台社区排水问题及东四尺、南台社区的楼前硬化问题。为社区配套了完善的办公设备。社区换届发扬民主，依法选举，公开招聘社区干部，干部队伍实现年轻化，素质不断提高。

以“婚育新风进万家”活动和关爱女孩行动为重点，人口与计划生育工作积极有效。实现了流动人口管理的制度化、经常化和动态化，流动人口的持证率、建档率、查环查孕率大幅提高。完成每年的征兵任务。进一步抓好团委阵地建设；妇联每年的“三八节”均开展社区文艺汇演和维权活动。

（五）社区服务

为下岗失业人员提供服务，帮助2600名下岗失业人员，实现了再就业，开发公益性岗位，社区吸纳零就业家庭人员8人。为7440位居民办理了医疗保险。为4000户、7500人办理了低保，共发放低保金1000万元；为上学困难、看病难的低保家庭发放临时救济金8000元。为伤残军人、烈属、遗属发放抚恤金60余万元。发放廉租住房11套，涉及金额670963元。2009年9月，东窑房社区成立扶贫帮困助残爱心基金会，民营企业家梁贵富向基金会捐赠3万元。

（六）精神文明创建工作

2000～2011年，街道党工委、办事处成立了文明创建领导小组。道德模范典型不断涌现：任晓军被评为全国第一届道德模范，黄代小被评为全国第二届孝老爱亲道德模范，贾海泉获市道德模范提名，芦存林被评为拥军模范，李金柱剪纸艺术全国闻名，张艳助人为乐美名传扬。各社区拥有各类志愿者队伍15支，1000余人。蔡洼街道协调自来水公司，抢修狮脑山驻军供水管道。做好伤残军人、退役军人工作。开展了星级社区竞赛活动。积极开设科普讲座、法律讲座。文体活动异彩纷呈。成立“梦之韵”激情广场合唱队、健身队，毽球获全区女子组第三名。蔡西社区成立了戏迷协会，蔡东社区成立锣鼓队。

（七）平安街道创建活动

加大工作力度，完善工作机制，严防死守，确保了节假日及北京奥运会、国庆60周年、“两会”、上海世博会期间的和谐稳定，2007年获平安街道的美誉。2010年，建成建筑面积140平方米的综治信访中心，坚持信访例会，开展矛盾排查调处，协调化解矛盾。在防火、防汛工作中实行领导包片负责制，对危房、自建房、山体护坡进行安全排查。2007年7月22日暴雨造成石太线中断时，在第一时间掌握情况，及时上报，为事故的处理赢得了时间。护路队员沿铁路线不间断徒步巡逻，对东窑房社区铁路沿线的金属收购站点，残疾人、沿线养车户进行了集中排查和登记造册，保障了铁路大动脉的安全畅通。2009年，对5岁及5岁以下婴幼儿1469人进行排查，对其中649名服用问题奶粉的婴幼儿及时进行了检查治疗。

第四节　赛鱼街道办事处

一、历史沿革

1955年11月，阳泉市设赛鱼街道办事处，属一区，下设7个居民委员会，境域包括赛鱼、官沟、大南沟等村及三矿、四矿宿舍。1956年3月，一区改称站上区。1957年8月，站上区撤销，赛鱼街道办事处直属于阳泉市。1958年10月，阳泉市设矿区人民公社，撤销赛鱼街道办事处。1959年4月，撤销矿区人民公社，设平潭街街道办事处，直属于阳泉市。1960年3月，撤销平潭街街道办事处，组建以阳泉矿务局为主体的政企合一的矿区人民公社。1961年7月，矿区人民公社与阳泉矿务局实行机构分设。12月，设赛鱼街道办事处，属矿区人民公社。1970年6月，撤销矿区人民公社，设立红卫等5个人民公社。1981年3月，红卫人民公社改建为赛鱼街道办事处，为矿区革命委员会的派出机构。

截至 2000 年 6 月，辖 22 个居民委员会：河口第一、河口第二、前沙坪、里沙坪、沙台、大垴沟、虎尾沟、新建、新工房、西川、如意庄第一、如意庄第二、悬窑沟第一、悬窑沟第二、井沟、大楼、小南沟、水泥厂、救护队西、南楼东、南楼西、测石。2000 年 7 月，辖区重组为赛鱼、麻地巷、井沟、如意庄、南楼、大垴沟、虎尾沟 7 个社区。境内有阳煤集团三矿、亚美水泥厂、威虎化工厂、矿山救护队、瓦斯指挥部、新景矿、三矿中学等 60 个企事业单位。截至 2011 年年末，社区设置无变动。

赛鱼街道辖区示意图

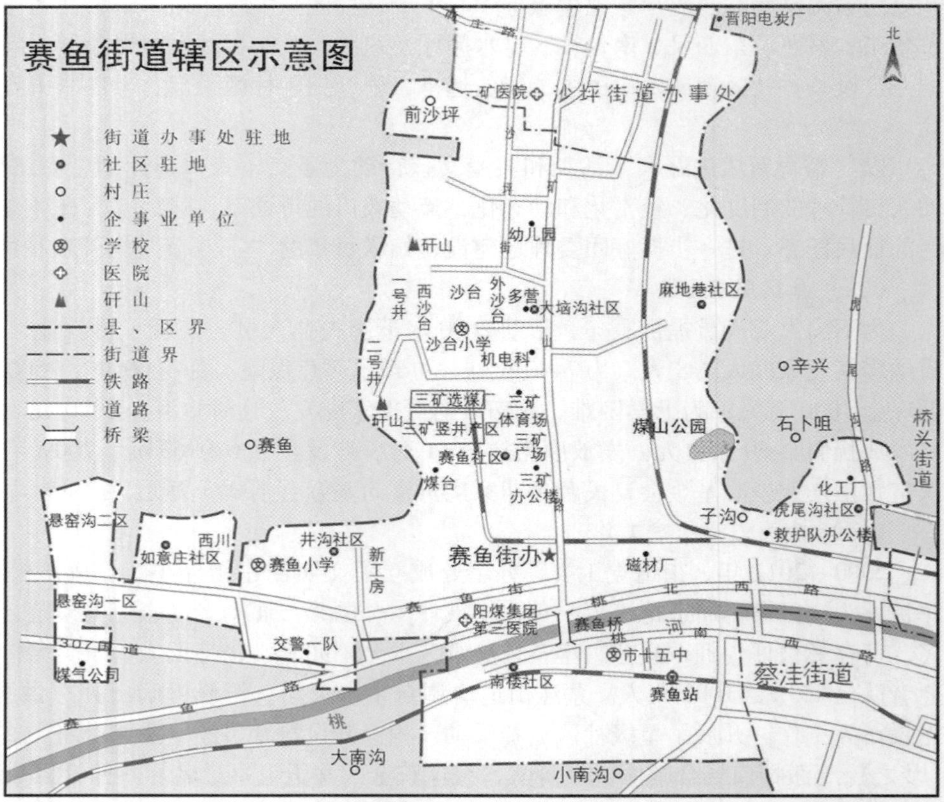

二、环境和人口

赛鱼街道位于矿区西部，蒙河下游，东与桥头街道、蔡洼街道及郊区石卜咀村相邻，北接沙坪街道，南与郊区小南沟村相连，西与郊区前庄、赛鱼村毗邻，面积 2.25 平方千米。

赛鱼街道区内最高点是西北部李家山，海拔 1354 米。中心地带位于桃河与蒙河相汇处，平川很少，城市街道发展受到地形限制。

1980 年年末总人口 24404 人，人口密度 10846.2 人/平方千米；2011 年年末总人口 57059 人，人口密度 25359.6 人/平方千米。

三、街道工作

（一）党建工作

2000～2011 年，开展领导班子和干部队伍素质建设，制订了《党工委中心组理论学习计划》，要求街道全体工作人员坚持理论联系实际的学风，养成认真读书、深入调研、勤于思考的习惯。抓党风廉政建设。党员干部走上街头，深入社区，开展廉政文化宣传活动。强化基层民主，解决了大量租房、低保、医保、环境改善等热点难点问题。加强组织建设，严把党员入口关。全部党员和支部信息录入数据库，规范党员档案管理，全面推开党务公开工作。建立了赛鱼街道办事处网站，各社区和副科级以上干部均设立了电子邮箱。2010 年 5 月人民网记者对赛鱼社区党员承诺活动作了专题报道。2011 年，加强新闻报道工作，向《阳泉矿区报》报送信息 373 篇，市级以上新闻媒体采用 23 条。抓基层政权建设，确立了“党员共管，活动共搞，困难共帮，安全共保，经济共享，和谐共创”的开放式大党建目标，实施了“和谐社区联心卡”制度。开展“我是党员我承诺”的党员践诺活动，兑现率均达到95%以上。

（二）经济工作

2000～2011年，补发了拖欠退休职工的养老金；陶粒砂厂的职工得到安置。确立了“振兴装备制造业、壮大商贸服务业和发展现代物流业”的发展思路。一是积极跟踪服务阳煤神堂嘴煤层气等重点调产项目。二是积极参与三矿工业园区改造，召开辖区经济座谈会，加强跟踪服务，推动金法支护、鑫盛托辊等矿山装备制造企业做大做强。三是重点推进赛鱼商贸板块建设，对赛鱼街进行整体改造，使赛鱼街和太行国际新城贯通，形成具有一定规模的商业区。在赛鱼街、矿山路发展传统的餐饮和零售业，赛鱼集贸市场被省商务厅评为省级标准化菜市场。在太行国际新城发展高档餐饮、娱乐、服务业，日月星辰大酒店、金州大酒店、川仔渔村、景江酒店、芙蓉酒楼、太行金虎便利等商户登记注册。

（三）城市建设

赛鱼街道落实“三城同创”实施方案。推进精品景观示范区建设，实行“严管街”管理，加强环卫队伍建设，多次开展爱国卫生集中整治活动。赛鱼街道办事处获得“山西省爱国卫生先进集体”称号，井沟社区和麻地巷社区被评为“三城同创”先进社区。对17个园林小区查漏补缺。煤山公园、赛鱼公园初具规模，虎尾沟小游园建设完工。对麻地巷社区办公楼后进行垂直绿化，对麻地巷小区进行整饰绿化。注重巩固创建成果，采取绿地认养、责任单位自养、门前绿化责任管护，加强已建成绿化的后期养护工作。强化环境综合决策，强化责任追究，突出抓好重点排污企业的治理和监督，麻地巷社区达到“绿色社区”创建标准。

（四）社区建设

7个社区建成综合服务楼，配备了电话、电视、电脑、放像机、打印机和数码相机，接通了网络。麻地巷社区新办公大楼于2009年7月竣工投入使用。2009～2011年，规范了社区各项制度，7个社区全面实施和谐创建工作。以社区党组织为依托，构建了“一委一居一站一办”（社区党支部委员会、居委会、社区社会管理便民服务站、社区综治办）组织架构。虎尾沟社区成为矿区和谐社区创建示范点。各社区围绕志愿者队伍建设、康复建设等方面扎实开展各项工作，在社区设立了文体、治安巡逻、卫生整治、环境保护、优抚、助残、老年服务等16支志愿者队伍。突出抓街道劳动保障所、站的组织建设，建立健全工作管理制度，明确任务和职责。创立麻地巷、虎尾沟社区康复站。

（五）社会服务

组织开展社区文体活动。街道举办社区文化艺术节、激情广场大家唱等活动；“三节”期间街道举办了新春文艺晚会，各社区秧歌队参加“煤海欢歌闹元宵”街头表演人数达2000人。积极参与矿区组织的各种文体活动，组织200人参加了矿区“颂歌献给党”大型红歌演唱会。小戏《和谐路上说变化》获矿区小戏、小品大赛优秀组织奖，街道篮球队获矿区第六届职工“交警杯”篮球大赛第二名。

民生保障工作推行社区服务连心卡。“两节”期间，对困难户、建国前老党员、残疾人进行慰问，发放慰问金和慰问品，为困难群众发放临时救济款，为孤儿发放优待证和生活费。加强社区便民服务设施建设，积极开发社区就业岗位，为社区帮教安置工作搭建良好平台。对生活困难且符合条件的刑释解教人员给予救济、享受城市低保。为下岗失业人员申报了最低生活保障。低保工作实行动态管理，阳光操作，及时掌握受保对象的就业及收入状况，按年对低保对象进行审核，切实做到应保尽保。街道居民参加医保人数逐年增加，包括普通成人、未成年人、困难老人、低保人员等。为“五七家属工”等符合条件的人员申办了社会养老保险。发放了廉租住房补贴，安置廉租住房。在“八一”、国庆节、春节期间为革命残疾军人、烈属、参战参试人员、特困军烈属发放残疾补助金、抚恤金、慰问金和生活必需品。为患有大病、住院治疗的困难居民开展医疗救助。为特困子女上大学申请资助。

进行了劳动就业状况摸底调查。建立了劳动用工网格化管理模式。建立用人单位用工信息数据库，开展用工单位劳动保障书面审查。加强就业帮扶力度，开展失业人员登记，将刑释解教人员纳入街道社会保险覆盖范围，免费提供就业服务，进行就业培训。组织就业困难人员参加区总工会和赛鱼总工会举办的春季招聘会。2011 年新增就业人数 751 人，135 名失业人员实现再就业。

开展创建全国残疾人康复示范社区的各项工作。充实完善残疾人社区康复创建网络，建立残疾人康复档案 180 份，配备器材 32 件；发放各类残疾人康复辅助器材 90 余件，70 名贫困残疾人和 7 个社区得到康复救助；组织 50 余名有劳动能力的残疾人参加了电脑、厨师等技能培训，为 30 余名残疾人安排了就业。2009 年 11 月 18 日，省残联创建康复示范区现场会代表到虎尾沟社区参观学习。2010 年，省残疾人社区康复示范区评估团经检查验收给予好评。

（六）其他工作

2001～2011 年，推进综治目标管理责任制。街道党工委书记与各社区签订责任书。建成街道综治信访中心，召开了信访维稳会议、信访月例会，开展了综治信访日宣传活动。社会管理创新工作取得成果，出台平安街道、平安社区创建方案，制订了配套制度。铁路护路巡防工作常抓不懈。开展了社区矫正工作，完成了吸毒人员摸底建档任务，社区志愿者广泛开展了与刑释、解教人员谈心、进行家访等多种帮教活动。矛盾纠纷调解率达 98%。

逐步建立健全安全监察组织机构，成立街道安委会，街道安监站。对社区、生产经营单位、自建区安全隐患全面摸底排查，签订安全生产责任状，进行了规范整理，严格 24 小时值班制度，成立应急防汛抢险队伍。在区委、区政府的支持下，根据区政府办公会议纪要及《小南沟自建区居民拆迁安置方案》，对有严重安全隐患的小南沟 59 户自建区住户进行妥善安置。建立赛鱼地区地震“三网一员”机构，确定 3 个地震避难场所。深化消防安全“五大”活动，针对赛鱼集贸市场存在的安全隐患，进行整体改造。有效防控甲型 H1N1 流感病毒的传播，开展了形式多样的宣传工作。加强对非法采矿行为的日常巡查和监督举报。

计生和“六普”工作。以“婚育新风进万家”活动为主线，开展生育关怀行动，实施流动人口“温馨行动”，发放了 171 份“计生关爱礼包”。做好流动人口“一盘棋”工作。增加了派出所、卫生院、司法所、民政等街道部门为计生工作责任部门，形成齐抓共管的综合治理格局，成立了流动人口服务均等化领导小组，健全了流动人口管理制度。加强了社区计划生育服务室的建设，“育龄妇女信息系统”实现单机版向网络版的转换，获区计生局电脑基础知识操作技术比武第二名。创建“生育文化园”，开展系列人口文化活动。召开计划生育工作会，完成街道社区的计生协会换届。表彰了先进集体和先进个人，与 11 个驻地单位、7 个社区签订了责任状，奖励资金全部兑现。做好社会抚养费征收工作。认真做好第六次人口普查工作。做好身份证的匹配工作，协调完成幼儿信息核查输入工作，绘制了普查区和小区示意图。开展入户摸底、比对核查、复查审表、质量验收、快速汇总逐级上报、抄正表整理装箱等工作。开展了各种“留守儿童”关爱活动。

建立了民兵应急分队，设立民兵应急分队办公室和器材室，完成征兵工作。

第五节　沙坪街道办事处

一、历史沿革

1963 年 12 月，阳泉市设前庄街道办事处，属矿区人民公社。1965 年 1 月，前庄街道办事处更名为沙坪街道办事处。1970 年 6 月，撤销矿区人民公社，设立沙坪等 5 个人民公社。1981 年 3 月，沙坪人民公社改建为沙坪街道办事处，为矿区革命委员会的派出机构。截至 2000 年 6 月，辖 18 个居民委员会：里沙坪东、里沙坪西、中沙坪东、中沙坪西、黄石板、黄石板山顶、沙沟第一、沙沟第二、南沟第三、桥北园、桥南园第一、桥南园第二、矿山路第一、矿山路第二、秋沟第一、秋沟第二、秋沟第三、永红。2000 年 7 月，重新划分为桥南园、蒙北、中沙坪、里沙坪、秋沟、沙沟、黄石板 7 个社区。境内有 13 家驻地单位。截至 2011 年年末，社区设置无变动。

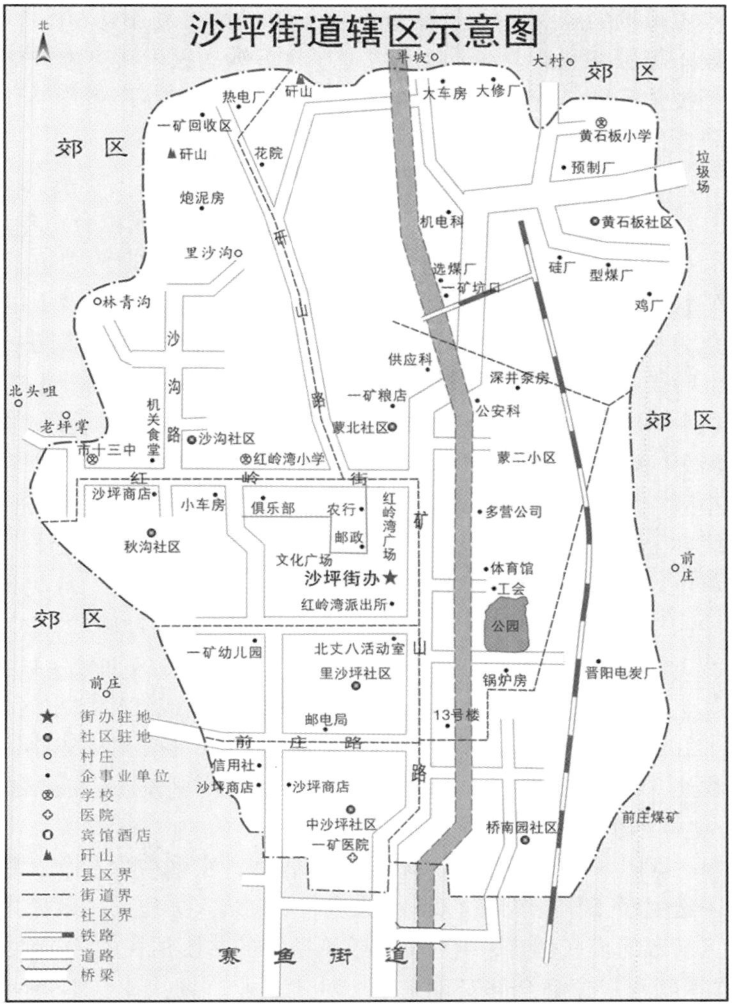

二、环境和人口

沙坪街道位于矿区西北部，蒙河上游，东至三矿裕公井，南与赛鱼街道相接，西连郊区前庄、老坪掌、北头咀村，北与郊区庙上、半坡、大村为邻，辖区面积 1.90 平方千米。

1980 年年末总人口 18719 人，人口密度 9852.1 人/平方千米。2011 年年末总人口 37392 人，人口密度 19680.0 人/平方千米。

沙坪街道地势为中部高而南北低。其处内地形切割剧烈，冲沟极为发育；其山背与沟谷多数成北东向排列，形成复杂的中高山地貌，地表多为裸露岩石，少量第四纪黄土分布于山顶及山坡。其地形最高点为中部的落雁垴，海拔为 1369.3 米；最低点为一矿沸腾炉房蒙河河床处，林高为 766.3 米，相对高差约 603.0 米。主要河流为蒙河，属季节性河流。由北向南贯穿，经赛鱼办事处地段直入桃河，系海河流域滹沱河水系。处内没有底沟，曹黄沟、老坪掌、东沟等支流为季节性间断溪流，平时均基本干枯无水，唯雨季山洪暴发时均汇集于蒙河。最早汛期 5 月下旬，汛期结束为 8 月底，蒙村河最大洪水流量为 7390 立方米/分，发生于 1982 年 7 月 29 日，上游受水面积约 3 平方千米。

三、街道工作

（一）党建工作

2000～2011 年，党工委及各基层社区支部把社区党建工作与精神文明建设相结合。桥南园社区党支部和驻区单位党组织共同构筑党员管理的“宽带网”，在桥南形成了“党员挂牌一条街”，按照“一个党员一面旗，共建文明新社区”的工作方针，投身社区建设，促进了社区工作。2010 年，7 个社区党支部完成换届选举。2011 年，围绕建党 90 周年，开展了丰富多彩的庆祝活动。沙坪街道党工委始终坚持党建带团建，街道团工委下设团支部荣获省“五四红旗团支部”称号。

（二）经济工作

主动深入驻地企业，帮助金地宾馆、金地酒家、晋源酒家、云兴源酒家等经营户不断推新经营品种，强化服务员培训，提高服务标准和质量。扩大沙沟和沙坪集贸市场的功能。通过租赁形式，进入集贸市场的经营商户已有80余家，市场铺位利用达90%以上。开辟了沙坪街底商区，加快了餐饮、娱乐等服务业的改造升级，方便了辖区内居民生活。推进楼宇经济，协助残疾居民马萍萍利用其木雕画技艺开展经营，为其提供经营场所，帮助其办理经营手续；积极争取区残联的支持，解决创业发展资金的困难。

（三）城市建设

促成升华公司投资40余万元将机关食堂建成综合市场，方便了周边居民生活，促进了沙沟一带交通秩序和卫生环境的治理。以307国道复线开通为契机，以一矿多营免烧砖项目为龙头，形成包括矿粉厂、树脂厂、回收区在内的西矸山工业园区。开展了以小街小巷居民区的绿化、硬化、亮化、净化为主要内容的城环“四化工程”，完成桥南社区苹果园一条街、沙沟社区凌青沟路段以及秋沟社区红岭街的亮化，完成了红岭路的彻底大修。对矿山路等重要地段补种树木、花卉2万株，新增绿化面积1450平方米。配合蒙河治理工作，组织动员社区干部、居民群众为治理蒙河工程的职工送水、送汤29次，送鞋垫118双，发放宣传资料1000余份，出动70余人进行大型宣传活动2次。对红岭湾小区、荣昌小区进行标准化园林小区建设。7处绿化小区通过第一批园林城市达标小区验收。7个社区办公楼都已建成。多层次、多渠道、多形式开展社区体育活动，连续5年被评为全国群众体育先进单位。2008年6月，获市老年人运动会健身操比赛二等奖和道德风尚奖。2009年，中沙坪、里沙坪、沙沟三个社区近9000平方米的绿化工程全部通过验收。2010年，辖区24条小街小巷全部硬化，新沙二区1600平方米的土建工程完成，里沙坪社区1号~4号楼、矿北1号~2号楼前的菜窖和临时建筑全部拆除，增加绿地面积5000平方米，建成红岭湾小区示范小区和红岭湾街示范一条街，并改造了红岭湾东侧中心地带的蒙河小游园。2011年，对中东小区1号~9号楼间的菜窖房进行了拆除，面积达3500平方米，红岭湾小区、蒙二小区顺利通过国家级园林小区验收。

（四）社会服务

2001~2011年，开展城市低保管理，实现应保尽保，医疗保险参保率达90%。积极开展扶贫济困送温暖工作，扶持了50个家庭，150余人。协助民政做好扶助贫困生就读，有12人受惠。经过认真细致的摸底调查，4户符合政策条件的贫困居民享受到政府医疗救助，累计金额8000余元。22户“零就业”家庭全部安置完毕。对建筑业、餐饮业、零售网点等用人单位开展了劳动用工执法检查，严格数据统计，使劳动监察逐步纳入网格化、网络化管理。深入开展“平安街道”创建工作。成立小区物业管理中心，安装单元防盗门30余个，建立封闭小区3个，解决楼道照明20多个。成立了一支30余人的民兵应急小分队，应对突发事件。对辖区暂住人口、出租房屋进行摸底调查，登记造册，做到底子清、情况明，形成重点人口管理防控网络。对“两劳”释放人员进行动态管理，帮助他们再就业，其中16人走上了工作岗位，4人享受了最低生活保障金。广泛开展“婚育新风进万家”和关爱女孩行动，普及避孕节育、优生优育、生殖保健科学知识。长效节育措施落实率94.6%，共办理准生证236个，独生子女证161个，婴儿落户证208个。2010年，解决了黄石板社区多年不通车的问题，扶持成立了鑫越工艺美术厂，争取资金10万元。2011年，矿区刑释解教人员安置帮教基地在办事处挂牌成立。在社会管理创新工作中，争取资金20余万元，里沙坪社区成为标杆社区，创新“一委一居一站”服务模式，提升社区服务质量。

（五）其他工作

沙坪街道办事处2007年完成了1954年11月1日以来参战和参加过核试验的退伍军人进行了摸底登记工作。在冬季征兵工作中，经过严格考核和各项检查，为部队输送优质兵员30名。在寒暑两个假期，利用文明学校和校外辅导站的示范辐射作用，组织学生开展文体活动和社会实践。各社区建立了辖区未成年人思想道德建设工作联系会议制度，成立了“五老”（老干部、老战士、老专家、老教师、老模范）队伍，对广大少年儿童进行革命传统、思想道德教育。2009年，组织队伍代表矿区参加了山西省第三届城市社区运动会，获得团体总分第二名和优秀组织奖，秋沟社区被山西省体育局、山西省文明办授予山西省城市体育先进社区称号。2010 年，联合 8 家驻地单位举办了 350 余人参加的趣味运动会。在第六次人口普查工作中，被山西省统计局、山西省第六次全国人口普查领导小组办公室评为先进集体。2010 和 2011 年，秋沟社区、里沙坪社区先后建成“夕阳红”图书阅览室，各藏书 3000 余册。

第六节　贵石沟街道办事处

一、历史沿革

1984 年 3 月 7 日，根据市政府常委会关于贵石沟归矿区管辖的议定事项，矿区决定设立贵石沟街道办事处。4 月 17 日，矿区在阳泉矿务局“贵石沟矿区”设立贵石沟街道办事处。该办事处东与贵石沟村相连，南与宋家庄为邻，西与冶西村接壤，北与聂家庄村毗连，面积 9.27 平方千米。截至 2000 年 6 月，辖 5 个居民委员会：苏村楼第一、苏村楼第二、枣岭山、小河滩、水滩第一。2000 年 7 月，辖区重新划分为水滩、小河滩、苏村、枣岭山 4 个社区。境内有阳煤集团五矿、兆丰铝冶、京宇磁材、阳煤二院等 5 个企事业单位。截至 2011 年年末，社区设置无变动。

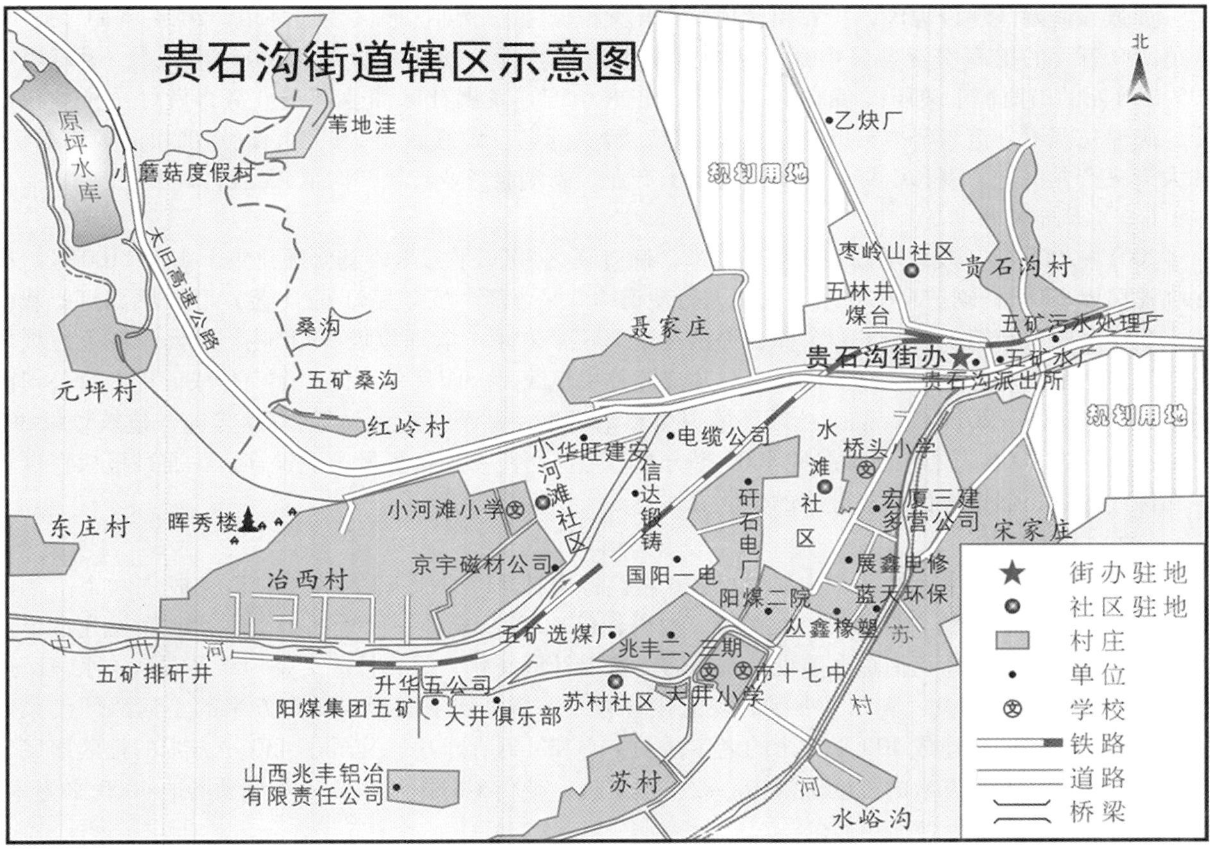

二、环境和人口

贵石沟街道位于平定县境内，距县城 4 千米，东、南分别与南坳乡的贵石沟村、宋家庄村为邻，西、北分别与冶西镇的冶西村、聂家庄村相毗，辖区面积 9.27 平方千米。

贵石沟街道四周群山环抱，西部及西南部为山地，东部及东北部为河川沟谷，区内山顶多为黄土覆盖，南川河及其上游沟谷两侧山坡，岩层裸露。最高处为西南部的石头岭，海拔 1178.1 米，最低处为南川河河床，海拔722米，平均海拔905.6米。

1986年年末总人口7294人，人口密度786.8人/平方千米；2011年年末总人口21895人，人口密度2361.9人/平方千米。

三、街道工作

（一）党建工作

2000～2011年，贵石沟街道党工委加强党建基层基础工作，以党建促进全面发展。在开展先进性教育活动中，做到示范、主题、创新“三突出”，并与党建、行风、热点、问题“四结合”，使活动取得了成效。坚持“一课三会”制度，多次召开反腐倡廉警示教育大会，按时召开组织生活会和党内民主评议党员活动，加大培养发展入党积极分子力度，增强了组织的凝聚力、战斗力和向心力。建立和完善基层民主制度建设。突出抓好社区“两委”建设，依法实行民主选举、民主决策、民主管理、民主监督。始终坚持执行“四议两公开”制度，工作开展以来，扎实解决了低保、社区办公经费、遗留问题上访等一些群众反映的热点、难点问题，增进了干群关系的和谐。成立示范化楼院党小组，实现了党组织的全覆盖。

（二）经济工作

加强工业园区建设力度，扩大园区规模，壮大税域经济，创优园区发展环境。2004年11月，月产值200万元的招商引资项目山西鑫源电线电缆有限责任公司正式投产。2005年6月，固定资产205.8万元的山西恒汇液压设备有限责任公司正式生产。发展社区商业网点。努力做好协税护税工作，确保税源不外流。努力帮助企业克服困难，解决问题。做好新建、扩建、改建项目的摸排登记。加大第三产业引进力度，引导企业向高新技术产业、高端服务业转型，向低碳经济方向转变。

（三）城市建设

2001～2008年，硬化场面18000平方米，铺砖硬化8000平方米，翻修硬化主干街道1100米。拆除临建房屋27间，砌护坝110米，硬化人行便道400平方米。安装路灯89（盏）套照明路灯；栽植树木800余棵。补植了黄杨1万余株，种植花草200平方米。清理垃圾30余吨，整修、规范垃圾堆放设施100余个。建立了水滩便民早市。建成园林单位5个、园林化小区2个。建成五矿多营公司院内小游园。2009～2011年，加大社区环境卫生整治力度，共清理生活垃圾1000多吨，建筑垃圾300多吨，小广告1000多处，清理绿地5000平方米。组织居民参加各类爱国卫生宣传，通过报栏宣传养生和保健知识，倡导居民积极健康的生活方式。

（四）社区建设

建成苏村社区、水滩社区、小河滩社区3幢高标准社区综合服务楼。4个社区完成“六个一”建设（电话、电视、电脑、打印机、放像机、数码相机）。组织全体社区干部到全国社区建设先进单位太原市杏花岭区职工新街街道办事处参观学习。水滩社区硬化、绿化社区大院180平方米，水三区进行了“四化”工程建设，实现了小区的规范化管理；重新修建了占地400平方米的小河滩便民菜市场门面房；苏村社区建成400平方米的老年活动中心和社区存车房，完成了450平方米的社区居民活动场地硬化和357平方米的社区洗浴中心改扩建工程；硬化枣岭山社区路面及活动场地4000平方米，安装路灯26盏。

（五）社区服务

建立了零就业家庭工作台账；组织民营企业签订劳动用工合同，新增就业岗位149个。召开劳动保障工作专题会议10次，在4个社区开通就业服务热线电话。利用阳煤职业技术学校的培训基地和培训资源，对再就业人员进行技能培训。在社区开通了社保、低保一站式服务点。城镇居民医疗保险工作实现了网络化管理，参保率达92%。积极开展“联动大接访”活动，妥善处理信访事项。在水滩社区和小河滩社区建起计生宣传院和国策宣传一条街。强化了对流动人口的计划生育管理，被阳泉市评为优质服务办事处。长效节育措施率提高到94.7%，综合节育率93.99%。广泛开展安全、消防“进社区、进学校、进企业”的宣传活动。组织开展形式多样的社区文化活动。组建社区表演团队，举办多场消夏演出，多次参加节假日大型活动，社区业余文化活动趋于常态化。

1995～2011年阳泉市矿区街道社区获得省级以上部分奖项一览表

表1－2

获奖年月	获 奖 社 区	奖 项	颁 奖 部 门
1995年4月	沙坪桥南园第一居委会	全国模范居委会	
2001年	平潭街西社区	省级文明社区创建活动示范点	
2003年5月	平潭街西社区腰鼓队	全国巾帼文明健身队	全国妇联、国家体育总局
2004年8月	平潭街大院社区	全省先进体育社区	省体育局
2004年10月	平潭街大院社区	山西省第四批城市体育先进社区	
2006年10月	沙坪街道办事处秋沟社区	山西省城市体育先进社区	山西省体育局、山西省文明办
2006年10月	沙坪桥南园社区	全国敬老模范村居社区	全国老龄委员会
2007年12月	平潭街西社区	全国全民健身先进单位	
2008年7月	平潭街西社区健身队	全国巾帼文明健身队	全国妇联、国家体育总局
2009年10月	蔡洼街道工会	山西省乡镇（街道）工会标兵单位	山西省总工会
2009年10月	桥头社区	山西省基层工会联合会标兵单位	山西省总工会
2010年1月	桥头街道办事处	全国经济普查先进单位	全国第二次经济普查工作领导组
2010年1月	赛鱼街道办事处	第二次全国经济普查先进集体	山西省第二次全国经济普查领导小组
2010年5月	平潭街东山社区	全国创建学习型家庭示范社区	全国妇联、民政部、文化部、环境保护部、国家广电总局
2010年7月	蔡洼蔡东社区	全国妇联基层组织建设示范社区	中华全国妇女联合会
2010年7月	赛鱼街道办事处麻地巷社区	全国妇联基层组织建设示范社区	中华全国妇女联合会
2010年7月	沙坪街道办事处沙沟社区	全国妇联基层组织建设示范社区	中华全国妇女联合会
2010年8月	沙坪街道办事处秋沟社区	山西省妇女健身示范站点	山西省妇女联合会、山西省体育局
2010年12月	贵石沟街道办事处	全国计划生育协会先进单位	中国计划生育协会
2010年12月	贵石沟水滩社区	人口和计划生育基层群众自治示范村居	国家人口和计划生育委员会、中国计划生育协会
2010年12月	赛鱼街道办事处	爱国卫生先进单位	山西省爱国卫生运动委员会
2010年12月	沙坪街道办事处秋沟社区	人口和计划生育基层群众自治示范村居	山西省人口和计划生育委员会、山西省计划生育协会
2011年3月	蔡洼蔡东社区	山西省十大敬老文明社区	山西省老龄工作委员会
2011年3月	沙坪司法所	群众满意的司法所	山西省司法厅
2011年5月	沙坪街道团工委下设团支部	五四红旗团支部	共青团山西省委
2011年6月	沙坪街道办事处里沙坪社区	“平安家庭”示范社区	山西省社会治安综合治理委员会办公室、山西省妇女联合会

续表 1-2

获奖年月	获 奖 社 区	奖　　项	颁 奖 部 门
2011 年 6 月	沙坪街道办事处秋沟社区党支部	山西省先进基层党组织	中共山西省委
2011 年 6 月	沙坪街道秋沟社区妇女维权站	妇女维权示范站	山西省妇女联合会
2011 年 7 月	赛鱼街道司法所	示范化司法所	司法部
2011 年 8 月	蔡洼街道办事处	全省残疾人工作先进单位	山西省人民政府残疾人工作委员会
2011 年 11 月	蔡洼东窑房社区	人口和计划生育基层群众自治示范村居	国家人口和计划生育委员会、中国计划生育协会
2011 年 12 月	蔡洼东窑房社区	人口计生基层群众自治示范村（居）	山西省人口和计划生育委员会、山西省计划生育协会
2011 年 12 月	桥头街道	第六次人口普查先进集体	山西省统计局 山西省第六次全国人口普查领导小组办公室
2011 年 12 月	桥头街道总工会	山西省五星级（乡镇）街道工会	山西省总工会
2011 年 12 月	桥头刘家垴社区	人口计生基层群众自治示范村（居）	山西省人口和计划生育委员会、山西省计划生育协会
2011 年 12 月	桥头刘家垴社区	山西省家庭教育工作示范基地	山西省妇女联合会
2011 年 12 月	沙坪街道办事处	第六次全国人口普查先进集体	山西省统计局 山西省第六次全国人口普查领导小组办公室
2011 年 12 月	平潭街东山社区	创建安全乡村示范村（社区）	山西省人民政府安全生产委员会
2011 年 12 月	赛鱼街道总工会	山西省五星级乡镇（街道）工会	山西省总工会

第三章　地　　名

阳泉市矿区不少地名具有悠久的历史。新中国建立后，社会发展迅速，城乡面貌日新月异，行政区划变动频繁，各种地名的增加及变动亦较多，产生了大量富有新色彩，反映新的社会经济文化生活的地名。“文化大革命”期间，曾刮起一股改名风，将不少地名改成带有革命色彩的名称；“文化大革命”结束后，这些地名大部分进行了调整和标准化处理。

第一节　地名构成

阳泉市矿区境内的地名构成复杂，内涵丰富，反映了阳泉矿区独特的自然、经济和社会文化风貌，具有鲜明的时代特色和浓厚的地方色彩。从地名的词义上看，境内地名的构成主要有如下几种。

方位　境内地名中有不少方位词，构成地名时则常以矿区特有的事物作为参照物。如救护队西、局大院东、蒙北、桥北园、桥西街、四矿口。

自然地理实体名称　境内地名中的自然地理实体名称，反映了矿区的地貌特征和水文特点。自然实体名称多数出现在“通名”的位置上。与“山”有关的自然地理实体名称：半坡、北头咀、大垴沟、东山、刘家垴、马家坪、沙坪、石卜咀、西河东山、枣岭山。与“水”有关的自然地理实体名称：蔡洼、河口、河滩、水滩、洪城河、黄水沟、虎尾沟、简子沟、平潭、秋沟、水泉沟、黄石板。

人为地物名称　一是煤炭生产运输设施名称，这是煤矿所特有的现象，如东四尺、东台、东窑房、巩窑洼、六股道、七股道、水泥厂、小南坑、裕公矿、中兴矿。二是市政设施名称。如菜市、大楼、大院、南楼、苹果园、新工房、新建、自建等。

村落名称　今矿区地域历史上曾为农村，反映在地名上，有不少采用过去的村名构成地名的情况，如平潭街、苏村楼、小南沟、贵石沟、赛鱼等。

新式词汇　如立新、向阳、永红等。

第二节　地名例释

矿区境内及周边不少地名流传久远，富含历史文化意蕴。兹择要介绍于后。

蔡洼　原名菜洼，地处桃河南岸，地形平坦低洼，曾是石卜咀村民的菜地，故名。1962 年 1 月成立菜洼居委会，1982 年 12 月小南坑街道办事处改称菜洼街道办事处，1986 年 12 月改名为蔡洼街道办事处。

冠山　历史文化名山。居阳泉市矿区的南区之侧，位于平定县城西南 4 千米处。属狮脑山山脉中段，海拔 1125.6 米。有资福寺、槐音书院（下书院）、崇古书院（上书院）、仰止亭等古迹，石刻、古松甚多，为阳泉市旅游景区之一。《读史方舆纪要》谓“以高冠群山而名”，《平定州志》谓“状如冠，故名”。有关记载可上溯到元代。

贵石沟　位于桃河支流南川河上游，原名龟石沟。清光绪《平定州志》载，州西南冠山沟之东偏，有巨石，头目毕现，俨如龟形，因名为龟石沟。后人嫌其名称不雅，改为贵石沟。1985 年国家在此建成五矿。

虎尾沟　石卜咀村原有一块巨石，形似老虎，虎嘴直探桃河，虎尾指向此沟，因建虎仙庙，此沟于是得名虎尾沟。

黄石板　原为阳泉矿务局一矿的矿井，因开矿时挖出黄色砂石岩层，故得名黄石板。1955 年设黄石板居委会。

简子沟　名称来历有二：一是此沟形似剪刀，故名剪子沟，后谐音为简子沟。二是相传春秋战国时赵简子曾在此驻兵屯粮，故得名简子沟。

刘家垴　此处原为石卜咀村刘姓的坟地，故名刘家垴。

马家坪　位于平潭街北侧山塬上，原为平潭街村马家的坟地，故名。

平潭街　明李愈《怀潭记》：“离郡西二十里许，有古寺一区，众水汇潭于前，平衍光鉴，故以平潭名镇，居民数百家。”此平潭镇，明《平定州志》载名为平潭驿；清《平定州志》载名为平潭镇；民国36 年（1947）后称平潭街村；1980 年撤村，1981 年设平潭街居委会，属矿区平潭街街道办事处。潭水在李愈时即“为山水激没，无复余址”（《怀潭记》）。1980 年后，境内不少人将“平潭”讹作“平坦”，以其读音相近，字形易写之故。

苹果园　位于洪城路西侧，此处原为桃河河滩，1950 年阳泉矿务局派造林队在此种植大片苹果树，建成苹果园。后苹果园不存，地名仍在。1981 年 3 月设苹果园居委会。

桥北园　桥南园　此地原为阳泉矿务局一矿的苹果园，1981 年 3 月在此建成职工宿舍楼，并设两个居委会，因地处蒙村河前庄桥南北而得名。

如意庄　原为赛鱼村的一处地名。相传村里有一户人家在此建成一处新庄院，落成时众亲朋好友纷纷前来庆贺，其中一位长者说：“此地选得好啊，院子修得称心如意！”此处遂名如意庄。1957 年阳泉三矿在此建成职工家属宿舍，1962 年 1 月成立如意庄居委会。

赛鱼　村名来源无考。唐《元和郡县志》：“废受州城在（广阳）县西北三十里，旧名塞鱼城，武德八年因故迹筑，移受州治此，贞观八年废。”清乾隆五十五年版及光绪版《平定州志》俱载名赛鱼。

狮脑山　位于矿区南北两部分之间，郊区义井镇与平潭镇交界处，为狮脑山山脉主峰。清乾隆五十五年版及光绪版《平定州志》俱载名狮子山，谓此山“形似狮”，故名；又因山石罅中生菖蒲，故又称蒲山、蒲台山。民间称其为狮垴山。20 世纪 80 年代建造百团大战纪念碑时，改“垴”为“脑”。海拔 1176.0 米，高于北侧桃河谷地 500 米，甚为巍峨雄伟。清代平定文人白孕彩曾作《狮子山》诗：“山情喜我到，坐我小松林。登阁高天近，穿云半路深。果然出峡水，静客闭关心。狮子谁骑去，寂寥龙象音。”狮脑山是城矿两区及石太铁路侧翼的制高点，军事地位重要，曾是百团大战和解放阳泉之战的重要战场。山上有狮脑山林场和狮脑山森林公园，山巅建有百团大战纪念碑和纪念馆，是阳泉市的旅游景区之一，有公路与市区相通。

王岩沟　原为石卜咀村的一条山沟，因王、阎二姓首居此沟，得名王阎沟，后讹传为王岩沟。

小南坑　原为 1916 年保晋公司所开矿井的名称，因该矿井位于桃河南岸而得名。后于此建居委会及街道办事处，均曾以此为名。

中兴矿　此处原为汉河沟人赵宣经营的一座私营煤矿，该矿于 1952 年为三矿购买。后建成职工家属宿舍，名为中兴矿居委会。

第二编　环境与资源

阳泉市矿区地处太行中段西麓，地貌呈规律性展布。由于地理纬度、季风环流和地貌等多种因素影响，形成复杂的局地气候。地质、地貌、气候和人为因素导致水文环境的多样性。矿产资源特别是煤炭资源丰富，但水资源匮乏。经多年高强度采掘，矿产资源急剧减少，生态环境恶化，自然灾害频仍。20 世纪 50 年代，因煤炭生产和其他工业规模较小，环境污染问题尚未引起注意。70 年代后，环境污染达到了严重的程度，引起各界关注。90 年代，环保工作受到重视。2000 年后，矿区强化管理，严格执法，搞好服务，从源头上控制新污染源的产生，实现了经济发展和环境保护“双赢”的目标。

第一章　自然环境

阳泉市矿区地处沁水台拗陷东北边缘，全区“三山”环绕，“两河”襟带，地貌呈规律性展布。由于地理纬度、季风环流和地貌等多种因素影响，形成复杂的局地气候。地质、地貌、气候和人为因素导致水文环境的多样性，总体上矿产资源特别是煤炭资源丰富，但水资源匮乏，是制约本区经济社会发展的重要因素。矿区自然灾害多发，特别是地质灾害和气候灾害频繁，对经济建设和人民生活影响巨大。

第一节　地　　质

地质包括基础地质、水文地质、地震地质等。矿区地质调查和地质研究开展较早，取得了大量研究成果，为煤炭生产创造了良好条件，同时煤炭生产的发展又为地质调查研究的深入开展创造了条件。

一、基础地质

（一）地层及岩浆岩

区境地处沁水煤田东北部，为煤田型地质。地层出露简单，厚度约 2240 米。地层由老至新依次为：下古生界奥陶系中统马家沟组、上古生界石炭系上统底部的太原组湖田段、跨石炭系上统和二叠系下统底部的太原组、二叠系下统中部的山西组、跨二叠系下统和上统的石盒子组、二叠系上统的孙家沟组、中生界三叠系底部的刘家沟组、新生界第四系上更新统的马兰组和峙峪组、全新统的沱阳组。(见表 2－1)

境内无岩浆岩分布。

（二）构造

区境位于山西中台隆的中东部，沁水台拗陷的东北边缘。东邻新华夏系太行山隆起带的次一级构造平定——娘子关帚状构造，西接新华夏系构造控制的宁武——静乐、太原西山等中、新生代雁行斜列的构造盆地；南部受寿阳经向构造带的影响；北抵阳曲——盂县纬向构造亚带。整个矿区处于纬向与经向和新华夏系构造带复合控制之下。

区境地处沁水盆地东北边缘，由于东部太行和北部五台的隆起，形成一个东北高、西南低，沿北西走向，往南西倾斜的一个大规模的单斜构造，倾角一般不超过 10°。在这个单斜面上，次一级的构造以波状起伏的短轴褶皱构造为主，层间的小型断裂构造次之。

区内最大的主要构造为桃河向斜，属于东西向构造，是山西地台阳曲、盂县东西褶皱带的南延部分，它的西端由于受到北东向构造的反接复合，形成一个辗转弯曲的大“S”形。此构造起于阳泉市东部的大西庄，往西至甄家庄与一条北东向的构造复合，延至平潭垴，横穿整个矿区中部，进入赛鱼村，至官沟村附近，逐渐偏转为北西西，在松帽梁附近与北东向的马圈垴向斜反复合于北东向构造中，在田家庄附近消失，全长 20 千米。属于区域性的主题构造。

断裂较少，落差一般在 5 米以下，超过 20 米的偶有所见。区内古岩溶陷落柱发育，主要分布在矿区的西部和南部，多以成群分布。地层中岩溶陷落柱较为发育，形状大多为椭圆形，其直径小则几米，大则数十米，也有在百米以上的。

阳泉市矿区地层简表

表2－1

界	系	统	群、组、段	代号	厚度（米）	岩　　性	主要分布区域
新生界	第四系	全新统	沱阳组	Q_4t	1～10	砂砾石层、粗—粉细砂、黏土、亚黏土、砂土、亚砂土夹砂砾石层	各河流河床、河漫滩及一级阶地
		上更新统	峙峪组	Q_3s	5～30	粉砂土、亚砂土夹砂砾石层	阳泉平定盆地、河流二级阶地
			马兰组	Q_3m	2～15	亚砂土	盆地边缘与山区接壤地带、河流两侧
中生界	三叠系		刘家沟组	Tl	＞250	细砂岩夹少量泥岩	平定县端岭、寨坪沟、圣堂西南山梁的东北坡
上古生界	二叠系	上统	孙家沟组	P_2sj	165.9	泥岩、粉砂质泥岩、砂岩	郊区寿阳分界、平定昔阳分界一带石盒子组
		下统	石盒子组	Psh	567.5	含砾粗砂岩夹粉砂质泥岩及煤线	简子沟、贵石沟以西
			山西组	P_1s	67.2～96.3	页岩、泥页岩、砂岩及煤线	简子沟、贵石沟以西太原组
			太原组	CPt	61.6～123.4	铝土质泥（页）岩、泥岩、粉砂质泥页岩、生物屑灰岩、砂岩及煤层	简子沟、贵石沟以西石炭系
	石灰系	上统	湖田段	Cht		山西式铁矿、浅灰色铝土岩	简子沟、贵石沟以西
下古生界	奥陶系	—	马家沟组	Om	378.6～541.2	砂屑灰岩、泥晶灰岩、泥晶白云岩、角砾状泥质白云岩、白云质灰岩、云斑灰岩、白云岩、角砾状白云岩、角砾状白云岩	部分地区

煤系地层总厚约200米，含煤16层，赋存于古生界石炭系山西组和太原组地层中，按煤层自上而下顺序编号，3号、12号、15号为主要可采煤层，习惯上称为七尺煤、四尺煤、丈八煤，煤层厚度分别为2米、1.2米和6米左右；2号、6号、8号、9号、13号和16号为局部可采煤层，厚度在1.5米～3米之间，其他煤层均不可采。煤系地层含有大量煤层气，以七尺煤含量为最高。

二、水文地质

矿区位于娘子关水文地质单元，上部含水层富水性弱，下部奥陶系灰岩富水性强。

（一）含水层

奥陶系中统石灰岩岩溶裂隙含水层：奥陶系中统马家沟组岩溶裂隙发育，单位涌水量1.184L/sm～4.220L/sm，富水性强。

太原组岩溶裂隙含水层：K2、K3、K4石灰岩是开采15号煤的直接充水含水层，单位涌水量0.00353L/sm～0.0189L/sm。

山西组砂岩裂隙含水层：K7砂岩裂隙含水层位于8号煤之上约10米，是开采8号煤的直接充水含水层，岩性由细砂岩、中砂岩及粗砂岩组成，富水性微弱。

石盒子组砂岩裂隙含水层：K8、K9、K10、K11 及 K12 砂岩为石盒子组主要含水层。岩性为中细粒砂岩—含砾粗砂岩。距下部煤层较远，富水性较微弱。

第四系砂砾岩含水层：主要分布于河床底部及冲沟内，由黄土、砂砾石及卵石组成，厚 0 米～15 米。单位涌水量 0.27～10.81L/sm。

（二）隔水层（组）

15 号煤至奥陶系灰岩间隔水层：厚 45～101.40 米，岩性主要为砂质泥岩，夹 1～2 层薄层石灰岩，底部有一层稳定铝土质泥岩，正常情况下可起到隔水作用。

K8～K12 间隔水层：厚 300 米左右，岩性为泥岩、砂质泥岩、铝土质泥岩等，并夹有粒度不同的各类砂岩，其岩层呈互层结构且沉积稳定。

三、地震地质

大约距今 7000 万年前，地质史进入新生代，太行山山前断裂带以东开始不断大面积沉降，逐渐形成广阔的华北平原。而太行山山前断裂带以西，则大面积持续隆起至今。

到上新世，在距今大约 650 万年前，在北东东—南西西向区域压应力场作用下，北起河北怀来盆地、大同盆地，经忻定、太原、临汾，南至河津、侯马，地壳成“S”形破裂，开始形成山西断陷带。

矿区地处太行山山前断裂带与山西断陷带之间的太行断块之上。太行断块内，南北向断裂较为发育。影响本区的有：深部的陵川—阳泉南北向超岩石圈断裂带；北北东向的晋获断裂带（晋城梨川—获鹿），是由多条断层组成的雁行式斜列断裂，为山西省内最大的活动断裂，但活动性不强。境内地震多为震源在境外的地震波及，大多沿晋获断裂带分布，省外的较强地震也常常波及境内。境内处于七度烈度区。另外，还受到地下大面积采空区的影响，存在“小震大灾、远震近灾”的威胁。

第二节　地　　貌

矿区地貌复杂。北、南两区分处于阳泉盆地和平定盆地中，四周山脉环绕，中有河流穿越，市区即建设在桃河和南川河宽浅的河谷中，煤矿的生产设施分布在周围山谷间。

一、地　势

矿区地势可以概括为“三山夹两河”。“三山”即刘备山脉、狮脑山山脉和七岭山脉，“两河”即桃河、南川河。矿区的北区地处桃河两岸，北为刘备山脉，南为狮脑山山脉。矿区的南区地处南川河上游，为狮脑山山脉和七岭山脉所包围。南北两区的地势均为西高东低；两侧高，中间低。地形主要由构造剥蚀作用形成的高低山梁、河流侵蚀堆积作用形成的阶地以及冲沟发育形成的黄土切割地形构成。沟谷两侧岩层裸露，山顶和谷底则为黄土所覆盖。桃河和南川河都是暴雨型间歇河流，夏季暴雨过后往往形成泥石流，其余季节多数时间河床裸露，沙砾、鹅卵石堆积于河道之中。

新中国建立后，境内逐渐修建了大量平房、高层楼宇和工矿设施，其间穿插着柏油和水泥路，形成多处居民区、商业区和工矿区，呈现出工矿城市的基本特征。

二、山　脉

矿区南北两侧有七岭山脉和刘备山脉，中有狮脑山山脉（又称南方山山脉），均为系舟山支脉。其主要部分均不在矿区境内，但对矿区有重要影响。

（一）狮脑山山脉

又称南方山山脉，起于桑掌河之东、桃河南岸的帽盒山，向南及东南展布，达于南茹河、中川河北岸，经平定城北侧，向东延伸至南川河西岸。主要山峰有帽盒山（1043 米）、狮脑山（1176.0 米）、金山（1019 米）、白沙岩（1085 米）、方山（1114.7 米）、嘉山（1100 米）、冠山（1125.6 米）、黑砂岭（800 米）、鹊山（790 米）、凤台垴（785 米）、寨垴山（795.2 米）等，多历史文化名山。山体由砂页岩构成。

1. 龙门山。位于蔡洼街道西端，属南方山山脉，海拔 1247 米，西高东低，山石裸露呈紫红色，植被稀少。

2. 石头岭。位于贵石沟街道，属南方山山脉，海拔 1178 米，山顶为黄土覆盖，植被较好。

（二）刘备山脉

北方山山脉的支脉。从水草山向东南展布，经绿堙垴（1369 米）、庙梁山（1363.9 米）、刘备山（1272.5 米）、长杆梁（1144 米）至四角山（1115 米），为桃河与温河的分水岭，山体由砂页岩构成。

1. 落雁垴。位于沙坪街道东侧与郊区平坦镇交界处，海拔 1369 米，属刘备山脉。该山中间高南北低，山体大部裸露，仅山顶的一部分及部分沟坡有黄土覆盖。

2. 李家山。位于赛鱼街道西侧与郊区平坦镇交界处，海拔 1364 米，属刘备山脉。该山形势陡峻，沟壑纵横，地势西北高，东南低。山体为沙砾和黄土所覆盖。

3. 老虎滑岩岭。位于桥头街道，属刘备山脉，西北高东南低，多处有煤层出露。

（三）七岭山脉

位于平定县西南部，起于桃河南岸，沿县界向东南展布，止于 207 国道西侧，是平定县与寿阳县和昔阳县的界山。主要山峰有虎神山（1324.4 米）、虎神庙岩（1394.7 米）、盘道岩（1343 米）、刁乌楞（1495 米）、七千寨（1529.9 米）、侯成岭（1446.3 米）、马道岭（1337.5 米）、莲花山（1087 米）、药岭寺山（1160 米）等。山体主要由砂页岩构成。

三、盆　地

阳泉盆地。位于阳泉市南部。北面以低矮的石灰岩丘陵与盂城盆地相隔，东为太行山，西为刘备山脉，南以狮脑山脉东段低矮的山梁与平定盆地相隔。盆地底部丘陵起伏，间有宽浅的河谷谷地，海拔 700 米～800 米。北至河底，南至河下、南庄，西至桑掌河口，东至南川河口。总体呈三角形的形态。盆地内村落相望，厂矿密布，是阳泉市市区所在地。矿区的北区位于阳泉盆地的西部。

平定盆地。位于阳泉市南部。北面以狮脑山脉东段低矮的山梁与阳泉盆地相隔，东为太行山，西南均为七岭山脉。盆地底部丘陵起伏，间有宽浅的河谷谷地，海拔 700 米～800 米。北至平定县城，南至张庄，西至冶西，东至西郊。是平定县人口较为集中、经济相对发达的地区。矿区的南区位于平定盆地的西部。

第三节　气　　候

一、气候特征

矿区属于暖温带大陆性季风气候区，支配气候的主要因素有地理纬度、季风环流和地形因素等。境内四季分明。气候学上，以阳历 12 月、1 月、2 月为冬季，3 月、4 月、5 月为春季，6 月、7 月、8 月为夏季，9 月、10 月、11 月为秋季。根据物候现象划分，更符合自然景象变化，按学者张宝坤的候温指标划分，阳泉冬季（候平均气温小于 10℃）长约 5 个月 1 候，夏季（候平均气温大于 22℃）

约两个半月，春季（候平均气温为10℃～22℃）为两个月1候，秋季（候平均气温为22℃～10℃）约两个月1候。四季特点：春季干旱严重，夏季炎热多雨，秋季降温迅速，冬季寒冷干燥。

春季大致从4月1日起，到6月5日止，平均长66天。这时蒙古高压逐渐衰退，太平洋副热带高压向西发展，区内频繁出现西北低压槽。气温回升快，但昼夜温差显著，冷暖年际变化也较大。由于冷空气活动频繁，常造成“倒春寒”和晚霜冻。同时，春旱也比较严重，风沙天气较多，八级以上大风日数占全年的40%以上。

夏季大致从6月6日起，至8月20日止，平均长76天。区境主要受大陆低气压控制，太平洋副热带高压常向华北楔入控制区境，日照时间长，辐射强度大，气温较高，月平均气温均高于22℃。降水比较集中，季降水量约占年降水量的60%以上，季降水日数约占全年降水日数的40%。由于降水量年季变化大，故常发生洪涝灾害或伏旱。同时，多雷阵雨、大风、冰雹等强对流天气，常给生产造成损失。

秋季大致从8月21日起，到10月25日止，平均长66天。蒙古高压开始发展并控制区境，雨量骤减。天气较稳定，气候宜人。入秋后日照时间缩短，辐射强度减弱，气温明显降低。晚秋常出现强烈的寒潮，造成早霜。

冬季大致从10月26日起，到翌年3月31日止，平均长157天。由于受蒙古高压控制，境内盛行偏北和偏西气流，冷空气活动频繁，气候寒冷干燥，多晴天。降水稀少，季降水量约占全年降水量的3%，常常一个月以上不降雪，最长达106天。

二、气候要素

（一）日　照

矿区年平均日照时数2431.3小时，占年可照时数的55%。一年中，5月日照时间最长，2月最短；日照百分率最低的是7、8两月，这是由于雨季云层遮蔽所致，其余月份达52%～62%。

阳泉市矿区各月日照时数和日照百分率表

表2－2　　单位：小时、%

月　份	1	2	3	4	5	6	7	8	9	10	11	12	全　年
日照时数	184.6	175.5	206.3	234.2	248.5	228.9	196.5	190.7	192.6	203.0	189.0	181.5	2431.3
日照百分率	61	56	56	59	57	52	44	45	52	59	62	62	55

（二）气　温

矿区年平均气温11.5℃。境内气温年较差较大，一般变化于23.5℃～32.1℃之间。平均日较差与季节因素有关：春季的日较差较大，5月为全年最大，8月则为全年最小，全年平均日较差为11.0℃。极端最高气温41.7℃，出现在2005年6月22日；极端最低气温－19.1℃，出现在1954年12月29日。气温年际变化幅度比较大，最暖年与最冷年的温差可达3.1℃。年平均气温最低值出现在1956年，为9.5℃，最高值出现在1998、1999年，为12.6℃。月际变化夏季气温较为稳定，最热月是7月，月平均气温为24.3℃；冬季持续时间长，最冷月是1月，月平均气温为－3.2℃；春秋两季的气温变化较大，春季升温幅度比较大，4月平均气温比3月升高达到7.9℃。

矿区近50年气温呈上升趋势，线性变化约为0.24℃/10年，呈非连续的增暖趋势，20世纪90年代较50年代上升了约0.9℃。1985年是一个突变点，此后增温极为明显。夜间气温增温幅度高于白天增温幅度，冬季气温增温幅度高于夏季增温幅度，表现出明显的不对称性。

阳泉市矿区各月平均气温表

表 2－3　单位：℃

月份	1	2	3	4	5	6	7	8	9	10	11	12	全年
平均气温	－3.2	－0.3	5.4	13.3	19.0	22.9	24.3	22.6	18.1	12.2	4.8	－1.1	11.5

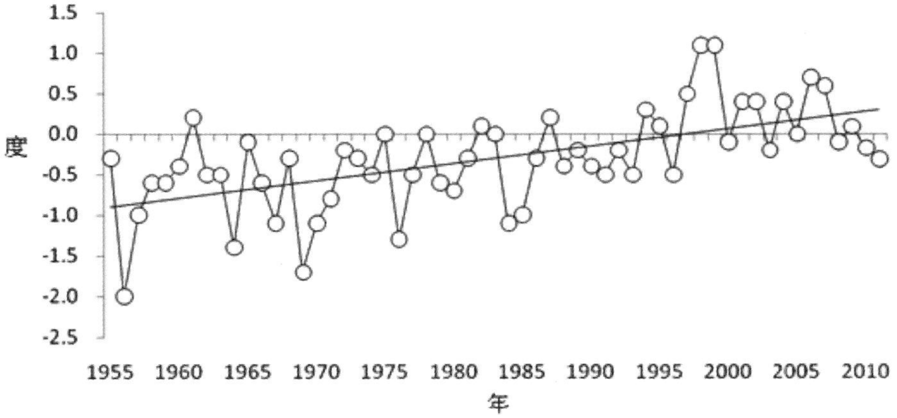

图 2－1　阳泉市矿区气温年际变化趋势

（三）积　温

矿区日平均气温稳定通过 0℃的初日为 3 月 2 日，终日为 11 月 30 日，≥0℃的活动积温为 4313.5℃。日平均气温稳定通过 10℃的初日为 4 月 11 日，终日为 10 月 20 日，≥10℃的活动积温为 3797.7℃。

（四）地　温

矿区地面年平均温度为 12.6℃。地面月平均温度最高为 7 月，最低为 1 月。极端最高地面温度为 72.5℃，出现在 2010 年 7 月 29 日；极端最低地面温度为－29.9℃，出现在 1966 年 2 月 22 日。

阳泉市矿区各月平均地温表

表 2－4　单位：℃

月　份	1	2	3	4	5	6	7	8	9	10	11	12	全年
平均地温	－3.8	－0.2	6.7	16.1	22.1	26.0	26.8	25.0	19.7	12.1	3.7	－2.4	12.6

（五）降　水

矿区平均年降水量为 516.0 毫米。降水的季节分配极不均匀。春季降水不多，占年降水量的 16.8%；夏季是主要的降水季节，降水量占全年的 60.9%；秋季降水迅速减少，降水量占全年的 19.6%；冬季降水最少，仅占年降水量的 2.7%。降水量的年际变化率很大，最大年降水量为 866.4 毫米（1963 年），最小年降水量为 240.4 毫米（1972 年），极值比为 3.6。

近 50 年年降水量呈下降趋势，同全国降水量变化趋势相同，并且位于全国下降趋势最大的区域。

阳泉市矿区各月降水量分布表

表 2－5　单位：毫米、%

月　份	1	2	3	4	5	6	7	8	9	10	11	12	全年
月降水量	4.1	6.5	13.4	23.1	50.1	69.4	123.1	122.0	63.3	24.9	13.0	3.1	516.0
占全年百分率	0.79	1.26	2.81	4.05	8.45	13.90	25.38	23.21	11.94	5.08	2.38	0.75	100.00

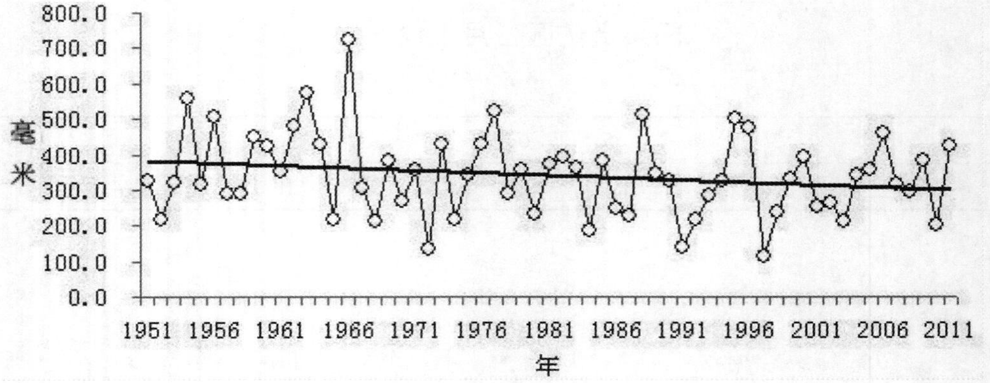

图2-2　阳泉市矿区降水年际变化趋势

（六）风

矿区年平均风速为1.7米/秒。冬春二季风力最大，秋季次之，夏季最小。冬春季由于受北方强冷空气的影响，常出现风速在17.0米/秒以上的大风；夏季常出现强对流天气，产生雷雨大风。冬春季多刮西北风；夏季则多刮偏东风。

阳泉市矿区各月平均风速表

表2-6　单位：米/秒

月　份	1	2	3	4	5	6	7	8	9	10	11	12	全年
平均风速	1.8	1.8	1.9	2.1	1.9	1.6	1.3	1.2	1.1	1.4	1.8	2.0	1.7

（七）气　压

气压的高低与气温的高低成反相关关系。一般午后气压最低，早晨气压最高；7月气压最低，1月气压最高；夏季气压最低，冬季气压最高。

阳泉市矿区各月平均气压表

表2-7　单位：百帕

月　份	1	2	3	4	5	6	7	8	9	10	11	12	全年
平均气压	937.4	935.6	932.7	928.8	926.3	923.2	922.2	925.7	931.2	935.2	936.9	938.0	931.1

第四节　水　　文

矿区属海河流域，桃河及南川河是境内主要河流。桃河流经北区，是子牙河（海河五大河之一）上游的支流。南川河是桃河最大的支流，流经南区。河流的走向大体与两侧山脉一致。区境地下水包括松散层孔隙水、碎屑岩裂隙水、层间岩溶裂隙水、中奥陶统灰岩岩溶裂隙水，均具有自身的补给来源、排泄途径和运动特征。

一、地表径流

桃河及南川河是境内主要河流。桃河流经北区，境内的主要支流有桑掌河、蒙村河、南川河等。南川河是桃河最大的支流，流经南区。河流的走向大体与两侧山脉一致。河流支叉众多，主流和支流不太分明，平面上呈灌木树枝状排列。

桃河。古称绵曼水，发源于寿阳县东部的土陉岭，全长68.4千米，流域面积1086平方千米，河床为砂卵石底质，流域内山高坡陡，植被稀疏，汛期来沙量较大。阳泉水文站建站（1955年）后实测最大洪峰流量为2200立方米/秒，发生于1959年；最大调查洪峰流量2810立方米/秒，发生于1945年。由于上游小流域治理、兴建小水利等，全河已基本成为季节河。20世纪后期桃河径流量呈逐年减少趋势。桃河1956～2000年多年平均河川径流量为3930万立方米，与第一次水资源评价（系列为1956～1984年）成果的4720万立方米相比，地表水资源量减少了16.7%。2011年，桃河径流量为2250万立方米，与多年平均径流量2602万立方米相比，减少了13.5%。

矿区境内的主要支流有4条：北岸为蒙村河、西河、洪城河，南岸有桑掌河、小南沟河、南川河。其中以南川河为最大。

桑掌河。发源于桑掌沟盘道岩，全长12.8千米，流域面积50.1平方千米，河道纵坡30.5‰。

蒙村河。发源于石谷园，全长8.6千米，流域面积24.2平方千米，河道纵坡27.9‰。

南川河。桃河最大支流，有三源：北源出自平定县冶西镇潘家峪村的骑道岭，称北川河；中源出自冶西镇端岭村附近的四条沟岔，称中川河，又称尚怡河；南源出自冶西镇南部的七千寨山，称苏村河。三源在贵石沟村合流后始称南川河。沿线又汇入阳胜河、城南河等，在乱流村注入桃河。贵石沟以下主河道长26千米，流域面积539.5平方千米。最大洪峰流量1960立方米/秒，年总径流量0.215亿立方米。20世纪后期，南川河径流量呈逐年减少趋势。南川河1956～2000年多年平均地表水资源量为1330万立方米，与阳泉市第一次水资源评价（系列为1956～1984年）结果的地表水资源量1590万立方米相比，地表水资源量减少了16.4%。2011年的南川河径流量为292万立方米，与多年平均径流量相比，减少了78.0%。

二、地下水

区境地下水含水岩组可划分成松散层孔隙含水岩组、碎屑岩裂隙含水岩组、层间裂隙岩溶含水岩组与奥陶系中统灰岩岩溶裂隙含水岩组。各岩组地下水均具有自身的补给来源、排泄途径和运动特征。

松散层孔隙水。在天然条件下，大气降水和河水为松散层孔隙水的主要补给来源，侧向基岩裂隙水为其次要补给源。泉水及基流为其地下水的主要排泄途径。由于上游地表径流被大量拦截，以及煤炭生产的影响和工矿企业的排污，桃河已失去开采价值。

二叠系碎屑岩裂隙水。分布面积较大，埋藏较浅。补排方式受地形地貌的严格控制。在大气降水垂直入渗补给过程中通过隔水地层时，就顺着沟谷切割面呈小散泉排泄。

石炭系层间岩溶裂隙水。一般情况下，较大范围的太原组“四节石”分布区有统一的水动力场，并有不同程度的承压性，如区内矿区俱乐部一带即属统一水动力场的承压含水层。其地下水补给来源，为大气降水直接入渗及桃河河水渗漏补给。层间岩溶裂隙水以泉水出流和基流溢出两种形式排泄。

奥陶系岩溶裂隙水。补给来源主要有三：一是接受大气降水的补给；二是接受河川径流的入渗补给；三是接受上覆地层含水层的构造越流补给。区境处于娘子关泉域的径流汇流区。

第二章　自然资源与管理

矿区土地面积1945公顷，富藏多种矿产资源，无烟煤储量大，品质优，享誉海内外。此外，还有一定数量的煤层气、硫铁矿、铝土矿、砂岩等资源。但水资源相对贫乏。

第一节　土地资源

一、土地资源概况

因不同时段统计范围与口径不同，矿区土地面积的统计数据也存在一些差异。

20 世纪 80 年代，矿区土地面积数为 1915 公顷，占阳泉市总面积（454200 公顷）的 0.42%。其中平潭街街道 188 公顷，桥头街道 284 公顷，蔡洼街道 101 公顷，赛鱼街道 225 公顷，沙坪街道 190 公顷，贵石沟街道 927 公顷。

1989～1991 年，阳泉市完成土地详查，得出矿区北区土地面积数为 1018 公顷，连同南区 927 公顷，共 1945 公顷，占阳泉市土地资源总数（456991 公顷）的 0.43%。其中工业广场占地 824 公顷，为全区土地资源的 42.37%；公用设施及住宅占地 820 公顷，为全区土地资源的 42.16%；道路占地 50 公顷，为全区土地资源的 2.57%；其余为山峰、谷地、河流，占地 251 公顷，为全区土地资源的 12.90%。

根据 2009 年 10 月 31 日全国第二次土地调查数据，矿区北区土地面积数为 1183 公顷，连同南区 927 公顷，共 2110 公顷，占阳泉市土地资源总数（455900 公顷）的 0.46 %。

二、土地管理

民国 36 年（1947）阳泉解放后，境内的基本建设用地归市民政局管理。1982 年 10 月，市政府土地管理办公室成立，矿区的基本建设用地归其管理。1987 年 1 月《中华人民共和国土地管理法》颁布实施后，各项用地开始执行计划指标，确保了三矿改扩建等重点工程在土地使用上的规范有序。1992 年起，土地管理网络逐步发展。市土地管理部门坚持以经济建设为中心，急事急办，特事特办的原则，为矿区的经济建设提供了有力的用地保障。1999 年 1 月 1 日，新的《中华人民共和国土地管理法》正式实施，矿区土地使用朝着规范化、制度化的方向发展。

2001 年 6 月，阳泉市国土资源局成立，内设矿区土地管理所负责土地资源的规划和管理、保护与合理利用。

2002 年，矿区土地管理所加大了国有土地使用权出让工作的力度，坚持城市建设用地集中供应，建设用地由国土管理部门一家管理；建立了土地收购储备制度，实现了统一征用、统一收购储备、统一开发、统一供应和统一监督管理；土地使用权实行公开交易，矿区成立了专门的地产交易机构，开始了国有土地使用权招标、拍卖和挂牌出让，经营性用地全部纳入公开出让范围，并通过报纸等新闻媒体，定期向社会公布土地供应情况；坚持定期更换和公布基准地价，严格执行地价备案制度，监控中介服务机构，依法公开评估地价；初步建立了土地登记可查询制度，在建立手工台账的基础上，对已经办理确权登记的，全部实行了微机登录，方便了用户查询，做到了服务公开；集体会审决策制度化，防止了以权谋私等不正之风。

2006 年，矿区土地管理所开展了土地秩序整顿，进一步推进土地使用制度改革工作。2008 年，矿区土地管理所保护和合理利用土地资源，提高资源保障能力，加强整顿和规范国土资源秩序，土地管理工作迈上新的台阶。

2010 年，加大土地巡查力度，严查非法占地，维护用地秩序，做好土地卫片执法检查工作。规范土地有偿使用费收缴工作，对收费单位、收费面积、收费标准、收费金额进行了核查。

2011 年，做好土地使用租金收缴工作。4 月 18 日全省土地卫片执法检查工作动员会召开后，派出有关人员参加省土地卫片执法检查工作培训，开展内业核查和外业核查，建立土地卫片图斑档案，完成了土地卫片执法检查任务。

第二节　水资源

一、水资源概况

矿区基本无地表水可取，地下水主要有桃河河谷冲洪积层孔隙水、二叠系碎屑岩裂隙水、石炭系层间岩溶裂隙水、奥陶系岩溶裂隙水4种类型水源。

（一）桃河河谷冲洪积层孔隙地下水资源量

根据2004年完成的《阳泉市第二次水资源评价》成果，区内水文站西桃河河谷长28千米，河床坡度1%，流域面积503平方千米，河床冲洪积含水层分布于辛兴上下12千米范围之内，含水层平均宽400米，厚16米~30米，中下部为一层较连续的亚砂土，厚2米~10米不等；含水层以漂石、卵石、砂砾石为主，平均厚12米，孔隙度30%，河床底部与两侧为弱透水层页岩、砂页岩，呈一良好地下水库形态。据抽水试验结果，单井出水量1520立方米/日~3032立方米/日。1956~2000年平均渗漏量为953.18万立方米，采用P=97%的年份径流量，求得年渗漏量为479.74万立方米。

桃河上游河谷冲洪积层地下水的开采资源量约为720万立方米，由于桃河孔隙地下水取水费用低廉，这部分水资源成为境内各单位首选的开采对象。到1998年前后，先后有阳泉市自来水公司、阳泉市郊区水利局、阳泉市水利局铺设西线引水管道，为小型取水工程供水提供了极大便利。此外附近居民也开始大量修筑截潜流等取水工程，使得枯水季节地表水在流入河谷孔隙含水层前，已全部被拦截，地表水仅能在洪水季节对河谷松散层地下水产生补给。鉴于上述取水工程状况，以可采资源量342.54万立方米/年作为桃河上游河谷冲洪积层孔隙地下水开采资源量。

（二）二叠系碎屑岩裂隙水源量

二叠系碎屑岩主要分布在区域西南部，按碎屑岩区降水入渗系数0.84升/秒平方千米计，区域面积503平方千米的碎屑区含水层天然补给量为133万立方米。但区内碎屑岩裂隙地下水随汛期降水入渗的补给，有一部分下渗水量在不同的构造部位以小散泉形式沿沟谷切割断面流出，补给地表河床径流，不具备建立水源地的条件，也不宜大量集中开采，只适宜小型吃水井的开采利用。

（三）石炭系层间裂隙岩溶地下水资源量

区域内石炭系层间裂隙岩溶地下含水层均有分布，根据岩性、埋深、水动力条件，本次计算范围是西至赛鱼，东至文化宫，北至桃河背斜，南至大阳泉，共24平方千米。按层间裂隙岩溶含水层的平均地下径流模数2.13升/秒·平方千米计，求得层间裂隙岩溶地下水的天然补给量为161.21万立方米。由于煤矿开采量的迅速增加，到2003年，地下水开采量已不足200万立方米。可采资源的衰减速度是非常惊人的，从长远来看，这部分水资源已不具有开发潜力。

（四）奥陶系岩溶裂隙地下水资源量及可采资源量

区境位于娘子关泉域岩溶地下水的汇流区、深层岩溶地下水既有当地的降水直接入渗补给，又有桃河河水的渗漏补给，同时还接受北、西、南上游补给径流区的侧向补给，加上厚层中奥陶统灰岩深处发育的溶隙、溶孔、溶洞组成的空间，构成了岩溶水巨大含水系统的贮存库容。本区域成为娘子关泉域岩溶地下水资源最富水地区。

对该区域奥陶系岩溶裂隙地下水，不同部门和研究单位多年中曾进行过多次研究工作，并根据深井分布情况进行过大型的群井抽水试验，并求得了计算成果。本次取水论证就是依据前人成果进行分析的。据1987年地矿部正定水文地质与工程地质研究所与阳泉市水资委完成的《娘子关泉及阳泉近郊岩溶地下水资源评价报告》中电网络模拟计算结果：阳泉一带灰岩岩溶地下水丰富，又有很强的调节功能，丰水期流经平潭街一带汇水区的岩溶地下水量可达21万立方米/日左右。1992年山西省煤田地质局与阳泉矿务局完成的《山西阳泉赛平区岩溶水供水水源勘探报告》对附近岩溶地下水进行了评价，经大型群井抽水试验及利用不同方法计算，求得天然岩溶水资源补给量为21.74万立方米/日，当地岩溶地下水的可采资源量为15.87万立方米/日，并获省建委批准的A2级可采资源量4.99万立方米/日的认可。

二、水资源管理

矿区水资源稀缺，人均水资源占有量仅为217立方米。1983年前，水资源处于多头管理的状况：矿区水资源的开发和利用由市城建部门管理，水资源的普查和河流由市水利部门管理，地下水由地矿部门管理。

1983年，市水资源管理委员会成立，统一对水资源进行管理，对水资源进行了总体评价，对供需状况进行分析研究。年内对矿区自备水源工程进行了普查登记和造册建档。1985年，建立和实施了矿区用水统计和编制年报制度。

1988年，矿区对《中华人民共和国水法》进行了广泛宣传。年内，市水资源管理委员会对阳泉矿务局五矿违反水资源管理法规、擅自抽取地下水的行为进行了处罚：缴纳罚金0.5万元，补交水资源费7.2万元。

1992年，根据市政府《阳泉市全面开展取水许可管理工作实施方案》，矿区配合市水利局开展水源工程的登记、复核、审定和发证工作。1994年，全区正式启用了“中华人民共和国取水许可证”，在境内形成了水资源管理“申请—审批—勘探—验收—发证”的程序化、规范化管理模式。

2001~2011年，矿区按照《阳泉市水资源开发利用规划》，在全区大力开展水法宣传教育活动；积极配合市水资源管理部门开展的水资源现状调查和重点水源地水量观测与水质监测工作；积极建立健全水资源管理各项制度，不断加大水资源保护力度，进一步提高了全区的用水效率和效益。

第三节　矿产资源

一、矿产资源概况

矿区矿藏有无烟煤及与煤伴生的煤层气和硫铁矿、铁矿、铝土、石膏、砂岩。此外，在煤层中还含有锗、镓、铀等稀有元素。其中，无烟煤、煤层气和硫铁矿最具开采价值。

无烟煤。矿区地处沁水煤田东北部，煤田面积1218平方千米（内含昔阳、和顺、左权与寿阳等县），煤炭地质储量118.2亿吨。全国著名的无烟煤生产企业阳煤集团及其所属6个生产煤矿坐落境内。

境内煤层共16层，其中主要可采煤层为3号（七尺煤）、12号（四尺煤）、15号（丈八煤），6号、8号、9号为局部可采煤层。各煤层构造简单，倾角小，含水微弱。所产无烟煤灰分低（10%~20%之间）、含硫少（平均值1.33%），可磨性高，发热量大（净煤发热量8000卡/千克），既是民用燃料中的佳品，更是工业的理想燃料和原料。

煤层气（瓦斯）。阳泉市矿区境内各可采煤层、不可采邻近煤层及围岩均含较多煤层气，总储量达360亿立方米以上，可供工业开采。

铝土矿。据煤田勘探资料和阳泉矿务局井田内钻孔及巷道揭露，中石炭系本溪组底部发育有4米~14米厚的铝土矿层，矿石中氧化铝含量20%~75%左右。该矿层因无勘探，储量及分布情况不详。仅据阳泉矿务局四矿在1989年估算，该矿井田内以平均厚度6米计算，各级品位的综合储量近2.5亿吨。

硫铁矿。赋存于奥陶系中统地层，即本溪组底部石灰岩侵蚀面上，以晶体或固块状与铝土岩伴

生，或以鸡窝状产于铝土岩之下，含硫量达30% ~42.35%。矿层形态受底板侵蚀面的控制，在石灰岩侵蚀面凹陷处变厚，凸起处变薄至尖灭。厚度变化较大，呈层状，似层状，沿走向倾向，逐渐变厚到3米~4米，一般在1米左右。矿石多以黄铁矿产生（白铁矿晶体较少），含硫量最低呈星散状，为8% ~25%；团块状大于25%；致密状最高达30%以上。本区境内硫铁矿未进行过正式勘测，储量公布情况不详。仅1989年阳泉矿务局四矿就其矿田内硫铁矿的开发进行了可行性研究，并计算出储量为468.62万吨。

锗、镓、铀。赋存于8号煤层及其他煤层中，尚未进行工业评价。

二、矿产资源管理

解放前，境内的矿产开采由政府进行管理，矿区开采必须领取省级执照才可投产。

解放后，阳泉市工商局铁业科负责境内的矿业管理。1951年，铁业科改名煤业管理局工矿股，负责对境内私人小煤窑进行改造，逐步收回矿产资源的所有权及管理权。1952年，市煤业管理局工矿股对境内的矿产进行普查，对未履行手续非法开采和不具备开采条件的矿（坑），予以限期停产处理。1954年，市煤业管理局工矿股改名为工业局工矿科，负责管理集体采矿企业的地质、安全和测绘工作。1962年初，阳泉市人民委员会发布《阳泉市矿山开采管理暂行办法》，并于同年3月对境内的矿点进行检查，对违反规定的矿点及时给予处理。1975年，市矿山管理处成立，负责矿产资源管理工作。1980年，矿山管理处改名为矿山管理局。1987年，《企业和个体采矿暂行管理办法》颁布实施，市矿山管理局对采矿企业进行了矿界核查，采矿登记，实行有证开采。

1983年10月，山西省煤炭资源管理委员会成立。1984年1月，山西省人民政府发出《关于审批全省各类煤矿矿权资源有关事项的通知》，规定“全省范围内煤炭资源的开发，统一由省煤炭资源管理委员会审批。未经批准，任何地方和部门都不得占有和动用国家资源。”同时还规定，严禁私开煤矿，已经批准的矿井采矿权不得自行转让。同月，省政府以晋政发〔1984〕14号文发出《关于划定大同等七个矿区煤炭资源的通知》。该通知明确了阳泉矿区的矿界，并规定“全省所有煤矿的矿界，一律以这次资源划分划定的矿界为准，任何单位或个人都无权改动矿界，更不准越界开采”。1985年9月，山西省人民代表大会常务委员会公布了《山西省煤炭开发管理条例（试行）》，该条例明确规定“煤炭资源属国家所有，不因土地的所有权和使用权而改变其国家所有的性质，禁止任何组织和个人自行占用煤炭资源，严禁用任何手段转让、买卖、出租或者破坏煤炭资源”；“山西省煤炭资源管理委员会是省人民政府管理山西境内煤炭资源的机构，未经省煤炭资源管理委员会或授权单位批准，其他任何地区、单位或个人划定的井田矿界均属无效”。此后，阳泉境内煤炭资源的开发、管理，均严格遵循该条例的规定。

1992年后，市地矿部门在矿产资源管理中以《中华人民共和国矿产资源法》为准绳，坚持“管理与开发并重，执法与服务同行”的原则，不断提高矿产资源开发利用的监管水平，地质勘探和地质环境管理得到加强。阳煤集团在以地质灾害防治为主的地质环境管理工作中，坚持在采矿废墟上复垦土地，植树造林，实现了环境治理与矿山生产的协调发展。

2001年6月，阳泉市国土资源局成立，下设矿山纠察队。负责矿产资源的规划、管理、保护与合理利用。

按照全省的统一规定，从2002年3月1日起，停止受理行政审批矿业权申请，对新办矿山全部实行公开出让，对符合条件的到期矿山全部实行有偿出让。同时，根据非法采矿特别是私挖乱采点多面广易反复的特点，充实和加强了矿山纠察力量，并且加大了同各级纪检、公安、安检等部门的配合力度，采取日常巡查、夜查、抽查和督查相结合的方法，加大打击力度，有效地震慑了违法采矿行为。2004年9月，阳泉市矿产资源规划正式颁布，将矿产资源调查评价、勘查、开发利用纳入矿产资源规划之中，实现了从源头上保护和合理利用矿产资源。矿区按照省、市政府的要求和安排，开展煤炭资源整合工作，顺利完成关闭矿井的任务。

2005～2011 年，矿区区委、区政府对打击非法采矿工作高度重视，多次召开联合执法专题工作会议，及时出台相关文件，拨出专项资金。矿区国土所、矿区公安分局、西城公安分局、区治超办、阳煤集团纪检委、阳煤集团安监局、阳煤集团应急支队、阳煤集团安监处、阳煤集团天兴公司等部门单位协同配合，坚持预防为主，严防死守，露头就打的指导思想，对非法采矿情况进行全面排查摸底，分类登记，落实处置群众信访举报，接到一起，落实处置一起，从源头上、气势上打击了非法采矿行为，使非法采矿违法行为得到了有效遏制。

第三章　自然灾害与防灾减灾

矿区地处自然灾害频发地区，常见自然灾害主要是气候灾害和地质灾害。气候灾害以干旱、暴雨洪涝和雹灾为巨，地质灾害以采煤导致的地质沉陷和滑坡影响为大。突发的自然灾害对居民生活、工业生产和交通运输造成威胁。矿区长期与自然灾害作斗争，进行了水源和供水管网建设，兴建了大量防洪设施，积极组织群众救援；实施了大规模采煤沉陷治理，广泛进行了震灾预防应急救援准备。

第一节　气候灾害

一、主要灾害

（一）干　旱

干旱为矿区最为常见的自然灾害，由于春季多风，气温回升快，蒸发量大，故以春旱为最多，可称十年九旱，此外，伏旱、秋旱也时有发生。历史记载中的旱灾，约有四分之一为大旱，其中有 8 次是连旱三年以上的特大旱灾；连旱三年以上的特大旱灾新中国成立后就发生了 4 次，对人民生活和经济建设造成巨大威胁。如 1984～1987 年的一次特大旱灾，连旱 4 年，河水断流，地下水水位下降 6 米～8 米。1990～2011 年中，1991 年、1992 年、1993 年、1994 年、1995 年、1997 年、1998 年、1999 年、2000 年、2001 年、2010 年均出现不同程度旱灾。其中灾害最严重的是 1997 年，年降水量 273.2 毫米，仅次于 1972 年，是近代史上继 1972 年之后又一个大旱年。同时 1997～1999 年出现连续 3 年大旱，地下水位下降 5 米～8 米，河道断流，小泉、小水干枯，旱井、水洞、水库无蓄水，造成巨大经济损失。

（二）暴雨洪涝

境内桃河、蒙村河、西河、小南沟河、南川河等河流均为暴雨型间歇河流，平时无水或少水，逢上游突降暴雨时，往往山洪暴发。1966 年 8 月 23 日 10 时至 21 时，降水量达 261.5 毫米，桃河最大洪峰流量为 1980 立方米/秒，桃河大坝决口 9 处，总长度 840 米。洪水从决口处进入南岸，平地水深达 2 米。阳泉发电厂水源井被冲毁，配电室发生爆炸，3 台机组有 2 台不能发电。石太铁路被冲毁，中断运输 24 天。阳泉矿务局二矿小南坑、机厂、总仓库、节约修配厂、二矿中学、二矿医院、机厂医院等单位被淹；一、二、三、四矿的坑木、设备等数千吨物资被洪水冲走，造成全面停产，直接经济损失达 1500 万元。

1991 年 7 月 11 日，桃河上游降暴雨 2 小时，降雨量 120 毫米，桃河最大洪峰流量为 1300 立方米/秒，是继 1966 年以来最大的一次，冲毁河坝 1000 多米，冲毁耕地 120.7 公顷，淹没粮田 50 公顷，冲毁公路 20 千米，水利设施 10 处，造成石太铁路停运 5 个半小时。被冲毁的土地、公路、水利工程设施及淹没的厂矿和倒塌的民房共造成经济损失达2100万元。

1996年8月3～5日，全市普降大暴雨到特大暴雨，市区降水量177.4毫米，8月4日降水量135.0毫米，石太铁路中断一个小时。

2006年8月13～14日，矿区降水量达100.6毫米，8月15日早7时40分，地处小南沟的辰光热电厂储灰场下的涵洞坍塌，致使位于小南沟西面山坡上的粉煤灰随洪水形成泥浆大面积向下游流动，涌入道路两旁居民院落，最深处达1.8米，水利、电力、通信等设施遭到破坏，阳煤集团华越公司金属支柱厂全部车间进水，机器被泥浆浸泡，汽车被埋，淤泥最深处达3米。

2007年7月22日，矿区降水70.8毫米，7时至8时1小时降水51.1毫米，并伴有冰雹和大风。强降水造成石太铁路停运1小时，矿区发生险情21起，社区居民房屋进水15处、围墙倒塌3处、厂房倒塌1处、地基下沉1处，未发生人员伤亡事件。

（三）雹　灾

境内正当冰雹运行路线（寿阳—郊区旧街—辛兴—矿区—城区—平定），历年平均有20～25个雹日，其中成灾雹日为2.5个～3.9个。1951年7月21日，平潭街等地遭冰雹袭击。冰雹大者如拳，小者如枣，平地积雹半尺，居民房屋受损，农作物被毁。1977年5月29日，桃河两岸遭受冰雹袭击。降雹半小时，平地积雹尺余，且伴有暴雨大风，降水量达80毫米。许多树木被连根拔起，一些电线杆折断，致使供电中断，造成矿务局部分矿井停产，直接经济损失达100万元。

（四）暴　雪

2009年11月9～12日，矿区出现暴雪天气，持续降雪时间长达50小时以上，降水量和积雪深度均为有气象记录以来的极值。过程降水量49.9毫米～67.0毫米，积雪深度达到42厘米～48厘米，对道路交通、电力、建筑行业造成严重影响，有不少临时搭建物损毁。太旧高速公路受阻，滞留各类车辆1300多辆，滞留人员2000多人。工业企业出现大面积停工停产，使用彩钢瓦搭建的车间厂房、库房等建筑大部分倒塌，造成设备、原料、成品受损，工业企业直接经济损失以亿元计。

二、抗灾救援

（一）设施建设

1.水源建设。面对干旱威胁，阳泉矿务局从1951～1971年，先后建成12个水井。1985年在蒙村河口及桑掌等地先后建成3眼水井，修筑蓄水池8个。1988年后，建成东配水站和黄山水仓，引进阳泉市的自来水。1991年五矿投产后，建成1至6号深井。

1957年，市自来水公司在阳泉发电厂东侧和阳泉矿务局总仓库打水井3眼，1965～1971年在辛兴南桃河河道内建成16眼浅层水水井群。1972年，阳泉市在寿阳县境内建成山南水库，库容353万立方米，作为城区和矿区的备用水源。1975年7月至1979年年底，阳泉市建成娘子关供水工程。

2.供水管网建设。1951～1971年，阳泉矿务局一边打水井，一边铺设供水管道，方便了煤矿生产用水和居民生活用水。1983年，敷设北井至1号水源井主管DN400。1985年，铺设输水管道15条。到1989年，由平定县娘子关提水工程主干线区段至宋家庄2万立方米调节蓄水池之间铺设输水管道14千米。1990年后，敷设从东配到西配主管DN600一趟；1992年铺设从机电科至二矿医院路西DN250管一趟；1994年敷设从东配到西配主管DN600二趟；1997年敷设从西配到新景矿主管DN500二趟。2001～2011年，供水管网和输水能力又有提高。

3.河道防洪设施建设。1960～1962年，阳泉市在桃河两岸修筑了长16.7千米、高8.6米的永久性大坝。大坝按百年一遇防洪标准设计，坝体为内倾拥壁式，所用材料为水泥砂浆砌块石。1964年，市防汛抗旱指挥部对桃河坝体进行了加固。1966年8月23日，部分大坝被洪水冲毁。1967年，阳泉矿务局等单位对大坝进行了整修，并将大坝加高加厚。1975～1977年，又将桃河大堤向上游延长1440米。2002年9月1日，阳泉市再度启动桃河治理工程，矿区段水工工程仅用80天时间就全部完成。工程按百年一遇防洪标准设计，可抵御最大洪峰流量3088立方米/秒。河道采用复式断面，其中主槽宽70米，深3米，滩槽宽45米~55米，主槽过流能力满足抵御10年一遇洪水的要求。经前后两度治理，桃河过流及抗御洪水的能力显著增强，1967~2011年间未发生洪水灾害。2005年9月至12月，矿区完成蒙河综合治理主体工程，清除了河道淤泥，预埋了供水、供热、供气、排污管线，设置了过滤沉淀设施，对河床进行了加盖处理。

4.防雹设施。随着经济实力的增强和科技水平的提高，人工干预天气的能力也大为提高，运用雷达探测雹云分布，用高炮发射防雹弹消雹，在很大程度上减轻了雹灾造成的损失。

（二）组织群众救援

据不完全统计，新中国建立至2011年，矿区民兵共参加抗洪救灾100余次，出动兵力10000余人次。在1966年8月桃河特大洪灾救援中，6600名矿区民兵发挥了生力军作用。1981年矿区人民政府成立防汛指挥部，统一指挥境内的防汛抢险救灾工作。1995年7月防洪抢险、1996年汛期桃河护坝、1998年汛期应急抢险、2006年8月小南沟泥石流灾害抢险救援等抗洪救灾斗争中，群众救援发挥了巨大作用。

（三）抗击雪灾

2009年11月中旬，阳泉遭遇了历史罕见的雪灾。矿区组织民兵积极参加抗击雪灾的行动，到坡头和旧关高速公路收费站、小阳泉三个地方进行抢险救灾，排除险情，为被困群众送去30件大衣、40份干粮，清理道路积雪500米。

第二节　地质灾害

一、主要灾害

（一）采煤沉陷

阳泉矿区煤炭开采历史悠久，煤层露头和浅部区域均有老采空区，主要分布在桃河、蒙村河及其支流岸坡地带的二矿、三矿和四矿，煤炭开采以往多采用残柱法和房柱法，主要开采3号、15号煤层，开采厚度较大，采深多在30米~120米间，绝大多数浅部老采空区都还存在不同程度的空洞，沉陷或冒落还在持续发生，整个老空区仍处于不稳定状态，其上的建（构）筑物面临被破坏的潜在威胁。特别是有些老采空区上方地表坡度很大，地基下方又多为坡积物或冲、洪积物，加之居民住宅多为质量较差的平房，抗变形能力低，一旦老采空区发生沉陷引起崩塌，就可能造成非常严重的危害性破坏。

阳泉矿区采煤沉陷区划分为：一矿沉陷区、二矿沉陷区、三矿沉陷区、四矿沉陷区、五矿沉陷区和新景矿沉陷区6个沉陷区。因采煤造成地表总沉陷面积为154.30平方千米，约为矿区面积的8倍。其中一矿沉陷区34.22平方千米，二矿沉陷区37.75平方千米，三矿沉陷区48.31平方千米，四矿沉陷区16.30平方千米，五矿沉陷区13.88平方千米，新景矿沉陷区6.99平方千米。受损居民共计25760户、74913人，受灾建筑面积360585.7平方米。在受损的居民住宅中，城镇住宅主要为矿区工人村及平房户。

（二）滑　坡

矿区西部的虎峪、后山村和北部的香炉等地段，滑坡均较发育，落差可达200米，长约700米~800米，最小数10米。2007年7月22日早7点，突降暴雨，蔡洼东四尺铁路护坡坍塌，石太铁路被土石覆盖，导致石太铁路列车运行中断。

（三）地震灾害

境内地处山西东部高原，地层相对稳定，但地震灾害也时有发生。震源在区内的地震多为小震，但也有5级以上地震的记载。还有区外地震波及境内造成危害。如1966年3月8日至22日，邢台地震波及境内，矿区公社庙上、半坡大队窑洞、房屋有数处倒塌。受地下大面积采空区的影响，较小的地震极易形成较大的破坏，所谓“小震大灾，远震近灾”即指此。

二、地质灾害治理

（一）采煤沉陷治理

截至2003年年底，阳煤集团自筹资金5969.8万元，用于采煤沉陷区的治理。2003年5月，阳煤集团成立采煤沉陷区综合治理领导组，对采煤沉陷进行综合治理，为沉陷区居民提供安全可靠的居房，改善城市环境。从2006年开始，实施综合治理工程，总投资99237万元。至2011年年末，完成总建筑面积66万平方米，住宅7342户，一所小学扩建4500平方米，一所中学扩建3600平方米，新建两所幼儿园共3600平方米。其中包括巨兴小区、新派小区、四矿小区，并有四矿小区（二期）在建，规划建设小区有古城小区、二矿小区、大生活区等。

（二）震灾预防应急救援

1991年11月，矿区人民政府设立地震防灾协调组，抢险队伍主要以人武部、驻区武警部队和武警消防部队为主；医疗应急队伍阳煤集团总医院为主；公安、消防、交警、交通、公路、建设、水利、供电、自来水、煤气、矿山救护、网通、移动、联通等单位都建立了应急抢险队伍。

从2001年起，矿区新建、改建、扩建的建设工程纳入全市地震安全性评价监督管理，对阳煤集团聚氯乙烯烧碱项目等重大建设工程进行了地震安全性评价。确定城市广场、桃河公园等处为应急避难场所；阳煤集团明确了应急避难场地，绘制了地震应急避难示意图。2003年，矿区人民政府下发《阳泉市矿区破坏性地震应急预案》和《阳泉市矿区2001年—2015年防震减灾规划》。

2006年10月，开通“三网一员”网络（地震宏观观测网、地震灾情速报网、地震知识宣传网，防震减灾助理员），区地震局出台地震应急预案。2009年9月，矿区成立地震灾情速报网络建设领导组，对“三网一员”进行重新审核登记。2010年3月，市十六中1400名师生进行了地震应急演练，演练共用了3分38秒，与上年相比短了10秒。4月，举办地震应急预案宣传培训班，成立了地震谣传突发事件应急处置工作领导小组。

2011年，地震局委托阳泉市天利超市有限公司、阳泉市宜购超市有限公司和阳泉市华龙赛鱼超市有限公司设立矿区地震应急物资储备点。举办了防震减灾“三网一员”培训班，地震应急救援志愿者队伍发展到7支536人。

第四章　环境保护

20世纪50年代，因煤炭生产和其他工业规模较小，环境污染问题尚未引起人们的注意。50年代后，随着煤炭工业及其他工业的迅速发展，环境污染开始加重。70年代后，环境污染达到了严重的程度，引起各级政府和群众的广泛关注。尤其是受耐火、冶金、电力、煤炭、化工等工矿业排泄出的废气、废水、废渣的影响，到90年代，矿区环境污染较重，横穿境内的桃河矿区段几乎成了纳污河，直接威胁着全区的饮用水源。

“八五”之后，矿区高度重视环保工作，一方面通过多形式、多层面、多渠道加强环保宣传工作；另一方面，坚持污染防治与生态保护并重，坚持环境保护与产业结构调整互为促进，突出工作重点，强化综合治理；突出依法整治，强化监督检查；突出基础建设，狠抓责任落实，取得了良好的效果。“九五”之后，矿区对重点行业污染治理确立了“调整结构、整合资源、更新工艺、根治污染”

和“以污染治理促进工艺革命，以工艺革命带动产业发展”的思路，对全区耐火、冶金、电力、煤炭、化工等重点行业实施了大调整、大治理、大整合。

2000 年后，矿区环保部门强化管理，严格执法，搞好服务，从源头上控制新污染源的产生，实现了加快经济发展和降低环境污染的“双赢”目标。

第一节　环境污染

一、大气污染

境内的大气污染源主要为燃煤废气和汽车尾气以及总悬浮微粒物。燃煤废气中主要污染物有二氧化硫、氮氧化物、一氧化碳、碳氢化合物和烟尘等。20 世纪 80 年代后，交通运输业蓬勃发展，区内汽车拥有量和过境汽车不断增加。汽车尾气排放造成的环境污染日趋严重。1990 年，汽车尾气年排放量仅次于燃煤废气排放量，居大气污染源第二位。不同季节大气污染的程度也有所不同。春季由于受大风和沙尘暴的影响，大气中的总悬浮微粒物浓度较高；夏季和冬季大气污染程度次于春季；到秋季，大气中的扬尘逐渐增多，污染也逐渐加重。

造成大气中二氧化硫浓度较高的主要原因是工业生产和民用生活燃煤所致。阳煤集团每年排出煤矸石 400 万吨以上，煤矸石的积存、自燃，使矿区的大气受到严重污染。至 1990 年，区内共有各种锅炉 122 台，工业窑炉 26 台，均以煤或焦炭为燃料，年排放废气 50698.9 万标立方米，万元产值排放量 5.6 万标立方米。1990 年矿区大气污染浓度为：总悬浮微粒物 0.555 毫克/立方米，二氧化硫 0.146 毫克/立方米，氮氧化物 0.046 毫克/立方米，燃煤排放烟尘 5360 吨/年，万元产值排放量 0.141 吨。

2000 年，矿区大气污染仍以总悬浮微粒和二氧化硫为主要污染物的煤烟型污染为主。主要污染物污染负荷最大的是二氧化硫，其次为总悬浮微粒，再次为氮氧化物。

2003 年，矿区环境空气质量由重度污染转向轻度污染。污染负荷最大的为二氧化硫，其次为可吸入颗粒，再次为二氧化氮。

2006～2008 年，矿区大气环境污染指数 PM10 仍然偏高，成为影响全区大气环境质量的主要因素。造成 PM10 持续偏高的原因是多方面的，一是气候干燥，春季逆温天气增多，近地面自然扬尘加大，污染物不容易扩散。二是过境运输车辆较多，交通运输扬尘污染严重。三是不少建筑工地缺少完善的防尘措施，建筑扬尘污染严重。四是煤场、料场扬尘污染问题没有得到彻底解决。矿区及周边一些大型煤场，大部分没有符合要求的防尘设施。

2008 年后，由于加大了治理力度，矿区大气污染综合指数逐年下降，空气质量明显好转。

二、水污染

（一）地表水污染

境内的主要水源是桃河。新中国成立初期，桃河水质尚好。20 世纪 60 年代和 70 年代，特别是 80 年代后，境内工业快速发展，人口大量增加，工业废水和生活污水大部分未经处理就排入桃河，造成河水污染。主要污染物有氨氮、悬浮物、化学耗氧量、亚硝酸盐氮、氰化物、生化需氧量等。

1990 年，矿区境内桃河两岸共有污水排放口 70 个，年排放废水 596.6 万吨，占新鲜水量的 67.8%；其中工业废水排放口 20 个，年排放工业废水 350 万吨；生活污水排放口 50 个，年排放生活污水 246 万余吨。这些污水和废水都直接或间接排放到桃河中。1990 年，排放化学耗氧量 1471.4 吨/年，生化需氧量 446 吨/年，悬浮物 5060 吨/年。按 GB8978—88，浅水综合排放化学耗氧量超过 1.25 倍，悬浮物超过 5.5 倍，生化需氧量超过 1.3 倍。

矿区地表水被污染的另一个原因是煤炭中的煤粉被氧化后，以化学耗氧量值表现出来，直接影响了水的质量。除此之外，桃河水水源稀少，经常出现河水干枯，对排入河内的大量污水无稀释能力，致使污染物滞留在河道内，经常污染河水。

90年代以后，矿区对桃河进行了治理，使被污染的河流得到了治理。但是，由于基础条件欠佳，矿区的地表水还存在着污染问题，需要采取进一步的措施进行解决。到2000年，矿区地表水主要污染物为化学需氧量、氨氮和石油类，各断面主要污染物的浓度基本上都超过地表水Ⅲ类标准。2009年后，全区共有4个自备水源地、2个污水处理厂，工业企业无废水排放，主要废水为生活废水、辖区医院排放的医疗废水和餐饮服务业废水。2011年，矿区地表水多数断面的综合污染指数有所下降，但污染仍很严重。

（二）地下水污染

境内的地下水质量原本是比较好的，但随着工业和生活污水的长期排放，受污染的地表水渗透到地下后，使地下水和水源井也受到污染。再加上地下水自净能力差，矿区的地下水污染是比较严重的。经化验，1981～1982年境内地下水的主要污染物是氰化物。在所有被污染的水井中，阳煤集团北井、南井的超标非常严重。北井氰化物年均值0.051毫克/升～0.474毫克/升，全部超标，最大值超标17.4倍；南井年均值0.004毫克/升～0.314毫克/升，最大值超标11.5倍。

2000年，矿区地下水综合水质变差，超标指标氨氮、硫酸盐、总硬度和细菌总数超标率上升。2003年后，矿区地下水综合水质有所好转，超标指标氨氮、硫酸盐和氰化物年均值有所下降。

三、固体污染

矿区固体污染主要产生于煤炭生产和洗选加工过程。阳泉矿务局（今阳煤集团）1990年末共有煤矸石堆放场18个，堆放历年煤矸石总量5054.78万吨，占地106.64万平方米。2003年末，堆积的煤矸石总量1亿吨，堆矸量超过1400万吨的大型矸石山有4座。2011年末，堆积的煤矸石总量2亿吨。此外，各发电厂发电烧煤的废渣和民用的生活垃圾也是矿区固体废物来源之一。

四、噪声污染

矿区的噪声污染主要产生于工业生产、汽车和火车运输、施工工地以及一些娱乐场所。这些噪声不但影响了人们的正常休息，而且直接损害了广大人民群众的身体健康。工业布局不尽合理，居民区、学校与工厂、交通线相距太近，市场管理的欠缺加重了噪声污染的危害。

第二节　环境监测

1983年，阳泉矿务局成立环境监测站。至1990年年底，有各类专业技术人员20余人，拥有仪器设备100余台（件），下设水、气、工业卫生、质量监控4个专业组。监测站1990年经煤炭工业部监测总站和山西省环境监测站考核，确认为煤炭部甲级监测站，为阳泉市环境保护联网单位。该站的主要监测业务是：对工业废水、生活污水、饮用水、矿井水的pH值、酚、氰、化学耗氧量、生化需氧量、重金属、大肠杆菌等进行分析监测；对大气中二氧化硫、一氧化碳、氮氧化物及烟尘浓度进行分析监测；对工业噪音、交通噪声进行测试、分析、评价；对各种公共场所、一氧化碳、二氧化碳、温度、湿度等进行监测分析。

1990年，区内开辟烟尘控制区1.5平方千米。烟尘控制区内共有各种锅炉65台，各种窑炉14台、茶炉70余台。经监测所有锅炉、窑炉和茶炉的烟尘浓度与烟气色度（林格曼黑度）均在国家规定的标准之内，达标率为100%。烟控区内有住户7660户，使用煤气炊事灶有6535户，炊事气化率达80.3%以上。使用型煤炊事灶的788户，炊事灶的烟气色度，在一级或一级以下。

从1993年开始，矿区为了不断提高环境监测水平，在硬件方面，投入资金购置先进的监测分析仪器，方便了各项工作的开展。在软件方面，配备专业人才，解决了技术力量薄弱、人员素质偏低的问题。同时，进行不同形式的培训，环境监测人员的素质和监测水平得到提高。1994年，矿区环境监测站通过省计量认证。

进入21世纪后，矿区对全区环境空气质量、地表水环境质量和地下水环境质量进行了持续严密的监测。监测结果表明，矿区整体环境质量现状是：环境空气和地表水污染初步得到控制，局部有所改善；矿区地下水质仍受到不同程度污染；噪声扰民现象基本得到解决。整体环境仍处于较高污染水平，环境形势仍很严峻。

为实现工业污染源达标排放，矿区在2005年开展了对全区4吨以上锅（窑）炉污染源的监测，共监测锅（窑）炉80多台，编写监测报告500余份。同时，为了进一步巩固噪声达标区建设成果，有效的控制城市噪声污染，提高生活环境质量，矿区在同年9月对已建成6.84平方千米噪声达标区进行了复测，达标区内区域环境噪声和固定声源噪声抽监率为100%，全部达到国家规定的标准。2006年，矿区对区域内所排放的废气、噪声及锅炉烟尘等情况进行了全面的监测，为缓解管理提供了科学依据。共获取监测数据900多个。在噪声监测工作中，完成区域环境噪声110个点的区域环境噪声普测工作，取得120多个数据。环境监测站计量认证复查换证工作已通过省质监局、省环保局的联合验收；全体环境监测人员顺利通过了省环境监测系统的“三基”考核。

2008年，制定了监测实验室建设方案，确定了拟监测项目，项目土建工程基本完毕，进入水、电、暖内部装潢阶段。针对阳煤集团自备水井环境安全开展专项检查，对升华第五中心院内的3口自备水井进行了检查规范。2009年，推进环保管理现代化，强化完善应急响应技术手段，具备了现场快速应急监测与处理能力，达到环境监测、环境监察、环保宣传机构标准化建设要求；加快推进环境空气自动监控网络、放射源管理系统设施建设，提升环保自动化、数字化管理水平。

2010年，年共完成监测任务34家，其中竣工验收监测10家、达标验收监测及监督性监测24家。2011年，矿区下达《关于加强噪声污染防治工作的通知》，开展辖区工业企业噪声普测工作。经监测，区域环境噪声平均值为53.0分贝，达标区覆盖率达到90%，且全部达标。

第三节　污染治理

一、污水处理

20世纪80年代以来，阳泉矿务局除五矿新矿区选煤厂按标准要求新建外，其他各矿选煤厂先后按标准要求进行改建。经过改扩建后，实现了煤泥水闭路循环，减少了洗煤废水的排放量和水污染。1990年又先后建成二矿和五矿两个废水处理厂，总投资1667万元，日处理能力分别为4000吨和7000吨。洗煤废水和矿井废水经过处理后达到二级标准。

对城市污水主要抓了医院污水的处理。1983年，阳泉矿务局医院投资20万元安装了废水净化装置，该装置利用次氯酸钠发生器对排放的污水进行闭路循环处理。经市环保部门检验测定，污水净化处理后，每毫升细菌总数下降到200个以下，大肠菌群下降到90个以下，大大低于国家规定的排放标准，可用于冲洗厕所，浇灌花木。1990年，一、二、三、四矿医院，也先后分别采用臭氧发生器、次氯酸钠发生器和液氯对废水进行处理。经过处理后，污水均达到国家规定的排放标准。“七五”以后，矿务局围绕桃河流域水污染治理，不断加大资金投入，完成了洗煤废水污染治理项目。

进入21世纪后，矿区开展桃河河道综合整治工程，逐步实现了清污分流、雨污分流，结束了桃河污水横流的局面。为了改变蒙村河脏、乱、差、污染严重的状况，阳煤集团在2003年制定了蒙村河治理规划方案，并投入690万元，完成了4500米主管网的铺设和38个化粪池的建设任务，蒙村河上96栋宿舍产生的生活污水进入了管网。2007年，先后启动了四矿、桃南污水管网污水收集系统工程、医疗机构污水治理工程、五矿污水处理厂改造工程。2008年，阳煤集团对五矿污水处理厂改造项目投入1500万元，对新景矿污水处理厂改造项目投入700万元。2009年，污水处理设施运行正常，记录完整，都按照要求设置了水污染物排放口及排放口标志；所排放的废水均出具了监测报告。五矿污水处理厂改造工程通过验收投入运行。

2010年，加强对全区4个自备水源地、2个污水处理厂的检测、监察，工业企业做到无废水排放。全面开展了医疗单位污水处理设施限期改造监督、检查工作。阳煤集团新景矿、五矿两个污水处理厂进入试运行阶段。2011年，矿区负责的市妇产医院已完成监测。

二、烟尘治理

20世纪80年代，矿区境内矿井瓦斯就成为区内工业和民用的主要燃料。1990年，使用煤气的户数占总户数的95%，基本上实现了炊事煤气化。冬季取暖实行集中供热后，烟尘浓度明显降低。“七五”时期，矿区重点完成了电力系统的烟尘治理、阳煤集团4座自燃矸石山灭火和水泥厂烟尘粉尘治理等工程，有效地改善了矸石山周围的大气环境质量。

2002年，矿区对饮食服务业（包括各类宾馆、饭店、桑拿浴室及沿街与夜市的饮食摊点和各种烧烤）和直接使用原煤的炉灶、茶浴炉以及蒸发量为2吨/小时以下的采暖锅炉进行了燃料结构调整，用天然气、液化气、电或其他清洁能源替代原煤。2004年，矿区要求各单位对所有煤堆、料堆、渣堆采取覆盖、喷洒抑尘等有效防尘措施；各类建筑施工工地、建筑物的拆迁必须按要求采取防尘措施。同时，禁止产生扬尘的生产经营活动。通过采取一系列的措施，使矿区的大气污染状况有了明显改观。

从2006年12月1日起，境内炉灶燃煤硫份必须低于0.8%，或采取脱硫措施，保证二氧化硫、烟尘达标排放。2006年年底，二矿地带34台燃煤锅（茶）炉多数完成拆除和改造任务。2007年，矿区城市建成区10平方千米已全部建成烟尘控制区，餐饮业禁烧原煤，90%以上的餐饮业使用了清洁能源。8家煤场及17家建筑施工工地及居民区内小型煤堆、料堆于4月25日前全部完成治理，累计清理原煤3000吨，遮盖篷布2500平方米。阳煤集团二矿挡风抑尘墙，辰光发电公司煤场、渣场挡风抑尘墙建成。2×15兆瓦发电供热机组脱硫塔主体于8月20日完工，阳煤集团二矿多营总公司矸石砖厂脱硫改造完成。2008年，对3家重点污染企业进行了处理。烟尘控制区内餐饮业禁煤率达96%，1吨以下锅炉15台全部使用清洁燃料，使用率为100%。阳煤集团投资13962万元建成煤矸石电厂锅炉脱硫除尘改造项目。

2009年，二氧化硫排放量控制在13510吨范围内；城市污水处理率达到95%以上；生活垃圾无害化处理率达到80%以上；建成区烟尘控制区覆盖率达到100%以上；各重点单位的风井热风炉、各电厂锅炉基本完成脱硫除尘改造。五矿污水处理厂改造工程通过验收。扩大集中供热范围。建筑施工实行封闭作业；运输渣土及物料的车辆采取密闭措施，防止向道路随意抛撒；禁止以原煤、木材为燃料敞口熬制沥青等行为。2010年，区政府发布《矿区城市扬尘污染防治管理办法（试行）》，开展了扬尘污染防治专项行动。对28家建筑工地、11家煤场、3家料场登记造册，对在建工地和堆场防治扬尘进行拉网式检查。对5家排污企业下达了7个限期治理项目。区环保局与工商、环卫、执法、食药监等多部门联合展开集中整治工作，没收燃煤设施73套、风机26个、原煤1100余千克。2011年，全面开征检出施工扬尘排污费。召开了全区扬尘污染综合整治工作会，建立环境监管联动机制，实施环保、公安、交警、住建、行政执法大队、环卫等部门联动。

三、废渣治理

区内废渣主要是阳煤集团各矿生产和洗选加工中排出的煤矸石。对煤矸石治理的主要措施是减少矸石的堆放；防止矸石自燃；对矸石山进行复垦。

自燃过的煤矸石可生产硅酸盐水泥或作为轻质建筑材料代替石子和砂；未燃烧和未燃尽的煤矸石可制作矸石内燃砖，作为墙体材料。20世纪60年代中期，矿务局即开展了煤矸石综合利用工作。一方面将煤矸石变废为宝，一方面以减少煤矸石的堆积，改善环境。1965年，矿务局水泥厂用自燃后的煤矸石生产水泥。1971年，各矿先后建成煤矸石砖厂和以自燃煤矸石为原料的骨料建材厂。到1990年，矿务局水泥厂共生产4500万吨水泥，各矿共生产煤矸石内燃砖1.52亿块。

矸石山垦复始于70年代中期。1975年，二矿在旧矸石山造地3.6万平方米，覆土深度0.4米，在其上建成二矿中学和二矿职工疗养院。1988年6月，矿务局三矿对9号矸石山复垦成功。1990年，各矿采取对煤矸石山实行封闭式处理的办法，依次平铺、分层碾压覆盖黄土，隔绝空气，使其不能自燃。对已自燃矸石山则在矸石山表面喷洒石质乳浆，压住火势后用钻机打孔，注入黄土、石灰、火碱混合浆液封闭灭火，然后在其上部覆以0.5米以上黄土或已燃过的矸石并压实。1992年，阳煤集团交通运输分公司采用"由下向上、缩小凌空、分层压实、周边覆盖"的方法，有效地控制了矸石自燃，在五矿成功创建了第一座无烟矸山，并于1998年12月在阳煤集团范围内全部实现了无烟矸山的目标。

控制矸石自燃后，2002～2011年，阳煤集团累计投入2亿多元，实施矸山造地和生态恢复工程。2002年，在二矿排矸场造地6.7公顷（100亩）；利用五矿新购排矸场内的土源，投资130余万元，在老排矸场八平台造地9.3公顷（140亩）。在五矿排矸场复垦绿化13.3公顷（200亩），栽种了速生杨柳和向日葵等，并在各矿矸山利用地形植树2000多棵，成活率达80%以上。2003年开春，在防风林带植树1000余棵；在苗圃区种植桧柏、柳树等3000余棵，成活率达90%以上；在种植区播种大豆、玉米、蓖麻等农作物。2004年，利用新建电厂废弃的黄土，在老排矸场七平台再造地4公顷（60亩）。在防风林带计划植树1500余棵，苗圃区扩大1公顷（15亩），种植区种植各种农作物10公顷（150亩），使五矿矸山形成环保生态园区。2005年6月30日，三矿280矸山生态恢复工程开工，10月底完工，共栽植各类植物5.7万余株。2006年，投资4000万元，完成二矿6.7公顷（100亩）矸山和三矿大堖梁6.7公顷（100亩）矸山综合治理的一期工程。2007年，投资6400万元，完成二矿6.7公顷（100亩）矸山和三矿大堖梁6.7公顷（100亩）矸山综合治理的二期工程。2008年，完成四矿矸山植被恢复综合治理工程并移交四矿。截至2011年，共完成煤矸石山治理16座，累计治理面积226.1公顷（3392亩），历史遗留矸山基本得到治理，平均绿化率超过80%。

四、噪声治理

为了减少噪声的干扰，给居民和考生创造一个良好的社会生活环境，矿区从2000年开始，进一步加强了对噪声的监理。同时在每年一度的中、高考期间，及时制定高考、中考期间噪声监理检查方案，重点对夜间卡拉OK噪声、建筑施工噪声进行不定期检查；对超过时限要求，严重扰乱他人正常生活环境的违法摊点，采取强制手段和曝光批评的措施，从而减轻了噪声对群众生活、工作和学习的影响。同时做好考场附近噪声污染的监测工作。2008年，对宏厦三建某项目部工地影响考点的建设工地，采取了强制性断电措施。

2009年，噪声达标区达到100%以上；开展以降低城市社会生活、商业经营、建筑施工噪声为主要内容的降噪工程。取缔了一类功能区内露天机动车修理点，禁止了在一类二类功能区产生环境噪声污染或振动危害的金属加工、木材加工、车辆维修等小型企业。对集贸市场、专业市场和商业网点的噪声排放配合公安分局进行了治理。加强了对餐饮、文化娱乐企业的清理整顿，配合工商分局取缔无照经营，确保达到区域环境噪声标准。建立建筑施工噪声严格建筑施工申报制度，经审查同意后方可开工。没有排污申报登记表，建设部门不得办理施工许可证。施工阶段的噪声排放必须符合国家《建筑施工场街噪声标准》，结合环保热线"12369"投诉电话，对学校周围的环境加强监控，清除一切噪声点源，停止夜间建筑施工项目的审批。

2010 年，狠抓夏季噪声污染专项整治，完成了区域环境噪声的现场监测（约 260 个监测点位）、工业企业厂界噪声的监测（16 家工业企业）、社会生活噪声的监测（3 家娱乐中心）。噪声达标区（建成区已全部覆盖）全部进行了复测。

2011 年，对 52 家辖区工业企业进行噪声普测工作，第三季度对 21 家建筑工地进行监督性噪声监测；建成横向到边、纵向到底的噪声污染防控体系。

第四节　环境管理

一、机　构

1984 年 2 月，矿区人民政府组建环境保护科，负责宣传、贯彻国家和省、市有关环境保护的法律法规，制订本区的具体施行办法；参与区人民政府有关环境保护的决策；对区内各部门及企事业单位执行环境保护法律法规进行监督；对区内环境和污染源进行调查，参与市局基本建设和技术改造项目“三同时”制度（即工程项目中防治污染和生态保护的设施必须与主体工程同时设计，同时施工，同时投产）和评价制度的审批。1998 年，矿区成立了环境保护局，为正科级建制，是阳泉市矿区主管环境保护工作的管理机构。随着环保工作的不断加强，机构逐步建立健全。截至 2011 年，矿区环境保护局共有人员 26 人，内设办公室、法制股、管理股，下属区环境保护监测站。

境内企业也设立了环保机构。1979 年 10 月，阳泉矿务局在综合处设立环境保护科，负责环境保护的宣传和管理工作。1985 年，阳泉矿务局成立由局长、总工程师、综合处长及有关处领导人参加的环境保护工作委员会。

二、宣传教育

1981 年 9 月，矿区与矿务局机构分设后，大力开展环境保护宣传和教育工作。每年的“4·22”世界地球日和“6·5”世界环境日两个契机，对干部、公民和中小学生进行广泛、深入的宣传。

1986 年，阳泉矿务局环境保护工作委员会在《矿工报》和广播站登载、播发大量环保新闻和知识讲座，在省和中央报刊上发表环境保护论文和新闻 39 篇。根据局环境保护工作委员会的要求，为已成稿的五矿 6 号层 45 万吨斜井、三矿改扩建工程、贵石沟铁路专用线工程等项目的设计任务书补写了环境保护篇章。委托山西煤管局环境保护研究所、中国辐射防护研究所完成了《贵石沟五矿环境预评价》《老区现状评价》和《三矿改扩建环境评价》等文件。

2011 年，矿区环保局加强绿色创建，做好环保宣教工作，把绿色理念全方位地融入人们的日常生活生产及社会事业之中，大力开展绿色学校创建、绿色社会创建、绿色医院创建、绿色饭店创建等。

三、依法管理

1984 年 2 月矿区人民政府环境保护科成立后，依据《中华人民共和国环境保护法》《中华人民共和国大气污染防治法》和《中华人民共和国水污染防治法》等一系列法律、法规，加强了对区内环境的监测、治理和管理。对区内新建、改建、扩建的基本建设项目，包括技术改造项目、自然开发项目及一切可能造成环境污染和破坏的工程项目实行“三同时”管理。凡环保设施不健全的项目不予审批，凡不符合国家规定环保标准的不准投产运行；凡不履行“三同时”审批手续，擅自投产的，一律按《山西省贯彻建设项目环境管理办法实施细则》的有关规定予以处罚。另外，在废水、废气、废渣的排放管理上实行了超标准收费的办法。

随着环保工作的不断发展，矿区环境保护科进一步加大了对一些污染环境企业的处罚。1988 年，对阳泉矿务局超标准排放有害气体和粉尘的 40 余座锅炉征收排污费 126.93 万元，对超标准排放工业废水和生活污水的企业征收污水排放费 30.75 万元。1990 年区排污监督管理所开始筹建，并完成了水污染物种类和数量的申报、登记工作，同时进一步加强了超标准收费管理工作。

20 世纪 90 年代后，矿区在环境保护工作上坚持依法行政，强化现场监察，严肃查处各类环境违法行为，逐步建立了政府统一协调、统一指挥，各有关部门密切配合、协调动作的部门联动机制，发挥了各部门的职能作用，形成了分工协作、齐抓共管的工作格局。

进入 21 世纪后，矿区以改善环境质量和保护人民群众身体健康为目标，把保护环境与调整经济结构有机结合起来，突出重点区域、重点流域、重点行业的污染防治和生态保护，加强执法监督和管理，强化环境综合整治，全方位落实各项措施，使环境保护工作取得了较大进展。

2005～2008 年，矿区环保局在编制全区“十一五”环保规划的基础上，下发了《关于确保工业污染源稳定达标、认真落实污染物减排任务的通知》，出台了《矿区环境保护反恐应急预案》《矿区环境保护突发事件预案》《奥运期间环境监管预案》等方案；对企业日常监管与随机抽查相结合，对有环境安全隐患的及时排查、整治；开通环保 12369 举报热线，实行 24 小时值班制度，对群众来信来访做到及时处理。同时，积极开展环保专项行动工作，与有关部门联合下发了《矿区整治违法排污企业保障群众健康环保行动实施方案》，并做到了上下互动，齐抓共管。

2006 年，矿区环保局在人员少，编制紧的情况下，新设立了环境法制机构，现场监察检查、巡查达 800 人次，下达排污申报登记通知书 100 余份，下达征收排污费通知书 50 余家，处理信访污染投诉 82 件。除此之外，矿区环保局在 2008 年关停了逾期未完成达标治理任务的两家企业；对未按照达标计划进行整改的一家企业罚款 10 万元并停产整改。至此，矿区环保局逐步建立了全天候、全方位、全过程的环境监察体系，环保执法也逐步向规范化、制度化的轨道迈进。

2009 年，环境执法措施不断完善。从服务入手，坚持在服务中执法，在执法中服务。开展各种辐射安全监管专项执法检查行动和全区射线装置申报和规范环保手续的工作。加大辐射安全监管检查频次，对辖区所有使用放射源的单位进行了严密的管理。开展“矿区二噁英类 POPs 及杀虫剂类 POPs”专项调查。开展针对抗生素药渣、废氯化汞触媒的产生单位及下游贮存、利用、运输、处置单位的专项执法检查。开展辖区工业废物综合利用情况的统计调查。完成了建设项目环境影响评价文件审批及历年来建设项目竣工验收。污染源普查工作顺利完成。2010 年，启动“环保模范城市”创建工作，推进城市环境综合整治，完善环境长效监管机制。加强辐射环境监管，加强危险废物管理，开展易燃易爆危险品建设项目环境风险排查、非电力行业含多氯联苯电力设备及其废物的专项调查。推行环保网格化管理执法，创新工作机制。严格排放总量指标，从源头把关，开展环评法专项检查工作，开展工程建设领域突出问题专项整治，开展排污许可证发放工作，加强环境监测力度，提高环境监管能力。

2011 年，建立阳泉市矿区“十二五”期间环境保护项目库，包括环保自身能力建设、企业污染防治设施建设、餐饮服务业油烟治理等方面共 44 个项目，涉及资金 198099 万元。开展消耗臭氧层物质专项执法检查。

第三编　人　　口

矿区人口受煤业发展的影响，形成四个明显特征：一是机械变动明显，因煤炭工业发展迅速，大批建设者短期内汇集矿区所致。二是人口性别比相对较高，因煤业从业人员中男性较多，其家属迁入总体滞后所致。三是采掘业人口比重较高，因煤业为境内主业，从业人员较多所致。四是流动人口数量较大，因煤矿临时家属较多，流动工商户较多所致。矿区的计划生育工作取得显著成效。全区常住人口的增长逐步得到控制，出现了高晚婚率、低出生率的态势；流动人口的计划生育管理也取得许多好的经验，受到上级有关部门的多次表彰。

第一章　人口数量和分布

新中国建立后，境内常住人口呈高速增长态势。1949 年境内人口约 31000 人，1972 年建区时总人口为 83850 人，2011 年达 258880 人。1949～2011 年，境内年均人口增长率达 34.82‰，建区后 39 年中年均人口增长率达 29.33‰。此外，随着改革开放的不断深入，大量流动人口进入矿区经商、打工，还有不少煤矿职工的亲属到矿上临时居住，形成矿区流动人口众多的态势，最多时有 31328 人（1989 年）。

第一节　人口数量

一、年末总人口

矿区属国家新型工业区，人口变动幅度较大，区境年末总人口的变化分两个阶段。矿区 1971 年建区后，以贵石沟街道纳入矿区统计范围的 1986 年为界，前 14 年人口增长呈大起大落态势，年人口增长率最高与最低相差超过 30 个百分点。1987 年后，年人口增长在 0.19%～5.13% 之间波动，呈平稳增长态势。

1972～2011 年阳泉市矿区人口数量表

表 3－1

年份	总户数（户）	总人口（人）	年人口增长（%）	平均人口（人）	年份	总户数（户）	总人口（人）	年人口增长（%）	平均人口（人）
1972 年	11824	83850	—	83850	1987 年	34977	163814	2.10	162131
1973 年	12037	83675	－0.21	83763	1988 年	39202	172216	5.13	168015
1974 年	12298	89032	6.40	86354	1989 年	40155	173254	0.60	172735
1975 年	12355	93117	4.59	91075	1990 年	42260	177593	2.50	175424
1976 年	13109	100003	7.39	96560	1991 年	43357	177936	0.19	177765
1977 年	13123	101914	1.91	100959	1992 年	45777	182218	2.41	180077
1978 年	13719	102388	0.47	102151	1993 年	46965	185003	1.53	183611
1979 年	14728	105956	3.48	104172	1994 年	47992	188628	1.96	186816
1980 年	15740	108402	2.31	107179	1995 年	49531	192463	2.03	190545
1981 年	22037	127791	17.89	118097	1996 年	50179	195551	1.60	194007
1982 年	23118	131113	2.60	129452	1997 年	51859	202358	3.48	198955
1983 年	20954	124410	－5.11	127762	1998 年	53101	206483	2.04	204421
1984 年	22360	126185	1.43	125298	1999 年	54640	209429	1.43	207956
1985 年	23677	128344	1.71	127265	2000 年	55704	211453	0.97	210441
1986 年	33334	160448	25.01	144396	2001 年	57759	215580	1.95	213517

续表 3－1

年　份	总户数（户）	总人口（人）	年人口增长（%）	平均人口（人）	年　份	总户数（户）	总人口（人）	年人口增长（%）	平均人口（人）
2002 年	59320	217815	1.04	216698	2007 年	68726	237077	2.50	234186
2003 年	60802	220565	1.26	219190	2008 年	70288	242552	2.31	239815
2004 年	62823	222653	0.95	221609	2009 年	71193	248247	2.35	245401
2005 年	65603	227355	2.11	225004	2010 年	72413	253258	2.02	250754
2006 年	67430	231294	1.73	229325	2011 年	73414	258880	2.22	256069

注：本表根据公安年报数据整理。

二、人口密度

矿区人口密度总体呈逐年上升态势。以贵石沟街道纳入矿区统计范围的 1986 年为界，之前的 14 年，计算面积为 9.88 平方千米，人口密度由 1972 年的 8486.8 人/平方千米增加到 1985 年的 12990.3 人/平方千米，年均提高 346.4 人/平方千米；之后的 26 年，计算面积为 19.15 平方千米（含贵石沟街道办事处），人口密度由 1986 年的 8378.5 人/平方千米提高到 2011 年的 13518.5 人/平方千米，年均提高 205.6 人/平方千米。

1972～2011 年阳泉市矿区人口密度表

表 3－2　　　　　　　　　　　　　　　　　　　　　　　　人/平方千米

年　份	人口密度	年　份	人口密度	年　份	人口密度	年　份	人口密度	年　份	人口密度
1972 年	8486.8	1980 年	10971.9	1988 年	8993.0	1996 年	10211.5	2004 年	11626.8
1973 年	8469.1	1981 年	12934.3	1989 年	9047.2	1997 年	10567.0	2005 年	11872.3
1974 年	9011.3	1982 年	13270.5	1990 年	9273.8	1998 年	10782.4	2006 年	12078.0
1975 年	9424.8	1983 年	12592.1	1991 年	9291.7	1999 年	10936.2	2007 年	12380.0
1976 年	10121.8	1984 年	12771.8	1992 年	9515.3	2000 年	11041.9	2008 年	12665.9
1977 年	10315.2	1985 年	12990.3	1993 年	9660.7	2001 年	11257.4	2009 年	12963.3
1978 年	10363.2	1986 年	8378.5	1994 年	9850.0	2002 年	11374.2	2010 年	13225.0
1979 年	10724.3	1987 年	8554.3	1995 年	10050.3	2003 年	11517.8	2011 年	13518.5

注：本表根据公安年报数据整理。1972～1985 年全区总面积 9.88 平方千米，1986 年后全区总面积 19.15 平方千米。

第二节　人口分布

一、街道人口数量

矿区人口呈不均匀分布。历年年末总人口最多的是赛鱼，其余依次为平潭街、桥头、蔡洼、沙坪、贵石沟。

1980~2011年阳泉市矿区部分年份分街道年末总人口一览表

表3-3　　单位：人

年　份	平潭街	桥　头	蔡　洼	赛　鱼	沙　坪	贵石沟
1980年	22041	24077	19161	24404	18719	—
1985年	32023	27414	21718	26714	20475	—
1986年	28863	33255	28451	35049	27536	7294
1990年	32629	34900	32137	38210	29765	9952
1995年	35364	36111	33939	40700	30521	15828
2000年	39719	38964	36219	45254	33577	17720
2005年	45279	41678	36588	49758	35238	18814
2010年	55049	46291	38482	55460	36758	21218
2011年	56489	46985	39060	57059	37392	21895

注：本表根据公安年报数据整理。

二、街道人口密度

矿区各街道人口密度总体均呈现逐年上升态势。历年人口密度最大的是蔡洼，其余依次为平潭街、赛鱼、沙坪、桥头、贵石沟。人口密度提高最快的是贵石沟，2011年人口密度为1986年的3倍；其余依次为平潭街、赛鱼、桥头、蔡洼、沙坪，同期人口密度提高幅度在1.69倍至1.36倍之间。

1980~2011年阳泉市矿区部分年份分街道人口密度一览表

表3-4　　单位：人/平方千米

年　份	平潭街	桥　头	蔡　洼	赛　鱼	沙　坪	贵石沟
1980年	11723.9	8477.8	18971.3	10846.2	9852.1	—
1985年	17033.5	9652.8	21503.0	11872.9	10776.3	—
1986年	15352.7	11709.5	28169.3	15577.3	14492.6	786.8
1990年	17355.9	12288.7	31818.8	16982.2	15665.8	1073.6
1995年	18810.6	12715.1	33603.0	18088.9	16063.7	1707.4
2000年	21127.1	13719.7	35860.4	20112.9	17672.1	1911.5
2005年	24084.6	14675.4	36225.7	22114.7	18546.3	2029.6
2010年	29281.4	16299.6	38101.0	24648.9	19346.3	2288.9
2011年	30047.3	16544.0	38673.3	25359.6	19680.0	2361.9

注：本表根据公安年报数据整理。平潭街街道面积1.88平方千米，桥头街道面积2.84平方千米，蔡洼街道面积1.01平方千米，赛鱼街道面积2.25平方千米，沙坪街道面积1.90平方千米，贵石沟街道面积9.27平方千米。

第二章　人口变动

1971年建区后，矿区人口自然变动保持在较低水平，人口机械变动则因招工迁入、煤矿井下工人家属“农转非”迁入及工作调动等因素，呈变动幅度大、年际变化大的特征。

第一节　自然变动

1971年建区后，矿区逐步深入贯彻落实计划生育政策，使人口自然增长率总体呈缓慢下降态势。1972～2011年，人口自然增长率保持在11.59‰～2.75‰的较低水平。最高为1982年，人口自然增长率为11.59‰；最低为2010年，人口自然增长率为2.75‰。

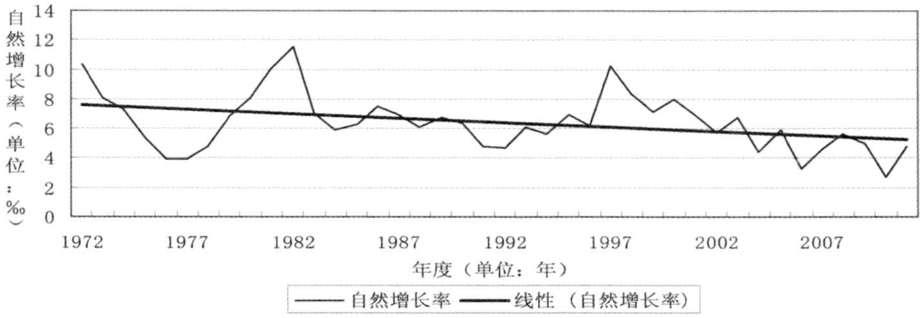

图3－1　1972～2011年阳泉市矿区人口自然变动图

1972～2011年阳泉市矿区人口自然变动一览表

表3－5　　　　单位：人、‰

年份	出生人数	出生率	死亡人数	死亡率	净增人数	自然增长率	年份	出生人数	出生率	死亡人数	死亡率	净增人数	自然增长率
1972年	1145	13.66	280	3.34	865	10.32	1984年	1221	9.74	483	3.85	738	5.89
1973年	1008	12.03	331	3.95	677	8.08	1985年	1315	10.33	508	3.99	807	6.34
1974年	935	10.83	300	3.47	635	7.35	1986年	1591	11.02	506	3.50	1085	7.51
1975年	837	9.19	346	3.80	491	5.39	1987年	1689	10.42	560	3.45	1129	6.96
1976年	738	7.64	359	3.72	379	3.93	1988年	1606	9.56	576	3.43	1030	6.13
1977年	810	8.02	415	4.11	395	3.91	1989年	1768	10.24	596	3.45	1172	6.78
1978年	897	8.78	409	4.00	488	4.78	1990年	1778	10.14	657	3.75	1121	6.39
1979年	1130	10.85	420	4.03	710	6.82	1991年	1419	7.98	573	3.22	846	4.76
1980年	1290	12.04	421	3.93	869	8.11	1992年	1448	8.04	604	3.35	844	4.69
1981年	1843	15.61	652	5.52	1191	10.08	1993年	1601	8.72	474	2.58	1127	6.14
1982年	2088	16.13	588	4.54	1500	11.59	1994年	1583	8.47	537	2.87	1046	5.60
1983年	1383	10.82	478	3.74	905	7.08	1995年	1911	10.03	578	3.03	1333	7.00

续表 3-5

年份	出生人数	出生率	死亡人数	死亡率	净增人数	自然增长率	年份	出生人数	出生率	死亡人数	死亡率	净增人数	自然增长率
1996 年	1850	9.54	646	3.33	1204	6.21	2004 年	2179	9.83	1196	5.40	983	4.44
1997 年	2601	13.07	558	2.80	2043	10.27	2005 年	2277	10.12	948	4.21	1329	5.91
1998 年	2389	11.69	687	3.36	1702	8.33	2006 年	1921	8.38	1163	5.07	758	3.31
1999 年	2367	11.38	877	4.22	1490	7.16	2007 年	2202	9.40	1117	4.77	1085	4.63
2000 年	2933	13.94	1248	5.93	1685	8.01	2008 年	2256	9.41	908	3.79	1348	5.62
2001 年	2296	10.75	815	3.82	1481	6.94	2009 年	2132	8.69	915	3.73	1217	4.96
2002 年	2069	9.55	826	3.81	1243	5.74	2010 年	2338	9.32	1648	6.57	690	2.75
2003 年	2380	10.86	903	4.12	1477	6.74	2011 年	2166	8.46	939	3.67	1227	4.79

注：本表根据公安年报数据整理。

第二节　机械变动

矿区人口迁入主要有招工迁入、煤矿井下工人家属“农转非”迁入、复员转业军人迁入、刑满释放和解除劳教人员迁入几种。人口迁出主要有工作调动、外出求学、外出打工、服兵役、逮捕劳教等原因。1971 年建区后，矿区人口机械变动具有变动幅度大、年际变化大的特点。

1980～2011 年阳泉市矿区人口机械变动一览表

表 3-6　　单位：人、‰

年份	迁入人数	迁入率	迁出人数	迁出率	净增人数	机械增长率	年份	迁入人数	迁入率	迁出人数	迁出率	净增人数	机械增长率
1980 年	3730	34.80	2152	20.08	1578	14.72	1993 年	1946	10.60	1855	10.10	91	0.50
1981 年	4642	39.31	2025	17.15	2617	22.16	1994 年	3379	18.09	1399	7.49	1980	10.60
1982 年	2799	21.62	1738	13.43	1061	8.20	1995 年	2633	13.82	1071	5.62	1562	8.20
1983 年	6295	49.27	1809	14.16	4486	35.11	1996 年	2069	10.66	1119	5.77	950	4.90
1984 年	2115	16.88	1506	12.02	609	4.86	1997 年	3378	16.98	1135	5.70	2243	11.27
1985 年	2383	18.72	1626	12.78	757	5.95	1998 年	3494	17.09	1275	6.24	2219	10.86
1986 年	32543	225.37	2446	16.94	30097	208.43	1999 年	3175	15.27	1432	6.89	1743	8.38
1987 年	4656	28.72	2852	17.59	1804	11.13	2000 年	2255	10.72	1538	7.31	717	3.41
1988 年	10128	60.28	2655	15.80	7473	44.48	2001 年	3758	17.60	397	1.86	3361	15.74
1989 年	2431	14.07	2335	13.52	96	0.56	2002 年	2241	10.34	1482	6.84	759	3.50
1990 年	5100	29.07	2002	11.41	3098	17.66	2003 年	2830	12.91	1637	7.47	1193	5.44
1991 年	1030	5.79	1646	9.26	-616	-3.47	2004 年	2371	10.70	1766	7.97	605	2.73
1992 年	5225	29.02	1808	10.04	3417	18.98	2005 年	3244	14.42	1872	8.32	1372	6.10

续表 3－6

年份	迁入人数	迁入率	迁出人数	迁出率	净增人数	机械增长率	年份	迁入人数	迁入率	迁出人数	迁出率	净增人数	机械增长率
2006 年	3039	13.25	1642	7.16	1397	6.09	2009 年	3819	15.56	1385	5.64	2434	9.92
2007 年	3944	16.84	1400	5.98	2544	10.86	2010 年	3835	15.29	1541	6.15	2294	9.15
2008 年	3497	14.58	1459	6.08	2038	8.50	2011 年	3343	13.06	1418	5.54	1925	7.52

注：本表根据公安年报数据整理。

第三章　人口构成

1971 年建区后，矿区人口的自然构成（性别构成及年龄构成）和社会构成（民族构成、文化构成、行业和职业构成、婚姻构成、家庭构成、姓氏构成）呈规律性变化。

第一节　人口自然构成

一、性别构成

（一）总人口性别比

1971 年建区后，矿区总人口性别比由 1972 年的 204.57（以女性为 100，下同）下降到 2011 年 117.04，总体呈下降趋势。矿区总人口性别比最高的一年是 1978 年，高达 232.57；最低的一年是 2011 年，为 117.04。

1972～2011 年阳泉市矿区人口性别构成表

表 3－7　单位：人

年份	男	女	性别比（女＝100）	年份	男	女	性别比（女＝100）
1972 年	56319	27531	204.57	1984 年	85120	41065	207.28
1973 年	56003	27672	202.38	1985 年	86386	41958	205.89
1974 年	61131	27901	219.10	1986 年	97633	62815	155.43
1975 年	63681	29436	216.34	1987 年	98294	65520	150.02
1976 年	69213	30790	224.79	1988 年	100883	71333	141.43
1977 年	70336	31578	222.74	1989 年	100915	72339	139.50
1978 年	71601	30787	232.57	1990 年	102218	75375	135.61
1979 年	73076	32880	222.25	1991 年	102094	75842	134.61
1980 年	74176	34226	216.72	1992 年	103598	78620	131.77
1981 年	83897	43894	191.14	1993 年	104558	80445	129.97
1982 年	85290	45823	186.13	1994 年	105914	82714	128.05
1983 年	84478	39932	211.55	1995 年	107740	84723	127.17

续表3－7

年份	男	女	性别比（女＝100）	年份	男	女	性别比（女＝100）
1996年	109176	86375	126.40	2004年	120712	101941	118.41
1997年	112114	90244	124.23	2005年	123225	104130	118.34
1998年	113814	92669	122.82	2006年	125510	105784	118.65
1999年	115038	94391	121.87	2007年	128646	108431	118.64
2000年	115780	95673	121.02	2008年	131507	111045	118.43
2001年	117487	98093	119.77	2009年	134359	113888	117.97
2002年	118594	99221	119.53	2010年	136814	116444	117.49
2003年	119758	100807	118.80	2011年	139603	119277	117.04

注：本表根据公安年报数据整理。

（二）分年龄人口性别比

在1990年、2000年和2010年人口普查中，矿区少年儿童组（0～14岁）人口性别比呈下降趋势（110.43→108.74→105.39）；劳动年龄（15～64岁）人口性别比呈大幅下降趋势（135.37→110.52→105.61）；婚育年龄（男22～31岁，女20～29岁）人口性别比呈先降后升趋势（138.29→113.19→120.09）；老年人口（65岁以上）性别比先微升，后大幅下降（127.58→128.77→105.54）。

阳泉市矿区3次人口普查分年龄人口性别构成表

表3－8　单位：人

项　目	1990年			2000年			2010年		
	男	女	性别比（女＝100）	男	女	性别比（女＝100）	男	女	性别比（女＝100）
少年儿童组（0～14岁）	22359	20248	110.43	20720	19055	108.74	18256	17322	105.39
劳动年龄人口（15～64岁）	82651	61055	135.37	88060	79675	110.52	96800	91655	105.61
婚育年龄人口（男22～31岁，女20～29岁）	26040	18830	138.29	23921	21133	113.19	19431	16180	120.09
老年人口（65岁以上）	2049	1606	127.58	5675	4407	128.77	9736	9225	105.54

注：本表根据2010年人口普查数据整理。

二、年龄构成

在1990年、2000年和2010年人口普查中，矿区各年龄组人口在总人口中的比重，少儿人口和兵源组人口呈下降趋势，育龄妇女和劳动适龄组人口变化较小，老年人口增长较快。

阳泉市矿区3次人口普查特殊年龄组人口构成表

表3－9　单位：人、%

年　龄　组	1990年		2000年		2010年	
	人　数	比　重	人　数	比　重	人　数	比　重
总人口	189968	100	217592	100	242994	100

续表 3-9

年龄组	1990年		2000年		2010年	
	人数	比重	人数	比重	人数	比重
少年儿童组（0~14岁）	42607	22.43	39775	18.28	35578	14.64
0岁婴儿组	2429	1.28	2303	1.06	1950	0.80
学前儿童组（1~6岁）	14695	7.74	14787	6.80	13454	5.54
学龄儿童组（7~14岁）	25483	13.41	22685	10.43	20174	8.30
劳动年龄人口（15~64岁）	143706	75.65	167735	77.09	188455	77.56
兵源组（男18~22岁）	12029	6.33	8723	4.01	7444	3.06
育龄妇女数（15~45岁）	49385	26.00	59840	27.50	61622	25.36
劳动适龄组（男15~59岁，女15~54岁）	139649	73.51	156138	71.76	169524	69.76
老年组（男60岁，女55岁以上）	10528	5.54	21679	9.96	37892	15.59
老龄组（65岁以上）	3655	1.92	10082	4.63	18961	7.80
高寿人口组（80岁以上）	254	0.13	547	0.25	2048	0.84
百岁及以上老人	0	0	3	0.0014	0	0

注：本表根据人口普查数据整理。

第二节 人口社会构成

一、民族构成

矿区人口以汉族为主，只有少量少数民族人口。在1990年、2000年和2010年人口普查中，矿区少数民族数由13个增加到18个，少数民族人口在总人口中所占比重由0.29%下降到0.18%。减少原因是回族和满族10年来减少较多。

阳泉市矿区3次人口普查分民族人口数量一览表

表3-10 单位：人

民族	1990年			2000年			2010年		
	合计	男	女	合计	男	女	合计	男	女
汉族	189409	106753	82656	216940	114119	102821	242566	124570	117996
蒙古族	31	14	17	58	21	37	30	15	15
回族	256	137	119	316	170	146	174	95	79
藏族	0	0	0	6	3	3	5	4	1
维吾尔族	0	0	0	1	0	1	0	0	0
苗族	25	16	9	23	15	8	21	11	10
彝族	19	10	9	33	19	14	21	12	9
壮族	13	6	7	10	8	2	13	8	5

续表 3－10

民　族	1990 年			2000 年			2010 年		
	合计	男	女	合计	男	女	合计	男	女
布依族	0	0	0	3	0	3	2	1	1
朝鲜族	27	16	11	17	10	7	11	5	6
满　族	131	73	58	146	72	74	94	41	53
侗　族	7	5	2	4	3	1	3	2	1
瑶　族	1	0	1	2	1	1	1	0	1
白　族	10	8	2	3	3	0	3	3	0
土家族	30	15	15	21	6	15	39	21	18
黎　族	0	0	0	1	0	1	1	0	1
土　族	0	0	0	0	0	0	2	0	2
仡佬族	2	2	0	3	2	1	3	1	2
锡伯族	7	4	3	5	3	2	4	3	1
鄂温克族	0	0	0	0	0	0	1	0	1
少数民族合计	559	306	253	652	336	316	428	222	206
合　计	189968	107059	82909	217592	114455	103137	242994	124792	118202

注：本表根据人口普查数据整理。

二、文化构成

1982～2010 年历次人口普查数据显示，矿区人口中，有文化人口比重大幅上升；未上过学的人口比重大幅下降；中等以上文化程度人口比重大幅上升；小学文化程度人口比重大幅下降。

阳泉市矿区人口文化构成表

表 3－11　　单位：人、%

项　目	1982 年			1990 年			2000 年			2010 年		
	人口数	占 6 岁及以上人口比重	总人口中每万人拥有数	人口数	占 6 岁及以上人口比重	总人口中每万人拥有数	人口数	占 6 岁及以上人口比重	总人口中每万人拥有数	人口数	占 6 岁及以上人口比重	总人口中每万人拥有数
总人口	124189	—	10000	189968	—	10000	217592	—	10000	242994	—	10000
6 岁及以上人口	114836	100	9247	175152	100	9220	203140	100	9336	229961	100	9464
有文化人口	100660	87.66	8105	160798	91.8	8464	193674	95.34	8901	225893	98.23	9296
研究生	0	0	0	0	0	0	45	0.02	2	285	0.12	12
大学本科	977	0.85	79	1102	0.63	58	2699	1.33	124	7763	3.37	319
大学专科				3148	1.8	166	8290	4.08	381	18826	8.19	775
中　专	14888	12.96	1199	5570	3.18	293	11275	5.55	518	51119	22.23	2104
高　中				23469	13.4	1235	32792	16.14	1507			
初　中	40205	35.01	3237	72468	41.37	3815	90872	44.73	4176	104558	45.47	4303

续表 3－11

项　目	1982 年			1990 年			2000 年			2010 年		
	人口数	占6岁及以上人口比重	总人口中每万人拥有数	人口数	占6岁及以上人口比重	总人口中每万人拥有数	人口数	占6岁及以上人口比重	总人口中每万人拥有数	人口数	占6岁及以上人口比重	总人口中每万人拥有数
小　学	44590	38.83	3590	55041	31.42	2897	46719	23	2147	43342	18.85	1784
扫盲班	—	—	—	—	—	—	982	0.48	45	—	—	—
未上过学	14176	12.34	1141	14354	8.2	756	9466	4.66	435	4068	1.77	167

注：本表根据人口普查数据整理。

三、行业职业构成

（一）劳动力资源总量

在 1990 年、2000 年和 2010 年人口普查中，矿区劳动年龄人口（15～64 岁）呈缓慢增长态势。1990 年人口普查中，矿区劳动年龄人口为 143706 人，占总人口的 75.65%；2000 年人口普查中，矿区劳动年龄人口为 167735 人，占总人口的 77.09%；2010 年人口普查中，矿区劳动年龄人口增加到 188455 人，占总人口的比重也略增为 77.56%。

（二）人口在业程度

从 1990 年人口普查到 2010 年人口普查，矿区在业人口占 15 岁及 15 岁以上人口的比重由 1990 年的 68.22% 先下降为 2000 年的 56.08%，再下降为 2010 年的 50.56%，依次下降了 12.14 个百分点和 5.52 个百分点，总体下降了 17.66 个百分点。

（三）在业人口行业构成

1990 年人口普查，全部在业人口中，农、林、牧、渔、水利业 355 人，占 0.35%；工业 68618 人，占 68.25%；煤炭采选业 52274 人，占 52.00%；地质普查和勘查业 46 人，占 0.05%；建筑业 10563 人，占 10.51%；交通运输、邮电通信业 2609 人，占 2.60%；商业、公共饮食业、物资供销和仓储业 6054 人，占 6.02%；房地产管理、公共事业、居民服务和咨询服务业 1157 人，占 1.13%；卫生、体育和社会福利事业 2349 人，占 2.34%；教育、文化艺术和广播电视事业 4163 人，占 4.14%；科学研究和综合技术服务事业 30 人，占 0.03%；金融、保险业 666 人，占 0.66%；国家机关、政党机关和社会团体 3947 人，占 3.93%。

2000 年人口普查，在 10.12% 抽样数据中，在业人口总数为 10024 人。其中：农、林、牧、渔业 33 人，占 0.33%；采掘业 4302 人，占 42.92%；制造业 1394 人，占 13.91%；电力、煤气及水的生产和供应业 434 人，占 4.33%；建筑业 990 人，占 9.88%；地质勘查业、水利管理业 8 人，占 0.08%；交通运输、仓储及邮电通信业 321 人，占 3.20%；批发和零售贸易、餐饮业 898 人，占 8.96%；金融、保险业 125 人，占 1.25%；房地产业 28 人，占 0.28%；社会服务业 409 人，占 4.08%；卫生、体育和社会福利业 270 人，占 2.69%；教育、文化艺术及广播电影电视业 500 人，占 4.99%；科学研究和综合技术服务业 19 人，占 0.19%；国家机关、政党机关和社会团体 256 人，占 2.55%；其他行业 37 人，占 0.37%。

2010 年人口普查，在 10.09% 抽样数据中，在业人口总数为 10571 人。其中：农、林、牧、渔业 24 人，占 0.23%；采矿业 4859 人，占 45.97%；制造业 952 人，占 9.00%；电力、燃气及水的生产和供应业 707 人，占 6.69%；建筑业 824 人，占 7.79%；交通运输、仓储及邮政业 378 人，占 3.57%；信息传输、计算机服务和软件业 56 人，占 0.53%；批发和零售业 633 人，占 5.99%；住宿餐饮业 269 人，占 2.54%；金融业 100 人，占 0.95%；房地产业 163 人，占 1.54%；租赁和商务服务业 276 人，占 2.61%；科学研究、技术服务和地质勘查业 44 人，占 0.42%；水利环境和公共设施管理业 58 人，占 0.55%；居民服务和其他服务业 139 人，占 1.31%；教育 433 人，占 4.10%；卫生保障和社会服务业 256 人，占 2.42%；文化、体育和娱乐业 80 人，占 0.76%；公共管理和社会组织 320 人，占3.03%。

三次人口普查的结果相比，煤炭采选业（采掘业、采矿业）人口比重先由52.00%下降到42.92%，下降了9.08个百分点，后又回升到45.97%，回升了3.05个百分点，总体下降了6.03个百分点。

（四）在业人口职业构成

1990年人口普查，全部在业人口中，各类专业、技术人员12279人，占12.21%；国家机关、党群组织、企事业单位负责人3672人，占3.65%；办事人员和有关人员4137人，占4.11%；商业工作人员4341人，占4.32%；服务性工作人员11090人，占11.03%；农、林、牧、渔劳动者321人，占0.32%；生产工人、运输工人和有关人员64544人，占64.20%；不便分类的其他劳动者153人，占0.15%。

2000年人口普查，在10.12%抽样数据中，在业人口总数为10024人。其中：国家机关、党群组织、企事业单位负责人195人，占1.95%；专业技术人员1248人，占12.45%；办事人员和有关人员1095人，占10.92%；商业、服务业人员1825人，占18.21%；农、林、牧、渔、水利业生产人员37人，占0.37%；生产、运输设备操作人员及有关人员5624人，占56.11%。

2010年人口普查，在10.09%抽样数据中，在业人口总数为10571人。其中：国家机关、党群组织、企业、事业单位负责人289人，占2.74%；专业技术人员1512人，占14.30%；办事人员和有关人员1164人，占11.01%；商业、服务业人员2326人，占22.00%；农、林、牧、渔、水利业生产人员18人，占0.17%；生产、运输设备操作人员及有关人员5256人，占49.72%；不便分类的其他从业人员6人，占0.06%。

三次人口普查的结果相比，生产工人、运输工人和有关人员（生产、运输设备操作人员及有关人员）比重先下降了8.09个百分点，后又下降了6.39个百分点，总体下降了14.48个百分点。

（五）不在业人口总量和构成

1990年人口普查，不在业人口总数为46824人。其中：在校学生9722人，占20.76%；料理家务23572人，占50.34%；待升学912人，占1.95%；城镇待业3581人，占7.65%；离休退休退职7613人，占16.26%；丧失劳动能力955人，占2.04%；其他469人，占1.00%。

2000年人口普查，在10.12%抽样数据中，全部未工作人口为7850人。其中：在校学生911人，占11.61%；料理家务人员3296人，占41.99%；离退休人员2132人，占27.16%；丧失工作能力人员111人，占1.41%；从未工作正在找工作人员583人，占7.43%；失去工作正在找工作人员498人，占6.34%；其他人员319人，占4.06%。

2010年人口普查，在10.09%抽样数据中，全部未工作人口为10338人。其中：在校学生1689人，占16.34%；料理家务人员3727人，占36.05%；离退休人员3101人，占30.00%；丧失工作能力人员317人，占3.07%；毕业后未工作596人，占5.76%；因单位原因失去工作229人，占2.21%；因本人原因失去工作367人，占3.55%；其他人员312人，占3.02%。

三次人口普查的结果相比，不在业人口（未工作人口）占15岁及15岁以上人口的比重，由31.78%先上升为43.92%，再上升为49.44%，依次上升了12.14个百分点和5.52个百分点，总体上升了17.66个百分点。

四、婚姻构成

（一）婚姻状况

1990年人口普查，15岁及15岁以上人口（婚龄人口）为147361人。其中未婚人口37659人，占25.56%；有配偶人口104538人，占70.94%；丧偶人口4396人，占2.98%；离婚人口768人，占0.52%。

2000年人口普查，在10.12%抽样数据中，15岁及15岁以上人口（婚龄人口）为17874人。其中未婚人口3447人，占19.28%；有配偶人口13624人，占76.22%；丧偶人口615人，占3.44%；离婚人口188人，占1.05%。

2010年人口普查，在10.09%抽样数据中，15岁及15岁以上人口（婚龄人口）为20909人。其中未婚人口 3670 人，占 17.55%；有配偶人口 15968 人，占 76.37%；丧偶人口 944 人，占 4.52%；离婚人口 327 人，占 1.56%。

三次人口普查的结果相比，未婚人口的比重依次下降了 6.28 个百分点和 1.73 个百分点，总体下降了 8.01 个百分点；有配偶人口的比重依次上升了 5.28 个百分点和 0.15 个百分点，总体上升了 5.43 个百分点；丧偶人口的比重依次上升了 0.46 个百分点和 1.08 个百分点，总体上升了 1.54 个百分点；离婚人口的比重依次上升了 0.53 个百分点和 0.51 个百分点，总体上升了 1.04 个百分点。

（二）婚姻年龄构成

1. 未婚人口年龄分布。未婚人口多数分布在 15～19 岁、20～24 岁两个年龄组。1990 年人口普查未婚人口总数中，15～19 岁的占 49.18%；20～24 岁的占 40.42%。2000 年人口普查 10.12% 抽样数据未婚人口总数中，15～19 岁的占 38.93%；20～24 岁的占 41.34%。2010 年人口普查 10.09% 抽样数据未婚人口总数中，15～19 岁的占 42.43%；20～24 岁的占 33.54%。

阳泉市矿区 3 次人口普查分年龄未婚人口分布表

表 3－12　　单位：人、%

年龄组	1990 年		2000 年		2010 年	
	人数	比重	人数	比重	人数	比重
合　　计	37659	100.00	3447	100.00	3670	100.00
15～19 岁	18522	49.18	1342	38.93	1557	42.43
20～24 岁	15220	40.42	1425	41.34	1231	33.54
25～29 岁	3201	8.50	546	15.84	595	16.21
30～34 岁	453	1.20	84	2.44	151	4.12
35～39 岁	120	0.32	23	0.67	63	1.72
40～44 岁	30	0.08	7	0.20	33	0.90
45～49 岁	36	0.10	12	0.35	25	0.68
50～54 岁	24	0.06	2	0.06	7	0.19
55～59 岁	25	0.07	2	0.06	3	0.08
60～64 岁	13	0.03	1	0.03	2	0.05
65 岁及以上	15	0.04	3	0.09	3	0.08

注：2000 年人口普查数据为 10.12% 抽样统计数据。2010 年人口普查数据为 10.09% 抽样统计数据。

2. 有配偶人口年龄分布。有配偶人口年龄分布呈中间高、两头低态势，以 25～29 岁、30～34 岁和 35～39 岁三个年龄组所占比重较高。1990 年人口普查有配偶人口总数中，25～29 岁的占 18.66%；30～34 岁的占 17.69%；35～39 岁的占 16.00%。2000 年人口普查 10.12% 抽样数据有配偶人口总数中，25～29 岁的占 14.06%；30～34 岁的占 16.98%，35～39 岁的占 15.49%。2010 年人口普查 10.09% 抽样数据有配偶人口总数中，25～29 岁的占 8.19%；30～34 岁的占 12.56%；35～39 岁的占 16.07%。

阳泉市矿区 3 次人口普查分年龄有配偶人口分布表

表 3－13　　单位：人、%

年龄组	1990 年		2000 年		2010 年	
	人数	比重	人数	比重	人数	比重
合　　计	104538	100.00	13624	100.00	15968	100

续表 3－13

年龄组	1990 年		2000 年		2010 年	
	人数	比重	人数	比重	人数	比重
15～19 岁	137	0.13	5	0.04	1	0.01
20～24 岁	7463	7.14	381	2.80	269	1.68
25～29 岁	19504	18.66	1916	14.06	1308	8.19
30～34 岁	18495	17.69	2314	16.98	2006	12.56
35～39 岁	16726	16.00	2111	15.49	2566	16.07
40～44 岁	11990	11.47	1786	13.11	2438	15.27
45～49 岁	9430	9.02	1782	13.08	2087	13.07
50～54 岁	9343	8.94	1146	8.41	1595	9.99
55～59 岁	6206	5.94	803	5.89	1541	9.65
60～64 岁	3248	3.11	658	4.83	913	5.72
65 岁及以上	1996	1.91	722	5.30	1244	7.79

注：2000 年人口普查数据为 10.12% 抽样统计数据。2010 年人口普查数据为 10.09% 抽样统计数据。

3．丧偶人口年龄分布。丧偶人口多数分布在高年龄组，以 65 岁及 65 岁以上年龄组所占比重为最高。1990 年人口普查丧偶人口总数中，65 岁及 65 岁以上年龄的占 36.97%。2000 年人口普查 10.12% 抽样数据丧偶人口总数中，65 岁及 65 岁以上年龄的占 50.24%。2010 年人口普查 10.09% 抽样数据丧偶人口总数中，65 岁及 65 岁以上年龄的占 63.45%。

阳泉市矿区 3 次人口普查分年龄丧偶人口分布表

表 3－14　　单位：人、%

年龄组	1990 年		2000 年		2010 年	
	人数	比重	人数	比重	人数	比重
合　　计	4396	100.00	615	100.00	944	100
15～19 岁	—	—	—	—	—	—
20～24 岁	5	0.11	—	—	—	—
25～29 岁	17	0.39	3	0.49	2	0.21
30～34 岁	51	1.16	9	1.46	—	—
35～39 岁	85	1.93	18	2.93	13	1.38
40～44 岁	191	4.34	18	2.93	25	2.65
45～49 岁	277	6.30	37	6.02	30	3.18
50～54 岁	568	12.92	51	8.29	41	4.34
55～59 岁	803	18.27	62	10.08	99	10.49
60～64 岁	774	17.61	108	17.56	135	14.30
65 岁及以上	1625	36.97	309	50.24	599	63.45

注：2000 年人口普查数据为 10.12% 抽样统计数据。2010 年人口普查数据为 10.09% 抽样统计数据。

4．离婚人口年龄分布。离婚人口有年龄增大的趋势。1990 年人口普查离婚人口总数中，以 25～

29岁、30～34岁和35～39岁的占比较高，最高为30～34岁，占23.31%。2000年人口普查10.12%抽样数据离婚人口总数中，以30～34岁、35～39岁、40～44岁的占比较高，最高为30～34岁，占28.19%。2010年人口普查10.09%抽样数据离婚人口总数中，以35～39岁、40～44岁、45～49岁的占比较高，最高为40～44岁，占24.16%。

阳泉市矿区3次人口普查分年龄离婚人口分布表

表3－15　　　　单位：人、%

年龄组	1990年		2000年		2010年	
	人数	比重	人数	比重	人数	比重
合　计	768	100.00	188	100.00	327	100
15～19岁	—	—	—	—	—	—
20～24岁	25	3.26	3	1.60	—	—
25～29岁	136	17.71	19	10.11	15	4.59
30～34岁	179	23.31	53	28.19	36	11.01
35～39岁	101	13.15	45	23.94	56	17.12
40～44岁	63	8.20	27	14.36	79	24.16
45～49岁	76	9.90	17	9.04	74	22.63
50～54岁	91	11.85	9	4.79	31	9.48
55～59岁	56	7.29	5	2.66	23	7.03
60～64岁	22	2.86	5	2.66	5	1.53
65岁及以上	19	2.47	5	2.66	8	2.45

注：2000年人口普查数据为10.12%抽样统计数据。2010年人口普查数据为10.09%抽样统计数据。

五、家庭构成

（一）家庭平均规模

矿区家庭平均规模呈总体缩小趋势。1990年人口普查，全区有家庭户46341户，人口172923人，户均3.73人；2000年人口普查，全区有家庭户66073户，人口212125人，户均3.21人。2010年人口普查，全区有家庭户78871户，人口236130人，户均2.99人。

（二）家庭规模构成

1990年人口普查，矿区家庭户共46341户，从一人户到十人以上户各种规模都有，其中三人户及四人户较多。2000年人口普查，矿区家庭户总数为66073户，三人户比重进一步加大，四人以上户型比重有所减小。2010年人口普查，全区有家庭户78871户，二人户比重加大，三人户比重基本持平，四人以上户型比重进一步减小。

阳泉市矿区3次人口普查家庭规模构成表

表3－16　　　　单位：户、%

规　模	1990年		2000年		2010年	
	户　数	百分比	户　数	百分比	户　数	百分比
总　计	46341	100	66073	100.00	78871	100
一人户	3785	8.17	4966	7.52	6124	7.76

续表 3－16

规　模	1990 年		2000 年		2010 年	
	户　数	百分比	户　数	百分比	户　数	百分比
二人户	3879	8.37	10054	15.22	17995	22.82
三人户	13878	29.95	29368	44.45	35220	44.66
四人户	12436	26.84	13299	20.13	11729	14.87
五人户	7381	15.93	5802	8.78	6111	7.75
六人户	3053	6.59	1751	2.65	1209	1.53
七人户	1144	2.47	551	0.83	318	0.4
八人户	480	1.04	202	0.31	108	0.14
九人户	192	0.41	53	0.08	40	0.05
十人及十人以上	113	0.24	27	0.04	17	0.02

注：本表根据人口普查数据整理。

（三）家庭类型构成

1990 年人口普查，全区有一代户、二代户、三代户、四代户及其他五种类型。其中二代户较多，占总户数的 73.17%。2000 年人口普查，全区有一代户至四代户四种类型。一代户比重由 7.80% 增大为 19.66%，二代户比重减小为 67.19%。2010 年人口普查，仍为一代户至四代户四种类型。一代户比重增大到 27.20%，二代户比重减小为 58.59%。

阳泉市矿区 3 次人口普查家庭类型构成表

表 3－17　　单位：户、%

类　型	1990 年		2000 年		2010 年	
	户　数	百分比	户　数	百分比	户　数	百分比
总　计	46341	100	66073	100.00	78871	100
一代户	3613	7.80	12991	19.66	21453	27.20
二代户	33910	73.17	44393	67.19	46208	58.59
三代户	5818	12.55	8613	13.04	11129	14.11
四代户	121	0.26	76	0.12	81	0.10
其　他	2879	6.21	—	—	—	—

注：本表根据人口普查数据整理。

六、姓氏构成

1990 年第四次人口普查，全区有姓氏 668 个。其中单字姓 662 个，双字姓 6 个；千人以上姓氏有 37 个。2010 年第六次人口普查，全区有姓氏 519 个。其中单字姓 507 个，双字姓 12 个；千人以上姓氏有 50 个。

2010 年阳泉市矿区姓氏录

一、单字姓（共 507 个）

二　画　　丁　刁　卜（3 个）

三　画　　万　习　于　凡　卫　土　山　干　广　弓　才　马（12 个）

四　画　丰　丹　乌　云　井　亢　仆　仇　仉　元　公　勾　化　区　午　卞　双　孔　尤
尹　巴　戈　支　文　方　木　毛　水　牛　王　瓦　计　贝　车　邓　韦（36个）
五　画　丘　丛　东　主　乐　付　代　仪　兰　冉　冯　包　占　卡　卢　卯　厉　古　台
史　叶　司　宁　左　巨　帅　平　弘　戊　未　母　汉　甘　田　申　白　皮　石
艾　边　邝　龙（42个）
六　画　乔　仰　仲　任　伊　伍　伏　全　关　农　刑　刘　匡　华　印　危　库　吉　后
向　吕　孙　宇　安　尧　巩　师　庄　庆　戎　成　扬　曲　有　朱　朴　权　毕
汝　江　池　汤　汲　牟　祁　米　红　纪　羊　臣　艮　衣　许　达　邢　那　邬
闫　阮　阳　阴　齐（62个）
七　画　严　伯　但　位　何　佘　余　佟　况　冷　利　别　劳　吴　员　宋　寿　岑　应
张　怀　扶　时　李　杜　束　来　杨　步　汪　沃　沈　沙　狄　肖　芦　芮　花
苍　苏　言　谷　贡　辛　连　迟　郃　邱　邵　邸　邹　闵　陆　陈（54个）
八　画　侍　冼　卓　单　周　和　国　孟　季　宗　官　尚　居　屈　岳　巫　帕　幸　庞
房　斩　昊　昌　明　易　杭　杲　杳　松　林　欧　武　沿　法　牧　畅　竺　练
终　经　罗　苑　苗　苟　英　范　茅　虎　郁　郎　郏　郑　金　降（54个）
九　画　侯　保　俞　养　咸　哈　姚　姜　娄　娇　娜　宣　宦　宫　封　战　施　昝　柏
查　柯　柳　段　洪　相　祖　祝　禹　秋　羿　胡　胥　茹　荀　荆　荣　贲　费
贺　赵　逄　郗　郜　郝　郦　钟　钦　钮　闻　项　须　饶　骆　骈（54个）
十　画　倪　党　凌　原　唐　夏　奚　姬　宰　家　容　展　席　徐　敖　晁　晋　晏　柴
栗　栾　桂　桑　桓　殷　浦　涂　爱　班　益　秦　素　索　翁　耿　聂　能　莘
莫　袁　诸　谈　贾　通　郭　都　钱　铁　陶　顾　高（51个）
十一画　偃　商　啜　堵　宿　寇　崔　巢　常　康　庾　戚　扈　敏　曹　梁　梅　深　盖
盛　章　符　笪　脱　营　萧　谌　逯　鄂　银　阎　隆　隋　麻　黄　龚（36个）
十二画　傅　傲　喻　强　彭　惠　揭　敬　斯　景　智　曾　植　温　游　滑　焦　琴　禄
程　童　缑　舒　葛　董　蒋　覃　谢　赏　越　辜　韩　鲁（33个）
十三画　廉　慎　楚　溯　满　甄　福　窦　简　腾　蒙　蒯　蒲　蓝　蓟　蓬　虞　裘　褚
解　訾　詹　赖　路　鄢　雍　雷　靳　鲍（29个）
十四画　僧　廖　慕　漆　熊　管　缪　翟　臧　蔚　蔡　蔺　裴　谭　谯　阚　雒　韶（18个）
十五画以上　墨　暴　樊　滕　潘　稽　颜　黎　冀　燕　穆　薄　薛　融　霍　戴　糜　鞠　魏
瞿　藩　簿　籍（23个）

二、双字姓（共12个）

上官　令狐　宇文　呼延　欧阳　南宫　独孤　皇甫　夏侯　尉迟　慕容　赫连

（根据2010年第四次人口普查资料整理）

2010年阳泉市矿区千人以上姓氏表

表3－18　　单位：人

姓氏	人数	姓氏	人数	姓氏	人数	姓氏	人数	姓氏	人数
王	28841	郝	3485	胡	2132	董	1719	曹	1224
张	22961	韩	3140	吴	2116	郑	1704	段	1181
李	22201	马	3017	史	2095	侯	1683	苏	1178
刘	13227	贾	2905	荆	2084	田	1657	乔	1131

续表 3 - 18

姓氏	人数	姓氏	人数	姓氏	人数	姓氏	人数	姓氏	人数
赵	11358	白	2795	周	1992	翟	1529	穆	1121
杨	7656	武	2458	杜	1966	魏	1377	范	1099
高	5900	冯	2395	闫	1964	程	1323	孟	1038
郭	5808	任	2377	石	1920	朱	1281	牛	1020
梁	4327	孙	2241	吕	1874	霍	1241	姚	1011
陈	4133	宋	2144	崔	1838	许	1237	尹	1008

注：本表根据2010年第六次人口普查资料整理。

第四章　人口调查

人口调查有3种。一是公安部门逐年进行的人口户籍统计。二是人口和计划生育部门根据工作需要，逐年进行的人口和计划生育工作统计。三是矿区统计部门根据国家的统一部署，分别于1982年、1990年、2000年和2010年进行的人口普查；1987年进行的1%人口抽样调查，1993年后逐年开展的人口抽样调查。各种人口调查所获得的数据是国情、地情的基本数据，为研究人口情况提供了可靠的依据。

第一节　户籍统计和计划生育统计

一、人口户籍统计

自1971年矿区成立至2011年年末，矿区公安部门逐年进行了人口户籍统计。统计范围为所有户籍在辖区内的人口，统计内容为年末总户数、年末总人口（分性别、农和非农）、性别比、平均人口、出生人数（分性别）、出生率、死亡人数（分性别）、死亡率、自然增长率、迁入人数（分省内省外）、迁出人数（分省内省外）等。

二、计划生育统计

矿区人口和计划生育部门根据国家有关政策和工作需要，逐年进行计划生育统计。

为了统计工作的顺利开展，矿区人口和计划生育部门建立了计划生育基层统计台账（账卡）制度、计划生育统计报表制度、计划生育统计数据质量检查制度、各级计划生育统计干部的岗位责任制度、计划生育统计资料保管和保密制度。

境内各级计划生育部门从实际出发，选择了5类最基本的、有代表性的、反映人口和计划生育主要情况的指标作为统计报表的指标项目。

1. 人口再生产过程数量指标，包括总人口数、出生人数、人口出生率、自然增长人数、自然增长率。

2. 育龄妇女生育状况指标，包括育龄妇女人数、已婚育龄妇女人数、计划内和计划外出生人数（分性别）、不同胎次（孩次）出生人数（分性别）、领取独生子女证情况及各种构成比例关系。

3. 避孕节育情况指标，包括采取各种避孕措施的人数及其比例关系。

4. 女性婚姻状况指标，包括女性初婚人数、早婚和晚婚人数及比率。

5. 反映计划生育事业发展的指标，包括机构设置、专业人员规模、宣传教育、科研和技术、来信来访、基本建设、避孕药具发放，经费开支等。

第二节　人口普查和抽样调查

一、人口普查

矿区统计部门根据国家的统一部署，先后于1982年、1990年、2000年和2010年进行了人口普查。

全国第三次人口普查。普查时点为1982年7月1日0时。根据国家、省、市第三次人口普查领导组的安排，1981年7月矿区成立第三次人口普查领导组。区统计局在这次人口普查中，对矿区5个街道和74个居民区、445个居民小组进行了人口普查登记。取得了总人口数、总户数、人口密度、男女性别比、人口年龄结构、各民族人口、各行业人口、人口职业分布状况及各种文化程度的人口数等资料，首次为各级党政领导提供了较为全面、系统、准确的人口数据。此次普查，是矿区人民政府成立以来进行的第一次大规模社会调查，各项指标均符合国家要求，在全市人口普查质量评比中获得第二名的好成绩。

全国第四次人口普查。普查时点为1990年7月1日0时。根据国家统一的安排部署，矿区人民政府制订了《矿区人口普查工作实施方案》《户口整顿方案》《人口普查试点方案》，由统计局牵头，组织了近千名工作人员，对6个街道办事处、152个居委会、555个调查小区逐个展开工作，取得了矿区总人口、常住人口、人口密度、人口性别构成、民族构成、各种文化程度人口构成、人口出生率、人口死亡率、人口自然增长率等数据。矿区获全省“人口普查先进单位”称号。

全国第五次人口普查。普查时点为2000年11月1日0时。按照国务院第五次人口普查领导小组的部署，矿区开展了第五次人口普查，取得了矿区总人口、总户数、人口性别构成、年龄构成、民族构成、各种文化程度人口构成等数据。

全国第六次人口普查。普查时点为2010年11月1日0时。按照国务院第六次全国人口普查领导小组的部署，矿区开展了第六次人口普查，全国第六次人口普查。普查时点为2010年11月1日0时。按照国务院第六次人口普查领导小组的部署，在区委、区政府的领导下，在区人普办的具体指导下，近千名普查工作人员，顺利完成了机构组建、宣传发动、业务培训、电子地图绘制、清查摸底、入户登记、普查表编码、复查验收、质量抽查、普查表光电录入、数据处理等工作，取得了矿区常住人口、家庭户、家庭户人口、人口性别构成、年龄构成、民族构成、受教育程度人口等数据。

二、人口抽样调查

人口抽样调查是国家重大国情国力调查项目，是国家制定各项宏观调控政策的重要基础。

全国1%人口抽样调查。抽样的时间为1987年1月1日至6月30日。根据国家人口抽样调查的有关规定，矿区人民政府成立了1%人口抽样调查小组，抽调近百名普查人员，对抽中的区域进行了四个多月的摸底、登记、汇总工作。取得一系列重要数据：本次调查矿区抽中区域的总人口为12584人，男女性别比为190.65：100，总户数2242户，户均4.06人；出生78人，死亡23人。在此基础上，科学地测算了矿区1982～1987年五年间人口发展变动情况。区政府获全省人口抽样调查先进单位称号。

年度人口抽样调查。从1993年开始，矿区统计部门承担了辖区全国人口抽样调查和省级人口变动情况调查任务，完成历次调查任务。

第五章 人口控制

矿区重视人口和计划生育工作，在政策法规的宣传教育、计划生育管理服务方面取得突出成绩。1987～2008 年，全区无多胎生育，连续多年无计划外生育。获得多项荣誉。1991 年区委、区政府被省委、省政府评为全省计划生育标兵单位。1992 年区委、区政府被国家计生委评为“全国城市计划生育工作先进集体。2005 年矿区被国家人口计生委评为全国计划生育优质服务先进区。2006 年，矿区被省政府评为落实计生国策“三无”示范区。

第一节 宣传教育

一、晚婚和节育政策

20 世纪 50 年代末，境内开始提倡晚婚和计划生育。1963 年开始贯彻“最好两个，最多不超过三个”的生育政策。1972 年开始按中共中央提出的“晚”（晚婚年龄：男 26 岁，女 24 岁）、“稀”（生育间隔时间为 4 年）、“少”（一对夫妇最多生育两个）的要求进行工作。1979 年开始“提倡一对夫妇生一个孩子”，规定生育须按计划进行，没有列入计划的生育均按计划外生育处理，严格控制二胎，坚决杜绝三胎。1981 年新的《中华人民共和国婚姻法》颁布后，按法定年龄推迟 3 年以上（男 25 岁以上，女 23 岁以上）结婚者视为晚婚。1984 年，计划生育工作实行“块块领导，属地主义”的领导体制。1985 年，在计划生育工作中实行“堵大口，开小口”，进一步完善了计划生育政策。进入 21 世纪，进一步强化利益导向，用足、用好奖励优待政策，让独生子女家庭真正感受到政治上有待遇，生活上有实惠。

二、计划生育宣传教育

矿区以“三为主”（计划生育管理以宣传教育为主、避孕为主、经常性工作为主）工作方针为主导，全方位、多渠道地开展了广泛深入的计划生育宣传教育工作。随着形势的发展和工作重心的转变，矿区计划生育宣传教育工作的形式和内容不断发展变化。

20 世纪 80 年代初，组织开展了计划生育宣传月、计划生育资料袋进门入户活动，组织宣传组深入厂矿、居民区进行宣传。80 年代中后期，定期组织计划生育宣传教育高潮日，举办独生子女家庭运动会。1986 年 9 月，区计生委组织了人口理论和计生知识百题有奖书面答题竞赛活动。1988 年 9 月，矿务局一矿举办了以计划生育、人口理论、优生优育为主要内容的大型展览，参观人数达 5 万余人次。

90 年代，计划生育宣传教育实行宏观的宣传教育和深入细致的思想工作相结合，游动性宣传和阵地性宣传相结合，取得较好的效果。1991 年 3 月，矿区计生委举办计生专题文艺汇演，观看群众超过 6 万人。7 月，矿区计生委与太原市计生宣传站在阳泉市展览馆联合举办“人类、生命与性”科普展览，观众达 3 万余人次。1992 年 10 月，区计生委举办计生业务培训班，70 余名专兼职计生人员学习了避孕节育新技术、病残儿鉴定程序、人口统计、信访、信息写作、计生档案管理等内容。到 90 年代末，矿区共建立人口学校 21 所，制作标语牌 200 多块，警钟碑 7 个，有线广播、闭路电视一年中播出计划生育宣传节目近百次。

21 世纪初，计划生育宣传教育逐步形成“大宣传，宽服务”体系，开展了婚育新风“八进矿山”、社区志愿者街头计生文艺宣传演出、独生子女书法绘画竞赛、计生有奖知识问答、计生有奖征文等活动。2004 年 8 月 20 日，区人口计生局和区文体局联合，在三矿体育场举办了以“家庭幸福，人人健康”为主题的人口杯独生子女家庭运动会。2005年，为街头和入户宣传制作计生宣传资料袋4000个，宣传折页15种45000张，计生奖励政策宣传单2种6万张，“关爱女孩”“关注男性健康”等综合宣传资料44种8000多份。2006年，全区建成文化大院8个，人口文化活动室46个，示范图书角14个，人口文艺宣传队129支。2007年，区委区政府召开人口与计生领导组会议，集体学习了中共中央、国务院《关于全面加强计划生育工作，统筹解决人口问题的决定》；还举办了学习中央“决定”的理论培训班，254名专兼职计生人员参加了培训。2008年，矿区举办了有200多名街道办事处、社区、驻地单位计生干部参加的培训班，学习了人口计划生育理论和业务知识；举办了有80人参加的计划生育“信息化建设”培训班；举办了有200多人参加的出生缺陷干预培训班。同年还开展了“话国策，议统筹，谋发展”征文活动、计划生育有奖知识竞答活动，发放答卷25000份；并组队参加了省、市人口计生委组织的答题竞赛，获得省第二名、市第一名。

2009～2011年，发挥环境、阵地、媒体、网络、文艺等宣传载体的作用，宣传贯彻新的《山西省人口和计划生育条例》，为人口计生工作创造良好的舆论氛围。发放计划生育宣传台历、挂历、纸杯、围裙、扇子等宣传品，发放《出生缺陷预防》《孕前优生指导》《婴幼儿早期教育》宣传手册4万余册。区计生局、区教育局在外国语学校联合举办了矿区“宣传贯彻新‘条例’国情国策进校园——计生知识书签赠发仪式”；与区总工会联合开展人口文化进社区消夏电影放映活动，制作播放人口计生科普片、生殖健康教育片、婴幼儿早期教育科普片；与区委党校联合举办矿区人口计生系统学习实践科学发展观贯彻新“条例”业务知识培训班。2010年7月9日，区计生局、阳煤集团联合在阳煤三矿开展了以“每个人都有贡献”为主题的大型计生文艺汇演宣传活动。建设“生育文化园”，建立人口文化基地，建设人口学校，建设社区“人口文化大院”“人口文化图书室”和“人口文化宣传队”。

第二节　管理服务

一、指标管理

矿区计划生育部门加强职能监督作用，严格掌握生育指标的审批、发放，不开歪口、不送人情指标，坚持公开人口计划和人口指标。1979～1990年，全区共有2983人因超计划生育受到处罚，其中党纪政纪处分822人。1990年，区委、区政府根据《山西省计划生育条例》精神，制定了《阳泉市矿区计划生育指标管理办法》，对计划内一孩、二孩、独生子女病残儿童父母申请生育二胎及抱养一孩等有关问题作了明确规定。2003～2011年，党员干部和国企职工因超计划生育受到查处161人，其中党纪政纪处分101人。

二、合同管理

1987年后，区政府每年年初与各街道办事处、驻区单位签订计划生育承包合同，年终对各项指标的落实情况进行考核验收，并予奖惩兑现。21世纪初，目标责任制由原来的政府对部门的单线合同变为政府对政府，政府对部门的双线合同，坚持条块双向目标，双向考核。每年年终由区政府统一组织对承包合同执行情况的考核验收，验收结果作为考核党政干部政绩、表彰奖励和提拔晋升的重要条件之一。

三、管理制度

矿区区委、区政府及区计划生育部门制订下发了一系列管理制度。1991年9月，区委、区政府制订了《关于贯彻山西省计划生育条例的具体措施》。1992年4月，区政府制订了《矿区流动人口计划生育管理办法》。1993年2月，区政府批转区计划生育委员会《阳泉市矿区计划生育指标管理办法》。1994年，矿区计生委和区公安分局联合下发了《新生婴儿落户上户的暂行规定》。1998年，区计生委下发了《关于在全区计划生育系统执行行政执法责任制的实施方案》。2002年，区政府出台了

《关于创建计划生育优质服务先进区》的实施方案。2005 年，区政府制订了《矿区计划生育奖励优待和社会保障办法》。2006 年，区政府出台了《关爱女孩行动实施方案》。2008 年，区委、区政府出台了《矿区关于贯彻落实〈阳泉市人口与计划生育工作“一票否决”实施意见〉的实施办法》。

各街道办事处和驻区单位均结合实际建立了管理制度。最有代表性的是一矿选煤厂。该厂于 1986 年把计生管理同生产管理紧密结合，制订了“一个细则”（计划生育管理细则）“两个责任制”（车间和班组生产、生育经济责任制，领导干部生产、生育岗位责任制）“三级考核制”（厂考核车间，车间考核班组，班组考核包干人员）“四级包干制”（领导成员包车间，车间干部包班组，班组包党团员，党团员包重点）。同年该厂被国家计生委评为全国计划生育先进集体。另外，阳煤集团于 2006 年出台了《关于加强对违反人口和计划生育法律法规行为进行党纪政纪处分及实行“一票否决”制度的通知》，取得明显效果。

制订规范了统计工作制度，坚持每月例会工作制度并认真做好记录，规范了统计资料管理，建立了数据质量评估制度、奖励制度，制订了数据质量信得过活动实施方案。重点对基层数据质量进行督查，开展“数据质量信得过单位”评比活动和“数据质量流动红旗”竞赛活动，推动了网络版工作。在加大依法监督管理的基础上，开展违法生育的整顿工作，对群众举报的线索认真排查取证，制订了杜绝政策外多孩及争创“三无”区的实施方案，杜绝了计划外多孩生育。

四、专项治理

1994 年，矿区坚持“三为主”工作的指导方针，狠抓创建计划生育合格单位（居民区）的达标工作，年内有 33 个单位和 87 个居民区基本达到合格标准，合格率达 63.9%。1998 年，矿区开展了计划生育“六清六建”（清六种计划生育指标的底子，建立六种相关记录）活动，成立了领导组，出台了实施方案，抽调了 80 名调查指导员和 850 名调查员，举办培训班 8 期，历时 3 个月，登门 6 万余户，填写表、簿、卡 24 种，完成了清建任务，获省政府授予的先进奖。1999 年，开展了“双进万”（婚育新风进万家，优质服务进万村）、打好“三个硬仗”（“四术”落实仗，超生费征收仗，党团员干部超生查处仗）活动。2003 年，矿区开展了“争创计划生育标杆社区”活动。区计生局制订了新的“六好”标准和百分考核细则。区政府对 6 个社区进行了命名表彰奖励。同年，开展了国有企业职工计划生育登记建制工作。2007 年，全区开展了人口计生数据大集中工作。2008 年，矿区重点开展了计划生育“基层信息化建设年”活动，设立了网站，建立了综合服务新平台，实现了市、区、街道办事处三级联网；阳煤集团专门设计了计生软件，建立了职工计生信息库；对全区个案信息进行了录入、核对，使数据库进入良性运转状态。

开展“关爱女孩行动”爱心救助活动。2009 年和 2010 年，全区共实施救助 145 人；资助 24 名特困家庭女孩上大学（每人 4000 元）。开展打击“两非”专项整治活动。区卫生局和区计生局联合出台《关于开展贯彻落实〈关于禁止非医学需要的胎儿性别鉴定和选择性别的人工终止妊娠的规定〉专项整治活动的实施方案》，明确各自工作职责和任务，严格登记管理制度，完善报表制度、落实实名登记制度；并对辖区各医疗保健和技术服务机构进行专项检查，落实长效机制。区人口计生领导组建立《关爱女孩行动综合治理出生人口性别比偏高问题联席会议制度》，12 个成员单位组成组织机构，每季召开一次联席会议，讨论研究综合治理出生性别比偏高问题，参与综合治理宣传等相关工作；制订了《关于严厉打击非法鉴定胎儿性别和选择性别终止妊娠行为有奖举报制度》，并在《阳泉矿区》报和矿区人口网全文刊登，明确举报内容、对象和方式，公布举报电话，严格核实查处。

出台了《婴幼儿早期教育和独生子女培养工作实施方案》，开展多种形式的早期教育宣传活动，开展问卷调查，建立婴幼儿早期教育档案；各街道办事处均设立早期发展试点，对服务对象进行了会员制管理，填写会员卡，建立相关管理和活动制度。

五、流动人口计划生育管理

矿区的流动人口有两种：一是到矿上临时居住的矿工家属；二是从事个体经营的工商户。矿区区委、区政府对流动人口计划生育同常住人口一样管理、一样统计、一样考核，使流动人口的盲目生育现象得到有效控制。

（一）试点引路，调查摸底。1987年3月，矿区成立流动人口管理领导组。领导组以沙坪街道和一矿为试点，对流动人口进行调查摸底，取得了经验。在此基础上，组织了500多人的队伍，展开了全区流动人口调查，查明了全区流动人口的情况。针对矿区自建房家属区、工客房人员流动频繁、构成复杂的情况，开展了“五清二查一建”（户数、人数清，常住人口与流动人口底子清，育龄妇女的生育、节育状况清，政策外生育事实清，流动人口持证验证情况清；查处，查验；建档立制）活动。2003年，区计生局在全区建立了《计生联系函制度》，要求有条件的单位对离岗、下岗人员建立登记簿，开展了历时4个月的“五清二查一建”活动。

（二）加强管理服务网络建设。将全区按片划分为43个临时居民区，对散居的矿工临时家庭住户进行管理，提供服务。每个临时居民区配备一名专职计生工作人员，阳煤集团各厂、矿、处集体工房也都配备了计划生育信息员，形成了流动人口计划生育管理网络。为解决流动人口获取药具的困难，区计生委采取了两个措施，一是在流动人口密集的赛鱼口、四矿口等地段，设立了5个避孕药具零售点；二是对临时居民区中的育龄夫妇，由专人负责，送药上门、发药到人。2005年，矿区出台了《流动人口计划生育信息交换平台管理制度》，下发了《关于进一步加强全区流动人口计划生育信息交换机制的通知》。

（三）多方配合，齐抓共管。1992年，矿区推行流动人口计生“六联保”管理制度，即工商所、派出所、街道办事处、居委会、出租房房主和个体工商户六方联合签订计划生育合同。6月15日，区政府组织协调各方，首先在马家坪地区与18户工商个体户签订了“六联保”合同。1994年，区政府制订了《矿区计划生育委员会、公安分局、工商局计划生育管理职责》，明确各部门的责任，加大配合力度，总结出“四连环”程序管理法。1997年商业集团公司对离岗和下岗人员实行“街企合一”的管理办法。2002年，对外来经商者实行“六联保”合同管理和“四把关一通报”制度，取得良好效果。2004年，成立了流动人口计划生育综合治理领导组，副区长王贵平任组长；出台了《公安、工商、计生关于流动人口的通报制度》。

（四）开展“管理年”“服务月”活动。2003年，开展了流动人口管理年活动。2008年，在流动人口便民服务月活动中，为60位流动人口困难户上了意外伤残保险，为流动人口全方位、多层面提供各种服务，为流动人口中的已婚妇女进行了免费查环查孕服务。至年末，外来流动人口总数29600人，其中已婚育龄妇女3702人，持证人数3574人，计划生育率达100%。外出流动人口总数2239人，其中已婚育龄妇女18人，发证人数202人，计划生育率达100%。

（五）推行“市民化”服务。2005年，对流动人口逐步实施“市民化”服务，把计生药具免费发放到流动人口家中，向持有婚育证明的外来人口发放计生“绿卡”，提供基本项目的免费服务。2006年3月，在全区范围内开展了流动人口计生清查验证工作。建立了“居民地管理、居民化服务”的流动人口计生管理服务新模式。

1987年7月3日至6日，山西省计生委、煤炭厅、煤管局、公安厅联合在阳泉召开全省九大矿务局流动人口计划生育管理工作经验交流会议，推广了阳泉市矿区流动人口计划生育管理经验。1996年10月11日，全国政协委员，中国计划生育协会副会长林佳楣率领全国政协人口调查组深入阳泉市矿区赛鱼工商所、沙坪桥南园居委会和一矿工客房，对流动人口的计划生育管理工作进行视察，对矿区的流动人口计生管理工作给予很高的评价。

2009～2011年，按照国家、省、市人口计生委流动人口计划生育“三年三步走”和“统筹管理、服务均等、信息共享、区域协作、双向考核”的要求，以加强流动人口计划生育工作领导保障机制和基层管理服务网络为基础，坚持分步规划、分类指导、“强基固本、重点突破、构建平台、信息共享”的基本原则，由传统的单一管理向综合服务转变，分散管理向信息化管理转变，政府统揽向社会化、社区化转变，基本建立省内和周边省份流动人口聚集重点区域的相互协作，推进流动人口服务管理信息化建设，努力构建“信息互通、服务互补、管理互动、责任共担”的工作新格局。创新街道流动人口服务管理工作机制，打破部门界限，整合资源，形成各部门之间密切配合、协调行动、资源整合、信息共享的流动人口服务管理工作体系，综合发挥各部门优势，提高效率、搞好服务、加强管理、共享成果，建立了“四统一”（统一组织管理、统一信息采集、统一提供服务、统一考核评估）的流动人口服务管理工作机制、组织体系和保障机制，强化基层流动人口服务管理规范化、信息化、制度化建设，全面提升工作水平，引导人口有序流动与合理分布，保障流动人口的各项合法权益。

六、计划生育三项服务

技术服务。20 世纪 80 年代，矿区计划生育宣传技术服务站负责全区的计划生育宣传教育、技术指导、药具管理发放。矿务局及各矿医院、商业局医院都专设了计划生育门诊及计划生育病床，开展计划生育“四术”（男扎、女扎、人流、上环）服务。1986 年，商业局医院抽调 3 名医务人员，组成技术服务队，深入基层，上门服务，对 3282 名职工进行了妇女病普查普治。1993 年，矿区开展已婚育龄妇女生育、节育普查，共普查妇女 20108 人，普查率达 87.30%，对脱环、环移位的 46 人，计划外怀孕 4 人及时采取了补救措施。1994 年，区计生服务站引进银夹、皮埋、药物流产等新技术，对来站就医人员建档立卡，做到术前细检查，术后常回访。90 年代后期，矿区每年春、秋两季进行“三查两补一治疗”（查环、查孕、查病，计划外怀孕及时补救、补环，治疗妇女病）工作，减少了计划外出生几率，保护了妇女的身心健康。2003 年，开展了避孕节育优质服务知情选择工作，制订了知情选择方案及技术服务方案。2004 年，为 4587 名育龄妇女进行乳腺免费普查；印制发放《计划生育优质服务手册》3.5 万册；进行定项免费服务。2008 ~2011 年，矿区开展了全面实施出生缺陷干预“幸福工程”项目，开设婚前教育新课堂，实施二级干预，免费为 5000 多名育龄妇女进行了 B 超乳腺普查等常规项目，进行了系统宣传，收到良好效果。

药具服务。区计生委、计划生育宣传技术指导站于 1985 年配备了专职药具管理人员 1 名，各街道办事处和驻区单位也配备了专兼职药具管理人员。20 世纪 90 年代初，区计生委下发了《矿区计划生育药具管理办法、管理目标及评分标准》。90 年代中后期，矿区开展了新型节育、避孕环的推优工作。1994 年，引进银夹、米非司酮药物流产、芫花贴膜抗早孕等新技术，对全区 795 名已婚育龄妇女使用药具情况进行跟踪随访。1996 年，为 138 个居民区统一印制了《药管员职责》，购置了避孕药具包，实行送药上门，服务到人。2003 年，区计生局实施药具规范管理工程。2004 年，实施“性福卡”工程实施方案，在社区、坑口、市场和其他人群集中地安装免费避孕药具自助发放机 13 台，为 39 个社区发放了打孔机，全面改革避孕药具免费供应方式。2005 年，矿区药具站在全区推广使用元宫药酮宫内节育器、吉尼环。2008 年年底，全区使用药具的有 3720 人。

咨询服务。区计生宣传技术服务站设立了计划生育咨询室，常年为群众提供咨询。1990 年 9 月 20 日至 25 日，在纪念《中共中央关于控制我国人口增长问题致全体共产党员共青团员的公开信》发表十周年的宣传活动中，全区设咨询点 22 个，回答群众的问题 300 余条，其中询问政策的 100 多条，优生优育的 90 多条，避孕节育的 60 多条，妇幼保健 50 多条。2005 ~2011 年，区人口计生局和民政局联合设立婚前咨询宣传室，向办理结婚证的青年提供婚育、优生优育、避孕节育方面的咨询服务，取得明显成效。

七、“优质服务年”活动

强化干预，提高优生优育服务水平。印制发放出生缺陷干预、优生优育宣传资料 4 万份，提高对出生缺陷干预群众知识的知晓率；向准备生育和怀孕妇女免费发放斯利安 8000 余瓶；免费为 300 对新婚夫妇进行体检；免费发放计生甜蜜大礼包 300 份；各街道办事处和驻地企业计生办组织基层计生工作人员和群众，观看甜蜜蜜系列科普光盘，进行优生优育培训；每年举办“幸福使者在行动”优生优育培训班，对企业和社区的未婚男女、新婚对象以及孕产期妇女等，进行新婚保健，优生优育，生殖健康等知识培训；以宣传倡导、健康促进、优生咨询、高危人群指导、孕前健康检查和均衡营养六项服务为重点，开展免费孕前优生健康检查。

重心下移，完善服务，深化生殖健康服务。开展以生殖道感染为主的生殖健康普查，为机关、教育系统，驻地企业女职工、纯居民和流动人口育龄妇女免费服务，采取集中普查和下乡巡回普查相结合的方式，共为纯居民和流动人口普查13588人次，进一步建立健全了已婚育龄妇女生殖健康档案，普查服务率达85%以上。区计生局还进一步建立健全重点人群服务电子档案，对重点服务对象进行信息管理，定期随访、跟踪服务。

抓住重点，搞好长效节育措施落实。广泛宣传避孕方法知情选择的意义和内涵，帮助育龄群众选择适宜避孕方法，提高避孕措施的有效率和长效措施的落实率。

积极行动，开展“八进家”服务活动。围绕“八进家”活动（婚育新风进家、优生优育进家、生殖健康进家、避孕药具进家、跟踪随访进家、奖励扶助进家、人文关怀进家、科技致富进家），开展多种形式的进家入户服务活动；为新婚、待孕和怀孕妇女开展“五个一”免费服务，对产后术后、服用避孕药后的育龄妇女及病残儿家庭进行跟踪随访，特别对领取再生育服务证的怀孕妇女实施建档立卡、重点监护、提供全程跟踪服务。

1981～2011年阳泉市矿区计划生育各项指标一览表（1）

表3－19（1）

年　份	计划生育率（%）	计划内一孩（人）	女性初婚数（人）	23岁以上女性初婚数（人）	晚婚率（%）	只有一个孩子的夫妇（对）	领证率（%）
1981年	63.48	…	492	349	70.93	1082	46.02
1982年	65.88	1112	377	320	84.88	1321	50.53
1983年	90.04	1009	530	447	84.34	135	88.9
1984年	93.60	901	418	297	71.05	3203	87.0
1985年	97.22	737	1797	1210	67.33	5038	83.0
1986年	94.22	1235	1597	1072	67.13	6516	84.3
1987年	97.12	1469	1254	845	67.38	7199	86.49
1988年	98.61	1455	966	590	61.08	8230	37.4
1989年	99.68	…	…	…	…	…	…
1990年	100	…	…	…	…	…	…
1991年	100	1414	988	907	91.80	12775	94.81
1992年	100	964	1077	1024	95.08	14067	94.78
1993年	100	1333	1122	1076	95.90	17232	84.04
1994年	100	1168	1119	1097	98.03	19186	84.45
1995年	100	1710	1249	1242	99.44	23520	72.64
1996年	…	1584	1780	1774	99.66	24834	70.13
1997年	…	1522	1011	990	97.92	26210	87.76
1998年	99.25	1533	813	796	97.91	26946	…
1999年	99.93	1439	1006	995	98.91	28403	…
2000年	99.94	1635	1104	1073	97.19	31391	…
2001年	100	1557	1133	1091	96.29	33000	51.51

续表 3－19（1）

年　份	计划生育率（%）	计划内一孩（人）	女性初婚数（人）	23 岁以上女性初婚数（人）	晚婚率（%）	只有一个孩子的夫妇（对）	领证率（%）
2002 年	100	1432	1057	1030	97.45	34258	55.8
2003 年	99.78	1284	895	871	97.32	35697	57.65
2004 年	100	1376	1224	1082	88.40	37254	60.75
2005 年	99.86	1356	986	898	91.08	37852	46.94
2006 年	99.77	1243	779	714	91.66	37602	46.34
2007 年	99.92	1196	1046	846	80.88	38136	38.14
2008 年	99.84	1225	779	632	81.13	38150	38.78
2009 年	99.21	1417	584	476	81.51	38694	77.86
2010 年	94.48	1462	447	347	77.63	39357	76.11
2011 年	94.92	1437	767	627	81.75	39354	89.83

1981～2011 年阳泉市矿区计划生育各项指标一览表（2）

表 3－19（2）

年　份	育龄妇女（人）	已婚育龄妇女（人）	落实各种节育措施（人）	综合节育率（%）	落实长效节育措施人数（人）	长效节育率（%）
1981 年	…	6335	4960	86.4	1679	26.5
1982 年	…	6588	5706	86.6	2148	32.6
1983 年	2452	1988	5265	93.92	2949	48.3
1984 年	26371	10667	9142	94.0	6280	58.9
1985 年	20021	12732	11034	87.0	7191	56.5
1986 年	21051	15440	13399	86.78	9210	59.6
1987 年	22488	16188	13872	94.9	9836	69.1
1988 年	24115	19352	17989	94.8	12823	67.6
1989 年	33937	22919	21019	91.71	16958	73.99
1990 年	33937	23648	22237	94.03	18724	79.17
1991 年	33937	23882	22865	95.74	19348	81.01
1992 年	40995	25000	24418	97.67	21069	84.17
1993 年	45681	…	…	97.98	…	…
1994 年	48439	…	…	98.23	…	88.75
1995 年	55675	…	…	93.60	…	…
1996 年	57142	…	…	93.33	…	96.89
1997 年	57845	…	…	92.00	…	…
1998 年	57365	43749	39885	91.17	38783	88.65
1999 年	58840	42565	40964	91.92	40505	90.89

续表 3－19（2）

年　份	育龄妇女（人）	已婚育龄妇女（人）	落实各种节育措施（人）	综合节育率（%）	落实长效节育措施人数（人）	长效节育率（%）
2000 年	61637	47779	43799	91.67	43254	90.53
2001 年	62141	48698	45033	92.47	44642	96.95
2002 年	62412	49196	45720	92.93	45369	97.12
2003 年	61449	49087	45981	93.67	45459	97.47
2004 年	62816	50096	46782	93.38	46252	97.31
2005 年	62178	49281	46155	93.66	45741	92.82
2006 年	61014	47220	44385	94.0	44091	93.37
2007 年	61090	47296	44226	93.51	44053	93.14
2008 年	60286	46415	43737	94.23	43502	93.69
2009 年	60325	46388	43690	94.18	43510	93.77
2010 年	61815	47285	44262	93.44	43831	92.51
2011 年	62016	47659	44905	94.22	44477	93.32

第三节　机　　构

一、矿区人口和计划生育局

1972 年 7 月 27 日，矿区人民政府与阳泉矿务局成立“政企合一”的计划生育领导组，下设领导组办公室。1981 年 10 月 22 日，矿区单设计划生育领导组。1982 年 9 月 1 日，矿区设计划生育委员会，下设计划生育办公室，配备工作人员 5 名。1984 年 3 月～1985 年 3 月，区计划生育委员会与区卫生局合署办公。1985 年 3 月 2 日，区计划生育委员会分设。1986 年，区计划生育委员会纳入政府序列。2001 年 9 月，区计划生育委员会更名为区计划生育局，正科级建制，行政编制 7 名，下设办公室、统计室、业务室、档案室、宣教室、药具室和服务站。2004 年 6 月，矿区计划生育局更名为矿区人口和计划生育局。

1989 年 6 月，各街道办事处下设计划生育委员会，由一名分管领导负责，配备专职计划生育助理员。1996 年 5 月，设街道办事处计划生育办公室，配备 1 名专职主任、2 名专职计生助理员。1998 年，矿区各社区居民委员会由 1 名副主任分管计划生育工作。驻区单位也设立了计划生育机构，称计划生育委员会、计划生育领导组或计划生育办公室，由单位分管领导负责，并配备专职或兼职人员。

1987 年 3 月，矿区组建流动人口管理领导组，下设流动人口计划生育管理办公室。同时在作为试点的一矿地区组成流动人口管理领导组。各街道办事处，矿务局各厂、矿、处也相应成立了流动人口管理机构。2004 年，区流动人口计划生育管理办公室人员由公安、工商、计划生育工作人员组成。上述各机构组成人员均根据人事变动情况，及时予以调整。

2009～2011 年阳泉市矿区计生工作部分获市级以上表彰一览表

表 3－20

受表彰单位	奖　　项	表 彰 单 位	表彰时间
区长张清河	落实计划生育国策好区长	省人口计生领导小组	2009 年 12 月

续表 3－20

受表彰单位	奖　　项	表　彰　单　位	表彰时间
阳泉市矿区	2009 年度人口和计划生育工作一等奖	阳泉市人民政府	2010 年 1 月
矿区计生协会	全国计划生育协会先进单位	中国计划生育协会	2010 年 12 月
贵石沟街道办事处	全国计划生育协会先进单位	中国计划生育协会	2010 年 12 月
贵石沟水滩社区	人口和计划生育基层群众自治示范村居	国家人口和计划生育委员会、中国计划生育协会	2010 年 12 月
沙坪街道办事处秋沟社区	人口和计划生育基层群众自治示范村居	山西省人口和计划生育委员会、山西省计划生育协会	2010 年 12 月
矿区	2010 年度人口和计划生育工作一等奖	阳泉市人民政府	2011 年 1 月
蔡洼东窑房社区	人口和计划生育基层群众自治示范村居	国家人口和计划生育委员会、中国计划生育协会	2011 年 11 月
蔡洼东窑房社区	人口计生基层群众自治示范村（居）	山西省人口和计划生育委员会 山西省计划生育协会	2011 年 12 月
桥头刘家垴社区	人口计生基层群众自治示范村（居）	山西省人口和计划生育委员会 山西省计划生育协会	2011 年 12 月

二、矿区计划生育协会

（一）组织发展

矿区计划生育协会成立于 1991 年 7 月 16 日，区委副书记刘昌珍为首任会长。1998 年矿区计划生育协会召开第二次会员代表大会，区委副书记董仙桃当选为会长；协会下设办公室，编制 2 人。2004 年 6 月 10 日，矿区计划生育协会召开第三次会员代表大会，区委副书记黄俊德当选为会长。2009 年 6 月，矿区计划生育协会召开第四次会员代表大会，黄俊德当选为会长。协会的功能从最初的计划生育自我教育、自我管理、自我服务发展为推行计划生育居民自治。

截至 2011 年年底，矿区基层计生协会组织有 47 个，会员小组 1921 个；有会员 24144 人，占全区总人口的 10％。基层计生协会设专职副会长 1 人，秘书长 1 人。

（二）主要工作

1. 基层协会评估认定。2009 年矿区计划生育协会开展了基层协会评估认定工作，区计生协会成立了矿区基层计生协会评估认定工作领导小组，评估认定工作采取基层自查、办事处认定、区协会指导抽查的方法进行，通过验收认定、抽查评估、总结上报，全区区属 40 个社区协会、21 个流动人口社区协会以及阳煤集团 5 个企业协会均通过评估认定验收。

2. 计划生育群众自治示范社区创建。2009 年，全区第一批 24 个社区达到省、市计划生育群众自治示范社区标准。

3. 深入开展生育关怀。2009～2011 年，区计生协会组织慰问特困计生家庭、贫困协会会员和贫困母亲、空巢老人、老居委会干部，总计发放了价值 65650 元的慰问金和慰问品。

4. 扩大宣传服务范围。区协会于 2009 年 1 月 20 日邀请区书法家协会会员在天利购物广场免费为过往群众写春联，活动现场设计生咨询台。区协会于 2009 年 3 月 10 日开展活动，广泛征集计生题材作品近百幅，其中 12 幅优秀作品选送省人口文化作品展评活动。2009 年 5 月 27 日，市计生协会在市宾馆报告厅举行了纪念“5·29”歌咏比赛活动。矿区计生协会春之声代表队演唱的“娄山关”“我的中国心”获一等奖。阳煤集团总医院代表队演唱的计生协会会歌“群众的一个家”和“共和国之恋”获三等奖。

第四编　城市建设

阳泉市矿区的城市建设工作起步于1949年，在沟谷荒滩之上逐步进行生产、生活设施建设。到20世纪50年代中期，随着煤炭生产的日益发展，建成了办公楼、若干成片的居民住宅、商业网点、文化卫生设施和道路网，境内面貌焕然一新，形成矿区雏形。50年代后期至“文化大革命”结束前，城市建设进展缓慢。

1978年12月中共十一届三中全会召开以后，矿区城市建设快速发展，公共建筑和居民住宅如雨后春笋拔地而起，建筑结构和建筑风格发生很大变化，城市防洪、供电、供水、供暖、供气和绿化等配套工作也同步发展。

进入21世纪后，矿区以改善城市功能为重点，以旧城改造为标志，以建设全国园林化城市为目标，以提升城市品位为中心，对辖区建设进行了整体规划和认真布局，一座座现代化建筑屹立在煤城矿区。城市基础设施逐步完善，煤气管网总长度不断增加，集中供热面积越来越大，公共汽车运营线路越来越多，自来水供水能力越来越强。矿区的城市面貌焕然一新。

第一章　城市规划

在市规划部门及区规划管理办公室的努力下，阳泉市矿区的规划管理、规划执法监察、规划法律法规宣传成绩显著；总体规划和详细规划、专业规划、新区规划等各种专项规划取得多项成果。

第一节　规划管理

一、管理机构

从新中国成立到2005年，矿区的城市规划工作由市级规划部门负责。2005年6月，经阳泉市机构编制委员会办公室批准，成立阳泉市规划局矿区规划管理办公室，工作人员5人，其中2名为市规划局专业人员，3名从区政府部门抽调。办公室设在矿区4号办公楼，是阳泉市规划局的派出机构，主要职责为负责辖区内的规划管理业务，承办各类建设项目的现场踏勘、征求属地政府及相关部门意见，参与项目放线、验线及竣工验收工作，负责建设项目的批后管理、监督检查，对违法建设及时提出处理意见并报市规划局审定，按程序查处。另外，还负责辖区年度基础设施建设计划和重要建设项目的收集编报工作。2007年5月，成立了矿区建设项目审批委员会。至2011年年末，矿区规划管理机构未变。

二、管理工作

1956～1979年，全境按照阳泉市人民政府的城市规划要求进行了5次规划，对发展规模、供水、道路、绿化、防洪进行了规划，对人口发展、工程管线等发展前景进行了布局，纠正了城市建设速度要快、规模要大等不切实际的倾向，调整了行政区的标准，确定了新的公交线路和环境保护措施。

1978～2000年，境内的规划工作在市规划局的统一安排下进行，市规划局在规划执法监察中，改变有案才查、没案不查，发现一处、查处一处、零敲碎打的工作方式，从大面积整顿临时建筑、美化城市面貌、净化马路市场着手，对全区市容环境实施分片、分段综合治理，改善了城市环境。

2001年，加强了城市规划法律、法规的宣传教育工作。以《中华人民共和国城市规划法》为宣传的重点，通过印发宣传资料、出动宣传车辆沿街宣传、制作宣传板报、举办城市规划文艺汇演、在城市主要街道设立宣传公益广告牌等形式，开展了丰富多彩的宣传活动。

2005年，矿区规划管理办公室成立后，从区内的建设项目入手，对已建和在建项目，实行严格细致的检查。对存在的问题，增强了规划在项目建设和城市发展中的指导作用。

2006年9～10月，阳泉市规划局矿区规划管理办公室分别完成了洪城河小学校园总体规划和阳泉市第十四中学校园总体规划。2008年，矿区规划管理办公室举办了《城乡规划落实年》大型宣传活动。北大西街管网改造工程中，矿区规划管理办公室制止违规违章操作，遏制了不良工程建设。

2009～2011年，严格审批程度、严禁暗箱作业，严把各类建设工程初审关。2009年，共初审14项建设工程项目并上报市规划局，项目分别为：十四中综合实验楼规划、十二中校园总体规划、刘家脑小学校园总体规划、段家背小学校园总体规划、佰益粮油综合贸易市场规划、四矿口佳通大厦规划、北大西街综合改造工程规划、矿区老年颐养中心规划、马家坪西区修建性详细规划、矿区“三馆合一”（青少年活动中心、图书馆、文化馆）修建性详细规划、阳煤集团消防报警中心、二矿口高层住宅、三矿棚户区改造项目。2010年，共初审了10多项建设工程项目，项目分别为：十八中教学楼规划、十二中实验楼规划，十四中操场和过街天桥规划、十五中校园总体规划、矿区老年颐养中心规划、矿区青少年活动中心规划、桃北路景观大道规划、太行国际新城二期规划、育才路矿区政府住宅楼规划、马家坪馨安家园住宅楼棚户区改造项目。参与了煤山路四矿口整体改造方案、赛鱼路矿区粮油综合贸易市场方案、矿区小杂粮基地综合规划方案的论证。2011 年，又对十四中食堂宿舍规划、十二中实验楼规划、十五中活动中心规划等建设工程项目进行了初审。

第二节 规划编制

一、总体规划

矿区的城市总体规划包含在全市规划之中，共进行了 6 次。

第一次城市总体规划：1956 年 11 月，阳泉市人民委员会建设科主持编制，实施期限为 1956 年至 1962 年。根据规划，境内开展了供水、道路、绿化、防洪设施的建设。

第二次城市总体规划：1959 年 4 月，阳泉市人民委员会编制。此次规划确定阳泉市的城市性质为以采掘煤炭、冶炼钢铁和铝矾土等为主的工业城市。根据规划，境内加快了城市建设步伐。但由于受“左”的思想影响，此次规划对第一次规划有较大改动，背离了城市发展的实际。

第三次城市总体规划：1961 年 10 月，阳泉市人民委员会编制。规划北头咀、黄石板、沙坪、赛鱼、石卜咀、马家坪为以采掘煤炭为主的矿区，规划在矿区边缘实行绿化，在厂矿附近兴建一定宽度的防护林带。

第四次城市总体规划：1971 年，阳泉市革命委员会编制，实施期限为 1971 ~ 1980 年。根据规划，阳泉市煤气化工程于 1979 年开工，气源为阳泉矿务局矿井瓦斯；同时开始兴建贵石沟新区，开通了桃河南北线公路，兴建了赛鱼桃河大桥。

第五次城市总体规划：1979 年，阳泉市革命委员会编制，规划期限：近期为 1980 ~ 1985 年，远期为 1980 ~ 2000 年。规划在赛鱼以西桃河工段设立水源保护区，除三矿可向西扩展至官沟附近外，一般不准兴建工业企业及其他公用设施。规划在平潭兴建居民小区，小区占地 24.46 公顷，总建筑面积 27.8 万平方米，其中住宅建筑面积 20.9 万平方米，公共建筑 6.9 万平方米，可入住 419 户、1.68 万人。规划对小区的公用设施和市政建设如中小学、幼儿园、卫生所、邮电所、商店，以及水、暖、电、气供应等都作了详细的合理布局。1980 年 5 月，该规划经市委、市革委批准执行。同时决定将平潭街村由郊区划归矿区，以便规划的实施。根据规划，平潭小区于 1985 年建成投入使用。

第六次城市总体规划：1997 年始编，阳泉市政府编制。规划确定了城市的发展方向、人口及用地的发展规模、交通布局、城市基础设施的发展目标，提出了改善旧区生产和生活环境的要求，体现了山城特色。根据规划，矿区强化了城市园林、绿化、供电、邮电、供水、排水、燃气、供热、环保、环卫、防洪、人防、防震、污水处理等城市基础设施和城市生命线工程建设。

2004 年，市规划局完成了阳煤集团地面分区规划方案（征求意见稿）。2005 年，市规划局完成了对城市总体规划的调整，进一步确定了矿区的城市空间结构。2007 年，阳泉市规划局对桃河赛鱼桥以西至坡头段全长 6.77 千米的景观区进行了规划，在太行国际新城及赛鱼居住区之间，修建太行国际新城滨河公园。同年，阳泉市规划局对 307 复线与矿山路、煤山路连接道路进行了规划。

二、详细规划

平潭立交桥规划。平潭立交桥是南外环路向西通过桃河的一座桥梁，也是南外环路的终点，规划于 1993 年。该桥横跨桃河及桃南桃北两条城市主干道，并设置匝道与之相连，为一座互通式立交桥。全长 750 米，主桥宽度 16 米 ~ 22 米，二条匝道宽 8.5 米，面积 13000 平方米。该桥为阳泉市城市区内一处大型交通枢纽，它的建成改变了因307国道穿越市区而导致交通紧张的状况。

赛鱼路规划。赛鱼路是为了消除太旧高速公路建成后本市东西交通出现的瓶颈现象，于1996年规划设计的。赛鱼路建成后，将成为市区通往高速公路的交通干道。赛鱼路起点为坡头收费站，终点为赛鱼桥，长7.1千米，宽40米。

平潭小区建设规划。1997年，全市最大的旧城改造项目——平潭小区住宅建设工程开工。该项目规划占地面积10.36公顷，总投资2.5亿元，建设住宅面积17万平方米。1999年末全部竣工，且主体工程质量达市优标准。2001年全部完工。共建成商品住宅楼19栋，建筑总面积17.5万平方米，商品房销售率98%以上，776户拆迁户返迁757户。小区内路面整体硬化，供热、供气、照明等设施齐全。底商及区内商店全部启动经营，初步形成了住宅、商贸一体化的小区。

馨康家园规划设计。1998~2005年，市规划局完成了辛兴西（三矿区）小区、马家坪小区、石卜咀小区的改建规划任务。完善了各类配套设施，改善了生活环境质量和生产环境质量，为新区的形成创造了条件。馨康家园是马家坪住宅小区改造中的重要项目，是为改善煤矿职工居住条件所建设的经济适用住房。规划新建的馨康家园位于阳泉市矿区，规划总用地约17.86公顷，新建住宅楼35栋，总建筑面积15.97万平方米，同时新建3000平方米中心广场，兴建商业、教育、医疗、健身、休憩、物业、停车场等配套设施。新建小区划分A、B、C、D、E五个组团，均依地势而建，错落有致，建筑物四周有各种树木及绿地环绕，绿地面积达31.4%，形成良好的室外绿色空间。2003年，市建筑设计院承担了A组团设计，建筑面积为4.5万平方米。

天利商厦规划设计。2001年，阳泉市建筑设计院完成了对天利商厦的设计。天利商厦计划总投资7000万元。规划建筑面积2.06万平方米，设计立意新颖，布局合理，是一个集超市、商场、餐饮、办公于一体的多功能商贸中心。该商厦地处人口密集的平潭小区，地理位置优越，建成后，是阳泉市又一家大型商业购物中心。

简子沟地区改造规划。2006年2月，阳泉市规划局矿区规划管理办公室对简子沟地区改造工程进行了修建性详细规划。对该工程建设条件的分析及综合技术经济措施进行了论证；作出了建筑、道路和绿地等的空间布局和景观规划设计，给出了布置总平面图；作出了道路交通规划设计和绿地系统规划设计；作出了工程管线规划设计和竖向规划设计；估算出了工程量、拆迁量和总造价，分析了投资效益。

洪城河小学等学校校园总体规划。2006年9月~10月，阳泉市规划局矿区规划管理办公室分别完成了洪城河小学校园总体规划和阳泉市第十四中学校校园总体规划。

北大西街综合改造工程规划。北大西街综合改造工程东起洪桥商场，西至河神庙，全长1552米。改造内容包括建设通行电缆隧道、各种电力电缆、通信电缆、光缆入地、煤气管道重新敷设、沿街行道树更换树种、路灯更换及亮化、人行道和车行道路面更换、部分雨水管道维修、沿街建筑物清洗粉刷、广告牌匾整治等项目，投资估算为4537万元。此项工程首开全市既有城市道路架空线路入地敷设之先河。

桃北路、桃南路环境整治规划。2009年，矿区规划管理办公室在桃北路、桃南路环境整治和沿街夜景照明设计中，多次组织专家对方案进行论证，对建筑物的色彩、外装修形式、屋顶颜色及形式、房前屋后空闲地段的绿化、道路绿化的补栽、夜景效果等都进行了详细规划。

二矿中学等学校校园总体规划。2009年，矿区规划管理办公室组织完成了二矿中学、三矿中学、洪城河小学、矿二中等3所中学、1所小学的校园总体规划。

超前规划。为了努力为城市建设绘制可持续发展蓝图，矿区规划管理办公室积极为全区建设提供规划技术支撑。2009~2011年，建议区委、区政府在307沿线矿区段规划建设“矿区工业园区”。同时将此设想与市规划院设计人员多次进行技术交流，融入到307复线沿线用地发展规划中。根据阳煤集团中、小学移交地方政府管理的实际情况，提出对矿区中、小学校用地规划进行调整。根据阳煤四矿资源枯竭的现实，提出要及早规划，制订四矿资源枯竭用地调整规划，并结合煤山路两侧环境综合治理，打造新型服务业用地、创造宜于居住和创业的优良环境，为改变矿区环境面貌奠定坚实基础。根据阳煤集团所属区域二产用地多、三产用地少的实际情况，提出按照“退二进三”的思路，摸清家底，计算有多少二产用地可用于调整为三产用地，增强城市服务功能，彻底改变矿区环境面貌，减少工业用地，增加服务业用地规模，为合理城市功能，健全城市结构，提升城市品位提供用地支撑。

第二章　市政建设

新中国成立后，矿区境内市政设施建设在一穷二白的基础上快速发展。1978 年中共十一届三中全会后，矿区政府进一步加大投资力度，建设了大量居住建筑和公共建筑，公园绿地遍及境内，城市绿化快速推进，城市防洪设施全面改善，城市面貌有了较大的改观。

第一节　市政建设管理

一、管理机构

矿区市政建设管理机构为区建设局，前身是城市建设环境保护局，成立于 1984 年 3 月 13 日。1987 年 8 月 16 日，城环局编制 12 人，其中行政 2 人、事业 10 人。1990 年 3 月 14 日，区城环局内设基地规划办、城管办、绿化办、综合办公室 4 个办公室。1990 年 3 月 28 日，矿区城市管理领导组下设办公室，编制 2 人，设在区城环局。1991 年 4 月 6 日，区城环局下设小游园管理组、环境保护监测站、排污监督管理所。同时成立阳泉市矿区城市管理监察中队，隶属城管办。1998 年，矿区另设环境保护局，城市建设环境保护局更名为矿区住房保障和城乡建设局，环境保护监测站、排污监督管理所划归环保局。2002 年 2 月 6 日，矿区另设城市管理行政执法分局和行政执法大队。2009 年，设立阳泉市矿区住房保障和城乡建设管理局，挂阳泉市城市管理行政执法局矿区分局的牌子，正科级建制，为阳泉市矿区人民政府工作部门。内设办公室、城市防汛指挥部办公室、森林防火指挥部办公室、爱国卫生运动委员会办公室、廉租住房管理办公室、城市建设管理办公室。共有行政编制 13 名。

二、管理工作

区建设局主要负责协助阳泉市政工程管理局搞好全区的市政建设。在具体的市政建设管理工作中，加强了市政建设的规划管理，确保城市建设的协调发展；加强了效能建设，强化内部管理，提高工作效率；依法行政，规范行政审批，以“便民、规范、高效、廉洁”为目标，积极开展优质服务活动，优化投资环境。

区建设局与各街道办事处、社区居委会建立了市政设施管理联络制度，及时了解市民对道路、下水道、路灯等市政设施的要求，对存在的问题及时进行整改，做到早发现、早汇报、早处理；加强对辖区内违章建筑的管理，做到早发现、早制止。

第二节 街道 桥梁

一、街巷建设

（一）主干街道

新中国成立前，境内使用沙土、黄土和炉渣铺垫道路路面，下雨道路泥泞难走，晴天沙尘飞扬。一些路面狭窄不平。新中国成立后，市委、市政府组织人力、物力，对道路进行了改造，或加长，或削坡取直，或拓宽平整，或铺设初级路面（用矿渣和白灰搅拌后铺设）。1955年，将西河路、马家坪路面铺设成渣土路面，全长1.04千米。20世纪50年代末，改建矿务局至四矿口、四矿口至四矿办公楼、赛鱼至黄石板、马家坪至西河等道路。1959～1964年，市属各大单位分段施工，建成了长3千米、宽12米的矿山路（赛鱼桥北头至一矿红岭湾）。1963年，在桃河南、北两侧筑坝填土，建成桃北中路、桃北西路（战备路）和桃南中路、桃南西路。1967～1972年，大庆路四矿口至三矿段用沥青碎石进行铺设（高级路面）。1970年，洪城河路铺设成了沥青路面。

80年代前期，矿区对道路进行拓宽、改建；在贵石沟新区兴建了矿山路、建设路和南川路。到1985年末，矿区拥有主干公路5条（老区2条，新区3条），支线公路10条（老区3条，新区7条），公路桥6座（老区3座，新区3座），全长38.582千米，主要担负煤炭外运和矿井建设的运输任务。80年代初，矿区仍有部分街道路面使用矿渣和白灰等材料进行铺设。后铺设沥青的路面逐渐增多。1985～1987年，区内新建道路全部铺设沥青，达到三级以上等级公路标准。

90年代，矿区以高级路面为主，以初级路面为辅进行街道路面的铺设。1993年3月5日，动工建设南外环路，1995年年底路面工程全部完成，总投8000余万元。该路从义井桥南端沿义井河向西至河神庙，跨越石太铁路、桃南中路、桃北中路、阳煤集团总仓库和租赁站等单位，全长7.897千米（不包括立交桥），路宽分别为26米、20米和16米。工程包括王家峪桥1座、平潭立交桥1座、隧道两条（总长412.2米）。矿区境内长约1.65千米（立交桥至南大街西口）。1996年，阳泉市市政工程养护管理处建成赛鱼路，该路西至坡头收费站，东至赛鱼桥，长7.1千米，宽40米。1997年，矿区对洪城路进行集中整治，完成道路硬化500余平方米。1999年，矿区重点对矿山北路、黄石板路、矿山南路、煤山路、洪城河路、西河路和一些街道进行了整治，拆除了违章建筑，硬化了楼前路面，修建了休闲场地。

2000年9月，矿区结合“城市管理年”活动，投资674万元，对长3580米、宽18米的桃北西路（河神庙—赛鱼桥）进行维修改造，并同时实施桃北西路街景美化改造工程。沿途敷设南北向雨水管75趟1500米，开挖、清运、换填土石方及清运拆迁垃圾6.3万立方米，砌筑雨水井150个，补修路坑花池1000个，拆除修复河坝300立方米，铺设水稳层1.25万立方米，铺装油面6.44万平方米。拆除了道路两旁的违章建筑和实体围墙，修建了透空护栏，对沿路建筑物进行了美化整饰。

2004年，投资1300余万元的平潭路建成开通。2005年，矿区完成一矿红岭路、洪城河至河神庙公路大修等16项道路硬化工程，总面积7.27万平方米，完成投资2864万元。2006年，矿区实施蔡洼一区、平冶路至聂家村小学路楼坝等15项道路硬化工程，维修、新建道路面积75587平方米，完成投资1639.4万元。2008年11月，北大西街综合改造工程开工，在洪桥商场至河神庙1570米的路段，先进行地下管网改造，再铺设人行道和路面，最后对街道绿化美化亮化。

2011年，对桃北中路、桃北西路、南外环路、矿山路等道路进行集中了整治。

（二）小街小巷

新中国成立前，境内街巷多为土路。20世纪50～60年代，境内街巷逐步得到整修。60～70年代，小街小巷逐步铺设沥青。80～90年代，在旧城改造中，街巷整治和管理进一步加强，多数小街小巷得到硬化。

1990 年，矿区实施街巷建设工程。1997 年，北大西街建成文明示范一条街，在全市进行了经验交流。1998 年，采取市、区、街道三级政府投资、社会筹资以及个人捐款等方式，筹集资金 20 余万元，改造赛鱼街，硬化路面 2500 平方米；桥头街道办事处筹资 260 万元，实施桥头街综合改造工程；改造平潭三、四小区，硬化路面 500 平方米，新建绿地 200 平方米。1999 年，对街巷和人行道路面的坑槽、龟裂、脱皮、壅包、麻面、沉陷、砌块破碎和道口进行了挖补和大修。

2001～2008 年，矿区结合环境综合整治开展了人行便道铺装工程。2002 年，完成北大西街人行道改造 1.85 万平方米、阳泉宾馆西路人行道改造 0.32 万平方米。2005 年，完成一矿沙沟等 6 项人行道铺设工程，铺设面积 1.47 万平方米，完成投资 130 万元。2005～2006 年，全面实施小街小巷居民小区“四化”（硬化、亮化、绿化、净化）工程。完成绿化面积 7.27 万平方米，完成投资 380.5 万元；完成 31 项路面硬化工程，总面积 14.83 万平方米，完成投资 4503.4 万元；完成亮化工程 44 项，安装路灯、射灯等共计 1039 盏；对 77 幢楼进行了粉饰，建成了 10 个环卫制度化小区，完成投资 130 万元。2008 年，全区 36 个小区实现了绿化达标，18 个小区获阳泉市“园林示范小区”称号，11 个单位成为庭院达标单位，89 个单位获阳泉市“园林达标单位”称号，21 个单位获“园林示范单位”称号，70% 的单位达到市级园林单位标准。年内，矿区顺利通过了省级园林城市的验收考核。

2009 年，矿区投资 1500 余万元，实施平潭小区绿化综合改造工程，对平潭小区地下管网、路面和绿化进行整体规划，全面改造。硬化面积约 3.3 万平方米，其中铺设 15 厘米厚 C25 水泥院面 1.43 万平方米，铺设 20 厘米厚 C30 水泥路面 1.51 万平方米。完成了全部庭院和道路的绿化换土，换土面积达 6600 余平方米，新铺设网络、照明等线路管道 1.1 万米，新安装路灯 18 盏，拆除了原平潭北口牌楼等 4 处临时建筑，清运建筑垃圾 3600 余立方米。完成网通、电信等通信线路入地工程。对平潭小区步行街进行了彻底封闭，安装封路使用花岗岩球 46 个、景观石材 2 块、石凳 16 条。2010 年，硬化面积 3500 余平方米。全区 16 个小区通过了国家级园林小区验收，达标率 50%，13 个小区通过了省级园林小区验收。2011 年，矿区投入园林小区改造资金 1026.6 万元，28 个小区通过了国家级园林小区验收，16 个小区通过了省级园林小区验收，对阳煤集团总医院院部路面进行了修补。

2011 年阳泉市矿区街巷道路一览表

表 4－1　　单位：米

标准名称	起迄地点	长度	宽度	等级	路面结构
北大街（西段）	东起洪城路，与北大街（东段）相连；西至河神庙，接桃北中路	2000	18		沥青
桥东街	东起河神庙，与北大街（西）相连；西迄四矿口，与煤山路相接	1000	9～13		混凝土、混凝土预制砖
桥西街	东起煤山路，西迄工程处	1500	12	—	混凝土、矿渣黏土
赛鱼街	东接矿山路，西迄赛鱼村	550	6	—	—
红岭街	西起一矿中学，东接矿山路	660	6	—	—
小南前街	东连桃南东路，西至二矿材料仓库	700	8	—	—
小南后街	东连桃南西路，西至石太铁路涵洞	740	7	—	混凝土
苹果园巷	北通北大街，南连原阳钢二水源家属宿舍楼	270	6	—	—
桃南中路三巷	北接桃南中路，南至石太铁路	270	6	—	—
桃南中路	桃河大桥南端至赛鱼大桥南端	6000	12	二级道路	沥青路面

续表 4－1

标准名称	起 迄 地 点	长度	宽度	等 级	路面结构
桃南西路	阳煤大桥南端至赛鱼桥南头	2430	12	二级道路	沥青路面
桃北中路	桃河大桥北端至阳煤大桥北端，跨城矿二区	3520	12	二级道路	沥青路面
桃北西路	阳煤大桥北端至赛鱼桥北头	2430	18	二级道路	沥青路面
矿山路	黄石板至赛鱼大桥北口亦称蒙村路	4200	12	二级道路	沥青路面
煤山路	原四矿办公楼至阳煤大桥北端	2450	7	二级道路	沥青路面
水泥厂路	水泥厂至矿山救护队	500	7	三级公路	沥青路面
虎尾沟路	化工厂至虎尾沟口，接桃北中路	1000	11	三级公路	沥青路面
二矿路	四矿桥南端至二矿办公楼	2000	11	三级公路	沥青路面
西河路	西河村口至北大西街中段	1000	11	三级公路	水泥路面
马家坪路	北大街西段至运输队	1000	7	三级公路	沥青路面
洪城路	市电石厂至桃北中路，亦称深圳路	1600	14	三级公路	沥青路面
育才路	北大西街至西河路	950	6	—	沥青路面
平潭路	北大西街至桃北中路	400	20	—	沥青路面
南外环路	义井桥南端至河神庙	7897	16～26	一级干道	沥青路面

二、街道附属设施

（一）行道树

新中国成立前，境内道路基本无行道树。20 世纪 50～60 年代，随着绿化工作的开展，境内开始种植行道树，但数量不多，成活率也不高。70 年代，行道树栽植始成规模，质量也有所提高。桃北中路和桃北西路两侧，栽植了国槐、刺槐 5000 余株，覆盖面积 3.3 万平方米，绿化覆盖率 20%；桃南中路和桃南西路两侧，栽植了杨、刺槐 3000 余株，覆盖面积 1.8 万平方米，绿化覆盖率 33%；北大街西段两侧栽植了国槐、合欢 1000 余株，覆盖面积 6000 平方米，绿化覆盖率 18%；矿山路两侧栽植了杨、柳、槐 1200 余株，覆盖面积 7200 余平方米，绿化覆盖率 21%。小街小巷栽植了国槐等树木 2.4 万株，有一半小街小巷达到绿化标准。

80～90 年代，矿区加强了行道树的管护，进行了补植、修剪、抹头复壮等工作。90 年代后期，结合道路改造，补植残缺行道树 3500 余株，完成了平潭三、四小区人行道的绿化，在矿山路、桃北西路两旁植树 300 余棵，对 5000 余棵行道树进行了彩刷。

2001～2008 年，行道树建设纳入城市环境综合整治和园林城市创建工作，加强了规划，增加了观赏性树种。对主要大街的行道树进行了补栽和补种。2002 年，在赛鱼路等街道栽植毛白杨 380 株、江南槐 335 株、金叶女贞 1060 株、红叶小檗 1340 株、大叶黄杨苗 2375 株、大叶黄杨球 166 株。对新建街道和无行道树街道实施绿化。2004 年，对平潭路实施绿化。2005 年，在深圳街、洪城河路、青年路等 6 条道路新植行道树 540 余棵。2006～2008 年，完成了五矿循环路绿化。实施独立绿化工程。如隔离带绿化工程、桃南路景观大道行道树种植等工程。

2009～2010 年，矿区加大了街道两侧的绿化力度，增加绿化面积。2009 年，在平潭小区种植大树 240 棵。补种、更新绿化面积 37.88 万平方米，新增绿化面积 52.81 万平方米，绿化覆盖率 38.42%，绿地率 32.1%，人均公共绿地 7.96 平方米，全年绿化投资 6600 余万元。2010 年，矿区在平潭一至四小区种植龙爪槐、红枫、大花月季等花灌木 12000 余株；黄石板游园种植紫穗槐 2.7 万株，种植雪松等大树 263 棵；投资 130 万元，制作了立交桥桥墩 5 米高穴居花柱 8 个，制作了 300 多棵沿路树木1.5米高穴居花柱；在南外环路沿路二号洞口至桥头沿路护坡装钉花架322个，对南外环路沿路二号洞口至桥头沿路护坡和四矿煤山路、巩窑洼小区等10余处地点开展垂直绿化，种植山荞麦5万株，爬山虎2万株。

2011年，对五矿中学外沿路进行清理，组织开展了义务植树活动，新栽植火炬等各种树木2000多棵，铺设草坪1000余平方米。对南外环沿路、桃南路、桃北中路、桃北西路、北大西街、育才路和赛鱼路等全区主要道路沿路进行了综合整治，补栽各种树木、花灌木6000多棵。培育、购置花草共50万盆，在河神庙口、赛鱼工商银行门前、307复线口、平潭立交桥上摆放造型花坛，在桃北中路、赛西路两侧摆放穴居花柱300多个，在虎尾沟桥、二矿桥、赛鱼桥、平潭立交桥摆放花盆1200多个，在平潭立交桥上悬挂立体花盆7000多个，在外环路挡墙上补装花盆500个，增加了南外环东西两侧立体绿化厚度。3次更换沿路摆放的鲜花，强化养护工作；建成南外环路2号隧道西侧至平潭立交桥、华越机械外墙立体绿化示范点。

（二）街市照明

20世纪50年代初期，境内街市照明无从谈起。50年代中期，随着经济的不断发展，街市照明初现于四矿口、赛鱼、平潭街等主要路段路口，安设木杆，用白炽灯照明。

60～70年代，照明设施不断改进，水泥杆和柱形铁管杆逐渐代替了木杆，各种式样的高压汞灯和钠灯代替了单头白炽灯，境内主要街道安装了新光源高压苯灯（俗名水银灯）。1963年，引进德国西门子电子时控装置，结束了人工开关路灯的历史。路灯数量也有很大增加。在路灯管理方面，一部分由阳泉市市政工程养护处路灯管理所管理；一部分由阳泉矿务局水电处管理。

80～90年代，矿区对主要街道的灯具、灯型进行了改造，同时路灯逐步向生活区发展。1981年，路灯工程与旧城改造同步进行，各主要街道均安装了长臂式灯架，将繁华闹市的明设路灯线路全部改为电缆套缸瓦管暗沟敷设，并配以密闭灯具。90年代初期，阳泉矿务局照明变压器经常过负荷，照明供电屡屡跳闸，因此在照明线路上安装负荷限量器；为了减少照明浪费，家属区楼道灯及路灯安装声光控延时开关。1992年，在7.1千米赛鱼高等级城市公路上安装了照明路灯。1999年，赛鱼路路灯采用了光控加时控装置。

2001～2011年，矿区街道照明不断采用新技术，更换落后照明设备。2002年，赛鱼路路灯应用了无线监测路灯控制系统。2005年，矿区实施居民小区小街小巷"四化"（硬化、亮化、绿化、净化）工程，投资160万元，在一矿、四矿、贵石沟小河滩小区、桥头至枣林山路、大井至小河滩小区、大井至苏村、大井文化广场、平潭小区安装路灯560盏。2006年，矿区在外环路口、大院、贵石沟口、水磨湾、小河滩社区岔路口安装路灯81盏；在刘家垴等6个小区安装小区室外照明灯234盏。同年5～6月，市政工程管理局对平潭立交桥的照明设施进行更新，安装高8米的金笔灯57盏，安装飞利浦桥栏景观装饰灯1137盏，在桥的每个入口处共安装风帆型景观灯6套（120盏），这是平潭立交桥建成后首次更换照明设施。2009年，铺设网络、照明等线路管道1.1万米；解决了平潭小区路灯电源问题，规划新装路灯61盏，安装路灯18盏；对沿路12幢区管建筑投资300余万元进行亮化；完成25个单位39幢楼的亮化任务，合计投资近2000万元。

（三）排污设施

新中国成立前，境内无污水排放设施。新中国成立后，境内人民群众在市政府的领导下，挖排水沟，埋设地下管道，修建排放污水的检查井。市政府还集中人力、物力、财力对堵塞的暗沟进行疏通，用水泥管代替砖砌的暗水道，保证了污水的顺利排放。

20世纪70～80年代，矿区更加重视污水排放和街道排水工作，继续铺设、修葺下水管道，增修落水井。1986年，在新建的洪城河路铺设了混凝土排水管道。20世纪90年代，更新和增补排污管道，用大口径的下水管道代替小口径下水管道。1997年，矿区投资3万元，更换了桥东街俱乐部口和北大西街回民饭店门前损坏的下水道。1998年，矿区筹资20余万元，完成了洪城河河道清障工程；投资5万元，治理了矿区俱乐部周围的排水系统。

2001～2008年，矿区以创建全国卫生文明城市为目标，加大排污设施维修和新建的投资。2002年，维修了部分损坏的雨水井、排水井。2003年，对洪城河进行雨污分流改造，修建了污水排放通道。2005年，阳煤集团投入资金3000万元，采取覆盖蒙河河道的办法，优化了两岸居民的生活环境。2006～2008年，矿区投入大量资金，逐年解决下水堵塞、排水不畅、管网老化等问题，城市面貌有很大改观。

2009～2011年，矿区进一步加强了污水处理及河道清障。2009年，对包括平潭菜市场在内的116户底商开展了商住排污管道分离工程；自来水管网改造工程中，对220余户一层居民住户进行入户施工；完成了桥东街雨污管道维修改造工程。共开挖3米宽沟渠600米，铺设雨水管600余米，所有渠道进行了混凝土浇筑，铺砖1900余平方米。新建化粪池1个，检查井22个。2011年，阳煤集团投资1000余万元，对蒙河河道进行了全面清理。投资10余万元，对洪城河河道内的垃圾、泥土进行清理。截至年底，累计完成包括蒙河、洪城河、水泉沟、洪桥排洪渠道和全区各类排洪泄洪沟、渠、涵的清障量150万立方米。

三、桥　梁

（一）大　桥

蒙河道路桥。位于赛鱼街道，横跨蒙河，桥长73.5米，宽18米，为拱形桥混凝土结构。

赛鱼大桥。位于赛鱼街道，市区以西约5千米，国道307线K447＋000处，横跨桃河。原为木桥，为三矿运煤桥，铺有轻便铁道，用无极绳绞车运往赛鱼贮煤场外运。1956年，三矿铁路专用线建成后改作人行桥。新桥由阳泉矿务局设计处设计，阳泉矿务局总务处公路工程处施工。1979年5月动工，1980年9月底竣工。总造价165.09万元。该桥双曲拱形混凝土石砌结构，高6米，长154米，车行道宽12米，两侧人行道各宽1.89米，总宽为15.89米，共9孔。设计荷载为汽车－20级、挂车－100级。该桥南接桃南西路，北通桃北西路，为环行公共汽车开通创造了条件。

阳煤大桥。原四矿口大桥。位于四矿口至二矿的桃河上。原为木桥，为四矿运煤桥，铺有轻便铁道，用无极绳绞车运输。1959年四矿铁路专用线建成后，用作人行桥。1968年，拆除木桥，修建新的四矿口大桥，双曲拱形混凝土石砌结构，高6米，宽10米，共10孔，长168米。由于桥面较窄，荷载等级较低，随着城市经济社会的快速发展，车辆通行次数大幅增加，桥面、护栏等多处因不堪重压而严重损坏，被定为危桥。为了改善桃河南北交通，市委、市政府决定对此桥进行改造。工程由阳煤集团宏厦三建第九项目部承建。工程于2007年6月28日开工，2008年5月22日通车，改名为阳煤大桥。该桥为山西省首座异型双曲拱桥，集美观、耐用、轻便于一体。桥长170米，宽28米，其中机动车道宽16米，双向四车道，两边人行道各6米。整个工程共动用土石方2.5万立方米，完成950万立方米混凝土浇注。设计使用年限为100年，抗震烈度7度，可通行120吨位以下车辆。

平潭立交桥。1993年3月规划设计，1995年9月建成通车。地处平潭街、桥头、蔡洼街道交界处。北起桃北中路河神庙，横跨桃河及桃南中路、桃北中路两条城市主干道以及石太铁路，是钢混结构梁式和互通式立交桥。主桥长577.35米，桥面宽17米～24米，西南匝道长151.45米，宽9.9米，西北匝道长130.83米，宽9.9米。设计荷载为汽车－20级，挂车－100级。2005年6月，该桥进行首次全面检测，并提出具体维护方案。2006年4～7月，维修加固工程完成。2008年5月25日，平潭立交桥续建工程开工建设，全长278米，宽17米，采用预应力钢筋混凝土箱梁结构，为双向四车道，道路等级为城市主干道，概算投资3500万元。由于前期拆迁工作延期，工程于2009年7月底暂时停工。至2011年年末，工程仍待复建。

宏城大桥。位于深圳街南口跨越桃河处，是矿区与城区的界桥。为双索面稀索独塔斜拉桥，桥长154米，宽27.5米。工程于2007年10月18日开工，2008年9月28日竣工，完成投资2600余万元。

（二）人行便桥

桃河矿区段共有4座人行便桥：桃河虎尾沟—金属支架厂（机厂上厂）人行便桥，建成于1960年。桃河水泉沟—小南坑人行便桥，建成于1970年。桃河河神庙—总仓库人行便桥，建成于1980年。桃河水泥厂—赛鱼火车站人行便桥，建成于1984年。上述人行便桥均由混凝土浇筑桥墩，轻型钢结构桥身，木板或混凝土预制板铺桥面。长154米，宽1~3米。建成后均进行了数次修葺改造。

第三节 园林绿化

一、城市绿化

（一）发展概况

矿区范围内的绿化工作始于新中国成立后。20世纪50~60年代初，阳泉矿务局在发展煤炭生产的同时，在庭院、街道、居民区逐步开展植树造林活动。1965年成立了植树造林管理机构。1972年，植树造林保存面积58公顷（866亩），植树46.9万株。1973~1990年，阳泉矿务局机关、一矿、二矿、三矿、四矿、医院、机厂、工程处等单位先后开展大规模的绿化、美化工程，营建庭院花园，栽培室外花卉，开辟果园，开展矸石山绿化，绿化面积57万平方米，年产各种水果2.25万千克。1989年，矿区政府干部、职工在狮脑山辟地20余公顷，栽植刺槐、侧柏等树种6万余株。1990年，区人民政府着力抓了街道庭院、道路两侧的美化、绿化工作，50条小型街道中有26条共栽植国槐等树木2.4万多株，修建花坛6800平方米，花池148个，绿篱带530米，已达绿化标准。截至1990年年底，全区绿化面积315.34万平方米，绿化覆盖率16.5%。

20世纪90年代，矿区加大植树造林和城市绿化建设力度。1994年，矿区绿化覆盖率达到33.34%，1996年，绿化覆盖率提高到37.05%。1997年，矿区完成大环境绿化3.3公顷，四旁植树1000余株。庭院绿化达标单位3个，平整绿带1000余平方米，小花园培育花草200余盆。同时加强狮脑山林地的管理。1998年，又完成大环境绿化3公顷，植树10000余棵，成活率达86%，完成城市绿化23000平方米，有8个单位庭院绿化达标。在小游园培育当年生花卉10余种，1500多盆；多年生花卉20余种，300盆；木本草本10余种，300多盆。

2000年，矿区在“高目标、上档次、种得下、长得好”上下功夫，确保了城市绿化工作的顺利开展。2002年，矿区按照“拆违还绿、拆围透绿、见缝插绿、不留死角”的原则，动员单位、集体、个人、多方面、多层次地进行绿化。赛西路翔达公司西围墙至林业加油站建成了长600米、宽20米的绿化带12000平方米。阳煤集团新景矿完成绿化面积44000平方米，一矿任务楼完成绿化面积5600平方米，发供电总公司三矿热电厂完成绿化面积20000平方米，一矿热电厂完成绿化面积37000平方米，区政府前后院、办公楼前绿化面积4000平方米。全区全年完成绿化面积167466平方米，庭院绿化131600平方米。2004年，绿化覆盖率26%，绿地率16%。2005年，小南坑、沙坪等18个小区进行了绿化补植；完成赛鱼口工商银行门前绿化工程、平潭路两侧和平潭小区内绿化工程、平冶路绿化工程，完成绿化面积1000多平方米，种植树木800余棵，完成投资18万元。全区完成小街小巷、居民小区绿化面积36000余平方米，完成投资330余万元。

2006年，矿区大力开展城市绿化五大工程（山体绿化、道路绿化、小区绿化、庭院绿化、景观绿化）建设，新植树木1.8万棵，完成山体绿化6.7公顷；完成小街小巷、居民小区绿化建设24项，完成投资50.5万元，完成绿化面积36700平方米。2007年，完成绿化投资1.3亿元，拆除建筑物1.77万平方米，完成绿化改造更新面积100余万平方米，新增绿化面积85.71万平方米，完成30余万平方米矸石山生态恢复土建工作。全区绿化覆盖率32.6%。2008年初，矿区确定全年创建省级园林城市“1234”重点任务：完成一线（铁路沿线）、两轴（矿山路和桃河）绿化建设，建设三项工程

（山体绿化工程、园林单位达标工程、道路绿化工程）和40个社区绿化项目建设。全年完成绿化投资2938万元，拆除临时建筑7000余平方米，新增绿化面积585198.64平方米，更新绿化面积14100平方米。全区绿化覆盖率35.66%。36个小区实现绿化达标，其中18个小区成为阳泉市园林示范小区。11个单位成为第三批庭院达标单位，89家单位成为阳泉市园林达标单位，其中21家单位为园林示范单位，全区70%的单位达到了市级园林单位标准。年内，矿区通过省级园林城市验收考核。

2009～2011年，矿区不断加大城市绿化的投入。2009年，全区绿化投资6600余万元，全年新增绿化面积52.81万平方米，共补种、更新绿化面积37.88万平方米，绿化覆盖率38.42%。2010年，全区完成绿化投资5500余万元，新增绿化面积52万平方米，更新绿化面积30余万平方米，全区绿化覆盖率41.1%。2011年，完成煤山公园旁10万平方米荒山绿化种植。全区新增绿化面积37.46万平方米，绿化改造面积13.37万平方米。全区绿化覆盖率达到41.2%，造林绿化合格面积96%。

（二）阳煤集团园林绿化

1950年阳泉矿务局成立后，在发展煤炭生产的同时，重视植树造林工作，在庭院、街道、居民区种植了许多刺槐、杨树等乔木。1965年，阳泉矿务局在行政处下设林业组，同时在各矿成立造林队。除在周边区县选点进行荒山造林外，开展"四旁"（路旁、沟旁、渠旁和宅旁）植树。至1972年，林地保存面积58公顷，植树46.9万株。1973年4月，阳泉矿务局组建林业处，加快了植树造林的步伐。至1981年，阳泉矿务局在机关大院栽植雪松、龙柏、泡桐、合欢等树木1.8万株，栽植月季、芍药等1000余平方米，4200多株，各种花卉500余盆，绿化1800余平方米，建花坛、花池30余个，草坪1300余平方米；在苹果园居住区建成温室花园1座，面积1000平方米，栽种各种花卉及灌木6000余盆。一、二、三、四矿及医院、机厂、工程处也先后动工兴建绿化工程，绿化面积57万平方米，年产各种水果2.25万千克。三矿辟地6.21万平方米，建成温室、苗圃及庭院花园17处，种植果木树7万多株，成活率和保存率分别达到94.61%和75%。机厂在厂区院内修建了林荫道、喷水池、假山、花坛、温室苗圃，引进林木、花卉84个品种，栽植花卉4800余盆，乔木5.6万株，修建绿篱2000多米。

1982年，阳泉矿务局成立绿化委员会及办公室。当年，全局职工有组织地进行春季义务植树造林活动，绿化面积30万平方米。1985年，春季义务植树造林绿化面积32.97万平方米，室外花卉栽培22万株，2.49万平方米。拥有各类干鲜水果33公顷，7万余株，年产果品4.6万余千克。矸石山绿化保存树木655株，覆盖面积0.96万平方米。1981～1983年、1984～1985年，阳泉矿务局连续两次被评为全国造林绿化先进单位；1982～1984年被评为山西省全民义务植树先进单位；1987年被评为山西省造林绿化先进单位；1989年11月被评为全国煤炭系统绿化造林先进单位。1990年，全局共有乔木378523株，经济林26340株，花灌木24591墩，草坪44703平方米，绿篱24680.8米，花池775个、面积41513平方米，花卉51376盆，草花1111999株，花房22个、面积5456.7平方米，全局绿化面积187.89万平方米。

1991年，阳泉矿务局出台《阳泉矿务局园林绿化管理办法》《关于阳煤集团区域内树木管理及砍伐规定的通知》等文件。1992年，阳泉矿务局全部完成狮脑山绿化任务，当年被评为全国造林绿化400强单位。1994年，阳泉矿务局被评为山西省造林绿化先进单位。1996年，阳泉矿务局按照"选重点，保重点，绿一块，成一块"的指导思想，投入94万元，绿化11个重点区域，新增绿化面积11.9万平方米，当年被评为全国部门绿化先进单位。1993～1997年，完成阳泉市下达的"刘备山、王兰寺"义务植树任务。

2001～2002年，完成书记山义务植树工程。2002年国庆节前，完成集团公司办公大楼周围2300平方米的绿化美化工程，建成2100平方米草坪，栽种8000余株珍贵树木。2003年，新建改建广场3个，新建成标准化单位庭院小区12个。年内，阳煤集团发供电分公司被山西省煤炭工业局评为造林绿化先进单位。2004年，新建改建广场3个，新建成标准化单位庭院小区8个。2005年，集团公司提出创建“园林矿区”的新目标。2003～2005年，完成狮脑山前山义务植树工程。

截至2005年年底，阳煤集团园林绿化面积231万平方米。其中乔木85657株，灌木1400117株，色块绿篱8.23万平方米，草坪34.64万平方米，绿化覆盖率26.6%，绿地率24.70%。单位附属绿地有163块，绿化面积52.86万平方米。住宅小区绿地67个，绿化面积24.12万平方米。公共绿地中，公园2个，绿化面积4.71万平方米；广场10个，绿化面积1.94万平方米；小游园4个，绿化面积1.25万平方米；花房18个，绿化面积0.80万平方米；街道、片林、散生林绿化面积共计145.33万平方米。

2006年，集团公司承担了阳泉市392.7公顷环城绿化义务植树任务。该工程在十几千米的荒山上，横跨市郊7个行政村，是全市环城绿化难度最大、投资最多的一段，整个工程要求3年全部完成。经过努力，工程于翌年8月提前完工。2006年8月，阳煤集团启动矿（厂）区、通道、矸石山、废弃矿井、采煤沉陷区五大造林绿化工程；11月，启动创建国家园林城市活动。截至年底，集团公司累计新建园林化广场7个，绿化住宅小区23个，绿化办公庭院32个。阳煤集团被评为全国绿化模范单位，林业处处长董海清获全国绿化奖章。

2007年，集团公司组织了桃北西路景观大道创建工程、矿山路绿化改造工程、太行国际新城儿童公园、二矿广场、三矿机关广场等绿化工程建设，建成5万平方米的太行滨河公园。年内，阳煤集团党委副书记魏慈寿获全国绿化奖章。阳煤集团绿委副主任、林业处副处长付文清获山西省绿化奖章。阳煤集团被评为省级造林绿化先进企业，阳煤集团总医院等6家单位被评为省级造林绿化模范单位，五矿等7家单位被评为省级造林绿化达标单位，三矿等8家单位被评为省级造林绿化先进单位。阳煤集团机关办公大院等3家单位，二矿办公区、氯碱化工办公区等15家单位先后被命名为市级园林达标示范单位；阳煤集团职教中心、总医院等32家单位，兆丰自备电厂、奥伦公司、华越机械厂等15家单位先后被命名为市级园林达标单位。

2008年，集团公司对未进行物业管理的22个老旧居住小区进行绿化，新增小区绿化面积4.4万平方米；在新景矿周边绿化荒山60.5公顷。年内，新景矿被全国绿化委员会评为全国绿化模范单位；阳煤集团总医院等6家单位被评为2007年度省级造林绿化模范单位，五矿等7家单位被评为省级造林绿化达标单位，三矿等8家单位被评为省级造林绿化先进单位；一矿调度指挥中心、五矿多营办公区等10家单位被阳泉市命名为第三批园林达标单位，馨康家园、洪西小区、金花园小区、宏泉家园等25个小区被命名为园林达标小区。截至年底，集团公司义务植树基地建设累计完成1393.3公顷，义务植树尽责率每年保持在90%以上。

2009年，完成一矿、三矿周边40公顷荒山绿化改造。全年共完成7座矸山绿化覆盖工作，恢复面积60.8公顷。至此，全面完成矸山生态恢复工程。全国绿化委员会、国家林业局、全国绿化基金会联合授予阳煤集团“中国生态贡献奖”，阳煤集团党委副书记李彦璧获2008年度全国绿化奖章。

2010年，大垴东小区、馨康A区、馨康B区、馨安家园等12个小区达到国家级园林小区标准；桥兴小区、荣昌小区、宏居苑小区等9个小区达到省级园林小区标准；阳煤集团办公区、升华园林中心、新景矿等10家单位达到国家级园林单位标准；华越公司下厂区、阳煤物流中心2家单位达到省级园林单位标准。阳煤总医院被全国绿化委员会授予“全国绿化模范单位”称号。年内，开始建设三矿七尺煤公园。2009～2010年，完成二矿巩窑洼小区、蔡洼一区、一矿黄石板小区等公益设施改造配套绿化工程8项。

2011年4月，在废弃矸石山上建成黄石板公园；10月，完成煤山公园设计改造工程及四周10万平方米荒山绿化。全年完成北区绿化改造66处，13.37万平方米。年内，阳煤集团完成市委、市政府下达的创建国家级园林城市创建任务。赛鱼小区、河口二区、小南坑小区等12个小区达到国家级园林小区标准；秋沟小区、麻地巷小区、段家背小区等18个小区达到省级园林小区标准；一矿办公区、二矿选煤厂、二矿运输科厂区等14家单位达到国家级园林单位标准；宏厦三建工业园区、一矿调度中心、三矿选煤厂等10家单位达到省级园林单位标准。

2006～2011年，阳煤集团共栽植各类乔木849707株，灌木5430370株，新植绿篱草坪212万平方米，新增绿化面积210万平方米，绿化更新改造面积43.6万平方米。

1982～2011年阳煤集团义务植树基地建设及荒山造林成果一览表

表4－2

完成时间	义务植树基地建设成果
1982～1992年	完成狮脑山80公顷（1200亩）、252581株的绿化任务
1993～1997年	完成“刘备山、王兰寺”义务植树工程，植树413.3公顷（6200亩），共计1250204株
2001～2002年	完成书记山义务植树工程，植树288公顷（4319.5亩），共计475145株
2003～2005年	完成狮脑山前山义务植树工程，植树219.3公顷（3289亩），共计486361株
2006～2010年	完成矿区北山义务植树工程，植树392.7公顷（5891亩），共计120万株
1982～2010年	合计完成义务植树基地建设任务1393.3公顷（20899.5亩）
2008年	完成新景矿及三电厂周边荒山造林，作业面积60.5公顷（907亩），植树114440株
2009年	完成一矿、三矿周边荒山造林，整个项目共计41.3公顷（619亩），植树78795株
2010年	完成一矿、三矿运煤路周边荒山造林。造林绿化45.5公顷（682.3亩），植树164004株
2011年	完成三矿煤山公园东侧荒山造林6.7公顷（100亩），植树22550株；全省造林绿化现场会观摩点造林21.1公顷（315.8亩），植树68613株；矿区周边荒山绿化造林173.8公顷（2607亩），植树406839株。共计201.5公顷（3022.8亩），植树498002株
2008～2011年	合计完成荒山造林348.8公顷（5231.7亩）。

二、园林绿地建设

（一）城市公园

境内公园建设始于20世纪80年代。至2011年，境内有建成和在建公园4座。

煤山公园。位于阳煤集团三矿矿山路路东，1986年建成，面积73216平方米。2010年3月，阳煤集团投资1104万元，对煤山公园进行整体升级改造，2011年10月完成。改造分三个部分。一为入口处，拆除原有管理用房、自建房、临时房屋，新建公园大门、台阶、停车场；二是添加景观，新建凉亭、假山等；三是补种景观树木、花草，提升公园档次。

太行国际新城滨河公园。位于太行国际新城居住区，始建于2007年，2008年竣工。面积5万平方米，总投资300万元。按三季有花、四季常青的原则，选择杨树、国槐、油松、法桐、银杏、白皮松、云杉、香椿、杜仲、华北紫丁香、白腊、板栗、雪松、合欢、紫荆、红叶李等20余种植物，乔、灌、花、草、藤相结合，高低错落，层次分明。园内建有喷泉广场、儿童乐园、摩天轮、爬山车等休闲娱乐设施。

黄石板公园。位于黄石板社区南侧废弃矸石山上。始建于2008年，原为小游园。2010年3月，由阳煤集团设计建设高标准小公园，2011年4月建成。改建预算投资843万元，公园面积4.4万平方米，其中平台绿化2.6万平方米，坡面绿化1.8万平方米。园内有凉亭6个、文化长廊1个，还有石桌、石凳等；配置有紫穗槐、雪松、云杉、油松、黄杨、金叶女贞、红叶小檗等乡土植物与樱花、西府海棠等外地植物。

七尺煤公园。位于阳煤集团三矿大垴沟附近，三矿七尺煤东矸山上，占地面积近10万平方米，预算投资800万元，规划设计后，在2011年全面开工建设。

（二）小游园

矿区小游园建设始于20世纪80年代初，至2011年末，共有建成和在建小游园6处。

平潭街小游园。位于平潭街新区，与市干休所毗邻，1990年建成，占地面积2800平方米，投资8万元。园内建有140平方米的温室花房，有各种花卉4000余盆；栽植了乔灌木220余株，散播花草370余平方米，草坪200余平方米，另辟133.4平方米栽植牡丹50余株；建绿篱300余米，有假山、凉亭、石桌、石椅、水池、花坛、花架棚等设施。全园绿化面积2200余平方米，覆盖率78.6%。

蒙北小游园。位于红岭湾东侧，1982年始建，1985年建成。占地面积4530平方米，绿地面积3800平方米。园内有凉亭、花亭、廊、水池、喷泉、假山和雕塑，种植雪松、云杉、龙爪槐等树木和樱花、月季、芍药等花卉灌木。

河神庙三角线小游园（南）。位于桃北中路与北大街西端交汇处。2002年3月6日动工，同年5月1日竣工，2010年8月移交矿区。建设总面积5270平方米，共栽植各种乔灌木5652株，播种草坪2600平方米。整体绿化布局以自然式为主，分为喷泉景墙广场和疏林广场。景墙喷泉为全园中心主景，喷泉景墙广场采用青石板铺设。植物配置以自然式种植为主，西侧三角绿地种植七叶树，与天文北斗七星相响应。绿地内种植雪松、紫薇、龙柏球、桧柏等乔灌木，顺着自然式石板、卵石镶嵌的小路，前方是疏林广场，种植三排法国梧桐，形成林带，疏林广场同时也是北大街与桃北路的人行通道，道路绿地与休闲绿地达到有机结合。

蔡洼二区小游园。位于蔡洼西区，2010年3～5月建设。绿化面积1160平方米。游园东面洼坡栽种火炬树和白皮松，配有国槐、油松、垂柳及樱花、木槿、丁香等。游园内设的休闲场地以植物、山石、园林小品为素材，构建可居、可游、可赏的生活环境。

东四尺小游园。位于东四尺小学大门前，2009年6～11月建设。绿化面积1300平方米。总体呈阶梯形状，建有台阶134个、衔接台阶的休息平台8个、转向台2个、六角坪1个；转向台的南面坡有草坪砖砌成的绿色图案200平方米。选择侧柏、桧柏、油松、雪松、花椒树、香椿树等乡土植物，配以红月季、樱花等外地植物。

立交桥南口小游园。位于平潭立交桥南端左侧，2010年4月至7月建设。绿化面积1268平方米。总体呈扇形，建有圆形休闲场地和木质花架。选择侧柏、千头椿、垂柳、白皮松、油松、黄杨、金叶女贞、红叶小檗等乡土植物与樱花、西府海棠等外地植物。

河神庙三角线小游园（北）。位于北大西街新建立交桥下，2010年3～4月建设；绿化面积1280平方米，预算投资68万元。设计为三角形的街边游园，园内有风景石、休闲场地和羊肠小道。主要树种为银杏、雪松、蜀桧、油松、垂柳，黄杨、黄杨球、金叶女贞、红叶小檗、胶东卫矛等；花木有樱花、西府海棠、木槿、丁香、白日红等。小游园建成后，与一侧的原三角线小游园、西侧的奥伦公司新建绿带相互呼应，相得益彰。

虎尾沟小游园。位于桃北西路路北，2011年7～10月建设。规划占地2400平方米，预算投资150万元。游园设计为长方形街边游园，将原阳煤集团煤气、暖气管道和水泵房等附属设施全部入地，新建假山、风景石、休闲场地和羊肠小道。小游园东边规划种植银杏林，林后为假山和居民活动广场。园内种植银杏、雪松、油松、垂柳、红叶李、云杉、迎春、西府海棠、木槿、丁香、白日红、白玉兰、紫玉兰等树木、花卉30余种。

（三）城市绿地

20世纪70年代末以前，矿区境内的城市绿地较少。80年代，阳泉矿务局建草坪1700平方米。90年代，区人民政府和阳泉矿务局共铺种草坪7600平方米。

2001年，平潭街街道办事处洪城河小区营造绿地6702平方米，绿地覆盖率30%；蔡洼街道办事处小南坑社区进行了绿化改造，绿地覆盖率30%；沙坪街道办事处秋沟小区进行了绿化改造，营造绿地1300平方米，绿地覆盖率18%。2002年，矿区建成公共绿地22966平方米，其中完成了河神庙三角地带小游园广场绿地改造任务，平潭小区小游园的改造和已建成绿地的补绿任务 3000 平方米，南外环口公共绿地 4000 平方米。同时，完成怡园绿地面积 3600 平方米，沙坪秋沟小区绿地面积 3300 平方米，桥头小区绿地面积 3000 平方米。阳煤集团机关、总医院、墨玉宾馆附近等庭院绿地、沿街绿地 20000 平方米，邮电局沿街绿地 1000 平方米。2005 年，矿区补植草坪 6000 多平方米。2007 年，矿区结合“创建国家园林城市”工作，大力开展绿地营建，建成区绿地率 22.26%，人均公共绿地面积 5.92 平方米。2008 年，建成区绿地率了 27.46%，人均公共绿地面积达到了 7.01 平方米。2009 年绿地率 32.1%，人均公共绿地 7.96 平方米；2010 年，区绿地率 32.9%，人均公共绿地面积 8.01 平方米。2011 年，区绿地率达到 33%，人均公园绿地面积 5.1 平方米。

第四节　防洪设施

一、桃　河

桃河为季节性河流，清水流量仅 0.3 立方米/秒，洪水流量 1.20 立方米/秒，最大洪峰流量达 2810 立方米/秒。

新中国成立前，区内桃河两岸无防洪大堤，仅在个别地段有临时性土堤、干砌石等防洪设施，不能抵御较大洪水。民国 29 年（1940），侵华日军在蔡洼附近修建发电厂时，修筑了一段 4 千米的护岸堤，翌年即被洪水冲垮。

新中国成立后，开始修筑防洪工程，但因财力有限，仅在一些危险地段修筑了护堤、丁字坝，铺设了铅丝笼、干砌石等。1959 年，桃河洪水暴发，洪峰流量 2200 立方米/秒，人民生命财产造成很大损失。在市人民委员会统一规划组织下，1960～1962 年，在桃河南北两岸修筑了长 16.7 千米、高 8.6 米的永久性大坝。大坝按百年一遇防洪标准设计，坝体为内倾拥壁式，所用材料为水泥砂浆砌块石。1964 年，市防汛抗旱指挥部对桃河坝体进行了加固。但因坝后填土不足，未能完全抵御 1966 年 8 月 23 日的洪水袭击。1967 年，阳泉矿务局等单位对被洪水冲坏的桃河大坝整修加固。1975～1977 年，市城建部门在桃河赛鱼桥以西河段建筑堤坝，桃河大堤向上游延长 1440 米。

20 世纪 80～90 年代，桃河进一步得到了治理。区内桃河两岸的河坝继续得到加固，桃河河道的宽度也被控制在 150 米左右。确保了洪水能沿河道而走，保护了矿区人民的生命财产安全和生产建设的顺利发展。

2002 年 9 月 1 日，为了改善桃河及两岸区域环境，增强桃河泄洪能力，桃河综合治理工程矿区段启动。治理段河道按百年一遇防洪标准设计，可抵御最大洪峰流量 3088 立方米/秒。河道采用复式断面，其中主槽宽 70 米，深 3 米，滩槽宽 45 米～55 米，主槽过流能力满足抵御 10 年一遇洪水的要求。工程分为水工和绿化两部分。水工工程包括修建复式断面河道，部分外堤加高，平整主河槽，规整两岸滩地，修建主槽部分弯道、桥基及滩地的防冲设施，修建两岸排污管路，修建两岸入桃支沟的连接建筑物等项；涉及跨河桥梁、穿河管线、排水涵洞、排水沟等设施；主要工程量包括土石方开挖、土石方回填、平衡土方和修筑防洪围堰。水工工程仅用 80 天时间就全部完成。滩槽绿化、建设赛鱼桥段和四矿桥段绿化景区于 2003 年 2 月 25 日开工，同年 7 月 18 日竣工。

经前后两度治理，桃河过流及抗御洪水的能力显著增强，桃河及两岸环境明显改善。1967～2011 年，桃河未发生洪水灾害。

二、蒙　河

蒙河是桃河在矿区境内的一条支流。一矿至赛鱼段全长 3000 米，河道最窄处 19 米，最宽处 41 米，河槽深 4.5 米，沿线涉及居民住宅 88 幢。因为历史原因，蒙河河道积存了大量生产和生活垃圾，既影响行洪，又严重影响两岸居民的生活，给桃河治理造成困难。2003 年 9 月 15 日，蒙河一矿、三矿段污水处理工程开工，主要是将污水用管道收集起来，输送到阳泉市污水处理厂，为蒙河综合治理打下了基础。2005 年 9 月 22 日，矿区启动蒙河综合治理主体工程。首先清除了河道淤泥，预埋了供水、供热、供气、排污管线，设置了河道过滤沉淀设施，对裸露的河床进行了加盖处理。同年 12 月，蒙河综合治理主体工程竣工，工程概算投资 2170 余万元。2006～2011 年，对河道加盖部分进行了绿化和美化。

第三章 市容 环卫

1983 年 1 月，矿区市容管理委员会成立，市容环卫管理逐渐走上正轨。进入 21 世纪后，按照创建文明城市的要求，矿区市容环卫工作不断强化职能，增加投入，市容管理实现了新的突破，环卫工作迈上新的台阶，全区的市容市貌有了明显改观。

第一节 市容管理

一、管理机构

1971 年 7 月，矿区爱国卫生运动委员会成立。1978 年 4 月 25 日，阳泉矿务局爱国卫生运动委员会成立。两个机构均兼管市容管理工作。矿区与阳泉矿务局机构分设后，1981 年 10 月 5 日重新成立矿区爱国卫生运动委员会，继续履行市容管理职能。

1983 年 1 月 31 日，矿区市容管理委员会成立，与区爱卫会合署办公。1984 年 3 月 16 日，矿区设城市建设环境保护局，兼管市容管理工作，区市容管理委员会撤销。

1990 年 3 月 28 日，矿区城市管理领导组成立，下设办公室，编制 2 人，设在区城环局，具体实施矿区市容监察管理。1991 年 4 月 23 日，成立阳泉市矿区城市管理监察中队，为全民所有制事业单位，股级，隶属区城市管理办公室，经费由城市维护费开支。2002 年 2 月 6 日，阳泉市城市管理行政执法局矿区分局和矿区行政执法大队成立。2002 年 10 月 28 日，行政执法分局和行政执法大队单独设置。

阳泉矿务局（阳煤集团）也组建了矿容（城建）管理监察大队，对该局范围内的市政公用设施、基建施工、园林绿化、矿容矿貌、环境卫生等方面实行管理监察。矿容监察管理大队有队员 13 人，下辖一矿、二矿、三矿、四矿、五矿、工程处、工程二处、工程三处、企业处、机修厂 10 个中队，连同大队共有队员 98 人。2002 年 10 月撤销。

2002 年 10 月 29 日，区政府研究决定，阳煤集团城建管理监察大队及中队撤销后，原职责范围划归矿区行政执法大队，将从原阳煤集团城建管理监察大队现有人员中择优招聘 27 名人员。矿区执法分局内设法制室和监察室 2 个职能科室，编制 4 人。执法大队编制 60 名，主要职能是在矿区辖区内具体行使市容环境、城市规划、城市绿化、市政管理、环境保护、工商管理、公安交通管理等法律、法规、规章规定的全部或部分管理和行政处罚权。

2009 年，矿区执法分局根据“矿区亮化工作实施方案”的要求，成立了工作小组，具体负责协调推动全区的亮化工作。2010 年，在创建国家园林城市工作中，矿区执法分局成立了拆迁行动小组，保证了主要街路拆临拆违工作任务的完成。2011 年，矿区执法分局执法大队对基层中队领导班子进行调整，3 名业务能力强的工作人员充实到了中队领导岗位。

二、管理工作

阳泉市城市管理行政执法局矿区分局除组织开展城市日常管理工作外还负责组织实施本辖区的城市环境综合整治工作。矿区执法分局围绕全区的中心工作，文明执法、和谐管理，城市管理水平不断提高。

1992～1997年，矿区结合市容管理年活动，进一步推进了全区的文明城市创建工作。1992年，矿区城市管理监察中队和矿务局矿容管理监察大队，对主要街道和重点繁华地区、地段的市容市貌、交通秩序、基建工地、集贸市场、历史建筑等进行了治理和整顿。在此基础上，又对有碍市容观瞻的沿街残墙断壁、广告牌匾、橱窗栏目以及建筑物色调、公用设施、公共场所进行了修复和装饰。1994年，矿区在开展市容环境管理年活动中，在饮食行业推行气化改造，拆除5条主要街道、3个繁华地段和平潭小区的268个违章建筑及临时建筑。落实了“门前三包”责任制，召开了现场会，与全区13条街道360户全部签订了责任书。组织了12支共计183人的专兼职队伍，建成了桃北中路“门前三包”示范街。同时，区政府与14个单位签订了市容管理责任书。1997年，矿区集中对洪城河路、北大西街、桃北中路、赛鱼口、四矿口等进行了集中整治，建成了北大西街文明示范一条街，并在全市进行了经验交流。为了迎接省、市工作会议在本市的召开和迎接阳泉解放五十周年，矿区组织人员对北大西街、桃北中路、桃南西路进行了亮化、美化。此外，对洪城河路进行了彻底清理。拆除违章建筑11处，面积180余平方米。清理垃圾500余吨，清除建筑垃圾100余吨，清理整顿摊位摊点250余个。在对北大西街的整治中，对摊位、摊点、电话亭进行了统一规划管理，取缔了乱摆乱设摊点，规范了市场秩序。

1998年，区委、区政府下发了《关于进一步加强城市建设和管理的若干意见》。全区共整顿沿街电话亭20余个，摊位700余个；拆除乱搭乱建260余处，拆除违章围墙500余米；粉刷行道树5000余棵，粉刷墙壁、栏杆、桥梁25000平方米；窗口部位和邻街立面整修总面积为23000余平方米。另外，根据实际工作情况，及时改革机制、明责放权，采取了以块为主，条块结合的办法，率先在北大西街成立了综合执法办公室。之后，又相继成立了赛鱼街道办事处、桥头街道办事处两个综合执法办公室。1999年，矿区重点对矿山北路、黄石板路、矿山南路、赛鱼街、小南坑南北两条街、桥东街、煤山路、洪城河路、西河路上的摊点、摊位进行了规范管理。同时拆除了临时建筑和违章建筑。2000年，矿区采取日常管理和集中整治相结合的方法，加大了对赛鱼口、四矿口等重要地段的管理。同年，出动100余人对全区主要街道违章占用马路的摊点、马路加工厂（洗车点）及在大街上乱搭乱建和有碍区容区貌的广告牌进行了清理。下达了50份限期整改通知，规范摊位200余个，暂扣各种物品116件。同时，清理了占道车辆，拆除了容貌破烂不堪的广告牌匾和乱搭乱建棚架，督促18户部规范的修车点限期整改，取缔马路洗车点1户，对占用人行道经营的小吃摊进行了处罚。此外，集中人力对四矿口的马路市场进行了清理，对占道经营的50余户经营摊点全部取缔，确保了该地段的道路畅通。

2001年，矿区成立城市管理指挥部，制订完善了《矿区城市管理实施细则》等规章制度，强化了对主要街道和路口的规范管理，取缔了占道经营的摊位。同时对阳煤集团俱乐部门前雨天积水问题进行了治理。2002年，矿区开展了城市环境综合整治工作，成立了矿区环境综合整治工作领导组，6月13日下发了《关于开展矿区环境综合整治的设施方案》。全年共拆除违法、临时建筑220间5400平方米，取缔占道的马路市场和占道摊位260个。2003～2004年，矿区执法分局开展了“城市管理进社区”活动。市容市貌有了较大的改观。2005年，为了解决马路市场问题，矿区执法分局采取了“管严大街，适放小巷；管严白天，适放早晚”和“堵疏结合，以疏为主”的办法，合理安置临时经营点和早夜市，取缔各种无照占道经营摊点，加强便民市场建设和管理，确保了城市街道的整洁和美观。2006～2008年，矿区执法分局在洪城河、西河和平潭小区设立了3个大型便民市场，方便了群众生活，有效地解决了马路市场问题。结合创建景观大道工作，协助驻地街道办事处完成了桃北西路、桃北西路大道两旁的拆违扫障工作。依法拆除各种违建、临建9000余平方米，清理店外经营220余个，督促责任单位整改修饰陈旧破损建筑物立面340处。同时，坚持开展城市牛皮癣和户外广告牌匾专项整治活动，对各类小广告进行了清洗和喷涂覆盖，对设置不合格不规范的广告牌、条幅进行了整改和取缔。

2009～2011年，矿区执法分局按照市委、市政府提出的创建国家园林城市、国家环保模范城市、国家卫生城市的“三城同创”目标要求，加大城市管理工作力度。2009年，矿区执法分局重点对桃北中路、桃北西路、北大西街、桃南路、矿山路、煤山路、洪城河路7条“严管街路”及一矿、二矿、四矿文化休闲娱乐广场的街区景观进行了综合整治，解决了严重影响城市容貌的问题2000余件，督促各责任单位修补整饰破损建筑物160余处，粉刷围墙、楼体面积达2万余平方米。组织开展了以服务“高考”“中考”为主要内容的城市噪音专项整治活动。2010年，矿区执法分局重点打击了马路占道经营、流动经营行为。对北大西街、桃北路、桃南路、矿山路、煤山路、西河路、矿一中路、洪城路等主要街路和赛鱼口、四矿口、一矿广场、二矿广场、三矿广场、天利广场等重点区域按要求实行了“零摊位”管理。2011年，矿区执法分局建立健全信访工作机制。解决群众反映的热点、难点问题。截至年底，执法大队接到举报电话450余次，来人、来信、来访50余件次，登记处理违章建筑，噪声扰民，油烟污染，占道经营等各类举报案件500余起，处理网络邮箱投诉案件2起，市区信访部门交办案件5起，区主要领导、分管领导批转案件3件，所有投诉、信访案件全部办结，处理率100%，结案率100%，满意率达98%以上。

第二节　环卫事业

一、环卫管理

新中国成立后，境内的环境卫生工作开始起步，主要由阳泉矿务局所属各厂、矿、医院等负责，部分地区由阳泉市环境卫生管理处负责。

20世纪90年代，矿区环境卫生管理处由市环卫处分出另设。截至1990年年底，区环卫处和厂矿环卫机构共有专兼职环卫职工520人，担负112.6万平方米的清扫工作，备有清运车、粪便车、洒水车等50辆。街道卫生管理主要采取区段卫生责任承包制，各单位门前实行“三包”，集贸市场的卫生由区工商局统一管理，专人清理。1992年12月，投资1700万元的矿区环卫处办公大楼竣工并投入使用。大楼位于泉中路，占地面积3500平方米，办公面积1300平方米，设办公室、财务室、业务室、车队等5个部门，干部职工31名，有各种机动车7辆，担负着全区37个垃圾点、8个公厕的清洁管理工作和23.09万平方米的全日保洁任务。1999年，矿区环境卫生管理处干部职工增加到116名，其中行政人员10名。矿区环卫处实行优化组合，推行分段、分片经营承包制，提高了环境保洁质量。1997～1999年，矿区连续3年获得阳泉市卫生县区称号。

2001～2008年，矿区环卫处成立了创建卫生城市领导组，下设办公室，成立了处、科、队、室四级环卫工作网络。各科室工作人员对环卫工作实行分片、包段、定点专人负责，对清洁质量定期进行检查，还经常向群众进行“爱护环境从我做起”的宣传教育，进一步促进了全区环境卫生的改善。2003年，矿区环卫处制订了《城市街道环境卫生质量巡回检查制度》，加强和完善了业务工作周会制度，开展了业务管理人员分段包片的责任管理制度。2004年，矿区环卫处建立了30个环境卫生制度化小区。各小区建立了定时定点倾倒垃圾制度，全部实行了垃圾袋装化管理。同时，设置了小型垃圾屋和垃圾箱、桶等，取缔了小区内所有裸露垃圾点。对一些容易“回潮反弹”的重点区域，配置了专人定点守候，实行了白天不见裸露垃圾的目标，减少了再次污染。2005年，矿区环卫加强了对全区环境卫生工作的监管。6 月中旬，在桥东街、洪城河路分别设立了环卫管理站，加强了该地段的环卫管理工作和清扫保洁质量的检查和监督，延伸了服务范围，改善了卫生质量。年内，矿区联合阳煤集团卫生部门对全区的环境卫生工作进行了检查。2006 年，矿区环卫处建立健全了规章制度，实行承诺公开制，公开收费标准，承诺服务质量和完成时限。同时，完善工作人员考核机制，完善考核方法，健全考核内容，落实考核奖惩；加强监督管理制度，加大收费力度，使各项制度在环卫建设中发挥作用。2007 ~ 2008 年，矿区环卫处进一步转变工作作风，规章制度。坚持每月底召开"内强管理抓素质，外塑形象展新姿"的学习讨论会，不断提高职工素质。

2009 ~ 2011 年，矿区环卫处进一步转变工作作风，提高工作效率，使管理更加科学化、制度化。2009 年，广泛汲取社会各界对矿区环卫管理事业长期发展有效的意见、建议和工作经验，并对存在问题进行了深层次剖析，对各类建议进行了可行性研究。同时出台《督察工作制度》《小修费试行管理办法》《车队安全奖励办法与事故处罚试行办法》等制度，并按各项规章制度将工作责任具体化、明确化、细致化，使广大干部职工明确了各自的分工职责。2010 年，矿区环卫处逐步建立起注重绩效、鼓励创新、奋发向上、协调发展的激励机制，充分调动环卫工人的工作积极性和创造性。2011 年，矿区环卫处实行一线职工绩效考核制度，从安全、出勤、工作质量、满意度四个方面对每名一线职工进行考核，落实"4050"人员的出勤制度，防止替岗、售岗、"吃空饷"等问题。

二、环卫设施

20 世纪 80 年代，矿区环卫设施尚比较简陋。20 世纪 80 年代后期至 90 年代初，由于各矿进行大面积的住宅改造，井下工人家属落户工作的全面实施，环卫作业区域迅速扩大，迫切需要迅速提高环卫作业能力。1989 年 3 月 23 日，市环卫处下放区级管理。1990 年 3 月，区环境卫生管理处成立。市、区政府加大投资，环卫基础设施建设也得到了加强，环卫作业也由原来的全人工劳动逐步向半机械化发展。1999 年，主要环卫工具得到了更新，清运车、掏粪车、垃圾中转车增加到 16 辆。

2001 ~ 2005 年，矿区环卫设施逐步得到发展。2001 年，矿区在平潭小区设置了垃圾中转站，使用了封闭式垃圾清运箱，避免了垃圾的二次污染。同年，阳泉煤业集团购置了垃圾箱 120 只，更新垃圾桶 86 只，喷涂垃圾桶 300 余只，建垃圾池 8 个，更新公共场所果皮箱 10 个；怡园小区 400 余户实行了垃圾袋装制，为怡园小区新设果皮箱 6 个。2002 年，矿区环卫处启用平潭小区垃圾转运站；阳煤集团所属机关、学校、医院、居民小区全部配置了封闭式的垃圾桶；在矿区环卫处管辖的洪城河路、北大西街、马家坪等地段配置了垃圾专用箱。2003 年，矿区在洪城河路、北大西街、外国语学校、平潭街东社区、平潭街西社区等地段配置垃圾屋 50 个，在北大西街两侧配置了 90 个果皮箱。2004 年，矿区改善了北大街到赛鱼路的环卫设施，对路段的果皮箱进行了填补和更新。2005 年，矿区环卫处在桃南路新建了垃圾中转站，在洪城河增设垃圾屋 3 个，更换辖区内垃圾屋、垃圾箱 40 余个，在北大西街及桃北西路沿线安放和更换果皮箱 80 余个。

2006 ~ 2008 年，矿区不断投入资金，加强环卫设施建设。2006 年，矿区环卫处投入资金 110 余万元，在四矿口、平潭小区建成液压举升式生活垃圾中转站两座。同年 7 月，分批投资 5 万余元，购回桶式垃圾箱 200 个，在桥东街、平潭小区更换垃圾箱 160 个，替换了大部分旧式垃圾屋，解决了污水外流的问题。11 月，矿区环卫处投资 6.4 万元，购回环保型果皮箱 200 个，并且在北大西街、洪城路、煤山路、矿山路、桃北西路更换了 140 个不锈钢式果皮箱。投资 45 万元购置扫路车 1 辆。2007 年 9 月，矿区环卫处投资 7.8 万元，购回垃圾桶 300 个，在北大西街、平潭街东社区、平潭街西社区更换损坏的垃圾桶 148 个。在北大西街、矿山路、煤山路、桃北西路、洪城河、赛鱼、桃北中路等地段维修果皮箱 87 个，更换果皮箱 140 个，在桃北西路增设果皮箱 21 个。投资 68.7 万元，购置喷雾降尘车、绿化水车、吸粪车各 1 辆。2008 年，矿区环卫处投资购置果皮箱 350 个，垃圾桶 400 个。在赛鱼西收费站至自来水公司大门沿线、北大西街、洪城河等地段安装果皮箱 100 个，更换 100

个，维修70余个；在四矿口、洪城河新增垃圾桶32个，在平潭小区、北大西街、洪城路更换垃圾桶100个。

2009~2011年，矿区的环卫设施不断增强。2009年，矿区环卫处共购置了果皮箱450个，垃圾桶400个，在赛鱼西收费站、桃南路、洪城河等地段安装果皮箱150个，更换100个，维修70余个；并在馨康家园、洪城河地段新增垃圾桶100余个，日潭小区、洪城河、平潭小区更换垃圾桶170余个，北大西街新增、更换不锈钢果皮箱50个。2010年，矿区环卫处在日潭、平潭小区、北大西街，更新增设垃圾桶300个，在洪城路、煤山路新增垃圾桶100余个，在矿一中坡、四矿口、大众汽修站更换垃圾桶70个，南战备路更新120余个。同时，在北大西街、桃北路至西收费站更新250个果皮箱，在洪城路、平潭路新增果皮箱100个，桃南西路和桃南中路更新50个。同时，把洪桥至西收费站的不锈钢果皮箱换成了冷轧板果皮箱，共更换200余个。新增了各种环卫专业机械车辆15台。其中扫街车1辆、多功能车1辆、大小垃圾压缩车各1辆、洗扫车1辆、餐厨垃圾收集车2辆、小吸粪车1辆、大卡车2辆、吊装车1辆、垃圾收集车2辆、大铲车1辆、小铲车1辆。2011年，矿区环卫处在平潭社区、桃南路，桃北路共更换果皮箱350个，维修50个果皮箱；按照市政府创建国家卫生城市攻坚整改任务要求，在所辖5条街道按间隙30米标准增补了480个果皮箱。主要街道清扫保洁工作向郊区的赛鱼、庙上、前庄、石卜咀、西河5村延伸，新增了16个果皮箱、95个垃圾桶、3台压缩车、10辆垃圾收集车。

三、环卫作业

（一）街道保洁

新中国成立初期，境内街巷由附近单位划分范围进行清扫，居民区由居民进行打扫。20世纪60年代，根据《城市卫生管理条例》的有关规定，街道保洁形成了定人、定任务和进行检查评比的工作机制。20世纪70~80年代，有了专门打扫街道的保洁人员，清运工具主要以小排车、拖拉机为主。街道的保洁工作得到了加强。1993年，矿务局围绕创建卫生文明工程活动，开展卫生大会战，共清扫路面68.9万平方米，平整硬化路面45.3万平方米。

2001~2008年，矿区环卫处实行清扫费用和保洁质量承包责任制，确定了清扫保洁质量标准，出台了承包实施方案。8年中，日清洁面积由30万平方米增加到50万平方米，清扫保洁率连续保持100%。同期，阳煤集团也加强了街道保洁工作。

2009~2011年，矿区环卫处在街道保洁工作中，连续3年保洁率100%。2009年，当街道日清扫面积52万平方米时，矿区环卫处对各主次干道实行“阵地式”管理，保证了清洁效果。2010年，矿区环卫处将清扫保洁由原来的每日一扫两保改变为每日一扫三保，同时加强了主干街道的机扫力度，保证主干街道机扫每日不少于2次。2011年，矿区环卫处认真执行“定人、定岗、定责”管理制度，严格落实清扫保洁标准要求，日清扫保洁面积59万平方米，机扫面积35万平方米，基本实现了主干街道的机扫覆盖化。

（二）垃圾清运

解放前，境内清运垃圾是靠人挑进行的，有时也用牲畜来帮助运输。阳泉解放后，街巷的垃圾先是改用人力车进行运送。随后机械运输工具逐步取代了人力车。1978年前后，清运工具主要以小排车、拖拉机为主。各种生活垃圾清运到市郊，经处理后用作肥料。

随着城市建设的不断发展，境内的生活垃圾和建筑垃圾逐年增多。1990~2000年，环卫作业工具逐步地由农用车代替了小排车和拖拉机。矿区环卫处有手推清洁车100多辆，人力车200多辆，清运垃圾8800余吨。1992年，除用手推清洁车和人力车清运垃圾外，增添了7辆机动车。1997年，矿区结合创建文明城市活动，以治理脏、乱、差为重点，清理生活垃圾500余吨，清理建筑垃圾100余吨。2000年，在平潭街街道办事处推行垃圾袋装化。阳煤集团卫生处和一矿等单位配合，在4月下旬出动铲车2辆、汽车4辆，对一矿山顶居民区和西河路多年积存的垃圾进行了为期一个星期的清理，共清运垃圾1000余吨。

2001～2008年，矿区环卫处强化内部管理机制，狠抓垃圾清运。8年中，与驻地企业合作，出动大量车辆机械，据不完全统计，清运各类垃圾21.46万吨。

2009～2011年，矿区环卫处结合城乡环境卫生集中整治月活动，加强了垃圾清运工作。2009年，开展了"环境整治高潮日"活动，全年清运各类垃圾1万余吨。2010年，开展环境卫生集中整治，全年清运各类垃圾约1万吨。2011年，在主要街道取消了垃圾桶，为了保证"垃圾不落地"，新增了45辆垃圾收集车，全天候进行垃圾巡回收集。全年清运各类垃圾1. 4万吨，同时实现了垃圾密闭化运输，做到了日产日清、车走地盘净。

（三）公厕与粪便管理

新中国建立初期，厕所的粪便由政府组织卫生清洁队进行清运。1965年后，厕所划归郊区农村生产队进行管理和清掏。清运出的粪便用作农田肥料。随着旧城改建和居民住房条件的改变，1980年，新建的楼房内也设置了厕所。但为了方便行人，一部分公厕仍然存在并得到整修。1990年3月起，矿区环卫处担负全区8个公厕的清洁管理。1993年，矿务局清掏粉刷公共厕所513个，其中维修厕所213个。1999年，矿区环卫处增加了掏粪车，当年清运粪便2200余吨。

2001～2005年，矿区环卫处在公厕管理中实行了专人负责、责任包干制度。对所管5座旱厕实行定期清掏、定期粉刷与保洁、定期消杀蝇虫，达到了干净整洁的标准；对所管4座收费水冲式公厕，严格依照市物价局标准，公开收费价格。2001年，阳泉煤业集团升华环卫中心共出车清运粪便7020吨；完成了34栋楼房1519户的粪便清理任务，共清运粪便20吨，清运51个厕所杂物180吨，清扫厕所52万平方米；协同社区完成了对51个厕所的药物喷洒任务，共喷洒药物0.7吨，做到了全年粪便无外溢。2002年，矿区共清运粪便7200吨。2003年，全年完成了11个旱厕的维修，共清掏粪便3818吨。2004年，阳煤集团升华公司管理所属376个公厕（其中水冲厕37个、旱厕339个），实现了环境卫生无死角、职工家属零投诉。2005年5月，将境内7座环保公厕向社会免费开放，解决了流动人口及当地居民群众入厕难的问题。全年共清掏粪便3918吨。

2006～2008年，公厕管理逐步规范化。在阳煤集团一矿医院等7处摆放了新型环保公厕，在虎尾沟社区办公楼、大院社区办公楼2处启用了水冲式公厕，免费开放了平潭一小区和馨康家园2座公厕，维修了天利购物广场背后和美术厂旁的2座水冲公厕。收费公厕严格执行市物价局制订的收费标准，做到了制度"三上墙"（收费标准上墙，卫生质量标准上墙，管理制度上墙）。3年共清掏粪便12600吨。

2009～2011年，矿区环卫处对年久失修、卫生状况差的2座公厕进行了维修改造，将3座旱厕改造为水冲式公厕，在太行国际公园等9处摆放了生态公厕。公厕管理实行"五无六净"（无污物、无尿碱、无蝇蛆、无恶臭、无乱贴乱画，苍蝇密度控制在标准之内，墙壁净、窗台玻璃净、地板净、蹲位净、尿池净、内部设施净）标准，增设了残障设施。3年共清掏粪便8459吨。

（四）污水排放和下水道管护

新中国成立后，着力治理污水乱排乱放，加大了对下水管道的建设和维护力度，污水和废水的排放量不断增加。1997年，矿区投资8万元，疏通了桥东街俱乐部口和北大西街回民饭店门前的下水道。1998年，投资5万元维修了矿区俱乐部地区的排水系统。

2002年，在卫生月活动中，疏通下水道1万余米，清挖河道8000余立方米。2005年，矿区环卫处出动车辆20台次，人员60人次，平潭小区疏通下水管道、清挖化粪池12次；出动车辆4台次，人员27人次，更换下水道井盖47套。2007年，矿区环卫处为平潭小区居民群众疏通下水管道12次，管道300余米，动用人员70人次，出动机动车辆20台次。2008年，矿区环卫处对平潭街东社区、平潭街西社区、北古城等地段的下水管道、化粪池、检查井进行了疏通、清挖，共疏通下水管道23460

米，清挖检查井300余个，清挖化粪池70余个，解决了居民小区污水冒溢的问题。

2009～2011年，矿区环卫处对平潭街东社区、平潭街西社区、北古城及南煤集团、鸿龙小区等地段的下水管道、化粪池、检查井进行了疏通、清挖，共疏通下水管道7000余米，清挖检查井1100余个，清挖化粪池50余个。

第四章　水电气暖供应管理

新中国成立后，矿区水电气暖供应设施逐步完善，供应机制逐步完备。2011年，水、电、气、暖供应充足，管理有序。矿区境内的公用事业主要由驻区企业阳煤集团（阳泉矿务局）、辰光热电公司（阳泉发电厂）以及阳泉市自来水公司承担。

第一节　城市供水

一、水源建设

清代以前和民国时期，境内居民主要饮用苦井水、水窖水或从河滩挖沙取水。民国26年（1937）日军占领阳泉后，先后在菜洼和洪城河打井，铺设输水管道供日军和煤矿使用，此为阳泉市矿区使用自来水之始。民国29年，日军千野水道班在菜洼选址施工，用民工开凿水井。民国31年，水井投产，日产水700吨。

新中国成立后，为满足煤矿生产和居民饮用水需要，阳泉矿务局于1951年打成日供水量1000立方米～1500立方米的1号水井和日供水量为3000立方米～5000立方米的2号水井，并建蓄水池3个。同年，菜洼的水井日产水能力提高1800吨。1952年年底，阳泉矿务局的1号水井日供水量达5000立方米～7000立方米，基本满足了工业用水和居民饮用水的需要。

随着大规模经济建设的开始，对水的需求越来越大，为了缓解供水矛盾，阳泉矿务局先后在赛鱼、石卜咀、虎尾沟和二矿小南坑打成3号、4号、5号、6号、7号共5个水井，铺设了三矿至洪城河的输水主干管道。1957年，市自来水公司在阳泉发电厂东侧和阳泉矿务局总仓库打水井3眼，日供水量2000立方米。1958～1965年，阳泉矿务局又在二矿小南坑和赛鱼火车站西侧打成8号、9号水井。其中，1959年投产的菜洼水井（今阳泉发电厂院内），装有55千瓦配套水泵2台，旺季日产水3.8万吨。此外，井址在菜洼（今矿务局总仓库院内）水井也在1959年投产。1965～1971年，市自来水公司在辛兴南桃河河道内建成16眼浅层水水井群。日平均产水1.54万立方米。阳泉矿务局建成10号、11号、12号水井。1972年，阳泉市革命委员会投资503万元，在寿阳县境内修建了山南水库，库容353万立方米，作为城区和矿区的备用水源。

由于工业特别是煤炭工业的发展和人口的增加，区内供水短缺仍十分严重，遇到干旱，工业和生活用水更是严重不足。1973年，仅阳泉矿务局日需水量就在2万立方米以上，而当时的可供水量只有3000立方米，致使坑下不能湿凿岩，工作面不能洒水。阳泉发电厂因水供应不足，只好用火车从娘子关拉水发电。1975年7月，开工兴建娘子关供水工程，1979年年底完工。使全市供水量达到12.96万立方米，矿区供水需求量有了保障。1985年，阳泉矿务局又在蒙村河口及桑掌等地先后建成3眼水井，修筑蓄水池8个，日供水量达到3.25万立方米。1988年，阳泉矿务局建立并启用了东配水站（水池2000立方米）、黄山水仓（1000立方米），引进了阳泉市的自来水。1991年，五矿投产后，又建起了大井1号、2号、3号深井，电厂4号、5号、6号深井，供五矿用水。

二、供水管网建设

民国26年（1937），日军在莱洼和洪城河打井，同时设输水管道。

新中国建立后，阳泉矿务局在1951年一边打水井，一边铺设供水管道，大大方便了煤矿生产用水和居民生活用水。随着经济建设的发展和工业用水的增加，阳泉矿务局又铺设了三矿至洪城河的输水主干管道。1965～1971年，阳泉矿务局铺设主供水管道5条。1983年，敷设了北井至1号水源井主管DN400。1985年，阳泉矿务局在桑掌和蒙村河口建井并且修建蓄水池后，铺设输水管道15条。至此，该局形成了自办的供水网络。1989年，为了适应贵石沟新区开发的需要，阳泉矿务局由平定县娘子关提水工程主干线区段至宋家庄2万立方米调节蓄水池之间铺设输水管道14千米。日供水量2万立方米，保证了生产和生活用水的需要。

1990年，阳泉矿务局敷设了从东配到西配主管DN600一趟；1992年，铺设一趟DN250管从机电科至二矿医院路西；1994年，敷设了从东配到西配主管DN600二趟；1997年，敷设了从西配到新景矿主管DN500二趟。

2001年，随着矿区城市基础设施建设投资的逐步加大，全区的供水管网得到了长足发展，管道日输水能力也不断得到提高，它不但逐步解决了工业用水和人民生活用水的问题，而且对促进矿区经济发展缓解城市用水的紧张状况起到了重要的作用。

三、供水管理

（一）水质检查

20世纪70年代，矿区开始对水余氯进行定期检验。汛期对桃河河水的浊度进行检查，并对源头和清水及水厂管道进行常规检查。检查的主要项目是：pH值、色度、耗氧量、氯化物、水温、浊度、硬度和嗅味。

（二）收费和计量

解放后，境内各单位均安装水表，根据水表所走的字数来确定用水量。居民用水则根据一个大院或人口比较集中的一个范围分别安装水表进行计量。收费时按每家户口实有人数进行收取，方法是用水表每月走的总吨数除以实有用水的人数得出每个人的平均用水量。居民用水按0.12元/吨收取，工业用水按0.16元/吨收取。

1981年，逐步实行水表入户，按表收费。居民用水价格是0.10元/吨，工业用水价格是0.33元/吨。1990年，居民和工业用水价格分别是0.28元/吨和0.49元/吨。

2000年，在市级房地产开发居民小区取消“总表计量，分表核摊”的收费办法，由各房地产开发公司向市自来水公司移交。

2006年10月1日，矿区对自来水水价进行了调整。其中，行政事业性用水由2.10元/立方米调整为2.80元/立方米，工业用水由2.50元/立方米调整为3.20元/立方米，经营服务用水由3.00元/立方米调整为3.80元/立方米，特种用水由12元/立方米调整为18元/立方米，居民用水价格仍为1.65元/吨。

（三）煤矿用水管理

1978年，阳泉矿务局有20个水仓和泵房，供水管网维修人员有100余人。1982年，建立并启用了东四尺水塔水池，建成了一矿苹果园泵房、东山水仓、三矿悬窑沟450泵房高位水仓。1983年，敷设了北井至1号水源井主管DN400。1984年，建成工程处黄水沟水泵房，实行定时供水。1985年，建成三矿沙坪泵房及马家坪水泵房。1986年，建成一矿矸山水仓、新泵房。1988年，建立并启用了东配水站、黄山水仓，引进了阳泉市自来水。1989年，修建并启用了三楼泵房。1991年五矿投产后，建成大井1号、2号、3号深井，电厂4号、5号、6号深井，外购原坪水库、尚怡水库，建成五矿苏村泵房，基地1号、2号泵房，水一区泵房。1992年，建成核桃园泵房。1993年，原水电处的6号、8号、12号水源井、东水塔划归二矿管理、东四尺泵房动压供蔡洼居民用水；建立并启用了简子沟泵房。1994年新建二矿红旗楼泵房，建立并启用了西配水站，主供新景矿、一矿木厂、电厂，三矿水塔、三矿泵房。成立了专业水暖队。1995年，建成核桃园水池，新建庙上泵房（深井）、18层泵房及水池。1996年，建立并启用了运输处泵房，扩建了赛鱼泵房并对800泵房进行了扩仓。1997年，新建一矿沙沟泵房、木场配水站泵房。1998年，建成虎尾沟水泵房。2000年，洪东、洪西、宏居苑、大院、后院小区实现24小时长供水。

2002年，2号供水系统改造更换DN150铸铁管、新修建了600泵房。2003年，恒康家园实现长供水。2004年，扩建4号泵房水仓，新建四矿东一区泵房，馨康家园实现长供水。年内，市自来水公司向阳煤集团供水增至3万立方米/日，增量部分按生活水单价结算。2005年，西河路东实现长供水，成立升华供水中心。

2007年后，阳煤集团用5年时间实现了生产用水和生活用水分离，大部分居民用上了长供水。2009年，对二矿养老院楼房系统管路及西煤台小区庭院管路进行了更换，对一矿苹果园泵房，工程处机关泵房和四矿东一区泵房实施标准化改造，四矿东一区、东二区650余户居民实现了24小时连续供水。2010年，改造了西配水站—新景矿主供水管路，提高了新景矿供水系统的可靠性。完成了一矿蒙河、二矿小南坑主供水管、庭院管改造，投用麻地巷水池，对二矿核桃园水池、矸山水池、一矿黄山水池实施标准化改造，小南坑、麻地巷2个地区当年实现了24小时连续供水。

（四）节约用水

1987~2011年，矿区制订了节约用水管理制度，取消了居民用水包费制度，实行了水表入户计量收费；推广使用节约用水设备，不断改造居民生活用水设施，提高了城市工业用水的重复利用率。

第二节　电力供应

矿区为阳泉市用电最早的地区。民国6年（1917），保晋公司进口1台1.9千瓦发电机安装在二矿，供办公室和场面照明使用。民国28年，日军动工兴建阳泉电厂，并于民国30年投产运行，安装1台由瑞士国王赠送给慈禧太后的650千瓦汽轮发电机组。民国31年，在莱洼发电所安装了1台2500千瓦的发电机组，以3.3千伏高压直配方式供境内矿厂生产和生活用电。至新中国成立前，该厂年发电量230万千瓦时，其中绝大部分为境内生产生活用电。

新中国成立后，国家先后投资扩建阳泉发电厂。阳泉发电厂直配出线7条，仍以3.3千伏高压分别向阳泉矿区所属煤矿和市区一些单位送电。1951年，新增了洪城河线，增装了1台美制1000千瓦快装机，增装美制1500千瓦的发电机组。1952~1953年增设三矿线、四矿二回线，改进了发电厂出厂跨越桃河的过河线。1955年，境内配电网络全面进行了10千伏升压改造。并建成了省内第一条110千伏输电线路，由太原热电厂向境内供电。1957年，马家坪变电站设35千伏出线5回，并由单母线改为双母线，增加了出线。1965年，建成阳泉发电厂至马家坪变电站35千伏双回联络线。

1978年，实施了单电源改双电源，单回路改双回路，增大导线截面，主要承重杆塔采用钢管塔、穿越繁华路段采用电缆、居民小区变台改箱式开闭所、断路器改无油化等项目。

20世纪80年代以后，随着企业的发展壮大，居民用电逐步由木杆架线改造为水泥杆架线，电费由包费制改为按表计费。1982年后，娘子关电厂及长岭220千伏变压站先后建成，区内供电由娘子关电厂经长岭变压站供给。至1990年，全区共有110千伏降压站1座，35千伏降压站9座。

1997年，国阳发供电分公司成立，下属三个热电厂，总装机容量为106兆瓦，年发电能力7亿千瓦时以上，主要负责阳煤集团内部电网和矿区110千伏变电站、17个35千伏变电站以及全部35千伏以上线路的调度管理业务。

2000 年，机关、居民用电计量开始改造成磁卡电表，每户一块表，集中售电，单独买电。2004 年 8 月，阳煤集团公司对生活后勤实行专业化管理，把隶属于一、二、三矿和工程处的供电系统的人员、资产及维护范围全部划归升华公司水电中心。2005 年 1 月，成立后的供电中心承担着从桃河南北水源井至一矿黄石板老区范围内地面企业和 40410 户居民的生产生活供电任务以及 7700 多户上杆电表、900 多户商业网点、190 多户集体户的维护、计量、收费工作。

2006 年 4 月供电中心水电暖业务实行专业化管理，供电计量和收费工作不断完善，居民楼房和商业网点每户都安装了磁卡电表，排房和自建房都安装了上杆电表，实行按表计量，微机管理收费。

2009 ~ 2011 年，完成了 18 个配电室的标准化改造，改造更换高压柜 97 台，改善了设备操作环境，提高了供电可靠性；对三矿蒙河、赛鱼、机厂等居民区 138 栋居民楼的电源电缆进行分段控制改造，更换配电箱 130 余个，更新高低压线路 14000 余米。

第三节　燃气供应

1957 年，阳泉矿务局在四矿进行顶板穿层钻孔抽放四尺煤层邻近瓦斯试验取得成功。1958 年，阳泉矿务局四矿开始局部试用瓦斯，主要用于坑口食堂煮饭、烧茶炉、锅炉、坑口加温和电厂发电，总的利用规模很小。

1964 年，七尺煤层邻近层瓦斯抽放试验成功。1969 年，一矿、二矿和三矿先后开始了瓦斯利用，共铺设了总长 80 多千米的大、小管道，其中主干管 7.2 千米，分支管 32.1 千米。庭院户管 46 千米。全区有 3000 多户居民和 1100 间集体宿舍、20 个职工食堂，均用瓦斯取暖、做饭。1970 年后，在一矿、二矿、三矿陆续建立了瓦斯利用系统。1975 年，有 5378 户家用住宅，2383 间集体宿舍，22 个职工食堂，31 个茶炉和 4 台锅炉利用了瓦斯。

1977 年，开始了煤气化工程建设。1982 年，全局共铺设了 18.69 千米的主瓦斯主干管、1.5 千米的瓦斯分支管及部分庭院用户管，建起了容积为 3 万立方米的储气罐 1 座。并购置了罗茨式鼓风机、调压器、煤气表和灶具等配套设备。同年，阳泉矿务局和抚顺煤研所共同合作进行瓦斯研究，提出了《阳泉矿区瓦斯利用可行性研究报告》。1983 年，阳泉市成立了煤气化工程领导组，下设煤气化工程指挥部，区内煤气化工程列入市煤气化工程项下。1984 年，该工程被列为国家重点工程。同年，中国市政工程华北设计院完成了该工程总体设计。1984 年 4 月，阳泉矿务局成立了瓦斯利用工程指挥部，年内建成 9 万立方米煤气储配站，铺设中低压网管 60 余千米，建立调压站 25 个，二次加压站 3 个，对原 3 万立方米储气罐部分设备进行了更换。

1985 年 6 月 25 日，苹果园小区正式送气。到 1987 年末，民用瓦斯户发展到 20142 户，气化率 74%，用户普遍安装了专用灶具和煤气表。

1990 年，随着市煤气化工程竣工，矿区用户达到 4 万余户。1991 年 9 月，建成了赛鱼 5 万立方米储配站、半坡 5000 立方米储配站、大堖沟 5000 立方米储配站，建成 29 座区域调压站，铺设 160 千米中低压管网，后方基地建设 4408 平方米。

1993 年 10 月，成立了阳泉矿务局煤气公司。1996 年 11 月，成立阳泉矿务局煤层气开发总公司。1997 年 11 月，阳泉矿务局煤层气开发总公司与阳泉矿务局煤气公司实行合署办公。

2001 年，安装使用瓦斯传输自动监控系统。同年 10 月，阳泉煤业（集团）成立煤气分公司、煤层气开发部。2002 年，对赛鱼至洪城河之间的 23 个雷诺调压站进行了改进调试，实现了赛鱼 5 万立方米储气柜向阳泉矿区及阳泉市的赛鱼以东段煤气二级输配运行管理。供气压力由原来的 8 千帕提高到 45 千帕。

2002年后，矿区煤气的使用重点转向大工业用户，阳煤集团办公楼、总医院急救中心用上了燃气中央空调，总医院、二矿宾馆、华越公司使用了燃气锅炉。石卜咀陶瓷厂、京宇磁材等大工业用户用煤气作为热能烧结产品。3个煤层气发电厂、80万吨氧化铝项目一期工程相继投产。

2003～2006年，在6个储配站安装配备了加臭装置。把四氢噻粉药剂按20毫克/立方米剂量加入输配，解决了瓦斯无色无味无臭特性所带来的发生漏气难以发现的问题。安装了变频装置，节能15万千瓦小时/年。将桑沟、沙沟、宋家庄、大南沟、小南沟段的煤气输送管路由DN400改造为DN720，改造总长度9千米。在水泥厂储配站更换罗茨鼓风机两台（容积80立方米更换为120立方米），在5万站更换罗茨鼓风机两台（容积60立方米更换为120立方米），供气总量提升了530立方米/分，每天输送煤气增加76万立方米。2005年2月，实现了向平定县供气，2006年2月，实现了向阳泉市供气。2011年，矿区煤气供气量增加到42018万立方米，收入增加到21022万元。

第四节 供 暖

境内民间历来以生铁所铸煤炉进行冬季取暖。20世纪50年代后，境内各矿安装了部分工业锅炉，附近居民用蒸汽取暖。70年代后，取暖方式由烧煤火炉向蒸汽供暖过渡，主要办公处所、医院、招待所等全部实现了蒸汽供暖。

1978年，阳泉矿务局共有34个锅炉房，其中一矿有8个锅炉房；二矿有5个锅炉房；三矿有7个锅炉房；四矿有3个锅炉房；机关站有8个锅炉房；工程处有3个锅炉房。担负着职工澡堂、工业厂区、部分办公楼和集体宿舍的供汽任务。供暖面积25.33万平方米。

80年代，区内公产住宅、职工集体宿舍及学校等公用设施也都使用蒸汽取暖，全区蒸汽供暖面积占总建筑面积的三分之二以上。

1980～1985年，阳泉矿务局在原有34个锅炉房的基础上，先后增加了一矿沸腾锅炉房、三矿麻地巷锅炉房、四矿沸腾锅炉房、二矿西区锅炉房4个锅炉房，并在四矿建立西山配汽室，更新了沸腾锅炉房至配汽室的蒸汽主管道1000米和福利楼浴室和采暖主管道。1985年，三矿麻地巷锅炉房再一次扩大规模，对竖井锅炉房进行改造，并正式投入运行。四矿新建快装锅炉房，同时安装快装炉至西山配汽室的供汽主管道。机关北区锅炉房建成投运，供热面积约为16万平方米。

1987～1989年，一矿新建班中餐锅炉房，停运K4锅炉，进一步扩大了供暖范围和区域。二矿更新改造了K4锅炉房的5台锅炉，新建了二矿中学锅炉房、东交换站、西交换站和钢厂交换站，全部采用浮头式管壳汽水交换器，增加供热面积15.6万平方米。三矿麻地巷锅炉房再一次扩大规模，改造医院、二中锅炉房。四矿锅炉队整体划归总务科管理，仍为队级建制。后矿务局总务科改名称为益华公司，锅炉队仍隶属于益华公司，仍为队级建制。矿务局机关站西区锅炉房建成投运，增加了西河路东、矿一中、矿二中、西河小学、安培中心、东山等供热区域，供热面积15万平方米。

1988年，在平潭小区投资146万元建立集中供热站，16个单位3.9万平方米住宅面积受益。1989年以来，继平潭小区实行集中供暖后，区内烟尘控制区和准备实行烟尘控制的地区先后将零星供热点合并，集中联网，开始向集中供暖过渡。

1990年，平潭街集中供热二期扩建工程竣工，装置了240万大卡/小时的热水锅炉2台，改造了上煤出渣系统和水循环、水处理系统，集中供热面积9.8万平方米，为1988年初建时的2.5倍。

1991年，五矿建成大井交换站、大井锅炉房，基地交换站、桥头一、二小区交换站，负责约4000户的供暖。1992年，一矿停运丈八锅炉，改造新锅炉房为10吨/小时沸腾锅炉，进一步扩大了供暖范围和区域。二矿新建了5号10吨/小时链条蒸汽锅炉。三矿麻地巷锅炉房再一次扩大规模，主要对蒙河地区的住宅进行供热。机关站东区锅炉房建成投运，北区锅炉房扩大规模，供热范围和面积进一步扩大，工程处黄水沟锅炉房建成投运，增加面积 0.8 万平方米。

1993～1998 年，一矿沙沟锅炉房改装，供热总面积 11.5 万平方米。成立水暖供应部，锅炉队隶属此部管理。二矿对东区、西区 4 台锅炉进行改造，并相继建成 18 楼交换站、9 楼交换站，全部采用汽水交换器，供暖面积分别为 4.7 万平方米、0.9 万平方米。三矿成立水暖公司。医院锅炉房扩大规模，建设赛鱼小学锅炉房。四矿对沸腾锅炉房 10 吨/小时沸腾锅炉悬浮段进行改造，新建东山一区锅炉房，新建刘家垴锅炉房供热面积增加 17 万多平方米。五矿对苏村家属区的供暖进行了改造，建成苏村交换站，对苏村家属区实行了集中供暖。机关站对西区、北区锅炉房进行改造，供热面积约为 35 万平方米。工程处土建工区锅炉房锅炉改造为 1 台 2 吨/小时热水常压锅炉。黄水沟锅炉房增加 1 台 3 吨/小时热水常压锅炉。黄水沟锅炉房增加 1 台 4 吨/小时热水常压锅炉，供热范围增加黄水沟 1 号～11 号住宅楼，桥东锅炉房建成投运，安装有 6 台 4 吨/小时常压热水锅炉，供热范围为桥东区，土建工区锅炉房停用。供热面积 22 万平方米。

1999～2000 年，一矿 1 号、2 号、3 号交换站建成并投用，供热面积为 45.45 万平方米。二矿建成新交换站 1 号、2 号系统，负责新增的小南坑居民住宅 6.7 万平方米的冬季取暖。成立二矿升华公司，锅炉队隶属该公司管理。三矿建设四尺煤锅炉房，安装 1 台 3 吨/小时常压热水锅炉，对四尺煤区域住宅、集体楼、办公楼和食堂进行供热。四矿成立华明水电公司，锅炉队从益华公司划出后划归华明水电公司管理，仍为队级建制，新建东山二区锅炉房，供热面积 2.88 万平方米。机关站南区锅炉改造，西山锅炉房建成投运，供热面积 7.8 万平方米。工程处桥西锅炉房建成投运，供热面积增加 15 万平方米，沸腾炉锅炉房停用拆除。

2001 年，一矿 4 号交换站建成并投用，安装 4 台板式换热器，供热面积 27.74 万平方米。二矿新交换站安装了 3 号系统，供暖面积 11.5 万平方米。四矿新建段家背锅炉房，供热面积 28 万平方米。从 2002 年起，实施热电联产集中供热工程。同年，阳煤集团投资约 2 亿元建设三电厂北线（桃河北岸）集中供热系统，供热面积总计 39 万平方米。同年，建成投运河口热交换站，供热面积 13.3 万平方米。2003 年，三矿西川热交换站投入使用，总供热面积 22.46 万平方米。桥西锅炉房改造为热交换站，供热面积约为 1.8 万平方米。

2004 年，实施了辰光热源热电联产三期工程，利用辰光热电有限公司的 2×12 兆瓦机组为全市供热。该项目设计供热能力 120 万平方米，当年发展供热面积 100 余万平方米，使近万户居民受益。同年，一矿、二矿、三矿锅炉队实行了供热专业化管理。三电厂北线集中供热系统马东热交换站建成投运，供热面积 24.77 万平方米。2005 年，二矿实施桃南集中供热工程，完成东四尺热交换站、蔡洼一区热交换站、蔡洼二区东热交换站、煤台楼热交换站，增加供热面积 27 万平方米。2006 年，一矿新建了 5 号交换站。二矿改造建成了小南坑西热交换站、小南坑东热交换站由原来的汽水交换器改造为板式水－水交换器，中学锅炉房改建交换站，新建了东窑房交换站、华越总厂交换站、广场交换站、新交换站、东交换站、华越上厂交换站、煤气公司交换站，代替了旧有的西交换站、钢厂交换站、9 号楼交换站、18 号楼交换站、红旗楼交换站、东区锅炉房、K4 锅炉房，供热面积 56.3 万平方米，三矿三电厂南线集中供热系统，建成投运煤气公司热交换站、南楼热交换站和支柱厂交换站。投资 1000 余万元对五矿区域内的供暖主管路进行了更新改造。机关站北区、西区交换站各增加 2 台板式换热器，供热面积 70 万平方米。工程处建成黄水沟热交换站，安装有 2 台板式换热器。供热面积 12 万平方米。阳煤集团集中供热面积 490 万平方米。

2009～2011 年，更新了桥东一次网支线，连通了新旧桃北一次网，扩建了北区交换站，新增供热能力 35 万平方米；在供热一次网尝试安装进口阀门，提高了供热的可靠性；对四矿煤山路两侧建筑进行了“汽改水”改造，安装了二矿燃气锅炉房备用锅炉，更新了一矿、二矿蒸汽管道，保证了各矿的生产用汽供应；投资 370 万元更新了 207 交换站一次网回水加压泵和二次网循环泵；为巩窑洼、东四尺部分住宅楼更换散热器 3900 余组。

第五编　交通运输　邮政电信

阳泉市矿区交通运输和邮政电信业历史悠久，但新中国建立前规模很小。新中国建立后，矿区交通运输和邮政电信业与经济和社会整体发展相适应，获得了巨大的发展。逐步建成完善的铁路运输系统、城市道路网和公路网，承担了阳煤集团年近6000万吨的煤炭外运量以及其他货运业务；铁路和公路客运长足发展，阳泉市公交公司15条公共汽车线路、阳煤集团交通车10余条市内线路和34条市外通勤线路满足了城市人口出行和接送职工的需要，进出矿区的300余辆个体客运车辆和1000余辆出租车方便了居民出行，为矿区公共交通的繁荣作出了贡献。矿区邮政7处网点共运营15条、357千米邮路道段，办理函件、包裹、汇兑、报刊发行等传统邮政业务以及邮政储蓄、保险业务、电子商务、集邮等业务。矿区联通分公司和矿区电信营销中心拥有先进的电信设施，开办了固定电话和移动电话、光纤宽带等业务，使矿区与全国和世界通联，与日新月异的时代接轨。

第一章 铁路运输

清光绪三十年（1904），矿区境内开始修筑铁路。新中国建立后，矿区逐步建成完善的铁路运输系统。至2011年，境内有铁路主干线石太线、6条装车专用线，有赛鱼货运中间站、7个装车站和天成集运站，有4个运转调车场。在铁路建成后的104年中，赛鱼站除办理货运业务外，多数年份还办理客运业务。境内铁路货运业务除一般物资运输外，主要是煤炭外运业务。2011年，阳煤集团煤炭铁路外运量完成3256.4万吨，为历史最好水平。

第一节 线路和场站

一、石太线

石太线是山西省最早的铁路，全长231千米。清光绪三十年（1904），法国从清朝中央政府取得正（定）太（原）铁路筑路权并动工兴建，翌年修至境内平潭街村地段。光绪三十二年十月，正太铁路全线建成通车。民国22年（1933）1月31日，正太铁路路权移交中国政府。民国29年将其改建成标准轨，并更名为石太铁路。民国34年日本投降后，国民党政府接管石太线。新中国成立后，石太线回到人民手中。1955年，石太铁路动工建设复线，1958年竣工。1974年，石太线电气化工程动工。1980年9月，石家庄至阳泉段电气化工程竣工。1982年9月，阳泉至太原段电气化工程竣工，石太线成为国内第一条双线电气化铁路。

石太铁路东西横贯阳泉市矿区，长约8.5千米，设有赛鱼车站（四等站）；配置了铁路专用线、集配站和编组站。1986年，阳泉矿务局根据煤炭部、山西省煤管局的意见，成立铁路自营筹备处，开展自营工作。1990年，阳泉矿务局铁路筹备处撤销。2003年9月，阳煤集团将10列443节自备车上交铁道部。至2011年年底，维持铁路代营。

二、铁路专用线

（一）一矿铁路装车专用线

自石卜咀集配站4号道岔出岔，向西北方向至一矿煤炭铁路装车站，全长7.026千米。站内有5条装车线。

经燃料工业部华北煤矿管理总局批准，1955年8月正式动工兴建一矿铁路装车专用线，同时兴建石卜咀集配站。1956年10月，该专用线竣工通车。该线中途还支出三矿装车铁路专用线、四矿铁路装车专用线。1986年，增加6、7、12股道，5、6道安装2台机械轨道衡。1988年，电气集中信号投入使用。1989年，3、4道安装机械轨道衡2台，全部实现轨道衡计量。1990年8月，大井装车站6502电气集中信号控制系统投入使用。1993年，4、5道机械轨道衡改为机电结合轨道衡2台，增加承量显示仪表。10月，3道机械衡改为全电子轨道衡1台。1998年，更换43千克道岔为50千克道岔5组。2007年，3道、4道轨道衡进行周期大修。2008年，1道、2道、7道约1.5千米更换43型钢轨为50型钢轨，并对43型扣件进行更换。同时，更换一矿线磨损扣件及胶垫4千米，并对线路进行拨道整修，还在一矿装车站内安装报警器3台。2010年5月，对4道、5道、6道进行轨道衡大修，使5道、6道的轨道衡由模拟传感器改为数字传感器，还对道口设备进行大修，包括对一矿前庄道口、庙上道口进行整修，将道口铺面更换为橡胶板。10～11月，对一矿走行线4.6K—5.6K线路进行中修，并将板式扣件更换为弹条Ⅰ型扣件，并对3.2K—5.6K范围进行了路肩施工；对一矿走行线3.2K—4.6K混凝土枕进行了更换大修，对一矿走行线3.2K—4.6K小半径地段更换Ⅱ型轨枕共计2200根，同时清筛补渣，补充加强设备，整修线路。2011年8月，一矿走行线更换混凝土枕1.3千米。9月，一矿走行线K4+910—K6+410更换轨枕总计1.5千米，并更换弹条式扣件，同时清筛补碴及补充加强设备和清理污土。10月，8道、9道更换钢轨及混凝土枕共计1千米。一矿拆除交分道岔，铺设单开道岔。

（二）二矿铁路装车专用线

自简子沟编组站西信号14号道岔出岔，向西至二矿煤炭铁路装车站，全长1.183千米，站内有装车线4条。

清光绪三十二年（1906）十月正太线通车后，即建设了二矿铁路装车专用线。民国26年（1937）日军侵占正太线后，将该专用线由窄轨改为单行标准轨。1949年新中国建立后，该专用线沿石太线南线西进，在二矿处支出3条装煤线，分别运送二矿、三矿、四矿的煤炭。该专用线主要运输东四尺、小南坑所产煤炭，年运输量160万吨。1978年10月，新建二矿筛选厂，引起铁路专用线与石太线的换边工程，小南坑装车线拆除32千克钢轨，更换50千克钢轨1.55千米，改为石太下行线；在原下行线更换50千克钢轨0.88千米，改为石太上行线；新增渡线道岔4副。拨移原上行线0.94千米，改为新二矿线，桃河矿线和二矿线连成一体，该线主要运输东四尺、小南坑所产煤炭，年运输量约160万吨。1983年，该专用线2、3道延长达到半列装车。1985年9月，专用线4道安装全局第一台机械轨道衡。1987年，将人工道岔改为电气集中控制，更换43千克为50千克钢轨3千米，东区更换43千克为50千克道岔5组，更换木枕为水泥枕5000根。铁路装车牵引绞车由回柱机改为无极绳绞车。1989年，二矿走行线更换43千克钢轨为50千克钢轨0.7千米，1道延长80米增加5个车。1992年，二矿6502电气集中信号开通。2008年，二矿站进行电气集中改造。2009年，更换简子沟至二矿通信电缆2千米。2010年6月，二矿铁路装车专用线进行大修，将走行线更换为50千克钢轨，并将混凝土枕更换为Ⅲ型混凝土枕0.85千米，同时清筛道床，补充石渣，补充加强设备，整修线路；还对道岔进行了大修，将既有四组道岔更换为50千克－1/9单开道岔，岔区道岔前后线路更换50千克木枕0.15千克。7～8月，3号衡、4号衡进行大修。2011年10月，3道更换钢轨及混凝土枕0.9千米。

（三）三矿铁路装车专用线

自石卜咀集配站2号道岔出岔，向西跨越蒙河大桥，至三矿煤炭铁路装车站，全长1.648千米，站内有装车线4条。

该专用线于1955年8月动工兴建，1959年10月竣工投产。1989年，改手工道岔为电气集中控制。2006年，更换1至4道43千克钢轨为50千克钢轨2千米。

（四）四矿铁路装车专用线

自石卜咀集配站1号道岔出岔，向东北至四矿煤炭铁路装车站，全长1.267千米，站内有装车线4条。

该专用线于1955年8月动工兴建，1959年10月竣工。1987年，该专用线改扩建，增加5股道计2千米。1989年，改手工道岔为电气集中控制。1990年，安装机械轨道衡1台。1993年，机械轨道衡改为机电结合轨道衡。2010年拆除。

（五）五矿（贵石沟）铁路装车专用线

起于白羊墅火车站，终于阳泉矿务局五矿选煤厂装车站，全长17.98千米。内设平定站、冠山庙站、五矿站等4条装运线路。全线共设大桥2座，长762.20米；中桥9座，长216.7米；小桥2座，长25.23米；涵渠52条，长1234.27米；隧道2座，长534米。该专用线主要担负阳煤集团五矿煤炭和生产物资的运送，年发运量174万吨。

该专用线自 1959 年 1 月初次动工建设，至 1991 年 12 月 19 日建成正式投产，历时 32 年。1996 年 8 月 4 日，该专用线 15 千米处因暴雨形成滑坡，铁路发生位移，造成行车中断。阳泉矿务局抢修两天两夜，处理线路路基和护坡、水沟 200 米。2007 年，五矿站进行电气集中改造；更换道岔 21 组，对信号楼进行整修。12 月，五矿大井材料线开通，五矿小井材料线移交兆丰铝业。2008 年，五矿装车站调运与装车系统进行改造，与阳涉公司相匹配；五矿 1 道轨道衡进行周期大修，并增装了轨道衡防雨棚；更换五矿专用线磨损扣件及胶垫 5 千米，并对线路进行拨道整修。2009 年 6 月，五矿走行线 43 千克钢轨更换为 50 千克钢轨约 4 千米，并对桥梁进行加固整修；8 月，五矿材料线道口按新标准进行铺设，并对信号楼进行改造。2010 年 2～4 月，对五矿走行线 9.352K—14.584K 处桥梁进行大修，更换桥面部分失效人行道板，并修补梁体、墩台裂纹和安设挡渣网；5 月，将五矿走行线 11.3K－12.3K 处进行换轨大修，43 千克钢轨更换为 50 千克钢轨 1.0 千米，更换部分失效轨枕，清筛道床，补充石渣；8 月，五矿 5 股道轨道衡进行大修，更换传感器及附属设备。2011 年，更换五矿走行线大桥部分桥面人行道板，安设桥面防护网，修补预应力混凝土。

（六）新景矿铁路装车专用线

自赛鱼货运中间站 26 号道岔出岔，向西至新景矿煤炭铁路装车站，全长 8.997 千米。有装车线 3 条。

该专用线 1997 年 6 月竣工，10 月 1 日投入使用，煤炭运输能力 125 万吨。2007 年，更换磨损扣件及胶垫 5 千米，并对线路进行拨道整修。2008 年，简子沟至新景矿更换电缆 7 千米。2010 年 2～3 月，安装了新景矿线 3K＋490 处道口防护设备；5～6 月，对该道口进行大修，并将道口铺面更换为橡胶板。9 月，对新景矿走行线 4.2K—5.5K 进行中修。2011 年 10 月，对新景矿线 0K—1.5K 起道整修。

三、场　站

2011 年，矿区境内有赛鱼货运中间站、7 个铁路装车站（一矿、二矿、三矿、四矿、五矿大井、五矿小井、新景矿铁路装车站），阳泉站负责各矿装车后的调车作业，另设有天成集运站。铁路装车专用线与国有铁路间运转调车场有 4 个：阳泉站、阳泉简子沟站为国铁编组站，石卜咀站为阳煤集团列车集配站，另有平定列车会让站。

（一）赛鱼车站

赛鱼车站隶属北京铁路局阳泉站，地处阳泉市西部，位于石太线电气化区段 114.328 千米，是北京铁路局与太原铁路局的分界口，西与太原铁路局坡头站上行进站信号机 115.024 千米为界，距坡头站 5.601 千米，东与阳泉站运转二场（简子沟）下行进站信号机 113.117 千米为界。站内设线路 8 条、专用线 3 条、货物线 1 条，线长 8 千米。按业务性质和技术作业为办理货运业务中间站。按车站作业量和等级为三等站。

赛鱼车站于清光绪三十一年（1905）建成，起初仅有 3 股道，站线很短，只办理通过列车和临时货运，不办理客运。新中国成立后，移址建立新站，并开始办理客运，年货运量 2 万吨，客运量 2 万人次。20 世纪 70 年代扩建后，该站有站舍 420 平方米，候车室 140 平方米，道岔由 3 股发展到 26 股，除 2 条正线外，有到发线 6 条、专用线 3 条，露天货场 1 个，货物仓库 1 座，货物台 1 座，站台点 6 个，货物线 1 条，日发车 750 吨，发运货物主要为煤炭、钢铁、铝钒石、硫铁矿、耐火材料、日用百货、粮食、蔬菜等。赛鱼车站管理严格，注重提高服务质量，认真实施作业标准化，1978 年被北京铁路局命名为红旗站。1982～1990 年，赛鱼车站创造了安全生产 3280 天无事故的成绩。1990 年，年货运量增至 70 万吨，客运量增至 21 万人次。2000 年后停办客运。2006 年，日接发列车 132 列，日均办理 21 辆，日均货物发送量 229761 吨。2007～2011 年，赛鱼站 15 组正线道岔全部更换为 60 千克混凝土岔枕道岔。

（二）简子沟编组站

简子沟编组站东距阳泉车站2千米。始建于1959年。1974年，国家批准对该站进行电气化改造并扩建，土建工程由铁路部第三设计院设计，电气化工程由铁道部电气化工程局设计。1978年5月正式动工，1980年6月1日全部竣工并开通使用。改扩建后东西长1400米，南北宽170米，占地面积23.8万平方米。该站为机械化驼峰车场，有站线22股，其中到发线8股，编发线4股，编组线9股，走行线1股，设机务整备点1座，线路总长22千米。到发区为6502电气集中控制，调车场西部为7021电气集中控制。到发区及调车场西部道岔全部实现集中控制。1988年，调车场点连式减速顶投入使用，全站实行电气化管理。1990年，简子沟编组站每日编组能力1800辆，为北京铁路局十大编组站之一，是阳泉煤炭外运的主要集发地。90年代改称阳泉站运转二车间，为一级横列式编组场，担负上行列车始发、上下行无调中转作业任务。2001年6月21日，对简子沟站到西信号的双进路进行改造施工，7月2日竣工，有站线21条，其中到发线10条、编发线4条、编组线6条、走行线1条，提高了简子沟场（站）西咽喉上行的接车能力。2006年，阳煤集团出资对国铁简子沟编组站西咽喉、西信号进行改造，并对桃河线K0+000—K0+392进行了改造。6月，工程改造完毕，简子沟编组站西咽喉道岔侧向通过速度由原来的25千米/小时提高到45千米/小时，新景线、二矿线、石卜咀集配站实现整列（58车）进出简子沟编组站。2007~2011年，对站内管辖区域进行改造，全部更换为60千克钢轨道岔，与石卜咀站接轨处成段更换为Ⅲ型混凝土轨枕。简子沟编组场的设备也进行了升级改造，驼峰下道岔集中更换了20余组。

（三）石卜咀集配站

石卜咀集配站位于桃河北岸，临近石卜咀村，距阳泉车站7千米、简子沟编组站5千米，1956年始建，1959年10月竣工投入使用。东西长约1100米，南北宽约70米，占地面积7700平方米。1978年进行首次改造，将7股道扩建为8股道，并将1股道和2股道两端各延长200米，编解能力由年750万吨提高到900万吨。1983年4月，由阳泉矿务局投资250万元，石家庄铁路分局负责施工，进行线路电气自动化配套，设计采用6502电气集中控制。1984年9月，工程竣工投入使用，办理一趟列车由10分钟减少到7分钟。阳泉矿务局所属一、三、四矿所产煤炭装车后，全部集中该站编组发运。90年代改称阳泉站运转三车间。2007年，更换11组43千克道岔为50千克道岔。桃河桥更换木枕为砼枕。桃河线Ⅱ砼枕更换Ⅲ砼枕800米。2009年7~8月，北京铁路局北京通信段对石卜咀集配站通信工程进行大修，更换简子沟至石卜咀电缆4千米。2010年6月，对石卜咀集配站3股道及桃河线0.65K—0.85K进行换轨大修。其中，石卜咀站内3道更换50千克钢轨及Ⅱ型砼枕0.65千米，桃河线0.5千米木枕更换为Ⅲ型混凝土轨枕。2011年10月，石卜咀集配站1道更换钢轨及枕木0.9千米，并对线路补充加强设备。

（四）天成集运站

天成集运站位于下五渡207国道一侧，占地面积25.67公顷（385亩），2006年1月20日开工建设。由阳煤集团宏厦一建、宏厦三建、宏厦公司共同承建，工程总投资1.46亿元，采取交叉作业方式施工，共挖运土石方100余万立方米，砌石方5万余立方米，完成排水涵洞1600余米，铺建混凝土路面3200余米。当年7月11日，集运站竣工并进入试运行阶段。

阳泉天成煤炭铁路集运有限公司于2006年6月23日成立，由山西国阳新能股份有限公司、山西省煤炭运销总公司阳泉分公司、阳泉世纪华夏煤炭销售有限公司、阳泉东昊物资贸易有限公司4家法人企业共同出资建立，注册资本1亿元。天成公司由电气化铁路专用线、储煤站场及运煤专用公路三部分组成。天成公司煤场储煤能力30万吨，铁路专用线长1千米，一期工程年发运能力500万吨，装车方式采用装载机装车。2006年完成煤炭外运150.55万吨，实现了当年立项、当年投产、当年见效。2007年10月24日，试运行5000吨大列取得成功，当年完成煤炭外运329.8万吨。2008年完成煤炭外运402万吨。2009年完成煤炭外运491万吨。2010年完成煤炭外运514.67万吨。2011年完成煤炭外运 516.12 万吨。

四、桥　涵

（一）铁路桥梁

赛鱼铁路桥。位于矿区赛鱼口，跨越蒙河，又称蒙河大桥。桥高 16.6 米，长 154 米，共 9 孔，为双曲钢筋混凝土结构，由铁道部设计事务所设计，1956 年 7 月建成，当年 10 月投入使用。

桃河铁路桥。位于阳泉矿务局二矿和四矿之间的桃河上，桥高 18 米，长 338.98 米，共 15 孔，为钢筋混凝土结构，由北京煤矿设计院设计，1955 年动工，1956 年 10 月建成使用。

中川河铁路桥。位于贵石沟新区境内，系五矿铁路专用线上的第二座铁路桥，跨越中川河，桥高 25 米，长 306.76 米，共 12 孔，为预应力钢筋混凝土结构，由铁道部第三工程局、石家庄铁路分局，成都桥梁工厂和成都铁路局配合，阳泉矿务局一、二、三工程处承建，1985 年 3 月建成使用。

（二）涵　洞

老君庙沟涵洞。位于四矿铁路专用线老君庙沟，长 12 米，宽 3 米，高 3.4 米，拱形石砌，行人和畜力车可通过。

东庄沟涵洞。位于石卜咀集配站，长 24 米，高 3.4 米，宽 3 米，拱形石砌，供排洪排污之用。

水泉沟涵洞。位于石卜咀集配站，长 24 米，宽 4 米，高 4 米，一般大型车辆可通过。

窑沟涵洞。为坡涵洞，洞坡 7°，洞长 12 米，高 3 米，宽 3.2 米，主要作用为排洪。

黄水沟涵洞。位于石卜咀集配站，长 38 米，宽 3 米，高 3.4 米，小型车辆可通过。

虎尾沟涵洞。位于石卜咀集配站，长 30 米，高 3.2 米，宽 4.2 米，拱形石砌，一般中型车辆可通过。

第二节　客货运输

一、客　运

境内铁路客运车站仅石太线赛鱼站一个车站，属石家庄铁路分局阳泉站管辖，为四等站。石太线营运初期（1906～1937），仅开行两对客车，昼夜行驶，客运量有限。抗日战争时期，正太线为日军所控制，主要用于军运，客运几乎没有。解放战争时期阳泉解放前后，该线分别处于国民党统治区和解放区，客运完全停止。新中国成立后，正太路客运迅速恢复，客运量逐年增长，20 世纪 50 年代年均发送旅客 2 万人次，60 年代年均发送旅客增至 11 万人次，70 年代年均发送旅客增至 18 万人次，80 年代年均发送旅客达到 24 万人次。1996 年 6 月太旧高速公路建成通车后，分流了部分旅客。2000 年，赛鱼站停办客运。

二、货　运

清光绪三十二年（1906），正太路开始营运，主要进行煤炭及铁货运输。阳泉地区的保晋公司、建昌公司、广懋公司等所产煤炭大部经正太路运往石家庄、保定、湖南、北京、天津、张家口、汉口、上海等地，还有部分经正太线远销香港、日本及南洋。赛鱼车站靠近裕公矿，该站主要运输裕公矿所产煤炭。据正太路货运统计，民国 21 年（1933）赛鱼站运量 143133 吨。民国 26 年日军占领阳泉后，对正太路进行改造，将窄轨改为标准轨以提高运输能力。民国 34 年日军投降后，国民党军队挑起内战，铁路货物运营被迫中止。

新中国成立后，石太线运力逐年提高。20 世纪 50 年代，年均发送货物 4700 辆。1958 年，正太线复线改建工程竣工。50 年代末，营运量达到 691.5 万吨。60 年代，年均发送货物 1400 辆。60 年代后期，因“文化大革命”影响，煤炭营运量一度下降至390万吨。70年代，年均发送货物6000辆，70年代后期“文化大革命”结束，煤炭生产迅速恢复，营运量达到1100万吨。

1980年9月和1982年9月，石家庄至阳泉段及阳泉至太原段电气化工程先后竣工，运输能力大为提高，列车牵引定数提高59%，运行速度提高31.5%，机车日车千米提高26.2%，机车日产量提高22.2%，列车平均牵引总重量提高53.2%，上行牵引从2200吨提高到3500吨，输送能力上行比电气化前提高50%，下行提高35%，达4000万吨。减少了阳泉站有调中转，消除了境内赛鱼口列车等线积压现象，加速了车辆周转。80年代营运量上升至1358万吨。1990年，阳泉矿务局所产煤炭经石太线销往国内17个省、市、自治区，发送货物12000辆。

2000年，石太线上行发货物列车按48辆3000吨编组。2004年，石太线上行发货物列车提高到52辆3300吨。2006年，石太线上行发货物列车按51辆4500吨编组。同年，通过提高阳涉线运力，发挥天成集运站功能，阳煤集团的铁路外运增量超过200万吨。2007年，阳煤集团继续调整外运结构，优先组织品种煤外运，削减公路市场散户。2008年，在冰冻雨雪灾害、汶川地震、奥运期间，阳煤集团按照国家要求，抢运电煤，保证了电厂对煤炭的需求。2009年石太线上行发货物列车按56辆5000吨编组。全年阳煤集团铁路外运3068万吨，占总外运量的77.8%。2010年，拆除四矿铁路专用线等铁路专用线，全年阳煤集团铁路外运3146万吨。

截至2011年年底，阳煤集团铁路专用线总长77千米。有道岔120组，大小桥梁29座，涵渠92个，隧道2个，6502电气集中信号8处，电子轨道衡23台。共有固定资产2.8亿元。2011年，阳煤集团煤炭铁路外运量完成3256.4万吨，创历史最好水平。

第二章　道路运输

阳泉市矿区的公路网是新中国建立后逐步建成的，除城市道路外，太旧高速公路、赛鱼路、307国道、307复线及连接线、贵石沟工业园区道路为客货运输提供了便捷的通道。境内公路运输管理主要由市级机构及部分区级分支机构承担，路政、运政、道路养护、养路费征收等项工作逐步规范化。境内客运仅城市公交和少量路过的长途客车。货运在2000年前主要依靠铁路；2000年后，公路运输为铁路分担了部分煤炭外输运量。2011年，煤炭外运总量达到2494万吨。

第一节　公　　路

新中国建立后，境内着手公路建设。20世纪50年代末，先后改建了矿务局至四矿口，四矿口至四矿办公楼，赛鱼至黄石板，马家坪至西河等道路。1963年起，在桃河两岸筑坝填土，建成桃北中路、桃北西路和桃南中路、桃南西路。80年代，对已有道路进行拓宽、改建。1985～1987年，区内道路全部铺设沥青，达到三级以上等级公路标准。后多数路段因通过城市中心区，建成城市街道（详见本志第四编《城市建设》第二章）。70～90年代，贵石沟新区建成道路网。通过境内的还有太旧高速公路、赛鱼路、307国道、307国道复线及连接线。

一、太旧高速公路

太旧高速公路系国家“八五”重点公路建设项目，是山西省第一条全封闭、全立交高等级公路。1993年5月18日奠基，同年9月动工，1996年6月25日全线通车。西起山西省省会太原，东至省界旧关，全长144千米，宽21.5米~23米，属山岭重丘区高速公路。东西横贯阳泉市矿区南区（贵石沟新区）。阳泉市境内有1座大型隧道，3座特大型桥梁，48座大中型桥梁。

二、赛鱼路

东起赛鱼桥，西至坡头，太旧高速公路至连接。1996年3月10日开工建设，6月22日竣工通车，共完成投资3.2亿元。山岭重丘一级公路，长7.2千米，宽40米，双向6车道。有芦湖大桥、桑掌桥、马家坡桥及中小桥涵19座，桥梁荷载为汽-20。

三、307国道

路线名称为黄骅—银川线，原名为太（原）旧（关）线，后改名为太（原）石（石家庄）线，1986年公路普查后始称307国道。矿区境内路段东起桃北中路宏城桥北头，西至坡头太旧高速公路口，全长12.5千米，宽12米~40米，由市政养护。

四、307国道复线

2005年9月26日，307国道复线坡头至水峪段一级公路开工建设，全长28.8千米，路基宽23米。有1座大型隧道天子庙隧道。工程按照双向四车道、一级公路标准建设，设计时速60千米。总投资9.7亿元。复线工程途经境内赛鱼，拆迁境内企业阳煤集团部分设施。工程完成土石方860万立方米，采空区注浆900余万立方米，建设大中桥梁12座、通道5道、涵洞45道、互通立交1处、隧道1761米、路面703平方千米。2007年12月18日，307国道复线竣工通车，打通了一矿、三矿、四矿、洪城河等连接线和断头路，形成纵横交错的城市道路网络格局。

五、307复线连接线

一矿、三矿运煤专线。2007年6月开工，12月19日建成通车。两条公路总长3.3千米。

矿山路至307复线连接线。2010年建成。起点为黄石板，由西向东北接307国道复线天子庙隧道西侧，采用双向分流形式。矿山路与连接线合计全长5.3千米。

煤山路至307复线连接线。2010年建成。起点为四矿生产区维修厂，由西向东北接307国道复线天子庙隧道东口魏家峪村北，采用双向分流形式。煤山路与连接线合计全长4.64千米。

六、贵石沟工业园区道路

20世纪70~90年代，随着贵石沟新区的开发，建成了平冶路、冠山路、苏村路、大井路、矿山路、建设路、南川路共7条道路，全长17070米。21世纪初，贵石沟工业园区加紧开发，对这些道路进行了维修、绿化，道路条件不断改善。

2011年阳泉市矿区贵石沟工业园区道路一览表

表5-1　　单位：米

标准名称	起迄地点	建成时间	长度	宽度	等级	路面结构
平冶路	平定县东—冶西镇冶西村	1980年12月	4200	9	三级公路	沥青路面
冠山路	平冶路东端—平定县冠山	1982年	3870	9	三级公路	沥青路面
苏村路	冶西镇苏村—平冶路中段	1986年3月	3000	9	三级公路	沥青路面
大井路	平冶路西段—大井	1985年10月	2000	9	三级公路	沥青路面

续表 5－1

标准名称	起　迄　地　点	建成时间	长度	宽度	等　级	路面结构
矿山路	苏村路中段—建设路中段	1990 年 6 月	1000	9	三级公路	沥青路面
建设路	冶西镇苏村—大井	1990 年 6 月	2000	9	三级公路	沥青路面
南川路	五矿多营公司—苏村路北段	1971 年 10 月	1000	9	三级公路	沥青路面

第二节　公路运输管理

一、路　政

阳泉解放后，市政府于 1954 年 4 月设建设科，配备 2 名专职交通干部负责路政工作。翌年 3 月设立交通科。此后，路政工作逐步加强。50 年代后期，以保障道路畅通为出发点，禁止破坏公路范围内的一切建筑和两侧树木，禁止在公路界限内堆积和建设妨碍交通的物品及房屋。1958～1976 年，路政建设受到干扰，违反上述规定的现象时有发生。1978 年中共十一届三中全会后，通过拨乱反正，境内路政工作步入正轨。公路部门在有关单位的配合下，整顿交通秩序，拆除侵占公路的违章建筑，对乱伐道树、毁坏道路现象予以严惩。1988 年贯彻国务院发布的《中华人民共和国公路管理条例》和山西省人大通过的《山西省公路管理条例》，在公路沿线进行广泛的宣传，进一步加强公路管理，路政工作纳入依法治路的轨道。路政管理由公路部门行为逐步向政府行为和社会行为转化。到 1999 年，形成了以公路部门路政人员为轴心，以沿线厂矿企业、村镇负责人和广大人民群众为辐射的路政管理网络，形成群防群治、综合治理的路政管理格局。2010 年 4 月，省交通运输厅路政服务大厅在阳泉设立办证点。2011 年 1 月，阳泉市矿区执法分局成立。同年 10 月，山西省阳泉路政服务大厅成立。开展了查处超限运输工作，路政案件发现率和查处率分别达到 98% 和 100%。

二、运　政

1949 年 12 月，境内第一个专业运输管理机构——山西省人民政府交通局运输公司阳泉客货转运栈成立，直属山西省运输公司领导。境内客货转运主要由该栈组织马车进行营运，营运能力也仅限于为各小煤窑运煤和拉运零星物资。1951 年 3 月，客货转运栈改称阳泉联运支公司，开展了铁路、水运、航运联运业务；5 月，实行“三统”（统一运价，统一调度，统一货源）管理办法。1952 年 8 月，根据中央关于运输正规化的指示精神，停止国内联运业务，并组建国营山西省运输公司阳泉支公司，下辖中心汽车站，实行合同运输。公营单位都签订了长期批量运输协议，执行全省统一运价。1954 年 2 月 25 日，山西省运输公司阳泉运输支公司所辖中心汽车站改组为山西省人民政府交通厅运输局阳泉中心站。1956 年 6 月，境内公私合营和私营运输企业全部并入阳泉运输支公司。1957 年 10 月，阳泉运输公司与阳泉中心站合并成立山西省交通厅阳泉运输局。翌年 10 月改称阳泉市交通局，下设运务科具体负责运政管理工作。由于强化了公路运输管理工作，境内运量明显提高。1961 年开始实行政企分开，国营汽车运输企业收归山西省运输公司，客货运输仍由省里来划定路线和运营区域，地方专业运输企业（包括集体运输企业和农副业运输企业）由市交通运输指挥部管理。

“文化大革命”期间，境内运价普遍下调。运输部门根据阳泉市货源情况、车型特点，市交通局两个汽车队实行分户单独核算，明确划分了营运路线，保证了运输事业的顺利发展。

1978 年中共十一届三中全会后，阳泉市交通局设立社会运输管理处，在境内设赛鱼运输管理站，对客货运输业、搬运装卸业、汽车维修业和运输服务业进行管理。1980 年后，运输市场出现了国营、集体、个体一齐上的局面。市运管处加强境内公路运输管理，严格发放“准运证”。

1992 年，境内企业阳泉矿务局（阳煤集团）设立交通安全联组（后称交安委），负责车辆管理、车辆安全费统筹、治理超限超载、危险货物运输管理。下属基层交安委担负本单位的车辆及驾驶员的日常管理和教育。2000 年，阳煤集团下发车辆购置及使用管理办法，初步规范了集团公司的车辆使用和管理。同年又下发了集团公司非生产公务用车编制和配备标准，规范了非生产公务用车的使用管理。2003 年，阳煤集团设立机动车安全费统筹办公室，承担阳煤集团所属各单位机动车安全技术服务费的收缴，事故车辆的勘察、定损、赔付。2005 年 4 月，阳煤集团出台车辆管理和交通安全管理规定，进行公车改革。到 2008 年，共有 24 个单位 162 台公务车参加了改革。2008 年 4 月，阳煤集团出台公务用车车辆编制管理办法，进一步规范公务用车，加强新购车辆的审批。截至 2011 年年底，参加内部统筹的车辆有 1000 余台。

三、道路养护

阳泉解放初，公路建设资金甚少，境内只是在路阻地段临时组织群众挖土垫路、平坑填沟，维持通车。1950 年，阳泉成立公路管理站，负责征收养路费和保护公路。1951 年，政务院颁布《民工建勤整修公路暂行规定》，开始了有政策、有组织、较规范的公路养护活动，重要干线公路由专业道班养护；其余地方道路采取民工义务建勤办法，组织群众养护。1952 年，阳泉矿务局四矿至辛兴等地方道路则采取民工建勤办法进行养护。1960 年，境内将所辖公路干线和重点地方道路的群众养护队（均系农民）改编成专业道班，统一指挥。1961 年，将道班养路工人压缩回村支援农业生产。结果导致所辖区内公路无人养护，道路遭到损坏，行车时速降为 16 千米。

20 世纪 70 年代，境内大修国防公路，对境内太（原）旧（关）国家干线进行专业道工养护，每千米 1.5 人；市社公路采取“以社建队，以路分段，以组作业，分散食宿”的养护方式，其中市道每千米配备 1.3 人，社道每千米配备 1 人。中共十一届三中全会后，阳泉公路局将竞争机制引入公路养护工作中，在全市推行“划段包干，责任到人，定额管理，联质计酬”的公路经济承包责任制，使境内公路养护质量得到大幅度提高。

1986 年 6 月，一般干线和县乡公路交由市交通局管理，阳泉公路总段管理 2 条国道（207 线、307 线）、4 条省道（阳东线、榆盂线、阳井线、阳石线），养护里程 370 千米，职工 940 名。1987 年 3 月 24 日，山西省公路局阳泉分局成立，负责境内国道、省道的养护和管理。

1990～2011 年，公路管理部门根据主要干线公路的实际情况，建立养管一体新体系，开展了“四个一百”工程（建设百公里文明路，建设百公里绿色走廊，建设百公里广告长廊，建成“百人”路政管理网络），公路年末好路率达到 89.44%，年平均好路率达到 76.48%，年末养护综合值达到 80.71，年平均达到 74.6。

四、养路费征收

1950 年 10 月，阳泉公路管理站成立，代征养路费。初只征收马车养路费，年收缴额 2000 余元；后随着国民经济的恢复发展，养路费征收范围逐渐扩大。1956 年 6 月，阳泉汽车监理所成立，专门负责征收公路养路费。1963 年，按照《山西省公路养路费征收暂行办法》，境内运输企业及其他企业、事业、供销合作社的营业或自用载货汽车、大型载客汽车、特种车、畜力车、营业性小型载客汽车，以及人民公社的营业性拖拉机等，一律交纳养路费；行政单位自用车免交。具体征费标准是机动车费率为 7%，费额为 56 元/吨月，按次征收为 0.05 元/吨千米（营业性拖拉机按 20 马力折合 1 吨计）；畜力车费率为 3%，费额单套 4 元，每增 1 套增 2 元。当年，全市征收养路费 115.99 万元。1965 年 1 月，收费标准调整，机动车费率增为 10%，费额为 80 元/吨月；畜力车费率为 4%，费额为单套 6 元，每增 1 套增 3 元。1971 年 1 月，根据交通厅颁发的《公路养路费地区留成使用暂行规定》，养路费由地区留成 50%。

1979年以后，公路实行分级管理，拖拉机和畜力车的养路费由省交通厅返还地、县交通局，作为县乡公路事业费。1980年全省再次调整征费标准，机动车费率为10%，费额为70元/吨月；畜力车费率为4%，费额为10元/辆月；农村和个体拖拉机改按费额的40%计征，取消按次征费制。1985年2月，因物价上涨重新调整养路费征收标准，机动车费率为12.5%，费额为100元/吨月。同年，拖拉机和畜力车养路费改由各市县交通局征收，按月上缴山西省交通厅，省交通厅留30%，其余返还各市县。1985年，矿区成立规费征收稽查所。1986年全省新征费标准出台，机动车费率为14%，费额为110元/吨月。1987年8月，阳泉市成立交通征费稽查处（后改称山西交通征费稽查局阳泉分局），在矿区设交通征费稽查所，位于赛鱼村西收费站北侧，专门管理机动车养路费的征收、监督工作。到2006年年底，有在籍车辆4895台、14496吨，累计为国家征收养路费21241.82万元。1987年8月至2011年年末，矿区交通征费工作分两部分，分别由矿区交通征费稽查所、矿区规费征收稽查所（设在市规费征收稽查局大厅）负责。

第三节　客货运输

一、客　运

境内公路客运无固定的长途客运车站和客运单位，仅有少量路过的长途客车。此外，尚有阳泉市公共交通总公司运营的公共汽车线路、个体运营的中型客车线路、出租车客运，以及阳煤集团交通运输分公司运营的矿交车线路。其中公交车、个体客运和出租车属于城市公交。矿交车除运送阳煤集团职工外，还担负部分社会公交职能。运营区域为市内、矿区北区与南区之间。2000年后，矿交车逐步接管了兆丰铝冶、阳煤二电厂等单位员工的接送任务，又陆续开通了平舒煤业、寺家庄煤业、石港、长沟等新建厂矿的运行线路。

二、货　运

2000年前，矿区货运特别是煤炭运输主要依靠铁路。随着煤炭产量的大幅增加，至2000年，铁路运输已基本饱和，煤炭外运受阻，严重制约了境内企业阳煤集团的跨越式发展。2001年，阳煤集团开始实施公路运煤战略性发展规划。2002年年初，阳煤集团选运处成立公路科，并与新泉、富鑫、中旭三家车队签订了承运煤炭的合同，并制订了《阳煤集团选运处车队管理办法实施细则》。3月14日，开通公路运输，主要运输煤泥，销往河北。接着，开通省外末煤运输，主要辐射石家庄周边地区。8月，开通河坡电厂运煤。同时将赛鱼至一矿选煤厂公路铺设水泥路面，以适应大吨位车辆通行。当年公路外运煤炭166万吨。2003年，公路科改建为公路运销分公司，车队车型向大吨位发展。阳光电厂用煤改为由运销处直接结算。公路煤直接供应到德州、淄博用户。开通了块炭品种运输。当年公路外运煤炭295万吨。2004年3月25日，京唐港出口煤改用公路运输。在不到一个月的时间内，拉运喷粉煤43233吨，避免了延误船期。12月，选运处承担的“煤炭公路调运管理信息系统”研发取得成功，使煤炭运输损耗率降低到0.5%以下。当年公路外运煤炭562万吨。2005年8月至9月，阳煤集团选运处、升华中心、信息中心联合对公路煤抛撒问题进行检查，制订并实施了《关于加强装车运输管理，严防煤炭抛撒污染环境的管理办法》。当年公路外运煤炭750万吨。

2006年4日，天成集运站开通上煤，新泉、富鑫和新组建的兴瑞宝车队承担了向天成集运站输煤的任务，日上煤1万吨。由于南外环路进行大修，各车队改走坡头至平定高速线路。8月，由于阳井线全线大修，开通了太旧高速路旧关出省口，同时协调部分省外大用户组织车辆运输，保证了全年任务的完成。年内，省销办、潞安环能、山西焦煤、临汾等企业单位对阳煤集团的“煤炭公路调运管理信息系统”进行参观调研。当年公路外运煤炭790万吨。2007年，公路输煤调整为主供省外主要电煤用户，新元矿、开元矿、平舒矿相继开通公路运输，一、三矿运煤通道正式通车，提高了车辆的运输效率，减少了环境污染。当年公路外运量完成1110万吨。2008年4月1日，车队的管理工作由选运处移交至国阳运输部。当年公路外运量实现1077万吨。之后又与氧化铝签订了接运铝粉的协议，专业化物流企业框架初步建立。2009年，昔阳、左权等地新矿井相继开通公路运输。当年全集团公路外运量1068万吨。2010年，平舒矿、石港矿、运裕矿、长沟矿、新大地矿等新矿煤炭运输成为公路运输新的增长点，全年实现公路外运量1658万吨。

2011年，在省政府资源整合政策的指导下，阳煤资源整合的矿井相继投产，全年公路外运量大幅提升，外运总量达到2494万吨。

第三章　城市公共交通

阳泉市矿区城市公共交通包括公交客运、矿交车、个体客运和出租车三部分。公交客运发端于1958年，开始只有火车站—庙上一条线路。到2011年，在矿区运行的公共汽车线路增加到15条。“矿交车”是阳泉矿务局（阳煤集团）交通车的简称，从1952年开通第一辆矿交车，到2011年，矿交车在市内运行的线路发展到10余条，124个台班日运行456趟次、12000千米；还有34条市外通勤线路，承担接送在晋东、寿阳地区工作的职工的任务。个体客运和出租车分别开通于1987年和1990年，到2011年，进出矿区的300余辆个体客运车辆和1000余辆出租车方便了居民出行，为矿区公共交通的繁荣作出了贡献。

第一节　公交客运

一、公共汽车营运线路

中华人民共和国建立后，公交客运从无到有，逐步发展。1958年，开通火车站—庙上公共汽车。1964年，阳泉市公共汽车公司成立，有营运客车14部。1971年，开通10路公共汽车（火车站—阎家庄），营运里程30.8千米。火车站—庙上线路编为1路（后改为火车站—红岭湾、一矿），营运里程10.6千米。1972年，开通12路公共汽车（火车站—四矿广场），营运里程6.8千米。

20世纪80年代初，一度开通由旧火站经北大街、战备路过赛鱼桥至旧火车站的环行线路，不久停运。1983年，开通18路公共汽车（桃河桥—贵石沟，后改为滨河公交车场—苏村），营运里程23.4千米。1997年，开通102路公共汽车（万通西市场—二矿广场），营运里程6.7千米。1998年，开通101路公共汽车（万通西市场——矿），营运里程10.5千米。

2000年，开通103路公共汽车（义井桥—水泉沟，后改为阳泉一中—水泉沟），营运里程10.2千米；开通104路公共汽车（万通西市场—四矿广场），营运里程6.6千米；开通106路公共汽车（开发区—赛鱼线，后先后改为亚美水泥、天成集运—太行国际新城），营运里程12.0千米。2002年，全市拥有城市公交标准运营车辆361标台。2004年，开通801路公共汽车（万通西市场—黄石板），营运里程12.5千米；开通802路公共汽车（西峪—水泉沟），营运里程10.3千米。

2006年，全市拥有城市公交标准运营车辆446标台。2007年，开通游1路公共汽车（火车站—翠枫山），营运里程20.5千米。2008年，开通803路公共汽车（黄石板—高速路西口），营运里程11.2千米。2009年，开通808路公共汽车（开发区东口—太行国际新城），营运里程10.5千米；开通112路公共汽车（万通西市场—二矿广场），营运里程6.7千米。

截至2011年年底，运行于境内的公共汽车线路共有15条线路：1路、游1路、10路、12路、18路、101路、102路、103路、104路、106路、801路、802路、803路、808路、112路。

二、票　价

1964年，按照市交通局的规定，阳泉市公共汽车公司客票票价为0.03元/人千米；票面价格有18种，0.03元起价，混级升值（票面价间隔0.02元、0.03元、0.05元不等），最高票面价0.80元。当年8月，公司下调票价，为0.025元/人千米，最高票面价为0.65元。年底，公司继续下调票价，为0.021元/人千米。1965年10月，公司下调票价，为0.018元/人千米；票面价格有14种，0.03元起价，混级升值，最高票面价0.50元。1966年，公共汽车票价下调至0.016元/人千米。1972年6月，公司改革普通客票票面价格，0.05元起价，0.05元升值，9种票面价格；最高票价降低为0.45元，平均票价仍为0.016元/人千米。

1984年5月，普通客票票面价格上调为0.0195元/人千米，票面价格有19种；月票票面价格有4种，分普通月票和公用月票。1987年，月票分职工月票和学生月票。1991年，普通客票票面价格上调为0.035元/人千米，0.10元起价，0.10元进制。1992年9月，普通客票票面价格上调为0.0443元/人千米，0.20元起价，0.10元累进，5站进制，最高票价为0.50元。同年10月，1路、12路月票价调为职工月票12元，学生月票6元。1995年1月，1路、12路实行0.30元一票制。1998年，三站以内（包括三站）为3角的票价，三站以外为5角的票价，后3角向5角过度，实行4角一票制。1999年，实行5角一票制。

2002年1月，阳泉市公共汽车公司全部营运线路的零票价格统一进行调整，市区线路改为一元一票制。2003年10月，1路线（百货大楼—红岭湾）、12路线（百货大楼—四矿）、101路线（一公司—红岭湾）、102路线（一公司—二矿）、103路线（义东沟—四矿口）、104路线（一公司—四矿）、106路线（开发区—赛鱼）全部实行无人售票。2004年11月，月票价格进行调整，成人单线月票由30元调整为35元，月通票由50元调整为55元；学生学期单线月票由90元调整为120元，学期通票由180元调整为210元。

2005年7月，市公共汽车公司放宽老年人免费乘车限制，70周岁以上老年人持山西省颁发的老年优待证，可随时随地乘坐任何一辆公交车，同时停发企业老年乘车证。

三、客运量

1964年，阳泉市公共汽车公司年客运量（包括矿区境内的客运量）2906万人次，营运里程47.8万千米，票款收入44.68万元。1966年客运量640.4万人次，1972年1048.4万人次，1981年1340万人次，1985年2206万人次。1990年，客运量4240万人次，营运里程486.9万千米，票款收入568.18万元。2002年，客运量5488万人次，营运里程1234万千米，票款收入3259万元。2003年，客运量5041万人次，营运里程1254万千米，票款收入3167万元。2004年，客运量6120万人次，营运里程1416万千米，票款收入3786万元。2005年，客运量6470万人次，营运里程1505万千米，票款收入4171万元。2006年，客运量6557万人次，营运里程1547万千米，票款收入4362万元。2008年，客运量8332万人次。2011年，客运量9936万人次。

2011 年年末阳泉市矿区公共汽车线路和经停站点一览表

表 5-2　　单位：千米

路别	区　间	营运里程	开营时间	站　点
1	火车站—一矿	10.6	1958 年	火车站—市一院—市政府—大都会名店（新体育李宁店）—城市广场—文化宫—墨玉宾馆—阳煤集团—太行公司（正达彩印）—马家坪（西河口）—河神庙—俱乐部—机电工区—四矿口—水泉沟—明珠大厦（金花园）—虎尾沟—水泥厂—亚美水泥—三矿中学—赛鱼—三矿二坑—三矿—建安公司—沙坪—一矿医院—前庄—里沙坪—一矿
游 1	火车站—翠枫山	20.5	2007 年	火车站—市一院—市政府—大都会名店（新体育李宁店）—城市广场—文化宫—墨玉宾馆—阳煤集团—太行公司（正达彩印）—马家坪（西河口）—河神庙—俱乐部—机电工区—四矿口—水泉沟—明珠大厦（金花园）—虎尾沟—水泥厂—亚美水泥—三矿中学—赛鱼—太行国际新城—西收费站—龙泉驾校—银圆山庄—马家坡口—平坦镇政府—圣泉寺—桑掌桥—中庄—鸿泰煤矿—西上庄—后峪—翠枫山
10	火车站—阎家庄	30.8	1971 年	火车站—百货大楼—文化中心—少年宫—妇产医院—阳泉日报社—矿区政府—四矿口—赛鱼—西收费站—龙泉驾校—银圆山庄—马家坡口—平坦镇政府—圣泉寺—辛兴—桑掌桥—新景矿—热电三厂—坡头（高速路口）—煤窑—下测石—上测石—汽配厂—旧街—河口桥—阳窑—保安矿—枣园—保安—梁家庄口—虎峪口—阳坡口—阎家庄
12	火车站—四矿广场	6.8	1972 年	火车站—市一院—市政府—大都会名店（新体育李宁店）—城市广场—文化宫—墨玉宾馆—阳煤集团—太行公司（正达彩印）—马家坪（西河口）—河神庙—俱乐部—机电工区—四矿口—四矿中学—选煤厂—四矿广场
18	滨河公交车场—苏村	23.4	1983 年	滨河公交车场—保晋文化园—沃尔玛—银鹰金店—文化中心—市政府—市一院—工商大厦（华龙乐购）—阳泉卫校（环卫新村）—城区政府—康源大药房—义井—体育馆—协和医院—义东沟装饰城—公共交通总公司—南边堰—前河下—阳泉一中（里河下）—省运桥—河下综合市场—劳教所—坐标城（三岔口）—县医院—评梅广场—金地大厦—森宇商厦（七一广场）—东关—姜家沟—孙家沟—新乡小区—庙沟—贵石沟—五矿桥头—水磨湾—阳煤二院—商场—苏村—范家庄—下冶头
101	万通西市场—一矿	10.5	1998 年	万通西市场—经贸局—联丰房产（药材站）—总工会（交通运输局）—隆鑫—华联—三中—大都会名店（新体育李宁店）—城市广场—文化宫—墨玉宾馆—阳煤集团—太行公司（正达彩印）—马家坪（西河口）—河神庙—俱乐部—机电工区—四矿口—水泉沟—明珠大厦（金花园）—虎尾沟—水泥厂—亚美水泥—三矿中学—赛鱼—三矿二坑—三矿—建安公司—沙坪—一矿医院—前庄—里沙坪—一矿
102	万通西市场—二矿广场	6.7	1997 年	万通西市场—经贸局—联丰房产（药材站）—总工会（交通运输局）—隆鑫—华联—三中—文化中心—少年宫—妇产医院—阳煤集团口—阳泉日报社—矿区政府—俱乐部—机电工区—四矿口—二矿宾馆—二矿医院—二矿广场—二矿剧场—一号门岗

续表5－2　单位：千米

路别	区　间	营运里程	开营时间	站　　　点
103	阳泉一中—水泉沟	10.2	2000年	阳泉一中—前河下—南边堰—公共交通总公司—义东沟装饰城—阳泉协和医院—体育馆—义井—康源大药房—城区政府—阳泉卫校（环卫新村）—工商大厦（华龙乐购）—市一院—市政府—大都会名店（新体育李宁店）—城市广场—文化宫—墨玉宾馆—阳煤集团—太行公司（正达彩印）—马家坪（西河口）—河神庙—俱乐部—机电工区—四矿口—水泉沟—明珠大厦
104	万通西市场—四矿广场	6.6	2000年	万通西市场—经贸局—联丰房产（药材站）—总工会（交通运输局）—隆鑫—华联—三中—文化中心—少年宫—妇产医院—阳煤集团口—阳泉日报社—矿区政府—俱乐部—机电工区—四矿口—四矿中学—选煤厂—四矿广场
106	天成集运—太行国际新城	12.0	2000年	化鑫—长岭—天成集运—虎桥中学—铝矾土矿—加油站（开发区东口）—宏苑二区—宏苑一区（中级人民法院）—天津路—康达小区—滨江房地产—广电大厦（民生糖尿病医院）—北山公园（恒大花园）—计生委—后底沟—大都会名店（新体育李宁店）—城市广场—文化宫—墨玉宾馆—阳煤集团—太行公司（正达彩印）—马家坪（西河口）—河神庙—俱乐部—机电工区—四矿口—水泉沟—明珠大厦（金花园）—虎尾沟—水泥厂—亚美水泥—三矿中学—赛鱼—太行国际新城
801	万通西市场—黄石板	12.5	2004年	万通西市场—经贸局—联丰房产（药材站）—总工会（交通运输局）— 隆鑫—华联—三中—大都会名店（新体育李宁店）—城市广场—文化宫—墨玉宾馆—阳煤集团—太行公司（正达彩印）—马家坪（西河口）—河神庙—俱乐部—机电工区—四矿口—水泉沟—明珠大厦（金花园）—虎尾沟—水泥厂—亚美水泥—三矿中学—赛鱼—三矿二坑—三矿—建安公司—沙坪—一矿医院—前庄—里沙坪—一矿—坑口—黄石板—坡顶
802	西峪—水泉沟	10.3	2004年	西屿掌—西峪—大阳泉矿—家属区—泵房—木材市场—大阳泉—育英学校—仪表厂—新世隆—三院—气象局—干休所—福利院—北岭坡—工业学校—小阳泉（会计培训中心）—市人大—市政府—大都会名店（新体育李宁店）—城市广场—文化宫—墨玉宾馆—阳煤集团—太行公司（正达彩印）—马家坪（西河口）—河神庙—俱乐部—机电工区—四矿口—水泉沟—明珠大厦
803	黄石板—高速路西口	11.2	2008年	坡顶—黄石板—坑口—一矿—里沙坪—前庄—一矿医院—沙坪—建安公司—三矿—三矿二坑—矿交—赛鱼—三矿医院—太行国际新城—西收费站—龙泉驾校—银圆山庄—马家坡口—平坦镇政府—圣泉寺—桑掌桥—新景矿—热电三厂—坡头—高速路西口
808	开发区东口—太行国际新城	10.5	2009年	开发区东口—新农贸（居然之家）—新泉桥—总工会（交通运输局）—隆鑫—华联—三中—天元商厦—西河滩—洪城桥南—简子沟—晨光小区—华越机械—二矿口—二号门岗—福利楼—新桥—虎尾沟桥南—三矿中学—赛鱼—太行国际新城
112	万通西市场—二矿广场	6.7	2009年	万通西市场—经贸局—联丰房产（药材站）—新泉桥—滨河公交车场—保晋文化园—沃尔玛—银鹰金店—大都会名店（新体育李宁店）—城市广场—文化宫—墨玉宾馆—阳煤集团—太行公司（正达彩印）—马家坪（西河口）—河神庙—俱乐部—机电工区—四矿口—二矿宾馆—二矿医院—二矿广场—二矿剧场—一号门岗

第二节 矿交车

1952 年，阳泉矿务局设立交通车房，由北京购回美制司蒂培克卡车 1 辆，改装成大篷车，运行于市区至四矿之间，接送职工上下班。后又增加 1 部改装美制通奇健大卡车。1953 年，将 1 部捷克制造的布拉格卡车和 2 部美制福特卡车改造为交通车。1955 年，增加 4 部改装匈牙利却具尔 D350 卡车和 3 部改装英国康姆卡车。1956 年，按照采掘一线三班倒的工作方式，交通车按早晚两班交叉运行，往返于阳泉市区至赛鱼之间。到 1957 年，共有改装卡车 13 部，运行线路也延伸到红岭湾。煤矿职工凭单位发放的车本乘车。

20 世纪 60 年代初，新购入国产解放牌汽车投入运行，并从南京、太原购进各式轿式客车。1964 年起，大棚车陆续停用，代之以轿式客车。70 年代后，境内公路改为柏油路。1968 年，阳泉矿务局总务处下设“交通连”，承担接送职工上下班的任务。1972 年，增加了各种轿车，全部取代棚车，实行全天 24 小时不间断运行。1978 年，贵石沟新矿区恢复建设，用 2 部矿交车接送贵石沟新矿区职工，实现了矿交车的跨区长途作业。

1980 年起，矿交车（铰接式大客车）以每年 3 辆至 5 辆的速度更新。1981 年，“交通连”从总务处划出，成立运输处，担负全局的客运和货运工作，成为阳泉矿务局的一个专业运输单位。1982 年，矿交车乘车职工使用上了正规的贴有本人照片的矿交车证。1983 年，开通五矿大井运行线路。1986～1989 年，矿交车每年春节前夕运送职工回家过年，路线达寿阳、盂县、昔阳、和顺、左权各县。截至 1990 年，通道式大型客车 68 部，普通单节客车 2 部。运行线路由原来的 1 条发展到 5 条，增加了桃河桥到四矿二坑；一矿黄石板至五矿大井；马家坪至水磨湾；一矿红岭湾至五矿南风井（该线开通后不久即停运）4 条线路。阳泉矿务局交通车各线总的客流量每日平均 6 万人次，高峰期可达 10 万人次。除用于接送上下班职工外，80 年代后期也向市民售票。1993 年，开展单车承包责任制，油材料、配件、票款任务全部实行单车考核。通过单车承包责任制实施。1993 年 11 月，运输处更名为交通运输总公司。1997 年，开通新景线。1993～1999 年，进行百日安全竞赛活动，开展安全、正点、优质、文明服务。

2001 年 12 月，交通运输总公司更名为交通运输分公司。2004 年 4 月，划归山西国阳新能股份有限公司，更名为国阳运输部，下设客运中心。2005 年、2006 年连续两年开展“亲情服务”百日竞赛活动。矿交车车辆不断更新、增加，新开了奥伦公司、亚美公司等阳泉开发区线路，对基建单位和埠外单位的职工通勤问题也妥善解决。2006 年 7 月 12 日，交通运输分公司迁至赛鱼西路北侧，新址占地面积 2 万平方米，建筑面积 7500 平方米，设施齐全，地理位置优越。2007 年，分公司接管兆丰铝冶、阳煤二电厂等单位员工的接送任务，陆续开通了平舒煤业、寺家庄煤业、石港、长沟等运行线路。

截至 2008 年年底，中心有员工 740 人，拥有萍乡大巴车、萍乡中巴车、黄海大巴车等各种车型的客运车辆 120 余台，内设 4 个行车队、中巴组、修理队、调度、站务、票款组、材料组、检车组等部门。全部客运车辆日运行 183 个台班 594 趟次，日运行总里程达 16131 千米。日运送客流量达 10 余万人次，年零票收入 470 多万元。

2009 年 7 月，客运中心划分为客运一中心和客运二中心：客运一中心负责市内运行，承担一矿、五矿、亚美、新派小区等 10 余条线路的运行任务，日运行台班 124 个，日运行趟次 456 趟，日运行 12000 千米，作业时间与井下生产一致，实行 24 小时不间断运行；客运二中心负责市外通勤，承担阳煤集团晋东、寿阳地区共 34 条运行线路的职工接送任务。

2009～2011 年，阳煤客运对职工加强窗口意识、服务意识教育，努力做到安全、正点、优质、文明。

第三节　个体客运和出租车

一、个体客运

1987年，矿区城市个体客运开通，主要运营矿区至城区的线路，矿区的发车点主要有一矿、赛鱼、虎威沟、二矿、四矿等，城区的发车点主要有义井桥、汽运一公司、火车站、滨河商贸城等。个体客运发展迅速，到1995年，从事城市个体客运的大型和中型客车达到300余辆。至2011年，运营车辆稳定在300辆左右。个体运营户加盟城市公共交通客运行列，在一定程度上缓解了市民“乘车难”的问题，方便了居民出行。城市个体客运不预售、不发放乘车票证，按市场原则进行经营和管理。

二、出租汽车

1990年，阳泉市首批30部出租汽车开始运营，运营的主要区域包括矿区。到1992年，出租汽车发展到90部，车型主要是天津大发。1994年6月，阳泉第一家出租汽车企业德荣公司成立，矿区一些具备从业资格的司机加入该公司。1995年年底，全市出租车主要车型改为夏利，汽车档次和营运质量在全省领先。1995～1996年，出租汽车数量快速增长，往返矿区的车辆逐步增加。到1996年，全市出租汽车总量发展到1475辆（包括矿区的出租车），从业人员达2000余人。至2011年年底，全市出租汽车总量在1200辆至2000辆之间。

2004年，全市进行首次城市出租汽车经营权有偿出让，部分矿区出租车司机参与了此项活动。出让范围是2003年年底前达到报废年限的出租汽车，经营权出让年限为8年；更新车辆标准为排气量1.3升以上的中高档轿车，尾气排放符合欧洲Ⅱ标准，车型为捷达、富康、桑塔纳等，统一车牌（统一使用“晋CT”打头的出租汽车专用牌照）、统一车身颜色（薄荷青车身白腰带或白车身环保绿腰带），并设置统一的顶灯、计价器、座套、防护网、服务监督卡等。经营权购买采取一次性付款的方式进行，出让金全部纳入财政专户。

1994年8月，市物价局、市基建办、市标准计量局规定，出租车起租里程3千米，车千米租价1.20元，起租价6.00元，并规定出租价格为最高限价，各出租车经营单位和个体经营者可根据市场情况适当下浮。在市场竞争中，部分经营者自行将价格下浮2千米起租，车千米租价1元，起租价为3元的租费标准。1998年5月，市物价局重新核定阳泉出租汽车租价标准，确定了夏利、天津大发等普通型出租汽车的租价标准，即4元/2千米，每千米租价1元，夜间行驶（晚22时至次日5时）统一在标准费基础上每千米加收20%，回空里程超过5千米加收50%回程费。至2011年年底，出租汽车租价标准未变。出租汽车经营企业收费标准沿用1998年4月市物价局、市建设委员会的规定，不分车型，不分经营规模，服务费统一确定为每月100元/车。

第四章　邮　　政

矿区邮政业历史悠久，明清时期就出现了邮政机构。新中国成立后，矿区邮政业持续发展。2011年，矿区邮政有石卜咀支局、赛鱼支局、马家坪支局、沙坪支局、宾馆邮政所、四矿邮政所、二矿邮政所7处网点，共运营15条、357千米邮路道段；办理函件、包裹、汇兑、报刊发行等传统邮政业务以及邮政储蓄、保险业务、电子商务、集邮等其他业务。

第一节　邮政机构　邮路

一、机构沿革

明代在境内置平潭驿（遗址在平潭街马王庙），配备驿马、马夫，供过往差官使役。清初，该驿移至平定州城（现平定县城关）。光绪二十九年（1903），阳泉地区始办邮政，设邮政公局。民国2年（1913），在境内贵石沟开办邮寄代办所。民国26年，日军侵占阳泉后停办。

新中国成立后，随着经济建设事业的发展，矿区邮政事业也有了长足发展。20世纪50年代始先后开办了石卜咀、辛兴、沙坪、赛鱼、一矿5个邮电所，办理函件、包裹、汇兑业务。1970年又开办了平潭邮电所。1972年赛鱼邮电所改设为赛鱼邮电支局。1983年，设立马家坪邮电所。1984年石卜咀邮电所也改设为石卜咀邮支局。随着邮电业务的不断扩大，1988年，矿区邮电局正式成立，原属市邮电局的赛鱼邮电支局、石卜咀邮电支局改属矿区邮电局。沙坪、辛兴两个邮电所同时改设为邮电支局，隶属于矿区邮电局。1990年年底，矿区邮电局下辖赛鱼、石卜咀、沙坪、辛兴4个支局和平潭街、一矿、旧街3个邮电所，服务范围东起洪城路，西至郊区旧街村，南至狮脑山，北至宫山村，东西跨度46千米，南北15千米，服务半径17.5千米，服务面积280平方千米，服务区域内有行政、企事业单位650个，行政村52个，投递路线总长709.8千米，其中城投216.8千米，乡投493千米。1990年有自行车39辆、汽车1部、摩托车2部等设备，开办有信函、包裹、汇兑、集邮、储蓄等业务。1990年年底，矿区邮电局有职工90人。1998年9月18日，邮政、电信分营。

2001年12月底，阳泉局对部分机构做了调整，阳泉市邮政局矿区分局成立。阳泉市邮政局矿区邮政分局与矿区网通公司共同占有四层办公楼一幢，平房5间。下辖宾馆、平潭街、马家坪、石卜咀、四矿、赛鱼、二矿、沙坪、一矿9个邮政营业网点机构，形成完整的邮政通信网络。业务范围不断扩大，陆续开办了信函、包裹、汇兑、发行、集邮、特快专递、储蓄、电信（代办）业务，代理保险、物流等。

2008年3月，中国邮政储蓄银行阳泉市分行成立，实现了邮银分开。分营后矿区邮政有网点石卜咀支局、赛鱼支局、马家坪支局、沙坪支局、宾馆邮政所、四矿邮政所、二矿邮政所7处。至2011年未再发生变化。

二、基层局所

（一）邮政支局

石卜咀邮政支局。位于四矿口，其前身为石卜咀邮电所，成立于1952年6月，隶属阳泉市邮电局。1984年，改设为石卜咀邮电支局。1988年，矿区邮电局成立，由上属市邮电局改属矿区邮电局。该支局有二层办公楼1幢、平房5间，建筑面积470平方米，营业厅面积95平方米。服务对象主要为阳泉矿务局四矿、二矿和工程处。1990年年底，支局有职工11人。2001年矿区邮政分局成立后，改称石卜咀邮政支局，该支局有办公楼1幢，营业面积95平方米。2011年，该支局门面进行了装修，地址是矿区四矿口煤山路13号，营业面积为80平方米，邮政台席1台，储蓄台席3台，ATM机1台，叫号机1台，一周营业6天，支局共有职工10人。

赛鱼邮政支局。位于赛鱼村东口，其前身为赛鱼邮电所，开办于1957年10月，1972年改设为赛鱼邮电支局，隶属阳泉市邮电局。1988年矿区邮电局成立后，改属矿区邮电局。该局办公和营业占地685平方米，营业厅面积40平方米，服务对象主要为阳泉矿务局一矿和三矿及附近农村。1990年年底，支局有职工7人。2001年矿区邮政分局成立后，改称赛鱼邮政支局，营业面积40平方米，服务对象主要为阳煤集团三矿和附近农村。后迁址到阳泉赛鱼路口16号底商楼，营业面积增至160平方米，截至2011年年底，该局拥有邮政台席1台，储蓄台席3台，ATM机1台，叫号机1台，有职工9人。

沙坪邮政支局。位于沙坪，其前身为沙坪邮电所，开办于1956年，隶属阳泉市邮电局。1972年赛鱼邮电支局成立后，隶属赛鱼邮电支局。1988年改设为沙坪邮电支局，并由矿区邮电局直属。该支局营业占地15平方米，营业厅面积8平方米，主要服务对象为阳泉矿务局一矿及附近农村。1989年因房屋陈旧失修，不能营业而撤销，其业务并入赛鱼邮电支局。并入前，该支局有职工2人。后沙坪支局分立，现位于矿区前庄村，2011年沙坪支局重新装修，营业面积85平方米，邮政台席1台，储蓄台席2台，职工5人。

（二）邮政所

平潭街邮政所。开办于1970年，隶属市邮电所，办公及营业占地240平方米，营业厅面积24平方米，主要服务于平潭地区企事业单位及居民，原有职工2人。1988年因地基下陷拆除停业。1990年3月整修竣工开始营业，上属矿区邮电局，有职工3人。2008年，邮政储蓄银行成立后划归邮政储蓄银行管理。

一矿邮政所。开办于1958年，有3层楼房1座，面积570平方米，用于营业及办公，主要服务于阳煤集团一矿。1990年，该所有职工5人。2001年改称矿区一矿邮政所，建筑面积120平方米。2006年有职工6人。2008年邮政储蓄银行成立后划归邮政储蓄银行管理。

三、邮路、投递与邮政编码

1970年以前，矿区邮电局服务区有辛兴至旧街、辛兴至燕龛两条邮路，均属平定县邮电局管辖，邮路里程46千米。1971年，辛兴、旧街及燕龛划归阳泉市，上述两条邮路亦随之并入阳泉市邮电局管辖。1988年矿区邮电局成立前后，又先后将一矿、三矿、赛鱼、南山、石卜咀、四矿、二矿、工程处以及阳钢、北大街、青年路、马家坪、洪城路、北大街、矿务局一中、矿务局、商业局等道段下设给赛鱼、石卜咀邮电支局和矿区邮电局。至1990年年底，矿区邮电局辖有19条道段，邮路总长709.8千米，其中城投8条道段，邮路长216.8千米，乡投11条道段，邮路长493千米。截至2011年年底，矿区共有15条道段，共357千米，其中农村道段5条，共193千米。

矿区邮电局所属8个城投道段均为周六逐日班投送，11个乡投道段中，有6个道段为周六逐日班投送，3个道段为隔日班投送，2个为兼营投送。1952年前乡投全为前班。1965年后，城投全为自行车班，乡投大部仍为步班。1972年后，乡投全改为自行车班。

1980年7月1日，境内实行邮政编码制度。2011年，矿区分局各支局邮政编码分制是：石卜咀邮政支局045000，赛鱼邮政支局045026，马家坪邮政支局045023，沙坪邮政支局045027，宾馆邮政支局045008，四矿邮政支局045022，二矿邮政支局045028。编码中前两位04表示山西省，第三位5表示邮区，第四位0表示阳泉地区，最后两位投递所编号。

第二节　邮政业务

一、传统邮政业务

（一）函　件

民国28年（1939），辛兴邮寄代办所设立后，即开办函件邮递业务。新中国成立后，区内各邮电所，邮电支局经办的函件业务有信函（包括平常信件、平常拆号信、双排号信、加快信、保价信、保险信）、明信片、新闻纸、印刷品、商品传单、贸易契、盲文读物、国际信函、航空信函等。1955

年实行银行联行专用信封制度。1958 年起，开办国内保价印刷品业务。同年，将挂号邮件收据三联改为一联，交寄时收寄排号清单。1959 年起开办为军人加盖免费三角载记的平信业务。1960 年开办特种挂号信函，用于交寄粮票、油票、布票、户口、迁移记、粮食关的转移证和共青团组织关系等。1980 年以后，开办了特快专递业务。1990 年矿区邮电局共办理函件 456797 件，快件 45350 件，给据邮件 34837 件，营业收入 11.4 万元，占邮政收入的 8.52%。

2006 年，矿区邮政分局共办理函件 65000 件，快件 12000 件，给据邮件 4500 件，营业收入 35.57 万元，占邮政收入的 28.98%。2010 年实施专业化改革后，函件业务有了很大的发展。2011 年函件业务主要经营项目有 DM 邮送广告、邮资信函、商业信函、广告邮简、邮资广告明信片、专用邮资广告信封、贺年有奖明信片、企业拜年卡、消费账单、户外媒体等，当年业务收入达 99.98 万元，占邮政收入的 28%。

（二）包　裹

包裹邮寄业务与函件一样，也是区内各邮电所，邮电支局最早开办的业务，分为普道包裹、保价包裹、快递包裹 3 种。起初，收寄包裹使用三联单，一联为收据，二联为递单，三联为存根。1962 年改为单页包裹详情单。1966 年后采用“国内包裹邮资已付”截记制度，简化了邮寄手续。1979 年 7 月起开始办理甲、乙类保价包件业务，手表、怀表、珠宝玉器等按甲类保价包件收寄；其他物品价值超过 30 元的按乙类保价包件收寄。1980 年前包裹业务以个人零星小包为主，1980 年后，社会主义市场经济不断发展，个人零星小包退居次要地位，而各类企业和城乡个体户交寄的包件占了较大的比重。1990 年，出口包件 8494 件，收入 1.8 万元，占邮政总收入 3%。2006 年，出口包件 5000 件，收入 12.63 万元，占邮政收入 10.29%。2011 年，业务收入 20.08 万元，占邮政收入的 6% 。

（三）汇　兑

境内汇兑业务开办于 1952 年，属于早期开办的邮政业务之一。1955 年前，采用三联汇票，1955 年后改用按汇款全额剪格式竖属两联式汇票。1958 年后改为二联复属式汇票，并使用专用汇套，1962 年后，取消汇套，将汇票装入汇款通知单代汇套寄发。1980 年 9 月，为适应经济发展的需要，取消了每笔汇款不得超过 300 元的限制。1981 年 7 月，规定每笔汇款最高额为 5000 元。随着社会的发展，技术水平的不断提高，1990 年，矿区邮政业务出口汇票 52233 张，收入 9.64 万元，为邮政收入的 16.35%。

2005 年，矿区邮政业务出口汇票 37000 张，收入 51.30 万元，是邮政收入的 41.80%。汇兑业务有按址汇款、密码汇款、入账汇款、网上支付汇款、商务汇款等种类。

2011 年，境内的国内汇票业务量为 4.66 万张，开发汇票金额 14783.95 万元，兑付汇票 1.3 万笔，兑付金额 140.1 万元，收入累计完成 57.08 万元，同比增长 3.73%。

（四）报刊发行

20 世纪 50 年代至 1982 年，矿区范围内的报刊发行由市邮电局统一办理。1982 年后，由区内邮电机构自办。开始每种报刊都要填写总订卡交市邮电局，由市邮电局再填写汇总表报省局报刊发行局。1984 年后，改为直接填寄汇总表交市局，由市局报省局报刊发行局。为深入广泛开展报刊征订工作，矿区邮电局于征订前开展群众性宣传工作，并在区内各机关、企业、学校建立报刊发行站，开展宣传和收订工作。至 1990 年年底，建立报刊发行站 92 个，报刊代销点 6 个，年收订报纸 476631 份，杂志 284894 份，报刊发行收入 22.27 万元，占邮政收入的 38%。

90 年代后期，随着互联网的发展，报刊发行量总体呈下降趋势。

2011 年，境内报刊发行站压缩为 47 个。在激烈的市场竞争环境下，报刊发行业务推出了新的产品来适应市场发展，除传统的时政财经类、家庭生活类、时尚益智类、文化综合类、老年健康类、青少年教育类等报刊可预定和网点现场购买外，还有企业形象期刊、校园教辅类报刊，开发了报刊订阅卡、文化套餐大礼包等项服务，满足企事业单位和个人的需要。

二、其他邮政业务

（一）邮政储蓄

境内邮政储蓄开办于1986年。2011年，矿区邮政储蓄开办活期、定期、零存整取、汇转储、储转汇、有奖储蓄等多种储蓄和入账汇款、代售基金等业务，办理全国邮政储蓄通存通兑。

2006年邮政储蓄余额达9.43亿元，占邮政收入的7.3%。邮政储蓄业务有活期存款、定期存款、一本通存款、绿卡、绿卡通、淘宝联名卡和商易通。除传统储蓄存款业务外，矿区邮政还开办了基金、理财、国债以及为了发展互联网业务的网银和手机银行业务。随着矿区经济的快速发展，邮政储蓄业务也进入了跨越发展阶段，2009年储蓄累计新增余额8769.53万元，2010年新增1.49亿元。2011年，金融业务结构调整工作稳步推进，效益进一步提高，全年邮储累计新增余额2.72亿元，活期余额累计净增3800万元。

（二）保险业务

2004年，阳泉市邮政局成立保险代理分公司，业务范围包括矿区。2005年，保险代理业务在县区局实行了一把手责任制，每季组织竞赛活动，加强专柜建设，及时兑现奖励，调动起一线职工的工作热情。2008年，矿区分局保险累计完成代理保费5457.67万元，实现手续费收入173.38万元。截至2011年年底，兼业代理保险业务局主要合作的保险公司有：中国人寿保险股份有限公司阳泉分公司、中国太平洋人寿保险股份有限公司阳泉支公司、新华人寿保险股份有限公司阳泉支公司、太平人寿保险股份有限公司阳泉支公司、中国泰康人寿保险股份有限公司阳泉支公司、中国人民人寿保险股份有限公司阳泉支公司；可办理的险种有人寿保险、健康保险、分红保险、万能保险、意外伤害保险、家庭财产保险、企业财产保险、机动车保险、交强险、责任保险。2011年保险累计完成代理保费2877.39万元。

（三）电子商务

2005年，阳泉电子商务局矿区分局整合网络资源，开办代收话费业务，此为矿区开展电子商务之始。此后，矿区电子商务逐步增加业务种类。截至2011年，境内的电子商务业务主要有航空机票业务、体育彩票业务、储蓄短信业务、代收费业务和邮购业务等。

（四）集　邮

1983年开始集邮代办业务，代办金额、邮票数量由市邮电局统一管理，代办1年后停办。1985年后，石卜咀、沙坪、赛鱼、辛兴等支局和一矿、平潭、旧街邮电所均先后重新开始集邮业务，由各支局具有承办能力的业务窗口代办，每月营业额及有关情况一律报市局，由市局统一管理。

20世纪90年代，境内集邮业务快速发展，主要有常规集邮品、集邮礼品、中高档年册、形象宣传年册及邮票个性化业务，集邮品有封、片、卡、折、册等5大类，种类丰富的集邮品拓展了邮票的主题和集邮文化，不但为集邮爱好者所珍藏，也成为境内时尚的宣传品和公关礼品。

第五章　电　　信

矿区范围内电信业发端于清朝末年，但直到1952年才建立第一个电信机构。经过60年发展，2011年，矿区拥有矿区联通分公司和矿区电信营销中心两家电信机构，均拥有先进的电信设施；开办了固定电话和移动电话、光纤宽带等电信业务。

第一节　机构　设施

一、电信机构

1952 年，矿区境内第一个邮电所——石卜咀邮电所成立。1956～1959 年，先后设立了赛鱼及沙坪邮电所。

1983 年，矿区境内设立马家坪邮电所。1989 年成立矿区邮电局。1997 年，根据上级安排进行了无线寻呼业务剥离。1998 年 9 月 18 日，境内邮电分营，分营后成立了阳泉市电信局矿区电信局。1999 年，矿区电信局率先提出“障碍不过夜，服务打满分”和三级回访制度，随后在全省推广。同年，境内的移动通信从电信分离。

2000 年，矿区电信局被矿区区委评为红旗文明单位。2001 年 4 月 26 日，按照山西移动公司《关于印发〈地、市分公司机构调整指导意见〉的通知》与省公司晋移人字〔2000〕132 号文件精神，成立了矿区营业部，挂靠市区营业部管理，设经理 1 名。2002 年 10 月，改名为山西省通信公司阳泉市矿区分公司。2003 年，被阳泉市消费者协会授予“诚信单位”荣誉，2004 年被省消费者协会授予省级“诚信单位”荣誉。

2006 年 12 月 9 日，山西网通成为中国网通（集团）有限公司的下属分公司，矿区网通分公司随之成立，内设机构为综合办公室、测量维护组及 5 个营业部、4 个社区服务中心。为适应市场环境，更好地促进业务发展，中国电信阳泉分公司矿区营销中心也于 2006 年 12 月成立，主营中国电信光纤宽带品牌。

2008 年 10 月，联通 C 网并入，开始全业务运营，北大西街营业厅挂牌营业。10 月 15 日，中国网通和中国联通合并，矿区网通成为中国联通公司阳泉分公司的下属公司，并更名为中国联合网络通信有限公司阳泉矿区分公司（简称矿区联通分公司）。年内，矿区电信营销中心成立。2009 年，矿区联通分公司内设营业厅、支局、营销组、线务组和支撑组；矿区电信营销中心内设营业厅、营销组、线务组和支撑组。2010 年，矿区联通分公司内设营业厅、支局、集团客户、业务支撑中心、线务组；矿区电信营销中心内设营业厅、家客组、政企组、资源线务组。2011 年，矿区联通分公司增设商客中心和客户中心；矿区电信营销中心对人员及岗位进行了调整，内设营业厅、家客经理组、政企组、线务组和渠道组，并对每组及具体人员的职责及考核办法重新进行量化与亮化。2008～2011 年，矿区联通分公司连续被矿区区委评为精神文明单位，被省消费者协会授予省级“诚信单位”荣誉。

二、电信设施

境内电信事业开办初期，设备较为落后，电话使用石交换机，人工转接。1970 年改为供电交换机。长途电话于 1975 年开始使用单线载波机。1979 年将人工长途电话改为供电交换机。进入 80 年代后，国家对电信事业的投资不断加大，电信设施现代化进程大大加快。1982 年，以 HJ－921 和 HJ－905 纵横交换机更换了旧式交换设施。1989 年新进安装了日本 C－400 全自动纵横制电话设备。电话机由转盘式变成按键式，接着又更换为具有数字显示、计时、重拨、扩音等功能的电脑电话。传输线路初期以架空明线为主，20 世纪 70 年代后逐步更换为管道电缆。电报在 80 年代前一直为话传电报，话传至市局后，由市局统一发出。1983 年，配备传真机，开始了电传电报业务。1987 年，配备中文打字机，中文译码机，使译码质量和速度有了很大提高。至 1990 年年底，矿区邮电局拥有 C－400 全自动纵横程控交换机 1 部，55 型电传机 4 台，55B 型 15 万户无线电台 1 部，H80 型打字机 2 台，电传警报机 1 部，汽车 1 部，摩托车 2 部，自行车 39 辆。区内传输线路有中继光缆 500 余条，电话杆路长 2222.72 千米，架空明线线路长 4445.46 千米，市话电缆 49 千米，农话电缆 2200 千米。

截至2006年年底，矿区网通拥有19个交换网点，采用德国西门子和国产中兴交换技术，电话交换总容量达到4.4万门，其中市话容量4.06万门、农话容量0.34万门；采用光纤传输和智能相控电源系统，美国康明斯发电机和8000AH蓄电池组，112自动测量系统，总容量达到2万余回线，用户线路采用电缆传输、室外架空、管道电缆成为连接千家万户的桥梁和纽带。主干电缆长度134皮长千米，配线电缆长度1192皮长千米。传输管道长度34管程千米，传输管道能力132孔千米。局用交换机总容量7.4万门，其中无线市话（PHS）容量3万门。

2008年10月，重组后的矿区联通建成以移动电话、固定电话网为主、分组交换网、数字数据网、ATM宽带网、多媒体通信及国际互联网等先进网络共存的综合通信网，拥有以智能化、七号信令网、数字同步网、电子管理网等为基础的电信支撑网，为开发各种新业务和增值业务提供了可靠的技术平台，使矿区公众通信网具备了窄带、宽带、有线、无线，光纤，同轴、对称、双绞等多样化和全业务的信息接入能力。至2011年年末，完成投资5000万元，移动网络工程快速实施，建立移动基站135个。先后开通了矿区政府网、平安城市网、教育网等。

第二节　电信业务

一、固定电话和移动电话

日军侵占阳泉时期，即在区内各矿安装使用电话，但主要用于生产而非营业性质。民国36年（1947）阳泉解放后，区内各矿生产开始恢复。民国38年，井阳矿务局用日军留下的旧电话机和交换机零件，组装了一部电话总机，先后在沟矿组建了由3名话务员组成的电话班，线路为架挂本杆铁线，全长70千米，连接区内阳泉煤矿和河北井陉煤矿，电话用户共8户，其用途仍为生产性通讯。1952～1959年，石卜咀、赛鱼、辛兴、沙坪4个邮电所先后开办了电话业务，1963年，开办了长途电话业务。1980年后，长途电话由人工交换机改为自动直拨，市话由手摇式叫号改为步进式半自动交换和纵横式数字程控全自动交换，电话机也由手摇式、转盘式改为按键式。

1978年，阳泉矿务局加大对专网建设的投入，投资100万元，订购了HJ－905型纵横制交换机5台，总容量为2800门，分别为局机关和一、二、三、四矿建设了用户交换中心。1981年工程竣工投产后，公司各矿之间的电话通信实现了准自动交换接续。由水电处下设的通信科主管专网通信业务。

“七五”期间，阳泉矿务局又投资2000万元进行线路扩容改造，经邮电部设计院、煤炭部邯郸设计院规划设计后组织实施。建设了局机关8000门、赛鱼6000门两个HJ－921纵横制交换中心，五矿安装了2000线MD110数字程控交换机。局机关至老区各矿建设了通信管道，与五矿新区以数字微波中继连网。1987年二分局（局机关）开通，1990年三分局（赛鱼）开通。到1990年年底，矿区党、政、群、团机关所属各部门，驻地企、事业单位共有电话2000余部，市话普及率为0.02%，农村通话7个行政村，共装电话200余部。驻区大型企业都安装了中转机，拥有自己的通信设备和人员。阳泉矿务局1949年1月开通电话，1990年年底通信装备固定资产达1000余万元，租赁中继线480条，有电话机10000余部，专业人员308人。1990年矿区邮电局电话收入164万元，其中市话收入36.7万元。

1991年，五分局（五矿）开通，实现了内部电话通信五位制等位拨号。1993年，兴建了局机关到五矿480路数字微波传输系统和局机关到山西煤管局120路数字微波传输系统。1996年在二分局开通了西门子EWSD程控交换机6000线。1997年11月，水电处通信科改制为升华通信公司，隶属于升华实业总公司，经营方式由单纯服务型转变为经营服务型。1998年在三分局开通了西门子EWSD程控交换机5000线，并建设了1920路光纤通信中继网络。

2001年3月，阳煤集团控股的“阳泉升华通信技术有限责任公司”组建。同年，全区在原有固话网的基础上开通了无线市话。2002 年，开通 XDSL 互联网宽带，当年发展宽带接入用户近千户。阳煤集团依托固话网络，自筹资金组建西门子 ADSL 数字宽带网，经营数字宽带业务。2004 年，成立了 4 个社区服务中心，对用户住宅集中区域全方位服务，主要办理电话、小灵通和宽带业务，实现了用户服务的零距离，用户可就近办理业务或预约服务。3 月，阳泉升华通信技术有限责任公司参与了阳煤集团“三网一报”重组整合。2007 年 5 月，阳煤集团对通信固话收费系统进行改造，实现了实时计费，满足了用户自动查询话费和预存话费消费等需求。2008 年 7 月，组织完成了通信机房集中监控系统建设，实现了对所有通信机房和收费点的集中监控。9 月，组织建设了 NGN 软交换平台，实现了数字与模拟的混合接入。

2009 年 9 月，矿区联通分公司成立。年内，阳泉电信分公司营销中心利用天翼通的优势，拓展中低端和小灵通用户市场，加大家庭客户、个人客户市场的发展。

2010 年，矿区电信中心抓紧小区进线工作，年内进驻 2 个小区，覆盖 1900 余户，新增乡村代理点 29 户，发展十五中学、宏厦一建、苇池村 3 个较大的集团共计入网用户 600 余户，发展移动业务的同时租用公司电路 6 条。

2011 年，矿区营销中心发展代办点 1 家，卖场 2 家。至年底，有各类渠道 26 家。年内，矿区营销中心竣工及时率、预约率与履约率均达到 100%，满意度 99.8%。

二、电　报

区内电报业务开办于 1953 年，为老式话传电报。1983 年开通电传业务，电报投递频次也由过去的一频次增至四频次。1987 年后，由于配备了中文打字机、译码机、提高了译码速度和译码质量，机上查询率，容复率均达 100%。1988 年电传专用线路增至 8 条，并开办了礼仪电报。1990 年又相继开办了水情、公益、政务、新闻、公电等 7 种电报业务，年发报 21840 份，来报 37293 份，总收入 38.27 万元。

1990 年后，随着有线电话、移动电话等业务用户的不断增长，电信业务呈现多元化的发展局面，电报这一传统业务受到极大的冲击，人们去邮局发电报的已很少。

三、光纤宽带

2008 年，阳泉电信分公司矿区营销中心陆续开发了二矿东四尺、七股道小区、一矿前庄小区、苹果园地区、沙沟、黄石板地区、三矿木柴厂小区、南楼地区、工程处黄水沟地区、虎尾沟、四矿菜市沟、刘家脑小区等地区，全公司光纤宽带业务在阳煤集团（除机关）实行了广覆盖。覆盖楼宇 296 栋，覆盖居民 1.5 万户。截至年底，矿区中心拥有光纤宽带用户近 4000 户，在矿区市场拥有了广大的发展市场和稳定的用户群。2009 年，阳泉电信分公司矿区营销中心利用宽带入网、续费送手机活动，推动中心融合业务，促进宽带业务高速发展，使光纤宽带业务在矿区实行了广覆盖。

2011 年，矿区电信营销中心紧抓宽带业务不放松，开展了“春雷行动”“暑期活动”及宽带提速等工作，经批准，开展了国庆 7 天的宽带活动，组织家客经理结合渠道站广场、进小区，特别是在新竣工小区，大力宣传公司光纤宽带。在上年年底发展量不足的情况下，针对其他运营商的宽带优惠入网政策，中心及时申请政策，扶持渠道做好业务发展，1 月单月发展 581 部，实现开门红，再次掀起业务发展高潮；同时利用与物业合作开展的物业营销等方式，进一步提升光纤宽带的品牌知名度，促进宽带的增长；持续对宽带实占率低的小区进行分析、营销。加快小区进驻谈判力度，从 11 月开始，组织家客经理及营业人员对宽带新一年到期用户开展续费工作。

2010～2011 年，矿区联通分公司针对不同消费层次的客户，提供差异化服务，为校园提供信息化支撑，建设平安城市网。网络建设部门加大对 2G、3G 网络的分析，结合用户网络质量投诉，以提升客户感知为目的，及时发现并处理了各类网络问题。

第六编　经济要览

1947年阳泉解放前，境内经济凋敝，民不聊生。中华人民共和国建立后，确立了社会主义公有制，实现了计划经济管理体制，建立和扩大了国营经济。“文化大革命”时期，经济发展遭到干扰。中共十一届三中全会后，按照改革开放和以经济建设为中心的要求，进行了国民经济的调整，实行了政企分开，经济效益逐步好转，人民生活得到改善。进入21世纪后，以深化企业产权制度改革为动力，不断调整第二产业，发展第三产业，全面监测、分析全区国民经济运行态势，组织实施经济运行调控目标、政策和措施，调节国民经济日常运行，积极协调解决经济运行中的重大问题，把管理的重点转移到行业规划、行业法规、行业标准、产业政策的制定和实施上来，把工作的重点调整到对市场和流通的宏观调控、指导、监督、协调和服务上来，为全区经济的健康发展创造了良好的环境。

第一章　经济总量

新中国建立后，矿区的国民经济活动水平不断提高。1978 年后，矿区的社会经济活动总量显著提高，总收入和总支出逐年增长，对经济建设的投资力度不断加大，就业人员逐年增加，有力推动了地区生产总值的增长。同时，全区的物价水平稳定，市场物资日益丰富，职工工资大幅提高，人民生活得到了显著改善。进入 21 世纪后，矿区围绕打造“资源转型首创之区、经济发展首富之区、社会和谐首善之区”的“三区”建设目标，不断提高国民经济活动水平，开创了经济建设快速发展的新局面。

第一节　地区生产总值

1970 年以前，矿区没有设立专门的统计机构，统计工作由市直统计机构直接管理。矿区自 1980 年与阳泉矿务局分开统计，始有独立统计数据。2000 年实行在地统计，将阳煤集团纳入矿区统计范围。1980 ~ 2011 年，矿区 GDP 平均增长速度为 13.2%，第三产业平均增长速度 12.3%。

1980 ~ 2011 年阳泉市矿区地区生产总值一览表

表 6 - 1　　单位：亿元、%

年份	地区生产总值	增速	年份	地区生产总值	增速	年份	地区生产总值	增速
1980 年	3.08	—	1991 年	8.85	12.07	2002 年	29.45	10.5
1981 年	3.39	10.01	1992 年	9.92	11.85	2003 年	37.08	18.9
1982 年	3.73	10.03	1993 年	11.11	11.58	2004 年	45.19	19.1
1983 年	4.1	9.80	1994 年	12.35	11.15	2005 年	63.89	16.2
1984 年	4.54	10.60	1995 年	13.55	9.65	2006 年	76.08	11.4
1985 年	5.04	10.91	1996 年	15.07	11.23	2007 年	88.37	10.1
1986 年	5.66	12.24	1997 年	16.61	10.15	2008 年	100.68	10.8
1987 年	6.31	11.57	1998 年	18.3	10.08	2009 年	106.6	6.2
1988 年	6.89	9.17	1999 年	20.32	10.89	2010 年	125.8	14.6
1989 年	7.34	6.51	2000 年	23.98	2.9	2011 年	148.05	12.5
1990 年	7.89	7.35	2001 年	26.47	7.9			

注：为了使统计口径统一，2000 年以前的数据为按平均发展速度推算所得。增速为不变价发展速度。

第二节　总收入

新中国建立后，矿区境内靠国家较多的投入，加速了社会总收入的增长。1985年4月实行“划分税种，核定收支，分级管理，总额分成”的财税管理体制后，大大调动了矿区政府组织收入的积极性，加上经济和各项事业的发展因素，矿区财政收入呈逐年上升趋势。1990年矿区财政总收入达912.8万元，与1985年相比，年均递增22.21%。1985～1990年，矿区财政总收入3347万元，其中财政预算收入累计完成3336.5万元。

1991～2000年，面对煤炭市场持续疲软的局面，矿区财税部门认真贯彻“加强征管，堵塞漏洞、惩治腐败，清缴欠税”的方针，按照“抓早、抓实、抓细、抓出成效”的财税工作总体要求，取得明显成效。1991年，矿区财政收入达到1028.9万元，首次突破1000万元大关。1994年实行“分税制”，当年矿区财政总收入完成2081.5万元。2000年，充分发挥街道办事处和职能部门的协税护税作用，坚持收入目标责任制，加大税收清欠力度，继续增调区机关干部到税务部门协助征税，充实税收一线力量，加大税款协调入库力度，保证了税款及时足额入库。当年财政总收入完成3981万元。1991～2000年，全区财政总收入累计完成26366.9万元，年均递增15.87%；一般预算收入完成18958.4万元，年均递增11.63%。

2001～2011年是矿区财政收入快速发展时期。矿区在实现财税收入应收尽收的前提下，把增加收入的着力点放在了招商引商吸纳税户上来，积极采取双保险措施，与工商局、国税局和地税局以及市工商、税务部门协调，从登记注册源头开始，全程跟踪服务。2011年，全区财政总收入完成51108万元，一般预算收入完成25208万元。2001～2011年，矿区财政总收入完成229024万元，年均递增26.12%；一般预算收入完成113070万元，年均递增22.34%。

1985～2011年阳泉市矿区财政收入统计表

表6－2　　单位：万元

年份	地方财政收入	财政总收入	年份	地方财政收入	财政总收入	年份	地方财政收入	财政总收入
1985年	334.8	334.8	1994年	1374.6	2051.1	2003年	3112	6560
1986年	431.1	431.1	1995年	1743	2616	2004年	3858	8466
1987年	426.5	437	1996年	2006	3024	2005年	5380	11780
1988年	496.8	496.8	1997年	2290	3324	2006年	6379	14140
1989年	734.5	734.5	1998年	2227	3502	2007年	11135	24348
1990年	912.8	912.8	1999年	2732	3926	2008年	14242	27269
1991年	1028.9	1028.9	2000年	2743	3981	2009年	17161	33603
1992年	1171.1	1171.1	2001年	2941	4325	2010年	21099	42019
1993年	1704.8	2341	2002年	2555	5406	2011年	25208	51108

第三节　总 投 资

新中国建立后，全境按照国家计划进行生产。当时，境内的各项建设是由市政府根据计划经济的要求进行投资的。随着经济建设的发展，1981 年，矿区改为行政建置以后，区政府不断加大投资力度，促进了全区社会各项事业的快速发展。1985 年，矿区政府在城镇集体所有制单位基建中，实际投资 105 万元，确保了各项建设的顺利发展。

“七五”期间，矿区政府克服市场疲软，产品不对路等问题，认真研究投资规模、投资效益、投资结构、投资需求与有效供给之间的关系，多渠道筹集资金。通过财政投放、银行贷款、职工自筹和争取市列项投资等途径，解决技改、生产资金，积极为企业筹措资金，使生产和经济效益发展逐步达到了平衡。

“八五”期间，矿区把新产品开发、技术改造作为完成当年生产任务和增强发展后劲的关键来抓，投资 240 余万元，开发了 KPH 管道快速接头、系列保健小食品、北方风味豆制品、超薄膜塑料背心袋、免烧砖、铸铁丸、水箱清洗剂、低温启动液 8 项新产品，其中 5 项投入批量生产。同时投资 60 余万元，建成了集贸市场和综合市场。另外，通过银行贷款、财政投入、企业自筹，争取上级列项投资等多种渠道，帮助企业筹集资金 709 万元，重点开发了多项新产品。1993 年，矿区投入技改资金 66 万元、税务周转金 18 万元，确保了促产增收目标的完成。1994 年，矿区又投入资金 530 万元，对一些重点项目进行了技术改造，推动了工业生产稳步增长。到 1995 年，矿区进一步拓宽融资渠道，增加资金投入。采取贷、列、集、投的办法，全年累计投入生产资金 850 万元。其中技改资金、科技三项费用及财政间歇资金于一季度全部投放到位，有力地扶持了企业生产，提高了资金使用时效。

“九五”时期，矿区加大融资力度，增加投入，支持企业生产，提高了资金的使用效益。1996 年，区政府投资 50 万元，改善基础设施，扶持骨干企业，增强了企业的发展后劲。在教育发展上，区财政投入 24 万元，为区直中小学配备了语音和微机设备。1997 年，区政府向企业投放技改资金 200 万元、税务周转金 60 万元，帮助提高生产经营水平，市、区财政向社区服务网点投入扶持资金 31 万元。协调驻地单位投资投物价值 23 万元，提供营业面积 8000 平方米。1999 年矿区政府投入 9890 万元，日潭新区总体落成。

“十五”期间，全区以发展特色区域经济为主线，积极投入资金，引导培育重点项目上档次、上规模。特别是在扶持民营企业上，矿区政府加大了资金投入，促进了经济的发展。同时，在重点工程建设和园区建设上，矿区政府不断加大投资力度，使区域经济持续快速增长，综合经济实力明显提升。尤其是在沿桃河三产经济带和板块建设上，区政府投入了大量资金，有力推动了此项工作的快速发展。2005 年，矿区政府继续提高投资幅度，城镇投资共完成 226846 万元，全社会固定资产投资 22.68 亿元。

“十一五”时期，矿区围绕建设“全市经济发展首富之区、社会和谐首善之区、资源转型首创之区”的目标，推进“工业强区、三产活区、民营兴区和招商引资促发展”战略，使全区呈现出经济稳步发展，人民生活得到改善，各项事业全面进步，社会环境和谐安定的良好局面。2006 年，固定资产投资规模进一步扩大，全社会固定资产投资完成 399654 万元，同比增幅 41.7%。其中采矿业完成 107584 万元；制造业完成 169964 万元；电力、燃气及水的生产完成 66297 万元。

2007 年，固定资产投资继续在高位上运行。全区上下坚持不懈地实施项目带动战略，全年全区固定资产投资完成 363723 万元，全区投资总规模继续保持在全市前列。同时，投资结构进一步优化。分行业看，煤炭采选业完成投资 11.54 亿元；化学工业完成投资 3.5 亿元；橡胶制品业完成投资 1.7

亿元；非金属矿物制品业完成投资1.1亿元；有色金属冶炼及压延加工业完成投资9.1亿元；电力、煤气及水的生产和供应业完成投资0.39亿元，房地产业完成投资8.94亿元。

2008年，矿区克服国际金融危机带来的不利因素，积极应对金融危机，加快项目实施进度，使国民经济继续保持平稳较快增长，综合实力继续增强。固定资产投资保持较快增长，全社会固定资产投资完成424057万元，比2007年增长16.6%，投资的主要方向集中在煤炭和房地产业。

2009年，矿区紧紧抓住国家、省市加大经济拉动的有利时机，全力抓好重点项目建设和针对性的引资工作。同时，采取针对性措施积极应对危机，使全区经济保持了平稳较快发展。是年，重点项目全年完成投资2.49亿元，完成年计划的103%。在招商引资方面，包装上报项目27个，签订对外合作项目4项，合同利用外资2.8亿元，到位2.1亿元。此外，加大对口公关力度，争取上级非政策性资金5100余万元。截至年底，城镇固定资产投资完成590496万元。

2010年，矿区"百项工程"共完成投资3.1亿元，完成年计划的119.6%。全年签约项目17个，引进项目21个，协议利用外资46.4亿元，到位9.45亿元。利用外资及资金到位总量均创历年最好。截至年底，全年城镇固定资产投资完成1034258万元。项目建设和开放引进带动了投资的增长，传统产业得到改造提升，新兴产业进一步壮大。

2011年，矿区认真做好市重点工程项目的投资、落地等工作，加快转变经济发展方式和经济结构战略性调整，加快推进经济建设，使国民经济保持了平稳较快发展。全年全社会固定资产投资79.4亿元，同比增长3.4%。在房地产开发方面，全年房地产开发投资13.8亿元，比2010年增长11.2%。按工程用途分，商品住宅投资12.9亿元，增长4.5%；经济适用房投资0.5亿元，增长58.8%；商业营业用房投资0.2亿元，增长60%。

1985～2011年阳泉市矿区历年固定资产投资一览表

表6－3　　单位：万元

年份	固定资产投资	年份	固定资产投资	年份	固定资产投资	年份	固定资产投资	年份	固定资产投资
1985年	105.0	1991年	232	1997年	1373	2003年	…	2009年	590496
1986年	40.0	1992年	358	1998年	…	2004年	…	2010年	767457
1987年	146.0	1993年	684	1999年	…	2005年	228000	2011年	793474
1988年	64.0	1994年	575	2000年	5059	2006年	399654		
1989年	64.5	1995年	802	2001年	…	2007年	363723		
1990年	78.5	1996年	1589	2002年	…	2008年	424057		

第四节　总就业

解放初期，境内成立了阳泉煤矿公司，解决了一部分人的就业问题。1950年以后，国家进行了私营工商业的社会主义改造，废除了封建把头制，改善了工人的工作环境和生产条件，提高了就业率。1979年年底，在矿区的2个区办企业和14个社办企业中，共有从业人员2500人。

20世纪80年代，矿区进入全面建设小康社会的新时期。这一时期，由于受社会经济发展进程等诸多因素的影响，仍然面临较大的就业压力。对此，矿区政府高度重视就业问题，坚持以人为本，树立全面、协调、可持续的发展观，促进经济社会和人的全面发展，为进一步解决好就业问题提供了思想认识基础。经过认真的探索和实践，以市场为导向的就业机制初步形成，为解决好就业问题提供了政策和机制保障。

90 年代，矿区通过发展经济、改善经济结构，带动了大量就业岗位的开发。“九五”时期，矿区加大融资力度，增加投入，支持企业生产，提高了资金的使用效益。1996 年，区政府投资 50 万元，改善基础设施，扶持骨干企业，增强了企业的发展后劲。在教育发展上，区财政投入 24 万元，为区直中小学配备了语音和微机设备。1997 年，区政府向企业投放技改资金 200 万元、税务周转金 60 万元，帮助提高生产经营水平，市、区财政向社区服务网点投入扶持资金 31 万元。协调驻地单位投资投物价值 23 万元，提供营业面积 8000 平方米。1999 年矿区政府投入 9890 万元，日潭新区总体落成。通过加强教育培训带动了劳动者就业能力的开发，使矿区丰富的劳动力资源得到比较充分的开发和合理利用。矿区创造良好的劳动者自主择业、自由流动、自主创业的环境，形成稳定的促进就业政策和制度，健全内外开放、平等竞争、规范有序的劳动力市场，保持就业渠道通畅；将社会失业率和平均失业周期控制在社会可承受的范围内，使有劳动能力和就业愿望的劳动者都得到了平等就业机会或处于积极准备就业的状态。1994 年和 1995 年，矿区从业人员分别为 2880 人和 2745 人。

2000 年，矿区采取结构性改革措施努力提高增长的就业含量。积极培育和塑造了灵活高效的区内劳动力市场，在扩大就业数量的基础上持续不断地提高就业的质量。至 2005 年年末，从业人员 95894 人，城镇新增就业 17532 人，“十五”期间，全区累计开发就业岗位 23460 个，累计完成城镇新增就业 23460 人，下岗职工通过各种形式实现再就业者累计 660 人，城镇登记失业率控制在 4.5% 以内，达到了“十五”计划控制的目标。

2006 年，矿区社会从业人员 10.29 万人，其中第二产业 9.58 万人，第三产业 0.71 万人。年末城镇从业人员 10.29 万人。登记失业人数 0.0056 万人。职工人数 9.8624 万人，其中机关团体 0.1364 万人。全年新开发就业岗位 5200 余个，其中公益性岗位 250 个。全区安置下岗失业人员 672 人，其中“4050”困难就业人员 279 人；安置“零就业”家庭人员 35 人。2007 年，在全省率先开展了“零就业家庭”就业安置工作，368 户“零就业家庭”援助对象实现了就业。全年新增就业岗位 4600 个，失业登记率控制在 3.9% 以内。全年累计为 4236 户、9437 人发放低保金 1169 万元，实现了动态管理下的应保尽保。社会从业人员 10.3 万人，其中第二产业 9.59 万人，第三产业 0.71 万人。城镇从业人员 8.01 万人。城镇登记失业人数 0.05 万人。职工人数 9.66 万人，其中机关团体 0.14 万人。2008 年，累计为 5800 余人提供了政策咨询服务，安置下岗失业人员就业 672 人，其中区属“4050”（含残疾人）人员和困难大龄就业人员 280 人。为 416 名下岗失业人员（含退休人员 41 名）代理了劳动关系，为失业人员办理失业就业证 94 个，办理就业优惠证 496 个，为 120 多名灵活就业人员办理了申领社保补贴，开发公益性岗位 300 余个；建立了“零就业家庭”就业援助长效机制，确保新出现的“零就业家庭”在一个月内“消零”，实现“产生一户，援助一户，消除一户，稳定一户”的目标。在岗职工 101518 人，增加 4942 人；城镇登记失业率控制在了 3.9% 以内。

2009 年，矿区实施积极的就业政策，出台了《关于促进就业工作的意见》，建立了企业裁员报告制度，开展“就业援助周”“春风送岗位”等大型就业活动 14 次，新增就业 4382 人，城镇登记失业率 3.8%。进一步完善困难群体就业长效援助机制，全年安置“零就业”家庭 17 人、特困毕业大学生 40 名、“4050”等困难人员 306 名，实现了“零就业家庭”的动态消零。截至年底，实现城镇新增就业 5160 人，完成市定目标 103 %。城镇登记失业率 3.8%，低于市定 4% 的控制目标。

2010 年，矿区在就业工作方面，开展了创业型城市、充分就业社区创建活动，全年各类培训共计 1623 人（次），下岗失业人员再就业 873 人，创建省级充分就业社区 1 个；完善就业援助长效机制，安置“零就业家庭”18 户，“4050”等困难群体人员 243 名，实现了“零就业家庭”的动态消零；城镇基本社会保障覆盖率达到 93 %，完成市定目标；实现城镇新增就业 5160 人，完成市定目标 103 %。城镇登记失业率 3.8%，低于市定 4% 的控制目标。尤其是在“十一五”期间，五年新增就业 2.3 万人，城镇登记失业率控制在 4% 以内。区、街道、社区三级劳动保障平台进一步完善，实现了“零就业家庭”的动态消零。

2011年，矿区城镇新增就业5107人，完成目标任务的102%。创业带动就业204人，完成目标任务的102%。帮助就业困难群体实现就业206人，完成目标任务的103%。下岗失业人员再就业805人，完成目标任务的100.6%。城镇登记失业率3.8%（目标任务为4%以内），就业培训1080人，完成目标任务的108%。开发社区就业岗位60个，完成目标任务的100%。技能培训169人，完成市目标任务的112.7%。安置大学生就业102人，完成市就业见习岗位目标任务的102%，为86名高校毕业生办理了人事代理，确保了“零就业家庭”在一个月内“消零”。召开春、秋两次就业服务招聘会，提供就业岗位1930多个。

1980～2011年阳泉市矿区全部职工人数一览表

表6-4　单位：人

年份	全部职工人数	年份	全部职工人数	年份	全部职工人数	年份	全部职工人数
1980年	1699	1988年	1333	1996年	2496	2004年	16686
1981年	1798	1989年	1347	1997年	35480	2005年	95793
1982年	1576	1990年	1308	1998年	31844	2006年	98628
1983年	1453	1991年	2831	1999年	23015	2007年	96576
1984年	1628	1992年	2862	2000年	22013	2008年	101518
1985年	2251	1993年	2904	2001年	34133	2009年	101131
1986年	1301	1994年	2862	2002年	35410	2010年	105884
1987年	1244	1995年	2718	2003年	18413	2011年	115299

第二章　经济结构

矿区成立后，存在着产业结构不协调，第一产业就业比重偏高，第三产业发展滞后，产业技术开发能力薄弱，产业整体竞争力偏低，部分行业投资增长过快，盲目扩张突出等问题。根据国民经济发展的需要，矿区对国民经济中各个领域、各个部门、各个地区和各种经济成分之间的对比关系和结合状况进行了调整，促使国民经济结构合理化，推动整个国民经济向前发展。通过用高新技术改造传统产业，促进产业层次和技术水平升级，实现产业结构优化；大力发展服务业，提高服务业在国民经济中的比重，进一步调整和完善了全区的所有制结构，解放和发展了生产力。

第一节　产业结构

一、第一产业

解放前，由于境内农村受封建土地所有制的统治，农民生活极度贫困，第一产业的生产水平是很低的。解放后，境内农村经过轰轰烈烈的土改，农民拥有了自己的土地、牲畜和农具，开始了单独生产。但由于生产工具落后，生产条件十分艰苦，劳动力的不均，第一产业的生产水平还是不高。1953年形成初级农业合作社后，农民以土地入股，统一经营，集体劳动，使第一产业的生产水平开始提高。1955年，初级社社员发展到105户、316人。这一时期，随着农村制度的改革和农业生产条件的改善，促进了第一产业经济的发展。1958 年实现人民公社后，逐步确立了“三级所有，队为基础”的经济管理体制。到 1963 年，境内第一产业有恢复和发展，农牧业产量、产值有了较大增长，人均口粮 188 千克，农民生活逐步得到改善。“文化大革命”时期，第一产业的管理体制遭到严重扰乱，影响了经济的正常发展。

1978 年中共十一届三中全会以后，全区推行了以家庭联产承包责任制为主的多种形式的农业生产责任制，使广大农民重新获得了生产上的自主权和经营上的主动权。同时，把劳动人民的劳动成果与经济利益直接挂起钩来，鼓励多种经营，开放集贸市场，极大地调动了农民群众的生产积极性和创造性，有力推动了第一产业经济的迅速恢复。

1980 年，根据阳泉市经济建设的需要，矿区政府改变城乡合一的体制，成为单一的城市建制，农业人口全部转为城市人口。至此，矿区完成了第一产业的历史使命，跨上了城市工业发展的新台阶。

二、第二产业

新中国建立后，境内第二产业快速发展，阳泉矿务局成长为全国十大煤炭企业，1979 年，原煤总产量达到 1122.85 万吨，是 1950 年的 13.85 倍，矿区区办和社办企业从无到有建成了众多小企业。1979 年，矿区共有区办企业 2 个，社办企业 14 个，全区工业产值 251.4 万元，实现利润 30.23 万元。

1980 年，矿区第二产业总产值 256.57 万元，比 1979 年增长了 2.06%，从业人员 1045 人。1985 年，工业总产值 608.8 万元，从业人员 1361 人。“六五”期间（1981～1985），矿区第二产业增长迅速，工业总产值年均递增 18.8%。

“七五”期间（1986～1990），矿区第二产业各部门按照经济体制改革的目标要求，层层签订了经济目标承包合同，确保了第二产业经济的稳定增长。1990 年，工业总产值 1334.28 万元，从业人员 1250 人。工业总产值年均递增 17.0%。

“八五”时期的第一年（1991），矿区第二产业的有关部门在第一轮承包的基础上，全部签订了二轮承包合同书或目标管理书，并且大力开展了“质量、品种、效益”管理年活动。同时调整了产品结构，制订了矿区工业企业《企业技术改造暂行管理办法》和《工业企业质量管理暂行办法》。当年，第二产业工业总产值完成 1530.41 万元，比 1990 年增长了 9.1%，比 1980 年增长了 5.69 倍，平均年递增为 15.68%。工业增加值 428.02 万元，从业人员 1187 人，初步形成了有一定基础的工业体系。随后，矿区的第二产业围绕改革、发展、稳定的大局，继续深化深化改革，促进计划经济体制向市场经济体制转变，推动了国民经济持续、快速、健康发展。1995 年，第二产业完成增加值 1124 万元，从业人员 2745 人，工业总产值完成 4196 万元，工业增加值 573.2 万元，完成“八五”计划的 213%。

“九五”时期的第一年（1996），矿区第二产业完成增加值 1415 万元，全部工业总产值完成 2897 万元，工业增加值 925 万元。之后，矿区以市场为导向，科技为动力，第二产业保持稳定增长。2000 年，第二产业完成增加值 11402 万元，全部工业总产值完成 41691 万元，工业增加值达 12750 万元，从业人员 21841 人。

2000 年，“十五”时期的第一年（2001），矿区第二产业完成增加值 240280 万元，从业人员 72781 人。工业增加值 104863 万元。在“十五”时期的最后一年（2005），矿区第二产业完成增加值 559069 万元，从业人员 95894 人，工业增加值 519304 万元。

“十一五”时期的第一年（2006），矿区第二产业完成增加值 580744 万元，从业人员 9. 58 万人，工业增加值 540609 万元。矿区贯彻落实中央扩大内需保增长的十项措施，加快项目实施进度，宏观经济逆势攀升，人民生活水平持续提高，社会事业取得全面进步。2010 年，第二产业完成增加值 1125000 万元，从业人员 98011 人，工业增加值 1098000 万元。

“十二五”时期的第一年（2011），矿区第二产业完成增加值 1326000 万元，从业人员 115556

人，工业增加值1306000万元，实现了“十二五”良好开局。

三、第三产业

矿区的第三产业是在1978年中共十一届三中全会召开后逐步发展起来的。1985年，矿区街道民办第三产业初具规模。20世纪90年代，矿区大力发展第三产业，1991年制订了《关于鼓励党政机关干部职工离开工作岗位兴办第三产业的暂行办法》。1992年，出台了《关于加快发展第三产业的意见》。1993年，确立了“依托城市、服务城市、依托矿山、面向社会”的第三产业发展思路，成立了第三产业领导机构和基层管理网络，全区经济实体和服务网点迅速增加。1994年，重点培育了房地产开发、商品物资流通、饮食服务三大行业，房地产开发公司、经济贸易公司、聚丰贸易公司、劳动服务公司、物资供应公司五大公司呈现出规模经营的优势。1994后，完成了赛鱼集贸市场、河神庙集贸市场、桥头集贸市场、明珠建材市场、桥东商贸一条街、平北集贸中心、蔬菜批发市场、商贸娱乐中心的启动和改造工程。2000年第三产业完成增加值7541万元，占地区生产总值的39.8%。

2000年后，矿区第三产业的发展速度越来越快。“十五”时期，第三产业增加值4.8亿元，占地区生产总值的8.6%；从业人员3万余人，占全区从业人员的30%。集餐饮、娱乐、现代服务为一体的沿桃河经济带和四个商贸板块的第三产业发展新格局初步形成。

“十一五”期间，以天利为中心的平潭商贸群、桃北中路餐饮娱乐一条街初具规模，4家华龙连锁店落户矿区，太行国际新城、华龙宜购等一批重点工程相继完成。东西带动、南北呼应、板块布局的三产经济新格局初步形成。出台了促进服务业发展的一系列措施，扶持推动全民创业，取得积极成效。2010年，矿区第三产业增加值完成13.3亿元，比2005年增长176.12%，年均增长22.52%。

2011年，矿区第三产业发展稳中有进。加大对现代服务业扶持培育力度，出台了鼓励创业优惠扶持政策。围绕特色文化挖掘优势产品，按照“一街一业、一社一品”的发展思路，积极培育富有矿区特色的文化产业。投入50万元专项资金扶持开发旅游文化产品，以煤雕、剪纸、铝箔画、木版画、木雕、小杂粮等特色产品为代表的文化产业初具规模，煤雕、剪纸等文化产品已成为矿区文化产业的名片。矿井旅游项目完成了前期规划论证。截至年底，第三产业增加值增幅达到13.5%，税收比2010年增长125.3%，全年新增个体工商户566户。

第二节　行业结构

解放前，境内行业构成非常简单。新中国建立后，随着经济建设的不断发展，境内的煤业企业、其他工业企业、商业企业、金融企业和其他服务业企业逐步恢复、建立和发展。“文化大革命”开始后，境内的各行各业在运动的冲击下，受到了不同程度的影响。中共十一届三中全会后，矿区不断调整经济结构、优化产业布局，科学谋划工作、狠抓措施落实，全区经济进入创新驱动、内生增长的发展轨道，行业构成更加合理，抗风险能力更加强大，市场竞争力不断提高，企业的扩张能力进一步壮大，矿区经济欣欣向荣。

一、工业企业

（一）新中国建立至1979年

矿区的煤业企业是在新中国建立后逐步发展起来的。1950年1月，阳泉矿务局在境内成立。阳泉矿务局四矿于同年1月组建。阳泉矿务局三矿于同年5月组建。阳泉矿务局二矿于1951年5月组建。阳泉矿务局一矿于1953年7月组建。同时，在“一五”“二五”和三年调整期间，分期建设了12对矿井，总设计能力621万吨/年，初步奠定了煤炭产业的发展基础。到20世纪70年代初期，阳泉矿务局对各生产矿井进行了大规模的技术改造，扩大了井田，调整了采区布置，改造了提升、运输、通风、瓦斯抽放、排矸、洗选加工等生产系统。1974 年，产量突破 1000 万吨，跨入千万吨大型煤炭企业行列；1976 年煤炭产量达到 1252 万吨，比设计能力翻了一番。

境内的其余工业企业是在私营工商企业实行公私合营后，逐步建立和发展起来的。1956 年，公私合营性质的鞋业社在境内建成。1958 年，在实行人民公社化的过程中，阳泉市弹簧厂在境内成立。1966 年，赛鱼铸造厂建成。1969 年，鞋业社人员归入公社办赛鱼车辆修配厂。1970 年，赛鱼车辆修配厂易名为阳泉市红卫车辆修配厂。同年，阳泉市弹簧厂更名为矿区弹簧厂，向阳人民公社五金厂也于当年在境内建成。1973 年，阳泉市红卫车辆修配厂试制生产钢木家具，1976 年转为集体所有制企业。1979 年年底，矿区共有区办企业 2 个（弹簧厂、缝纫厂），社办企业 14 个。

（二）20 世纪 80～90 年代

从 20 世纪 80 年代开始，阳泉矿务局通过技术和装备更新，原煤产量不断增加。1984 年 12 月，阳泉矿务局五矿成立。1988 年，原煤产量突破 1500 万吨，1990 年，达到 1623 万吨。20 世纪 90 年代初，阳泉矿务局新景矿开工建设，工程总投资 18 亿元，并被国家列为“八五”“九五”重点能源建设项目。同时，非煤产业开始起步，内部管理进一步加强，企业发展跃上了一个新台阶。1997 年 8 月，新景矿开始试生产。1997 年 12 月，阳泉矿务局改制为阳煤集团，是煤炭工业部直属的 94 家国有重点煤炭企业之一。1998 年 10 月，阳泉矿务局新景矿正式建矿。

1981 年，赛鱼铸造厂与冰糕厂合并。1982 年 10 月，改名为矿区赛鱼糖果冷饮厂。同年，贵石沟 00433 部队的 4 个企业合并为阳泉市八一综合加工厂，隶属于矿区管理。1983 年，阳泉市红卫车辆修配厂成为矿区直属企业，更名为阳泉市钢木制品厂。同年，矿区工艺美术制品厂成立。1984 年，向阳人民公社五金厂更名为阳泉市矿区钢窗厂。12 月，矿区社会福利总厂和贵石沟预制厂成立。截至 1990 年 12 月底，全区共有 32 个工业企业，抵押承包 29 个企业。其中区直企业 6 个，街办企业 23 个。

1991 年，全区集体所有制工业企业 32 个，包括平潭小学印刷厂，全民所有制企业 3 个，初步形成了有一定基础的工业体系。在整个 20 世纪 90 年代，矿区工业行业克服困难，在逆境中改革、前进。1994 年，矿区对区直矿灯厂实行企业分立，成立了阳泉市矿山设备配件厂，组成了新的经济实体。1995 年，矿区组织筹建了阳泉市化工矿产运销部，1997 年托管区包装厂。矿务局名扬节能灯具厂 1997 年对五金电器厂实施了整体租赁。1998 年，矿区的华厦、聚丰、弹簧等工厂改为股份合作制，钢木厂、钢窗厂、矿化改为有限责任公司，电器厂整体出租，对长期停产、资不抵债的矿区造纸厂、冷饮食品厂、金鑫轧材厂实施破产，对矿灯厂拟实施破产。

（三）2000～2011 年

煤业。2000 年以后，随着煤炭市场的恢复性增长，阳煤集团从做大、做强企业的角度出发，提出并逐步完善了“以大搏强，十年三百亿”战略目标和“煤与非煤并重，做大与做优并举”战略方针。2002 年 11 月，阳煤集团四矿因资源枯竭破产重组为天兴公司。2005 年 12 月，阳煤集团经过债转股后，成为由山西省国资委、中国信达资产管理公司和中国建设银行共同出资组建的大型煤炭企业集团。按照山西省委、省政府关于调整煤炭产业结构，整合煤炭资源的安排部署，阳煤集团加快转变经济发展方式，产业结构“以煤为基”，谋求“多元发展”：在更大范围内实施煤炭产业“走出去”发展战略；实施煤炭化工产业跨越发展战略，以突出循环经济为宗旨，调整了铝电工业发展方式；以加强研发设计和销售为重点，整合重组了装备制造业；通过整顿、重组、新建和机制转换，振兴以建筑地产、贸易服务、宾馆旅游、设计勘探、生产生活服务为核心的现代服务业。至 2011 年，阳煤集团营业收入达 1187 亿元，总资产达到 1050 亿元。

其他工作。2000 年，矿区停产多年的包装厂由蓝天型煤公司兼并。通过成立矿区国有资产经营管理中心，对破产的翔达复合材料总厂各方资产进行了重新整合，完成了协作公司破产终结工作。

2002年，钢木制品厂与阳煤集团技工学校实习工厂成功联营；市阀门股份有限公司以购买资产方式兼并了原翔达总厂；山西名扬电子有限公司兼并了五金电器厂；聚丰贸易公司、区钢窗厂、华厦实业公司、蓝天型煤公司、陶粒砂场、蔡洼办事处管件厂和化工厂等单位完成了股份合作制规范；桥头办事处铸钢厂与社区服务中心合并；沙坪办事处橡胶厂出租；赛鱼办事处铸造厂自然人整体买断。2004年，钢木制品厂通过集体股分配、个人参股，改制成为阳泉市华宝机电有限公司；弹簧厂由亚昊经贸公司整体承债式兼并，更名为阳泉市广鑫机械制造有限公司。截至2008年年末，全区共有工业企业法人单位157个，从业人员85526人。

2008年年末阳泉市矿区按登记注册类型分组的工业企业法人单位和从业人员表

表6-5　单位：个、人

企业名称	企业法人	从业人员	企业名称	企业法人	从业人员
合计	157	85526	有限责任公司	87	81715
内资企业	156	85524	国有独资公司	2	88
国有企业	5	1066	其他有限责任公司	85	81627
集体企业	33	2024	私营企业	29	592
股份合作企业	2	127	港、澳、台商投资企业	1	2

2008年年末阳泉市矿区工业企业法人单位和从业人员的行业分布表

表6-6　单位：个、人

企业名称	企业法人	从业人员	企业名称	企业法人	从业人员
合计	157	85526	塑料制品业	5	128
采矿业	3	77130	非金属矿物制品业	6	197
煤炭开采和洗选业	1	77058	有色金属冶炼及压延加工业	3	60
非金属矿采选业	2	72	金属制品业	30	1920
制造业	150	7030	通用设备制造业	34	1760
食品制造业	1	44	专用设备制造业	8	592
饮料制造业	1	39	交通运输设备制造业	1	6
纺织服装、鞋、帽制造业	8	276	电气机械及器材制造业	14	617
木材加工及木、竹、藤、棕、草制品业	1	83	仪器仪表及文化、办公用机械制造业	1	27
造纸及纸制品业	1	101	工艺品及其他制造业	7	308
印刷业和记录媒介的复制	10	187	电力、燃气及水的生产和供应业	4	1366
化学原料及化学制品制造业	12	455	电力、热力的生产和供应业	1	337
医药制造业	1	27	燃气生产和供应业	1	7
橡胶制品业	6	203	水的生产和供应业	2	1022

2009年，华鑫电气有限公司的双风机变频节能安全排放系统、金法支护有限公司的超高分子量聚乙烯管材项目、新鑫科技研究所防爆泄压密闭器综合项目三个项目投资到位，进展良好。2010年，帮助企业申报各类科技项目21个、研发资金200万元，新增2家民营科技企业，2家高新技术企业

完成重新认定，华越公司大型采掘设备制造产品化取得突破性进展。2011 年，矿区大力实施中小企业成长工程，全面落实各项优惠政策，着力为工业企业发展排忧解难。加大科技研发投入，全年共投入科技研发经费 410 万元。充分利用鑫利信公司担保平台，为 11 家企业提供 475 万元担保贷款。以华越、华鑫为龙头，以阳煤集团中小企业群为支撑，依托救生舱、永磁电机等自主研发项目，推进煤机成套装备和煤电设备产业基地建设。全年行业总产值达到 43.3 亿元，比 2010 年翻了一番。

二、商业企业

新中国建立后，人民政府组织集市庙会，扶持资助私营商贩开业设店，扩大经营。先后成立了平潭街村供销社、菜洼村供销社、二矿职工消费社和矿务局职工消费社。1954 年，二矿职工消费社退股撤销。1956 年，平潭街村供销社、矿务局职工消费社归属阳泉市贸易公司，改称贸易公司第九门市部，转为全民所有制的国营商店。同年，对私营工商业实行社会主义改造，本境出现了菜洼村丁秀兰等 5 人的五合商店、赛鱼副食品合作商店。同时，市商业局各专业公司也在当年先后在境内设立销售网点，1957 年，有国营百货商店 3 个，下设 4 个销售门市部，共有职工 130 人，营业面积 1460 平方米。1958 年以后，在“越大越公”的思想指导下，商业所有制转化，供销合作商业，公私合营的合作商业，绝大多数转为全民所有制性质的国营商业，关闭集贸市场，取消私营商业，形成了以国营商业为主导的商品流通渠道。

从 1960 年开始，境内百货商店的门市增至 9 个。同年 5 月 20 日，境内的百货、杂品、副食等商业系统门市部无论国营或合作商店一律移交国营马家坪商店管理。马家坪商店改称矿区商店，受市商业局和矿区人民公社双重领导。1962 年，撤销分片管理领导机构，各商业等部门分别按行业性质划归市商业局各专业公司，实行条条领导，上下对口。矿区商店又改称马家坪商店。当年，马家坪商店下设门市部增至 7 个。

1978 年，中共十一届三中全会召开后，矿区商业企业为了适应改革开放新形势的需要，从开拓市场领域入手，不断发展横向联合，逐步建立和完善新的流通体制，使全区商业的吞吐力更强，辐射面更广。1982 年，矿区商业企业中有百货商店 1 个，其他食品商店 3 个，日用杂品商店 1 个。截至 1983 年，矿区有商业户数 279 户，人数 320 人。1990 年，矿区有商业户数 966 人，人数 1106 人。

20 世纪 90 年代，矿区各商业企业围绕提高经济效益这个中心，采取多种有效措施，转换和完善内部机制，调动企业销售积极性，形成了强有力的促销动力。1998 年，桥东商贸一条街完成改造；筹建了商贸再就业中心。这些商贸市场，成为全区第三产业向高层次发展的一个重要标志。

2000 年后，矿区商业企业围绕综合购物中心、连锁超市、便利店三个经营业态，建立了以资产为纽带、以品牌商品为联结、市场竞争力强的新型运行机制。2002 年，在积极开发商业贸易区域的过程中，兴建天利购物广场，使商贸市场初具雏形。2003 年，河神庙商业一条街及平潭、桥头、赛鱼三个商贸中心建成，天利购物广场开业。

2011 年年末，全区有批发和零售业企业法人单位 145 个，比 2004 年年末增长 14.17%；其中批发业 51 个，零售业 94 个。从业人员 2106 人，比 2004 年年末减少 26.36%。在全部从业人员中，批发业占 30.82%，零售业占 69.18%。有国有企业 9 个，集体企业 12 个，私营企业 59 个。全部从业人员中，国有企业占 10.30%，集体企业占 14.15%，私营企业占 21.08%。

2008年年末阳泉市矿区批发和零售业企业法人单位和从业人员统计表

表6-7　单位：个、人

企业名称	企业法人	从业人员	企业名称	企业法人	从业人员
合计	145	2106	零售业	94	1457
批发业	51	649	综合零售	29	639
农畜产品批发	1	7	食品、饮料及烟草制品专门零售	6	44
食品、饮料及烟草制品批发	3	24	纺织、服装及日用品专门零售	5	70
纺织、服装及日用品批发	2	5	文化、体育用品及器材专门零售	3	8
文化、体育用品及器材批发	—	—	医药及医疗器材专门零售	11	94
医药及医疗器材批发	1	3	汽车摩托车、燃料及零配件专门零售	5	116
矿产品、建材及化工产品批发	25	432	家用电器及电子产品专门零售	10	98
机械设备、五金交电及电子产品批发	16	80	五金、家具及室内装修材料专门零售	18	233
贸易经纪与代理	—	—	无店铺及其他零售	7	155
其他批发	3	98			

2008年年末阳泉市矿区按登记注册类型分组的批发和零售业企业法人单位和从业人员统计表

表6-8　单位：个、人

企业名称	企业法人	从业人员	企业名称	企业法人	从业人员
合计	145	2106	联营企业	1	6
内资企业	145	2106	有限责任公司	43	807
国有企业	9	217	股份有限公司	10	93
集体企业	12	298	私营企业	59	444
股份合作企业	7	205	其他内资企业	4	36

2009～2011年，矿区完成了“家电下乡”备案和商业网点摸底调查。全区内有百货类网点427个。2010年投资百万元在四矿口建成阳泉市金桥集贸市场。2011年，矿区个体工商业批发和零售业（商业）有1667户、3052人，资金3828万元；批发和零售业实现增加值4.2亿元。比2010年增长16.3%。

三、金融企业

新中国建立前，境内没有金融企业。新中国建立后，随着境内经济迅速发展，人民生活得到改善，1951年，中国人民银行阳泉市支行在境内设立第一个储蓄所——二矿储蓄所。主办个人储蓄业务，项目单一，储存量很小。1953年，平潭信用社成立，隶属于阳泉市郊区信用合作社联合社。1954年1月，中国人民银行阳泉市支行沙坪储蓄所成立。7月，中国交通银行驻阳泉矿务局办事组成立。随着境内工业、商业及各项事业的发展，同年10月，中国建设银行驻阳泉矿务局办事组成立，金融业务增加企业存款、工商业存款、贷款、工业生产资金贷款和发行经济建设国债等。1955年3月，中国农业银行阳泉市支行成立。1956年中国农业银行阳泉市支行在境内平潭街设立信用社。1957年机构精简时，中国农业银行撤销，业务并入中国人民银行阳泉市支行。1958年，中国建设银行驻阳泉矿务局办事组并入阳泉市财政局，1962年又恢复机构。1964年1月，中国农业银行阳泉市支行恢复建制。1965年，中国人民银行阳泉市支行赛鱼储蓄所成立。1966年，中国农业银行阳泉市支行再度并入中国人民银行阳泉市支行。1969年，中国建设银行驻阳泉矿务局办事组重新并入阳泉市人民银行。1976年10月，中国建设银行驻阳泉矿务局办事组再次恢复成立，并且更名为建设银行阳泉市支行矿务局办事处。1977年，中国工商银行阳泉市分行红岭湾储蓄所成立（位于矿区一矿）。1979年10月，中国农业银行阳泉市支行与中国人民银行阳泉市支行分设，重新组建阳泉市农业支行；同年，中国人民银行阳泉市支行二矿西四尺储蓄所设立。1982年三矿联办所成立。1984年6月，建设银行阳泉市支行矿务局办事处更名为中国人民建设银行矿区专业支行，下设会计股、业务股、办公室，有职工3名。同年12月，中国工商银行阳泉市支行赛鱼办事处成立，内设5个科室，下辖3个储蓄所，1个联办所，干部职工42名；同时设立中国工商银行阳泉市支行石卜咀办事处，内设6个科室，下辖6个储蓄所、2个联办社、5个代办所，时有干部职工81名。1988年5月，中国人民建设银行阳泉市办事处平潭分理处在平潭小区开始营业；同年8月，中国银行阳泉市支行矿区洪城路分理处北大街储蓄专柜和二矿储蓄所开办。至1990年，区境银行职工队伍400余名。1993年，中国人民财产保险股份有限公司阳泉市矿务局支公司成立，是专为阳煤集团提供全方位保险服务的专设机构。1996年，为了更好地服务阳泉矿务局，中国人民建设银行矿区专业支行更名为中国人民建设银行阳泉市矿务局专业支行。1997年10月16日，中国农业银行阳泉市矿区支行成立，下辖5个营业网点，分别是支行营业部，一矿分理处、二矿分理处、新世纪分理处和赛鱼分理处。1997年6月，阳泉信托投资公司矿区营业部成立。1998年1月，桥头街城市信用合作社成立。中国人民建设银行阳泉市矿务局专业支行更名为中国人民建设银行阳泉市矿区支行。同年12月31日，中国农业银行阳泉市支行更名为中国农业银行阳泉市分行，机构改革、隶属关系、业务范围未变。

2000年7月，中国银行阳泉市支行矿区分理处升格为中国银行阳泉市分行矿区支行。同年，中国工商银行股份公司阳泉石卜咀办事处与中国工商银行股份公司阳泉北大街支行合并，并在原址设立了石卜咀分理处。2002年，中国工商银行阳泉市分行矿务局储蓄所升格为分理处。同年，中国工商银行阳泉市分行红岭湾储蓄所升格为分理处。另外，阳泉信托投资公司下属营业部及其所有服务部在当年整体划归山西证券有限公司后，阳泉信托投资公司矿区营业部也更名为山西证券阳泉营业部桃北中路服务部。2004年9月，中国工商银行阳泉市分行矿务局分理处改建为中国工商银行股份有限公司阳泉矿区支行。同年，石卜咀分理处改建为中国工商银行股份公司阳泉石卜咀支行。9月，中国人民银行阳泉市支行赛鱼储蓄所改建为中国工商银行股份有限公司阳泉赛鱼支行。2005年，中国人民建设银行阳泉市矿区支行改建为中国建设银行股份有限工作阳泉西城支行。2006年2月，中国工商银行阳泉市分行红岭湾储蓄所改建为中国工商银行股份有限公司阳泉红岭湾支行。同年，中国工商银行阳泉市北大街支行二矿储蓄所改建为中国工商银行股份有限公司阳泉二矿支行。同年年底，中国农业银行阳泉市分行下属有7个支行、6个直管分理处和31个营业网点，职工总人数630人，其中有技术职称的人员共382人。2011年，矿区有金融业单位77个，从业人员629人。

2008年年末阳泉市矿区金融业企业主要单位一览表

表6－9

序号	单　　位
1	中国人寿保险股份有限公司阳泉市矿务局支公司
	（1）一矿服务所
	（2）五矿服务所
	（3）赛鱼服务所

续表6－9

序号	单　　　位
2	中国建设银行股份有限公司阳泉西城支行
3	中国人民财产保险股份有限公司阳泉市矿务局支公司
4	中国农业银行阳泉市分行
	（1）中国农业银行阳泉市矿区支行
5	桥头街城市信用社
6	中国银行股份有限公司阳泉矿区支行
7	平潭信用社
8	中国工商银行股份有限公司阳泉石卜咀支行
9	中国工商银行股份有限公司阳泉矿区支行
10	中国工商银行股份有限公司阳泉赛鱼支行
11	中国工商银行股份有限公司阳泉红岭湾支行
12	中国工商银行股份有限公司阳泉二矿支行
13	中国工商银行股份有限公司阳泉北大街支行贵石沟分理处
14	中国人民财产保险股份有限公司阳泉市矿务局支公司
15	山西证券阳泉营业部桃北中路服务部

四、服务业企业

旅店业。解放前，境内赛鱼街中心有1家忠义店，该店分路北路南两店，是当时境内较大的旅店，1947年解放后停办。1956年矿务局设招待所。1965年一矿设招待所。1976年二矿、三矿都建立招待所。1980年6月二矿建成宾馆。1981年赛鱼街道办事处服务公司设立旅店，1990年机厂、电厂分别建立招待所。本年，桥头地区开设3个旅馆。

理发业。解放前，境内有几家私营理发户，一家一户经营，只为男性推理、剃须，服务简单，收费低廉。新中国建立后，随着煤矿生产的发展，职工和家属不断增加，1962年和1965年先后设立赛鱼理发店和桥头理发馆，很多单位建立理发室，免费为本单位职工及家属服务。1970年，沙坪街道办事处开设一个营业性的理发店，占地94.7平方米，临时工作人员12人，1975年，赛鱼街道办事处服务公司建立理发店。1979年蔡洼街道办事处建立理发馆，有职工12人。1979年除单位职工理发室外，区内有理发店3个。20世纪70年代末，理发店普遍设吹理、烫发业务。1980年后，个体理发户增多。1990年矿区有8家集体性质的理发店和28户个体理发店。

照相业。解放前，境内赛鱼有3户私营照相馆。解放后，这些私营照相人员和从事画像业务的人员于1957年11月28日，组成集体性质的美丽相馆，地址在赛鱼，归阳泉市饮食服务公司阳泉市合作总店管理。1961年更名为赛鱼照相馆，并在石卜咀设立赛鱼照相馆石卜咀分馆。1965年10月，石卜咀分馆与赛鱼照相馆合并。同年，市饮食服务公司在四矿口设立国营桥头照相馆，至此现区域内有2家照相馆，20世纪80年代中期，开始出现私人照相业主。1990年矿区有国营照相馆1家，集体性质的照相馆1家，个体照相馆5户。

其他。境内20世纪50年代初期无营业性澡堂。阳泉矿务局一矿、二矿、三矿、四矿和阳泉发电厂等单位均设有职工澡堂，供职工免费洗澡。境内还有补锅、钉鞋、修锁、配钥匙等个体手工业。20世纪70年代修理业的工种逐渐增多，有修理水笔、手表、自行车等服务项目。80年代时增加了彩电、冰箱、摩托车、汽车等修理业务。另外，澡堂设施在20世纪80年代有了较大改善，各单位的澡堂开始对外营业，除此之外，从80年代以后，逐渐兴起一些新的档次高的服务业务。有经济管理咨询服务；各种技术咨询服务；设备租赁服务；计算机安装、调装服务；企业评估、审计服务；信息服务等相继进入市场，为社会生产和人们生活提供方便。1990年时对外营业的浴池有7个。同年，矿区有经营刻字的7户，各种修理服务186户，从业者201人。1990年年底，矿区个体服务业132户，169人。其中：旅馆业2户，从业人员2人。理发业78户，从业人员110人。摄影业5户，从业人员7人。医疗卫生11户，从业人员14人。刻字业7户，从业人员7人。洗染业2户，从业人员2人。咨询服务业2户，从业人员4人。其他25户，从业人员25人。

20世纪90年代，矿区服务业结构不断优化。“八五”末，矿区私营服务业有27户。其中：独资企业19户，合伙企业8户，雇工496人，投资者56人，注册资金173万元。在社会服务业中，日用品修理业8户，娱乐服务业19户。“九五”末时，矿区私营服务业8户。其中：沐浴业1户，投资人1人，雇工8人，注册资金5万元。日用品修理业2户，投资人2人，雇工17人，注册资金36万元。信息咨询服务业4户，投资者人7人，雇工14人，注册资金12万元。计算机应用服务业1户，投资者人1人，雇工8人，注册资金10万元。

2000年，矿区加快产业结构调整步伐，大力发展服务业。2008年，矿区有租赁和商务服务业46个，从业人员564人。有居民服务业和其他服务业29个，从业人员123人。其中：租赁和商务服务业有26户，居民服务和其他服务业402户。

2009年，矿区不断推进商业服务业体系建设，对全区家政服务企业进行了摸底调查，开展了示范社区创建工作，建立了商务之窗网站，建立了外贸业务人才和外贸产品信息库，参加了山西省商务系统信息化工作骨干培训，组织150名社区居民参加了市商务局主办的“家政服务工程”培训。2010年，境内有商贸服务业从业人员近5000人，各类商贸服务业网点1466个，其中百货类427个，蔬菜副食类268个，酒类46个，新型市场类91个，餐饮服务类573个，特种行业及其他行业61个，基本形成了遍布各个街道和社区的流通网络。2011年5月31日至6月4日，矿区有130人参加了为期5天的免费家政服务培训班。至年底，矿区租赁和商务服务业共有有限责任公司8户，其中公司法人7人，注册资本361万元。

第三节　投资结构

在各个计划时期，境内的基本建设投资主要按阳泉市下达的规划进行。1950～1952年，由于国民经济处于长期战乱后的恢复时期，矿区境内能够用于基本建设的财力极其有限，但对工业和农业基础设施的投资力度还是比较大的。1951年以后，工业投资显著增加，重点投资于原材料和机械工业。从1953年起，全境开始实施第一个五年计划。这一时期，在集中财力、物力、人力优先发展重工业的工业化方针指导下，境内大规模的经济建设开始兴起。当时，政府投资成为基本建设投资的主体。煤炭工业的建设重点是恢复改建和扩建原有矿区（包括在原有矿区新建矿井）。到1955年7月，投资改扩建了境内一矿北头咀七尺平峒井口，1957年12月移交投产，投产时共完成井巷工程量16146米，土建工程面积38848平方米，投资1917.03万元。同年，对一矿北丈八井井口进行了建设，后因国家压缩基本建设规模，于1960年停工缓建。

1958年，境内继续建设第一个五年计划时期尚未完成的项目，同时电力工业加速了发展。1959年，阳泉市发电厂投资扩建安装了12万千瓦发电机组2台。但是，由于经济建设指导思想上盲目追求高速度，在工业基本建设上提出了“以钢为纲”的建设方针，开展了大炼钢铁运动，造成了巨大浪费。而在城市建设方面却出现了明显滞后的状况。此外，在这一时期，为了追求“高速度”，部分项目实施采取了“边勘察、边设计、边施工”的错误程序，严重影响了建设质量。

1961年，境内按照中央“调整、巩固、充实、提高”的八字方针，对基本建设投资进行了调整，有效地促进了国民经济的发展。

1966年，“文化大革命”开始后，在长时间的社会动乱中，境内的基本建设投资受到了影响，国民经济也发展缓慢，主要比例关系失调，经济管理体制更加僵化。阳泉矿务局克服政治运动的干扰，加强基本建设。1973年，投资对三矿二号井进行了改扩建，提高了挖掘生产能力和运输能力。

1978年12月，中共十一届三中全会召开后，矿区按照改革开放的发展要求，进一步加快了经济建设步伐。同时，基本建设投资结构也朝着有利于全区经济的发展，有利于扩大再生产的方向迈进。年内，对二矿矿井进行了改扩建；对四矿老矿进行了挖潜设计，批准基本建设投资1114万元。老矿挖潜设计主要是解决四矿扩区后井田深部的四尺和丈八两层煤的开采，及新旧区的储量配采问题，并且提高矿井的生产能力。扩区后四矿井田范围：东西宽3.72千米，南北长6.33千米，井田面积约16平方千米。在煤巷掘进设备上，阳泉矿务局于1980年投资进口了一批掘进设备，包括奥地利阿尔卑尼公司生产的AM－50型半煤岩掘进机，日本三井三池公司生产的MRH－S50－r3型煤巷掘进机。同年5月，首先将MRH－S50－r3型掘进机用于四矿井下作业，效果显著。1984年，随着采煤工艺的发展，综采工作面的顺槽长度也在不断加大，为加快掘进速度，阳泉矿务局又陆续投资引进了多台国外产综掘机进行煤巷掘进生产。年内，还投资新建了贵石沟矿井，并对三矿进行了改扩建。

在岩巷掘进设备上，阳泉矿务局于1986年投资购置了法国制造的液压钻车和与其配套的侧卸式装岩机，并且在二矿西四尺井和三矿竖井进行了试验使用，使岩巷掘进进入了现代化施工方式。1988年，又投资购置了国产CTH10－2F全液压钻车及配套的ZC侧卸式装岩机，使用在一矿北丈八井西大巷。这些设备不但为岩巷机械化作业提供了宝贵的经验，也为加速开拓大断面巷道创造了条件。

1990～2000年，矿区利用预算内拨款、自筹资金、基本建设贷款以及其他专项资金，不断扩大基本建设规模和建设进度，制订了《基本建设管理程序暂行办法》，增加了固定资产，扩大了生产能力和效益。1993年，市委下达矿区基本建设投资规模计划指标，全民为300万元、集体为500万元、个体为500万元。同时市计委另外下达了本区复合材料厂投资规模2100万元，其中基本建设投资规模800万元和区房地产开发公司基本建设投资规模500万元的计划指标，矿区根据市下达的基建计划指标，按照基本建设管理程序暂行办法，严格基本建设审批手续和程序，将投资规模控制在市下达的指标之内。当年，矿区共安排下达基本建设项目计划10项，共投资1826万元，建设规模为27500平方米，新建工程6项，续建工程3项。其中：全民项目安排4项，共投资为125万元，建筑规模为2940平方米。集体项目安排3项，共投资851万元，建筑规模为10820平方米，分别是中外合资复合材料厂、区第三食品厂、建材厂车间。

2000年，矿区政府积极扶持发展社区经济，区财政投资3万元，协调驻地单位投资投物价值100余万元，资助社区网点建设。截至年底，全区社区服务网点达到530个，实现营业收入749万元，创利税68万元，比1999年分别增长7%和13%。矿区政府引导培育重点调产项目上档次、上规模。年内，兆丰铝冶公司扩建5万吨电解铝项目工程奠基开工，通过银行贷款、职工集资、争取列项等，落实资金2亿元。2002年，兆丰铝冶公司首期4.3万吨电解铝项目工程，已累计投资1.8亿元，主要土建工程已全部完工，设备安装已基本就绪。阳煤集团投资新建了山西新元煤炭有限责任公司（简称新元矿）。随着基本建设投资的不断增加，2004年年底，阳煤集团综掘机械化程度达到了43.44%，综掘进尺达到了76097米，煤巷综合单进达到了244.28米/月，形成了以大功率掘进机、胶带运输机、刮板运输机和锚杆钻机为主的机械化作业线。年内，贵石沟工业园区成立。园区内投资1500万元的麟豪安全防盗门等一批改扩建调产项目均建成投产。规模以上工业企业实现产值9.8亿元，增长43.9%，占全区工业总产值的71.8%。

2005年，矿区围绕“工业强区、三产活区、民营兴区”发展战略，大力发展园区经济和板块经济。同达公司矿用系列变压器项目分别与澳大利亚 T. N. J 投资贸易公司和美国第一资本投资国际集团签订了总额为1.1亿元的合作意向书；总投资2000万元的环保免烧矸石砖项目，1365万元外方（西班牙）资金全部到位，设备订购等前期准备工作全面完成。全区新增规模以上企业13家，规模以上工业总产值累计完成28177万元。平潭板块规模稳步扩大，规划营业面积4000平方米、总投资1500万元的矿区文化大楼全面竣工；平潭商业步行街项目整体规划设计方案完成审批，一期项目中的日潭锅炉房商业改造。同年，阳煤集团对一矿西翼大巷皮带化也进行了投资改造。

2007～2011年，矿区围绕“保增长、保民生、保稳定”的经济目标，狠抓基本建设投资工作，以基本建设带动区域经济的跨越式发展。2007年，矿区坚持龙头带动、集约发展，使园区规模稳步壮大。计划占地13.3公顷（200亩）、总投资8000万元的新泉汽贸物流中心建设起步良好，汽车超市、加油城竣工投入运营，汽车配件超市、维修站正抓紧建设，累计完成投资1730万元。同时，全年共签订对外合作项目11个，合同利用外资6.59亿元，到位外资3.42亿元，比2006年增长239.4%，资金到位率52%，均创历年来最好。2009年，阳煤集团投资5.4亿元改善矿区基础设施，三电厂冷凝热回收利用一期工程完成，新增供热能力150万平方米。阳泉市金法支护有限公司超高分子量聚乙烯管材项目在2009年投资3000万元，完成了二期工程建设，建成直径630毫米～250毫米的PE管材生产线一条，直径225毫米～110毫米的PE管材生产线一条，另外有直径400毫米～219毫米的超高分子量的管材生产线两条。并拥有生产各种管材的配套设备。同时自行研制了PE法兰的生产设备。阳泉市华鑫电气有限公司双风机变频节能安全排放系统项目年内完成投资2000万元，实现达产达效。按照“稳健经营、跨越发展”的经营策略，阳煤集团亿吨基地在2010年加速推进，生产和基建规模达到亿吨以上，建成了阳泉、晋东、寿阳、晋北、晋南五大生产基地，煤炭可持续发展能力后劲十足。2011年，矿区出资60万元包装扶持非物质文化遗产类项目，开发出以反映矿区新面貌、新变化，阳煤职工生产生活为主题，以煤雕、剪纸、铝箔画、木版画为代表的系列产品，开辟了一条街道社区发展经济的新路子。

第四节　企业所有制结构

“一五”时期（1953～1957），境内实行国营经济领导下的多种经济成分并存发展模式，具体的经济成分由社会主义性质的国营经济、半社会主义性质的合作经济、国家资本主义性质的公私合营经济、私人资本主义经济、个体经济组成。经过1953～1956年的社会主义全面改造，公有制体系基本建立。非公有制经济则作为“产生资本主义的土壤”的经济成分而受到排斥。

从1978年开始，境内的非公有制经济（包括个体经济、私营经济和外资经济）开始得到恢复和发展。这一时期，矿区按照中共中央制定的以公有制为主体、多种经济成分共同发展的方针，逐步消除所有制结构不合理对生产力的羁绊，出现了公有制实现形式多样化和多种经济成分共同发展的局面。1984年，矿区按照中共十二届三中全会讨论并通过的《中共中央关于经济体制改革的决定》，加快了非公有制经济的发展步伐。1985年，全区个体工商户达1146户，从业人员达1759人，营业额为125万元。

1988年，矿区大力发展商业、饮食业和建筑业，非公有制经济不断向前发展。当年，全区个体工商户达2344户，从业人员达4258人，营业额为2372万元。1990年，中共阳泉市矿区第三次代表大会召开。会议要求，大力发展商业饮食服务业，鼓励和引导个体经济、私营经济健康发展，进一步繁荣矿区经济。随后，矿区在继续宣传、贯彻国家的个体经济政策的同时，加强对个体工商户的政策、法规，职业道德教育和监督管理，积极为个体经济发展创造条件。同年，新建农贸市场1个，改扩建市场服务设施1300平方米。充分发挥个体协会作用，引导个体户开展“守法经营、优质服务”

竞赛活动，活跃了市场，繁荣了矿区经济。全区个体工商户发展到2525户，从业人员3730人，分别比1989年增长4.8%和2.8%。日均上市摊位293个，上市品种3500多种，市场成交额3279万元。

按照省委、省政府《关于鼓励个体、私营经济发展的若干规定》，矿区于1991年出台了《关于鼓励个体、私营经济发展的具体措施》。要求各部门要维护个体工商户的合法权益，鼓励个体、私营经济创办生产型、科技型和劳动密集型工商企业，支持个体、私营经济利用本地资源创办手工业、交通运输业、建筑业和饮食服务业等企业。鼓励单位和个人按照“谁投资、谁受益”的原则建设各类市场，逐步形成以固定市场为主，早夜市为辅，专业市场与综合市场相结合的市场体系。个体福利企业、环保企业以及军烈属、工矿伤残人员、特困户、农转非矿工家属、城镇待业青年从事个体经营的税务、工商部门按规定给予减免税费的照顾。同时，区工商局出台了《关于放宽个体、私营经济政策的若干意见》，采取简化办证程序，实行放宽从业资格，放宽经营范围、放宽登记条件的“三放宽”政策，为个体、私营经济的发展创造了更加宽松的外部环境。针对个体工商户经营场地严重不足的问题，加快市场建设，多渠道筹资金107万元，建成营业面积5590平方米、可容纳360个摊位的半封闭河神庙市场，并采取一系列优惠政策和措施，启动、繁荣该市场；调动驻地单位的积极性，投资60余万元，基本建成使用面积5000平方米、可容纳350个摊位的半封闭贵石沟集贸市场；将地处商业黄金地段的桥头蓄电池厂迁址，新建综合市场，主体工程于上年年底竣工；成立了改造赛鱼市场领导组，改扩建准备工作基本就绪。依法加强了对个体户和私营企业的管理。全区个体工商户发展到3587户，比1990年增长27%；从业人员达5369人，比1990年增长32%，市场成交额5298万元，比1990年增长21%。私营企业发展到23户，注册资金128万元，总产值360万元，分别比1990年增长15%、14%和22%。

1992年，矿区放宽个体、私营经济政策。为个体私营经济的发展提供服务。集中力量对集贸市场进行改扩建，赛鱼市场改扩建主体工程如期完成；可容300个摊位的冠山集贸市场正式营运；在繁华区段开辟简易市场5处。依法加强对个体工商户和私营企业的管理，引导其健康发展。同年，全区个体工商户发展到4060户，从业人员这6102人，注册资金930万元，营业额7839万元，分别比1991年增长13%、13.6%、2.2%和27.1%；私营企业发展到41户、注册资金679万元总产值590万元，分别比1991年同期增长78%、430%和55%。

根据市委、市政府关于大力发展个体私营经济的各项优惠政策，矿区在1995年积极鼓励个体经营活动，组织个体工商户开展“创三优”“无假冒、信得过”“节假日义务便民服务”等活动，引导个体经营者守法经营，合法致富。严厉打击假冒伪劣及其他违法经营行为，促进个体私营经济健康发展。当年，全区个体工商户发展到5290户，从业人员7670人，分别比1994年增长5.6%和5.1%；完成三产营业额13861万元，实现利税319万元，分别比1994年增长213%和276%，占到全区第三产业的80%以上。1996年，矿区对个体、私营经济进行政策引导、扶持发展，使其成为了全区经济新的增长点。同时，严厉打击假冒伪劣及其他违法经营行为，促进了个体经济健康发展，同年，全区个体工商户和私营企业完成三产营业额14400万元，比1994年增长6.74%。1997年，矿区实行对下岗职工从事个体经营，坚持优先受理、优先发照、优先安排的政策，使个体私营经济规范经营实现增长目标。全年共安置下岗人员700多名，减免管理费7万余元。当年，全区个体工商户发展到3590户，私营企业发展到46户，完成营业额1.082亿元，完成工业产值2670万元，均完成年计划目标。

1998年，矿区把非公有制经济作为重要的增长点，制订出台了《关于进一步加快非公有制经济发展的实施意见》等一系列扶持政策；推行了扶持非公有制经济部门工作目标责任制；开展了区级领导与个体私营业主“结对子”活动，在政策、资金、技术等方面提供服务和帮助，涌现出乌珠特种型煤厂等一批科技型民营企业；坚持优先受理、优先发照、优先安排的原则，安置下岗职工720多名从事非公有制经济。从而使非公有制经济在规范中快速推进。同年，全区个体工商户发展到3883户，私营企业发展到51户，分别比1997年增长了8%和11%，生产经营总额达到2.4亿元，上缴国家税金552万元，比上年增长53.3%。

围绕大力发展非公有制经济的目标，矿区在1999年进一步落实全市扶持非公有制经济的“二十三条”意见，出台了扶持非公有制经济发展的实施办法和部门单位工作目标责任制，区五大班子领导干部分别与个体私营企业“结对子”，实行重点对应帮扶。从治乱减负、创造环境入手，放手扶持个体私营经济发展。在全市范围内率先实行了个体工商户缴费明白卡制度，在桥头集贸市场推行免费一条街试点，在赛鱼街推行统一收费试点。创办了全市民营科技工业园区，重点扶持了中旭电子有限公司等12家民营科技型企业。全区个体工商户、从业人员和私营企业数分别比1997年增加8%、6.3%和15.7%；个体私营经济创税比1997年增长46%。

2000年，矿区加大了对非公有制经济的服务和保护力度，在政策、人才、资金扶持方面给予倾斜，对顺达公司等11家私营企业实行了挂牌保护；向绿色保健鞋业、华盛电脑公司等8家私营企业投入扶持科技资金24.5万元；通过全市人才交流大会，为14家私营企业招聘专业技术人员40名。稳步推进民营科技工业园区的创建步伐，协调解决了9家企业的办公用房。截至年底，全区个体工商注册户1456户，私营企业61户，比1999年增长26.6%和18.3%；个体私营经济税收全年完成734万元。2002年，矿区的非公有制发展稳中有升，经济比重有所增加。当年，在加大了对非公有制经济的服务扶持力度的基础上，省、市、区投入科技资金36万元，对侨联绿色鞋业、华盛电脑、顺达公司、麟豪公司等民营企业进行了扶持；对民营科技园区进行了扩建搬迁，园区信息网络进行了优化升级，民营科技企业增至14家。截至年底，全区个体工商户达到1394户，私营企业达到62家，个体私营经济税收完成1234万元，同比增长68.12%。

为了进一步完善对重点企业的挂牌保护制度，矿区在2003年成立了民营经济发展局和新建企业服务中心，为企业提供全方位一条龙服务。并且在制定优惠政策，投入科技资金的同时，对天利、顺达、麟豪等民营企业进行重点扶持。加强民营科技园区管理，为民营科技企业发展创造宽松环境，全区省级民营科技企业增至16家。截至年底，全区个体工商户达到1531户，私营企业达到61家，个体私营经济实现税收1336万元，比上年增长8.27%。至此，全区的非公有制经济稳中有增，规模和比重有所提升。2004年，矿区加强对区域企业的改制指导和扶持服务，制定了《鼓励阳煤集团中小企业改制促进主辅分离的暂行办法》《关于加快民营企业发展的若干意见》等政策办法，成立了资产500万元的矿区森隆担保中心，使非公有制经济呈现较好的上升势头。阳煤集团27家中小企业基本实现民营化改制，升华公司后勤服务初步实现社会化经营，全区民营企业总数达到216户，其中年产值千万元以上的3户，百万元以上的29户。

矿区在民营经济发展方面，认真落实促进民营经济发展的各项政策措施。2005年，在基本完成区属企业民营化改制任务的基础上，积极推动阳煤集团资产2000万元以下企业改制，大力引导区内外非公经济参与本区国有集体企业改制、并购，实现互惠互利，壮大双赢。当年，在阳煤集团131家放小企业中，有60家完成改制实现民营化，全区新增鑫盛托辊、丛鑫塑胶等8家产值超千万元民营企业，总数达到了11家，其中新泉公司年营业收入突破亿元。同时，在区政府的积极协调帮助下，被市政府列为“阳泉市重点挂牌保护单位”。截至年底，培育销售收入亿元以上民营企业2户，千万元以上9户，非公有制经济财税贡献率达到37%。非公经济占到全区经济总量的40%以上。到2006年，培育销售收入亿元以上民营企业2户，千万元以上14户，非公有制经济财税贡献率达到40%。

2007年，矿区在优化所有制结构上，及时了解掌握阳煤集团辅业改制、剥离办社会职能的动态和进展，全力推动阳煤集团资产2000万元以下企业改制，确保了剥离改制企业实现在地登记管理。同时，充分发挥鑫利信担保公司作用，重点扶持符合本区产业规划，经济效益好、信誉度高、市场前景广阔的成长型民营企业和专精特新企业；不断加强信息服务体系建设，积极筹建中小企业创业辅导服务中心和“矿区民营企业信息网”，建立了企业产品、品牌、项目等信息数据库；引导企业加强兼并联合，培育具有较大规模和较强市场竞争力、紧密关联的民营企业集群。全年共实现增加值5.1亿元，比2006年增长16.2%；实现利税7499万元，增长32.1%。2008年，民营经济增加值5.5亿元，比2007年增长22.8%，上缴利税9981万元，增长33%，新增千万元以上民营企业3户。

2009年，矿区按照市场经济的发展要求，以公有制为主体，多种所有制共同发展。大力扶持民营企业，起草了《促进矿区中小企业创业成长工程实施意见》。启动中小企业发展基金贴息扶持，帮助华鑫、金法支护有限公司申请省财政专项补贴资金。是年，新增规模以上民营企业3家、个体工商户536户，民营经济营业总收入达到19.4亿元，增长9.2%，上缴利税1.06亿元，增长14.1%。形成了以公有制为主体、多种经济成分并存的所有制格局。

为使所有制结构符合经济发展的需要，矿区在2010年积极进行结构调整，不断推进转型发展步伐，加快发展矿山装备制造业，完成产值21.3亿元，是“十五”末的3.5倍，初步形成了以华越、华鑫为龙头的“三大方阵”产业集群，成为经济转型的一支重要力量。同时，继续大力实施中小企业成长工程，全面落实各项优惠政策，充分发挥行业协会作用，主动深入企业送政策、送服务、开展帮扶，从项目、科技、资金、培训等多个方面，竭力为企业发展排忧解难。是年，民营经济全年营业收入达到21.2亿元，增长13.3%。

2011年，矿区在所有制结构调整中，进一步实施中小企业成长工程，全面落实各项优惠政策，充分发挥行业协会作用，主动深入企业送政策、送服务，着力为企业发展排忧解难。加大科技研发投入，全年共投入科技研发经费410万元。充分利用鑫利信公司担保平台，为11家中小企业提供475万元担保贷款。以华越、华鑫为龙头，以阳煤集团中小企业群为支撑，依托救生舱、永磁电机等自主研发项目，推进煤机成套装备和煤电设备产业基地建设。是年，行业总产值达到43.3亿元。

第三章　企业经济体制改革

阳泉市矿区的企业制度改革，是伴随着传统的计划经济体制向社会主义市场经济体制转变的进程逐步深化、逐步展开的。1984年成立了经济体制改革领导组。1993中共十四届三中全会通过关于建立社会主义市场体制若干问题的决定后，矿区进一步开展了转换企业经营机制的工作。在改革管理体制过程中，矿区按照国家的方针、政策，逐步把高度集中的管理体制改为以间接管理为主和进行宏观调控的管理体制。在改革所有制方面，把单一的公有制经济发展改为以公有制经济为主体的多种所有制经济共同发展的模式。在改革产权制度上，实行了以股份制为主要形式的现代企业制度。同时，不断完善经营责任制，进一步深化劳动用工制度改革，逐步建立了适应市场经济要求，产权清晰、权责明确、政企分开、管理科学的现代企业制度；初步形成了公有制经济为主体、多种所有制经济共同发展的新格局。

第一节　产权制度改革

1979年，矿区进行产权体制改革，首先是实行了企业利润留成制度。1982年，开始实行“利改税”和厂长负责制。主要解决的产权问题是如何扩大企业的自主权。1984～1988年，在改革理论上突破了“把企业的全民所有与国家直接经营混为一谈”的传统观念，实行了所有权与经营权适当分离的改革方法。在总结经验的基础上，矿区在1984年按照国务院《关于进一步扩大国营工业企业自主权的暂行规定》，逐步扩大了企业经营自主权。在1988～1992年的产权制度改革中，全区企业开始朝着自主经营、自负盈亏的社会主义商品经济生产者和经营者的方向发展。

在产权制度改革中，矿区坚持从实际出发，采取多种改制形式，始终把切实维护职工权益、保障职工合法权益，作为工作的一个重要原则。按照股份制模式对企业资产进行产权制度改革。而股份制实质上是所有权与经营权相分离的产权形式。同时，矿区坚持改革彻底到位、不留后遗症的要求和改革的目的是促进企业发展的指导思想，对困扰企业发展的各种历史遗留问题通盘考虑，实事求是的解决计划经济体制留下的问题，如一些企业长期存在的权属不清、权证不全、相互担保、虚设资本以及大量的不实不良资产，在这次改革中都得到了妥善处置，不带进新企业，使企业轻装上阵，掌握占有权、使用权、收益权、处分权，顺利向前发展。

1997 年 12 月，阳泉煤业集团成立，并改制为国有独资公司。按照《中华人民共和国公司法》规定，阳泉煤业集团建立了由董事会、监事会、经理层组成的公司治理结构，同时设党委常委会、职工代表大会。

矿区从 1998 年开始，进一步加大了产权制度改革的力度。在经营制度改革上，选取合适的经营方式，转换企业内部经营机制，深化其他配套改革，不断增强企业的活力，提高经营效益。在完善企业法人制度上，使企业成为真正的独立的法人，拥有独立的法人财产权，并据以享有民事权利。承担民事责任，实现企业民事权利和民事行为能力的统一。

2000 年，矿区在产权制度改革方面，采取了以点带面，稳步推进的办法，使这一工作得到了长足发展。2001 年，矿区出台了《进一步深化企业产权制度改革的实施方案》，确定了深化企业产权制度改革的指导思想和基本原则。同时，深入企业指导工作，帮助企业解决实际困难和问题。特别是对于弹簧厂、华厦公司、电器厂、矿灯厂等问题较多，推进困难的企业，进行重点指导，保证了企业改制的稳步推进。截至年底，全区纳入改制 38 家企业中，有 20 家企业完成清产核资和审计评估工作，占全区的 53%；有 7 家完成兼并；有 1 家实施联营；有 1 家实施破产；有 8 家出租、出售或租售结合；有 1 家搞开发；有 14 家实施股份制规范运营。

2002 年，矿区区属的 40 家（区直企业 14 家，街办企业 26 家）企业中，28 家企业采取兼并、并购、合并、规范股份制改造、出租等形式完成了企业产权制度改制，占到全区区属企业总数的 70%。其中：有 1 家成功联营（钢木制品厂与阳煤集团技工学校实习工厂）；1 家破产后完成资产并购（市阀门股份有限公司购买资产式兼并原翔达总厂）；1 家签订承债式兼并协议（山西名扬电子有限公司兼并五金电器厂）；15 家完成股份合作制规范（聚丰贸易公司、区钢窗厂、华厦实业公司、蓝天型煤公司、沙坪办事处针服厂、百货商店、理发店、赛鱼办事处服务厂、服务公司、陶粒砂厂、平潭办事处理发店、恒丰制衣厂、蔡洼办事处管件厂、化工厂、桥头办事处桥泰商店）；6 家合并（蔡洼办事处理发店、日杂店贸易商行、娱乐中心合并为贸易中心；桥头办事处铸钢厂与社区服务中心合并）；3 家出租（沙坪办事处橡胶厂、川味饭店、桥头办事处铸钢厂）；1 家自然人整体买断（赛鱼办事处铸造厂）。矿区区属企业大多为负债经营，部分企业到了资不抵债、濒临破产的境地。对此，矿区在 2002 年立足本区实际，坚持四项改制基本原则，针对停产、半停产企业大刀阔斧地通过联营、兼并、并购等形式，敢于让利，成功地盘活资产达 2500 万元，企业重新启动了生产，企业资产得到保值增值，职工利益得到保障。市阀门股份有限公司以购买资产式兼并原翔达总厂后，已累计投资 380 万元，购置主要生产设备 20 台（套），初步形成了年创产值 1000 万元的生产规模，并安置了原厂的部分职工。钢木制品厂与阳煤集团技工学校实习工厂联营后，使停产达三年之久的生产线重新启动，清理库存资产和清理欠款达 6 万余元，41 名职工全部得以安置，月平均工资也由原来的 70 元增至 350 元，企业一举扭亏为盈。五金电器厂在整体租赁的基础上，同年 11 月 6 日与名扬电子有限公司签订了承债式兼并协议。针对原股份合作制改造基础较好，企业班子较稳定的企业，进行规范股份合作制运营。华厦公司是本区的三产企业，当年又对其进行了股份合作制规范，并且按《公司章程》进行了换届选举，产生了新的领导班子。新领导班子上任后，采取种种措施加强管理，增收节支，使企业整体面貌焕然一新。

2005年12月，阳煤集团改组为由山西省国资委、中国信达公司、省建行共同持股的有限责任公司，从组织构架、高管人员职位设置上看，阳泉煤业集团的公司治理结构符合现代企业制度要求，企业内部的决策机构、执行机构和监督机构之间既相互独立，又相互制约，使所有者、经营者和员工的积极性得以发挥，行为受到约束，利益得到保障，形成科学合理的现代企业新机制。

2008年，全区42家企业中，有38家企业完成改制，改制面达到90.1%。改制采取的方式主要有：3家实施破产；4家实施兼并；7家实施股份合作制改造；7家因资不抵债被注销或关闭；8家实施零价转让；9家通过出让土地资产安置职工。

由于企业产权明晰，职工身份得到全面置换，同时建立了股东会、董事会、监事会等规范的法人治理结构，激发了企业发展的动力和活力。改制企业经营者自主经营、自负盈亏、自我约束、自我发展的理念更加明确，责任意识、危机意识明显增强。广大员工更加敬业，摒弃了“大锅饭”“铁饭碗”，形成新的就业观念。矿区政府管理部门和机关工作人员的工作方式也发生了很大变化，在推进改革的工作中，都表现出勇于负责、敢于创新、锐意进取和为企业服务的精神。

按照加快产权制度改革的各项规定，阳煤集团在2009年不断加快中小企业集团改革改制步伐，进一步明晰产权关系。同时，为了解决企业产权不明确，内保政策没有法律依据等问题，加快了组建中小企业集团子公司的步伐。同年11月，阳煤集团中小企业投资管理集团第一有限公司举行了挂牌剪彩仪式。本次改制是阳煤集团理顺产权关系，规范投资管理的一项新措施。改制后的新公司有效解决了产权模糊、主体不清、体制不明等问题，理清了非煤产业和集团公司的资产、产权、股东、债权、债务等关系。之后，阳煤集团中小企业第二、第三、第五有限公司分别举行了挂牌仪式。这4家公司的成立，理顺了作为国有企业的集团公司与作为集体企业的各改制企业的产权关系。为实施产品内保政策奠定了法律依据。现代企业制度的建立使企业决策更加民主和科学，经营更加规范，更有利于企业发展。集团公司控股将使中小企业的发展纳入集团公司的战略发展规划中，为中小企业的发展提供了更大的发展空间。

阳煤集团中小企业集团在初步改制的基础上，于2010年积极完善各项管理办法，进一步与集团公司接轨，落实分工负责、集中管理制度，在机构设置、工程项目、重大投资等问题上坚持执行集体决策制度。同时，改变原有的管理模式，进一步完善新的股权管理、人力资源管理及安全管理等各项管理办法，促进了企业的快速发展。

2011年，阳煤集团中小企业在产权制度改革中，围绕产业规模化、循环化，实施内部产业链和各种要素“联动”，对两家以上的同类企业，有计划、有步骤地实行联合重组，减少企业数量，打造大企业、大项目，实现产业链对接、价值链增值，提升了整体竞争优势。

第二节　经营体制改革

1978年中共十一届三中全会召开后，矿区开始了经营体制改革的探索。1979年，矿区开始从生产经营计划、产品销售和价格、劳动人事、工资奖金、经营方式和税利、经营管理等方面给企业放权，进一步扩大企业自主权。1980年，矿区与矿务局“政企分开”，逐步把工作的重点转移到了以经济建设为中心上来。

“七五”时期，矿区企业根据国家有关指示精神，结合全区各企业的实际，采取不同形式，开始推行经济承包经营责任制。实行厂长负责制，厂长成为企业生产经营的主要决策人。1986年，区委、区政府为了进一步贯彻落实《山西省以增强企业活力为中心的经济体制改革实施方案》（简称“三十五条”）及其补充规定，积极组织人员到一些先进单位参观学习。同时在深入调查研究的基础上，5月7日至12日，矿区经委与区直8个工业企业和6个街道办事处签订了经济目标承包合同。随后，又制订了矿区抵押、租赁承包方案。1987年，正式方案出台。方案的指导思想是：企业实行多种形式的承包经营责任制，是在坚持企业的社会主义全民所有制的基础上，按照所有权与经营权分离的原则，以承包经营合同的形式，确定国家与企业的责、权、利关系，使企业做到自主经营，自负盈亏的经营管理制度。解决好国家、企业、个人之间的关系，达到国家多收，企业多留，个人多得的目的。本次承包年限是3年，1987年11月~1990年12月。全区有32个企业，抵押承包29个企业。1989年，矿区按照省委、省政府提出的“三个不变、一个不收”，（企业承包经营责任制不变，坚持厂长（经理）负责制不变，除国家明文规定废止的以外现出台的改革政策不变；下放给企业的权利不收），进一步完善了全区企业承包经营责任制。1990年，矿区在第一轮承包经营结束后，又进行了二轮承包。承包的指导思想是：坚持稳定企业承包经营责任制，本着“稳定政策、完善措施、分类指导”的原则，对经营者素质好、职工拥护、能够完成承包任务的，承包人可以续任到1993年；凡外部条件变化大，不易继续承包的，可实行一年一定的目标责任制；因原承包企业承包人工作变动，或到退休年龄，身体不好，不能继续承包的企业，承包集体素质差，企业管理混乱，职工群众意见较大，又没有完成上一轮承包任务或造成亏损，忽视精神文明建设的企业，要更换承包人，重新承包；对于微利、亏损企业和暂时承包条件还不成熟的企业，实行任期目标，待承包条件成熟后再进行承包。至此，企业承包制在全区全民铺开，形成了当时全区企业政策的基本格局，并且取得了明显的效果。

“八五”期间，矿区针对一些企业运营机制不灵活、产品结构适应不了市场、负担沉重、效率低下等因素，制定了放宽经营政策、因地制宜促发展、加强引导和管理、依法保护合法权益等一系列措施，有力地促进了企业经济快速发展。同时在经营上制定了放宽经营主体资格、放宽经营范围、放宽经营方式、放宽审批登记条件等政策。并且要求全区商贸企业转换企业经营机制、建立现代企业制度，加快内部配套改革和组织结构的调整，把发展工业作为改善其经营结构的战略措施，努力振兴工业经济。经过在全区企业中开展“转机制、抓管理、练内功、增效益”等活动，矿区全面落实了企业经营自主权，全区有70%的企业在1991年都实行了承包经营责任制，企业管理步入了正规化。1994年，矿区在推行和完善“集有民营”的基础上，开始了试行股份制的前期准备工作。全区区直街办近30个企业全部实行了目标责任制管理。1995年，矿区针对企业的实际情况，采取互利互惠的经营办法，利用闲置的厂房、设备、场地和富余人员，与外单位进行联营，走联合经营的道路。实行租赁经营使资产由存量变增量，发挥效益。对一些特困企业采取资产重组，重新确认产权，摆脱历史遗留的债务，走上正常经营的轨道。对区内企业进行组织结构的调整，使企业优势互补，共同发展。

“九五”期间，矿区进一步转换企业经营机制，合理调整企业组织机构，鼓励引导企业间的兼并、联合、改组。1996年，桥头办钢窗厂与矿灯厂办理了转贷协议，利用矿灯厂的场地，使两厂优势互补，共同发展。同时继续推行租赁承包经营等灵活多样、行之有效的经营机制和经营模式。对一批资不抵债的企业坚决实施破产，为这些企业破产兼并作准备。1997年，矿区在推行企业法人扭亏责任制方面，对企业现有资产存量、实际经营能力进行分类，然后由效益及经营状况较好的区矿化工矿产运销公司托管区包装厂；矿务局名扬节能灯具厂对五金电器厂实施了整体租赁，使企业在经营体制改革中逐步走出了困境。为了抓好企业的改制工作，矿区在1998年按照《中华人民共和国公司法》及区《加快企业改革实施意见》等有关规定，在企业中开展了选举董事会、监事会的工作，杜绝了过去由政府委派企业领导造成的弊端。截至1998年年底，全区列入改制范围的区直企业34家，已改制的28家，占企业总数的82.4%。其中有限责任制公司3家，股份合作制16家，整体或部分出租5家，联营开发1家，破产3家。正式挂牌运行13家，吸纳股金109.66万元，入股人数309人。其中华厦、聚丰、弹簧3家改为股份合作制，钢木厂、钢窗厂、矿化3家改为有限责任公司，托管1家（包装厂），联合开发1家（聚丰、泰康），整体出租1家（电器厂），拟破产1家（矿灯厂）。

“十五”期间，矿区按照“深化改革活存量，优势企业搞扩张、扩大开放招商、加快技改上质量、快速发展增总量”的思路，狠抓经营体制改革，着力扭亏增盈。同时强调要进一步从思想上破除企业发展的观念性障碍，从环境上根除制约全区企业发展和对外开放的体制性弊端，从措施上消除阻碍企业发展的关键性环节，找准改革开放突破口，全力推动企业改革和发展。此后，全区企业按照建立规范的现代企业制度的要求，在规范企业运作机制，加大企业内部管理方面和制度、体制、机制、管理等方面进行了大胆的改革和创新。2004 年 11 月底，矿区 42 家区属企业中完成改制的有 31 家，区属企业改制面达到 74%（区直企业改制面达到 80%）。

“十一五”时期，矿区继续将企业经营体制改革向纵深推进。同时强化对企业经营管理的指导，帮助企业经营者提升素质，建立企业经营者资格认定、定期培训和行业考察学习制度，逐步实现经营者素质现代化、选聘市场化和任职职业化，不断健全资产经营责任制。2006 年，矿区商务局与新泉运输有限责任公司签约，对山西翔达金属复合材料总厂闲置资产进行了兼并处置。继续做好了促进阳煤集团放小企业的改制工作。阳煤集团多营总公司 131 家企业中已有 64 家改制，尚有 67 家未进行改制。在民营经济扶持方面，全区共有年营业收入千万元以上的企业 13 户，其中年内新增 2 户，分别是阳泉市丛鑫橡塑制品有限责任公司和阳泉市六通丝网制造有限公司。共有年营业收入 500 万元以上的企业 5 户，其中本年新增 3 户，分别是阳泉恒星支护用品厂、阳泉市矿区恒通配件厂和阳泉市华盛矿用设备有限公司。2008 年，阳煤集团全面推行基数增长制和资本回报制，以经营成果和管理水平衡量考核基层单位业绩，充分调动了各单位增产增效积极性。组建兆丰铝业公司、化工产业管理局、化工设计院、中小企业集团，对铝电、化工产业及中小型加工企业实行集中管理。同时，推行精益化管理，探索流程再造。从理顺体制和分流划转入手，妥善解决新派、天兴两个经营困难单位的生存问题。施行专业化物流管理，统一公路运输业务。组建物资经销和国际贸易公司，当年即分别实现产值 3.12 亿元和 8.29 亿元。2009 年，阳煤集团为适应煤炭主业格局发生的重大变化，确保对安全生产和经营管理的科学管控，对原有煤矿管理体制实施重大改革。同年 10 月 30 日，成立了阳煤集团晋东、寿阳、晋北、晋南 4 个煤炭区域公司。年内，集团公司煤炭主业发展迅速，与上年相比，煤矿数量由 16 处增加到 47 处，集团直管煤矿地域由 8 个县市区增加到 16 个县市区。

2011 年，阳煤集团根据市政府《关于进一步完善煤矿企业兼并重组的补充意见》，全面推行统一管理、单独核算、按股分红的煤矿管理新体制，健全了以矿长（经理）负责制为核心的法人治理机构，实行了生产统一管理的新制度，全面完成了煤矿企业经营权和管理权的整合。

第三节　劳动用工制度改革

在传统的计划经济体制条件下，矿区的劳动力就业存在着新招职工规定内招比例和实行退休职工子女顶替等问题，这样就使大批职工子女进入了父母所在单位工作。此外，复员军人的就业也由家长所在单位包干安置；技工学校招生，以至大、中专学校毕业生分配，也无不与“内招”和“照顾分配”挂上了钩。企业形成了“三铁”（铁饭碗、铁工资、铁交椅）。“三铁”与“大锅饭”结合在一起，成为企业严重缺乏活力的重要原因。

矿区从 1979 年开始，实行劳动部门介绍就业、自愿组织起来就业和自谋职业的“三结合”就业方针。1981 年，矿区的劳动就业制度由国家统包分配、单一全民招工，改为劳动部门介绍就业、自愿组织起来就业和自谋职业相结合的就业制度。全民、集体、个体经济多种渠道安置就业，有效地缓解了就业难的压力。1984 年，又实行了公开招收、自愿报名、德智体全面考核、择优录用的招工办法。1985 年起，矿区的全民所有企业全面推行合同制用工制度，不再招收固定工；同时，下放企业用工自主权。1986 年，开始了固定工制度的改革，并在国营企业进行了优化劳动组合。

20 世纪 90 年代后，矿区的劳动力就业逐步形成了统筹管理、劳动者自主择业、企业自主用人的机制。之后，随着就业培训计划的实施，一部分下岗职工和失业人员开始参加再就业培训；随着劳务市场的开办，一些企业的下岗职工进入劳动市场寻求职业。

1992 年，全区改革开放和经济发展的步伐进一步加快。同年 10 月，中共第十四次全国代表大会后，矿区根据市场变化情况，以改革劳动、人事、工资三项制度为突破口，成立了区深化企业改革领导组，出台了《关于深化企业劳动、人事、工资制度改革的实施意见》，在弹簧厂、桥头钢窗厂、沙坪第一百货门市部 3 个企业进行试点工作，取得了一定成效。弹簧厂实行了岗位技能工资制，以岗定薪，岗动薪易；钢窗厂打破干部与工人界限，实行超计件工资制；沙坪第一门市部从实际出发，采取百元销售营业额含量工资制。这些改革措施调动了干部职工的生产积极性，使 3 个企业的生产经营状况明显好转，超额完成了各项计划指标。

1993 年，矿区围绕提高经济效益，不断加大改革力度，拓宽改革领域。继续推行了三项制度改革，试点单位由 1992 年的 3 个增加到 5 个，收到明显成效. 多数工商企业实行了岗位技能工资制、万元销售营业额含量工资制；对区直企业厂长（经理）实行规模、岗位、工龄结构工资制，初步建立了与规模经济密切联系的激励机制，促进企业上规模、上效益，稳定了企业管理队伍；对经营不善或利用率不高的企业车间（厂房），实行租赁承包、集有民营。桥头蓄电池厂、赛鱼第三食品厂、豆制品的改革，收到了明显的经济效益。

1994 年，三项制度改革进一步得到深化。房地产开发公司、弹簧厂等 7 家企业实行了全员劳动合同制；区属企业普遍推行了动态工资制，对职工工资和离退休人员退休金进行了调整。部分企业试行了工效挂钩和厂长（经理）结构工资制。

1995 年，企业三项制度改革进一步深化，劳动用工制度改革以用工法制化为目标，全区二分之一区直企业和三分之一的街办企业推行了全员劳动合同制，工资分配制度巩固完善了以计件、提成为主的动态工资制。

1996 年，在企业用工制度改革上，打破干部、全民职工和集体职工身份界限，平等竞争，择优上岗，60% 的企业推行了全员劳动合同制。在工资分配上，坚持多劳多得，按劳分配的原则，工业企业实行以计件工资为主的动态工资制；商业、饮食、服务业实行百元销售提成为主的工资制度；在用人机制上，实行干部能上能下，能者上、庸者让、劣者汰的机制，提高了企业经营管理水平。

2000 年，矿区对有志于开办小企业的下岗职工和失业人员在进行创业培训的基础上，积极给他们创造条件，帮助其进行工商登记，获得小额贷款，通过发展小企业吸纳更多的下岗职工和失业人员再就业。2002 年，矿区按照有关规定，对距法定退休年龄 5 年以内、符合内部退养条件的职工，实行了内部退养，并通过出资扶植社区公益性就业组织，开展环境保洁、社区保安、社区服务等项目，安置他们就业，取得了较好的效果。2005 年，矿区企业下岗职工基本生活保障制度向失业保险制度并轨工作基本完成，企业下岗职工分流问题顺利平稳地得到解决。

2006 ~ 2008 年，矿区不断规范企业劳动用工制度，坚持以人为本，从人民群众最关心、最直接、最现实的利益问题入手，并把解决包括劳动关系问题在内的民生问题，作为构建和谐社会的基础和工作重点，努力解决当前企业协调劳动关系机制不够完善等问题，正确处理企业和职工的利益关系，增强企业劳动用工管理的合法性、合理性和科学性，从而进一步提升了企业核心竞争力，促进了企业发展，维护了职工权益。

在大力宣传《中华人民共和国劳动合同法》《中华人民共和国就业促进法》和《中华人民共和国劳动争议调解仲裁法》的同时，矿区在 2009 年开展了“劳动用工执法检查专项行动”和“整治非法用工，打击违法犯罪专项行动”，全年共检查用人单位 363 家，涉及 6161 职工，覆盖全区所有用人单位；积极推进企业内部分配制度改革，认真执行最低工资标准制度，加强对企业工资收入分配的指导，同年 8 月，发布了劳动力市场工资指导价位，帮助企业建立了工资正常增长机制，并定期组织开展自查和督查；全区各类企业劳动合同签订率达到 98%，企业用工备案率达到 60% 以上。建立了企业裁员报告制度，指导拟裁员的 3 家企业对职工开展了在岗培训和转岗培训，组织开展了农民工工资支付专项大检查，制定完善了农民工协调机制，做到全面排查，不留死角，跟踪监察，限期落实到位，切实维护农民工合法权益；依法开展劳动监察工作，全面检查用人单位遵守劳动保障法律、法规的情况，对50家用人单位进行了年检，涉及职工1287人。出台了《关于进一步推进创建劳动关系和谐企业活动的意见》。2010年，矿区进一步加强工资收入分配调控，及时公布劳动力市场工资指导价位，不断完善公务员工资制度，落实各项津贴补贴标准；不断深化事业单位收入分配制度改革，形成分类管理、内部搞活、有效激励的收入分配制度；不断加强企业工资分配宏观调控，全面推进企业工资集体协协商制度。全区各类基层工会组织代表职工与企业签订集体合同17份，4个商业联合工会与66家企业签订了工资专项合同和劳动保护、安全卫生、女职工特殊保护合同，覆盖职工4854人，集体合同签订率达到94%；不断完善工资支付保障制度，适时提高最低工资标准，达到850元，城镇单位在岗职工平均工资增幅达到15%以上，有效促进了企业职工工资正常合理增长。

2009～2010年，在正常招收职工子弟的同时，重点对工残工亡子女进行了安置，解决了部分伤残职工的后顾之忧。

按照努力构建和谐劳动关系的各项要求，矿区在2011年积极推行劳动保障用人单位诚信制度，及时公布违法行为，建立健全劳动用工失信惩戒和守信受益机制。加强企业工资宏观调控，建立企业职工工资正常增长机制，及时公布企业工资指导线和最低工资标准。构建网络资料共享，信息交流畅通，服务手段便捷的新型基层劳动保障服务信息平台。同时，以推行劳动合同制度和劳动用工备案制度为重点，加强劳动保障执法工作力度，进一步提高劳动合同的签订率和履约率，加大对侵害劳动者权益行为的打击力度，及时有效化解劳动纠纷，保持了劳动关系的总体和谐。截至年底，全区所有正常生产的企业与街道、社区普遍建立了单位和职工自我调节、自我规范、平等协商、劳动保障制度落实、劳动关系稳定和谐的劳动关系协调机制。

第四章　居民生活水平

新中国建立前，境内居民的生活水平非常低。新中国建立后，人民群众在党的领导下大力发展区域经济，生活水平得到提高。中共十一届三中全会后，矿区国民经济走上了持续快速发展的轨道，居民的收入水平和生活质量也得到了很大的提高，消费结构发生很大变化。2001年后，矿区政府建立了各种社会保障体系，拉动了城市居民中低收入群体可支配收入的适度增长，促进了居民生活水平的整体提高。

第一节　居民收入水平

20世纪20年代，采煤工月平均工资平均8.67元，搬运工人月工资仅4.14元，仅够糊口。民国26年（1937）10月阳泉沦陷后，采煤工月平均工资为27.6元，扣除工具费和手续费后，工人每月收入9.2元至18.4元，最多只能买到32.9千克面粉。民国32年前后，旱情严重，又遇蝗灾，粮价一涨再涨，矿工生活难以维持，衣不遮体者比比皆是，冻死饿死的屡见不鲜。抗战胜利后，国民党发动内战，滥发金圆券，物价飞涨，人民饥寒交迫，生活苦不堪言。

民国36年5月2日阳泉解放后，中共阳泉市委、市政府采取扩大社会就业、稳定市场物价等一系列经济政策，煤矿工人有了相对固定的经济收入，生活得以改善，生活水平有所提高。据统计，1949年煤矿工人年平均工资为270元，月均22.5元，可购买面粉66.2千克。与解放前相比，职工生活有了明显好转。到1965年，矿工年平均工资达到766元。“文化大革命”时期，部分企业停工停产，导致全区经济发展缓慢，居民收入不升反降。

1978年中共十一届三中全会后，国民经济以较高的速度发展，人民生活大幅度提高。1985年，矿区全民所有制及集体所有制职工年平均工资分别为1040.6元和617元。1990年，分别提高到1735元和1098元，比1985年提高了66.73%和77.96%。2000年，分别提高到7409元和3876元，比1985年提高了611.99%和528.2%。2011年，矿区全民所有制及集体所有制职工年平均工资分别为60322元和36388元，分别是1985年的57.97倍和58.98倍。2005年，矿区人均可支配收入为8992元，2006年为10122元、2007年为11675元、2008年为13177元、2009年为14245元、2010年为17815元、2011年为20693元。

1985～2011年阳泉市矿区职工年平均工资一览表

表6－10 单位：元

年份	全民		集体		年份	全民		集体	
	职工人数	年平均工资	职工人数	年平均工资		职工人数	年平均工资	职工人数	年平均工资
1985年	475	1040.6	1776	617.0	1999年	4297	6353	17679	3387
1986年	637	1328.5	1603	808.3	2000年	3966	7409	17217	3876
1987年	760	1285	1485	812	2001年	57648	8405	14469	5446
1988年	797	1555	1705	787	2002年	57788	9759	15224	6409
1989年	890	1575	1784	901	2003年	59911	13782	14125	6969
1990年	1077	1735	1759	1098	2004年	70046	18414	13154	8993
1991年	1187	1926	1644	1184	2005年	83087	25340	11700	12428
1992年	1305	2202	1557	1380	2006年	86605	29149	11018	14851
1993年	1605	2421	1299	1396	2007年	83900	33842	11800	19204
1994年	1501	3838	1331	1452	2008年	88562	36669	12595	18616
1995年	1465	4740	1213	2057	2009年	87578	41512	13553	17633
1996年	1468	5703	961	2437	2010年	93575	57024	11076	27719
1997年	4927	5661	29156	4201	2011年	93970	60322	13193	36388
1998年	4146	6483	25848	2594					

第二节 居民消费水平

一、居民家庭消费性支出

新中国建立后，境内按照国家的政策，逐步形成了与计划经济体制和高积累政策相适应的收入分配制度。中共十一届三中全会召开以前，矿区居民的生活消费以吃、穿为主。1965年，境内城市居民人均生活费支出为208.6元，其中衣着支出占15.88%，食品支出占59.12%，仅此两项，就占生活费支出的75%。此时的消费仍处于温饱型。

1978年，矿区居民“新三年，旧三年，缝缝补补又三年”，军装、中山装是普遍的衣着，蓝、绿、灰是普遍的服装色彩。在住房方面，群众居住在排房和窑洞里，设施简陋。随着经济的发展和收入的提高，矿区居民不再满足于耐穿、实用，个性化的时装、潇洒的西装、自然的休闲装、飘逸的裙装、充满活力的运动装逐渐成为服饰的主流。家庭用品消费也有了变化，“老四件”（自行车、手表、缝纫机、收音机）换成了“新四件”（电视机、电冰箱、洗衣机、收录机），淋浴热水器、影碟机、彩色电视机、电风扇、组合音响等电器进入居民家中。细粮的比例逐渐增加，副食品供应逐步充足，粗茶淡饭不再是居民消费的主体，家庭餐桌上的内容日渐丰富，食物结构逐步形成由细粮为主，粗杂粮为辅，副食兼有的消费模式。20 世纪 80 年代，矿区居民肉、蛋、菜的消费量直线上升，食品消费水平显著提高。90 年代后，居民在吃的方面更加注重质量的提高，并且向科学膳食转变，家禽、奶制品和各种水果的消费逐年增加。营养食品、保健食品、鲜活食品、方便食品备受人们的青睐。

2000 年，随着社会的发展和收入的增加，矿区居民饮食消费追求特色与品尝美味佳肴渐成时尚。随着住房制度改革的推进和城市建设步伐的加快，矿区居民逐渐告别平房，进入配套设施齐全、宽敞明亮的楼房。住宅市场化实施后，居民购房热情不减，住房私有化率逐年提高，居民对住房的品位要求也越来越高，住房消费已成为一个较为明显的消费亮点。

“十一五”时期，吃穿类商品销售加快增长，金银珠宝销售稳步增长，住行类商品销售增速回落，家电、通信类商品销售增速放缓。矿区加快收入分配制度改革，促进居民收入增长，缩小居民内部收入差距；加快各项社会保障制度的建立和改革，进一步完善公共服务体系，减少支出预期，提高消费信心；加快财税体制改革，进一步减轻居民税收负担。2010 年，城镇居民人均消费性支出达 9853.77 元。2011 年，矿区人均消费性支出达 12626.1 元，比 2010 年增长 28.1%。

二、人均居住面积

解放前，矿区的工人、家属多住在土窑洞、石砌平房里。解放后，阳泉矿务局陆续在马家坪、小南坑、沙坪等十余处集中成片修建平房供职工居住，其中部分用作集体宿舍。这些平房基本上每户面积 20 平方米以内，有一大一小两个房间，大的 10 平方米左右，小的 6 平方米左右；另有一间厨房，3 平方米左右。20 世纪 50 年代末，境内住房总面积 14.69 万平方米，人均 3 平方米。

“文化大革命”结束至 1980 年，阳泉矿务局新建住宅 30.32 万平方米。20 世纪 80 年代，市、区和阳泉矿务局等进行了一定规模的住宅开发和建设。1990 年，区内住宅建筑面积达 169.72 万平方米，人均住宅建筑面积提高到 9.56 平方米。20 世纪 90 年代，矿区投入大量资金进行住宅建设，2000 年，全区住房总建筑面积达 328.16 万平方米，人均 15.47 平方米，达全市人均住房面积的 80.2%。20 世纪头一个十年，矿区完成了大量住宅建设，2010 年，全区住房总建筑面积达 510.04 万平方米，人均住房提高到 20.99 平方米，达全市人均住房面积的 83.23%，较上一个十年提高 3 个百分点。2011 年，矿区人均住房建筑面积达 23.65 平方米，比 2010 年增加 2.66 平方米。

阳泉市矿区 2 次人口普查家庭户住房统计表

表 6－11

	第五次人口普查（2000 年）				第六次人口普查（2010 年）			
	户 数（户）	人 数（人）	平均每户间数（间/户）	人均建筑面积（平方米/人）	户 数（户）	人 数（人）	平均每户间数（间/户）	人均建筑面积（平方米/人）
全市合计	366289	1231016	2.64	19.29	425435	1298510	2.94	25.22
矿区合计	66073	212125	1.96	15.47	78871	242994	2.05	20.99
平潭街道	12980	40085	2.16	18.31	17861	52182	2.21	25.58
桥头街道	11787	38169	2.05	15.25	14040	43752	2.14	22.35
蔡洼街道	11979	38474	1.96	15.25	13664	41085	2.03	20.17

续表 6－11

	第五次人口普查（2000 年）				第六次人口普查（2010 年）			
	户　数（户）	人　数（人）	平均每户间数（间/户）	人均建筑面积（平方米/人）	户　数（户）	人　数（人）	平均每户间数（间/户）	人均建筑面积（平方米/人）
赛鱼街道	13642	44431	1.86	13.79	15922	50557	1.96	18.61
沙坪街道	10024	32587	1.75	14.38	11184	34858	1.81	17.71
贵石沟街道	5661	18379	1.98	16.19	6200	20560	2.1	19.32

三、购买力

阳泉市矿区居民家庭消费水平逐年均有提高。以 1990～2011 年为例。全区社会消费品零售总额和人均社会消费品零售总额均逐年大幅提高。2011 年社会消费品零售总额 146100 万元，比 1990 年的 6772 万元提高 20.57 倍，年均增长 15.75%；2011 年人均社会消费品零售总额 5705.49 元，比 1990 年的 386.04 元提高 13.78 倍，年均增长 13.68%。在耐用消费品购买力方面，2011 年与 1990 年相比，无论是档次还是数量，均有显著提升。

1990～2011 年阳泉市矿区社会消费品零售总额一览表

表 6－12　　单位：万元

年份	社会消费品零售总额	年份	社会消费品零售总额	年份	社会消费品零售总额	年份	社会消费品零售总额
1990 年	6772	1996 年	20481.2	2002 年	46099	2008 年	105021
1991 年	7647	1997 年	23519.2	2003 年	49787	2009 年	121032
1992 年	9313	1998 年	26565.2	2004 年	54765	2010 年	128800
1993 年	10877	1999 年	29375.2	2005 年	61343	2011 年	146100
1994 年	13374	2000 年	29740.8	2006 年	70548		
1995 年	17023	2001 年	43285	2007 年	81836		

1990 年、2011 年阳泉市矿区居民家庭平均每百户耐用消费品拥有量统计表

表 6－13

1990 年						2011 年					
品　名	单位	数量	品　名	单位	数量	品　名	单位	数量	品　名	单位	数量
摩托车	辆	15	组合音响	套	13.13	摩托车	辆	5.56	照相机	架	27.78
自行车	辆	114.38	立体声收录机	台	53.75	助力车	辆	3.7	钢琴	架	1.85
缝纫机	台	67.5	照相机	架	25	家用汽车	辆	8.02	其他中高档乐器	件	1.85
洗衣机	台	91.88	中高档乐器	件	6.88	洗衣机	台	96.91	微波炉	台	32.1
电风扇	台	77.5	家用电脑	台	3.13	电冰箱	台	95.06	空调器	台	35.19
电冰箱	台	78.13	电炊具	台	20.63	彩色电视机	台	109.26	淋浴热水器	台	57.14
彩色电视机	台	110	淋浴热水器	台	18.75	家用电脑	台	72.84	消毒碗柜	台	1.23
录像机	台	8.13	脱排油烟机	台	40	组合音响	套	14.2	洗碗机	台	0.62
影碟机	台	21.25	吸尘器	台	6.25	摄像机	架	1.85	健身器材	套	3.7

第七编　经济综合管理

1949 年新中国成立至 1980 年，矿区境内由阳泉市（工矿区）实行经济管理。1980 年后，矿区先后成立了区计委、计经委、统计局、物价局、工商行政管理局、标准计量局等经济管理部门，逐步担负起本区经济管理的职能。1984 年，贯彻中共中央《关于经济体制改革的决定》，在经济管理工作上，由原来的指令性计划，转向指导性计划的宏观调控上来。1985～1990 年间，全区推行承包经营责任制，开展横向经济技术协作；在企业内部进行领导体制、经营方式、分配制度、用工制度、管理制度等一系列改革，促进了矿区经济的健康发展。1992 年后，全区以经济建设为中心，深化改革，扩大开放，制定了一系列加快经济发展的优惠政策，放宽了集体商业经营和个体、私营经济经营政策。同时，全区大力开展了第二产业、第三产业并举和发展第三产业的经济工作；鼓励企业围绕提高经济效益，大胆调整企业的产业结构和产品结构，把改革和建设进一步推向了前进。2000 年后，矿区修订并出台了发展第三产业、壮大民营经济、推进招商引资等一整套措施，促进了重点经济目标的推进。全区不断发展特色区域经济，稳步推进各项改革，继续进行产业结构调整，积极引导和扶持非煤产业的发展，使全区经济呈现出了加速发展态势和良好的发展势头。

第一章 计　　划

从新中国成立至1980年，境内国民经济和社会发展中长期计划均由市及上级部门制定。1980年，矿区与阳泉矿务局机构分设，矿区人民政府成立，组建了区计划委员会，从此矿区有了专门的计划工作机构。为适应经济与社会发展的需要，区计划部门历经多次机构变动。同时开展了计划体制改革，缩小指令性计划，逐步扩大指导性计划和市场调节；并在经济监测与服务、固定资产投资管理、经济合作、项目建设等方面搞好管理与服务。

第一节 机　　构

新中国建立至1971年，阳泉市矿区尚未设置，地方经济社会发展由上级人民政府统筹。1951年，阳泉矿务局设计划科。1952年，矿务局计划科改为计划处。1971年4月矿区成立后，与阳泉矿务局实行“政企合一”的体制，区属工农业生产计划仍由市有关部门提出和实施。1973年4月，区革命委员会所属办事机构分开设立，其中生产组负责区属工农业生产计划的实施。

1980年9月，矿区成立计划委员会。1984年3月，矿区计划委员会与矿区经济委员会合并为矿区计划经济委员会。1985年，矿区计划经济委员会重新分设为计划委员会和经济委员会。

1986年后，矿区新设立一系列机构，分别承担原由区计划委员会所管辖的部分职能。1986年6月，矿区设立统计局、科委，承担原属区计委的统计、科技、新产品开发等方面的工作。1987年3月和7月，矿区先后设立物价检查所和物价局，原属区计委的物价工作交由物价部门办理。1989年5月，矿区设立标准计量局，负责原属区计委管辖的标准计量工作。2002年7月，矿区物价局与矿区计划委员会合并为矿区发展计划局。2004年7月，矿区发展计划局改为矿区发展和改革局。2011年9月，单独设立矿区投资促进局，随即更名为矿区招商局，矿区发改局内设的投资促进局取消。

第二节 计划体制改革

新中国成立后，煤矿成为全民所有制社会主义国营煤矿，生产经营纳入国家计划轨道。境内的煤炭工业和电力工业归中央和省、市管理，阳泉矿务局的计划部门具体实施上级下达的计划。负责全局生产计划编制和矿井开拓部署等计划管理工作。20世纪50年代至70年代后期，一直执行高度集中统一的指令性计划，运用行政手段管理生产。境内地方经济社会发展由上级人民政府统筹。

1978年中共十一届三中全会后，国家制定了“调整、改革、整顿、提高”的八字方针。矿区革命委员会积极进行体制改革，缩小指令性计划，逐步扩大指导性计划和市场调节。

1985年4月2日，区委、区政府下发《关于贯彻落实〈山西省以增强企业活力为中心的经济体制改革实施方案〉的意见》（即“十七条简政放权的意见”），在计划安排、产品购销、利润分配、新产品开发、资金运用等方面给予企业更多的自主经营权。

1990年9月3日，矿区召开经济、体改工作会议，讨论《关于坚持和完善工商企业承包经营责任的指导意见》，研究企业第二轮承包工作。1992年10月15日，区政府决定下放新成立企业审批权。从即日起，新成立区工业企业和建筑业由区经委审批；新成立的商业、饮食业、服务业等企业由区政府委托区劳动服务公司审批。

1996年，区计委围绕区委、区政府确定的“两极突破，主体推进，二产、三产并举，大力发展第三产业”的经济发展思路和“追赶战略”，把复合材料系列产品、弹簧系列产品、钢木家具及钢门窗系列产品、管件接头系列产品、食品饮料系列产品等项目、产品摆在突出位置，提出了调整的实施措施及配套政策。同年8月，区政府出台《关于加快经济发展的若干优惠政策》，扶持区属工商企业加快发展。1997年12月，区政府下发《阳泉市矿区加快企业改革实施意见》，全区13个区直企业均改为股份合作制企业。2001年7月10日，区政府下发《关于2001年度对重点企业实行挂牌保护的意见》。

2002～2008年，全区围绕经济结构调整工作主线，坚持以传统产业新型化、新型产业规范化为目标，大力实施大企业、大项目战略，合理确定各项调产项目，使国民经济保持了快速发展的好势头。2004年7月13日，区政府出台《矿区招商引资优惠政策》，进一步加大招商引资力度。

2009～2011年，矿区在计划制定中，更多地强调计划的宏观性、战略性、政策性，注重计划制定的民主化、科学化，提高计划制定的社会参与程度。协调规划方面专家，通过下街道、社区、企业进行实地调查，召开经济、民生专题座谈会，提出具体目标和政策措施。2009年1月，为推动服务业发展，区政府下发了《关于加快服务业发展的实施意见》和《关于加快服务业发展的若干鼓励政策》；为应对国际金融危机对中小企业发展的影响，区政府下发了《关于矿区中小企业创业及成长工程的实施意见》。2010年4月，区政府下发了《关于创建国家级创业型城市的实施意见》，建立创业促进就业的工作机制。2011年8月，为进一步激发创业活力，鼓励全民创业，促进充分就业，加快推进全区经济社会发展，区政府下发了《关于矿区鼓励创业实施细则的通知》。

第三节　计划编制与执行

矿区先后于1982年和1995年制定了2个远景规划。从1988年起，矿区共制定了6个国民经济和社会发展五年计划（规划）。从1970年起，矿区每年都编制国民经济和社会发展年度计划。

一、远景规划

（一）矿区1981～2000年奋斗目标

在1982年11月5日召开的中共阳泉市矿区第一次代表大会上，讨论确定了矿区在新的历史时期（1981～2000年）的奋斗目标，即从1981年开始至2000年，全区工业总产值翻两番，由1980年的256.57万元，增加到2000年的1840万元左右；服务网点营业额由1981年的98万元增加到2000年的393万元左右。为了实现这个宏伟目标，在战略步骤上分两步，前10年工业总产值力争达到740万元，为后10年经济振兴时期的飞跃发展创造条件，打好基础。

实际的发展结果是：到2000年，全区工业总产值达到44700万元，是原定目标1840万元的24.3倍；第三产业营业额达到44101万元，是原定目标393万元的112.2倍。

（二）矿区2010年远景目标

1995年，矿区在编制出台《阳泉市矿区国民经济和社会发展“九五”计划（草案）》的同时，编制出台了《阳泉市矿区2010年远景目标》。

矿区2010年经济发展的远景目标是：到2010年，地区生产总值达到3亿元，比2000年增长1.9倍，年平均递增11.3%；工业总产值达到5亿元，比2000年增长2.8倍，年平均递增14.4%；第三产业营业额达到8亿元，比2000年增长2.2倍，年平均递增12.3%；社会商品零售总额达到8亿元，比2000年增长1倍，年平均递增7.2%；财政总收入达到1.8亿元，比2000年增长2.6倍，年平均递增 13.7%。

由于从 2005 年起正式实施在地统计，将阳煤集团等所有省属单位纳入统计范围，与编制《阳泉市矿区 2010 年远景目标》时的统计口径不同，已无可比性。

二、国民经济和社会发展五年计划（规划）

（一）“七五”计划

1988 年，矿区人民政府首次进行五年计划的编制，出台了《阳泉市矿区国民经济和社会发展第七个五年计划》。

矿区“七五”期间经济和社会发展指导思想是：动员和组织全区人民，以经济建设为中心，坚持四项基本原则，坚持改革开放。进一步解放思想，进一步解放生产力，贯彻执行“注重效益，提高质量，协调发展，稳定增长”的方针，依靠科学技术进步，搞好以机械加工、铸造、服装，食品饮料、建材为主体的区属工业的发展，大力发展商业饮食服务业和建筑业。

矿区“七五”期间经济发展的奋斗目标是：到 1990 年，矿区工业年总产值在 1986 年 800 万元的基础上，在保证经济效益的前提下，力争再翻一番，即达到 1600 万元。

在实施“七五”计划时，矿区坚持量力而行的原则，既反对保守思想，又防止不顾条件和效益，盲目乱上；坚持提高企业干部职工的业务技术素质，积极引进各种专业技术人才；坚持加强企业管理和安全生产工作；坚持决策民主化、科学化；加强科技情报信息工作。

“七五”期间，全区经济和社会各项事业成绩显著。（1）工业基础壮大。工业总产值在“六五”末的基础上翻了一番多，达到 1334 万元；工业总投入 235 万元，新上“短、平、快”及“星火计划”项目 18 项，新建矿区木器厂、复合包装厂、蔡洼锻压厂、橡塑制品厂、肉类加工厂、矿灯厂 6 个企业。（2）服务业和个体经济发展迅速。商业、饮食服务业、建筑业营业额达到 651 万元，年均增长 18.2%，为“六五”末的 2.31 倍。个体户达到 2525 户，从业人员达 3730 人。（3）财政收入跨上新台阶。1990 年财政收入达到 912 万元，比 1985 年增长 171.4%，年均 22.2%。（4）治理整顿、深化改革取得明显成效。通过对各类公司经营活动进行监督检查，清理整顿公司 44 个；在税收、财务、物价大检查中，共查出违纪金额 238 万元；工商企业推行承包经营责任制和目标责任制管理，扩大了企业的经营自主权，增强了企业活力。（5）各项社会事业有了新发展。九年制义务教育基本普及，新建校舍 2490 平方米；区政府获阳泉市“七五”期间重视科技特别奖；全区连续三年保持省级“爱国卫生红旗区”称号；计划免疫提前两年达到国家“七五”规划标准；流动人口计划生育管理受到省、市表彰。

（二）“八五”计划

1990 年，矿区人民政府编制出台了《阳泉市矿区国民经济和社会发展第八个五年计划》。

矿区“八五”期间经济和社会发展总的指导思想是：继续贯彻“为煤炭生产建设服务，为矿区人民生活服务”的方针，大力发展工业和商业、饮食服务业，调整产品结构，提高经济效益，保持国民经济持续、稳定、协调发展；发展科技、教育、文化，加强精神文明建设，促进社会事业发展，把矿区建设成为政治安定、经济繁荣、环境优美、人民富裕的社会主义新型矿区。

矿区“八五”期间经济和社会发展的奋斗目标是：到 1995 年，全区社会总产值达到 2920 万元，年均增长 8%；地区生产总值达到 1017 万元，年均增长 9.8%；社会商品零售总额实现 4365 万元，年均增长 4%；工业总产值达到 1960 万元，力争达到 2000 万元，年均增长 8% 以上；商业、饮食服务业、建筑业营业额及收入达到 960 万元，力争达到 1000 万元，年均增长 8% 以上；财政收入实现 1300 万元，年均增长 7.3%。

1992 年 10 月召开的区委三届五次全会审议通过了区委、区政府《关于“八五”后三年加速经济发展的意见》。提出了“八五”后三年矿区经济发展的指导思想、目标、任务和主要措施。会议指出，“八五”后三年要以邓小平南方谈话精神为指针，解放思想，转变观念，放宽政策，加大改革开放力度，立足矿区，眼睛向外，紧紧扣住一个中心（经济建设），狠抓两个重点（经济效益、重点企业和项目），实行三个并举（第二产业与第三产业并举、改造与新建并举、自办与引进并举），坚持四个齐上（区办企业、街道办企业、居委会办企业、个体私营经济），走有重点、多层次、高科技、全方位的速度效益型发展道路，促进矿区经济跃上新台阶。会议提出的经济发展目标是：到“八五”末，区直企业工业总产值达到2200万元，街办企业达到2800万元，全区工业总产值力争突破半个亿；区属商业、饮食服务业营业额收入在1991年的基础上翻两番，达到2600万元，有计划地进行平潭旧区改造和贵石沟新区的房地产开发，完成建筑工程量1200万元，物资流通营业额比1991年翻一番，达到600万元；改建、扩建、新建一批集贸市场，鼓励扶持个体、私营经济发展，总户数达到4500户，财政收入达到1600万元。

在实施“八五”计划（草案）时，矿区积极探索在市场经济体制下各种生产资料所有制的实现形式，提出了“主体推进、两级突破、二产三产并举、大力发展第三产业”和“以税域为基准，打破所有制界限，支持和发展特色区域经济”等一系列发展思路，促进了全区经济快速增长。

“八五”期间，全区综合经济指标大幅度提高。到1995年，地区生产总值达到4733万元，比1990年增长2.7倍，年均递增29.9%；工业总产值4196万元，比1990年增长2.1倍，年均递增25.88%；第三产业营业额16283万元，比1990年增长4.8倍，年均递增41.9%；社会商品零售总额17023万元，比1990年增长3.4倍，年均递增34.7%；财政总收入2622万元，比1990年增长1.9倍，年均递增23.5%。三项重点工程建设取得突破性进展：投资2300万元，完成了复合材料厂一期工程建设任务；投资500万元，改建了赛鱼集贸市场；房地产开发公司3年累计完成建筑工程量1200万元，建成商品房20300平方米，创利税150万元。工业经济快速增长，1995年，区属企业完成工业总产值2436万元，实现利润222.97万元，分别比1990年增长92.6%、102%。

（三）“九五”计划（草案）

1995年，矿区编制出台了《阳泉市矿区国民经济和社会发展“九五”计划（草案）》。

矿区“九五”期间经济与社会发展总的指导思想是：坚持抓住机遇、深化改革、扩大开放、促进发展、保持稳定的基本方针，正确处理改革、发展和稳定的关系。积极推进经济体制从传统的计划经济体制向社会主义市场经济体制转变，经济增长方式从粗放型向集约型转变。坚持物质文明和精神文明共同进步，坚持不懈地开展反腐败斗争，加强民主与法制建设，严格控制人口增长，扩大劳动就业，加强城市建设和环境保护，实现全区国民经济和社会事业快速、健康、协调发展。

矿区“九五”期间经济社会综合发展目标是：到2000年，地区生产总值达到9600万元，比1995年增长1.03倍，年均递增15.2%；工业总产值达到1.3亿元，比1995年增长2倍，年均递增25.4%，高新科技产品产值占工业总产值的40%以上，工业经济效益综合指数达到9.0%；第三产业营业额达到2.5亿元，比1995年增长53.5%，年均递增8.9%；区属三产利税总额达到400万元，比1995年增长1.2倍，年均递增16.6%。

为扶持区属工商业企业发展，1996年8月，区委、区政府制订出台了《关于加快经济发展的若干优惠政策》，在改革方面坚持“抓住原则，放开形式”的方针，进一步搞活了区属集体经济。为支持私营经济发展，区委、区政府推出多项优惠措施。同时，重点扶持兆丰铝冶、房地产开发公司等22个产值在100万元以上的优势企业发展，着力培育铝锭磁材等23个市场竞争力优势明显的产品，带动了境内煤炭、电力、冶金、建材、机械、轻工、食品等工业的健康发展。

“九五”期间，地区生产总值达到18981万元，是1995年的4倍，年均递增32.02%；工业总产值达到44700万元，是1995年的10.65倍，年均递增60.49%；第三产业营业额达到44101万元，是1995年的2.7倍，年均递增22.05%；社会商品零售总额达到29740.8万元，是1995年的1.75倍，年均递增11.81%；财政总收入达到3981万元，是1995年的1.5倍，年均递增8.71%。“九五”期间组织完成了明珠建材、桥东、平北集贸中心等市场的开发建设和总投资额1.8亿元的日潭小区改造工程，初创了以资本运营城市建设的经营城市新模式，创建了全市首家民营科技企业园区。

（四）“十五”计划

2001年3月，矿区编制出台了《阳泉市矿区国民经济和社会发展“十五”计划纲要》。

矿区“十五”期间经济和社会发展总的指导思想是：高举邓小平理论伟大旗帜，以“三个代表”重要思想为指导，认真贯彻落实党的十五届五中全会和市委八届三次会议精神，以加速发展为主题，以结构调整为主线，以企业改革和科技进步为动力，全面提高经济运行质量和效益，引深社区改革，强化城市建设、经营和管理，推进精神文明建设、民主法制和廉政建设，以创新的思路、赶超的步伐和超常的力度，把全区经济和社会各项事业全面推向新阶段。

矿区“十五”期间经济和社会发展的主要目标任务是：国民经济保持较快发展速度，到2005年，全区地区生产总值达到2.97亿元，年均递增8%～9%。经济增长的质量和效益有较大的提高，财政收入的增长幅度达到并逐步高于同期国内生产总值的增长幅度。

牢固树立大矿区观念，进一步探索特色区域发展的有效途径。在这五年中，全面实施“四大战略”（结构优化战略、科教兴区战略、可持续发展战略、城市环境优化战略），重点抓好“六大工程”（工业企业改造升级工程、非公有制经济培育工程、社区改革建设工程、特色市场繁荣工程、城市面貌改善工程、科教文化产业工程），努力实现“三个提高”（提高经济运行的质量和效益、提高城市的承载能力和综合服务功能、提高城市居民的生活质量和水平），把矿区建设成为经济繁荣、环境优美、社会稳定的现代化工矿区。

“十五”时期，矿区以发展特色区域经济为中心，稳步推进经济和社会各项改革，积极调整产业结构，扶持、发展非公有制经济，全力实施“工业强区、第三产业活区、民营兴区和招商引资促发展”战略，使区域经济呈现出良好的态势，使“十五”计划目标任务全部超额完成。

到2005年，地区生产总值达到55.91亿元，年均增长18.4%；人均生产总值达到24870万元，年均增长17.6%；规模以上工业总产值完成97.9亿元。财政总收入1.178亿元，年均增长24.2%；其中一般预算收入5380万元，年均增长14.42%。社会消费品零售总额6.1亿元，年均增长15.6%。

“十五”期间，工业经济形成以煤炭产业为主体，煤电铝、磁材、矿用机械为接替和延伸的发展新格局。煤炭、电力等传统产业新型化步伐加快，原煤产量由“九五”末的1500万吨提高到3200万吨，品种煤产量由417万吨提高到780万吨，资源回收率由55%提高到64%；坑口电厂装机容量由10万千瓦提高到57万千瓦；煤机制造年销售收入达到6亿元。成立了贵石沟工业园区管委会，园区内煤电铝、磁材等产业链初具规模，电解铝生产能力由1.7万吨提高到10万吨，磁材生产能力由200吨提高到5000吨。第三产业发展加快，第三产业增加值占到地区生产总值的8.6%，达到4.8亿元，三产从业人员3万余人，占到全区从业人员的28%以上，初步形成集餐饮、娱乐、现代服务于一体的桃河商业带和四个商贸板块发展新布局。通过2001年产权股份合作改造和2003年民营化改制，民营经济发展良好。2005年，全区个体工商户1504家，民营企业265户，营业收入10.8亿元，税收4361万元，占财政总收入的37%。基础投资不断加大，全区共确定调产项目47项，5年累计投资55.19亿元，相继建成兆丰技改二期、天利购物广场等一批重点项目。

（五）“十一五”规划

2005年，矿区编制出台了《阳泉市矿区国民经济和社会发展第十一个五年规划纲要》。

矿区“十一五”期间经济和社会发展的指导思想是：以邓小平理论和“三个代表”重要思想为指导，坚持以科学发展观统领全局，围绕建设新型能源、新型材料、煤矿机械制造基地和资源型城市转型，全力实施“工业强区、三产活区、民营兴区和招商引资促发展”战略，树立“环境立区”理念，促进经济增长方式明显转变，资源型城市转型明显见效，全面建设资源节约型、环境友好型社会，努力使矿区成为阳泉市经济发展的首富之区、社会和谐的首善之区、资源转型的首创之区，实现矿区经济社会的全面发展和矿区人民物质生活与精神生活的全面提高。

矿区“十一五”期间经济社会发展的主要目标是：地区生产总值达到90亿元，年均增长10%；财政总收入达到2.4亿元，年均增长15%；社会消费品零售总额达到10.2亿元，年均增长11%。到2010年，桃河两岸和中心区工业企业基本实现“退二进三”（在产业结构调整中，缩小第二产业，发展第三产业），新建一批大型购物中心、连锁超市和社区商贸服务中心，第三产业增加值达到12亿元，年均增长20%，占经济总量的10%以上。全区民营企业总数达到300户以上，新增营业收入亿元以上企业2户，千万元以上企业15户。

“十一五”期间，地区生产总值由“十五”末的63.9亿元增加到125.8亿元，年均增长10.6%；人均地区生产总值55177元。财政总收入4.2亿元，是“十五”末的3.57倍，年均增长29%；一般预算收入2.1亿元，是“十五”末的3.92倍，年均增长31.4%。固定资产投资由28.2亿元增加到85.5亿元，年均增长24.8%。社会消费品零售总额由6.1亿元增加到12.88亿元，年均增长15.6%。

2010年，煤炭产量3300万吨。矿山装备制造业完成产值21.3亿元，是“十五”末的3.5倍，初步形成以华越、华鑫为龙头的产业集群。规模以上工业增加值由50.9亿元增加到109.8亿元，年均增长11.7%。第三产业较快发展，太行国际新城、华龙宜购等一批重点工程相继完成，第三产业增加值完成13.3亿元，占经济总量的10.6 %，年均增长11.6%。5年累计投资50.3亿元，实施重点项目78个，矿用变频电机车、佰益粮贸物流中心等一批重点项目建成投产。

（六）“十二五”规划

2011年，矿区编制完成了《阳泉市矿区国民经济和社会发展第十二个五年规划纲要》。

矿区“十二五”时期经济社会发展的指导思想是：以邓小平理论和“三个代表”重要思想为指导，深入贯彻落实科学发展观，全面贯彻中央、省市各项战略部署和区八次党代会精神，围绕“千亿阳泉、百万新城”战略目标，统筹推动转型融合发展，坚定不移发展工业经济，积极创新培育第三产业，坚持不懈打造精品城市，全力以赴推进生态建设，千方百计改善民计民生，把矿区建设成为阳泉市资源转型的首创之区、经济发展的首富之区、社会和谐的首善之区。

矿区“十二五”期间经济社会发展的主要目标是：主要经济指标翻一番以上。2015年，全区地区生产总值达到326亿元，年均增长21.4%；规模以上工业增加值达到267亿元，年均增长20%；财政总收入达到10亿元，年均增长18.9%；全社会固定资产投资达到184亿元，年均增长20%；社会消费品零售总额达到30亿元，年均增长18.9 %；力争服务业增加值占GDP的比重达到24%；以煤机制造为重点的装备制造业增加值占工业增加值的比重达到10%；高中阶段教育毛入学率保持在94%以上。人口自然增长率控制在5‰以内；居民人均可支配收入达到37420元，年均增长16%。居民价格指数控制在4%。城镇登记失业率控制在4.5%以内，城镇基本社会保障覆盖率95%；单位GDP的能源消耗比“十一五”期末下降20%以上。居民饮用水水质全部达标，空气质量持续改善，城市基础设施日益完善。建成区绿化覆盖率达到42%，人均公共绿地达到9平方米，基本达到国家森林城市标准。

2011年是“十二五”开局之年，地区生产总值达到148亿元，比2010年增长12.5%。其中，第二产业增加值132.6亿元，增长12.4%；第三产业增加值15.4亿元，增长13.5%。第三产业中，交通运输、仓储邮政业增加值4.6亿元，增长11.3%；批发和零售业增加值4.2亿元，增长16.3%；住宿和餐饮业增加值0.5亿元，增长15.8%；金融业增加值1.4亿元，增长18.2%；房地产业增加值1.9亿元，同比增长8.9%；其他服务业增加值2.8亿元，增长13.8%。第二和第三产业增加值占地区生产总值的比重分别为89.6%和10.4 %。

三、年度计划

矿区从1970年起，每年都要编制国民经济和社会发展年度计划。内容包括工业生产计划、基本建设计划和物资计划。工业生产计划包括工业总产值、主要工业产品产量、主要经济技术指标、主要原材料供应、工业发展项目、技术改造项目、新产品试制等。1980年以后，计划中重视了劳动生产率、可比产品总成本、流动资金周转率、企业扭亏等指标。基本建设计划包括建设布局规划，生产性和非生产性及公用设施投资额、建设规模、新增固定资产、新增生产能力及其投产时间要求，还有居民住宅建设、城镇公用设施建设和环境绿化等。此外，社会事业发展计划主要包括文教、卫生事业计划和工资、人口计划。

20世纪90年代，将硬性计划指标改为指导性预期目标。同时注重了“短、平、快”项目计划、物资企业经营计划、环境保护计划、第三产业机构网点发展等计划的制定。2000年后，实事求是地制定了招商引资计划、调产项目计划、产业结构调整计划。在2009~2010年的年度计划编制过程中，按照“十一五”规划提出的“三区”建设目标的基本内容，对各项指标进行了划分和量化，明确了经济发展首富指标、社会和谐首善指标和资源转型首创指标的具体数字要求，使年度计划更加简明，更加具有可操作性。

第四节 计划管理与服务

一、经济监测与服务

1978年中共十一届三中全会后，在经济体制改革中，为确保各项经济指标顺利完成，区计划部门加强经济运行监测与服务，为区委、区政府的决策服务。1984年，区计委针对个别单位出现亏产的情况，及时对计划进行分析调整，帮助企业解决经营中的困难和问题。1993年，在企业资金紧缺，直接影响经营时，区计委想方设法帮助企业解决流动资金，为金属公司解决流动资金7万元，为回收公司解决流动资金6.5万元。

1996年，区计委提出矿区产业产品结构调整方案，把复合材料系列产品、弹簧系列产品、钢木家具、钢门窗系列产品、管件接头系列产品、食品饮料系列产品等项目、产品摆在突出的位置，提出了调整措施及配套政策。2000年，区发展计划局采取与企业座谈协商的方式，为企业解疑问、出主意、想办法，共同探讨经济发展问题。2002年，区发展计划局针对企业发展中存在的困难，根据不同情况分别给予不同的建议，并积极帮助企业解决资金急需。2003年，区发展计划局对经济运行严密监测，适时召开经济运行分析会，采取有力措施，保证了经济指标逐月按进度完成。2004年，科学分析第二、三产业潜在增长点，从实际出发测算、确定了各项指标的增长速度。

2006~2008年，区发展和改革局为全面掌握全区经济运行的实际情况，进一步加强对全区经济发展的宏观调控，于每月初都形成经济运行分析报告。2009年，煤炭工业可持续发展政策措施试点工作中，区发改局通过筛选、包装上报项目，争取煤炭可持续发展基金对全区经济和社会各项事业发展的支持。2010年，针对居民生活消费品价格波动情况，区发展和改革局全面开展蔬菜、食品、副食品、粮食的价格监控，向上级价格部门上报信息5条，同时向社会公布价格举报电话。

2011年，区发改局帮助各街道发展“一街一业，一社一品”，培育优势特色产业，年内完成第一批5个项目的包装，区政府向第一批项目提供了50万元扶持资金。

二、固定资产投资管理

从新中国成立至1970年，境内固定资产投资管理工作由市级部门负责。1970年以后，由“政企合一”体制的矿区革命委员会生产组管理。“文化大革命”严重影响了境内固定资产投资工作。

1978年中共十一届三中全会后，对投资体制进行了一系列改革，打破了传统计划经济体制下高度集中的投资管理模式。1980年区计委成立后，承担了全区固定资产投资管理工作。随着经济的快速发展，固定资产投资规模不断扩大。1986 年，固定资产投资共完成 40 万元。1990 年达到 78.5 万元，同时初步形成了投资主体多元化、资金来源多渠道、投资方式多样化、项目建设市场化的新格局。1991 年，矿区固定资产投资共完成 232 万元。基建项目基本做到了当年计划，当年施工，到年底大部分项目完成了计划进度。1992 年，矿区按照“谁投资、谁决策、谁收益、谁承担风险”的原则，落实企业投资自主权；合理界定政府投资职能，提高投资决策水平，当年完成固定资产投资 358 万元。2000 年，全区完成固定资产投资 5059 万元。

2001～2011 年，矿区进一步强化责任意识和服务意识，缩短审批周期，提高工作效率，改善服务态度，切实为基层、投资者搞好服务，逐步实现政府投资的决策程序和资金管理的科学化、制度化和规范化，有效地促进了全区国民经济持续快速协调健康发展。2011 年，全社会固定资产投资达 79.3474 亿元。

三、经济合作

区计委从 1996 年开始组织开展招商引资合作项目的工作。1996～2005 年，对招商引资渠道进行积极探索，学习先进地区的工作方法，制定和完善优惠政策。1996 年和 1997 年，围绕平潭街旧区改造项目，先后同中扶海南建筑实业有限公司、澳大利亚亚细亚国际投资有限公司达成合作协议，分别引进资金人民币 500 万元和 6000 万元。2000 年，区计委经过考察论证和市场预测，确定了重点招商引资项目；通过印制发放宣传材料、函电联系外商，进一步对招商引资渠道进行了探索。2004 年，全区共引进国内资金 3600 余万元。区钢窗厂引进资金 100 余万元，投资建成金属钕两条生产线。2005 年 5 月，召开全区招商引资工作会议，区委、区政府出资 120 万元，重奖招商引资有功人员、单位及纳税大户。进一步将引资任务分解到各部门、各单位、各人头；修订完善了《矿区招商引资优惠政策》；在招商引资工作中，努力提高服务水平，强化首问责任制、服务承诺制、限时办结制，着力打造“重商、亲商、安商”环境。全年共引进资金 4000 余万元，协议利用资金 1.1 亿元。

2006 年 8 月，召开全区招商引资工作会议，区委、区政府出资 170 余万元，重奖有功人员、单位及纳税大户。参加了市政府组织的上海、香港、长沙等地的项目推介会。全年共签订对外合作项目 5 项，合同、协议利用外资 7.2365 亿元，到位资金 5465 万元。2007 年，区发改局积极筹备参加中博会（中国中部投资贸易博览会）、珠洽会（泛珠三角区域合作与发展论坛暨经贸洽谈会）、煤博会（国际煤炭与能源新产业博览会）等大型招商会，共征集确定对外招商引资项目 14 个。全年签订对外合作项目 11 项，合同利用外资 6.59 亿元，签约项目共到位外资 3.3217 亿元。从税域外引进在本区纳税的新建或新注册登记企业的投资额 1.1789 亿元，争取上级专项资金 0.08062 亿元，阳煤集团签订利用外来投资合同协议 6 个，合同协议利用外资 85.7591 亿元，实际到位资金 5.2591 亿元。2008 年，以矿山机械与配件制造业、服务业等行业领域为重点，突出项目在招商引资中的载体作用，筛选整理了 30 个招商引资项目，强化企业的主体地位和作用，针对性开展招商引资工作。全年共签订招商引资项目 5 个，项目总投资 28700 万元，利用外来投资共 28200 万元，到位外来资金 18785 万元。2009 年，全年共签约 4 个项目，到位外来资金 20050 万元。2010 年，矿区共引进项目 21 个；全区平台签约利用外资 27.21 亿元，自行签约协议利用外资 19.18 亿元；外来资金到位 94455 万元。均超额完成上级下达的任务。2011 年是市政府确定的“招商引资年”，矿区进一步贯彻“开放引进，借力发展”战略。全年引进新项目 36 项，协议利用外来资金 236.2237 亿元；落地项目 26 项，签约资金 118.1143 亿元；实际到位资金 17.4695 亿元，其中省外资金 10.1226 亿元。均超额完成上级下达的任务。中博会期间，全区 11 个项目成功签约，签约项目总投资 97.2 亿元，拟引资 61.03 亿元。

四、项目建设管理

矿区制定“七五”计划后，区计委加强了对各类项目的协调和组织管理，合理规划了重大项目布局，组织重大项目稽查，有效地促进了各项计划项目的顺利发展。

（一）“短、平、快”项目

1987～1997年，市计委设立“短、平、快”项目，优先解决各类资金或给予贴息贷款。矿区饮料厂项目、区矿灯厂、造纸厂扩建项目、矿灯厂扩产项目、区陶粒砂厂、区建材厂项目、聚酯饮料瓶项目、防水隔热粉项目、炉渣砖项目、蔡洼街道办事处“十字扣件”项目、钢木制品厂气幕油帘式环境净化机项目、矿灯厂铅蓄电池项目、聚丰贸易公司项目、金属复合材料项目第二期改造工程等项目被批准列入市“短、平、快”项目，市计委、市人行帮助解决各类资金和贴息贷款327万元。

（二）基本建设项目

1991～2003年，为了发展社会事业，方便人民生活，改善区机关工作条件，区计委按照基本建设管理程序，逐年合理安排了部分基本建设项目。1991年，安排并实施了环卫基地建设、职工住宅楼建设、桥东街集贸市场营业区建设、区卫生综合楼和区中学教职工住宅楼建设项目等基建计划。1992年，安排下达了改建阳泉市第三食品厂基本建设指标。1993年，共安排下达基本建设项目计划10项：职工住宅楼、区政府一号办公楼加层、平潭小区危房改造、区图书馆、中外合资复合材料厂、建材厂车间、赛鱼集贸市场、冠山市场、桥头街商品房工程和洪城河商品房工程。2002年，将开工的天利购物广场工程确定为市重点基建项目。2003年，马家坪旧区改造工程列入市重点工程基建项目。

（三）重点项目

1994年，区计委组织力量狠抓了赛鱼集贸市场、金属复合材料厂、房地产开发公司等重点项目的实施。1997年，区计委帮助经贸公司、新蕾幼儿园等重点项目解决了资金困难。2004年，总投资2.017亿元的马家坪旧区改造工程、平潭路改扩建工程、文化广场建设项目、外国语学校学生教学楼项目、民政局社区综合服务楼项目、计生服务站项目被确定为重点工程。

2005年，推进了一批重点项目：总投资6528万元的简子沟地区改造工程项目、总投资1100万元的矿区人民法院审判法庭项目、总投资1000万元的矿区文化广场建设项目、总投资600万元的赛鱼综合服务中心及文化休闲广场项目、总投资400万元的日潭底商住宅楼改建项目、总投资80万元的新建基层司法所项目、总投资50万元的日潭新建商业用房项目等。2006年，取得进展的项目有：矿区疾控计生服务中心综合楼项目、赛鱼北小区开发项目、太行国际新城开发项目、矿区图书馆建设项目等。在2007年的重点工程建设中，景观大道改造项目全面完工，佰益粮油交易中心项目签订了3亿元的引资合同，四矿口佳通大厦项目签订了6000万元引资合同，馨安花园和蔡洼北区改造项目部分封顶，馨康家园西区建设项目正在完成前期工作。

2008和2009年，第十二中学和第十五中学的校园改造项目、第十七中学的公寓楼项目、洪城河小学改扩建教学楼项目取得进展，日潭小区绿化、美化综合改造工程和社会治安视频监控与报警综合管理系统正在全面建设中，四矿口集贸市场综合楼项目签订了2000万元的引资合同，桃南路景观大道项目正在规划设计当中。2010年，第十二中学图书科技实验楼项目和第十八中学北教学楼重建项目正在进行主体工程建设，段家背小学和刘家垴小学教学楼项目主体工程已完工，矿区国防动员指挥中心项目正式开工建设，青少年活动中心、社会福利中心项目、社区卫生服务中心取得进展。

2011年，阳煤集团采煤沉陷治理工程项目完成投资3.0797亿元，阳煤集团棚户区改造工程项目完成投资7.5723亿元。全年省级重点工程投资完成额为3.43亿元。8个市重点项目总报资29.3亿元，年内完成投资5.9281亿元，为全年计划投资的85.5%。

（四）重点调产项目

2002～2011年，矿区通过调查、筛选及协商，逐年确定区重点调产项目，其中有部分项目被确定为市重点调产项目。区发改局积极发挥职能作用，主动到企业了解情况，协助企业申报调产项目，对确定的重点调产项目坚持每月进行一次全面的检查，及时掌握这些项目的工作进度，实现了对重点调产项目的动态监控。

2002～2011年阳泉市矿区重点调产项目动态监控一览表

表7-1

年份	动态监控的调产项目
2002年	阳煤集团兆丰铝厂扩建25万吨电解铝项目、阳煤集团京宇磁材有限公司高性能钕铁硼技改项目、侨联绿色鞋业有限公司木质拖鞋和凉鞋扩建项目、阳泉市蓝天环保型煤有限公司10万吨工业气化型煤扩建项目
2003年	山西兆丰铝冶有限公司10万吨电解铝项目、山西京宇磁材有限公司400吨钕铁硼项目、阳泉市矿区绿保型煤厂10万吨型煤项目、阳泉市绿色鞋业有限公司60万双木质拖凉鞋项目、阳泉市丛鑫塑制品有限责任公司8万寸米抗静电不延燃高压钢丝编织胶管项目
2005年	同达实业有限公司矿用系列变压器项目、新鑫科技研究所二氧化碳发生器项目、兆宏工贸有限责任公司乙炔气项目、鑫源电线电缆有限责任公司电缆项目、名扬电子有限公司钕铁硼磁铁加工项目、管件厂卡箍式管件接头项目、华阳液压油缸制造有限责任公司矿用液压支架配套支柱项目
2006年	新鑫科技研究所二氧化碳发生器项目、阳煤集团二矿多营总公司的年产2000万块煤矸石烧结砖生产线项目、阳泉冬阳钢绳制造有限公司的J-56低松弛高强度预应力钢绞线生产线项目、阳煤集团一矿多营总公司年产10万立方米煤矸石免烧系列建材项目、阳泉市润丰物资有限公司600万条纸纱复合袋生产项目、阳泉恒汇液压设备有限公司的矿用液压阀项目、山西华鑫变压器有限公司R型隔爆干式移动变电站项目
2007年	二矿多营煤矸石烧结砖项目、一矿多营免烧砖项目、恒汇矿用液压阀项目、金法聚乙烯管材二期扩建项目、新建年产5000吨无公害面粉生产线项目、矿山及化学工业用钢塑复合管扩建项目、矿用隔爆型β液冷却B型卷绕式铁芯变电站项目
2008年	一矿多营免烧砖项目、阳泉市矿区粮贸中心无公害营养面粉技术推广项目、日产6万立方米CNG压缩天然气项目，阳煤集团多营总公司年产3万吨高岭土项目和年产2万吨莫来石项目、阳泉市新泉神兴煤矸石加工厂新建120万吨洗煤项目
2009年	矿区粮贸中心无公害营养面粉技术推广项目、小杂粮生产线项目、营养面粉生产线项目、华越创立采掘机械制造有限公司电牵引采煤机、掘进机、乳化液泵项目、山西肇文美术工艺品有限公司山西煤玉雕塑厂半机械化项目
2010年	佰益粮贸物流中心项目、超高分子量聚乙烯管材项目、煤矿双向闭墙泄压器项目、双风机变频节能安全排放系统、隔爆型压入式对旋轴流局部通风机项目、预应力钢绞线项目、高强度紧固异型螺栓项目、井下局部扇风机集控系统
2011年	阳泉煤层气综合利用项目、钕铁硼永磁材料项目、高强度紧固异型螺栓项目

（五）“百项工程”项目

2007年，矿区发展和改革局启动“百项工程”项目，当年有华鑫公司的矿用变频电机和稀土永磁电机项目等4个项目列入市“百项工程”，项目总投资59795万元。2008年，矿区有新鑫公司防爆泄压密闭器项目等5个项目列入市“百项工程”，项目总投资56350万元。2009年，矿区有阳泉市金法支护有限公司超高分子量聚乙烯管材项目等4个项目列入市“百项工程”，共完成投资12200万元。2010年，矿区有阳泉晋特商贸有限公司项目等8个项目列入市“百项工程”，共完成投资31103万元。2011年，“百项工程”项目中的佰益粮贸物流中心项目已完成交易中心和库房和厂区建设，预应力钢绞线项目正在进行后续3条生产线的建设。

第二章　统　　计

1950年，境内煤炭企业建立了统计报表体系。1987年，矿区统计局成立，统计工作逐步走向完善，专业统计、专门调查、统计分析、统计执法、统计监督和统计信息发布工作逐步开展。1989年5月，矿区统计与信息中心成为独立的职能部门。1997年8月，矿区成立综合调查队，进一步增强了矿区经济和社会发展信息的调查统计能力。

第一节　机　　构

1970年以前，矿区没有设立专门的统计机构，统计工作由市直统计机构直接管理。从1971年矿区成立到1980年，矿区与阳泉矿务局政企合一，统计工作由矿区革命委员会下设的生产组进行统一管理。1980年政企分开后，统计工作由矿区计划委员会负责。1984年4月，区计委与区经委合并为矿区计划经济委员会后，统计工作由区计经委负责。1986年6月，计委、经委分设后，统计工作又划归计委。1987年4月27日，成立矿区统计局，与计委合署办公。1988年，成立矿区经济信息中心，与统计局合署办公。1989年5月，计委与统计局、信息中心分设，统计局仍与信息中心合署办公。1997年8月，成立阳泉市矿区综合调查队，规格为副科级，与矿区统计局合署办公。2007年7月，成立矿区统计调查监测中心，由区统计局局长兼任中心主任。截至2011年，矿区统计局内设办公室、法规科、综合科、工业科、投资科、社会科、财贸科、计算站、统计调查监测中心9个科室。

第二节　专业统计和专门调查

一、专业统计

1950年，境内煤炭企业建立了较完善的专业会计统计报表体系，有供货对照表、资金负债表、损益计算书、成本汇总表、固定资产增减报告表、资产折旧计算表等。1951年又增加了政府资金增减表、企业奖金表、涨吨煤表、旧混煤收支情况表等。1957年，进一步完善成本核算内容和报告体系，成本报表增加了主要商品单位成本分析表、工业产品数量成本明细表、原煤生产过程成本计算表及辅助车间费用汇总表等。“文化大革命”期间，专业统计工作陷于混乱。

1970～1980年，矿区革命委员会生产组只统计工业经济指标、劳动工资指标。1981～1988年，矿区上报的统计报表增加为工业、基建、物资、商业、劳动工资5个专项，工业统计主要指标只有工业总产值、工业净产值。1987～1988年，增加了财政、人口、文教卫生、民政、计划生育、饮食服务、私营工商企业等21项专业统计。

1992年，专业统计扩展为综合、工业、物资、基建、劳动工资、商业、饮食、服务业及财政、工商、税务、人口、文教卫生、民政、计划生育15种，工业统计新增了增加值、工业经济综合效益指数等38项。从1993年开始，矿区进行人口抽样（变动情况）调查专业统计。1998年，阳泉市在矿区进行在地统计改革试点工作，对市属规模以下企事业单位专业统计业务进行管理。

2004年，矿区专业统计增加了经济普查。2005年，正式实施在地统计，将阳煤集团等所有省属单位纳入统计范围。2011年，矿区专业统计增加文化产业、服务业。6月，正式启动“企业一套表”

改革试点工作，“三上企业”（规模以上工业企业、限额以上批发零售住宿餐饮企业、资质以内的建筑业企业和房地产开发企业）实施“企业一套表”统计调查制度。矿区专业统计工作先后获得全国人口普查先进集体、全国经济普查先进集体、全省统计系统先进集体、阳泉市依法治理示范单位、阳泉市矿区红旗单位等荣誉称号。

二、专门调查

1982 年以前，矿区统计调查方式主要依靠报表。随着全国性的统计调查活动的规范运作，调查方式也趋向灵活多样，统计计算技术也逐步实现现代化，矿区参加的全国性专门调查有：全国第二次工业普查（1985 年），全国第三次人口普查（1982 年 7 月 1 日）、全国第四次人口普查（1990 年 7 月 1 日）、全国第五次人口普查（2000 年 11 月 1 日）、全国第六次人口普查（2010 年 11 月 1 日），全国人口抽样调查（1993～2011 年），全国第一次经济普查（2004 年 12 月 31 日）、全国第二次经济普查（2008 年 12 月 31 日）。

三、统计成果

矿区统计局于 1987～1988 年编制了《阳泉市矿区 1980 至 1986 年统计资料》。1989 年以后矿区统计局又整理编印了《1989 年阳泉市矿区主要统计数字》《阳泉市矿区 1987 至 1990 年国民经济统计资料》。1990 年，区统计局帮助部分基层单位建立了统计数据质量控制办法。同年，开始编印《矿区统计资料》。2006 年起，矿区统计局逐年编制矿区《国民经济和社会发展统计公报》。

第三节　统计信息与统计分析

一、统计信息

1991 年，矿区统计局着手统计信息工作，年内分别在辖区 6 个街道办事处成立统计工作站，并配备了专职统计人员；创办了《矿区经济信息》刊物，开辟了“新产品”“新技术”“物资供求”“市场动态”等专栏，提供价格、法规和各种经济政策信息。区统计局每年向区委、区政府“两办”报送大量统计信息和资料，为各级党政领导决策提供了重要依据。1992 年 5 月 25 日，阳泉市信息系统在矿区召开了工作经验交流会。

2002 年，数据处理、数据传输实现网络化，基层单位开始网上直报统计资料。接入全国、全省统计信息内网和“阳泉统计信息网”。矿区统计局也建成局域网，网站开辟了政务动态、统计分析、统计数据、政策法规、走进矿区、网站导航、专题报道、机构设置、经济普查等栏目。

2007 年，矿区统计局开办《统计简报》专刊，发表了多篇统计信息和统计分析资料。2008 年，矿区统计局在市网发表信息 178 篇，被省局采用 17 篇，区统计局被评为阳泉市统计信息工作先进集体。2009 年，在市统计网发表信息 278 篇，被山西省统计网采用 12 篇。2010 年，在市统计网发表信息 207 篇，被山西省统计网采用 9 篇。2011 年，在市统计网发表信息 202 篇，被山西省统计网采用 8 篇。

二、统计分析

1982～1988 年，矿区统计机构开始进行统计分析工作，写出《区职工队伍现状分析》和《1985 年矿区工业经济概况》等分析文章。1990 年，矿区统计局编印《矿区统计资料》，每期均刊登工业生产情况分析。1991 年 10 月，区统计局与区经委联合下文，建立了工业企业统计定期旬报制度，为全区开展统计预测分析工作奠定了基础。年内，矿区统计局郭玉田、刘淑芳编写的《矿区工业经济效益现状分析》获得阳泉市优秀统计分析评比一等奖。

2008年，矿区统计局把统计分析纳入考核指标，定期开展统计分析的交流与评比活动。张谡明、杨海林撰写的《关于阳煤集团生产经营情况及对我区经济社会发展影响简析》一文获市优秀统计分析一等奖，任立萍撰写的《区域经济比较及发展建议》、秦红琼撰写的《消费市场面面观》获市优秀统计分析二等奖。2011年，李锋撰写的《统计六化在名录库工作中的运用》《加强统计文化建设，打造全新统计理念》在山西统计信息网刊登。

第四节　统计执法监督

1987年矿区统计局成立后，依法开展统计工作并查处统计违法行为。1989年年初，根据基层群众反映，区统计局对两个区直企业年报数字进行了全面检查，查出其统计人员在领导授意下，分别虚报产值24.98万元和8.9万元。5月，区政府批转统计局对两个企业虚报产值问题给予通报批评的报告，并依据有关法律法规，终止并解除其承包合同，免除其行政职务，对其一还进行了经济罚款处理。这是矿区首次查出的统计违法案件，在区内外引起强烈反响。1991年12月，区统计局针对某企业屡次迟报、拒保统计报表，违反统计制度的行为做出严肃处理，对某些单位违反统计制度的情况进行了及时纠正。2000年，矿区统计局加大执法检查力度，查处了一批统计违法案件。2008年，某单位屡次迟报统计报表，多次催报无效，严重影响统计工作进程，作出对其罚款5000元的处罚。2009年，矿区统计局对工业和贸易等专业统计、全国性普查数据质量、持"统计从业资格证"上岗及单位办理"统计登记证"等情况进行执法检查，查处工业统计违法案件3起，贸易统计违法案件1起，经济普查1起，无证上岗多起。2011年，矿区统计局在处罚违法行为的同时，动之以情，晓之以理，使被处罚单位心服口服，接受处罚，未发生一起因不服处罚而提起行政诉讼的案件。

第三章　物价管理

1980年9月矿区物价机构成立后，积极发挥价格职能，开展经常性物价监督检查和价格信息调研上报。1987年矿区物价检查所和矿区物价局先后建立，独立开展了价格收费管理和评估工作。

第一节　机　　构

1947年5月阳泉解放至1980年，境内的物价工作由市级物价部门负责。1980年9月，矿区计划委员会成立，负责物价工作。1984年3月，矿区计划委员会与矿区经济委员会合并为矿区计划经济委员会，继续负责物价工作。1987年3月，成立矿区物价检查所。7月，成立矿区物价局，负责全区的物价工作。2002年7月，矿区物价局与矿区计划委员会合并为矿区发展计划局，负责物价工作。2004年7月，矿区发展计划局改为矿区发展改革局，负责物价工作。

第二节　物价监督检查

1951年9月，国家颁布了物价法规，市物价局组织力量检查保护正当经营，稳定市场物价，直到20世纪50年代后期，境内市场秩序一直良好。

1963年9月至12月，市物价委员会对百货、五金、交电、纺织、医药、饮食服务等行业的价格进行审定，共审查商品33200种。1964年9月至年底，阳泉市物价委员会审查了全市230个独立核算单位执行价格的情况，共查出扩大差率、乱加损耗摊销、饭菜制作偷工减料、商品掺杂混假、变相提价、转手倒卖牟利、一货多价、营私舞弊、越权定价、违调、错调、漏调物价等11个方面的问题。据此，于1965年制订了阳泉市物价管理办法和商品分管目录，加强了对物价的管理监督检查。“文化大革命”期间，境内的物价监督检查工作受到影响。

1978年中共十一届三中全会后，物价管理机构和物价检查运行机制逐步进入正规。1982年1月，矿区计经委对市场物价进行了大检查。1983年，区计委配合纪检部门，重点对消费品价格和生产资料价格进行了监督检查，刹住了涨价风，强化了物价纪律的约束。1986年，矿区组建了职工物价监督站，并设立16个直属站、6个分站、57个基层站，聘请政治素质好、作风正派、办事公道、熟悉市场业务的在职职工和离退休职工300余人担任义务物价检查员，在指定区域对商品购销网点价格及非商品收费标准进行检查。1987年，矿区物价部门对乱涨价等突出问题进行了检查，检查经营单位397户，检查商品和非商品收费价格6021种，查出违纪单位84户，查出转手倒卖加价、擅自提高商品购销差率、收取费用不合理、缺斤少两、以劣充优等问题，有16户受到经济处罚，罚款金额58518元。

1988年春，区物价局根据矿灯厂和钢木制品厂的申请，行文规定了KSO－8型宝兴牌矿灯和钢木制品厂产品销售价格；对阳泉市工程公司一公司冷饮厂生产的75克蛋卷、冰淇淋规定了出厂价格；调整了境内雪糕、冰糕的价格。6月，开展全区物价大检查，出动宣传车在繁华商业区进行政策法规和改革措施宣传，现场处理了违反价格法规的8家商户。10月，成立区物价大检查领导组。区物价检查所配合省物价大检查组进驻矿务局，对下属9个单位进行了重点检查，对矿务局有行政事业收费的一些单位也进行了重点检查。年内，矿区物价检查所共处理价格违法案87件，收缴罚没款17.59万元。1989年，矿区物价局抽调专人在全区国营、集体、个体、服务业建立“物价监督岗”415个，在社会上公开了企业法人、物价员姓名以及企业电话、矿区物价局电话。区物价检查所出动180次，检查了粮食、蔬菜、副食品、烟酒、百货、棉布、家电、饮食业、汽车配件等行业的单位806个，查出价格违法行为及案件263宗，罚没款2.72万元。1990年3月，在阳泉矿务局综合服务公司举办物价人员业务培训班，参加培训人员57名。4月，区物价局进行了市场、财税专项检查及行政事业收费整顿，出动检查2400余次，检查单位（包括个体户）670个，查出有价格违纪行为的单位74个，罚没款3.46万元。对区内行政事业单位乱收费、乱罚款、乱摊派“三乱”进行清查，对51个执收单位22项不合法收费予以取消。1992年，区物价局重点检查了垄断性行业、重要生产资料价格和行政事业单位。

2003年，矿区物价部门向政府和上级价格部门上报信息13条；向社会公布了举报电话，实行24小时值班制度。2008年，共接到群众举报案件6起，已全部调查处理。开展了煤炭价格稽查工作。与市物价局联合对阳煤集团多种经营总公司的回收区进行了煤炭价格稽查。针对年内居民生活消费品价格波动的情况，区物价局全面开展对蔬菜、食品、副食品、粮食的价格监控，并在发现问题后及时进行报告，共向上级价格部门上报信息5条。2009年，区物价部门检查教育、医疗收费单位10余家，查处有乱收费单位7家，实施经济制裁18000余元。进行煤炭价格稽查，共收缴煤炭价格稽查管理费 148829 元。2010 年，区物价部门检查协会、涉企、教育、医疗收费单位 15 家，规范收费行为 3 家，查出有价格违纪行为的 3 家。与市局联合进行了煤炭价格稽查，督促上缴水资源费 9 万余元，收缴稽查管理费 12 万元。全年接到群众举报案件 3 起，全部进行了调查处理。开展价格监测，向上级价格部门上报信息 5 条。2011 年，区物价部门共接受群众举报案件 6 件，办结率 100%。与市局联合对阳煤集团多种经营总公司的回收区进行了煤炭价格稽查，催缴水资源补偿费等 190 余万元。

第三节 价格事务

一、价格收费管理

1987 年，矿区物价检查所和矿区物价局先后建立，开展了价格收费管理工作。2001 年，区物价局对阳煤集团教育处所属 17 所小学的学前培训中心的办园方向、办园规模、园舍条件、人员配备、设施配备情况进行了深入了解、实地查看，同有关部门核定了收费标准，颁发了“收费许可证”。同年，按照《山西省行政事业性收费管理条例》规定，开始进行行政事业收费年审。

2002 年，区物价管理部门深入各收费单位，对收费资格认定、票据使用、收费标准进行了严格审核，做到了边审验、边检查、边处理、边规范；对阳煤集团总医院及下属 7 家医院的收费人员进行了收费知识培训。2003 年，举办收费员培训班，培训收费人员 78 人。2004 年，举办区执法部门、环保部门收费员培训班，培训收费人员 38 人。8 月，按照市物价局要求，全面推行收费公示制，51 家行政事业收费单位的 73 个收费项目经过审批，并全部按要求进行了挂牌公示。

2001 ~ 2008 年，累计检查教育、医疗收费单位 112 家；查出有违纪行为的单位 15 家，违纪金额 10 万余元；责令限期纠正退还多收金额 21331.7 元；对情节严重的进行了罚款处理，罚款金额 5000 元。与省、市物价局联合对人事、教育、劳动等 9 家单位进行了检查，查出乱收费项目 82 项，乱收费金额 13 万元，并且进行了纠正。2008 年，对全区医疗服务系统，特别是社区医疗服务点进行了医疗服务收费项目及标准的审核、整顿，并加强了收费公示；全区 16 个医疗服务点全部申领了“收费许可证”，并按要求对所有收费项目、收费标准全部在醒目位置进行公示。

2009 ~ 2011 年，对不符合标准的收费分别进行了清理和规范。共审验“收费许可证”正本 194 个、副本 279 个、审验资金 19069.46 万元。出动检查人员 100 余人次，检查驻区医疗服务单位 7 户，药品经营单位 11 个和各级银行信贷服务单位 12 家，查出价格违法行为 6 起。

二、价格评估

1987 年矿区物价检查所和矿区物价局建立后，独立开展了价格评估。2003 ~ 2011 年，共办理区公安局、检察院、法院、司法局委托评估 614 起，评估价值 545 万元，收取评估费 16.5 万元。

第四章 审计监督

矿区审计局从 1984 年 4 月成立后，不断拓宽审计领域，由企业审计发展到财政、行政事业、金融、外资、投资、经济责任审计等各个领域。1984 ~ 2011 年的 28 年中共对 851 个项目进行审计及审计调查。审计资金总额 42.34 亿，查出并处理处罚违纪、违规金额 10897 万元，应缴财政 1266 万元，审计基建投资金额 21593 万元，审计核减 3543 万元。内部审计和社会审计也取得了积极效果。

第一节　机　　构

1980 年 5 月，矿区与矿务局机构分设，至 1983 年 3 月，矿区未设立专门的财务、经济监督检查机构。1983 年 3 月，矿区筹建审计局。1984 年 4 月，成立矿区审计局，为矿区政府序列，主要负责对区政府各部门、企事业单位的财务收支进行审计监督。1990 年 3 月 21 日，经区编委批准，审计局内设“三股一室”（财经基建审计股、行政事业审计股、工商企业审计股，办公室）。1992 年 7 月 7 日，矿区审计事务所正式挂牌成立。主管单位为矿区审计局，具有独立法人资格。2000 年，矿区审计事务所脱钩改制后并入阳泉市审计事务所，成立山西博丰审计事务所综合二部。2009 年 8 月，成立阳泉市矿区固定资产投资审计咨询服务中心，为矿区审计局所属自收自支事业单位，规格为股级，编制 5 人。至 2011 年，审计局下设的“三股一室”不变，另设立了阳泉市矿区固定资产投资审计咨询服务中心。

第二节　国家审计

一、企业审计

（一）财务收支审计

1984～2002 年，区审计局对矿区弹簧厂、桥头蓄电池厂等 15 个企业的生产经营活动、财务收支情况和破产情况进行了审计。审计总金额 1851.5 万元，查出违纪金额 36.89 万元，利用职务之便非法侵吞集体资财 0.81 万元，多领工资 0.66 万元，潜在亏损 0.66 万元，涉及贪污行贿经济线索 2 人 2 件。针对企业中存在的问题，提出了改进和处理意见，纠正了商贸企业在购、销、存环节和经营管理中的一些违纪违规行为。2003～2011 年，区审计局对审计中所发现的企业资产质量方面存在的问题进行了深入、具体的分析，提出了扭转亏损局面的对策。

（二）承包经营、承包兑现、离任、任期经济责任审计

1988～1996 年，对 6 名离任厂长，52 家承包经营、承包兑现企业，6 名任期经济责任厂长和负责人进行审计，查出违纪违规金额 157.25 万元；经营管理不善损失浪费 1.6 万元；利润不真实、应摊未摊成本 19 万元；挂账损失 155.41 万元；潜在性亏损 16.09 万元。还发现白条下账，招待费用多、数额大，决策失误多、偷税、销毁原始凭证、损公肥私、亏损严重等问题。区审计局根据有关规定均进行了相应的纠正和处理。1997～2011 年，重点对违反财政纪律和以权谋私、官僚主义所造成的损失浪费等问题进行了审计。

二、行政事业审计

（一）政府部门经常性审计（定期审计）

1983～1985 年期间，行政事业审计工作处于试审阶段，矿区审计局先后会同区计委、区财政局对全区预算外资金进行了清理整顿；参与了财务、税收、物价大检查工作，对滥发奖金、实物、补贴进行了摸底调查。对区行政科和区司法局的财务收支进行了试审，达到了明确审计目的和任务，初步掌握审计方法和范围，提高审计人员素质的目的。从 1986 年开始，对行政事业单位开始进行定期审计，当年对区卫生局、区计生办、区检察院 3 个行政事业单位进行了审计。1987 年至 1994 年 7 月，先后对 128 家行政事业单位进行了季审、半年审和年审，审计金额 361.28 万元，查出违纪金额 14.38 万元。1995 年后，行政事业单位定期审计逐步纳入财政审计和经济责任审计，并侧重于专项资金审

计。经审计，违纪金额由1986年的9.12%降为1994年的0.75%。2009～2011年，矿区审计局开展了对区卫生局、区幼儿园、矿区医院、区行政执法大队、中小学的财务收支审计及医疗服务体系建设经费审计调查，审计资金共7065万元，审计提出了促进管理等审计建议。

（二）专项审计

1986～2006年，区审计局对区教育局、各中小学校、公检法等200多家行政事业单位的资金管理和分配、财务收支、经费使用、罚没收入等项目进行了审计，审计总金额19619.35万元。查出违纪违规金额1928.48万元，私设小金库5.21万元，欠缴房产税1.45万元，违规购买专控产品1.4万元，挪用教育费附加11.31万元。作出没收上缴财政0.74万元，归还资金原渠道1.99万元的处理。同时查出防非典型肺炎捐款2万元应缴未缴财政专户管理等问题，违规收取药品回扣等问题138万元，应归还原渠道资金71万元，应调账处理1万元，应上缴财政63.4万元，截留挪用欠发退休人员工资5.52万元。经过审计，揭露了资金管理使用中较深层次的违纪违规问题和薄弱环节，对资金的使用提出了合理化建议。

2007～2011年，区审计局对教育资金、计划生育专项资金、社会保险基金、救灾捐赠资金物资进行了审计。指出了阳煤集团中小学校移交过程中存在的一些违规问题，并提出了整改建议；指出了欠缴社会保险基金、社保基金增值水平低等管理当中存在的问题；指出了养老保险覆盖面有待拓宽、个别企业欠缴保险等问题；通过对滞留、不及时上缴专项资金等问题的揭露，促进了专项资金的专款专用；通过对汶川地震抗震救灾款物、玉树地震救灾捐赠资金物资的审计，未发现救灾资金使用管理中存在违规问题，审计结果在《阳泉矿区》进行了公示。

三、财政金融审计

（一）财政预算执行情况审计

1995～2006年，区审计局对208个行政事业单位和纳税企业进行了审计，审计总金额64800万元。查出违纪金额3415.26万元，应增加财政收入67万元，滞留财政收入60.31万元，擅自购买专控商品8.64万元，挪用专项资金13.61万元，私设小金库5.21万元，追还专项资金9.04万元，应归还原渠道资金82万元，应调账处理305万元，应上缴财政176万元，处理处罚299万元，纠正金额19万元。

2007～2008年，区审计局以国家财经法规和区人大批准的预算为依据，对2006年度和2007年度矿区同级财政预算执行和其他财政、财务收支情况进行了审计。审计财政资金33482万元，查出违规问题资金660.55万元，应上缴财政资金184.47万元，应归还原资金渠道5.86万元。

2009～2011年，区审计局采用财政审计和专项资金审计调查相结合的方法，对矿区同级财政预算执行和其他财政、财务收支情况进行了全面审计，审计范围涵盖了财政预算内、外资金，政府基金，煤炭基金等全部财政资金；围绕重点，对区财政、地税进行了审计，并延伸到区发改局、建设局、社区卫生服务中心、治理非法超限超载车辆工作办公室、部分学校以及部分纳税企业，对社会保险基金、保障性住房资金、城市低保专项资金、政府债务进行了审计和审计调查。通过审计，发现项目预算资金结余较大、预算外资金收支计划性不强、政府隐形债务较大、社保基金增值水平低等问题；查出截留非税收入、罚没收入未及时上缴国库、滞留老党员生活补贴等专项资金、滞留代征工会经费，个别企业欠税等问题。审计完成后，向区政府提交了审计结果报告，在区人大常委会会议上作了审计工作报告，并就整改落实情况向区人大常委会会议进行了汇报。

（二）金融审计

主要是对城市信用社、农村信用社的资产、负债、损益的真实性、合法性和效益进行审计。2000年，对北大街城市信用社、桥头城市信用社进行审计，审计总金额为8739万元，查出违纪金额478.43万元。2006年，对平潭、赛鱼农村信用社进行审计，查出多提呆账准备金、多提住房公积金、少计应收未收利息收入、贷款企业相互担保、关联方企业提供贷款担保、单户贷款比例超标准、多提应付利息、长期挂账对外投资等违规问题资金计1530.41万元。

（三）外资运用审计

1999～2005年，区审计局对区防疫站管理的世界银行卫生Ⅶ项目和矿区世界银行贷款疾病预防项目中的外债资金使用管理情况，财务收支和项目执行情况，以及世界银行贷款及国内配套资金的到位和使用情况进行审计，共审计资金176万元，查出违纪金额19万元，查出配套资金缺口11万元，揭露出项目执行中列支不属于本项目开支范围费用3万元的违规问题，作出了调账的审计处理，并出具了审计师意见。

四、经济责任审计

1996～2006年，区审计局对61家党政机关、事业单位的领导干部进行了任期经济责任审计，审计资金21187.39万元，查出违纪违规金额363.68万元，向纪检、监察部门移送6人。

2007～2009年，根据区经济责任审计领导组的统一安排，区审计局对全区42名科级领导干部任期经济责任进行了审计。审计资金24082.64万元，查出违规金额87.33万元。应缴财政11.47万元，应归还原渠道资金53.43万元，调账处理19万元。审计发现，大部分单位的财务管理比较规范，对以前审计查出的问题能够积极整改；但也有个别单位存在预算外收入未及时上缴财政专户、在房屋管理中存在应收未收房租收入等问题，对此审计进行了处理，同时提出了改进财务管理的审计建议。还制订了《阳泉市矿区审计局党政领导干部任期经济责任评价标准》，所有经济责任审计项目均按照统一的标准和规范的语言进行评价。

2010～2011年，区审计局对全区17名调任岗位科级领导干部进行了任期经济责任审计，重点检查了领导干部科学理财、依法理财、民主决策、科学决策的情况，审计资金15157万元。通过审计，发现领导干部在任职期间，大部分能较好地履行职责，在重大经济决策及执行方面，内部管理，财政财务收支及廉政执行方面执行较好。但也发现管理上存在行政性收费上缴不及时，预算外资金未能及时上缴财政专户，欠缴社保基金，社保基金增值水平低，未经批准擅自出租国有资产，债权债务未及时清理，账务处理错误等问题。查出违规资金472.21万元，管理不规范金额265.5万元，应归还原渠道资金19.41万元，应调账处理150.98万元。针对上述问题，审计提出了建立健全各项内控监督制度，加强财务管理等建议。在经济责任审计中，区审计局注意加强与区经济责任审计领导组成员单位的协作；在审计进点和审计报告座谈时，邀请区委组织部和区纪检委有关人员参加，对审计情况及时进行反馈和交流；并采取审计与座谈了解相结合，账面审计与账外调查相结合，双向承诺和审计廉政回访相结合的方法，力求审计的客观公正。通过审计，对被审计领导干部任职期间经济责任履行情况作出了客观全面的审计评价。

2010年，区审计局还选择规模和资金量较大的6个社区进行了社区负责人经济责任审计，审计资金63.92万元。通过审计，掌握了社区财务管理情况，发现个别社区存在预算外收入未纳入办事处财务管理、违规出租固定资产等问题，查出违规金额2.21万元，应上缴财政2.21万元。对发现的问题进行了处理。

五、基本建设投资审计

1985年，区审计局首次对自筹基建资金进行审计，查出无计划投资、施工，漏交拖欠建筑税等问题。1987年，对区车辆厂、泰康食品厂、福利厂食品车间的三项技改工程项目进行了审计。结果表明，技改项目完工后，企业产值、利税和经济效益有明显提高，未发现违纪违规问题。

2000～2006年，共审计工程建设项目1310项，审计送审金额2462.59万元，审计核减并为矿区节约财政资金 528.25 万元，节约财政基金 287.4 万元。2001 年，区审计局制订了《阳泉市矿区工程建设项目审计办法》。2002 年，区审计局与区财政局联合下发《关于严格工程建设项目审计监督的通知》，进一步界定接受审计监督的工程建设项目范围，并将财政编制预算、拨付项目款项与审计预决算监督有机结合起来。

2007 年，区审计局严格执行区政府《关于规范工程建设项目管理的暂行规定》，对区财政资金投资建设基建项目百分之百实行审计监督，查处了项目建设过程中的高估冒算、挪用侵占建设资金、浪费损失等行为。全年共完成黄石板社区楼工程、段西沟社区楼工程、赛鱼小学操场改造工程、枣岭山社区楼工程、外国语学校操场改造工程等 68 项决算审计，送审金额 2553.92 万元，审计核减 319.99 万元。安排专业人员深入工程现场，进行实地勘验，对 20 个单位 27 个建设项目进行了概算预算审计，促进了工程的规范管理。在原聘用 3 名工程造价专业人员的基础上，又聘用了 1 名监理工程师深入施工现场实地监督。2008 年，区审计局实行开工前审计，对工程范围、工程作法提出审计建议，并进行项目概算编制审查。当年共完成 90 项基建工程决算审计，送审金额 3609.99 万元，审计核减 612.88 万元，审计核减率达 17%。

2009 年，经区编委同意，区审计局成立固定资产投资审计咨询服务中心。全年共完成基建工程决算审计 71 项，送审金额 3977 万元，审计核减 725 万元，审计核减率 18.23%。完成对矿区当年新增中央投资项目和矿区中小学校舍安全工程项目建设情况的跟踪审计，对工程项目基本情况、资金到位情况以及存在的问题进行了审计，取得了较好的审计效果。2011 年，对洪城河小学、东四尺小学、亚美小学校舍操场改造等 45 项工程进行了开工前预算审核，安排工程专业人员深入到工程一线进行现场勘验，对工程设计、工程作法、预算造价提出审计建议。对当年竣工项目进行决算审计，全年共完成基建工程决算审计 134 项，送审金额 5119 万元，审计核减工程量不实、调整套项及取费、高估冒算等金额 819 万元，审计核减率 16%。

六、审计调查

1987 年，区审计局着手审计调查工作，开展了对公款旅游、向企业乱摊派乱集资、单位用公款请客送礼、吃请受礼的审计调查，还对 1986 年公费医疗经费使用情况进行了检查。1989 年，对企业留利提取使用情况、区财政掌管的预算外资金收支使用情况、拖欠建筑安装企业工程款的情况进行了调查。1990 年，对全区 72 个单位的消费基金进行了调查。1991 年，对集资助教经费、区钢木制品厂和桥头钢窗厂的经济效益、区五金电器厂和弹簧厂的产品积压情况、工业企业经济效益情况进行了调查，并写出调查报告 4 篇，其中 1 篇被区政府采纳。1992 年，配合区纪检委对街道办事处和区直各单位公款吃喝送礼、滥发钱物问题，区财政局、税务局、城环局和环卫处 4 个单位城市建设资金使用情况进行了调查。1993 年，对区矿灯厂 KSG－8 型矿灯技改项目进行了审计调查。1996 年，对政府有关部门管理的预算外资金和财政周转金进行了调查。1999 年，对 8 个集体企业的亏损情况进行了审计调查。2004 年，对区级财政投资建设的 2001～2003 年城建项目、数量、规模、资金来源渠道、资金的管理和使用情况进行调查，审计调查资金总额 2574 万元。

2005 年，对地税系统欠税进行了专项审计调查，共审计调查了税域内 40 家重点纳税企业，摸清了企业欠税总体情况。对矿区环保局及下属事业单位上年度排污费征收管理及支出预算执行情况进行了审计调查，审计排污费专项资金 16 万元。对矿区科技局科技资金支出预算执行情况进行了审计调查，共审计科技专项资金 85 万元；发现科技资金年终集中拨付，致使当年科技资金拨付不足，利用率不高及虚增科技资金支出等问题，涉及违规金额 22 万元。对上年失业保险基金进行了审计调查，审计失业保险基金 37 万元，摸清了失业保险基金的收入支出情况，对失业保险基金在支撑力度、管理体制、筹资机制等方面存在的缺陷和弊病进行了分析，提出了理顺现有体制，扩大失业保险覆盖面等审计建议。

2008～2011年，区审计局对税收、环保资金、救灾和城市低保资金、法院专项补助资金、教育资金、科技资金、卫生资金等专项资金的使用情况进行了审计调查。对民营及非国有控股企业税收征收管理情况进行了审计调查。认为矿区地税局纳税管理比较规范，但也存在纳税企业延迟上缴税款等问题，对此提出了加大税收征管力度等建议。对环保专项资金征收使用情况进行了审计调查，摸清了排污费征缴、支出情况，污染治理项目资金到位及使用情况，发现餐饮业排污费征收力度不够、标准不规范，治理污染项目审批不规范，年终排污费专项资金结余较大等问题，对此提出了加强管理的建议。对全区26所中小学财务收支、固定资产等情况进行了全面审计调查，审计调查资金27005万元。摸清了学校各种资金的来源、构成及使用情况；摸清了普通高中债务总体情况，分析了债务形成的原因。发现部分学校生均公用经费不到位，各学校之间生均公用经费差异较大；预算调整幅度较大；教育费附加资金没有使用计划且大量滞留；区核算中心、区教育局占用煤炭可持续发展基金；收支两条线规定执行不到位，各种津补贴发放不规范等问题。针对这些问题，提出了进一步完善部门预算编制，加强对教育费附加的监管，加强预算管理等10条审计建议。对基层医疗卫生基础设施建设专项资金使用情况进行了审计调查，调查资金456万元。发现中央下拨资金未入专户管理，建设项目超计划投资等问题，提出了整改建议。

七、其他审计

1987～2004年，区审计局配合有关部门对一些单位的收费项目、范围、标准和持证收费执行情况，预算内行政经费执行情况，政府经济主管部门目标责任制执行情况，待业保险基金及社会养老保险基金上缴情况，党政机关及其工作人员无偿占用企业钱物情况，预算资金收支情况，财务收支情况，社会扶养费的征收管理及使用情况，以及一些经济问题、经济案件上访问题进行了审计，提出了监督和管理的意见、建议。

1999年，区审计局对矿区审计事务所、实业会计事务所1998年审计业务质量进行了检查。经检查，认为矿区社会审计工作发展状况良好。两个事务所共完成各类审计服务项目120项，核减基建项目预决算金额444.32万元，实现业务收入46.5万元。

2007年，根据上级审计部门的安排，区审计局派出财政股、企业股两名业务骨干，参加了省审计厅实施的阳煤集团董事长离任审计和亚行贷款资金使用项目审计，圆满完成了省厅审计组安排的审计任务。

2009年，根据上级审计部门的安排，区审计局派出两名业务骨干，参加了市审计局对阳煤集团对外投资的审计，圆满完成了审计任务；完成了对本区招商引资落地项目的审计。同年，对项目投资到位情况、促进地方税费收入及就业增加情况等进行了审计，审计调查指出了新投资项目形成的产业结构较为单一，个别投资项目资金仍未落实到位等问题。根据区政府的安排，派出审计人员配合区纪检委开展了“小金库”专项检查和煤焦领域反腐败专项检查。

2010年，根据上级审计部门的安排，区审计局派出两名业务骨干参加了省审计厅对大同市2008年、2009年财政决算审计和大同市市长耿彦波经济责任审计项目，完成了审计任务。同年，与区纪检委联合开展了对矿区社会团体、国有企业“小金库”专项治理。

2011年，区审计局协助市审计局开展了对矿区地方性政府债务审计工作；协助市审计局对区属5个邮储银行网点的资产负债情况进行了审计；派出业务骨干参与了市纪检委组织的全市清理整顿市场中介组织涉煤涉焦执法大检查，完成任务并受到市纪检委的表扬。

第三节　内部审计

矿区的内部审计工作主要为阳煤集团。1985 年 5 月 24 日，阳泉矿务局成立审计处，编制 10 人。探索性开展了以财务收支为重点的各项审计工作。8 月，制订了《阳泉矿务局内部审计试行办法》，对内部审计工作范围、主要任务、职权、内部审计与其他业务监督的关系、内部审计工作程序等作出了规定。10 月，在全局开展对经济合同实行审计的工作制度。1987 年 4 月，确立了对企业经济效益及财务收支定期审计的工作制度。1988 年 4 月，开展了对承包经营责任的审计工作。5 月，一矿、二矿、三矿设立了审计科，五矿、工程处、工程二处、工程三处、机厂、多种经营总公司配备了专职审计员，全局审计人员定编 35 人。8 月，阳泉矿务局将纪检委的监察科与审计处合并，成立监察审计处，内设两科一室（审计科、监察科、法律顾问室）。10 月，确定对经济合同进行半年检查及全年检查，形成对经济合同管理每年进行大检查的工作制度。1989 年 9 月 6 日，恢复审计处，内设审计科、法律顾问室。1990 年 7 月，与局工会共同组织了首届全局审计知识竞赛活动，确定了在审计工作中开展劳动竞赛的制度。

1991 年 2 月，审计处对 6 个经济合同管理先进单位、8 名经济合同管理先进厂矿长和 22 名优秀合同管理员进行了表彰。5 月，举办了 9 期经济合同管理员培训班。1993 年 6 月 17 日，审计处内设“三科一室”（生产审计科、基建审计科、综合审计科，法律顾问室）。1995 年，审计处与信息中心联合开发了合同管理审计计算机软件并投入运行。

1997 年 1 月，审计处组织开展了全局各单位营业执照年度检验。年内，对多种经营系统开展内部审计。1998 年 4 月，审计处开展了内控制度审计和经济效益审计，规范了内部其他审计工作。7 月，审计处开展了领导干部离任审计工作。1999 年 4 月 1 日，开展对公司本部及二级单位审计工作情况进行年底绩效考核管理。开展了对持有“阳煤集团”字样的所属公司的营业执照清理注销工作。2000 年 12 月，确立了对工程预决算开展审计的工作制度。

2002 年 10 月，对采掘设备大修理预算进行审计。2003 年 3 月 18 日，审计处更名为审计部。2004 年 7 月，实行建设工程“不审计，不结算”的工作制度。2005 年 5 月 12 日，全局二级单位审计机构及人员全部撤并重组至审计部；审计部按照专业及行业划分为 6 个科，在册 45 人。

2006 年 1 月，《阳煤集团合同管理审计（网络版）软件》开发完成并投运。制订了《审计部管理制度》，内容包括审计纪律“八不准”、组织和劳动纪律、文明办公制度、学习制度、会议制度、文件管理制度、计算机管理制度、办公用品管理制度、车辆管理制度 9 个方面。7 月，开展了合同管理审计。11 月，《阳煤集团合同管理审计（网络版）软件》取得国家版权局版权证书。

2005 ~ 2008 年，审计部在财务收支审计、经济责任制审计、内控制度审计、经济效益审计、工程预结算审计、合同管理审计和专项审计等方面开展全方位内部审计监督，每年提交 30 余个审计报告，审计节支 2 亿元以上。

2009 ~ 2011 年，阳煤集团审计部狠抓承包经营、承包兑现、离任、任期经济责任审计工作。同时从物资采购、资产处置、资金使用、煤炭运销等方面入手，加大审计力度，及时开展查错纠弊、堵塞漏洞、防范风险等工作。

第四节 社会审计

1992年，区审计事务所完成市审计局委托的市钢管厂、纺织厂和泡沫塑料厂3个单位的承包兑现审计；完成其他委托事项86项，财务收支情况鉴证45项，基建工程结算审计3项，开业验资38项。1993年，完成审计任务20项，其中审计注册资金87户，验资额1978.03万元；承包兑现、厂长离任及财务收支审计104户，查出违纪金额43万元；基建工程预决算审计14户，审计核减99.8万元。全年收入11.7万元。1994年，完成审计项目74项。其中财务收支、承包兑现、离任审计20项；基建工程决算审计18项；验证工程金额3303.21万元，核减金额125.59万元；财务审计17项，送审金额10687.1万元，为国家和建设单位节约投资116万元；为37户企业审验注册资金1170万元；承揽大型工程预算审计2项，审计金额1855万元，全年收入13.19万元。

1995～1999年，区审计事务所健全了用工合同制，制订了《工效挂钩制》《考核奖惩制》《财务制度》《学习制度》等各项管理制度，5年共完成审计项目272项。其中完成委托审计项目111项，送审资金14420.48万元；财务审计项目47项，送审资金1657.53万元；验资审计项目114项，送审资金3855.02万元。业务收入102.78万元。

第五章 国有资产管理

1985年5月，矿区与阳泉矿务局领导机构分设。根据国家的相关法令法规，矿区对国有资产实行严格、规范的管理，不断强化相关部门对资产配置、资产使用、资产清查、产权登记、资产处置、资产评估、产权界定等方面的管理职能，在防止国有资产流失，保证国有资产的安全与完整方面，取得了明显成效。

第一节 机 构

1981年9月，矿区设立财政局，国有资产管理工作由区财政局实施。1995年7月18日，矿区国有资产管理局成立，职能为清产核资、产权登记、资产评估、保值增值考核、资产流失查处等。1998年，矿区国有资产管理工作划归矿区财政局。

第二节 清产核资和产权登记

一、清产核资

1978年2月，根据国务院《关于批转全国企业扭亏增盈工作会议纪要的通知》中关于“国营企业开展一次清产核资工作，清理财产和库存物资，摸清家底，挖掘潜力”的要求，矿区政府先进行了试点，并于1979年全面铺开国营企业清产核资工作。

1993年6月，矿区行政事业单位进行了清产核资工作。通过清查，全区行政事业单位实际占用国有资产总量为1986万元，比清查前账面资产总额增加313万元，增长18.7%。1994年3月，对区属全民所有制企业和实行企业化管理的事业单位，以及用国有资产开办、登记注册为集体所有制性质的企业单位，进行产权登记年度检查工作。

1996～1997年，矿区国有资产管理局对区属及街道办事处所属24户集体所有制企业进行了清产核资。经过清查，截至1997年10月底，这24户企业资产总量为1967万元，负债1241万元，所有者权益726万元。1998年后，又对区属及街道办事处所属的其余企业进行了清产核资，并协助矿区有关部门完成了对矿区金鑫轧材厂、矿区冷饮厂、矿区造纸厂的破产清算工作。1999年，矿区财政局对区属76个行政事业单位和社会团体占有、使用的各类资产，包括账内、账外的固定资产、流动资产、无形资产、递延资产、长期资产和其他资产进行了全面清查，重点对矿区房地产开发公司、山西翔达金属复合材料总厂进行了资产核实。

2002年，矿区财政局按照《矿区行政事业单位清产核资方案》，对全区55个行政事业单位的家底进行了一次大盘查，建立健全了资产管理制度。

2007年3月至8月，矿区财政局成立行政事业单位资产清查工作领导组，制订了《阳泉市矿区行政事业单位资产清查工作实施方案》，对全区97个行政事业单位进行资产清查。经过清查确认，截至2006年12月31日，全区行政事业单位资产总额24462.37万元，其中行政单位资产总额3668.93万元，事业单位资产总额20793.44万元。行政事业单位固定资产总额18624.09万元，其中行政单位固定资产总额1607.43万元，事业单位固定资产总额17016.66万元。行政事业单位资产清查待处理资产总额1356.49万元，其中行政单位资产清查待处理资产总额426.95万元，事业单位资产清查待处理资产总额929.54万元（资产清查增加数86.35万元，资产清查减少数1015.88万元）。行政事业单位负债总额1234.43万元，其中行政单位负债总额505.04万元，事业单位负债总额729.39万元。行政事业单位净资产总额23227.95万元，其中行政单位净资产总额3163.89万元，事业单位净资产总额20064.06万元。此次资产清查，清理出行政事业单位资产损失总额1442.83万元，其中固定资产1442.57万元，暂付款0.26万元。经阳泉市嘉盛会计师事务所对各单位资产损失审核确认，矿区财政局依据有关文件规定对单位申报的资产损失予以审核批复，区会计核算中心依据财政批复进行账务处理。

按照区政府《关于对全区行政事业单位固定资产及工资统发人员进行清查核实的通知》文件的安排，区财政局于2008年11月3日至30日，对全区行政事业单位固定资产进行了清查。清查核实工作采取自查和重点清查相结合的办法，抽调专人和聘请山西会计事务所工作人员，分两组深入教育系统及机关事务管理局、法院等32个固定资产量大的部门单位现场进行逐一核实和重点抽查，针对清查核实中发现的问题，结合工作实际，提出了整改建议及措施。并于年底对检查单位的固定资产进行了审核批复。

在单位自查基础上，区财政局于2009年6月至10月底，组织两个检查小组对计生局、矿区医院、环保局、环卫处、第十四中学、洪城河小学等单位的大型资产管理情况进行抽检，对单位盘盈、盘亏的账务处理给予鉴证，对个别单位资产管理方面存在的问题及时督促整改。同年7月，针对各社区接收各部门资产设备多、资产账不完善的情况，组织专人深入6个办事处40个社区进行社区资产清查、核实、评估、调拨工作，为各社区统一建立资产明细账，各办事处建立资产财务账，加强对社区资产的日常管理。

根据财政部下发的《行政单位国有资产管理暂行办法》和《事业单位国有资产管理暂行办法》，结合自身实际，矿区制订了全区统一的《行政事业单位固定资产管理实施细则》，对固定资产的分类、计价、管理职责、日常管理使用、出租、出借、处置、对账、清查等环节予以明确规范，同时为固定资产量大的教育、卫生、街道办事处、民政等41个部门单位配置了固定资产管理系统，其他单位纳入核算中心固定资产管理系统管理，建立了固定资产月报表制度，基本上实现了全区固定资产管理系统化、信息化。

2010年，区财政局开展了行政事业单位资产核实工作，成立了固定资产清查领导组和办公室。5月4日，召开全区行政事业单位清查核实工作会议，对清查工作进行了详细部署。5～9月，开展了全区行政事业单位资产清查核实工作。全区109个单位进行了自查；抽调专人聘请了中介机构，分成五个检查小组，分别于6月中旬、7月上旬集中两次对全区47个重点单位进行检查，摸清了家底，规范了管理。根据市财政局要求，启动了行政事业单位资产管理信息系统，通过多种形式的辅导培训，各单位完成了数据初始化和系统的运行，区财政局对数据信息进行了认真的审核、汇总，实现了全区资产网络动态监管。本次清产基准日为2010年4月30日，全区固定资产账面总价值28779.15万元。重点检查单位固定资产账面价值26555.74万元，占全区总资产价值的92%。经清查核实，存在盘盈资产的28个单位，固定资产价值226.79万元；已使用未入账资产8个单位，固定资产价值125.44万元（不包括新建、改扩建的房屋建筑物已交付使用、未办理竣工财务决算情况的固定资产）；存在盘亏资产的31个单位，盘亏固定资产价值391.97万元；已调拨未下账资产的3个单位，固定资产价值53.62万元；存在毁损报废资产的40个单位，固定资产价值420.81万元。

2011年4月14日，矿区财政局组织全区各单位资产管理人员进行了“行政事业单位资产管理信息系统”操作培训。纳入全区“行政事业单位资产管理信息系统”的单位共96户，固定资产价值为40598.46万元，其中行政单位固定资产价值9227.52万元，占全区固定资产价值的22.73%；事业单位固定资产价值31370.94万元，占全区固定资产价值的77.27%。同年11月4日，省财政厅对矿区行政事业单位资产管理信息系统工作进行了专项督查和考核验收，省财政厅对矿区的资产管理工作给予充分肯定。

二、产权登记

1996年5月，根据财政部《关于行政事业单位国有资产管理暂行办法》的规定，按照市财政局国有资产管理部门的统一安排，矿区财政局对矿区行政事业单位的国有资产产权进行了确认登记。全区独立机构行政事业单位37户，其中行政单位25户，事业单位10户，社会团体2户。登记的资产总额为2585万元，负债总额179万元，净资产2406万元。其中固定资产2051万元。1997年，区国有资产管理局结合全区党政机关机构改革，对撤并单位占有国有资产情况及时进行了清理登记。1999年，矿区财政局对阳泉实业会计师事务所、矿区审计事务所、山西省三达律师事务所进行了产权界定。2000～2005年，在资产动态管理信息系统变更产权登记的基础上，对国有资产产权登记进行了定期检查。

第三节　资产处置

1997年9月17日，矿区国有资产管理局对矿区审计局的资产进行了处置。1999年4月，矿区对区级机关车辆实行统一管理，各单位车辆调入区机关事务管理局，进行了固定资产调拨。2000年12月，对矿区防疫站、妇幼保健院调整固定资产、固定基金账面价值工作进行了批复。2001年10月，赛鱼集贸市场移交矿区人民政府管理。2002年，按照《行政事业单位国有资产处置管理实施办法》对矿区人事局、人大常委会办公室的固定资产进行了清理和核销。2003年，对桥头办事处电脑及打印机予以核销；委托山西天恒会计师事务所对阳泉市外国语学校的汽车出售进行了资产处置；根据区政府的统一安排，对区级部门单位车辆进行了固定资产调拨工作。2004年，对单位购置汽车进行核实审批，并办理相关手续；对区级领导使用的电脑进行资产调拨；对司法局报废汽车按会计师事务所出具的报告书进行了资产处置。2005年9月，抽调人员分组对各单位固定资产的管理、使用和处置情况进行了专项检查。

2006年，矿区转发了财政部《行政单位国有资产管理暂行办法》《事业单位国有资产管理暂行办法》，明确了行政事业单位国有资产管理体制和各部门、各单位的管理职责，规范了资产配置、使用、处置等各环节的管理，构建了从资产配置、使用到处置全过程的有效监管体系。同年，对上年年底由阳煤集团划归区政府管理的各学校的汽车进行更名过户，对学校的固定资产报废严格履行审批手续；对矿区地税局的汽车、摩托车，矿区司法局的报废汽车分别进行了资产处置。

第四节　资产评估

1997年，矿区国有资产管理局设资产评估领导组。年内，对9户区属企业及街道办事处所属企业的全部资产进行评估，为企业通过改组、联合、兼并、租赁、承包、出售、股份制等形式实现资本运营作好了前期准备。行政事业单位资产评估项目实行核准制和备案制；对拍卖、有偿转让、置换国有资产的单位，委托具有资产评估资质的资产评估机构进行相关工作。2003年，委托山西博丰审计事务所对矿区妇幼保健院专用作业车进行资产评估处置。

2010年，对在清产核资中发现的资产进行了评估。对涉及22个学校的上级下拨未入账资产，委托中介专业人员按当时市值评估作价，共计108.39万元，作为会计记账依据入账。

第六章　工商行政管理

1973年4月设立的矿区工商行政管理所，为建区后工商行政管理机构最初的形态，经几度演变，于1994年9月改名为阳泉市工商行政管理局矿区分局，至2011年末变。区工商分局努力开展工作，在集市贸易管理、企业登记管理、个体私营经济管理、经济合同管理、商标广告管理、公平交易执法及协会管理等方面，尽心尽职，维护了市场秩序，促进了企业发展。

第一节　机　　构

一、阳泉市工商行政管理局矿区分局

1964年1月，赛鱼市场管理所成立，隶属于阳泉市工商行政管理局。这是矿区境内最早的工商行政管理机构。1969年，市工商局撤销，赛鱼市场管理所同时终止办公。1973年4月，恢复阳泉市工商行政管理局，在矿区设立矿区工商行政管理所，办公地点设在赛鱼。1984年6月，撤销矿区工商行政管理所，成立阳泉市工商行政管理局第二分局，办公地点仍设在赛鱼。1986年，阳泉市工商行政管理局第二分局划归阳泉市矿区人民政府。1987年3月，成立阳泉市矿区工商行政管理局，办公地点设在平潭小区矿区政府四号办公楼。1994年9月，阳泉市矿区工商行政管理局改名为阳泉市工商行政管理局矿区分局，由阳泉市工商行政管理局直接领导。1998年12月，山西省工商行政管理局对阳泉市工商行政管理局及其分局实行垂直领导，名称不变。

二、所属机构

1991年，矿区工商行政管理局内设七股一室一中队（个体经济管理股、企业登记管理股、商标广告管理股、合同管理股、市场管理股、财务统计股、人事监察审计股，办公室，经济检查中队），

下辖六所（赛鱼工商所、红岭湾工商所、桥头工商所、蔡洼工商所、马家坪工商所、贵石沟工商所）。另有矿区个体劳动者协会和矿区消费者协会两个群众团体设在矿区工商行政管理局。

1993 年 1 月，增设个体车辆管理所。1997 年 12 月，内设机构精简和调整为二股一室一中队（登记注册股、商品广告合同管理股，办公室，经济检查中队）。1999 年，“12315” 消费者投诉举报专线电话开通。9 月，矿区在经济检查股设投诉、申诉、举报台，同时分别在赛鱼工商所、桥头工商所、马家坪工商所、红岭湾工商所、蔡洼工商所、贵石沟工商所设投诉、申诉、举报站。

2003 年 3 月，设立监察室；同时，个体车辆管理所及贵石沟工商所归并于马家坪工商所。同年年底，内设机构调整为二室五股一中队（办公室、监察室，财务股、人事教育股、法制股、企业注册监督管理股、市场监督管理股，经济检查中队）及个体车辆管理所。2004 年，下辖工商所减少为 3 个（桥头工商所、赛鱼工商所、马家坪工商所）。2005 年 11 月 1 日，经济检查中队更名为经济检查大队（又称经济检查股、消保股）。2006 年 2 月，设立商标广告管理股；3 月，设立消保股。2008 年 3 月，设立企业监督管理股。至 2011 年年底，所属机构为两室八股一大队（办公室、监察室，财务股、人事教育股、法制股、企业注册监督管理股、企业监督管理股、市场监督管理股、商标广告管理股、消保股，经济检查大队）及 3 所（桥头工商所、赛鱼工商所、马家坪工商所）。

第二节　集市贸易管理

一、集市贸易建设

清代和民国时期，矿区平潭镇每逢农历三、六、九进行集市贸易。在煤炭矿厂附近，也有私人开店设摊进行商品交易。阳泉解放后，随着煤炭生产的不断发展，集市贸易也日益兴盛。1965 年，矿区集市贸易被关闭。

1978 年中共十一届三中全会后，实行“放宽政策，搞活经济”的方针。1979 年，矿区开放了桥头东街、赛鱼两个农贸市场。工商行政管理所设置了划行归市的指示牌，充实服务设施，上市人员日均 125 人。二矿、沙坪每天也有不少摊商交易。1980 年工业、手工业产品进入市场，矿区又开放了二矿、沙坪、红岭湾三个交易场地。

1982 年，市工商局投资 10 万元在赛鱼征地 2887 平方米作为市场固定场地。1983 年，投资 11 万元在赛鱼建成 200 平方米的营业房、办公室，增设铁皮柜台 130 个，赛鱼农贸场地由“以街代市”转为固定市场。1984 年，赛鱼市场建造顶棚 820 平方米，整修柜台 416 平方米，增设了扩音机、公平秤等设施，区工商部门开展了经常性的市场检查。在全省卫生城市大检查中，赛鱼集贸市场被评为一类先进单位。1985 年，随着农村经济政策的落实，蔬菜、肉蛋价格放开，上市品种大量增加，成交额大幅度上升，全年集市贸易成交额达 1698.46 万元，比 1980 年增长 6.5 倍，收取市场管理费近 6 万元。

1986～1987 年，矿区工商行政管理着重进行市场法规和职业道德教育，积极创建“文明市场”。1988 年，筹集 11 万元开辟了贵石沟市场；新增市场服务设施 93 个，配套设施 832 平方米，营业面积 390 多平方米，并对市场卫生进行了统一管理，使马路市场规范化。1989 年，新开辟四矿简易农贸市场，面积 960 平方米；与二矿联合改造了 690 平方米的营业场地。1990 年，对奇缺商品及农副产品贩运户给予优惠扶持，214 户长途贩运户跨越 15 个省 40 多个县，贩来价值 1760 万元的 2000 余种农副产品及工业品，方便了人民生活。至年底，全区市场摊位 2930 个，从业人员 3574 人，上市品种 3500 多种，年成交额 3279.2 万元。

1991 年，在洪城路、赛鱼街开设消夏夜市。筹措资金 49 万元进行桥东集贸市场改造，投资 2 万元维修集贸市场营业设施，改造和扩建了红岭湾和马家坪市场。700 余户长途贩运户从 18 个省市贩来价值2000余万元的2300余种物资。1992年，筹资107万元，建成半封闭的河神庙市场。五矿服务公司投资60万元进行贵石沟半封闭集贸市场改扩建，一矿投资12万元建成新市场，二矿投资1.2万元制作铁皮柜台30个。赛鱼集贸市场连续第三次被山西省工商局命名为“文明集贸市场”。1993年9月底，完成赛鱼集贸市场改扩建主体工程，五矿劳动服务公司投资107万元建成冠山集贸市场。1994年4月，马家坪市场恢复运营。10月初，赛鱼集贸市场竣工。四矿开设了矿区晋阳生产资料市场。1995年，区工商分局设立蔬菜直销点二处。至年底，全区市场日上市摊位3700个，上市品种3800余种，市场成交额16224万元。1996年，在北大西街道路两侧的小巷内开办了4处临时小型集市和早夜市。实行市场管办脱钩。1997年，全区集市成交额跨过2亿元。

2001~2011年，区工商分局应用高科技手段，采用电子商务、连锁等方式，运用配送、储运、统一结算等现代交易手段，不断提升服务能力，实现市场跨区域、远辐射的功能。

二、集市贸易监管

20世纪50年代中期，实行限制和取缔私人商贩和集市贸易的政策。1958年，农副土特产品统一由国营商业和供销社收购，不准上市交易。1964年赛鱼市场管理所成立，工作重点为打击投机倒把行为。1966年“文化大革命”开始后，大中城市不开放集市贸易，个体商业活动都看作“资本主义尾巴”加以割除。

1978~1988年，随着改革开放的深入发展，集市贸易的监管主要是打击假冒伪劣商品，保护消费者利益。1984年，召开万人动员大会，散发宣传资料4000余份，公开销毁查扣的假冒商品。1987年，矿区工商行政管理局被评为山西省打击假冒商品先进集体。1988年，开展“无假冒商品信得过”单位竞赛活动，13个企业被阳泉市工商局命名为无假冒商品信得过单位。1989~1991年，对集贸市场进行清理整顿，加强烟草、医药、木材、粮油、煤炭及废旧金属等专业市场的监督管理，同时积极组织力量加强日常性监管和节日市场的整顿工作。

1993~2002年，狠抓市场监管和市容市貌整顿。1993年共组织各类市场检查23次，检查国营、集体商业网点及个体摊位7800户次，取缔无证经营496户，处理违法违章经营户102户。1994年，制订和落实《集贸市场摊前三包实施方案》，餐饮业实行气化改造。1995年，在全区8个集贸市场设立限价牌10块，赛鱼、桥头二集贸市场获“文明市场”称号。1996年，全面完成矿区五条街道、三个路口两侧门面的的整顿任务。1997年，加强了对元旦、春节、国庆、中秋等节假日的市场检查，并将整顿交易秩序，平抑物价作为重点。全面完成了全区主要街道的“美化、净化、亮化”任务。1998年9月，组织了整治市场秩序的“百日大会战”。按照“依法行政、依法监督、管住收购、规范批发、放开零售、查处违法”的二十四字方针，对粮食经营户进行了逐户逐摊的调查摸底和集中整治。1999年，区工商分局配合名优产品厂家开展了“打假保真联网”活动。2000年，不断推进区域巡查制，加大动态跟踪监管力度，形成横向到边，纵向到底的巡查监管网络。对生猪肉市场进行了5次专项整治。2001年，区工商分局对肉食品市场进行了全面整治。2002年，按照市工商局“一场一策”的要求，严把产品进出关，共组织大规模整治行动12次。

2003年“非典”期间，区工商分局与集贸市场、商场及个体经营户签订了防“非典”责任状，严厉打击利用“非典”名义进行的各种违章违法经营行为。对辖区文化市场进行了一次全面彻底的清理整顿。2004年，安徽阜阳市发生劣质奶粉事件后，区工商分局对所有超市、市场、商场、小卖部、宾馆、批发点、库房等进行了拉网式清查，使劣质奶粉无藏身之处。建立了市场交易纠纷调解处理制度、对消费者的先行赔偿制度、重要商品入市备案制度和违法商品退出制度，并建立食品、药品等重要商品的进销台账，把好商品准入关。2005年，组织了节日市场专项整治和冬季用品专项检查。对学校周边“抓奖”“摸奖”等赌博和变相赌博的经营摊点进行了专项检查。

2006年，对集贸市场内生产、经营危险化学品等重点行业的企业和个体经营者进行了清查。

2007 年，认真贯彻落实《国务院关于加强食品等产品安全监督管理的特别规定》，举办了 450 余人的集贸市场人员学习培训班。建立健全了市场巡查制、责任倒查制。2008 年，查扣假冒五粮液酒、假冒汾酒系列酒、竹叶青酒 785 瓶（盒），案值 13 万余元。

2009 年，多次召开专题会议研究部署“三城同创”（2010 年建成国家园林城市，2012 年建成国家卫生城市，2013 年建成国家环境保护模范城市）工作。开展食品质量抽检 87 批次，合格率 100%。2010～2011 年，区工商分局制订并落实《“三城同创”实施方案》。对中小学校、幼儿园周边环境及网吧、游戏机室进行了集中整治。加强对成品油、建筑装饰材料、二手车交易市场、汽车配件等重要商品的监管。开展了治超整治行动，通过加大巡查力度，加强对汽修厂及储煤企业的经营资质及企业自律制度的监督检查。

第三节　企业登记监管

一、企业登记注册

新中国建立至 1984 年 6 月，境内企业登记注册工作由市级机关承担。1984 年 6 月起，境内企业登记注册工作由阳泉市工商行政管理局第二分局管理，对区营以下工商企业进行登记，建立工商企业户口、档案、公账等。当年全区登记发证的各类集体所有制工商企业 209 户，其中独立核算的 104 户，非独立核算的 105 户，从业人员 4308 人，拥有注册资金 794 万元。1985 年更换营业执照，换证后在《阳泉报》上发文公告的有 105 户。

1987 年 3 月，矿区工商行政管理局成立后，负责境内企业登记注册工作。年内，帮助矿务局第二工程处所属小煤窑完善管理，走出困境；为矿灯厂与湖南邵阳县兴源研究所牵线搭桥，促成其联合经营。1988 年，矿区工商行政管理局贯彻《中华人民共和国企业法人登记管理条例》，重点支持了劳动密集型企业的发展。1989 年，结合年检换照，举办了《中华人民共和国企业登记管理条例》学习培训班，1700 人（次）参加了学习。1990 年，依法从严核定注册登记事项，主动扶持矿务局综合服务公司所属企业改善经营状况。截至年底，全区核准登记工商企业 461 个，从业人员 17264 人，拥有注册资金 2512 万元。个体工商业区内注册 2525 户，从业人员 3730 人，投资金额 439 万元，年营业额达 3091 万元。

1991～2000 年，矿区工商行政管理局将企业登记管理与服务工作融为一体。1991 年将 38 个不同类型的集体、街办企业列为扶持重点，对 18 个需调整产业结构和产品的企业，及时办理了变更登记；对 5 个适合矿区经济发展需要的加工业、建筑业、运输业企业，允许其划小核算单位，兴办第三产业；为 5 个跨地区、跨行业联营的企业办理了有关手续。1992 年，为企业办理一次性销售登记 24 次，销售额 200 余万元；为 16 户企业申请冠上了市名。1993 年，全区注册的企业有 713 户。1994 年，全区已核准注册登记的工商企业有 834 户，从业人员达 45607 人，拥有的注册资金达 16138 万元。1995 年，全区共有企业总数 723 户（其中企业法人 236 户），注册资金 15120 万元。1997 年，完成 4 户股份制改制任务，办理企业变更登记 65 户，办理注销 16 户。1998 年，注册登记企业 514 户，注册资金 18134 万元。

2003 年，新注册企业 23 户。2004 年，发展国家级、省级和市级“守合同、重信用”企业 36 家。年内引进外地投资商 3 户、资金 150 万元。2005 年，加强对前置审批项目的审查，实行“受理—审查—批报”的登记管理流程。截至 11 月底，矿区内资企业发展到 145 户，注册资金 16932 万元；私营企业发展到 210 户，其中个人独资企业 187 户，合伙企业 23 户。2006 年，区工商分局进一步简化办事程序，增强登记注册工作的时效性。2007 年，利用企业回访的机会，对新办企业上门一次性告知年检事项。2008 年，对登记企业实行企业回访制。改进企业年检方式，采取网上申报、预约年检、集中年检、上门年检等措施，为企业提供便利的年检服务。至年底，辖区内共有企业 1001 户，其中内资企业 340 户，私营企业 661 户，个体工商户 2191 户。

2009 年，设立由局长挂帅的帮扶工作领导小组，开展“送服务进企业，解难题促发展”活动，全局干部职工下企业 480 余人次，走访企业 1125 户，召开座谈会 13 次，开展问卷调查活动。开展市“百项工程”和区“双十工程”跟踪服务。以“真招助企，真心留企，真能引企”的服务方式，招商引资 5 亿余元，受到区委、区政府好评。实现各类市场主体电子档案同步登记、同步扫描、同步查询。2010 年，区工商分局出台《关于继续开展送服务进企业解难题促发展活动的实施方案》，建立股、所帮扶体系，开展注册帮扶。开展“当面问需式”调查，进行“提前介入式”管理，实施“个体独特式”帮扶，实行“延伸扩展式”服务。全年共上门帮助企业 845 户，发现的 35 个问题全部得到解决。2011 年，建立“三个全覆盖”（层级服务全覆盖、职能服务全覆盖、指导服务全覆盖），大力促进各类市场主体快速发展。全年共新注册有限责任公司 40 户，内资企业新增 176 户，私营企业 382 户；新发展个体工商户 566 户。

二、企业监管

新中国成立后，境内不断规范企业监管。1986 年，对矿区 34 个知青企业进行整顿。1989 年，对 44 个公司进行检查审核，对 17 个不具备开办条件的公司提出撤、并、转意见，对 5 个不具资金、人员、场地条件的企业限期整顿。同年，取缔了无证商贩 387 户。1990 年，对假借集体名义进行个体经营的 13 个企业予以清理。对 44 个公司和 1 个中心进行审核。

1991 年，取消了 1 户资不抵债企业的法人资格；对 7 户印章与注册名称不符的企业进行了限期改正。1993 年，对辖区 284 户企业进行了年检，对党政机关开办的 8 个经济实体进行了全面的清理整顿。1994 年，为 107 户变更注册事项企业的法定代表人举办了 6 期《企业登记管理条例》培训班。1995 年，对新注册的 90 户企业和矿务局多营公司的 5 个分公司进行了重点检查。1996 年，对 23 户不具备继续经营资格的企业办理了注销手续。1997 年，对逾期未年检的 103 户予以通告，对通告一个月仍不年检的 74 户企业依法吊销营业执照。1998 年，重点对企业注册资本投入情况进行了严格审查。1999 年，取消了 17 户集体性质的粮食批发企业的经营资格。2000 年，对擅自变更主要登记事项的企业，本着教育为主的目的进行了相应的处理。

2002 年，查处“三无”企业（无执照、无资金、无场地）11 户，对 17 户企业的 15 类经营范围进行了核减。2003 年，加大对企业的回查力度，严厉查处虚假出资、抽逃出资的行为。2004 年，构建了网格化服务机制，对 127 户企业实施了延时、跟踪服务，对 45 户企业实施了首次不罚，免于罚款 5 万余元。2007 ~ 2011 年，对所辖各煤矿及涉危涉爆等重点监管企业，如实填报巡查记录表和汇总表。对于前置审批手续将要到期的企业，及时书面督促换证。

第四节　个体私营经济管理

新中国建立后，工商行政管理部门对个体工商业者的申请进行审核、登记，颁发营业执照。1956 年，私营工商业社会主义改造基本完成，境内的私办工厂、商店、个体摊贩和作坊归属市商业局管理委员会及手工业部门管理。

1987 年，矿区工商行政管理局建立了监督管理制度。个体工商户发展到 2112 户，从业人员 4158 人，投资 338 万元，营业额 1886 万元。1988 年，矿区工商行政管理局提出《关于大力发展个体、私营经济的八条具体措施》，扶持退休职工周竹堂创办全市首个民办科研机构。1989 年，一如既往地扶持合法经营，全区个体工商业户有 258 户，从业人员 3557 人。采用综合治理，分片包干的办法，取缔无照商贩387个。1990年，依法从严核定注册登记事项。个体工商业区内注册2525户，从业人员3730人。

1991年，出台了《关于鼓励个体私营经济发展的具体措施》，全区个体工商户发展到2820户、4050人，比1990年分别增长11.7%和8.6%，注册资金和年营业额分别增长30.6%、189.6%；私营企业达20户、366人。1992年，矿区区委、区政府出台《关于鼓励个体私营经济发展的具体措施》，辖区个体工商户首次突破了3000户。1993年，全区个体工商户突破4000户。1994年，全区个体工商户突破5000户。1995年，个体私营营业额13861万元，占全区三产总额的80%。成立“清假小组”，清理假集体69户，取缔无证经营户174户。

1996年，全区个体私营营业额14400万元，工业产值2002万元，工业销售额1603万元，工业利润215万元，培育纳税大户4户。1997年，全区个体私营营业额18000万元，工业产值2670万元。1998年，下发了《关于进一步加快非公有制经济发展的实施意见》。2000年，共检查个体、私营企业880户。

2001年，发展个体工商户1456户，私营企业61户。2002年，非公有制经济安置下岗职工410人。矿区个体工商户应验照1456户，实验1245户，验照率为86%；私营企业应年检61户，实验照49户，年检率为80%。2003年，开展创建个体、私营企业的“经济户口”工作。出台了《阳泉市工商局矿区分局工商所网格化巡查监管规范》《阳泉市工商行政管理局矿区分局经济户口管理规范》，并配套印发了市场巡查登记表，在高标准夯实经济户口管理。2004年，实行个体工商户登记权限下放，实行“一审一核”制度，当场受理、当场核准，方便办事群众。2005年，坚持“高标准，严要求”规范市场主体登记注册工作，严把市场准入关。截至11月底，全辖区新发展个体工商户424户，个体工商户达到1511户，比2014年增长6%；新发展私营企业99户，私营企业发展到210户（其中个人独资企业187户，合伙企业23户），比2014年增长30%。

2006年，进一步支持非公有制经济发展。根据实际情况，推延个体贴花验照期限，确保了个体户能够全部验照。2007～2011年，区工商分局推行首问负责制、政务公开制、承诺服务制。开展就业引导，对下岗人员、大学生和退伍军人给予政策优惠，提供优质服务。登记注册服务窗口为下岗人员开通绿色通道。减免各类工商费用123.9万余元。区工商分局不断强化年检验照监管力度，完成了个体工商户从贴花到签章的转变。结合新业务软件的运行，对辖区内市场主体经济户口进行了全面清理。2011年8月16日，中共阳泉市矿区非公有制经济组织工作委员会成立。

第五节　经济合同管理

一、经济合同管理工作

新中国成立至1984年，各种合同的订立由市工商部门管理。

1984年，区工商局设立经济合同管理股，成立了矿区经济合同仲裁委员会。对钢木制品厂等18个企业合同做了初步检查，签订了劳务、购销、汽车承包、运输等4种经济合同。1985年，建立合同33个，聘任专兼职合同管理人员170名，并对其进行了业务培训，明确了基本职责。做法得到市工商局对肯定，并向其他县、区推广。

1991～1995年，开展“重合同、守信誉”竞赛，举办合同培训班5期。有3个企业被省工商局命名为“重合同、守信用”单位，有38个企业被区政府命名为重合同、守信用单位。在全区工商企业中推行经济合同示范文本，协助15个企业建立健全了合同管理制度。发挥合同管理的职能作用，为企业追回拖欠款587.4万元。推行经济合同示范文本，举办经济合同管理培训10期，培训企业相关人员1060人次。命名表彰了“重合同、守信用”企业70家，经济合同管理先进单位8家，经济合同管理先进厂长（经理）45 名，优秀经济合同管理员 61 名。同时，对不符合条件的 7 个“重合同、守信用”企业和 4 个经济合同管理先进单位给予撤销处理。为辖区企业清回拖欠款 155 万元。5 年中，共鉴证经济合同 8 种 812 份，价值 12760 万元。

1996 年，涌现出省级“重合同、守信用”单位 9 个，市级“重合同、守信用”单位 33 个。1998 年，办理抵押物合同 9 份，抵押合同金额 2322 万元，帮助办理抵押贷款 997 万元；重点对建筑工程承包合同进行鉴证，共鉴证经济合同 26 份，金额 3332 万元，纠正不规范合同 21 份，为企业挽回经济损失 84 万元。

2001～2007 年，开展的以诚信为主题的“守合同重信用”活动，辖区共有“守合同重信用”企业 29 家。2011 年，区工商分局开展信用帮扶工作。全年召开 3 次“认定信用商户，创建信用市场”融资宣讲会；向邮政储蓄银行阳泉矿区支行推荐信用商户 218 户、信用市场 3 个。

二、经济合同监督检查

新中国建立后，境内的经济合同监督管理逐步完善。

1989 年，区工商行政管理部门对 80 个企业进行了大检查，确认赛鱼街道办事处铸造厂无效合同 1 份，避免了 250 万元的经济损失，并追回为此支付的信息费 1200 元。1990 年，对 358 个企业金额 1240 万元的经济合同进行了审查，纠正了重要条款不详和违约责任不明确的经济合同 42 份。1991 年，督促当事人履行经济合同 7 种 2700 份，金额 3830 万元。

1995 年，督促外地农建队及时办理营业执照，积极履行合同鉴证。1996 年，检查合同 310 份，金额 2851 万元；督促当事人履行合同 51 份，金额 1150 万元；对 6 种 13 份金额 184 万元的不规范合同予以纠正。1997 年，进一步规范了抵押担保合同登记工作。加强企业履行合同的监督检查，查处违法合同 3 起。1998 年，对私营企业的合同管理情况进行了全面检查，共检查私企 45 户，对 4 起合同违法案件进行了查处。1999 年，开展合同欺诈专项整治。对 6 种 17 份金额 100 余万元的不规范合同及时予以纠正。2000 年，立案查处 1 起合同违法案件，检查各类合同 351 份，金额 2440 万元，纠正不规范合同 40 份，为企业挽回经济损失 110 万元。

2001 年，开展企业回访调查。检查企业合同 160 份，合同金额 1900 万元，纠正不规范合同 20 多份。2002 年，共检查各类工矿产品购销合同、加工承揽合同、房地产合同 160 份，合同金额 1180 万元，纠正不规范合同 31 份。2003 年，区工商分局下发了《关于加强合同工作属地监督管理工作的通知》。2004 年，对建筑市场进行了专项清理整顿，查出虚构合同主体签订建筑合同案 1 起，利用合同牟取非法利益案 2 起，无照从事劳务施工的建筑队 7 家。2005 年，对 40 项建筑工程项目招、投标的全过程进行了现场监督。出动执法人员 200 余人次，汽车 50 余台次，检查经营户 458 户。立案调查的合同欺诈案件 79 起，结案 79 起。

2006 年，区工商分局出动执法人员 300 余人次，汽车 100 余台次，检查经营户 485 户。立案调查合同欺诈案件 65 起，结案件 65 起，其中万元以上案件 2 起。2007 年，开展“打击合同欺诈行为”专项执法行动，查处合同欺诈案 42 件，罚款 113800 元，其中万元案 2 起。2008 年，在打击合同欺诈专项行动中，出动执法人员 688 人次，执法车辆 180 台次，检查各类合同 1258 份，合同金额 24586 万元，查处违法合同案件 8 起。

2009～2011 年，开展了房地产、电信、医疗等重点领域企业合同专项执法检查。2009 年，共检查各类合同 1723 份，合同金额 231070.95 万元，查处合同案件 14 起；发展守合同重信用企业 11 户，其中省级 2 户，市级 9 户。

第六节　商标广告管理

一、商标管理

1984年，二矿广告图片社成立，申请注册商标，境内商标广告工作由此起步。1987年，区工商局设立商标广告管理股，当年登记注册商标2个，获部优、市优产品两种。1989年，销毁违反《中华人民共和国商标法》的商标5000张；查处虚假广告527份；命名表彰了13个无假冒商品信得过单位；核转商标10个，核准商标3个。利用10块大型广告牌和400平方米墙壁广告栏进行商标宣传。在市工商局举办的"打击投机倒把违法案件"展览中，获一等奖。1990年，颁发了商标印制经营许可证；整顿了商标市场。聘请50多名商标联络员，建立全区性商标管理网络；查扣非法印制的商标包装5万个，责令侵犯他人商标权益的1种产品停产。全年受理申请商标注册5件，核转和核准注册商标7件，累计有效注册商标达11件。

1991年，核转商标6个，核准注册商标4个。有4个企业的19种产品获市优和省优称号。帮助阳泉市矿灯厂放弃使用多年的联营"宝光"牌商标，核准注册了"伟光"牌商标，仅商标使用费一项就为该厂节约6000多元。1992年，对企业商标联络员进行普遍培训。核转商标10个，核准5个。1993年，设置咨询点9个，解决问题200余件。核转商标5个，核准注册3个。截至年底，矿区共拥有注册商标23个，服务商标1件。1994年，商标注册由核转制改为代理制。对注册商标的单位进行了重点培训。对全区26件注册商标进行年检，对其中15件注册商标进行了纠正或办理了变更。1995年，对辖区所有汽车配件商店、汽车装潢点、汽车修理厂进行了专项清理整顿。依法对2起商标侵权行为进行了查处；评出10个商标作为保护重点。查处商标侵权案件3起。

1996年，为矿区第一家服务商标注册单位——沙江酒家颁发了"商标注册证书"。1997年，矿务局四矿截齿厂"山甲"牌、矿务局晋宝制药厂"晋宝"牌、矿务局三矿托滚厂"阳托"牌及矿务局钢窗厂"山泉"牌4个商标被认定为"阳泉市知名商标"。查处商标违法案1起。1998年，依法立案查处商标案件2起。1999年，在繁华路段将辖区24件商标制作成大型牌匾进行广告宣传。依法立案查处冒充注册商标案件3起。2000年，立案查处冒充注册商标案件1起。

2001年，对矿区范围内4户商标印制单位进行了严格的验证，统一换发了"印制商标单位证"。2003年，区工商分局下发了《关于加强商标注册使用属地监督管理工作的通知》。2004年，开展了"打击商标侵权、保护知识产权"专项执法行动，查处商标案件530起，扣留侵权商品500余件。2005年，开展了"打击商标侵权、保护知识产权"专项执法行动，查处各类商标案件43起，罚款48610元。

2006年是"商标战略推进年"。结合完善"经济户口"，建立健全注册商标档案，为企业提供商标注册、使用、保护等各方面的咨询帮助。加强工商所商标培育工作，确定了商标创建重点企业，开展了培育民营私营企业商标工作。年内有6家企业获得著名商标；查处各类商标违法案件39起，收缴罚没款31610元。2007年，辖区内注册商标达到38件，其中著名商标8件。查处各类商标违法案件38起，收缴罚没款26700元。2008年，全区共有注册商标48件，其中著名商标8件。阳泉煤业集团光远工贸公司被省工商局评为著名商标企业。开展了奥林匹克标志保护专项执法行动。对驰名商标知名商品专卖店、连锁店进行检查，登记造册。查处各类商标违法案件20起，收缴罚没款10.55万元。2009年，矿区人民政府出台了《关于进一步推进全区商标战略的实施意见》，对获得注册商标的企业给予一次性奖励5000元；对获得山西省著名商标的企业，一次性不重复奖励人民币10万元。办理注册商标4件，有效注册商标达到89件，其中取得商标注册证43件，取得商标受理通知书的46件。查处各类商标违法案件11件，收缴罚没款32600元。2010年，查处各类商标违法案件36起，收缴罚没款57500元。截至年底，全区累计有效注册商标187件，其中取得商标注册证50件、取得商标受理通知书137件；其中山西省著名商标8件。8月26日，矿区区委、区政府、矿区工商分局召开著名商标、注册商标及权利人颁奖大会，对2家著名商标、7家注册商标企业及11位商标权利人予以45万元的奖励。

2011年8月，组织8家企业参加了以“实施商标战略、促进自主创新、推动企业转型”为主题的第五届山西品牌节，阳泉华茂截齿有限责任公司被重新认定为著名商标企业；阳泉市矿区丰源化工制品厂被认定为2010年度山西省著名商标企业。截至年末，辖区累计拥有商标191件，山西省著名商标9件。立案查处各类商标违法案件41件，结案41件。多次邀请山西汾酒厂股份有限公司打假办人员，对辖区内酒类批发商户、超市、酒楼等酒类经营场所进行深入检查，查获假冒汾酒系列产品149瓶（盒），案值近4万元。

二、广告管理

1988~1992年，矿区工商局出台《张贴广告管理办法的通告》。为51个工商企业的40类960种产品进行了宣传。在繁华地段设立的大型广告宣传牌由7块增加到10块，墙壁广告宣传栏由220平方米增加到840平方米，帮助企业设计制作橱窗广告14个。指导辖区企业在各种新闻单位发布广告365条。查禁利用虚假广告骗买骗卖，坑害消费者的违法行为。

1993~2000年，开展了《中华人民共和国广告法》大型宣传活动，为广告经营单位全部换发了“广告经营许可证”，出台《店堂广告管理办法》，开展了“自强创辉煌”公益广告活动。对广告经营单位进行了年检，进一步完善广告监审和广告经营单位的资格审查制度。对户外广告进行了8次专项整治。对辖区主要街道390户商业门店的牌匾、灯箱、路牌、广告进行了全面整顿，新设置路牌广告2块。对药品市场进行了专项检查整顿。查处各类违法违章广告案件共135起。

2001~2011年，对广告经营单位的广告经营许可证进行了严格的核审和年检；对所有广告建立了档案；组织开展了“查无照重权出击、查广告净化视听、查垄断拆除藩篱、查假劣放心消费”四项执法行动；在6家医疗、药品专营店和房地产开发公司设立了广告审查员，参加了市局组织的广告审查员培训、考试，核发了广告审查员证书。以户外、车体、商场、店堂广告为重点，对违法广告进行全面检查和清理，开展“打虚假树诚信”广告专项整治活动。共收缴各种非法印刷品广告14000份，非法条幅广告12块（条），查扣虚假广告宣传的医疗器械11台。纠正各种不规范广告25条（块）。查处乱张贴、散发印刷品广告的违法行为3起，查处了一批广告主和广告发布者。在6月初高考期间，加强了对各考点周边市场的巡查工作，发现并查扣违法招生的印刷品广告2600份。开展了保护奥运标志专项检查。加强了对广告经营主体的检查和户外广告的巡查工作。监测广告1055条，填写了矿区整治虚假违法广告专项行动广告监测报告。据不完全统计，立案查处各类广告违法案件236起，收缴罚没款137280元。

第七节 公平交易执法

1978年中共十一届三中全会后，矿区工商局把经济监督检查工作的重点及核心放在了打假治劣专项整治上。1984年，矿区工商行政管理部门开始进行市场经济监督检查工作。1989年，设立经济检查中队，专门负责经济秩序的维护和管理工作。至1990年，先后对废旧钢材、木材、汽车交易、烟草、文化娱乐、医药、煤炭、粮油等专业市场进行了检查整顿，严厉打击了这些领域的经济违法违章活动，维护了辖区的经济秩序。

1991~1996年，共立案查处各类经济违法案件228起，涉案物资总值1000余万元，收缴罚没款

32.3万元。查处非法交易证券案18起，没收非法交易的国库券、保值公债6550元，查处券贩子10人。查获的非法交易、假冒伪劣商品有：走私卷烟、废金属、木材、劣质食品、劣质饮料、假茶叶、劣质皮鞋、劣质磁带、“三无”（无生产厂家、无质量合格证、无生产日期）电器、“三无”配件、“三无”电线、假冒名酒、假冒名烟、假冒录像带、假冒化妆品、假冒香皂、劣质机油、劣质棉花、假冒“运城特一面粉”、掺矸低质煤、假冒板桥白酒、劣质尼龙袜、劣质棉花、假冒“民乐”及“康乐”牌速冻饺子和其他假冒商品。区工商局被山西省工商局和矿区区委、区政府分别授予“办案先进单位”“打击经济犯罪先进单位”和“打假先进集体”等荣誉称号。1996年是“公平交易执法年”，区工商分局组织开展了节日市场、营养保健品市场、饮料市场、文化市场、煤炭市场和成品油市场的专项检查。全年共查处违法案件103起，结案102起，结案率达99%，查获的违法物资总额为150万元。主要物资有：“三无”汽车配件1000余套、“三无”劣质皮鞋950双、过期食品饮料及保健品5592盒瓶（袋）、假冒化妆品1391瓶（袋）、走私卷烟106条、假冒名烟85条、走私小轿车3辆。取缔电子游戏厅36户，收取罚没款8.5万元。公开销毁价值5.2万元的假冒伪劣商品。

1997年，区工商分局共组织大型市场检查8次，查处掺杂使假、价格欺诈、扰乱市场秩序的违法行为46起，查扣假冒劣质商品7大类80余种，价值17万元。共查处各类经济违法案件76起，共收缴罚没款5.4万元。查获违法物资总额87万元，假冒伪劣商品8类90余种，价值41万元。主要物资有：假冒名烟110条，走私烟299条，“三无”皮鞋181双，假冒名牌皮鞋92双，劣质电器480件。1998年，共查处各类经济违法案件87起，查获的假冒伪劣商品计8大类90种，价值30余万元，收缴罚没款8.6万元。1999年，共检查国营、集体企业284户，个体工商户和私营企业10087户。取缔无证经营34户，规范经营行为76户。查扣各类假冒伪劣商品8大类90余种，价值10万余元。在中秋、国庆期间，对冻猪肉市场进行了专项整治；展开了查处假酒专项工作。全年共立案查处违章违法案件71起，查处案件总值60万元，查扣违法物资9大类100余种，价值25万元，收缴罚没款2.8万元。

2000年，区工商分局将整顿范围确定在烟酒、副食、肉类等直接关系到广大人民群众身体健康和安全的商品上，着重查处节日市场中掺杂使假、以假充真、强买强卖、欺行霸市、缺斤短两等不法行为；加大对矿郊结合部及偏僻地区的检查力度，加大对文化市场的督查力度。先后开展了6次大规模的专项检查。结合开展“百家企业联手打假”专项活动，全年共检查酒类经营单位305户，立案查处两起贩卖假冒汾酒、火爆酒、竹叶青酒案件，查扣假冒火爆酒3036瓶，假冒汾酒606瓶，价值2万元。截至2001年年底，共立案查处各类经济违法违章案件145起，查扣各类违法物资7大类30多种，案值40多万元，收缴罚没款29.6万元，比上年同期增长200%。

2002年，共立案查处违章违法案件35起，其中，万元以上经济违法案件10起，共收缴罚没款17.2万元。2003年，对不正当竞争行为分别不同情况予以相应处理。年内，区工商分局被阳泉市工商局授予“反垄断反封锁专项执法行动先进单位”。2004年，矿区工商局全年共立案查处各类违章违法案件27件，共收缴罚没款29.7万元。2005年，共查处各类煤炭违法经营案5件，没收违法所得162695元，收缴罚款6万元。全年立案查处各类违章违法案件28件，共收缴罚没款17.4万元。

2006年，广泛宣传反垄断专项执法工作和禁止商业贿赂的法律知识，营造了良好的社会氛围和公平竞争的市场环境。年内查处商业贿赂案件2起。2007年，开展了清理无照经营专项行动。全年共出动执法人员1964人次，出动检查车辆317台次，检查各类经营户11712户次，查处各类无照经营96户，取缔16户，立案3起。2008年，区工商分局共发放消费常识、维权知识宣传材料3000多份，接待消费咨询600多人次，调解各类消费纠纷22起，为消费者挽回经济损失22100元，加倍赔偿850元。立案查处侵犯消费者权益案件11件。2009年，共检查各类市场主体3000余户次，共依法查处各类违法违章案件50件，其中商业贿赂案件5起，取缔无照经营行为11户。

2010～2011年，区工商分局进一步加强了流通环节食品安全监管。健全完善了属地监管领导责任制，局与所、所与片、片与食品经营户层层签订了责任书。食品流通许可证网上受理全面运行，严把食品经营主体准入关。确保电子监管系统的正常、高效运行。加大行政执法力度，认真开展“食品添加剂”“乳制品”“瘦肉精”“假酒”等专项整治行动。以元旦、春节、“五一”、国庆等节日市场为检查重点，开展食品安全专项整治。共检查经营户2062户次，查处无照经营户86户。

第八节 协会工作

一、矿区个体劳动者协会

（一）组织机构

阳泉市个体劳动者协会矿区分会（简称个协）成立于1983年6月，1987年5月更名为阳泉市矿区个体劳动者协会。至2011年，共举行6次会员代表大会。协会内设组织宣传部、经营指导部和办公室，下设6个基层分会和67个行业小组。

1989年在个协中建立了党、团支部，在个体劳动者中发展共青团员6名，培养入党积极分子1人。1991年“五四”青年节前夕在个体劳动者中发展共青团员21名；“七一”前夕吸纳2名先进个体经营户为中共党员，成为本市发展的第一批个体劳动者党员。区个协在全区个体户的35名党团员中推行了“挂牌、联点、带摊”活动。

2011年7月29日，中共阳泉市矿区非公有制经济组织工作委员会成立，分三种情况（有党员有支部的企业、有党员无支部的企业、个体党员）分别进行建档立册。

（二）荣　誉

1989年，国家税务局、共青团中央授予矿区个协全国个体户税法普及教育活动先进单位称号；1995年，被国家个体劳动者协会评为1994年度先进集体。1987年、1988年，被省、市工商局和个体协会评为1987年度、1988年度先进集体。1989年，被区政府命名为拥军优抚先进集体，被市政府命名为为军人安心服役办好事先进集体。

（三）主要工作

1.发挥服务功能。积极扶持下岗职工再就业。1998年7月8日，在全市首次个体、私营企业招聘下岗职工再就业洽谈会上，矿区有12家个体、私营企业提供了172个岗位供下岗职工选择。1999年，区个协向区委、区政府提出“费让税”的具体实施意见和题为《关于矿区个体、私营经济发展存在的问题的思考》的调查报告，并具体提出了大力发展辖区非公有制经济的建设性意见。

为个体企业提供经营方面的服务。1999年，为切实减轻个体、私营企业的不合理负担，矿区个协协助有关部门印制了“缴费明白卡”。1993年为辖区24名会员解决周转资金34万元，1994年为37名会员解决周转资金8万元。1996年建立了联购分销服务部，为会员提供商品信息。

配合计生部门开展计生服务。2001年，抽调专人，逐人逐户逐摊登记，发放计生情况调查函，查清计生服务管理工作的盲点。1996年，增加了计划生育服务点。

帮助会员解决生活困难。1994年开办个体协会卫生所，缓解了会员看病难。1996年兴办了8个理发点。

组织开展文体活动。1991年，矿区个协与区体委共同举办了“迎国庆”工商杯全市体育邀请赛。1998年国庆前夕，区个协组织个体、私营企业代表参加了市工商局举办的“迎国庆”50周年系列体育比赛，取得了好成绩。

开展“光彩之行”系列服务活动，在医疗、担保、法律、养老保险等方面提供优惠服务。2005年筛选了4家会员定点服务单位（阳煤集团总医院、爱心美容院、发之选创研室、家家慧洗衣店），2006年定点服务单位扩充至10家。

2. 学习培训。1983 年，组织会员学习党的方针政策，印发各种宣传教育材料 11000 份。1987 年，在个体户中开展了前途、理想、法制和职业道德教育；组织各类培训班 13 期，培训人员 6500 人次，发放《法规汇编》等法制宣传资料 4000 册。1989 年，区个协举办了 20 次大、中、小型学习班，重点学习了《中华人民共和国税法》《中华人民共和国食品卫生法》《中华人民共和国行政诉讼法》和《城乡个体工商户管理暂行条例》等法规条例。派代表参加了全市法律法规知识竞赛，取得团体总分第二名和第三名好成绩。有 7 人在省、市个体工商户普法教育经验交流会上介绍做法和体会，区个协被国家税务局、共青团中央授予全国个体户税法普及教育活动先进单位称号。

1992 年，坚持"三自"（自我教育、自我管理、自我服务）宗旨，区个协会同区工商局和卫生防疫部门举办了个体工商户培训班，受培训的个体户达 1750 名。培训内容包括《中华人民共和国宪法》《中华人民共和国行政诉讼法》及《中华人民共和国食品卫生法》等方面的知识。1993 年，区个协开展了"便民、优质、让利""争创文明个体户""迎三八，做贡献""致富不忘国家"等活动。组织了个体工商户职业道德教育考试，参考率和合格率达到 90% 以上。被国家工商局和中国个体劳动者协会评为个体劳动者职业道德教育先进集体。1995 年，开展了"稳定物价，维护市场秩序""顾全大局，平抑物价""创优良秩序，优良环境，优质服务""无假冒信得过"等活动。

1996 年，区个协组织个体饮食业户进行了《个体饮食业监督管理办法》培训，培训面达 80% 以上。1997 年，区个协在会员中进行"三五"普法教育，开展了"学雷锋、献爱心""讲道德，无假冒""争创光彩之星"等活动。1998 年，以山西朔州假酒案为反面教材，狠抓了经营户法制教育和职业道德教育。1999 年，区个协在会员中开展法制教育和爱国主义教育的经验在全市依法治市经验交流会上进行经验交流。2000 年，开展"争先创优""户户讲道德，店店无假货""光彩服务周"创"青年文明号"和"创建文明城市"等活动。2001 年，组织会员开展职业道德教育和自查自纠活动。2004 年，组织个体工商户法律知识竞赛。

3. 表彰先进。1983 年，开展优质服务、文明经营社会主义劳动竞赛，有 7 人被省、市工商局、个体劳动者协会评为先进个体劳动者，7 名青年个体劳动者被团市委授予先进青年称号。1987 年，开展社会主义劳动竞赛，201 名个体劳动者被各级政府授予先进个体劳动者称号。

1991 年，开展"优质服务、文明经营"和"卫生百分流动红旗"竞赛，210 名个体工商户被评为各级个协的先进典型。1994 年，全区涌现出省、市、区级先进行业小组及个人 173 名。

1995 年，评选出 12 名"无假冒信得过"个体劳动者。1996 年，矿区个体劳动者协会被国家工商局和国家个协授予全国个协先进集体称号；5 名个体工商户被矿区总工会、工商联评为先进个体工商户；1 名个体劳动者被区劳动竞赛委员评为劳动模范。1998 年，全区涌现出 68 名先进个体户、6 户私营企业和 9 个优秀会员小组，矿区福美食品店个体户张翠兰被命名为全省"光彩之星"。2005 年，开展了文明诚信经营单位评选活动。

4. 服务社会。1989 年，个协会员开展"平抑物价，让利于民"活动，让利商品 7 种，让利金额 36000 元，为亚运会捐款 5933 元，为地震灾区捐款 370 元、衣物 230 件，购买保值公债 35000 元，为教育事业捐款和购买国库券 25.2 万元。1991 年"七一"和国庆节，238 名个体户自发开展"致富不忘报党恩"便民活动，义务为消费者服务 4000 人次，优惠人民币 5000 元，捐资助教 20305 元，向灾区捐款 7475 元。1994 年，个协会员开展 7 次大型义务活动，义务为消费者服务 4000 人次，服务价值 3 万余元；向失学儿童和残疾人运动会捐款 1 万余元。1996 年，个体工商户向两路（赛鱼路、平定路）建设捐款 50 万元。1997 年，开展"庆七一，迎回归，颂党恩，献爱心"活动，会员为希望工程捐款 3040 元；各分会自编自演歌舞、小品等文艺节目，到坑口慰问煤矿工人。一些个体户与下岗职工"结对子"，开展"一帮一"活动，传授经商技能，提供商业信息，帮助扶持下岗职工实现再就业。1998 年，开展"向残疾人张金栋捐款""向灾区献爱心""八一慰问驻区部队""光彩服务周"等多项活动。

2002年，开展走访个体工商户和私营企业活动，了解其经营状况和问题，宣传合法经营、守法经营，对其困难给予帮助。开展“争创光彩之星”“光彩服务周”等活动。个体户会员主动向治理桃河、美化家园捐款5万余元。2004年，组织300余名会员进社区，到学校，上街头，为群众免费理发、让利销售、提供咨询服务。2006年，在“光彩服务周”活动中，1400余户个体户及170户私营企业投入优惠、优质活动，优惠额达2万余元。2007年，矿区个协、私协开展“博爱一日捐”活动，407名会员募捐人民币2024元。在“光彩服务周”活动中，上街宣传72人次，悬挂横幅标语10条，深入基层宣传26人次，为希望工程捐款4400元，义务理发100余人次，免费修理自行车20余辆，医疗咨询义诊300人次，优惠销售让利1万余元。2011年10月18日上午，个协在天利购物广场参加了以“条例促发展，服务报党恩”为主题的个体工商户“光彩服务日”活动，现场义务为过往群众提供测血压、开药方、修鞋、修拉链等服务。

二、矿区消费者协会

（一）组织机构

矿区消费者协会成立于1988年5月18日，共举行二届理事会全体会议。张海珠、张怀栋先后任会长，副会长有张巨海、陶河川、赵克敏、贾自科等，秘书长由贾自科兼任，另设理事若干人。协会下设19个基层投诉联络站。1989年11月，区消费者协会在境内八大商店增设消费者投诉联络站。

2004年3月10日，矿区消费者协会在矿区工商分局下设的各工商所成立消费者协会分会，由各所所长兼任分会会长，并吸收部分热心消费者权益保护工作的老党员、老干部参与分会工作；并在集贸市场、商场、宾馆、旅行社、房地产、物业管理、金融、保险、邮政、通讯、交通运输等行业的14家企业设监督站和“12315”消费者维权站。

（二）主要工作

1.宣传教育。矿区消费者协会注重对广大消费者的宣传教育，印发了大量宣传资料。《中华人民共和国消费者权益保护法》1993年10月颁布后，采用了多种方法进行宣传。1994年，组织参加了全国性的《中华人民共和国消费者权益保护法》知识竞赛，发放《中华人民共和国消费者权益保护法》知识竞赛答卷13000余份。

矿区消费者协会大力开展青少年维权教育，开展“送法入校”活动。2003年“3·15”前夕，派员到洪城河小学举办讲座，向同学们讲解《中华人民共和国消费者权益保护法》《中华人民共和国未成年人保护法》等相关法律知识，并结合查扣的假冒伪劣商品，讲解识别假冒伪劣商品的常识。2005年“六一”儿童节，在平潭街小学开展了题为“健康维权，关爱儿童”宣传活动。2008年2月28日，马家坪工商所在平潭街小学举办了一场消费者权益保障专题讲座。

2.“3·15”宣传咨询服务活动。1996年后，矿区消费者协会在每年的“3·15”国际消费者权益日前后，都组织大型街头巡回宣传咨询活动。“3·15”活动每年确定一个宣传主题。1996年以“依法维权”为内容，1997年以“讲诚信、反欺诈”为主题，1998年以“打假、保真、扶优、护权”和“一切为了农村消费者”为主题，1999年围绕“安全健康消费”的活动主题，2000年围绕“明明白白消费”的主题展开活动，2008年的宣传主题为“消费与责任”，2009年，围绕“消费与发展”主题强化宣传力度，2010年的主题为“消费与服务”。市、区领导多次到活动现场散发宣传材料，解答群众的咨询。现场设有投诉台，还展出优质产品和假冒伪劣商品，设有真假商品鉴别台，组装了假冒伪劣展车，当众公开销毁假冒伪劣商品，震慑了违法分子。在历年的“3·15”活动中，累计发放宣传资料40余万份，现场接待咨询数万人次，受理消费者投诉数千起。

《阳泉矿区》《阳泉矿工报》《山西青年报》、阳煤集团电视台等媒体在活动期间开辟专栏、专版，开展消费投诉热点追踪及打假维权报道。2007年3月15日，矿区工商分局与山西电视台“直播山西”栏目组合作，以“消费和谐”为主题，在矿区天利购物广场门前举办大型宣传活动。

3. 受理消费者投诉。1988 年 6 月，顾客邓某在一矿药店购买一盒“妇人宝”，回家后发生爆炸，邓某双目受伤，区消费者协会受理了该起投诉，并与生产厂联系，经交涉，厂家赔偿邓某 600 元。2004 年，及时解决了侯某商品房质量纠纷投诉，获赔损失 8800 元。同年，与阳煤集团总医院协调，解决一起助听器纠纷案，为一耳聋消费者挽回经济损失 5580 元。2010 年办理消费者苏某购买手表投诉案，为消费者挽回经济损失 2.4 万元。1999 年“12315”开通后，矿区工商分局抽调专人，成立专门机构，完善了横向到边、纵向到底的“12315”投诉、申诉举报网络，配备了相应的通讯工具和交通工具，并将分局所有对外“窗口”股、所的电话尾数变更为“315”，方便消费者记忆和拨打投诉、申诉举报电话。做到有诉必接，有难必帮，有假必打；本着“不论商品价值大小一样认真，不论本地外地一样热情，不论亲疏关系一样受理，不论消费者经营者一样保护”的基本宗旨，切实处理消费纠纷。据不完全统计，矿区消费者协会成立后至 2011 年的 24 年中，共受理消费者投诉 4800 余起，结案 4780 起，为消费者挽回经济损失 110 万元。

4. 监督评比。矿区消费者协会认真履行对商品和服务进行社会监督的职能，对损害消费者合法权益的行为，通过大众传播媒介予以揭露、批评。1990 年，矿区消费者协会在市场调查中发现，一些高档卷烟中装的全是低档、劣质卷烟，“调包”现象极为严重。随即以《消协信息》的形式对此予以披露。《山西日报》在头版以“阳泉市卷烟市场混乱”为题进行报道，市政府领导就此作了批示。市工商局、市烟草专卖局抽调骨干力量，对全市卷烟市场进行了整顿，查处了一批制销假冒伪劣卷烟的违法案件，整顿了全市的卷烟市场，维护了广大消费者的合法权益。1991 年，矿区消协组织开展了“质量、品种、效益”年活动。针对鞋类商品返修率高、投诉率高的情况，规定全区商业企业凡销售鞋类商品一律实行“信誉卡”制度；在全区 8 个行业 50 多个商业服务企业中广泛开展了“商品、服务、质量信得过”活动，使涉及鞋类的投诉明显下降。2001 年 5 月，以群众举报为线索，一举捣毁梁某无证制售蛋糕黑窝点。根据群众反映，经过几天的蹲点守候，取缔平潭小区早市无证游医 4 户，没收其简陋的行医工具，并分别进行了罚款处理，取缔了 5 户在马路沿线利用蜜蜂作掩护，制售伪劣蜂蜜的养蜂户。

矿区协会进行了诚信单位、“信得过”单位评比表彰活动。1995 年，矿区协会开展了“无假冒信得过”活动，按照省消协制定的评选标准和条件，评选出省消协“信得过”单位 4 家。1998 年，推荐矿区沙坪百货商场、赛鱼百货大楼、明珠建材装饰大厦、矿区菜市场、洪桥商场 5 家商业企业参加了全市 1998～2000 年度阳泉市消费者信得过单位评选活动，并被市消协命名为消费者信得过单位。2005 年，评出市级诚信单位 10 家，省级诚信单位 3 家。2008 年，辖区金利得商行被省工商局命名为首批消费维权示范店。

第七章　质量技术监督

从新中国成立至 1979 年，境内标准计量工作由阳泉市计量部门直接管理、检定、测试。1980～1989 年，矿区计量管理工作由区计经委承办。1989 年，矿区标准计量局的成立，逐步独立开展了质量技术监督工作。2002 年 3 月区质监分局成立后，承担了全区质量、计量、标准化、认证认可、特种设备安全监察工作并行使综合管理、行政执法、安全监察工作职能，全面展开了市场打假、扶优扶强、特种设备安全、争创名牌、食品监管等工作，严厉打击制假、售假，增强了质检部门的社会知名度和影响力，为创造公平竞争的市场环境发挥了积极的作用。

第一节　机　　构

1980~1989年，矿区计经委承办计量管理工作。1989年11月，阳泉市矿区标准计量局成立，属阳泉市矿区人民政府直属机构，业务接受市标准计量局指导。区标准计量局下辖区计量检定管理所。1996年精简机构，阳泉市矿区标准计量局撤销，相关业务由市技术监督局承担。1999年，质量技术监督部门实行省以下垂直管理。2001年5月，根据山西省委、省政府《关于市县党政机构改革的实施意见》文件精神，开始组建阳泉市质量技术监督局矿区分局。2002年3月，阳泉市质量技术监督局矿区分局成立，内设办公室、监督股、业务管理股。2011年8月，根据省、市质监局要求，区质监分局增设食品安全股和特种设备安全股。

第二节　计量监督管理

从新中国成立至1979年，矿区境内商贸计量管理工作由市级部门管理。1955年市商业局内设的度量衡检定所开始对矿区境内的计量工作实行管理。度量衡检定所于1959年6月和1973年先后改建为计量管理所和标准计量管理所。1978年，阳泉市标准计量管理局成立，仍负责矿区境内的商贸计量管理工作。

1980~1989年，矿区计量管理工作由区计划经济委员会承办，具体的商贸计量器具检定、区属厂矿计量器具检定和产品检验由市产品质量监督检验所、衡器检定所实施。

1989年11月，随着区标准计量局成立，矿区质量技术监督工作逐步独立开展，工作以商业贸易标准计量管理、区属厂矿计量器具检定和产品检验为主。矿区标准计量局及所辖区计量检定管理所边组建，边工作，对1000余个个体摊点进行检查，没收不合格计量器具91台（件），对漏检计量器具30件（台）现场补检，对超周期违法使用计量器具、缺斤短两等问题予以处罚、曝光。1990年，矿区标准计量局深入开展“四查”（节假日定期查，组织计量检查员季度查，针对市场变化和群众反映大的问题重点查，配合工商、物价等有关部门联合查）。检查集贸市场、粮店、商店各种计量用具4905台，没收不合格计量器具221台（件），处理计量违法案件51起；对定量包装商品和食品标签进行检查，查处违法案件9起，为消费者挽回经济损失2.8万元。在1996年区标准计量局撤销至2002年3月区质监分局成立期间，原由区标准计量局承担的职责由市属部门承担。

区质监分局2002年3月成立后，承担了全区质量、计量、标准化、认证认可、特种设备安全监察工作并行使综合管理、行政执法、安全监察工作职能。市质量技术监督检验测试所，承担对矿区范围内各企业、商业产（商）品、在用计量器具的检验检定工作。强化民生计量管理，加大法制计量监管力度。当年对医疗行业、餐饮服务业、商店超市、粮油店进行了专项检查，对集贸市场及加油站进行了计量专项整顿，查处计量违法案件22起，罚没款5500元。2003年非典期间，对全区14家药店进行了检查，严查抗非典中草药剂量不准确行为。组织了赛鱼集贸市场、泉西市场苏村社区集贸市场的集中专项行动。工业企业强检计量器具近6000台（件），受检率达95%以上。兆丰铝业有限公司通过了国家计量体系确认，为全市首家。2004年，协助企业建立和完善计量管理体系，对52家企业的1900余台（件）强检计量器具进行备案登记。30家企业获得二级计量检测保证体系证书。2005年，联合区工商分局、区行政执法大队，对平潭早市70个蔬菜、副食、肉类摊点进行检查，没收了15把“黑心秤”，受到群众好评。对医疗机构在用计量器具进行了专项检查，共计检查阳煤集团总医院等10家医院和43家诊所的计量器具500余台（件），下达整改通知书20份，对问题严重的8家单位进行了行政处罚。对阳煤集团在用的瓦斯计等4750余台计量器具进行了专项检查，提出了相应整改意见。

2006年，由区质监分局牵头，开展了“计量知识进社区”宣传活动。与市检验测试所配合，对集贸市场、超市等经营单位在用计量器具进行了强制检定，主动为新开业的日潭集贸市场上门服务，对其在用计量器具全部进行了检定。建立了定期巡查制度。对房建开发公司商品住宅楼“三表”（水表、煤气表、电表）的进货渠道、生产许可证、校验情况进行了执法检查；对煤矿煤炭产量监控系统使用计量器具的情况进行了执法检查；进行了加油（气）站计量专项整治，加油（气）机受检率达100%；对“澳瑞特”“嘉怡”等3家定量包装商品生产企业进行跟踪计量检查。

2007年，区质监分局开展了企业能源计量摸底调查。主动为山西兆丰铝冶有限公司和阳煤五矿进行服务，帮助企业建立了质量档案，制订了《节能工作标准及考核办法》《计量器具配备标准》，修订了《计量器具管理办法》《计量工作管理标准及考核办法》等管理办法。深入恒轩机械公司等10家企业，宣传计量法规，指导计量器具配备，帮助建立《企业能源计量器具档案》，受到企业好评。年内，阳泉金法支护有限公司、恒轩机械公司等3家企业通过了二级计量等级企业确认，22家企业通过了二级计量等级确认。

2008年后，区质监分局开展“关注民生，计量惠民”专项活动，对群众反映问题较多的缺斤短两问题，与区行政执法局、市检验测试所一起，对平潭早市90余户摊位，100余台件在用计量器具进行检查，对超市、集贸市场在用计量器具进行检定，计量器具受检率达80%以上；对阳煤集团总医院、阳煤集团职业病防治所等4家医疗机构在用的血压计、心电图机、X光机等进行专项检查，对其强检计量器具全部进行备案；组织天利超市、墨玉宾馆、平潭集贸市场等10个单位有关人员进行《商业、服务业诚信计量行为规范》培训；帮助阳煤集团医疗保健公司嘉怡纯净水厂安装了公正水表。

2009年，区质监分局开展了电子计价秤专项检查，掌握了辖区内电子计价秤生产、销售、使用、修理等环节的具体情况，规范了电子计价秤的使用和管理。2010年，区质监分局大力开展“推进诚信计量，建设和谐城乡”行动，在“5·20”世界计量日，邀请集贸市场、医院、超市及燃气、供水单位的计量主管人员20人，围绕“创建诚信计量单位”主题进行座谈，为全区计量诚信建设及计量监管工作建言献策。区质监分局对阳煤集团主业地面使用的261台特种设备进行了检验；2011年，对阳煤集团主业9家单位特种设备情况进行了执法检查。

2011年，区质监分局对社区、居民及全区集贸市场在用计量器具实施免费检定，并列入2011年矿区政府十件为民实事。年内，阳煤集团宜通盛机械制造有限公司等3家企业通过了二级计量检测保证能力单位的资格复审。

阳泉市矿务局（阳煤集团）的标准计量工作以企业内部管理为主。自1950年1月成立至1998年，在政府标准计量管理部门的指导下，其内设机构综合管理处、科技处对其所属厂矿统一实施管理；主要厂矿均设有相关管理科室。1987年科技处技术中心开始对内部计量器具实施检定。1998年，阳煤集团技术中心设立计量研究所，对全公司的计量工作实施统一的监督与管理。2003年10月成立的山西科林矿山检测技术有限责任公司承担了集团内产品质量检测、计量器具检定等工作。开展的检测、分析化验项目主要有：矿用通风机、水泵、空气压缩机、提升机、锅炉、钢丝绳、矿用连接器、阻燃电缆、阻燃带、矿用自救器的检测，煤矿井下通风阻力测定，材料物理性能检验，钢材化学成分检验，环境检测，油品分析化验，气体分析，计量器具检定等。科林公司2004年、2005年两次顺利通过了山西省质量技术监督局组织的计量认证现场评审，获准计量认证检测项目98项。2006～2011年，阳煤集团全面开展安全质量标准化达标活动，实现了安全管理与产业同步发展。

第三节　标准化管理

从新中国成立至1979年，境内标准计量工作由市级计量部门管理，首先在矿务局和电厂实施标准化管理。1973年，工商各业也开始施行标准化管理。1979年，贯彻执行《阳泉市革命委员会关于加强度量衡管理的通告》，矿区度量衡器具进行检查整顿。

1981年，矿区厂矿企业认真贯彻执行市计量局和市经委拟定的《关于提高产品质量的意见》；国家经委和国家计量局确定矿务局为56个能源消耗和计量器具配套的重点企业之一，对煤、油、电、水等实施计量标准化收费管理。1982年，矿务局代表阳泉市在全国能源计量工作座谈会上交流经验。矿区弹簧厂生产的纺织弹簧被纺织厅评为全省质量第二名。1984年，矿区厂矿企业认真贯彻执行省经委、省计量局联合制订《山西省工业企业计量验收评分标准（试行）》。12月，矿区计经委生产技术科对阳泉市电石厂、电器厂等单位进行了计量二级验收。1985年7月，市标准计量局与省煤炭厅对阳泉矿务局所属的4个矿、2个厂和1个处进行计量定级验收，均确定为国家三级计量合格企业。省经委、省计量局向阳泉矿务局颁发能源计量合格企业证书。年内，在全市“物价计量信得过活动”中，矿区有6个单位被评为先进单位。

1986年，矿区弹簧厂通过市标准计量局三级计量验收，取得标准化合格证书。其后，矿务局机修厂、矿区五金电机修理厂、平潭街三八厂等单位相继实施产品标准化生产。年内，境内100KW以上的固定设备都安装了计量器具。1989年，矿区弹簧厂生产的纺织弹簧被评为全省第一名，产品畅销全国11个省市21个企业。经矿区计量局帮助指导，区弹簧厂通过三级计量复查，取得有效期5年的“三级计量合格企业证书”。经省纺织厅择优选送，中国机械进出口总公司批准，矿区弹簧厂有20种、200件纺织弹簧参加了在香港举办的展销。介绍该厂经验的《标准化使我厂绝路逢生》一文，入选中国标准出版社编辑出版的《搞好企业标准化，提高经济效益》丛书。年内，矿区泰康食品厂通过三级计量验收。

2002年3月起，矿区标准化工作重点是：完善企业标准化法制管理，取消无标生产；推广采用国际标准和国外先进标准；开展强制性标准监督检查。2002～2005年，区质监分局对规模以上企业产品执行标准进行了普查、登记；组织了对涉及群众身心健康和安全的产品执行国家强制性标准情况的检查。山西国阳新能股份有限公司、山西兆丰铝冶有限公司、山西新派塑胶有限公司、山西亚美建筑工程材料有限责任公司4家企业12种产品采用国际标准或国外先进标准，并通过市质监局验收。全区300万元以上产值的33家规模企业（不含阳煤集团主业）的62种主导产品中，执行国家标准的29种，执行部颁标准的23种，执行企业标准的8种，标准的覆盖率达100%。32家企业获得ISO9000系列标准“质量体系认证”证书。全年共查处标准类违法案件23起，罚款1.5万多元。

2006年，区质监分局深入开展标准普查；为1家企业起草了企业产品标准，8家企业进行了标准备案登记；举办了《消费品使用说明：玩具使用说明》（GB5296.5）强制性国家标准宣传贯彻会；开展了标准服务周活动，免费将《用能单位能源计量器具配备和管理通则》（GB17167－2006）等相关标准送到阳煤集团煤矸石电厂等10家企业。2008年，区质监分局推行以“提高服务质量，优化服务环境”为目标的服务标准化工作，帮助全区6个街道办事处和40个社区起草《社区建设管理规范》标准；以平潭西社区为试点，引导和规范社区建设管理行为，指导社区实施《社区建设管理规范》标准。为机械配件企业提供最新标准40余份，并指导企业组织生产。2009年，区质监分局对34家重点企业执行标准的情况进行了登记统计，涉及产品51种，执行标准37个。年内，阳煤集团华越机械有限责任公司被评为省级标准化良好行为企业，获得市政府2万元的奖励。

2010～2011年，矿区开展实施标准化战略宣传，培育省级标准化良好行为企业。区政府在《矿区政府促进民营经济发展实施意见》中写入实施标准化战略和奖励政策。2011年，阳煤集团华越机械制造有限公司被评为省级标准化良好行为企业，获得市政府人民币3万元的奖励。

第四节　质量监督

一、质量监督检查

矿区质量监督管理工作起步于1980年，当年一矿生产的九级洗大块炭被评为山西省优质产品。1987年，一矿、二矿生产的十级洗大块炭被评为煤炭部优质产品。截至1990年，一矿、二矿、三矿、四矿和矿区弹簧厂、市电器厂、市电石厂7家企业11种产品获得了山西省优质产品。2002年，区质监分局组织进行了生产许可证专项检查，并开展了成品油、食品、建材、特种设备、危险化学品、农资产品、3C产品、棉絮制品等专项监督检查活动。区质监分局公布了举报热线电话，主动接受消费者投诉。

2002～2005年，区质监分局查处了4起涉及医院、宾馆、学校使用“黑心棉”案，货值达2万余元；查处了14起无生产许可证案；查处了28起其他质量案件。4年间，共计受理群众举报20多件，为消费者挽回损失55万多元。

2006～2008年，区质监分局突出食品、特种设备安全监管，共出动执法人员2200多人次，开展了节日市场打假、食品、农资、建材、成品油、3C认证产品、地中衡、特种设备等专项执法检查活动，共查处各类违法案件61起，罚没款46万余元。

2008年，区质监分局根据省、市质监局的统一部署，开展了10类重点产品专项整治工作，对4家服装生产加工企业进行了全面摸底，建立了电子质量档案，实行动态监管；开展了农资、汽车配件、能耗产品、建材、乳制品等专项执法检查活动。

2009年，区质监分局对北大西街管网改造工程等区委、区政府确立的十项重点工程使用的钢材、水泥、墙体材料、配电设施、电线电缆等60余个批次的产品进行了检查；对山西燕阳电气有限公司、阳泉市金昊电力设备有限责任公司、阳泉天开电器有限公司3家3C企业进行了全过程监管；协同省纤检局对阳煤集团升华公司公寓楼、阳煤集团总医院和阳泉妇产医院的病房、墨玉宾馆客房等处使用的棉絮制品进行了抽样监督检查。全年共查处质量违法案件8起，罚没款8.6万元。

2010～2011年，区质监分局以食品、农资、建材、家电下乡产品、3C产品等为重点，深入开展专项整治和打假治劣工作，共出动执法人员1030余人次，检查产（商）品货值510余万元，查处质量违法案件11起，罚没款金额计17.4万余元。对馨泽苑棚户区改造工程、馨安家园工程、马西区改造工程、洪城河小学改造工程等8个工地使用的钢材、水泥、墙体材料、配电设施、电线电缆等520个批次的产品进行了检查。

二、质量管理服务

2001年9月，省级名牌产品评选工作启动。山西兆丰铝冶有限公司生产的兆丰牌重熔铝锭入选首批山西省名牌产品。2003年，山西国阳新能股份有限公司生产的阳优牌喷粉1#煤被评为省级标志性名牌产品，山西兆丰铝冶有限公司生产的兆丰牌重熔铝锭等5种产品被评为山西名牌产品。

2004年，阳泉市矿区名牌战略领导组及办公室成立。2005年，山西国阳新能股份有限公司生产的阳优牌喷粉1#煤再次被评为省级标志性名牌产品。山西兆丰铝冶有限公司生产的兆丰牌重熔铝锭、山西亚美建筑工程材料有限责任公司生产的亚美牌复合硅酸盐水泥等5种产品被评为省级名牌产品。

2006年，区政府出台《阳泉市矿区人民政府办公室关于开展质量兴区工作的实施方案》；区名牌战略领导组办公室出台《阳泉市矿区名牌培育发展“十一五”规划》，制订了名牌产品培育计划，确定了4种产品为名牌产品重点培育对象并把培育责任分解到人。年内，山西国阳新能股份有限公司生产的阳优牌喷粉1#煤获得国家免检产品的称号。

2007年，区质监分局新增2种产品为重点名牌产品培育对象，并进行了针对性的服务。年内，辖区内有8家企业申报山西省名牌产品；有33家企业申报山西省质量信誉等级企业。

2008年11月，矿区人民政府下发了《阳泉市矿区人民政府关于进一步推进实施名牌战略和质量兴区的意见》，对获得山西省名牌产品的企业，按照税域管理的原则，在市政府一次性给予10万元奖励的基础上，由区政府一次性再给予10万元奖励。对税域内获得质量信誉等级的企业，由区政府一次性、不重复按AAA、AA级分别给予2万元、1万元奖励。年内，辖区有6种产品被评为山西省名牌产品；有33家企业被评为A级以上山西省质量信誉等级企业。

2009年，贯彻区政府《关于进一步推进实施名牌战略和质量兴区的意见》，区质监分局制订了《“保增长、保民生、保安全、促发展”服务地方经济建设工作方案》，明确了主要任务、工作目标和工作要求。确定以矿山机械制造业为重点，积极培育名牌产品及质量信誉等级企业。年内，1种产品被评为山西省名牌产品，11家企业被评为A级以上山西省质量信誉等级企业。

2010年8月，区委、区政府召开“实施品牌战略暨优秀中国特色社会主义事业建设者表彰会”，辖区税域内的省名牌产品企业山西鑫源电线电缆有限责任公司获得10万元的奖励，阳泉丛鑫橡塑制品有限责任公司等7家山西省质量信誉AA级企业各获得1万元的奖励。年内，2种产品被评为山西省名牌产品，16家企业被评为A级以上山西省质量信誉等级企业。

2011年，7家企业被评为A级以上山西省质量信誉等级企业。截至2011年年底，辖区内累计有7种产品被评为山西省名牌产品，有38家企业被评为A级以上山西省质量信誉等级企业。

1980～2011年阳泉市矿区部分年度优质产品名表

表7－2

年份	企业名称	产品名称	备注
1980年	一矿	九级洗大块炭	山西省优
1981年	一矿	九级洗中块炭	山西省优
1982年	矿区弹簧厂	红旗版1511M纺配机弹簧	山西省优
1984年	一矿	九级洗大块炭	山西省优
	二矿	十一级洗大块炭	山西省优
	三矿	十二级末煤	山西省优
1985年	矿区弹簧厂	红旗版1511M纺配机弹簧	山西省优
	阳泉市电器厂	GW5户外交流高压隔离开关	山西省优
	二矿	十一级洗中块炭	山西省优
	四矿	十二级洗大块炭	山西省优
1986年	阳泉市电石厂	晋泉牌电石	山西省优
	二矿	十一级洗小块炭	山西省优
1987年	一矿	十级洗大块炭	煤炭部优
	二矿	十级洗大块炭	煤炭部优
1989年	一矿	十六级末煤	山西省优
	四矿	十六级末煤	山西省优

续表 7-2

年份	企业名称	产品名称	备注
2001 年	山西兆丰铝冶有限公司	兆丰牌重熔铝锭	省名牌产品
2003 年	山西国阳新能股份有限公司	阳优牌喷粉 1#煤	省标志性名牌产品
	山西兆丰铝冶有限公司	兆丰牌重熔铝锭	省名牌产品
	山西奥伦胶带有限责任公司	奥伦牌煤矿用织物整芯输送带	省名牌产品
	阳泉华越机械有限责任公司	金翼牌液压支架	省名牌产品
	山西新派塑胶有限公司	新派牌建筑用塑料给排水管、件	省名牌产品
	阳泉阀门股份有限公司	阳牌中低压大口径阀门	省名牌产品
2005 年	山西国阳新能股份有限公司	阳优牌喷粉 1#煤	省标志性名牌产品
	山西兆丰铝冶有限公司	兆丰牌重熔铝锭	省名牌产品
	山西奥伦胶带有限责任公司	奥伦牌煤矿用织物整芯输送带	省名牌产品
	阳泉华越机械有限责任公司	金翼牌液压支架	省名牌产品
	山西新派塑胶有限公司	新派牌建筑用塑料给排水管、件	省名牌产品
	阳泉亚美水泥有限责任公司	亚美复合硅酸盐水泥	省名牌产品
2007 年	山西国阳新能股份有限公司	阳优牌煤炭	省标志性名牌产品
	山西兆丰铝冶有限公司	“兆丰牌”重熔用铝锭	省名牌产品
	山西奥伦胶带有限责任公司	奥伦牌煤矿用织物整芯阻燃输送带	省名牌产品
	阳泉华越机械有限责任公司	“华寅”牌液压支架	省名牌产品
	山西新派塑胶有限公司	“新派”牌建筑用塑料给排水管、件	省名牌产品
	山西光远工贸有限公司	“光源”牌热风炉	省名牌产品
2008 年	山西鑫源电线电缆有限责任公司	电线电缆	省名牌产品
2010 年	山西国阳新能股份有限公司	阳优牌无烟煤	省名牌产品
	阳泉煤业集团华越机械有限公司	华寅牌液压支架	省名牌产品

2006～2011 年阳泉市矿区获山西省质量信誉等级企业名表

表 7-3

等级	企业名称
AAA （4 家）	山西国阳新能股份有限公司（2006 年、2010 年） 山西兆丰铝业股份有限公司（2006 年） 山西鑫源电线电缆有限责任公司（2010 年） 阳泉华越机械有限责任公司（2011 年）
AA （15 家）	山西新派塑胶有限公司（2006 年） 山西奥伦胶带有限责任公司（2006 年） 山西宏厦建筑工程第三有限公司（2006 年） 阳泉煤业集团光远工贸公司（2006 年） 山西亚美建筑工程材料有限责任公司（2006 年） 上海大众汽车阳泉销售服务有限公司（2007 年、2009 年） 阳泉威虎化工有限责任公司（2010 年）

续表 7-3

等级	企业名称
AA （15 家）	阳泉新华茂截齿有限公司（2010 年） 阳泉市恒轩机械有限责任公司（2010 年） 阳泉矿山化工有限责任公司（2010 年） 阳泉市金法支护有限责任公司（2009 年、2011 年） 阳泉市鑫盛托辊有限责任公司（2009 年、2011 年） 山西华鑫变压器有限公司（2009 年） 山西太行建设开发有限公司（2009 年、2011 年） 阳泉丛鑫橡塑制品有限责任公司（2009 年、2011 年）
A （19 家）	阳泉市矿区通达机械有限公司 阳泉矿区恒星云支护用品厂 阳泉明达工贸有限公司 阳泉华盛矿用设备厂有限公司 阳泉市丰源化工有限公司 阳泉六通丝网制造有限公司 阳泉恒汇液压设备有限责任公司 阳泉信达通矿山工程有限公司 阳煤集团二矿多种经营总公司丰鑫丰工贸中心 阳泉鑫源机电修造有限责任公司 阳泉市宏联工贸有限公司 阳泉恒通机械有限责任公司 阳泉德源晟矿山设备有限公司 阳泉煤业（集团）有限责任公司医疗保健分公司 阳泉市沙江酒家 阳泉市新力通达矿山机械有限公司 阳泉鑫江南大酒店 阳泉市矿区金麒利商务会馆 山西新星墙体材料厂

三、扶优扶强

区质监分局 2002 年 3 月成立后，把工作中心放在服务地方经济建设上。2004～2005 年，在全市“百企服务”（对 100 家优势企业实行重点帮扶）工程中，区质监分局派出专门服务小组，对进入重点帮扶名单的 14 家企业进行质量、计量、标准化管理、质量管理体系建设、生产许可证、特种设备、食品质量安全、管理人员培训等针对性的帮助服务，获得好的效果，受到企业好评。

2006 年，在全市“千企百优服务”（ 对 1000 家企业全面开展帮助服务，100 家企业作为重点对进行）工程中，区质监分局对辖区内 102 家入列企业进行帮扶，对其中的 15 家进行重点帮扶；有 24 家企业获得山西省质量信誉等级证书；93 家企业建立了质量档案，对 34 家企业执行的产品标准进行了登记，帮助山西华鑫变压器厂等 9 家企业通过了 ISO 9000 质量体系认证。

2007 年，区质监分局帮扶山西兆丰铝冶有限公司通过了 ISO 9001、ISO 14000、OHSAS 18000 三合一管理体系认证复审，帮扶阳泉明达工贸有限公司、阳泉市金法矿山支护有限责任公司通过了 GB/T19001 质量体系认证；对山西兆丰铝冶有限公司等 7 家企业 51 名管理者代表及内审员进行了培训。

2008 年，区质监分局以“查帮扶”为手段，帮助山西恒日有限公司澳瑞特纯净水厂、阳煤集团医疗保健公司嘉怡纯净水厂两家食品生产企业换发食品生产许可证。对有条件的小作坊进行了重点帮扶，督促其尽快领证。帮扶山西兆丰铝冶有限公司通过了 ISO 9001、ISO 14000、OHSAS 18000 三合一体系认证到期复审换证工作，并帮助他们建立并通过了 ISO10012 测量管理体系认证，形成政府重视，企业参与，社会关注的良好氛围。

2009 年，区质监分局协助阳泉新华茂截齿有限公司、阳泉矿区矿山机械修理厂两家企业通过了中小企业二级计量保证能力复审及考核验收；组织辖区内 12 家体系认证企业，参加了市质监局的 GB19001 标准培训；以矿山机械制造业为主，深入 32 家企业开展企业质量状况分析与研究，撰写了质量分析报告。

2010 年，区质监分局开展了工业企业质量建档工作，建立了 55 家工业企业质量档案，建档率 93%；15 个重点企业建档率 100%。年内，帮助阳泉矿区粮贸中心“无公害营养面粉推广项目”成功申领食品生产许可证，帮助阳煤集团欣溪金属制品有限责任公司矿用钢丝绳项目扩项，帮助山西鑫源电线电缆有限责任公司成功申领 10 万元科技经费。

2011 年，区质监分局协同市局标准科帮扶阳煤集团华越机械制造有限公司通过了省级标准化良好行为企业验收，帮扶阳煤集团宜通盛机械制造有限公司等 3 家企业申报二级计量检测保证能力单位和进行资格复审，帮助阳泉市金法支护有限责任公司申报山西省名牌产品，帮助新增的 2 家企业申报 2A 级质量信誉等级企业，帮助新增的 3 家企业申报 A 级质量信誉等级企业。

四、食品质量安全

从 2002 年下半年国家对食品产品实行市场准入制度开始，到 2006 年年底，辖区内 3 家食品生产、加工企业的 4 个食品品种获得了 QS 食品生产许可证。区质监分局严把食品安全质量关，建立了“两书”（责任书、承诺书）、“三进”（进社区、进学校、进企业）、“四图”（区域监管分布图、企业分布图、行业分布图、监管责任人员图）、“五定”（定区域、定人员、定责任、定企业、定任务）监管模式和食品生产企业动态电子监管档案，形成了市、区、街道、社区四级监管网络。开展了对肉制品、奶粉、饮料、桶装饮用水等 6 项食品专项执法检查。截至 2006 年年底，区质监分局共计查处食品类案件 39 起，罚没款 3.2 万元。

2007 年，区质监分局开展了为期 4 个月的食品安全专项整治活动。与 30 家食品生产加工小作坊签订了食品安全承诺书、食品质量安全责任书，对食品添加剂的使用情况实施了备案管理。30 家小作坊完成基本卫生条件改造。平潭东、平潭西、苹果园三个试点社区基本达到了《阳泉市食品放心社区建设基本条件（试行）》。9 月 29 日，全市食品安全放心乡镇、社区建设推进会在矿区召开。年内，有三分之二的社区基本建成了食品放心社区。

2008 年，三鹿牌婴幼儿配方奶粉事件发生后，区质监分局启动食品安全应急预案，成立了专项检查组，重点对人口较密集或较偏远的矿郊结合部进行了排查，对所有食品企业和小作坊使用添加剂的情况反复进行巡查，同时向区政府提交了《关于“三鹿奶粉事件”应急处置工作的建议》。向街道办事处和社区发放了《食品生产企业、小作坊协查反馈函》，并对协查情况进行收集汇总和落实，彻底消除隐患。分局严格落实值班制度，实行 24 小时值班，保障通讯畅通，坚持执行每日零报告制度，及时上报专项检查信息。

2009 年 2 月，区质监分局组织食品生产企业及小作坊的 32 名管理人员进行了《中华人民共和国食品安全法》培训，开展了对 3 家获证生产企业、20 家食品加工小作坊的定期巡查，对使用食品添加剂的企业进行登记备案确认，并及时更新了电子监管档案。在区政府统一组织下，开展对食品非法加工点的清理，取缔了两个食品加工黑窝点。

2010 年，区质监分局积极贯彻落实《中华人民共和国食品安全法》，开展食品安全整顿工作。督促企业建立完善原料采购查验、生产过程控制、不安全食品召回等六项制度。及时更新小作坊电子监管档案，签订质量安全承诺书和添加剂使用承诺书，进行严格监控。全面落实了生产加工领域的问题乳粉清缴责任，开展了对生产、使用食品用包装材料的企业的排查。

2011 年，区质监分局会同区食药、工商、卫生、执法大队构建“五位一体”食品监管模式，全区食品安全三级监管网络开始建立。区政府投入 10 万元食品专项抽检经费，对 3 家食品生产企业、16 家生产加工小作坊、17 家煤矿班中餐食堂、6 家中小学校、9 家幼儿园食堂的饮用水、小麦粉、食用油、糕点、熟肉、食醋共 83 个批次的食品进行了抽样检验，抽检合格率达 91.5%。年内，开展了乳制品及含乳制品、食品添加剂、馒头及面食制品、瘦肉精、辣椒及其制品、地沟油等专项检查，督促食品生产企业签订食品添加剂使用承诺书，对关键岗位人员进行培训，建立了相关食品安全信用档案。

第五节　特种设备安全监察管理

2001 年之前，境内特种设备（主要为锅炉、压力容器、压力管道、起重机械等）安全监察管理由区劳动局主管。2002 年 3 月以后，划归区质监分局管理。区质监分局按照条块结合、分工负责、统一协调的工作机制，建立了覆盖全区的完整的普查登记数据库，全面完成“锅容管特”设备普查登记、压力管道普查整治和气瓶普查整治工作，通过了市质监局的验收。组织力量进行特种设备建档，对各类在用特种设备开展了专项安全运行监督检查，建立了以街道为主的日常监管网络；构建了“三员”（特种设备安全监察员、特种设备安全协管员，特种设备使用单位管理员）齐抓共管的工作格局；建立了以“四率”（使用登记率、定期检验率、持证上岗率、事故结案率）为核心内容的安全监管责任制。2004 年，区质监分局实行定人定责，建立了重点危险源监管制度，制订了应急救援预案。至 2006 年年底，形成了市、区、街道、社区四级监管网络。坚持日常监督检查与专项整治相结合，监督检查与整改落实相结合，强化节假日和重大活动期间的特种设备安全大检查。2002 ~ 2006 年，共出动执法人员 3000 多人次，检查特种设备使用单位 62 家，各类特种设备 6200 余台（件），查处各类特种设备违规案件 33 起，罚款 20 万元。

2007 年，区质监分局对气瓶充装单位，锅炉、压力管道、起重机械使用单位采取普查、专项检查、定期检验、专项整治，签订和续签安全承诺书、责任书等方式，确保了全区特种设备安全，实现了“遏制事故、保障安全”的目标。对 80 家企业的 427 台起重机械、62 台锅炉、170 台压力容器、55 部电梯进行了安全隐患排查，下达安全监察指令书 50 份。2008 年被确定为特种设备隐患治理年。区质监分局对 85 家特种设备可能使用单位进行了检查，涉及各类特种设备 1600 余台，对存在安全隐患的 35 家单位或设备均当场下达责令改正通知书或实施查封，限期进行改正；查办涉及特种设备案件 7 起，罚款 6.9 万元；华越、兆宏 2 家气瓶充装单位的气瓶定检率分别达 100% 和 75% 以上。组织 21 名特种设备作业人员进行资格培训，开展了特种设备登记，督促使用单位进行特种设备校检，帮助使用单位制订专项应急救援预案。2009 年，在全省特种设备安全生产专项整治工作中，区质监分局制订了《专项整治工作方案》，深入开展了专项整治工作。联合阳煤集团特种设备管理部，对阳煤集团内部使用的特种设备进行了筛网式摸底排查，对 529 台地面特种设备进行了监管。对存在特种设备安全隐患的 11 个单位下达了责令改正通知书，查封了 5 台存在严重隐患的特种设备，对存在违法行为的 3 个单位依规实施了行政处罚。矿区特种设备安全生产专项整治工作受到省检查组的高度评价。区质监分局被市政府表彰为全市安全生产先进集体。

2010 年，区质监分局以召开专项整治动员会、参加应急演练，开展安全知识“进学校、进企业、进社区”活动及安全隐患大排查等方式，不断提升全民安全意识，消除安全隐患，确保全区特种设备安全。全区 68 家特种设备生产、使用单位全部签订了“特种设备安全承诺书”，组织 40 名特种设备作业人员进行了上岗资格培训。

2011 年，区质监分局增设特种设备安全股。全年共组织了特种设备专项检查 11 次，排查出各类安全隐患 30 项（次），查处非法使用特种设备 71 台，下达了特种设备安全监察指令书 42 份，对 13 家特种设备使用单位进行了行政处罚。3 月底，矿区特种设备安全动态电子监管系统顺利完成第一阶段研发。5 月份，开始进行基础数据录入并投入正式运行。年内，有 4 家特种设备生产资质企业、57 家特种设备使用单位完成注册登记；36 家使用单位的特种设备原始档案数据完成录入，涉及 310 台（件）特种设备，464 名特种设备作业人员基本信息。

第八章　食品药品监督管理

2005 年 5 月起，阳泉市食品药品监督管理局矿区分局对辖区内药品和医疗器械的研制、生产、流通、使用实施了有效的行政监督和技术监督管理。通过开展日常检查及药品安全专项整治行动和认证，提高了零售企业的药品质量管理水平，确保了流通环节的药品安全。2009 年，分局更名为阳泉市矿区食品药品监督管理局，依法承担了对餐饮业、食堂、保健食品和化妆品的监管职责。通过开展日常检查与各类专项检查，接受群众投诉举报，依法开展事故查处，切实保障了矿区人民的身体健康。

第一节　机　　构

2005 年 5 月，阳泉市食品药品监督管理局矿区分局成立。2009 年 12 月，进行了机构改革，阳泉市食品药品监督管理局矿区分局更名为阳泉市矿区食品药品监督管理局，编制 6 人；内设办公室、食品安全监管股、药品综合监管股。2010 年 2 月，编制增为 9 人。截至 2011 年年底，在岗 8 人，内设办公室、食品安全监管股、保健食品化妆品监管股、药品医疗器械监管股，配备有药品快速鉴别箱、食品快速鉴别箱、照相机、摄像机等设备。下设机构食品药品安全稽查队，为全额事业单位，编制 9 人，在岗 8 人。

第二节　食品安全监管

一、餐饮业及食堂监管

根据 2009 年 6 月 1 日正式实施的《中华人民共和国食品安全法》规定，阳泉市食品药品监督管理局矿区分局承担了对餐饮业、食堂、保健食品和化妆品的监管职责。同年，矿区政府办公室印发《阳泉市矿区食品安全整顿工作方案》，要求通过集中整顿，到 2010 年年底达到食品安全各环节监管责任进一步落实，食品安全标准进一步完善，食品行业自律显著加强，食品质量安全水平明显提高，人民群众饮食安全得到切实保障的总体目标。

2010 年，矿区食品药品监督管理局出台了一系列餐饮业食品安全整顿工作实施方案，督促餐饮服务单位严格遵守食品安全规范，加强对群体聚餐的检查指导，预防群体性食物中毒事件的发生。4～12 月，该局出动执法人员 820 人次，检查餐饮服务单位 200 余家，没收销毁无检验合格证的一次性筷子 3000 余双、过期食品 25 千克、违规食品添加剂 5 千克。全年共查处群众举报的案件 6 起，及时做了查处。

2011年5月12日，矿区召开食品安全综合整治工作会议，对食品安全集中整顿工作进行了安排，全区较大的餐饮服务单位负责人参加了会议。矿区食品药品监督管理局开展了地毯式不限次督导达标检查，现场帮扶餐饮服务单位建立企业基本档案，制度、证照上墙，促进餐饮单位创建卫生城市工作达标；严厉打击违法添加非食用物质和滥用食品添加剂的行为；与区教育局、安监局一道，对全区28所中小学和幼儿园进行了安全大检查。经过全面整顿和规范，矿区餐饮服务业单位持证数由216户上升到339户。全年共出动执法人员2300多人次，车辆237台次，现场监督检查餐饮单位2827户次。

二、保健食品和化妆品监管

2009年，矿区食品药品监督管理局承担了保健食品、化妆品的监管职能。2010年，食药执法人员深入街道、社区、市场，对保健食品经营企业和化妆品经营、使用企业进行了全面调研，基本摸清了底数。

2011年，矿区食品药品监督管理局对70家保健食品企业、136家化妆品企业销售产品的合法性、进货渠道、索证制度、各种记录进行了检查，对省、市案情通报中的问题产品进行了核查。为70家保健食品企业和44家化妆品企业建立了基本信息档案。对企业所持“食品卫生许可证”到期的，进行了资料审查及现场验收，为70家保健食品经营企业办理了许可手续。开展了保健食品及化妆品违法添加、违规标识专项检查。按要求开展日常检查与各类专项检查，共出动执法人员600余人次，接受群众投诉举报3次，立案2起，罚没款2628元。

第三节　药品综合监管

一、药械市场监管

2005年6月，阳泉市食品药品监督管理局矿区分局参加了全市交叉大检查专项活动。全区药品经营企业22家、县级医疗机构7家、预防保健站2家、社区卫生服务站及个体诊所46家接受了检查，立案18起，结案11起，案件总值3644.80元，罚没款3550.60元。

2006年，矿区分局加强监管网络建设，选聘了46位药品质量监督协管员、信息员，颁发了证书。组织117家涉药单位药品从业人员进行了全面的健康检查，查出不合格人员一名，下发了调离通知单。“齐二药事件”及“欣氟事件”发生后，在全区进行拉网式检查，查封齐齐哈尔第二制药有限公司生产的葡萄糖酸钙注射液、双黄连注射液共158支，未发现因使用“齐二药”生产的药品造成的不良反应病例报告；未发现上海华源股份有限公司安徽华源股份有限公司2006年6月1日以后生产的“欣氟”克林霉素磷酸酯葡萄糖注射液。开展了药品市场专项检查、医疗器械专项检查等各类专项检查10余次，日常检查468家次，监督覆盖面达296%，出动执法人员1480余人次，立案55起，结案41起，案值达3万余元，罚没款6.8万元。

2007年，集中开展了元旦、春节、中秋、国庆、“3·15”执法检查及中药饮片等专项监督检查，对县级以上医疗机构、个体诊所、社区服务站、药品零售企业进行了重点整治，对83批次药品进行了抽检，开展了医疗器械经营使用专项整治。紧急应对四川远大蜀阳药业有限公司、上海华联问题药品突发事件，对全区125家药品经营、使用单位及时逐一检查，未发现问题药品。10月19日，参加了全市集中销毁过期失效药品活动，全区销毁过期失效药品212种，货值1.94万元。开展了以构建和谐社会，保障用药安全为主题的清理家庭小药箱，有偿回收过期药品公益活动，共回收过期失效药品35箱，5980余种，价值12.08万元。推进药品分类管理。统一药品销售凭证和执业药师不在岗暂停销售处方药和甲类非处方药告知牌。对两户在营业场所内开设诊所的药品零售企业，责令限期迁出。截至年底，共组织开展各类专项检查8次，查处各类违法违规案件22起，结案22起，罚没款7.11万元。

2008年，开展了以“迎奥运，保安全”为主题的兴奋剂专项治理和百日大检查，下达责令改正通知书共30份。开展了植入性产品专项行动，规范了植入性产品的使用。大力开展了药品、医疗器械市场秩序整顿工作，对涉药单位的监督检查覆盖面达到100%。全年共出动执法人员1028人次，日常检查559次，共立案64起，罚没款5.85万元。开展了临床检验试剂、口腔门诊等专项检查，查处了使用过期诊断试剂案。2009年，矿区食品药品监督管理局针对性开展药品快检和监督性抽验，全年上报药品不良反应报告173例。成立了甲型H1N1流感疫情防控工作领导组，开展了防控甲型H1N1流感药品、医疗器械和医护人员防护用品专项监督检查。全年共检查涉药单位130余户次，出动执法人员550余人次，立案查处案件11起，案值1.3266万元，罚没款2.9745万元。2010年，开展了临床检验试剂、口腔门诊、体验类医疗器械等专项检查。开展购进票据和销售凭证专项整治。开展计划生育药械市场专项整治。全年共检查涉药单位161家次，出动执法人员342人次，立案查处案件19起，案值0.4万元，罚没款0.95万元。2011年，对全区高风险、植入性器械进行了统一规范。严把从业人员健康体检关。开展药品抽验及药品不良反应监测报告工作，全年抽验药品60多批次，上报不良反应151例。开展了临床检验试剂、口腔门诊、体验类医疗器械等专项检查，加强对口腔义齿进货、验收、票据的检查，查处了使用过期诊断试剂案及个别口腔门诊票据不规范的行为。开展了购进票据和销售凭证专项整治。

二、GSP认证管理

2007~2011年，矿区分局进一步规范药品零售企业经营管理和销售药品行为，加强药品经营企业GSP（药品经营质量管理规范）认证管理。全区45户药品零售企业全部换发了新的“药品经营许可证”，并通过了GSP认证，取得了GSP认证证书。对新开办药品零售企业进行认证前帮促，举办从业人员培训班，深入企业现场解决政策和技术问题，完成3家新开办药店的GSP认证工作。对已认证零售企业进行随机检查，跟踪监督，对发现的管理反弹、滑坡等问题，采取“回头看”的办法，巩固认证成果，加大对重点单位、重点品种的监管检查力度和深度。

三、药房规范化管理

2007年，阳泉市食品药品监督管理局矿区分局采取以点带面，典型引路的方法，带动医疗机构进行规范化药房建设。在市妇产医院召开了规范药房现场会。全区9所县级以上医疗机构投资80余万元，对门诊、住院药房进行了改造，增加了阴凉和冷藏专用库，新增空调机12台，冷藏柜23台。年底，有7所县级以上医疗机构通过验收。

2008年，矿区分局开展了县以下医疗机构规范化药房建设工作。针对个体诊所认识不到位，创建工作进展缓慢的现状，召开了再动员会议，对从业人员进行了再培训。截至年底，全区70%的医疗机构达到规范药房建设标准。

2009年，矿区分局对全区规范化药房建设工作进行跟踪检查。2010年，矿区分局在全区实行了药品质量管理、制度、标准的三统一；对县级以下医疗机构，包括社会办医及个体诊所的从业人员及负责人进行了规范化药房建设培训。2011年12月，矿区分局联合区卫生局对全区县级以上9所医院进行了目标责任制考核，进一步督促各医院门诊、住院药房的规范化改造。

四、建立涉药单位信用等级管理评价体系

2007年，矿区分局启动涉药单位信用等级分类管理工作。根据《阳泉市涉药单位信用等级分类管理实施方案（试行）》，采取A级典型示范、B级守信规范、C级问题警示、D级失信惩戒、E级严

重失信行业驱逐的办法，将涉药单位划分为 A、B、C、D、E 五级，以涉药单位诚信建设促进药品市场秩序规范。在全区餐饮、超市、社区、医院、药店等公共场所张贴“维权提示”牌，公布了投诉举报电话，110 余户涉药单位药品按要求在显著位置悬挂和张贴统一的规范化制度牌。2008 年，在涉药单位信用等级评定工作中，经矿区分局初审，市局考核认定，确定 7 户 A 级单位；经矿区分局审核认定，确定 B 级单位 44 户，C 级单位 53 户，D 级单位 7 户，E 级单位 2 户。依据评定等级实施监管。2009 年和 2010 年，评定了 A 级单位 4 个，B 级单位 40 个，C 级单位 67 个，D 级单位 8 个，全区涉药单位进货索票索证率达 100%。2011 年，评定了 A 级单位 6 个，B 级单位 35 个，C 级单位 92 个，D 级单位 15 个。

第八编　财政　税务

新中国建立至1970年，境内财政由阳泉市统一管理。1971～1984年，矿区财政实行报账制，财政体制尚不健全。1985年起，矿区财政单独建制，实行“划分税种，核定收支，分级管理，总额分成”的财政管理体制，财政收入呈逐年上升趋势。1985～1990年，矿区财税部门讲求生财、聚财之道，积极扶持企业，发展生产，涵养财源。

第一章　财　　政

区财政部门按照经济发展的规律，坚持“量力而行、留有余地、收支平衡、不列赤字”的原则，依法工作，科学理财，坚持应收尽收，确保各项财政收入及时足额入库，为全区经济和社会发展起到了保驾护航的作用。

第一节　财政体制改革

一、1971～1993 年区财政体制概况

“统一领导，分级管理”是社会主义财政管理体制的核心。新中国建立至1970年，境内财政由市统一管理。1971～1980年，矿区与阳泉矿务局实行“政企合一”，一套人员，两块牌子，其办事机构有合有分。下设矿区革命委员会（简称革委会）财务组，承担行政事业、企业财务管理工作。区革委及各部门人员开支、公用经费、事业发展所需资金来源渠道较为混乱，财政属报账制。区财政管理体制处于向上多头领拨款、年终分口报账的状况。矿区革命委员会、工会、共青团、妇女联合会、法院、检察院工作人员的工资、行政管理费、司法业务费均由区财政向市财政报领，然后下达各用款单位；抚恤金和社会救济费向市民政局报领；公费医疗、城市维护费、集贸市场管理费分别向市卫生局、城环局、工商局报领；会议费等单列预算向市财政或下达任务的上级主管部门报领。

1981年9月，矿区政府和矿务局政企分开，区设财政局，财政实行经费审核、统一报账制。全区经费由区财政统一预算，然后向市财政申报核定，以申报核定的经费指标分配给用款单位，改变了向上多渠道领拨经费的混乱状况，有效地加强了资金管理。

为了适应经济发展的需要，调动地方积极性，做到财权与事权统一，责、权、利相结合，1985年4月20日，阳泉市政府批转《市财政关于建立城区、矿区财政体制的实施方案》，对矿区实行“划分税种，核定收支，分级管理，总额分成”的财政管理体制。即收入划分以区政府管辖区域为界限。工商税收类：征收区管辖区域内国营商业营业税；驻区单位及企业（服务公司）、区属及街办企业营业税；区辖范围集贸市场个体、私营企业营业税、所得税等。农牧业税类：为契税；其他收入类；为事业收入，各项罚没收入等。支出范围为：“五小”企业技术改造补助；工交部门事业费；文化、教育、科学、卫生、体育、计划生育、公费医疗经费、知青就业经费；党群、行政、公安、司法、检察、法院经费；社会救济和抚恤事业费；其他事业费；其他支出。并测定1985年收入基数为192万元，支出为180.48万元，确定留成比例为区留94%，上解6%。另外，对于城维税、区营企业排污费、水资源费纳入区预算专项核算，不计入财政包干收入，确定留成比例是区留85%，交市15%。预算年度从1985年1月1日起执行。

1987年，中央向地方财政借款，按照有关规定，市将中央借矿区财政36.8万元进入基数，从1988年起调整了市、区留解比例。上解由6%调整为16%，区留成由94%调整为84%。同时将城乡个体工商所得税、集市交易税、车船牌照使用税等13种地方小税划作地方固定收入，不参与上解。1989年，随着财政管理体制改革的进一步深入，省对阳泉市实行收入递增包干办法，市对矿区也实行了新的财政管理体制。即原留解比例不变，按照1986～1988年的实际收入，从1989年起按实际收入递增9%实行包干，一定三年不变。在包干过程中，国家实施调整价格、增加职工工资和其他经济改革措施引起财政收支变动，除国家另有规定外，一律不调整留解比例。1990年，阳泉市对矿区确定的收入递增9%的包干办法未变。为了提高财政收入占国民收入的比重以及中央财政收入占全国财政收入的比重，中央向矿区集中资金26万元，同时，对超收或超递增部分也要负担上解中央12.45%的任务。1991年，阳泉市对矿区原执行的总额分成、上解递增9%的包干体制进行了调整。1991～1992年恢复到1988年时的“总额分成”体制。在执行过程中，国家实施调整价格，增加职工工资和其他经济改革引起财政收支变动，除国家另有规定外，一律不调整留解比例。为了提高财政收入占国民收入的比重以及中央财政收入占全国财政收入比重，1991年，中央仍将继续集中矿区资金26万元。同时超收、超增长部分在参与总额分成后，仍要负担上解中央12.45%的任务。当年，阳泉市分配矿区财政收入任务941万元，比1990年实际完成的904.9万元（不含教育费附加7.9万元）增长36.1万元，增长4%。其主要分配情况是：工商税收905万元，其他收入36万元。另外，1991年阳泉市还分配矿区代征能源交通建设基金任务26万元；预算调节基金20万元；推销国库券任务8万元；发行特种国债券2万元。1992年，按总额分成体制，阳泉市分配矿区财政收入1088万元。其中工商税收1050万元，教育费附加专款收入11万元，其他收入27万元。同时分配矿区征集能交基金任务36万元，预算调节基金任务50万元。1993年总额分成体制未变，阳泉市当年分配给矿区财政收入任务1293万元，能交基金任务31万元，预算调节基金任务43万元。

二、实行“分税制”后财政体制

（一）“分税制”的实行和主要内容

1994年1月，根据阳泉市人民政府《关于实行分税制财政管理体制的通知》，矿区实行“分税制”财政体制。主要内容是：

1.市与县区的事权和支出划分。市财政主要承担市级国家机关运转所需经费，协调县区经济发展、实施宏观调控所必需的支出，以及由市级直接管理的事业发展支出。县区财政主要承担县区政权机关运转所需支出，以及本县区经济、事业和其他方面发展所需支出。支出项目包括县办“五小”技术改造补助，其他支出项目与市级支出项目相同。

2.各级财政收入的划分。（1）固定收入划分。市级固定收入包括：原属市预算级次的营业税（不含银行、保险等企业营业税）；市级企业所得税（不含市级非银行金融企业所得税）；市级企业上交利润和计划亏损补贴；个人所得税；固定资产投资方向调节税；城市维护建设税；（包括娘子关电厂、荫营煤矿、固庄煤矿、阳泉矿务局五矿和阳泉二电厂等企业城市维护建设税）；房产税、车船税、印花税、屠宰税；筵席税、遗产税、土地增值税；地方税收款滞纳金、罚款收入、其他收入。县区级固定收入包括：原属县区级次的营业税（不含银行、保险企业营业税）；县区以及以下企业所得税（不含非银行金融企业所得税）；县区级企业上缴利润和计划亏损补贴；个人所得税、固定资产投资方向调节税、城市维护建设税、房产税、车船税、印花税、屠宰税、筵席税、农业税、农业特产税、契税、遗产税、土地增值税、地方税税款滞纳金、罚款收入；其他收入。（2）共享收入划分。中央与县区共享收入包括：增值税（即原属县区预算级次的增值税）中央分享75%，县区分享25%；资源税（县区级及其以下企业），全部作为县区级收入。省与市、县区共享收入包括：土地使用税，按原预算级次划分，省与地市、县区各分享50%；耕地占用税，省分享40%，市分享5%，县区（不含开发区）分享55%。

3.税收返还的确定。市对县区税收返还数额以1993年为基期年核定。按照1993年各县区实际收入，以及税制改革和收入划分情况，核定1993年中央、省和市从县区上划的收入数额。1993年中央、省和市上划的收入金额返还县区，保证县区既得财力、并以此作为以后市对县区税收返还基数。阳泉市确定了矿区1993年税收返还基数。1994年以后，税收返还在1993年基数上逐年递增，递增率按全国增值税和消费税的平均增长率的1：0.3系数确定。1994年以后，县区上划中央、省和市的收入达不到1993年基数的，相应扣减县区税收返还基数。以后年度返还基数公式为：当年返还基数

= 上年返还基数 ×（1 + 两税增长率 × 返还系数）。1993 年，阳泉市财政对各县区（除开发区）实行上解额递增包干办法，并根据 1992 年财政收入比上年实际增长水平确定矿区上解递增比例为 10%。分配矿区财政收入任务 1294 万元，能交基金征集任务 25 万元，预算调节基金任务 20 万元，土地使用税任务 7 万元。

（二）2001 年的调整

自 2001 年 1 月 1 日起，阳泉市对各县区实行新的财政管理体制。新体制在分税制不变的情况下，对部分收入增量的分配进行调整。即：以 2001 年有关收入实际完成数为基数，按照中央、省确定的核定办法，分别计算中央、省、市下放县区收入和县区上划中央省、市的收入、县区上划收入超过下划县区收入的部分，由市财政定额返还县区财政。具体办法是：

1. 所得税收入基数核定。（1）中央一般企业所得税基数。在各县区 2001 年中央企业所得税实际完成数基础上，扣除继续作为中央的收入、集中纳税企业所得税入库数，再加上中央企业所得税入库数予以核定。（2）储蓄存款利息所得个人所得税基数，以 2001 年各市地实际入库数加代征代扣手续费改列支出因素计算核定。（3）省级企业所得税基数。以 2001 年各县区省级企业所得税完成数确定。（4）市地企业所得税基数。原则上以 2000 年完成数为基础，以 2001 年 1 ~ 9 月份增长率和 1999 ~ 2000 年年均递增率中取高值确定增长率，以确定 2001 年企业所得税基数。（5）市地个人所得税基数。以 2001 年入库数为基础，考虑 2000 年、2001 年两年平均入库数加代征代扣手续费计算确定。

2. 其他各项上下划收入基数。增值税、营业税、资源税、城镇土地使用税等其他省与市地共享税种及省下放市地的耕地占用税，均以 2001 年实际完成数计算上下划基数；国土收入以省分成扣除返市地超收部分作为下划基数。按照上述办法，核定当年阳泉市对矿区收入返还基数为 981 万元。

（三）2002 年的调整

从 2002 年起，阳泉市取消矿区老体制递增上解办法，改为按 370 万元定额上解。为了简化手续，提高工作效率，新体制将部分定额结算事项予以合并计算，核定阳泉市对矿区定额结算数为 210 万元，未纳入定额结算的事项，年终仍按有关规定单独结算。

（四）2006 年的调整

根据阳泉市财政局《关于省市县财政体制调整有关问题的通知》精神，经市政府研究同意，市以下财政体制暂维持现行收入分配格局，市级不参与县级分享，保持现行征管体制不变，各县区五个共享税种收入与省分享比例由 65% 调整为 70%，从 2007 年 1 月 1 日起执行，确保税收收入及时入库。预算收入的缴库办法、留解程序和对账方法，仍按现行规定执行。按照上述要求，中央、省、市县共享收入和省与市县共享收入具体分成比例暂按以下规定缴入各级金库。（1）增值税：中央分享 75%，省分享 7.5%，市县分享 17.5%。）2）个人所得税（包括对储蓄存款利息所得征收的个人所得税，下同）：中央分享 60%，省分享 12%，市县分享 28%。（3）企业所得税（不含中央下划的跨省区经营、集中缴库的企业所得税）：中央分享 60%，省分享 12%，市县分享 28%。（4）营业税（不含列入省级固定收入的集中缴纳的银行、保险企业缴纳的营业税）：省分享 30%，市县分享 70%。5. 资源税：省分享 30%，市县分享 70%。城镇土地使用税列入市县固定收入范围。上述收入项目外的其他各项预算收入（包括收入退库），仍按原规定划分收入级次并及时组织入库。

（五）2007 年 1 月的调整

2007 年 7 月 27 日，阳泉市人民政府下达了《关于调整规范市对县区财政体制的通知》，决定从 2007 年 1 月 1 日起，调整规范市对县的财政体制，主要内容为规范税收共享范围和分享比例。

1. 市辖城、矿、郊区维持现行体制不变，市级不参与区级税收收入分享。按照省对市县税收共享范围和分享比例，确定市对区级的税收共享范围和分享比例，即共享范围为增值税、营业税、资源税、企业所得税、个人所得税五个税种的地方留成部分（以下简称“五税”），“五税”分享比例为：省级分享 30%，区级分享 70%。城镇土地使用税全部作为区级收入。

2. 重新核定体制基数。以2006年为基期，按照上述调整内容确定收入上、下划基数，重新核定体制补助或上解基数，保证各级财政既得利益。

3. 各项非税收入的征管及市县分成办法暂不调整，待省制定规范的征收和分成办法后，再作调整。

4. 继续实行县级平衡和消化赤字奖励政策，对县级保持平衡和消化赤字予以奖励；同时，对新增赤字县，属于享受省转移支付的，按照一定比例扣减转移支付。

5. 在省对县级一般转移支付中坚持增人不增转移支付，减人不减转移支付的原则，鼓励县级积极控制和减少财政供养人员，减轻财政负担，提高行政效率。

6. 积极落实中央"三奖一补"政策，努力缓解县级财政困难。

（六）2007年10月的规定

2007年10月1日，阳泉市财政局、阳泉市国家税务局、阳泉市地方税务局、中国人民银行阳泉中心支行联文下达《关于财政体制调整后有关预算管理和收入征缴及入库问题的通知》，根据《阳泉市人民政府关于调整规范市对县区财政体制的通知》精神，对县财政体制调整后各项收入的预算级次划分、收入征缴、入库等事项作出规定，并从2007年10月1日起执行。具体内容是：

1. 关于税收收入的管理和统计。各项税收收入，除列入省级固定收入的集中缴纳的银行、保险企业营业税和中央下划的跨省区经营、集中缴库企业缴纳的企业所得税外，一律按属地原则划分，作为县级财政固定收入或由县级财政参与分享的收入，纳入县级财政总收入的统计范围。根据《山西省人民政府关于调整规范省市县财政体制和在35个国家重点扶贫开发县实行"省直管县"财政改革试点的通知》规定，各级税收收入应由企业所在地的县级税务机关征收和管理。为保持税收征管工作的平稳运行和财政体制改革的顺利进行，现行各级税收机关征管范围可暂不作变动，但要创造条件逐步理顺。市以上税收机关征收的按属地原则属于县级的税收收入，应在县级国库办理缴库和分享。新办企业和市级下划企业的税收收入，一律由县级税务机关征收和管理。

2. 关于共享收入的分成比例。阳泉市对所属县财政体制调整方案已报经省人民政府审批同意，下划平定县、盂县境内原属市级的企业税收，同时，市级参与两县5个共享税种的收入分享，中央、省、市、县财政共享收入分成比例按以下规定和属地原则缴入各级金库。（1）增值税：中央分享75%，省分享7.5%，市分享2.5%，县分享15%。（2）个人所得税（包括对储蓄存款利息所得征收的个人所得税，下同）：中央分享60%，省分享12%，市分享4%，县分享24%。（3）企业所得税（不含中央下划的跨省区经营、集中缴库的企业所得税）：中央分享60%，省分享12%、市分享4%，县分享24%。（4）营业税（不含前述银行、保险企业缴纳的营业税）：省分享30%，市分享10%，县分享60%。（5）资源税：省分享30%，市分享10%，县分享60%。（6）按属地原则属于市辖区及开发区的上述5个共享税种收入，中央和省分享比例不变，市级不参与市辖区（包括城、矿、郊区）及开发区的税收分享，中央、省、市（区）分享比例继续按阳财预〔2006〕578号文件规定执行。（7）各项共享收入的退税：凡属汇算清缴或征缴错误的，由征收机关按各级共享比例负担直接办理；执行国家统一规定的减免税政策及先征后返政策的，由征收机关或财政部门按国家统一规定办理。各市县不得自行制定退税政策，确需对有关企业支持时，应当列支返还。（8）城镇土地使用税列入市县固定收入范围。上述收入项目外的其他各项预算收入（包括收入退库），仍按原规定划分收入级次。

3. 关于预算收入（包括随正税征缴的税款滞纳金及罚款收入）缴库办法。（1）按属地原则属于县的共享收入，缴库办法如下：①增值税，用"税收通用缴款书"以"国内增值税"项和相应目级科目缴入金库。"税收通用缴款书"中，"预算级次"栏填"中央75%，省级7.5%，市级2.5%，县级15%"。②企业所得税，用"税收通用缴款书"以"企业所得税"款和相应项（目）级科目缴入金库。"税收通用缴款书"中，"预算级次"栏填"中央60%，省级12%，市级4%，县级24%"。

③个人所得税，用“税收通用缴款书”以“个人所得税”款和相应项（目）级科目缴入金库。“税收通用缴款书”中，“预算级次”栏填“中央 60%，省级 12%，市级 4%，县级 24%”。④营业税（不含划分为省级固定收入的银行、保险企业缴纳的营业税），用“税收通用缴款书”以“一般营业税”项和相应目级科目缴入金库。“税收通用缴款书”中，“预算级次”栏填“省级 30%，市级 10%，县级 60%”。⑤划分为省级收入的银行、保险企业营业税，用“税收通用缴款书”以“金融保险业营业税（地方）”项和相应目级科目缴库，“税收通用缴款书”中，“预算级次”栏填“省级 100%”，“收款国库”栏填“太原市中心支库”。⑥资源税，用“税收通用缴款书”以“其他资源税”项级科目缴入金库。“税收通用缴款书”中，“预算级次”栏填“省级 30%，市级 10%，县级 60%”。（2）按属地原则属于市级、市辖区及开发区的共享收入，“税收通用缴款书”中“预算级次”栏，中央级、省级、市级（区级）入库比例不变，继续按照阳财预〔2006〕578 号文件规定执行。（3）其他各项收入的缴库方法，按照政府收支分类科目和原规定的预算级次办理。

4. 预算收入的报解程序和收入对账方法，仍按原规定执行。

第二节　机　　构

矿区革命委员会于 1971 年 4 月 1 日起正式成立，实行政企合一体制，下设办事组、政工组、后勤组、生产组。生产组内设矿区财务组，有工作人员 3 人，承担矿区行政事业、企业财务工作。1973 年 4 月，在政企合一体制下，矿务局、矿区将办事机构分设，财务组在搞好日常行政事业财务工作的同时，重点抓新建区属、街办企业的财务工作。1980 年 1 月，随着矿区政府的筹备，在财务组的基础上筹建区财政局。1981 年 3 月初，矿区财务组由原来矿务局大院搬至区弹簧厂办公。

1981 年 9 月 7 日，矿区人民政府正式成立，设财政局，仍在区弹簧厂办公。1982 年 4 月上旬，区财政局由区弹簧厂迁至区政府 1 号办公楼（市北大西街 30 号）办公，年末工作人员增至 6 人。1984 年 3 月 13 日，撤销财政局，成立财政科，工作人员减为 2 人。

1985 年 5 月 7 日，撤销区财政科，成立财政局，年末财政局工作人员增至 6 人。1988 年 2 月 2 日，区财政局内设预算股、行政事业股、综合股、企业股、监察股、办公室。1989 年 5 月 11 日，矿区成立控制社会集团购买力办公室，办公室设在区财政局。8 月 29 日，矿区成立税收、财务、物价大检查办公室，挂靠财政局。10 月 23 日，成立阳泉会计师事务所矿区分理处，归口区财政局管理，接受市会计师事务所业务指导，独立核算，自负盈亏。

1997 年 12 月 30 日，成立矿区预算外资金管理中心，为股级事业单位，隶属区财政局管理。1999 年 3 月 30 日，成立矿区会计管理局，为副科级行政机构，隶属区财政局；同时成立矿区会计管理中心，为副科级事业单位，隶属矿区会计管理局。

2002 年 8 月 1 日，矿区成立政府采购中心，为区财政局部门管理机构，规格为具有法人资格的股级全额事业单位。2003 年 1 月 27 日，撤销矿区会计管理中心，成立矿区会计核算中心。2003 年 3 月 12 日，区财政局设政府采购管理办公室，为股级机构，依法履行政府采购的监督管理职能。

2011 年 9 月 16 日，经区编委会会议研究决定，成立阳泉市矿区财政投资评审中心，为股级自收自支事业单位，人员编制 2 名。

第三节　财政收入

1971年矿区成立后，最初与阳泉矿务局实行“政企合一”体制，后政企分开，矿区独立建置。至1984年，矿区实行“经费审核，统一报账”的财政体制。1985年4月，根据市政府指示，矿区实行“划分税种，核定收支，分级管理，总额分成”的财税管理体制，财权与事权统一于区人民政府，财政收入呈逐年上升趋势。1985～1990年，矿区财税部门讲求生财、聚财之道，积极扶持企业，发展生产，涵养财源。一是向企业发放挖潜改造资金、税务周转金。二是对一些生产经营困难的企业，在政策许可的范围内适当减税让利，使其经济效益逐渐提高。三是建立税收征管目标责任制，开展达标竞赛；认真开展一年一度的税收、财务、物价大检查，积极开展税法宣传，帮助企业整章建制，提高企业、公民依法纳税的自觉性。6年中，财政总收入累计完成3336.5万元，年均递增22.21%，其中工商税收完成3200.3万元，年均递增20.85%；其他收入完成127.8万元，年均递增86.51%；财政预算收入增加了578万元，增长1.73倍。

1991～2000年，煤炭市场持续疲软，税收工作出现税源少、税基小、收入任务大的严峻状况。矿区财税部门认真贯彻“加强征管，堵塞漏洞、惩治腐败，清缴欠税”的方针，按照“抓早、抓实、抓细、抓出成效”的财税工作总体要求，出台实施了《关于进一步优化创新发展环境的实施意见》《关于财税部门组织地方财政收入的鼓励办法》《关于完成税收切块任务实行税费挂钩的实施意见》等激励政策，形成一级抓一级，层层抓落实的工作格局和千斤重担大家担，人人身上有指标的促产促收机制，完善纳税服务“一窗式”“一岗一人一机”管理模式，推行“双简申报”“银行卡缴税”“稽查准入制”“税收收入周报表、月分析”制度，定期和不定期召开协调会、汇报会，签订“清欠责任制”，扶持重奖纳税大户，取得明显成效。1991年，矿区财政收入达到1028.9万元，首次突破1000万元大关，完成年计划的107.82%，比1990年增长12.72%，超收74.6万元。其中工商税收完成967万元，完成年计划的106.85%，增长12.78%；契税完成0.1万元；教育费附加收入完成13.2万元，完成年计划的99.25%，增长67.09%；其他收入完成48.6万元，完成年计划的135%，增长2.32%。

1994年实行“分税制”，当年矿区财政总收入完成2081.5万元，其中国税系统完成954万元，为年计划的106.8%；地税系统完成1018万元，完成年计划的100.1%；财政、税务等组织专款收入、其他收入109.5万元，完成年计划的202.8%。一般预算收入完成1374.6万元，完成年计划的105.57%，比1993年增长39%。其中工商税完成1092.9万元，完成年计划的101.57%，增长47.45%；企业所得税完成172.1万元，完成年计划的104.94%，减少5.1%；专款收入完成34.5万元，完成年计划的156.82%，增长42%；其他收入完成75万元，完成年计划的234.38%，增长78.67%。

2000年，充分发挥街道办事处和职能部门的协税护税作用，坚持收入目标责任制，加大税收清欠力度，继续增调区机关干部到税务部门协助征税，充实税收一线力量，加大税款协调入库力度，保证了税款及时足额入库。当年财政总收入完成3981万元，为年计划的100.08%，比1999年增长1.4%；一般预算收入完成2743万元，为年计划的99.56%，比1999年增长0.4%。财政收入分系统完成情况是：国税系统完成1672万元，为年计划的102.57%，比1999年增长5.09%；地税系统完成2050万元，为年计划的100%，比1999年增长0.24%；财政系统完成259万元，为年计划的86.91%，比1999年下降10.7%。一般预算收入分项目完成情况是：工商税收完成2097万元，为年计划的101.9%，比1999年增长2.1%；农业四税完成20万元，为年计划的100%，比1999年增长42.86%；企业收入完成367万元，为年计划的96.58%，比1999年下降1.9%；其他收入完成177万元，为年计划的94.7%，比1999年下降2.69%；专款收入完成82万元，为年计划的143.86%，比1999年增长60.78%。

1991～2000 年，全区财政总收入累计完成 27033.5 万元，年均递增 15.87%；一般预算收入完成 18958.4 万元，年均递增 11.63%。

2001 年后，矿区财政收入不断增长。2005 年，国税系统增值税完成年计划的 106.53%，超收 322 万元，比 2000 年增长 37.92%，增收 1444 万元。其中国有企业完成额与上年持平；集体企业比 2000 年增长 33.5%；股份制企业、私营企业增长 42.62%。地税系统饮食业发票刮奖的措施推动了税收收入大幅增长；运输业租赁和挂靠车辆全部实行了微机监控代开发票，遏制了偷漏税款；服务业、娱乐业、建筑业获得较快发展，使税收较快增长。

2006～2011 年，矿区在实现财税收入应收尽收的前提下，把增加收入的着力点放在了招商引商吸纳税户上来，积极采取双保险措施，与工商、两税以及市工商、税务部门协调，从登记注册源头开始，全程跟踪服务。2010 年，全区财政总收入完成 42019 万元，完成计划的 115.34%，比 2009 年增长 25.05%，比“十五”末增长 2.56 倍。一般预算收入完成 21099 万元，完成计划的 113.84%，比 2009 年增长 22.95%，比“十五”末增长 2.92 倍。分级次看：上划中央收入完成 16112 万元，为计划任务的 121.47%，比 2009 年增长 32.18%；上划省级收入完成 4808 万元，为计划任务的 103.82%，比 2009 年增长 13.05%；一般预算收入完成 21099 元，为计划任务的 113.84%，比 2009 年增长 22.95%。分系统完成情况是：国税系统完成 17885 万元，为计划任务的 118.25%，比 2009 年增长 28.64%；地税系统完成 21000 万元，为计划任务的 110.56%，比 2009 年增长 20.29%；财政系统完成 3134 元，为计划任务的 135.67%，比 2009 年增长 39.79%。2011 年，全区财政总收入完成 51108 万元，完成计划的 104.49%，比 2009 年增长 21.63%。一般预算收入完成 25208 万元，完成计划的 103.89%，比上年增长 19.47%。

2001～2011 年是矿区财政收入快速发展时期。2002 年财政总收入超过 5000 万元，2005 年超过 1 亿元，2007 年超过 2 亿元，2011 年首次突破 5 亿元大关。2001～2011 年，矿区财政总收入完成 229024 万元，年均递增 26.12%；一般预算收入完成 113070 万元，年均递增 22.34%。

1985～2008 年阳泉市矿区财政收入分类统计表

表 8－1　　单位：万元

年份	契税收入	工商税收	企业收入	专款收入	罚没收入及行政性收费	其他收入	地方财政收入合计	财政总收入
1985 年	0.1	332.6	—	—	—	2.1	334.8	334.8
1986 年	0.2	422.2	—	—	—	8.7	431.1	431.1
1987 年	—	414.1	—	—	—	12.4	426.5	426.5
1988 年	—	472.7	—	—	—	24.1	496.8	496.8
1989 年	0.1	701.3	—	—	—	33.1	734.5	734.5
1990 年	0.1	857.4	—	7.9	—	47.4	912.8	912.8
1991 年	0.1	967	—	13.2	—	48.6	1028.9	1028.9
1992 年	0.1	1120.2	—	16.9	—	33.9	1171.1	1171.1
1993 年	0.1	1638.4	—	24.3	—	42	1704.8	2341
1994 年	—	1093	172.1	34.5	—	75	1374.6	2081.5
1995 年	2	1392	148	52	145	4	1743	2616
1996 年	2	1578	183	64	170	9	2006	3024

续表 8－1

年份	契税收入	工商税收	企业收入	专款收入	罚没收入及行政性收费	其他收入	地方财政收入合计	财　政总收入
1997 年	3	1719	266	—	224	16	2228	3362
1998 年	3	1824	81	50	261	8	2227	3502
1999 年	14	2054	374	51	229	10	2732	3926
2000 年	20	2097	367	82	165	12	2743	3981
2001 年	110	2173	393	78	163	24	2941	4325
2002 年	170	1925	82	101	166	111	2555	5406
2003 年	83	2262	79	214	428	46	3112	6560
2004 年	90	2909	111	215	426	107	3858	8466
2005 年	187	4168	127	442	359	97	5380	11780
2006 年	268	4735	311	600	438	27	6379	14140
2007 年	171	9008	537	664	608	147	11135	24348
2008 年	90	11771	674	864	691	152	14242	27269

2009～2011 年阳泉市矿区财政收入分类统计表

表 8－2　单位：万元

年份	工商税收	契税收入	专项收入	行政性收费及罚没收入	国有资本经营收入国有资源有偿使用收入	其他收入	地方财政收入合计	财　政总收入
2009 年	14795	124	969	654	537	82	17161	33603
2010 年	16986	979	1212	1510	174	238	21099	42019
2011 年	20939	630	1085	1931	249	374	25208	51108

注：2008 年前企业收入统计中包括企业所得税、国有资本经营收入、国有资源有偿使用收入。2009～2011 年企业所得税并入工商税收。

第四节　财政支出

1971～1984 年，区财政实行报账制，没有自主支配资金，各项经费支出只能向市财政和其他主管部门申请领拨。这一阶段，全区财政支出累计执行 320.74 万元，年均递增 29.3%。其中行政管理费 190.1 万元，占同期总支出的 59.27%；文教卫生社会福利费 65.16 万元，占总支出的 20.32%；其他支出 65.48 万元，占总支出的 20.42%。

1985 年，矿区财政单独建制。1985～1990 年，全区财政总支出 3124.6 万元。其中财政预算支出累计执行 2699.58 万元，年平均增长 29.79%，上解 425.02 万元（含借款）。这一时期，区财政根据国家法规、政策，坚持“收支平衡，略有结余”和“量入为出，量力而行”的原则，在保证“吃饭”和必不可少的业务开支的同时，积极调整支出结构，合理调度资金，保证重点投入。6 年中，支持区属企业经济发展，拨付挖潜改造资金 175.8 万元，年平均递增 32.47%；加强地方政权建设，拨付居委会经费及修建居委会活动室专款计 76.4 万元，年平均递增 31.7%；教育、科技、政法等重点投入（不含基建）达 676.99 万元，年平均递增 28.21%。

1991～2000年，矿区财政部门坚持“一要吃饭、二要建设”的方针，改变重收入、轻支出陈旧做法，采取两个进度一起抓，两个指标一起上的办法，保证了工资、养老、失业、低保、医保及老干部待遇等项支出以及重点建设项目支出；坚持保工资、保重点、保稳定、保平衡的原则，提高预算编制的科学性和透明度，压缩会议费、购置费、招待费，提高了资金的使用效益；依法执行预算，严格落实人大批准的预算，规范支出审批程序。制订了《阳泉市矿区专项资金管理办法》，加强了对专项资金的跟踪问效。严格资金管理，彻底取消收入过渡户，实行票款分离，使收支两条线的规定落到实处；建立了政府采购制度；积极向上级财政争取体制返还款，保证支出需要。分年度看：1991年，矿区财政支出总额1049.7万元，为年度调整预算的87.2%，比1990年增长30.78%，增支247万元。增支因素主要是发展文教卫生事业、企业挖潜改造、科技三项费用和矿区区级建制新增机构、人员费用等。1992年，矿区财政支出总额1140.8万元，为年度调整预算的90.12%。增支因素同上年。1993年，矿区财政支出总额1364.6万元，为年度调整预算的94.57%，比上年增长19.6%。增支因素主要是改善职工住房条件，加强综合治理工作和办公楼改造等。1994年，矿区财政支出总额1554.9万元，为年度调整预算的94.66%，比1993年增长13.9%，保证了行政事业单位职工工资正常发放、工资制度改革及各项事业发展的资金需求。1995年，矿区财政支出总额1950万元，为年度预算的98.12%，比1994年增长26.34%。增支主要原因是行政事业单位工资制度改革、物价上涨、公费医疗、房补、企业挖潜以及经费使用中的浪费现象。1996年，矿区财政支出总额2595万元，为年度预算的91.5%，比1995年增长33.11%。当年矿区财政出现了调度困难的情况，主要是企业挖潜改造投入较大。1997年，矿区财政支出总额2616万元，为年度预算的88.19%，比1996年增长0.8%。1998年，矿区财政支出总额3174万元，为年度预算的93.35%，比1997年增长21.47%，主要用于基本建设、企业挖潜改造、科技、城市维护等生产建设性支出。1999年，矿区财政支出总额3015万元，为年度预算的90.84%，比1998年同期下降5.01%。主要是减少了企业挖潜改造费用，但文教卫生、政法费支出较1998年有所提高。2000年，矿区财政支出总额3018万元，为年度预算的90.58%，比1999年增长0.1%。1991～2000年，矿区财政总支出为21478万元，年均递增14.16%，其中经济建设费支出4527.8万元，文教科学卫生事业费支出3267.8万元，抚恤和社会福利救济事业费支出495.6万元，行政管理费支出9318.3万元，其他支出3868.5万元。

2001～2005年，矿区坚持贯彻“开源节流，增收节支”的财政平衡理念，对科学、教育、社会保障、城建等事业给予大力支持。严格编制支出预算，预算编制实行“定员定额”管理。完善政府采购的各项管理制度，不断提高集中采购比例。坚持专款专用，对专项资金实行“一控三对应”的台账式管理。“一控”就是控制专项经费的拨款总额，全年拨款总数严格控制在年度预算总额内，不得超预算拨款，并按照各具体项目分别拨款。“三对应”就是：专项经费的实施项目与部门预算核定的项目相对应，不得随意更改和变动项目；项目决算与年度预算相对应，基建工程按招投标要求实施，其他专项经费按政府采购规定办理；项目效益与资金投入相对应，实行重大项目“台账式”管理，凡单个项目投入较大的，财政和实施单位必须建立台账，进行全过程跟踪管理，以防项目资金被挤占、挪用。下大力气调整和优化财政支出结构。分年度看：2001年，矿区财政支出总额3380万元，为年度预算的86.49%，比2000年增长11.99%。其中基本建设支出比2000年下降，科技、教育、政法费支出比上年上升。2002年，矿区财政支出总额4891万元，为年度预算的96.95%，比2001年增长44.70%。除基本建设支出下降外，其他各项事业支出均比2001年增长。2003年，矿区财政支出总额5647万元（其中一般预算支出5647万元），为年度预算的96.22%，比2002年增长16.21%。除保证全区各项事业平衡发展的资金所需外，还确保了防控“非典”专项资金的及时到位。2004年，矿区财政支出总额6751万元，为年度预算的95.63%，比2003年增长19.28%。2005年，矿区财政支出总额7625万元，为年度预算的95.41%，比2004年增长12.95%。

2006年，矿区从改善支出结构，提高支出效益入手，加强预算支出执行的规范化、科学化。当年，区财政一般预算支出执行10906万元，为年度支出预算的95.54%，比2005年增长43.03%。2007年，矿区财政总支出23742万元，其中一般预算支出执行16197万元，为年度支出预算的97.58%，比2006年增长148.51%。2008年，矿区继续按照建立公共财政框架要求，调整支出结构，全力确保重点需求，积极推行各项财政改革措施，集中财力办大事，全力确保公教人员工资发放，确保机关事业单位正常运转，尤其是加大了公检法司、普通教育、群众文体活动、社保和就业、社区医疗服务保障、卫生监督、环境保护等关乎民生的财政投入，体现了公共财政的投入方向，确保了各项社会事业的发展。全年一般预算支出20609万元，比2007年增长27.24%，其中人员部分支出5892万元，占一般预算支出的28.59%，比2007年增长39.55%；日常公用支出2438万元，占一般预算支出的11.83%，比2007年减少23.79%；项目支出12279万元，占一般预算支出的59.58%，比2007年增长39.92%。2001～2008年，矿区财政支出为76006万元，年均递增27.14%，较同期财政总收入的递增率低0.05个百分点。

2009～2011年，矿区着重从改善支出结构，提高支出效益方面入手，强化预算执行管理，加强预算执行动态监控，努力按序时进度执行财政支出预算。2009年，矿区财政总支出25062万元，比2008年增长21.61%。2010年，全年区财政一般预算支出执行30934万元，为年度支出预算的95.44%，比2009年增长23.43%。政府性基金预算支出11514万元，为年度预算的84.51%，比2009年减少12.93%，其中残疾人事业支出106万元；煤炭可持续发展基金支出10867万元（主要用于2006年接收阳煤集团企业办24所学校经费）。2011年，矿区财政一般预算支出执行37861万元，为年度预算的94.31%，比2010年增长22.39%。政府性基金预算支出11042万元，为年度预算的78.33%，比2010年减少4.10%，其中地方教育附加安排的支出228万元，为年度预算的88.37%；残疾人事业支出336万元，为年度预算的71.34%，比2010年增长216.98%；煤炭可持续发展基金支出10253万元，为年度预算的93.70%，比2010年同期减少5.65%；其他支出220万元，为年度预算的100%。

1985～2011年，矿区财政总支出为194040.6万元，年均递增24.06%。

1971～1984年阳泉市矿区财政支出（报账制）执行情况表

表8－3　　单位：万元

年　份	行　政 管理费	文教　卫生 事业费	城　市 维护费	抚　恤 社会救济	公费 医疗	公检法	其他各项支出	支出 合计
1971年	2.96	—	—	1.00	—	—	—	3.96
1972年	2.79	—	—	1.06	—	—	—	3.85
1973年	3.71	—	—	1.28	—	—	—	4.99
1974年	2.52	—	—	1.34	—	—	—	3.86
1975年	2.42	—	—	1.11	—	—	—	3.53
1976年	2.28	—	—	0.91	—	—	—	3.19
1977年	2.1	—	—	0.83	—	—	—	2.93
1978年	2.32	—	—	0.7	—	—	—	3.02
1979年	2.72	—	—	1.14	—	—	—	3.86
1980年	10.95	—	—	0.81	—	—	—	11.76
1981年	19.2	2.84	—	1.98	0.55	0.68	5.34	30.51
1982年	24.7	5.67	—	3.27	0.8	—	24.25	58.69
1983年	36.3	9.58	2.29	6.41	1.34	5.98	12.46	74.4

续表8－3

年　份	行　政 管理费	文教　卫生 事业费	城　市 维护费	抚　恤 社会救济	公费 医疗	公检法	其他各项支出	支出 合计
1984年	37.6	14.43	2.43	5.81	2.3	30.87	18.71	112.19
合计	152.57	32.52	4.72	27.65	4.99	37.53	60.76	320.74

注：其他各项支出：含基建、企业挖潜改、购置等。

1985～2006年阳泉市矿区财政支出分类情况表

表8－4　　单位：万元

年份	经济建设费	文教　科学　卫生 事业费	抚恤和社会福利 救济事业费	行政管理费	其他支出	总支出
1985年	71.2	35.3	25	70.8	15.6	217.9
1986年	135.5	58.2	22.6	110.1	47.6	373.92
1987年	149.7	49.7	8.2	124.2	57	388.74
1988年	128.1	61.2	12.4	167.8	34.4	403.5
1989年	103.8	119.8	16.9	222.4	49.5	512.38
1990年	193.9	179.4	16.1	315.5	97.7	802.9
1991年	251.2	200.4	17.2	401.6	179.3	1049.7
1992年	386.2	164.6	18.3	475	96.7	1140.8
1993年	331.2	193.4	26.3	645.1	168.6	1364.6
1994年	309.2	254.4	22.8	759.6	208.9	1554.9
1995年	526	307	36	899	182	1950
1996年	541	413	67	1190	384	2595
1997年	559	422	38	1264	333	2616
1998年	684	390	55	1128	917	3174
1999年	519	446	105	1302	643	3015
2000年	421	477	110	1254	756	3018
2001年	342	624	161	1450	803	3380
2002年	455	645	939	1756	1096	4891
2003年	574	818	1111	1959	1185	5647
2004年	701	1013	1308	1993	1736	6751
2005年	822	1086	1449	1844	2424	7625
2006年	1041	2784	1923	2170	2988	10906
合计	9245	10741.4	7487.8	21501.1	14402.3	63377.6

2007～2009 年阳泉市矿区一般预算支出统计表

表 8－5　单位：万元

年份	一般公共服务	国防	公共安全	教育	科学技术	文化体育与媒体	社会保障和就业	医疗卫生	环境保护	城乡社区事务	工业商业金融等	其他支出	合计
2007 年	6679	93	969	3141	280	111	2423	873	95	1482	6	45	16197
2008 年	6478	99	1493	4943	252	201	3485	1815	176	1639	13	15	20609
2009 年	8858	115	1423	5186	326	216	3598	2483	134	2525	54	144	25062
合计	22015	307	3885	13270	858	528	9506	5171	405	5646	73	204	61868

注：2009 年其他支出含地震灾后恢复重建支出 142 万元。

2010～2011 年阳泉市矿区一般预算支出统计表

表 8－6　单位：万元

年份	一般公共服务	国防	公共安全	教育	科学技术	文化体育与传媒	社会保障与就业	医疗卫生	环境保护	城乡社区事务	资源勘探电力信息等事务	国土资源气象等事务	住房保障支出	其他支出	合计
2010 年	9247	124	2047	8943	386	385	3445	2643	279	2947	47	39	279	123	30934
2011 年	9131	157	2152	11802	480	331	3556	4157	443	4808	291	79	284	190	37861
合计	18378	281	4199	20745	866	716	7001	6800	722	7755	338	118	563	313	68795

注：2010 年其他支出含地震灾后恢复重建支出 121 万元；2011 年其他支出含债务付息支出 23 万元、援建新疆支出 44 万元、农林水事务 2 万元、商业服务业支出 8 万元。

第五节　财政管理

一、预算管理

区财政预算为地方预算，预算编制采取自下而上与自上而下相结合的方法，从 1 月 1 日至 12 月 31 日止为一个预决算年度。1985～2001 年 8 月区级金库代理行为阳泉市工商银行石卜咀办事处，后转为阳泉市工商银行北大街支行。

财政预算收入结构：1994 年分税制改革前，工商各税、能源交通重点建设基金、预算调节基金、教育费附加由区税务局按照国家税收政策和法令，组织征收解库，区财政、税务、金库按时、逐月对账；农牧业税类的契税由财政征收；其他收入即罚没收入由区公检法、工商、物价等执法部门按照财政部《关于罚没财物的管理办法》对收缴的罚没款和没收物资变价款，按时如数上缴财政，任何单位和部门都不得截留，挤占和挪用。

财政预算支出管理：1971～1980 年区革委会与矿务局政企合一时期，全区预算支出由财务组向市财政和各对口业务主管单位领拨。1981～1984 年区政府成立初期，区财政为市财政的一个报账单位，对全区的用款进行统一预算，向市财统一领报。1985 年 4 月，市政府批准矿区建立一级财政，实行“划分税种，核定收支，分级管理”管理体制。区财政为全区总预算单位，设立了总预算会计。于 1988 年 8 月制订《矿区预算管理办法》。财政按照“一要吃饭，二要建设”和“保证重点，兼顾一般”的原则编制财政预算，经人代会批准后执行。同时设置了单位预算，各单位依据下达的支出计划指标、开支标准、事业进度，按月领拨资金，按月编报《预算资金活动情况表》和《经费支出明细表》。对预算单位实行“经费包干，结余留用，超支不补”的管理办法。

行政事业单位经费实行“包干使用，结余留用，超支不补”办法。预算依据是：工资按各单位实有职工人数及工资额核定；补助工资按开支范围和标准，依不同时期国家有关政策核定；职工福利费，行政单位按每人每月 2.5 元提取，事业单位按标准工资总额的 2% ~8% 提取；公费医疗费，逐年随就医用药情况核定，并对伤残军人和离退休人员的就医用药标准适当予以提高；离退休人员费用根据上年实有人数，并适当考虑年内将增加的人数予以核定；人民助学金根据国家有关规定按实有学生人数下达。公用经费的预算根据不同部门的不同业务性质、事业发展、实际需要，按照不同年份的物价情况逐年核定。全额预算单位，按人员经费和公用经费核定全年预算；其中的人员经费包括工资、补助工资、职工福利费、离退休人员费、人民助学金等，公用经费包括公务费、设备购置费、修缮费、业务费及其他费用。差额预算单位，视其事业收入情况，实行定额补助。自收自支预算单位，按国家相关政策，对有稳定收入，并能满足其开支需要的事业单位，对单位收入不调剂，且财政不予补贴，实行自收自支。

从 1991 年开始，矿区的预算编制工作继续贯彻治理整顿，深化改革和紧缩财政的方针，大力加强组织收入工作，严格控制财政支出。特别是在财政支出上，贯彻“双增双节”（增产节约、增收节支）的方针，坚持“收支平衡，略有结余”的原则和执行国务院颁发的《国家预算管理条例》所规定的“统一领导，分级管理，权责结合”的原则，坚持量入为出，确保重点，统筹兼顾，留有后备。在保证经常性支出合理需要的前提下，安排建设性支出。

1993 年，强化预算管理，严格控制财政支出的过快增长，坚持“有保有压，突出重点”的原则，继续加大社会集团购买力管理，把集团消费控制在核定的预算之内。大力压缩行政事业费开支，改革单位财务管理，促进有条件的事业单位实现“两个过渡”（全额单位向差额补助单位过渡，差额补助单位向自收自支单位过渡），用自收款抵全部或部分预算内支出。1994 年，又实行分税制财政管理体制，按照中央与地方政府事权划分，合理确定各级财政的支出范围。要求各级加强宏观调控，严格预算约束，实现收支平衡，略有结余的目标；根据事权与财权相结合的原则，将税种统一划分为中央税、地方税和中央地方共享税；建立中央税收和地方税收体系，分设中央与地方两套税务机构。预算编制坚持财政工作方针，推行财税体制改革，保证财税新体制的顺利实施。1997 ~ 2002 年，预算支出坚持“保工资，保重点，保稳定，保平衡”的原则，继续优化支出结构，严格预算约束，保证重点支出。

2002 年，实行部门预算改革，全区 89 个单位编报了部门预算。部门预算实行“两上两下”的编制程序，即部门编制收支预算建议草案，财政部门下达预算控制数；部门上报预算草案，财政部门批复预算。

通过连续两年编制部门预算，建立了财政供养人员、房产、车辆等基础数据库，为预算编制奠定了基础。从 2004 年起，凡纳入政府采购目录的一律编制政府采购预算。

2005 年，预算安排的基本原则是：财政收入的增长要与经济发展速度相适应，收入增幅可略高于生产总值的增幅；坚持积极稳妥，量力而行，收支平衡，不列赤字的原则；统筹兼顾，突出重点，帮助解决社会生活中的薄弱环节和人民群众关心的热点、难点问题；全面实行部门预算，加强综合预算管理，加大预算内外资金统筹和调控力度；进一步细化项目预算，加强对生产建设性资金和建设发展项目支出预算论证和评审；精打细算，厉行节约，坚决制止铺张浪费现象。大力压缩会议、培训、招待、购置等费用，规范职务消费，降低行政成本，节约资金，保证重点支出。

2006 ~ 2008 年，部门预算改革不断得到深化。在建立基础数据库的基础上，制定了较为科学合理的定员定额标准，为预算编制提供了量化测算依据；进一步夯实采购货物类、服务类预算基数，并加强与采购部门协调配合，使政府采购预算更具可操作性；细化了预算项目，将科技三项费用、教育费附加支出、调产改制资金等在年初预算时下达到项目，并加强预算前项目的调研论证，向规范化管理迈进；优化支出结构，牢固树立以人为本的观念，实现了“保工资、保运转、保重点、保平衡”；

继续完善“两上两下”的编制程序，2006 年“e”财软件编报预算，全区所有 96 个单位部门全部上报了部门预算；积极实施财政收支分类改革，做到分类准确运用得当，实现新旧科目平稳转换过渡。2008 年，矿区将部门的所有资金统一编制到一本预算中，实现了一个部门一本预算；细化了预算编制，将预算编制的时间提前，增强了主动性；制定了较为合理的定员定额测算方案，提高了科学性、合理性；通过部门预算改革理顺财政内部职能，将预算编制、预算执行、预算监督相对分离，制定了部门预算管理运行办法，规定了编制预算程序和各阶段工作，明确了财政内部业务股室和部门的工作职责；预算支出安排进一步合理化、公开化，预算编制的透明度不断提高，预算管理更加科学、规范。

2009～2011 年，深化部门预算改革。建立健全供养人员、项目、资产等基础数据库，制定和完善定员定额标准。连续 8 年编制了政府采购预算，加强与采购部门协调配合。加强预算前项目的调研论证，细化预算，增强预算编制的预见性、完整性、准确性，做到预算与资产、财政结余的有机结合。优化支出结构，牢固树立以人为本的观念，做到了“保工资、保运转、保民生、保重点、保平衡”。采用“e”财软件及“两上两下”的编制程序，全区所有 140 个单位部门全部上报了部门预算。探索财政收支分类改革，做到分类准确、运用得当，提高预算信息质量。

二、预算外资金管理

1985～1987 年，由于人力所限，矿区财政对预算外资金的管理一直未能进行。1988 年上半年，根据市政府〔1986〕128 号《关于加强预算外资金管理的通知》，区财政组织专人，对 1987 年全区预算外资金收支结存进行了调查摸底，摸清了全区预算外资金收支结存具体情况。

1987 年阳泉市矿区预算外资金收支结存调查表

表 8－7　　单位：户、万元

单　位	应调查户数	实调查户数	1986 年末结存数	收入	支出	年末累计结存
区直企业	8	7	58.11	40.44	28.94	69..61
街道办事处	6	6	46.15	11.36	9.51	48.00
行政事业	18	16	33.66	67.41	56.94	44.36
合　　计	32	29	137.92	119.21	95.39	161.97

为了进一步搞好预算外资金管理，1988 年 8 月 1 日，矿区制订下发了《矿区预算外资金管理办法》。要求凡有预算外资金的单位和部门，其收支都要纳入单位财务部门统一管理，每年元月 10 日前编制预算外资金全年收支计划和按季分月计划，经主管部门批准后报区财政局，由财政审核后下达执行。执行情况于每季终了后 7 日内附文字说明向财政部门报送。并按政策规定，对区直企业、街道办事处预算外资金实行“计划管理、政策引导、财政审批、银行监督”，对行政事业单位实行“计划管理、专户储存、财政审批、银行监督”的管理办法。区财政还重点抓了行政事业单位的预算外资金财政专户储存工作，实行“收支两条线”的财政专户储存管理方式。至 1990 年年底，全区行政事业单位专户储存有 20 户，占应存户数的 100%，储存金额为 23.76 万元。通过财政审核，压缩了不合理开支，并利用预算外间歇资金对企业生产予以支持。

1988～1990 年阳泉市矿区预算外资金收支执行情况表

表 8－8　　单位：万元

	1988 年			1989 年			1990 年		
	收入	支出	年末累计结余	收入	支出	年末累计结余	收入	支出	年末累计结余
区直企业	37.90	20.61	86.90	52.7	47.2	92.4	47.00	47.40	92.00
街道办事处	11.05	7.91	51.14	16.10	10.89	56.35	32.23	19.1	69.27
行政事业	78.65	66.55	56.46	84.20	82.91	57.75	97.36	101.24	42.87
合　计	127.60	95.07	194.50	153.00	141.00	206.50	176.59	167.95	202.14

1991 年，矿区有预算外资金的单位发展到 30 户，但收入和支出比上年略有减少。收入减少的主要原因是：企业经济效益不好，拖延上缴主管部门管理费；教育费附加纳入预算内管理；文教部门清理“三乱”，取消了部分收费项目；防疫站为自收自支单位，按收支相抵的净结余建立的专用基金减少了部分收入。支出减少的主要原因是：各单位坚持“先收后支，量入为出”的原则，因收入减少，支出也相应减少；财政部门加强了对部门预算资金的支出管理，除专户储存、支出审批外，增加了年初各单位报送支出计划，一定程度上避免了各单位的胡支乱花。

1993 年，矿区预算外资金管理单位有 35 户，收入也开始增加。原因是：（1）预算外资金管理单位增加；（2）业务拓展。1996 年，按照《国务院关于加强预算外资金管理的决定》和《山西省预算外资金管理条例》，重点抓了票据管理和专户储存工作，遏制了乱收费、乱摊派、乱罚款的现象。预算外资金收入完成 546 万元，相当于财政总收入的 28.12%。1997 年 8 月，矿区成立了预算外资金管理委员会，出台了《阳泉市矿区预算外资金管理暂行办法》《阳泉市矿区票据管理暂行办法》，加强了票据管理，采用定量控制、交旧领新的办法，严格购领、保管、使用、核销制度。加强单位开户行管理，摸清了各收费单位开设银行账户情况，取消了单位过渡户，规范单位开户行，防止了多头开户、私设“小金库”、截留挪用等现象，专户金额和户数均达预算外收入和应存户数的 90% 以上。

1998 年，矿区财政在阳泉市农业银行矿区分理处开设预算外资金财政专户，用于对预算外资金进行集中管理和统一核算。建立了政府调控基金，对预算外资金按比例进行调控。调控基金由区政府统筹安排。1999 年，制订了《阳泉市矿区预算外资金管理考核奖惩办法》，对全区各执收单位 7 个方面的工作进行考核。加强部门联合执法，以稽查为手段，巩固预算外资金管理成果。注重加强基础工作，严格票据核查，发现问题及时纠正，下发了《关于进一步清理规范行政事业单位性收费基金、收款票据的通知》，把加强票据管理与征收管理、支出管理与减轻企业负担、治理乱收费活动有机结合起来。当年应纳入财政专户管理的单位 41 户，其中行政单位 19 户，事业单位 22 户，财政专户入户率 100%。

2000 年，纳入财政专户管理单位 43 户，入户率 100%。对预算外资金管理加强建章立制，修订完善了奖惩办法；采取部门联合执法，撤销了 3 个违规开设的账户；不断加强预算外资金的清欠力度，全年共收回应收款 26 万元。

2001 年，矿区按规定将部分行政事业性收费纳入预算管理，深化“收支两条线”管理工作；继续推行单位开票、银行代收、财政统管的“票款分离”管理办法，确保专户存储率；对票据管理实行“五统”（统一印刷、统一使用、统一发放、统一核销、统一稽查）；建立了完整的银行账户管理档案。

从 2003 年起，矿区实行行政事业性收费（基金）票据“年度票据印制”制度。当年实际纳入财政管理单位 46 户，入户率达 100%。

随着预算外资金逐步纳入预算内管理，2011 年，预算外专户管理并发生收入的单位由上年的 23

个减少为9个（矿区区委党校、矿区政府教育局、矿区政府招生办、矿区外国语学校、矿区新蕾幼儿园、矿区第十四中学、矿区第十五中学、矿区第十六中学、矿区第十七中学），加上其他单位历年结余，年末累计结余754万元。

1991～2011年阳泉市矿区预算外资金收支执行情况表

表8－9　　单位：万元

年份	收入				支出		
	合计	当年收入	上级补助收入	上年结余	合计	本年支出	解缴上级支出
1991年	242	128	2	112	120	160	14
1992年	289	167	0	122	171	171	0
1993年	376	258	0	118	233	233	0
1994年	411	268	0	143	235	235	0
1995年	—	—	—	176	—	—	—
1996年	744	564	0	180	513	513	0
1997年	800	569	0	231	607	607	0
1998年	621	428	0	193	347	347	0
1999年	683	409	0	274	396	396	0
2000年	701	414	0	287	355	355	0
2001年	788	442	0	346	451	451	0
2002年	1019	682	0	337	443	443	0
2003年	1088	512	0	576	469	469	0
2004年	1003	384	0	619	636	636	0
2005年	769	402	0	367	382	382	0
2006年	6029	5642	0	387	5482	5482	0
2007年	2506	1959	0	547	1835	1835	0
2008年	2153	1482	0	671	1458	1458	0
2009年	1929	1234	0	695	1172	1172	0
2010年	1862	1105	0	757	1108	1108	0
2011年	1915	1161	0	754	1161	1161	0

说明：2006年接收阳煤集团24所中小学市级拨款在预算外体现增加3820万元收入。之后，每年增加学校收入。

三、行政事业财务管理

1971年矿区成立后，根据全国教育卫生和行政财务座谈会的精神，矿区采取了一系列加强财务管理的措施。1974年6月，矿区转发财政部《关于各部门召开订货等会议，其住宿费一律由招待所等单位出具收费收据的通知》，规定从当年7月1日起，各部门召开的订货、配件、物资分配、产品验收、鉴定、评比等类性质的会议，其参加人员的住宿费，一律由招待所、旅馆等单位按规定收费标准出具收据，不得以“会议专用章”等名义出具，更不得随意提高收费标准。

1980年，矿区试行全额管理的行政机关和事业单位“预算包干”办法，将原来由财政部门核定全年预算，按季分月核定用款计划，年终结余收回财政的办法，改为按年度核定预算，按季分月核定用款计划，年终结余留单位使用的办法。1983 年，又对行政事业单位“预算包干”办法作出补充规定：全面恢复健全定额制度，制定各部门业务技术定额和事业考核指标；各单位年终预算包干结余，采取预算结转办法，不作决算支出报销；单位年终预算存款户余额，由财政部门收回，经审查确实属单位预算包干结余的，在下年度另行编制预算。1984 年 5 月，为了严格控制行政事业经费开支，矿区作出新的规定，严格控制人员经费和奖金发放，节约公用经费，严禁挪用行政事业费搞基本建设，加强预算外资金管理，坚决取缔私设的“小钱柜”。

1985 年，狠抓支出管理，层层下达行政经费控制指标。从人员编制、开支标准、差旅费、会议费以及专控商品购置等方面，采取了一系列控制措施。全年行政管理费支出 70.8 万元，为年预算的 98.43%，达到了国务院的要求。1986 年，以省级分配的支出控制指标为基础，结合矿区实际，下达了全年财政支出指标和行政经费控制指标，并随时考核，及时分析，定期通报，实行定期送审制度，对社会集团购买力采取指标控制、辅助账考核和专项商品“三不批”的控制办法。1988 年，将单位经费分配与事业发展效益挂钩，实行车辆维修审批制度；继续对会议费、购置费等公用经费进行压缩；继续严格预算包干制度，控制办公设施购建；削减会议规模和次数，使行政费用中的公用部分下降 6%。1989 年，按照《山西省文教科学卫生事业单位行政机关“预算包干”办法》的规定，文教科学卫生事业单位和行政机关的预算资金实行分类包干，区别不同情况，合理确定包干基数，防止出现包而不干等问题。1990 年，在调查研究的基础上，矿区制订下发了《事业单位财务管理办法》。在鼓励单位创收的同时，规定了创收收入抵顶财政拨款和提取职工福利、奖励基金的比例。

1993 年，规定全额预算单位仍实行预算包干、结余留用、超支不补的预算管理办法。主要形式有：经费与任务挂钩，一年一定；核定基数，比例递增（减）；包死基数，一定几年不变等。对差额预算单位实行核定收支、差额（定额或定项）补助、增收节支留用、减收超支不补的管理办法。有条件的事业单位实行多种形式的承包经营责任制，对实行承包经营责任制的事业单位采取确定差额（定额或定项）补助，一定几年不变或逐年递减的管理办法。1994 年，坚持“一要吃饭，二要建设”的方针，千方百计调度资金，采取多种措施，加强财政支出管理，保证了行政事业单位个人经费和必不可少的行政经费支出，以及教育、科技等重点事业发展的资金需要。1995 年，贯彻“适度从紧”的财政政策，严格按《中华人民共和国预算法》办事，进一步规范预算追加程序，对正常经费按“统一标准、单位测算、财政审核、审计监督、政府通过、人大批准”的办法核定，实行定额管理；行政事业单位预算全部按“零基预算法”编制，建立单位预算批复制度。

1996 年 10 月，根据财政部《事业单位财务规则》，取消全额、差额和自收自支三种预算管理形式，对事业单位实行“核定收支、定额或定项补助，超支不补，结余留用”的预算管理办法。对事业、行政单位会议费实行“计划管理、总额包干、严格审批、监督使用”的办法。1997 年，实行省财政厅制定的《山西省事业单位财务管理暂行办法》，事业单位预算由收入和支出两部分组成。收入包括财政补助收入、上级补助收入、事业收入、经营收入、附属单位上缴收入和其他收入等内容。事业单位资产主要包括四个方面：流动资产、固定资产、无形资产和对外投资，固定资产标准比原制度规定的标准有所提高。1998 年，建立了涉及支出管理各环节、成系统的规范运作程序。执行中央关于“八不准”的规定和省政府“六整顿、一封存”的指示，开展了政府采购和公车管理改革试点，大幅度节约了财政资金。2000 年 6 月，矿区贯彻执行《行政管理财政统一发放工资暂行办法》，继续深化财政支出管理改革，加强人员编制、工资基金管理。

2002 年 1 月，按照人事部、财政部出台《关于统一确保机关事业单位职工工资发放项目的通知》要求，确保对中央统一规定的机关事业单位职工工资发放。2003 年 6 月，严格执行山西省《中小学教职工编制标准及实施意见》，实施中小学教职工编制标准和中小学内设机构设置及领导职数规定，取得良好效果。

从2007年7月1日起，按照统一规范管理，科学规范项目，合理确定水平，一步规范到位，严格监督管理的原则，对区直机关公务员、工勤人员（在职、离退休）津补贴进行统一规范。从2008年12月23日起，区政府系统的矿区档案局、地震局、地方志办公室、老龄委员会办公室4个事业单位参照《中华人民共和国公务员法》管理。从2008年12月24日起，区委党群系统的矿区总工会、团委、妇联、科协、文联、残联、红十字会办、计生协会办、党校、党史办10个事业单位参照公务员法管理。从2009年7月29日起，矿区新闻办、党员电化教育中心、事业单位登记管理局3个事业单位参照《中华人民共和国公务员法》管理。

阳煤集团24所企业办学校自2005年年底移交地方政府管理，经过2006～2008年三年过渡，2009年步入正轨。从2009年1月1日起，按照省、市、区文件精神，全区26所义务教育学校实行绩效工资改革。义务教育学校绩效工资兑现需要大量资金，但由于连续调整工资使经费形成较大缺口，矿区积极筹措资金，同时向省、市财政反映，争取上级支持，确保了教师绩效工资足额兑现。

从2009年10月1日起，卫生系统疾病控制中心、妇幼保健院、卫生监督所、矿区医院、药监稽查大队、社区卫生服务管理中心、计生指导站等7个单位实行绩效工资。从2010年1月1日起，除上述单位外的所有事业单位全部实行绩效工资。

矿区在加强行政事业单位票据领购、核销、年检管理工作中，继续严格实行“以票管费”的票据管理制度。2009年，全年共领用各种票据2319本，核销票据1743本，核销了税务部门的刮奖发票36196份。对核销中存在的问题及时处理，杜绝了乱收费情况的发生。配合区发展和改革局完成了一年一度的收费许可证年审工作。顺利开展了集中销毁票据工作，将建区至2004年的14种票据存根及作废票据整理销毁，共计8473本。

2011年，提高了机关公务员津贴补贴，从2008年7月1日执行。

四、政府采购管理

1971年矿区成立后，政府采购工作由各部门自行管理。2002年8月1日，矿区成立政府采购中心，对政府采购工作实行集中管理。采购中心属全额事业单位，编制3名，负责组织实施政府采购业务。2003年3月13日区财政局设立政府采购管理办公室，负责监督管理采购事务。2003年9月22日，成立了矿区政府采购工作领导组，由区长担任领导组组长，下设办公室、监督组、专家组，组织领导全区政府采购工作。

矿区政府采购工作从起步开始，就按照“两规三保证”（做手要规矩、程序要规范，保证不违反采购法和采购规则、保证最大限度节约财政资金、保证采购人满意）的要求，严格实行政府采购部门预算制度和政府采购国库集中支付制度。在具体操作中，采购中心实施采购与资金结算相分离、采购与评标定标相分离、采购与验收相分离的办法。

区采购办在监管方面具体抓事前审查、事中监督和事后把关。2006年，制定了《单一来源采购方式现场操作规程（试行）》《政府采购询价采购方式现场操作规程（试行）》《政府采购竞争性谈判方式现场操作规程（试行）》《政府采购工程类采购现场操作规程（试行）》等一系列操作规程。同年，共开展业务103笔（次），实现采购合同金额732.29万元，节约资金88.69万元，综合节支率10.8%，采购合同金额比2005年增长114.31%。2007年，矿区政府采购管理工作按照公开透明、公平竞争、公正、诚实信用的原则，加强了政府采购“四库”（政策资料库、政府采购专家库、供应商资料库、一采一档档案库）建设。同时建立了采购业务电子资料库。在付款环节坚持“一次三点办结制”，简化了审批程序，提高了工作效率。全年开展业务132批次，实现采购金额754.2万元，节约资金98.28万元，节约率为11.53%。2008年，在全市率先实现了重要采购信息网上专栏公布，每一笔采购业务完毕后均在媒体上及时公布。全年开展政府采购业务163批次，实现采购合同金额2245.47万元，节约资金282.96万元，资金节约率11.2%，采购金额比2007年增长198%，实现了采购覆盖面、采购项目和采购规模同口径逐年递增。

2009~2011 年，矿区完善政府采购工作和采购程序，加强了制度建设，制订了《政府采购项目责任人制度（试行）》。2009 年，累计开展政府采购业务 207 批次，实现采购合同金额 2255 万元，节约资金 287.10 万元，资金节约率 11.29%。2010 年，累计开展政府采购业务 197 批次，实现采购金额 1927.8 万元，节约资金 268.86 万元，节约率为 12.24%。2011 年，共开展采购业务 238 笔，实现采购合同金额 1482.52 万元，节约资金 195.17 万元，综合节支率 11.63%。实现了采购覆盖面、采购项目和采购规模同口径逐年递增。

五、会计事务管理

1971 年矿区成立之初，区机关设财务组，有财会人员 3 人，各街道办事处（原为公社）共设财务 6 个，有会计人员 9 人。1973 年后，矿区区直、街办工业生产有了发展，全区财会机构增加到 18 个，会计人员增至 28 人。但由于会计人员的业务知识、管理水平差，人员经常更换。

1985 年，矿区财会机构发展到 46 个，有会计人员 93 人。区直和街办企业实行二轻企业会计核算制度，加强了对会计人员的业务培训。至 1990 年，全区财会机构发展到 66 个，有财会人员 139 名。其中区直行政事业财务机构 25 个，财会人员 54 名；区直企业财务 10 个，会计人员 27 名；街道办事处及街办企业财务 31 个，会计人员 58 名。通过严格的考核，110 名财会人员领到了会计证书，114 名财会人员领取了珠算等级鉴定合格证，118 名财会人员获得了专业技术任职资格。

1991 年，矿区财政局对 16 个基层单位的会计达标升级工作进行验收考核，确定了司法局、卫生局、检察院等 13 个部门为全区首批会计工作达标单位。1998 年，根据省市关于开展会计委派工作精神，印发了《阳泉市矿区行政事业单位推行会计委派制实施意见》，按照公开、公正、择优原则，在全区行政事业单位会计人员中开展报名考试录用工作。1999 年，通过考试、考核、录用，对全区行政事业单位会计人员全部进行委派、交流。至此，全区行政事业单位会计机构由原来的 42 个减少到 20 个，会计人员由原来的 68 名减少到 44 名，人员交流面达 100%。矿区会计委派工作受到了省市财政部门的肯定，市财政局在矿区召开了全市会计委派现场会。同年，按照《山西省会计账簿监管办法》，对全区 138 个企事业单位的银行、现金及总分类账进行了登记备案。到 2003 年，全区账簿签发户数达到 198 户。2005 年，阳煤集团等区域会计人员归矿区财政局管理，全区会计人员共 2326 人，其中具有高级职称的 14 人，中级职称 282 人，初级职称 857 人。2008 年，全年办理会计证新证申领、旧证调转 200 余人次，全区持证人员达 3263 人。1991~2008 年 17 年中，矿区加强对行政事业单位的会计管理，多次组织了考试、考核和知识竞赛；进一步加强了对财会队伍的政治思想建设和业务素质的培养；开展了会计人员任职资格评审工作。

2009~2011 年，矿区会计从业资格证的申领核发工作进一步向前发展。2009 年，共办理新证申领 66 人，转入会计人员 229 人，转出会计人员 24 人，全区持证人员达 3534 人。2010 年，办理新证申领 106 人，转入会计人员 167 人，转出会计人员 32 人，全区持证人员达 3775 人。同年 7 月，与阳煤财务部、阳煤总工会联合主办 2010 年会计电算化应用技能大赛。2011 年，共办理发放会计从业资格合格证书 211 本，转入会计人员 383 人，转出会计人员 46 人。按照《中华人民共和国会计法》的规定，两年未参加继续教育和未换证人员 875 人，其会计从业资格证书自行失效，全区持证人员为 3448 人。按职称分，正高级职称的 1 人，副高级职称的 29 人，中级职称 456 人，初级职称 403 人，无职称的 2559 人。按性别分，男性 1034 人，女性 2414 人。按年龄结构分，25 岁以下 346 人，26~30 岁 656 人，31~35 岁 645 人，36~40 岁 690 人，41~45 岁 443 人，46~50 岁 423 人，50 岁以上的 245 人。

六、控制社会集团购买

1985 年，矿区建立一级财政体制。对社会集团购买力的控制工作实行计划管理，指标控制，专控商品由市审批。1989 年 5 月，矿区设立控制社会集团购买力办公室，制订了《关于进一步做好控制社会集团购买力和加强控购商品审批工作的规定》，实行办事程序、制度、结果三公开，使控制社会集团购买力工作纳入正常有序的轨道。对一般社会集团购买力商品（药品和医疗器械；劳动防护用品；饮水、洗澡、取暖用燃料；非生产机动车辆用油；其他一般办公用品），根据市控制指标，区综合平衡后，按各部门实际下达各会计核算单位控制。并实行行政首长负责制，在各会计核算单位普遍设立了社会集团购买力辅助账，确定专人管理，负责日常登记审查、考核、报表工作。对 1988 年前 29 种专项控制商品（小汽车、大轿车、摩托车、录像机、空气调节器、地毯、复印机、彩色电视机、电冰箱、电子打字机、电传机、录音机和多用机、照相机和放大机、呢绒毛料及其制品、洗衣机、毛毯、大型或高级乐器、沙发、沙发床、各种电取暖电煮水设备、羽绒衣、风雨衣、吸尘器、50 元以上的各种手表、100 元以上的各种灯具、丝绸及其制品、100 元以上的各种家具、国产 13 种名牌卷烟和进口卷烟、国产 13 种名牌酒、进口酒）和 1989 年增加的 3 种（布匹及其制品、针织品、书写印刷纸）共 32 种，由单位提出申请，区控办审批或加注意见后，报省市审批。

1991 年，认真落实全国省市控办关于加强专控商品审批管理的各项规定。1992 年，国家将原 32 种专控商品品目调整为 8 类 29 种。1993 年 5 月 1 日，为适应经济发展，经国务院同意，全国控购领导组发出《关于调整专项控制商品品目的通知》，将 29 种专项控制商品品目调整为 8 种。矿区根据该《通知》进行了严格管理。1996 年，阳泉市根据财政部有关规定，将社会集团购买力支出类别调整为四大类（专项控制商品；机动车燃油费；食品、礼品、奖品、纪念品；文件用品），列入社会集团购买力控制范围的商品、用品大大减少。1997 年以后，控办机构取消。

七、国库集中收付改革

按照省市财政国库管理体制改革的总体要求，2004 年 5 月，矿区财政局在原会计委派制的基础上组建了国库支付（会计核算）大厅，办理财政直接支付、授权支付和政府非税收入集中收缴业务并进行相关的会计核算和监督，在阳泉市率先推行了国库集中收付改革。

改革中采用了北京用友财务软件有限公司的“国库集中支付—会计集中核算”系统软件。购置了国库集中支付模块、预算指标模块、远程申请支付与报账模块、账务处理模块、电子报表模块、工资管理模块、固定资产管理模块、资金管理模块，建成了由大厅内部各柜组组成的封闭的局域网；统一开设了国库单一账户体系内工资专户、政府采购资金专户、单位基本结算户，把矿区行政事业单位（除六个办事处、环卫处外）的所有收支都在国库单一账户体系内通过系统各模块实时监控、反映、核算；工资通过工资专户直接支付至个人卡折、政府采购资金通过政府采购资金专户直接付至供应商，其他资金授权预算单位支付，单位依据国家法律法规收取的非税收入由核算组审核记账、资金组直接上缴国库或财政专户。2004 年纳入大厅集中核算的单位 77 个，实行国库集中支付的单位 85 个。至 2008 年 12 月，纳入大厅集中核算的单位 123 个，实行国库集中支付的单位 118 个。

在确保大厅平稳有序运行，财政资金安全运转的情况下，矿区财政局制订了《关于会计核算中心银行账户管理监督办法》，同时对核算中心实行工作目标责任考核制。核算中心加强了内控制度的建设，建立健全了岗位责任制度、内部稽核制度、内部牵制制度、财务收支审批制度、电算化管理制度、会计资料备份制度、会计报表制度；制定了大厅内部运行及关联业务流程；实现了会计核算、国库支付、非税收入收缴“三厅合一”办公，简化了办事程序，实现了“阳光理财”；在工资统发、正确采购实行集中支付的基础上，2007 年对基建工程专项实行了集中支付，国库集中支付的比例达到财政总支出的 48.12%。

2008 年，建立了大厅内部控制制度和工作规范，大厅以计算机网络为依托，以部门预算为龙头，通过财政核批用款计划，大厅审核支付凭证，实现资金支付，进行会计核算，实行总会计负责制和逐日稽核制。保证了财政性资金的安全运转。除六个办事处、环卫处外，全区行政事业单位所有收支都在国库单一账户体系内反映，加速了财政收支信息的反馈，提高了资金活动的透明度，确保了国库集中收付改革平稳推进。

2011 年 3 月 24 日，矿区财政局召开国库集中支付改革研讨会，规范了财政支付业务流程，保障财政资金安全运行。根据省财政厅《关于清理整顿全省财政专户的通知》和《山西省清理整顿财政专户工作方案》，从 4 月份起，开展了财政专户清理整顿工作，成立了以财政局局长为组长的工作领导组，形成以国库股牵头，各业务股室（中心）配合，监督股把关的三位一体的工作格局，下发了《阳泉市矿区清理整顿财政专户工作方案》，明确了清理整顿工作的范围、任务和整顿内容，提出了具体的工作要求。通过清理整顿，完善了制度建设，撤销了两个一年内未发生资金往来业务的账户。同时，根据省、市财政部门对国库集中支付改革的要求，结合实际情况，制订了矿区会计集中核算向国库集中支付转轨的实施方案。

八、“收支两条线”管理

1999 年，根据省、市统一部署安排，矿区财政局成立了行政事业性收费和罚没收入“收支两条线”检查领导组及专项办公室，在全区开展了一次声势浩大的检查。区委、区政府下发了《关于 1999 年落实行政事业性收费和罚没收入“收支两条线”规定工作的意见的通知》，区财政、监委、审计、物价等部门联合下发了《关于开展行政事业性收费和罚没收入“收支两条线”自查自纠工作的通知》《关于开展行政事业性收费和罚没收入“收支两条线”专项检查的通知》，并组织人员深入全区 33 个行政事业单位进行了全面检查，检查面达 100%。根据检查情况，写出了《矿区预算外资金管理的现状及改进措施》的专项报告。

2000 年，全面推行“收支两条线”管理工作，由纪检、财政、物价联合组成检查小组，开展了预算外“收支两条线”专项检查；建立了收费大厅，在农行矿区支行营业厅设立了收费大厅，作为矿区统一的缴费试点，并确定了工行石办代收点；根据集中统一收费的有关规定，全面推开定点定人的集中统一收费工作；注重强化基础工作，严格票据管理，把加强票据管理与治理“三乱”、减轻企业负担有机结合起来。

2001 年，继续加大检查监督工作力度。全面撤销了收入过渡户，继续巩固了农行矿区支行收费大厅和工行石办代收点，落实了“票款分离，银行代收”的收支两条线措施，使各项收入直接缴入国库或收费大厅。规范支出审批程序，严格按照区人大批准的预算和预算外支出计划执行，确保了收支两条线工作落在实处。强化票据日常管理，严格领购核销程序，力抓监督检查，堵塞了票据管理方面存在的漏洞。

2002 年，公安、法院、环保、计划生育等执收执罚部门收取的身份证工本费、法院诉讼费、环保检测费、社会抚养费也全部纳入预算管理，直接上缴国库或财政收费大厅。当年完成了 2001 年票据年检工作。对全区有收费收支的 45 个单位进行了检查，对发现的问题进行了处理。

2003 年，矿区财政局对区民政、教育、公安等 17 个部门进行了重点检查，查出主要问题 3 项并作出相应处理。当年新纳入预算管理的行政事业性收费，按规定在每月月底及时、足额上缴国库。继续推行单位开票、银行代收、财政统管的“票据分离”管理办法。

2004 年，财政局实行了“以票管费”管理办法。在票据核销环节，通过填写票据核销核对单，使各部门、各单位收费与缴款日期、金额及所使用票据种类、票号等一一对应，保证了各项收费及时足额上缴金库和财政专户。对银行开设账户及使用账户进行规范，当年清理账户 70 个，其中包括 36 个预算外资金支出户。

2005 ~ 2011 年，在深化“收支两条线”管理工作中，进一步加强和落实了“收支两条线”和清理“小金库”专项检查等工作，堵塞了票据管理方面存在的漏洞；加强了对收费项目的管理，进行了一年一度的收费许可证审验工作；规范了政府收入分配秩序，从源头上预防和治理了腐败。这一时期，继续强化收支程序，所有收入直接入国库或财政专户，支出按财政预算根据单位业务需要安排拨付。重点对新接收学校的财务收支两条线和票据领用核销工作进行了规范，取消收入过渡户，各种收费资金实行“票款分离”，使“收支两条线”的规定落到了实处。

九、财政监督

（一）税收、财务、物价大检查

从1985年开始，遵照国务院、省、市有关通知精神，矿区财政、税务、物价等部门每年均组织有关人员，协同配合，在各单位自查的基础上，对有关单位实施检查。每年均从10月初开始，至年底结束。

1985～1988年，每年的检查工作都由区政府设立的领导组统一指挥，财政部门负责协调组织。1989年8月，区政府成立了矿区税收、财务、物价大检查办公室，为常年性工作机构，负责组织协调全区的检查工作。1985～1990年，共组织了1333个（次）国营、集体企业、行政事业单位，2263户（次）个体工商户进行了自查；在此基础上，对636个（次）国营、集体企业、行政事业单位，850个（次）个体工商户进行了重点检查。通过检查，使部分重点违纪案件得到查处，6年中共查出违纪金额332.35万元，收缴入库188.37万元。

1991～2005年，共查出违纪金额649.01万元，收缴入库453.87万元。2006年以后，本着重规范教育，轻处罚的原则，加大了财政监督建章立制工作，对专项资金、重点资金及各项经费开展检查，实现了事前监督及时、事中监督紧跟、事后监督评价，提高了财政监督水平。

2009～2011年，认真履行监管职能，强化拨款项目评审和资金跟踪问效，严格执行所有的工程项目开工前必须先有投资概算，竣工后凭决算审计报告付款，凡达到政府采购限额标准的集团购买，均要实行政府集中采购的规程。2009年4月中旬，对区部分校舍维修改造专项资金及学校经费运行情况进行专项检查和调研，配合省校舍安全工程组对全区的校舍安全工程资金进行了检查。开展了财政资金安全自查工作，针对资金收付管理、财政资金专户管理、制度建设和内控管理等10个方面的内容逐条落实、逐项梳理，找出问题根源，完善相关制度，取得了明显成效。2010年，开展了工程建设领域突出问题专项治理工作，对2008年以来财政投资50万元以上项目进行了全面排查，接受了省、市、区各级检查，完善了资金拨付、政府采购等相关规章制度。2011年3月至4月，配合市、区审计局对全区政府性债务总体规模、债务构成情况进行审计调查，对监督管理制度、政府债务收支计划的制定、政府性债务的预算管理提出了新的要求，有效规范了全区的政府债务管理。

（二）廉政规章制度

按照财政监督的有关规定，矿区财政不断完善内部约束机制，制订了财政廉政规章制度，发挥了财政预防监督作用。

在增强财政工作透明度、接受群众公开监督方面，1989年6月30日制订了3项12条公开办事制度。内容包括：财政预算安排、执行制度；上级专项拨款；人员和公用经费的安排。

在廉政制度建设方面，1988年区财政制订了《财政干部职业道德规范和纪律》，并在1990年进一步充实，形成了财政部门廉政“十要六不准”制度。

1991～2008年期间，矿区财政部门制订和完善了《矿区财政局工作职责》《矿区财政局预算股工作职责》《矿区财政局执行股工作职责》《矿区财政局政府采购中心工作职责》等各类岗位职责文件13个；在规范财政工作人员的言行，加强制度管理方面，制订了《矿区财政局干部职工工作守则》《矿区财政局学习制度》《矿区财政局告示制度》《矿区财政局双评监督制度》《矿区财政局党风廉政建设制度》《矿区财政局责任追究制度》等各类制度文件16个；在提高服务质量，强化服务意识方面，矿区财政部门制订并向社会公开了《预算编制及调整服务承诺》《财政资金拨付服务承诺》《矿区财政局行政工作四项承诺》等各类工作承诺文件6个；在提高财政人员的岗位意识方面，制订出台了《矿区财政局执法监督责任制》《矿区财政局行政执法过错追究责任制》等9个责任制度文件；在提高工作效率、增加工作透明度方面，制订了《矿区财政预算工作运行程序》《矿区会计核算与核算单位业务衔接程序》等4个工作程序文件和《询价采购方式操作规程（试行）》《政府采购竞争性谈判方式现场操作规程》等4个工作操作规程文件。制订和完善了《矿区财政局工作人员考核暂行办法》，逐步形成岗位有职责、言行有准则、工作有规则、结果有考核的财政工作机制。

2009～2011年，矿区财政部门认真学习《廉政准则》，确定了2009年党风廉政建设和反腐败工作要点。2010年又不断完善了《矿区财政投资工程项目资金管理核算暂行办法（试行）》《关于工程项目资金流程管理细则》等一系列制度办法，促进在岗人员理清思路，条理业务，优化程序。2011年，制订下发了《矿区财政局2011年党风廉政建设和反腐败工作要点》，并结合财政工作实际，对局领导及各股室党风廉政建设责任进行了详细分解。为了落实区下发的《关于2011年全区党风廉政建设和反腐败工作任务责任分解的意见》，下发了《关于矿区财政局落实党风廉政建设和反腐败工作牵头和配合任务分解》，并作了具体安排。

（三）清理“小金库”和单位职工欠款

1990年4月，矿区开展清理“小金库”和干部拖欠公款工作。这项工作由监察局牵头，区财政局具体组织，区审计局协助。经过宣传发动、单位自查、组织检查等阶段，至次年5月结束，对4个区直企业、6个街道办事处、5个行政事业单位共计15户进行了重点检查，共查出有“小金库”的单位3个，违纪金额2.24万元；干部职工拖欠公款20余万元。对查出的“小金库”，按照“自查从宽、被查从严”的原则进行处理；对个人拖欠公款，采取能收回的积极收回，因数额较大，暂时困难不能收回的，制定归还计划，分期扣回。2001年10～11月，矿区根据《关于清理“小金库”工作实施意见》抽调12名人员，对全区行政事业单位进行了全面检查，对突出问题进行了处理。2002年年初，矿区财政局组成清欠小组，开展清欠工作，当年收回预算内外各类欠款180.78万元。2005～2008年，矿区财政部门按照《财政部监察部关于进一步做好党政领导干部拖欠公款清缴工作的通知》，巩固清欠成果，防止发生新欠，有效地推动了清理“小金库”和单位职工欠款工作的顺利开展。

2009年6月，根据省市要求，下发了《关于全区党政机关和事业单位开展“小金库”专项治理工作的实施意见》，成立了相关机构，首先在全区开展了大范围的“小金库”自查工作。7月至9月，抽调纪检、审计人员组成两个专项检查小组，分赴26个机关事业单位进行重点检查。经过检查，对6个部门单位存在的问题下达整改要求。

2010年，按照《阳泉市矿区社会团体、国有企业“小金库”专项治理实施方案》及《“小金库”治理重点检查工作方案》要求，在国有及国有控股企业和社会团体先期完成自查自纠工作的基础上，对全区3家国有及国有控股企业和9个社会团体开展了治理“小金库”重点检查。检查面达到治理范围的90%。除全面核查自查自纠阶段上报的数据外，还结合党政机关、事业单位“小金库”治理工作，以及资产清查和审计等日常工作进行检查，针对发现的账务核算和财务管理中存在的问题，检查组提出了改进意见。

2011年，出台了《2011年矿区“小金库”专项治理工作实施方案》。同年6月3日，全区召开动员大会，对“小金库”工作进行了全面安排。会后所有区属行政事业单位都开展了自查自纠活动，并按规定上报了自查自纠报告及表格，自查自纠覆盖面达100%。针对所有单位零申报的状况，“小金库”领导组及办公室加大宣传力度，未发现设置账外账和以个人名义私存公款等违纪违法行为。结合“小金库”检查工作，出台了《阳泉市矿区党政机关和事业单位“小金库”治理工作长效机制》，从制度上进一步规范了“小金库”管理，确保了“小金库”治理工作扎实开展。

（四）公车治理

2011年，开展了矿区党政机关公务用车专项治理工作。同年6月10日，设立了矿区党政机关公务用车专项治理领导机构，制订了工作方案，启动了全区党政机关事业单位公务用车专项治理系统的安装、调试和数据的录入、分析、汇总工作，在规定时间内搜集了全区所有单位的基本情况，包括各单位基本情况、车辆编制及2011年车辆经费预算情况等相关信息，对相关信息进行了分析、录入和汇总。重新核定了各单位的汽车编制，对超编车辆进行了登记封存；解决了超编制配备使用公务用车，超标准配备使用公务用车，违反规定换车、借车，摊派款项购车，豪华装饰公务用车，公务用车私用等突出问题。按照省、市要求，及时上报了行政事业单位车辆管理旬报表。矿区有151个单位268辆车，超编招标车辆8辆。矿区党政机关公务用车专项治理办公室依据《关于开展党政机关公务用车问题专项治理工作的实施意见》对全区所有新增单位小汽车进行了编制核定工作，对超编车辆进行了调剂使用。同年10月21日至24日，由纪检委牵头，对本次清理出的8辆超编超标车集中进行了封存，并统一拍照备案。结合矿区实际，制订了《阳泉市矿区党政机关公务用车编制核定办法》，重新修订了《阳泉市矿区党政机关公务用车配备使用实施管理办法》，进一步推进公务用车制度改革，完善了矿区党政机关公务用车专项治理工作。

第二章　税　　务

阳泉解放后，境内沿用根据地税制征收各税。1950年，统一了税制，1953年修正了税制。1958年，国家简化税制，基层税务人员配合经济建设，积极开展“支帮促”活动。改革开放后，境内税收事业得到迅速发展。1984年组建了矿区税务局。1994年实现分税制，建立了以增值税为主体的流转税制，同时对所得税制进行了大幅度的改革，税务机构的设置也进行了调整，设立了矿区国家税务局和矿区地方税务局。矿区国税局和矿区地税局不断创新工作思路，加强征收管理，努力做到应收尽收。

第一节　税务体制改革

一、新中国成立至1993年的税收体制改革

1950年1月，根据政务院颁布的《全国税政实施要则》规定，除农业税外，全国开征14个税种，境内开征10个。同年7月，根据“酌量减轻民负”的原则，减并税种，调低税率，实行多种税多次征的复税制。1953年，根据“保证税收，简化手续”的原则，全面修正税制，调整税负，试行商业流通税，修正货物税、屠宰税、工商业税，简化交易税，取消特种消费行为税。全国开征14种税，境内开征9种税。1958年9月，根据“基本上在原有税负基础上简化税制”的方针，对工商税收制度进行改革，把原来的货物税、商品流通税、营业税、印花税合并为工商统一税；将所得税从工商税中划出，成为独立税种，并简化纳税环节，简化中间产品征税办法，适当调整税率，奖励协作生产。全国征收工商税收9种，境内开征7种，即工商统一税、工商所得税、盐税、车船使用牌照税、城市房地产税、屠宰税、牲畜交易税。1959年，在城市停征文化娱乐税、利息所得税，在农村停征自行车使用牌照税。1962年，开征集市交易税，后于1964年暂停征收。1973年，按照基本上保持原税负的前提下，合并税种，简化征税办法的原则，全面改革工商税制，将企业缴纳的工商统一税及其附加、城市房产税、车船使用牌照税、屠宰税、盐税合并为工商税，简化税目，调整部分税率。改革

后，对国营企业只征工商统一税，对集体企业只征工商税和工商所得税。城市房产税、车船使用牌照税和屠宰税只对个人征收。通过改革，全国开征工商税收 8 种，矿区征收 6 种，即工商税、工商所得税、城市房地产税、屠宰税、牲畜交易税，盐税。1979 年，调整城市房地产税。1983 年，执行《牲畜交易暂行条例》，开征国家能源交通重点建设基金，对国营企业推行第一步“利改税”，将国营企业原来向国家上缴的利润改为缴纳国营企业所得税。企业缴纳所得税后的利润，一部分以国营企业调节税的形式上缴国家，一部分按国家核定的留利水平留给企业作为发展生产基金。1984 年组建矿区税务局。同年 10 月，实行第二步“利改税”和工商税制的全面改革。将原工商税按征税对象划分为产品税、增值税、营业税、盐税 4 种，划细了税目，调整了税率。当年对所得税和调节税加以改进并新开征了资源税、国营企业奖金税。1985 年起，又陆续开征了城市维护建设税、车船使用税、房产税、个人收入调节税、印花税以及教育费附加、价格调控基金。1987 年，将 10 类 33 种产品的产品税改为增值税。到 1990 年年底，全国共征收工商税收 31 种，矿区征收 19 种，初步形成以流转税、资源税、所得税为主体的多税种、多环节、多层次的复合税制。

二、1994 年后的税收体制改革

（一）分税制改革

1994 年，按照国家的统一部署，矿区进行分税制改革。根据统一税法、公平税负、简化税制、合理分权、理顺分配关系、保障财政收入，建立符合社会主义市场经济要求的税制体系的指导思想，建立了以增值税为主体的流转税制，同时对所得税制进行了大幅度的改革，建立了流转税和所得税并重的双主体税制；同时税务机构的设置也进行了调整，分设阳泉市矿区国家税务局和阳泉市矿区地方税务局，分别承担相应税种的征收工作。

改革的主要内容：在税种设置和税收征管方面，以推行规范化增值税为核心，配合征收消费税、营业税，建立新的流转税制格局；统一内资企业所得税，采用 33% 的比例税率，规范企业所得税税前列支项目和标准，规范国家与企业的分配关系；改革个人所得税；调整、简并了一些税种；对税收征管制度一并进行了改革。在税种划分方面，确立了中央税、地方税和中央地方共享税。在税收的立法权、政策解释权和调整权集中于中央的前提下，中央与地方的征收管理权也作了基本划分。同时，对税收管理权限也进行了初步划分。

（二）流转税制改革

改革后的流转税制的总体税收负担基本保持原有水平。新的流转税由增值税、消费税和营业税三税并立，交叉调节。

（三）所得税制改革

内容包括企业所得税制改革、个人所得税制改革、所得税分享改革。2002 年中央财政实行了所得税收入分享改革。2008 年 1 月 1 日起，企业所得税法及其实施条例正式实施。2008 年税制改革后，增值税和企业所得税收入按中央、省级、区级分享。自 2009 年 1 月 1 日起，对 2009 年以后新增企业的所得税征管范围进行调整。

（四）其他税种改革

内容包括开征土地增值税、证券交易税、遗产和赠与税，改革城市维护建设税，调整一些税种，进行了固定资产投资方向调节税的改革。

第二节　机　　构

一、矿区解放至1994年的税务机构

1947年矿区解放至1984年，矿区境内税务由市级财政税务部门管理。民国36年（1947）5月，境内税务由市人民政府财粮科负责。民国37年7月，境内税务由市人民政府工商局管理。民国37年12月，市税务局成立，境内税务由市税务局负责管理。民国38年1月，阳泉市划归石家庄市代管，境内税务改由石家庄市税务局代管。民国38年8月，阳泉市改设为阳泉工矿区，境内税务由阳泉工矿区税务局负责管理。1952年4月，阳泉市恢复建置，境内税务由仍由市税务局负责管理。此后至1984年12月，矿区境内的税收均由阳泉市市级税务机关统一管理。

1984年12月，矿区税务局成立，自此矿区的税务由区税务局负责。根据国家税收体制改革的需要，1994年6月，分别组建阳泉市矿区国家税务局、阳泉市矿区地方税务局。

二、1994年后的税务机构

（一）阳泉市矿区国家税务局

正式成立于1994年8月，为正科级建制。内设办公室、人教股、计会股、税政股，下设桥东街税务所、矿山路税务所、第一税务所、第二税务所、稽查队，职工35人。国税局机关办公地址初设于矿区平潭四小区，1994年9月迁至深圳街8号楼，1996年6月迁至矿区桥东街申报服务大厅，2000年8月迁至日潭小区一组团5号楼矿区国税局综合办公大楼。

1995年8月，矿区国税局成立稽查分局。1996年，内设办公室、税政股、征管股、计会股、人事教育股、检察室，下设稽查分局和征收分局。稽查分局内设综合股、稽查一股、稽查二股、稽查三股；征收分局内设登记服务组、综合管理组、计会征收组、稽核追缴组。1997年7月，实行征收管理一体化改革，内设办公室、人事教育股、监察室、综合管理股、计划会计股、征收一股、征收二股、稽查股、发票管理所；下设稽查分局，稽查分局内设综合股、执行股、稽查一股、稽查二股、稽查三股。2000年，内设办公室、人事股、监察室、计会股、综合管理股、发票管理所、信息中心、征收一股、征收二股、稽查局。2005年7月，内设办公室、计划征收科（办税服务厅）、综合业务科、政工科、税源管理一科、税源管理二科。有直属机构1个：稽查局。下设事业单位1个：信息中心。2009年，内设办公室、政工科、计划征收科、综合业务科、税源管理一科、税源管理二科、稽查局、信息中心。2010年，内设办公室、政工科、收入核算科、纳税服务科、税源管理一科、税源管理二科、政策法规科、征收管理科。1个直属机构，稽查局。稽查局内设综合科、综合选案科、检查科、案件审理科、案件执行科。1个事业单位，信息中心。

2011年，内设1室7科（办公室、政工科、收入核算科、纳税服务科、税源管理一科、税源管理二科、政策法规科、征收管理科），下属机构2个（稽查局、信息中心）。

（二）阳泉市矿区地方税务局

正式组建于1994年6月2日，8月1日正式对外办公，内设办公室、税政征管股、计划会计统计股，下设赛鱼税务所、桥头税务所、马家坪税务所。

2000年，下设三个集贸税务所：赛鱼税务所、桥头税务所、马家坪税务所；一个企业管理所：日潭税务所。2002年，机关内设6个科室：办公室、人事教育科、征收管理科、计划会计科、税政管理科、纪检监察室。有2个直属机构：稽查局和征收分局。下设赛鱼税务所、桥头税务所、马家坪税务所、企业管理局。2005年1月，设立第一税务所、第二税务所、第三税务所。第一税务所即原马家坪税务所，位于平潭街东社区1组团1号楼；第二税务所即原桥头税务所，位于矿区俱乐部悦馨

居底商；第三税务所即原赛鱼税务所，位于赛鱼矿山路。原企业管理局同时改称第五税务所，位于平潭街西社区三小区。2007 年 8 月，设立第四税务所，位于河神庙美丽家园 9 - 13 号底商。

2010 年 9 月，按照省、市局房地产管理一体化要求，设立矿区地税局直属二分局，位于河神庙美丽家园 2 号底商；征收分局同时改名为直属一分局，位于日潭小区 1 组团 1 号楼。2011 年 7 月，撤销矿区地税局稽查局，其职能并入市地税局。

2011 年，矿区地税局内设 2 室 5 科（办公室、纪检监察室、人事教育科、计会科、税收政策科、征收管理科、信息科）；下属单位有 2 分局 5 所（直属一分局、直属二分局，第一税务所、第二税务所、第三税务所、第四税务所、第五税务所）。

第三节　税　　收

一、税收总量

1950 年初，政务院发布《全国税政实施要则》。矿区境内税收根据规定收 14 种税。20 世纪 60 ~ 70 年代，境内税收按照合并税种，简化征收方法，改革不合理的工商税收制度的指导思想，对工商税制又进行了一次简并。20 世纪 80 年代，矿区税收按照国家的有关要求对部分国营企业实行第一步利改税。

1994 年实行分税制后，当年全区税收总量 2035 万元。其中，国税收入 1002 万元，占税收总量的 49.24%；地税收入 1033 万元，占税收总量的 50.76%。此后矿区税收总量逐年递增。至 2011 年，全区税收总量达到 47457 万元，17 年中增长了 22 倍，年均增长 20.35%。其中，国税收入完成 22057 万元，占税收总量的 46.48%；地税收入 25400 万元，占税收总量的 53.52%。18 年中，全区税收总量累计 233865.9 万元。其中，国税收入累 110167.9 计万元，占税收总量的 47.11%；地税收入累计 123698.0 万元，占税收总量的 52.89%。

1984 ~ 1993 年阳泉市矿区分税种征收情况表（1）

表 8 - 10（1）　　单位：万元

年份	工商税	工商所得税	产品税	增值税	营业税	集体企业所得税	城乡个体所得税	个人收入调节税	私营企业所得税	城市维护建设税	车船使用牌照税	车船使用税	城市房地产税	房产税
1984 年	55.0	18.4	6.2	0.6	27.0	—	—	—	—	—	0.3	—	1.9	—
1985 年	—	68.8	50.5	0.70	187.3	—	—	—	—	13.4	—	—	—	—
1986 年	—	—	80.1	6.1	202.5	89.2	6.2	—	—	18.9	—	—	—	—
1987 年	—	—	50.9	8.6	218.5	89.7	8.9	—	—	18.8	—	2.6	—	5.4
1988 年	—	—	37.0	40.4	282.2	53.8	12.1	0.1	—	24.4	—	4.1	—	6.2
1989 年	—	—	27.7	73.9	426.1	71.3	17.6	17.2	0.2	35.6	—	5.1	—	6.2
1990 年	—	—	15.1	110.6	461.7	130.1	20.8	9.9	0.4	41.5	—	7.1	—	6.7
1991 年	—	—	24.49	121.15	539.61	131.67	27.34	14.61	0.79	44.83	—	3.91	—	8.77
1992 年	—	—	38.82	147.75	627.32	135.16	29.80	12.13	0.47	55.57	—	8.18	—	11.27
1993 年	—	—	110.90	212.39	870.29	180.33	42.43	20.90	1.08	82.43	—	3.50	—	16.97

1984～1993 年阳泉市矿区分税种征收情况表（2）

表 8－10（2） 单位：万元

年份	城镇土地使用税	屠宰税	资源税	奖金税	国营企业工资调节税	建筑税	印花税	特别消费税	滞罚收入	国营企业所得税	国营企业调节税	能源交通基金	预算调节基金	其他	合计
1984 年	—	—	—	—	—	—	—	—	—	6.2	—	5.7	—	—	121.3
1985 年	—	—	3.0	1.9	—	0.3	—	—	0.3	28.1	0.1	13.3	—	—	374.0
1986 年	—	0.2	0.4	18.5	—	—	—	—	0.1	32.8	0.1	8.6	—	—	463.7
1987 年	—	0.3	3.6	0.5	—	5.2	—	—	1.1	35.0	—	8.7	—	—	457.8
1988 年	—	0.1	8.2	3.0	—	—	—	—	1.1	56.2	—	17.5	—	3.6	550.0
1989 年	7.1	0.3	6.2	1.6	—	2.5	3.4	—	2.8	26.5	—	20.9	21.8	13.4	787.4
1990 年	6.3	0.4	13.7	21.5	0.2	3.7	2.5	0.5	5.4	26.3	—	34.2	49.7	19.3	987.6
1991 年	2.96	0.24	11.45	18.94	0.61	10.54	2.23	—	2.97	—	—	—	—	—	967.11
1992 年	3.24	0.11	25.20	11.65	0.22	—	4.14	—	6.21	0.09	—	—	—	—	1117.33
1993 年	3.28	0.02	39.90	6.85	0.82	—	4.74	—	7.31	—	—	—	—	—	1604.14
1994 年	2035.0	1002.0	49.24	1033.0	50.76	—	—	—	—	—	—	—	—	—	—
1995 年	2487.4	1296.4	52.12	1191.0	47.88	—	—	—	—	—	—	—	—	—	—
1996 年	2877.0	1449.0	50.36	1428.0	49.64	—	—	—	—	—	—	—	—	—	—
1997 年	3220.9	1614.9	50.14	1606.0	49.86	—	—	—	—	—	—	—	—	—	—
1998 年	3239.6	1750.6	54.04	1489.0	45.96	—	—	—	—	—	—	—	—	—	—
1999 年	3653.0	1603.0	43.88	2050.0	56.12	—	—	—	—	—	—	—	—	—	—
2000 年	3815.0	1759.0	46.11	2056.0	53.89	—	—	—	—	—	—	—	—	—	—
2001 年	4175.0	1957.0	46.87	2218.0	53.13	—	—	—	—	—	—	—	—	—	—
2002 年	5065.0	2575.0	50.84	2490.0	49.16	—	—	—	—	—	—	—	—	—	—
2003 年	5891.0	3021.0	51.28	2870.0	48.72	—	—	—	—	—	—	—	—	—	—
2004 年	7740.0	4249.0	54.90	3491.0	45.10	—	—	—	—	—	—	—	—	—	—
2005 年	10882.0	5731.0	52.66	5151.0	47.34	—	—	—	—	—	—	—	—	—	—
2006 年	12970.0	6895.0	53.16	6075.0	46.84	—	—	—	—	—	—	—	—	—	—
2007 年	22765.0	12065.0	53.00	10700.0	47.00	—	—	—	—	—	—	—	—	—	—
2008 年	25355.0	9355.0	36.90	16000.0	63.10	—	—	—	—	—	—	—	—	—	—
2009 年	31353.0	13903.0	44.34	17450.0	55.66	—	—	—	—	—	—	—	—	—	—
2010 年	38885.0	17885.0	46.00	21000.0	54.01	—	—	—	—	—	—	—	—	—	—
2011 年	47457.0	22057.0	46.48	25400.0	53.52	—	—	—	—	—	—	—	—	—	—
合计	233865.9	110167.9	47.11	123698.0	52.89	—	—	—	—	—	—	—	—	—	—

1994～2011年阳泉市矿区国税局税收完成情况表

表8－11 单位：万元

年份	增值税	消费税	企业所得税	个人所得税	外国企业所得税	印花税	营业税	滞罚收入	合计
1994年	937.6	0.4	30.0	31.0	—	—	—	3.0	1002.0
1995年	1193.7	2.8	35.9	56.3	—	0.1	—	7.6	1296.4
1996年	1350.9	5.2	85.8	—	—	—	—	7.1	1449.0
1997年	1506.3	3.3	82.4	—	—	—	8.8	14.1	1614.9
1998年	1698.3	1.4	43.1	—	—	—	7.8	—	1750.6
1999年	1589.0	2.0	—	—	1.0	—	11.0	—	1603.0
2000年	1649.0	1.0	－14.0	90.0	22.0	—	11.0	—	1759.0
2001年	1701.0	1.0	5.0	99.0	—	—	8.0	143.0	1957.0
2002年	2044.0	—	—	413.0	—	—	38.0	80.0	2575.0
2003年	2529.0	—	5.0	379.0	—	—	18.0	90.0	3021.0
2004年	3709.0	—	20.0	410.0	—	—	11.0	99.0	4249.0
2005年	5083.0	—	77.0	402.0	—	—	—	169.0	5731.0
2006年	6086.0	—	303.0	451.0	—	—	—	55.0	6895.0
2007年	11049.0	—	413.0	563.0	—	—	—	40.0	12065.0
2008年	8309.0	—	342.0	520.0	—	—	—	184.0	9355.0
2009年	11976.0	2.0	1696.0	229.0	—	—	—	—	13903.0
2010年	14466.0	2.0	3336.0	81.0	—	—	—	—	17885.0
2011年	17996.0	3.0	4027.0	31.0	—	—	—	—	22057.0

1994～2011年阳泉市矿区地税局税收完成情况表

表8－12 单位：万元

年份	营业税	城建税	企业所得税	个人所得税	印花税	房产税	契税	车船税	土地使用税	土地增值税	资源税	投调税	滞纳金	合计
1994年	523	102	187	36	5	27	—	4	7	—	59	77	6	1033
1995年	713	110	149	46	5	41	—	5	5	—	35	77	5	1191
1996年	781	140	189	108	6	47	0.2	4	14	—	36	99	4	1428
1997年	882	139	266	138	9	55	2	5	17	—	35	58	—	1606
1998年	983	128	81	85	16	86	3	6	12	—	42	47	—	1489
1999年	1036	177	374	178	22	91	14	9	12	2	68	67	—	2050
2000年	960	183	345	273	41	92	20	7	12	—	36	87	—	2056
2001年	1094	166	393	231	21	109	110	12	7	1	71	3	—	2218
2002年	1224	262	252	250	20	232	170	7	44	—	29	—	—	2490

续表 8-12

年份	营业税	城建税	企业所得税	个人所得税	印花税	房产税	契税	车船税	土地使用税	土地增值税	资源税	投调税	滞纳金	合计
2003 年	1430	313	300	295	67	277	83	18	10	—	77	—	—	2870
2004 年	1683	514	408	259	152	280	90	42	12	—	40	—	11	3491
2005 年	2786	694	412	448	164	301	187	56	30	3	70	—	—	5151
2006 年	3419	843	506	612	106	163	268	56	30	—	72	—	—	6075
2007 年	6537	1395	919	991	161	372	171	48	19	3	84	—	—	10700
2008 年	10173	1600	1327	1885	359	294	90	98	55	2	117	—	—	16000
2009 年	8935	2440	1543	1874	1191	484	124	95	655	6	111	—	—	17458
2010 年	8686	3169	2492	2858	1452	554	979	125	463	4	218	—	—	21000
2011 年	9868	4271	3627	3446	1397	766	630	189	968	1	249	—	—	25412

二、税收结构

增值税：开始实行分税制的 1994 年，全区增值税收入 937.6 万元，占税收总量的 46.07%；至 2011 年，增值税收入达 17996 万元，占比下降为 37.91%；18 年中，增值税收入累计 94872.8 万元，占税收总量的 40.56%。

营业税：1994 年营业税收入 523 万元，占税收总量的 25.70%；至 2011 年，营业税收入达 9868 万元，占比上升为 20.79%；18 年中，营业税收入累计 61826.6 万元，占税收总量的 26.43%。

消费税：1994 年消费税收入 0.4 万元，2011 年消费税收入为 3 万元。18 年中，消费税收入仅 24.1 万元，占税收总量的 0.01%。

企业所得税：1994 年企业所得税收入 217 万元，占税收总量的 10.66%；至 2011 年，企业所得税收入达 7654 万元，占比上升为 16.12%；18 年中，企业所得税收入累计 24257.2 万元，占税收总量的 10.37%。

外国企业所得税：18 年中，仅 1999 年、2000 年两年有少量税收收入，合计 23 万元，仅占税收总量的 0.01%。

个人所得税：1994 年个人所得税收入 67 万元，占税收总量的 3.29%；2011 年，个人所得税收入 3477 万元，占比上升为 7.32%；18 年中，个人所得税收入累计 17768.3 万元，占税收总量的 7.60%。

城市维护建设税：1994 年城市维护建设税收入 102 万元，占税收总量的 5.01%；至 2011 年，城市维护建设税收入达 1600 万元，占比上升为 6.31%；18 年中，城市维护建设税收入累计 6766 万元，占税收总量的 5.82%。

其他税种（包含印花税、房产税、契税、车船税、土地使用税、土地增值税、资源税、投调税）及滞罚收入：1994 年收入为 188 万元，占税收总量的 9.24%；至 2011 年，收入达 4200.0 万元，占比下降为 8.85%；18 年中，其他税种及滞罚收入收入累计 18468.1 万元，占税收总量的 7.90%。

第四节 征收管理

一、税务登记、纳税申报

1971 年矿区后，对纳税户普遍进行纳税登记鉴定，企业交纳的流转税一般每月申报一次，国有企业所得税每月申报一次，集体企业所得税每季度申报一次。80 年代，基层税务所建立了管户基本情况等13种台账和10种报表。90年代，将个体纳税申报作为管理目标进行落实和考核。

1994年10月，根据山西省《关于在全省统一换发税务登记证的通知》，为全区所有纳税人换发了税务登记证。1995年，按照《阳泉市国家税务局纳税申报管理暂行办法》和《阳泉市地方税务局纳税申报管理制度》，进一步开展了纳税申报工作。从1996年7月开始，逐步推开电子申报系统和采集税收信息无纸化，为税收管理现代化奠定了基础。2000年，矿区国税局对建立管户台账、纳税申报管理、文书使用加以规范，矿区地税局建立了税务登记底册和市场管户纳税档案。

2001～2005年，矿区国税局和地税局不断强化纳税申报和管户核对工作，定期与工商部门交换信息，加强协调配合，及时掌握新办、停业、注销税务登记等方面的情况，严防漏征漏管，提高了管户的申报率。简化办税手续，推行一表式申报，推行划卡缴税，探索和试点电话申报和网上申报等新型方式。

2006～2010年，进一步加强税务登记信息的核准工作，查缺补漏，加强实地巡查，减少了漏征漏管。进一步推行多元化的纳税申报方式，还推出部分涉税业务“同城通办”服务。2010年，开通财税库银横向联网系统，减少了纸质开票。

2011年，矿区国税局和地税局建成涵盖税收政策咨询、表单下载、纳税人信用等级等内容的服务类网站，开展了网上申报业务，分别有262户和411户纳税人实现了网上申报。

二、发票管理

20世纪50年代初，境内开始实行统一的发票管理制度。60年代，各类企业和个体户使用坐商发票，临时经营和无证个体户使用行商发票。80年代，矿区企业统一使用阳泉市印制的发票。90年代，发票管理进一步规范化，规范了领用手续，严格库存管理，开展经常性发票专项检查，确保万无一失。1999年，在全区推行IC卡发售发票。

2000～2005年，引深以票管税，净化税收环境，改善税收秩序，严厉打击制造和使用假发票的违法犯罪行为。2006～2008年，开展了运输发票专项检查，打击利用“四小票”（海关完税凭证、运输发票、废旧物资发票、农产品收购凭证）偷逃国家税款的行为。对租赁和挂靠车辆实行代开运输发票，加强建筑业发票管理。

2009～2010年，矿区国税局实行发票领购等事项集体评审制度，加大抵扣凭证的审核检查力度。矿区地税局全面实现发票计算机软件管理。

2011年，矿区国税局规范普通发票管理，简并普通发票种类工作全部落实到位，在纳税人中推行通用机打发票。矿区地税局实行“查账必查票、查案必查票、查税必查票”；发票使用情况的检查同各类税收检查一同布置、一同组织、一同进行、一同检查；组织对饮食服务业、宾馆住宿业、房地产业、房屋租赁业等行业发票使用的自查辅导；推行机打发票。

三、减免税管理

矿区解放后，实行高度集中的税收管理体制，税收减免权集中于中央。20世纪50年代，税收减免权限有所放宽。70年代，国家规定，市税务局可以审批千元以下欠税的豁免和地方各税的减免。1984年，按照国家规定，矿区税务局对街道以下企业和个体户有减免税的审批权。90年代，对违反税收规定的企业进行了补税款、罚款的处理。1994～2000年，进行减免税的清理整顿。利用税收优惠政策，为矿区困难企业减免税款。

2001～2010年，做好培训工作，确保各项税收优惠政策执行到位。完善减免税台账，强化减免税审批及日常管理的全程监督。做好国家税收优惠政策的宣传工作，发放税收优惠政策手册，建立税收优惠政策跟踪问效制度。开辟下岗再就业减免税绿色通道；为下岗职工减免税务登记证工本费。为小型微利企业减免企业所得税。落实残疾人企业、出口退税等税收政策。

2011 年，落实下岗就业和弱势群体税收优惠政策和结构性减税政策，落实增值税起征点税收优惠政策，受到了纳税人的广泛好评。

四、税源监管

1984 年矿区税务局成立后，采用减免税和以税还贷等办法扩大税源。1990～1993 年，矿区税务局强化对省级收入企业、重点大中型企业及重点行业的税源监控。

1994～2000 年，矿区国税局建立了重点税源监控网，指定专人跟踪监控，随时掌握企业的生产经营、资金运行和税金实现、解缴情况。矿区地税局组织管户税源清理摸底和登记造册，建立税源数据库，实施重点税源管理。

2001～2004 年，矿区国税局进一步加强了重点税源监控网的建设工作，年纳税额 50 万元以上的企业和具有行业代表性的企业全部纳入市局重点税源监控网络管理。矿区地税局进一步完善了市、区、专管员三级重点税源监控体系。2005～2006 年，矿区国税局和矿区地税局分别确定重点税源户，实行专人分户跟踪式的管理。建立税负预警制度。2007～2009 年，矿区国税局开展新增税源调查，建立重点税源企业定期交流回访制度。矿区地税局强化外来施工队伍管理，将小税种纳入税源监控范围；预测与分析并重，推行全员协助管户制度。2010～2011 年，矿区国税局强化重点税源企业日常管理和监控。矿区地税局建立重点税源月度分析制度。

五、税务稽查

1984 年矿区税务局成立后，成立稽查队和检查组，主要负责打击偷抗税犯罪活动。1992～1993 年，矿区税务局制订和完善了目标管理办法、奖惩办法和稽查工作制度。

1994～2002 年，矿区税务部门不断强化税务稽查工作，加大稽查执法力度，严格稽查执法行为，推行稽查工作标准化管理，建立健全稽查工作制度，设立了税务违法举报中心，设置了举报箱，公布了举报电话，设立了举报奖励基金。

2003～2008 年，矿区税务部门实施稽查档案电子化管理。国税、地税、工商部门联合对漏征漏管户进行专项清理。矿区国税局实施精细化管理，建立健全了两个机制：以能级管理为基础的激励机制；以入库率等“稽查九率”为标准的工作考评机制。建立了稽查建议制度，对内促征管质量提高，对外宣传税收政策，促企业提高财务管理水平。矿区地税局围绕建设服务型稽查机关开展工作。实施一次稽查，减少了对纳税人的干扰。实施调账检查，减轻纳税人负担。实施检查回访，减少违规现象。建立健全了首查责任制、稽查复查、重大案件集体审理等工作制度。

2009～2011 年，矿区国税局将税收日常检查、专项稽查有机结合起来，加大对重点行业、重点项目的稽查力度，严肃查处增值税转型后部分企业将以前年度固定资产列入当期抵扣等违法行为。矿区地税局强化稽查业务培训，不断提高稽查干部队伍的业务素质和稽查技能。开展了超市行业和工业企业专项检查；加强个人所得税代扣代缴检查监督力度；开展阳光稽查，推行查前告知，构建和谐的稽查环境。

六、欠税管理

1984 年矿区税务局成立后，不断加大欠税管理力度，大力清理欠税。1990～1993 年，矿区税务局对纳税户进行重点检查、清欠。1994～2000 年，矿区税务部门对历年旧欠进行全面摸底登记，实行清欠目标责任制。

2001～2005 年，矿区国税局按照市国税局制定的《税收执法责任追究制度》，严格执行“四条纪律”（加收滞纳金、不准虚收探收、延期纳税审批、期初存货已征税款审批）；制订了欠税公告制度、报告制度、定期反馈制度、责任追究制度；对发布欠税公告实行四级把关、四级审核。矿区地税局对各类欠税区别对待，分类管理；建立欠税档案，实行重点监控。

2006～2010 年，矿区国税局以“杜绝新欠发生、陈欠全部清理”为目标，层层分解清欠计划，严格以票控税；建立欠税预警机制，严格控制新欠税款，采取有效措施，加大陈欠税款的清理追缴力度。矿区地税局对欠税企业重新核实，逐个登记，摸清底数，实行实时监控管理；对于享受税收减免税的欠税企业，采取先还欠再享受的办法，清理陈欠压缩新欠。

2011 年，矿区地税局加大欠税清缴力度，陈欠余额比上年下降 16.7%，实现了全年无新欠的目标。矿区地税局开展清偿能力评估，强化清欠工作目标责任考核，加强监控，杜绝新欠发生。

七、信息化建设和管理

1984 年矿区税务局成立后，在税收征管工作中逐步引入计算机及其应用技术。20 世纪 90 年代，集中资金改善通讯、微机等办公条件，积极探索计算机管人管税新机制，大力推广各类管理软件，建立了集中发布式计算机网络征管系统。

2001～2005 年，矿区国税局和矿区地税局基本完成信息化基础设施建设，陆续购置了网络设备和微机设备。

2006～2011 年，矿区税务部门对微机和网络设施设备进行改造更新，推广使用税收综合征管软件、税收管理员辅助软件等一系列软件，对安全监控设施进行更新升级，按照“分级保护与分类管理相结合，行政管理与技术防范相结合，防范外部与控制内部相结合”原则，完善了安全管理机制，加强网络安全保密技术防范和管理工作，对发现的问题及时进行整改。制订了《网络安全管理办法》《系统网络故障应急预案》《机房管理制度》等信息化制度。在大厅安装电子显示屏，开通了电话语音服务和短信提醒服务。2009 年，国税、地税、工商三方还进行管户信息交换，全力推进税收征管电子档案管理系统应用，录入各类纳税人基础资料。分期分批对员工进行税务办公软件应用技能培训，选派专业人员参加省局组织的技术培训，还派人到兄弟单位参观学习先进经验。

第九编 煤　　业

阳泉市矿区煤炭资源丰富，煤业的历史可以上溯到宋元时期。以英福公司为代表的西方资本的侵入，激起了山西包括阳泉矿区绅商民众的反抗斗争。光绪三十二年(1906）开始筹建、两年后获批成立的保晋公司的成功运营，是境内近代煤炭工业兴起的标志。但直到新中国建立前，境内民族煤炭工业发展异常艰难。1949 年后，在中国共产党领导下，矿区煤炭生产获得巨大发展，成为全国十大煤炭企业之一，装备技术不断进步，劳动生产率和资源回收率不断提高，生产安全和环境保护不断加强，同时发展煤炭加工，加大市场营销力度，赋予了煤炭工业长久的活力。

第一章　发展概况

阳泉矿区煤炭资源丰富，埋藏浅、露头多，北宋以前民间就进行煤炭开采。至清末，采煤已成境内百姓赖以谋生的产业。清光绪十三年（1887）蒙村清泉亭庙碑记载：“斯山也，虽未尝产金，而煤窑十数座，亦不啻兴宝藏焉”，碑文称“环蒙河而居者二百余家”，“朝而往，暮而来，奔走于窑冶者则十有八九焉”。到19世纪末，由于西方资本的侵入，这种情况开始发生改变。

第一节　近代煤炭工业的兴起

一、福公司及其活动

（一）攫取矿权

同治九年至十一年（1870～1872），德国地质学家李希霍芬两度到中国山西考察，阳泉矿区是其关注的重点之一。在随后完成的著作中，李希霍芬对山西煤矿的分布、地质情况、煤层厚度、煤质、储量、煤炭价格、运煤路线以及地方官府对煤矿的管理情况作了详细记述，称山西的煤炭储量巨大，取之不尽，约有6300亿吨之多，极有开发价值，引起欧美商会重视。

光绪二十三年（1897）春，意大利人罗沙第以开发中国山西等地煤铁资源为目的，发起成立由英国、意大利资本组成的“福公司”（The Peking Syndicate Ltd），开办资本2万英镑，在英国伦敦注册，同年在北京设立办事处，并与山西晋丰公司签订贷款合同，取得盂县、平定、泽州、潞安等处的煤铁矿权。光绪二十四年，合同获得清政府批准，引发山西商民强烈不满和反对，纷纷要求加以取缔。清政府迫于民众压力，将当事人胡聘之、刘鹗革职，并由总理衙门（后于1901年改称外务部）直接主持山西矿权的谈判。同年四月初二（5月21日），与福公司签订《山西开矿制铁以及转运各色矿产章程》19条，期限60年。福公司由此取得盂县、平定州、泽州府、潞安府与平阳府煤铁以及石油开采权和修路、架桥等一系列的专办特权。随后，福公司派葛拉斯率勘察队复查山西煤田，确认李希霍芬的结论是准确的。

光绪三十年初，福公司开始进行开矿的前期工作。在平定州平潭镇（今矿区平潭东社区）购置房产，建立地测作业基地。光绪三十一年3月，福公司委派萧密特赴平潭任测量总工程师。7月，盛宣怀铁路总公司督办背着山西商民与英福公司续订《拟设山西熔化厂并合办山西潞、泽、平、盂、平阳矿务合同》4条。

（二）滋事扰民

光绪三十年（1904）福公司人员在平潭落脚后，摆出一副殖民者的姿态，滋事扰民，多次激起民愤。在住所旁边竖起“华人与狗不准靠近”的牌子，养了一群洋狗看家护院，咬人断路；牵着洋狗在平潭及周边地区勘矿。萧密特在田间散步时，甩出一根绳索，缠住田间锄草的儿童取乐。一条洋狗窜入平潭李家祠堂撒尿，咬伤李氏老太。光绪三十一年9月，福公司人员在平定黑砂岭南天门附近探矿时，所带的两条洋狗将过路的平定士绅黄熺年咬伤致死。同年11月3日，福公司人员在蒙村一带插旗打桩，强划矿界，将在现场抗议的平定士绅黄世芬用刀砍伤，不治身亡。

（三）阻民开矿

光绪三十年（1904）福公司人员进入平潭后，在桃河两岸到处绘地图、埋界石、插英旗，不准中国商民开采。

光绪三十一年5月3日，福公司路矿总工程师利德向山西巡抚提出办理开采煤矿手谕，限制当地人开采煤窑。6月27日和29日，福公司代表哲美森两次向山西巡抚张人骏要求专办矿务，索取平定、盂县等地的开矿凭单，要求封禁煤窑，禁止再开新窑。7月，福公司给山西商务局发函，要求禁开民窑。上述要求均遭拒绝。8月16日，福公司人员出动封禁平潭蔡洼沟朱千户、黄汝彦煤窑，遭到抵制，于次日到平定州府告状，被知州驳回。8月20日，英国驻华使馆照会清政府外务部，要求禁止山西平定等地民众开矿。11月24日、27日，福公司总董哲美森向山西商务局总办刘笃敬提出专办山西矿务的要求，遭刘笃敬驳回。

光绪三十二年12月31日，英国政府声明，如不发给开矿凭单，自1907年正月初一起，每日要赔付福公司200英镑，外务部予以拒绝。

光绪三十三年10月，英驻华公使两次照会外务部，要求农工部注销山西保晋总公司，遭外务部拒绝。

二、平潭商民与福公司

光绪三十年（1904），福公司人员到处埋界石、插英旗，不准中国商民开煤窑。平潭商民奋起反抗，拔旗毁桩，选址开矿。平潭村民翟培源在街上贴出“狗仗狗势，欺人太甚”的标语；牛惇隆、王振邦、王愣三等人带本地十余条猛犬恶斗洋狗，大挫洋狗凶势。

光绪三十一年3月7日，平定保艾会成立，官沟人张士林任副会长。5月，保艾会决定“先行占矿”。到7月8日，桃河两岸已开新旧煤窑43处。9月14日，受保艾会委派，张士林亲驻平潭，指挥村民插桩划界开矿。黄守渊及张士林各捐白银五百两作为活动费用。9月25日，平潭村村长沈简堂领着老弱病残60余人到福公司驻地将门围住，进行声讨，嗷嗷吟唱，悲伤声、吟唱声、哀怒声混杂在一起。福公司人员心烦气怒，却不敢出门半步。10月8日，平定矿产公会成立。12月3日，平定州三百多名佛徒云集平潭举行法会。

光绪三十一年9月黄熺年被福公司恶狗咬伤去世后，平潭五百乡民于10月4日包围福公司平潭住所，10日八百乡民搭棚吊唁，12日又聚众1000余人。10～12日，平潭剧社班主“油糕旦”葛熙贤身穿慈禧太后赏赐的黄马褂，领着戏班在平潭赛剧，名伶蔡春成、史凤存也都跟着来唱戏。平定城东关的杜谦举着皇上赐给的黄旗，率族人杜晋、杜升、杜恒、杜元善、杜元和、杜元仲到平潭主灶做饭，豆叶菜、粗粮夹带浑汤，昼夜舍饭于聚会民众，并给聚会民众每人每日发二十文钱作误工补偿。20日，平潭人牛脖颈雇64人抬棺，32人执盖，僧道俗乐到州衙告状。后聚众至2000余人。

光绪三十二年2月6日（元宵节），平潭街上演秧歌赛剧，剧目以矿权、生计为内容。福公司人员龟缩在驻地，不敢出门。2月13日，北京、上海报界十余人士到平潭采访山西矿务，了解民生疾苦，报界人士呼吁“还我矿权和生存来源”。3月10日，胡聘之、渠本翘到平定向黄守渊赠银20万两，用于保艾公司购地；向张士林赠银1万两，用于平潭镇举办秧歌赛剧活动。10月13日，山西阳高县留日学生李培仁以身殉矿，蹈海而死。10月23日，李培仁灵柩返并时，平潭村设灵路祭，吊祭者有上千人。

黄世芬被砍伤后，卧床两年，于光绪三十三年7月29日不治身亡。矿产公会开吊三月。出殡前半月，在平潭古街设灵堂，黄氏祖传秘艺面之皇壁于棺柩前供奉，僧道唱诵经文，鼓乐吹打随之，吊祭者哭泣声不绝。10月30日发丧埋葬，平定知州与民众悼念，胡聘之携晋抚所书祭匾“护脉之颎”，扶柩送行，蔡侗撰写墓表，黄汝彦讲述生平，黄守渊作祭文，孙笥经任司仪。诸公各送挽联，颂黄公之德之义，保艾会、固本会、矿产公会放鞭炮壮其行。晋商渠本翘携省城绅商同仁祭吊，平潭村长沈简堂携村民祭奠。平定知州拘押福公司行凶之人披麻戴孝跪于灵前忏悔。民众、族人拥棺到坟地埋葬。

光绪三十三年11月1日，平定知州派人到福公司平潭住所，搜获其非法运进的枪支、子弹、器械等并予以收缴、封存。

光绪三十三年十二月十七日（1908 年 1 月 20 日），山西商务局与英福公司在北京订立《赎回开矿制铁转运合同》12 条，保晋矿务总公司以 275 万两白银，将潞、泽、平定、盂县、平阳各矿赎回自办。二十一日，消息传来当晚，平潭剧社演出戏剧，民众点燃社火庆祝，黄氏火铺捐出的焰火爆竹，通宵达旦燃放。英福公司从阳泉各矿点撤走。

三、保晋公司及其经营活动

（一）沿　革

保晋公司全称“山西全省商办矿务保晋有限公司”，从创办至被迫停业的 30 年间，经历了 4 个时期。

创办时期（1906～1916）。光绪三十二年（1906）冬，刘懋赏、冯济川等爱国绅商着眼于“赎回矿权自办”的目的，禀请山西巡抚恩蕙棠创办保晋公司。“保晋”，即保护山西矿产资源之意。山西籍京官赵国良等拟具章程，推举渠本翘为总经理。保晋总公司设在太原海子边，并在平定、寿阳、大同、晋城、石家庄、保定、北京等地设立分公司或分销处。该公司使用机器进行生产，开阳泉以至山西全省近代煤炭工业之先河。光绪三十三年春，保晋公司呈请农工商部奏准立案，但迟迟未获批复。光绪三十三年十二月十七日，由清政府外务部出面调停，山西商务局与福公司签订《赎回开矿制铁转运合同》，收回矿权。光绪三十四年六月初三（1908 年 7 月 1 日），保晋公司呈奉农工商部批准奏明在案，颁发关防，正式成立。宣统二年（1910），渠本翘赴京供职，刘笃敬继任总经理，直至民国 5 年（1916）。

扩充时期（1916～1924）。民国 5 年，刘笃敬因年老卸任，崔廷献接任总经理。8 月，保晋公司总部由太原海子边迁至阳泉火车站。数年间，保晋公司将借垫之款陆续收回，用于添置机器，开办工程，增加产量，竭力整顿。特别是公司总部迁至阳泉后，就近管理，公司营业蒸蒸日上。民国 11 年 10 月，崔廷献调任河东道尹，常旭春任总经理。之后，保晋公司因田亩款继续拨还，资金较为充裕，工程力事扩充，销路逐渐推广，营业日见起色。

呆滞时期（1925～1930）。正当保晋公司的亏损得到弥补，营业有所起色时，国内军阀混战，使保晋公司接连遭受沉重打击，从而结束了它短暂的繁荣，出现了呆滞局面。民国 16 年，铁路因战乱连续中断，销路闭塞，保晋公司阳泉各矿厂陷于停产状态，加之捐税繁多，公司所作的努力无济于事，亏损连连，财务又重新出现赤字。

危机时期（1931～1937）。民国 20 年“九一八”事变后，东北三省被日军占领。保晋公司市场日渐缩小，销路接连堵塞，亏损大幅增加。民国 26 年（1937）10 月，日军侵占阳泉，经营 30 年之久的保晋公司被日军劫夺。

（二）经　营

保晋公司在经营方面，只收华股，不收“洋”股。保晋公司历次修订的章程中都明文规定：“只收华股，不收洋股，附股者如有将股票售予洋人与外人，经本公司查知，或经他人转告，立将所入之股注销不认。”此为保晋公司立企之本。

保晋公司实行责权明确的企业制度。学习、仿效西方股份公司的办企经验，设置主权机关、领导机关、执行机关，做到责权分明。两次进行改革，革除弊端，实行分公司各自核算；精简机构，取消把头；招聘贤才，改单纯推荐为考试择优；促成了公司快速发展。该公司重视市场，成立伊始，即在石家庄、保定、北平、天津、上海、济南、武汉等地设立分销处，市场营销观念超前。

该公司引进先进科技，采用机器生产。保晋公司对地质情况进行了调查分析，确立了标志层，进行了地质普查，绘制了阳泉矿区地质图，测绘了 1 ∶ 2 万地形图和矿界，进行矿井设计。保晋公司阳泉各矿厂投巨资购置机器，逐步由机器替代人工，技术含量不断增加，使原煤产量大幅提高。保晋公司筹办的光绪三十三年，年产量仅2215吨；民国5年（1916）保晋公司总部由太原迁至阳泉时，年产量为69072吨；民国13年达到410953吨；民国25年，阳泉地区产煤65.62万吨，其中保晋公司阳泉矿厂产煤40万吨，占阳泉地区煤产量的60%。保晋公司自创办到民国26年的30年间，阳泉矿厂共产煤502.32万吨。

民国6年9月，该公司建立与煤炭工业相匹配的企业保晋铁厂，从日本购进先进的高炉炼铁设备，聘用高素质的技工和管理人才，开山西现代冶铁之先河。

第二节　抗日战争和解放战争时期

一、抗日战争时期

民国26年（1937）10月，日军侵入阳泉，劫夺了保晋公司和建昌公司的煤矿，交由“南满铁道株式会社”的子公司“兴中公司”经营，改称“山西军管理第四厂”。民国29年12月，日军成立“山西煤矿矿业所”，将“山西军管理第四厂”改称“阳泉采炭所”。

民国30年起，日军使用劫夺保晋公司阳泉矿厂的汽动力压风机，先后开凿了东亚坑立井和小南坑、善邻坑、大南坑、共荣坑斜井；连同太原西山、东山和寿阳的3处矿井，共投资1329.9万元。

在开采方法上，阳泉采炭所各矿井改变保晋公司时期的变形房柱法为残柱式和高落式采煤法。除开采丈八煤外，还首次开采七尺煤，并用炸药爆破落煤，机械动力也由过去以蒸汽为主改为以电力为主。民国30年，年产煤101万吨。日军8年中阳泉煤矿共产煤480万吨，回收率仅17%，约有2300万吨煤炭资源被丢弃地下。高落式残柱采煤法顶板裸露面积大，冒顶事故超过历史上任何时期，死于冒顶事故的矿工无法统计。

阳泉采炭所各矿井在井下采用日制电桥式理研瓦斯检定器检查瓦斯。但由于不重视改善通风条件，原保晋公司购置的通风机一直闲置未用，仍靠自然通风，导致夏季采掘工作面温度高达30℃，有的高达40℃，煤炭自燃及瓦斯燃烧和爆炸的事故不断发生。8年间，大的瓦斯爆炸事故就有4次，死亡矿工不计其数。民国31年10月，二矿井下的一次瓦斯爆炸，死伤矿工100多人；两年后该矿又一次瓦斯爆炸，有60名矿工遇难。

阳泉采炭所各矿井采用蒸汽泵和电力泵排水。民国31年，共有蒸汽水泵24台，功率233.7千瓦；电动水泵9台，功率68.4千瓦。之后，因采用高落式残柱采煤法生产，使井下涌水量增大。随着发电厂建成供电，电动水泵数量增加到36台，总功率达940.8千瓦，而蒸汽水泵仅剩1台，功率7.4千瓦。使用电水泵最多的是简子沟坑，有11台，其中功率最大的为73.5千瓦。日军投降后，由于矿井停工停产，一些排水设备被破坏，致使矿井被水淹没。

阳泉采炭所各矿井初时仍沿用旧法分选。后所产煤炭不分块末全部外运，在井下增加由采煤工挑拣矸石的工序。到民国33年，在简子沟修建了简易铁路装车煤仓，安装了固定筛进行筛选。

民国28年10月，日军完成了正太路的改造，将原来的窄轨换成标准轨。之后，又对一、二、五坑旧有的铁路运煤装车线进行了改造和延长。至民国31年，出岔增加到8股，线路总长约5.5千米。民国31年，阳泉采炭所在桃河上架设了两座由混凝土桥墩、木结构桥面组成的运煤桥，上铺轻便铁轨，由蒸汽无极绳绞车（后由电力无极绳绞车取代）牵引矿车运输。这两条运输线，一条从三坑（原保晋公司第三矿厂）至赛鱼火车站储煤场，全长1500米；另一条从四坑（后为阳煤集团四矿）至正太铁路南储煤场，全长1870米。

二、解放战争时期

民国34年（1945）8月，抗日战争取得胜利，阎锡山勾结日军抢先接收阳泉煤矿。9月，阎锡山的“山西人民公营事业督理委员会”接管“阳泉采炭所”并组成“阳泉矿厂”，后改归“山西省民营事业董事会”经营。至阳泉解放，境内所有煤矿都由山西省建设厅下设的煤炭管理局管理。由于水淹、自燃等灾害，井巷坍塌、损坏严重，大部分矿井未能恢复开采生产。日军投降至阳泉解放也未建新井。民国36年，阎锡山为了反共内战的需要，将各矿的主要设备运至太原以扩大军火生产，煤炭开采停止。到阳泉解放，阳泉矿厂仅生产煤炭23.4万吨。

民国36年5月，阳泉获得解放。为防备阳泉得而复失，人民政府将一些煤矿设备转移至晋察冀和晋冀鲁豫解放区。11月，石家庄解放，阳泉得以巩固，人民政府着手恢复煤矿生产。民国37年1月，人民政府将阳泉矿厂改建为国营阳泉煤矿公司，市政府投资小米200大石，恢复先生沟矿生产，并改称为国营四矿。3月，移交给晋察冀边区工业局阳泉办事处领导。7月，国营煤矿公司以边币（冀察冀边区银行发行的货币）5.8亿元赎买裕公矿，并将其改称国营裕公矿。11月，国营阳泉煤矿公司改建为井阳煤业公司，划归华北人民政府公营企业部管辖。民国38年3月，井阳煤业公司收回日军在石卜嘴村杨家洼开凿的丈八煤斜井，改称裕公矿二坑，原裕公矿井改称裕公矿一坑。9月，华北煤矿管理总局成立，将井阳煤业公司改称井阳矿务局。至1949年，共生产原煤55.05万吨。

第三节 新中国无烟煤基地建设

一、无烟煤基地建设

（一）新矿井建设

新中国建立后，境内煤炭生产迅速发展。1950年1月，奉燃料工业部华北煤矿管理总局命令，成立阳泉矿务局。接着迅速组建了一批国营煤矿：1950年1月和5月，先后成立四矿和三矿，1951年5月1日成立二矿，1953年7月成立一矿。1950年进入国民经济恢复时期，国家对阳泉矿务局基本建设在1950～1952年3年投资总额1380.3万元，用于技术改造并恢复了燕子沟立井和小南坑斜井，新开了四矿七尺煤斜井。到1952年年底，阳泉矿务局在区内恢复和新建了8对生产矿井，年产原煤突破100万吨。

1953年以后的5年间，阳泉矿务局新建了三矿一号井、三矿二号井、一矿黄石板井、二矿西四尺井、二矿东四尺井、一矿北头咀井、四矿丈八煤一井共7对中小型矿井，年生产能力增加到400万吨以上。“大跃进”开始后的1958年，矿务局盲目上马，在平定县、盂县和一矿黄石板新开10对矿井，全部一无所成，留下了沉痛的教训。1958年完成了三矿裕公四尺煤井新建和二矿小南坑平峒、东四尺斜井的改造工程，建成了一矿北头咀四尺煤斜井，1959年建成了三矿竖井，1960年建成了一矿黄石板北平峒井，1965年建成投产了一矿北四尺井，保证了年产量稳定在500万吨以上。受“文化大革命”影响，1966～1975年的10年间只完成了黄石板斜井新建和四矿矿井技术改造，恢复建设了一矿北头咀丈八斜井，新开了三矿七尺煤二号井改建工程，10年间完成的井巷工程量只有15360米。1976～1987年的12年，投产了二矿东丈八井、一矿北头咀丈八斜井、贵石沟六号层斜井和贵石沟丈八斜井等4对新矿井，进行了三矿七尺煤二号井和二矿矿井的改扩建工程，使全局生产矿井保持在11对，核定生产能力稳定在1315万吨/年。

1983年，五矿年产400万吨的贵石沟矿井和年入洗能力400万吨的洗煤厂、1.8万千瓦的热电联供车间开工建设，1984年12月，五矿成立。1991年11月，五矿贵石沟矿井、洗煤厂、热电联供车间通过国家验收并投产。

新景矿建设开始时是三矿改扩建工程，1990年开工，1998年通过国家验收并投产。项目总投资23.3亿元，矿井年设计生产能力220万吨，配套有年洗选800万吨的选煤厂、5万千瓦的热电车间、7.864千米的铁路专用线等。1998年10月成立了独立建制的新景矿，当年就被命名为省级高产高效矿井。

1997 年 12 月 20 日，煤炭部人事司宣布，阳泉矿务局改建为国有独资公司，更名为阳泉煤业（集团）有限责任公司（阳煤集团）。四矿因资源枯竭于 2002 年 11 月破产，重新组建天兴公司。

2000 年后，阳煤集团并购重组整合一批地方煤矿，组建了开元、石港、长沟、新元等煤矿。

（二）煤炭生产装备技术的进步

从 1950 年建局到 1965 年，阳泉矿务局的煤炭生产基本处于长壁式炮采技术阶段。1951 年在丈八煤层试验成功并推广了走向长壁倾斜分层煤皮顶板下行陷落采煤法，之后又试验并推广了单一煤层走向长壁式采煤法。1952 年首次使用截煤机，1957 年全局达到 15 台，迈出了机械化采煤步伐。同时开始使用刮板运输机和金属支柱，试验成功了金属网假顶分层采煤法。

1965 年进入普采阶段，即由浅截式滚筒采煤机、可弯曲链板运输机、单体摩擦金属支柱和金属铰接顶梁等设备组成的机组共同完成采煤作业。1970 年，全局采煤机械化程度达到 26.75%。1975 年，提高到 56.47%。

1974 年，矿务局采煤生产技术进入综采阶段。当年 3 月，国产第一套综采设备在四矿四尺煤 4223 工作面投入生产。高档普采设备于 1984 年开始使用。1987 年，全局发展到综采队 18 个，高档普采队 13 个，占采煤队总数的 55%，综采和高档产量占总产量的 67%。

综采放顶煤技术于 1988 年试验成功并大面积推广。采用综放技术后，一矿北丈八井机采队于 1989 年成为全局第一个年产百万吨的综采队，四矿综二队和二矿综四队于 1991 年跻身全国综采队前 10 名。全局 1991 年的采煤机械化程度达到 100%，1994 年的综放工作面发展到 10 个，所有开采 15 号煤层的采煤队全部实现了综放化。采煤技术的又一场革命，是 1996 年开始的低位综采放顶煤技术。矿务局第一套低位综放采煤设备这年在一矿北丈八综五队试验成功。2000 年配备大功率采煤机后，综五队突破了年产 200 万吨大关。

2002 年，高档普采全部结束，煤炭生产技术实现了完全综采。到 2005 年，实现了综放支架低位化，淘汰了中位支架。2004 年，开始推行大采长、大走向工作面开采，同时采用重型综放装备，当年单产达到 107250 吨/月，突破了 10 万吨大关。2006 年，一矿综五队和三矿综五队的年产量分别达到 403.1598 万吨和 400.3568 万吨，双双突破了 400 万吨大关。

掘进从 1952 年推广煤电钻打眼技术，1953 年岩巷开拓开始使用风动工具，1958 年开始使用装岩机和装煤机，耙岩机于 1973 年用于开拓作业，1980 年开始使用掘进机，1986 年装备使用液压钻车和侧卸式装岩机，1987 年的掘进机械化程度达到 74.4%。三矿工程区 29 队于 1989 年创造了单头掘进 1486 米的全国最高纪录，1991 年又以 1502 米的成绩夺得全国煤炭行业液压钻车队总进尺第一名。1990 年，全局煤巷掘进普及了综掘机。矿务局 1986 年试验锚杆支护，1988 年全面推广应用了锚杆锚喷工艺。2002 年开始，阳煤集团在 15 号煤下层支护中已全部采用了锚网锚索支护或全锚索支护。2004 年装备了 6 条岩巷煤巷机械化作业线，综掘机械化程度达到了 43.44%，并推行掘进开拓平行作业，效率大幅度提高。60 年中，与采掘相配套的通风、运输、机电、地质、调度等技术不断进步，适应了煤炭生产的发展。

（三）老矿井的技改扩能

老矿井技改扩能力度最大的有两次。一是 1974～1976 年，3 年完成 34 项环节改造工程，使 1976 年达到矿井运输能力 1420 万吨、通风能力 1299 万吨、综合生产能力 1225 万吨，全局 3 年装备了 5 个综采队，63 个采煤队中有 38 个达到煤炭部优质高产队标准，采煤工作面机械化程度达到 61%，平均单产达到 16070 吨，跃居全国煤炭系统第三位。二是 2002 年后，大量投资用于老矿井技改扩能。2004 年，投资 12 亿元对 6 个矿 11 对矿井的 13 个系统进行扩能改造；2005 年，投资达 8.8 亿元。

（四）煤炭产量的增长

阳泉矿务局 1950 年初建时产煤仅 81 万吨。经过三年经济恢复，1952 年达到 136 万吨。建成 7 个新井后，1957年的煤炭产量增长到418万吨，1959年增长到744万吨。到经济困难时期的1961年，跌落至516万吨。“文化大革命”开始后，又急速下跌到1967年的372万吨。1974年到1976年，阳泉矿务局用3年时间实现了煤炭产量翻番，1976年全局年产原煤1252万吨，是总设计能力621万吨的两倍。

翻番以后的7年间，矿务局的煤炭产量并无大的突破，直到采用综采技术以后，1984年产量才提高到1366万吨。随着综采和高档采煤技术的普及，1987年提升到1497万吨。综放技术推广以后，1988年煤炭产量达到1509万吨，1990年达到1623万吨。1993年，煤炭市场疲软，矿务局煤炭产量仅为1439万吨。同年开始实行集中生产，为煤炭产量稳步提高奠定了基础，1994年、1996年和1997年达到1600万吨以上。1998年陷入严重的市场销售困境，全公司产量跌到1230万吨，连续4年没有突破1600万吨。

2002～2008年的7年间，阳煤集团全面实施“老矿挖潜、联营兼并、新井建设”的三管齐下战略，煤炭年产量由2001年的1586万吨增长到2008年的3837万吨，增幅高达141.93%，到2011年，原煤总产量达5851.8万吨，三年提高了52%。

（五）煤炭洗选加工和外运销售

1958年前，阳泉矿务局完成了由人工手选到井口固定筛简单机械选煤的煤炭加工转变。1958年建成了90万吨的四矿筛选厂，1986年扩建为年洗选能力150万吨的重介质选煤厂。1961年建成255万吨的三矿筛选厂。1965年12月建成的一矿选煤厂是全国第一座无烟煤重介质选煤厂，1986年改扩建后提高到了450万吨/年的洗选能力。1978年建成洗选能力150万吨的二矿重介质选煤厂，1989年改扩建后洗选能力增至435万吨/年。1985年建成了90万吨的贵石沟丈八斜井筛选厂。五矿、新景矿的选煤厂与矿井同步建成投产。1990年后的20年间，对各选煤厂进行了大规模的技改，实现了原煤全部入选入洗。60年间，阳煤集团不断强化煤质管理，到2011年，块煤、末煤、冶金用末精煤等5大品种20多个主要产品，有多个多次荣获国家、省优质产品称号，成为电力、冶金、化工、建材和民用的上好原料和燃料。阳煤集团的商品煤售价在1989年时仅有27.25元/吨，国家放开煤价后，1994年上到103.47元/吨，2002年达到164.92元/吨，2011年提高到561.8元/吨。

1990年以前，煤炭销售以承担国家指令性计划为主，民用无烟煤占了阳泉矿务局的煤炭销量的很大份额。从1991年开始，民用煤市场萎缩，阳泉矿务局决定由民用煤向工业用煤转移。1994年煤炭市场放开，阳泉矿务局实现了由以民用为主向工业、特别是向电厂用煤的战略转移。到2000年以后又实现了由一般工业用户向国内外大工业直供户和战略合作伙伴的战略转移，使阳煤集团的煤炭产品用户从高峰时的2000多个逐年减少到几十家国内大钢厂、大电厂以及化工、建材、化肥企业和国外客商。

阳泉矿务局在1956年就建成开通了老区四个矿的铁路专用线，1985年开通了贵石沟铁路专用线。1997年以后与新矿井建设同步兴建了新景矿、寿阳开元、新元以及昔阳寺家庄的铁路专用线。2002年开通了公路运输，2006年建成了年发运能力500万吨的天成集运站，保证了煤炭外运与产销匹配。

（六）煤层气开发

阳泉矿务局从1957年开始抽采利用煤层气，改制后的阳煤集团把煤层气作为重要产业开发。截至2008年年底，共建立了8个完善的矿井煤层气抽采系统，铺设管路350千米，拥有煤层气储配站7座，总储配能力近20万立方米，居民用户15万户，受益人口50余万人。2002年拓展工业燃气用户，2007年建成投运28.8兆瓦的3座瓦斯发电站，完成了含氧煤层气分离液化工业实验。2009年，与煤炭科学研究总院签署课题现场试验合作协议，研究低浓度煤层气浓缩技术与装备研制。2010年11月，新大地接力系统投用，抽放量为7000万立方米/年。2011年3月23日，成立山西瑞阳煤层气有限公司，寺家庄5万吨液化项目奠基，寺家庄3万立方米煤气储配站项目和石港2万立方米煤气储配站项目相继开工建设。

二、经营管理

阳泉矿务局建立之初，逐步建立了基本的管理秩序。1952 年，实现了全局人、财、物、产、供、销的统一计划管理，以后逐步健全了各种规章制度。历经“大跃进”和“文化大革命”的管理混乱后，企业管理逐步走向科学化和现代化，生产调度、供应营销、计划财务、人力资源、安全质量及信息化等方面的管理水平显著提升。

从 1985 年开始，阳泉矿务局主要实行经济承包和经营责任制的管理模式，到 1992 年全面完成了 8 年经济总承包任务。其间，大力推进质量标准化、现代化矿井建设和企业升级。到 1990 年建局 40 周年时，建成了质量标准化矿务局和现代化矿务局，被批准为国家二级企业，使阳泉矿务局实现了由传统管理向现代化科学管理的重大转折。

1993 年，通过深化改革、转换机制，阳泉矿务局强力推进经济体制和经济增长方式的两个根本性转变，积极构建了煤炭生产、基本建设、多种经营、后勤服务的“四条线”管理模式，于 1997 年完成了企业改制，实现了由工厂制向公司制的重大转变。

从 1998 年开始，阳煤集团进入以产权为纽带的改革改制，大批下属单位改制为子公司和分公司，完成了中小企业的股份合作制改造和租赁拍卖。同时迈开了资本运营步伐，并购组建开元公司，国阳新能成功上市，三维集团重组，组建投资公司，发行企业债券，尤其是联营兼并由煤矿拓展到化工，2008 年进入高峰期，仅化工产业就以 13.9 亿元的投资，并购了 6 家化工企业，创造了当年投资、当年收益 41% 的良好业绩。2002 年开始推行精细管理，2007 年开始推行基数增长制和资本回报制，并探索精益生产和精益管理模式，企业管理进入了新境界。

三、阳煤集团

（一）概　况

阳泉煤业（集团）有限责任公司，总部位于山西阳泉市北大街 5 号。前身为阳泉矿务局，成立于 1950 年 1 月，1997 年改制为国有独资公司。2005 年经债转股，成为省国资委、中国信达公司、建设银行共同出资的有限责任公司。为山西省五大煤炭集团之一，是国家发改委规划的全国 13 个煤炭生产基地之一，是全国最大的无烟煤生产基地。业务为国内经营煤炭，还经营化工、铝电、建筑建材地产、装备制造、贸易服务。

阳煤集团矿区位于太行山中段西麓，沁水煤田东北部，地跨阳泉、昔阳、和顺、左权与寿阳诸市、县，井田规划总面积 1322.28 平方千米，地质储量 1204450.9 万吨，可采储量 633592.1 万吨，单一无烟煤。在阳泉市境内煤田面积 341.5 平方千米，地质储量 43.7 亿吨。主要产品有块炭、末煤、冶金用末精煤等 5 大品种、20 多个产品，其中多个荣获国家、省优质产品称号，是电力、冶金、化工、建材和民用的上好燃料和原料，在全国设有便捷高效的销售网络，产品主要行销国内的大钢厂、大电厂和化工、建材、化肥企业，并部分出口国外。到 2011 年，阳煤集团拥有包括阳泉煤业、山西三维和太化股份三个上市公司在内的 502 个分公司和子公司，职工 17.6 万人，总资产 1001 亿元，营业收入 1187 亿元，完成利润 45 亿元，职工人均工资 5.8 万元。成长为一个以煤炭和煤炭化工为主导产业，铝电、建筑建材地产、装备制造、贸易物流服务业共同发展的煤基多元化企业集团，位列中国企业 500 强第 108 位，中国煤炭企业 100 强第 10 位。

阳煤集团获得多项荣誉称号，包括“首届中国煤炭工业优秀企业奖”“煤炭工业优秀奖——金石奖”“质量标准化、现代化矿务局”“AAA 级信用度企业”国家级“守合同重信用企业”“国际信用企业”“中国企业信息化标杆企业”“煤炭工业科技进步十佳企业”“山西省优秀企业”“山西省经济结构调整突出贡献企业”“山西省精神文明建设先进企业”“全国五一劳动奖状”等。

（二）沿　革

阳煤集团全称“阳泉煤业（集团）有限责任公司”。阳煤集团从创办至2011年的62年间，经历了5个时期。

创办时期（1950～1966）。1950年1月，奉燃料工业部华北煤矿管理总局命令，阳泉矿务局（阳煤集团前身）成立。国家投入大量资金，恢复、改建、新建了一批矿井，采用了许多新技术、新设备，使生产能力有了很大提高。“大跃进”和三年困难时期，煤矿建设陷入失序状态。根据中央“调整、巩固、充实、提高”的方针，到1965年，阳泉矿务局恢复了基本建设程序。

动乱时期（1966～1976）。“文化大革命”期间，国内煤炭供不应求，严重影响整个国民经济的发展。按照燃料化学工业部和省煤炭化工局的要求，阳泉矿务局于1973年年底确定了煤炭产量三年实现翻番的计划。通过12对矿井的改造，增添设备、充实人员，奋起苦战，终于在1976年煤炭产量达到1252万吨，受到了国家、省的表彰。

发展时期（1976～1992）。阳泉矿务局坚持两个文明同步发展，把工作重心放在“两化”（建设质量标准化矿务局和现代化矿务局）达标和企业升级上，建成五矿、新景矿两个大型煤矿和5对新矿井，煤炭产能达到1600万吨。到1992年，全局采煤机械化程度达到100%，掘进机械化程度达到85%；全员效率达到2吨/工以上，百万吨死亡率降至1以下。

改制时期（1993～2001）。在发展煤炭主业的同时，阳泉矿务局大力拓展多种经营，初步形成以铝锭、磁材、建筑建材、热电、矿机为主的非煤产业群。1997年12月，阳泉矿务局改制为国有独资公司，更名为阳泉煤业（集团）有限责任公司。

扩张时期（2002～2011）。阳煤集团全面实施“老矿挖潜、联营兼并、新井建设”三管齐下战略，煤炭产业高速发展，煤炭年产量达到5842万吨，10年增长了2.7倍。先后实现了多种经营产业化、非煤产业规模化，非煤企业占集团公司整体销售收入的75.73%。

（三）下属企业

1.阳煤集团一矿。阳煤集团一矿成立于1953年7月。位于阳泉市矿山路北段，地处矿区西北部、盂县东南部，蒙河上游。1956年7月建成投产，1999年12月组建到山西国阳新能股份有限公司，是阳泉煤业（集团）有限责任公司的特大型骨干生产矿井之一。井田面积83.6平方千米，地质储量10.6亿吨，可采储量6.4亿吨。矿井设计能力为240万吨/年，核定能力为290万吨/年，矿井产量持续多年保持在400万吨以上。有北丈八井和北头咀井两个主要生产矿井，主采3号、12号、15号煤层。矿井产量连续多年保持在400万吨以上，是原煤炭部最早命名的现代化矿井和特级质量标准化矿井，并获煤炭工业二级企业和行业级高产高效矿井称号。拥有年入洗能力450万吨的矿井型重介选煤厂。主要产品有大、中、小块炭，喷粉精煤1号、2号、3号、烧结煤、十六级末煤等8个产品，其中十级洗中块为国优产品，十二级洗大块为部优产品，十一级洗小块和十六级末煤为省优产品。产品获国家“银质奖”，被中国质量协会煤炭质量分会授予“质量管理奖”。是高炉冶炼、矿石烧结、火力发电、化工助燃的上等燃料，产品已通过ISO9000认证，行销全国，部分远销日本、韩国、巴西和马来西亚。1994年起，阳煤集团一矿连续10年保持省级文明单位称号，连续9年保持高产高效矿井称号。1998年后，先后荣立山西省三等功、二等功、一等功、特等功各一次。2001年，矿党委被中共中央授予“全国先进基层党组织”称号。2002年，被中国煤炭思想政治工作研究会和中国煤炭工业协会分别授予“全国双文明煤矿”和“全矿双十佳煤矿”。2003年，被中共中央精神文明建设指导委员会授予“全国精神文明建设先进单位”荣誉称号。

2.阳煤集团二矿。位于阳泉市桃南中路，北临桃河，南靠狮脑山，地处矿区南部。前身是保晋公司光绪三十二年（1906）开办的简子沟煤矿及光绪三十四年开办的燕子沟矿，1951年5月1日成立阳泉矿务局二矿，1999年12月组建到山西国阳新能股份有限公司，是阳泉煤业（集团）有限责任公司的特大型骨干生产矿井之一。井田面积62.4平方千米，累计探明地质储量10.67亿吨，可采储量

4.73亿吨。矿井设计能力435万吨/年，设计能力435万吨/年，服务年限133年。年产煤最高达800万吨。有西四尺井一个主要生产矿井，主采3号、8号、12号和15号煤层，产品拥有5个系列8个品种，包括中块、小块，1号喷粉煤、2号喷粉煤、3号喷粉煤、末煤6个主导品种，中煤和煤泥两个附属产品。产品具有低硫、低灰、发热量高、可磨性好的性能，广泛用于冶金、电力、国防、化工、民用、机械及建材行业等。阳煤集团二矿是全国煤炭行业特级质量标准化、现代化矿井、煤炭工业二级企业，先后获得“第八届中国煤炭工业优秀企业金石奖”“省红旗文明单位”“全国煤炭系统文明煤矿”等荣誉称号。

3. 阳煤集团三矿。位于阳泉市矿山路南段。前身为民国15年（1926）成立的平记煤矿，民国36年阳泉解放后称国营裕公矿，1950年5月成立矿务局三矿。井田面积45.9平方千米，地质储量2.23亿吨，可采储量1.25亿吨。是一个多井口组成的大型煤矿，有竖井、2号井和裕公井3对生产井口，设计能力330万吨/年，核定能力365万吨/年，原煤年产量达460万吨。主要开采3号、12号、15号煤层。三矿以生产优质无烟煤著称，主要产品有11级选大块、12级洗中块和洗小块、3号喷粉煤、烧结煤、配电煤，15、16、17、18级选末煤等产品，其中15、16级末煤从1984年以来连续被评为省优产品，并远销日本、韩国、巴西等国家。1988年三矿被中煤总公司命名为质量标准化和现代化矿井。1991年晋升为煤炭工业二级企业，能源部全国煤矿地质工会授予“全国统配煤矿矿际竞赛先进单位”。1996年煤炭工业部授予“煤质管理标准化矿井”，山西省煤炭厅授予“机电工作先进单位”“国家二级计量和全面质量管理二级合格企业”。荣获“山西省优秀政工企业”“党风党纪先进集体”“绿化先进单位”；并被原中煤总公司授予“生活福利管理和设施达标先进矿”等荣誉称号。

4. 阳煤集团四矿和天兴公司。位于阳泉市煤山路北端。阳煤集团四矿前身为保晋公司光绪三十二年（1906）开办的阳泉第四矿厂（又称先生沟矿），1950年1月成立矿务局四矿。井田面积16.5平方千米，地质储量0.67亿吨、可采储量0.33亿吨。有1对矿井，设计能力90万吨/年，核定能力165万吨/年。该矿对老矿井进行挖潜改造，通过发展机械化、推广新技术，生产发展很快。先后荣获“安全生产、文明生产先进单位”“省先进企业，现代化矿井，全面质量管理二级合格企业”“中国煤炭企业一级企业”“重合同、守信用先进单位”等称号。2002年11月9日因资源枯竭破产，重组为天兴公司。该以煤炭开采加工为主业，兼营建筑安装、矿井建设、煤矿机电设备制造维修、工矿设备供应、坑代品加工、现代服务业、煤矿技术咨询等。先后入股晋城野马煤矿，在秦皇岛投资兴建综合性大酒店。

5. 阳煤集团五矿。阳煤集团五矿成立于1984年12月，位于平定县冶西镇贵石沟。井田面积80.2平方千米，主采8号、15号煤层，地质储量9.3亿吨，可采储量46311万吨，服务年限84年。有大井和五林井2个生产井口，原煤年产量达540万吨。生产的煤种主要有：喷粉精煤、洗中块、洗小块、末煤、煤泥、中煤等，销往全国7个省市170多个用户，主供冶金、电力工业，并出口巴西、日本、韩国、澳大利亚等国家和地区。阳煤集团五矿是一级质量标准化矿井、质量标准化矿井，大井被中国煤炭协会命名为省级高产高效矿井、山西省煤管局模范单位、全面质量管理二级达标单位。

6. 阳煤集团新景基地。位于阳泉市赛鱼路西端，于1990年开工建设，工程总投资18亿元。1997年8月试生产，1998年10月1日正式成立。井田面积40.2平方千米，地质储量10.1亿吨，可采储量6.78亿吨，服务年限98年。一期工程可采储量1.6亿吨，采区服务年限52.4年，年设计生产能力220万吨，原煤年产量达606万吨。主采3号、8号、15号煤。井田煤层贮藏稳定，均为优质无烟煤。产品以低硫、低灰著称，主要产品有特1号、1号冶金高炉喷吹精煤、洗中块、末煤等，喷粉煤获山西省优质名牌产品称号，主要销往全国各大型钢铁厂，远销韩国和日本。阳煤集团新景基地是全国煤炭行业高产高效矿井，先后获“煤炭工业造林绿化先进单位”“山西省文明单位”“山西省集体一等功”“山西省五一劳动奖”“山西省安全明星企业”“模范职工之家”“山西省职业道德十佳”等荣誉称号。

第二章　地质勘探和测绘

同治九年（1870），德国人李希霍芬在阳泉矿区进行了最早的地质调查活动。为了强国富民，中国地质学家也于20世纪初开始应用地质科学的理论和方法对境内的煤炭资源进行调查勘探，还进行了初步的测绘工作。1949年新中国建立后，阳泉矿区的地质勘探和测绘事业不断发展，建立了各级地质测绘机构，引进了先进的技术和设备，取得了大量高质量的地质和测绘成果，为煤炭开发和建设能源重化工基地提供了充足而可靠的基础数据。

第一节　煤田勘探

一、地质调查

境内民众在长期的煤炭开发和生产实践中，在找矿查矿方面积累了丰富的经验。其主要方法有看石脉、查矿苗、辨土色、视草木等。

同治九年（1870），德国人李希霍芬在阳泉境内对煤铁资源进行调查，并首次运用近代科学方法研究阳泉的煤田地质。光绪二十五年（1899），英福公司派葛拉斯为首的勘测队在桃河两侧进行勘测活动，并采集煤样进行化验分析。光绪三十二年冬保晋公司创办后，对其所开矿井及收购的50余处小煤窑所揭露的地质情况进行了调查分析，确立了标志层，初步推算出井田煤层赋存情况。民国5年（1916），保晋公司对其所属阳泉各矿厂又进行普查，并绘制了阳泉矿区地质图。从民国6年起的10年中，地质学家王竹泉在山西调查地质矿产，将沁水煤田东翼命名为“平（定）盂（县）潞（安）泽（州）煤田”。民国11～15年，地质学家李四光、赵亚曾对太原、阳泉、平定进行地质调查，对晚古生代含煤地层进行了划分，并根据西山和阳泉含煤地层的剖面，建立了中国北方中晚石炭世的蜓分带。

新中国建立后，地质矿产部根据国家经济建设的需要，于1952年7月派华北局222队来阳泉，与阳泉矿务局联合组成地质调查队，对东自洪城河、甘河，西至官沟、寨山曹一线，北迄百亩梁北端，南到狮脑山、南山一线39平方千米的煤矿区进行地质调查，于同年11月提交了《阳泉煤矿地质详查报告》。其中所作的地层划分，成为后来进行地质勘探的比照依据。1956年，华北煤田勘探局119勘探队调查分队在平定规划区采用“地质观察点”作业法进行地质调查。至1965年，阳泉矿区的煤炭资源状况基本查清，为实质性勘探奠定了基础。

二、地质勘探

境内地质勘探始于民国33年（1944）。时日本华北石炭开发株式会社在桃河河床打钻勘探，钻孔4个，总进尺776.17米。此次钻探查明桃河附近冲积层厚度为15米～25米；在小阳泉与保晋铁厂（位于今桃河大桥东侧北岸）以西的桃河下部有丈八煤连续赋存；在山西统基部和太原统第一石灰岩之间有1.75米厚的可采煤层，赋存稳定；并探明了局部水文地质情况。

新中国建立后，燃料工业部修建司及煤矿管理总局于1952年派技术人员来阳泉四矿帮助进行改扩建勘探设计。1953年1月，阳泉矿务局组建地质勘查处（后改称地质测绘处）。该处广泛收集解放前遗留的各种资料，同时实地调查了境内众多煤窑，提出了《阳泉四矿初步勘探报告》。同时设立钻探队，进行四矿井田钻探施工，在11平方千米井田内补钻10孔，勘探进尺2508米。1953年秋，钻探队奉命调走，四矿井田钻探暂停。1954年春，该钻探队与井陉矿务局所属的一支钻探队合并，称井（陉）阳（泉）轩（岗）勘探队，7月改称华北煤田第一勘探局第五大队，10月又改称华北煤田地质勘探局119队，主要担负阳泉、平昔、汾孝、轩岗矿区的勘探工作。1954年10月，阳泉矿务局地质勘查处根据勘探结果提交了《阳泉四矿矿井设计补充地质勘探报告》。这是境内第一份精查勘探成果，也是中华人民共和国成立后山西省首批煤田精查地质报告之一。1955年初，阳泉矿务局重组钻探队，恢复了四矿井田勘探施工，并于三年后编制了《四矿生产地质报告》。

1955年5月，119队奉命来到阳泉，在阳泉矿务局钻探队配合下，进行了二矿井田、北头咀济生区、三矿井田精查勘探，并提交了相应的地质报告。1956年，119队在坡头、桑掌至平定县南部300余平方千米范围内进行普查，并提交了普查报告。此后，太原煤矿管理局对上述普查区域作了规划。119队又对规划区内的平定一、二号井田进行精查勘探，精查面积31平方千米，并于1957年11月提交了精查地质报告。

1958年，119队划归阳泉矿务局，担负平定、昔阳区和左权区（面积为830平方千米）、盂县区（面积为308平方千米）的勘探任务。至1960年，该队先后提交了平定、昔阳区10份精查勘探报告和盂县区3份精查勘探报告。由于受“大跃进”影响，这些精查勘探报告没有达到精查勘探标准。根据煤炭工业部的指示，该队重新计算储量后，将上述精查报告降格为详查报告处理。

1959年，在境内工作的地质钻探队设置了放射性元素普找组，使用苏联YP－4米型和NTP－2型辐射仪，以露头为主要对象，配合槽探、井探开展了大面积的放射性元素普查。

1960年10月，119队进行三矿扩区勘探，1963年3月提交了地质勘探报告。又对二矿井田进行扩区勘探。1964年119队奉命调出，二矿井田扩区勘探工程暂停。1962～1965年，阳泉矿务局钻探队先后对二矿、三矿和一矿进行了生产区补充勘探。因“文化大革命”的影响，这次补充勘探的报告书到1970年1月才编讫提交。

1962年，阳泉矿务局在二矿井田生产区补充勘探中首次应用了物理测井技术，用以校正和寻找钻探中被打落或打丢的煤层，并配合无岩芯钻进，加快了勘探的进度。1964年后，根据煤炭部要求，在煤田勘探范围内用放射性元素对钻孔岩芯进行检查，设置了专职放射性元素顺便检查人员，检查结果记录在地质报告内。后放射性元素顺便普查工作并入煤田物理测井工作。

1966年3月，119队按照《阳泉至昔阳矿区井田划分方案》，在新划分的平定贵石沟、苏峪两井田进行精查补充勘探，于当年12月完成了贵石沟井田补充勘探任务。1967年10月，当苏峪井补充勘探正在进行的时候，119队又奉命调出，两年后，由山西煤田地质勘探148队恢复勘探，于1970年9月提交了勘探报告书。1970年5月，省地质勘探2队对平定区冶头井田也进行了精查勘探，历时14个月，提交了精查勘探报告。此外，阳泉矿务局于1969年9月恢复对一矿井田扩区勘探，1970年1月编制提交了补充勘探地质报告；1973年5月又恢复了中断9年的二矿井田扩区勘探，于1976年8月提交了精查地质报告。

1976年后，在境内工作的地质钻探队先后对桑掌勘探区、一矿、二矿和三矿井田新扩区进行了第二次勘探，对一矿井田生产区、二矿井田生产区、新景矿井田、贵石沟井田首采区、开元矿井田生产区、新元矿井田生产区进行了补充勘探，并提交了相应的地质报告。

1978年开始，无线电坑道透视仪广泛应用于矿井地质勘测，探测回采工作面隐伏地质构造的准确率提高。这一时期，勘探技术有较大发展，在使用传统钻探手段的同时，广泛运用物理测井、电法测探和三维地震勘探等新技术，实行综合勘探，有效提高了勘探质量。

1987年，根据煤炭部的要求，对以往的地质勘探资料进行了系统的研究分析和评价，于1990年年底前全部完成了矿井地质报告，并经上级主管部门批准，使煤矿地质勘探工作实现了标准化和规范化。

1997年，五矿三维地震补充勘探由江苏局物探测量队完成。12月，五矿三维地震补充勘探报告审查通过。本项目首次在复杂地形条件下，成功进行了三维地震勘探，在探测陷落柱等细小地质体方面取得了突破。2000 年后，每年均开展三维地震勘探工程。

1999 年，中国煤科总院西安分院物探所采用瞬变电磁和直流电法相结合的综合物探方法，对二矿东部采区与日伪时期开采的老一矿和老五矿采空区积水边界进行物理勘探，提交了《阳泉二矿老空边界综合物探成果报告》。2000 年，中国煤炭地质总局水文物测队开展了一矿南条带首采区 1 平方千米三维地震勘探工程，提交了《一矿南条带首采区三维地震勘探报告》；中国煤炭地质总局物测队开展了五矿西北采区 0.37 平方千米三维地震勘探工程，提交了《五矿西北采区三维地震勘探报告》；江苏省煤炭地质物测队开展了新景矿芦南、芦北采区 2.3 平方千米三维地震勘探工程，提交了《新景矿芦南、芦北采区三维地震勘探报告》。

2000 年，阳煤集团组织物探技术人员对阳泉矿区综采工作面开展了无线电波坑道透视工作。至 2001 年年底，共对 46 个综采工作面进行了坑透工作，针对大于 1/2 煤厚的断层和长轴大于 30 米的陷落柱预测准确率达 90% 以上。2002 年，该项探测研究成果获得山西省科技进步二等奖，同年受到阳煤集团重奖。此后，阳煤集团所有综采工作面均开展无线电波坑透工作，该项探测研究成果得到了全面推广应用。

2001 年，中国煤炭地质总局物测队开展了五矿四采区 1.9 平方千米三维地震勘探工程，提交了《五矿四采区三维地震勘探报告》；河北省煤田地质物测队开展了二矿十五采区 1.5 平方千米三维地震勘探工程，提交了《二矿十五采区三维地震勘探报告》。

2002 年，中国煤炭地质总局物测队开展了新元矿首采区东翼 3 平方千米三维地震勘探工程，提交了《新元矿首采区东翼三维地震勘探报告》；中国煤炭地质总局水文物测队开展了新元矿首采区西翼 3 平方千米三维地震勘探工程，提交了《新元矿首采区西翼三维地震勘探报告》；中国煤炭地质总局物测队开展了五矿四采区首采面、中央区南翼 1.53 平方千米三维地震勘探工程，提交了《五矿四采区首采面、中央区南翼三维地震勘探报告》；黑龙江省煤田地质物测队开展了二矿 15 号煤九采区 2.6 平方千米三维地震勘探工程，提交了《二矿 15 号煤九采区三维地震勘探报告》。

2003 年，中国煤炭地质总局水文物测队开展了一矿南条带杨坡堰分区 2.7 平方千米三维地震勘探工程，提交了《一矿南条带杨坡堰分区三维地震勘探报告》；中国煤炭地质总局物测队开展了五矿南采区 2.3 平方千米三维地震勘探工程，提交了《五矿南采区三维地震勘探报告》；黑龙江省煤田地质物测队开展了新景矿芦南二区 4.3 平方千米三维地震勘探工程，提交了《新景矿芦南二区三维地震勘探报告》。

2004 年，中国煤炭地质总局水文物测队开展了新元矿首采区东翼南部 3.24 平方千米地面综合物探工程，提交了《新元矿首采区东翼南部地面综合物探报告》；中国煤炭地质总局物测队开展了开元矿二水平东翼 2.8 平方千米三维地震勘探工程，提交了《开元矿二水平东翼三维地震勘探报告》；黑龙江省煤田地质物测队开展了五矿南翼二采区、五林井三采区 5.18 平方千米三维地震勘探工程，提交了《五矿南翼二采区、五林井三采区三维地震勘探报告》。山西综合普查队开展了开元矿二水平西翼 4.2 平方千米三维地震勘探工程，提交了《开元矿二水平西翼三维地震勘探报告》。

2005 年，中国煤炭地质总局水文物测队开展了二矿 390 水平开拓掘进区 3.3 平方千米三维地震勘探工程，提交了《二矿 390 水平开拓掘进区三维地震勘探报告》；黑龙江省煤田地质物测队开展了新景矿芦南二区中部 2.39 平方千米三维地震勘探工程，提交了《新景矿芦南二区中部三维地震勘探报告》。

2006 年，中国煤炭地质总局水文物测队开展了寺家庄矿中央、南一盘区 5.22 平方千米三维地震勘探工程，提交了《寺家庄矿中央、南一盘区三维地震勘探报告》；黑龙江省煤田地质物测队开展了一矿八下山、十上山 5.88 平方千米三维地震勘探工程，提交了《一矿八下山、十上山三维地震勘探报告》；江苏省煤炭地质物测队开展了二矿九采扩区 1.25 平方千米三维地震勘探工程，提交了《二矿九采扩区三维地震勘探报告》；山西省第六地质工程勘查院开展了寺家庄矿北一盘区3.03平方千米三维地震勘探工程，提交了《寺家庄矿北一盘区三维地震勘探报告》。

2008年，山西省第六地质工程勘查院开展了二矿11采区2.48平方千米地面综合物探工程，提交了《二矿11采区地面综合物探报告》；黑龙江省煤田地质物测队开展了新景矿保安区东部6.8平方千米地面综合物探工程，提交了《新景矿保安区东部地面综合物探报告》。

2009年，山西山地物探技术有限公司开展了石港抽采瓦斯技术研究区4.44平方千米三维地震勘探工程，提交了《石港抽采瓦斯技术研究区三维地震勘探报告》；山西省煤炭地质物探测绘院开展了新景矿佛洼区2.88平方千米地面综合物探工程，提交了《新景矿佛洼区地面综合物探报告》。

2010年，黑龙江省煤田地质物测队开展了二矿13采区2.84平方千米地面综合物探工程，提交了《二矿13采区地面综合物探报告》。

2011年，黑龙江省煤田地质物测队开展了一矿井田西部5平方千米三维地震勘探工程，提交了《一矿井田西部三维地震勘探报告》；中国煤炭地质总局物测队开展了新景矿佛洼区西部2平方千米地面综合物探工程，提交了《新景矿佛洼区西部地面综合物探报告》。

三、水文勘探

境内水文勘探工作主要是围绕解决矿区供水问题的思路进行的。主要有两次。

桃河两岸和赛平区水源钻探工程。工程涉及面积20平方千米，处于娘子关泉域南北两个流带强劲汇流中心。分两个阶段施工：1973年12月至1983年5月为第一个阶段，在东起体育场、西至赛鱼村的桃河及其两岸地区，共开凿岩溶水井9眼，钻探进尺4459.70米，装机容量730千瓦，抽水量13500立方米/日，形成初具规模的供水水源地。1983年5月至1990年为第二个阶段，共施工钻孔24个，钻探进尺11828.06米。其中小口径勘探观测孔4个，钻探进尺2246.98米，大口径抽水钻孔20个，钻探进尺9581.08米。全部工程共完成钻孔33个，钻探进尺16288米，先后有8个单孔抽水试验8次，孔组抽水试验4次，大型群孔抽水1次，试验钻孔28个，其中抽水孔14个，抽水量21893立方米/日。

贵石沟区域水文地质勘探。1981年10月至1986年12月，为合理开采岩溶地下水，实现贵石沟矿区就近就地供水，由煤炭工业部第三水文地质队对贵石沟矿区进行水源勘探。勘探程度：东部为初步勘探，西部为找水勘探。勘探范围：西至冶西，东至粘上矿以东1.5千米，东西长12千米，南北宽5千米，勘探面积60平方千米。共9个钻孔，钻探进尺5186.81米，勘探区9个钻孔均进行了测井工作，共完成4930.03实测米，全部进行了测斜。

经过多年开采，阳泉矿区东部埋藏浅区的煤炭资源逐渐枯竭，开采工作逐步向西部埋藏较深的区域延伸。阳泉矿区奥灰水位西高东低，矿区西部局部15号煤层处于奥灰水位以下，承受一定的奥灰水头压力，其中新景矿、二矿和五矿深部的15号煤层底板均受到奥灰水的威胁，存在不同程度的带压开采问题。

阳煤集团有关领导和部门重视矿区西部15号煤的带压开采问题，申请了国债安全资金，并于2005年开展了阳泉矿区水文地质补充勘探工作。本次勘探的目的旨在查明15号煤底板奥灰的水文地质特征，为15号煤防治奥灰水提供依据。本次勘探分别由山西省煤炭地质114勘察院、阳泉新宇岩土公司、中国煤炭地质总局华盛水文地质勘察工程公司施工。勘探中共施工钻孔17个，其中地面孔10个，进尺9864.59米，井下孔7个，进尺3755.25米，钻探总进尺为13619.84米。奥灰揭露厚度达391.46米~478.25米，抽（注）试验5次。其间还进行了水质测试、岩样测试和地球物理勘探等工作。初步查明了勘探区15号煤底板下奥灰的水文地质特征，为15号煤的安全生产提供了基础水文地质资料，对15号煤防治奥灰水有指导意义，达到勘探工程的预期目的。

第二节　煤田测绘

一、控制测量

境内矿山控制测量始于新中国建立后。20 世纪 50 年代初，阳泉矿务局施测了 40 平方千米的矿区小三角网，统一了全矿区的坐标系统，满足了恢复生产的急需。1953 年，又与地质部 114 队合作，建立了 70 平方千米的独立四等三角网。1955 年全国第一届矿山测量工作会议后，该局按照燃料工业部对测量工作的要求，根据苏联 1939 年大地测量法式，自拟三角和水准测量细则，施测了 425 平方千米独立三等三角网和四等补点 34 平方千米生产区网，首次统一了全矿区的高程系统，为境内各煤矿井上下测量提供了依据。1956 年以后，以国家一、二等三角网和水准网为依据，测设和重建了阳泉矿区三、四等水准网和三角网，精度满足 1: 1000 大比例尺测图和矿井贯通测量的要求。按照国家要求，平面控制测量采用 1954 年北京坐标系，高程控制测量采用 1956 年黄海高程系。1958 年，施测了东自白羊墅，西至坡头，北起盂县，南到昔阳，控制面积为 1500 平方千米的三、四等水准网。

1964 年，根据国务院 1958 年批准的《一、二、三、四等三角测量细则》和 1959 年颁布的《大地测量法式》，重建了阳泉矿区三、四等三角网，可满足 1: 1000 大比例尺测图和各种井上下测量的需要。同时，还施测了四等水准点 43 个，作为本矿区的高程控制系统。上述控制测量平差计算成果，均经国家测绘主管部门批准，并纳入国家测绘成果表。1965 年 4 月，在唐山召开的煤矿区坐标选定会议上，阳泉矿区选择了与北京平面坐标系统有解析关系的矿区控制网系统。至年末，阳泉矿务局在国家一、二等控制网的基础上加密了三、四等网，测设了近井点网，满足了地面和井下各种测图、勘探、设计、生产和建设的需要。

1966 年，由于“文化大革命”的影响，矿山测量工作一度瘫痪，多数三角点标架损坏。至 1972 年，逐步恢复了二、三、四等三角网点。1974 年，按照国务院颁布的《国家三角测量和精密导线测量规范》及《一、二等基线测量细则》，对基本控制网进行了施测。

1979 年，阳泉矿务局地质测量处装备了民主德国制造的 EOK－2000 型红外光电测距仪。1983 年，布设了四等测边三角网，控制面积 200 平方千米，并在贵石沟矿井 50 平方千米的井田内建立红外光电测距四等导线网和四等水平网。1986 年和 1991 年，阳泉矿务局地质测量处先后引进瑞士产 DI4L 激光测距仪和 T2002 组合式全站仪。

1990 年，阳泉矿务局地质测量处派员参加煤田地质遥感局举办的煤炭系统 GPS 定位技术培训班。1992 年 11 月，引进美国产阿什泰克（Ashtech）GPS 全球卫星定位仪（单频）、GPPS 预处理和 IGGG 后处理平差软件。1993 年，阳泉矿务局完成阳泉市 150 平方千米地籍四等 GPS 控制网布设，布点约 50 个。1994 年 1 月，山西省煤管局、测绘局、测绘学会在阳泉矿务局召开了全省 GPS 技术推广研讨会，阳泉矿务局技术人员撰写的两篇论文在大会上交流。

1994～1995 年，完成阳泉矿区 500 平方千米航测四等控制网和 100 千米的一级导线网，同时完成 260 平方千米的相片调绘任务。1998～2002 年，用于矿区四等以上 GPS 控制测量约 200 点。2004 年，阳泉矿务局地质测量处引进法国产 RTKGPS 流动站 2 台，Z－maxGPS 接收机 5 台，用于完成阳泉矿区三维地震控制测量和放点等工作。2005～2012 年，地质测量部引进了合众思壮 GPS 单频接收机 11 台（套），并建立了阳泉首个 CORS 基准站；购置了 Leica TS30（0. 5″）、TOPCON GPT－7501（1″）全站仪各 1 台，TOPCON GTS－332N（防爆）全站仪 2 台，Trimble（天宝）R4 型 GPS 接收机 6 台（套）；Trimble DiNi03 和 Trimble DiNi12 数字水准仪各 1 台。

2009～2011 年，地质测量部组织、实施、完成了阳泉矿区 GPS 控制网测量项目。阳泉矿区 GPS 控制网覆盖了集团公司在寿阳、阳泉市区、郊区、平定、盂县、昔阳、和顺、左权等县区境内生产、基建、规划的井田范围，面积约2500平方千米。该工程实际施测GPS C级点42个、D级点141个、E级点（测区内各矿近井点）161个，四等水准线路285千米，提供了1980西安坐标系和1954年北京坐标系两套成果资料。阳泉矿区GPS控制网的建立，改造、整合和统一了阳泉矿区控制网，为矿井生产和建设提供了测绘基准保证。

二、地形测量

（一）测量绘图

光绪二十五年（1899），英福公司派勘测队来阳泉调查煤炭资源，测绘了地形图100余平方千米，为境内近代地形测绘之发端。光绪三十二年（1906）保晋公司开办后，测绘了北迄黄沙堰—荆家掌—前庄一线，南至狮脑山，东至下五渡村，西至赛鱼火车站范围内的1∶2万地形图，图内划定了该公司所属6个矿厂的矿界。

日军侵占阳泉煤矿后，其“山西军管理第四厂”于民国27年（1938）测绘了1∶5万矿区地质地形图，其“日本华北开发株式会社”于民国31年测绘了1∶1万地形图和远景规划图。

新中国建立后，最先开展地形测绘的是地质矿产部华北局222队与阳泉矿务局组成的地质调查队。队中阳泉矿务局的8名测量人员于1952年完成了1∶5000地形图39平方千米，以及各种比例尺的大小图件658幅。1953年，阳泉矿务局组建了地质勘查处（后改称地质测绘处），负责测绘工作。至1955年，阳泉矿务局完成1∶2000地形图163平方千米、1∶5000地形图24平方千米、生产矿区1∶1万地形图51平方千米。测绘这些地形图，使用小平板仪配合经纬仪，用视距法确定地形点的距离，采用地方平面坐标系和铁路高程系，图幅采用矩形分幅法。

1958年“大跃进”开始后，在地形测量中搞“放卫星”、夺红旗，造成了测绘成果质量的低劣，给国家造成很大损失。

1973年8月，阳泉矿务局首次应用航空摄影测量技术，利用中国民航二中队733航区摄影资料进行外业调绘，采用全能成图法，完成1∶5000地质地形图400幅，控制面积1600平方千米。经外业检查，全部达到优级标准。1978年，完成寿阳区1730平方千米的1∶5000航测地形图。1979年，根据1973年版1∶5000航测地形图缩编成1440平方千米阳泉矿区1∶10000地形图。1980年，由中国民航二中队直升机拍摄1∶4000航片，在阳泉矿区测绘了1∶1万地形图135幅。其后，阳泉矿务局应用航测技术测绘了覆盖生产矿井、在建矿井及规划矿井的1∶5000井田区域地形图和生产矿井的1∶500及1∶1000工业广场平面图，满足了矿井地面生产建设的需要。1991年，组织完成覆盖老区、五矿新区36.6平方千米的1∶500航测地形图，100平方千米的1∶1000航测地形图，五矿新区32平方千米的1∶2000航测地形图。1996年，组织完成三矿改扩建工业广场4.5平方千米的1∶500地形图测绘。1999～2000年，组织完成更新老区19.2平方千米的1∶500航测地形图。

2003年7月，阳煤集团地质测量处采用全站仪野外数据采集数字化测图技术，从手工模拟转变为微机数字化成图，提高了作业效率和成图质量。先后完成兆丰电解铝一期、二期、40万吨氧气铝、奥伦120万米输送带等工程的地形测绘。2004年，组织完成昔阳区、和左区1050平方千米的1∶5000航测地形图。2009年，完成了阳泉矿区五矿工业广场12.5平方千米1∶500航测数字化成图及缩编1∶2000、1∶5000比例尺地形图。

（二）制图技术与设备

早在1975年，三矿地质测量科就在局地质测量处推广的毛面聚酯薄膜绘制矿图的基础上绘制出光面聚酯薄膜矿图。5年后，又采用重氮盐片基微泡法，复制出1×1.4米的大幅面薄膜矿图。推广聚酯薄膜绘制矿图是一项重大的技术进步，它具有材质优良、成本低、不易伸缩、易保存、防水、方便转印兰晒等特点，大大提高了矿图精度和制作工效，在各矿得到普遍推广使用。

1982年，地质测量处购置了HUZ－1型照相排字机（植字机），用于各矿制作聚脂薄膜矿图的文字、数字注记，提高了绘图质量。

1985 年，在全局推广 PS 重氮盐胶片复制二底图。1988 年，推广微泡法翻版复制二底图技术。1989 年，购置 DE201B 型静电复照仪 1 台，用于大幅面、高精度各类图纸的按比例缩放。1991 年引进的 HS－778 工程静电复印机用于各类图纸的快速准确复印。

1992 年，地质测量处引进集日本产 RoLandDPX－4600 型平台式绘图仪、A0 幅面 Summagraphics LCL 数字化板、Compaq486/33 微机及煤航 Pccad 绘图软件为一体的 Dos 系统支持的数字化成图系统，实现了矿图绘制从手工纸质到微机数字磁盘的历史性跨越。

随着 Windows 视窗操作系统的普及应用，原来的软硬件系统已不适应形势的要求。为此，于 1999 年引进 HP750cPlus 喷墨绘图仪、SummagridⅤ数字化板、威远图 Wetop－sv300 绘图软件组合的数字化成图系统。2003 年，引进丹麦产 ContexA0 幅面工程扫描仪、HP800 彩色喷墨绘图仪，实现对图纸的扫描矢量化及输出，提高了绘图质量和工效。

2003 年，随着集团公司地测信息化的开展，为各矿统一引进了北京龙软地测空间网络管理信息系统及配套的数字化板、HP800 彩色喷墨绘图仪。以此为平台，2004～2005 年，各矿相继完成了地测数据库的建立、八大矿图及专题图的矢量化及微机成图。同时通过局域网，实现地测图形、预测预报等的网上传输浏览，彻底改变了绘图工作流程和工艺，实现了地测数据的实时更新，动态管理。

2011 年，地质测量部引进富士施乐 DocuWide 6035 工程一体机。该产品配有高速、高分辨率彩色扫描仪，集安全性和输入输出性能于一身，可进一步优化图纸的电子化流程和文件的管理流程。同年，开始了阳煤集团“地测档案资料管理系统”的编制，此系统的建设以地理信息系统为基础平台，以阳煤集团地测部为中心，形成集团公司、各职能部门、矿区等机构之间多级资料管理网络，分专业、分区域、分内容建立多层次的、实用的与档案资料系统业务紧密关联的集地理数据、文档资料综合性管理的信息系统，以此提高了档案资料的高效管理水平和信息资源的共享。

三、矿井测量

光绪三十二年（1906）保晋平定分公司成立后，在公司设立测绘股，主要担负矿井测绘，这是山西省煤矿最早设立的测量机构。由于没有统一坐标系统，只在各井口设假定坐标，井下用罗盘仪等简易仪器进行测量，绘制采掘简图。民国 5 年（1916），保晋总公司各矿厂也设立了测量股，进行井下巷道挂线和导向等工作，按时填绘采掘工程平面图、煤层剖面图。建昌公司、广懋公司、富昌公司等使用机器生产的煤矿也相继设立了民测绘机构。

民国 37 年 3 月，阳泉市成立国营煤矿公司。为尽快恢复裕公矿和四矿的测量工作，公司招回原有的测绘人员，安置具有测量技能的外地人员，扩大了测绘队伍。1950 年，阳泉矿务局在计划科内设勘测组，承担地质测量业务。1952 年，局矿两级均设立了地质测量股。

为了适应大规模的新矿井建设和旧矿井的改造扩建，1953 年，阳泉矿务局抽调 30% 的干部组建了地质勘查处，各矿设立了地测科。1955 年，由于全国尚无统一标准，阳泉矿务局自拟了《测绘细则》和《图式符号》，在统一井上下平面和高程控制的基础上，实测了井下一级导线 31 千米，设永久点 360 个，施测了一级水准 30 千米，取得很大成绩。煤炭工业部于 1956 年 6 月在阳泉矿务局召开华北、西北矿山测量经验交流会，会议重点介绍了阳泉矿务局地面控制测量、井下测量及矿井原图绘制等技术与经验。“一五”时期，煤炭工业部陆续颁布了《生产矿井测量规程》《煤矿建井测量暂行规定》《地面移动观测规程（草案）》等文件，境内矿山测量工作逐步趋于正规化。

1960 年后，根据煤炭工业部重新颁发的《生产矿井测量试行规程》和《矿山测量图例》，建立和完善了煤矿必备的 8 种基本图纸。1964 年，试制聚酯薄膜矿井原图获得成功。

1966～1976 年，测绘技术人员排除“文化大革命”的干扰，坚持井下给向和日常填图。1973 年，阳泉矿务局推广了一井双定向和两井双定向的井下定向方法，完成了二矿东立井、桑掌风井、西四尺副立井的井下定向测量，精度达到或超过国家规定的标准。聚酯薄膜矿图绘制技术获得新的进步，取代了传统的裱糊图纸。

1977年11月，山西省煤管局在阳泉矿务局召开了全省统配煤矿地质测量会议，确定煤矿测绘工作的重点是：健全机构，充实人员，狠抓基础工作，补齐亏欠。中共十一届三中全会后，阳泉矿务局装备了光电测距仪，施测了贵石沟矿井四等导线和四等水准网。其后，陆续装备了激光指向仪、陀螺经纬仪；研究成功"任意弦支距法"，用于矿井曲线巷道中线标定。新型测量仪器的使用和测量方法的改进，提高了矿井测量精度，保证了矿井巷道延伸和巷道贯通工程的质量。

1985年，引进瑞士威尔特KGA－1型陀螺经纬仪，用于验证、检测井下7秒导线永久点的方位角，以保证导线延伸的精度。

1989年，阳泉矿务局"贵石沟矿区井上下控制测量微机管理系统"研制成功，并通过了山西煤炭工业管理局主持的签定。1990年，阳泉矿务局编程的"矿区井上下控制测量微机管理系统"通过省煤管局组织的鉴定，实现了测量成果的微机处理和管理。1992年，阳泉矿务局根据国家能源部1989年1月颁发的《煤矿测量规程》，编制了本局的《煤矿测量规程实施细则》。

1994年5月，煤炭部颁发《矿井地质测量工作质量标准化标准》，阳泉矿务局地质测量处相应制订了《地测专业实施细则》。1997年，阳泉矿务局下属各矿地测标准化全部达到部级水平。

2004年，国家煤矿安全监察局下发《煤矿地测防治水安全质量标准化标准及考核评级办法（试行)》；2005年，阳泉矿务局地质测量处制订了地测防治水专业实施细则。2008年，地质测量部制订、下发了《地质测绘成果资料管理暂行办法》和《阳煤集团地质勘察测绘工程管理实施办法（暂行)》。2009年，地质测量部制订并下发了《采掘进尺管理规定》。同年，阳煤集团与太原理工大学合作完成的《多元测量数据的精细处理与可视化系统》投入使用，实现了井下基本控制导线的计算机严密平差，提高了井下导线的精度。同年，在各矿推行15秒导线进顺槽，以提高工作面的导线精度。2010年，地质测量部制订并下发了《地测远程管理信息系统管理办法》《阳煤集团瓦斯地质工作管理规定》和《阳煤集团矿井防治水管理规定》。

四、岩移观测和"三下采煤"工作

1954年11月全国矿山测量会议之后，地质勘查处调整为地质测量处，并首次在四矿井下设立了全国煤矿第一个岩移观测点，翌年又设立两个岩移观测点并获得数据，此后各矿均开展了这项观测。之后，陆续建立了各种地表移动的观测站38个，岩层内部观测站2个，敷设各种工作点1275个。1964年，阳泉矿务局总结了十年岩移观测的成果，与唐山煤炭研究所合作，制订了《地表建筑物及主要井巷保护试行规程》。此后30年中，获得直接观测数据191250个，为研究开采影响下的山区地表移动规律提供了重要而丰富的资料。

1980年，阳泉矿务局与山西矿业学院合作分析历年积累的资料，探讨采动引起山区地表变形的规律，论证山区地表移动参量之间的关系及其确定方法，从而导出了山区地表移动与变形的预计公式。同时，还对1964年制订的阳泉矿区《地表建筑物及主要井巷保护试行规程》进行了修订。阳泉矿务局运用山区地表变形理论，指导建筑物下采煤的实践，取得了一定的成效，在小型工业建筑物下、高压输电铁塔下和矿井大巷下，均采出数量可观的压煤，避免了资源的损失。

1986年，与煤炭科学研究总院唐山分院合作，成功地进行了全国首次抗变形农村住宅试验及村庄下采煤的试验。开采了两个工作面，采出煤炭72万吨，住宅仍安然无恙。该成果获得煤炭部科技进步三等奖。

1983年，阳泉矿务局与煤炭科学研究总院唐山分院合作承担了抗变形雷达站下采煤的研究，异地修建1518.5平方米的抗变形部队营房建筑，从1983年下半年开始到1996年4月底，共开采了8107、8108、8109三个分层普采工作面和8110、8201两个综采放顶煤工作面计269.01万吨的煤炭资源，取得了显著的经济和社会效益。该成果获山西省煤炭系统 1997～1998 年度科技进步二等奖和山西省 2001 年度科技进步二等奖。与此同时，在二矿 8109、8110 工作面上方的狮堖山微波站建立地表和建筑物观测站，前后进行了 17 次全面观测，取得了大量观测数据，求取了采深 600 米、综放开采条件下的岩移参数。

1990 年，地质测量处在二矿 8403 工作面上方地表建立地表岩移观测站，设测点 67 个，历时两年，测得了大量数据，求取了综放开采条件下的岩移参数。1998 年，地质测量处在新景矿 71111 工作面上方地表建立地表岩移观测站，设测点 46 个，在两年中观测 9 次，求取了 3 号煤层综采条件下的岩移参数。2007 年，在新元矿首采工作面上方地表建立地表岩移观测站，求取了综放开采条件下的岩移参数。2009 年，在五矿 8303 工作面上方地表建立地表岩移观测站，求取了综放开采条件下的岩移参数。2010 年，在二矿 71503 工作面和寺家庄首采工作面上方地表建立地表岩移观测站，求取了综放开采条件下的岩移参数。阳泉矿区岩移规律的观测研究和参数的求取，为保护煤柱设计、采动灾害评价、塌陷补偿、“三下”压煤开采等工作提供了翔实的数据和依据。

第三章　煤矿建设

新中国建立后，随着阳泉矿务局（今阳煤集团）各矿基本建设的大规模展开，逐步形成了煤炭和煤层气的巨大产能。在矿井建设方面，先后完成了一矿、二矿、三矿、四矿、五矿和新景矿 6 个矿 15 对矿井的新建和改扩建。2008 年，山西省煤炭工业局对阳泉矿区矿井生产能力重新核定为 3822 万吨。在选煤、运输、机修（制）和输变电建设方面，完成了 7 座选煤厂的新建和改扩建，铁路、公路新增里程 100 多千米，建成了可为矿山机修和机制提供有效服务的华越公司和各矿机修车间，形成了发供并举的矿山供电系统。煤层气开发走过 25 年的历程，总储配能力达 18 万立方米，煤气用户 56832 户，累计供气 178524 万立方米。在信息化建设方面，通信专网建设管理取得突出成效，企业网建设和应用软件的开发应用全面提升了企业的安全生产和经营管理水平。

第一节　矿井建设

一、矿井设计

民国 4 年（1915）发布的《山西省财政厅饬知各矿商遵照矿例办理文》涉及地质条件、井口位置、开拓方式和开采方法等有关矿井设计的 24 项内容。保晋公司等使用机器生产的煤矿企业开始矿井设计，并以井务课等机构具体负责，但甚不正规。小煤窑仅有对建井施工的简单筹划。

新中国成立后最初的 17 年，国家对阳泉矿区进行重点建设，逐步建立了科学的矿井设计程序。1950 年，阳泉矿务局在计划科设专人负责设计工作。1951 年，承担了新中国建立后山西第一个新建矿井项目四矿七尺井的设计，但未能形成正规的成套设计文件。1952 年成立设计股。1952 年 11 月开工建设的三矿一号井，由专业技术人员、老工人和局矿领导“三结合”设计小组提出施工方案，边设计、边施工，翌年达到施工方案要求后，编制了矿井设计文件。1953 年，燃料工业部颁发《第一个五年计划期间煤矿矿井设计技术方向》，境内均按此文件进行矿井设计。同年 11 月，阳泉矿务局成立设计处（煤炭丙级设计资质）。1954 年开工建设的二矿西四尺斜井由北京煤矿设计院编制开发方案，由局设计处根据方案完成矿井设计。1954 年和 1956 年开工建设的三矿二号井、裕公四尺井均由北京煤矿设计院编制初步设计，由设计处进一步完成设计。二矿东四尺井和小南坑改扩建矿井则由局设计处独立完成设计。1958年，境内矿井基建体制变动频繁，影响了设计质量。1959年局设计处降格为设计室。该室承担设计的盂县7对焦煤新井，因地质情况不明，煤种、储量不清而全部报废。1964年煤炭部颁发《煤炭工业设计规范》后，境内采矿设计逐步走向正轨。17年中，共恢复、新建、改造和扩建矿井22对，新增生产能力929万吨/年，完成投资7407.54万元。其中恢复矿井5对，新建矿井13对，改扩建矿井4对。

1966年后，矿井设计能力得到提高。1974年完成设计的改扩建三矿二号井，设计生产能力达到120万吨/年，设计中采用了多种新技术、新设备。

中共十一届三中全会后，境内矿井设计力量不断得到增强。1978年8月，阳泉矿务局设计处成功重组，同年独立完成二矿改扩建工程成套设计，把原3对小井（设计能力为141万吨/年）联合成为1对井口出煤的特大型矿井（设计能力435万吨/年）。该设计改革矿井开拓布置，合理集中生产，减少井巷工程量，缩短建井工期，还将环境保护和安全配套同步设计，结束了该矿多煤层多井口出煤的历史。1983年4月，由设计处与地质科技部合作完成狮脑山采煤方案。1984年，设计处完成了设计能力均为45万吨/年的贵石沟六号层斜井和丈八斜井的设计；此外，邯邢煤矿设计院完成了设计能力400万吨/年的贵石沟矿井设计。1985年，设计处与邯郸煤矿设计院合作完成3090万吨/年规模的"阳泉矿区建设可行性研究"（即阳泉平昔矿区的总体规划）。1990年，设计处与太原煤矿设计院、邯郸煤矿设计院合作完成4015万吨/年规模的阳泉矿区总体发展规划（即阳泉、平昔、寿阳矿区总体规划）。1994年，设计处完成三矿裕公井扩建45万吨的设计；与沈阳煤矿设计院合作完成三矿改扩建设计能力由330万吨/年提高到550万吨/年的可行性研究和初步设计，1995年，设计处完成一矿北丈八井南条带西大巷150万吨/年的方案设计。

2000年6月，设计处改名为山西国辰建设工程设计咨询有限公司，是阳煤集团下属子公司，资质晋升为煤炭乙级，并拥有建筑乙级和勘察乙级资质。到2008年，该公司完成了一矿狮子坪初步设计、二矿470水平和390水平开拓延伸工程设计、二矿800万吨环节改造可研报告、五矿赵家分区初步设计、新景矿北条带工程设计和新景矿420水平开拓延深方案，以及诸矿风井工程设计等多项设计任务，还完成了阳泉矿区东四县资源整合开发方案。2009～2011年，共完成了21个矿井的设计任务，分别是：新大地、景福、兴峪、裕泰、兴裕、泰昌、上河、堡子、中卫青洼、石丘、山凹、东沟、汇嵘、下交、森杰、河寨、登茂通、元堡、泰安、南岭、碾沟。

二、矿井施工

宋元时期，阳泉矿区一带就有煤矿。至清中叶，境内立井的井深已达30余米，断面渐大，均用锤、錾开凿；除井口和表土层用木石支护外，井壁不砌碹；用辘轳提碴。除立井外，还有平峒。清乾隆《平定州志》载，民间煤窑"凿山为穴，横入十余丈取之"，此横入之穴即平峒。20世纪初以前，境内煤矿建设处于无序状态，并且只要能维持生产，矿井就不进行改造、扩建。

光绪三十一年（1905），同济矿务公司投资白银10461两，在先生沟、庄庄沟、段家碑（后称段家背）建成立井7个，又在汉河沟开工建井。光绪三十二年，保晋公司用新法建井10座，并接手建设汉河沟的1对立井，共投资银元49684元。在自建新井的同时，保晋公司还购买小煤窑进行改扩建，使之与新井配对，作为通风、人畜出入、下料的副井；或将井筒刷大，安装绞车作为提升主井，以提高矿井的生产能力。光绪三十三年，保晋公司开凿筒子沟斜井时，仍用钢钎大锤手工打眼，黑色炸药爆破，但使用汽动力卷扬机和轨道矿车提升出碴，汽动力水泵排水。这是山西省第一个使用半机械化设备建设的斜井。民国7年（1918）后，用汽动力压风机带动风镐打眼，黄色炸药爆破，矿车出碴，电灯照明，汽动力水泵排水。光绪三十四年至民国9年，保晋公司燕子沟东立井以新法施工，深仅百米，前后费时12年，耗资10万银元。其间发生较大事故8次，死亡多人，最后仍是靠人工开凿告竣，足见当时探索立井施工新法之艰难。燕子沟东立井在施工中采用了混凝土和料石砌井壁、水泥三合泥密闭瓦斯、开小井排放瓦斯等技术，并运用蒸汽动力卷扬机、井架、罐笼提升排矸，电灯照明，进行了电引爆火药爆破的尝试。

日军侵占阳泉后，为了加紧掠夺煤炭资源，从民国30年（1941）开始，投资1329.9万元，先后新建了东亚坑立井和小南坑、善邻坑、大南坑、共荣坑4对斜井，并对原保晋公司的部分矿井进行扩建，在施工中使用劫夺来的汽动力压风机，还增添设备，大力扩大生产能力。日军投降至阳泉解放未建新井，未对矿井进行改扩建。

新中国建立初期，凿井主要靠人力，以锤、钎、锹为主要施工工具，用三角木井架、电力小绞车提升，人力排矸。1951～1953年建设的四矿七尺煤斜井，是新中国建立后全省新建的第一对斜井。1953年以后，施工技术得到较快发展。1954年后，施工中开始使用仿苏01－30型手持式凿岩机（风钻）打眼，电雷管引爆硝胺炸药落岩。1956年3月开工的三矿竖井，采用全断面开拓，挂钢井圈临时支护，单层吊盘，分段掘砌。0.1立方米仿苏式抓岩机装岩，1立方米～1.5立方米吊桶由直径2米～5米绞车单钩或双钩提升，U型矿车排矸；通过瓦斯层时用“覆盖黄土层全断面爆破法”和11千瓦、28千瓦两台局部通风机进行压入式和抽出式通风。该井的建设代表了“一五”时期山西煤矿大型立井普通凿井法施工的技术与装备水平。同年，阳泉矿务局工程处在北头咀平峒施工中，将二次成巷改为全断面掘进，这一工艺在全省进行了推广。1958年，一矿北头咀丈八斜井主井施工中，首次使用金属拱形无腿支架临时支护，为掘砌平行作业的大断面一次成巷施工方法创造了先决条件。同年一矿北头咀丈八副立井采用正规循环作业法施工，井壁石料砌筑，设置金属井架，用金属井圈临时支护，并装置保护盘和工作盘两层吊盘掘砌，平行作业，顺利完成了开凿任务。1960年，采用湿式打眼，全断面一次爆破，多工种平行作业方式。1965年，三矿一号井大巷开拓应用了煤炭部总结推广的16项平峒（巷）施工经验，形成机械化作业线。

1966年后，由于“文化大革命”的影响，矿井建设规模减小，速度放慢。1973年，重新开工建设一矿北丈八井，南北翼回风巷开拓首次应用光爆锚喷技术，顺利通过岩层破碎带，创造了最高月进318米的纪录。1974年12月，在张华沟斜井施工中应用激光指向、光爆锚喷、耙斗装岩机装岩，组织“三突击六平行”作业法，创全省单头成巷106米新纪录。同时对四矿矿井进行了改扩建，并开凿了一矿张华沟风井、二矿外南沟风井、西峪掌风井。

1978年中共十一届三中全会后，国家把山西列为能源重化工基地，增加了投资力度，境内先后实施了新建贵石沟矿井（后改称五矿）490万吨工程、二矿改扩建435万吨工程、一矿北丈八续建120万吨工程、三矿改扩建一期（后改称新景矿）220万吨工程，并对原一矿、二矿、三矿、四矿、五矿老矿井进行增能性技改工程，老矿井生产能力显著提高。

20世纪80年代，境内大型立井施工机械化程度逐步提高，二矿南沟立风井和三矿张家堰立风井建设，即为这一时期立井施工的代表。这一时期，立井施工加强了机械配套，施工纪录不断刷新。1983年11月，阳泉矿务局工程处七一队施工的高家沟立风井，掘进断面与净断面分别为31.16平方米、28.26平方米，垂深217米，每小时涌水量6立方米～7立方米，锚喷支护，月成井122米；1984年6月，该处五五队在净径4米、深281.2米的矿区供水工程进风立井施工中，采用“三掘一喷”作业法，“四、六”制循环作业，Ⅲ型金属支架，8～10台7655型凿岩机同时打眼，2台0.1立方米抓岩机同时装岩；1立方米吊桶、滚筒直径1.6米绞车单钩提升，月成井177.02米，创全国立井施工新纪录。

斜井施工向机械化优选强化配套发展，使其形成作业线。1984年10月，阳泉矿务局第二工程处施工的贵石沟矿井主斜井，设计斜长1140米，开拓断面19.05平方米，倾斜16度，被列为机械化优选强化配套施工科研攻关工业实验项目。到1984年12月，累计进尺达306.7米，平均月进尺102.23米，最高月进尺150.7米，创造了全国纪录。这一施工项目1985年获国家三等奖。

平峒施工技术也有了发展。1983年，阳泉矿务局工程处在二矿470水平岩石大巷施工中，采用图表管理、浅眼多循环、三掘一喷、多工序平行交叉作业方式，月进312米和352.7米，两次创全省岩巷月进纪录。1987年4月，贵石沟矿井平巷施工引进瑞典岩巷钻装机组，创月成巷151.7米的全国纪录。

至2011年，境内实施的平巷工程还有：新景矿芦北平巷工程、二矿北茹平巷工程、一矿阳坡堰平巷工程、五矿南翼平巷工程等。实施的立井工程有：新景矿佛洼风井工程、五矿小南庄回风立井工程、新景矿保安风井立井工程、五矿赵家分区立井工程等。

第二节 配套设施建设

一、选煤厂建设

1958年后，境内煤矿陆续建成7座配套的选煤厂。为适应煤炭生产发展的需要，各选煤厂建成后，又不断投入巨资进行改建和扩建，更新和增添设施设备，提升洗选能力，增加产品品种，降低对环境的污染。

最早建成的是四矿筛选厂，1958年12月投产，设计筛选能力90万吨/年。1963年技术改造后，筛选能力提高到167万吨/年。1986年7月，该厂改扩建工程竣工投产。改扩建工程由煤炭工业部选煤设计研究院承担设计，阳泉矿务局工程处和陕西韩城矿务局建安处施工，完成投资1459.99万元，入选原煤能力为150万吨/年。2002年11月，四矿由于资源枯竭而破产，改组为天兴公司，四矿选煤厂也改为天兴公司选煤厂，产量维持在30万吨/年左右。

三矿筛选厂于1961年10月建成投产，设计筛选能力255万吨/年。1987年7月，入选原煤能力扩大到385万吨/年。2005年，实现选煤厂机电设备调度监控下集中控制，水选双系统同时运转，形成处理原煤能力600万吨/年。

一矿选煤厂于1965年12月竣工投产，设计原煤洗选能力150万吨/年。该厂由阳泉矿务局和北京矿业学院共同设计，煤炭工业部第七工程处施工，由原煤准备及贮存、主厂房、煤泥处理和产品装车四部分组成。1986年12月，一矿选煤厂扩建工程建成投产，工程由煤炭工业部选煤设计院承担设计，阳泉市安装公司、阳泉市第二建筑工程公司、石家庄铁路工务段和阳泉矿务局一矿、工程处、第三工程处承担施工，完成投资3704万元。设计入洗原煤能力提高到450万吨/年。2006年，建成粒级煤生产车间后，年洗选能力达700万吨。

二矿选煤厂于1978年1月竣工投产，设计年生产能力150万吨/年。工程由山西煤矿设计院承担设计，阳泉矿务局工程处施工，历时10年完成，是山西省第一座采用集成电路自动控制的重介质无烟煤选煤厂。1987年10月31日，二矿选煤厂双筒原煤仓、筛分车间主体工程完工。1992年7月建成投产的二矿选煤厂改扩建工程，由平顶山选煤设计院进行设计，阳泉矿务局工程处组织施工，入选原煤能力增加到435万吨/年，累计完成投资4153.25万元。2001～2005年，随着矿井原煤产量的不断提升，二矿选煤厂进行了一系列技术改造工程，使年处理能力由1992年的435万吨提高到810万吨。

五矿小井选煤厂于1985年3月建成投产，筛选能力90万吨/年。同年7月，筛分系统投入运行，形成筛分车间。1998年改称五林井选煤厂。对跳汰系统进行了改造，处理量由80吨/小时提高到120吨/小时。经2003年、2005年和2007年的技术改造，形成原煤提升能力500吨/小时的跳汰选煤厂。

五矿大井选煤厂于1991年12月建成投产，年处理原煤能力400万吨。该厂由煤炭工业部选煤设计研究院进行可行性研究工作和初步设计，由平顶山选煤设计研究院完成设计，地面工程由韩城矿务局建筑安装工程处承建，安装工程由阳泉矿务局工程处、第三工程处承建。概算投资9795.64万元，总建筑面积24544平方米。至2008年，多次技术改造后的五矿选煤厂洗选能力提高到500万吨/年。

新景矿选煤厂于1997年10月建成投产，设计洗选能力360万吨/年，为全重介选煤厂。全厂分原煤准备车间、块煤车间、末煤车间三大主洗车间。2006～2008年投资1.53亿元进行技术改造，使洗选能力提高到600万吨/年。

二、动力工程建设

光绪三十一年（1905），同济矿务公司在庄庄沟开凿竖井时，用锅炉产生的蒸汽推动蒸汽机运转，带动绞车等设备。其后保晋公司等企业亦采用锅炉作为动力设备。起初使用美国、日本或天津产的锅炉。民国7年（1918），阳泉保晋铁厂具备了制造锅炉、蒸汽机和汽绞车的能力，这些动力设备就不再外购。抗日战争爆发前，境内较大的煤矿都使用了蒸汽动力。保晋公司阳泉矿厂有锅炉29台，其中自制的有18台，总功率779.1千瓦。建昌煤矿公司有锅炉17台，总功率911.4千瓦。这些锅炉中，功率为88.2千瓦～110.3千瓦的大型锅炉有13台，其余的都是8.8千瓦～44.1千瓦的中小型锅炉。

民国7年，保晋公司在燕子沟煤矿东立井施工中，用1台1.9千瓦直流电机发电，供电灯照明之用，此为境内用电之始。至民国26年，境内煤矿有各型发电机6台，功率129.5千瓦。这些发电机均以蒸汽为原动力。由于电力有限，只能用于矿井主要巷道的照明和水泵排水。

日军侵占阳泉后，劫夺了保晋公司和建昌公司的蒸汽动力设备和发电机。为了加快对煤炭资源的掠夺，民国27年11月动工兴建菜洼发电所。民国29年，第一台650千瓦机组投产；两年后，第二台2500千瓦机组投产。该发电所用两条3.3千伏线路以直配方式向阳泉采炭所各矿送电，于是煤矿机械、电器设备大量增加，蒸汽动力逐渐改为电力。据日本华北开发株式会社的统计资料，民国31年，阳泉采炭所各矿的变压器有114台，总容量达1419千伏安；新增加的各型电动无极绳绞车、小绞车和水泵共674台，总功率为2183千瓦；各种电动机121台，总功率为2264千瓦；各种机床有40余部。

阳泉解放后的第二年（1948），国营阳泉煤矿公司即组织力量抢修3.3千伏直配煤矿配电室等动力系统，迅速恢复了国营裕公矿和四矿的生产。

新中国建立后，1952年6月，在电力不足的情况下，阳泉矿务局以3台蓝开夏卧式动力锅炉、220.5千瓦蒸汽绞车，恢复了二矿燕子沟立井的生产。1953年，由太原电业局阳泉营业所施工，完成了阳泉发电厂至三矿3.3千伏线路。同时，动力电源电压也由220伏改为380伏。

1955年，太原至阳泉110千伏输电线路和马家坪110千伏地区变电站建成投运，阳泉配电网10千伏升压改造工程告竣。当年末和翌年初，阳泉矿务局又建成三矿和四矿10千伏变电所，电源均引自马家坪变电站。1958年，马家坪变电站增容扩建了35千伏开关场，阳泉矿务局建设了第一座35千伏桃南变电所。1959年初，二矿东四尺斜井建成后，取消了燕子沟立井的蒸汽动力。随后又建成蒙村和北头咀两座35千伏变电所。这3座变电所均由马家坪变电站一回或二回35千伏路线馈送电源。至此，阳泉矿务局各矿都有了自己投资的独立的变电所。1969年，对生产矿井的电源进行了升压改造。到1970年，各矿电源由380伏统一升至660伏。同时，电机车所用的直流电也由直流发电机或汞弧整流器整流改为大功率硅整流，电机车电压也由250伏升为500伏。

1975年10月，阳煤集团矿区供电系统改造工程启动，分多期建成。建设规模为：1座110千伏矿区变电站；5座35千伏变电站（赛鱼、马家坡、张华沟、刘家垴、桑掌）；110千伏输电线路2条3回（长矿156、157和马矿137）；35千伏双回线路7条14回，分别为矿—北线、矿—蒙线、矿—赛线、矿—刘线、北—张线（升级改造）；6千伏配电线路10条。

1978～1985年，阳煤集团设计处完成阳煤矿区供电改造工程双回路35千伏～110千伏电力架空线路设计208千米，杆塔600余基；设计35千伏变电所12座；主变24台，总容量176.5兆伏安。1984年，矿区供电系统建成。1995年，在阳煤集团三矿东西畛35千伏变电所设计中，使用GBC－35

成套配电装置，两层布置，充分利用空间，减少了占地面积。在继电保护及自动装置设计中，淘汰了电磁保护，在多个35千伏变电所设计中应用微保测控变电所综合自动化系统，成为“无人值守”变电所。

2006~2008年，阳煤集团投资6159万元用于矿区电网改造，实施了多项改造工程。国辰公司重点完成了三矿选煤厂技改6千伏线路、机关供电系统改造、三矿中沙坪热力站配电工程、赛鱼降压站—桑掌降压站35千伏架空电力线路、苏村降压站—马家坪降压站35千伏架空电力线路、新景矿黄沙咀降压站—芦南降压站35千伏架空电力线路、三矿蒙村35千伏变电站换主变工程设计。工程由宏厦一建承建。二矿北茹到五矿排矸井的35千伏输电线路建成投运后，形成东西环绕阳泉和贵石沟矿区的供电格局；佛洼35千伏变电站建成投产为新景矿的西扩提供了新的供电保障。至2008年，新建110千伏降压站和35千伏降压站20座，架设35千伏以上输变电线路近200千米。

阳煤集团发电事业也得到较快发展。2006年投产的6兆瓦发电机组，使发供电分公司的总发电能力达到16.6兆瓦，在满足用电负荷的同时，兼顾了供热的需求；405兆瓦煤矸石综合利用电厂项目三台机组投运后，保证了五矿、兆丰公司等用电大户的需求。至1998年，新建了3座热电厂，同时新建了神堂咀、煤气公司和贵石沟3座瓦斯电站，使瓦斯利用率进一步提高，推进了节能减排工作的开展。2008年，发供电分公司当年发电量达7.9亿千瓦小时，占阳煤集团总用电量的80%，一个发电与供电并举的矿区供电新格局初步形成。

三、机修（制）建设

光绪三十一年（1905）起，同济、保晋、建昌等煤矿陆续从国外购进机器设备。这时的主要设备有锅炉、蒸汽绞车、罐笼和少量电气设备。

民国14年（1925），保晋平定分公司开办机器工场，此为山西煤矿首座机修厂，“有木工房、锻工房、铸工房、机工房各一所”，“以备修理各矿机器，兼事制造，即各矿机器之安设亦由本场承办”，全场“共三十人”（虞和寅：《平定阳泉附近保晋煤矿报告》）。

民国26年日军占领阳泉后，初期仍以蒸汽动力为主，后逐渐向使用电力转移，在5个坑口和赛鱼火车站安装了6台发电机。民国28年，阳泉发电厂开始发电，遂逐步以电动机和电动绞车取代蒸汽动力。

新中国成立后，矿井建设出现高潮，设备安装工程大幅增加，仅新建的三矿七尺煤二号井、二矿西四尺井、四矿四尺煤井3对矿井，就敷设电缆53.77千米，铺设工业管道29.73千米，安装各种机电设备3000多台（件），主要是无极绳绞车和风机。

1949年，建成井阳煤业公司修理厂阳泉分厂（今华越公司），有职工100多人，后历称阳泉矿务局修理厂、机修厂、矿山机械厂、制修厂、机电修配厂、机电总厂。1957年进行改扩建，建成铸工、铆工、木模3个车间和仓库等生产设施，可满足全局各矿机电设备维修，并可自行设计制造矿用小型设备，自制氧气。

“大跃进”和经济调整时期，三矿裕公四尺煤斜井安装机电设备1037台（件）；三矿竖井主、副井安装高度分别为35米和21米的铆焊连接永久性钢结构井架，共安装机电设备1312台（件），敷设各种电缆68.89千米，铺设工业管道25.3千米；北头咀四尺煤斜井安装主要机电设备1146台（件），架设输电线路12.64千米，铺设工业管道11.49千米；二矿小南坑平峒改建工程安装主要机电设备1033台（件），敷设各种电缆47.37千米，铺设工业管道18.3千米。

“文化大革命”期间，四矿丈八煤一井于1968年11月首次试验安装了长距离钢缆胶带运输机，代替了沿用已久的无极绳绞车提升，电动机功率280千瓦，胶带全长2650米，宽1米。继四矿丈八一井之后，三矿二号井、二矿西四尺井也于1976年先后安装了长距离钢缆胶带运输机。

1969年11月，煤炭工业部和山西省煤管局决定，在阳泉矿务局筹建金属支柱厂，由阳泉矿务局自行设计，1970 年开工，边设计、边施工、边生产，累计投资 552.68 万元，建成 3 个车间，拥有设备 261 台（件）。主要产品是 HZWA 金属摩擦支柱和 HDJA 金属铰接顶梁。经鉴定，产品合格，并于 1972 年上报煤炭工业部列入国家生产计划。

1975 年，阳泉矿务局机修厂再次改扩建，1979 年竣工，完成投资 200 万元，新建了液压车间等厂房，土建面积 1 万平方米，比改扩建前增加 70.8%，同时增添了部分配套设备。

1978 年后，阳泉矿务局设计能力逐步提高。1978～1985 年，阳泉矿务局设计处完成二矿改扩建东斜井提升高差 310 米、提升斜长 1370 米的高强皮带运输机设计，在二矿副立井提升中第一次推广使用了直径 3.25 米四绳落地绞车，并装配了双层四车罐笼，设置了宽罐和窄罐，使人员上下和材料运输更加方便，采用了直流拖动和二级制动系统，使二矿改扩建副立井提升装备达到了比较先进的水平。于 1984 年在二矿南山风井第一次选用由西德 TLT 公司制造的 GAF－3.15/19－1 型风机，风机效率提高 15%，轴功率减少 300 千瓦，同时取消了返风道，减少了建筑投资和用地。对矿井大型离心风机 1600 千瓦电机采用串级调速、改变风机转速、调节风机特性、达到最佳运转工况点的目的。

这一时期，新建一矿北头咀丈八斜井安装强力胶带运输机等主要机电设备 1556 台（件），敷设各种电缆 126.3 千米，架设井下电机车架空线 10.74 千米，铺设各种工业管道 42.71 千米；新建二矿东丈八井安装钢缆胶带运输机等主要机电设备 1224 台（件），敷设电缆 17.37 千米，铺设各种工业管道 13.75 千米；新建贵石沟 6 号层斜井安装主、副井无极绳绞车等主要机电设备 1055 台（件），敷设电缆 48.86 千米，铺设各种工业管道 15.57 千米。新建贵石沟丈八斜井安装主、副井无极绳绞车等主要机电设备 1329 台（件），敷设电缆 125.47 千米，铺设各种工业管道 25.58 千米。三矿七尺煤二号井改建中，安装钢缆胶带运输机等主要机电设备 456 台（件），敷设电缆 52.9 千米，铺设工业管道 5.2 千米，架设输电线路 12 千米。1986 年竣工的二矿改扩建工程，安装强力胶带运输机、42.5 米高箱式结构井架、落地式多绳摩擦轮绞车等主要机电设备 2056 台（件），敷设电缆 172.27 千米，架设输电线路 23.5 千米，铺设各种工业管道 57.72 千米。在二矿东、西副立井安装中，成功地使用了地面分片组装，一次起吊落成的方法，避免了高空作业，在永久性立井井架安装技术上实现了突破。

1985 年年底，阳泉矿务局金属支柱厂并入该局机修厂。

1988～1995 年设计处完成一矿改扩建施工图设计，设计内容包括北丈八主斜井夹钢芯胶带输送机设计及安装施工图设计、北丈八井下南翼夹钢芯胶带输送机设计及安装施工图设计、北丈八井下北翼夹钢芯胶带输送机设计及安装施工图设计、马家坡 2.95、3.25 离心通风机安装、马家坡 60 平方米压风机安装、北丈八井副立井绞车安装及井筒装备设计等。在一矿北丈八井主斜井提升中设计了宽 1.2 米、长 766 米的全局第一条高强皮带运输机。

1992～1995 年，设计处完成三矿竖井井筒装备改造、热电厂可研初设。2005 年以后，完成了五矿中央区强力皮带设备安装及电气工程、佛洼进风井井筒装备工程、佛洼回风井瓦斯管路工程、五矿中央胶带大巷安装工程、五矿南翼井下瓦斯抽放管路安装工程、阳坡堰风井瓦斯抽放泵站设备安装工程、二矿北茹 390 水平大巷 DN800 瓦斯管路敷设工程、二矿 470 水平胶带机设备安装工程等重要工程。

经过 2001 年 4 月和 2005 年两次改制，机修厂整体改制为阳泉华越机械有限责任公司，为阳煤集团控股子公司。改制后，规模和能力不断提高，能为矿山的机修和机制提供有效服务。同时，各矿还建有小型机修车间，保证了矿山机械的正常维修需要。2008 年，华越公司通过积极挖掘内部潜力，取得了季度产值上亿元的历史性突破。华越公司 2009～2011 年投资 1.5 亿元，进行了提升质量、扩大产能技术改造，采掘机械制造产业提升项目等。

原来属于中小企业序列的华鑫电气有限公司，实行股份制改造以后，以崭新的体制模式从事生产经营，2002 年生产出国内第一台 R 型卷绕式铁芯隔爆干式变压器。华鑫公司的年销售收入，2003 年仅有 4750 万元，2005 年上到 1.55 亿元，2008 年猛增到 3.5 亿元，实现了飞跃式发展。2011 年实现销售收入12.56亿元，成为中国三大矿产生产基地之一，国内惟一具备生产煤矿隔爆型永磁电机的制造企业。阳煤集团于2009年6月30日设立阳煤集团华鑫电气公司，以此作为投资主体公司对华鑫所属公司进行增资扩股和收购。在2009年上半年以4189万元对华鑫电气公司增资扩股，增资扩股后的山西华鑫电气公司，总资产3.5亿元，净资产1.15亿元，主要从事变压器、电器产品生产，年销售收入约5亿元，现集团公司以35%股权相对控股，并以年10%的资产增值率增值。2009～2011年，华鑫公司投资0.6亿元进行了锁簧工业园厂区建设、锁簧及长岭工业园厂区建设、长岭及四矿工业园厂区建设。

四、地面工程

1978～1985年，在解决矸石自燃发火问题的方案中，国辰公司设计选用了汽车排矸、分层碾压并喷洒石灰乳工艺。1984～1988年完成阳煤机关南（北、西）区、新（扩）建改造小区热水集中供热锅炉房3座，解决了居民住宅热水采暖问题。2001年，与山东电力设计院合作完成三电厂集中供热可行性研究报告。2002～2005年，国辰公司与邯郸煤矿设计院合作完成三电厂集中供热初步设计（修改）及施工图设计。此外，还完成一矿、二矿、五矿、新景矿等风井工程的地面配电工程、阳煤集团矿区供水改造、瓦斯电站室外配套、氧化铝一期—五矿煤气系统改造、五矿—阳光电厂输煤通道设计、兆丰一期改扩建外部水源及供水管路等项多项工程。

在地面项目施工中，动员了宏厦一建等单位和各矿的施工力量。完成和正在完成桃南集中供热管网工程、佛洼风井场面工业建筑工程、阳煤集团120万米输送带土石方工程、兆丰一期储运及供配料系统工程、阳坡堰风井瓦斯抽放泵站工程、阳坡堰风井瓦斯抽放泵站场面工程、新景矿保安区进场道路工程、新景矿保安区场面工程、新景矿保安区场面挡墙工程、赵家分区工业场面工程、赵家分区副立井土石方工程等一系列工程。

2006～2008年，国辰公司完成的地面建筑设计重点项目有：一矿储煤厂扩建工程、一矿综采厂房设计、二矿桃南集中供热工程、二矿文化广场设计、三矿文化广场设计、五矿集中供热工程、集团公司供水工程设计、华越公司皮带加工制作车间、矿一中教学北楼工程、寿阳地区铁路运输方案、石港矿办公楼设计。

2007年，国辰公司完成一矿、二矿、三矿矸山生态恢复设计。晋煤集团、潞安集团、固庄矿、荫营矿等各矿主动登门，聘请国辰公司进行矸山治理的技术咨询。2009～2011年，国辰公司先后完成13座矸山的治理设计，其中一矿1座、二矿2座、二矿3座、三矿4座、五矿1座、新景矿1座、平舒矿1座，治理面积达到337.12万平方米，其中治理平台229.85万平方米，坡面104.15万平方米，马道3.12万平方米。

2009～2011年，国辰公司除矸山治理外，其他地面工程设计主要有：

三矿工业园区改造设计。三矿是解放后开采的矿井，初期煤炭产量很大，工业广场经简单建设即投入生产，随着产量不断扩大，对采煤生产要求越来越严，围绕井口不断增建生产、生活设施，地面格局杂乱无章，有些地点消防车都很难到达，形成隐患。通过对工业广场建、构筑物进行改造整合，新建了机修及各类厂房、锅炉房等3万余平方米厂房设施，使场地整洁有序、道路通畅、功能齐全、使用便利，满足大型矿井生产的需要，节约土地使用面积19459平方米（约29亩），用于建设住宅，缓解了群众的住房紧张问题。

阳泉市矿区街道美化工程设计，包括主干道及人行道翻新，沿街装饰，路旁高压电线由架空改为埋入地下等。西河路、育才路道路的改造设计。四矿煤山路改造工程设计。河神庙至赛鱼桃北路电缆入地及路面整修工程设计。五矿地下汽车库设计（建筑面积1.12万平方米，329个车位）。

阳煤一矿停车场、浴室联建工程设计，建筑面积11000平方米，可停车50辆。阳煤集团科技楼工程设计，建筑面积17000平方米。阳煤药林寺会议中心副楼工程设计，建筑面积6300平方米。阳煤晋北公司办公区办公楼方案设计，建筑面积6200平方米。阳煤新元公司调度楼及地下车库方案设计，建筑面积14000平方米。

阳煤二矿燃气锅炉房设计，装机总量6×14兆瓦（6×20吨），建成后可供百万平方米住宅取暖，是全市第一个大型工业用燃气锅炉房，建筑面积2096平方米。用燃气代煤可降低二氧化硫和粉尘的排放，提高市区的空气质量。

第三节 煤层气开发

矿区煤层气开发始于20世纪50年代。1957年，阳泉矿务局采用顶板穿层钻孔法抽放四尺煤矿井邻近层瓦斯试验成功，所抽出的矿井瓦斯符合《城市煤气设计规范》规定的煤气质量标准。1958年，阳泉矿务局开始局部试用瓦斯，主要用于坑口食堂煮饭、烧茶炉、锅炉、坑口加温和供应给发电厂发电，当时利用规模很小，只限于瓦斯抽放站附近。1964年，七尺煤层邻近层瓦斯抽放试验的成功，使矿井瓦斯的抽出量不断增加，这为阳泉矿务局的瓦斯利用开辟了广阔的前景。1970年以后在一、二、三矿陆续建立了三个利用系统，到1975年，有5378户家用住宅，2383间集体宿舍，22个职工食堂，31个茶炉和4台锅炉利用了瓦斯矿井气。

1970~1975年，瓦斯利用有了较大发展，但仍然存在急待解决的问题。主要是：瓦斯管道没有统一标准，既有废旧铸铁管，又有瓷管和胶管；管道漏气严重，供气压力没保障；瓦斯管理混乱，浪费严重；没有储气设备，供气和用气不均衡的矛盾难以解决。为此，阳泉矿务局于1975年派人到天津、抚顺等地学习城市煤气供应技术和管理经验，并编写了《阳泉矿务局瓦斯利用设计规划方案》。

根据该方案，阳泉矿务局于1977年开始煤气化工程建设。到1982年，共铺设瓦斯主干管18.69千米，瓦斯分支管及部分庭院用户管1.5千米，建成容积为3万立方米的储气罐。这些成果为以后的瓦斯开发奠定了基础。由于资金等客观原因，原有的瓦斯利用系统未及改造，影响了效能的发挥。

1982年，阳泉矿务局和抚顺煤研所共同提出了《阳泉矿区瓦斯利用可行性研究报告》。该报告论证了阳泉矿区及城区范围内利用瓦斯的可行性。根据此论证结果，阳泉市决定在矿区和城区范围内使用瓦斯。1983年，阳泉市成立煤气化工程领导组和煤气化工程指挥部。1984年，阳泉市煤气化工程被列为国家重点工程。当年，中国市政工程华北设计院完成了总体工程设计。阳泉矿务局亦于1984年4月7日成立瓦斯利用工程指挥部，并实施矿区煤气化工程。工程一方面建立新系统，主要建设了赛鱼5万立方米储配站，敷设了中低压网管60千米，建立了调压站25座，完成了基地建设工程量4408平方米；同时对旧系统进行改造，主要建立了二次加压站3个，更换了3万立方米储气罐站的部分设备，购置了运行机具和完成了通信工程等。总工程量约占全市煤气化工程量的三分之二。1985年，与市煤气化工程部分中低压管网相结合，采取边建设边送气的措施，使3万立方米煤气储配站系统发挥了应有的效益。

1985年6月25日，苹果园居民小区正式送气。12月31日，矿务局大院、洪城河、矿务局医院、四矿口等5个居民小区正式送气。到1987年末，矿区煤气化工程完成工作量1482.5万元，占预计投资的80%；民用瓦斯户20142户，气化率74%。新建系统的用户普遍安装了专用灶具和煤气表，原有居民的灶具也得到改造。此后，又陆续建成了赛鱼5万立方米储配站，半坡5000立方米储配站，大垴沟5000立方米储配站，并同原建的水泥厂3万立方米储配站并网运行；建成29座区域调压站，敷设160千米中低压管网，后方基地建设4408平方米。1991年9月，煤气工程建设项目顺利通过国家竣工验收。1993年10月，撤销阳泉矿务局瓦斯利用工程指挥部，成立阳泉矿务局煤气公司。1996年11月，阳泉矿务局煤层气开发总公司成立。1997年11月，煤层气开发总公司与煤气公司合署办公。

2000年以后，阳煤集团投入大量资金，用于改善煤气设施，提升系统输配能力。2001年，在5个储配站安装了瓦斯传输自动监控系统，实现了连续检测、数字显示和超限报警，并实现了煤气输配数据向阳煤集团的并网运行，确保了用户的生活正常用气。2001年10月，阳泉矿务局煤层气开发总公司改制更名为阳煤集团煤层气开发部，阳泉矿务局煤气公司改制更名为阳煤集团煤气分公司，除负责阳泉矿区的煤气储存、输配、用户管理外，还担负向阳泉市、平定县供应煤气的任务。

2002年，对赛鱼至洪城河之间的23个雷诺调压站进行改进调试，首次实现了赛鱼5万立方米储气柜向阳泉矿区及阳泉市赛鱼以东段煤气二级输配运行管理，供气压力由原来的8千帕提高到45千帕，保证了供气压力的均衡和用户的安全用气。2005年5月，利用阳泉市亚行贷款建设的五矿5万立方米低压卷帘式柔膜干式储气柜和储配站建成投运，并分别于2005年2月和2006年2月实现了向平定县和阳泉市供气。

2003~2006年，为消除瓦斯无色无味无臭的特性所带来的发生漏气难以发现的诸多隐患，陆续在6个储配站安装了加臭装置，将四氢噻粉药剂按20毫克/立方米剂量加入输配系统。同时在6个储配站安装了变频装置，每年可节能15万千瓦小时。为提升煤气输送能力，将桑沟、沙沟、宋家庄、大南沟、小南沟段的9千米煤气输送管路由DN400改造为DN720；在水泥厂储配站和5万站分别更换了两台罗茨鼓风机（容积更换为120立方米），供气总量提升了530立方米/分，输送煤气每天可增加76万立方米。

阳煤集团煤层气发电项目工程包括3个瓦斯发电站，是利用联合国CDM机制发展循环经济的示范项目。工程于2006年6月开工建设，2007年6月底竣工投产，交由阳煤集团煤层气发电分公司管理运营。一期总装机容量28.9兆瓦。其中神堂咀瓦斯电站一期工程建设4×3044千瓦，终期建设规模为8×3044千瓦；虎尾沟瓦斯电站工程建设规模为3×1800千瓦；贵石沟瓦斯电站一期建设6×1901千瓦，终期建设规模为8×1901千瓦；首期建设发电机组13台。上述工程按单机运行7000小时计算，3个煤层气发电站每年发电2.02亿千瓦小时，消耗瓦斯5845万标立方（100%浓度），相当于少用8万吨标准煤。按联合国CDM项目管理规定，每年减排收入达6000万元。

截至2005年，共建有储配站7座，总储配能力18万立方米；建有区域调压站41座，专用调压站21座；敷设中低压管网512.89千米；煤气用户56698户，公福利用户134户；累计供气138760万立方米，向阳泉市供气33697万立方米，向平定县供气6067万立方米。

2006年，阳煤集团与欧洲碳基金和英国CAMCO国际碳资产信息咨询有限公司共同进行清洁发展机制项目合作，申报了80万吨煤层气焙烧氧化铝和90兆瓦煤层气发电CDM项目。两个申报项目相继于2007年4月7日和5月22日在联合国执行理事会（EB）成功注册。2007年8月16日，集团公司成立CDM项目管理领导组及管理部。2008年7月25日，阳煤集团煤层气发电CDM项目在第二监测期的减排量获得CERS（经核证的减排量）签发，签发量为441073吨（二氧化碳当量的温室气体），获得减排收入3500万元。又获得联合国网站公示认证煤层气电厂2008年第三监测期减排量444842吨，氧化铝厂2008年第一监测期减排量146760吨，第二监测期减排量228740吨，共计820342吨，可实现碳交易资金643万欧元，折合人民币5916万元。

2007年8月9日，阳煤集团与北京赞成公司、中国科学院理化技术研究所在五矿合作进行的含氧煤层气分离液化工业实验取得成功。2008年3月5日，与杭州新亚低温工业公司共同开发研制的NCNG电控双燃料（瓦斯、柴油）汽车改装试验成功。

2006~2011年，煤层气开发利用分公司供气量及收入呈直线增长。供气量从8381万立方米增加至42018万立方米，增长了5倍；收入从2655万元增加至21022万元，增长了7.92倍。

2008年，国家开始实施煤层气利用财政补贴、退税。集团公司注册成功CDM项目后，争取到政策性资金60096万元，其中财政补贴20308万元，退税8385万元，CDM国际碳减排收益31403万元。2009年与煤炭科学研究总院签署课题现场试验合作协议，研究低浓度煤层气浓缩技术与装备研制。

新大地接力系统于2010年11月投用。新大地气量充足，年抽放量为7000万立方米，每年最大利用量为2000万立方米/年，剩余5000万立方米/年。

寺家庄3万煤气储配站工程投资4028.17万元，于2011年3月23日奠基，3月24日土建工程开工建设，将解决5万吨液化项目供气问题。石港2万煤气储配站建设项目投资3574.95万元，于2011年3月26日开工建设，年内完成了总场场平工作、储气柜基础、山体挡墙、消防水池、辅助用房及配电室框架建设。低浓度瓦斯发电项目于2011年签订合作协议。2011年，公司成立了工程管理部，严控工程施工质量。3月23日，山西瑞阳煤层气有限公司成立，寺家庄5万吨液化项目奠基。高浓度瓦斯掺混装置在神堂咀站和水泥厂站的成功运行，煤层气神堂嘴工业园区开工，寺家庄3万立方米煤气储配站、石港2万立方米煤气储配站、平舒2万立方米煤气储配站建设项目开工。小南沟接力运行工程和南翼接力运行工程加紧运作。乏风低浓度瓦斯发电项目获批复。

第四章　煤炭生产

1950~2011年，境内煤矿开拓掘进施工工艺由依靠人力、畜力和简陋的机械动力设备施工，发展为以各种机械化作业线为主的现代化施工方式。采煤也由残壁式、长壁式，从炮采经过普采、综采，进入大采高综合机械化采煤时期。运输和提升系统也获得飞速进步，通风、排水、照明科技水平大幅提高，煤炭洗选应用了大批先进设备，洗选能力与采煤能力相适应，生产了多种煤炭品种和名优产品。安全生产得到全面重视，瓦斯灾害和其他各种矿井灾害得到有效控制，煤层气开采技术的完善更是变废为宝，使瓦斯成为人民生活和生产建设中的清洁能源。

第一节　开拓与掘进

一、开　拓

到1977年年底，阳泉矿务局有4个矿12对井，其中采用平峒开拓方式的有一矿北头咀、二矿小南坑、三矿一号井；采用斜井开拓方式的有一矿黄石板和北四尺、三矿二号井和裕公井；采用立井开拓方式的有三矿竖井；采用平峒—斜井联合开拓方式的有四矿二井；采用斜井—立井开拓方式的有一矿北丈八、二矿西四尺和东四尺。

从1978年开始，阳泉矿务局在境内新建了3对井口。

五矿五林井采用斜井开拓方式。由原六号层斜井和原小丈八井合并而成。原六号层斜井1984年12月20日正式投产。主斜井长1800米，井筒倾角7°，净断面12.79平方米，料石砌碹；副斜井长1800米，井筒倾角7°，净断面10.268平方米，料石砌碹。原小丈八井于1985年8月31日建成投产，主斜井斜长499.7米，井筒倾角14°，净断面11.4平方米，料石砌碹、半圆拱支护；副斜井斜长324.54米，井筒倾角20°，断面与支护方式与主斜井相同。两井于1992年1月合并机构，改称小井。1995年6月，六号层斜井与小丈八井贯通，形成一套系统，后改称五林井。

五矿大井采用主斜井—副立井开拓方式。1983年10月15日破土动工。1991年12月19日正式投产。主斜井井筒倾角16°，井筒斜长1140米，净断面14.6平方米，料石砌碹；副立井井筒垂深278米，井筒直径8米，净断面50.3平方米，混凝土砌壁支护。

新景矿原为三矿改扩建，是国家“八五”“九五”期间重点能源建设项目，1990年开工建设，工程总投资18亿元，1997年8月试投产，1998年10月正式建矿。新景矿开拓方式采用主斜井、副立井、分煤组、分区通风的开拓方式。主斜井长1248米，井筒倾角13°30′，净断面14平方米，料石砌碹；副立井深度255米，井筒直径7.5米，净断面44.2平方米，混凝土浇筑。矿井设计两个水平，一水平高程+525米，二水平高程+420米。2008看书年末开采水平为+525米水平。

在建设新矿井的同时，大力对老矿井进行改扩建。主要有：

二矿改扩建。为了集中生产、简化运输系统，改革开拓部署，采用了多煤层穿层石门布置方式。将井田划分为560和470两个水平，以560水平大巷穿透8号、9号和12号三个煤层，470水平大巷开采15号煤，减少了井筒和水平大巷，实现了多煤层联合开采，单井年产量增加到360万吨。工程于1978年1月正式开工，1984年12月21日560水平建成投产，1986年12月25日470水平也如期告竣。主斜井由西四尺井的东、西斜井改建而成：将这两个斜井以净断面10.24平方米的规格开拓，斜长分别延伸到1350.29米和1249.32米，井筒采用锚喷砼支护。两个副立井规格相同，井筒直径6米，断面28.27平方米，垂深275.5米。

三矿二号井改扩建。由于采区范围的扩大，为了挖掘生产潜力，提高运输能力，1973年1月开始对该矿井进行了扩建和环节改造，1981年年末结束。新开了1个主斜井；将原主斜井改为排矸、运料和入风的副井；保留原副斜井，仍用于入风和行人。新开的主斜井斜长705.73米，井筒倾角15°，净断面11.88平方米，料石砌碹支护。

2006~2011年，阳泉煤业（集团）有限责任公司为了进一步扩张煤炭资源、扩大生产规模、提高经济效益，加大了新矿井建设和煤炭资源整合力度，煤炭主业逐步从阳泉地区延伸到全省范围。至2011年年底，集团公司所属矿井共有43个，其中新建大型矿井6个，采用斜井开拓方式的矿井为新元、平舒、榆树坡、元堡，采用主斜井—副立井开拓方式的矿井为寺家庄，采用立井开拓方式的矿井为七元。

二、掘　进

阳泉矿务局成立后，开拓掘进施工工艺得到了长足的发展，由解放初期完全依靠人力、畜力和简陋的机械动力设备施工的原始施工方式，发展为以各种机械化作业线为主的现代化施工方式。

（一）岩巷掘进

掘进方式及主要设备：1978年，阳泉矿务局岩巷掘进施工主要采用人工打眼放炮的方式，打眼工具主要为7655型风钻，耙岩机、铲斗式装岩机也开始使用。到1982年，岩巷施工机械逐渐向配套化发展，大耙斗装岩机、大吨位蓄电池电机车相继投入使用。其后，在岩巷施工中应用了岩巷机械化作业线。1986年7月，二矿西四尺井和三矿竖井试用法国制造的液压钻车和与其配套的侧卸式装岩机。1988年，一矿北丈八井西大巷试用国产CTH10－2F全液压钻车及配套的ZC侧卸式装岩机。1991年，全局在岩巷应用了液压钻车配备侧卸式装岩机、5吨电机车机械化作业线5条，气腿式凿岩机配备0.6立方米耙斗装岩机转载机械化作业线12条，减少了作业人员数量，减轻了工人的劳动强度，同时提高了单进水平及安全性。为了提高岩巷掘进效率，从2009年开始分别试验了三一重工生产的EBZ200H型和EBZ260H型及EBZ318H型岩巷掘进机；华越创立生产的EBZ315型和EBZ220G型岩巷掘进机；凯盛重工生产的EBZ255型岩巷掘进机。从试验情况来看，使用岩巷掘进机具有巷道成型好、劳动强度低、掘进效率高等优点，是岩巷掘进的发展方向。2011年，阳煤集团岩巷掘进进尺达到了95118米，与2008年相比岩巷进尺增加37381米，机械化作业线发挥了应有的效能。

支护：1978年以前，全局岩巷支护形式基本为料石砌碹支护。1978年开始在岩巷推广光爆锚喷技术，当年完成12638米。1991年7月，在一矿改扩建2号主斜井施工中采取蹬架打眼，严格控制炮眼（特别是周边眼）的眼距和装药量，预留光爆层修边爆破，支模挂线喷浆等一系列措施，使施工质量标准达到了砌碹的标准。此后，在所有开拓准备岩巷掘进中全面推广了光爆锚喷新工艺，彻底取消了砌碹支护。在岩巷掘进施工中，1989年开始试验推广快硬膨胀水泥锚杆喷浆支护。1992年，用质量更加稳定的树脂锚固剂代替了水泥药卷。2000 年，阳煤集团锚索支护的应用，为岩巷锚喷支护提供了强有力的保障，同时也使锚喷支护巷道对不同围岩的适应性更强。2005 年在岩巷推广平行作业。2006 年，在一矿开四队和五矿工准一队进行岩巷中深孔爆破试验，爆破效率 90% 以上，每茬炮的爆破进度由原来的 1.5 米左右提高到 1.8 米以上。五矿准一队于 2006 年 8 月在南翼轨道巷实施中深孔爆破后，单头月进尺均在 100 米以上，最高达到 120 米，创阳煤集团历史最好水平。

（二）煤巷掘进

掘进方式及设备：1978 年，阳泉矿务局煤巷掘进采用煤电钻打眼人工爆破、装煤机或耙岩机配合刮板运输机装载的方式。1980 年，引进奥地利 AM－50 型半煤岩掘进机、日本 MRH－S50－r3 型煤巷掘进机，效果显著。1984 年，又陆续引进多台综掘机用于煤巷掘进。1990 年，综掘设备普及淮南产仿奥地利 AM－50 型掘进机，当年综掘进尺达到了 32543 米。2000 年，佳木斯产 MRH－S100 型掘进机投入使用。2005～2011 年，加大综掘设备投入，增加了 EBH－120 型、EBZ－135 型、EBZ－150 型、EBZ－160 型、EBZ200 型等大功率掘进机。至 2011 年年底，综掘机械化程度达到 64.92%，综掘进尺达到 187986 米，煤巷综合单进达到 260.35 米/月，形成以大功率掘进机、胶带运输机、刮板运输机和锚杆钻机为主的机械化作业线，煤巷掘进实现了机械化。

支护：1978 年，煤巷支护普遍采用以矿用工字钢和 U 形钢为主的金属支架支护，支架形状主要有梯形、半圆拱形等。1982 年，首先在一矿北头咀井 1104、1105 综采工作面使用每米 29 千克的 U 型钢矮墙半圆拱型可缩性金属支架。1983 年，在全局广泛使用 U 型钢半圆拱型可缩性金属支架，并由支护综采工作面巷道推广到支护采区上、下山及岩石大巷。1985 年，在一矿北丈八井 8501 工作面（上层）回风巷进行快硬膨胀水泥锚杆支护试验。试验成功后即在全局煤巷中推广。1995 年 9 月，在一矿北丈八井 8804 工作面进风进行了锚杆网支护技术试验，掘进巷道 200 米，为锚杆支护在 15 号煤下层巷道的应用提供了宝贵的经验。1998 年 10 月，选用锚杆、金属网与锚索的联合支护方式将锚杆锚索支护成功应用于新景矿 71113 工作面尾巷。1999 年 3 月，在一矿北丈八井 8904 工作面回风巷进行了锚杆 W 钢带锚索联合支护试验并获得成功。2000 年，阳煤集团全面推广锚杆锚索支护工艺。2001 年，在临近采空区侧巷道推广使用全锚索支护。到 2002 年，阳煤集团在 15 号煤下层支护中全部使用了锚网锚索支护或全锚索支护。2005 年，阳煤集团在煤巷推行掘进与支护平行作业，当年使煤巷掘进进尺达到了 115231 米，比 2004 年有大幅提高。从 2005 年 8 月开始进行岩性探测和矿压观测，并对岩性探测和矿压观测资料定期进行分析。2007 年，为了提高采空侧巷道的支护强度和双锚巷道的单进水平，在一矿和新景矿进行了 21.6 毫米大直径锚索支护试验。

2008 年，在三矿和新景矿进行了球形锚具替代普通锚具的试验研究，在新元公司西三中间巷、西四中间巷和东四正巷试用锚索桁架控制体系。

2009 年 9 月，与中国矿业大学合作开展了高应力巷道高强度锚索支护技术研究与应用，在一矿的 81202 工作面回风巷和新景矿 80111 回风巷、切巷试验了 Φ21.8（1×19 丝）锚索。

（三）半煤岩巷掘进

掘进方式及设备：1978 年，阳泉矿务局采用煤电钻打眼放炮、装煤机或耙岩机配合刮板运输机进行半煤岩巷掘进。1982 年，使用 7655 型风动凿岩机，加快了掘进速度。2000 年 6 月，一矿北丈八井 8804 工作面走向高抽巷的掘进中采用自制滑靴式耙岩机配合皮带、煤溜装载，创月进 206 米的新记录。从 2003 年 2 月 1 日起，除 3 号、8 号煤外的所有煤巷、半煤岩巷炮掘工作面，符合条件的均采用毫秒管全断面一次爆破。2005 年，引进 S－200 型掘进机和 ZMC－30 型全液压侧卸式装煤机。形成以装煤机或 S－200 型综掘机、刮板运输机、皮带运输机为主的机械化作业线。2009 年 3 月，在新景矿 80112 工作面走向高抽巷试验了三一重装生产的 EBZ－132CZ 型窄机身掘进机。2009 年 10 月至 2010 年 6 月，在一矿 S8301 工作面走向高抽巷（沿 12 号煤层）试验了 EBZ132CZ 型掘进机。2010 年，在半煤岩巷使用 ZMB37－W 型扒斗装煤机。

支护：1978 年前，阳泉矿务局半煤岩巷普遍采用矿用工字钢梯形棚支护。1985 年 7 月，一矿北头咀 1619 掘进工作面快硬水泥锚杆支护试验取得成功。1986 年 5 月，一矿水泥锚杆试用评议会后，全面推广了水泥锚杆支护。1988 年，全局双锚（锚杆和锚喷）支护巷道掘进进尺达到 28034 米，比前五年之和还要多。1991 年，在全局推广使用树脂锚杆支护，淘汰了水泥锚杆。同时积极推广了 ZMC－30 型侧卸式装煤机配套皮带、煤溜作业线，取消耙岩机，其中二矿工三队在 15 号煤高抽巷施工中，全年实打进尺 3506 米，月进尺最高达 383 米，创历史最好水平。

1978～2011 年阳煤集团开拓掘进指标一览表

表 9－1

年份	掘进总进尺（米）	开拓进尺（米）	双锚进尺（米）	岩巷进尺（米）	煤巷进尺（米）	半煤岩巷进尺（米）	综掘进尺（米）	掘进机械化程度（%）	万吨掘进率（米/万吨）
1978 年	105021	13461	3774	23965	68416	72640	—	53.55	136.23
1979 年	147838	13656	3496	26013	62773	59052	—	62.29	127.55
1980 年	130066	17089	1860	26122	52909	51035	2319	68.77	101.48
1981 年	124442	17337	4476	27479	49909	52657	3493	71.79	102.71
1982 年	131651	17710	3689	27994	58937	52338	6782	74.02	104.39
1983 年	135819	31607	3863	31607	61362	52722	8458	74.54	105.30
1984 年	149490	15815	4827	34329	65996	67234	12687	75.78	109.95
1985 年	158105	15281	4908	29740	70453	73120	14935	76.82	114.41
1986 年	159781	12347	8423	25469	73694	68458	12465	72.90	112.50
1987 年	154353	11377	3994	21323	70959	67118	17485	74.41	103.50
1988 年	156420	9307	28034	17903	74380	66963	21930	76.09	104.10
1989 年	159545	9102	50034	18691	79434	63218	27137	78.87	102.68
1990 年	145942	10790	39267	17723	72381	59336	32543	82.18	91.26
1991 年	128149	12985	30645	23741	63880	47606	33984	79.64	84.30
1992 年	128537	15678	47236	24094	62678	51822	30487	84.91	82.69
1993 年	104330	13262	44891	22361	49430	40637	29023	85.82	76.25
1994 年	111895	9468	50724	20715	57168	38252	32579	88.06	73.15
1995 年	122010	10794	60450	22411	64290	37370	37196	88.11	80.19
1996 年	125750	8397	66807	20065	70552	29946	40784	88.72	81.65
1997 年	122155	7490	68243	23459	67359	31923	41296	88.11	78.73
1998 年	93841	9473	49202	19784	53850	20207	35790	83.80	81.03
1999 年	113889	14461	64348	24698	68031	21160	45079	85.66	84.90
2000 年	100746	10397	62961	17970	62384	20392	41858	84.12	81.46
2001 年	106398	10614	86499	19910	67452	19036	46983	86.34	71.84
2002 年	122353	12023	98761	23821	76510	22022	52409	86.88	65.15
2003 年	156973	15549	144333	34746	89262	32965	62369	86.14	71.57
2004 年	176635	20465	168991	42152	104873	29610	76097	87.83	64.59

续表 9－1

年份	掘进总进尺（米）	开拓进尺（米）	双锚进尺（米）	岩巷进尺（米）	煤巷进尺（米）	半煤岩巷进尺（米）	综掘进尺（米）	掘进机械化程度（%）	万吨掘进率（米/万吨）
2005年	197326	27711	189901	47842	115231	34253	92416	91.17	62.72
2006年	223741	37937	165964	51849	134135	37757	102842	91.55	66.34
2007年	246882	30335	203311	48102	157655	41125	124437	89.46	77.35
2008年	292930	33800	238561	57737	167520	67673	160844	90.07	81.67
2009年	361265	58421	—	81804	198941	80520	182814	92.58	72.13
2010年	395000	63176	—	81454	219337	94209	177796	94.37	64.52
2011年	408326	66130	—	95118	220128	93080	187986	95.67	64.2

第二节　采　　煤

一、采煤方法

古代境内采煤多在煤层露头处挖峒开穴掘取，至元代已能凿石建井，进行坑巷开采。保晋公司成立后，用房柱式采煤法开采15号煤层，采区回收率不足20%。所用工具通常是铁镢、铁锹、铁锤、铁錾、条筐和木担。日军侵占阳泉煤矿后，一度用残柱法采煤，黑色火药爆破落煤。民国31年（1942）后，用高落式残柱法采煤，回收率仅为17%，使资源遭到严重破坏。日军投降后，仍使用房柱式采煤法采煤。

新中国建立后进行了生产方法改革。1951年12月，“走向长壁倾斜分层煤皮顶板下行陷落采煤法”和“单一煤层走向长壁式采煤法”先后试用成功，境内煤炭开采进入长壁式炮采时期。1965年11月，境内煤炭生产进入普通机械化采煤（简称普采）时期。到1975年，普采机械化程度上升到55.62%。1973年，阳泉矿务局四矿成为全国5个综合机械化采煤样机试点之一。1974年3月，试验获得成功。1978年，阳泉矿务局采煤机械化程度为58.92%。采煤工艺包括综合机械化采煤（综采）、普通机械化采煤（普采）、打眼放炮采煤（炮采）三种工艺产量构成比为12.67 ∶ 46.25 ∶ 41.08。此时普采和炮采仍是主导采煤技术，但综采发展迅速。1980年综采产量超过普采产量，成为主导采煤技术。1984年高档普采试验成功并推广应用。1988年综采放顶煤试验成功，1990年在全局推广应用，进一步加快了综采的发展步伐。1990年淘汰普采和炮采。1991年全局采煤机械化程度达100%。2001年，阳煤集团结束高档普采，进入完全综采时期。2004年综合单产突破10万吨。2005年阳煤集团实现了综放支架低位化，淘汰了中位支架。2006年，一矿综五队和三矿综五队通过推行大采长、大走向的工作面开采，同时采用重型综放设备，当年产量双双突破了400万吨大关。2007年在一矿S81203工作面首次试用直径110毫米悬浮式单体液压支柱，进行两巷顶板的加强支护，同时ZFT21000/22.5/35型端头架也在该面试用。2008年采煤工作面的设备逐步向重型化迈进。2009年，首次在寺家庄公司15104工作面采用大采高综合机械化采煤工艺，7月布置成功并试验开采。二矿全年原煤产量突破千万吨大关。2010年一矿原煤产量突破千万吨大关，成为阳煤集团第二个千万吨煤矿。2011年，全公司46个综采队有24个队年产超过百万吨，其中综放队15个、综采队9个，商品煤产量完成5851.8万吨。

二、炮　采

经过多年发展，至1978年，长壁炮采成为阳泉矿务局成熟的开采技术，全年全局炮采产量为

423 万吨，占总产量的 41.08%，炮采工作面平均个数为 23.89，炮采单产为 14772 吨/月·个，炮采工作面平均长度为 129 米。1978～1984 年，炮采工作面年平均个数均保持在 20 个左右，金属摩擦支柱和可弯曲溜子普遍用于炮采工作面。1985 年后，随着综采技术的快速发展和高档普采的推广，炮采工作面逐年减少，1990 年全部淘汰。

阳泉矿务局炮采曾创造优异成绩。1982 年，三矿一号井采煤二队获全国炮采第一名。1987 年，全国统配煤矿采掘评比竞赛中，三矿一号井二队获全省炮采第一名、全国第四名。

三、普 采

经过 20 世纪 60 年代的发展，到 70 年代，普采成为阳泉矿务局的主导采煤技术。1978 年，全局普采产量达 477 万吨，占总产量的 46.25%。此时普采工作面主要使用 MLQ－80 型采煤机，溜子主要为 SGW－150 型。后 MLQ－100 型采煤机也用于普采工作面。工作面支护采用摩擦式金属支柱配合铰接顶梁，支柱、回柱、放顶仍由人工操作。普采工作面劳动组织采用综合工种分段作业的形式。1979 年后综采迅速发展，1985 年后高档普采推广应用，普采逐年减少。1990 年，全局最后一个金属摩擦支柱工作面开采完毕，结束了阳泉矿务局普采的开采历史。在 1987 年度全国统配煤矿采掘评比竞赛中，三矿一号井四队获全国普采第一名。

四、高档普采

1984 年 12 月，阳泉矿务局第一套高档普通机械化采煤设备在三矿竖井 708 工作面上层安装投产，包括 DZ22－30/100 型外注式单体液压支柱、MLQ6－150 型采煤机和 SGW－150 型刮板运输机。之后，二矿西四尺井、一矿北丈八井和五矿丈八斜井等生产矿井也应用了高档普采。1987 年，阳泉矿务局在高档普采工作面推广使用 π 型钢梁。至年末，各矿都推广使用了高档普采，全局共装备 13 个高档普采队，平均单产达到 18500 吨/月·个。至 20 世纪 90 年代后期，综采技术不断推广，高档普采工作面逐年减少，至 2001 年全部淘汰。

五、刨煤机开采

1990 年 12 月，针对 3 号煤层趋薄的实际，在一矿北头咀井七上山 1405 高档工作面进行 TIV－26 型拖钩刨煤机开采试验；1991 年又在三矿一号井进行了相同条件的开采试验，取得较好的技术经济效果。一矿北头咀井在 90 年代一直坚持使用此方法开采 3 号煤层。1994 年 9 月，在一矿北头咀井 1610 工作面，以 BH34/2×200 型刨煤机配合 4Leg－0.7/1.8 型液压支架进行了刨煤机综采开采试验，也取得一定效果。

六、综 采

1974 年，境内第一套综采装备开采试验成功。1977 年，阳泉矿务局制订了液压支架选型规范。

（一）普通综采时期

1979 年，阳泉矿务局从联邦德国引进 9 套液压支架及其配套设备，包括 WS1.7－1.2/2.8 型支架 4 套、WS1.7－2/3.5 支架 2 套、4Leg－0.7/1.8 型支架 3 套，于 1980 年分别在 3 号、8 号、12 号、15 号等薄、中、厚煤层中投入使用。与其配套的采煤机主要是法国产 SIRUS－400 型和波兰产 KWB－3RDS 型，工作面刮板运输机主要是联邦德国产 PFIIV－600 型及波兰产 SAMSON－NP 型。1980 年后，阳泉矿务局更新和改造了一批支架，配套采煤机为波兰产 KWB－3RDUW/S 和无链牵引的 KGS－320B 型。1987 年，综采程度达到 51.99%。1989 年，一矿北丈八井机采队采用分层开采，当年实产原煤 100.1933 万吨，成为阳泉矿务局第一支百万吨综采队。

（二）中位综采放顶煤时期

1988年12月，与郑州煤机厂合作研制的ZFS4400－1.75/2.6型中位开天窗放顶煤液压支架在一矿北丈八井8605工作面进行了试验。试验证明，放顶煤综采工艺在阳泉矿区15号煤层是可行的，ZFS4400支架适应阳泉矿务局的煤层地质条件，具有支得住、走得动、放得下的特点。设备的选型配套可基本满足放顶煤综采工艺要求。配套的采煤机主要使用KGS－320B型，前运输机为RYBNIK－80P型或SGZ－764/320型，后运输机为SGB－630/220型。1990年，先后在一、二、三、四矿装备了4个综放工作面。其中于年初装备的3个工作面当年产量就突破了100万吨。1991年，有4个综放工作面年产突破百万吨，其中四矿综二队创年产135万吨的历史纪录。从1991年起，阳泉矿务局回采机械化程度达到100%。1993年3月和5月，两套高产高效装备分别在一矿北丈八井西8701工作面和三矿竖井80904工作面投产。1994年，阳泉矿务局已有10个综放工作面，所有开采15号煤层的矿井全部实现了综放化。

（三）低位综采放顶煤时期

1996年4月15日，ZFSB4800/17/28型低位放顶煤支架在一矿北丈八井西七采区8702工作面投入试验。配套设备是：前后部运输机均为整体铸造框架式结构的SGZ－764/500型，采煤机选用了800毫米截深的AM－500型，顺槽选用了SZZ－880/200型桥式转载机、PCM－160型锤式破碎机，并配套了过渡支架。端头支护首次配套了三架一组式端头支架，配备了大流量乳化液泵等。针对支架结构和配套方面存在的问题，进行了再次修改：将ZFSB4800/17/28型改成了ZFSB4200/17/28型，顶梁改为整体型，底座改为刚性分底座型，过渡支架定型为ZFSB4800型，并根据阳泉矿务局煤层地质条件，决定不再使用端头支架；根据低位放顶煤工作面放煤快，生产能力高的特点，前后运输机均改为SGZ－764/630型；采煤机为AM－500或MG360型；顺槽设备为SZZ－880/220桥式转载机配PCM－160型锤式破碎机，SSJ/1200－2×200带式输送机；乳化液泵为大流量的WRB－200/31.5型。2000年，一矿北丈八井综五队采用上述装备，在工作面遭遇特大型褶曲构造的条件下，实产原煤201.1888万吨。2005年，阳煤集团实现了综放支架低位化，淘汰了中位支架。在综放装备更新的同时，阳煤集团对单一煤层综采装备进行了研究改进，对其他配套装备进行了完善，还发展了轻型低位放顶煤综采装备和工艺。2002年，阳煤集团综采机械化程度达到100%。

（四）高产高效重型综放装备时期

2004年9月8日，阳煤集团年产300万吨高产高效S8101工作面投入生产。主要设备是：液压支架为ZF5600/17/30型放顶煤支架，工作阻力达到5600千牛；采煤机为MGTY400/930－3.3D型，功率达到930千瓦，截深由600毫米增加到800毫米；工作面前后运输机均为SGZ880/1050，功率达到1050千瓦；转载机SZZ1000/400，功率为400千瓦；顺槽皮带输送机SSJ1200/3×250型，功率为750千瓦；乳化液泵站为GRB－315/31.5型，流量较原设备提高50%以上。一矿综五队采用ZF5600支架等高产高效重型综放装备，2005年全年实产原煤350.1888万吨。2006年1月，阳煤集团第二套高产高效重型综放装备在三矿竖井扩二区K8206工作面投入生产，在总结一矿开采经验的基础上，对部分设备进行了改进。液压支架改为ZF6200－1.7/3.2，工作阻力增大为6200千牛，并将顶梁改为铰接结构。工作面前后运输机改为SZZ－1000/1400，溜槽宽度增大为1000毫米，功率增大为1400千瓦，后溜运输能力进一步提高，提高了放顶煤速度。一矿综五队、三矿综五队采用重型综放装备，于2006年全年产量分别达到403.1598万吨和400.3568万吨，均突破400万吨。

2007年和2008年，阳煤集团并购重组地方煤矿进入高峰期，采煤工作面装备向重型迈进，逐步淘汰低阻力液压支架。2009年3月，阳煤集团要求采煤工作面配备数字采集式矿压观测仪表及相应的软、硬件，并对采集的数据及时分析汇总。同年在各矿采煤工作面逐步推广使用悬浮式单体液压支柱，其特点是具有撑力大、抗偏载、行程大、操作便利、无内漏、更安全等优点。2009年年底，寺家庄15104工作面回风顺槽采用沈阳天安矿山机械科技有限公司研制的ZT2×4000/23/50型超前支架进行超前维护。该套支架由 11 架（六组）组成，每组有两架组成，两架底座、顶梁采用分段铰接结构，每架有两根立柱支撑，中间设有一组四连杆结构。在每组的后部顶梁设有尾梁与挑梁千斤顶，可支护架间的顶板，能保证在支架调高范围内，顶梁不出现“前仰后爬”现象。靠推拉千斤顶实现支架前移。两架顶梁之间、底座之间设有防倒调架千斤顶。ZT2×4000/23/50 型超前支护支架成功解决了采煤工作面超前支护的技术难题，通过在 15104 大采高综采工作面的应用，实现了采煤工作面超前支护的机械化和自动化，是综采工作面超前支护形式的一次创新，在技术进步、自动化作业、安全性和生产效率方面具有较大的经济和社会效益。

2010 年，三矿在 K8403 工作面使用 TWK 固化剂加固过导水陷落柱试验取得成功。超前在 K8402 尾巷、回风巷向陷落区域施工 77 个注浆孔，进行了预防性加固，于 12 月 3 日至 12 月 10 日顺利通过。一矿在 8809、81101 工作面末采利用锚网支护代替木梁支护施工拆架道工艺，缩短拆除工期 15 天。一矿、三矿、长沟公司等单位使用综采电缆单轨吊，操作简单，安装方便，安全可靠。

2011 年，集团公司在二矿 71503 末采工作面首次使用格瑞特护顶柔性网技术进行综采工作面拆架巷支护，134 组液压支架历时 18 天全部拆除完毕，有效缩短了工期，加大了有效生产时间。同年 5 月晋北公司元堡矿的首个重型化设备采煤工作面布置成功。工作面装备：液压支架为 ZF13000－26/40 型放顶煤支架，工作阻力达到 13000 千牛；采煤机为 MGTY750/1800－3.3D 型，功率达到 1800 千瓦；工作面前部工作溜为 SGZ1000/2×855 型，功率达到 1710 千瓦；工作面后部工作溜为 PF6/1342 型，功率达到 2000 千瓦；转载机为 PF6/1542 型，功率为 450 千瓦；破碎机为 SK1118 型，功率为 400 千瓦；顺槽皮带输送机 DSJ140/250/2×800 型，功率为 1600 千瓦。

（五）大采高综合机械化采煤工艺

2009 年 7 月，集团公司在寺家庄 15104 工作面采用大采高综合机械化采煤工艺开始试生产，截至 2010 年 5 月底，生产基本趋于正常。月均推进 80 米，累计推进 792 米，2010 年最高月产 236176 吨，平均单产 162926.49 吨。工作面平均厚度 5.5 米，可采走向长度 1504 米，倾斜长度 240 米。工作面装备：工作面中间支架为 ZY8000－26/56 型大采高液压支架，工作阻力为 8000 千牛，适应采高为 3.0 米～5.4 米，支护宽度为 1.63 米～1.83 米，共 133 架；端头过渡支架为 ZYG8000－24/50 型大采高液压支架，工作阻力 8000 千牛，适应采高 3.0 米～4.8 米，共 6 架；采煤机为 MGTY750/1800－3.3D 型电牵引采煤机，截割电机功率为 750 千瓦×2，牵引电机功率 90 千瓦×2，调高油泵功率为 35 千瓦，采高 3.0 米～5.4 米，牵引速度 0 米/分～24.58 米/分；刮板输送机为 SGZ－700/1400 型双速刮板机，且溜槽为封底式，电动机与减速器之间通过对轮直接传动；转载机为 SZZ－1000/400 型桥式转载机，封底式溜槽，上跨 PLM－3000 型破碎机；胶带输送机选用 2 部 SSJ1200/2×315 型胶带输送机，带宽 1200 毫米；采用 3 台 BPW400/31.5 型乳化液泵配以 2 台 RX400/25 乳化液箱，压力 31.5 兆帕，流量 400 升/分；喷雾泵为 BPW320/10 型，压力 10 兆帕，流量 320 升/分。

1950～2011 年阳煤集团原煤产量一览表

表 9－2　　单位：万吨、吨/工

年份	原煤总产量	全员效率	年度	原煤总产量	全员效率
1950 年	81.07	0.512	1955 年	266.61	0.977
1951 年	100.81	0.691	1956 年	349.10	1.231
1952 年	136.95	0.787	1957 年	418.06	1.292
1953 年	132.35	0.838	1958 年	610.94	1.522
1954 年	217.88	0.880	1959 年	744.13	1.498

续表 9－2

年份	原煤总产量	全员效率	年度	原煤总产量	全员效率
1960 年	725.78	1.468	1986 年	1429.83	1.383
1961 年	516.92	0.945	1987 年	1497.22	1.460
1962 年	514.34	0.929	1988 年	1508.93	1.504
1963 年	526.77	0.931	1989 年	1568.08	1.833
1964 年	551.13	1.132	1990 年	1623.38	2.053
1965 年	567.85	1.190	1991 年	1575.61	2.118
1966 年	531.60	1.152	1992 年	1633.35	2.034
1967 年	372.68	0.753	1993 年	1439.04	1.970
1968 年	406.66	0.764	1994 年	1601.71	2.365
1969 年	677.04	1.163	1995 年	1581.40	2.317
1970 年	763.36	1.250	1996 年	1615.88	2.439
1971 年	770.77	1.256	1997 年	1634.31	2.721
1972 年	802.05	1.297	1998 年	1230.04	2.993
1973 年	836.74	1.324	1999 年	1445.96	3.272
1974 年	1004.70	1.286	2000 年	1479.55	3.580
1975 年	1100.05	1.461	2001 年	1586.55	3.686
1976 年	1252.22	1.454	2002 年	1868.59	4.171
1977 年	1148.79	1.311	2003 年	2268.95	4.752
1978 年	1172.69	1.328	2004 年	2826.93	4.939
1979 年	1122.85	1.258	2005 年	3245.14	5.554
1980 年	1217.85	1.369	2006 年	3541.69	5.685
1981 年	1219.43	1.319	2007 年	3303.05	5.394
1982 年	1265.57	1.311	2008 年	3837.23	5.610
1983 年	1295.76	1.285	2009 年	4408.8	5.526
1984 年	1366.17	1.384	2010 年	5158.0	5.000
1985 年	1388.86	1.374	2011 年	5851.8	4.892

第三节　运　　输

一、井下运输

古代境内煤矿井下运输，除人背、肩担外，还有用拖筐和拖车拖的办法，这类运输方式一直延续到20世纪初。保晋公司和其他较大的煤矿井下铺设轻便铁轨，用矿车运输，这种方法一直沿用到50年代。

新中国建立后，阳泉矿务局的井下运输全部采用了电力无极绳绞车。从采区巷道到水平大巷、井底车场，形成了无极绳运输一条龙。1955 年 8 月，阳泉矿务局三矿二号井建成投产后，井下运输首次使用黏着力为6吨的架线式电机车，每次能牵引一吨矿车20辆。1957年，在超级瓦斯矿井使用蓄电池电机车，1958年后又将蓄电池电机车全部改为有保安防护的架线式电机车。之后，这种架线式电机车逐渐取代了大巷无极绳运输，功率也逐渐加大。20世纪60年代初，井下运输普遍使用载重量为1吨的U2型固定矿车。70年代初期，在工作面顺槽和采区上、下山，普遍采用了KDS－30型胶带运输机、SPG－800型吊挂胶带运输机和SPJ－800型可伸缩胶带运输机。同时在工作面建造了容积50吨～150吨的煤仓，以后煤仓容积又扩大到200吨～500吨。1976年建造的一矿北头咀平峒井底缓冲煤仓容量达3000吨。1976年4月，MD3－6型3吨底卸式矿车运输系统在三矿一号井投入运行，效率提高10倍以上。年内，主要生产矿井的水平大巷都使用了3吨底卸式矿车运输。

随着矿井向多煤层联合开采、集中生产和大型化发展，井下运输也随之发生了变化，用于斜井提升的新型强力胶带运输机也应用于井下大巷运输。阳泉矿务局四矿、三矿二号井和一矿北丈八井等都实现了井下胶带连续运输。1984年，该局从英国HSD公司引进一套MTNOS型胶带运输机安全监控设备，将其安装在一矿北丈八井，用于从井下运输巷道至地面选煤厂的11部胶带运输机之间的称量、煤仓仓位探测、故障识别、声光报警等，使胶带运输系统实现了自动化。

1991年以后，加强了井下运输系统的建设，保证了井下运输能力与煤炭生产的同步发展。

道轨、道岔、矿车、电机车、阻车器、强力皮带等设备的建设。1997年开始试用30千克/米道轨，1998年年底在主要生产矿井运输大巷全面推广使用30千克/米道轨，小巷使用22千克/米及以上道轨。到2004年，井下主要运输大巷基本实现了30千克/米道轨。2004年，运输大巷气动司控道岔在五矿试验成功，并在全阳煤集团推广应用。同年，一矿在不改变矿井主运大巷运输条件的情况下，在原3吨底卸矿车的基础上，改制4吨底卸式矿车取得成功。二矿470水平、三矿竖井先后使用了4吨底卸式矿车。2004年1月，与抚顺北龙电机车厂共同研制开发了ZK20/6/550电阻调速架线式电机车；同年9月，第一台试制车在北丈八井下进行工业性试验。同年4月，与中国北车集团永济电机厂开发试制了CJY－20/6P型交流变频电机车。2005年，20吨电机车从试验走向成熟，并在二矿、五矿、三矿推广使用。2006年8月，在三矿一号井运输大巷，对10吨架线电机车进行气动控制系统改制试验，实现了气动制动、气动撒砂、气动摘挂钩、气动升降弓、气动喇叭5种功能，机车制动距离大幅下降；2007年在一矿、二矿、五矿进行推广。2007年11月，由阳煤集团生产技术部与山西华鑫变压器有限公司、五矿联合试制的电（气）动阻车器，在五矿大井510斜坡上部车场进行工业性试验；2008年在阳煤集团进行了推广使用。2009年1月，在一矿北丈八井三采区无极绳连续牵引车（梭车）正式投入运行，为改变小巷运输方式（即取缔对拉绞车）奠定了基础。6月，在北丈八井三采区试用第一列无极绳连续牵引（梭车）配套人车，探索解决采区轨道巷运送人员问题。同时在三采区斜坡（坡度18°，坡长140米）安装了行人助力车，解决了工人爬坡疲劳问题。10月，五矿为了解决标准长轨（约10米）在井下小巷运输困难的问题，开始使用22千克/米标准长5米轨道和标准轨道夹板；2010年7月2日，在一矿召开了“集团公司无极绳连续牵引配套人车和行人助力车现场推广会”，其后，无极绳连续牵引车在集团公司全面推广应用。2010年4月，一矿北丈八井北翼运输大巷开始更换38千克/米轨道，为北翼运输大巷列车提速做前期准备。2010年年底二矿对470水平南大巷开始更换38千克/米轨道。2011年年底在五矿大井北翼也相继开始更换38千克/米轨道。2011年3月14日，阳煤集团与永济新时速电机电器有限责任公司共同研发的高速电机车和高速人车，在一矿北丈八井北翼运输大巷试验，6月20日在一矿召开了矿井运输现场会，高速列车的各种性能和参数基本达到设计要求，7月开始正式进入试运行，并由一列车增加到三列车。2011年四季度，新景矿副立井井底完成了二平台改造，缓解了交接班期间运送人员紧张的问题。12月，五矿大井420水平行人暗斜井，由斜井人车改为架空乘人装置运送人员。至年底，二矿470水平8号煤十三区架空乘人装置正式投入运送人员。

井下煤仓建设。2003年9月，二矿将采区煤仓绕道，底卸仓卸载车场由折返式车场改造为环形车场。2004 年 5 月，为了给 4 吨底卸式矿车和 20 吨架线电机车的使用做好准备，二矿对底卸煤仓进行了加固增载改造。6 月，一矿北丈八井南翼 3 吨底卸煤仓投入使用。2005 年 10 月，一矿北翼建成 4 吨底卸煤仓，仓容 1000 吨。2007 年，二矿将四个折返式车场改造为循环式车场，铺设重轨 3950 米，新增 1 个 1000 吨采区煤仓、1 个井底循环底卸煤仓、1 条主斜井皮带巷，使竖井运输系统形成完整的环形系统。2010 年 3 月，一矿北丈八井北翼运输大巷将 3 吨底卸仓改成 4 吨底卸仓，实现了 20 吨电机车牵引 25 辆 4 吨矿车卸煤，有效地提高了北翼运输效能。6 月，五矿大井 520 水平西北翼新煤车绕道完成改造后投入使用，实现了煤车、人车分流运行，保证了人员上下车的安全。

通讯系统建设。2000 年，五矿安装了 ZDD－19C 型载波通讯装置。2004 年 5 月，新景矿架线电机车使用了载波通讯。2005 年 7 月，一矿完成了北丈八井泄露通讯系统升级改造一期工程（地面—井底—西大巷—采区往外），2006 年 9～11 月完成了二期工程，全井西、北电机车运输大巷实现了漏泄通讯。2006 年五矿 520 水平安装“信、集、闭”（KJ15A 矿井机车运输监控系统）并投入试运行。2007 年新景矿安装“信、集、闭”控制系统，2008 年年底开始试运行，2009 年四季度开始正式投入使用。2011 年 5 月一矿北丈八井北翼运输大巷开始安装“信、集、闭”控制系统。

安全系统建设。2001 年阳煤集团开发研制了 XFP－I 型斜巷联锁式防跑车装置，10 月在新景矿井下西二联巷试验取得成功，并在阳煤集团推广使用。2001 年年底，由阳煤集团生产技术部、一矿运输科与中国兵器工业集团第 207 研究所共同承担井下动态距离防追尾报警装置的研制任务，经过多次试验改进，于 2003 年 5 月有效报警距离达到 200 米～220 米，性能也基本稳定可靠，同年在阳煤集团全面推广使用。2008 年由集团公司生产技术部、连云港东速电子有限公司和二矿，共同在二矿 8 号煤十三区斜巷单钩绞车运输系统完成了采用雷达实时监测监控，挡车栏采用底升方式的新型雷达捕车器研究试验，2009 年推广使用 65 套，其后，在阳煤集团全面推广应用。2011 年 4 月开始，在一矿、五矿和新景矿试验由山东世纪矿山机电有限公司生产的 ZTJ127R 矿用绞车控制信号人员识别装置。该产品具有识别、输出、管理、控制、通信、记录、显示和沿线广播 8 个功能。11 月通过试验改进，ZTJ127R 矿用绞车控制信号人员识别装置产品性能基本趋于稳定、可靠，具备了推广使用的条件，是完善绞车运输安全管理的有效手段。11 月 23 日，集团公司在新景公司组织召开了绞车控制信号人员识别装置试验推广会。

二、提　升

清末以前，境内平峒和斜井以人力和畜力提升，立井以人力绞动木制辘轳将煤提升出井。保晋公司成立后，立井用蒸汽绞车牵引罐笼装载矿车出煤，斜井或平峒用蒸汽无极绳绞车牵引矿车出煤。

阳泉解放后，国营煤矿采用了电动绞车提升。新中国建立后，阳泉矿务局对矿井提升设备进行技术改造，采用了较大功率的电力设备。1950 年，四矿一坑东斜井提升与井下大巷运输共用一台电力无极绳绞车，功率 183.8 千瓦，运距 2000 余米，是当时境内功率最大的绞车。

1957 年，三矿裕公井绞车投运，使用 2БМ2000－1030A 型双滚筒绞车，滚筒直径 2 米，使用 XRC106/6S 斜井人车运送人员，电机功率 80 千瓦，后无极绳绞车改为 ZEM2500/1200A 双钩绞车。二矿小南坑由斜井改为平峒后，使用蓄电池式电机车提升，1958 年又改为有保安防护的架线式电机车。1958～1960 年，三矿竖井副井和主井先后使用了 HKM3－2×4×1.7 型仿苏双滚筒绞车，滚筒直径 4 米，电机功率 550 千瓦，后改为 2×630 千瓦。

1968 年 11 月，国产第一台长距离钢缆胶带运输机在四矿一井取代了无极绳绞车。三矿二号井、二矿西四尺井的主提升斜井于 1976 年也先后安装了这种运输机。1976 年，二矿西斜井和三矿二号井主斜井先后使用了沈阳矿山机械厂制造的钢丝绳牵引胶带输送机。

中共十一届三中全会后，境内矿井向大型化发展，采取了集中生产、集中提升。1979～1982 年，一矿北丈八井和北四尺井的主提升斜井、三矿二号井暗斜井、四矿 8206 皮带巷、三矿二号井 610 皮带巷先后安装投运了强力胶带运输机。

1987年，二矿经过改扩建，全矿实行集中生产、集中提升。东斜井配套安装了一部由唐山冶金矿山机械厂制造的GX-3500钢丝绳芯胶带输送机，带宽1200毫米、电机功率为4×380千瓦、带强达3500牛/毫米。东副立井绞车投运，使用JKMD-3.25×4型绞车，立井罐笼提升，滚筒直径3.25米，2×400千瓦双电机直流拖动，F-D供电，是境内第一部直流拖动绞车。

1989年4月，三矿裕公井安装了一部DXL-1000型钢丝绳芯胶带输送机，运输倾角达20度。20世纪80年代共安装大型强力胶带输送机6部。1990年3月投产的材料斜井，用JK-25/30型提升机承担井下长材料和大型设备的运输。

1992年，五矿大井副立井绞车使用JKD-2.8×6型绞车，立井罐笼提升，滚筒直径2.8米，电机功率630千瓦，F-D供电，直流拖动，是阳煤集团第一部井筒式多绳（6绳）摩擦绞车。1994年，五矿大井主斜井安装投运了一部唐山冶金矿山机械厂生产制造的GD-4500型高强度直流直联钢丝绳芯胶带输送机，随后五矿小井也安装了一部DX-1000型钢丝绳芯胶带输送机。

1997年，新景矿副立井绞车投运，使用JKD-3.5×4型绞车，立井罐笼提升，平衡锤提升，滚筒直径3.5米，电机功率1000千瓦，直流直联，是阳煤集团第一部模拟数字化直流拖动绞车。7月，主斜井安装了由沈阳矿山机械厂制造的TD-1400型钢丝绳芯胶带输送机，胶带宽1400毫米、带强4000牛/毫米、运输长度1380米，同时在大强度皮带机上应用了世界最先进的CST软启动系统，该系统采用的调速装置可有效避免重载起停对设备造成的冲击，电机功率达3×1000千瓦。

2003年后，境内对主提升绞车进行大规模电控数字化改造，当年一矿矸山绞车成为境内第一部采用全数字交流电控系统的绞车。2004年，新景矿副立井绞车成为境内第一部采用全数字直流电控系统的绞车。2005年，三矿裕公副井绞车成为境内第一部采用低压交流变频调速电控系统的绞车。到2006年年底，境内有7部强力胶带输送机担任大型的原煤运输任务，在用的主要提升绞车电控系统已全部改造更新为全数字电控系统。

三、井上运输

井上运输包括材料设备运输和矸石排放两种。

各矿地面材料和设备运输系统，均采用轨道架线电机车、蓄电池机车和柴油机内燃机车牵引运输，三矿有无极绳绞车运输方式。

矸石排放的方式大致经过了3个发展阶段。20世纪80年代前期以前，主要使用无极绳绞车牵引1吨矿车、箕斗、1吨“V”型矿车拉至山顶人工排矸。80年代中期至90年代中期，无极绳绞车、电机车，矿车和汽车并用。如1984年五矿六号层井投产，排矸系统为井下矸车经130千瓦无极绳绞车提升到地面，再经翻车装入汽车运至矸山排放。1988年1月，一矿矸山排矸使用12吨自卸式汽车。1991年贵石沟井正式投产后，地面排矸系统为汽车从选煤厂矸仓接矸，直接拉运到矸山排卸，井下排矸利用1.5吨矿车装矸，通过中央区排矸立井直接提运到矸山，矸山用汽车排矸。1997年新景矿地面排矸系统将选煤厂洗选出的矸石，经胶带输送机拉运到矸山矸楼，再利用汽车进行排放，这时采用了胶带输送机。此后，采用胶带输送机运输矸石的方式得到较多的采用。2005年5月，一矿对地面矸楼至井下翻车矸仓的运输方式进行了改造，由架线电机车运输改为胶带输送机运输。这一阶段，还大量采用了汽车直接运输。2010年8月，东副立井操车系统改用液压动力操作系统，可靠性、安全性和生产效率都有较大提高。2011年5月一矿地面取消架线牵引网络，用12吨蓄电池机车取代架线电机车运输。7月，新景矿地面电机车检修车间投入使用。

1992年，运输处承担了五矿的排矸任务，其后相继承担了其他各矿的排矸任务，在全局实现了汽车排矸专业化管理。

第四节 通风 排水 照明

一、通 风

古代境内煤窑采取自然通风，辅以人工通风。光绪三十二年（1906）之后，保晋公司和其他较大煤矿至少有两个通风井，采用两翼对角式或立井并列式、立井中央并列式布置自然通风系统，巷道设置风门、密闭墙，用以引导风流方向。民国16年（1927），保晋公司在阳泉第一、二矿厂各安装美制西哥罗式汽动通风机1台，抽风量分别为3932立方米/分和5243立方米/分。此为山西煤矿机械通风之始。日军侵占阳泉煤矿后，只顾掠夺资源，仍靠自然通风。由于通风不良，井下温度甚至高达40℃，因而煤炭自燃及瓦斯燃烧和爆炸的事故不断发生。

新中国建立后，为了改善矿井通风，阳泉矿务局于1950年3月和8月，先后在四矿丈八井2号立井和裕兴矿二坑分别安装了日制147千瓦和110.3千瓦轴流式通风机一台，使用原自然通风系统的风路，但工作面风量仍然不足。1951年，燃料工业部颁布了《煤矿技术保安暂行规程》。根据该规程的规定，阳泉地区各煤矿绝大多数矿井属于三级或超级瓦斯矿井；加强矿井通风建设，改进矿井通风管理，是阳泉地区煤炭生产的首要工作。1952年后，国产通风机和苏制BY型通风机渐次取代了日制旧式风机。1953年后，阳泉矿务局通过整定主风机，提高其效能，整修巷道，减少其阻力等措施，提高了矿井通风标准；还结合单一煤层新矿井建设，增建风井，增装风机，改造通风系统。到1957年，全局共新开风井8个，增装风机8台；矿井风量达3000立方米/分~4500立方米/分。1958年后，该局陆续将单级风机改为功率在300千瓦以上的双级大功率通风机，进一步提高了矿井供风效能。到1965年，矿井通风能力基本满足了621万吨/年矿井设计能力的需要。

1965~1975年，阳泉矿务局新建风井8个，开凿通风巷道3.3万米，将通风方式改为多风井布置的单翼式或双翼式分区通风，使通风能力提高到1000万吨/年以上。同时还积极推行“三无、四有、两保证”（通风巷道无断棚、无积水、无杂物；有足够断面、有专人检查、有专业维修队、有维修记录；保证不冒顶、保证畅通无阻）的通风管理，使矿井有效风量提高到80%以上。

1976~1985年，新开凿14个风井，加上新矿井投产配套的4个回风井，共开凿风井18个，同时在井下新补通风专用巷道460千米，矿井通风能力增加了950万吨/年，达到1571万吨/年，初步建立起与生产能力相配套的矿井通风系统。同期选用了高效离心风机12台，电机功率为630千瓦~2500千瓦。

1986~1995年，新开凿风井16个，选用了12台由上海鼓风机厂引进德国技术生产的GAF型系列高效无反风道主扇，电机功率为800千瓦~1800千瓦，并改造低效主扇18台，部分更换了功率较高的电机，使矿井通风能力达到1783万吨/年，满足了生产发展的需要。

2002年后，阳煤集团逐步加大投入，新投运了一批进、回风井，复用并改造了一批回风井，投运了一批主扇，同时对一些能力不足和设备老化的主扇进行技术改造。

2008年阳煤集团确定通风系统优化方案，规定新建矿井风量富余系数为2.0，生产矿井风量富余系数为1.5。根据这一优化方案，各矿开始进行相关技术改造。截至年末，主要生产或试生产矿井共安装主扇56台，运行28台，总装机容量109660千瓦，总排风量343331立方米/分，保证有足够的风量稀释瓦斯，改善井下工作环境，拥有比较富裕的通风能力。

二、排 水

光绪三十一年（1905）之前，境内矿井排水方法有三种：一是用牛皮包（又称牛皮囊）作盛水工具，坑上安装辘轳，用人力绞动提升排水；二是倒槽法，采煤时先采下山，采出的空区，作为开采另一区的蓄水区，这样依次一区倒一区，谓之“倒槽”；三是放水法，靠近水塘的矿井，按地势凿一水道，将采区涌水引入水塘。

光绪三十一年（1905），同济矿务公司在境内开凿矿井时，最先使用蒸汽水泵排除井筒内积水。保晋公司、建昌公司等较大的煤矿也使用蒸汽水泵排水。日军侵占阳泉煤矿后，各矿井也采用蒸汽泵和电力泵排水。日军投降后，矿井停工停产，排水设备遭破坏，致使一些矿井被水淹。

阳泉解放后，人民政府积极恢复生产，组织力量排除矿井积水。民国 37 年（1948）3 月，在国营裕公矿井下安装了功率为 150 千瓦的离心式电水泵 1 台，用 75 天时间排除了积水。1950 年阳泉矿务局成立后，安装了一批电动水泵进行排水，使水淹的矿井迅速恢复了生产。据 1952 年 5 月统计，全局共有电动水泵 40 台，总功率达 1357 千瓦。

1953 年后，按照国家《煤矿技术保安暂行规程》的要求，阳泉矿务局对矿井排水进行正规标准设计和建设，在立井、斜井和平峒的下山修筑了能容纳 16 小时正常涌水量的水仓。水仓分主、副两部分，以便轮换清理。同时，各生产矿井均配备了 8 小时内能排除 24 小时涌水量的电力水泵 3 台。其中一台运转，一台备用，一台维修。以苏联 89M－200 型 6 级或 8 级电动水泵取代了原有的日式电动水泵和蒸汽水泵。20 世纪 70 年代后期各矿广泛采用国产 DA 和 D 型水泵，代替仿苏 SSM 型水泵，使排水效率提高了 80%，满足了矿井排水的需要。到 1990 年年末，仅阳泉矿务局就拥有各种型号的水泵 1396 台，其中大型主排水泵有 47 台。

20 世纪 90 年代后，阳煤集团逐步构建了工业以太网矿井生产综合监控系统，将矿井排水管理纳入安全生产调度系统及跟班人员稽核系统。2004 年，申领安全生产许可证，阳煤集团进一步完善了综合防治水措施，严格执行“有疑必探，先探后掘”的原则，有效地控制了水患的发生。

三、照　明

古代境内煤矿井下照明用瓷盘或瓷碗作灯具，在煤巷凿洞放置，燃植物油照明。清代有铜、铁或陶制成的可携带的圆壶形灯具，可手携或口衔，俗称油鳖灯。民国 7 年（1918），保晋公司在开凿燕子沟东立井时，始装 1.5 千瓦直流发电机 1 台，其所发电力用于井下电灯照明。

新中国建立后，阳泉矿务局四矿于 1950 年 12 月 6 日首次使用携带式蓄电池防爆安全矿灯（俗称头灯），矿工们告别了世世代代使用的油鳖灯。1951 年，燃料工业部颁发了《煤矿技术保安试行规程》，要求井下固定照明禁止使用裸露的灯泡，并对蓄电池矿灯的使用、保管、维修、发放都作了详细规定。阳泉矿务局根据矿井瓦斯等级、有无煤尘爆炸危险和照明地点的不同，分别使用一般矿用型、安全型和防爆型灯具，用电电压统一为 110 伏。50 年代末，阳泉矿务局矿井固定照明全部改为防爆型白炽灯，照明线路改造成橡套或铠装电缆。1965 年后，阳泉矿务局各生产矿井的固定照明，改用矿用防爆型荧光灯具。70 年代，阳泉矿务局井下照明供电由 QC83－80 型开关控制，三芯或四芯电缆出线供电。1985 年，井下照明使用了照明信号综合保护装置。到 1995 年，井下照明全部由防爆型日光灯替换了防爆型白炽灯。从 1996 年开始，国家实施“绿色照明”工程，矿工使用的照明灯由铅酸电池白炽灯发展为锂电池双光源 LED 灯，井下巷道照明由日光灯逐渐更换为 LED 灯，供电电源由 2.5 千伏安的照明信号综合保护装置逐渐更换为 4 千伏安的照明综合保护装置，部分矿井使用 10 千伏安的照明综合保护装置。

第五节　原煤洗选

20 世纪前，境内煤窑所产煤炭主要供应当地或邻近地区，一般不加分选。保晋公司成立后，煤炭大量外销，使用人工分选，按煤块重量将原煤分选为大、中、小、碎块和末煤 5 种，分选加工在井下进行。日军侵占阳泉煤矿时期，在井下增加由采煤工挑拣矸石的工序，以提高质量。民国 33 年 (1944)，在简子沟坑安装了固定筛进行筛选，为境内筛选之先。

新中国建立初期，境内较大煤矿仍沿用旧法分块选煤。之后，为了提高商品煤的质量并分级增值，拣矸选块成为煤炭加工的主要手段，以灰分率、含矸率为商品煤的质量指标之一。1953 年后，阳泉矿务局各生产矿井普遍安装了井口固定筛，将原煤筛分加工成两级产品，筛上物为混块，人工拣矸后成为块炭；筛下物为混煤。

1958 年后陆续兴建的 7 座选煤厂，尽可能地采用新技术、新设备，生产出适销对路的多品种高质量煤炭，同时降低了工人的劳动强度，减轻了对环境的污染。

1958 年 12 月投产的四矿筛选厂，设计筛选能力 90 万吨/年。主要设备是滚轴筛、苏制 ГУП－Ⅲ型吊式振动筛，生产 5 级商品煤。1986 年 7 月后，主要设备是重介质斜轮分选机、300 平方米自动压滤机，入选原煤能力为 150 万吨/年，实现 7 个产品。1988 年 5 月，对重介斜轮系统进行改造，变主再洗为单一入洗，主洗斜轮洗大块，再洗斜轮洗小块。1992 年 2 月 12 日，该厂被中煤总公司命名为一级质量标准化选煤厂和洗水闭路循环一级标准厂。

1961 年 10 月建成投产的三矿筛选厂，设计筛选能力 255 万吨/年。主要设备是滚轴筛、苏制 ГУП－Ⅲ型吊式振动筛，实现 4 个产品。1987 年 7 月建成跳汰洗煤系统后，以筛选作为一级加工，洗选作为二级加工，入选原煤能力扩大到 385 万吨/年。2005 年，实现选煤厂机电设备调度监控下集中控制，水选双系统同时运转，形成年处理原煤能力 600 万吨，主要生产品种有末煤、洗中块、洗小块三个品种。

1965 年 12 月竣工投产的一矿选煤厂，设计原煤洗选能力 150 万吨/年。主要洗选设备为重介质斜轮分选机，配套设备为脱介筛、搅拌筒、磁选机和介质泵等。1986 年 12 月扩建后，采用双系统，工艺流程集中监控，介质比重自动调配，煤泥水闭路循环，实现 7 个产品，处理能力达到 450 万吨/年。1988 年 12 月 7 日经中国统配煤矿总公司“质量标准化选煤厂考核评级委员会”审核验收，该厂跻身全国 13 家质量标准化一级厂之列。1990 年进行改造，采用跳汰洗煤工艺，可生产专供钢铁厂使用的 1 号、2 号、3 号喷粉煤，年产量 30 万吨。1991 年 11 月，经国家质量奖审定委员会批准，阳泉矿务局一矿“十级洗中块煤”荣获国家银质奖章，成为该局第一个国优产品。1990～1996 年，新旧 500 号压滤车间相继投入使用，实现了煤泥水闭路循环和清水洗煤。2004 年，对原煤筛分、运输系统进行技改，系统处理能力达到 650 万吨/年。8 月 4 日，开发成功粒级煤产品。2006 年，采用跳汰洗选工艺，建成粒级煤生产车间。2009 年，增建重介三系统，采用重介浅槽洗选工艺，并相应进行了环节改造，选煤厂洗选能力提升到 750 万吨/年以上。2011 年对重介一、二系统进行改造，将原有的重介斜轮分选改为重介浅槽分选，满足了矿井能力提升的要求。

1978 年 1 月竣工投产的二矿选煤厂，设计年生产能力 150 万吨/年。采用块煤重介分选，末煤直销工艺。主要设备为 4 台 15 平方米原煤共振分级筛和 2 台 XJM－4 型重介质斜提升轮分选机。主要工艺流程实行集中监视和控制，是山西省第一座采用集成电路自动控制的重介质无烟煤选煤厂。1992 年 7 月改原重介选块工艺为块煤重介、末煤跳汰，并增加煤泥压滤系统，实现 5 个产品，开发了喷粉煤品种。主要设备选用 3 台 27 平方米国产跳汰机，计算机控制 9 台核子皮带秤和 4 台轨道衡计量，还采用了工业电视、重介系统比重自动测试及煤、水位自动显示、PC 可编程序集中控制等，实行自动化管理。2001 年 1 月，二矿选煤厂引进了澳大利亚约翰芬雷公司生产的煤泥离心机成套设备，完成对选煤厂煤泥水系统进行技术改造。同年 3 月，选煤厂洗选喷粉煤 86856 吨，创建厂以来喷粉煤月洗最高纪录。2004 年，对块炭仓进行改扩建，新建 3500 吨块炭仓并更换块炭分级筛。2005 年，进行了压滤车间扩建，新增 2 台快开式压滤机及配套设施；进行了排矸系统改造，实现重介、跳汰系统矸石分类排放。2005～2006 年，对原煤运输、筛分、破碎系统进行能力提升改造，提高了环节通过能力。2006 年，完成重介系统改造，将重介斜轮分选改为重介浅槽分选；完成选煤厂铁路装车仓改造，跨一、二道新建2个3800吨末煤圆筒仓。洗选能力达到720万吨/年。2008年，完成新建30万吨末煤储煤场工程。2010年完成压滤车间改造，新增两台隔膜压滤机，进一步提高了煤泥水系统处理能力。2011年新增一套块炭分级系统，有效降低了块炭限下率。

1985年3月建成投产的五矿小井选煤厂，筛选能力90万吨/年。设备为一部固定蓖条筛，通过人工手选，拣掉大矸，只生产混煤一个品种。同年7月，筛分系统投入运行，形成筛分车间，经过原煤分级筛分级和人工手选，品种有手选精大块、选中块、选小块、末煤。1997年，增建跳汰洗选系统。1998年改称五林井选煤厂。2003年对跳汰系统进行了改造，处理量由80吨/小时提高到120吨/小时。经2005年和2007年的两次技术改造，形成原煤提升能力500吨/小时的跳汰选煤厂。

1991年12月建成的投产五矿大井选煤厂，采用跳汰工艺选煤，设备主要为国产35平方米筛下空气跳汰机、DG116-12型过滤机、DG3030型堆料机。年产块精煤70万吨，末精煤107万吨，混煤156万吨，排矸石58万吨。1994年10月实现洗水闭路循环，被煤炭部命名为煤泥水闭路循环一级达标选煤厂和一级质量标准化选煤厂。1999年，安装了一套小时处理量为50吨干选系统。2003年，对原煤零号转载点进行改造，拉运能力由700吨提高至1200吨/小时。2005年，增设动筛选矸系统，完善了煤泥水系统，块仓容量由2400吨提高到3600吨，使原煤小时拉运量达到1400吨，洗煤小时入洗量达到600吨。2006年，安装了末煤中掺配精煤配煤系统，同时对洗煤系统进行了环节改造，增加了粒级煤品种。2011年，完成对原煤准备及跳汰系统的技改，新增一套跳汰洗选系统，系统处理能力由450万吨/年增至680万吨/年。

1997年10月建成投产的新景矿选煤厂，块煤车间分两大系统，采用浅槽重介质分选机。末煤车间分四大系统，采用重介三产品旋流器洗选工艺。主要产品有洗中块、1号喷粉煤、洗中煤、末原煤、煤泥。设计年产1号喷粉煤135万吨。2000年12月，增建原煤筛分车间。2002年，对末煤车间的工艺进行改造，取消了预脱泥工艺，安装了水冲溜槽，拆除了螺旋分选机，安装了煤泥介质旋流器。2003年度获全国十佳选煤厂称号。2006~2008年，对块煤重介车间、压滤车间、块煤仓、末煤重介车间进行了优化改造，增加了先进设备，使洗选能力提高到600万吨/年。2009年，进行了3号块原煤与8号、15号块原煤的分离改造工程，改造后既降低了中块限下率，同时新增了小块品种，年增加利润4000万元以上。2011年完成末煤重介洗选系统的改造，拆除并更换一套末煤重介洗选系统，采用预脱泥工艺，新增粗煤泥螺旋分选机和TBS分选工艺，改造后末煤重介处理能力达到450万吨/年。

此外，2002~2011年，建成投产并不断进行升级改造的还有开元选煤厂、新元选煤厂、平舒选煤厂、石港选煤厂、寺家庄选煤厂（均位于阳泉市矿区境外）。至2011年年底，阳煤集团共有选煤厂有10座，年处理能力5000万吨以上。

第五章 安全生产工作

第一节 安全生产管理

一、方针和制度

古代煤窑没有专职安全管理人员，也没有安全管理制度。人们对瓦斯、水火、顶板等事故的预测是凭生产经验来进行判断，极不安全。

光绪三十二年（1906）保晋公司创办后，逐步在境内的煤矿制订了煤矿安全制度。当时订有《境内保安规划》，凡15条；《管理火药规划》，凡8条。同时订立了火、水和瓦斯的预防措施。

民国26年（1937）10月日军侵占矿区后，只顾疯狂掠夺煤炭资源，不重视安全生产管理，时有瓦斯爆炸等事故的发生。

新中国建立后，1949年11月召开的第一次全国煤矿会议制订了“安全第一”的生产方针。1950年1月，阳泉矿务局成立后，为了进一步搞好安全生产管理，制订了掘进和采煤等各种作业规程。同年5月，国家将第一次全国煤矿会议上制订的“安全第一”生产方针正式写入燃料工业部《关于煤矿保安问题的决定》。1951年后燃料工业部又先后颁发《煤矿技术保安试行规程》（简称《规程》）和《煤矿技术操作规程》，阳泉矿务局根据两个规程的有关要求和本局的实际情况，制订了《采掘工作面作业规程》。1949～1952年，阳泉矿务局四年的百万吨死亡率为48.81、20.97、9.92和16.29。

1956年，阳泉矿务局制订完善各项规程的实施细则。之后，相继开展业务保安，建立安全技术责任制、领导值班制、安全生产会议制、安全检查制、交接班制、事故矿分析制、火药雷管管理制、专职放炮员制等各项制度。这些规程制度的实行，使1956年成为安全工作最好的一年，百万吨死亡率为2.86。1958年“大跃进”开始后，生产秩序被打乱，一些规章制度被废弛。

1962年，国务院、煤炭部连续下达了一系列有关安全生产的规定和条例，煤矿安全工作得到了全面整顿。阳泉矿务局制订《安监局、站技术人员现任制》，并且修改补充92个工种的操作规程计2150条。这些安全制度的执行，使安全生产又出现了转机，1965年，百万吨死亡率下降为1.76，成为境内煤矿自恢复生产以来安全状况最好的年份。

1966年“文化大革命”开始后，阳泉矿务局废除了应有的规章制度，使生产事故发生率不断上升，1970年，百万吨死亡率上升到5.1。1970年，中共中央下达《关于加强安全生产的通知》，煤炭部制订了《煤矿安全生产几项主要制度的暂行规定》，1972年又颁发了《煤矿安全生产试行规程》。

1978年中共十一届三中全会之后，“安全第一”的方针得到认真贯彻。1978年6月，煤炭工业部颁发《煤矿安全工作试行条例》和《煤矿安全监察试行条例》，同时授予工人“安全四权”（工作前有权先处理安全问题，有权提出安全建议，有权抵制干部的违章指挥，有权控告干部违章指挥）、“监督五权”（干部班前不讲安全、不布置安全措施，工人有权不下井；开工前，班长不检查安全情况工人有权不作业；发现事故隐患不处理，工人有权不工作；干部违章指挥，工人有权不听；跟班干部无故早出坑，工人有权制止，制止不听，工人有权随同上井，工资照发）。

1980年，煤炭部根据生产技术发展，修订并重新颁发《煤矿安全规程》，紧接着又下达了《建立安全监察机构，强化安全监察工作的一号指令》和《尽快发挥安全技工程作用，保证安全生产的二号指令》。阳泉矿务局加强了这两方面的工作，建立了“三坚持”（坚持深入现场、坚持参加安全检查、坚持参加井〈区〉队的安全活动）、“八制”（安监人员岗位责任制、事故分析制、事故追查制、会议制、学习制、安全积累制、干部公片包干负责制和安监局每月坚持对安监组的检查评比制）、“八簿”（值班登记簿、安全谈话登记簿、追查事故登记簿、安全检查登记簿、违章登记簿、安全活动登记簿、重大隐患事故登记簿、安全生产大事记登记簿）、“一汇报”（调度汇报）、“一报”（安全简报）、“一单”（安全问题联系通知单）和“一表”（安全图表）的工作制。

1985年，阳泉矿务局制订了《关于严格工程质量、全面强化顶板管理的决定》和《关于强化通风瓦斯管理的决定》。1986年，又拟定了《反“三违”创“两无”奖惩条例》（“三违”即违章指挥，违章作业，违犯劳动纪律，“两无”即个人无违章、班组无轻伤），颁发了《矿（处）长与队长鉴订安全承包合同的规定》。1988年，从整顿安监队伍入手，抓制度建设，制订了《阳泉矿务局安监员条例》，对安监人员的选拔、职责、权利、义务、工作制度、考核奖惩作出明确规定。同年，制订了《安监系统和人员奖惩规定（试行）》。

1991年，阳泉矿务局印发《加强盯面、包片、管线的安监人员系列规范检查工作规定》。1994

年10月14日，下发《关于修订全局安全质量保证体系的通知》，明确了局、矿（处）安全质量第一责任者，明确了顶板管理、运输管理、机电管理、“一通三防”管理、选煤运销管理、地面防洪管理、火工品管理及安全质量培训教育、创伤急救等方面的责任者和业务部门责任制。1998年，制订了《岗位作业标准化检查管理办法》。1999年初，印发了《矿井质量标准化动态达标和岗位作业标准化检查办法》；4月制订了《生产矿井双标检查隐患问题的处罚暂行规定》。“九五”期间，阳煤集团百万吨死亡率下降到0.4。

阳煤集团在坚持行之有效的安全管理规章制度的基础上，于2001年又制订了《关于对生产矿井违章指挥、违章作业、违反劳动纪律处罚标准的规定》；针对事故特点，加强对安全薄弱环节的工程质量检查，下发了《井下拆除安装整巷回收工作面及小巷运输检查考核办法》；为进一步规范多种经营系统煤炭生产的安全管理，制订了《多营煤炭生产安全管理规定》；并制订了《关于进一步加强煤炭企业安全生产技术培训工作的实施意见》，明确了安全生产技术培训逐级责任制和考核办法、认证管理和培训学员的待遇。当年，百万吨死亡率为0.27。为了狠抓安全培训教育和“双标”基础工作，强化安全生产责任制落实，强化薄弱环节管理，阳煤集团在2002年以通风瓦斯管理工作为重点，制订了《关于轻伤、重伤、严重“三违”、重大隐患事故、重大未遂事故、重大生产设备事故的划定及安全责任追究的处罚规定》《地面单位安全管理制度及安全检查隐患问题考核标准的暂行规定》。

2003年，阳煤集团制订了《关于对违章和违章致伤处罚的规定》，修订了公司和各单位领导《安全生产责任制和业务保安责任制》，开始实施安全绩效千分制考核和安全预想制度。2004年，阳煤集团对1988年制订的《岗位操作规程》进行了全面修订。根据财政部、国家发改委、国家煤矿安全监察局文件规定，制订了《煤炭生产安全费用提取和使用管理试行办法》，规定从2004年4月1日起，煤炭生产安全费用按实际产量15元/吨煤标准从原煤成本中计提，对煤炭生产安全费用的具体使用范围、费用管理、计划编制审批程序及考核等事宜作了明确规定。

2005年，阳煤集团下发了矿处级以上领导干部下井天数的规定和相关考核制度。11月，印发了《关于强化现场安全责任，实行负责人和生产经营管理人员下井跟班带班规定》。年内，实行了井下员工个人安全技能账户考核制度，全公司有31525名员工建立了个人安全技能账户，全年账户注入资金1.33亿元，考核账户金额145.4万元。当年，全公司因违章造成的工伤事故同比2004年下降了13%，百万吨死亡率0.09。当年按照《安全生产许可证条例》规定，依程序办理了5个生产矿的安全生产许可证。

2006年，阳煤集团分专业制订了《安全质量标准化验收实施细则》，对“安全宣传教育”12法进行了修订，并制订了量化考核细则。新修订的12法包括安全目标愿景激励、安全文化氛围营造、案例教育、三违帮教、身心调适、安全行为养成、二五安全活动、党员安全先锋活动、群监网活动、青安岗活动、女工家属安全联保、创新拓展。同年，阳煤集团制订了《矿处级领导干部生产安全问责暂行规定》，对全年安全事故涉及的23人次矿处级领导进行了安全问责，在广大干部员工中引起强烈反响。

2009年8月，阳煤集团印发《关于印发〈阳煤集团煤矿严重违章“十三条红线”的界定和执行说明〉的通知》，对员工行为划定了13条基本控制线，触犯或触越这条控制线，就会受到严厉处罚，直至开除。煤矿员工“十三条红线”的出台，进一步将安全生产的重心由事后追究向事前控制转变，为规范员工行为，有效地防范较大及以上安全事故的发生划定了底线。截至年底，本煤层瓦斯抽采完成8500万立方米，生产矿井瓦斯超限次数同比下降53.8%，瓦斯治理三年规划正式启动。

2010年3月，对原《矿处级领导干部安全问责规定》进行了修订，拓宽了安全问责的领域和范围，细化了安全事故问责事项，加大了对事故问责力度。为规范兼并重组煤矿的复工复产工作，制订下发《关于兼并重组整合煤矿复工复产验收工作的通知》，对兼并重组整合煤矿的验收组织、验收范围、验收程序、验收要求、验收标准进行了明确。同时又出台了《关于近期兼并重组煤矿安全生产工作的安排意见》，对兼并重组煤矿安全工作进行了具体安排。此外，为进一步落实各级安全管理责任关系，明确安全监管责任，在当月，阳煤集团结合企业发展实际，制订了《关于明确各级安全管理责任关系的通知》，明确了集团公司、区域公司、各矿（公司）及各非煤单位的安全监督管理责任体系；后又制订了《落实各级分管领导安全负责制的规定》，使“谁主管谁负责、谁分管谁负责”的原则有了可操作的规范。制订下发了《阳煤集团重伤以上事故调查处理管理制度》，进一步规范了重伤以上安全事故的调查、处理工作。10 月 6 日，阳煤集团根据国家安监总局要求，出台了《煤矿领导带班下井实施办法》，建立完善了煤矿领导带班下井制度，做到每班必须有矿领导带班下井，并与工人同时下井、同时升井。

2011 年，阳煤集团建立了每月一次的总经理安全办公会制度，推行了“4.3.3”结构工资制度，即：将工资的 40% 与安全效果挂钩，30% 与质量标准化挂钩，30% 与生产任务完成情况挂钩，导向上促进了以生产为中心的分配方式向安全和质量标准化倾斜。出台了《阳煤瓦斯防治 60 条》，制订了“有掘必探、有采必探”实施办法和《阳煤集团矿井灾害性事故抢救和处理指挥暂行规定》；进一步规范了应急物资管理。为了提高企业安全保障能力，持续加大安全投入力度，健全安全费用提取使用制度，出台了《煤矿安全生产费用提取和使用管理办法》，调整了安全费用提取标准和留矿使用部分，留矿费用由 6 ~ 7 元/吨调整为 15 ~ 20 元/吨；出台了《高危行业（非煤）企业安全费用管理试行办法》，保障非煤高危行业的安全投入。

二、机　构

阳泉矿务局在 1950 年成立后，设立了保安科（以后又改为安全检查科），本矿管辖的各矿也同时设立了保安股（后又改为保安科，还增设了通风科）。1956 年，根据煤炭工业部的指示，阳泉矿务局在原安全技术检查和驻矿安全技术检查科的基础上组建了阳泉矿务局技术安全监察处。在驻矿安全技术监察科的基础上，组建了阳泉矿务局技术安全监察局看驻矿安全技术监察组。1958 年，随着“大跃进”的开始，阳泉矿务局的技术安全监察局降格为技术安全检查处，煤矿安全工作削弱，事故大幅度上升。当年，百万吨死亡率上升到 8.34。

1961 年，阳泉矿务局重新成立安全监察局，在各矿设置驻矿安全监察站，安监系统得以恢复。1966 年“文化大革命”爆发后，阳泉矿务局取消了原有的安全监察机构。1973 年，阳泉矿务局又重新组建了安全检查处（10 月更名为安全监察处）和各矿的驻矿安全监察站。1976 年，百万吨死亡率在 2.28 到 3.72 之间。

1979 年 5 月，阳泉矿务局撤销安全监察处，成立安全监察局，各矿也改安全监察处驻矿安全站为安全监察局驻矿安全监察站。10 月，阳泉矿务局增设安全处，所属各矿增设安全科。

1983 年，阳泉矿务局安全处和安全监察局合并，统称安全监察局，下设技术监察处、综合处；矿安全科和驻矿安全站合并，统称驻矿安全监察处。1985 年，随着国家经济体制改革的深入，阳泉矿务局的安全监察机构也进行整顿，54 名体质较差、年龄偏高的安监人员被调离，配备了 6 名既有专业知识又较年轻的干部，并且普遍推广了二矿井（区）设置安监队的做法。同年明确了井下作业回采工作面必须有专职安监人员盯面、掘开包片、机运通管线的规定。1987 年年末，全局安监人员增加到 710 人，百万吨死亡率降到 1.54，成为建局以来最低的年份。

2004 年 4 月，阳煤集团将安监局技术监察处分设为技术处和监察处。2010 年，阳煤集团部分煤矿安监部门相继单独建制；地面企业中，化工局成立了安全监察分局，铝业公司、宏厦三建、宏厦总公司、中小企业集团、华鑫公司、升华分公司分别成立安全监察处，明确了安全管理机构建制、职责和管理职数，安全管理网络覆盖到集团所属各系统、行业 71 个单位的公司（厂）、车间、班组。

三、安全生产监督管理

20世纪50年代，阳泉矿务局在设立安全机构和制订安全生产制度后，开始了安全生产的监督检查。60年代，矿务局的安监工作进一步向前发展。“文化大革命”开始后，安监工作受到了冲击。70年代，矿区的安监部门对各项规章制度进行了监督执行。

1981年，在全面整顿企业管理的过程中，生产安全也得以整顿，形势有所好转，到1984年，百万吨死亡率下降到2.56。1989年，针对安全事故反映出安全监督检查工作不力的问题，在全局安监系统开展了为期半年的安监队伍思想、组织、纪律三个方面的整顿。

1996～2000年，阳泉矿务局坚持安全第一方针，坚持管理、装备、培训并重，坚持“三不”（不安全不生产、隐患不排除不生产、措施不落实不生产）原则，夯实质量标准化和岗位作业标准化两项基础工作，强化顶板、机电、运输和多营小煤窑几个安全薄弱环节的安全管理，强化安全监察力度，发挥党政工团齐抓共管作用，严格安全重奖重罚，特别是从1997年开始，在总结经验的基础上，边研究、边推广，提出了大众传媒、高潮日活动、文艺宣传、家属联保、身心调适、“二五”活动、四无四保、“三违”帮教、群监网活动、青监岗活动、典型教育、案例教育的安全宣传教育12种方法，实施运行后在全煤系统产生了很大反响。

为了强化安监队伍建设，强化安全监督检查力度，2002年10月15日，启动了为期四年的中美两国矿山安全合作项目，新景矿被选为样板矿。这是中美首次合作开展矿山安全项目，美方投资250万美元，中方投入配套资金，该项目有助于改善样板矿点的救护能力，提高政府工作人员对矿山安全的重视程度，强化对矿工及安全管理者在安全方法及实践方面的培训，改善安全生产相关法律法规的实施环境，实现安全教育和培训的资源共享。当年，百万吨死亡率为0.32。

2003年8月14日12时40分，三矿裕公井扩二区南六掘进工作面在排放瓦斯过程中发生瓦斯爆炸事故，28人遇难，阳煤集团安全状况再次走入低谷。为吸取事故的沉痛教训，全公司先后开展了“三大”（安全教训大反思、安全工作大整改、安全扛旗大讨论）和“四大”（整改措施大落实、法规章程大学习、通风知识大培训、技能素质大提高）活动，对20685名煤矿安全生产管理人员和员工组织了通风知识的培训，经闭卷考试，对考试合格的工长以上管理人员颁发了“一通三防安全资格证”，井下工人颁发了“安全资格证”。当年百万吨死亡率为1.5。

2004年，阳煤集团组织了全员安全质量标准化大学习，各矿选树了高标准达标的采掘工作面和运输大小巷，以点带面，并组织完成了332项达标重点工程，由集团公司安监局牵头，生产、通风、机电、地测、安培、基本建设等部门参加。8月，阳煤集团上下开展了“8·14”矿难安全纪念系列活动，开展了通风安全工作的反思和事故案例教育。在严格事故查处方面，公司明确事故单位要进行停产整顿：凡发生死亡事故，全矿停产整顿；发生重伤事故，全井停产整顿；发生轻伤事故，全队停产整顿，经验收合格后方可恢复生产，对事故的分析查处必须做到“四不放过”（事故原因分析不清不放过，群众没有受到教育不放过，防范措施不落实不放过，责任者没有受到处罚不放过）。

2005年3月初，国务院安委办派出督查组对阳煤集团进行专项督察，山西省人民政府派出督导组进驻阳煤集团，时间从3月初到年底，开展瓦斯整治督导工作。为了配合好督导组的工作，阳煤集团设立了专门的领导组和办公室，成立了3个瓦斯专项治理督导组，分别对所属各矿和基建矿井的“一通三防”工作进行了现场调研、隐患排查和制订了月度重点督导内容，全面杜绝了通风瓦斯事故。对职工的安全培训工作也进一步规范化，明确井下员工全年接受安全培训时间不少于70学时，其中脱产培训不少于40学时，提出考教分离的培训要求，安监局编写了1280道题的安全考试题库，并开发了微机考试系统，实行了计算机考试。阳煤集团给所有井下作业队组配备了兼职急救员，明确了相应的待遇。当年，举办创伤急救员培训班56期，培训兼职急救员1894人。并在全公司井下43个重点岗位和关键工序开展以“手指口述”为主要内容的岗位操作标准化工作。组织开展了中美矿山安全合作项目对集团公司高管人员和1000名矿工的安全培训。

2006年，阳煤集团全面推行个员安全技能账户考核。7月13日，在阳煤集团召开的山西省国有重点和地方骨干煤矿安全管理现场会上，重点介绍了阳煤集团个人安全技能账户管理经验。当年，重新制订了“安全质量标准化检查验收办法”，各矿建立了现场施工质量档案和工程质量验收档案，实行长效责任追究。6个生产矿均由山西省监管局命名为一级安全质量标准化矿井。阳煤集团下发文件，对全公司建立动态安全隐患信息反馈系统工作进行了安排，从动态安全隐患的收集、级别界定、奖励实施和隐患信息反馈整改几个环节的工作作了规定。同年，阳煤集团对地面生产经营单位每季度进行一次安全绩效千分制考核，每半年进行一次全面的安全隐患检查。当年，百万吨死亡率为0.28。

2008年，阳煤集团建立了安全隐患排查治理长效机制。同时，开展了百日安全生产竞赛，确保了奥运期间安全稳定。在认真贯彻落实省政府和省国资委两次安全会议精神中，发布了强化矿井重大事故预防的十条规定，投入2亿元用于瓦斯抽放、抽采，启动了安全基础管理年活动。井上井下全面开展安全质量标准化达标建设，继续推行安全培训、安全账户、安全宣教等工作，重新修订安全问责规定，全年对36名矿处级干部领导实施安全问责，1名处级干部引咎辞职，11名科级干部、21名队级干部被撤职或免职。是年，全公司百万吨死亡率0.1，比省控指标低0.35个百分点。

为强化地面安全管理，对重点行业实行安全专员派出制，2009年1月12日，阳煤集团设立了建筑、电力、化工、铝业、煤气机制安全专员，建立了安全专员管理制度，明确了对专员的工作要求，安全专员按照职责分工，坚持经常深入驻点企业开展安全管理和安全监督检查工作。同年1月，阳煤集团主办的《阳煤安全》月刊创刊。4月，印发《关于建立安全预想制度的通知》。7月，阳煤集团对安全工资政策进行调整，明确出现重伤以上事故和严重隐患事故的，事故单位全体员工的工资都要受到考核，其中对干部的工资考核不低于工人受到考核的五倍。对事故单位扣除的工资总额，全部用于奖励当月安全先进单位。

2009年7月中旬到10月上旬，阳煤集团开展了为期三个月的安全专项治理整顿工作。年内，阳煤集团深化干部职工队伍教育培训，推进现场质量标准化建设，全面落实干部下井考核和现场管理骨干“在先、在后、在位”要求。设立非煤行业安全专员，建立安全专员管理制度。调整安全工资政策，严格安全奖惩机制，矿处级干部38人次受到安全问责，安全奖惩金额达1.8亿元。提前对43人进行矿长资格培训，对180人进行安全资格培训。全年百万吨死亡率0.09，新景等12个煤矿实现安全生产。

2010年5月，阳煤集团在非煤企业、后勤服务系统强制推行干部走动管理的决定，要求各级干部每天上班后的前两小时、下班前的两小时必须在分管区域进行跟班作业；非煤企业的任何临时检修和施工点，后勤服务系统涉及危险因素的施工点，必须有各级干部管理人员现场指挥监护，明确了厂级领导、各业务部门领导现场巡查制度。同年8月9日开始，阳煤集团进行了为期三个月的干部作风和现场管理“两大整顿工作”。9月28和29日，阳煤集团进行了员工操作要领和典型事故案例考试。11月11日起，阳煤集团组织开展了“百日安全活动”。百万吨死亡率0.32。

2011年1月，阳煤集团组织开展了“查隐患、堵漏洞、防事故”群众性安全活动，活动设立了841万元的奖金，累计排查隐患43420条。3月，阳煤集团按照分类监管、关口前移、重心下移的总体思路，以及“条块结合、以块为主”的原则，对安全监管体制进行了改革调整。在化工局、铝业公司、地产集团、中小企业集团、交安委、卫生管理部、机电动力部分别成立安全监察机构，对非煤企业进行分类监管；煤矿安全监管方面，在阳泉本部成立安全监察一处、二处，同时安监局增设了通风监察处。通过机构改革，总体上形成了安监局负责集团公司安全生产的综合监督管理，各安全监察分局（处、科）实施分系统、分块监管的安全监察体系。7～11月，70%的矿井实现了零超限。组织实施通风系统改造工程19项、抽采系统改造工程13项；同年，结合兼并重组整合煤矿的实际情况，组织了防治水调研和会诊工作，开展了水文地质条件简单区和复杂区的评估鉴定，完成了23个矿井的《水文地质条件类型划分报告》；完善了应急救援管理体系，从集团层面建立完善了应急保障体系，明确了应急预案的启动程序。阳煤集团全年煤矿安全投入18.12亿元，主要用于通风系统改造、瓦斯抽放及监测监控系统改造、井下避难系统建设、运输提升系统改造、机电系统改造、供配电系统改造、采煤方法改革支出等；非煤行业投入近1000万元，用于运输、供电、煤层气电站、建筑等行业的安全设施改造。同时，加强安全责任落实，坚持逐级一把手定期安全办公，严格落实干部跟班带班，实行领导干部工作日卡，设定煤与非煤安全“红线”，安全问责更加严厉，24名科处级干部被撤职、免职。推进防治水机构、队伍、装备、制度“四个体系”建设，防治水工作逐步正规化、精细化。探索零打碎敲事故防控长效机制，建立安全隐患信息反馈系统，重点领域整改奖励3389万元，是年，百万吨死亡率下降到0.07。

第二节　矿井灾害防治

一、瓦斯灾害防治

（一）瓦斯灾害预防

清代使用明火灯检测瓦斯，这种方法极不安全。宣统元年（1909），保晋公司开凿燕子沟东立井时，遇K3石灰岩层（俗称猴石层）瓦斯涌出，因明火燃炮和油灯照明，先后4次引起瓦斯燃烧、爆炸，伤亡多人。此后，该公司阳泉矿厂各矿井使用瓦斯检定灯（亦称火焰安全灯）测定瓦斯。这种灯准确度低，安全性差，需要有一定经验的人使用。日军侵占阳泉煤矿期间，在井下使用日制电桥式理研瓦斯检定器检查瓦斯，检测数值虽然精确，但由于通风不良，局部瓦斯燃烧和爆炸事故仍连连发生。

新中国建立后，阳泉矿务局于1950年设立专职矿井瓦斯检查员，并全部装备了本多式瓦斯检定灯。1951年按照《煤矿技术保安试行规程》，建立了瓦斯检定灯使用、保管、维修和发放的管理制度。1952年1月四矿瓦斯爆炸事故后，实行装备与管理并重、以加强管理为主的预防瓦斯事故的工作原则，设立独立机构通风科（后为区），负责矿井通风瓦斯管理，同时建立了巡回图表瓦斯检查制度、瓦斯检查员、放炮员、通风班长现场交接班制度和领导值班制度。为了加强明火管理，还严格进行井口检查，禁止携带烟草和点火物品入井，这一做法被长期坚持下来。在加强管理的同时，配备了理研10型、18型光干涉瓦斯检定器和少量美制MSA瓦斯检定器。

1953年后，阳泉矿务局结合生产开展瓦斯综合治理的研究工作。1958年，各矿都装备了国产58型瓦斯检定灯和经过改进的AQO－12A型瓦斯检定灯。1963年2月，因瓦斯检定灯的结构缺陷且使用不当而导致瓦斯爆炸，阳泉矿务局遂决定用国产AQG－1型甲烷测定器取代瓦斯检定灯。

1965年以后，采煤机械化程度提高，由于机械采煤作业导致产生火花而引发瓦斯事故的情况增多。对此，在瓦斯矿井都选用安全型或防爆型电气设备，并进行严格的管理。同时，与有关煤矿安全仪器制造厂家协同展开了仪器设备的研究和试验。到1978年，阳泉矿务局与抚顺煤矿安全仪器厂等单位合作研制的AQD－1型采煤机瓦斯自动断电仪通过鉴定，1979年投产制造，并在该局推广使用。

1966年，一矿北头咀矿井开采3号煤层时，首次发生煤与瓦斯突出。为此，阳泉矿务局开始了煤与瓦斯突出的预测研究。到20世纪70年代末，在该局高级工程师金元斌的主持下，探索出了3号煤层煤与瓦斯突出静态预测公式，可靠性达70%～80%，根据预测结果采取卸压抽放措施，可减少煤与瓦斯突出的发生。

80年代初，阳泉矿务局结合煤炭地质勘探，开展了地质构造与瓦斯储存关系的研究，于1986年5月编制出境内第一份《矿区瓦斯地质图》。

1979年后，各矿都装备了AYJ－1型瓦斯遥测警报仪。此后，对监测监控系统的改造升级一直延续。2003 年 5 月，阳煤集团开始建立“数字煤矿安全”广域网络信息动态实时多级监管系统。2004 年 1 月，组建了阳煤集团监测监控中心，实现了各矿瓦斯监测数据动态联网和网上瓦斯数据实时查询显示。至 2006 年，公司装备有 KJ4、KJ66、KJ90、KJ101、KJ2000 等多种型号的系统。同时，试验研究成功并装备了二级后备断电保障系统。2007 年，完善了对主扇系统的运行监测。2008 年 7 月，完成各矿监测系统改造升级，完成 22 套三级联网；完成了一系列新技术攻关，实现了数字煤矿安全实时测控管综合一体化信息系统的应用。

2009 年 2 月，完成了 KJ90NBA、KJ101N 安全监控、瓦斯抽放监测系统的升级改造。规范了安全监控系统的年检制度。完善集团公司 CWebGIS 煤矿综合自动化监测监管系统，在原来基础上新增矿图管理、系统监察、综合调度、瓦斯分析等 15 种功能。2010 年，井下工业以太网实现了真正物理意义上的环网，保证传输信道的迅速、稳定。2011 年，一矿、三矿、新景矿完成千兆专网改造。建立集团公司内部交互网手机断电系统，通过手机实现“三级断电”。采掘机安设无线机载断电仪，掘进面风筒安设风量传感器。

（二）通风治理瓦斯

1. 掘进通风治理瓦斯。1955 年前，矿井掘进强度小，瓦斯涌出量少，且通风距离不长，采用全风压通风方法。具体形式有风障法、风筒通风法和平行巷道法 3 种，其中风筒通风法又分柔性和刚性（骨架）两种。1955 年后，随着掘进强度的加大和局部通风机（俗称局扇）的应用，掘进工作面通风广泛采用了局部通风机压入式通风治理瓦斯的方法，此法又分为单巷压入式和综合掘进压入式两种。1986 年，在高瓦斯矿井、煤（岩）与瓦斯突出矿井中和矿井瓦斯喷出区域，实现了“三专两闭锁”掘进安全装备系列化，即掘进工作面局部通风机安装专用变压器、专用开关、专用线路，并装有风电闭锁和瓦斯电闭锁。1990 年以前，掘进工作面普遍采用 11 千瓦 ~28 千瓦轴流式局扇及直径 500 毫米 ~600 毫米的风筒。1991 年装备了第一台对旋局部通风机（2×30 千瓦）。2001 年阳煤集团开始推广“双风机双电源”装备标准，2003 年主要掘进工作面装备完毕。2004 ~2005 年研制成功智能瓦斯引排装置，经过完善后分步推广使用。2005 年后，突出煤层的掘进工作面禁止采用单巷掘进，全部实施双巷掘进，并大幅度提高全风压配风量，不低于 1500 立方米/分。2008 年，推广双巷掘进倒移不停风；局扇最大功率达到 2×55 千瓦，风筒直径最大达 1 米。2009 年掘进工作面局部通风机实现“双风机双电源”。2010 年 7 月高突矿井的煤巷、半煤岩巷、瓦斯涌出异常的岩巷、远距离掘进巷道全部使用智能瓦斯排放装置。2011 年按照“阳煤 60 条”，高突矿井的煤巷、半煤岩巷、瓦斯涌出异常的岩巷出口风量不小于 400 立方米/分。按照大功率局扇、大直径风筒、大配风量的要求，大面积淘汰小功率局扇。

2. 采煤工作面通风治理瓦斯。1953 年，全局超级瓦斯矿井采煤工作面改变通风方式，由“一进一回”改变为“一进两回”。由于没有解放上邻近层瓦斯，15 号开采时工作面瓦斯难于治理，后改变煤层开采顺序，先采 12 号煤后采 15 号。1957 年开始在四矿 12 号煤 4011 面开采期间试验推广邻近层瓦斯抽放。形成煤层开采程序自上而下，开采上层释放瓦斯，解放丈八煤，上层瓦斯采用邻近层抽放的综合治理技术。1986 年 15 号煤首次采用综采放顶煤技术后，多布置在上部 12 号煤解放层已采的区域，工作面通风系统多采用“一进一回”方式，主要采用层间调压技术治理 15 号瓦斯，同时试验“U+L”即外错尾巷通风方式。1990 年后，接连发生了 81104、8208、8214、8802 等 5 个高产高效工作面着火封闭事故。1997 年 10 月，试验成功 15 号煤采煤工作面“U+I”型通风方式，即“一进一回”+内错尾巷+走向高抽巷布置方式，1998 年开始推广，到 2000 年工作面产量迅速由 100 万吨提高到 300 万吨。该技术获得 2004 年国家科技进步二等奖。15 号煤采煤工作面“U+I”型通风方式推广后，禁止了采用层间调压解决 15 号瓦斯的技术，之后 10 年内未发生过 15 号工作面自燃发火。在 15 号煤分层开采期间主要采用均压防灭火，至 1996 年大面积自燃发火后，1997 年首次采用沿顶板岩层打注胶孔，采空区注高分子材料的防灭火技术，成功启封了 5 个着火封闭工作面；2008 年引进注液氮灭火技术，形成注胶与注液氮相结合技术，成功用于新景矿和五矿灭火启封，其中五矿 8403 工作面从封闭到成功启封只用了两个月时间，大大缩短了自燃发火工作面的启封时间。2009 年规范采煤工作面巷道布置，回风和尾巷应分别直通采区回风巷；内错尾巷必须平行于回风巷布置，开采前与工作面垂直贯通；单一煤层尾巷必须与回风巷平行全长布置，与切巷贯通。采掘工作面严格按集团公司核定的产量、进尺组织均衡生产，严格控制采掘机截割强度。新元公司 3 号煤采煤工作面布置“三进两回”系统。2010 年，寺家庄公司 15 号煤一次采全高采煤工作面布置“两进两回” + 内错尾巷通风系统。2011 年，15 号煤新采区建立高抽巷通风系统，单一煤层外错尾巷实行全风压配风，在外错尾巷外侧布置一条专用配风巷，工作面尾巷布置一条服务初采的倾斜高抽巷。为有利于瓦斯治理，缩小采煤工作面采长，均要求突出煤层工作面的采长不得超过 180 米，其他煤层工作面的采长不得超过 200 米。

（三）邻近层瓦斯涌出治理

1956 年，阳泉矿务局根据“边采边抽、边抽边采”的治理邻近层瓦斯的理论，制订了《处理四矿瓦斯试行方案》。1957 年 5 月，4011 工作面顶板穿层钻孔抽放、4016 工作面的顶板尾巷和地面钻孔抽放、4032 工作面顶板高尾巷抽放均获成功。经多次试验改进，该技术成为阳煤集团使用最广泛、最成熟、最规范的技术。1979 年，一矿引进英国 FRA－160 全液压抽放钻机，提高了钻进效率。1981 年，在一矿北头咀平峒 1104 工作面进行的顶板岩石巷道边采边抽上邻近层瓦斯试验获得成功，该工作面抽放率由 60% 提高到 71%，之后在全公司得到推广。

1991 年，五矿中央区 8204 综放工作面开采 15 号煤层，上部煤层均未开采，试验用顶板巷道沿 10 号煤层布置走向高抽巷抽放邻近层瓦斯，1992 年 6 月开始抽放，抽放效率达 90% 以上，成为阳煤集团 15 号煤层综放面瓦斯治理的关键技术。在走向高抽巷成功推广的基础上，2003 年试验成功了 15 号煤伪倾斜高抽巷技术，用于解决 15 号煤初采期瓦斯治理的难题。

1992 年，在中国统配煤矿总公司安全局的支持下，阳煤集团与煤炭科学总院西安分院共同研制出 MKD－5 大直径钻机，1993 年在三矿裕公井 12 号煤五下山 1104 工作面和五矿贵石沟井 15 号煤 8108 综放面进行抽放试验。3 号煤、12 号煤层中大钻孔代替密集小钻孔和倾斜岩石抽放巷技术得到推广。

1999 年 11 月，二矿首次使用 MKD－6 型液压坑道钻机在 80603 工作面沿顶板钻进近水平大直径钻孔，钻孔直径 200 毫米，钻孔深度 329 米。

2009 年，开始对抽采系统进行改造，新建抽采系统抽放能力富余系数不小于 2.0，在建和已投运抽放泵站能力富余系数小于 1.5。2010 年开始提高走向高抽巷层位，与 15 号煤层间距不得小于 8.5 倍采高。2011 年，单一煤层采煤工作面尾巷必须布置一条服务初采的倾斜高抽巷。全部跟换高分子材料的抽放管路。

（四）开采煤层瓦斯预抽与瓦斯突出治理

1978 年，在一矿 3 号煤的 912、913 工作面进行大直径密集钻孔本煤层预抽尝试性试验。从 2002 年在突出工作面试验本煤层瓦斯预抽防突技术开始，本煤层瓦斯预抽进入快速发展阶段，2005 年进一步对封孔技术、钻机钻具、钻孔布置进行技术攻关和完善，从 2006 年年底开始，公司为落实国家“先抽后采、监测监控、以风定产”的瓦斯治理十二字方针，大幅度降低瓦斯超限对安全生产的威胁，强制实施本煤层瓦斯预抽。2007 年在寺家庄、石港，2008 年在运裕开始试验地面钻孔预抽技术。2008 年，在寺家庄试验成功“突出煤层煤巷掘进面水力挤出快速消突技术”；在石港公司与西安煤科院联合试验引进了千米钻机树状孔抽放技术，与三矿多营公司开发了瓦斯集气装置。经过 3 年持续不断的投入，截至 2008 年年底，公司形成了“密钻孔、大孔径、高抽巷、大管路、本煤层专用抽放系统”的抽放格局，为治理矿井瓦斯打下坚实的基础，公司所有生产矿井全部建立了抽放系统，共建地面瓦斯抽放泵站 17 座，总装机容量 33790 千瓦，另有部分井下临时移动泵站，2008 年确定逐步取消。全局抽放系统敷设管路 150 千米，累计抽放瓦斯 50.85 亿立方米，全年施工本煤层钻孔 180 万米，抽采本煤层瓦斯 4000 万立方米，抽采邻近层瓦斯 4.6 亿立方米，矿井抽出率 44.57%。2009 年，本煤层、邻近层瓦斯抽采实现分源分系统抽放。在寺家庄矿与蓝焰公司合作开展地面钻孔抽采瓦斯工作。2010 年，订购千米钻机 23 台，组建宏厦一建和新宇岩土两个专业打钻队伍，实现由局部预抽向区域预抽转变。高突矿井陆续建立健全了瓦斯实验室，每个实验室配备瓦斯含量、压力测试仪器 1 ~ 2 台套。在五矿、一矿试验底板岩石抽放巷抽放本煤层瓦斯，在寺家庄矿进行井下水砂压裂增加煤层透气性试验。2011 年，建立瓦斯地质预测预报体系。在新景公司实施开采保护层区域防突措施。执行“一掘一抽”，实施“倍增计划”提高钻孔密度，中厚煤层采煤工作面钻孔进尺提高至 0.15 m/t 以上，厚煤层采煤工作面提高至 0.1m/t 以上，预抽时间不少于 6 个月。实现钻验分离管理，将钻孔进尺纳入生产计划。加强了区域防突措施的效果检验工作。

（五）围岩瓦斯治理

清宣统元年（1909），保晋公司开凿燕子沟东立井至 38 米处，遇 K_3 石灰岩层（俗称猴石层）涌出瓦斯而冒险作业，先后引起 4 次瓦斯燃烧和爆炸事故，伤亡矿工多人，建井工程几经停顿。该公司先后聘请中外矿师多名，但均束手无策。到民国 7 年（1918），该公司技术人员采用圈砌井壁密闭瓦斯等方法防治瓦斯，使多年停工的矿井终于凿成，解决了中外矿师无法解决的问题，可谓有创造性。

新中国建立后，1956 年阳泉矿务局三矿竖井建设时，当副立井掘至 72.4 米深处，距 K_3 石灰岩层 1.2 米处，从炮眼喷出瓦斯和水，被迫停工。后采用覆盖黄土层全断面爆破法，并对黄土层上部加大风量，同时井筒施工采用快打壁座砌井，用 1: 4 水泥砂浆充填料石井壁，以防止瓦斯继续涌出。这一方法使施工安全通过 8.7 米的瓦斯涌出层段。

1957 年，四矿为降低矿井瓦斯涌出量，在已采完一年的三坑 12 号煤层 4014、4015 工作面采空区，从地面打钻，每个采空区打 1 个垂直孔，与地面瓦斯抽放系统连接进行抽放，使井下回风巷风流瓦斯显著减少。之后，对采空区瓦斯涌出规律进行研究，至 20 世纪 80 年代末，因地制宜地先后使用采空区相邻巷道钻孔法、下部煤层开采时钻孔抽放上部采空区瓦斯和老空区地面专用抽放等几种方法，对采空区瓦斯涌出进行治理，其抽放瓦斯量占矿井瓦斯抽放量的 25% 左右，效果较显著。

1959 年，二矿西四尺井建井时，当主、副斜井通过 12 号煤层向下延深开拓至 K_3 石灰岩层时，出现大量涌水和瓦斯涌出，运用围岩瓦斯抽放的方法，抽放瓦斯 500 万立方米。同时，12 号煤层运输大巷和回风配巷开拓中，底板中大量涌出瓦斯，采用底板钻孔穿透围岩抽放瓦斯，连续抽放 2 年，共抽放 20 万立方米，保证了矿井安全施工和采区安全生产。

1970 年 3 月，一矿北四尺矿井三下山双巷掘进，当正巷掘进 695 米、副巷 778 米时，瓦斯大量涌出。为查明来源，在副巷底板岩石钻孔探测，斜深 15.73 米时见 K_3 石灰岩层并出现涌水和高压瓦斯涌出，生产被迫停止。遂对正、副巷封闭，先后使用罗茨和叶式鼓风机抽放，分别能抽放瓦斯 55.8% 和 86.5%，其余的瓦斯仍通过密闭墙上的瓦斯排放管向三下山副巷排放。抽放围岩瓦斯后，矿井北翼总回风风流瓦斯浓度下降到 0.6% 左右，解决了瓦斯对安全生产的威胁。三矿二号井胶带运输斜井井底水仓需开凿在 12 号煤层底板 K_3 石灰岩层内，1979 年 9 月 10 日因放炮引起瓦斯着火、爆炸，并导致大量瓦斯涌出，随后停止施工进行封闭。但闭墙内的围岩瓦斯约以每分钟 5 立方米涌出，进入二号井进风中。为此，将水仓闭墙用瓦斯管道与矿井抽放系统连接，进行长期抽放，解决了进风风流瓦斯问题。

70 年代末至 80 年代，境内煤矿建设立井或斜井时，大都通过 10 号煤层至 15 号煤层间的 K_4、K_3 和 K_2 三层石灰岩层，其节理发育较破碎，裂隙多，局部含有瓦斯，尤以向斜区瓦斯量大，并伴有大量涌水。对此采用预排瓦斯、增大风量法和钻孔注浆封堵裂隙法取得显著效果。如 1979 年 10 月施工的二矿西副立井，1980 年施工的南山进、回风立井，1984 年 9 月施工的五矿贵石沟中央风井和排矸井等。在斜井建设施工中，采用直接钻孔抽放法通过瓦斯层。如 1984 年施工的五矿小丈八井主井斜井施工等。2011 年，宏厦一建矿建第二项目部 742 队在二矿北茹十一采区回风配巷经过 K2 石灰岩层，施工完毕存在巷道瓦斯涌出量大的问题，采取顺层打钻抽放措施后，得到解决。围岩瓦斯抽放，一般在特殊涌出情况下进行。抽放办法有岩层钻孔法和巷道封闭法。巷道封闭法效果较好，但往往因井筒或巷道不能停止作业而采用钻孔法，边抽边施工。由于钻孔法不能把岩层涌出瓦斯全部收集起来，因而井筒或巷道内仍有一部分瓦斯涌入新鲜风流中。只有在新鲜风流中瓦斯浓度不超过《规程》的规定时，才能使用钻孔法。

二、其他矿井灾害的防治

（一）火灾防治

境内丈八煤层及其顶板中含有很多硫铁矿结核，开采过程中极易氧化自燃，古窑老塘中就有许多火区。保晋公司开办后，注意了矿井火灾的防治，规定工人入坑前要进行查验，以防引火物带入井中，在井下常备有水、土、沙、石和铁车以便灭火。

1950 年 3 月，阳泉矿务局四矿采用机械通风后，采空区漏风严重，丈八煤井 18 南巷工作面严重自燃，后经采取调风、调压、加强密闭等措施，抑制了火区蔓延，但未能根治，到 1965 年先后复燃了 3 次。1950～1975 年，阳泉矿务局共发生煤炭自燃 12 起，大部分采用直接灭火、调风、调压、黄泥灌浆等方法进行了治理。

除内因火灾外，在生产中还往往因电器或其他原因造成外因火灾。为此，从 20 世纪 50 年代起，阳泉矿务局在主要巷道、峒室采用石料砌筑或不燃性材料支护，变电所、火药库通道内均砌筑防火门，并在这些场所以及井底车场、采煤工作面机电设备集中安放处都备有砂箱、灭火器材。同时，还修筑高山水池，铺设消防供水管道。

1966 年 7 月，阳泉矿务局四矿丈八煤从顺槽煤壁中冒出烟雾，当矿山救护队用水扑灭时，裂缝中往外喷火，后经喷射泡沫灭火剂，才控制了火势蔓延。8 月，该局用黄泥灌浆密闭火区，才将火区彻底控制。此后，该矿建立了永久灌浆灭火系统。

1977 年后，阳泉矿务局对煤炭自燃发火的成因、规律和合理有效的防治方法，进行了长期的观察和研究，对其成因有了进一步认识，认为在众多的灭火方法中，调风、均压较为理想。截至 1989 年，阳泉矿务局有 5 对矿井在丈八煤层的开采中自燃发火共 42 次，冻结煤量 320 万吨。

1991 年后，随着企业的发展，阳煤集团逐步建立完善了火区闭墙管理、煤层自燃倾向性鉴定、矿井防灭火设计、自燃发火预测预报等一系列防灭火管理制度。各矿通风区建立专职防灭火机构，并根据各矿防灭火专项设计制订了矿井长期防灭火计划和年度防灭火计划。同时加强矿井防灭火基础设施建设，建立完善了矿井地面消防水池和井下消防管路系统，各矿均具备大于 200 立方米消防水池。并按规程要求在井下敷设了不管管径的消防管路具体为：运输大巷 150 毫米、采区 100 毫米、采掘工作面顺槽 75 毫米，且每隔 100 米（胶带输送机巷道每隔 50 米）设置三通阀门和过滤装置，并配备相应长度洒水软管。

2005 年后，各矿逐步为矿井瓦斯检查工和火区观测工配备了一氧化碳、甲烷、二氧化碳、氧气四合一便携式检测仪。同时为火区观测工配备了红外线测温仪，并在回采工作面回风和内错排瓦斯巷安设了甲烷、一氧化碳和温度传感器。

2009 年后，自燃发火较为严重的矿井相继建立完善了矿井防灭火三大系统：黄泥罐浆系统、火灾束管监测系统、低温注氮系统。并将采掘工作面局部防灭火措施纳入采掘作业规程，采掘工作面局部防灭火措施和矿井防灭火系统作为工作面和矿井验收的必备条件。同时为各矿火区观测工配备了红外线热像仪。此外各矿还按要求设立地面和井下设置消防材料库，并储存足够数量的消防材料和工具的品种和数量。在开采工艺上，采区及回采工作面采用后退式回采，并根据煤层的自燃发火期限、回采速度合理确定工作面走向长度和采长，将工作面开采时间控制在自燃发火期内。对采取邻近层抽放处理采空区瓦斯的回采工作面，出现自然发火征兆时，采取减少工作面风量，降低高抽巷负压，控制尾巷风量减少采空区漏风等防灭火措施。开采设计上，对开采容易自燃和自燃煤层或煤层群的矿井，集中运输大巷和总回风巷均选择在岩层内或不易自燃的煤层内布置；对已经布置在容易自燃和自燃的煤层内的巷道，进行砌碹或锚喷，碹后的空隙和冒落处采用不燃性材料充填。自燃发火矿井相邻工作面间停采线以里的巷道严禁连通。工作面严禁布置外错尾巷，内错尾巷必须用不燃性材料支护。开采中厚煤层的矿井，工作面进回风顺槽必须沿顶板开口掘进，并将防火墙布置在变坡点到采区准备巷区段内。当采煤工作面投产和通风系统形成后，必须按设计选定的防火门位置构筑好防火门墙，并储备足够数量的封闭材料，以备应急之用。同时建立了防灭火安全责任制，将防灭火责任纳入阳煤集团通风细则加以确定。矿井防灭火工作由矿长（经理）全面负责。矿总工程师负技术领导责任，负责组织制订本矿井的防灭火长远规划和年度计划。防灭火工程所需材料、设备和费用必须列入矿年度安全费用计划。确保了防灭火所需的资金供给。

2011 年，阳煤集团未发生一起自燃发火事故。

（二）水害防治

新中国建立后，人民政府对矿井水害防治极为重视，在“安全第一”方针指导下，1951 年燃料工业部颁发《煤矿安全生产试行规程》，对地面和井下防水、探放水都作了明确规定，并制订了“有掘必探”（后改为“有疑必探”）的工作方针。根据这些规定和方针，阳泉矿务局开始进行防、探水的基础工作。在恢复水淹矿井的生产时，首先召集知情人员，访问调查矿井水淹前后的情况，对井下积水量反复进行测算，同时结合矿井地质测量工作，将 300 多处古空老窑的位置标注在测量图上。在矿山救护队的协助下，对一些老窑进行了实地探测，基本上查清了老窑开采范围和积水情况。对靠近老窑的采区，在布置工作面之前，先要划出老窑积水区，探水线和警戒线。探水线距实际测得的老窑边界 50 米，距调查推断线 150 米 ~ 200 米；警戒线在探水线外 100 米。生产采掘接近警戒线前，本着“有疑必探，先探后掘”的原则，根据矿井水文地质资料编制防、探水作业规程。在警戒线内掘进，设专人检查出水预兆，必要时提前探水。在开采水害威胁严重的煤层时，要采取建筑防水闸门、防水墙，加大排水能力等措施，进行综合防治。为防治地表水对矿井的侵害，制订了一整套灾害预防和处理计划；每年在雨季到来之前，都要对地面塌陷地区进行实地调查，充填裂缝，并备足防洪抢险救灾物资。“一五”期间，阳泉矿务局有 8 台探水钻机，每年对老窑和上边邻近煤层积水均进行疏放。

20 世纪 70 ~ 80 年代后，阳泉矿务局各矿采区逐渐延伸，受老窑透水的威胁逐渐减少。但对已采区的积水仍采取谨慎态度。2009 年，阳煤集团按照国家、省市文件精神出台了《阳煤集团“有掘必探、有采必探”实施管理办法》。阳煤集团所辖矿井组建了专门探放水队伍，配备了包括 200 米钻进能力以上、不同钻距的探放水钻机和物探设备。严格按照“预测预报、有掘必探、有采必探，先探后掘、先探后采”的要求和“探掘分离”管理规定，探放水作业队伍在防治水管理机构的领导下开展工作。健全了防治水管理制度，完善了各类水文基本图件，并确保真实完整、定期修正。严格规范了防治水设计编制，建立了探放水作业验收制度。

（三）顶板灾害防治

新中国建立后，国家制订了“安全第一”方针，顶板灾害防治受到重视。1951 年，阳泉矿务局在四矿一坑试用点柱、帽柱、鸭咀棚和双排密集柱支护工作面顶板，全部垮落法处理采空区取得成功，并推广到中厚煤层。1953 年，对分层开采的丈八煤层先后试用木板、荆笆、竹笆等作假顶材料，最后试用金属网作假顶获得成功并推广使用。1956 年试用锚杆支护，效果良好，但由于人们对锚杆支护还缺乏认识，试用一年便停止下来。1957 年，在采煤工作面推广使用 CTK 型金属支柱，至 1962 年改用 HZWA 型金属支柱并配用 HDJA 型金属铰接顶梁管理顶板，不仅增加了安全可靠性，而且节约坑木，经济效益显著。1963 年，巷道支护采用金属棚获成功并在全省推广。

1965 ~ 1966 年，阳泉矿务局再次试用锚杆支护和锚喷支护，取得良好效果。但因“文化大革命”

干扰，没有得到推广。直到中共十一届三中全会之后，锚杆支护和锚喷支护才广泛使用。

进入20世纪70年代以后，阳泉矿务局推广综采技术和高档普采，工作面顶板管理使用液压支架和单体液压支柱，顶板状况得到彻底改善，冒顶事故得到有效遏制。

随着井下采区的不断延伸，为适应井巷围岩压力和变形量逐渐增大，尤其是综采工作面顺槽巷道长、断面大、压力更大的情况，阳泉矿务局于1982年利用U型钢设计制作了U型矮墙半圆拱形可缩性金属支架，使地质复杂区的巷道支护进一步改善。

（四）粉尘防治

境内煤矿粉尘防治始于1953年，四矿首先从煤尘治理着手，利用排水管将井下水引至采煤工作面输送机头进行洒水消尘。其后，将洒水管路延伸到顺槽运输巷道，直至井口翻车机旁。1955年，建成静压洒水防尘系统并纳入作业规程，在全局推广。

1958年，煤炭工业部在开滦召开湿式凿岩现场会，确定阳泉矿务局为重点推广单位。但因“大跃进”片面追求产量的影响，这项工作被忽视。直到1960年，矿井防尘工作才又被重视起来，当年实现煤巷掘进工作面静压洒水灭尘。1964年，岩巷、半煤岩巷开拓掘进全部实现湿式凿岩。1976年，三矿综采工作面使用水力引射点，使煤尘含量由每立方米1000毫克下降为16.1毫克。此法推广后，防尘工作由被动转向主动。

1981年，三矿一号井七尺煤采煤工作面进行浅孔注水以防治瓦斯突出，同时使煤尘含量降低了69%。此法很快纳入作业规程在全局推广。接着，该局组建了4个专业灭尘队，承担井下清扫煤尘，刷白巷道，装置并维护巷道喷雾点、水幕等防尘设施的工作。1983年，该局自制分流捕尘器，使电钻打眼降尘率达70%以上；同时采用水炮泥放炮，在掘进工作面安装除尘风机以净化风流，进一步降低了粉尘含量。通过综合防治，该局井下粉尘基本得到控制。

1990年后，随着开采工艺的不断发展，阳煤集团在以往粉尘防治的基础上，逐步推广使用先进的防尘设施设备。首先在综采工作面支架下使用与移架、放煤联动的自动喷雾。工作面移架放煤时，本架及下架喷雾能自动打开抑制工作面粉尘飞扬。在采煤机组上安装机组内、外喷雾装置。有效抑制了机组割煤产生的大量粉尘，同时在综放工作面实行长孔动压注水，增加煤体水分含量，从根源上控制工作面粉尘的产生，改善了综采、综放工作面作业环境。同时在综掘工作面综掘机上安装综掘机内、外喷雾，炮掘工作面安设放炮喷雾，在各类采掘巷道距煤头50米范围内安设粉尘净化水幕，使采掘巷道的粉尘浓度显著下降，作业环境得到明显改善。并按规定在井下各类巷道安设隔爆设施（隔爆水棚），构筑了煤矿粉尘防治的第二道防线。

2005年，根据《中华人民共和国煤矿安全生产法》《中华人民共和国职业病防治法》和《作业场所职业健康监督管理暂行规定》，阳煤集团开展了煤矿粉尘综合防治，从制度入手下发了《阳煤集团综合防尘管理规定》，将矿井粉尘防治落实到单位和责任人，形成了强有力的综合防尘管理体系。各矿完善了矿井综合防尘供水管路系统。设置不小于200立方米以上的静压水池，水量能满足矿井连续2小时生产的用水量，部分矿井配备有污水处理系统。防尘管路首末端及各类喷雾装置上安装过滤器和压力表，保证了矿井防尘用水的水质和水量，延缓了各类喷雾设施的使用寿命。

2006年在井下推广使用洗巷刷浆列车，该设备自带水箱和加压泵，清洗巷道简单方便，大大减少防尘人员工作量，提高了洗刷效率。为了解决回采工作面因供水距离长，水压衰减，喷雾设备水压不足的问题，综采综放工作面推广使用加压泵，加压泵压力可达8兆帕~12兆帕，满足了工作面各类喷雾设施的降尘用水。

2007年，在各条运输线路的转、卸、装载点及煤仓放煤口安设喷雾装置，并在卸载点安设防尘罩和挡尘帘。有效控制了运输过程中造成的粉尘二次飞扬。缩减了各条运输巷道的冲洗周期，减少了运输巷道的粉尘堆积。同时，作业人员个体防护得到重视。各矿定期为井下接尘人员发放个体防护用品，加强井下粉尘作业环境中职工个体防护。

2008 年开始，在井下炮掘工作面推广使用放炮自动感应喷雾装置，该喷雾装置在受到放炮冲击波震动后能自动打开，有效抑制放炮时所产生的大量煤岩尘，改善炮掘工作面作业环境。在采掘工作面的回风巷推广使用与喷雾设施联动的粉尘浓度传感器，当巷道内粉尘超限时，喷雾能自动打开，抑制粉尘飞扬。

2009 年，随着集团公司瓦斯治理水平的提升，瓦斯抽采上升到一个重要地位，随之而来的是钻孔作业量的加大，钻孔产尘成为继采、掘作业之后的又一大产尘源。对此集团公司在钻孔作业中大力推广水射流孔口除尘器，该除尘器有效抑制了打钻时，孔口粉尘的大量飞扬。改善了作业现场环境。同时加大了对煤矿井下粉尘各项指标的监测，尤其是加强了个体呼吸性粉尘监测，这项工作由集团职业病防治所具体负责。

2010 年，阳煤集团在综采综放面大力推广回采工作面尘源跟踪喷雾降尘系统，同时在掘进工作面推广使用综掘机轻型高压喷雾降尘装置。

2011 年，阳煤集团推广使用降尘剂及其添加装置。截至年底阳煤集团粉尘合格均达到 85% 以上。

第三节　矿山救护

一、矿山救护组织

境内矿山救护组织于新中国成立后才开始组建。1950 年 5 月，阳泉矿务局组建了辅助矿山救护队（队员不脱产），装备 6 台美国布劳杜式呼吸器和 1 台日本北川式手动充氧泵，是全省第一支矿山救护队。1952 年 1 月 8 日，该局四矿发生重大瓦斯爆炸事故时，救护队随即赶赴现场，抢救出伤员 46 名，显示了抢险救灾的重要作用。同年 4 月，辅助救护队转为专职的准军事化组织，有队员 17 名，增加了 16 台苏式呼吸器，除完成本局救护工作外，还担负阳泉市、平定县、盂县以及寿阳、昔阳、和顺的煤矿抢险救灾任务。1954 年，该救护队配备了全套苏制矿山救护装备，建立了基地。1960 年，救护队编制有大队、中队和小队。1965 年，全队人员近百名，其中救护指战员 70 余人，装备了先进的国产新设备二小时呼吸器 15 台、四小时呼吸器 130 台、电动充氧泵 2 台、自动苏生器 6 台、救护车 6 辆、装备车 2 辆。同年，山西省矿山救护队移驻阳泉矿务局，抽调该局救护队部分队员，组成包括 6 个小队的大队，阳泉矿务局救护队为其直属队。1968 年，山西省矿山救护队撤销，其中有 2 个小队归属阳泉矿务局救护队建制。中共十一届三中全会后，阳泉矿务局矿山救护队扩编为大队，设 2 个中队、6 个小队。1979 年成为全省首批甲级队，1983 年被全国煤矿地质工会命名为安全生产先进集体。1980～1984 年，救护队招收了 50 余名新队员，一些老队员先后离队，队伍逐步趋于年轻化。同时，按照煤炭工业部 1978 年颁发的《矿山救护队工作条例》和《矿山救护战斗准备标准和检查办法》，加强基本训练，提高业务水平。2007 年 6 月，获国家安全生产应急救援指挥中心颁发的矿山救护队“二级资质”。2008 年 11 月，被评为山西省特级矿山救护大队。2009 年，全队在册指战员 150 人，设办公室和战训科 2 个职能科室，3 个中队，实行大、中、小队三级管理。2011 年 4 月 14 日，被评为国家乙级资质矿山救护队。

二、矿井灾害救护

矿工长期在井下劳作，与水、火、瓦斯等灾害作斗争，总结出一定的自救办法。若遇矿井透水被淹时，撤到通气的上山最高处待援；当“生火”（俗称瓦斯燃烧）流动，立即用水（无水时用尿）弄湿毡帽，捂住嘴鼻俯卧于巷脚或水沟、低洼地中，待火过后，撤出或待援；若遇“闷气”（二氧化碳）涌出，则迎风顺巷撤出。这些办法时有奏效，由老窑工口传身授，世代沿袭。

1950 年，阳泉矿务局成立伊始，即编制了《矿井灾害预防和处理计划》。1952 年 1 月，四矿井下发生一起重大瓦斯爆炸事故，局矿山救护队立即赶赴事故现场，控制了灾情，抢救出46名受伤人员。1958～1965年，三矿竖井先后发生15起煤层自燃事故，救护队全力以赴进行抢救，作出贡献。他们在实践中总结出多种灭火方法，一种是直接灭火，即用沙土覆盖和消防柱冲火；另一种是间接灭火，即用灭火墙隔离火区；还有一种是综合灭火，即综合运用上述两种方法。1960年，大同白峒煤矿煤尘爆炸事故发生后，阳泉矿务局救护队救出200多名受伤工人。据统计，1977～1990年，阳泉矿务局救护队共出动963队次、9802人次，参加灾害事故处理552起，抢救遇险人员391人，其中得救者206人。

2006年5月3日，三矿神堂咀进风斜井玻璃钢瓦斯抽放管着火，造成井下多人中毒遇险。因井下烟雾太大，救援人员无法进入。关键时刻，救护大队指战员向公司和矿领导提出合理化建议：给井下电机车司机佩用正压呼吸器，救护队员乘车快速通过烟雾区进入遇险人员集中地点，及时给23名遇险矿工全部佩带了压缩氧自救器，现场使用苏生器对2名中毒严重的矿工进行救治，使23名矿工安全脱险。

一矿北丈八8104工作面因自燃发火，于1986年被迫封闭。至2007年，已历时20余年。经多次取样化验，认为该工作面明火已熄灭，具备启封条件。3月5日，救护大队严格按照启封措施和行动计划，拆除了8104一爬坡永久闭墙，同时对爬坡70米巷道的瓦斯进行了安全排放，使该工作面具备了开采条件，挽回可采煤量40万吨。

2007年6月25日，二矿80706已采工作面进风闭墙发现明火。在抢险领导组的统一指挥下，救护大队承担现场灭火、火区封闭、运料和监护工作，严格按照灭火方案和安全规程实施监护，确保了整个灭火工作的安全进行。经过三天两夜的连续奋战，于27日零点班成功封闭了80706已采火区，保证了二矿的正常生产。

2007年9月22日，三矿竖井扩二区8202工作面发现明火。在指挥部的指挥下，救护大队火速出动，进行了火区侦察、直接灭火、接风筒排放瓦斯、注氮、贯通巷道、打临时墙、砌永久闭墙等工作；冒着浓烟，摸着巷道壁，把高压灭火胶管接到着火地点，成功封闭三矿竖井扩二区8202工作面。

2006～2008年，救护大队共处理阳煤集团公司各矿井下事故86起，其他安全技术工作19次，出动357队次，3254人次，其中火灾事故12起，贯通巷道14次，反风24次，瓦斯爆炸2起，启封火区6起，排放瓦斯4次；处理公司外事故4起，其他事故8起。共抢救遇险遇难人员62人，其中47人生还。建造永久闭墙49座，建防爆墙1座，建临时闭墙41座，拆除永久闭墙27座，拆除临时闭墙20座，手镐掘进116.9米，侦察巷道10400米，排放瓦斯68200立方米，恢复巷道8500米，接风筒3300米，抢救矿山财产及资源价值1亿元以上。

2010年，共出动96个队次，948人次。共处理井下各类事故9起，其中瓦斯爆炸事故2起，煤与瓦斯突出事故1起，火灾事故1起，水灾事故1起，其他事故4起。参加安全技术工作91队次，其中贯通巷道4队次，反风7队次，启封火区4队次，揭煤12队次，救灾演练33队次，震动放炮12队次。在抢险救援工作中，抢救遇险遇难人员226名，从死亡线上挽回了7名矿工生命。

2011年，共出动297队次，2205人次。处理井下各类事故11起，安全技术工作共出动228队次，出动1712人次，参加安全技术工作69队次，井下抢险救灾演练14队次，矿井安全条件和设施竣工验收以及联合试运转验收8矿次。共排放瓦斯50879.12立方米，恢复巷道81728米，侦察巷道94385米，接风筒1307米，建造永久性闭墙8座、临时闭墙7座，拆除永久闭墙43座、临时闭墙12座，手镐掘进4.6米，放炮掘进2米，支护巷道1.5米。共进行救灾演练12队次，反风演习12队次，对二矿、三矿、新景矿、五矿四采区8411回风巷、五矿8219回风巷、石港巷、一矿、平定泰昌矿、平定兴裕等服务矿井进行了有针对性的模拟实战演练。在救援工作中，抢救遇险遇难人员29人，从死亡线上救回了9名矿工生命，引导17名矿工安全升井。

坚持“险时搞救护，平时搞防范”的原则，积极进行矿井预防性安全检查、事故隐患排查、危险源监控等工作。2011 年共下矿预检 98 队次，查出隐患 416 条，现场处理 174 条，限期整改 203 条，处罚违章罚款共计 48100 元。

附：重大事故

（一）阳泉矿务局四矿丈八煤井瓦斯爆炸事故

1952 年 1 月 8 日 23 时 50 分，四矿丈八煤井东北大巷十东顺槽修理风桥时，因瓦斯超标造成重大瓦斯爆炸事故，死亡 14 人，重伤 19 人，轻伤 27 人，摧毁巷道棚子 1000 架，贯眼闭墙 45 道、风桥 3 个、风门 6 道，直接经济损失 4.8 万元。

四矿是解放前已开采的老矿井，民国 37 年（1948）恢复生产，采 15 号（丈八）煤层，属于高瓦斯矿井。该井安装 1 台 150 千瓦轴流式风机，采用分区与串联结合的通风方式。

1952 年 1 月 5 日，矿长与通风股长决定修理风桥，未经过周密计划和完善布置即开工。开工时未测定瓦斯。8 日，早班保安员进行瓦斯检查，风桥上瓦斯浓度为 2.5%～3.0%，风桥面口为 5.0% 以上。13 时 40 分，该保安员竟将瓦斯管塞拔开。中班 2 名保安员和 4 名杂工前往工作时，风桥上及风桥口瓦斯浓度依然如前，而西八、西九两顺槽已达 5% 以上。其中 1 名保安员将向外喷瓦斯的管口堵上，将西十三顺槽风门半开，并在井下打电话向通风股谎报瓦斯排除，浓度已降至 0.5%。通风股长指示继续工作。23 时 30 分，技术员到风桥东口检查瓦斯。浓度已达 2.5% 以上。其后技术员在风桥附近遇保安员，即告诉他午夜再去检查瓦斯，但该保安员到风桥东口感到风很大，认为无瓦斯，就没检查。约 10 分钟后即发生瓦斯爆炸。9 日零点 20 分，四矿领导接到井下报告，立即通知本局救护队组织抢救。到 13 日，所有遇难人员全部被抢运出井。

（二）阳泉矿务局二矿小南坑瓦斯爆炸事故

1978 年 12 月 3 日 9 时 50 分，二矿小南坑 29 采区 72903 工作面进风顺槽进行整巷时，运输系统信号失灵，修复过程中发生瓦斯爆炸，死亡 10 人，轻伤 1 人，摧毁巷道 230 余米，造成大小冒顶 12 处，摧毁永久闭墙 1 道，影响产量 3131 吨，直接经济损失 3.3 万元。

二矿小南坑于 1951 年 10 月投产，属高瓦斯矿井。该井 72903 工作面位于 28 区与 29 区之间，该工作面顺槽系 1974～1975 年所掘巷道，全长 870 米，其进风顺槽为 72902 工作面的瓦斯尾巷。72902 工作面 1976 年采完后，因顶板压力大，支架损坏严重，未及时进行维护，造成多处严重冒顶。为了给 72903 工作面投产做好准备，矿领导 1978 年 1 月决定整修该巷，事故前已整巷 450 米。1978 年 12 月 3 日 8 点班，小南坑 72903 工作面进风顺槽整巷出勤 9 人，其中 3 人在顺槽口车场摘挂钩，其余 6 人及 1 名放炮员整巷。9 时 10 分，1 名电工到车场修理电铃，未修好就进入顺槽检查压扣。约 10 分钟后，由顺槽里打出乱点。9 时 50 分，随着电铃乱响，发生了瓦斯爆炸。爆炸后，逐级汇报到局调度室，同时通知矿山救护队。矿和局、市、省局有关领导亲临现场，积极组织抢救工作。该顺槽整好的地段因瓦斯爆炸又出现新的冒顶，造成抢救人员不能进入冒落区遇难人员所在地点。抢救中，一方面组织人员突击维护冒落区，并从巷道两头向爆炸区探险；另一方面组织力量贯透新开的腰巷，以尽快到达遇难人员所在地点。经两天多时间，抢救人员才到达爆炸区，在该进风顺槽五横贯以里 19.2 米处发现遇难的 9 名矿工，三天后在五横贯往外 90 米处才找到第 10 名遇难矿工。这次局部瓦斯爆炸事故中现场工作的 11 人，除 1 人在顺槽口风门处被爆炸冲击波吹出风门受伤外，其余 10 人均因爆炸而遇难。

（三）阳泉矿务局四矿四尺煤煤仓溃泄事故

1987 年 9 月 2 日 20 时，阳泉四矿四尺煤 31 采区煤仓因堵塞，错误地采用灌水方法处理，造成水煤溃泄事故，致水煤淤积巷道 210 米，6 人被淹埋而死亡，造成直接经济损失 1.5 万元。

四矿 31 采区由第二生产区（下称二区）综采二队开采，31 采区煤仓供综采二队使用。该煤仓由四矿自行设计施工，1983 年 9 月建成，1984 年 12 月投入使用。该煤仓自四尺煤层至丈八煤层，垂深

78.67 米，斜长 90.7 米，倾角 60 度，全部采用锚喷支护，仓容积 562.9 立方米，仓口下装给煤机，向胶带输送机喂煤。由于施工问题，煤仓的上下对穿中线平行偏移，造成中下部 59 米处出现一段长 6.5 米、偏离中线 3.5 米的弯曲，使下煤不畅。

1987 年 9 月 1 日零点班 2 时 30 分，31 采区煤仓因下仓口堵塞后仓满，入仓胶带输送机停止运行。在井下的二区生产副区长发现此情况后，即电话指示二区调度员通知煤仓上口岗位工向煤仓内注水，想用水冲走堵塞的煤。自 4 时开始，至 9 月 2 日 12 时 35 分，共计注水 6 次，累计注水时间达 22 小时 30 分钟，注水量总计 206.39 立方米。16 时左右，在维修给煤机时，突然一声轰响。一股黑流从煤仓下口涌出。现场工作的 9 人中，3 人逃生，其余 6 人在仓北 6.4 米～23 米处的位置，被煤泥淹埋遇难。

（四）阳煤集团三矿裕公井瓦斯爆炸事故

2003 年 8 月 14 日 12 时 40 分，阳煤集团三矿裕公井扩二区南六掘进工作面在排放瓦斯过程中，发生特大瓦斯爆炸事故，28 名矿工遇难。

发生事故的裕公井为煤与瓦斯突出矿井，瓦斯绝对涌出量每分钟 92.78 立方米，相对涌出量每吨 121.2 立方米，年生产能力 60 万吨，通风能力 70 万吨，采用混合式联合通风。

2003 年 8 月 14 日 6 时，三矿裕公井调度与通风区联系排放扩二区 K7210 准备工作面切眼瓦斯（该工作面是临时停工工作面，同年 8 月 8 日，进行了“三断”和临时封闭），通风区调度在接到裕公井调度的联系电话后，告知通风队长，通风队长安排 7 人 8 点班排放瓦斯。同年 8 月 13 日，矿采煤副总工程师安排 14 日 8 点班防尘队 5 人往切眼搬运探放水钻机，机电队 2 人给钻机接电源线，恢复“三断”。裕公井在联系排瓦斯后没有通知所属队组，准备队仍然安排 3 人在回风巷倒接 127 伏信号线，掘四队安排 9 人在 13 横贯处清浮煤，补打锚索锚杆。此外，还有生产科 1 名技术人员跟班现场协调，矿安监处 1 名安监工督查 13 横贯丁字口补打锚索锚杆工作。排瓦斯的 28 千瓦局扇安设在切眼对面最后一个横贯内，南六总入风量为 820 立方米/分。中午 12 点 40 分，在邻近的 K7205 工作面和南七掘进工作面的生产人员听到一声巨响，整个采区停电，随即向井区、矿调度汇报，调度指示停电撤人，发现南五风桥被摧毁。分析判定事故发生在南六掘进工作面。

事故发生后的 13 时 25 分，阳煤集团矿山救护大队 5 个小队和随后赶到的 5 个小队以及阳泉市矿山救护队的 2 个小队到南六进行侦察、搜救和抢险工作。与此同时，省、市、公司、矿领导及时赶赴现场，立即成立抢险救灾指挥部，全力以赴开展抢险救灾工作。

14 日 22 时 30 分，确定了 28 名遇难矿工的所在位置。由于事故造成巷道局部严重冒顶，南五风桥损坏、南六一个风门及 23 道闭墙被毁，通风系统遭到严重破坏，有害气体超限，给 13 横贯以里的抢险工作带来很大困难。为了安全、迅速地进行抢险工作，指挥部决定从 15 日 0 点班开始临时恢复南六的通风系统。在恢复通风系统的情况下，抢险工作顺利进行，15 日 11 时 40 分完成了抢险救灾工作。15 日 13 时井下遇难的矿工全部升井。同年 8 月 16 日，山西省煤矿安全监察局组成事故调查组对事故展开调查，调查工作于 8 月 27 日结束。

第六章　煤炭运销

矿区境内煤矿建成完备的储装运系统，各选煤厂均建有与生产能力相适应的储煤场、煤仓和装车方仓。有铁路专用线 77 千米和各种附属设施，建立了有效的煤炭外运公路运输体系，并开发了“煤炭公路调运管理信息系统”软件，使公路运输损耗降为 0.5%。阳煤集团根据市场需求，调整产品结构，强化市场运作，使煤炭销售保持了较好的态势，保证了国内国际两个市场的稳定。

第一节　储装运系统建设

1950～1978 年，经过多年的建设，境内煤炭企业建成了完备的储装运系统。1978 年，阳泉矿务局铁路外运量达到 1146 万吨，首次突破千瓦吨大关。

1985 年 7 月，五矿小井选煤厂建有 1 座容量为 40000 吨的末煤储煤场，1 座容量为 1000 吨的混块仓，1 座容量为 100 吨的选矸仓。末煤和混块装车外运，选矸石用汽车排入矸山。10 月，由二矿土建施工、北京铁路局计量所安装和调试的第一台 100 吨轨道衡通过鉴定，正式在二矿选煤厂装车线投入使用。1986 年，一矿重介车间投产，共建 18 个块炭仓，储量为 7200 吨，在此之前该厂末煤仓 6 个，块炭仓 7 个，限下仓 1 个，储量为 4020 吨。7 月 1 日四矿选煤厂建成投产，块炭仓可储大中块 1800 吨，小块 650 吨，末煤缓冲仓 120 吨，储煤场储量 10 万吨。1987 年 10 月 31 日五矿选煤厂块炭装煤仓主体工程完工；12 月 31 日末煤圆筒仓、单仓和双仓主体工程完工。1988 年，为增加铁路外运量，购买自备车 353 辆。1989 年，铁路外运量达到 1547 万吨，首次突破 1500 万吨大关。同年，扩大了二矿、五矿小井储煤场，全局储煤场能力达到了 60 万吨，装车仓总容量为 3.5 万吨。1990 年一矿新建 2 个喷粉煤仓，储量为 5600 吨。三矿选煤厂开始洗选精煤仓改扩建工程。1991 年 12 月五矿大井选煤厂建成投产，建有 1 座 15 万吨的原煤储煤场、2 座储量为 7400 吨的原煤储存仓、3 座直径为 15 米的圆筒装车仓，其中 1 个精煤仓，2 个末煤仓，每个仓容量为 2700 吨。1 座容量为 2400 吨的中块装车方仓，1 座容量为 2400 吨的小块装车方仓，1 座容量为 700 吨的矸石仓。

1992 年，二矿选煤厂增建喷粉煤仓和北储煤场，容量分别为 5700 吨和 12.5 万吨。同年，购买自备车 90 辆，自备车累计 10 列 443 辆。同年三矿选煤厂完成洗选精煤仓改扩建工程，增加的 803 号存储洗选小块，仓储能力为 1000 吨；806 号仓存储喷粉煤，后因市场变化，取消喷粉煤，改为存储洗中块，仓储能力为 800 吨。1994 年调车机由蒸汽机改用柴油机车，车上装有黑匣子，受地形和轨道的影响，二矿和新景矿不能整列取送。1994 年 9 月 1 日三矿选煤厂精煤仓落成，该煤仓有效储量为 3071 吨。1995 年 3 月 20 日，阳泉矿务局在五矿大井至白羊墅车站进行的整列重载取送试车获得成功，从而实现了五矿煤炭的整列车取送。1996 年对五矿小井选煤厂进行技改，将原来的混块仓进行改扩建，改建为 1 座容量为 1000 吨的洗小块仓，1 座容量为 800 吨的洗中块仓，1 座容量为 400 吨的洗矸仓和 1 座容量为 400 吨的中煤仓；又增建了 1 座容量为 15000 吨的洗精末煤储煤场。同年，五矿选煤厂对储煤场进行了改扩建，改扩建后的储煤场最多储煤 30 万吨。1997 年，新景矿线开通，全线长 8.9 千米，在简子沟西信号接轨。2000 年石太线上行发货物列车按 48 辆 3000 吨编组。2001 年 7 月，简子沟联络二线开通使用，全线长 630 米。

2003 年，新景矿洗煤厂新建 3 个精煤仓，储量为 6600 吨。7 月，阳煤集团以白平段净资产价值 3500 万元参股阳涉铁路公司，该公司 2004 年 2 月正式通过国家验收并开通运营。2004 年，石太线上行发货物列车提高到 52 辆 3300 吨。2005 年，五矿选煤厂为适应矿井 500 万吨原煤产量需求，对洗选系统进行了大规模扩容改造。增设了动筛选矸系统，完善了煤泥水系统，增加了块仓容量，块仓容量由 2400 吨提高到 3600 吨，使原煤小时拉运量达到 1400 吨，洗煤小时入洗量达到 600 吨。三矿选煤厂新建 808 号、809 号仓，存储中块，仓储能力为 1000 吨。同年 8 月 26 日，二矿选煤厂新末煤仓工程开工，新末煤仓在选煤厂装车线一、二道，共建末煤仓 2 个，每个末煤仓储量为 1900 吨。2006 年新景矿增建 12 个块炭仓，总容量为 3600 吨。阳煤集团对阳涉铁路公司追加投资 2 亿元，总投资达到 2.35 亿元。2007 年一矿新建 3 个块炭仓、3 个末煤仓投入使用，总容量为 2400 吨。6 月 25 日，二矿新建储煤场开工，翌年 3 月 28 日竣工投产试运行。1 个容量 30 万吨末煤储煤场，总造价 3000 万元，平面长轴方向为南北向，自北向南呈喇叭口形状，长度 260 米，北侧宽度 32 米，南侧宽度 68 米。采用台阶式布置，设置两个平台。上部南平台储煤 18 万吨，下部北平台储煤 12 万吨。2010 年一矿选煤厂新压滤车间南侧新建约 2500 平方米储煤泥场。2011 年三矿新增 2 个 2500 吨的原块煤仓。

第二节　煤炭销售

一、国内营销

（一）渠道和销量

明清时期，境内煤炭除供本地消费外，还用驴骡或骆驼运至正定、获鹿一带贩卖。光绪三十二年（1906）正太铁路通到阳泉，煤炭通过铁路外运。保晋公司和建昌、广懋等煤炭企业在石家庄、保定、北京、天津、汉口、济南、上海等地积极开展煤炭营销活动。民国 7 年（1918），阳泉煤炭经塘沽由海路销至广东及香港。仅保晋公司一家，每年外运即达 20 万吨。从民国 13 年起，国内军阀混战，铁路不时中断，苛捐杂税剧增，因而销路堵塞。自民国 18 年起，又遇到国际经济危机，阳泉煤只能在正太铁路沿线的石家庄、获鹿、太原、榆次一带少量销售。日军侵占阳泉煤矿后，对煤炭实行严密控制，阳泉煤大部输往日本，少量销售到平津一带。

民国 36 年（1947）5 月阳泉获得解放，翌年正太铁路修复通车，国营阳泉煤矿公司、井阳煤业公司、石家庄营业所根据华北人民政府企业部的统一安排，积极组织国营煤矿的煤炭销售工作。民国 38 年，国营四矿、裕公矿共销售煤炭 30 余万吨。

新中国建立后，阳泉煤炭外销呈逐年增长趋势。1950～1952 年，阳泉矿务局经铁路外销 317.54 万吨，地方销售 4647 吨。外销煤主要为生活用煤，工业用煤仅占 10%。1953 年，国家开始大规模经济建设，国家实行煤炭统一分配的制度。阳泉矿务局被列为国家统一分配（简称统配）的局矿，统配局矿所产煤炭由国家按计划统一调拨。阳泉煤炭销售流向主要为河北、山东、安徽、江苏、浙江、广东等省以及北京、天津、上海等市。

中共十一届三中全会后，山西成为能源重化工基地，阳泉的无烟煤不仅用于人民生活，而且更多地用于工业生产。1990 年，阳泉矿务局煤炭销售到 17 个省市自治区和广州、沈阳、大连、哈尔滨 4 个计划单列市，当年销量达 1540.52 万吨。

1992 年下半年国家放开了煤炭价格，标志着煤炭市场由计划分配体制向市场配置过渡。1993 年，全国煤炭行业被推向市场，一时社会库存居高不下，供给远远大于需求；煤炭价格下跌，费用税负增大；货款拖欠严重，资金普遍紧张。为此，阳泉矿务局从 1993 年开始，利用近三年的时间，实施了营销战略的第一次转变，即由民用煤向工业用煤的转变。末煤方面：1992 年阳泉矿务局所供电厂只有两个，年销售量为 40 万吨～60 万吨；到 1995 年所供电厂增加到 18 个，电煤年销量突破 500 万吨。块炭方面：实现了由民用为主到化工用煤为主的转变，主要供应全国几百家中小化肥厂。洗精煤方面：形成了以鞍钢、本钢、唐钢、宝钢为主的长期稳定的市场结构。

第一次营销战略的有效转变，不仅在短期内遏制和迅速扭转市场下滑的局面，同时也为阳泉矿务局—阳煤集团奠定了坚实的市场基础，并对后来的煤炭销售工作产生了深远的影响。

1996 年，对小水泥、小化肥用煤及民用煤的销售量约 700 万吨，占总销量的一半，难以保证企业的稳定发展。为此，提出了“优化市场结构，调整煤炭销售”的战略思想，并开始逐步改变“阳优”煤的市场布局，由一般工业用户向大工业用户转变，向电力、冶金、出口行业大的工业用户倾斜，提高市场集中度，培育一批战略合作伙伴，面向国内、国际形成两个稳定发展的市场。在市场定位上，按照消费用途确定的销售顺序为：电煤、出口喷吹煤、喷吹煤、块炭、配电煤、水泥用煤。同时把信誉好、用量定的大电厂、大钢厂和出口行业作为目标市场。

1997 年开始，随着煤炭供求关系失衡，在煤炭市场转入买方市场后，计划经济时期国家扶持的煤炭代理经销商普遍出现了资金短缺、周转不灵、呆坏账增多，大量拖欠煤炭货款，信誉直线下降的问题，严重损害了煤炭企业利益。

1998 年，集团公司首先将传统销售市场划分出八个销售区域，分别成立了销售公司，随后还组建了出口公司，并以租赁的形式设立了三大煤场，在日照、青岛两大煤炭中转港设立了办事处，形成一个覆盖东北、华北、华东、华中、华南区域，以区域公司为主干，靠煤场调剂，靠港口吞吐的销售网络，实现了由代理向直销的转变。但由于区域公司刚成立，主要还是采用推销的手段进行煤炭销售，到处撒网，收效甚微，尽管恢复开发了一些用户，稳定了市场，但销售较差。1998 年，煤炭销售跌到了谷底，货款回收也成为制约企业运转的最大难题。

从 1999 年起，为了拓宽市场，开始注重跟踪、分析用户需求，掌握市场发展趋势和煤炭消费特点，发挥自身优势，生产适合市场的产品。根据用户需要，开发出特 1 号喷吹煤，抢在晋城、邯郸等煤企之前，迅速占领了国际市场，成为供韩国浦项无烟煤单一煤种的最大供货商。

2001 年，煤炭销售体制改革的作用开始显现，外运和回款创历史最好水平。2002 年，电力、冶金、出口市场大用户销售比重达 65%，一般工业用煤降为 20%。

从 2005 年开始，集团公司实施了营销战略的第三次转变，即由大工业用户向战略合作用户的转变。同时集团公司又提出市场、运输、产品“三个结构”的调整思想，市场结构调整的原则是，向电力、冶金、出口行业中大的工业用户倾斜，提高市场集中度，培育一批战略合作伙伴，面向国内、国际形成两个稳定发展的市场。“三个结构”的调整还表现为适应铁路流向要求，精心组织发运，优先各矿块炭和喷吹煤的外运，重点保品种煤、效益煤的合同兑现，向远处运，努力提高经济效益；通过协调铁路，调整港口，扭转了运量连续 6 年下降的局面，有力缓解了大管内直供钢厂首钢、唐钢的运输压力，提高了出口煤、南方钢厂喷吹煤和电煤的合同兑现率。

面对胶济铁路在 2005 年频繁施工、德州过口量严重受限的不利影响，集团公司开辟了锦州港下水煤的发运通路，缓解了青岛前湾港运输紧张局面，确保了品种煤外运任务的完成。

2006～2008 年，阳煤集团根据市场需求，调整产品结构，强化市场运作，使煤炭销售保持了较好的态势。2006 年，阳煤集团首先大力调整运输结构，一是通过阳涉线增资扩股，使阳涉线运力提升得到保证；二是于 7 月建成天成集运站；三是协调太原铁路局增量；四是重点保证品种煤、效益煤的发运，提高合同兑现率；五是对水运煤的港口进行了调整。当年阳煤集团的铁路外运量增幅达 12%。其次，阳煤集团通过提价稳价，增加效益和收入。第三，调整产品结构，适应市场需求，一是压缩 3 号喷吹煤产量，应对钢铁市场下滑；二是优先组织块炭生产和运输；三是完成了粒级煤市场的开发和推广工作。

2007 年，煤炭市场逐渐好转，产销两旺，价格上涨。阳煤集团继续调整外运结构，优先组织品种煤外运，削减公路市场散户；适时调整价格，喷吹煤价格累计上调 80 元/吨；优化市场结构，通过向规模大、市场竞争力强的化肥企业多发煤，规避市场风险，稳定块炭价格。

2008 年，在冰冻雨雪灾害、汶川地震、奥运期间，阳煤集团按照国家要求，抢运电煤，保证了电厂对煤炭的需求。由于钢铁市场、尿素市场出现波动，煤炭市场大起大落，阳煤集团对市场结构和相关品种的价格进行调整。针对 9 月后冶金煤、块炭、电煤市场相继下滑，阳煤集团加大与五大电力集团合作力度。9 月 15 日，阳煤集团与华能国际电力股份有限公司签署中长期煤炭购销协议。阳煤集团还与博汇纸业、晨鸣纸业等大型企业建立了合作关系；同时调整块炭用户结构，在确保兼并化工企业块炭需求的基础上，开发了东平瑞星、中化平原等实力强的化工企业。

2009 年，在保证电煤市场稳定的基础上，继续巩固和发展与五大电力集团、地方电力集团的战略合作，同时积极寻求新的实力强的电力用户。在喷吹煤市场上，针对金融危机造成冶金煤市场下行压力较大的情况，在坚持国内国际两条腿走路的基础上，开辟了一些实力较强的大型民营钢铁企业，并在国际市场上适当增加了现货贸易，有力地减轻了国内市场压力，维持了喷吹煤价格的稳定。在块炭销售方面，在满足自身化工企业的基础上，进一步向技术先进、规模大、效益好的企业倾斜，构建了稳定的销售渠道，同时对用户实施分级管理，实施不同的发运政策，有效克服了需求下滑带来的影响。

2010年，面对复杂的国内外经济环境，集团公司根据国家产业政策和铁路流向布局，按照“保证重点，兼顾一般”的思路，继续坚持大工业用户向战略合作用户转移的原则，对销售市场布局进行了优化。在电煤主体市场布局上，继续加大与国家“五大电力”及河北建投、中石化的合作力度，形成了比较稳定的华北、山东市场。通过市场布局的优化，主体市场构建更加牢固，确保了集团公司煤炭销售的稳定和健康发展。在喷吹煤主体市场上，形成了以鞍钢、本钢为主的东北市场，以首钢、河北钢为主的华北市场。在化工块炭主体市场上，立足内部化工企业，确保内部化工企业的发运量，保证了化工企业稳定生产。集团公司煤炭销售（寿阳、昔阳、左权）子公司经过几年运行，销售工作也有序开展，煤炭销售量大幅提高，促进了煤炭集中销售的稳步发展。其余7家销售子公司证件也获山西省煤炭工业厅批复。

2011年，通过阳涉线实现煤炭外运量402万吨，同比提高了59万吨；做好了天成上站煤工作，确保了天成公司的铁路外运。公路外运起到了非常重要的补充作用。煤炭销售子公司销售工作有序开展。全年煤炭总销量大幅提高，全年累计完成5770万吨；煤炭铁路外运量完成3256.4万吨，创历史最好水平；公路销量取得了2514万吨的骄人业绩；煤炭销售收入实现281亿元。

（二）内销价格

从阳泉解放到新中国建立后的国民经济恢复期，境内煤炭企业以生产和销售原煤为主，国家没有制订统一价格，煤炭销售随行就市，价格灵活。由于煤炭生产工艺简单，成本较低，出厂价格低廉。阳泉矿务局原煤出厂价每吨低于2.6元（旧币）。

1953年后，阳泉矿务局执行燃料工业部华北煤矿管理总局制订的出厂调拨价格。1958年，国家出台按煤种、品种、规格和煤质作价的统一办法后，阳泉煤价纳入全国统一价格体系。1962年8月，阳泉无烟块煤出厂价上调25%～77.5%。

1966年1月1日，煤炭部发布《煤炭产品出厂价管理办法》，按煤炭产品加工方法、粒度和水分不同，划分品种和等级。阳泉矿区无烟煤分6个品种14个等级，新增加了选洗加工煤品种，矿场上火车交货价为24.2元/吨～26.2元/吨。1975年1月1日燃化部修订《煤炭产品出厂价格管理办法》，阳泉无烟煤新增了11个等级，出厂等级价提高4%。

1979年5月1日，煤炭部制订的《煤炭质量规格及出厂价格》及《煤炭出厂价格计算和管理办法》生效，阳泉矿务局执行新的煤炭价格。新定价将阳泉无烟煤产品按用途、加工方法和质量规定为精煤、粒级煤、洗选煤、原煤、低质煤5类、13个品种、13个等级，定价普遍高于过去的价格。其中九级洗大块（粒度大于50毫米）每吨38.9元，比1975年同质四级大块上升54.6%；混煤、混末煤、末煤3个品种共8个等级，价格最高的十三级每吨23元，最低的每吨19.2元。

1985年3月，煤炭部重新制订的《煤炭质量规格及出厂价格》和《煤炭出厂价格计算和管理办法》生效。阳泉矿务局执行修订后的价格，阳泉无烟煤洗选煤分为12个品种12个等级，其中九级选大块（粒度大于50毫米）为每吨41.7元；取消了混末煤品种，混煤、末煤共分12个等级，其中十三级混煤每吨24.6元，比1979年上升6.9%。1988年7月1日，按照山西省人民政府晋发〔1988〕40号文件，在价外向用户加收水资源补偿费，原煤每吨加收1元，洗精煤每吨加收2元。

1989年，中国统配煤矿总公司对全国统配煤矿煤炭出厂价格计算和管理办法进行修订。阳泉矿务局从1990年1月1日执行无烟煤各品种等级编号共200个价目，出厂价格最高为29.5号末煤，每吨35.54元；最低为17.5号末煤，每吨16.44元。其后，煤炭价格逐渐转向以开放为主，市场化趋向增强。1993～1994年煤炭价格部分放开。1994年8月，在国务院的干预下，确定电煤价格上涨4%，基本平息了各地煤、电企业价格争议。2002～2006年逐步取消价格指导。为了促进煤、电双方顺利签订煤炭购销合同，在每年煤炭订货会上仍发布一个参考性的协调价格。随着国家对电煤价格的逐步放开，电煤重点合同价格呈不断上涨的趋势。

2006 年后，国家煤炭价格完全放开，由供需双方根据市场供求关系协商确定，阳煤集团煤炭售价也随之相应调整。阳煤集团煤炭综合售价 2006 年为 320.16 元/吨，2007 年为 320.7 元/吨，2008 年为 430.9 元/吨，2009 年为 437.99 元/吨，2010 年为 469.8 元/吨，2011 年为 561.8 元/吨。

二、煤炭出口

（一）渠道和销量

保晋公司创办后，致力于开拓国外市场。民国 6 年（1917），境内煤炭以“平定硬煤”之名在天津塘沽首次出口日本国。由于军阀混战和世界经济危机，“平定硬煤”的出口市场萎缩，到民国 21 年，出口完全中断。日军劫夺阳泉煤矿后，阳泉煤炭被大量掠往日本。

新中国建立后，境内煤炭于 1957 年恢复出口。1957 ~ 1984 年的 28 年间，阳泉矿务局共出口煤炭 367.23 万吨，主要品种为阳泉末煤和阳泉块煤。出口业务由中国五金矿产进出口总公司与外商签约，由山西五金矿产进出口公司和阳泉市外贸公司向阳泉矿务局收购煤炭并具体办理出口业务，所得利润和外汇上缴中央财政。出口海港主要是秦皇岛，主要销往亚洲的朝鲜、日本、泰国、菲律宾、土耳其和印度尼西亚等国。

中共十一届三中全会以后，国家改革对外贸易体制。1984 年 7 月，中国煤炭进出口总公司在阳泉矿务局设立办事处，作为该公司的派出机构，直接办理出口煤炭调运业务。1985 年，国家对煤炭出口实行计划内收购和计划外代理的双轨制。1985 ~ 1990 年，阳泉矿务局除调拨收购出口煤炭 69.67 万吨外，还经代理出口煤炭 72.12 万吨，出口海港主要为秦皇岛，也有少量煤炭经由青岛、烟台、深圳等海港出口。目的地有日本、菲律宾、新加坡、中国香港、中国澳门、泰国、德国、英国、美国等国家和地区。

1996 年至 2008 年 7 月，阳煤集团（阳泉矿务局）煤炭出口业务由阳煤集团选煤运销处出口分公司具体负责。2008 年 7 月，山西国阳新能国际贸易公司成立，负责阳煤集团的煤炭出口业务，选煤运销处出口分公司成建制并入该公司。

2006 ~ 2007 年，阳煤集团无烟煤出口量每年约 100 万吨。2008 年 8 月底，受国际金融危机和国家对出口煤加征 10% 关税的影响，阳煤集团出口煤量开始减少。阳泉无烟煤的出口全部由国家指定的神华集团有限责任公司、中国中煤能源股份有限公司、中国五矿集团公司、山西煤炭进出口公司 4 家专业公司代理。阳煤集团新景矿为阳煤集团出口煤基地，出口煤品种为 1 号精煤。

2009 ~ 2011 年，受世界发达经济体发展疲软和世界钢铁需求量下降影响，阳煤集团无烟煤出口量有所下降，2009 年出口煤炭 88.57 万吨；2010 年出口煤炭 136.17 万吨；2011 年出口煤炭 137.42 万吨，主要销往韩国与日本两国。在此期间，阳煤集团出口煤均在黄岛前湾港下水，铁路专用线分为两段，一段是新景矿的矿铁专线，另一段是连接到港口的胶黄铁路专用线。

（二）出口价格

新中国建立前，阳泉煤炭出口价格无考。1957 年，阳泉煤炭恢复出口后，出口计价办法是以合同规定的煤质规格为标准。若水分高出国家规定，扣重；若发热量超出或低于规定，按公式计算递增或递减。出口煤合同主要是执行政府之间的贸易协议，由外贸部门收购，只作收购统计，出口价格由外贸部门根据国际煤炭市场掌握。

1976 年后，尤其是中共十一届三中全会后，逐步增加了煤炭出口数量。根据出口商品创汇计划，优先出口地方煤，阳泉块煤得以大量出口，但动力煤价格优于无烟煤，并随国际煤炭市场需求的变化而变化。1978 年，阳泉块煤对日本出口价 29.43 美元/吨（平均价，下同），对罗马尼亚 22.25 美元/吨。1980 年，阳泉块煤对日本 55.23 美元/吨，阳泉混煤对日本 42.54 美元/吨。1985 年，阳泉块煤对日本71.20美元/吨，对香港68.37美元/吨；阳泉混煤对日本49.94美元/吨，对香港41.91美元/吨。1990年，阳泉混煤对香港33.88美元/吨。2000年，阳煤集团无烟煤出口价格26.40美元/吨。2005年，阳煤集团半无烟煤价格（离岸价）103.5美元/吨。2006年，阳煤集团1号、3号块煤价格（离岸价）74.16美元/吨。2007年，阳煤集团1号块煤价格（离岸价）71.49美元/吨。2008年，阳煤集团1号、3号块煤、末煤价格（离岸价）193.66美元/吨。2009年，阳煤集团1号、3号煤价格（离岸价）93美元/吨。2010年，阳煤集团1号煤价格（离岸价）178美元/吨。2011年，阳煤集团1号煤价格（离岸价）232美元/吨。

1950～2011年阳煤集团原煤销量一览表

表9-3　　单位：万吨

年份	原煤总销量	煤炭外运量	年份	原煤总销量	煤炭外运量
1950年	77.7902	—	1976年	1148.9735	1134.0151
1951年	111.6508	—	1977年	1254.2047	1235.0977
1952年	135.5357	—	1978年	1161.4924	1146.2776
1953年	135.8889	—	1979年	1099.1666	1084.2846
1954年	221.3055	—	1980年	1188.4529	1174.6892
1955年	278.8661	—	1981年	1186.2678	1171.5851
1956年	343.6798	—	1982年	1209.0839	1190.2202
1957年	448.0641	—	1983年	1242.4634	1228.5477
1958年	583.1542	—	1984年	1320.9229	1307.2490
1959年	691.5772	—	1985年	1348.0794	1340.1586
1960年	691.5772	—	1986年	1396.4644	1391.7106
1961年	537.4732	—	1987年	1386.1944	1383.3257
1962年	519.1140	—	1988年	1437.0257	1418.4863
1963年	523.2096	—	1989年	1578.7836	1547.7377
1964年	554.6412	—	1990年	1544.4403	1520.4993
1965年	570.9732	—	1991年	1476.2089	1458.5552
1966年	514.9356	—	1992年	1499.3535	1466.7215
1967年	392.4123	—	1993年	1348.4799	1352.2762
1968年	395.4005	—	1994年	1480.5143	1451.0074
1969年	666.7354	—	1995年	1482.3656	1460.6956
1970年	777.5151	—	1996年	1521.7357	1480.5688
1971年	739.6526	—	1997年	1407.8267	1343.7384
1972年	819.0791	—	1998年	1135.8692	1067.3349
1973年	844.8781	—	1999年	1285.8465	1206.5157
1974年	940.1020	—	2000年	1330.4179	1243.7025
1975年	1159.8135	—	2001年	1461.1688	1352.1044

续表 9－3

年份	原煤总销量	煤炭外运量	年份	原煤总销量	煤炭外运量
2002 年	1697.4823	1616.0616	2007 年	3369.8895	3157.2194
2003 年	1969.5459	1911.5530	2008 年	3848.3216	3529.2501
2004 年	2375.1517	2317.2679	2009 年	4351.9175	3942.1639
2005 年	2687.6728	2636.8934	2010 年	5130.1023	4549.4941
2006 年	2888.9410	2758.7160	2011 年	5840.7430	5461.7558

第十编　工　业

解放前，矿区工业长期处于落后状态，广大劳动者受尽了国民党和帝国主义的压迫和剥削。民国36年（1947）阳泉解放后，境内的手工业者在工矿区供销生产社的组织领导下，开始集中成生产合作社，形成手工作坊，但基础较为薄弱。解放初期，境内阳泉煤矿公司成立，并迅速转入生产。1948年，阳泉煤矿公司与井陉煤矿公司合并为井阳矿务局。各私营煤矿也相继恢复生产。1950年，井阳矿务局撤销，阳泉矿务局成立。随后，境内的电力工业、冶金和机械工业、建筑材料和化学工业、轻工业也迅速发展。“文化大革命”中，境内工业生产遭到破坏，尤其是煤炭产量在运动的冲击下也开始下滑。1978年中共十一届三中全会后，全区工业生产抓住改革开放的机遇，建立社会主义市场经济新体制，调整产品、产业结构，规模逐步壮大，技术装备明显改善，经济效益稳步提高，多种经济形式竞相发展，工业经济焕发出了勃勃生机，整体实力显著增强，形成了以煤炭开采为主导，电力、冶金、化工、建筑材料、制造业、轻工业等产业全面发展的、具有地方特色的、较为完备的工业体系。

第一章　电力工业

境内电力工业始于20世纪20年代。民国7年（1918），保晋公司1.9千瓦发电机组运行发电，开阳泉电力之先河。至2011年，矿区拥有阳泉辰光热电有限责任公司、阳煤集团发供电分公司、兆丰铝电公司自备电厂3个发供电企业，总发电能力627.9兆瓦；建成通过枢纽110千伏站馈出的、连接有26个35千伏电压等级降、配电站的辐射型供电网络，覆盖五大矿区，供电线路300千米，是一个相对独立、发供用平、谷段自给自足、结构复杂的供电系统。

第一节　发　　电

一、阳泉辰光热电有限责任公司

前身为阳泉发电厂。民国7年（1918），保晋公司第二矿厂于燕子沟东立井安装1.9千瓦发电机1台，以锅炉蒸汽驱动发电，用于井下照明。其后，保晋公司其他矿厂以及建昌公司也先后安装发电机，所发电力用于照明或排水，均为自发自用。日军侵占阳泉煤矿后，民国27年6月，日本“北支那电业株式会社”在菜洼口杨树坪筹建“发电所”。同年9月破土动工修建，工程由日本大阪电器公司设计和施工。民国29年8月，瑞士产BBC50赫650千瓦汽轮发电机和配套的2台BIBCOCK2吨/时低压锅炉及辅机到厂，同年11月安装投入运行，由发电所直配对外供电。民国30年春，菜洼发电所安装第2台机组，为英国BTH厂制造的60赫2500千瓦汽轮发电机和日本东洋拨伯葛厂制造的配套锅炉。民国31年，第二台机组投产发电。至此，菜洼发电所共有2台发电机组，装机容量3150千瓦，运行以第二台机组为主，每日于供电高峰（16～23时），第一台机组开机并列运行。低谷时停机备用，机组以3.3千伏直配向外供电。民国34年8月日军投降后，阎锡山“山西人民公营事业委员会”接管“发电所”，并更名为阳泉发电厂。民国36年阳泉解放后，因石太线东西两端石家庄和太原尚为国民党军队盘踞，阳泉有得而复失的可能，故将该厂650千瓦发电机组拆运至河北省曲阳县葫芦旺发电厂。阳泉发电厂仅有1台2500千瓦发电机组运行发电。

新中国成立后，为满足工业生产电力需求，1949年10月底，将650千瓦发电机组由曲阳县葫芦旺发电厂拆运回阳泉发电厂，并将该机由50赫650千瓦改为60赫500千瓦以统一频率，与2500千瓦机组并行发电，总装机容量为3000千瓦。

1951年，经华北电业管理总局批准，投资36.6万元，增装由淮南迁来的美制1000千瓦快装机1台及额定功率7.3吨/时配套锅炉1台，于年底投产运行。1952年，华北电力管理总局又决定投资28.5万元。将井陉煤矿美制GE型1500千瓦发电机组及其附属设备迁至阳泉发电厂。拆装、改造历时2年，于1954年投入运行。至此，阳泉发电厂有发电机组4台，装机容量5500千瓦，年发电2341万千瓦时。

1955年4月，保定列车局44号装机容量2500千瓦列车发电机组驶入预定地点并网发电，阳泉发电厂装机容量达到8000千瓦。12月，太原至阳泉110千伏输电线路和马家坪110千伏变电站建成。阳泉发电厂经升压改造，由3.3千伏升至10千伏，将直配供电改为双回线路，经马家坪变电站与太原电网并列运行，结束了该厂独立发电、孤立电网运行的历史。1956年1月，先后将BBC500千瓦机组、美国制快装机组和列车发电机组调往重庆曾家煤矿、甘肃玉门油矿和江西萍乡煤矿。阳泉发电厂仅保留2个机组，装机容量4000千瓦，担负阳泉地区保安电源的使命。

1958年“大跃进”运动中，阳泉用电量急剧上升，阳泉发电厂作为保安电源已不能满足需要，山西省电力工业厅决定对阳泉发电厂进行扩建。1959年4月，扩建工程动工，采取边设计、边施工、边基建、边生产的方式进行，1960年，1台1.2万千瓦机组和1台配套锅简易投产。1966年5月，1.2万千瓦2号机组建成并网发电。1970年，扩建工程全部完工，总装机容量为2.8万千瓦。1967年8月，将2500千瓦和1500千瓦两台旧机组调往临县和浑源县，形成2×1.2万千瓦容量机组的规模。

1989年5月，阳泉发电厂劳动服务公司与阳泉市郊区能源开发公司联营，投资730万元，利用阳泉发电厂原2500千瓦机组的机房及附属设施兴建郊区光源联营电站，主要设备为内蒙古通辽电厂退役的3000千瓦凝汽式汽轮发电机组，广州锅炉厂制造的20吨/时节能沸腾炉。工程于1990年8月告竣，投入试运行。1989年，年发电量达到1.74亿千瓦时，为最高值。

阳泉发电厂不断采用新技术、新设备，逐步增加发电量。1994年2月，阳泉发电厂整体并入阳泉第二发电厂。1997年7月，撤销阳泉发电厂，组建阳泉光源实业总公司，1998年10月更名为阳泉光源电力实业总公司。1999年7月，山西地方电力公司控股阳泉第二发电厂，以原阳泉发电厂的资产为基础，由“山西阳光发电有限责任公司”和“阳泉光源电力实业总公司”重新注资，并于2000年5月注册成立下属控股公司“阳泉辰光热电有限责任公司”。

2002～2008年，共发电115728.61万千瓦时。2009～2011年，辰光公司面对困境，在股东会的正确指导下，公司坚持以稳定职工队伍为基础，平稳过渡为目标。认真做好安全生产、集中供热、资产评估、股权转让等重点工作。

二、阳煤集团发供电分公司

1997年2月，阳煤集团发供电分公司成立，年发电能力2.0亿千瓦时；2006年，年发电能力近8亿千瓦时；2008年，年发电能力12亿千瓦时；2011年，年发电能力11.8亿千瓦时。

第一热电厂位于五矿贵石沟矿井主斜井东侧，是阳煤集团第一座坑口自备电厂。1988年7月开工建设，1991年12月26日竣工投产。概算投资5324万元，占地面积4.05万平方米。4台沸腾燃烧锅炉，3台6兆瓦抽凝汽式汽轮发电机组，装机容量18兆瓦；年设计发电量9700万千瓦时；供热75万兆千焦；供热面积70万平方米；主要承担阳煤集团五矿地区生产、生活用电和供汽供暖任务。2007年1月1日划归阳煤集团铝电集团管辖，2008年4月关停。

第二热电厂位于北头咀村东北侧的一矿矸山上。始建于1993年5月，1997年6月竣工投产。原安装有4台35吨/时沸腾燃烧锅炉、3台6兆瓦抽凝汽式汽轮发电机组，装机容量18兆瓦，年设计发电量9000万千瓦时，供热量89.6万吉焦，供暖面积92万平方米。为坑口自备电厂，主要承担一矿地区生产、生活用电和供汽供暖任务。1999年11月26日被山西省资源综合利用评审委员会认证为综合利用电厂，并经2003年、2005年两次复审认定。2002年12月，通过ISO14001环境体系认证，2002年6月通过ISO9001质量体系认证。2011年4月、8月两次派人外出调研考察垃圾发电技改项目。

第三热电厂位于新景矿西侧、307国道和石太铁路旁。始建于1995年，1997年10月1号机组并网发电，1998年9月2号机组并网发电。一期装机容量为2×35兆瓦，年设计发电能力4.2亿千瓦时，年供热量1.81×106吉焦；年生产能力最高54000万千瓦时。被列为阳泉市热电联供集中供热热源之一，承担矿区382万平方米的供热任务。

2004年7月，开始二期工程建设，装机容量60兆瓦，2006年12月投运生产。2009年8月，冷凝热集中供热工程热泵站工程开工，2010年3月17日，6台冷凝热泵全部试运行且收效良好。2004年7月，1号、2号机组取得省经委颁发的热电联产企业认证书，2005年，通过ISO9000质量认证、ISO14000环境体系认证。2005年起，先后投入5000余万元对除尘脱硫设施进行改造并投入运行，各项指标达到国家2010年的排放标准。

煤层气发电厂成立于2007年7月，设计规模终期总装机容量为90兆瓦，2007年7月投产发电，装机容量28.9兆瓦。下设神堂嘴、虎尾沟电站。神堂嘴电站位于阳泉郊区神堂嘴村，选用4台×3025千瓦奥地利颜巴赫公司JGS620GS－S.L机组，装机容量28.1兆瓦。虎尾沟电站位于阳泉矿区虎尾沟，选用3台×1800千瓦美国卡特彼勒公司G3520C机组，装机容量5.4兆瓦。二期项目于2011年5月开工建设，实施神堂嘴电站扩建，选用4×4000千瓦德国MWM机组，扩建规模22兆瓦。2011年12月，二期项目全部竣工投产。2011年年末装机容量50.9兆瓦。

阳煤扬德煤层气发电有限公司。2011年9月，阳煤集团与北京扬德环境工程有限公司合作组建，低浓度瓦斯发电项目破土动工。依照阳煤集团授权，发供电分公司对阳煤扬德煤层气发电有限公司进行托管。

三、兆丰铝电公司自备电厂

前身为阳煤集团煤矸石综合利用电厂项目。位于贵石沟，煤电铝工业园区内。2003年8月开工建设，总投资17.46亿元。2006年10月，与氧化铝筹建处合并重组为兆丰铝电股份公司。1号机组和2号机组分别于2006年6月和9月并网发电，3号机组于2008年2月进入商业化运行。电厂总装机容量405兆瓦，年发电量28亿千瓦时。采用3×135兆瓦超高压单抽凝汽式汽轮发电机组，配3×480吨/时循环流化床锅炉，炉内脱硫，脱硫效率85%以上。

第二节　输变电

境内输变电始于民国29年（1940）11月，菜洼发电所以3.3千伏直配方式向外供电。一开始输电线路共有三条：两条分别供阳泉采炭所二坑和四坑，另一条供阳泉铁厂和阳泉站上。线路用木杆、木横担架设，电线为裸铜线，线路总长6.29千米。使用3.3/0.4千伏变压器114台，总容量1419千伏安，降变400伏、220伏两种电压等级，分别用于动力电源和照明。

从新中国建立到1955年，一直沿用上述输电方式。1952～1953年，改建扩充了三矿线。1955年12月，马家坪变电站与太（原）阳（泉）110伏高压输电线路先后建成投入运行。马家坪变电站安装有7500千伏安变压器1台，将110千伏电流降变为10千伏，然后与阳泉发电厂并网供电。阳泉发电厂同时新建升压站，将该厂所发3.3千伏电流升压至10千伏，以二回联络线输入马家坪变电站与系统并列运行，以10千伏二回线路直配二矿、机厂。新建三矿、四矿降压站，将以二回线路取自马家坪变电站的10千伏电流降变为6千伏和3千伏两个电压等级，分别供一、三矿和二矿部分设备以及四矿使用。

1957年10月，马家坪增装110/35/10－20000千伏安主变压器1台。1958年，新建二矿桃南35千伏降压站，站内设2台SFL－10000/35变压器，1台运行，1台备用，电源以二回线路取自马家坪变电站。1959～1961年，先后建成三矿蒙村和一矿北头咀两座35千伏降压站。其电源也取自马家坪变电站，并在两站之间架设一回35千伏联络线，形成一矿—三矿—马家坪——矿的环形供电网，提高了供电质量。1965年，建成阳泉发电厂至马家坪变电站35千伏双回联络线路，所发6千伏电流升压至35千伏，通过联络线路与系统并列运行。1970年，马家坪变电站7500千伏安变压器更换为31500千伏安变压器。1976年，阳泉矿务局新建赛鱼、马家坪和张华沟3座35千伏降压站，电源取自马家坪变电站。1977年，马家坪电站20000千伏安变压器更换为50000千伏安变压器。

1979年11月，阳泉矿务局在石卜咀杨家洼开工自建110千伏变电站，1984年6月建成投入使用。该变电站设110/38.5/6.3千伏三绕组SFPSL6－50000/110变压器3台，其中2台运行，1台备用。变电站电源取自阳泉市供电局所属新建长岭220千伏变电站。以双回线路馈出110千伏电流，经阳泉矿务局自建变电站降为110千伏输往各35千伏降压站。马家坪降压站则作为备用电源，在长岭变电站发生意外停电事故时使用。同年11月，刘家垴35千伏变电站投入运行，主要承担着阳煤集团机关、总医院、学校以及五矿、四矿、华越公司、宏厦公司等单位的生产和生活用电。同年又建成二矿桑掌、五矿丈八斜井3座35千伏降压站。1989年，建成五矿排矸井35千伏降压站。至此，区内形成了以110千伏安变电站为枢纽，连接9座35千伏降压站的专用输变电电力网，可供电力10万千瓦时，满足年产1600~1800万吨原煤的要求。

1990年，阳泉矿务局在平定县冶西苏村建成五矿广场35千伏变电站，在冶西东庄村建成五矿排矸井35千伏变电站。1995年，在郊区平坦镇东西畛村建成东西畛35千伏变电站。这些变电站全部都实现了开关无由化和保护控制综合自动化。

1997年，位于郊区辛兴镇黄沙咀的新景矿黄沙咀35千伏变电站建成投入运行，安装2台10000千伏安主变压器，1台运行，1台备用。位于郊区辛兴镇坡头村的第三热电厂升压变电站也建成投产，发电装机容量为2×3.5兆瓦。安装2台45000千伏安变压器，2台并列运行。35千伏和6千伏为单母线分段结线方式。三回35千伏线路分别通过与新景矿黄沙咀变电站和矿区110千伏变电站35千伏母线联结实现并网发电。位于郊区辛兴镇芦湖村南的新景矿芦南35千伏变电站建成投入运行，安装2台10000千伏安主变压器，2台并列运行。主供电源取自于新景矿黄沙咀35千伏变电站。35千伏和6千伏均为单母线分段结线方式。位于平定县冶西镇磁源北路的京宇磁材35千伏变电站建成投入运行。安装1台10000千伏安主变压器和1台2000千伏安变压器。主供电源取自于五矿广场35千伏变电站，备用电源取自于第一热电厂升压变电站。35千伏为单母线分段结线方式。

1998年7月，郊区平坦镇吴家掌村以西1000米处的吴家掌35千伏变电站建成投入运行，主供电源通过双回线路取自于一矿北头咀变电站。安装2台10000千伏安主变压器，1台运行，1台备用。35千伏和6千伏均为单母线分段结线方式。同年，位于五矿平冶路的粉末厂35千伏变电站投入运行，主要承担着京宇公司、贵石沟煤层气发电站、煤气公司等单位的转供电，与广场站和选煤厂站形成合环运行。

2003年5月，位于冶西镇苏村的兆丰公司220千伏变电站建成投运，为阳泉市首家企业级220千伏变电站。安装有2台63000千伏安的动力变压器和4台整流机组，机组容量66304千伏安。该变电站初期由阳泉供电分公司红卫220千伏变电站单回路供电。线路全长9.5千米。35千伏和220千伏均为单母线分段结线方式。同年9月，位于辛兴镇芦湖村北的新景矿芦北35千伏变电站建成投入运行。安装2台10000千伏安主变压器，2台并列运行。2004年11月，刘家垴110千伏变电站进行增容改造，安装31500千伏安变压器2台。35千伏采用双母线接线方式，6千伏采用单母线接线方式。2005年，在平坦镇阳坡堰建成阳坡堰35千伏变电站；在冶西镇北茹村建成北茹35千伏变电站。同年，位于旧街乡佛洼村的新景矿佛洼35千伏变电站和位于阳泉开发区的氧化铝35千伏变电站也开始建设。同年，各矿各站陆续开始进行了变电站综合自动化系统的改造。

2006年，位于平定县石门口乡南上庄化工园区的氯碱公司35千伏变电站投入运行。该站35千伏主供电源通过双回线路取自于阳泉供电分公司平定红卫220千伏变电站，线路全长9.6千米，型号为LGJ240。安装2台12500千伏安主变压器，1台运行，1台备用。35千伏和10千伏均为单母线分段结线方式。该站全部配置真空断路器和综合自动化控制保护装置。同年，位于阳泉开发区的亚美公司35千伏变电站建成并投入运行。该站安装2台20000千伏安主变压器，1台运行，1台备用。35千伏主供电源通过单回线路取自于阳泉供电分公司长岭220千伏区域变电站，35千伏和10千伏均为单母线分段结线方式。10千伏出线共计20回，专供亚美公司生产水泥用电。2008年，矿务局35千伏主网系统站室设备全部实现综合自动化改造。

2009~2011年，阳煤集团重点解决电网系统老化的问题。2009年，对矿区110千伏变电站主变压器进行增容改造。主变增容改造工程前期设计和设备选型从2010年6月开始，施工工程于9月开始，3台主变压器更换为6.3万千伏安，更换站内消弧线圈、接地变系统2套，对站内相应防避雷及附属设备进行更换，整个工程于2010年12月30日完成，改造为有载调压变压器。同年11月，对矿区110千伏变电站3台50000千伏安主变增容为3台63000千伏安变压器。

第三节　供　电

一、供电发展历程

民国29年（1940）11月，莱洼发电所以3.3千伏直配方式向外供电，运营者为日本“北支那电业株式会社阳泉营业所”。民国31年，增装第2台机组，供电量达到230万千瓦时，主要为矿井动力、照明用电，生活用电数量极少。民国36年阳泉解放，供电情况与以前大致相同，只是因1台机组拆运到河北曲阳葫芦旺发电厂而减少了供电量。

1949年新中国成立后，阳泉经济进入全面恢复时期，境内煤矿生产和建设迅速发展，用户用电急剧增加，运往曲阳葫芦旺的发电机又拆运回阳泉发电厂。1951年又增装发电机组1台，使供电最高负荷达到3000千瓦时。

1955年，建成110伏高压输电线路和马家坪变电站后，由阳泉发电厂和自建的10千伏降压站分别向各生产矿供电，使境内工业用电量由1953年的815.26千瓦时提高到1957年的2692.33千瓦时，增长了2.3倍。为适应高压输电的需要，各生产矿将原3.3千伏配电设备改为10千伏配电，低压供电由过去的单相和三相改为三相四线制和五线制（包括路灯线），并用铅线代替过去的裸铜线，铅线直径也逐步增大。区内其他用电单位经阳泉市供电所批准，由阳泉矿务局降压站供电。1956年，除阳泉矿务局各矿工业广场装设照明，以及供电所所属高、低压线路的杆、塔上装设路灯外，首次在四矿口架设了路灯专用线。

1958年后，随着阳泉电石厂和其他一批中、小型工业企业的兴起，打破了过去单一煤炭工业用电的格局，境内用电有了长足的发展。

1966年“文化大革命”开始后，工业生产受到严重影响，用电量大幅度下降，1969年用电量1049.41千瓦时，仅为1965年用电量的11.7%。

1970年后，随着社会逐渐稳定，用电量开始回升。阳泉矿务局井下照明供电由QC83-80型开关控制，三芯或四芯电缆出线供电。用防爆日光灯具更换了旧式的防爆型白炽灯。1975年引进综采设备，工作面用电设备的功率和电压等级提高较快，移动列车变电站投入使用。在井下供电方式上，矿井低压电压等级由220伏、380伏提高到660伏；矿井控制设备由过去的非防爆多油配电盘、刀闸、非防爆电机等全部更换为高压防爆开关、低压防爆开关、低压真空防爆开关、防爆综合保护器、防爆按钮和防爆电机，井下供电线路逐步更换为橡胶电缆以及不同用途的阻燃型及铠装半导体—屏蔽橡胶电缆，高压电缆由油浸纸绝缘发展为铠装不滴油电缆及高压橡胶阻燃铠装电缆；矿井供电保护也从单一的保险丝保护发展为通过电子技术来实现过流保护、过负荷保护、选择性漏电保护、接地保护（三大保护）。由于矿井井巷延深，井下采区供电距离加大，采区供电也由原来单一的运输大巷中央变电所供电改为采区变电所和移动变电站供电。井下采区变电所安装配电联络开关，实现双回路供电。有的矿井还根据实际情况，对于采区距离中央配电所较远，铺设电缆投资费用大，而灵活采用分采区多回路的方式向采区供电。

1976年产煤实现翻番目标，煤炭工业用电量也大幅度增长，由1974年的16728.33千瓦时上升到1976年的21901.95千瓦时，增长30.9%。

1978年中共十一届三中全会后，境内煤炭工业有了很大发展，除新建大型贵石沟矿井外，其他矿井也都向大型化发展，采掘机械化程度不断提高，运输、提升、通风都使用了大功率设备，煤炭洗选加工设备也有所增加。同年，随着普通机械化采煤得到大力推广，工作面用电负荷增加。对此，在采区供电上，由采区变电所向工作面、运输顺槽和采掘设备供电，电压等级为380伏。

1979年，阳泉矿务局大力发展综合机械化采煤。综采机组供电特点是容量大、电压高、要求安全可靠。所以采用移动列车变电站给工作面设备供电。移动变电站电源由采区变电所引入，一次电压为6000伏，二次电压为1140伏，变压器为500千伏安、630千伏安、750千伏安，向采煤机、工作面输送机、顺槽输送机、转载机、液压泵站等供电。顺槽内其他用电设备由采区配电所以660伏电压直接供给。采区变电所安装180千伏安~320千伏安矿用安全性变压器和高压防爆开关、低压馈电开关、照明变压器、漏电保护器等。

1983年，对局扇供电采取专用电缆、专用变压器、专用开关及风电闭锁、瓦斯电闭锁的方式，还研制了双风机、双电源对掘进供风，减少了局扇无计划停风。

20世纪90年代初期，照明变压器经常过负荷，照明供电屡屡跳闸，因此当时在照明线路上安装负荷限量器。为了减少照明浪费用电，在家属区楼道灯及路灯安装声光控延时开关。

1990年，全区年用电总量50451.09千瓦时，比1976年的24916.73千瓦时增长了102.48%，是1949年的638.14倍。

1995年，井下供电开始使用BQD23-315型磁力起动器，工作面输送机采用QJZ-400/1140S型双速开关。1996年，井下变压器基本都使用了BGP型系列真空开关，以后又统一使用了BGP9L-6型真空开关。1140伏用电设备主要使用QJZ型隔爆真空磁力起动器；660伏用电设备主要使用BZKD-400、DKB-400、BGD9-300/200等型号馈电开关；水泵、绞车等用电设备主要使用QBZ、QJZ等型号开关。所有开关均为真空开关，并装有电子插件继电保护选择性漏电保护。

1998年以前，阳煤集团办公照明和工业厂区照明，一般为250瓦、500瓦白炽灯及2000瓦射灯，照明用电量较大，因此将办公区域照明全部换成日光灯，部分工业厂区大功率的白炽灯换成节能型灯。

2003年年底，将重点综采队的采掘设备供电电压由1140伏提高到3300伏。在生活用电方面，对楼房家属照明进行磁卡电表改造、临时自建房电表上杆计量收费、集体宿舍装表计量改造，到2004年全部完工。同年，随着集团公司深化生活后勤系统的改革，将纯属非原煤生产的生活照明、生活后勤、多营三产、外转供用电的6000伏线路、6000伏配电室全部移交生活后勤系统，大大减少了由于外转及线路损耗摊入原煤管理费用的电量，减少了原煤电费成本。2005年，阳煤集团进行电网设备的增容、改造，基本实现了“开关无油化、保护微机化、调度信息化”的既定目标。

2006年6月，阳煤集团分三期建设电力系统综合业务信息网。截至年底，阳煤集团转供电最高负荷增加到17万千瓦，年转供电量由6.5亿千瓦时增加到10亿千瓦时，线损率由2%下降到1.45%。2007年，矿区110千伏主变增容改造。2008年4月第一热电厂关停，5月五矿排矸井负荷倒接入新景区域的北茹系统，特别是海矿系统倒接工程，集团公司电网实现“双独立电源点”供电。2009年3月，山西省电力勘测设计院提出《阳泉矿区电网优化改造咨询报告》。同年3~7月，阳煤集团长矿一回线路备用工程完工，长矿110千伏备用电源南线转为充电热备状态。同年10月，完成辛-桑线路及一次主设备的安装。2010年3~7月，长矿二回备用线路恢复改造工程完成，实现了阳煤矿区电网的“双电源双回路”供电模式，供电可靠性显著提高。

2011年，阳煤集团从提高负荷率，降低非计划停机次数，降低单耗，降低费用等方面入手，狠抓供电工作。要求加强现场管理，杜绝违章作业和指挥。做好指标的量化工作，依靠科技进步，加大节电、节能减排方面的技改工作。抓好设备的维护和保养工作，及时发现并消除隐患。要求自备电厂把冷渣机安装及脱硫等环保工作作为实际工作的重点。同时，阳煤集团发供电分公司还紧密关注市场变化，优化系统和设备运行方式，精心组织提高了设备的可靠性；充分发挥技术管理的专业保障作用，确保了矿区电网稳定运行；及时排除了长矿110线路22号塔河矿刘线路10号、11号排行杆因私挖乱采线路倒塔（杆）的重大安全隐患，进一步强化了供电线路的安保工作。在供电中，及时检修，实时维护，认真做好各项参数的检测监控，确保了发电机组的正常运行。

第二章　冶金　机械工业

新中国成立后，境内的机械工业生产规模不断扩大。中共十一届三中全会召开后，区内机械工业走上了持续快速发展的道路，阳泉矿务局确立了“煤与非煤并重并举”战略，跨入改革开放、招商引资的快车道。1994 年，阳泉矿务局与香港莫兆记企业有限公司合作，兴建了山西兆丰铝冶有限公司，从此结束了区内没有冶金工业的历史。2000 年后，全区的冶金和机械工业按照国家和山西省的有关政策步入强强联手、优势互补的产业发展道路。

第一节　铝　　业

1978 年，阳泉矿务局确立了“煤与非煤并重并举”战略。1994 年，阳泉矿务局和香港莫兆记企业有限公司合作成立了山西兆丰铝冶有限公司。新建的电解铝企业项目投资 9998 万元，其中，阳煤集团投资 7499.5 万元，香港莫兆记投资 2499.5 万元，年产电解铝 1.2 万吨，项目采用 60 千安自焙阳极电解槽技术。2000 年公司对原有 84 台 60 千安小型自焙阳极铝电解槽进行 75 千安环保改造，产能提高到 1.7 万吨。

2001 年 10 月，兆丰铝冶有限公司开始二、三期 10 万吨改扩建，项目共投资 68674 万元。工程分两期建设，二期 4.3 万吨电解铝/年，安装电解槽 68 台，三期 5.7 万吨电解铝/年，安装电解槽 76 台，并达到年产 9 万吨的规模。

2002 年，矿区经济贸易委员会积极帮助企业解决资金问题。当年，由原 1.2 万吨电解铝项目（1996 年投产）的改造和新建 8.5 万吨电解铝项目两部分组成的 10 万吨电解铝改扩建项目改造工程于 2002 年 6 月份全部完成，投资 3000 万元，并将原 60KA 共 84 台自焙电解槽全部改造成 75KA 预焙电解槽，使产能扩大到年 1.7 万吨。新厂 8.5 万吨建设项目投资概算 7.4 亿元，分期建设。首期 4.3 万吨工程给需 5.1 亿元，其中：阳煤集团职工募股 3200 万元，中行贷款 1.7 亿元、省投资公司注入 500 万元，其余部分由阳煤集团筹集。经测算 8.5 万吨电解铝项目全部投产后，工业总产值将达到 13 亿元，利润约 1.72 亿元，其中，一期 4.3 万吨投产后，销售收入 6.8 亿元，利润约 8700 万元。首期 4.3 万吨建设工程于 11 月 8 日开工，已累计投资 1.8 亿元，挖掘土石方 160 万立方米，主要土建工程电解铝车间已全面完工，其他附属建筑至 2002 年年底基本完工，64 台电解槽已基本安装完毕。2003 年 6 月，扩建 4.3 万吨电解铝项目投产运营，使该公司生产能力达到 6 万吨/年。

2006 年年底，山西兆丰铝冶有限公司吸收合并山西兆奉铝业有限责任公司、山西兆丰线缆有限公司，合并后的新公司实收资本为 45673.21 万元，各股东的股比结构如下：阳泉煤业（集团）有限责任公司投资额为 35824.27 万元，所占股比为 78.44%；香港莫兆记企业有限公司投资额为 2734.14 万元，占股比为 5.99%；山西晋达碳素股份有限公司投资额为 2024.45 万元，占股比的 4.43%；山西省经济建设投资公司投资额为 3254.21 万元，占股比的 7.12%；山西省国际电力集团有限公司投资额为 1836.14 万元，占股比的 4.02%。

为了整合铝电产业现有资源，推进铝产业向一体化、规模化、持续化方向发展，逐步打造煤电铝一体的大型氧化铝生产、铝冶炼和铝加工工业基地，阳煤集团于 2008 年 5 月组建了山西兆丰铝业有限责任公司。山西兆丰铝业公司是以阳煤集团雄厚的煤炭开采加工能力为基础，依托阳泉及周边地区总储量达3亿多吨的优质铝土矿资源，发展和建设的极具综合竞争优势的煤电铝一体的大型铝冶和铝加工公司。2011年年底，阳煤集团煤电铝产业骨干企业主要有铝业公司下属电解铝分公司、氧化铝分公司、自备电厂、铝土矿公司和运输公司。

电解铝分公司。位于山西阳泉矿区贵石沟新区，阳煤集团煤电铝工业园区，紧邻阳煤集团五矿、自备电厂，其前身山西兆丰铝冶有限公司于1994年成立，1996年正式投产。采用国际先进的240千安大型预焙阳极电解槽，电流效率可达93%～95%，具有投资少、效率高、污染低等特点，是未来20年电解生产的主流槽型之一。2007年8月，电解铝一期技改200千吨/年高精铝板带铸轧项目开工建设，配套的13万吨电解铝工程总投资13.32亿元，采用先进的300千安电解技术，2010年12月竣工投产。电解铝分公司现已形成23万吨的生产能力，年产值约40亿元。电解铝分公司主要生产重熔铝锭、电工圆铝杆、铝型材、A356铝合金锭等产品，其中“兆丰”牌重熔铝锭被评为山西省优质产品和名牌产品，畅销全国各地。截至2011年年底，公司有员工1790余名，资产总额16.7亿元，商品铝锭生产规模达到22.5万吨。公司通过ISO9002质量体系认证、ISO14001环境管理体系认证和OHSAS18001职业安全健康管理体系认证。

氧化铝分公司。原设计建设规模为80万吨，后增加为110万吨。全部采用国内一流、国际领先的技术装备及自动化控制水平。氧化铝项目于2003年10月由山西省经贸委立项，2005年8月开工建设，共分二期各40万吨，2007年年底，氧化铝一期40万吨投产，生产工艺采用石灰拜耳法生产工艺。2008年3月取得国家发改委项目核准，2011年1月氧化铝二期70万吨开工建设。氧化铝产品主要是冶金级氧化铝，除配套供应电解铝项目，部分产品外销。

自备电厂。是电解铝项目的配套电厂，是阳煤集团发展煤电铝产业链的重要环节之一。项目于2003年1月27日由国家经贸委正式立项，建设3×135兆瓦发电机组，煤矸石、中煤和劣质煤配比混烧，集除尘、脱硫、空冷、污水闭路循环、煤矸石综合利用、铝电联产六位一体，具有良好的经济效益和社会效益。该项目2004年3月26日开工建设，1号机组2006年6月投产发电，2号、3号机组已于2007年全部投产。三炉三机投产后，负荷40.5万千瓦，年发电量24.3亿千瓦时。

山西兆丰铝土矿有限责任公司。是山西兆丰铝业有限责任公司下属全资子公司。2008年5月，经阳煤集团批准成立，注册资本为人民币1000万元，承担对阳泉地区铝土矿山的占有、兼并收购和有效保护以及对周边地区即忻州、吕梁等地铝土矿的收购和联营兼并开发。2010年12月，在山西省国土资源厅公开出让矿业权招标会上，以集团公司名义取得了盂县白土坡、小岩沟两个矿区的探矿权。2011年12月，取得了探矿证。

山西兆丰运输有限责任公司。2010年12月成立，位于义白路阳泉经济技术开发区。主要经营道路普通货物运输，经营项目包括机械设备、氧化铝、铝锭、建材、耐火材料、汽车、润滑油脂、仪表仪器、电子产品装卸、搬运。

2010～2011年，阳煤集团对氧化铝项目二期工程工艺技术方案进行了评审，并形成了公开招标、优化方案的具体意见。

第二节　铸造和锻压

一、铸　造

光绪三十二年（1906），保晋公司成立伊始，就创办了机器工厂，该厂设有铸工房，为各矿厂铸造蒸汽机、往复式水泵缸体坯料和矿车车轮、轴瓦、机器零件坯料以及无极绳绞车压绳轮、拨绳轮等。民国10年（1921），该工厂自制2尺送风机和1吨化铁炉，开始铸造较大型铸件。民国26年11

月，该厂随保晋公司一起被侵华日军劫夺。民国 34 年 8 月，日本投降，该厂又为国民党山西当局所接收。民国 36 年 5 月阳泉解放。由于当时形势尚不稳定该厂主要铸造设备被搬迁到晋冀鲁豫根据地生产军火，支援全国解放战争。

民国 38 年 4 月，井阳煤业公司抽调国营四矿土木机电科部分工人组建了井阳煤业公司修理厂阳泉分厂，其铸工车间承担阳泉国营煤矿地滑轮和拨款绳轮的铸造。

阳泉矿务局于 1950 年 1 月成立后，原井阳煤业公司修理厂阳泉分厂改称阳泉矿务局修理厂。随着煤炭生产的发展，铸造生产规模不断扩大，铸造产品不断增加。

1958 年，矿区公社工人、农民、干部、学生和城市街道居民开展了全民大炼钢铁的运动。矿区公社建成面积 4 万平方米，年产 40 万吨的炼钢厂。同时建成了西河高炉、赛鱼高炉和 1.5 吨转炉等。在大炼钢铁的高潮中，许多生活用的火炉、铁锅和一些仍可使用的设备、材料等都作为废料收缴炼铁。同年年底，全社共产钢 1793 吨，铁 750 吨。

1959 年，阳泉矿务局修理厂在生产铸造产品的同时，电弧炉炼钢投产，开始了铸钢件的生产，为矿用机电设备修配创造了条件。1971 年起，该厂铸工车间已能成批生产以铸钢代替型钢的“山字”型槽帮钢及各种机轴、托辊、齿轮等坯料铸造，至 1990 年用钢量达 1800 多吨。

1974 年，区属红卫人民公社（今赛鱼街道办事处）精密铸造厂和沙坪人民公社（今沙坪街道办事处）铁厂先后建成，主要加工矿山设备的铸钢零部件和铸铁件。1979 年，红卫公社精密铸造厂改称赛鱼铸造厂，由铸造小型配件转向大型铸件，主要产品有煤矿车轮、煤溜刮板、小架、前后压链板和推溜头分链等。当年，还生产铸铁管 14 万吨。1981 年，沙坪锻压厂增添铸造成设备，为煤矿机械铸造零配件。同时，赛鱼铸造厂与冰糕厂合并。1982 年 10 月改名为矿区赛鱼糖果冷饮厂。1985 年，矿区工矿配件铸造厂建成投产，主要生产工矿配件如绳轮、链轴节、矿车碰头及拖拉机配件等。1988 年，沙坪锻压厂开发新产品，生产挤压铸铁锅，年产量达到 2400 口。

1990 年，境内有区属集体所有制铸造企业 2 家。从业人员 61 人，拥有固定资产 99 万元，年实现产值 95.92 万元，上缴税金 5.4 万元。

1992 年，区属铸造业有了进一步发展，开发了铸铁丸等新产品。1996 年，矿区为企业协调流动资金和技改资金，，给桥头铸钢厂等四个企业核销贷款 90.5 万元，为这些企业的发展创造了有利条件。

1998 年 12 月 12 日，阳煤集团机电总厂新投产的“山西新耐铸造有限责任公司”揭牌。该公司是集铸造、加工、热处理为一体的生产经营实体，主营耐磨、耐热、耐腐蚀件，采用世界先进的 EPC 铸造新工艺，最大单铸件可达 3 吨，年产能 3000 吨。

2000 年，全区在全力推进区属企业产权制度改革过程中，企业采取兼并、并购、合并、规范股份制改造、出租等形式完成了企业产权制度改制。2002 年，桥头办事处铸钢厂与社区服务中心合并，赛鱼办事处铸造厂由自然人整体买断。2004 年，在企业改制中，铸造厂被兼并。至此，矿区的铸造业随着经济建设的发展被其他行业所替代。

在区属铸造业被其他行业所替代的同时，2005 年后，阳煤集团机电总厂组建投产的山西新耐铸造有限责任公司取消公司制，恢复分厂制，产能一直持续。

二、锻　压

铁器工具锻打制造的历史久远，是随着冶铁和煤炭开发利用的发展而进步的。明代，手工业铁器制作技术已相当发达，至清朝，本境煤窑开采使用的尖咀、铁锤、铁锲、铁錾、铁锹已相当精良。光绪三十三年（1907）六月，保晋平定分公司开办的机器工厂“锻工房设铁炉两台”，进行矿山提升、运输、排水等机械设备的零配件制作。民国 26 年（1937）11 月 10 日，该厂随同保晋公司被日军劫夺。民国 34 年 8 月，日本投降后，为国民党山西当局所接受。民国 36 年 5 月 2 日阳泉解放后，该厂主要锻造设备，以及熟练技工，搬迁到晋冀鲁豫边区根据地，合并于太行军区兵工厂，支援全国解放战争。民国38年4月，井阳煤业公司遵照华北人民政府公营企业部留守处的决定，组建了井阳煤业公司修理厂阳泉分厂，其铁工车间承担阳泉国营矿煤矿机器设备零配件的铁件制造以及运输使用的人字钩与公鸡钩的锻制等任务。

新中国建立后，阳泉分厂改称阳泉矿务局修理厂，其锻造规模进一步扩大。1976年10月，原建于1974年的沙坪人民公社铁厂改建为沙坪锻压厂，主要生产矿山机电配件、锻铁件等产品。1980年阳泉矿务局节约修配厂自制碾压机，开始生产金属U型支架。到1989年停止生产此项产品时，共生产U型支架25908架。1981年矿区菜洼锻压厂投产，主要生产锻压铸造熟铁杂件等产品，年完成产值25.4万元，利润4万元。

1990年除2家国有企业从事锻压业务外，还有区属集体所有制锻压企业2家，从业人员有88名，拥有固定资产58.5万元，年创产值110.33万元，创利税13万元。

1978年中共十一届三中全会召开后，区属锻造业适应市场经济建设要求，不断向前发展。1994年，区属锻造业结合实际情况，因地制宜地进行了小改、小革技术改造工作。沙坪办事处锻压厂自筹资金，自力更生，通过废物利用先后对冲天炉及回火窑进行了改造，提高了生产效率，也使产品质量得到了稳步提高。同时沙坪锻压厂玛钢件项目基本达到要求，生产步入正轨。

2000～2011年，矿区的锻造业也和区属的铸造业一样，在随着市场经济的发展，有的被兼并，有的转产，有的逐步被其他行业所代替。

第三节 机械制造和修配

一、机械制造

保晋平定分公司机器工场创办伊始，其“机工房设镟削机二具，平削机一具，及钻孔机一具”，“于修理各矿机器之余，制造新机”，民国10年（1921）3月，“已制就三寸出水之双筒卧式唧筒数具、二寸半之双筒卧式唧筒数具、壁挂锅炉上水机数具，七马力蒸汽机同具，二半送风机一具，一吨化铁炉一具，人力唧筒数具，拉煤小车百余辆”。民国9年8月以后，保晋阳泉铁厂修械厂专事制造机械后，保晋平定分公司机器工场的制造业务就逐渐减少。民国26年11月，日军劫夺了保晋公司之后，为了掠夺境内煤炭资源，将其所属的机器工场合并为阳泉采炭所工务科机电系，扩大了矿山机械制造的规模。民国34年8月，日军无条件投降，阎锡山“山西人民公营事业督理委员会”所属的阳泉矿厂局，接收了境内的煤矿机器制造和修理设备。民国36年春，阎锡山将境内46部各种机床运往太原，与太原机械厂合办太原机器厂，以扩大军火生产。

1952年，阳泉矿务局修理厂重新开始制造机械，并首先制造矿山机械的配件。1958年，开始进行非标准制造。同年，矿区洪城河居民区7名妇女自找厂房，自备工具，自筹资金，组建了街道弹簧社，主要加工门弓簧、自行车支架簧、电动机碳刷簧、沙发簧和刺网、筛网等产品，

1959年，阳泉矿务局机电修配厂开始生产一吨V型矿车。1960年，又开发出MG1.7－6型、MC1.1－6型和MF1.1－6型3种矿车。1968年，阳泉矿务局机电修配厂又试制成功SGB620/40（A）型、SGB620/80型和SGB620/40（J）型3种型号的可弯曲刮板输送机。

1971～1973年，轴承等机械产品短缺，机厂组织技术攻关，相继开发出310、3611、38217等系列轴承和6.1模螺旋伞齿轮，并拟量生产。1975年，山西煤炭工业管理局提出了煤炭生产实现“采掘机械化、顺槽皮带化、溜子锚链化、大巷运输电机车化、矿车大吨位化、采区煤仓化”的要求后，机厂结合各煤矿井下运输环节的技术改造，开发生产出MDDE3.3－6型、MDGE3.3－6型3吨底卸搭接直筒式矿车。1987年，又生产出MCDE5.5－6型侧卸式5吨矿车，接着又生产出DSP－1063/

1000、DSP－1080/1000 型胶带输送机和 TD 系列带式输送机，以及 P608（A）型耙斗装岩机、JD－25 型调度绞车。为提高煤炭加工机械化程度。研制出 K 系列往复式给煤机、GE 系列电磁给煤机，并对原煤筛进行了改制，生产出 X5023KF 筛下空气室跳汰机，ZYKB1548、1536 型振动棒条筛，EKX 系列直线振动筛，以及 T40/100、T40/80、T40/60 型和 T50/20 型脱水斗式提升机。同时，自行设计和生产的锅炉烟尘净化器，获得技术专利；单体液压支柱的顶盖、底座、手把体等配件和球磨机使用的高铬钢球等新产品，也相继试制成功。

1972 年 6 月成立的阳泉矿务局金属支柱厂（1979 年 9 月，根据山西省计委和煤炭工业部批复，划归山西省煤炭工业局，并更名为阳泉金属支柱厂，1985 年 12 月又划归机厂统一管理），对矿山支护机械进行开发与研制，生产煤矿使用的 HZWA 型金属摩擦支柱和 HDJA 型金属铰接顶梁，在 1987 年研制出 HL2000～4200 型兀形钢梁和托钳。到 1990 年，共生产金属支柱 2.46 万根、金属顶梁 2.24 万根、兀形钢梁 1.27 万根。

2001 年，矿区的阳泉矿务局机电总厂整体改制为阳煤集团华越机械有限公司，为阳煤集团控股子公司。改制之初，公司占地面积为 166980 平方米，总资产为 4 亿元。公司下设 9 个生产单位、11 个机关部室、1 个辅助单位和多营总公司，有员工 2050 人。

随后，华越公司自主开发了 ZF、ZZ、ZY 系列液压支架产品，其中 ZF 系列放顶煤支架被推荐为“山西省名牌产品”，ZF 系列轻型单摆杆放顶煤液压支架结构紧凑、整体性强、稳定性好、放煤效果佳，实现了重量轻、价格低、安全可靠和性能优秀的组合，其研制成果被评为“山西省 1999、2000 年度百项重大技术难题攻关一等奖”。

2003 年年初，阳煤集团华越机械有限公司引进了国内领先的冷拔管技术，10 月，华越公司液压支架技术改造暨液压油缸制造项目（一期工程）正式投产。2004 年 12 月 6 日，华越公司与长治襄垣煤矿签订了总价值达 2200 万元的 ZF4200 型放顶煤液压支架制造合同，这是华越公司走向外部市场制造的首批支架。

2005 年 5 月，华越公司与山西奥伦胶带有限责任公司实现了重组。奥伦公司年产 120 万米输送带项目，投资 2.3668 亿元，开工建设。

2006 年 8 月，小南沟遭受暴雨袭击，华越公司 3 个厂区的所有生产车间和配电室被浸灌，上厂区的生产全面瘫痪。10 月 10 日，华越公司灾后重建项目——皮带机加工车间和油缸加工车间开工建设。在宏厦三建第三和第六项目部的努力下，两个车间主体工程于同年 12 月封顶，总建筑面积 7534 平方米。阳煤集团为华越公司灾后重建工程总投资 8000 万元，到 2007 年 5 月 22 日全面竣工。

2007 年，奥伦公司年产 120 万米输送带项目，建成投产，主要产品为钢丝绳芯输送带、整芯阻燃输送带、织物帆布芯输送带和特种输送带等 4 大系列的输送带，使奥伦公司成为专业化、高配置、高标准的输送带专业生产企业。同年，奥伦公司销售输送带 54.42 万米，实现销售收入 1.4 亿元。

2008 年，奥伦公司销售输送带 106.13 万米，实现销售收入 2.77 亿元，并超额完成了 3047 万元的还贷任务。当年，全区矿山机械与配件装备业实现产值 122845 万元，完成年计划的 130.4%；增加值 31337 万元，同比增长 24.5%。

随着华越公司和奥伦公司于 2008 年分开经营。同年 8 月，华越公司与上海创力公司合资成立了采煤机、掘进机和乳化泵、喷雾泵制造专业公司，与中国八达电气公司合资成立煤矿电气设备制造专业公司，成立之初就在集团公司内部订货会上承揽了 8000 万元的生产任务。

2009 年 8 月，奥伦胶带分公司与唐冶公司签订了出口土耳其 7300 米分层带合同，奥伦胶带首次打入国际市场；与神木焦化厂签订了 180 万元的分层带合同，奥伦胶带首次介入特大煤焦化企业。同年年底，奥伦胶带分公司增容扩能技改工程立项，总投资 4500 万元，新建 4 条生产线，新增生产能力 175 万米、生产规模 4.25 亿元。全年销售输送带 94.84 万米，实现销售额 28556.56 万元，实际还贷 3605.72 万元，超额 228.62 万元，完成集团公司还贷指标的 106.77%。

2010年，奥伦公司销售输送带99.46万米，全年实现销售额30194.12万元，在国内排名前6。同年，阳煤集团华越公司为阳泉上社煤炭有限责任公司生产的年产500万吨大采高综采成套设备在6月进入试运行。这套设备包括ZY8000/26/56液压支架、MG750/1900采煤机、SGZ1000/1400刮板机三部分，是阳泉地区综采工作面三机配置最高的综采装备，并且达到国内同类产品制造先进水平。此套综采成套设备亦是华越公司成套生产的首套大采高综采设备。8月，华越公司与山西襄矿能源集团公司签订了1套价值1957万元的ZY4200支架及1部170万元DSJ100皮带机订单。11月，华越公司与山西襄矿能源集团公司又签订了1套总计2000万元的100架ZY4200支架和2部价值340万元的DSJ120皮带机订货合同。

2011年，奥伦分公司增容扩能技改工程竣工，4条生产线投入使用，公司拥有10条生产线，具备产能330万米/年，生产规模9亿元，产能和规模在国内输送带行业跻身至前3名，日产输送带可以达到1万米。其中4条PVC阻燃带生产线，产能300万米，生产规模7亿元；2条钢丝绳芯输送带生产线，产能10万米，生产规模1亿元；4条普通橡胶输送带生产线，产能40万米，生产规模1亿元。同年在国内第一家研发矿用低烟低毒整芯阻燃输送带，烟密度和氯化氢释放量大幅降低，达到了国际电工组织IEC61034标准水平，在煤矿井下具有极为广泛的推广应用价值。全年销售输送带117万米，实现销售额39471.03万元，还贷完成3631.69万元。

同年，华越公司开发区华越创力采掘设备制造项目全面竣工并开始试生产，建成了专门的技术中心，公司支架、皮带机、刮板机、采煤机、掘进机、电气产品等所有产品取得了国家生产许可证和煤安标志。公司技术中心被认定为“山西省省级技术中心”，华越公司液压支架拓展到了ZY1600，主提升皮带机拓展到了3×900千瓦，承揽刮板机最大机型达到SGZ1000/1400，公司研发的矿用救生舱核心技术无电制冷空调系统获得国家发明专利，矿用救生舱进行真人试验成功。同年，华越公司已成为涵盖煤矿采掘、支护、运输、电气设备四大领域可满足煤矿综采机电设备所有需求的现代化综合性制造企业。公司总资产12亿元，占地面积26万平方米。同年，华越公司实现销售收入达到15.6亿元。公司先后获“全国五一劳动奖状”“省级先进企业”“省级文明单位”“煤炭工业优秀管理奖”“山西省守合同重信用企业”“山西省质量信誉AAA级企业”“山西省制造业百强企业”等荣誉称号。特别是在2010年11月1日和2011年9月16日，省观摩检查团连续两年莅临华越公司进行现场指导，公司实力与形象得以充分展示。

二、修 配

光绪三十二年（1906）六月，保晋平定分公司机器工场（厂）创办，由煤矿机器修理发轫，开境内机械修配之先河。之后，建昌公司以及使用机器生产的大中型煤矿，相健建立修配部门，使蒸汽动力机械修理形成一定规模。保晋公司各矿厂多以竖进开采，其机器修理工场的提升绞车修理技术较高；其井下矿车使用最多，矿车轮瓦和轴承的修配量最大。建昌公司井下涌水量较其他矿为多，使用水泵的功率亦大，其水泵修理技术比其他煤矿较佳。民国7年（1918），保晋公司第二矿厂安装小型发电机之后，境内电气机械修理也相应开始。到民国29年8月，蔡洼发电厂（后称阳泉发电厂，现称阳泉市辰光发电厂）建成发电，电气机械检修成为与矿山机械修配竞相发展的又一分支。

民国36年5月阳泉解放后，阳泉发电厂电气机械检修工程技术人员，在厂内2机5炉业已停运的情况下，经两天时间的检修，于第三天（5月5日）一次启动成功，500千瓦发电机组对外供电，为恢复境内工业生产奠定了基础，支援了全国解放战争。民国37年4月，华北人民政府公营企业部指令井阳煤业公司修理厂在境内成立了阳泉分厂，承担阳泉各国营煤矿机械设备和电器的修配。

1950年1月，井阳煤业公司修理厂阳泉分厂改称阳泉矿务局修理厂。1963年，改称阳泉矿务局电修配厂，简称机厂。从此，随着煤矿生产建设的步伐，经历了由小到大，不断发展的过程。1953年机厂增建373平方米的钳工车间，使生产车间增加到6个，年修配总量达到445吨。1957年按照年产煤炭621万吨的生产规模设计，破土动工进行扩建，因受“大跃进”的影响，1964年简易投产，计划总投资690万元，实际完成376万元，而未能形成原设计能力。至此，厂内有24554平方米建筑面积，生产设备也同时增加到140余台。其间，1959年电弧炉炼钢投产，为提高矿用机械配件质量创造了条件。1966年，修配总量和设备检修台数，以年均1.13%增长，分别达2342吨和1020台，综合产品合格率达97.13%。

1974年，修配总量以年均1.21%增长，1976年达5206吨。1974～1979年，液压综采设备逐渐增加，机厂采取“以修为主，以制保修”的方针，组织液压综采设备配件批量生产。阳泉矿务局投资200多万元，新建立了面积为1万平方米的综采设备修理车间，增添了部分综采机械修理专用设备。

1981年，机厂开始试修波兰OK型液压支架，年内完成135架。1982年，将区属钢木制品厂的钢木制品和车辆修配两个行业分为两个厂。1990年，机厂的机械修配总量达到18494吨，设备检修2336台，液压支架修理915架均有大幅增长。

2001年，华越公司整体改制后，在制造业务全面升级发展的同时，修理业务也不断攀升。在支架修理方面，重新修订了大修标准和修理方案，清洁装配提升档次运作。作业面积新增支架总装车间、冲洗车间、立柱车间、千斤车间，从8000平方米发展到现在的20000平方米，新增了2000t液压支架整架试验台，2011年修理支架达到2013架。在电机修理方面，优化修理工艺、工序，按照“修理再制造”标准进行修理，新增真空浸漆设备、整体式烘干炉和干燥炉、热压成型机。实现了3300伏以下的高压线圈全部自制，年修理能力达到1500台，月修理千瓦数25000千瓦。

第三章　建筑材料　化工

境内明清时期就已出现制砖业。新中国成立后，随着城市建设的不断向前发展，制砖业的规模逐步扩大，产生了阳泉矿务局砖厂和矿区平潭办事处砖厂等企业。之后，制砖技术越来越好，制砖设备也越来越先进，产量也不断提升。除此之外，境内的石料、水泥、水泥制件、陶粒砂、金属门窗等建筑材料也起步发展，并为矿区的经济建设和城市建设贡献了力量。在建筑材料发展的同时，境内的化学工业也充满了生机和活力。相继建成了电石厂、阳泉矿务局制修厂制氧车间、阳泉矿务局火药厂等企业。

“文化大革命”时期，由于运动不断，直接影响和制约了建筑材料和化学工业生产的发展，造成了生产减产和效益下降。1992年，境内的建筑材料和化工企业按照市场经济发展要求，不断壮大规模，不断提高效益，取得了长足发展。

进入21世纪后，境内先后建成了阳煤氯碱化工有限责任公司和新派塑胶有限公司等企业。1995年，矿区经济委员会组织筹建了“阳泉市化工矿产运销部”，企业的成立改变了矿区没有矿产运销企业的历史。通过积极争取，在白羊墅车站争取到两个货位，为企业的经营创造了有利的条件，当年实现销售额200余万元，实现利税10万元。这些企业投产见效后，带动了境内经济的发展，推动了全区建筑业和化工业的结构调整，初步形成了氯碱、塑胶、火药等地方优势产品。

第一节　建筑材料工业

一、砖

1952年4月，阳泉矿务局按照国家工商业政策，赎买私商砖窑，建立了阳泉矿务局砖厂。建厂初，下设两个分厂，占地12公顷（180亩），有固定资产2万余元，职工402人。1953年，扩大规模，又增设第三分厂，全厂从业人员增加到700余人。开始制砖沿用传统手工脱坯小窑烧制工艺，后将60个小窑改为大口径窑，增加入窑量，缩短烧制时间，降低煤耗。1955年，购进1部制砖机，开始生产机制标准砖，日产能力12万块。1956年12月，烧砖使用了扇风机，使烧制周期由132小时缩短为82小时，煤耗由原来每块260克（8.5两），下降到78克（2.49两）。1958年8月，砖厂职工试验成功分层储煤底火接燃烧砖法，使每万块砖的煤耗由56元降为37.2元。1959～1960年，砖厂二号制砖机与篦窑先后投入使用，制砖工艺又有提高。从1961年起，随着国民经济的调整，砖厂被迫减产，直至1965年才恢复原有的生产规模。1966年，由于“文化大革命”的影响，砖的生产又呈下降趋势。1970年，建成人工干燥室，冬季也能照常生产，并使用拖拉机拉环进窑，自卸车出砖，使生产能力有了很大提高。1970年，阳泉矿务局二矿建成全省第一座以煤矸石为原料的矸石砖厂。该砖厂是阳泉矿务局自行设计的间壁式马蹄窑，半机械化生产，设计年生产矸石砖450万块，建设投资20.2万元。当年建成投产，运行正常，所产矸石砖标号保持在180号以上，正品率达98%，各项技术指标均超过黄土砖的标准。

1979年，一矿投资114万元，建成年产矸石砖1200万块的隧道窑，产品防腐耐酸性能好，抗压能力强，适用于低层承重墙体材料和高中层建筑物。1981年，四矿投资275.99万元，建成年产矸石砖1200万块的隧道窑。1983年，一矿矸石砖厂进行扩建，增建2条同样的隧道窑，并在窑体冷却段安装了自行设计的余热锅炉，每2小时可供煤矿职工洗澡用热水4吨～6吨。1985年，扩建工程竣工投产。阳泉矿务局砖厂黄土机制砖年产量突破千万块，后又将轮窑改为一次码烧隧道窑，砖产量又有提高。1989年，一矿煤矸石砖厂投资300万元，将单隧道窑改造成双隧道窑生产线，生产能力增加到年产2000万块。1980年，平潭街办事处黄土机制砖厂建成投产。

1981年，矿区平潭办事处建材厂建成开始生产红砖。1990年年末，年产量达1300万块。1999年，矿区经济贸易委员会协助二矿砖厂上报矸石应用节能项目，提高了该厂的经济运行质量。

2003年，阳煤集团一矿免烧建材项目组织实施调研，2004年通过立项，2005年确定西班牙普亚塔斯公司为供应商并签署全套设备供货合同，2006年举行奠基仪式，并被列为2006年阳泉市百项重点工程。

2009年，一矿免烧建材厂举行投产运营剪彩仪式。整个项目投资2965万元，占地面积28000平方米，引进世界制砖先进技术水平，引进西班牙普亚塔斯机械设备有限公司制造的液压和高频震动相结合的全自动切块机械生产线，以过火煤矸石、粉煤灰、炉渣、河砂、水泥为原料，主要生产普通砖、空心切块、铺路石、路牙石等系列产品，经山西阳泉质量技术监督检查所测试，达到GB/T15229－2002标准。项目生产过程全封闭、无污染、无放射，系列产品抗压强度高，密实度好，耐候性强，是料色环保产品。项目投产后，每年可消化煤矸石15万吨，节约标准煤2.25万吨，减排二氧化硫5000吨，节约土地3333平方米（5亩），安置待业人员60名，产值达1600万元。

2011年，阳煤集团一矿免烧建材厂充分利用先进设备，努力开拓市场，加强内部管理，提高素质，达产达效，为矿区建设做出了贡献。

二、石　料

1952年4月，阳泉矿务局组建了石厂。组建初期，下设两个分厂，共有650人职工，采石场分布于二矿和四矿井田内的山上。开始采石全靠手工，使用的是生铁大锤和铁锲等工具，既原始且笨重，年生产石料1.7万立方米。1955年，石厂新增加功率为10马力的碎石机。1957年添置了压风机、风钻、绞车和V型材料车，生产的石料共有十几个品种，固定资产从无到有达到7万余元。1958年，该厂推广风钻打眼技术，并使用风镐破料开锲窝，同时还创造了风镐打钎眼的先进作业方法，使工效有了大幅度提高。石料产量由1958年的9.1万余立方米，提高到1960年的13.7万余立方米。之后，石料产量保持在3万立方米左右。1958～1975年，共产石料94.76万立方米。1976年后，采石场由于盖山加厚，成本增大，因而产量逐年递减。到1984年即告停采。

三、水　泥

1958年6月，阳泉矿务局成立水泥厂，职工30余人。采用土法、土设备，经过百余次试验，9月，合格的硅酸盐水泥问世。采用北京水泥工业设计院3.2万吨标准图纸，遵循“以简为宜”的原则，建成2座Φ2.73×10米的水泥立窑，修复日伪遗留下的破碎机1台，自制了球磨机4台。1959年5月，新建Φ0.5×2米的土立窑1座，后改为Φ0.8×3米土立窑，生产石膏硫酸盐水泥，日产量达8吨。1960年，增加Φ2×8米土立窑1座，Φ0.9×4米小磨机4台，职工人数发展到200余人，日产16吨，年产水泥7833吨。

1962年6月，按照国家“充实、提高、调整、巩固”的政策，水泥厂下马。从1958年6月成立至1962年6月，该厂共生产水泥4.58万吨。1964年1月该厂重组复产，新建烘干机1台，Φ1.5×5.7米生料磨2台，Φ1.5×5.7米水泥磨1台，生产矿渣硅酸盐水泥。1965年，年产量提高到1.5万吨。1966年“文化大革命”开始后，年产量一直徘徊在1吨~1.5吨之间，直到1970年才上升到2万吨。1976年“文化大革命”结束，水泥厂又建1座立窑。1978年，产量上升到4万吨的水平。1983年，新建1条Φ42×2.4米的回转窑，年产量突破7万吨。1989年，Φ2.2×8.5米机立窑投产，由于设备较落后，台时产量仅为4.5吨。当年，该厂被中国统配煤矿总公司确定为煤矿水泥的定点厂。1990年，该厂生产425号、525号水泥9万吨。

1995年7月，对机立窑进行了技术改造，窑型改为Φ2.5×10米。11月对回转窑进行了技术改造，对原料破碎烘干、均化、回转窑配套设备进行改造并新建水泥包装线一条。通过技改，水泥产量、质量有了很大提高。生料磨台时由13吨提高到26吨，机立窑台时达到8吨，回转窑台时达到10吨，1号水泥磨台时达到24吨，2号水泥磨台时达到12吨。1997年，该厂生产的复合硅酸盐水泥填补省内空白，被山西省科委列为“九五”科技成果推广项目；企业被评为“全省水泥质量30佳企业”；1998年，复合硅酸盐水泥425被评为“山西省优质产品”“全国统检合格产品”。年生产能力达到12万吨，在“全国水泥化学分析大对比”中获合格产品，1999年，亚美水泥荣获省优产品，2001年，“亚美”牌商标被评为“山西省著名商标”。

2002年12月，阳泉亚美水泥公司和阳泉太湖耐火材料总厂合并，组建山西亚美建筑工程材料有限责任公司。公司以生产水泥和耐火材料为主，位于市区东部，紧靠207国道，距太旧高速公路5千米，有固定的铁路专用线。水泥生产能力达到40万吨。被山西省工商局评为“山西省重合同守信誉单位”。2003年公司取得ISO9001：2000质量管理体系认证证书。

2004年9月，100万吨新型干法水泥项目经山西省经委批准立项，2005年7月开工，2006年6月28日点火投产，全公司员工达到710多人，水泥年生产能力达到100万吨。2009年5月底，公司通过山西省产品质量监督所和阳泉市产品质量监督局的现场抽样检查，顺利通过生产P. O52.5硅酸盐通用水泥的现场审核。10月，公司评为2009年度中国建材500强第452位。经营规模居山西省制造业100强第86位，山西省水泥工业第3位。2010~2011年，公司进一步稳定并扩大了市场。

四、水泥制件

1956年5月，阳泉矿务局在境内石卜咀水泉沟外桃河滩择地1.33公顷（20亩），建立了水泥预制厂。开始，仅有1台搅拌机，生产主要先靠手工完成，在露天作业，产品只有格型板，当年产量500立方米。后来，分设钢筋和砼两个生产组，产品增加了楼板、井下水沟盖板和支护构件，用木模木蕊生产空心楼板，年产量为1500立方米。1964年5月，该厂合并于阳泉矿务局水泥厂，成为支架车间。1981年4月，水泥预制厂和水泥厂分设后，该厂改进生产工具，采用钢制模具，费用低，维修时间短，抗振力强，脱模迅速、方便、省力、而且表面光滑、平整、美观、被用户誉为信得过产品。在生产传统制件的同时，又新增加了大型面板和公路砖等，达到了10多个品种。该厂在作为水泥支架车间的17年间，共生产支架11.47万架，折合9176立方米；各种预制件1.4万立方米。1981年恢复水泥预制厂后，至1990年，10年间生产各种水泥制件6.8万立方米。

1985年年底，区属矿区预制厂在贵石沟新区建成，1986年投产即生产水泥预制构件763立方米，1987年生产预制板1080立方米，支援了新区建设。1989年6月，根据市场需求，该厂停止生产水泥预制件，转产夹筋强力水泥包装袋。

五、陶粒砂

陶粒砂为石油支撑剂，系铝矾石焙炼加工而成，对石油开采、延长油井寿命有特殊作用。1987年10月，赛鱼街道办事处立足本地资源建立陶粒砂厂，产品有0.4厘米~0.8厘米、0.8厘米~1.2厘米、0.3厘米~0.5厘米、0.01厘米以下等5种规格。1988年10月，石油工业部鉴定该产品，为国内电结型陶粒砂之一。1990年，该厂年产量723.31吨，职工32人，固定资产5.9万元，上缴利税14万元。

1992年，矿为陶粒砂投入技改资金80万元。1993年，平潭建材厂引进RFA－5热风引风机，采取抽取余热进行干燥的办法来降低能耗，一年可节约能源266400千瓦时，可节约资金9.7万元。此外，陶粒砂厂在同年还搞了一些小型技改和新产品的研制工作。1994年，试产成功了陶粒砂低铁钢玉磨料。对主要设备——冲天炉进行了改造。参加了在北京举办的“首届城镇集体企业产品成果展示会”，并获得了成果奖。为了积极培育新的经济增长点和新产品的开发，赛鱼陶粒砂磨料深加工项目于1995年投入生产，并占领了市场。之后，该厂克服外部市场疲软，内部基础较差等各种不利因素的影响继续保持持续发展。

2000年，面对市场、资金、销售不畅等诸多不利因素的制约，区陶粒砂厂按照区属企业产权制度改革方案，完成了股份合作制规范。2004年，陶粒砂厂采用一次性买断集体股，逐步完成了企业改制工作，并且沿着现代企业制度规定的方向不断发展。

第二节　金属门窗制造

一、方正门窗公司

前身为1981年组建的阳泉矿务局钢窗厂，该厂引进较先进的技术设备，生产32毫米实腹钢门窗和25A型空腹钢门窗。1987年12月，该厂生产的实腹钢窗经有关部门检验，符合国家标准，准于批量生产。之后，随着市场需求的变化，该厂又开发生产铝合金门窗、钢质喷塑仿铝合金门窗、76系列推拉窗和2056纱窗料型钢等产品，产品合格率均在98%以上。产品除满足阳泉矿务局基建的需要外，还在市内和省内建材市场上销售，并走向外省市场。到1990年，该厂产量达1.2万余平方米，完成产值160万元，创利润16.5万元。1992年4月，新型产品ABM－900/2100安全保温门通过局组织的产品鉴定，准予生产使用。同月，该产品通过公安局鉴定，准予批量生产。1993年5月，开发出40毫米钢制安全保温门、85系列铝合金推拉窗、72系列钢质组角推拉窗和70型钢制仿铝推拉窗。1994年2月，多种经营总公司彩色高档制版项目得到批复，开始筹建。2000年，阳泉矿务局钢窗厂改称阳煤集团方正门窗厂。2001年5月底，方正门窗厂第三代彩板门窗改造工程完工，同年6月，新派塑胶有限公司新上两条PPR塑料管材生产线竣工投产。2003年6月，方正门窗公司大胆攻关，又推出自行设计的新式彩板平开窗。该产品抗风压和空气渗透性达到国家五级水平，雨水渗透性也达到了国家四级水平。

二、区属钢窗厂

1984年，桥头街道办事处根据建筑业市场需求，将原五金厂改产，主要生产25A空腹固定钢门窗，随之改称矿区钢窗厂，时有从业人员50余人。翌年，该厂钢门窗产量达到1.6万平方米，净产值20.5万元。之后，又增加了部分组合门窗、全钉板钢门、平板钢门、平开窗、中旋窗等品种，年生产能力达1.5万平方米~2.4万平方米，1990年，年产值40.5万元。

1992年，矿区加强了对优势企业的领导和扶持。1994年，对桥头钢窗厂进行了调查摸底、测算，为推行股份制做了充分准备。同时狠抓企业技术进步，试产成功了“彩板钢门窗”。1996年，面对国家启动经济新的周期的到来和房地产启动市场的信息，及时给彩影板门窗上规模，扩大了企业经营范围，加快了全区工业经济发展步伐。1997年，矿区继续以市场为导向，以现有骨干企业为基础，在工业经济方面推动新产品开发由小型分散，向规模集中，由单品种向多级次、系列化开发转变。当年，向列入区“368”计划的区钢窗厂贴息资金3万元，进一步促进了企业的发展。1998年，按照企业改制工作的要求，将钢窗厂改为有限责任公司，促进了新机制的规范运行，加快了企业改革步伐。同时，重点抓好了彩板钢门窗等优势产品的外销工作，为企业生产经营奠定了良好的基础。

1999年，针对区属企业长期停滞不前，困难重重的情况，矿区经济贸易委员会按照区政府召开的研究区直企业脱困与发展措施专题会议精神，从盘活存量资产入手，采取相应措施，帮助企业摆脱困境。当年，钢窗厂增强了技改力度，自制了一台卷边机，并经过多次实验，研制成功了“多功能燃气灶”，解决了生产中的困难。

2000年，为了解决企业出现的亏损问题，狠抓了资本运营和技术改造，促使企业扭亏解困。当年，钢窗厂43万元银行转贷问题得到彻底解决，并已全部核销。同时还使钢窗厂摆脱了银行制约，开始了新项目的研制工作。2002年，按照区属企业产权制度改革要求，区钢窗厂完成了股份合作制规范，增强了活力。2004年，钢窗厂集体股分配完毕，与一家企业联营，有限公司营业执照办理完毕。钢窗厂按照区属企业民营化改制工作的发展方向，迈出了新的步伐。

第三节　化学工业

一、氯　碱

2003年12月，阳煤集团10万吨聚氯乙烯和10万吨烧碱项目经山西省经贸委批准立项，项目总投资为3.67亿元。2004年3月，项目开始筹建。2006年6月，一期年产5万吨聚氯乙烯、5万吨烧碱工程开始试生产，山西阳煤氯碱化工有限责任公司正式成立。公司为阳煤集团子公司，地处平定县龙川工业园区，位于平定县南上庄村南，占地31.1公顷（466亩）。距离太旧高速公路3.5千米，距离307国道1.5千米。

公司聚氯乙烯产品采用电石法悬浮聚合工艺技术生产，用于PVC管材管件、护墙板、塑钢门窗、包装制品、电线、电缆等制品，烧碱产品采用隔膜法、离子膜法生产，用于化工、轻工、纺织、冶金、石油、电力、农业等领域，液氯产品用于医药、自来水、锅炉、造纸等行业。

二期工程采用离子膜烧碱技术2008年6月建成投产。同年8月，公司办理了土地规划使用证和土地证。2010年3月，通过建设工程消防验收。2011年11月，公司完成安全生产许可证换证工作，职业病防治设施通过竣工验收。

二、塑　胶

1995年5月，阳泉矿务局实业开发公司与新加坡豪利机械私人有限公司合作建设新派塑胶UPVC塑料管材项目。1996年3月，试生产的塑料管材被省市有关单位鉴定认可，并获准批量生产。截至

1996年6月，实际投入资本金2486.18万元，其中阳泉矿务局实业开发公司以现金投入1800万元，新加坡豪利机械私人有限公司以设备和技术投入686.18万元。项目于1996年7月正式投产，主营UPVC塑料管材管件。注册资金3200万元。

2000年1月，经认定，公司开发生产的UPVC塑料管、平开、PVC塑料窗等产品符合国家标准。7月，公司5000吨UPVC管材技改项目通过审批。项目投资2850万元，其中固定资产1900万元，流动资金950万元，属于山西省重点推广项目。2001年8月，公司新增PPR管材管件技改项目竣工投产，生产能力1000吨。2002年1月，首批UPVC管材产品出口俄罗斯。2004年11月，公司与北京汇金房地产开发有限公司签订1000吨PVC塑料供货合同和PVC管材管件、PPR供水管材管件供货意向书。

公司投资6000多万元兴建的新派胶工业园区，占地2.8万平方米。公司拥有6000平方米厂房，德国PVC管材挤出生产线、香港奥克兰全自动电脑数控精密注塑机、新加坡模具。公司拥有完整的质量控制和检测手段，产品通过ISO9001质量体系认证和ISO14001环境管理体系认证，并获国家金奖，被国家科委、建设部、化工部、机械部、中国轻工总会、国家建材局评定为国家小康住宅建设推荐产品。2008年6月划归山西宏厦建筑工程第三有限公司管理。

三、电　石

（一）阳泉市电石集团

1958年7月，阳泉市电石厂成立，固定资产22.62万元，从业人员154名，建有750千伏安电炉1座，年生产标准电石254吨。1959年，电炉扩建为1500千伏安，电石年生产能力提高到3000吨。20世纪60年代和70年代，对电炉进行了两次技术改造，先将1800千伏安变压器增容为3600千伏安，年生产能力增加到5000吨；又将电炉增容到5000千伏安，年产量提高到9000吨，并进行了生产配套、节能降耗和排污除尘等技术革新。1983年，同天津大沽化工厂进行了经济协作，引进资金180万元，完成了5000千伏安二号电炉配套工程。1986年，该厂“晋泉牌”电石获山西省优质产品称号，产品远销8个省、市。1987年，增建5000千伏安三号电炉，年产量达到2万吨。1988年，实现工业产值961.3万元，利润165.7万元，上缴税金275.5万元。1989年获山西省先进企业称号。

1995年，该厂自筹资金200余万元开发石灰氮项目，实现了电石—石灰氮—双氰胺产品系列化生产。2000年，组建阳泉市电石集团。同年，投入210万元对电石炉尾气排放进行治理，并通过了环保达标验收。按照全市节能减排工作的要求，2007年7月，公司将运行了30多年的钢制电石炉烟囱爆破拆除。

（二）阳煤电石化工有限责任公司

2009年12月，由阳煤集团和山西经贸资产经营有限责任公司共同出资成立山西阳煤电石化工有限责任公司，该项目设计年产100万吨，一期40万吨总投资9.9亿元。

四、火　药

1958年9月，阳泉矿务局试制成功硝酸铵煤矿炸药，随后在虎尾沟正式建厂，人员9人。初建时生产条件简陋，以简易工棚作碾房，用毛驴拉石磨粉碎梯恩梯、硝酸铵、氯化钠和木粉，以废旧煤溜槽烘干原料。建厂当月生产硝铵炸药80余千克。产品经井下试用合格，决定批量生产。11月，职工增至70余人，添置电碾、钢磨和反射炉等设备，变一班生产为两班生产，日产能力提高到3吨多。年末，共生产火药71吨，产品供境内各煤矿使用。

1959年，厂名改为阳泉矿务局化工厂，年产量达到1902吨。1960年，新建轮碾机房、硝铵粉碎机房、梯恩梯球磨机和装药机房，增加狼牙式硝铵粉碎机1台、轮碾机6台、自制球磨机2台、自制装药机7台，火药生产实现半机械化。1961～1965年，完善了各项安全管理制度，继续抓紧关键生产环节的技术改造，建立了机械化生产线。

“文化大革命”中，生产管理混乱，产量下降，成本上升。最严重的1968年产量只有1584吨，成本上升到每吨976元。1969年，增加了脉冲式分离除尘设备、冷冻设备和卷纸筒设备，加强了质量管理和原材料消耗管理。当年炸药产量增加到3234吨。1971～1975年，吨炸药成本保持在700元以下，其中1973年的成本只有637元，是历史上最低的年份。1966 ～1975年，共产火药26131吨。1976年后，年平均产量保持在3000吨以上。

1977～1987年，累计生产炸药3万余吨，实现利润180万元。1989年，投资272.1万元，进行改扩建，面积达1985.32平方米；完善生产工序和工艺，增装水浴式除尘设备，在A级危险厂房安装了自动雨淋式消防设施。1990年，共有各种设备28台（套）。1981～1990年，按照WJ299－73和WJ300－65技术标准，共生产煤矿铵梯2号、3号炸药29080吨。1990年，单位成本为1971.03元，单位成本增长率低于全国行业平均水平，实现销售利润195.71万元。

1996年8月，乳化炸药改造工程启动。1997年5月，改造工程完成，经调试和验收合格，于1997年6月5日正式进行投料试产。试产的岩石乳化炸药，二级、三级煤矿许用乳化炸药经国家煤矿防爆安全产品质量监督中心检测，性能符合国家标准，煤炭部给阳煤集团局化工厂发放了二、三级煤矿许用乳化炸药入井试用证。12月，煤炭部组织专家对威虎公司乳化炸药生产线进行了预验收。1998年，乳化炸药已累计试用500余吨。1999年8月，威虎公司乳化炸药生产线以设计能力6000吨，暂按3000吨配套设备的评价结果，通过了由国家国防科工委委托省民爆局组织的验收，并颁发了生产许可证。

1998年11月20日18时53分，阳煤集团化工厂铵梯炸药包装工房发生爆炸，未造成人员伤亡，但爆炸仍造成了47.09万元的直接经济损失。事故后，整条铵梯炸药生产线基本报废。1999年8月，复建铵梯炸药生产线，10月竣工复产，年底，生产铵梯炸药125.768吨。

2000年，阳煤集团化工厂改制为阳泉威虎化工有限责任公司。2001年，铵梯炸药销售1421.136吨，实现利润50万元，企业开始步入正常发展的轨道。2002年，在全省民爆产品质量大检查中，威虎公司生产的铵梯炸药和乳化炸药分别以135分和104分的成绩，名列全省28家民爆生产企业的第二名和第六名。

2003年，公司投资30多万元，更换了2部炸药运输专用车，对储存雷管、炸药、TNT的14个主要库区安装了电视监控录像系统，实现了24小时监控。在质量工作上进一步完善和强化《产成品质量考核管理办法》，严格按照新通过的ISO9001质量体系认证标准运行，年底被山西省质量技术监督管理局首批评定为质量信誉A级企业。10月24日，固体粉状乳化炸药生产技术改造破土动工。2004年12月竣工。威虎公司被阳泉市授予“安全生产先进单位”称号。2005年，对固体粉状炸药生产线的环保除尘、传感监控、烘干控制、防爆减压等环节及自动包装和装药系统实施了进一步的技术改选。按照新的《民爆安全规程》要求，将原设计联建在一起的生产线包装工序与乳化炸药包装工序进行了分离改造，实现了“两线”同时生产。2006年，威虎公司炸药产销量8175吨。

2007年和2009年，对乳化炸药生产线进行了两次较大的技术改造，建立了由工业控制机、工业电视、可编程控制器及各种传感器、变送器、执行机构等硬件和控制软件组成的自动控制系统，提高了管理水平。2009年，威虎公司完成了锅炉改造，将2台4吨锅炉换成了6吨锅炉。

2010年，随着全省煤矿兼并重组、煤炭资源整合基本完成，大部分煤矿恢复正常生产，炸药使用量逐步提高，威虎公司产量逐步回升。2011年，炸药生产完成5725吨，炸药销售完成5815吨。年底，公司实施乳化炸药生产线的两台装药机、自动包装线、制药包装连续化吊斗输送改造。根据GA921－2010《民用爆炸物品警示标识、登记标识通则》文件对爆炸物品最小包装单元进行警示标识和登记标识的要求，安装了纸筒编码装置。根据市场需求，对Φ35装药机进行了模管更换。

五、制　氧

1962 年，阳泉矿务局制修厂建成制氧车间，采用物理分馏法制氧，每小时制氧 50 立方米。至年末生产氧气 17828 立方米。到 1965 年，年产量达到 10 万立方米，不但满足境内各煤炭企业生产的需要，而且向外销售至阳泉市各县（区）及昔阳、和顺、左权、寿阳等地。2006 年，华越公司对制氧设备进行改造升级，新增 1 台每小时制氧 170 立方米的设备，年产量 120 万立方米。2010 年 11 月，华越公司停止深冷制氧设备的运行，进行液氧气化改造。

六、硫铁矿开采与炼磺

民国初年，甘河村民即于农闲时开采硫铁矿。民国 16 年（1927），荫营人史三毛开办“义和永”硫磺厂，派人到甘河开采硫铁矿，用毛驴将矿石运往荫营炼制硫磺。同年秋，史三毛将炼磺厂迁到甘河村，改厂名为“义和兴”，工人 30 余人，炼磺炉 20 盘。采用一炉三罐外热法炼磺，仅能从矿石中提取 3% 的硫磺，日产硫磺 40 千克。山西省政府将硫磺列为军事物资进行控制，实行低价收购。义和兴开办不到 2 年，民国 18 年 4 月倒闭。民国 32 年春，日本人开办的裕和洋行在甘河设立采矿厂和炼磺厂，每年掠夺硫铁矿 300 余吨。民国 34 年 8 月抗日战争胜利后，阎锡山当局接收了日本人开办的炼磺厂，改称山西省硝磺局阳泉第一炼磺厂，有炼磺炉 20 盘，年产硫磺 4 吨。民国 36 年 5 月阳泉解放后，甘河村人李玉藻与后沟村人任梅岑、南庄村人李绍文合伙在甘河开采硫铁矿。同年 7 月，阳泉市人民政府召集原磺厂工人，组建工农联合生产委员会，恢复炼磺生产。全厂有炼磺炉 10 盘，炼磺工人 52 人，日产磺块 15 千克。年底，炼磺工人增加到 131 人，日产磺块 30 千克。

新中国成立后，1950 年 1 月，成立甘河磺业生产合作社，兼顾开采硫铁矿和炼磺。该厂所产硫磺，纯度一直稳定在国家标准以上，行销山西华北广大地区，并出口到西欧国家。1951 年和 1952 年，甘河磺业生产合作社连续两年被中华合作总社评为全国模范磺业生产合作社，成为全国四大模范社之一。1952 年 10 月，全国手工业合作社主任邓洁陪同苏联专家到该社参观。1953 年，该社再次被评为全国先进。1954 年，该社工人王致旺出席全国劳模大会。1954 年后，该社进行技术改造，硫铁矿采矿用风钻打眼，火药爆破，轻轨矿车运输；炼磺采用“中苏友好”型炼磺炉。经过技术改造，甘河磺业生产合作社产量大幅提高。1956 年，年产硫铁矿 2316 吨，磺块 1536 吨。1957 年，社主任李玉藻出席全国手工业合作社第一次社员代表大会。阳泉硫磺自此驰名全国。1958 年 10 月，该社转为地方国营，更名为阳泉市甘河磺厂，年创工业产值 66.15 万元。同年，测得该厂矿区面积 4.33 平方千米，硫铁矿储量 831.36 万吨，矿石品位 26%。1964 年，该厂改称阳泉市甘河硫铁矿，逐渐转向以采矿为主。1977 年，完全停止炼磺，专事开采。

20 世纪 80 年代，因市场需求减少，该矿曾一度发生政策性亏损。1988 年扭亏为盈，生产矿石 3.97 万吨，实现利税 15.8 万元。1990 年，该矿拥有生产设备 121 台，固定资产 230.4 万元，从业人员 305 人，年产矿石 4.02 万吨，产值达 121.6 万元。年内，该矿被山西省人民政府命名为省级先进企业，被化工部、劳动部、全国总工会和石化工会命名为“创 16 年安全无事故单位”。

1990～1993 年，由于遭遇硫铁矿市场疲软，企业又出现亏损。1994 年，该矿实行优化组合，经营业绩逐渐回升。1996 年，硫铁矿产量恢复到年产 1.3 万吨。1997 年，该矿改制为股份制企业。1998 年，改名为甘河铁铁矿有限责任公司。1999 年，实行内部个人承包，多劳多得，降低了成本。2001～2008 年，实行对外承包，生产工人由承包人全部负担，单位收取租赁承包费。2008 年 10 月，根据晋非煤整合办核〔2008〕2 号文件，该公司被列为单独关闭企业。2011 年年末，该公司处于停产状态。

第四章 轻工业

境内轻工业起步于20世纪50年代。主要有服装业、印刷业和五金电器业。60年代，食品加工业在境内开始出现。最初，为了增加居民的粮食供应品种，只是生产挂面。随着人民群众生活水平的提高和社会的需要，食品加工业开始生产饮料和豆制品、蔬菜腌制、肉食加工、糕点、炒货等产品。“文化大革命”时期，由于长时间处在社会动乱中，全区的轻工业发展受到了影响，经济管理体制也出现了僵化的现象。70年代，境内的家具厂、工艺美术厂、橡胶及塑料制品厂逐步发展起来。1978年中共十一届三中全会召开后，全区轻工业得到了全面快速发展。进入21世纪后，按照企业改制的有关规定，全区轻工业不断加强企业管理，加快了区域经济结构调整步伐，促进了轻工企业的健康发展。

第一节 服 装

境内服装加工制作业始于新中国成立后20世纪50年代，是从拆洗缝补旧矿工服装起步的。1958年，矿务局前进洗衣厂组建，有职工13人，缝纫机7台，承揽矿工服拆洗缝补以及劳动用品和服装加工。60年代又先后组建了平潭街缝纫厂、二矿缝洗组和小南坑街道缝洗厂，其业务都是拆洗缝补旧矿工服或服装来料加工，均为街道集体经营作坊性质的服装加工业。1969年，红旗岗公社（今蔡洼街道办事处）将这些厂、组联合，建立了红旗人民公社缝纫社。1970年，红旗岗公社常委决定，将平潭街服务社缝纫组转为缝纫厂（现平潭服装厂），主要工作是加工衣服、劳保用品等，年产值3万余元。1971年，沙坪缝纫厂成立，有职工31人，固定资产2.32万元。同年，赛鱼利民服装厂成立，有职工18人，有固定资产1.77万元。另外，蔡洼服装厂也于当年成立，有职工5人，有固定资产0.47万元。80年代，这些组、社、厂规模日益扩展。其中，沙坪缝纫社扩展成矿区沙坪针织服装厂，主营针织品、服装和劳保用品的加工业务；红卫公社缝纫组扩展为赛鱼利民服装厂，主营服装来料加工和手套，袖套、口罩等劳保用品的制作；1986年，阳泉矿务局在一矿成立阳泉矿务局服装厂，该厂拥有先进的服装加工设备和工艺，有职工200多人，年生产加工服装8万套。至1990年，境内共有服装加工制作企业6家，固定资产总值13.6万元，从业人员309人，生产各类服装，童装、针织品、劳动保护用品等30多种产品。年产服装12.31万套（件），年产值165万元。平潭街缝纫厂1987年与北京服装公司联营，组建了矿区京联服装厂。

1994年，沙坪服装厂推行和完善“集有民营”，做好试行股份制的前期准备工作。同时制定并推行了全员劳动合同化管理办法。1995年，赛鱼服装厂应用灵活多样的改革方式，采取互利互惠，走联合经营的道路，利用企业闲置的厂房、设备、场地和富裕人员，与河北省井陉301工厂进行联合经营，开展生产服务。

2000年，矿区服装行业以深化企业产权制度改革为动力，以宏观调控为手段，保证了各项经济工作的圆满完成。2002年，采取兼并、并购、合并、规范股份制改造、出租等形式完成了企业产权制度改制。当年，沙坪办事处针服厂、赛鱼办事处服务厂、恒丰制衣厂等企业完成了股份合作制规范。2004年，矿区服装业确立以“明晰产权，以人为本，面向市场，规范运行”的指导方针，并且针对区属企业的现状，围绕建立现代企业制度，以实现经营机制的围变为目的，积极探索集体企业中产权置换、职工身份置换的新举措，采取“一厂一策”的办法，集退民进，逐步使区属经济实现民营化。同年，沙坪办事处服装厂完善了股份合作制，赛鱼办事处利民服装厂内部转让给个人。矿区服装业在市场经济发展过程，不但转换了经营机制，转变了企业职能，而且建立了社会主义的新经济体制，推进了企业的改革和发展。

第二节　印刷　造纸

一、印　刷

20世纪50年代初，阳泉矿务局组建印刷厂，这是境内最早成立的印刷厂。20世纪60年代，境内的印刷厂逐步改进生产技术，提高印刷质量。70～80年代，成立了洪城河印刷厂、平潭街小学印刷厂和阳泉市金融印刷厂，各厂购进了较为先进的技术设备，实现了印刷自动化。90年代，阳泉市正达彩色印刷有限责任公司成立，该公司逐步发展为全市最大的私企印刷厂。2001年后，区内各印刷厂按照市场经济的要求，进一步提高印刷质量，产值和利润逐年增加。

（一）洪城河印刷厂

阳泉市矿区洪城河印刷厂始建于1976年，位于洪城河小学院内，隶属洪城河小学管辖，系国营性质。建厂初期采用四开印刷机，印刷数量少，工人劳动强度大，版面制造是铅字排版，速度慢，效率低。字模对工人身体危害极大。1992年开始发展电脑制版，胶印印刷。但受到专业技术的许多限制。2002年以后，购置了新一代胶印印刷机，印刷质量和效率均有大幅提高，生产有了新的转机。2001～2011年，年产值保持在60万元～90万元之间，年纳税额保持在3万元～5万元左右。2011年，有厂长1人，印刷工人5人，会计、出纳、统计各1人。设备有电脑、制版机、胶印机、裁纸机、装订机。

（二）阳泉美业印刷有限责任公司

前身是阳泉矿务局印刷厂，始建于1950年。建厂初期，仅有北京产中华牌手摇四开印刷机1台，天津产风马牌脚踏园盘印刷机1台，石板印刷工具1套，手扳对开裁刀1台，所用铅字由外地购进。1955年后，从北京外文出版社印刷厂购进2台羽田式手摇、脚踏4开印刷机，将其改制为皮带传动印刷机。1960年，又从北京外文出版社印刷厂协作回1台外文铸字机，经过改制成为中文铸字机。70年代，该厂添置了YZ202型对开平台自动印刷机和HB401型四开队式照相机，无粉腐蚀机，提高了印刷质量，并可自制铜、锌版图片。进入20世纪80年代，技术装备水平又有新的提高，先后购进TZ202A－1型对开回转自动平台运输机、V1型华光电子出版系统、AST286计算机、CBP－ST佳能激光印字机、4103型胶版印刷机、全自动液压裁刀等装备，实现了激光照排和印刷自动化。1996年购进上海高斯轮转印刷机，报纸由四开报扩版为对开大报，提高了印报效率，减轻了工人的劳动强度。

1998年改制为阳泉美业印刷有限责任公司。单位隶属阳煤中小企业集团公司，有资本金53.2万元，企业性质是有限责任公司。经过50年的发展，阳泉美业印刷有限责任公司已成为全市最大的印刷企业，有员工50人，建筑面积1800多平方米，年产值480万元。通过改制和优化结构，逐步淘汰了传统的印刷设备和技术，设备更新率达95%，拥有成套的印刷激光照排机、苹果机、对开印刷胶印机2台、彩色胶印机1台、制版机1台、激光打印机1台、裁刀机2台、无线胶订机1台、APST四色彩印机1台、晒版机2台、显影机1台、折页机1台等。总价值390多万元，为全市实力最雄厚的印刷厂，用户遍及阳泉四区二县，寿阳、昔阳等周边地区，以服务好、质量优、高效率赢得用户好评。

阳泉美业印刷有限责任公司产值从1998年的76.85万元，增加到2011年的718万元，增长了834.29%，利润从1998年的1.79万元增加到2011年的9.3万元，增长了419.55%。

（三）阳泉市正达彩色印刷有限责任公司

阳泉市正达彩色印刷有限责任公司位于阳泉市北大西街304号，占地约1260平方米，有员工50

人，成立于1996年7月，企业客户范围由本市发展到昔阳、平定、盂县、寿阳等周边地区。公司产值在1997年是68.56万元，到2008年发展到392.13万元，增长了4.72倍。税金在1997年是3.8万元，2008年，发展到37.9万元，增长了8.97倍。2011年年底，公司有员工25人，资本金是187.378万元，年产值是669.69万元，税金是12.97万元。

公司主要设备有：苹果电脑、北大方正PC机、德国AGFA.T5000.PLUS高精度扫描仪，德国AGFA.AU25S光影跟踪照排机1台、SBY型全自动晒版机1台、德国海德堡SM74四色胶印机1台、上海北人J2205型双色胶印机1台、ZYH670F混合式折页机1台、深圳精密达TBB50/4A椭圆胶订机1台、德国POLAR波拉刀1台。企业性质是有限责任公司。资本金有260万元。

二、造 纸

矿区造纸厂是境内惟一的造纸企业，位于贵石沟新区，1988年8月投资21万元建成，占地2552.5平方米。其中建筑面积87.71平方米。主要生产卫生用纸和标语宣传用纸。1990年年底，拥有固定资产5.5万元，从业人员31人，日生产能力0.5吨，年产值21.74万元，实现利税1.58万元。同时，区经委在当年帮助贵石沟办事处造纸厂疏通了造纸原材料的供应渠道。1998年，由于矿区造纸厂长期停产和资不抵债，实施了破产。

第三节 食 品

境内食品加工业始于20世纪60年代末。1969年，红卫人民公社兴办街道企业王岩沟挂面厂，为粮食供应部门加工挂面，以增加居民粮食供应品种。1970年增加设备和人员，改手工生产为机器生产，生产能力有很大提高，逐改称向阳人民公社挂面厂。70年代，随着设备的更新和加工技术的提高，豆制品品种增加了腐乳、腐干、腐肌和腐竹等数种。蔬菜腌制，年产量在数万千克以上，最高年份达70万千克，品种有数十个之多。80年代以后，该厂根据市场需求在提高产品质量的同时，不断开发新的花色品种，发挥了副食品市场国营主渠道的作用。

1972年7月，市属蔬菜副食厂在境内建成。成为计划供应时期市区副食品主要加工厂家之一。产品为豆制品、粉条和腌菜。豆制品以豆腐为大宗，日投原料黄豆500千克，若逢元旦、春节，日投原料黄豆在1000斤以上。

1978年，区内各食品厂按照市场经济发展方向，不断向前发展。1980年5月，红卫人民公社（今赛鱼街道办事处）兴办赛鱼冰糕厂，以生产冰糕为主，兼生产酸梅汤、高粱饴糖，成为境内首家生产冷饮、糖果、副食的街道企业。当年，赛鱼冰糕厂改称赛鱼糖果冷饮厂，并且在增加冰糕产品花色品种的同时，又开发了山楂饴、橘子饴、油炸蚕豆等新品种。1981年，向阳人民公社改称桥头街道办事处，该厂又随之改为桥头街道办事处挂面厂，除生产挂面外，还磨制面粉，生产机制压面。1984年，生产挂面115.2万千克。1985年，该厂转产，与康泰食品厂合并。1985年桥头街道办事处挂面厂经改扩建易名为泰康食品厂，生产雪糕、冰淇淋及炒货。1986年开发了酸枣系列饮料，有酸枣汁、酸枣酒、酸枣露、汽水、汽酒5个品种，经中国食品质量检测中心检测为合格产品，开始批量生产。1988年8月，建起贵石沟挂面厂，从事挂面等粮食加工生产。

1990年，累计生产炒货奶油瓜子、五香瓜子1200.71吨，创产值513.44万元，实现利税37.15万元；生产酸枣系列饮料76.7吨，创产值9.55万元。另外拥有豆制品、蔬菜腌制、肉食加工、糕点、冷饮、炒货等6大类副食品加工产品。

1991年，矿区技术经济顾问组多次深入到矿区豆制食品厂等企业考察。初步了解了生产厂的人、财、物、产、供、销经营状况，对在商品竞争经济环境中遇到的问题及企业管理中存在的问题，通过座谈讨论，向企业领导提出调整产品结构、开拓销售市场，改善经营管理、提高产品质量，增强竞争能力的意见，对矿区豆制食品厂的建厂情况及产品生产销售进行了考察评估。

1992年，矿区开发了保健小食品，将豆制食品厂进行了技术改造，第三食品厂列入了市技改计划，并且投入技改资金90万元。同时，豆制食品厂在通过与北京豆制食品厂联系后，投资4万元，对原有的工艺设备进行了改造和更换，生产出具有北方风味的新型豆制系列食品30多种。1993年，赛鱼第三食品厂生产线通过了市、区新产品及技改项目验收，增强了企业的发展后劲，促进了企业的发展。

1994年，矿区经济委员会继续深化企业改革加快企业经营机制的转化。当年，区豆制品厂、第三食品厂转机建制，使改革不断得到了深化。1995年，矿区豆制品厂按照租赁经营、使资产由存量变增量等措施，进行了大胆的试验，并取得良好的效果。1996年，泰康食品厂继续推行“切块经营”、租赁承包经营等灵活多样、行之有效的经营机制和经营模式，同时围绕加强企业管理，把深化改革同改组、改造和加强管理结合起来，同转变经济增长方式结合起来，进一步转换经营机制，全面提高企业素质和效益。当年，通过采取这一措施，生产重新启动，企业生产也出现了生机。另外，矿区经济委员会在本年度为泰康食品厂投入流动资金3万元，并且还想方设法为泰康食品厂协调流动资金和技改资金，把资金的投放同企业的效益挂起钩来，使有限的资金发挥出最大的效用。同时，还同银行密切配合，积极帮助赛鱼第三食品厂核销了贷款，为工业生产的正常发展起到了促进作用。不仅如此，当年通过申请为市得必发饮料食品厂（原矿区豆制仪器厂）申请银行贷款30万元，从沈阳引进上马了饮料生产线后开发出冰贝、中华可乐、中华三宝等新产品，帮助企业扩大了再生产。

1998年，泰康食品厂和聚丰贸易公司进行联合开发，完成对泰康食品厂的改造。1999年，矿区经济贸易委员会为得必发饮料食品厂等区直企业办理了土地使用证。

2003年，对得必发饮料食品厂的资产进行了变现。2004年，桥头办事处对泰康食品厂整体出售。2008年，矿区商务局组织人员对食品业进行了执法检查，共检查生猪肉品销售网点39个、酒类经营网点48个（办理备案21户）。为了保证“奥运”期间市场稳定，6月，对班中餐、大中小饭店、大型超市、酒类经销店进行专项检查，共查扣各类酒276瓶，就地查封120箱。

2009～2011年，矿区商务局商务综合执法大队不断加强对酒类、肉类市场执法检查力度；继续对各类酒类经营户普及酒类经营知识。要求酒类经营户实行明码标价，对全区酒类市场的随附单制度执行情况全面整治核查，严厉查处无《随附单》和无证销售等违法经营行为。尤其是在“三节”期间和“五一”“十一”节前分别对辖区内的集贸市场、大中型超市、食堂饭店、名酒专卖店进行了重点检查。2009年检查大中型超市5个、酒类专卖店15个、食堂4个、集贸市场4个。2011年分别对辖区内的4个集贸市场、4个大中型超市、2个食堂饭店、10个名酒专卖店进行了突击检查。

第四节　五金电器

民国37年（1948）12月，阳泉铁厂陶瓷部迁至境内洪城河，并于年底建成第一座瓷窑，在烧制耐火砖的同时，亦生产民用陶瓷。1952年4月，该部由阳泉铁厂划归地方，改称阳泉电瓷厂，生产钩瓶、直瓶、瓷头、插台等低压电瓷产品。1958年，境内洪城河居民区7名妇女，自筹资金和工具成立了弹簧生产社，生产门弓簧、自行车支架簧、电动机炭刷簧，沙发簧和刺网、筛网等产品。填补了当时全市弹簧生产的空白。1959年7月，街道弹簧社划归矿务局社营机修厂，后转为社办企业。随着设备和技术不断更新，生产规模逐步扩大，该厂生产的弹簧型号由最初的几种增加到200多种，由原来简单的加工，发展到能制造汽车簧、火车簧、纺织机簧、煤车碰头簧等重要配件。1964年试制生产纺织机械用各种弹簧和机动车离合油门拉簧。1966年1月，市手工业管理局所属阳泉市黑白铁厂在境内甘河口建立，生产茶壶，水桶、簸箕，烟筒和茶炉等物品。1967 年，阳泉电瓷厂改称阳泉市电器厂，转而生产电器产品，其中 GW5 系列高压隔离开关先后被市、省评为优质产品。同年，阳泉市黑白铁厂批量生产电石桶和保险粉桶。1970 年，街道弹簧社更名为矿区弹簧厂。同时在 20 世纪 70 年代，阳泉市黑白铁厂又先后开发生产五金套焊、割柜工具和电焊钳工具。1972 年，矿区弹簧厂大搞技术革新，经过半年反复试验，研制出大型半自动卷簧机、弹簧截断机、半自动送簧并头机、弹簧质量检验器等设备 20 余台，实现了生产机械化和半机械化。矿区弹簧厂原先只能生产 8 毫米以下小簧，技术革新后可生产 20 毫米以内的碰头簧、压板簧等产品 300 余种，新研制的设备投入使用后，总产量比 1971 年同期提高了 1.1 倍。新设备的研发不仅提高了生产效率，降低了产品成本，减轻了工人的劳动强度，而且填补了省、市多项空白。1976 年，区属五金电机修理厂建成投产，主要产品有铁钉、铁三角、锚杆、丁字三角等。

“文化大革命” 后，弹簧生产社先后试制成钢板弹簧、纺织机片簧以及纺织机械、汽车、工矿机械所用各种弹簧 20 余种。

区属五金电机修理厂于 1981 年改称矿区五金电器厂，增加了防爆开关等产品。1986 年 8 月，矿区社会福利公司所属综合厂为服务煤矿改产组装矿灯。1989 年以后，弹簧生产社生产的自动纺织机 1151 弹簧配件连续评为省优产品，纺织配件弹簧 200 余种在香港尖沙咀展销，该系列产品行销国内 21 个省市自治区的 63 家纺织企业。

1990 年 3 月，区属蔡洼金属制品厂成立，专业生产用于包装的各种金属瓶盖。同年，阳泉市电器厂被全国输变电设备行业评为部优产品，该厂 12 个系列、300 余种规格产品行销国内 24 个省、市、自治区，年创产值 500 万元，实现利税 26.4 万元；矿区五金电器厂创产值 41 万元，实现利税 2.2 万元；矿区社会福利公司所属综合厂组装矿灯 2 万盏。

除上述五金电器产品外，区阀门厂还生产 Z14J－10 型 30 余种不同规格阀、JMJ－16 型 20 余种规格截至阀及多种规格家庭民用型阀门。赛鱼钢丝切丸厂按照美国（SAE）标准，生产 Φ0.8 毫米 ~ Φ3.2 毫米 8 种型号钢丸。该产品用于铸件落砂、锻件除锈，抛光等表面处理，产品远销天津、河北、新疆等地。

矿区经济顾问组于 1991 年对五金电器厂进行了考察。通过对五金电器厂生产经营状况的调查，对该厂调整产品结构，开发机制砖的项目，与该厂领导进行了可行性研讨，对该厂两种主要产品的积压，提出了打开销路的意见。

1993 年，区属弹簧厂采用冷扩加工工艺自制工装模具，降低了成本废旧利用，仅此一项产值 50 万元。矿区五金电器厂坚持深化企业改革，努力提高企业管理水平，使工业生产在困境中得到了发展。当年，矿区经济委员会会同区体改办、审计局等有关部门对实行承包制的矿区五金电器厂进行了奖惩兑现，对企业领导班子进行了调整和更换，继续推行和完善了承包责任制，使企业管理工作得到了进一步加强。1994 年，为了开阔企业的视野，增强产品的知名度，矿区组织区弹簧厂等企业参加了在厦门举办的招商会，取得了一定的效果。当年，按照区委、区政府确定的两级突破，主体推进的战略构想，矿区五金电器厂继续加快了企业经营机制的转化，深化了企业改革。

1995 年，矿区对区属弹簧厂圆柱形螺旋弹簧工艺技改项目进行了考察和论证工作，7 月，正式申请市经委立项。7 月 13 日召开了 “弹簧征税工艺技术改造” 可行性论证会。在技术论证的基础上通过各种渠道争取资金，年底，20 万元技改资金到位，解决了流动资金不足的困难。该项目实施后将对原弹簧厂 235－4 型自动卷簧机进行机床和控制部分进行改造，并新购置传送带式回火炉 1 台、Z53－1.6A 自动卷簧机 1 台，弹簧拉压试验机 1 台。

1996 年，重新挂牌成立了 “山西省纺织机械器材公司纺织弹簧生产定点厂”。年底，到位资金 45 万元，并完成了项目审计工作。通过和榆次液压件厂建立产供合作关系，生产了 30 多个规格约 4 万件液压件弹簧。该厂的液压弹簧，工矿配件簧，纺配簧初步形成三大系列，成为全区的支柱企业。

同年，矿区五金电器厂采取租赁经营、使资产由存量变增量的措施，取得了良好的效果。矿区经济委员会与区五金电器厂协商，经区法院依法调解，将区政府历年投入该厂的资金累计30余万元，由该厂以厂房等资产作价偿还区政府，把五金电器厂产权收归政府所有。

1997年，矿区不断推动新产品开发，由小型分散向规模集中，由单品种向多级次、系列化开发转变。是年，区属弹簧厂摇架簧技改项目，列入省经委的重点项目计划，项目到位资金15万元。弹簧厂与西安弹簧研究所签订了技术协作合同，设备的选型，技术培训工作完成。在抓好摇架簧项目的同时，积极抓好液压簧技改项目的达效工作，在稳定生产的同时，该厂努力扩大销售，进一步完善销售政策，专门任命一名副厂长分管销售，逐步拓宽销售领域。1997年，矿区对该企业进行了清产核资，理清了企业的家底，对企业现有资产存量、实际经营能力进行分类。矿区经济委员积极帮助企业解决历史遗留问题，为企业办理了土地使用证。

2000年，矿区五金电器厂的改制工作不断推进。2002年，矿区五金电器厂与名扬电子有限公司签订了承债式兼并协议。按照市场经济的发展方要求完成了企业产权制度改革。随着市场经济的发展，2004年后，按照企业改制的发展方向，区属弹簧厂由亚昊经贸公司整体承债式兼并，更名为阳泉市广鑫机械制造有限公司。

第五节　家具　工艺美术品

一、家　具

境内家具工业始于20世纪70年代。1973年，红卫人民公社（今赛鱼街道办事处）车辆修配厂试制生产钢木家具、钢管折叠椅。1975年，改称钢木制品厂。1979年，生产钢木家具40万件。1983年成为区营企业。定型产品主要有高靠背办公椅、餐椅、人造革面电镀折叠椅、喷花床架等，质量享有较高声誉，畅销本境市场，远销华北各地。1987年，贵石沟木器厂建厂，共有职工11人，固定资产6万元。1988年9月，贵石沟门窗加工厂改成矿区贵石沟曙光木器厂，生产木制家具。12月，矿区木器厂建成投产，生产木质高低档沙发、床、组合柜等家具。

1990年，矿区钢木制品厂按照承包经营责任制的指标和奖罚规定，进行了考核兑现。同时，矿区钢木制品厂的法人代表与区经委、区民政局签定了1991～1993年的企业承包经营合同。有关人员赴邢台考察了喷涂工艺，为提高生产技术水平奠定了基础。当年，除贵石沟曙光木器厂并入矿区造纸厂外，共有家具制造企业2家，有固定资产82.91万元，从业人员80余人，年产值200余万元。

1994年，矿区钢木制品厂被作为推行股份制试点单位，为推行股份制做了充分的准备。同年，矿区钢木制品厂去朔州参观学习了企业改革的先进经验，对搞好本企业的改革工作起到了一定的借鉴和参考作用。1995年，矿区钢木制品厂按照区委、区政府确定的“两极突破、主体推进”的战略目标，积极开发寻找新产品，使企业逐步摆脱了困境，增强了发展后劲。1996年，钢木系列作为全区发展的六大系列优势产品，得到了培育和发展。从而扩大了企业规模经营，加快了经济发展步伐。1997年，矿区钢木制品厂的管理经验得到宣传、推广。1998年，矿区钢木制品厂改为有限责任公司。为了规范企业改制，矿区经济贸易委员会于1999年为区钢木制品厂办理了土地使用证，使企业沿着规范运营的方向逐步发展。

2002年，矿区钢木制品厂与阳煤集团技工学校实习工厂成功联营。2004年，区钢木制品厂通过集体股分配，个人参股，改制成为阳泉市华宝机电有限公司，完成了企业改制工作。

二、工艺美术品

1972年9月，区直企业阳泉市工艺美术制品厂建成，恢复了阳泉地区传统铜铁工艺的生产，首批产品有仿古蜡台、花瓶、坐狮、扁元鼎等工艺品，经北京进出口公司检验合格，列为出口产品，并签订出口合同。1975 年 5 月，该厂仿古铜铁工艺品制品发展到动物、人物、佛像、脸谱、古钱、器皿 6 大类、80 余个品种。主要产品有战国炉、马踏飞燕、狮托花瓶、仿古青铜器和唐马等，除国内销售外，还销往日本、新加坡、马来西亚、墨西哥等 10 多个国家和地区，年产值 13.98 万元。此外，还制作奖状、锦旗和各种牌匾等。1977 年 8 月，该厂增加了国内传统工艺制绣产品，主要有绣花门帘、窗帘、床围、床单、台布以及抽纱工艺品等 10 余种。1981 年年末，铜铁工艺品因滞销而停产，企业及时调整产品结构，开发了炊塑画、玻璃油彩画等工艺制作。1983 年 5 月，区属企业镶雕工艺制品厂建成。1985 年 5 月，改称阳泉市社会福利工艺制品厂，制作镜、匾和锦旗等产品。1990 年，区直企业阳泉市工艺美术厂克服市场疲软、资金不足、原材料短缺的困难，在困境中得到继续发展。同年，该厂根据承包经营责任制的规定进行了考核兑现，并且与区经委、区民政局签订了 1991 ~ 1993 年的企业承包经营合同。年底，本境有工艺美术制品企业 2 家，从业人员 118 人。其中驻区企业 1 个，固定资产 56.6 万元，年创产值 37.9 万元。

第六节　橡胶及塑料制品

1978 年，沙坪人民公社（今沙坪街道办事处）组建橡胶组，开始生产橡胶制品。有职工 26 人，固定资产 20.57 万元。1985 年 4 月，发展为社会福利橡胶制品厂，主要生产胶垫、胶圈、密封圈、油封圈等制品。1987 年 7 月，平潭街街道办事处组兴办橡塑制品厂，生产氧丁胶粘合剂，橡塑童鞋、旅游鞋等产品。当时，有职工 37 人，固定资产 26.68 万元。1989 年 6 月，区属矿区新型复合包装厂成立，从事塑料包装袋生产。1990 年，平潭办事处橡塑厂的冷粘鞋工艺在被列入市技改计划，并获得技改贷款 20 万元。截至年底，境内共有橡胶及塑料制品企业 3 家，均为集体所有制企业，从业人员 50 余人。

1992 ~ 1993 年，阳泉市矿区新型复合包装厂完善了各种经济责任制，进行了奖惩兑现。1994 年，沙坪办橡胶厂的三角带和再生胶由于原材料价格上涨幅度较大，资金短缺，一直未能形成大规模生产。按照区委、区政府边建设、边投产的指导方针，经努力取得了突破性进展。1995 年，区包装厂派出专人赴东北催要欠款，解决了生产资金的问题。1997 年，按照企业法人扭亏责任制的要求，区包装厂重点抓了企业的复产工作。同时根据清产核资的规定，理清了企业的家底，对企业资产存量、实际经营能力进行了分类。区包装厂由效益及经营状况较好的区化工矿产运销公司托管。1999 年，矿区经济贸易委员会为区包装厂办理了土地使用证。并从盘活存量资产入手，采取相应措施，帮助该企业摆脱困境。通过资产分块搞活，采取整体租赁的方式，使包装厂启动了生产。2002 年，沙坪办事处橡胶厂出租经营。2004 年，矿区包装厂由蓝天型煤公司兼并。沙坪办事处橡胶厂引进一家家具生产企业，在改制的同时重新启动了生产。

第十一编　建筑　房地产

阳泉解放前，境内多为沟谷荒滩，居民住宅低矮、阴暗。阳泉解放后，经济发展，人民安康，办公楼、商业网点、工业与民用建筑建设日新月异。1978年中共十一届三中全会后，建筑业逐步发展，公共建筑和居民住宅楼群从结构到风格、从设计到施工都发生了很大变化。建筑队伍有阳泉市建筑一公司，阳泉矿务局第一、第二、第三工程处，有职工万余人，实力雄厚。设计单位有山西国辰建设工程设计咨询有限公司和地处境内的阳泉市建筑设计院。随着住房体制改革不断深化，破除了住房实物分配和低租金的福利制，建立了以市场机制为核心的住房分配货币化制度。2002～2008年，阳煤集团完成棚户区改造工程160万平方米，17098户居民告别棚户区。2005～2011年，在国家和省市的支持下，矿区展开大规模的采煤地表沉陷灾害治理，建成了巨兴、新派、四矿（一期）小区，完成总建筑面积66万平方米，住宅7342户。

第一章 建筑业

1950年，为适应煤矿建设快速发展的需要，境内国企阳泉矿务局各矿组建了建筑队，成为后期宏厦一建、宏厦三建、宏厦四建、山西太行建设开发有限公司、山西宏厦建筑工程有限公司、阳煤集团房地产开发有限责任公司等企业的前身。境内的建筑设计也以驻区的阳泉市建筑设计院和阳煤集团设计处为主，设计出一大批地标性建筑，具有现代风格的建筑。工业建筑主要是阳煤集团下设厂矿所属的选煤厂、储煤仓库、发电厂及其他工业建筑等，为阳煤集团的发展做出了贡献。民用建筑从解放前的土窑洞发展到20世纪80年代的平房，进入21世纪后，境内相继建起一批住宅楼，居民搬迁至整洁明亮的住宅楼内，住宅环境得到极大改善。与此同时，市、区政府和阳煤集团均投入大量资金，用于商业、金融、邮电、文化、教育、体育等公用设施的建设。这一时期的公共建筑由低层向高层发展，功能齐全，布局合理，矿区面貌焕然一新。

第一节 工业与民用建筑

一、工业建筑

境内有大量工业建筑，主要是发电厂、选煤厂、储煤仓库，还有其他工业建筑。

（一）发电厂

境内发电厂分属阳煤集团发供电分公司和兆丰铝电公司。

1. 2011年，阳煤集团发供电分公司有2个热电厂、1个煤层气发电厂和1个在建的低浓度瓦斯发电项目。

两个热电厂是：第二热电厂，位于一矿矸山之上，始建于1993年5月，1997年6月竣工投产，系集团公司坑口自备电厂。第三热电厂，位于新景矿西侧，始建于1995年，一期工程1号机组1997年10月并网发电，一期工程2号机组1998年9月并网发电。二期工程于2004年7月动工建设，2007年12月建成运行。

煤层气发电厂，一期工程于2006年6月开工建设，2007年7月投产发电，下设神堂嘴、虎尾沟电站；二期项目于2011年5月开工建设，实施神堂嘴电站扩建，2011年12月竣工投产。

在建的低浓度瓦斯发电项目于2011年9月破土动工。

2. 兆丰铝电公司自备电厂，位于贵石沟煤电铝工业园区内，属国家重点技术改造“双高一优”（高新技术产业化、高新技术和先进适用技术改造传统产业、优化重点产品和技术结构）项目，是山西省、阳泉市重点调产项目，总投资22.66亿元，占地21公顷（315亩）。2003年8月开工建设，总投资17.46亿元。1号机组和2号机组分别于2006年6月和9月并网发电，3号机组于2008年2月进入商业化运行。

（二）选煤厂

1. 选煤厂建设。1958年后，境内煤矿陆续建成7座配套选煤厂。四矿筛选厂于1958年12月首先建成投产；三矿筛选厂建成于1961年10月；一矿选煤厂于1965年12月竣工投产；二矿选煤厂于1978年1月竣工投产。五矿小井选煤厂于1985年3月建成投产；五矿大井选煤厂于1991年12月建成投产；1997年10月，新景矿选煤厂于建成投产，设计洗选能力360万吨/年，为全重介选煤厂，全厂分原煤准备车间、块煤车间、末煤车间三大主洗车间。

早期建成的选煤厂陆续进行了改扩建。1963年，四矿筛选厂完成技术改造。1986年7月，四矿选煤厂改扩建工程竣工投产。同年12月，一矿选煤厂扩建工程建成投产。1987年7月，三矿选煤厂扩建工程建成投产。1992年7月，二矿选煤厂改扩建工程投产。选煤厂建筑均由原煤准备及贮存、主厂房、煤泥处理和产品装车四部分组成。

2000～2011年，除四矿选煤厂因资源枯竭而改为天兴公司选煤厂，生产能力维持在30万吨/年外，其他6座选煤厂均不断进行技术改造，提升生产能力，提高产品质量。至2011年，境内7座选煤厂年处理原煤能力达3800万吨以上。

2. 选煤厂储煤仓建设。1985年7月，五矿小井选煤厂试生产，建有1座容量为4万吨的末煤储煤场、1座容量为1000吨的混块仓、1座容量为100吨的选矸仓。1986年，一矿重介车间投产，共建18个块炭仓，储量为7200吨，在此之前该厂末煤仓6个，块炭仓7个，限下仓1个，储量为4020吨。7月1日四矿选煤厂建成投产，块炭仓可储大中块1800吨，小块650吨，末煤缓冲仓120吨，储煤场储量10万吨。1987年10月31日，五矿选煤厂块炭装煤仓主体工程完工；12月31日末煤圆筒仓、单仓和双仓主体工程完工。1989年，铁路外运量达到1547万吨，储装运系统也完善设施，扩大了二矿、五矿小井储煤场，全局储煤场能力达60万吨，装车仓总容量为3.5万吨。1990年一矿新建2个喷粉煤仓，储量为5600吨。三矿选煤厂开始洗选精煤仓改扩建工程。1991年12月五矿大井选煤厂建成投产，建有1座15万吨的原煤储煤场、2座储量为7400吨的原煤储存仓、3座直径为15米的圆筒装车仓，其中1个精煤仓，2个末煤仓，每个仓容量为2700吨。1座容量为2400吨的中块装车方仓，1座容量为2400吨的小块装车方仓，1座容量为700吨的矸石仓。1992年，二矿选煤厂增建喷粉煤仓和北储煤场，容量分别为5700吨，12.5万吨；三矿选煤厂完成洗选精煤仓改扩建工程后，增加803号、806号仓。803号仓存储洗选小块，仓储能力为1000吨；806号仓存储喷粉煤，后因市场变化，取消喷粉煤品种，改为存储洗中块，仓储能力为800吨。1994年9月1日三矿选煤厂精煤仓落成，该煤仓有效储量为3071吨。1996年对五矿小井选煤厂进行技改，将原来的混块仓进行改扩建，改建为1座容量为1000吨的洗小块仓，1座容量为800吨的洗中块仓，1座容量为400吨的洗矸仓和1座容量为400吨的中煤仓；又增建了1座容量为15000吨的洗精末煤储煤场。1996年，五矿选煤厂对储煤场进行了改扩建，改扩建后的储煤场最多储煤30万吨。2002年7月，开元公司选煤厂建成投产，该厂建有两个末煤仓，储量为5000吨，南储煤场可储原煤量6万吨，北储煤场可储末煤4万吨。新景矿储煤场扩建，由过去的15万吨扩建为21万吨。2003年，新景矿洗煤厂新建3个精煤仓，储量为6600吨。2005年8月26日，二矿选煤厂新末煤仓工程开工，新末煤仓在选煤厂装车线一、二道，共建末煤仓2个，每个末煤仓储量为1900吨。2005年，五矿选煤厂为适应矿井500万吨原煤产量需求，对洗选系统进行了大规模扩容改造。增设了动筛选矸系统，完善了煤泥水系统，增加了块仓容量，块仓容量由2400吨提高到3600吨，使原煤小时拉运量达到1400吨，洗煤小时入洗量达到600吨。2005年三矿选煤厂洗选系统改造，储装系统也相应改造，新建808号、809号仓，存储中块，仓储能力为1000吨。2006年新景矿增建12个块炭仓，总容量为3600吨。

（三）其他工业建筑

1984～1988年，完成了阳泉矿务局机关南（北、西）区、新（扩）建改造小区热水集中供热锅炉房3座，解决了居民住宅热水采暖问题。此后，陆续完成了一矿、二矿、五矿、新景矿等风井工程的地面配电工程。在地面项目施工中，先后完成了桃南集中供热管网工程、佛洼风井场面工业建筑工程、阳煤集团120万米输送带土石方工程、新景矿保安区进场道路工程、新景矿保安区场面工程、新景矿保安区场面挡墙工程、赵家分区工业场面工程、赵家分区副立井土石方工程等一系列工程。

二、民用建筑

（一）居住建筑

1949年以前，境内居民住宅除平潭街有成片老式瓦房外，其余地区主要为土窑洞和少量的砖拱石砌窑洞。1950 年阳泉矿务局建立后，陆续修建了多批新式瓦房，习称排房。若干排房之间设有自来水管龙头。室内布局为大、小间和厨房，取暖用火炕，后改为火炉。20 世纪 50 年代中期，为了满足职工和家属对住房日益增加的需求，除修建了一批二层单元式住宅楼外，又以自建公助的形式，修建了一批简易住房，仅有 1 间卧室和 1 间厨房，造价低廉。50 年代末，境内住房总面积 14.69 万平方米。

60～70 年代，由于国民经济出现困难以及随后出现的"文化大革命"，居民住宅建设处于停滞状态。新职工的增加和人口的自然增长，使住房矛盾十分突出。"文化大革命"结束后，为了解决居民住房紧张的问题，阳泉矿务局等企业均投入大量资金用于住宅建设，分期分批地拆除原有排房，建成一批 4 层～7 层的单元成套式住宅楼，每套有一居室、二居室、三居室不等，有上下水道和煤气管道。至 1980 年，共新建住宅 30.32 万平方米。

80 年代，市、区和阳泉矿务局等进行了一定规模的住宅开发和建设。市房地产开发公司在区内开发新建了平潭居民小区，占地 24.46 公顷，建居民住宅楼 29 幢，建筑面积 27.8 万平方米。这些住宅楼功能齐全，每套房都有客厅、卧室、前后晾台、厨房、卫生间。结构有二室一厅、三室一厅，不仅有完善的供水、供电、供暖、供气设施，而且室内装修也比较讲究，较普遍地采用了地砖或大理石铺地，居民的居住条件有了很大的改善。至 1990 年，区内住宅建筑面积达到 169.72 万平方米。

90 年代，矿区投入大量资金进行住宅建设。1999 年，日潭小区住宅建设工程 19 栋住宅楼竣工，建筑面积 17.5 万平方米，有 2000 套配备小康标准设施的住宅。同年，阳煤集团房地产分公司建成住宅 2439 套，竣工面积 19.5 万平方米，完成投资 1.53 亿元。2000 年，该公司建成住宅 3361 套，竣工面积 26.89 万平方米，完成投资 2.08 亿元。

2000～2008 年，矿区完成了大量住宅建设。主要有：

宏泉家园住宅楼工程。位于四矿口，2004 年开工，2006 年 5 月二期工程竣工。宏泉家园是阳泉最大的城中村改造项目"石泉新城"的子工程，由宏厦三建全资子公司诚远房地产开发有限责任公司承建。一期 5 万平方米改造完成后安排 268 户居民入住；二期工程建设面积 3.7 万平方米，安排 239 户居民入住。

桥西街住宅楼工程。位于四矿口，由宏厦一建土建各项目部承建，2005 年 7 月开工，2006 年 12 月竣工，完成工程量 699.67 万元。

阳煤住宅桥西街 C2 号、C3 号、C4 号住宅楼工程，位于四矿口西侧桥西街，由宏厦一建土建三分公司承建，2006 年 5 月开工，2007 年 12 月竣工，完成工程量 761.61 万元。

阳煤住宅刘家垴住宅楼工程。位于刘家垴，由宏厦一建土建三分公司承建，2006 年 7 月开工，2007 年 12 月竣工，完成工程量 288.62 万元。

居馨花园住宅楼工程。位于阳泉市区，由宏厦一建土建各项目部承建，2005 年 6 月开工。悦馨高层住宅工程，位于阳煤矿区俱乐部，由宏厦一建土建一分公司承建，2007 年 5 月开工。宏建大厦工程，位于阳泉市区，由宏厦一建土建四分公司承建，2007 年 12 月开工。馨康家园二期住宅楼工程，位于马家坪西河大道拐里的半坡，由宏厦一建土建项目部承建，2008 年 8 月开工。

除上述住宅楼工程外，还有一矿西坡、里沙坪、秋沟，二矿巩窑洼、西煤台、东四尺、蔡洼沟，三矿麻地巷、沙坪，四矿刘家垴、段家背，五矿水磨湾、枣林山，一处桥南街、虎尾沟，机厂支柱厂住宅，马家坪住宅区，机关大垴西区、西山、东山西区等棚户区改造工程竣工，人均住房提高到 19.6 平方米。

（二）公共建筑

新中国成立初期，区内公共建筑为数稀少，仅有保晋公司遗留下来的二矿八角楼、四矿八角楼等，被改作办公用房。

1950 年，在北大街西段南侧建成阳泉矿务局医院门诊大楼，楼高 4 层，建筑面积 8000 平方米；

住院部病房楼，楼高4层，建筑面积1.13万平方米。1956年，在北大街西段北侧建成办公楼，楼高5层，建筑面积1.28万平方米，1985年改建为宾馆，后命名为墨玉宾馆。1957年，在北大街西段还建成了平潭百货商店，楼高2层，建筑面积1008平方米。同年，在赛鱼街建成赛鱼百货商店，建筑面积1571平方米。这些公共建筑物产权大多数为阳泉矿务局所有，总面积为9.6万平方米。其中办公场所为7.71万平方米，福利设施8868平方米，其他4600平方米。除少数楼房外，大多为平房，全为砖木结构，且式样单一。

20世纪60年代至"文化大革命"结束前，区内公共建筑物没有大的增加。

70年代后期，随着"文化大革命"的结束和社会主义建设新时期的到来。为了改变城市建设严重落后于社会发展的状况，市、区政府和阳泉矿务局均投入大量资金，用于商业、金融、邮电、文化、教育、体育和办公设施的建设。1975年，阳泉矿务局培训中心在北大街北侧建成，教学楼共14层，建筑面积1.1万平方米。1976年，阳泉矿务局二矿俱乐部建成使用，建筑面积2700平方米，可容纳观众2000人。1979年，商业局医院在桃北中路建成，楼高3层，建筑面积1616平方米。同年，在阳泉矿务局大院西侧建成阳泉矿务局技工学校，有5层教学楼1座，5层实验楼1座，5层宿舍楼2座，总建筑面积2.02万平方米。

80年代，矿区的公共建筑不断增多。1980年，在桃北中路建成中国农业银行阳泉市支行，楼高7层，建筑面积3381平方米。1983年，在桃北中路平潭新区建成矿区中学，教学楼4层，建筑面积4947平方米。1984年，在四矿口建成矿区百货大楼，楼高4层，建筑面积5600平方米。1985年建成阳泉矿务局一矿俱乐部，建筑面积2400平方米，可容纳观众2000余人。1986年，在桃北中路建成山西省广播电视大学阳泉分校，楼高8层，建筑面积7000平方米。1989年，在北大街西段建成矿区邮电局，楼高4层，建筑面积1255平方米。同年，阳泉矿务局二矿体育馆建成并投入使用，建筑面积6800平方米，可容纳观众2700人。1990年，在北大街西段建成平潭菜市场，建筑面积1300平方米。至1990年年底，区内公共建筑总面积达到32.3万平方米，为50年代末的3.57倍。这一时期的公共建筑由低层向高层发展，均为钢筋混凝土结构，布局合理，功能齐全，具有现代风格。

1991年12月，在河神庙街口建成矿区卫生综合楼，楼高5层，建筑面积2180平方米。1992年10月，赛鱼百货大楼建成。同年12月，在泉中路建成矿区环卫处办公大楼，投资1700万元，占地面积3500平方米，办公面积1300平方米。1998年10月，阳煤集团总医院建成老干部康复中心大楼，建筑面积5338平方米。2003年11月18日，在平潭建成天利购物广场，投资7000万元，建筑面积2.06万平方米。2005年，在平潭建成矿区文化大楼，投资1500万元，营业面积4000平方米。2006年10月，矿区建成审判综合大楼，高7层，投资1000万元，建筑面积5000平方米。2009～2010年，国辰公司对矿区街道美化工程进行了设计，包括主干道及人行道翻新，沿街装饰路旁高压电线由架空改为埋入地下等。阳煤一矿停车场、浴室联建工程设计，建筑面积11000平方米，可停车50辆。阳煤集团科技楼工程设计，建筑面积17000平方米。阳煤药林寺会议中心副楼工程设计，建筑面积6300平方米。阳煤晋北公司办公区办公楼方案设计，建筑面积6200平方米。阳煤新元公司调度楼及地下车库方案设计，建筑面积14000平方米。阳煤二矿燃气锅炉房设计，装机总量6×14兆瓦，可供百万平方米住宅取暖，是全市第一个大型工业用锅炉房，建筑面积2096平方米。西河路、育才路道路的改造设计等。

三、建筑照明和装饰

20世纪50～70年代，境内建筑物尚无照明装饰。80年代及90年代前期，建筑物开始安装照明装饰。1997后，矿区主要街道的临街建筑物大多安装了轮廓灯、射灯、彩色灯、霓虹灯、节日灯、辐射灯等各种灯饰，亮化了城市夜景。2002年，矿区出台了对北大西街、桥北西路进行美化、绿化、亮化的《实施方案》，与阳煤集团等有关产权单位密切配合，投资160万元，对道路两侧用瓷砖铺贴墙面的建筑物进行了清洗，对破损的瓷砖进行了更换，对81幢71万平方米未用瓷砖铺贴墙面的大楼，用高乳胶漆涂料进行了粉刷、装饰。对赛鱼口至洪城河口道路两侧的建筑进行了亮化，沿街办公楼都安装了彩灯，居民住宅楼都安装了轮廓灯，四矿桥、赛鱼桥按统一标准进行了粉刷，安装了广告灯箱。2003年，对亚美水泥厂和宏厦三建的1348平方米临街建筑进行了“平改坡”和外墙通体玻璃改造。

2004~2008年，矿区按照城市小街小巷亮化工程的具体要求，完成一矿桥南、桥北、沙沟、矿南、矿北、沙坪等地区及红岭街和矿山路两侧建筑物的亮化，改善了城市环境。

第二节　建筑设计

一、发展概况

矿区境内建筑设计行业发端于20世纪80年代中期。1987年，阳泉矿务局设计处经煤炭工业部批准为丙级设计单位。该处除主要担负矿井改、扩建工程设计外，开始承担工业及民用建筑工程的设计任务。该设计处于2000年6月改名为山西国辰建设工程设计咨询有限公司，资质晋升为煤炭乙级，并拥有建筑乙级和勘察乙级资质。80年代后期，原位于城区上站的阳泉市建筑设计院迁址于境内的桃北中路61号。该设计院于1984年4月经省建设厅批准，具有乙级设计资质，承担全市工业与民用建筑设计；1995年4月，经建设部批准晋升为国家甲级设计院。至2011年的数十年中，上述两个建筑设计单位技术力量不断增强，设计了矿区境内大部分工业和民用建筑，产生了一批有影响的建筑；此外，还积极承揽境外建筑工程设计，受到外地及上级部门的好评。

二、建筑设计单位选介

（一）阳泉市建筑设计院

1.沿革。阳泉市建筑设计院原为阳泉市建筑工程局设计科，1953年成立，有技术干部3人，行政干部1人，只能设计一般平房。1954年增加干部6人，经学习，掌握了预算、测量及绘图技术，同时也学会了设计二层混合结构建筑物，但结构部分的设计与计算还需太原及大同的设计部门帮助完成。1955年，增加练习生2人，全科干部达12人，掌握了结构的计算技术。1956年，全面掌握了三层以上混合结构建筑物设计，并初次进行了工业厂房及车间设计。1957年，为划分设计与施工职责，设计科改组为阳泉市民用建筑设计组，归市政府直接领导。由于干部下放和支援市房产管理处，设计组干部到年底仅有4人。1958年设计组改为阳泉市设计处，直接由市城市建设局领导，有人员19人，其中技术干部6人。初步掌握了工业设计，全年完成10个工厂设计，均符合生产要求和国家标准。同年成立工业与民用建筑专科组，市文教局为专科组保送9名高中毕业生外出学习土建、市政设计及水暖电卫设计，1959年开始承担市政设计任务，设计了防洪及道路工程，并为白南铁路支线设计了桥梁和涵洞。

1984年4月，阳泉市设计处变更为阳泉市建筑设计院，为自收自支、自负盈亏的县级事业单位。经省建设厅批准，阳泉市建筑设计院具有乙级设计资质。全院职工78人，各类专业技术人员39人。其中中级职称15人、初级职称17人，承担全市工业与民用建筑、工程概预算、工程地质勘察。1989年试行推广全面质量管理，成为全省第一家乙级设计院达标单位。1991年通过省建设厅全面质量管理达标验收。1995年4月，经建设部批准，由国家乙级设计院晋升为甲级设计院，全院职工168人，各类专业技术人员134人。包括高级职称15人、中级职称44人、初级职称51人。1997年工程地质勘察资质由丙级升为乙级。

2000年后，阳泉市设计院设计力量不断增强。截至2011年年末，在职职工198人，拥有各类专业技术人员121人，其中高级职称22人，中级职称59人，初级职称40人。拥有一级注册建筑（结构）师9人，二级注册建筑（结构）师10人，注册监理工程师14人，注册设备、电气、规划、造价师、建造师10人；配备了4台钻机、1部装载机，以及微机、喷墨绘图机、扫描仪、彩色打印机、刻录机等设备及建筑、结构、水、暖、电设计软件；建立了土工实验室及工程监理、工程勘察、装潢装饰、工程咨询、工程造价等专业部门。

2.设计工作。阳泉市建筑设计院诞生后的60年中，在技术力量、设备、设计能力、设计水平以及工程勘察和工程监理等方面有了全面发展。

1953～1959年，设计建筑面积17万平方米，投资1352.53万元；设计类型包括工厂、办公楼、宿舍、住宅、学校、医院、文化体育场所、河坝、铁路桥梁、公路、自来水塔等；工业建筑包括76立方米小高炉、年产30万吨耐火材料厂、年产1.2万吨高压高压电瓷厂、年产2.5万吨小水泥厂以及小型玻璃厂、小五金厂、卫生陶瓷厂、橡胶厂等。

20世纪80年代，阳泉市建筑设计院发挥行业优势，不断打造精品项目。1980年，完成了平定影剧院的设计。1984年，完成了阳泉第一栋高层建筑阳泉宾馆（14层）的设计，高度为51.4米，占地面积5.8531公顷，总建筑面积2.36万平方米，主楼面积2.08万平方米，裙房面积6700平方米，总投资3000万元。还完成了阳泉工会大厦（14层）的设计。1986年，完成了阳泉物资大厦（16层）的设计。1988年，所设计的阳泉铁路旅客站房获省优秀设计二等奖。

90年代，除独立完成许多地标建筑外，阳泉市建筑设计院还与外地知名设计单位合作，开拓外地建筑设计市场。1992年，完成阳泉基建办大楼（15层）、阳泉国税局综合楼（16层）、市科技活动中心（16层）的设计。1993年，完成了阳泉工商大楼（16层）、泉美大厦（24层）的设计。1994年，完成了华联商厦（10层）的设计。1994年，院勘察处与国家兵器工业部勘察研究院合作完成了北京地铁上盖工程初勘，与兵器工业部北方勘察研究院合作完成了武汉中包公司大厦（28层）工程的详勘。1996年，在10万平方米安居工程总体方案设计中，按照市委提出的“安居工程的设计质量和标准要在二十年内不落后，五十年内不后悔”的总体思路，经反复论证，绘制出的总体设计方案，受到中央、省、市领导和群众的赞扬。1996年，完成了工商银行阳泉支行营业楼（20层）的设计。1997年，所设计的市信托投资公司红楼改扩建工程（12层）获山西省优秀设计一等奖，完成了阳泉公路分局综合大楼（12层）的设计。由阳泉市建筑设计院于1997年8月18日至1998年10月20日编制完成的98系列建筑标准设计图集98S9《管道及设备防腐保温》和98S10《管道支架、吊架》获2002年山西省优秀设计一等奖。1999年，完成了汽运四公司机修车间三跨工业厂房的设计。同年，勘察处设计施工的荫营矿机修车间地基土灭火、加固工程，采用钻孔内注入水泥浆的方法对自燃地基土进行灭火、加固，直接、间接节约投资约110万元，该项工程获2002年山西省优秀勘察三等奖；勘察处设计施工的阳泉市瑞丰花园小区菊花园组团住宅楼地基强夯加固工程，获2002年山西省建设厅优秀勘察三等奖；勘察处在后底沟阳钢住宅楼工程中，采用帷幕注浆法对老式大面积采空区进行地基处理，比大开挖充填的传统处理方法缩短工期1个多月，节约投资100余万元，采空区地基处理QC小组成果获2002年省工程勘察设计优秀质量管理小组一等奖。

2000～2005年，阳泉市建筑设计院设计的诸多项目不但在全市具有重大影响，在外地也获得好评。2000年，与河北省建筑设计院合作，完成了市重点建设项目第一人民医院病房楼设计；在上海浦东合作设计完成了高、多层建筑设计12项，建筑面积近5万平方米；与地质勘察处在河南等地承揽工程，在数十个单位工程勘察中，总分评比第一名；与水利部山西水利水电勘测设计研究院、山西省城乡规划设计研究院合作，完成阳泉市娘子关供水二期工程初步设计，总投资2183.7万元；与阳泉市规划设计院密切配合，完成阳泉市城市污水管网工程的初步设计，总投资7025.08万元；由建筑设计院完成各个分项设计的市体育中心体育场工程，节约用地为10%～15%；所设计的市信托投资公司红楼改扩建工程，采用国内少见的大跨度预应力梁转换层大幅度加层的方法，工程设计获2000

年度山西省优秀工程设计一等奖、建设部表扬奖。2001 年，完成了总投资 9000 万元的省级小城镇建设示范工程——阳泉市郊区瑞丰花园住宅小区的规划设计；完成了天利购物中心、阳泉市第一中学改扩建工程的设计。2003 年，与中国建筑科学研究院工程抗震研究所合作，受外交部委托，完成了保加利亚和卢森堡驻华大使馆加固工程两项涉外工程设计；所设计的远鑫大厦、地税局培训中心及附属工程、科技活动中心续建工程，均为框架 - 剪力墙结构。同年，规划设计了馨康家园马家坪住宅小区改造工程，规划总用地 17.86 公顷，新建住宅楼 35 栋，总建筑面积近 16 万平方米；还设计了省重点工程东纵公路配套设施梁家寨服务区收费站工程。2004 年，设计了北冰洋大厦（13 层）。2005 年，所设计的阳泉市革命烈士纪念馆（碑），是迁址新建工程，占地面积约 1.37 万平方米；同年，阳泉市建筑设计院主编的 05 系列建筑标准图集《管道及设备防腐保温》（05S8）建筑图集和《管道支架、吊架》（05S9）图集获 2006 年度山西省优秀工程勘察设计（工程建设标准设计）一等奖。

2006 ~ 2011 年，市建筑设计院的多项设计为填补空白之作。2006 年，勘查处设计施工的荫营煤矿场地及马路注浆灭火工程、盂县公安指挥大楼夯实水泥土桩复合地基加固工程、滨河世纪城香榭花园 1 号楼主楼采空区注浆加固工程，三项工程均填补了阳泉市地质勘探领域的空白；所设计的美隆国际商业广场占地 1.7 万平方米，总建筑面积 8.5 万平方米；还承担了阳泉市矿区采煤沉陷区综合治理项目古城、巨兴小区工程设计。2008 年，建筑设计院加班加点完成了援助四川地震灾区近 6 万平方米过渡安置房的设计任务；承担设计了阳泉移动通信大楼、阳泉天融中兴商业广场、阳泉矿区采煤沉陷区综合治理项目石卜咀小区工程设计。同年，市建筑设计院受和顺县建设局委托，依据《和顺县县城总体规划》和《和顺县县城集中供热专项规范》，编制了《和顺县县城集中供热管网工程可行性研究报告》，总面积为 27.5 平方千米，工程总投资 12966.53 万元。2010 年，市建筑设计院完成设计项目 310 项，设计施工图面积 85.95 万平方米，完成设计收入 1391 万元；完成勘探进尺 3.05 万标米，完成勘察收入 892 万元；完成监理收入 607 万元，概预算收入 41 万元；工程咨询中心完成收入 64 万元；全院实现总产值 2995 万元，上缴国家利税 183 万元。2011 年，市建筑设计院承揽了南庄安居小区一期工程设计、南煤集团棚户区改造工程、盂县文化中心工程等项设计。截至年底，完成设计项目 210 项，设计施工图面积 115 万平方米，完成设计收入 1409 万元；完成勘探进尺 3.1 万标米，完成勘察收入 908 万元；完成监理收入 844 万元，概预算收入 44 万元；工程咨询中心完成收入 56 万元；全院实现总产值 3312 万元，上缴国家利税 196 万元。年内，市建筑设计院通过了国家 ISO9001: 2008 质量管理认证体系。

1990 ~ 2011 年，市建筑设计院共完成设计施工图 1148 万平方米，完成勘察钻探进尺 35 万标米，完成收费 2.14 亿元。

（二）山西国辰建设工程设计咨询有限公司

1. 沿革。山西国辰建设工程设计咨询有限公司的前身最初是阳泉矿务局计划科设计股，成立于 1952 年。在此基础上，于 1953 年 11 月抽调人员组建成立设计处，具有煤炭丙级设计资质。1959 年设计处降格为设计室。1978 年 8 月，阳泉矿务局重组设计处。1987 年经煤炭工业部批准为丙级设计单位。该处除主要担负矿井改、扩建工程设计外，也承担工业及民用建筑工程的设计任务。1990 年有职工 76 人，其中高级工程师 19 人，工程师 16 人，下设预算、机电、土建、设计管理、资料、采矿石、机电设计、地面规划管理等科室。

1996 年 3 月 21 日，阳泉矿务局成立规划设计管理办公室，负责全局的规划设计管理工作；要求各单位自行编制的地面规划设计，必须报局设计处审查批准和城管规划部门认可后方可实施，同时建立了设计回访制度，对 1994 年年底至 1996 年 3 月竣工验收的房屋建筑进行了回访和复查。

2000 年 6 月，设计处改名为山西国辰建设工程设计咨询有限公司，为阳煤集团下属子公司，资质晋升为煤炭乙级，并拥有建筑乙级和勘察乙级资质。在为优化煤炭产业产能机构做出贡献的同时，国辰公司加强自身建设，增强技术业务能力，提高设计水平和设计质量，造就了一支训练有素、设计能力较强、配套齐全的煤炭专业设计队伍，有完善的工作流程和质量保障体系，能够完成设计资质证书规定的各项任务。2010 年 5 月，经建设部批准，国辰公司矿井设计资质由乙级晋升为煤炭（矿井）甲级，成为全国煤炭企业所属设计单位中第一家甲级设计院。截至 2011 年，国辰公司共有在册员工 118 人，其中高级工程师 19 人、工程师 56 人。拥有国家一级注册建筑师 5 人、国家一级注册结构师 3 人、国家二级注册建筑师 5 人、国家注册土木工程师（岩土）1 人、国家注册电气工程师 1 人、国家注册采矿工程师 11 人、国家注册机械工程师 8 人、国家注册安全工程师 3 人。国辰公司下设采矿一所、采矿二所、建筑一所、建筑二所、机选所、电气所、水暖所、经济所等 8 个专业设计所及岩土公司、测绘中心、施工图审查中心等设计辅助部门，成为山西省乃至整个煤炭系统具有较大影响力的甲级设计公司。

2. 设计工作。山西国辰建设工程设计咨询有限公司及其前身结合境内山多平地少的特点，充分利用地形进行建筑设计。1987 年，在局机修厂东窑房住宅区和机关东山住宅区建设了五层单元式抗变形住宅 21 个单位共 1.4 万平方米，并在总结经验中推广使用。设计的工业建筑有各矿抽出式风机房 17 座，变电所 12 座。

1980～1989 年，设计处设计了一批学校、医院、商店等公共民用建筑，主要有 14200 平方米的五矿医院、8500 平方米三矿中学教学主楼、10743 平方米的五矿中学、4710 平方米的五矿小学、3108 平方米的五矿托幼园、12500 平方米的平定职业二校、3087 平方米的机关托幼园、2427 平方米的五矿商场、1765 平方米的五矿基层商店。此外还参与框架七层面积约 12500 平方米的机关办公楼的设计。

1990～1999 年，设计处重点完成了建筑面积为 8923 平方米的阳泉矿务局职业病防治所，包括办公楼、病房、食堂、理疗、单宿、车库、多功能厅水池、观赏水景等工程。此外还完成了占地面积 1456 平方米、建筑面积 6056 平方米的机关浴室。在设计一矿吴家掌 35 千伏变电所中推广应用微机监控装置，获阳煤集团 1998 年度科技进步三等奖。

从 1978 年阳泉矿务局重组设计处至 1999 年，设计处分阶段设计民用住宅建筑约 296 万平方米，4.76 万户。其中，一矿、二矿、三矿、四矿约 280 万平方米，4.5 万户，五矿新区 16 万平方米，0.26 万户（其中一小部分为 1950～1978 年所设计）。

1998～2005 年，在住宅楼建筑电气设计中，为体现人性化设计，保证安全适用出发，推广应用三相五线或单相三线制系统。2003～2005 年，国辰公司完成的地面建筑设计重点项目有：矿一中教学楼工程设计、马家坪住宅工程、大垴小区住宅工程、一矿、二矿、三矿、四矿、五矿住宅工程设计，共计 70 万平方米。2005 年，在金花园住宅小区建筑电气设计中首次推广应用住宅智能化及综合有线系统设计，2006 年投入使用。

2006～2008 年，国辰公司完成的地面建筑设计重点项目有二矿桃南集中供热工程、五矿集中供热工程、二矿文化广场方案、矿一中教学北楼工程、一矿西坡（1 区、2 区）住宅工程、二矿巩窑洼 11 号住宅工程、三矿麻地巷廉租廉价住宅工程、一矿、二矿、三矿矸山生态恢复工程、寿阳地区铁路运输方案、集团公司马西区以及各矿住宅工程设计、一矿综采厂房设计、新元矿办公楼联建、石港矿办公楼设计、馨康家园二期工程设计、嘉和居住宅设计、阳煤大厦设计方案、阳煤展览馆改造计、矿区街道亮化、美化等工程设计。一矿和三矿棚户区改造室外配套、机关集体宿舍采暖大修等工程设计。

2009～2010 年，国辰公司共设计住宅 82.4 万平方米，可供 9416 户居住，用地 48.55 万平方米，容积率 1.70，户均面积由 62.18 平方米提高到 84 平方米。新设计住宅分布在 9 个地点。其中二矿改造区 11.7 万平方米，1380 户；三矿预制厂、东沙台、西沙台、工业园区共 23.49 万平方米，2543 户；四矿 23.5 万平方米，2200 户；馨康家园、嘉禾小区、机关办公楼共 23.71 万平方米，3293 户。新建住宅消防设施达到国家标准，抗震能力达到国家规定的 7 度，绿化率有所提高。2010 年国辰公司完成产值收入 4800 万元。

2011 年，国辰公司共完成设计项目 832 项，出版各类初步设计、可研报告、方案设计等文本 280 套 3400 本，完成或正在实施的监理项目 346 项，逐步开展了工程总承包业务和选煤设计业务，开拓了公司新的经济增长点。

第三节　建筑施工

一、发展概况

1953 年，为适应煤矿建设快速发展的需要，境内国企阳泉矿务局各矿组建了建筑队。1956 年正式组建建设工程公司，工程公司下辖土建工程队，机电工程队、副业场和 4 个井巷工程队。其中土建工程队担负地面工业建筑和民用建筑施工，井巷工程队担负矿井开拓工程，机电工程队则担负井下和地面机电设备安装。1958 年，人民公社运动兴起，工程公司与局基建处、设计处等合并组建为阳泉市矿区人民公社基本建设部，下辖建筑安装工程处和 3 个建井工程处。1959 年，公社解体，各处仍归属矿务局。1961 年，建井处与建安处合并，组成矿建、土建和机电安装综合性施工企业矿井工程公司。1964 年，矿井工程公司又与基建处合并，改称基本建设工程处。1965 年，基本建设工程处改称煤炭部第七工程处，由煤炭部直属，大部人员调至各地担负建设任务。留在局内担负建设任务的 1500 余人，为原有队伍的四分之一。

“文化大革命”开始后，援外职工陆续返回，并于 1967 年成建制调往江西，支援三线建设任务。1968 年在煤炭部第七工程处留守处基础上重新组建了基建工程处。1974 年基建工程处改为工程处，下辖矿建工区、建筑工区、土建队、机电队、运输队，职工 2300 余人。

“文化大革命”结束后，阳泉矿务局着手开发贵石沟新区。1984 年，将在贵石沟施工的建筑队伍改称第三工程处。同时，1983 年参加贵石沟建设的中国人民解放军基建工程兵 00433 部队奉命撤销建制，改为阳泉矿务局第三工程处。

1983 年和 1985 年，先后由区劳动服务公司及平潭街街道办事处组建了矿区建筑工程公司和矿区建筑安装工程公司，境内有了建筑队伍。矿区建筑工程公司有职工 100 余人，主要从事小型建筑施工，兼营混凝土构件和木加工；矿区建筑安装工程公司，也主要承揽小型建筑施工、安装，有职工 30 余人。1987 年，全局基建施工队伍达到 14000 余人，承担贵石沟新区、三矿新井等矿井建设。

1993 年以后，逐步形成了宏厦公司、宏厦一建、宏厦三建、太行公司、房地产分公司 5 大建筑房地产企业。1993～1997 年，全局基本建设工作量总计完成 173783.56 万元。1998 年进入困难时期以后，建筑施工企业勇闯市场，继续承揽煤矿基建工程，并开拓了路桥、高层建筑等施工领域。

2002 年 1 月 21 日，阳煤集团对原有建筑施工单位进行了重组：以宏厦一建的矿建、机电安装工程队伍为主体，组建了矿建工程、机电安装工程专业公司；以宏厦三建的土建、市政工程队伍为主体，组建了房建、市政工程专业公司；将三建、四建的机电安装公司的人员及机关部室中从事机电安装工程管理的有关人员一并划归宏厦一建；将宏厦一建从事土建工程的所有分公司、队组、人员及相关部室的管理人员一并划入宏厦三建；将宏厦四建除机电、后勤和轻体板厂外的其余单位和人员全部与宏厦三建合并重组；宏厦四建的轻体板厂及人员成建制划归新派新型建材总公司；宏厦一建、宏厦三建、宏厦四建的生活后勤系统除计划生育等有必要保留的科室外，全部成建制划归升华实业分公司。重组的结果是：撤销了宏厦四建，宏厦一建成为矿建和机电安装专业公司，宏厦三建成为土建和市政工程专业公司。4 月 14 日，集团公司又决定将山西太行建筑安装工程有限公司从实业开发公司划出，归阳煤集团直接管理。截至 2008 年，5 个公司施工产值增长到 28.27 亿元，房地产开发投资达到 14.64 亿元，一建、三建和太行公司都发展成为年产值超过 10 亿元的企业，居于煤炭行业和山西省建筑行业前列。2011年组建了阳煤建筑地产集团，拥有大型煤矿、大型冶金化工项目建设安装和民用建筑总承包资质，配套100万吨水泥、建筑节能构件生产加工能力，商业地产开发规模年度100万平方米左右，销售营业规模50亿元左右。

二、企业选介

（一）宏厦一建（第一工程处）

前身为建设工程公司，始建于1953年，原为煤炭部第七工程处，1976年划归阳泉矿务局，更名为阳泉矿务局工程处，1998年改制后称为山西宏厦建筑工程第一有限公司。经过50多年发展，宏厦一建已形成井巷工程、机电安装、建筑工程、运输、爆破、房地产开发为主体的大型综合施工企业，形成一业为主，两翼并举，多元发展的产业格局。先后参加过11个省市、38个矿区、106个矿井的新建、改扩建工程，为国家煤炭建设创造了辉煌业绩，多次荣获全国煤炭战线“特别能战斗的队伍”称号。2000年后，宏厦一建涉足房地产开发领域，开始了由建筑商向开发商转变的尝试。以2001年10月1日宏泉小区住宅楼正式开工为起步，相继上马了宏泉小区二期、三期工程，居馨花园、古城小区的开发。2002年6月13日，由宏厦一建机电安装第四项目部承建的霍州煤电集团辛置选煤厂重介选煤系统工程进行联合试运转，达到重载试车条件。11月15日，由宏厦一建第四项目部承建的衡德高速公路跃进渠大桥主体工程提前40天竣工，再次刷新高速公路大桥建设新纪录。2003年5月21日，宏厦一建中标阳泉煤运公司神裕洗配中心工程。10月1日，宏厦一建承揽到太原雷蚨德公司投资开发的沁水县胡底煤矿井筒开凿工程。2004年6月11日，宏厦一建中标宁夏煤业集团石沟驿煤矿120万吨/年技改工程中的斜风井和副斜井施工工程。2005年7月29日，宏厦一建宏建爆破公司担负的盂县耐火材料公司七根烟囱的拆除爆破任务顺利完成。9月23日，宏厦一建承建中国有色金属建筑股份公司旗下四川泸州黄浦电力公司黄浦选煤厂的土建和机电安装工程。11月3日，宏厦一建中标北京卫戍区两栋高层民用建筑工程。2007年8月17日，宏厦一建又成功中标北京卫戍区北苑第三期住宅楼共3栋楼工程；11月13日，该工程4号楼获得北京市工程建设质量最高奖——北京市建筑结构“长城杯”。2008年，宏厦一建北京分公司被评为北京市优秀项目部，位列29家优秀项目部榜首。

宏厦一建在开拓国内市场的同时，又开发了蒙古国市场，成为山西省首家走出国门的施工企业。2003年9月16日，宏厦一建与中国有色金属建设股份有限公司签订境外施工合同，由宏厦一建负责施工蒙古国图木尔廷—敖包锌矿露天矿的基建剥离工程。2005年8月28日，基建剥离工程顺利竣工。9月19日，宏厦一建与鑫都公司又达成一项为期25年的生产合作协议，不仅承揽到图木尔廷—敖包锌矿生产期的矿石开采工程，而且承揽到了从开采工地到赛音山达350千米的矿石运输任务。宏厦一建员工克服种种恶劣施工条件，于2007年11月20日保质保额完成了图木尔廷敖包锌矿全年采矿及基建剥离工程量，其中露天矿剥离工程超额完成112万立方米，露天采矿超额完成19万立方米，支持配合了鑫都矿业的生产经营，并且将蒙古国80名习惯于游牧生活的游牧民培训成了能够从事工业生产的工人。2006年6月14日，宏厦一建在蒙古国成立了独资的宏厦一建有限责任公司，公司注册资金3万美元（相当于蒙古国货币图格里克3558万元），经营范围包括建筑装潢、咨询、内外贸易、爆破、钻探、剥离土方等，这是中国煤炭施工企业在蒙古国建立的首个独资公司。2007年1月28日，宏厦一建与蒙古国布仁集团公司签订合作协议，双方决定共同出资100万元成立布仁房地产开发公司，分别占总股本的60%和40%，由宏厦一建控股经营。同时还与布仁矿业公司签订了合作开发达米拉铁矿项目的协议，7月7日，达米拉铁矿正式投产。同年7月6日，宏厦一建与蒙古国住宅投资建设集团就蒙古国政府住宅工程建设项目签订了合作备忘录。蒙古国政府住宅工程计划7月开工5万平方米，共1000套住房，2008年开工20万平方米以上，2010年前建成。同时，由宏厦一建独立开发的蒙古国杭爱小区，占地173.3公顷（2600亩），建筑面积350万平方米以上，计划用5至

8 年时间完成。截至 2008 年年底，宏厦一建拥有员工 2916 人，各类专业技术人员 334 人，中高级职称的专业技术人员 123 人，二级以上项目经理 86 人，资产总额 23374 万元，大型施工设备 1202 台（件），公司具备年产值 5 亿元的施工能力。2009 年 6 月，矿建二部 71 队施工的五矿赵家分区进回风立井 8 米断面副立井普掘破百米，刷新了集团公司建井史上立井施工月进度记录。7 月，第一台综掘机在矿建一部芦北工地下井，这台综掘机被命名为“开拓先锋号”。矿建一部 552 队荣获 2008 年度全国煤炭行业等级施工队称号。2010 年 2 月，集团公司引进 10 台井下深孔水平钻机，用于寺家庄工地瓦斯抽放。5 月，成立千米机项目部，在新景矿开钻。8 月，宏厦一建 2 项科研成果获阳泉市科技局应用成果三等奖，两项成果均达到国内领先水平。12 月，中国煤炭协会对 2009 年度全国煤炭施工企业综合实力进行排名，宏厦一建在矿建施工 30 强中名列第 5 位。2011 年 6 月，宏厦一建矿建六部 58 队、581 队在阳泉固庄煤矿 828 全岩大断面巷道施工中双双单头掘进破百米，创下新纪录。

（二）宏厦三建（第三工程处）

前身是 1978 年进驻贵石沟矿区参加五矿六号层斜井建设的中国人民解放军基本建设工程兵 00433 部队，1983 年 5 月奉命撤改的“阳泉矿务局第三工程处”，当时在册职工为 1400 余人，是一个具有土建、矿建、机电安装能力的综合工程处。1997 年年底，阳泉矿务局第三工程处更名为山西宏厦建筑工程第三有限公司，将施工队改为项目部，确立了 15 个项目部，采用“小分队”作战的管理模式。2000 年 7 月，宏厦三建机关办公场所由贵石沟整体搬迁至矿区俱乐部，随后各项目部办公场所陆续迁往矿区。2002 年集团公司根据实际需要和机构设置情况，再次进行专业化调整，将宏厦三建、四建的机电安装统一划归宏厦一建，将宏厦一建、四建的土建合并为宏厦三建，实行机构重组，专业化管理。重组后，宏厦三建强化各项管理和工作力度，成为国家建设部审定的房屋建筑施工总承包一级企业。2007 年 9 月，宏厦三建自己投资建造了星光大厦办公楼，机关办公场所由矿区俱乐部搬迁至星光大厦。2011 年 12 月，宏厦三建又投资在原牛奶厂处新建了培训中心，并将项目部基地搬迁至此。截至 2011 年年底，公司已发展成为国家房屋建筑施工总承包一级企业，具有机电安装和市政公用工程施工总承包、建筑幕墙装修装饰、公路路基工程、桥梁工程、预拌商品砼、钢结构工程、基地与基础工程专业承包等 8 个增项资质以及电力承装（修）、房地产开发、城市房屋拆迁、城市绿化、物业管理等资质。公司拥有固定资产 1.83 亿元，拥有各类工程需要的施工机械设备 800 余台。现有员工 2097 人，拥有各类专业技术和经济管理人员 600 多名，高中级技术人员 140 余人，一、二级注册建造师 109 名。公司下辖 22 个土建项目部、2 个道路桥梁土方机械项目部、5 个（机电安装、门窗安装、基础工程、物资供销、设备租赁）专业项目部，2 个（新型建材、预拌砼）专业化分公司，以及三丰幕墙装饰工程、三正房地产、程锦城市绿化、宏正物业、365 商贸、宏力建筑劳务 6 个子公司。能独立承担大型工业与民用、火力发电、高层住宅、大跨度工业厂房、高等级公路、桥梁、市政工程以及园林绿化工程等。经营商品混凝土、各类大型预应力构件、钢结构产品、新型节能建材、断桥铝合金门窗等。从概预算、招投标、设计到施工、质检、财务成本，全过程实现了网络管理。年综合施工能力 30 亿元以上。

宏厦三建先后在柳林、中阳、晋城、长治、襄垣、蒲县、沁水、北京、大同、朔州、太原、平定、盂县、寿阳、昔阳等地参加建设，所建的工程质量均达到国家验评标准。其中，施工的太旧高速公路聂家庄特大桥工程获国家“鲁班奖”；北京银地家园、北京万豪国际公寓获北京市结构“长城杯”；运三高速公路获山西“汾水杯”；南开大学留学生公寓获天津市优质工程；“神舟五号”宇宙飞船回收展厅，阳煤集团煤矸石电厂主厂房、210 米烟囱，阳煤集团百万吨水泥厂工程“六连体滑模筒仓”等被中央电视台报道，开发了金花园、星光大厦、大垴东区等绿色环保小区。宏厦三建 55 项工程获国家、部、省、市优质工程，位居山西建筑安装企业 50 强之列。2006 年宏厦三建施工产值突破 8.39 亿元，23 个项目部中 22 个产值上千万元，有 16 个产值上 2000 万元，其中被集团公司第一个冠名的“杨洪良项目部”连续三年产值超过 8000 万元。2007 年 12 月，成为阳煤集团第一批改制企业。

公司注册资本6000万元。其中，阳煤集团出资额为3060万元，占总股本的51%，宏厦三建员工出资额为2940万元，占总股本的49%。年内，完成企业总产值10.4亿元，2008年完成企业总产值10.7亿元。2008年获“山西省优秀施工企业”“山西省百强企业”“山西省首届百家诚信企业”“全国优秀施工企业”“全国质量安全管理先进单位”“全国工程建设质量管理优秀企业”“全煤系统基建施工企业前六强”等荣誉。2009年完成企业总产值12.68亿元，获“山西省优秀建筑企业”“全国工程建设质量管理优秀企业”“山西省煤炭基本建设先进集体”“山西省优秀企业”“山西省属企业文明单位标兵”“煤炭行业优秀施工企业”“山西省百强企业”“山西省工程建设质量管理优秀企业”“片区煤炭建设工程造价管理先进单位”“煤炭建筑业施工统计报表数据质量评比优秀施工统计管理企业”“山西省煤炭建设施工企业统计年报先进单位”等荣誉。2010年完成企业总产值15.11亿元，获“山西省文明和谐单位”“山西省优秀建筑企业”“全国优秀施工企业”“山西省优秀企业”“全国工程建设质量管理优秀小组”“山西省百强企业”等荣誉。2011年完成企业总产值16.67亿元，获“山西省优秀建筑企业”“全国优秀施工企业”“山西省属企业文明单位标兵”“山西省优秀企业”“山西省先进基层党组织”“全国工程建设质量管理小组优秀奖”“山西省百强企业”等荣誉。

（三）山西太行建设开发有限公司

成立于1987年12月，前身为阳泉矿务局综合工程公司，1997年更名为山西太行建筑安装总公司，1998年改制后更名为山西太行建筑安装有限公司。2005年，随着业务的增加和产业结构的变化，更名为山西太行建设开发有限公司。公司是一个以房地产开发为核心业务，建筑施工、物业管理、勘探设计、机电安装、装饰装潢多元化经营的大型企业，具有国家房地产开发二级和房建总承包一级资质，系ISO9001国际质量管理体系认证单位。2006年，太行公司房地产业在山西、北京、重庆三大市场蓬勃发展，年产值突破10亿元，新开发面积20万平方米，施工面积776499平方米。2007年，太行公司确立了“地产开发为核心业务，建筑施工为基础业务，物业管理为培育业务”的产业格局。并通过改制，实现投资主体多元化，成为阳煤集团相对控股、企业经营层参股的集团化企业。公司从重庆大学、南开大学等国内知名学府择优引进硕士研究生10名。对综合管理部、人力资源部、财务部、审计部等总部的4个部室和阳泉房地产公司、建筑公司的6个部室负责人在全市范围内公开招聘。员工年人均收入突破3.2万元，较上年提高33%。公司荣获国际绿色建筑杰出贡献奖，被评为全国煤炭工业先进集体。2008年，太行公司根据业务发展需要，进行了二次改制，更名为“阳泉煤业太行地产投资管理有限公司”，并成功走出了一条“集团化发展、区域化经营、市场化运作、专业化管理”的强企之路。在房地产开发方面先后成立了临汾、运城、太原、永固四个房地产开发公司，开发的项目有阳泉的御康山庄二期，重庆华美时代城、临汾御景水城、太原太行国际温泉城、东山御府项目等。在中国房地产与建筑企业500强信息发布会上，太行公司房地产业跻身500强之列，排名第448位，建筑业位列500强第189位，比2006年前进298名。

2009年，完成企业总产值12亿元，实现销售收入8.4亿元，公司晋升为房地产开发一级资质，成为阳泉市首家获得房地产一级资质的企业。重庆御景天城项目住宅全部清盘，销售额达到1.14亿元，累计销售额6.15亿元，商业销售率达7.7%，租赁率达97.76%。2010年，销售收入完成11亿元，全年利润完成7066万元。区域目标市场进一步拓展，重庆市场，完成御景天成项目，重庆19万平方米的盘龙项目顺利启动。山西市场，开辟了太原、运城两个新的目标市场，临汾御景水城项目一期10万平方米全面开工建设。太行公司采取积极有力措施，下大力抓资产变现，成效显著，确保投资的回报和收益。海南三亚半山半岛项目投资20000万元，投资与回报已全部收回，利润为10293万元。北京天安国汇项目，投资8000万元，14300万元的投资及回报已全部收回，回报率达到47.5%。2011年企业总产值完成19.27亿元，实现利润7601.91万元。重庆华美时代城项目正式启动，进入开发建设阶段；太原东山御府项目正式立项，开始规划设计；太原太行国际温泉城项目完成前期调研、项目规划方案开始论证；阳煤卓凡大酒店与珠海卓凡集团签署协议并进入装修阶段。截至2011

年年底，太行公司有员工1149人，其中大专以上毕业生462人，具有各类各级专业技术职称人员244人。太行公司从2002年开始从事房地产开发，先后在阳泉、重庆、北京、海南、临汾、太原等地开发12个项目，总开发体量达到300多万平方米，竣工开发体量为92.37万平方米，在建总开发体量为121.62万平方米；产品涉及别墅、洋房、公寓、小高层、高层、商业、写字楼、星级酒店等。

太行公司先后承建了西山住宅小区、洪城河住宅小区、明珠建材大厦、老干康复中心、盂县职防所、药林寺会议中心和运动会所工程。还承建了榆次农行住宅小区、化工部第二设计院住宅小区、太原长风高层住宅、省科委住宅小区、北京兆维高层公寓、北京香福园住宅小区、北京小马厂小区高层住宅、中关村科贸大厦、清华园科技大厦等高大建筑。开发建设了阳泉恒康家园住宅小区、文化广场、美丽家园住宅小区、御康山庄别墅区、药林别墅苑、太行国际新城项目。在北京、重庆，开发了鼎源住宅小区、朱雀门高级公寓、天安国汇大厦、御景天成高层住宅小区项目。开发和承建的项目和工程中，多项工程获省、市和国家级奖项。

（四）山西宏厦建设工程有限公司

系原山西煤炭第一建筑总公司，于1998年3月改制而成，公司基地设在市北大西街5号，注册资本13834万元。2008年3月，按照集团公司有关辅业改制的要求，公司进行了二次改制，公司注册资本金变更为6000万元，其中集团公司出资5400万元，占总股本的90%；宏厦公司员工出资600万元，占总股本的10%。公司通过了ISO9001质量体系认证，具有国家建设部核定的房建工程施工总承包和矿山建筑总承包一级资质、市政公用工程与机电设备安装总承包二级资质、省建设厅核定的房地产开发三级资质，阳泉市建设局核发的物业管理三级资质，是集施工、房地产开发、物业管理为一体的综合性建安企业。

2000年后，宏厦公司先后开发了阳泉市开发区宏苑小区、宏苑馨居、世纪宏苑、宏苑怿居等50万平方米的功能全、品位高、环境美、价格优、秩序好的8个住宅小区。先后为开发区上五渡旧村改造了10万平方米的返迁区住宅，为社会主义新农村建设，加快城乡一体化发展发挥了积极推动作用。公司先后组织完成和承担建设了40万吨氧化铝的山西兆丰氧化铝公司项目建设工程、300万吨新元公司矿井建设工程、120万吨寿阳开元矿业公司的矿井建设项目、国投公司昔阳白羊岭90万吨煤矿扩建大型土石方及年产10万吨聚氯乙烯的阳煤集团氯碱化工有限公司工程建设，河北正元化工公司工程项目建设，阳煤丰喜肥业（集团）氨醇系统优化与改造项目，阳煤房地产分公司棚户区改造项目，阳泉市矿区采煤沉陷区综合治理项目等大型项目工程和国家重点建设项目。多次获省级优质工程和省安全文明工地等荣誉。宏厦公司依托房地产开发和建筑施工，从1998年公司成立完成施工产值980万元到2004年实现产值7300万元，房地产销售7500万元。2007年，施工产值突破3亿元，房地产销售8000万元。2009年营业收入30302.54万元。2011年，营业收入突破5亿元，营业收入逐年上升，实现了国有资产保值增值，截至2011年年底，净资产增长至近亿元。

（五）阳煤地产建设集团有限责任公司

成立于2011年3月，为阳煤集团准集团公司级建制的全资子公司。公司通过对原阳煤集团部分控股、参股建筑施工、建材等企业的相关国有资产无偿划转组建而成。下属企业分别为山西宏厦第一建设有限责任公司、山西宏厦建筑工程第三有限公司、山西宏厦建筑工程有限公司、阳泉煤业太行地产投资管理有限公司、阳泉新宇岩土工程有限责任公司、阳泉亚美水泥有限责任公司。是集建井安装、建筑施工、房地产开发、建材等产业板块为一体的大型地产建设集团。

阳煤地产建设集团有限责任公司对集团公司建井安装、建筑施工、房地产开发、建材等相关产业实行专业化管理，具有战略规划、产权管理、安全监管、开发策划、审计监督职能。对集团公司承担国有资产保值增值责任，统一规划集团公司建井安装、建筑施工、房地产开发、建材产业发展布局，对现有建井安装、建筑施工、房地产开发、建材产业资源进行整合，避免同业竞争和防止重复投资。阳煤地产建设集团有限责任公司组建后，以建井安装、建筑施工、地产开发和建材等主业为纽带，形成各业务板块之间相互依托，相互支持，共同发展的架构，实现项目总承包、工程总承包。积极争取申办行业特级资质，加大外部市场开拓力度，打造全省规模最大、产业链条最完善的地产建筑建材集团，并推进上市融资，做强做大阳煤集团建筑建材房地产产业。

2008年第二次经济普查阳泉市矿区部分建筑业企业名表

表11－1　单位：万元、人

企业名称	成立年月	年营业收入	资产总计	年末从业人员	地址	登记注册类型
北方大业建安有限责任公司	2001年4月	368	385.6	128	山西省阳泉市矿区桥东街20号	其他有限责任公司
阳泉市双成装饰装潢有限责任公司	2003年12月	363.3	713.7	44	山西省阳泉市矿区西河路东	集体
阳泉市元承建业工程有限公司	2006年7月	1425.8	693.1	120	山西省阳泉市矿区平潭街	股份有限公司
山西宏厦第一建筑有限责任公司	1953年1月	110456	111447.3	6308	山西省阳泉市矿区桥西街11号	其他有限责任公司
阳泉市一建起重设备安装有限公司	2003年9月	41.5	62.5	45	山西省阳泉市矿区平潭街	股份有限公司
阳泉金成建筑安装有限公司	1999年8月	1180	1140.6	180	山西省阳泉市矿区平潭街	私营有限责任公司
阳泉煤业集团二矿建筑安装公司	1994年3月	7512.9	7164.1	656	山西省阳泉市矿区小南坑	集体
阳泉市铸成鑫盛矿用工程有限公司	2007年4月	410.5	820	35	山西省阳泉市矿区平潭街日潭	其他有限责任公司
阳泉康汇建筑有限责任公司	2003年9月	564.1	632.1	34	山西省阳泉市矿区桥头	其他有限责任公司
山西阳泉华益家具装饰厂	1986年3月	500.3	605.6	48	山西省阳泉市矿区育才路四号	集体
阳泉鹏飞建筑安装有限公司	1998年10月	9270.9	8106.2	485	山西省阳泉市矿区	其他有限责任公司
阳泉市银建消防工程安装有限公司	2005年5月	161	689	68	山西省阳泉市矿区北大街文化广场底中	其他有限责任公司
山西宏厦建筑工程有限公司	1998年3月	20446	31613.4	1300	山西省阳泉市矿区北大西街5号	其他有限责任公司
阳泉华鑫机电安装有限责任公司	2003年3月	436.1	298.1	30	山西省阳泉市矿区桥头	其他责任有限公司
山西太行建筑安装劳务有限公司	2002年8月	614	914.3	119	山西省阳泉市矿区校北巷16号	其他有限责任公司
阳泉升华建筑安装有限责任公司	2003年8月	18407.9	14317.8	185	山西省阳泉市矿区北大西街5号	其他有限责任公司
阳泉煤业集团五矿华旺建筑安装工程公司	1998年1月	8600.6	7042.5	630	山西省阳泉市矿区小河滩	集体
山西宏厦建筑劳务有限公司	2002年9月	—	12	202	山西省阳泉市矿区桥东街	其他有限责任公司
山西宏厦建筑工程第三有限公司	1966年8月	91647.7	95002	4024	山西省阳泉市矿区桥东街	国有

续表 11－1　　单位：万元、人

企业名称	成立年月	年营业收入	资产总计	年末从业人员	地址	登记注册类型
阳泉市程锦建筑安装有限公司	1995 年 8 月	6835.1	7239.5	354	山西省阳泉市四矿煤山路 32 号	其他有限责任公司
山西太行建设开发有限公司	1987 年 12 月	99895.6	98907.8	6751	山西省阳泉市矿区北大街 207 号	其他有限责任公司
阳泉市国阳工程安装有限公司	2000 年 6 月	557.2	683.1	11	山西省阳泉市矿区平潭街	其他有限责任公司
阳泉市宏丰建筑安装有限责任公司	1999 年 9 月	5461.4	13898.2	391	山西省阳泉市矿区赛鱼	其他有限责任公司
山西欣通建筑工程有限责任公司	2003 年 7 月	13817.4	8144.5	1195	山西省阳泉市矿区桥东街 8 号	私营有限责任公司
阳泉市坤宇建筑机电工程有限公司	2000 年 10 月	136.6	1310.7	51	山西省阳泉市矿区洪城河	私营有限责任公司
阳泉北艺装潢有限公司	1991 年 8 月	885.7	2332.4	47	山西省阳泉市矿区乐山	其他有限责任公司

2011 年阳煤地产集团经营指标完成情况统计表

表 11－2　　单位：万元

单位名称	产值	利润考核基数	利润
宏厦一建	268975.22	238	－1012
宏厦三建	160000	487	1400
宏厦总公司	50216	386	520
太行房地产公司	180140	7158	7500
新宇岩土公司	10000	243	300
亚美公司	38400	－248	－248
合计	707731.22	8264	8460

第二章　房地产业

1991 年，全国城镇住房改革工作会议之后，境内住房体制改革也逐渐开展起来。阳泉矿务局组建了相应的房改领导组（为兼职机构），下设房改办公室，此系境内房地产业企业的前身。1992 年 4 月，阳泉矿务局成立房地产管理处。1998 年 4 月，房地产管理处撤销，成立了阳煤集团房地产总公司，在全国煤炭企业中率先对职工住房进行专业化管理。2001 年，更名为阳煤集团房地产分公司。2003 年 5 月，又成立了阳煤集团房地产开发有限责任公司，与房地产分公司实行一套机构、两块牌子。2004 年 9 月，随着阳煤集团生活后勤系统改制和划转剥离，成立了阳泉煤业集团物业管理有限责任公司，与阳煤集团房地产公司物业管理中心实行一套机构、两块牌子。此外，阳煤集团宏厦公司、宏厦一建、宏厦三建、太行公司均以高速发展的态势，由基本建设单位发展为大型建筑房地产公司，建筑地产业 2011 年的营业收入增长到 93 亿元，房地产开发投资达到 14.64 亿元。

随着住房制度改革的深入，境内破除了住房实物分配和低租金的福利制，建立起了以市场机制为核心的住房分配货币化制度。2002 年，阳煤集团率先在全国煤炭系统实施棚户区改造，从拆迁危旧排房实施廉价廉租房建设起步，特别是在马家坪旧区改造项目中，探索出了“政府支持，集团公司补助，房地产市场运作”的棚户区改造的成功模式。2002～2008 年，阳煤集团棚户区改造工程累计竣工 160 万平方米，有 17098 户居民告别棚户区，住进舒适明亮的楼房，棚户区改造工程基本结束。2005～2011 年，矿区展开大规模的采煤地表沉陷灾害治理，建成了巨兴、新派、四矿（一期）小区，完成总建筑面积 66 万平方米，住宅 7342 户。

第一节　住房体制改革

一、住房制度改革的进展

20 世纪 80 年代末，住房体制改革在全国兴起，目的是建立与社会主义市场经济体制相适应的新的城镇住房制度，实现住房的商品化、社会化。1992～2006 年，境内以阳煤集团为主的企业先后进行了四次较大范围的住房制度改革。

（一）*第一次房改*

1992 年 9 月，经过 7 个月的酝酿，《阳泉矿务局住房制度改革实施方案》经阳泉矿务局第十届职工代表大会第七次会议通过，同年 12 月，经中国统配煤矿总公司住房制度改革领导小组批准，在全局展开。此次房改坚持国家、企业、个人三者共同负担，坚持租、售、建并举，坚持统筹规划、分步实施、逐步到位，坚持机制转换四项原则，确立了房改的主要内容：新建住房，优惠出售给职工个人；建立国家、企业、个人三方共同筹资建房的机制，合作建房；分步提高住房租金，逐步过渡到房屋租赁的市场价格，并发给职工住房补贴；对原旧房租赁户收取租赁保证金，待住房租金达到市场租赁价格时退还给住户。此次房改，确立了以后房改的主要精神和内容，是历次房改的纲领性文件。为了贯彻房改政策，还同时出台了《阳泉矿务局新建住宅优惠出售实施办法》《阳泉矿务局集资建房实施办法》《阳泉矿务局公有住宅提租补贴实施办法》《阳泉矿务局公有住宅租赁保证金实施办法》《阳泉矿务局公有住宅租赁金实施办法》《阳泉矿务局住房资金筹集、使用和管理办法》等 6 个配套办法，住房改革开始进行。

围绕房改政策，房地产管理处于 1993 年年初确立了住房建设资金的五种筹资渠道：一是从局管理维简费中按吨煤 2 元提取；二是从局管一般大修理基金中按号煤 0.5 元提取；三是按规定从留利和结余工资中提取；四是按固定职工和劳动合同制职工总人数以 1992 年 6 月份标准工资加 5 元付食补贴为计贴基数分月从成本中提取；五是实行提租补贴后，从收取的房租中按 20% 用于房屋维修，80% 用于住房建设。1993 年 2 月，针对建房资金管理手续繁多，管理分散的情况，阳泉矿务局将房改资金的组织、筹集、回收、核算、管理统一划归房地产管理部门负责。各单位房地产管理部门对职工直接办理房改资金手续和收退款工作，并与局房地产管理处直接办理上交、划拨、结算业务。做到按月结算，保证住房建设资金需要。

（二）*第二次房改*

1993 年 7 月，按照“分步提高房价”的指导思想，新建住宅出售基价由每平方米 190 元调整为 210 元；对地区类别、楼房层次售价调差进行了调整；新建住宅原则上实行预售办法；新建住宅出售优惠比例，在竣工前一次性付清购房款者按基价的 25% 给予优惠；竣工后分配前一次性付清购房者按基价的 20% 给予优惠；房管单位严格按住房面积控制标准分配住房，对住房面积超标的住户，严格按照实际超标面积和加租标准进行收费。9 月，制订出台了《阳泉矿务局公有旧住宅出售实施办法》，对公有旧住宅进行了出售，出售价格每平方米 190 元，每年按 3% 折旧，一次性付清购房款者，给予30%优惠。

（三）第三次房改

房地产管理处在1996年7月提出新的住房政策，全面建立住房公积金制度；稳步出售公有住房，到“九五”末全部实现成本价和市场价售房；积极推进租金改革，标准价售房，每平方米建筑面积437元。根据阳泉市出台的标准价房的售价的规定，将新建住房每平方米提高到579元，公有住房租金由1996年每平方米1元到2000年每平方米4.3元。1998年2月，根据市场发展带来的物价上涨因素，阳煤集团房地产公司对房价再次进行了调整：新建住房售价每平方米建筑面积726元。竣工后，一次性付款折扣率为10%，新建住宅成本价组织预售，一次性付款折扣率为全部预售房款的14%。

（四）第四次房改

2002年1月17日，房地产公司出台《无房户和住房面积未达标户职工购买经济适用住房实行货币化分配的暂行办法》，并出台了《阳泉煤业（集团）有限责任公司关于经济适用住房开发建设管理办法》，在全集团公司推行经济适用住房建设。经济适用住房售房价格为每平方米996元，实现了阳煤集团经济适用住房从规划、计划、拆迁扫障、住宅设计和地质勘探管理、建设施工招投标、建设监理、配套工程组织协调、工程竣工验收的全过程的市场化建设操作。

在房改过程中，阳煤集团坚持住房市场化、商品化的指导精神，坚持以需求为导向，调整和优化住房投资和供应结构，按照家庭结构、经济收入和住房需求细分市场，建立和完善了符合实际的住房供应体系，即以满足高收入家庭需要的商品住房、以满足中低收入家庭需要的经济适用住房和成本价集资住房、以满足最低收入和困难家庭需要的廉价集资和廉租住房的三级住房供应体系。在房改推动下，1992～2006年，阳煤集团房地产分公司共建设各类住宅255万多平方米，人均职工住房建设面积由1992年的4.6平方米提高到2006年年底的人均19.6平方米。

二、住房公积金制度

随着住房制度改革进一步深化，1994年，国务院提出了全面推行住房公积金制度，积极推进租金改革，稳定出售公有住房，加快经济适用住房的建设的意见。

1996年5月，境内的阳泉矿务局全面执行公积金制度，成立住房基金管理中心，负责矿务局范围内住房公积金的统一核算和管理。按照全民职工个人每月缴存30元，企业每人每月资助缴存30元，集体职工个人每月缴存15元，企业每人每月资助缴存15元缴交。分别在工商银行北大街支行和建设银行矿区支行为职工建立住房公积金账户，并由工行、建行负责计入职工个人住房公积金明细账。此后，公积金中心结合实际建章立制，先后制订了《阳煤集团住房公积金管理办法》《阳煤集团住房公积金业务管理考核办法》《阳煤集团住房公积金会计核算与财务核算办法》《阳煤集团住房公积金资金管理办法》等一系列管理制度。职工开始缴纳公积金。1998年6月，全国煤炭市场走入低谷，改组后的阳煤集团经济效益大幅下滑，暂停执行住房公积金制度。自1996年始到停止归交，共完成归集总额1.0038亿元，累计支取约0.076亿元。

2000年后，全国煤炭市场逐步走出低谷，公积金中心从2001年7月开始在工商银行北大街支行和建设银行矿区支行重新恢复缴交住房公积金。2002年全国住房公积金机构调整，阳煤集团根据建设部、中国人民银行等9部门关于住房公积金管理机构调整工作实施意见的精神，成立了住房公积金筹备领导组，负责公积金管理部门的成立组织工作。2006年3月将原阳煤集团住房资金管理中心改组，成立阳煤集团住房公积金管理分中心，由房地产分公司代管。7月31日，集团公司出台《阳煤集团住房公积金管理办法》。该管理办法下发后，将从2004年1月起开始补缴到2006年年底，2007年开始正常汇缴。缴付比例按2000年职工月平均工资的5%计算，缴付标准：全民工个人每月扣缴30元，单位每月资助40元；劳务工个人每月扣缴15元，单位每月资助20元。截至2006年年底，公积金中心归集资金总额约2.65亿元，累计支取额为270.1万元，住房公积金累计余额约3.55亿元，住房公积金增值收益718.9万元。

2008年2月27日，阳煤集团研究确定了职工住房公积金缴交标准，提高职工住房公积金缴交比例，以上年度集团公司职工月平均工资按个人缴纳6%、单位资助8%计算。确定的缴交标准为：全民工每人每月从本人工资中扣缴180元，单位每人每月资助缴纳240元；劳务工每人每月从本人工资中扣缴110元，单位每人每月资助缴纳145元。对集团公司所属子公司也分别规定了具体的缴交标准。5月15日，集团公司开始执行重新修订的《职工个人住房公积金贷款办法》，扩大了贷款范围，提高了贷款额度和年限，缩短了办理期限，便利了职工使用住房公积金贷款。

第二节　棚户区改造

一、棚户区的形成

20世纪50年代，为了解决职工家庭居住问题，阳泉矿务局在小南坑、马家坪、沙坪、赛鱼、刘家垴、王岩沟等处建造了大批平房，其中不少是斗砖或土坯房。随着煤炭生产的快速发展，矿区境内人口也大量增加，但住宅建设却未能跟上需求的增长。至80年代，住房问题长期未能解决。不少居民用土坯、石头、石灰、炉灰渣等材料，采用“自建”或“自建公助”的方式，建造了大量简易住房。据1983年统计，全区自建房户达6500余户，占总户数的三成以上。

1985年10月，矿区开始办理煤矿井下职工家属农业户口转为城镇户口的迁移落户工作。当年年底，全区共审查批准落户3076户，后历年“井下职工迁户”不断增加。井下职工迁户为了解决住房问题，利用偏僻和闲置的山坡土地，用砖瓦、土坯、水泥等材料又建造了相当数量的简易房。

这些平房和自建房年久失修、日益老化，缺少配套设施；区内人口密度大，道路狭窄，环境卫生差，居住环境恶劣，治安消防存在很大隐患。特别是在雨季，经常发生各类安全事故，给广大职工群众的生命财产造成很大危害。

1992年，阳泉矿务局开始住房制度改革。到2002年，实现了住房市场化、商品化，改善了职工的生活条件和居住环境，人均建筑面积由10年前的6.6平方米提高到9.3平方米。但与此同时，房价的逐年提高也导致中低收入和生活困难职工家庭的购房困难。

阳泉矿务局（阳煤集团）所属各矿（处、公司）每年都要投入数十万甚至上百万元的资金，用于房屋维修、环境卫生治理、供水供电系统的维护及处理各种安全隐患，但难以从根本上改善职工住房条件和居住环境。棚户区的改造于是提上议事日程。

二、棚户区改造工程

（一）试点工作

2002年，阳煤集团在全国煤炭系统率先实施棚户区改造。这项工作从危旧排房拆迁和实施廉价廉租房建设起步，由房地产分公司在二矿西煤台、四矿段家背石头房两处进行试点工作。2002～2004年，拆建房屋36.95万平方米、4109套，先后制订了《阳泉煤业（集团）有限责任公司关于经济适用住房开发建设管理办法》《阳煤集团职工集资拆迁改造危旧住房和实施廉租住房建设的暂行办法》《阳煤集团住房拆迁安置办法》《无房户和住房面积未达标户职工购买经济适用住房实行货币化分配的暂行办法》等一系列规定。为了进一步推进棚户区改造工作，2004年，阳煤集团在四矿段家背石头房棚户区改造工程现场召开“廉价廉租住房建设推进会”，会议总结了棚户区改造的经验和工作中存在的问题，为棚户区改造工作的进一步推进创造了条件。

（二）马家坪旧区改造工程

2003年5月，开始实施马家坪旧区改造工程。该工程被列入阳泉市和阳煤集团改善和解决中低入家庭住房条件和居住环境的重点工程建设项目，由矿区政府牵头，阳煤集团组织实施。2003 年 5 月 30 日完成拆迁，共拆迁 1300 余户，2. 94 万平方米。6 月 24 日举行开工仪式，工程占地 29. 58 公顷，规划新建住宅 35 万平方米。工程于 2005 年 5 月完工，历时 22 个月，入住 1700 余户。通过马家坪旧区改造项目，探索出“政府支持，集团公司补助，房地产市场运作”的棚户区改造的成功模式。

政府支持。市政府大力支持棚户区改造工程。在政策允许范围内，市政府及相关部门对棚户区建设给予优惠。对工程建设的各种费用，给予全部或部分减免。

集团公司补助。阳煤集团在人力、物力、财力方面给予大力支持，制订了一系列优惠政策。对属于集团公司的员工的拆迁户，享受集团公司房改政策规定的住房补贴（住房补贴标准为每平方米建筑面积 270 元，住房补贴标准为：一般干部和工人 60 平方米）。拆迁户职工购买住房，按规定住房标准给予补贴，超标准部分不予补贴。小区以外的大配套工程由集团公司投资建设。同时，房地产公司还对自找住房临时过渡的拆迁户，发给临时过渡费每户每月 80 元，还要支付搬家往返补助费每户 200 元。这些政策的出台，确保了棚户区改造工程的顺利实施。

房地产市场运作。在工程管理中，坚持市场化运作。严格按照规定，全面推行招标制度，择优选择施工单位。对大宗建筑材料也实行招标制，比质比价，减少中间环节，最大限度降低建设成本。严格推行项目负责制和工程监理制，狠抓安全、质量、工期、造价等重点环节的管理。严把“四关”（建筑材料进场关、分部分项工程验收关、隐蔽工程验收关、工程竣工验收关），确保工程进度和工程质量。

2005 年 10 月，省长于幼军到马家坪新区进行考察，对房地产公司利用现有土地，采取职工集资、企业补贴、政府政策支持、房地产市场化运作的棚户区改造模式给予肯定，并要求在全省推广。

（三）实施 4 年规划

2005 年年初，阳煤集团在职工代表大会上作出 4 年内完成危旧排房窑洞改造，彻底消灭自建房的承诺。5 月编制完成了《阳煤集团廉价廉租住房改造总体规划（2005 ~ 2008）》，制订《阳煤集团棚户区人员安置规划》。年内即完成 11 万平方米 1192 户的改造。2006 年，省政府出台《山西省人民政府关于实施国有重点煤矿棚户区改造的意见》，阳煤集团棚户区被列入山西省“十一五”重点工程。10 月 20 日，在全国煤矿康居建设经验交流会上，阳煤集团被授予“全国煤矿康居建设小康局”荣誉称号，副总经理张巨海被授予“全国煤矿康居建设特殊贡献奖”。年内，房地产分公司完成住宅建设 38. 8 万平方米 4526 套，完成投资 3. 15 亿元，完成了一矿西坡、里沙坪、秋沟，二矿巩窑洼、西煤台、东四尺、蔡洼沟，三矿麻地巷、沙坪，四矿刘家堖、段家背，五矿水磨湾、枣林山，一处桥南街、虎尾沟，机厂上厂（支柱厂）住宅，马家坪住宅区，机关大堖西区、西山、东山西区等一系列棚户区改造工程。2007 年，棚户区改造竣工面积 30 万平方米，4037 户棚户区职工喜迁新居。2008 年 4 月，马家坪西区棚户区改造工程开工。工程包括东至马家坪小学，西至刘家堖住宅区，南至美丽家园，北毗市供电局降压站规划红线内的区域，面积 10 万余平方米。

2002 ~ 2008 年，阳煤集团棚户区改造工程累计竣工 160 万平方米，共有 17098 户居民告别棚户区，住进舒适明亮的楼房。人均建筑面积由 1992 年的 6. 6 平方米提高到 2008 年的 14. 6 平方米。至年底，棚户区改造工程基本结束。

第三节　采煤地表沉陷灾害治理

一、采煤地表沉陷灾害概况

阳泉煤炭开采历史久远，最早可上溯至 1000 多年前的北宋。开始于 20 世纪初的现代开采史也已有 100 多年。1950 年阳泉矿务局的成立，开始了大规模的煤炭开采。阳泉煤炭为共和国工业建设提供了源源不竭的能源动力，作出了巨大贡献。但采煤导致大面积地表沉陷，形成地质灾害，对人民生活和城市建设造成巨大危害和损失，引起了国家、省、市以及阳煤集团的高度关注。

阳泉矿区有6个采煤沉陷区，总面积为157.45平方千米，划分为6个沉陷区：一矿沉陷区34.22平方千米，二矿沉陷区37.75平方千米，三矿沉陷区48.31平方千米，四矿沉陷区16.30平方千米，五矿沉陷区13.88平方千米，新景矿沉陷区6.99平方千米。

受损居民共计25760户，74913人，符合危险房屋D级标准的住宅4363户，涉及12609人，受灾建筑面积190929.9平方米；符合危险房屋C级标准的住宅9573户，涉及27964人，受灾建筑面积360585.7平方米；符合危险房屋B级标准的住宅5359户，涉及15368人，受灾建筑面积219281.3平方米；符合危险房屋A级标准的住宅4305户，涉及12036人，受灾建筑面积151533.1平方米。

在受损的居民住宅中，城镇住宅主要为矿区工人村和平房户。这部分居民绝大多数位于非稳定采煤沉陷区的浅部老采空区上方，特别是有些地表坡度很大，地基下方又多为坡积物或冲、洪积物，一旦老空区发生沉陷引起滑坡或崩塌，就可能造成严重的危害性破坏，对这部分居民应尽早搬迁处理。

二、采煤地表沉陷灾害治理

（一）治理进程

阳泉市委、市政府、阳煤集团十分重视阳泉矿区的采煤沉陷综合治理工作，为解决采煤沉陷所带来的一系列问题进行了不懈努力。20世纪90年代至21世纪初，投入大量人力、物力，对受采煤沉陷破坏最为严重的区域，分轻重缓急进行重点治理。截至2003年年末，阳煤集团累计自筹资金5969.8万元，用于采煤沉陷区的治理。但仍有154.30平方千米的采煤沉陷区未得到有效治理，受到国家、省市有关部门和领导的高度关注。

2003年5月，阳煤集团成立采煤沉陷区综合治理领导组。2005年，阳泉市成立由市长任组长的采煤沉陷区综合治理工作领导小组，统一领导和协调全市采煤沉陷区治理工作。市采煤沉陷区综合治理工作领导小组确定的治理工作指导思想是：实事求是，防治结合，分步实施。改善沉陷区居民恶劣的生存环境，从根本上解决沉陷区受灾居民基本的生存条件。规划新建巨兴、古城、新派、二矿、四矿5个住宅小区及部分散建，规划用地120.71公顷，住宅建设面积130.4万平方米，安置居民15351户（安置受灾搬迁居民14315户，动迁居民1036户）。阳泉矿区采煤沉陷区治理总投资99237万元。其中：国家安排39695万元，山西省政府出资14886万元，阳泉市政府出资4962万元，阳泉市矿区政府出资4628万元，阳泉市郊区政府出资280万元，平定县政府出资49万元，盂县政府出资5万元，阳泉煤业（集团）有限责任公司出资27841万元，城镇搬迁居民出资6891万元。由于阳泉地区地形条件复杂和拆迁扫障难度大等情况，在市政府、集团公司、市发改委大力支持下，省发改委经多次实地勘察调研，同意追加市政基础设施配套工程投资22974万元，追加地基处理设计变更投资21575万元；项目累计总投资为143786万元。

2005～2011年，先后完成了巨兴、新派、四矿（一期）小区，四矿（二期）在建。

（二）小区建设

1. 建成移交的小区。2005～2011年，完成总建筑面积66万平方米，住宅7342户，1所小学扩建4500平方米，1所中学扩建3600平方米，新建2所幼儿园共3600平方米。其中：

（1）巨兴小区。规划占地19.69公顷（295.31亩），总建筑面积21.45万平方米，新建48栋住宅楼，住宅2512户，1栋公建楼；小区总投资4.45亿元。于2009年12月移交升华公司接管水、电、暖、气的配套设施管理，房地产分公司物业公司接管小区物业管理。

（2）新派小区。规划占地14.79公顷（221.85亩），总建筑面积为21.84万平方米，52栋住宅楼，安置2632户居民；并对平定第二实验小学扩建4500平方米和南坳中学扩建3600平方米，小区内新建1所1600平方米幼儿园，解决了新派小区内学生的入学、入托问题；新建1500平方米自行车棚，物业楼改造工程3700平方米，小区总投资2.52亿元。于2010年8月移交房地产分公司，负责小区的物业及配套设施管理。

（3）四矿小区（一期）。四矿小区（一期）2010年7月开工建设，共20栋住宅楼，其中12栋高层，8栋多层，占地10公顷（150亩），建设面积23万平方米，2198户，小区内新建1所2400平方米幼儿园，1100平方米商业网点，12000平方米地下车库，沿街商铺建筑面积5700平方米，950平方米桥头社区服务楼，工程概算5.2亿元。

2. 在建小区。四矿小区（二期）。四矿小区（二期）位于煤山路东、十六中（四矿中学）以北。占地面积为1.6公顷（24亩），5栋26层高层住宅，可解决700余套住宅，总建筑面积8万平方米，同时配套建设十六中学校大门、沿街便民服务网点，工程概算1.6亿元。该小区正处于主体施工阶段。

3. 规划建设小区。（1）古城小区。"一书一证"和土地手续办迄，小区规划方案正在办理中。小区以高层为主，多层为辅，总占地面积14.13公顷（212亩），建筑面积约28万平方米，可安置居民2500余户。

（2）二矿小区。位于大神峪，规划用地面积12.2公顷（183亩），建筑物依山就势布置，总建筑面积18万平方米。住宅区分为三期工程，总概算投资2.9亿元。其中二矿小区一期"一书一证"办迄，正在办理土地手续，开展拆迁扫障工作。规划占地4.67公顷（70亩），15栋多层住宅，7.15万平方米，可安置1000户居民，工程概算1.2亿元。

（3）大生活区。拟以四矿广场为中心，以煤山路为轴线，扩路增容，南北贯通，拆旧建新，拆低建高，高层为主，多层为辅，改造管网，做好基础设施，周边绿色相伴，建设宜居四矿大生活区。

（4）待建小区。按照国家确定的采煤沉陷治理项目要完成安置15351户居民任务，一户不能少，除去上述巨兴、新派、四矿、古城、二矿小区，共11442户，尚需要择址新建2小区安置剩余的4000余户居民。

2005～2011年阳泉市矿区采煤沉陷综合治理项目小区规划建设安置一览表

表11－3

小区名称	规划占地面积（公顷〈亩〉）	建筑面积（万平方米）	住宅户数	备　注
巨兴小区	19.69（295.31）	21.45	2512	2009年12月竣工 已安置
新派小区	14.79（221.85）	21.84	2644	2010年9月竣工 已安置
四矿小区（一期）	10（150）	23	2198	2011年10月竣工 待安置
四矿小区（二期）	1.6（24）	8	728	在建小区
古城小区	14.13（212）	28	2500	规划建设小区
二矿小区	12.2（183）	15.5	1000	规划建设小区
拟建2～3个小区	—	—	3769	拟建
合　计	—	—	15351	

第四节　房地产管理

一、机构和管理机制

1947年5月阳泉解放后，境内依法对官僚资本房产进行接收。1948年5月，市人民政府成立房产管理处，对公、私房产进行登记。境内大部分公房为国营阳泉煤矿公司（即阳泉矿务局前身）所有，由该公司自行管理。其余由市房产管理处统一管理。私房产权归房主所有，允许租赁、买卖。1958年，市人民委员会根据中央和省有关政策，以“国家经租”的形式对出租私房进行社会主义改造。1961年，对经租房屋进行了复查，对不够改造起点的房屋进行了清理，返还私房租金。

1981年起，一些驻区单位借鉴外地经验采取公建民助方式建房，即以单位投资为主，集中职工个人一定数额的资金，住房建成后，集资户有优先使用权，并以集资抵房租，若干年后由产权单位返还用户集资，用户只有使用权，而无转让、出租、出售权。1982年，市政府成立落实私房政策领导组和专门办事机构。至1987年，将“文化大革命”期间机关挤占收缴的私房全部退还给房主，并颁发证书，确认其产权，允许出租或转让、继承。国家按私房建筑面积收取土地使用费。对于公房，凡产权属于国家的，由市房产管理部门统一进行管理、收费和维修；凡产权归单位所有的，由产权单位进行管理、收费和维修。

1997年，阳煤集团经营步履维艰，为提高企业整体经济效益和竞争能力，开始有计划地在各领域推行专业化、系统化管理的试点工作。10月，将原基建处的相关业务划拨到房地产管理处管理。在试点半年后，1998年4月，阳煤集团撤销房地产处，成立阳煤集团房地产总公司，并将各矿（厂、处）管理的房地产业务和人员划归房地产总公司。房地产总公司在册人员由47人增加到216人，下设房产科、地产科、计财科、工程科、综合办公室，基层经过重组设立8个管理公司，一、二、三、四矿分设4个公司，将三处与五矿房地产业务合并建立房地产第五公司，水泥厂、化工厂和工程处业务合并建设房地产第六公司，配件厂和机厂业务合并建立房地产第七公司，总医院、四建和集团机关业务合并建立房地产第八公司。

二、住房管理

1998年，通过预、售住房，境内住房资金筹集率达80%以上，已竣工的18万平方米住宅工程质量的检收优良品率达46.51%，基本消灭了不合格现象；对已分配的新建住宅，用户进住后，保修一年，解决了住宅建设资金筹集难、施工质量保障难、售后服务兑现难“三大难”问题。1998年以后，阳煤集团先后出台《无房户和住房面积未达标户职工购买经济适用住房实行货币化分配办法》《阳煤集团住宅建设拆迁安置办法》《阳煤集团职工集资拆迁改造危旧住房和实施廉租住房建设办法》的文件，住房分配和拆迁管理日益规范化。《阳煤集团房地产总公司租金收缴管理办法》《集体宿舍、家属接待站管理规定》《阳煤集团员工自建房管理暂行规定》等办法的出台，有效强化了阳煤集团房地产资产的日常监管。

2003年12月，阳煤房地产公司在原房产科的基础上成立了房屋信息中心，为阳煤集团职工在政策咨询、住房信息、购买公有租赁住房产权、住房产权办理等方面提供窗口化、一站式服务。同时，建立了住房信息网络系统，对全集团公司职工住房实行计算机管理，实现住房销售、住房出租、房屋置换、物业管理、维修服务的全过程服务，制订出台《阳煤集团住宅大修工程管理办法》《住房大修工程管理职责分工及工作程序规定和住宅日常维修工程管理办法》，每年都统一制订下达阳煤集团大修维修年度计划，提高了大修维修资金的利用率。

三、工程管理

实施专业化管理后，阳煤集团明确了房地产公司与各矿、集团公司机关处室的分工：住房和住宅小区内的配套设施由房地产公司负责组织施工，小区以外的道路及配套由各矿（处、公司）按照阳煤集团住宅建设的年度计划负责。房地产公司的工程建设最初实行包建制，由房地产公司作为阳煤集团的代表，行使住宅建设业主和建设单位职能，基建部门受托行使住宅建设监理职能，阳煤集团质检站行使质量检查和认证职能，工程的建设任务则由各矿（厂、处、公司）的施工队伍来承包，包质量、包造价、包工期、包配套。通过专业化管理，执行包建制提高了工程建设管理的水平和管理效能。在房地产公司成立的当年，施工面积 26.3 万平方米，3290 套，竣工面积 18 万平方米，2254 套。完成投资约 1.25 亿元。1999 年，房地产分公司全年施工面积 30.3 万平方米，3785 套，竣工面积 19.5 万平方米，2439 套。完成投资 1.53 亿元。2000 年，全年施工面积 26.89 万平方米，3361 套，竣工面积 26.89 万平方米，3361 套。全年完成投资 2.08 亿元。2001 年，全年施工面积 18.3 万平方米，2293 套，竣工面积 10.2 万平方米，1277 套。全年完成投资 0.7 亿元。自 2002 年以后，工程建设项目包括了棚户区改造工程和商品开发两个部分。

随着社会主义市场经济的逐步规范和阳煤集团的不断改革发展，工程建设管理的形式逐渐发展。房地产公司作为开发建设单位，委托阳煤集团内部各专业化管理公司对工程进行勘查设计、建设、监理、竣工验收等工作，房地产公司实现了从编制住宅建设及资金筹集使用计划、委托勘探设计、工程招投标、施工预算审批、工程管理及进度统计、到工程费用结算和财务核算工作等工程建设的全过程管理。在委托阳煤集团内部各专业化管理公司的同时，逐步采用招投标制，不仅在集团公司各单位间招投，并且引入了外部一些优秀的设计、施工企业。

四、物业管理

2000 年前，境内基本没有专业的物业管理。2000 年后，境内针对住宅区杂乱无章、乱建乱盖、环境条件差等状况，逐步建立出台一批管理办法，尝试进行物业管理。阳煤集团房地产公司首先针对具备条件的洪西、桥兴新建住宅小区推行物业管理。2002 年，阳煤集团大力推进标准化小区建设工作。标准化小区建设主要围绕实现小区封闭半封闭管理、小区基础设施建设及日常维护、提供有偿服务三个方面展开，由房地产分公司制订标准化小区建设的标准及指导性建议、对标准化小区进行验收，各矿（处、公司）承担各自范围内的建设费用。8 月 15 日，集团公司出台了《关于稳步推进职工住宅小区标准化管理的通知》。按照集团公司"十五"规划要求，到 2005 年要建成 40 个标准化管理小区，向住户提供标准化管理的优质服务。2002 年，集团公司建成 11 个标准化住宅小区，分别为蒙河北小区、红岭湾小区、小南坑东区、小南坑西区、沙坪小区、河口小区、刘家垴小区、东山一区、水滩小区、平西小区和洪城河东区。2003 年 12 月 9 日，洪西小区、洪东小区、桥兴小区 3 个住宅小区的业主委员会成立，其职责是根据《物业管理条例》有关规定，为小区业主提供物业管理服务。2004 年 2 月 29 日，集团公司下发《关于 2003 年标准化小区建设先进单位和对达标小区进行表彰奖励的决定》，2003 年建成了标准化全面达标小区 10 个，完成新筹建基础设施建设达标小区 6 个，共 16 个，受益户 9142 户，大大改善了住户的生活环境和居住条件。2004 年 6 月，阳煤集团将分布于一矿、二矿、三矿、五矿、宏厦一建、集团公司机关等地区的 13 个标准化小区、200 名职工统一划归房地产分公司管理。7 月，房地产分公司组建物业管理中心，行使业务主管职能。7 ~ 12 月，房地产分公司先后对 13 个小区投资 60 余万元进行改造。12 月，成立了阳泉煤业集团物业管理有限责任公司，与房地产物业中心实行一套机构，两块牌子运行。同年，洪西小区经省建设厅核准，被评为 2004 年省级文明小区。12 月 23 日，阳煤集团对 5 个全面达标的小区和 3 个基础设施建设达标的小区进行表彰。2005 年 5 月，馨康家园实施标准化小区管理；7 月，阳煤天兴公司所属的刘家垴小区，东山一、二区划归房地产分公司管理；8 月，一矿荣昌小区、二矿朝阳二区、三矿河口二区、五矿小河滩小区、机关宏居苑小区完成了基建达标，开始标准化管理；2006 年 11 月大垴东区实行标准化管理。年底，房地产分公司共建成标准化小区 23 个，面积 108 万平方米，住户 1.5 万户。通过物业标准化小区建设，房地产分公司逐渐在各物业小区开展物业收费工作，改变了人们以前福利性房屋管理的思想观念，物业年收入达 180 多万元。

在创建物业小区的同时，房地产分公司还对小区的管理体制进行改革。2006 年 3 月，对二矿朝阳一区、二区两个面积较小的小区实行"放小"尝试。不断加强对小区建设的投入，提高服务质量和水平，实现物业管理收费的提高。2004 ~ 2006 年，三年累计物业投入达 1400 万元。

第十二编　商业　服务　金融

阳泉市矿区为晋冀通衢，曾为商贸服务诸业繁华之地。阳泉解放后，随着工矿业规模的不断扩大，商业、服务业和金融业也日益发展。中共十一届三中全会后，全区的商品市场保持着繁荣活跃、稳定增长的良好运行态势，国有商业改革不断深化，商品流通的市场化水平大幅提高，在流通领域逐步形成了多种经济成分共同发展的局面。围绕“大开放、大外贸、大外经”的战略思想，矿区积极推动外经贸企业的可持续发展，实现了新元、石港、京宇磁材、兆丰铝冶等数十个煤炭和非煤联营合作开发项目，引进外资近百亿元人民币，外经贸企业对地方经济的牵动力和贡献度不断提高。金融机构不断发展，金融产品种类越来越多，服务功能越来越全，并且渗透到社会的方方面面。

第一章　流通体制改革

在中共十一届三中全会以前，矿区的商业经营体制以统购派购为主，部分商品实行的是内部经营制。1978 年，矿区恢复开放集市贸易。个体商业迅速发展，服务领域不断扩大。1984 年，矿区全面实行经理负责制和职工大会制，并逐步扩大到食品、蔬菜和商办工业实体。1985 年，全区的大中型商业企业又实行内部经济责任制，小型企业则按所有权和经营权适当分离的原则，分别实行了“改、转、租、股、卖”等措施，在购、销、存、人、物等方面扩大了企业的自主权。

第一节　商业体制改革

解放前，境内主要以私营、个体商业为主，当时还没有专门的管理部门。进货、卖货只是根据需要和店主的主观判断，属于较原始的商业。1947 年阳泉解放后，境内的商业归阳泉市贸易管理局管理。1953 年，境内的粮食、棉花、棉布等商品按照国家政策实行统购统销后，商业体制逐步采取了经销、代销、公私合营等方式。从 1956 年开始，完成了对私营商业的社会主义改造。在当时的历史条件下，商品的计划供应使人民必需的生活用品基本上得到了保证。期间，商业管理体制曾几经变动，1960 年，撤销市级专业公司的直接领导，改为按地区以片划分领导范围，百货、食品、蔬菜、副食、饮食、服务等商店门市，统一归国营马家坪商店管理。“马家坪商店”改称“矿区商店”，受市商业局和矿区人民公社的双重领导。1962 年，从“块块管理”改为按经营业务与市级各公司上下对口，实行“条条领导”。20 世纪 70 年代，商业系统建立中层领导环节，设立中心店，市级公司直接管理中心店，中心店管辖基层同类业务的分店或门市部。

70 年代末，矿区商业体制是按照国营商业独家经营进行的。这种体制在当时的历史条件下，对发展工农业生产和满足人民生活消费方面起到了积极的作用。这种体制统得死，少渠道，多环节，消费者购买商品实行凭证定量供应，市场处于全面短缺的紧张状况。这给工农业生产发展和人民生活带来了诸多不利。

1978 年，高度集中的计划经济逐步向社会主义市场经济体系发展，关闭 20 年的集市贸易重新复苏。但在管理上，仍归市商业局、和市工商局统一领导。是年，市商业局办公大楼在桃北中路建成并投入使用。之后，矿区认真贯彻改革开放政策，并且按照多种经营和国营、集体、个体“三结合”就业的战略方针，大力发展集体经济，大搞多种经营，同时在发挥国营商业主导作用的过程中，恢复和发展集体、个体商业以及集市贸易等，打破了国营商业一统天下，独家经营的畸形状况，形成了国营、集体个体商业竞争发展的繁荣景象。随着商业体制改革的发展，形成了商品自由流通、商人自主经营、商品市场体系逐步完善、商品流通宏观调控渐趋成熟的基本格局。商业管理体制也从过去的批发物资、制订指标，转移到制订政策、统筹规划、组织协调、提供服务和检查监督上来，发挥其宏观调控职能的主导作用。

在商品供应方面，1985 年，逐渐取消凭证定量供应。1991 年，结束了长达 38 年凭粮票购粮的历史。全区居民的消费结构不断升级，食品、衣着类消费比重持续下降，医疗保健、交通通讯、教育文化、旅游等比重持续增加。20 世纪 70 年代三大件是“手表、自行车、缝纫机”，80 年代是“彩电、冰箱、洗衣机”，90 年代是“手机、空调、电脑”，21 世纪升级到“住房、汽车、黄金首饰”。人民生活质量显著提高。

在商人自主经营方面，矿区打破国营和供销社一统天下的局面，形成了经营主体多元化，多种所有制并存，并以私营、个体为主的格局。同时，将国营小型商业、饮食业、服务业等，实行“改、转、租、卖”的改革，逐渐转为个体经营或私营、合作经营。对一些大中型国有商业企业实行股份制改造，按现代公司制进行经营管理。在商业企业中全面推进政企分开，实行经营权和所有权分离。积极开展对外开放，引进国外和境外资本（包括港澳台资本）投资商业企业，在全区范围内掀起了招商引资高潮。在这种形势下，由商人在开展商品交换活动中所形成的不同规模、不同特色、不同行业的商业门店，构成了全区的商业网络。并且由小到大，星罗棋布，成线联网，为消费者提供了便捷而舒适的购物环境。

在商品市场体系方面，矿区逐步取消了各级商业专业公司，取消了批发按“一、二、三、零”封闭式的经营后，各种零售业态如雨后春笋，纷纷出现：百货店、超市、综合超市、便利店、折扣店、专业店、仓储式商场、购物中心、大型摩尔、厂家直销中心、会所、社区综合服务中心和邮购、网购，以及菜市场、城市集市贸易、小商品市场等应有尽有。除此之外，全区的商品流通中的宏观调控渐趋成熟，实行了以法律手段和经济手段为主，政企分开和行政管理服务为辅的间接调控。

2000 年以后，矿区的商业体制改革坚持从实际出发，以产权制度改革为重点，全面推进商业改革、脱困、建制和转制工作，并进一步推进政企分开、政资分离，加快国有资产运营、管理、监督体制的改革，经过曲折、渐进的艰苦努力，2008 年，矿区的商业体制建立了商品自由流通、商人自主经营、商品市场体系逐步完善、商品流通宏观调控渐趋成熟的基本格局，成为了全区市场经济的重要组成部分。

2009 ~ 2011 年，矿区在深化商业体制改革方面，是对国营小型商业继续实行放开经营，积极探索劳动、分配、管理制度的改革。继续推进企业建制和商业国有资产管理体制改革。大中型商业企业按照《中华人民共和国公司法》的要求建立了现代企业制度，完善了股东会、董事会和监事会，形成了互相合作和互相制衡的法人治理结构。商业体制改革坚持改革、改组、改造和加强管理的原则，积极进行了资产重组和产权多元化的改革。狠抓企业的扭亏脱困，努力扩大企业经营范围和服务领域，初步形成了一条搞活商品流通的新渠道。继续狠抓了企业的重组优化和转换经营机制等工作，进一步建立和完善了与市场经济相适应的现代企业制度。

第二节　供销体制改革

解放前，境内的商业基本都是私人经营，缺乏健康的市场环境，贸易经营艰难，停滞不前。新中国成立后，全境贯彻“发展经济，保障供给”的方针，集体经济得到发展。1950 年，在人民政府的组织号召下，煤矿职工和社员以个人入股集资方式先后成立了平潭街村供销社、蔡洼村供销社、二矿职工消费社和矿务局职工消费社。供销社和消费社皆为集体所有制性质的商业。经营方向坚持有利于发展生产，有利于群众生活。经营管理一般是通过召开社员大会，民主选举理事会和监事会，由理事会或监事会挑选懂经商的专人经营，经营者对理事会，监事会负责，理事会和监事会对社员负责。

建社初期，供销社的资金主要来源于社员股金，且只对入股社员买卖。随着工农业生产的恢复和发展，逐步扩展到对非社员营业，实行社员凭社员证购买紧俏商品的优惠政策。国家在税收、贷款利息、价格、运输补贴等方面对供销社实行政策倾斜。对大宗农副产品，供销社为国家代购代销，资金由国家低息贷款，对于化肥、食盐的经营，国家在运费上还给予补贴。1954 年，二矿职工消费社退股撤销。1956 年，平潭街村供销社、矿务局职工消费社归属阳泉市贸易公司，改称贸易公司第九门市部，转为全民所有制的国营商店。当年，境内供销社全面负责农副产品的收购及农业生产资料和日用工业品供应。1958 年 6 月，境内的各供销社由集体所有制转为全民所有制。

在计划经济时代，境内的供销社在促进城乡物资交流，促进工农业的恢复与发展，改善城乡人民的生活等方面发挥了很大的作用。

20世纪80年代，矿区把供销工作发展融入整个社会发展大局中去谋划、去思考，使发展思路与国家发展战略相协调。90年代，提出了“开放、搞活、见效益、有发展”的改革思路，并进行了经营体制、管理机制等一系列的改革，顺应了当时深化经济体制改革的时代要求。2000年，又实施了以“产权清晰、权责明确、政企分开、管理科学”为主要内容的人事制度和产权制度改革，通过减员增效、整合资源、优化配置，使供销工作逐步进入良性运行轨道，步入市场经济的竞争行列。

2001~2005年，矿区进一步开展供销工作，采取了参与、引导、带动、联动、联合的发展方式和服务模式。从2005年始，先后发展了加工、农产品交易市场、特色农产品购销、科技开发等新型业态，组建了一大批综合服务社，综合服务社覆盖面大幅提高。同时，供销工作主动顺应形势变化，求新思变，创新发展，废除了一些不合时宜的规章制度，先后制订出台了涉及财务资产管理、劳动用工、目标考核等多项新的规章制度。

2006~2011年，矿区不断创新供销工作经营机制，彻底摆脱供销工作原有的行政化倾向和“官商”意识，树立大市场、大商业、大流通的观念，把传统经营业务和现代流通方式结合起来，把流通和生产结合起来，将经营服务的触角向各类领域积极延伸，发挥经营网络“一网多用”的优势和功能，增强对各类经营服务项目的承接能力。此外，创新体制机制。按照职能与实力增强、约束与激励并举、活力与控制相宜、上下积极性并发的要求，进一步深化供销企业体制机制的变革，提高企业生存能力、发展能力和创效能力，促进了供销企业管理职能、管理方式、管理重点、组织结构的转变和优化。

第三节　粮食体制改革

新中国成立前，境内粮食销售的主要是一些私人。当时，所有的粮食都是自由买卖，价格起伏不定，也没有管理机构进行干预。新中国成立后，为了改变粮食销售的混乱状况，打击哄抬粮价、囤积居奇的不法商贩，境内有关部门按照市政府的规定，对混乱的市场进行了控制，抑制了粮价暴涨的现象。随着社会安定，境内的粮食贸易迅速发展，人民生活不断改善。1953年，根据中共中央和中央人民政府政务院发布的《关于实行粮食的计划收购与计划供应的决定和命令》的规定，境内对粮食实行了统购统销和按人量供应，以及禁止私人经营粮食的购销政策。是年，市粮食部门在一矿、赛鱼、小南坑、石卜咀、平潭街建起了国营粮店，负责职工、居民的粮食供应。当时实行的这种政策，主要目的是减少粮食的浪费，实现粮食的合理分配，缓解粮食的供求矛盾，稳定民心，稳定经济，保护新生的人民政权。

从20世纪50年代形成的粮食流通体制，是建立在自给、半自给的自然经济基础上的。这种流通体制，造成了一系列弊端。其主要表现是：高度集中，垄断经营，官商作风严重；渠道单一，以行政层次进行纵向的、封闭式流转，切断了各种横向联系；大包大揽，购多销更多，既挫伤了农民的积极性，又给国家背上了沉重的“包袱”，这种流通体制制约着粮食专业化、商品化生产的发展和粮食商品流通的扩大。

1974年，在全国推广旅大市管理粮食的经验过程中，矿区将职工的口粮分为基本口粮和工种补差粮两部分，基本口粮归到户，填写在职工家庭购粮证上，凭证购粮，工种补差粮则归职工所在单位，由单位根据职工所从事的劳动工种和出勤情况，按月发给。粮食部门对单位工种粮的人均月水平实行一年一核定。对单位节余粮食指标，粮食部门分别进行不同比例的分成，达到了单位管粮、群众监督，节约粮食的目的。但也存在着手续繁琐，占用单位人力，增加企业负担等弊病。

1978 年中共十一届三中全会后，矿区的粮食体制改革首先在粮食系统的财务管理上进行，粮食加工企业和粮油运输企业开始实行利润留成，粮食商业企业开始试行政策性亏损定额补贴，对实现利润进行提成。同时实行指标下放，加强定额管理，完善奖励制度，体现多劳多得。到 1984 年，全区的粮食系统打破“大锅饭”，实行多种形式的经营承包责任制。1987 年，矿区粮食系统按照国家政策对粮食购销实行“双轨制”政策，即计划内的管严管好，计划外的放开搞活。从 1988 年 4 月 1 日起，按照“保住一块，放开一块”的方针和“分灶吃饭”的原则，在全区粮食系统推行购销体制和财务体制改革。1991 年 5 月 1 日开始，矿区粮食部门从经营和供应原粮向经营粮食制成品转变，从单一经营向多种经营转变，从粗放式经营向科技与经济相结合的方面转变，为市场提供了丰富多样的产品服务。1993 年，矿区粮食销售价格和收购价格相继放开。粮食流通实现了计划经济向社会主义市场经济的过渡。

2002 年后，矿区粮食系统取消按保护价收购粮食的政策，收购价格、收购市场全面放开，实现了粮食购销的市场化。2004 年，矿区粮食流通体制改革，按照有利于粮食生产、有利于种粮农民增收、有利于粮食市场稳定、有利于国家粮食安全的目标，充分发挥市场机制在配置粮食资源中的基础性作用，实现粮食购销市场化和市场主体多元化。同时，加强粮食市场管理，维护粮食正常流通秩序，实行政企分开，推进兼并重组，消化历史包袱，分流富余人员，建立健全法人治理结构，使企业真正成为了自主经营、自负盈亏的市场主体。2005 年，《粮食流通管理条例》正式颁布实施后，矿区粮食部门依法加强了对全区粮食流通的管理，并且由行政管理转变成了依法管理。

经过 30 年的改革开放，矿区粮食体制改革取得了明显成效。但随着改革的不断深入，也存在着一些不容忽视的问题。全区国有粮食企业经营越来越困难，国家财政不堪重负，国有粮食企业职工下岗失业，企业包袱比较沉重。尽管如此，每一改革阶段都是一个变化和发展，并呈螺旋式上升。社会主义市场经济的粮食流通新框架已初步得到了建立。

2009～2011 年，矿区继续深化国有粮食企业改革，构建新型的、具有活力和竞争力的骨干国有粮食企业主体，推动企业健康快速发展。在国有粮食企业改革中，矿区遵循市场经济规律，通过市场机制推进企业布局和结构调整，加快企业产权制度改革，吸引多元投资主体参与企业改组和改制，构建适应市场化需要的多元化粮食企业骨干主体，形成统一、开放、竞争、有序的粮食市场体系。

第四节　物资流通体制改革

新中国成立后，境内的物资主要由阳泉市的物资管理机构进行管理。当时，物资体制以分块供应为主，境内的工业生产基本建设、文教卫生等所需统配和部管两大类重要物资的计划申请、分配与调剂主要由市物资管理局承担。从 1953 年起，物资管理体制实行的是计划经济管理体制。重要生产资料由国家统一分配，通过商业环节纳入统一计划轨道。供应体系采用直接分配与间接分配，计划供应与市场供应。1958 年，物资管理权限下放地方，分配物资采取了“地区平衡，块块包干”的办法。但这种管理体制没有达到改善物资管理的目的，而且还加剧了物资的紧张状况。针对出现的这些问题，境内在对国民经济实行“调整、巩固、充实、提高”过程中，根据国家和省、市的有关方针、政策对物资流通体制进行了改革，并产生一定的效果。

“文化大革命”开始后，境内的物资管理体制也受到了影响。在运动的冲击下，统配物资计划供应的渠道被打乱，各种物资的购进和销售也出现了问题。

1978 年中共十一届三中全会召开以后，矿区按照经济规律办事和计划经济为主、市场调节为辅的原则，改变生产资料集中统一管理的格局，改革统一分配制度，采取指令性计划、指导性计划和市场调节三种管理办法，部分计划内物资实行灵活分配供应办法，计划外物资开始自由购销。同时，在扩大工业企业产品自销权的基础上，物资经营单位逐渐实行企业化，物资供应价格由“以收抵支、收支平衡”，逐步改变为“合理计费、合理赢利”。1985 年，矿区又实行了生产资料价格双轨制，生产资料等物资作为商品进入了市场。1988 年，矿区物资部门实现了由单纯依靠国家分配调拨物资向市场调节大力组织计划外资源的转变。另外，改差价返还为建立补偿基金，并在企业中实行了实物分配。这一改革，不但扩大了企业选购物资的自主权，为进一步增强企业活力、搞好物质流通创造了条件，而且为进一步发展生产资料市场奠定了基础。

1988 年 9 月中共十三届三中全会召开后，矿区物资体制改革按照发展有计划商品经济的目标和逐步建立“国家调节市场，市场引导企业”的经济运行机制的要求，以治理经济环境、整顿经济秩序为重点，在加强宏观调控，搞好重要物资综合平衡的基础上，有步骤地缩小指令性计划，扩大指导性计划和市场调节；通过调整产业结构和产品结构，积极促进短线物资的生产，强化经济和行政手段调节物资供求关系，增强有效供给；依托城市逐步建立起了有领导有组织的生产资料市场，保证了重点生产建设需要，增强了企业活力，促进了有计划商品经济的发展。同时，从整顿、治理入手，改革条件分割的物资供应管理体系，建立物资流通领域新秩序，从而保证了全区国民经济持续、稳定、协调地发展。

1988～1992 年，矿区根据建立和培育社会主义市场体系和国务院批准的《关于深化物资体制改革的方案》要求，对生产资料经营管理体制进行全面改革，进一步缩减指令性计划分配物资品种，整顿和逐步取消价格双轨制。至此，物资部门逐步实现了由单纯依靠国家计划分配物资向市场调节组织计划外物资的转变。

1992～2002 年，中共十四大提出中国经济体制改革的目标是建立社会主义市场经济体制，中共十五大提出公有制实现形式的多样化后，矿区加快推进生产资料流通的管理体制、购销体制、价格体制改革。重要生产资料指令性计划分配品种大幅度减少，市场销售比重显著提高，计划内物资除一小部分继续实行国家指导价格外，其余的计划物资价格全部放开，定量、定向、不定价，发挥价值规律在计划订货中的调节作用。

2002～2008 年，在中共十六大以后，随着中国进入全面建设小康社会和构建社会主义和谐社会的新时期，矿区生产资料流通领域的改革开放也进入纵深推进、全面发展的新阶段。区内国有物资企业深化改革、转变机制，加快重组转型，建立现代企业制度，成为行业的排头兵。一大批民营企业也快速成长，外资企业开始进入，各种所有制企业共同发展，相互渗透、相互融合；生产资料流通企业大步进入资本市场，对外开放度逐步扩大；特别是积极采用现代流通方式，取得了新的进展；生产资料流通行业多种经济成分、多种市场流通渠道、多种经营方式的格局基本形成，社会主义市场经济的生产资料流通体系终于建立起来。

2009～2011 年，矿区在物资商业体制改革中，按照建立社会主义市场经济体制目标要求，不断深化流通体制改革，加快现代企业制度建设步伐，积极培育和发展商品市场体系，继续增加对商品市场及商业网点建设投入。同时，加快商业物资企业经营机制的转换，加快集体、个体私营经营发展，加快商品市场建设。在行业结构上，大力发展各类商品市场，重点发展钢材市场、水泥市场、煤炭市场，建立起完备的流通网络体系；重点发展名、优、新、特、精商品和小商品、服装加工等具有特色的经营门类；发展特色风味小吃、日用修理、洗染等与居民生活密切相关的饮食服务业。矿区把物资商业的建设与发展作为发展经济的一项长远大计来抓，通过建设和发展，全区的物资商业体制发生了重大变革，全区贸易流通整体格局发生了十分明显的变化。

第二章　商品流通

矿区地处冀晋要冲，古有驿道，商品经驿道流通。清代末年和民国初年，境内已有商家常驻外地采购组织货源，他们将当地特产铁货、砂货运销河北、北京、天津以及山海关外，再采购布匹、食盐、绸缎、百货等运回本地销售。正太铁路通车后，境内采煤业发展迅速，货源的需求量增加。抗日战争和解放战争时期，组织货源极为艰难，个体商贩从石家庄、平山、获鹿一带购回土布、食盐、药品等生活必需品，销售给当地矿工和农民。由于日军实行经济封锁，采购商品和运送商品进矿，须经重重关卡，所以，煤矿区的商品流通根本得不到保障。

1947 年阳泉解放后，政府实行贷款扶商政策，鼓励个体私商从外地组织货源。1958 年，公私合营的社会主义改造完成之后，进货商品流通实行归口管理，多以阳泉二级站组织货源，由市商业局的销售网点经销。对紧缺商品，矿工享受高于一般的比例待遇，自行车、缝纫机、手表均凭证供应，货源缺额有限。这种计划供应的体制一直延续至 20 世纪 70 年代末期。1978 年，矿区流通体制改革与流通的产业发展取得了阶段性成果，商品流通在国民经济发展中的地位与作用日益明显，商品流通规模不断扩大，使流通业自身及相关的行业得到快速发展，成为第三产业的主体。随着商业体制的改革，拓宽了进货渠道。各商业网点减少流通环节，降低销售成本。1979 年，商品经销种类从 1949 年的 1800 余种增至 8000 种。1990 年，经销商品种类达 18000 余种。2000 年以后，随着商品流通业的激烈竞争，矿区流通环境既充满挑战，又面临着发展机遇，流通的社会化，现代化，市场化，国际化迅速推进。

第一节　流通渠道

1980 年前，矿区的商品流通渠道采用的是计划流通体制。这种体制阻碍“货畅其流”，不能及时反馈市场信息，不能满足不断变化的市场消费需求。

1980 年后，矿区开始商品流通渠道的改革。在改革的过程中，商品流通是通过四种渠道进入市场的。一是生产企业直接在各地区设置销售机构，形成自己的销售网络；二是生产企业利用各地的中间商经销其产品，或作为代理商帮助其开拓市场；三是生产企业通过交易市场（集贸市场）来销售其产品；四是生产企业直接将产品销售给消费者。通过改革，商品零售形式也发生了变化，除了传统的综合商店、专业商店和百货商店之外，超级市场、便民店、专卖店、邮购商店、自动售货机等新型的零售业态出现。

20 世纪 80 年代中期，矿区商品流通渠道的改革，主要是一些系统和行业纷纷自辟渠道进行商品流通，其目的在于加强自控能力，增加流通的便利性。这样的做法造成了在相当部分的自营流通体系中，商品流通规模大大缩小，从而造成了流通成本的普遍上升和流通效益的下降。其次，流通体制改革以后，有大量的资金和企业进入流通领域，谋求在这一领域中获利。这些以谋利为主要目的流通企业，往往并不是以加速商品周转，降低流通费用为己任，而是采用囤积紧俏物资，进行转手倒卖的方法谋取高额利润，其结果往往是造成一些重要的商品和物资在流通领域反复周转，多次倒手，价格叠涨，导致出现“商品搞旅游，价格滚绣球”的市场乱象。80 年代末，某些商品和物资特别紧张的时候，甚至还出现过倒卖“批文”的现象，严重扰乱了流通秩序，破坏了商品流通的合理性。这些问题，反映出了在计划经济同市场经济交替转换时期所形成的不成熟的流通格局。

1992年，矿区通过理性化的自觉调节来促进社会商品流通渠道的优化，同时组建大型的流通企业集团，在商品流通领域发挥主导作用。同时，强化企业对流通成本的高度重视和核算意识，准确选择流通渠道和流通方式；建立公平竞争的市场环境，从根本上抑制投机倒卖和“灰色渠道”的发展；建立以行为管理为重心的社会化流通管理体制，“以法治乱，循法兴市”，最大限度消除不规范的市场行为。

2000年后，矿区广泛采用现代化的流通方式和流通技术，努力提高商品流通的效率和效益。利用电子计算机管理商品流通的有关信息，应用网络技术来规划商品的分销方法和运转途径，建立起组织商品流通的管理信息系统，促使商品流通合理化、高效化。来提高商品流通的效率，从而适应社会主义市场经济发展的客观需要。

“十五”时期，矿区通过政策引导、法律规范和市场机制的共同作用，促使全区的商品流通渠道更加合理化、经济化、规范化和现代化，更好地促进了全区经济的健康发展。从消费者接受商品的途径来看，商业零售形态除了传统的综合商店、专业商店和百货商店之外，超级市场、便民店、专卖店、邮购商店等新型的零售业态都已出现。消费者接受商品的便利程度越来越高。到2006年，矿区的商品流通渠道已基本形成了以市场为导向的框架体系。

“十一五”期间，矿区继续推进市场化方面的改革，特别是在商品市场的市场化程度比较高的情况下，进一步推进要素市场的市场化改革和其他相关制度的改革。同时，更多的资源按照市场机制的要求和市场的导向来进行更加合理的配置，市场化程度的提高为全区商业企业的发展和居民能够按照自己的意愿进行消费的选择提供了机遇。此外，矿区充分考虑市场经济条件下，大市场、大流通的客观背景，力求形成比较合理的流通渠道体系，使全区的商品流通渠道更为优化。

2011年，矿区为了对商品流通渠道实行优化重组，以增强其同社会主义市场经济发展的适应性和提高其现代化的程度，在商品流通活动中引进现代科学技术，提高商品流通的效率和质量，促使商品流通渠道现代化、合理化。

第二节　批发零售

一、批　发

解放前，境内私商经营的土布、棉织品多从河北批发购进，日用杂货由平定批发进货。解放后，随着境内一些批发公司的成立，进货的范围也逐步扩大。1957年以后，境内国营百货商店的商品统一从市二级批发站购进。在计划经济年代，批发站基本上起到了百货纺织品的蓄水池作用。

1979年，随着改革开放的发展，国营百货商店购进渠道除市二级批发公司外，还到太原、石家庄、天津、上海、杭州等地批发公司批发，有的与生产厂家直接联系供应。个体和私营百货行业，其进货渠道主要是石家庄和河北白沟的商品批发市场。

1985年后，各公司全面推行经济承包责任制，商品的购进渠道由市二级批发站转向与外地联系，商品价格由国家统一确定变为根据市场流通情况自行定价。

2000年，矿区批发业按照市场变化情况，转变体制，盘活资金，改建市场，实施专业化、规模化、批零一体化经营的改革，及时减少流通环节，降低流通费用，增加花色品种。组建了批发部，使矿区批发业呈现出了一派喜人的景象。

“十五”期间，矿区批发业按照市场经济的发展要求，一方面对批发秩序进行了整顿，使市场秩序进一步好转，并逐步走上了有序竞争的轨道。另一方面，对塑造全区市场经济条件下的全新的批发商品流通体系问题进行了系统的研究，并且在建立现代批发企业制度的基础上，扩大国营批发企业经营规模，不断发展集体、个体批发商业，使批发商业经济效益越来越好。此外，随着整个批发行业机构设置、组织规模、经营方式和经营手段等方面的不断改善，全区的批发领域在这一时期出现了勃勃生机。

2006～2011 年，矿区为实现批发企业物流活动的整体效率化，积极建立以信息为中心的批发功能，并且有效地组织商品批发与零售的衔接，加快改革步伐。在提供综合性服务的同时，建立批发企业与零售一体化的经营体系，使其按照现代商品流通规律和现代流通方式的要求，加快全区批发业的发展。2011 年，矿区的大型商品交易市场发展加快，初步形成了门类齐全，覆盖面广，综合市场与专业市场、大型批发市场与中小型零售市场相结合的市场体系。商品交易市场已成为日用消费品和生产资料的重要集散地和价格信息发源地，在活跃商品流通、方便居民生活、扩大城乡就业、推动国民经济发展等方面发挥了积极的作用。

二、零　售

解放前，境内无经营零售的百货商店，仅有小商小贩。新中国成立后，由供销合作社经营零售百货业务。1957 年，矿区设立了马家坪、赛鱼、贸易公司第九门市部 3 个百货商店，有职工 130 人，营业面积为 1460 平方米。规模最大的为马家坪商店。

1958 年，赛鱼商店增设 4 个零售门市部，1960 年，马家坪商店增设 5 个自然门市部。同年，商业系统实行按地区分片领导，将“马家坪商店”改名“矿区商店”，负责管理矿区片的商业、饮食业和服务业。矿区片的商店又分别设立平潭街、小南坑等数个分店分别管理所辖地段的商业、饮食业、服务业。

1962 年，撤销按地区分片领导的管理体制。矿区境内的商业、饮食业、服务业各归市商业系统对口公司领导。百货商店统归市百货公司管辖，“矿区商店”又改称“马家坪商店”。该店不断扩大业务，增设网点，1973 年，营业网点增至 7 个，营业面积 1700 平方米，年销售额为 473 万元，实现利税 31.6 万元。经营的主要商品有大小百货、针棉织品、服装鞋帽、日用杂品、五金电器等，是当时矿区经营规模最大的百货商店。

20 世纪 70 年代，平潭街商店两次扩大了经营规模，营业面积由原来的 160 平方米增至 1008 平方米，职工由 10 人增至 68 人，年营业额增至 250 万元。

1979 年后，经济体制改革逐步展开，日常工业用品和农副产品大量上市。为适应新的市场形势，发挥国营商业的主渠道作用，1983 年，新建起建筑面积 3000 平方米，营业面积 2000 平方米的百货大楼，大楼高三层。马家坪商店迁至此楼改称矿区百货大楼，是当时阳泉市最大的百货大楼，服务范围覆盖整个矿区延及市区。当年开始零售营业，年营业额 624.83 万元，实现利税 29.2 万元。

1984 年，商业系统划小核算单位，矿区百货大楼划为 3 个独立核算单位，赛鱼商店则划分为 5 个独立核算单位。矿区百货系统有 9 个核算单位，归市百货公司直接管理。

1988 年，矿区百货大楼建成 2450 平方米的仓库区、750 平方米的家具市场，并配有地下仓库 800 平方米，整个储仓工作由储运部专人负责。仓库区通风、防火、防潮、防水等安全设施配备齐全，性能良好。大楼还配备汽车 5 部，为商店从全国各地进货和送货上门服务。

1990 年，9 个国营百货商店营业面积共 6954.7 平方米，有职工 689 人，运输车辆 13 部，固定资产 334.7 万元，年营业额 3496.4 万元。

2001 年，矿区零售部门在积极采取销售定额，完成任务奖励，进一步扩大销售的基础上，不断加强管理，扩大购进，增加销售。同时对流动主体进行客观改造，打破单一经营模式，走多元化发展的新路子，强化了基础管理，有力地促进了全区零售业的快速发展。

“十五”期间，矿区的零售专业店、大型综合性超市和仓储式商场，以较快的速度发展；传统百货向现代百货、从综合百货向主题百货、从单体经营向连锁经营的方向转变，呈现出了多业态并存的局面。这一时期，大型百货店仍是零售市场的主要业态。但随着零售业的发展，全区零售业也顺应国际潮流，引入连锁经营，并取得了一定的发展。此后，连锁企业在开拓市场、扩大销售、促进产销结合、规范流通秩序、满足消费需求、吸纳就业等方面，发挥了重要作用。到2006年，矿区社会消费品零售总额7.1亿元，同比增长15%。

在“十一五”时期，矿区加速零售业态创新发展。鼓励和引导传统百货业加快商品经营结构调整，强化品牌经营，突出主打特色，完善业态服务功能，向现代百货业过渡。进一步提高超市业经营管理水平。引进专业化、细分化的新业态，鼓励食品、化妆品、玩具、花木、娱乐用品、文化创意产品、汽车等专业店发展。引导有条件的小商品市场加快调整经营方式，促进批零功能分离，向现代百货店、专业超市等业态转变。积极探索业态创新，拓展服务方式，为居民提供了更加丰富的商品和服务。

2011年，在矿区传统百货零售业稳步发展的同时，作为现代流通手段之一的连锁经营成为商业企业采用的主要经营组织方式，连锁企业从少到多、从小到大，不断发展壮大，多种业态经营的企业大量增加，超级市场、便民店、专业店、专卖店、购物中心、仓储式商场、无店铺销售等迅速发展，彻底改变了过去商业经营模式比较单一的状况，形成了多元化、多层次、少环节、开放式的竞争发展新格局，极大地方便了居民生活。

第三节　商场　购物中心

阳泉矿区百货大楼有限公司。前身为1951年建成的阳泉市百货公司马家坪商场，是阳泉市较早的老字号国营商业企业，是阳泉市矿区最大的综合性零售商店。1997年11月企业改制，组建董事会、挂牌成立有限责任公司，国家控股，职工参股。截至2011年，注册资本228.65万元。公司员工145人。公司拥有土地2858.07平方米，建筑面积5094.48平方米，经营面积6000余平方米。公司主体为营业主楼及办公楼。营业主楼地上3层，建筑面积2772平方米，1～3层用于经营，分别经营服装、鞋帽、小家电、文化用品、针纺织品、烟酒、日用百货等几十大类、560多个品牌、3.5万余种商品；办公楼6层，建筑面积2322.48平方米，公司设有200余个摊位，40余家商户，经营档次定位为中高档商品，为阳泉市矿区实力较强的综合性零售商业企业。公司经营范围：批发、零售日用百货、针纺织品、文化用品、钟表眼镜、服装鞋帽、五金交电、照相器材、家用电器、家具日杂、洗涤化妆品、金银首饰品、服装带料加工、场地租赁、钟表、家电维修，照相等。公司主营场地租赁。

赛鱼百货商店。始建于1957年1月1日，当时是境内较大的百货商店，有职工57人，营业面积600平方米，经营百货、副食、针纺织品，下设赛鱼、沙台、沙坪、庙上4个门市部。后隶属关系几经变更。1984年7月，赛鱼商店分为赛鱼商店、三矿商店、沙台商店、沙坪商店、红岭湾商店5个单独核算商店，各直属市百货公司。分设后的三矿商店有职工60人，营业面积785平方米，固定资产9.8万元。2011年，有职工83人，固定资产14万元，年营业额533.6万元，利润总额18余万元，经营日用百货、文化用品、服装鞋帽、家电五金、针织化纤、糖酒副食等12大类商品。

平潭街商店。建于1957年，当时有职工10余人，营业面积160平方米，固定资产5万元，1974年重建商店后，面积增至1008平方米，职工68人，年营业额250万元。2011年，共有职工79人。主要经营：日用百货、服装鞋帽、文化用品、五金交电、糖业烟酒副食品等。

二矿百货商店。地址在二矿小南坑，隶属于矿区百货公司。2011年，有职工77人。拥有固定资产9.6万元，流动资金90.7万元。主要经营日用百货、服装鞋帽、文化用品，兼营五金交电，糖业、烟酒、副食等，经营品种3000余种。

沙坪百货商店。地址在矿区一矿秋沟口，是隶属于沙坪街道办事处的集体所有制企业。始建于1979年，营业面积150平方米。2011年，有职工12人，主要经营针织、百货、烟酒、糕点等。年营业额39.85万元，创利税3.85万元。

矿区沙坪综合商店。地址在一矿红岭湾，是隶属于沙坪街道办事处的集体所有制企业。该店建于1988年。2011年，有职工8人，主要经营针织棉布、百货、化妆品。年完成营业额26.56万元，创利税2.16万元。

矿区蔡洼百货商店。地址在矿区二矿，是隶属于蔡洼街道办事处的集体所有制企业。2011年，有职工14人，拥有固定资产17万元。主要经营日用百货、文体用品、家用电器等，年完成销售额21万元，创利税2万元。

阳泉赛隆购物中心。成立于2004年11月18日，位于矿山路16号，2006年上缴利税34800元。中心与员工均签订了劳动用工合同，手续规范，证照齐全。在管理方面建立了一套完整的进货，质量检验，销售渠道。主要经营范围日用百货、粮油副食、锻铸件及通用零部件、五金交电、涂料、另有下属生活美容院一间。赛隆购物中心总投资128万，占地面积1500平方米。2011年，有在职员工13人，固定资产82万，年净利润约29万，营业额150万。

阳泉市华龙赛鱼超市有限公司。位于阳泉市矿山路5号的阳泉市华龙赛鱼超市有限公司是2000年阳泉市政府重点工程之一，于2000年4月份由原阳泉市蔬菜公司赛鱼菜市场、隆鑫商厦赛鱼副食商场合并成立“阳泉赛鱼超市有限公司”，2003年与华龙超市连锁经营，更名为“阳泉市华龙赛鱼超市有限公司”，孙瑜为公司法人。2011年，注册资金93.6万元，建筑面积2400平方米，营业面积1500平方米，负1层经营服装、鞋帽、针织，1层副食、烟、酒、粮油、食品等，公司经营方式为商品开架自选，以自营为主、招商联营为辅。

华龙宜购。宜购超市位于四矿口，总营业面积5000平方米，包括地上一层与地下一层；隶属于华龙连锁集团，是矿区规模最大，配套最完善的综合商场。超市成立于2005年12月，建筑风格新颖独特，商场位于十里矿区的中心地。2011年，超市有员工120余名。宜购超市始终牢记服务行业的宗旨，以顾客为中心，坚持“顾客至上，用心服务”的服务理念，强化“服务领先”，推崇无障碍退换货制度；此外，卖场商品丰富、种类齐全，为周边商业圈市民的日常生活提供了良好的购物环境与保障。

天利购物广场。位于阳泉市矿区北大西街日潭商业区，成立于2003年10月，是矿区最大的一所综合性购物场所。购物广场由商场、超市和餐饮三部分组成，其中地下两层为超市，主要经营米面粮油、家居百货等；地上五层为购物中心，主要经营珠宝、化妆品、数码产品、品牌服饰、床品、童装等；顶层为餐饮，主要经营自助火锅、烧烤等。

第四节　集市贸易

一、概　况

解放前，境内商业都是私人经营，缺乏健康的市场环境，因货源不足、货币贬值和人民群众生活贫困，购买力不强，市场萧条冷落，缺乏生机。

新中国成立初期，人民政府采取措施搞活经济繁荣市场。当时个体经济、私营经济、供销合作社经济，在市场流通中并存。政府一面鼓励私营商户合法经营，一面重点支持供销社合作社经济在市场交易中发挥重要作用。国家对粮、棉、油等生活必需商品的价格随时监督，适时平抑。

1953年，国家对粮油实行统购统销，按人定量供应。第二年棉布实行凭票证购买，粮、棉、油只能由国家严格控制的专营商店计划销售，严禁在自由市场交易。1956年实行对私营工商业的社会主义改造，流通领域发生巨大变化，私营商业基本消失，形成统一的社会主义市场。1958年以后，商业所有制转化，在越大越公的思想指导下，供销合作商业，公私合营的合作商业，绝大多数转为全民所有制性质的国营商业，关闭集贸市场，取消私营商业，形成了以国营商业为主导的商品流通渠道。

1978年中共十一届三中全会后，集市贸易重新复苏。1979年，矿区相继开放了桥头东街和赛鱼2个农副产品市场。同年，在二矿、沙坪等地也出现了摊商活动。1980年开辟了二矿、沙坪、红岭湾3个集贸市场，均为露天市场。1983年，市工商局投资21万元，在赛鱼口征地4.33亩，修筑200平方米的营业房和办公室，820平方米的市场顶棚，增设铁皮柜130个，整修柜台416平方米，还增设了扩音机、公平秤等服务设施。改善了赛鱼集市贸易条件，成为阳泉市第一个设施较完备的集贸市场。1984年下半年投入使用。

1987年，矿区新增集贸市场1个，商业网点335个，市场服务设施172个，市场配套设施248.9平方米，1988年，开辟贵石沟集贸市场，新增市场服务设施93个，配套设施832平方米，营业面积370平方米。同年，四矿简易农贸市场开业，占地960平方米，日均上市摊位50余个。改造了690平方米的二矿集贸市场场地，新增营业面积1200平方米，市场服务网点142个。

1989年，对群众日常生活用品和蔬菜，实行最高限价，对其他商品实行准确可行的报价验收制度，保证了市场物价的稳定。1990年，矿区集贸市场共有国营、集体、个体商业网点3954个。上市摊位日均2930个，从业人员3674人，上市品种3500余种，年市场成交额达3279.2万元。

1991年，矿区筹措资金49万元，加快了对桥东集贸市场改造的步伐；投资2万元，维修各集贸市场营业设施1000多平方米，增设柜台及遮阳防雨顶棚220平方米；改造和扩建了红岭湾和马家坪市场，使其增加营业面积1500多平方米。采取多方筹资办市场的办法，鼓励辖区一矿、二矿、五矿利用其闲置资金和场地，投资5万元，改扩建市场营业面积1500多平方米；规划了贵石沟大井简易市场，矿区基本上形成了以固定市场和临时市场为主，早市和夜市为辅，综合市场和专业市场并存的较完善的市场体系。当年在洪城路、赛鱼街开设了2个消夏夜市。上市行业有17个，上市摊位242个。涉及百货、服装、日杂、土产以及风味小吃和文化娱乐等行业。其中，国营、集体17个。当年，全区集贸市场日均上市摊位2020个，上市人员3190人，日均上市品种3400余种，累计市场成交额达4356.8万元，比1990年增长32.8%。

1992年，矿区采用自筹资金13万元与组织集资94万元两种形式，建成了半封闭的河神庙市场。该市场经营面积达5590平方米，可容纳摊位360个，缓解了经营场地不足的困难。同年，全区企业改、扩建的封闭、半封闭市场共5500平方米。其中，矿务局五矿服务公司投资60万元改扩建了贵石沟半封闭集贸市场，使用面积5000平方米；矿务局一矿投资12万元建成的新市场，有营业房16间，经营面积310平方米；矿务局二矿投资1.2万元，利用空闲场地240平方米，制作了铁皮柜台30个，安排坐商40户。矿区投资6.3万元，对原红岭湾、赛鱼、马家坪等市场进行了改造维修，修补喷刷铁皮柜台2052平方米。

1993年，矿区开展赛鱼集贸市场的改扩建工程。当年，阳泉矿务局五矿劳动服务公司投资107万元修建的冠山集贸市场建成并投入使用。该市场占地6400平方米，永久性建筑1170平方米，简易性建筑1200平方米，可容纳摊位300个。1994年，改扩建后的赛鱼集贸市场由原2100平方米增加到3263平方米。

2009～2011年，矿区在集贸市场建设和发展中，坚持统筹规划、合理布局、功能配套、活跃流通、促进生产、方便生活的原则，不断完善商业设施，加快推进大型商业项目建设。如，2010年，建设改造了赛鱼菜市场、四矿口菜市场、二矿集贸市场。同时，积极推进社区商业发展，强化市场供应保障，加强市场监测和市场运行分析，强化冻肉、罐头、食糖等重要储备商品管理，有效地保障了全区生活必需品的市场供应。此外，随着商业招商引进的快速发展，大大丰富了全区的商业业态，出现了超级市场、便利店、货仓式超市、专卖店、邮购、网上商店等新型商业业态，其他商业零售业组织形式也日趋多样化，连锁经营式、仓储式、自动式、直销式、敞开式、电视购物式等加快发展，延伸了全区的消费内涵，极大地满足了广大消费者的不同需求。

二、网点选介

赛鱼集贸市场。赛鱼集贸市场始建于1985年，由市工商局筹措80多万元资金投资建设，营业面积3000平方米，是当时矿区最大的以批发为主兼零售的集贸市场。建成以后，市场对服务当地居民，搞活商品流通市场，在当时都起到了非常重要的作用。2010年，市场已运营25年，外墙脱落，钢结构屋顶损毁严重，线路破损，设施老旧不堪，根据矿区政府和有关部门要求，为保障赛鱼集贸市场顾客和商户人身和财产安全，改变脏乱差的破旧面貌和环境，2010年，市场投入150多万元，整体停业4个月，全面进行改造装修。改造包括市场屋顶改造加固工程、大厅屋顶彩钢板拼接阳光板铺装改造、大楼临街立面和底商门面装修、消防设施改造、市场内部水电线路和营业设施全面维修改造等施工项目。2010年6月，市场以崭新的面貌迎宾纳客。改造后的市场，面貌一新，通透敞亮，环境整洁，设施规范，档次提升，目标定位为“以零售为主，兼顾批发的区域性便民农贸市场”，扩大了客流量，提高了商户效益水平，提升市场人气，保证市场长久繁荣兴旺。同年，被省商务厅评定为“标准化菜市场”。2011年，市场年销售额达6000万元，年销售农产品20万千克，共有商户52户，容纳就业人员130人。

沙坪菜市场。沙坪菜市场隶属阳泉沙坪百货有限公司，建于2003年4月。该市场原为沙坪蔬菜副食有限公司沙坪商店。并归阳泉沙坪百货有限公司后，由沙坪百货有限公司自筹资金，将原来营业面积仅200余平方米的场所，扩建成总建筑面积1200余平方米的综合型市场，销售蔬菜、食品、水产、瓜果、百货、洗涤日化、副食品等多种商品。2011年，可容纳80多个商户及摊位经营，解决就业人员120余人，方便了一、三矿地区城乡居民的购物。

日潭集贸市场。前身为华龙超市日潭店，始建于1999年。2004年，在矿区政府和有关部门支持下，响应国家关于积极发展社区服务业的政策，投资30多万元资金改造成为社区便民集贸市场，营业面积1200平方米。建成以后，市场销售辐射整个日潭小区和矿务局大院居民，搞活了社区农产品流通市场，为社区居民日常生活提供了很大便利。2009年，投资30万元，全面进行改造装修。改造包括市场屋顶改造加固工程、临街立面和底商门面装修、消防设施改造、市场内部水电线路和营业设施全面维修改造等施工项目。改造后的市场，面貌一新，环境整洁，设施规范，目标定位为“便民零售农贸市场”，扩大了客流量，提高了商户效益水平。2011年，市场年销售额达3000万元，年销售农产品10万千克，共有商户31户，容纳就业人员100人。

阳泉市金桥集贸市场。金桥集贸市场位于矿区四矿口，2010年在矿区政府和有关部门支持下，响应国家关于积极发展社区服务业的政策，投资上百万元资金改造成为社区便民集贸市场，营业面积数千平方米。2011年，市场销售辐射整个四矿口及周边地区，搞活了社区农产品流通市场，为社区居民日常生活提供了很大便利。金桥集贸市场是集蔬菜、食品、水产、瓜果、百货、洗涤日化、副食品等一体的综合型市场。市场可容纳上百个商户及摊位经营，解决就业人员数百人，金桥集贸市场的建成方便了四矿地区城乡居民的购物，改变了个体商户的经营环境，提高了社会效益和企业经济效益，为建设文明、卫生阳泉做出了贡献。

第三章 商业行业

20世纪70年代矿区建立后，按照“商业布局合理、业态结构完整、经营行为规范明确、服务功能健全、满足各层次消费需求”的要求，不断推进全区现代商业的发展。通过政策引导、资金支持、平台服务、信息沟通等多种形式支持传统企业产权多元化；以无形资产为纽带连锁扩张；在继承的基础上创新经营理念、经营模式、技术手段和服务方式，跟上现代商业发展的步伐。在推动传统行业升级的同时，积极引进专业化、细分化的新业态，促进专卖店、专业店业种结构的细分，鼓励食品、化妆品、玩具、花木、娱乐用品、汽车等专业店发展。应用现代科技手段，提高商业服务业信息化水平。积极鼓励企业建立、升级管理系统，建立集采购、结算、营销、服务、供应商管理、顾客管理等经营全过程的开放式管理系统。随着全区商业行业的发展，矿区的超市、连锁、便利、配送等现代化流通方式步入了迅速扩张阶段，社区的商业体系建设日趋完善。

第一节　日用百货

解放前，境内各种百货商品大多从外地采购供应。解放后，随着百货用品工业的恢复和发展，境内的百货用品货源逐步好转，市场的供应量不断增多，品种也不断丰富。1957 年，市百货公司在马家坪、赛鱼、平潭街等地设立百货商店，下设 4 个销售门市部，共有职工 130 人，营业面积 1460 平方米。当时，棉布按人定量供应；纸张、煤油按计划控制销售；纯碱、食盐本着先吃后用的原则经营；铅丝、元钉是先城市后工业后农业，但首先服从防汛需要；自行车、缝纫机、钢精锅等货源紧张，自行车重点供应市区、矿区。1958 年“大跃进”期间，日用工业品普遍短缺，市场供需紧张，常出现排队等购现象。

1960 年，在全市实现城市公社化中，市商业局将境内的赛鱼商店、马家坪商店（11 月两店合并为矿区商店）按地区实行统一领导和管理，同时对上受商业局和公社的双重领导，在经济核算上仍按国营、公私合营和合作商店分别核算。20 世纪 60 年代初期，对部分日用百货，实行凭票定量购买或按工种区别供应。对井下、高温、部队、重病患者、产妇婴儿等给予特需照顾。对生产生活都需要而货源不足的商品，按“先生产后消费，先集体后市场”的原则统筹安排，优先保证重点工程需要。对那些没有可靠货源而供应紧张的商品，根据进货与急需情况，量入为出，计划供应。对灯泡、钢精锅等商品，实行交旧换新或各作各价以旧换新。对自行车、手表、毛衣、毛毯、绸缎、呢绒、火炉、烟筒等生活用品，实行指标到厂（单位），民主评议的分配办法。为了回笼货币，按国家规定，对食糖、糕点、糖果、名酒等商品实行高价销售。对货源充足的一般百货、小五金、日用杂品、文化用品等敞开出售，满足供应。1962 年 3 月，又撤销原国营阳泉市矿区商店，并根据新区划分建立了国营阳泉市石卜咀商店和国营阳泉市赛鱼商店。是年，境内零售商店经营品种 2600 余种，实行凭证票供应的商品有 99 种。

1963 年，整个国民经济形势开始好转，商品上市增多，供需关系改善，平价商品供应量逐渐增加，高价商品销售量陆续下降，限量供应商品减少，自由选购商品增多。零售商店经营品种计 6895 种，比上年增多 4795 种，凭票凭证供应商品减少到 26 种。1966 年，市场物资又趋紧张。1971 年，物资紧缺现象有所缓解，后来时紧时松，各有不同。

1978 年，农村率先改革不适应生产力发展的一系列环节，向专业化、商品化、社会化发展。在农村改革的推动下，进入 80 年代，城市也开始探索经济体制改革，随着多种经济成分的出现，商品购销情况发生巨大变化，出现了前所未有的活跃局面。采购上突破了过去的单一进货渠道，除专卖商品外，其余商品属计划内的由专业公司统一组织，属计划外的自由采购，国营百货商店购进渠道除市二级批发公司外，还到太原、石家庄、天津、上海、杭州等地批发公司批发，有的与生产厂家直接联系供应。个体和私营百货行业，其进货渠道主要是河北石家庄和白沟的大批发市场，由于货源充足，加上多元化经营，所以不仅取消了票证供应，而且展开了销售竞争，各商店增强推销力量，研究顾客心理，加强外联业务。于是出现了多种销售形式，诸如广告宣传、商品展销、产品试销、产品代销、耐用消费品赊销和商厂联销等做法。还有市场预报测算，实行店站挂钩、店厂并网、店社联手、店店结对，提高商店的市场应变力和竞争力。1983 年 4 月，在四矿口的百货大楼正式营业，马家坪商店也更名为阳泉市百货公司矿区百货大楼。

1984 年年底，商业系统划小核算单位，各商店及其下设门市均实行独立核算，对口市各专业公司。于是百货商店划为 9 个独立核算单位。1986 年 1 月，马家坪商场从百货公司分离出来，组成了劳保特种用品公司。1990 年 6 月，矿区百货大楼配套楼开业。矿区共有国营百货商店 9 个。1991 年，二矿商场、西苑商场装修扩建后也正常开业。1992 年 10 月，赛鱼百货大楼建成开业。11 月，按照市商业局关于撤销行政管理性公司，转变经营实体的决定，将年利润在 50 万元以上或年销售在 1000 万元以上的赛鱼百货大楼、矿区百货大楼从百货公司中分离出去，升格为市商业局直属企业。而沙坪商店、二矿商店等一批小型商店以“大带小”的模式分别归属上述企业。1996 年 3 月，按照市商业局的规定百货公司由矿区百货大楼代管，实行“两个单位，两个班子，一个法人”的领导体制。11 月，百货公司又脱离矿区百货大楼自成一体。

2000 年，随着市场经济的发展，矿区的日用百货业逐步从传统的百货业向现代百货店转变，并加快了改革开放的步伐。同时，按照市场经济的发展要求，坚持统一管理、统一形象、统一收银、统一退货的原则。使经营的百货商品不但反映时尚要求、反映出消费新潮流，体现新消费理念和趋向，而且展现了以人为本，努力构建社会主义和谐社会的良好氛围。

“十五”期间，矿区针对一些日用百货业中出现的经营理念、管理模式与管理技术落后等问题，确立了“展示现代城市生活”和“勾画新生活图景”的新理念，向现代百货、主题百货转变。同时，要求日用百货商场了解时代潮流、流行趋势，并配合定期变化店内环境和装潢，成为市场瞩目的焦点，成为消费者领略时代潮流、流行趋势的橱窗。矿区为了使全区日用百货业适应新的市场环境，还要求日用百货业根据自身特点和周边环境，更新业态、改变经营模式。大中型百货店要完善功能，建设成为集购物、餐饮、娱乐、休闲、住宿等为一体的综合性商业广场；中型百货店全部或者部分改造为大型超级市场；小型百货店要改造为专卖店或专业店，专门经营某一类商品；大型百货店要发展成为大购物中心，原百货店成为购物中心的核心店。矿区日用百货业按照现代企业制度、现代管理技术、现代市场营销手段不断创新发展，并取得了很好的业绩。

2006 ~ 2011 年，矿区日用百货业按照调整、改革和自主创新的理念，不断改善市场环境，进一步加强城市商业网点的规划和管理，推进了百货业的现代化进程，经济效益稳步增长。业态创新，改革单一业态，实行了“一店多业态”；经营创新，准确定位，突出经营特色，实行了品牌战略；经营形式创新，自营、工商联营、租赁相结合，改变了单一经营模式，正确处理了零售商关系，管理者同租赁经营者关系；管理体制创新，改变管理分散，实行进销分离，集中管理，一级核算，单品管理；组织创新，改变规模小的状况，开设分店，实行了连锁化经营。经营管理手段创新，改变技术落后状况，实行了计算机信息化管理；制度创新，产权制度改革，发展多元化投资主体，实行资本运作。2011 年，随着矿区日用百货业在机制、经营、管理和制度等方面的改革、创新，逐步建立起了具有矿区特色的现代商业经营体系。

第二节　副食品

一、概　况

解放前，境内的糕点等副食商品由几家私营商店和摊贩经销，品种有限，规模很小。新中国成立后，除原先的私营商号摊贩外，境内的 3 家供销合作社也兼营各类副食商品。1956 年私营工商业社会主义改造运动后，赛鱼副食品归属市糖业烟酒公司及其下属的合作商店管理，属集体所有制性质，自负盈亏。营业面积为30平方米。经营茶、食糖、粉条、糖果、糕点、罐头、调味品和腌菜等。经营的品种和数量由其归属公司和总店根据该店服务范围及人口情况，按一定比例下拨商品指标，统一到市二级批发站购进。成立初期，尽管进货渠道单一，但货源比较充实，顾客可自由选购。1960年，国民经济出现暂时困难，供需脱节现象随即发生，为了缓解矛盾，食糖、糕点、粉条、碱面等实行票证供应。后来情况好转，又逐渐放开销售。

20世纪60年代，国家关于猪肉的供应政策是优先满足大城市需要和出口计划。阳泉属小城市，但煤炭生产和其他事业发展较快，人口日益增多，而市食品公司的货源范围小，生猪收购数量少，人们消费量却日渐增大，所以供需比较紧张。为了杜绝抢购，保证大家都能买到猪肉、鸡蛋，统一发号，根据货源情况，决定品种、数量、凭号供应，过年过节适度放宽。对特殊工种和需要照顾的特殊对象，按实际情况额外加供。对招待所和国营饭店实行计划配给。1960～1962年实行议价销售。

1979年，猪肉、鲜蛋源源上市，食品行业取消号证敞开出售，价格由国家挂牌限定。进入20世纪80年代，私营肉商开始出现，食品行业逐渐形成国营、私营、个体等多种体制的经营格局。过去矿区水产品消费量有限，随着人们生活水平的提高，营养知识的普及，当地居民对水产品的需求增加。特别是逢年过节，水产品成为餐桌上的必备佳肴，主要水产品种有带鱼、黄花鱼、鲤鱼、鲢鱼、鲳鱼及本市娘子关产的罗非鱼，还有海带、海参、鱿鱼、对虾、虾米、干贝、海蜇等。猪肉价格实行国家牌价和市场价格并存的双轨价格，顾客自由选购，其他肉蛋食品价格由市场行情决定。20世纪80年代初期，随着经济体制的改革，国家政策的鼓励，个体私营商户也参与了副食经营，国营集体商店也改变观念，兼营副食，给原专营副食商店带来一定影响，但他们变压力为动力，大胆改革分配制度，实行职工联利计酬，从而调动了职工的积极性。在采购方面，大量捕捉市场信息，加强外采力量，与外地厂家建立起良好的合作关系，使商品品种明显增多，档次呈现多元化、新品位、高质量，防止假冒伪劣商品进入柜台，提高企业信誉，因而经营效益呈良性增长趋势。

1985年，食品公司对下属商店划小核算单位，实行经济承包责任制。矿区食品商店划分为食品公司一矿商店、三矿商店、四矿商店及矿区商店。一矿商店下设一矿门市部、红岭湾门市部、一矿售货厅3个门市部；三矿商店下设三矿、南楼、沙坪、赛鱼、如意庄5个门市部；四矿商店设二矿、电厂、桥头、坑口、水泉沟、俱乐部6个门市部，矿区商店在平潭、矿务局、河神庙、苹果园和七一市场、李家庄设6个门市部。各商店都有冷藏、冷冻设备，一律使用电子台秤。除经营生肉、禽、蛋、水产品外，还兼营熟肉制品、粮油制品、豆制品及调味品。

1990年，矿区有经营食糖和副食的国营网点22个，集体、个体经营食糖和副食品的网点147个，服务面覆盖了整个矿区。1991年，按照市场经济的发展要求，矿区赛鱼副食商店、平潭街副食品商场、桥头副食店与市糖业烟酒公司签定了第二轮承包合同。同时，推行了经营、价格、用工、分配工作方法，并收到了好的效果。

2000年，矿区不断加强副食品市场、质量和价格监管，进一步落实监管措施，维护正常市场秩序。严格价格执法，打击各种违法违规行为，重点查处经营者串通定价、合谋涨价行为，捏造散布涨价信息、囤积居奇、哄抬物价行为，短缺数量、偷工减料、以假充真、以次充好等欺诈手段变相提高价格行为。坚决制止对各类商品豪华包装，降低成本，杜绝浪费，减轻了消费者负担，切实保障了全区的副食品市场供应。

2001～2005年，矿区副食品流通基础设施得到明显改善，建成了信息化、规范化、自检体系完备的批发市场。建立了以物流配送中心为核心，以大卖场、农贸市场和众多连锁便利店、专业店为基础的食品供应体系。食品安全信用体系逐步完善，畜牧业产品、种植业产品、水产品、饮用水、加工食品以及餐饮行业的专项整治取得了阶段性成果。

2006～2010年，矿区不断加强副食品行业的经济文化建设，提升企业软竞争力，即在管理、信誉、品牌、服务、理念等方面的创新与完善；并以各种方式引导副食品行业学习先进经营管理经验，提高食品行业的整体素质。严格执行有关部门既订和修订的各种食品安全监督法规及《食品药品放心工程实施方案》，实现从农田到餐桌的安全过程治理。重点关注食品加工原料源头的质量安全问题。推进“无公害食品行动计划”，防止食源性疾病和中毒事件的发生。加强面向广大消费者的食品安全科普宣传教育，正确引导安全消费。

2011 年，矿区副食品行业结构不断调整优化，产品结构向高端倾斜。尤其是酒类行业效益明显，白酒市场向高端倾斜，传统二线名酒表现活跃，行业整体价格水平仍处于上升阶段；啤酒市场发展趋于稳定，行业竞争格局基本成型。以食品机械、食品包装为代表的相关行业与食品企业相辅相成，产品追求多样化、通用化和多功能集成化，发展趋势良好。同时，坚持资源开发与节约并重，把节约放在首位的方针。引导副食品行业“从节约中求发展，从保护环境中求发展，从循环经济中求发展”，进一步加快了全区食品产业节约发展、清洁发展和可持续发展的进程。

二、网点选介

食品公司矿区商店。地址在北大街中段，属于市食品公司管辖。成立于 1956 年，营业面积 780.95 平方米。2011 年，职工 41 人，固定资产 28.52 万元。主要经营肉、禽、蛋、水产品、速冻食品、方便食品、副食、调味、酒、罐头、日杂等。商品销售额 241.90 万元，实现利税 13.88 万元。

食品公司四矿商店。地址在四矿口桥头，属于市食品公司管辖，成立于 1985 年。营业面积 398.3 平方米。2011 年，职工 43 人，固定资产 13.48 万元。主要经营肉、禽、蛋、水产品、粮油制品、速冻食品、方便食品、烟、酒、调味品、日杂等。完成销售额 288.55 万元，实现利税 12.83 万元。

食品公司三矿商店。该商店地址在赛鱼街，成立于 1985 年，是市食品公司直属单位。经营面积 188 平方米。2011 年，职工 28 人，固定资产 14.66 万元。主要经营肉、禽、蛋、水产品、烟、酒、速冻食品、罐头、日杂等。完成销售额 180.49 万元，实现利税 7.61 万元。

食品公司一矿商店。成立于 1985 年，地址在前庄，是市食品公司直属单位，营业面积 442.17 平方米。2011 年，职工 26 人，固定资产 11.18 万元。主要经营肉、禽、蛋、水产品、速冻食品、方便食品、饮料、干鲜果品、日杂等。年完成销售额 207.37 万元，实现利税 10.78 万元。

阳泉市赛鱼副食商场。地址在矿区赛鱼站对面。建于 1975 年，是市糖业烟酒公司规模较大、效益较好的国营副食品综合商场，全市 10 大副食市场之一。2011 年，职工 43 人，固定资产 20 万元，占地面积 532 平方米，营业面积 315 平方米。主要批发零售油、盐、酱、醋、茶、糖、烟、酒、糕点、罐头等近 30 类 2500 余种商品。

阳泉市平潭街副食商店。地址在阳泉市平潭街中段的繁华区域，始建于 1971 年，是市糖业烟酒公司直属的全民所有制商业企业。2011 年，职工 27 人，固定资产 12.92 万元。占地面积 359.4 平方米，营业面积 257.8 平方米，经营糖、酒、烟、糕点、饮料、保健品等各类商品共 500 多种，年营业额 118.91 万元，实现利税 6.53 万元。

第三节 蔬　　菜

一、概　况

解放前，境内的平潭街、蔡洼、赛鱼地区为农业区。蔬菜生产除农民自用外，剩余部分向境内职工居民销售。

解放初期，境内蔬菜除个休菜农菜贩供应外，为方便职工生活，矿务局职工消费合作社在平潭街设立 1 个蔬菜供应点。随着煤矿生产的恢复，职工人数的逐渐增加，原有蔬菜供应摊点已不能满足人们的生活需求。1956 年，在境内除公私合营时形成的几户蔬菜合作商店外，市蔬菜公司在四矿口、赛鱼、矿务局等地设立国营蔬菜门市部（矿务局消费合作社的蔬菜供应点并入蔬菜公司矿务局门市部）。当时蔬菜供应重点是服务生产，满足工矿企业职工生活。为了缓解供应紧张情况，沙坪、红岭湾、二矿、四矿、虎尾沟建起4个蔬菜商店。后来又建立桥头蔬菜商店、赛鱼口蔬菜商店、洪城河蔬菜商店。20世纪70年代，矿区境内共有市蔬菜公司下属10个蔬菜店。

1979年12月，市蔬菜公司将矿区境内的蔬菜商店划分为赛鱼、桥头、北大街3个中心店。以中心店向周围的居民区辐射。

1956～1979年，矿区的蔬菜经营一直为国营单一体制，靠财政补贴过日子。进入80年代后，开始出现个体蔬菜摊点。面对商品经济和市场竞争的挑战，国营菜店也改变自我封闭，积极改善基础设施，增设冰柜、电子台秤、汽车等设备，扩大业务项目，开始综合经营。1990年，矿区境内有国营蔬菜商店7个，其占地面积6930平方米，经营面积5150平方米，固定资产105万元，年营业额905万元，运输车辆14部。在蔬菜供销方面充分发挥了社会主义国营企业的调控市场的优势，新开业的46户个体蔬菜摊点，在蔬菜市场贸易中也显示了不可缺少的补充作用。

2001年，矿区的蔬菜经营公司立足周边环境，找准市场定位，以特色经营、诚信服务赢得了顾客的满意。一是淘汰滞销商品和过时商品，新增适销对路的商品。多年来经营的各种水果、鱼、肉类罐头退出了市场，各种保健品、豆、奶、饮料、水产品、调味品等摆上了货架。公司涌现出了一批特色店。洪城河商店以蔬菜、调味品为主，主要面向集团消费。蔬菜公司各具特色的服务项目，拉动了居民消费，创造了新的市场空间。

2006～2010年，矿区在建立了一些蔬菜批发市场的基础上，又相继建起了一些超市，确保了全区居民的蔬菜供应。为了在每年“两节”期间保证蔬菜供应，要求批发市场、大型超市要与生产企业做好蔬菜等商品的产销对接，准备充足的货源，确保至少一周的供应量。区商务、物价部门严格落实市场监测报告制度，深入蔬菜等生活必需品经营企业，全面、及时、准确检测蔬菜价格变动情况，做好市场运行分析，促进市场稳定。

2011年，矿区按照中共中央、国务院“落实‘米袋子’省长负责制和‘菜篮子’市长负责制”要求，研究制订了充分保证市场蔬菜供应的各项措施。同时，稳定物价、关注民生，进一步提高了全区居民生活质量，改善了居民健康状况，加快全区经济建设步伐。

二、蔬菜购销

50年代，本境蔬菜供应主要靠附近农村自产自销解决。1956年，农村经过合作化运动，成立了高级农业生产合作社，境内建起了蔬菜商店。蔬菜销购变成集体对集体的关系，纳入计划经济范围，实行统购包销，社店挂钩。本境的主要供菜区为平潭街、赛鱼、蔡洼、石卜咀等村。菜农执行派购任务，菜店按计划统购。当时供销双方都较重数量而轻质量，结果使蔬菜品种单调，一些品次较高，人们爱食的蔬菜播种少，难上市，产生购需矛盾。由于储存条件差，常发生淡季缺菜，顾客排队，旺季菜多，菜店烂菜的现象。蔬菜价格由蔬菜公司确定，蔬菜经营以解决人民群众的吃菜问题为目的。坚持亏损经营，政府从财政上扶持补贴。

80年代，随着农村联产承包责任制的实施，矿区的蔬菜经营也全面放开，取消统购包销，实行自主经营，政府对经营单位的财政补贴逐步减少，蔬菜商店被推向市场。新涌现出来的个体菜商，从阳泉市批发市场购菜，到居民密集处销售，服务周到，经营灵活，给国营菜店形成竞争压力。国营菜店转变观念，实行以菜为主，兼营别样，与石家庄、定县、榆次、太谷、清徐、山东、济南等蔬菜产地建立长年供销联系，择优购进，保鲜保质，微利广销，加速资金周转。自改革开放以来，矿区蔬菜市场，购销两旺，一派生机。夏秋两季的西红柿、茄子、葱头、北瓜、黄瓜、豆角、青椒、菠菜、油菜、韭菜、蒜苔、芹菜、菜花、茴香、蘑菇，冬季的大白菜、茴子白、土豆、红薯、南瓜、倭瓜、红白萝卜、大葱等，货源充足，敞开供应，择优挑鲜，按质论价，为顾客提供了方便。政府重视菜篮子工程建设，在农村建立大棚菜基地，冬春两季有鲜菜上市。

1985 年，矿区平潭街蔬菜商店等 6 个菜店销售蔬菜 776 万千克，年销售额为 243 万元，利润 14.8 万元。1990 年，销售蔬菜 658 万千克，销售额为 905 万元，利润 46.9 万元。为了进一步丰富矿区居民的“菜篮子”，1991 年，集零售、批发、服务于一体的矿区菜市场建成开业。这些零售市场的建立，扩大了蔬菜经营面积，增加了蔬菜经营网点。与此同时，个体蔬菜经营逐步扩大，国营蔬菜经营相对减少，经营结构发生了根本改变。

2000 年，随着蔬菜市场的放开和发展，各种菜的品种都可以常年供应，价格也比较稳定，全区居民一年四季可吃到来自全国各地的各种蔬菜，蔬菜供应量足价稳，蔬菜市场呈现出生产发展，流通顺畅，购销两旺，经营得利，品种丰富，价格稳定，人民满意，政府放心的局面。

2001～2005 年，矿区为了确保蔬菜供应，对生产、流通、分配和消费等各个环节逐一地加以考察，并采取相应的改进措施，积极解决城市蔬菜购销中出现的问题，保证了人民群众的生活需要。同时，在蔬菜经营中实行了统购包销的办法，对保证城市人民的最低生活需要，平抑市场物价起了很好的作用。到“十五”期末的 2005 年，全区的蔬菜生产和供应有了较大的发展。

2006～2010 年，矿区在蔬菜购销上加大政府调控力度，把解决当前问题和建立长效机制结合起来，采取更有针对性的措施，保障市场供应和价格基本稳定。同时，加强城市蔬菜批发市场、农贸市场和社区菜店等的建设、服务与管理，在特定时段为流动菜摊开辟专门销售区域。制订完善蔬菜市场供应应急预案，建立蔬菜储备制度，确保重要的耐贮存蔬菜品种 5～7 天消费量的动态库存。2010 年，矿区先后对辖区内 16 家菜市场的基本情况作了调查摸底，对完成标准化菜市场改造的进行了评估，对未参与标准化菜市场改造的多次进行实地考察与论证，对新建、改建的 10 个标准化菜市场进行了规划、申报。同时确定了宏东、大垴、金花园、宏西、小南坑、水滩等 10 个绿色回收亭选址。确定两家标准化菜市场，一家绿色回收亭年底接受省市验收。截至年底，全区共有蔬菜副食类网点 268 个。另外，根据《价格违法行为行政处罚规定》和《反价格垄断规定》，不断加强了对蔬菜生产、流通、销售过程中价格行为的监管，严厉查处价格欺诈、哄抬价格、串通涨价、价格垄断等价格违法行为，以及其他不执行国家价格政策的价格违法行为，并进一步规范了集贸市场和超市收费行为。

2011 年，矿区的蔬菜批发市场、菜市场、社区菜店等市场网店逐步健全，功能进一步完善，产销关系更加紧密，逐步形成了布局合理、流转顺畅、竞争有序、高效率、低成本、低损耗的现代蔬菜流通体系。

三、网点选介

阳泉市矿区菜市场。地址在矿区四矿口桥东街。1956 年建立，是市蔬菜公司直属的以集销售、服务于一体的综合性国营企业。2011 年，职工 104 人，固定资产 243 万元，建筑面积 4200 平方米，营业面积 3200 平方米。主要经营：蔬菜、粮豆制品、干腌酱菜、肉禽蛋、水产海味、糖、烟、酒、茶叶、罐头、干鲜果品、土产日杂等 1000 多种商品。除批零兼营外，还设有 300 平方米的饭店。营业额达 516 万元，利税 28 万元。在全市优质服务中立三等功。

阳泉市蔬菜公司沙坪商店。地址在一矿中沙坪。1957 年建立，是市蔬菜公司直属的国营企业。2011 年，职工 26 人，固定资产 9.7 万元。营业面积 414 平方米。主要经营：蔬菜、粮豆制品、糖、烟、酒、罐头、饮料、调味品、小食品等。下设红岭湾分店。销售额 125 万元，实现利税 12 万元。

阳泉市蔬菜公司二矿商店。地址在阳泉二矿。1957 年建立，是市蔬菜公司直属的国营企业。2011 年，职工 26 人，固定资产 7.3 万元，营业面积 281 平方米，主要经营；蔬菜、粮豆制品、肉、糖、烟、酒、罐头、饮料、调味品等。年销售额 120 万元，实现利税 12 万元。

阳泉市蔬菜公司四矿商店。地址在四矿段家背。1970 年建立，是市蔬菜公司直属的国营企业。2011 年，职工 19 人，固定资产 8.7 万元，营业面积 176 平方米。主要经营：蔬菜、粮豆制品、干腌酱菜、肉制品、糖、烟、酒、罐头、糕点、小食品等。实现利税10万元。

阳泉市平潭街菜市场。地址在平潭街。建于1956年3月，是市蔬菜公司直属的国营企业。2011年，职工40人，营业面积680平方米，固定资产41万元。经营范围：蔬菜、粮豆制品、干腌酱菜、肉制品、糖、烟、酒、罐头、饮料、糕点、小食品、生活日用品等。年销售额253万元，实现利税14万元。

阳泉市蔬菜公司赛鱼商店。地址在矿区赛鱼口。1956年6月建立，是市蔬菜公司直属的国营企业。2011年，职工29人，固定资产15万元。营业面积285平方米。主要经营：蔬菜、豆制品、干腌酱菜、糖、烟、酒、罐头、糕点、调味品、日杂用品等。年销售额203万元，实现利税16万元。

第四节 粮　　油

一、粮油销售

（一）概况

解放前，矿区规模小人口少，附近都是农业区。粮油全靠私营商贩和农民销售供给。不足部分，粗粮从平定、寿阳、盂县、昔阳购买或外地农民运来销售，细粮从河北购进。食油以麻油为主，来源于昔阳、盂县；花生油（白油）来源于河北。价格随行就市，市场交易。有时粮油紧缺，商贩采取囤积居奇，牟取暴利，常常给人民生活带来困难。

新中国建立初期，粮油消费维持原先经营渠道，在一段时期，用工酬资，常以挣多少小米计算，粮食曾起过商品交换中的媒介作用。但为了保持粮油价格，保证人民的生活需要，粮食部门进入了购调销存，一户一证，按户供应的渠道。1953年，粮食实行统购统销，计划供应，粮食部门按规定标准数量和品种供应市民。私营粮商或转行或歇业。粮食部门只是些许调剂粮食品种（如小米白面与小杂粮交换）的互通有无活动。

1955年开始，对非农业人口的粮食供应实行分等定量供应。工厂企业职工划分3个类型9个等级，脑力劳动者分为2个等级；大中学生划分为3个等级；居民分为11个等级。一般干部和居民每人每月供应成粮13.5千克。1960年，困难时期降为12千克成粮，1962年，改为13.5千克，1964年，粮价实行平价、议价相结合，同时限量供应。这主要是为了缓解当时国内粮食的供求矛盾，减少粮食浪费，实现粮食的合理分配，稳定经济。1965年，又做了调整，重体力劳动者由每月19千克调为19.5千克。

1970年后，矿区在粮食系统推行“三交”“三到”“三结合”的管理办法。“三交”即把粮食形势，粮食工作方针政策与工种定量标准交给群众；“三到”即基本口粮到户、工种粮食补贴到班组、工种补贴指标到单位；“三结合”即粮食部门、工厂企业单位、工人群众三方相结合。1974年，矿区粮食供应把职工的口粮分成基本口粮和工种补差粮两部分，职工的基本口粮凭证在粮店购买。工种补差粮由职工所在单位按出勤情况和劳动工种每月供给。粮食部门主要负责单位工种粮的人均月水平一年一核定工作。在20世纪70年代中期，矿区居民定量供应的粮食标准还实行过存取自由的制度。

1978年，随着改革开放的发展，矿区居民的粮店存粮也不断增加。这种现象使粮食的供应、加工、调运都受到了影响。为了解决这些问题，矿区于1980年按照市粮食局的安排，在全区发行了面粉、大米、小米、玉米4个票种的存粮卷。建立了居民存粮卷的收支存统计制度。1980年后，调整了粮食供应标准，每人另加副食补贴0.5斤。1988年，按照“保住一块，放开一块”的政策，把职工工种粮和工商行业用粮等粮食都放开了销售价格，并且按市场来供应。至此，全区实行的旅大市粮食管理办法宣告停止。

1992年，粮食经营管理体制改革开始进行。矿区粮食部门按照国务院、省政府的统一安排，两次提高粮油销售价格，实现了购销同价，放开经营，保证了粮价改革的顺利进行。1996 年，由于市场疲软、粮油销售不畅、粮价下跌等因素的影响，矿区粮食部门出现了亏损现象。为了扭转亏损状况，矿区粮食部门狠抓经营管理和粮油销售工作，起到了很好的效果。1997 年，根据粮食商品开始走向买方市场的新变化，矿区粮食部门树立了吃市场饭、吃辛苦饭、吃服务饭的思想，并大力开拓了副食品生产和主食厨房，既方便了群众，也增加了收入。

2000 年，矿区粮食部门在销售工作中，坚持以市场为导向，以效益为中心，以拓展粮油销售业务为重点，引深粮食改革工作。经过一系列的改制，不但为全区粮食企业发展注入了新的活力，为更好地搞好销售奠定了基础，而且逐步扭转了粮食部门多年来资产不良、效益较差的局面。同时，也使全区的粮食部门逐步焕发了盎然生机。

2001～2005 年，矿区粮食系统为了搞好粮油销售工作，认真贯彻落实国务院和省、市政府深化粮食流通体制改革的一系列政策措施，同时按照市委、市政府提出的赶超发展战略目标，不断深化粮食体制改革，想方设法扭亏增盈，从而提高了经济效益，拓展了粮油销售业务，较好地完成了“十五”时期的工作任务。

2006～2010 年，矿区根据山西省粮食局《关于做好“放心粮油工程”的实施意见》的精神，及时制订了全区“放心粮油”工程建设规划，并开始组织实施。严格工作制度，抽调得力工作人员，建立了专门的办事机构。把“放心粮油”工程作为服务本区消费，保障粮油食品安全，促进粮食产业化发展的重要举措，切实在强化领导、明确责任、狠抓落实上下功夫，完成了省、市政府确定的放心粮油骨干示范店建设任务。

2011 年，矿区粮食管理系统紧抓保障全区粮油销售这项工作，坚持制度化、规范化管理，确保了粮油销售工作任务的顺利完成。是年，全区粮食购销两旺，粮油储备规模进一步扩大，“放心粮油”工程建设任务全部完成，国有粮食企业改革不断深化，扭亏增盈取得新的成效，粮食仓储管理水平进一步提升，粮食市场监管进一步强化，粮食产业化发展取得新突破。粮食行业呈现出供需平衡、市场稳定、企业效益提升、职工收入增长的良好态势。

（二）粮油票证

1947 年，阳泉解放后，边区政府印发粮票，以解决部队军需和地方干部下乡流动使用，粮票以小米为标准，为有价证券，凭票可以到粮库兑换小米，也可顶兑公粮。

1953 年，实行粮油统购统销后，境内使用的粮票有 5 种，一种是国家印发的全国粮票，面额有半斤、1 斤、3 斤、5 斤等数种，可在全国通用；一是军用粮票，专供部队使用，也可在地方上通用，但为数很少；一种是山西省印发的省粮票，面额有 1 两、2 两、半斤、1 斤、2 斤、5 斤、10 斤等，在本省内通用；一种是阳泉市地方粮票，面额有 1 两、2 两、半斤、1 斤、2 斤、5 斤、10 斤等数种，20 世纪 70 年代后，阳泉市印发的面票，面额 1 斤、5 斤、10 斤、20 斤、50 斤等数种，分粗粮、细粮两种，只在本市区内通用。这些粮食票证均为无价证券，区内市民需要粮票，到所供粮食门市部凭购粮本兑换，相应扣除供应粮。兑换全国粮票凭出差介绍，数额大的还要按比例扣除相应的食油。此外，各单位食堂为了买饭计量方便，也印发本单位的粗细粮票或饭票，计量单位小，为一两、二两、半斤、壹斤不等，凭此购买主食或兑换米面。油票属于地方印发，厂矿、机关、学生、居民长期外出，不便携带食油，可持粮本到粮店办理粮油转供证，在省内的所到地购买食油。出省所带全国粮票，按所到地标准供食油。还有部队使用的军用油票。1979 年后，这些票证逐渐停止使用。

二、粮油市场

1953 年，境内非农业人口的粮油供应，由供销合作社代销，计划供应。随后转归粮食部门经营，成立了一矿、赛鱼、小南坑、石卜咀、平潭街国营粮店。1965 年 1 月，成立阳泉市粮食局矿区管理所，负责管辖上述 5 个粮店以及机厂、四矿两个代销点。1966 年又新增四矿、马家坪 两个粮店。进入70年代后，又增设青年路、沙坪、机厂3个粮店，80年代又相继成立了河神庙、四矿口等6个粮店。1987年9月1日，阳泉市粮食局矿区管辖所改名阳泉市矿区粮油供应公司，同年2月，平定县粮食局在矿区贵石沟设立贵石沟粮油食品店，为全民所有制的独立核算单位，职工18人，营业面积500平方米。1990年，矿区有国营粮店18个，职工257人，营业面积3258平方米。

2000年，矿区为了加强对粮油市场的管理，规范粮油交易行为，打造政府放心食品工程，加快了粮油交易基础设施建设，改变了本区长期以来粮油交易有市无厂的状况。开展科学保粮，延缓粮油老化，节省费用开支。加大对租库存粮的管理和检查力度。在高温雨季时，组织人员到各库点查看粮情，指导工作，各储粮单位也按照“抓重点、抓难点、抓薄弱环节”的保粮要求，对租库储粮实行了定点、定人、定责的管理办法，打破常规，提高检查频率，确保了租库存粮的安全。

2006~2010年，矿区在认真履行粮油市场监管职责的基础上，不断发展粮油市场，积极开展了形式多样的执法活动。严格执行监督检查制度。认真组织春季和秋季两次全区储粮大检查，及时消除安全隐患，使储备粮管理达到规定要求。开展了粮食收购政策落实情况检查。对全区从事粮食收购活动的粮食经营者进行了多次检查，重点检查了收购资格、收购行为、台账执行和粮食储藏等情况，并对一些企业违规行为作出了现场纠正和限期整改处理，进一步规范了粮食收购市场。2009年5月13日，市佰益粮油物流中心项目奠基开工。项目共计投资3.6亿元，占地20万平方米，两期项目共建设地下仓库、地上交易中心、40个社区配送站，可容纳200余户大中型粮油贸易商、5个大型物流商，解决1000个就业岗位，年创利税预期可达到1000万元。该项目的开工建设，对加快全区物流园区建设，拓宽创业富民渠道发挥积极作用。

2011年，矿区在认真贯彻落实《粮食流通管理条例》的基础上，对粮食经营户进行了摸底调查，掌握了粮食经营户的基本分布和经营情况，建立了管理档案，有效地维护了粮食市场秩序。

第五节　盐　　业

新中国成立前，境内的食盐主要来自河北的长芦和内蒙古的吉兰泰，是由私商进行经销。新中国成立后，境内的食盐由国家控制，实行专卖专营，主要由供销社从本市调入。当时，货源能够保证，价格也比较稳定。随着社会的发展，食盐的需求量逐步增加，销售量也越来越好。

1978年，矿区经销食盐的部门按照改革开放的要求，根据市场经济的发展趋势进行了改革。改革在坚持食盐专营，巩固食盐专营，维护食盐专营的前提下进行。

2000年，在食盐市场疲软，工业盐市场萎缩的形势，矿区经销食盐的部门坚持食盐专营、消除碘缺乏病，坚定不移地贯彻执行国家的盐业政策和法规，坚持社会效益和企业经济效益为中心，深化企业内部管理，挖掘潜力上服务，收到良好效果。同年，矿区售盐部门在保持良好局面的基础上开拓创新，在继承优良传统的条件下与时俱进。严格进货渠道，严把购销计划，在确保购进碘盐卫生合格的基础上，做到不合格商品不入库、不销售，把保障人民群众的身体健康，造福子孙万代的社会效益问题始终放在第一位。

2001~2006年，矿区售盐部门按照国家的盐业政策和法规，坚持社会效益和经济效益共同发展，深化企业内部管理，经营方略、改善服务和提高供应质量方面均收到了实效。维护专营，全方位提升了经营质量，打造新型盐业企业。严格执行国家的各项盐业政策，确保食盐市场的稳定。

2006~2011年，矿区售盐部门在巩固500克精盐的同时，推广纸塑盐、系列盐。进一步优化产品结构，在提高人民健康水平的基础上，逐步更新新一代绿色营养盐。通过全面推广宣传，品种盐在居民健康观念中占据了一定位置，市场的销售效果良好。在服务上除严格执行服务监督台、延长服务时间登措施外，开展电话预约、送货上门等服务活动，打造出了盐业全新的管理模式，促进盐业销售任务的完成。

第六节　烟　　草

在解放前，境内的纸烟由私人经销，品种也不是很多，规模也不大。全境解放后，境内的私人摊贩和供销社均经营卷烟。1952 年，市国营专卖公司成立后，统一管理境内的纸烟市场。从 1953 年开始到 1957 年的第一个五年计划时期，卷烟纳入了国家计划，巩固和发展了国营批发公司。之后，随着国民经济的发展和人民生活水平的提高，纸烟的需求量不断增加，出现了购销两旺的势头。在此期间，1956 年，进行了私营工业的社会主义改造，赛鱼副食品商店归属市糖业烟酒公司，经营纸烟的销售。1960 年，在国民经济出现暂时困难时期，纸烟的供需发生了脱节现象。在这种情况下，纸烟实行票证供应。当情况好转后，纸烟继续放开销售。

20 世纪 60 年代，由于农业受灾和生产纸烟的烟叶减产，境内的纸烟缺乏。当时，根据市商业局的规定，把纸烟分为甲、乙、丙、丁、卯共 5 个类别。甲级烟归市商业局管理，主要供给特定的一些干部，并且采取分级审批的原则，其他纸烟归境内各商店管理。同时还根据需要，用证来购买。乙级烟当时每盒卖 0.27 元以上。乙级烟是墨菊、恒大、前门、大光、精装海河等。丙级烟每盒卖 0.27 元以下，主要有荷花、五台山、金钟、白兰、云岗等。丁级烟每盒卖 0.16 元以上。分别是绿叶、顺风等。卯级烟每盒卖 0.16 元以下，主要是三环烟等。1965 年后，随着纸烟产量的增长，逐步取消等级，放开供应。当时的甲级烟每盒卖 0.4 元以上。甲级烟主要有云烟、中华、凤凰、牡丹和双喜。

“文化大革命”开始后，纸烟生产受到影响，出现过凭证购烟的现象。

1978 年，改革开放成为发展的主题。在这种形势下，纸烟生产也不断发展，市场也越来越好。个体、私营经营者也开始销售纸烟，而且经营者不断增多。1983 年，山西省烟草公司阳泉分公司成立后，矿区纸烟经营者到此开展批发和零售业务。

2000 年，矿区的纸烟市场越来越丰富，纸烟品种也越来越多。经营者按照销售规定不断提升服务标准，热情接待顾客，严格按烟草专卖法进行购销，使矿区的烟草业越来越红火，生意也越来越好。

2003～2005 年，矿区烟草系统广大职工面对异常激烈的市场竞争，把外抓市场和内抓管理有机的结合在一起，努力夯实基础工作，不断加大改革力度，彻底转换经营机制，扎实推进经营与管理共同进步，确保了全区烟草行业经营管理各项工作的稳定和发展。同时，在进一步深化改革和不断创新的基础上，强化市场意识应对市场竞争，并且通过机制创新、规范经营、科学管理，提高了烟草专卖管理工作的整体水平。

2006～2011 年，矿区烟草系统为了全面提升整体发展实力，不断推进全区行业向更加规范。及时了解卷烟市场走势及价格走势，调整销售策略，确保市场价格稳定。注重人才队伍建设，有力推动培育品牌、卷烟营销、锤炼队伍等工作向纵深发展。在完善规范管理、安全管理、人事管理的同时，进一步建立健全了各项规章制度，促进了行业由偏重业务经营向企业管理与业务经营并重方式的转变。逐步提高市场预测的准确度和需求分析的水平，保持了全区烟草行业持续健康稳步发展的良好态势。

第七节　物资流通

一、物资经营

（一）经销渠道和体制

新中国成立前，境内的物资商业经营不发达，各种物资也比较缺乏。新中国成立后，境内的物资商业在阳泉市政府的领导下经营情况不断好转。1954年，市财政经济委员会的物资供应组成立后，境内的物资商业经营归其管理。1958年，市物资分配管理局成立，境内物资商业经营所需的计划、申请、分配和调剂按照市物资分配管理局的有关规定进行。随着经济的发展，境内的物资商业在经营中也做了相应的调整、巩固、充实和提高。“文化大革命”开始后，全境的物资商业经营不可避免地受到了冲击。

1978年，矿区克服物资经营基础差、起步迟，管理经验不足等困难，发展货源渠道，注重生活资料进销渠道的开拓，加强生产资料基地建设，促进了物资商业经营业的快速发展。1981年，阳泉市机电设备公司赛鱼供应站成立，地址在矿区赛鱼，占地面积378平方米。经营汽车、轿车、摩托车仪器仪表、电工产品、电线电缆、工具轴承、机械设备等。1981年，购进1154.90万元，销售1073.07万元。1982年，国家实行以计划为中心的两种价格体系，计划内物资按计划价格核算，计划外物资按市场价格核算。阳泉矿务局充分发挥价格经济杠杆的作用，提高了物资计划管理工作的质量。1986年，随着国民经济计划调节和市场调节相结合，以及缩小指令性计划，扩大指导性计划和发展生产资料市场等方针的贯彻落实，不少原属统配和部管的物资进入市场，由供需双方直接洽谈，签订供货合同。阳泉市成立生产资料交易中心，阳泉矿务局供应处相应组建经销部，进驻市生产资料交易中心，成为面向社会开放的窗口，以销售超储多余物资和收集市场信息。

1990年，阳泉市机电设备公司赛鱼供应站购货金额增至6803万元，销售达6663万元。

2000年，矿区物资商业在经营中通过业通过不断解放思想，大胆改革传统的经营方式，抓住物资经营这个新的经济生长点，积极探索和开拓物资经营的新路子，促进了商业经济上新台阶。

2003年9月，阳煤集团国阳供应部成立。供应处成为阳煤集团和国阳公司的物资供应部门。2005年3月，阳煤集团对一矿、二矿、三矿、五矿、新景矿、开元公司、石港公司和发供电分公司自采的物资实行集中管理，统一采购，各单位物资需用计划全部上报供应处，由供应处编制采购计划，组织物资供应。2005年11月，阳煤集团下发了《阳煤集团物资采购管理办法》，供应处制订了《供应处物资采购管理实施细则》，对物资招标采购、物资询价比价采购、供应商管理、合同管理、物资索赔管理做了详细的规定。供应处各业务科室建立了供应商档案，并录入计算机管理，实行供应商准入制，对中间代理商的采购业务严格控制，不得超过总采购量的30%；要求对20万元以上设备和10万元以上批量材料和配件进行招标采购，招标采购比例不低于总采购量的70%；物资询价比价采购实行一次性密封报价，集体评议；凡物资采购业务均以书面形式签订买卖合同或代储代销协议；对采购物资发现存在质量或数量问题时，按物资索赔程序进行索赔。

2006~2011年，矿区在物资经营管理中，按时组织召开物资供应计划管理例会，通报物资采购计划完成情况，明确物资计划管理要求，规范物资供应计划管理程序，逐步形成规范化、制度化；在物资采购方面，根据业务分工和物资分类情况，进一步细化和界定了物资采购业务范围。加强制度建设，为推行和实施物资供应集中管理提供制度保障。根据各单位工作性质和地域分布情况，按照“先内后外，分步实施，本部为主，外部为辅”的工作原则，组织有关人员到各单位就物资集中管理情况进行工作调研，总结分析各单位具体消耗特点，为加快推进物资集中管理奠定了基础。狠抓成本管理。严格物资采购管理制度，加强物资供应成本核算管理，有效地降低了物资采购成本，促进了经济效益的提高。严格控制管理费用，对电话、用车、办公用品等费用限额控制，严格审批考核，有效地降低了费用支出。

（二）五交化

新中国成立后，五金、交电、化工（简称五交化）商品由市百货公司所属商店经销，主要销售商品有收音机、自行车、铁丝、轮胎、煤油等。1957 年，市工业器材批发部成立，商品销售的范围在原经营五交化商品的基础上增加了染料、油漆等化工商品。1958 年，现矿区所属百货商店及专营五交化的商店购进数量较大的质次价高的滞销货，造成库存积压，1961 年后，五交化商品紧缺，商品的分配和购进额锐减，自行车、火碱等均实行凭票供应。“文化大革命”期间，五交化商品供求差距不断扩大，元钉、铁丝、喷漆、轮胎、自行车等商品控制供应。1971 年，矿区开始销售黑白电视机，当年销售 21 台。1973 年，境内商店销售收音机 1220 台，电视机 33 台，自行车 5600 辆。1978 年，五交化商业兴旺发达。阳泉五交化采购供应站及矿区各经销网点，从全国各地直接购进收音机、电视机、录音机、电风扇、洗衣机、录放像机、电冰箱、自行车、摩托车及电烤箱、电炒勺、电淋浴器、各种灯具等投放市场。并对内部机制进行改革，推行承包责任制，实行利润定额包干，超额定比例分成，超奖亏罚，增强了商店内部运行机制，获得较好经济效益。1990 年，几种主要五交化商品的销售情况为：自行车 6500 辆，电视机 7300 台（其中彩色电视机 5600 台），电风扇 6230 台，洗衣机 4820 台，摩托车 3100 辆。

2000 年，矿区五交化系统坚决贯彻落实扩大内需和保持经济增长的要求，充分利用煤炭行业比较集中的优势，组织五交化企业通过各种渠道、各种形式，以及搭建各种平台和采取各种措施，疏通市场管道、减少流通环节、提高服务质量、降低流通成本，把最好的产品、最好的服务和最优惠的价格奉献给了用户和消费者。同时还采取联购分销、配送服务、巡回展示、商品下乡、招标投标以及借助信息平台、展会平台、中介服务、金融服务、物流配套服务等措施，努力扩大市场销售，加速推进产品结构调整和产业升级、流通模式创新和经营方式转变，进一步扩大对外交流与合作，继续坚持市场化和服务型发展方向，五交化品种越来越丰富，经营效益也越来越好。

2006 ~ 2011 年，矿区为了适应市场经济的发展和五交化市场提出的挑战，继续通过深化改革，转换经营机制，全区五交化系统由单纯肋发型逐步转变为批零并重，并焕发出了勃勃生机。同时，围绕加速流通体制改革的总体部署，坚待以转换经营机制，落实责任，完善管理，扩大销售为重点，以提高经济效益为中心，抓住机遇，开拓进取，确保了五交化市场的健康发展。按照市场经济的要求，从经营方式、组织结构、内部机制等方面进行了微观经济的改造。不仅如此，矿区五交化系统坚持市场化发展方向，坚持服务至上的原则，狠抓门类开发、招商宣传、功能拓展和优质服务，使五金商品继续保持了强劲的发展势头。2011 年，五金电器经过连续运作和调整，步入良性发展期。

（三）生产资料销售

矿区以煤炭工业为主，在其生产过程中需要耗用钢材、木材、建材、机电等大量物资。建国初，这些材料是各厂矿的材料供应科、室派人到阳泉市或外省市直接购进。当时本境的商业经济基础薄弱，没有专门经销这些生产要素的商店或货主。

1950 年，政务院和财政经济委员会成立物资供给处，通过行政手段先对钢材、木材等 8 种物资统一平衡调节，计划分配供应。1952 年时，统管物资增至 55 种，分为国家计委统一分配的物资和中央各部统一分配的物资，各厂矿编制需求计划，报请上级部门审核批准后，按下达指标到指定的专业公司或生产厂家购货调动。后来在管理分配的权力上，根据物资的类别逐步放权，如阳泉物资局还在现区境建立了物资生利用总公司，但行政统管行为基本维持原样，没有大的触动。

1978 年，中共十一届三中全会后，经济体制改革广泛深入的展开，动摇了单一的计划管理模式，相继提出了计划调节和市场调节相结合、缩小指令性计划和扩大指导性计划，不少原属统配和部管物资允许进入市场交易。在这一大的背景下，矿区才开始培育构建生产资料市场，开始建立专营公司。

1990 年，全区共有各类物资经销公司 40 余个，年销售总额 9000 余万元。

2000 年，矿区的生产资料市场从开拓市场、推行代理、连锁、联营、租赁、寄售等新的经营方式入手，同时充分利用物资销售市场受区域经济形势好转的有利条件，特别是煤炭热销的影响和拉动，使销售经营状况出现了好的转机，呈现了销售增幅明显、亏损减少、周转加快、利税增加回升的态势。

2008 年 6 月 28 日，“阳泉煤业集团物资经销有限责任公司”挂牌成立，一套机构两个牌子，开展经营创收，增加销售收入，标志着供应处的工作重心由保供服务向经营服务性采购方向转变。公司实力雄厚，经营范围广，已成为阳泉地区最大的物贸企业之一，在半年内就实现营业额 3.1 亿元，利润 401 万元。全年销售废钢 6710 吨，完成年计划的 111.8%；废旧物资销售实现 1509 万元，完成年计划的 202.2%。

2009 年，经销公司积极开展代销服务，促进内部产品销售。利用供应商网络及信息优势，先后为从鑫橡塑制品公司、华鑫电器公司等内部企业开拓外部业务、增加销售收入。同时，积极开展对兆丰等公司部分产品代购代销业务，先后多次到宁夏银川、陕西榆林府谷一带、内蒙鄂尔多斯等地对代购代销产品进行市场调研和业务洽谈，帮助兆丰公司增加铝锭销售 5512 万元。全年实现销售收入 29.47 亿元，完成计划的 117.9%。完成废旧物资销售 10075 吨，完成年计划的 160%，销售收入 2541 万元，完成销售收入年计划的 299%。

2010 年，继续本着与供货商双赢的原则，发挥规模采购优势，经销公司实现易货收入共计 9.93 亿元。努力拓展外部市场，尤其是阳泉周边煤矿的物资贸易市场，陆续同阳泉周边的上社二景煤矿、圣天宝地清城煤矿和神堂煤矿等单位建立了业务联系，增加了收入，铺垫了市场，是开拓外部市场的有益尝试。实际完成销售收入 43.8 亿元，完成计划的 109.5%。同年销售废钢 9368 吨，完成年计划的 134%，共计销售废旧物资 2844 万元，完成年计划的 219%。

2011 年，经销公司实施多策略保增长措施。将创收指标层层分解、落实到科室，做到科室有指标、员工有任务，使全体员工切身感受到经营的压力，出台了相关的激励政策，鼓励各科室积极创收，通过这些措施有效地保证了全年经营指标的完成；本着互利双赢的原则，逐步扩大与供应商合作的领域，积极推动对外创收工作，与山西宝佳钢铁工贸公司建立了广泛的业务联系，实现销售额 6000 万元；先后 5 次参加铝业公司组织的氧化铝二期项目大宗材料招标工作，5 次全部中标，中标总金额 8152 万元。实际完成销售收入 64.98 亿元，完成计划的 127.4%。销售废钢 11002 吨，完成年计划的 128.5%，销售废旧物资 3395 万元，完成年计划的 165%。

与此同时，矿区为了解决生产资料市场运行存在的需求不足、价格不稳、效率不高等问题，积极采取各种措施，从保持市场可持续发展的角度出发，着力于稳定市场需求。保持投资的适度增长，稳定生产性需求；要通过财税政策推动分配改革，提高消费性需求；从稳定价格的角度出发，分类监控各类价格的成因和走势，促进市场平稳发展，稳定价格水平；以提高流通效率为目标，促进现代物流发展。经过采取结构调整和结构性减税等政策，矿区的生产资料销售市场运行呈现出了“走势加快、需求合理、价格稳定、效益上升、库存下降”的基本特征。

二、废旧物品收购回收

解放前，境内的私营杂货铺收购废旧物品。解放后，境内的一些供销社也开始收购废旧物品。当时，从事废旧物品收购和回收的单位规模比较小，品种也比较单一，上门收购也不规范。之后，境内的废旧物品收购回收单位逐步改革传统的单一经营方式，树立商品经济观念，不断增强竞争意识，使废旧物品收购回收工作越做越好。1975 年，阳泉市物资回收公司在境内的北大街成立，是市供销社联合社下属集体所有制企业。公司占地面积 23806 平方米，其中营业面积 20000 平方米，公司下辖洪城河、马家坪两个购销站和加工综合、旧货销售两个经营部，直接联系着 31 个社会网点。该公司拥有固定资产283.6万元，流动资金74万元，汽车14辆，年销售额1276.6万元，上缴利税59.9万元。主要经营废旧物资回收、黑色金属购销、钢材购销，兼营废旧机械零件、汽车运输、零售日用杂品、机械修理、冶炼、拔丝、挤压、切割焊接。经营方式灵活，收购、调拨、销售一体化。

1976年5月，阳泉市物资再生利用总公司在矿区洪城河路成立，系国有中型物资企业，隶属阳泉市物资管理局，该公司自成立后，不断发展多种经营，在优质服务上下功夫，取得了明显的效益。

1978年，矿区废旧物品收购回收单位进一步拓展经营方向，并且向规范化、规模化、专业化方向发展。同年，阳泉矿务局下发《关于废旧硬质合金、电焊条头回收试行办法的通知》，明确了废旧物资回收的范围、要求和回收率，规定对5种物资实行回收，对7种物资实行修旧利废。1979年修旧利废的种类扩大到13种。

1985年，阳泉矿务局将坑木和维修钢材两项节约回收计划与分配指标挂钩。同年，下发了《关于执行材料交旧领新制度的通知》，规定了交旧领新的品种37个。出台了《废旧物资管理的暂行办法》，处置11种废旧物资，各单位凭供应处拨料通知单办理过磅、发料和结算等手续，其他物资由各单位自行处理，销售价格由各单位供应科决定，货款交各矿财务科。

1990年，阳泉市物资再生利用总公司有职工116人，下设3个分公司、两个经营部及六个科、室、厂。公司占地面积18942平方米，拥有固定资产原值479万元，净值428万元。注册资金550.6万元，库区占地面积1222平方米。主要设备有装卸、起重、运输机具13台（部）。铁路专用线及货台50米，有8立方米熔炉和中频炉各1座、液压打包机、剪切机各1台。主要经营回收加工废金属、稀贵金属、报废物资及机电设备、金属材料、不锈钢、炉料类等；兼营废钢调剂串换、木材、机电产品、建筑材料、化工轻工产品（不含火工）、汽车（不含小汽车）、焦炭、煤炭、矾石、耐火材料和房屋租赁、汽车维修、公路货运。年吞吐废金属3.5万余吨，进销各种钢材5000余吨，综合废金属加工生产能力4000余吨，年产生铁能力5000余吨。产品主要有铸造生铁、钢铁铸件、毛坯、锰铁、镍铬合金锭等。阳泉矿区废旧金属回收公司于1990年在矿区平潭街小区成立，是矿区区属全民所有制企业。有职工16人，固定资产7万元。主要经营废旧金属、废旧汽车、废旧机械设备等。经营方式灵活变通，办理收购、销售、串联等业务。1995年，阳泉矿务局决定，报废设备处理权归机电处，供应处负责处理废旧材料配件。同年，重新修订了《废旧物资管理办法》，对局矿两级废旧物资的管理范围作了明确的划分，收回废旧物资销售权，统一定价，分层管理。局管废旧物资包括废钢铁、钢屑铁末、废钢丝绳、废轴承、废有色金属、废电缆、废钻头、废电瓶、废运输带，基层各单位仓库年终盘点中报废的以上各类废旧物资以及总仓库年终盘点报废的全部废旧物资。重新规定了交旧领新比例，交旧领新物资主要包括：各种规格的废钢、废道轨、废钢丝绳、废轴承、废电缆、废钻头、废电瓶、废运输带以及废旧有色金属等。每年定期对各类废旧物资定价（包括内部回收价、对外销售价），每月按实际销售数量对调拨局内单位的废旧物资通过内部往来账务与各矿结算，对外销售废旧物资货款结算单独记账，财务独立核算。对各单位废旧物资回收完成情况按季度考核奖励。

2000年，矿区废旧物品收购回收工作按照市场经济的发展要求，逐步进行改革，逐步放开市场，形成了全方位的废旧物品收购回收网络。

2004年，阳煤集团废旧物资销售根据市场供求关系，按月确定销售价格。拍卖品种扩大到钢丝绳、皮带、道轨、电缆、钻头、电瓶等6种。2005年，根据《供应系统资产处置实施细则》，成立资产变现领导组，对资产处置的审批权限进行明确划分，规定销售价格的确定方式和拍卖程序，实行了废旧物资处置申报制度。2006年，废旧物资定价方式改为每月由资产变现领导组召开专题会议确定价格，报审计部备案，作为当月废旧物资对外销售价格依据，并对原有调拨单、过磅单和出门验证单进行了完善。同年，废旧物资的核算业务归财务科。

2007～2011年，矿区为了进一步体现对废旧物资回收行业的扶持力度，对回收经营企业在目前享受优惠政策基础上给予更多的税收照顾：如对经营废旧物资所产生的水利基金、印花税、企业所得税给予一定幅度的减免，把具备一般纳税人资格的回收经营企业增值税纳入转型试点等。同时，矿区针对有些废旧物资回收企业只知免税政策，对其他管理规定根本不了解等问题，进一步加大对该行业的税法宣传力度。此外，为进一步规范废旧回收行业的管理，保护合法经营，打击涉税违法行为，矿区加强对收购凭证的管理。根据企业规模，经营场地等条件，在收购凭证的数量方面加以控制，严格执行验旧购新制度。对废旧回收行业进行年检制度，在年度终了后对上一年度的免税情况进行核实，主要核实票、货、款是否一致；收购数量，销售数量、账面存货数量是否相符。通过严格管理，不但严格执行了对废旧回收业的免税政策，而且加强了规范化管理力度，形成了政策调控、齐抓共管的局面。

三、物资储运

解放后，境内的物资储运一直沿用的是计划经济时期的储运方式。传统储运业虽然拥有庞大的储运能力，但是，经营模式主要是靠单一的出租库房和厂地，而且普遍存在零、散、乱，设施老化，机械化应用覆盖率低，科技含量也比较低等状况。有些服务也仅限于运输服务、仓储服务，将产品出厂到销售的环节脱离开来。“文化大革命”开始后，境内的物资储运工作在运动的冲击下也受到了影响，但还一直在运转。

1978年，矿区物资储运工作实施了一系列重大改革措施，包括资本金上划、撤销二级公司、清晰产权、组织再造、机制创新、调整结构等举措，并把体制改造、业务流程重组、技术升级列为三大重要任务。1985年7月，阳煤集团五矿小井选煤厂开始简单试生产，当时在储装运系统方面，建有一座容量为40000吨的末煤储煤场，建有一座容量为1000吨的混块仓，1座容量为100吨的选矸仓。末煤和混块装车外运，选矸石用汽车排入矸山。10月21日，由二矿土建施工、北京铁路局计量所安装和调试的第一台100吨轨道衡，通过鉴定，正式在二矿选煤厂装车线投入使用。到1986年，一矿重介车间投产，共建18个块炭仓，储量为7200吨，在此之前该厂末煤仓6个，块炭仓7个，限下仓一个，储量为4020吨。7月1日四矿选煤厂建成投产，块炭仓可储大中块1800吨，小块650吨，末煤缓冲仓120吨，储煤场储量10万吨。1987年10月31日，五矿选煤厂块炭装煤仓主体工程完工；12月31日末煤圆筒仓、单仓和双仓主体工程完工。1991年12月，五矿大井选煤厂建成投产，建有一座15万吨的原煤储煤场、两座储量为7400吨的原煤储存仓、3座直径为15米的圆筒装车仓，其中1个精煤仓，2个末煤仓，每个仓容量为2700吨。一座容量为2400吨的中块装车方仓，一座容量为2400吨的小块装车方仓，一座容量为700吨的矸石仓。

2000年，矿区物资储运向现代物流开始转化。物流从过去的静态向动态转变，把业务从仓库大门延伸到市场源头，摆脱过去单一的仓储功能，向铁路、公路、水路、航运及国际货物代理等业务领域全方位渗透。2002年，阳煤集团选运处成立了公路科，并与新泉、富鑫、中旭三家车队签定了运输合同，以承运阳煤集团煤炭，同时制订了《阳煤集团选运处车队管理办法实施细则》。同年3月14日，公路运输开通，主要运输煤泥，销往河北。针对运输紧张，开通省外末煤运输，开发省外市场，主要辐射石家庄周边地区，以缓解煤台压力。8月份，开通了河坡电厂运煤。对一、三矿公路进行改造，将赛鱼段至一矿选煤厂段重新铺设成水泥硬化路面，以适应大吨位车辆通行。当年公路煤外运：末煤完成149万吨，煤泥17万吨，合计166万吨。2003年新景矿洗煤厂新建3个精煤仓，储量为6600吨。同年7月，阳煤集团以白平段净资产价值3500万元参股阳涉铁路公司，该公司2004年2月正式通过国家验收并开通运营。2003年9月份自备车被国家收回。

通过利用高新技术，实现运输合理化、仓储自动化、包装标准化、加工配送一体化、装卸机械化和信息管理网络化，达到了大大节省流通费用、提高工作效率、优化企业效益和社会效益的目的。此后，矿区物资储运逐步朝着多功能、现代化的方向发展。

2003年3月，阳煤集团供应处改革传统的物资供应方式，建立“1223”物资管理新模式，即一条内部供应市场链、两级超市、两级配送、三个零（零距离、零占用、零浪费）。实行物资超市化经营，两级超市连锁经营，物流在先、商流在后，总仓库建成了900平方米的物资超市展厅，摆放了供应商提供的产品供各单位选择，一级物资超市建立，超市的库存物资与原有库存物资分类管理。对各责任供应单位实行一级配送，责任供应单位对所属井区车间实行二级配送。2005年6月，对责任供应单位所需配件实行配送。

在供应处开展的集团公司所有仓库季度检查和年度评比中，供应处总仓库连续多年保持优秀仓库称号。在2006年省煤炭工业局组织的全省煤矿仓库检查中，总仓库以总分第一名的成绩荣获“山西省煤炭行业物资仓库管理优秀单位”称号。

2009年，供应处建立休息日、夜间应急配送制度，为应对紧急情况、突发情况下的用料需求提供有力保障。先后添置了3台大型配送车辆，强化了配送队伍；耗资400多万元更换了总仓库龙门吊，具备了装卸大型液压支架的能力，提高了工作效率。供应处克服了路途遥远、交通不便、配送费用高等困难，满足了南岭、长沟等煤矿单位的配送需求，实现了跨地区远程配送物资服务。

2010年，供应处在深刻分析国内外商品价格走势的基础上，提出了在采购中采取小批量、多批次、即时性采购同大批量、一次性集中采购相结合的灵活采购策略。同年1月中旬，及早动手，适量囤积了一部分煤矿生产用量大、当时价格处于低位的钢材，后来，这批钢材的市场价格比1月份上涨了约400元/吨，为集团公司节约采购资金400余万元。

2011年，供应处加强对直达到货的验收管理，为了解决直达到货存在的弊端，对关系到安全的产品、容易出现质量问题的产品以及二三类产品、机电产品和防爆产品，实行直达总仓库到货验收、二级配送到矿的方式，进一步加强和规范了入库验收管理。为了解决配送中出现的问题，总仓库通过优化配送管理、合理调度配送资源等一系列富有成效的举措，使配送工作逐渐步入了良性发展的阶段。通过对配送运输问题的梳理、完善，使得各业务口、岗位和部门间的思想得到了统一、观念得到了更新，明确了各自的岗位职责，更加有利于各个业务环节之间的配合和衔接。

2008年阳泉市矿区经济普查主要商业企业名表

表12－1　　　　单位：千元

企业名称	开业年月	年营业收入	其中：主营业务收入	资产总计	年末从业人员	地　址	登记注册类型
阳泉市物资再生利用总公司	1976年5月	31482	31112	17111	57	洪城河79号	国有企业
阳泉市沙江酒家	1987年12月	5287	5287	1317	80	桃北中路82号	集体企业
上海大众汽车阳泉销售服务有限公司	1994年6月	87564	87564	47134	86	桃北西路15号	集体企业
阳泉煤业集团物资经销有限责任公司	2008年6月	315103	315103	217096	85	桃南中路87号	其他有限责任公司
山西国阳新能国际贸易有限公司	2008年6月	829911	826543	300063	28	北大西街5号	国有企业
阳泉沙坪百货有限公司	1957年11月	13500	13000	4840	67	沙坪街	股份合作公司
阳泉赛鱼超市有限公司	2000年1月	13512	12958	7213	20	赛鱼	国有企业
阳泉市光电经贸中心	2000年6月	24839	24839	27550	10	北大西街121号	私营企业

续表 12－1

企业名称	开业年月	年营业收入	其中：主营业务收入	资产总计	年末从业人员	地　址	登记注册类型
天津晋津煤炭销售公司阳泉白羊墅煤炭发运站	2001 年 1 月	58316	58316	15687	10	政府 4 号楼	国有企业
阳泉市矿区绿保型煤有限责任公司	2002 年 8 月	69866	68678	5500	25	赛鱼（外贸货站）	私营企业
阳泉市天利超市有限公司	2008 年 11 月	31482	31112	17111	165	北大西街日潭商业街	私营企业
阳泉宜购超市有限公司	2005 年 12 月	22840	21741	5546	57	桃北西路	股份合作公司
阳泉天成煤炭铁路集运有限公司	2006 年 6 月	1455802	1455764	229663	137	苏村	其他有限责任公司
阳泉市矿区煤乡餐饮服务中心	2000 年 5 月	3095	3095	549	40	二矿广场	私营企业

第四章　对外经贸与经济技术协作

新中国成立前，境内的对外经贸活动主要以煤炭外运为主，新中国建立之初，境内的对外经贸与经济技术协作逐步走入正规，但对经济增长的作用较小。20 世纪 70 年代，对外经济交流有较大发展。阳泉矿务局开始从国外引进成套的先进设备。1978 年中共十一届三中全会后，矿区围绕“大开放、大外贸、大外经”的战略思想，积极推动对外经贸与经济技术协作的发展。2000 年以后，矿区按照“走出去”的发展战略，进一步加强了对外经贸与经济技术协作工作，提高了外经贸企业对地方经济的牵动力和贡献度。

第一节　活动与项目

在解放前，境内保晋公司煤矿生产的煤炭就开始销往香港和日本等国家。解放后，随着境内国民经济的发展，对外经济贸易规模不断扩大。“文化大革命”开始后，对外经济贸易量减少。1978 年后，矿区的对外经济贸易有了长足的发展。阳泉矿务局逐步加大了引进国外先进设备的力度。2001 年，矿区对外经济贸易以增强外经贸综合竞争力为突破点，积极应对加入 WTO 的机遇和挑战，努力扩大对外贸易的规模，优化对外贸易的质量，加快与国际经济接轨步伐，提高外向型经济对本区经济发展的拉动力和贡献度，促进了全区对外经济贸易工作的健康发展。

境内从解放后至 1978 年，对外贸易一直按照计划经济时期的管理模式进行。当时，由于国家政策对进出口商品管理的比较死，对外贸易都由上级部门严格控制。

1978 年中共十一届三中全会，矿区的对外贸易进入改革开放的新时期。1988 年，按照《阳泉市关于加快深化外贸体制改革的实施意见》，矿区开始推行外贸经营责任制。1991 年，矿区对外贸易逐步实行自主经营、自负盈亏的新体制，进入自营进出口和出口供货并举的新阶段。

2000 年以后，矿区积极开拓国际市场，不断扩大对外贸易。同时，推进企业改革，创新经营业态，强化目标责任，加速营造外向型经济的发展环境和经营格局。

2001～2005 年，矿区围绕如何转变对外贸易增长方式和提高质量、效益、水平展开了一系列工作并取得了好的效果。货物贸易、服务贸易、技术贸易、利用外资的全面发展，使全区经济更加广泛、更加深入地参与国际经济合作和国际市场竞争；在开拓国际市场、开发国际资源，引进先进技术、优化资源配置、调整经济结构、推进产业升级、提升城市服务功能、丰富全区市场供给、扩展新兴就业领域、加快现代化国际化人才成长等方面，都发挥了积极的带动作用；对转变观念、深化改革等等，也产生了重要的示范效应。

2006～2011年，矿区不断创新管理体制和工作措施，保持利用外资规模，加大现代服务业、高新技术产业、先进制造业、环境保护和城市基础设施吸引外资的力度，着重提高了利用外资的质量和水平。矿区坚持管理和服务相结合，按照公开化、透明化的原则，逐步健全了快速灵敏的市场反应机制。特别是矿区在对外经贸体制改革中，紧紧围绕国民经济发展大局，全面实施对外开放战略，使全区对外经贸工作跃上了一个新的台阶。

一、进出口贸易

改革开放之前，矿区进出口贸易增长相对较慢。1980～1990年期间，进出口贸易总额占GDP的比重大幅度提升。2006～2010年，矿区不断加大对外贸进出口企业的服务力度，主动送政策、送信息，加强调研，提出指导性意见。同时帮助企业开拓国际市场，寻求国外经贸合作伙伴，提高企业对外交流与合作的能力，为建立阳泉市进出口产品数据库搜集资料，积累数据。2006年1～9月份共完成出口393万美元。其中山西润达高质磁材有限公司出口35万美元，山西名扬电子有限公司出口36万美元，嘉禾国际贸易有限公司出口216万美元，福赛益特国际贸易有限公司出口103万美元，佳路国际国际贸易有限公司出口3万美元。2007年2月6日，中国首套放顶煤成套设备及技术出口俄罗斯成功达产，阳煤集团获特别贡献奖和荣誉奖。2008年，阳煤集团烟台巨力化肥公司准确把握市场信息和判研行情走势，并且积极加强营销，充分发挥临港优势和规模优势，成功争取到12000吨外商订单。2009年4月，阳煤集团丰喜集团国贸公司生产的亚硝酸钠成功打入国际市场。开创了集团公司小化工产品出口先河。10月，奥伦胶带分公司与国内用户配套合作，为土耳其生产的阻燃输送带运至土耳其。

二、利用外资

矿区利用外资工作是在1978年中共十一届三中全会召开以后逐步展开的。特别是2002年后，阳煤集团与华能、国电、广东蓝粤、香港华润等国内外一批大集团合作，加强了与晋中“东四县”的合作，新上了一批联营合作开发煤矿项目和非煤调产项目。2011年，利用境外资金3882.26万美元。

（一）煤炭项目

1. 2002年12月，阳煤集团与广东蓝粤能源发展有限公司共同投资建设山西新元煤炭有限责任公司，公司注册资金3.36亿元，其中阳煤集团出资1.848亿元，占总投资的55%，广东蓝粤出资1.512亿元，占总投资的45%，控股公司为阳煤集团，矿井项目按照现代企业制度运行。矿井一期工程建设规模为300万吨/年，投资10.6亿元（系统配套能力按600万吨/年考虑），于2007年4月1日投产。二期工程在2007年开工建设，引进外商投资4.77亿元。至2011年年末，二期工程正在建设中。

2. 2005年3月，由阳煤集团、华能能源交通产业控股有限公司、左权县国有资产经营有限公司三方出资建设山西阳煤石港煤业有限责任公司。其中阳煤集团出资6468万元，占总额的58.8%；华能能源出资4321万元，占总额的39.2%；左权县出资220万元，占总额的2%。整个矿井改扩建概算投资为2.46亿元，项目投资除注册资本金外，所需其他资金，由公司采取三方共同认可的融资方式进行。该项目建成预计引进外商投资1.02亿元。建设规模90万吨/年。

3. 2005年11月，阳煤集团和国电集团按照60%、40%的出资比例，组建山西阳煤寺家庄煤业有限责任公司。注册资金为7.35亿元，阳煤集团出资4.41亿元，国电集团出资2.94亿元，平均分三次注入，预计引进外资约9.16亿元。寺家庄公司于2008年年底基本完工，年产500万吨，2009年7月29日试生产。

4. 2006年12月1日，阳煤集团与北京京华能源有限公司合作开发七元矿井项目协议书签字，以此为标志，七元矿井建设项目正式启动并进入实质性操作阶段。七元矿井项目是国家批准的列入煤炭工业发展“十一五”规划的重点建设项目，矿井建设规模为800万吨/年，七元矿项目于2009年12月25日开工建设。至2011年年末，工程正在建设中。

5. 2007年3月15日，阳煤集团—昔阳县运裕煤矿建设90万吨矿井合作协议正式签字。同年8月，由集团公司、李富国和昔阳煤炭运销公司三方分别以60%、24.75%及15.25%的股比出资重组运裕公司，集团公司控股联营，注册资本7505.12万元，2007年9月开工建设，2009年8月8日成功开刀割煤，矿井首采工作面进入试生产阶段。

6. 2008年7月31日，阳煤集团与华能国际电力股份有限公司在太原签署合作协议，合资成立阳泉煤业集团华能煤电投资有限责任公司。

7. 2008年9月16日，阳煤集团天誉矿业投资公司与山西世德公司联营合作孙家沟煤矿，在阳煤集团举行协议签字仪式。矿井建设规模为300万吨/年，2008年11月开工建设，截至2010年年底，完成投资3.45亿元。

8. 2009年2月12日，阳煤集团与山西国新能源发展集团、山西国际电力集团签订协议，合作重组山西宁武榆树坡煤业有限公司。矿井建设规模为300万吨/年。

（二）非煤项目

1. 1993年4月，由四矿多种经营公司和台湾昱建有限公司共同投资400万元成立山西泉顺制鞋有限公司，10月投产，生产能力为年产70万双各类皮鞋。该公司于2004年9月16日宣告破产。

2. 1993年5月，阳煤多营总公司与香港莫兆记有限公司的合作项目兆阳玻璃获批准，1994年8月正式投产，项目主营玻璃磨边、打孔、喷花等玻璃深加工业务，总注册资本52.876万美元，实际双方到位资本36.22万美元。其中中方27.165万美元，折合人民币156.5万元；港方9.055万美元，折合人民币52.8217万元，双方均以美元现汇投入。2009年破产。

3. 1994年8月15日，山西宏厦建筑工程第一有限公司与广东肇庆劲风化工有限公司、香港闻达国际有限公司合资成立山西润达高质磁材有限公司，注册资本1120万元，其中山西京宇磁性材料有限公司注资672万元，占注册资本的60%，广东肇庆劲风化工有限公司注资44.8万元，占注册资本的4%，香港闻达国际有限公司注资403.2万元，占注册资本的36%。公司于1995年7月正式投产，2000年9月划归京宇公司统一管理。

4. 1994年，由阳煤集团与香港莫兆记企业有限公司合作兴建山西兆丰铝冶有限公司，共计投资9998万元，其中阳煤集团投资7499.5万元，香港莫兆记投资2499.5万元，年产电解铝1.2万吨，项目采用60千安自焙阳极电解槽技术。

5. 1995年5月，阳泉矿务局实业开发公司与新加坡豪利机械私人有限公司合作建设新派塑胶UPVC塑料管材项目。项目于1996年7月正式投产，主营UPVC塑料管材管件。注册资金3200万元人民币，其中一期工程计划总投资2500万元人民币。截至1996年6月实际投入资本金2486.18万元，其中阳泉矿务局实业开发公司以现金投入1800万元人民币，新加坡豪利机械私人有限公司以设备和技术投入686.18万元人民币。2008年6月划归山西宏厦建筑工程第三有限公司管理。

6. 1996年10月，阳泉矿务局第三工程处（山西宏厦建筑工程第三有限公司）与香港闻达国际有限公司合资成立鑫达公司，注册资本2000万元，其中香港闻达国际有限公司注资500万元，占注册资本的25%。2004年5月划归京宇公司统一管理。

7. 2004年7月16日，一矿免烧砖项目由国家发改委正式立项。该项目设计规模为年产10万立方米免烧建材，折标6000万块/年。项目投资概算：2900万元人民币，其中向西班牙政府贷款106万欧元，折合人民币1096万元。自筹资金：1804万元。2009年3月建成投产。

8. 2006年6月6日，阳煤集团与华润电力控股有限公司、香港南亚洲能源投资有限公司协议合资设立"山西晋润煤电有限责任公司"。三方按照股比结构45%、40%和15%共同出资近110亿元人民币建设，为煤电一体化合营公司，以电力建设、生产、销售，电力生产相关燃料、粉煤灰；煤炭建设、开采、洗选、加工、运输、销售为主要经营范围。

9. 2007年6月6日，阳煤集团与北京中科创业有限公司合作建设的高科技节能环保项目——阳煤集团化—电—材循环经济项目开工。同年8月，由中联煤层气公司、阳煤集团、美国远东能源公司共同合作开发的阳煤集团寿阳区块煤层气钻探抽采项目，在寿阳县韩庄南燕竹一带地面钻探抽采煤层气成功出气。

10. 2008年1月，阳煤集团与北京中冶天誉投资管理有限公司、山西晋煤地质勘察基础工程公司共同出资设立阳煤昊源矿业有限责任公司举行签字仪式。同年5月17日，阳煤集团与晋煤集团沁水蓝焰煤层气公司正式签署合作开发煤层气框架协议。阳煤集团采取先引进成熟的先进技术后参股合作的方式进行煤层气预抽采项目的开发，取得了良好的运营效果。

11. 2009年8月20日，阳煤集团与省经贸资产经营有限责任公司签署100万吨/年电石项目合资经营协议。该项目由双方按照股比结构60%、40%共同出资建设。一期40万吨项目总投资9.9亿元，建设工期15个月。2009年12月11日，100万吨（一期40万吨）电石项目奠基，截至2011年年底，工程正在建设中。

三、技术进出口

矿区的技术进出口是从1979年改革开放后逐步进行的。2000年，矿区在"走出去"发展战略的促进下，加大了技术出口的工作。2003年，阳煤集团宏厦一建在蒙古国图木尔廷—敖包锌矿露天矿基建剥离工程投标中中标，跻身国际市场。2006年，该公司正式在蒙古国注册全资子公司—中国独资宏厦一建有限责任公司，成为中国煤炭施工企业在蒙古国建立的第一家独资公司。该公司的成立为进一步开展技术项目合作奠定了基础。2007年7月7日，阳煤集团跨国工程——宏厦一建建设的中蒙合资布仁集团公司达米拉铁矿正式投产。2008年6月24日，阳煤集团与香港中华煤气有限公司签署战略合作框架协议，双方就煤层气地面抽采及井下瓦斯脱氧液化项目达成共识。2011年7月26日，阳煤集团与俄罗斯天然气工业营销与贸易有限公司新加坡分公司在英国伦敦正式签署"合作协议"。

四、重要外经贸活动

1978年中共十一届三中全会后，阳泉矿务局外经贸活动逐渐增多。1984～1987年，来自亚洲、欧洲、北美洲和大洋洲的十几个国家和地区的70批近140人次到阳泉矿务局进行技术考察、学术交流和推销产品等活动。

2000年5月29日，日本长野工业株式会社高管加藤到阳煤集团考察。10月11日，日本森林计划学会会长箕轮光博等到盂县苌池林场进行实地调研。2002年6月5日，澳大利亚墨尔本大学教授张利民到矿一中考察教育改革和教育评价等方面的情况。8月8日，美国菲利普斯公司环球煤层气勘探经理、寿阳区块及沁南区块煤层气项目首席代表瑞思丽考察了煤层气开发情况。9月25日，日本产业技术综合研究所主任研究员铃木忠、网络系统设计工程师甲裴勇介、津川通商朱式会社社长徐光到阳煤集团考察参观。12月4日，受美国都铎投资公司委托，英国商品研究所战略咨询部部长斯托巴特到阳煤集团考察电解铝项目。12月19日，新元公司股东、广东蓝粤能源发展有限公司董事长蓝文彬到阳煤集团了解新元公司的筹备情况。

2003年2月21~22日，美国劳工部矿山安全与健康事务助理部长帮办科瑞尔率团就中美矿山安全合作项目对阳煤集团及新景矿进行考察。12月1日，第三届国际甲烷和氧化亚氮减排技术大会的部分与会代表到阳煤集团考察瓦斯抽放和利用技术。

2004年3月30日，德国鲁尔集团国际培训部主任比德到阳煤集团调研交流。4月17日，罗马尼亚动力集团公司斯布塔穆到阳煤集团进行供货洽谈。6月23日，美国怀俄明州议员格兰特率煤炭清洁能源考察团访问阳煤集团发供电分公司、新景矿。9月5日，国家发改委CDM示范项目考察组到阳煤集团调研。11月18日，台湾鸿海精密工业股份有限公司副总陈弥坚、台湾富士康科技集团山西董办主任贺启华到矿区煤电铝工业园区考察。

2005年1月11日，阳煤集团董事长、总经理王体轩与来访的澳大利亚国际矿业联合公司董事长彼特·艾森签署煤层气开发利用、煤机制造、煤炭生产技术、煤矿安全监察及人员培训等项目合作意向书。3月18日，意大利法塔集团公司副总裁塔拉尼奥到访阳煤集团，与国阳新能股份有限公司董事长石盛奎会谈了非煤项目合作问题。4月12日，德国鲁尔集团首席代表格尔雷西博士到阳煤集团就生产、安全、技术等问题进行考察。4月17日，西班牙煤矸石建材项目设备供应商普亚塔机械制造公司销售部经理胡安实地考察了一矿煤矸石项目工地。

2010年9月5日，中德转型发展论坛在阳泉市举办。

第二节　综合管理

一、管理机构

从1971年4月矿区成立至1980年10月，矿区未设专门的对外经济贸易管理机构。1980年10月，矿区革命委员会设立经济委员会，是对外经济贸易管理机构。1981年9月，阳泉市矿区人民政府设立经济委员会，是主管外贸、外资、外经的机构。1984年2月，区政府工作部门设计划经济委员会（计划委员会和经济委员会合并为计划经济工作委员会，与科学技术委员会合署办公，设一套机构，对外挂两个牌子）。1986年5月，计划经济委员会分设为计划委员会和经济委员会，科学技术委员会也改为单独设置。1997年4月，区政府设经济贸易委员会，为主管外贸、外资、外经的机构。2001年10月，矿区经济贸易委员会更名为矿区经济贸易局。2004年7月，矿区经济贸易局更名为矿区商务局。2009年12月，矿区商务局更名为矿区经济商务信息化局。

2011年年末，矿区对外经济贸易管理机构未变。

二、进出口管理

1981年，国家颁发了《技术引进和设备进口工作暂行条例》；1985年，国家颁布了《技术引进合同管理条例》；1988年，国家发布了《技术引进合同管理条例实施细则》；1999年，国家颁布了《中华人民共和国合同法》。矿区对上述一系列法律法规及时认真贯彻落实，对进出口技术分禁止进出口、限制进出口和自由进出口三类进行管理，并实行许可证管理。

2000~2005年，矿区在管理上进行创新，加强对知识产权的保护，加强出口管理工作。结合技术进出口贸易的新变化，积极建立现代营销方式，加强软件工程师、项目设计师、网络安全人才培养。努力降低技术进出口贸易成本，提高技术进出口贸易绩效。

2006~2011年，矿区根据《中华人民共和国技术进出口条例》进一步规范高新技术出口企业管理，为企业提供公平竞争、正当竞争创造了有利条件。同时组织技术专家、法律专家、营销策划专家和企业家及时制订战略规划，有效避免和减少了技术进出口贸易损失。

三、对外经济技术合作管理

2003年，阳煤集团宏厦一建承包了蒙古国图木尔廷一敖包锌矿的剥离爆破项目，承包工程额422万元，并外派了工程师等技术人员，实现了阳泉市对外承包零的突破。矿区加强对外经济技术合作管理，开展外出劳务人员统计工作，对劳务中介公司超范围经营进行摸底，并按规定对护照进行管理审批。2006~2011年，矿区从区情出发，坚持“走出去”与“引进来”并举的方针，加强服务和政策支持，进行有效监管和协调引导。到2011年，初步形成了“走出去”与“引进来”互相促进的良性格局。

第五章　服务业

1978年中共十一届三中全会后，矿区在住宿和餐饮业等传统服务业迅速发展的同时，信息咨询服务业、计算机应用服务业、企业评估、审计服务、金融业等现代服务行业迅速崛起，成为境内服务业发展的主要方向。

第一节　发展概况

境内的服务业在计划经济时期发展平缓。改革开放以后，特别是1980年1月，实行多年的矿区与阳泉矿务局“政企合一”的管理体制始得改变，同年4月单独建制的矿区区委宣布成立。1981年，新的矿区区委、区政府立即将工作重点转移到经济建设上来，采取了一系列有力措施，境内服务业有了长足的发展。

“七五”时期，境内在经济体制上进行了一系列改革工作。增强企业活力，恢复职工代表大会制度、推行厂长（经理）负责制，扩大企业经营自主权，引入竞争和风险机制，为提高企业经营效益奠定了基础。“七五”期间，全区工业总产值在“六五”期间的基础上翻了一番，达到1334万元。其中的商业、饮食服务业年均增长18.2%，为“六五”期间的2.31倍。个体户达2525户，从业人员达3730人；1990年矿区财政收入达912万元，比1985年增长176.6%，年均增长22.6%。

“八五”时期，矿区积极探索在市场经济条件下各种生产资料所有制的实现形式，提出了“主体推进、两级突破、二产三产并举、大力发展第三产业”和“以税域为基准，打破所有制界限，支持和发展特色区域经济”等一系列发展思路，制订出20项具体措施，促进全区服务业发展和经济快速增长。1995年，全区国内生产总值达到4733万元，比1990年增长2.7倍，年均递增29.9%；第三产业营业额达到16283万元，比1990年增长4.8倍，年均递增41.9%；财政收入达到2622万元，比1990年增长1.9倍，年均递增23.5%。累计投资3000多万元，新建、开发引进、技术改造优势产业、产品，投资2300万元，完成了复合材料厂一期工程建设任务，投资500万元，改建了赛鱼集贸市场；房地产开发公司3年累计建成商品房20300平方米，创利税150万元。

“九五”期间，区委、区政府制订出台《关于加快经济发展的若干优惠政策》，在改革方面坚持“抓住原则，放开形式”的方针，在“放”上做文章，深化企业三项制度改革，鼓励企业围绕提高经济效益，大胆调整企业的产业结构和产品结构，宜工则工，宜商则商，推行和完善了租赁承包、集有民营等经济形式，进一步搞活了区属集体经济。对于私营经济发展，区委、区政府提出16条具体措施：鼓励个体、私营经济创办生产型、科技型和劳动密集型工商企业；支持个体、私营经济利用本地资源创办手工业、交通运输业、建筑业和饮食服务业等企业；鼓励单位和个人按照“谁投资、谁受益”的原则建设各类市场，逐步形成以固定市场为主，早夜市为辅，专业市场与综合市场相结合的市场体系；个体福利企业、环保企业以及军烈属、工矿伤残人员、特困户、农转非矿工家属、城镇待业青年从事个体经营，税务、工商部门要给予减免税费，税收管理全区推行“分片纳税，分灶吃饭，税费挂钩”为基本内容的分级切块管理体制，以税域为基准，打破了所有制、区属和驻区界限，确立了围绕财源发展经济的区域经济新观念。“九五”期间，地区生产总值达到1.89亿元，年均递增11.3%；第三产业营业额达到4.4亿元，五年平均递增22.05%。在此期间，初创了以资本运营城市建设的经营城市新模式，创建了全市首家民营科技企业园区，为服务业的进一步发展奠定了良好的基础。

2005年，全区实现地区生产总值55.9亿元，提前5年实现了国家2010年和矿区既定的2007年翻一番的战略目标，年均增长18.4%；人均生产总值达到24870万元，年均增长17.6%；财政总收入提前两年突破亿元，达到1.178亿元，年均增长24.2%。第三产业初步形成了以餐饮、娱乐、服务为主的沿桃河商业带和四个商贸板块的发展新格局。民营经济方兴未艾，通过2001年产权股份合作改造和2003年民营化改制，大力放开搞活企业，2005年全区个体工商户1504家，民营企业265户，营业收入达10.8亿元，税收4361万元，占全区财政总收入的37%。

“十一五”时期，为了进一步加快境内服务业发展步伐，矿区区委、区政府提出了着力突出“四个重点”的发展思路，以充分发挥区位比较优势，促进服务业全面发展。一是突出发展商贸餐饮娱乐业。重点建设以天利购物广场为中心的平潭商贸板块、以华龙宜购为龙头的桥头商贸板块和以太行国际新城为中心的赛鱼商贸板块，以满足城镇居民消费结构升级的需求。积极发展房地产业。紧抓城市扩容提质，区域内旧区改造和沉陷区治理的有利时机，通过股份制改造和体制机制创新为建筑企业注入活力，不断改善居住环境。大力发展社区服务业。发展面向全体社区成员的托幼、家政、维修、保健、中介、文体、娱乐、商业服务网点、物业管理服务等便民利民服务和面向属地单位的社会化服务，推进社会福利和社会救助服务以及社区就业、社区治安法律、社区医疗卫生等社会公益性服务。加快发展现代物流业。要发挥区域优势，培育仓储、物流配送、专业市场一体化发展的物流集散基地，支持发展第三方物流，支持物流公共服务信息平台的建设，推进有形物流与无形物流的结合。区域经济发展协调性增强、结构趋优、效益提高，增长加快。

2011年，矿区不断加大对现代服务业扶持培育力度，出台了鼓励创业优惠扶持政策。围绕特色文化挖掘优势产品，按照“一街一业、一社一品”的发展思路，积极培育富有矿区特色的文化产业。出资50万元扶持开发旅游文化产品，以煤雕、剪纸、铝箔画、木版画、木雕、小杂粮等特色产品为代表的文化产业初具规模，煤雕、剪纸等文化产品已成为矿区文化产业的名片。矿井旅游项目完成了前期规划论证。第三产业增加值增幅达到13.5%，税收同比增长125.3%，全年新增个体工商户566户。

第二节　生活服务业

一、住宿和餐饮业

解放前，境内在赛鱼街中心有1家忠义店，掌柜张永福，赛鱼村人。该店分路北路南两店，院落宽敞，房舍较多，为当时境内较大的旅店，1947年，阳泉解放后停办。1956年矿务局设招待所。1965年一矿设招待所，当时主要用于接待职工家属和工作业务来往客人。1976年二矿、三矿都建立招待所。二矿招待所有客房25间，床位140张；三矿招待所建筑面积3000平方米，有客房60间，床位200个，设有食堂、浴室。1980年6月二矿建成宾馆，有客房26间，床位78张，内设澡堂、电话、彩电等。1981年赛鱼街道办事处服务公司设立旅店，占地面积400平方米，客房20间，床位76张，皆为普通客房，住户大多为在当地做生意的外地商贩。1990年机厂、电厂分别建立招待所。电厂招待所有客房19间，床位45张；机厂招待所有客房46间，床位99张。本年，桥头地区开设3个旅馆。

2004年年末，全区住宿和餐饮企业共有法人单位11个，产业活动单位35个，就业人员335人；全年住宿和餐饮业营业额3121.6万元。全区住宿业个体经营户共有1户，就业人员3人；餐饮业个体经营户448户，就业人员1350人。全区住宿和餐饮企业的资产总计达644.3万元，负债合计达345.9万元，实收资本达195.2万元。全区住宿和餐饮企业主营业务收入1130.9万元，利润总额9.2万元。个体住宿业营业收入12.8万元；个体餐饮业营业收入6825.8万元。

“十一五”时期，矿区不断加强对住宿和餐饮业的引导扶持和管理，不断加强审查和登记换照，保证了住宿和餐饮业的合法经营。2009年，住宿和餐饮业持续高速发展，成为全区消费市场的有力支撑点。是年，在全区个体工商业中，共有住宿和餐饮业284户，760人，资金1213万元。2010年，全区共有餐饮服务类网点573个。在全区个体工商业中，共有住宿和餐饮业273户，771人，资金1278万元。

2011年，矿区住宿和餐饮业实现增加值0.5亿元，同比增长15.8%；在全区个体工商业中，共有住宿和餐饮业271户，810人，资金1570万元。

主要企业有：

墨玉宾馆。位于市北大街繁华地段，占地面积1.2万平方米，是境内唯一一家具备综合接待能力的涉外三星级饭店。隶属于阳泉煤业有限责任公司。宾馆下设客房部、餐饮部、健身中心、旅行社、干洗部等服务接待部门，是一家以住宿餐饮为主、集商务、会议、度假、娱乐、休闲、旅游为一体的综合性服务机构。宾馆设有高级套房、豪华间、标准间、普通客房131间，244个床位，大小会议室；中西式各类豪华餐厅、宴会厅19间，可同时提供730人就餐，粤、鲁、川、晋等风味齐全。其前身为阳泉矿务局招待所，为了不断适应服务市场需要，提升服务档次，经过内部改造装修，于2009年9月荣膺涉外三星级饭店。

赛鱼照相馆。地址在矿区赛鱼口，始建于1956年，是市饮食服务公司下属的集体所有制企业。2011年，职工7人，固定资产2万元。建筑面积112平方米，营业面积100平方米。主要经营彩色、黑白摄影、冲洗放大、兼营照相器材。

沙江酒家。地处桃北中路82号，隶属于阳泉市物资集团公司，属于集体企业。1987年开业以来，历经5次大的店容店貌改扩建，发展成为建筑面积1000平方米，职工100余名，中、高级职称员工40余人，年营业收入700多万元。该店装潢典雅，设施一流，管理严格，服务规范。主营中餐，有晋、粤、川等多种菜系，尤以阳泉地方晋菜别具特色。可同时接待400余人用餐。设有风格各异的包间、豪华包间20个和东西2个大餐厅。

二、理发　照相　修理业

理发。解放前本境有几家私营理发户，一家一户经营，只为男性推理、剃须，服务简单，收费低廉。建国以后，随着煤矿生产的发展，职工和家属不断增加，1962年和1965年先后设立赛鱼理发店和桥头理发馆，还在不少单位建立理发室，免费为本单位职工及家属服务。1970年，沙坪街道办事处开设一个营业性的理发店，占地94.7平方米，有临时工作人员12人，服务项目有男女理发、洗发。1975年，赛鱼街道办事处服务公司建立理发店。1979年蔡洼街道办事处建立理发馆，有职工12人。1979年除单位职工理发室外，区内有理发店3个。70年代末，理发店普遍设吹理、烫发业务。1980年后，个体理发户增多，头发造型也与70年代大不相同。1990年矿区共有8家集体性质的理发店和28户个体理发店。个体理发主有当地农民或待业青年，也有来自晋东南、上海、浙江、温州等地的男女青年，经营内容增加了洗、烫、染、电吹、美容许多业务。

进入21世纪后，随着理发价格全面放开，矿区大街上、小区里出现了各种各样的“发廊”“美发屋”“美发厅”。主要有以下三类，街边美容发店，美发的专业沙龙，美容美发综合店。

“十一五”时期，随着生活水平提高，“为健康投资，为美丽投资”等新型消费观念越来越为人们所接受。美发美容业显示出美好的发展前景。参与美容的主体人群发生变化，不仅限于年轻爱美的女性，许多年龄偏大的女性甚至男士开始走进美容院，美容消费人群逐渐扩大。而且美容业的内涵已不局限于简单的皮肤护理等单一的美容方式，还有芳香SPA、水疗、塑身美体、美甲、光子嫩肤、基因美容及整体形象设计等。

照相。解放前，境内有赛鱼的张延祥、石卜咀的白志诚、蔡洼的郑光明3人私营照相，刘福贵从事画像业务。1957年11月28日，上述4人组成集体性质的美丽相馆，地址在赛鱼，归阳泉市饮食服务公司阳泉市合作总店管理。1961年更名为赛鱼照相馆，并在石卜咀设立赛鱼照相馆石卜咀分馆。1965年10月，石卜咀分馆与赛鱼照相馆合并。同年，市饮食服务公司在四矿口设立国营桥头照相馆，至此现区域内有2家照相馆，经营业务有黑白照、黑白加色、加洗、放大。20世纪50年代照相为日光照。60年代以年用灯光照相。80年代，开始使用闪光灯、影室灯。1985年后这两个照相馆都增设了彩色照相业务，并在馆内兼营照相器材销售。80年代中期，开始出现私人照相业主。1990年矿区有国营照相馆1家，集体性质的照相馆1家，个体照相馆5户。

2001～2011年，矿区照相馆的业务有了长足发展。照相以婚纱摄影、肖像摄影、广告摄影为主。与之配套的还有证件照、儿童照、团体照、“全家福”家庭合影等项目。并提供美容化妆，服装服饰一条龙服务。凭借雄厚的实力，照相企业还能承接团体合影、大型会议摄影、商业摄影等业务。照片冲印部接收加洗放大照片业务外，还有照片压膜烫字、冷热装裱，镜框相册老照片修复等全方位的便捷周到的服务。另外，照材销售业务，集合了各大名牌厂家，品类齐全，琳琅满目。

其他项目。修旧利废与人民生活密切相关，50年代矿区内有补锅、钉鞋、修锁、配钥匙的个体手工业。70年代修理业的工种逐渐增多，有修理水笔、手表、自行车等服务项目。80年代时增加了彩电、冰箱、摩托车、汽车等修理业务。1990年，矿区有经营刻字的7户，各种修理服务186户，从业者201人。

三、企业职工生活服务

20世纪50年代初期，境内无营业性澡堂。阳泉矿务局一矿、二矿、三矿、四矿和阳泉发电厂等单位均设有职工澡堂，供职工免费洗澡。澡堂有池浴、淋浴，设备简陋。80年代后，澡堂设施有了较大改善，各单位的澡堂有的开始对外营业，1990年时对外营业的浴池有7个。

2006年3月，氯碱公司的生活后勤作为非煤主导产业主辅分离的第一家，将食堂和公寓从主体剥离。2006年8月，天兴公司成立了寿阳天宇服务分公司，承接了新元公司的班中餐、职工食堂、公寓楼的托管经营工作，开创了阳煤集团后勤托管的先例。2007年11月，承接了氧化铝公司的后勤托管业务。

2008～2011年，阳煤集团升华公司为促进后勤管理和服务更加规范化和专业化，达到服务质量标准，公司先后制订出台了《升华分公司“星级”服务竞赛活动实施方案”“关于认真落实集团公司开展“创卫”工作实施方案》等，坚持“谁分管、谁负责、谁主抓、谁落实”原则，强化基础管理和现场管理，严格验收标准和达标考核，全面提升后勤服务质量，努力提升服务满意度。

（一）职工食堂

2006年后，阳煤集团加大对食堂基础设施的投资。第四服务中心投资51万元对大学生公寓东侧底层改造成了新佳苑酒店；2008年第三服务中心投资14万元，对原二号井食堂拆除后搬迁至旧机关楼对面存车房二层的改造工作。同年，第五服务中心投资189万元对大井食堂进行了室内整修及场面硬化。对照标准添置了餐具和用餐设备，加强食堂环境卫生管理，坚持对餐具进行一餐一消毒，炊管人员做到持证上岗。2006年，全部食堂达到国家食品量化分级B级单位，使食堂面貌焕然一新。升华公司拥有或托管职工食堂达到18个，建筑总面积23589.62平方米，日平均就餐人数2435人。2008年，第三服务中心投资14万元对原三矿二号井食堂拆除，并搬迁至旧机关楼对面存车房二层；升华公司投资189万元对五矿大井食堂进行了室内整修及场面硬化。

2010年年初，第八服务中心投资150万元对泉盛苑进行了装修，于4月28日投入使用，内设雅间5个，大餐厅1个，操作间1个，厨房排烟系统投资2万元设置了油烟净化器，有水、电、暖、煤气等齐全的供应设施。

2011年，升华分公司投资150万元，将四中心原班中餐食堂改造成美膳居酒店，投资369万元对二中心梅苑宾馆进行装修改造。改造后的梅苑宾馆餐饮部接待能力全面提升：一层大厅可容纳200多人同时就餐；一个多功能集散厅，可容纳100人会议和同时就餐；新设零点餐厅，用于接待零散个人点餐。

（二）职工澡堂

主辅分离后基础条件差的生活澡堂划归升华公司。2006年，投资161.00万元对九楼南侧底层进行改造。第二服务中心投资26万元对东区男女澡堂改造，解决了二矿职工家属洗澡难问题；第六服务中心澡堂因诚远地产公司盖楼占用，经双方协商诚远地产公司投资50多万元对原有澡堂进行了改造，建筑面积为600多平方米。2007年年底，中心投资10万元将燃煤热水茶炉更换为煤气热水茶炉。从2005年起实行责任承包，管理员签订责任承诺书。升华公司及下属中心共管理生活澡堂13个，建筑总面积9063平方米，日平均接待人数1605人。

2007年，第四服务中心将大学生公寓南侧改造成新佳苑洗浴中心。年底，为适应市环保部门的要求，六中心投资10万元将燃煤热水茶炉更换为燃气热水茶浴炉，有效地减少了污染，改善了茶炉工的劳动条件。升华六中心领导积极与宏厦一建沟通，为澡堂争得了50余万元改造资金，改造后的澡堂建筑面积600多平方米，设有淋浴、桑拿房、美容美发、包间、售票休息大厅、更衣间等各种设施。2008年，升华公司给七中心澡堂水管路大修投资3万元，更换茶炉房水泵15000元。2010年7月，投资将福利楼底层南侧改造成燃气锅炉房。2011年3月，根据环保部门要求，投入12万元将茶炉房进行改造，将原有茶炉更换为煤气热水茶炉，改善了茶炉工的工作环境。6月，第四服务中心投资90万元，对原四矿职工澡堂进行大修，更换了淋浴设施等。为有效控制和预防各类疾病传染，确保服务宾客和员工的身体健康，公司结合实际工作制订出《升华公司消毒作业标准及流程》管理规定，具体明确出安全预防长效消毒措施，规范了日常消毒工作程序，严把客用场所和客用品的消毒关，扎实做好洗浴场所的卫生清洁和各项消杀工作。

（三）职工宿舍

2005年、2006年集团公司和升华公司投资改造了9栋集体宿舍楼，标准二人间576间，面积15147平方米。可安排入住大学生1302人，2007年年底，升华建安公司出资417万元在二中心大学生公寓楼对面新建大学生公寓楼一栋，房间75间，总建筑面积达3400多平方米，可安排144名大学生入住；为了保证改造后公寓的安全、稳定、可靠、健康的运作和发展，为了确保给入住大学生提供一个安全宁静、环境幽雅、清洁卫生、服务完善的工作和生活环境，公司对过去制订的有关集体宿舍管理规定和设施配置标准进行了重新修订完善。各中心专门制订了公寓“管理试行规定”“住宿责任协议”“员工管理试行条例”及其岗位职责“来访登记表”“管理人员工作情况登记表”“维修登记表”等一系列规章制度。设立了意见箱、投诉电话，制订了“文明宿舍楼公约”和“文明房间公约”。同时，将各种规章制度汇编成《大学生公寓入住手册》。2006年，公司先后投资1230多万元对职工宿舍进行了改造整合，职工宿舍内也基本得到了改善。配置了电视机、电风扇、写字台、大衣柜等用品，并设有缝洗室、储藏室、图书室、活动室、电视室等。极大了丰富了职工业余文化生活。

2008年，五中心投资400多万元建成公寓小区，将9号、10号、11号楼包含其中，按住宅小区模式实行物业化管理。升华公司共有各类宿舍41栋6438间，建筑面积达到179683平方米。其中职工占用1363间，面积33257.2平方米；家属占用1819间，面积44383.6平方米；办公占用1664间，面积40601.6平方米；其他占用941间，22960.4平方米；大学生公寓651间，面积15147平方米。

2009年，升华公司为升华二中心标化楼投资5.8万元配置了工业洗衣机，投资30万元对2号公寓楼进行暖气维修改造。2010年，投资10万元对四中心工程区楼窗户进行更换；投资2万元配置了烘干机。2011年8月，大学生公寓5层、6层开始正常安排大学生住宿。为使大学生有一个温馨舒适的住宿环境，二中心又投资12万元配备各类设施设备、物品等和配置了22个机顶盒，投资35万元对工字楼窗户进行更换，拆除原铁栏杆更换成不锈钢栏杆，楼顶更换防水层。同时投资26.64万元对1号公寓进行暖气维修改造。从2008~2011年，每年为职工更新床上用品一次，累计3500余套，增补夏季凉席1000块，2009年标化11#楼5层、6层进行了改造，共计56间。职工宿舍120间增设了床、衣柜、写字台、电视柜等床上用品，实现了高标准管理，按公寓化标化完善了基础设施，为解决职工饮水问题，1#、5#、11#楼新增电热水器3台，确保了职工24小时都能喝上开水。2011年，对集体宿舍3、6号楼的卫生间、洗漱间、走廊、下水管路进行改造。

第三节　现代服务业

一、服务项目

80年代后，逐渐兴起一些新的服务业务，包括经济管理咨询服务、技术咨询服务、设备租赁服务、计算机技术服务、企业评估、审计服务、信息服务等，为社会生产和人民生活提供方便。

大修厂的前身是原交通科修理队，占地面积8800平方米，维修车间及厂房面积约3000平方米。1984年成立了运输处大修厂。当时人员共有40余人，设备只有2台老式车床、1台曲轴磨床、1台立式钻床及一些手工机具等。其后几年内，购入安装了15吨天车、高压泵试验台、液压试验台等一批大型设备。1996年，大修厂被山西省交通运输管理局评定为“山西省汽车维修行业（省级）质量服务信得过企业”。1998年6月，正式申领了汽车维修的营业执照，具备了对外修理业务的资质，并对外更名为“阳煤集团汽车大修厂”。2002年，由市运输管理处认定为“汽车维修一类企业”，并加入了山西省汽车维修与检测行业协会，成为会员单位。同年，由全国“用户信得过汽车维修业户”评选组委会评为“用户信得过汽车维修业户”。在山西省交通运输管理局和山西省汽车维修与检测行业协会评选中被评为“山西省2002年度汽车维修行业百强诚信企业”。2004年度为“一星级服务企业”，2005年度为“三星级服务企业”，2006年度为“三星级服务企业”。2007年，成立了黄海客车阳泉特约维修服务站。

推土机租赁站成立于1990年，机构业务由运输处代管，设备产权归矿务局，是集团公司设立的企业内部原煤生产系统用推土机的专业化设备管理部门。租赁站现在主要面向包括运输部在内的7个单位出租推土机，分别是：一矿选煤厂、二矿选煤厂、三矿选煤厂、五矿选煤厂、新景矿选煤厂、开元矿选煤厂、运输部包括5个排矸队和一个矸山治理队，生产中实际需要使用47台不同型号马力的推土机。历经20年发展变化，推土机租赁站本着租赁管理和经营管理相结合的原则，在全局范围内对推土机设备实行集中管理、统一调配，一方面，设备机型实现了更新换代，由当初的中、小马力红旗系列为主的落后车型转变为后来的以T140为主、并辅以TY220型的中、大马力推土机相结合的先进车型；另一方面，有效提高了推土机设备的完好率和使用率，为集团公司的发展壮大和煤炭外运生产作出了应有的贡献。

“十一五”时期，矿区的现代服务业总量不断扩大，新兴服务业发展迅速，服务功能不断增强。

电子商务、软件服务、金融保险业发展势头强劲；科技咨询、工业设计、信息发布、创意产业等新兴服务业发展迅速，使服务业在生产生活中的作用越来越突出；网络文化、动漫游戏、休闲娱乐、数字家庭、网络社区、无线城市等电子信息技术的广泛应用，进一步改变了生活方式，扩大了消费需求，有力地拉动了经济增长。服务业已成为拉动经济增长、解决就业问题、改善城市面貌、提高人们居住水平的重要产业。

2009 年，矿区商务部门大力推进现代商业服务业体系建设，完成了“家电下乡”备案工作，完成了全区商业网点和家政服务企业摸底调查，组织 150 名社区居民参加了市商务局主办的“家政服务工程”培训，提高了他们从事家政服务的专业水平。2010 年，为准确掌握境内商贸服务业总体情况，开展了商贸服务业的调研。通过调研，辖区内有商贸服务业从业人数近 5000 人，各类商贸服务业网点 1466 个，其中百货类 427 个，蔬菜副食类 268 个，酒类 46 个，新型市场类 91 个，餐饮服务类 573 个，特种行业及其他 61 个，几乎涵盖商贸领域的各个业态，基本形成了遍布各个街道和社区的流通网络。

重要企业有：

矿区经济技术咨询服务部。位于河神庙。隶属于矿区统计局的全民所有制企业。2011 年，职工 8 人。主要业务是计算机的安装、维修办公设备、胶印、复印及经济信息咨询、技术协作等。

矿区科技开发咨询中心。位于平潭小区，是矿区科委下属的全民所有制企业。2011 年，职工 4 个，各类专业技术人员 4 人。主要业务范围是进行技术咨询、工程咨询、信息咨询、技术协作等。

2011 年阳泉市矿区境内部分服务业企业简表

表 12－2

企业名称	经营地址	联系电话
墨玉宾馆（二星级）	北大街 125 号	7071187　7073527
泉美豆捞	桃北中路	4042345　4043456
泉美农家乐饭庄	桃北中路	4048666　4048777
沙江酒家	桃北中路 82 号	4043637　4043578
肯德基快餐店	北大街天利购物底层	
爵士岛咖啡	北大街恒康家园底商	4069000
矿区法律援助中心	市北大西街 162 号	4065161
今日新广告有限公司	北大街恒康家园 A 座 1 单元 8 号	6698358
阳泉墨玉旅行社	北大西街 125 号	7077555　7071843
阳泉友谊之旅旅行社	矿区马南区 3 号楼 4 号底商	7086135
阳泉荣国旅行社	阳煤集团机关宿舍 202 室	4062210

二、特种行业

（参看本志《第十九编 公安 司法行政》第一章）

第六章　金融业

建国前，境内未曾设立钱庄、典当之类的金融机构，境内人民要兑汇钱钞，典当物品，均要到平定城办理。当地少数富户仅有放债、租赁物品等。新中国建立后，境内经济迅速发展，人民生活得到改善，金融机构相继成立。1950年，中国人民银行阳泉市支行在境内设立第一个储蓄所——二矿储蓄所。1954年1月，沙坪储蓄所成立；3月，建立赛鱼储蓄所；7月中国交通银行驻阳泉矿务局办事组成立。1956年中国农业银行阳泉市支行在境内平潭街设立信用社，1957年中国农业银行撤销，业务并入中国人民银行阳泉市支行，1964年1月恢复农行建制，1966年再度并入中国人民银行阳泉市支行。1976年2月，建设银行阳泉市支行矿务局办事处成立，中国交通银行驻阳泉矿务局办事组撤销。1979年中国农业银行阳泉市支行与中国人民银行阳泉市支行分设，重新组建阳泉市农业支行；同年中国人民银行阳泉市支行二矿西四尺储蓄所设立。1982年三矿联办所成立。1984年6月，建设银行阳泉市支行矿务局办事处更名为中国人民建设银行矿区专业支行，下设会计股、业务股、办公室，有职工3名；12月，中国工商银行阳泉市支行赛鱼办事处成立，内设5个科室，下辖3个储蓄所，1个联办所，干部职工42名；同时设立中国工商银行阳泉市支行石卜咀办事处，内设6个科室，下辖6个储蓄所、2个联办社、5个代办所，干部职工81名。1988年5月，中国人民建设银行阳泉市办事处平潭分理处在平潭小区开始营业；是年，中国银行阳泉市支行矿区分理处北大街储蓄专柜和二矿储蓄所开办。

2008年，矿区境内有信用社、中国农业银行阳泉市矿区支行、中国银行股份有限公司阳泉矿区支行、人保财险阳泉市矿务局支公司、中国人寿矿务局支公司、山西证券阳泉营业部桃北中路服务部等金融单位。这些金融机构开展的多种业务，有力地支持了矿区的经济建设，为矿区的发展做出了贡献。

第一节　金融体制改革

金融体制是在一定的货币制度安排下，以货币当局和相关监管部门作为调控、管理和监督中心，多种金融机构分工协作的金融组织体系，以及它们在市场机制的基础上利用信用关系组织调节货币流通和资金运动的形式和管理制度的总称。

新中国成立后，没收了官僚资本银行、取缔了证券交易、禁止金银流通，并实行严格的外汇管制，同时在建设和管理经济方面采取了中央集权的计划管理模式，为适应这种模式，把原有的金融系统改造为只有一个在全国遍布分支机构的国家银行，国家银行垄断几乎所有的金融活动，形成“大一统”的金融系统。中国人民银行阳泉市支行在境内设立了储蓄所，中国农业银行阳泉市支行在境内设立了信用社，中国交通银行在境内成立了阳泉矿务局办事组，中国建设银行阳泉市支行在矿务局成立了办事处，各行之间常有合分，但都在中国人民银行统一管理下进行。

中共十一届三中全会召开后，金融体制改革从1978年起到1984年进入了准备和起步阶段。这一时期，金融体系和结构出现了变化，最主要地表现在实行了金融机构多元化，打破了传统制度一统天下的组织结构，建立了二级银行制度的框架，按产业设置了专业银行，出现了以产业分工为主要特征的专业银行机构。而这些机构都是从中国人民银行分拆出来的，主要包括中国银行、农业银行、工商银行、建设银行四大专业银行，形成了双层银行体系，打破了“大一统”的局面。

1985～1996年，是金融体系走向市场化的转变与探索阶段。在这个时期，对金融基本制度进行了一系列的制度创新，为金融市场建立了初步框架。同时，金融体制改革全面开始，由中国人民银行分别派生出工商银行、农业银行等专业银行，并实行从中央到地方的垂直管理。人民银行行使中央银行职能，各专业银行逐步走向市场化经营。同时还建起了农村信用社联社和城市信用社。至此，矿区多种金融机构并存和分工协作的金融体系基本形成。

1997～2008年，矿区金融体系改革进入市场金融体系框架的调整和充实阶段。在此阶段，建立和完善了金融监管的法律框架。为适应金融机构多元化、金融业务相互交叉和竞争的格局，建立了分业经营、分业监管的金融体制。通过改革银行的监管体制，建立和完善证券业、保险业以及银行业的监管体制，同时通过在改革金融监管方式的过程中逐渐丰富监管手段，使金融监管体制得到了进一步发展和完善，并为维护金融秩序、执行国家经济金融政策，促进国民经济发展起到了重要作用。

2009～2011年，矿区的金融体制改革速度进一步加快。一是包括资本市场、货币市场、保险市场、外汇市场、期货市场、金融衍生产品市场在内的多层次金融市场体系得到了发展。二是创新了银行的发展思路。实施“市场化，国际化，信息化”三大战略，坚持以改革和发展为主题，以转型和再造为主线，以创新和科技为动力，以规范和稳健为保障，以提高效益和质量为根本目的，不断提高了全行业的核心竞争力和综合实力。三是创新银行的组织体系。进一步健全了银行的公司管理结构，完善了股东大会、董事会、监事会和各级经营层各司其职，相互制衡，协调有序的组织架构；改善和强化了一级法人制，建立集约型、扁平化的组织结构，加强了总行对分行的集中领导、管理、服务、协调和监督。四是建立和完善了多层次金融市场体系，大力发展了以股票、债券等资本市场为核心，包括货币市场、外汇市场、黄金市场和金融衍生品市场在内的各类金融市场，健全了金融市场的登记、托管、交易、清算系统，形成了功能齐全、配置优化、和谐有效的金融体系。

第二节　银　　行

一、中国农业银行阳泉市分行

位于阳泉市桃北中路90号，原名“中国农业银行阳泉市支行”，1955年3月成立。1957年机构精简时撤销，其业务并入中国人民银行阳泉市支行。1964年1月中国农业银行阳泉市支行恢复，1966年再度并入中国人民银行阳泉市支行。1979年国务院下达《关于恢复中国农业银行的通知》后，中国农业银行阳泉市支行于1979年10月重新恢复。1998年12月31日，更名为“中国农业银行阳泉市分行”，机构规格、隶属关系、业务范围未变更。2006年，中国农业银行阳泉市分行下属有7个支行、6个直管分理处和31个营业网点，职工总人数630人，其中有技术职称的人员共382人。到2008年年末，各项存款余额达157525万元，较年初净增32917万元，完成市分行下达全年净增计划的104.5%。其中，储蓄存款余额达108257万元，较年初净增25270万元，完成全年净增计划的140.39%；对公存款余额达49268万元，较年初净增7647万元，完成全年净增计划的56.64%。2009年1月15日，中国农业银行整体改制为中国农业银行股份有限公司。2010年7月15日和16日，中国农业银行分别在上海证券交易所和香港联合交易所挂牌上市，完成了向公众持股银行的跨越。截至2011年年底，中国农业银行阳泉市分行下属有5个支行、29个营业网点，职工总人数648人。

中国农业银行阳泉市分行经营范围为：①人民币业务。吸收公众存款；发放短期、中期和长期贷款；办理国内外结算；办理票据贴现；发行金融债券；代理发行、代理兑付、承销政府债券；买卖政府债券；从事同业拆借；提供信用证服务及担保；代理收付款项及代理保险业务。②外汇业务。外汇存款，外汇贷款，外汇兑换，国际结算，结汇、售汇，资信调查、咨询、见证业务。其总行在中国银行业监督管理委员会批准的业务范围内授权的业务；经中国银行业监督管理委员会批准的其他业务。

二、中国银行股份有限公司阳泉矿区支行

中国银行股份有限公司阳泉矿区支行位于阳泉市日潭小区四组团一号，地处矿区政府、阳煤集团、国阳公司的交界处，地理位置十分优越，是矿区近40万人的经济、文化、生活的中心地带。该机构是中国银行阳泉市分行在矿区设立的一个综合性科级营业机构，成立于1988年8月，前身为中国银行阳泉洪城路分理处，1996年9月迁址矿区后更名矿区分理处，2001年7月升格为矿区支行，是中国银行阳泉市分行负债业务规模最大的行处。

自建行以来，矿区支行规模不断壮大，由成立时的“一处二所”（1个分理处、2个储蓄所）18名员工发展为“三处一室二股一专柜”（3个分理处、1个办公室、会计股、业务股、储蓄专柜）50名员工，支行的功能也扩展到会计结算、存贷款、综合消费信贷、银行卡、中间业务、代理业务、电话银行等方面。

支行内设4个部门，下设3个分理处，营业网点遍布阳泉市各大矿区。主要办理人民币存款、贷款、结算和票据贴现等业务；代理发行金融债券；代理发行、代理兑付、销售政府债券；买卖政府债券；代理收付款项及代理保险业务；中总行在中国银行业监督管理委员会批准的业务范围内授权的业务；经中国银行业监督管理委员会批准的其他业务。

1988～2008年，全行实现了超常规、跨越式发展，2001年，人民币各项存款以每年近60%的速度递增，在不到六年的时间里，主要经济指标一年上一个新台阶，2007年6月末，人民币各项存款余额达10.59亿元。与6年前相比净增10.15万元，成为阳泉市分行第一个突破存款10亿元大关的行处，在市分行的综合考核中名列前茅。并连续多年被省分行评为“先进集体”“文明优质服务标兵单位”“先进基层党支部”“精神文明建设先进单位”等，2003年被授予总行级“青年文明号”，2004年被阳泉市政府授予“五一模范集体”，2005年被阳泉市劳动竞赛委员会授予“学习型示范班组”，并立三等功。2006年被授予总行级“青年文明号”“先进基层党组织”。2008年，全行人民币各项存款余额182660万元，增长99303万元。其中企业存款增长83255万元，完成全年任务的832%，储蓄存款全年净增16048万元，完成全年任务的178%。票据交易量249262万元，国内结算手续费17.12万元，全年代售保险1632万元，实现手续费收入44.12万元；代售基金200万元。零售贷款全年累放623万元，不良贷款127万元，零售贷款不良率为2.2%。共办理银行卡182张，银行卡手续费收入4.89万元。

三、中国建设银行股份有限公司西城支行

建行西城支行位于阳泉市洪城路27号，成立于1954年，成立之初为建行阳泉矿务局办事处，1958年并入市财政局，1962年恢复机构，1969年重新并入市人民银行，1976年阳泉矿务局办事处再次恢复成立。50～80年代该行主要实施财政职能，进行国家基本建设资金的监督和管理，先后经办了阳泉矿务局9个旧矿改造，6个改扩建矿，15对矿井新建，共经办投资30多亿元，1984年更名为阳泉矿区专业支行。80年代后期开始，银行功能不断完善，积极融通资金，帮助支持重点项目建设；加强重点项目的投资管理。进入90年代，该行业务不断壮大，网点遍布阳泉矿区，下属一矿储蓄所、二矿储蓄所、三矿储蓄所、四矿储蓄所、大垴储蓄所、矿区储蓄所、平潭街分理处、贵石沟办事处；内设办公室、信贷科、储蓄科、会计科、保卫科等科室，员工总数168人，支行开办有存贷款业务、结算业务、票据贴现、代理保险、代理发行金融债券、信用卡等业务。各储蓄所主要开办居民储蓄业务，贵石沟办事处主要以服务五矿建设为主，开办有会计结算和储蓄业务。同时，积极跟进市场大潮向现代化商业银行奋进，银行功能显著增强，各种银行业务全面开办，资金实力与日俱增。1996年为了更好地服务阳泉矿务局，更名为阳泉矿务局专业支行，1998年从商业银行改革出发，更名为阳泉市矿区支行。2003年年底，存贷款余额分别达到8.9亿元、6.1亿元。随着建行改革的不断深入，

2002～2003年四矿储蓄所、大垴储蓄所、贵石沟办事处相继撤并，2004年建行股份制改革进入关键时期，根据建行业务工作需要，基层实行扁平化管理，一矿、二矿、三矿储蓄所改为分理处，增加会计结算业务，与平潭街分理处一并划归建行阳泉市分行直属管理。西城支行不在对矿区范围的网点进行管理。进入21世纪，改革步伐不断加快，2005年股份制改造完成，正式更名为中国建设银行股份有限公司阳泉西城支行。至此，银行功能完备，核心竞争力加强，成为矿区金融系统主要支柱之一。

西城支行是阳泉建行最大的基层行，职工40人，下设综合部、会计部、公司部、个金部、储蓄专柜、矿区所四部一所一柜。开办的业务有：存贷款业务、结算业务、票据贴现、代理保险、代理发行金融债券、信用卡、电子银行等业务。金融产品丰富，业务种类齐全，并形成以个人客户为根基，煤、电、建筑、铁路客户为龙头的客户体系，阳煤集团、国阳公司、铁路阳泉结算部等大客户在该行开户。

股份制改造后，西城支行努力完善服务功能，资金实力与日俱增。2008年，全口径存款突破20亿元，余额达200081万元，本年新增91584万元，其中企业存款余额152317万元，新增80225万元，完成计划的393%；个人存款余额47764万元，新增11359万元，完成计划的197%，住房统筹资金新增3450万元，完成计划的105%；信贷资金余额142352万元，本年新增9391万元。累计办理贴现40300万元，完成计划的200%，同比增长30%；成功营销并发行利得盈60000万元；中间业务完成334万元，同比增长131万元。

四、邮政储蓄

区内邮政储蓄开办于1986年，随着时代的变迁，储蓄种类从活期、定期、零存整取、汇转储、储转汇、有奖储蓄等增加到入账汇款、代理保险、代售基金等业务，并实现了全国邮政储蓄通存通兑业务。2006年邮政储蓄余额达9.43亿元，占邮政收入的7.3%。

第三节　信用社

平潭信用社位于北大街306号，始建于1953年，隶属于阳泉市郊区信用合作社联合社。下设1个营业专柜，2个信用分社，3个储蓄所，全社共有职工56名，其中：大学本科3人，大专37人，中专10人，高中5人，初中1人。负责辖区内6个行政村镇的金融服务工作。是辖区内营业网点最多、业务覆盖面最广、从业人员最多的金融机构。2008年，信用社各项存款余额达31265万元，净增7875万元，增幅33.67%，其中：对公存款12396万元。较年初净增4652万元，增幅60.07%，储蓄存款18869万元，较年初净增3223万元，增幅达20.59%。各项贷款余额为22305万元，较年初增加7615万元，增幅51.83%，按四级分类，正常贷款21375万元，较年初净增8112万元，增幅61.16%，不良贷款930.01万元，较年初净压了497万元。按五级分类，正常类贷款4031.02万元，关注类贷款15905万元，不良贷款2369万元，较年初增加了153.2万元，其原因为年底阳泉市金石化工厂调为次级类。贷款形态反映真实。12月，信用社实现各项收入达2310.87万元，其中利息收入2266.51万元，占比98.08%，创利息收入历史新高。

第四节　证券　信托

山西证券阳泉营业部桃北中路服务部隶属于山西证券有限责任公司，桃北中路服务部成立于1997年，前身为阳泉信托投资公司矿区营业部。它的成立有效缓解了当时阳泉营业部交易场所人员拥挤的状况，在一定程度上满足了人们进行证券投资的需求。该部位于四矿口原矿区菜市场二、三层，地理位置优越，交通发达，营业面积1200平方米，装修精良。中、大户室，均采用联想电脑，配置高，速度快。服务部设备采用美国惠普高速服务器、大容量不间断电源及发电机，保证交易系统正常运行。专业设计的光纤交换系统和稳定快捷的内部网络，网络系统安全性高，沪、深两市行情均为2兆光纤接入，交易通道畅通。同时，服务部开通了钱龙热自助委托、电话委托、网上交易，委托方式齐全、便捷，还与工行、建行及中行开通了三方存管业务，资金划拨安全、及时。2002年，为适应证券市场的变化，阳泉信托投资公司下属营业部及其所有服务部整体划归山西证券有限责任公司，阳泉信托投资公司矿区营业部也更名为山西证券阳泉营业部桃北中路服务部。

桃北中路服务部的经营范围为：发行和代理发行各种有价证券；自营和代理买卖各种有价证券；有价证券的代保管、鉴证和过户；代理还本付息、分红派息等权益分派；基金和资产管理；企业重组、收购与兼并；投资咨询、财务顾问；外币证券业务；网上经纪业务。

第五节　保　　险

一、中国人民财产保险股份有限公司阳泉市矿务局支公司

公司成立于1993年，位于矿区平潭二小区7号楼附楼10号，是中国人民财产保险股份有限公司的分支机构，有员工36人，设经理室、综合部、客户服务部、业务发展部、营销服务部一室四部，重点为阳煤集团、阳泉矿区及社会各界提供全方位保险服务，经营除寿险以外的保险服务。2006年1月，矿务局支公司迁址至阳泉市北大西街马家坪馨康家园1号楼底商5～10号。

1993年公司成立当年，业务规模达515万元。2011年，公司保费突破5000万元。公司经营范围包括：财产损失保险、责任保险、信用保险、意外伤害保险和保证保险等人民币或外币保险业务；各类财产保险的再保险业务；国家委托经营的政策性保险业务；各类财产保险及其再保险的服务与咨询业务；代理其他保险公司办理相关业务；国家法律、法规允许的资金运用业务。

二、中国人寿保险股份有限公司阳泉市矿务局支公司

位于阳泉市北大街150号，是中国人寿保险股份有限公司阳泉分公司在阳泉矿区范围内设立的分支机构之一，以矿区居民保障为重点服务对象，其业务范围已覆盖全市的四区二县。

公司前身为中国人民保险公司营业部。1996年3月实施分业经营，设立中国人寿保险阳泉矿务局营业部，下设一矿服务所、五矿服务所、赛鱼服务所等三个业务服务所。1999年6月筹建营销部，2000年1月营销部正式启动运作，营销员30余人。随着规模发展与业务增长，2002年，公司由营业部升格更名为中国人寿保险阳泉市矿务局支公司。同时依据业务划分为客户服务部、团险直销、营销部、兼业代理部等四大业务类型。2003年6月，伴随着市场的发展与深化，总公司实行全面改革，进行股份制改造，公司也随之更名为中国人寿保险股份有限公司阳泉市矿务局支公司。

公司业务有人寿保险、健康保险、意外伤害保险等各类人身保险业务；人身保险的再保险业务；国家法律法规允许的或国务院批准的资金运用业务；各类人身保险服务、咨询和代理业务；国家保险监督管理部门批准的其他业务等。公司销售的险种范围主要包括团体类、营销类、中介代理类。

2007～2010年，中国人寿保险股份有限公司阳泉市矿务局支公司提出“调结构、增效益、防风险、稳增长”和“固本强基、抓早赶前、创优争效”的总要求。保费收入从2007年的4700万元到2010年10060万元，增长了53%。2011年，公司进行专业化公司改革，全面进入渠道化管理的模式，结构更加合理，发展能力进一步加强。

第十三编　中共地方组织

民国16年（1927）2月7日，今矿区境内成立了第一个党支部——中国共产党阳泉支部。民国23年成立阳泉矿区第一个党小组。随着党组织的壮大，民国25年建立了中共阳泉矿区委员会，何英才担任党委书记。民国36年5月2日阳泉解放后，境内的村和煤矿企业开始建立党的基层组织。从新中国成立到“文化大革命”前，境内各级党组织在党员管理、干部作用、组织整顿、思想建设、作风改进等方面，都在实践中形成了一套明确、规范的程序和做法。“文化大革命”中党的工作遭受了严重的损失，各级党组织一度处于瘫痪或半瘫痪状态。中共十一届三中全会后，境内各级党组织实现了组织上、思想上的拨乱反正。20世纪80~90年代，矿区区委始终贯彻为民、勤政、务实、清廉的要求，不断拓宽党建工作领域，扩大了党的群众基础。进入21世纪后，矿区区委以党的执政能力建设和先进性建设为主线，把全面加强和改进党的建设作为推动各项事业发展的根本保证。同时以提高各级党组织、党员干部的理想信念和素质能力为着力点，强化党的基层组织和党员队伍建设，从而使各级党组织的战斗力、凝聚力不断增强，依法、科学、民主执政水平显著提高。

第一章　组织机构

民国16年（1927）2月7日，阳泉矿区的第一个中共基层组织——中国共产党阳泉支部委员会成立。党组织发动和领导工人群众开展了前仆后继的争取解放的斗争。新中国成立后，境内党组织的组织建制和隶属关系几经变化。1966年5月“文化大革命”开始后，境内各级党组织一度陷入瘫痪和半瘫痪。1970年1月19日，山西省革命委员会同意组建阳泉市矿区，直属于阳泉市革命委员会领导。经批准，阳泉市矿区与阳泉矿务局实行“政企合一”的体制，阳泉矿务局的局、矿两级领导分别参与矿区和各公社的领导。1980年1月，矿区革命委员会与阳泉矿务局革命委员会分设，“政企”分开。同年4月，组建中共阳泉市矿区委员会，自此矿区存在区委和矿务局党委两个组织系统。此外，还有其他一些驻区单位的党组织，各归其所属系统党组织领导。

第一节　矿区设立前的党组织

一、建党初期

民国15年（1926）2月，中共太原地方执行委员会特派员王世隆到阳泉矿区开展工人运动和组建党组织的工作。1926年5月1日，在保晋铁厂建立赤色工会后，王世隆先后发展吸收保晋铁厂的窦玉瑞、侯富山、孙玉山、贾先玉、刘文玉、阎天亮，一矿的樊琪，五矿机器厂的董森、王长江入党。并且成立了党小组。同年冬，王世隆的活动为阳泉警察当局所注意，遂秘密返回太原。

民国16年2月初，党组织改派赵秉彝到阳泉矿区接替王世隆的工作。在赵秉彝的领导下，于2月7日，在保晋铁厂附近的平潭垴村宣布成立了以保晋铁厂工人为主体的“中国共产党阳泉支部委员会”，樊琪任书记，侯富山任组织委员，窦玉瑞任宣传委员。3月，又吸收铁厂工人贾光玉入党。在中共阳泉支部的领导下，保晋铁厂的赤色工会同国民党阳泉党部的“黄色工会”公开进行了多次尖锐的斗争，扩大了中国共产党在群众中的影响。4月，蒋介石发动“四一二”反革命政变。6月，阎锡山在山西也大搞“清党”活动，阳泉矿区处在白色恐怖之中，中共组织遭到严重破坏，被迫停止活动。

二、土地革命战争时期

民国22年（1933）8月，中共山西省特委派何英才到阳泉矿区重新组建党的组织。何英才打入保晋公司第二矿厂，在矿工中开展工作。民国23年夏，吸收该矿工人王凤山（又名焦岐峰）及其母张秀坤加入中国共产党，成立阳泉矿区党小组，何英才任组长。其后便在煤矿工人中发展新党员，使党员队伍逐渐扩大。民国24年初，建立中共阳泉矿区支部，何英才任书记。民国25年2月，为了团结工人群众，根据许多矿工爱好武术的特点，成立了党的外围组织矿工武术团，利用工余时间、传统节日和庙会表演武术，进行街头宣传。负责人为何英才、王凤山，成员有张振安、王凤岗、杜秀荣等20余人。第二年该团解散，其成员全部加入牺盟会。民国26年4月，经中共山西省工委批准，成立中共阳泉矿区委员会（又名中共阳泉工人特别委员会），何英才任书记，王凤山、杨凤岐任委员，下辖保晋公司第一矿厂、第二矿厂、第四矿厂和建昌煤矿4个党支部。分别由张振安、廖艾考、赵明琦、杨凤岐担任书记，有党员40余人。

三、抗日战争和解放战争时期

民国26年（1937）7月抗日战争爆发后，中国共产党阳泉矿区委员会组建了以共产党员为骨干的阳泉煤矿工人抗日游击大队。该大队是山西最早的工人抗日武装之一。政委何英才，大队长王凤山，下设5个中队，队员500余人。日军占领阳泉（1937年10月30日）前，该大队转移到和顺县石拐镇，正式编入八路军。

抗日战争时期和解放战争时期，境内形势异常严峻。广大人民在党的领导下开展了多种形式的革命斗争。矿工们除了参加要民主、求解放、提高生活待遇的罢工斗争外，还积极参军参战，向根据地运送军需物资，送情报；广大妇女还主动参与支援前线和争取自身解放的各种活动。

民国36年5月2日阳泉矿区获得解放。同年5月中旬，平潭街村建立了党组织，是矿区最早的农村支部。同年7月，原平定（路北）政府管辖的菜洼村划归阳泉市，次年3月组建了菜洼村党支部，平潭街村、菜洼村两个支部归中共阳泉工矿区二区区委领导。

民国37年底，裕公矿和四矿成立党支部。民国38年6月，建立中共井阳煤矿公司总支委员会，国营裕公矿、国营四矿和阳泉修理分厂的党支部同时接受中共阳泉市委和中共中阳煤业公司委员会的领导。同年7月，四矿党员队伍扩大，建立党总支。

四、社会主义革命和建设时期

1950年2月，平潭街村、菜洼村两个支部改归中共阳泉工矿区一区区委领导。1950年8月，中共阳泉煤矿委员会成立，负责领导阳泉矿务局及其他公私营煤矿的党组织。1952年3月，平潭街村、菜洼村两个支部又改归中共阳泉市一区区委（后改称站上区委）领导。同年8月，阳泉市行政区划调整，中共阳泉煤矿委员会改称中共阳泉矿务局委员会，隶属中共阳泉市委。到年底，发展到5个基层党总支，31个党支部，1096名党员。1953年，平潭街村和菜洼村分别设乡，同年建立平潭街乡党总支和菜洼乡党支部。1955年5月，阳泉发电厂党总支成立。同年12月，平潭街乡党总支、菜洼乡党支部、赛鱼乡党总支改建为3个街道办事处党总支。1956年初，增设石卜咀街道办事处党总支。1957年3月，境内共建有党委10个，党总支21个，党支部118个，拥有党员4442名。同年8月，中共阳泉市站上区委撤销，所属矿区境内4个街道办事处党总支由中共阳泉市委直接领导。后来随着行政区划调整，组织机构合并。保留平潭街和石卜咀两个街道办事处党总支，隶属中共阳泉市委。

1958年10月，经中共山西省委和山西省人委批准，中共阳泉市委和阳泉市人委决定在境内设置“社企合一”的城市人民公社——阳泉市矿区人民公社，同时建立中共阳泉市委直接领导的中共阳泉市矿区人民公社委员会。由中共阳泉市委书记处书记陈子万兼任第一书记，由赵锐、阎武宏、冯致胜、侯有智、马维华任书记。1959年1月，中共阳泉矿区人民公社委员会下辖6个工矿企业和4个农村管理区党委，共有党员6940名。同年4月，市委决定撤销中共阳泉市矿区人民公社委员会，划出旧街、辛兴、李家庄、义井4个农业管理区，所余区域组建中共阳泉市委派出机构——中共平潭街街道办事处委员会，管辖二矿、三矿、四矿、企业处、阳泉钢铁厂5个居民管理区及南沟、赛鱼、前庄、庙上、半坡、大村、官沟、北头咀、石卜咀、平潭街、平潭垴、菜洼12个农业管理区的党组织，共辖16个党总支。

1960年2月27日，市委决定撤销中共平潭街街道办事处委员会，设立中共北市区人民公社委员会。同年3月，根据中共中央《关于城市人民公社问题的批示》精神，将北市区人民公社改建为矿区人民公社，公社党委与阳泉矿务局党委实行一套机构的“社企合一”组织形式，由阳泉矿务局党委书记阎武宏兼任公社党委第一书记，矿务局党委副书记任仲元、王克勤兼任公社党委副书记。1961年，矿区人民公社党委单独设立，公社党委第一书记由阎武宏兼任，书记由王文心担任，公社内设党委办公室、监察委员会工作机构。1963年2月，再次恢复站上区建置后，矿区人民公社党委改归中共阳泉市站上区委员会领导。

1966 年 5 月，“文化大革命”开始。1966 年 7 月 10 日，矿区公社由原城乡建制改为单一城市建制。站上区将原矿区公社管辖的 12 个农业生产大队划归北大街人民公社领导；将北大街、矿区两公社管辖的 5 个街道办事处（赛鱼、沙坪、菜洼、石卜咀、北大街），51 个居民委员会划归矿区人民公社管辖。同时，站上区委、区人委决定，琚廷瑞任矿区人民公社党委书记，武建华任矿区人民公社管理委员会主任。1968 年 10 月 13 日，阳泉市革命委员会决定成立站上区矿区人民公社革命委员会，隶属站上区革委会领导。矿区人民公社革委会由 25 人组成，其中常委 11 人，琚廷瑞任主任，邢廷荣、彭亮、王桂艳任副主任，赵玉成、张赛花、吴守忠、李艳恩、尹福庆、白根亮、郭秀风为常委。革委会集党、政、财、文诸权于一身，实行党政合一的领导体制，行使原中共阳泉市矿区人民公社委员会和阳泉市矿区人民公社管理委员会的职权。

1970 年 1 月 19 日，山西省革命委员会批准组建阳泉市矿区，归阳泉市革命委员会领导，下辖沙坪、红卫、红旗、向阳、红旗岗 5 个人民公社。同年 3 月 30 日，阳泉市矿区革命委员会筹备小组成立，负责中共阳泉市矿区区委和矿区革命委员会成立前的各项工作，阳泉矿务局革委会主任温藏宝任阳泉市矿区革命委员会筹备小组组长，刘亚卿、马维华、霍锦田、琚廷瑞为筹备小组成员。同年 6 月 7 日，组建沙坪、红卫、红旗、向阳、红旗岗 5 个人民公社革命委员会。1971 年 4 月 1 日，阳泉市矿区革命委员会成立。

第二节　中共阳泉市矿区委员会及机构

一、中共阳泉市矿区委员会

1970 年 12 月 25 日，中共阳泉市矿区党员代表大会召开。1980 年 1 月 7 日，中共阳泉市委决定改变矿区与阳泉矿务局实行的“政企合一”体制，将矿区党政机构与矿务局领导机构分别设置。同时决定成立阳泉市矿区筹备领导组，负责筹备组建矿区党政机构并统管筹备期间的日常工作，领导组由耿义德、田礼耕、冀保金、董义琦、琚廷瑞、高树章、郭佐荣 7 人组成，耿义德任组长，田礼耕、冀保金任副组长。同年 4 月 28 日，中共阳泉市委决定成立中共阳泉市矿区委员会。委员会由耿义德、冀保金、田礼耕、董义琦、高树章、琚廷瑞、郭佐荣 7 人组成，耿义德主持区委工作，田礼耕主持行政工作。8 月 16 日，市委决定翟吉义、杨鸿通任矿区区委委员。截至 2011 年年底，阳泉市矿区共召开 9 届党员代表大会（中共阳泉市矿区党员代表大会，中共阳泉市矿区第一次至第八次党员代表大会），选举产生了 9 届中共阳泉市矿区委员会。

中共阳泉市矿区委员会历任领导人名表

表 13－1

届　次	职　务	姓　名	任　职　时　间
中共阳泉市矿区党员代表大会（阳泉矿务局第五次党代会）期间	书　记	温藏宝	（兼）1970 年 12 月～1971 年 12 月
		成伍江	（兼）1971 年 12 月～1973 年 6 月
		李　源	（兼）1973 年 6 月～1975 年 7 月
		原兴华	（兼）1975 年 7 月～1977 年 7 月
		刘宝山	（兼）1977 年 7 月～1979 年 12 月

续表 13－1

届　次	职　务	姓　名	任　职　时　间
中共阳泉市矿区党员代表大会（阳泉矿务局第五次党代会）期间	书　记	耿义德	1980 年 1 月～1980 年 4 月为筹备领导组组长，主持工作，1981 年 2 月～1982 年 11 月任书记副书记
	副书记	刘亚卿	（兼）1970 年 12 月～1973 年 4 月
		任仲元	（兼）1973 年 4 月～1979 年 12 月
		冀保金	1973 年 4 月～1979 年 12 月任副书记，1980 年 1 月～1980 年 4 月为筹备领导组副组长，1981 年 4 月～1981 年 9 月任副书记
		王伟堂	1981 年 2 月～1982 年 11 月
		董义琦	1981 年 4 月～1982 年 11 月筹备领导组副组长
	筹备领导组副组长	田礼耕	1980 年 1 月～1980 年 4 月
中共阳泉市矿区第一次党员代表大会期间	书　记	耿义德	1982 年 11 月～1983 年 10 月
		郭彦庚	1983 年 10 月～1986 年 12 月
	副书记	王伟堂	1982 年 11 月～1983 年 10 月
		董义琦	1982 年 11 月～1986 年 12 月
中共阳泉市矿区第二次党员代表大会期间	书　记	郭彦庚	1986 年 12 月～1990 年 4 月
	副书记	王克恭	1986 年 12 月～1990 年 9 月
		张希祯	1986 年 12 月～1990 年 9 月
		段永章	1986 年 12 月～1988 年 2 月
	常　委	郭彦庚	1986 年 12 月～1990 年 4 月
		王克恭	1986 年 12 月～1990 年 9 月
		张希祯	1986 年 12 月～1990 年 9 月
		段永章	1986 年 12 月～1988 年 2 月
		李　忠	1986 年 12 月～1990 年 9 月
		刘昌珍	1986 年 12 月～1990 年 9 月
		卫怀义	1986 年 12 月～1990 年 4 月
		梁怀玉	1988 年 6 月～1990 年 9 月
		王善桂	1990 年 4 月～1990 年 9 月
		冯俊杰	1990 年 4 月～1990 年 9 月
		张俊和	1990 年 7 月～1990 年 9 月
中共阳泉市矿区第三次党员代表大会期间	书　记	张希祯	1990 年 9 月～1993 年 6 月
	副书记	王克恭	1990 年 9 月～1992 年 7 月
		李儒泉	1992 年 7 月～1993 年 6 月
		李　忠	1990 年 9 月～1993 年 6 月
		刘昌珍	1990 年 9 月～1993 年 6 月
	常　委	张希祯	1990 年 9 月～1993 年 6 月

续表 13－1

届　　次	职　　务	姓　名	任　职　时　间
中共阳泉市矿区第三次党员代表大会期间	常　委	王克恭	1990 年 9 月～1992 年 7 月
		李儒泉	1992 年 7 月～1993 年 6 月
		李　忠	1990 年 9 月～1993 年 6 月
		刘昌珍	1990 年 9 月～1993 年 6 月
		梁怀玉	1990 年 9 月～1993 年 6 月
		王善桂	1990 年 9 月～1993 年 6 月
		冯俊杰	1990 年 9 月～1993 年 6 月
		张俊和	1990 年 9 月～1993 年 6 月
中共阳泉市矿区第四次党员代表大会期间	书　记	张希祯	1993 年 6 月～1997 年 4 月
		李体柱	1997 年 7 月～1998 年 5 月
	副书记	李儒泉	1993 年 6 月～1996 年 6 月
		李　忠	1993 年 6 月～1994 年 2 月
		刘昌珍	1993 年 6 月～1996 年 9 月
		梁怀玉	1995 年 12 月～1998 年 4 月
		冯岩松	1998 年 4 月～1998 年 5 月
		王善桂	1996 年 9 月～1998 年 5 月
		冯俊杰	1998 年 4 月～1998 年 5 月
		董仙桃	（女）1998 年 4 月～1998 年 5 月
	常　委	张希祯	1993 年 6 月～1997 年 4 月
		李儒泉	1993 年 6 月～1996 年 6 月
		李　忠	1993 年 6 月～1994 年 2 月
		李体柱	1996 年 6 月～1998 年 5 月
		刘昌珍	1993 年 6 月～1996 年 9 月
		梁怀玉	1993 年 6 月～1998 年 4 月
		冯岩松	1998 年 4 月～1998 年 5 月
		王善桂	1993 年 6 月～1998 年 5 月
		冯俊杰	1993 年 6 月～1998 年 5 月
		董仙桃	（女）1998 年 4 月～1998 年 5 月
		王梦贺	1996 年 9 月～1998 年 5 月
		刘殿保	1993 年 6 月～1996 年 3 月
		周建新	1993 年 6 月～1996 年 12 月
		李富平	1995 年 12 月～1998 年 5 月
		李　林	1996 年 9 月～1998 年 5 月
		段俊富	1997 年 6 月～1998 年 5 月
		高　勇	1998 年 4 月～1998 年 5 月

续表 13－1

届　　次	职　　务	姓　名	任　职　时　间
中共阳泉市矿区第五次党员代表大会期间	书　记	李体柱	1998 年 5 月～2000 年 8 月
		高全怀	2000 年 8 月～2002 年 6 月
		马　骥	2002 年 10 月～2003 年 4 月
	副书记	冯岩松	1998 年 5 月～2001 年 6 月
		冯俊杰	1998 年 5 月～2001 年 6 月
		董仙桃	（女）1998 年 5 月～2003 年 4 月
		张永忠	1998 年 10 月～2002 年 10 月
		王银河	1999 年 3 月～2002 年 8 月
		赵德华	2001 年 6 月～2003 年 4 月
		杨　勇	2002 年 10 月～2003 年 4 月
		黄俊德	2002 年 10 月～2003 年 4 月
	常　委	李体柱	1998 年 5 月～2000 年 8 月
		高全怀	2000 年 8 月～2002 年 6 月
		马　骥	2002 年 10 月～2003 年 4 月
		冯岩松	1998 年 5 月～2001 年 6 月
		冯俊杰	1998 年 5 月～2001 年 6 月
		董仙桃	（女）1998 年 5 月～2003 年 4 月
		张永忠	1998 年 10 月～2002 年 10 月
		王银河	1999 年 3 月～2002 年 8 月
		赵德华	1999 年 3 月～2003 年 4 月
		杨　勇	2002 年 10 月～2003 年 4 月
		黄俊德	2001 年 6 月～2003 年 4 月
		王梦贺	1998 年 5 月～2001 年 6 月
		李富平	1998 年 5 月～2001 年 6 月
		李　林	1998 年 5 月～2002 年 8 月
		段俊富	1998 年 5 月～2001 年 12 月
		高　勇	1998 年 5 月～2003 年 4 月
		王谦柱	2001 年 6 月～2003 年 4 月
		李维程	2001 年 6 月～2002 年 10 月
		苏满晓	2001 年 12 月～2003 年 4 月
		邵满存	2002 年 8 月～2003 年 4 月
		孙彦增	2002 年 10 月～2003 年 4 月
中共阳泉市矿区第六次党员代表大会期间	书　记	马　骥	2003 年 4 月～2006 年 6 月
	副书记	董仙桃	（女）2003 年 4 月～2006 年 6 月

续表 13－1

届　　次	职　　务	姓　名	任　职　时　间
中共阳泉市矿区第六次党员代表大会期间	副书记	杨　勇	2003 年 4 月～2006 年 6 月
		黄俊德	2003 年 4 月～2006 年 6 月
		王谦柱	2003 年 4 月～2006 年 6 月
	常　委	马　骥	2003 年 4 月～2006 年 6 月
		董仙桃	（女）2003 年 4 月～2006 年 6 月
		杨　勇	2003 年 4 月～2006 年 6 月
		黄俊德	2003 年 4 月～2006 年 6 月
		王谦柱	2003 年 4 月～2006 年 6 月
		苏满晓	2003 年 4 月～2006 年 6 月
		邵满存	2003 年 4 月～2006 年 6 月
		孙彦增	2003 年 4 月～2006 年 6 月
		邢强敏	2003 年 4 月～2006 年 6 月
		王　刚	2003 年 4 月～2006 年 6 月
		高锦孝	2003 年 4 月～2006 年 6 月
中共阳泉市矿区第七次党员代表大会期间	书　记	董仙桃	（女）2006 年 6 月～2011 年 5 月
	副书记	张清河	2006 年 6 月～2011 年 5 月
		黄俊德	2006 年 6 月～2010 年 6 月
		姚　丽	（女）2008 年 11 月～2011 年 3 月
	常　委	董仙桃	（女）2006 年 6 月～2011 年 5 月
		张清河	2006 年 6 月～2011 年 5 月
		黄俊德	2006 年 6 月～2010 年 6 月
		姚　丽	（女）2008 年 11 月～2011 年 3 月
		王　刚	2006 年 6 月～2011 年 5 月
		邵满存	2006 年 6 月～2009 年 4 月
		邢强敏	2006 年 6 月～2011 年 5 月
		郭爱聪	2006 年 6 月～2011 年 5 月
		吴亚非	2006 年 6 月～2011 年 5 月
		高海明	2006 年 6 月～2011 年 5 月
		王晓丽	（女）2006 年 6 月～2011 年 5 月
		张小武	2009 年 4 月～2011 年 5 月
中共阳泉市矿区第八次党员代表大会期间	书　记	刘德跃	2011 年 5 月～
	副书记	刘乙佑	2011 年 5 月～
		郭爱聪	2011 年 5 月～
	常　委	刘德跃	2011 年 5 月～

续表 13－1

届　　次	职　　务	姓　名	任　职　时　间
中共阳泉市矿区 第八次党员代表大会期间	常　委	刘乙佑	2011 年 5 月～
		郭爱聪	2011 年 5 月～
		侯彦军	2011 年 5 月～
		王宝新	2011 年 5 月～
		吴亚非	2011 年 5 月～
		高海明	2011 年 5 月～
		王晓丽	（女）2011 年 5 月～
		张小武	2011 年 5 月～
		史晓文	2011 年 5 月～

二、中共阳泉市矿区委员会工作机构

（一）1970 年 3 月～1997 年 3 月

1970 年 3 月～1971 年 3 月，矿区革命委员会筹备小组设置了临时工作机构：政工组、办事组、生产组、保卫组。

1971 年 4 月～1973 年 4 月，矿区革命委员会成立，与阳泉矿务局实行“政企合一”的领导体制，设置的工作机构有政工组、办事组、生产组和后勤组。政工组承办宣传教育、干部任免、党员管理、共青团、妇联、文教等工作，内设宣教小组、组干组、青妇小组和保卫组；办事组承办民政、秘书机要、档案及来信来访工作，内设秘书小组、政工组和民政小组；生产组负责工业、计划、基层等工作，内设生产指挥组、基建小组、劳资小组和街道工业生产小组；后勤组内设财务小组、供应小组、运销小组、管理小组和厂务组。

1973 年 5 月～1976 年 10 月，保持“政企合一”的领导体制，工作机构分设，矿区革命委员会设置的工作机构有政治处、办公室、业务组。1973 年 6 月，阳泉市公安局矿区分局成立。1978 年 7 月和 1980 年 2 月，矿区人民法院和矿区人民检察院也先后成立。至此，矿区革命委员会下设的工作机构有政治处、办公室、业务组、公安分局、矿区人民法院和检察院。

1980 年 1 月，矿区革命委员会与阳泉矿务局革命委员会分设，“政企”分开。同年 4 月，组建中共阳泉市矿区区委，并逐步建立健全了办公室、组织部、宣传部、统一战线工作部、政法委员会、老干部局、对台工作领导小组办公室、直属机关党委、机要科、保密室、信访局、区委党校、区委通讯组、矿区国家保密局、政策研究室、党史研究室等部门。

1982 年 11 月，中共阳泉市矿区委员会纪律检查委员会成立，为区委的工作机构。1983 年 12 月，升格为副县级机构，改称中共阳泉市矿区纪律检查委员会。

1991 年 6 月，设立社会治安综合治理委员会办公室。同月，区委党史研究室改变与区地方志编纂委员会办公室一套机构、两块牌子的组织形式，单独设置区委党史研究室。同年 8 月，区委对台工作领导小组办公室改称台湾工作办公室。1995 年 6 月，区委决定成立精神文明建设协调委员会办公室，1996 年 12 月，改称精神文明建设指导委员会办公室。

（二）1997 年 4 月～2011 年 12 月

1997 年 4 月，矿区区级党政机构进行了一次大的改革，改革后矿区设区级党政机构 25 个，定编 308 人。区委工作部门由原来的 18 个减少到 5 个，区政府工作机构由原来的 34 个减少到 19 个；工作人员由原来的 560 人减少到 303 人；还对非常设机构进行了清理整顿。机构改革后，矿区区委设办公室（挂区委机要保密局、区委督促检查室、直属机关工作委员会牌子）、组织部（挂区委老干部局牌子）、宣传部（挂精神文明建设指导委员会办公室牌子）、统战部（台湾工作办公室改称对台工作领导小组办公室，挂靠区委统战部）、政法委员会（与社会治安综合治理委员会办公室、司法局合署办公，实行一个机构、三块牌子的组织形式）5 个工作部门。党史研究室、党校、通讯组成为区委直属事业单位。同年 9 月，司法局改由政法委员会管理。

2001 年 8 月 17 日起，矿区进行了区级党政机构改革。党委部门机构改革原则：坚持党的领导主要是政治、思想和组织领导的原则；坚持依党规定职能、按程序办事情的原则；坚持精简、统一、效能的原则。根据上述原则，设置区级党的机构和部门：纪律检查委员会机关（监察委员会与其合署办公），办公室（挂区委、区政府信访局牌子）、组织部、宣传部、统一战线工作部、政法委员会（社会治安综合治理委员会办公室与其合署办公）、机构编制委员会办公室、直属机关工作委员会，老干部局由组织部管理。区委机构均为正科级建制。区级党政机构改革于同年 8 月底基本完成。

经 2004 年 5 月 15 日矿区区委常委会议和 6 月 3 日矿区编委会议研究决定，成立《阳泉矿区》编辑部，由区委宣传部主管，规格为正科级，性质为全额预算事业单位。同年 12 月，成立矿区人才工作领导组办公室，为区委组织部内设机构；在区委政法委（社会治安综合治理委员会办公室）设内设机构矛盾纠纷排查调处领导组办公室；矿区区委办公室挂台湾工作办公室的牌子。

按照省市区有关文件精神，2005 年 5 月，区委办信访室独立为区委、区政府信访局，规格为正科级，由区委办公室管理，设置局长 1 名，副局长 1 名。7 月 18 日，矿区对台工作领导小组办公室和区委办公室合署办公，归口区委办公室管理。9 月，中共阳泉市矿区委员会通讯组更名为阳泉市矿区新闻办公室。12 月，成立阳泉市综治委矿区铁路护路联防领导组，隶属阳泉市矿区社会治安综合治理委员会办公室，负责矿区区段的铁路护路工作。

2006 年 12 月，成立矿区党员电化教育中心，性质为全额预算事业单位，规格为股级。2009 年 12 月，成立大学生社区干部管理办公室，为区委组织部内设机构，办公室主任按副科级配备。2010 年 7 月，成立中共阳泉市矿区区委信息化中心，为正科级全额预算事业单位。

第三节　中共阳泉市矿区纪律检查委员会及机构

一、中共阳泉市矿区纪律检查委员会

矿区境内最早的纪律检查机构是 1952 年 7 月成立的矿务局纪律检查委员会，受中共阳泉市委领导。同年，电厂设纪律检查委员会。1955 年 10 月，纪律检查委员会更名为监察委员会。1958 年 10 月，中共阳泉市矿区人民公社委员会设立，内设纪律检查委员会工作机构。1970 年 12 月，中共阳泉市矿区委员会成立，统管境内人民公社以及各大企业的纪检工作。

1982 年 11 月，中共阳泉市矿区委员会纪律检查委员会成立，为区委的工作机构。1983 年 12 月，升格为副县级机构，改名为中共阳泉市矿区纪律检查委员会。

1988 年 4 月，区政府设监察局。1993 年 7 月，区政府设监察委员会，与区纪委合署办公。2008 年 5 月，矿区监察委员会更名为矿区监察局。

中共阳泉市矿区纪律检查委员会历任领导人名表

表 13－2

机构名称	职务	姓名	任职时间	备注
中共阳泉市矿区委员会纪律检查委员会筹备组	组长	董义琦	1981 年 4 月～1982 年 11 月	兼任
	副组长	柳德宽	1981 年 4 月～1982 年 11 月	
中共阳泉市矿区委员会纪律检查委员会	书记	董义琦	1982 年 11 月～1983 年 12 月	
	副书记	柳德宽	1982 年 11 月～1983 年 12 月	
中共阳泉市矿区纪律检查委员会	书记	张　宸	1983 年 12 月～1986 年 12 月	
		王银锁	1986 年 12 月～1990 年 4 月	
		王善桂	1990 年 4 月～1996 年 9 月	
		王梦贺	1996 年 9 月～2001 年 6 月	
		王谦柱	2001 年 6 月～2006 年 6 月	
		王　刚	2006 年 6 月～2011 年 5 月	
		史晓文	2011 年 5 月～	
	副书记	张贵成	1983 年 12 月～1990 年 9 月	
		张先来	1990 年 9 月～1993 年 6 月	
		王玉拴	1993 年 6 月～1998 年 5 月	
		赵财祥	1993 年 6 月～1998 年 5 月	
		刘　斌	1998 年 5 月～2003 年 4 月	
		石林凤	（女）1998 年 5 月～2003 年 4 月	
		孙　伟	2001 年 11 月～2003 年 4 月	
		韩德文	2003 年 4 月～2011 年 5 月	
		彭　平	2003 年 4 月～2007 年 12 月	
		潘喜云	2007 年 12 月～	
		陶中华	2011 年 5 月～	
		黄喜红	2011 年 5 月～	
		胡政军	2011 年 11 月～	

阳泉市矿区监察局历任领导人名表

表 13－3

机构名称	职务	姓名	任职时间
阳泉市矿区监察局	局长	杨树泉	（兼）1988 年 4 月～1993 年 7 月
	副局长	韩林卯	1990 年 7 月～1993 年 7 月
阳泉市矿区监察委员会	主任	王善桂	1993 年 7 月～1996 年 11 月
		王梦贺	1996 年 11 月～2001 年 6 月

续表 13－3

机构名称	职务	姓名	任职时间
阳泉市矿区监察委员会	主任	王谦柱	2001 年 6 月～2003 年 4 月
		韩德文	（兼）2003 年 4 月～2008 年 5 月
	副主任	王玉拴	1993 年 7 月～1998 年 5 月
		赵财祥	1993 年 7 月～1998 年 5 月
		刘　斌	1998 年 5 月～2003 年 4 月
		石林凤	（女）1998 年 5 月～2003 年 4 月
		孙　伟	1999 年 9 月～2003 年 4 月
		彭　平	2003 年 4 月～2007 年 12 月
		潘喜云	2007 年 12 月～2008 年 5 月
阳泉市矿区监察局	局长	韩德文	（兼）2008 年 5 月～2011 年 5 月
		潘喜云	（兼）2011 年 9 月～
	副局长	潘喜云	2008 年 5 月～2011 年 5 月
		付宝红	（女）2009 年 10 月～
		邢作浩	2009 年 10 月～
		任立萍	（女）2009 年 0 月～

二、中共阳泉市矿区纪律检查委员会工作机构

1986 年 12 月，中共阳泉市矿区纪律检查委员会在沙坪、蔡洼、赛鱼、桥头、平潭街 5 个街道办事处分别组建纪律检查委员会。1993 年 7 月，组建贵石沟街道办事处纪律检查委员会。

1991 年 11 月，区委批准区纪委内设办公室、控审室、案件检查室、案件审理室、党风监督教育室，为副科级机构。1993 年 7 月，中共阳泉市矿区纪律检查委员会与阳泉市矿区监察委员会（原监察局）合署办公，实行一个工作机构、一套人马、两个牌子。内设 6 个科室：办公室、案件检查（监察）室、案件审理室、信访室（举报中心）、宣传教育室、党风廉政监督室。1995 年 3 月，成立中共阳泉市公安局矿区分局纪律检查委员会（阳泉市公安局矿区分局监察室）。

2003 年 1 月，中共阳泉市矿区沙坪、蔡洼、赛鱼、桥头、平潭街、贵石沟街道办事处纪律检查委员会分别更名为中共阳泉市矿区沙坪、蔡洼、赛鱼、桥头、平潭街、贵石沟街道办事处纪律检查工作委员会。

2006 年 7 月，成立行政效能监察室（矿区行政效能监察投诉中心）。12 月，成立教育纪工委。

第四节　基层组织

1970 年 12 月 25 日，中共阳泉市矿区首次代表大会召开，选举产生中共阳泉市矿区首届委员会，辖沙坪、红卫、红旗、向阳、红旗岗 5 个人民公社党委。

1980 年 1 月，矿区与阳泉矿务局分设后，矿区基层党组织也发生了相应变化。同年 7 月起，5 个公社党委陆续与阳泉矿务局各矿党委分设。1981 年 3 月，公社党委改称街道办事处党委。1985 年 5 月，贵石沟街道办事处组建党支部。1993 年 7 月 12 日，贵石沟街道办事处成立党委，撤销阳泉市矿区贵石沟街道办事处党支部。

随着矿区经济和各项事业的不断发展，先后在区属学校和企业建立党的基层组织。平潭街小学党支部成立较早。1980 年，矿区区委成立后，随着平潭街村农转非和行政区划的变动转归矿区区委领导。1984 年 12 月，在矿区中学建立党支部。矿区弹簧厂党支部成立于 1974 年，1980 年归中共阳泉市矿区区委领导。1985 年 4 月，矿区五金电机厂建立党支部。由于职工调动，党员人数减少，于 1988 年 7 月撤销支部，所有党员归矿区弹簧厂党支部管理。1990 年 11 月，矿区弹簧厂党支部更名为矿区弹簧厂、五金电机厂党支部。1985 年 4 月，矿区社会福利总厂建立党支部。1987 年，更名为矿区综合福利厂党支部。1988 年又更名为矿灯厂党支部。中共矿区社会福利工艺制品厂党支部成立于 1985 年。因党员减少，1989 年，支部撤销，所余党员并入矿区综合福利厂党支部。后来职工中的优秀分子相继入党，1990 年 4 月，重新组建矿区社会福利工艺制品厂党支部。1988 年 2 月，矿区机动车辆修配厂成立党支部，后来随着企业经营项目转换，更名为矿区肉类加工厂党支部。

截至 1990 年，矿区区委领导的基层组织有 7 个党委、8 个党组、3 个党总支、141 个党支部，有党员 1851 人。

2003 年 1 月，6 个街道办事处党委、纪委分别改建为党工委、纪工委。改建后编制、职数不变。2005 年年底，全区共有党工委 11 个；基层党组织 119 个，其中党总支 3 个，党支部 116 个。116 个基层党支部中，机关及各类事业单位党组织 59 个，社区党支部 40 个，企业党支部 13 个，学校党支部 3 个，个协党支部 1 个。全区共有党员 3178 名，其中社区党员 2284 名，企业党员 93 名，学校党员 36 名，机关事业单位党员 749 名，流动党员等其他类型党员 16 名。

2005 年 12 月 30 日，阳煤集团 25 所自办普通全日制中小学校移交地方政府管理，其中 1 所移交市教育局直接管辖，24 所移交矿区政府管理。2006 年年底，全区共有党工委 11 个；基层党组织 150 个，其中党总支 4 个，党支部 146 个。146 个基层党支部中，机关及各类事业单位党组织 63 个，社区党支部 40 个，企业党支部 13 个，学校党支部 29 个，个协党支部 1 个。全区共有党员 4003 名，其中社区党员 2406 名，企业党员 121 名，学校党员 794 名，机关事业单位党员 664 名，流动党员等其他类型党员 18 名。

截至 2011 年年底，全区共有党工委 11 个；基层党组织 152 个，其中：党委 1 个，党总支 4 个，党支部 147 个。147 个党支部中，机关及各类事业单位党支部 65 个，社区党支部 40 个，企业党支部 13 个，学校党支部 28 个，个协党支部 1 个。全区共有党员 4504 名，其中社区党员 2703 名，企业党员 123 名，党政机关党员 671 人，学校及事业单位党员 1007 名。

第二章　党员　会议

中共矿区党组织通过各种形式的学习教育活动，努力提高广大党员的政治觉悟。发展党员工作按照坚持标准、保证质量、改善结构、慎重发展的方针。矿区严格发展党员程序，增强发展党员工作的透明度。矿区成立前的筹备阶段，召开了 1 次党员代表大会。矿区成立后，召开了 8 届党员代表大会和各类重要会议。这些会议，确定了矿区发展的指导思想和奋斗目标，促进了全区物质文明与精神文明的同步发展，推进了改革开放，实现了党的工作重心的转移，推动了全区经济和社会的快速发展。

第一节 党 员

新中国成立前，民国15年（1926），境内党组织在保晋铁厂开始发展党员。民国23年6月，保晋工矿厂的张秀坤加入中国共产党，成为阳泉暨矿区第一名女共产党员。

新中国成立后，境内的党员主要是从工人和工人家属，忠实可靠、对党认识好的贫苦市民和苦力劳动者中发展起来的。对于符合条件、比较成熟的入党积极分子，在自愿的前提下，经介绍人将品质、经历向党组织说明后，经批准填表。同时，在工作中或运动中发现入党积极分子进行培养。在公营厂矿中，加入共产党的人员由一般工人转向技术工人。

境内党组织在土地改革运动中进行了整党，党员对党的组织有了更深的了解和认识，增强了组织观念，进一步认识到个人利益要服从组织利益，要服从党的领导，遵守党的纪律，爱护党的组织，要勇于进行自我批评和互相批评。党员在作风上有很大转变，形成了工作上细心认真，怕有失误，密切联系群众，和群众打成一片，虚心接受群众意见的作风。之后，经过整党整风运动，境内共产党员的政治思想觉悟普遍得到提高。

20世纪50年代初，区境有党员400多人。基层党组织通常结合政治运动发展新党员，对土地改革、抗美援朝、镇压反革命等运动中表现突出的积极分子，组织部门安排专人进行思想帮助、政治考察，本着“积极慎重”的方针，按入党程序逐个吸收，主要吸收第一线的工人和基层干部入党。1956年，注意了在技术工人、知识分子特别是高级知识分子中吸收优秀分子入党，同时注意在空白单位和部门中发展党员。仅阳泉矿务局一年中就发展了744名党员，占全局党员总数的17%。1959年后，严格了党员标准，加强了对预备党员的考察。在车间和矿井建立业余党校，形成了定期上党课，定期召开支委会、支部党员大会和党小组会议的“一课三会”制度。

“文化大革命”时期，矿区公社各级党组织受到多次冲击，党的组织建设一度陷于瘫痪，党员被迫停止组织生活。1970年，根据中共中央的部署，矿区开展“整党建党”工作，基层党组织重新开始工作，党员恢复组织生活。1970年年底，矿区共有党员6028名。在“整党建党”过程中，突击发展了一批党员，致使个别不符合党员标准的人进入党内。1975年，矿区党组织经过全面整顿后，党员的组织生活逐步走上了正轨。

1978年中共十一届三中全会召开后，矿区各级党组织进行了组织上、思想上的拨乱反正，为“文化大革命”中的冤假错案进行了平反，给一些受冤枉的党员落实了政策。

20世纪80年代，根据中共中央组织部《关于大量吸收优秀知识分子入党的报告》和《关于发展党员工作的意见》，强调在厂矿企业、科研文教第一线的优秀知识分子中发展党员。区委下发了《关于在发展党员工作中实行预审制度的决定》。1983～1990年，矿区区委系统共发展新党员1521人，其中女党员523人，大专以上文化程度278人。

在积极慎重发展新党员的同时，根据1983年10月《中共中央关于整党的决定》，矿区党组织从1985年开始分批进行了整党。矿区应登记的党员12910名，予以登记的12752名，缓登记54名，暂不讨论的28名，不予登记的43名，42名因故未办登记手续。矿区和驻区各系统党委及基层组织加强党员管理，普遍建立了学习制度，坚持“一课三会”制度，建立了支部民主生活会、按期交纳党费、组织关系接转制度，使党员管理逐步纳入规范化轨道。矿区党委首先在桥头办事处段北沟、东自建、王岩沟西区等党支部进行民主评议和处理不合格党员的试点工作，而后总结经验，以点带面，在全区基层党组织中普遍推行。阳泉矿务局系统党委，每年分批组织党员脱产轮训，进行党的宗旨、理想、基本路线、建设有中国特色的社会主义理论教育，截至1988年，共轮训党员1万余人。

1992年，邓小平南方谈话发表后，矿区广大党员不断解放思想，大胆改革开放，加快了全区经济建设的步伐。2000年后，矿区党组织广泛开展各种形式的学习教育活动，广大党员增强了学习贯彻邓小平理论、“三个代表”重要思想和科学发展观的自觉性，理论素质、思想道德的水准和境界有了较大的提高。2009年，矿区开展了“学科学发展观，做合格机关党员”活动。同年8月，建成了机关党员信息库，区直机关2个党工委、31个党支部、525名党员的基本情况都录入党员信息库。发展党员工作注重在党组织力量薄弱的单位和基层一线中优先发展。2010年，矿区发展党员工作按照坚持标准、保证质量、改善结构、慎重发展的方针，坚持做到成熟一个，发展一个，严把发展对象的培养、预审、培训、考察、审批关。2011年，矿区严格发展党员程序，增强发展党员工作的透明度。1991～2011年，矿区区委系统共发展新党员1341人，其中女党员800人，大专以上文化程度774人。

1980～2011年阳泉市矿区党组织发展情况统计表

表13－4 单位：个

年份	合计				工业交通			财贸			文教卫生			机关				其他	
	党委	党组	总支	支部	党委	总支	支部	党委	总支	支部	党委	总支	支部	党委	总支	支部	党委	总支	支部
1980年	3	–	1	34	–	–	4	–	–	–	–	–	–	3	1	30	–	–	–
1981年	6	–	1	59	–	–	2	–	–	–	–	–	1	6	1	9	–	–	47
1982年	6	4	1	69	–	–	2	–	–	–	–	–	1	6	1	10	–	–	56
1983年	6	4	1	83	–	–	2	–	–	–	–	–	1	6	1	10	–	–	70
1984年	6	5	2	95	–	–	2	–	–	–	–	–	1	6	2	13	–	–	79
1985年	6	5	1	100	–	–	4	–	–	1	–	–	2	6	1	18	–	–	75
1986年	7	7	1	114	–	–	5	–	–	3	–	–	2	7	1	24	–	–	80
1987年	7	9	2	122	–	–	10	–	–	–	–	–	2	6	2	29	–	–	81
1988年	7	9	2	124	–	–	8	–	–	2	–	–	2	7	2	31	–	–	81
1989年	7	9	3	133	–	–	8	–	–	2	–	–	2	7	3	38	–	–	83
1990年	7	9	3	141	–	–	9	–	–	2	–	–	2	7	3	39	–	–	89
1991年	6	9	3	149	–	–	13	–	–	2	–	–	2	6	3	40	–	–	92
1992年	7	9	3	160	–	–	13	–	–	2	–	–	2	7	3	51	–	–	92
1993年	9	8	2	173	–	–	18	–	–	2	–	–	2	9	2	51	–	–	100
1994年	9	9	2	186	–	–	17	–	–	2	–	–	2	9	2	51	–	–	114
1995年	9	7	1	193	–	–	19	–	–	2	–	–	2	9	1	54	–	–	116
1996年	8	8	2	201	–	–	22	–	–	2	–	–	2	8	2	53	–	–	122
1997年	8	8	1	207	–	–	22	–	–	2	–	–	2	8	1	53	–	–	128
1998年	8	8	1	206	–	–	14	–	–	4	–	–	4	8	1	49	–	–	135
1999年	8	8	2	210	–	–	15	–	–	4	–	–	2	8	2	55	–	–	134
2000年	8	8	2	123	–	–	15	–	–	7	–	–	2	8	2	55	–	–	44
2001年	8	8	2	123	–	–	15	–	–	7	–	–	2	8	2	55	–	–	44
2002年	7	8	2	122	–	–	12	–	–	7	–	–	3	7	2	60	–	–	40
2005年	1	8	3	116	–	–	1	–	–	6	–	–	6	1	–	51	–	–	52

续表 13－4

年份	合计				工业交通			财贸			文教卫生			机关			其他		
	党委	党组	总支	支部	党委	总支	支部	党委	总支	支部	党委	总支	支部	党委	总支	支部	党委	总支	支部
2006 年	1	9	4	146	–	–	1	–	–	9	–	–	33	1	–	51	–	–	52
2007 年	1	9	4	144	–	–	1	–	–	14	–	–	33	1	–	42	–	–	54
2008 年	1	9	3	143	–	–	1	–	–	14	–	–	33	1	–	42	–	–	53
2009 年	1	9	4	145	–	–	1	–	–	14	–	–	34	1	–	42	–	–	54
2010 年	1	9	4	148	–	–	1	–	–	14	–	–	34	1	–	48	–	–	51
2011 年	1	9	4	147	–	–	1	–	–	14	–	–	33	1	–	48	–	–	51

1980～1990 年阳泉市矿区党员状况统计表

表 13－5　　单位：人

年份	总数	性别		民族		年龄结构				文化程度					行业分布			
		男	女	汉族	少数民族	25 岁以下	45 岁以下	60 岁以下	61 岁以上	大专	中专	高中	初中	小学以下	党政机关人民团体	工业	文教卫生	其他
1980 年	330	216	114	330	–	–	75	156	99	1	3	4	60	262	74	35	–	221
1981 年	598	372	226	597	1	7	129	299	163	1	9	14	116	458	143	85	9	361
1982 年	722	506	216	722	–	4	132	386	200	1	9	18	171	523	171	12	6	533
1983 年	1006	756	250	1006	–	7	138	618	243	5	11	22	172	796	167	14	8	817
1984 年	1178	904	274	1177	1	13	135	714	316	10	15	26	193	934	188	15	7	968
1985 年	1365	1046	319	1364	1	23	143	799	400	22	33	43	283	984	252	21	15	1077
1986 年	1528	1152	376	1527	1	25	199	853	451	23	38	59	331	1077	252	69	18	1189
1987 年	1698	1261	437	1695	3	35	309	818	536	38	61	80	364	1155	314	68	20	1296
1988 年	1750	1269	481	1747	3	27	330	787	606	43	73	72	349	1213	299	123	42	1286
1989 年	1781	1268	513	1779	2	15	335	771	660	48	86	133	273	1241	327	145	42	1267
1990 年	1851	1289	562	1848	3	56	368	622	805	51	80	147	330	1243	325	169	45	1312

1991～2011 年阳泉市矿区党员状况统计表（1）

表 13－6（1）　　单位：人

年份	党员总数	性别		民族		党员分布			
		男	女	汉族	少数民族	在岗职工	离退休	纯居民	个协党员
1991 年	1902	1328	574	1901	1	483	1064	339	16
1992 年	1917	1317	600	1916	1	504	1034	363	16
1993 年	1923	1290	633	1923	0	549	980	378	16
1994 年	2002	1344	658	2001	1	580	978	426	18

续表 13－6（1）

年份	党员总数	性别		民族		党员分布			
		男	女	汉族	少数民族	在岗职工	离退休	纯居民	个协党员
1995 年	2098	1374	724	2095	3	624	957	497	20
1996 年	2152	1407	745	2150	2	653	980	500	19
1997 年	2235	1452	783	2231	4	662	1033	521	19
1998 年	2454	1589	865	2447	7	698	1162	575	19
1999 年	2622	1640	982	2617	5	714	1267	631	10
2000 年	2725	1664	1061	2720	5	753	1293	669	10
2001 年	2762	1587	1175	2756	6	827	1379	551	5
2002 年	2740	1589	1151	2735	5	809	1443	483	5
2003 年	2793	1613	1180	2786	7	801	1572	417	3
2004 年	2896	1714	1182	2889	7	799	1619	475	3
2005 年	3178	1955	1223	3171	7	780	1700	695	3
2006 年	4003	2310	1693	3990	13	1535	1840	628	4
2007 年	4213	2383	1830	4198	15	1642	2008	563	4
2008 年	4221	2376	1845	4206	15	1655	2013	553	4
2009 年	4307	2338	1969	4295	12	1604	1862	841	96
2010 年	4412	2562	1850	4400	12	1671	1815	926	98
2011 年	4504	2432	2072	4493	11	1801	1707	996	110

1991～2011 年阳泉市矿区党员状况统计表（2）

表 13－6（2）　　单位：人

年份	年龄					学历					
	35 岁以下	36 至 45 岁	46 至 54 岁	55 至 59 岁	60 岁以上	研究生	大学	大专	中专	高中	初中以下
1991 年	216	257	312	396	721	0	60	94	154	1594	－
1992 年	212	296	304	371	734	0	70		89	147	1611
1993 年	154	339	272	417	741	0	132		123	216	1452
1994 年	174	356	290	312	870	0	138		137	216	1511
1995 年	244	378	304	271	901	0	179		150	262	1507
1996 年	264	369	338	244	937	0	195		182	294	1481
1997 年	290	388	351	282	924	0	215		211	318	1491
1998 年	328	416	517	375	818	1	266		239	359	1589
1999 年	358	481	643	272	868	2	356		216	388	1660
2000 年	311	415	611	382	1006	1	452		256	389	1627

续表13-6（2）

年份	年龄					学历					
	35岁以下	36至45岁	46至54岁	55至59岁	60岁以上	研究生	大学	大专	中专	高中	初中以下
2001年	296	444	602	464	956	2	81	389	254	387	1649
2002年	340	448	552	374	1026	2	98	435	274	399	1532
2003年	363	461	505	374	1090	2	103	474	253	439	1522
2004年	334	435	604	374	1149	2	202	442	239	502	1509
2005年	378	465	620	428	1287	2	302	458	298	569	1549
2006年	696	743	796	456	1312	3	650	813	395	567	1575
2007年	791	781	748	439	1454	5	715	905	398	649	1541
2008年	822	799	747	433	1420	6	733	910	392	640	1540
2009年	826	787	618	487	1589	14	912	854	426	660	1441
2010年	860	774	631	507	1640	32	1017	920	354	630	1459
2011年	812	823	688	552	1629	25	1092	1001	360	617	1409

1991～2011年阳泉市矿区发展党员情况统计表

表13-7　　单位：人

年份	人数	女	在岗职工	纯居民	35岁以下	36至45岁	46至54岁	55岁以上	大学 大专	中专	高中	初中以下
1991年	28	14	23	5	17	6	3	2	6	5	8	9
1992年	45	29	36	9	19	19	7	–	3	6	16	20
1993年	47	27	33	14	21	15	9	2	9	9	10	19
1994年	39	21	27	12	21	14	4	–	8	9	6	16
1995年	55	27	39	16	30	20	4	1	10	10	19	16
1996年	64	37	45	19	29	22	12	1	18	12	14	20
1997年	50	35	29	21	16	17	13	4	13	7	6	24
1998年	50	32	34	16	23	15	11	1	19	4	11	16
1999年	49	32	44	5	25	19	5	–	22	4	15	8
2000年	60	34	60	–	38	16	5	1	37	5	8	10
2001年	43	17	36	7	26	17	2	22	5	8	6	–
2002年	58	43	34	24	40	18	6	22	2	21	7	–
2003年	49	34	37	12	28	21	2	25	4	16	2	–
2004年	47	25	39	8	33	14	10	30	–	6	1	–
2005年	79	40	58	21	50	29	23	34	3	16	3	–
2006年	79	49	52	27	47	32	17	38	3	20	1	–

续表 13－7

年份	人数	女	在岗职工	纯居民	35岁以下	36至45岁	46至54岁	55岁以上	大学	大专	中专	高中	初中以下
2007年	95	63	78	17	64	31	42	34	2		13	4	－
2008年	96	54	70	26	57	39	37	34	3		19	3	－
2009年	106	68	75	7	57	49	42	39	2		21	2	－
2010年	102	60	67	11	67	35	45	40	2		12	3	－
2011年	100	59	65	6	72	28	57	28	2		11	2	－

第二节　会　　议

一、党员代表大会

中国共产党阳泉市矿区党员代表大会　1970年1月19日，矿区革命委员会筹备小组成立。1970年12月25～27日，中共阳泉市矿区党员代表大会（矿务局第五次党代会）在阳泉矿务局礼堂召开。大会代表371名，列席代表82名，特邀代表18名。会议由刘亚卿致开幕词，温藏宝作《沿着毛主席无产阶级革命路线胜利前进》的政治报告，会议选出委员22名，候补委员2名，温藏宝当选为书记，刘亚卿当选为副书记。会议还选出刘映雪等199人为出席中共阳泉市第五次党员代表大会的代表。

中国共产党阳泉市矿区第一次党员代表大会　1982年11月5～10日，在阳泉市商业局招待所召开单独建制后第一次党员代表大会。出席大会代表111名，列席代表12名。大会主要议程是审议区委工作报告，听取和审议检察委员会筹备组的工作报告，并通过相应的决议。会议选举产生了中共阳泉市矿区第一届委员会和纪律检查委员会。由王伟堂致开幕词，耿义德作《全区党员动员起来，认真学习十二大文件，努力贯彻十二大纲领，为全面开创社会主义现代化建设而奋斗》的工作报告，班瑜作《关于党费收缴使用情况的报告》。会议回顾总结了自1980年区委成立以来，在冲破“两个凡是”的束缚，解决历史遗留问题，平反冤假错案，实现党的工作重点转移等方面的工作，并就今后五年实现党风和社会风气的根本好转提出了要求。会议选举卫怀义、王伟堂、王守纲、冯银毛、刘忠贤、杨鸿通、柳德宽、耿义德、高树章、郭佐荣、梁怀玉、曹喜鱼（女）、董义琦、琚廷瑞、翟吉义等15人为区委委员，选举甄国邦、张丰功为候补委员，组成中共阳泉市矿区第一届委员会，耿义德当选为书记，王伟堂、董义琦当选为副书记。

中国共产党阳泉市矿区第二次党员代表大会　1986年12月28～30日在阳泉矿务局三矿召开。出席大会代表201名，列席代表23名，特邀代表1名。大会由张希祯致开幕词，郭彦庚作《更新观念，开拓创新，在改革中振兴矿区》的工作报告。会议回顾并肯定了区委第一次党代会以来4年间所做的一系列工作，认为矿区今后发展的指导思想和奋斗目标是符合中央和省、市委要求与矿区实际的。会议通过了《阳泉市矿区“七五”期间社会主义精神文明建设基本措施》。大会选举产生了中共阳泉市矿区第二届委员会和纪律检查委员会。会议选举卫怀义、王立明、王玉栓、王克恭、王银锁、史文升、毕如月（女）、刘泽青、刘昌珍、李忠、张丰功、张希祯、范振富、赵子钧、段永章、贾冰宇（女）、陶河川、郭彦庚、曹喜鱼（女）等20人为区委委员，郭彦庚、王克恭、张希祯、段永章、卫怀义、李忠、刘昌珍当选为区委常委。郭彦庚当选为区委书记，王克恭、张希祯、段永章当选为区委副书记。

中国共产党阳泉市矿区第三次党员代表大会　1990年9月13～15日在阳泉宾馆召开。出席大会的代表201名，列席代表37名，特邀代表3名。会议由刘昌珍致开幕词，张希祯作《加强党的领导，密切联系群众，为稳定发展矿区而努力奋斗》的工作报告。会议回顾了上次党代会以来，区委对党的“一个中心，两个基本点”的基本路线执行情况，回顾了反对资产阶级自由化，促进全区物质文明与精神文明同步发展方面的工作。特别是在1989年春夏之交的政治风波发生时，区委带领全区党员、干部和人民群众，经受住了严峻的政治考验。与会代表给予充分的肯定。会议号召全区各级党组织和全体共产党员，要紧密团结在江泽民同志为核心的党中央周围，牢牢抓住经济建设这个中心，坚持不懈地反对资产阶级自由化，坚持不懈地推进改革开放，振奋精神，为进一步稳定、发展、振兴矿区经济而努力。会议通过了《关于中共阳泉市矿区二届委员会工作报告的决议》《关于中共阳泉市矿区纪律检查委员会工作报告的决议》和《关于加强党的建设的决议》。会议选举王玉栓、王立明、王克恭、王银锁、王善桂、冯俊杰、刘昌珍、刘春玲（女）、苏子亮、李忠、李建恩、张丰功、张希祯、张俊和、赵子钧、赵德华、贾冰宇（女）、阎昌、阎满堂、梁怀玉、陶河川21人为区委委员，刘泽青、薛金龙、王敬3人为候补委员。张希祯当选为区委书记，王克恭、李忠、刘昌珍当选为副书记，张希祯、王克恭、李忠、刘昌珍、梁怀玉、王善桂、冯俊杰、张俊和当选为区委常委。

中国共产党阳泉市矿区第四次代表大会　1993年6月27～29日在阳泉宾馆召开。出席大会的代表有201名，特邀代表4名，列席人员39名。张希祯代表中共阳泉市矿区第三届委员会向大会作了题为《以十四大精神为指针，加快改革开放步伐，推进矿区经济更好更快地跃上新台阶》的工作报告。报告概括并肯定了上届区委自第三次党代会以来的工作成效，提出了后五年区委工作的指导思想、奋斗目标和主要任务。区纪委书记王善桂作了《贯彻党的路线，切实加强党风廉政建设，为加速我区改革开放和经济建设做出新贡献》的工作报告。今后五年区委工作总的指导思想是在邓小平建设有中国特色社会主义理论和党的基本路线指引下，积极、全面、准确地贯彻落实十四大精神，进一步解放思想，实事求是，讲求实效，加大改革开放力度，加快经济建设步伐。切实加强党的建设，坚持“两手抓”，确保实现矿区经济跃上新台阶的宏伟目标。会议通过了《中共阳泉市矿区第三届委员会工作报告的决议》和《中共阳泉市矿区纪律检查委员会工作报告的决议》。会议选举张希祯、李儒泉、李忠、刘昌珍、梁怀玉、王善桂、冯俊杰、刘殿保、周建新为区委常委，张希祯为书记，李儒泉、李忠、刘昌珍为副书记。

中国共产党阳泉市矿区第五次代表大会　1998年5月19～21日在区法院召开。出席大会的代表有198名，特邀代表3名，列席人员47名。大会听取、审议并通过了区委书记李体柱作的《高举邓小平理论伟大旗帜，加快特色区域发展步伐，把矿区改革开放和现代化建设事业全面推向新世纪》的工作报告，报告概括并肯定了上届区委六个方面的工作成效。审议并通过了区纪委书记王梦贺作的《从严治党、惩治腐败、为加快我区改革开放和经济建设做出新贡献》的报告。会议选举李体柱、冯岩松、冯俊杰、董仙桃（女）、王梦贺、李富平、李林、段俊富、高勇为区委常委，李体柱当选为书记，冯岩松、董仙桃（女）当选为副书记。

中国共产党阳泉市矿区第六次代表大会　2003年4月11～13日在区法院召开。出席大会的代表202名，列席人员69名，代表着全区2740名共产党员。会上马骥作了题为《全面贯彻“三个代表”重要思想，为建设富裕、文明、生态、诚信的新矿区而奋斗》的工作报告，会议回顾并肯定了上次党代会以来，五届区委所作的一系列工作成效。会议选举产生了中共阳泉市矿区第六届委员会，选举马骥、王永强、王刚、王宝新、王贵平、王海贵、王谦柱、石永祥、史华荣、冯俊杰、邢强敏、刘振国、孙彦增、杨勇、苏满晓、张栗平、邵满存、赵德华、高海明、高锦孝、黄俊德、崔荣贵、康银柱、韩玉龙、董仙桃（女）25人为区委委员，王庭兰、赵美华、任文祥、武春文、田建亮5人为候补委员，马骥当选为区委书记，董仙桃（女）、杨勇、黄俊德、王谦柱当选为区委副书记，马骥、董仙桃（女）、杨勇、黄俊德、王谦柱、苏满晓、邵满存、孙彦增、邢强敏、王刚、高锦孝当选为区委常委。

中国共产党阳泉市矿区第七次党员代表大会　2006年6月19～20日在区法院召开。出席大会的代表238名。会议由张清河致开幕词，董仙桃代表中共阳泉市矿区第六届委员会向大会作了题为《坚持科学发展，构建和谐矿区，为实现“十一五”规划宏伟目标，加快小康建设步伐而努力奋斗》的工作报告。报告回顾并肯定了区委自上次党代会以来，在经济建设、政治建设、文化建设、和谐社会建设与党的建设方面做出的一系列工作。会议通过了中国共产党阳泉市矿区第六届委员会工作报告的决议。选举产生了中共阳泉市矿区第七届委员会，选举王刚、王永强、王宝新、王贵平、王晓丽（女）、王海贵、田建亮、史豪强、冯俊杰、邢强敏 、孙彦增、杨志强、苏满晓 、吴亚非、张栗平、张清河、邵满存 、武春文、赵德华、郭爱聪、高恒、高海明、黄俊德 、崔荣贵、康银柱、董仙桃（女）、谢贵元27人为区委委员，高学文、任文祥、申彪（女）、王庭兰（女）、张谡明、连秀芳（女）、韩玉龙7人为候补委员，选举董仙桃、张清河、黄俊德、王刚、邵满存、邢强敏、郭爱聪、吴亚非、高海明、王晓丽为区委常委，董仙桃当选为区委书记，张清河、黄俊德当选为区委副书记。

中国共产党阳泉市矿区第八次党员代表大会　2011年5月18～21日在矿区报告厅召开。出席大会的代表240名。刘德跃代表中共阳泉市矿区第七届委员会向大会作了题为《坚持科学发展，深化“三区”建设，为实现“十二五”规划宏伟目标而努力奋斗》的工作报告。报告回顾并肯定了区委自上次党代会以来，在经济建设、政治建设、文化建设、和谐社会建设与党的建设方面所做的一系列工作。会议通过了中国共产党阳泉市矿区第七届委员会工作报告的决议。选举产生了中共阳泉市矿区第八届委员会，选举王庚明、王宝新 、王贵平、王前进、王晓丽（女）、石富科、史晓文 、史豪强 、冯海堂、刘乙佑、刘世平、刘德跃、闫宏荣（女）、孙彦增、严志勇、苏涛、苏满晓、李新宇、杨志强、吴亚非、吴爱民、张小武、张海斌 、陈宝庆、侯彦军、高海明、郭爱聪、梁庆、雷永平29人为区委委员，杨翠萍（女）、李俊萍（女）、何勇、周拉弟（女）、张鹏、王希田6人为候补委员，选举刘德跃、刘乙佑、郭爱聪、王宝新、侯彦军、吴亚非、高海明、王晓丽、史晓文、张小武为区委常委，刘德跃当选为区委书记，刘乙佑、郭爱聪当选为区委副书记。

二、重要会议

中国共产党阳泉市矿区区委一届四次全委（扩大）会议　1985年11月7～9日召开。会议讨论制定了《矿区区级领导干部改进作风的若干规定》《关于进一步端正党风的决定》。会上还研究讨论了清理撤销临时机构等问题。

中国共产党阳泉市矿区二届三次全体（扩大）会议　1988年3月28～30日召开。区委委员17人，候补委员3人出席了会议。会议学习了党的十三届二中全会文件，传达贯彻市委六届二次全体（扩大）会议精神，回顾总结了1987年工作，安排部署1988年任务，听取和讨论《矿区“七五”计划（草案）》。会上，区委书记郭彦庚作了题为《解放思想，更新观念，在深化改革中加快矿区两个文明建设的步伐》的报告。

中国共产党阳泉市矿区区委二届五次全体（扩大）会议　1989年7月7～8日召开。出席会议的委员17人，候补委员2人，有关部门的党员负责人共51人列席了会议。会议传达了省委五届七次全体会议和市委六届四次会议精神，讨论研究了党的十三届四中全会精神和邓小平几次重要讲话精神的落实措施。会议号召全区各级党组织和全体共产党员、广大干部群众要认真学习，深刻领会党的十三届四中全会精神和邓小平重要讲话精神，以实际行动同党中央保持一致。

中国共产党阳泉市矿区区委二届六次全体（扩大）会议　1990年8月1～2日召开。这次会议的主要任务是深入学习党的十三届六中全会精神，传达省委五届九次全体（扩大）会议和市委六届六次全体（扩大）会议精神，研究部署贯彻中央六中全会和省、市全体（扩大）会议精神的方案，讨论召开矿区第三次党代会的有关事宜。会上，区委书记张希祯代表区委常委作了《以实实在在的行动，扎扎实实的工作，把中央六中全会〈决定〉和省、市（扩大）会议精神落到实处》的工作报告。会议讨论通过了《阳泉市矿区清理整顿公司，制止和纠正乱收费、乱摊派、乱罚款工作实施方案》

《关于认真清查党政干部违法违纪建私房、违反规定多占住房和高标准装修住房问题实施方案》和《关于召开中国共产党阳泉市矿区第三次代表大会的决定》。

中国共产党阳泉市矿区区委三届三次全体（扩大）会议　1991年3月14~15日召开。会议传达贯彻了省委第六次党代会精神，全面总结了“七五”期间各项工作，讨论并原则通过了《矿区国民经济和社会发展的第八个五年计划》，对1991年的工作作了安排。全会提出了矿区“八五”期间经济和社会发展总的指导思想和奋斗目标。

中国共产党阳泉市矿区区委三届四次全体（扩大）会议　1992年2月26日召开。会议学习了党的十三届八中全会精神，回顾总结了1991年工作，讨论确定并安排部署了1992年工作。会上，区委书记张希祯对全区各项工作作了安排，区委副书记、区长王克恭对经济工作和各项社会工作作了重点部署。会议讨论通过了《区委常委会1991年工作报告》和区委组织、宣传、党风及廉政建设方面的安排意见。

中国共产党阳泉市矿区区委三届五次全体（扩大）会议　1992年10月10日召开。会议审议通过了区委、区政府《关于“八五”后三年加速经济发展的意见》。提出了“八五”后三年矿区经济发展的指导思想、目标、任务和主要措施。

中国共产党阳泉市矿区区委三届六次全体（扩大）会议　1993年5月20日召开。会议通过了《关于召开中国共产党阳泉市矿区第四次代表大会的决定》，定于1993年6月召开中国共产党阳泉市矿区第四次代表大会。

中国共产党阳泉市矿区区委四届二次全体（扩大）会议　1993年8月28日，中共阳泉市矿区区委四届二次全体（扩大）会议召开。会议进一步学习了党中央、国务院关于加强和改善宏观调控的一系列政策措施，传达了市委七届二次全体（扩大）会议精神，研究讨论了促进矿区经济持续、快速、健康发展的具体措施。会上，区委书记张希祯作了《结合实际，贯彻落实中央加强宏观调控决策，抓住机遇，促进矿区经济持续快速发展》的讲话，区委副书记、区长李儒泉传达了市委领导在市委七届二次全会上的讲话要点。

中国共产党阳泉市矿区区委四届三次全体（扩大）会议　1994年2月4日召开。会议传达了省委六届七次、市委七届三次全会精神，确定了1994年工作总的指导思想、主要任务和经济发展目标。会议提出，全区要始终不渝地遵循邓小平建设有中国特色社会主义理论和党的基本路线，全面贯彻党的十四大和十四届三中全会精神，抓好各级领导班子建设、队伍建设（干部队伍、政法队伍、科教队伍）和作风建设。推动各项社会事业进一步发展，全区两个文明建设提高到一个新水平。

中国共产党阳泉市矿区区委四届四次全体会议　1995年2月28日召开。区委书记张希祯作了《同心协力、艰苦创业，全面实现“八五”奋斗目标》的讲话，区委副书记、区长李儒泉作了1994年工作情况报告，区委副书记刘昌珍代表区委宣读了《关于落实党的十四届四中全会决定，加强党的建设的实施意见（草案）》，印发了《区委常委会1995年工作要点（草案）》。会议确定1995年要做好的工作。

中国共产党阳泉市矿区区委四届五次全体会议　1996年3月28日召开。会议对“八五”期间的工作作了全面总结，审议并通过了区委常委会《关于1995年工作情况的报告》和《阳泉市矿区国民经济和社会发展“九五”计划及2010年远景目标（草案）》（以下简称《规划草案》）。《规划草案》的主要内容包括“九五”及2010年的发展战略、指导思想、2010年远景目标、“九五”期间的主要任务、发展目标责任制和主要措施等六部分。会议建议将《规划草案》提请阳泉市矿区五届人大四次会议审查批准。

中国共产党阳泉市矿区区委四届六次全体（扩大）会议　1996年12月12日召开。会议学习了党的十四届六中全会作出的《中共中央关于加强精神文明建设若干重要问题的决议》，学习了省、市委贯彻《决议》的《实施意见》，重点讨论并原则通过了《中共阳泉市矿区委员会贯彻〈中共中央关于加强社会主义精神文明建设若干重要问题的决议〉的实施意见》。确定了今后五年至十年矿区精神文明建设指导思想和主要任务。

中国共产党阳泉市矿区区委四届七次全体（扩大）会议　1997年10月23～24日召开。会议传达了中共阳泉市委七届八次全体会议精神，学习了江泽民在中国共产党第十五次全国代表大会上的报告和省委书记胡富国在省委七届六次全会、市委书记田霍卿在市委七届八次全会上的讲话精神，讨论了《关于加强党的建设的意见》《阳泉市矿区加快企业改革的实施意见》《关于进一步加快发展社区服务业的意见》和《关于进一步加强城市建设和管理的若干意见》。

中国共产党阳泉市矿区区委四届九次全体会议　1998年4月20日召开。会议讨论了中共阳泉市矿区第四届委员会工作报告和中共阳泉市矿区纪律检查委员会工作报告，决定1998年5月召开中国共产党阳泉市矿区第五次代表大会。会议确定第五次代表大会的代表名额为201名。

中国共产党阳泉市矿区区委五届三次全体（扩大）会议　2000年2月25日召开。会议讨论并通过了《中共阳泉市矿区委员会，阳泉市矿区人民政府关于加大改革力度促进经济结构调整的意见》《阳泉市矿区人民政府关于广泛开展2000年城市管理年活动的实施方案》和《区委常委会关于1999年工作情况的报告》。会议提出，要大力推动特色区域经济发展，推进所有制结构调整，积极发展非公有制经济，发展煤电铝、磁材、新型建筑材料等产业，努力形成“三一五”工业结构格局；按照“一区、三片、六大商贸群、五大市场”的总体布局，发展商贸服务、房地产开发、社区服务等产业群体，建立完善科技创新机制，扶持名优产品，发展潜力产品，构建以名、优、特为特征的产品结构体系；加大资本运营力度，以存量吸纳增量，以增量激活存量，形成合理的特色区域经济布局。

中国共产党阳泉市矿区区委五届四次全体（扩大）会议　2001年2月22～23日召开。会议回顾总结了区委五届三次全体（扩大）会议以来的各项工作，安排部署全区2001年的工作思路和工作重点，讨论确定全区“十五”发展的宏伟蓝图。会议审议通过了《中共阳泉市矿区区委常委会关于2000年工作情况的报告》《中共阳泉市矿区区委关于国民经济和社会发展“十五”计划纲要的建议（草案）》和区委常委会关于2001年全区经济和社会发展工作的安排部署。

中国共产党阳泉市矿区党员代表会议　2001年8月7日召开。出席党员代表会议的应到代表82名，其中，区委确定的代表35名，基层各级党组织推选的各条战线的代表47名，实到代表80名，因事请假2名，选出17名。会议以无记名投票方式，选举产生矿区出席中国共产党阳泉市第九次代表大会代表。

中国共产党阳泉市矿区区委五届六次全体（扩大）会议　2002年4月18日召开。会议贯彻落实党的十五届六中全会和市委九届二次全会精神，回顾总结了区委五届四次全体会议以来的各项工作，讨论确定区委2002年工作的总体思路，从而动员全区广大党员干部振奋精神、转变作风、与时俱进、创新拼搏，大力实施赶超发展战略。会议审议通过了《中共阳泉市矿区区委关于加强和改进党的作风建设的意见》和《中央纪委七次全会、全省党风廉政建设干部大会、市委九届二次全体（扩大）会议精神及我区今年党风廉政建设工作意见》。

中国共产党阳泉市矿区区委五届七次全体（扩大）会议　2003年1月21日召开。会议审议通过了《关于实施赶超发展战略，全面建设小康社会的意见（讨论稿）》；并安排部署2003年全区经济工作。会议提出全区全面建设小康社会的奋斗目标是，建设富裕矿区、文明矿区、生态矿区、诚信矿区。要求进一步调整优化工业经济结构，大力发展第三产业，积极扶持非公有制经济，全面优化发展环境，持续抓好财税增收、社区建设、社会保障及再就业、科教兴区和可持续发展等工作，推动经济和社会事业持续快速健康发展。

中国共产党阳泉市矿区区委六届二次全体会议　2003年7月16日召开。会议根据《干部任用条例》和《中共阳泉市矿区委员会六届二次全会投票表决部分街道办事处党政正职办法（草案）》，选举产生了11名街道办事处党政正职。选举高学文拟任沙坪街道办事处党委书记、高秀清（女）拟任沙坪街道办事处主任、高海明拟任赛鱼街道办事处党委书记、何勇拟任赛鱼街道办事处主任、文武全拟任蔡洼街道办事处党委书记、杨志强拟任蔡洼街道办事处主任、武春文拟任桥头街道办事处党委书记、孙伟拟任桥头街道办事处主任、陈宝庆拟任平潭街街道办事处主任、田建亮拟任贵石沟街道办事处党委书记、申彪（女）拟任贵石沟街道办事处主任。

中国共产党阳泉市矿区区委六届三次全体（扩大）会议　2004年1月15日召开。会议讨论、审议并通过了《中共阳泉市矿区区委关于贯彻〈中共中央关于完善社会主义市场经济体制若干问题的决定〉的意见》和《区委、区政府关于加快矿区区域经济发展的意见》。会议提出，要明显优化产业结构和布局，使区域经济关联度更高，服务体系健全完善，城市综合服务功能完备，区域经济整体素质和综合竞争力明显提高，经济社会和资源环境协调发展。2010年，地区生产总值、财政收入保持11%的年递增速度，第三产业比重占到经济总量的40%，非公有制经济比重占到经济总量的50%，推动阳煤集团“以大博强，十年双百亿”战略目标的顺利实现，把矿区建设成为全国最大的无烟煤生产基地、煤电铝联产基地、磁材加工基地和国内重要的煤化工基地。

中国共产党阳泉市矿区区委六届四次全体（扩大）会议　2005年1月18日召开。会议听取并审议了区委常委会工作报告，审议并通过《中共阳泉市矿区区委关于贯彻党的十六届四中全会、省委八届六次全会和市委九届七次全会精神，加强党的执政能力建设的实施意见》。会议对矿区加强党的执政能力建设提出总体要求，坚持以邓小平理论和“三个代表”重要思想为指导，全面贯彻党的十六届四中全会、省委八届六次全会和市和九届七次全会精神，牢固树立和落实科学发展观，以保持党同人民群众血肉联系为核心，以建设高素质干部队伍为关键，以改革和完善党的领导体制和工作机制为重点，以加强党的基层组织建设和党员队伍建设为基础，不断研究新情况，解决新问题，创建新机制，增长新本领，不断提高领导经济建设的能力、发展社会主义民主政治的能力、建设社会主义先进文化的能力、构建社会主义和谐社会的能力和增强与时俱进创新创造的能力，把各级党组织建设成为领导全区人民实施赶超发展战略，全面建设小康社会，实现“富裕、文明、生态、诚信”新矿区宏伟目标的坚强核心。

中国共产党阳泉市矿区区委七届三次全体（扩大）会议　2007年1月30日召开。会议听取并讨论了《区委常委会工作报告》《关于〈中共阳泉市矿区区委关于贯彻落实党的十六届六中全会精神加快建设和谐矿区的意见（讨论稿）〉的说明》，表决通过了《中共阳泉市矿区区委关于贯彻落实党的十六届六中全会精神加快建设和谐矿区的决议》。

中国共产党阳泉市矿区区委七届四次全体（扩大）会议　2008年3月27日召开。会议听取并讨论了《区委常委会工作报告》《中共阳泉市矿区区委关于高举旗帜、科学发展，加快全面建设小康社会进程的意见（讨论稿）》《区委常委会2007年抓基层党建工作情况的报告》，表决通过了《中共阳泉市矿区区委关于高举旗帜、科学发展，加快全面建设小康社会进程的意见》，表决通过了《中共阳泉市矿区区委关于递补高学文同志为第七届区委委员的决定（草案）》。

中国共产党阳泉市矿区区委七届五次全体（扩大）会议　2009年1月21日召开。会议听取并讨论了《区委常委会工作报告》，审议通过了《中共阳泉市矿区区委关于促进和谐矿区建设工程的实施方案》《区委常委会关于2008年度抓基层党建工作情况的报告》和《区委常委会关于2008年度干部选拔任用工作情况的报告》，对区委常委会2008年抓基层党建和干部选拔任用工作情况进行了民主测评。

中国共产党阳泉市矿区区委七届六次全体（扩大）会议　2010年2月5日召开。会议听取并讨论了《区委常委会工作报告》，审议通过了《中共阳泉市矿区区委关于贯彻落实党的十七届四中全会、省委九届十次全会和市委十届六次全会精神，加强和改进新形势下党的建设的实施意见》《中共阳泉市矿区区委关于继续推进和谐矿区工程建设的实施方案》。

第三章　重大决策

1980年4月，中国共产党阳泉市矿区区委与阳泉矿务局党委分设后，按照“解放思想，实事求是”的精神，在加快经济建设和社会发展等方面，制定了一系列决策，使全区步入快速发展时期。

第一节　关于加快经济建设的决策

一、落实省增强企业活力方案的“十七条”

1985年4月，区委、区政府根据中央和省、市经济改革精神，在广泛征求意见的基础上，结合矿区实际，制定了《关于贯彻落实〈山西省增强企业活力为中心的经济体制改革实施方案〉的意见》（即十七条），主要内容包括：企业实行厂长（经理）负责制和经济承包责任制；集体企业具有法人资格，不再区分大集体、小集体和新集体；企业可以实行入股集资联营，坚持入股自愿，退股自由；企业可从留成资金中提取厂长（经理）经营活动经费；企业可以自主确定招工办法，招工人数不受指标限制，劳动工资制度由企业自主决定；企业实行民主管理，重大问题由职工大会或职工代表大会决定。

二、进一步搞活城镇集体企业的补充规定

为了明确改革过程中的一些政策性问题。矿区于1987年4月印发《阳泉市矿区关于深化改革进一步搞活城镇集体企业的补充规定》，主要内容是：企业成立管理委员会，厂长任管理委员会主任；区经济主管部门要与企业签订经济承包合同，企业可以实行分厂承包、车间承包、班组承包也可以按产品质量、成本、利润、销售，实行单项承包；厂长每届任期三至五年，可以连任；放宽政策，增强企业活力；进一步落实和完善企业内部各种形式的经济责任制。

三、关于加快经济发展的“若干规定”和“优惠政策”

1992年1月，矿区区委、区政府根据省委和市委的有关文件精神制定了《关于进一步搞活和发展矿区集体经济的若干规定》，从五个方面提出了一些新的具体措施和政策。区政府建立区属集体经济协调例会制度。进一步理顺和完善企业管理体制。企业有权自主确定发展规划和年度生产经营计划，有权自筹资金、自我发展、自我改造、自行确定生产的产品。进一步明确了税收减免、奖金列入成本、流动资金补充、固定资产折旧等方面的优惠政策。明确了区内外国营企业、国家机关、科研单位的各类专业技术人员和应届大中专毕业生到矿区集体企业工作、就业的优惠政策。

1992年10月15日，矿区政府对组建新企业作出规定。新组建区直工业企业和建筑业由区经委审批，商业、饮食业、服务业由区政府委托区劳动服务公司审批。为扶持区属工商业企业发展，区委、区政府制定出台《关于加快经济发展的若干优惠政策》规定，区属工商企业新产品、技改项目、固定资产贷款在50万元以上的，区政府予以贴息；年实交税金25万元以上的企业，区财政按实交税2%的额度予以奖励；新产品获国家、部、省、市级进步奖的由区科委对项目法人给予奖励，新项目、技改项目从论证之日起二年内按设计能力达产达效的由区财政给予奖励；凡来矿区投资、入股、联营、合资办企业的，从获利之日起，区方企业可以在应得部分中予以让利。

四、加大改革开放力度和加快经济建设步伐决策

在1993年6月27～29日召开的中国共产党阳泉市矿区第四次代表大会上，讨论确立了今后五年区委工作的指导思想和奋斗目标。加大改革开放力度，加快经济建设步伐，坚持“两手抓”，确保实现矿区经济跃上新台阶的宏伟目标。

五、深化企业产权制度改革决策

2001年7月19日，矿区区委提出了进行深化企业产权制度改革的指导思想是以明晰产权、政企分开、搞活企业、安置职工为目标，以产权制度创新为中心，实现两个买断（职工买断身份、投资者买断资产），彻底放开，一步到位，盘活存量，优势重组，把企业推向市场，使企业真正成为自主经营、自负盈亏、自我发展、自我约束的法人实体和市场主体。基本原则是实事求是、分类指导、因企制宜、不走形式；利于企业灵活运转、走向市场、提高效率；利于职工安置分流，保障职工权益；坚持产权到位、权责明确、政企分开。基本思路：产权改革，一步到位；多种形式，因企制宜；严格程序，公正公开，规范操作。主要形式是以退出国有资产和买断集体资产为主要形式，不搞一刀切，因企制宜，分类推进，根据企业的不同情况，可采取股份制、股份合作制、出售买断、兼并、破产、重组等多种形式。

六、加快区域经济发展意见

2004年1月15日，矿区区委六届三次全会讨论通过了《关于加快矿区区域经济发展的意见》，要求加快资源型城市的转型步伐，提高区域经济整体素质和综合竞争力，加快矿区区域经济发展。指导思想是：以邓小平理论和“三个代表”重要思想为指导，以全面建设小康社会为目标，以赶超发展为主题，以产业结构调整为主线，以改革创新和科技进步为动力，坚持以人为本，牢固树立全面、协调、可持续的发展观，促进经济社会和人的全面发展。基本原则是立足区情，实事求是，把握当前，着眼长远，坚持统筹规划，突出重点，有利于资源更为合理有效配置的原则；坚持经济快速健康增长，兼顾各项社会事业同步发展，促进经济社会全面进步和人的全面发展的可持续发展原则；坚持政策引导为主、多种手段综合灵活运用相结合的原则；坚持与阳煤集团产业发展战略相融合的原则。目标任务是：产业结构和布局明显优化，区域经济关联度更高，服务体系健全完善，城市综合服务功能完备，区域经济整体素质和综合竞争力明显提高，经济社会和资源环境协调发展。到2010年，国内生产总值、财政收入均保持11%的年递增速度，第三产业比重占到经济总量的40%，非公有制经济比重占到经济总量的50%，推动阳煤集团“以大博强，十年双百亿”战略目标的顺利实现，把矿区建设成为全国最大的无烟煤生产基地、煤电铝联产基地、磁材加工基地和国内重要的煤化工基地。总体思路是围绕产业结构调整这条主线，坚持巩固发展公有制经济与大力发展非公有制经济相结合，改造传统产业与培育新型产业相结合，实行二产、三产两轮驱动，以“一带两区”建设为重点，全力实施工业强区、三产活区、民营兴区和招商引资促发展战略，促进区域经济快速健康发展。建设重点是贵石沟工业园区；坡头科技工业园区；发展沿桃河三产经济带，构建板块新格局：平潭综合商贸板块、桥头商贸板块、蔡洼物流商贸板块、赛鱼商贸板块。

七、推动经济社会加快发展决策

2010年2月5日，矿区区委、区政府制定了推动全区经济社会加快发展的总体目标。按照“前期项目抓开工、在建项目抓竣工、竣工项目抓达效”的思路，加快推进重点项目建设；进一步优化项目建设环境，积极协助项目单位落实开工建设条件，帮助解决影响项目建设的突出问题，合规从速运作项目。强化对建成项目的后续跟踪服务，确保发挥其应有的经济社会效益；把招商引资贯穿到经济工作全过程，充分利用好中博会、西洽会、煤博会等招商引资平台，注重发挥企业的主体作用；坚

定不移推进经济结构的战略性调整，努力构建可持续发展的新型、多元、有竞争力的现代产业体系，实现由城市工矿区向现代都市区的转型；以贵石沟园区建设为载体，进一步完善循环经济产业链；把加快发展服务业作为改善产业结构、财源结构和就业结构的关键，坚持做大规模与优化结构并重，努力形成服务功能完备、比较优势明显的现代服务业体系。

八、发展总部经济决策

2011 年 5 月 19 日，在中共矿区第八次代表大会的报告中，提出“加快发展总部经济”的决策，要求形成要求矿区发展与阳煤集团扩张的协调同步，一是加强与阳煤集团的沟通协商，加强土地功能置换，统筹推进旧区、闲置工矿区和棚户区的开发改造，有效拓展发展空间，增强阳煤集团总部的集聚辐射带动功能；二是加紧研究制定促进总部经济发展的政策措施，加大对阳煤集团引进研发、营销、资本运作、战略管理等方面人才的政策支持力度；三是大力推进职业教育产业发展，培养企业急需的技术管理人才和训练有素的产业工人，使矿区成为区域性人才培训基地，为阳煤集团发展提供人才支持；四是与阳煤集团就产业转型、城市转型加强沟通协调，争取老工业基地改造政策，争取煤矿转产资金和煤炭可持续发展资金，做好“地下带动地上、新区促进老区”的文章；五是认真研究税收留成政策，积极与上级业务部门沟通，解决好计划经济时期形成的财税体制问题。要创造一切条件，形成企、地双赢的局面。

第二节 关于加快社会发展的决策

一、全面建设小康社会奋斗目标

2003 年 3 月 28 日，矿区制订了《实施赶超发展战略，全面建设小康社会的意见》。矿区全面建设小康社会的奋斗目标是建设富裕矿区，建设文明矿区，建设生态矿区，建设诚信矿区。主要措施是坚定不移地推进经济建设和经济体制改革，保持国民经济持续快速健康发展。大力调整产业结构，合理调整生产力布局，大力发展第三产业；大力调整所有制结构，加快全区中小企业民营化的步伐；积极发展外向型经济。进一步优化发展软硬环境，为全区经济快速增长创造良好的条件。加大城市建设力度，进一步提升城市现代化水平；深化行政体制改革，形成行为规范、运转协调、公正透明、廉洁高效的行政管理体制。积极推进政治建设和政治体制改革，切实加强社会主义政治文明。把党的领导、人民当家作主和依法治区有机统一起来；坚持和完善社会主义民主制度，进一步扩大基层民主；依法治区，加强社会主义法制建设；改革完善决策、监督机制，不断推进决策的科学化和民主化。大力加强文化建设，积极推进文化体制改革，发展繁荣社会主义文化。加强和改善党对文化工作的领导艺术，积极发展各类文化事业，不断满足人民群众日益增长的精神文化需要，努力建设文化强区；切实加强思想道德建设、弘扬和培育民族精神；认真贯彻落实《公民道德建设实施纲要》、大力倡导爱国守法、明礼诚信、团结友爱、勤俭自强、敬业奉献的公民基本道德规范；重视发展教育和科学事业、大力弘扬科学精神。推进劳动就业和社会保障体系建设项目，努力提高人民生活水平。把改善创业环境和增加就业岗位作为各级各部门的重要职责；坚持社会统筹和个人账户相结合，完善城镇职工基本养老和基本医疗保险制度；增加城乡居民的收入，提高生活质量，改善生活环境。构建管理服务新体系，打造自治有序、文明祥和的新社区。努力创造服务完善、环境优美、治安良好、生活便利、人际关系和谐的社区环境。

二、建设矿区特色文化的决策

矿区区委多次就建设矿区特色文化作出决策部署。1998 年 5 月 19～21 日，中国共产党阳泉市矿区第五次代表大会作出了建设矿区特色文化的决定。

“十五”期间，提出加快文化事业的发展，充分挖掘矿区“乌金”文化，弘扬传统文化，吸收现代文明成果，形成具有鲜明特色的工矿区文化的任务。要求发挥各矿、各街道文化站的宣传教育作用，积极开展社区文化、企业文化、校园文化活动，丰富全区人民的文化生活，营造浓厚的文化氛围；深化文化体制改革，建立科学合理、灵活高效的管理体制和文化产品生产经营机制，繁荣文艺创作，推出一批融思想性、艺术性于一体的优秀文化作品。

“十一五”期间，提出建立健全文化体育发展体系，文化事业以增强人民群众生活的文化含量为主要目标，发展以社区文化为基础的群众文化，利用阳煤集团优势，开展企业文化，确定在“十一五”期间要新建一座2000平方米图书馆，修建青少年活动中心。

2006年6月，中国共产党矿区第七次代表大会提出整合区域文化资源，形成融街道文化、社区文化、企业文化、校园文化、民俗文化、家庭文化为一体的现代工矿文化；要求加快矿区图书大楼等标志性文化市场的建设步伐。

三、建立“阳泉市矿区艺术人才库”决策

2010年4月15日，矿区为了全面掌握和了解本区艺术人才队伍现状，促进文艺队伍建设，规范文艺人才队伍科学管理，提高文艺创作水平，加快文化大区建设步伐，下发关于建立“阳泉市矿区艺术人才库”的通知。登记对象是舞台艺术类编剧、导演、演员（包括声乐、器乐、舞蹈、曲艺、戏曲、小品等）；广播电影电视文艺类节目编导、主持人；文学、音乐、美术、书法、篆刻、摄影等创作人员和理论研究人员；其他相关门类艺术人才和管理人才。登记条件是：坚持党的基本路线和文艺方针政策，热爱文艺事业，在某一艺术领域取得成绩和有一定基础的文艺人才。随后，对矿区艺术人才进行了摸底登记，分别组织成立了全区曲艺小品爱好者、歌唱爱好者、舞蹈爱好者业余表演队并开展活动。

四、净化社会文化环境决策

2009年3月23日，矿区出台了《阳泉市矿区净化社会文化环境工作实施方案》。《方案》的指导思想是深入持久地开展“扫黄打非”斗争，深入持久开展网络淫秽色情等违法有害信息专项整治，严厉打击未成年人进入网吧等违规行为，大力净化网吧、出版物、印刷等市场，加强校园周边综合治理，杜绝各种违法违规行为，建立各部门协同配合的管理机制，坚持把社会效益放在首位，营造有利于未成年人健康成长的良好社会文化环境和氛围。《方案》的工作重点与目标是组织开展网吧专项整治，把加强网吧及网络游戏管理作为一项重要的民心工程和保护未成年人成长的希望工程，切实抓紧抓好。组织开展出版物市场专项整治，进一步整顿和规范出版物市场秩序，净化校园周边环境。这次净化社会环境工作从3月开始，12月结束。经过对辖区内的网吧、歌舞厅、出版物市场等进行清理整治，严厉打击了网络违法违规行为。

2010年5月27日，矿区出台了《关于开展校园周边文化市场清理整顿专项行动的实施方案》。《方案》以党的十七大精神为指导，以科学发展观为统领，以创建“平安校园”为目标，结合平安校园创建的要求，创建平安文化市场，全面整顿规范校园及周边文化市场经营秩序，保证校园及周边文化市场繁荣有序，为打造“平安矿区、和谐教育”创造良好的文化环境。《方案》的主要任务是以取缔中小学校园周边200米范围内的网吧、娱乐场所、黑网吧和落实未成年人不得进入营业性网吧为重点，整顿网吧市场和娱乐市场；以取缔校园及周边流动书摊、流动音像制品经营摊点，查缴政治类、淫秽色情、宣扬暴力和盗版等违法出版物为重点，整顿出版物市场；通过专项治理要使校园周边文化环境得到净化，兜售现象得到切实解决，盗版盗印教材教辅读物得到有效遏制。

第四章　党务工作

中共矿区区委以党的执政能力建设和先进性建设为主线，把全面加强和改进党的建设作为推动各项事业发展的根本保证，有力推动了组织建设、宣传工作、统战工作、政法工作，以及机构编制工作、机关党建、老干部安置管理、政策研究、人民来信来访、学校教育、党史研究和其他党务工作的发展。

第一节　组织建设

一、机构设置

中共阳泉市矿区区委组织部，1980 年 4 月设立。1987 年 10 月，区委组织部人员编制为 6 名，实有工作人员 5 人。1996 年，人员编制为 10 名，实有 8 人。1997 年 4 月，根据《阳泉市矿区党政机构改革方案》，组织部挂区委老干部局的牌子。9 月，核定行政编制 9 名，其中部长 1 名，副部长 2 名。2004 年 12 月，内设人才工作领导组办公室，2005 年 4 月原科技局 1 名行政编制划转到组织部，行政编制调整为 9 名，2006 年 12 月，成立了党员电化教育中心，为区委组织部所属的全额预算事业单位，编制 3 人，规格原定为股级。2007 年 6 月规格定为副科级，职数 1 名，编制 5 人。2009 年 12 月，成立大学生社区干部管理办公室，为中共阳泉市矿区区委组织部内设机构，办公室主任按副科级配备。2010 年 12 月，成立阳泉市矿区老年大学办公室，为股级全额预算事业单位。

二、干部管理

（一）概　况

1971 年 4 月，阳泉市矿区建制，政企合一。1980 年以前，矿区行政干部由市委组织部调配。1980 年 1 月，矿区区委单独建制，有 57 名党务干部，科、室、部、委、局的正职都由市委任免调配，区委只管副科级以下干部。1981 年 9 月～1984 年 2 月，区委组织部与人事局合署办公，干部实行统一调配。1984 年，全市各级党政机关进行了机构改革。各级政府机关开始转变管理职能，精简合并了一些重叠机构。同时，废除了领导职务的终身制，建立了正常的干部离、退休制度，一大批老干部退出了领导岗位。3 月，区劳动人事局成立后，与区委组织部分别切块管理区党、政、群及其事业单位干部，政府系统各行政部门和事业单位的科级以下（不含副科级）干部由区劳动人事局（1989 年 1 月以后为人事局）负责管理。

1984 年，阳泉市委下放干部管理权限，规定正局级干部改由区委管理；区人大、政协领导人员变更，分别征求市人大和市委统战部的意见。与此同时，区委对干部管理也作出相应决定：凡区委常委和区政府各部门、区人大、区纪检委、工、青、妇各办事处党委工作人员调配，由区委组织部考察，区分管书记审查；区公、检、法、司人员由其所在单位党组考察，区政法委和区组织部共同研究决定；不论任何部门人员的调入，凡属区干部，统归区组织部考察，区委常委会研究批准。根据上述规定，区委组织部按照革命化、知识化、年轻化、专业化的要求，本着德才兼备、择优任能的原则，通过协商调进、以工代干、考试转干、接受大中专毕业生等渠道，充实各部门的干部力量。3 月，区副科以上干部由区委组织部调配。1984 年以后，区政府根据党的方针政策和改革开放、发展经济的要求，制定和修改了人事方面的规章制度，干部管理工作建立了正常的录用、奖惩、退休、退职、淘汰等制度，逐步改变干部能进不能出、能上不能下、调不出、派不进的状况。与此同时，按照德才兼备的标准，一大批优秀中青年知识分子走上了各级领导岗位，各级领导班子的年龄结构、文化结构趋于合理。为了提高文化业务和理论水平，区委于1985年成立了干部教育领导组，由一名副书记任组长，区委组织部部长任副组长。区财政每年拨出2万元干部教育经费，鼓励干部进修提高。同年7月，成立了阳泉市矿区人才开发交流服务中心。1987年6月，区人事局制定了《关于区机关工作人员纪律的若干规定》，作为机关工作人员的工作规范，按《规定》实行考勤、请假、奖励制度，出勤、工作实绩和奖金挂钩，奖勤罚懒，使干部管理进一步制度化。1988年7月，成立阳泉市矿区军转（行政）干部培训中心，11月成立阳泉市矿区人才市场管理处，改革了干部调配制度，由过去的单一的行政手段调配，改为指令性调配和指导性调配相结合，从而为人才合理流动创造了条件。

1990年，干部增加到688人，比建区初增加了近12倍。其中35岁以下的368人，36岁~45岁的174人，中青年干部占干部总数的81%，中专以上文化程度248人，占干部总数的37.1%。当年，全区有60名专职干部领取了大专文凭，122名干部领取了职业高中毕业证书。区委还积极培养后备干部，通过调查摸底，访问群众，确定了培养对象，为新老干部的正常交替作好了准备。

1997~2000年，加强干部管理，完善各种制度。加大政策宣传力度，优化干部交流的社会环境。积极推进干部管理工作的规范化、制度化建设。加大年轻干部管理力度，注重选拔后备干部、优秀年轻干部。对干部跟踪考察，客观公正地评价干部的工作业绩，提高考核的公正性和准确性，坚持以党性看干部，凭实绩用干部，用适当的待遇激励干部。

2000~2005年，矿区不断加大对干部的管理力度，有力地促进了干部管理工作的顺利开展。2003年4月11~13日，在中国共产党阳泉市矿区第六次代表大会上明确了今后五年干部管理的主要任务和工作措施。深化干部人事制度改革，积极推行干部交流轮岗、公开选拔、竞争上岗、任职试用期、全委会（常委会）票决等制度和措施。完善对干部选拔任用工作的监督。

“十一五”期间，矿区以党校为依托，对处级领导干部、中青年干部等重点对象开展系统的政治理论教育。在不同阶段开展不同内容的主题教育活动。广泛开展“三个代表”重要思想、十六大、十七大全会精神、区第七次、八次党代会等重要内容的党员专题学习，参加培训的局级干部、处级党政领导干部、组工干部达千余人次，参训率达到90%以上。

（二）干部调配

1980年以前，矿区行政干部由市委组织部调配。1981年9月~1984年2月，区委组织部与人事局合署办公，干部实行统一调配。1984年3月后，区政府系统副科级以下及企业干部由劳动人事局调配。1989年1月，区劳动人事局分设后，区政府副科级以下的干部由人事局调配。矿区干部调配遵循的原则是加强计划调配，合理调整余缺，严格核定编制、各类人员配备比例。坚持合理流向，促进合理流动。全民所有制单位流向集体所有制单位，专业技术干部较集中的单位流向较薄弱的单位。鼓励机关工作人员到基层工作。严格掌握用人条件，注重吸收任用年龄在35岁以下，学历在中专以上，有专业技术或特殊干部。减少审批层次，跨市调动的干部由市人事局办理，市内调动由区人事局办理。

20世纪90年代至21世纪初，由区组织部干部室综合协调科级以上干部及区直党群系统一般干部的调配、交流及安置事宜。“十一五”时期，矿区在干部调配工作方面形成了以干部工作操作规程为主干，以年度目标考评、交流调整、选人用人责任追究和干部队伍日常管理监督为支架的制度体系，明确工作流程，细化操作程序，用人公开规范，杜绝用人的随意性和主观性。

（三）干部的选拔任用及任免

1983年初，矿区进行党政机构改革。在机构改革的同时，区委、区政府按照干部队伍“四化”标准，进行了干部人事制度改革。在这次改革中，重新调整和配备了区级机关各部门领导班子，将一批中青年干部调整和提拔到各级领导岗位。调整后区级领导班子干部年龄由过去55.3岁，下降到

49.3岁，平均下降6岁，文化程度高中以上占75%，其中大、中专文化程度占25%。科局级领导干部平均年龄由48.5岁下降到42.1岁，下降6.4岁，高中以上文化程度由调整前的16.2%，上升到37.2%，其中大、中专学历占到30%。全区一般干部的年龄、文化结构也有了改变。

1987年以前，区直企业厂长（经理）的任免，先由区委常委会研究提名，再经区政府常务会议决定任命。1987年后，由主管部门或有关领导提名，区劳动人事局会同区经委考察，报区政府常务会议研究通过，区劳动人事局行文任命一般干部的任职，按1985年工资改革时国家制定的各级行政人员和专业技术人员的职务名称任定。职务种类分为主任科员、副主任科员、科员、办事员。1987年3月，确定主任、副主任科员31人，占干部总数的9.4%，科员257人，占干部总数的78.4%；办事员40人，占干部总数的12.2%。1989年8月，对1987年后确定为办事员职务的一般干部进行了调整，凡属于中专毕业工作满三年（高中毕业满四年），大专以上文化程度工作满一年，符合任职条件的晋升为科员。新分配的大中专毕业生按上述条件认定。

1988~1996年，干部选拔任用坚持民主推荐、组织考察、充分酝酿、集体讨论的工作程序，规范组织程序，选人用人提高了公信度。

1997年11月20日，根据中共中央关于《党政领导干部选拔任用工作暂行条例》和矿区区委《关于加强党的建设的实施意见》的文件精神，区委在全区范围内公开选拔副科级领导干部。全区46个单位、部门，112名干部参加了自荐，86名干部参加了文化考试，16名干部参加了面试，区委按照干部选拔任用程序，择优任用了8名。1998年8月5日，区委、区政府决定在城、矿、郊三区范围内公开选拔矿区中学和平潭街小学校长。公选工作按照个人报名，公开答辩，组织考察，区委、区政府任用的程序进行。城、矿、郊三区有29名教师报名应试，26人参加答辩，4人被确定为考察对象，根据答辩成绩和组织考察情况，区委决定郊区教委和阳煤集团的两名教师分别任用为矿区中学校长和平潭街小学校长。上述两次公开选拔工作受到市委组织部的重视和肯定，市委组织部组工通讯第五期全文刊载了矿区公开选拔干部的经验。区委将这两次干部公开选拔中发现的40名优秀干部列为副科级后备干部，其中有32位先后得到提拔任用。1999年，区法院、检察院和司法局中层干部、干警实行双向选择，竞争上岗，有38名政法干部走上管理岗位。9月，区委组织部对30名拟提拔干部进行公示，有1名干部因群众反映未被任命。

2000年，矿区区委坚持任人唯贤，按照“政治上靠得住，工作上有本事，作风上过得硬，人民群众信得过”的要求选拔任用干部。2001年年底，全区共有各级领导干部441名，其中县级干部45名，正科级干部194名，副科级干部202名。

2009年，矿区根据职数空缺情况，分四批对法院、检察院、中小学校和区直机关部分单位的干部进行配备充实，共调整干部126人，提拔干部88人。在提拔的干部中，由一般干部提拔为副科级的51人，由副科级提拔为正科级的37人；提任领导职务64人，非领导职务24人；提任女干部39人；提任非党干部13人；提任的领导干部学历均在大学专科以上。2010年1月5日，矿区采取“面试 + 考核”的方式，公开选拔团区委副书记1名。同年7月开始，矿区干部选拔任用全部实行区委常委会票决制。针对部分街道办事处主任职务出现空缺的实际情况，矿区采取公推公选方式，选拔了3名街道办事处主任，积极探索防止“唯票取人、唯考取人、唯年轻取人”的有效方法，经验做法受到市委组织部的肯定。

2011年8月，矿区采取“四推一述两考”（个人自荐、民主推荐、署名推选、组织遴选，述职演讲，素质考评、组织考察）的方式对区直部门缺空岗位的干部进行选拔。经公开竞职演讲、测评推荐、考察、综合能力测评，按照干部管理程序，由区委组织部提供拟任人选的竞职演讲、考察测评情况，并经区委组织部部务会议、“五人会议”研究后，提交区委常委会进行讨论，进行无记名投票表决，确定正式人选。此项工作被评为阳泉市组织工作十大创新项目之一。

（四）教育培训

矿区干部教育的主要途径有：选派干部进各级党校、干部学校及各类专业学校培训深造，有组织地进行岗前培训和在岗培训，鼓励干部自学成才。采取脱产、半脱产、业余培训、自学等方式。建成区初期，干部教育工作由区委组织部和人事局共同组织管理。1989 年 10 月，成立矿区干部教育领导组后，干部教育工作由领导组集体负责。1986 年设“自学成才奖”，凡经批准自费或业余自学取得国家承认的大学、大专、中专毕业文凭者，分别奖励 500 元、300 元、200 元，公费自学取得文凭者减半。1984～1990 年，全区对 24 名军转干部进行了岗前培训。1990 年年底，共举办各类培训班 20 多期，接受培训人员 1100 人次，经培训取得高中毕业证书者 150 人，军转干部培训后上岗者 24 人。参加各类自学考试者 105 人，其中 20 人获得中专毕业证书，85 人获得大专以上毕业证书。

1997 年，制订了矿区《1998～2000 年干部教育及人才培训规划》，提出了全区干部教育的指导思想、措施、目标和任务等。同时根据市委组织部的要求，完成了 50 岁以下区级干部的微机培训任务。

2000 年，矿区开办中央党校、山西省委党校函授教育以后，本着适应党的干部教育、理论建设的要求，围绕党和国家的工作大局，以提高党员领导干部素质和能力为目标，加强教学管理，以管理创新求发展，全面提升函授教学水平，2003 年，矿区成立了教育培训中心，把党员干部的培训与全区的经济社会发展目标相结合，采取集中轮训培训的方式举办各类培训班 70 期，累计培训 9000 余人次。2007 年，共有 204 人取得大专和本科学历，其中社区干部占到了一定比例。

2009 年，矿区举办中青年科级干部综合知识调训班、新任科级干部培训班、新党员培训班等各类干部主体班培训 17 期，共培训轮训学员 1600 余人次。

2010 年，矿区举办各类干部主体班培训 25 期，培训轮训学员超过 6200 余人次；协助市委组织部做好干部培训工作，先后组织矿区县级干部 36 人参加全市第九期至第二十期干部教育论坛，组织矿区 16 人参加市委组织部组织的 6 期各类型外出培训。6 月，矿区举办入党积极分子培训班，区直机关 74 人入党积极分子参加了培训。

2011 年，矿区组织县级干部参加全市学习七一重要讲话干部教育论坛，组织县级干部共 98 人次参加市委组织部组织的 4 批次各类型培训；分别组织街道党工委书记和街道办事处主任赴省委党校和南开大学进行培训。

（五）退休退职管理

2000 年，矿区按照中央和省、市关于做好老干部工作的部署要求，认真落实了老干部的政治生活待遇。2009～2011 年，矿区组织老干部参观学习，春节期间召开了“迎新年、话发展”老干部座谈会，邀请 24 名离退休老干部及曾在矿区工作过的地级市老领导欢聚一堂，共谋矿区发展。“七一”前夕，购买慰问品，对部分老党员进行了走访慰问。对矿区的 164 位离退休老干部进行慰问。同时还加强了老年活动室的硬件设施建设，开设了象棋室、麻将室、阅览室、书画室、乒乓球室、台球室等活动室，使活动室真正成了“老干部之家”。成立老年大学，开设了书法、国画、声乐等 3 个班，并开展了书画作品展等多项活动。

（六）干部奖惩

矿区干部奖惩坚持“客观、公正、慎重、准确”的原则，进行严格考核，实事求是，赏不虚施、罚不妄加，奖适其功、罚当其过。坚持精神鼓励和物质奖励相结合，以精神鼓励为主，物质奖励为辅。奖励形式分为记功、记大功、评模范、先进工作者、升级、升职、嘉奖等，同时视其具体情况给予适当的物质奖励。干部处罚坚持教育与处罚相结合，以批评教育为主。处罚形式分为警告、记过、记大过、降级、降职、撤职、留用察看、开除等。1981～1990 年，本区共有 3 名干部记功，3 人通令嘉奖，1 人晋升工资，2 人被评为省级先进个人，5 人被评为国家级先进工作者。同时对 3 名干部开除公职，2 名干部给予行政警告处分。2008 年，矿区有 1 人被评为全省优秀组工干部。2009 年，矿区召开了全区纪念建党88周年“双先”表彰暨党员承诺大会，对近三年来涌现出的20名优秀党务工作者进行了表彰。2010年，矿区有1人被评为“全国基层党建优秀通讯员”，1人被市委、市政府推荐参加全省第三届模范公务员评选，1人被评为“全市优秀党务工作者”、1人被评为“区劳动模范”、1人被评为“区综治优秀个人”。2011年，在纪念建党90周年系列活动中，矿区对近年来涌现出来的20个先进基层党组织、100名优秀共产党员和20名优秀党务工作者以及3名优秀大学生社区干部进行了表彰。

三、领导班子建设

1970年矿区成立后，从实际情况出发，按照合理的年龄结构、知识结构和专业技术结构，科学合理的配备领导班子。同时，坚持系统的观点，公平、公正的考察、权衡党员干部所具备的各方面的特点和专长，不断创新有利于班子发挥核心作用、人尽其才、才尽其用，并且配置了年龄结构、专业结构相对合理、气质互为补充、团结务实的领导班子。

1978年中共十一届三中全会召开后，矿区认真按照解放思想，开拓进取，狠抓落实，注重实效的工作要求，紧紧围绕全区改革、发展、稳定的大局，紧紧围绕创业型领导班子建设，开展了创建学习型、服务型、创业型的“三型”领导班子活动，突出了民主集中制建设和后备干部队伍建设两个重点。

1993年7月，在完成了区委、人大、政府、政协的换届工作之后，区委又组织进行了基层党委（总支）、支部的改选换届工作，对各党委（总支）、支部的领导班子进行了调整，一批优秀干部相继走上领导岗位。与此同时，在当年的干部换届环节时，全区提拔科级干部68人，调整交流干部39人，有3名35岁左右的青年干部进入县级领导班子，有11名30岁以下青年干部被提拔到科级领导岗位，之前于1992年下派到办事处挂职锻炼的6名科技副主任全部进入街道办事处领导班子。2000年，矿区在进一步完善领导班子建设的同时，把提高领导水平和执政能力作为各级领导班子建设的核心内容来抓，充分发挥领导班子的团结带头作用和开拓创新作用，不断提高领导班子的政治素质和政治责任感。

2001年，矿区把提高思想认识、转变思想观念作为加强领导班子和领导干部能力建设的切入点常抓不懈。坚持用科学理论武装干部，把加强领导班子和领导干部教育培训，提高工作本领作为事关矿区发展的一项紧迫任务来抓，坚持“缺什么补什么，需要什么培训什么”的原则，精心确定培训内容，突出抓好理论学习，坚持实行理论学习教育考核制度。积极开展领导干部上岗培训、岗位培训、转岗培训。同时，根据各个部门的特点和发展的需要，来考虑领导班子的结构，在提高班子整体素质的基础上，注意班子成员的知识、能力、性格、年龄的合理配备，调动不同年龄层次、各种类型的干部的工作积极性，增强班子整体功能。

2006～2008年，矿区不断加强领导班子建设，要求每一位班子成员都牢固地树立整体意识，认真抓分管工作，关心整体，心系全局，通力合作，明确个人分工，发挥个人最大优势，落实目标责任制。领导班子成员要做到日常工作经常碰头，交叉工作经常协商，重大问题反复研究。通过相互沟通，广聚群智，彼此提醒，形成集思广益的民主作风，确保班子整体功能的发挥，有效提高整个班子的运行效率。

2010年，矿区针对部分街道办事处主任出现空缺的实际情况，采取公推公选方式，选拔了3名街道办事处主任，进一步加强了办事处的领导班子建设。

四、基层组织建设

1927年2月7日，中国共产党在阳泉煤矿建立第一个支部。在抗日战争和解放战争时期，阳泉矿区一直是敌占区，因此，中共党组织始终没有公开。

1948年3月，经中共华北局同意，中共阳泉市委在国营阳泉煤矿公司建立了党的总支委员会。1949年6月，中共井阳煤业公司委员会建立，国营四矿、国营裕公矿和阳泉修理分厂的党支部同时接受中共阳泉市委和中共井阳煤业公司委员会的领导。1950年3月，国营裕公矿党支部首先公开，继而所有的党组织都转为公开活动。8月1日，正式建立了中共阳泉煤矿委员会。1951年7月30日~8月3日，阳泉煤矿召开了党组织公开后的第一次党员代表大会。出席这次会议的代表共88名。1952年8月，由于阳泉行政区变更，中共阳泉煤矿委员会改称为中共阳泉矿务局委员会。截至年底，中共阳泉矿务局委员会已有5个基层党总支、31个党支部。1956年1月31日~2月3日，阳泉矿务局召开了第一次党员代表大会。出席会议的党员代表共90名。1957年年末，阳泉矿务局共建立了6个党委、18个党总支和108个党支部。

"文化大革命"开始后，矿区基层党组织陷于瘫痪。1970年12月25~27日，阳泉矿务局召开了第五次党员代表大会，选举产生了新的局党委。阳泉矿务局"整党建党"工作全面展开。1974年，全局共有8个矿处级党委和46个党总支。

1978年，阳泉矿务局党组织进行了几次整顿。在积极慎重发展新党员的同时，矿区根据上级党委指示，抓了纯洁和整顿党组织的工作。1983年，党组织根据《中共中央关于整党的决定》开始整党工作，分批进行整党，矿区应登记的党员12910名，予以登记的12752名，缓登记54名，暂不讨论的28名，不予登记的43名，42名因故未办登记手续。

1985年11月~1986年11月，阳泉矿务局党委根据《中共中央关于整党的决定》和其他有关文件精神，进行了为期一年的整党工作。1987年，全局共建有13个基层党委、77个党总支和622个党支部。1993年，全局基层党委增至14个，建立基层党总支90个，党支部625个。1997年12月20日，阳泉矿务局改制为阳泉煤业（集团）有限责任公司，集团公司基层党委增至15个，建立基层党总支108个，党支部681个。矿区和驻区各系统党委及基层组织加强党员管理，强化"党要管党"的自觉性。1989年"七一"评比中，评出先进党委2个，先进党总支7个，先进党支部26个，先进小组27个，优秀共产党员287名。

1992年，矿区区委逐步建立完善区、街道两级党建目标管理制度、党建例会、区委常委抓基层党建责任制、区直党委抓党建工作责任制、民主生活会制度，领导干部参加双重组织生活会制度、领导干部调查研究和参加集体生产劳动制度、党委（党组）议事规则以及个人重大问题请示报告制度等一系列制度和规定。全区各级党组织按照"坚持标准，保证质量、改善结构，慎重发展"的方针，积极培养、吸收生产一线的工人、干部和知识分子中的先进分子入党。在全区发展的300名新党员中有工人87人、占29.00%，干部120人、占40.00%，各类专业技术人员8人、占2.67%；在发展的新党员中，高中以上文化程度183人、占61.00%，35岁以上的青年116人、占38.67%，女党员176人、占58.67%，少数民族党员的数量也有较大幅度增长。1995年2月，区委召开四届四次全体（扩大）会议，讨论通过《关于落实中共十四届四中全会决定，加强党的建设的实施意见》，提出了"创建基层党建先进区"的党建工作目标。围绕"创建基层党建先进区"的工作目标，矿区实行区委常委抓基层党建责任制和区直党委（支部）抓党建责任制。区委书记、副书记、常委经常深入街道、居民区和企业了解情况，指导工作。区委组织部制订了区直党委（支部）党建责任制百分考核办法，对基层党建工作进行定期检查。各基层党组织定期召开党建例会。1997年10月，区委召开四届七次全体（扩大）会议，讨论通过《关于加强党的建设的实施意见》，就坚持加强和改善党的领导，加强党的思想建设、组织建设和作风建设作了全面部署。

2001年，阳煤集团下发《关于进一步规范企业改革改制中党组织设置和调整等有关问题的通知》，要求党组织的设置和调整要与企业改组、改制同步进行，各级党组织和组干部门要高度重视国有企业在改组、联合、兼并和职工下岗分流，实施再就业中的党建工作，并规定了党组织设置、调整或更名的审批权限和适应范围。截至年底，集团公司基层党委增至16个，建立基层党总支102个，党支部913个。2003年，按照现代企业制度要求，积极推进机构改革，各级机关人员重组精简力度加大，共精简76个科级机构。年末，基层党支部共有719个。2006年，集团公司基层党委增至19个，建立基层党总支109个，党支部883个。

2003年4月11～13日，在中国共产党阳泉市矿区第六次代表大会上，明确了后五年基层组织建设的主要任务和工作措施。切实加强以党支部为核心的基层组织建设。以服务群众为中心，探索适合矿区实际的社区党建工作网络、途径和载体。找准非公有制经济组织党的建设与企业生产经营的最佳结合点，积极探索新形势下加强非公有制企业党建工作的新途径，进一步扩大基层党建工作的覆盖面。

矿区区委制订出台了《关于先进性教育四个长效机制的实施意见》《关于实行党员承诺制的实施意见》等一系列关于加强基层组织建设、党员教育管理等方面的意见和措施，推进高标准基层党组织建设。按照分类指导的原则，把市委关于“创建高标准基层党组织责任书”的要求，与矿区创建高标准基层党组织实际结合起来，制订下发《继续实行创建高标准基层党组织责任制的通知》《街道党工委创建高标准基层党组织责任书》《区直机关党工委、党总支创建高标准基层党组织责任书》《街道党工委创建高标准基层党组织考核细则》《区直机关党工委、党总支创建高标准基层党组织考核细则》。

“十一五”时期，矿区推进基层党组织建设，在社区建立了以居民楼、居民院为单位的党小组，充分发挥基层党员先锋模范带头作用。桥头街道党工委开展了为党员过“政治生日”活动。赛鱼街道党工委在全社区开展了“和谐社区连心卡”服务。桥头街道办事处刘家垴社区开展了“邻里守望”活动，设立“便民中介服务点”。平潭街街道办事处平潭街东社区开展了“居家养老”服务。小南坑社区、段西沟社区党支部开展了“城乡党支部一帮一”结对子活动。

2011年，在基层组织建设方面，实施党员素质提升工程，提高广大党员干部以及党员的综合素质。办好主体班次，加强对科级干部的培训。采取巡讲制度，加强对基层干部的培训。整合教育资源，加强对党员的培训教育。截至年底，共举办各类干部主体班培训13期，培训轮训学员1300余人次。各党工委共培训党员3000余人次。实施党员承诺落地工程，提高党员承诺活动的质量和水平。

五、知识分子工作

新中国成立后，境内党组织根据党的有关规定，确立了对知识分子“团结、教育、改造”的方针。但一度出现违反党的知识分子政策的过“左”行为，严重影响了知识分子建设社会主义积极性的发挥。1962年4月11日，阳泉市委依据中央精神，出台了《关于加强知识分子工作的几点指示》。阳泉矿务局在进一步加强对知识分子的领导，严格纪律，搞好督促检查，正确贯彻党对知识分子团结、教育、改造方针的同时，按照此文件精神对知识分子的使用情况进行了一次认真细致的调查了解。与此同时，本着对知识分子“政治上关怀、工作上支持、生活上照顾”的态度，积极采取措施落实各项知识分子政策。这次对知识分子的政策调整，包括了境内的工程技术人员和文化艺术、教育、卫生等各界人士。

1978年中共十一届三中全会以后，随着“左”的错误的逐步清除和工作着重点的转移，矿区区委将落实党的知识分子政策提上了重要的议事日程，特别是全区各级党组织通过拨乱反正，对知识分子在新时期的地位和作用有了更明确的认识，从而提高了贯彻执行党的知识分子政策的自觉性。在这一时期，通过开展大量工作，发展了一批知识分子入党，给一大批知识分子晋升了技术业务职称，调整了一些用非所学、用非所长的专业人员的工作。全区提拔了一大批知识分子担任各级领导职务。解决了部分知识分子的工资待遇、住房和夫妻两地分居等问题，知识分子的工作条件和生活待遇得到改善。

1986年12月28～30日，中共阳泉市矿区第二次代表大会召开，大会确定了“七五”时期的工作目标，提出要充分发挥知识分子的作用，在全区形成尊重知识、尊重人才的浓厚氛围。“七五”期间，区二次党代会通过的《阳泉市矿区“七五”期间社会主义精神文明建设基本措施》得到落实，制订了《关于放宽、放活专业技术人员政策实施意见》，加强了对科技人才的开发培养，有359人取得相应专业技术任职资格。1990年9月10日，承诺为教师办的10件实事全部兑现。

1993年6月27~29日召开的中共阳泉市矿区第四次代表大会讨论和研究了积极改善知识分子的工作、学习、生活环境，注重专业技术人员的继续教育问题。“八五”时期，境内企事业单位专业技术人员占到了职工总数的39.7%，全区中小学教师岗位学历合格率分别达到95.17%和98.27%。教职工住房、办公条件得到了改善。

2000年，矿区根据全区知识分子的实际情况，对知识分子政策作出了相应的调整，使知识分子在社会主义革命和建设事业中发挥更大的作用。多次举办各种政治理论培训班，对知识分子进行政治教育，提高知识分子的政治觉悟和理论水平。

2001~2011年，矿区着力营造尊重知识、尊重人才的氛围，创造有利于广大知识分子发挥作用的环境和条件。努力改善其工作和生活条件，对作出贡献的知识分子给予奖励。

六、关心下一代工作

（一）组织机构

1993年10月，矿区关心下一代工作委员会（以下简称矿区关工委）成立。是在区委领导下的一个以离退休老干部为主体，吸收共青团、区少工委、区妇联、区教育局、区司法局等有关部门在职领导参加的专门从事关心、教育下一代的群众性组织。主要动员和组织各条战线离退休的老干部、老教师、老科技人员、老政法工作者、老军人、老劳模、老文艺工作者、老医务工作者以及专家、学者，充分发挥他们的特长和优势，对青少年进行传、帮、带。6个街道办事处都成立了关心下一代工作委员会，40个社区都成立了关心下一代工作组，全区关工委组织有50个，关工小组157个，从区到街道、社区形成了关心下一代工作网络，约有500余名离退休老干部参加，涌现出一批先进工作者。其中省级先进个人有常玉生、贾海泉、陈秀川；市级先进个人有卫怀义、王希贤、庞香英；区级先进个人共有18名。

（二）主要工作

1. 加强青少年思想道德教育。1994年12月8日，市关工委举办了“学习邓小平理论”笔试、口试大赛，矿区代表队荣获第一名，并代表阳泉市参加省比赛。“我爱矿山、关爱矿工”是矿区青少年开展的一项的社会实践活动，各街道、社区及学校利用节假日，组织文艺队，到井口或井下，为矿工表演小品、快板、音乐、舞蹈节目，歌颂矿工为国家开采煤炭的拼搏精神，宣传安全生产，受到矿工欢迎。青少年还常到坑口、井下为矿工送茶水、米汤、绿豆汤，鼓舞了矿工的干劲和斗志。通过这项活动，培养了青少年“为人民服务”和助人为乐的美德情操。黄石板小学“雏鹰绿色邮递队”的活动，深受居民欢迎。沙坪办事处黄石板社区居住分散，交通不便，各种信件不能及时送到住户家中，时有丢失现象。黄石板小学的师生们主动和邮局联系，把信件统一送到学校，而后由学校组织少先队员分送，十余年转送信件多达十几万件，从未发生损坏、丢失现象。他们的事迹多次受到各级领导表扬和居民们的称赞。《阳泉日报》，阳泉人民广播电台、电视台多次予以报道，区关工委将他们的事迹上报省关工委，荣获“优秀奖”。贵石沟办事处水滩社区创办了《手工报》，版面设计新颖，图文并茂。内容除转载时政要闻和好的教育活动外，其余全是青少年身边发生的感人事迹。用鲜活的事例对青少年进行教育。青少年经常开展的活动还有拥军优属、关爱老弱病残、环保宣传，以及“老少欢”“大手牵小手”“结对子”“学书画”和其他文体活动。

2. 积极参加读书活动。1996~2008年，区关工委组织全区广大青少年学生开展了“中华魂”读书教育活动。该活动每年都有一个特定的主题。如：1996年的主题是“寻红军足迹，树革命理想”，

1997 年的主题是"八一军旗红"，1999 年的主题是"伟大的祖国"，2003 年的主题是"高举光辉旗帜，誓做时代新人"。此外，还有"伟大的旗帜""光辉的八十年""学习'三个代表'""崇尚真善美，学做城信人""团结互助友爱，共建和谐社会""知荣明耻，从我做起"等主题。2005 年，平潭街小学杨沫晗获市演讲比赛小学组二等奖，省和国家演讲比赛三等奖，赴北京人民大会堂参加全国读书表彰会。2006 年，全区购置图书 17000 余册，名列全市前茅。2007 年 2 月，区关工委召开"矿区关心下一代工作经验交流表彰会"，对 9 个先进集体和 18 个先进个人进行表彰。在 2007 年阳泉市读书比赛中，矿区青年组一人荣获第二名；中学组 2 人分别荣获二等奖和三等奖；小学组 2 人获三等奖。区读书活动组委会被评为全国先进集体和集体优胜奖单位。十六中雷黎黎获全国二等奖。马家坪小学韩惠林、平潭街小学赵冉、红岭湾小学索菲和十六中张驰获全国三等奖，同时他们也是省、市同等奖获得者。区教育局赵全荣、翟文娟、秦秀萍获国家和省、市优秀工作者奖。2008 年，在"中华魂—心系奥运，健康成长"读书教育演讲赛中，赵冉、凌诗瑶、苏泽瑜、曹佳分获全国一、二、三等奖和优秀辅导员奖；2009 年，王维娅、毛柯入获全国二等奖，康丁文、张天烁、雷黎黎、王世杰获全国三等奖，吕广田、曹佳、郭海瑞获全国优秀辅导员奖，矿区关工委获全国"先进集体"奖，成为阳泉市三区两县获奖人数最多的单位，并在 2010 年 7 月 12 日到北京钓鱼台国宾馆参加了颁奖仪式和夏令营活动。2010 年，胡慧霞、张艳分获全国一、三等奖，郭海瑞、吕广田获全国优秀辅导员奖，冯俊杰被评为全国先进个人，矿区组委会获山西省"先进集体"奖，胡慧霞代表矿区参加了在北京人民大会堂举行的颁奖仪式和夏令营活动，矿区关工委荣立矿区"集体二等功"。2011 年，矿区有 9 人参加了在市电视台举办的"中华魂—颂歌献给党"读书教育活动演讲赛，占参赛人数的一半，杨建霞、梁旭获一等奖，郑一鸣、张天烁、张睿祥、冯栋获二等奖，张建霞、梁雅洁、赵心圣宇获三等奖，吕广田、郭海瑞等 8 人获市优秀辅导员奖。2008～2011 年，矿区关工委和矿区教育关工委连续 4 年获阳泉市"优秀组委会"和"先进集体"奖。

3. 巩固"一室三校"，帮教"三失"青少年。矿区各街道社区普遍建立了"一室三校"（图书室，法制学校、家长学校、科技学校）。赛鱼街道办事处原三矿离休干部常玉生离岗后，个人投入资金 18 余万元，购书 6 万余册，建立图书室，义务为青少年读书服务，受到家长赞扬，多次受到省、市、区的表彰奖励。市关工委赠其 4000 元购书款。区关工委与司法局领导走访家长，到监所探视"失足"青少年，给"失足"青少年做思想工作。外地女孩刘某因居住和经济困难准备退学返乡，王希贤知情后，主动找其家长协商，征得同意，将她接到家里吃住，直到参加高考。家住平潭东社区的少年李某，因父亲判刑，母亲出走，无家可归，流浪街头。平潭街道办事处关工委主任杨翠萍妥善解决了李某吃住和上学问题。

4. 召开表彰会。2006 年 12 月 18 日，关工委召开了首次"双先表彰会"。对 9 个先进集体、18 名先进个人进行了表彰。先进集体和先进个人代表介绍了经验。区委副书记黄俊德作了重要讲话，对工作提出了建议和要求。市关工委常务副主任莫显标在讲话中肯定了矿区关工委的工作，认为"双先表彰会"开得好，是全市县、区关工委"双先"表彰会的首例，并对工作提出建议。区关工委主任卫怀义作总结，要求深刻领会市、区领导讲话精神，并在工作中积极贯彻，并提出了具体的安排意见。2011 年，矿区平潭街东社区撰写的《爱心托朝阳 春雨育新人》参加了山西省关工委基层建设太原现场会的交流，被收录在典型经验汇编里。他们的经验受到了在平潭街东社区调研工作的山西省关工委主任武正国的肯定，武正国主任还挥笔题写了"平潭东社区好"六个大字。

5. 开展"八荣八耻"教育。胡锦涛总书记倡导的"八荣八耻"公布之后，阳泉市矿区青少年认真学习，大力宣传，开展了"知荣明耻，从我做起"的各种活动，鞭策自己。同时以此为座右铭，规范自己言行，好人好事时有出现。

第二节　宣传工作

一、机构设置

中共阳泉市矿区区委宣传部成立于1980年4月。1995年6月，区委成立精神文明建设协调委员会（1996年12月改称精神文明建设指导委员会）办公室，挂靠区委宣传部。到机构改革前的1996年年底，宣传部人员编制调整为10名，实有工作人员7名。1997年4月，根据《阳泉市矿区党政机构改革方案》，宣传部仍挂精神文明建设指导委员会办公室牌子。核定行政编制7名（含精神文明建设指导委员会办公室），其中部长1名，副部长2名。1998～2011年工作机构未变。

二、思想道德建设

民国16年（1927）2月7日，境内成立了以铁厂工人为主的中国共产党阳泉支部。支部的主要任务是宣传共产主义思想，发展党员，发动群众，开展政治斗争支持北伐。1933年初，中共山西省委派何英才到阳泉矿区开展工作，向工人们传播革命道理，启发他们的阶级觉悟。

解放后，工矿区委于1950年8月部署开展了对农村基层党组织的大面积的整风运动。在这次整顿思想教育阶段，普遍开展了共产主义和党的基本知识教育，使每一个党员真正从思想上懂得了如何做一名合格的共产党员，明确了自己的努力方向。

20世纪60年代，矿区人民公社通过讲党课、讲团课、召开座谈会等形式，广泛宣传和学习雷锋的事迹和精神。同时在公社中开展了执行政策完成任务好、思想政治工作好、干部作风好、集体生产好、经营管理好竞赛活动。

70年代，矿区在思想道德建设工作中首先是加强优良传统教育。要求全区干部群众用正确的道德信念进行自我磨砺，做到“自重、自省、自警、自励”。把外在强制力转化为内在的自觉，把他律转化为自律，“堂堂正正做人，兢兢业业做事，清清白白做官”。在政治上与党中央保持一致，对党和人民忠诚，认真执行党和国家的路线、方针、政策。在各级党委、政府的正确领导下，搞好各项工作。

1981年夏，中共十一届六中全会召开后，矿区采取多种方式，对广大党员、干部和群众进行政治思想教育；全区集中轮训副科级以上干部60余人，占总数的90%以上。区委和各办事处党委组织100多人的宣讲队伍，深入厂矿、街道、居民区开展宣讲活动。

1982年11月5日，中共矿区第一次党代会就实现党风和社会风气的根本好转提出了要求。1983年4月，区委做出《关于开展学雷锋、学先进的决定》，5月，发出《关于贯彻中央指示、开展学习张海迪活动的通知》。1986年12月，中共矿区第二次党代会审议并通过了《阳泉市矿区“七五”期间社会主义精神文明建设基本措施》，会议要求，大力加强精神文明建设，搞好职业道德建设，培养有理想、有道德、有文化、有纪律的社会主义公民。

中共十三届四中全会后，矿区成立了企业政治思想工作研究会，建立健全了一支专兼职政工队伍，发挥职代会的民主管理作用，积极探索符合矿区小型企业特点的思想政治工作方法。召开了沙坪思想政治工作现场会，总结推广经验，进一步推动了全区企业思想政治工作的开展。

1990年9月，中共矿区第三次党代会要求把社会主义精神文明建设推进到一个新水平。

1993年6月，中共阳泉市矿区第四次党代会提出，要深入开展以建设有中国特色社会主义的理论和党的基本路线为主要内容的各种教育，巩固思想政治工作阵地，充实思想政治工作的队伍，改进思想政治工作方法，增强思想政治工作效果。

1998年5月，中共矿区第五次党代会要求，从严治党，惩治腐败，进一步民主法制建设，发展加强精神文明建设。

2003年4月，中共矿区第六次党代会要求，强化文明矿区建设，以思想道德建设为基础，以社区建设和城市建设为载体，以提高矿区文明程度和公民素质为目的，政企携手，协调配合，广泛开展形式多样的文明创建和文化创建活动。

2006年6月，中共矿区第七次党代会要求，以开展"八荣八耻"社会主义荣辱观教育为重点，以"爱区、奉献"为主题，深入开展思想道德建设和精神文明建设，再建一批标志性文化设施，大力发展健康向上、丰富多彩、具有工矿特色的先进文化。

2011年5月，中共矿区第八次党代会要求，推荐文化体育事业大发展大繁荣，努力实现社会安全、文明和谐。

三、干部理论学习

解放初期，党组织主要是组织学习党的"无产阶级领导的，以工农联盟为基础的人民大众的反帝、反封建、反对官僚资本主义的新民主主义革命"路线，同时学习党的土地改革政策。1950年开始宣传学习毛泽东著作。1953年，学习党的过渡时期总路线（即一化三改）和《社会发展史》《中国共产党三十年》《联共（布）党史》《政治常识读本》，使干部职工懂得社会发展规律，明确党的性质任务，作好新民主主义向社会主义过渡的思想准备。1956年，党的八大召开后，组织党员、干部和职工学习党的八大文件。

1957年4月27日，中共中央发出《关于整风运动的指示》。境内各级党组织在党内开展了反官僚主义、反宗派主义、反主观主义的党内整风运动。整风学习的主要文件是毛泽东在第11次最高国务院会议上所作的《关于正确处理人民内部矛盾的问题》的报告和在全国宣传工作会议上的讲话以及中央《关于整风运动的指示》《中央关于各级领导人员参加体力劳动的指示》等。

1958年起，开始学习党中央提出的社会主义建设总路线，即"鼓足干劲，力争上游，多快好省地建设社会主义"，号召广大干部群众解放思想，破除迷信，敢想敢干，大干社会主义。

20世纪60年代，首先学习毛主席关于"鞍钢宪法"的批示，大搞群众运动，实行两参（干部参加劳动，工人参加管理）一改（改革不合理的规章制度），三结合（领导干部、工程技术人员与工人相结合），改变领导管理作风。接着，学习党中央提出国民经济进行调整、巩固、充实、提高的"八字方针"和《国营工业企业工作条例（草案）》，以便整顿企业管理的失控局面，结合学习这些内容，各级党委党校开展马克思主义理论教育，轮训党员11249人，轮训干部1857人。1963年后，开展社会主义教育运动，主要是学习"双十条"和"二十三条"。"文化大革命"时期，掀起了全民学习毛主席著作运动。

中共十一届三中全会后，遵照邓小平提出的"要完整准确地理解毛泽东思想"，"要解放思想，实事求是，团结一致向前看"等重要指示，在党员、干部中开展了从思想上、理论上拨乱反正为主要内容的政治学习。

1980~1981年，组织学习《邓小平文选》《陈云文选》及薛暮桥《中国社会主义经济问题研究》等论著。其中，在1980年7月28日至8月26日，区委组织全区副科级以上党员干部学习中共中央《关于建国以来党的若干历史问题的决议》。

1982年，学习了中共十一届六中全会决议和十二大文件。1983年，学习的重点是《三中全会以来的重要文献选编》，通过8天轮训，加深了基层党员干部对经济发展战略的认识。同年6月，以中国近代史、中国工人阶级、科学社会主义三门课为内容教育青年，参加学习培训35157人。1984年，重点学习《中共中央关于整风的决定》，全区13401名党员参加了学习轮训。1985年，加强了在职干部的理论学习。1987~1988年，组织科级干部轮训，重点学习贯彻中共十三大精神，加深对建设有中国特色社会主义理论深刻含义的理解。1989年，区委对5400多名党员进行了党的四项基本原则和中国特色社会主义理论的培训。同年矿区区委宣传部被市委授予“宣传工作先进集体”。

1990 年，矿区和驻区企、事业单位党委组织党员认真学习中共十三届五中全会文件和党中央《关于加强党同人民群众联系的决定》以及中纪委颁发的纪律条规。同年，矿区区委根据党员代表大会《关于加强党的建设的决议》，全区 6 个街道办事处相继建立业余党校，72 个支部办起党员学习园地，党员理论学习的网络逐步形成。1991 年，主要是加强对党的十三届七中全会精神的学习。

1992 年邓小平南方谈话公布后，区委中心组集中时间进行了学习和讨论。同年 3 月 6 日，区委召开副科级以上党员干部大会，传达《邓小平在武昌、深圳、珠海、上海等地的谈话要点》，就深入学习邓小平重要讲话作出具体安排和部署。10 月 27 日召开区级机关党员干部大会，传达贯彻中共十四大会议精神。要求全区各级党组织把学习贯彻十四大精神作为政治任务，精心组织，层层落实，确保成效。区委宣传部举办“学习十四大文件，促进矿区经济上台阶”知识竞赛。

1995 ~ 1996 年主要是引深建设有中国特色社会主义理论的学习。矿区专门下发了《关于引深学习建设有中国特色社会主义理论学习的三年规划》。

1997 ~ 1998 年主要是学习和贯彻党的十四届六中全会精神和党的十五届一中、二中、三中全会精神。在全市干部学习邓小平理论和党的十五大精神万人百题答卷活动中，矿区夺得阳泉市颁发的“优胜集体”奖。

1999 年，区委以中共十五大精神为指针，深入开展理论学习活动，既抓规划，强化对理论学习的指导和监督；抓龙头，强化领导班子理论学习的示范作用；抓载体，强化理论学习的针对性；抓服务，强化职能部门协调配合；抓重点，强化青少年理论教育；抓研讨，强化理论教育精神；抓难点，强化职工理论教育学习；抓结合，强化理论联系实际。2000 年 2 月 22 日至 4 月 27 日，区委集中时间在全区县级以上党政领导班子和领导干部中深入开展了以“讲学习、讲政治、讲正气”为主要内容的党性党风教育。区委、区人大、区政府、区政协和区纪委、区委组织部、区委宣传部、区法院、区检察院、区公安分局十个领导班子和 55 名班子成员参加了集中教育。

2000 ~ 2001 年，区委根据贯彻落实“三个代表”重要思想的总要求，主要是学习贯彻十五届三中、四中、五中、六中全会精神，学习山西省八次党代会，阳泉市九次党代会精神，紧紧围绕矿区加快发展，奋力赶超的战略目标，着力推进理论武装。2001 年 2 月 26 日至 5 月 31 日，区委在各单位领导班子和全体干部中开展了学习贯彻“三个代表”重要思想学习教育活动。10 月，区委在全区开展了党的作风建设调研活动，调研活动分引深学习，广泛动员；深入调查，掌握情况；分析原因，明确责任；抓住重点，解决问题；整章建制，巩固成果五个阶段。

2002 年，区委通过了全区全年理论学习规划，同时，区委和全区基层党组织始终把理论学习作为党要管党，加强党的建设的一项重要任务抓在手上，并且明确了“用科学的理论武装人，以正确的舆论引导人，以高尚的精神塑造人，以优秀的作品鼓舞人”是宣传思想工作的一项重要任务。“七一”前后，在全区掀起了学习实践“三个代表”重要思想的新高潮。12 月，在全区掀起了学习宣传十六大精神的新高潮，两次学习热潮都体现了学习与讨论相结合，内容与形式相统一，学习与工作相促进。区委还抓住区、街两级中心组理论学习这个重点，以点带面，推进全区理论学习整体推进。区委中心组集中学习 6 次，参学率达 96%，区级领导干部在市区级报刊上发表理论文章 30 余篇。

2003 年，区委主要抓了区街两个中心组的理论学习和全区科级干部理论学习以及全区基层的理论学习。2004 年，继续引深“三个代表”重要思想和十六大精神的学习，在完善和健全区、街两个中心组理论学习制度的基础上，成立了区委、人大、政府、政协和政法系统五个学习小组；联系全区 20 年来改革发展的巨大变化，深入理解和准确把握邓小平理论和“三个代表”重要思想一脉相承的辩证关系；深入基层开展调查研究，区委常委每人撰写了 1 ~ 2 篇调研报告；加强对宪法知识、科技知识、税收知识、人口理论和国防教育等内容的学习。

2005 ~ 2008 年，主要是以深入学习宣传贯彻“三个代表”重要思想，学习宣传贯彻党的十六届三中、四中、五中全会精神，学习宣传贯彻以人为本，全面协调可持续的科学发展观为主线，突出“共创发展，共建和谐”这个主题。围绕经济建设这个中心，继续推进理论中心组学习方式创新，不断提高两级党委运用科学理论武装头脑，科学决策，指导工作的能力和水平。结合全区开展保持共产党员先进性教育活动和“三项学习教育活动”，对科级干部进行全面培训，利用区委党校多媒体教学工具，举办了《保持共产党员先进性教育活动专题》系列讲座，观看了《牛玉儒》先进事迹电影，警示教育片《王怀忠的两面人生》《李真贪污受贿剖析》。组织广大党员干部群众认真学习《江泽民文选》《中国共产党十六届五中全会公报》等一系列纲领性文件。开展了送理论下基层活动，以先进性教育和全面建设小康社会为内容，以社区为重点，解答干部群众现实生活中提出的理论问题和实践问题，达到理论工作贴近实际、贴近生活、贴近群众的要求。

在开展保持共产党员先进性教育活动中，区委根据中央和省、市委的安排部署，分三批在全区116个支部中开展了这次活动。每批又分思想发动、学习教育，党性分析、民主评议，整改提高、建章立制三个阶段，每批时间在半年左右。第一批从2005年2月4日至7月6日，参加的单位有区级党政机关，人大、政协机关，法院、检察院和人民团体机关，机关管理的事业单位和市驻区单位机关党组织，涉及6个党（工）委、3个党总支，46个党支部552名党员。第二批从7月6日至12月9日，参加的单位有街道、社区，中、小学校、幼儿园，区属企业、非公有制企业的党组织和派驻街道的基层单位党组织，共10个党工委、67个党支部2508名党员。参加第三批的单位有区纪检委、区委组织部、宣传部3个支部46名党员。

区委从2009年3月组织全区党员干部开展了学习实践活动。这次学习活动找准了存在问题，理清了工作思路，明确了目标，促进了各项工作的开展；干部政治理论水平和综合素质明显提高，全体干部落实科学发展观的自觉性、坚定性明显增强，解决问题的能力明显提高；全体干部职工学习意识、创新意识和责任意识明显增强，工作作风明显转变。同时区委把学习党的十七大、十七届三中、四中全会以及省、市、区重要会议精神作为贯穿中心组学习的主要内容，确定了“学习贯彻十七届四中全会精神”“学习贯彻中央经济工作会议精神”“学习贯彻全国‘两会’精神”和“学习中央、省、市重要文件精神”等学习主题，学习了《十七届四中全会公报》《胡锦涛总书记在纪念改革开放30周年大会上的讲话》《温家宝总理在全国人大会议上所作的政府工作报告》《习近平在全国人大会议期间参加山西代表团讨论时的讲话》《中国共产党全国代表大会和地方各级代表大会代表任期制暂行条例》等内容。区委宣传部制订下发了《全区理论学习制度》，对全区干部理论学习的时间、内容、形式做出了详细安排，明确要求各单位、各部门要将理论学习作为一项常抓不懈的政治任务，严格在每周一的学习日组织本单位的理论学习。

2010年，区委积极探索理论学习的新思路、新方法，制订了区委理论学习中心组2010年度专题理论学习计划，组织区委理论学习中心组集中学习五次，提升了党员领导干部的理论思维水平和战略思维水平。同时，全面提升全区理论学习新水平，认真抓好街道党工委中心组学习制度的落实，强化对领导干部理论学习的督促检查、考核评价以及全区各单位、各部门落实《理论学习制度》情况的督促检查，促进全区理论学习制度化、规范化。

2011年，区委邀请市委讲师团的教授，就党的十七届五中、六中全会，省、市党代会精神举办了两场学习辅导报告会。通过学习，有效地提高了全区干部的理论素养、业务本领和领导能力；组织各街道党工委，区机关各党工委、机关各支部召开学习型党组织创建和理论中心组学习经验交流会；狠抓了街道党工委中心组学习制度的落实，强化了对领导干部理论学习的督促检查。

四、经济形势宣传

从1950年后半年开始，境内各单位遵照中共中央指示精神，并且在阳泉工矿委和区人民政府的领导下，开展了调整工商业工作。在调整工商业的工作中，积极组织党员干部学习中共中央调整工商业的有关文件，并详细阐明了调整工商业的必要性以及调整内容和有关政策的基础上，统一思想，提高干部对私营工商业在恢复和发展国民经济时期重要性的认识；同时，通过召开工商界代表座谈会或定期举办讲习会，宣传党和政府有关政策法令，清除私营工商业者的思想顾虑。

从1952年开始，境内各单位在中共阳泉市委的直接部署下，迅速组织开展了学习、宣传总路线的教育活动。这次运动首先在国家工作人员之中展开，并明确提出了深入学习总路线的任务。从1953年12月中旬开始，矿区各工矿企业党组织根据市委的指示精神，大力组织发动广大新老工人联系实际，学习领会党在过渡时期总路线的精神实质，划清社会主义工业与资本主义工业的原则区别，批判看近不看远、看小不看大的自私自利思想和本位主义倾向，树立服从国家利益和长远利益的观念，克服雇佣观点和特权思想，增强主人翁意识和“工人阶级是国家的领导阶级”的责任感，使总路线的宣传教育在广大工人群众中得到了逐步深入。与此同时，境内还及时组织发动了私营工商界学习党的总路线，针对私营工商业者中存在的各种疑虑，开展了积极深入的宣传教育工作。

中共中央在1964年2月5日发出《关于传达石油工业部关于大庆石油会战情况的报告的通知》后，全国工业战线掀起了学习大庆经验的运动。境内的“工业学大庆”运动，在“文化大革命”之前主要集中在阳泉矿务局等大中型企业中。

1981年2月12～28日，区委召开工作会议，学习贯彻中央工作会议精神，讨论经济调整和整顿工作。参会人员联系矿区实际，就如何进一步贯彻好中央的文件精神，如何搞好国民经济调整等问题，进行了热烈研究讨论。

1986年12月28～30日，中共阳泉市矿区第二次代表大会召开。会议强调，必须一切着眼于经济建设，既要发展煤炭生产配件产品和矿区人民生活需要的食品业和服务业，又要面对市外、省外的市场需要；既要发扬街道企业“拾遗补缺”“见缝插针”“船小好掉头”的优势，又要注意逐步形成适销对路、物美价廉、能够占领市场的产品。

1988年3月初，区委召开了常委扩大会议，对第七个五年计划（草案）初稿进行讨论。3月底，在区委二届三次全委（扩大）会议上原则通过了计划（草案），并建议提请区三届人大三次会议审议通过。矿区“七五”期间经济和社会发展指导思想的主要内容是，动员和组织全区人民，以经济建设为中心，坚持四项基本原则，坚持改革开放。解放思想，解放生产力，贯彻执行“注重效益，提高质量，协调发展，稳定增长”的方针，依靠科学技术进步，搞好以机械加工、铸造、服装，食品饮料、建材为主体的区属工业的发展，大力发展商业、饮食、服务业和建筑业。11月7～8日，区委召开二届四次全体（扩大）会议，讨论研究矿区贯彻落实党的十三届三中全会的意见措施。会议对矿区的政治和经济形势作了实事求是的估计。改革开放以来，全区的经济建设和社会事业取得了显著成绩，人民生活得到了明显的改变。随着区级建制的逐步完善，为煤炭生产服务，为矿区人民生活服务的方针得到了有力贯彻，矿区的自身经济也得到较快发展，1987年与1980年相比，全区自身的工业总产值由265万元上升到883万元，翻了一番半还多，矿区自身的商业服务业也有很大发展，个体工商户达到2300余户，财政税收年年超额完成任务，全区干部职工的收入有了明显提高。

1990年9月13～15日，中共阳泉市矿区第三次代表大会在阳泉宾馆召开。会议确定了“八五”期间矿区经济发展的奋斗目标和基本原则：依靠科技进步，促进经济发展。要强化“科学技术就是生产力”的观念，坚持“经济建设必须依靠科学技术，科学技术工作必须面向经济建设”的方针，加强人才开发，壮大技术队伍，发挥科学技术的辐射能力和渗透作用。积极引进、消化、吸收新技术、新工艺和新的科研成果。科技部门要加强科技信息情报工作，帮助企业攻克技术难关，搞好科技服务。坚持党在社会主义初级阶段的基本路线，解放思想，深化改革，扩大开放，艰苦奋斗，努力发展生产力；继续贯彻“为煤炭生产建设服务、为矿区人民生活服务”的方针，大力发展工业和商业、饮食服务业，改善产品结构，提高经济效益，保持国民经济持续、稳定、协调发展。

1992年邓小平南方谈话发表后，矿区制定出台了《关于加快经济发展的若干优惠政策》规定，要求区属工商企业新产品、技改项目、固定资产贷款在50万元以上的，区政府予以贴息；年实交税金25万元以上的企业，区财政按实交税2%的额度予以奖励；新产品获国家、部、省、市级进步奖的由区科委对项目法人给予奖励，新项目、技改项目从论证之日起二年内按设计能力达产达效的由区财政给予奖励；凡来矿区投资、入股、联营、合资办企业的，从获利之日起，区方企业可以在应得部分中予以让利。矿区工商行政管理部门放宽了集体商业企业经营范围。

1993年6月27～29日，中共阳泉市矿区第四次代表大会在市宾馆召开。大会提出要把握建设有中国特色社会主义理论的精髓。要从传统的计划经济观念模式、思想方法和工作方式中摆脱出来，强化市场意识和竞争意识，自觉按照价值规律和市场规律办事，树立社会主义市场经济观念。发扬改革创新、奋力拼搏的精神，尊重科学、真抓实干的精神和顾全大局、团结协作的精神以及艰苦奋斗、无私奉献的精神。全体党员，特别是领导干部要增强发展矿区经济的紧迫感和责任感，坚定不移地把经济建设放在中心位置，排除一切干扰，形成抓经济建设的强大合力。

在“九五”时期，矿区确定了经济和社会发展的主要措施。一是加大改革力度，建立和完善社会主义市场经济体制。二是转换企业经营机制、加快现代企业进行改制、改组、改造进程，推行完善股份合作制、承包经营、集有民营等多种经营形式，创新企业制度。三是大力推进企业资产的合理流动和优化组合。

1998年5月19～21日，中共阳泉市矿区第五次代表大会召开。会议认为，在世纪之交的时刻，要面向新世纪，加快特色区域发展。要从大矿区出发，研究矿区兼有工矿区和城市区的特点，建立适应社会主义市场经济的有效的领导和管理体制，最大限度地发挥现有和潜在产业优势。大会指出，发展特色区域经济是实现跨世纪战略目标的关键，必须以城市配套建设和区域政策优势为基础，以发展煤炭产业及延伸产业和第三产业为重点，通过改革开放、结构优化、科技进步、管理创新、规模扩张，提高经济运行质量和效益，促进矿区特色区域经济腾飞。

2003年4月11～13日，中共阳泉市矿区第六次代表大会召开。会议明确了五年内的主要任务和措施。一是加快发展区域经济。要依托和支持阳煤集团，走新型工业化之路，做大做强第二产业。二是现有煤电铝联产、磁材、新型建材、型煤等支柱产业，要通过技术改造，做优做精，做大做强。三是按照调整优化第二产业、大力发展第三产业的总体思路，合理调整生产力布局。

2006年6月19日，中共阳泉市矿区第七次代表大会召开。会议指出，在过去的三年，全区按照改革开放的发展要求，使经济实力不断攀升。区委认真组织实施“工业强区、三产活区、民营兴区、招商引资促发展”战略，积极推进“一带、两区、四个商贸板块”建设，区域经济布局和经济结构不断优化，一批标志性调产项目达产达效，第三产业在经济总量中的比重明显上升。大会确立的今后五年全区工作的总体思路是，经济建设方面，到2010年，全区生产总值达到90亿元，年均递增10%左右，人均地区生产总值达到3.9万元；第三产业增加值达到12亿元，年均增长20%；财政收入达到2.4亿元，年均递增15%实现再翻一番。

2009年1月13日，矿区召开经济工作会议。会议对当前全区的经济形势进行了分析。矿区经济平稳较快发展的基本态势没有改变，全区加速发展的阶段性特征没有改变；随着国家和全省扩大投资规模、拉动内需、促进增长的一系列宏观政策的实施，全区可以着手筹划和实施心有余而力不足的事情。通过加快发展，全区积累了较为坚实的物质基础，抗御风险的能力进一步增强；在市场环境下，政府的政策导向、企业的内在动力、市场的倒逼机制和银行的宽松政策，这四个方面取向高度一致，力量趋向协同，为加快转型发展创造了很好的机遇。

2010年3月9日，矿区第八届人民代表大会第四次会议召开，会议在确定当年经济工作的总体目标和主要任务时指出，宏观经济回升向好的基础日趋巩固，中央和省继续保持宏观政策的连续性和稳定性，政策措施的拉动作用将进一步显现；通过近年来的加快发展，全区打下了较为坚实的基础，经济增长的内在动力显著增强。

2011年1月6日，矿区召开全区经济工作会议。会议分析了全区经济运行中存在的比较突出的矛盾和问题，同时针对这些问题提出了全区经济工作的总体要求：按照区委七届八次全会的总体部署，以加快转变经济发展方式为主线，以转型跨越发展为主旋律，紧抓全省建设资源型经济转型综合配套改革试验区契机，大力推进矿山装备制造基地建设，大力推进“三城同创”和新社区创建，促进全区经济平稳较快发展、社会全面进步和民生进一步改善，努力在打造全市“资源转型首创之区、经济发展首富之区、社会和谐首善之区”的“三区”建设进程中迈出新步伐。

五、对外宣传活动

（一）矿区政府对外宣传活动

矿区通讯报道是在1980年矿区区委与阳泉矿务局党委分开后开始的，当时，由区委宣传部设通讯干事负责这项工作。1984年前后，通讯队伍逐渐扩大，随着通讯报道网络的形成和工作的发展，区委于1989年9月成立通讯组，归口区委办公室管理，与区委办公室信息组合署办公，为副科级建制，定编2名。主要负责本区在《阳泉日报》、阳泉电视台、阳泉广播电台及省级以上新闻媒体的宣传报道工作，市级以上新闻记者来本区采访的接待工作。1991年6月，区委决定将区委通讯组与区委办公室信息组分别设置，为副科级事业单位，归口区委宣传部领导。1994年3月，通讯组升格为正科级机构。

1999年5月，经矿区区委研究决定，创办《阳泉矿区报》内部刊物，由阳泉矿区区委主办，为8开4版，10日1期。由矿区区委通讯组负责报纸日常工作，设兼职总编辑1人，专业编辑、记者3人，主要面向区直机关、各街道办事处及区属企事业单位。同年5月8日，《阳泉矿区报》试刊。试刊期间不定期出版31期，2000年4月，经省新闻出版局批准，试刊近一年31期的《阳泉矿区报》正式创刊，成为中共阳泉市矿区区委机关报。正式创刊后的《阳泉矿区报》改为周刊，并在版面、栏目上较创刊前有较大改进，开设了要闻、综合新闻、理论与实践、反腐倡廉、法制、教育、文学、文化、生活等版面，主要栏目有：监督台、现场短新闻、读者热线、热线追踪、回音壁、经济论坛、日潭新语、热点聚焦、记者调查等。

2000年2月22日~4月27日“三讲”教育活动期间，矿区的《“三讲”教育简报》和《矿区信息》编发简报信息70期；区委办编发《办公室通报》8期；《阳泉矿区报》和市电视台、广播电台等媒体播发稿28篇；有关单位制作板报、专栏36块。

2002年元月，《阳泉矿区报》由周刊改为周二刊。改为周二刊以后，《阳泉矿区报》始终坚持为人民服务、为社会主义服务的方向，坚持团结、稳定、鼓劲和正面宣传为主的方针，弘扬爱国主义、社会主义、集体主义主旋律，突出特色区域发展战略，贴近生活；突出工矿区特点，贴近百姓服务群众。围绕区委、区政府中心工作，全面反映矿区人民在建设中的精神风貌，为矿区的社会稳定、经济发展发挥了应有的舆论宣传作用。同年，阳煤集团电视台又开辟了矿区新闻栏目。进一步对矿区开展的各项工作进行了宣传。

2003年1月18日，《阳泉矿区报》再次增刊，由周二刊改为周三刊。版面安排为：一版为要闻版，主要刊登矿区的重要新闻；二版为综合新闻版，主要刊登矿区各行各业涌现出的新人新事、新风貌、及新思路、新观点，同时还选登国际、国内，省、市政治、经济、文化等方面的重要新闻；三版为各类专版，设有党的建设、法治园地、区域经济、社区建设、城建城管、计划生育、社情民意、文明单位等专版；四版为副刊版，设有文学、影视、娱乐及人生感悟、衣食住行等专版。从1989年以后，每年都在市级以上新闻媒体发表稿件200篇以上。

2004年1月16日，《阳泉矿区报》改为《阳泉矿区》。经2004年5月15日区委常委会议和6月3日区编委会议研究决定，单独设立《阳泉矿区》编辑部，但未分开办公。2005年9月，原矿区区委通讯组分成新闻办公室和《阳泉矿区》编辑部，单独办公。区委宣传部副部长郭玉田兼任新闻办公室主任，负责对外宣传。《阳泉矿区》在继续坚持原有办报宗旨、方针的基础上不断创新，牢固树立“大矿区”观念，着力充实通讯员队伍，从而使报纸的信息量、报道面不断扩大。《阳泉矿区》一版仍设为要闻版；二版仍为综合新闻版；三版的各类专版略有改动，设理论、矿区文化、社情民意、科普、劳动就业、未成年人思想道德建设、党旗飘飘、区域经济、教育园地、文明单位、社区建设等；四版设有习作、人生感悟、生活服务、文学、健康频道、屋檐下、知识博览、法治、妇女之友、社会新闻等专版。报纸版面丰富、栏目众多，成为矿区人民不可或缺的精神食粮。2002～2005年，矿区新闻办公室在阳煤集团电视台播出的矿区新闻共800余条。

2005年，在矿区116个支部中开展了保持共产党员先进性教育活动。这次活动中，矿区先进性教育活动领导小组办公室下发文件130期，编发《简报》195期。在省、市、区各级新闻媒体上发表党员先进性教育活动专题稿件569条（篇），其中：省级报刊2条；《阳泉日报》37条，阳泉人民广播电台39条，阳泉电视台42条，阳泉电视台图文频道28条，阳煤集团有线电视台120条，《阳泉矿区》共编发专题稿件301条。“民生问题大调研”、机关党支部与社区党支部“结对子”等近50期《简报》先后被省委、市委的《简报》《组工通讯》和《组工信息》转发。

2006～2008年新闻办公室5个编制，1个正科，没有副科，2个临时工；《阳泉矿区》编辑部编制共7人，其间没有正科，正科在宣传部，2008年年底，有2名副主任。

2008年，《人民日报》、中央电视台、山西电视台、《山西日报》、阳泉电视台、《阳泉日报》等国家、省、市级新闻媒体共播发矿区新闻3000余条。郭玉田、荆升文采写的《阳泉媳妇：“婆婆，您比亲妈还要亲”》，在《三晋都市报》连载6天后，在全国引起强烈反响，被《人民日报》《光明日报》《山西日报》等30多家媒体摘要或者全文转载。中央电视台、山西电视台等电视台播发了黄代小的事迹。黄代小被评为全国第二届道德模范。当年，区新闻办共有电视摄像机4台，照相机2台，非线编辑机一台。

2009年，矿区共计在省、市级新闻媒体上刊发稿件600余条，特别是在中央电视台、《人民日报》《光明日报》《工人日报》等国家级主流媒体的重要栏目发表了稿件，有效地增强了矿区外宣力度，扩大了矿区的影响。由于新闻宣传力度大，黄代小被评为山西省2009年度十大新闻人物之一。也是矿区第一个省级十大新闻人物。

2010年2月，阳泉电视台开设《城矿动态》栏目，每周一、三、五、日播出，时长7分钟，并在周二、四晚间在阳煤电视台《阳煤新闻》中开播矿区版，时长3～5分钟。8月，阳泉矿区新闻办公室更名为阳泉矿区新闻中心，为区委宣传部主管的事业单位（参照公务员管理）。同年，矿区在省、市级新闻媒体共刊发稿件600余条。新闻稿件的质量上了新台阶。全年获得国家、省、市级新闻奖7项，其中省级奖4件。2011年，矿区在省市级媒体发稿1600余条。在新华网等国家级网络媒体对矿区先进人物张明、赵泉祥和剪纸、煤雕等矿区文化产业产品进行了宣传。赵泉祥获2011年第三届全国道德模范提名奖。

（二）阳煤集团对外宣传活动

1950年6月1日，中国煤炭工会阳泉矿区筹委会成立，即创办了《阳泉矿工报》，成为广大矿工文化信息交流沟通的阵地。

20世纪60年代之前，阳泉矿务局未设专门的对外新闻宣传机构，报道工作主要由宣传部门采写稿件向有关报纸反映，共发表稿件100余份。1970年9月，矿务局建立对外报道写作组，1973年改为矿务局通讯组。一矿、二矿、三矿、四矿、工程处的宣传部门增设了通讯组和新闻干事，千人以上井口、车间配备了专职通讯员，全局新闻报道队伍近百人，形成了通讯网络，至1980年，在市级以上新闻单位发表稿件1000多篇。1980年，矿务局党委宣传部增设新闻科，全局通讯员发展到531名。1984年12月，《中国煤炭报》在矿务局设立记者站。1986年，矿务局撤销新闻科，1988年恢复建制，经整顿，新闻队伍人员虽有所减少，素质与通讯质量却有明显提高。

阳煤集团新闻信息中心于2004年3月26日由阳煤集团原广播电视中心、阳泉矿工报社、阳泉升华通信公司、信息中心四单位合并重组成立的，中心下设综合办公室、总编室、党群部、计划财务部、采访部、编辑部、专题栏目部、制作播出部、网站、技术生产部、运行维护部、工程部、物资供应部、多种经营部、信息管理部、软件开发部、数据部、市场部、收费中心、印刷厂、一站、二站、五矿站、机关站共24个部门。中心在册员工422人，其中本科学历62人，大专123人，中专36人。高级以上职称10人，中级职称41人，助理职称18人，初级职称4人。

中心750MHz带宽的有线电视网覆盖整个阳泉矿区，为用户传输42套电视节目。中心有自办节目两套，每天播出各类节目10个小时，前后期摄录编播设备实现了数字化，播出实现了自动化。主要自办节目有：新闻性栏目《新闻联播》《一周要闻》；评论性栏目《记者观察》；文娱互动式栏目《文化广场》；服务性栏目《信息服务窗》；生活类栏目《逛阳泉》《健康长廊》；导视性栏目《荧屏飞虹》以及少儿节目《动画城》等。

中心《阳泉矿工》由四开四版、周五刊逐步过渡为对开四版、周五刊，一版主要栏目有“群言堂”“煤海短波”，二版主要有“班组生活”“黑风流”“安全为天”，三版主要有“党的生活”“研究与探讨”“教育园地”“工会工作”，四版主要有“班后”“银河”“文摘”“生活之友”等。报纸坚持为企业服务，为职工服务的宗旨，大力宣传集团公司的新变化、新成绩、新进展、新人物，为集团公司改革发展和稳定创造了良好的舆论氛围。

中心通信业务拥有程控交换机总容量60000线，微波中断站4个，寻呼基站2个，通信管道154孔，敷设光缆1550芯千米，用户电缆87589对千米。可为用户开放国内、国际长途业务。完善了互联网接入技术，推出了ADSL宽带上网业务，提供了快捷方便的各种增值业务，可承揽大型通信工程设计，开发与设备安装，线路敷设、智能化小区的规划建设等工程。

中心计算机信息工作负责集团公司信息化建设工作的总体规划、设计，组织开发和应用各系统、各部门信息软件，制定软硬件升级换代方案，预防控制计算机病毒，组织软件开发人员的培训，负责企业网站的扩容，升级和咨询服务，网页的设计、改版，每日各类信息的录入。

2005~2008年，阳煤新闻信息中心被中国煤炭新闻工作者协会授予中国煤炭行业新闻界“优秀新闻单位”称号，报纸被中国企业报协会评为“优秀企业报”；有线电视台被中国电视艺术家协会企业台分会授予“双十佳”电视台、“全国最佳企业电视台”称号；通信公司被山西省通信管理局授予“十优企业”称号；被山西省国资委授予“先进基层党组织”称号，被市委、市政府评为“文明单位”；先后获得集团公司“综合治理先进单位”“先进党总支”“国防教育先进单位”等荣誉。

2009~2011年，阳煤集团更加注重信息化建设，所辖矿工报、电视台、网站在全煤行业乃至全国企业新闻界赢得了较高知名度。《中国煤炭报》刊登了《阳煤集团企业年金实现一次性缴存》《阳煤集团：低浓度瓦斯即将综合利用》《阳煤集团打基础避风险》；《山西日报》刊登了《春节假日 井下生产正忙》；《山西经济日报》刊登了《阳煤集团强力推进煤炭化工产业发展》；《中国煤炭报》刊登了《阳煤集团力举“化工板块”》《阳煤集团改善职工生产生活条件侧记》。在2009年度“中国煤炭新闻奖”评选中，阳煤集团新闻中心选送的16件作品全部榜上有名，其中一等奖7件。在第十九届中国企业报新闻奖获奖作品中，阳煤集团选送的作品全部获奖。其中一等奖3件，二等奖4件，三等奖5件。

第三节　统战工作

一、机构设置

中共阳泉市矿区区委统一战线工作部于1986年3月成立，至1996年年底，编制为2名，实有4名。1997年4月，根据《阳泉市矿区党政机构改革方案》，统战部挂区委对台工作领导小组办公室牌子。核定行政编制4名（含区委对台办），其中部长1名，副部长1名。1998～2007年12月编制4名，其中部长1名，副部长2名。2008年1～12月编制4名，其中部长1名，副部长3名，1名副主任科员。2009～2011年，机构设置没有发生变化。

1990年6月，矿区区委对台工作领导小组办公室与矿区人民政府台湾事务办公室实行一套人员，两块牌子，合署办公的组织形式。1991年8月，区委对台工作领导小组办公室改称台湾工作办公室。至机构改革前的1996年年底，台湾工作办公室行政编制核定为1名，实有工作人员1名。1997年4月，根据《阳泉市矿区党政机构改革方案》，台湾工作办公室改称对台工作领导小组办公室，挂靠区委统战部。2004年6月，对台工作领导小组办公室改称区委台湾工作办公室，挂靠区委办公室。2005年7月18日，矿区对台工作领导小组办公室和区委办公室合署办公，归口区委办公室管理，规格为正科级，台办主任由区委办一名副主任兼任。

二、理论宣传

1986年，矿区统战部成立后，积极广泛深入地在全区开展了统一战线理论政策知识宣传活动。通过举办统一战线理论政策知识竞赛活动，积极营造全区干部群众学习统一战线理论政策知识的社会氛围，定期和不定期地向有关新闻单位提供报道线索和有关工作动态，不但拓宽了宣传渠道，增强了全社会对统一战线工作重要性的认识，同时也提高了统战干部对统一战线法宝的重要作用再认识，扩大了统一战线的社会影响，为做好爱国统一战线工作提供有力的精神动力、思想保障和舆论支持。

20世纪90年代，矿区在不断加大统战宣传工作力度的同时，在全区广泛宣传党的统战方针政策，报道统一战线领域重大事件、工作动态，并且以培训、讲课、编辑知识读本等多种方式系统深入地宣传统战方针政策和基础知识，不断增强全区干部群众的统战意识。通过宣传，切实把统战成员的思想统一到了矿区确定的中心工作和重大部署上来，使全区统战工作形成了活跃、振奋的局面。

2000年后，矿区在统战理论宣传工作中，密切结合工作实际，积极应用报刊、广播、电视宣传党的统一战线方针、政策，普及统一战线基本知识，报道统一战线方面的重大活动和合作共事的经验。同时，及时准确地了解和研究统一战线各个方面的信息，传达党的方针政策和领导机关的批示，反映党外人士的意见、建议。并且建立网络，健全制度，认真做好信息的收集、筛选、分析、反馈工作。通过大力开展统一战线理论政策的宣传教育，进一步提高了各级干部、特别是领导干部对统一战线重要性的认识，进一步增强了对中国确立实行多党合作和政治协商制度历史必然性、伟大独创性和巨大优越性的认识，增强了坚持好、完善好、落实好这一基本政治制度的自觉性和坚定性。真正形成了全党抓统战的良好局面。

2009年，区委统战部结合学习实践科学发展观活动，统筹协调，精心组织，扎实开展统战理论研究和统战调研工作。区政府分管民族宗教工作的副区长和统战部领导深入街道办事处对少数民族、信教群众、活动场所情况和统战对象进行了调研，并撰写了理论文章。根据市委统战部的要求和矿区统战工作年初工作安排，确定了统战理论调研课题，召集各街道分管书记和有关部门负责人会议，对统战理论研究作了安排，共计报送统战论文31篇。

2010年，区委统战部通过举办多形式、多方位的培训班，深化统战政策理论的理解，进一步巩固全区统一战线思想政治基础。组织工商联执委，无党派人士、党外知识分子、民族宗教界人士等各方面统战成员近 100 人，开展了以“五个一”（读一本书、谈一次体会、写一篇心得、开展一次建言献策活动、举办一期培训班）为载体的社会主义核心价值体系学习教育活动。组织党外干部就统战方面的有关知识进行了培训学习，加深了对社会主义核心价值体系理论的理解。深入街道办事处，对近百名街道、社区领导进行面对面的关于统一战线工作的培训指导。举办非公经济代表人士培训班，邀请市工商联副主席刘海明就非公有制经济的知识做了详细讲解。

2011 年，区委统战部组织学习了《六个“为什么”》等学习读本和中央领导的重要论述，围绕有关社会主义核心价值体系的重大理论问题和当前社会中的热点难点问题开展了座谈讨论。深入民主党派阳煤集团各支部进行走访调研，组织引导广大民主党派成员认真学习胡锦涛总书记在建党 90 周年大会上的重要讲话以及省市区党代会精神；结合纪念中国共产党成立 90 周年，与区教育工委联合举办了“重温历史，与党同心”主题征文活动。

三、政治协商

1986 年开始，在矿区政协的换届选举和增补委员过程中，区委统战部按照“了解情况、掌握政策、协调关系、安排人事”的职能，积极参与委员的研究安排工作。同时十分注重委员代表的广泛性与党外人士应占的比例。区委统战部以增强素质和提高能力为核心，通过多种形式和途径，努力提高党外代表人士的政治把握能力、组织协调能力、参政议政能力和合作共事能力。

1989 年，中共中央颁发了《中共中央关于坚持和完善中国共产党领导的多党合作和政治协商制度的意见》后，矿区按照完善中国共产党同各民主党派政治协商的有关要求，进一步加强了中国共产党同各民主党派的政治协商工作。这一时期，主要采取民主协商会、小范围谈心会、座谈会等形式，协商推进改革开放的决定；国民经济和社会发展的中长期规划；需要解决的一些重大问题；通报重要文件和重要情况并听取意见，以及其他需要同民主党派协商的重要问题等。此外，矿区进一步完善了协商的程序。对协商的议题提前通知各民主党派和有关无党派代表人士，并提供相关材料；各民主党派应对协商议题集体研究后提出意见和建议。同时，在协商的过程中充分发扬民主，广泛听取意见，求同存异，求得共识。并且对民主党派和无党派人士提出的意见和建议要认真研究，并及时反馈情况。

20 世纪 90 年代，矿区统战部门积极为区委同各民主党派的协商做好准备工作，并且充实协商内容，提高协商质量。同时加强与民主党派和无党派人士的联系，互通情况，交换意见；对他们提出的意见和建议，及时反映，并推动有关部门认真研究处理。

2000 年，矿区统战部门在坚持完善多党合作和政治协商制度的同时，积极邀请各民主党派主要负责人和无党派代表人士举行协商会、座谈会和谈心活动。举荐民主党派成员、无党派人士担任区政府及司法机关的领导职务，进一步发挥民主党派在人民政协中的作用。

2005 年，中共中央颁发了《中共中央关于进一步加强中国共产党领导的多党合作和政治协商制度建设的意见》后，矿区区委、区政府不断加强同各民主党派的政治协商，积极为各民主党派履行职能提供条件，想方设法照顾同盟者利益。不仅如此，矿区区委、区政府还委托统战部召开协商会、座谈会、情况通报会，及时通报情况，听取各民主党派关于全区经济、社会发展重大问题的意见和建议，自觉接受民主党派的监督。区委统战部又帮助各民主党派加强与区委区政府的联系，为各民主党派发挥作用搭建平台。使民主党派能够及时了解区情，了解各领域工作，知情出力，更好地为全区的经济建设服务。

2006 年，矿区统战部门认真贯彻落实《中共中央关于加强中国共产党领导的多党合作和政治协商制度建设的意见》《中共中央关于加强人民政协工作的意见》和《中共中央关于巩固壮大新世纪新阶段统一战线工作的意见》，坚持和落实好民主协商会、座谈会、情况通报会、意见征求会。同时，在坚持长期共存、互相监督、肝胆相照、荣辱与共的前提下，矿区领导干部与党外代表人士和非公有制经济人士联系交友，政府部门与民主党派进行对口联系。此外，充分发挥各民主党派的议政、参政和民主监督作用，进一步完善民主参与、民主监督的途径和机制，不断推进共产党领导的多党合作和政治协商的制度化、规范化和程序化。

2007 年 4 月，区委统战部会同区委组织部经过对六届政协委员的摸底调查，对新委员的提名推荐、组织考察，经区委常委会议研究讨论并原则同意。随后，矿区根据《中国人民政治协商会议章程》和省市关于政协换届的有关要求，4 月 16 日，召开各界人士协商会，就矿区七届政协委员初步人选进行了民主协商。参加会议的有区政协部分常委、各人民团体、各民主党派及工商联主要负责人。七届政协委员设 17 个界别，共 150 名。其中，男 110 名，占 77%；女 40 名，占 23%。中共 60 名，占 40%。非中共 90 名，占 60%。领导干部 56 人，占 37.3%。非公人士 14 人，占 9%。少数民族 4 人，占 2.6%。委员中，6 个民主党派成员 20 人，占 13.3%。大专以上文化程度的 123 名，占 82%。专业技术人员 75 人，占 50%。此次会议，政协委员界别设置合理，委员的年龄、文化专业结构等都比上届发生了很大变化，整体素质有了明显提高。

2008 年，矿区区委、区政府就城市化建设、推进新型工业化进程等重点建设项目召开情况通报会和协商会，听取民主党派、工商联主要负责人和无党派代表人士的意见和建议。各民主党派及无党派代表人士围绕推进新型工业化的具体措施、完善机制、如何更好地进行园林城市建设、如何更好地发挥城市功能、如何搞好全区的绿化工作、如何推进经济建设发展等方面的问题，深入开展调查研究，积极建言献策，提出了许多富有建设性的意见和建议。这样不但完善了协商的内容、方式、程序，广泛听取了民主党派和无党派人士的意见，而且使党的主张充分体现了各方面的智慧和意见，使党的领导在团结合作和民主协商中得到加强，从而实现了广泛民主与高度集中的统一，充满活力与富有效率的统一。

2009 ~ 2011 年，区委统战部积极搭建参政议政平台，发展多党合作和政治协商事业。一是在人大、政协、工商联换届工作中，严格落实和执行各项政策，注意加强思想政治工作，把实现区委的意图与充分发扬民主统一起来，切实抓好党外代表人士的考察、推荐。二是在充分协商的基础上，将高素质的党外干部和新的社会阶层人士充实到了人大代表、政协委员中，确保了各项换届工作的顺利进行。同时坚持重大问题及时协商，重要情况及时通报，及时邀请党外人士参与矿区重大政治活动，为他们参政议政、发挥“监督人”和“智囊团”作用创造条件。

四、举荐党外人士

1982 年，统战工作由宣传部兼管。1986 年，统战部成立，同年，对台工作领导组成立。区委统战部成立后，积极筹备组织建设工作，1987 ~ 1990 年，在矿区政协的换届和增补委员过程中，区委统战部每次都积极参与研究安排。特别注意了委员代表的广泛性与非党人士应占的比例。1990 年 11 月，对台工作领导组组长由区委副书记担任，副组长设有 3 名，配备专兼职干部 4 名。区委宣传部兼管统战工作期间，积极落实党的各项统战政策，会同区委纪检部门为 1511 件冤假错案平反，为 2800 多名知识分子和党外人士落实了政策，为企业各单位的 350 余名非党知识分子平反了冤假错案。其中“文化大革命”中错误处分的 76 人，予以名誉恢复工作，补发工资；会同组织部对 87 名错划右派分子，经过复查，进行了改正；为 29 名起义投诚人员颁发了证书。推荐 8 名非党知识分子任处级领导，258 人任科级领导。67 人任各级政协委员（全国政协委员 1 人，省政协委员 2 人，市政协委员 35 人，矿区政协委员 29 人）。

1986 年，矿区统战部抓紧制订选拔培养党外干部的规划，加大沟通协调力度，推荐了一批素质好、能力强的党外干部担任行政领导职务，并且选调一批党外干部挂职锻炼。

20 世纪 90 年代，矿区统战部积极培养和选拔党外干部，保证党外人士在人大代表、常委和领导成员中占适当比例，在政协委员、常委和领导成员中占一定比例。根据工作需要，积极举荐符合条件的党外人士担任政府及其部门和司法机关的领导职务。在教科文卫单位，他们积极举荐一批政治表现好、熟悉业务、积极肯干、密切联系群众的党外知识分子担任领导职务。同时，对担任领导职务的党外干部，党组织和党员领导干部采取充分信任，热情支持，真诚尊重的态度，并且同他们建立良好的合作共事关系，保证他们有职有权有责，并帮助他们不断提高思想政治水平和组织领导能力。

1990 年 7 月中共中央发出《关于加强统一战线工作的通知》后，矿区统战部按照党中央的要求，积极推进各民主党派、无党派人士、少数民族、宗教等各界党外代表人士的新老交替，大力培养和选拔坚持祖国统一和民族团结、能够密切联系本民族群众的少数民族干部，认真培养热爱祖国、拥护党的领导和社会主义制度，又有宗教学识并能联系信教群众的年轻的宗教职业人员，稳妥地做好新的党外代表人物的培养、选拔和举荐工作，建立了一支多方面、多层次、同党亲密合作、有声望的新一代党外代表人物队伍。

在培养、选拔、安排、使用党外代表人士过程中，矿区统战部始终坚持中国共产党领导的多党合作和政治协商制度以及干部“四化”方针和德才兼备的原则，紧扣“培养、选拔、安排”三个环节，并且统一认识，同步规划，创新工作思路，强化工作举措，从而建立了一支素质优良、数量充足、结构合理的党外干部队伍。

2000 年后，矿区区委认真贯彻执行中共中央文件精神，紧扣“培养、选拔、安排”三个环节，完善机制，创新工作思路，强化工作举措，建立了一支素质优良、数量充足、结构合理的党外干部队伍。同时，区委高度重视党外干部培养选拔工作，把党外干部的培养选拔工作与党内干部工作一起列入各级领导班子建设的总体规划中。并且在工作中坚持统一认识，同步规划。此外，矿区区委高度重视党外干部的培养举荐工作，积极建立健全了党外干部监督体系。2003 年以后，矿区先后选拔 25 名党外干部到省、市有关院校学习，在本级党校举办党外干部培训班 3 次，培训干部 500 多人次。坚持开阔视野，拓宽渠道。矿区近几年来每次公开选拔副科级以上领导干部，都要拿出部分职位面向全区招考党外干部。矿区还通过公开选拔、党内、党外推荐相结合的方式，扎实做好党外干部工作。截至 2005 年年底，区人大、区政府、区政协职能部门和 6 个街道办事处都按上级规定的比例数额配齐了党外副职领导干部。

2006～2007 年，矿区区委加强新一代党外代表人士队伍建设，切实做好党外干部举荐工作，进一步夯实与党外人士合作共事的组织基础。在坚持标准、保证质量的基础上，大胆选拔举荐党外干部，使一些德才兼备、政绩突出、群众公认的党外干部走上了领导岗位。矿区统战部按照举荐党外干部的工作要求，有计划、有重点、有目标的举荐了一批民主党派优秀成员走上各级领导岗位。在科技、经济、教育、文化、医疗等党外知识分子较集中的系统和单位培养举荐党外后备干部，使党外后备人才源源不断地输送到各级领导岗位，充分发挥其应有的作用。

2008 年，矿区区委在建立健全党外干部监督体系的过程中，通过对党外干部工作情况进行考察和考核，及时掌握了他们工作、学习、生活等情况，从而形成了准确评价党外干部的德、能、勤、绩、廉，不断强化其自身约束，形成党内干部同党外干部增进了解、合作共事、团结一心、齐心协力谋发展的好局面。

矿区区委在党外干部任用工作中，认真贯彻中央和省市委关于党外干部工作的具体要求，不断提高加强对党外干部工作的认识，在具体工作中，紧紧围绕“培养、选拔、使用”三个环节，将党外干部的培养选拔纳入全区干部队伍建设的总体规划，不断加大工作力度，采取切实有效措施，狠抓落实，尤其是在实职安排上又取得明显突破。2008 年年底，矿区法院、矿区检察院党外副职在全市率先配备到位。同时，全区有副科级以上党外干部 58 名。其中县级领导干部 4 名，科级干部 54 名。区政府发展和改革局、商务局、教育局等 19 个政府职能部门领导班子中都配备了党外干部。区人大、政协工作部门也按上级规定的比例进行了配备。全区 6 个街道办事处领导班子全部配备了党外干部，配备率达 100%。

2009 年，区委统战部积极协助组织部门共同做好党外干部的培养、选拔、安排、使用、考察工作，推进党外代表人士培养、选拔和使用工作的规范化和制度化。形成了“四个共同”（共同制定工作规划、共同召开会议、共同考察协商确定党外干部人选、共同检查考核）的协调机制。

2010 年，区委统战部把党外干部的培养选拔工作纳入干部和人才工作的总体规划之中，制订培养配备党外干部的工作规划，把建立一支高素质的党外干部队伍摆上了重要的议事日程，创新机制，搭建施展才华的平台。会同区委组织部从推进多党合作事业的政治高度着眼，从配备使用党外干部着手，进一步加强了党外干部管理工作机制。在坚持标准、保证质量的基础上，有计划、有步骤地加强了领导班子中党外干部的配备。截至年底，全区共有党外科级以上领导干部 62 名。其中，县级以上 5 名。在职位配备上，区法检两院，政府职能部门、人大委室、政协委室、街道副职均按要求配备到位。

按照加强党外代表人士队伍建设的有关要求，区委统战部于 2011 年抓住发现、培养、使用、管理四个关键环节，进一步完善工作机制，在更高起点上推进党外干部培养选拔工作。对全区党外干部进行了重新调查摸底，进一步准确掌握了全区党外干部的基本情况。截至年底，全区共有在职党外领导干部 55 名，其中县级 4 名，科级 51 名，各级班子中党外干部全部按要求进行了配备，矿区党外干部工作走在了全市的前列。2011 年年底，全区有副科级以上党外干部 56 名，其中县级领导干部 5 名，科级干部 51 名。县级领导干部中有少数民族领导干部 1 名，科级领导干部中有少数民族干部 2 名，少数民族政协委员 3 名。在政协的换届和增补委员中，矿区非常重视委员代表的广泛性与党外人士应占的比例。2011 年 6 月，矿区政协八届委员总人数 150 人，其中中共党员 60 人，占 40%，党外人士 90 人，占 60%，领导干部 68 人，占 45%，非公人士 20 人，占 13.3%，少数民族 3 人，占 2%，委员中 6 个民主党派成员 22 人，占 14.7%。

五、海外联谊

矿区统战部很重视台属、归侨和海外侨胞的联谊工作。矿区归侨、侨眷、侨属在外亲属分布在越南、蒙古、马来西亚、新加坡、缅甸、泰国、印度、美国、澳大利亚、日本、朝鲜、加拿大等国。多年来认真贯彻侨务政策，维护他们的合法权益，对归侨同胞的工作调动、子女入托入学、住房等问题给予照顾，帮助妥善解决。调动归侨、侨眷的积极性，鼓励他们为矿区经济建设出力。蒙古归侨宫勤对矿区引进资金，技术，发展第三产业，多次进言献策，被区有关部门采纳。侨属薛更被任命为矿区复合材料厂厂长后，与其他侨属一道建厂、试制产品、市场营销，为矿区经济建设做了力所能及的贡献。

1987 年 2 月，区委统战部、区对台工作领导组、区政协联合召开矿区各界人士迎春茶话会，首次邀请台属台胞代表参加。同年 11 月，区委为适应对台工作的形势发展与要求，调整充实了对台工作领导组，成立了矿区台胞接待处，当年接待了从台湾回来探亲的葛作民、曹秀英夫妇及王晋玺父子。1988 年 2 月，矿区召开了首次台属召胞座谈会，有 55 人参加。1988 年 7 月 12 日，侨居美国在联合国任职的钟干、郝春萍夫妇回矿务局二矿探亲。区政府副区长卫怀义在二矿宾馆同他们会见并亲切交谈。1989 年，平潭街街道办事处建材厂副厂长王春元的父亲王绍汤先生在台病逝，市、区积极协助其办理了赴台手续，成为矿区第一个赴台人员。1990 年，矿区各街道办事处、驻区各单位、各公安派出所都配备了对台工作专职办事人员。1990 年年底，有 33 户台属与隔断 40 余年的台湾亲人取得了联系，接待回乡探亲台胞 32 批 52 人，向其赠送土特产 45 千克，纪念画册 70 余件，书法作品 3 件，并会同有关单位帮助台属调整住房 13 套。推荐 9 名台属为市、区政协委员，接待台胞、台属来信来访 40 余次。帮助台属解决子女入托、入学、招工以及办理车、船、机票等问题 30 余件。

海外联谊工作基础在国内，重点在海外。从 1990 年开始，矿区统战部广泛开展联络联谊活动，不断拓展海外联谊工作领域。在扩大海外联谊上，深交老朋友，广交新朋友，密切联系海外挚友。在增进感情的基础上，把新的历史条件下成长和发展起来的海外华侨华人二、三代、留学人员、新移民中的代表性人士都吸纳进联谊范围，鼓励一切热爱祖国，关心矿区，热心海外联谊工作的海内外朋友参加各种海外联谊活动，不断发展扩大全区的海外联系面。紧密依靠和发挥港、澳、海外与矿区有历史联系的友人的作用，加强联络联谊，及时互通情况，取得相互支持和帮助，发挥这些海外乡亲的桥梁作用。密切同周边兄弟县、市（区）有关对外联谊组织的联系和沟通，形成合力，共同推动海外联谊工作。同时，积极向区政府、政协以及各对外联谊组织举荐优秀人士，授予荣誉称号、担任荣誉职务，使海外联谊活动成为发现人才、举荐人才的桥梁纽带。加大宣传力度，表彰和宣传那些为加快经济发展，促进祖国和平统一做出突出贡献的海外华人及其事迹。1991 年 11 月 18 日，台湾鸿海精密工业股份有限公司副理陈弥坚、台湾富士康科技集团山西董办主任贺启华，到阳煤集团煤电铝工业园区考察。同年 11 月 28 日，矿区召开对台工作总结表彰会议。会议传达了国家、省对台工作会议精神，回顾总结了矿区对台工作的情况，安排了对台工作的任务，对 8 个先进单位、10 名先进个人和 5 名台属进行了表彰奖励。

1993 年，矿区统战部积极主动地加强与台、侨属的联系和联谊，维护其合法权益，鼓励他们加强与海外亲属的联系与沟通，增进了解，主动向亲属宣传党和国家的对台、侨务政策，积极做好接待工作，增强台胞、侨胞对家乡的亲和力和投资热情。同时，不断总结探索对台、侨务工作的新思路、新方法，广泛开展海外统战工作，认真做好留学回国人员的统战工作，为他们发挥优势创造条件。同年 4 月，四矿多种经营公司和台湾昱建有限公司签订合同，共同投资 400 万元成立“山西泉顺制鞋有限公司”，于 10 月正式投产，年产 70 万双各类皮鞋。

1996 年，矿区统战部结合全区举办的各种联谊、招商以及文化交流活动，推动与海外各地的联谊与交流。同时按照既要“请进来”，又要创造条件“走出去”的工作方法，有计划地组织安排一些考察访问和形式多样的联谊活动，增强海外联谊活动的生命力和凝聚力。

2000 年，矿区统战部紧紧围绕区委、区政府的工作中心，不断拓宽对外交流和交往工作力度，提高对外知名度和影响力，动员和团结海外同胞及其眷属关心、支持和参与家乡建设。同时，不断增强对外联谊工作的活力。以新华侨华人和海外华侨华人的新生代为重点，多宣传、多联系、多沟通、多交流，既做好重点侨团和重点人员的工作，又做好改革开放后移居境外的新华侨华人及留学人员的工作；既做好老一代的工作，又做好新生代的工作，不断拓展领域，创新形式，提高层次，增强实效，不断开拓爱国统战联谊工作的新局面。

2003 ~ 2006 年，矿区统战部一方面加强同海外社团和代表人士的联系，形成长期密切的联系制度，另一方面加强与有关部门、各民主党派、有关团体的协调与合作，寓海外联谊于各领域交往之中，形成合力。尤其是对海外“政治上有地位、经济上有实力、学术上有造诣、社会上有影响”的重点人士建立密切的联系制度，不断充实加强海外联谊工作。同时及时了解和掌握海外留学生、新华侨人士最新动态，鼓励海外游子以各种方式关心和支持矿区的发展。与此同时，根据海外二、三代华裔新生代在海外的成就和对家乡的贡献，积极为他们搭建参政议政、建言献策发挥作用的平台。

2008 年，矿区统战部按照中央“立足国内，面向海外”的精神，从广交朋友、做好联谊工作入手，调查、掌握“三胞”（港澳同胞、台湾同胞、海外侨胞）亲属情况，加强与有“三胞”关系人士的联系。同时，认真了解“三胞”情况，并主动向市对台办、市侨办市侨联和兄弟党派了解“三胞”和“三胞”亲属的情况。矿区统战部围绕中心、服务大局，以乡情、亲情、友情为纽带，充分发挥联系广泛的优势，坚持联谊交友与招商引资相结合，广泛联系与积极服务相结合，促进了矿区同世界各地经贸、科技、文化等方面的双向交流，增强了海内外朋友对祖国、对家乡的向心力和凝聚力。

2009 ~ 2011 年，区委统战部充分发挥联系广泛优势，同时结合“十二五”规划本区产业结构调整和资源城市转型定位，积极主动加强对外联络，为非公企业发展服务，为经济社会发展牵线搭桥。经区委统战部牵线，上海瑞力投资基金管理有限公司投资总监李宇飞（美籍华人）到华鑫公司就企业投资、培育上市等内容进行了座谈、观摩、考察，并就一些具体事宜进行了深入的沟通；牵头组织有关部门、民营企业家赴天津与南开大学物流发展研究中心进行了对接，初步达成了合作意向。2011年年底，矿区有台属87户，500余人，去台户77户，240余人，其中政界8人，军界22人，科教界14人，工商界30人。归侨有15户16人，侨眷86人，侨属27户28人，港属20户25人。

六、民族宗教工作

（一）机　构

1980～1991年，境内民族宗教事务由区委统战部代管。1987年，经市民族宗教局批准，矿区建立宗教管理小组。1991年4月，成立矿区民族宗教事务科，与区委统战部合署办公。1997年机构改革时，更名为矿区民族宗教事务局，为区委统战部的代管机构。2004年6月，经矿区编委研究，同意将矿区民族宗教事务局列入政府序列，与矿区统战部合署办公，局长由统战部1名副部长兼任。2009～2011年，先后调整了区、街道、社区民族宗教工作领导小组成员，对民族宗教工作职责重新进行了修订完善，建立健全了三级网络两级责任制。

（二）民族事务

矿区是一个以汉族为主，多民族散杂居的区域。根据全国人口普查资料，1990年、2000年和2010年，矿区少数民族数分别为13个、17个、18个，少数民族人口数分别为559人、652人、428人，在总人口中所占比重分别为0.29%、0.30%、0.18%。2011年，矿区境内的少数民族有：蒙古族、回族、藏族、苗族、彝族、壮族、布依族、朝鲜族、满族、侗族、瑶族、白族、土家族、黎族、土族、仡佬族、锡伯族、鄂温克族（详见本志第三编《人口》）。

矿区区委、区政府认真贯彻落实党和国家的民族政策，把民族工作纳入重要议事日程，加强民族政策的宣传，切实维护少数民族的合法权益，注重培养和使用少数民族干部。

矿区政府积极为少数民族群众提供各种便民服务，如在中考、高考期间，按上级要求，在新闻媒体上公布了办公地址和联系电话，及时为少数民族学生出具证明；还深入阳煤集团一中和三矿中学中高考现场办公，为少数民族学生出具证明，提供方便，受到少数民族学生及家长的好评。

2009～2011年，积极防范涉及民族因素的突发事件。对社区干部加强民族政策教育，定期不定期地对清真食品开展检查。按照有关政策，为信仰伊斯兰教的回族等少数民族发放了肉食补贴。会同区公安分局及时有效制止了多起少数民族流动人员与本地居民发生的纠纷。矿区民族宗教事务局先后两次召开了外来经商少数民族代表座谈会，共同探讨如何进一步做好外来少数民族人员的服务管理工作。组织在本区经商的新疆流动人员参加了全市新疆墨玉县外出务工人员的培训学习。区长张清河被山西省人民政府评为全省“民族团结进步模范个人”。

注重培养和使用少数民族干部。2005年，区级领导班子中有少数民族干部1名，科级领导干部中有少数民族干部1名，区政协有少数民族政协委员4名。2008年，县级领导干部中有少数民族干部1人，科级领导干部中有少数民族干部2人，区政协有少数民族政协委员4人。2011年，县级领导干部中有少数民族干部1人，科级领导干部中有少数民族干部2人，区政协有少数民族政协委员3人。

（三）宗教事务

在1990年以前，矿区主要有佛教、天主教、基督教和伊斯兰教，有信教群众500余人。2011年，矿区有佛教、伊斯兰教、天主教和基督教4种宗教，信教群众1100余人，分布在6个街道办事处40个社区，没有固定的宗教活动场所。其中，佛教有信教群众近100人，大部分在郊区圣泉寺活动；伊斯兰教有信教群众近200人，都在阳泉市清真寺活动；天主教有信教群众200余人，大多在北岭坡天主教堂活动，少数年老体弱者在自己家中活动；基督教有信教群众500余人，属于复临安息日会派，没有固定的活动场所，形成了家庭聚会的格局。

在宗教工作中，矿区认真贯彻党的宗教方针政策，依法管理宗教事务，积极引导宗教与社会主义社会相适应，努力促进信教与不信教群众之间、信仰不同宗教的群众之间和谐相处，共同致力于经济社会全面发展。1986年开始，矿区区委对宗教实行“定活动区、定活动点、定活动小组负责人”的管理办法。吸收1名宗教界代表人士为政协委员。

2006年11月24日，矿区举办《宗教事务条例》培训班。就《宗教事务条例》及宗教知识作了专题辅导并提出具体要求，要保障公民宗教信仰自由，坚持信仰上互相尊重，政治上团结合作。要保护合法，制止非法，抵御渗透，打击犯罪，建立健全宗教工作区、街道、社区三级网络和街道、社区两级责任制，增强做好民族宗教工作的责任感和使命感。

2008年，矿区民族宗教局始终认真贯彻党的各项政策。每逢春节，区委、区政府、区民族宗教局组织相关人员对贫困信教群众进行慰问。询问并帮助他们解决生活中的困难，积极引导宗教与社会主义相适应。

2009～2011年，矿区区委定期研究宗教工作，成立了由区委分管书记为组长的宗教工作领导组，形成了区、街道、社区宗教工作三级网络两级责任制。建立和完善了由党政主管领导负责、区委统战部牵头、宗教、街道党工委和公安等有关部门参加的宗教工作协调机制和联席会议制度，对宗教工作重点问题及时研究解决。坚持定期座谈协商制度，加强与宗教界代表人士的协调联系，经常深入各街道办事处和社区对宗教情况进行摸底调研，了解信教群众的愿望和要求。在宣传工作方面，深入各街道办事处对社区干部进行党的宗教政策和知识的培训。2009年，共培训6期，培训人数达200余人。2010年，进一步开展了《宗教事务条例》宣传活动，向辖区6个街道办事处发放宣传资料2000余份。

第四节　政法工作

一、机构设置

1982年4月13日，区委决定成立矿区政法领导组。1982年5月30日，区委政法领导组改设为政法委员会。1984年7月2日，区委决定成立矿区社会治安综合治理领导组。1991年6月7日，区委决定成立阳泉市矿区社会治安综合治理委员会办公室，为正科级建制，与政法委员会合署办公，归口政法委员会领导，定编6名。区属6个街道办事处都配备了专抓综治工作的副书记，成立了社会治安综合治理领导组，区机关、区直企业和驻区单位也都成立了综合治理领导小组。1991年，全区156个居民区和37个自建居民区均建立了“两会一队一组”（治保会、调委会，治安巡逻队，帮教组）等组织。1997年4月，根据《阳泉市矿区党政机构改革方案》，政法委员会与区社会治安综合治理委员会办公室、区司法局合署办公，实行一个机构、三块牌子，合署办公的体制。同年9月，改变司法局与区委政法委合署办公的体制，司法局成为政法委的部门管理机构。1998年7月22日，区委、区政府决定成立阳泉市综治委矿区铁路护路联防领导小组。1999年，综治办人员由原来的6人增加到8人。2001年10月10日，矿区区委政法委员会（区综治办）职能配置，内设机构和人员编制方案经区委批准。2002年，经区委常委会研究，在区社会治安综合治理委员会办公室下设区矛盾纠纷排查调处领导组办公室，并配备了专职工作人员。2004年，经区委、区政府研究决定，在全区6个街道办事处设立社会治安综合治理委员会办公室，并配备了2名综治专干。2005年，区委设立政法工委，配备了政法工委专职副书记，进一步加大了对政法各部门的领导监督力度。2005年12月，成立阳泉市综治委矿区铁路护路联防领导组，隶属阳泉市矿区社会治安综合治理委员会办公室，负责矿区区段的铁路护路工作。2007年，区综治委将国家安全人民防线建设工作纳入工作范畴，建立健全了工作网络，在全区6个街道办事处和40个社区建立了人民防线建设组织机构，确定了工作联络员。2011年年底，区委政法委（区综治办）内设办公室、政治处、执法监督室。

二、维护社会稳定

区委、区政府把维护稳定作为首要任务紧紧抓在手上。大力落实维护稳定工作责任制和社会治安综合治理领导责任制，进一步调动了各级领导抓维稳、抓综治的积极性。

做好对刑释解教人员、邪教人员和5种监外执行人员的教育和监控工作，严格落实“五联包”责任制，各包管领导和包管责任人对所包重点人员定期见面，加强教育，严格管理，耐心帮教，对人户分离人员，实行“双向管理”，及时掌握这些人的现实表现。每逢等重大节日、重要日期都要召开会议进行安排，落实责任。

加大涉法上访案件的督查力度。本着对人民群众高度负责的精神，站在“立党为公，执政为民”“群众利益无小事”的高度，各级综治组织严格落实领导包案制度，责任到人，有效地减少了进京、赴并涉法上访事件的发生。

认真开展国家安全人民防线建设工作。按照省、市综治委，国家安全部门的安排部署，区综治委将国家安全人民防线建设工作纳入社会治安综合治理工作范畴，建立健全了工作网络。在全区6个街道办事处和40个社区，全部建立了人民防线建设组织机构，确定了工作联络员；对涉外人员进行了细致摸排。

各级综治组织和有关部门加强对影响政治稳定、危害国家安全问题的调查研究，及时掌握了隐患苗头，为区委、区政府和省、市安全机关决策提供了依据。加强信息管理，确保信息安全畅通。为了及时沟通情况信息，为党委决策提供依据，区委专门制订出台了《重大事项请示报告制度》，对重大事项的范围、报送程序及责任追究等做了明确规定。文件要求：全区各单位、各部门要责成专人负责信息的收集、统计、汇总和上报，确保信息渠道畅通，遇到重要情况，要随时报告。严禁对重大问题和重要情报信息迟报、漏报、隐瞒不报。对因迟报、漏报、隐瞒不报导致重大事件发生的单位主要领导和有关责任人要严肃追究责任。区公安分局信息通信网络监察大队在全区信息通信网络监控管理工作中承担着重要职责，把本地重点网站、论坛等作为重点监控目标，加强网上监控、处置工作，严防有害信息在互联网上传播扩散，堵塞了通过通信网络传播有害信息的渠道，减少了信息危害，保障了网络信息安全。

三、社会治安综合治理

（一）综治领导责任制

按照中央和省、市综治委、纪检委、组织部、人事局、监察局《关于实行社会治安综合治理领导责任制的若干规定》，1995年10月，区综治、纪检、组织、人事、监察等五部门制订下发了《关于贯彻上级五部门〈关于实行社会治安综合治理领导责任制的若干规定〉的实施意见》，要求各级党委、部门、单位把抓好社会治安综合治理工作，确保一方平安，作为各级党政领导干部任期目标之一，区组织、人事部门在考察党政主要领导和分管治安工作的领导干部政绩，办理晋职晋级工作时，须征求所在地区、部门社会治安综合治理领导机构的意见，认真考察上述领导干部抓社会治安综合治理工作的能力和实绩。在落实综治领导责任制方面，每年年初，区综治委主任与全区6个办事处、市农行等7个驻区县处级单位和区直单位之间，街道办事处与各居民区（社区）之间层层签订社会治安综合治理目标管理责任状，将综治责任层层压在了各级领导肩上。严格实行了综治第一、第二责任人述职报告制度，每年年底，由各街道办事处、驻区和区直单位综治第一、第二责任人书写述职报告，五部委对其进行考核，对称职或不称职者，根据综治领导责任制的规定，兑现奖惩，对称职者，由区综治委予以表彰奖励，对不称职者，取消其评先受奖资格，对所在单位实行一票否决。

2004年以后，全区大力落实维护稳定工作责任制和社会治安综合治理领导责任制，区、街综治委坚持每季度召开一次例会；区每月召开一次，街道每半月召开一次矛盾纠纷排查调处会议，主要领导参加会议听取工作汇报，分析治安形势，安排部署工作，确保了综治及平安创建工作的开展，使综治各项工作层层有人抓，件件有着落，把各项工作落到了实处。

2008年2月1日，矿区召开全区政法综治工作会议，传达了省市政法综治工作会议精神，部署了全区政法综治工作，特别是对奥运安保工作进行了专门部署。区综治委把奥运安全保卫作为社会治安综合治理工作的一项重要内容，纳入2008年度综治目标管理责任书。全国和全省维护稳定暨奥运安保工作电视电话会议结束后，区委区政府迅速落实会议精神，成立了“北京奥运会、残奥会阳泉市矿区协调工作领导组”，负责奥运安保工作的统一领导和组织协调工作。按照区委的要求，各部门、各街道办事处均成立了奥运会安全保卫工作机构。同年4月上旬，区委政法委制定下发了《关于切实维护社会稳定，扎实做好北京奥运会安全保卫工作的意见》，对做好北京奥运会安保工作，维护社会稳定作了进一步安排。

2009年10月22日，在全省召开的社会治安综合治理“双先”表彰会上，阳泉市矿区再次荣获“全省综治标兵单位”荣誉。在全省“五五”普法排名中，矿区位列全省119个县区第一名。2010年和2011年获得全市“平安区”称号。

（二）社会治安重点整治

1999年7月以后，区综治委对治安混乱地区和突出治安问题进行了重点整治。区综治委按年度制定《重点治乱方案》，各街道、社区、单位经调查摸底，确定治安乱点和突出治安问题上报区综治委，经区综治委研究，确定全区治安乱点和突出治安问题，实行严格的包整责任制，对每个治安乱点和突出治安问题包领导、包单位、包时限、包效果。经年底考核，包整时限内治安状况明显好转的，由区综治委通报全区；对未能整治好的，继续进行整治。据统计，自1999年以来，全区共排查整治西马家坪地区、赛鱼西川地区、沙坪集贸市场一条街等治安乱点12处，使治安状况明显好转，人民群众安全感有了明显增强，受到人民群众的高度赞誉。

2004年，区综治委制定了《开展排查整治治安混乱地区和突出治安问题的实施方案》。在认真调查摸底的基础上，确定治安乱点3个。区综治委严格落实包整责任制，大力落实各项整治措施，对治安乱点实行从严整治。针对赛鱼如意庄地区涉毒和抢劫过往司乘人员的突出治安问题，区委领导深入社区，与公安、街道、社区干部共同研究，制订了整治措施，使治安状况迅速好转，2004年发案为零。

2005年，区综治委把四矿煤山路以东、洪城路以西的马家坪、桥头地区确立为“治安特区”进行重点整治，建立了4个治安岗亭，在主要街道路口配置照明灯50盏，使治安秩序明显改观。贵石沟街道党工委、派出所针对辖区点多面广，社情复杂，大力加强治安防控网络建设，“人防、物防”整体推进，逐步形成了“四张网络”（五所、五村一张网，社区民警、专职巡逻队一张网，社区干部、楼长、单元长一张网，驻地单位50名基干民兵巡逻队一张网），形成了全天候、全方位、高密度、高强度的治安防范网络，上半年未发生一起可防性案件。公安部门筹资2万元，在五矿桥头等重点区域安装了先进监控设施，增强了治安防范能力。2005年4月，由区综治办牵头，组织公安、教育、文化、工商等部门对区属和阳煤集团所属中小学校周边的饭店、网吧、书摊进行了集中清理整顿，有效地维护了学校周边的治安秩序。

2006年，区综治办组织开展了对治安混乱地区和突出问题的重点整治。在调查摸底的基础上，集中整治了沙坪市场一条街、贵石沟小河滩市场、桥头集贸市场等治安混乱地区，对早市、夜市、网吧、娱乐场所、学校周边等公共复杂场所从严整治，治安秩序明显好转。区综治办进行的2006年“公众安全感”问卷调查结果显示，辖区人民群众的社会治安满意度达到95%以上，人民群众的安全感明显增强。

2008年3月中旬，由区综治办牵头，组织公安、工商、教育、文体、建设等相关部门对全区26所中小学校周边治安环境进行了一次清理整治，取缔了2个无证摊点，对校园周边的出租房屋、路边店有关证照进行了查验核实，进一步净化了校园周边治安环境。

2010年上海“世博会”是继2008年北京奥运会、2009年建国60周年大庆之后又一盛事，按照市委政法委和区委、区政府的统一安排部署，区政法综治部门全力投入上海“世博会”安保工作，积极落实各项安全保卫措施。深入开展国家安全人民防线建设工作，组织开展涉法涉诉信访积案攻坚大会战和案件评查活动，组织开展疑难信访案件协调，加强对邪教各类重点人员的教育管理。

（三）矛盾排查调解

区综治委十分重视矛盾纠纷调解工作，逐步建立健全了区、街道、社区各级人民调解委员会，还建立了352个调解小组，调解网络涵盖了阳煤集团、辰光发电厂、市自来水公司、市农行等驻地企事业单位，矛盾纠纷调处化解工作成效显著。2004年3月，蔡洼街道办事处东窑房社区简子沟居民区因用水问题引发矛盾，当地居民多次上访。虽经办事处和社区负责人多次协调，也一直未能解决问题。区领导前往市自来水公司、市建设局协调，落实资金6.1万元，完成了供水管道安装工程，解决了难题。

2006年，重点开展了“人民调解年”活动。在矛盾纠纷排查调解活动中，区综治委坚持对矛盾纠纷一月一排查，街道半月一排查，每月实行“零报告”制度，一大批矛盾纠纷得到及时处理。5月，平潭街街道办事处平潭社区成功调解了一起群体性上访事件。原平潭街在旧城改造后，更名为日潭社区。原平潭街老住户对此有不同意见，多次向上级有关部门反映，在各级领导的高度关注下，日潭社区更名为平潭东社区。2008年，泰和商贸中心退休职工来访，要求解决医疗保险的问题，副区长召集经贸、劳动、街道等相关部门集中办理，妥善解决了职工上访反映的问题。据统计，2008年，矿区共调处各类纠纷13610件，调解率100%，调解成功率97%以上。

2010年，在矛盾纠纷排查化解工作中，区政法委充分发挥政法部门的作用，建立了“一庭两所一中心”（基层法庭与派出所、司法所、街道综治信访工作中心）联动化解模式，对一些即将进入司法程序的案件先期协调化解，既节约了当事人的诉讼成本，又及时化解了矛盾纠纷。区法院与全区6个街道办事处、阳煤集团和驻区单位开通了视频对接和电子邮箱，开展远程立案、网上接待、远程调解等服务。对当事人双方愿意调解处理的案件，及时组织调解，由速裁庭采取简易程序，在5日内速裁处理。对经过调解达成和解协议的案件，由法院制作调解书，迅速果断进行司法确认，强化对协议人的法律约束。矿区人民法院共立民事案件869件，庭前调解267件，占民事审判案件总数的34.32%，诉前调解193件，占民事案件总数的24.81%。

（四）基层安全创建活动

1. 概述。1991年以后，矿区先后开展了一系列形式多样、内容丰富的基层平安创建活动。1992～1994年，矿区开展了“社会治安综合治理基层基础年”活动。1993～1995年，矿区开展了“创建社会治安模范区”活动。1996～1998年，矿区开展了三年“创建安全文明小区活动”。2004年7月，全区又深入开展了创建“平安矿区”活动。2011年，矿区被山西省确定为社会管理创新试点区。矿区以强化基层社区管理为突破口，有效地促进了创新试点工作的顺利开展。发挥现代科技在社会管理中的突出作用，大力推进“天网工程”建设，先后投资500多万元，建成三级监控系统传输网络平台，安装前端探头185个，实时掌握治安动态。区公安机关通过“天网”先后侦破各类案件130余起，打掉违法犯罪团伙12个，抓获违法犯罪人员120余名，排查隐患和堵塞漏洞40余处，当年刑事治安警情同比下降8.5%。开展社区矫正信息管理系统建设，区司法局以手机和PC机为位置采集和信息交互的前端设备，通过电子地图对社区服刑人员进行定位监控，及时发现异常问题并进行报警提示，社区矫正工作实现了从“人防”到“技防”的转变。通过平安创建活动，矿区社会治安防范能力明显增强，社会治安秩序保持了持续稳定的局面。

2. “严打”整治斗争。按照中央、省、市的安排部署，区公安机关坚持“严打”方针不动摇，紧密结合矿区治安实际，把侦破命案，打击“两抢一盗”“打团扫恶”“打黑除恶”等作为重点，组织开展专项斗争和集中统一行动，对各种严重刑事犯罪分子给予有力打击。1991 年后，共侦破杀人和伤害致死人命案 70 余件。2006 年 4 月，成功侦破马家坪系列杀人案，抓获作案 14 年之久的杨某某。公安机关仅用 40 天成功破获了发生在蔡洼地区的“4・19”系列强奸杀害幼女案，将潜逃在外的犯罪嫌疑人任某抓捕归案。2000 年后，矿区毒品犯罪呈日渐增多之势，公安禁毒部门对涉毒违法犯罪进行严厉打击。至 2006 年年底，共破获各类涉毒案件 517 起，其中贩毒案件 89 起，吸毒案件 406 起，抓获涉毒人员 465 人次，劳教 85 人次，起诉 29 名，强制戒毒 243 名。2007 年 6 月临汾、洪洞、运城等地“黑砖窑”事件曝光后，按照省、市统一部署，区委、区政府迅速组织开展了“整治非法用工和打击黑砖窑”专项行动。矿区出动人员 1680 人次，出动车辆 320 辆次，检查 1145 户企业、餐饮服务业，涉及人员 4649 人。对区属 34 家企业、餐饮服务业进行了重点检查。并对 1111 家小餐饮、小服务业和小作坊进行了摸排检查。与 48 家企业、餐饮服务业的 1182 人签订了劳动合同。

3. 安全文明创建工作。区综治委确定安全文明小区创建、楼宇单元防盗门安装、小街小巷亮化、综治规范化建设为安全文明创建重点工作。在安全文明小区建设方面，不断扩大覆盖面，强化硬件设施建设，不断加强对小区的上档升级。楼宇单元防盗门安装按照“政府拿一点，单位出一点，个人集一点”的原则，累计投资 700 多万元，安装楼宇单元防盗门 1800 多道。区委、区政府将小街小巷亮化纳入“四化”（硬化、绿化、美化、亮化）建设范畴，投资 800 多万元，完成了 90% 的小街小巷亮化工作。高档型安全文明小区普遍建立健全了“九表八簿一公约”（小区管委会组成人员登记表、楼院长登记表、治安员登记表、民调员登记表、法制宣传员登记表、信息员登记表、门卫值班人员登记表、小区综治工作情况一览表、小区刑事〈治安〉案件登记表；暂住人口登记簿、刑释解教人员安置帮教簿、民事纠纷调解登记簿、出租房屋登记簿、值班巡逻登记簿、外来人员登记簿、法制教育登记簿、管委会活动记录簿；居民公约）18 种档案资料。加强对小区管理人员的培训教育，由小区物业管委会组织管理人员到北京、石家庄等大城市参观学习。有的街道综治办还组织小区管理人员开会座谈，交流经验，畅谈体会，有效提高了员工素质和管理水平。建成了恒康家园、馨康家园、大垴西、洪西等高档型小区，全区高档型安全文明小区达到 30 多个，标准型安全文明小区达到 50 多个。在综治规范化建设方面，各街道、社区和内部单位均达到综治规范化建设要求，街道办事处均建立了综治档案 19 种，社区均建立了综治档案 13 种，内部单位建立了综治档案 9 种。各基层单位在平安创建工作中积极探索，勇于实践，创造和积累了许多成功经验，建立和形成了一系列科学合理、内容丰富、操作性较强的工作机制。沙坪街道办事处建立了 5 种综治工作机制（职责明确的社会治安综合治理机制，广泛参与的专群结合机制，面向广大群众的法制宣传教育机制，反应及时的矛盾纠纷排查调处机制，严格的督促检查考评机制），综治工作走在全区的前列。平潭街街道办事处针对辖区驻地单位多、协调难度大的实际，建立了办事处、派出所、驻地单位“三位一体”的定期例会议事制度。蔡洼街道办事处依托阳煤集团二矿、华越公司、辰光热电厂等大型驻地单位，实行企地联手，建立并形成了政府搭台、企业唱戏、合创共建的工作机制。贵石沟街道办事处针对辖区点多面广、矿村交错、居民居住分散的实际，建立了“四所联防”（矿区贵石沟派出所、平定南坳派出所、冶西派出所、西城公安分局大井派出所）、“五村联治”（冶西、聂家庄、贵石沟、宋家庄、苏村）的工作机制。各驻地单位按照“条块结合，以块为主”的原则，自觉服从区委、区政府的统一领导，积极开展平安单位创建工作。中国农业银行阳泉市分行、市自来水公司等驻地单位不断加强人防、物防、技防建设，不断加大投入，加强科技防范设施建设，治安防范能力明显增强，走出了一条“以人为本，科技先行，防控严密，确保稳定”的自防自治新路子，连续多年未发生刑事案件，多次被评为全区综治工作优胜单位。2005 年 12 月 28 日，区委政法委召开“全区综治工作暨平安建设经验交流会”，沙坪街道办事处、市自来水公司、蔡洼东窑房社区、桥头金花园小区等 11 个基层单位介绍了经验。

4. 重点人员管理工作。对流动暂住人口，由区综治委牵头，区计生、公安、工商、劳动、卫生、民政、建设等部门参与，进行严格管理。2006 年，组织开展了流动人口计划生育清查验证工作。矿区成立了专门的工作机构，制定了工作方案，进行了广泛的宣传。矿区投入 20 余万元，为全区 40 个社区聘用了 40 名流动人口计划生育管理员，为全区 6 个街道办事处和 40 个社区配备了专用电脑，实现了流动人口管理信息化。矿区获全市“流动人口计划生育清查验证工作先进县区”荣誉称号，沙坪街道办事处还在全市清查验证现场会上进行了经验交流，受到省市领导的好评。对刑释解教人员，区司法局组织各街道、社区进行帮教，为“两放”人员（解除劳教人员和刑满释放人员）解决实际困难，帮助解决就业问题。有效地预防和减少了重新犯罪。

5. 创建平安铁路示范路段工作。在铁路护路联防工作中，开展了“营建平安铁路示范路段”活动，落实护路责任制。每年年初，区铁路护路联防领导组主要领导与各街道均签订“营建平安铁路示范路段责任书”，区护路办与残疾人、机动车驾驶员、废旧金属收购点、中小学负责人签订了爱路护路责任书，将护路责任落实到各个护路责任主体。进一步加强铁路护路宣传教育，在铁路沿线组织开展了铁路护路联防宣传教育“七进”活动（进街道、进社区、进单位、进学校、进家庭、进班组、进车间），在铁路护路联防重点区段进行了重点宣传。2006 年 9 月，区护路办投资 5000 余元，在矿区铁路护路重点治理区域蔡洼东窑房社区、南外环立交桥以南地段，建造了一条长达一千米的铁路护路宣传走廊，制作喷涂大型标语和横幅 26 条，得到省、市护路办领导的肯定。区护路办对蔡东社区铁路道口旁涵洞垃圾堵塞，严重危及铁路行车安全的问题进行了集中专项整治，投资 3000 余元，清理涵洞上下垃圾 50 余吨。

6. 社会治安视频监控与报警综合管理系统建设。2007 年，按照省、市安排，区综治委和区公安分局专门制定了《阳泉市矿区社会治安视频监控与报警综合管理系统建设方案》和《阳泉市矿区“天网工程”第一期工程项目筹资方案》。同年 7 月 5 日，区综治委召开了全区社会治安视频监控与报警综合管理系统建设动员大会，对社会治安视频监控与报警综合管理系统建设工作进行了详细安排部署。区综治办和公安分局科学规划，实地查看，确定了矿区“天网工程”第一期工程 70 个视频监控点，安装了视频监控报警装置。2008 年，区政府全面实施以社区为重点的“天网工程”第二期建设，将安装任务落实到阳煤集团及驻区各有关责任单位，区综治委严格实行区级领导分片包点责任制，由 2 名区级领导包 1 个办事处。区委书记董仙桃等区主要领导到阳煤集团各矿、处进行协调，各包片领导与驻区有关单位沟通联系，全区共筹集资金 290 多万元，建成区公安分局终端监控系统和马家坪派出所终端监控系统，在主要街道、路段和重点场所、社区安装了 100 多个前端探头。

7. 民爆物品安全管理工作。矿区共有民爆物品使用单位 6 家，分别是阳煤集团的一矿、二矿、三矿、五矿、新景矿和阳泉市甘河硫铁矿，涉及爆破、押运、保管、巡守等作业人员 1139 人（其中爆破员 849 人、保管员 148 人、押运人 142 人），有井下火药库共 25 个，库房核定储存总量为炸药 2.7 万千克、雷管 25 万发、导火索 2000 米，年平均使用各类炸药 1860 吨，雷管 300 万枚，导火索 3 万余米。矿区与涉爆单位重点涉爆人员签订保证书 1131 份，公安内保部门经常深入井下进行爆破物品安全检查，有效防止和杜绝了事故的发生，全区爆炸物品安全管理秩序良好。

第五节　区委办公室工作

一、机构设置

区委办公室 1980 年 4 月设立。到机构改革前的 1996 年年底，编制为 14 名，实有 13 人。1997 年 4 月，根据《阳泉市矿区党政机构改革方案》，办公室挂区委机要保密局、区委督促检查室、直属机关工作委员会牌子。2001 年，撤销区委政策研究室，其职能由区委办公室承担。2004 年 12 月，矿区区委办公室挂台湾工作办公室的牌子。2005 年 5 月，成立矿区区委、区政府信访局，规格为正科级，由区委办公室管理。7 月 18 日，矿区对台工作领导小组办公室和区委办公室合署办公，归口区委办公室管理。2010 年 12 月，按照省市区有关文件精神，区委办公室机要保密室更名为区机要保密局，归口管理单位为区委办公室。同时，设立阳泉市矿区国家密码管理局，与机要保密局合署，依法履行矿区密码管理职能。其局长按副科级配备。2011 年年底，区委办公室行政编制 16 名。

二、主要工作

区委办公室紧紧抓住提高“三服务”（为群众服务、为领导服务、为基层服务）水平这条主线，按照市委办公厅和区委、区政府的要求，通力配合，全面兼顾，充分发挥参谋助手、督促检查和综合协调的作用，政研信息、服务管理、调查研究、文稿起草、公务接待和队伍建设等各项工作不断取得进展和成效。

（一）参谋助手

区委办公室以推动全区重点工作为目标，以提高调研成果转化率为关键，紧紧围绕贯彻落实科学发展观，转变增长方式，建设社会主义新社区，改善民生，社会管理创新等重大问题，切实开展调查研究。重视督查工作，有效促进各级各项重大决策的贯彻落实。将任务分解细化，逐一落实到四套班子领导和部门具体责任人，并按照区委安排做好责任制落实情况督查工作。抓好专项工作督查，促进了区委决策高效落实，推动了工作的开展和问题的解决。

（二）文稿起草

对各类文稿起草进行分类规范、精雕细刻，做到立意深远、立足实际，分析问题能切中要害，部署工作能周密到位，用语用句能规范准确，全面体现区委指导工作的战略意图和决策要求，真实反映各级各部门、各单位和广大干部群开拓进取、真抓实干的新实践和新成就，增强文稿的指导性，发挥以文辅政的职能作用。

（三）信息服务

坚持全员办信息制度，紧贴区委中心工作，围绕改革、发展、稳定大局，关注社会反映的热点、难点和焦点问题，及时、准确、全面地收集、选编各类信息，进一步健全信息网络和完善报送制度，加大信息报送的考核力度，信息报送数量和质量有了新的提高。每年向市委办公厅报送信息 100 条～200 条，有的年份接近 300 条；被上级信息采编率逐年提高，为上级党委和区委掌握情况、正确决策，提供了大量有价值的参考信息，受到市委办公厅表彰。

（四）公文办理

认真贯彻执行中央和省委的公文处理《党政机关公文处理工作条例》和《国家行政机关公文处理办法》，进一步完善区委办《文件制发办理制度》和《文件收发传阅制度》，坚持文秘人员认真核稿，分管主任严格把关，加强对公文审核、印制、分发、归档等各个环节的管理，健全公文运转办法，及时准确地传送中央和省、市委的决策部署，保证公文传输安全高效，达到了公文制作规范、传阅准确及时的标准。

（五）会务接待

按照区委《关于进一步转变作风、狠抓落实的意见》，对重要会议、重大活动，坚持科学合理、周密组织，严格控制会议规模和时间，改进会风，做到会前精心准备布置，会中服务周到细致，会后落实务实有效。特别是在组织承办大型会务和重要活动方面积累了经验，确保了历届代表大会、历次全会和全区党务工作会议、干部大会、建设社会主义新社区工作会议以及区三十周年大型庆典活动、区四套班子领导外出考察工作等一系列重要活动的顺利进行，圆满完成省委巡视组的接待工作。

（六）机要保密

继续深入贯彻落实中央、省、市关于密码工作的方针政策，规范制度，强化管理，始终做到密不离人，升级改造了党政密码通信网络，更新了装备，充分发挥密码通讯的主渠道作用，保证了中央、省、市重大决策和重要工作部署的迅速贯彻落实，为区委工作提供了有力保障。加强保密知识学习培训，区保密委员会定期召开会议，认真学习研讨各项保密工作，全区各级各部门保密意识进一步增强。在全区各单位安装开通了县乡通商用密码通讯网络，提高了公文传送效率，向现代无纸化办公迈进了一大步。

（七）值班工作

区总值班室认真履行“为群众服务、为领导服务、为基层服务”的工作职责，强化“联系左右、沟通内外”的职能，细化值班规章制度，及时妥善处置突发事件和有关重要情况的上传下达，群众来电办结率100%，确保了全区的信息畅通，保证了党政各单位、各部门工作的正常运行。区委社情民意通道及时受理人民群众来件和网络留言反映的情况、问题和意见，办结率均为100%，做到事事有回音，件件有落实。

（八）其他工作

始终保持对邪教组织的高压态势，做好帮教转化工作，帮教转化率达100%。进一步强化防范监控功能，形成“打、防、拉、帮”一体化网络。在重大节日、重要会议及奥运会（残奥会）召开期间，严防死守，矿区没有出现一起邪教人员进京上访事件。加强涉台宣传和涉台教育工作，加大与台胞、台属的沟通与联系，有效发挥其作用，为推进区域经济社会发展做贡献。做好信访接待工作，及时处理信访问题，妥善化解矛盾纠纷，促进了经济发展和社会稳定。

（九）协调沟通

注重发挥桥梁纽带作用，加大协调工作力度。一是加强了同市委办公厅的工作业务联系。经常向市委办公厅汇报工作，反映问题和建议，主动询问和了解市委、市委办公厅的工作重点和工作动向，全力为区委提供超前服务。二是进一步完善区委、区人大、区政府、区政协四办联席会议制度，多次召开四办联席会议，互通有无、通力合作。三是加强对街道党政办公室和区级部门办公室的指导，密切彼此联系，提高办公室业务工作水平。

（十）队伍建设

加强学习培训，健全学习教育制度，举办了全区办公室主任暨文秘工作人员培训班。优化队伍结构，从基层选调了一批年轻有为、德才兼备的工作者充实区委办队伍。狠抓作风建设，开展理想信念教育和党风、党纪教育，营造政治坚定、勤劳务实、甘于奉献的氛围，业务上精益求精，制度上严格管理，作风上求真务实，增强了干部职工工作的积极性和主动性。加强廉洁自律教育，狠抓源头治理腐败工作。修改完善了办公室车辆管理、财务管理、办公用品购买、会务接待等各项工作制度，严格按照规定，做好接待、财务管理、后勤保障、车辆管理和印鉴管理等其他各项工作。

第六节　其他党务工作

一、机构编制工作

（一）机构设置

阳泉市矿区机构编制委员会办公室成立于1984年3月，隶属于区劳动人事局。2001年10月单独设立，为区机构编制委员会的常设办事机构。既是区委的工作机构，又是区政府的工作机构，为正科级建制，具体负责全区行政管理体制和机构改革，以及机构编制的日常管理工作。设行政编制2名，其中主任一名，副主任一名。

2002年8月1日，矿区事业单位登记管理中心成立。2004年1月，改设为矿区事业单位登记管理局。性质为全额事业单位，规格为股级，归阳泉市矿区机构编制委员会办公室管理，核定全额事业编制5名。2008年5月，机构规格由股级升格为副科级，核定副科级领导职数1名，其他不变。

（二）主要工作

1. 机构编制管理。1987年4月，转发阳泉市编委《关于对全市事业单位机构编制进行整顿的通知》，要求全区各主管部门立即展开工作，要求4月底前结束。1997年4月，出台《阳泉市矿区党政机构改革方案》《阳泉市矿区党政机构改革实施意见》《关于矿区党政机关机构改革中人员分流的意见》《关于清理整顿非常设机构的意见》。同年9月，经阳泉市矿区党政机构改革领导组研究，确定了“区委各部门机构编制职数表”“区政府各部门机构编制职数表”“区各街道办事处机构编制职数表”和“区公、检、法、司机构编制表”四个表。有关编制使用和职数分配，按照“三定”方案执行。2002年7月，根据市委、市政府《关于强化机构编制管理，严格机构编制监督意见》精神，开始在全区党政群机关、事业单位开始建立和实行“机构编制管理证”制度，建立和实行控编进人制度。2009年，按照中共阳泉市委《关于科级干部职数审批的暂行办法》的通知，加强干部宏观管理，严格禁止超职数配备领导干部。同时认真贯彻落实《地方各级人民政府机构设置和编制管理条例》《机构编制监督检查工作暂行规定》《山西省机构编制管理规定》《事业单位登记管理暂行条例》及《实施细则》等法律法规。2010年，按照《阳泉市矿区事业单位清理规范和分类改革实施方案》的要求，提出了所属事业单位的清理规范意见。2011年12月，向区直各部门下发了《关于矿区区属事业单位清理规范有关具体要求的通知》，提出所属事业单位清理规范意见，然后由区编办认真审核后、经区编委审批的方式方法进行。

2001年，在日常机构编制工作中，矿区机构编制委员会办公室按照中央、省、市的规定和要求，严格把关、坚持原则、规范程序，严格执行了机构编制下管一级的措施，规定区直各部门凡涉及党政群机关、议事协调或非常设机构、事业单位等机构编制事宜，均须先由业务主管部门写出专题请示，按审批程序和权限，由区机构编制委员会办公室审核，报区机构编制委员会审批。需报党委政府审批的，由区编办审核和区编委会审议后，报党委、政府审批。新增单位都按照规定程序报市编办进行了审批备案。

同时，矿区机构编制委员会办公室认真执行“控编进人通知单”和“山西省机构编制管理证”制度。全区党政群机关、事业单位全部实行了“控编进人通知单”制度。在进人审批程序中，坚持增编增人“三不准”原则：未经机构编制部门批准，不准增编；没有编制和“控编进人通知单”，组织人事部门不批准进人；没有编办出具的“关于新增（减）人员划拨工资的通知单”，财政局不准核发工资，真正建立起了机构编制与财政预算管理相互配套协调的行之有效的约束机制。严禁突破编制和人员结构增加人员，严禁超职数配备领导干部。自实行“山西省机构编制管理证”和“控编进人通知单”制度以来，新增人员和调动人员全部办理了“控编进人通知单”，各类人员都严格按照编制结构定人定岗。

2009年，矿区机构编制委员会办公室严格执行机构编制下管一级的措施，规定区直各部门凡涉及党政群机关、议事协调或非常设机构、事业单位等机构编制事宜，均须先由业务主管部门写出专题请示，按审批程序和权限，由区机构编制委员会办公室审核，报区机构编制委员会审批。需报党委政府审批的，由区编办审核和区编委会审议后，报党委、政府审批；认真执行“控编进人通知单”和“山西省机构编制管理证”制度。

2010年，矿区机构编制委员会办公室建立健全了有关机构编制管理规章，采取法律的、行政的、经济的手段，加强机构编制工作的日常监管。对违反规定擅自设立机构、机构升格、调整职能、增加编制、超编进人、超配领导职数等行为，按机构编制管理的有关规定认真查处，维护机构编制工作的严肃性，防止机构编制膨胀。同时重新审核换发机构编制管理证。

2011年，全区47个党政群机关、110个事业单位全部实行了“控编进人通知单”制度；继续推行了“山西省机构编制管理证”季审制度。

2. 参与政府机构改革。在政府机构改革过程中，矿区机构编制委员会办公室及时对全区各行政机关和事业单位的职能、编制、职数、人员等情况进行摸底，对各单位职能的运行情况进行全面的调研，为政府机构改革工作提供了基础性依据。在实际工作中，编制办深入基层，进行调查研究，作风扎实，指导和组织机构改革坚强有力，为矿区领导在机构改革方面发挥了参谋助手作用。同时结合全区实情制定了机构改革方案，进一步明确了全区各单位的主要职责、内设机构、人员编制和领导职数，并对涉及多个部门的工作事务也进行了明确细致的说明。通过严密组织和认真改革，初步解决了过去存在的重管理、轻服务，习惯于行政命令、不善于发挥市场作用等弊端。使政府的职能由过去的行政型、命令强迫型、管理型的方式转变到服务型、法制型的职能上。

3. 事业单位年检和登记管理。区事业单位登记管理局每年 1～3 月集中精力对全区事业单位进行年检。在年检工作中，一方面，通过多渠道方式，加强了宣传教育和培训工作，提高事业单位法定代表人依法申请各项变更登记、年度检验等法律观念。另一方面，健全了审查制度，规范了审查工作，严格审查事业单位法人提供的各种证明。针对年检过程中出现的个别问题，区事业单位登记管理局在认真核对后一律要求其重新填报。做到了程序规范，材料真实齐全，年检和登记事项无遗漏。在全区事业单位清理规范和分类改革方面，根据其职责任务，进行科学分类，实行分类改革和管理，实现事业单位的机构设置科学、单位名称规范、职责界定清晰、经费渠道适宜、编制职数合理、内设机构精干、类别划分准确、管理规范有序，逐步理顺事业单位与政府部门和企业的关系，改革事业单位现行管理体制，优化资源配置，调整布局结构。

4. 自身建设。矿区机构编制委员会办公室在思想道德建设方面，深入学习社会主义荣辱观，学习党和国家的相关法律法规和政策，依托机关效能建设，致力于在服务提质，进一步提升职业道德水平。在业务知识方面，全体工作人员采取集中定期和自觉不定期的学习方式，不断充实业务知识，提高工作能力，以适应新时期机构编制工作的要求。在不断学习和扎实的工作中，编制办形成了一个团结有力的领导班子，队伍有较高的政治素质和业务水平，纪律严明，管理规范，内部运转协调，具有较强的凝聚力和战斗力。

二、机关党建

1980 年 7 月，矿区成立区直属机关党总支。1984 年 3 月，改设为区直属机关党委。1997 年 4 月，直属机关党委改建为直属机关工作委员会，为区委的派出机构，与区委办公室合署办公，担负区直机关及事业单位机关党的建设和领导工作。

1991～2008 年，矿区制订了区直机关党建工作方案，经常召开党建工作会议，开展“三讲”“三个代表”重要思想学习、共产党员先进性教育、科学发展观学习、创先争优等活动；加强了党员教育、管理和监督以及发展新党员等工作；狠抓了区直机关工委和基层党组织的自身建设；定期组织党员的政治学习、组织生活、换届选举等工作。每两年组织一次入党积极分子培训班、一次新党员培训班；并通过丰富多彩的活动对党员进行教育，建立了党员信息库。2005 年，直属机关工委核定行政编制 3 名，其中书记 1 名，副书记 1 名。

2000～2011 年，矿区机关工委主动围绕区委抓党建工作目标责任书的要求，深入开展了学习实践科学发展观活动，实现了从全面学习向专题学习延伸，从学习内容向学习质量延伸，从单纯学习向贯彻落实延伸，有效地提高了科学发展观学习质量，提升了党员干部的思想理论水平和战略思维能力；在落实党建工作目标责任制各项目标任务方面，工委制订了区直机关党建目标责任制百分考核细则，坚持定期组成考核小组对基层党建工作进行督查、考核、打分；在加强党建工作的规范化建设方面，规范了基层各党支部档案管理和党建工作程序，制订出台了《关于区直机关党组织印章刻制、使用和管理制度》，加强了机关党员信息库建设工作，对党员总数、年龄、入党时间、学历、职级、工资情况、党费缴收情况基本实现了信息管理；制订了《开展“争创学习型党组织、争做学习型好干部”活动的实施方案》，对开展活动的指导思想、目标要求、学习内容和必读篇目、方法途径等进行安排部署。各党组织通过创办党员干部学习论坛、举办专题讲座，开辟学习专栏等形式，增强了学习教育活动的吸引力，提高了学习教育效果。同时，扎实推进机关党风廉政建设和反腐败工作，进一步增强了党员干部廉洁自律意识。2011 年年底，直属机关工委下属 2 个党总支、31 个党支部、有党员 517 人。

三、老干部安置管理

阳泉市矿区区委老干部局成立于 1986 年 5 月，人员编制 3 名。1996 年年底，人员编制调整为 4 名。1997 年 4 月，根据《阳泉市矿区党政机构改革方案》，老干部局成为区委组织部的部门管理机构，为正科级建制。同年 9 月，核定行政编制 2 名。其中领导职数 1 名。2001 年机构改革以后，变为行政编制 2 名，其中领导职数 2 名。2010 年 12 月 15 日，根据阳编办字〔2010〕79 号文件，成立阳泉市矿区老年大学办公室，为股级全额预算事业单位，编制 3 名，其中领导职数 1 名，按副科级配备。隶属于矿区区委老干部局。

为了认真贯彻 1995 年 12 月下发《关于退休干部管理工作的暂行规定》，对退休干部的管理范围、管理原则、管理任务、发挥退休干部作用和活动经费都做了明确规定；1998 年对区直各单位、部门分级管理的离退休干部，全部收回老干部局统一管理。

在政治待遇上，邀请离退休老干部代表参加有关会议和各种座谈会，倾听老干部的意见和建议。认真落实为老干部征订报刊杂志的工作和阅读文件工作。2006 年、2007 年、2008 年先后组织老干部赴洛阳、西安、日照、连云港等地参观学习，让他们了解周边省、市、区经济发展状况。2008 年，进行了离休干部党支部换届工作，选出了党性强，身体健康，有一定组织能力，有较好群众基础的热心老同志担任党支部委员。投入足够活动经费购买学习资料，除按比例从党费上缴部分中提取一定经费外，区委组织部还给予一定的经费支持，用于离休干部党支部日常学习、“七一”慰问等活动，使党支部正常开展活动提供应有的保障。

每逢春节、重阳节、“七一”等重大节日，组织慰问离退休老干部，送上节日的祝福。根据省、市老干部局的安排，结合矿区实际，申请专项资金，鼓励、支持老干部利用自己的政治优势、威望优势、经验优势和一技之长，为社会，为群众，为关心下一代工作，发挥他们的才智和作用。

在生活待遇上，彻底解决离休干部的离休费和医药费。离休干部的离休费能够按月足额发放，离休干部的医药费实行财政支付，实报实销的办法，对离休干部的医药费每季度集中审批，统一报销。在解决离休干部“两费”的同时，区财政对离休干部的护理费等各项补贴也足额按时发放，为老干部看病就医提供了有力保障。在 2010、2011 年离休干部生活补贴、建党 90 周年中央提高的生活补贴和扩大发放范围、离休干部的津贴补贴、离休干部的护理费、取暖费、离休干部遗孀提高的生活困难补助费、离休干部死亡后的丧葬费、抚恤金、离退休干部的活动费等，全部落实到位。每年定期组织全区离休、享受副县级以上待遇的退休干部到医院做全面的身体健康检查，使老干部做到了早预防、早发现、早治疗。做好老干部住院探望工作。随着老干部年龄增大，住院频繁，老干部局把探望、慰问纳入重要工作日程，及时把区委、区政府对老同志的关心送进病房、送到家中。区委老干部局多次派车送老干部到省、市级医院治疗，为他们提供方便。

四、政策研究

区委政策研究室 1986 年 12 月成立。1987 年 10 月，政策研究室人员编制为 2 名，实有工作人员 1 人。1988 年 12 月，区委设立的阳泉市矿区政治体制改革办公室与政研室合署办公，为一套人员，两个牌子。1997 年矿区党政机构改革前，核定行政编制 3 名，其中领导职数 1 名。2001 年，根据《阳泉市矿区党政机构改革方案》，撤销区委政策研究室，其职能由区委办公室承担。

区委政策研究室是区委综合性的调查研究机构和职能部门，是为区委决策和领导工作服务的参谋和助手。其主要职责是：根据区委的意图和部署，围绕区委中心工作，组织对有关全区经济和社会发展及政治、文化和党建等方面方针、政策问题的调查研究；撰写宣传中央和省、市、区委的方针、政策的文章和论著；做好信息反馈工作，深入基层，调查研究，集中情况，汇总资料，向区委综合反映各级领导和广大干部群众的意见和各种带有倾向性的问题，提出完善补充和修正决策的建议。

1986～2008 年，区委政研工作按照科学发展观的要求，结合矿区实际，在深入调研、认真分析的基础上，起草和完善指导矿区经济社会发展的政策意见。认真领会领导意图、贴近领导思路，刻苦钻研、精益求精，起草好领导会议讲话材料，重点起草区委全会报告、经济工作会议讲话等文件资料。做好信息工作，结合全区工作中心，把握阶段重点，围绕区委领导的关注点、基层群众的聚焦点，积极向省市委办公厅报送反映重要工作、特色工作的信息稿件。2008 年，在省市刊物《山西信息》上发表了《推进社会主义新社区建设夯实城市区和谐文明建设》《块状经济发展模式对振兴矿区机械制造业的启示》《新形势下做好党委信息工作应在四个方面下功夫》等理论文章，有力地促进全区工作的顺利开展。

2009～2011 年，区委在政策研究工作中，先后组织了发展总部经济、培育第三产业，非公有制经济发展，加强和创新社会管理，扶植文化产业等调研活动 20 余次，形成了包括《关于阳泉市资源转型首创之区的实践与启示》《加快转型步伐实现跨越发展》《建设法治矿区的实践与启示》《借转型综改试验区东风 助推矿区转型跨越》《先行先试抢高地 发挥优势谋跨越》《在“新”字上做文章，在“实”字上下功夫》等有分量、有价值的调研报告，提出了一些前瞻性、针对性、操作性强的意见和建议，为区委指导工作、科学决策提供了有力依据。

五、人民来信来访工作

区信访办公室于 1982 年 4 月设立。1986 年 5 月改设为信访局。1988 年 1 月经矿区三届人大常委会第五次会议研究决定，信访局列入区政府机构序列。2001 年 4 月，区政府信访局并入区委办，更名为区委办信访室。2005 年 5 月，区委办信访室更名为区委、区政府信访局，单独设置，正科级规格。2006 年 5 月，根据山西省编委《关于全省各县（市、区）设立信访工作机构的通知》和阳泉市编委《关于各县区单独设立信访局的通知》，阳泉市矿区编委《关于成立矿区区委、区政府信访局的通知》设立矿区区委、区政府信访局，为正科级建制，行政编制 3 名，设局长 1 名，副局长 1 名。原区委办内设机构信访室随即撤销。

区委区政府信访局职责：切实履行国务院《信访条例》赋予的五项职责；接待受理群众来信来访；承办特定信访事项；协调处理重要信访事项；督促检查信访事项的处理；指导信访业务工作。认真行使《信访条例》赋予的三项全新职能：提出改进建议权；提出行政处分建议权；完善政策解决问题建议权。严格建立信访工作程序和工作制度：畅通信访渠道制度；信访事项提出制度；信访事项的受理制度；信访事项的办理和督办制度；维护信访秩序制度；法律责任制度。积极发挥区委、区政府的参谋助手作用；在协调部门、统筹兼顾、标本兼治、各负其责的信访格局中发挥参谋助手作用；在促进信访问题的解决上发挥参谋助手作用，必要时可召集举行信访听证会；在研究信访新情况、探索新思路方面发挥参谋助手作用。

1982 年，信访办公室成立后，群众反映的信访内容由关心个人问题转向社会主义建设事业，对党和人民政府各方面工作进行监督，提出批评和建议。如反映在调动工作，户口迁移，落实私房政策，以及吃菜难、用水难、买煤饼难、行路难，“三废”污染等有关群众切身利益的问题。区委领导均责成有关部门积极采取措施予以解决。

1990 年，群众反映的信访问题主要涉及劳动保险保障、房屋拆迁、就业安置等方面的问题。区委、区政府把信访工作作为一项听民声、察民情、解民忧的“民心工程”来抓，不断拓宽信访渠道，在行政渠道和法律渠道两方面帮助群众解决合力诉求，维护群众的合法权益。发挥好信访部门接待上访群众的主渠道作用。规范工作流程，健全工作制度，确保群众来信有人查收，上访有人接待，疑难有人答复，问题有人解决，让群众带着问题来，带着满意去。坚持设立书记、区长热线电话和社情民意通道，更好地满足不同层次信访群众的信访需求，快速解决群众的热点、难点问题。积极引导群众利用诉讼、仲裁、调解、行政复议等法定渠道解决问题，充分发挥这些法定渠道在化解矛盾纠纷的作用。

2006年以后，矿区信访工作坚持以科学发展观为统领，以构建和谐矿区为目标，认真贯彻中央、省、市有关信访工作的决策部署，进一步畅通信访渠道，拓宽工作领域，健全工作机制。把信访工作做到前面，做到人民的心里，通过大范围的排查工作，将群众反映的信访事项中要求合理的，给予批量解决。采取了区委书记大接访专项活动和区级领导带案下访制度，由领导亲自包处案件，做到包处一件，息诉一件，化解一件。特别在2008年奥运会等国家重大活动和重要会议期间，矿区加大工作力度，妥善处理了大量社会矛盾，实现了进京、赴省非正常上访“零”的目标，维护了全区政治稳定和社会安定。2003～2008年，矿区连续6年被市委、市政府评为“信访工作先进集体”，2008年被省委、省政府评为“信访工作先进集体”。

2009～2011年，群众信访总量所下降，但集体访大幅上升。群众反映的问题主要涉及小区物业管理、环境污染、市场管理等方面。这些问题大多数涉及到群众的切身利益，群体性矛盾比较突出。矿区信访工作进一步规范工作流程，健全工作制度，坚持设立“书记区长热线电话”，方便、快捷解决群众在生产生活中遇到的困难和问题；对群众通过“网上信访”和社情民意“绿色通道”反映的困难和问题，及时进行交办和督办，妥善解决群众信访问题。同时加强制度建设，出台了《信访工作排查制度》《信访案件跟踪督办制度》《信访工作考核制度》等各项制度，进一步完善了信访工作长效机制。对群众反映的问题，加大督查督办，提高案件办结的质量和效率。推进“事要解决”，全力维护群众合法权益。深入排查矛盾纠纷，有效预防和化解各类信访隐患。严格工作责任，有效维护信访工作秩序。充分发挥基层信访网络的作用，印制了《群众来信来访登记册》《阳泉市矿区矛盾纠纷排查表》和《阳泉市矿区群众意见建议征集表》，供各街道、各社区使用，建立了基层上报信访信息的工作机制。

六、党校教育

（一）中共阳泉市矿区区委党校

成立于1988年4月20日，阳泉市矿区教育中心同时成立，与区委党校一套人马，两块牌子，合署办公，规格为正科级事业单位。2009年2月，党校成为参照公务员管理的机构。10月29日，成立矿区行政学校，与区委党校合署办公。11月，矿区区委党校配备常务副校长，级别为副县级。2011年年底，人员编制5名，实有在职人员4名。其中，兼职教师3名，讲师2名，助教1名。

区委党校成立以后，注重理论研究，坚持“科研立校、理论树人”治校方略，理论研究工作既有短期安排，又有长远计划。建校后学校在职人员撰写了上百篇理论文章，分别在国家级、省市区级报刊上发表，其中承担了山西省哲学社会科学“十五”规划2005年度课题《山西城市社区建设现状、问题及对策研究》、“十一五”规划2006年度课题《山西资源型工矿城镇转型研究》，并分别通过省专家委员会鉴定，研究成果达到了国内先进水平，鉴定等级为一等成果，《以科学发展观统领和谐社会建设——阳泉市构建和谐社会的实践与思考》荣获省第七届精神文明建设“五个一工程”优秀作品奖。“十一五”规划2007年度课题《山西社区工作者的职业化问题研究》，并分别通过省专家委员会鉴定，研究成果达到了国内先进水平，鉴定等级为一等成果。“十一五”规划2010年度课题《山西资源型城镇棚户区改造问题研究》完成初稿。2011年又申报“十二五”规划课题《山西工矿城市社区网格化管理探究与应用》，并被批准立项。2010年省级课题《山西社区工作者的职业化问题研究》获山西省党校系统第六届优秀科研成果三等奖。2011年《努力探索推进县区党校工作的新途径》获国家级优秀理论成果一等奖，《“只生一个”的现状、存在问题及对策研究》获阳泉市第九届精神文明建设“五个一工程”优秀作品奖。

在函授教育方面，区委党校于2002年首次承办了中央党校、省委党校函授学历教育。同年招收中函本科经济管理专业52人；2003年招收省函大专经济管理专业63人；2004年招收省函大专经济管理专业40人；2005年，招收省函大专经济管理专业51人；2006年，招收中函本科法律专业55人，招收省函大专经济管理专业60人；2007年，招收中函本科经济管理专业58人，招收省函大专经济管理专业62人；2008年，招收省委党校在职本科经济管理专业56人，招收省函大专经济管理专业48人；2009年，招收省函大专经济管理专业59人；2010年，招收省函大专经济管理专业107人。函授教育的开办，为矿区及周边地区培养了大批人才。

在服务工作上，区委党校主动发挥党校优势，努力服务全区理论工作，服务区委中心组学习，充分发挥卫星远程讲座硬件优势，定期向区级领导呈报讲座播出内容及时间表，并及时刻录重要讲座光盘，送区委、区政府主要领导观看，充分发挥党校主阵地作用，为全区各项事业服务。

在干部培训方面，区委党校围绕区委中心工作，突出重点，统筹协调制定年度干部职工培训计划，重点抓好干部主体班培训，协调组织开办各级各类培训班，制订了《干部培训班暂行管理办法》《领导干部自主选学实施方案》，坚持把提高干部思想政治素质放在首位，大力加强政治理论培训；围绕工作需要，开设了领导科学、宏观经济走向、职业道德教育、廉政教育、法律知识、保密知识、加强和创新社会管理、中共十七届六中全会精神、社会主义核心价值体系、政府官员如何应对公共传媒和突发事件等课程，强化了对干部业务技能的培训，帮助干部提高了工作水平和综合能力；重点加强党员干部的党性教育，使之贯穿培训的全过程；严格培训考核，重点对平时表现、守纪情况和理论考试等进行考核，实现了干部培训规范化，使全区干部队伍的整体素质和执政能力得到进一步提高。2011年年底，区委党校共组织主题班培训50余期1500人次，共举办各级各类培训班460余期38000人次，共有220名本科生、323名专科生完成学业，合格毕业。

（二）阳煤集团党校

始建于1960年2月，1969～1972年间一度撤销。2002年4月，与阳煤集团职工教育培训中心合署办公，一套领导班子，两个牌子。主要承担集团公司党员领导干部培训和中央党校、省委党校的函授本专科教育任务，是提升党员领导干部素质和经营管理人员管理水平的重要阵地。原有办公室、总务科、教务科、第一、第二、第三教研室6个科室，与职教中心合署办公后，只留下教学部一个成建制部室和函授部（与电大函授部合并办公）。

占地面积13000平方米，建筑面积8838平方米。拥有教室、图书馆、资料室、学员宿舍、餐厅、礼堂、多媒体教室、文印室、文体活动室、游艺厅和6000平方米的活动场地及灯光篮球场。图书馆藏书23700册；资料室收藏了70余种报纸、期刊、资料，配有现代化电子备课设施。2011年年底，有教职工22人，专兼职教师15人（高级职称5人、中级职称6人、初级职称4人）。

1978～2005年，党校班级设置由长期脱产学历班向短期主体培训及函授教育转变；内容设计由按教科书讲授向紧密联系企业改革和生产经营实际的专题讲授转变；培训目标由对学员专业知识的拾遗补缺向提高学员的全面素质转变。共举办各类短期主体班65种、268期，轮训在职干部2.5万人次，受教育4.98万人次。矿处级后备领导干部培训班、中青年领导干部培训班、工程技术管理干部培训班、工商管理培训班成为“拳头产品”和“精品工程”，在阳煤集团公司干部教育中发挥了主阵地的作用。

2006～2011年，围绕企业做大做强、转型跨越发展，围绕实现“亿吨双千亿”宏伟目标的需要，阳煤集团党校以方针政策、特色理论、企业管理、生产经营、企业文化、安全教育为重点内容，以矿处级领导、中青年干部和科级管理人员为重点培训对象，全面展开干部培训教育工作。6年间共举办矿处级领导干部、中青年后备领导、科级管理人员、组织部长、入党积极分子、区队长、工程技术人员培训班等各种类型培训班共244期，共有9560人次参加了培训。通过培训，提高了各类学员的整体素质，提升了企业核心竞争力，促进了企业跨越式发展。

阳煤集团党校函授教育持续发展。从1989年为省委党校招收第一批函授生后，共有2637人本科、专科毕业。2006年，阳煤集团党校面向企业需求，招收中函本科法律和工商管理两个专业129人，省函专科经济管理专业148人。至2011年，在册函授本科、专科学员均在600人左右。

阳煤集团党校还在教科研方面取得突出成绩，教师在《山西党校报》《山西省委党校学报》《理论探索》《时代报告》等省内外专业杂志报刊上发表了100多篇科研论文。

阳煤集团党校历年在教学与科研等方面取得的成绩，受到省委党校的好评和阳煤集团公司的高度赞扬，获得多项荣誉，2011年，被评为阳煤集团“模范集体”。

七、党史研究

（一）机　构

中共阳泉市矿区区委党史研究室前身为区委党史资料征集领导组办公室，成立于1987年8月19日，与区地方志办公室合署办公。1991年7月，两个单位分设，更名为矿区区委党史研究室，为正科级事业单位，归口矿区区委管理。2011年年底，编制5名，在岗人员4名。

中共阳泉市矿区区委党史研究室在区委的领导下，负责党史资料和革命斗争史的征集、整理和研究工作；协调有关部门开展党史教育、革命史教育、爱国主义教育；搜集区内外研究矿区地方党史的情报资料，开展学术交流活动；完成省、市党史研究部门和区委交办的重点研究课题及其他任务；加强与档案、方志等部门的协作，立准、立好矿区党史资料。

（二）工作情况

1.《中国共产党阳泉市矿区组织史资料》编纂工作。1986年5月，根据中共中央和山西省委的统一部署，矿区区委组织部、区委党史研究室、矿区档案局着手进行《中国共产党阳泉市矿区组织史资料（第一卷）》的编纂工作，1994年12月完成并出版发行。1988年7月，根据中共山西省委组织部和中共阳泉市委组织部的统一部署，矿区区委组织部着手进行《中国共产党阳泉市矿区组织史资料（第二卷）》的编纂工作，2000年7月完成并出版发行。区党史研究室参与了两卷共约48.5万字的编纂工作。2001年6月，在全省党史、组织史、当代史表彰会上，《中国共产党阳泉市矿区组织史资料》（第二卷）获得优秀成果二等奖。

《中国共产党山西省阳泉市矿区组织史资料（第一卷）》由矿区区委组织部、区委党史研究室、矿区档案局编纂，总计25.3万字，山西人民出版社1994年12月出版发行，主编梁怀玉。编录了从1947年5月至1987年10月中国共产党阳泉市矿区地方组织及其领导的政权、军事、统一战线和群众团体组织的沿革及历任领导干部名录。资料分为解放战争时期、基本完成社会主义改造和开始全面建设社会主义时期、“文化大革命”时期、社会主义现代化建设新时期4个时期。

《中国共产党山西省阳泉市矿区组织史资料（第二卷）》由区委组织部编纂，23.2万字，山西人民出版社2000年7月出版发行，主编李富平。编录了从1987年10月至1998年6月中国共产党阳泉市矿区地方组织及其领导的政权、军事、政协和群众团体组织的沿革及历任领导干部名录。

2.《中国共产党阳泉市矿区历史纪事》征编工作。1999年10月，区委党史研究室开始编写《中国共产党阳泉市矿区历史纪事》。制订了《编纂方案》，从指导思想、编纂原则、收录范围和内容、编写体例、历史分期、时限与区域划分、行文规则等方面提出了具体要求，并经市委党史研究室和区委批准。查阅了市、城区、矿区、矿务局、区公安分局等档案馆（室）档案2万余份（件），复印了各类资料近万条。书稿经广泛征求各方意见，并通过了市党史专家的评审。

《中国共产党阳泉市矿区历史纪事（1924.7～2000.12）》由矿区区委党史研究室编纂，主编史润才，副主编贾志萍、张素林，张敬泽参加了编写，36万字，2005年12月，由山西人民出版社出版发行。全书收录反映中国共产党山西省阳泉市矿区地方组织发展的历史资料863条。

3. 抗战时期人口伤亡和财产损失调研工作。根据关于开展全市《抗战期间人口伤亡和财产损失》课题调研的通知精神，矿区党史研究室及时开展了课题调研工作。2008年9月，根据省委和省、市党史研究室的具体要求，区委对抗战时期人口伤亡和财产损失调研工作再次进行了部署，区委成立了以区委副书记为组长的“矿区抗损调研工作领导小组”，下设课题调研组，组长由区委党史研究室主任担任。本次调研工作的经费列入了财政预算。区委党史研究室制订了《阳泉市矿区抗日战争时期人口和财产损失调研方案》，明确了相关部门和单位的职责任务，对完成工作时间和质量提出了要求。

针对这次入户调查工作调查项目多，调查项目容易遗漏；被调查对象年龄较大，被调查对象文化水平参差不齐；被调查事件间隔年代久远，被调查人容易遗忘的实际，区委党史研究室在省委党史研究室设计的调查样表基础上，增加了居民人口伤亡和居民财产损失两种入户调查表，统一了计算口径，避免了调查项目的遗漏。

2008年10月上旬，区委党史研究室举办了全区抗战时期人口伤亡和财产损失调研培训班，培训内容主要是本次调研的对象、范围、步骤和具体方法，全区6个街道办事处40个社区的52名调研员参加了培训。

调查过程中，各街道社区抽调专门力量，集中时间，走家串户，按时完成了任务。全区共走访调查70岁以上知情人1000余人，发放调查表800份，取得有价值的口述资料20份。调查结束后，对收集到的资料进行了分类整理。对口述资料、档案资料和文献资料进行了核实、梳理，剔除了重复数据和明显失真数据，按规定填写了各种表格，做到了不重不漏。

据调查统计，日军占领矿区期间，全区人口伤亡673人。其中直接伤亡195人，间接伤亡478人。在直接伤亡人数中，直接死亡192人，失踪3人，均为男性。在间接伤亡人数中，被日军俘捕9人，劳工324人，灾民145人，其中包括5名女性和2名童工。日军抢占和变相抢占了保晋公司阳泉矿和建昌公司的资产，把持和变相把持了附近的民营小煤矿，共掠夺煤炭480万吨，其中有200万吨运往日本本土。日军的掠夺式开采回采率仅为17%，严重破坏了煤炭资源，全区损失的煤炭资源达2300万吨。民间财产也损失严重。仅平潭街村就损失土地1450亩、青苗33亩、粮食4620石，以及大量生产工具、房屋、树木、家畜、家禽、服饰和生活用品。日军还用“勤劳奉仕”的名义强迫群众服工役，修建工事和道路，人口仅千余人的平潭街村服工役就达19.2万个。

4.《中共阳泉市矿区历史》的编纂工作。2006～2008年，区委党史研究室重点开展了《中共阳泉市矿区党史》的编写工作。在区委区政府的重视和支持下，成立了该书编审委员会和编写小组，制订了编纂方案，确定了指导思想和编纂原则，明确了收录范围、编纂体例、历史分期、行文规范等事项，提出了完成书稿的保障措施。编写小组经过反复讨论，确定了编写大纲。区委党史研究室针对资料短缺的问题，到市档案局、阳煤集团档案馆、平定县史志办、区档案局查阅档案资料上万件，复印扫描资料千余份；还在全区各部门收集各类未归档资料。经过两年的工作，截至2008年年底，共写出30余万字的书稿。

2009年年底，《中共阳泉市矿区党史》初稿完成，并送市委党史研究室组织专家进行了审阅，提出了进一步的修改意见。2010年年初，区委党史研究室召集有关人员召开了意见反馈会，对专家们提出的初稿中存在的一些问题进行了认真的分析和研究，制订了下一步的修改方向。2011年年底，该书修改工作已进入尾声，最后一编（由于此书下限至2010年年底）的资料收集和编写工作基本就绪。全书共分为十编二十八章，约30万字。

5. 矿区革命遗址及其他遗址普查工作。2010年2月，区委党史研究室根据全市召开的革命遗址普查工作会议精神，制定下发了《阳泉市矿区革命遗址普查工作方案》，召开了全区革命遗址普查动员会议，各街道办事处党委副书记，各有关部门、单位负责人参加了会议。并利用“以会代训”的形式，对有关人员进行了革命遗址普查常识、操作规程的培训。

普查工作采取全面普查与重点推进相结合工作方法，加快了普查进度。在街道和社区全面展开筛查的同时，调查小组进行了实地走访。根据有关线索，调查组先后深入到赛鱼村、石卜咀村、平东社区等地，走访知情人，实地查看遗址现状。2010 年 5 月 25 日，召开了普查工作座谈会。座谈会上，参加会议的人员对自己所掌握的有关遗址的信息进行了交流。经过对大家提供的信息进行认真比对，结合街道和社区筛查情况，相互印证，确定了革命遗址和其他遗址各一处。随后，调查小组分别到两处遗址实地查看，走访周围群众，了解遗址现状，采集遗址数码影像资料。

在搞好普查的基础上，对普查资料进行了整理汇总，统一建档，做到一处遗址一个档案，每处遗址都有历史背景说明、登记表和现场照片。在有关部门团结协作下，顺利完成了全区革命遗址及其他遗址的普查工作。经过筛选，确定简子沟煤炭生产线为革命遗址一处，马王庙为其他遗址一处，其中马王庙保存较好，被列为市级保护文物。

第五章　纪律检查工作

1978 年中共十一届三中全会召开后，矿区逐步恢复与建立了专门的党内监督机构，为党内监督提供了重要的组织保障。矿区各级党组织和广大党员依据党章和国家法律，对党员和党员干部，特别是各级领导干部的公务活动进行了监督。中共阳泉市矿区纪律检查委员会按照党的章程和其他党内法规，认真贯彻执行党的路线、方针、政策和上级党组织决议、决定及工作部署；把党风廉政建设贯穿于经济社会发展的全过程；全面加强领导干部作风建设，扎实推进惩治和预防腐败体系建设；遵照宪法、法律的有关规定，在干部选拔任用工作中执行党和国家有关规定，密切联系群众，实现、维护、发展人民群众的根本利益。狠抓廉洁自律和党风廉政建设，确保了党内监督工作的顺利开展。

第一节　党风党纪教育

矿区纪检在同各种违犯党纪国法行为作斗争的同时，坚持进行党风党纪教育。1982 年后，针对不同时期暴露的不同问题，经常举办党员轮训班，党员、干部学习班和科级以上环节领导读书班，提高党员干部的思想觉悟，增强免疫能力。

1983～1990 年，阳泉矿务局重点开展了学习《关于反对资产阶级自化》和《中国共产党党章》，共轮训党员 6 万人次。1989 年，在《阳泉矿工报》开辟了“党的生活”专栏，报道全局党风建设和纪检工作情况，针对一起反面典型案例开展了为期两个月的专题讨论，在《党的生活》专栏刊登各级干部和职工的讨论文章 30 余篇，引起很大反响。1990 年，对 125 名基层党支部书记、49 名专兼职纪检干部进行脱产培训和代训。1991 年，帮助基层建立了 35 个党员活动室，在 6 个街道办事处建立了业余党校。全年共有 1813 名党员参加了民主评议，1750 名党员参加了党的基本知识答卷竞赛活动。

1991～1997 年，阳泉矿务局在党员干部中重点开展了以学习贯彻党规党纪为主要内容的教育，开展了以学习贯彻《中国共产党纪律处分条例》《中华人民共和国行政监察法》《关于领导干部报告个人重大事项的规定》《关于提高县以上党员和国家机关党员领导干部民主生活会质量的意见》《八项规定》等六个条规的教育活动。其中，在 1992 年矿区组织全区副科以上党员领导干部进行了党规党纪知识考试，共 166 人参加。集中在全区党员干部中进行典型案例警示教育。贯彻省委“六不准”

规定，狠刹公款请客送礼、大吃大喝之风。在1993年，矿区组织了全区党规党纪教育文艺汇演。组织党员、干部观看了《新中国第一大案》等警示教育影视片。1994年，矿区对全区40余名专兼职纪检监察干部进行了系统的业务培训。

1998年，阳煤集团在《阳泉矿工报》开辟“廉政建设”专栏，积极宣传党风廉政建设成果。1996年，选派3名干部参加了煤炭系统条规知识竞赛活动，获第二名。1999年，矿区着力抓好党政机关和企事业单位领导干部一年两次的廉洁自律专题民主生活会，在全市首家实行干部选拔任用公示制。2000年，矿区结合“三讲”教育（以讲学习、讲政治、讲正气为主要内容的党性党风教育）全面引申政务公开，组织全区干部参加党纪政纪法律条规考试。

2001年，矿区举办有50余名参加的一把手和基层纪委书记党风廉政建设培训班，下发了《关于鼓励和支持署实名举报的办法》。2002年，矿区严格落实党风廉政建设责任制责任分解，举办知识竞赛，组织创新纪检监察工作调查研究月，大力宣传党风廉政建设和反腐败斗争的重要成果。2003年，矿区开展“艰苦奋斗、廉洁从政”“清清白白当公仆”主题教育活动，狠抓党风廉政建设责任制的落实，建立和完善各级领导干部“一岗双责”责任制体系，建立整改落实的长效机制。在全区开展了以“优化发展环境，转变政府职能，树立行业新风”为主题的评优评差活动，45个单位、部门参与了“双评”活动，以解决人民群众关心的热点、难点问题为突破口，在改革管理体制、落实责任、强化制度方面积极探索，推出一系列人民群众看得见、感受得到的服务。2004年，矿区结合学习贯彻《中国共产党党内监督条例（试行）》和《中国共产党纪律处分条例》，开展全区“条例伴我行”演讲比赛，组队参加了全市学习两个《条例》知识竞赛。2000～2004年，阳煤集团开展了一系列党风党纪教育。胡长清、成克杰等重大典型案例警示教育活动，推广党风讲评活动，学习梁雨润、汪洋湖先进事迹活动，举办“为党旗争辉”电视演讲大赛，廉政之声专题文艺晚会，“艰苦奋斗、廉洁从政”和“党纪处分暂行规定”主题教育活动，党纪条规学习和测试活动，受教育人数达5万人次。

2005年，矿区推进廉政文化“进机关、进社区、进学校、进家庭”工作，制定了《党纪政纪违纪案件公开审理暂行办法》，被确定为全市公开审理试点县区。同年，阳煤集团组织开展了“百日反腐倡廉示范和警示教育活动”，2万余名党员和领导干部收看了任长霞、汪洋湖先进清廉典型教育电教片和成克杰、王怀忠、李真等重大典型案例警示教育专题片共20余部；举办了反腐倡廉公益广告大赛，74件作品和7个单位受到表彰奖励，30件作品在省市展出展播，2个反腐倡廉公益广告片在山西各大电视台黄金时段冠名展播，集团公司纪委获“山西省反腐倡廉公益广告大赛组织奖”和“阳泉市反腐倡廉公益广告大赛优秀组织奖”。2006年，阳煤集团制订了《阳煤集团贯彻落实〈建立健全教育、制度、监督并重的惩治和预防腐败体系实施纲要〉实施办法》和《阳煤集团廉洁文化建设实施方案》；全面启动廉洁文化进机关、进社区、进家庭、进厂区（车间）和进岗位的“五进”活动，组织了3次廉洁文化专题研讨，举办“万人高唱正气歌”活动。

2009年，矿区以领导干部为重点，组织开展学习贯彻落实《实行党政领导干部问责的暂行规定》等4个党内重要法规文件活动。全年区委理论学习中心组专题学习反腐倡廉政策法规3次。组织全区540余名科级干部进行了党纪条规知识的学习和考试。建立了矿区党风廉政教育基地。建成了法院、检察院、公安、工商、国税、地税6个廉政文化教育园地。在全区中小学开展了“崇廉尚洁”系列教育活动。街道办事处的社区文艺宣传队在社区、厂矿演出自创的十余个廉政节目。

2010年，矿区将《中国共产党党员领导干部廉洁从政若干准则》纳入各级党委中心组的学习内容和干部培训计划。各类媒体开设学习宣传《准则》专栏，报道学习宣传《准则》的信息20余次，发表网评文章10余篇。利用电子显示屏滚动播出《准则》中的八条禁令等内容，以手机短信形式向全区领导干部发送廉政短信。全区31家单位召开了《廉政准则》专题民主生活会。组织全区副科级以上领导干部观看《小官大贪警示录》《溃坝》等警示教育片。

2011年，矿区以贯彻《中国共产党党员领导干部廉洁从政若干准则》为重点，深入开展党性、党风、党纪教育活动。在纪念建党 90 周年之际，举办矿区反腐倡廉书画摄影展；组织 300 余名干部职工参加反腐倡廉知识竞赛答题活动。深入开展警示教育，组织副科级以上干部观看《没有规划好的人生》等警示教育片。开展网络廉政教育，定期播放《廉政中国》教育片。

第二节　党内监督

新中国成立后，境内党组织在继承新民主主义革命时期党内监督制度建设成果的基础上，不断探索党内监督的理论与实践模式，并建立了相应的党内监督机制。同时，境内党组织在进行社会主义建设的过程中，不断在党内加强纪律教育，使党员干部严格地遵守党纪、执行党的决议。同时检查各级党的组织和党的干部及党员违反党的纪律的行为。

在 20 世纪 50 年代，境内党组织按照中共中央制定并颁布的《关于处分党的组织及党员的批准权限和手续的规定》和中央纪委制定并发布的《中共中央纪律检查委员会关于处理控告、申诉案件的若干规定》，对党员和党员干部，特别是各级领导干部的公务活动进行监督。

中共十一届三中全会以后，矿区各级党组织在注重和加强党内制度建设的同时，不断发扬党内民主监督的优良传统，有力地推动了党内监督制度的发展。到 1983 年 12 月，中共阳泉市矿区委员会纪律检查委员会升格为中共阳泉市矿区纪律检查委员会。之后，中共阳泉市矿区纪律检查委员会根据法律和制度对党和国家机关及其工作人员进行经常的、主动的监督检查。同时，继续探索党内民主制度建设之路，建立与市场经济相适应的权力制约和监督机制，不断推进党内监督制度的发展。

1983～1992 年，阳泉矿务局在进行党内监督的过程中，相继建立完善了《阳泉矿务局党委抓党风责任制》《领导干部双重生活会检查制度》《完善了民主评议党风和党风讲评制度》《检查通报制度》《群众监督制度》《领导接待来访群众制度》《超前教育制度》等工作制度。

1996 年，阳泉矿务局局矿两级成立了反腐败领导组，建立健全了反腐败斗争领导和部门责任制。制定了《纪检监察重点工作检查验收和量化考核的实施办法》，使纪检监察工作重点突出，便于落实和考核。1999 年，根据中共中央、国务院《关于实行党风廉政建设责任制的规定》的精神，制定了实施办法，明确了责任主体、责任范围、责任内容、责任考核、责任追究和奖励标准。2000 年，出台了《阳煤集团纪检监察机关开展信访告诫教育的实施意见》。2001 年出台了《实施责任追究补充规定》，对责任追究的原则和程序进行了严格规范。全年共对 123 名领导干部实施了责任追究。其中处级 15 名，科级干部 89 名。

2004 年，中共阳泉市矿区纪律检查委员会结合《中国共产党党内监督条例（试行）》和《中国共产党纪律处分条例》颁布，开展了"条例伴我行"演讲比赛，组队参加了全市学习两个《条例》知识竞赛。同时阳煤集团制订了《阳煤集团党风廉政建设责任制执行情况量化考核办法》，2005 年又进行了补充，使责任制考核贴近实际，科学合理，便于操作。2006 年，大力推行班子副职"一岗双责"的贯彻落实，139 名副职在分管的部门或系统开展了"党风讲评"。年终组织对 29 个基层单位和机关部室的 124 名矿、处级领导干部进行了"述职述廉"和民主评议。

2007 年，中共阳泉市矿区纪律检查委员会围绕区人大、政府、政协换届工作进行了监督检查；积极配合公务员工资制度改革，对统一规范津贴补贴和奖金发放实施了有效监督；进一步深化干部人事制度改革，认真执行干部选拔任用的各项规定，对选拔任用干部情况进行了有效监督检查。2008 年，又配合组织人事部门努力推进干部人事制度改革，认真执行干部选拔任用的各项规定，对全区调整配备的 101 名领导干部进行了集体廉政谈话；围绕 35 项考核指标对区委区政府年初确定的"双十工程"和承诺的 10 件为民办实事的事项进行了专项效能监察。

2009～2011 年，中共阳泉市矿区纪律检查委员会会同省、市检查组，对教育、卫生系统使用的中央投资项目资金进行了监督检查，对发现的问题提出了整改意见。对全区“双十”工程及“三城同创”工作进行了跟踪检查，重点对“三城同创”工作进行了8次监督检查。配合有关部门积极开展了保障性住房、校舍安全、环境治理等专项执法监察。扎实推进工程建设领域专项治理工作，开展专项督查60余人次，提出各类检查意见20余条，下发监察建议46份。尤其是在2011年，加大了煤焦领域反腐败斗争专项工作力度，出台了《山西省阳泉市矿区煤焦领域惩治和预防腐败制度》，进一步建立健全煤焦领域惩治和预防腐败工作长效机制。同年，区煤焦办资金过渡专户内收缴费税74.71万元，专户外收缴38.43万元。

第三节 案件查处

一、矿区纪检委案件查处工作

1952~1955年，查处违纪党员165名，纯洁了党组织，保证了党和国家政策法令的贯彻执行，促进了社会主义改造任务的顺利进行。1955年，开展了肃反、审干、整党整风。1957年，反“右派”，1958年，查处党员中贪污盗窃、挥霍浪费、挪用公款、官僚主义、强迫命令、破坏党的团结和民主集中制、腐化堕落分子、混入党内的反革命分子、坏分子等。至1965年，查办违法乱纪党员737名。但由于指导思想上出现“左”的错误，监察工作也存在斗争扩大化倾向，挫伤了一批干部和工人的积极性。从1961年10月开始，对批判、处分错了的党员和群众逐个进行甄别。

1966~1976年“文化大革命”期间，监察工作完全停顿。1984~1986年，矿区对“文化大革命”前和“文化大革命”中2875人受到各种处分问题，逐个复查落实，其中全错全纠的1215人，部分错部分纠的296人，仍维持原处理决定的1364人。纠错之后，恢复党籍57人，由农村迁返101户，1624人补发工资。

1982年，国务院发出《关于打击严重经济犯罪活动的紧急通知》，区纪检委配合有关部门，查处案件28件，追回赃款5451元，同时对原矿区落实政策办公室的5项遗留案件，进行了查证落实与妥善处理。1983年，对全区5个街道办事处的21个单位120种生产资料价格进行了检查；对全区215名国家干部住房情况做了摸底调查，张榜公布，其中2个干部退出了超占住房。1984年，区纪检部门接待群众来信来访70人，受理案件22件，区纪委处理13件，转交有关部门6件。同年12月，中纪委下达《加强县级纪检信访工作座谈会纪要》后，区纪委认真传达落实，配备了专职信访人员。1984~1985年，共查处违纪案件7件，1人移交司法查办，2人开除党籍，3人受党内严重警告，1人给予批评教育。1986年，区纪检委和6个街道办事处的纪检信访部门，共接待来信21件，来访50人，区纪委查处7件，与有关部门共同处理14件，结案率达百分之百。同年，查出私设“小金柜”单位2个，金额8843.33元；查出超编小轿车1辆；查出各种经济犯罪案件14起，挽回经济损失11629元。经过政策攻心，有89名违纪人员主动交出实物折款3800元。此外，还查处了3件党内违纪案件，2名党员被开除党籍。

1987年，处理来信25件，来访56人，符合立案条件的2件，结案2件，其余的进行了及时调处。1988年，查处财务、物价、税收部门不廉洁问题30多条，查出违纪金额54.7万元。1989年，受理群众来信来访26件，共查处贪污受贿案40件，追回赃款61万元。1990年，区纪检部门共受理群众来信来访24件，全部及时处理；为领导决策提供信息13条。清理“乱收费、乱摊派、乱罚款”问题，查出行业不正之风问题31件，有5人受到行政处分，6名科级干部被通报批评，2名党员受到党内严重警告处分。对区内868名干部、职工的住房、建房、购房情况再次进行调查，其中住房超标在一个自然间以上的13名干部职工中，有4人退出住房8间，9人实行加租，加租面积129.41平方米，每月加租103.52元。

1991 年，查处党员违纪案件 3 件，涉及 5 人，给予 1 人党内严重警告处分，批评教育 2 人。1992 年，贯彻省委“六不准”规定，狠刹公款请客送礼、大吃大喝之风；清理了干部、职工拖欠公款、公物问题，清回公款 48160.61 元。1992 年共接待群众来访 19 人次，来信 11 件，发现各种违纪案件线索 28 件，涉及 30 人，立案查处案件 3 件，给予 1 人党内警告处分，1 人撤销党内职务处分，1 人留党察看处分。1993 年，集中清理规范公款安装个人住宅电话问题和党政机关及工作人员经商办企业问题，对全区党政机关和行政事业单位的汽车情况进行了摸底，封存了 4 辆违规汽车。同年共接待人民群众来信来访 51 件（次），初核违纪案件 12 件，给予 1 人行政记大过处分。同年 7 月，纪检、监察机关合署办公，实行一套人马、两块牌子，履行两种职能的新体制，整合了纪检监察资源和力量，避免了工作上的重复和交叉，使整体效能得到了进一步发挥。1994 年，受理人民群众来电来信来访 95 件（次），初核违纪线索 15 件，立案 4 件，结案 3 件，给予 3 人党纪政纪处分。1995 年，对全区 1006 名干部职工的住房情况进行了再次清理。有 23 名干部在分配新房后退出了原有住房，有 5 名干部的超面积住房实行了加租处理。1995 年受理群众来电来信来访 104 件（次），初核违纪线索 13 件，立案查处 4 件，给予党纪处分 2 人，给予政纪处分 4 人，免予处分 2 人。1996 年，共受理群众来信来访和电话举报 79 件（次），初核违纪线索 16 件，立案查处 6 件。给予 3 人开除党籍处分，1 人党内警告处分，1 人行政降级处分。进一步引申反腐败斗争，开展了“一整两反”工作，对全区 32 个单位 1995 年度预算外资金的管理使用情况进行了清查，对 18 户不同程度存在违纪违规问题的单位依照规定进行了处理。

1997 年，受理群众来信来访和电话举报 74 件（次），初步核实违纪线索 14 件，立案查处 8 件。党政纪处分 8 人，其中科级干部 6 人，挽回经济损失 2.94 万元。将治理全区中小学乱收费和公路“三乱”问题作为纠风工作重点，对 6 项不规范收费进行了清退，对 2 名乱收费的车管处工作人员作出处理。开展了“一整两反”工作，对区民政局无证收取婚前体检表工本费和区残联收取残疾证工本费进行了严肃批评，将违规所收费用全部上缴财政。1998 年认真贯彻落实中央《关于党政机关厉行节约制止奢侈浪费若干规定》，对全区公款安装住宅电话进行清理整顿，15 人 15 部不符合规定公款安装的住宅电话补交了 2.52 万元初装费，对公费安装的住宅电话一律取消了公款托付，实行领导干部和特岗人员住宅电话通话费定额补助。对移动电话进行了严格清理，清理出的 13 部移动电话全部按照规定办理了使用审批手续。成立了全区反官僚主义斗争领导组，召开了全区反对官僚主义斗争公处大会，对 3 起违纪案件进行了公开处理，对 2 起违法违纪案件进行了曝光。1998 年，共受理群众来信来电来访 52 件（次），初核违纪线索 19 件，立案查处 8 件。给予党政纪处分 8 件 8 人，挽回经济损失 6.23 万元。查处了区交安委自 1996 年以来私设“小金库”30 万元，坐支现金 26 万元的违纪事实，查处了原矿区计生委主任挪用公款 20 余万的违法犯罪问题，在全区引起很大反响，有效的震慑了违纪者。1999 年，共接待信访举报 83 件（次），初核违纪线索 9 件，立案查处 4 件，给予党政纪处分 4 件 4 人，挽回经济损失 5000 余元。2000 年，受理群众来信来访 37 件（次），初核违纪线索 11 件，立案 6 件，党政纪处分 4 人。

2001 年，受理群众举报 50 件（次），初核违纪线索 14 件，立案查处 8 件，给予党政纪处分 6 人，批评教育 1 人，挽回经济损失 9 万余元。2002 年，矿区接待受理来信来访 104 件，初核违纪线索 15 件，立案查处 7 件。给予党政纪处分 4 件，其中党纪处分 2 人：留党察看 1 人，党内警告 1 人；行政处分 2 人，行政记大过 1 人，行政警告 1 人。批评教育 2 件。挽回经济损失 2.35 万元。2003 年，开展了以整治领导干部“吃、住、行”方面的问题为主要目的，以清车、清房和制止奢侈浪费为内容的“三项治理”工作。全区共清理违规车辆 6 辆，全部予以纠正。对全区 1493 名干部职工住房情况进行了第一阶段的填表申报工作。全区全年共受理群众来信来电来访 119 件，初核违纪线索 14 件，立案查处 10 件。立案查处的案件中“三机关一部门”案件 9 件，大要案件 5 件，经济案件 1 件，共处分党员和监察对象 4 人，组织处理 6 人，挽回经济损失 1.35 万元。对在防止非典型性肺炎工作和打击非法传销工作中有令不行、有禁不止、失职渎职、工作不力的7案7人进行了及时查处，其中涉及科级干部2人，一般干部5人，给予政纪处分3人，组织处理4人。对区民政局利用婚姻登记搭车乱收费形成“小金库”的违规行为给予了严肃处理。

2004年，受理群众来信来访来电举报23件，初核违纪线索6件，立案查处4件。其中“三机关一部门”案件3件，大要案件2件，经济案件2件，共处分党员和监察对象4人，挽回经济损失1.84万元。2005年，清房工作经过申报、审核、纠正三个阶段，全区省管干部1人，申报住房2套，县处级干部49人，共申报住房64套，乡科级干部532人，共申报各类住房476套，一般干部职工859人，共申报各类住房651套。经过纠正处理，全区应退住房6套，实退住房1套，以高价购买4套，用租金租用1套，退款42万余元。对全区车辆购置实行了审批制度。区纪委接待受理群众来信来访和电话举报24件（次），初核违纪线索5件，立案查处1件，处分党员1人，组织处理4人，挽回经济损失1万余元。

2006年，全区各级纪检监察机关共受理群众来信来访和电话举报125件（次），结案125件，其中区纪委接待受理信访举报30件（次），初核违纪案件线索15件，核结15件。立案2件，结案2件。处分党员1名，组织处理6人，挽回经济损失5704.91元。全区共查结商业贿赂案件1件，没收非法所得1.44万元，行政罚款1万元，治理商业贿赂专项工作取得了一定的成效。2007年，全年共接待受理来信来访举报案件23件，初步核实违纪案件线索6件，了结6件，立案3件，结案3件，党纪处分3人，其中科级干部2人。2008年，区纪委共接待和受理群众来信来访和电话举报7件（次），来信4件，来电3件。其中反映乡科级干部5件，其他人员2件。初核违纪线索5件6人，立案查处1件2人，结案1件。给予2人行政记大过处分，4人批评教育，对1个违纪单位责令整改，追缴和纠正违纪款10万余元，取得了较好的政治、社会和法纪效果。

从2009年开始，矿区不断加大查办案件工作力度，党纪政纪的严肃性得到进一步维护。全年区纪委共受理信访举报16件，其中来信7件、来访6件、来电2件、网上举报1件，16件中由区纪委初核了结7件，转相关部门和单位办结9件，对有关责任人员进行了批评教育。共立案查处1件，结案1件，给予1人行政降级处分，挽回经济损失10万余元。2010年，共接待受理信访举报案件20件，初核违纪案件线索10件，了结9件，立案1件；给予1名科级干部党纪处分，对8名党员干部和2个单位作出了组织处理，挽回经济损失14.57万元。2011年，全年共接待受理信访举报25件，办结25件，其中立案调查3件，给予2名科级干部党内警告处分，1名社区干部被取消预备党员资格，组织处理4人，挽回经济损失1.36万元。

二、阳煤集团纪检委案件查处工作

1982年，阳泉矿务局纪委开展了查处案件工作。1990年，在全局范围进行清查清理1989年政治风波问题，涉及241人，其中党员2人，副科级干部1人，一般干部2人，教师20人，学生218人。对政治风波期间离矿的10489名职工进行了全面调查摸底，在科级以上干部中开展了思想清理活动。1982~1992年，公司纪检监察共查办各类违法违纪违规案件486件，其中矿处级6人，科级55人。给予党政纪处分498人，其中开除党籍61人，留党察看95人，撤销党内职务12人。1994年，出台《关于对截留职工工资奖金违纪人员党纪、政纪处分的暂行规定的通知》。1997年，出台《关于全局纪检监察案件审理工作的有关规定》，建立了协审、代审、提前介入、备案等制度，规定了立卷归档、审理时限和达标考核标准，下发了《阳泉矿务局纪委、监察处收缴违法违纪财物暂行管理办法》。1993~2000年，查办各类违法违纪违规案件365件，党政纪处分233人，收缴违纪款98万元，挽回经济损失520余万元。

2001年，召开了干部警示教育大会，对16案25人进行了公开处理。对宏厦一建“9·8”枪支盗窃案件的13名责任人和单位给予了严厉的处分。2003年，下发《纪检监察从查办案件罚没款收入中提取费用奖励办案有功人员和举报人员的实施办法》。制订了《关于对违法违纪违规行为予以经济处罚的规定（试行）》，出台了《纪检监察审理党纪政纪案件暂行办法》。2004 年制订了《关于加强和规范案件管理工作的通知》和《阳煤集团公司纪委、监委使用“两规”“两指”措施的决定》。对三矿“8 · 14”特大瓦斯爆炸事故涉及的 30 名责任人给予严厉的党政纪处分。2006 年，制订了《阳煤集团案件协审暂行办法》，使公司的案件管理工作走上正轨。2001 ~ 2006 年，查办案件 342 件，党政纪处分 791 人，收缴违纪款 867 万元，为企业挽回经济损失 476 万元。抓反面典型 476 件。

2008 年，阳煤集团纪检委制订下发了《建立健全惩治和预防腐败体系 2008 ~ 2012 年实施细则》，加大了员工反映强烈的物资供应、工程招投标、公款消费、大操大办、截流工资奖金等敏感问题案件的查处力度。全年结案 82 件，处分处罚 177 人，收缴违纪款 140.3 万元。2009 年，阳煤集团纪检监察系统立案 86 件，结案 81 件，对 182 人进行了党政纪双重处分 14 人，其中处级干部 23 人，科级干部 53 人，收缴违纪款 304 万元，18 次举行案例警示大会，有效地遏制了干部队伍中的失职渎职和贪污腐败现象。2010 年，共查处各类案件 84 件，处分 204 人，其中矿处级干部 32 人。2011 年，立案 67 件，结案 56 件，对 160 人给予了党纪政纪处分，其中给予党纪处分 40 人，政纪处分 105 人，党政双重处分 5 人，收缴违纪和罚没款 236 万元。

第十四编　民主党派　工商联和群众团体

1985 年前，矿区境内的民主党派和工商联成员均参加市级组织及其活动。1986～2011 年，有 6 个民主党派和工商联在矿区建立了基层组织。民主党派和工商联矿区基层组织接受中国共产党领导，同中国共产党通力合作，致力于中国特色社会主义事业，积极履行参政党职能，在自身建设、参政议政、社会服务等方面努力工作，为矿区的两个文明建设作出积极贡献。

1971 年矿区成立后，工会、共青团、妇联、科协、文联、残联、红十字会等群众团体逐步建立了矿区基层组织。在中国共产党的领导下，矿区群众团体围绕党和政府不同时期的中心工作，努力发挥桥梁和纽带作用，优化外部工作环境，强化内部管理，积极服务改革发展稳定大局，切实履行维权职能，各项工作都取得突出成绩。矿区关工委动员和组织各条战线离退休的老干部、老劳模，对青少年进行传、帮、带，作出了积极贡献。

第一章　民主党派　工商联

各民主党派矿区基层组织接受中国共产党领导，同中国共产党通力合作，致力于中国特色社会主义事业，积极履行参政党职能，在自身建设、参政议政、社会服务等方面努力工作，为矿区的两个文明建设作出积极贡献。

第一节　民主党派基层组织

一、民革矿区基层组织

（一）组织和成员

20世纪80年代，中国国民党革命委员会（以下简称民革）开始在矿区建立组织的工作。1983年1月，民革阳泉矿区学习小组成立。1987年12月1日，民革阳泉矿务局支部筹备组成立。1988年5月28日，民革阳泉矿务局支部（1998年后改称民革阳煤集团支部）召开成立暨第一次党员大会，选举产生了民革阳泉矿务局支部第一届支部委员会，杨代耀任主任委员，共有党员17名。2005年5月26日，民革阳煤集团支部召开第四次党员大会，选举产生了民革阳煤集团支部第四届支部委员会，任凤莲当选为主任委员。

2005年5月26日，经民革阳泉市委批准（阳革字〔2005〕第11号文件），成立民革西城支部，选举产生了民革西城支部第一届支部委员会，张彦萍当选为主任委员。

截至2011年年末，阳泉市矿区有民革支部2个：民革阳煤集团支部，民革西城支部。两个支部共有28名党员，其中具有大专以上学历的19人，具有中级以上专业技术职称的21人。

（二）主要工作

1. 创优创新基层支部工作。加强组织建设。1999年，陈志勇被民革中央授予全国基层优秀党务工作者称号，杜宜忠被民革中央评为全国先进个人。

民革阳泉矿务局支部（民革阳煤集团支部）坚持把思想建设放在首位，全面提高民革党员的政治思想素质。有计划、有安排、有组织、有部署地采取多种形式，不断加强对党员的思想政治教育。在全市统战系统“四热爱”“康源杯”健身体育比赛中，民革成员卢亚明获射击二等奖。

2. 积极参政议政，为促进祖国统一作贡献。矿区民革成员有3人当选市人大代表，7人当选市政协委员。1人当选矿区人大代表，8人当选矿区政协委员。参加各种会议和相关工作，积极参政议政。认真反映社情民意，陈富怀撰写的《关于改革调整企业早年退休和退职职工工资偏低的建议》被省政协采纳，任凤莲、段玉蚕撰写的反映社情民意的稿件被市政协采纳，并在《阳泉日报》刊登，产生广泛影响。

民革阳泉矿务局支部（民革阳煤集团支部）积极参加民革阳泉市委祖国统一委员会召开的“三胞”（台湾同胞、港澳同胞、国外侨胞）工作会议及活动，认真学习、宣传对台方针政策，积极为促进祖国统一作贡献。

3. 面向社会，服务社会。民革西城支部有不少能人志士，他们兴办了太钢技校阳泉分校，晋宝贸易公司、中旭公司、钢材公司、同达公司、聚力中心等企业，安置就业人员近200人，为矿区经济建设作出了贡献。

矿区民革党员参加了扶贫济困和“红丝带”献爱心活动。矿区民革多次组织党员中的医卫人员到农村送医送药，为农民服务，深受农民欢迎。阳煤集团总医院主任医师任凤莲、李宝绒多次参加了医疗抢救工作。

二、民盟矿区基层组织

（一）组织和成员

20世纪80年代，中国民主同盟（以下简称民盟）开始在矿区建立组织的工作。截至2011年年末，民盟在矿区有3个支部：民盟阳泉市十一中支部、民盟矿区综合支部、民盟阳泉市十五中支部。

民盟阳泉市十一中支部前身为矿务局一中支部，成立于1986年初。1991年3月换届，徐宗纯任主任委员。1998年改称民盟阳煤集团一中支部，有盟员8人，其中大多数盟员是单位的业务骨干和先进工作者，徐宗纯任主任委员。2001年11月换届，由张国亮任主任委员。2006年改称民盟十一中支部。2010年11月换届，由张国亮任主任委员。

民盟矿区综合支部成立于1991年3月，主要由文化、科技、教育、医疗、卫生界中的中高级知识分子组成，由任贵荣任主任委员。2001年11月换届，由贾全民任主任委员。2010年11月换届，由任计明任主任委员。截至2011年年末，上述两个支部共有盟员43人。其中具有中级以上专业技术职称的有18人，县级干部1名，科级干部2名。区人大常委1人，区政协委员3人。

民盟阳泉市十五中支部成立于2010年11月。截至2011年年末，有盟员11人。其中高级职称9人，中级职称2人，贾全民任主任委员。

（二）主要工作

民盟矿区组织积极组织盟员学习党的路线、方针、政策，积极参政议政，反映社情民意，把群众关心的热点难点问题反映上来。

民盟矿区组织还组织医疗、卫生界盟员6人与市民盟医卫支部一起，组成医疗队，赴平定县贫困山区工作，为人民治病，历时1年，赢得山区人民的好评。

民盟矿区组织发挥自身优势，在发展矿区教育事业和开展教育体制改革中作贡献。1989～1993年，民盟矿务局一中支部举办全日制文理科高考补习班4期，招收学生200余人，高考达线率70%。此后，协助民盟阳泉市委举办高考文化补习班2期，高考入学率达95%以上。2003年、2004年被民盟市委评为“活力支部”。2004年被民盟省委评为“先进基层组织”。

三、民进矿区基层组织

（一）组织和成员

中国民主促进会（以下简称民进）矿区地方组织有民进阳煤集团支部（原称民进阳泉矿务局支部），1988年2月成立，选举产生了第一届支部委员会，岳新峰被选为主任委员。有会员16人，其中大专以上文化程度的2人。截至2011年年底，民进阳煤集团支部的主要工作由赵志忠负责，会员有42名。其中具有中级以上专业技术职称的40人；市政协委员1人，区政协委员4人。

（二）主要工作

民进阳煤集团支部积极参加市委、矿区区委统战部和民进阳泉市委组织的各项社会、政治活动，参与矿区政策方针的协商，认真履行参政党职能，在参政议政、自身建设和社会服务等方面发挥优势，多次被评为省、市先进集体。

民进阳煤集团支部积极参加社会公益活动，扶贫济困，助教助残。在矿区的两个文明建设和教育体制改革方面，提出了有价值的建议，受到矿区政府的重视。1989年，矿区政协委员岳新峰提出了“把雷锋请回来”的建议，被矿区政府采纳；举办教师学习班，讲解《心理学》《教育学》，受到教师们的欢迎。2009年，支部成员中的区政协委员、新会员和骨干成员到桥头社区进行调研，写出有价值的信息。2011年，由刘华庆撰写的《山西省综改区建设设立行政机构》信息，得到王君省长批复实施。

四、农工党矿区基层组织

（一）组织和成员

1989 年 5 月，中国农工民主党（以下简称农工党）阳泉矿务局总支委员会成立，有党员 32 名，第一届主任委员由张怀仁担任。1998 年改称农工党阳煤集团总支委员会。截至 2011 年年底，有党员 32 人，其中高级职称 2 人，区人大常委 1 人，区政协常委 1 人，区政协委员 2 人。

（二）主要工作

农工党阳煤集团总支委员会组织党员进行国内外形势教育和理论学习。遵照本会章程，按照中国共产党和民主党派合作的基本方针，组织全体成员认真学习、贯彻、执行党的一系列方针、政策。积极参政议政，提出的主要议案有《关于西河路改造的建议》《关于平北修建集贸市场的建议》。组织支部成员参加农工党阳泉市委员会主办的前进科技咨询服务活动；坚持星期日专家门诊，全年接待患者 700 余人次；到边远山区、农村庙会、街道社区为群众进行义务医疗咨询服务，受益群众达千人。

五、民建矿区基层组织

（一）组织和成员

2002 年 6 月，中国民主建国会（以下简称民建）矿区支部成立，有会员 11 人，其中有大专文化程度的 4 人，矿区政协委员 2 人。截至 2011 年年底，共有会员 17 人，其中大专以上文化 11 人，具有中级以上专业技术职称的 9 人，市政协委员 2 人，区人大常委 1 人，区政协委员 4 人。

（二）主要工作

民建矿区支部积极参加民建省委社情民意培训班和市委、区委统战部组织的各项学习，在矿区区委统战部和社区的大力配合下，民建矿区支部组织便民活动，为居民义诊、理发、法律咨询、发放计划生育宣传品，受到社区居民的欢迎；参加市委统战部举办的“三爱”歌咏比赛活动；参加纪念民建 60 周年书画、艺术品展览，参展作品 5 件。

民建矿区支部做到了理论学习有提高，重点工作有亮点，参政议政有成果，自身建设有收获，社会服务有实效。2009 年、2010 年连续两年被民建阳泉市委授予“先进支部”称号，有 10 名会员被民建阳泉市委授予“优秀会员”。

在思想建设理论学习方面，矿区支部积极参加民建阳泉市委组织的“民建阳泉市委学习贯彻科学发展观学习培训会”“学习践行社会主义核心价值体系专题学习培训会”纪念中国共产党建党 90 周年座谈会等活动，会员撰写心得体会 20 份，学习笔记 2.2 万余字。在民建市委举办的庆祝中华人民共和国成立 60 周年“我和我的祖国”演讲比赛中，取得了优异成绩。2009 年，矿区支部有了固定的支部活动室。2010 年矿区支部组织会员赴革命圣地西柏坡参观学习，重温了“五一口号”，坚定了广大会员的政治信念，提高政治把握能力，增强了服务意识。2011 年，民建阳泉市委换届中，矿区支部的会员代表为圆满换届做出了贡献。在组织建设方面，支部领导班子重视队伍建设，注重新会员的入口关，支部领导主动与矿区统战部联系，对新会员进行了解、考察，在发展的 8 名会员中，有市政协委员 1 人，区人大常委 1 人，区政协委员 2 人，科技研究所所长 1 名，民营企业总经理 2 名、副总经理 3 名。有 1 名会员提拔为正科级，对外树立了良好的形象。矿区支部向市政协、区人大、区政协撰写、提交提案 20 件，议案 12 件，社情民意 30 余件，为各级党委、政府决策提供了依据。为平潭西社区筹集 1 万元资金，用于社区文化广场的建设。同时，支部组织会员到平定冠山书院、寿阳方山等地调研、学习，使会员了解了民情、民意，增强了责任感和凝聚力。

六、九三学社矿区基层组织

（一）组织和成员

1994年12月，九三学社阳泉矿务局支社成立。第一届委员会主任委员是佘祖琪，委员有田学勤、张巧花。2006年元月进行换届选举，王振虎当选为第二届委员会主任委员，委员有王启玉、张世强、梁晋龙、孔岩，同时更名为九三学社阳泉市矿区支社。截至2011年年底，九三学社阳泉市矿区支社共有社员28人。其中，具有中级专业技术职称的14人，高级专业技术职称的14人；有山西省政协委员2人，市政协委员5人，其中市政协副主席1人；有区人大代表1人，区政协委员3人；有地市级干部1人，县（处）级干部4人，科级干部8人。

（二）主要工作

1. 参政议政，出谋划策。李天祥撰写的提案《关于加快粉煤灰综合利用的建议》，王振虎撰写的提案《坚决遏制阳泉市地方小煤矿的超层越界开采行为》《对我市发展装备制造业的建议》，冯俊明撰写的提案《制定园林城市管理办法》被市政协列为重点提案，由市政协主席刘高官亲自督办。其中《制定园林城市管理办法》《对我市发展装备制造业的建议》在市政协常委会进行了专题研究。以李天祥、王振虎为主撰写的《关于加快我市煤层气综合开发利用的建议》的调研报告，在2007年市政协十一届一次会议期间被确定为重点提案。该报告在《山西政协报》《阳泉日报》《阳泉经济》等报刊登载。

田学勤提交的《重视两个弱势群体》、张巧花提交的《应充分发挥二线干部在新农村建设中的作用》及《洪城河古长城亟待考察定性》、冯俊明提交的《关于修改中华人民共和国民事诉讼法第二十九条第二款的建议》及《应突出区域经济特色大力发展煤化工产业》等多条社情民意被市政协采用，上报省政协。李天祥的社情民意《加强盂县境内国防公路管理》《招商引资环境应该改善》被盂县政府采用。

2. 投身科研，服务社会。王振虎主持完成的《无线电波坑道透视法探测综采工作面隐伏地质构造的试验研究》项目，获得2003年山西省科技进步二等奖、2003年阳泉市科技进步二等奖；王振虎被授予第三届“山西省优秀青年技术创新能手”称号，并在2010年被九三学社中央委员会授予全国优秀社员称号。张世强设计并主抓实施的五矿至二电厂控制测量工程获阳煤集团国辰公司三等奖，论文《工程施工土方精确测算研究》获阳煤集团国辰公司优秀创新奖，《阳泉307复线控制测量》获得阳煤集团国辰公司优秀科技工程奖。阳泉众晨律师事务所主任冯俊明担任市政府市长接待日法律顾问、平定县政府工业总公司破产企业法律顾问，以及市总工会维权中心、城区政府商务局企业改制办、市电视台等单位的法律顾问。张世强的论文《山区公路坐标导航选择》在国家级刊物《煤航科技》发表，张世强有10余篇学术论文获国家、山西省、阳泉市优秀论文奖。支社有10余名社员获得省、市各级科技奖项。矿区支社多次被评为九三学社山西省、阳泉市先进基层组织。

第二节　工商业联合会

一、组织和成员

矿区工商业联合会（以下简称矿区工商联）成立于1994年11月。自成立以来，在组织非公有制经济人士参政议政、开展政治和业务学习、促进企业建设、开展社会公益活动等方面，做了大量工作，完成了历次代表大会确定的各项任务。截至2011年年底，矿区工商联有会员189名，其中企业会员68名，团体会员7名，个人会员114名。在189名会员中有女会员31名。

二、历届代表大会

1994 年 11 月 25 日，矿区工商联召开第一次会员代表大会，选举产生了第一届执行委员会，选举史华荣为第一届执行委员会会长，王海珠、杨福祥、张德良为副会长。1995 年 11 月 24 日，成立桥头街道办事处分会，为工商联在阳泉市的第一个街道分会，其余街道办事处也成立了街道分会。1998 年 8 月 18 日，领导班子进行届中调整，由贾常义担任会长。

2001 年 12 月 6 日，矿区工商联召开第二次会员代表大会，选举产生矿区工商联第二届执行委员会，选举王静平为第二届执行委员会会长，马宝明、杜宜忠、张玉春、郑建成、杨福祥、杨慧萍、赵作栋、黄考军、韩全生为副会长，郝晓栋当选为秘书长。会议还选举产生了 22 名执委。王静平为党组书记。

2006 年 11 月 16 日，矿区工商联召开第三次会员代表大会，选举产生了矿区工商联第三届执行委员会，选举王静平为第三届执行委员会会长，史金全、白永政、孙辉、杜志刚、李慧、杨慧萍、佘晓斌、张治、张计梅（女）、张焕青（女）、陈京俐、郑建党、郝晓栋、黄考军为副会长，郝晓栋为秘书长。会议还选举产生了 31 名执委、21 名常委。张焕青为党组书记。

2011 年 11 月 17 日，矿区工商联召开第四次会员代表大会，选举产生了矿区工商联第四届执行委员会，选举孟广田为第四届执行委员会主席，丁春斌、王新、毛鹏广、史金全、白永政、闫吉林、李瑜、佘晓斌、张江雄、张焕青（女）、陈京俐、郝晓栋、黄考军、梁海军为副主席，郝晓栋为秘书长。会议还选举产生了 39 名执委、19 名常委。张焕青为党组书记。

三、主要工作

矿区工商联成立以来，坚持“团结、帮助、引导、教育”的方针，以培养一支合格的中国特色社会主义建设者队伍为目标，以促进全区非公有制经济健康发展和非公有制经济代表人士健康成长为己任，充分发挥工商联在非公有制经济参政议政和社会事务中的主渠道作用，在非公有制经济人士思想政治工作中的主要作用，在政府管理非公有制经济方面的助手作用，完成了历次代表大会确定的各项任务。

（一）学　习

2002 年 4 月 20 日，矿区工商联举办了“民营企业管理人员 WTO 培训班”，聘请山西大学经济系对外经济教研室主任、副教授、企业管理硕士生导师李志强主讲，全区民营企业及阳煤集团多种经营系统的 100 余人参加了培训。2009 年 11 月，组织 10 名非公有制经济人士参加清华大学经济管理高级研修班的培训。2010 年 5 月，矿区工商联组织街道和社区干部非公有制经济知识培训，区工商联主席王静平讲解了工商联的工作以及非公有制经济的相关知识。

（二）企业建设

2007 年 1 月 12 日，在山西省民营企业文化建设工作会议上，山西华鑫变压器有限公司被省工商联确立为全省民营企业文化建设示范基地。9 月 9 日，参加了第九届中国环渤海地区民营经济合作洽谈会。2010 年 8 月，矿区建区 30 周年，矿区工商联在全区非公经济人士中开展评选表彰“优秀中国特色社会主义事业建设者”的活动。对史金全、闫吉林、佘晓斌、张江雄、张泸云、张洪生、陈京俐、高虎林、梁贵福、韩永文、穆聪明等 11 名非公有制经济人士进行了表彰。同年 10 月，矿区工商联组织民营企业赴郑州市中原区、徐州市经济技术开发区进行考察，与两地工商联座谈交流，并到郑州煤机集团、徐工集团参观学习。

截至 2010 年 5 月底，全区共有民营企业 551 家，其中有限公司 397 个，个人合伙企业 15 个，个人独资企业 139 个；民营企业总数占全区企业总数 917 家的 60%。民营企业注册资本共 103693 万元，其中 100 万元 ~500 万元的 94 个，500 万元 ~1000 万元的 48 个，1000 万元以上 14 个，最大注册资本 6700 万元。全区共有个体工商户 2362 户，从业人员 4126 人。

（三）社会公益活动

1998 年 9 月 18 日，矿区工商联举办“会员单位庆贺赛鱼街改造竣工”活动，会员单位向区政府赠送锦旗 15 面，牌匾 2 块。2003 年 5 月，矿区工商联为抗击非典共计捐款人民币 14200 元。2008 年 1 月，开展了“送温暖、献爱心”活动，对全区 66 户贫困家庭进行了慰问。2009 年汶川地震发生后，矿区工商联会员开展了为灾区募捐活动，执委以上人员一周内就捐款 41635 元。2011 年 1 月，组织开展“新晋商万企联万户”活动。1 月 18 日召开对生活困难的“四老”（老红军、老八路、老党员、老统战）帮扶结对子现场会，共有 15 家企业参与，帮扶 31 户。

第二章 群众团体

矿区工人运动、妇女运动、青年运动发源于 20 世纪初，具有悠久历史。1971 年矿区成立后，工会、共青团、妇联、科协、文联、残联、红十字会等群众团体逐步建立了矿区基层组织。在中国共产党的领导下，矿区群众团体围绕党和政府不同时期的中心工作，努力发挥桥梁和纽带作用，优化工作外部环境，强化内部管理，积极服务改革发展稳定大局，切实履行维权职能，各项工作都取得突出成绩，赢得党和政府及广大群众的赞誉。矿区关工委动员和组织各条战线离退休的老干部、老劳模，对青少年进行传帮带教育，作出了积极贡献。

第一节 工会组织

一、组织机构

民国 14 年（1925）11 月 30 日，保晋公司第三矿厂 600 多名工人自发成立蒙村工会，工人荆山胜为主席，乔布领任秘书，后自行解散。民国 22 年 8 月，何英才受中共山西特委指派，到阳泉煤矿开辟工作，组建工会。民国 23 年，矿区总工会成立，有基层工会 18 个，会员 1000 余人，何英才任工会主席。民国 26 年 7 月，矿区总工会集体加入山西牺牲救国同盟会。

民国 36 年 5 月，阳泉解放，阳泉发电厂工会成立。6 月，国营阳泉煤矿工会成立。8 月，四矿、裕公矿成立工会。

新中国建立后，中国煤矿工会阳泉矿区筹委会于 1950 年 1 月成立，阳泉矿务局工会于 10 月 10 日成立。1958 年 10 月，电石厂工会成立。同月阳泉矿务局工会撤销，所属基层工会由市总工会领导。1959 年 8 月，阳泉矿务局工会恢复，下属基层工会 65 个，会员 18709 人。1965 年，市粮食局矿区管理所工会成立。“文化大革命”开始后，工会工作被迫中断。1973 年 4 月，金属制品厂工会成立。1976 年 10 月，工会工作全面恢复。1979 年，阳泉金属回收公司工会成立。

1982 年 4 月，经矿区区委、市总工会批准，矿区工会筹备领导组成立。到年底，在筹备领导组帮助下，区弹簧厂、区钢木制品厂、区五金电机厂和平潭街小学建立了工会组织。1983 年 2 月，矿区总工会成立。1984 年 7 月，矿区所属的桥头、平潭街、沙坪、赛鱼、蔡洼 5 个街道办事处建立了工会组织。到 1987 年 7 月，组建工会的区属企业达到 100%，共建立基层工会委员会 15 个，发展会员 1456 名，占职工总数的 85% 以上。

1988 年 11 月 22 日，矿区总工会出台《关于区机关建立工会组织的方法与步骤》。到 1991 年年底，先后有区直机关、文教局、卫生局、公安分局、检察院、法院、人武部、司法局、工商局、税务局等单位成立了工会委员会。至此，矿区总工会拥有直属基层委员会 26 个，工会小组 79 个，会员

1873 名，占职工总数的 90.53％。

2000 年 1 月 4 日，阳泉市顺达出租汽车有限公司工会成立。2000 年 1 月 18 日，矿区私营企业工会联合会成立。2000 年 11 月，阳泉市侨联绿色保健鞋业有限公司、阳泉市现代包装有限公司、阳泉市中旭经贸发展有限公司、阳泉市蓝天环保型煤有限公司陆续建立了工会组织。到 2000 年年底，沙坪、赛鱼、蔡洼、桥头、平潭街、贵石沟 6 个街道办事处建立了私营企业工会联合会。2004 年 4 月 21 日，阳泉市天利集团成立工会，选举产生了 5 名工会委员会委员，3 名经费审查委员。2005 年年底，全区 54 个行政事业单位、8 个国有集体企业和 12 个街道企业、87 个非公有制企业、40 个社区全部建立了工会组织，全区共有基层工会委员会 91 个，工会会员 4298 人，职工入会率达 98.95％。

2006 年，矿区总工会内设办公室、女工部、财务部 3 个机构。成立了 5 个街道工会联合会，覆盖国有、私营企业、个体工商户 518 家，其中单独建会企业 14 家；新建社区工会 40 家，覆盖职工 2175 人，会员 2100 人，职工入会率 96％。组建了药品经营企业联合工会和社会私营医疗卫生联合工会 2 个行业工会，覆盖个体经济组织 42 家，职工 117 人，职工入会率 100％。建立了机关事业单位工会 42 家，覆盖职工 3886 人，职工入会率 100％。全区工会组织达到 103 个，会员 6061 人。建立和完善区、街道、社区工会三级网络，进一步理顺管理体制。2007 年，在 5 个社区建立了联合工会，在平潭、桥头、赛鱼街道建立了 4 个商业一条街工会，在私营企业金麒利有限公司建立了工会。至年底，全区有机关事业单位工会 51 个，建会率 100％；非公企业工会 118 个，建会率 100％；全区职工 8643 名，工会会员 8537 名，入会率 98％。2008 年，实名制登记人数达 14449 名，全部填报了入会申请表。至年末，全区有工会联合会 25 个。其中街道工会联合会 6 个，行业工会 2 个，商业一条街联合工会 4 个，社区工会联合会 13 个，有 5 个社区工会联合会达到 500 人以上，沙坪街道工会联合会会员人数达到 3410 人。2009 年，成立平潭街、赛鱼、桥头、沙坪 4 家街道总工会，覆盖 500 人以上的社区工会联合会有 14 家，商业一条街工会联合会有 4 个，并通过直选方式相继成立了教育系统工会联合会、政法系统工会联合会、区直机关工会联合会。至年末，全区共有工会组织 77 个，会员 17906 人。2010 年，开展“突击建会月”活动，全区新增工会组织 25 个，新增会员 1400 人，基层工会组织总数 102 个，工会会员 19306 人。

2011 年，新增基层工会组织 14 个，新增会员 400 人，基层工会组织共有 116 个，会员总数 19706 人，其中女职工 11167 人，法人单位 340 个，私营企业 179 个。

二、工会代表大会

第一届（1983 年 2 月 3～4 日）　正式代表 56 名，其中妇女代表 42 名。主要议题：听取和审议矿区工会筹备领导组的《工会筹备工作报告》；选举阳泉市矿区工会第一届委员会。采取等额选举办法，以无记名投票方式民主选举产生了 5 名委员，其中女委员 2 名，组成阳泉市矿区工会第一届工会委员会。

第二届（1987 年 7 月 8～9 日）　正式代表 81 名，其中妇女代表 49 名。应邀出席大会的有：矿区区委、区政府、区人大、区政协、区纪检委部门负责人，阳泉市总工会、阳泉矿务局工会负责人。主要议题：听取和审议第一届工会委员会工作报告，并作出相应的决议；听取和审议《关于财务工作的报告》；选举矿区工会第二届委员会和经费审查委员会。采取等额选举办法，以无记名投票方式民主选举产生 14 名委员（暂缺 1 名）组成第二届矿区工会委员会，选出由 5 名委员组成的经费审查委员会，并召开第一次会议。民主选举出矿区工会第二届委员会常务委员会委员、主席、副主席以及经费审查委员会主任。

第三届（1992 年 6 月 29～30 日）　正式代表 100 名，其中女代表 20 名。大会讨论通过了第二届工会工作报告和财务工作报告；选举矿区工会第三届委员和经费审查委员会。大会根据全体代表一致同意通过的第三次代表大会选举办法的规定，采用等额选举的办法，以无记名投票方式，民主选举产生了15名委员组成的第三届矿区工会委员会；选出由5名委员组成的经费审查委员会。新选举的第三届矿区工会委员会举行了第一次会议，依照全体委员通过的选举办法，民主选举出矿区工会第三届委员会常务委员会委员，主席、副主席。常务委员会由7名常委组成，主席1名，副主席1名。新选出的矿区工会第三届经费审查委员会，民主选举出1名委员为主任。矿区工会第三次代表大会民主选举的人员报经阳泉市总工会于1992年7月10日批复同意当选。

第四届（1998年12月15～16日）　应到正式代表100名，特邀代表18名，列席代表11名，实到正式代表92名，特邀代表18名，列席代表11名。出席大会开幕式的有市总工会，区委、区人大、区政府、区政协、区纪委的领导及阳煤集团工会主席，盂县、平定、郊区、城区、开发区工会的领导。大会审议并通过了矿区总工会第三届委员会工作报告，审议并通过了矿区总工会第三届经审工作报告和财务工作报告；选举产生了矿区总工会第四届委员会和经费审查委员会。新选举的第四届矿区工会委员会举行了第一次会议，依照全体委员通过的选举办法，民主选举出矿区工会第四届委员会常务委员会委员，主席、副主席，常务委员会由7名常委组成，主席1名，副主席1名。新选出的矿区工会第四届经费审查委员会，民主选举出1名委员为主任。矿区工会第四次代表大会民主选举的人员报经阳泉市总工会于1998年12月25日批复同意当选。

第五届（2006年11月17～18日）　应到正式代表120名，特邀代表23名，列席代表10名；实到正式代表118名，特邀代表23名，列席代表10名。大会审议并通过了矿区总工会第四届委员会工作报告；审议并通过了矿区总工会第四届经审工作报告和财务工作报告；选举产生了矿区总工会第五届委员会和经费审查委员会。新选举的第五届矿区工会委员会举行了第一次会议，依照全体委员通过的选举办法，民主选举出矿区工会第五届委员会常务委员会委员，主席、常务副主席、副主席。常务委员会由9名常委组成，主席1名，副主席2名。新选出的矿区工会第五届经费审查委员会，民主选举出1名委员为主任。矿区工会第五次代表大会民主选举的人员报经阳泉市总工会于2006年12月25日批复同意当选。

阳泉市矿区总工会历任领导名表

表14-1

届　次	职　务	姓　名	任　期
矿区工会第一次代表大会（1983年2月～1987年7月）	主　席	郭佐荣	1982年3月～1984年12月
		陶河川	1984年12月～1987年7月
矿区工会第二次代表大会（1987年7月～1992年6月）	主　席	陶河川	1987年7月～1992年6月
	副主席	郝明达	1987年7月～1990年7月
		王庭兰	（女）1990年7月～1992年6月
矿区工会第三次代表大会（1992年6月～1998年12月）	主　席	陶河川	1992年6月～1998年12月
	副主席	王庭兰	（女）1992年7月～1998年12月
		王　泉	1995年9月～1998年12月
矿区工会第四次代表大会（1998年12月～2006年11月）	主　席	贾启福	1998年12月～2003年8月
		史豪强	2003年8月～2006年11月
	副主席	赵振华	1998年12月～2002年7月
		张焕青	（女）1998年10月～2006年11月
		梁振文	2004年5月～2006年11月

续表 14－1

届　次	职　务	姓　名	任　期
矿区工会第五次代表大会（2006 年 11 月～　）	主　席	史豪强	2006 年 11 月～
	常务副主席	胡朴来	2006 年 11 月～
	副主席	梁振文	2006 年 11 月～
		张红梅	（女）2008 年 3 月～

三、主要工作与活动

（一）组织工作

1982 年 4 月，矿区工会筹备领导组成立，着重抓重点企事业单位组建工会的工作。到年底，在筹备领导组帮助下，区弹簧厂、区钢木制品厂、区五金电机厂和平潭街小学建立了工会组织。1983 年 2 月，矿区总工会成立，继续抓了建立基层工会的工作。1984 年 7 月，矿区所属的桥头、平潭街、沙坪、赛鱼、蔡洼 5 个街道办事处建立了工会组织。

1984 年 8 月 10 日，矿区总工会制订了《在城镇街道集体企业建立工会组织的工作方案》，确定平潭街街道办事处建材厂、桥头街道办事处钢窗厂为建立工会组织的试点单位。同时开展建立工会组织工作的单位有：蔡洼街道办事处锻压厂，赛鱼街道办事处铸造厂和冰糕厂，沙坪街道办事处锻压厂，区属车辆厂和矿区中学。1984 年 11 月 5 日以市总工会 56 号文件转发全市各县区、公司、市直各单位参照执行。

1988 年 7 月，矿区总工会召开经验交流会，会上交流的直接选举基层工会主席的经验被市总工会在全市工会组织中推广。1988 年 11 月 22 日，矿区总工会出台《关于区机关建立工会组织的方法与步骤》，区级机关建立工会的工作取得进展。

1995 年后，随着矿区经济形势的变化，经济结构的调整，企业改制的全面推行和民营企业的迅速发展，基层工会组织的工作环境产生了新的变化。矿区总工会面对新形势，及时加强了民营企业、改制企业工会组织的调整、建立工作。

2006 年，大力实施《矿区区域性职代会（试行）办法》，对区域性职代会的工作机构、职责职权、组织制度进行督促检查。区总工会招聘 10 名工会协理员，下派到各街道联合工会、行业工会、企业工会协助工作。11 月中旬，区总工会与区政府召开第四次联席会，协商解决街道工会配备专职工会干部事宜，政府给予了高度重视。

2007 年，按照“点、线、片”相结合的思路，以经费支持建会，逐步形成立体化、规范化的建设模式。坚持抓好建设职工之家工作，建成区级先进职工之家 3 个，市级先进职工之家 2 个。

2008 年，加强了基层工会组织规范化建设，申报合格 3 家、先进 24 家、模范 28 家、标兵 1 家。在全区企事业单位中开展了星级职代会竞赛活动。有 9 个达到了三星级职代会，有 8 个申报了四星级职代会，有 2 个申报了五星级职代会。

2010 年，开展“突击建会月”活动，新建了 25 工会组织。14 个社区工会联合会和 26 个社区工会委员会进行了换届。按照星级工会建设标准，开展“创星级工会，建职工之家”活动，平潭街道总工会被评为山西省五星级乡镇（街道）工会，街道总工会主席张贵军被评为山西省“十佳”乡镇（街道）工会主席称号；沙坪街道总工会、桥头街道总工会被评为市五星级乡镇街道工会。同年 3 月，矿区总工会与阳煤集团工会以及其他驻区工会建立阳泉市矿区区域工会联谊会，联谊会设会长 1 名，常务副会长 1 名，副会长 4 名，秘书长 1 名，成员单位 49 家。年内，建立健全了各级工会组织和工会会员实名制登记档案，按时完成了全国、省、市级工会组织建设信息管理系统数据录入工作，实现了工会工作的全覆盖。完善基层工会组织的规范化建设，对基层工会进行了组织建设情况摸底调查，为9个基层工会配备了电脑、电脑桌、档案柜、牌匾、文件夹、档案盒等办公设施，为社区工会配备了文件柜、档案盒等办公用品。基层工会组织进行了2次换届工作，并对基层新任工会主席、工会干部进行了培训。

2011年，在“工会组建月”活动中，区总工会在全省119个县区中获得前十名，被省总工会评为优胜县（区）总工会。11月，阳泉市矿区区域工会联合会更名为阳泉市矿区工会发展促进会，并召开工作会议。年内，完成了山西省组织数据库及非公企业系统软件录入工作，将辖区乡镇（街道）、社区、私营企业法人单位数等数据全部录入软件系统。不断加强基层工会组织规范化建设，落实工会组建“四同时”，坚持做到工会委员会、工会经费审查委员会、女职工委员会及劳动争议调解委员会同时成立；硬件建设贯彻“六有”（基层工会有牌子、有场所、有机构、有制度，会员有名册，活动有记录）原则。努力做好社会化、职业化工会干部的调研和选聘工作，出台了《矿区关于推行基层工会干部职业化、社会化工作的意见》《阳泉市矿区社会化工会干部管理办法》、“德能勤绩量化考核表”和“劳动用工合同”，共聘用社会化、职业化工会干部64名。矿区赛鱼街道总工会被授予“山西省五星级乡镇（街道）工会”称号，桥头街道桥头社区工会联合会、平潭街街道平东社区工会联合会、赛鱼街道虎尾沟社区工会联合会、平潭街街道东山社区工会联合会被授予“五星级村（社区）工会”称号。

（二）民主管理

1983年，矿区企业中先后建立了工会组织，依据《中华人民共和国宪法》和《中华人民共和国工会法》的规定，工会行使了组织职工对企业实行民主管理的职能。1986年，经区委批准，参照国务院颁布的《全民所有制工业企业职工代表大会条例》的规定，矿区工会在桥头街道办事处钢窗厂进行建立职工代表大会试点工作，由工会承担职工代表大会日常工作任务，主持企业民主管理工作。试点工作取得经验后，矿区工会制定下发《职工代表大会有关民主程序》并在区属企业全面推行。

1988年4月《中华人民共和国企业法》颁布实施后，矿区总工会在全区企业中进行了广泛的宣传贯彻。按照《中华人民共和国企业法》第51条和第52条关于职工代表大会的五项职权的规定，全区企业职工代表大会制度日臻健全，企业民主管理日趋完善。1989年，矿区总工会先后在实行租赁承包经营责任制的弹簧厂、电器厂、矿灯厂和建筑工程公司，组织指导厂工会委员会通过职工大会或职工代表大会，对承包人的工作进行民主评议。在同年12月召开的全市民主管理经验交流会上，市总工会对矿区总工会民主评议承包人工作的经验给予肯定。至1990年，矿区32个区办、街办工业企业全部建立了职工大会或职工代表大会，年内各企业提交职工大会或职工代表大会审议的各项议案有60余件，审议通过或同意的议案有20余件，否决或建议撤销的10件。

1991年，全区20家企业的厂级领导受到表彰奖励，对职工反映强烈、民主意识差、甚至违法经营的5个企业的厂长解除承包合同，并免去职务。12月21日，在市总工会召开的阳泉市企业民主管理经验交流会上，矿区钢窗厂工会主席就如何发挥职工代表大会作用，搞活企业介绍了经验。

1992～2005年，矿区经济呈多元化发展，企业改制全面推行，民营企业迅速增加。矿区总工会面对新形势，采取新举措，不断引深企业民主管理。1999年4月20日，区委、区政府下发《在全区企业中推行“企务公开、民主监督”制度的实施方案》。矿区总工会及时在改制企业和民营企业建立工会组织，推行职工大会或职工代表大会制度，开展企（厂）务公开活动，按照《公司法》规定，在企业中推行职工董事监事制度，使广大职工关心企业、参与企业决策，协调劳资关系，维护职工利益，促进企业发展。

2006年，在8个区直企业改制过程中，区总工会积极参与成立了企业破产改制领导组，督促企业严格按照规定的程序召开职代会，最大限度地维护职工的合法权益。同时，督促企业做到“三必须”（工资协议集体合同必须经过集体协商、必须经过职代会审议、履行情况必须向职代会报告）。正常生产经营的企业都签订或续签了集体合同，开展了工资集体协商工作。建立和完善非公企业民主管理制度。制订下发了《实施民主管理制度试行办法》，有 24 家非公企业建立了民主协商制度。企业工会每年与经营者就员工权益和谋求企业发展等问题召开 2 ~ 3 次民主协商会议。3 月，继续组织开展“集体合同和平等协商月”活动。

2007 年 7 月，区总工会、区安监局、区卫生局联合组织了“安康杯”竞赛活动，有 17 个单位报名参赛，涉及职工 4098 名。全年续签订劳动合同 38 份，签订率 90%；区域性集体合同覆盖企业 119 家，签订工资专项协议的企业 78 家，签约率 80% 以上，履行率 70% ~90%，达到最低工资标准的职工数约占 60%。

2008 年，与区劳动和社会保障局共同开展了“推行平等协商、集体合同制度和工资协商月，女职工权益保护专项集体合同”活动。签订集体合同企业 147 家，签约率占已建工会企业的 98%，覆盖职工 4000 余人；签订女职工权益保护专项集体合同 54 份，覆盖女职工 3000 余人。天利集团公司于 4 月 15 日召开了第一届第三次职工代表大会，工会主席代表 318 名职工同企业签订了集体合同、平等协商工资集体合同和职工劳动合同。同年 3 月，区总工会按照《阳泉市职工（代表）大会星级竞赛办法》的要求，对各企事业单位上年度三星级以下职工（代表）大会申报工作进行了严格认真的考核认定。认定桃南路小学校、黄石板小学、南楼小学、刘家垴小学 4 个单位的职工（代表）大会为三星级职工代表大会。12 月，对申报三星级职工（代表）大会的各企事业单位进行了考核认定，认定市第十七中学、外国语学校、桥头小学等 11 个单位为三星级职工（代表）大会的星级单位。

2009 年，有 21 家基层工会参加了“星级竞赛”活动。经市、区总工会验收，有 4 家达四星级标准，11 家达三星级标准。积极开展“平等协商、签订集体合同”活动，共签订集体合同 28 家。有 32 家积极开展了“共同约定行动”活动。签订《区域性女职工特殊权益保护专项集体合同》工作覆盖个体工商户 503 家，涉及 2000 余人，全区企事业单位的签约率达到 95% 以上。

2010 年，“集体合同和劳动合同管理年”深入开展，签订区域性集体合同 17 份，签订工资专项合同 17 份。全区共有 66 家企业参加了市总工会组织的加强企业工会建设、推进集体协商“百日攻坚行动”活动。在 154 家企业中有 148 家开展了“劳动关系和谐企业”创建活动，覆盖职工 5263 人，覆盖率 95.6%。新泉公司、桥头街道办事处、沙坪街道秋沟社区受到市级表彰。市总工会对小南坑小学等 7 个基层工会职代会工作进行了考核评定，小南坑小学被评定为市五星级职代会，同时被评定为省四星级职代会，其余 6 家被评定为市四星级职代会。区总工会被评为 2010 年全国、省工会系统“五五”普法先进单位。

2011 年，全区工资集体协商签订企业达建会企业总数的 90% 以上，共签订工资专项集体合同 49 份，覆盖企业 137 家；个体用工单位 1254 户，覆盖职工 13700 人。其中 25 人以上的企业单独签订工资专项集体合同 15 家，覆盖职工 1176 人；签订区域性工资专项集体合同 34 份，覆盖企业 122 家；个体用工单位 1254 户，覆盖职工 12524 人。红岭湾小学获省四星级职代会称号。

（三）劳动竞赛

1954 年 3 月，阳泉矿务局开展以技术革新为内容的增产节约劳动竞赛活动。1963 年 10 月，响应全国总工会在工交企业中开展“五好”企业和“五好”职工竞赛活动的号召，矿区各工业企业工会开展了这一运动。

1983 年，矿区总工会成立后，把组织职工群众参加社会主义劳动竞赛列入重要工作议程，以群众团体成员参加了矿区社会主义劳动竞赛委员会，并且成为劳动竞赛委员会的日常办事机构（劳动竞赛委员会办公室）。

矿区总工会重视劳模管理工作，关心劳模生活工作情况，在评选、培养劳模工作中严格把关、层层推荐，选树表彰名副其实的劳模先进。2004 年 6 月 25 日，矿区区委、区政府下发《矿区劳动模范管理办法》。2006 年，矿区总工会发放了省、市、区各级劳模津贴 3720 元。对困难劳模进行了慰问，组织了劳模体检，并为两名省级劳模向永碧、赵泉祥办理了补充养老保险，在全区形成了关爱劳模、学习劳模的氛围。2007 年，区委、区政府组织劳模外出参观学习，并对 2 名困难劳模进行了慰问。2008 年 3 月，按时发放了省、市、区各级劳模津贴 14880 元。

2009 年，区总工会认真落实省、市劳模管理办法，建立健全了劳模管理档案，为劳模免费体检，办理劳模退休补充养老保险，组织劳模外出休养。筹备召开全区“双先”表彰会，推荐出席省市劳模 5 名、劳动模范单位 5 个。2010 年，推荐山西省特级劳动模范赵泉祥、劳动模范张凤翔。2011 年，区劳动竞赛委员会认真做好全国、省、市“五一”表彰推荐评选工作，推荐矿区环卫处赵泉祥获得全国“五一”劳动奖章，推荐平潭街街道东山社区荆素俭获得省“五一”劳动奖章，鑫新科技公司杜志刚、桥泰商贸有限责任公司彭桂香分别荣记省一、二等功。按照市劳模管理办法，建立健全了区各级劳模管理档案，发放了劳模津贴，对困难劳模进行了困难救助。在全区范围内开展了区级先进集体、先进个人推荐评选活动，召开了迎国庆“双先”代表座谈会。

1986～2011 年，区委、区政府共表彰红旗单位、先进集体、集体一等功和二等功单位 844 个，表彰劳动模范、积极分子、一等功和二等功个人 302 人，表彰先进工作（生产）者 2003 人。

（四）困难职工援助

矿区区委、区政府和矿区总工会一直把援助困难职工作为一项重要的工作职责。

2000 年，区委、区政府下发了《关于建立矿区困难职工长效援助机制的意见》。2000～2011 年，每年区总工会都要在全区干部职工中开展一次“送温暖，献爱心”捐款活动，所捐款物全部用于救助困难职工。2000～2005 年，累计收到捐款 30000 余元、衣物 8000 余件。2003 年区财政拨出 15000 元专款用于困难职工援助，2004 年拨出 20000 元用于困难职工援助，2005 年拨出 24000 元用于困难职工援助，并明确规定逐年增加 20%。

2004 年 6 月，区总工会设立特困职工援助中心。建立健全了困难职工援助工作制度。严格履行调查摸底、申请填报、集体研究、发放程序严密等规章制度和操作规范，确保合情合理，起到“雪中送炭”的作用，切实为困难职工排忧解难。严格审核、集体研究，确保最困难的职工领到市总工会发放的“特困职工证”。

2005 年，有 1352 名职工参加了市总工会开展的职工大病医疗互助活动，收交互助金 49348 元。到年底，有 3 名职工得到补偿金 28967 元。

2006 年，区总工会大力建设职工救助体系。在资金筹措方面，建立了政府支持、社会捐助、经费补充的资金保障长效机制，形成了市、区、街（社区）联合救助网络。全年共筹集援助资金 15.7 万元。其中职工“献爱心”捐款 10.9 万余元，财政拨付援助基金 2.8 万元，上级工会拨款 2 万元，捐物 2000 余件，全部用于困难职工及困难企业的救济救助。同年 8 月，拨出 6000 元对外来务工人员进行中秋慰问。9 月，市总工会与区总工会联合在沙坪街道办事处和赛鱼街道办事处举办了就业招聘会。全年共帮助 47 名下岗失业职工找到再就业岗位。9 月，拨出 5000 元对学校教职工进行教师节慰问。10 月，全区 4444 名职工缴纳第二期互助金 155507 元。

2007 年，按照上级对“黑砖窑”进行专项整治的要求，区总工会成立了专项领导组，建立了值班制度和一日一报制度。下发《山西省农民工权益保护条例》宣传资料 1000 余份。对小作坊、饭店、私营企业、商店等进行认真排查。6 月，区总工会在沙坪街道等多个街道和社区，举办再就业招聘洽谈会 3 期，提供就业岗位 50 个；为下岗失业人员安置再就业岗位 82 个。7 月，四川籍农民工刘培言遇到劳动纠纷，包工头拖欠工资，在区总工会的帮助下，他第二天就讨回了包工头拖欠的 1200 元工资。年内，开展了第三期职工大病医疗互助活动，共有 98 个单位 4808 名职工缴纳互助金 170162 元。

2008 年，开展了第四期职工大病医疗互助活动，共有 98 个单位 4769 名职工缴纳互助金 170834.5 万元。区总工会在“两节”共支出近 10 万元，对 350 余名困难职工给予救助。10 月，对 125 名困难职工实施秋季救助，为 28 名困难职工申领了市总工会发放的“特困职工证”。在抗震救灾献爱心活动中，向四川灾区捐款 75986 元。8 月，开展"金秋助学"活动，市总工会解决了矿区 3 名困难职工子女上学难的问题，区总工会支出 2.48 万元，对 11 个子女上学难家庭实施了救助，受助学生为应届大学生和中小学在校困难学生，而且范围扩大到农民工子女。年内，加强了就业信息的搜集工作，利用工会信息栏为职工提供就业信息 1000 余条；全年为职工解决再就业岗位 60 余个。

2009 年，全年投入 12 余万元，对 531 户困难职工进行了走访慰问；组织开展了"每人捐赠一本书，每人捐赠一件衣服，每人捐赠 10 元钱"的献爱心活动，共收到捐赠的图书 4763 本，衣服 4876 件，捐款 47500 元。9 月，开展"金秋助学"活动，帮扶特困职工子女 12 名，资助助学金 25200 元。成立了矿区职工就业培训中心，免费开办了两期美容美发培训班和一期餐饮服务培训班，共有 186 人参加了培训。全年举办了两次就业帮扶招聘活动，160 余家单位共提供就业岗位 2300 余个，有 274 人签订就业意向，其中 200 余人与用人单位签订就业合同。开展了第五期职工大病医疗互助活动，共有 5580 名职工缴纳互助金 273340 元；有 52 名患病职工得到补偿金 14.2 万元。2009 年 10 月，特困职工援助中心更名为阳泉市矿区困难职工帮扶中心，年内被评为省级五星级帮扶中心。

2010 年，区总工会深入两家困难企业走访慰问困难职工 802 人，送去慰问金、慰问品 25 万余元。在"金秋助学"活动中，为 11 名困难学生发放助学金 2.84 万元。区职工就业培训中心举办了两期美容美发培训班、一期电脑培训班，共有 338 人参加了培训。举办了"春风送岗位"就业帮扶招聘活动，65 家用人单位提供了 300 余个就业岗位，将就业信息制成展板，把就业招聘活动办进街道社区。开展了第六期职工大病医疗互助活动，共有 5844 人缴纳互助金 281960 元；有 91 人受益，受益次数 95 次，受益金额 200194 元。年内，矿区困难职工帮扶中心在全省工会帮扶工作人员"三比三看"竞赛活动中被评为先进单位。

2011 年，深入开展"春送岗位、夏送清凉、秋送助学、冬送温暖"活动，全年共慰问困难职工 760 人，送去慰问金、慰问品 34 万余元。在再就业培训和就业招聘活动中，免费举办美容美发培训班一期、电脑培训班一期、厨师培训班一期，共有 224 人参加了培训，培训结束后，劳动部门颁发了资格证书和等级证书。举办就业再就业招聘活动 2 次，94 家招聘单位提供了 1200 余个就业岗位，发放宣传资料 2000 余份，1900 多人（次）参加招聘就业活动，达成就业意向 239 人。开展了第七期职工大病医疗互助活动，共有 6423 人缴纳互助金 309970 元；全区受益人数 64 人，受益金额 178597 元。

（五）文体活动

矿区总工会成立之后，根据区机关和区属企业各基层工会的特点，从 1984 年 8 月举办全区职工首届篮球比赛开始，每年都有计划地举办体育比赛活动。1985 年 4 月举办了全区职工首届运动会，1986 年到 1990 年每年都举办职工元旦越野赛。1988 年获得阳泉市职工元旦越野赛团体第六名。1988 年 9 月获得市总工会举办的中老年迪斯科健身健美操比赛二等奖。1991 年 4 月举办了全区职工第二届运动会，300 多名职工分别参加了拔河、篮球、乒乓球、中国象棋等项目的比赛。1995 年 4 月到 6 月举办了全区职工第三届运动会，400 多名职工分别参加了田径、篮球、乒乓球、中国象棋等项目的比赛。1999 年 9 月、10 月，举办了全区职工第四届运动会，400 多名职工分别参加了广播体操、篮球、乒乓球、中国象棋、华牌等项目比赛。矿区总工会在举办职工体育活动的同时，多次组织职工文艺比赛活动。1989 年 7 月在阳泉市职工歌咏比赛中获得优秀组织奖。9 月在市总工会举办的摄影大赛中获得优秀组织奖。1990 年 9 月，在市职工首届话剧小品比赛中，矿区总工会选送的《十分钟的收获》获得二等奖。1991 年在市总工会举办的锣鼓大赛中获得优秀奖。1993 年 12 月与区妇联、团委共同举办了全区干部职工纪念毛泽东一百周年诞辰大合唱比赛；矿区总工会在建党 80 周年期间举办了职工歌咏比赛，在建国 50 周年期间举办了职工歌咏比赛、职工卡拉 OK 演唱比赛、职工专题演讲比赛等活动。

2006 年年初，各街道社区工会组织了元旦、元宵节街头文艺演出、"八一"拥军文艺演出活动。

4月，区总工会组织了矿区“城管杯”职工篮球赛、矿区首届职工卡拉OK歌手大赛，参赛职工有500余名。组队参加了全市职工运动会，获女子篮球冠军、华牌比赛团体第三名，并获华牌体育道德风尚奖，健美操比赛优秀奖。7月和8月，区总工会联合市直机关工会举办了两期游泳培训班，参加培训的学员有200余人。9月，区总工会举办了“金麒利”杯矿区职工乒乓球、华牌、象棋比赛，有91支代表队，300多名职工参加了比赛。年内，区总工会争取到区政府职工继续教育经费5万元，用于基层工会职工培训，全区共举办各类培训50多期，受培训人数累计1000余人次。在全市“大练兵、大培训、大比武”活动中，矿区各单位举办各种比赛80余场，参赛职工3000余人，评选各类技术尖子150余名。矿区同达有限责任公司推出的600V逆变直流弧焊机项目，获市“十五”期间职工优秀技术创新成果二等奖。

2007年5月，组织100名街道社区工会干部到城区参观学习；6月，举办职工游泳培训班4期，有236名职工参加了培训；举办68名工会财务人员参加的工会财务知识培训班；采用“走出去、请进来”的方式，对全区基层工会主席、社区工会干部进行了业务培训。参加了市总工会组织的山西省第二届职工文化节，纪念山西省总工会成立70周年职工书法、美术、摄影展大型活动，参赛作品100余件，其中有10件送省总工会展出。

2008年初，组织了元旦、元宵节街头大型文艺演出活动。6月，举办职工游泳培训班4期，组建了一支40余人的业余晋剧艺术团。投入10万元，购置了数码电影放映机1部。“七一”前夕，开展了为期一周的“庆七一、迎国庆”晋剧演出和电影放映文艺宣传活动；举办了机关职工篮球比赛，有20支代表队、200余人参赛。11月7日，在平潭街街道办事处大院社区建成第一个“职工书屋”。经市粮油公司同意，将虎尾沟粮店转让矿区政府，供建设矿区职工文化活动中心之用。年内，举办了基层工会主席、社区工会干部和工会财务人员业务培训，有60余人参加。

2009年3月，组队参加了市总工会主办的全市女职工健排舞比赛，区女职工委员会获特别组织奖，区直机关获二等奖，南楼小学获三等奖。5月，组织了矿区第二届职工卡拉OK大赛，共有131名职工报名参赛。举办消夏电影放映月活动和晋剧专场演出，放映电影40余场次，晋剧演出3天。组织开办职工游泳培训班4期，1000人（次）参加了培训。举办了“迎国庆、促和谐”矿区第五届职工运动会，全区共有97支代表队、800余名运动员参加了田径、乒乓球、篮球3个大项、26个小项的比赛，共产生了集体奖36个，个人奖144个。其中5个队获得优秀组织奖，3个队获得道德风尚奖。

2010年，区总工会与区直机关工会联合会、矿区文化体育旅游局联合举办矿区区直机关第八套广播体操比赛，有14支代表队332名运动员参赛；与市交警一队联合举办“迎国庆、庆建区30周年”矿区第六届职工“交警杯”篮球大赛，有8支代表队87名运动员参赛。参加市总工会组织的优秀提案和“五一文化奖”“五一新闻奖”书法、美术、摄影作品大赛，共选送64幅作品，5篇新闻。组织三支队伍参加了市总工会主办的“阳泉市首届女职工之歌合唱节”比赛，南楼小学工会合唱队获金奖，区直机关工会联合会合唱队获银奖和最佳服饰风采奖，区总工会女职委获优秀组织奖，平潭街小学程利斌获优秀指挥奖。

2011年，为纪念中国共产党建党90周年，区总工会联合区文体局举办健排舞比赛，17支代表队和300多名选手参赛；联合区委宣传部从6月底至8月底开展“庆祝建党90周年百部红色经典电影进社区”活动，为广大职工免费放映电影120部。

（六）女职工工作

1950年6月，中国煤矿工会阳泉矿区工会筹备会成立，女职工工作是筹备会的一项重要工作。同年8月，四矿建立工属妇女工作委员会，在女职工和职工家属中开展工作。在抗美援朝运动中，各单位的工属妇女工作委员会发动女职工和家属妇女写慰问信，做慰问袋，慰问志愿军。她们组织起来，捐物捐款，帮助阳泉矿务局加入志愿军铁道兵团的62名战士的家庭解决困难。阳泉矿区妇女还制订爱国公约，参加签名和示威游行，反对美帝国主义重新武装日本。

随着“一五”计划的实施，阳泉矿区女职工队伍不断壮大。1956 年，三矿一号井采煤队队长苏景云，出席了全国先进生产者会议，受到毛泽东主席的接见。

1958 年，阳泉矿务局女职工开展了“红、勤、巧”社会主义劳动竞赛。在工会女工组织带领下，6200 名职工家属参加了街道举办的各项社会劳动，给工人往井下送水送饭，帮助职工拆洗被褥，打扫卫生，甚至直接下井参加夺煤大战。在人民公社化运动中，以矿工家属为主建成一批小企业，后发展为街道企业和区属企业。1960 年后，女职工工作陷入低潮。1966 年“文化大革命”开始后，工会组织陷入瘫痪，女工家属工作也被迫中断。

1978 年中共十一届三中全会后，女工家属工作进入新的发展时期。工会组织根据各单位的特点，采取多种形式开展女工工作，多层次、多渠道、多形式提高女工素质，开展“双增双节”活动，维护女职工的合法权益，为女职工说话办事，为女职工排除后顾之忧。矿务局工会女工部于 1985 年创办家长学校，家长学校于 1988 年和 1989 年连续两年被阳泉市总工会命名为家长学校先进集体。工会还组织妇女开展安全生产联保工作。

在街道企业和区属企业中，随着大量待业女青年的加入，女职工队伍更加壮大。1990 年，矿区弹簧厂弹簧车间 40 名女工以过硬的技术超额完成任务，使修簧合格率达到 99%，1 个月完成产值 8 万元，创历史最好水平。1991 年 1～5 月，平潭理发馆 17 名女职工努力工作，使营业额超额 63%，利润增加 10%。1991 年 12 月，在阳泉市企业民主管理经验交流会上，矿区有 4 名女职工当选市先进职工代表、先进工会干部。女职工委员会在女职工就业，评选先进，女职工劳动保护，困难女职工援助等方面积极开展工作。1991 年年末，区属企业中女职工有 1235 人，占职工总数的 60.75%。

矿区工会第一次至第五次会员代表大会，妇女代表占代表总数的 40%～60.5%。1990 年 11 月，矿区总工会成立了由 7 名委员组成的女职工委员会，随后各基层工会相继成立了基层女职工委员会。1999 年 10 月，矿区总工会第二次女职工代表大会召开，选举产生了由 9 名委员组成的矿区总工会第二届女职工委员会。

2007 年年初，矿区总工会下发《关于继续推行女职工特殊权益保护专项合同的通知》，要求全区各企事业单位签订女职工保护专项合同。天利集团公司工会于 5 月 17 日召开一届二次职代会，签订了“女职工特殊权益保护专项集体合同”，5 个街道工会联合会分别与所辖 40 个社区签订了“区域性女职工特殊权益保护专项集体合同”，覆盖个体工商户 503 家 2000 余人。矿区总工会在 11 月下旬与 27 所中小学校签订了“女职工特殊权益保护专项集体合同”，使全区企事业单位的签约率达到 95% 以上。2008 年 三八节期间，对全区女职工进行了多种形式的表彰，评选出三八红旗手 20 名，和谐文明家庭 50 个，优秀妇女干部 20 名，家庭助廉先进个人 10 名，三八红旗集体 10 个，巾帼文明示范岗 10 个，先进基层组织 10 个。向上级工会推荐了巾帼标兵岗、巾帼标兵、和谐家庭等先进集体和个人。4 月，矿区总工会女工委对 125 名困难、单亲女职工给予生活救助，共支出救济款 5 万余元。8 月，矿区总工会在全区女职工中开展了“提一条节能减排合理化建议书，做一件节能减排实事，制订一项家庭节能减排计划”活动，32 家基层单位的女职工 936 人次提出节能减排合理化建议 1414 条；女职工 1235 人次参加了节能减排知识竞答；16 家单位上交论文 40 篇。年内，共签订女职工权益保护专项集体合同 54 份，覆盖女职工 3000 余人。以提升女职工素质，展示女职工风采为主题，举办了展示妇女风采的联谊会。

在 2009 年召开的矿区工会第三次女职工代表大会上，选举出新一届女职工委员会，表彰女职工先进集体 5 个、基层先进女职工委员会 5 个、女职工先进个人 20 名、先进女职工工作者 10 名。阳煤总医院肾内科护士张美斌被中华全国总工会授予“全国女职工建功立业标兵”荣誉称号。

2010 年，全区基层工会女职工委员会有 97 个，女会员 11067 人。全年共签订女职工专项集体合同 71 份，覆盖单位 315 家、女职工 7012 人。基层女职工组织获市女职工“五一”巾帼标兵岗、市文明和谐家庭荣誉各1个，市女职工“五一”巾帼标兵、市女职工先进工作者、市维护女职工权益贡献荣誉各1名，矿区总工会女职工委员会获得“山西省先进女职工组织”和市妇联“先进基层妇女组织”荣誉称号。

2011年，基层工会女职工新增会员100名，全区女职工会员11167人，全年共签订女职工专项集体合同78份，覆盖女职工8026人；举办了关爱女性健康知识讲座，有200余名女职工参加讲座；组织122名45岁~55岁的特困单亲女职工参加了由市总工会女工部组织的女职工“关爱行动”两癌（宫颈癌、乳腺癌）普查活动，并为接受普查的女职工建立了一人一档体检档案，为困难女职工、女农民工建立档案603份，并将资料全部录入全总帮扶系统，实现了动态管理。按照全国总工会《关于充分发挥工会“大学校”作用，提高职工队伍整体素质的决议》《关于全面实施职工素质建设工程的意见》的总体部署和要求，省总工会选树矿区职工教育培训学校为工会女职工培训示范学校，阳泉市天利时尚购物广场有限公司为矿区女职工工作联系点。

（七）经费审查及财务工作

1987年7月8日，矿区基层工会经费的年收缴额8000余元，为了加强工会经费的收、管、用，在矿区总工会召开的第二次会员代表大会上选举产生了由5名委员组成的经费审查委员会。经审委员会负责对工会财务工作的监督检查及对工会经费使用情况的审计。1992年，工会经费的年收缴额达到1.7万元。1997年，工会经费的年收缴额达到2.6万元。2002年，工会经费的年收缴额达到8万元。2005年，工会经费的年收缴额突破16万元。

针对所属87个非公企业工会经费收缴难及收缴体制不顺的问题，矿区总工会经反复论证，结合实际制定出台了相关文件，对工会经费的计算、分配、划拨，工会专用账簿、专用收据的管理作了明确的规定。并通过参观学习，借鉴经验，结合实际，2005年3月研究制定了《关于全区企事业单位工会经费由区地税部门代收的实施办法》，明确规定全区建立工会组织的各类企业、事业单位，其应上缴区总工会的工会经费均由区地税局代收。

2006年11月，矿区工会第五次代表大会选举产生新一届经费审查委员会，全区基层工会均组建了同级经审委员会，组建率达100%。2007年6月，经费审查委员会对基层工会的财务工作进行了全面审计，对工会经费的使用情况进行了检查，进一步规范了基层工会财务工作。

2010年，从组织建设规范化、制度建设规范化、业务建设规范化、基础建设规范化四个方面入手，全面推进经审工作规范化建设，设立了经审办公室，配备了专职工作人员，组织基层工会20余人（次）参加了省总、市总的各种经审干部培训。10月，矿区总工会经审会被市总工会经审会评为经费审查工作“四规范”竞赛活动二等奖；矿区总工会财务工作获得阳泉市2010年度工会财务工作竞赛集体一等奖。

2011年，矿区总工会财务部积极与财政和地税部门沟通协调，不断提高基层工会上缴工会经费的自觉性，不断加强基层经费拨缴的规范化管理，推行工会经费足额划拨工作。举办各类经审业务培训5期，150余名基层经审干部参加了培训。举办了基层工会财务人员新会计制度培训班，建立健全了工会经费收缴管理台账，实行了电算化管理、制定了电算化会计制度。矿区总工会财务工作顺利通过市总工会财务部考核验收，被评为“会计基础工作规范化管理达标单位”。

第二节　共青团组织

一、组织机构

民国36年（1947）5月阳泉解放设市。民国38年8月，中国新民主主义青年团在阳泉发电厂、四矿、裕公矿建立基层组织。1950年，青年团阳泉矿务局团委成立，下辖二矿、三矿、四矿、工程公司、机电修配厂、局机关团总支，共有团员 750 人。随着经济建设发展，青年工人增加，积极要求进步的青年工人日益增多，团员人数增加很快。1956 年，境内有团支部 93 个，1957 年上半年增加团委 6 个，团员增至 4871 人。1957 年 9 月，中国新民主主义青年团更名为中国共产主义青年团。1958 年 10 月，矿区人民公社成立，与阳泉矿务局实行“社企合一”，组建公社团委，直属团市委。至 1965 年年底，境内设团委 8 个，基层团总支 33 个，团支部 232 个，团员 4878 人。1966 年 5 月“文化大革命”开始后，共青团工作陷于停顿。1973 年恢复共青团活动，经组织整顿，建立团委 7 个，团总支 32 个，团支部 255 个，团员 4213 名。1976 年有团员 4855 名。

1980 年，矿区单独建制，与阳泉矿务局“政企分开”，中共阳泉市矿区委员会决定建立共青团矿区委员会筹备领导组，负责组建共青团矿区委员会。年内，境内有团委 8 个，团总支 265 个，团员 5005 人。1981 年，共青团阳泉市矿区委员会成立。1990 年，境内有团委 20 个，团总支 103 个，基层团支部 910 个，团员达 19000 名。2001 年，全区 40 个社区先后成立了团工委。2002 年 3 月，成立了矿区团校。4 月召开“党建带团建大会”，6 个街道办事处党工委副书记均兼任街道团委书记。12 月，矿区被团省委评为“基层团组织建设先进县（区）”。2006 年 1 月 1 日，阳煤集团 24 所中小学划归政府管理后，矿区基层团组织达 83 个。截至 2011 年年末，全区 35 岁以下青年 86117 人，基层团组织 85 个，社区团组织 40 个，团员 8467 人。

二、团员代表大会

共青团矿区第一次代表大会（1981 年 12 月 15 ~ 17 日）　会议代表 56 名，列席代表 1 名。大会审议并通过了《在党的十一届六中全会精神指引下，动员和组织全区青年为社会主义现代化建设贡献力量》的工作报告，选举产生了共青团矿区第一届委员会，梁怀玉当选为书记。

共青团矿区第二次代表大会（1985 年 8 月 28 ~ 29 日）　会议代表 50 名，列席代表 20 名，特邀代表 7 名。大会审议并通过了《适应经济体制改革的形势，带领全区青年做振兴矿区的先锋》的工作报告，选举了共青团矿区第二届委员会。书记缺职，副书记阎昌。

共青团矿区第三次代表大会（1988 年 7 月 15 ~ 16 日）　会议代表 80 名。大会审议并通过了《全区青年团结起来，为建设安定团结，经济繁荣，人民富裕，文明优美的新型矿区英勇奋斗》的工作报告，选举产生了共青团矿区第三届委员会，阎昌当选为书记，李贵宝当选为副书记。

共青团矿区第四次代表大会（1991 年 8 月 8 ~ 9 日）　会议代表 95 名。大会审议并通过了《振奋精神，奋发成才，为建设矿区再立新功》的工作报告，以等额选举的办法，选出由 15 名委员、2 名候补委员组成的共青团阳泉市矿区第四届委员会，李贵宝当选为书记，韩德文当选为副书记。

共青团矿区第五次代表大会（1996 年 7 月 18 ~ 19 日）　会议代表 55 名。大会以差额选举的办法，选出由 12 名委员、4 名候补委员组成的共青团阳泉市矿区第五届委员会，韩德文当选为书记，高海明当选为副书记。

共青团矿区第六次代表大会（1999 年 11 月 25 ~ 26 日）　会议正式代表 69 名，特邀代表 21 名，实到正式代表 59 名，特邀代表 18 名。大会审议并通过了《高举邓小平理论伟大旗帜，团结带领全区团员、青年，为实现矿区跨世纪强区战略目标而努力奋斗》的工作报告。会议差额选举共青团阳泉市矿区第六届委员会委员 11 名，候补委员 4 名，常务委员 5 名，高海明当选为书记，王颖当选为副书记。

共青团矿区第七次代表大会（2007 年 9 月 27 ~ 28 日）　会议正式代表有 118 名，特邀代表 20 名。大会审议并通过了《落实科学发展观，再创青春新业绩，为把矿区建设成为阳泉市经济发展首富之区、社会和谐首善之区、资源转型首创之区而努力奋斗》的工作报告。会议差额选举共青团阳泉市矿区第七届委员会委员 23 名，候补委员 7 名，常务委员 7 名，王颖当选为书记。2008 年 2 月，张鹏任副书记。

共青团矿区第八次代表大会（2011年1月5日）　会议正式代表有112名，特邀代表23名。大会审议并通过了《青春给力助转型，务实争创促跨越，引领团员青年为矿区“十二五”时期新发展贡献智慧和力量》的工作报告。会议差额选举共青团阳泉市矿区第八届委员会委员21名，候补委员9名，常务委员7名，张鹏当选为书记，高运晨当选为副书记。2011年3月～12月，团省委派太原师范学院中加希尔克学院分团委书记郝松海挂职阳泉市矿区团区委副书记。

共青团阳泉市矿区委员会历任领导名表

表14－2

届　次	职　务	姓　名	任　　期
共青团矿区第一次代表大会（1981年12月～1985年8月）	书　记	梁怀玉	1981年12月～1985年8月
共青团矿区第二次代表大会（1985年8月～1988年7月）	书　记	—	—
	副书记	阎　昌	1985年8月～1988年7月
共青团矿区第三次代表大会（1988年7月～1991年8月）	书　记	阎　昌	1988年7月～1991年8月
	副书记	李贵宝	1988年7月～1991年8月
共青团矿区第四次代表大会（1991年8月～1996年7月）	书　记	李贵宝	1991年8月～1996年7月
	副书记	韩德文	1991年8月～1996年7月
共青团矿区第五次代表大会（1996年7月～1999年11月）	书　记	韩德文	1996年7月～1999年11月
	副书记	高海明	1996年7月～1999年11月
共青团矿区第六次代表大会（1999年11月～2007年9月）	书　记	高海明	1999年11月～2007年9月
	副书记	王　颖	女，1999年11月～2007年9月
共青团矿区第七次代表大会（2007年9月～2011年1月）	书　记	王　颖	女，2007年9月～2011年1月
	副书记	张　鹏	2008年2月～2011年1月
共青团矿区第八次代表大会（2011年1月～）	书　记	张　鹏	2011年1月～
	副书记	高运晨	2011年1月～
		郝松海	2011年3月～2011年12月

三、主要工作与活动

（一）青少年思想政治教育

1981年12月共青团矿区区委成立后，把广泛深入持久地开展青少年理论学习教育作为自己的一项根本任务。2005年，团区委举办100名团干部参加的理论培训班，邀请团市委书记刘红霞为团干部做了专题培训，之后派督导小组深入基层团组织，指导开展工作。2006年，为提高青少年的政治理论水平，发放党团知识问卷1000余份；9月20日，团区委组织基层团干学习《江泽民文选》第二卷中《正确引导青少年健康成长》一文，结合工作实际进行了讨论。2008年，广泛开展青少年理论学习教育活动。以“三个代表”重要思想为主要内容，以团干部、青年骨干和青年学生为重点，通过主题活动、学习教育、会议座谈等形式学习贯彻共青团十六大精神，积极引导青年立足本职岗位，不断提高政治素养、丰富思想内涵，在各项事业的建设中积极发挥团员青年的生力军和突击队作用。2009年，组织团干部、青年骨干和青年学生通过主题活动、学习教育、会议座谈等形式学习科学发展观和共青团的十六大精神；6月，团区委举办共青团干部素质拓展培训班。2010年度，团区委获全省共青团工作特色奖。2011年，开展“我与祖国共奋进，我与山城同发展”形势教育宣讲活动，团区委与基层团委分级开展了青年马克思主义理论学习活动，举办了“青年大讲堂”学术报告。邀请市委党校李青魁副教授为共青团干部、青年干部、团员学生、非公企业青年讲解了“十二五”规划纲要。各单位举办了9场形势政策报告会，邀请中华优秀文化讲师团首席讲师、《山西青年报》副社长郑宝兰为矿区青年讲解《弟子规》，600余人到会。12月中旬，区团委对新选派的6名中学共青团干部进行了为期1天的专业知识培训。

矿区各级团组织开展了内容丰富、形式多样主题活动。每年3月5日学习雷锋日，组织广大青少年开展“学雷锋，送温暖”活动，中学团委利用节假日组织学生在平潭小区开展清扫卫生、美化社区活动。每年的五四青年节和其他节日、纪念日，均开展具有青年特点的活动。开展“学党史，知党情，跟党走”活动，祭奠革命先烈，到狮脑山百团大战纪念碑前，重温入党入团誓词，进行爱国主义和理想信念教育。开展各种文体活动，如爬山、健美操培训，举办展览、文艺汇演、征文，唱红歌、绘画、摄影，朗诵、演讲、主持人大赛等。开展走访军营、走访矿山、探访新农村、开展植树、参与环保等实践活动。进行法制教育，如进行禁毒宣传，开展帮教活动。提倡新风俗，举行成人仪式，主办集体婚礼等。

团区委加大对共青团工作的宣传报道力度。充分发挥《团情快讯》《矿区共青团网站》和网络、报刊、电视等传媒对青少年的教育、引导作用，积极宣传全区各级共青团和少先队组织开展的工作。每年均及时编发《团情快讯》数十期，向市共青团网页上传信息数十条，在《山西青年报》《阳泉日报》《阳泉晚报》《阳泉矿区》等新闻媒体刊发各类新闻稿件100余篇。2009年创建矿区共青团网站后，组织专门力量认真办好网站，充分发挥其作用。

矿区各级团组织重视团员队伍教育。各基层团队组织以入团、入队仪式等活动为载体，不断增强团员和少先队员的荣誉感和责任感，引导青少年自觉服务人民、奉献社会。矿区各级团组织努力做好经常性团员发展工作，加强对少先队的指导，做好团队衔接工作，不断探索团队一体化工作，加强对少先队员入团前教育。

（二）青年文明号创建工作

1999年下半年，区国税局征收一股经过申报、创建、验收等环节，具备了青年文明号单位的条件，年底正式挂牌。2000年上半年，申报了国税局发票管理所、地税局营业大厅2个市级青年文明号，同时申报了新蕾幼儿园等3个市级青年文明号示范集体。在创建活动中，严格创建标准，加强机制建设，完善各种制度，使工作步入经常化、规范化、科学化的轨道。

2003年6月，多家服务窗口单位按照标准积极开展创建工作，团区委多次派人到创建单位进行实地指导。经团市委验收，区国税局征管税政股、区地税局赛鱼税务所和桥头税务所、区财政局会计管理中心被命名为市级青年文明号，区国税征收一股、桥头工商所两家被命名为市级青年文明号示范集体。2004年初，团区委对节日期间“送温暖”活动进行安排，要求青年文明号单位开展“一助一”帮扶活动，全区16家青年文明号与贫困青年家庭结成帮困对子。

2006年4月，区会计核算中心被命名为市级青年文明号示范集体，区行政审批中心被命名为市级青年文明号。2008年，贯彻落实省市要求，不断扩大青年文明号的创建范围，更多的青年集体参与到青年文明号创建活动中来。区会计核算中心被命名为省级青年文明号。2009年，狠抓青年文明号信誉建设，提升青年文明号的规模效益。

2011年，配合团市委的验收检查，督促各级青年文明号规范经营，开展“创先争优树形象，转型跨越做贡献”主题活动，树立行业新风。截至年末，全区共有省级青年文明号9个，市级青年文明号7个，市级青年文明号示范集体4个。

（三）青年志愿者服务活动

1999年，确定新蕾幼儿园为矿区青年志愿者服务基地。

2003年3月5日志愿者服务日，团区委在区机关一号办公楼前设立矿区青年志愿者服务点，弘扬“奉献、友爱、互助、进步”的志愿精神，开展法律援助、医疗保健、社会保障、财会知识、税法宣传咨询等活动，展出版面10余块，40余名机关志愿者参加了活动。2004年，400人在团区委进行了青年志愿者注册，全区青年志愿者在“6·26”禁毒日、“八一”建军节、“九九”重阳节、“12·1”艾滋病宣传日开展了不同形式的服务。

2005年“6·26”国际禁毒日，矿区成立禁毒青年志愿大队，开展戒毒咨询工作，并联合有关部门对青少年涉毒情况进行调查摸底。公安分局团委组织了声势浩大的禁毒宣传和帮教活动。团区委向全区团员青年发出“向蒙河治理者学习，为建设和谐矿区奉献青春”的号召，联合阳煤集团团委对蒙河治理工地的建设者进行慰问，青年志愿者为建设者提供理发、健康检查等服务。

2006年3月5日，外国语学校、平潭街小学的共青团员和少先队员在桃河公园、日潭小区开展清扫卫生、清除白色垃圾活动，区财政局、工商分局、税务局、卫生局的团员青年进入社区进行税法宣传，开展街头义诊、家电维修。11月17日，全市社区志愿服务和谐行动启动仪式在矿区举行，各社区开展了志愿者注册活动，当日注册人数达400余人。11月24日、28日，青年志愿者开展青少年性与生殖健康系列教育进社区活动，为外国语学校的青年上了两堂生动的健康课。11月30日，财政局团支部与会计核算中心青年志愿者捐助3000元人民币，在团市委和市第一人民医院团委的大力支持下，成功为东四尺社区残疾儿童李玉进行了腭裂修复手术。

2008年3月5日，全区青少年以“参与志愿服务，建设和谐社会”为主题，开展法律咨询、法制宣传、义务理发、义务诊疗、免费修理、上街义务扫除等活动。

2009年，团区委举办“和谐矿区，志愿先行”青年志愿者服务月启动仪式，全区300多名青年志愿者参加并开展志愿活动。在全省残疾人社区康复阳泉市矿区现场会上，矿区12名志愿者为会议提供的服务得到一致好评。桥头街道志愿者开展清除白色垃圾和非法张贴物、义务钉鞋、免费理发等活动。贵石沟街道开展与农村五保户、低保户、残疾人和外出打工人员留守儿童结对帮扶活动。秋沟社区志愿者开展“送温暖、保安全”活动，深入井口、区队，为一线职工送水送汤、缝衣订扣、表演文艺节目。学校团组织广泛开展“学雷锋”志愿服务活动，组织团员学生和志愿者广泛开展环境保护、劝阻不文明行为、法制宣传活动。团区委按照“既体现普遍适用性，又体现分类指导性”的原则，形成以“区志愿者服务大队—街道志愿者服务中队—社区志愿者服务队”为基本脉络，以中小学校特色志愿者服务队为补充的青年志愿者队伍，覆盖全区6个街道办事处、40个社区和26所中小学校。利用网络联系青年志愿者，组建了矿区青年志愿者群。

2011年3月，组织开展了以“宜居家园献青春·志愿者在行动”为主题的青年志愿者活动月，河神庙小游园命名为“共青园”。8名志愿者参加团市委组织的全省造林绿化现场会志愿服务活动，获得团市委的表彰。

（四）积极投身社会主义建设

1999年，大力宣传保护和改善生态环境的重要意义，倡导绿色文明意识，号召全区团员青年积极行动起来，为保护母亲河献出一片爱心，奉献一份力量，广大青少年纷纷拿出零用钱，共捐款600余元。2000年，在“保护母亲河”活动中，矿区青少年共捐款777元，受到团市委的表扬。2003年6月3日，团区委向全区青少年发出倡议，积极行动起来，创建文明矿区，告别陋习，讲究卫生，健康生活，握手文明，做到“三讲一树十革除”，带动影响全社会美化环境。在青年文明社区创建活动中，7个试点社区开展了“社区人家乐”活动。

2004年2月，团区委举办“矿区要发展，青年怎么办”青年论坛，来自各行各业的青年代表走上讲坛，以时代青年的视角，就加快矿区赶超发展步伐提出见解。7月15日，矿区举行创建青年文明社区活动启动仪式，发出了“创建青年文明社区，共建和谐美好家园倡议书”。2006年4月25日，对验收合格的首批10个青年文明社区进行授牌。

2000~2011年，发动全区青年投身创建“三城同创”（三城：国家级园林城市、省级环保模范城市、国家级卫生城市）活动。400名青年志愿者在北山公园参加全市“魅力山城，我的家园——青年志愿者参与三城同创统一行动日活动”；200多名青年志愿者开展义务劳动，粉刷了650多棵行道树。每逢3月5日，全区青年志愿者都开展清扫卫生、集中清理街道和绿化带垃圾杂物及小广告活动。青年志愿者还踊跃参加植树造林活动。

（五）全面推进团的组织建设

2004年年初，下发了《关于加强和改进街道、社区团组织建设的意见》。至6月，6个街道、40个社区全部完成换届工作，新的团干部走上了工作岗位，规范了工作制度。五四期间有18名团干部、15个基层团组织受到团区委表彰，2个团组织被评为省五四红旗团委（团支部），3个团组织被评为市五四红旗团委（团支部），3名团干部被评为市优秀团干部、新长征突击手，平潭街小学大队部被团省委、省少工委授予全省先进大队部荣誉称号，外国语学校团委被授予省级中学生“三下乡”实践活动先进集体，南台社区被授予省级“三下乡”活动实践基地。

2006年4月25日，组织召开了纪念五四运动87周年暨建团84周年表彰大会，团区委表彰了3个五四红旗团委、9个五四红旗团支部、18名优秀共青团干部、22名优秀共青团员。8月9日，团省委副书记雷健坤到矿区调研社区团建工作并给予充分肯定。

2008年，在纪念五四运动89周年、建团86周年之际，团区委表彰了18个基层团组织为五四红旗团委、五四红旗团支部，表彰了36名优秀共青团干部和45名优秀共青团员。大力宣传少先队先进集体和先进个人，在六一国际儿童节期间，团区委、区少工委表彰了一批优秀少先队员、优秀少先队辅导员、红旗大队、红旗中队。12名少先队辅导员参加了全省少先队辅导员培训班。6月，召开了区第二次少代会。

2009年，推进团队一体化分层教育体系建设试点工作，按照团省委“团队一体化分层教育体系”课题组在矿区调研时提出的要求，注重保持矿区少先队好的传统和做法，凸显少先队的政治属性，打造和延续品牌活动，加强辅导员队伍建设，建立“星少年”评价制度，分年级进行主题教育活动，寓教于乐，培养新时代少年儿童；初中学校继续强化少先队组织意识教育，进一步增强少先队员光荣感和责任感；注重团前教育，抓好团史、团章教育，增强少先队员对共青团组织的认同感和归属感，建立预备团员档案，扎实深入开展推优入团工作。全年发展团员797名，推优入党4名。团区委被团市委授予阳泉市共青团工作先进集体，财政局团支部被评为省级优秀团支部，马家坪小学大队部被评为省级红旗大队，桥头小学四（一）中队被评为省级特色中小队。为使团的各项工作更好地落实到基层，选配优秀青年担任社区、学校团支部书记，全年有7名少先队辅导员到太原参加全省少先队辅导员培训班。成立了天润大药房团支部、金象大药房团支部2个非公团支部。

2010年，继续推进团队一体化分层教育体系建设工作。在纪念五四运动91周年、建团88周年之际，团区委表彰了27个基层团组织为五四红旗团委、五四红旗团支部，表彰了64名优秀共青团干部和45名优秀共青团员。4名团员青年通过团组织的推荐，加入了党组织。团区委按照“区域覆盖，条块结合，以块为主”的原则，构建了以街道团工委为核心的社区团组织网络。通过典型引导、主管部门协助等途径，加大非公团建力度。在已建团的非公企业中，重点把团的工作与企业发展、塑造企业文化、青年成才有机结合起来，使团的工作得到企业认可和青年拥护。全区在各类新经济组织和新社会组织中发展建立了20余个团组织，涌现出了天利集团团总支、金象大药房连锁团总支等非公企业团建典型。9月30日，全区街道、社区46个团组织全部完成换届工作，选配优秀青年担任街道、社区、学校团组织书记，制定和完善了各项团内规章制度，并以点带面，推动团的建设。团区委也于年底胜利召开第八次代表大会，选举产生了第八届委员会，同时在区纪委、区委组织部、区人社局、区教育系统、区住建局、区治超办、区执法大队等单位成立了团支部。

2011年，6个街道团工委均形成了“1+X”组织格局，团工委委员调整至9名，重点吸收了青年企业家、教师、民警、大学生社区干部、青年志愿者，配备了若干名兼职团工委副书记或委员。建成非公企业团支部40个，新社会组织团支部10个。7月，组织30多名优秀团干到革命圣地西柏坡参观，开展了一次“走红色革命路，立青春爱国志”主题教育活动，拓宽了视野，增强了责任感、使命感。

（六）青少年法制教育和未成年人保护工作

2000年，重点抓了广大中小学生的法制教育。矿区中学举办法制教育讲座，聘请法制专家授课，组织广大学生认真学习了《中华人民共和国未成年人保护法》《山西省未成年人保护实施办法》和《中华人民共和国预防未成年人犯罪法》等法律法规，进一步提高了广大学生的法律意识。

2003年，各中小学都聘请了法制校长，定期为学生举办法制讲座。

2005年，区法律援助中心常年无偿开展未成年人维权工作，帮助未成年人用法律武器保护自己的合法权益。工商局团总支开展“青春红盾”活动，深入学校、社区进行法制宣传。

2006年6月25日世界禁毒日，团区委联合公安分局团委在平潭社区开展禁毒宣传，散发禁毒宣传品，并设立咨询点。团区委与阳泉二监第四监区签订帮教责任状，定期开展帮教活动。

2009～2011年，继续做好未成年人保护工作。积极发挥学校教育主渠道作用，在广大师生中开展法律知识宣讲活动。区司法局印制未成年人保护宣传折页、未成年人保护小书签，面向全区中小学校、社区进行发放和巡展宣传；街道团工委联系各职能部门，为青少年无偿提供法律咨询、法律援助、法律讲座、交通法规及交通安全教育等服务活动。社区在寒暑假期间组织开展青少年法制教育活动，通过专题讲座、个案分析、模拟法庭等方式，对青少年进行法律、法规的宣传。积极开展青少年自护教育工作。为了让青少年懂得更多预防侵害、自我保护等方面的知识，重点在中小学校中组织开展防震减灾宣传，开展交通安全系列科普知识进校园活动，进行逃生演习，提高广大青少年防灾和自救意识，普及防范知识，营造校园教育的良好氛围。区地震局采用青少年喜闻乐见的漫画形式制作了防震减灾展板，在中小学校巡回展出。各学校还开展了放学前一分钟安全教育和紧急避险教育，进行学生防震疏散演练，使学生基本掌握了紧急情况下如何保护自己的知识。团区委着力探索创新市场经济条件下服务青年的新途径、新载体，整合社会各方资源，积极筹建以电话咨询为服务渠道的12355矿区青少年服务站。团区委机关和6个街道办事处全部成立青少年服务点，开通青少年维权和心理咨询服务热线4012355。青少年服务站以“倾听青少年心声，维护青少年权益，陪伴青少年成长”为理念，以全区青少年为服务对象，为全区青少年的健康成长提供一个反映诉求、倾听心声、释疑解惑的有效途径。

（七）青少年服务工作

矿区各级团组织广泛开展了青少年服务工作，对困难青少年进行帮扶，资助多名贫困学生圆了大学梦；努力帮助失业和未就业青年实现就业，建立青年见习基地，推进创业小额贷款工作，组织开展人大代表、政协委员与青少年面对面活动。

2004年，团区委对节日期间“送温暖”活动进行安排，同时积极开展青年文明号“一助一”帮扶活动，全区16家青年文明号与贫困青年家庭结成帮困对子。8月，一矿贫困生刘艳霞以优异的成绩被北京对外经贸大学录取，但其母为农村户口，父亲早亡，全家仅靠低保金生活，无力支付高额学费。团区委了解情况后，积极与省希望工程联系，为其争取到来自香港的助学资金4000元，助其顺利入学。2006年8月，全市启动芙蓉学子圆梦行动，团区委按照希望工程办公室的统一要求，经过摸底、调研、申报等程序，确定全区共捐助贫困应届高中毕业大学生3名。

2008年，有9名受资助学生圆了大学梦。“512”大地震后，全区青少年积极向灾区捐款捐物，共捐款18万余元，捐物价值3万余元。

2009年，深化“送温暖，献爱心》《手拉手”活动，共向社会募集到爱心助学金17000元，为6名贫困大学生圆了大学梦。团区委联合区总工会、区劳动局举办专场招聘会，开展“百县千乡”青年劳务输出大篷车宣传服务活动，在各街道办事处开展大篷车宣传周活动，将223家企业、15000个工作岗位的信息发送到群众手中。各街道团工委、社区团委重点对 40 岁以下失业和未就业青年进行登记，摸清了情况，并及时进行统计汇报。团区委联合郊区农信社平坦信用社、赛鱼信用社开展青年创业贷款业务。3 月份，在阳泉共青团劳务输出大篷车活动中，5 名矿区青年被太原市百度客服中心、山西万峻集团、白象集团等单位聘用。

2010 年，联合郊区农信社和邮政银行开展青年创业贷款业务，向 6 位青年提供贷款 41 万元，6 位贷款青年也为 14 位青年提供了就业机会。云南等地发生特大干旱后，全区团队组织共向灾区捐水 3982 箱，捐款 2600 余元。在“送温暖、献爱心”“手拉手”活动中，团区委慰问帮扶特困青年学生 30 余名，全年募集资金 5000 余元，资助了 3 名贫困大学生。

2011 年，结合全区换届选举和“两会”的召开，团区委围绕青少年关心的问题，积极组织开展人大代表、政协委员与青少年面对面活动。3 月份，由区人大副主任连秀芳带队参加，团区委在市十三中启动“面对面”活动，收到了良好的效果。全年各街道、学校团组织共开展“面对面”活动 5 场次。团区委在春节、五四青年节、六一儿童节和建队节，对 200 名农民工子女进行走访帮扶。在学校，小志愿者们通过“结对子”的形式开展校园农民工子女爱心活动。加强青少年温馨驿站建设，开展“12355”青少年安全知识进校园活动，设立了由专人负责的“4012355”青少年维权热线电话。团区委建立了全区困难青少年数据库。全区 50 多个团组织开展了对困难青少年一对一的长效帮扶，共帮扶 70 多名困难青少年。深入推进希望工程工作，共对 3 名符合条件的困难大学生新生发放了 1000～3000 元不等的助学金。开展了与邮储银行和郊区农信社的创业小额贷款合作，累计帮助 35 名青年贷款 244 万元。在吉祥大药房连锁公司、滋生堂大药房、天利购物广场、矿区粮贸中心、智睿童心幼儿园等不同类型的非公企业中建立了青年见习基地，为未就业大学生、社区待业青年提供锻炼、见习岗位，年内已成功实现上岗见习 100 多人。

（八）少先队工作

2000 年六一前夕，团区委、区教委、区少工委联合对少先队工作先进集体和先进个人进行表彰，平潭街小学在六一期间开展了校园艺术节活动。

2001 年，平潭街小学代表矿区参加了全市“新世纪我能行”比赛，取得优异成绩，区少工委获优秀组织奖。六一前夕，团区委、区教委、区少工委联合对少先队工作先进集体和先进个人予以表彰，并深入各中小学进行慰问。

2008 年，积极参加全市“环保小卫士”评选活动，15 名矿区少先队员被评为市“百名环保小卫士”。参加市青少年科技创新大赛。参加全市校园集体舞比赛，洪城河小学、西河路小学、小南坑小学获最佳编排奖，桃南路小学获最佳风貌奖，刘家垴小学获最佳表演奖。六一期间，组织全区少先队组织集中展出“红领巾伴随我成长”宣传展板。10 月 13 日建队节前夕，举办了矿区首届少先队员才艺展演。

2010 年，组织全区少先队员参加全省“童心绘祖国”书画大赛，全区近 3000 名少先队员参加活动。组织开展了“与人大代表、政协委员面对面——关注青少年安全成长”活动，市十五中学的同学与市人大代表、政协委员面对面互动，就青少年的安全成长问题一起交流、互动。开展了 12355 青少年安全知识进校园活动、12355 青少年心理知识进校园活动。六一期间，通过各种方式慰问帮扶特困青年学生群体，全区各中小学校开展了“一助一”“多助一”的帮扶活动。团区委、区少工委慰问了亚美小学校、沙台小学校的少年儿童。贯彻少代会精神，争当四好少年。团区委积极贯彻第六次全国少代会精神，并将少代会相关资料编印成册免费发放给大队辅导员。各中小学团队组织开展了丰富多彩的争当四好少年活动。

2011 年 10 月 13 日建队节前夕，全区少先队举行了统一的少先队员入队仪式；以“四好少年”为标准开展了百名优秀少先队员评选活动；矿区少工委被评为山西省少先队工作先进单位。小南坑小学大队辅导员郭海瑞被授予全省“十佳少先队辅导员”称号，获山西省五一劳动奖章；区少工委主任麻晋忠被授予全省“十佳少先队工作者”称号，荣立山西省劳动竞赛委员会二等功。

第三节　妇联组织

一、组织机构

抗日战争和解放战争年代，在平定（路北）县妇女抗日救国会的宣传、发动和组织下，阳泉矿区妇女积极参加革命活动，开展多种多样的社会活动。民国36年（1947）5月2日，阳泉解放，各矿（厂）工会组织设立了女工部，平潭街、蔡洼村建立妇女救国会。此后，矿区妇女就一直在阳泉市（阳泉工矿区）妇女团体的组织下参与社会活动。

1962年，矿区公社成立妇女联合会，李秀兰担任妇联主任。1966年，刘翠香接任妇联主任。1970年，撤销矿区公社，成立矿区革命委员会筹备小组，下设青年妇女组，负责妇女、共青团和女工工作。组长由王金担任，组员张赛花、贾冰宇、杨秀琴、朱喜科。其中，张赛花、贾冰宇分管妇女工作，杨秀琴分管女工工作。所辖5个人民公社都成立了妇女联合会，配备了妇联主任。1972年至1973年上半年，筹建矿区妇女联合会。1973年6月，矿区第一次妇女代表大会召开，成立矿区妇女联合会。选举张赛花担任专职妇联副主任，王玉花任兼职妇联副主任，未设主任。全区共有专职妇女干部8人。1973年6月至2011年年末，矿区共召开五次妇女代表大会。

1989年3月，区党政机关按系统建立了9个妇委会，主任9人、副主任2人、委员21人。4月，在全区个体工商户中建立了个体妇女联谊会。设会长1人、副会长3人、理事19人被区妇联吸收为团体会员。

各街道也成立了妇联组织。

平潭街街道办事处妇女联合会成立于1971年，称红旗岗公社妇联会，1981年改称现名。历任主任为苗英、王素花、石秀珍、王素花、林桂芬、李素青、李翠萍、张哲慧。

桥头街街道办事处妇女联合会成立于1971年，称向阳公社妇联会，1981年改称现名。历任主任为李喜明、王炳英、王素花、石秀珍、张亚维、田海英、李秀红。

蔡洼街街道办事处妇女联合会成立于1971年，称红旗公社妇联会，1981年改称小南坑街道办事处妇联会，1984年改称现名。历任主任为张芝兰、郭小青、宋金梅、申彪、王俊瑞、李爱青。

赛鱼街街道办事处妇女联合会成立于1971年，称红卫公社妇联会，1981年改称现名。历任主任为王玉花、石春花、石春梅、朱俊英、安文娟、高秀琴、周拉弟、姜素珍。

沙坪街街道办事处妇女联合会成立于1971年，称沙坪公社妇联会，1981年改称现名。历任主任为吴瑞珍、戴海莲、吴瑞珍、张夏梅、赵美花、邓小青、武彦青、武书香。

贵石沟街街道办事处妇女联合会成立于1993年。历任主任为李素青、李翠萍、苏晓转。

二、妇女代表大会

矿区第一次妇女代表大会。1973年6月4~6日在矿务局招待所新会议室召开。出席会议的代表201名。会议总结交流了一年来妇女工作经验，听取并审查通过题为《以批修整风为纲，搞好妇女工作，充分发挥“半边天”作用》的工作报告；通过了《以批修整风为纲充分发挥广大妇女在三大革命运动中的战斗作用》的决议。选举产生矿区首届妇女联合会委员20名、常委7名。张赛花、王玉花当选为区妇联会副主任。

矿区第二次妇女代表大会。1983年4月28~29日在矿务局招待所会议室召开，出席会议的代表128名，特邀代表6名。代表构成：中共党员36名、共青团员3名、群众89名；年龄最大的代表70岁，最小的19岁，50岁以下的88名，其中40岁以下的22名。妇女干部78名（包括街道妇女干

部），企业代表24名，街道家属代表3名，服务行业代表6名，文教卫生方面代表2名，国家干部5名，其他代表10名。大会审查并通过了曹喜鱼代表矿区妇联所作的题为《全区妇女团结起来，努力开创妇女儿童工作新局面》的工作报告；选举产生阳泉市矿区妇联第二届执行委员会，委员20人，常委6人，选举曹喜鱼为妇联主任、贾冰宇为妇联副主任。

矿区第三次妇女代表大会。1987年7月16～17日在矿区六楼会议室召开，122名代表出席了大会。代表构成：中共党员46名，共青团员4名，群众72名；年龄最大的73岁，最小的21岁，45岁以上的51名，45岁以下的71名；妇女专职干部10名，企业方面的代表13名，街道家属的代表88名，文教卫生方面的代表4名，国家干部6名，其他方面的代表1名；大专文化2名，中专文化9名，高中文化4名，初中文化49名，小学文化35名，文盲23名。会议听取并审议通过了第二届妇联主任曹喜鱼所作的题为《全区妇女团结起来，为振兴矿区再创新业绩》的工作报告。选举产生了矿区妇联第三届执行委员会委员19名，常务委员会委员7名。刘春玲当选为妇联主任。

矿区第四次妇女代表大会。1993年7月12～15日在矿区六楼会议室召开，100名代表出席了会议。代表构成：中共党员43名，共青团员3名，群众54名：年龄最大的63岁，最小的25岁，45岁以上的56名，45岁以下的44名：妇女专职干部10名，企业方面的代表14名，街道家属的代表65名，党、政、群和政法战线的女干部4名，其他方面的代表7名；大中专毕业的代表14名。区委副书记刘昌珍作了《用党的十四大精神统一思想，努力开创妇女工作新局面》的讲话，审议并通过了梁兰芳代表区妇联第三届执行委员会作的《坚持党的基本路线，解放思想，奋斗开拓，推动全区妇女工作再上新台阶》的工作报告。大会选举产生了阳泉市矿区妇女联合会第四届执行委员会。在执委会第一次会议上，梁兰芳当选为妇联主席，翟爱华当选为妇联副主席。

矿区第五次妇女代表大会。1999年11月24～25日在矿区六楼会议室召开。100名代表出席了会议。其中，妇联专职干部8名，基层妇女会干部63名，机关干部17名，三八红旗手17名，教师5名，劳动模范2名，文明家庭代表20名，党员20名，大专以上文化9名，高中（中专、中师、中技）文化29名，45岁以下的43名。会上区委副书记董仙桃作了重要讲话，大会选举产生了阳泉市矿区妇女联合会第五届执行委员会，会议审议并通过了《自强不息，开拓进取，再创我区妇女工作新局面》的工作报告。在执行委员会第一次会议上，王庭兰当选为妇联主席，刘灵当选为妇联副主席。

阳泉市矿区妇女联合会历任领导名表

表14－3

届　次	职　务	姓　名	任　期
矿区第一次妇女代表大会（1973年6月～1983年4月）	主　席	—	（缺）
	副主席	张赛花	1973年6月～1983年4月
		王玉花	1973年6月～1983年4月
矿区第二次妇女代表大会（1983年4月～1987年7月）	主　席	曹喜鱼	1983年4月～1987年7月
	副主席	贾冰宇	1983年4月～1987年7月
矿区第三次妇女代表大会（1987年7月～1993年7月）	主　席	刘春玲	1987年7月～1993年7月
	副主席	—	（缺）
矿区第四次妇女代表大会（1993年7月～1999年11月）	主　席	梁兰芳	1993年7月～1999年11月
	副主席	翟爱华	1993年7月～1999年11月

续表14－3

届　　次	职　务	姓　名	任　　期
矿区第五次妇女代表大会（1999年11月～　　）	主　席	王庭兰	1999年11月～2009年12月
		阎宏荣	2009年12月～
	副主席	刘　灵	1999年11月～2011年10月
		—	（缺）

三、主要工作与活动

（一）“双服务”

矿区妇女响应党和政府的号召，努力为煤炭生产服务，为矿区人民生活服务，做出了重要贡献。从20世纪50年代开始，矿区各级妇女组织就一直坚持动员矿工家属做好保勤工作，保证自己家里的亲人吃好、喝好、休息好，主动当好后勤兵，支持他们出满勤，努力完成各项生产任务。二矿街道干部蔡银花主动在家属区实行了挂牌制，街道职工轮流值班，根据职工班次，按时叫醒上班职工，让职工放心休息，细心地做一人一事的思想工作，被评为山西省劳动模范。同时组织妇女到坑口为井下第一线职工送水、送汤、缝补衣裤手套、订扣子，到工房宿舍为单身职工拆洗被褥，到食堂帮灶、清扫卫生，到养老院及医院给伤残病人义务理发、慰问。

70年代，矿区妇女到井下第一线支援煤炭高产、翻番，做了大量工作。矿区妇联号召全区妇女学习“开滦经验”，提出“我们也有两只手，不在家里吃闲饭，走出家门干革命”的口号，广大妇女纷纷响应，积极参加各项社会活动，组织兴办各种服务站和小型企业，直接为矿山建设服务。1970年，向阳公社居民武何妮组织30多名家属办起“小五金厂”（后钢窗厂）生产水桶、烟筒、簸箕、活扳手、手榔头、裤钩等30余种产品。1972年，向阳公社王岩沟居民区由张巨珍、史凤英、张秀英等居委干部带领十几名家属办起挂面厂（后属泰康食品厂）。红旗公社办起平潭街三八加工厂（后工艺美术厂）生产脸盆架、圪斗床、小孩床、平车围、躺椅等20多种产品。马家坪西区办起麻绳厂，马家坪东区办起笤帚厂，沙坪公社办起缝补拆洗服务站、金丝网厂、理发组、缝纫社、托儿所。到1990年，妇女办的服务网点发展到540个，从业人数有799人。

80年代，矿区各级妇联把确保煤矿安全生产列为工作首位。区妇联、街道办事处妇联与矿务局和各矿女工部密切配合，互通情报和信息，共同开展“夫妻互保活动”“为矿工当好贤内助活动”“送温暖活动”“孩子为爸爸说句话”“我为安全出把力活动”“经验教训演讲会”，下坑体验生活，安全服务做到活动经常化（每月坚持定期到坑口、集体宿舍服务）、工作制度化（七日一询问，一月一汇报，一季一小结，半年一评比，年度大总结）、管理科学化（安全联合机构健全，鉴定互保合同，制定家庭安全公约）、服务义务化。每个妇女小组都建立了职工安全登记卡、家庭帮教回执书，与各矿保持密切联系，全区上下形成了一个安全联保网。据统计，1987～1990年，共组织家属义务为井下职工送水3758234人次，为单身职工拆洗被褥9870条，帮灶14762人次，缝补衣物62521件，义务理发2363人次。另外全区共组织安全联保领导组1个，安全联保站6个，安全联保小组1410个，设安全联络员3200人。实行组包队，人包户，与矿井队组签订安全服务合同14320份，制订家庭安全公约17412份，家庭互保协议2788份，共评出家属安全联合员1206名。

广大街道妇女、煤矿职工家属还积极寻找就业门路，因地制宜，拾遗补缺，大力兴办第三产业。仅1980年一年就兴办服务网点34个。其中集体办22个，个体办12个，从业人数69人，服务项目有饭店、代销、缝纫、理发、做豆腐等7个。1983年服务网点有408个，其中街办32个，居办37个、个体办339个，从业人数达723人。1989年，根据省、市妇联一再强调的城乡妇女每人要掌握1至2门实用技术的指导思想，区妇联与有关单位联系场地、聘请教师、组织学员，先后在区四号办公楼、三矿举办了两期由 80 名学员（其中残疾 10 人）参加的刺绣技术培训班，经过一个月的培训，学员们掌握了刺绣技术，为北京外贸出口公司进行来料加工。到 1990 年年底，全区妇女兴办的服务网点达 540 个，其中街办 14 个，居办 8 个，个体办 518 个。至 2011 年，全区服务网点有 600 余个，其中个体办 4000 余个，从业人员 8000 余人，妇女占到 60% 以上。1991 ~ 2006 年各级妇女组织和志愿者坚持双服务活动。给矿工送水、送绿豆汤约 16200 次，鞋垫约 10 万余双，帮助矿工缝补衣服约 12 万件，拆洗被褥约 3 千余件等。

矿区妇联广泛开展社会主义劳动竞赛，并开展评选三八红旗手活动。1985 年 2 月 9 日，在矿务局节约修配厂会议室召开了三八红旗手（集体）和“五好”家庭表彰大会。1986 年 5 月 22 日，矿区妇联同城区妇联联合举办了两区女会计技术比武大赛，有 24 名选手参赛。1988 年 1 月 8 日下午，在区检察院六楼举行了全区女厂长、女经理与区级领导民主协商对话。三八妇女节举办了阳泉市矿区保教人员“理想在这里闪光”职业道德演讲赛。1989 年 3 月，召开三八红旗手、优秀妇女干部表彰大会。共表彰三八红旗手 25 名，优秀妇干 57 名。4 月 19 日，矿区个体妇女联谊会成立，被区妇联吸收为团体会员。2002 年，三八妇女节表彰先进集体 7 个，先进个人 39 人。2004 年，三八妇女节表彰先进集体 20 个，先进个人 40 人。2007 年 3 月，表彰了三八红旗手 20 人、三八红旗集体 10 个、巾帼文明示范岗 10 个、先进基层妇女组织 10 个、优秀妇女干部 20 名、家庭助廉先进个人 10 个、和谐文明家庭 50 户。其中矿区医院被评为省级三八红旗集体，李秀红被评为省级三八红旗手，赵锁仙被评为阳泉市十大杰出母亲。2008 年三八节，表彰了 30 个先进集体和 50 名先进个人，包括优秀妇女干部、好母亲、好儿媳、好婆婆和家庭助廉先进个人。2011 年，桃南路小学校长韩瑞梅被推荐为省级巾帼建功标兵，矿区会计核算中心被推荐为省级巾帼文明岗，刘家堖社区被推荐为出席全国妇联“基层组织建设示范社区”，区妇联被推荐为省级三八红旗集体。3 月 22 日，区妇联举办女大学生创业就业意向座谈会，30 多位社区干部、待业女大学生参加了座谈会。

（二）和谐文明家庭创建活动

1980 年初，区妇联常委会议决定，在全区妇女群众中广泛开展“五好家属”竞赛活动，社办、区办各企业开展“五好”职工竞赛活动（五好的具体条件是：破旧俗、立新风，用社会主义思想正确处理恋爱、婚姻、家庭问题；夫妻和睦平等；尊婆爱媳；实行计划生育；精心培养后代）。年内，评出五好家属 172 人、五好职工 40 人。

1981 年，区妇联将“五好”家属竞赛活动扩展为“五好家庭”竞赛活动。评比条件是：热爱党、热爱祖国、热爱社会主义、遵纪守法好；家庭和睦、尊老爱幼、夫妻之间“八五”做得好；教育子女、计划生育、婚丧喜事、移风易俗好；邻里团结、文明礼貌好；清洁卫生好；全家成员都能为振兴中华实现四化而勤奋工作好。1982 年 3 月 6 日，在市委党校礼堂召开了“矿区五好家属、五好职工和先进集体表彰大会”。1985 年全区共评出“五好家庭”2368 户，区妇联给 1511 户挂了“五好家庭”光荣牌。1988 年五好家庭的评比条件是：学习、改革、家庭素质好；遵纪守法教育子女好；移风易俗、文明礼貌、计划生育好；积极参加各项社会活动好。到 1988 年年底全区共涌现出五好家庭 6070 户，其中受区政府表彰 100 户，市政府表彰 38 户，省政府表彰 1 户，全国妇联表彰 2 户。2000 年，平潭社区和桥南园社区被区妇联定为“五好文明家庭”示范点，85% 达到示范户并挂牌。2000 年后，每年都要评选出相应户数的“五好文明家庭”户并进行表彰。

2007 年 7 月，在市妇联举办的首届家庭文化艺术节活动中，矿区的 8 件作品获一等奖，11 件作品获二等奖，11 件作品获三等奖。2009 年 3 月 3 日，在一矿文化广场举行了“创和谐家庭，促和谐社会”活动启动仪式，同时表彰了 100 户优秀和谐文明家庭，发放了创建“和谐文明家庭”倡议书 2000 余份。2010 年 3 月 5 日，召开了全区纪念三八国际劳动妇女节暨表彰大会。表彰各类先进集体和先进个人 200 个，其中包括 2009 年选树的 100 户和谐文明家庭和 50 户和谐文明家庭标兵户。全区有 8 名女性被市妇联评为三八红旗手，6 个单位被市妇联评为三八红旗集体。

2011年11月，区妇联召开“创建和谐文明家庭总结表彰大会”，对3年中创建的6个零暴力社区、10个和谐文明社区以及2011年评选出的100户和谐文明特色家庭和150户和谐文明优秀家庭进行了表彰，同时对3年中受到表彰的500户各类和谐文明家庭挂牌。年内评选出3户省级文明户：向永碧（平潭街街道平东社区）、高艳君（沙坪街道中沙坪社区）、乔计锁（阳煤三矿河口二区）。张明家庭和王效忠家庭被省妇联、省综治委评为“平安家庭”；里沙坪社区和马家坪社区被省妇联、省综治委评为“平安示范社区”。

（三）维护妇女儿童合法权益

1984年2月10日至3月10日，区妇联与多部门联合开展保护妇女儿童合法权益宣传月活动。在宣传月活动中，全区共召开各种报告会、座谈会233次，参加人数达4125人；张贴标语、吊挂2607条；办宣传专栏56期，更换黑板945块；展出宣传图片25套、5300张；印发各种宣传材料12500份；组织了270人的文艺宣传队，自编自演文艺节目22个，街头流动演出30余场次；设立法律咨询站6个，参加人数80人；出动宣传车1辆，在全区广泛进行了巡回宣传。1984年，区妇联共接待群众来信来访42件，对80%的案件进行了处理解决，剩余案件也同有关部门联系进行了妥善处理。1984年11月10日，矿区妇女法律顾问小组成立。

1985年，矿区妇联建立了三级信访网，区级成立由5人组成的妇女维权信访领导组，各办事处都成立了维权信访接待站，82个居委会均设立了维权信访接待组，明确了职责范围，健全了接待制度。区妇联有1人分管维权，负责日常接待，主任经常过问，每月的17日都由区维权信访领导组的成员轮流接待，1985年区妇联接待解决13起来信来访案件，街道办事处妇联接待49件，解决47件，居委会接待524起，解决499起，基本上做到了“小事不出居，大事不出处，疑难问题不出区”。11月11日至16日，对街道办事处的235名妇代会干部进行了法制培训。

1988年，基层共调解婚姻家庭方面的纠纷61起，其中夫妻离异4起，父母干涉儿女婚姻3起，虐待儿童1起，第三者插足1起，其他55起。区妇联共接待来信来访16件，妇联系统解决6起，转有关单位解决10起，做到了件件有着落，案案有回音。

1989年，针对基层妇女干部在运用法律解决实际问题当中存在法律知识不足的情况，4月26日至27日，区妇联与区教育中心共同组织了由基层妇代主任、副主任参加的妇女法律知识培训班，内容主要是婚姻法、继承法、民事诉讼法、怎样化写诉状、案例分析等。由于广大妇女干部学法、懂法，运用法律武器解决处理民事纠纷和婚姻家庭问题。1989年妇联接待查处案件7起，为历史最低件数。1999～2008年，处理家庭矛盾100余件，接待来信来访人员90多件，解决家庭暴力210余件。

2000年后，区妇联每年都开展三八维权周活动，开展大型广场宣传活动，通过分发法制宣传资料，展出法制知识展板，进行街头文艺演出，广泛宣传《中华人民共和国妇女权益保障法》。举办妇女维权和法律知识培训班。2006年7月，举办家庭法律知识大赛，推举沙坪代表队宇志红家庭参加市妇联举办的家庭法律知识竞赛。

2010年10月，参加了全市妇联就业创业推进会。2011年9月，区妇联召开“落实妇女小额担保贷款财政贴息政策，推进妇女创业就业工作会议”，请专家对有关政策进行讲解，请女企业家交流经验，表彰了8位女性企业领导。

2010年12月，从5个社区的7557户居民中抽取75户样本进行调查，完成了全国第三期社区妇女地位的调查。

（四）宣传贯彻《中华人民共和国婚姻法》

1956年2月1日，为方便群众的婚姻登记，阳泉市委根据《中华人民共和国婚姻法》有关规定，分别在平潭街街道办事处、蔡洼街道办事处、赛鱼街道办事处设立婚姻登记站。

五届全国人大三次会议通过和公布了新《中华人民共和国婚姻法》，并于1981年1月1日起开始执行。矿区妇联及各基层妇女组织开展了婚姻家庭问题的宣传教育活动，宣传《中华人民共和国婚姻法》，提倡节约办喜事，宣传婚姻自由，加强社会主义婚姻道德教育，帮助群众正确处理婚姻家庭问题。全区共培训宣传骨干210名。1981年评出了10对好婆媳。

1990年，区妇联在全区范围内进行了一次婚姻家庭问卷调查，在中小学、部分机关干部和区直厂、街道厂、居民区进行了意向调查，在居民区召开了座谈会。11月28日，召开了有妇联干部、民政、司法、计生助理员、基层妇女主任参加的婚姻法贯彻情况研讨会。2006年9月28日，在区委党校举办了婚姻法培训班，600名社区居民和社区干部参加了培训。

（五）少儿工作

区妇联把培养、教育少年儿童工作列为妇女工作的重点来抓，在家庭教育、托幼园所工作、校外活动等方面，做了大量工作，给予孤残儿童、贫困儿童更多的亲情与关怀。

1. 家庭教育。矿区各级妇联组织采取召开座谈会、经验交流会、报告会、街头宣传、印发资料等形式，开展“好妈妈、好奶奶、好阿姨”活动，宣传教育子女的重要性和教育方法常识，配合社会、学校做了大量的教育工作。

2005年12月15日，成立了矿区家庭教育指导站。同月28日，矿区“家教学堂”示范点在刘家垴社区挂牌。

2010年4月，邀请省“家教学堂”讲师张辉春，利用马家坪小学、平潭街小学家长学校平台举办了4场家教知识讲座，参加听课的教师、家长500多人。10月，邀请教育部中国智慧工程研究会智慧家庭教研组高级研究员、国家高级心理咨询师、著名青少年教育专家仝慧琪为阳泉市第十六中学和小南坑小学600名家长举行了“让孩子爱上学习”的专题讲座。

2011年，马家坪小学白永红被评为“十一五”省级家庭教育先进个人，平潭街小学家长学校被评为“十一五”省级优秀家长学校，张志明（小南坑小学学生家长）、郭少娟（赛鱼小学学生家长）被评为优秀家长，刘家垴社区被评为“十一五”省级家庭教育基地。

2. 托幼园、所工作。区妇联组建整建70年代办起的5个托儿所（红旗岗公社托儿所、马家坪托儿所、洪城河托儿所、红卫公社托儿所、弹簧厂托儿所）。这5个托儿所共有保教人员21人，入托婴儿16人。1983年，市妇联和市财政局向矿区拨付修建款117000元，设备款4500元，用于新建平潭街幼儿园、桥头幼儿园，维修洪城河、马家坪、沙坪3个托儿所，为街办托幼园所添置设备和活动器材。全区入托数增加到150余人。1984年，矿区新办了桥头幼儿园、矿区新蕾幼儿园，停办了区弹簧厂托儿所。全区共有幼托园、托儿所6所，有保教人员28名，入托婴儿251名，学前班1个，幼儿52名，入托率达12%。同年，区妇联同区文教局对全区28名保教人员进行了短期培训。1985年，全区入托入园人数增加到418名，入托率为28%。

1986年，蔡洼办事处东四尺、巩窑洼新办了2所托幼园，入托婴儿40人。全区共有托幼园8所。1987年，入托婴儿增加到640名。1988年，采取街办、民办、个体办的方法，全区托幼园所发展到15所，其中区办1所、街道办5所、居委会办8所、个体办1所，入托婴幼儿1148人。1989年，全区街办托幼园所5所，居办5所，个体办5所，区办1所，入托婴幼儿1623人。1990年，全区街办托幼园所5所，居办5所，个体办6所，区办1所，入托婴幼儿为2170人。2005年，新蕾幼儿园被省妇联命名为三八红旗集体。

2007年，全区有55所幼儿园，其中教育部门办1所，民办36所，集体办5所，其他13所。在园幼儿共计4590人，共有教职工542人，其中园长43人。2011年，全区有各级各类幼儿园34所，其中政府办1所，企业单位办13所，公民个人办20所。幼儿园教职工696人，其中园长46人。

3. 校外活动站。1981年，矿区各级妇女组织在居民区组织了校外活动站，配备了何永武、李富荣等10名辅导员。校外活动站在寒暑假期间组织全区上万名中小学生开展丰富多彩的活动，包括文艺、体育、绘画、游戏、手工、刺绣、书法、美术、法制教育、智力竞赛、航模制作、诗歌朗诵、故事会、小发明、登山竞赛、办好人好事、到坑口进行慰问等活动。1982年8月27日，区妇联召开了暑假“活动站”经验交流比武会。1984年建立了活动站17个，5月24日，区妇联举办“六一”独生子女家庭运动会。

2007年6月1日，在三矿体育馆举行了“六一”庆祝活动。2008年“六一”期间，矿区领导对黄石板小学、马家坪小学进行了慰问，送去了电视机、体育器材等慰问品。在全市举办的“十佳少年童星”评选活动中，洪城河小学的刘赢和南楼小学的王世杰获得了“十佳少年童星”的称号。

2009年5月，区妇联选送了54件作品参加了市妇联举办的少儿书法、绘画作品展，有23件作品获奖，其中一等奖5个，二等奖7个，三等奖11个。5月27日，张清河区长、姚丽副书记，王晓丽副区长、丁慕国副主席及妇儿工委成员单位到亚美小学、小河滩小学、新蕾幼儿园进行慰问，送去了慰问品。6月1日，在小南坑小学举行了庆祝“六一”国际儿童节大会，区领导出席了庆祝大会，董书记发表了热情洋溢的讲话，会后观看了文艺节目和小学生艺术作品展。

2010年“六一”期间，区妇联在马家坪小学举办了“六一”儿童节庆祝大会，市、区领导出席大会，阳泉天元家电有限公司向同学们赠送了文具和书包；市领导向马家坪小学赠送了价值10000元的图书；矿区妇女儿童工作委员会向马家坪小学捐赠慰问款3000元。市、区领导还观看了来自5个学校少年儿童表演的文艺节目和美术、书法、艺术作品展。区妇联、区妇儿工委在“六一”期间对桃南路小学、沙台小学、亚美小学、新蕾幼儿园进行了慰问；继续资助4名品学兼优的春蕾女童。

2011年8月，参加了市妇联、妇儿工委组织的庆祝建党90周年少年儿童“成长在党旗下”主题演讲比赛，2人获二等奖，1人获三等奖，区妇联获优秀组织奖。

4. 帮扶贫困儿童。矿区领导和各级妇联给予贫困儿童和孤残儿童多次帮扶和资助。2007年1月26日，在黄俊德书记的带领下，为4名孤残儿童送去了爱心妈妈编织的毛衣和米、面、油等慰问品。2010年六一期间，矿区神府大酒楼卢利荣经理向10名贫困学生捐资2000元。2011年11月，对27名品学兼优的困难女童实施“春蕾计划”，给予每人300元的赞助。2011年“六一”期间，区四大班子领导带领25位妇儿工委成员单位领导，慰问了贫困、留守儿童和两所贫困小学。社会爱心人士捐资1000元资金对两名困难儿童进行帮扶。8月，区妇联给予20名特困留守妇女每人500元资助。

（六）其他工作

1. 抗灾救灾。为了抗震救灾，1989年11月份，区妇联及各办事处妇联发动广大妇女想灾区人民所想，急灾区人民所急，积极为国分忧，为民解难，自愿捐款献物，向雁北地震灾区捐款2143.24元，捐衣7270件。区妇联将救灾款物及时发往灾区，受到了灾区人民政府的感谢。2008年，向四川汶川地震灾区捐款14000余元，捐物22000件。

2. 卫生工作。2007年3月，“三八”期间区妇联组织妇女免费体检，并邀请西安妇女疾病研究所专家对妇女疾病防控医学知识进行了讲解，此讲座共举办了3次。2010年10月，为了进一步提高居民的科学素质，配合创建全国科普示范区工作，区科协、区妇联共同开展科普进社区活动。邀请了省第八人民医院妇科疾病专家为社区贫困家庭妇女讲授妇女疾病知识，特别是乳腺癌、宫颈癌的预防治疗，并为300多名妇女提供了免费检查。

在2003年抗击“非典”的特殊战役中，共发放宣传资料1万余份，更换板报36期，张贴标语70多份，与居民签订双向承诺书2024份。区妇联副主席刘灵到抗击“非典”第一线段南沟社区蹲点1个月。市妇联主席巩引贞等领导带着慰问品，看望了抗击“非典”一线的妇女干部。

3. 文体活动。2007年9月，在全市妇女运动会上，矿区篮球代表队获团体第一名，田径获团体第二名，400米、1500米、4×100米接力、跳远、铅球、踢毽分别获第二名、第三名和第四名。2008年，三八期间参加了市妇联组织的全市妇联系统歌咏大赛，并获得了一等奖。2009年3月，为庆祝三八国际劳动妇女节99周年举办了拔河比赛，有10支队伍200余人参加了比赛，沙坪街道妇联、区政府妇委会、财政妇委会分别获得了一等奖，二等奖、三等奖。区妇联组织200余名中青年妇女参加了市妇联举办三八越野赛。9月，组织200人参加了在城市广场举办的国庆60周年“巾帼广场歌咏比赛”和“三城同创”授旗仪式。2011 年 3 月 2 日，区妇联组织全区 18 个妇委会 450 余名妇女开展了“迎三八、促和谐，全民健身、给力山城”健步走活动。

第四节　科学技术界组织

一、组织和队伍

矿区科学技术协会（简称科协）成立于1987 年9 月18 日，与矿区科学技术委员会合署办公。年内召开第一次科技工作者代表大会，选举产生了第一届委员会，由 9 名委员组成，区科委主任薛金龙当选为主席。1999 年 9 月，阳泉市矿区科学技术协会确定为为正科级全额预算事业单位。

2009 年 9 月 25 日，矿区第二次科技工作者代表大会召开，来自党政机关、教育界、医疗卫生界、工业企业界的 99 名代表、55 名特邀嘉宾参加了会议。会议审议并通过了《矿区科协第一届委员会工作报告》；讨论并通过了新的《矿区科学技术协会章程》；选举产生了区科协第二届委员会，薛更当选为主席，渠新华当选为专职副主席，丁伟高、王耀田、孙雪锋、杨述民、陈京俐、武钢、周德旭、郝宝慧、段宝山、徐玉龙、程永耀 11 人当选为兼职副主席。12 月 15 日，区科协召开二届一次主席会议，确定秘书长 1 人、副秘书长 3 人。年内，段家背小学教师赵伟光、红岭湾小学教师冀秀琴、洪城河小学教师郭志红被评为阳泉市十佳科技辅导员，阳煤集团三矿总工程师、三矿科协主席郝宝慧被评为阳泉市十佳科技工作者，原赛鱼小学党支部书记刘和平被评为阳泉市十佳科普志愿者。

2010 年 4 月 29 日，区科协召开二届二次主席会议，讨论了建立基层科协的问题。5 月 16 日，矿区航模协会成立并召开首次会员大会，同时在会场举办了航模展览。7 月 2 日，在街道办事处负责人会议上，商议成立街道、社区科协的具体事项，会后各街道、社区陆续成立了科普组织，并展开了科普活动。

二、主要工作

（一）科技宣传和科普工作

1987 年 9 月矿区科协成立后，连续开展了多项科技宣传和科普工作。矿区科协与区科委配合，举办了各种类型的专业技术培训班，包括初级工程技术培训、初级经济专业人员培训、统计专业培训、会计专业培训、技术合同法培训、胆红素提取技术培训等。

2003 年 4 月 24 日，矿区科协“鸿源杯”首届家庭科学知识大赛在阳煤集团有线电视台演播厅举行，贵石沟街道办事处家庭代表队获一等奖。参加大赛的 6 个家庭是在《大众科技报》家庭科学知识竞答活动的基础上，通过阅报、答题，由各个街道办事处从 1000 多个家庭中选拔产生的。

矿区科协与区科技局、地震局共同组织了多次科技周集中宣传活动。在 2008 年 5 月 19 日至 25 日的第八届活动科技周，展出各类宣传版面 30 余块，其中有 10 余幅地震知识宣传版面，结合汶川 5 月 12 日特大地震，突出宣传防震减灾科普知识，咨询台现场解答了群众提出的各种问题。

矿区从 2009 年开始创建科普示范区工作。2010 年 3 月，区委、区政府向山西省科协、中国科协提出了创建省级科普示范区、国家级科普示范区的申请。对照创建科普示范区的标准，制订了实施方案、任务分解表，成立了创建工作领导小组，重点抓基层科普组织建设、科普活动开展和科普设施建设，全区科普专项经费由 2010 年的人均 0.5 元，提高到 2011 年的人均 1 元，达到了省级标准。到 2011 年 3 月，通过了山西省的考核验收，被命名为“山西省科普示范区”。

为了实现创建全国科普示范区的目标，矿区努力做好提高全民科学素质工作，开展了多项活动。围绕“节约能源”的主题，展开了一系列面向公众的节能宣传活动；组织全区中小学校学生参加“节能在我身边——青少年科学调查体检活动”，收集了许多条节约能源的建议；开展了以“四个一”

（节约一滴水、节约一度电、节约一张纸、节约一粒米）为主要内容的主题实践和宣传活动；开展了组织青少年参观科普基地、编写《节能三字经》等宣传活动。2010 年 9 月 16 日，参加了阳泉市科技工作者趣味运动会。10 ~ 12 月，开展了“科普进社区”活动，邀请省科协副主席王德贵等专家学者深入街道办事处举办科普讲座。2010 年和 2011 年的 9 月 20 日，连续 2 年举办以“节约能源资源，保护生态环境，保障安全健康”为主题的“全国科普日”活动。2011 年 12 月 19 日，《阳泉矿区》开辟科普专栏。

（二）青少年科技教育工作

1987 年 9 月矿区科协成立后，在青少年科技教育工作方面取得多项优异成绩。

2009 年，矿区科协组织各校参加“第 24 届青少年科技创新大赛”，利用假期对参赛学生给予指导。全区参赛作品共 461 件，涉及科技实践活动、项目、机器人大赛及科学幻想绘画等全部 4 个类别，获国家级奖项 6 个，省级奖项 42 个，市级奖项 97 个。其中西河路小学的杨懿同学获唯一的阳泉市“市长奖”，王嘉伟同学获唯一的阳泉市“科协主席奖”。红岭湾小学、赛鱼小学获得“山西省青少年科技教育基地”称号。

2010 年，在第 25 届青少年科技创新大赛中，项目类获一等奖 5 个、二等奖 15 个、三等奖 19 个；科幻绘画类获一等奖 8 个、二等奖 20 个、三等奖 20 个；科技实践活动类获一等奖 3 项、三等奖 3 项；段家背小学 16 人的机器人竞赛队伍，共获得省级一等奖 5 个、二等奖 7 个、三等奖 9 个。有 18 名教师获得市优秀科技教师称号；有 5 所学校获得市优秀组织奖；区委副书记姚丽获得“市热心科技创新工作奉献奖”，洪城河小学学生宋蕊获全市惟一的“青少年科技创新市长奖”。在第七届宋庆龄少年儿童发明比赛中，洪城河小学宋蕊同学获得全国二等奖，十二中学杨懿同学获得全国三等奖。

2011 年，矿区共有 715 件作品参加第 26 届青少年科技创新大赛，共获得 188 个奖项，其中获国家级奖项 3 项，省级奖项 40 项，市级奖项 145 项。努力搞好常规性的青少年科技教育工作，不定期地组织各学校在校内开展科技知识竞赛、科技小制作竞赛等校园科普活动；围绕科技教育工作，开展校际之间的学习交流。11 月和 12 月，矿区科协组织学校的分管科技副校长、科技教师走访红岭湾小学、段家背小学、西河路小学，围绕各校的特色科普工作进行了座谈、交流。

（三）设施设备建设

矿区科协重视设施设备建设。2009 年，为了创建全国科普示范区，开始筹建矿区青少年科技馆，考察了介休青少年科技馆，并开始选址工作。

2011 年 9 月，经申请，中国科协为矿区配发金杯Ⅳ型科普大篷车，并配备了车载音箱、科普电影投影设备、科普宣传展板等相关配套设备。年内，全区成立 4 个青少年科技教育基地——青少年机器人活动基地（段家背小学）、青少年社会实践活动基地（红岭湾小学）、青少年发明创造基地（平潭街小学）、青少年科幻绘画基地（小南坑小学）。利用各校活动教室，每周开展各项科技活动。

第五节　文学艺术界组织

一、文联组织

（一）矿区文学艺术界联合会

矿区文学艺术界联合会（简称区文联），成立于 1997 年 11 月，是区委领导下的人民团体，下辖作家协会、美术家协会、书法家协会，摄影家协会、音乐舞蹈家协会、戏剧曲艺家协会 6 个协会。成立时有会员 288 人，至 2011 年年底，有会员 310 名，其中国家级会员 13 名，省级会员 52 名，市级会员 79 名。为正科级全额拨款事业单位。机关有工作人员 3 名，设主席 1 名、副主席 1 名、工作人员 1 名。

1998 年 12 月 25 日，召开矿区文学艺术界联合会第一次代表大会，选举产生了首届文联领导班子：主席任选荣，副主席贾希平、翟贵明、王雨来、姚仁承、李树文，秘书长贾希平（兼），副秘书长苏晋，名誉主席王炳俊、董仙桃。

2003 年 12 月，经区委研究决定，任命常树红为文联主席。

2005 年 5 月 25 日，召开矿区文学艺术界联合会第二次代表大会，选举产生了新的领导班子：主席常树红，副主席贾希平、高升亮、翟贵明、姚仁承，秘书长贾希平（兼），副秘书长安德茂、荆升文，名誉主席王炳俊、王谦柱，荣誉委员任选荣、王雨来、李树文、李树珍。至 2011 年无变化。

（二）区文联所属各协会

1. 作家协会。1998 年 12 月 16 日成立并召开第一次会员代表大会，出席大会代表 28 人，大会选举翟贵明为主席。2004 年 4 月，召开第二次会员代表大会，选举翟贵明为主席。

2. 美术家协会。1998 年 12 月 8 日成立并召开第一次会员代表大会，出席大会代表 26 人，大会选举王雨来为主席。2004 年 4 月，召开第二次会员代表大会，选举王建华为主席。

3. 书法家协会。1998 年 12 月 5 日成立并召开第一次会员代表大会，出席大会代表 36 人，大会选举姚仁承为主席。2004 年 4 月，召开第二次会员代表大会，选举姚仁承为主席。

4. 摄影家协会。1998 年 12 月 10 日成立并召开第一次会员代表大会，出席大会代表 25 人，大会选举张银贵为主席。2004 年 4 月，召开第二次会员代表大会，选举张银贵为主席。

5. 戏剧曲艺家协会。1998 年 12 月 13 日成立并召开第一次会员代表大会，出席大会代表 22 人，大会选举李树珍为主席。2004 年 4 月，召开第二次会员代表大会，选举赵晓辉为主席。

6. 音乐舞蹈家协会。1998 年 12 月 14 日成立并召开第一次会员代表大会，出席大会代表 23 人，大会选举陈玉花为主席。2004 年 4 月，召开第二次会员代表大会，选举陈玉花为主席。

二、各项工作及主要作品

（一）主要活动

1999 年举办了迎国庆 50 周年，庆澳门回归祖国“庆国庆，迎回归，金秋之韵美术、书法、摄影展”，共有 108 件作品参展。2003 年 12 月 24 日至 30 日，举办了“天利杯”纪念毛泽东诞辰 110 周年美术、书法、摄影展。2004 年，组织了“纪念邓小平 100 周年诞辰歌舞晚会”。2006 年，组织参加了纪念红军长征胜利 70 周年系列活动。2009 年，与《阳泉矿区》报社联合举办“庆祝建国 60 周年征文”活动，征集到全国各地来稿 466 篇，有 29 篇入选并在《阳泉矿区》上刊发，其中矿区作者的作品 21 篇，外地作者的作品 8 篇。张春义的《服装变奏曲》获一等奖，侯灵俊的《老院儿今昔》、王立强的《词牌四首》获二等奖，李彩琴的《由推荐式选举到阳光选举》、段红芳的《大姐今天真幸福》、郭贵富的《爱我中华》获三等奖。

（二）发表和获奖作品

矿区文联各协会成员在各自的创作领域创作、发表（或参展、参演）了大量优秀作品，获得许多荣誉。据统计，2000 ~ 2008 年发表（或参展、参演）作品 4500 余件，主要有：

1999 年，由文联副主席贾希平主笔撰写的理论文章《学习邓小平发展机遇思想的实践与思考》获得 1999 年度阳泉市“五个一工程奖”。2000 年，音乐舞蹈家协会创作的歌曲《酷乡》《舞者的心声》《西部，西部，明天的太阳》在阳泉市优秀歌曲评选中获奖。舞蹈《在欢腾的大地上》入选全省第十届“群星杯”舞蹈大赛的决赛。5 名民间艺术家的 15 件剪纸作品入选全省剪纸艺术大赛，矿区获该项赛事“优秀组织奖”。2001 年，姚仁承、闻林的书法作品入选中国书法家协会举办的全国优秀会员作品展。戏剧曲艺家协会创作的小品《回家》和音、诗、舞《世纪畅想曲》获得阳泉市春节文艺晚会优秀创作奖。2002 年，徐京儒作品集《过滤日子》出版，介绍徐京儒创作历程的《一个京城打工的山西作家》由中国作家出版社出版。荆升文的诗歌《木纹中的黑白镜头》获得山西诗歌大赛铜奖，小说《复仇的狼》获得《小说月报》征文二等奖。2006 年，作家协会荆升文创作的诗歌《半袋炒面》获得广东省纪念红军长征胜利 70 周年征文三等奖。在山西省第七届版画展中，美术家协会崔群的版画《新时代、新矿工》获金奖，王建华的版画《出坑》获银奖。音乐舞蹈家协会李诚创作的歌曲《撑起一片蓝天》获全市廉政之歌征文比赛二等奖。

2009 年，矿区文联各协会会员在各级刊物、展览、演出中，共发表、入选和演出作品近 400 篇（幅），其中国家级 23 篇（幅），省级 138 篇（幅），市级 230 篇。荆开文发表于《延河》的小说《九月菊花香》获中国作家协会、中国国土资源作家协会主办的第四届中华宝石文学奖短篇小说奖，《圣地歌谣》（组诗）获湖北省作家协会、《都市小说》等六单位联合主办的建国 60 周年征文一等奖，散文《流泪的醋瓶子》获《国家电网报》“改革开放 30 年·印迹”征文一等奖，《词林深处捉鸟鸣》分别获中共中央宣传部、国家新闻出版署主办的“读一本好书”征文优秀作品奖和全国第十九届图书博览会征文三等奖，诗歌《长翅膀的娘》获成都市文联主办的“民族魂”征文三等奖。在“太钢杯”全国小品大赛中，五矿文工团的群口快板获三等奖。在全国煤矿系统“淄博矿业杯”曲艺小品原创作品汇演中，四矿文工团的小品《找原因》获二等奖，二矿文工团的《矿山情》、四矿文工团的《除夕夜》获三等奖。王建华的版画《送饭工》、刘文会的版画《秋韵》、崔群的版画《血色太行》、薛连生的版画《空间》和韩东升的国画入选山西省第十五届美术作品展览。10 多名会员的作品分别入选市区级美术作品展。

2010 年，张春义的小说入选《中国微型小说名家名作百年经典》，荆开文的小说《兰花花探亲》获重庆作协“畅通重庆”征文三等奖。摄影家协会组织 10 名会员赴福建地区创作采风、创作作品 120 件，18 人 21 件作品，参加阳泉市第十六届摄影艺术展，王监克的作品获一等奖，另获 2 个二等奖，4 个三等奖。在市总工会、市文联举办的“五一文化奖”美术书法摄影展中，有 2 人作品获金奖，6 人作品获银奖，8 人作品获铜奖，在纪念中国煤矿工会成立六十周年美术书法摄影展中，王长命的《心愿》获一等奖，王坚克的《世博之夜》、许文权的《工地乐章》获三等奖、张银贵的《相随》、杨立辉的《安全是福》、刘桂美的《农民工的欢乐》获优秀奖。

2011 年，大众文艺出版社出版矿区作者的 2 本专著，一本是荆开文的煤矿诗歌集《垂直向下八百米》，一本是白瑞勤的诗集《清风徐来》。2011 年，矿区作协在市级以上报刊发表文学作品 400 余篇（首），其中省级 86 篇（首），获得省级以上各种奖项 30 余次。诗歌《走在洗耳滩，我步履轻轻》获《人民文学》主办的“善卷故里、善德鼎城”征文优秀奖。组诗《起跑线上的歌唱》获安徽作协主办的建党 90 周年征文三等奖。组诗《红色经典》获天津市精神文明办公室和《支部生活》杂志社联合主办的“党在我心中”征文三等奖。诗歌《井下也是我们的祖国》获中国作家协会与中国移动公司联合主办的建党 90 周年文学征文二等奖。美术家协会积极组织创作并参加各级展览。组织 22 件作品参加了“脊梁——上海、阳泉、大连工人画展”；组织 13 件作品参加了山西省举办的“霍州杯煤炭系统美术展”，其中崔群的版画获一等奖；组织作品参加了“庆祝阳泉市文联成立 60 周年美术书法摄影展”。戏剧曲艺家协会组织节目参加巡回演出 270 场次；参加市文联组织的曲艺小品下乡活动，送去节目 20 场次。

第六节　残疾人组织

一、残联组织机构

（一）阳泉市矿区残疾人联合会

1989 年 9 月 6 日，成立阳泉市矿区残疾人联合会筹备组。11 月 14 日，矿区残疾人联合会第一次代表大会召开，矿区残疾人联合会正式成立，会议选举王璟为第一届执行理事会理事长。矿区残疾人联合会为区属全额事业团体，理事长1名，残疾人副理事长1名，工作人员2名。

1990年5月，矿区成立阳泉市矿区残疾人事业领导组，组长卫怀义，副组长冯俊杰、郝臻芝、周建新、王璟、连弘武、史文升，成员苏子亮、刘泽青、李志聪、王宝忠、赵德华、李秉成、陶河川、刘春玲、孙梦兰、赵海珍。

1994年4月28日，区政府成立残疾人工作协调委员会。主任董仙桃，副主任高勇、闫昌、张先来、任先荣、史拉才、刘步新、郝臻芝，委员12人。办公室设在残联，由残联理事长刘步新任办公室主任。

1996年1月15日，阳泉市矿区残疾人劳动服务所成立，系差额事业单位，属残联管辖，有所长1名，工作人员2名。4月3日，残联理事长刘步新兼任服务所所长。

1999年1月，矿区成立“矿区残疾人服务中心”，由残联副理事长苏云雷兼任服务中心主任。8月17日，区残联任命段存梅为矿区残疾人劳动服务所副所长（主持工作）。

在2008年4月29日召开的区残联第五次残疾人代表大会上，选举产生了矿区肢残人协会、聋人协会、智力及精神残疾人亲友协会、盲人协会，选出主席1名、副主席2名。至2011年未变。

（二）街道残联组织机构

1992年9~12月，矿区6个街道办事处均成立了残疾人联合会，主席由街道办事处主任兼任，副主席一般由残疾人代表及一名或数名驻地单位分管领导兼任，秘书长由民政助理员兼任。2008年，在40个社区中建立了残疾人协会，配备残疾人专职委员48人。6个街道办事处进行了残联换届，改选了主席、副主席，并规定理事长由民政助理员担任；为每个社区配备了社区康复协调员。每年定期对街道、社区残疾人干部进行法律法规、业务知识培训，至2011年年末，共举办6期，参训人数800余人次。设立了志愿者联络站，全区康复志愿者共有1500余人。

二、历次代表大会

1989年11月14日，阳泉市矿区残疾人联合会第一次代表大会召开。出席这次大会的正式代表77名，列席代表20名，特邀代表11名。矿区区委书记郭彦庚、副区长卫怀义在区残联第一次代表大会上作了重要讲话；王璟作了题为《更新观念，开拓前进，为将我区残疾人事业推向新阶段而奋斗》的工作报告。这次大会的主要议程是：（1）审议阳泉市矿区残疾人联合会工作报告；（2）产生阳泉市矿区残疾人联合会第一届主席团主席、副主席、委员；（3）产生阳泉市矿区残疾人联合会第一届执行理事会理事长、副理事长、理事。大会选举卫怀义为主席团主席；王璟、郝臻芝、李友苏（盲）、辛国民（肢残）等为副主席；选举卫怀义、王璟、王殿成、王宝忠、朱宝平（女）、任秀英（女）、李友苏、李卫东、李秉成、李志聪、李建恩、辛国民、杜彩英（女）、周建新、周三忠、赵海珍、赵德华、苏子亮、郝臻芝、胡忠仁、高建平、高树林（女）、张富保、张玉凤（女）、张计梅（女）、徐国庆、陶仁海、陶河川、蔡玉友等29人为区残联第一届主席团委员。会议选举王璟为区残联第一届执行理事会理事长。经主席团讨论，同意聘请区人大常委会主任董义琦为区残联第一届主席团名誉主席；阎满堂、刘彦为名誉副主席。

1990年11月22日，矿区残联主席团一届二次会议召开，会上残联理事长王璟作了题为《发扬“孺子牛”精神，奉献残疾人事业》的报告。报告总结了矿区残联成立后在残疾人普查登记，残疾人教育等方面所做的工作，确定了会后矿区残疾人工作重点。

阳泉市矿区残疾人联合会第二次代表大会于1993年8月26日在矿区法院法庭举行。出席这次大会的代表共80名，特邀代表15名。会上，首届执行理事会理事长王璟作了题为《把握机遇、加快步伐，为促进我区残疾人事业迈上新台阶而奋斗》的工作报告；副区长董仙桃在矿区残联第二次代表大会上作了重要讲话。这次大会的主要议程是：（1）审议阳泉市矿区残疾人联合会第一届主席团工作报告；（2）选举阳泉市矿区残疾人联合会第二届主席团主席、副主席、委员；（3）选举阳泉市矿区残疾人联合会执行理事会理事长；（4）其他事项。大会选举董仙桃为主席团主席；选举高勇、张先来、刘步新、郝臻芝、李友苏（视残）、邵同华（肢残）等为副主席；史拉才、刘云庭、刘千环、刘步新、朱保萍（女）、任秀英（女）、苏子亮、余志明、邢强敏、宋贵连、李友苏、李仁义、李永学、李秉成、邵同华、辛国民、张先来、张计梅（女）、赵海珍、荆维群、高勇、高建平、陶河川、姚存祥、胡忠仁、郝臻芝、董仙桃（女）、贾自科、甄金凤等29人为区残联第二次代表大会第二届主席团委员。会议选举刘步新为区残联第二届执行理事会理事长。经主席团推荐，同意聘请卫怀义为第二届主席团名誉主席；曹喜鱼、刘彦、王璟三人为名誉副主席。

阳泉市矿区残疾人联合会第三次代表大会于1998年12月18日在矿区法院法庭举行。出席这次大会的代表共98名，其中残疾人代表50名。区残联理事长荆构祥在区残联第三次代表大会上作了题为《团结奋进，努力开创我区残疾人工作新局面》的工作报告。这次大会的主要议程是：（1）听取审议阳泉市矿区残疾人联合会第二届主席团工作报告；（2）选举阳泉市矿区残疾人联合会第三届主席团委员；（3）选举出席市残联第三次代表大会代表；（4）讨论通过关于区残联第二届主席团工作报告的决议；（5）讨论通过关于授权第三届主席团全体会议调换、增补主席团委员的决议；（6）其他事项。大会选举李建恩为矿区残疾人联合会第三届主席团主席；荆构祥、王炳俊、张栗平、刘改志、邵同华为副主席；选举马茂荣、王炳俊、王绍庆、史拉才、申喜元、刘存祥、刘改志、齐瑞玲（女）、安丽萍（女）、任秀英（女）、李友苏、李仁义、李巧萍（女）、李建恩、张龙光、张栗平、张全福、吕广田、邵同华、苏云雷、杨俊楼、姚存祥、荆卫军、荆构祥、耿林、曹万北、陈树民、程存锁、裴彩仙（女）等29人为区残联第三次代表大会第三届主席团委员。经主席团推荐，同意聘请王银锁为第三届主席团名誉主席；魏兆庭、张巨海为副主席。大会选出出席阳泉市残疾人联合会第三次代表大会代表共16名：荆构祥、苏云雷、段存梅（女）、邵同华、杜徐生、任秀英（女）、李友苏、杨俊楼、安丽萍（女）、王红力、刘存祥、申喜元、武彦光、李仁义、孙炳炫、荆卫军。

阳泉市矿区残疾人联合会第四次代表大会于2003年10月24日在矿区政府一号楼六楼大会议室举行。出席这次大会的代表共102名，其中残疾人代表61名。区残联第三届主席团副主席、理事长荆构祥在区残联第三次代表大会上作了题为《与时俱进 求实创新 为全面建设小康社会而努力奋斗》的工作报告。这次大会的主要议程是：（1）听取审议阳泉市矿区残疾人联合会第三届主席团工作报告；（2）选举阳泉市矿区残疾人联合会第四届主席团委员；（3）提出《中国残疾人联合会章程》的修改意见。（4）讨论通过关于区残联第三届主席团工作报告的决议；（5）讨论通过关于授权第三届主席团全体会议调换、增补主席团委员的决议；（6）其他事项。大会选举黄俊德、王炳俊为第四届主席团主席；荆构祥、王玉林、赵海清为副主席；选举王玉林、王新、王炳俊、孙伟、严小丽（女）、苏云雷、杜树明、张新民、杨翠萍（女）、陈世雷、赵海清、荆卫军、荆构祥、耿林、黄俊德、聂旗东、程存锁、裴彩仙（女）等18人为区残联第四次代表大会第四届主席团委员。聘请赵德华、张巨海为第四届主席团名誉主席。大会选举产生荆构祥为阳泉市矿区残联第四届执行理事会理事长；苏云雷为阳泉市矿区残联第四届执行理事会副理事长；赵海清、张新民、董小民、段存梅为阳泉市矿区残联第四届执行理事会理事。

阳泉市矿区残疾人联合会第五次代表大会于2008年10月29日在矿区政府报告厅举行。出席这次大会的代表共103名，其中：街道代表61名、驻地代表27名、区直机关代表15名；按类别划分，视力残疾人代表5名，听力语言残疾人代表7名，肢体残疾人代表41名，智力及精神残疾人亲友代表15名，健全人代表35名。代表中各类残疾人代表（含智力及精神残疾人亲友代表15名）68名，占代表总数的66%，具有广泛性和代表性，符合《中国残疾人联合会章程》和省、市残联规定的比例要求。会议由区政府副区长王贵平主持。区残联第四届主席团副主席、理事长高学文在区残联第五次代表大会上作了题为《以人为本，共建和谐，为开创全区残疾人事业新局面而努力奋斗》的工作报告。大会的主要议程是：一、听取和审议区残疾人联合会第四届主席团工作报告；二、选举区残疾人联合会第五届主席团委员；三、通过关于区残疾人联合会第四届主席团工作报告的决议；四、通过关于第五届主席团授权执行理事会增补、调换主席团委员等事项的决议；五、通过其他事项。大会选举丁太忠、马金贵、王阳清、王贵平、王前进、王炳俊、刘兵、刘锦萍（女）、安丽萍（女）、苏云雷、李珍双、杨志强、张新民、武晓娟（女）、赵海清、姚存祥、耿林、高学文、陶迎文（女）、黄俊德、董小民、程存锁、裴彩仙（女）等23人为区残联第五次代表大会第一届主席团委员；选举王贵平、王炳俊为第五届主席团主席；选举高学文、杨志强、王前进、张新民、赵海清为副主席；聘请黄俊德、张巨海为第五届主席团名誉主席。大会选举产生高学文为阳泉市矿区残联第五届执行理事会理事长；苏云雷、董小民为阳泉市矿区残联第五届执行理事会副理事长；刘秀英（女）、刘兵、张建国、姚存祥为阳泉市矿区残联第五届执行理事会理事。选举产生各专门协会主席、副主席：肢残人协会主席马金贵，副主席姚存祥、安国华。聋人协会主席武晓娟（女），副主席焦燕萍（女）、赵维林。智力及精神残疾人亲友协会主席张新民，副主席李珍双、丁太忠。盲人协会主席刘兵，副主席王爱萍（女）武艺强。新当选的残联理事会执行理事长高学文、主席团主席王贵平、王炳俊，新聘任的名誉主席黄俊德、张巨海分别在闭幕式上作了表态发言及重要讲话。

三、主要工作

（一）残疾人宣传、教育、文体工作

矿区残联广泛宣传《中华人民共和国残疾人保障法》《山西省按比例安置残疾人实施办法》等相关法律、法规，大量印制宣传材料，制作标牌，书写标语，撰写稿件。在学校开展“红领巾助残”，在企业开展“扶残助残”“争先创优”等活动。2006年，在人大、政协会议期间，区残联将1.6万元购买的“爱心邮册”400册作为赠品，送给各位政协委员和人大代表，宣传残疾人事业。

从1988年1月份起，区政府帮助三矿南楼小学建立全市首家培智辅读班，到1995年年底，全区共有南楼、段家背、刘家垴、红岭湾、沙台、赛鱼、小南坑、东四尺等八所小学设有培智班，共有在校学生198名。1994年，市残联授予矿区残联“特教工作先进县区”称号，1996年被市政府评为“特教工作先进区”。矿区的智力残疾儿童入学率始终保持在国家规定的标准以上。认真贯彻落实《残疾人教育条例》等法律、法规，切实保障残疾人受教育权利，2011年全区残疾在校生42人，随班就读26名，适龄残疾儿童入学率92%以上。

1982年盲人李友苏出席了山西省在太原市举办的第二届残疾人运动会，获得象棋比赛冠军。1984年，残疾人王玉新、申喜元代表山西省出席了全国在合肥市召开的首届残疾人运动会。王玉新获男子截肢A5级500米和1500米中长跑二项中的铜牌奖，申喜元获男子截肢A2级铁饼赛第三名；1985年肢体残疾人申喜元、聋哑人李保萍（女）和盲人李友苏，代表矿区出席了山西省在太原召开的第三届残疾人运动会。申喜元以2.83米的成绩，打破2.70米男子A2级截肢跳远省纪录，获得第一名；还获得铁饼赛第二名和男子乒乓球单打冠军。李友苏分别获得男子盲人A级60米长跑第二名和铅球队赛第二名，李保萍获聋哑女子5000米长跑第二名和铅球赛第三名。1986年矿区社会福利厂和工艺制品厂的残疾人自编自演的《工余之后》《快乐的小山羊》《初恋的秘密》的舞蹈和哑剧，出席了山西省和阳泉市联合举办的残疾人文艺大展录像比赛。获得山西省文化局三等奖。1988年，区体委和民政局联合举办了矿区首届残疾人运动会。出席会议的残疾人运动员30名，组成6个代表队。其中男队1个、女队1个。比赛项目有象棋、乒乓球，有100米、1500米、3000米中长跑和跳远6个项目。四矿社会福利厂运动员李峰、申喜元分获得男子跳远、乒乓球第一名；工程处社会福利商店运动员周祥、王占元分获男子100米、象棋比赛第一名；侯先瑞、付占全获男子3000米长跑第一名。1994年9月阳泉市首届残疾人运动会上，矿区组织28名残疾人运动员参赛，共获得10金4银6铜，以总积分18分夺得团体第二名。1999年在山西省第六届残疾人运动会上，矿区肢体残疾人张立坤获田径赛单项金牌一枚。区残联利用“助残日”“爱耳日”“精神卫生日”“碘缺乏病日”等社会公益

活动，开展宣传活动，组织医务人员、社区干部、志愿者进行集中性的法律法规政策宣传。印制《中华人民共和国残疾人保障法》《残疾人就业条例》等4类法律法规宣传册10000余册，印制康复知识系列活页6000余页，发放到街道、社区。在第八届山西省残运会上，矿区选送的运动员取得2金1银1铜。在第九届山西省残运会上，马金贵、张东怀分获乒乓球男子单打第二、第三名。在山西省第四届残疾人职业技能大赛上，高计彦获服装裁剪组第一名，王志萍获摄影组第四名。

（二）残疾人康复

1990年5月18日，成立“三项”康复领导组，领导组下设办公室。1999年6月，依托阳煤集团总医院成立阳泉市眼病康复中心、阳泉市肢体康复中心。10月成立阳泉市矿区残疾人社区康复指导中心。依托阳煤集团二院成立阳泉市矿区精神病防治中心。依托矿区妇幼保健院成立阳泉市矿区婴幼儿预防残疾、弱智儿童康复中心。随着各类康复机构的建立，矿区康复工作走在全市的前列，2002年矿区政府被省残疾人工作协调委员会评为“全省残疾人康复工作先进县区”。矿区依托康复院点，开展各类残疾人康复工作。2006年，申请到富士康矫形手术2例，轮椅4辆。免费为13名白内障患者实施手术治疗，全年共实施白内障复明手术190例，安装假肢15例，肢体残疾人康复训练53例，聋儿语训8例，培训智力残疾儿童7名，脑瘫儿童6名，完成用品用具供应销售14个品种，251件。2007年共实施白内障复明手术200例，安装假肢15例，肢体残疾人康复训练55例，聋儿语训7例，培训智力残疾儿童9名，脑瘫儿童5名，完成用品用具供应销售14个品种，351件。2008年，为15个社区配备康复训练器材、救助贫困精神病患者服药100名，为残疾人免费安装假肢5例。配发残疾人辅助器具配置7大类43个品种，共1700件，总价值5万元。其中精神病免费服药100名，听力残疾配戴助听器4名，肢体残疾人康复训练29名，智力残疾儿童康复训练10名，争取省、市康复项目资金15万元。筹建区残疾人康复就业中心，区政府同意将矿区西河路的面积为1500平方米的底商房全部售给残联，用于筹建残疾人康复就业中心，价值400多万元，工程年底竣工，中心后更名为“矿区残疾人综合服务中心”。经区残联考核，确定矿区医院、阳煤集团总医院康复科为贫困肢体残疾人康复训练定点机构；阳煤集团二院、矿区医院为贫困精神残疾人免费服药定点医院；矿区妇幼保健院为贫困智力残疾儿童康复训练定点机构。2007～2011年，矿区创建全国残疾人社区康复示范区，有效整合卫生资源，完善康复技术指导和服务网络，规范了7个专项康复指导中心和23个社区卫生服务中心（站），覆盖全部40个社区，4534名有康复需求残疾人。4429名残疾人享受到康复服务，康复服务建档率达97.68%，形成“政府主导、部门配合、社会参与”的社区康复管理模式和以康复机构为主体、社区为骨干、家庭为依托的社区康复服务体系。2010年10月，矿区被命名为“全国残疾人社区康复示范区”。2006～2011年，共实施“市政府为民办实事”免费白内障复明手术61例；肢体康复训练救助120例；争取省彩票公益金精神病人免费服药360人次；住院精神病人救助11人次；争取康复辅助器具2000余套（件），价值20余万元；聋儿配备助听器15例；智力残疾儿童康复训练20人；培训智残儿童家长20名；安装假肢29例；完成肢体残疾人矫形手术2例；捐赠轮椅200余辆。康复救助2500余人。

（三）残疾人按比例就业

1995年12月，矿区区委、区政府制订出台了《矿区残疾人分散按比例就业实施办法》。1996年1月15日，成立了阳泉市矿区残疾人劳动服务所。1997年起矿区残疾人就业工作从无到有，逐渐起步，残疾人劳动服务所从培训残疾人掌握职业技能；审核企、事业单位和机关团体的残疾人用工情况，收取残疾人就业保障金；为残疾人提供就业信息；扶持残疾人自谋职业等四个方面开展工作。每年组织有就业需求的残疾人进行技能培训。从2001年起，矿区实行保障金由地税代征，残联以审核企业残疾人用工情况为主。从1998年起矿区共收取保障金180万元，这些经费主要用于培训残疾人职业技能，扶持残疾人自谋职业等。2006年5月，进行首期残疾人电脑知识培训，50人参加了培训，其中30余人拿到教育部颁发的岗位任职合格证书。8月和9月，残联与阳煤集团联合举办了2期残疾人职工转岗就业培训班，培训残疾人200名。矿区残疾人劳动服务所组织了100名残疾人参加园艺、栽培技术培训班。全年共安置60名残疾人就业，其中集中就业10人，按比例就业15人，个体就业35人。共培训残疾人650人，收取保障金50万元。2007年，五矿鑫源电缆厂一次性集中安置64名残疾人就业；阳煤集团多营总公司共安置了残疾人170名。为阳煤集团举办4期残疾人岗前培训，培训残疾人656名。全年共安置残疾人就业170人，其中集中就业64人，按比例就业91人，个体就业15人。2008年，全区有就业能力的残疾人共5600人。全年共培训残疾人83人，就业62名，其中集中就业12人，按比例就业42人，个体就业8人，有劳动能力的残疾人就业率达90%以上，占残疾总数的64%。4月，区残联与市职业学校举办残疾人烹饪培训班，为期20天，培训残疾人40名，全部拿到学校的结业证书。推荐4名残疾人到沃尔玛就业。2007～2011年，区残联组织残疾人参加园艺、花木栽培、电脑知识讲座和维修等专业技术培训，共有18期，1758余人次参加，盲人保健按摩培训6人，150余人拿到教育部颁发的岗位任职合格证书。严格按照按比例分散安置残疾人劳动就业程序，对已安置残疾人就业且符合国家就业政策的125家企业、1080名残疾人进行了年检确认。加大了对个体就业和自主创业的扶持力度。职业培训残疾人1758人，安置残疾人就业414人，其中集中就业117人，按比例就业198人，自谋职业99人。

（四）残疾人维权

矿区残联设专职残疾人维权工作人员1名，负责残疾人维权工作的接待、信访、联系律师。同区司法局成立了“阳泉市矿区法律援助工作站”，由残联副理事长担任站长，并由法律援助中心的律师担任法律顾问，定期进行法律服务，切实维护残疾人的合法权益。2006年，举办残疾人保障法培训班，300余人参加了培训。认真贯彻落实中共中央、国务院《关于促进残疾人事业发展的意见》（中发〔2008〕7号）和省委、省政府《关于加快残疾人事业发展的实施意见》（晋发〔2009〕18号）文件精神。宣传《中华人民共和国残疾人保障法》，维护残疾人的合法权利，本着维护人道主义和助残扶弱的原则，按照服务、便利、快速、高效的要求，建立了区、街残联理事长信访接待责任制，区级领导包案责任制，及时发现潜在性和苗头性的问题并准确反馈，做到来信有人接，来访有人办，件件有着落，事事有回音。积极配合司法部门维护残疾人合法权益，在矿区法律援助工作站，聘请律师兼法律顾问，定期到街道、社区为残疾人免费咨询、免费调解、免费服务。2007～2011年，共接待来信来访1153人次。

（五）扶残助残

1988年7月，开展了一次为残疾人事业发展的“有奖募捐”活动，售出奖券4万张，除35%奖金用于还给购券者上交省、市“募捐委员会”外，资助矿区残疾人福利生产12000元。1989年5月，成立矿区社会福利企业公司，隶属矿区民政局。公司以宏观管理福利企业，为企业提供信息、人才开发等服务，协同驻地单位举办福利企业，筹集基金，贯彻执行福利企业政策，监督其经营方向。1990年，矿区开展了第二次社会福利有奖募捐活动，9000余名群众参加，为残疾人事业筹集资金2000多元。

为了认真贯彻落实《中华人民共和国残疾人保障法》和山西省的相关“实施办法”，区政府于1994年12月9日出台了《阳泉市矿区关于对残疾人实行扶助优惠的规定》，该规定由20条组成，涉及文化教育、康复医疗、劳动就业等不同行业及各个方面。

2000年和2001年矿区组织了2次“我为残疾人献上一份爱”大型捐助活动，共得捐款152873元，其中140000元矿区残联用于购买康复器材，赠送给阳煤集团总医院康复科。

矿区连续几年开展“春雨行动”，每年资助25例义务教育内的残疾儿童，分别给予200元的学习补助和字典、台灯等生活学习用具。扶助贫困残疾人大学生上学，多年来共接待来信来访2298人次，其中申诉劳动就业的258人，法律咨询268人，就业培训307人，救济346人，教育264人，康复275人，优惠政策319人，其他269人。残联对来信来访做到“事事有回音，件件有答复”，积极为残疾人排忧解难。2006年，对残疾人来信来访，由区委黄俊德副书记专门负责，残联由理事长荆构祥分管，具体责成专人承办，成立了信访办公室，并有专人接待。下属六个街道办事处由分管残联的主任和残联助理员把关，社区居委会由社区主任专管，形成了一个残疾人信访接待网，及时反馈信息，全年接待来信来访298人次，其中申诉劳动就业的8人，法律咨询18人，就业培训57人，救济96人，教育14人，康复25人，优惠政策69人，其他19人。全年有487人享受到低保待遇，发放低保金60余万元。在“春雨行动”中，资助了31名残疾学生、残疾人子女每人200元，还有面粉、食用油、挂历等生活用品。对考上大学的残疾学生，每人补助300元。有5名大学生得到资助。慰问残疾人90余人，慰问金6200元，慰问品价值1万余元。2008年，接待来信来访263件，其中奥运（残奥）会期间54件基本妥善处理，解决率达95%以上。“春雨行动”中，为25名中小学生送去了助学金，免费为6名白内障患者实施手术，为5名贫困残疾人装配假肢。全年矿区共有460人享受低保政策，享受金额100余万元。全区共有约500人享受到免费医保。全区平均每年有280名重度残疾人参加城镇居民医疗保险，全部实行了缴费免单。贫困残疾人享受低保政策，实现了应保尽保。落实《山西省残疾人合法权益保障条例》，持证残疾人市内乘坐公交车免费。对不同的困难群体，实施贫困救助、教育救助、康复救助等多项救助。2011年，一、二级持证残疾人特困救助685人，救助金额80余万元，救助资金及物品价值110余万元。落实教育救助，投入配套资金，延伸救助范围，100名残疾儿童及残疾人子女每年每人享受到“春雨行动”助学款300元，2011年又提高到500元。

（六）残疾人服务与管理

开展残疾人调查。1995年4月，矿区对4类残疾人进行了调查，结果显示，矿区有7岁以下儿童4名，20岁以下小儿麻痹49人，低视力73人，智力残疾人349人。2000年对矿区辖区内贫困状况进行调查，矿区残疾人5907人，贫困残疾人总人数826人。

残疾人证的发放与管理。从1989成立残联以来，残疾人证管理逐渐规范，1991年12月，按照中残联的要求，开始在全区范围内发放残疾人证，残疾标准分为一、二、三、四，四个等级，分肢体、智力、听力、语言、视力、精神等六大类，矿区共发放各类残疾人证1467个。1997年9月18日，矿区开始执行新的残疾人标准，并对全区残疾人免费换发全国通用的“残疾人证”，新的残疾人标准规定残疾人分为六大类：视力、听力、言语、智力、肢体、精神和多种残疾共有一、二、三，三个等级。至2006年年底，共为3800余名残疾人更换新的残疾人证。2006年，加大了年检年审力度，规范了残疾人审核程序。2008年6月，对全区残疾人基本情况进行了一次普查，共检企业30家，发放《残疾人就业证》160个。2009年6月换发第二代“残疾人证”，执行新的残疾人鉴定标准。

阳泉市矿区残联获得省部级以上奖项一览表

表14－4

获奖年月	获奖单位或获奖者	奖项	颁奖部门
2010年1月	阳泉市矿区残疾人联合会	2009年度全省残疾人工作先进单位	山西省人民政府残疾人工作委员会
2010年10月	山西省阳泉市矿区	全国残疾人社区康复示范区	民政部、卫生部、中国残疾人联合会
2010年12月	山西省阳泉市矿区	全国白内障无障碍区	全国残疾人康复工作办公室
2010年12月	阳泉市矿区残疾人联合会	2010年度全省残疾人工作先进单位	山西省人民政府残疾人工作委员会
2011年8月	阳泉市矿区蔡洼街道办事处	全省残疾人工作先进单位	山西省人民政府残疾人工作委员会
2011年8月	苏云雷（矿区残联副理事长）	全省残疾人工作先进个人	山西省人民政府残疾人工作委员会

续表 14－4

获奖年月	获奖单位或获奖者	奖　　项	颁 奖 部 门
2011 年 12 月	阳泉市矿区残疾人联合会	全省残疾人康复工作先进集体	山西省残疾人联合会
2011 年 12 月	檀秀川(矿区残联理事长)	全省残疾人康复工作先进个人	山西省残疾人联合会
2011 年 12 月	李丽(矿区沙坪办事处康复专干)	全省残疾人康复工作先进个人	山西省残疾人联合会
2012 年 1 月	阳泉市矿区残疾人联合会	2011 年度全省残疾人工作先进单位	山西省人民政府残疾人工作委员会

第七节　红十字会

矿区红十字会成立于 1988 年 10 月，编制 4 人。1998 年 2 月 23 日成立阳泉市矿区红十字协会办公室，为全额预算事业单位，副科级，编制 1 名，职数 1 名。2011 年年底，有职工 4 人。2000 年 10 月，阳煤集团成立了红十字会，办公室设在卫生处。

矿区红十字会开展了广泛的募捐赈灾和慈善活动。2005 年 1 月 7 日下午，矿区红十字会开展了为印度洋海啸受灾地区募捐赈灾活动，共为印度洋海啸灾区募捐 9010 元。2006 年 5 月 8 日是世界红十字纪念日。在天利购物广场举行了矿区爱心募捐点启动仪式。20 多名市、区红十字会会员向过往群众散发资料，宣传《中华人民共和国红十字法》和红十字精神。阳煤总医院的医务人员现场为群众义诊，开展咨询活动。矿区红十字会在天利购物广场门口和商场内摆放了募捐箱。2008 年 5 月 8～20 日，矿区红十字会开展向四川地震灾区捐款活动。天利超市有限公司总经理丁春斌带头捐款 1000 元，共募捐 28155 元。同时，公司决定把 5 月 16 日至 6 月 2 日广场每日营业额毛利的 30% 约合人民币 3 万元捐给灾区。2011 年 8 月 18 日下午，矿区红十字会在区卫生楼一楼大厅举行“关爱儿童、幸福和谐”捐赠奶粉救助发放仪式。所赠物品包括奶粉、米粉、蜜浆、鱼酥 4 种，共 80 箱，总价值 6 万多元，由中国红十字基金会、贝因美集团、索贝国际机构等公益组织和爱心企业联合捐助。此次救助的对象是全区范围内的 6 岁以下贫困儿童。2009 年 4 月 27 日，矿区红十字会从“博爱一日捐”款项中支出 5000 元，救助白血病患儿崔某。2011 年 12 月 2 日，矿区红十字会从“博爱一日捐”款项中支出 11000 元，救助慢性肾衰竭尿毒症患者曹某。22 日，矿区红十字会从“博爱一日捐”款项中支出 10000 元，救助尿毒症患者李某和乳腺癌患者李某。

2001 年 1 月，下发了《红十字会工作安排意见》和《红十字会经费使用管理办法》，2001 年 8 月，组织开展了群众性卫生救护培训工作，并举办了阳煤集团第一届创伤急救技术比武大赛。至 2006 年，共举办急救培训 6 次，急救技术比武 6 届。培训人员 3000 余名。2002 年起每年开展“两节”扶危济困送温暖活动。至 2007 年，共开展慰问活动 6 次，走访慰问贫困户 600 余户，发放慰问金 15300 元。2002 年 6 月，制定了阳煤集团红十字会救灾备灾预案，成立了救灾指挥部。2003 年 5 月 8 日是世界红十字纪念日，开展了防治非典的集中宣传。2004 年 5 月 8 日，集团公司红十字会组织 8 个基层单位开展了红十字会成立百年庆祝活动。2005 年 1 月，组织全公司员工为印度洋海啸灾民捐款，共筹得资金 473028.43 元。2004 年 11 月，为缓解用血紧张、血液偏型，红十字会牵头组织成立了无偿献血应急队伍。2005 年 12 月开展了红丝带爱心捐款活动，为艾滋病人捐款。2006 年 8 月，集团公司获得了“全国现场卫生救护培训先进集体”称号，并作为山西省惟一的行业代表参加了经验交流大会。9 月 28 日，国家安监局、矿山急救中心、山西省红十字会等上级单位的领导亲临集团公司第六届现场卫生救护技术比武现场进行参观，对阳煤集团的急救培训工作给予充分肯定。2007 年 4 月，获“山西省红十字会先进集体”称号。

第十五编　人民代表大会

中华人民共和国成立后，境内直属于阳泉市或归属城区（一区、站上区）管辖。1971～1979年，矿区实行与阳泉矿务局“政企合一”的领导体制。1980年1月政企分开后，根据《中华人民共和国地方各级人民代表大会和地方各级人民政府组织法》的规定，矿区于1981年9月召开了第一届人民代表大会第一次会议。至此，矿区区级地方国家权力机关、行政机关、审判机关、检察机关全部建立，形成了完整的体系。自1981年9月至2011年12月，阳泉市矿区人民代表大会共召开9届，召开代表会议33次。

第一章　矿区人民代表大会

1979年7月1日，第五届全国人民代表大会第二次会议通过了《中华人民共和国地方各级人民代表大会和地方各级人民政府组织法》，把县级以上地方各级人大设立常委会作为一项重要制度正式确定下来。1981年7月，矿区革命委员会主持了本区首届人民代表大会的选举。同年9月1日至7日，召开了矿区第一届人民代表大会第一次会议，选举产生了第一届人民代表大会常务委员会。至2011年年底，历届区人大及其常委会坚持以马列主义、毛泽东思想、邓小平理论和“三个代表”重要思想为指导，高举中国特色社会主义伟大旗帜，深入贯彻落实科学发展观，在区委的领导下，正确行使宪法和法律赋予的权利，忠实履行职责，紧紧围绕区委区政府中心工作，关注民生，服务大局，做了大量卓有成效的工作，为推进全区的经济建设、政治建设、文化建设和社会建设发挥了重要的作用。

第一节　人民代表

矿区历次代表大会的代表名额，均按照山西省人大常委会的有关规定，以选举时全区总人口为基数确定。

1981年7月1日，矿区首次进行人民代表选举，68个选区组织81855名选民，采取差额选举和无记名投票的方式，直接选举产生了矿区第一届人民代表大会代表148名。其中：党员代表94名，占63.5%；群众代表54名，占36.5%。148名代表中，妇女代表62名，占41.9%。工人代表64名，占43.2%；居民代表50名，占33.8%；干部代表25名，占16.9%；科技、教育、文化、卫生界代表8名，占5.4%；解放军代表1名，占0.7%。按照选区代表团分，沙坪地区代表21名、赛鱼地区代表33名、蔡洼地区代表27名、平潭街地区代表33名、桥头地区代表34名。

1984年5月8日，矿区进行第二次代表选举，80个选区组织95933名选民，采取差额选举和无记名投票的方式，选举产生了矿区第二届人民代表大会代表160名。其中：党员代表78名，占48.8%；群众代表82名，占51.2%。160名代表中，妇女代表63名，占39.4%。工人代表49名，占30.6%；居民代表62名，占38.8%；干部代表20名，占12.5%；科技、教育、文化、卫生界代表28名，占17.5%；解放军代表1名，占0.6%。按照选区代表团分，沙坪地区代表27名、赛鱼地区代表33名、蔡洼地区代表31名、平潭街地区代表36名、桥头地区代表33名。

1987年4月9日，矿区进行第三次代表选举工作，75个选区组织116024名选民，采取差额选举和无记名投票的方式，选举产生了矿区第三届人民代表大会代表132名。其中：党员代表76名，占57.6%；群众代表56名，占42.4%。132名代表中，妇女代表46名，占34.8%。工人代表52名，占39.4%；居民代表39名，占29.5%；干部代表27名，占20.5%；科技、教育、文化、卫生界代表14名，占10.6%。按照选区代表团分，沙坪地区代表21名、赛鱼地区代表27名、蔡洼地区代表25名、平潭街地区代表29名、桥头地区代表23名、贵石沟地区代表7名。

1989年11月16日，矿区三届人大常委会第十七次会议通过《关于设立矿区第四届人民代表大会选举委员会的决定》。12月28日阳泉市矿区选举委员会第一次会议通过《关于矿区1990年换届选举工作方案》。1990年4月25日，全区87个选区126873名选民选举产生了矿区第四届人民代表大会代表165名。其中：党员代表99名，占60%；群众代表66名，占40%。165名代表中，妇女代表53名，占35.2%。工人、居民代表100名，占60.6%；干部代表34名，占20.6%；科技、教育、卫生界代表31名，占18.8%。代表年龄最小的26岁，最大的67岁，35岁以下的12名，36岁至55岁的123名，56岁以上的30名。代表中大专以上文化程度的有25名，占15.2%；高中、中专的50名，占30.3%；初中的48名，占29%；小学的42名，占25.5%。按照选区代表团分，沙坪地区代表25名、赛鱼地区代表34名、蔡洼地区代表31名、平潭街地区代表40名、桥头地区代表27名、贵石沟地区代表8名。

1993年2月25日，矿区人大常委会第四届第十八次会议作出换届选举的决定，3月9日矿区选举委员会召开第一次会议，通过了《阳泉市矿区人民代表大会选举委员会实施方案》。全区共有选民135712人，确定5月10日为代表选举日，全区93个选区成功选定167名第五届人民代表大会代表。在167名代表中，有妇女代表62人，占37.1%；党员代表99人，占59.3%；工人、居民、农民代表101人，占60.5%；干部代表33人，占19.8%。从代表的素质看，大专以上学历的41人，占24.6%，比上一届提高9.4%；高中、中专的64人，占38.3%，提高8%；初中的38人，占22.8%，降低6.2%；小学的24人，占14.3%，降低10.9%。代表中35岁以下的20名，占12%，比上届增加4.7%；36岁至55岁的127名，占76%，增加1.5%；56岁以上的20名，占12%，减少6.2%。按照选区代表团分，沙坪地区代表23名、赛鱼地区代表33名、蔡洼地区代表27名、平潭街地区代表37名、桥头地区代表30名、贵石沟地区代表17名。

1998年5月8日，矿区举行第六届人民代表大会代表选举，根据《全国人民代表大会和地方各级人民代表大会选举法》及《山西省各级人民代表大会选举实施细则》规定，在选举中坚持差额选举的原则，由选民直接选举产生。全区共划分选区94个，应选代表名额为159名。代表候选人由政党、团体联合或单独推荐和选民10人以上联名推荐，全区共提名代表候选人482名，为应选名额的3倍。其中，政党、团体推荐202名，选民10人以上联名推荐280名。在此基础上，经各选民小组酝酿、讨论、协商，确定正式代表候选人253名，比应选名额多94名，即多59%。代表候选人的提名、确定的程序和正式代表候选人名额，均符合《全国人民代表大会和地方各级人民代表大会选举法》规定。5月8日为代表选举日。全区94个选区的126769人参加了投票选举，参选率达92%，选出的159名第六届人民代表大会代表均获得了参选选民的过半数选票。经矿区选举委员会审核，确认选举结果全部有效。按照选区代表团分：沙坪地区代表24名、赛鱼地区代表34名、蔡洼地区代表25名、平潭街地区代表38名、桥头地区代表28名、贵石沟地区代表10名。

2003年2月20日，矿区六届人大常委会第三十三次会议作出了《关于阳泉市矿区人民代表大会代表换届选举的决定》和《关于设立阳泉市矿区第七届人民代表大会代表选举委员会的决定》。矿区选举委员会同日召开了第一次全体会议，讨论通过了《关于阳泉市矿区人民代表大会代表换届选举实施方案》。4月9日，全区94个选区的130858名选民参加了人大代表选举，参选率达93%。经矿区选举委员会2003年4月10日会议审核，159人当选为第七届人民代表大会代表。159名代表中，党员代表占63.6%，非党和民主党派占到36.4%，妇女代表占到37.1%，其他方面的代表都有适当比例。按照选区代表团分：沙坪地区代表24名、赛鱼地区代表33名、蔡洼地区代表26名、平潭街地区代表36名、桥头地区代表28名、贵石沟地区代表12名。

矿区第八届人民代表大会代表的选举，是根据《全国人民代表大会和地方各级人民代表大会选举法》及《山西省各级人民代表大会选举实施细则》的规定，坚持差额选举，由选民直接选举产生的。全区共设29个选举工作指导组，划分选区86个，应选代表名额为159名。2007年3月9日为代表选举日。全区131565名选民参加了投票选举，参选率达到93.98%，选出的158名代表均获得参选选民的过半数选票。当选的158名代表中，中共党员104名，占65%；民主党派4名，占3%；无党派50名，占32%；妇女代表49名，占31%；连任代表46名，占29%。按照选区代表团分：沙坪地区代表25名、赛鱼地区代表32名、蔡洼地区代表25名、平潭街地区代表38名、桥头地区代表24名、贵石沟地区代表14名。

2011 年 5 月 25 日，矿区举行第九届人民代表大会代表选举，根据《全国人民代表大会和地方各级人民代表大会选举法》及《山西省各级人民代表大会选举实施细则》规定，按照省、市的安排部署，全区 90 个选区选举区第九届人民代表大会代表 159 名。全区 162942 名选民，有 151222 人参加了投票选举，参选率达 92.8%，90 个选区的参选选民都超过了选区选民的半数，选出的 159 名代表均获得参选选民半数以上的选票。经区选举委员会审核，确认选举结果全部有效。在当选的 159 名代表中，中共党员 99 名，占 62.26%；民主党派 2 名，占 1.26%；无党派 58 名，占 36.48%；妇女代表 49 名，占 30.82%；连任代表 63 名，占 39.62%，其他方面的代表都有适当比例。按照选区代表团分：沙坪地区代表 24 名、赛鱼地区代表 31 名、桥头地区代表 26 名、蔡洼地区代表 25 名、平潭街地区代表 35 名、贵石沟地区代表 18 名。

第二节　历届人民代表大会

自 1981 年 9 月至 2011 年 12 月，阳泉市矿区人民代表大会共召开 9 届 33 次会议。会议内容为审议区人大常委会和“一府两院”（矿区政府、矿区人民法院、矿区人民检察院）的工作报告，讨论、决定本行政区域内的政治、经济、教育、科学、文化、卫生、民政等工作的重大事项，选举区人大常委会组成人员、矿区政府区长和副区长、人民法院院长、人民检察院检察长，选举市人民代表大会代表，受理人大代表提出的议案、意见和建议。1985 年，区财政体制由归属市管的一级核算单位升格为独立的县级财政后，从 1986 年区二届人大三次会议起，增加审议区政府关于上年财政预算执行情况和当年财政预算（草案）的报告。

第一届人民代表大会

1981 年 9 月始，1984 年 5 月止，共召开 4 次会议。

第一次会议　1981 年 9 月 1 日至 7 日举行，出席代表 141 人，大会听取审议了矿区革命委员会、矿区人民法院、矿区人民检察院的工作报告。确定了“为煤炭生产服务，为矿区人民生活服务”的“双服务”工作方针。大会选举产生了矿区第一届人民代表大会常务委员会组成人员 11 人；选举王伟堂为矿区人民区长，杨鸿通、甄国邦、张赛花（女）为副区长；王振瑞为区人民法院院长；侯芝瑞为区人民检察院检察长。撤销矿区革命委员会，正式成立矿区人民政府。大会期间，共收到代表提出的建议 143 件。

第二次会议　1981 年 12 月 22 日至 25 日举行，出席代表 134 人，会议内容为选举出席阳泉市第八届人民代表大会的代表。会议依照法定程序，选出出席阳泉市第八届人民代表大会的代表 85 名。

第三次会议　1982 年 12 月 29 日至 31 日举行，出席代表 114 人，审议批准了矿区人大常委会、矿区政府、矿区法院、矿区检察院的工作报告，并作出相应决议。会议共收到代表提出的建议、意见 27 件。

第四次会议　1983 年 12 月 14 日至 15 日举行，出席代表 111 人。大会审议批准了矿区政府、矿区人大常委会、矿区人民法院和矿区人民检察院工作报告，并作出相应决议。决议确定人大常委会的工作重点为：宣传和监督保证新《宪法》在矿区的贯彻实施；结合机构改革，搞好下年换届选举；加强代表联系，充分发挥代表的作用。会议共收到代表议案、意见 43 件。

第二届人民代表大会

1984 年 5 月始，1987 年 5 月止，共召开 3 次会议。

第一次会议　1984 年 5 月 26 日至 31 日举行，出席代表 144 人。会议审议批准了矿区政府、矿区人大常委会、矿区人民法院和矿区人民检察院的工作报告，并作出相应决议。会议选举产生第二届人大常委会组成人员13名，选举杨宝国为矿区人民政府区长，范振富、卫怀义、贾冰宇（女）为副区长；王立明为矿区人民法院院长；张书臣为矿区人民检察院检察长。会议共收到代表议案76件、意见82件。

第二次会议 1985年5月15日至18日举行，出席会议代表139人。会议听取审议批准了矿区人民政府、矿区人大常委会、矿区人民法院和矿区人民检察院的工作报告，并作出相应决议。大会补选了矿区人大常委会委员1名。通过了授权矿区人大常委会审议和批准《矿区政府关于1985年财政预算报告》的决定。会议收到代表提出的议案37件、建议94件。

第三次会议 1986年5月26日至29日举行，出席会议代表142人。会议听取审议、批准了矿区政府、矿区人大常委会、矿区人民法院、矿区人民检察院的工作报告和矿区财政局受矿区政府委托作的《矿区政府关于1985年财政预算执行情况和1986年财政预算〈草案〉的报告》，并作出相应决议。会议收到代表提出的议案1件、意见23件。

第三届人民代表大会

1987年5月始，1990年6月止，共召开4次会议。

第一次会议 1987年5月31日至6月6日举行，出席会议代表132名。会议听取审议、批准了矿区政府、矿区人大常委会、矿区人民法院、矿区人民检察院工作报告和《1986年财政预算执行情况和1987年财政预算〈草案〉的报告》，并作出相应决议。会议选举产生人大常委会组成人员13名，选举王克恭为矿区人民政府区长，卫怀义、范振富、贾冰宇（女）为副区长；王立明为矿区人民法院院长；张书臣为矿区人民检察院检察长，张书臣1988年工作调动离职，矿区人大常委会会议通过决定由副检察长刘俭代检察长。会议共收到代表意见203件、议案18件。

第二次会议 1987年10月19日至20日举行，出席会议代表112人。会议内容为选举出席阳泉市第九届人民代表大会的代表。会议依照法定程序，选出出席阳泉市第九届人民代表大会的代表82名。

第三次会议 1988年4月26日至29日举行，出席会议代表104人。会议听取、审议批准了矿区政府、矿区人大常委会、矿区人民法院、矿区人民检察院工作报告和《关于阳泉市矿区国民经济和社会发展“七五”计划〈草案〉的说明》及《1987年财政预算执行情况和1988年财政预算〈草案〉的工作报告》。会议讨论通过了《阳泉市矿区国民经济和社会发展“七五”计划》，建区以来编制的第一个五年计划，并作出相应决议。会议收到代表提出的议案12件、意见建议63件。

第四次会议 1989年4月7日至10日举行，出席会议代表108人。会议以党的十三届三中全会精神为指针，围绕治理整顿，深化改革的大政方针，听取、审议、批准了矿区政府、矿区人大常委会、矿区人民法院、矿区人民检察院工作报告和《1988年财政预算执行情况和1989年财政预算〈草案〉的工作报告》，并作出相应决议。补选刘俭为矿区人民检察院检察长。会议收到代表提出的议案12件、意见37件。

第四届人民代表大会

1990年6月始，1993年6月止，共召开3次会议。

第一次会议 1990年6月5日至12日举行，出席会议代表154人。会议选出人大常委会组成人员7名，选举王克恭为矿区人民政府区长，王银锁、赵德华、贾冰宇（女）为副区长；王立明为矿区人民法院院长；刘俭为矿区人民检察院检察长。会议听取、审议、批准了矿区政府、矿区人大常委会、矿区人民法院、矿区人民检察院工作报告和《关于矿区1989年财政预算执行情况和1990年财政预算〈草案〉的报告》，并作出相应决议。会议共收到代表提出的议案、意见、建议246件。

第二次会议　1991 年 4 月 9 日至 12 日举行，大会代表 164 人，出席 144 人，缺席 20 人，列席 77 人。会议听取和审议了矿区人民政府区长王克恭所作的《政府工作报告》，听取了矿区人民政府副区长赵德华所作的《关于〈阳泉市矿区国民经济和社会发展第八个五年计划〉（草案）的说明》，听取和审查了矿区财政局局长苏子亮作的《关于矿区 1990 年财政预算执行情况和 1991 年财政预算（草案）的报告》，矿区人大常委会副主任范振富作的《阳泉市矿区人大常委会工作报告》、矿区人民法院院长王立明作的《阳泉市矿区人民法院工作报告》、矿区人民检察院检察长刘俭作的《阳泉市矿区人民检察院工作报告》，会议批准上述报告，批准了《阳泉市矿区国民经济和社会发展第八届五年计划》，批准了阳泉市矿区人民政府 1991 年财政预算。会议补选了 1 名阳泉市矿区第四届人民代表大会常务委员会委员。补选杜三俗为阳泉市矿区第四届人大常委会委员。会议收到代表的提案、意见、建议 133 件。

第三次会议　1992 年 5 月 20 日至 23 日举行，大会代表 163 人，出席 142 人，缺席 21 人，列席 91 人。会议听取和审议了矿区人民政府区长王克恭所作的《政府工作报告》，矿区财政局局长苏子亮作的《关于矿区 1992 年财政预算执行情况和 1992 年财政预算草案的报告》、矿区人大常委会副主任范振富作的《阳泉市矿区人大常委会工作报告》、矿区人民法院院长王会明作的《阳泉市矿区人民法院工作报告》、矿区人民检察院检察长刘俭作的《阳泉市矿区人民检察院工作报告》。会议批准通过报告，批准了阳泉市矿区人民政府 1992 年财政预算，并作出了相应的决议。会议补选了阳泉市矿区第四届人民代表大会常务委员会委员，选举了本区出席阳泉市第十届人民代表大会代表，补选王茂德为阳泉市矿区第四届人民代表大会常务委员会委员。会议收到代表提出的议案 6 件，意见、建议 104 件。

第五届人民代表大会

1993 年 6 月始，1998 年 5 月止，共召开 5 次会议。

第一次会议　1993 年 6 月 5 日至 10 日举行，大会代表 167 人，出席 153 人，缺席 14 人，列席 56 人。会议听取和审议了矿区人民政府代区长李儒泉所作的《政府工作报告》、矿区财政局局长苏子亮所作的《关于矿区一九九二年财政预算执行情况和一九九三年财政预算草案的报告》、矿区人大常委会副主任范振富所作的《阳泉市矿区人民代表大会常务委员会工作报告》、矿区人民法院院长王明所作的《阳泉市矿区人民法院工作报告》、矿区人民检察院检察长刘俭所作的《阳泉市矿区人民检察院工作报告》。会议批准了上述报告，批准了矿区人民政府 1993 年财政预算，并作出了相应的决议。会议代表提出的议案、意见、建议 86 件，主要涉及居民生活、环境卫生、经济建设、城市建设等方面。

会议选举阳泉市矿区第五届人民代表大会常务委员会主任、副主任、委员，阳泉市矿区人民政府区长、副区长，阳泉市矿区人民法院院长，阳泉市矿区人民检察院检察长；补选了阳泉市矿区出席阳泉市第十届人民代表大会的代表。会议选举张宸为阳泉市矿区第五届人民代表大会常务委员会主任，李儒泉为阳泉市矿区人民政府区长，王立明为阳泉市矿区人民法院院长，刘俭为阳泉市矿区人民检察院检察长；选举王守刚、李玄如、范振富、曹喜鱼为阳泉市矿区第五届人民代表大会常务委员会副主任；选举董仙桃（女）、赵德华、王银锁、栾进喜、李建恩为阳泉市矿区人民政府副区长；选举姚传杰、郝改兰（女）、王素萍（女）、白瑞斌、单贵明、梁怀玉、陶河川、李贵宝、梁兰芳（女）、许青梅（女）、荆秀英（女）、高富海为阳泉市矿区第五届人民代表大会常务委员会委员，补选李儒泉、冯俊杰为阳泉市矿区第十届人民代表大会代表。

第二次会议　1994 年 3 月 29 日至 4 月 1 日举行，大会代表 166 人，出席 150 多人，列席 79 人。会议听取和审议了矿区人民政府区长李儒泉所作的《政府工作报告》、矿区财政局局长苏子亮所作的《关于矿区一九九三年财政预算执行情况和一九九四年财政预算草案的报告》、矿区人大常委会副主任范振富所作的《阳泉市矿区人民代表大会常务委员会工作报告》、矿区人民法院院长王立明所作的

《阳泉市矿区人民法院工作报告》、矿区人民检察院检察长刘俭所作的《阳泉市矿区人民检察院工作报告》。会议批准上述报告，批准了矿区人民政府1994年财政预算，并作出了相应的决议。会议收到代表提出的议案2件，意见、建议32件，主要涉及城市建设管理、政权建设、市场管理等方面。

第三次会议　1995年4月25日至28日举行，大会代表165人，出席146人，缺席19人，列席41人。会议听取和审议了矿区人民政府区长李儒泉所作的《政府工作报告》、矿区财政局局长苏子亮所作的《关于一九九四年财政预算执行情况和一九九五年财政预算草案的报告》、矿区人大常委会副主任范振富所作的《阳泉市矿区人民代表大会常务委员会工作报告》、矿区人民法院代理院长席建魁所作的《阳泉市矿区人民法院工作报告》、矿区人民检察院代理检察长高秉明所作的《阳泉市矿区人民检察院工作报告》。会议批准了上述报告，批准了矿区人民政府1995年财政预算，并作出了相应的决议。会议补选了阳泉市矿区第五届人民代表大会常务委员会副主任，选举了阳泉市矿区人民法院院长、人民检察院检察长，补选任选荣为阳泉市矿区第五届人民代表大会常务委员会副主任，选举席建魁为阳泉市矿区人民法院院长，高秉明为阳泉市矿区人民检察院检察长。会议收到代表提出的建议、批评和意见159件，主要涉及经济建设、综合治理、城市建设管理、市场管理、环境保护、职工居民生活、居委干部待遇等方面。

第四次会议　1996年5月14日至17日举行，大会代表159人，出席136人，缺席23人，列席69人。会议听取和审议了矿区人民政府区长李儒泉所作的《关于阳泉市矿区国民经济和社会发展"九五"计划和2010年远景目标纲要（草案）的报告》、矿区财政局局长苏子亮所作的《关于矿区一九九五年财政预算执行情况和一九九六年财政预算草案的报告》、矿区人大常委会副主任曹喜鱼所作的《阳泉市矿区人民代表大会常务委员会工作报告》、矿区人民法院院长席建魁所作的《矿区人民法院工作报告》、矿区人民检察院检察长高秉明所作的《阳泉市矿区人民检察院工作报告》。会议批准了上述报告，批准了《阳泉市矿区国民经济和社会发展"九五"计划和2010年远景目标纲要（草案)》，批准了阳泉市矿区人民政府1996年财政预算，并作出了相应的决议。会议收到代表提出的议案4件，意见建议90件，主要涉及政法、城市管理等方面。

第五次会议　1997年3月20日至24日举行，大会代表156，出席137人，缺席19人，列席66人。会议听取和审议了矿区人民政府代区长李体柱所作的《政府工作报告》、矿区财政局局长苏子亮所作的《关于矿区一九九六年财政预算执行情况和一九九七年财政预算草案的报告》、矿区人大常委会副主任曹喜鱼所作的《阳泉市矿区人民代表大会常务委员会工作报告》、矿区人民法院院长席建魁所作的《矿区人民法院工作报告》、矿区人民检察院检察长高秉明所作的《阳泉市矿区人民检察院工作报告》。会议批准了上述报告，批准了阳泉市矿区人民政府1997年财政预算，并作出了相应的决议。会议补选了矿区人民政府区长、矿区人大常委会主任，选举产生了阳泉市矿区出席阳泉市第十一届人民代表大会代表。会议收到代表提出的建议、批评和意见69件，主要涉及城市建设管理、职工居民生活、环境卫生等方面。

第六届人民代表大会

1998年5月始，2003年4月止，共召开6次会议。

第一次会议　1998年5月26日至31日举行，大会代表159人，出席149人，缺席10人，列席42人。会议听取和审议了矿区人民政府代区长冯岩松所作的《政府工作报告》、矿区财政局局长史豪强所作的《关于矿区一九九七年财政预算执行情况和一九九八年财政预算草案的报告》、矿区人大常委会副主任曹喜鱼所作的《阳泉市矿区人民代表大会常务委员会工作报告》、矿区人民法院院长席建魁所作的《阳泉市矿区人民法院工作报告》、矿区人民检察院检察长高秉明所作的《阳泉市矿区人民检察院工作报告》。会议批准了上述报告，批准了矿区人民政府1998年财政预算，并作出了相应的决议。会议收到代表提出的建议、批评和意见56件，主要涉及经济建设、城市管理、环境保护、社会

治安和提高居委会干部待遇等方案。

会议选举了阳泉市矿区第六届人民代表大会常务委员会主任、副主任、委员，阳泉市矿区人民政府区长、副区长，阳泉市矿区人民法院院长、阳泉市矿区人民检察院检察长。选举王善桂为阳泉市矿区人民代表大会常务委员会主任，冯岩松为阳泉市矿区人民政府区长，席建魁为阳泉市矿区人民法院院长，高秉明为阳泉市矿区人民检察院检察长；选举魏兆庭、梁兰芳（女）、王反林（兼）为阳泉市矿区人民代表大会常务委员会副主任，赵德华、李建恩、黄俊德、邢强敏、张永忠（挂职）为阳泉市矿区人民政府副区长；选举任俊祥、姚传杰、王素萍（女）、郝改兰（女）、石怀武、李富平、贾启福、韩德文、王庭兰（女）、许青梅（女）、余北建、谢国亮为阳泉市矿区人民代表大会常务委员会委员。

第二次会议　1999 年 4 月 13 日至 16 日举行，大会代表 159 人，出席 145 人，缺席 14 人，列席 48 人。会议听取和审议了矿区人民政府区长冯岩松所作的《政府工作报告》、矿区财政局局长史豪强所作的《关于矿区一九九八年财政预算执行情况和一九九九年财政预算草案的报告》、矿区人大常委会副主任魏兆庭所作的《阳泉市矿区人民代表大会常务委员会工作报告》、矿区人民法院院长席建魁所作的《阳泉市矿区人民法院工作报告》、矿区人民检察院检察长高秉明所作的《阳泉市矿区人民检察院工作报告》。会议听取了上述报告，批准了矿区人民政府 1999 年财政预算，并作出了相应的决议。会议选举了未选满的矿区第六届人民代表大会常务委员会副主任，补选了阳泉市矿区第六届人大常委会委员。会议收到代表提出的建议、批评和意见 57 件，主要涉及城市建设和管理、教科文卫、民政等方面。

第三次会议　2000 年 4 月 25 日至 27 日举行，大会代表 156 人，出席 148 人，缺席 8 人，列席 52 人。会议听取和审议了矿区人民政府区长冯岩松所作的《政府工作报告》、矿区财政局局长史豪强所作的《关于矿区 1999 年财政预算执行情况和 2000 年财政预算草案的报告》、矿区人大常委会副主任梁兰芳所作的《阳泉市矿区人民代表大会常务委员会工作报告》、矿区人民法院院长席建魁所作的《阳泉市矿区人民法院工作报告》、矿区人民检察院检察长高秉明所作的《阳泉市矿区人民检察院工作报告》。会议批准了上述报告，批准了矿区人民政府 2000 年财政预算，并作出了相应的决议。会议收到代表提出的建议、批评和意见 46 件，主要涉及城市建设和管理、社会治安等方面。

第四次会议　2001 年 6 月 28 日至 7 月 2 日举行。大会代表 151 人，出席 136 人，缺席 15 人，列席 54 人。会议听取和审议了矿区人民政府代区长董仙桃所作的《关于阳泉市矿区国民经济和社会发展第十个五年计划纲要的报告》、矿区财政局局长史豪强所作的《关于矿区 2000 年财政预算执行情况和 2001 年财政预算草案的报告》、矿区人大常委会副主任魏兆庭所作的《阳泉市矿区人民代表大会常务委员会工作报告》、矿区人民法院院长席建魁所作的《阳泉市矿区人民法院关于 2000 年审判工作情况的报告》、矿区人民检察院检察长高秉明所作的《阳泉市矿区人民检察院关于 2000 年检察工作情况的报告》。会议批准了上述报告，批准了《阳泉市矿区国民经济和社会发展第十个五年计划纲要》，批准了矿区人民政府 2001 年财政预算，并作出了相应的决议。会议补选了阳泉市矿区人大常委会主任、副主任、区人民政府区长。选举冯俊杰为阳泉市矿区人民代表大会常务委员会主任，董仙桃为阳泉市矿区人民政府区长，史拉才为阳泉市矿区人民代表大会常务委员会副主任。会议收到 10 人以上代表联名提出的议案 7 件，建议、批评和意见 52 件，共计 59 件，主要涉及城市建设管理、民政、环保、社区建设等方面。

第五次会议　2002 年 3 月 4 日至 5 日举行。大会应到代表 147 人，出席 147 人，列席 12 人。会议选举产生了矿区出席阳泉市第十二届人民代表大会代表 59 名。

第六次会议　2002 年 6 月 27 日至 30 日举行。大会代表 147 人，出席 136 人，缺席 11 人，列席 65 人。会议听取和审议了矿区人民政府区长董仙桃所作的《政府工作报告》、矿区财政局局长史豪强所作的《关于矿区 2001 年财政预算执行情况和 2002 年财政预算草案的报告》、矿区人大常委会主任冯俊杰所作的《阳泉市矿区人民代表大会常务委员会工作报告》、矿区人民法院代理院长王海贵所作的《阳泉市矿区人民法院关于2001年审判工作情况的报告》、矿区人民检察院代理检察长王永强所作的《阳泉市矿区人民检察院工作报告》。会议批准了上述报告，批准了矿区人民政府2002年财政预算，并作出了相应的决议。会议补选了阳泉市矿区人民法院院长、矿区人民检察院检察长。选举王海贵为阳泉市矿区人民法院院长，王永强为阳泉市矿区人民检察院检察长。会议收到10人以上代表联名提出的议案10件，建议、批评和意见22件，共计32件，主要涉及城市建设管理、环保、社区建设等方面。

第七届人民代表大会

2003年4月始，2007年4月止，共召开4次会议。

第一次会议　2003年4月25日至28日举行，大会代表159人，出席149人，缺席10人，列席61人。会议听取和审议了矿区政府区长董仙桃所作的《政府工作报告》、矿区财政局局长史豪强所作的《关于矿区2002年财政预算执行情况及2003年财政预算草案的报告》、矿区人大常委会主任冯俊杰所作的《阳泉市矿区人民代表大会常务委员会工作报告》，矿区人民法院院长王海贵所作的《阳泉市矿区人民法院工作报告》，矿区人民检察院检察长王永强所作的《阳泉市矿区人民检察院工作报告》。会议批准了上述报告，批准了矿区人民政府2003年财政预算，并作出了相应的决议。会议收到10人以上代表联名提出的议案5件，意见建议82件，共计87件，主要涉及城市建设管理、环境保护、社区建设、社会治安等方面。

会议选举了阳泉市矿区第七届人民代表大会常务委员会主任、副主任、委员，阳泉市矿区人民政府区长、副区长，阳泉市矿区人民法院院长、阳泉市矿区人民检察院检察长。选举冯俊杰为阳泉市矿区人民代表大会常务委员会主任，董仙桃为阳泉市矿区人民政府区长，王海贵为阳泉市矿区人民法院院长，王永强为阳泉市矿区人民检察院检察长；选举梁兰芳（女）、曹喜生、史拉才、黄海、史豪强为阳泉市矿区人民代表大会常务委员会副主任，邢强敏、李天祥、崔荣贵、刘振国、王宝新、王贵平为阳泉市矿区人民政府副区长；选举卜秀莲（女）、王万玲（女）、王晓丽（女）、王庭兰（女）、石秀珍（女）、朱俊英（女）、任建平、李和平、张瑞铭、郝改兰（女）、姚仁承为阳泉市矿区人民代表大会常务委员会委员。

第二次会议　2004年4月20日至22日举行，大会代表158名，出席139人，缺席19人，列席67人。会议听取和审议了矿区人民政府区长董仙桃所作的《政府工作报告》、财政局局长张栗平所作的《关于矿区2003年财政预算执行情况及2004年财政预算草案的报告》、矿区人大常委会主任冯俊杰所作的《阳泉市矿区人民代表大会常务委员会工作报告》、矿区人民法院院长王海贵所作的《阳泉市矿区人民法院工作报告》、矿区人民检察院检察长王永强所作的《阳泉市矿区人民检察院工作报告》。会议批准了上述报告，批准了矿区人民政府2004年财政预算，并作出了相应的决议。会议收到10人以上联名提出的议案5件，意见、建议61件，共计66件，主要涉及城市建设管理、民政、环保等方案。

第三次会议　2005年4月27日至29日举行，大会代表157人，出席146人，缺席11人，列席69人。会议听取和审议了矿区人民政府区长董仙桃所作的《政府工作报告》、矿区财政局局长张栗平所作的《关于矿区2004年财政预算执行情况及2005年财政预算草案的报告》、矿区人大常委会主任冯俊杰所作的《阳泉市矿区人民代表大会常务委员会工作报告》、矿区人民法院院长王海贵所作的《阳泉市矿区人民法院工作报告》、矿区人民检察院检察长王永强所作的《阳泉市矿区人民检察院工作报告》。会议批准了上述报告，批准了矿区人民政府2005年财政预算，并作出了相应的决议。会议收到10人以上代表联名提出的议案、建议、批评和意见共计88件，主要涉及城市建设管理、环境保护、社区建设等方面。

第四次会议　2006年6月27日至30日举行，大会代表150人，出席137人，缺席13人，列席80人。会议听取和审议矿区人民政府代区长张清河所作的《政府工作报告》，矿区财政局局长张栗平所作的《关于矿区2005年财政预算执行情况及2006年财政预算草案的报告》，矿区人大常委会主任冯俊杰所作的《阳泉市矿区人民代表大会常务委员会工作报告》，矿区人民法院院长王海贵所作的《阳泉市矿区人民法院工作报告》，矿区人民检察院检察长王永强所作的《阳泉市矿区人民检察院工作报告》。会议批准了上述报告，批准了矿区人民政府2006年财政预算，并作出了相应的决议。本次会议收到代表10人以上联名提出的议事原案17件，意见、建议58件，共计75件。

第八届人民代表大会

2007年4月始，至2011年6月，共召开4次会议。

第一次会议　2007年4月20日至24日举行，大会代表158人，出席138人，缺席20人，列席70人。会议听取和审议矿区人民政府代区长张清河所作的《政府工作报告》，矿区发展和改革局局长李贵宝所作的《关于2006年国民经济和社会发展计划执行情况与2007年国民经济和社会发展计划草案的报告》，矿区财政局局长张栗平所作的《关于矿区2006年财政预算执行情况及2007年财政预算草案的报告》，矿区人大常委会主任冯俊杰所作的《阳泉市矿区人民代表大会常务委员会工作报告》，矿区人民法院院长王海贵所作的《阳泉市矿区人民法院工作报告》，矿区人民检察院检察长王永强所作的《阳泉市矿区人民检察院工作报告》，会议批准了上述报告，批准了矿区人民政府2007年财政预算，并作出了相应的决议。本次会议收到代表10人联名提出的议事原案23件，意见、建议94件，共计117件。

会议选举了阳泉市矿区第八届人民代表大会常务委员会主任、副主任、委员，阳泉市矿区人民政府区长、副区长，阳泉市矿区人民法院院长，阳泉市矿区人民检察院检察长。选举孙彦增为阳泉市矿区人民代表大会常务委员会主任，张清河为阳泉市矿区人民政府区长，王海贵为阳泉市矿区人民法院院长，王永强为阳泉市矿区人民检察院检察长；选举梁兰芳（女）、曹喜生、史豪强、石文辉为阳泉市矿区人民代表大会常务委员会副主任，邢强敏、王晓丽（女）、王宝新、王贵平为阳泉市矿区人民政府副区长；选举卜秀莲（女）、马成、王卓、王明、王颖（女）、王庭兰（女）、牛翠芝（女）、冯海堂、任建平、刘振刚、刘锦萍（女）、宋海平、郝毅、杨宝生、张元安、张焕青（女）、贾全民、潘喜云为阳泉市矿区人民代表大会常务委员会委员。

第二次会议　2008年4月21日至24日举行，大会代表156人，出席128人，缺席28人，列席80人。会议听取和审议矿区人民政府区长张清河所作的《政府工作报告》，矿区财政局局长张栗平所作的《关于矿区2007年财政预算执行情况及2008年财政预算草案的报告》，矿区人大常委会主任孙彦增所作的《阳泉市矿区人民代表大会常务委员会工作报告》，矿区人民法院院长王海贵所作的《阳泉市矿区人民法院工作报告》，矿区人民检察院检察长王永强所作的《阳泉市矿区人民检察院工作报告》，会议批准了上述报告，批准了矿区人民政府2008年财政预算，并作出了相应的决议。本次会议收到代表10人以上联名提出的议事原案意见、建议76件。

第三次会议　2009年4月21日至23日举行，大会代表158人，出席146人，缺席12人，列席84人。会议听取和审议矿区人民政府区长张清河所作的《政府工作报告》，矿区财政局局长张栗平所作的《关于矿区2008年财政预算执行情况及2009年财政预算草案的报告》，矿区发展和改革局局长李贵宝所作的《关于矿区2008年国民经济和社会发展计划执行情况与2009年国民经济和社会发展计划草案的报告》，矿区人大常委会主任孙彦增所作的《阳泉市矿区人民代表大会常务委员会工作报告》，矿区人民法院院长王海贵所作的《阳泉市矿区人民法院工作报告》，矿区人民检察院检察长王永强所作的《阳泉市矿区人民检察院工作报告》，会议批准了上述报告，批准了矿区人民政府2009年财政预算，并作出了相应的决议。本次会议收到代表10人以上联名提出的议事原案意见建议9件，收到代表提出的各种意见建议79件，共计88件。

第四次会议　2010年3月9日至11日举行，大会代表158人，出席145人，缺席13人，列席85人。会议听取和审议矿区人民政府区长张清河所作的《政府工作报告》，矿区财政局局长张栗平所作的《关于矿区2009年财政预算执行情况及2010年财政预算草案的报告》，矿区发展和改革局局长陈宝庆所作的《关于矿区2009年国民经济和社会发展计划执行情况与2010年国民经济和社会发展计划草案的报告》，矿区人大常委会主任孙彦增所作的《阳泉市矿区人民代表大会常务委员会工作报告》，矿区人民法院院长王海贵所作的《阳泉市矿区人民法院工作报告》，矿区人民检察院检察长王永强所作的《阳泉市矿区人民检察院工作报告》，会议批准了上述报告，批准了矿区人民政府2010年财政预算，并作出了相应的决议。本次会议收到代表10人以上联名提出的议事原案意见建议6件，还收到代表提出的各种意见建议84件，共计90件。

第九届人民代表大会

2011年6月始，至2011年12月，共召开一次会议。

第一次会议　2011年6月15日至18日举行，大会代表159人，出席152人，缺席7人，列席96人。会议听取和审议矿区人民政府代区长刘乙佑所作的《政府工作报告》，矿区财政局局长张栗平所作的《关于矿区2010年财政预算执行情况及2011年财政预算草案的报告》，矿区发展和改革局局长陈宝庆所作的《关于矿区2010年国民经济和社会发展计划执行情况与2011年国民经济和社会发展计划草案的报告》，矿区人大常委会主任孙彦增所作的《阳泉市矿区人民代表大会常务委员会工作报告》，矿区人民法院代院长梁庆所作的《阳泉市矿区人民法院工作报告》，矿区人民检察院代检察长严志勇所作的《阳泉市矿区人民检察院工作报告》，会议批准了上述报告，批准了矿区人民政府2011年财政预算，并作出了相应的决议。本次会议收到代表10人以上联名提出的议事原案意见建议8件，还收到代表提出的各种意见建议92件，共计100件。

会议选举了阳泉市矿区第九届人民代表大会常务委员会主任、副主任、委员，阳泉市矿区人民政府区长、副区长，阳泉市矿区人民法院院长，阳泉市矿区人民检察院检察长。选举苏满晓为阳泉市矿区人民代表大会常务委员会主任，刘乙佑为阳泉市矿区人民政府区长，梁庆为阳泉市矿区人民法院院长，严志勇为阳泉市矿区人民检察院检察长；选举史豪强、石文辉、唐鲁、连秀芳（女）、张栗平为阳泉市矿区人民代表大会常务委员会副主任，王晓丽（女）、徐本宁、苏涛、杨志强、雷永平为阳泉市矿区人民政府副区长；选举王树森、宋海平、马成、郝毅、冯丽华（女）、辛红兵、杨宝生、王雨生、王瑞萍（女）、闫宏荣（女）、杨翠萍（女）、张鹏、荆素俭（女）、张元安、胡雷平（女）、姚培瑞为阳泉市矿区人民代表大会常务委员会委员。

第二章　矿区人民代表大会常务委员会

矿区人民代表大会常务委员会是矿区人民代表大会的常设机构，对矿区人民代表大会负责并报告工作，行使法律赋予的职权，其职权通过人大常委会会议集体行使。矿区人民代表大会常务委员会从1981年9月成立到2011年12月，历经九届（九届未满届）。依据《中华人民共和国地方各级人大和地方人民政府组织法》的规定，矿区人民代表大会常务委员会由矿区人民代表大会在代表中选举主任、副主任和委员组成，矿区人大常委会组成人员的名额法定11人至23人。根据工作需要，副主任和委员分为专职、兼职两种。

矿区人民代表大会常务委员会自成立起，在中共矿区区委的领导下和全区人民的支持下，坚定不移地全面贯彻党的基本路线、紧紧围绕经济建设这个中心，把保障和促进改革开放作为首要职责，把推进社会主义民主和法制建设作为中心任务，认真履行宪法和法律所赋予的决定权、监督权和人事任免权，积极开展各项工作，为促进全区的社会稳定、经济繁荣和各项事业顺利发展，为进一步加强社会主义民主与法制建设，完善人民代表大会制度，较好地发挥了地方国家权力机关的主要作用。

第一节　常委会组成

1981 年 9 月阳泉市矿区第一届人民代表大会第一次会议，根据《中华人民共和国各级人民代表大会和地方各级人民政府组织法》的规定，大会选举翟吉义为常务委员会主任，侯锦富、冀保全、高书间、周德明为副主任，海澄（专职）、赵玉成（专职）、安文娟、李如心、宋绍章、吕成录 6 人为常务委员。

1984 年 5 月阳泉市矿区第二届人民代表大会第一次会议，根据《中华人民共和国各级人民代表大会和地方各级人民政府组织法》的规定，大会选举董义琦为常务委员会主任，甄国邦、琚延瑞、周德明为副主任，海澄（专职）、赵玉成（专职）、王银锁、张心瑞、金元斌、林亦豪、徐宗纯、杜三俗、朱德荣 9 人为常务委员。

1987 年 5 月阳泉市矿区第三届人民代表大会第一次会议，根据《中华人民共和国各级人民代表大会和地方各级人民政府组织法》的规定，大会选举董义琦为常务委员会主任，张宸、甄国邦、曹喜鱼（女）为副主任，海澄（专职）、左振民（专职）、李荣华（专职）、李忠、贾素珍、朱德荣、林亦豪、穆凯堂、杜三俗 9 人为常务委员。

1990 年 6 月阳泉市矿区第四届人民代表大会第一次会议，根据《中华人民共和国各级人民代表大会和地方各级人民政府组织法》的规定，大会选举张宸为常务委员会主任，王守纲、李玄如（兼）、范振富、曹喜鱼为副主任，籍林祥（专职）、姚传杰（专职）、李荣华（专职）、郝改兰（专职）梁怀玉、刘春玲、阎昌、陶河川、张二玉、王秉钧、许青梅、李国成 12 人为常务委员。

1993 年 6 月阳泉市矿区第五届人民代表大会第一次会议，根据《中华人民共和国各级人民代表大会和地方各级人民政府组织法》的规定，大会选举张宸为常务委员会主任，王守纲、李玄如（兼）、范振富、曹喜鱼为副主任，姚传杰、郝改兰（女）、王素萍（女）、白瑞斌、单贵明、梁怀玉、陶河川、李贵宝、梁兰芳（女）、许青梅（女）、荆秀英（女）、高富海 12 人为常务委员。1995 年 4 月阳泉市矿区第五届人民代表大会第三次会议上补选任选荣为常务委员会副主任。1997 年 3 月阳泉市矿区第五届人民代表大会第五次会议上补选魏兆庭为常务委员会副主任。

1998 年 5 月阳泉市矿区第六届人民代表大会第一次会议，根据《中华人民共和国各级人民代表大会和地方各级人民政府组织法》的规定，大会选举王善桂为常务委员会主任，魏兆庭、梁兰芳（女）、王反林（兼）为副主任，任俊祥、姚传杰、王素萍（女）、郝改兰（女）、石怀武、李富平、贾启福、韩德文、王庭兰（女）、许青梅（女）、余北建、谢国亮 12 人为常务委员。1999 年 4 月阳泉市矿区第六届人民代表大会第二次会议上，选举曹喜生为常务委员会副主任，补选任建平为常务委员。2001 年 6 月阳泉市矿区第六届人民代表大会第四次会议上，补选冯俊杰为常务委员会主任，史拉才为副主任。

2003 年 4 月阳泉市矿区第七届人民代表大会第一次会议，根据《中华人民共和国各级人民代表大会和地方各级人民政府组织法》的规定，大会选举冯俊杰为常务委员会主任，梁兰芳（女）、曹喜生、史拉才、黄海（兼）、史豪强为副主任，卜秀莲（女）、王万玲（女）、王晓丽（女）、王庭兰（女）、石秀珍（女）、朱俊英（女）、任建平、李和平、张瑞铭、郝改兰（女）、姚仁承 11 人为常务委员。2006 年 6 月阳泉市矿区第七届人民代表大会第四次会议，补选孙彦增为常务委员会副主任。

2007 年 4 月阳泉市矿区第八届人民代表大会第一次会议，根据《中华人民共和国各级人民代表大会和地方各级人民政府组织法》的规定，大会选举孙彦增为常务委员会主任，梁兰芳（女）、曹喜生、史豪强、石文辉为副主任，卜秀莲（女）、马成、王卓、王明、王颖（女）、王庭兰（女）、牛翠芝（女）、冯海堂、任建平、刘振刚、刘锦萍（女）、杨宝生、宋海平、张元安、张焕青（女）、郝毅、贾全民、潘喜云18人为常务委员。

2010年3月阳泉市矿区第八届人民代表大会第四次会议上，补选唐鲁、连秀芳为常务委员会副主任。

2011年6月阳泉市矿区第九届人民代表大会第一次会议，根据《中华人民共和国各级人民代表大会和各级人民政府组织法》的规定，大会选举苏满晓为常务委员会主任，史豪强、石文辉、唐鲁、连秀芳（女）、张栗平为副主任，王树森、宋海平、马成、郝毅、冯丽华（女）、辛红兵、杨宝生、王雨生、王瑞萍（女）、阎宏荣（女）、杜志刚、杨翠萍（女）、张鹏、荆素俭（女）、张元安、胡雷平（女）、姚培瑞17人为常务委员。

阳泉市矿区人民代表大会常务委员会领导人名表

表15－1

届　次	职　务	姓　名	任　职　时　间
第一届	主　任	翟吉义	1981年9月～1984年5月
	副主任	侯锦富	1981年9月～1984年5月
		冀保全	1981年9月～1984年5月
		高书间	1981年9月～1984年5月
		周德明	1981年9月～1984年5月
第二届	主　任	董义琦	1984年5月～1987年5月
	副主任	甄国邦	1984年5月～1987年5月
		琚延瑞	1984年5月～1987年5月
		周德明	1984年5月～1987年5月
第三届	主　任	董义琦	1987年5月～1990年6月
	副主任	张　宸	1987年5月～1990年6月
		甄国邦	1987年5月～1990年6月
		曹喜鱼	（女）1987年5月～1990年6月
第四届	主　任	张　宸	1990年6月～1993年6月
	副主任	王守纲	1990年6月～1993年6月
		李玄如	（兼）1990年6月～1993年6月
		范振富	1990年6月～1993年6月
		曹喜鱼	（女）1990年6月～1993年6月
第五届	主　任	张　宸	1993年6月～1998年5月
	副主任	王守纲	1993年6月～1998年5月
		李玄如	（兼）1993年6月～1998年5月
		范振富	1993年6月～1998年5月
		曹喜鱼	（女）1993年6月～1998年5月

续表 15－1

届　　次	职　务	姓　名	任　职　时　间
第六届	主　任	王善桂	1998 年 5 月～2003 年 4 月
	副主任	魏兆庭	1998 年 5 月～2003 年 4 月
		梁兰芳	（女）1998 年 5 月～2003 年 4 月
		王反林	（兼）1998 年 5 月～2003 年 4 月
第七届	主　任	冯俊杰	2003 年 4 月～2007 年 4 月
	副主任	梁兰芳	（女）2003 年 4 月～2007 年 4 月
		曹喜生	2003 年 4 月～2007 年 4 月
		史拉才	2003 年 4 月～2007 年 4 月
		黄　海	（兼）2003 年 4 月～2007 年 4 月
		史豪强	2003 年 4 月～2007 年 4 月
第八届	主　任	孙彦增	2007 年 4 月～2011 年 6 月
	副主任	梁兰芳	（女）2007 年 4 月～2010 年 3 月
		曹喜生	2007 年 4 月～2010 年 3 月
		史豪强	2007 年 4 月～2011 年 6 月
		石文辉	2007 年 4 月～2011 年 6 月
		唐　鲁	2010 年 3 月～2011 年 6 月
		连秀芳	（女）2010 年 3 月～2011 年 6 月
第九届	主　任	苏满晓	2011 年 6 月～
	副主任	史豪强	2011 年 6 月～
		石文辉	2011 年 6 月～
第九届	副主任	唐　鲁	2011 年 6 月～
		连秀芳	（女）2011 年 6 月～
		张栗平	2011 年 6 月～

第二节　工作机构

矿区历届人大常委会按照代表居住地区将代表编为联络组，下设联系小组，作为组织代表开展活动的基层组织。2004 年 6 月，人大工作联络组改为街道工作委员会，为矿区人大常委会的派出机构。

矿区第一届人大常委会（1981 年 9 月～1984 年 5 月）：办公室主任（缺），副主任为王振宏。设 5 个代表联络组：沙坪地区联络组、赛鱼地区联络组、蔡洼地区联络组、平潭街地区联络组、桥头地区联络组。

矿区第二届人大常委会（1984 年 5 月～1987 年 5 月）：办公室主任海澄（兼）。设 5 个代表联络组：沙坪地区联络组、赛鱼地区联络组、蔡洼地区联络组、平潭街地区联络组、桥头地区联络组。

矿区第三届人大常委会（1987 年 6 月～1990 年 6 月）：办公室主任海澄（兼）；财经工委主任甄国邦（兼）；政法工委主任张宸（兼）；教科文卫工委主任曹喜鱼（兼）；人事代表工委主任李荣华

（兼）。1989 年 5 月 24 日区三届人大常委会第十四次会议任命：财经工委主任李荣华（兼）；政法工委主任左振民（兼）；人事代表工委主任姚传杰。设 6 个代表联络组：沙坪地区联络组、赛鱼地区联络组、蔡洼地区联络组、平潭街地区联络组、桥头地区联络组、贵石沟地区联络组。

矿区第四届人大常委会（1990 年 6 月～1993 年 6 月）：办公室主任籍林祥（兼）；财经工委主任李荣华（兼）；政治法律工作委员会主任先后为张二玉、阎长礼；教科文卫工作委员会主任郝改兰（兼）；人事代表联络工作委员会主任姚传杰（兼）。设 6 个街道办事处人大工作联络组：沙坪街道办事处联络组、赛鱼街道办事处联络组、蔡洼街道办事处联络组、桥头街道办事处联络组、平潭街街道办事处联络组、贵石沟街道办事处联络组。

矿区第五届人大常委会（1993 年 6 月～1998 年 6 月）：办公室主任白瑞斌、副主任任俊祥；政治法律工作委员会主任王素萍；财政经济工作委员会主任王茂德、副主任单贵明；教科文卫工作委员会主任郝改兰；人事代表联络工作委员会主任姚传杰。设 6 个街道办事处人大工作联络组：沙坪街道办事处联络组、赛鱼街道办事处联络组、蔡洼街道办事处联络组、桥头街道办事处联络组、平潭街街道办事处联络组、贵石沟街道办事处联络组。

矿区第六届人大常委会（1998 年 6 月～2003 年 6 月）：办公室主任先后为任俊祥、任建平；副主任先后为牛翠芝、王卓；政治法律工作委员会主任王素萍；财政经济工作委员会主任先后为石怀武、李和平；教育科学文化工作委员会主任先后为郝改兰、朱俊英；人事代表联络工作委员会主任先后为姚传杰、石秀珍。设 6 个街道办事处人大工作联络组：沙坪街道办事处联络组、赛鱼街道办事处联络组、蔡洼街道办事处联络组、桥头街道办事处联络组、平潭街街道办事处联络组、贵石沟街道办事处联络组。

矿区第七届人大常委会（2003 年 4 月～2007 年 12 月）：办公室主任任建平、副主任王卓；政治法律工作委员会主任宋海平、副主任郗君华；财政经济工作委员会主任潘喜云；教科文卫工作委员会主任马成；人事代表联络工作委员会主任牛翠芝。设 6 个街道办事处人大工作联络组：沙坪街道办事处联络组、赛鱼街道办事处联络组、蔡洼街道办事处联络组、桥头街道办事处联络组、平潭街街道办事处联络组、贵石沟街道办事处联络组。2004 年 6 月，人大街道工作联络组改为街道人大工作委员会，属矿区人大常委会的派出机构。每个街道人大工作委员会设主任 1 人，委员会由 3～5 人组成。

矿区第八届人大常委会（2007 年 12 月～2011 年 6 月）：办公室主任先后为任建平和王树森，副主任王卓；政治法律委员会主任宋海平、副主任郗君华；财政经济工作委员会主任辛红兵、副主任郝毅；教科文卫工作委员会主任马成；人事代表联络工作委员会主任冯丽华；城市建设环境保护工作委员会主任先后为王卓、郝毅。设 6 个人大街道工作委员会：沙坪街道工作委员、赛鱼街道工作委员会、蔡洼街道工作委员会、桥头街道工作委员会、平潭街街道工作委员会、贵石沟街道工作委员会。

矿区第九届人大常委会（2011 年 6 月～ ）：办公室主任为王树森；政治法律委员会主任先后为宋海平、郝毅，副主任先后为郗君华、周俊艳；财政经济工作委员会主任为辛红兵；教科文卫工作委员会主任马成；人事代表联络工作委员会主任冯丽华；城市建设环境保护工作委员会主任先后为郝毅、郗君华。设 6 个人大街道工作委员会：沙坪街道工作委员会、赛鱼街道工作委员会、蔡洼街道工作委员会、桥头街道工作委员会、平潭街街道工作委员会、贵石沟街道工作委员会。

第三节　常委会会议

第一届人民代表大会常务委员会

1981 年 9 月召开的第一届人民代表大会第一次会议，选举产生本届人大常委会组成人员 11 名，设主任 1 名、副主任 4 名、委员 6 名。从 1981 年 9 月至 1984 年 6 月届满共召开 21 次常委会会议，审议了矿区人民政府、矿区人民法院、矿区人民检察院的单项工作报告24个，就工作报告做出决议2个，审议了矿区人大常委会有关自身建设方面的事项19件，成立了人大办公室。决定任免矿区政府办公室主任和政府组成局局长5名；任命矿区人民法院副院长、审判委员会委员、庭长、副庭长、审判员16名；矿区人民检察院副检察长、检察委员会委员、检察员16名；矿区人大常委会办公室主任1名。矿区人大常委会第十次会议补选市第八届人民代表1名。第十二次会议作出了《关于继续抓好计划生育工作的决议》。第十五次会议作出《关于严厉打击刑事犯罪活动的决议》。第十六次会议补选市第八届人民代表大会5名，第十七次会议接受了王伟堂辞去矿区区长职务的申请，决定杨宝国为矿区代理区长。

第二届人民代表大会常务委员会

1984年6月召开的矿区第二届人民代表大会第一次会议，选举产生第二届人大常委会组成人员13名，设主任1名、副主任3名、委员9名。至1987年4月28日届满，共召开21次常委会会议。听取、审议了矿区政府、矿区人民法院、矿区人民检察院的单项工作报告和机构增设的提案报告31个，对上述报告的有关重大事项作出了2个决议，批准政府增设机构6个，同时还审议了矿区人大常委会有关自身建设方面的事项23件，接受了第二届区长的辞职报告。决定任免政府组成局、委、室的局长、主任18名；任命矿区人民法院副院长、审判委员会委员、庭长、副庭长、审判员19名；矿区人民检察院副检察长、检察委员会委员、检察员21名；矿区人大常委会办公室主任1名。受本届人大二次会议委托，第八次常委会会议审议了《关于批准矿区政府1985年财政预算的决议》。第十次会议作出《关于加强法制宣传和今后五年普及法律常识的决议》。

第三届人民代表大会常务委员会

1987年6月召开的矿区第三届人民代表大会第一次会议，选举产生第三届人大常委会组成人员13名，设主任1名、副主任3名、委员9名。人大常委会第一次会议作出《关于矿区人大常委会增设办事机构的决定》，在原办公室基础上增设政法工作委员会、财政工作委员全、教科文工作委员会、人事任免代表联络工作委员会，组成了“一室四委”的办事机构。本届人大常委会至1990年6月届满共召开21次会议，听取审议矿区政府、矿区人民法院、矿区人民检察院工作报告33个，并作出2个决议，22个决定，决定增设机构13个，审议了人大常委会有关自身建设方面的事项16件。决定任命矿区政府组成局、委、室的局长、主任29名；任命法院副院长、审判委员会委员、庭长、审判员16名；决定代理检察长人选，并任命副检察长、检察委员会委员、检察员14名；人大常委会办公室和各委员会主任5名。第九次人大常委会通过了《关于对矿区人民政府、人民法院、人民检察院实施监督的办法》。第十二次人大常委会议通过了《关于对矿区财政实施监督的办法》。

第四届人民代表大会常务委员会

1990年6月召开的矿区第四届人民代表大会第一次会议，选举产生本届人大常委会组成人员17名，设主任1名、副主任4名、委员12名。本届人大常委会至1993年7月届满共召开常委会会议20次。听取、审议矿区人民政府、矿区人民法院、矿区人民检察院工作报告40余个，就工作报告作出决定、决议10余个，决定增设机构2个。至1993年7月，决定任命矿区政府组成局、委、室的局长、主任等32名；任命法院审判员4名；检察院检察员10名；人大常委会办公室、委员会主任5名，街道办事处专（兼）职人大工作联络员6名。第一次会议，通过《关于设立代表资格审查委员会的决定》和《阳泉市矿区第四届人民代表大会代表活动制度》。第二次会议，通过了关于批准矿区经济体制改革办公室和矿区计划生育委员会列入政府序列的决定。第三次会议作出《关于全面实施“中华人民共和国刑事诉讼法”的决议》。第四次会议通过了《阳泉市矿区人大常委会人事任免办法

（试行）》和《阳泉市矿区人大常委会关于办理人大代表意见建议的办法（试行）》。第七次会议通过了《阳泉市矿区人大常委会关于认真开展第二个五年普法教育的决议》《关于批准矿区人民法院设立申诉审判庭的决定》。第八次会议通过《阳泉市矿区人大常委会关于依法治区的决议》。第九次会议通过《关于矿区志编纂工作的决议》《关于对阳矿人发〔1991〕15 号文件“关于批准对矿区四届人大代表赵子钧进行刑事审判的批复”的确认》。第十五次会议通过决定接受王克恭辞去阳泉市矿区人民政府区长职务。决定由阳泉市矿区人民政府副区长李儒泉代理阳泉市矿区人民政府区长职务。第十八次会议通过《关于阳泉市矿区人民代表大会换届选举的决定》。

第五届人民代表大会常务委员会

1993 年 6 月召开的矿区第五届人民代表大会第一次会议，选举产生本届人大常委会组成人员 17 名，设主任 1 名、副主任 4 名、委员 12 名。本届人大常委会至 1998 年 5 月届满共召开 31 次常委会会议，听取和审议了矿区人民政府、矿区人民法院、矿区人民检察院 50 余个专项工作报告和工作汇报，作出决议、决定 10 余个。决定任命矿区人民政府组成局、委、室的局长、主任等 48 名；任命法院副院长、审判委员会委员、庭长、副庭长、审判员 30 名；决定任命副检察长、检察委员会委员、检察员 6 名；人大常委会办公室和各委员会主任、副主任 10 名，街道人大工作联络组组长 9 名。第一次会议，表决通过了《关于设立代表资格审查委员会的决定》，讨论通过了《阳泉市矿区人大代表活动制度（草案）》及《阳泉市矿区人大常委会一九九三年下半年工作要点（草案）》。第二次会议，通过了《关于批准阳泉市矿区人民政府一九九三年财政预算部分变更的决定》。第七次会议，通过了《阳泉市矿区人大常委会关于积极引导和扶持私营经济快速发展的决议》。第十五次会议，通过了《关于授予刘林珍“人民好法官”荣誉称号的决定》。第十九次会议，通过了《阳泉市矿区人民代表大会常务委员会关于在全区开展第三个五年法制宣传教育的决议》。第二十三次会议，通过了《关于“九五”科技兴区实施方案的决议》。第二十四次会议，通过了《阳泉市矿区第五届人民代表大会常务委员会关于矿区妇女发展“九五”规划和矿区儿童发展“九五”规划的决议》。第二十九次会议，研究决定了换届选举的有关事宜。第三十一次会议，通过了关于全区六届人大一次会议召开的时间的决定；讨论通过了区六届人大一次会议有关事宜和矿区人大常委会工作报告。

第六届人民代表大会常务委员会

1998 年 5 月召开的矿区第六届人民代表大会第一次会议，选举产生本届人大常委会组成人员 16 名，设主任 1 名、副主任 3 名、委员 12 名。本届人大常委会至 2003 年 4 月届满共召开 35 次常委会会议，听取和审议了矿区人民政府、矿区人民法院、矿区人民检察院 70 余个专项工作报告和工作汇报，作出决议、决定 30 余个。决定任命矿区人民政府组成局、委、室的局长、主任等 37 名；任命法院副院长、审判委员会委员、庭长、副庭长、审判员 22 名；决定任命副检察长、检察委员会委员、检察员 13 名；人大常委会办公室和各委员会主任、副主任 16 名，街道人大工作联络组组长 10 名。第二次会议，通过了《阳泉市矿区人民代表大会常务委员会关于进一步推行执法责任制的决定》《阳泉市矿区人大常委会关于办理区人大代表建议、批评和意见的规定》。第六次会议，通过了《区人大常委会工作报告》《区人大常委会一九九九年工作要点》。第九次会议，通过了《阳泉市矿区人民代表大会常务委员会关于进一步推进依法治区的决议》。第二十五次会议，通过了《关于批准阳泉市矿区人民政府 2001 年财政预算部分变更的决定》。第二十六次会议，通过了《阳泉市矿区人民代表大会常务委员会关于在全区开展第四个五年法制宣传教育的决议》，讨论并通过了区人大常委会《关于实行审议意见书的规定》《关于实行区人大常委会各工委征集办理人大代表、人民群众意见建议的规定》。第三十一次会议，通过《区人大常委会关于对区“一府两院”工作报告进行表决的办法》。第三十二次会议，通过了《对“一府两院”组成人员述职评议的方案》。第三十三次会议就代表换届选举作出了决定，并设立了选举委员会。第三十四次会议确定了召开区七届人大一次会议的时间、议程。第三十五次会议听取讨论了区六届人大常委会工作报告、选举办法，讨论确定了召开七届人大一次会议的有关事宜。

第七届人民代表大会常务委员会

2003 年 4 月召开的矿区第七届人民代表大会第一次会议，选举产生本届人大常委会组成人员 17 名，设主任 1 名、副主任 5 名、委员 11 名。本届人大常委会至 2007 年 6 月届满共召开 29 次常委会会议，听取和审议了矿区人民政府、矿区人民法院、矿区人民检察院的 16 个方面 104 项专项工作报告和工作汇报，作出决议、决定及规范性文件 36 项。决定任命矿区人民政府组成局、委、室的局长、主任 22 名；任命法院副院长、审判委员会委员、庭长、副庭长、审判员 16 名；决定任命副检察长、检察委员会委员、检察员 27 名；人大常委会办公室和各委员会主任、副主任 7 名，人大街道办事处工委主任 6 名。第三次会议，通过《关于加强自身建设的决定》《阳泉市矿区人民代表大会常务委员会议事规则》《关于对“一府两院”工作报告实行表决制的办法》。第四次会议，通过《关于批准阳泉市矿区与东营市河口区缔结友好城市区的决定》。第九次会议，通过《关于设立矿区人大常务委员会城市建设环境保护工作委员会的决定》《阳泉市矿区人民代表大会常务委员会述职评议工作办法》。第二十二次会议，通过了有关人事处理的决定。第二十四次会议，通过《关于接受王晓丽辞去矿区七届人大常委会职务请求的决定》。

第八届人民代表大会常务委员会

2007 年 4 月召开的矿区第八届人民代表大会第一次会议选举产生本届人大常委会组成人员 23 名，设主任 1 名、副主任 4 名、委员 18 名。本届人大常委会至 2011 年 6 月共召开 32 次常委会会议，先后听取和审议了“一府两院”工作报告和工作汇报 109 个，作出决议、决定规范性文件 26 个，决定任命矿区人民政府组成局、委、室的局长、主任 29 名，任命法院副院长、审判委员会委员、庭长、副庭长、审判员 18 名，任命副检察长、检察委员会委员、检察员 9 名，人大常委会办公室和各委员会主任、副主任 10 名，人大街道办事处工委主任 6 名。第四次会议，通过了《阳泉市矿区人民代表大会常务委员会议事规则》《阳泉市矿区人民代表大会常务委员会关于加强常务委员会组成人员与人大代表联系的意见》《阳泉市矿区人民代表大会常务委员会关于建立人大常委会主任、副主任接待人大代表和人民群众来信来访制度》《阳泉市矿区人民代表大会常务委员会关于邀请人大代表列席常委会会议的暂行办法》《阳泉市矿区人民代表大会常委会关于人大代表学习培训工作的意见》。第六次会议，作出《阳泉市矿区第八届人民代表大会关于终止李天祥等代表资格的决定》。第九次会议，作出《关于聘任矿区人大街道工委委员和矿区人大常委会工委委员的决定》。第十一次会议，作出《关于批准阳泉市矿区人民政府 2008 年财政预算调整的决定》。第十三次会议，作出《关于终止高秀清代表资格的决定》《关于召开阳泉市矿区第八届人民代表大会第三次会议的决定》。第十七次会议，作出《关于批准阳泉市矿区人民政府购买 2 号办公楼的决议》。第十八次会议，作出《关于终止李宝祥、杨利春、邵满存代表资格的决定》，通过了《关于补选阳泉市矿区第八届人民代表大会代表的提请》《关于补选阳泉市矿区第八届人民代表大会代表实施方案》。第十九次会议，作出《关于召开阳泉市矿区第八届人民代表大会第四次会议的决定》《关于批准阳泉市矿区人民政府 2009 年财政预算超收支出安排的决定》。第二十一次会议，作出了有关人事处理的决定。第二十九次会议，作出《关于阳泉市矿区人民代表大会代表换届选举的决定》《关于设立阳泉市矿区第九届人民代表大会代表选举委员会的决定》《关于召开阳泉市矿区第九届人民代表大会第一次会议的决定》。

第九届人民代表大会常务委员会

2011年6月召开的阳泉市矿区第九届人民代表大会第一次会议选举产生本届人大常委会组成人员23名，设主任1名、副主任5名、委员17名。本届人大常委会至2011年12月共召开4次常委会会议，听取和审议了“一府两院”工作报告和工作汇报19个，作出决议、决定规范性文件4个，决定任命矿区人民政府组成局、委、室的局长、主任20名，人大常委会办公室和各委员会主任、副主任7名。第二次会议，作出了有关人事处理的决定。第三次会议，作出《阳泉市矿区人民代表大会常务委员会关于批准2011年地方债券资金安排预算调整方案的决议》《阳泉市矿区人民代表大会常务委员会关于进一步加强法制宣传教育工作的决议》。第四次会议，作出《阳泉市矿区人民代表大会常务委员会关于批准矿区人民政府2011年财政预算调整情况的决议》。

第四节　主任会议

依据《中华人民共和国地方各级人民代表大会和地方各级人民政府组织法》和《阳泉市矿区人大常委会议事规则》的有关条款，本级人大常委会主任会议由主任、副主任组成，处理常委会重要日常工作，为常委会行使职权服务。主任会议坚持人数过半的原则，主任、副主任不过半数不开会；坚持依法办事的原则，讨论和研究的问题以法律为依据；坚持民主集中制原则，民主议事，集体决策，集体负责。对问题的讨论和决定，畅所欲言，集思广益，坚持实事求是和少数服从多数的原则。

主任会议由历届人大常委会主任主持，特殊情况下由主任委托副主任主持。每月召开1～2次。1990年1月至2000年12月共召开主任会议198次，每年平均18次；2001年1月至2005年12月共召开主任会议70次，每年平均14次。2006年至2008年12月共召开主任会议46次，平均每年15次。2009年1月至2011年12月共召开主任会议39次，平均每年13次。

主任会议主要是研究和决定矿区人大常委会召开的时间和会期，拟定常委会的会议议程和日程（草案），决定常委会会议列席人员，提出常委会的工作计划和年度工作目标；讨论、研究、组织常委会委员和部分人大代表进行视察及调查研究工作；向人大常委会提名代表资格审查委员会主任委员、副主任委员和委员人选；提名人大各街道工作委员会主任和人大常委会办公室主任、副主任、各工作委员会主任、副主任人选；接受提请机关在矿区人民代表大会闭会期间报送的个别人事任免事项，决定是否提交常委会审议。其次，研究和审查对人民群众来信来访重大问题的处理；提出指导和协调人大各街道工作委员会（原人大街道联络组）和人大常委会工作委员会以及办公室工作的意见；接受矿区政府、矿区法院、矿区检察院提出的属于常委会职权范围内的议案，决定提请或先交相关工作委员会审查提出报告，再决定提请常委会审议；接受常委会组成人员联名提出的议案，决定是否列入常委会会议议程；检查督促对“人代会”和常委会通过的决议、决定的贯彻执行情况；检查督促对代表议案、建议和意见的办理情况；提名人大各街道工作委员会和各人大工作委员会的兼职委员人选；协调处理常委会和人大机关的重要日常工作。第三，听取矿区政府及其所属部门、矿区法院、矿区检察院的专题工作汇报；听取人大各工作委员会提出的视察报告、调查报告和其他工作汇报，提出处理意见。

每年一次的人民代表大会之前的主任会议，重点听取人代会筹备工作的汇报；议定大会的工作日程；审定会议经费的支出项目；讨论人大常委会工作报告，并提出修改意见；讨论大会主席团、秘书长、常务主席、执行主席、副秘书长、列席人员和各代表团团长等名单。

每届人民代表大会第一次会议之后的主任会议，集中对新一届“一府两院”组成人员向本届人大常委会进行人事任免提请。同时主任会议受理对矿区人民代表大会代表中现行犯的拘留报告，并提交常委会决定。

第五节　主要工作

一、代表选举

根据《全国人民代表大会和地方各级人民代表大会选举法》规定，各届代表选举均设立选举委员会主持选举工作。选举委员会由矿区党政领导及区属有关单位和驻区单位有关领导组成。历届代表选举均采用差额选举，无记名投票的方式，由选民直接选举。选举工作分四个阶段进行：组织准备阶段（任务是制定选举方案，划分选区，分配代表名额，成立选举委员会及基层组织领导机构，抽调、培训选举工作人员），宣传发动和选民登记阶段，提名、酝酿、确定代表候选人阶段，投票选举阶段。

选区划分按居住状况或生产、工作单位确定、居民区和小型单位按居住地划分，驻区较大单位按生产单位、工作单位划分。代表名额根据《中华人民共和国地方各级人民代表大会和地方各级人民政府组织法》及山西省人大常委会有关规定确定。选名登记年龄以各届选举日为界，凡年满18周岁以上的公民，除因被剥夺政治权利暂停选举权利和因患精神病无法行使权利的人以外，均予以登记。代表候选人的提出，以各政党、各人民团体提名和选民10人以上联名提名两种方式产生，经过选民反复酝酿、协商，根据较多数选民的意见，以多于应选名额三分之一至一倍的比例确定正式候选人名单。投票选举以选区设立投票站或召开选举大会进行。对于因年老体弱不能到站或到会者，采取设流动票箱的办法登门接收选票。选举结果由选举委员会确定是否有效，并予以公布。

矿区第一届人民代表大会代表选举于1981年7月举行，至2011年12月共选举了九届1407人次人大代表。其中，第一届人民代表大会代表人数为148人，第二届为160人，第三届为132人，第四届为165人，第五届为167人，第六届为159人，第七届为159人，第八届为158人，第九届为159人。

二、代表视察

矿区人大代表视察活动主要有两种形式：一是由矿区人大常委会统一组织，根据当时的形势和任务确定内容，组织代表进行大范围的、专题性的集中视察；二是由各代表联络组自行组织，根据本地区群众反映强烈的热点问题确定内容，进行小范围的分散视察。

矿区第一届人民代表大会期间，在三年任期内，矿区人大常委会组织全区性视察3次，各代表联络组组织的代表就地视察3次。视察的主要内容有：中共十一届三中全会召开后推行的经济体制改革，厂矿企业发生的重大变化，知识分子政策落实情况，中小学教育发展状况，“五讲四美三热爱”活动开展情况，市场管理、食品卫生、环境保护和商业部门服务态度情况等。被视察的单位有阳泉矿务局所属各矿、矿务局机厂、医院、水泥厂、金属支柱厂、水电处、瓦斯科、教育处及部分中小学和矿区境内的部分粮店、饭店、菜店、肉店等，并对公安分局、劳动局等部门的工作也进行了视察。参加视察的代表80余人，视察中共提出各种建议250多条，被视察单位对代表提出的意见、建议非常重视，认真采纳并及时改进工作。

第二届人民代表大会期间，人大常委会组织全区性的视察3次，各代表联络组组织就地视察3次。先后参加视察的代表共140余人。被视察的单位有本区各办事处及所属企业、公安派出所、部分工商管理所和阳泉矿务局所属各矿、处、厂、校、服务公司、医院及矿区范围内部分饭店、粮店、肉店等100多个单位，提出意见和建议300余条。

第三届人民代表大会期间，矿区人大常委会组织全区性的视察4次，各代表联络组组织就地视察4次，参加视察的代表300多人次。1988年6月15日，矿区三届人大常委会八次会议通过了《阳泉市矿区人大代表持证视察办法》。该办法规定，矿区人大代表除参加集体组织的视察外，可持视察证就近视察。代表可以单独进行，也可以自由联合进行，视察内容一般为单项工作，或群众反映强烈的热点问题。

第四届人民代表大会期间，矿区人大常委会和各代表联络组组织人大代表，对阳泉矿务局的部分学校、医院、厂矿职工食堂、市自来水公司、部分企业和工商管理所以及蔡洼、赛鱼、沙坪街道办事处的部分居民区等多个单位进行视察。1990 年 12 月 4 日至 8 日，矿区人大常委会组织 64 名人大代表，分两个视察小组，就《中华人民共和国义务教育法》的实施、集贸市场的管理、区直企业二轮承包、代表意见建议办理情况，以及群众普遍关心和反映强烈的环境卫生问题，进行了一次综合性的视察，提出了很多意见和建议，并督促相关单位改进落实。

第五届人民代表大会期间，矿区人大常委会组织人大代表进行了 13 次较大规模的视察。代表们先后到区直企业、机关事业单位、驻区市营以上企事业单位、街道办事处、中小学校进行了视察，就工业生产情况、环境保护、《中华人民共和国教师法》实施、食品卫生、计划生育工作、流动人口管理等提出了意见、建议。1996 年 2 月矿区人大常委会组织部分代表就春节前市场供应情况进行了视察，现场纠正不规范行为 100 余次（件），现场解决消费者投诉 2 件，现场压低售价偏高的布匹价格 10 余种。

第六届人民代表大会期间，矿区人大常委会组织人大代表进行了 32 次视察。先后陪同市人大常委会组织的委员和代表就矿区社会治安情况、贯彻实施《中华人民共和国律师法》情况、区检察院批捕起诉案件办理情况、《中华人民共和国教育法》执行情况和矿区公证工作等进行了工作视察，在肯定各部门工作成绩的同时，提出了很多建议。1998 年 9 月，矿区人大常委会财经工委组织部分人大代表，对全区执行税收征收管理法的情况和完成下半年税收任务的措施进行了视察，视察组深入到矿区国税局、地税局及各税务所，针对存在的税源不足、区属企业欠税多、个体户办证率低等实际问题，提出了具体的意见建议。2000 年 1 月，矿区人大常委会法工委组织人大代表，对全区社会治安情况、法院审判工作、检察院检察工作进行了视察，视察组深入到矿区公安局、检察院、法院及矿务局公安处，查阅各类文书档案，就个别典型案件提出问题，为人大常委会审议好工作报告提出意见和建议。2002 年 9 月矿区人大常委会教工委牵头组织部分人大代表，对《中华人民共和国食品卫生法》贯彻执行情况进行视察，代表们深入到食品加工厂、饮料厂、职工食堂等，针对存在的厂房简陋、环境卫生差、加工机具卫生差等提出了意见和建议。

第七届人民代表大会期间，矿区人大常委会组织人大代表进行了 25 次视察。2003 年 5 月，矿区人大常委会教工委牵头组织部分人大代表，对矿区防治“非典”工作情况进行了视察，代表们深入到赛鱼办事处、赛鱼社区进行实地查看，对防治“非典”工作提出了很好的意见和建议。2004 年 7 月，矿区人大常委会教工委牵头组织部分人大代表，对矿区文化市场进行了视察，代表们深入到书店、网吧、印刷厂等进行实地察看，对网吧管理存在的问题提出了意见建议。2006 年 10 月 18 日，矿区人大常委会法工委牵头组织部分代表，对矿区公安工作进行了视察，代表们一致认为，区公安局侦破了马家坪系列残害妇女案和“4·19”强奸、杀害幼女案等案件，为全区的社会安定作出了积极贡献。

第八届人民代表大会期间，矿区人大常委会组织人大代表进行了 37 次较大规模的视察。2007 年 9 月 4 日至 7 日，区人大常委会组织 50 余名市人大代表就城市规划、园林城市建设、区域经济、社区建设、医疗卫生等进行了专题视察调研。2008 年 7 月 8 日，区人大财经工委组织部分常委会委员和代表，以及区安监局、文体局、工商局、公安分局等职能部门相关人员，对危险化学品生产企业，人口密集地域的集贸市场、网吧、大型购物场所的消防安全设施，建筑企业安全保障措施落实情况进行了视察，代表和委员有针对性地提出了意见和建议。2009 年 10 月 14 日，由区人大常委会教工委组织部分常委会委员和人大代表，对全区的教育、教学工作进行了视察。视察中，委员和代表们就矿区《中华人民共和国义务教育法》贯彻落实情况、教育资源整合情况、教职工的基本情况及存在问题、进城务工人员子女就学情况等方面提出了很好的意见建议。2010 年 7 月，区人大常委会财经工委组织部分常委会委员和人大代表，对矿区 2010 年上半年国民经济和社会发展情况以及“十一五”规划完成及“十二五”规划安排进行了视察。实地查看了新泉物流公司新项目建设、佰益粮贸中心建设和金法支护有限公司管材项目建设等工程，详细询问了这些项目的进展和建成投产情况，并提请区人大常委会听取讨论了《2010 年上半年国民经济和社会发展完成情况及“十二五”规划工作进展情况汇报》。2011 年 3 月 18 日，区人大常委会教工委组织部分常委会委员和人大代表对全区文化体育工作进行了视察，实地查看了一矿文化广场、泰顺棋牌室、宏艺网吧、虎尾沟社区文化活动室、机关体育活动室。代表们就全区文化体育工作中存在的问题提出了很好的意见和建议。

第九届人民代表大会，至 2011 年 12 月，矿区人大常委会组织人大代表进行了 15 次。2011 年 12 月 15 日，区人大常委会组织全体机关干部对阳煤集团新大地公司进行视察。通过视察，对驻矿区的外扩型煤炭企业生产经营状况有了详细的了解，为下一步提出有价值的议案、意见和建议提供了第一手资料。

三、审议监督

1981～2011 年，矿区九届人民代表大会常务委员会（第九届未届满）共听取和审议了矿区政府、法院、检察院等各项工作报告 577 次，对矿区政府工作、全区国民经济和社会发展计划、财政预算执行情况，以及法院和检察院工作进行及时、有效的审议和监督。在大会闭会期间，矿区人大常委会采取定期听取汇报、报告，保持不间断地审议监督矿区政府各个时间重大任务和中心工作。据统计，仅第八届人大常委会就专门听取和审议矿区政府、矿区法院、矿区检察院各个时期重大政务达 110 次，其中审议监督重点项目有：城市建设、环境保护、教育科技、防汛、计划生育、社会治安等。其审议监督的突出特点：一是坚持围绕各个时期全区人民反映最强烈、最关心的食品卫生、市场、物价、环境污染与治理等问题进行审议和监督，充分体现人民的意愿；二是围绕经济体制改革、防汛、社会治安、教育等各个时期政府工作的中心进行审议和监督；三是加强对司法机关的工作监督，听取和审议公安、审判、检察等专项工作报告 12 项；四是认真督办和处理人民群众来信来访，认真听取汇报，及时批办，严格督办，加强了对重点案件的监督力度。

四、议案处理

1981～2011 年，矿区人民代表大会共收到代表提出的议案、意见、建议 2900 余件，内容涉及国民经济调整、城市建设、社会治安、市场管理、青少年教育、市容卫生、干部作风等各个方面。矿区政府收到代表议案、意见、建议后，按照“事事有交代、件件有着落”的要求，责成有关部门调查研究，限期解决，并将办理结果按时向人民代表大会作出处理报告。其中，由 12 名代表联名提出的《关于蒙河污染严重亟待根治的议案》被列入大会议案。人代会结束后，常委会对代表意见、建议进行了认真的分类整理，在与矿区政府和阳煤集团召开的交办会上，对办理工作提出了明确的要求。常委会还组织部分委员和人大代表对蒙河综合治理进行重点视察，经过阳煤集团、市水利、环保等有关部门的通力合作，河道清淤、河面覆盖工程如期竣工，蒙河综合治理工程有序推进。对网吧管理的问题，矿区政府有关部门进行突出检查，对违法网吧采取了停业整顿等有力措施，并组织所有网吧业主进行培训，把以解决未成年人进入网吧问题作为重点工作来抓，加强网吧和网络市场的管理。矿区第三届人民代表大会期间，共收到代表意见和建议 346 件，会后区人大常委会办事机构分别转交区政府和驻区有关单位办理。各次会议所提意见、建议均在规定期限内办理完毕，在代表所提意见、建议中，各承办单位都积极进行了解决。区政府与自来水公司、矿务局机厂、物资局协商解决了简子沟居民吃水难的问题；区城环局与矿务局机厂、市老干部休养所协商解决了机厂宿舍下水道污水乱流及淤塞问题；与矿务局服务公司协商，除招收 3180 名职工外，安排待业青年 3393 名；市政府投资为平潭小区解决了供热问题；区政府投资修建了河神庙至四矿口的集贸市场；区政府对全区各单位的计划生育组织机构和工作人员进行了落实，加强了对流动人口的计划生育管理。区八届人大常委会二次会议上，由13名代表联名提出的“调整布局，整合资源，保证教育均衡发展”的议事原案被大会确定为议案，闭会后及时交由政府办理。在议案的办理过程中，常委会多次组织视察调研，认真督办。区八届人大常委会在会议期间共收到代表意见、建议383件。每年人代会结束后，常委会都对会议期间代表提出的意见建议进行分类整理，确定重点督办的意见建议，及时向区政府和有关单位交办，按照“依法办理、民主办理、科学办理”的原则，对重点意见建议办理情况进行督查，并与承办部门负责人、提出意见的人大代表面对面座谈，详细了解办理情况，使代表所提意见建议得到了较好落实或满意答复。

五、代表评议

1989年，省人大常委会通过的《山西省各级人民代表大会常务委员会监督工作条例》，正式将评议列为监督人民政府、人民法院、人民检察院工作的方式之一。

矿区人大常委会于1990年8月，组织部分代表对矿区人民法院的工作进行了评议，对“一府两院”全面工作的评议作了首次尝试。评议内容为矿区人民法院1989年1月至1990年8月的刑事审判工作情况（其中重点是判缓刑案件的情况）和廉政建议情况。参加评议的有矿区人大常委会主任、副主任、委员8名，市、区两级人大代表7名，邀请了矿区政法委、检察院、公安分局和司法局的有关人员参与和配合。在掌握第一手资料的基础上，面对面地进行评议。评议坚持客观公正的原则，肯定了法院工作的成绩，指出了存在的问题，提出了批评、意见和建议。对个别判处不当的案件提出了依法改判的意见。评议工作对改进法院工作起了积极的促进作用。

1994年11月30日至12月1日，区五届人大常委会第九次会议召开，主要议题是对区政府办公室主任高勇、标准计量局局长关勇、体委主任王建国、计生委主任李桂珍、信访局局长张夏梅5人进行工作评议。在听取了5人的述职报告后，参评人员从政治素质、业务素质、工作实情、工作作风和廉政建设等方面进行了测评打分，其中3人获得信任分，2人获得基本信任分。此次评议是对政府组成人员的第一期述职评议，评议起到了监督促进的作用。1995年9月27日至29日，区五届人大常委会第十四次会议召开，对区经委主任邢强敏、计委主任王宝新、统计局局长王宝忠、司法局局长聂毓启、档案局局长王保文、卫生局局长史拉才、城环局局长魏兆庭、体改委主任杨玉珍8人进行了工作评议，其中7人获信任票，1人获基本信任票。2006年1月6日，区七届人大常委会第十九次会议对区发展和改革局局长李贵宝、执法分局局长何勇进行了述职评议，被评议的2人均获得参评人员绝大多数的满意票，评议达到预期目的。

第六节　常委会驻街道联络组

矿区人大常委会本着“便于活动、便于组织、便于联系”的原则，按代表居住地区或行业将代表编为若干联络组，作为组织代表活动的基层组织。3个月左右召开一次联络组会议，组织代表学习宪法及法律、法规，学习政治、时事，学习人大常委会发的有关学习资料，交流活动经验，收集代表意见和要求，并及时填好活动卡，交矿区人大常委会代表联络工作委员会。代表联络组根据本地区的实际需要及人民群众的要求，可以组织本地区的代表进行视察。矿区人大常委会驻街道联络组在联系代表、发挥代表在闭会期间的作用、完成矿区人大常委会交办的事项等方面，发挥了很好的作用。

矿区一届至八届人大代表编组情况如下：

矿区一届人大期间代表人数为148名，设代表联络组5个。其中，沙坪地区联络组代表21名，赛鱼地区联络组代表33名，蔡洼地区联络组代表27名，平潭街地区联络组代表33名，桥头地区联络组代表 34 名。

矿区二届人大期间代表人数为 160 名，设代表联络组 5 个。其中，沙坪地区联络组代表 27 名，赛鱼地区联络组代表 33 名，蔡洼地区联络组代表 31 名，平潭街地区联络组代表 36 名，桥头地区联络组代表 33 名。

矿区三届人大期间代表人数为 132 名，设代表联络组 6 个。其中，沙坪地区联络组代表 21 名，赛鱼地区联络组代表 27 名，蔡洼地区联络组代表 25 名，平潭街地区联络组代表 29 名，桥头地区联络组代表 23 名，贵石沟地区联络组代表 7 名。

矿区四届人大期间代表人数为 165 名，设代表联络组 6 个。其中，沙坪地区联络组代表 25 名，赛鱼地区联络组代表 34 名，蔡洼地区联络组代表 31 名，桥头地区联络组代表 27 名，平潭街地区联络组代表 40 名，贵石沟地区联络组代表 8 人。

矿区五届人大期间代表人数为 167 名，设代表联络组 6 个。其中，沙坪地区联络组代表 23 名，赛鱼地区联络组代表 33 名，蔡洼地区联络组代表 27 名，桥头地区联络组代表 30 名，平潭街地区联络组代表 37 名，贵石沟地区联络组代表 17 名。

矿区六届人大期间代表人数为 159 名，设代表联络组 6 个。其中，沙坪地区联络组代表 24 名，赛鱼地区联络组代表 34 名，蔡洼地区联络组代表 25 名，桥头地区联络组代表 28 名，平潭街地区联络组代表 38 名，贵石沟地区联络组代表 10 名。

矿区七届人大期间代表人数为 159 名，设代表联络组 6 个。其中，沙坪地区联络组代表 24 名，赛鱼地区联络组代表 33 名，蔡洼地区联络组代表 26 名，桥头地区联络组代表 28 名，平潭街地区联络组代表 36 名，贵石沟地区联络组代表 12 名。

2004 年 6 月 29 日，矿区七届人大常委会第七次会议决定建立“阳泉市矿区人大常委会街道工作委员会”。2004 年 6 月至 2005 年年底，设矿区人大常委会街道工作委员会 6 个。其中，沙坪街道工作委员会代表 24 名，赛鱼街道工作委员会代表 33 名，蔡洼街道工作委员会代表 26 名，桥头街道工作委员会代表 28 名，平潭街街道工作委员会代表 36 名，贵石沟街道工作委员会代表 12 名。

矿区八届人大期间代表人数为 158 名，设矿区人大常委会街道工作委员会 6 个。其中，沙坪街道工作委员会代表 25 名，赛鱼街道工作委员会代表 32 名，蔡洼街道工作委员会代表 25 名，桥头街道工作委员会代表 24 名，平潭街街道工作委员会代表 38 名，贵石沟街道工作委员会代表 14 名。

矿区九届人大期间代表数为 159 名，设矿区人大常委会街道工作委员会 6 个。其中，沙坪街道工作委员会代表 24 名，赛鱼街道工作委员会代表 31 名，蔡洼街道工作委员会代表 25 名，桥头街道工作委员会代表 26 名，平潭街街道工作委员会代表 35 名，贵石沟街道工作委员会代表 18 名。

第十六编　人民政府

中华人民共和国建立前和建立初期，阳泉市矿区境内仅有乡（区）级和村级政权，历属平定县、阳泉市、阳泉市城区管辖。1971 年 4 月 1 日，正式设置阳泉市矿区，成立阳泉市矿区革命委员会，与阳泉矿务局革命委员会合署办公，一套领导班子，两块牌子。1980 年 5 月 15 日，矿区与阳泉矿务局机构分设。1981 年 9 月至 2011 年年底，矿区人民代表大会共选举产生 9 届矿区人民政府。本着精简高效的原则，矿区人民政府下设机构经历了多次改革，形成了包括 19 个局、委、办及若干个事业机构和 6 个街道办事处的格局。本着“为煤炭生产服务，为矿区人民生活服务”的“双服务”工作方针，对矿区城市发展和管理、经济建设和各项社会事业进行了卓有成效的领导，实施了一系列事关地方国计民生的重要政务，推动了矿区经济发展和社会进步。

第一章 机构沿革

1971 年 4 月，阳泉市矿区成立革命委员会，与阳泉矿务局革命委员会合署办公，一套领导班子，两块牌子。1981 年 9 月至 2011 年年底，矿区人民代表大会共选举产生 9 届矿区人民政府。本着精简高效的原则，矿区人民政府下设机构经历了多次改革，形成了包括 19 个局、委、办，若干个事业机构和 6 个街道办事处的格局。

第一节 区级政权组织

1949 年 10 月至 20 世纪 70 年代初，矿区境内未建立区级政权组织。1970 年 1 月，经中共山西省革命委员会核心小组、山西省革命委员会批准，中共阳泉市革命委员会核心小组、阳泉市革命委员会决定设立阳泉市矿区，下辖沙坪、红卫、红旗、向阳、红旗岗 5 个人民公社。同年 3 月，成立矿区革命委员会筹备小组，组长温藏宝，成员刘亚卿、马维华、霍锦田、琚廷瑞。

1971 年 4 月 1 日，阳泉市矿区正式成立，设矿区革命委员会。矿区成立初期，与阳泉矿务局（今阳煤集团）实行政企合一的领导体制，矿区革命委员会与阳泉矿务局革命委员会系一套领导班子，两块牌子，合署办公。1980 年 1 月 7 日，中共阳泉市委决定改变矿区与阳泉矿务局实行的“政企合一”体制，将矿区党政机构与矿务局领导机构分别设置，同时决定成立阳泉市矿区筹备领导组，负责筹备组建矿区党政机构并统管筹备期间的日常工作，筹备领导组组长由耿义德任组长，田礼耕、冀保金任副组长。同年 5 月 15 日，阳泉市矿区革命委员会单独设置。1981 年 7 月，矿区革命委员会主持了矿区首届人民代表大会代表的选举。同年 9 月 1 ~ 7 日，召开了矿区第一届人民代表大会第一次会议，选举产生了首届矿区人民政府。1982 年 4 月上旬，矿区党政机关从中共阳泉市委党校、矿务局机关大院、弹簧厂三处临时办公地点迁至北大街新建的机关一号办公楼。1981 年 9 月至 2011 年年底，矿区人民代表大会共选举产生 9 届矿区人民政府。本着精简高效的原则，矿区人民政府下设机构经历了多次改革，形成了包括 19 个局、委、办，若干个事业机构和 6 个街道办事处的格局。

1971 ~ 1981 年阳泉市矿区革命委员会领导人名表

表 16 - 1

届次	职务	姓名	任期
阳泉市矿区革命委员会（1971 年 4 月 ~ 1973 年 4 月）	主任	刘亚卿	1971 年 4 月 ~ 1973 年 4 月
	第一主任	郑德贤	1971 年 4 月 ~ 1973 年 4 月
	副主任	王九富	1971 年 4 月 ~ 1973 年 4 月
		琚廷瑞	1971 年 4 月 ~ 1973 年 4 月
		霍锦田	1971 年 4 月 ~ 1971 年 8 月
阳泉市矿区革命委员会（1973 年 4 月 ~ 1976 年 10 月）	主任	任仲元	（兼）1973 年 6 月 ~ 1976 年 10 月
	副主任	王九富	1973 年 4 月 ~ 1976 年 10 月

续表 16－1

届　　次	职　务	姓　名	任　　　期
阳泉市矿区革命委员会（1973 年 4 月～1976 年 10 月）	副主任	琚廷瑞	1973 年 4 月～1976 年 10 月
		陈念德	1973 年 4 月～1976 年 10 月
阳泉市矿区革命委员会（1976 年 10 月～1981 年 9 月）	主　任	任仲元	（兼）1976 年 10 月～1980 年 1 月
		王伟堂	1980 年 2 月～1981 年 9 月
	主持工作	田礼耕	1980 年 4 月～1981 年 2 月
	第一副主任	郑德贤	（兼）1976 年 10 月～1979 年 5 月
	副主任	王九富	1976 年 10 月～1978 年 3 月
		陈念德	1976 年 10 月～1978 年 8 月
		琚廷瑞	1976 年 10 月～1981 年 4 月
		杨鸿通	1981 年 4 月～1981 年 9 月
		郭佐荣	1981 年 4 月～1981 年 9 月
		甄国邦	1981 年 4 月～1981 年 9 月

1981～2011 年阳泉市矿区人民政府领导人名表

表 16－2

届　　次	职　务	姓　名	任　　　期
第一届（1981 年 9 月～1984 年 5 月）	区　长	王伟堂	1981 年 9 月～1983 年 10 月
		杨宝国	（代）1983 年 12 月～1984 年 5 月
	副区长	杨宝国	1983 年 10 月～1983 年 12 月
		杨鸿通	1981 年 9 月～1983 年 12 月
		甄国邦	1981 年 9 月～1983 年 12 月
		张赛花	（女）1981 年 9 月～1983 年 12 月
		贾冰宇	（女）1983 年 12 月～1984 年 5 月
		卫怀义	1983 年 12 月～1984 年 5 月
		范振富	1984 年 3 月～1984 年 5 月
第二届（1984 年 5 月～1987 年 6 月）	区　长	杨宝国	1984 年 5 月～1986 年 12 月
		王克恭	（代）1986 年 12 月～1987 年 6 月
	副区长	卫怀义	1984 年 5 月～1987 年 6 月
		范振富	1984 年 5 月～1987 年 6 月
		贾冰宇	（女）1984 年 5 月～1987 年 6 月
第三届（1987 年 6 月～1990 年 6 月）	区　长	王克恭	1987 年 6 月～1990 年 6 月
	副区长	卫怀义	1987 年 6 月～1990 年 6 月
		贾冰宇	（女）1987 年 6 月～1990 年 6 月
		范振富	1987 年 6 月～1990 年 6 月

续表 16－2

届　次	职　务	姓　名	任　　期
第四届（1990年6月～1993年6月）	区　长	王克恭	1990年6月～1992年9月
		李儒泉	（代）1992年9月～1993年6月
	副区长	李儒泉	1992年7月～1992年9月
		王银锁	1990年6月～1993年6月
		赵德华	1990年6月～1993年6月
		贾冰宇	（女）1990年6月～1993年6月
		曹振汉	（挂职）1991年5月～1993年6月
		董仙桃	（女）1993年2月～1993年6月
		栾进喜	1993年2月～1993年6月
第五届（1993年6月～1998年5月）	区　长	李儒泉	1993年6月～1996年7月
		李体柱	1997年3月～1998年5月
		冯岩松	（代）1998年5月～1998年5月
	副区长	李体柱	1996年7月～1997年3月
		董仙桃	（女）1993年6月～1998年5月
		赵德华	1993年6月～1998年5月
		王银锁	1993年6月～1998年5月
		栾进喜	1993年6月～1998年5月
		李建恩	1993年6月～1998年5月
		张永忠	（挂职）1995年7月～1998年5月
		黄俊德	1997年9月～1998年5月
		邢强敏	1998年5月～1998年5月
第六届（1998年6月～2006年4月）	区　长	冯岩松	1998年6月～2001年6月
		董仙桃	（女）2001年6月～2003年4月
	副区长	赵德华	1998年6月～2003年4月
		李建恩	1998年6月～2000年1月
		黄俊德	1998年6月～2003年2月
		邢强敏	1998年6月～2003年4月
		张永忠	（挂职）1998年6月～1998年11月
		李天祥	1999年4月～2003年4月
		崔荣贵	2000年1月～2003年4月
第七届（2006年4月～2007年4月）	区　长	董仙桃	（女）2003年4月～2006年6月
		张清河	2006年6月～2007年4月
	副区长	邢强敏	2003年4月～2007年4月
		李天祥	2003年4月～2007年4月

续表 16－2

届　　次	职　务	姓　名	任　　　　期
第七届（2006 年 4 月～2007 年 4 月）	副区长	崔荣贵	2003 年 4 月～2007 年 4 月
		刘振国	2003 年 4 月～2003 年 12 月
		王宝新	2003 年 4 月～2007 年 4 月
		王贵平	2003 年 4 月～2007 年 4 月
		王晓丽	（女）2006 年 6 月～2007 年 4 月
第八届（2007 年 4 月～2011 年 6 月）	区　长	张清河	2007 年 4 月～2011 年 4 月
	副区长	邢强敏	2007 年 4 月～2011 年 6 月
		王晓丽	（女）2007 年 4 月～2011 年 6 月
		王宝新	2007 年 4 月～2011 年 6 月
		王贵平	2007 年 4 月～2011 年 6 月
		徐本宁	2007 年 10 月～2011 年 6 月
第九届（2011 年 6 月～　　）	区　长	刘乙佑	2011 年 6 月～
	副区长	王晓丽	（女）2011 年 6 月～
		徐本宁	2011 年 6 月～
		苏　涛	2011 年 6 月～
		杨志强	2011 年 6 月～
		雷永平	2011 年 6 月～

第二节　工作机构

1971 年 4 月至 1973 年 4 月，矿区革命委员会与矿务局革命委员会共同设置工作机构，设有政工组（内设宣教小组、组干组、青妇小组、保卫组）、办事组（民政小组）、生产组（内设生产指挥组、基建小组、劳资小组、街道工业生产小组）、后勤组（内设财务小组、供应小组、运销小组、管理小组、厂务组）。1973 年 4 月，矿区革命委员会单设工作机构，设政治处、办公室、业务组、公安分局。1978 年 7 月，矿区革命委员会工作机构设：政治处、办公室、业务组、公安分局、矿区人民法院、矿区人民检察院。

1980 年 1 月，矿区革命委员会单设建制，撤销了业务组，陆续设立了计划委员会、经济委员会、财政局、劳动局、人事局、民政局、文教卫生局、劳动服务公司等工作部门。

1981 年 9 月，阳泉市矿区人民政府工作机构设：办公室、计划委员会、经济委员会、公安分局、财政局、人事局、劳动局、民政局、司法局、文教卫生局、信访局、计划生育委员会、劳动服务公司等。

1984 年 2 月至 3 月，中共阳泉市委、市人民政府批准矿区区级机构设置方案。其中，区政府工作部门设有：办公室、计划经济委员会（计划委员会和经济委员会合并为计划经济委员会，与科学技术委员会合署办公，设一套机构，对外挂两个牌子）、财政科（财政局更名为财政科）、司法局、民政局、公安分局、劳动人事局（人事局和劳动局合并为劳动人事局，保留编制委员会名义）、文教局（文教卫生局分设为文教局和卫生局，文教局与体育运动委员会合署办公，设一套机构，对外挂两个牌子)，同时增设了科学技术委员会、城市建设环境保护局、计划生育委员会办公室、体育运动委员会、行政科、审计局。

1985 年再次调整工作机构，增设税务局和档案局，撤销了财政科，恢复设立财政局。

1986 年 5 月，计划经济委员会分设为计划委员会和经济委员会，科学技术委员会也改为单独设置。

1987 年后，区政府先后增设统计局、工商行政管理局、物价局、地方志编纂委员会办公室等工作机构。到 1987 年 10 月，区政府常设工作机构增至 24 个，其中属政府组成部门的有办公室、计划委员会、经济委员会、科学技术委员会、公安分局、财政局、劳动人事局、审计局、统计局、物价局、民政局、工商局、税务局、城市建设环境保护局、档案局、司法局、文教局、卫生局等 18 个局、委、办。

1997 年 4 月，按照市委、市政府批准的《阳泉市矿区党政机构改革方案》规定，区政府设：办公室（挂区委、区政府信访局牌子)、计划委员会（挂物价局牌子)、经济贸易委员会（挂经济体制改革委员会牌子)、教育委员会、科学技术委员会、阳泉市公安局矿区分局、监察委员会（与区纪委合署)、民政局、财政局（挂国有资产管理局牌子)、人事局（与机构编制委员会办公室合署)、劳动局（挂安全委员会办公室牌子)、建设管理局（挂爱国卫生运动委员会牌子)、文化体育运动委员会、卫生局、计划生育委员会、审计局、统计局、环境保护局。矿区地方税务局改为区政府直属机构。

2001 年 10 月 10 日，区政府研究出台了《区政府办、区发展计划局、区经济贸易局、区教育局、区科学技术局、区民政局职能配置、内设机构和人员编制方案》《区卫生局、区计划生育局、区审计局、区环境保护局、区统计局、区人民防空办公室职能配置、内设机构和人员编制方案》和《区财政局、区人事局、区劳动和社会保障局、区建设局、区文化体育局职能配置、内设机构和人员编制方案》。

2002 年 5 月 15 日，区政府为强化司法行政工作，加大普法力度，出台了《矿区司法局职能配置、内设机构和人员编制方案》。其中内设机构有办公室、政工科、法制宣传教育科和基层法制工作管理科。

2004 年 7 月 17 日，区政府印发了《矿区人民政府机构简称》。区政府组成部门有：矿区人民政府办公室（区政府办)、矿区发展和改革局（区发展改革局)、矿区教育局（区教育局)、矿区科学技术局（区科技局)、矿区公安分局（区公安分局)、矿区监察委员会（区监委。中共矿区纪律检察委员会机关与其合署办公，列入政府机构序列，不计政府机构个数)、矿区民政局（区民政局)、矿区司法局（区司法局)、矿区财政局（区财政局)、矿区人事局（区人事局)、矿区劳动和社会保障局（区劳动局)、矿区建设局（区建设局)、矿区商务局（区商务局。挂区安全生产监督管理局、区中小企业局牌子)、矿区文化体育局（区文体局)、矿区卫生局（区卫生局)、矿区人口和计划生育局（区计生局)、矿区审计局（区审计局)、矿区环境保护局（区环保局)、矿区统计局（区统计局)、市城市管理行政执法局矿区分局（区执法分局)。议事协调机构的常设办事机构是矿区人民防空办公室（区人防办)。此机构设置至 2008 年一直延用。

2009 年 12 月，矿区区委、区政府印发了《阳泉市矿区人民政府机构改革方案》的通知。政府工作部门有：矿区人民政府办公室、矿区发展和改革局、矿区经济商务信息化局、矿区教育局、矿区科学技术局、矿区监察局（中共阳泉市矿区纪律检查委员会机关与其合署办公，列入政府机构序列，不计入政府机构个数)、矿区民政局、矿区司法局、矿区财政局、矿区人力资源和社会保障局、矿区环境保护局、矿区住房保障和城乡建设管理局（挂阳泉市城市管理行政执法局矿区分局牌子)、矿区文化体育旅游局、矿区卫生局、矿区人口和计划生育局、矿区审计局、矿区统计局、矿区安全生产监督管理局、矿区食品药品监督管理局、矿区人民防空办公室。

第三节　事业机构

在不同时期，矿区按照审慎的原则，设立了多个事业单位和机构。

1987 年 8 月 16 日，区编委调整核定区级事业单位人员编制，涉及的事业单位有矿区中学、平潭街小学、文化馆、幼儿园、教研室、计划生育指导站、物价检查所、防疫站、妇幼保健站、卫生院、党史地方志办公室、律师事务所、公证处、服务公司 14 个。

1987 年 8 月 19 日，成立党史资料征集研究领导组，下设办公室。同时成立地方志编纂委员会办公室，两个办公室两个牌子，一套人员，合署办公。1987 年 8 月 20 日，成立阳泉市矿区卫生院，属全民所有制事业单位。

1988 年 12 月 27 日，成立阳泉市矿区信息中心，为正局级机构，事业单位，与统计局合署办公，一套人员、两个牌子。

1990 年 3 月 21 日，成立阳泉市矿区人才开发交流中心、阳泉市矿区人才市场管理处。为区人事局下属股级事业单位，两个机构，一套人员，经费由区财政解决。

1991 年 2 月 11 日，建立矿区民兵训练基地和民兵武器仓库，为区属事业单位，正局（科）级机构。归口区武装部管理。1991 年 2 月 11 日，确定矿区环卫处为正科级全民事业单位，隶属区城环局，经费由区财政局拨付。矿区社会福利企业公司的性质由原企业单位改为事业单位，为股级。经费为自收自支。1991 年 4 月 6 日，成立小游园管理组，为股级全民事业单位，隶属区城环局。经费由区城市维护费中列支。成立阳泉市矿区城市管理监察中队，为全民所有制事业单位，为股级，隶属区城市管理办公室，经费由城市维护费开支。成立阳泉市矿区环境保护监测站，为全民所有制事业单位，为股级，隶属区城环局，经费为自收自支。成立阳泉市矿区消杀服务队，隶属爱卫会，为集体所有制事业单位，经费为自收自支。成立阳泉市矿区排污监督管理所，为全民所有制事业单位，为股级，隶属区城环局，经费为自收自支。成立阳泉市矿区业余少体校，为全民所有制事业单位，隶属区体委。1991 年 6 月 25 日，成立阳泉市矿区人民政府招待所，为股级事业单位，归口行政科管理，财务实行独立核算。1991 年 6 月 25 日，决定将阳泉市矿区地方志编纂委员会办公室与中共阳泉市矿区区委党史研究室分设，均为正科级事业单位，经费由区财政解决。

1993 年 10 月 27 日，将区招生办公室机构规格提升为副科级，性质为全民所有制事业单位，经费来源列入财政预算。

1997 年 8 月 14 日，决定阳泉市矿区人民政府拆迁办公室为正科级全额事业单位，编制 3 名职数 1 名。隶属矿区建设管理局。1997 年 8 月 21 日，成立阳泉市矿区综合调查队，全额事业单位，规格为副科级，隶属区统计局。1997 年 8 月 21 日，决定阳泉市矿区人民政府拆迁办公室为正科级全额事业单位，隶属矿区建设管理局。1997 年 10 月 15 日，确定阳泉市矿区计划生育协会为正科级全额预算事业单位。

1998 年 2 月 23 日，成立阳泉市矿区红十字协会办公室，为全额预算事业单位，副科级。成立阳泉市矿区再就业服务中心，与阳泉市矿区劳动服务公司一个机构，两块牌子，为差额预算事业单位，正科级。成立阳泉市矿区计划生育协会办公室，为全额预算事业单位，副科级。成立阳泉市矿区教育管理中心，为全额预算事业单位，股级，隶属区教育委员会。1998 年 3 月 23 日，成立阳泉市矿区机关交通安全委员会办公室，为全额预算事业单位，股级，隶属区机关事务管理局。1998 年 9 月 18 日，成立阳泉市矿区社区服务中心，为自收自支事业单位，副科级，隶属区民政局管理。决定阳泉市矿区招待所更名为阳泉市矿区神府宾馆，机构为差额事业单位，隶属区机关事务管理局，副科级，经费实行 50% 差额补贴。成立阳泉市矿区技术成果转化推广站，为自收自支事业单位，隶属区科委。

决定阳泉市矿区文化娱乐中心更名为阳泉市矿区文化艺术体育指导中心，为自收自支事业单位，股级，隶属区文体委管理。1998 年 12 月 9 日，成立阳泉市公安局矿区分局治安巡逻队，为股级全额预算事业单位，隶属阳泉市公安局矿区分局，核定编制 25 名，专项解决矿区管理自建房民警问题。

1999 年 1 月 25 日，成立阳泉市矿区机关车辆管理服务中心，隶属区机关事务管理局，副科级，为全额预算事业单位。1999 年 8 月 20 日，矿区职工失业保险所由差额预算拨款事业单位转变为自收自支事业单位。

2005 年 12 月 30 日，阳煤集团 25 所自办普通全日制中小学校全部移交地方政府管理，其中 1 所移交市教育局直接管辖，24 所移交矿区政府管理，成为矿区所属的事业单位（名单参看本志第二十四编《教育》）。

第四节　派出机构

1955 年 12 月起，矿区境内先后设置 6 个街道办事处，同时设中共街道党总支。为了便于开展工作，街道办事处内部在不同时期设置了不同的工作机构。

1970 年 6 月，经中共阳泉市革命委员会核心小组批准，成立沙坪人民公社革命委员会、红卫人民公社革命委员会、红旗人民公社革命委员会、向阳人民公社革命委员会、红旗岗人民公社革命委员会。其中沙坪、红卫、红旗、向阳 4 个人民公社革命委员会分别与阳泉矿务局一矿、三矿、二矿、四矿革命委员会实行一套领导班子、两块牌子、两枚印章的组织形式。

1981 年 3 月，沙坪、红卫、红旗、向阳、红旗岗 5 个人民公社改建为街道办事处，为矿区革命委员会的派出机构。公社党委改称街道办事处党委。

1982 年 12 月 18 日，阳泉市政府决定矿区小南坑街道办事处更名为阳泉市矿区蔡洼街道办事处，党组织也随之更名。

1984 年 2 月 7 日，市政府常务会议决定，贵石沟矿区划归矿区管辖。3 月 12 日，区政府向市政府呈送《关于成立贵石沟街道办事处》的请示。4 月 17 日，阳泉市人民政府阳政发〔1984〕39 号文件批复，同意矿区在阳泉矿务局贵石沟矿区设立“贵石沟街道办事处”。街道办事处内设机构有办公室、生产、武装、妇联、民政等股室。

1990 年，各街道办事处的内设机构有党政办公室、民政、司法、企业、服务站、财务、计划生育、市容、工会、武装部等部室。

2000 年 6 月 14 日，区政府研究决定同意沙坪、赛鱼、蔡洼、桥头、贵石沟 5 个街道办事处撤并居民区，设置 31 个社区和 148 个社区居委员会干部职数。6 月 16 日，区政府研究决定，同意平潭街街道办事处撤并居民区设置 8 个社区和 35 个社区居民委员会干部职数（后于 2003 年 12 月增设南台社区，为 36 个社区居民委员会）。

2001 年 10 月，区委、区政府出台了《街道办事处职能配置、内设机构和人员编制方案》，其中规定街道办事处内设机构为办公室、计生室、民政室、城环室、劳动和社会保障办公室、财务室、司法室、综治办、纪检监察室、组织宣传室、群团办、武装部等常设和非常设机构。

2002 年 6 月，街道办事处下设社区服务中心（全额预算事业单位）。2003 年 9 月，街道建立劳动保障事务所，设在社区服务中心。2004 年 7 月，街道党委、街道纪委、街道人大联络组分别改建为街道党工委、街道纪工委、街道人大工委。2005 年 6 月，街道办事处建立科普协会。

2008 年，各街道均设置街道党工委、街道纪工委、街道人大工委、街道办事处、武装部，下设党政办公室、民政办公室、计生办公室、城建爱卫办公室、财务室、司法所、劳动保障所、社会治安综合治理办公室、组织宣传室、纪检监察室、低保、群团办（工会、妇联）7 个科室。职能相近的机构采用合署办公的形式。

2009 年，各街道办事处设立综治中心。

2011 年，各街道安监站落实了办公室、人员，配备了车辆、电脑、文件柜和制度牌板，达到了“硬件齐全，资料规范”的要求。

第二章　重要会议

政府会议较多，除政府全体会议、政府常务会议、区长办公会议外，还有许多以政府名义召开的各类会议。兹根据资料情况，只对 2008 年后部分区政府常务会议和区长办公会议择要记之。

第一节　区政府常务会议

区政府常务会议不定期召开，参加人为区长、副区长、区长助理和区政府办公室主任。区政府常务会议的主要任务是：（1）传达贯彻市委、市政府和区委的重要指示和决定。讨论通过报请市政府和区委的重要事项；（2）研究提交区委审定的事项，讨论通过提请区人民代表大会及其常务委员会审议的事项；（3）讨论决定区政府工作的重大事项，审定由区政府发布的决定、命令等规范性文件；（4）分析全区经济社会发展形势。（5）听取有关部门、街道办事处专题汇报，研究明确有关事项；（6）讨论通过有关人事任免、表彰奖励事项；（7）通报和讨论其他重要事项。

2008～2011 年阳泉市矿区人民政府部分常务会议重要内容一览表

表 16－3

序　　号	重　　要　　内　　容
八届纪字〔2008〕11 号	1. 会议听取了区安监局局长田建亮关于 2008 年全区安全生产工作会议筹备情况、关于加强安监工作建议的汇报。 2. 会议听取了区老干局、区总工会、区残联、区民政局、防范与处理邪教问题领导办公室关于节前慰问有关事宜的汇报。 3. 会议听取了区人口和计划生育局局长连秀芳关于 2007 年度计生目标责任状考核结果、2008 年全区计生工作暨表彰会有关事宜的汇报
八届纪字〔2008〕12 号	会议就有关人事问题进行了研究
八届纪字〔2008〕13 号	1. 会议听取了区教育局局长吴爱明关于进一步理顺教育管理体制、加强学校管理的情况汇报。 2. 会议听取了区药监局局长古慧娟关于全区食品安全工作会议筹备情况的汇报。 3. 会议听取了区方志办主任王泉关于矿区二轮修志工作进展情况的汇报。 4. 会议听取了区政府办主任杨志强关于区政府 2008 年重点工作和各部门目标责任分解有关情况的汇报。 5. 会议听取了区商务（安监）局局长田建亮关于调整区国有资产经营管理中心和区安委会组成人员的有关情况汇报。 6. 会议听取了区审计局局长石富科关于加强维修改造工程项目管理的相关情况汇报。 7. 会议就筹建区残疾人康复中心的相关事宜进行了研究

续表 16 - 3

序　号	重　要　内　容
八届纪字〔2008〕14 号	会议研究了 2008 年 4 月 22 日在阳泉市矿区第八届人民代表大会第二次会议上《政府工作报告》（征求意见稿）的相关事宜
八届纪字〔2008〕15 号	1. 会议听取了区政府办副主任焦健关于区政府办草拟的 2008 年政府为民办实事项目的情况汇报。 2. 会议听取了区财政局局长张栗平关于 2008 年全区财政收支预算安排情况的汇报。 3. 会议听取了区环保局局长申彪关于召开 2008 年全区环境保护工作会议筹备情况的汇报。 4. 会议听取了区残联理事长高学文关于区残联换届工作有关事宜的情况汇报。 5. 会议听取了区国土管理所所长王亮关于区国土管理所工作情况的汇报。 6. 会议听取了区总工会副主席梁振文关于表彰区 2007 年度先进集体、先进个人和模范单位、劳动模范有关情况的汇报。 7. 会议听取了区政府办副主任蒋文平关于政府信息公开有关事宜的情况汇报
八届纪字〔2008〕16 号	1. 会议听取了区统计局局长张谡明关于第二次全国经济普查和区级 6 项指标抽样调查有关情况的汇报。 2. 会议听取了区统计局局长张谡明关于地区经济社会发展考核评价数据质量全省专项检查有关情况的汇报。 3. 会议就成立区统计监测中心有关事宜进行了研究。 4. 会议就成立区环卫绿化管护中心有关事宜进行了研究。 5. 会议听取了区建设局局长关勇、区民政局局长王前进关于召开全区城市、社区建设工作会议筹备情况的汇报。 6. 会议就北京蓝青创能科技有限公司日产六万 m3CNG 压缩天然气项目租用土地有关事宜进行了研究。 7. 会议就区政府工作和近期重点工作进行了安排
八届纪字〔2008〕17 号	1. 会议听取了区人事局局长唐鲁关于我区拟参照公务员法管理的事业单位名单的情况汇报。 2. 会议就有关人事问题进行了研究
八届纪字〔2008〕19 号	1. 会议听取了各街道办事处、区安监局等 15 个相关部门关于国庆期间对安全工作进行检查情况的汇报。 2. 会议听取区政府办主任杨志强关于区政府重大突发事件处置工作流程的情况汇报
八届纪字〔2008〕20 号	1. 会议听取了区质监局局长史东平关于我区实施名牌战略和开展质量兴区活动有关情况汇报。 2. 会议听取了区信息中心主任郗潇瑾关于我区网络化管理平台建设有关事宜的情况汇报
八届纪字〔2008〕21 号	1. 会议就《关于加快发展现代服务业的实施意见》进行了研究。 2. 会议听取了区环卫处处长赵秀杰关于原临时用工人员劳动争议诉讼情况的汇报。 3. 会议听取了区残联理事长高学文关于创建全国残疾人社区康复示范区情况的汇报。 4. 会议就有关人事问题进行了研究
八届纪字〔2008〕22 号	1. 会议在前三项议题中，分别就区发改局制定的《关于加快服务业发展的若干鼓励政策》、区劳动局拟定的《关于做好促进就业工作的意见》、区商务局（中小企业局）草拟的《关于中小企业成长工程实施意见》进行了研究讨论。 2. 会议听取了区科技局局长武春文关于 2008 年度区级科技研发经费使用计划的情况汇报。 3. 会议就区科技局拟定的《矿区专利管理办法》进行了研究
八届纪字〔2008〕23 号	1. 会议就春节前扶贫济困和慰问活动有关事宜进行了研究。 2. 会议听取了区教育局局长吴爱明关于我区中小学布局调整有关事宜的情况汇报。 3. 会议听取了区卫生局局长胡雪关于制订《阳泉市矿区突发公共卫生事件应急预案》《阳泉市矿区突发公共事件医疗求援应急预案》有关事宜的情况汇报

续表 16－3

序　　号	重　　要　　内　　容
八届纪字〔2009〕24号	1. 会议听取了区政府办副主任焦健关于2009年经济工作会议讲话的说明。 2. 会议分别就区发改局拟定的《关于加快服务业发展的实施意见》和《关于加快服务业发展的若干鼓励政策》、区商务局拟定的《关于中小企业创业及成长工程实施意见》、区劳动局拟定的《关于做好促进就业工作的意见》进行了讨论研究。 3. 会议听取了区发改局局长李贵宝关于2009年重点调产项目和重点工程拟定情况的说明。 4. 会议听取了区计生局局长连秀芳关于2008年计生考核情况、2009年工作重点以及全区计生工作会议筹备情况的汇报
八届纪字〔2009〕25号	会议听取了区安监局局长田建亮关于召开2009年全区安全生产工作会议筹备情况的汇报
八届纪字〔2009〕26号	会议就有关人事问题进行了研究
八届纪字〔2009〕27号	会议就有关人事问题进行了研究
八届纪字〔2009〕28号	会议听取了区文体局关于元宵节群众文化活动安排，以及区安监局、公安分局、西城分局、交警一大队、消防大队、执法大队和各街道办事处关于元宵节期间安全措施准备情况的汇报
八届纪字〔2009〕29号	1. 会议听取了区规划办副主任王坚关于2009年阳煤集团在矿区范围内12个项目建设概况及目前进展情况的汇报。 2. 会议听取了区工商分局局长张怀栋关于推进商标战略的实施方案及有关奖励办法的汇报。 3. 会议听取了区安监局局长田建亮关于近期安全生产及治超工作的情况汇报。 4. 会议听取了区科技局局长武春文关于2008年度区级科技研发经费第二批资助项目情况的说明。 5. 会议听取了区卫生间副局长赵晓琴关于平潭街、桥头两个社区卫生服务中心项目建设情况的汇报
八届纪字〔2009〕30号	1. 会议听取了区建设局局长关勇、区民政局局长王前进关于召开全区城市建设暨社区建设工作会议相关事宜的情况汇报，听取了区环保局局长申彪关于召开全区环保工作会议筹备情况的汇报。 2. 会议听取了区卫生局局长胡雪关于平潭街社区卫生服务中心改建和成立桥头社区卫生服务中心项目筹备处及其方案的情况汇报。 3. 会议听取了区政府办主任杨志强关于制订《关于成立区域资产优化盘活领导组的通知》有关事宜的情况汇报。 4. 会议听取了区政府办主任杨志强关于制订《阳泉市矿区突发公共事件总体应急预案》有关事宜的情况汇报
八届纪字〔2009〕31号	1. 会议听取了区财政局局长张栗平关于2009年区财政收支预算情况的汇报。 2. 会议听取了区政府办副主任焦健关于2009年《政府工作报告》（征求意见稿）的情况汇报。
八届纪字〔2009〕32号	1. 会议听取了区监察局局长韩德文关于召开全区行政监察工作会议有关情况的汇报。 2. 会议听取了区卫生局局长胡雪关于全区开展甲型H1N1流感防控工作有关情况的汇报。 3. 会议听取了区商务局局长田建亮关于变更区国有资产经营管理中心法人相关事宜的汇报
八届纪字〔2009〕33号	1. 会议听取了区公安分局局副局长刘文华关于我区开展禁毒工作的情况汇报。 2. 会议听取了区行政执法大队大队长赵太平、区信息中心主任郗潇瑾关于制订我区“网格化”城市管理实施方案的情况汇报。 3. 会议听取了区环卫处处长赵秀杰、区监察局局长韩德文关于我区城市环境综合治理工作情况及督查情况的汇报。 4. 会议听取区教育局局长吴爱明关于区青少年活动中心建设有关情况的汇报。 5. 会议听取了区民政局局长王前进关于区社会福利服务中心建设项目筹建情况的汇报。 6. 人事问题

续表 16 - 3

序　号	重　要　内　容
八届纪字〔2009〕34 号	1. 会议就区教育局拟定的《关于矿区部分学校布局调整的实施方案》进行了讨论研究。 2. 会议听取了区环保局局长申彪关于矿区第四次“高污染禁燃区”划定及二矿东区燃煤锅炉停用拆除有关情况的汇报。 3. 会议就区政府办和区机关事务管理局拟定的《阳泉市矿区人民政府工作规则（试行）》和《阳泉市矿区机关公务用车管理实施细则》进行了讨论研究。 4. 会议就区人事局拟定的《阳泉市矿区机关事业单位工作人员带薪年休假实施办法》进行了讨论研究。 5. 会议就区人事局拟定的《阳泉市矿区机关事业单位临时用工管理办法》进行了讨论研究。 6. 会议听取了贵石沟街道办事处主任何勇关于矿区贵石沟工业园区工作情况的汇报，并就贵石沟工业园区管理委员会建议名单进行了讨论研究
八届纪字〔2009〕35 号	1. 会议听取了区长助理、区科协主席薛更关于区政府办草拟的阳泉市矿区“三城同创”实施方案的情况汇报。 2. 人事问题。
八届纪字〔2009〕36 号	1. 会议听取了区房地产开发公司经理王泉起关于日潭小区住户办理房产证有关情况的汇报。 2. 会议听取了区文体局关于公布首批区级文物保护单位有关情况的汇报。 3. 会议就区人事局草拟的《阳泉市矿区机关事业单位聘用工作人员合同书》进行了讨论研究。 4. 会议就区人事局、区财政局、区教育局拟定的《阳泉市矿区义务教育学校绩效工资实施办法》进行了讨论研究。 5. 会议就区政府办拟定的《关于开展三城同创有关事宜的通告》进行了讨论研究。 6. 会议听取了区亮化办关于我区亮化工作进展情况的汇报
八届纪字〔2009〕37 号	会议听取了区行政执法分局副局长、区行政执法大队大队长赵太平关于北大西街、桃北路（矿区段）沿线综合拆迁改造有关情况的汇报
八届纪字〔2009〕38 号	1. 会议听取了区科技局局长武春文关于 2009 年度科技研发经费第一批资助项目情况的汇报。 2. 会议听取了区公安分局副局长刘文华《关于开展社区戒毒和社区康复试点工作实施方案》的情况汇报。 3. 会议听取了区卫生局局长胡雪关于全区甲型 H1N1 流感防控工作的情况汇报
八届纪字〔2009〕39 号	1. 会议就赴太原争取资金相关事宜进行了研究。 2. 会议听取了区劳动局关于为部分社区干部补缴养老保险的相关事宜汇报。 3. 会议听取了区民政局关于社区居委会换届的情况汇报。 4. 会议听取了区文体局关于深化文化体制改革的有关情况汇报。 5. 会议听取了区工商分局关于查处取缔无证无照经营工作的相关情况汇报
八届纪字〔2009〕40 号	会议就有关人事问题进行了研究
八届纪字〔2010〕41 号	1. 会议听取了区地震局局长张惠英关于修订矿区地震应急预案，以及调整防震减灾领导组人员情况的汇报。 2. 会议就元宵节亮化工作进行安排部署。 3. 会议就 2010 年为民办实事广泛征求意见。 4. 会议还就今年有关工作进行了专门部署
八届纪字〔2010〕42 号	1. 会议听取了区政府办主任杨志强关于 2010 年《政府工作报告》（征求意见稿）的情况汇报。 2. 会议听取了区发改局所拟的《2010 年国民经济和社会发展计划》。 3. 会议听取了区财政局 2009 年财政预算执行情况及 2010 年财政预算草案的报告

续表16－3

序　　号	重　　要　　内　　容
八届纪字〔2010〕43号	1. 会议听取了区住房保障和城乡建设管理局局长李贵宝关于创建国家园林城市、卫生城市任务分解情况和区环保局局长申彪关于创建环保模范城市任务分解情况的汇报，研究了关于召开全区“三城同创”推进会的相关事宜。 2. 会议听取了教育局局长吴爱明关于全区中小学校舍安全工程情况的汇报。 3. 会议听取了区教育局局长吴爱明关于2010年全区教师培训方案的情况汇报。 4. 会议听取了区卫生局局长胡雪关于沙坪、赛鱼、蔡洼、贵石沟社区卫生服务中心改扩建项目方案的情况汇报。 5. 会议听取了区民政局局长王前进关于提高退职老居干津贴实施方案的情况汇报。 6. 会议听取了区安监局局长孙伟关于租赁元承大厦（原市一建公司办公楼）办公用房方案的情况汇报
八届纪字〔2010〕44号	1. 会议听取了平潭街街道党工委书记周拉弟、区房地产开发公司经理王泉起关于平潭旧区公产房安置及日潭小区部分住户办理房产证有关情况的汇报。 2. 会议听取了区安监局局长孙伟关于2010年全区安全工作会议筹备情况的汇报，并对区安监局拟定的《矿区2009年度安全生产先进集体、优秀工作者名单》进行了讨论研究。 3. 会议就区总工会拟定的《矿区2009年度模范集体、劳动模范、先进集体和先进个人名单》进行了讨论研究。 4. 会议就区绿化养护大队拟定的《关于矿区桃北中路、河神庙地段平面及立体绿化实施方案》进行了讨论研究。 5. 会议就区环保局草拟的《阳泉市矿区城市扬尘污染防治管理办法》和《阳泉市矿区饮食服务业环境污染防治管理办法》进行了讨论研究。 6. 会议听取了区“三城同创”总指挥部办公室副主任赵俊峰关于矿区“三城同创”总指挥部组成人员调整情况的汇报
八届纪字〔2010〕45号	1. 会议听取了区教育局关于学校周边安全国家、省市有关会议情况的汇报。 2. 会议研究了廉价廉租房有关事宜。 3. 会议还就区政府领导分工调整相关事宜进行了研究。
八届纪字〔2010〕46号	1. 会议听取了区科技局关于2009年度科技研发经费第二批资助项目的说明。 2. 会议研究了区民政局拟定的《关于进一步规范和完善贫困居民医疗救助制度的实施办法》和《阳泉市矿区自然灾害救助应急预案》。 3. 会议听取了区人力资源和社会保障局关于召开全区事业单位岗位设置管理和公开招聘实施工作动员会筹备情况的汇报
八届纪字〔2010〕47号	1. 会议听取了区财政局局长张栗平关于中小学危房改造贷款相关情况的汇报。 2. 会议听取了区财政局局长张栗平关于学校教师绩效工资相关情况的汇报。 3. 会议听取了区卫生局局长胡雪关于社区戒毒相关情况的汇报会。 4. 会议听取了区计生局局长王希田关于《矿区计划生育综合改革实施方案》的汇报。 5. 会议就招聘合同制法警的有关事宜进行讨论研究
八届纪字〔2010〕48号	1. 会议研究了成立矿区“十二五”规划编制领导组相关事宜。 2. 会议听取了教育局局长吴爱明关于全区中小学校舍安全工程情况的汇报。 3. 会议研究了区环卫处拟定的《矿区环卫工人绩效工资实施方案》。
八届纪字〔2010〕49号	1. 会议听取了区公安分局消防大队关于进一步推进构筑社会消防安全“防火墙”工程相关事宜的汇报。 2. 会议研究了区环保局草拟的《矿区环境监察网格化管理实施方案》。 3. 会议听取了区卫生局关于设立矿区食品安全委员会相关事宜的汇报。 4. 会议就区住房保障和城乡建设管理局草拟的《阳泉市矿区防洪应急预案》进行了讨论研究。 5. 会议听取了区人力资源和社会保障局关于区属事业单位聘用临时工作人员的情况汇报。 6. 会议就有关人事问题进行了研究

续表 16－3

序　号	重　要　内　容
八届纪字〔2010〕50号	1. 会议研究了关于召开获得省著名商标、注册商标和名牌产品、质量信誉等级企业表彰会有关事宜。 2. 会议听取了区经信局拟定的《关于进一步促进民营经济发展的实施意见》。 3. 会议研究了区环保局所拟的《阳泉市矿区处置突发环境事件应急预案》。 4. 会议研究了矿区管件厂改制有关事宜。 5. 会议就有关人事问题进行了研究
八届纪字〔2010〕51号	1. 会议研究了教师节表彰奖励和义务教育学校教师绩效工资考核实施办法等相关事宜。 2. 会议听取了区法制办关于行政许可项目和非行政许可审批项目的清理情况汇报。 3. 会议听取了区经信局关于节能减排工作的情况汇报。 4. 会议听取了区防汛办关于全区防汛工作的情况汇报。 5. 会议听取了区发改局关于重点工程进展情况的汇报。 6. 会议听取了贵石沟街道办事处关于贵石沟工业园区工作进展情况的汇报
八届纪字〔2010〕52号	1. 会议研究了虎尾沟粮店及南外环等处拆迁补偿相关事宜。 2. 会议听取了区行政执法大队关于加强赛鱼街地区城市管理的相关情况汇报。 3. 会议研究了关于在区管件厂开发建设保障性住房的相关事宜。 4. 会议听取了关于提高社区干部生活补贴相关事宜的汇报。 5. 会议就科技研发经费资助项目安排进行了讨论研究。 6. 会议听取了区统计局关于全区32项指标完成情况及第六次人口普查进展情况的汇报、研究统计制度方法改革的相关事宜
八届纪字〔2011〕53号	1. 会议听取了区安监局局长孙伟关于2010年度安全生产工作完成情况的汇报。 2. 会议听取了区民政局、区总工会、区统战部、区老干局、区残联、区对台办、区委610办公室关于节前慰问有关事宜的汇报。 3. 会议听取了区计生局局长王希田关于2011年全区计生工作暨表彰大会的有关事宜的汇报。 4. 会议就有关人事问题进行了研究。 5. 会议研究了区卫生局拟定的《基本药物制度实施方案》和《问题乳粉清查举报奖励办法》。 6. 会议研究了医改领导组名单事宜
八届纪字〔2011〕54号	1. 会议研究了张清河区长《在全区经济工作会议上的讲话》（征求意见稿）的有关事宜。 2. 会议研究了关于购买矿区粮油公司资产的相关事宜

第二节　区长办公会议

区长办公会议不定期召开，参加人为区长、副区长、区长助理和区政府办公室主任，由区长、副区长主持。历次区长办公会议就矿区城市发展和管理、经济建设和重大工程项目、社会事业、事关地方国计民生的大事要事等事项进行及时研究，均提出严格的要求和切实可行的解决办法，对矿区发展产生重要影响。

一、关于城市发展和管理

区长办公会议对城市发展和管理问题高度重视，多次就推进街道社会管理创新工作进行了讨论。研究了赛鱼街道办事处麻地巷社区综合服务楼工程建设有关问题和沙坪街道办事处蒙北社区综合服务楼建设资金分担事宜。会议安排部署了流浪未成年人救助保护工作，就日潭小区工程改造进展情况以及改造后小区管理等有关问题进行了研究。

会议研究了赛鱼集贸市场管理及赛鱼街地段、四矿口地段综合整治有关问题。要求制订出台区域内现有市场改造方案。进一步做好非法“小广告”清除覆盖工作。

传达了全省食品安全工作电视电话会议精神，研究了省政府关于明确食品生产加工小作坊和食品摊贩监督管理职责的通知。会议对《阳泉市矿区食品安全委员会各成员单位及相关部门职责（试行）》和《阳泉市矿区食品生产加工小作坊和食品摊贩监管职责分工（讨论稿）》进行讨论研究。要求深入推进食品安全网格化管理工作，依法抓好查处劣质食用油工作。对“打四黑、除四害”（俗称“黑作坊”“黑工厂”“黑市场”“黑窝点”，这“四黑”就是新的“四害”：害百姓、害家庭、害社会、害国家），打击“地沟油”违法犯罪，打击传销和虚假广告以及治理打击垃圾、非法短信等工作进行安排部署。听取了劣质食用油查处落实情况及相关事宜。

会议对“1·28”私挖滥采造成南楼部分自建房屋受损等情况进行了专门研究，切实抓好打击非法采矿工作。

二、关于经济发展和人民生活

区长办公会议多次研究了区属企业改制工作。研究了“一街一业、一社一品”相关事宜并进行了部署，要求各街道要对“一街一业、一社一品”中的“业”和“品”进行准确定位，形成以市场需求为导向的、与本区域特色和改善民生相结合的专业产业和特色产品，要切实把工作的着力点落在企业和项目上。

针对阳煤集团成功进行资本运营和低成本扩张，把产业的触角伸向三省八市，并提出做大做强“总部经济”的大局，区长办公会议研究了与阳煤集团政企合作推进“总部经济”的有关事宜，要求抓好总部商务楼装修，做好总部商务楼供货商选择工作。要求尽快完成贵石沟循环工业园区控制性规划修编，把该规划与阳煤集团项目建设有机结合，抓好招商引资工作。

区长办公会议多次要求抓好项目库的建设、完善和上报工作，做好参加武汉“中博会”招商会的筹备。研究关于中央投资项目有关事宜。要求积极推进“城市春天”项目。

区长办公会议研究了矿区周边11个村托管相关事宜，要求发改局进一步做好综改试验区行动方案编制工作，把托管村思路纳入到方案中。区长办公会议要求切实做好保障性住房建设项目有关工作，抓好剪子沟开发前期工作。加快与金融机构对接工作。对阳泉达科特能源科技有限公司投资建设煤层气综合利用项目进行了专题研究，要求紧紧咬住LED项目，抓好商务工作，支持华龙集团公司在全区各社区设立蔬菜直供点，还研究了在各社区内建设便民市场有关问题。

区长办公会议要求切实抓好财税收入入库工作。继续紧抓财税入库工作不放松。

区长办公会议多次研究了就业再就业问题，要求妥善使用并做好就业再就业资金管理工作。就原区属企业部分职工要求补交社会保险问题进行了研究。对平潭街街道办事处原所属企业平潭食品厂和平潭汽修厂改制遗留问题进行了研究，要求妥善处理原平潭服装厂职工养老、医疗保险有关问题。会议就桥头街道办事处所属企业泰康食品厂职工失业保险、基本养老和基本医疗三项保险有关事宜进行了研究。就蔡洼街道办事处所属企业矿区管件厂改制有关事宜进行了研究。专题研究了蔡洼东区棚户区改造、小南沟自建区居民拆迁安置工作、管件厂保障性住房建设和购置价格等问题。研究了平潭小区部分住户办理房屋产权证问题。

区长办公会议研究了阳泉市矿区社会福利服务中心工程建设相关事宜。

区长办公会议高度重视农民工工资问题，研究了平潭小区物业管理和施工队工程结算款等相关事宜。并就部分退职居委会干部福利待遇问题进行了研究。

三、关于社会事业

区长办公会议多次研究了教育资源开发和整合问题、学校建设和安全问题、校舍安全工程问题和中小学冬季取暖问题。在教育资源开发和整合方面，研究解决了十五中学与十七中学联办寄宿制初中问题、市外国语学校撤销初中部问题。在学校建设方面，研究处理了洪城河小学新建教学综合楼室外工程等问题。在学校安全方面，研究处理了消除沙台小学西教学楼背后围墙护坡塌方存在安全隐患问题，安排部署了全区学校校舍安全隐患大排查工作，要求进一步加强学校及周边建筑安全管理问题，把师生的生命安全放在第一位，做好在校师生的安全防护工作，确保在校师生的人身安全。多次研究并及时处理了中小学校舍安全工程中出现的各种问题。多次研究解决中小学冬季取暖问题。要求人社局、教育局要做好教师招聘有关工作。

区长办公会议研究了矿区文化事业的发展，要求矿区文化馆尽快重新选择办公场所，要求抓好文化馆、图书馆、青少年活动中心等数馆合一建设。研讨了矿区文化产业的发展规划，要求按照市领导要求，要加大对非物质文化遗产类的创业项目挖掘力度，积极推进"中国·阳泉木版画"产业有关工作，要求抓好剪纸、木版画创作工作。

区长办公会议研究关于区食品药品监督管理局和区卫生局职能划分和人员调整等相关事宜。多次研究了矿区医药卫生体制改革相关事宜，要求积极推进基层医疗卫生机构综合改革工作。要求加强传染病预防的有关工作。区长办公会议要求继续做好计生工作，并研究了加快矿区计生数字化服务中心施工进度问题。

四、安全生产和环保

区长办公会议历年均对在全区范围内开展行政执法大检查工作给予重视，进行了全面的安排部署，对召开全区安全生产工作推进会进行部署，要求抓好消防应急救援队伍建设，抓好安全生产工作，要求切实提高安全生产监察水平。要求各部门、各街道要继续深入开展"安全生产年"活动，大力加强和推进安全生产"三项行动""三项建设"和安全生产"三同时"验收工作，认真制订工作计划和措施，根据部门需要，至少一个季度开展一次针对本领域安全生产的隐患排查和专项整治行动，并及时向分管领导汇报，特别是教育、文体等部门，责任重大，应着力把工作落到实处。要求各相关部门切实抓好重点行业和领域的安全监管工作，抓好对危险化学品、烟花爆竹、民爆、道路交通、消防、建筑施工等重点行业领域的安全监管。对于安全生产的重点难点工作，要实行重点领导、重点部署、重点督办，切实加强监督检查和检测检验等工作，做到部门联动，分工负责，确保各项安全措施有效落实。会议强调指出，安全生产工作要着力强化基层基础工作。要在街道安监站开展标准化建设工作，做到有办公场所、有监管部门、有专职人员、有职能职责、有工作经费、有专门装备"六有标准"。在社区要设立专兼职安全员或安全信息员，保证安全信息畅通。区建设、教育、文体、商务局等行业部门，要设立安监机构，明确监管人员，提高各行业的安全工作水平。要加强安全生产宣传教育培训工作。首先要加强安监人员的培训，并尽快办理执法证。另外，要切实加强企业安全生产教育培训，有计划、有重点的对企业负责人、安全管理人员、特种作业人员和其他从业人员进行安全教育培训，切实提高安全管理和安全操作水平。

在环保方面，强调要树立"大环保"意识，做好矿区辖区范围内地面企业有关环境方面问题的监管。要切实抓好辖区范围内储煤厂、洗煤厂扬尘污染治理工作，尽快推开煤炭全封闭式储放，全面推广煤炭"上天入地"式储放，推动扬尘污染治理工作取得实效。切实做好扬尘污染费收取工作。认真做好节能降耗工作。会议就环保专项资金的使用计划进行了研究讨论。

第三章　施政纪略

1984年，区政府提出了“为煤炭生产服务、为矿区人民生活服务”的“双服务”工作方针，推动矿区经济发展和社会进步。

1985年4月2日，区委、区政府下发《关于贯彻落实〈山西省以增强企业活力为中心的经济体制改革实施方案〉的意见》，旨在激活企业发展活力，增强企业发展后劲，推进全区经济发展。

1988年12月22日，区政府举行“赴山东学习考察报告会”。区委副书记、区长王克恭介绍了赴山东学习考察的情况。

1989年10月7日，矿区桥东街街道改造第一期工程正式动工。桥东街街道改造工程东起河神庙，西至四矿口，全长1080米，路面平均宽度11米。

1990年7月26日，按照《中共中央关于加强党同人民群众联系的决定》精神，矿区建立了区级领导接待群众来信来访制度。具体接待时间是区长每月第一、二周星期六上午，副区长每月第三、四周星期六上午，接待地点设在各自办公室。

1990年10月11日，区政府召开贯彻落实《中华人民共和国城市居民委员会组织法》（以下简称《组织法》）动员大会，全区114个居委会按照《组织法》要求进行了选举。

1990年9月3日，矿区召开经济、体改工作会议，讨论《关于坚持和完善工商企业承包经营责任的指导意见》，研究企业第二轮承包工作。

1992年4月22日，区政府制订出台了《关于深化企业劳动、人事、工资制度改革的实施意见》。

1992年10月15日，区政府决定下放新成企业审批权。从即日起，新成立区工业企业和建筑业由区经委审批；新成立的商业、饮食业、服务业等企业由区政府委托区劳动服务公司审批。

1996年8月，区政府制订出台了《关于加快经济发展的若干优惠政策》，扶持区属工商企业加快发展。

1996年10月，区政府决定改造平潭旧区，制订了《平潭旧区改造搬迁安置方案》。1997年8月18日，平潭旧区改造工程奠基开工。

1997年1月，区政府提出了“368”经济工作目标任务。即努力实现三个突破，重点抓好六项工程，全面刷新八项指标，促进矿区经济持续快速健康发展。

1997年12月，区政府制订了《阳泉市矿区加快企业改革实施意见》，旨在对全区13个区直企业均改为股份合作制企业，推进企业发展。

2000年4月28日，区政府按照“认真整改，巩固成果”的要求，扎扎实实搞好区政府领导班子的整改工作，制订了《矿区人民政府“三讲”教育班子整改方案》。

2000年11月10日，区政府为加强社区民主政治建设，贯彻落实《城市居民委员会组织法》，出台了《矿区关于加强社区居委会民主建设实行规范管理的方案》。

2000年12月，日潭小区安居工程基本竣工。

2001年2月20日，区政府坚持从严治政、依法行政的原则，推进政府工作法制化，制订了《矿区规范化文件清理工作方案》。

2001年2月28日，区政府紧紧围绕改革、发展和稳定的大局，密切联系本班子和广大干部的思想、工作实际，立足于学习，着眼于提高，致力于推动政府各项工作，制订了《关于开展“三个代表”重要思想学习教育活动的实施方案》。

2001年7月10日，区政府为发展矿区经济，培植保护税源，为企业创造一个宽松良好的外部环境，制订了《关于2001年度对重点企业实行挂牌保护的意见》。

2001年7月19日，区政府为全面推进全区经济建设和各项社会事业发展，制定了《矿区国民经济和社会发展“十五”计划纲要》。

2001年10月17日，区政府为保障城市困难居民基本生活，进一步完善和规范社会保障制度，制订了《矿区关于实施〈阳泉市城市居民最低生活保障办法〉的实施细则》。

2001年12月25日，区政府为进一步深化社区建设，规范社区职能，推进社区自治，出台了《矿区关于社区职能界定的意见》。

2002年4月9日，区政府为强化各街道办事处协税、护税职能，确保财政收入制订了《关于对完成税收切块任务实行税费挂钩的实施意见》。

2002年4月12日，区政府为全面推动各单位的消防安全管理工作，不断改善全区消防安全环境，制订了《矿区关于贯彻落实机关、团体、企业、事业单位消防安全管理规定的实施意见》。

2002年7月22日，区政府为进一步依法办理人大代表建议和政协委员提案，规范办理程序，制订了《关于进一步做好人大代表建议和政协委员提案办理工作的意见》。

2002年8月27日，区政府为顺利完成矿区段桃河治理工程任务，制订了《矿区政府、阳煤集团治桃工程K0－030～K3＋000段施工方案》。

2002年9月3日，区政府决定在全区广泛开展计划生育优质服务先进区创建活动，出台了《关于开展创建计划生育优质服务先进区活动的实施》。

2002年10月29日，区政府研究决定，阳煤集团城建管理监察大队及中队撤销后，原职责范围划归矿区行政执法大队，将从原阳煤集团城建管理监察大队现有人员中择优招聘27名人员，为搞好招聘工作，制订了《阳泉市矿区招聘执法大队人员实施方案》。

2002年11月27日，区政府为认真贯彻落实《工会法》，加强政府与工会的相互联系，充分发挥工会民主参与、民主监督和社会调节作用，推进社会主义民主政治建设，推进政府决策的民主化和科学化，制订了《关于进一步加强与同级工作联系、支持工会开展工作的意见》。同时，经区政府与区总工会第一次联席会议讨论通过了《阳泉市矿区人民政府与阳泉市矿区总工会联席会议制度（试行)》。

2002年12月8日，区政府为有计划、有步骤地深入开展学习贯彻十六大精神活动，有力推动全区各项工作，制订了《关于学习贯彻十六大精神工作实施方案》。

2003年12月，区政府决定运用经营城市的理念，采取商业化市场运作模式，改扩建平潭街道路。平潭街宽25米，长127米，90年代初建成后年久失修。该项工程需资金360万，提请市政府列入2004年阳泉市重点建设工程计划。

2004年1月，区政府制订出台了《关于改革行政审批制度的意见》，旨在切实转变政府职能，提高行政效率，促进廉政建设，改善市场环境。

2004年3月18日，区政府决定成立矿区劳动力市场筹建领导组、矿区中小企业担保中心筹备组、矿区环境卫生管理年活动协调领导组3个议事协调机构。

2004年4月5日，区政府与阳煤集团联合印发《关于全面推进共驻共建，加强社区基础设施建设的实施方案》，旨在与阳煤集团用两年左右的时间，在全区40个社区新建和改扩建高标准社区综合服务楼，完善社区服务基础设施，为社区居民和阳煤集团职工家庭提供良好的服务。

2004年5月25日，区政府为进一步帮助和关心困难群体，健全和完善全区特困职工援助工作机制，出台了《关于成立矿区特困职工援助中心建立援助特困职工长效捐赠机制的意见》。

2004年5月，区政府把建设矿区文化广场列为全年重点工作之一和为广大人民群众承诺办理的七件实事之一。

2004年7月13日，区政府制定出台了《矿区招商引资优惠政策》，进一步加大招商引资力度，吸引外来投资者到矿区投资兴业，促进区域经济加快发展，提高区域经济综合竞争能力。

2004年9月6日，区政府为千方百计扩大就业，促进再就业，出台了《矿区关于加强街道和社区劳动保障平台建设的实施意见》。

2005年1月13日，区政府为加强对工程项目的监管，规范工程建设项目的立项、发包、施工、资金支付管理活动，出台了解《矿区关于规范工程建设项目管理的暂行规定》。

2005年5月31日，区政府制订并实施了《阳泉市矿区特困家庭子女上大学资助实施办法（试行)》，旨在进一步关注民生，有效解决全区特困家庭子女上大学入学困难问题，努力构建和谐矿区。

2005年10月21日，区政府按照国家、省关于国有企业办社会职能逐步剥离、移交当地政府管理的精神，本着有利于深化国有企业改革、有利于全区基础教育发展、有利于社会稳定的原则，制订出台了《阳泉市矿区人民政府关于接收阳煤集团企业办中小学校的实施方案》。

2005年11月3日，区政府与阳煤集团联合出台《关于拆除蒙河沿线违法违章建筑的实施方案》，以确保由市委市政府组织、区委区政府协调、阳煤集团投入巨资并组织施工的蒙河治理工程的顺利实施。

2005年12月19日，为适应社会主义市场经济体制改革和城市管理的需要，发挥统计工作在国民经济和社会发展中的重要作用，区政府下达《关于改革统计管理体制实行在地统计的通知》。

2006年3月27日，为了改变城、矿结合处的简子沟地区基础设施不配套、居民生活环境差的状况，提高城市品位，满足居民要求，区政府向阳泉市人民政府提出《关于对简子沟地区改造立项的报告》。

2006年7月20日，区政府印发《阳泉市矿区国民经济和社会发展“十一五”规划纲要》。

2007年1月9日，为了落实矿区“打造资源转型示范区”的结构调整战略，促进矿山机械与配件制造业发展，着力打造煤矿机械制造基地，区政府制订并下发《关于振兴矿区矿山机械制造业的实施方案》。

2007年6月15日，区政府下发《关于发展城市社区卫生服务的实施意见》，要求加强城市社区卫生服务工作，构建新型城市医疗卫生服务体系，努力满足群众基本医疗卫生服务需求，实现人人享有初级卫生保健的目标。

2007年12月26日，区政府下达《关于中小学体育场馆首批纳入公共开放范围的通知》，要求扩展公共体育场地，扩大人民群众的业余生活空间。

2008年9月22日，区政府下发《关于推进非公有制经济单位和灵活就业人员参加社会保障工作意见》，要求加强领导，狠抓落实，健全和完善社会保障体系。

2008年11月17日，为了提高经济增长的质量和效益，促进经济社会又好又快发展，区政府下发《关于进一步推进实施名牌战略和质量兴区的意见》。

2008年11月20日，区政府下发《关于支持阳泉市第十五中学创建省普通高中示范校的意见》，决定全力支持学校按照五年规划进行改扩建，做好人才资源的开发与利用，并分年度投资2000万元，用于改扩建前进行设施设备的修缮补充。

2009年1月12日，为推动服务业加快发展，区政府下发了《关于加快服务业发展的实施意见》和《关于加快服务业发展的若干鼓励政策》。

2009年1月13日，为积极应对国际金融危机对中小企业发展的影响，保障和促进中小企业又好又快发展，确保“十一五”期间目标实现，区政府下发了《关于矿区中小企业创业及成长工程的实施意见》。

2009年3月31日，为提高企业的市场竞争力，引导企业走“商标兴企，商标强区”的发展道路，鼓励企业争创著名商标和驰名商标，区政府出台了《关于进一步推进全区商标战略的实施意见》。

2009年12月17日，为进一步提高中小学校防震抗灾能力，保障师生生命安全，保证中小学校舍安全工程顺利实施，区政府向市政府提出了《关于矿区中小学校舍安全工程改造建设总体规划的报告》。

2010年4月25日，区政府下发了《关于创建国家级创业型城市的实施意见》，以建立创业促进就业的工作机制。

2010年8月16日，区政府印发了《关于成立阳泉市"百团"城郊森林公园的决定》。

2010年12月14日，区政府下发了《关于清缴问题乳粉的公告》，要求在全区集中清缴问题乳粉，严厉打击查处藏匿、生产经营问题乳粉的违法犯罪行为。

2011年3月29日，为满足老年人养老服务需求，使他们老有所养，老有所依，老有所乐，矿区拟投资600万元建设社会福利服务中心，项目选址于二矿南台林场，占地5600平方米，区政府向市政府提出《关于办理矿区社会福利服务中心建设用地的报告》。

2011年6月20日，区政府印发《阳泉市矿区国民经济和社会发展"十二五"规划纲要》。

2011年7月1日，区政府出台了《关于基层医药卫生体制综合改革的实施意见》，在全区实施基层医药卫生体制综合改革。

2011年8月12日，为进一步激发创业活力，鼓励全民创业，促进充分就业，加快推进全区经济社会发展，区政府下发了《关于矿区鼓励创业实施细则的通知》。

2011年12月12日，为进一步巩固和提升义务教育办学水平，促进区域内义务教育均衡发展，区政府出台了《关于实施义务教育标准化学校建设工程的意见》。

第四章　综合工作

按照大社会、小政府的思路，矿区人民政府设置的工作机构少，合署办公的机构多；分工也因地制宜、因事制宜，兼职多。矿区人民政府的"综合工作"可分为工作制度的制订、实施及机关事务管理两部分。

第一节　工作制度

1980年，矿区与阳泉矿务局机构分设后，各部门制订了严格的工作制度。其后，随着政府机构不断完善，工作制度也逐步制订、修订和更新。

2000年6月6日，第六届区政府第四次常务会议研究通过了《矿区全面推行素质教育实施方案》和关于调整确定社区区划有关事宜的情况。

2000年11月16日，第六届区政府第九次常务会议研究通过了《关于加强社区居委会民主建设实行规范化管理的方案》和《关于矿区社区建设职责分工的细则》。

2001年2月20日，区政府坚持从严治政、依法行政的原则，推进政府工作法制化，制订了《矿区规范化文件清理工作方案》。

2001年3月13日，第六届区政府第一次常务会议研究通过了《矿区关于县级以下党政领导干部任期经济责任审计的暂行规定》《矿区关于国有企业及国有控股企业领导人员任期经济责任审计的暂行规定》《矿区工程建设项目审计办法》。

2002年10月29日，区政府研究决定，阳煤集团城建管理监察大队及中队撤销后，原职责范围划归矿区行政执法大队，将从原阳煤集团城建管理监察大队现有人员中择优招聘27名人员，为搞好招聘工作，制订了《阳泉市矿区招聘执法大队人员实施方案》。

2003年7月1日，区政府制订出台了《关于政府党组建立实行学习制度》，制度规定每周至少安排一次集中学习时间，由政府党组书记主持，办公室主任负责召集；学习地点为区政府三楼会议室，学习内容为“三个代表”重要思想有关论著、政府行政的法律法规以及经济发展和社会事业等。

2003年8月11日，区政府出台了《关于召开区政府党组民主生活会的实施方案》，目的是认真落实党内开展批评与自我批评的组织建设原则，不断强化班子自身建设，进一步推动政府各项工作。

2003年9月17日，区政府为规范政府采购行为，加强财政支出管理，提高财政支出使用效益，制订了《矿区政府采购管理办法（试行）》。

2003年10月29日，区政府为全面推进全区事业单位人事制度改革，保证事业单位人事制度改革工作规范、健康和顺利进行，制订了《矿区事业单位人事制度改革试点工作方案》。

2003年12月28日，区政府为有效解决全区义务教育阶段家庭贫困生的就学问题，出台了《矿区义务教育保学金制度实施办法》。

2004年1月5日，区政府为加快全区行政审批制度改革步伐，进一步简化办事程序，提高办事效率，规范行政审批工作，制订《矿区行政审批服务中心审批事项办理暂行规定办法》和《矿区行政审批服务中心重大事项联合审批暂行办法》。

2004年5月25日，区政府出台了《关于在区直中小学、幼儿园进行人事制度改革的实施意见（试行）》。

2004年5月25日，区政府为进一步帮助和关心困难群体，健全和完善全区特困职工援助工作机制，成立矿区特困职工援助中心，并建立援助特困职工长效捐赠机制。

2004年6月23日，区政府为切实加强机关党的建设和党员队伍建设，充分发挥党支部战斗堡垒作用和党员的先锋模范作用，出台了《关于开展民主评议党员工作的实施方案》。

2004年7月7日，区政府为切实加强政府领导班子和领导干部思想政治建设，自觉践行“三个代表”重要思想，出台了《关于召开2004年度区政府领导班子和党员领导干部民主生活会的实施方案》。

2004年8月29日，区政府为规范行政事业单位收费行为，提高收费政策的透明度，制止各种乱收费，维护企业和群众的合法权益，制订了《矿区关于全面实行行政事业性收费公示制度的实施方案》。

2004年9月27日，区政府制订实施了《阳泉市矿区人民政府工作规则（试行）》。该规范性文件共10章、52条，分别是总则、组成人员职责、全面履行政府职能、实行科学民主决策、坚持依法行政、加强行政监督、工作安排布局、会议制度、公文审批、作风纪律等内容。

2005年4月13日，区政府为引深保持共产党员先进性教育活动，对照党的组织制度和组织原则，认真检查区政府班子及其成员在思想、工作、作风、纪律、廉洁等方面存在的问题，制订了《关于召开2005年度区政府党组民主生活会的实施方案》。

2005年9月26日，区政府为确保领导批办事项和重大决策的贯彻落实，出台了《关于进一步做好区政府领导批办事项办理工作的意见》。

2011年6月9日，区政府出台了《矿区人民政府工作规则（修订）的通知》，旨在通过更为明确具体的各项制度，进一步强化政府机关内部管理，进一步规范政府部门行政行为，努力建设行为规范、运转协调、公正透明、廉洁高效的行政管理体制，建设法制政府。

第二节　政府办公室工作

一、政府办公室主要职责

政府办公室负责区政府会议的准备工作，协助区政府领导组织会议决定事项的实施。协助区政府领导组织起草或审核以区政府、区政府办公室名义发布的公文。办理省委、省政府和市委、市政府及外地单位发送区政府的公文。

政府办公室负责研究各街道办事处和区政府各部门请示区政府的问题，提出审核意见，报区政府领导审批。对涉及多个综合部门的全区性重点工作进行协调。督促检查各街道办事处、区政府各部门对区政府决策、决定事项和区政府领导批示的贯彻执行情况，及时向区政府领导报告。

政府办公室负责组织开展应急预案体系建设，协助区政府领导按级别、按程序处置突发事件。

政府办公室负责对全区经济和社会发展的重大问题以及区政府各项部署、决策，组织有关部门进行专题调查研究，及时反映情况、提出建议。

政府办公室负责政务信息工作，及时提供信息咨询服务，及时向市政府报送重要的信息。负责区政府值班工作，及时向区政府领导报告重要情况；协助处理各街道办事处和各部门向区政府反映的重要问题。处理、接待人民群众来信、来访，征集人民群众建议和意见。统一刻制、颁发区政府各委、局、办的印章，审批并启用有关机构的印章。负责组织、办理人大代表议案和政协委员提案。负责并办理区政府法制工作等方面的事宜。承办区政府和区政府领导交办的其他事项。

二、内设机构

（一）综合秘书室

负责办理经济和社会发展及监察、审计等方面的文函电、请示（报告）、会务、督查和文稿起草等工作；负责《政府工作报告》等区政府大型文字材料以及其他重要会议文稿的起草工作。

负责办理区政府党组会议、常务会议、全体会议、区长办公会议、区政府、区政府办公室召开的有关会议的会务工作；负责编发会议纪要；办理上级要求政府参加或组织的有关会议的会务工作；承办政府系统大型会议的审核、报批等工作；负责政府系统的政务接待工作；协助区政府领导安排公务活动；具体承办上级领导来矿区视察、检查工作等公务活动。

负责对区政府各项决策、会议议定事项、领导重要批示的落实情况进行督促检查；承办区政府系统目标责任制工作；负责征集人民群众的建议与意见；负责办理区人大代表议案、建议和区政协委员提案等方面的工作；承办区政府新闻宣传工作。

负责办理上级机关来文；办理区政府、区政府办公室有关函电的草拟、审核、报批、滕印和分发工作；负责区政府及区政府办公室的印鉴管理；承办各街道办事处、各部门的公章核制；负责区政府和区政府办公室的文件印制、分发、立卷、归档和查阅；负责市区级文件、内部资料的清退和销毁；负责区政府和区政府办公室的各类档案管理、信件、资料首发以及办公自动化等方面的工作。承办领导同志交办事宜。

（二）区人民政府法制办公室

负责办理区政府规范性文件的审查备案、重大行政处罚决定备案、行政执法监督、行政复议、行政应诉、行政赔偿、行政执法人员培训及资格审查等工作；指导、协调、检查、监督全区行政执法活动和政府法制工作；承办区政府新闻宣传工作。

（三）区人民政府应急管理办公室

负责组织编制县区突发公共事件总体应急预案并审核各专项应急预案，包括自然灾害类、重大事故类、公共卫生事件类、社会安全类、经济安全类和预警信息类；负责协调和督促检查所辖各单位、企业的应急管理工作；负责协调指导重大突发公共事件的预防预警、应急演练、应急处置、应急保障、调查评估等工作。

第三节　行政审批服务

一、机　　构

2003 年 11 月，阳泉市矿区行政审批服务中心开始筹建。2004 年 4 月 5 日，该中心开始试运行，4 月 21 日正式挂牌。中心下设综合科和督查科。

2003 年 1 月 27 日，人员编制确定为 3 名。2004 年 4 月 27 日，增加编制 1 名。至 2011 年 12 月 31 日，中心实有工作人员 4 人。

二、大厅窗口进驻情况

行政审批服务中心大厅共设立 10 个服务窗口。

首批进驻中心的窗口单位有 7 个：区国税局、区地税局、区工商分局、区民政局、区卫生局、市房产交易中心、区公证处。随窗口单位进入大厅的行政审批和便民服务项目共有 26 项，其中国税 5 项、地税 3 项、民政 2 项、卫生 4 项、市房产交易中心 1 项、区规划办 11 项。窗口工作人员 11 名。2005 年 7 月，撤销公证处服务窗口，区规划办进驻。2011 年 9 月，工商窗口上转到市审批服务中心办公。

2011 年年末，进驻中心的窗口单位有 3 个：市房产交易中心、区民政局、区养老失业保险中心。随窗口单位进入大厅的行政审批和便民服务项目有 17 项，其中民政 3 项，市房产交易中心 1 项，矿区养老失业保险中心 13 项。

三、主要工作

（一）强化制度建设，规范运作模式

中心采用“9665”制的运作模式。其中“9”即通过电子触摸屏等途径实行审批部门（单位）、审批内容、办事程序、审批依据、申报材料、承诺时限、收费标准、收费依据和审批责任人“九公开”，让群众明白办事程序、申报材料、承诺时限、收费标准，既方便群众办事，又便于接受群众监督。前一个“6”即“六个管理”，就是将行政审批服务中心受理的各种审批服务手续分别按照即办件、上报件、承诺件、联办件、补办件、退回件办理并分别采取不同的管理办法。后一个“6”即“六制”办理，指一般事项实行直接办理制，特殊事项实行承诺办理制，联办事项实行联合办理制，上报事项实行负责办理制，控制事项实行书面答复制，重点企业实行上门跟踪服务制。“5”即“五畅通”运作，指中心领导与内设机构的联络畅通，中心内设机构与各业务窗口联络畅通，各业务窗口与原单位联系畅通，中心与窗口单位联系畅通，中心向区政府报告工作渠道畅通。截至 2011 年 12 月 31 日，中心共受理行政审批和服务事项 40144 件，其中承诺件 3109 件，即办件 37030 件，即办件占办件总数的 92%，承诺件的提前办结率达 100%，即办件和承诺件的限时办结率都达到了 100%，无一件超期办理。

（二）强化窗口管理，规范审批行为

按照“能进则进”的原则，调整充实进驻中心的审批事项。将 17 项行政许可、便民服务项目全部纳入中心实行窗口集中办理。积极推行公示制度。中心要求各入驻单位按照《中华人民共和国行政许可法》的要求，对审批事项有关内容实行“九公开”，并编印“办事指南”置放于窗口服务台

前，供服务对象查询。建立严格规范的办事运转流程和工作运行机制。全面推行首问负责、一次告知、六件办理、统一收费等制度。

（三）采取有效措施，提供便捷服务

开辟绿色通道。为了配合区委、区政府的招商引资工作，中心建立了招商引资项目审批“绿色通道”。凡进入“绿色通道”的招商引资项目，全部实行“主办部门牵头、联合审查、联合踏勘、同步审批”的并联审批制度，并提供跟踪服务。扩充服务窗口。为方便矿区群众办理房屋产权登记手续，在中心设房产办证窗口，市房产交易中心专门派工作人员进驻中心开展相关业务。统一收费管理。为规范行政许可收费行为，规定所有费用经中心收取后统一交区财政专户。中心根据各窗口单位提供的收费依据，一一核准收费项目，并予以公示。

（四）强化监督考核，保障公开透明

建立和完善中心工作制度。研究制定了《工作人员行为规范》《窗口单位工作人员考评办法》《考勤制度》《阳泉市矿区行政审批服务中心限时办结制》《阳泉市矿区行政审批服务中心服务承诺制》等21项规章管理制度。建立和完善中心廉政制度。出台了《阳泉市矿区行政审批服务廉政建设制度》《阳泉市矿区行政审批服务中心过错责任追究制》《阳泉市矿区行政审批服务中心窗口单位工作人员考评办法》《阳泉市矿区行政审批服务中心投诉制度》，明确了区政府部门、部门负责人、中心大厅窗口、行政审批行为人的审批责任和违规审批、违纪审批、违法审批等过错行为的追究与处罚方式。同时在审批部门内建立了监督检查、社会监督等一系列规章制度，做到了有章可循、按章办事、违章必究。建立和完善中心激励机制。按照监督、考核、奖惩相结合的原则，每月对中心工作人员及窗口工作人员的日常行为规范、办件情况进行统计，并将结果予以通报、存档，并与岗位津贴挂钩，作为年终考核的依据反馈给窗口单位。中心聘请部分区人大代表、区政协委员和企业、群众代表作为中心的监督员，监督中心各项工作的开展，定期召开监督员座谈会，反馈各方面意见和建议，发现问题，及时改进；建立了矿区行政审批服务中心网站，开通了网上投诉通道。

（五）重点做的几项具体工作

1. 根据《阳泉市行政审批电子监察系统建设实施方案》要求，软件、硬件设施已安装完毕；经过上海卓凡软件公司专业人士的培训，中心窗口工作人员已经能熟练操作使用该系统。该系统于2009年7月正式投入运行。

2. 2010年，中心建立阶段性办证服务窗口，将需要集中为服务对象提供服务的阶段性审批服务项目纳入中心，为日潭小区的房产户集中办理了房产证。2009年9月15日～2011年12月31日，共办理房产证手续368件。

3. 对全区行政单位和垂直管理的部门所执行的行政许可和非行政许可事项进行了一次集中清理，取消了15项行政审批事项，调整了24项行政审批事项。

4. 打造为民服务平台，完善中心网站内容，公布便民咨询电话，提供办理婚姻登记和国税税务登记等文本格式供服务对象查询下载。及时公布中心工作动态，及时回应群众的呼声，解决群众涉及到行政审批方面的实际问题。有效地为企业服务，为群众解难，形成网络和大厅一体、信息资源共享、便民、利民的审批服务体系。

第四节　机关事务管理

一、机构沿革

1970年3月矿区成立筹备委员会，为了保证工作的正常开展，机关事务管理成为不可缺少的工作，但也仅限于日常办公用品的供应和管理。1971年4月矿区革命委员会成立后，同矿务局革命委员会实行“政企合一”，两块牌子，一套人马，机构设置有办公室、生活组、民政办公室、财务组、公安分局、妇联、武装部等。矿区革命委员会的经费支出由市财政局直接管理，实行报账制。除工作人员工资、办公用具外，其他办公设备全部由矿务局后勤供给。

1980 年 5 月，矿区与矿务局政企分设，成立矿区革委会筹备领导小组。设置了材料组、人事劳动组、民政办公室等机构。区委所属部门有矿区法院、检察院、共青团矿区委员会等。由于矿区区级机构初建，无正式办公处所，区党政办租赁阳泉矿务局招待所两间房子，后搬迁到市委党校西面的平房；区武装部、法院、检察院、生活组、劳资组、民政办公室、区妇联在矿务局大院；区公安分局在矿务局机厂；材料组在矿区弹簧厂二楼。随着政企分设和党政机关工作人员的逐步增加，1981 年 3 月，区政府抽调弹簧厂职工胥桂芳为机关事务专职管理人员，从此，机关行政事务工作步入了专业化管理轨道。

1983 年 5 月，为加强机关事务工作管理，区政府选派王家驹任专职管理员。同年 8 月，先后抽调 3 人充实到机关事务工作岗位，建立了采购、保管、领发、记账等管理制度，同时开始筹建矿区机关食堂。1984 年 3 月，经区委、区政府研究决定，成立矿区机关行政科，由政府副区长卫怀义具体分管。随着矿区机关的不断扩展，事务管理工作进一步具体化、业务专门化。至 1992 年，先后成立了矿区人民政府招待所、机关会计室、矿区神府宾馆，内设了办公室、机关综合治理办公室、总务室、维修队、汽车队、机关交安委、基建办、食堂管理办公室、理发室等机构。

机关办公条件日益改善。从 1982 年始，逐步朝现代化的方向发展，到 20 世纪初，机关办公拥有了传真机、复印机、微机等各种现代办公设备，通讯电话组建了矿区局域网。

1985 年，区行政科实有干部职工 11 人。1990 年，区行政科核定编制 17 名，实有干部职工 16 人。1993 年，区行政科核定编制 20 人，实有干部职工 20 名。1997 年机构改革中，行政科改名为机关事务管理局。1998 年，区机关事务管理局核定编制 30 人，实有干部职工 25 名。2002 年，区机关事务管理局核定编制 69 人，实有干部职工 63 名。

2009 年，成立“矿区公共机构节能领导组”，并设立“矿区公共机构节能办公室”，办公室设在区机关事务管理局，负责公共机构节能工作的日常组织、监督与实施。至 2011 年，区机关事务管理局内设 7 个科 2 个室，分别为总务科、工程科、卫生科、维修科、会务科、保卫科、车管科、办公室、督查室。核定人员编制总数 72 人，实有在册正式职工 72 人。

二、基本建设

1981 年前，矿区机关无正式办公场所，机关各部门分散寄居矿务局大院、弹簧厂等地。从 1980 年始，由市、区政府投资先后修建、购置了 7 栋办公楼。机关职工宿舍楼建设始于 1986 年，截至 2005 年年底，共修建 6 幢宿舍楼，初步解决了职工住房。

1980 年年初，市委、市政府批准，由市投资，为矿区政府新建办公大楼（1 号办公楼）。1985 年，经市政府批准，矿区建制区级财政。区政府先后购置了 1 号办公楼后院的小二楼、平潭小区四号办公楼、深圳路税务办公楼、区民政福利楼；由省市投资修建成 3 号办公楼和法庭。区政府投资建成河神庙卫生综合楼。1993 年下半年，区政府投资在 1 号办公楼五层楼上进行了顶楼加层，修筑和装修了 411 平方米的大会议厅。并投资建成神府宾馆、神府招待所、档案楼。

1 号办公楼　位于北大西街，东面为矿区邮电局，北面与矿务局配件厂隔街相对，南面与郊区平潭乡商业贸易中心相邻。该办公楼 1981 年 11 月动工，1983 年 5 月 12 日竣工。楼层高度为 6 层，东西走向，占地面积 600 平方米，共 150 个房间、一个 60 平方米的会议室，建筑面积 4356 平方米，总投资 80.67 万元。2009 年，区政府拨款 532 万元，对 1 号办公楼的墙、地、暖、门、窗、水、电重新装修，装修改造面积 5199 平方米，装修后全部使用节能灯具。施工单位为：阳泉市融泰装饰工程有限公司。

2 号办公楼　位于矿区 1 号楼后院。1985 年，投资 4.12 万元从市建筑公司处购置。楼高 2 层，东西走向，单面，占面积 180 平方米，共计房间 24 个，建筑面积 642 平方米，于 2002 年拆除。

3 号办公楼　1986 年，省市两级人民法院共拨款 60 万元，于 1 号楼西侧建成矿区 3 号办公楼和法庭。办公楼东西走向，高 4 层，占地面积 150 平方米，共计 34 间，建筑面积 2210.19 平方米，其中法庭面积 843 平方米。1993 年省司法局拨款 10 万元在楼顶加盖一层，建筑面积 187 平方米。

4 号办公楼　位于平潭小区。1987 年，区政府投资 80.53 万元，从市房产公司购买。楼层高度为六层，东西走向，占地面积 250 平方米，共计 108 间，建筑面积 2301 平方米。

税务办公楼　位于洪城路中段西侧。1989 年 6 月，区政府投资 25 万元，购置市质检站一、二层楼。楼高 3 层，南北走向，占地面积 280 平方米。共计 16 个房间，建筑面积 490 平方米。

5 号楼（卫生综合楼）　1990 年，区政府投资 119.9 万元，在河神庙街口建成矿区卫生综合楼；同时投资 28.63 万元，从市开发公司处购买卫生综合楼后院土地 0.05 公顷（0.8 亩）。卫生综合楼楼层高度为五层，东西走向，建筑面积 2180 平方米。由市设计院设计，由市房地产开发公司施工。1991 年 12 月竣工使用。

6 号楼（原福星楼）　1980 年修建，1993 年 3 月，投资 30 万元从区矿灯厂处购买。该楼楼层高度 3 层，东西走向。建筑面积 1438.5 平方米。

矿区 1 号楼楼顶加层工程　1993 年，区委、区政府为服务矿区大中型会议的需要，决定在 1 号办公楼顶加 1 层，修建大型会议厅。该工程 1993 年 6 月 24 日开工，年底完成主体工程及部分装修工程。建筑面积 411.3 平方米，总投资 74 万元。其中土建工程 28 万，装修工程 16 万。建筑单位为矿区政府行政科，施工单位为市建一公司。由市基建办安全技术科审核地质情况，市设计院绘制图纸。

平潭 3 小区 1 号宿舍楼　始建于 1986 年，楼高 6 层，东西走向，共 3 单元 42 套。投资 60.1306 万元，其中阳泉市投入拨改贷 50 万元。总建筑面积 2446.35 平方米，占地面积 415.13 平方米，1987 年完工，由市建筑工程总公司施工。1989 年在楼前建家用仓库一排。

平潭街小学政府宿舍楼　该宿舍楼位于平潭街小学西侧，楼高 7 层，南北走向，共 3 单元 63 套，配有地下室，为家用仓库。总建筑面积 3371.54 平方米，占地面积 9120 平方米，总投资规模 112.707 万元，1988 年元月 2 日正式开工，1989 年 12 月竣工，由市建筑工程总公司施工。

3 号宿舍楼（底商）　3 号住宅楼位于北大西街，矿务局一中路口对面，东西走向，楼高 7 层，共 4 个单元 58 套。其中一层与地下室规划为商业场地。该工程 1992 年 6 月 1 日开工，占地面积 639 平方米，建筑面积 5500 余平方米，截至 1993 年年底完成主体工程。

4 号宿舍楼　位于西街 3 号底商楼后面。楼高 5 层，东西走向，共 4 个单元 55 套。建筑面积 3300 平方米，占地面积 612 平方米。设计单位：阳泉市设计院。

5 号宿舍楼　位于日潭小区内。楼高 7 层，东西走向，共 5 个单元。

购置 2 号办公楼　2009 年，经区委、区政府会议研究决定，由阳泉博丰资产评估事务所有限公司评估认定后，财政拨款 2220 万元，从郊区平坦镇桃林沟村购买 2 号办公楼，楼层高度为七层。东西走向，占地面积 2477.10 平方米，建筑面积 6435.47 平方米，共计 115 个房间。

公共机构节能工作　2009 年，区公共机构节能领导办公室，拟定了《矿区公共机构节能“十一五”规划》，健全了节能工作管理体制，保障了节能工作有章可循。2009 年 9 月，区政府拨款 8000 元，2010 年，区政府拨款 87700 元，购买国家财政补贴高效照明灯具 5000 余支，统一发放各部门推广使用。2011 年，区公共机构节能领导办公室，拟定《矿区公共机构节能“十二五”规划》。

第十七编　人民政协

中国人民政治协商会议山西省阳泉市矿区委员会成立于1986年5月24日。至2011年的20余年中，矿区政协积极履行职能，围绕区委、区政府的中心工作，发挥政协委员智囊团的作用，经常组织委员深入基层调研，提出了许多建议，解决了一系列问题。矿区政协多次举办学习座谈会、书画展览、联欢会、政协理论知识竞赛、提案工作经验交流暨表彰大会、文史资料搜集整理等活动。政协的工作收到了良好效果，为矿区经济社会的发展作出了重要贡献。

第一章　政协阳泉市矿区委员会

中国人民政治协商会议山西省阳泉市矿区委员会成立于1986年5月24日。至2011年12月31日，共选举产生了8届委员会。委员人数51－151名，来自13－17个界别，8届委员会共举行全体会议27次，征集提案2497件。

第一节　政协委员

1986年5月24日，中国人民政治协商会议山西省阳泉市矿区委员会成立。第一届委员会由13个界别51名委员组成。为了同矿区人民代表大会换届保持同步，1987年5月区政协破例进行了换届选举，组成第二届委员会，由13个界别70名委员组成。第三届委员会于1990年6月召开第一次会议，由13个界别77名委员组成。第二届和第三届委员会任期为三年。第四届委员会于1993年6月召开第一次会议，由14个界别89名委员组成。第五届委员会于1998年5月召开第一次会议，由15个界别98名委员组成。第四届和第五届委员会任期为五年。第六届委员会于2003年4月召开第一次会议，由17个界别122名委员组成，任期四年。第七届委员会于2007年4月召开第一次会议，由17个界别151名委员组成，任期四年。第八届委员会于2011年6月召开第一次会议，由17个界别150名委员组成。

1990～2011年历届阳泉市矿区政协委员会界别组成情况表

表17－1　　单位：人

界别	三届一次（1990年6月）	四届一次（1993年6月）	五届一次（1998年5月）	六届一次（2003年4月）	七届一次（2007年4月）	八届一次（2011年6月）
中共	6	6	5	5	6	7
无党派	—	—	—	3	3	3
共青团	3	3	3	3	3	2
总工会	3	3	2	3	3	3
妇联	3	3	3	3	3	3
工商界	6	1	5	—	—	—
工商联	—	—	—	8	11	14
经济界		23	19	20	24	27
科技界	20	15	17	18	17	11
科协	—	2	2	2	3	3
教育界	6	11	10	10	12	11
文化界	2	—	—	—	—	—
文艺界	—	3	3	4	6	6

续表 17－1

界　别	三届一次（1990 年 6 月）	四届一次（1993 年 6 月）	五届一次（1998 年 5 月）	六届一次（2003 年 4 月）	七届一次（2007 年 4 月）	八届一次（2011 年 6 月）
医卫界	2	3	5	9	12	12
体育界	—	2	2	2	4	3
新闻界	1	2	2	2	4	4
少数民族	1	2	2	3	3	3
社会福利社会保障	—	—	—	4	4	3
归国华侨	1	—	—	—	—	—
特邀界	23	11	15	22	33	35
合　计	77	90	95	121	151	150

第二节　政协历届委员会

1986 年 5 月～2011 年 12 月，共选举产生 8 届委员会，每届任期 1～5 年不等。

第一届委员会

任期为 1986 年 5 月～1987 年 5 月，共 1 年。

1986 年 5 月 24 日至 29 日举行第一次会议，选举产生政协矿区第一届委员会，设主席 1 名，副主席 3 名，常务委员 8 名。第一次会议的举行，宣告了阳泉市矿区政协正式成立。会议传达了全国政协副主席习仲勋《在全国地方政协工作座谈会上的讲话》，听取了《关于矿区政协筹备工作的报告》，收到的 25 件委员提案全部办复。

第二届委员会

任期为 1987 年 5 月～1990 年 6 月，共 3 年。

1987 年 5 月 29 日至 6 月 4 日举行第一次会议，选举产生政协矿区第二届委员会，设主席 1 名，副主席 4 名，常务委员 8 名。本届委员会第一次会议后，又召开了两次全体会议。在历次会议上，委员均听取了区委书记代表区委所作的讲话；听取和审议了区政协常务委员会作的工作报告和提案工作情况报告；列席了区人民代表大会，听取并讨论了有关报告；讨论并通过了历次全体会议的各项决议。本届委员会共征集到提案 135 件。

第三届委员会

任期为 1990 年 6 月～1993 年 6 月，共 3 年。

1990 年 6 月 4 日至 9 日举行第一次会议，选举产生政协矿区第三届委员会主席 1 人，副主席 4 人，秘书长 1 人，常务委员 15 人。会议学习和讨论了《中共中央关于坚持和完善中国共产党领导的多党合作和政治协商制度的意见》；听取了区委书记张希祯的讲话；听取和审议了政协二届常务委员会作的工作报告；听取并审议了《关于区政协二届三次会议以来提案工作情况的报告》和《关于区政协二届三次会议以来提案工作情况的报告》；列席了区四届人大一次会议，听取讨论了区政府工作报告和区人民法院、区人民检察院工作报告。

本届委员会第一次会议后又召开了两次全体会议。在历次会议上，委员均听取和讨论了中共阳泉市矿区区委书记代表区委所作的讲话；列席了区人民代表大会，听取并讨论了有关报告；讨论通过了每次全体会议的各项决议。本届委员会共召开了18次常委会议，26次主席（扩大）会议，征集提案194件。

第四届委员会

任期为1993年6月~1998年5月，共5年。

1993年6月4日至8日举行第一次会议，选举产生政协矿区第四届委员会主席1人、副主席4人、常务委员15人。本届委员会第一次会议后，又召开了4次全体会议。在历次会议上，委员均听取和讨论了中共阳泉市矿区区委书记代表区委所作的讲话；听取和审议了区政协常务委员会工作报告和提案工作情况的报告；列席了区人民代表大会，听取并讨论了有关报告；讨论通过了每次全体会议的各项决议。本届委员会共召开了35次常委会议、39次专题调研论证会，委员组成由原来的14个界别增加到15个界别，委员由89名增至96名，进行了20次较大规模的视察、调研活动，撰写视察报告30余份，向区委、区政府提出意见、建议200余条，征集提案530件。其中《关于阳泉市矿区城市管理体制存在的主要问题和解决措施的建议》和《关于对平潭街旧区实施危房改造的建议》收到了良好成效。

第五届委员会

任期为1998年5月~2003年4月，共5年。

1998年5月25日至29日举行第一次会议，选举产生政协矿区第五届委员会主席1人、副主席4人、常务委员13人。本届委员会第一次会议后，又召开4次全体会议。在历次会议上，委员均听取和讨论了中共阳泉市矿区区委书记代表区委所作的讲话；听取和审议了区政协常务委员会工作报告和提案工作情况的报告；列席了区人民代表大会，听取并讨论了有关报告；讨论了每次全体会议的各项决议。

本届委员会期间，区政协共召开了25次常委会议、34次主席会议、11次专题调研论证会，进行了25次视察，形成36个专题调研和视察报告，提出了275条意见和建议。本届委员会期间，增选副主席2名，委员由98名增至107名。本届委员会组织委员270余人次对文化教育、计划生育、医疗改革、环境保护、社会保障、社会治安综合治理和公安、审判、检察等工作进行了视察，代表提出的“对纳税大户挂牌保护”“有效制止‘三乱’”“赛鱼市场统一收费”“天利广场的定位”“加强日潭物业管理”“创优创新环境”“加强税源建设”等意见和建议得到了采纳和落实。本届委员会先后组织召开了迎春联谊会、国庆中秋茶话会、各界人士座谈会、情况通报会等40余次，先后4次参加了全国十省市城市区政协联谊会，同全国40多个县区政协保持和建立了友好关系。本届委员会共收到委员社情民意来稿280篇，编发上报166期223条。其中，全国政协采用2条，省政协采用13条，市政协采用104条，《阳泉日报》和阳泉电视台图文频道刊登报道10余条，《矿区报》刊登报道50余条。本届委员会共征集提案549件，其中立案434件，作为意见送有关部门参考的115件，已立案的提案办复率达100%。

第六届委员会

任期为2003年4月~2007年4月，共4年。

2003年4月23日至27日举行第一次会议，选举产生政协矿区第六届委员会主席1人、副主席3人、常务委员15人。本届委员会第一次会议后，又召开了3次全体会议。在历次会议上，委员均听取和讨论了中共阳泉市矿区区委书记代表区委所作的讲话；听取和审议了区政协常务委员会工作报告和提案工作情况的报告；列席了区人民代表大会；听取并讨论了有关报告；讨论了每次全体会议的各项决议。

本届委员会期间，区政协共召开19次常委会议、31次主席会议、8次专题调研论证会。本届委员会期间，增选副主席2名，委员由122名增至141名。本届委员会建立了街道办事处政协工作的联络机构，确定了工委主任。加大了提案办理力度。共征集委员提案502件，立案391件，作为意见建议处理111件，提案办复率达100%。《关于整顿四矿口路面市场的建议》《关于加强矿区绿化工作的建议》《关于阳煤集团自办中小学划归政府的建议》等提案，均得到区委、区政府及相关单位的采纳，产生了良好的经济和社会效益，畅通了社情民意渠道。4年共收集社情民意来稿572篇，编发上报462期490条，其中全国政协采用1条，省政协采用17条，市政协采用133条，《阳泉日报》和阳泉电视台图文频道多次刊登、报道，《阳泉矿区》刊登、报道198条，区委书记、政府区长作出批示200余条。被全国、省、市政协采纳的社情民意有《建议加快煤矸石的综合利用和开发研究》《经济欠发达地区城市低保工作机构应延伸到街道和社区》《要依法大力推广和使用普通话》《建议对铁路实行实名制售票》《关于将水泉沟至中心矿一带建成阳泉煤系地层公园的建议》《林木管理不应重栽植轻养护》等。《狮脑山毁林值得重视》引起市新闻媒体关注，市、区有关部门及时采取有效措施，制止了因随意开垦小块地破坏植被现象的发生。区政府采纳了《矿区机关应实行模拟电话》的建议，降低了通信费用支出。

本届委员会组织了以“邓小平与我”为主题的党外人士座谈会，组织委员参加了纪念世界反法西斯战争和中国抗日战争胜利60周年美术、书法摄影展和全区纪念抗日战争胜利60周年歌咏比赛，参加了“和谐之美”全国摄影大赛等活动，编辑出版了《阳泉矿区文史》（第一辑），对矿区范围内的民间艺人和艺术人才进行了摸底统计。

第七届委员会

任期为2007年4月~2011年6月，共4年。

2007年4月19日至23日举行第一次会议，选举产生政协矿区第七届委员会主席1人、副主席4人、常务委员18人。本届委员会第一次会议后，又召开了3次全体会议。在历次会议上，委员均听取和讨论了中共阳泉市矿区区委书记代表区委所作的讲话；听取和审议了区政协常务委员会工作报告和提案工作情况的报告；列席了区人民代表大会，听取并讨论了有关报告；讨论了每次全体会议的各项决议。

本届委员会期间，区政协共召开了21次常委会议、33次主席会议、6次专题调研论证会。本届委员会期间，增选副主席2名，委员由150名减至146名。本届委员会共征集委员提案420件，立案356件，作为意见建议处理64件，提案办复率达100%。共收集社情民意来稿522篇，编发上报335期335篇，其中全国政协采用3篇，省政协单篇采用1篇，省政协上报全国政协及省政协转送17篇，市政协上报省政协及采用106篇，《阳泉矿区》专版刊发约150篇。其中社情民意信息《干部任职年龄界限应建立长效机制》得到省政协的高度重视，并转送全国政协。《企业自办中小学移交工作需进一步规范》和《应建立煤矿企业从业人员准入资质标准化管理体系》被省政协单篇采用。

第八届委员会

任期从2011年6月开始。

2011年6月14日至23日举行第一次会议，选举产生政协矿区第八届委员会主席1人、副主席4人、常务委员18人。委员听取和讨论了中共阳泉市矿区区委书记代表区委所作的讲话；听取和审议了区政协常务委员会工作报告和提案工作情况的报告；列席了区人民代表大会，听取并讨论了有关报告；讨论了每次全体会议的各项决议。

到2011年年底，共召开全委会议1次、常委会议3次、党组会议4次、主席办公会议5次。区政协八届一次会议及会后共收到委员提案142件，立案127件，其中办理答复127件，提案办复率达100%。共收集社情民意130余篇，编发103期103篇，《阳泉矿区》专版刊发近30篇，阳泉广播电台《政协之窗》播发十余条。完成视察9次，形成视察报告9篇。完成专题调研一次，形成了《加强体制机制建设，推进教育均衡发展专题调研报告》。

第二章　政协阳泉市矿区委员会常务委员会

中国人民政治协商会议阳泉市矿区委员会常务委员会由主席、副主席、常务委员组成。1986年5月~2011年12月，矿区政协共召开常务委员会议150次，召开主席（扩大）会议187次。历届矿区政协在政治协商、民主监督、参政议政、征集出版文史资料等方面做了大量工作。

第一节　常委会组成

政协阳泉市矿区委员会常务委员会由主席1人、副主席3~4人、常务委员8~17人组成。

第一届委员会

主　席：王伟堂

副主席：郭佐荣、梁直卿、穆克元

常务委员：王毓安（女）、丘颖昌、吕实川、李永生、李正容、李德华、徐宗纯（女）、梁怀玉

第二届委员会

主　席：张书田

副主席：梁直卿、阎满堂、穆克元、唐纯全

常务委员：李德华、王毓安（女）、丘颖昌、李正容、徐宗纯（女）、李永生、谢辉藩、吕实川

第三届委员会

主　席：卫怀义

副主席：阎满堂、梁直卿、唐纯全、王子荣

秘书长：阎满堂（兼）

常务委员：马全绪、王守玉、史华荣、史绍英（女）、刘春玲（女）、成耀宗、李正容、李德华、郭乃青、张岸九

第四届委员会

主　席：卫怀义

副主席：张天顺、王守玉、王京生、胡宪忠

常务委员：马全绪、史华荣、史绍英（女）、刘润身、李在善、李桂珍（女）、毕绍惠、郭乃青、张岸九、高振文

第五届委员会

主　席：王银锁

副主席：张天顺、王守玉、史华荣、李天祥

常务委员：丁慕国、王炳英（女）、乔仁计、刘润身、杜宜忠、杨红梅（女）、苏有社、李在善、张计梅（女）、夏成全、郭乃青、高振文、温巧兰（女）

第六届委员会

主　席：赵德华

副主席：史华荣、安文娟（女）、丁慕国、张立君

常务委员：王鸿津、王耀田、田新路、刘润身、任俊祥、杜宜忠、杨红梅（女）、张立君、张元安、张计梅（女）、岳新峰、贾敏、夏成全、高振文、温巧兰（女）

（2004 年 4 月 21 日，六届二次全会增选张立君为副主席）

第七届委员会

主　席：苏满晓

副主席：史华荣、安文娟（女）、丁慕国、康银柱、温巧兰、贺志强

常务委员：马德胜、王鸿津、王耀田、田新路、任俊祥、安站东、李志清、李君慧（女）、张艳玲（女）、陈静（女）、岳新峰、孟广田、崔学东、康银柱、梁译、温巧兰（女）、翟贵明、颜建华、李彦华

（2010 年第四次全委会上，史华荣、安文娟辞去副主席职务，增选温巧兰、贺志强为副主席，李彦华为常委）

第八届委员会

主　席：王贵平

副主席：丁慕国、康银柱、温巧兰、贺志强

常务委员：李彦华、任俊祥、崔学东、任立萍（女）、龚俊强、王鸿津、李瑜、张卫红、毛鹏广、孟广田、黄考军、闫吉林、陈京俐、张俊岩（女）、马丽娟（女）、于瞳兴、王耀田、翟贵明

第二节　常委会会议

1986 年 5 月 ~2011 年 12 月，矿区政协共召开常务委员会议 150 次。

矿区政协常委会高度重视自身素质的提高，在政治上与党中央保持高度一致。第一届和第二届常委会学习了《邓小平在接见首都戒严部队军以上干部时的讲话》和《中共中央国务院告全体共产党员和全国人民书》等重要讲话和文件，学习了人民日报社论《走向未来的新起点》。第三届常委会学习了中共中央总书记江泽民在全国统战工作会议上的讲话和在全国政协新年茶话会上的讲话。第四届常委会学习讨论了《高举邓小平理论伟大旗帜前进》《中共中央办公厅关于认真学习党的十五大精神的通知》。第五届常委会学习了《江泽民总书记在全国党校工作会议上的讲话》。第六届常委会学习了《中共中央关于加强党的执政能力建设的决定》《江泽民文选》。第七届常委会主要学习了《全国政协关于学习贯彻中国共产党第十七次全国代表大会精神的决议》。第八届委员会主要学习了中央、省市有关会议精神。

常委会在人事方面除确定历届政协委员会的组成人员、列席人员、大会秘书处组织机构及副秘书

长名单外，还多次协商通过人事任免决定，每次换届后都对各委室主任进行任命。

1996 年常委会向全体政协委员发出《关于在政协委员中开展建功立业“六个一”竞赛活动的通知》，要求每位委员在全年活动中为联系群众建立一个经常性的联系点；为反映社情民意提供一条好信息；为履行职能提出一份好的提案；为群众排忧解难办一件好事情；为推动经济发展献一条好建议；为维护稳定反映一条好意见。2008 年，提出委员“四个一”活动。2008～2010 年连续开展了委员与群众联系的“连心卡”制度。

常委会关注经济发展，首届常委会对桥头街道办事处的五金厂、平潭街街道办事处、阳泉矿务局医院和矿区中学 4 个单位进行了视察，对改进工作提出了不少意见和建议。二届常委会对编制矿区“七五”计划提出了 5 个方面的意见和建议；听取讨论了矿区《关于深化企业改革推行承包经营责任制情况的报告》《关于对我区推行企业承包经营责任制情况的调查报告》，提出的建议有效推动了矿区的改革开放工作。三届常委会听取并讨论了《阳泉市矿区国民经济和社会发展第八个五年计划（草案）》《“关于矿区‘51811’”工程的全面落实和加快第三产业发展的步伐》，提出了建设性的意见和建议。四届常委会积极为矿区“九五”计划及 2010 年长远规划献计献策。五届常委会为推进日潭小区改造工程发挥了参谋作用。六届常委会审议通过了《关于日潭小区商贸布局及综合整治情况的调研报告》《关于矿区非公有制企业情况的调研报告》《关于平潭商贸板块的调研报告》《关于 307 国道复线工程矿区段的调研报告》。七届常委会完成了《关于发展矿山机械与配件制造业情况的调研报告》，为矿区矿山机械制造业的发展提供了支持；《关于阳煤四矿破产后该区域的经济社会状况的调研报告》收入由中央文献出版社出版的《人民政协 60 年探索与实践》一书。八届政协常委会完成了《加强体制机制建设，推进教育均衡发展专题调研报告》。

第三节　主席会议

1986 年 5 月～2011 年 12 月，矿区政协共召开主席（扩大）会议 187 次。

矿区政协主席会议的主要任务是讨论矿区重大方针政策以及群众关心的重要问题；审查以矿区政协或常务委员会名义向区委、区政府提出的重要提案、社情民意；拟定常委会议的日程和议程草案；审议提交常委会议的文件；执行常委会的决议，处理常委会的重要日常工作等。

矿区政协主席会议围绕矿区的发展和居民关注的问题，先后参与、审议了矿区历年年度任务和每个 5 年计划（规划）的制定，尤其是对企业改制、阳煤集团所属学校主辅分离及划归矿区政府管理、平潭街与马家坪旧区改造、矿山机械制造业、沿桃河经济带的发展等事关矿区可持续发展，事关矿区环境改善，事关群众居住环境改善的事项，为矿区的发展作出了贡献。

随着矿区经济和社会各项事业的不断发展，主席会议 5 次对政协的内设科室及各专业委员会进行了调整，提高了政治协商、民主监督、参政议政的职能。对于每一次常委会召开的时间、地点，尤其是在拟定常委会议的议程草案、审议提交常委会议的文件、执行常委会的决议、处理常委会的重要日常工作内容等方面，主席会议认真研究，保证了会议的效果。对于矿区政协每一个年度的工作总结，主席会议都严格把关，实事求是，条理清晰。对于下一年度的工作重点，主席会议都结合上级文件与会议精神，结合矿区经济、政治、文化、生态等实际情况，主动征求各方面的意见，作出科学的安排。1991 年 1 月 7 日，为研究政协工作，更好地发挥各界人士和委员参政议政的积极性，主席会议决定向各街道办事处、区有关部门下发关于设立政协工作联络员和增设工作组特邀成员的通知。增设了工作联络员 9 名，特邀工作组成员 13 名。

主席会议坚定不移地贯彻和平统一、一国两制的方针，加强对驻区阳煤集团等单位的协调和配合，拓展与港澳台侨各界人士的联系渠道，广泛开展各种形式的联谊活动，努力团结港澳台桥各界人士。

主席会议部署的一系列调研活动，以及由此形成的《关于深化企业改革推行承包经营责任制情况的报告》《关于对我区推行企业承包经营责任制情况的调查报告》《关于日潭小区商贸布局及综合整治情况的调研报告》等一系列有价值的调研报告，为区委、区政府的决策提供了智力支持。主席会议制定了《政协阳泉市矿区委员会关于进一步加强和深化反映社情民意工作的意见》等激励制度，鼓励政协委员们撰写高质量的社情民意信息，奖励金额按市级、省级、国家级的采用等级，给予20元～150元的奖励，一大批有影响的社情民意信息被上级采用。

2000年以后，矿区政协工作更加规范化、程序化，凡上常委会的议题都先经主席会议研究，然后提交党组会，经常委会协商决定。

第四节　工作机构

1986年7月，区政协设置了一室、六委、三组。即：办公室、学习委员会、提案工作委员会、民族宗教妇女工作委员会、祖国统一工作委员会、科技经济文卫工作委员会、法制工作委员会，科技经济文卫工作委员会下设科技经济、文教、卫生3个工作组。1988年9月，祖国统一工作委员会调整为祖国统一联谊委员会。

1987年，区政协工作机构调整为：学习委员会、提案工作委员会、民族宗教祖国统一委员会、法制工作委员会、妇女工作委员会、文教卫生工作委员会、科技经济工作委员。撤销了原科技经济文卫工作委员会下设的3个工作组。1988年6月，区政协工作机构调整为：学习委员会、提案工作委员会、祖国统一委员会，科技经济工作组、文教卫生工作组、妇女工作组、法制工作组、财贸工作组。

1990年7月，区政协设置了一室、四委、五组。即：办公室、学习联络委员会、提案工作委员会、祖国统一联谊委员会、工作组活动协调委员会、经济科技工作组、文教卫体工作组、财贸工作组、妇女青年工作组、法制工作组。各委员会均设有相应的办公室，配备有专职工作人员。之后，区政协将所设工作机构调整为一室、四委、一组。即：办公室，经济科技委员会、学习联络委员会、提案委员会、教文卫体委员会，法制工作组。经区政协三届四次常委会协商推荐，在区委办、区机关党委、区政府办及6个街道办事处共9个单位设立政协工作联络员；吸收计委、政法委、司法局、物价局、审计局、城环局、民政局、监察局、标准计量局、卫生局、体委、地方志等13个部门领导为政协特邀工作组成员。

政协阳泉市矿区第四、第五、第六、第七、第八届委员会工作机构为一室、四委。即：办公室，学习联络委员会、提案委员会、经济科技委员会、文教法制委员会。

第五节　主要活动

中国人民政治协商会议山西省阳泉市矿区委员会成立后，积极履行政治协商职能，在经济发展、城市环境建设、科教文卫和残疾人事业、精神文明建设、社区建设等方面进行协商，撰写调研报告，履行民主监督职能，为繁荣文化、加强市场管理积极履职，关心教育工作。政协委员积极参政议政，尽职尽责，撰写社情民意、信息和提案，努力做好《文史资料》征集、研究和出版工作，受到广泛好评，为矿区的经济发展作出了重要贡献。

一、政治协商

矿区政协积极履行政治协商的职能，对矿区的大政方针以及政治、经济、文化和社会生活中的重要问题，在决策之前通过听取政府工作报告、召开研讨会、下基层调查研究等形式，就决策执行过程中的重要问题进行协商，撰写了价值较高的调研报告30余件。

经济发展方面。1991年根据市政协通知，采取一听、二看、三座谈的形式，对阳泉矿务局、商业局、贵石沟新区、区属部分企业及街道办事处共14个单位，就贯彻落实中共中央〔1989〕14号文件情况、“七五”计划的工作情况与“八五”规划的计划要点、社会治安综合治理的情况、两节前市场供应情况以及其他与人民群众密切相关的问题进行了视察，提出了理顺行政区划、加强区政府职能、搞好有关生产和人民生活需要的配套设施建设等建议。为推动深化商业改革，提高经济效益和社会效益，1992年1月，政协委员针对春节供应情况，深入到一矿、三矿赛鱼、二矿、桥头、四矿的商业门店、矿区百货大楼、矿区菜市场、集贸市场进行了现场视察，提出了多渠道组织鲜菜货源和适当增加营业网点等4条建议，解决了群众买菜难的问题。1994年，为落实区政协四届三次全委会议精神，紧紧围绕区委、区政府实施的“两级突破，主体推进”和坚持“两个并举，四个齐上”的各项方针，深入6个办事处和8个直属企业，对经济工作情况进行全面调查研究。1995年，为使矿区“九五”计划和2010年远景规划制定得更加完善，先后深入一矿、三矿、四矿进行走访、调查座谈，针对矿区产品和产业结构调整提出了专题建议和意见。1999年，政协部分委员和有关人士组成调研组，深入街道企业、商业、饮食服务业和个体私营企业进行调研，全面了解生产、经营、管理、发展情况，针对第三产业和非公有制经济发展不足、布局不太合理、后劲乏力等问题，提出了加快第三产业和非公有制经济的发展步伐、加强政府统筹协调、创优发展环境、配套小区域市场4个方面的11条建议。2000年8月8日，召开创优非公有制经济发展环境座谈会，围绕制约矿区非公有制经济发展环境主要因素、创优发展环境应重点抓好的工作等内容进行讨论。2001年7月下旬，深入到4个街道办事处、6个工商所、30多家私营企业、5个较大的集贸市场，对非公有制经济进行调研，提出加大非公有制经济工作力度等4个方面的9条建议，并报送区委、区政府。

城市环境建设方面。1995年，为推进平潭街旧居改造工程项目的实施，政协委员对区属房地产开发公司进行视察，提出了政府出面协调、多方解决资金等5个方面的建议。1999年，政协组成了专题调研组，深入到全区20多个职能部门，对城建管理工作的现状和制约其发展的主要原因与症结所在，针对体制、职责、投入三方面主要制约因素进行调查了解，在座谈讨论、综合分析的基础上，提出了理顺体制、明确职责、突出建设重点、加大投入力度等6条建议，并向区委、区政府报送了《矿区城市建设管理情况的调研报告》。1999年，被聘为特色监察员、检查员、审计员、督察员的政协委员，参与了对平潭旧区改造拆迁安置的全程监督、税收工作的监督和全区各单位目标责任制落实情况的检查工作。2002年，区政协对矿区城市建设管理情况进行了视察，提出成立综合执法队伍、增加城市建设资金投入等8条意见建议。2009年、2011年分别对全区环境保护工作进行视察，并提出建议。

科教文卫残工作方面。1992年，政协委员深入赛鱼、桥头、平潭地区的3个书摊、1个录像厅、2个电子游艺厅，对矿区文化市场进行了视察。针对矿区文化生活设施较差，网点少，消费层次低等问题，提出书面建议。1995年，结合区委、区政府制订的创建文明卫生区的目标计划，对矿区环境卫生工作进行了视察，提出理顺管理体制、成立环卫监察队伍等4条建议。1995年，组织召开了“九五”规划专题座谈会，听取了区文教、卫生等6个部门编制的“九五”规划设想和具体措施。1998年，为推动矿区“2000年人人享有卫生保健”的战略目标及贯彻国家七部委颁发的《中国城市HFA/2000规划目标》的实现，对全区的医药市场管理和初级卫生保健（PHC）达标工作进展情况进行视察。1998年，深入阳煤集团第二中学、四矿中学等学校对实施素质教育情况进行视察。2001年，对残疾人事业进行视察，提出制定和完善《矿区残疾人事业“十五”计划纲要》、建立矿区培智中心、将残疾人事业纳入国民经济和社会发展的全局5条建议。2009年，对全区禽流感防控进行了视察调研，对防控工作提出了建议。2011年重点对大教育格局进行调研，提出六方面建议。

精神文明建设方面。1996年，为落实区委、区政府提出的创新文明城市“八个一”工程，推动矿区精神文明建设，对桃北中路实行“门前三包”，建成文明一条路的落实责任制情况进行视察，通过召开现场会、听取先进经验等办法，提出了正确处理物质文明和精神文明的关系、亮化要分层次等4条建议。1996年，为推动矿区精神文明建设，进一步贯彻落实《中共中央关于加强社会主义精神文明建设若干重要问题的决议》，政协委员们深入矿务局机厂、南楼小学等单位，对精神文明建设工作情况实地查看，提出切实保证经费到位、发挥党政组织的力量等切实可行的建议。2009年，政协办公室主任成为区精神文明建设指导委员会领导组成员，在两年一次的全区文明单位验收工作中，提出了政协的意见。2010年和2011年，政协委员两次就《阳泉矿区报》的出版发行方式和渠道提出了建议。

社区建设方面。2000年，政协委员深入6个街道办事处、部分社区、单位，采取查阅资料、实地考察、听取汇报，召开有关人士座谈会、研讨会、论证会等形式，提出了社区建设中应明确和处理好党政部门和社区的关系、社区与驻地企事业单位的关系、社区居委会与社区居民的关系、发展社区经济与推进社区建设的关系等8个方面的28条意见建议，为矿区党政科学化决策提供了资料和可靠的依据。2001年，委员们对日潭社区物业管理进行了专题调研，在深入日潭物业管理中心、日潭社区居委会、区拆迁办和区公安分局、区国税局、区地税局等单位调查了解的基础上，向区委、区政府提出充分认识日潭小区物业管理的特殊性、尽快完善日潭小区物业管理的基础工作、建设现代化文明的新型社区、探索适用于日潭小区物业管理的新模式4条意见，向区委、区政府报送了《关于日潭小区物业管理情况的调研报告》。2002年，对公安工作进行视察，提出继续保持严打势头等6条建议，2003～2011年，政协委员就社区整合、社区办公楼建设、社区文体活动和社区卫生等问题提出的许多意见和建议，受到各方重视并得到实施。

二、民主监督

履行民主监督职能。1991年，根据区委安排部署，区政协组成执法整顿检查组，对区公安分局、司法局、税务局、物价局4个执法单位巡视检查。针对检查中存在的问题，向区委、区政府提出5条整改意见、建议。1991年，委员们到赛鱼、平潭办事处和部分社区单位进行视察，提出加强流动暂住人口管理、抓先进典型促后进单位等8条建议。1993年，5名委员被区人民法院聘为廉政监督员。1995年，深入一矿北四尺煤坑口，对计划生育管理法执行情况进行专题视察，并就流动人口计生管理工作存在的问题，提出增加计生管理工作人员、增加经费、强化流动人口计生管理工作等4条建议。1995年，政协委员深入农行等处对社会治安综合治理情况进行视察，提出了狠抓实施建设、加大检查工作力度等4条建议。1996年，对矿区“打团扫恶”专项斗争情况进行视察，在听取区公安分局汇报后，委员们就进一步引深“打团扫恶”专项斗争提出了3条意见、建议。1999年，矿区政协委员对公安工作视察，提出坚持“三讲”教育，提高政治素质；加强队伍建设，突出从严治警；注重法制教育，坚持普法宣传；严打犯罪团伙，加大侦破力度；保障经费需求，关心干警疾苦等5个方面的建议。1998年，政协委员就开展“严打”斗争和维护社会稳定情况进行座谈讨论，提出确立指导思想，提高政治素质；加强队伍建设，加大整顿力度；采取切实措施，全力维护稳定；搞好警民联防，保持凌厉攻势4条意见、建议。

为繁荣文化、加强市场管理积极履职。1996年，区政协部分委员与区人大部分代表，针对物价、假冒伪劣商品等问题，联合物价、工商等部门负责人和省物价巡视、监督员，分两路对四矿、三矿、一矿周围的粮店、商店、集贸市场、个体摊点共106家进行了视察，提出了对猪肉、羊肉、牛肉供应实行统一屠宰，统一管理，统一上税，分散经营等建议，得到执行和推广。1996年，为推动文化市

场健康发展，委员们深入沙坪、赛鱼、桥头等地区，对游戏厅、录像厅、书店、书摊、台球点进行视察，提出了建立稽查队伍等建议。1997 年，委员们深入食堂、餐馆和食品加工单位、个体经营户，对贯彻实施《中华人民共和国食品卫生法》的情况进行实地调查，提出设立固定食品摊位等 4 个方面的意见和建议。1998 年，委员们先后到河神庙文化娱乐一条街、北大西街报刊（摊）店、复印打字一条街及正达印刷厂，对文化市场进行视察，提出统一布局、合理布置等 4 条建议。2009 年，对全区文化体育和旅游工作进行视察，在繁荣全区文化、推出文化产品、提升全区文化品位、发展体育事业和旅游文化等方面提出了建议。

关心教育工作。1992 年，针对家长和群众对学校延长学生在校时间、加重学生负担问题的反映，政协委员对矿区平潭街小学、矿务局洪城河小学、南楼小学进行了调查，采取学校领导介绍、学生问卷调查、进行家访等形式，协商减少了学生在校时间，减轻了学生的作业负担。1994 年，为确保《中华人民共和国教师法》的贯彻实施，委员们深入矿务局职业二校、洪城河小学、段家背小学、矿区中学实地察看并听取情况介绍，走访教师，召开教师座谈会，提出 4 条意见建议。1992 年，在矿务局三矿组织召开了落实政协委员提案会议，解决了耕种小块地造成三矿中学泵房水源污染的问题。2011 年，区政协组织调研组，针对阳煤集团所属 24 所中小学划归矿区政府管理后，在工作衔接、职工工资、生源分布、基础设施建设和教育均衡发展等方面产生的问题，进行了历时一个半月的全面调研，提出了建设性的意见。

实施民主监督。2000 年，政协委员们深入一矿砖厂、阳煤集团机电总厂等 6 家企业视察，提出了加强对老污染源的监督管理、严格控制新污染源、走污染防治与技术改造和新产品开发相结合的道路等 6 条建议。2001 年，30 余名委员参与了区委组织的县级领导干部民主推荐和评议工作。2005～2011 年，在全区开展的政风行风评议活动中，有 15 名委员被聘为市级单位行风监督员，167 人被聘为区级各单位政风行风监督员。政协委员中，有 510 人次参加政风行风评议对话会、干部年度测评以及全区各单位各部门年度工作目标考核。

三、参政议政

矿区政协委员积极履行参政议政职能。各种界别的委员尽职尽责，共撰写社情民意信息 1200 余件，撰写提案 1818 件。

经济发展方面。1987 年，委员们到企业进行两次视察，向矿区人民政府和市人民政府报送了《关于对矿区水泥预制厂的考察报告》和《关于贵石沟新矿区建设发展若干问题的意见和建议》《关于对钢木制品厂经营承包情况的意见和建议》。1991 年，为推动矿区“管理年”活动深入开展，政协委员 5 次深入企业，对五金电器厂、复合包装厂、桥头办事处、贵石沟办事处、泰康食品厂、沙坪锻压厂等 7 个单位进行调研，采取一听、二看、三座谈的形式，重点调查开展“质量、品种、效益年”活动的情况，针对存在的问题提出了意见和建议。1995 年，委员们实地察看了利用报废坑口开采边煤和硫铁矿生产，写出了《关于开采边煤和硫铁矿生产的调查报告》。2002 年，委员们用一个月的时间，深入区财政局、国税局、地税局、阳煤集团非煤企业和多营系统，对财税工作情况进行调研，提出增设贵石沟地区税务所、加强增收节支工作等 6 条意见建议。2008 年，面对安全生产的严峻形势，对阳煤新景矿进行视察，实地查看了井下安全培训基地，提出向煤炭企业推广阳煤新景矿经验的建议。同年 12 月，委员们对区税务部门进行了视察，对扶持企业发展，增强发展后劲，应对金融危机提出了建议。2009～2011 年期间，每年都对经济、财税工作进行多次调研，提出建议，促进了工作。

科教文卫方面。1988 年，区政协邀请区人大、区政府有关部门及平潭街街道办事处有关领导，对西河至平潭街河沟污染情况进行实地考察。区政协以阳矿协发〔1988〕19 号文件向区人民政府提出《关于治理西河至平潭街河沟污染的意见和建议》。1992 年，政协委员对矿区中学、马家坪小学、矿务局职业二校进行视察。区政协还积极为经济科技发展挖掘和引进人才。2000 年，委员们深入阳

煤集团，召开座谈会10余次，对阳煤集团办学状况进行多层次、多角度的调查研究，撰写了《关于阳煤集团办学状况的调研报告》。2006年，对阳煤集团中小学主辅分离移交工作进行了调研，形成了《关于阳煤集团自办中小学分离移交情况的调研报告》。2007年，政协调研组对全区卫生资源进行了半个月的调研，完成了《关于矿区医疗卫生资源情况的调研报告》。2008年，对市十五中进行了视察，就学校的教学设备、教师编制、教师职称等问题向区委、区政府递交了调研报告。

服务企业方面。1995年，针对桥头钢窗厂生产的彩板门窗销售渠道不畅等问题，委员们同矿务局有关单位多次协商达成联销意向，帮助该厂一次销售彩板门窗1300平方米，价值30余万元。同年，区政协机关帮助蔡洼办事处联系了2万余元的业务，帮助沙坪办事处清回欠款3万元。1996年，委员们对辖区内矸山自燃造成的大气污染等环境保护热点问题进行调研视察，建议市政府重新考虑行政区划问题，以便解决好矿区和郊区相邻地带的污染问题。1997年，区政协向市委、市政府提出了《关于对平潭街旧区实施危房改造的建议》，被市委、市政府列入全市十大重点建设工程项目。委员们还深入51户居民家中，宣传有关政策，使首批居民按时搬迁，保证了改造工程如期开工。1999年，委员们对矿区税源建设情况进行专题调研，提出围绕税源抓经济，发展经济增税源的工作思路。2004年，在狮脑山林场审议关于对矿区贵石沟地区经济和社会可持续发展情况进行调研的报告。2005年，政协成立了平潭商贸板块课题组，12名有专长的委员用一个月的时间，深入平潭街道、市规划局等十几家单位进行调研，写出了《关于建设平潭三产商贸板块的调研报告》。2006年，政协委员就307国道复线工程对矿区经济的带动作用进行调研，形成了《关于抓住307国道复线机遇加快实施矿区北扩西连战略的调研报告》。2007年，10余名政协委员深入华越、华鑫等企业，对全区矿山机械与制造业进行了为期一周的调研，形成《关于发展矿山机械与制造业的调研报告》。2008年，13名政协委员对新景矿井下培训基地建设等项工作进行视察，形成视察报告。部分委员对质量技术监督工作进行视察，提出全区要以外地发生的“问题奶粉”事件为戒，加强对食品、特种设备等进行的安全监管。2009年，对阳煤集团驻区企业，位于寿阳的新元矿、开元矿，位于昔阳的寺家庄矿进行视察，对煤炭开采审批周期长，大多企业存在先生产、后审批的问题，以不同方式及时向上级政协机关进行了反映。

社区建设方面。2001年，政协委员们深入沙坪、赛鱼、贵石沟街道办事处及部分社区，就社区成立以来党建、完善功能、机制运行、发展经济等方面的情况进行视察，提出社区与驻区单位及社会各方面力量形成“共驻共建”的合力的建议。2002年，委员们对社区医疗、社区文化进行视察，提出居民医疗“大病去医院，小病在社区”、文化工作要“丰富内容，提高品位”的建议。2003年，政协委员对社区建设进行了调研，写出了对社区建设五年规划的调研报告。2005年，区政协成立调研组，深入区民政局、文体局等十几家单位，就社区建设进行调研，形成了《关于矿区“五进社区”暨新建社区综合服务楼工作情况的调研报告》。

四、征集出版文史资料

为了做好文史资料工作，政协阳泉市矿区第六届委员会决定启动《阳泉矿区文史》的编纂出版工作，并指定由文教法制委员会具体负责。2006年起，开始文史资料的收集和整理。当年7月，在完成矿区晋商史料征集、编纂、上报工作的同时，开展了以平潭街为重点的文史资料搜集整理工作。2007年3月，经反复核实史料和半年的研讨、编辑，五易其稿，出版了《阳泉矿区文史》第一辑《平潭街专辑》。本辑收入88篇文章、105幅图片，共13.8万字。主要记述了平潭街村的人文、地理、历史和古迹文物，全书分为史海钩沉、古迹文物、晋商一粟、乡贤名士、文教史话、艺文采撷、民间传说、乡风民俗、政协之页9部分。

2008年，政协阳泉市矿区第七届委员会搜集了平潭街村及周边民众与“福公司”斗争的史料。其间发现的著名人士张士林100年前撰写的史料《石艾乙巳御英保矿纪闻》，具有重要历史价值。特别是该史料真实还原了矿权回归后刻石纪念的史实，完整保存了碑文，惜该碑无存。2009 年 7 月，区政协根据张士林《石艾乙巳御英保矿纪闻》的记载，复制了此碑，立于平潭马王庙门前。

从 2008 年 8 月开始，区政协对搜集到的平潭街村及周边民众与“福公司”斗争的史料进行整理核实，收入《阳泉矿区文史》第二辑，于 2010 年 3 月出版。本辑收入文章 99 篇，图片和照片 60 多幅，计 35 万字。全书分为史海钩沉、附篇、档案辑存、有关资料等四部分。

第十八编　民　　政

矿区民政局 1981 年成立后，机构不断健全，队伍不断壮大。2000～2011 年，矿区民政部门与广大社区工作者一道，创新社会管理，努力提供优质社会服务。社区改革和建设取得全面进展，完成四届社区居民委员会换届选举工作。区划和地名管理方面，完成了地名调查和地名标准化任务。深入扎实开展拥军优属、拥政爱民活动，“共驻共建，双向服务”受到省双拥工作检查验收小组的好评，优待抚恤、接收安置工作成绩显著。完善各项社会救助体系建设；作为全省试点单位，城市贫困居民医疗救助工作取得多项有益经验；社会救助与社会福利工作成效明显。各项专项社会事务工作逐步规范化，服务水平有了很大提高。

第一章　机构　队伍

矿区与阳泉矿务局机构分设后，民政机构和队伍不断发展壮大。至2011年，区民政局内设办公室、优抚安置室、救灾救济室、基层政权和社区建设室、社会福利和社会事务室，加上社会福利企业发展中心及街道办事处，全区共有民政工作人员28人。社区干部的年龄和文化构成有很大改善，政治和文化素质有了很大提高。

第一节　机　　构

1981年9月设立民政局，配备民政工作人员3人，每个街道办事处配备专职民政助理员1人。矿区民政局的主要工作是基层政权建设、拥军优属、接收安置复员退伍军人、赈灾救济、农村扶贫、社会福利、残疾人安置、婚姻登记、殡葬管理等。1989年，为了拓宽残疾人安置渠道，成立矿区社会福利企业公司。1990年，区民政局内设基层政权建设办公室、婚姻登记办公室、财务管理办公室、救灾救济办公室、优抚办公室、福利生产办公室、军人安置办公室、地名管理办公室等机构，有工作人员17人。2002年5月，成立矿区城市居民最低生活保障中心，各街道办事处设立城市最低生活保障服务站，有工作人员9人。2004年6月，矿区社会福利企业公司改设为社会福利企业发展中心，有工作人员3人。2011年，区民政局内设办公室、优抚安置室、救灾救济室、基层政权和社区建设室、社会福利和社会事务室，全区共有民政工作人员23人，其中19人具有大专以上学历。

2002～2003年，被山西省精神文明建设指导委员会评为军民共建先进单位；2006年8月，被中共阳泉市委、阳泉市人民政府授予“社区建设先进单位”称号；2002～2007年，矿区连续6年被授予“省级双拥模范城”荣誉称号；2008年，被评为省级婚姻登记标准化建设示范单位；2009年和2010年，被授予“全国婚姻登记规范化单位”称号，被山西省老龄工作委员会授予“山西省老龄工作示范区”称号，被中国社会工作协会志愿者工作委员会授予“志愿者服务工作先进集体”称号；2010年4月，区民政局被国家民政部授予“全国贯彻落实居民委员会组织法先进集体”称号。

第二节　队　　伍

改革开放前，矿区居委会干部为50岁以上的煤矿职工家属，文化水平较低。改革开放后，这种情况虽有所好转，但尚未得到根本改观。2000年社区改革启动后，矿区居委会干部和社区工作者在人员构成、知识层次、党员比例、年龄结构等方面有较大优化和提高。2000年社区干部中，具有大专以上学历的占12%，党员占50%，平均年龄为37.65岁；2003年换届后，具有大专以上学历的仍占12%，党员占37.1%，平均年龄为37.87岁。2010年第四届社区干部中，具有大专以上学历的占56%，党员占38%，平均年龄36.6岁。

第二章　居民自治

阳泉矿区的居民组织，1955 年有 21 个家属委员会，2000 年年初有 151 个居民委员会，另有 44 个临时居民委员会。2000～2011 年，为了搞好社区改革和建设，区委、区政府借鉴外地经验，联系矿区实际，确定了社区工作“为国企改革和城市居民工作生活服务，走工矿区社区发展道路”的宗旨，在建立社区组织，发展社区经济，服务社区居民，改善社区环境诸方面进行了大胆探索和实践，社区改革和建设取得全面进展。

第一节　社区组织

一、居民委员会

新中国建立后，矿区开展大规模的煤矿建设，大批建设者汇集矿区境内，形成职工家属集中居住区。从 1955 年起，在这些居住区中建立家属委员会 21 个，由阳泉矿务局工会管理。1962 年，家属委员会增加到 53 个。1962 年后，家属委员会先后改称居民委员会，归街道办事处管辖。1971 年，居民委员会增加到 72 个。1980 年居委会发展到 96 个。1990 年，矿区有居委会 114 个，林场居民点 1 个，共有居民小组 849 个，居民委员会干部 388 人。1991 年，全区有居民委员会 126 个，居民委员会干部 378 人，委员 400 人。1993 年 10 月，依照 1990 年 1 月 1 日正式施行的《中华人民共和国城市居民委员会组织法》，126 个居委会进行了换届选举，新增的 12 个居委会也进行了选举，共产生新的居委会 138 个，有正、副主任 414 人，委员 684 人。1994 年 10 月，有正、副主任 474 人，委员 720 人。1995 年 4 月，沙坪桥南园第一居委会被评为全国模范居委会。1996 年 5 月 9 日，138 个居委会进行换届选举，新增的 13 个居委会也进行了选举，共产生新的居委会 151 个，另有 44 个临时居民委员会。

2000 年，通过整合，设置了 39 个社区，每个社区约有 2000 户居民家庭。6～10 月，按照公开、公平、竞争、择优的原则，在全省率先开展了社区居民委员会干部的选举工作。社区干部的产生实行公开选拔、民主选举。经过笔试、面试、投票选举、综合审查等严格程序，从 878 名参选人中录用 173 人。年龄最小的 19 岁，平均年龄由 57.6 岁降为 38.2 岁，党、团员比例为 100%，一批大专、本科学生成为了社区居委会工作者，高中以上文化程度的占 82.8%，有各种专业职称的 21 人，形成了一支有文化、有觉悟、精力充沛的社区干部队伍。新的社区居民委员会共有干部 184 人。2000 年 7 月，省政府确定阳泉市矿区为社区建设实验区。2001 年 4 月，矿区被确定为全国社区建设示范区。2001 年 6 月，所有社区居委会都有了办公室，35 个社区安装了电话。

2003 年 12 月，采用全体选民和驻地单位代表直接选举的方式，进行了社区居民委员会换届选举。增设 1 个社区居委会，总数达 40 个；居委会干部增至 240 人。2005 年，社区居委会下设居民小组 300 个，居委会干部增至 254 人。

2006 年 5 月，完成了第三次社区居委会选举。28 名优秀大学生成为社区职业工作者；6 名综合素质强、群众信任度高、热心社区事业的县、科级离职干部当选为社区主要领导干部。2006 年 8 月，区民政局获“全国贯彻落实居民委员会组织法先进集体”“全国志愿服务工作先进集体”“阳泉市社区建设先进单位”称号。矿区获得“全国社区建设示范区”“全国创建文明社区示范点”等多项荣誉。2008 年年底，社区居委会干部有 255 人。

2009 年 12～2010 年 2 月，完成了第四届社区居民委员会换届选举工作，居民参选率达 90% 以上。在本届新当选的285名社区干部中，大专以上文化程度的161人，占社区干部总数的56.5%；年龄最大的56岁，最小的19岁，平均年龄36.6周岁。对12个示范社区居委会主任进行了公开选拔。新当选的社区干部和23名大学生社区干部（村官）进行了技能培训。2010年年初居委会干部有283人。2011年，居委会干部有945人。

二、社区干部待遇

2000年前，居委会干部的生活补贴数额较低，每人每月仅几十元。离职居委会干部生活有困难的，发给少量一次性困难补贴。2000年社区改革后，社区干部的工资逐步提高。2007年，社区干部的工资达到或超过了全市最低工资标准，并为他们解决了养老保险和医疗保险问题。从2005年1月起，离职居委会干部按居委会工作年限长短分为三个档次，分别给予一定数额的补贴。为退养居干每月增加50元生活补贴，退养居干月人均生活补贴达315元，已全部发放到位。

2000～2011年阳泉市矿区社区干部统计表

表18－1　　单位：个、人

街道办事处	第一届（2000～2003）		第二届（2003～2006）		第三届（2006～2009）		第四届（2010）	
	社　区	社区干部	社　区	社区干部	社　区	社区干部	社　区	社区干部
沙　坪	7	30	7	36	7	41	7	43
赛　鱼	7	36	7	51	7	53	7	54
桥　头	7	34	7	43	7	46	7	52
蔡　洼	6	33	7	42	7	45	7	50
平潭街	8	39	8	46	8	51	8	59
贵石沟	4	12	4	22	4	21	4	25
合　计	39	184	40	240	40	257	40	283

阳泉市矿区居委会干部补贴标准一览表

表18－2　　单位：元/月

调整时间	书记、主任	副书记 副主任	委员、社工	离职居委会干部（居龄）		
				22年以上	16～21年	10～15年
1990年1月	45	40	—	—	—	—
1995年1月	50	45	—	—	—	—
1999年7月	90	80	—	—	—	—
2000年7月	300	200	200	—	—	—
2004年1月	400	300	300	—	—	—
2005年1月	550	530	520	60	50	40
2006年9月	550	530	520	80	70	60
2007年10月	750	730	700	80	70	60
2008年1月	750	730	700	220	215	210
2009年1月	750	730	700	270	265	260

表 18－2

调整时间	书记、主任	副书记 副主任	委员、社工	离职居委会干部（居龄）		
				22 年以上	16～21 年	10～15 年
2010 年 3 月	1000	950	900	270	265	260
2011 年 5 月	1000	950	900	320	315	310

第二节　社区建设

一、基础设施建设

2000 年下半年，矿区成功进行社区改革后，进行社区居委会设施设备的配置工作。2001 年 2 月，制订出台了《加强和规范社区建设的实施意见》。至同年 6 月，39 个社区都有了办公室，其中 35 个社区安装了电话。2002 年 4 月，民政部确定阳泉市矿区为全国社区建设示范区。同年 5 月，区民政局出台了《关于协助社区居委会配备电脑的函》，积极设法为社区配备电脑。但此时社区尚未拥有属于自己的办公和活动大楼。

2004 年 4 月，矿区召开社区建设工作会议，总结了三年的社区工作，对于下一阶段社区建设工作进行部署。同时，区政府与阳煤集团联合印发了《关于全面推进共驻共建加强社区基础设施建设的实施方案》，方案规定，用两年左右的时间，在全区 40 个社区新建和改扩建高标准社区综合服务楼，统一名称、统一标识、统一建筑风格、统一基本功能，完善社区服务基础设施，为社区居民和阳煤集团职工家庭提供良好的服务。2004～2008 年，累计投资 2000 多万元，建成社区综合服务楼 39 幢，总面积 1.693 万平方米，平均面积 434 平方米。其中 2004 年建成 18 幢，2005 年建成 15 幢，2006 年建成 3 幢，2007 年建成 2 幢，2008 年建成 1 幢。

二、社区标准化建设

（一）设备配置

在社区基础设施建设取得进展的基础上，区政府拨专款 50 余万元，为新建的社区综合服务楼统一配备了办公桌椅、文件柜、文体活动器材、电脑等设施设备，为 40 个社区全部安装了电话。2008 年，又拨款 20 多万元，为所有社区都配备了电视机、打印机、放像机和数码相机，达到了电话、电视、电脑、打印机、放像机、照相机“六个一”标准。

2007 年和 2011 年，提升社区信息化管理水平，拓展社区服务空间。开发了社区信息管理软件系统，实现了社区与街道、区职能部门之间在计生、统计、就业、便民服务、居务公开等社区事务和信息管理等方面的信息共享和交换互动。

（二）机构设置

1. 内部机构。社区综合服务楼设置了“五室、三站、一个中心、一个超市”（社区办公室、党员活动室、文化娱乐室、社区警务室、图书阅览室；社区服务站、再就业服务站、医疗计生服务站；法律咨询与援助中心；慈善超市），社区工作实现了“管理有阵地、服务有载体、活动有依托、工作有平台”的目标，改变了过去居委干部“办公靠家，开会靠站，通讯靠喊”的局面。社区工作达到“三规范，一推进”（规范社区办公模式，规范社区工作制度，规范社区档案管理，推进社区向服务型转变）

2. 外部机构和设施。社区服务功能不断拓展，共修建大型社区文化广场 4 个、社区文体活动场所 91 个、影剧院 7 个、图书馆室 62 个、体育场馆 34 个、社区新增绿地 6 万余平方米，全区建成社区卫生服务中心6个、社区卫生服务站14个，治安关键地方都安装了摄像头。全区有37个社区被市命名为一类和二类社区，4个社区达到“十星级”标准。2011年，为每个社区每月增加100元办公经费。

（三）社区工作秩序的建立。

2000年，建立了《社区成员代表大会制度》《社区议事协商制度》《社区居委会工作制度》《社区财务公开制度》《社区建设竞赛方案》及《社区干部考核办法》，社区居民订立了《社区居民公约》《门前“三无”责任制》，积极开展创建文明社区活动，完善了社区民事调解、警民蹲点办公制度及“两劳、两放”人员帮教责任制，有帮教小组150余个。加强了流动人口计划生育和社区居民治安防范管理，组织居民轮流值勤，联防巡逻，使社区管理实现了制度化、规范化。2001年，出台了社区职能界定。2005年，进一步规范了社区工作，建立健全了社区干部管理、社区制度规范、社区财务管理、社区工作职责等一系列规章制度，组织开展了“十星级”和特色社区创建活动。

第三节　社区工作

一、组织机构建设

（一）党建工作

以党的建设为核心，推动社区各项工作。区委、办事处党工委、社区党支部都制订了相应的党建工作制度，签订了党建工作责任状。对党员实行建卡管理制度，健全花名册、五簿表，做到活动经常化、记录详细化。部分社区实行党员形像挂牌亮相一条街。明确党员在社区的十项服务，接受群众监督。部分社区党支部与驻地单位党委联合对党员干部实行“八小时以外监督管理”。同时，组织党员深入群众了解社情民意，听取群众呼声，宣传党的方针政策；开展“五好家庭”“读书活动”“科普活动”等。

注重提高干部素质。对社区干部进行党建、综治、统战、计生、卫生、环保、社会救助等方面的业务技能培训，提高社区干部的社区管理能力。组织社区干部参加区委组织部、党校、区民政局举办的社区建设、法律、科技、计算机培训班；组织社区干部赴先进地区参观学习。加强社区干部管理。制订出台《社区干部管理办法》《社区工作管理规范》《居务公开制度》《社区节假日上岗值班制度》等规章制度。

（二）工青妇组织

1. 工会组织。2005年，在全区40个社区成立了社区工会组织。2007年，在5个社区建立了联合工会。2011年，社区工会联合会增加到13个，有5个社区工会联合会达到500人以上。

2. 共青团组织。2001年3月，在沙坪街道办事处的两个社区进行试点工作后，成立了11个社区团工委，其他28个社区团工委也于年底前相继成立。社区团工委委员由社区干部、学生、社会青年、个体户青年及驻区单位团干担任。

3. 妇联组织。1999年前，各居民委员会建立了妇代会。2000年居委会改革后，居委会一级未再设妇代会组织。

（三）各类协会组织

2000年后，各社区相继组建了性质各异、形式多样的协会组织，对推动居民自我管理、自我服务、自我监督起到很大作用。协会初限于文化、体育、安全联保等方面，后逐步向老年人、残疾人、贫困户的社会救助服务和未成年人、妇女维权等方面发展，性质更具特色，工作更加专业。如秋沟社区的“三生”（生产、生活、生育）协会有效落实了“双服务”方针，平潭西社区的敬老协会经常性地开展针对老弱病残的“上门服务”。2005年，全区有8个社区、9个小区成立了业主委员会，推进了小区物业管理，使物业管理进入社区，改善了居民生活环境。涌现出各类社区自愿者组织58个。至2011年年底，全区共有计生、残疾人、红十字、老年、妇女、文体、卫生、体育、安保等方面的社区协会组织366个，其中各社区都建立的有8种，其他有36种。

二、发展经济

2001年，根据驻区企业存在一些厂房、设备闲置的状况，居委会主动与企业、个体工商户、下岗职工联系协调，帮助办起了停车场、存车棚、粮店、饭店、美容厅、诊疗所、幼儿园，联合个体私营企业办起了节能灯厂、型煤厂、饮料厂等。盘活了闲置资产，发展了非公有制经济，安置了下岗人员。区财政投资3万元，协调驻地单位投资投物价值100余万元，资助社区网点建设。2001年，全区社区服务网点达到530个，其中，幼儿园43个、存车处25处、小粮店38个、便民利民小店47个、卫生医疗、计生服务站46个、美容美发网点72个、家电维修12个、文体活动场所30个；社区服务从业人员1300多个。实现营业收入749万元，创利税68万元。至2011年，矿区建立社区服务网点436个，其中社区办网点253个，社会办网点183个。既满足了社区居民的多元化需求，又使社区经济得到了发展。

三、服务居民

围绕新社区建设标准，矿区各社区普遍开展了文体、卫生、法律、警务、科普等“五进”社区服务，面向特殊群体开展了就业、福利等社会保障和救助服务。同时，矿区建立了纵向到底、横向到边的志愿服务网络，变以往“运动式”活动为“经常性”服务，努力打造社区服务“七个平台”，即劳动就业服务平台、社会保障和救助平台、卫生服务平台、文化活动平台、志愿者服务平台、民主参与平台、治安保障平台，社区成了矿区城市形象的名片。2010年，区民政局被中国社会工作协会授予“全国志愿服务工作先进集体”称号。

（一）文体科普

2000～2002年，各社区组建群众文艺宣传队和健身指导站，开办社区体育指导员培训班，经常开展街头文艺表演和各类健身活动，举办消夏晚会，开展计生、健康、法律和科技知识宣传。动员驻地企业及所属单位将图书馆、阅览室、文化活动室、体育场地和设施尽可能向社会开放，满足社区居民文体生活需求。各社区共建成社区文化站30个，文化协会小组116个。

2003年，平潭社区被确定为“全国创建文明社区示范点”，社区文化、体育活动丰富多彩，秧歌队、腰鼓队、晨练队、健身队活跃在街头、广场，自编自演了许多健康向上的文体节目。

2004年8月16日至20日，矿区政府与阳煤集团工会联合举办首届社区趣味运动会，在三矿体育场举行。运动会以“大众参与，人人健康”为主题，内容丰富、形式多样，608名参赛队员进行了太极拳（剑）、拔河、祖孙三代接力赛、三人制篮球赛、三口之家绑腿赛跑、键球、乒乓球等10个项目的比赛。参加本次运动会选拔赛的社区居民约3万人次，参赛队员中年龄最大的75岁，最小的6岁。运动会情况被制成了专题片《矿区首届社区趣味运动会集锦》。同年10月，蒙北社区、大院社区代表阳泉市矿区组队参加了山西省首届城市社区运动会，在健身展示、健身路径、跳绳、踢毽、定点投篮、大象拔河、二龙戏珠、摸石过河、夹包甩远、羽毛球、健步行11个项目的竞赛中，勇夺7个冠军，获得第二名至第八名14个奖项，总分名列全省第一。大院社区、蒙河社区被评为省级“体育先进社区”。

2007年6月6日，赛鱼社区举办了首届文化艺术节，推出了剪纸、书画、编织作品展，邻里趣味运动会以及戏曲、歌曲、快板、交谊舞等专场比赛和演出。同年12月26日，矿区平潭街西社区荣获2007年度“全国全民健身先进单位”称号。

2008年，各社区开展了居民参与度高的群众性文化节、艺术节活动；开展了方便居民的读书、阅报、健身、广场文艺活动；开展了未成年人素质教育和实践活动。毽球、柔力球、健身操等一批文体活动队伍走出社区，活跃在全市，创出了自己的品牌。在每年的“煤海欢歌闹元宵”街头民间艺术表演中，社区的表演队伍占一半以上。同年7月，平潭街西社区健身队再次被国家体育总局授予“全国巾帼文明健身队”称号。各社区普遍设立了科普宣传栏、咨询点，使社区居民接近科学、相信科学、摈弃迷信、远离愚昧。

2011年，新建里沙坪、麻地巷、段西沟、东窑房、大院、水滩6个社区图书阅览室，新添置各类图书2万册，为6个阅览室配套了书柜、桌椅，其中通过开展“捐万册图书进社区”活动，区直机关捐赠各类图书1189本，全部送至贵石沟街道各社区。

（二）卫生计生

2002年，建立社区卫生医疗点46个，家庭健康咨询点12个，计生服务站35个，婚育学校14所，有医护人员200余人，与8所医院的专家联合开展定期义诊。30%的社区建立了社区居民健康档案，对行动不便的患者定期上门服务。

2007年年初，矿区财政加大资金投入，安排财政预算96.5万元，成立社区卫生服务管理中心，落实了编制，配备了人员；成立了慢性病、公共卫生、康复、健康教育、计划生育5个社区卫生服务专业指导中心；组织25名医生和25名护士参加了全科医生和社区护士培训。建成了6个社区卫生服务中心、9个社区卫生服务站。在中心、站的建设中，财政又拿出30万元，配备、启用了统一的社区卫生服务标徽、标牌，统一配备医护人员办公室、办公桌椅、文件资料柜、候诊椅等，建立了16项中心、站工作职责制度。

（三）警务治安

2001年，39个社区设置了警务室；48%的居民楼院的治安实行封闭式管理，居民轮流执勤，对无法实行封闭式管理的居住区进行治安联防巡逻。完善了民事调解和片警蹲点办公制、“两放两劳”人员帮教责任制。到2007年，群防群治网络进一步完善，做到了“小区有人巡逻，纠纷有人调解，刑释有人校正”；40个社区都配备了专职社区治安巡防队员，成立了“社区、楼长、单元长”三级社区内部治安网络。段北沟社区一度时期治安较差，区公安分局就抽调警力，加强了对该地区的巡逻力度；苹果园社区外来人员多，治安压力大，社区和有关部门完善外来人口管理制度，加强外来人口管理。

（四）保障救助

2000年，举办职业培训班16个。2002年，社会保障体系基本形成。落实了下岗职工基本生活保障；全年征缴养老金93.3万元，征缴率98.9%，社会化发放率达100%；失业保险金征缴率达96.7%；低保户扩展为3800户、10200余人，累计发放低保金580余万元，基本实现应保尽保。机关事业单位的公费医疗制度由福利型转为保险型。成立了特困职工援助中心、残疾人康复中心，全年发放各类优抚、救济金23万元。2007年，完成了零就业家庭、城市低保、医疗救助、廉租房补助等社会救助。

2008年，面向特殊群体开展了就业、福利等社会保障和救助服务。各社区设立了慈善超市，成为社会救助的有效补充。矿区的各社区有专职的最低生活保障负责人，全区现有4300余户、10525人享受低保金补助。2001～2011年，矿区为社区困难群众发放低保金约亿元。为了让更多社区的老年人安度晚年，矿区加大政府扶持力度，共完成“星光计划”项目20多个，为5000余名老年人办理了老年优待证。城镇登记失业率控制在3.9%以内。将192名原区属困难企业职工纳入医保区级统筹，城镇居民医疗保险参保率达90%以上，基本实现了全民医保。全区基本养老、失业保险覆盖率达92%和90%。提高了原区属企业退休职工养老金标准。全区基本社会保障覆盖率达90%，社会保障体系进一步健全完善。

四、改善环境

为了改善社区环境，各社区在认真做好日常卫生清扫、垃圾清运、花草养护工作的同时，加大了对底商广告、网点门面整洁的管理力度，开展了以道路硬化维修、小区绿化为重点的环境建设。成立环境服务自愿者队伍78支，对社区环境进行管理。

2007年和2011年，借力环境综合整治、园林城市创建等活动，按照让社区“亮起来、绿起来、美起来”的要求，加大拆违、改造、新建公共基础设施力度，着力改善社区环境，逐步消除历史欠账，各社区人居环境普遍有所改观。水滩社区推行全封闭化管理，成为整洁有序的绿色社区。平潭东社区实施管网、亮化等公共基础。2007年，全区完成8处2.4万平方米社区公共绿地，新增小区绿化20万平方米，绿化覆盖率达31.7%。

五、政企共建

矿区大部分地段与阳煤集团相衔接，大部分居民是阳煤集团的职工和家属。矿区着眼于构建和谐社区，坚定不移地落实“双服务”（服务区域企业生产、服务社区居民生活）方针，在阳煤集团的积极配合下，深入推进共驻共建共享，实现了社企双赢，走出了一条具有工矿区特色的社区建设新路子。

服务国企后勤是矿区的优良传统。社区组织建立后，全区共组建600多个妇女“双服务”志愿者小组，有志愿者万余人，经常为矿工送水、缝补衣裤、拆洗被褥、清扫房屋、做鞋垫。成立妇女禁赌禁毒协会39个，会员达2万余人，协会会员和文艺宣传队一起与矿工定期不定期联欢。

2000年，阳泉煤业集团公司无偿为社区提供办公场所37处，并配置了基本办公设施，总面积700余平方米，价值20余万元。阳煤集团总医院与社区建立了常年社区义诊制度。社会各方面有钱的出钱，有力的出力，形成了政企联手，资源共享，共建文明小区的局面。

2003～2008年，矿区政府和阳煤集团共同投资2000余万元，完成市政府下达的社区设施设备建设的任务，完成社区标准化、规范化建设。利用驻区单位的人才、场地、设施、资金等优势，改善了社区居民的生活环境。

2007年和2011年，按照“共驻共建共享”的要求，实行了“一个社区、一名领导、一个部门、一个驻地单位”的新社区创建联动包点办法，区直有关部门和驻区单位积极主动对社区工作进行指导协调、捐资捐物，强化每年《社会主义新社区建设任务分解》工作目标的落实，共同推进社会主义新社区建设。政府和企业在社区建设上的共识，推动了社区的健康发展，促进了企业效益倍增，呈现出社会进步和经济发展“双赢”的良好局面。

第四节 社区工作者

一、社区精神文明建设的带头人

在社区工作中，社区干部站在社会主义精神文明创建工作的前列，努力发挥精神文明建设活动带头人的作用。

2010年，蔡东社区党支部书记兼主任魏慧芬在争先创优活动中，完善工作机制，促进支部规范化管理。完善各项规章制度，对全社区干部党员进行量化管理，使全社区的基层党组织成为宣传国家政策、积极带头致富的领导核心。同时，充分利用党员远程教育网络，定期组织广大党员加强学习，明确专人制订学习计划，学习政治理论及党的各项方针政策。苏村社区支部书记、社区居委会主任翟玉珊制订、完善社区党建、计生、低保、卫生等各项制度50项，开展了党员承诺和创先争优活动，社区受益党员群众100余人。2011年，在建党90周年之际，社区支部与驻地企业联手开展了“颂党情、忆党恩”系列活动，拉近了社区与驻地企业之间的联系，提高了党建活动的实际效果。

段西沟社区书记、主任白怀升不断开拓工作思路，创新社区工作。2011 年社区推出了给党员过政治生日的制度，把贺卡和礼品送到党员家中，使一些老党员深受感动。同年社区党支部和平定县东回镇瓦岭村党支部进行了结对子活动，为贫困村民捐赠衣服 360 多件，慰问金 600 元，形成了社区党支部和农村党支部工作互动互学的新工作方式。他还特别重视抓社区文化活动，带领社区健身舞蹈协会会员，除天天在居民区活动之外，还经常参加一些重大场合的演出活动和节假日期间的演出，被阳泉市评为巾帼健身活动队，健身排舞活动队在 6 月参加了区政府举办的健排舞大赛活动，获得全区第三名，还参加了新大地公司离退休中心举办的老年健身表演和“健身走”以及重阳节文艺演出等活动。兴办了社区文化站、图书阅览室、慈善救助室、计生服务室、残疾人康复训练活动室，安装了健身器材 28 套。

水滩社区副主任赵海芳创办了社区《党员生活报》，每月一期，电脑制作，A3 纸彩色打印，版面设计简明直观。该报融党章、党建、党性、党会教育和先进人物宣传于一体，党员人手一份，在居民中广泛传阅学习，促进了社区学习风气的形成。大垴沟社区书记兼主任王建萍创办了《社区之家》小报，宣传党的路线、方针、政策及上级文件会议精神；开辟了社区每月要事要闻、居务公开、民情直通车、社区人物、校园之声、好人好事榜、驻企服务情况、生活小常识等专栏。洪城河社区书记兼主任周慧军分管的信息工作，在平潭街街道办事处所属各社区有很大影响。她采写的《拾金不昧的老党员付兰花》《洪城河社区中小学生暑期活动剪影》等信息被矿区报采用；她设计制作的剪纸作品《关爱女孩》获阳泉市三等奖。

大院社区成立了文艺、健身团体，党支部副书记李素英又张罗成立了老年葫芦丝班。这些老年文体队伍开展了形式多样的活动，活跃了社区文化生活，弘扬了社会主义文明新风。蔡东社区党支部书记兼主任魏慧芬组建了一支由 40 位居民组成的秧歌队，经常深入街头、坑口进行宣传、演出，寓教于乐，既丰富了社区文化，又加强了对群众的宣传教育，社区多次被评为文化活动先进集体。她还协调驻地单位，建成了 1000 多平方米的老年人活动中心，安装了健身器材，社区被评为山西省“十大敬老文明社区”。段西沟社区书记、主任白怀升重视社区文化工作，带领社区健身舞蹈协会会员天天在居民区活动，经常参加演出，被阳泉市评为巾帼健身活动队；社区健身排舞活动队在区政府举办的健排舞大赛中获全区第三名。水滩社区副主任赵海芳接受离退休老党员的意见，在社区组建了“霞满天”健身队，有秧歌、柔力球、太极拳等健身项目，健身队建立了党小组，定期开展主题教育活动，效果明显。

秋沟社区党支部书记、社区主任吕耀红利用靠近一矿文化广场，社区群众文化活动底蕴深厚的优势，积极张罗、组织了社区文艺宣传队、威风锣鼓队、左权民歌演唱队、俏夕阳艺术团、枫叶秧歌队，创作、编排了大量形式新颖、群众喜闻乐见的文艺节目。文艺队伍经常代表社区和街道参加大型活动。她还经常带头登台演出，多次在一矿文化广场联合驻地单位举办的“情洒矿山，共建和谐”文艺晚会受到好评，先后被阳泉晚报、矿区报等媒体报道；还代表矿区参加了全市歌咏比赛，取得了全市第三名的好成绩。

二、开展公共事务和公益事业

社区干部热心公共事务和公益事业，解决了大量与群众生活密切相关的问题。在学习实践科学发展观和创新社会管理活动中，段西沟社区书记、主任白怀升根据居民建议，积极协助驻地单位进行楼前道路硬化，解决了居民出行不方便的问题，受到群众好评。桥头社区主任涂庆福为解决 4、5 号楼居民如厕难的问题，奔波呼吁，多次协调有关单位，使困扰居民 3 年多的问题得到解决，阳煤电视台将此事拍摄成新闻短片《小涂主任的烦恼事》予以报道。为了解决矿区房地产开发公司一二号楼 80 户居民取暖问题，涂庆福在两年中，数十次找矿区政府、跑矿区房地产公司，协调阳煤升华热力中心，多方筹借资金40余万元，终于使问题得到解决。暖气接通时，居民们挂红布、放鞭炮、送锦旗庆贺。如意庄社区地处偏僻，城乡交错，城市基础设施较为薄弱。社区党支部书记兼主任庞香英多方联系，多次同升华公司、供水中心协商，解决了如意庄4号楼改水管挖沟恢复路面问题，西川7号楼化粪池堵塞问题，如意庄15号楼水管无水龙头、无下水道造成的大水漫路、冬天结冰问题，如意庄路水沟年久失修、存在隐患的问题。南楼社区主任周泽蓉着力改良社区水源，改善供水设备，解决了居民吃水难的问题。桥南园社区副书记、副主任宇志红多次与驻地单位协调，为桥南1~12号楼更换了老化的瓦斯管，搬掉了老三矿"垃圾山"，经4次大修，解决了桥南下水管漏水问题，把年久失修的路修建成一条干净整洁的大道。蔡东社区党支部书记兼主任魏慧芬组织社区干部、党员和志愿者义务清理垃圾、整修和硬化路面，种树5000多棵；她还说服动员居民拆除临时建筑，美化了社区环境；联系协调升华公司为60户社区自建房接上了自来水管。魏慧芬被评为矿区"三城同创"突出贡献先进个人。社区被评为"三城同创"先进集体和市级文明社区。2010年，为加强社区环境建设改造，水滩社区党支部书记赵海芳与驻地单位协调，解决了居民反映的五件事情：一是扩大了社区办公面积，为居民服务提供了便利的场所，硬化美化了社区大院，为居民活动提供了场地。二是对水滩三小区进行了改造，实施了硬化、绿化、亮化、美化工程，改变了以往脏、乱、差的状况，实现了规范化小区管理。三是重新硬化了水滩一区二区所有路面，改变了以往坑洼不平，雨天污水飞溅的现象。四是对居民的供水设施进行了改造，改变了因管道老化供水不畅的状况。五是扩建了老年活动中心，为居民娱乐提供了更加舒适的环境。

2010年，桥南园社区党支部书记兼社区主任宇志红脚踏实地工作，多次与驻地单位协调，在上任后的3个月把年久失修的路修建成一条干净整洁的大道，解决了群众出行难这一实际问题。及时和驻地单位联系为桥南1~12号楼更换了老化的瓦斯管。彻底地解决了老三矿"垃圾山"的问题，桥南下水管漏水经过4次大型修理问题得以解决；2010年3月，被区委命名为综合治理先进个人、康复工作先进个人。2011年3月被区委命名为先进工会主席，"三城同创"先进个人、优秀共产党员等称号。

三、协助维护社会治安

社区干部积极参与调解民间纠纷，维护社区秩序，把协助公安部门维护社会治安作为自己义不容辞的职责。

在"奥运会"期间，中沙坪社区副主任副书记宇志红对社区内上访户耐心做工作，经常上门做调查研究，掌握第一手资料，实现了"零上访"的目标。苏村社区支部书记、社区居委会主任翟玉珊为维护社区稳定，每逢重大节日之际，翟玉珊作为社区一把手，带头巡逻、值班，无论"非典"还是"奥运"，无论"世博"还是"园艺"，都严于律己，站在工作第一线，连续100天工作在社区不休息，认真对待居民的每一个问题，做到面对矛盾不回避，努力化解各种纠纷，把不稳定因素消灭在萌芽状态。

社区党支部副书记李素英调解家庭、邻里矛盾，受到居民好评。商继萍是东四尺社区主任，凡事从大处着想，从维护居民利益出发，赢得了居民的信任。

里沙坪社区书记、主任韩良支组建了一支治安巡逻队，经常巡逻到晚上11点，谁家院里的东西没有收回去，都要加以提醒。蔡东社区书记兼主任魏慧芬组织了30人的义务巡逻队，重点对邻近的狮脑山森林进行防火布控，及时消除隐患，多年未发生意外事件和治安案件，连续被市、区评为"平安社区"。里沙坪社区主任党美芳广泛深入调研，2010年9月，督促升华一中心职工澡堂整改了扰民问题。

南楼社区主任周泽蓉担负着赛鱼火车站114至115+500米铁路的安全巡逻任务。东窑房社区书记、主任王润鱼常年在铁路边巡逻。2000年东窑房社区被评为省级和市级铁路护路先进单位，周泽蓉被评为铁路护路先进个人。

四、开展社区服务

社区干部大力开展社区服务，在便民利民、社会救助、社会福利、优抚保障、再就业、青少年教育等方面，探索出一条贴近基层、服务居民的社会化服务新路子。

蔡东社区党支部书记兼主任魏慧芬对特困家庭、残疾人家庭积极采取措施，及时给予帮助。如组织居民为常年瘫痪在床的黄代小儿媳捐物捐米捐面，派人为其做家务；社区每年资助贫困小学生王帧雪500元学习费用。与区残联、学校联系，为先天性角膜炎残疾儿童张红减免治疗费和学费，并为其捐款1000元；为行动困难的低保户和精神病患者上门办理低保，送去低保金。社区被评为山西省“残疾人工作”先进集体。为解决下岗残疾、低保人员的就业问题，魏慧芬和社区一班人四处筹资，于2005年7月投资3万余元，将旧办公楼改建为社区生产服务中心，形成产供销一体的面食加工实体，安排下岗残疾人10多名；2006年又扩大生产规模，安排失业人员12名。2009年，她带人外出学习缝纫技术，回来后，筹集资金建立了床上用品加工厂。安排失业人员6人，又在社区存车房安排失业人员3人，先后共安排就业人员31人。

水滩社区居民吕桂莲的丈夫在井下因公致残，女儿尚在襁褓。社区副主任赵海芳组织社区党员和志愿者，为其家庭申请了最低生活保障金。2011年5月，党支部书记赵海芳主持建立了社区一站式服务大厅，积极建成城市社区综合服务站，为居民提供了一个集体议事、开展社区活动、办理居民事务的重要场所。同年9月，建成了社区图书室、社区计生卫生服务室，丰富了居民的业余文化生活，为居民提供了便利的服务和场所。苏村社区支部书记、社区居委会主任翟玉珊“进百家门，知百家情，解百家忧”，社区有困难残疾人8人，单亲子女27人，贫困空巢老人1人，伤残军人2人，逢年过节都要带领社区一班人去慰问。

大院社区副书记梁静利用业余时间走家串户，摸清了社区残疾人、老年人、孤寡老人的情况，将工作的重点放在社区服务上。孤寡老人古壮怀每月只有140元的抚恤金，梁静主动上门为他办理了低保。在“我是党员我承诺，服务群众促和谐”活动中，组织和带领社区党员和社区干部走进居民家中，义务为社区老年人量血压、测血糖，受到居民的好评。大院社区党支部副书记李素英得知一户居民，儿子病逝，儿媳离家出走，老两口年迈多病，还要照顾上初中的孙子，生活非常困难，主动为其孙子办理了低保。东山社区主任付强帮助生活困难的老人申请了一份每月53元的保障金，时常去探望老人，给予一些力所能及的帮助。

平潭社区居民冯舒林没有工作，社区为她介绍了一份清洁工的工作，不料与承包人之间发生矛盾，就想辞掉工作。社区主任刘玉英知道后，亲自到她家中，反复做工作，又找到区环卫处的负责人进行当面调解，双方消除了隔阂，冯舒林重新回到了工作岗位上。

段北沟社区主任康海莲为离休干部单诚瘫痪在床的妻子，打针、输液、换尿布、洗尿布、织毛衣，让自己的丈夫给老单家担煤。

桥北冀爱民家中失火。桥西社区党支部书记、主任李芝甫自己凑钱买了一袋小米和6件衣服送到冀爱民手中，并先后4次登门，鼓励并帮助他重建家园。

在创新社会管理和党员承诺活动中，段西沟社区书记、主任白怀升带领党员为群众办实事90多件，为23个家庭的年迈老人送去爱心服务，建立了服务制度；春节前后为28户特困家庭发放慰问金11000元。如联系民政部门为一户发生意外的家庭解决了20000元的特困救助，为孤儿高琛琛争取到每个月530元的补助金；发动志愿者协会对特困儿童郝瑞琴的生活、学习方面给予现金和物品救助；协调解决了部分居民楼顶漏雨的修复问题；和段家背小学联手解决了少年儿童德育教育问题，解决了幼儿就近入托问题；20多次组织居民和少年儿童清理垃圾和墙皮小广告、为绿化草坪拔野草，粉刷道路两侧的墙壁、树木，为居民营造了良好的生活环境。

桥头社区主任涂庆福为60岁以上的老人免费体验，并建立健康卡片。居民张庆誉和王保庆由于家庭困难，孩子高考后，虽然达线却无法上学。涂庆福积极联系市总工会和团市委，为他们分别争取到2000元的困难救济和助学金，使得两个孩子顺利走进大学校门。为挽救4岁的女孩李静，涂庆福多方奔走联系，获得阳煤集团团委一万元救助金，又得到中国社会工作协会贫困家庭病残儿童救助基金帮助，2006年4月，在涂庆福的陪同下，小李静到北京同仁医院接受治疗，受到《人民政协报》《京华时报》等多家媒体关注。在志愿者“2006暖冬行动”中，涂庆福联系平定团委，对贫困山区进行捐助，3000件过冬衣物顺利发放困难家庭。

如意庄社区党支部书记、主任庞香英心里时刻装着特殊群体，把他们当作亲人。孤儿高海蓉的养父母接连去世，高海蓉遭受巨大打击精神失常。庞香英为了给她看病，跑三矿离退休中心、街道办事处、区民政局、区红十字会争取住院资金，三年中四次送她住院328天，为她垫付押金，还经常给她买吃，买穿。经过治疗本人病情稳定。

大垴沟社区书记兼主任王建萍以“和谐联心卡”为依托，提升服务水平，服务不留死角，受到居民欢迎。建立“和谐联心卡”后，共为百姓办实事、办好事300多件，帮扶对象达400多人。

虎尾沟社区主任王小玲同社区干部一起，帮助社区的困难群体。郝玉祥夫妇相继去世，留下一双儿女和70多岁的老人，多年内社区一直给予帮助照顾。6岁的任怡萍父母双亡，好心的伯父任同文将其收养，社区帮助她解决了户口问题，并享受低保。残疾人李保平下肢残疾，妻子无业，儿子上学，生活特困，社区帮助他办了低保，建起了“放心早餐”，解决了生活困难问题。

麻地巷社区主任毛凤林同社区干部一起，帮助1户困难家庭办起了爱心幼儿园。社区干部与几个个体经营者共同出资，自己动手，肩扛手抬，拉水泥，搬砖头，盖起了诊所、毛衣编织店、小卖部，增加了居民就业。中沙坪社区副主任、副书记宇志红经常帮助低保人员办理低保手续，义务为孤寡老人领取工资、送饭、买菜。南楼社区主任周泽蓉开通了服务热线，坚持为病残人员、孤寡老人、弱势群体服务上门。

第三章　优抚安置

新中国成立后，境内深入扎实开展拥军优属、拥政爱民活动，密切军政、军民关系，努力做好优待抚恤工作，受到优抚对象及居民群众的好评。开展了北大西街“军民共建一条街”和狮脑山雷达部队优质“国防教育基地”创建活动，打造民兵建设、增强国防后备力量强区。共驻共建，双向服务，受到省双拥工作检查验收小组的好评。1985年矿区民政局负责复退安置工作后。至2011年，共接收安置复退军人1620名。

第一节　拥军优属

矿区人民素有拥军优属、积极支前的光荣传统。抗日战争期间，矿区人民群众自愿组织起来，多次秘密迎送过往人民子弟兵。在著名的百团大战中，两千多名矿工和居民主动为八路军抬担架、当向导、运送军用物资。解放战争时期，主动为军烈属做活帮工，排忧解难。新中国建立后，在党和人民政府的领导和大力支持下，拥军优属工作更为扎实地开展起来。50年代初，开展了声势浩大的抗美援朝捐献活动，社会各界捐款近20亿元（旧人民币）。

80年代，拥军优属工作形成制度。区民政局定期召开拥军优属会议，检查落实拥军优属情况，交流经验，树立典型，宣传先进事迹。组织各界代表到部队驻地慰问，征求意见，促进拥军优属工作更加完善。每逢新年、春节、建军节，区领导干部上门看望军烈属，问寒问暖，解决实际问题，到部队驻地进行慰问。机关事业单位、工商企业、街道办事处和居民区，平时经常以各种方式拥军优属，发动居民、学生利用业余时间给军烈属担水、买粮、帮助清扫卫生、洗衣购物，解决生活困难。逢年过节，群众敲锣打鼓、挂光荣匾、贴春联、送礼品、演节目、设宴会，表达拥军、爱兵的深情厚谊。“八一”建军节时，社会各界召开联欢会、文艺晚会、庆祝会、座谈会、专题报告会，用电视、广播、板报等多种形式进行拥军宣传，增强广大人民群众的国防意识。1990 年年底，全区先后创建群众性拥军优属组织 1800 个，参与拥军优属活动的干部、职工、居民、学生及其他各界人士累计 2 万多人，捐赠各种慰问品 2.1 万件，价值达 4.15 万元。

1991 年后，矿区建立与部队联系制度，送医送药到军营，帮助部队解决生活中的问题。每年对现役军人家属的困难都要进行慰问，给他们发放纪念品、对联、挂历、慰问金等。1994 年新年、春节期间，区委、区政府组织 40 个慰问组深入居民区，对 1000 余户优抚对象进行了慰问，赠送纪念品 3000 余件。1996 年，蔡洼办事处组织居民上狮脑山慰问部队。拥军模范芦春林把入伍的战士当作自己的孩子一样看待，由于她的拥军事迹突出，被省、市政府命名为军人的好妈妈。1994 年、1997 年，矿区被省、市授予双拥模范区的称号。

2001 年冬，区民政局与二矿、四矿取得联系，在煤炭极度紧张的情况下，为驻狮脑山部队送去 15 吨煤炭，价值 3000 余元。春节期间，区委、区政府对驻区炮兵营、消防队、南台部队进行了慰问。区民政局被山西省精神文明建设指导委员会授予 2002 ~ 2003 年度军民共建社会主义精神文明建设先进单位称号。2004 年“八一”期间，区委、区政府领导到区武装部进行慰问，送去价值 4 万元的 VCD、音箱等物品。同年 9 月，区民政局组织有关单位，对原 8023 部队 115 名退役军人进行体检、登记。2005 年，在新年春节期间，区委、区政府给驻区部队送去价值 5000 元的饮水机、蔬菜等生活用品。积极协调有关单位，为狮脑山驻军解决了冬季供暖管道，修复了供水管路，在四矿口制作了大型双拥固定宣传标志牌，为“双拥办”配置了电脑、文件柜、办公桌、照相机等办公设施，配备了专职工作人员。2006 年、2007 年，矿区以开展“双服务”活动为载体，坚持地方为国防建设服务，部队积极支持地方建设。2002 ~ 2007 年，矿区连续六年被授予“省级双拥模范城”称号。

2011 年，矿区政府大力开展拥军优属走访慰问活动。节日期间，深入到优抚对象家中，帮助他们解决生活中的困难和问题，并送去慰问金和慰问品，受到了优抚对象及群众的好评。同时，深入军营，送书、送药、送慰问品，使战士安心服役。协助完成征兵和退役士兵安置等工作。在全区广泛开展了国防日宣传教育活动。

第二节 优待抚恤

根据史料记载，在历次革命战争中，境内有 40 人为国捐躯。另有 3 人在第一次国内革命战争时致残，101 人在抗日战争中负伤，78 人在解放战争中负伤致残，12 人在抗美援朝时负伤，29 人为建设时期入伍伤残。

新中国建立至 1978 年年底，境内的抚恤工作由阳泉市民政部门统一管理。至 1984 年前，经费实行“报账制”。1981 年后，抚恤工作即由区民政局管理。首先，对本区 368 名伤残军人进行残情评检，提高伤残等级 16 人，降低伤残等级 1 人，维护原等级 351 人，并对伤残军人的等级作严格的整顿与登记。1983 年 4 月至 6 月，对全区革命烈士颁发了新的烈士证，经调查取证对符合条件的 30 位烈士换补了新的“烈士证书”。对烈军属 42 户、伤残军人 428 名和军属 444 户、复员退伍军人 7321 名、老红军战士 3 名给予抚优。1990 年区优抚事业费支出 3.4833 万元。1980 ~ 1990 年，优抚事业费总支出20.79万元。为烈军属伤残军人办好事2.5万件；为40户优抚对象解决了住房问题，为其35名子女解决了就业问题。

1991年，对240名残疾军人发放抚恤金3.5万元。对享受定期补助和临时生活补助的革命烈士家属、病故家属和复员退伍军人、现役军人家属发放抚恤金2.2万元。全年共发放抚恤金6.8万元。1993年，为320名残疾军人、635户复转军人家属、62户烈军属共计发放残保金3.32万元，优待抚恤金12万元。1994年，为324名伤残军人、17名因战因公死亡的烈士家属提高了优待标准，按其等级不同，分别按提高后的标准给予兑现，在上年发放6.44万元的基础上又增加2.4万元。1995年，为374名革命伤残军人和烈士家属发放抚恤金10.1万元，给20名进藏兵每人发放1000元的补助金。1996年，对离退休干部给予一次性抚恤金，共发放抚恤金14.1884万元。对情况较特殊的伤残军人王永吉、张金宝、王福珍给予特殊照顾，为他们解决医药费问题，及时补发伤残证5人6次。

2001年10月，为二等甲级伤残军人王福珍的后事支出3000余元。对膝下无儿无女，身体状况极差的二等甲级伤残军人王永杰给予妥善安置，将其送到市老年公寓，承担了一年费用，使老人安度晚年。同时，与市教委、平定师范取得联系，支出1000元，解决了陈宗烈士孙女的入学困难问题。对38户优抚对象给予低保，为三等甲级伤残军人坤银生补办了伤残证。2003年3月17日，赛鱼街道办事处辖区飞行员王永惠在执行战备训练中牺牲，矿区民政局赶到部队，协助部队做好善后工作，向烈士家属颁发烈士证书和一次性定期抚恤金，为烈士召开了追悼会。烈士生前所在93793部队送来了“军民鱼水情深，蓝天长征更坚”锦旗一面。2004年，为250名伤残军人发放抚恤金12.14万元，为23人发放定期抚恤金23676元。2005年，为全区的伤残军人颁发了新证，套改了新的伤残等级。为王永惠烈士的骨灰安放购置了公墓，支出1.3万元。

1990~2005年，先后3次提高了抚恤金标准，2005年优抚事业费累计总支出253.3万元，临时补助523.3万元。为烈军属及伤残军人办实事4万件，为部分优抚对象解决了住房及房屋的维修问题，为其部分子女解决了上学和就业问题。

2006~2011年，矿区政府认真落实抚恤优抚政策，建立健全了优抚对象生活补助自然增长机制，2006年1月1日、2007年8月1日、2008年10月1日连续3次提高抚恤金标准。及时向伤残军人和优抚对象下发了生活补助、医疗保障和定期抚恤金。2011年，认真落实优待抚恤政策。及时向伤残军人和优抚对象发放了定期抚恤金。认真落实优抚对象生活补助自然增长机制和优抚对象生活、医疗困难的优抚政策，并对120余名重点优抚对象、参试参战人员进行了免费体检。同时，完成了烈士纪念设施普查和数据采集、60岁农村籍退役士兵普查登记等2项国家专项工作。

1980~2011年阳泉市矿区优抚补助统计表

表18-3　　单位：万元

年份	定期定量补助			临时补助			合　计		
	户数	人数	金额	户数	人数	金额	户数	人数	金额
1980年	33	143	0.3059	30	155	0.3921	63	298	0.6980
1981年	22	246	0.2276	126	657	0.6438	148	903	0.8714
1982年	190	198	0.4532	196	975	1.2640	368	1173	1.7713
1983年	216	235	0.5040	208	956	0.8476	424	1191	1.3516
1984年	211	222	0.4890	445	1396	1.0282	656	1618	1.5172
1985年	152	164	0.7185	353	982	0.8850	505	1146	1.6035
1986年	56	61	0.1396	222	806	1.0956	278	929	1.2352

续表 18－3

年份	定期定量补助			临时补助			合　计		
	户数	人数	金额	户数	人数	金额	户数	人数	金额
1987 年	25	101	0.2536	479	1506	1.3462	564	607	1.5998
1988 年	72	84	0.1992	595	1712	3.2264	667	1796	3.4256
1989 年	25	135	0.2554	534	2053	3.0301	609	2188	3.2855
1990 年	19	19	1.1238	—	1777	2.3595	—	1796	3.4833
1991 年	348	348	4.4	1	1	2.4	349	349	6.8
1992 年	340	340	4.5	1	1	1.8	341	341	6.3
1993 年	333	333	4.9	10	10	3.5	343	343	8.4
1994 年	337	337	6.1	6	6	2	343	343	8.1
1995 年	377	377	6.1	69	69	4	446	446	10.1
1996 年	377	377	6.1	75	75	3.6	452	452	9.7
1997 年	338	338	8	7	7	2.9	345	345	10.9
1998 年	338	338	8	7	7	2.9	345	345	10.9
1999 年	305	305	11.6	154	154	12.4	459	459	14
2000 年	283	283	7.7	20	20	1.1	303	303	8.8
2001 年	230	230	10.9	4	4	1.1	234	234	12
2002 年	229	229	14.5	4	4	0.5	233	233	15
2003 年	217	217	17	17	17	6.1	234	234	23.1
2004 年	217	217	14.3	2	2	4	219	219	18.3
2005 年	196	196	86.9	2	2	4	198	198	90.9
2006 年	196	196	86.9	2	2	4	196	196	86.9
2007 年	196	196	86.9	2	2	4	196	196	86.9
2008 年	196	196	86.9	2	2	4	196	196	86.9
2009 年	217	217	182.22	5	5	0.9	222	222	183.12
2010 年	210	210	201.6	4	4	0.6	214	214	202.2
2011 年	205	205	188.22	6	6	1.6	211	211	189.82

第三节　接收安置

境内复员军人、转业军人、退役军人安置工作，1950 年至 1985 年 9 月，一直由阳泉市民政局和阳泉市人事局统一安排。矿区民政局只负责所接受的复员、退伍、转业军人的安家落户有关事宜。1985 年 10 月，阳泉市决定矿区的复退安置工作由矿区民政局负责。区政府据此成立复退军人安置领导组，建立健全了复退军人档案，对复退军人安置工作尽力做到对口安排，发挥特长，力求达到领导、接受单位、复转军人三满意。截至 1990 年年底，矿区民政局共接收安置复退军人 311 名。1991～2011 年，矿区民政局每年安置复退军人 119 人。

第四章　社会救助与社会福利

新中国成立后，境内各级人民政府重视社会救助与福利工作。特别是2000年后，矿区把了解民情、反映民意、改善民生，解决弱势群体的实际困难放在工作的突出位置，完善各项社会救助体系建设，被确定为全省城市贫困居民医疗救助试点单位。按照量入而出、适度救助、力求保障、利民便民的原则，改进救助方式，降低救助门槛。修订完善了《阳泉市矿区城市低保审批工作制度》，落实特困家庭子女上大学资助政策。努力做好老年人和残疾人福利工作，办好福利企业。

第一节　社会救助

一、贫困救济

民国36年（1947）5月，阳泉解放。面对煤矿停产，矿工家家缺粮，户户断炊，生活极端困难的状况，新生的人民政权立即拨款边币（边区发行的货币）750万元，以解两千名矿工的燃眉之急。同时发放边币7520万元，协助矿工向原籍疏散家属3678人。随后组织矿工开展生产自救，出售存煤4万吨，调拨小米7.5万余斤，边币2668万元，冀钞（冀南银行发行的货币）1.7万元，使矿工摆脱饥饿与贫困，安定下来。1950年后，抚恤、救济工作由矿务局和阳泉市政府民政部门两个渠道进行。凡煤炭系统的抚恤、救济，通过本矿的工会处理；凡是本矿职工家属的抚恤、救济，按照企业的《劳动保护条例》规定办理；凡属于街道居民中的抚恤、救济，则通过民政部门加以解决。1981年矿区人民政府成立后，仍维持这种抚恤、救济方法。1985年后，市民政局将民政权下放。矿区民政局设立专账，配备了专兼职财会人员，建立了一系列财务规章制度。1985～1990年，全区救济1875户，4766名社会救济对象，总发放救济9.7万元。其中，享受定期补助的974户，计1644人，发放救济金3.7万元；享受临时救济对象901户，共3122人，发放救济金5.7万元；其他救济金0.3万元，基本解决了贫困户的困难。

1991年，矿区为17户、23人社会困难户给予定期定量补助。为200户、667人社会困难户给予临时补助，发放临时救济款1.1万元，为19户、25人发放粮油补贴1200元。全年发放社会救济金5.3万元。1992年发放社会救济金2.81万元。1993年，为86户、2528人社会困难户发放救济金2.89万元。1994年，享受定期补助8户，发放救济金4922元，享受临时补助162户、639人，发放救济金10960元。1995年，全年实行定期补助25户、26人，临时补助316户，累计发放救济金19932元。1996年发放救济金3万元。

1997年，矿区政府为658人发放最低生活保障金11万元。同时，对军烈属和特困户发放临时救济金2380元。2001年，发放临时救济金18574.9元。2002年，全区发放临时救济金1.8万元。发放最低生活保障金580万元，享受户达3800户、10200人。2003年，全区临时性补助73户，发放救济金1.5万元。二季度、三季度、四季度共发放最低生活保障金531万元，享受户达12223户，享受人数达30266人。2004年，全区享受低保户为52725户、129237人，发放低保金978.9826万元，把符合条件的城市贫困居民全部纳入保障范围，实现“应保尽保”目标。同时开展扶贫济困活动，在元旦、春节期间，区级各单位1200名干部共捐款5980元，衣物1106件，米、面、油等慰问品1.5万余元。区直各部门与困难家庭结对子，维护了社会的稳定。2005年，全区享受低保户4312户、10525人，发放低保金998万元。为使全区低保工作更加科学合理，使有限的资金发挥更大的作用，矿区出台了《阳泉市矿区城市最低生活保障分类施保暂行办法》，于2005年10月1日起施行。同时，制订了《阳泉市矿区特困大学生资助实施办法（试行）》，对28名特困大学生进行了资助，共发放资助金112000元，使他们顺利入学，接受普通高校的教育。

2006年，全区低保户共4365户，10263人，累计发放低保金1034.31万元。同时，对29名特困家庭子女上大学进行资助，每人资助4000元，共发放资助金11.6万元。启动了零就业家庭援助工程，区政府共出资30万元，为35户“零就业家庭”解决就业难题，全区新增就业岗位4600个。免费为15名患者进行了白内障复明手术治疗，为15名残疾人安装了假肢，对400余名残疾人进行了就业培训。区总工会向230名困难劳模及其他困难职工发放救济金4万元，并对20名特困职工实施了救助。开展了为困难职工“送温暖，献爱心”捐赠活动，共收到捐款11.3万余元，衣物2000余件。2007年，矿区政府始终把解决困难群众和弱势群体的实际困难放在工作的突出位置，一是强化城市低保，在全区开展低保工作“百日整治活动”。全区低保户为4236户，9437人累计发放低保金1168.8万元，实现了动态管理，分类施保下的“应保尽保”目标。同时，根据省市政策规定，调整了城市居民最低生活保障标准，从11月份起城市居民最低生活保障标准每人每月提高10元，并增发了11月、12月每户每月12元的副食品提价临时补贴。二是继续实行特困家庭子女上大学资助制度，为18名特困家庭子女发放资助金7.2万元。三是按照《阳泉市矿区城市贫困居民医疗救助实施办法（暂行）》的要求，积极开展城市医疗救助试点工作，全区共救助3332人，发放救助金44万元，其中大病救助102人，发放救助金30万元；日常救助3230人，发放救助金14万元。2008年，矿区政府积极开展城市医疗救助试点工作，全区共救助293人次，发放救助金78万元。同时，全面推行低保户诚信承诺制度，继续开展低保百日整治活动，为全区3872户，8551人累计发放低保金1641.9万元。继续资助28名特困家庭子女上大学，发放资助金11.2万元。2009年，城市医疗救助720人次，发放救助金159.51万元，为全区3583户、8047人发放低保金1513.1万元，人均补差156元。2010年，城市医疗救助1522人次，发放救助金231.68万元，为全区3474户、7856人发放低保金1639.56万元，人均补差173.9元。2011年，城市医疗救助677人次，发放救助金202.03万元，为全区3626户、8270人发放低保金2449.86万元，人均补差252.9元。

二、救灾工作

阳泉市矿区地处自然灾害频发地区，经常面临自然灾害的威胁。境内常见自然灾害主要是地质灾害和气象灾害。地质灾害以采煤导致的地质沉陷影响为大，气象灾害以旱灾、洪灾和雹灾的危害为巨。据阳泉民政志记载：1947~1987年，仅有7年未发生大的自然灾害，其余33个年份灾情不断，有时数灾并发。多种灾情给人民生活和建设事业造成严重损失。

新中国建立前，地方遭灾，百姓受害，如清光绪三年（1877）和民国9年（1920）的大旱，旧政权视而不见，照常征收苛捐杂税，横加盘剥，人民群众无力自救，卖儿卖女，离乡背井，四处逃荒，一片惨相。新中国成立后，党和人民政府关心人民生活，遇到灾情，各级党政领导都亲临现场查看灾情，组织和发动各方力量抢险救灾。1950~1979年，境内的救灾救济钱粮都由阳泉市民政局统一调拨、管理。1981年矿区民政局成立后具体负责此项工作。对于采煤导致的地质沉陷，阳泉市成立由市长任组长的采煤沉陷区综合治理工作领导小组，统一领导和协调全市采煤沉陷区治理工作，具体落实国家发展和改革委员会对山西阳泉矿区采煤沉陷区治理有关问题的批复，管好、用好治理资金，从2005~2007年，用3年的时间对沉陷区进行综合治理，改善居住环境，建设“绿色矿区”，基本解决了居住在恶劣条件下的沉陷区居民的基本生存环境，缓解因各类基础设施破坏而造成的对城市运转功能的严重影响。

1987年10月，晋中地区榆社县、临汾地区隰县遭受霜灾，矿区人民讯后救灾、捐物，全区172个单位6万多人参加。1988年11月，吕梁地区的临县、柳林县遭霜冻灾，以及本市的盂县、平定县、郊区的部分贫困山区遭受旱灾、霜冻时，矿区参加捐物的单位98个，职工、居民3万多人，共捐寒衣3.83万件，1989年10月，雁北地区的阳高县、天镇县遭受霜冻，矿区人民捐衣0.71万件，捐资0.22万元，参捐5.3万人。中国东北大兴安岭发生火灾，参加募捐500余人。1987～1989年，先后共捐集衣、被7.97万件，折款114.89万元；参加单位270个（次），参加募集职工、居民15.59万人（次）。

1991年，中国南方发生了十年罕见的特大洪灾，全区有14300人，募捐款358.9447万元，8689人募捐衣物10911件，矿区工商局捐资2000元，全部送往灾区。1995年10月下旬，在全区范围内开展了“心系灾区送温暖活动”，全区54个单位2586人，捐赠衣被2786件，捐款1.5万元。1996年，平定、盂县、郊区遭受了罕见的洪涝灾害。矿区开展了向平定、盂县灾区捐款捐物活动，全区62个单位85926人参加，完成了捐赠任务，被评为抗灾救灾先进集体。全区评出5个先进集体、12个先进个人。2000年10月，阳泉市连续3年大旱，盂县部分乡镇遭受严重洪灾，受灾人口较多。区四大班子带头捐款，各单位精心组织，为灾区捐款24640元，捐衣物4543件。

2008年5月12日，四川汶川发生8级特大地震，矿区政府积极组织抗震救灾，全区共设立47个救灾捐助点，累计为四川灾区捐款76万元，文具300余件。同时，组织了15名志愿者赶赴四川江油等地抗震救灾。2010年5月12日是全国第二个“防灾减灾日”，下发了《阳泉市矿区2010年防灾减灾日活动方案》，积极组织防灾减灾宣传，共制作防灾减灾宣传展板40块，发放宣传单4万余份、光盘70余张、科普图书1000多本。各街道、社区、学校也积极行动，26所中小学校普遍开展了地震应急演练，增强了矿区防范和应对灾害的意识和能力。出台了《阳泉市矿区自然灾害救助应急预案》，规范和完善了全区社会救助体系建设。

第二节　社会福利

一、老年人福利

1981年矿区与阳泉矿务局“政企分开”后，矿区重视老龄工作。特别是2000年后，在老年人工作中，坚持以人为本，服务群众，积极开展面向老年人的活动。2004年8月，矿区被省老龄工作委员会评为“全省老龄工作先进区”。至2005年年底，累计为60岁以上老年人办理优待证5000多个。2006年5月，阳泉市矿区人民法院被全国老龄工作委员会、公安部、司法部评为“全国老年维权示范岗”称号。同年10月，阳泉市矿区沙坪街道办事处桥南园社区被全国老龄工作委员会授予“全国敬老模范村居社区模范”称号。2007年九九重阳节，为22名80岁以上老年人送去1万多元慰问品和慰问金，还组织了重阳登山活动。矿区老年人工作获得上级有关部门多次表彰。至2008年年底，累计为60岁以上老年人办理优待证8000多个。2010年，山西省老龄委授予阳泉市矿区“山西省老龄工作示范区”称号。矿区老龄办被省老龄办评为“全省老龄信访工作先进集体”。2011年，矿区平潭街街道办事处平潭街西社区被评为“全国老龄工作先进单位”，蔡洼街道办事处蔡洼社区被评为“山西省十大敬老文明社区”。

全区敬老、爱老、助老蔚成风气，涌现了众多老年工作先进人物。2005年7月，蔡洼办事处居民朱成英在全国敬老、爱老、助老主题教育活动中获“中华孝亲敬老之星”奖。2006年7月，平潭街街道办事处居民冯淑琴被全国敬老、爱老、助老主题教育活动中心授予“中华孝亲敬老之星”奖。

二、残疾人福利

新中国建立后，党和政府关心残疾人的生活，积极安排和吸收残疾人就业。据统计，1982年，矿区有残疾人2122名，其中视力残疾152人，听力残疾134人，智力残疾175人，肢体残疾1237

人，精神残疾 234 人，综合残疾 190 人。其中有劳动能力的 879 人，安排就业 628 人，占有劳动能力人数的 71.4%。1983 年后，部分福利企业因资金周转、产品质量、销售困难等原因关闭，残疾人就业人数减少到 168 人。1987 年，残疾人就业数减少到 114 人。1983～1990 年，残疾人月均收入 80 元。

矿区政府支持残疾人从事个体经营。1984～1990 年，从事个体经营的残疾人有 35 名，经营项目有缝纫、修鞋、修理钟表、刻章、小百货、小吃部等。营业额 1984 年为 2.26 万元，1985 年为 4 万元，1986 年为 9.55 万元，1987 年为 5.16 万元，1988 年为 5.67 万元，1989 年为 5.86 万元，1990 年为 6.79 万元。

1989 年 10 月矿区残疾人联合会第一次代表大会在阳泉宾馆召开，矿区残疾人联合会成立。出席大会的正式代表 85 人，列席代表 20 人。大会推举产生了首届残疾人联合会主席团，有委员 29 名；选举出矿区残疾人联合会主席团主席、副主席、残疾理事会理事长，聘任了矿区残联名誉主席和副主席。同时，区政府成立了残疾人事业领导组、残疾人“三项康复”领导组，并设立三项康复中心，年内为 83 名白内障病人施行了手术，使其重见光明。同年，成立了社会福利企业公司，拓宽了残疾人安置渠道。1988 年和 1990 年，矿区民政局根据市政府的统一安排，先后为残疾人组织了两次社会有奖募捐活动，参加人数 4 万余人，售出奖券 5 万张，除 35% 返还购券奖和上交省、市外，为矿区残疾人福利事业筹集资金 1.4 万元。

2004 年 6 月，矿区社会福利企业公司改设为社会福利企业发展中心。2005 年，全区有残疾人 8730 名，其中有劳动能力的残疾人 3400 名，安置就业 1665 名，安置就业人数占有劳动能力残疾人总数的 48.97%。2010 年，全区有残疾人 8225 人，其中持证残疾人 2116 人，安置就业 77 人。2011 年，全区有残疾人 8236 人，其中持证残疾人 2422 人，安置就业 60 人。

三、福利企业

20 世纪 80 年代，矿区按照“社会福利社会办”的思路，依靠群众，依靠集体，因陋就简、勤俭办厂、小型多样、逐步发展的指导方针，创建了一批福利工厂。1982 年，区民政局与平潭街街道办事处共同筹集资金 20 万元，兴办社会福利工艺制品厂，生产镶雕工艺制品、镀锌制品，兼加工面袋、口罩、花圈等。该厂共有 36 名职工，其中残疾人 18 名。该厂于 1983 年 5 月投产，年产值 18.5 万元，平均年利润 1.2 万元。1984 年，沙坪街道办事处筹资创建的福利橡胶制品厂投产，生产多种类型的胶圈、胶垫。从业职工 14 人，其中残疾人 5 名。年产值 10.8 万元，年利润 1.3 万元。1986 年，矿区民政局自筹资金创建矿区社会福利总厂，下设 5 个分厂，从事木器加工、服装加工、食品加工、综合加工，兼营批发，还经营商店、饭店和旅馆业。同年，总厂更换产品，改为组装加工矿灯，更名为阳泉市矿灯厂。从业职工 30 人，其中残疾人 9 人。年产值 20 万元，利润 1.59 万元。

1987 年，矿务局工程处自筹资金 45 万元建成社会福利商店，有职工 40 人，其中残疾人 17 人。主要经营五金交电、糖业烟酒、小百货，年营业额 79 万元，利润 1.08 万元。1988 年，四矿服务公司自筹资金 24.78 万元，建成综合福利加工厂，就业人员 109 名，其中残疾人 44 名。主要加工劳动保护用品，年产值 67.44 万元，年利润 0.63 万元。同年，一矿服务公司乳化液厂建成，从业人员 46 人，其中残疾人 23 名，主要生产乳化液，年产值 108 万元，年利润 1.3 万元。1990 年，三矿南楼小学福利厂建成，从业人员 8 名，其中残疾人 5 名，主要制作各种胶圈、胶垫，年产值 42 万元，年利润 1.5 万元。同期创建的福利企业还有四矿劳保服装厂、桥头办事处废品收购站，以及赛鱼、平潭街、蔡洼 3 个办事处创建的 13 个福利商店，从业人员 462 名，其中残疾人员 166 人，占从业人员总数的 36%，年产值 406 万元，年利润 8 万元。

1990 年，由于市场因素，有 7 个企业合并或停办。保留下来的社会福利企业有职工 255 名，其中残疾人 124 名，占职工总数的 48.5%，年产值 346.49 万元，年利润 7.41 万元，残疾人平均月收入

80元，初步实现了生产自救、自食其力的目标。

1991年后，对不符合国家政策的福利企业加以整顿。到2000年年底，三矿南楼小学胶制品厂、矿区豆制食品厂、工程处多营公司风筒厂、沙坪办事处胶制品厂陆续停办。至2008年年底，仅剩阳煤集团（一矿）多营公司乳化油厂、阳煤集团天兴公司华盛福利厂、阳煤集团育英特种油品公司3个福利企业，共有职工84人，安置残疾人42人，工业总产值3264万元，销售收入3505.5万元。2010年，有福利企业3个，年产值2135万元，销售收入2015万元。2011年，全区有福利企业3个，职工95人，其中残疾人61人，年产值2205万元，销售收入2175万元，残疾人月平均工资2079元。

四、福利经费

1980～1990年，矿区社会福利费（用于举办孤儿院、敬老院和精神病人疗养院等社会福利事业单位的各项开支）总支出29.3万元。1991～2005年，社会福利费总支出185万元。2008年，社会福利费总支出32万元。

第五章　专项社会事务

1971年矿区成立后，民政部门所负责的专项社会事务（婚姻登记、殡葬管理与服务、民间组织和社会行政事务管理、收养、流浪乞讨人员救助）等工作逐步规范化，服务水平有了很大提高。

第一节　婚姻登记

旧社会因受封建礼教影响，男婚女嫁凭父母之命、媒妁之言，推算双方生辰八字无冲忌，即可举办成婚礼仪。抗日战争和解放战争时期，在共产党领导的解放区倡导婚姻自主。新中国成立后，1950～1951年，人民政府大力宣传婚姻法，实行婚姻自主，男女双方自愿结合，可持村、乡政府出具的婚姻介绍信，到阳泉市民政局办理结婚登记手续。1956年，赛鱼、平潭街、菜洼三个街道办事处设立婚姻登记站。1958年，各人民公社下设社会福利部，负责婚姻管理事务。1971年4月，矿区成立革命委员会，成立办事组，内设民政小组，承办结婚登记、离婚事宜。1981年，矿区设立民政局，设立专门科室，各街道办事处配备专职民政助理员，负责所辖区域内的婚姻登记管理事务。

1995年，按照《婚姻登记条例》要求，规范了出证、发证程序，实行“统一婚前检查，统一婚前培训，统一审查发证，统一档案管理”。坚持不够法定年龄不结婚，暂有疾病不结婚，手续不全不结婚。

2005～2011年，认真贯彻《婚姻登记条例》，努力提高服务水平，登记合格率连年达到100%。2007年4月，矿区民政局被阳泉市民政局评为“全市婚姻登记工作先进单位”。2008年，矿区民政局被评为省级婚姻登记标准化建设示范单位。2009年，矿区民政局被评为“全国婚姻登记规范化单位”。2009～2011年，深入广泛宣传婚姻法；严格按照婚姻法的相关规定，坚持执行“五不办”（当事人不到法定年龄不办，当事人不到场不办，当事人不履行声明不办，当事人手续不齐或不符合条件的不办，当事人无民事行为能力或限制民事行为能力的不办），维护当事人合法权益；设计开发婚姻登记软件系统；培训婚姻登记管理人员；设置候登区和离婚登记室；开展预约登记和上门服务。

1981～2011年阳泉市矿区结（离）婚登记表

表18－4

年份	结婚					离婚
	申请登记（对）	准予登记				准予离婚（对）
		初婚（人）	再婚（人）	复婚（对）	老婚（对）	
1981年	1709	2752	124	6	15	48
1982年	1639	2526	100	14	10	31
1983年	1234	2200	102	7	16	30
1984年	1172	2014	78	7	21	29
1985年	1689	2914	106	9	21	27
1986年	1708	2962	126	10	11	18
1987年	1736	3090	104	10	17	49
1988年	1737	3136	130	14	21	51
1989年	1861	3252	228	11	22	60
1990年	1390	2569	153	17	12	63
1991年	1320	2334	248	10	19	55
1992年	1367	2533	129	17	19	37
1993年	1452	2673	167	18	14	59
1994年	1596	2990	158	12	10	35
1995年	1703	3174	172	17	13	57
1996年	1825	3444	168	10	9	48
1997年	2116	4001	173	15	14	29
1998年	1752	3302	154	17	7	66
1999年	1999	3712	246	14	6	105
2000年	1826	3243	355	14	13	109
2001年	1975	3556	324	15	20	125
2002年	1826	3243	355	14	13	138
2003年	1854	3450	212	16	7	173
2004年	2158	3840	378	35	14	342
2005年	2138	3864	330	26	15	369
2006年	2072	3010	368	30	11	374
2007年	2644	3952	382	29	10	341
2008年	2538	3214	401	35	12	400
2009年	2660	2319	275	25	9	392
2010年	2708	2329	309	28	7	424
2011年	2890	2541	285	23	9	490
合计	59684	96343	6964	546	447	4636

第二节　殡葬管理与服务

新中国成立后，人民政府大力提倡移风易俗。1950～1960年，提倡殡葬改革，宣传治丧从简，取缔迷信职业及组织，关闭专门从事大办丧事的吹打乐队、租赁棺罩、引轿的店铺。1981年以后，矿区民政局设立丧葬办事组，大力推进殡葬改革，对殡葬工作严加管理，使殡葬管理工作形成网络。各街道办事处民政干事承办殡葬管理的具体事务。提倡火葬，实行平坟复耕，宣传设立公墓。由于旧习俗根深蒂固，境内看坟立墓等迷信活动仍时有出现。

1986年区政府将殡葬改革纳入精神文明建设范畴，狠抓殡葬改革和火化配套设施建设，矿区境内的大中型医院都设有太平房、冷藏室、奠供台，配有专职人员看管。区政府对执行《殡葬改革通告》较好的单位和家庭予以表彰，并发给补贴；对执行不好的单位和家庭、个人进行批评教育引导。民政部门重视群众自我管理、自我教育，加强了对红白事理事会一类组织的指导。

20世纪80年代，矿区境内死亡人口火化率逐步提高。1982年全区死亡79人，其中有6人火化，占死亡人数的7.6%。1986年、1987年为25%，1989年为35%，1990年为40%以上。至1990年年底，全区共建立殡葬改革领导小组913个，从事殡葬工作的专（兼）职人员525名，义务殡葬监督员112名。90年代后，死亡人口火化率时有波动，1993年为25%。

2005～2011年，矿区继续全面贯彻落实《阳泉市殡葬管理办法》，殡葬管理工作的规范化管理水平进一步提高，2005年死亡人口火化率达78%。2005～2011年，矿区死亡人口火化率未作单独统计。随着殡葬改革的不断深入，移风易俗，生态节地的葬式逐渐被群众所接受。

第三节　其他专项社会事务

一、区划及地名管理

2011年，矿区的行政区划包括6个街道办事处、40个社区居民委员会。

2009年，在充分调查研究和反复论证的基础上，矿区上报了“关于调整阳泉市矿区行政区划的建议方案”，积极推动《阳泉市行政区划调整初步意见》的形成。

1980～1986年，对地名进行了普查和标准化处理。1986年1月国家《地名管理条例》颁布后，地名管理走上了科学化、法制化的轨道，地名的命名和变更都按规定经过一定的审批程序，各部门、各单位都使用标准地名。有一些地名不是正式地名，但群众在生活中常常使用。

二、民间组织和社会行政事务管理

矿区民政局认真履行职责，依法做好民间组织登记管理工作，积极培育发展公益性民间组织，2005年，矿区共登记社会团体7个，民办非企业单位16个。截至2011年年末，矿区共登记社会团体8个，民办非企业单位2个，民间组织日常管理走上制度化、法制化轨道。

三、收　养

严格执行《中华人民共和国收养法》，无一例违反计划生育政策和相关法规条例。2002年，办理收养、领养登记15人。2005年，办理收养登记5例。2007年，办理收养登记16例。2008年，办理收养登记12例。2009年，办理收养登记13例。2010年，办理收养登记8例。2011年，办理收养登记5例。

四、流浪乞讨人员救助

为维护社会安定，促进经济建设发展，保障人民安居乐业，矿区民政局成立后，即对社会上的外地无业游民负责收容，在进行思想教育说服工作后，付其旅费遣送回原籍。1980～1990 年年末，对 3 名流浪乞讨人员先了解情况，说服教育，后遣送回原籍；对两名流浪亡于境内的无主尸体，进行火化，安置处理。1992 年，对 2 名流浪境内的死亡者进行了火化，对 1 名流浪者遣送回原籍。1993 年火化了 2 名无名尸体。2003 年上半年办理收容 61 人，遣送回原籍 59 人。

2003 年 8 月 1 日起，国务院废止《城市流浪乞讨人员收容遣送办法》，实施《城市生活无着的流浪乞讨人员救助管理办法》。2008 年，矿区积极做好生活无着的流浪乞讨人员的清理及救助工作，从 8 月 6 日至 9 月 20 日，共清理和救助流浪乞讨人员 60 多人。

第十九编　人事　劳动和社会保障

1981年10月矿区人事局成立，1982年9月矿区劳动局成立。之后，随着经济社会的发展和政府职能需求的变化，两个部门几经分合。2010年1月，在政府机构改革中，矿区劳动和社会保障局与矿区人事局合并，成立矿区人力资源和社会保障局。30年中，作为矿区政府主管干部人事、劳动及社会保障行政事务的专门机构，区人事、劳动和社会保障部门依照国家法律法规，积极开展工作，对全区干部的调配、任免、奖惩、培训及工资福利等进行严格管理，对广大职工的劳动就业、下岗分流、就业技能开发、工资福利、社会保险、劳动安全等进行管理，促进了就业。与此同时，积极开展劳动监察和劳动争议仲裁工作，统筹建立覆盖全区的社会保障体系，维护广大劳动者的合法权益，为矿区的经济建设和社会发展提供了保障，促进了全区的发展。

第一章　人　　事

1981年10月区人事局成立后，作为矿区政府管理干部人事工作的专门机构，依照有关法律法规对全区干部进行了录用调配、考核、任免、奖惩、培训、人才交流、专业技术职务评聘、工资福利等管理工作。2006年《中华人民共和国公务员法》颁布实施后，除继续做好日常工作外，还对全区的公务员和参照公务员管理的事业单位人员进行了规范管理，为全区的经济发展提供了有力的组织保障。

第一节　机　　构

自1971年4月组建矿区革命委员会到1979年12月底，矿区与阳泉矿务局政企合一，合署办公，干部人事工作直属市委组织部管理。1980年1月中共阳泉市委、阳泉市革命委员会决定，矿区区委与阳泉矿务局党委分开，矿区单独建置，区委组织部成立，全区人事干部工作由区委组织部统一管理。1981年9月，矿区第一届人民代表大会第一次会议选举产生首届矿区区长、副区长，区人民政府成立。1981年10月，矿区人事局成立。根据当时干部数量少、管理范围小的实际，区人事局与区委组织部实行合署办公，计有工作人员3人，其中部长1人、副部长1人、干事1人，区委组织部副部长兼任区人事局局长。在1984年3月县区政府机构改革工作中，矿区人事局与区委组织部分设，与矿区劳动局合并成立"矿区劳动人事局"，同时保留编制委员会的名称和职能，计有工作人员8人，其中局长1人、副局长1人、干事6人，负责管理全区政府系统机关、事业单位干部职工和区属企业工人。从1989年1月1日起分设矿区人事局和矿区劳动局，区人事局成为独立的工作部门。全局核定编制5人，实际在编4人，其中局长1人、调研员1人、干事2人，内部未分科室。1991年4月6日，给区人事局增加行政编制2人。

1990年3月，阳泉市矿区人才开发交流服务中心和阳泉市矿区人才市场管理处成立，为区人事局下属股级事业单位，两个机构，一套人员，核定事业编制1人，负责全区事业单位干部及专业技术人员的聘（任）用、流动等工作。1995年6月，矿区人才开发交流服务中心提格为副科级，编制3人。2002年8月1日，按照区编委的研究决定，矿区人才开发交流服务中心增编至4人，副科级职数1人。

2008年年底，区人事局内部未分科室，编制8人，其中正职1人、副职2人。矿区人才开发交流服务中心编制仍为4人，其中副科级1人、工作人员3人。2010年1月，根据矿区区委、矿区人民政府《关于印发阳泉市矿区人民政府机构改革方案的通知》要求，设立矿区人力资源和社会保障局，正科级建制，为矿区人民政府工作部门。将原区人事局、原区劳动和社会保障局的职责整合，划入区人力资源和社会保障局。矿区劳动和社会保障局与矿区人事局合并成立矿区人力资源和社会保障局。其中：局长1名、副局长3名，设办公室，人力资源市场股，事业单位、公务员管理股，工资福利股，劳动关系股，政策法规调解仲裁股，专业技术人员管理股，社会保险基金管理股、劳动监察执法股。全局行政编制16名。局属事业单位有矿区人才开发交流服务中心、就业服务管理中心、养老失业保险中心、医疗保险中心、劳动保障监察执法队、街道劳动保障所和社区劳动保障站。至2011年年底，人员编制和内设科室无变化。

第二节　录用调配

一、干部调配

1980年前，矿区行政干部由市委组织部调配。1980年1月，区委组织部成立，全区人事干部由区委组织部统一调配。1981年10月至1984年2月，区委组织部与区人事局合署办公，统一调配干部，具体手续由组织部办理。1984年3月，区劳动人事局成立后，负责区政府系统副科级以下及企业干部的调配。1990年1月，区劳动局、人事局分设，人事局负责区政府系统副科级以下的干部调配。

矿区干部调配坚持遵循以下四条原则。一是加强计划调配，合理调整余缺。严格按照核定编制和各类人员比例，有计划地调配干部，杜绝人才的积压浪费；基本打破干部部门所有、单位所有的束缚；及时准确掌握各部门、各单位干部余缺情况，有计划、有针对性地进行调整；对要求调进矿区的技术干部积极引进，对要求调出矿区的专业技术干部从严掌握；积极为重点部门和单位配备干部；对经济管理、行政监督、监察以及政法等部门所需干部认真筛选，积极引进，保证人员精良，数量充足。二是坚持合理流向，促进合理流动。合理的流向为城市向农村、大城市向中小城市、全民所有制单位向集体所有制单位、专业技术干部较集中的单位向较薄弱的单位，对逆向流动的加以控制和制止；鼓励动员机关工作人员到基层第一线。三是严格用人条件，严把进人关。调配干部注重吸收和任用年龄在35岁以下、学历在大专以上、有专业技术或特长的干部，注重人员政治、文化、业务素质，严格调配中的考察工作。四是减少审批层次。简化调干手续，实行分级审批办理；跨市调动的干部由市人事局办理，市内调动的由区人事局办理。矿区干部调配的程序为，组织上调整干部，要经过组织研究决定、做好被调人员的思想工作、发出调动通知、开具干部介绍信等程序。本人要求调动的，由本人提出申请，经组织决定、单位商调、上级审批，由审批部门发出调动通知，其后办理手续。

2004年，矿区出台《借调人员管理办法》。2007年，出台《党政群机关、事业单位补充工作人员和人员流动的暂行办法》。实际调配工作中，严格依据制度办事，促进人才资源合理流动，提高机关事业单位工作人员素质，保证人员正常流动，规范人员流动程序，建立起符合党政机关和事业单位各自特点的人员流动机制，并按照干部管理权限，严格履行干部变动后的任免手续。2010年，办理了29名教师的人事档案调配手续，办理了2009年度区行政机关考录的12名公务员调配手续。

1981年9月至2011年年底，全区调配、调整干部1296人，其中调入964人、调出82人、内调250人。

二、干部招聘

矿区公开招聘干部工作起始于1999年10月，包括事业单位进人招聘和公务员公开考试录用工作两种类型。

矿区事业单位进人实行公开招聘的办法。在2006年的幼儿教师招聘中，从招考方案的制订到文化考试、专业测试、面试各个环节，自始至终都严格按照“公平、公正、公开”的原则进行。2006年为矿区新蕾幼儿园招聘幼儿教师2名。2009年3月，由区人社局、区编办、区纪委组成的招聘团队在山西师范大学公开招聘教师24名，全部纳入学校正式编制。2010年招聘24名，纳入学校正式编制。2011年12月，招聘31名教师，随后1名因各种原因办理解聘手续，其余30名全部签订劳动合同。以上招聘过程坚持平等竞争、择优聘用原则，通过面试、试讲、竞争上岗，综合素质考核等环节，选拔出一批优秀、年轻、业务型、知识型人才。根据招聘、学校布局情况，按照干部年轻化、知识化、专业化原则，合理整合各中小学校教师资源，为矿区教育事业的持续发展提供了后续力量。

严把公务员入口关，凡进必考。严格按照“公平、公正、公开”的原则，认真组织开展了公务员公开考试录用工作。2008 年，全区计划录用 8 名国家公务员。按照省、市人事部门的统一安排，公务员报名工作在网上进行。招录工作由于放宽报考条件，取消地域限制，报考人员达到 280 人，职位招录比例达到 1 ∶ 35，截至年底，公务员报名、考试、面试、政审工作顺利完成。2009 ~ 2011 年年底，区行政机关公开考录公务员 41 名，其中 2009 年 12 名、2010 年 19 名、2011 年 10 名。

三、军转干部安置

根据矿区干部管理权限规定，安置到党委口单位的军转干部归区委组织部负责，政府口单位的归区人事局负责。1997 年 9 月安置军转干部 1 名到矿区公安分局。严格执行政策，确保各项待遇落实，继续做好企业军转干部维稳解困工作。根据政策规定，及时调整企业军转干部补贴标准，妥善解决企业军转干部的生活困难问题。此后至 2011 年年底，无军转干部经区人事局安置到矿区。

军转干部在地方建设中做出了很大贡献，多人多次受到表彰。1983 年、1986 年，区检察院干部赵福全先后被评为山西省、阳泉市“军队转业干部先进个人”。

第三节　考核　任免　奖惩　培训

一、干部考核

1981 ~ 1984 年，干部考核工作主要由区委组织部负责。1984 年 3 月，随着区劳动人事局设立和区级机关岗位责任制的建立与推行，矿区实施了干部考核制度。20 世纪 80 年代中后期，由于受社会环境影响，干部考核出现重才轻德、重业务轻政治、重文凭轻实绩的倾向。1989 年后，干部考核工作重返正轨。

1993 年 10 月《国家公务员暂行条例》正式实施，中央提出用三年或更多的时间，在全国基本建立起国家公务员制度，并不断加以完善。行政机关按照干部管理权限，对国家公务员进行全面考核，重点考核工作实绩。考核坚持客观公正的原则，实行领导与群众相结合、平时与定期相结合的方式进行，年度考核结果作为对国家公务员进行奖惩、培训、辞退以及调整职务、级别和工资的依据。

2005 年 1 月 18 日，中共阳泉市矿区区委办公室、阳泉市矿区人民政府办公室印发了《机关事业单位工作人员考核实施办法（试行）》，规定机关事业单位工作人员的考核内容包括德、能、勤、绩、廉五个方面，重点考核工作实绩；考核结果分为优秀、称职、基本称职、不称职（事业单位分为优秀、合格、基本合格、不合格）四个等次；考核注重实效，简便易行，力求量化，易于操作；机关事业单位科级领导干部由区委组织部负责考核，其他工作人员由本人单位负责；机关事业单位工作人员考核分为平时考核和年度考核；科级干部考核采取纵向横向考核两种方式，分别对干部的政治思想、工作作风、党风廉政建设以及年度工作情况、履行岗位职责、完成区委区政府下达的各项工作任务情况逐项进行量化评分，总分为 100 分；在考核综合得分基础上，实行奖分和扣分制，科级干部等次按综合考核结果确定，量化测评在 95 分以下的不得确定为优秀等次，不达 90 分不得确定称职以上等次，不达 80 分不得确定基本称职以上等次，不达 70 分确定为不称职等次；科级干部考核结果由考评小组提出意见，区分管领导审定。除此之外，《机关事业单位工作人员考核实施办法（试行）》还同时规定，年度考核基本程序为个人总结、民主评议、个别谈话、确定等次、公示结果、结果反馈；机关事业单位工作人员对年度考核结果若有异议，可以在接到考核结果通知之日起十日内向考核小组申请复核，考核小组在十日内提出复核意见，经单位负责人批准后以书面形式通知本人；复核结果仍被确定为不称职等次的人员如对复核意见不服，可以按照有关规定向区组织人事部门提出申诉；对于被确定为基本称职及以上等次，经复核后仍维持原定等次，本人拒绝签名的，单位写明情况，考核结果视为有效；年度考核工作结束后，经区组织人事部门审核同意后，按干部管理权限将《年度考核登记表》存入本人档案，各单位方可公布考核结果，并以此作为有关管理的依据。同年，矿区人事局按照规定，组织开展了机关事业单位工作人员年度考核工作，全区机关、事业单位一般干部职工年度考核总人数为821人，其中优秀59人、称职（合格）750人、基本称职（基本合格）3人、不称职（不合格）1人，参加考核不定等次4人，未参加考核4人。

2006年，全区年度考核总人数2921人，其中优秀358人、称职（合格）2537人、基本称职（基本合格）11人、不称职（不合格）4人，未参加考核11人。2007年年度考核总人数3026人，其中优秀305人、称职（合格）2702人、基本称职（基本合格）1人、不称职（不合格）2人，未参加考核16人。2008年，矿区全面贯彻实施《中华人民共和国公务员法》，加强公务员队伍建设，严格按照考核程序，坚持平时考核与年度考核相结合，在德、能、勤、绩、廉方面细化、量化考核标准，完成了全区机关、事业单位工作人员的年度考核工作。全区年度考核总人数2891人，其中优秀305人、称职（合格）2539人、基本称职（基本合格）23人、不称职（不合格）1人，未参加考核23人。2009～2011年继续做好全区政府机关科级以下公务员和事业单位工作人员年度考核工作。2005～2011年，矿区均根据考核结果，按照有关规定审批发放了年终一次性奖金。

二、干部任免

1981年9月至1984年2月，矿区副科级以上干部由市委组织部行文任免。1984年3月起，区劳动人事局承办区政府行文任免政府系统副科级以上干部事宜。1988年12月后，为区人事局承办。非政府序列机构正副职及政府序列机构的副职的任免程序为，区委常委会研究提名，区政府常务会讨论决定，由区人事局以政府名义行文并颁发区长授予的任命书。区政府序列机构的正职即区政府组成人员的任免程序为，区委常委会研究提名，由区长提请区人大常委会审议并决定任免，区人事局根据区人大常委会的批复，由人事局以政府名义行文并颁发区长授予的任命书，并向市政府呈报备案。

矿区干部任免工作始终坚持“因事择人，用人所长，德才兼备，任人唯贤”的原则，严格履行任免程序，及时办理存档、备案手续。1981～2011年年底，矿区政府行文任免1226人（件），区人事局行文任免168人。

三、干部奖惩

矿区干部奖惩工作（含上级奖惩）始于1981年，坚持的原则为“客观、公正、慎重、准确”，奖惩建立在严格考核的基础上，实事求是，奖罚适当。1993年《国家公务员暂行条例》颁布后，矿区的干部奖惩工作有了法律依据。对在工作中表现突出、有显著成绩和贡献以及有其他突出事迹的国家公务员依据有关规定给予奖励；对国家公务员的奖励，坚持精神鼓励与物质鼓励相结合的原则；对国家公务员进行行政奖励的种类分为：嘉奖，记三等功、二等功、一等功，授予荣誉称号。1984年，矿区奖励了4名同严重违法失职行为坚决斗争成绩显著的区检察院干部，其中1人记大功，3人通令嘉奖。1985年，给予忠于职责、成绩优良的2名干部记功奖励。1988年，使用升级奖励指标，给予工作成绩优异、表现突出的区工商局局长刘泽青晋升一级工资奖励。另外，矿区也有多人因工作业绩突出获得上级部门奖励。1989年，区计生委干部李桂珍、刘华玲被国家计生委授予“全国人口抽样调查先进工作者”称号。1990年，区统计局副局长王宝新、公安分局干警杨富瑞、桥头办事处副主任张亚维被国务院第四次全国人口普查领导小组授予“先进工作者”称号。

矿区对有违纪行为的国家公务员，尚未构成犯罪的，或者虽然构成犯罪但是依法不追究刑事责任的，依照有关规定给予行政处分；违纪行为情节轻微，经过批评教育后改正的，也可以免予行政处分。行政处分分为：警告、记过、记大过、降级、撤职、开除。受撤职处分的国家公务员，同时降低级别和职务工资。受行政处分期间，不得晋升职务和级别；其中除受警告以外的行政处分的，并不得晋升工资档次。1987 年 3 月，矿区公安分局马家坪派出所干警翟某、张某、孙某在执行公务中行刑逼供，致人死命，司法部门给予法律制裁，翟、张、孙分别被判处有期徒刑 11 年、3 年、2 年；1988 年，市人事局将翟、张、孙 3 人开除公职。1989 年，2 名国家干部因虚报冒领公款公物，收受贿赂，被区监察局给予行政警告处分。2002 年，根据《国家公务员辞职辞退暂行规定》，经区政府批准，辞退矿区公安分局赵某，解除其与国家行政机关的任用关系。2005 年，根据劳动人事部《关于国家行政机关工作人员的奖惩暂行规定中几个问题的解答》有关规定，经区政府常务会议研究决定，对梁某予以开除。

四、干部教育培训

1981～1989 年 9 月，干部教育工作由区委组织部、区人事局共同组织管理。1989 年 10 月，矿区干部教育领导组成立，负责干部教育的组织管理。矿区对机关干部进行再教育的主要途径为：选派干部进各级党校、干部学校以及各类专业学校培训深造，进行岗前培训和岗位培训，指导干部自学成才，在工作实践中锻炼提高等。主要形式有：脱产培训、半脱产培训、业余培训和自学等。

1993 年 8 月 14 日，《国家公务员暂行条例》颁布后，矿区人事局对机关新录用人员、晋升了领导职务的人员、专项工作人员和在职国家公务员进行了培训。培训以“理论联系实际、学用一致、按需施教、讲求实效”为原则，培训学习成绩和培训鉴定作为公务员任职和晋升职务的依据之一。截至 2011 年年底，区人事局各类培训班先后培训人员 1500 余人次。

组织开展《中华人民共和国公务员法》（以下简称《公务员法》）的宣传、学习和培训工作。《公务员法》于 2005 年 4 月 27 日颁布后，矿区人事局通过五项措施掀起学习热潮。一是制订实施方案，从组织领导到学习计划都作了周密安排。二是开展知识竞赛，组织全区机关和各街道办事处公务员参赛，收回竞赛答题卡 100 余份。三是邀请市行政学院教授进行专题讲座，开展辅导培训。11 月 2 日至 4 日、8 日至 10 日，先后举办了两期《公务员法》知识培训班，共有 377 名公务员参加。四是组织理论考试。11 月 10 日，组织 377 名公务员进行了《公务员法》理论考试，考试成绩作为 2006 年公务员登记的依据之一。五是开展学习宣传月活动。12 月，在全区开展了《公务员法》学习宣传月活动，通过印发宣传资料、悬挂宣传标语等形式，宣传《公务员法》。

完成普通话培训、测试工作。2008 年 5 月，区人事局和教育局联合开展了普通话培训、测试工作。测试工作于 7 月 22 日和 10 月 18 日进行，聘请了具备国家普通话一级乙等水平的市语委委员 16 人为评委，完成了全区 600 余人的普通话测试工作，为迎接全市二、三类城市语言文字评估工作奠定了基础。2010 年，加强专业技术人才队伍建设，581 名专业技术人员参加了各类培训；全年举办行政机关公务员培训班 3 期，培训公务员 392 人。

2005 年，矿区将阳煤集团学校收回政府管理后，为妥善解决学校内工人的管理问题。市人事局决定 2006 年在矿区设立中级工考核培训点。2006 年 4 月 14 日至 25 日，对 144 名工人进行了机关事业单位技术等级培训考核工作，考试成绩全部合格。2010 年，完成工人技术等级报名、培训工作，全区有工人技师 151 名，其中，高级工 34 人，中、初级工 17 人。截至 2011 年年底，全区有工勤技能人员 341 人，其中二级岗位（技师）134 人，三级岗位（高级工）82 人，四级岗位（中级工）61 人，五级岗位（初级工）64 人。

第四节 人才交流

1978 年中共十一届三中全会召开后，随着经济体制改革的不断深入，矿区的干部人事制度也进行了改革。为了消除过去计划调配中对干部统得过死的弊端、改变一些单位视人才为“部门所有、单位所有”的错误倾向，解决人才分布不均的问题，1990 年 3 月，矿区人才开发交流中心和矿区人才市场管理处成立（为区政府管理人才交流的机构）。

在人才引进、培养方面，矿区人才开发交流中心和矿区人才市场管理处积极向区财政申请资金，组织力量开展各类人才需求和现有人才状况调查，加大人才工作的宣传力度，在全区营造了使用人才、爱护人才、吸引人才的良好氛围。2005 年，矿区基本建立了“不包分配、竞争上岗、择优录用”的就业用人机制，引导大中专毕业生到民营企业就业，鼓励他们创办经济实体，从事社区服务和自谋职业。同时，积极开展人事代理业务，促进人才的合理流动，树立“大矿区”思想，认真筹备，多方协调，组织驻区单位和私营企业参加北京、太原及全市人才招聘会，为全区经济建设引进所需人才，提供良好服务。2008 年，积极开展和推行人事代理工作，并加强人才中心档案管理，对中心托管的档案进行了认真的清理归类。认真筹备，组织一家民营企业赴省城太原参加了全省招才引智会。解决了阳煤集团学校移交政府管理中的集体所有制教师身份问题，为 139 名“大集体”教师办理了事业单位聘用制干部手续，维护了教师队伍和教学秩序的稳定。

第五节　专业技术职务评聘

一、专业技术职务

1981 年，矿区成立初级职称评审委员会，负责全区各系列初级专业技术职务的评审、确定和行文认定工作。1984 年，矿区贯彻《关于整顿职称评定工作的通知》精神，对全区职称评定工作进行了整顿，解决了“缺乏基本制度和总体规划，不适当地扩大了学术、技术职称范围，不适当地同待遇挂钩”等问题，审定调整了职称系列，修改了考核评定标准办法，对已评定职称人员进行了复查验收。1988 年，根据中央职称改革工作领导小组和省职称改革工作领导组关于将职称评定制度改革为职务评聘制度的部署，矿区职称改革工作进入全面评聘阶段。评聘工作中，认真贯彻了中央职称改革领导小组关于职称评聘工作“精心指导、审慎行事、坚持试点、逐步开展”的方针和“单位分等、职称分级、系列分流、评聘分开”的精神。

矿区专业技术职务评聘工作的基本方法是：由专业技术人员提出晋升申请；单位根据岗位设置和市职改办下达的指标限额，择优推荐，行政主管部门综合平衡；由行政主管部门将其参加评审材料送至相应的评审委员会；评审委员会组织专家、学者对参加评审人员的学术水平和工作业绩进行综合评价，以德、能、勤、绩为主进行量化考核，尚未达到基本任职条件而破格晋升人员还需进行口头答辩或参加笔试；经评审委员会认定合格的人员，须经相应级别职改办审查批准其专业技术职务任职资格；主管行政领导根据评审委员会认定和职改办批准的任职资格，根据需要聘任其相应的专业技术职务，并兑现聘任后的专业技术职务工资，不经聘任不兑现工资。

矿区的职称改革工作开始于 1981 年，至 1990 年年底，历时 9 年的首次改革基本结束。1991 年，根据阳泉市职改办《关于做好职改正常化前有关工作的通知》，矿区设置初评委，分 8 个系列：工程系列、经济系列、会计系列、统计系列、卫生系列、小学系列、中学系列、档案系列。中级职称由矿区对相关材料进行初审后，报市科干局评审。1996 年，为保证全区科级干部管理和职称改革工作的统一运转，根据市委、市政府《阳泉市党政机构改革方案》和《关于将县（区）科技干部和职称改革工作划归县（区）人事局管理的通知》精神，将原由区科委管理的科级干部和职称改革工作划归区人事局管理。

2008 年年底，矿区高级职称（包括正高级、副高级）共 160 人，其中文化系列正高 1 人、卫生系列副高 1 人、财会系列副高 1 人、教育系列副高 157 人；中级职称共 1587 人，其中文化系列 4 人、经济系列 8 人、新闻系列 1 人、统计系列 3 人、法律系列 2 人、卫生系列 27 人、财会系列 9 人、工程系列4人、教育系列1529人；初级职称共792人，其中文化系列2人、新闻系列3人、统计系列2人、财会系列6人、工程系列4人、卫生系列33人、教育系列742人（不包括阳煤集团）。城镇单位每万名从业人员拥有专业技术人员由2007年的1435人/万人增长至2008年的1506人/万人，增长了4.95%。截至2011年年底，矿区高级职称共138人，其中卫生系列副高1人、经济系列副高1人、教育系列副高136人；中级职称共1405人，其中文化系列2人、经济系列22人、卫生系列25人、工程系列14人、教育系列1342人；初级职称共845人，其中文化系列3人、经济系列8人、卫生系列21人、工程系列3人、教育系列810人。

二、事业单位人事制度改革

2006年，根据《中华人民共和国公务员法》，矿区开展事业单位改革工作。根据市委、市政府“关于全面推进事业单位人事制度改革的工作要求”，矿区人事局结合实际，在全区全额事业单位中建立和推行全员聘用制度。为保证全区事业单位人事制度改革工作的规范、健康、顺利进行，区人事局建立和完善了各项管理制度，在事业单位中逐步建立和完善岗位管理、竞争上岗、公开招聘、考核等管理办法，以保证聘用制推行工作的顺利进行。主要是对事业单位的专业技术人员和技术工人实行评（考）聘分离制度，有条件的单位则实行竞争上岗，在单位拿出聘用意见的情况下，由单位和职工签订聘用合同，明确双方的权利和义务，然后再兑现相应工资待遇。

至2011年年底，区属49个全额事业单位中，除矿区防疫站因工作需要分设为矿区疾病预防控制中心和矿区卫生监督所后人员未定岗外，区档案局等单位参照《中华人民共和国公务员法》管理，其余全额事业单位推行了全员聘用制，确定了单位和个人的人事关系，明确了双方的权利和义务。对阳煤集团移交矿区管理的24所中小学的3200余名教职员工，也全面推行事业单位人事制度改革，实行全员聘用制。

第六节　工资福利

1980～1985年8月，矿区机关事业单位工作人员统一执行1956年国家第二次工资改革规定的等级工资制，由市委组织部直接管理。1985年6月，中共中央、国务院发布了《关于国家机关和事业单位工作人员工资制度改革问题的通知》，决定对国家机关和事业单位的工资制度进行改革，建立以职务工资为主要内容的结构工资制度，将国家机关行政人员现行的标准工资加上副食品价格补贴，行政经费节支奖与改革增加的工资合并在一起，分为基础工资、职务工资、工龄津贴和奖励工资4个组成部分。矿区依据文件精神进行了工资改革，1985年后逐步增加了各种津贴和待遇，主要包括奖励工资、副食品价格补贴、生活补贴、工龄津贴、书报费补贴、肉蛋补贴以及离、退休退职待遇等。对行业性的额外劳动消耗也给予了适当补偿，主要有护龄津贴、教龄津贴、班主任津贴、兼课时酬金、公安值勤津贴、环境卫生津贴、卫生防疫津贴、医疗卫生津贴、计划生育津贴等。

1993年7月，矿区贯彻《关于适当调整机关、事业单位退（离）休人员月基本退（离）休费用的通知》精神，调整了全区机关事业单位工作人员死亡后遗属生活困难补助标准。1993年9月，适当调整了机关事业单位离退休人员的基本离退休费。从1993年9月起，误餐费由每人每月25元调至每人每月60元。1994年5月，经区政府常务会议研究同意，从1994年1月1日起，浮动二级的环卫工人从事清运垃圾、粪便和清扫的一线固定工人月增资178元，浮动一级的环卫工人为一线服务的辅助工和处、科室在管理岗位上的工人月增资85元。1995年12月，根据《关于提高离休干部特需费标准的通知》（转发）精神，从1996年1月起，将离休干部特需费标准提高，调整为每人每年300元。同时，根据《关于扩大离休干部护理费发放范围的通知》精神，从1995年9月起，凡1954年9

月2日以前参加工作的离休干部均发给护理费，标准为每人每月60元。从1995年9月1日起，行政事业单位工作人员（含离退休人员）丧葬费标准调整为1000元。从1996年10月起，机关事业单位工作人员每人每月发给山城补贴。1997年1月，根据《关于工作制度改革实施意见》文件精神，对实行职级工作制的机关工作人员的级别工资进行了正常晋升。

1999年9月，根据省人事厅、财政厅“关于机关事业单位职工增加工资和离退休人员增加离退休费”的内部传真电报精神，为全区相关人员增加了工资。

2000年3月，根据省人事厅、省委老干部局、省劳动厅、省财政厅《关于为解放战争时期参加革命工作的离休干部发放护理费的通知》，从2000年1月起，发放给解放战争时期参加工作的离休干部护理费，标准为每人每月100元。同年11月，根据人事部、财政部《关于调整警衔津贴标准的通知》，从1999年10月1日起对警衔津贴标准进行调整。经国务院批准，从2003年7月1日起，对警衔津贴标准进行再次调整。

根据民政部、人事部、财政部文件精神，从2004年1月1日起，提高特等、一等革命伤残人员的护理费标准：特等伤残人员每人每月330元，一等伤残人员每人每月230元。

2005年，矿区完成两年一次的机关事业单位工作人员1400余人的增资审批工作，收集录入全区机关事业单位职工信息，工资管理由之前的手工管理转向微机管理。2006年，建立和实行自主灵活的分配激励机制，在区属中小学教职工薪酬中，将每月的170元、年终奖金以及学校预算外收入的一部分作为浮动部分，由学校统一掌握分配，在工资收入分配中向骨干教师倾斜、向一线教师倾斜、向绩效明显的教师倾斜，充分体现多劳多得、优劳优酬的分配原则，逐步形成教职工的工资收入与其岗位职责、工作绩效和实际贡献直接挂钩的工资保障和激励机制，广泛调动职工的工作积极性。根据市财政局、市监委和市人事局的文件精神，2006年，矿区人事局与区财政局、区监委联合下发了《阳泉市矿区区级机关科级及科级以下工作人员移动通讯费用补贴管理办法》，完成了机关人员通讯费补贴工作。2007年，在5月份工资套改培训完成的基础上，于9月开始机关事业单位工资套改审批工作，年底完成。2008年，会同财政部门对执行公务员工资的39个部门和单位进行津贴补贴规范，机关事业单位职工正常晋升工资审批工作有序开展。

2005年年底，市政府与阳煤集团签订协议，自2006年1月1日起，原阳煤集团24所中小学划归矿区政府管理，矿区接收在职教职工2626人、离退休615人，总计3241人。阳煤集团24所自办学校移交矿区后，由于存在一些遗留问题，教师工资一直没有进行套改，只是以人均每月1300元的方式进行预发。2007年6月19日至7月19日，矿区对24所移交学校的教职工个人档案进行复审，就档案初审中的存在的问题进行了详细调查和补充完善。7月20日，开始了教师工资套改工作，年底基本完成。2008年，完成了阳煤集团24所移交学校教职工初次套改工资标准复核工作。

矿区不断规范机关事业单位工资制度，公务员实行统一的职务与级别相结合的工资制度，规范了津贴补贴。事业单位基本工资套改入轨并运行平稳。义务教育学校、公共卫生、基层医疗卫生机构和其他事业单位绩效工资实施工作有序展开。2011年，不断深化事业单位收入分配制度改革，形成分类管理、内部搞活、有效激励的收入分配制度。

第七节　公务员管理

一、公务员管理工作

2006年是《中华人民共和国公务员法》颁布实施的第一年。10月24日全市公务员工作会议召开后，矿区随即转发了《山西省公务员登记实施办法》，出台了《阳泉市矿区贯彻公务员法实施方案》，成立了矿区实施公务员法领导小组及办公室。为认真做好公务员登记管理工作，首先对各单位的编制、拟登记人数做了细致的调研，初步摸清了底数，为登记工作的开展奠定了基础。按照干部管理权限，审核了全区公务员的个人公务员登记表，以及公务员所在行政单位的审批备案花名表。从11月1日起，正式开始公务员登记工作，此项工作到2006年12月30日结束。2008年，积极稳妥推进公务员法实施工作，严格执行政策，把好公务员登记关，完成356人次的公务员登记审核工作，并根据登记信息建立起了公务员信息数据库。分别在2009年、2010年组织全区公务员进行了公共知识核心管理和公务员职业道德培训工作。2008年、2009年、2011年对招考的行政机关公务员进行了招录计划申报、资格初审、复审、考察、入职培训，并完成2009年、2010年新招录公务员任职定级考核。

二、参照公务员法管理单位管理工作

2007年，根据市委组织部、市人事局《关于转发中共山西省委组织部山西省人事厅〈关于事业单位参照公务员法管理审批工作的通知〉》文件精神，完成了对区物价检查所、区地震局、区档案局、区综合调查队4个单位拟将参照公务员法管理上报市人事局的工作。2008年，坚持上下对口的原则，做好事业单位参照公务员法管理申报工作，经区政府常务会同意，完成了矿区29个事业单位参照公务员法管理的申报工作。2009～2011年按照规定对参照公务员法管理的单位的工作人员进行了公共知识核心管理和公务员职业道德培训工作，按照公务员法进行管理。

第八节　退休　退职管理

干部退休退职制度是在政治体制改革中建立的。根据政策规定，矿区执行的干部退休条件是：男性年满60周岁，女性年满55周岁，参加革命工作满十年者；男性年满50周岁，女性年满45周岁，参加革命工作满十年，经医院证明完全丧失工作能力者；因公致残，经医院证明完全丧失工作能力者。凡符合上述条件之一的国家工作人员可以退休。矿区政府系统工作人员退休，由所在单位报区人事局批准。国家工作人员退休以后的安置面向农村和中小城镇，可根据具体情况到本人或配偶的原籍安置。矿区政府系统首例干部退休发生于1985年。

矿区执行的干部退职条件是：未达到退休年龄，经医院证明完全丧失工作能力者；未达到参加革命工作年限，经医院证明完全丧失工作能力者。对退休退职干部的管理，主要是按照干部管理权限审批办理退休退职手续，落实退休退职政策及生活待遇。方法上实行条块结合、专群结合的社会宏观管理，即部门与区人事局相结合，以区人事局为主；专群结合，以群为主。通过组织退休退职干部学时事、学政治、看文件、听报告、参加有关会议、订阅报纸和老年杂志等活动，从政治上关心退休退职干部。在生活上妥善照顾，使退休退职干部享受并略优于同级在职干部的生活待遇，组织参加适合老年人的体育活动和娱乐活动，开展春节慰问，对退休退职干部的就医、医药费报销提供优先和方便，定期进行体格检查等。1985年，区老干部局成立后，建立了图书阅览室、活动室、会议室，为离退休、退职干部提供了固定的活动场所。广大离退休、退职老干部基本上实现了老有所学、老有所为、老有所医、老有所养、老有所乐。至2011年年底，区老干部局共管理离退休、退职干部187人，其中离休干部18人，县级干部49人。

第二章　劳动和社会保障

1982 年 9 月矿区劳动局成立后，作为矿区政府主管劳动和社会保障行政事务的专门机构，依照有关法律法规对全区广大职工进行了劳动就业、下岗分流、劳动力管理、就业技能开发、工资福利、社会保险、劳动安全、劳动监察、劳动争议仲裁等管理，为全区的经济建设和社会发展提供了保障，促进了全区生产力的发展。

第一节　机　　构

1971 年 4 月矿区革命委员会组建成立，与阳泉矿务局革命委员会实行政企合一的领导体制，矿区与阳泉矿务局一套领导班子，两块牌子，一套办事机构。直到 1980 年 5 月，矿区革命委员会和阳泉矿务局革命委员会分设，有关劳动的工作和职能归矿区革委会管理。1981 年 9 月矿区人民政府成立，1981 年 10 月矿区人事局成立，1982 年 9 月矿区劳动局成立。1984 年 3 月，矿区劳动局与矿区人事局合并成立"矿区劳动人事局"，并保留编制委员会的名称和职能，计有工作人员 8 人，其中局长 1 人、副局长 1 人、干事 6 人，负责管理全区政府系统机关、事业单位干部职工和区属企业工人。1989 年 1 月 1 日，矿区劳动人事局撤销，矿区劳动局与矿区人事局分设，矿区劳动局成为独立的工作部门，全局核定人员编制 7 名。2001 年 10 月，矿区劳动局更名为矿区劳动和社会保障局，是矿区人民政府主管劳动和社会保障行政事务的组成部门，为正科级建制，内设办公室、仲裁室、监察 1 室和监察 2 室共 4 个科室。

2008 年年底，矿区劳动和社会保障局编制 8 名（行政在编人员），其中局长 1 名、副局长 3 名（1 名兼职）。下设矿区劳动服务公司（职介中心）、矿区社会劳动保险事业所、矿区劳动保障监察执法队和 6 个街道劳动保障所共 9 个事业单位。

矿区劳动服务公司（职介中心）成立于 1984 年 4 月，为正科级差额预算事业单位，编制 8 名，主要负责全区劳动力档案代理、职业介绍、落实再就业政策等。

矿区社会劳动保险事业所成立于 2001 年 7 月，前身为 20 世纪 90 年代成立的矿区待业职工管理所，为副科级全额预算事业单位，设有 3 室 3 窗口，即办公室、财务室、档案室、养老保险窗口、医疗保险窗口、失业保险窗口，人员编制 20 名。主要负责全区养老保险、医疗保险、失业保险的收缴、审核和结算等工作。

矿区劳动保障监察执法队成立于 2002 年 12 月，为股级全额预算事业单位，编制 8 名。主要职责为：贯彻执行劳动法律、法规、规章；检查用人单位负责人遵守劳动法律、法规、规章的情况；处理违反劳动法律、法规、规章的行为等。

矿区 6 个街道劳动保障所于 2008 年成立，为全额预算事业单位，编制 9 名。

2010 年 1 月，根据矿区区委、矿区人民政府《关于印发阳泉市矿区人民政府机构改革方案的通知》文件要求，设立矿区人力资源和社会保障局，正科级建制，为矿区人民政府工作部门，将原区人事局、原区劳动和社会保障局的职责整合，划入区人力资源和社会保障局。矿区劳动和社会保障局与矿区人事局合并成立矿区人力资源和社会保障局，机关行政编制 16 名，其中局长 1 名、副局长 3 名。设有办公室，人力资源市场股，事业单位、公务员管理股，工资福利股，劳动关系股，政策法规调解仲裁股，专业技术人员管理股，社会保险基金管理股，劳动监察执法股。局属事业单位有矿区人才开发交流服务中心、就业服务管理中心、养老失业保险中心、医疗保险中心、劳动保障监察执法队、街道劳动保障所、社区劳动保障站。

第二节　劳动就业

一、概　况

中华人民共和国成立前，没有劳动就业安置机构，劳动者谋生自找门路。商号、饭店、煤窑、冶炼、作坊等各种行业的工人大部分是农民和城市贫民。他们劳动强度大，劳动时间长，而劳动条件差，劳动安全无法保证，待遇很低，工资年终一结账，或在工期终了时一次性支付，生活普遍贫困。其时，各行各业也招收少量的学徒工或艺徒，多为儿童或少年，学徒须由担保人订立契约，学徒期长短不等，学徒期间不发给工资，死伤不管。

中华人民共和国建立后，人民政府开始对城镇劳动就业进行统筹管理，逐步建立用工制度，开始有农民合同工，他们来自农村，流动性很大。1956 年 4 月境内始有轮换工，轮换工来自农村，轮换期一般为 5 年。1980 年 8 月，中共中央在北京召开全国劳动就业工作会议。会上提出了解决劳动就业的根本途径，即解放思想，放宽政策，发展生产，广开就业门路，实行在政府统筹规划和指导下，劳动就业部门介绍就业、自愿起来就业和自谋职业相结合的方针开展劳动就业工作。会议强调在此后几年，要大力发展自负盈亏的集体所有制经济，适当发展不剥削他人的个体经济，发展服务业、建筑业和劳动密集型产业。8 月 17 日，中共中央转发了会议议定的文件《进一步做好城镇劳动就业工作》。矿区根据有关文件精神，积极调整产业结构，做好市场调节，扩大招商引资，鼓励自主择业，拓宽就业门路，积极安排劳动就业。从 20 世纪 90 年代末期起，随着境内一些国有企业的兼并、破产，其他经济单位和私营个体经济开始成为吸纳社会就业的主渠道之一，人数逐年增加。

二、用工形式

中华人民共和国成立后，用工形式主要有全民所有制固定工、集体所有制固定工、合同制工人、计划内临时工、计划外临时工、农民合同工、农民轮换工和农民协议工等多种形式。矿区大部分企业为全民所有制，用工主要是全民固定工。20 世纪 50 年代初，本境开始有农民合同工。1956 年 4 月始有轮换工。

1986 年，国务院颁布《国营企业实行劳动合同制工人暂行规定》，国营企业内部终止招收固定工，改招劳动合同制工人，打破了用工终身制，实行用工双向选择，使工人能出能进，有利于合理使用劳动力。1992 年，国务院颁发《全民所有制工业企业转换经营机制条例》，赋予企业用人自主权，国家不再下达用人计划，企业用人的数量、条件、方式、招用时间完全由企业自主决定。1994 年，山西省劳动厅下发了《关于大力推行全员劳动合同制的通知》，同年 7 月 5 日，《中华人民共和国劳动法》颁布，明确规定用人单位和劳动者建立劳动关系必须订立劳动合同，并对劳动合同的订立、续订、期限、变更、解除、终止、待遇以及集体合同等有关事项作了详尽规定，劳动合同制进入法制轨道。同年末，山西省人民政府下发了《山西省人民政府关于全面实行劳动合同制度的通知》。根据文件精神，矿区各企业单位全部实行了劳动合同制。

矿区各企业所采用的就业形式主要有临时工、季节工、劳务工、承包工、派遣工、小时工等。归纳起来可以分为两类：一类是由国有企业、劳动部门或社区通过劳务派遣的形式，将下岗失业人员有组织地派往企业，在此情况下，用人单位一般不与劳动者本人直接签订劳动合同，而只与派出单位签订用工协议。另一类是企业直接面向社会招用临时工、劳务工、季节工等，在此情况下，劳动者一般不是有组织地受雇和进入企业，而是以独自和分散的方式受雇于企业，企业与受雇者直接达成书面的或口头的协议。

三、职工队伍

中华人民共和国成立后，各行各业迅速发展，矿区煤矿生产发展最快，职工队伍逐渐壮大。1949年境内有职工5600人，1950年发展到7890人，1954年增为10535人，全部为全民固定工或集体所有制固定工。1958～1959年，全国搞“大跃进”，职工人数猛增到41093人。1960～1962年，国家处于困难时期，1962年职工人数减为35986人。1964年减至30896人，此为建国后矿区劳动就业的低谷期。1965年国民经济好转，职工队伍逐年壮大，1970年增为35704人，农民轮换工4156人。1971年，农民轮换工全部转为全民固定工。1973年煤炭供不应求，为使矿区煤炭生产翻一番，煤矿多次招工，1974年职工人数增为48256人。1979年增为58414人，其中有农民合同工2982人。1984年4月矿区劳动服务公司成立，10月矿务局综合服务公司成立。阳泉发电厂劳动服务公司也随之成立。11月，市委、市政府通知将平潭街生产大队农业人口转为城镇户口，并安排45岁以下的成人就业。此后，一些区属企业、街道办事处企业、劳动服务公司组建的企业相继建立开业，矿区的职工队伍迅速增加，工人结构也发生了变化。集体所有制工人增多，年轻工人增多，文化素质普遍提高。1981年，矿区拥有64529名职工，其中集体所有制职工1627人，农民协议工1416人。1986年，国营企业内部终止招收固定工，开始改招劳动合同制工人。至1990年年底矿区职工队伍达10万余人，其中全民所有制职工63608人、集体所有制职工36392人、合同制工人7646名，其余为农民协议工或临时工。2000年第五次人口普查，矿区在业人口由1990年的100537人减少到99051人。2005年年底在岗职工9.58万人，其中国有经济8.38万人，集体经济1.20万人。2008年年底在岗职工10.15万人，其中国有经济8.86万人，集体经济1.26万人。2010年第六次人口普查，矿区在业人口由2000年的99051人回升到104767人。2011年年底在岗职工11.53万人，其中国有经济10.16万人，集体经济1.17万人。

四、劳动安置

1950～1980年，境内的劳动就业安置由阳泉市劳动局统管。劳动就业方法是：劳动部门介绍就业和自行就业相结合，重点解决城镇无业人员就业。1979年，区内集体小型企业建有125个，服务业190个，就业人员13892人。1980年全国劳动就业会议召开后，在国家统筹规划指导下，实行“劳动部门介绍就业、自谋职业和自愿组织生产”三结合的就业方针，矿区政府先后设立有关经济部门和劳动服务公司，指导和调控街道办工业生产规划、技术改造、上新项目等，有计划地发展生产。这一时期城镇就业的观念和渠道也有了改变，支持兴办自负盈亏厂、店和发展街道办集体企业，鼓励扶持城镇个体经济。安置对象以城乡知青，国营、集体企业的职工子女，街道办事处就业人员为主。新办企业的资金采取自筹资金、低息贷款、减免税收和联办入股等办法解决。就业由劳动服务公司先进行职业培训，然后安置。1984年网点发展到47个，增加安置待业人员2000人。到1990年，矿区境内先后成立综合服务公司30个，商业网点发展到60个，安置待业青年和其他待业人员7000余人。

“十一五”期间，矿区坚持发展经济与扩大就业并举，进一步加大就业岗位的开发力度，区人力资源和社会保障局也把“千方百计促就业”作为工作重点，把扩大就业和控制失业率作为宏观调控的重要目标，积极发挥人才中心以及职介中心等专业机构的作用，认真贯彻落实各项法律法规以及就业政策，就业总量稳步提高。全区累计安排就业23042人，登记失业率控制在4%以内，超额完成与市局签订的目标责任状，保证了全区就业形势的基本稳定。2006年用工双方双向选择，在机关、学校后勤岗位安置“零就业家庭”人员25名，再就业基地安置15名。2007年创建了再就业培训基地，大力发展教育、卫生、文化、商贸、社区服务等产业，安置“4050”人员和下岗失业人员110名。2008年安置“零就业家庭”人员就业16人，转移安置5人。2009年，全区新增就业人员4382人，开发社区就业岗位83个，帮助301名困难对象实现就业，对“零就业家庭”实现动态管理，全年申报“零就业家庭”15个，安置15人，1007名下岗失业人员实现再就业。

2011年，城镇新增就业5107人，创业带动就业204人，帮助就业困难群体实现就业206人，下岗失业人员再就业805人，安置大学生就业102人，为86名高校毕业生办理了人事代理，开发社区就业岗位60个，城镇登记失业率为3.8%。召开春、秋两次就业服务招聘会，提供就业岗位1930多个。

五、职工培训

20世纪50年代，矿区职工日渐增多，但文化素质较低，难以适应生产需要。之后，矿区陆续开办了一些扫盲班，个别企业自办了职工技术学校，有的企业还送职工到外地学习，职工素质普遍提高。1979年，阳泉煤矿技工学校成立。1980年后，有8所业余职工学校相继恢复，共开办各种文化学习班13个，开设各类专业20余种。职工教育经费也逐年增加，到1987年达160多万元。

1982年，矿区职工教育管理委员会成立。职工教育的宗旨是：培训职工学习文化知识，提高工作技能。具体做法是，培训干部着重于政治理论学习，提高政治理论水平；培训管理人员着重于企业经营管理知识，适应企业发展需要；培训初、高中应届毕业生着重于学习各种技术，提高工作技能。从1982～1990年，矿区举办了脱产培训、长期培训、短期培训、不定期培训、以会代培、业余培训等多种形式的培训，另外还请专业教师讲授、请有经验的工人师傅现场传授技术、组织观摩学习、开展技术比武，提高了广大职工的劳动技能。与此同时，参加阳泉市统一组织的就业培训，使17515名职工领取了初级技术合格证，16490名职工参加了采矿、挖掘等坑下作业的安全培训，2124名新工人和5000名待业青年接受了岗前培训，为其劳动就业创造了有利条件。

1991年3月，山西煤炭职工联合大学在阳泉矿务局成立，系全省8所成人院校之一。1995年，矿区机关开展“一堵、二扫、三提高”（堵住新文盲产生渠道，重点扫除15～50岁有学习能力的青壮年文盲，提高脱盲人员的综合素质）工作，扫除文盲49人。全区青壮年文盲率降为1.6/10000，达到了国家规定的扫盲标准。1996年6月，阳泉矿务局组建教育培训基地。

“十一五”时期，矿区有利于技能劳动者成长和职业培训事业发展的政策体系基本形成，为了进一步改善技能劳动者的素质结构，帮助下岗失业人员再就业，区劳动和社会保障局充分发挥工商、工青妇等部门以及社区劳动保障平台的作用，举办各类再就业培训和职业技能培训23次，累计培训各类失业人员3526人次，并对270名具有相关技术的人员进行了职业技术鉴定。2006年11月，阳煤集团设立职工教育管理部，负责全公司的职工教育培训工作。2010年，全区各类培训共计1129人次。2011年，全区1080人参加各类就业培训，169人参加技能培训。2006～2011年，阳煤集团职工技术业务培训达到3万人次/年。

六、劳动力市场

矿区劳动服务公司于1984年4月成立，成立初期的主要工作是接收安置待业青年，包括返城青年。当时，大集体性质的企业招工对象主要以待业青年、返城青年为主。20世纪80年代后期，服务公司大力发展“第三产业”，在矿区各街道成立了多个以服务业为主的集体企业，安置了大批待业青年。到90年代，劳动服务公司把工作重点转换到劳动力管理方面，主要是外来劳动力的职业介绍、下岗工人的档案管理等。

进入21世纪，劳动服务公司的工作重点为劳动力档案代理、职业介绍、落实就业再就业政策等。2001年，区劳动部门千方百计筹集资金，为10个企业245名困难职工发放失业救济金5.58万元，确保下岗职工的基本生活得到保障，稳定了职工队伍。同年，为实现劳务市场的有序流动，为1610余名外来人员进行就业登记，为130多人补办了就业证（卡），大体掌握了外来人员的基本情况，完善了就业手续，实现了证卡齐全、规范管理。2002年，安置下岗失业和无业人员800名，为2000余名外来人员办理了就业登记证。

2004年，矿区投资20余万元建起了职业介绍大厅，配备了电脑、复印机、打字机等办公设备，结束了矿区无专门职介办公环境的历史。区职业介绍中心自2004年9月22日正式启动至2008年年底，累计办理失业证、就业证1800多个，有250余个（次）单位登记招聘，为3600余人次办理了求职登记，举行用人单位和求职者见面洽谈100余次，有1300余人次初步达成协议，用工单位备案580家。与此同时，通过政策宣传，让各类用人单位和下岗失业人员了解掌握再就业政策，鼓励有能力的人员领办和创办各类经济实体。

“十一五”时期，矿区着力促进高校毕业生就业。扎实开展“高校毕业生就业见习”活动，发放宣传资料1.5万余份。结合毕业生报到登记，积极开展就业指导服务，发布招聘信息，适时组织用人单位和毕业生“供需见面、双向选择”，积极与各见习基地对接，选派170多名毕业生到见习基地见习。认真安置各类困难人员，累计办理“就业失业证”1411个、“再就业优惠证”626个，安置下岗再就业3338人，并确保各项再就业优惠政策的落实到位。2007年，对368户零就业家庭成员实施了就业援助。作好企业用工规划，以政策为纽带，加大辖区内企业的联动力度，引导企业重点解决工伤工残、特困员工、零就业家庭等困难群众的就业问题，对各类用人单位吸纳零就业家庭成员等困难群众就业的，给予社保补贴和安置费，并享受税收减免等优惠政策。2008年1~2月组织开展了“就业援助月”活动，3月组织开展了“春风行动”，安置“零就业家庭”人员16人，帮助280名就业困难人员实现就业。5月至6月，组织开展了民营企业招聘周和大中专技校毕业生就业服务月活动；每月10日召开双向见面洽谈会；举办了两次法律法规和政策宣传活动。全年累计为5800余人提供了政策咨询服务，安置下岗失业人员就业672人，其中区属“4050”（含残疾人）人员和困难大龄就业人员280名，为416名下岗失业人员代理了劳动关系，为120多名灵活就业人员办理了申领社保补贴工作，开发公益性岗位300余个。全区建立了“零就业家庭”就业援助长效机制，确保新出现的“零就业家庭”在一个月内“消零”，实现“产生一户，援助一户，消除一户，稳定一户”的目标。对128家个体私营企业用工情况进行了摸底排查，为近500名外来人员办理了就业登记，年检就业证110个，办理推荐就业28人，办理外出人员就业许可证5个，全区劳动用工逐步实现了规范管理。2009年，制订下发了《关于做好促进就业工作的意见》《关于开展2009年就业服务系列活动的通知》，建立健全就业援助制度，采取积极措施全面促进就业。年内，先后开展了“就业援助周”“春风送岗位”、民营企业招聘周、大中专技校毕业生就业服务月等活动，全年举办招聘会12场，其中大型招聘会3场，有400余家用工单位参加了招聘会，提供就业岗位2000余个；安置40名特困大学生到社区卫生站工作。为42名下岗失业人员代理了劳动关系，为失业人员办理“失业就业证”261个，办理“再就业优惠证”51个。全区创业就业人数210人，230名自主创业者享受减免税费100余万元。上级下拨就业再就业资金200万元，主要用于社保补贴、岗位补贴、职介补贴、培训补贴和各项工资补贴。2010年，实现城镇新增就业5160人，帮助234名就业困难人员实现了就业，下岗失业人员再就业873人，安置18户零就业家庭就业，切实保证了“零就业家庭”中至少有1人就业，有130名自主创业者享受减免税费100余万元，城镇登记失业率控制在3.8%以内。办理了40个“就业失业证”、19个“再就业优惠证”，开展了“两证”年检工作，共审验“两证”995个，为42名下岗失业人员代理了劳动关系。设立高校毕业生就业见习基地50余家，提供见习岗位100余个，有90名高校毕业生申请就业见习，推荐见习生70余人。上级下拨就业再就业资金170万元，支出130余万元，用于社保补贴、岗位补贴、职介补贴、培训补贴和各项工资补贴。全年举办各类招聘会12场，有300余家用工单位参加了招聘会，提供就业岗位1600余个。全区实现创业带动就业248人，下岗失业人员再就业873人。

2011年，全区公益性岗位安置在岗人员318人。从1月开始，矿区后勤人员岗位补贴由300元增至460元，“零就业家庭”人员岗位补贴由400元增至460元，同时为174人补交了2010年失业保险金共计 7.8 万元。年内，矿区城镇新增就业人员 5107 人；创业带动就业 204 人；帮助就业困难群体实现就业 206 人；下岗失业人员再就业 805 人；城镇登记失业率目标控制在 3.8%；开发社区就业岗位 63 个；全年培训 1012 人。年内，根据人力资源和社会保障部《关于印发就业失业登记证管理暂行办法的通知》，矿区实行全国统一式样的“就业失业登记证”管理制度，全年共换发证 937 本。

2011 年，区职业介绍中心共登记求职人员 978 人，其中大中专毕业生 9 人；代理劳动关系 10 人，累计存放档案 484 人，办理调动 4 人，办理退休手续 5 人；办理灵活就业人员保险补贴 91 人，计 26.74 万元。7 月 23 日，召开了“2011 年矿区帮扶就业招聘会”，参会企业 68 家，提供就业岗位 1930 个，达成意向 239 人。9 月 8 日，召开了富士康（太原）科技工业园招聘工作人员情况说明大会，参会人员 62 人，给各社区下达了招聘任务。9 月 23 日，召开了秋季送温暖大型招聘会，有 42 家用工单位参与，达成用工意向 120 人。

七、劳动合同制

1986 年，国务院颁发《国营企业实行劳动合同制工人暂行规定》后，境内国营企业内部终止招收固定工，改招劳动合同制工人，打破了用工终身制，实行用工双向选择，使工人能出能进，有利于合理使用劳动力。1994 年，山西省劳动厅下发了《关于大力推行全员劳动合同制的通知》，同年 7 月 5 日，《中华人民共和国劳动法》颁布，明确规定用人单位和劳动者建立劳动关系必须订立劳动合同，并对劳动合同的订立、续订、期限、变更、解除、终止、待遇以及集体合同等有关事项作了详尽规定，劳动合同制进入法制轨道。同年末，山西省人民政府下发了《山西省人民政府关于全面实行劳动合同制度的通知》。

1996 年，全区有 33 个企业实行了全民劳动合同制度，4135 人签订了劳动合同；有 18 家企业依法订立了集体合同。1997 年，共签订各种合同 2946 份，其中全民合同制 65 份、集体合同制 2866 份、临时合同 15 份。

2003 年，为 61 个单位办理了劳动用工年检手册。针对一些用人单位不与劳动者签订劳动合同的情况，组织有关人员深入用人单位进行监督检查，下达整改指令书 17 份，现场签订劳动合同 270 份，与区总工会共同组织召开了私营企业民主协商签订集体劳动合同现场会，有效地提高了劳动合同的签订率。2005 年，根据市劳动和社会保障局关于开展职介机构和非法用工集中整治的安排，结合用工单位劳动年检，采取日常检查和专项检查相结合的办法，对区属企业及个体、私营企业劳动用工情况进行检查，共检查单位 66 家，存在的用人单位不与劳动者签订劳动合同、未办理用工手续，以及拖欠职工工资等问题得到纠正。年内，共有 22 个用人单位签订劳动合同 1800 份。另外与区总工会联合行文，有 16 个单位签订了集体合同，用人单位的用工行为逐步规范，维护了劳动者的合法权益。2006 年，共有 16 个用人单位签订劳动合同 1346 份，有 16 个单位签订了集体合同，10 个单位签订了工资专项集体合同，9 个单位签订了女职工权益保护专项集体合同。2007 年，对区属的 81 家企业、餐饮服务业进行了重点检查，对未签订劳动合同、未办理劳动用工备案的 29 家企业、餐饮服务业下达了整改指令书。在专项行动期间，有 53 家企业和餐饮服务业的 324 人签订了劳动合同，100 家企业和餐饮服务业签订了合法用工承诺书。2008 年，对辖区内的中小型企业、个体行医行业、药品经营企业进行了检查，共有 34 个用人单位签订集体合同。根据省政府办公厅“关于加强劳动用工执法检查专项行动的通知”精神，4～7 月，开展了劳动用工执法检查专项行动，共对 36 家企业进行了专项检查，涉及劳动者 595 人，补签劳动合同 520 份。专项行动期间，为 66 名四川、河南等籍农民工追回用人单位欠发工资 199679 元。

2009 年，以学习宣传《中华人民共和国劳动合同法》《中华人民共和国就业促进法》和《中华人民共和国劳动争议调解仲裁法》为重点，组织开展了学法用法宣传活动，发放各类宣传资料 10 万余份；开展了“劳动用工执法检查专项行动”和“整治非法用工，打击违法犯罪专项行动”，全年检查用人单位363家，涉及职工6161人，覆盖全区所有用人单位；全区各类企业劳动合同签订率达98%，企业用工备案率达60%以上。2010年，全区各类基层工会组织代表职工与企业签订集体合同17份，4个商业联合工会与66家企业签订了工资专项合同和劳动保护、安全卫生、女职工特殊保护合同，覆盖职工4854人，集体合同签订率达94%。年内，全区有两家企业获“省级劳动关系和谐企业”称号。2011年年底，全区企业100%签订了劳动合同。

第三节　下岗分流

1998年，党中央、国务院确立和实施了国有企业“鼓励兼并、规范破产、下岗分流、实施再就业工程”的方针政策。同年5月，党中央、国务院召开国有企业下岗职工基本生活保障和再就业工作会议后，矿区广开就业门路，推进再就业工程。矿区政府在缓解就业压力和保障劳动者利益上制定了一系列措施，建立了国有企业下岗职工基本生活保障、失业保险、城市居民最低生活保障“三条保障线”和养老、医疗保险制度。连续实施再就业培训计划，通过动员全社会培训力量，推动下岗职工和失业人员参加再就业培训。对有志于开办小企业的下岗职工和失业人员进行创业培训，在培训结束后帮助他们进行工商登记，获得小额贷款，通过发展小企业吸纳更多的下岗职工和失业人员再就业。

2002年，为贯彻落实《中共中央国务院关于进一步做好下岗失业人员再就业工作的通知》，切实做好国有大中型企业主辅分离，辅业改制、分流安置富余人员的劳动关系处理等工作，维护职工的合法权益，促进劳动关系的和谐稳定，矿区制定了一系列措施。对距法定退休年龄5年以内、符合内部退养条件的职工，经与职工协商可以实行内部退养，对符合支付经济补偿金条件的，按工作年限给予计算，指导企业尽量做到多分流、少失业。针对“4050”人员年龄大、就业困难的问题，矿区政府建立了就业服务制度，通过出资扶植社区公益性就业组织，开展环境保洁、社区保安、社区服务等项目安置就业。全区国有企业下岗职工基本生活保障制度逐步向失业保险制度并轨。2006年，在街道、社区劳动保障平台摸底调查的基础上，进行了深入调查摸底审核，确认了434户零就业家庭。零就业家庭多为丧偶、离异、“两劳”释放家庭，其中下岗失业人员、低保家庭较多，年龄多在30～45岁之间。根据矿区实际情况，通过个人申报、资格确认、培训和面试，以及用工双方双向选择，在机关、学校后勤岗位安置零就业家庭人员25名，再就业基地安置15名，年底全部持证上岗。对被安置人员给予不低于全市最低工资标准520元的工资补贴，待试用期满后，及时解决安置人员的养老、失业、医疗保险的参保问题，签订两年以上劳动合同。截至2011年年底，矿区安置下岗分流人员6人。

第四节　劳动力管理

一、职工调配管理

矿区劳动管理部门在职工调配管理工作方面，严格执行国家、省、市有关政策。根据《关于办理职工调动手续不得收取费用的通知》文件精神，对企业因工作需要调配人员和解决职工夫妻分居调动等项工作，在办理手续时，不向职工个人和用人单位收取费用。

1992年，共办理了226人调动手续，其中调入120名、调出106名。1993年，企业根据各自的工作条件和所需的人才自定招工人数和调动工人对象，这一年办理招工手续3226人，其中招全民合同制工人246人、招集体所有制工人2980人；办理职工调动手续245人，其中调出124人、调入121人，使企业真正享有劳动用工的权利，每个个体劳动者都找到了理想的工作，劳动部门也充分发挥了调剂和服务的作用。1996 年，办理调配手续 205 份，办理招工手续 183 名。至 2011 年年底，办理调配手续 69 份，办理招工手续 1 名。

二、职工档案管理

1992 年国家颁发《企业职工档案管理工作规定》之前，矿区各企业的职工档案管理工作参差不齐，有的企业疏于管理，有的相对较好。但即使是相对较好的企业，其职工档案管理工作也很不规范。《企业职工档案管理工作规定》颁发后，矿区各企业的劳动（组织人事）职能机构在区劳动人事部门的指导下，逐步开展了职工档案的管理和规范工作。

2000 年，根据市劳动局文件精神，针对一些企业职工年龄与档案不符的情况，在全区企业开展了一次职工年龄大普查。经过核查，为 9% 的职工统一了档案年龄，为 6% 的职工补齐了档案手续。通过这次普查，使各企业的劳资干部对所在企业的职工情况实现了“四清”，即职工年龄底数清、参加工作时间清、职工在岗人员清、工种等级工资清。在职工档案管理过程中，全区严格遵守《关于严格企业职工档案管理有关问题的通知》（阳矿劳字〔2000〕3 号）。严格档案管理，特别是严格职工个人档案的管理，不私自涂改职工档案中的年龄、工种、工资等内容。对个别企业发现职工个人档案资料中确系有错需要更正时，首先由个人提出申请，企业进行申报，然后到相关部门进行审核，其中涉及年龄问题的到公安部门审核，涉及工种问题的到企业主管部门审核，经审核同意后，由企业劳资人员携带以上资料及更正档案所需的有效证件、证明材料，到市劳动部门审批，经批准后，方可更改档案有关内容。2008 年，区劳动部门为 30 名职工审核了个人档案。经审核后，职工个人档案全部存放于区档案局。

1995 年，矿区职业介绍服务中心开始为流动职工存放档案。存放档案或存放期限实行职工个人自愿的原则，但存放期限至少不低于 6 个月。为保障职工在流动期间继续享受正常的劳动保险待遇，职工须按规定向劳动保险机构缴纳养老保险金和待业保险金，享受与在职职工同等的养老保险待遇，工龄连续计算。职工在存放档案期间，如遇国家政策规定范围统一调资晋级，可参照与原单位职工同岗位、同工龄的职工进行补办调资晋级手续。职工档案经本人同意可长期保存，直至本人到法定退休年龄。申请办理退休转移手续后，由存放单位负责与养老保险机构联系，按照有关国家劳动政策，享受养老保险待遇。截至 2011 年年底，区职业介绍服务中心共为 345 名流动职工存放了个人档案。

第五节　就业技能开发

1979 年，技工学校成立。1980 年后，有 8 所业余职工学校相继恢复，共开办各种文化学习班 13 个，开设各类专业 20 余种。职工教育经费也逐年增加，到 1987 年达 160 多万元。

1982 年，矿区职工教育管理委员会成立，开展了职工教育、就业技能开发工作。通过举办脱产培训、长期培训、短期培训、不定期培训、以会代培、业余培训等多种形式的培训，以及请专业教师讲课、请有经验的工人师傅现场传授技术、组织观摩学习、开展技术比武等方式对职工开展教育，提高他们的劳动技能。与此同时，矿区还积极参加了阳泉市劳动局统一组织的就业培训，使 17515 名职工领取了初级技术合格证；16490 名职工参加了采矿、挖掘等坑下作业的安全培训；2124 名新工人和 5000 名待业青年接受岗前培训，为其劳动就业创造了前提条件。

20 世纪 90 年代，矿区劳动部门依托各类培训资源，大力开展了各种类型的就业技能培训，促进了全区的就业再就业工作。2001 年，根据企业要求，选拔了 30 名在岗青年职工推荐到省、市机关企业进行对口培训，提高了业务水平，为企业培养了一批技术骨干。与有关业务部门配合，培训社会劳动力 2400 余名，下岗职工再就业培训率达 100%。2002 年，培训社会劳动力 500 余名，下岗职工就业培训率达85%。进一步巩固和发展了社区服务网点，不断开拓就业岗位，根据区政府统一规划，桥头街道办事处对桥东街至河神庙进行了全面改造，建成了商业步行一条街，安置下岗失业人员300人。2005年，充分发挥街道社区劳动保障平台的作用，实现劳动保障工作重心下移，年内先后举办了3期就业、再就业和创业培训班，500余人参加了培训，培训内容为就业形势与指导、就业再就业政策、就业技能与市场，参加人员为待业青年、无业人员、失业下岗人员、申领再就业优惠证人员等。2006年搞好创业培训工作，提高职工就业技能，全面推进全区就业再就业工作的开展，对有就业和创业欲望的30名下岗失业和自谋职业人员进行培训，以创业带动就业和再就业工作。积极探索小额担保贷款工作，为创业者提供小额担保贷款资金10万元，创业职工可进行贷款申请。

2007年，创建了以技能培训、粮食加工和销售一条龙的再就业培训基地，大力发展教育、卫生、文化、商贸、社区服务等产业，安置“4050”人员和下岗失业人员110名，大力发展门槛低，吸纳劳动力多的岗位，千方百计开发岗位，增加就业。年内新增就业岗位4600个。针对零就业家庭人员和下岗失业人员的实际，对368名“零就业家庭”就业安置对象进行了培训，对有创业欲望的25名下岗失业和自谋职业人员进行了创业培训，提高下岗失业人员的创业能力，帮助扶持其成功创业，带动更多的人员就业。全年争取上级就业和再就业资金200万元，主要用于零就业家庭、“4050”困难就业人员安置、发放社会养老保险补贴、提供小额担保贷款、劳动力市场建设、劳动保障平台建设和各类培训。2009年，矿区制订下发了《2009年度培训计划》，加强对各职业培训机构的管理，规范程序，注重培训的实用性、针对性，努力提高就业再就业培训质量。全年各类培训共计977人，其中，下岗失业人员再就业培训353人、农村劳动力技能就业培训123人、技能人才培养（技能鉴定）54人、创业培训人数136人。2010年，各类培训共计1129人，其中，失业人员再就业培训311人，农村劳动力技能就业培训187人，技能人才培养（技能鉴定）216人，劳动预备制培养103人，其他392人。2011年，各类就业技能培训共计1012人，其中，失业人员再就业培训150人，农村劳动力技能就业培训200人，技能人才培养（技能鉴定）169人，其他493人。

第六节　工资福利

一、职工工资

新中国建立初，境内工资制度较复杂，国家干部一般实行供给制、半供给制，企事业职工的劳动报酬以工资米制形式支付，即以小米计酬。

1952年全国进行了第一次工资改革，确定以工资分作为统一计算工资单位，并统一了工资分的种类和含量，根据按劳分配原则，建立了新的工人和职员工资等级制度。1956年，国务院发出《关于工资改革的决定》，机关干部实行二十四级工资制，工人实行八级工资制，全国工资标准按11个类别地区划分，境域执行4类地区工资。此为第二次工资改革，废除工资分制，以直接的实物计发工资，并建立各类人员的统一工资标准。阳泉矿务局此次工资改革的原则是：领导干部从严，一般干部从宽，工程技术人员适当多增，井下工资比井上工资高9%。通过改革，职工工资有较大幅度的提高，参加调资的：生产工人8138人，改革前标准月工资平均50.35元，改革后为63.25元，增长率为21.24%；生产干部参加调资2104人，改革前标准月工资平均60.68元，改革后为73.57元，增长率为25.62%；建筑工人参加调资4342人，改革前标准月工资平均43.46元，改革后为53.98元，增长率为24.21%；基建干部参加调资777人，改革前标准月工资平均57.12元，改革后为67.63元，增长率为18.40%；医护人员参加调资315人，改革前标准月平均工资49.38元，改革后为58.71元，增长率为18.90%；全局总计参加调资15676人，改革前平均月工资50.14元，改革后为62.19元，增长率为24.03%。

1985 年，进行第三次工资改革，宗旨为建立新的工资制度，进一步贯彻按劳分配的原则，解决职级不符、劳酬脱节的矛盾。机关行政人员、专业技术人员均改为职务工资为主要内容的结构工资制。国家机关、事业单位的工人，实行岗位工资为主要内容的结构工资制。企业把职工的工资和奖金同企业经济效益挂钩，企业内部的工资分配纳入正常轨道，工资改革内容是提高工资类别，简化统一标准，套靠新工资标准，改革新上岗职工的工资待遇及定级水平，理顺企业内部工资结构。1986 年年初，煤炭工业部颁发了本行业职工统一工资标准以及套改办法，即按职务、工种、工龄套改新的职工工资标准。此次参加工资改革的工人 69443 人，套改前平均月工资 57.42 元，套改后平均月工资 80.50 元，人均增资 23.08 元，标准工资增长 40.20%；参加工资改革的井下工人 3508 人，改革前平均月工资 60.54 元，套改后平均月工资 84.75 元，人均增资 24.21 元，标准工资增长 39.99%；参加工资改革的干部 8399 人，改革前平均月工资 69.91 元，套改后平均月工资 94.2 元，人均增资 24.29 元，标准工资增长 37.74%；此次参加工资改革总人数 77842 人，改革前平均月工资 58.82 元，改革后平均月工资 82 元，人均增资 23.18 元，标准工资增长 39.40%。1987 年，执行《关于一九八六年解决国家机关和事业单位部分工作人员工资问题的通知》文件，为区机关、事业单位 244 名职工干部晋升一级工资，每月实增资 1650 元。从 1987 年 10 月起，将中、小学教师的工资标准提高 10%。1988 年 8 月，执行《关于贯彻执行中办发〔1987〕1 号文件有关问题和职工调动工作后工作待遇若干问题的暂行办法》文件，为 156 名干部晋升一级工资，每月共增资 1005.50 元。1990 年 2 月，为区机关、事业单位 735 名工作人员从 1989 年 10 月起晋升一级工资，每月共增资 5229.50 元。同时，相应给 29 名离退休人员提高了待遇，月实增资 298.3 元。1990 年 7 月至 1991 年 2 月，执行《关于贯彻晋政发〔1990〕31 号文件一些具体问题的处理意见》文件，先后解决了区属 511 名干部、职工工资突出问题，每月共增资 4119 元。

1991 年，进一步完善职工升级制度，对未实行工效挂钩的企业，山西省作出补充规定，企业在完成国家下达生产经营计划和承包主要经济技术的前提下，按企业经济效益指标实现税利增长幅度核定升级面。1992 年，市劳动局、财政局、经委联合下发《关于完善工效挂钩办法有关规定的通知》，作出亏损企业工资总额同亏控、减亏指标挂钩的规定，工效挂钩工作逐步规范化，制度化。1993 年，市劳动局制订出《关于贯彻〈山西省全民所有制工业企业转换经营机制实施办法〉落实企业用人和工资奖金分配自主的实施意见》，明确提出还给企业的 18 项权利和落实企业各项自主权的具体措施。随后，区劳动部门组织人员进行了专项检查，境内企业的劳动用工和工资分配自主权基本落实到位。1994 年，区劳动部门遵照上级指示进一步加强了对弹性劳动工资的改进和完善，适当核增企业工资总额，在人均增资不超过 50 元的范围内，根据上年平均工资增长幅度的不同情况，分别按人均 40 元、50 元、60 元三个档次核增工资，区内大多数职工升了一级，20% 的职工升了一级或半级。

从 1995 年 1 月 1 日开始，矿区执行《山西省企业最低工资暂行规定》，最低工资执行月标准为 200 元。1997 年，月标准调整为 230 元。1999 年，再次调整企业最低工资标准，从 7 月 1 日起调整为 300 元。2002 年，又一次调整为 340 元。2004 年 7 月，根据《山西省最低工资规定》，结合经济社会发展和城镇居民消费水平提高的实际，并考虑社会保障和住房公积金等因素，矿区执行企业最低工资标准 520 元。2006 年，根据《关于调整我省最低工资标准的通知》文件精神，全市各类企业开始执行山西省第五次调整最低工资标准，矿区执行 550 元。2007 年，全市各类企业开始执行山西省第六次调整最低工资标准，矿区执行 610 元。2007 年，为 690 名企业退休人员增加补助 40.9 万元，增发取暖补助 42.88 万元。

2008 年，全市各类企业开始执行山西省第七次调整最低工资标准，矿区执行 720 元。提高煤矿井下从业人员最低工资标准，将井下采掘人员、井下辅助人员月最低工资标准由 1200 元、1000 元分别调整为 1400 元、1200 元，同时相应提高井下采掘人员、井下辅助人员小时最低工资标准，分别调整为 8.05 元、6.90 元，于 2008 年 10 月 1 日起执行。同年，根据省、市关于为退休职工调整工资的有关要求，及时为退休职工进行调资，平均调整120元左右，为703名退休人员增发了55094元退休金，并于春节前全部发放到退休职工手中。

2009年，矿区积极推进企业内部分配制度改革，认真执行最低工资标准制度，加强对企业工资收入分配的指导，8月份发布了劳动力市场工资指导价位，帮助企业建立了工资正常增长机制，并定期组织开展自查和督查。2010年，不断完善工资支付保障制度，认真贯彻落实《关于调整我省最低工资标准的通知》文件精神，适时提高最低工资标准，达到850元，城镇单位在岗职工平均工资增幅达到15%以上。2011年，加强工资收入分配调控，及时公布劳动力市场工资指导价位，不断加强企业工资分配宏观调控，全面推进企业工资集体协商制度。

境内企业在发展过程中，根据各自的实际情况，还实行了计时工资、计件工资、包工计件工资、间接计件工资制、双轨工资制、承包和超产工资制、联利浮动工资、超额工资、提成工资等多种支付形式。为激发劳动者的工作主动性、创造性，各企业从精神上给予劳动者奖励，设有安全奖、节约奖、质量奖、完成任务奖、竞赛奖、发明奖、技术改造奖、合理化建议奖等。对于有特殊贡献的集体或个人，还发给实物或奖金以资鼓励。

二、职工福利

（一）职工食堂

1950年，境内的大型企业利用旧房改建职工食堂4个，占地面积计208平方米，设备比较简陋。1951年年初，生产有所恢复，职工食堂条件有所改善，添置了一定数量的灶具，就餐有了桌子和凳子，并铺设管道，使用自来水。1952年矿（厂）食堂发展为13个，就餐者达770名。1954年增建职工营养食堂3个、普通食堂20个，食堂的饭菜质量提高，品种增多。1957年食堂建到23个，占地面积达8000平方米，就餐者5400人。1958年搞“大跃进”，境内生产煤炭、大搞钢铁人海战术，职工人数猛增，职工食堂增至72个，就餐者达22440人。1960年国家遭受自然灾害，职工人数精减，因此部分食堂停办，部分小型简陋的食堂并入条件好的大食堂。1965年年末，职工食堂减少到30个，占地面积1500平方米，就餐者约在15500人左右。1966～1972年，职工食堂情况基本没有变化。1973年，区职工队伍又有扩大，新增工人1万多名，职工食堂相应增加。为改善职工生活，个别厂矿利用协作关系，从外地调购、调换大量副食品，食堂饭菜品种花样增多。随着经济的发展和职工生活需求的不断提高，各食堂都更新装备，添置机械灶具、冷冻设备、新桌椅等。同时，积极提高烹调技术，改善职工生活，更好地为生产一线的工人服务。几家大型厂矿还连续几年办了炊事员培训班25期，共培训炊事员、管理员625人。1980年，阳泉矿务局一矿、二矿、三矿、四矿、五矿都增办了班中餐食堂，建筑面积8341平方米，就餐职工达46010人。1985年阳泉矿务局被煤炭部评为全国煤矿职工生活福利管理标准化局。1987年职工食堂达42个，就餐者28505人。1990年全区有职工食堂50个，占地面积达56575平方米。老矿食堂的就餐人数呈逐步下降趋势，各食堂逐渐扩大了对外经营，尤其是大量承接职工婚宴，既实现了经营增收，也为职工家属提供了称心如意的服务。新建的非煤生产单位中，兆丰公司、发供电分公司、煤矸石电厂、京宇公司、氯碱公司、奥伦分公司等单位，都对职工就餐十分重视，食堂的饭菜质量和服务都上到了较高档次。2006年7月31日，亚美公司100万吨水泥生产线投产时，与之相配套的职工食堂和澡堂也正式投用。亚美食堂建筑面积4000平方米，可容纳500人同时就餐，设备全部采用低污染的柴油和液化气两用环保燃气灶，电烤箱等设施一应俱全，并设有专用冷库，职工班中餐采用自助式就餐，品种齐全，营养丰富。到2011年年底，升华公司拥有职工食堂12个，建筑总面积21585.99平方米。集团公司的班中餐食堂6个，担负着生产井区的职工用餐工作。

（二）职工澡堂

1950年，区内只有4个简易澡堂，占地面积136平方米。1952年发展到10个，可容273人同时洗浴，但全为池堂，无更衣设备。随着工业生产的发展，职工人数增多，1957 年职工澡堂增多，面积扩大，设施改善，增设淋浴器、存衣柜，可容千人淋浴。1958 年搞“大跃进”，为满足“夺煤”和“夺钢”大战，职工迅速增多，澡堂增修到 25 个。20 世纪 60 年代初职工精减，澡堂数量未减。1973 年后，职工队伍不断扩大，澡堂数量增多，面积达 12048 平方米，条件差的澡堂也进行了改造扩建，并增添洗衣机、烘干机、缝纫机，配有专职管理和服务人员。1987 年澡堂建到 32 个，达 42285 平方米。1990 年澡堂增至 36 个，建筑面积 2 万平方米，内设淋浴器 1250 个，可容 49600 人洗浴。2000 年后，各矿职工澡堂都安装了现代化的工业洗衣和烘干设备，井下职工的工作衣实行了公管，煤矿工人再也不必为上班穿又脏又湿的工作衣发愁，而且从 2004 年开始进行了全面的工装换型，变得更加舒适实用和美观。从 2005 年一矿投资 400 万元对井口北楼浴室进行高标准改造开始，二矿、三矿、新景矿、五矿、开元公司都陆续对澡堂进行了大规模更新改造，各矿澡堂都铺设了高级防滑地面砖，增加了感应式淋浴、桑拿房等设施，还专门开辟了理疗室，配备了远红外线治疗仪、紫外线照射仪等设备，用于补充井下员工对阳光的需要和治疗风湿等疾病，实现了淋、洗、蒸、理疗等一条龙服务。多数煤矿还定期给井下生产工免费发放洗浴用品等。

（三）职工宿舍

1950 年，针对职工居住条件很差，多住在半山坡土窑洞里，睡的是十几人的大炕，住宿紧张，工人多为单身的状况，企业积极改善矿工住宿条件，开始修建新式平房、排房或改造简易房。1952 年年末，住宿面积达 44300 平方米，职工住宿条件明显好转。1957 年，职工住宅面积达 10 万平方米，集体宿舍开始向高层楼房发展，有的宿舍楼内还设有图书室、游艺室等，职工生活条件的不断改善，有力地促进了煤炭生产。1958 年 9 月 26 日，中共中央政治局候补委员陆定一等人在山西省委第一书记陶鲁笳的陪同下，视察了阳泉矿务局的职工宿舍建设情况。1961 年新建职工宿舍 11329 平方米。1971 年起，新建、改造旧职工宿舍同步进行。1975 年，职工宿舍面积为 112260 平方米，人均居住面积 3.81 平方米。1985 年后，职工住宅成为清一色的楼房，新建的楼房一般三至七层，样式美观，结构合理，通道宽敞，楼群中建有粮店、商店、菜店、副食店等公共服务网点。1988 年宿舍面积达 340860 平方米，人均 5.59 平方米，多为二人一室或三人一室结构。室内为职工配备了床单、枕巾、被褥等，每一层都有阅览室、电视室、洗衣室、缝纫室等，设有专人服务，专人负责卫生、安全。1990 年为照顾单身职工亲友到矿探亲，专门建有家属招待所，食宿方便。家属住宅楼内，暖气、煤气、自来水配备齐全，住宅面积达 1281808 平方米，人均 6.67 平方米。2002 年前后，一些单身职工结婚后因无房居住而安排在集体宿舍，一度时期形成了职工和家属混住。2004 年生活后勤专业化管理以后，对各矿的单身集体宿舍标化楼与临时家属公房、集体办公楼严格分开，并投资进行了改造，更新配备了装备。2005 年开始，阳煤集团为改变员工特别是到阳煤集团施展才华的大学生的住宿环境，将部分集体宿舍按照标准二人间的规格改造成大学生公寓，配备了电视机、写字台、大衣柜等用品，接通了闭路电视和互联网，成为以大学生住宿为主的标准化公寓。截至 2011 年年底，阳煤集团共有各类宿舍 45 栋 7215 间，建筑面积达到 182182.25 平方米，其中日常化集体宿舍 2160 间共 80531.55 平方米，标准化集体宿舍 3341 间共 87588.8 平方米，大学生公寓 576 间共 14061.9 平方米。

（四）文化娱乐场所

各矿（厂）均建有文化娱乐专用活动场所，拥有大型文化广场、游艺室、图书室，有体育场、游泳池、游艺园 18 个。业余时间开展职工文学、音乐、舞蹈、戏剧、美术、摄影、书法研究和比赛活动。截至 2011 年，全区有图书馆（室）30 余家，拥有图书 35 万册，有固定的阅览坐席，全天开放。

（五）职工疗养

煤矿工人享有疗养福利。1952 年矿务局自筹小米 5000 千克（1 万斤），人民币 14.8 万元（旧币），建起全国煤炭工业系统第一所职工养老院（后改建为阳泉宾馆），占地 4.4 公顷（66 亩）。

1955年，又首批派出9名职工去北戴河煤矿工人养老院进行疗养。1956年，派15名职工赴太原晋祠南寨工人疗养院疗养。1960年阳泉矿务局与北戴河煤矿工人疗养院、河北温塘工人疗养院、太原晋祠肺结核疗养院、陕西临潼煤矿疗养院签订疗养合同，每期3个月，全年达200人次去疗养。1966～1972年停止职工疗养。1973年恢复，但疗养人数很少。1980年矿务局与河北北戴河疗养院、河北平山温塘疗养院、青岛即墨工人疗养院签订疗养合同，职工病员再度外出疗养，恢复健康，以便更好地工作。1987年职工疗养事业发展到历史最好水平，先后和大连煤矿疗养院、大连海军疗养院、青岛工人疗养院、青岛空军疗养院等17个疗养院签订了疗养合同，外出疗养人员2007人，为1966年以前疗养总人数的10倍。1989年，阳泉矿务局煤矿职工学校在河北省南戴河建成，并派职工前往作短期休养，企业自办疗养迈出了第一步。2002年4月，阳煤集团安排16名劳模分两批出国赴新加坡、马来西亚、泰国荣誉休养。2005年，集团公司投资200万元对南戴河疗养院基础设施进行了改造，这里每年安排30期1500人疗养。原来的第二职业病防治所2003年更名为阳煤集团盂县温泉疗养院，2005年和2006年也进行了全面装修改造，每年都有近千名疗养职工在此能够享受到优质服务，被山西省煤矿工会和煤炭工业协会评为"优秀接待单位"。2004年以后，陆续恢复了杭州、都江堰等疗养点，开设了北京、安庆等疗养点，到2011年年底，有近2万名职工外出疗养。

（六）其他

工人福利费开始按工资的3%提取，用于公益事业。1982年后，按工资的11%提取。机关工作人员的福利费，1986年起按每月2.5元提取，事业单位工作人员按工资额的2.2%提取。福利费主要用于解决工作人员及其家属的医药费、丧葬费及其他特殊困难，节余部分用于集体福利事业。1980～1990年，社会福利费总支出29.3万元。1991～2005年，社会福利费总支出185万元。2008年，社会福利费总支出32万元。另外，根据国家有关政策规定，境内职工还享有休假待遇、生活福利待遇，每个职工可享受一定数额的副食补助、交通补助、卫生补助、书刊补助、冬季取暖补助、公费医疗，但各企业的生活福利待遇标准不尽相同。中小学教师、幼儿园教师发给教龄津贴，卫生系统的护士发给护龄津贴，公安巡逻、侦察、看守等干警发给公安值勤津贴。对离休人员、退职干部，分别按照国家规定给予相应的工资福利待遇。职工在病假、生育期间，继续享受所在单位的生活福利待遇。国家行政、事业单位工作人员或厂（矿）企业职工及其家属发生疾病、死亡、天灾人祸等，生活造成实际困难、低于一般水平的，政府根据实际情况给予困难补助。2010年，为820名企业退休职工调整、补发取暖费115万元。

第七节　社会保险

一、社会保险事业的发展

1953年，劳动部公布《中华人民共和国劳动保险条例实施细则修正草案》，提高了职工生、老、病、死、残等各项劳动保险待遇的标准。此后，事业单位均严格执行此规定，但各企业在执行中情况有所不同。区级有统一标准，但不同企业有不同缴费额，困难企业缴费较少。矿区职工于1986年开始参加社会统筹养老保险。矿区职工待业保险始于1986年，有69633名职工参加，其中全民固定工68156名、合同制工人1477人，当年共缴纳待业金17.5万元。1990年参加待业保险人数66834人，其中全民固定工61797人、合同制工人5037人，当年共缴纳待业金107.28万元。1992年收缴养老保险金344507.72元，支付退休工人工资额455585.72元，240名退休职工按时足额领到了退休工资。1993年，矿区下发《关于全民所有制企业职工实行个人缴纳基本养老保险费相应增发工资性补贴的通知》。1996年，养老保险的覆盖面进一步扩大，应参加养老保险的企业为52户，实际参加47户，占应参加总数的90%。

2001年7月，矿区社会劳动保险事业所成立，为副科级全额事业单位，其前身为1990年成立的矿区待业职工管理所。矿区社会劳动保险事业所内设办公室、财务室、档案室、养老保险窗口、医疗保险窗口、失业保险窗口，编制20人。

矿区社会劳动保险事业所成立后，采取有力措施，不断加强社会保险费的征缴力度，同时积极做好社会保险扩面和内部规范管理工作，保证了各项保险费征缴任务的圆满完成，确保了企业退休职工和失业人员的基本生活保障，维护了企业职工队伍的稳定。“十一五”期间，矿区社会保险制度改革坚持“广覆盖、保基本、多层次、可持续”的原则，大力完善制度，不断创新举措，进一步降低了参保门槛，使社会保险惠及更多人群。截至2011年年底，全区养老、医疗、失业三项主要社会保险参保人数分别达到11844人次、279505人次、18551人次，社会保障综合覆盖率达93%，已基本建立起制度比较完善、管理比较科学、体制比较健全的社会保险制度与管理服务体系，实现了保障方式多层次、管理服务社会化、基础工作规范化。

二、养老保险

2002年征缴养老金104.32万元，其中清理欠费11万元，完成全年任务的98.9%。为全区503名退休职工按月足额发放基本养老金294万元。

2005年，对全区企业退休职工领取养老保险金资格进行了调查确认，全区共有1103人参加养老保险，全年征收养老保险293.26万元。其中，企业参保职工为907人，征收养老保险243.81万元，完成全年任务的100%；机关事业单位参保职工196人，征收养老保险49.45万元。为634名退休职工按时足额发放基本养老金343.51万元，社会发放率达100%。

2006年，全区企业参加养老保险的职工1080人，机关事业单位参加养老保险的职工187人，全年共征收养老保险金268万元，完成全年任务的104%；为668名退休职工按时足额发放基本养老金434.07万元，发放率达100%。

2007年3月，完成中小学校教职员工参加社会保险工作。根据省劳动和社会保障厅、省财政厅关于为企业退休人员增加补助、调整企业退休人员基本养老金的文件精神，年内，为632名企业退休人员调整基本养老金89万元，并增加补助9.5万元。全区企业参加养老保险的职工为1080人，机关事业单位参加养老保险的职工达到215人，全年征收养老保险金384万元，其中机关事业单位61万元、企业323万元；为693名退休职工按时足额发放基本养老金606万元，其中机关事业单位28万元、企业578万元，发放率达100%。根据省劳动和社会保障厅、省财政厅关于为企业退休人员增加补助、调整企业退休人员基本养老金的精神，年内，为690名企业退休人员调整基本养老金49万元，并增加补助40.9万元。

2008年，全区参加养老保险的企事业单位95户，职工1397人，全年征收养老保险金598万元，全部建立了个人账户。根据省劳动和社会保障厅、省财政厅关于为企业退休人员增加补助、调整企业退休人员基本养老金的精神，年内，为690名企业退休人员调整基本养老金49万元，并增加补助40.9万元，为761人按时足额发放基本养老金756万元。

2009年，大力宣传社会保险政策，针对矿区企业用工的特点，遵循低基数、低门槛、边进入、边引导、边规范的原则，结合省政府社会养老保险补缴政策，以非公企业为重点开展社会保险扩面工作。全区参加养老保险的企业50户，企业参加养老保险的职工1287人（非公经济及个体参保人员749人），征收养老保险金637万元；机关事业单位参加养老保险270人，征收养老保险金89万元，为802人按时足额发放基本养老金886万元，全面完成市局下达任务。

2010年，共有2718人参加城镇基本养老保险，其中，参加企业基本养老保险1589人，城镇职工基本养老保险净增1395人。征缴养老保险金1802万元，其中征缴企业养老保险金1687万元。为825名退休职工按时足额发放基本养老金894万元，及时为787名企业退休职工调整（增加）基本养老金 18.4844 万元，为 847 人按时足额发放基本养老金 1108 万元。

2011 年，全区城镇基本养老保险参保人数为 3455 人，其中企业养老保险参保职工人数达 2010 人，城镇职工基本养老保险净增 412 人，征缴基本养老保险基金 1963 万元，其中企业养老保险基金征缴 1896 万元。为 1202 人按时足额发放基本养老金 1463 万元。

三、失业保险

2002 年征收失业保险金 29 万元，完成全年任务的 96.7%；为 46 名下岗失业职工支付保险金 5.4 万元，支付率达 100%。2005 年失业保险征缴稳步回升，全区参加失业保险人数达到 1158 人，其中企业 758 人、机关事业单位 400 人，全年共征收失业保险金 31.46 万元，完成全年任务的 100%。为 96 名失业人员按时发放失业保险金 27.51 万元，支付率达 100%。

2006 年参加失业保险的人数达到 1573 人，其中企业 989 人、机关事业单位 584 人，全年共征收失业保险金 35 万元，完成全年任务的 106%；为 56 名失业人员按时发放失业保险金 24.78 万元，支付率 100%。2007 年，参加失业保险的人数达到 1400 人，其中企业 780 人、机关事业单位 621 人，全年征收失业保险金 25 万元，完成全年任务的 100%；为 56 名失业人员按时发放失业保险金 15 万元，支付率 100%。2008 年，参加失业保险的企事业单位 121 户，参加失业保险人数 3910 人，征缴失业保险金 122 万元；为 16 名失业人员按时发放失业保险金 9.6 万元，支付率为 100%。

2009 年，参加失业保险的企事业单位 34 户，参加失业保险人数 4000 人，征缴失业保险金 90 万元，完成市局下达任务 100%；为 114 名失业人员按时发放失业保险金 69 万元，支付率为 100%。2010 年，参加失业保险人数达到 4000 人，其中企业 839 人，机关事业单位 3161 人。征缴失业保险金 238.6 万元，为 40 名失业人员按时发放失业保险金 42 万元。2011 年，全区失业保险参保人数为 4002 人，征缴失业保险基金 199 万元，发放失业保险金 15 万。

四、医疗保险

2002 年，全区征收医疗保险费 104 万元，支付医疗保险费用 16 万元。2005 年，在不断规范机关事业单位参保行为的同时，逐步将参保范围向企业延伸，为区钢木制品厂、华夏实业公司等 6 家企业办理了参保登记手续，全区参加医保人数达到 1898 人，其中机关事业单位 1327 人、企业 571 人，全年征缴基本医疗保险金 152.98 万元，支出 112.81 万元，累计结余 262 万元，基本达到了收支平衡，略有结余。

2006 年医疗保险逐步将参保范围向民营企业延伸，为顺达公司、华盛电脑公司和日潭医院等 4 家民营企业办理了参保登记手续，全区参加医疗保险的人数达到 1957 人，其中机关事业单位 1413 人、企业 544 人；全年共征缴基本医疗保险金 191.56 万元，完成全年任务的 132%，支出 163.46 万元、累计结余 310.47 万元。

2007 年参加医疗保险的人数达到 4811 人，其中机关事业单位 3943 人、企业 868 人；全年征缴基本医疗保险金 397 万元，完成全年任务的 197%，支出 170 万元，累计结余 538 万元。同年，全面启动了城镇居民医疗保险试点工作，通过广泛宣传动员，进一步提高了广大城镇居民的参保意识，采取“四落实、四推进”等措施切实抓好落实，至年底，全区有 42714 名城镇居民参加了医疗保险，完成任务的 42%。

2008 年，全区参加城镇职工基本医疗保险的企事业单位共有 124 户，参加城镇职工基本医疗保险的职工 4811 人，征缴城镇职工基本医疗保险金 400 万元，支出 152 万元，累计结余 583 万元，达到了收支平衡、略有结余的要求。参加城镇居民医疗保险的人员达到 61885 人，征缴城镇居民医疗保险金 235.8 万元，及时足额上缴市专户，支付 108 万元，争取了上级资金 18 万元。与此同时，做好城镇职工医疗保险服务工作，加强和规范定点医院、零售药店的管理，经过医院、零售药店申请，劳动保障部门资格审定，在充分考虑药店分布位置、药品价格等情况下，确定阳煤集团总院等4家医院和阳泉金象大药房医药有限责任公司等2家零售药店为矿区城镇职工（包括城镇居民）基本医疗保险定点医院、药店，实现全民享有医疗保障的目标。

2009年，全区参加城镇基本医疗保险的人数达到65203人，完成年计划任务的89.3%，其中，参加城镇居民医疗保险的人员达到59703人，非公经济及个体参保人员5500人，征缴城镇基本医疗保险金576万元，支出466万元，累计结余170万元，达到了收支平衡、略有结余的要求。5月初，开展了城镇居民医疗保险门诊补偿，有11596人享受门诊补偿43万元；认真贯彻区政府《关于区属困难企业职工基本医疗保险办法》，有12家困难企业的269名职工享受了医疗保险；经区政府批准下发了《城镇职工基本医疗保险政策调整意见》，将城镇职工基本医疗保险统筹金最高支付限额由4万元提高到6万元。2010年，参加城镇基本医疗保险的人数达到67495人，其中职工5386人，居民62485人。征缴基本医疗保险金1966万元，享受医疗保险待遇人数4748人，居民门诊医疗补偿3313人，统筹基金支付金额386万元。2011年，全区城镇基本医疗保险参保人数73252人，其中净增城镇基本医疗保险5702人，征缴基本医疗保险基金808万元，统筹基金支付金额546万元。

第八节　劳动安全

阳泉矿务局1950年成立的当年，百万吨死亡率就从1949年的48.81降到20.97，1951年继续降至9.92。1952年1月8日四矿瓦斯爆炸死亡14人，当年百万吨死亡率升至16.79，以后降至1956年的2.86。1958年“大跃进”使百万吨死亡率上升到8.35，以后强化安全工作，到1965年使百万吨死亡率下降为1.76。“文化大革命”开始后，百万吨死亡率上升到1970年的5.1。1977年，百万吨死亡率下降到2到4之间。

1980年全国召开工会第三次劳动保护工作会议后，矿区劳动局积极贯彻国务院颁布的《矿山安全条例》和《矿区安全监察条例》，巩固和建立车间以上群众劳动保护工作委员会64个，在1784个队组中任命了劳动保护检查员2267人，并给检查员发证章和劳动保护监察员手册，明确责任，责任到人，依靠群众搞好安全劳动保护。1983年，矿区劳动局根据中央文件精神，将基层和车间工会劳动保护工作委员会改为群众安全监察检查委员会，同时对各级群众监察委员会和群众监察员普遍进行整顿和调整，并开展了劳动保护竞赛流动红旗活动，活动有方案、有考核、有评比、有公布，促进了安全生产。之后，下发《阳泉矿区局安全基金使用管理办法》，11088名职工得到“百日无事故”奖励。同时，按照国务院《关于加强防尘、防毒工作的决定》文件精神，制定防尘工作“三项指标十项规划”。12月，又下发《关于进一步搞好运输安全严肃处理违章的决定》，劳动安全工作进一步加强。区内其他厂矿企业的领导干部也很完善岗位责任制，完善劳动保护措施。1984年山西省电力公司阳泉发电厂根据省电业局安全特殊奖规定，建立健全安全奖励制度，当年奖励安全生产者34人。阳泉甘河铁矿由于重视安全工作，1974～1983年，未发生重大伤亡事故，获阳泉市1983年安全生产单位称号。

1985～1990年，矿区各大厂矿安全生产意识普遍增强，安全生产管理列入重要议事日程常抓不懈，逐步走上规范化、制度化安全生产的轨道。阳泉矿区局的百万吨死亡率逐年下降，1988年为1.66，1989年为1.54，1990年降为0.83。阳泉发电厂创919天安全无事故记录，安全生产上了新台阶，生产迈出新步伐。甘河硫铁矿1983～1990年连续8年获阳泉市“安全生产先进单位”称号；1988年获省化学矿产矿山“安全生产先进单位”称号；1989年获省化工厅“十六年安全生产单位”称号；1990年又获化工部地质矿山局、劳动部安全监察局、全国总工会石化工化“再接再厉，群策群力，争创安全生产新纪录”锦旗一面；同时矿山局局长还为甘河硫铁矿16年安全生产发来贺信，以示鼓励。

1990年以后的18年间，百万吨死亡率降至1以下，只有2003年8月14日三矿瓦斯爆炸死亡28人，致使百万吨死亡率升至1.5。在这20年中，2000年和2005年降至0.1以下。2008年百万吨死亡率更降至0.05，创造了历史最好水平。

第九节　劳动监察

矿区的劳动监察机构最初为矿区劳动监察室，1998年更名为矿区劳动监察中队。2002年8月，又更名为矿区劳动保障监察执法队。

2003年，针对一些用人单位不与劳动者签订劳动合同的情况，组织专门人员深入用人单位进行监督检查，下达整改指令书17份，现场签订劳动合同270份；与区总工会共同组织召开了私营企业民主协商签订集体劳动合同现场会，有效提高了劳动合同的签订率。

2004年，共检查单位120多家，下达整改指令书32份，34个用人单位签订劳动合同1656份，其中集体企业28个、私营企业6个。有11个单位签订了集体合同。

2005年，对区属企业及个体、私营企业劳动用工情况进行检查，共检查单位66家，纠正了不签订劳动合同、不办理用工手续、拖欠职工工资等问题。与此同时，认真抓好劳动合同签订与鉴证工作，开展了全省最低工资制度执行情况专项大检查活动。共检查各类用人单位32家，涉及劳动者1350余人，对不达最低工资及未按要求签订劳动合同的7家企业下发了劳动监察整改指令书，令其限期进行整改。对全区所属41家企业进行了劳动保障监察年度工作检查。为30名劳动者要回欠发工资7万余元。

2006年，通过对66个单位的检查，重点对企业存在的不与劳动者签订劳动合同、未办理用工手续、不执行最低工资制度，以及拖欠职工工资等主要问题予以纠正。共有16个用人单位签订劳动合同1346份，有16个单位签订了集体合同，10个单位签订了工资专项集体合同，有9个单位签订了女职工权益保护专项集体合同，用人单位的用工行为得到进一步规范。开展了全省最低工资制度执行情况专项大检查活动，共检查各类用人单位28家，涉及劳动者3460余人，对不达最低工资及未按要求签订劳动合同的7家企业下达了劳动监察整改指令书，令其限期进行整改。对全区所属41家企业进行了劳动保障监察年度工作检查。

2007年，按照省、市的统一安排，组织开展了“整治非法用工和打击黑砖窑”专项行动。共出动人员536人次，出动车辆83台次，检查3425户，其中有经营执照的3362户、无经营执照的63户，对63户无营业执照的，取缔了4户，立案3件，责令整改56户。对区属81家企业进行了重点检查，有52家企业的1221人签订了劳动合同。通过检查，对未签订劳动合同、未办理劳动用工备案的29家企业下达了指令整改书。在专项行动期间，有100家企业签订了合法用工承诺书。开展了全省最低工资制度执行情况专项大检查活动，共检查各类用人单位1145家，涉及劳动者4649余人，对不达最低工资及未按要求签订劳动合同的7家企业下达了劳动监察整改指令书，令其限期进行整改。区劳动和社会保障局与矿区建设局、矿区公安分局和矿区总工会联合开展了农民工资支付专项检查活动，为15名劳动者要回欠发工资0.7万元。

2008年，对辖区内的中小型企业、个体行医行业、药品经营企业进行了检查，有34个用人单位签订了集体合同，用人单位的用工行为进一步规范。根据省政府办公厅《关于加强劳动用工执法检查专项行动的通知》精神，4~7月，开展了劳动用工执法检查专项行动，共对36家企业进行了专项检查，涉及劳动者595人，补签劳动合同520份。专项行动期间，为66名四川、河南籍农民工追回用人单位欠发工资199679元。

2009 年，启动劳动监察网格化、网络化管理，提升劳动监察水平，建立了区一级执法，街道、社区两级管理的劳动保障监察管理体系。对 50 家用人单位、涉及职工 1287 人进行了年检。受理群众举报案件 8 起，立案 8 起，结案 8 起，下达指令整改书 6 份，补签合同 469 人，对 1 家用人单位进行行政处罚，罚款 3000 元，并为 135 名劳动者追回拖欠工资 291889 元。受理信访案件 66 件 321 人次，信访结案率达 100%，做到了群众举报的案件和信访案件，件件有结果，事事有回音。加强劳动保障监察队伍建设，对街道、社区劳动保障事务所（站）工作人员进行了全员培训，领取了执法证，完善了监察执法体制建设。

2010 年，矿区实行劳动保障监察工作目标责任制，建立和完善运行情况月报监控制度和各项长效机制，积极推进监察机构队伍“三化”建设，做到机构标准化、人员专业化、执法规范化，强化了劳动保障执法监察力度，劳动关系和谐稳定。开展劳动力市场整顿、非法用工以及各类专项监察，坚决打击企业欠薪逃匿；开通农民工法律援助“绿色通道”，对农民工投诉优先审查和受理，为 148 名劳动者追讨被拖欠工资 32920 元；全年开展专项执法检查 4 次，对 363 家用工单位进行了检查，涉及人员 6161 人，补签劳动合同 469 人，对 49 家用人单位、涉及职工 1367 人进行了年检，日常巡查率达 80% 以上；受理劳动保障违法案件 9 起，立案 9 起，结案 9 起，下达指令整改书 4 份，劳动保障监察投诉结案率达 90% 以上，全区各类企业劳动合同签订率达 95%。

2011 年，检查各类用人单位 132 户，涉及从业人员 1100 余人，签订劳动合同 207 件，事业单位聘用合同签订率 100%，督促办理社会保险登记 376 人。

第十节　劳动争议仲裁

2000 年 10 月，矿区劳动人事调解仲裁室成立。依法仲裁劳动争议，经过协商调解，处理了因退休工资和工伤引起的争议纠纷 8 起。共对 104 个单位进行了安全检查，在检查中严格执法，严肃查处各类事故隐患，及时检查和处理重特大事故隐患 370 个。2001 年，经过协商、调解，处理了劳动争议案件 8 起，劳动争议仲裁案件的结案率达 100%。2004 年，认真接待来信来访，坚持第一接待人责任制，全年共接待群众来访 100 余人次，做到了热情接待，服务周到，能办的马上解决，一时难以解决的也要讲清政策，说明原因，给群众一个满意的答复。2005 年接待群众来访 66 人次，受理劳动争议案件 8 件，挽回经济损失 8 万元。

2006 年，受理群众来信来访 110 余件 760 人次；受理劳动争议案件 16 起，年内全部审理结案，挽回经济损失 30 万元；受理监察案件 13 件，决定立案查处的 6 件，结案 6 件；下达劳动监察限期改正指令书 13 份，制作并送达行政处罚决定书 5 份；劳动监察大队为 30 多名劳动者要回欠发工资 7.4 万元。2007 年，受理劳动争议案件 6 起，全部审理结案，挽回经济损失 30 万元；受理监察案件 8 件，决定立案查处的 6 件，结案 6 件。2008 年，受理群众来信来访 63 件 321 人次；受理劳动争议案件 5 起，年内全部审理结案；受理监察案件 3 件，办理行政处罚案件 3 件，罚款 1 万余元；为 40 余名河南、四川籍民工追回用人单位欠发工资 9 万余元。

2010 年，加强协调劳动关系三方机制组织和制度的建设，进一步健全劳动争议仲裁体系建设，全面贯彻落实《中华人民共和国劳动争议调解仲裁法》，开通劳动争议案件处理“绿色通道”，提高劳动争议仲裁效能和劳动争议调解成功率、调解结案率，及时有效化解劳动者与企业的矛盾，维护社会稳定。年内，处理劳动争议案件 1 起，结案 1 起，劳动人事争议仲裁结案率达 100%。书面答复群众来信 45 件次，接待群众来访 400 余人次，信访案件有效处置率达 95% 以上。2011 年，受理群众投诉举报 23 件，结案率达 100%；接待群众来访 21 件次，信访案件有效处置率达 100%。劳动人事争议仲裁案件全部结案。

第二十编　检察　审判

矿区人民检察院以提高办案质量为标准，在刑事检察、经济检察、法纪检察、监所检察、民事行政检察、控告申诉检察、诉讼监督等方面，严守法律规程，完善办案程序，独立行使职权，为保障改革开放、经济发展、人民安居乐业、社会和谐稳定，筑牢一道坚固的安全屏障。

矿区人民法院坚持执政为民的思想，把维护人民群众的根本利益作为人民法院工作的出发点和归宿，在立案工作、刑事审判、民事审判、行政审判、审判监督、执行工作等方面，充分发挥审判工作的教育、评价、引导、矫治功能，为区域经济和社会发展服务，为矿区经济、社会和谐发展提供了有力的司法保障。

第一章 检　　察

矿区人民检察院牢固树立社会主义法治理念，坚持“强化法律监督，维护公平正义”的检察工作主题，大力加强业务建设、队伍建设、信息化建设和检务保障建设，积极推进检察工作改革，坚持将检察工作置于中国共产党的领导之下，着力在维护稳定、服务发展上下功夫。以提高办案质量为标准，在刑事检察、经济检察、法纪检察、监所检察、控告申诉检察等诸多方面，严守法律规程，完善办案程序，独立行使职权，为保障改革开放、经济发展、人民安居乐业、社会和谐稳定，筑牢一道坚固的安全屏障。

第一节　检察机关

一、机构沿革

1978年12月14日，中共阳泉市委决定成立阳泉市矿区人民检察院。经过一年多时间的筹建，1980年2月，阳泉市矿区人民检察院正式成立并挂牌办公。检察院下设办公室、政工科、刑事检察科、经济检察科和法纪检察科。同年，设立区人民检察院党组和检察委员会，开始行使检察职能，共有干警12名。

1985年6月，增设控告申诉和监所检察科。1987年11月，撤销控告申诉和监所检察科，分设控告申诉检察科和监所检察科。1988年7月，设经济、法纪罪案举报站。1989年1月，撤销了刑事检察科，分设刑事侦查检察科和刑事审判检察科。1990年成立工商检察室、税务检察室。

1993年6月，撤销经济、法纪罪案举报站，成立经济、法纪犯罪检察举报中心。12月，设立民事行政检察科。1995年11月，撤销矿区人民检察院驻矿区工商行政管理局检察室。1996年11月，控告申诉检察科和举报中心合署办公。12月，设立反贪污贿赂局，建制为正科级，同时撤销经济检察科。刑事侦查检察科更名为审查批捕科，刑事审判检察科更名为审查起诉科。1998年1月，根据最高人民检察院指示，撤销矿区人民检察院驻矿区税务局检察室。

2002年4月，区委组织部批准矿区检察院机构改革方案，增设司法警察大队，隶属办公室领导。审查批捕科更名为侦查监督科，审查起诉科更名为公诉科，法纪检察科更名为渎职侵权检察科。2006年12月，渎职侵权检察科更名为反渎职侵权局。2010年10月，设立案件管理中心。2011年9月，设立职务犯罪预防科；司法警察大队从办公室分离单设。

至2011年年底，矿区人民检察院共有12个内设机构：1室（办公室），7科（政工科、侦查监督科、公诉科、监所检察科、民事行政检察科、控告申诉检察科〈举报中心〉、职务犯罪预防科），2局（反贪污贿赂局、反渎职侵权局），1个中心（案件管理中心），1个大队（司法警察大队）。经市、区编办批准，人员编制增加至53人，实有干警50人。

二、检察机关建设

1997年，在矿区区委、区政府的大力支持下，矿区检察院投入资金12万元，对办公楼进行了较大规模的修缮，建成档案库、会议室、传真室、控申接待室、文化活动室，增加了防盗、防火设施。

2002年9月和2003年5月，根据最高人民检察院加强基层人民检察院规范化建设的要求，两次申请国债专项建设资金共计100万元，于2003年8月启动技侦用房改扩建工程。该工程于2004年6月通过竣工验收，工程决算为162余万元。建成高标准的档案室、询问室、接待室、会议室、阅览室、文体活动室等用房，新增面积897平方米。同时，建成配套的“三网合一”（侦查指挥、视频会议、内部局域网）的办公、办案网络系统（包括内部局域网系统、审讯监控指挥系统、多功能会议室），配置计算机43台，工程总计投资59万元。2005年，依托省政法网，购置、安装了相关办案、办公、管理应用软件，与省、市检察院实现了信息互联互通。同时，增添了办公电话和警用车辆，办公电话达20部，警用车辆达12台，使交通通讯条件有较大改善。

2006～2008年，矿区人民检察院围绕社会主义法制理念教育，深入开展“作风建设年，狠抓落实年”学习教育活动和“大学习、大讨论”活动；重新修订了《工作考勤制度》《法警值班制度》等一系列规章制度；2007年召开了党风廉政建设动员大会，签订了“党风廉政建设责任状”，纪检部门对本院办理的职务犯罪案件、不批捕、不起诉、撤销的案件建立了“一案三卡”监督制度，并通过邀请人大代表召开座谈会、走访社区群众和发案单位，构建了内外监督并重的体系。2008年9月，矿区人民检察院被最高人民检察院、检察日报社评为全国检察机关检察宣传先进单位。10月，在晋城市阳城县召开的全省检察文化宣传现场会上，矿区人民检察院被评为全省检察机关检察文化宣传先进单位。

2008年，按照省检察院和省财政厅联合下发的《县级人民检察院公用经费保障标准》，落实了年人均3.1万元的公用经费标准；投入资金7万余元，更新了4部办案用车，配备了7台激光打印机，为全院计算机配置了防火墙和杀毒软件，安装了政法专线电话20部。2009年，新建了办案工作区，对办公楼、会议室、卫生间进行了改造。2010年，办案工作区通过了省院验收。2011年，成立了“两房”（办案用房和专业技术用房）建设筹备工作领导组，开展了选址勘测等前期准备工作。

2009年，进一步完善了检务保障机制。2010年，建立健全了服务大局机制，组织开展检力下沉、巡回服务，“检察开放日”“服务企业发展宣传周”等活动。2009～2011年，矿区人民检察院连续三年被最高人民检察院、检察日报社评为全国检察机关检察宣传先进单位。

阳泉市矿区人民检察院历任检察长名表

表20－1

姓　名	性　别	任　职　时　间
侯芝瑞	男	1979年7月～1984年5月
张书臣	男	1984年5月～1988年6月
刘　俭	男	1988年8月～1989年4月（代）
刘　俭	男	1989年4月～1995年4月
高秉明	男	1995年4月～2002年6月
王永强	男	2002年6月～2011年6月
严志勇	男	2011年6月～

第二节 检察改革

1980 年建院时，控告申诉检察暂由检察院办公室兼管。同年，改革业务管理机制，建立了信访登记制度和检察长接待日制度。1985 年，根据“严打”斗争形势需要，推行提前介入公安侦查的改革措施，从重从快打击严重刑事犯罪。1989 年，根据最高人民检察院《关于加强内部制约机制的改革方案》，分设刑事侦查检察科和刑事审判检察科，实行审查逮捕、审查起诉分离，使刑事内部制约机制趋于规范。1998 年，推行检察制度公开，对检察院的性质、业务职能、内部机构设置及工作职能以及检察机关执法活动的法律依据、原则、纪律、诉讼参与人的权利义务、受理举报控告申诉案件的工作程序等十项内容向社会公开，并组织进行集中宣传，举行大型宣传活动一次，设立宣传站 3 个，出动宣传车 3 辆，接待群众 60 余次，发放各种宣传材料 1 万余份。1999 年，进一步加大推行执法责任制的工作力度，制订并推行主办案件责任制、岗位目标责任制、保守国家机密责任制 10 余项。按照最高检察院的六项改革内容，围绕建设一支“政治坚定、公正廉洁、业务精通、纪律严明、作风优良”队伍的目标，推行“中层干部竞争上岗、干警双向选择、优化组合”的人事制度改革，中层干部平均年龄下降了 3 岁，大专以上学历者提高了 10 个百分点。

2001 年，为适应全国范围内开展的第三次“严打”整治斗争的需要，加快办案节奏，对重点案件推行建议法院适用简易程序的改革措施，通过与法院协商运用普通程序简易审的办法，对庭审中无争议部分进行精简，大大缩短了办案周期。2002 年 6 月，第二次推行中层干部竞争上岗的改革措施，12 名同志通过竞争，走上中层干部领导岗位。2003 年，在审查起诉工作中，推行主诉检察官办案责任制，3 人通过考试，考核，被市检察院任命为首批主诉检察官，同时，进一步推行被告人认罪案件简化审建议，庭前证据开示等多项改革措施，诉讼监督工作得到加强，解决了一些积年疑难复杂的上访案件。2004 年，积极摸索对未成年人犯罪和轻微刑事案件的轻刑罚化、非刑罚方法处理方式，对未成年犯罪案件按照情节依法适用不批捕、不起诉措施，对情节较轻，是非明确，当事双方有明确和解意向的刑事案件，探索适用刑事和解方法，化解社会矛盾，提高了办案效率。2005 年，根据最高人民检察院关于检察工作改革的要求，推行人民监督员制度，以辖区人大代表、政协委员为基础，选任 7 名人民监督员，在矿区检察院设立人民监督员办公室，对本院立案侦查的拟不起诉、拟撤销的案件或犯罪嫌疑人不服逮捕决定的案件实行监督评议，当年监督评议案件 2 起。根据上级关于认真解决涉法涉检上访案件的工作部署，建立上访案件预警、包案责任，调处 2 起区委交办的上访案件，其做法和经验受到市政法委的通报表扬。继续加强预防职务犯罪联络处建设，并与阳煤集团纪委和监委、驻区 24 个企业单位分别召开预防职务犯罪工作座谈会，将形成的会议纪要下发至与会双方的下属职能部门。

2006 年，推行公诉人法律法规告知制度及协助办理法律援助工作，对未成人犯罪和轻微刑事案件的轻刑罚化或非刑罚化处理方法，对 2 名未成年人涉嫌犯罪的案件依法作出了不批准逮捕决定，对 3 起轻伤害案件，依法建议公安机关撤案，及时化解了社会矛盾，减少了诉累。2007 年，认真贯彻落实最高人民检察院《关于在检察工作中贯彻宽严相济刑事司法政策的若干意见》，依法适用轻刑罚或非刑罚方法处理案件，及时化解社会矛盾。2008 年，区检察院完成了人民监督员换届工作，第二届人民监督员增加到了 9 名，比上一届增加 2 名，并运用人民监督员交叉评议方式评议案件 2 件。区检察院不断探索开展预防职务犯罪工作的新思路。10 月 14 日至 11 月 7 日，区检察院与阳煤集团公司纪委、监委联合组成调研组，开展了一次预防职务犯罪工作调研活动，深入阳煤集团公司下属的 39

个单位，召开座谈会29场，其中，深入发案的基层队组召开座谈会1次，各单位与会领导干部和相关人员共计456人。调研期间，区检察院还进一步加强了预防职务犯罪联络处建设工作，挂牌成立了驻矿区地税局、驻阳煤集团奥伦胶带分公司预防职务犯罪工作联络处；根据阳煤集团公司产业结构调整的情况，重新挂牌成立了驻山西兆丰铝业公司预防职务犯罪工作联络处。12月12日，区检察院与阳煤集团纪委、监委联合召开了预防职务犯罪工作总结表彰大会，对5年中在预防职务犯罪工作中做出突出成绩的5个综合工作先进单位、17个单项工作先进集体和3个做出特别贡献的单位给予表彰，并颁发了奖牌。

2009年，深入贯彻宽严相济的刑事政策，建立"捕诉防帮教"工作体系，与矿区司法局、矿区公安分局、西城公安分局联合建立了刑事和解与人民调解联动工作机制，将刑事和解纳入人民调解工作范围。积极探索职务犯罪查办和预防有机统一的工作机制，与《方圆》杂志社联合召开了"职务犯罪查办和预防一体化"研讨会，探索建立对法院民事执行案件进行同步监督机制和适应社区矫正工作的检察监督方式。2010年，综合运用预防分析、预防调查、预防咨询、行贿档案查询等多种方式开展预防职务犯罪工作，建立预防工作向党委、人大年度报告制度。与阳煤技校联合建立了青少年法制教育基地，加强对青少年法制犯罪预防和法制教育；积极推行暂缓起诉制度，建立民事督促起诉机制和民事行政执行案件监督机制，加强对国有资产的保护，加大对法院民事行政执行案件的检察监督；推进案件管理改革，建立了"案件管理中心"，加强案件质量控制和内部监督制约。2011年，深入开展"创建学习型党组织、学习型检察院活动"，积极探索建立巡回检察室，推进社会矛盾化解、社会管理创新和公正廉洁执法三项重点工作。制订《阳泉市矿区检察工作"十二五"规划》，确立了"十二五"期间检察工作的总体目标和任务。

第三节　刑事检察

1980年，矿区检察院把刑事检察作为首要任务，在辖区范围内全面开展审查批捕、审查起诉、侦查审判监督和支持公诉工作。狠抓防错、防漏和纠正量刑不当案件，并对矿区公安分局的侦查活动和区人民法院的审判活动实行刑事检察监督。同年年底，受理公安机关移送审查起诉的刑事案件53起，批捕杀人、放火、强奸、抢劫和其他严重破坏社会秩序的人犯96名，派员出庭支持公诉4次，依法追诉罪犯3名。1981年，配合整顿社会治安，协同公安机关及时勘查取证，打击各种严重危害社会秩序的犯罪，对主要犯罪事实不清，证据不足，罪行轻微，构不成犯罪的涉案人员及时作出不批准逮捕的决定，防止错捕13人。1982年，审查批准逮捕刑事罪犯81名，其中抢劫、强奸、伤害、盗窃、流氓犯罪占90%，青少年犯罪占74%。1984年，依法快捕、快诉，严惩严重危害社会治安的刑事案犯51人，摧毁犯罪团伙6个。其间开展集中打击4次。1985年，采取提前介入公安侦查的方法，及早掌握第一手案情材料，审查起诉坚持随报、随审、随批，确保了办案时限。1986年，坚持"专人审查、集体讨论、领导把关"的办案制度和"两人一组、一包到底"的办案责任制，严把批捕关、审查关、定性关，全年补充案件证据282份，受理审查批准逮捕人犯98名，决定起诉刑事案件56起107人，全部被判有罪，无错捕、错诉，批捕、起诉准确率均达100%。1989年，根据最高人民检察院《关于加强内部制约机制的改革方案》，建立制约制度和制约程序，实行侦查、逮捕、起诉三分离，使刑事检察内部制约机制趋于规范化。1983～1990年，在全国人大发布《关于严厉打击严重危害社会治安的刑事犯罪分子的决定》颁布之后，配合区公安机关和区人民法院，及时查证核实提请逮捕、起诉案件的案情罪证，依法从快作出审查决定和派员出庭支持公诉。在审查批捕中，采取基本事实“四对照”（证据之间相对照、供词之间相对照、被告供词与其他证据相对照、认定事实与其他证据相对照），判断证据“五核实”（核实证据来源、核实有无刑讯逼供、核实刑事责任年龄和刑事责任能力、核实是否自首、核实有无前科），集体论证“五分析”（分析是否构成犯罪、分析罪名是否准确、分析是否应处刑罚、分析有无逮捕必要、分析侦查是否合法）等措施，使刑事检察工作做到不枉不纵，办案质量得到提高。

1991 年，积极投入“严打”斗争，狠抓批捕、起诉环节，对重大案件依法提前介入，加大打击力度，依法快捕、快诉。全年共受理移送审查批捕的各类刑事案件 163 件 291 人，批准逮捕 148 件 258 人，不批准逮捕 8 件 24 人，受理审查起诉各类案件 125 件 287 人，审查免予起诉 26 件 33 人。1992 年，坚持“从重从快”的严打方针，严厉打击严重刑事犯罪活动，开展“夏季集中打击”专项斗争，两个月时间批捕人犯 96 人，其中，重、特大案犯 96 人，提起公诉 68 人，其中重大案犯 18 人。在 12 月发生的一起一家三口被杀的特大抢劫、杀人案中，迅速派员提前介入，参与公安机关侦查、预审活动，在接到提请批捕后连夜审查，第二天就作出了批准逮捕决定。1993 年，突出打击重点，与公安、法院密切配合，从重从快打击严重刑事犯罪。批准和逮捕各类刑事案件 154 件 352 人。其中，重、特大案犯 127 人；提起公诉 167 件 283 人，免予起诉 25 件 41 人。1994 年，采取加快办案速度，注重深挖犯罪，提高办案质量的措施，突出抓好检察环节的快捕快诉。审查起诉人均办案 43 件 81 人，案件审结时间平均为 7 天，全年批捕、起诉案件办结率为 100% 与 96%。1995 年，与公安、法院密切配合，对杀人、强奸、抢劫、重大盗窃等严重刑事犯罪分子给予严厉打击。全年批准与决定逮捕各类刑事案件 115 件 233 人，不批准逮捕 15 人，其中，重大案犯 93 人，提起公诉 115 件 188 人，其中，重大刑事犯罪案犯 79 人，决定免予起诉 35 人。经过几年“严打”斗争，刑事犯罪案件出现了大幅下降趋势，与 1994 年相比，批准逮捕的案犯下降了 18.2%，提起公诉的案犯下降了 39.7%，但重、特大刑事犯罪案件仍占很大比重。

1996 年，全国第二次“严打”斗争开始，省委、省政府结合本省社会治安形势，提出以“破大案、挖团伙、追逃犯、收黑抢”为重点的主攻方向。矿区检察院紧急动员、精心组织，提出集中精力，严格依法“狠抓、快办、严惩”，决不在检察环节贻误战机的要求。全年批捕案件 119 件 224 人，其中重特大案犯 150 人，不批准逮捕 7 件 14 人，案件审结率为 100%。决定提起公诉 204 件 315 人，免予起诉 34 件 46 人。1997 年，严格执行修改后的《中华人民共和国刑法》《中华人民共和国刑诉法》，积极配合公安、法院重点开展“三打三禁”（打黑恶、打盗抢、打诈骗，禁黄、禁赌、禁毒）斗争，保持了“严打”声威，巩固了“严打”成果。1998 年，按照上级关于“严厉打击严重刑事犯罪分子”的有关精神，深入开展打击暴力犯罪、“团伙犯罪”“三打三禁”，打击盗抢机动车辆等严打斗争，始终保持对刑事犯罪的高压态势。1999 年，积极参与“三打三禁”“破大案”“打团伙”“追逃犯”等专项斗争，进一步引深了打击暴力犯罪、团伙犯罪、毒品犯罪、盗抢机动车辆犯罪的斗争，坚持重大案件提前介入，确保快速打击重大犯罪。1997～1999 年，共批准逮捕各类刑事案件 277 件 543 人，不批准逮捕案件 50 件 104 人。其中，批准逮捕重大案件犯罪嫌疑人 199 人，提请公诉各类刑事案件 233 件 625 人，批准或决定不起诉 22 件 33 人，其中，起诉重大案件犯罪嫌疑人 54 人。2000 年，密切配合公安、法院严厉打击暴力犯罪、毒品犯罪及团伙犯罪、盗窃、抢劫等多发性犯罪，依法惩治诈骗、偷税、骗税、制售假冒伪劣商品等破坏社会主义市场经济秩序犯罪，积极参与打击拐卖妇女儿童犯罪和“打黑除恶”专项斗争等重点整治行动，依法加快办案节奏，做到快捕、快诉。全年批准逮捕各类刑事案件 97 件 179 人，不批准逮捕 18 件 37 人，提起公诉 122 件 212 人，作出不起诉决定 7 件 12 人，批捕、起诉案件审结率均达 100%。

2001 年，全国第三次“严打”斗争开始，矿区检察院按照“公正执法，加强监督、依法办案、从严治检、服务大局”的工作方针，依法打击邪教组织犯罪，紧紧围绕三项打击重点，以“打黑除恶”为龙头，严厉打击严重暴力犯罪，带黑社会性质的团伙犯罪和盗窃、抢夺等多发性犯罪的“三类”重点犯罪，并以打击金融、财税和商贸领域的经济犯罪为重点，积极开展整顿和规范市场经济秩序工作，进一步明确“定人、定案、定时、保质量”的“三定一保”制度，做到快捕快诉。全年批准逮捕刑事案件104件195人，不批准逮捕17件44人，提起公诉144件217人，不起诉5件7人，其中，审查批准逮捕“三类”重点案件76件151人，提起公诉99件160人。2002年，围绕新一届党组提出的“团结、稳定、务实、高效”的工作思路，全力以赴开展严打整治斗争，积极推行不起诉案件公开审查听证制度，保证了执法活动的公正和严肃性。全年审查批准逮捕各类刑事案件124件256人，与上年相比案件上升19.2%，不批准逮捕16件39人，结案率100%。提起公诉174件280人，同比案件数上升20.8%，不起诉5件5人，案件审结率为98%，其中，批准逮捕“三类”重点案件92件198人，提起公诉107件192人，法院有罪判决率达100%。2003年，围绕“强化监督、公正执法”的检察工作主题，坚持严打方针不动摇，做到打击重点犯罪思想不松，力度不减，标准不降。批捕黑恶势力和团伙犯罪、杀人、抢劫等严重暴力犯罪以及盗窃、抢夺等多发性犯罪的重点犯罪案件70件122人，提起公诉63件104人。2004年，在坚持“严打”方针的同时，进一步深化检察改革，积极推进主诉检察官办案责任制，推行被告人认罪案件简化率和适用简易程序审理普通程序案件的改革措施，共向法院提出适用建议22件，在审查批捕、审查起诉工作中，进一步加强对未成年犯罪嫌疑人合法权益的保护，对轻罪案件探索轻刑罚及非刑罚化处理方法。全年共审查批捕刑事案件93件170人，提起公诉160件239人，其中，批捕“三类”重点案件43件83人，起诉64件95人。2005年，深入开展创建“平安矿区”“平安单位”活动，严厉打击严重危害社会治安秩序和人民群众生命、财产安全的刑事犯罪。共审查批准逮捕杀人、抢劫等严重暴力犯罪和盗窃、抢夺等多发性犯罪案件76件127人，提起公诉110件160人，有效维护了社会稳定大局。

2006年，矿区检察院共受理审查批捕各类刑事案件83件136人，批准逮捕75件118人，不批准逮捕6件9人，案件审结率为98.8%，受理审查起诉案件128件195人，提起公诉129件203人，作出不起诉决定1人，案件审结率为94.7%。针对抢劫、抢夺、盗窃等多发性犯罪等重点犯罪，共批捕“三类”重点犯罪案件58件89人，提起公诉91件132人，尤其是批捕了在全国造成恶劣影响的马家坪系列杀人案犯罪嫌疑人杨某，有力地维护了全区社会稳定。2007年，矿区检察院共受理审查批捕各类刑事案件118件204人，批准逮捕116件197人，不批准逮捕2件7人，受理审查起诉案件183件323人，提起公诉151件275人。针对辖区社会治安状况，突出打击严重危害人民群众生命财产安全和严重危害人民群众生产、生活秩序的重点犯罪，共批捕杀人、抢劫等严重暴力犯罪、抢夺、盗窃等多发性重点犯罪案件71件126人，毒品犯罪案件13件16人，提起公诉“三类”重点犯罪案件97件181人，毒品犯罪案件7件7人。2008年，矿区检察院共受理审查批捕各类刑事案件123件197人，经审查批准逮捕108件169人，不批准逮捕9件17人，案件审结率为99.2%；受理审查起诉案件188件290人，经审查提起公诉172件268人，决定不起诉2件2人，案件审结率为99.1%。矿区检察院始终把打击重点放在影响社会稳定大局，影响民生的严重刑事犯罪方面，共批捕严重暴力犯罪，团伙犯罪以及抢劫、抢夺、盗窃等多发性侵财犯罪案件54件69人，提起公诉92件126人，批准逮捕毒品犯罪案件12件14人，提起公诉17件23人。2009年，针对矿区经济社会面临的新形势、刑事犯罪的新情况和社会矛盾的新特点，认真贯彻宽严相济的刑事政策，妥善化解矛盾纠纷，维护社会和谐稳定。共受理审查批捕各类刑事案件123件173人，经审查依法批准逮捕114件160人，不批准逮捕9件13人，案件审结率为99.2%。受理审查起诉各类刑事案件164件253人，经审查提起公诉138件216人，决定不起诉5件9人，案件审结率为99.5%。突出打击严重刑事犯罪，共批准逮捕“两抢一盗”犯罪案件 35 件 43 人，提起公诉 42 件 61 人；批准逮捕毒品犯罪案件 17 件 20 人，提起公诉 17 件 19 人；针对阳煤集团在改制、兼并、扩张过程中，利用购房、招工进行诈骗的犯罪案件增多的问题，加大对诈骗犯罪的打击力度，开展专项工作调研，通过“检察建议”、报纸宣传等形式及时开展警示教育，遏制这类犯罪的高发态势；积极推行刑事和解，建立“捕诉防帮教”工作机制，适用刑事和解处理案件 26 件 28 人。2010 年，认真贯彻宽严相济的刑事政策，注重提高服务大局的能力和水平。研究制订《检务联络员实施细则》，确保检察工作更好地服务群众、服务大局；开展公诉案件旁听、听庭评议等活动，加强对青少年的法制宣传教育，加强执法办案的自身监督。全年共受理审查批捕各类刑事案件 149 件 224 人，经审查批准逮捕 138 件 206 人，不批准逮捕 12 件 19 人；受理提请审查起诉各类刑事案件 202 件 333 人，经审查提起公诉各类刑事案件 170 件 282 人，决定不起诉 5 件 12 人。推行暂缓起诉制度，对一起在校学生盗窃案件依法作出暂缓起诉处理决定。

2011 年，共受理审查批捕各类刑事犯罪案件 126 件 194 人，经审查批准逮捕 112 件 170 人，不批准逮捕 11 件 21 人，案件审结率 97.6%；受理审查起诉各类刑事犯罪案件 198 件 294 人，经审查提起公诉 181 件 265 人，决定不起诉 11 件 23 人，案件审结率 96%。批准逮捕、提起公诉故意伤害、绑架等严重暴力案件 34 件 48 人；抢劫、盗窃、诈骗等多发性侵财案件 74 件 109 人，利用邪教组织破坏法律实施案件 1 件 1 人，毒品犯罪案件 11 件 14 人，非法采矿案件 1 件 1 人；坚持把化解矛盾贯穿执法办案始终，对于当事人自愿和解的轻微刑事案件，按照刑事和解和人民调解联动机制，在人民调解员的主持下，适用刑事和解处理案件 16 件 23 人。

从 1980 年建院至 2011 年年底，矿区检察院先后共受理审查批捕各类刑事案件 3583 件 6679 人，批准逮捕犯罪嫌疑人 5833 人，不批准逮捕 664 人，受理审查起诉各类刑事案件 4671 件 7935 人，提起公诉 3923 件 6366 人，决定免予起诉 252 件 404 人，作出不起诉决定 85 件 148 人。

第四节　经济检察

1980 年，区人民检察院组织检察干警深入基层调查研究，开展经济检察监督，打击经济犯罪活动。1981 年年底，立案侦查、起诉经济罪案 3 件 3 人，追缴赃物价值 24952 元。1982 年，针对群众来信多，报案少的状况，采取“深入单位，调查研究”的方法，充分发动群众，挖出经济犯罪线索 77 条，审查立案 10 件 15 人，决定提起公诉 4 件 4 人，其中万元以上大案 1 件，为国家挽回经济损失 2.57 万元。1983 ~ 1984 年，根据第五届全国人大常委会 22 次会议《关于严惩严重破坏经济犯罪的决定》，坚持“打击、保护、服务、促进”的原则，组织检察干警与阳泉矿务局相配合，狠抓经济犯罪的“死角”，把基建、供应、财务、总务、服务等管钱管物部门和有关人员作为侦查重点，严厉打击贪污、索贿受贿、投机倒把、诈骗、盗窃公私财物等经济犯罪活动，有力地保护和促进了经济的健康发展。1985 年，在审理经济罪案时，狠抓“破三关，解三难”（立案破法律政策关，解决立案难；侦查破攻守同盟关，解决查证难；结案破人情干扰关，解决起诉查处难），对案件的基本事实、主要证据、定性分析和诉讼程序的审查严格把关，不枉不纵，全年立案查处 9 件 12 人，起诉 2 件 2 人，免予起诉 6 件 7 人，积存 1 件 3 人。

1986 年，受理各类经济案件 53 件 65 人，立案侦查 16 件 26 人，结案 15 件，其中起诉 5 件 8 人，免予起诉 10 件 15 人，其中 1 万元以上大案 6 件，逮捕经济犯罪分子 10 名，并追缴赃物赃款价值达 14.69 万元。同年，采取“贴身战”“攻心战”，促使辖区 38 名经济犯罪分子主动投案自首，坦白交待所犯罪行。1987 年，采取条块结合、点面结合的办法，在辖区内展开了打击偷税抗税，生产销售假冒伪劣商品，投机诈骗、贪污、受贿等经济犯罪的专项斗争。在重点查处国家公职人员贪污、受贿案件的同时，注重发挥检察综合效能促进经济发展，用公开宣传免诉决定、召开动员大会、印发宣传资料、出动宣传车等形式，以案说法，进行法制宣传，收到了“办理一案，教育一片”的成效。1988 年，建立罪案举报制度和移送制度，设立罪案举报站，发动群众举报经济犯罪线索。通过严格执法和开展法制宣传教育，辖区经济案件比 1986 年下降 3.8 倍。1989 年，全年受理经济案件 51 件，其中贪污贿赂案件 49 件，占受理经济案件犯罪总数的 96%，贪污贿赂立案 15 件 16 人，占立案数的 94%，挽回经济损失，追回赃款赃物共 7 万余元。根据最高人民检察院，最高人民法院《关于贪污受贿、投机倒把等犯罪分子必须在限期内自首坦白的通知》，从轻处理投案自首经济罪犯 13 名。1990 年，把反贪肃贿、惩治腐败作为检察工作的重点，全年立案查处 36 件 40 人。

1991 年，全年共立案查处经济犯罪案件 29 件 30 人，为国家、集体挽回经济损失 30 余万元，移送起诉 6 件 7 人，移送免予起诉 2 件 2 人。1992 年，坚持为改革开放、经济建设服务的观念，积极查处一批严重危害国家和企业经济管理秩序与经济利益的贪污贿赂等经济犯罪案件。积极发挥派驻区工商、税务两个检察室作用，协助工商、税务部门协税护税。全年共立案侦查贪污贿赂等经济犯罪案件 11 件 25 人，偷、抗税案 3 件 3 人，为国家挽回经济损失 24 万余元。1993 年，认真学习贯彻中纪委二次全会精神，把查办贪污贿赂犯罪大要案件，作为反腐斗争的首要任务，立案查处 2 起重大案件。其中，7 月份立案侦查的阳泉矿务局服务公司供销经理部偷税 160 万元的重大案件，是矿区检察院建院以来查办的首例法人犯罪案件。1994 年，加强对案件查处工作的组织领导。领导带领办案，保证办案工作的顺利进行，以案件初查为重点，集中时间突破，果断立案。案件线索比上年增加 13%，立案数提高 40%，结案率提高 23%，撤案率下降 27%。1995 年，把开展反腐败斗争，查办贪污贿赂大要案件，作为检察工作的主攻方向，加强与纪检、监察部门配合，形成合力，深挖犯罪，全年立案侦查经济犯罪案件 12 件，其中，重大案件 2 件 2 人，决定提起公诉 3 件 3 人，免予起诉 3 件 3 人，为国家和集体挽回经济损失 60 余万元。1996 年，全国人大常委会通过《关于惩治违反公司法犯罪的决定》，检察院管辖的经济犯罪案件主体范围变窄，院党组提出集中精力，再接再厉，突出重点，破大要案的要求，检察长亲自抓办案，全年立案侦查贪污贿赂案件 10 件，为国家挽回经济损失 45.2 万元。1997 年，矿区检察院突出打击重点，认真查办重点行业、重点领域犯罪，立案侦查贪污贿赂、偷税案件 6 件 6 人，为国家挽回经济损失 70 余万元。1998 年，注重打击国有企业中国家工作人员的职务犯罪活动，努力服务于经济体制改革，深入查处党政机关、行政执法机关、司法机关、经济管理部门“三机关一部门”的案件，立案侦查职务犯罪案件 7 件 12 人，移送起诉 6 件 11 人，在考核中名列全市反贪工作第一名。1999 ~ 2000 年，按照最高检察院关于打击职务犯罪、严惩腐败分子的精神，把查处职务犯罪大要案件，作为引深“三讲”教育的重要内容，把查办“三机关一部门”案件作为重点，立案侦查贪污贿赂案件 4 件 6 人。

2001 年，按照中共中央提出的反腐败斗争要“更深入，更扎实，更有效”的要求，进一步加大查办职务犯罪工作力度，立案侦查贪污贿赂案件 3 件 3 人。2002 年，深入开展“百日大会战”专项行动，查办贪污贿赂案件工作呈现强劲发展势头。立案侦查贪污贿赂案件 9 件 9 人，其中，科级以上干部职务犯罪案件 6 件 6 人。2003 年，坚决贯彻最高人民检察院关于“保证数量、提高质量，狠抓有影响的大案要案”的要求，加强对办案工作的领导，从提高队伍自身素质入手，不断加大工作力度，共立案侦查贪污贿赂案件 9 件 10 人，立案数同 2002 年相比上升 12.5%，起诉率上升 87.5%。当年法院作出的有罪判决案件占立案数的 77.8%，挽回经济损失 71 万余元，比 2002 年上升 40%。2004 年，立案侦查贪污贿赂案件 3 件 4 人，为国家挽回经济损失 100 余万元。坚持打防并举方针，在开展个案预防的同时，加强预防职务犯罪工作联络处建设，至当年年底，在阳煤集团公司下属矿处级单位建立的预防工作联络处达到 8 个。2005 年，加强对职务犯罪案件特点和规律的研究，组织召开职务犯罪侦查研讨会，着重提高办案队伍的侦查技能和发现线索、突破案件的能力。全年立案侦查贪污贿赂案件 4 件 5 人，其中要案 3 件 4 人，占立案数的 25%，移送起诉率为 100%。同时，积极开展预防职务犯罪工作，根据上级检察工作要求，年内建立了同级党委领导下的职务犯罪预防工作领导机构。

2006 年，矿区检察院坚持以查办“三机关一部门”和职务高、影响大、震动大的职务犯罪案件为重点，加大工作力度，努力提高办案质量和水平。立案侦查贪污贿赂案件 4 件 5 人，其中，科级以上领导干部要案 3 件 3 人，5 万元以上大案 1 件 2 人，为国家挽回经济损失 70 余万元。2007 年，受理贪污贿赂案件线索 23 件，初查 17 件，立案侦查 8 件 9 人。与阳煤集团下属的 26 个矿处级单位联合签发《开展预防职务犯罪工作实施办法》，陆续在各单位挂牌成立联络处，使区检察院驻辖区单位的预防联络处达到了 35 个。2008 年，受理贪污贿赂案件线索 22 件，立案侦查 6 件 9 人，其中，10 万元以上大案 2 件 2 人。立案查处的职务犯罪案件全部侦查终结并移送起诉，案件侦结、移送审查起诉率均为 100%。追缴赃款 10 万余元，为国家和企业挽回经济损失近百万元。7～9 月份，深入开展反贪污贿赂“百日大会战”专项行动，突出查办大要案件，较好地完成了会战的预定目标。2009 年，加强与纪检、监察部门和行政执法机关的配合，着力提高发现犯罪、侦破案件和预防腐败的能力。受理职务犯罪案件线索 14 件，立案查处职务犯罪案件 7 件 10 人，其中贪污贿赂案件 6 件 9 人，为国家挽回直接经济损失百万余元。与《方圆》杂志社联合举办了全国性的“职务犯罪查办和预防一体化”阳泉研讨会，众多高校和研究机构的法学专家学者、最高人民检察院有关厅局的领导以及部分省、市、县（区）检察院的代表共计 69 人进行了深度研讨。召开预防职务犯罪工作座谈会 7 场，110 个单位的党政主要领导或纪、监委负责人共计 117 人参加了座谈会。2010 年，严肃查办发生在重点领域、重点部门的职务犯罪案件，共受理职务犯罪案件线索 8 件，初查 7 件，立案侦查贪污贿赂案件 5 件 6 人，其中，5 万元以上 10 万元以下受贿案件 1 件 2 人，50 万元以上贪污案件 1 件 1 人，国有企业科级干部贪污案件 2 人，侦查终结移送起诉 5 件 6 人，法院作出有罪判决 4 件 4 人，为国家挽回经济损失 150 余万元。综合运用预防分析、预防调查、预防咨询、行贿受贿档案查询等多种形式深入开展预防职务犯罪工作。2011 年，共受理职务犯罪案件 11 件 15 人，立案侦查 8 件 12 人，其中，贪污贿赂案件 7 件 11 人，与 2010 年同期相比，立查案件数上升 40%。所立查案件法院全部作出了有罪判决。矿区检察院反贪工作在全市年终考核中取得了排名第一的好成绩。与阳煤集团纪委联合，在阳煤集团化工局及晋东、寿阳、晋北、晋南四个煤炭区域管理公司召开预防职务犯罪座谈会，46 个单位的党政主要领导、纪委负责人和人财物管理人员共计 175 人与会，会议听取了与会单位开展预防职务犯罪工作的情况汇报，并就检企协作开展预防职务犯罪工作进行了深入的探讨，达成了广泛的共识。市院向全市检察机关转发了矿区检察院的调研工作报告。

1980～2011 年，矿区检察院共受理职务犯罪案件线索 713 件。立案侦查 272 件 319 人，移送起诉 140 件 174 人，移送免予起诉 66 件 121 人，移送不起诉 10 件 11 人，起诉 138 件 170 人。

第五节　法纪检察

1979 年之前，辖区法纪检察案件由阳泉市人民检察院统一办理。1980 年，矿区人民检察院组建法纪检察科，开始受理辖区法纪检察案件。受理刑讯逼供、打击报复、诽谤他人等控告申诉案件 10 件，立案 2 件。1981～1990 年，认真贯彻“坚决、严肃、慎重”的方针，开展对政法干警滥用职权、非法拘禁，刑讯逼供和国家工作人员玩忽职守等严重违法犯罪案件的监督，根据山西省人大常委会《关于加强法纪检察工作的决议》，建立案件移送制度，坚持“有案必查、受理及时、侦破迅速、处理优先”的原则，依法立案侦查震惊全省的马家坪派出所刑讯逼供致使当事人一死一伤的重大侵权案件。至 1990 年年底，共受理查处非法拘禁、诬告陷害、玩忽职守等重大责任事故等法纪案件 349 件，查处 55 件 70 人，其中大要案 2 件，为国家挽回经济损失 52.5 万元。

1991 年，把人民群众反映强烈、给国家和人民生命财产造成重大损失的侵权、渎职案件作为查处重点，共受理法纪案件 44 件，立案侦查 18 件。1992 年，严肃查处一批侵权渎职与重大责任事故犯罪案件，受理案件 34 件，立案侦查 14 件 16 人。1993 年，受理侵权案 7 件，重大责任事故案 23 件，决定立案侦查侵权案件 6 件 10 人，重大责任事故案 10 件。1994 年，受理案件 26 件，决定立案侦查 17 件 22 人，比 1993 年增加 6.2%，立案数居全市检察机关首位。侦查终结 17 件，移送起诉 3 件 3 人，移送免予起诉 14 件 19 人。1995 年，立案侦查案件 17 件，决定起诉 4 件 4 人。1996 年，以查处侵权、渎职，重大责任事故“三类”案件为重点，共立案侦查法纪案件 17 件 22 人，决定不起诉 1 件 2 人，免予起诉 14 件 17 人。1997 年，将查办法律工作人员的职务犯罪作为办案重点，加大初查工作力度，突出查办徇私舞弊等渎职侵权案件，共立案侦查法纪案件 10 件 12 人。根据修改后的《刑诉法》和《中华人民共和国刑法》，在法纪案中占很大比重的重大责任事故罪不再由检察机关管辖，改由公安机关负责立案侦查。同时，法纪案件管辖主体限定为国家机关工作人员，检察机关受案范围大幅减少。1998 年，受理法纪案件举报线索 13 件 13 人，经初查均未立案。1999 年，受理法纪案件线索 3 件，立案侦查刑讯逼供案件 1 件 1 人。2000 年，把查办执法人员违法犯罪作为重点，受理法纪案件 3 件，立案查处 2 件 2 人，其中，玩忽职守案 1 件 1 人，徇私枉法案 1 件 1 人。依法立案查处了造成恶劣影响的阳煤集团工程处公安科有关人员玩忽职守丢失枪支的案件。

2001 年，按照最高检察院关于严肃查处黑恶势力保护伞的工作部署，进一步加大查办法纪案件力度，受理渎职侵权案件 14 件，立案侦查 3 件 3 人，其中，非法搜查案 2 件 2 人，玩忽职守案 1 件 1 人。2002 年 4 月，市人民检察院采取上下级两院联合办案的模式，提高整体办案数量与质量。当年，矿区检察院立案侦查渎职侵权案件 1 件 1 人。2003 年，受理渎职侵权案线索 2 件，初查 1 件，立案侦查 1 件 1 人。2004 年，为改变渎职侵权案件受理线索少，立案难，查处难的状况，矿区检察院推行“以事立案”的改革措施，受理案件线索 4 件，立案查处 3 件 2 人。2005 年，根据上级人民检察院的工作部署，举办“渎职侵权检察宣传月”，开展了严惩隐藏在侵犯知识产权和制售假冒伪劣商品背后的职务犯罪的专项斗争，在《矿工报》组织了宣传专版，开展了街头大型宣传活动。受理渎职侵权案件线索 3 件，初查 3 件。

2006～2008 年，共受理渎职侵权案件 18 件，其中举报 8 件，自行发现 4 件，内部移送 6 件。这些案件中初查 9 件，立案 3 件 3 人，侦查终结 3 件 3 人，移送起诉 3 件 3 人。2009 年，立案侦查渎职侵权案件 1 件 1 人，侦查终结移送起诉 1 件 1 人。2010 年，立案侦查渎职侵权案件 1 件 1 人，侦查终结移送起诉 1 件 1 人。2011 年，举办了以“加强渎职侵权检察工作，促进依法行政与公正司法”为主题的举报宣传周，院领导在阳煤电视台进行了宣传，并带领 3 个宣传组，在重点公共场所和机关、企业设立宣传点。立查渎职侵权案件 1 件 1 人，法院均作出有罪判决。

1980 年建院至 2011 年，矿区检察院共受理法纪案件线索 714 件，立案侦查 175 件 214 人，其中，大要案件 11 件。

第六节　监所检察

1985 年，区人民检察院设监所检察科，受理在押犯人及其家属不服生效刑事判决和劳动教养决定的申诉，对被判处缓刑、管制、假释、监外执行、剥夺政治权利等五类罪犯的情况实施监督。同年，根据全国劳改劳教工作会议精神，深入辖区公安派出所、厂矿公安科和治安保卫部门等 33 个单位，对全区 1357 名刑满释放、劳动教养释教人员和在押犯人进行摸底调查，登记注册。1986 年，针对劳动改造，劳动教养人员重新犯罪比例较大的状况，采取“狱内改造和狱外教育”相结合的办法，组织帮教，深入劳改、劳教场所进行法制宣传，对矿区籍在押犯人和劳教人员开展“狱内送暖、接茬帮教”活动，协助督促区人民政府与劳改单位签订综合治理协议。同时，本着“实事求是、有错必纠”的原则，受理复查了“严厉打击刑事犯罪活动”中已判决罪犯及其家属的申诉案件 26 件 37 人。区人民法院根据监所提出的再审理由和司法建议，分类审查，区别对待，依法改判申诉案 5 件 8 人，有效地纠正了生效判决、裁定中出现的偏差。1987 年，受理各类申诉案件 18 件 27 人，其中不服生效判决 16 件 25 人，不服劳动教养决定 2 件 2 人，审查转办 9 件 15 人，自查处理 9 件 12 人，提出纠正建议 3 件 3 人，人民法院依法改判 2 件 2 人。1988 年，为了及时有效纠正错误，体现人民检察“实事求是，不放纵罪犯，不冤枉无辜，主动向当事人负责”的精神，在人员少、案件多、困难大的情况下，派出检察干警往返 4 省、5 市、7 县取证 50 余份，对 12 名在押犯人申诉案作出公正处理和妥善解决。1989 年，受理劳教人员申诉案件 17 件，其中立案复查 3 件 6 人。

1991 年，依法履行监所检察职责，进一步完善接茬帮教措施，受理“两劳”申诉案件 7 件 11 人，建议法院纠正 4 件 7 人，法院改判 1 件 3 人。同时，督促有关部门建立帮教组织，落实帮教措施，对 76 名监外执行罪犯进行了监督检查，提出“检察建议”11 件。1992 年，加强监所工作规范化建设，考察监外执行罪犯 103 名，向有关部门提出“检察建议”4 件，复查申诉案件 5 件 7 人，建议法院纠正 1 件 1 人，法院采纳意见并予以改判。1993 年，重点对辖区监外执行的 107 名罪犯执行情况进行了考察，针对存在的管理不严、帮教措施不落实、未及时办理法律手续等问题，向有关部门反映，并提出了检察建议。1994 年，受理在押犯申诉 3 件，经复查全部驳回。1995 ~ 1996 年，考察监外执行人员 71 人，向有关部门反映管理改造中存在问题 6 条，对 9 人开展帮教，帮助监外执行人员解决上户、就业等问题 4 件。为促进监外执行罪犯改造，召开监外执行人员家属座谈会 1 次。1997 年，对 59 名监外执行罪犯进行考察，向有关部门反映管理改造中存在的问题 4 次，对 6 人进行帮教，并根据省、市院工作要求，对 5 名保外人员进行检查。1998 年，对 89 名“五种人”（缓刑、减刑、假释、保外就医、监外执行）全面考查，配合公安等部门对 4 名监外人员开展帮教，建立与监外执行人员家属联系的措施，促进监外执行人员改造，预防他们重新犯罪。1999 年，对劳改、劳教人员开展帮教 10 余人次，针对存在的问题向有关单位和部门提出口头检察建议 3 条。

2001 年，针对监外执行监管中存在问题，向有关部门提出建议，并督促落实。2002 年，机构改革之后，市人民检察院针对矿区没有看守所和监狱的实际情况，对劳改、劳教人员执行情况监督，及对已判决罪犯申诉案件的复查办理划归市院监所检察处办理。全年考察暂予监外执行人员 48 人次，组织4名保外就医人员体检1次。2003年，对辖区暂予监外执行人员建档登记，深入派出所全面考察监外执行人员48人次，组织4名保外就医人员进行例行体检，并与监管部门建立联系制度，为生活困难的监外执行人员联系办理最低生活保障，促使监外执行人员悔过自新。2004年，开展对减刑、假释、保外就医罪犯的专项检查工作，审查法院2002～2003年“刑事判决书”287份，组织4名保外就医人员例行体检1次，考察暂予监外执行人员48人次。2005年，从建立内部科室之间监督制约机制入手，着手预防和解决超期羁押问题，建立与监督场所的联系渠道。全年考察监外执行人员48人次，组织4名保外就医人员例行体检1次。

2006～2007年，共有监外执行罪犯123人，其中被人民法院判处缓刑89人，保外就医8人，管制26人。2008年，接受矿区人民法院判决、裁定缓刑人员51人，管制23人，外地转来监外执行罪犯1人；受理监外执行罪犯申诉1件，审查1件。2009年，开展对刑罚执行活动的专项检查，对存在的问题发出书面检察建议书1份，纠正不当监外执行案件1件1人，组织2名保外就医人员进行了体检。对辖区55名监外执行罪犯进行的监管情况进行了调查走访。2010年，回访考察监外执行人员40人次；在矿区社区矫正工作领导组的组织协调下，分批向社区移交适用社区矫正的“五种人”，开展监督和帮教工作。2011年，参与社区矫正工作，探索适应社区矫正的检察监督方式，纠正监外执行违法19次。

1985～2011年，共计受理劳改、劳教违法犯罪人员及其家属不服判决、裁定的申诉案件184件，立案复查61件，提出改判建议16件29人，法院依照审判监督程序再审改判10件17人。考察监外执行879人次，发出“检察建议”35件，重点帮教各类人员23人次，纠正监外执行违法20次。

第七节　民事行政检察

1993年3月起，矿区检察院设立民事行政检察机构，并先后派员参加了山西省人民检察院组织的民事行政业务培训。1995～1996年，受理不服民事判决申诉2件，坚持把为人民群众排忧解难、化解矛盾、消除不安定因素作为民事行政检察工作重点，息诉2件。1997年，受理不服民事判决申诉2件，并予以妥善处理。1998年，开展法律咨询和法制宣传，受到群众欢迎。1999年，进一步加大对民事行政审判的监督力度，提请民事抗诉案件1件1人。2000年，组织召开民事行政诉讼监督研讨会，进一步明确民事行政检察工作的内容和程序。全年受理不服民事行政判决申诉案件9件9人，提请民事抗诉1件1人。

2001～2002年，坚持“公开、公正、合法”和“敢抗、会抗、抗准”的原则，广辟案源，改革监督方式，通过“检察意见”纠正法院审判程序违法问题。全年立案审查民事行政申诉案件5件，向法院提出“检察意见”4件，法院采纳意见再审改判1件。2003年，市人民检察院民事行政检察处与各基层检察院民事行政检察科开展联合办案，原属市检察院管辖的案件，部分交由基层检察院办理。全年立案审查不服法院民事行政裁判案件9件，提请抗诉1件，建议市院提请抗诉2件。同时改革监督方式，逐步由过去的单纯事后监督改变为事中和事后相结合的监督方式，通过“检察意见”纠正法院审判程序违法1件。2004年，受理民事申诉案件9件，立案审查8件，建议提请抗诉7件，提请抗诉2件。2005年，受理民事行政申诉案件10件，立案审查8件，提请抗诉1件，建议提请抗诉1件，向法院提出再审检察建议2件。

2006年，受理民事行政申诉案件11件，对不服法院民事行政裁判的申诉案件，决定立案审查4件，建议提请抗诉1件，提出再审检察建议3件。2007年，受理民事行政申诉案件12件，立案审查

4 件，建议市院提请抗诉 2 件，建议不抗诉 2 件。2008 年，受理民事申诉案件 2 件，立案审查 7 件（含上年受理案件），审查终结 7 件，案件审结率为 100%。其中，提请抗诉 3 件，提请不予抗诉 3 件，终止审查 1 件。2009 年，立案审查 5 件，结案处理 5 件。其中，提请抗诉 1 件，向法院发出"检察建议" 3 件，终止审查 1 件。对法院民事判决执行案件集中清理行动进行同步监督，监督法院执行案件 2 件。对裁判正确的，重视做好申诉人的服判息诉工作，努力维护当事人的合法权益。2010 年，与矿区财政局、审计局等 6 个机关联合出台了《关于民事督促起诉工作暨预防国有资产流失协作机制的意见》，加大对国有资产的司法保护，与法院联合出台了《关于对民事执行案件监督的若干意见》，加强对法院民事行政执行案件的检察监督。受理民事申诉案件 30 件，立案审查 2 件，提请抗诉 1 件，结案处理 1 件，向法院发出"检察建议" 20 件。协同市检察院，调取法院三年内民商事裁判案件 100 件，开展专项监督。2011 年，提请民事抗诉 2 件，发出纠正民事裁判违法"检察建议" 23 件。推行民事申诉案件督促起诉机制，加大对国有资产的保护力度，办理支持民事起诉案件 3 件。

从 1993 年设置科室至 2011 年间，共立案审查民事行政申诉案件 112 件，提请抗诉 13 件，建议提请抗诉 8 件，发出"检察意见"或"检察建议" 56 件。

第八节 控告申诉检察

1980 年，控告申诉检察暂由检察院办公室兼管，建立信访登记制度和检察长接待日制度，共接待群众来信来访 112 人次，受理反映、揭发问题 83 件。1981 ~ 1984 年，热情接待来访，认真审阅来信，及时查处案件。1985 年 6 月，控告申诉检察科成立，实行"统一受理、明确管理、分级负责"体制，提高了案件处理效率。1986 ~ 1990 年，设置控告申诉举报箱，采取公、检、法、司"四长"街头挂牌接待措施，方便群众举报、控告和申诉，成立经济、法纪罪案举报站。1980 ~ 1990 年年底，共受理群众来信来访和控告申诉 1320 件，立案查处 272 件，转办 291 件。

1991 年，共接待来信来访 29 件，控申部门组织复查 3 件，转办 26 件，处理区属企业纠纷一起，为企业挽回经济损失 2 万余元。1992 年，接待来信来访 26 件，其中控告检举 64 件，转本院办理 38 件，移送其他部门办理 29 件，立案复查不服免予起诉、不服撤案 4 件 4 人，对原认定事实作了纠正。1993 年，坚持"文明接待、认真审查、及时办理、妥善解决"的原则，共受理来信来访 65 件。其中，控告、检举 41 件，申诉 24 件，转本院办理 31 件，移送其他部门 4 件，立案复查申诉案件 3 件。1994 年，进一步加强执法监督建设，通过控告申诉"窗口"，为化解社会矛盾、稳定社会秩序发挥积极的作用，控告申诉科与举报中心两个部门联合查办案件 4 件。1995 年，从"四项工作"入手做好控告申诉工作，即通过信访窗口开展执法监督；通过受理举报，为反腐败查办案件提供案源；通过接待信访为群众排忧解难；通过双重监督发挥制约作用。全年受理来信 31 件，接待来访 52 人次，控申部门办理 4 件，转本院部门处理 19 件，移送有关部门 10 件，当年被省检察院评为全省文明接待室。1996 年，受理群众来信 50 件。其中，举报 33 件，控告申诉 15 件，初查、复查案件 2 件。1997 年，受理群众来信来访 40 件次，举报线索 24 件。在办案中，把为人民群众排忧解难、化解矛盾作为工作重点，提供法律咨询 30 余人次，解决问题 3 件，调解矛盾 2 起。1998 年，受理群众来信来访 50 件，受理举报线索 28 件。1999 年，坚持以文明接待和复查刑事申诉案件为重点，受理群众来信来访 47 件，其中刑事申诉 1 件，不服不立案决定 3 件，办理刑事赔偿案件 1 件。2000 年，受理申诉 24 件，按照"统一受理，归口管理"原则，及时分流案件。全年接待群众来访 88 人次，设立了控申接待室，对检察长接待进行公告明示。

2001年，结合社会治安综合治理工作开展控申业务，按照党委的工作要求，依法妥善处理群体性事件，共受理举报39件，接待来访70余人次，妥善处理了一些久拖不决的老大难问题。2002年积极完善检察长接待日制度，共举办检察长接待日24次，接待群众60余人次，全年共受理举报23件，全部分送本院部门处理。2003年，进一步加强信访接待工作，受理举报19件，举办检察长接待日9次。2004年，把社会治安综合治理的各项措施落实到控告申诉的各个环节，根据高检工作部署，举办以“惩治和预防职务犯罪”为主题的举报宣传日，受理群众举报13件，控告申诉2件，举办检察长接待日24次，处理或协助区委处理涉法上访案件7件，其中3件息诉罢访，2件进入司法程序，组织复查了2003年的不起诉案件23件。2005年，围绕案件运行管理机制改革，建立健全控告申诉工作预防和处理涉法上访问题的有效机制，受理举报13件，控告申诉5件，认真解决区政法委交办的2起涉法上访案件。

2006～2008年，严格落实首办责任制和检察长接待日制度，共受理举报、控告、申诉案件74件，举办检察长接待日136次，同时，继续深入开展领导包案处理涉法上访案件和联动大接访活动，及时化解社会矛盾，努力维护社会稳定。2009年，进一步畅通控告申诉渠道，认真落实检察长接待日制度，办理群众举报、控告、申诉案件32件，举办检察长接待日30次。开展了为期一周的大型举报宣传活动，现场接待群众300余人。2010年，建立刑事被害人救助制度，对3起案件的刑事被害人实施了救助；开展清理信访积案和案件评查工作。受理群众举报、控告申诉18件，举办检察长接待日39次。开展“举报宣传周”“12·4”法制宣传日活动。2011年，规范刑事被害人救助制度，对5名特别贫困的刑事被害人进行了救助，发放救助金共计1万元。进一步加强控告申诉检察工作，受理举报12件、控告申诉6件，举办检察长接待日36次，积极探索不起诉案件向控告申诉部门备案制度，加强内部监督制约，促进公正廉洁执法。

1980～2011年，矿区检察院共受理群众举报、控告、申诉2254件，分送本院办理288件，转办370件。

第九节　诉讼监督

1980～1984年，矿区检察院始建初期，诉讼监督工作主要由刑事检察科承办。1985年，矿区检察院贯彻公、检、法机关分工负责、互相配合、互相制约的原则，针对公安个别案件法律手续不全、乱改报案日期、一人讯问被告人、赃物顶替归还失主等问题，提出纠正意见17次100余条。对法院一审判决提出抗诉3件5人，对审判过程中的一般违法行为，向法院提出纠正意见17次20余条。1986年，对法院量刑偏重的案件2件5人，提请市人民检察院按照审判监督程序提起抗诉。1987年1月，根据高检关于加强内部制约规定，将刑事检察科改为刑事侦查检察科和刑事审判检察科，把对侦查活动和审判活动的监督作为检察业务的重要方面认真对待，切实履行法律监督职责，全年向公安机关提出纠正违法意见15次21条，向法院提出纠正违法意见11次17条。1988年，在办案过程中，强调一个“细”字，突出一个“准”字，体现一个“快”字，严把案件质量关。1989年，抓住制约环节，理顺了制约关系，完善了内部制约机制，并且注重提前介入公安侦查工作，取得了明显效果。全年共提前介入预审案件5件56人，提出纠正违法建议11条；针对法院审判活动存在的问题提出纠正建议19次21条。1990年，继续坚持提前介入制度，加快办案效率，对重大案件、刑事拘留案件、自侦案件、疑难案件全面介入，及时有力打击犯罪，向侦查、审判机关提出纠正违法建议36条，追捕案犯11人，追诉4人。同时，还对公安机关报捕案件中43名另案处理案犯开展了跟踪监督。

1991年，共提前介入重大案件批捕71人，提出纠正违法建议50条，“检察建议”40条，追捕案犯1人。1992年，对侦查活动提出纠正违法建议14次20条，对审判活动提出纠正违法建议15次22条，追捕、追诉案犯3人。1993年，在侦查活动与审判监督中，注重认真纠正打击不力现象，追捕案犯9名，追诉7名，依法纠正错捕错诉问题，严把案件质量关。进一步加强审判监督工作，对法院审判活动提出纠正违法建议16条，提出抗诉1件1人。1994年，开展对批捕案犯执行情况跟踪监督活动，对3名执行逮捕后又变更为取保候审的案犯进行监督，纠正了其中一名不符合变更条件的罪犯，将其重新逮捕。对法院判决案件依法提出抗诉1件2人，全年追捕案犯17人。1995年，坚持实事求是与“有法必依、违法必究、执法必严”的原则，及时有效防止错案发生。年内依法提前介入公安侦查机关侦查案件5件18人，追捕案犯11人，追诉8人，还依法纠正一起应该起诉而做了免诉处理的重伤害事件。在“打团扫黑”期间，追捕案犯2名，追诉漏罪2条，提出纠正违法建议9次12条。1997年，新修改的《中华人民共和国刑事诉讼法》赋予检察机关立案监督职责后，区人民检察院共向公安机关发出“立案通知”3件，公安机关全部采纳予以立案。在审查案件过程中，提前介入公安侦查大要案7件，追捕、追诉1件1人。1998年，共追捕追诉漏犯和漏罪3件12人，向公安发出“立案通知”2件4人，提出抗诉2件2人。1999年，向公安发出“说明不立案理由通知书”4件，“立案通知”2件，公安立案2件；追捕、追诉漏犯和漏罪10件25人，提出纠正违法12次。2000年，以狠抓办案为主要手段，认真履行诉讼监督职能，坚决纠正执法过程中存在的有法不依、执法不严、违法不究问题。全年共向公安机关发出“要求说明不立案理由通知书”3件，“立案通知书”2件，公安据此立案2件，追捕犯罪嫌疑人6人，追诉被告人5人，提出刑事抗诉1件2人，提出纠正违法意见3件。

2001年，共追捕漏犯8人，发出“要求说明不立案理由通知书”1份，“立案通知书”1份，对法院审判活动提出纠正违法意见20件次。2002年，向公安机关发出“要求说明不立案理由通知书”5件，公安机关据此立案4件，说明不立案理由1件，共追捕漏犯13人，追诉2人；对法院审判活动当庭提出口头纠正意见6次，提出抗诉案件1件1人，建议法院适用简易程序受理案件52件。2003年，针对执法不严、司法不公问题，加强诉讼监督工作，追捕漏犯1人，办理立案监督案件5件，依法提出抗诉1件1人。三矿裕公井瓦斯爆炸重大责任事故案发生后，矿区检察院及时赶赴现场，介入公安侦查工作，引导取证，迅速批捕了事故直接责任人。2004年，加强与公安、法院的协调配合，建立联席会议制度。通过介入公安侦查、列席审判委员会等形式，加强诉讼监督，向公安机关发出“要求说明不立案理由通知书”4件，公安主动立案2件，发出“立案通知书”要求公安立案1件，发出“纠正违法通知书”纠正公安办案程序违法1件。在开展对制售假冒伪劣商品、侵犯知识产权犯罪立案监督专项行动中，将监督窗口延伸至行政执法机关，依法检查阳泉市质量技术监督局矿区分局2002～2003年立案查处的案件41件，矿区工商局2002～2003年立案查处的案件137件。刑事侦查监督方面，追捕犯罪嫌疑人5人，追诉4人；审判监督方面，对法院判决提出抗诉2件。2005年，积极推进检察引导侦查、庭前证据开示、普通刑事案件简化审判、不起诉案件公开审查听证、主诉检察官办案责任制、人民监督员制度等专项改革措施，年内要求公安机关说明不立案理由1件，通知立案1件1人，纠正漏捕2件3人，提出刑事抗诉案件6件。

2006年，区检察院发出“纠正违法通知书”纠正公安违法2件，参与重大案件讨论2件，参加现场勘验1次；提出刑事抗诉案件2件3人。针对办案过程中侦查机关或发案单位存在的违法或制度漏洞，发出“检察建议”16份；对不服法院民事行政裁判的申诉案件，决定立案审查4件，建议提请抗诉1件，提出再审检察建议3件。2007年，纠正漏捕1件1人，提出抗诉案件1件1人；向公安发出“要求说明不立案理由通知书”4件，公安说明不立案理由后，通知公安立案2件2人；针对办案中发现的发案单位在管理、制度等方面存在的问题，发出“检察建议”19件；受理民事行政申诉案件12件，立案审查4件，建议市院提请抗诉2件，建议不抗诉2件。2008年，办理立案监督案件4件，发出“纠正违法通知书”纠正公安立案、侦查活动违法7件，追捕漏犯1人，追诉3人；提起刑事抗诉案件2件2人，法院采纳区检察院意见，改判1件1人。根据审查案件中发现的问题，向发案单位发出“检察建议”33份；受理民事申诉案件2件，立案审查7件（含上年受理案件），审查终结7件，案件审结率为100%。其中，提请抗诉3件，提请不予抗诉3件，终止审查1件。市人民检察院采纳矿区检察院意见决定抗诉1件，决定不予抗诉3件。结合奥运安保工作要求，对3起久诉不决的上访、缠访案件，通过深入调查了解，核实案件事实证据，对当事人进行耐心说服、劝解和教育，消除了当事人继续上访告状的想法，作了提请不予抗诉处理，消除了民事行政检察环节中出现的滥诉滥访等不安定因素。

2009年，与矿区人民法院、阳煤集团有关部门及矿区13个行政执法机关召开立案监督座谈会，组织开展立案监督专项行动，统一执法标准，规范案件移送程序。对应立案而不立案要求公安机关说明理由5件，督促公安机关立案5件，对不应立案而立案的，纠正1件1人。追捕4人，追诉7人。不批准逮捕7件11人，不起诉5件8人。对刑事案件提出抗诉5件。矿区检察院提出抗诉后法院改判的阳煤集团新景矿原回收队队长梁某贪污案，被最高人民检察院评为当年“百优诉讼监督案”。2010年，开展对公安派出所、经侦队、刑警队及行政执法机关刑事案件立案及移送情况的专项检查，对应立案而不立案要求公安机关说明理由5件，督促公安机关立案5件，对不应立案而立案的，纠正2件3人。追捕3人，追诉14人。不批准逮捕12件19人，不起诉5件12人。纠正公安办案程序违法1件；列席法院审判委员会129次，书面纠正审判程序违法6件，对认为确有错误的刑事判决提出抗诉1件。推行暂缓起诉制度，对1名在校学生盗窃案件作出了暂缓起诉处理决定。2011年，认真贯彻省人大常委会《关于加强人民检察院对诉讼活动法律监督工作的决定》，加强刑事立案和侦查活动监督，追捕7人、追诉14人；对公安机关不应当立案而立案的案件监督纠正4件4人，引导侦查取证并要求公安机关提供法庭审判证据6件7人，对公安机关办案程序违法提出纠正意见13件，对法院审判活动违法提出纠正意见15件。对认为确有错误的刑事裁判提出抗诉4件。建立案件分析研判制度，按月、季、半年、年度分别对业务运行情况作出分析，定期召开业务分析会议，为领导决策提供科学依据。

从1980年建院至2011年年底，矿区人民检察院对侦查、审判活动共计提出纠正违法意见389件，提前介入公安机关侦查案件48件，追捕、追诉漏犯182人，办理立案监督案件49件，提出刑事抗诉案件35件。

第二章　审　　判

矿区人民法院本着有法必依、执法必严的指导思想，坚持以事实为依据，法律为准绳，与公安、检察既互相配合，又互相制约，从重、从快、从严打击各种犯罪活动，充分发挥审判职能，坚持以审判工作为中心，以队伍建设为基础，以法院改革为动力，始终把维护社会稳定、促进社会和谐作为法院工作的出发点和着力点，充分发挥了司法对区域经济和社会发展的服务和能动作用，为矿区经济、社会和谐发展提供了有力的司法保障。

第一节　审判机关

一、机构沿革

20 世纪 50 年代初，在荣洼设立临时工矿区人民法庭，隶属阳泉市人民法院。1958 年成立矿区人民公社时，设矿区人民公社政法公安部，行使基层法院的职能，在镇压反革命、肃反，维护社会治安等方面起到重要作用。1966 年“文化大革命”开始后，法制机构受到冲击，工作陷于瘫痪。1969 年矿区实行军事管制，由“革委会”代行法院职能。1973 年撤销军管后，矿区的审判工作由市法院直接管理。

1978 年 7 月 3 日，阳泉市矿区人民法院成立。下设办公室、刑事审判庭、民事审判厅、执行室。开始受理辖区内一审刑事和民事案件，时有法官、法警 16 名。1980 年《中华人民共和国刑法》《中华人民共和国刑事诉讼法》实施后，设立审判委员会。1984 年 5 月，设立经济审判庭。1988 年 11 月，设立行政审判庭。1989 年 5 月至 9 月，设立桥头人民法庭和沙坪人民法庭。1990 年 3 月，增设告诉申诉审判庭和政工科。1991 年 8 月，设立贵石沟人民法庭。根据工作需要和上级法院有关审判工作“立、审、执、监”分离的规定精神，1998 年 9 月，经批准成立告诉审判庭、执行庭、经济审判一庭、经济审判二庭、审判监督庭，撤销告诉申诉审判庭、经济审判庭。2002 年 5 月，根据《人民法院五年改革纲要》和 2000 年度全国民事审判工作会议的规定和要求，撤销民事审判庭、经济审判一庭、经济审判二庭、告诉审判庭，同时撤销桥头、沙坪、贵石沟人民法庭，设立民事审判一庭、民事审判二庭、民事审判三庭、立案庭、执行局，政工科更名为政治处。2006 年 5 月，成立简易案件速裁合议庭（简称速裁庭）。2009 年，成立立案调解中心。

截至 2011 年年底，矿区人民法院共有 14 个内设机构：办公室、政治处、立案庭、刑事审判庭、民事审判一庭、民事审判二庭、民事审判三庭、行政审判庭、速裁庭、立案调解中心、审判监督庭、未成年人综合审判庭、执行局、法警大队。全院法官、法警和工勤人员共计 51 人。

阳泉市矿区人民法院历任院长名表

表 20－2

姓　名	性　别	任　职　时　间
王振瑞	男	1981 年 9 月～1984 年 5 月
王立明	男	1984 年 5 月～1995 年 4 月
席建魁	男	1995 年 4 月～2002 年 6 月
王海贵	男	2002 年 6 月～2011 年 6 月
梁　庆	男	2011 年 6 月～

二、审判机关建设

1978 年 7 月矿区人民法院初建，设在阳泉矿务局机关院内，占用 5 间排房。1983 年 8 月，迁入矿区政府 1 号楼，占用第三层西侧 10 间办公室。1987 年 11 月，投资 52 万元，建成了办公大楼和设有 500 坐席的审判庭，建筑面积共计 2252.74 平方米，同时建成 4 个面积各 42 平方米的小型法庭。1989 年 5 月至 9 月，建成桥头人民法庭和沙坪人民法庭。2006 年 10 月，根据法庭标准化建设要求，矿区人民政府投资1000万元，历时一年半建成面积5000平方米的7层审判综合大楼并投入使用。新办公大楼功能齐全，分审判区、工作区和生活区三部分。2007年，购置了5辆警车，为各庭室配备了电脑和打印机，初步建成办公网络；同时建成少年法庭、调解大厅和人大联络室。2008年，为主要业务庭增加了车辆和电脑。2009年，党员活动室、影视大厅和职工餐厅竣工投入使用。2010年，更新了15台电脑，开通了局域网；加强安保建设，设立了安检门。开展岗位培训、任前培训、专题培训、在线学习等多种形式的学习培训。至2011年，全院具有大学本科以上文化水平的法官占审判人员总数的100%。结合审判实践，强化调研工作，着力提高审判实务和司法理论水平，共有20余名法官撰写的40余篇调研成果在各项评比中获奖。搞好法官职级管理，法官任命工作严格按照规定标准、程序办理。

第二节　审判改革

1990~1992年，矿区人民法院积极改进民事审判方式，及时审理民事案件，依法保护公民，法人的合法权益。1993~1997年，矿区人民法院推行“一步到位”直接开庭的民事审判方式，提高了民事审判案件的质量和效率。

1998~2002年，矿区人民法院牢固树立“民事无小事”原则，注重审判质量和审判效果的提高，注意司法救助制度的落实，依法审理民事案件，注重调解和说服教育工作，妥善处理一大批婚姻、赡养、扶养、继承等婚姻家庭纠纷案件。2002年5月，按照全国法院改革要求，矿区人民法院撤销经济审判庭，由民事审判庭统一审理民事案件和商事案件。

2004~2005年，矿区人民法院按照“能调则调，能判则判，调判结合，案结事了”的原则，精心开展民商事审判工作。坚持宽严相济刑事政策，积极参与综合治理工作，深入推进包括普通程序简易审等在内的多项审判改革。实行发改案件听证调查制度，要求发改案件承办人说明理由，陈述审判过程，共同分析案件发改原因，从而提高了办案质量，及时发现并纠正了案件裁判过程中的一些不规范做法。2005年4月，根据全国人大常委会《关于完善人民陪审员制度的决定》的要求，确定了20名人民陪审员参加了由市中院组织的封闭式法律知识培训，并接受了区人大常委会的任命，使人民陪审工作进一步走向规范化。8月15日，正式启动贵石沟巡回法庭，受到省高院的高度重视，派员专程进行调研，并在山西卫视进行了报道。年内坚持罪刑法定、罪刑相适应原则，正确把握宽严相济的刑事改革，严把案件质量。上诉率同比下降10个百分点，发还、改判率比岗位目标低7个百分点。推行裁判文书改革，民商事案件文书整体质量有了提高。加大执行方式改革力度，提高执行效率。推行执行案件内部易人执行制度和执行听证制度，使一批老案难案得以执行。大力开展诉讼调解，将诉前、诉中、诉后调解相结合，化解矛盾，定纷止争。全年民商事案件调解率达60.3%，其中婚姻家庭案调解率达75%。

2006年后，进一步完善调解工作机制。认真落实“调解优先，调判结合”的原则，民商事案件调解撤诉率达71%，刑事附带民事案件调解撤诉率达92%。建立诉调衔接化解矛盾纠纷长效机制，构建了人民调解、司法调解、行政调解“三位一体”大调解网络。于2006年和2009年先后成立速裁庭和立案调解中心，开辟了诉前调解和速裁调解两条绿色通道，诉前调解各类民事纠纷486件、适用简易程序速裁各类民事案件516件，调解撤诉率达100%。全省法院重调息诉经验交流会、全市政法综治“三项重点工作”现场会及全市法院系统诉调衔接化解矛盾现场会，均介绍、推广了矿区人民法院完善调解工作机制的工作经验。进一步完善监督制约机制。主动接受人大监督。始终坚持重大事项、重要工作及时向区委请示，向区人大常委会汇报，确保法院工作的正确方向。落实人民陪审员制度，对新任人民陪审员进行系统培训，提高其履职能力。人民陪审员参审案件 1269 件，达到了普通程序案件的 36.6%，推进了司法民主和司法公开。广泛接受社会监督，设立了举报箱、投诉热线，聘请了司法监督员、人大工作联络员，主动向社会征求意见建议，自觉接受群众监督，把干警行为和审判工作置于全社会的有效监督之下。进一步完善审判工作机制。阳泉作为全国 17 个开展未成年人综合审判工作的试点地区之一，矿区人民法院采取圆桌审判、心理咨询等方式，深入开展未成年人综合审判工作，取得良好的社会效果。共审理少年犯罪案件 26 件，判处 47 人，其中，宣告缓刑的 42 人。2009 年开始试行量刑规范化工作，进一步提升了刑事审判质量。加强对缓刑、管制人员的回访和帮教工作。联合司法矫正中心、辖区派出所，开展缓刑、管制犯罪人员的帮教活动，预防和减少犯罪的复发。进一步完善审判管理机制。实施绩效考核办法，构建“全程监督，节点控制，动态管理”为主要特征的审判管理体系，确保用制度管人管事，用业绩评先评优。加强案件流程管理，充分发挥立案监督作用，对移送审理的案件，制作“案件审判流程管理跟踪卡”，随案卷分发给审判人员，进行全程跟踪管理。对于即将超审限的案件，提前半个月向承办人下发“超审限预警提示卡”督促办理，促进了审判流程管理和案件审限管理工作的标准化、规范化。

第三节　立案工作

1998～2006 年，矿区人民法院立案信访工作在突出规范立案的同时，把突出一个“快”字，抓好“三项工作”（民事案件立案导诉工作，对确有困难当事人实行诉讼费减、缓、免工作，信访接待工作）作为司法为民的切入点，做到了件件有登记，件件有落实，大力开展司法为民，不断规范立案信访工作。其间，专门抽调立案庭业务骨干，成立了联动大接访办公室，并对接待群众来信来访工作明确提出五项要求：热情接待，不推三阻四；尊重理解、不厌烦歧视；冷静处理，不以硬碰硬；耐心细致，不冷眼训斥；解决实际问题，不敷衍了事。为当事人提供咨询、导诉、立案、收费一站式快速、便捷服务，共为群众提供法律咨询 7260 余人次，接待群众来信来访 1983 人次，为弱势群体缓、减、免交诉讼费 180 余万元。

2007～2010 年，矿区人民法院进一步完善便民利民机制。简化立案程序，建立集立案、审查、送达等为一体的柜台式服务，执行一小时立案制度，当日立案率达 99% 以上。加强立案质量管理，开展立案质量评查活动，提高立案效率。推行巡回立案、预约立案、网上立案等便民措施。落实司法救助措施，对经济上确有困难、交不起诉讼费的当事人减免诉讼费用，共为当事人减免诉讼费用 93.6 万元。进一步完善信访工作机制。健全信访形势分析通报、信访案件流程管理、涉诉信访案件协调制度和信访案件责任追究制度。积极构建社会联动、统筹协调的“大信访”格局，合力攻坚涉诉信访问题。妥善处理了一批上访老户和群体性案件。共接待群众来信来访 1700 余人次，妥善处理信访问题 160 件。

2011 年，立案信访窗口建设富有成效。在推进立案调解和案件速裁工作的同时，加快“诉调对接中心”的建设步伐。积极创新立案方式，开展了预约立案、电话立案、巡回立案、上门立案活动。完善了视频对接、社区监测、巡回宣教、回访座谈四大法律服务平台，在所辖 40 个社区全部建立了联合调解网点。建立了联动调解联络员制度，及时了解社情民意，排查矛盾纠纷。组成巡回法庭深入基层送法进社区、企业、校园，动态解决社会矛盾，现场处置偶发纠纷；对已经调结、审结、执结的案件，通过各种途径进行回访，延伸服务，消除涉诉信访隐患。全年委托街道社区调解各类非讼矛盾纠纷共64件，各联调网点向法院提供涉法涉诉信访信息226条，组织巡回法庭6次，巡回审理民事案件8件，现场调处矛盾纠纷13件，已结案件回访率达50%以上。建立涉诉信访工作长效机制，推行信访工作首问责任制、包案化解公示制，及时协调处理来信来访。

第四节　刑事审判

1980年《中华人民共和国刑法》《中华人民共和国刑事诉讼法》实施后，实行人民法院依法独立公开审判和人民陪审员共同参与审判活动的体制。全年共审结各类刑事案件63件21人，其中杀人、放火、抢劫、强奸、伤害、流氓犯罪案件占44%，盗窃案件占38%。1981年，采取定期宣判和集中打击相结合，打击与防范相结合，依法惩治与教育改造相结合，治标和治本相结合的方法，与区公安机关，人民检察院密切配合，开展集中打击刑事犯罪活动5次，刑事案件比1980年下降68.3%。1982年，依法审结各种严重破坏社会秩序的刑事罪案33件，判处涉案罪犯59名。

1983年，刑事案件总量比1981年上升2.7倍，其中盗窃、抢劫、强奸、流氓案件分别上升2.1倍、3.2倍、6.5倍和11倍。针对严峻的治安形势，区人民法院依照全国人大常委会六届二次会议《关于严惩危害社会治安犯罪分子的决定》和《关于迅速审判严重危害社会治安犯罪分子的决定》以及中共中央“严厉打击、一网打尽”的指示，集中力量同区公安机关、人民检察院联合办公、提前介入，快审快判，审理各类刑事案件116件250人，审结105件208人。其中判处死刑2人，死缓2人执行2人，无期徒刑5人。同年，阳泉市中级人民法院授权区人民法院公开审理于某、刘某抢劫、盗窃案，依法判处二犯死刑，剥夺政治权利终身，并经山西省高级人民法院核准处以极刑。1984年，采取“七重七快”的办案方法（七重：首犯、主犯、要犯从重；惯犯、累犯、脱逃重新犯罪从重；强奸、轮奸妇女从重；持凶器犯罪从重；盗窃数额巨大从重；报复检举人、证人从重；顶风作案从重。七快：立案快、了解快、阅卷快、研究快、开庭快、报送快、执行快），组织开展“严打”第二战役，巩固“严打”成果，抢劫、强奸、伤害、盗窃等严重危害社会秩序的犯罪案件明显下降，其中抢劫案下降58.3%，治安形势明显好转。1985年，认真执行“从重从快，宽严相济”的方针，从重判处刑事罪犯69名，占全年刑事案件审结总数的78.4%。

1986年，针对辖区盗窃犯罪猖獗的状况，及时组织力量开展反盗窃斗争，使盗窃犯罪得到有效遏制。依法审结判处发生在一矿、三矿两地的百人流血械斗案，使7名涉案罪犯受到法律严惩，28名无辜受害群众的合法权益得到依法保护。先后在一矿、二矿、三矿、四矿等地召开各类宣判大会35次，受教育人数达9万人次。1987年，受理审结各类刑事案件68案102人，结案率达100%。其中顶风作案，被专项打击的有48案76人，占审结案件的71%。1988年，针对青少年犯罪逐年上升的情况，矿区人民法院专门设立审理青少年犯罪合议庭，结合青少年识别是非能力差和自控能力较弱的特点，以“寓教于审，惩教结合”和“教育、感化、挽救”为宗旨，运用缓刑制度，因案审判、因人施教，注意调查分析青少年犯罪的类型、原因、特点及规律，探索减少和预防青少年犯罪的对策，取得了良好的社会效果，受到山西省高级人民法院和阳泉市中级人民法院的通报表彰。1989年，最高人民检察院、最高人民法院《关于严厉打击经济犯罪的通知》下达后，区人民法院建立“经济犯罪分子投案自首接待站”“经济犯罪举报站”，把盗窃、流氓作案、经济犯罪作为打击重点，为国家和集体挽回经济损失7.6万元。同时大力开展宣传，印发法制宣传材料9万份，提出司法建议30条。

1990年5月至12月，根据中共中央的统一部署，开展严厉打击“七类”严重刑事犯罪的斗争，共判处罪犯187名，打掉犯罪团伙32个，为国家和个人挽回经济损失19万元。1991年，共判处盗窃罪犯104名，打掉犯罪团伙21个，为国家与个人挽回经济损失22万元。1992年，发动为期3个月的“夏季攻势”，判处罪犯71名。1990～1992年，共受理各类刑事案件478件822人。其中判处十年以上有期徒刑39名，判处五年以上十年以下有期徒刑154名，判处五年以下有期徒刑451名；判处拘役49名，管制41名，缓刑53名，免予刑事处分9名，作其他处理的26名。其中依法从重判处罪犯443名，占判处人犯的54%。所判案件，半个月内审结的166件，比法定时间平均提前21天。3年中，共判处经济犯罪案件16件16人。

1993～1997年，矿区人民法院打防并举，5年共受理一审案刑事案866件1523人，全部审结。坚持适时组织公开宣判大会17场，公开宣判重大刑事犯罪案144件257人，旁听受教育群众达10万人次。依法在法定幅度内宽处，共判处缓刑、管制、免予刑事处罚的156人。

1998～2002年，矿区人民法院在严打整治斗争中把打击重点放在带有黑社会性质的有组织犯罪、团伙犯罪和严重危害人民群众的暴力犯罪，共受理审结一审刑事案件713件1196人。其中判处十年以上有期徒刑的82人，三年以上十年以下有期徒刑的350人，三年以下有期徒刑、拘役、管制、宣告缓刑、单处罚金和免予刑事处分的764人。召开各种大中型宣判会12次，公开宣判36案48名严重刑事犯罪分子。其中严惩了作恶多端、危害一方，犯有抢劫、敲诈勒索、故意伤害罪行的赵某等10人犯罪团伙，犯有诈骗、非法拘禁、敲诈勒索、故意伤害罪行的丁某等4人有组织犯罪，有效地维护了社会治安秩序。对于未成年人犯罪采取了教育、感化、挽救的措施，避免他们重新犯罪。先后向有关单位提出司法建议56条，帮助他们完善管理、堵塞漏洞。此外还接待处理人民群众来信来访38000余件次。

2003～2004年，矿区人民法院继续深入开展严打整合社会治安综合治理，共受理和审判各类刑事案件317件489人。在判决发生效力的482人中，判处五年以上有期徒刑的50人，不满5年有期徒刑的167人，依法对犯罪情节较轻的190人适用了缓刑、拘役、管制、单处罚金等刑罚，对不构成犯罪的1人宣告无罪。重点打击了严重暴力犯罪；在审理青少年犯罪案件中充分体现“寓教于审，惩教结合”方针，在做好庭中教育、庭后帮教工作的同时，还建立了一套法院与未成年人的家庭、学校的网络联系制度，为预访、减少青少年犯罪发挥了积极的作用。

2005～2006年，矿区人民法院按照刑事审判方式改革的要求，深入推进包括普通程序简易审等在内的多项审判改革。两年共审结各类刑事一审案件291件448人；适用普通程序简易审和简易程序审理252件，占总结案数的86%；审理刑事附带民事案件111件，其中99件民事案件部分调解处理，调解率占该类案件的89.2%。

2007～2010年，宽严相济，惩治刑事犯罪。共受理各类刑事案件667件，审结658件，结案率98.7%。突出打击重点，审结故意伤害、抢劫、盗窃、抢夺等严重破坏社会治安的案件434件，确保社会治安稳定。依法严厉打击偷税、合同诈骗、非法集资、非法经营等犯罪，共审结此类案件143件，维护了正常的市场经济秩序。加大反腐败力度，审理贪污、贿赂等职务犯罪案件41件，维护了公职权力的廉洁性。正确执行宽严相济的刑事政策，在判决发生法律效力的1082名罪犯中，判处十年以上有期徒刑的47人，判处三年以上不满十年有期徒刑的520人，判处三年以下有期徒刑、拘役的393人，宣告缓刑、判处管制和单处罚金122人。

2011年，共受理刑事案件204件，结案204件，结案率达100%，上诉率7%，服判息诉率93%。其中审理未成年人刑事犯罪案件7件10人，轻刑适用率近90%；适用量刑规范化审理案件97件，占结案总数的61%。对判处缓刑或管制的65案83人，全部按规定及时进行造册登记，报送社区矫正中心备案，协助有关部门共同帮教。接受矫正的缓、管人员，没有发生脱管、漏管现象。

第五节　民事审判

1978 年中共十一届三中全会后，大量的民事法规相继颁布实施。1980～1984 年，民事审判工作贯彻全国第三次、第四次民事审判工作会议与全省第二次、第三次民事审判工作会议精神，正确实施民事法规，纠正以往民事审判工作的失误，严格依照程序法和实体法办案，把公开审判和巡回就地办案结合起来，实施了便利群众诉讼、便利法院审判的“两便”原则。对于婚姻、赡养、抚养、扶养和涉及“两户一体”财产权益纠纷的案件，一般都做到了优先审理，对急案及时办理，防止矛盾激化。1980 年受理民事案件 234 件，审结 176 件，其中离婚案占 59%。

1981 年《中华人民共和国婚姻法》重新修订颁布实施后，矿区人民法院运用各种形式进行广泛宣传教育，促进了家庭团结和睦，稳定了婚姻家庭基础和社会秩序。1982 年民事案件比 1980 年下降 44%。1983 年，认真贯彻实施《中华人民共和国民事诉讼法》，严格按照法定程序和法定程序时限办案，改变审判人员“坐堂办案”的传统审判方式，采取公开审判与巡回就地办案相结合的办法，主动携带案卷深入基层或案发地就地疏导、调解、审理、制裁民事违法行为，提高了办案效率。1985 年依法审结洪城河小学未成年小学生流氓械斗致死人命损害赔偿案，判处被告法定监护人赔偿原告 4932.31 元，使受害人的合法权益依法得到补偿，违法行为得到法律制裁。1987 年在民事案件审理中，坚持深入调查，着重调解，依法办案，慎重处理，受理案件审结率达 99%。1988 年，离婚案件持续上升，全年受理离婚案件 243 起，占民事案件总数的 83.2%。1981～1990 年年底，提出司法建议 30 条，避免当事人自杀、凶杀、恶化案件 30 起。受理审结各类民事案件 2672 起。其中离婚案件高达 2034 起，占民事案件总数的 76%；抚养、扶养、收养、赡养案件 196 件，占民事案件总数的 7.3%；债务案件 75 件，占民事案件总数的 2.8%；房地产、宅基地纠纷案件 48 件，占民事案件总数的 1.8%；继承案件 33 件，占民事案件总数的 1.2%；损害赔偿案件 74 件，占民事案件总数的 2.8%；其他案件 212 件，占民事案件总数的 7.9%。

1978 年中共十一届三中全会以后，随着城市经济改革的深入发展和对外开放，对内搞活政策的贯彻落实，经济案件也随之增多。1984 年 5 月，矿区人民法院成立经济审判庭后，至年底共受理审结经济案件 8 件。1985 年受理审结的经济案件达 37 件，1986 年受理审结 19 件。1987 年，依法受理蔡洼街道办事处锻压制品厂与河北省栾城县方村为民五金厂加工承揽合同纠纷案，为原告蔡洼街道办事处锻压制品厂追回欠货款 5 万余元，运用法律手段保护了企业的合法权益。1988 年审结经济案件 35 件，1989 年审结经济案件 165 件，诉讼标的达 180 万元。1990 年，矿区人民法院针对全区经济案件居高不下状况，坚持惩处与教育相结合，选择典型案例进行法制宣传，使各类经济案件下降 66%。1986～1990 年，共受理各类经济案件 336 件，审结率达 100%，诉讼标的 691.75 万元。其中，以调解方式结案的占受理案件总数的 93%。

1991～1992 年，共受理审结各类民事案件 1160 件。其中婚姻纠纷案 34 件，赔偿纠纷案 61 件，债务纠纷案 34 件，抚养纠纷案 34 件，赡养纠纷案 11 件，买卖纠纷案 8 件，财产纠纷案 6 件，继承纠纷案 2 件，名誉权纠纷、宣告失踪、宣告死亡案各 1 件，其他民事纠纷案 33 件。其间民事审判人员深入实地搞调查 3500 余次，被调查访问的人数达 7600 余人次，调解处理案件 1022 件，占案件总数的 86.4%。在经济审判方面，两年中，共受理各类经济纠纷案件 127 件。矿区人民法院对企业的经济纠纷案件采取了“一主动”（主动送法上门）、“三优先”（优先立案、优先审理、优先执行）的做法，提高了为企业服务的效果。比如阳泉矿务局电石厂诉黑龙江肇东电石厂购销货款纠纷一案，矿区人民法院接到起诉状当日立案，次日即派审判人员赶往肇东，现场办案，就地执行，从立案到执行完毕只用了20余天时间，为企业挽回货款33万余元。

1993～1997年，矿区人民法院积极推行“一步到位”直接开庭的民事审判方式，共受理各类民事案件3052件，审结3022件，结案率达99%。其中审结家庭婚姻纠纷案件2672件，占民事结案率的88%，撤诉和好的903件，调解无效的及时下判结案。调解结案率64%，判决结案率9%。审理赡养费、抚养费、扶养费等类案件140件，无一发还，无一改判，无一再审；审理赔偿、债务、相邻关系案件300件，及时消解了一批讼争纠纷。充分发挥3个派出法庭和妇女儿童维权法庭贴近基层、贴紧群众的优势，及时就地受理、就地开庭、就地息争了81%的民事纠纷案件，共计巡回办案1400件。在经济审判方面，共受理各类经济纠纷案件1333件，审结1283件，总结案率达96.2%，结案标的金额达1.486亿元。其中审理购销合同纠纷等大案案件600余件，使企业回笼资金逐年递增，平均每个工作日从纠纷圈和债务链中，为企业疏通资金22万余元。

1998～2002年，共审理一审民事案件3360件，其中一审调解结案和经说服教育当事人主动撤诉的1075件，共减免困难群众诉讼费约10万余元。在经济审判方面共受理一审纠纷案件886件，审结872件，结案标的金额共计7613万余元。

2003～2006年，共受理各类民商事案件3046件，审结2960件，审结率为97.17%，其中共受理各类商事案件706件，结案667件，审结率为94.48%，诉讼标的6839.1万元。认真落实司法救助。除对赡养、抚养等案件依法律规定缓交诉讼费外，对残疾人、特困户、特困企业都根据实际情况给予诉讼缓、减、免。矿区人民法院为法人、公民及其他组织开辟了“绿色通道”，加快办案速度，缩短办案时间，为案件当事人减少诉累。针对矿区经济纠纷起诉少的区情，审判人员经常深入辖区企业了解经营情况，主动提供法律服务。为经济建设保驾护航。

2007～2010年，调判结合，保障民生权益。共受理民事案件3513件，审结3467件，结案率91.4%。依法保护公民人身财产权益，审结人身损害、相邻关系、财产权属等案件805件。依法保护妇女、儿童、老年人合法权益，审结婚姻、赡养、抚养、继承等案件1574件。加强劳动者合法权益保护，审结劳动争议案件63件。着力维护竞争有序的市场秩序，坚持平等保护各类市场主体，依法审结买卖、借贷、劳务、建筑施工、承包租赁、保险、房屋拆迁等合同类纠纷案件856件，涉及标的金额3.47亿元。进一步加强贵石沟巡回法庭和速裁庭规范化建设，方便了群众，提高了效率。面对新《中华人民共和国劳动合同法》施行后劳动争议案件增多的新情况，矿区人民法院调整审判思路，努力化解劳动用工领域和社会保障领域的纷争，快审快结了一批群发案件。

2011年，在民商事审判工作中，坚持“调解优先，调判结合”原则，认真审理婚姻家庭纠纷案件、合同纠纷案件、劳动争议案件及各种民事侵权案件。全年共受理民事案件1275件，结案1219件，结案率95.60%，收结案比为113%，调撤率78%，上诉率3.86%，上诉发还率0.66%，上诉改判率0.32%，服判息诉率96%。其中大量的矛盾纠纷在诉前、审前得以化解，节约了审判资源，减少了审执压力。诉前调解民商事案件517件，结案517件，结案率100%，调撤率100%，分别占全院同期新收民商事案件总数的48.04%。全面推行“判前释法，判后答疑”制度，狠抓庭审调解工作，促进了“定纷止争”，“案结事了”，切实保障“程序合法，实体公正”，办案质量效率稳步提升，涉诉信访案件进一步减少，全年未发生重特大群体性案件、恶性“民转刑”案件和集体上访案件。

第六节　行政审判

随着法制建设逐步健全和完善，国家行政管理机关运用行政手段规范公民、法人行为的活动日趋增多，而不服行政管理或认为行政管理有瑕疵而提起诉讼的案件也时有发生，人民法院由民事审判庭代行审理行政案件。1986 年《中华人民共和国治安管理处罚条例》实施后，公民不服公安机关治安管理处罚申诉裁决行政诉讼等治安行政案件随之出现。为此，1988 年 11 月，矿区人民法院设立行政审判庭，开展行政审判业务。1989 年，《中华人民共和国行政诉讼法》颁布后，组织力量利用广播、板报、专栏、法律咨询、集中辅导、印发宣传材料等形式，在驻地单位和人民群众中进行广泛的宣传教育，为行政诉讼法的实施奠定了良好的基础。当年，依法受理不服阳泉市公安局治安处罚申诉裁决行政诉讼案一案。经调查审理后，以处罚不当为由撤销原裁决。1990 年 10 月，《中华人民共和国行政诉讼法》实施后，矿区人民法院按照程序法有关规定，对走上被告席的行政机关的具体行政行为的合法性进行了依法审判，有效地纠正了行政违法行为，保护了公民、法人和其他组织的合法权益。到年底，共受理审结行政案件 4 件，结案率为 100%。

1991～2005 年，共受理审结行政案件 9 件。做到了监督、支持行政机关依法行政与保障公民、法人和其他组织合法权益相统一。2006～2008 年，继续依法探索行政案件处理新机制，在查明事实、分清是非，不损害国家利益、公共利益和他人合法权益的前提下，建议由行政机关完善、改变违法或不当的行政行为，补偿行政相对人的损失，允许行政相对人自愿撤诉，促进人民群众与行政机关的相互理解和信任。2009～2011 年，在行政审判工作中坚持“保护行政相对人合法权益与监督支持行政机关依法行政并重”原则，与政府部门特别是行政机关通力合作，积极探索建立行政执法预警机制、执法行为监测机制和行政案件协调处理机制，引导群众以理性合法的方式表达利益诉求，及时化解各类非诉行政争议，维护了社会主义法制权威。

第七节　审判监督

1992 年，矿区人民法院根据“基本性质和基本事实搞错了的应当迅速纠正，在量刑幅度之外明显畸轻畸重的应当依法改判”的精神，对建院至 1991 年年底判处的提出刑事申诉的 148 件 203 人进行复查。改判减轻处罚的 21 件 34 人，宣告无罪的 4 人，免予处罚的 1 人。1989 年 11 月 21 日，刑事审判庭在荫营劳改矿，区法院依照审判监督程序对提起再审的王某、孙某进行了公开审理，依法作了改判，在全市首创再审案件公开审理的先例。1998 年 9 月，矿区人民法院坚持进行案件评查，每年都要随机抽取 40% 以上当年结案案卷进行检查，1998～2005 年，共评查案卷 3328 册，提出整改意见 730 余条。同期办理申诉案件 59 件，其中涉法上访案件复查 41 件。

2006～2008 年，区法院突出涉法上访案件处理和案件评查两个审判监督工作重点，做到了“四明确”（明确领导、明确责任人、明确责任、明确办结时间），10 件涉法上访案件全部办结，且没有发生新的涉法上访案件。案件评查工作重点改在五类案件（上级法院发还改判案件，有执行条件长期未得到执行的案件，群众反映强烈和有重大社会影响的案件，中央、省、市、区有关部门批转要结果的案件，超审限案件）上。2006 年共评查案卷 409 件，提出整改意见 87 条；2007 年共审理再审案件 3 件，评查案卷 276 件，提出整改意见 87 条，办理申诉案件 9 件；2008 年共审理再审案件 8 件，评查刑事案件42件、民商事案件278件、执行案件46件，提出整改意见63条。

2009～2011年，审判监督工作有序进行。建立了审判管理责任体系，积极开展案件评查、风险评估、质效评审工作，消除带病案、瑕疵案。完善审务公开机制，对按规定应当公开审理的案件，全部公开审理。同时，努力提高人民陪审员参审率，人民陪审员参与审理的案件，占已结案件的45%。充分发挥合议庭和审判委员会的作用，对重大案件、疑难案件及容易产生涉诉信访问题的案件，全部由合议庭合议，并经审判委员会审查通过后，方可作出判决。进一步加强社会监督，定期邀请人大代表、政协委员进行座谈，听取意见和建议；聘请司法监督员，加强对法院审判活动的监督；开通院长热线和举报电话；通过工作简报、法务公示栏、电子显示屏、局域网及新闻媒体公开办案情况，增强执法透明度，确保每一件案子都能得到公正处理。2011年，共受理再审案件4件，评查案件383余件，未发现执法过错及错案问题。

第八节　执行工作

1978年建院至1991年年底，全院需要执行的案件累计1704件，其中：已执行1585件，执行标的为286.9万元，执行率为92%；未执行的案件119件，标的为83万余元。1992年3月起，用3个月时间，执行案件66件，标的74万余元。

1993～1997年，共办理经济、民事和行政申请执行案件1495件，执行率分别达83%、92%和100%，执行标的累计1.862亿元。其中1997年执行标的7000万元。

1998～2002年，矿区人民法院强化执行队伍，改善执行装备，改革执行工作机制，执行率平稳上升。5年中，共执行各类案件2629件，执结2181件，执结案标的金额5845万元，案件执行率达83%。

2003～2006年，矿区人民法院推行执行案件内部易人执行制度和执行听证制度，主动向党委、人大汇报执行工作重大事项和案件，并得到大力支持。4年中，共受理各类执行案件2296件，执结1876件，执结率为81.7%，执结标的5320.26万元。

2007～2010年，共受理执行案件1760件，执结1598件，执行标的1.1亿元，执结率90.8%。执行和解率从2006年的45%上升至2010年的86.8%。2009年，根据中央政法委的要求和最高院的安排，开展了清理执行积案专项行动，2007年年底之前的127件积案中，有财产可供执行的74件已全部执结，无财产可供执行的53件均已得到有效化解。

2011年，在执行工作中，以强化执行管理为着力点，以提高执行质量和效率为目标，积极探索执行工作新机制，努力化解“执行难”问题；进一步规范执行工作，切实解决查封、评估、拍卖、暂缓、中止执行等方面存在的执行乱问题；严格适用执行异议、复议、异议之诉等制度，切实维护当事人的救济权利；进一步完善执行案件流程管理制度，着力解决消极执行、拖延执行等问题。共受理执行案件358件，结案323件，结案率90.22%，正常审限内执结率100%，执行信访率100%，执行信息录入率100%。联动执行机制得到进一步贯彻落实。对难度较大、情况较为复杂的执行案件，积极争取区委、区人大、区政府及有关部门、新闻媒体的支持、参与，动员社会力量协助执行，执结了一批疑难复杂案件。

第二十一编　公安　司法行政

矿区公安机关深入推进社会矛盾化解、社会管理创新、公正廉洁执法三项重点工作，在治安、户政、路面交通、消防、出入境、国内安全保卫、公共信息网络安全、刑事侦查等方面，充分发挥公安机关的职能，与时俱进，开拓创新，为矿区社会和谐稳定和经济快速发展创造了良好的治安环境。

矿区司法行政工作始终坚持依法治区，保卫、促进和服务社会主义现代化经济建设的工作思路，充分发挥法治宣传、法律服务、人民调解和法律援助等职能，树形象、保稳定、促和谐，努力为全区的经济建设营造良好的法治环境。

第一章　公　　安

阳泉市公安局矿区分局和西城分局牢记巩固党的执政地位、维护社会长治久安、保障人民安居乐业三大历史使命，深入推进社会矛盾化解、社会管理创新、公正廉洁执法三项重点工作，全面推进平安建设，依据法律有力地打击严重刑事犯罪和经济犯罪，与时俱进，开拓创新，为矿区社会和谐稳定和经济快速发展创造了良好的治安环境。

第一节　机构　队伍

一、机构沿革

（一）*阳泉市公安局矿区分局*

民国37年（1948年）8月，阳泉市公安局在境内设赛鱼派出所，管辖东起平潭垴、西至赛鱼村，北至龙凤沟区域内的厂矿、农村社会治安。1949年8月，赛鱼派出所迁至四矿口，改称工矿派出所。次年，更名为石卜咀派出所。1952年6月～1956年3月，境内又先后增设蔡洼、平潭街、赛鱼3个派出所。1957年11月，石卜咀派出所与蔡洼派出所合并，设石卜咀派出所。1958年10月，组建矿区人民公社政法公安部，下设秘书、侦查、治安、司法、检察5个科。1959年4月，平潭街派出所改称北大街派出所。1966年"文化大革命"开始后，公安机关瘫痪。1969年5月，公安机关实行军事管制后，境内设立红旗、红卫、向阳、大庆路派出所。1970年6月至1971年3月，增设沙坪、红旗岗2个派出所。1973年6月28日，撤销军事管制，成立阳泉市公安局矿区分局，下设沙坪、蔡洼、赛鱼、桥头、平潭街5个派出所。同年8月，内部增设政保股、治安股。1974年10月，赛鱼、沙坪、蔡洼、桥头4个派出所改设为赛鱼派出所和桥头派出所。1977年，增设战备南路、红岭湾2个派出所。1980年2月，区公安分局设刑警队和预审股。1981年12月，区公安分局增设办公室、政工科和经济文化保卫科。1985年12月，阳泉矿务局贵石沟新区建成后，增设贵石沟派出所。1986年8月，省公安厅下发《关于地（市）、县（市）公安机构设置的意见的通知》，分局对原有机构进行了调整和更名。1987年9月，设消防科。2003年1月，根据省公安厅、省编办关于市县公安机构改革的规定，经区编办批准，分局下设办公、指挥中心、防范和解决邪教问题领导小组办公室、监察4室；政工、计财、法制、信访、出入境5科；国保、经文保、治安、刑警、禁毒、经侦、巡警、网监、督察、消防10个大队；红岭湾、蔡洼、赛鱼、桥头、贵石沟、马家坪6个派出所。2004年区公安分局划归市公安局直接管理，机构未作变动。2005年年底，分局编制170名，领导职数9名，实际共有民警151名，职工12名，领导12名，职员27名。2007年，按照公安部、省公安厅关于县级公安机关机构设置的指导意见，保留了10个必设机构，实行职能相近机构合署办公：纪检、督察与政工科合署办公，出入境、经文保与治安大队合署办公，防范和解决邪教问题领导小组办公室与国保大队合署办公，办公室、"110"快反小分队与指挥中心合署办公，信访科与法制科合署办公，这样既整合和节约了警力，又提高了工作效能。全局191名民警职工中，一线警力168名，占全局民警职工总数的87.9%。2002年后，矿区公安分局局长先后由赵计平、石永祥、李宝祥、王根明担任，政委先后由谢贵元、王根明担任。

1981年矿区建区以后，充分发挥公安机关的职能作用，始终保持对严重刑事犯罪的高压态势，侦破了公安部督办、沉积14年之久的"马家坪系列杀人案"等一批大案、要案；建立社会治安稳控体系，在全市率先建成并运行“天网视频监控工程”；推行社区警务建设，把警力摆在社会面、摆在群众最需要的街道、社区、治安复杂场所和地段，提高了警务工作效能；实施科技强警战略，被命名为全省公安系统科技强警示范公安局（分局）。队伍建设以正规化建设为目标，相继组织开展了“三项教育”“大练兵”、保持共产党员先进性教育和社会主义法制理念教育“三基工程建设”“大接访”、学习实践科学发展观和争先创优等一系列活动，促进了队伍整体素质的提高。1996～1997 年，分局先后被市委、市政府授予“打团扫恶”先进集体和社会治安先进集体；1998～1999 年，分局连续两年被评为全省优秀公安局；2000 年被评为全国优秀公安局，马兆宝等 4 位民警还先后荣膺全国优秀人民警察称号。2008 年和 2011 年，分局被评为全省优秀公安局。

（二）阳泉市公安局西城分局

2001 年 4 月 18 日，根据山西省编制委员会办公室、山西省公安厅《关于太原钢铁公司公安处等企业事业单位公安机构列入地方公安机关序列并核定公安行政编制的通知》，阳泉市编制委员会办公室下发《关于阳泉矿务局公安处等企业公安机构列入政府公安机关序列并核定公安行政编制的通知》，阳泉矿务局公安处正式改制，成立阳泉市公安局西城分局，隶属市公安局，核定编制 142 人。原阳煤集团公安处符合条件的人员于 2000 年 3 月 19 日参加全省统一录用人民警察（公务员）考试，经体检、考核等程序，137 人被录用为人民警察。根据山西省高级人民法院、山西省人民检察院、山西省公安厅关于印发《山西省企业事业单位公安机构列入地方公安机关序列后管辖范围、执法权限和案件诉讼有关问题的意见》，改制后的阳泉市公安局西城分局仍然管辖阳煤集团所属单位。

2001 年 12 月 31 日，山西省公安厅政治部经对阳泉市公安局《关于西城分局下设治安派出所的请示》进行研究，下发《关于阳泉市公安局西城分局成立派出所的批复》，同意阳泉市公安局西城分局成立蒙河、矿山路、桃南、桃北、段家背、东山、洪桥、林场、大井、冠南 10 个治安派出所。2002 年 6 月 12 日，阳泉市公安局政治部下发《关于西城公安分局内设机构的通知》，同意西城分局内设政工科、办公室、纪检委、计财科、法制科、国内安全保卫科、刑侦大队、治安大队、巡逻大队、消防科 10 个科队。2002 年 6 月 13 日，西城分局召开全局民警大会。市公安局领导宣布了中共阳泉市委组织部关于成立中共阳泉市公安局西城分局委员会的批复决定，宣布了西城分局党委班子、行政班子成员，同时还宣布了西城分局机构设置。

2003 年 2 月 20 日，经阳泉市公安局政治部批准，增设警务督察大队、经济犯罪侦察大队、110 指挥中心 3 个内设机构。于 2006 年 5 月 31 日，经阳泉市公安局政治部批准，增设信访科、信通网监大队、禁毒大队、民用爆炸物品管理大队 4 个机构，原消防科设置为消防大队，由现役消防干部派驻管理日常业务。

2009 年 6 月 9 日，按照公安部和省公安厅、市公安局《关于县级公安机关机构设置的指导意见》要求，分局将 17 个内设科队规范整合为 10 个。其中执法勤务机构 4 个（指挥中心、国保大队、刑侦大队、治安大队），综合管理机构 3 个（政工监督室、法制室、警务保障室），选设机构 3 个（禁毒大队、网监大队、经侦大队）。

2002～2011 年，李宝祥、郝富平先后任阳泉市公安局西城分局党委书记兼局长。

阳泉市公安局西城分局服务对象为阳煤集团这个特大型企业。西城分局立足特大型国有煤炭企业的治安实际，围绕“立足阳煤，优化服务，维护稳定，构建和谐，促进发展”的工作目标，坚持“阳煤集团发展到哪里，西城分局就保驾护航到哪里”的服务理念，根据阳煤集团的发展部署整合警力，调整管辖，积极适应阳煤集团生产建设对公安工作的要求，在阳煤集团新建、兼并矿井和地理位置相对偏僻、独立，治安问题相对较多的地方设立警务区，先后成立光远新派、亚美建工、华越、新元、开元、新景矿、寺家庄 7 个警务区。

（三）厂矿保卫机构

中华人民共和国建立后，矿区境内厂矿企业建立了各类治安保卫机构，协助公安机关进行治安保卫工作，在一定的历史时期还被赋予部分公安职能。1949 年，华北煤矿管理总局成立警卫大队，在阳泉所属各矿组建保卫室。1950 年 1 月 7 日，阳泉矿务局成立保卫科，下设一矿、二矿、三矿、四矿保卫股。1952 年 6 月，阳泉矿务局保卫科升格为保卫处，内设秘书科、调查科、生产保卫科、基建保卫科，下辖一矿、二矿、三矿、四矿 4 个保卫科。1955 年，阳泉发电厂设立人事保卫股。1958 年 3 月，撤销阳泉矿务局保卫处，成立机关保卫科。同年 10 月，撤销阳泉矿务局机关保卫科，建立矿区人民公社政法公安部，下设秘书、侦查、治安、司法、检察 5 个科室。1960 年，阳泉发电厂设立保卫科。1961 年 3 月，重新组建阳泉矿务局机关保卫科。同年 7 月，撤销矿区人民公社政法公安部。1968 年，阳泉矿务局革命委员会政工组建立后，内设保卫组。1973 年，阳泉市商业局保卫组改设为保卫科，阳泉矿务局保卫组改设为保卫处。1980 ~ 1987 年，境内的市自来水公司、电器厂、电石厂、物资再生利用公司、农业银行、金属回收公司、工商银行赛鱼办事处、工商银行石卜咀办事处、建设银行矿区专业银行和甘河硫铁矿等单位先后组建保卫科。1983 年 1 月 5 日，阳泉矿务局保卫处改制为公安处，下属16 个保卫科也相应改制为公安科。2001 年4 月18 日，在阳煤集团公安处的基础上，成立阳泉市公安局西城分局，划归市公安局领导；阳煤集团重建保卫处，之后与武装部合并，改称阳煤集团武保部。

二、设施、装备建设

（一）基础设施建设

1973 ~ 2011 年，矿区公安分局在办公设施、警务装备、交通工具、通讯器材，尤其是派出所基础建设方面取得突破，总资产达到近 2000 万元。1998 年 6 月 20 日，矿区公安分局筹资 400 余万元，建成建筑面积 4600 平方米的办公大楼。1998 年，分局还筹资 50 万元，建成“110”指挥系统和公安有线程控通讯和无线通讯网络，提高了公安工作的指挥和快速反应战斗能力。2004 年，在区委、区政府的关怀和支持下，分局在阳泉经济技术开发区为民警购得 42 套、5000 多平方米的住宅楼，解决了困扰民警多年的住房问题。2007 年，分局贯彻落实全国公安机关“三基”工程建设会议精神，加强基层所队基础设施建设：投资 50 余万元，完成刑警大队新办公大楼的改建；投资 300 余万元，在原马家坪派出所旧址基础上建成面积 1000 平方米的办公楼；筹资 100 余万元，对 5 个派出所进行改建装修，统一标准，统一要求，外观标识全部达到标准；投入资金 20 多万元，完成了 8 个标准化信息采集室建设任务，为信息采集室配备了台式电脑、打印机、扫描仪、刻录机、数码照相摄像机、录音笔及 DNA 血样采集装备、指纹捺印装备、活体指纹采集仪、体重秤、足长身高标尺、采血针、办公桌椅、物证保管柜、档案柜、工作制度流程牌匾等设备。此外，分局还购置了 20 台电脑，建立了民警计算机培训室。

2011 年，分局在全市率先建成涉案财物管理中心，规范了登记台账和操作流程，打造了涉案财物管理模式，自主研发成功涉案财物管理系统。11 月，分局被山西省公安厅授予涉案财物管理问题专项治理工作示范单位，分局的经验做法在全省工作现场会上被介绍推广。狠抓执法场所建设。一是按照上级的要求和部署，投资 300 余万元，对基层派出所进行改造。根据各派出所的不同条件，分别进行规划和设计，基础条件较好的蒙河、大井、段家背派出所高标准完成了改造；条件相对较差的矿山路、桃北、洪桥、冠南派出所完成了基本改造，达到有专门的调解室和讯问室的要求。二是投资 100 万元，将分局大楼负 1 层改造为办案区和食堂。三是狠抓涉案财物管理问题专项治理工作，在进行排查清理的同时，严格扣押收缴、登记保管、移交处理等工作环节的规范管理，建立了涉案财物保管室，设立了银行专户，落实了办案单位专人负责制。

（二）交通通讯和警用器材配备

矿区公安分局建局后，在警务装备、交通工具、通讯器材配备方面逐步取得进展。2004 年，全国公安机关开展队伍正规化建设后，在省公安厅、市公安局和市、区两级党委政府的关怀支持下，全局163名正式民警单警装备全部配齐，防暴器材装备到位，配备了汽车、摩托车、电瓶巡逻车等交通工具75辆。2006年11月后，大批购置更新了计算机。2009年，投资80万元，添置了50台计算机及执法记录仪、无线基地台（对讲机）、打印机、扫描仪、一体机等一批信息化装备。同时，基层派出所也大力加强信息化建设，蒙河派出所开通了自己网站。至2011年，分局共有224台计算机，其中接入公安专网183台，民警拥有计算机率达100%。在通信建设上，分局建立了通信塔和有线、无线及视频监控指挥中心，购置了通讯指挥车、车载台和75部对讲机。

狠抓了“天网”工程建设。2007年后共投资420万元，建成了分局、派出所、社区警务室三级“天网”科技防控网络。视频监控一期、二期工程安装的170套电子监控设施，24小时对辖区内的重点区域、重点部位、重要单位、主要街面、案件多发路段、公共场所主要出入口及居民区等人员密集地区与重点监控范围进行实时监控，加上驻区企业内部的监控视频，初步实现了对社会面全方位、多层次、全覆盖动态监控的建设目标。“天网”工程的建成，显现了强大威力。2008年4月23日晚19点，刘某在一矿沙沟社区偷盗摩托车时，被“天网”监控锁定，几分钟后，民警就将其抓获，并由此打掉了1个盗窃摩托车16辆的盗窃犯罪团伙。同年7月28日中午，分局指挥中心接到群众举报，有2名歹徒绑架1名女青年到银行取钱。接警后，立即指挥分局快反巡逻大队民警出警，当场将涉嫌绑架敲诈的二矿服务公司工人刘某抓获，成功解救被绑架一整天的受害人张某。2009年5月10日下午，二矿发生一起嫌疑人持刀捅死行人的案件，分局民警通过调取“天网”监控视频数据，及时锁定犯罪嫌疑人乘坐的出租汽车，很快将涉嫌作案的吸毒人员李某抓获。

2011年，区公安分局建成高标准信息指挥系统。全局实现了光纤联网，接入率达100%。开通了视频会议系统，与区政府各部门统一组建了虚拟专网，安装了90部有线语音专网电话，配备了95部对讲机、3台车载通信器和移动图像传输车、应急发电机。投资140余万元，为“110”指挥大厅配备了LED电子显示系统、LCD液晶显示系统、监控系统、350兆无线集群系统，GPS卫星定位系统和GIS警用地理信息系统建设也顺利起步。

（三）刑侦技术建设

1973年6月矿区公安分局成立之前，矿区公安刑事技术主要由市公安局承担。阳泉矿务局保卫处下设的刑事技术室，负责企业内部一些一般案件的勘查工作。矿区公安分局成立后，在治安股内专门设置了从事刑事技术的人员。1997年刑侦改革后，矿区公安分局和矿务局公安处加强了刑事技术建设。分别建立了刑事科学技术室，配备了数码照相、摄像机、DFO和502重显柜等刑事技术专用设备，达到了公安部部颁二级标准，具备了勘查重特大案件现场的能力和基本刑事技术鉴定能力。加强了刑侦信息化网络建设，建立了刑事情报采集室。从1995年开始，区公安分局刑警队用3年多的时间，开发了刑事侦查综合信息管理系统，在1999年8月省科委组织的科技成果鉴定会上，认定该系统在基层公安部门刑事侦察综合信息计算机辅助管理上已达国内先进水平。2001年和2005年，先后有6名刑警大队民警到中国刑警学院进行了为期一年的脱产学习。区公安分局刑警大队技术中队配备的4名民警，全部取得中级技术职称。刑警技术人员刑事理论和刑事技术的水平提高，提高了办案效率，使刑警破案率逐年提高。据统计，每年利用刑事技术侦破的案件占侦破案件总数的13%。1998年3月31日，区公安分局刑警大队技术人员在运用计算机自动识别系统时，对1995年3月21日矿务局水泥厂排房被盗案现场指纹进行检查比对，仅用4分50秒就将犯罪嫌疑人左手拇指检出，认定统一，侦破了这起积案。在侦破马家坪系列残害妇女案件中，为了进一步摸清杨某的心理特点，区公安分局多次到公安大学、省公安厅、省农科院聘请专家对现场提取的痕迹物进行研究，还专门聘请了公安部心理专家运用先进的心理测试手段对重大犯罪嫌疑人杨某进行测试，取得良好效果，使杨某在铁的事实面前认罪伏法，交代了自己的罪行。2008年，矿区分局投入资金20多万元，在全市公安机关率先全部完成了8个标准化信息采集室建设任务。2009～2011年，区公安分局刑事技术部门先后购置了多光谱光源、强光勘查灯、足迹勘查灯、微量物证勘察箱、爆炸现场勘察箱、毒物毒品勘察箱、比对显微镜、足迹系统等先进仪器设备，办公环境由原来的50平方米扩大到200多平方米。2011年，分局筹资30余万元，购置了一辆多功能现场勘察车。硬件建设为更好地进行现场勘查工作提供了物质保障，在案件的侦破中，刑事技术部门起到了关键性的作用。

三、队伍建设

（一）文化素质建设

民国37年（1948）8月，境内建立第一个人民公安机构赛鱼派出所。此后，公安队伍不断发展。1978年改革开放之后，矿区公安队伍建设飞跃发展。建立社会治安稳控体系，于2007年在全市率先建成并运行“天网视频监控工程”，提高了对社会治安的防控能力和快速打击违法犯罪的能力；推行社区警务建设，把警力摆在社会面、摆在群众最需要的街道、社区、治安复杂场所和地段，提高了警务工作效能；实施科技强警战略，创建为“全省公安系统科技强警示范公安局（分局）”。在队伍思想政治和执法规范化建设中，以正规化建设为目标，相继组织开展了“三项教育”“大练兵”先进性教育和社会主义法制理念教育，开展了“三基工程建设”“大接访”、学习实践科学发展观、争先创优、大走访爱民实践、开门评警、“阳光行动”等活动，促进了队伍整体素质的提高。1980年建区时，分局仅有49名民警，文化程度大都是初中以下。到1991年，全局民警有7人具有大专文化，占全部民警人数的14%。截至2011年年底，全局民警70%以上具有大专文化，其中38名民警具有大学本科文化，占全局民警总数的22%。

（二）执法能力建设

进一步加强社会主义法治理念教育。以普法教育为载体，以加强依法治国为核心，进一步强化法治教育，使广大民警始终把党的事业至上、宪法法律至上、人民利益至上作为公安执法工作的出发点和落脚点，切实把严格、公正、公平和理性、平和、文明、规范执法的理念植根于每一个民警的头脑，落实到每一个民警的实际行动，贯穿到执法工作的每一个环节。

深入推进公正廉洁执法建设，加强执法监督。借助信息化手段，大力推进网上执法流程管理，逐步形成执法信息网上录入、执法流程网上管理、执法活动网上监督、执法质量网上考核的执法办案新模式，实现对执法办案活动的全程化、实时化、动态化监督。全面推进警务公开，最大限度地公开执法程序、执法进度、执法结果和执法文书，提高执法工作透明度。加强案件审核把关和个案监督机制，严格落实执法过错责任追究制，确保民警严格按照法定权限和法定程序行使权力、履行职责。认真开展案件评查活动，全面完善执法质量考评。建立执法单位和执法民警档案，加强执法绩效考评。实现了无刑事执法过错、行政败诉案件和涉法上访问题的工作目标。

强化执法工作职能，提高执法办案水平。以“执法公正、一心为民”为根本指导方针，开展创建一流执法单位活动。以全国公安机关执法资格基本级考试考核为载体，加强社会主义法治理念和人民警察职业道德教育，所队领导参加了市局组织的执法资格认证培训，分局对全体民警进行了学习培训，并坚持开展了每周两次的自测考试。

加强执法规范化建设。举办了以执法规范化建设为主题的法律知识竞赛。加强了执法场所规范化建设，建成7个执法办案场所，集中开展了执法教育培训，落实了案件主办人、法制员、法制部门、局领导四级案件审核责任制，实施了大要案侦查、强制措施变更、疑难问题查处的分局案件研判委员会提前介入和集体讨论合议的审核制度，规范了涉案财物管理，所有涉案财物全部录入信息系统，并将此项工作纳入年度执法考评。制订、补充和完善了《疑难案件集体研究制度》《案件审核制度》《执法过错责任追究制度》《民警旁听庭审制度》和《执法质量考核评议工作制度》等32个执法制度，坚持“有案必审、有错必究”“每月通报”“半年检查”的案件审核制度。

（三）思想政治建设

建区后的40年中，分局多次组织开展了“发扬传统、坚定信念、执法为民”为主题的教育活动，通过学习党史、重温入党誓词、革命圣地红色教育、争做阳光警察誓师、聆听英模报告会、观看光荣传统教育片等活动，进一步增强了全体民警热爱党、热爱祖国的政治本色，牢固“忠诚、为民、公正、廉洁”核心价值观，进一步增强了民警的政治敏锐性。在加强廉政建设方面，通过观看《没有规划好的人生》等警示教育片，规范和约束民警行为，涌现了全省“双十佳”政法干警候选人郝富平、全省优秀政法干警韩玉书等一批优秀代表。

不断创新社会管理理念和工作模式，使公安工作从传统“管理型”向“服务型”转变。通过教育民警增强服务意识，拓宽服务领域，提高服务质量，从群众关心的实际问题做起，使服务工作做得更周到。区公安分局制订了《便民利民措施十条》，根据群众需求，最大限度地简化入户、户口迁移、证件办理等手续；规范户政工作举报、投诉和考核制度等为民措施。区公安分局还建立向群众报告工作制度。日常工作中各部门和民警针对群众集中反映的问题进行整改解决并及时向辖区人大代表、政协委员、驻区单位领导、社区干部和群众进行报告。社区民警每个月报告一次，派出所每季度报告一次，分局每半年报告一次。畅通民情民意渠道、征得群众对公安机关的理解和支持，听取和接受群众对公安工作和队伍建设提出的好的建议，更加密切了警民关系。

开展创先争优活动。广泛开展“公安民警大走访”爱民实践活动。深入基层、深入实际、深入群众，做好“四进四送”（进厂矿、进社区、进企业、进家庭，送温暖、送平安、送法律、送服务），千方百计为群众做好事、解难事、办实事，争做人民群众的贴心人。学习先进典型。全国第二届道德模范获奖者黄代小的感人事迹在十里矿山广泛传播后，干警走访了黄代小一家，亲身体会典型人物生活的真实经历，感受黄代小质朴中闪光的人生。开展送温暖活动，走访慰问、倾听民意，送去分局党委的关怀，送去了全体民警的问候。

“阳光行动”取得良好效果。开展“助残、助教、扶贫、敬老”为主题的爱民实践活动，敞开心扉听民意、解民忧；举办了“阳光在我心中”为主题的演讲比赛。涌现出临危不惧、维护“的哥”利益的好民警张瑞国和“警民一家亲，遇难见真情”的桃南派出所等“阳光警察”“阳光警队”。钟声等10名民警被首批命名为“阳光警察”；蒙河派出所等4个警队被首批命名为“阳光警队”。21名民警、6个警队、3个单位被推荐为全市第二批“阳光警察”“阳光警队”“阳光警务单位”候选单位和个人。

狠抓纪律作风整顿，提高民警的自律性。以党风廉政建设为龙头，构建教育、制度、监督并重的惩治和预防腐败体系，签订党风廉政建设责任书，推进党风廉政建设和反腐败斗争的深入开展。结合广泛开展的深入学习《公安机关人民警察纪律条令》活动，在全局形成了“学条令、讲条令、用条令、守条令”的良好氛围。严格落实公安部“五条禁令”和省公安厅“六条警规”等规定。进一步规范全体民警的言行，形成纪律严明、作风优良的良好工作氛围和环境。在全市公安机关举办的《廉政准则》《纪律条令》知识竞赛中取得较好的成绩。落实从优待警，让民警时时刻刻感受到了分局党委的关怀。

加强基层班子建设，积极与市编办、人事局、公安局等部门协商争取，全局4个派出所高配为正科级，6个派出所和5个内设机构高配为副科级建制。本着人尽其才、才尽其用的原则，在民主推荐和民主测评的基础上，对基层科级领导岗位进行了调整，9名年轻干部被提拔任用到股级干部岗位。

第二节 治安管理

一、扫黄禁赌

1947 年阳泉矿区解放前，赌场妓院公开，卖淫嫖娼和赌博活动泛滥。解放后，人民政府明令禁娼禁赌，这些丑恶现象绝迹。改革开放后，这些现象又有所抬头。1985 年 4 月，根据中共中央《关于打击淫秽录（音）像的决定》精神，矿区公安机关收缴淫秽录（音）像带 14 盘，查处贩卖、播放淫秽录像的违法犯罪分子 12 名，促进了社会风气的好转。1986 年，国务院《关于坚决取缔卖淫和制止性病蔓延的通知》下达后，矿区公安机关组织开展了全区性的禁娼活动。1988 年破获全市最大的贩卖淫秽扑克案，涉案 120 人，依法逮捕 3 人，对 23 名主要参与人罚款 1.83 万元。1989 年调集 100 名公安干警开展整顿检查文化市场行动，依法收缴各种淫秽书刊、画册、录像带 2069 件，封存违禁书刊 1450 册。同年年底，配合“扫六害”（卖淫嫖娼、制作贩卖传播淫秽品、拐卖妇女儿童、私种吸食贩卖毒品、聚众赌博、利用封建迷信害人）专项斗争，开展禁娼禁毒治理，全区共查获各类“六害”违法犯罪团伙 32 个、400 余人，逮捕劳教首要分子 20 名，治安罚款 10 万余元。

20 世纪 90 年代，一些不法分子在辖区开设用于赌博的电子游戏机，并利用开设的歌厅进行淫乱活动。针对这些情况，矿区公安机关加强了打击力度。1993 年 12 月 24 日晚，根据群众举报，红岭湾派出所民警迅速出警，当场查获一起 20 余人的聚众赌博大案，缴获赌资 4000 余元，赌头五矿工人张某及窝主等 14 名参与赌博的人员被当场抓获。1994 年，蔡洼派出所打掉由陈某等 10 名女青年及 40 余名嫖客组成的卖淫嫖娼违法犯罪团伙。1995 年 8 月，中共阳泉矿务局委员会下发了《关于打击嫖娼卖淫、整顿企业内部文化生活环境的安排意见》的文件，阳泉矿务局公安处积极部署开展打击嫖娼卖淫、整顿企业内部文化环境的专项斗争。1998 年 8 月 13 日，矿区公安分局在阳煤集团墨玉宾馆捣毁一个利用电脑进行赌博的窝点，当场收缴赌资 15593 元，用于赌博的筹码 364 枚，价值 27850 元，同时还收缴了赌具电脑 20 台，乒乓游戏机 1 台。

2000 年 2 月 12 日，矿区公安分局开展了取缔非法电子游戏机娱乐场所行动，出动警车 30 多部，民警 200 多名，查封带有赌博性质的啤酒机、麻将机、牌机和跑马车等娱乐场所 25 家，查扣用于赌博的主机 9 台、探头 2 个。同年 7 月 11 ~13 日，阳煤集团公安处组织警力开展清查娱乐服务场所及电子游戏机经营场所集中统一行动，共出动警力 364 人次，治安积极分子 382 人次，车辆 49 辆；清查歌厅、舞厅、电子游艺场所、出租房屋及废品收购站点 231 家；取缔多功能综合娱乐场所、美容美发屋、桑拿浴池 12 家，废品收购站点 2 家，停业整顿 4 家；查扣矿用废旧财物 2 吨、扣押光盘 41 盘、游戏机卡 19 个、VCD 3 台、游戏机 2 台。2000 年后，矿区公安机关一直将扫黄禁毒作为严打整顿的内容之一，紧密结合实际，多次组织开展专项行动，整治突出问题，有效地遏制了“黄、赌、毒”等社会丑恶现象的滋生和蔓延，净化了辖区社会风气。2007 年 8 月初，西城分局在三矿矸山 307 国道旁的一个临时工棚内，摧毁一个利用电子游戏机聚赌窝点，抓获了韩某某等 6 名参赌人员。2011 年 9 月 11 日，区公安分局接到群众举报，在馨康家园一底商内查获用于赌博的牌机 32 台，对赌博人员依法给予治安处罚。2011 年 9 月 21 日，区公安分局根据群众提供的线索，打掉了一个在河神庙出租房组织妇女卖淫嫖娼的犯罪团伙，查封 5 个出租房，对 4 名涉嫌容留妇女卖淫的犯罪人员予以刑事拘留，对其他 9 名违法人员予以行政拘留和罚款处理。

二、禁 毒

新中国建立后，通过明令禁止和严厉打击，境内吸毒这一社会丑恶现象禁绝。20 世纪 80 年代后，吸毒现象又死灰复燃。1990 年 12 月，全国人大常委会颁布《关于禁毒的决定》后，区公安机关加强了禁毒工作力度。1991年7月29日，矿区公安机关查获首例私种罂粟案件。二矿工人段某在家属楼后山坡上和自家阳台上私种了18株罂粟毒品，并分两次用刀割汁，获鸦片1克，段某被治安处罚。1995年5月29日，赛鱼派出所打掉一个贩卖毒品团伙，查获参与贩毒吸食毒品的犯罪分子4名，缴获毒品盐酸二氢埃托啡330粒。1997年6月25日晚，矿区公安分局巡警队根据情报，打掉一个贩毒并利用毒品控制妇女在歌厅当小姐进行卖淫的特大犯罪团伙，缴获毒品海洛因7.6克和吸毒用的针管、吸管等，抓获贩毒、吸毒、卖淫的犯罪分子陈某等6人。1998年10月13日，在全区6个街道办事处，大张旗鼓地开展了声势浩大的宣传，并组织开展了全区禁毒大清查统一行动。共出动宣传彩车一辆，悬挂标语横幅8条，印发宣传品4000余张，放映电影专场3场，受教育群众达2万余人。其间，刑警大队一个晚上就打掉两个吸毒贩毒违法犯罪团伙，抓获吸毒贩毒人员李某（女）等9人。

2000年后，境内涉毒违法犯罪呈上升趋势，吸毒人员以盗养吸、以抢养吸、以诈养吸、以贩养吸成为影响矿区治安的突出问题。2003年，针对全区禁毒工作实际，矿区成立了由区领导担任组长的区禁毒工作领导小组，在区公安分局内增设禁毒大队，调配了专职缉毒警察，并配置了电脑、警车，增拨了经费，为全区禁毒工作奠定了物质基础。当年矿区分局共破获各类毒品案件277起，其中贩毒案件140起，非法持有毒品案件1起，吸毒案件136起，查处毒品违法犯罪人员242人次，其中逮捕29名、刑事拘留6名、取保候审3名、强制戒毒136名、劳教戒毒52名，缴获海洛因39.67克。

在禁毒严打整治的专项斗争中，贵石沟街道办事处社区干部与贵石沟派出所社区责任区民警同步建立毒情检测网络，坚持入户核对并与楼、户签订了责任状，经过深入细致的工作，取得明显成效，获得“无毒办事处”称号。随后，红岭湾、赛鱼、桥头、马家坪也对涉毒人员进行分层管理，建立了帮教制度，实行了责任追究，涌现出一批底数清、情况明，制度健全，帮教小组落实到位，“吸毒人员戒了毒，人民群众反映好”的“无毒社区”，推动了全区禁毒严打整治专项斗争的深入开展。

2005年3月8日，矿区分局禁毒大队与市局禁毒支队联合作战，将赛鱼西川两名毒贩抓获，并当场缴获土制海洛因52克。接着又前往河北省阜平县将制毒贩常某等4人抓获，并缴获制毒工具一套，已加工成品毒品海洛因62克，毒资6万余元，摧毁了一伙长期以加工、出售、贩卖毒品牟取暴利的犯罪团伙。同时还侦破了袁某等3人团伙贩毒案，缴获土制海洛因4.55克，侦破了沙坪梁某贩毒案，缴获毒品0.52克。2006年10月15日，矿区分局与市局相互配合，经过秘密侦查、蹲坑守候、巧妙审讯，发扬连续作战作风，成功捣毁一重大吸毒贩毒团伙，抓获以张某为首的犯罪嫌疑人7名，缴获土制海洛因50余克。同年，西城分局针对阳煤集团生产场区及其周边地区的涉毒违法犯罪活动较为严重的问题，把禁毒工作作为维护阳煤和谐发展的重要措施来抓，健全禁毒机构，成立了禁毒大队，配备了专门工作人员，有效地维护了辖区的稳定。

2007年，矿区分局加强领导，增加了警力，配备了车辆，保障办案经费。12月4日，在省公安厅、市公安局和忻州市公安局的大力协助下，分局禁毒大队民警远赴忻州市繁峙县，一举将涉嫌贩运毒品的嫌疑人何某、刘某抓获归案，缴获毒品80余克，成功阻断这条由忻州市繁峙县通往阳泉市的毒品通道。2008年，矿区分局开展了为期两个月的禁毒严打专项行动。5月22日，在市局禁毒支队统一安排部署下，分局禁毒大队与城区分局禁毒大队联手捣毁一个由7名东北籍人员组成的贩毒团伙，缴获毒品1200余克、毒资3万余元、贩毒车辆1部和其他贩毒工具。10月，在全市率先开展了社区戒毒（康复）工作，选择了沙坪、赛鱼、段南沟、菜市、东山、枣林山6个社区设立戒毒（康复）试点站，对吸毒人员进行人性化戒毒和动态管控。12月18日，首批6个试点站揭牌运行。2009~2011年，矿区公安分局共侦破涉毒刑事案件56起，抓获涉毒违法犯罪人员575名；缴获各类毒品833.5克；西城分局共侦破涉毒案件102起，打击处理涉毒违法犯罪嫌疑人123人。截至2011年年底，辖区共有涉毒人员828人，占全市吸毒人员总数的46%。区公安分局积极推进社区戒毒（康复）工作，全区40个社区戒毒（康复）站点全部挂牌运行，并实现了制度职责上墙，各项基础台账（社区戒毒人员档案，包括戒毒人员登记表、社区戒毒协议书、定期尿检表、帮教情况登记表、家访情况、谈话情况等）也已建立完善。随着戒毒康复中心场所建设到位和戒毒药品到位，社区戒毒常态化管理也逐步实现常规化，为涉毒人员戒除毒瘾、回归社会提供帮助。

2003～2011年阳泉市矿区公安分局破获涉毒案件统计表

表21－1　单位：人

年份	贩卖毒品人数	非法持有毒品人数	吸毒人数	合计	缴获毒品	缴获毒资
2003年	21	1	142	164	土制海洛因39.67克	—
2004年	12	—	108	120		100元
2005年	18	—	116	134	土制海洛因121.07克，摇头丸23粒	6万元
2006年	12	1	137	150	土制海洛因97.42克	—
2007年	16	5	154	175	土制海洛因100克，冰毒2.15克	3000元
2008年	18	2	128	148	土制海洛因112.96克，冰毒16.85克	9000元
2009年	15	1	132	148	土制海洛因20.7克，冰毒19.08克	2000元
2010年	11	3	157	171	土制海洛因、冰毒、K粉等600余克	20000元
2011年	10	5	137	152	土制海洛因151.7克，冰毒41.57克	6000元

2003～2011年阳泉市矿区公安分局处理涉毒人员统计表

表21－2　单位：人

年份	逮捕	刑拘	起诉	取保监居	强制戒毒	劳教	行拘	罚款	警告	社戒	合计
2003年	18	6	21	3	138	48	4	—	—	—	238
2004年	11	11	12	1	108	27	—	—	—	—	170
2005年	14	18	18	—	116	43	17	31	—	—	257
2006年	12	11	13	1	137	52	17	82	—	—	325
2007年	15	15	16	1	113	48	60	68	—	—	336
2008年	18	16	22	—	91	18	120	6	—	1	292
2009年	16	16	20	2	60	—	131	—	—	34	279
2010年	18	15	19	1	66	—	144	—	—	53	316
2011年	13	12	16	3	49	—	136	1	—	60	290

三、特种行业管理

阳泉解放初期，辖区有车马店11个。1947年，阳泉市公安局在境内建立赛鱼派出所后，对旅店业实行登记报送制度，进行严格管理。同年，查店时抓获贩卖黄金案犯1名，缴获兜售金条、金戒指等物品。1951年，特种行业管理范围为旅店业、公共娱乐场所、印铸刻字业和无线电器材业等。1978年，特种行业管理范围改为旅店业、印铸刻字业、旧货业、修理业。1985年，废旧金属收购业等9个方面恢复特种行业许可证管理制度。1988年10月，矿区公安分局对全区43个废品收购点进行检查整顿，取缔了手续不全和违法收购点29个，收缴违法收购的有色金属30余吨。

2002年，根据国务院要求，取消了13项公安机关行政审批项目，将治安管理的行业和场所分为三类：一是特种行业（旅店、含住宿的桑拿业、印章业、典当业、音像放映业），二是实行登记备案制的行业和场所（废品收购业、机动车拆解回收业、机动车修理业、公共娱乐服务场所业），三是需要控制的行业和场所（印刷复印业、公共交通、交易、旅游场所、网吧）。

在旅店业专项管理中，各店的每个房间均放置了“旅客须知”。为防意外事故发生，对各旅店、旅馆实施定期、不定期的检查、抽查，要求各旅店、旅馆必须按规定向公安局治安科或所在地派出所汇报治安情况和防范措施。2005年，在全区旅店安装了旅店业信息管理系统，2008年完善了此系统。矿区还将印章业纳入全市印章治安管理系统，该系统包括印章治安管理中心、印章承制企业和各印章使用单位；建立健全了以该系统为核心的印章审批、制作、存储、建档、识别和鉴定等一整套规章制度和工作制度。截至2011年年底，矿区特种行业有旅店业17家（其中集体2家、私营15家）、印章业1家（国营）。实行登记备案制的行业和场所有废旧金属回收业20家（均为私营）、公共娱乐服务场所21家（其中集体1家、私营20家）。需要控制的行业和场所有印刷复印业16家（其中集体15家、私营1家）。矿区公安机关对上述行业均按要求进行了管理。

四、危险品管理

矿区境内属于危险品管理的物品主要有三大类。一是石油（汽油、柴油等）类危险品，由消防部门管理；二是民用爆炸物品（雷管、炸药、烟花爆竹），由治安部门管理；三是放射、剧毒等物品，由治安部门管理。

（一）民用爆炸物品管理

民爆物品管理历来是矿区公安保卫工作的重点。1978年中共十一届三中全会后，随着改革开放的不断深入，辖区煤炭工业高速发展，民爆物品使用大量增加，由于内部管理存在漏洞，造成一些民爆物品流入社会，形成潜在的不安全因素。1981年，三矿俱乐部、石卜咀先后发生2起特大爆炸案，死伤159人。1987年，区公安分局对辖区民爆物品实行检查管理，依法收缴矿区建材厂违章存放的炸药30千克，并对厂长处以罚款。1988年，实行“定点销售、专库保管、专柜销售、专人负责”的烟花爆竹安全管理责任制，并吸取外地民爆物品产、供、销环节中发生爆炸死伤人命的教训，在春节、元宵节期间，组织公安干警对22个销售点进行安全检查，取缔无证销售点113个。同年，对二矿商店违反规定，擅自购销民爆物品的行为依法进行查处，没收、销毁1万余元烟花爆竹。

1997年9月，市公安局将阳泉矿务局民爆物品管理工作移交矿区公安分局。在爆炸物品日常管理工作中，矿区公安分局和阳泉矿务局公安处密切配合，按照《民用爆炸物品管理条例》，坚持“查隐患、抓整改、建制度、抓落实、防事故、保安全”原则，对爆炸物品经营流向、购买、运输、储存、使用、账目登记、收发、领取、清退等环节建立了一套完整的跟踪管理办法和日常检查制度。一是建立实行了爆炸物品从业人员培训制度，每年对所有爆炸物品从业人员进行培训，培训合格后发给合格证，持证上岗。二是建立实行了安全责任状签订制度。每年与涉爆单位签订安全责任状，把日常管理工作和安全检查有机结合起来，对涉爆单位定期、不定期进行安全检查，消除隐患，杜绝涉爆案件和事故的发生。三是完善了爆炸物品管理制度。先后建立了爆炸物品安全管理责任制度、爆炸物品审批制度、教育培训制度、证件管理审验制度、爆炸物品报废及销毁制度、涉爆案件管理登记制度、从业人员资格审查制度等。四是建立了各使用爆炸物品单位的安全制度。建立了主管单位负责人岗位责任制、领取清退制度、巡守员岗位责任制、保管员岗位责任制、爆破员岗位责任制、废品销毁制度、运输装卸制度、储存保管发放清退制度、防火警卫制度、销毁制度、奖惩制度等。这些民爆物品安全生产管理检查制度的实施，对辖区防止民爆物品重大事故发生起到重要作用。

西城分局2003年先后查处新元矿违章购买、使用民爆物品违法行为，收缴雷管4000余枚；查处亚美建工采矿工区内的违规使用、存放民爆物品违法行为，收缴雷管282枚、炸药69千克、导火索

310 米。矿区公安分局每年均组织民警对阳煤集团各生产矿井周围的农村、社区、自建房进行检查，收缴非法流散的民爆物品，为煤炭生产消除安全隐患。

2005 年 11 月 14 日，段家背派出所根据群众举报，破获一起外来人员非法储存、买卖、使用爆炸物品案件，缴获炸药 72.45 千克、雷管 283 枚。11 月 17 日，红岭湾派出所接到群众举报，称一矿老三矿自建房史某家中藏有大量雷管和炸药。接警后，民警即赶赴现场，缴获雷管 100 枚、炸药 13 千克，并将私藏爆炸物品的犯罪嫌疑人史某等抓获，依法予以刑事拘留。2007 年 8 月 30 日，西城分局林场派出所在盂县阳煤集团木口林场 26 林班 8 小班林区，捣毁一非法制造炸药窝点，当场查扣制造炸药材料硝铵 114 袋（约 4.56 吨）、硫磺粉 7 袋。同年 12 月 28 日 16 时，西城分局治安部门在三矿护卫队的配合下，查破一起利用三轮农用车非法贩运炸药的重大涉爆案件，查扣了从太原“黑市”购买来的准备私开小煤窑使用的非法炸药 30 箱，共计 594 千克，依法刑事拘留涉嫌非法贩运炸药的犯罪嫌疑人颜某。

2008 年，矿区分局以北京奥运会安全保卫为中心任务，按照民爆物品安全管理的有关规定和要求，结合矿区实际，将辖区的自建房、租赁房屋、废弃房屋和暂住人口作为治爆缉枪专项整治的工作重点，不断加强对流散在社会上的爆炸物品和其他危险品的管理和查处力度。在强化民爆物品管理的同时，充分发动群众积极参与。社区民警将 2000 份《严厉打击涉爆犯罪活动通告》张贴到全区的各街道路口、人员聚集区、社区自建房等场所，将 20000 份《致广大居民的一封信》分发到居民家中，张贴到每排房、每幢楼、每个住宅单元口。发动群众检举揭发，并承诺对举报人的奖励，在全区 40 个社区设立了举报信箱；派出所民警深入社区挨门逐户进行调查走访，对近 5 年来受到处理的涉爆人员逐一见面谈话，随时掌握其动向表现。采取“过筛子”的办法，全面开展安全大清查，彻底收缴非法爆炸物品。4 月 28 日下午，矿区分局及时检查并妥善处理了阳泉辰光热电有限责任公司仓库内存放的导爆索 2650 米、拉火管 5038 个、音响手榴弹雷管 119 个，消除了重大隐患。5 月 29 日，矿区分局在市公安局治安支队、刑警支队警犬队和媒体的大力支持下，集中精力、集中警力在全区范围内全面开展涉爆清查行动。共出动警力 80 余人、警车 10 辆、警犬 4 条、测爆仪 1 台，共清查出租房屋 156 家 296 人，城乡结合部 3 处，空闲厂房 16 个。

2009～2011 年，西城分局大力开展爆炸等危险物品专项整治行动。以“不流失、不炸响”为目标，对辖区内所有涉爆、涉枪、涉毒和放射性物品单位进行了全面细致的安全检查，逐一与从业单位签订安全管理责任书，严防危险物品丢失、被盗、被抢。同时加强了巡逻防范和查控工作。

（二）放射、剧毒化学物品管理

20 世纪 80 年代后，随着科技进步和生产需要，境内一些医院、企业使用一定数量的放射性和剧毒性危险化学物品。为了确保危险物品不发生安全问题，矿区公安分局成立了危险物品安全整治专项工作领导小组，并采取了一系列防范措施：经常对辖区涉及危险物品的单位和人员进行宣传教育，提高从业人员的安全防范意识和自觉性；重点查处非法生产、销售、运输、储存、使用危险物品的单位和人员，起到警示教育作用；重点检查储存、使用环节的安全防范措施是否落实，制度是否健全，对发现的隐患问题，及时进行整改，做到防微杜渐；全力收缴流散在民间的危险物品，努力减少社会治安隐患。2006～2008 年，矿区分局每年都对全区 15 个剧毒危险品从业单位进行安全检查，对 2 个重点单位（市农行和市自来水公司），分局与他们签订责任书，并将每个环节的具体管理工作落实到每个责任人身上，一级管一级，一级对一级负责，切实加强了责任监督。2008 年 7 月 22 日晚，有群众举报称：在二矿东窑房河滩自建房中，有人非法自制氢气，分局治安大队和蔡洼派出所立即进行走访调查，于 23 日晚在二矿东窑房自建房侯某的出租房内，查获用于气球充气的自制液化气气罐 3 个，工业用氢氧化钠 1 袋，“AAA”精矿粉 4 袋以及其他设备，及时消除了安全隐患。矿区分局在对市自来水公司进行检查的过程中，发现该公司化验室存放有大量的氰化钾等剧毒化学品。为保证其存放的绝对安全，在及时下达治安安全隐患通知书的同时，责令自来水公司安排双人双岗实行 24 小时看守，并多方联系有关部门对这些危险化学品进行妥善安全处理。通过多方努力和协调，10 月 21 日，在山西狮头水泥固废处理中心将这些剧毒化学品进行了彻底销毁。

第三节　户政管理

民国时期，境内沿用保甲制，户籍由各村长按户主造册报送县警察所。县警察所设有家庭人口花名册。

阳泉解放后，人民政府明令废除保甲制度，推行新的户口制度，将赛鱼地区作为户口登记试点。1950 年 8 月，二矿派出所在所属街道进行户口登记，并报市公安局统一管理。1953 年 2 月，境内展开第一次人口普查。同年 4 月，公安部下达《关于使用户口本、册，表册，证件的通知》，省政府颁布《山西省建立登记制度工作实施方案》，据此，市公安部门对境内户口进行了全面整顿，查清了境内户数、人数、民族、性别、年龄和职业等基本情况。同时，落实煤矿职工家属的落户工作。1958 年，随着《中华人民共和国户口登记条例》的颁布实施，户口管理趋于规范化，迁入、迁出、临时来客实行登记制度，履行规定手续。1964 年 6 月 30 日，根据国家统一部署，境内开展第二次人口普查。“文化大革命”初期，户口管理受到严重干扰。1973 年矿区公安分局成立后，户口管理制度逐步恢复。同年 6 月，针对辖区人口漏登、错记、底数不清的状况，在全区各公安派出所普遍开展“三熟悉”（熟悉门牌号、熟悉住址、熟悉人员）活动，并组织户籍民警深入管段，采取“户口簿、粮本、人头、底簿”四对照方法，逐人逐户核查清理，纠正差错、补充遗漏。1975 年 4 月，开展户口、门牌、街道名称整顿，基本实现了辖区门牌、户口、街名三统一。同时，建立成年人口卡片报送制，开始对居住于自建房的煤矿职工家属实行户口管理。1977 年 3 月，组织户籍民警开展“四知六熟悉”（知姓名，知住址，知问题，知表现；熟悉出身历史，熟悉家庭状况，熟悉主要成员，熟悉经济状况，熟悉社会关系，熟悉政治面貌）活动，坚持户籍民警深入户口管辖区，进行人口调查、掌握人口动态。1983 年，随着辖区工业的发展和新招职工的增加，自建房户高达 6500 余户。由于体制问题，形成户籍警区外的“三不管”地段，给居民生活和社会治安带来诸多不利因素。1984 年，为了彻底搞好自建房区的管理，保证煤炭安全外运，确保矿区治安秩序，矿区公安分局先后制订下发了《自建房居民区治安管理办法》《自建房居民区治安防范公约》，将自建房按区域划分为 5 个临时治安管理组，从一矿、二矿、三矿、四矿、工程处抽调 40 名职工充实民警队伍，在派出所的领导下，负责管理自建房区域的户籍和治安。1985 年 10 月 28 日，辖区煤矿井下职工家属农业户口转为城镇户口的迁移落户工作由区公安分局办理。同年年底，共审查批准落户 3076 户。2003 年，公安部 30 项便民利民措施出台后，治安大队对照公安部要求，结合矿区实际，从有利于优化经济发展环境，有便于方便群众生产生活，有利于规范干警执法行为，有利于提高办事效率出发，推出了 14 项便民利民措施，简化户口审批手续，放宽部分落户条件，实行特事特办。2004 年，调整了煤矿井下家属“农转非”户口审批程序及手续，需具备的手续由原来的 10 项调整为 6 项，审批环节由原来的 6 个调整为 4 个。随后，又推行了“办户流动警务站”，在办户高峰期（如毕业分配、大中专新生报到），要求各派出所根据实际情况在社区警务室和人口居住集中的地方设立办户流动警务站，接待群众办户，有条件的要上门办户。

1986 年 9 月《中华人民共和国居民身份证条例》颁布后，矿区公安分局在辖区开始对 16 周岁以上的居民发放居民身份证。1987 年，根据全国治安形势要求，将以户为主的管理制度改为人户结合、以人为主的管理体制。1990 年 8 月，居民身份证颁证完成应颁总数的 96%，区公安分局被山西省评为颁证先进集体。同年，在全国第四次人口普查中，区公安机关受到国家人口普查领导组的表彰。1991 年，矿区开始推行户籍管理人口信息化管理模式。1993 年，派出所户籍管理全部推向前台办公，结束了手工操作户籍管理的历史。1999 年，矿区在全市率先建成全国“百城联网”人口管理系统，人口信息、人像扫描等各项数据输入准确率达 100%。2000 年 6 月，矿区分局制订了《关于开展第五次人口普查户口整顿工作方案》，积极与各街道办事处联系，抽调文化素质高、责任心强的户口协管员 350 名，进行了为期两周的业务培训，积极稳妥地开展了全国第五次人口普查工作。2005 年，为进一步解决出生未上户、口袋户情况，出台了《关于集中解决一批户口问题的实施方案》，简化手续、简化程序，加强宣传，集中解决了出生未上户、口袋户问题 2076 人次。当年开始建设人口信息网络管理系统，矿区公安分局按照公安部领导提出的“建设高质量的人口信息管理是加强和改进公安工作的一项基础工作，要统一规范、高效合成”的指示，把人口信息管理系统建设放在“金盾工程”基础性、先导性的重要位置，成立了以局长为组长的领导组，制订具体实施方案，并与各个派出所所长签订了责任状，明确各项任务的指标、时间及质量要求，当年就实现了办户办证的网络办公。

2006 年，全区开始居民第二代身份证换发工作。2007 年，严格人口行政管理，案件、户口等信息系统正常运行并实现联网管理。当年办理的各类案件、涉案物品、爆炸物品、常住人口、重点人口、旅店、特行、重点消防单位、火灾等信息全部录入微机，录入合格率达 100%。2008 年，以人口管理为基础，不断强化对暂住人口和租赁房屋的管理。同时结合奥运安保工作，出台了《关于对租赁房屋暂住人口进行清理整顿的实施方案》和《流动人口治安管理专项行动工作方案》，严格按照《山西省暂住人口管理条例》规定，对居住在自建房的暂住人口和辖区内经商务工等其他暂住人员全部核发了暂住证。

2010 年，全区组织开展第六次人口普查工作。区公安分局制订实施方案，抽调了 675 名工作人员协助此项工作。普查中，区公安分局以“要大力解决群众关心的六类突出户口问题，要开展提高人口信息质量会战，提高人口数据项目饱和度”这两个重点为工作核心，依托人口信息系统平台，以信息会战为契机，以提高人口信息数据质量为目标，深入彻底地在群众中开展了户口整顿工作。共核查常住户数 81193 户、253492 人，人户分离 10449 人；变更更正项目差错 20585 项；核查出常住户口待定人员 714 人；应销未销人员 703 人，因死亡已注销 696 人；新登记暂住人口 6675 人；对于极少部分仍未解决的，仍积极联系本人或知情者想尽各种办法解决。对省厅提供的 95 岁以上人员和使用频度极低的问题姓氏逐一进行了核对，对重人重户口的情况通过多种渠道、多种途径、多种方法逐一进行了落实。普查中，及时为群众办理“二代证”“临时身份证”等户口证件，将办好的证件及时送到群众手中。

2010 年，西城分局创新流动人口管理工作，结合辖区单位外用工较多的特点，在流动人口管理中，采取与用人单位联合管理，以用人单位为主的方法，对各单位所雇用的外用工进行统一登记、统一管理，逐步建立了“以业管人”的流动人口服务管理新模式。

第四节　路面交通管理

新中国建立初期至 1986 年，境内交通由市公安局交通队、市交通局交通监理所共同管理。1987 ~2011 年，境内交通由阳泉市公安局交警支队一大队管理。2011 年年底，交警一大队有民警 21 人，协勤人员 85 人，内勤、工勤人员和“4050”再就业交通协管人员 59 人，总数为 165 人。大队下设车管科、事故科、办公室、法制中队和 3 个路面中队，一个巡逻中队。

1980 年，在洪城河路口设置境内第一个交通岗亭。1982 年 1 月，市公安局交通大队在境内赛鱼、四矿口增设两个交通岗亭。1983 年，交通监理所赛鱼西站成立。1987 年交警一大队成立后，负责范围东起五渡桥，西至与寿阳交界处，南至桃河，北达郊区黄沙岩，涵盖了矿区全区以及城区、郊区的一部分，承担上述区域内全部道路及5个灯控路口的交通管理和巡逻任务，摩托车的办证、审验工作和阳泉市90%以上的交通应急特勤任务。2010年，辖区机动车辆增至4.6万台，驾驶人为2.3万人；管辖路段增加307复线6.5公里。

至2011年，辖区内道路总里程184.5千米，其中307国道线1条16.8千米、省道线1条8.6千米，城市主要干道和县乡道路总计55条159.1千米。辖区所辖交安委14个，拥有各类机动车辆近万台、持证驾驶人员14200人、自行车25万辆，上述两项均以每年2.5%的幅度递增。

1987～2011年，交警一大队严格执法，文明执勤，积极消除交通隐患，努力避免重大交通事故发生，在交通管理工作中取得显著成绩，先后被山西省交通安全委员会、阳泉市公安局评为先进集体；大队长李发保1994年和1995年连续两年被公安部评为全国优秀人民警察。

第五节　消防管理

一、机构沿革

阳泉解放初期，消防安全由各厂、矿保卫科（股）负责管理。1953年7月，阳泉矿务局消防班组建，由12人组成，配备水罐车一辆。1956年消防班改称消防队，隶属阳泉矿务局保卫处。1957年，根据国务院颁布的《消防监督条例》规定的“以防为主、以消为辅”的方针，消防人员经常深入厂矿、企事业单位、机关、学校检查安全措施，指导传授消防知识，并训练值勤人员熟练掌握消防器材的使用，使境内火灾基本能及时得到遏制。“文化大革命”初期，消防制度遭到破坏，火灾事故一度频发。1987年9月，矿区公安分局设消防科，负责辖区范围内的消防及消防宣传教育、消防安全检查、易燃易爆化学物品管理、建筑工程的消防监督和火灾事故的检查处理等工作。同年10月，矿区公安消防科在“预防为主、防消结合”方针指导下，实行专业消防和群众防火相结合，全区机关、厂矿、学校、事业单位消防安全工作开始试行目标化管理制度。1990年火灾事故降为3起，经济损失3200元。1992年2月，矿区消防科升格为现役副营职机构。1995年10月，矿区消防科升格为正营编制。2003年1月，根据省公安厅、省编办关于市县公安机构改革的规定，矿区公安分局下设消防大队。2006年，全区火灾形势总体平稳，共发生火灾52起，直接经济损失12000元，无重特大火灾，无人员伤亡。其中居民火灾22起，单位火灾20起，其他10起。2007年，区消防大队组织了重点消防单位灭火演练，辖区未发生大的火灾事故，一般火灾事故20起，经济损失6600元，无人员伤亡。火灾事故的四项指标与去年同期相比下降了52.3%。2008年9月11日，西城分局消防大队组织开展消防业务集中培训，分6期对阳煤集团所属37个矿处级单位的1400余名专兼职消防人员进行培训，有效防止了重特大火灾事故的发生。

为确保2011年“中博会”顺利召开，先后开展了构筑社会消防安全“防火墙”，全面排查整治火灾隐患“飓风1、2、3、4号”专项整治行动，重点对全区所有夜间营业的宾馆、酒店、商场、商厦、网吧、酒吧及公共娱乐场所等进行了全面的排查。其间共检查相关单位42家，发现火灾隐患46处，当场改正16处，限期整改30处，行政处罚3家，下发“责令改正通知书”6份，临时查封3家，罚款9000元，集中查处了一批火灾隐患和消防违法行为。截至2011年年底，辖区确定了41个消防重点单位（其中人员密集场所33家，其他8家），安装市政消火栓13个。配备公安消防监督人员3名，担负辖区的防火监督工作，按照上级命令完成抢险救援和社会救助等工作。辖区6个派出所均设分管消防副所长1人、专职消防民警1人。

二、居民区防火

阳泉市矿区下辖6个街道办事处、40个社区，截至2011年年末，常住人口73414户，258880人，暂住人口 25099 人。20 世纪 80 年代以前多为平房和 3 层以下的居民住宅楼，集体宿舍以楼房为主。80 年代后期开始，修建的居民住宅楼多为 5 ~ 7 层，居民区的消防工作越来越重要。为此，区政府 2004 年 3 月制订了《阳泉市矿区社区消防安全管理规定》，要求实现“基层基础工作社会化，消防建设社会化”的消防工作目标。文件规定，社区消防工作主要由派出所组织进行，一个社区要设置一个警务室，配置必要的消防设施器材，积极组织建立社区义务消防组织或志愿者消防队，定期开展防火检查、防火巡查，使社区消防工作步入正轨。为了切实加强社区消防安全教育，2006 年矿区政府又下发了《关于印发阳泉市矿区消防宣传“五进”工作实施方案的通知》在辖区内开展了社区消防安全宣传教育，通过板报、讲座等形式对社区居民进行消防安全宣传，并印制了《家居灭火应急十要》宣传品下发到社区每一个家庭。每年区政府都要组成由分管区领导任组长，公安、文化、教育、民政、新闻等部门主要领导为成员的“11 · 9”消防宣传活动领导组，开展以“消除火灾隐患，构建和谐社会”为主题的“11 · 9”消防宣传周活动。

三、企事业单位防火

辖区有 200 多个单位，其中地市级单位 1 个，县团级单位 10 个；有 7 个区直企业和 36 个重点单位。公安消防监督人员 2 名，派出所兼职消防民警 12 名，辖区企业单位专兼职防火员 37 名，义务消防队（组）32 个，设有队员 800 余人。市政消防栓 12 个。

新中国建立初期，境内各单位重视消防法规的宣传教育，为防火准备了简易的砂袋、大水缸等。随着社会的进步，对消防安全教育更加重视，灭火设备更加完善，组织领导更加健全，火灾损失逐年下降。

企事业单位消防安全工作的主要做法是：督促辖区内的企业建立企业消防组织系统，制订消防宣传教育方案和培训制度，积极开展消防宣传，配备消防器材，在企业内部设置了固定醒目的消防安全宣传板、标语或警示牌。特别是强化了对消防安全重点单位、要害部位、公共场所、商场市场、宾馆饭店、娱乐场所、医院学校等人员密集场所，以及易燃易爆化学物品生产、经营、使用和储存场所的监督抽查。落实消防安全责任制，严格单位内部防火检查和巡查，强化对重点岗位人员的安全培训，完善灭火和应急疏散预案，提高了人员密集场所工作人员扑救初期火灾的能力和引导人员快速撤离的能力，预防和减少重特大火灾，尤其是群死群伤火灾的发生。

加强了辖区内学校的消防工作，在各校建立了消防安全责任制度。制订了消防安全疏散预案，完善了消防教育档案，制订了学生消防宣传教育计划，将消防安全教育纳入学生课堂教学内容，每学期开展消防宣传教育 2 个课时，学生教育率达 100%，力求使广大学生会报火灾，会使用灭火器材，会自救逃生。

根据矿区的实际情况，每年的春节和元宵节前都要精心组织、积极开展“冬防工作”，对辖区消防重点单位和重点部位进行一次全面的消防安全检查，对公共文化娱乐场所进行消防安全大整顿，特别是加强元宵节前的灯展消防安全。矿区消防大队在灯展前都主动与阳煤集团元宵节大型灯展的组织单位联系，在组灯安装前主动与灯展组织单位碰头，要求灯展组织单位制订详细的《灭火应急疏散预案》，对组灯的摆放地点、用电、防火安全进行严格把关，消除隐患。因此，灯展举办多年，均未发生重、特大火灾事故，确保了重大节日期间的消防安全。

2011 年，集中对辖区学校教学楼、宿舍、食堂等人员密集场所进行全面消防安全排查，共发现火灾隐患 16 处，对存在火灾隐患的单位，无法当场整改的下发“责令限期改正书”6 份，并对该单位进行指导，确保了校园消防安全。全力做好“两节”“两会”“国庆”等重大节日期间的消防安全保卫工作。年内，共检查相关单位 298 家，下发“责令改正通知书”189 份，“复查意见书”189 份，下发“公安行政处罚决定书”10 份，罚款 89000 元。

四、重大火灾纪略

1963 年 2 月 17 日，阳泉矿务局一矿北头咀井因瓦斯爆炸引发火灾，死 3 人，重伤 2 人。

2004 年 4 月 7 日，阳煤集团二矿蔡洼自建四区由于儿童玩火引起火灾，市消防支队调动阳煤集团消防大队、市消防一中队 6 部消防车到现场灭火，支队副支队长亲临现场指挥。火灾造成 3 人死亡，直接财产损失 4000 余元。

2005 年 6 月 24 日，阳煤集团威虎化工厂炸药库 10 号库房储存的铵锑炸药发生自燃。市消防支队调度指挥中心先后调集阳煤集团消防大队、市消防一中队、二中队到现场灭火。市委书记程步云、市长谢海、市公安局局长李柏到场指挥。火灾扑救中先后调动公安民警、驻地武警数百人，疏散群众 5 万余人。火灾烧毁铵锑炸药 40 余吨，因扑救及时未引发爆炸，也未造成人员伤亡。

第六节　出入境管理

一、出入境管理

辖区出入境管理工作在 2003 年 1 月之前，是由市公安局直接负责的。矿区公安分局 2003 年 1 月成立出入境管理科后，即制订了相应的岗位责任制和服务承诺制，建立了外国人和境外人员信息管理系统，把入住境外人员的管理纳入派出所实有人口管理，并做好入境人员的管理、登记工作。

辖区公民因私申请出国的，根据《中华人民共和国公民出入境管理法》第五条规定，向分局户口所在地派出所和出入境管理科提出申请，回答有关询问，并履行有关手续，交验户口簿或户籍证明，填写出境申请表，提交与出境有关的证明等。除法律规定的五种情形不批准之外，均可得到批准出境。对于入境的外国人，需在辖区住宿的，要主动到寄宿单位进行登记，交验有关手续。矿区公安分局派出所和出入境管理科要及时查验应具备的护照等手续，并依法要求入境人员按照准许入境的时间、活动范围依法进行正常活动。

矿区公安分局严格依照法律、法规规定，为公民出国探亲、旅游等活动提供方便。随着入境人员增多，矿区公安分局加强了对《中华人民共和国外国人入境出境管理法》的执法力度。2003 年 5 月，矿区公安分局处理了一起违反出入境管理住宿规定的治安案件。一罗马尼亚女子在马家坪一出租屋居住 10 日未办理住宿登记手续，经过调查取证，依法对房主及该女子作出罚款 100 元和 50 元的处罚决定。至 2011 年，出入境管理科对出入境人员在尽可能提供方便的基础上，认真审核材料，严格把关，坚决打击弄虚作假、骗取证件的犯罪行为，全年未发生一起涉外案件和对网上在逃人员、边控对象等法定不准出境人员、报备人员等因把关不严而受理的问题。

2003～2011 年阳泉市矿区出入境人员情况一览表

表 21－3　　　　单位：人次

类　别	2003 年	2004 年	2005 年	2006 年	2007 年	2008 年	2009 年	2010 年	2011 年	合　计
出国（境）人员	192	240	357	638	715	1098	2530	3921	4553	14244
入国（境）人员	28	40	41	84	90	96	121	135	156	791

二、边境证管理

边境证件是公民因私或因公前往国内限制的边境地区探亲、旅游、参观、洽谈贸易等依照国家法律、法规必须办理的证件。这些证件在过去是一直坚持必办的手续。随着改革开放的深入发展，前往国内边境地区的人员逐年增多。依据国家的法律、法规规定：前往边境地区人员必须持本人身份证或单位介绍信，到矿区公安机关治安部门申领填写“前往边境地区申请表”，单位签注意见，户口所在地派出所审查，报矿区公安机关领导审核批准。发给申请前往边境地区人员《中华人民共和国边境管理通行证》即可。这项工作，不仅方便了广大公民的正当活动，而且极大地推动了内地与边境地区的经贸文化等各项交流，促进了矿区经济的快捷发展。

第七节　国内安全保卫

一、镇反肃反

阳泉解放初期，隐藏潜伏的反动势力、特务伺机破坏。为保卫矿山生产建设和新生的人民政权，境内公安机关对600余名敌占区返乡人员进行清肃登记，潜伏军警、特务纷纷落网。1951年3月，根据《中华人民共和国惩治反革命条例》，二矿派出所展开集中搜捕恶霸、特务、反动党团骨干分子的镇压反革命运动，在赛鱼、石卜咀、四矿等地隐藏多年、罪恶累累的一批日伪警宪头子被“挖”了出来。同年4月，依照“坦白从宽，抗拒从严”，“首恶必办，胁从不问，立功赎罪，立大功受奖”的政策，依法惩处反革命案犯53人。1955年，全国肃反运动开始后，石卜咀、蔡洼、平潭街派出所组织警力深入厂矿、居民区调查摸底，在人民群众的配合协助下，经过内查外调，仅在矿务局系统就查出反革命分子308人，挖出了敌特组织“813课报队”，有效地保卫了矿山的生产建设。

二、取缔反动会道门

1947年阳泉解放初期，境内有八方礼、青红帮、先天道、一贯道、弥勒佛教会等反动会道门组织5个。1950年10月，根据中共山西省委、山西省人民政府《关于取缔会道门的指示》和《严厉取缔会道门的布告》精神，对辖区范围内利用会道门掩护、散布谣言、蛊惑人心、制造混乱，破坏社会主义建设的反动会道门组织进行清查取缔，逮捕道首、集训中小道首，教育受骗入道群众，有效地打击了反动会道门的破坏活动。1957年破获弥勒佛教会反革命破坏案，依法惩处反动道首102人。同年5月，圣贤道被依法取缔，反动道首受到法律制裁，一般道徒声明退道后免予处罚。之后，区公安机关坚持对反动会道门进行严厉打击，1984年配合市公安机关侦破了涉及全市的圣贤道阳泉新会复辟案件，对首要分子依法进行宣判，对辖区的102名一般道徒进行了教育和退道处理。1993年2月，依法对反动会道门乾坤会的复辟活动进行了打击。

三、取缔邪教“法轮功”

1997年7月21日，公安部、民政部联合宣布“法轮功”为非法组织后，区公安分局与阳泉矿务局公安处联合出击，取缔了辖区15个“法轮功”邪教练功点，对极少数仍坚持“法轮功”邪教顽固立场并从事非法活动的组织头目和骨干分子依法予以处理，对大部分练功群众进行了教育。但极少数顽固分子仍继续从事秘密张贴、散发、喷涂攻击中国共产党和国家大政方针的标语、传单等非法活动。2002年6月，市内邪教组织地下头目赵某与居住在马家坪社区的王某一起散发攻击中国共产党和国家大政方针的传单被抓获。赵某被判处有期徒刑3年，王某被行政拘留。之后，王某又因多次张贴、散发攻击共产党和国家的宣传品，被判处有期徒刑3年。2007年4月14日，矿区公安分局马家坪派出所查获邪教组织人员李某及大量非法宣传品并依法予以处理。2008年12月1日，国保大队和贵石沟派出所经连续5昼夜守候伏击，将负案在逃4年零9个月的邪教组织骨干、网上逃犯王某及其越狱在逃的儿子宋某一举抓捕归案。2011年，居住在马家坪的王某（女）在太原至石家庄北6034次列车上宣讲并散发邪教材料，在其家中查获大量邪教宣传材料，阳泉市矿区人民法院以利用邪教破坏法律实施罪判处其有期徒刑4年6个月。

四、重要时期安全保卫

“三节”（元旦、春节、元宵节），全国、全省、全市“两会”，“五一”“十一”期间，北京奥运会期间，是安全保卫工作的重点。区公安机关均超前谋划，认真部署，明确责任，狠抓落实，全力开展安全保卫工作。

（一）全面强化治安防范工作

加强对“五管”、要害、重点防火部位和各类公共复杂场所的治安安全检查，查处隐患，堵塞漏洞；严格对爆炸、放射、剧毒等危险物品的安全管理，做到了万无一失。

（二）加强对各类重点人员的监控，及时处置不稳定因素

“两会”期间，按照“大事不出，小事也不出”的工作目标和“三不发生”的工作要求，大力加强情报信息工作，严格落实对邪教重点人员的防控措施，有效开展“护城河行动”，确保社会稳定。

（三）加强领导，狠抓落实

针对不同时期，不同阶段，不同内容和不同特点的安全保卫工作，制定切实可行的工作方案，加强领导，明确责任，细化措施，狠抓落实。通过民警的辛勤工作，确保了“三节”“两会”“五一”“十一”黄金周等重大节庆活动期间的社会政治安定和治安稳定。及时妥善处置了483批2430人次的各类群访缠访事件，防止了大规模群体性事件的发生。2005年，圆满完成山西省纪念抗日战争胜利60周年《太行颂》演唱会安全保卫任务。2007年，圆满完成了阳泉市建市60周年庆祝活动各项安全保卫任务。2009年，完成了新中国60周年大庆安全保卫工作。

（四）北京奥运会安全保卫工作

2008年，阳泉市矿区公安分局和西城公安分局以北京奥运会安保工作为龙头，深入开展严打整治专项行动，认真开展“奥运护城河”工作、奥运安保背景审查和身份核对工作，严查、严控、严管、严堵、严打多管齐下，境内未发生严重影响社会政治稳定的重大案件，未发生造成重大影响的群体性事件，未发生重大恶性刑事案件，未发生火灾、交通等重大事故，未发生群死群伤的治安灾害事故。7月10日，矿区分局参加了全市公安机关奥运安保反恐实战综合演练；8月1日，矿区分局牵头组织开展了矿区“公众应对恐怖袭击事件常识”宣传月活动。

五、企业内部治安保卫工作

（一）深入开展矛盾纠纷排查化解工作

西城分局针对住房拆迁问题、职工退休待遇问题、居民区采光问题、拖欠农民工工资问题、企业与周边村民纠纷问题以及供水、供电、供气和收费等一系列涉及职工、家属切身利益和影响企业发展的突出问题，力求早发现、早化解、早处置，通过摸底、排查和努力调处，妥善化解了职工与企业、村民与企业、企业与地方的矛盾纠纷，将问题和矛盾化解在企业内部、基层单位，化解在萌芽状态，为企业稳定发展创造和谐稳定的环境。

（二）提高企业防范能力

根据阳煤集团这个国有特大型企业治安防范工作的特点，以强化巡逻防控为重点，完善治安防范体系建设。在阳煤集团武装保卫组织健全的有利条件的基础上，充分发挥和调动企业保卫组织的力量，构筑了公安管片、保卫守点、护卫跑线巡面“三结合”的防范管理体系；在重点部位实现了人防、技防、物防、犬防措施“四到位”。有效整合阳煤局域网络，建成内部治安视频监控系统，提高了对重点部位和重要场所的监控能力，增强了治安管理力度。

（三）完善生产责任事故查究职能

贯彻以人为本思想，依法查处生产责任事故，充分运用法律手段维护和促进企业安全生产，维护职工的合法权益，依靠法律手段减少和降低煤矿安全事故的发生。2009～2011 年，共参与调查处理重大责任事故 17 起。依法对涉案犯罪嫌疑人进行严厉查处。

（四）全力维护校园稳定

西城分局主动协调阳煤集团综治委、武装保卫部、升华公司和各幼儿园等责任单位，指导督促落实各项安保措施，实现了安保人员到岗，防范装备器材到位，特别是提高了校园教职员工的防范意识，强化了自我防范能力。对学校和幼儿园进行治安安全大检查，对存在的问题及时整改。各派出所调整警力部署，全部落实了校园安全保卫工作责任民警，还设立了部分专职驻校民警，做到了定人、定位、定时，强化了校园安全保卫工作。

第八节　公共信息网络安全管理

20 世纪 90 年代，随着电子信息网络在辖区机关和企事业单位运用的普遍增多，计算机网络安全工作日益加重。区公安分局在 2003 年 1 月设置了公共信息网络安全监察科，2006 年 2 月改称信息通信网络监察大队。

全面落实科技强警的战略，加强公安机关内部基础建设。加大硬件投入，开展了三级网络和基层队所接入网改造工程。全局 16 个科、室、队、所全部实现光纤联网，接入率达 100%。新建了信息中心机房，发电机房，配备 20 台电脑的电化教学室和电视电话会议室，购置了图像传输系统（含汽车）、照相机、摄像机、计算机、扫描仪、打印机等设备。分局还依托网站信息平台，推行了网上办公自动化系统，公文传输系统等其他公安业务类系统的应用。截至 2011 年年底，全局共有各类计算机 170 多台，百名民警计算机拥有率达 100%。

加强互联网安全管理。通过不间断的检查，确保网吧实名制管理系统所采集的虚拟身份信息的真实性、准确性。2009 年，按照省厅、市局的统一安排，辖区 27 家网吧全部安装了网吧安全管理系统，实现了实名和审计在线的网上监控。2010 年，对网吧安全管理系统进行了升级。

强力推进虚拟社会治安管控能力提升。按照“事前及时发现，事中有效控制，事后妥善处置”的原则，按照“面上巡、多层控、重点防、适时引”的原则，依法公开管理互联网，严密监控群体性事件，有效处置网上违法信息。2008～2011 年，共上报有害信息 1200 多条，协助办案部门通过技术手段抓获逃犯 16 名。网监工作连续 4 年获全市第一名。

第九节　刑事侦查

1947 年阳泉矿区解放至 1973 年 6 月成立阳泉市公安局矿区分局，境内刑事侦查工作由阳泉市公安局负责，境内派出所和矿务局保卫处协助侦破。1979 年《中华人民共和国刑法》《中华人民共和国刑事诉讼法》等 7 部重要法律颁布后，刑侦工作逐步走上正规发展轨道。1980 年区公安分局成立刑警队，预审股。当年破获各类刑事案件 454 起，打击处理违法犯罪人员 1722 名，其中，逮捕 96 人，刑事拘留 25 人，劳动教养 100 人，少年管教 19 人，收容审查 247 人，行政拘留 385 人，警告 47 人，批评教育 640 人，罚款 163 人。1983 年，在全区范围内开展“严厉打击刑事犯罪”活动，实行“专政机关和群众路线相结合”“从重、从快、从严”的工作方针，组织集中打击行动 10 余次，矿区公安分局与矿务局公安处共破获各类刑事案件 402 起，处理违法犯罪人员 1363 名。1987 年 7 月，矿区公安分局侦破“6·27”蒙村杀人碎尸案，抓获作案60余起的梁某。1988年，组织开展了打击杀人、抢劫、强奸、盗窃和查禁赌博，全面推进以防范为内容的“百日治安安全竞赛”活动。矿务局公安处当年就查获私拿矿山财产者6675人次。

20世纪90年代初，中央政法委发出在全国开展严厉打击严重刑事犯罪活动的通知。矿区公安分局按照矿区区委、区政府和市公安局的部署安排，开展专项严打斗争，取得显著的战果。在1992年全省开展的打击人贩子、解救拐卖妇女的统一行动中，区公安分局侦破一起重大拐卖妇女案，民警行程近万公里，解救出4名被拐卖妇女。当年还侦破了赛鱼居民高某及妻子、女儿被杀的案件，杀人抢劫强奸犯徐某、张某被市中级人民法院判处死刑立即执行。在1994年6月1日开展的“夏季严厉打击严重刑事犯罪活动”集中行动中，矿区公安分局捕获多名涉嫌严重刑事犯罪的人员。同年7月，矿区公安分局抓获了重大负案在逃犯张某，挖出了由张某等在逃犯组成的重大赌博诈骗犯罪团伙。在1996年开展的“打团扫恶”战役中，区委、区政府、区人大、区政协的领导亲临一线指挥作战，并拨出10万元经费，设立宣传站点20个，出动宣传车38次、召开10次公处会，打击处理各类违法犯罪人员200余名。在1997~1998年开展的以打击严重暴力犯罪，打击团伙犯罪和流氓恶势力犯罪，打击严重经济犯罪，查禁黄、赌、毒为主要内容的“三打三禁”斗争中，矿区公安分局坚持以破大案、打团伙、追逃犯、缴黑枪为主攻方向，先后侦破了“5·16”“6·4”两起摩托车和汽车被盗重大案件，抓获伤害致死人命案犯王某等重大逃犯，并为群众追回50余万元的被盗钱物，在洪桥商场门前举行退赃大会，当场发放给被盗群众。2000年9月8日，阳煤集团宏厦建筑一公司公安科发生7支五四式手枪和18发子弹被盗案件，市公安局组织带领阳煤集团公安处和矿区公安分局民警经过3个月鏖战，于当年12月3日侦破，追回全部被盗枪支、子弹。宏厦建筑一公司公安科科长因涉嫌玩忽职守罪被逮捕判刑。

2001年4月，在全国以“打黑扫恶”为龙头的严打政治斗争中，矿区公安机关积极部署开展了侦破案件、“治爆缉枪”等专项斗争。矿区公安分局铲除了在赛鱼地区以“南霸天”丁某为首，由10余名解教人员组成，号称“华北地区讨债公司”的恶势力犯罪团伙；侦破了赵某非法集资1000余万元的大案。西城公安分局侦破了“8·6”升华公司收费员李某被杀案；摧毁了以在逃犯王某为首的集杀人、抢劫、强奸、伤害、盗窃等罪行于一体的黑势力团伙，有力地打击了严重刑事犯罪气焰，有效地维护了辖区的社会治安。矿区公安分局积极组织了“打击两抢一盗（抢劫、抢夺、盗窃）”、“打击盗公，打击整治非法收购矿山设备、器材”等专项斗争，抓获在城、矿两区疯狂入室盗窃作案32起，盗窃居民价值20余万元的刘某。西城分局仅2002年就侦破45起盗公案，为企业挽回经济损失23万余元。2003年，公安部提出把“命案必破”作为提升公安机关战斗力和黏合警民关系的重要举措。矿区公安机关进一步加大了命案的侦破力度，相继侦破了阳煤集团荆某被杀案；贵石沟女出租司机被抢劫杀害，抛尸河北邯郸的案件；一矿苹果园发生的“2·19”杀人碎尸案等案件。特别是2006年4月3日，在省公安厅和市公安局的指挥下，成功地侦破了积案14年、公安部督办的马家坪系列残害妇女案件。

2006年起，西城分局引深“反盗公”斗争，解决企业治安突出问题，当年就查破各类盗公案件296起，占案件总数的32.63%。2006~2007年，开展了打击私挖滥采“春雷行动”，有力打击非法采矿行为，全面整顿和规范辖区矿产资源开发秩序。先后对原阳煤集团四矿周边地区的7处私挖乱采点进行封堵，对五矿枣林山、威虎化工公司厂区外等多处私挖乱采点进行整治和查处，封闭炸毁井口10处，扣押各种非法采矿设备7台，缴获雷管40枚、炸药100余千克，处罚有关人员2名，有效打击和遏制了非法采矿行为。矿区分局经侦大队将在逃半年之久、涉嫌虚开增值税发票偷税金额达41万余元的史某抓获。2007年10月26日，西城分局打掉了以冯某、田某为首的8名不法分子结成的重大盗窃团伙，破获了发生在山西省中东部地区的38起盗窃汽车系列案件和20起拦路抢劫、抢夺案件，涉案价值180余万元。2008年，矿区分局针对以招工、买房为由的诈骗案件多发，人民群众反映强烈甚至引发上访的问题，组织专门力量，相继侦破了李某以买福利房为由诈骗 20 余人 131 万元，贾某以买指标房、招工为由诈骗崔某等人 84 万元等一批诈骗案件。

2009～2011 年，继续深入开展打击各种刑事犯罪活动，连续三年实现命案全破。特别是 2011 年，先后组织开展了“泉安”利剑、“清网行动”等专项行动，抓获 62 名逃犯。破获了“9·21”抢劫杀人碎尸案；打掉了由刑释人员、吸毒人员组成的杨某、魏某、张某、陈某跨区盗窃保险柜案件犯罪团伙，破案 6 起，涉案金额 10 余万元；破获了杨某、张某诈骗案；破获了郑某盗窃 10 辆机动车案件，涉案金额 80 多万元；打掉了张、王袭警案及系列盗窃摩托车案；在清网行动中抓获了改名换姓，在逃 11 年之久的命案逃犯姚某等一批逃犯；成功处置了“9·8”绑架人质案。“清网行动”被省公安厅记集体二等功。

第二章　司法行政

矿区司法行政工作始终坚持依法治区，保卫、促进和服务社会主义现代化经济建设的工作思路，认真贯彻落实科学发展观，积极参与社会治安综合治理，认真履行《矿区社会治安综合治理目标责任制》，充分发挥法制宣传、法律服务、人民调解和法律援助等职能作用，抓班子、带队伍、强素质、树形象、保稳定、促和谐，努力为全区的经济建设营造良好的法治环境。

第一节　机　　构

新中国建立至 1966 年“文化大革命”开始前，境内司法行政工作一直由阳泉市人民法院和市公安局负责。“文化大革命”开始后，司法行政工作一度被迫中断。阳泉市矿区成立后，主要由矿区保卫组负责。1973 年司法行政事务改由区公安分局分管。1982 年 1 月，矿区人民政府司法局成立，职数 3 人，后职数逐步增加。1987 年 2 月，成立山西省法律自学辅导矿区教育基地。1997 年 4 月，根据《阳泉市矿区党政机构改革方案》，司法局与区委政法委员会、区社会治安综合治理委员会办公室实行一个机构，三块牌子，合署办公的体制，不再列入政府序列，其领导成员改由矿区区委任免。同年 9 月，改变司法局与区委政法委合署办公的体制，司法局成为政法委的部门管理机构，核定行政编制为 8 名，其中书记 1 名，副书记 1 名。1999 年 7 月，成立矿区法律援助中心，编制 3 人。2011 年年底，司法局内设办公室、政工科、宣传科、基层工作管理科。政法专项编制 20 人。

1982 年，赛鱼、桥头、平潭街 3 个街道办事处各配备专职司法助理员 1 人，组建了基层人民调解委员会 149 个。2006 年，配齐了 6 个街道办事处的司法助理员，并充实了赛鱼、桥头、平潭街 3 个街道司法所人员。2007 年，赛鱼、桥头、蔡洼、贵石沟 4 个街道司法所完成建设任务并正式投入使用，各设有办公室、人民调解庭和司法学校；同时落实了沙坪司法所、平潭司法所的办公用房，并于当年年底投入使用。2008 年，赛鱼、蔡洼、沙坪、桥头、贵石沟、平潭街 6 个司法所完成高标准、规范化建设：司法所实现了机构独立、编制单列、管理规范；司法所实行所长负责制，6 名所长均具备大专以上法律专业学历或相当学历，具有一定的法律专业知识和工作经验；每个司法所都有一名专职工作人员；各司法所均设置了所长室、调解室、司法学校，并做到了“五有”（有电脑，有办公桌椅，有文件档案，有宣传专栏，有制度公示）；统一制订了人民调解委员会、安置帮教、基层法律服务、法律援助、普法依法治理和档案管理等制度，实现了“四统一”（统一司法所标牌，统一公示内容，统一工作程序，统一各种档案管理）、"四规范"（人民调解工作管理规范，普法依法治理工作标准、工作制度规范，刑释解教接茬、帮教、安置制度规范，法律援助范围、工作标准规范）。

第二节　法制宣传

1982年矿区司法局成立后，在全区范围内开展《中华人民共和国宪法》《中华人民共和国刑事诉讼法》《中华人民共和国婚姻法》等一系列法律法规宣传教育活动。1983年，依照全国人大常委会《关于严惩严重危害社会治安的犯罪分子的决定》，配合全区"依法从重从快严厉打击刑事犯罪"工作，选择宽严相济的典型案例，对有关刑事法规进行宣传，并印发法制宣传材料4万份，绘制专栏板报427块，展出图片211张，播放幻灯录像30场次，举办法制讲座338次，在全区形成"严打"攻势，给犯罪分子造成强大的舆论压力。1985年，根据阳泉市矿区人大常委会《关于在全区公民中开展普法的决定》，先后制订了《阳泉市矿区普及法律常识五年规划》和《关于在全区公民中开展普及法律常识的实施方案》，对全区机关干部、各街道办事处领导和政法部门的部分干部进行普法培训。

1986年，成立普及法律常识领导组，统一规划、领导全区的普法教育工作，机关干部普法教育全面铺开。普法采取脱产轮训、集中辅导、巡回授课的方法，以自学为主，统一考试，组织全区机关、厂矿、街道办事处和居民干部7858人系统学习各种法律。1987年，成立法律自学辅导基地，培训法制宣传员70人、普法骨干69人，组织开展法律知识竞赛、召开普法现场会，推广平潭街街道办事处普法经验。同年，在赛鱼街道办事处和平潭街街道办事处开始普法试点，居民区普法工作全面开展。1988年，组织开展区属企业职工和工商个体户普法教育。举办厂长、经理《中华人民共和国企业法》培训班、《中华人民共和国经济合同法》培训班和学法用法宣讲活动，播放录像80余场次，授课60余次。1990年4月，《中华人民共和国行政诉讼法》颁布后，组织区属机关干部开展宣传月活动，举办培训班4次，培训人数达400多名。1986～1990年年底，共编印各种法制宣传材料12万余份，绘制专栏板报1135块，播放录像101场次，举办普法培训班70会场，培训人员2530人，出动宣传车211辆次，开展全区性的大型法制宣传活动5次，受教育人数达11万人，普法教育率为91.7%。1990年5月30日，司法局召开成人法律专业自考表彰大会。10月11日，在矿区法庭举行模拟审判活动，对行政诉讼法进行宣传。

1991年7月10日，矿区普法工作会议在矿区法庭召开，矿区区委书记、副书记发表讲话。1993年11月10日，矿区普法办、工商局、税务局、个体劳动者协会联合组织了个体工商业者、私营企业主法律知识考试。1994年1月7日，在全区设立8个宣传点，对当年1月实施的《中华人民共和国教师法》进行了形式多样的宣传活动。1995年3月16日，为纪念中央关于加强社会治安综合治理的两个《决定》颁布4周年，矿区举办了大规模的法制宣传活动。

1996年11月，矿区司法局举办3期《中华人民共和国行政处罚法》培训班，特邀山西大学法学院教授郭润生、市司法局局长卢湖为学员授课，200余人参加了培训。11月12日，组织区委中心组成员和各街道办事处书记、主任、区直各部门负责人听取了郭润生教授关于建设社会主义法制国家和《中华人民共和国行政处罚法》的讲座。1998年，司法局启动"12205102110"工程（树立一个典型、两个普法依法治理示范街道、20个普法依法治理示范居委会、5所示范学校、10个示范机关、2个示范企业、1名学法用法干部、10篇先进事迹或典型材料）。2000年1月7日，组织副科级以上干部进行了法律考试，区委书记李体柱等领导与220余名干部参加了考试。

2002年1月19日，组织召开全区"四五"法制教育暨依法治区工作会议，总结"三五"普法工作经验，表彰了20个先进集体、17名普法先进工作者、20名学法用法先进个人，并对"四五"普法工作做了总体规划。2003年2月，在蔡洼街道办事处举办法律知识讲座，区机关工作人员和基层法律服务所有关人员参加了讲座。3 月 27 日，在阳煤一中举办了以“珍爱生命，远离毒品，遵纪守法，拒绝网吧”为重点的中学生法律教育宣传活动。2004 年 6 月 26 日，组织全区公职人员参加了 2004 年度全省公职人员法律知识考试，参考率达 99% 以上。12 月 4 日，在一矿、二矿广场及桥头办事处门前举行了声势浩大的“12 · 4”法制宣传活动。2005 年 4 月 25 日，为区委中心组成员举办了《中华人民共和国公务员法》专题知识讲座。7 月上旬，组织全区公职人员参加了全省公职人员“四五”普法总结验收统一考试。

2006 年 6 月 11 日，在“6 · 26”国际禁毒日前夕，矿区司法局组织市外国语学校有关人员，深入区青少年法制教育基地（市劳教所），为百名劳教人员举办了“珍爱生命，远离毒品”禁毒戒毒专题报告会，市劳教所、区司法局、市外国语学校有关领导出席了报告会。12 月 1 日，在第 6 个全国法制日前夕，矿区司法局在天利广场开展了形式多样的法制宣传活动，区有关领导参加了活动。12 月 4 日下午，矿区司法局在区青少年法制教育基地（市劳教所）举办“把握自己，远离犯罪”法制教育报告会，阳泉市外国语学校高一年级 160 余名学生到会接受了教育。

2007 年，区司法局以开展“五五”普法为重点，会同区委宣传部起草出台了《关于在公民中开展法制宣传教育的第五个五年规划》《阳泉市矿区 2006 ~ 2010 年依法治区工作纲要》，区委常委会审议通过了这两个文件。区人大常委会作出《关于深入开展第五个五年法制宣传教育工作的决议》，其中“五五”普法规划由区委、区政府予以转发。区政府召开了全区依法治区暨第五个五年法制宣传教育工作会议，对全区“四五”普法中表现突出的沙坪普法办、平潭街街道党工委等 31 家先进单位和杨寅福等 42 名先进个人进行了表彰。7 月 2 日，区司法局邀请市劳教所干警以及在该所接受教育的劳教学员，在市外国语学校举办“关注青少年，法律进校园”法制教育活动。在学生放假前夕，邀请从警 30 余年，曾担任区公安分局局长助理、法制科长的老警官刘益，深入到辖区中小学校举办法制讲座。9 月 18 日，区司法局在平潭街小学举办了未成年人法律知识专题讲座。10 月下旬，省委依法治省领导组对赛鱼小学申报全省依法治理示范单位的相关工作进行了检查验收，对学校利用科技宫为阵地，把科技宣传与普法教育、安全教育结合起来等经验给予充分肯定。11 月，在阳煤集团举办了“五五”普法依法治理骨干培训班，200 余名普法骨干参加了培训。区司法局举办了矿区“法制系列报告会”，报告会由区委常委、政法委书记郭爱聪主持。市法学会会长段永章、市中级人民法院院长冯少勇出席了矿区专场报告会。来自全区各街道党工委、办事处，区委各部委，区级机关各部门，区直各单位，各人民团体的 200 余名副科级以上领导干部参加了报告会。

2008 年春节、元宵节期间，组织基层街道司法所的工作人员深入辖区社区与社区文艺工作者一起编排文艺节目，制作普法灯谜，将普法内容融入到节目当中，以群众喜闻乐见的形式开展普法宣传。3 月，在“全国中学生安全教育周”期间，组织全区各中小学校开展了安全教育和法律知识宣传。7 月 11 日，在全市“省级普法依法治理示范单位授牌”暨经验交流会上，赛鱼小学被省委依法治省领导组授予依法治理示范单位并在会上进行了经验交流。8 月，举办了《中华人民共和国物权法》法制讲座。9 月 26 日，在阳煤集团举办了为期 3 天的“五五”普法企业管理人员和普法骨干培训班，驻区企业的 320 多名企业管理人员和普法骨干参加了培训。10 月 16 日，还在市外国语学校举行阳泉市法制系列报告会专场报告。

2009 年 1 月 10 日至 11 日，矿区司法局组织全区 2700 名公职人员参加了 2008 年度法律知识考试。省、市依法治理领导组分别对矿区依法治区工作进行了检查验收。5 月，区司法局与区总工会联合开展“普法电影大篷车”活动，活动采取普法动漫短片加娱乐大片的播放形式，使居民群众在寓教于乐中受到法制教育。经全省考核，矿区普法和依法治区工作名列全省 119 个县区的第一名。8 月，举办了全区领导干部“五五”普法讲座，采取以会代训的形式，对全区副科以上领导干部进行法律知识辅导。9 月 8 日至 10 日，区司法局在阳煤集团举办驻区单位“五五”普法骨干培训班，对来自各驻区企事业单位的 300 余名企业管理人员和普法骨干进行了法律知识培训。12 月 14 日，召开了“法治矿区”建设动员大会。以“法律七进”“促和谐工程”为载体，全年累计面向基层单位、社区举办法制讲座、法律咨询、法制宣传等活动72场。并在赛鱼、平潭街、蔡洼街道办事处建立了3个“法制文化大院”，评选出9个区级依法治理示范单位，并积极推荐市级依法治理示范单位。

2010年，区委依法治区领导组制定下发了《关于开展“法治矿区”建设实施纲要》，出台了《“法治矿区”建设目标责任分解》；为营造浓厚的“法治矿区”建设氛围，在全区主干道及繁华地段滚动播放宣传标语。在第六届山西法制好新闻评选中，矿区选送的3篇作品获三等奖。借助矿区手机短信平台，编制具有警示性、提示性的普法短信，每月定期向全区领导干部和公务员发送。5～6月初，组织开展了“五五”普法检查验收。7月5日、6日，省司法厅厅长王水成检查验收矿区“五五”普法工作，通过听取工作汇报、观看专题片、查阅资料档案、深入新景矿和沙坪司法所实地查看等方式，对矿区“五五”普法和依法治区工作进行了全面了解。11月初，组织全体干警认真学习《人民调解法》。11月，举办驻区单位“五五”普法骨干培训班，300余名普法骨干参加了培训。11月18日，全区党政机关和事业单位1100余名公职人员参加了全省“五五”普法总结验收考试。

2011年，在全区开展了“六五”普法规划问卷调查活动，区人大常委会审议通过《矿区第六个五年法制宣传教育规划》。8月，矿区被中宣部、司法部评为“2006～2010年全国法制宣传教育先进县（市、区）”。11月10日，区司法局在赛鱼街道虎尾沟社区举办街道、社区人民调解员培训班，40余人参加了培训。开展了“法律在我身边”主题征文活动，并于12月2日举行了表彰会。在阳煤集团办公楼前开展“12·4”法制宣传日宣传活动，主题为“深入学习宣传宪法，大力弘扬法治精神”。12月27日，召开依法治区暨第六个五年法制宣传教育工作会议，总结“五五”普法和依法治区工作，表彰先进，安排部署“六五”普法和“法治矿区”建设等工作。

第三节　法律援助

矿区法律援助中心成立于1999年7月，编制3人，股级全额拨款事业单位，隶属阳泉市矿区司法局。主要职责是：贯彻执行国家和上级主管部门建立的法律援助制度；制定法律援助工作的规章、工作标准并组织实施；指导、协调、组织本区的法律援助工作。

在区委、区政府的大力支持和关怀下，矿区法律援助中心编制到位、人员到位、办公场所到位和部分资金到位。承办案件数量逐年增多，截至2008年年底，共办理各类法律援助案件490件，接待咨询6500多人次，代书350份，挽回经济损失200多万元。在狠抓业务的同时，矿区法律援助中心还在“两会”及其他重大会议期间，主动接待上访当事人，耐心细致地为其讲解国家的政策和法规，成功化解多起疑难上访案件，受到区委、区政府的肯定。

截至2008年年底，矿区建立了法律援助维权网络。基层6个司法所（沙坪、赛鱼、蔡洼、桥头、平潭、贵石沟）全部建立了法律援助工作站，使弱势群体在其居住地或工作地的附近可就近寻求法律援助。同时还在工会、共青团、妇联、残联、老龄委等社会团体建立了法律援助工作站。

2002年，矿区法律援助“148”专线电话开通。在省司法厅的支持下，对设备进行了更新换代，“148”服务能力有了明显提高。为充分发挥“148”专线电话功能，矿区成立了“148”专线电话服务协调领导组。2007年，推行“148”法律援助专线律师24小时值班制度，建立了专项值班记录，推行首问首办责任制、一次性告知制，做到“有问必答，有问必释，有问必果”。落实了法律援助“四统一”（统一案件标准，统一案件受理，统一指派办理，统一案件监督）原则。

2008年奥运期间，矿区加大宣传力度，扩大法律援助影响面。利用“3·8”妇女维权日、“3·15”消费者权益日等时机，送法进企业、进社区、进学校，为群众解答法律咨询，提供法律服务，进一步宣传了法律援助职能。9月5日，矿区法律援助中心在赛鱼街道办事处开展了《法律援助条例》颁布五周年宣传活动，主题为“维护困难群众合法权益，构建社会主义和谐社会”。活动中发放宣传资料2500份，解答法律咨询70余人次。

2009年，区法律援助志愿团的成员从2008年的80人增加到482人，志愿团的成员多次无偿为困难群众提供法律援助，挽回各类经济损失5万余元。矿区法律援助中心选拔40名社区干部为各社区的法律援助联络员。3月13日，在赛鱼办事处开展了“普及法律进社区，服务群众促和谐”宣讲活动，组织律师讲解《中华人民共和国继承法》《中华人民共和国未成年人保护法》等有关法律知识。公开法律援助机构“4068148”咨询电话，建立无障碍通道和“绿色通道”，推行“一次性告知制度”和首问责任制。7月26日，全区6个基层法律援助工作站的站长赴太原参加了全省法律援助网络系统为期四天的集中培训。

2010年，区法律援助中心构筑了“半小时法律援助服务圈”，提高法律援助工作效率。推行法律援助“点援制”，允许当事人自愿选择援助律师。发放“法律援助便民服务卡”，对农民工、低保对象等弱势群体扩大法律援助范围，并对残疾人提供无障碍援助服务。5月11日，区法律援助中心、区民政局联合举办社区干部法律知识培训班，有160余人参加了培训。同时组织开展了“法律援助宣传周”活动。全年共受理法律援助案件100件，其中诉讼案件30件，非诉讼案件70件，办结93件，接待法律咨询1500人次，为群众代写合同文书30件，为受援人争取到各种经济赔偿51万余元。

2011年，矿区法律援助中心规范了临街一层接待室，开展了案件回访活动。5月，开展“法律援助宣传月”活动，召集全体工作人员集中学习了《刑法修正案（八）》等法律。11月10日，区法律援助中心在赛鱼街道虎尾沟社区举办法律援助联络员培训班，40余人参加了培训。全年在街道社区共组织各类法律培训6期，参训人员达300余人。

第四节　公证事务

1985年8月，阳泉市矿区公证处成立，隶属区司法局领导，其办公地址在矿区司法局，设工作人员2人。按照《中华人民共和国公证暂行条例》和司法部《关于办理公证工作试行办法》的规定，矿区公证处开展证明收养关系、继承权、遗嘱产权、亲属关系、房屋租赁协议、财产赠与分割、遗赠抚养协议、声明、文件副本与原本相符、宅基地使用权、拍卖、法人身份、法人委托书、提存、现场监督、出生、死亡、婚姻状况、文件上的印鉴签名属实、保全证据和购销联营、贷款、财产租赁、招标投标、科技协作、劳务、建筑工程承包、工商服务业承包、资产经营责任制经济合同等30项业务。

矿区公证处成立后，开展了一系列宣传和业务。1986年，利用各种舆论工具广泛宣传公证工作的性质、任务、范围、程序和公证文书的法律效力。1987年，围绕经济建设，运用非诉讼形式主动到厂矿企事业单位联系开展业务，为改革开放和经济建设提供优质服务。1989年，针对经济诈骗案日趋增多的状况，增设法人身份证明和法人委托代理公证业务。

1994年6月21日，矿区公证处与股份制单位签订了常年提供法律公证服务的协议。12月，矿区公证处改为差额预算事业单位。预算管理体制的改革调动了职工的积极性，促进了矿区公证处的自身发展。此后，矿区公证处积极开展公证法律服务，并通过建章立制，完善财务、档案、奖惩等各项制度，把公证工作纳入到科学化、规范化、制度化管理轨道。在开展民事、经济、合同、承包、房地产等公证法律服务工作的同时，积极探索、努力拓宽公证服务新领域。在为国有企业改革和发展提供公证服务上，矿区公证处围绕“转制一改制”，大胆提供优质法律服务，帮助阳煤集团四矿多营公司内部承包租赁合同进行公证；在重点工程和重点项目上，为日潭小区建设提供全方位法律服务。

1998年10月，矿区公证处在全市开展的“公证系统”创建文明公证处文明公证员活动中夺得全市“双创”第一名。2001年，矿区公证处积极稳妥地开展公证改革，推行了主办公证员负责制，实行了要素式公证文书，建立和完善了公证赔偿制度和公证责任保险制度，主动为政府决策当好法律顾问，为企业改制和产业结构调整提供优质法律服务。

2005 年 8 月《中华人民共和国公证法》颁布。根据公证法，按照司法部和省司法厅边整合、边探索、边规范的要求，2006 年 3 月 1 日起，区公证处划归阳泉市公证处。

划归市公证处后，2007～2011 年，积极发挥公证职能，努力为百项工程建设、园林城市创建等提供法律服务。在太行国际新城开发等重点工程中提供优质服务，得到市委、市政府的充分肯定。同时，大力开展公证业务，提高业务水平，加强硬件建设，在多方面取得了显著成绩。

1985～2006 年阳泉市矿区公证处受理公证件数一览表

表 21－4　　单位：件

年　份	受理件数	年　份	受理件数	年　份	受理件数	年　份	受理件数
1985 年	5	1991 年	528	1997 年	84	2003 年	538
1986 年	39	1992 年	254	1998 年	41	2004 年	1297
1987 年	55	1993 年	650	1999 年	101	2005 年	1160
1988 年	158	1994 年	117	2000 年	183	2006 年	48
1989 年	319	1995 年	98	2001 年	549		
1990 年	530	1996 年	77	2002 年	263	合　计	7094

第五节　律师事务

1984 年 4 月，阳泉市矿区法律顾问处成立，隶属区司法局。1985 年 2 月，法律顾问处改称律师事务所，开展民事代理、刑事辩护、非诉讼案件调解、担任常年法律顾问、代写法律文书、接待人民群众来访、解答法律咨询共 7 项业务。1987 年，根据中华人民共和国司法部《关于加强改革律师工作的意见》，矿区律师事务所实行“自收自支”的事业单位体制。同年，受理刑事辩护 115 件，担任民事代理 21 件，经济代理 47 件，行政代理 2 件，被 10 家单位或企业聘为常年法律顾问，代写法律文书 200 件，接待法律咨询 100 人次，为企业挽回经济损失 98 万元。1988 年，矿区律师事务所 4 名律师工作者通过职称评审，分别被授予三级、四级和助理律师。1989 年 3 月，1 名律师被聘为区长常年法律顾问，为区人民政府的行政决策和重大政务举措提供法律依据，帮助草拟重大法律事务文书，维护区政府决策的合法权益，有效地避免了区人民政府行政决策的偏差和失误。1985～1990 年年底，共受理刑事辩护案 609 件，担任民事代理 78 件，经济案件代理 193 件，行政案件代理 7 件，担任 67 家单位常年法律顾问，代写法律文书 992 件，接待法律咨询 3470 人次，为企业挽回经济损失 1548 万元。同时，律师在办案中坚持以事实为依据，以法律为准绳，严把定性关、事实关、证据关，使 80% 的辩护意见被法庭采纳，依法保障了被告人合法权益，维护了法律的严肃性，有效地避免了冤、假、错案的产生。

1982 年下半年，矿区律师事务所实行效益浮动工资制。1993 年 11 月 6 日，矿区律师事务所经区编制委员会同意，增加 5 名人员，经费自收自支。1994 年 8 月 8 日，矿区律师事务所召开全体律师大会，通报 1～7 月工作情况安排，部署后 5 个月的工作任务。

1998 年 5 月 1 日，矿区律师事务所实行与行政管理机关脱钩改制，转为由行政机关指导、行业协会自主管理、自我约束的社会中介服务机构，成立了山西省三达律师事务所。山西省三达律师事务所是阳泉市惟一实行“两不四自”（不占行政编制，不要财政经费；自收自支，自负盈亏，自我约束，自我发展）的城市法律事务所。

1999～2011年，三达律师事务所坚持不懈地对从业律师进行职业道德和执业纪律教育，开展社会主义法治理念教育和律师文化建设年等活动，提高了律师的服务意识，进一步规范了律师工作。努力为城市经济发展、个体和私营经济扩大规模、提高档次、开拓市场提供法律服务；参与市区领导信访接待工作，解答涉法信访问题，妥善处理涉法上访。

第六节 人民调解

1954年2月，中央人民政府政务院发布并实施《人民调解委员会暂行组织通则》，境内的人民调解工作开始起步。

1982年矿区人民政府司法局成立后，对人民调解委员会的一般民事纠纷和轻微刑事案件调解实施指导、监督。同年年底，先后在一矿、三矿、平潭街道办事处、赛鱼街道办事处、桥头街道办事处组建基层调解组织149个，有1266人，设专职调解干部13名，调解处理各类民事纠纷1261件。1983年9月，矿区司法局对全区调解干部进行了短期培训。1984年，坚持贯彻“以防为主，调防结合”的人民调解工作方针，先后制订了《居民公约》《职工守则》，开展了“学先进，讲文明”和评选“五好家庭”“好妯娌”“好居民”等项活动，调解处理民事纠纷1020件。1985年，结合工作实际，又总结出“三要四有”（要热心，要细心，要耐心；有登记，有记录，有介绍，有档案）、“一不交，四不出”（不上交；不出组，不出队，不出车间，不出矿）及“六要六不要”（要关心不要冷淡，要耐心不要怕麻烦，要热心不要推靠，要耐心不要急躁，要接近不要疏远，要相信不要歧视）等人民调解工作经验，受到国家司法部门的肯定，并在山西省推广。同年，恢复、重建人民调解委员会18个、配备专职调解人员2名、兼职调解人员98名。1982～1990年年底，全区共建立人民调解委员会201个，配备专（兼）职人民调解人员1547名，帮教失足青少年1737人次，受理各类纠纷案件10770件，调解处理10317件，调解成功率达95.7%。

1994年上半年，6个街道办事处158个人民调解委员会换届结束，经调整充实，调解员由过去的420名增加到522名。1995年6月9日，在全省防止民间纠纷激化表彰大会暨第三次民调工作会议上，矿务局一矿调解委员会被省政府授予“防止民间纠纷激化优秀集体”称号。蔡洼街道办事处蔡洼一区调解委员会主任李惠茹被省司法厅荣记二等功一次。

1997年9月1日至30日，在全区开展“纠纷大排查”活动，排查纠纷137件，调解解决137件。12月22日，矿区经济法律事务所主任崔海林为二矿新三队的49名工人追回工资28000元，使其如期回家过年，有效地防止了一起因工资纠纷可能引发的集体上访事件。

1998年10月28日，在全市“防矛盾激化”典型经验交流会上，调解能手平潭街街道办事处洪城河第三居委会主任李玉兰作了经验介绍。同年，市司法局在阳煤集团二矿多营总公司召开了全市刑释解教人员安置帮教工作现场会。

2002年12月，矿区司法局对年内回归的83名释放人员全部建立档案，统一管理，收到良好的效果。2003年5月，在全区建立社区调解委员会39个，企事业调解委员会48个，建立司法调解中心6个，形成以司法局为中心，辐射各街道办事处、社区和厂矿企事业单位的三级调解网络和管理体制。各级调解组织健全了案件调解制度、回访登记制度等各项制度，89个调解委员会的各项工作制度统一制作，统一上墙，接受群众监督。

2004年5月，矿区司法局组织阳煤集团、辰光热电公司等48个企事业单位的调解组织，开办了民间调解骨干培训班。

2005年，矿区司法局被评为阳泉市司法行政工作先进单位。

2006年，建立健全了矿区人民调解指导委员会、街道调解委员会、社区调解委员会、调解小组四级调解网络，全区有40个社区调解委员会、48个企业调解委员会、352个调解小组。9月6日至7日，对阳煤集团企业内部261名人民调解员进行了业务培训，同时开展了职业道德教育活动。10月，矿区司法局在工作之余开展人民调解年演讲活动，使人民调解宣传年取得实际效果。蔡洼街道办事处司法所所长李海芳被推选为阳泉市“双十佳干警”候选人。2006年5月，平潭街街道办事处平潭东社区调解委员会主任向永碧带领社区调解人员成功调解平息了一起群体性上访事件。事件起因是：原平潭街在旧城改造后更名为日潭社区，由于老住户对平潭这一地名颇有感情，近两年就这个问题多次向上级有关部门反映，形成了群体性上访事件。调解委员会主任向永碧和社区的调解员不怕麻烦、不怕辛苦，耐心做老住户的思想工作，坚持以理服人、以情动人。同时，积极向上级领导反映此事，引起领导高度重视，于8月2日下发了《关于同意平潭街街道办事处日潭社区更名的批复》，日潭社区正式更名为平潭东社区。

2007年10月19日，矿区司法局对沙坪、蔡洼、桥头街道办事处法律服务所和矿区法律中心服务所进行了全面检查，重点检查了各法律服务所对司法部《基层法律服务所管理办法》和《基层法律服务工作者管理办法》的执行和落实情况；对近三年中释放回归的193名刑释解教人员进行逐一调查、落实、登记造册，实行一人一档管理，并建立了40个帮教小组，确定了120个帮教责任人。

2008年，全区共有调解委员会75个，调解人员2100名。区司法局于4~6月分别在6个街道办事处举办了基层人民调解员骨干培训班，9月12日又对企事业单位人民调解员进行了为期两天的培训。7月15日，在赛鱼司法所召开了全区矛盾纠纷排查治理工作现场会。同年，区司法局把维护北京奥运会期间的安全稳定工作作为头等大事紧紧抓在手上，认真开展排查化解重信重访案件，做好涉法涉诉信访工作。在办理中央政法委交办的王某上访案中，区司法局高度重视，及时与王某所在辖区贵石沟街道办事处、贵石沟派出所等有关部门的领导取得联系，共同研究制订了工作方案，确定了工作目标，抽调精兵强将组成劝访工作小组，深入到当事人家中开展思想教育和感情疏导工作，努力平息其情绪。同时加强法制宣传教育，使其更多的了解相关法律知识，引导当事人采取正确的方法表达自己的诉求。并指定专人对王某一家进行定期回访，了解最新动态，帮助他们理顺情绪，排忧解难。在奥运召开期间，为了进一步做好稳控工作，在人员紧、工作任务重的情况下，区司法局安排4名工作人员，24小时轮流值班，保证了当事人奥运期间没有进京上访，并于10月12日使本案得到解决。

2009年，建立了人民调解、司法调解相结合的大调解机制。与区法院联合成立了立案调解中心，出台了《司法调解、人民调解联调机制的实施方案》。全面落实对刑释解教人员的衔接管控，跟踪帮教，定期走访制度，并协助做好困难刑释解教人员的城市最低生活保障金的办理。

2010年，加强了“五有四落实”标准化调解委员会的建设力度，95%达到了要求。在全区公开选聘了54名首席人民调解员，颁发了聘书。继续完善“三调联动”调解工作机制。在实现诉前调解、刑事和解与人民调解有效衔接的基础上，与区检察院、区公安分局、西城分局联合出台了《关于建立刑事和解与人民调解联动机制的实施方案（试行）》，进一步实现刑事和解和人民调解的良性互动。全年共参与调解刑事和解案件10件。与市交警一大队联合成立了“矿区道路交通事故纠纷人民调解委员会”，聘请了16名调解员。年内，矿区成立了社区矫正工作领导组，领导组办公室设在矿区司法局。各街道办事处也成立了相应的组织领导机构。4月8日，召开了全区社区矫正工作会议。6月，召开全区社区矫正工作协调会，讨论通过了《矿区社区服刑人员及档案程序规定（试行）》。6月23日，区司法局接收了区公安分局移交的第一批社区服刑人员。7月30日，在桥头、平潭街、蔡洼等街道开展了大型社区矫正工作宣传活动。对近五年的刑释人员进行了排查摸底。启用安置帮教信息管理软件系统，开展解教人员基本信息核查和信息录入工作。对刑释解教人员衔接管控、跟踪帮教、定期走访，还帮助48名刑释解教人员办理了低保。同时为矫正对象、刑释解教人员提供就业技能培训。

2011年，组织全区人民调解员、调解信息员认真学习贯彻《人民调解法》。在元旦、春节、“十一”“两会”等重大节日和会议召开期间，主动参与群体性矛盾、群体性上访纠纷的排查调处，坚持重大矛盾纠纷、不稳定因素日报告制度和重大矛盾纠纷信息预警处置工作机制，对矛盾纠纷做到早发现、早调处、早解决，及时把矛盾纠纷解决在当地、化解在基层、消灭在萌芽状态。年内，建立和开通运行了矿区社区矫正信息管理系统。10月26日，建立了矿区首个刑释解教人员安置帮教基地。对全区范围内生活困难的社区矫正对象、刑释解教人员进行走访慰问，共走访社区矫正和“两放”人员8人，慰问特困人员3人，送去慰问金1100元。

第二十二编　军　　事

阳泉市矿区地当太行冲要，山河相依，地形险峻，交通便利，资源丰富，军事地位极为重要。阳泉市矿区人民武装部是矿区的军事领导机关，是中共矿区区委的军事工作部，同时是矿区人民政府的兵役工作机构。组建35年来，经历了多次重大任务的考验，在兵役、民兵、国防动员等各项工作中，都取得了优异的成绩，在矿区人民心中树立了良好的形象。预备役248团炮兵营屹立于阳泉矿山，是一支可靠的国防力量。矿区民兵队伍组织健全，设施配套，装备齐全，训练有素，能够随时完成区域内的急难险重任务。

第一章　驻军和地方武装

矿区境内驻军包括各时期军事领导机构和各地方部队。境内不同时期也有不同性质的几支地方武装。

第一节　军事领导机构

阳泉建市前，矿区境内无军事部门。阳泉建市后，境内军事领导机构的设置可划分为两个阶段。

一、矿区成立前的军事领导机构

1947年5月，阳泉解放并设市。1947年7月，成立阳泉市人民武装部，部长先后为周永平、李奋春、任岳忠、刘先佑。

1949年9月，阳泉市人民武装部改称阳泉工矿区人民武装部，部长先后为刘先佑、王文心。

1952年4月，阳泉工矿区人民武装部改建为阳泉市人民武装部，部长先后为王文心、魏名扬，政委先后为康洛、李玉田、王植彬。1954年8月～1961年9月，阳泉市人民武装部同时称为阳泉市兵役局。

1953年5月，阳泉市一区人民武装部成立，部长为马秀生。所辖13乡中有4乡（赛鱼乡、石卜咀乡、平潭街乡、菜洼乡）在今矿区境内。1954年10月，阳泉市一区人民武装部奉命撤销，其具体工作由阳泉市人民武装部统管。

1958年10月～1959年4月，境内设矿区人民公社武装部，部长为阎四豹。1959年4月～1960年2月，境内设平潭街人民公社武装部，部长缺任。1960年3月～1963年2月，境内复设矿区人民公社武装部，部长先后为白天、宋秉玉。

1963年2月，阳泉市站上区人民武装部成立，部长先后为王成云、王牛孩、王义惠。1969年1月，站上区人民武装部改称城区人民武装部，部长先后为王义惠、要全珍。所辖矿区人民公社武装部部长为邢廷荣。

二、阳泉市矿区人民武装部

1970年1月开始筹建阳泉市矿区，阳泉市矿区人民武装部随之于3月30日成立，同时列入中国人民解放军序列。为适应矿区和阳泉矿务局（今阳煤集团）政企合一的领导体制，矿区人民武装部与阳泉矿务局人民武装部采用两块牌子，两套人员，合署办公的组织形式。1980年5月，矿区与阳泉矿务局分设，矿区人民武装部也随之单设，定为正营级单位。1986年5月，矿区人民武装部划归地方建制，级别改定为副县级，内设办公室、政工科、军事科；实有工作人员13人，其中干部10人，职工3人。1990年11月，在矿区人民武装部建制内组建矿区民兵训练基地和民兵武器装备仓库。1996年4月，矿区人民武装部重新划归军队建制，定为正团级建制，内设军事科、政工科、后勤科以及矿区民兵训练基地和民兵武器装备仓库；编制核定为20名，实有工作人员20人，其中干部11人，职工9人。1999年11月，民兵武器装备仓库划归阳泉军分区直接领导。至2011年年底，矿区人民武装部下辖6个街道办事处武装部，3个驻区企业武装部，这些基层武装部共有专职武装干部75名。

阳泉市矿区人民武装部是阳泉市矿区地方军事领导机构，受阳泉军分区和中共矿区区委、矿区人民政府双重领导，是中共矿区区委的军事工作部门，同时是矿区人民政府的兵役工作机构。其主要任务是：认真贯彻中国共产党的路线、方针、政策，不断加强民兵队伍的思想和组织建设，搞好民兵军政训练和武器装备的管理，完成征集兵员的任务，协助有关部门，维护社会治安，组织和发动民兵参加社会主义物质文明和精神文明建设。

1986 年 5 月以前由中共矿区区委第一书记兼矿区人民武装部第一政委，1986 年 5 月以后改为由中共矿区区委书记兼矿区人民武装部党委第一书记。实行地方党委议军制度，每年都召开有中共矿区区委书记和其他区委领导、驻区单位领导参加的议军会议，研究和解决军事方面的重要问题。实行地方党委书记、分管武装工作的行政首长到人武部办公制度，区委书记、区人民政府区长和分管武装工作的副区长都定期和不定期地到区人武部办公、指导工作。区人武部部长和政委均及时向有关领导汇报、请示，得到区委、区政府及驻区各单位的全力支持和配合。2010 年 8 月 1 日，张清河区长被北京军区表彰为“关心支持国防建设好领导”。

阳泉市矿区人武部组建后，军事工作全面推进，各方面均取得优异成绩。军事训练坚持官兵互帮互学，共同提高，勤学苦练，严格要求，多次取得优异成绩，受到上级表彰。军事行政管理工作以军事斗争准备为龙头，以正规化建设为重点，以经常性管理为主线，狠抓落实，年年圆满完成各项任务。安全管理认真落实各项规定，实现了安全稳定。武器装备的管理以安全防范为重点，严格落实规章制度，确保了武器装备的绝对安全，保持了武器装备管理年年安全无事故。

阳泉市矿区人民武装部历任领导人名表

表 22－1

职　务	姓　名	任　职　时　间
部　长	李春山	（兼）1970 年 3 月～1970 年 6 月
	郑德贤	1970 年 6 月～1979 年 5 月
	冯银毛	1973 年 12 月～1979 年 12 月
	冯银毛	（兼）1979 年 12 月～1983 年 7 月
	王金安	1983 年 7 月～1986 年 4 月
	刘昌珍	1986 年 4 月～1990 年 7 月
	刘殿宝	1990 年 7 月～1993 年 6 月
	李　林	1993 年 6 月～2002 年 2 月
	田　强	2002 年 3 月～2007 年 3 月
	徐文彬	2007 年 3 月～2008 年 2 月
	张小武	2008 年 2 月～
第一政委	耿义德	（兼）1981 年 1 月～1983 年 12 月
	郭彦庚	（兼）1984 年 1 月～1987 年 10 月
政　委	姚培力	1973 年 12 月～1978 年 4 月
	王富和	1976 年 10 月～1978 年 4 月
	杨瑞琪	1979 年 12 月～1984 年 7 月
	米大稳	1985 年 1 月～1985 年 11 月

续表 22－1

职　务	姓　名	任　职　时　间
政　委	张俊和	1986年4月～1993年6月
	刘殿宝	1993年6月～1996年3月
	史玉庆	1996年5月～2000年3月
	邵满存	2000年3月～2009年2月
	史连海	2009年2月～
副部长	王振彬	1970年6月～1972年6月
	王忠利	1970年6月～1978年4月
	杨绍义	1971年11月～1974年12月
	杨绍义	1976年10月～1978年4月
	杨清川	1971年11月～1978年4月
	魏林重	1974年3月～1978年4月
	冯　敏	1974年12月～1981年6月
	马路鸣	1974年12月～1976年10月
	徐天福	1975年9月～1976年2月
	韩春林	1975年11月～1980年10月
	王斌玉	1979年12月～1982年8月
	张德鹏	1992年7月～1996年3月
	杨振彬	1995年8月～1996年3月
	李树生	1996年4月～2000年3月
	高小选	2000年4月～2001年5月
	穆素怀	2001年5月～2003年11月
	张小武	2005年6月～2007年3月
	胡政军	2007年3月～2011年4月
副政委	姚景岩	1970年6月～1971年8月
	赵胡力雅	（蒙古族）1971年11月～1974年4月
	王　懋	1975年6月～1976年2月
	李洪文	1977年3月～1981年6月
	吕春来	1979年12月～1981年6月

第二节　驻　军

相传春秋时，晋卿赵简子在今平潭驻重兵防守，并在今简子沟设营练兵。清康熙六年（1667），平潭街、赛鱼设汛驻兵。民国时期境内有阎锡山的晋军。抗日战争和解放战争时期，中国人民解放军在境内与敌人浴血奋战；新中国成立后，中国人民解放军在境内执行上级赋予的使命。

一、晋军和国民革命军

民国前期，境内驻有正太铁路护路军。民国19年（1930），晋军李生达部72师驻阳泉。民国22年国民党29军38师张自忠部佟潭光旅驻阳泉、平定。

民国34年8月日本投降后，阎锡山派其第66师陈震东部进驻阳泉站、阳泉矿区、平定，抢先进行“接收”。

民国35年5月，阎军10总队荆谊部驻阳泉地区，其直属部队和所属2团（团长张国栋）驻阳泉狮脑山及蔡洼、义井等地。同时，阎锡山网罗日军战俘和汉奸500余人，组成第五警备大队（后改称保安十总队五大队），驻防狮脑山和刘备山，并任用原日军矿警大队的大队长苏田雄（原名薮田雄信）为大队长。民国36年5月2日，中国人民解放军包围了阎军保安十总队五大队，迫使该大队于5月4日投降。

二、中国人民解放军

（一）中国人民解放军“三支两军”和军管部队

1967年3月，中国人民解放军4660部队奉命进驻阳泉矿务局，担负“三支两军”（支工，支农，支左；军管，军训）任务。1968年6月，中国人民解放军4594部队进驻阳泉，对阳泉实行军管。

（二）中国人民解放军基建工程兵部队

1978年，中国人民解放军基建工程兵00433部队奉命开赴阳泉贵石沟矿区，参加煤矿建设。3月，先头部队进入阳泉贵石沟矿区；6月，该部2600余人全部到齐。进矿后，该部把主要力量放在六号层斜井的恢复上，此外还参与了铁路专线、矿区道路和输电线路的建设。为了加强这支部队的煤矿建设能力，根据上级指示，阳泉矿务局抽调了一批干部、工程技术人员和技术工人充实该部力量。1983年5月17日，该部奉命集体转业，改建为阳泉矿务局第三工程处，下辖矿建工区、土建工区、机电工区和运输队，继续进行贵石沟新区的建设。

第三节　地方武装

一、保甲团练

光绪二十八年（1902），境内各村设有保甲。每家出一丁；十家为一牌，设牌长一人；十牌为一甲，设甲长一人；十甲为一村，设保正一人、保副二人。有事甲长传牌长，牌长传十家，一呼而集。团练亦按村组织。甲长即团长，牌长即队长。以团练担负地方防卫任务。

二、保卫团和国民兵团

民国11年（1922），平定县成立保卫团，负责保卫地方，维护地方社会治安。保卫团县设总团，县长（知事）任总团长；区设区团，区长任区团长；各“编村”设村团，村长任村团长；村团下设数甲，以数名村副分任甲长；甲下设牌，一闾为一牌，闾长任牌长。同时规定，遇必要时，总团、区团、村团、甲牌均可添设副长，辅助办事。凡村中健壮男子，年龄为25岁~45岁者，均为团丁。其武器仅有大刀、长矛等。每年冬季，由各村选聘教员，专门传授军事技术及政治常识。

民国24年，平定县设“防共”保卫团，用以推行阎锡山“练民军，设兵备，靠枪杆以防共”的政策，是专门反对共产党的地方武装。“防共”保卫团班长以上职务由旧军人担任，士兵为各村壮丁。“防共”保卫团常派员驻各大村镇，负责对18岁~25岁的男子进行轮训，每期3个月。

从抗日战争到阳泉全境解放前，阎锡山在其管辖地区建立“国民兵团”。

三、抗日地方武装

阳泉煤矿工人抗日游击大队 民国26年（1937）7月，抗日战争爆发后，中国共产党阳泉矿区委员会以牺牲救国同盟会（简称牺盟会）阳泉矿区分会的名义，在各矿组建护矿队。9月，护矿队改称工人护矿自卫队。10月，以二矿厂和四矿厂的工人护矿自卫队为主，组建了阳泉煤矿工人抗日游击大队。该大队是山西最早的抗日武装之一。政委何英才（杨高悟），大队长王凤山（焦岐峰），下设五个中队，队员500余人。山西省牺盟会曾拨给枪支400支。10月30日，该大队转移到和顺县石拐镇。11月，在八路军129师协助下，与一同转移到和顺县石拐镇的正太铁路工人抗日游击队、平定县抗日游击队、平定青年抗日游击队3支抗日武装合编为平定抗日游击大队，大队长王凤山，政委何英才。翌年2月，该大队编入八路军129师秦（基伟）赖（际发）支队。

正太铁路工人抗日游击队 民国26年10月，中共正太铁路沿线特委在山西牺盟总会特派员朱效成、刘化南配合下，在阳泉组建了正太铁路工人抗日游击队。政委陶希晋，队长马次青，有队员100多人。山西牺盟总会拨给枪支100支，八路军129师派教官张广才、杨浩明进行军事训练。日军占领阳泉（10月30日）前，转移到和顺县石拐镇。11月，编入平定抗日游击大队。

四、解放区地方武装

阳泉市警卫大队 民国36年（1947）5月，阳泉解放并设市。为保卫市区，维护社会秩序，保卫军政机关安全，冀晋军区第二军分区组建阳泉市警卫大队，队员有100余人，大队长石兴正，指导员马勇。民国37年夏，阳泉市警卫大队经补训，编入华北人民解放军第18兵团。

五、武警阳泉市消防支队矿区消防大队

1987年9月，矿区公安分局设消防科，负责辖区范围内的消防及消防宣传教育、消防安全检查、易燃易爆化学物品管理、建筑工程的消防监督和火灾事故的检查处理等工作。1992年2月，矿区消防科升格为现役副营职机构。1995年10月，矿区消防科升格为正营编制。2003年1月，矿区公安分局消防科改设为武警阳泉市消防支队矿区消防大队，领导体制不变。

第二章 兵 役

矿区人民武装部是矿区人民政府的兵役机构。在历年的征兵工作中，矿区人武部摸索出一整套行之有效的工作制度和工作方法，保证了兵员的质量。1981～2011年，阳泉市矿区创造了连续31年无退兵的好成绩，多次被评为征兵工作先进单位。

第一节 兵役制度和机构

一、兵役制度

阳泉市矿区境内曾实行多种兵役制度。清代后期至民国初年，境内实行募兵制度。民国22年（1933）6月，南京国民政府颁布《中华人民共和国兵役法》，但阎锡山实行的实际是抓丁制度。民国35年，阎锡山推行“兵农合一”制度。民国36年阳泉解放后，“兵农合一”制度即终止执行。

在革命战争年代和新中国成立初期，中国人民解放军在境内实行志愿兵役制。1954年11月，在正式征集义务兵之前，根据政务院和中央军委的决定，按照义务兵役制的原则，在今矿区境内试行征

兵。1955年7月，中华人民共和国第一部《中华人民共和国兵役法》颁布后，今矿区境内实行义务兵役制。1978年，根据第五届全国人民代表大会常务会议的决定，境内实行义务兵与志愿兵相结合的兵役制度。1984年5月，新的《中华人民共和国兵役法》颁布后，矿区境内实行以义务兵役制为主体的义务兵与志愿兵相结合、民兵与预备役相结合的兵役制度。到1985年年底，阳泉市矿区预备役编组工作基本结束。

二、兵役机构

新中国成立前，境内无征兵机构。新中国成立至1970年3月，今矿区境域的兵役工作由阳泉市人民武装部、阳泉市一区（站上区、城区）人民武装部管理，各街道办事处、人民公社及驻地单位人民武装部全力配合。

1970年3月后，矿区人民武装部是矿区人民政府的兵役机构。1970年后，每年开始进行征兵工作时，矿区都成立征兵工作领导组和征兵办公室，对征兵工作实施具体领导，处理征兵工作中的各项具体事务。矿区征兵工作领导组由区政府一名副区长任组长，区人武部部长、政委、区政府办公室主任和阳煤集团（阳泉矿务局）武装部的一名部长或政委任副组长，民政、公安、卫生、财政、纪检、宣传、工青妇等部门和群众团体的领导以及人武部军事科科长、政工科科长、后勤科科长为成员。征兵工作完成后，领导组即行撤销。此外，各街道办事处根据区征兵工作领导组的要求，成立本街道的征兵工作领导组，在历年的征兵工作中均发挥了积极作用。

第二节　兵员征集

一、志愿兵征集

在抗日战争和解放战争期间，八路军、解放军实行志愿兵役制，由各部队和边区政府动员参军。征集兵员的条件较宽，年龄和出身要求都不太严格，只要身体健壮，愿意革命和愿意打倒帝国主义即可，手续也较简便，经过宣传动员，一般自愿报名后即可参军。部队一面打仗一面扩军，或派出工作团动员参军。民国26年（1937）10月，阳泉煤矿二矿厂和四矿厂的500余名矿工志愿参加阳泉煤矿工人抗日游击大队，后开赴和顺县石拐镇，编为129师独立支队。民国29年9月，百团大战第一阶段取得胜利后，境内有200多名矿工志愿报名参加八路军。民国36年10月，阳泉市成立扩军委员会，进行首次扩军，以个别动员方式开展工作。境内青壮年积极应征入伍，出现了父送子、妻送郎、兄弟争相上战场的参军热潮。平潭街村一次就有杨达生、杨文元、王进科等14名青年报名参军。1950年12月，在抗美援朝运动中，阳泉矿务局根据志愿，选派60名优秀青年职工奔赴前线，加入中国人民志愿军铁道兵团。1951～1954年，境内按计划征集新兵。由各村党支部推荐入伍名单，再由公安和卫生部门进行政治审查和体格检查，然后报区政府审定，最后经阳泉工矿区（阳泉市）人民武装部批准入伍。

二、义务兵征集

1954年，按义务兵役制的原则试行征兵。1955年正式开始实行义务兵役制。1970年3月矿区人民武装部成立后，根据《中华人民共和国兵役法》的规定和上级的要求进行征兵。征集义务兵的工作一般每年一次，少数年份每年二次，个别年份未征。

阳泉市矿区人民武装部在历年的征兵工作中，摸索出行之有效的一整套工作制度和工作方法，保证了兵员的质量。征集义务兵的工作分为宣传准备、体格检查、政治审查、审批定兵和新兵运输5个阶段。

1. 宣传准备　注重深化全民国防教育，强化对依法征兵的宣传教育。大力宣传依法服兵役是公民的光荣义务，增强应征青年的责任感和使命感；大力宣传征兵的范围、对象、标准和报名应征的办法、程序、时间，使征兵工作透明化；大力宣传优抚安置的法律措施，大讲军营是锻炼人、培养人的特殊学校，调动广大青年的应征积极性；采用广场宣传、文艺演出、散发宣传材料、组织流动宣传队、出动宣传车等多种形式进行宣传发动，增强人民群众的国防观念，鼓舞适龄青年的参军热情。2009～2011 年，针对征兵工作中出现的新情况，加大宣传力度，协调阳煤集团采取“预签协议”的形式继续安置工作，使征兵工作呈现良好局面。

2. 体格检查　矿区采用“严把五关”（严把体检人员培训关，严把体检设施质量关，严把体检程序规范关，严把医务人员业务关，严把主检医生责任关）的做法，确保了新兵质量。

3. 政治审查　抽调思想好、作风正、业务熟、责任心强的同志担任政审工作，对政审工作人员进行培训，做到上级政策明、标准掌握细。在政审过程中，严格执行政治条件规定，做到政策严把关，调查细到位，现场表现清见底。历年的政审工作都本着提前展开、提早介入的思路，突出抓好“四早》《三个重点”。“四早”是：按照征兵会议精神早筹划，对适龄青年早摸底，利用电脑网络早排查，抓关键早介入。“三个重点”是：重点地区、重点人员、重点问题。强调把好“五关”：预征预审关、初送初审关、基层复审关、综合联审关和群众监审关。

4. 审批定兵　做到四个坚持：坚持按“全面衡量、公道正派、择优选兵、集体定兵”的原则定兵；坚持按人武部、街道、接兵部队、公安、卫生五方联席审定新兵的制度定兵；坚持将本人态度坚决、家长积极支持和单位反映较好、社会行为端正的青年纳入审批范围，确保实现“征兵任务一个不能少，问题一个不能出，不合格的兵一个不能送”的目标；坚持跟踪管教，加强定兵后对新兵的管理教育工作。人武部与接兵部队密切配合，确保征兵工作的顺利进行。

5. 新兵运输　严格按计划组织实施。严格执行运输计划，提前做好各项准备，确保人员车辆安全。整个运输工作做到了运转有序，完成准时，工作到位，按时起运。

第三节　兵役管理

一、兵役登记

根据经济和社会发展及国防建设的需要，1955 年 7 月，《中华人民共和国兵役法》颁布实施。根据《兵役法》的要求，境内开始进行兵役登记。在广泛宣传的基础上，对符合兵役法要求的应征对象按所在乡村和居委会进行摸底登记，然后由区人民武装部汇总，存档备案。1984 年 5 月，为适应改革开放新形势的需要，国家颁布了新的《兵役法》。阳泉市矿区经过大力宣传，加深了广大干部和群众对新《兵役法》的理解和认识，为在新形势下开展兵役登记和征兵工作创造了条件。

兵役登记是征兵工作的重要依据。阳泉市矿区每年于 8～9 月都进行一次兵役登记。兵役登记的对象是 18 岁～20 岁的公民；企事业单位的登记对象年龄放宽到 21 岁；应届高中毕业生满 17 岁，本人自愿的，也可以进行登记。通过兵役登记，进一步确定当年预征对象、免服兵役人员和不得服兵役人员。兵役登记的过程一般是：准备阶段、宣传发动、报名登记、总结报告。

2000 年以后，为了适应新的形势，兵役登记工作有了新的发展。全区成立了由宣传、文教等职能部门和工会、共青团、妇联等单位的负责人组成的领导小组，由区人民武装部具体负责日常工作，按照“一抄、二核、三登记、四分类”的程序，严把兵役登记质量关，特别加强了对大专、中专、中技毕业生的调查摸底工作，确保了适龄青年登记率达 100%。

二、预备役登记

1955 年第一部兵役法颁布后，曾于 1956 年秋冬在民兵中进行预备役登记，并对复员、退伍、转业军人进行预备役士兵和预备役军官登记。取消军衔制后，预备役登记工作停止。

1980 年恢复预备役制度后，对当年和 1980 年以前回乡的退伍军人进行了预备役登记。1981 年起，对退伍军人中符合条件者和转业军官进行预备役登记。矿区成立了军队转业干部预备役登记办公室。1996 年，按军分区的要求，矿区人武部会同区民政局对全区退伍军人的预备役登记和专业技术兵的储备进行了调查摸底。全区退伍军人预备役总数 774 人，其中本年度接收 100 人，超龄数 30 人，调出矿区的 10 人。至 2011 年，均较好地完成了预备役登记工作。

三、复转退伍军人安置

参见本志第十八编《民政》第三章《优抚安置》。

第三章　预备役部队与民兵

山西陆军预备役步兵第 83 师第 248 团于 1998 年 8 月在阳泉市组建，炮兵营组建于 1999 年 5 月 25 日，驻阳泉市矿区。矿区民兵牢记使命，发挥自身优势，积极参加维护社会治安工作，勇于承担急难险重任务，踊跃参加社会主义建设，在矿区两个文明建设中发挥了主力军作用。

第一节　预备役步兵第 248 团炮兵营

山西陆军预备役步兵第 83 师第 248 团前身系渤海军区一分区基干团，于 1945 年 9 月在河北省南皮县组建。1998 年 8 月，移防至山西省阳泉市，改编为预备役步兵第 248 团。1999 年 3 月，召开组建成立大会。248 团在山西省军区预备役步兵第 83 师编成内，主要担负快速动员、集结和遂行防御作战的任务，团机关驻阳泉市经济技术开发区。预备役 248 团炮兵营始终坚持以条令、条例为依据，贯彻正规化管理为主线，突出安全稳定重点，依法从严治军，强化日常养成，大力治理松散，严格规范秩序，强化武器弹药及车辆管理，完善防奸保密措施，制定维护社会稳定的各项措施。确保了部队的安全稳定，促进了团队各项工作的顺利进行，实现了“三无”（无事故，无案件，无严重违纪）的目标。1999 年以来，预备役步兵第 248 团炮兵营坚持以党的十六大和军委扩大会议精神为指导，以新一代《军事训练大纲》和上级指示精神为依据，着眼“打得赢，不变质”这个历史性课题，深入开展科技练兵，逐步完善配套设施，进一步提高了快速动员和遂行作战任务的能力。

第二节　民　　兵

一、民兵建制

（一）领导体制

在中共中央、中央军委的统一领导下，实行军事系统和地方党委的双重领导制度，是民兵工作的传统领导体制，也是阳泉市矿区民兵工作的领导体制。一是军队系统领导，阳泉市矿区人民武装部是在阳泉军分区和矿区区委、区政府领导下的地方军事领导机关，负责全区的民兵工作。二是中共地方党委管武装，这是把民兵建设置于中国共产党的绝对领导下，保持人民武装本色的根本保证。三是人民武装委员会，是在中央军事委员会和中共各级地方党委领导下设立的领导人民武装工作的专门机构，也是加强民兵建设的一项重要组织措施。

1. 军事系统的领导。民兵是国家武装力量的组成部分，对民兵实行军事系统领导，有利于保持国家武装力量的高度统一，有利于平时按照国防建设的需要安排民兵建设，有利于战时按照总的战略意图和作战需要对民兵实施组织指挥。在军事系统的设置方面，阳泉市设立军分区，矿区设立人民武装部。军分区以主要精力和主要力量做民兵工作，军分区的司令部、政治部，就是民兵司令部、政治部。矿区人民武装部具体组织实施民兵工作，负责民兵的全面建设，指挥、带领民兵参战、支前和执行各种急、难、险、重任务。矿区人民武装部下辖6个街道办事处武装部，3个驻区企业武装部，共有专职武装干部75名。

（1）区属街道人民武装部。共6个。其中沙坪街道人民武装部、赛鱼街道人民武装部、蔡洼街道人民武装部、桥头街道人民武装部、平潭街街道人民武装部均成立于1981年3月，贵石沟街道人民武装部成立于1988年6月。

（2）企业人民武装部。共3个。其中阳泉煤业（集团）公司人民武装部、阳泉辰光热电有限公司人民武装部成立于1958年12月，阳泉市商业集团公司人民武装部成立于1960年1月。另外，阳泉市金属支柱厂人民武装部成立于1960年1月，1985该厂并入矿务局机修厂，厂人武部撤销。

阳泉煤业（集团）公司人民武装部。1958年12月，阳泉矿务局（今阳煤集团）设武装部。1971年3月，实行政企合一体制，阳泉矿务局武装部与矿区人武部合并，采用两块牌子，两套人员，合署办公的组织形式。1980年5月，矿区与阳泉矿务局分设，矿务局武装部也随之单设。2011年年末，下辖二级武装部5个，三级武装部39个。有专职武装干部70人，普通民兵16588人，基干民兵1500人。多年来，阳煤集团武装部获得了多项荣誉，主要有：2000年，集团公司武装部被北京军区授予集体二等功；2002年，所属一矿武装部被总参谋部、总政治部联合表彰为“全国基层民兵工作先进单位”。部长先后为：阎四豹、武学舜、杨义、齐瑞林、李新善、许义堂、郑德贤、冯银毛、刘文宗、张振芳、王有生、朱卫保。副部长先后为：侯无禄、王忠利、王富和、姚景岩、杨绍义、魏林重、韩春林、张有珠、王炳玉、史瑞芝、路起云、刘有才、王清华。

2. 中共地方党委管武装。这是把民兵建设置于中国共产党的绝对领导下，永远保持人民武装本色的根本保证。1970年3月～1986年5月，由中共矿区区委第一书记兼矿区人民武装部第一政委，1986年5月以后改由中共矿区区委书记兼矿区人民武装部党委第一书记。实行地方党委议军制度和地方党委书记、分管武装工作的行政首长到人武部办公制度。每年都召开有中共矿区区委书记和其他区委领导、驻区单位领导参加的议军会议，区委书记、区人民政府区长和分管武装工作的副区长都定期和不定期地到区人武部办公、指导工作，人武部部长和政委也及时向有关领导汇报、请示，得到区委、区政府及驻区各单位的全力支持和配合。第一政委或第一书记都把搞好民兵工作作为自己的职责，凡是有关民兵工作的方针、政策、指示、规定，都在党的会议上研究，提出贯彻落实的措施；检查工作时，同时检查了解民兵工作情况，发现问题及时解决。各基层党组织普遍做到了“三定五抓”（定任务，定制度，定协作；抓组织健全，抓政治纯洁，抓干部管理教育，抓民兵活动，抓复退军人和军烈属工作）。

企业中的中共党组织十分关心武装工作。阳煤集团把武装工作经费保障列入各矿的全年预算，各矿武装部的日常办公开支高出其他部门5%。大项活动经费由矿统一保障。一矿150人的骨干分队参加分区组织的整组验收和比武活动，矿上一次性提供10万元，满足了活动需要。专武、民兵干部与企业干部一样，发给职务津贴，参加军事活动和在岗工作一样发给奖金和补助，应急分队队员和一线职工一样参加保险。有2名专武干部、8名民兵干部、15名民兵因在军事工作中表现突出被评为先进，拿到了矿里的最高奖金。一矿党委始终坚持党管武装的原则，明确规定党委委员、矿纪委书记和人事矿长对武装工作齐抓共管，井区（车间）民兵连队，分别由总支副书记和支部书记分管。把民兵工作列入党政工作重要议事日程。凡是民兵工作的大事，党政联系会及时解决。做到该发的文件不卡，该办的事不拖，该花的钱不抠，生产任务再重，该抽的人也要抽，民兵重大活动，矿党政领导都积极参加。在企业机构改革、减人提效中，对武装部一不撤，二不并，三不减人。矿党委书记兼任武装部第一政委，矿长兼任武装部第一部长，为民兵工作纳入企业管理提供了可靠的组织保障。制订了《党管武装工作制度》《民兵工作制度》和《拥军优属制度》三项制度，并把这三项制度与其他工作制度一并列入《党委工作制度》管理，使民兵工作同党建工作、安全生产经营做到了同安排、同部署、同检查、同考核，把民兵工作推向制度化、经常化。1997 年矿武装部被省委、省政府、省军区评为“模范武装部”。2001 年，矿党委书记胡志宏被阳泉市委、市政府、阳泉军分区评为“党管武装好书记”。2002 年，矿武装部被授予“全国基层民兵预备役工作先进单位”称号。

3. 人民武装委员会。是中共阳泉市矿区区委设立的领导人民武装工作的专门机构，成立于 1982 年 6 月 26 日。1997 年 11 月 17 日，区国防动员委员会成立后，为坚持党管武装的原则，按照机构精简的要求，区人民武装委员会与区国防动员委员会采用一个机构，两块牌子的组织形式。区人民武装委员会由区委、区政府、区人民武装部，以及街道、公安、财政、民政、教育、宣传等部门和工会、共青团、妇联等组织的负责人组成。人民武装委员会的主要任务是贯彻执行中共中央、国务院、中央军委有关民兵建设的各项方针、政策和指示，根据《民兵工作条例》和上级党委、军事机关的有关指示，结合矿区情况，研究解决民兵工作中的重大问题，贯彻执行有关兵员动员和转业、复员、退伍战士安置工作中的方针政策。

（二）组织发展

阳泉市矿区境内的民兵组织始建于民国 36 年（1947）5 月 2 日阳泉解放后，平潭街村建立民兵大队。矿区成立后，认真按上级要求进行民兵整组，使民兵组织不断与时俱进。经过半个多世纪的建设，矿区民兵发展成为编组符合规定，布局符合要求，兵员素质较高，规章制度落实，有一定科技参战和支前能力的党和人民可信赖的队伍。

1. 实行普遍民兵制度

（1）建国初期的民兵组织。新中国建立初期，全国范围内实行普遍民兵制度，要求凡适龄男性公民，身体无残疾或精神病者，都有参加民兵组织的权利和义务。把过去战争时期实行的自愿参加民兵的原则，变为按照规定的条件普遍参加民兵的制度，这是中国民兵建设史上的一大发展。1951 年 12 月 11 日，中央军委和政务院颁布《中华人民共和国民兵组织暂行条例》。按此条例，境内各厂矿企业和街道于 1957 年相继建立了武装部，负责武装和民兵工作。

（2）大办民兵师。1958 年 10 月，毛泽东主席发出“大办民兵师”的指示，中共中央下发了《关于民兵问题的决定》，在全国范围内把能拿武器的男女公民组织起来，以民兵组织的形式，实行全民皆兵。中共阳泉市委制订了《关于城市厂矿、街道建立武装组织实施计划》，根据中央的决定和市委的计划，境内的矿区公社把经政审合格和体检合格，年龄在 16 岁 ~45 岁的公民编入民兵组织。其中年龄在 18 岁 ~30 岁的男性青年编为基干民兵，其余为普通民兵。矿区公社成立民兵总指挥部，下辖 3 个民兵师，11 个民兵团，30 个民兵营。矿区公社主任任司令员，公社党委书记任政治委员，各矿党政工团和武装部门的各级领导兼任各级民兵干部。到 1959 年年末，矿区公社民兵总数达 35000 名。

1961 年，根据中共中央、国务院颁布的《民兵工作条例》，境内对民兵组织进行了调整，将 16 岁 ~45 岁的男性公民、16 岁 ~35 岁的女性公民全部编入民兵组织，其中 16 岁 ~30 岁的男性公民和 16 岁 ~25 岁的女性公民编入基干民兵。1962 年，根据毛泽东提出的“民兵工作要做到组织落实，政治落实，军事落实”的指示精神，境内对民兵组织进行了整顿。整顿民兵组织，对民兵出入转队实行登记；开展了形式多样的政治教育活动，如请老红军讲革命斗争史，进行新旧社会对比等，提高了民兵的政治觉悟；集中抓了军事训练。经检查验收，境内民兵组织达到“三落实”要求的占 88%。

（3）“文化大革命”中的民兵组织。1966 年“文化大革命”开始后，民兵工作受到冲击和破坏，机构被撤并，人员被下放，基础工作损失严重，民兵组织陷于瘫痪、半瘫痪状态。民兵的正常活动被迫中断。1969 年 3 月，遵照毛泽东主席关于“要准备打仗”的指示，境内的民兵组织得到恢复。10 月 1 日，境内民兵参加了全市民兵国庆游行检阅活动。1970 年 3 月矿区人民武装部成立后，民兵工作得到进一步加强。1972 年 12 月 19 日，矿区在一矿召开民兵整组现场会议，会议要求各级党组织要认真落实毛主席“备战、备荒、为人民”的战略方针，搞好民兵工作“三落实”。一矿北头咀采煤一队民兵连在会上介绍了民兵整组工作的经验。矿区各级民兵组织坚持进行一年一度的民兵整组工作，健全了民兵组织，调整充实了民兵干部。1973 年 3 月，矿区基干民兵整编为 1 个民兵独立团。同年 12 月，按照上级指示精神，民兵独立团改称民兵武装基干团。1975 年，境内组建预备役师；根据全国兵员动员会议精神，民兵普遍按新兵入伍条件进行选拔。

2. 民兵组织调整改革

（1）民兵组织调整

1978 年中共十一届三中全会后，随着全国工作重点的转移和国防建设指导思想的转变，民兵的组织建设相应地进行了调整改革。1981 年 5 月，根据中共中央、国务院、中央军委批转的总参谋部、总政治部《关于调整民兵组织的请示报告》，境内对民兵组织进行了调整。简化了组织层次，由原来的普通民兵、基干民兵和武装基干民兵，改为普通民兵和基干民兵，并取消了师、团两级建制；缩小了年龄范围，男性民兵由 16 岁 ~45 岁改为 18 岁 ~35 岁；基干民兵由 18 岁 ~30 岁改为 18 岁 ~28 岁。

1986 年，遵照中共中央、国务院、中央军委批转总参谋部、总政治部《关于当前和今后一个时期民兵、预备役工作的意见》中“减少数量，提高质量，突出重点，打好基础”的指导方针，矿区对民兵组织进一步进行了调整和整顿，缩小了民兵组建范围，将 28 岁以下退出现役的士兵和经过军事训练的人员编入基干民兵，女性按 10% 的比例只编基干民兵。通过整组，民兵组织不断得到健全和巩固，战斗力普遍增强，在社会主义建设中发挥了越来越大的作用。1987 年 1 月 5 日，矿区人武部开始组建民兵应急分队，由矿务局三矿民兵重机连承担矿区民兵武器库应急分队的组建任务。

矿区民兵整组工作严格按照中央和山西省规定的指导思想进行。1988 年，按照“总体稳定，局部调整，重点突出，注重实效”的要求，矿区进行了合理的民兵整组。1989 ~ 1992 年，矿区认真贯彻落实新的《民兵工作条例》《山西省民兵基层建设纲要》和市委、市政府、军分区于 1990 年 3 月份联合下发的《贯彻落实山西省民兵基层建设纲要实施意见》等文件，进一步规范了民兵组织工作。矿区民兵工作遵循服从国家经济建设大局，适应国防建设需要的指导思想，以抓好民兵基层建设为重点，按照“控制数量、提高质量、抓好重点、打好基础”的原则，提高了民兵干部和兵员质量，使民兵基层组织达到了组织落实、队伍纯洁、基础扎实的要求。

1993 年 3 月 22 日，根据中共中央《关于加强民兵基层建设的意见》、山西省《关于加强民兵、预备役部队基层建设的决定》和市委、市政府、军分区制订下发的《关于加强民兵基础建设规划》，矿区区委、区政府和矿区人武部制订了《关于加强民兵基层建设的规划》，规定了矿区基层民兵建设的指导思想、任务、目标以及内容、标准、措施和方法。矿区基层民兵建设的目标是：建设一支素质优良的民兵骨干队伍，建立一套符合区情、科学有效的基层建设章法，树立一批体现时代特色、门类齐全的基层建设先进典型，形成具有矿区特点的民兵基层建设格局。该《规划》要求，每年集中力量，抓好 1/3 连（营）的建设，三年为一个周期，稳步推进基层民兵质量建设；到 1995 年，全区民兵连（营）达标率要达到 80% 以上。

（2）民兵布局调整

1994 年，推广四矿在待业青年中组建民兵应急分队的经验，二矿和一矿也在待业青年中组建了民兵应急分队。这个做法既加强了民兵应急分队的力量，也解决了部分待业青年的就业问题。

1996～1997 年，根据《山西省民兵、预备役部队组织整顿实施办法》《山西省贯彻七部委文件实施办法》和省军区《1996 年民兵、预备役部队整组工作指示》，矿区认真贯彻民兵质量建设方针，民兵基层建设进一步巩固发展。1997 年 7 月 22 日，区政府和矿区人武部对受到市政府、阳泉军分区表彰的 11 个基层武装部和 16 名武警干部予以通报表彰，还通报表彰了 23 个区级民兵先进单位和 32 名区级先进个人。

（3）三队两部建设

1998～2005 年，以总参谋部、总政治部《关于深化民兵工作调整改革的意见》和《山西省民兵预备役工作条例》为依据，矿区民兵工作按照调整布局、优化结构、突出重点、分类建设的总体要求，认真落实省市一系列文件精神，着重抓了“三队”建设（民兵应急分队、专业技术兵分队和对口专业分队），采用宣传教育、出入转队、调配干部、清点装备、修订制度、集合点验、工作总结的程序和办法，民兵工作取得了长足的进步。

1999 年 6 月，矿区人武部按照“精干、可靠、管用”的原则，在民兵应急分队规范化建设中，严格实行“五统一”（统一编制建制，统一服装装备，统一训练科目，统一连部设施，统一组织领导），保证了全区民兵应急分队的协调运转，形成了集中统一的组织体系，受到省军区的表扬。

2001 年，阳煤集团武装部在民兵整组中实行了“三个减少，三个增加”。即适当减少步兵分队数量，增加专业技术分队数量；适当减少专业技术分队中低层次的分队种类，增加具有科技含量的专业技术分队数量；适当减少与民兵担负任务不相适应的分队数量，增加与民兵执行任务相适应的分队数量。还重点抓了民兵应急分队的规范化建设、专业技术兵分队的编组规模和对口专业分队的巩固提高工作，使“三队”建设有了长足的进步。

2002 年，矿区人武部狠抓了民兵组织的调整：民兵应急分队建设保持了编制、装备器材、训练科目、连部设施、领导机制“五个统一”；民兵高炮分队建设强化了组织、骨干、保障、训练、考核“五个到位”；对口专业分队建设坚持了编组范围、专业队伍、队员年龄、兵员成分、训练内容“五个扩展”；基干民兵组织调整实现了由井区坑口向多营三产、由关键岗位向辅助岗位、由经济效益差的单位向经济效益好的单位、由老企业向新企业、由“农协工”向长期工的“五个转移”。上述措施使民兵队伍人员结构更加合理，兵员分布更加科学，指挥关系更加顺畅，应急反应能力明显提高，保证了一旦有事，能拉得出，用得上，打得赢。

2003 年，矿区人武部与阳煤集团总调度经过协调，规定了紧急情况下组织指挥的下达程序，形成了统一的指挥体系，民兵应急分队的组织指挥进一步统一。还加强了民兵应急分队的硬件建设。每个连既编战斗排，又编执勤排，为每个队员配备了警棍、盾牌等防暴器材以及作训服、头盔、水壶、腰带、挎包等物品，每个连队都安上了电话，排以上干部配备了 BP（寻呼）机，条件好的单位还配备了手机和医疗器材。此外，还对教育训练内容进行了规范，建立健全了请销假、活动考勤、会议汇报等制度，制订了应急方案，明确了行动信号、出动兵力、携行装备、收拢集结方法、行动路线、组织指挥和保障事项等基本要素。

2004 年，民兵应急分队兵员质量进一步提高，退伍军人占 50%，党团员占 85%，受过专门训练的占 95% 以上。人武部与阳煤集团总调度室进一步进行了协同，形成了更为通畅的指挥体系。

2005 年，矿区人武部抓住全省民兵整组工作检查验收试点现场会在阳泉市召开的契机，采取人武部提出建设标准、基层武装部具体实施、企业负担经费的办法，为有关分队更新设备，增添装备，促进了基础设施建设。在全省民兵整组工作验收现场会上，共有 1308 名民兵、19 个分队参加点验和课目演示，受到一致好评。

2008 年，矿区人武部协调各矿组建战备值班分队，完善了配套维稳、防火、防汛、野战装具等器材，加强了针对性训练和演练，随时做好执行应急维稳任务准备。并且强化政治工作作战功能建设。继续巩固和扩大“三战”分队建设，重新组建了心理战分队、法律战分队和舆论战分队。

2009 年，在整组工作中调整优化布局，突出应急力量，重点抓了一矿武装部和高炮连部的全面规范化建设，拓展了二矿、三矿、五矿武装部和连部建设。

2010 年，区委制订了《关于进一步加强新形势下党管武装工作的意见》，各街道以尚未就业的复转军人为主体建立了民兵综合应急排，并相应设立了排部和应急器材室。

2011 年，充分发挥国企民兵建制全、素质高、作风强的优势，建成了一支规模适中、专业匹配、素质全面的基干民兵队伍，完成了民兵组织调整改革的任务。

（4）干部队伍建设

矿区在选配民兵排以上干部时，在保持干部队伍相对稳定的前提下，尽量把思想好、身体素质好、文化程度高、具有一定军事素质和组织指挥能力的年轻人选配到干部队伍中，优先从复转、退伍军人和经过军事训练的基干民兵中选拔。在基干民兵排以上干部中，党团员占 70% 以上，复退军人占 50% 以上。1995 年以后，按照选配干部的政治、身体、年龄条件和“专兼结合”“以专为主”的原则选配民兵干部。民兵连配两个正职（一专一兼），基干连、排干部由本单位营、连长兼任，基干营（连）由武装部长和其他脱产干部担任，专业技术分队干部从组建单位干部中择优选配。年龄一般限制在 35 岁以下，兼职年龄可适当放宽。在调查摸底的基础上，好中选好，挑选熟悉民兵工作情况，有一定组织指挥和管理能力的复退军人担任民兵干部，搞好调整辞退，使民兵干部的质量有了进一步提高。同时，注意解决民兵干部的政治、生活待遇，有条件的单位还在整组前相对集中时间，对民兵干部进行培训，提高他们的整体素质。

二、军事训练

（一）群众性练武活动

从 1949 年新中国建立至 1966 年，境内建置和区划变动频繁，军事领导机构和民兵组织处于创建和逐步健全阶段。在建立健全民兵组织的同时，地方武装干部和民兵自卫队员的军政训练随之逐步开展起来。训练内容包括两方面，一是在思想政治上进行爱国主义和形势教育；二是在军事上进行军事基本知识和射击、投弹、站岗放哨、利用地形地物等基本军事课目的训练。1958 年，在“全民皆兵”“大办民兵师”方针的指导下，境内机关、厂矿、学校和乡村的基干民兵掀起了群众性的练武热潮。训练内容主要是射击、投弹、刺杀、土工作业、利用地形地物五项基本技术。此外，还进行夜间紧急集合、短距离急行军、伤员自救互救等项目的训练。1960 年，国民经济出现严重困难，大规模的民兵训练有所减弱。但阳泉矿务局贯彻“劳武结合”的方针，组织民兵进行专业技术、民兵比武和野营训练，民兵训练工作搞得仍很活跃。1960 年 4 月 18 日，阳泉矿务局三矿党委副书记、民兵师政委王保柱代表三矿民兵出席全国民兵代表大会，获得半自动步枪一支的奖励。1962 年，东南沿海地区形势紧张，根据中共中央、中央军委的指示，加强了民兵战备教育和军事训练。军事训练以民兵干部和基干民兵为重点对象。训练内容除包括射击、投弹、刺杀、土工作业、利用地形地物等共同科目外，还注重进行防空袭、防原子武器、防化学武器训练，并开展军事野营和执勤训练。训练目标定为达到“五会”，即会打枪、会投弹、会利用地形地物、会站岗放哨、会防空。这一时期的民兵军事训练取得显著效果，在 1964 年 12 月全市民兵比武中，阳泉矿务局一矿女民兵朱素珍精度射击获得优异成绩；同年，在全省军事比武中，阳泉矿务局女民兵连获得射击第二名的优异成绩。

1966 年“文化大革命”开始后，境内民兵军事训练曾一度停顿。1969 年 3 月，遵照毛泽东关于“要准备打仗”的指示，境内恢复了民兵军事训练。1970 年 3 月矿区人民武装部成立后，对民兵军事训练的组织和领导得到进一步加强。1970 ~ 1973 年，全区用各种形式，集训了连以上干部 700 多名，民兵骨干 2300 多名。组织 2600 多名基干民兵进行了实弹演习，其中 700 多名获得优秀成绩，及格率达 82%。这一时期的民兵军事训练从现有装备和适应现代战争需要出发，继承和发扬了民兵的传统战法，突出抓了专职武装干部、民兵排级以上干部、武装基干民兵和专业技术分队的技术、战术基础训练。根据总参谋部制订的《1973～1975年民兵军事训练纲要》和《1977～1980年民兵军事训练纲要》的要求，境内民兵实行周期训练制度。每个训练周期定为3年，在每个训练周期内，厂矿专职武装干部每年训练1个月，民兵营长和连长每年训练15天，武装基干民兵每年训练15～20天。这一时期，因安全管理不够严密，在进行军事训练时发生了个别伤亡事故。由于事后及时进行了妥善处理，因而把影响和损失减小到了最低程度，民兵军事训练的安全状况也得到了明显改善。

（二）有计划有重点训练

1978年中共十一届三中全会后，民兵工作进入调整改革阶段，民兵训练压缩训练人数，缩小训练范围，训练周期从4年缩短到2年，每个训练周期由60天～80天，减少为30天（每年15天）。为服从国家经济建设大局，提高民兵军事训练质量，对训练进行了多项改革。在训练时间的安排上，变分散为集中，将两年的训练内容集中在一年内学完；在训练方法上，将以小型分散为主逐步改变为以集中训练为主；在训练内容上，拓宽训练领域，除学军事、学政治外，还结合工作实际学习科学知识和生产技术。至1990年，全区共训练民兵3万余名，有2万余名民兵基本掌握了民兵的“五大技术”，近一万民兵熟练掌握了其中一至两门专业技术。

1991年和1992年，重点抓了民兵应急分队的脱产强化训练，将训练与完成民兵应急值班任务结合起来，取得较好的效果。1992年6月19日，一矿等4个单位的民兵应急分队代表全区民兵接受省市领导检阅，他们军容严整，动作规范，训练有素，受到省军区董司令员等领导的好评。

1993年以后，民兵军事训练的对象以民兵干部、专业技术兵和应急分队为重点。为适应应急分队执行任务的要求，开设了队列、射击、擒拿格斗、警具使用、集结开进等课目的基础训练和应用训练；并根据抢险救灾、围捕罪犯等联防预案的要求，组织民兵应急分队进行多次拉动演练，使民兵应急分队的军事素质和执行任务能力得到很大提高，并做到了“情况熟，底数清，管得住，收得拢，打得响”。各基层武装部发挥自身优势，每年都及早对军事训练进行严密科学的安排和组织。各矿武装部长深入“三场”（靶场、操场、训练场），与民兵实行“五同”（同吃、同住、同劳动、同学习、同进步），既认真按纲施训，狠抓以质量为中心的规范化训练，又注意抓训练中的事故预防工作，从而达到了提高民兵整体素质和安全训练的目的。1997年“八一”前夕，矿区民兵应急分队组成的军事表演队，代表阳泉市参加了全省军事汇报表演，获得组织、阅兵和军事表演三项大奖，他们的良好精神风貌受到省市领导表彰，阳泉市“五大班子”领导亲自迎接凯旋的全体队员。1999年1月，阳泉军分区在一矿召开“民兵应急分队在紧急情况下收拢与集结”现场会。100名民兵进行收拢集结、擒敌拳、队列、警棍盾牌术的表演，受到原省军区张法副司令员的好评。7月，一矿民兵应急分队代表山西省参加了北京军区组织的华北地区民兵应急分队和对口专业技术分队改革成果巡回观摩比赛，取得优异成绩，被评为“民兵应急分队、专业技术对口分队建设先进单位”。

2000年以后，在民兵军事训练中继续狠抓了“三队”训练，围绕“一旦有事，能拉得出，用得上，打得赢”下功夫。民兵应急分队重点进行了紧急集结的准备和实施以及执行急难险重和维护社会治安等任务的训练；专业对口分队主要是结合企业岗位练兵和专业技术比武进行了强化训练；专业技术分队重点进行了高机、高炮、通信、防化等专业的技术训练。

2004年和2005年，抓了高机、高炮、通信、防化等专业技术分队训练，主要是结合企业岗位练兵和专业技术比武进行了强化训练；应急分队重点进行了紧急集结的准备和实施、执行急难险重任务和维护社会治安等内容的训练，基本实现了一旦有事，能拉得出，用得上，打得赢。

（三）任务牵引 训用一致

在民兵训练中，坚持依托基地训、结合任务训、挂钩协作训、联合力量训等做法，使民兵队伍应急应战能力稳步提升。从护林防火和矿难事故救援入手，抓了民兵应急抢险训练。

2008年，严格落实上级关于实现平安奥运和维护山西稳定的指示精神，努力增强民兵的快速反应和维稳处突能力。从5月开始，组织担负执行奥运安保巡逻执勤任务的民兵分队，采取依托岗位、分片集中的方式开展应急训练，提高防范能力，确保遇有紧急情况，能够迅速内控外堵、有效打击遏制。4~6月，还突出抓了刺杀操分队训练。7月，矿难救援分队和刺杀操分队参加了山西省"联动-2008"应对多种安全威胁军警民实兵演习，矿区人武部被省委、省政府、省军区表彰为"联动-2008军警民联合实兵演习先进单位"。12月份，人武部机关和民兵应急分队参加了军分区组织的冬季野营拉练。2009年8月1日，矿区75名民兵参加了全省"联动-2009"实兵演练活动，受到省委、省政府、省军区各级首长的一致好评。2011年8月，参加了全省"探索-2011"军事演习活动，动用兵力114人，车辆火炮等装备26台，驻训20天。

三、武器装备

（一）武器装备的发展

20世纪50年代，境内民兵只有一些旧式步马枪，口径有6.5毫米、7.62毫米、7.7毫米、7.9毫米等4种，造别有日、美、捷、英、德、比、苏和晋造、汉阳造9种之多。1960年4月，三矿党委副书记、民兵师政委王保柱出席全国民兵代表大会，获国产半自动步枪一支的奖励。1960年前后，野战军换装，换下来的苏制和仿苏制式等旧式武器用于装备民兵，民兵武器有所增加。

"文化大革命"中，群众组织发生武斗，一些民兵武器被抢。1969年7月至1970年收缴被抢武器，检修后重新发给民兵。60年代末，民兵武器装备更新换代，一批性能优良的国产枪械、迫击炮、反坦克火箭筒陆续下发民兵连队，还配备了防化、通信器材。

90年代后，为适应民兵工作"三防"（防空袭、防暴乱、防自然灾害）的要求，民兵武器装备向现代化、专业化、信息化发展。装备侧重民兵应急分队及民兵专业技术分队。民兵还逐步配备了正规的服装、腰带、挎包、水壶、雨衣、头盔、警棍、盾牌、工兵锹、摩托车、对讲机、望远镜以及其他一些必备器材。

（二）武器装备管理

阳泉市矿区人武部高度重视民兵武器装备的管理。从1980年开始，保持了武器装备管理连续29年安全无事故。

随着民兵组织的调整和军事训练的改革，民兵武器装备管理也相应进行了整顿。1983年对分散保管的武器装备实行了集中管理，配备了专职看管员，建立健全了各项管理制度，武器完好率保持在99%以上。阳泉矿务局一矿在武器装备管理上成绩突出，1980年，获得省政府、省军区授予的"民兵武器装备安全管理先进单位"的称号。1983、1984年先后获得全市武器装备管理先进单位和"八有"合格证书。

一矿把民兵的基础建设作为重要环节来抓。在办公房间紧张的情况下，为民兵解决了占地500平方米、拥有22个房间的独立活动场所，按规定设置了办公、值班、指挥、武器装备存放室等。各井区（车间）武装部也都实现了办公室单设、装备统一的标准。78个民兵连队达到了有牌子、有连部、有活动室的要求。先后投资20余万元，为民兵应急分队购置了统一的服装、头盔、警棍、对讲机，望远镜、喊话器、摩托车和更衣箱。1995年投资4.5万元，为分管领导和全体专武干部配备了汉卡BP机，实现了指挥不间断，通信网络化。为此，一矿多次受到省市表彰。

1990年7月30日，矿区民兵武器装备仓库建成，改善了矿区武器装备管理的条件。矿区民兵武器装备库装备有报警设施、消防设施、通信和交通工具，消防设施连续4年测试均符合标准。

在仓库管理工作中，各民兵武器装备库以安全防范为重点，认真贯彻落实《武器装备管理条例》《武器管理责任制》，严格落实规章制度，加强干部住库值班制度，保证了干部在岗率；坚持请示报告制度，动用装备及时向分区首长请示，严格执行审批手续。各仓库制订了仓库管理制度，完善了仓库建设规划、联防方案等档案资料，建立健全了钥匙登记等登记制度和各级人员责任制，设计制作了仓库位置示意图以及多种标牌。由于安全防范措施得力，装备管理达到“四无”要求，确保了装备的绝对安全。

为了提高仓库工作人员的思想、业务和管理水平，各民兵武器装备仓库狠抓职工队伍的政治建设和业务建设；对仓库工作人员的社会主义教育和国防教育常抓不懈，年年组织仓库工作人员进行法规法纪、业务、科学管理、消防、防汛、射击等方面的培训及演练，使每个仓库工作人员都牢固树立“自我教育、自我约束、自我提高”“遵纪守法”“库在我在”的自我牺牲的观念，同时具有较高的业务水平和过硬的本领。

1991 年 11 月，矿区民兵武器装备库工作经省军区检查验收，一次性达标。1992 年被区委、区政府评为先进单位。1993 年 12 月被山西省军区评为“民兵装备仓库正规化建设先进单位”。1994 年 4 月，被北京军区评为“正规化建设先进单位”。历年库管和警卫人员有 8 人次被区委、区政府、区人武部评为先进个人。矿区人武部及民兵武器装备仓库多次受到上级机关和部门的表彰。1999 年 11 月，矿区民兵武器装备库划归阳泉军分区直接管辖。

（三）仓库设施建设

矿区区委、区政府和人武部为搞好民兵武器装备仓库设施建设，采取了一系列切实措施。根据北京军区下发的《民兵武器装备库正规化建设纲要》的要求，于 1990 年 7 月 30 日高标准建成了矿区民兵武器装备仓库，仓库设有报警设施、消防设施、通信和交通工具，消防设施连续 4 年测试均符合标准。矿区民兵武器装备仓库适时进行维修、配套建设。在区政府的支持下，落实了北京军区提出的电源、警报、通信“三个配套”的要求，并安装了“脉冲电网”。

矿区还兼顾基层装备仓库的建设和维修。阳煤集团一矿把民兵的基础建设作为重要环节来抓，在办公用房紧张的情况下，专门设置了武器装备存放室，以存放服装、头盔、警棍、对讲机、望远镜、喊话器、摩托车和更衣箱等。

第四章　战事　战例

阳泉市矿区地处太行八陉之一的井陉西侧，石太铁路中点，战略资源丰富，军事地位极其重要，自古就是行军作战的要冲。在抗日战争和解放战争时期，阳泉市矿区地处晋察冀和晋冀鲁豫两大根据地之间，曾先后为侵华日军和阎锡山军队所盘踞。英勇善战的人民军队在中国共产党的领导下，依靠广大人民群众的支持，采用机动灵活的战略战术，在阳泉市矿区这一块神奇的土地上，创造了多次成功的战例，显示了人民战争的巨大威力。

第一节　战　　事

一、百团大战在矿区

民国 29 年（1940）8 月 20 日晚，随着百团大战的展开，阳泉煤矿几乎全部工人都参加了百团大战第一阶段的交通总破袭行动。煤矿工人和周围农村成千上万的民兵一起，对日军控制的铁道进行了破坏。他们排在铁道边，在号子声中一起使劲，把道轨掀翻，并点燃枕木，把道轨烧得通红。煤矿的铁工和修理工又用铁锤和扳手等工具，发挥各自的特长，将道轨拧成了“麻花”。

在百团大战中，八路军占领了阳泉二矿和三矿。而日军就驻扎在平潭街营盘里，两军驻地相距仅 2 千米。由于八路军粮食供应困难，矿工们冒着生命危险，给八路军运送了大批弹药和粮食。矿工们还将煤矿的粮食搞到手，送给八路军。

当八路军胜利完成任务撤离阳泉时，正遇大雨，桃河水猛涨，阳泉工农群众主动把粮食和弹药运送过河，使八路军的物资丝毫无损。

二、狮脑山争夺战

民国29年（1940）8月20日，八路军发动震惊中外的百团大战，重点破袭连接晋冀两省的正太铁路。为掩护阳泉以西破袭行动的顺利展开，八路军129师385旅14团和769团，在消灭西峪村矿警队之后，连夜占领狮脑山，构筑工事，防止敌人西进增援。

21日凌晨，为增援阳泉以西石太沿线各车站和据点，打通西出通道，驻阳泉日军指挥官片山省太郎仓皇调集人马，向八路军狮脑山阵地扑来。日军从桃河河滩向八路军阵地发起攻击，遭到八路军14团迫击炮连的猛烈反击。随后，日军又组成散兵队形，扑向高达数百米的一营阵地。14团5连、6连用密集的火力把敌军压制在山坡下，日军不得已弃尸缩回阳泉。

下午3时许，日军纠集150多人绕道狮脑山右侧的西峪村，想从背后迂回夹击14团阵地，被侦察地形的385旅陈锡联旅长、卢仁灿主任和769团1营、3营营长发现。陈锡联果断命令1营、3营投入战斗。与此同时，14团也发现敌情，团长孔庆德命3营9连、11连投入战斗。于是日军陷入八路军的三面夹击。战斗一直打到黄昏，日军两个中队大部被歼，死伤百余人，日军炮兵中队长中岛毙命，余敌被迫撤回。

22日晨，日军又集中兵力200余人，从筒子沟向狮脑山攻击。先是以山炮压制八路军迫击炮和机枪阵地，继以步兵集团冲锋。八路军战士跳出战壕，与日军进行白刃格斗，击退敌人进攻。

日军两天攻击接连遭挫后，片山将阳泉的日本侨民也武装起来。23日晨，片山凑集800余人，在密集炮火支援下猛攻狮脑山，并施放毒气弹。午后，又调20余架飞机轮番轰炸扫射。由于连日下雨，战壕积满泥水。八路军指战员伏在泥水里沉着应战，依托有利地形，固守阵地，一次又一次把敌人赶下山去。

24日，日军又出动飞机3架轰炸。天黑时分，屯集山腰之敌企图切断769团1营与指挥部的联系。团长郑国仲命令预备队2营派一个连配合1营攻击敌人。2营6连连长何文奎、指导员唐兴顺和副连长各带一个排分三路出击，遭遇山腰突然涌出之敌，激战中连长牺牲。指导员虽多处负伤，仍率领战士向敌人猛冲。

25日，面对敌人20余架飞机和炮兵交叉火力的狂轰滥炸，14团1营指战员从清晨战至天黑，反复冲杀。至26日，日军骤增至1500余人，继续猛攻狮脑山阵地，并向平定以南冠山阵地进攻。

至此，八路军指战员靠吃黑豆、啃苞米、喝菜汤坚守狮脑山阵地6昼夜，歼日军炮兵中队长以下400余人，保障了破击战的顺利进行。为避免在不利条件下与日军决战，遂主动撤出狮脑山主峰。八路军总部对狮脑山战斗给予高度评价。彭德怀副总司令在百团大战第一阶段总结中，表扬守卫狮脑山的部队英勇顽强。

一、四矿厂智取枪械

抗日战争期间，侵华日军在阳泉煤矿各矿厂设立矿警队，镇压工人的反抗斗争。在中国共产党的领导下，阳泉周围各县的民兵同矿工密切配合，与日伪矿警队展开巧妙的斗争，取得多次胜利。民国27年（1938）春，阳泉矿工向平定（路北）县民兵发出情报：四矿厂矿警队有一批枪支弹药存放在竖井井筒的暗室里。得到这条情报后，平定（路北）县民兵趁夜采取突然行动，抓捕了四矿厂伪矿长，将他押到抗日根据地，对他进行教育，令其立功赎罪。伪矿长回到四矿厂后，亲自开动绞车，将手下人放到竖井井筒中段，从暗室里取出步枪8支、手枪7支和弹药两箱，拱手交给民兵。

三、聂以起义

抗日战争中，为了维持阳泉煤矿的生产，日军从各地抓来大批劳工。民国34年（1945）4月4日，被日军从昔阳抓到阳泉煤矿挖煤的劳工，不堪忍受日军的奴役，在聂以的率领下，经过周密策划，举行暴动，30余名劳工高呼“要想活命，只有斗争”的口号，与矿警队展开殊死搏斗，他们夺取了两名矿警的枪支，关闭了煤矿电网的电源，冲出煤矿。起义者的壮举激起了矿工们的同情，搏斗的过程中，又有30余名矿工加入起义队伍。在平（定）西县抗日政府的接应下，这支队伍顺利进入晋冀鲁豫边区的太行区抗日根据地，加入抗日军队。

四、阳寿歼灭战

阳寿歼灭战是解放战争中正太战役的最后阶段。民国36年（1947）4月下旬，在聂荣臻司令员和前线指挥肖克、政委罗瑞卿指挥下，晋察冀野战军主力第2、3、4纵队和炮兵旅近20万大军挥师西进，从东、北、南三面逼近阳泉，向盘踞在东起娘子关，西至芹泉的阎锡山军队发起强大攻势。3纵队4月24日夺占天险娘子关，配合太行军区41团攻打平定县城，由南面包围阳泉。2纵队也于4月24日，由盂县向荫营、刘备山攻击前进，由北面压迫阳泉。4纵队则星夜西进，攻占宗艾、解愁、芹泉、张净、测石，截断敌人西逃的退路。

阎军的主要部署是，10总队2团主力守阳泉，并以一部守刘备山；3团主力守平定县城，并以一部守娘子关；1团驻榆次，担任补充新兵的任务；由收编的日本兵编成保安5大队驻守狮脑山。阎锡山阳泉行署所属的“奋斗团”“爱乡团”“保安队”等地方武装，分别配置在阳泉外围的各据点，总兵力为4000人。

为解阳泉之危，阎锡山电令49师师长赵世铃率领3个团由寿阳进入阳泉，33军沈瑞部暂编46师和71师主力乘车东援，于4月25日到达阳泉赛鱼地区。并派第七集团军总司令赵承绶亲临督战指挥。

赵承绶怕被围歼，4月29日，乘铁甲列车逃回寿阳，同时一面令荆谊的10总队坚守阳泉，一面又令33军71师和暂编46师向北突围。在测石一带，阎33军遭到晋察冀4纵队的坚决阻击，被迫滞留在测石车站以南地区。阎军10总队奉赵承绶之命，于5月2日弃守阳泉，向33军靠拢，当即被4纵队阻挡在测石车站北面的山上和桃河河槽里，又被从后面追来的3纵队打乱，随其逃跑的阎党、政、警、特机关人员及家属近1000人被俘。5月3日夜，阎10总队向盂县西南部突围。4日晨，在盂县秋子峪遭2纵队5旅伏击，又在观音堂、马举遭截击；下午在郭村以南遭2纵队4旅围歼。至此，阎军10总队2个团及随其逃跑的“奋斗团”“爱乡团”“保安团”等4000余人被全歼。5月4日夜，33军抛弃辎重向榆次方向突围，被晋察冀2、3、4纵队合围于阳泉、寿阳之间，其4个团共7000余人被全歼，赵承绶乘乱逃回太原。

晋察冀野战军3纵队于2日凌晨进入阳泉，阳泉矿区获得解放。

第二节　战　　例

一、支援北冶兵工厂

抗日战争中，八路军自力更生，在晋察冀边区境内的河北省建屏县北冶镇建立了第33兵工厂，又称北冶兵工厂。阳泉煤矿工人积极支援这个兵工厂的建设。石卜咀变电所是日军在阳泉煤矿设立的输变电中心，配有6台变压器，其中3台运行，3台备用。这里由矿警队轮流站岗，防守十分严密。民国33年（1944）的一天，中共党组织指示地下人员为边区北冶兵工厂从敌人手里搞几台变压器。地下人员经过研究，决定采用调虎离山计，把石卜咀变电所的变压器搞到手。傍晚，按照地下人员梁禄銮的安排，两个推车工人在变电所旁假装打架。他俩越打越热闹，招来许多人围观，看守变电所的矿警们也被吸引过来。这时，地下工作人员黄谨荣带领平定（路北）县民兵基干队，迅速潜入变电所，人不知，鬼不觉，将3台备用变压器运走，胜利完成了任务。

二、夜袭简子沟矿警队

日军卵翼之下的简子沟煤矿矿警队，在该矿及周围的大小阳泉一带昼夜巡逻，猖狂活动，给抗日军民的斗争造成很大困难。平（定）西县南茹敌工站决定消灭这股矿警队。民国33年（1944）初冬的一个夜晚，敌工站站长周斌率小分队来到简子沟煤矿，在地下工作人员赵曙光接应下，从电网下预先挖好的通道爬进矿警队驻地，绕过井口。周斌一枪撂倒岗楼上的敌哨兵，小分队迅速冲进矿警队营房。矿警队的矿警们猝不及防，除少数几个跳窗逃走外，其余全部投降，战斗仅用了10分钟。这次战斗缴获步枪9支、战刀1把。

三、敌工站锄奸策反

民国34年（1945）1月，晋冀鲁豫边区太行二分区各县的敌工站在阳泉积极进行锄奸、策反和救助活动。先是将勾结日伪、在阳泉发展国民党员的辽县宪兵工作队队长张玉林铲除。又派南茹敌工站政治干事赵曙光潜入阳泉二矿“运度系”，以仓库员身份为掩护开展工作。赵曙光同反战同盟支部的郎宣与驻狮脑山日军副大队长田边进行谈判，经过努力，田边表示不再干涉八路军的行动。4月，敌工站获悉日军西营盘囚禁着太行二分区的10名干部，就设法与被囚干部取得联系，组织越狱，结果除1人被害外，其余9人全部被营救出来。同月，敌工站获悉驻阳泉五矿厂伪警备队的几百人，多系辽县籍，不满日军欺压，思乡心切。太行二分区就派辽县敌工站站长高雷秘密潜入阳泉，同南茹敌工站一同进行策反行动。经过周密计划，准备将这支队伍在黑夜拉出来。但就在即将行动的这天下午，伪军中有个别人暗暗出卖自己的被褥，引起日本特务的怀疑。晚上，敌人调来2000名日伪军包围了五矿，警备队被解除武装，组织起义的几个伪军头目被杀害，仅有30余人突围到南茹。高雷等在南茹敌工站地下交通员于喜才的掩护下，脱离险境。

四、狮脑山围困战

1947年5月初，阎锡山的保安10总队5大队被晋察冀野战军包围在狮脑山上。该大队有近500人，由阎收编的日本军人组成。5月2日，晋察冀野战军3纵8旅23团决定以政治瓦解和军事进攻相结合，迫敌投降。首先针对日本军人思乡心切，厌倦战争的心态，采取政治瓦解的手段，派熟悉山上情况的老乡送劝降信，并且对狮脑山外围之敌展开进攻，占领发电厂，切断狮脑山上的电源和供水。在这种情况下，大队长苏田信雄仍拒绝投降，声称解放军缺少火炮，火力不足，不可能攻下狮脑山。针对这种情况，23团决定军事进攻，用缴获自日军的几十门山炮、野炮，炮击狮脑山。刚发射了几十发炮弹，保安5大队便支撑不住。5月4日，阎保安5大队官兵240余名及家属150余人，由大队长苏田信雄率领，向人民解放军投降。

第五章　国防教育

在各级国防教育委员会的领导下，矿区在全民中广泛宣传国防法规和国防知识，把国防教育同创建双拥模范城活动结合起来，把对在校学生进行国防教育作为全民国防教育的重点，提高了全区国防教育的层次和水平，对营造人人关心、支持国防事业的社会环境起到了良好作用，在全区出现了国防教育领导抓、抓领导的良好势头，保持了国防教育深入持久地健康发展。

第一节　国防教育机构

1990 年 10 月，阳泉市矿区区委、区政府、区人武部下发通知，决定成立矿区国防教育委员会，境内各大型厂矿也成立了相应机构。

区国防教育委员会由主任委员 1 人、副主任委员 2～4 人及委员若干人组成。主任委员由区委副书记兼区长担任；副主任委员由人武部部长、政委、区委宣传部部长和 1 名副区长担任；委员由区委、区政府及有关部门的负责人，工青妇组织的负责人，人武部副部长及军事科、政工科、后勤科负责人组成。

区国防教育委员会下设办公室，办公地址设在区人武部政工科。委员会办公室的职责是：（1）指导下级国防教育机构的工作。（2）管理和使用本行政区域国防教育经费。（3）定期向本级国防教育委员会报告工作。（4）负责本级国防教育委员会交办的其他事项。

第二节　全民国防教育

新中国建立初期，阳泉市矿区境内就开始对军民进行多种形式的国防教育。1950 年 12 月，在中国人民抗美援朝总会的号召下，境内各界群众积极订立爱国公约，捐献飞机大炮，优待烈属军属。捐献飞机大炮的款项仅矿务局就达到 17.1865 亿元（旧币）。1951 年 6 月，中国人民赴朝慰问团的部分代表在三矿、四矿举行志愿军英雄事迹报告会，5600 余名职工、家属深受教育。1955 年 2 月，境内各级党组织通过反对使用原子武器的签名运动，使广大群众受到了一次爱好和平、反对战争、加强国防的教育。

1969 年 11 月起，境内全面落实毛泽东“提高警惕，保卫祖国”“要准备打仗”和“备战，备荒，为人民”等一系列指示，开展了大规模的战备形势教育，组织了“三个高潮”（战备教育，挖防空洞，人口疏散），强调“四个主要”（主要抓思想落实，主要解决轻敌麻痹思想，主要解决领导班子思想认识，主要抓群众教育），采用“六会一班一队”（报告会、控诉声讨会、忆比会、骨干会、誓师会、讲用会，学习班，宣传队）的方法，做到“三定”（定领导，定承办人，定计划安排），达到了“三个落实”（思想，组织，行动）的要求。

1978 年以后，境内国防教育从内容到形式都有了变化。在内容方面，强调国防教育围绕经济建设这个中心，服从和服务于改革开放的大局。在形式方面，力求活泼多样。一是采用报告会的形式。1987 年 6 月 22 日，中共矿区区委举行报告会，向干部、群众介绍前线战士的战斗生活，通过云南老山前线 35135 部队阳泉矿区籍战士张东红和陶迎军寄来的信件和讲话录音，对干部、群众进行国防教育。在 1989 年 3 月 7 日的报告会上，区委书记郭彦庚作了题为《弘扬爱国尚武光荣传统，巩固国防长城》的报告。1990 年 10 月 25 日，共青团区委召开纪念中国人民志愿军赴朝作战 40 周年报告会，区人武部部长刘殿宝作关于志愿军赴朝作战情况的专题报告。二是进行培训。1990～1991 年，阳泉矿务局人武部对全局 4.3 万名 35 岁以下的民兵和青年职工进行脱产轮训，开展双基（基本路线、基本国情）教育，并把国防教育渗透于其中。三是编写发放国防教育材料。1988 年，矿区人武部组织力量编写了系统的国防教育教材。四是通过知识竞赛、图片展览、歌咏比赛、专题讲座等各种群众活动，使国防教育深入人心。这一时期矿区的国防教育工作受到了各级领导的充分肯定。1989 年 9 月，阳泉矿务局在全省国防教育经验交流会上介绍了经验，被山西省委、省政府和省军区授予“国防教育先进单位”称号。1990 年，矿区国防教育委员会被北京军区评为宣传教育先进单位。1991 年，矿务局工程三处在全国煤炭青工教育经验交流会上，介绍了把国防教育和双基教育有机结合的经验。1992 年 10 月 29 日，省委常委、省军区政委曹丁到矿区视察了国防教育和民兵应急分队建设情况，他勉励矿区再接再厉，大胆创新，把民兵建设和国防教育工作搞得更好。

1993 年以后，全区国防教育在深度和广度上进一步发展。首先是领导重视，每年的“议军会议”都对全区的国防教育工作进行总结和部署。1994 年，适时修订了全区国防教育实施意见，并在全区县团级以上单位进行了国防教育领导机构的调整，全区共建立国防教育领导机构 22 个，领导人数 178 人。其次是各界配合，将国防教育渗透到各项工作中。1994 年进行的待业青年岗前培训，以军训和国防教育为主要内容。1994 年，阳泉市矿区组织专武干部、民兵和群众参加市国防教育委员会组织的国防知识答卷竞赛活动，完成答卷 800 多份，获得最佳组织奖。1995 年 8 月，在抗日战争胜利 50 周年之际，200 名新党员在狮脑山百团大战纪念碑前举行集体宣誓仪式。1996 年，矿务局武装部在“八一”期间举办了民兵工作成就图片展览，播放了革命传统教育内容的电视 3 次，制作了宣传民兵维护社会治安、民兵参建等内容的板报 31 块，矿务局党委宣传部、武装部还举办了“颂长城”国防教育讲演赛，并在闭路电视上进行了反复播放。

1997 年 8 月，矿区人武部与区妇联联合组织了青少年国防夏令营，政委史玉庆参加了活动。在“百团大战”纪念碑前，他给同学们讲解了“百团大战”的经过，还联系香港的百年沧桑阐述了加强国防建设的重要性，阳泉教育电视台对此作了专题报道。同年，矿务局在新招收的 1000 多名新工人中实施全员培训战略，派出 65 名专武干部担任教学工作，开展以“爱国、爱矿、爱岗”为主题的教育，把以爱国主义为核心的国防教育、企业精神教育、人生观和价值观教育同军事训练、业务学习结合起来，这一做法得到煤炭部的肯定。在双拥工作中坚持“服务网络化、工作制度化、走访经常化、落实彻底化”，全区全年共为军属办实事 1800 余件，把国防教育渗透到落实双拥措施中去。采用了多种群众喜闻乐见的形式，在全国百家新闻出版单位联合举办的“强我国防，爱我中华”国防知识竞赛活动中，阳泉市矿区共印发试卷 9000 余份，且回收率达 98% 以上。

这一时期，在领导层的国防教育方面做了许多工作。1994 年，矿区利用各级党校阵地开展国防教育，受教育的领导干部达 2200 人，受教育面达 95% 以上。1996 年 7 月，矿区人武部组织矿区五大班子领导、驻区各大单位分管领导和专武干部到山西省国防教育基地——左权将军展览馆、麻田八路军总部和黄崖洞兵工厂参观学习。每年“八一”期间组织地方各级领导干部开展“爱军习武”活动，进行实弹射击，有力地推动了各单位的民兵，预备役工作。

2002 年，全市举办领导干部国防知识大赛，矿区组织了精干的参赛队伍，制订了计划，购买了书籍，建立了奖励机制，有效调动了队员的积极性，在大赛中获得了二等奖的好成绩。2009 ~ 2011 年，按照“常活动，成规模，见成效”的原则，以领导干部、基干民兵、学生为重点，通过请军队院校教授为区领导机关授课，组织全区党政企领导打靶、过“军事日”，到部队参观学习，深入基干民兵连和学校进行国防教育辅导，举办知识竞赛、书画展览和红歌比赛，对学生和阳煤集团新招工人进行军训，缅怀先烈等形式，使全区民兵和干部群众 4 万人次接受了教育，做法被军分区向三区两县进行了转发推广。

境内长期开展全民性防空教育。全民性防空教育在不同时期有不同的内容和形式。1964 年和 1965 年，市人民防空办在矿山、学校、农村举办了 3 次防空教育巡回展览，内容包括国际形势教育和防空知识两部分。1972 年，市人民防空办公室向工矿企业、学校、居民区发放了人民防空宣传教育挂图 350 套；还举办了防化专业队伍训练、人民防空和武装干部防护技能训练、居民自制个人应急防护器材训练等。1978 年以后，根据新时期特点，全民性防空教育采取了多种新的形式，如利用电影院、俱乐部举办防空教育巡回展览，举办人民防空干部防空知识训练班，设立专门的人民防空宣传教育室，举办人民防空书画展览，举办人民防空体育运动会，举办人民防空学术报告会等。1990 年以后，人民防空宣传教育工作的内容以《中华人民共和国人民防空法》为重点，各单位开展了各种形式的宣传活动。至2003年，各种较大的宣传活动进行过多次，取得了良好效果。2004年和2005年，人防工作与企业改革同步发展，同步推进。阳煤集团公司党委重视人防工作，政委王有生在报刊发表了宣传人防工作的文章。公司新招的1500余名劳动预备制员工在培训中，同时接受了“三防”（防原子、防化学和防生物武器）教育，增强了国防观念。2006～2008年，区人防办广泛深入地开展宣传教育工作。在宣传的形式上力求多样，在宣传的层面上力求宽广，力争使各个阶层都受到教育，力图把人民防空真正建在民心上。立足于向领导宣传、向群众宣传、向学生宣传，使人防宣教工作走向社会化和规范化。2009～2011年，区委、区人大、区政府分管领导定期收到《中国人民防空》和《山西人民防空》等杂志，通过及时学习增强对人防工作的了解，加强对人防工作的领导。在区委党校举办了社区主任、书记人防知识培训，发放了防空知识手册，邀请市人防办有关领导和专家进行授课。积极参与山西省人民防空60周年主题研讨活动，撰写了《立足人防，建设和谐宜居家园》的论文，获二等奖。开展人防知识进社区活动，对城市居民侧重于进行防空技能的宣传教育。2010年和2011年，区人防办连续两年利用国防教育日和9月18日全省人民防空警报统一试鸣日，广泛宣传人民防空知识，综合运用各种新闻媒体，通过报刊公告、手机短信提醒等向广大市民提供有关人民防空的知识和信息，引导全社会都来关心人防、宣传人防、建设人防。在9月18日警报试鸣日，区人防办在天利广场举办大型宣传活动，设置彩虹门、咨询台，悬挂了大型横幅，邀请锣鼓队现场表演，摆放了反映人防建设成果和防空防灾知识的展板，播放了人防宣传教育片，散发人防政策法规和防空防灾知识手册、传单5000余份。区领导放弃假日休息，冒雨亲临现场向群众分发宣传资料，讲解人防相关知识。

第三节　学校国防教育

对在校学生进行军事训练，是增强在校学生的国防观念，增强其组织纪律性和体质的好形式。1988～2011年，矿区人武部认真安排部署学生军训，动员企业专武干部参加学生军训，取得较好的效果。

1988年，根据上级安排，矿区人武部对矿务局技工学校1988届新生进行了军营式正规化训练，还对三矿中学在学生军训工作中连年采取“走出去、请进来”（到部队训练，请到学校指挥训练）的做法进行指导。1990年9月，省军区对三矿中学进行了考核，称赞他们路子对，效果好。1993年，三矿南楼小学开展学军习武活动，使国防观念深入童心。1994～1996年，按照上级关于学生军训的指示精神，矿区人武部加强了对全区学生军训工作的领导，每年均对全区9所中小学2000余人进行军训。1997年，进行军训的中小学增加到12所，学生增加到3500余名。矿区人武部还在军训中举办国防知识竞赛，取得良好效果。

2001年和2011年，矿区人武部继续高质量地完成学生军训任务，接受军训的范围扩展到阳煤集团公司职工联合大学、太原钢铁学院、教师进修学校、平定师范学校、职业学校、少体校的学生和招收引进的大中专生，参加军训的人数分别达到6000人以上。

在学校开展人民防空和“三防”（防核武器、防化学武器、防生物武器）教育，是国防教育的重要任务。1976年，在部分中小学进行了人民防空教育试点。1987年，成立了“三防”知识教研组，矿务局一中等学校开设了人民防空课。1986年、1987年举办两期“三防”夏令营。1988年、1989年举办“三防”知识竞赛，组织了演讲、文艺表演、现场授课等活动。1990年后，受长期和平形势和学生减负工作的影响，大部分学校不再开设“三防”知识课。为了使“三防”知识教育工作更加切合学校实际，1992年开展了中学“五小”（小演习、小制作、小演唱、小型录像、小竞赛）活动试点；课时也由过去的每学期30课时减为10课时。2002年后，为了进一步减轻学生负担，同时将“三防”知识教育落在实处，根据市教育局、市人民防空办《关于在初级中学实施人民防空知识教育的意见（试行）》，在11所中学及平潭街小学开展了人民防空知识教育，对课时不再作硬性规定。各校指定辅导教师，发放了800册《人民防空教育参考教材》，定期定年级播放录像，取得了较好的效果。2004年，结合学生军训，对11所中学和南楼小学的4325名中小学生进行了“三防”教育。2005年，把《防空法》与“三防”知识作为一项重点内容纳入学生军训计划，对8所中学、南楼小学、职工联合大学的学生及招收引进的大中专毕业生共5307人进行“三防”知识培训，聘请市人防专家授课，举办“三防”等专业知识讲座，进行演示课目的训练，取得较好的效果。2006～2011年，坚持深入开展学校人防教育，力求使人防宣传教育工作走向规范化。为全区中小学发送“三防知识”教材，强化在校学生的人防知识和防护技能的培训，使人防教育更具有实效性。

第六章 军民共建

矿区人武部积极组织民兵参加社会主义建设，在地方党委、政府的高度重视和各职能部门的密切配合下，矿区民兵成建制参加重点工程建设，围绕安全生产和提高企业经济效益，贡献聪明才智，在经济建设中发挥了主力军作用。矿区民兵还在精神文明建设中，积极参与文明城市建设，参与社会治安综合治理，承担急难险重任务，作出了突出贡献。

第一节 参加地方经济社会建设

一、参加基础设施建设

矿区民兵在城市基础设施建设中，发挥主力军作用，作出了重大贡献。

1959年12月20日，桃河治理工程开工，矿区民兵决战50天，修筑桃河南北和蒙河堤坝共8.36千米，挖填土石方34.76万立方米，砌石9.27万立方米，修建大小涵洞29眼，修堤77座，建造跨度12米的四孔蒙河大桥1座，绿化植树14000株。又经3年多施工，在桃河南北两岸修筑了永久性大坝16.7千米，防洪石坝5万余米，防水护墙10万平方米，各种防洪水沟渠道20多条10万米。

1994年，一矿组织70余名民兵，为307国道扩建工程拣荒石300多立方米，节约资金1.2万元。2000年，一矿民兵承担了采暖工程二次网的挖沟工程任务，先后出动560人次，开挖壕沟600余米，保证了全矿居民按时供暖。2011年3月中旬，人武部组织民兵应急分队120人在郊区万亩生态园植树500余株。

二、搞好煤炭生产

矿区民兵在煤炭生产中，发挥组织严密、作风过硬的优势，积极开展各种活动。20世纪80年代，矿区民兵技术革新发明成果共有218项，创造价值达157万余元。1995年和1996年，一矿民兵提合理化建议300余条，制止“三违”80余人次，查出隐患30多起。选煤厂民兵积极改进生产工艺流程，降低了块炭下泄率，该项目获公司2000年科技进步二等奖。2001年，一矿民兵提合理化建议160条，回收废旧钢材15吨、木材13立方米，制止“三违”70多人次，基干民兵无一发生“三违”和重大事故。在同工种竞赛中，北头咀综一队民兵梁成忠、李彦林分获集团公司采煤机司机比武第一名和第二名，下料队民兵张宝清获公司挂钩比武第二名和矿第一名，李占平获矿第二名，赵建国获公司机电比武第二名，张文进、杨永忠分获矿第一名和第二名。

2002年，阳煤集团公司武装部紧紧围绕打造企业品牌作贡献，在民兵中广泛开展了争创“质管先锋岗”、争当“民兵质管标兵”活动，为塑造强势企业形象发挥了重要作用。阳煤集团民兵广泛开展“五小”（小发明、小创造、小革新、小改造、小建设）岗位创新活动。民兵技术骨干积极承担科研项目，进行科技攻关。民兵营长梁艾堂等12名民兵，承担了为瓦斯防治课题收集数据的任务，两年中无一天漏测；先后30余次冒着生命危险深入高瓦斯工作面进行监测，使项目获得成功，获阳煤集团科技进步二等奖，并受到公司重奖，同时申报了国家科技进步奖。截至2005年，民兵科技攻关小组共承揽科技项目36项，推广应用23项，提出合理化建议1100多条，为企业增效1000余万元。先后有450名民兵成为技术能手，有200名民兵被评为中高级技师。

三、做好扶贫帮困工作

1996年7月，按照省委、省政府、省军区《关于进一步开展帮战友活动的决定》的要求，矿区人武部迅速加以落实，为军属办实事，解难题，对全区200多户优抚对象进行走访慰问，并注意解决他们的实际困难。协同有关部门和单位，为军烈属子女调动安排工作28人，解决住房困难62户。残疾军人王永杰的房顶漏水，房后潮湿，区财政拨款2500元为他进行了翻修。一矿建立了10个“帮战友，送温暖”服务组，300名职工、民兵参加了这项工作。1997年，矿区人武部和区民政局一起，在“八一”期间对全区300多户优抚对象进行了慰问，帮助优抚对象解决住房困难，为6名下岗军嫂安排了再就业；与桥头办事处武装部一起，慰问了老红军何永武。工程处克服资金困难，为伤残军人、民兵解决医疗费4万余元。平潭街办事处召开了复退军人和军属座谈会。全区共为军属办实事1800件。

2002年，对军烈属、伤残民兵在实际生活中遇到的一些困难做到了“话说到、腿跑到、情尽到、事办到”，全年共为优抚对象送去优抚款7万元，办实事100余件。2004年，一名转业干部的家属无工作，通过人武部协调，区政府于8月份优先安排了工作。人武部设立了民兵解困基金和见义勇为奖励基金，全年向20名经济困难的民兵家庭提供了经济补助，向6名见义勇为民兵发放物质奖励。人武部向东四尺小学捐款3000余元。

2009～2011年，矿区人武部坚持回报人民，为“新农村帮建点”盂县苌池镇兴道村送去办公桌椅、文体器材，帮助村里建立了村支两委办公室和文化站，组建了篮球队、乒乓球队和羽毛球队，受到村民欢迎。

第二节 参加精神文明建设

一、参与文明城市建设

矿区民兵积极参与文明社区文明单位建设。1995年和1996年，矿区民兵办好事4200余件。1997年，围绕企业发展，矿区民兵开展了“爱岗敬业，进取奉献”和“双增双节”活动。广大民兵踊跃参加植树造林活动，参加清理垃圾、挖排水沟等义务劳动，在生产中提出多项合理化建议，完成了多项技术革新，回收了大量废旧钢材和木材，成绩明显。广大民兵还围绕矿区创建文明城市和文明行业的部署和要求，广泛开展了以建“文明连队”，创“文明家庭”，当“文明标兵”为主要形式的精神文明创建活动和以“帮战友”为重点的“双拥”活动。在活动中，阳煤集团四矿民兵应急分队以街道保洁为途径，集经济组织与民兵组织为一身，融经济活动与军事活动为一体，不仅推动了矿山建设，民兵队伍自身也保持了旺盛的生命力。

2001年4月，一矿70名民兵获得阳泉市职工庆五一大合唱比赛银奖；6月，一矿80名民兵获得阳煤集团“太阳颂”纪念建党80周年大合唱比赛金奖。在市委、市政府、阳泉军分区举办的“庆八一，话国防”文艺晚会演出中获得一等奖。为了提高职工的国防意识，一矿每逢元旦、“五一”“七一”“十一”，都由民兵方队在矿办公大楼前举行升国旗仪式。

2002年，一矿武装部把塑造现代企业文化作为民兵参建的重点，提出在思想上要确立16条企业理念，在举止上要杜绝10种不文明行为，在交往中要推行8类30句常用文明用语，为推动企业文化进步发挥了重要作用。一矿连续两年获得全国文明煤矿荣誉称号，一矿武装部也被评为全国基层民兵工作先进单位，受到解放军总参谋部、总政治部的联合表彰。

阳煤集团公司武装部紧紧围绕打造企业品牌做贡献，在民兵中开展了争创“质管先锋岗”、争当“民兵质管标兵”活动，为塑造强势企业形象发挥了重要作用。

二、参与社会治安综合治理

矿区人武部和矿区民兵把参加维护社会治安工作纳入民兵工作的总体规划，发挥主力军作用，为维护矿区社会稳定作出了贡献。

新中国建立后，阳泉矿务局民兵治安队协同公安部门，担负巡逻、执勤、护路、护桥、拦截被盗生产器材、追捕罪犯、打击赌博等任务，在保卫矿山中大显身手。1962年，为适应形势，加强战备，平息暴乱，确保全矿正常的生产和生活秩序，矿务局成立了战时指挥部，组织了应急队伍，制订了“战略防空疏散工作方案”和“防暴乱保重点目标方案”。

1987年1月，矿区人武部组建民兵应急分队，在维护社会治安方面发挥很大作用。1989年北京等地发生政治风波，矿区人武部党委迅速作出《旗帜鲜明地反对动乱的三项规定》，全区25000多名武装干部和民兵带头坚守岗位，努力生产，无一人参与政治风波。

1984～1990年，阳泉矿务局的民兵突击队共承担210多次排除顶板塌方、水患、井下火灾、综采搬家等急难险重任务；组织安全纠察队46个，参加人数1507人。

1993～1994年，矿区民兵在重大节日和要害岗位执勤和巡逻5000余人次，协助公安部门破获各种刑事案件12起，捕获犯罪分子10人，制止打架斗殴73起，抓获盗公人员237人，追回各种公物折合人民币10万元，抓获赌博团伙2个，收缴赌资5万多元。同年9月，全省民兵参加维护社会治安经验交流会在阳泉市矿区召开，阳泉矿务局、矿务局一矿和四矿分别介绍了经验，被省委、省政府、省军区授予“组织发动民兵参加维护社会治安先进单位”和“民兵维护社会治安先进单位”的光荣称号。会议期间，省委书记胡富国为一矿武装部题词“发挥民兵作用，维护社会治安”，为四矿武装部题词“待业青年当民兵，既利国家又利民”。

1995～2003年，矿区人武部组织驻区单位建立民兵执勤巡逻小分队，开展护矿、护厂、护店、护路和保卫重点目标的活动。他们坚持昼夜巡逻，布岗设哨，全天候地堵、卡、抓，参加“严打”“打团扫恶”“三打三禁”“严打整治”等专项斗争。2001年，一矿民兵出动兵力200人次，抓获偷摸废铁人员120人次，查获废钢铁8吨、木板28块、电焊条6箱、锚杆37根，罚款5500元。2002年4月14日晚，一矿巡逻民兵抓获2名盗窃人员，收缴被盗工业油脂7桶、200瓦灯泡1箱、台虎钳1台、倒链1部、潜水泵1台，交由公安部门处理。

矿区民兵积极参加处置突发事件和重大治安任务。有效地遏制了犯罪行为。1996年6月，在太旧高速公路和赛鱼路、平定路开通剪彩活动中，矿区抽调500多名民兵承担路段执勤任务，保证了活动的安全。1996年第二季度，矿区民兵应急分队10名队员在军分区组织的治安执勤巡逻任务中，克服困难，坚守岗位，受到分区首长表扬。矿区人武部还主动协助公安分局和法院进行收缴枪支工作和武器存放管理工作。

2004～2011年，矿区民兵在维护社会治安上发挥了巨大作用。民兵协同公安部门对社区内的音像商店、录像放映点、书摊、歌舞厅等场所进行不定期突击检查，查出和销毁邪教书籍300余册，其他不健康书籍和制品3000余件，有效地净化了矿区文化环境。在元旦、春节、元宵节期间，民兵在灯展区、俱乐部等场所配合公安执勤巡逻，承担烟花押运警戒任务，做到了安全无事故。

三、承担急难险重任务

矿区积极组织民兵承担急难险重任务，2000年后，共组织民兵2万余人次参加卫生文明建设工程，清除垃圾300余吨。一矿多年来，先后组织发动民兵1000余人次参加矿山卫生文明工程，共清理工程、生活垃圾600多吨。一居民区卫生设施不全，导致垃圾堆成山，粪便满地，污水不断，参加突击的民兵不怕臭，不怕脏，清运垃圾40多吨。

2000年10月28日，8802工作面发生大面积自燃，为避免火情蔓延，一矿民兵应急分队投入事故抢险，一个小时内向坑口紧急装运1200袋黄沙，快速封闭巷道口。2003年，在阻击"非典"疫情中，民兵24小时监守第一关口，用行动阻挡疫情向矿区蔓延。

第七章　民　　防

阳泉市矿区国防动员委员会从加强国防建设和促进经济发展的大局出发，结合实际，制订措施，扎实有效地抓好基层建设和基础性工作的落实，不断提高国防动员工作的整体水平，为地方党委、政府当好参谋，搞好科学决策，发挥了"桥梁""纽带"作用。矿区人民防空办公室既是阳泉市矿区国防动员委员会的常设办事机构，也是阳泉市矿区人民政府主管人民防空战备工作的职能部门，平时负责组织管理全区人防战备建设，战时负责组织开展城市防空袭斗争，受阳泉市矿区人民政府和区武装部的双重领导。防灾减灾工作成效显著，震灾预防应急救援、火灾预防及消防、防洪及洪灾救援等项工作引起全社会的重视。

第一节　国防动员

一、领导机构

为适应军委新时期军事战略的需要，切实做好国防动员准备和实施工作，保证党和国家改革开放大局的顺利发展，1997年11月17日，中共阳泉市矿区区委、阳泉市矿区人民政府、阳泉市矿区人武部决定成立阳泉市矿区国防动员委员会。矿区国防动员委员会是区委、区政府和区人武部有关国防动员工作的组织领导机构。为坚持党管武装的原则，按照机构精简的要求，区国防动员委员会与区委的人民武装委员会一个机构，两块牌子。区国防动员委员会成立后，原有的区人民防空委员会、交通战备领导小组随之撤销。国防动员委员会主任由区委书记兼任；副主任由区人武部部长、政委、区政府副区长兼任；成员包括区委办公室、区政府办公室、区委组织部、区委宣传部、区计委、区经贸委、公安分局、财政局、人事局、民政局、建管局、交安委、卫生局、区粮油公司、邮电局、区总工会、团区委、区妇联等单位和区人武部军事科、政工科、后勤科有关负责人。下设国防动员办公室、人民武装动员办公室、国民经济动员办公室、人民防空办公室和交通战备办公室。

2003年8月10日，矿区国防动员委员会组成人员进行调整。增设第一主任，由区委书记兼任；主任由区长兼任；副主任由区委副书记、区政府副区长和区人武部部长、政委、副部长兼任；成员包括区政府办公室、区人武部军事科、区委组织部、人事局、发展计划局、经贸局、财政局、教育局、建设局、民政局、公安局政工科、文体局、区法制办、统计局、科技局、区人防办、团区委、阳煤集团武装部、区交安委、辰光热电、市商业集团公司等单位的负责人。下设5个办公室：人民武装动员办公室，设在区人武部；经济动员办公室，设在区计委；人民防空办公室，设在区建管局；交通战备办公室，设在区交安委；国防动员委员会办公室，设在区人武部军事科。

二、国防动员工作

（一）国防动员正规化建设

阳泉市矿区国防动员委员会成立于1997年11月17日。2002年，针对国防动员委员会办事机构存在的设施不配套，秩序不规范的问题，在上级国防动员委员会的指导下，矿区国防动员委员会从基础抓起。认真学习和贯彻市国防动员委员会制订下发的《各办公室工作制度》《工作职责》和《正规划建设内容与标准》等规章制度，并加强了硬件建设。2003年，进一步完善了阳泉市矿区国防动员委员会的机构，明确了成员单位和委员名单；并根据上级文件精神，增补区文体局为成员单位。2010年11月5日，矿区新的“国防动员指挥中心”举行了隆重的奠基仪式。

（二）战备和国防动员潜力调查

2002年6月下旬至8月底，按照省、市国防动员委员会的统一安排，阳泉市矿区在全区范围内开展了国防动员潜力调查。这次调查，涉及多家单位，涵盖党、政多个部门和多个层面，组织工作复杂，协调难度大。为此，区国防动员委员会于7月3日召开专门会议，对有关区直属部门和阳煤集团等驻地单位的调查工作进行了安排；建立了以综合办公室总牵头，专门办公室各负其责的组织体系。调查过程中，各单位、各部门之间互相支持、互相配合，形成了全区国防动员潜力调查的合力。经过近两个月艰苦细致的工作，完成了规定的各项任务。2003年9月至10月，配合阳泉军分区进行了人民群众参战支前潜力调查工作。调查内容包括社会综合情况、动员机构设置、民情社情等。2009～2011年，严格落实战备制度和规定，加强战备教育、战备值班和战备物资储备，完成了国防潜力调查，修订完善了两类七种预案，做到了居安思危，常备不懈，确保一旦有事，能拉得出、用得上、起作用。

第二节　人民防空

一、机构和队伍

（一）领导机构

1959年，阳泉市设立人民防空领导机构，矿区境内的人民防空工作由市人民防空领导机构直接领导。1971年4月矿区成立后，中共矿区区委、矿区革命委员会积极实施对人民防空工作的领导和指挥管理。1984年10月5日，矿区成立人民防空委员会。1997年11月，矿区成立国防动员委员会，原有的矿区人民防空委员会随之撤销，其职能并入国防动员委员会。

（二）办事机构

1972年，矿区革委会设立人民防空办公室。1987年，矿区人民防空委员会设立人民防空办公室，并配备专职人民防空干部3人。1989年，矿区成立“三防”（防空袭、防暴乱、防自然灾害）指挥部，区委书记郭彦庚任总指挥。1991年5月7日，根据阳泉市人民政府办公厅《关于人民防空工作实行属地管理的通知》，境内市直属企事业单位的人民防空工作划归矿区人民防空办公室实行属地管理。1997年11月，人民防空办公室转为国防动员委员会的工作机构。根据中共阳泉市矿区区委、阳泉市矿区人民政府《关于印发阳泉市矿区区级党政机构改革方案的通知》，设置阳泉市矿区人民防空办公室，为阳泉市矿区人民政府的议事协调机构，正科级建制，既是阳泉市矿区国防动员委员会的常设办事机构，也是阳泉市矿区人民政府主管人民防空战备工作的职能部门，平时负责组织管理全区人防战备建设，战时负责组织开展城市防空袭斗争，受阳泉市矿区人民政府和区武装部的双重领导。区人民防空办公室机关行政编制4名，其中主任1名，副主任1名。

区人民防空办公室获得多项荣誉：2004年被山西省人民防空办公室评为基层人防工作先进单位，被阳泉市人民防空办公室评为人民防空全面建设先进单位；2006年被山西省国防动员委员会评为“十五”人民防空工作先进区，被阳泉市人民防空办公室评为人民防空工作先进单位；2008年被阳泉市人民防空办公室评为人民防空工作先进单位；2009年被山西省人民防空办公室评为县级人民防空工作先进单位；2010年被山西省国防动员委员会评为“十一五”人民防空先进县区。

各驻区单位也设有人民防空办事机构。1965年以前，各单位人民武装部兼管人民防空工作，为人民防空的基层办事机构。1965年，矿务局战备工作组成立，下设人民防空指挥部。1968年，根据中央要求，各大企业建立人民防空办公室，并配备专兼职人民防空干部。1995年后，只在阳泉矿务局设专职人民防空干部。2001年机构改革后，阳煤集团（阳泉矿务局）武装部和保卫处合并，人防科与军事科合并，保留专职人防干部1人。

各级人民防空办事机构工作成绩优异，受到上级多次表彰。“七五”期间，矿区和矿务局、一矿、矿一中人民防空办公室，被评为“山西省人民防空工作先进集体”。

各驻区单位也对为人防工作做出贡献的单位和个人进行了表彰。2004年阳煤集团表彰先进单位9个（一矿人防办公室、二矿人防办公室、三矿人防办公室、四矿人防办公室、宏厦一建人防办公室、华越公司人防办公室、亚美公司人防办公室、教育处人防办公室、集团公司人防办公室），先进个人5名（一矿的李志刚、二矿的赵海名、三矿的赵宝生、四矿吴文生和集团公司武装部石拴平）。

（三）人民防空专业队

1965年，境内组建了1052人的战备防空专业队。1976～1986年，战备防空专业队认真贯彻人防建设“十六字”工作方针（平战结合，方便群众，精打细算，严格制度），加强了人防工事建设，配套工程逐步完善，工程维护管理水平不断提高。1978年，被中共山西省委授予“人民防空先进单位”；1985年，一矿战备防空专业队被省市评为“人防战备工作先进集体”。

1987年7月，根据国家的部署和省人民防空委员会〔1996〕15号文件关于组建人防专业队伍的指示，在阳泉市人民防空专业总队编成内，矿区成立1个人民防空专业团，受阳泉人民防空委员会直接指挥。1988年，矿区人民防空专业团，副区长卫怀义任团长。1989年8月24日至26日，人民防空专业总队医疗分队和交通运输分队先后6次出动，参加在郊区三都村进行的“平息在押犯暴乱”演习。

1986～1996年，人防工作贯彻“全面规划，突出重点，平战结合，质量第一”的方针，加强对人防工程的维护管理，建立健全了人防工程制度，完善了档案资料、图表和维护管理记录，做到了分类规划、按期检查，工程完好率保持在85%以上。同时，加强了警报器的维护管理，使之经常保持良好的技术状态。1990年，一矿人民防空专业队被省人防委评为“七五”人防工作先进单位和警报设施维护管理先进单位。1995年，又被省人防委评为“八五”人防工作先进单位。

1995年以后，按照省军区的要求，人民防空专业队整训工作纳入民兵工作统一进行。1999年年末，矿区的人民防空专业团整合为阳泉市人民防空专业总队第一支队，共有1000人。2001年，经过整训，阳泉市人民防空专业总队第一支队设3个大队，15个中队，1个小队，共有1045人。2002年10月17日，全省组织人民防空专业队伍组训工作观摩检查，阳泉市由矿区组建的第一支队担负受检任务，防化分队（由阳煤集团一矿组建）、通信分队（由阳煤集团三矿组建）和治安分队（由阳煤集团二矿和发供电公司组建）在三矿体育馆接受检阅。三个分队的演练取得圆满成功，受到省检阅组的好评。根据山西省军区司令部、省人防办关于群众防空组织与民兵整训“五统一”的要求，市人防办公室下发《关于加强人防专业队伍整训工作的通知》，要求各人防专业队伍的整训严格按照省国防动员委员会的要求和《山西省人防专业队训练大纲》《山西省人防专业队整组验收标准》进行，实现规范化、制度化和标准化，努力完成达标任务。2003 年，根据通知精神，市人民防空专业总队第一支队严格进行整训，圆满完成了达标任务。2004 年，市人防专业总队第一支队经严格整训，编为抢险救灾、通信、消防、运输、医疗救护、治安、防化共 7 个专业、3 个大队、15 个中队、1 个小队，共有 1045 人。5 月 26 日 ~6 月 17 日，结合整组验收，对市人防专业总队第一支队 180 名人防专业队队员和民兵进行了 18 天封闭式强化训练。6 月 18 日上午，省军区副司令员马景然少将带领验收组，在军分区、市政府、市人防领导的陪同下，对民兵、人防整组工作进行点验验收。阳煤集团的民兵和人防专业分队进行了 6 个课目的精彩表演，受到很高评价。2005 年，按照山西省军区提出的"依托民兵建制，注重专业对口，兼顾'两防'功能，实行'五个统一'"（五个统一即：统一编组、统一训练、统一检查、统一使用、统一指挥）的改革思路，结合民兵预备役整组工作，人防专业队进行了组织整顿。市人防专业总队第一支队整编为抢险救灾、通信、消防、运输、医疗救护、治安、防化等 9 个专业、3 个大队、15 个中队、1 个小队，共有 1045 人。并与民兵、预备役队伍共同接受了省军区首长和市人防办公室领导的整组检查验收，得到首长肯定。

二、人防指挥管理

（一）防空袭预案

1971 年，国家确定阳泉市为三类人民防空重点城市，矿区是阳泉市的重要城市中心区，是重要的能源生产基地，肩负重大防空任务。1980 年 3 月，制订了阳泉市第一个防空袭预案，内容主要为人口疏散和隐蔽，临时应急疏散区域的划分等。1982 年，制订了第二个防空袭预案，内容涉及人口疏散和隐蔽、防空袭部署、敌情判断、重点目标和要害部门的防护和保卫、通信警报、防空专业队伍的组织等。1986 年 9 月至 10 月又进行了修订、增补。1992 年 6 月制订局部战争条件下的防空袭预案。1999 年 12 月，根据高技术条件下现代战争的要求，重新制订了防空袭预案。该预案除基本案外，还制订了空情、通信、工程、专业队伍等 13 项保障计划，增加了附图，是较为完整的一部预案。2003 年 8 月 27 日市政府下发《关于印发〈阳泉市战时人口疏散责任制实施意见〉的通知》，使《阳泉市防空袭预案》走上实质性操作阶段。到 2003 年，阳泉市矿区有 8 个重点经济防护目标单位完成了防空袭方案。2004 年，根据市人防办通知精神，阳煤集团本着"长期积累，打好基础"的原则，对各种规章制度进行了整理和修订，完善了各种资料。同时对人口疏散预案和防空袭预案在 2000 年预案的基础上进行了修订，确定了一类重要防护目标 14 个、二类重要防护目标 62 个、三类重要防护目标 34 个。还对全公司 9 个单位的人防工作和各种规章制度、职责、资料、预案的基本建设情况进行了检查验收。

（二）通信警报和防空演习

阳泉市矿区共计设置防空警报器 11 台，音响覆盖率达 80%。1971 年 9 月 24 日下午，阳泉市进行全市防空演习，主要演习项目有 4 项：人员疏散隐蔽、对空射击队伍占领阵地、各种专业队到指定地域集合、全市警报系统检查及熟悉警报信号。阳泉市矿区积极参加了这次演习。矿区按照要求，每年对全区的防空警报器进行全面检修，确保警报设备的正常运行，同时注重对陈旧设施的完善和更新，安装了电声警报器，进一步提高了警报音响覆盖率。2004 ~ 2005 年，防空警报器的管理实现了责任到人，定期检修。11 台防空警报器除 1 台准备更新外，其他全部完好，防空警报器完好率达 91%。2009 年，有 3 台警报器更新为电声警报器。2010 年，在蔡洼街道办事处和赛鱼小学各安装 1 台电声式警报器。2011 年，在段家背小学安装了 1 台电声警报器控制器。在 9 月 18 日的统一试鸣中，经市人防办检测，全区警报器运行状况良好，达到统控效果。

（三）防空工程

1969 年 10 月起，根据上级指示，境内各单位积极修建防空工事，阳泉矿务局（阳煤集团）、商业局（商务局）、阳泉发电厂（辰光热电公司）3 个单位几年中共修建防空孔道 63 条，建筑面积

49120平方米。大部分采用砖、石，少量采用钢筋、混凝土，成拱形孔道；防护单元建筑形式有平行通道式、垂直通道式和回廊式。出入口一般设在地形隐蔽、石质坚硬的陡坎处。各防护单元都设有干道连接口，形成既独立，又贯通的防御体系。

1987～1990年，连续4年对人民防空工程进行检查，对防空工程建立档案，进行维修，加强管理，开展“创造合格工程”活动，合格率达60%以上。“七五”期间，矿区和矿务局、一矿、矿一中人民防空办公室，被评为山西省人民防空工作先进集体。根据平战结合的要求，1990年以后，开发利用人民防空工程18处14250平方米，其中商业集团公司3处2210平方米，阳煤集团15处12040平方米。这些工程用于开办“超市”和地下商场、食品加工、水果和蔬菜储存、仓库、清洗设备等，安置人员105人，年创利润82.4万元。

2003年5月，区人大、区政府、矿区人武部、区人民防空办组成检查组，对人民防空工程进行了检查。对一些存在渗水、漏水、有裂缝和通风不畅等问题的人民防空工程，责成主管单位进行加固、改造和修复，提高人民防空工程的完好率。

2004年，矿区定期不定期地对人防工事进行全面检查。阳煤集团投资18万元，对机关大院防空洞原牛奶厂出口处4间管理房进行翻新重盖，又新盖3间，建筑面积150平方米，对管理房小院地面进行了水泥硬化处理，保证了洞体安全。8月，二矿东四尺小学操场塌陷了一个直径2米、深4米的大坑，华越公司领导专门派了2名工人协助公司武装部把以前封堵的洞体重新打开，进行全面检查，发现洞体完好。年内，阳煤集团18条防空洞得到不同程度的开发利用。开发利用项目5大类11项，利用面积7995平方米，占工事总面积的18.6%。安置社会从业人员43人。

2005～2008年，阳泉市矿区按照“加强建设，重视管理”的原则，对人防工事加强了检查管护，对6条早期简易工事进行加固、改造和维护管理，及时消除了安全隐患。人防工程的平战结合工作顺应市场要求，利用多种形式灵活开发，发挥人防工程的社会效益和经济效益，促进区域经济发展。一矿工程区防空洞种植蘑菇获得成功。阳煤集团机关马家坪防空洞采用了出租经营的方式，取得一定的经济效益。阳煤集团全公司16条防空洞得到不同程度的开发利用。开发利用项目5大类11项，利用面积10400平方米，占工事总面积的24.2%。安置社会从业人员28人。再加上引进外来户发展食用菌种植，年创利税5万余元。

2009～2011年，区人防办对人防工程进行了全面检查，重点检查了马家坪小学防空洞、洪城河小学防空洞、阳泉市辰光发电厂防空洞、市劳保用品公司防空洞，并要求防空洞产权单位成立人防工程防汛领导机构，完善落实人防工程应急预案，安排好本单位人防工程防汛值班，务必责任到人。要求学校不因放暑假而影响人防工程的安全度汛。2010年起，根据市、区防汛工作安排，区人防办组织人员参与防汛值班工作，成立了防汛抢险警报鸣放工作组织机构，制订了职责规定，确定了防汛值班时间，出台防汛值班计划。对辖区警报器使用单位下发通知，维护好警报设备，确保在市指挥部命令下达后准确地鸣放洪水警报。2010年，省人防办批复同意立项建设矿区人防指挥所。人防指挥所可行性研究完成。人防指挥所工程于2011年年初开工。

第三节 防灾减灾

一、防火及灭火

（一）消防工作

为了加强居民区和企业火灾防范，区政府于2004年3月制订了《阳泉市矿区社区消防安全管理规定》，并于2006年制订了《关于印发阳泉市矿区消防宣传“五进”工作实施方案的通知》。文件要求实现“基层基础工作社会化，消防建设社会化”的消防工作目标，规定社区消防工作主要由派出所组织进行，一个社区要设置一个警务室，配置必要的消防设施器材，积极组织建立社区义务消防组织或志愿者消防队，定期开展防火检查、防火巡查，使社区消防工作步入正轨。同时在辖区内开展了社区消防安全宣传教育，通过板报、讲座等形式对社区居民进行消防安全宣传，印制《家居灭火应急十要》等宣传品下发到社区每一个家庭。每年区政府都要组成由分管区领导任组长，公安、文化、教育、民政、新闻等部门主要领导为成员的“11·9”消防宣传活动领导组，开展以“消除火灾隐患，构建和谐社会”为主题的“11·9”消防宣传周活动。

辖区内的企业也建立了企业消防组织，配备消防器材，制订了消防宣传教育方案和培训制度，积极开展消防宣传，在企业内部设置固定醒目的消防安全宣传板、标语或警示牌。特别是强化了对消防安全重点单位、要害部位、公共场所、商场市场、宾馆饭店、娱乐场所、医院学校等人员密集场所，以及易燃易爆化学物品生产、经营、使用和储存场所的监督抽查。落实消防安全责任制，严格单位内部防火检查和巡查，强化对重点岗位人员的安全培训，完善灭火和应急疏散预案，提高了人员密集场所工作人员扑救初期火灾的能力和引导人员快速撤离的能力，预防和减少重特大火灾，尤其是群死群伤火灾的发生。加强了学校消防工作。根据矿区的实际情况，每年的春节和元宵节前都精心组织、积极开展“冬防工作”，特别是加强元宵灯展消防安全工作。由于队伍健全，制度严密，境内消防形势逐步好转。

2006年，全区火灾形势总体平稳，共发生火灾52起，直接经济损失12000元，无重特大火灾，无人员伤亡。其中居民火灾22起，单位火灾20起，其他10起。2007年，区消防大队按规定组织了重点消防单位灭火演练，辖区未发生大的火灾事故，一般火灾事故20起，经济损失6600元，无人员伤亡。火灾事故的四项指标与2005同期相比下降了52.3%。2008年9月11日，西城分局消防大队组织开展消防业务集中培训，分6期对阳煤集团所属37个矿处级单位的1400余名专兼职消防人员进行了培训。2011年，集中对辖区学校教学楼、宿舍、食堂等人员密集场所进行全面消防安全排查。全力做好“两节”“两会”“国庆”等重大节日期间的消防安全保卫工作。

（二）森林防火灭火

阳泉地处半干旱地带，经常发生山火和森林火灾。矿区民兵参加了多次灭火战斗。

为做好森林防火工作，一矿民兵应急分队出动2106人次，参加灭火战斗60余次，扑灭森林火带4000余米。1991年、1992年，连续被市、局评为“防范突发事件，应急准备周全”“扑救森林火灾先进集体”。1994～1996年，进驻苌池林场民兵47名，先后参加林场灭火战斗27次。1995年5月8日，郊区辛兴乡柳渠村和上庄村发生森林火灾。矿区人武部接到灭火命令后，组织350名民兵骨干，调用11部车辆，迅速奔赴火灾现场。全体官兵经过8个多小时奋战，将大火扑灭。1996年4月23日，狮脑山森林着火，矿区人武部仅用1小时就组织民兵400多名，前往参加灭火，受到市政府、军分区的表扬。1999年4月6日，吴家掌风机房周围发生大面积山火，风机房一旦被烧毁，将使井下生产全面瘫痪。在这紧急时刻，一矿民兵应急分队紧急出动，迅速赶到吴家掌，激战4小时，扑灭了大火，保证了风机房的安全。

2004年，先后组织民兵完成抢险救灾任务10多次。3月29日盂县诸龙山森林大火，矿区人武部调集一矿民兵应急分队前往灭火。在人武部的精心组织下，应急分队百余名队员以全市第一支灭火队伍开赴火灾现场，积极主动承担了以西掌为重点的北线阻隔灭火任务。经过40多个小时奋战，及时控制了火势，有效地遏制了大火向北部蔓延的态势，使盂县森林火灾降低到最低限度，同时使阳煤集团公司3333.3公顷（50000亩）坑木林不受侵害。2011年3月初，郊区保安沟发生森林大火，人武部组织新景矿和宏厦一建400多名民兵第一时间投入战斗，积极灭火救火。同年5月上旬，人武部组织阳煤集团一、二、三矿210名民兵参加翠枫山森林大火的灭火行动，完成灭火任务。

二、防洪及洪灾救援

据不完全统计，新中国建立至2011年，矿区民兵共参加抗洪救灾100余次，出动兵力10000余人次。

1966年8月，桃河发生特大洪灾。矿区公社和阳泉矿务局三矿共同承担赛鱼桥以西桃河北岸大坝的抢修任务，2000余名民兵在洪水中奋战五天五夜，动用土石方2550余立方米，建成长276米、高3米~4米、宽2米的大坝，堵住了洪水；矿区还出动3400多名民兵，参加市区的抢险救灾。

1971年4月矿区成立后，防洪工作由矿区革命委员会组织实施。1981年矿区人民政府成立防汛指挥部，按照市防汛指挥部的部署，统一指挥防汛抢险救灾工作。1990~2000年，矿区投入人力和物力进一步加强了对桃河的治理。

1995年7月，一矿组织90名民兵圆满完成了防洪抢险任务。1996年汛期，面对严重的洪水灾害，矿区2000余名民兵参加了石太铁路和赛鱼路桃河护坝的抢险工作。1997年，矿区在防汛工作上推行行政首长负责制，人武部组织汛期抢险队1500人，配备抢险机械车辆52台，汛前治安保卫队65人，汛前医疗救治队伍30人，配备专用救护车4辆，建立了三级急救网。总投资100余万元，清挖河道、排水沟、渠、涵洞71500米，清淤量18200立方米，修补漏房72000平方米。区防汛指挥部、区交安委联合组织了全区防汛安全大检查。

1998年，矿区及时在汛期组织了民兵应急抢险营500人，医疗救治队30人，治安保卫队50人。清理河道、排水渠沟97000米，清淤量20000立方米；查处危房8700余户，修补漏房11000平方米；共发生防汛工程费用170万元，保证了全区安全度汛。

1999年，矿区召开了全区防汛工作会议，对防汛工作进行了周密部署，明确了指挥部成员单位的职责分工，与21个责任单位签订了职责任务责任书，组织了1520人的防汛抢险队，配备了36部抢险车辆和多种抢险工具，组织了30人的抢险医疗队，备足了多种抢险物资。汛前对全区的防汛工作进行了全面检查，对查出的隐患和问题及时进行了处理。各成员单位制订了昼夜值班制度，完善了管理措施。同年，矿区防汛指挥部又成立了清障清淤督查组，召开了河道清淤动员会，划分了任务，明确了职责，提出了标准。共清理河道、排水沟、渠、涵15000米，清淤量23000立方米。特别是在6月16日~6月30日，对担负防汛重点任务的18个单位进行了全面检查，对查出的57000平方米危房及时进行了维修，保证了安全度汛。

2000年，矿区进一步完善了管理措施，对全区的排水沟涵进行了清理，清淤量达21000立方米。一矿在矸山绞车房修筑石挡墙180平方米，三矿修筑索道2—3号加固防护墙150立方米，二矿在小南坑坑口修筑挡水墙170平方米，新景矿加固煤台护墙250平方米，五矿修筑了铁路调车维护坡挡水墙150平方米，阳煤集团一处修补危房1000余户，危漏房加固外漏8000平方米。

2001年，矿区多次召开研究防汛工作的专门会议，确定了汛期抢险、救治、治安、物资准备等4个方案，组织了汛期抢险、治安、救治队伍共1600人，储备了各种抢险物资，做到了品种齐全，数量充足，专库储存，专项保管。

2002年，矿区积极储备各种防汛物资，对全区重点防汛地段进行防汛安全检查，积极组织河道清障工作。一矿投资17万元，组织14台机械车辆，清除蒙河淤积物4000立方米，保证了生产井口的汛期安全。三矿组织干部职工230余人，机械车辆8台，清除蒙河淤积物2000立方米。五矿、三处投资14万元，组织机械车辆15台，清除中川河、南川河、西川河淤积物5000立方米。阳煤集团对洪城河、虎尾沟、水泉沟、王岩沟、桥东街及全系统生产区和生活区的排水沟、渠、涵都进行了清障，清障长度1.3万米，清淤量5500立方米。矿区房地产开发公司出动30人，市自来水公司出动150人与3台车辆，对平潭街河进行了清障。

2004年，矿区对桃河、蒙河、洪城河等河道垃圾进行了全面清理。2005年，按要求储备了电缆、水泵、铲车、挖土机、篷布等防汛物资。2006年7月14日，四矿矿灯厂下游石卜咀村、二矿小南坑地区、一矿里沙坪和中沙坪地区、平潭街办事处、四矿桥头地区、区政府后院出现汛情，区防汛办迅速协同各街道办事处、责任单位和阳煤集团各矿，组织人员疏通下水、排除险情。凌晨2点20分，发现赛鱼商店旁七八分会处一自建房发生坍塌，有居民被困，区防汛办立即组织相关单位实施抢险。到凌晨4点，被困居民安全获救。当晚全区共出动抢险人员260余人，排除险情8处，未出现人员伤亡和群众财产损失。8月15日7时45分，小南坑地区发生泥石流事故。全区共组织民兵队伍100余人，清挖被淹居民家中淤泥，抢救贵重物品。经过全体抢险人员六天六夜的连续奋战，截至8月21日，河道疏通和受灾户家中清淤工作全部完成。同年，对平潭街东社区环卫处垃圾站旁排水道进行了工程改造。对可能引发事故的隐患，组织力量进行了处理。对汛期危房采取了专人看护、维修加固等措施。

三、抗击雪灾

2009年11月中旬，阳泉遭遇了历史罕见的雪灾。面对突如其来的自然灾害，矿区人武部视人民群众的利益高于一切，怀着对党和人民的无限忠诚，组织矿区民兵积极参加抗击雪灾的行动，出动兵力150人次，机械4台次，先后到坡头和旧关高速公路收费站、小阳泉三个地方进行抢险救灾，排除险情，为被困群众送去30件大衣、40份干粮，清理道路积雪500米。

四、震灾预防和应急救援

1976年唐山发生大地震后，阳泉矿务局矿山救护队和矿务局医院组织了民兵小分队奔赴灾区，在抗震救灾中出色地完成了任务。

1991年11月15日，矿区人民政府根据省市地震防灾工作要求，设立阳泉市矿区地震防灾协调组，由1名副区长任组长，阳泉矿务局、区人民政府办公室、区科委、区计委4部门（单位）主要领导任副组长，由区人民武装部、阳泉市商业局、阳泉发电厂、阳泉市矿区邮电局、区财政局、区经委、区公安分局、区城乡环境保护局、区人民政府行政科、区人民防空办公室等11部门（单位）主要领导为成员。矿区建立了地震应急救援队伍，主要以人武部、驻区武警部队和武警消防部队为主；医疗应急队伍以阳煤集团总医院为主；公安、消防、交警、交通、公路、建设、水利、供电、自来水、煤气、矿山救护、网通、移动、联通等单位都有自己的应急抢险队伍，基本保证了应急工作需要。

从2001年起，按照省政府提出的“城市及人口稠密地区要达到抗御6级左右地震的能力，新建建设工程必须100%符合当地的地震动参数，达到抗震设防要求；重大建设工程必须100%进行地震安全性评价”的要求，矿区新建、改建、扩建的建设工程纳入全市地震安全性评价监督管理，对阳煤集团聚氯乙烯烧碱项目等重大建设工程进行了地震安全性评价。

2003年8月11日，矿区人民政府下发《阳泉市矿区破坏性地震应急预案》；12月18日，矿区人民政府办公室下发《阳泉市矿区2001年—2015年防震减灾规划》。2006年10月17日，开通“三网一员”网络（地震宏观观测网、地震灾情速报网、地震知识宣传网，防震减灾助理员）。10月26日，阳泉市矿区地震局出台地震应急预案，命名赛鱼小学、红岭湾小学为防震减灾科普示范学校。2006年，矿区地震局被评为阳泉市防震减灾工作先进集体。2011年，矿区举办防震减灾“三网一员”培训班，地震应急救援志愿者队伍发展到7支536人。

第二十三编　教　　育

矿区有兴办教育的传统，境内现代教育的发端早至民国初年。新中国成立后，政府办学与企业办学双轮驱动，相辅相成。党的十一届三中全会后办学规模逐年扩大，办学条件显著改善。2005 年年末，企业自办学校移交政府。至 2011 年，全区有幼儿园 34 所、小学 17 所、中学 9 所；在校学生（含幼儿）38374 人。矿区还建成了以阳煤集团教育培训基地为主的职业教育平台和成人教育网络，具有 3 万人次/年的培训能力。在党和政府的关怀下，矿区教育事业得以长足发展，管理水平稳步提升，教学改革和教育科研成绩突出，办学绩效位居全市前茅。

第一章 综合管理

矿区教育行政管理机构是区教育局，自1981年7月成立后，历经多次变动。阳煤集团教育行政管理机构是阳煤集团教育处，成立于1950年。因所属中小学移交地方政府管理，阳煤集团于2006年11月撤销教育处，成立职工教育管理部。矿区大力推行依法治校，加强安全教育，加大教育投入与条件保障，重视教师资格和培训，教育行政管理水平不断提高。

第一节 管理机构

一、区教育行政管理机构

矿区教育局前身为矿区文教卫生局，成立于1981年7月，主管文化、教育、卫生、体育等方面工作。1984年3月，改设为矿区文教局，负责文化、教育、体育等方面工作，卫生局另设。同年7月，矿区人民政府设立矿区职工教育管理委员会。1987年8月体委另设后，文教局主管文化和教育工作。1997年4月，撤销文教局，成立矿区教育委员会，另设矿区文化体育运动委员会。1998年，成立阳泉市矿区教育委员会教育管理中心。2001年，矿区教育委员会更名为矿区教育局，行使矿区教育行政职能。2011年年底，区教育局内设办公室、教研室、教育科、政教科、体卫艺科、师训科、装备科、计财科、幼教科、督导室、招生考试中心、工会共12个部门。

2007~2011年阳泉市矿区教育部门获得国家级荣誉一览表

表23-1

时　间	荣　誉　称　号	授予部门
2007年7月	第十四届全国青少年爱国主义读书教育活动组织优秀奖	全国青少年爱国主义读书教育组织活动委员会
2008年7月	第十五届全国青少年爱国主义读书教育活动组织优秀奖	全国青少年爱国主义读书教育组织活动委员会
2010年2月	全国第三届中小学生艺术展演活动优秀组织奖	教育部
2010年4月	全国阳光体育先进县	教育部
2010年10月	第三届全国亿万学生阳光体育冬季长跑活动优秀组织单位	教育部、国家体育总局、共青团中央
2011年4月	全国教育系统关心下一代工作先进集体	教育部关心下一代工作委员会

二、阳煤集团教育行政管理机构

（一）阳煤集团教育处

1950年，阳泉矿务局设教育股，隶属局人事科。1952年，教育股升格为教育科，隶属于局人事处。1962年，教育科升格为教育处。1968年9月，矿务局革委会政工组下设宣教小组取代局教育处。1973年恢复教育处。1985年8月，教育处职能扩展，统一领导全局中小学教育工作。1998年2月，矿务局教育处改称阳煤集团教育处。2005年12月30日阳煤集团25所中小学校，移交矿区政府。2006年11月，教育处撤销。

教育处先后下设党委办公室、组织部、宣传部、武装部、纪委、工会、团委、行政办公室、人事科、劳资科、计财科、老干科、公安科、教育科、政教科、装备科、电教室、教育督导室、中学教研室、小学教研室、幼儿教育办公室、职业技术教育办公室、勤工俭学办公室等。2003 年，机构精简，科室重组，教育处下设办公室（党委办公室、行政办公室）、机关党总支、党群工作部、人力资源部、计划财务科、教育督导室、德育科、教研室、教育管理科、武装保卫科、离退休职工管理服务中心、教育技术装备中心、教育信息中心等科室。

（二）阳煤集团职工教育管理部

2006 年 11 月，阳煤集团设立职工教育管理部，负责制定职工教育培训的规章制度和实施方案，下达教育培训计划；实施“三项岗位人员”（煤矿主要负责人、安全生产管理人员和特种作业人员）及其他从业人员的安全培训；管理、技术、操作人员素质提升培训；对所属单位职工教育工作进行指导和监督检查。2008 年，内设综合管理科、培训计划科、培训管理科三个业务科室，在岗 14 人。2009～2011 年，累计培训“三项岗位人员”33834 人，培训其他人员 370205 人，新入职人员全部由技工学校毕业生和劳动预备制学员组成。

第二节　学校管理

一、管理体制

民国时期，矿区境内有 2 所学校：平潭街村国立初级小学、赛鱼高小（平定第五高小）。小学教师由村里选用；高小校长由县任命，教师由校长聘任。

1952 年，境内有阳泉矿务局创建的 3 所小学，教师由政府调派，学校的一切重大事项均由矿务局教育股和各矿领导具体决定。实行校长负责制，校长领导全校工作。1957 年“整风反右”之后，学校普遍建立了中共基层组织，学校工作由党支部领导。1963 年调整后，实行当地党委和教育行政主管部门领导下的校长负责制，校长领导全校工作，学校党支部对行政工作负有保证和监督的责任。

“文化大革命”期间，各校领导体制混乱，先是“群众组织”夺权，后是“军宣队”“工宣队”进驻，班级按军队连、排编制。1968 年 9 月，矿务局革命委员会成立后，革委会政工组下设宣教小组，各校成立革命委员会，进驻学校的“军宣队”“工宣队”管理学校事务。

“文化大革命”结束后，实行党支部领导下的校长分工负责制，学校的一切重大问题都由党支部讨论决定。

1985 年，实行党政分工，推行校长负责制，校长负责全面工作。规模较大的中小学设校长 1 名，配备副校长 1 名或数名。下设教导处、总务处、办公室，中学设政教处，小学设政治教导员，有校办工厂的设校办工厂办公室，职业技术学校设立相关科室。教导处、政教处、总务处、办公室均设主任 1 名，较大的学校增配副主任 1 名或数名。教导处分管学校管理、教学计划、教学研究、教材购置、思想教育、课外活动等。教导主任在校长的直接领导下，负责学校教育、教导和教务等方面的日常组织管理工作。总务处主管学校基本建设、设备、财务、生活福利等工作，总务主任在校长的直接领导下，具体负责学校的总务工作。办公室主管学校行政、文件管理、人事保卫、教职工政治学习、计划生育等工作。政教处分管政治思想教育、班主任工作、学校重大节日活动。校办工厂厂长负责工厂的经营管理工作，同时负责安排学生劳动，进行劳动教育和安全教育。实行校长负责制的学校，建立和加强了民主管理的机构——教工代表会议制度，校长对教代会负责。

一般规模较大的学校建有少先队、学生会等组织；教学业务方面，多数学校设有教研组、备课组、年级组；其中除党支部书记是专职人员外，其他各组织负责人多为兼职。党支部对行政工作起领导、保证、监督作用。学校团支部在各方面团结教育青年学生。学校工会在上级工会和学校行政领导下，组织教师完成学校的各项中心任务，保障教职工正当权益。少先队、学生会在党、团组织的领导下，配合学校教导处、政教处，组织全体学生努力完成教育、教学任务，积极参加第二课堂活动。

二、依法治校

境内各学校面向社会，大力宣传《中华人民共和国教育法》《中华人民共和国义务教育法》《中华人民共和国教师法》《中华人民共和国未成年人保护法》《中华人民共和国预防未成年人犯罪法》等法律法规，大力推进依法治校。2006 年，全区中小学均开设了法制教育课，做到了法制教育计划、课时、教材、师资“四落实”。各校制定和认真组织实施法制教育工作方案，切实搞好法制教育的四个结合：法制教育与师德系列教育相组合；学校规定的法制教材与随机性法制教育相组合；法制教育与日常行为规范教育相组合；法制教育与“问题学生”转化相结合。10 月，区教育局制订下发《矿区教育系统开展法制宣传教育的五年规划》，召开“五五普法”宣传及启动会议。2008 年、2009 年，连续 2 年组织全区教师参加“五五”普法考试，参考率为 100%。2009 年，教育局制定了《关于进一步规范义务教育阶段中小学办学行为的通知》《中小学教材循环使用管理办法》，重新修订了《中小学就学管理办法》《中小学学生综合素质评价方案》等制度及《矿区教育局关于创建“学习型机关”的实施方案》。同年 10 月，对全区中小学学籍管理、规范办学进行专项检查，要求学校严格遵守学生在校时间规定，开全课程、开足课时，切实减轻中小学生的课业负担，规范学校办学行为。2010 ~ 2011 年，联合有关部门对全区各民办学校、幼儿园进行规范办学大检查，查处了非法办学机构。2010 年，下发“停办通知书”27 份；2011 年，下发“停办通知书”25 份。2010 年招生期间，按政策规定和就近分配的原则，将适龄儿童、小学毕业生划分到对口学校，遏制了择校现象；中考、高考及各类考试期间，为每位考生提供了公平的竞争环境，实现了安全保密零失误、考务操作零误差、违纪舞弊零纪录的目标。

2004 年，阳煤一中、赛鱼小学被命名为省级依法治校示范校。2005 年，外国语学校被命名为市级依法治校示范校。2007 年，刘家垴小学、南楼小学被命名为市级依法治校示范校，矿区教育局、市十二中被评为“四五”普法先进集体。2008 年 4 月，马家坪小学和大井小学被命名为省级依法治校示范校，西河路小学被命名为市级依法治校示范校。

三、安全教育

全区教育系统牢固树立“安全第一”的思想，认真贯彻国家、省、市关于学校安全工作的一系列指示精神，区教育局成立了以局长为组长、相关科室负责人为成员的学校安全领导组。2006 年后，区教育局相继出台了《矿区教育局安全工作制度》《矿区中小学安全工作条例》《矿区教育系统突发公共事件应急预案》等各项安全制度。各校也制定了相应实施方案，完善了规章制度。区教育局每年均与各学校签订《学校安全与综合治理、卫生防疫与食品卫生安全》目标责任书，每学年至少组织四次学校安全大检查，请区安监局、防疫站、消防大队配合对教学设施、学生宿舍、食堂卫生、消防设施进行检查，发现问题及时提出整改意见，下达整改指令书，全区各校按期整改达 100%。各学校通过经常性的安全教育，使学生增长知识，开阔视野，提高安全意识和自我防范意识。法制副校长在法制课上反复宣讲安全常识，利用校园广播、主题班会、墙报板报、文艺演出等形式宣传安全知识，讲解事故案例；请驻区消防官兵到学校讲解消防基础知识、灭火器的使用常识和各种火灾的自救常识；请交警讲解交通法规。

四、规范收费行为

2005 ~ 2011 年，矿区认真贯彻执行国家、省、市关于“纠正行业不正之风，坚决制止乱收费”有关文件精神，加强中小学收费管理工作。

2005年，区教育局召开了治理教育乱收费工作会议，扎实开展政风行风评议活动。当年，根据群众反映教育乱收费的问题，严格按照省定项目、标准，检查、清退不合理乱收费3万余元，办理、收受各类信访案件14件，办结率达100%。2006年，配合市教育局、市物价局将矿区中小学住宿收费标准纳入公寓化收费范畴。2007年，在全区教育工作会上，把治理中小学乱收费工作作为考核中小学校的一项重要指标，与区属各中小学校签订了目标责任状，通过自查，基本杜绝了乱收费行为。2008年秋季开始，全部免除城市义务教育阶段学生的学杂费。区教育局成立了矿区义务教育经费保障机制改革领导小组，制定了《阳泉市矿区义务教育经费保障机制改革实施方案》《阳泉市矿区中小学校舍维修改造专项资金管理实施细则》《阳泉市矿区义务教育阶段学生免收学杂费实施细则》等文件，并按照山西省有关规定，统一负责制作收费明白卡，开学后发到每个学生手中，并严格履行签字手续。利用矿区报等宣传媒介，大力宣传义务教育阶段免学杂费的重大意义、政策内涵、主要措施等。

2009年5月，区教育局组织相关人员对各中小学财务工作进行了专项检查，重点对执行"一费制"情况、教育收费等进行检查。2010年寒暑假期间，向各中小学校下发了假期禁止出租校舍用于补课、禁止教师开班收费补课的通知，进行严格检查。2011年，严格落实市政府《关于严格禁止中小学在职教师从事有偿家教的规定》，全年查处违规行为3起。

第三节　经费与设施

一、教育经费

（一）经费来源

1949～1981年，矿区范围内由政府兴办的学校，办学经费主要由市财政拨付。从1981年矿区"政企分开"至1984年，区属学校办学经费由市财政拨付。1985年，矿区由财政二级预算单位转为财政一级预算单位，区属学校的教育经费由区财政拨付，至2011年不变。

1949～2005年，矿区境内企业兴办的学校，经费由办学单位提供。阳泉矿务局（阳煤集团）是矿区境内办学最早、办学规模最大的企业，办学经费国家未作安排，由企业解决。阳泉发电厂（辰光发电厂）子弟学校也由该厂自行解决办学经费。2005年12月30日，阳煤集团所属的25所中小学校全部移交矿区政府管理。其中阳煤一中移交市教育局直管，其办学经费由市财政负担；其余24所中小学校移交矿区政府管理，其办学经费由区财政负担。

2006～2011年，全区建立了以财政拨款为主、多渠道筹措教育经费的运行机制，建立健全了"两优先"（优先安排教育经费预算不留缺口，优先保证教师工资按时足额发放）、"三保证"（保证教育经费持续、稳定做到"三个增长"，保证教育经费实现"两个提高"，保证义务教育经费专款及时投入到位）的经费保障机制，确保了全区义务教育经费的正常投入。

（二）落实经费保障机制

1．"三个增长"落实情况：

（1）财政对教育拨款2006年为604万元；2007年为1831万元，比2006年增长203.15%；2008年为2592万元，比2007年增长41.57%；2009年为3105万元，比2008年增长19.80%；2010年为4670万元，比2009年增长50.41%；2011年为9285万元，比2010年增长98.83%。

（2）生均预算内教育事业费：小学2006年为1501元；2007年为2241元，比2006年增长49.30%；2008年为3492元，比2007年增长55.82%；2009年为5352元，比2008年增长53.26%；2010年为5698元，比2009年增长6.46%；2011年为6891元，比2010年增长20.94%。初中2006年为2371元；2007年为6589元，比2006年增长177.90%；2008年为7022元，比2007年增长6.57%；2009

年为7285元，比2008年增长3.75%；2010年为8079元，比2009年增长10.90%；2011年为9515元，比2010年增长17.77%。

（3）生均预算内公用经费：小学2006年为298元；2007年为308元，比2006年增长3.36%；2008年为399元，比2007年增长29.55%；2009年为544元，比2008年增长36.34%；2010年为589元，比2009年增长8.28%；2011年为605元，比2010年增长2.72%。初中2006年为496元；2007年为506元，比2006年增长2.02%；2008年为546元，比2007年增长7.91%；2009年为906元，比2008年增长65.94%；2010年为918元，比2009年增长1.33%；2011年为936元，比2010年增长1.96%。

2. 教育费附加收支情况：2006～2011年全区教育费附加征收累计5291万元，下拨区教育局累计8920万元（含上级补助教育费附加），全部用于中小学校舍维修改造及设备购置。

3. 新机制经费保障实施情况：从2006年春季至2011年春季，全区安排义务教育阶段资助资金为268.675万元。其中：

（1）免教科书专项资金31.42万元，共有6207名学生享受到了免费提供教科书的实惠；

（2）补助寄宿生生活费专项资金1.32万元，共有66名学生受益；

（3）补助寄宿生住宿费专项资金0.675万元，共有95名学生受益；

（4）免费提供营养早餐专项资金2.18万元，共有188名学生受益；

（5）免费提供作业本专项资金71.43万元，共有51204名学生受益；

（6）补助“贫困学生”学杂费专项资金19万元，共有1867名学生受益。

义务教育阶段和高中阶段物价补贴专项资金为20.32万元，共有2384名学生受益。高中阶段高中彩票公益金专项资金9.3万元，共有186名学生受益。高中贫困生资助专项资金113.03万元，共有1507名学生受益。

1972～1990年阳泉市矿区教育经费支出统计表

表23－2　　单位：万元

年份	区直属中小学	矿务局所属中小学	合　计	年份	区直属中小学	矿务局所属中小学	合　计
1972年	—	83.23	83.23	1982	3.90	177.18	181.08
1973年	—	108.35	108.35	1983	7.20	171.90	179.10
1974年	—	114.81	114.81	1984	9.00	223.64	232.64
1975年	—	145.29	145.29	1985	18.00	333.24	351.24
1976年	—	128.53	128.53	1986	20.00	552.11	572.11
1977年	—	119.79	119.79	1987	20.00	565.15	585.15
1978年	—	135.68	135.68	1988	21.20	750.32	771.52
1979年	—	157.68	157.68	1989	34.40	1010.05	1044..45
1980年	—	161.03	161.03	1990	40.41	1263.95	1304.36
1981年	2.30	156.96	159.26	合计	176.41	6358.89	6535.30

1991～2011年阳泉市矿区财政教育经费支出统计表

表23－3

年份	实际支出（万元）	生均教育经费（元）		教育费附加（万元）	设备购置（万元）	校舍建设资金（万元）	校舍建设面积（平方米）	备　注
		中学	小学					
1991年	87	890	340	10	11	50	1000	
1992年	87	676	429	16	8	15	2200	
1993年	93	643	542	23	9	1	2600	
1994年	125	804	686	30	6	24	948	
1995年	138	924	880	46	18	30	11706	
1996年	185	1123	1357	67	20	35	13184	
1997年	191	1294	1319	42	9	40	5624	
1998年	191	1691	1553	66	15	167	5624	
1999年	224	1720	1605	51	34	47	1100	
2000年	253	1834	1770	55	61	3	820	
2001年	328	1863	2107	68	44	43	9402	
2002年	354	1870	2478	104	43	17	11100	
2003年	427	2022	2514	129	31	88	4867	
2004年	515	4246	2770	303	26	2	8659	
2005年	565	5329	3159	430	45	354	16367	
2006年	5811	2371	1501	491	156	321	10659	全区
2007年	9877	6589	2241	760	359	368	22000	全区
2008年	15030	7022	3492	854	812	3223	131141	全区
2009年	18229	7285	5352	1254	302	2509	39420	全区
2010年	19761	8079	5698	3202	198	4194	57543	全区
2011年	22283	9515	6891	2359	308	3171	44510	全区

注：本表不含阳煤集团（阳泉矿务局）1991～2005年数据。

（三）勤工俭学收入

矿区各校勤工俭学所得少量收入，按有关规定合理使用。1995年，全区中小学勤工俭学纯收入56.86万元，超过市政府规定的45万元的指标。五矿中学、矿二中、洪城河小学3所学校的校办企业成为矿区学校勤工俭学的骨干企业。1996年，全年中小学勤工俭学纯收入完成47.5万元，超额完成2.5万元。重点抓了五矿中学、矿二中、洪城河小学3所学校的校办骨干企业；职业高中校办企业纯收入达到16.1万元。1998年，全区中小学勤工俭学纯收入完成55万元。2001年后，全区中小学勤工俭学纯收入呈下降趋势，为40.10万元，2003年为5.46万元；2008年亏损2.54万元；2009～2011年基本无收入。

二、设施设备

（一）校舍维修

2006～2008年，各级政府共投入校舍维修资金3912万元，全区共有24所中小学进行校舍维修改造。全区中小学维修、新建校舍总面积16.38万平方米，其中维修校舍面积13.73万平方米，新建校舍面积为2.65万平方米。全区中小学改造危房面积为1.35万平方米，D级危房拆除面积0.42万平方米。共有6个新建项目，其中4个项目竣工并交付使用。校园工程改造率达92.3%。小学生均建筑面积5.23平方米，生均占地面积8.57平方米；初中生均建筑面积9.67平方米，生均占地面积16.09平方米。

2009年，校舍安全工程启动。2009～2011年，各级政府共投入校舍维修资金9874万元，全区共有22所中小学进行了校舍维修改造。全区中小学维修、新建校舍总面积14.15万平方米，其中维修校舍面积4.17万平方米，新建校舍面积为7.06万平方米。全区中小学改造危房面积为2.92万平方米，D级危房拆除面积0.5122万平方米。校园工程改造率达92.31%。小学生均建面积6.23平方米，生均占地面积10.17平方米；初中生均建筑面积10.60平方米，生均占地面积22.43平方米。

（二）设备配备

2006～2008年，为进一步推动标准化建设工程提档升级，区委区政府把投资重点放在中小学技术装备方面。根据《山西省义务教育标准化建设中小学教学设备配备标准》的有关要求，本着“注重基础，体现务实，彰显特色”的原则，对全区26所中小学的硬件建设进行了摸底调查。针对调查中发现的问题，区政府投资1327万元，用于分批购置教学仪器、信息技术教育及电教设备、图书资料、文体器材等。初中和四轨以上的小学教学仪器设施设备达国家I类配备标准，其余小学达II类配备标准。教学仪器完好率和使用率均达98%。四轨以上的小学和初中音体美器材配备达国家I类标准，其余小学达国家II类标准。全区所有学校都接入教育城域网，实现了“校校通”。小学、初中计算机生机比例分别达到15.7∶1和11.3∶1。小学生均图书19册，初中生均图书30册，达到省级II类标准，顺利通过义务教育标准化验收。2009年3月，区政府投资121万元，为十五中高标准配备了理化生实验室设备10套，达到了省示范高中实验室方面的配备要求。同年7月，省教育厅奖励普教仪器设备专项经费23万元，其中区政府自筹10.5万元，为亚美小学、大井小学等9所学校配备多媒体设备11套。同年11月，投资153.2万元，为4所高中配备通用技术实验室设备。2011年，投资30万元，对段家背幼儿园进行标准化改建；引导天骄幼儿园、智睿童星幼儿园投资110万元，对校舍进行维修、增加教学设备；利用区科技三项经费160余万元，为11所学校购置了多媒体设备29套、学生机137台。

第四节　教师队伍

一、教师结构

1990～2001年，按照省、市安排，组织在职教师学历及职业培训，全面实施教师资格制度。1990年，小学教师学历达标率90%，初中教师学历达标率76%，高中教师学历达标率55%。1996年，分别提高到97.8%、94.97%、79.9%；2001年，又分别提高到99%、99%、86%；区直中小学大专以上学历的教师达35%，企业办中小学达27%。中小学校长培训率85%，幼儿园园长培训率达60%。

2008年，矿区各级各类学校共有专任教师2447人，其中幼儿教师14人，均具有高中、中专以上学历，合格率为100%；小学教师1362人，具有本科学历的381人，大专学历的724人，高中、中师学历257人，合格率99%；初中教师780人，具有本科学历的488人，专科学历的279人，合格率

98%；高中教师291人，本科以上学历的272人，合格率93%。在专任教师中，高级职称150人，中级职称1567人，初级职称654人。中共党员816人，共青团员121人。

2011年，矿区各级各类学校共有专任教师2334人。其中幼儿教师16人，均具有中专以上学历，合格率为100%；小学教师1249人，具有本科学历的415人，大专学历的578人，高中、中师学历的246人，合格率99.2%；初中教师770人，具有本科以上学历的499人，专科学历的259人，合格率98.4%；高中教师299人，具有本科以上学历的285人，合格率95.3%。在专任教师中，有高级职称的127人，中级职称的1369人，初级职称的663人。

全区在专任教师中，中共党员680人，共青团员119人。

二、教师地位

新中国建立前，教师的社会地位低下，故有“家有半升粮，不当孩儿王”之说。新中国建立后，教师被誉为“人类灵魂的工程师”和“园丁”，受到社会的普遍尊重。但由于受“左”的影响，在“文化大革命”中，部分教师受到不公正对待。中共十一届三中全会后，矿区积极落实党的知识分子政策，平反纠正冤假错案，为60余名教职工恢复了名誉，部分教职工复工复职，补发工资，安排住房。

1985年9月10日为首届教师节，区委、区政府在矿区中学举行庆祝会，为给区属中小学及幼儿园全体教职员工每人发放1个气压暖瓶，为每所学校安装1副篮球架。在阳泉矿务局庆祝教师节大会上，向101名优秀教师颁发了奖状和奖金，58名具有30年以上教龄的老教育工作者颁发了荣誉证书。此后，每年教师节，区委、区政府都要举行庆祝活动，表彰优秀教师，慰问老教师。

1988年，省政府向从事教育工作25年以上的中小学教师颁发纪念证书，鼓励教师长期从事教育事业。2006~2008年，矿区教育系统获得“山西省模范教师”称号的5人，获得“山西省特级教师”称号的1人，获得“阳泉市模范教师”称号的50人，获得“阳泉市教育功臣”称号的17人，获得区级“模范教师”称号的271人。特别是2007年，区委、区政府表彰模范教师标兵10名，每人给予5000元的奖励；模范教师14名，每人给予2000元的奖励。2009年，矿区教育系统获得“全国模范教师”称号的1人，获得“山西省模范教师”称号的2人，获得“山西省优秀教育工作者”称号的1人，获得“阳泉市模范教师”称号的17人，获得“阳泉市教育系统先进工作者”称号的7人，获得“矿区模范教师”称号的81人。2010年，区委、区政府表彰十佳教师10人，模范教师标兵20人，模范教师30人，优秀教师38人，先进工作者84人，十佳班主任10人，模范班主任10人，优秀班主任20人。2011年，获得“矿区先进工作者”称号的85人。

1981年后，市、区召开的党代会、人民代表大会、政治协商会议，历届都有教师代表和委员，凸显了人民教师的主人翁地位。各级党组织重视解决知识分子入党问题，积极培养吸收优秀教师入党，仅2006~2008年，吸收教师入党110名。

三、教师待遇

旧中国，教师生活得不到保障。新中国建立初期，国家实行“实物（小米）工资制”，教师生活待遇不断提高。1956年进行工资改革，国家实行货币工资制，但教师工资低于国家行政人员。至1963年，国家先后3次调整教师工资。20世纪70年代后期，教师工资曾部分调级，但不平衡问题始终没有妥善解决。1981年10月起，区属中小学教职工普调一级工资，少数教师晋升两级。这次中小学教师的工资标准和国家机关行政人员相当。

1985年工资改革，把工资分为四大部分，还增加了教龄津贴，教师的工资又一次得到提高。1987年，为部分工作年限长、工资偏低的教师增加工资。同年10月，为中小学教师按10%的比例提高了工资标准。1988年教师职称评定后，按教师职称提高了工资。教师的奖励工资从1985年每月5

元提高到 1990 年的 25 元。1985 年，全局职工增加工资时，所有教师都晋升了两级。1987 年实行浮动工资。1988 年按政策给教师增加了 10% 的工资，同时将浮动工资固定一级，教龄津贴、副食品补助、奖金也相应增加。1989 年，教职员工资按煤炭工业部制定的工资标准执行。阳泉发电厂小学教职工的工资也按国家有关规定兑现。1993 年、2006 年对教师工资进行了调整。此后，根据国务院部署，义务教育学校从 2009 年 1 月 1 日起实施绩效工资，非义务教育学校从 2010 年 1 月 1 日起实施绩效工资。提高了教职工的福利待遇，维护了教职工的合法权益。

教师的福利待遇是在新中国成立后逐步改善和提高的。1952 年教师福利标准为工资的 3.5%，其中包括事假、病假、生育代课费、女教师幼儿补助费和特殊困难补助费等。同年 7 月起，中小学教职工实行公费医疗。1953 年 7 月开始，享受 56 天产假。1958 年 2 月开始，外地教师享受探亲假，并报销路费。1979 年 11 月开始在中小学中实行班主任津贴。1985 年实行教龄津贴。同年 9 月，给中小学教师发放书报费。与此同时，各学校都根据工会章程和有关规定成立了工会组织，为职工兴办福利事业，提高教职工的福利待遇，维护教职工的合法权益。

四、教师资格和培训

党的十一届三中全会后，中、小学教师的文化进修和业务培训有较大发展，培训形式区属教师采取离职、在职或短期培训 3 种形式。1982～1988 年，先后有 4 名教师离职到电大阳泉分校、省教育学院专科或本科段学习；有 22 名教师在职参加北京师范大学本科级函授或卫星电视教学专科段学习；有 7 名教师取得高中毕业证书，从此结束了区直学校初中学历任主课教学的历史。期间，省、市、区、校举办的各种短期业务培训。

1987 年开始，国家教委决定对不具备合格学历的中、小学教师进行考核考试，颁发教师专业合格证书。矿区设立了考试组织机构，每年 8 月份进行考试，考点设在矿区中学，日常工作由区教研室主持并承担每次考试的具体准备工作。1987～1990 年，矿区共有 972 人参加了考试。

1996 年，矿区文教局根据市教育局下达的有关文件，首次开展了以提高中小学教师政治素质和业务素质为重点内容的继续教育。1996 年，矿区中小学教师、校长 90% 以上接受了培训，做到持证上岗。1997 年 7 月，按照《阳泉市中学教师继续教育基本功训练考核方案》，矿区开始在区属中学进行继续教育基本功培训考核。

2001 年 11 月份，阳泉市教院在矿区中学召开教师校本培训现场会。从 2002 年 7 月 1 日起，根据山西省教育厅统一部署，阳泉市矿区全面实施教师资格制度，面向社会认定教师资格，教师持证上岗。根据“控制总量、优化结构、依法管理”的原则，对学校编制实行动态管理，规范学校内设机构，科学设置岗位职数。建立健全考核评价指标体系，把每年的考核结果作为教师聘任、职称晋升、工资晋级等方面的重要依据。同时，结合矿区实际情况，制订了《关于城镇教师支援农村教育工作实施意见》，明确支教任务、目标，严格支教教师的考核管理。区教育局定期到学校进行督查，对支教教师的工作每学年鉴定一次，并将支援农村教育经历作为中小学教师职称评聘和评模选优工作的重要指标之一。2005 年年底，教育局重新调整科室，把师训工作独立出来，成立师训科，具体承担骨干教师和学科带头人的培训、中小学教师继续教育培训、校长队伍的培训、语言文字的推普等工作。

2006～2008 年，建立矿区中小学骨干教师、学科带头人培训机制。先后 3 次组织省、市级学科带头人、骨干教师、优秀教师 82 人，赴省参加初中、小学教师公共必修课和专业课。全区培训市级骨干教师、学科带头人 131 人，培养、选拔省级学科带头人 10 人，骨干教师 22 人，市级学科带头人 29 人，骨干教师 70 人。全区 1766 名中小学及幼儿园教师参加了继续教育全员培训。2008 年，中小学及幼儿园教师继续教育合格率达 97%。把校长培训作为师训工作的重点，定期组织中小学校长参加培训班。

2009～2011 年，对“名师”、校长进行了暑期培训。组织山西省中小学学科带头人、骨干教师候选人评选暨课堂教学观摩比赛活动两次，参加教师189人，选拔出省级中小学学科带头人、骨干教师17人。参加了全省中小学幼儿教师继续教育统一考试。举办了校长岗位培训班，共培训78人。实施教师资格制度后，共有2903人取得教师资格证。

2010年，黄石板小学教师彭林娜代表矿区参加了省教育厅、省教科文卫体工会组织的山西省中小学教师课堂教学技能大赛，获得特等奖记特等功。赵海霞、张体健、段喜爱、王竹青分别获得省二等奖，赵海霞同时记二等功。

五、语言文字推普工作

2010年，在矿区普通话水平测试中，有100名教师进行了测试。年内，区教育局组团参加山西省首届师生规范汉字书写大赛，区教育局获特等组织奖，并被授予优秀组织单位称号；红岭湾小学获优秀组织奖，小南坑小学教师史小华获特等奖、“书写状元”及优秀辅导教师称号。

第二章　教育改革

矿区大力推进教育教学改革，办学体制改革取得进展，全面实施素质教育，各项改革顺利推进。2005年阳煤集团25所自办普通全日制中小学校移交地方政府管理，是教育管理体制改革的一次成功实践。

第一节　阳煤集团中小学校移交政府

一、移交过程

2005年，为了进一步加快分离企业办社会（国有企业用企业基金举办和承担本应由社会举办和承担的各种服务性单位及其费用）职能的工作步伐，切实减轻企业负担，根据山西省人民政府的决定，阳泉市开展了阳煤集团企业办25所中小学校移交政府的工作。10月18日，矿区区委、区政府成立接收阳煤集团企业办中小学校工作领导组，区委书记董仙桃担任组长。10月21日和27日，市政府和区政府先后召开常务会议，对接收阳煤集团中小学工作进行安排部署。10月28日，矿区政府出台了《阳泉市矿区人民政府关于接收阳煤集团企业办中小学校的实施方案》，接收工作随后展开，组成档案传递组、政策界定组、汇总录入组、情况登记组、后勤综合协调组。并成立了17个档案审核组，采取逐校逐人审核和入校逐人核对的方法开展工作，共审核档案3315册。人员移交以2001年12月31日在册人数为基础，加上2002年以后分配进入学校的师范类大中专毕业生和复转军人，共3241人，其中在职2626人，离退休615人；在校学生30183人，其中高中3573人，初中7870人，小学18740人。对于各学校不符合移交条件的人员，由双方协商解决。其中内部退养人员随学校移交地方管理，移交后继续比照企业内退规定执行，不安排上岗，并按照地方工资津贴标准进行套改。各中小学全部资产（含土地）整体无偿、零债务移交政府，土地使用权归学校。移交后各中小学的办学经费，以阳泉市同类学校的现行经费标准测算，具体数额由阳泉市人民政府、省财政厅与阳煤集团协商，经阳泉市人民政府、省财政厅核定后，由阳煤集团和省市财政共同负担，分三年过渡完毕。各中小学在建工程、危房改造、设施补欠等项目经费，由阳煤集团补偿3000万元，解付市财政，具体拨付方式按协议执行。教职人员的各类保险，继续按国家、省、市有关规定执行。住房公积金个人账户移交阳泉市住房公积金管理中心管理。

2005 年 12 月 30 日，阳煤集团 25 所普通全日制中小学校（小学 17 所、中学 8 所）整体移交地方政府。其中，阳煤第一中学更名为阳泉市第十一中学校，由市教育局直管；其余 24 所移交矿区政府管理。7 所中学（完全中学 4 所、普通初级中学 3 所）的校名均作统一变更，阳煤第二中学更名为阳泉市第十二中学校，一矿中学校更名为阳泉市第十三中学校，二矿中学校更名为阳泉市第十四中学校，三矿中学校更名为阳泉市第十五中学校，四矿中学校更名为阳泉市第十六中学校，五矿中学校更名为阳泉市第十七中学校，工程处学校更名为阳泉市第十八中学校。

二、后续工作

（一）综合管理

1. 进一步规范中小学办学行为，不断深化教育体制改革。2006 年，区教育局及时下发了《关于进一步规范我区义务教育阶段办学行为的实施意见》及《关于规范我区高中教育管理工作的实施意见》，明确了规范办学行为的 30 条规定，要求各校对照 30 条规定进行自查，并于 4 月中旬将自查报告上报市教育局普教科。

2. 进一步规范中小学学籍管理。根据市教育局《关于试行〈阳泉市中小学生就学管理办法〉的通知》精神，结合实际情况，对全区小学毕业班的学籍进行了调查摸底，坚持划片招生，就近免试入学。

3. 做好原阳煤集团教育处机关、教师进修学校人员的接收工作。2007 年，根据省、市政府有关文件精神，教育局配合有关部门，积极做好原阳煤集团教育处机关、教师进修学校人员的接收工作，按照已签订的协议，向阳泉市上报了补充协议。

4. 解决中小学校的宗地面积。为了尽快解决中小学校的宗地面积，经与市有关部门联系，取回了各中小学校的宗地图，并与阳煤集团协商逐一解决。

（二）人事工作

1. 实行全员聘用制。2006 年，矿区人事局开展事业单位改革工作，在阳煤集团移交矿区管理的 24 所中小学全面推行事业单位人事制度改革，3237 名教职员工实行全员聘用制。

2. 完成教师工资套改工作。阳煤集团 24 所中小学校移交矿区后，由于存在一些遗留问题，教师工资一直没有进行套改，只是按人均每月 1300 元的标准预发。2007 年 6 月 15 日，区人事局根据区政府的工作安排，集中借调 30 余名工作人员进行档案复审业务短期培训，6 月 19 日 ~ 7 月 19 日对 24 所移交中小学校的教职工个人档案进行复审，对档案初审中存在的问题进行详细调查和补充完善。7 月 20 日，开始教师工资套改工作，到年底基本完成。2008 年完成了 24 所移交学校教职工初次套改工资标准复核工作。同时，通过上下协调，解决了移交学校中的集体所有制教师身份问题，为 139 名“大集体”和“工代干”教师办理了事业单位聘用制干部手续，保证了教师队伍和教学秩序稳定。

3. 工人技术等级培训考核工作。根据省市工作安排，2006 年 4 月 14 ~ 25 日，对 144 名机关事业单位工人进行了工人技术等级培训考核。其中主要是阳煤集团 24 所移交学校的企业改制人员，均首次参加此类考试。根据实际情况，经与有关部门多次协商，决定本次培训考核工作由矿区组织。经省工考办同意，凡 1986 ~ 1997 年期间参加工作的工人，经本人申请、单位同意，可同时申报初级工和中级工（填两份表），参加一次培训、考试、考核，按考试、考核成绩，仅达到初级工合格成绩的只发给初级工《技术等级证书》，达到中级工合格成绩的同时发给中、初级工两个《技术等级证书》；凡 1978 ~ 1985 年期间参加工作的工人，在这次工人技术等级考核合格后，经本人申请、单位同意，可申报高级工，参加省人事厅组织的高级工培训、考核。参加这次培训考核的 144 人均参加了初、中级技术等级考试，考试成绩全部合格。

（三）财务工作

区财政局按时完成了阳煤集团 24 所移交学校经费测算与资产摸底上报工作。两次对 24 所学校进行了财务摸底和调研式检查，澄清了学校的基本情况、财务收支、资产结构。两次组织学校分管领导和财务报账员业务基础知识培训，对学校区会计核算中心的财务关系及会计业务程序进行系统讲授。加强了资产管理，规范学校财务收支行为。对学校资产进行了界定，实现了学校的平稳过渡。

（四）审计工作

2008年，区审计局对区属26所中小学财务收支、固定资产等情况进行了全面的审计，审计资金24117万元。通过审计，摸清了学校各种教育资金的来源构成及使用情况，为区政府下一步教育投入、财政综合预算管理提供了依据。发现教育资金管理中存在的一些问题。一是部分学校生均公用经费不到位，各学校之间的人均公用经费差异较大；二是预算调整幅度较大；三是教育费附加款预算没有使用计划，教育费附加资金大量滞留；四是区核算中心、区教育局占用煤炭可持续发展基金；五是中小学校存在执行收支两条线规定不到位的现象，各种津贴发放不规范，资产管理不规范。针对这些问题，向有关部门提出进一步完善新接收学校的部门预算编制，加强对教育费附加的监管，加强预算管理等十条审计建议。

（五）档案工作

2006年，区档案局与区教育局联合制定下发了《规范学校档案工作意见》，加强对企业划归政府的24所中小学学校的建档指导，要求学校领导要树立"为历史负责，为现实服务，为未来着想"的档案工作理念，高度重视档案管理工作，确定稳定的档案管理人员，并加强专业知识的培训，按照"七防"要求，逐步加强档案工作的配套设备设施建设，同时对学校档案工作下达"达标升级"目标。

2007年6月底，区档案局进行学校档案员业务知识培训。10月，在征求各方面意见、建议的基础上，根据上级有关规定，下发了《阳泉市矿区中小学校档案管理办法》《阳泉市矿区中小学校基本归档范围》《阳泉市矿区中小学校档案分类方案》《阳泉市矿区中小学校档案分类说明》等文件。

2008年，根据省教育厅对学校标准化验收的相关规定，区档案局组织全区28所中小学、幼儿园办公室主任及专兼职档案员培训，参加培训80余人。

第二节　教育教学改革

一、素质教育

（一）德育工作

1995年，按照省、市德育基地建设和验收标准，矿区文教局下发文件，决定把解放军驻岩会部队、驻狮脑山部队、常玉生校外辅导、盂县上社金坡山遗址、富山村、矿务局奶牛厂、五矿热电厂、三矿工程区、机电总厂等9处命名为矿区中小学德育基地。1996年，矿区文教局全面实施德育工程，南楼小学、段家背小学、赛鱼小学、四矿中学被命名为省级德育示范校。创建了南楼小学、段家背小学、矿务局一中、三矿中学、小南坑小学、西河路小学、洪城河小学、刘家垴小学、赛鱼小学、董存瑞幼儿园等11所市级德育示范校。建成一矿选煤厂、阳泉发电厂、鸿源乳制品厂、阳煤机电总厂、三矿雏鹰小银行5所省级德育基地。创建了省级文明学校9所：西河路小学、洪城河小学、阳煤职二校、外国语学校、阳煤一中、阳煤二中、刘家垴小学、赛鱼小学、四矿中学。建成了市级文明学校18所：南楼小学、段家背小学、西河路小学、洪城河小学、机厂小学、阳煤职二校、阳煤二中、外国语学校、桥头小学、红岭湾小学、沙台小学、黄石板小学、三处小学、董存瑞幼儿园、四矿中学、东四尺小学、大井小学、新蕾幼儿园。1998年，创建了省级德育基地2个：鸿源乳制品厂基地、机电总厂基地。创建德育示范校2所：小南坑小学、三矿中学。创建市级文明学校4所：五矿大井小学、西河路小学、红岭湾小学、四矿中学。

2005年，区教育局下发了《关于加强和改进中小学未成年人思想道德教育的实施意见》。在“反对邪教，崇尚科学”和“拒绝诱惑，远离毒品”教育活动中，加强了学生的自我保护意识。在纪念抗战胜利60周年活动中，由区委宣传部牵头，邀请抗日老英雄为全区中小学学生作了“铭记历史，不忘过去”专题报告，通过主题升旗仪式、图片展览、校园革命歌曲比赛、“太行精神赞”有奖征文活动等形式，学生受到一次深刻的革命传统教育。2006年，进一步开展“德育示范校”的创建活动。赛鱼小学通过省级“德育示范校”验收。矿区德育工作档案资料进一步完善，德育管理体制更加规范。4月，矿区德育工作通过市政府教育督导室的评估验收。2007年，区教育局建立中小学德育工作评价体系，引导各中小学校认真贯彻落实《中小学生守则》《中小学生日常行为规范》，使用好《德育评价手册》，学生道德行为合格率达98%以上。开展以社会主义核心价值观为重点的道德实践活动。2008年5月，矿区举办首届班主任素质大赛暨班主任工作论坛活动；平潭街小学教师阎伟获山西省语文研讨活动一等奖。8月，在山西省第四届班主任素质展示大赛上，矿区马家坪小学教师韩惠玲获二等奖，被授予“山西省优秀班主任”称号，荣立山西省劳动竞赛委员会二等功；二等奖，荣立山西省劳动竞赛委员会三等功。阎伟获小学组三等奖。10月13日，西河路小学六年级学生杨懿被评为第十三届全国十佳少先队员。2010年5月20日，矿区举行第二届班主任素质大赛，赛鱼小学崔娜和南楼小学王芳等10名选手被评为区级“十佳班主任”，赛鱼小学崔娜荣立二等功。南楼小学王芳获省级“优秀班主任”称号。2011年矿区教育局获“全国教育系统关心下一代工作先进集体”。

（二）教学方法改革

矿区教育系统积极推行教学方法改革，教师在课堂教学中的角色由传授者逐步向组织者、促进者和合作者转变；教师的教学方式逐步由“教”向“学”迁移，由“学”向“悟”迁移，由“悟”向“行”迁移；学生的学习方式逐渐发生改变，学生在课堂上不再是被动地听，而是主动地进行知识的构建，越来越多的学生已习惯了大胆发表自己的见解，于无疑处生疑，学生间相互合作、共同探究蔚然成风。各学校尝试开设综合课程，让学生打破学科界限，从书本走向生活，从学校走向社会。由于教育观念更新，新的教法和学法被普遍运用到新课程的课堂教学之中，提高了教学效率和质量。

（三）校园文化

矿区各中小学校在校园里设置了多种文化标志，如“艺术墙”“生物角”“文学园”“文化长廊”“开放的图书馆”等，结合国庆节、教师节、妇女节以及一些重要历史事件和历史人物的纪念日，开展学生的自我展示和自我创造活动。如读书交流、演讲、书法比赛，创办学生广播站，举办校园艺术节、科技活动月等。东四尺小学、段家背小学、红岭湾小学、赛鱼小学、第十二中学、第十六中学获得课改实验“四项突破”工作省级先进集体；全区中小学生行为合格率保持在98%以上；小学生毕业合格率和初中生毕业合格率均为100%；全区小学学生体质健康达标率为97.5%，初中为98.2%。全区中考成绩逐年提高，高考成绩名列全市第一。

（四）“中华魂”主题教育读书活动

1996～2011年，区教育局与区关工委、团区委在全区广大青少年学生中共同开展了“中华魂”读书教育活动，并参加省市和全国举办的这一活动。据不完全统计，2005～2011年，共获全国奖17名、省级奖9名、市级奖23名、区级奖16名，各级优秀辅导员18名。区教育局多次获国家、省、市优秀组织奖、先进集体奖。

二、义务教育阶段课程改革

矿区坚持把课程改革摆在教育工作的核心位置，成立了以分管副区长为组长的基础教育课程改革领导组，制订了《矿区中小学生综合素质评价方案》。区教育局成立了以教育局局长为组长的区综合素质评价领导组、评估团，各学校建立了以校长为直接领导、教研室主任负责、学科组长具体主持、学科教师为成员的教研队伍。

2006～2008年，组织全区中小学教师1500多人次参加省、市中小学学科培训；组织全区17个学科51名教师进行教育部关于修改“课标”的调查问卷活动；组织全区小学语文教师50人赴北京观摩全国著名特级教师讲学活动；组织小学语文、数学教师200余人参加了阳泉市城区的全国著名特级教师讲学活动。

2008年，矿区基本形成了包括国家课程、地方课程、学校课程在内的三级管理体系，校本课程研发初步探索出一套课程开发与实施的模式。各学校校本课程主要有新编、改编、选用3种。新编的有：黄石板小学的《家园》、红岭湾小学的《校园与环保》、南楼小学的《国防教育》、赛鱼小学的《科普教育》、东四尺小学的《桃河》、刘家垴小学的《走进狮脑山》、段家背小学的《走近四矿》、桃南路小学的《安全教育》、马家坪小学的《口才与交际》、桥头小学的《播种习惯，收获成功》、大井小学的《我与树》、十六中的《书法指导》和《学法指导》。这12所学校的校本课程专题性强，特色明显。改编的有：沙台小学的艺术类、数学思维训练类课，十八中的诗词鉴赏课，小南坑小学的口语交际课、阅读训练课、想象作文课，东四尺小学的武术课，西河路小学的科技教育、书法文化课，洪城河小学、十二中的综合实践类课、文体艺术类课、信息技术类课、校园文化类课、探究类课，小河滩小学的剪纸课。选用的有：洪城河小学、西河路小学、段家背小学、小南坑小学等校的习惯养成课，东四尺小学、西河路小学等校的环保与健康教育课。

赛鱼小学的科学宫，投资约30万元，内设校园广播电视台、科技制作室等，是阳泉市最具特色的校内综合实践课程开发场所，多次被国家、省、市媒体报道。东四尺小学、段家背小学、红岭湾小学、赛鱼小学、第十二中学、第十六中学获“四项突破”（以校本研训为突破，建设学习型学校；以研究性学习为突破，建立新的学习方式；以教学设计为突破，优化课堂教学；以学业评价与综合评价为突破，建立新的评价体系）省级先进集体。

2005年4月，全国首届“挑战名师”作文教学观摩大赛在成都举行，红岭湾小学安计芳老师执教的《学写儿童诗》一课获大赛一等奖。2006年7月，小南坑小学语文教师续雅红执教的《恐龙的灭绝》一课，获全国反馈教学法研究会第二十届年会暨“创新杯”全国教学艺术大赛二等奖。2007年，洪城河小学音乐教师王继兰被评为“山西省特级教师”。2006～2008年，矿区推出省教学能手7名、省三优活动一等奖10名、市教学能手17名、区教学标兵10名、教学模范14名、教学能手60名。全区有200篇论文、案例获山西省一、二等奖。全区承担阳泉市重点或规划课题12项，获阳泉市课题成果奖6项。区教研室被评为阳泉市“十五”期间教科研先进集体。

三、社会力量办学

1995年，矿区文教局设立阳泉市矿区社会力量办学管理办公室。办公室与教育科合署办公。办公室主任由区文教局教育科科长兼任，地点设在矿区中学西四楼。其职责是贯彻执行上级关于社会力量办学的有关方针、政策；负责协调、指导、审批全区社会力量办学的工作，积极倡导和发动全社会办教育。有31家（包括27所个体幼儿园）单位和个人通过审批兴办了较规范的培训班或幼儿园。

1997年5月，矿区教委下文批准了7所社会办学性质的武术馆、培训班、补习班等成人学校。美家乐晋东武术馆是矿区第一家民办武术馆。矿区中华传统养生技术学校，是由杨永德个人开办的社会文化性质的学校。矿区美家乐无线电培训班，学期三个月，属个体办学。矿务局工会初中补习班，主要任务是根据省、市社会和经济建设发展的需要，开展初中生继续教育，属集体办学。矿区初中业余补习班，是一所初等教育性质的学校，属个体办学。矿区昂拓科技发展中心，是一所成人学校，属集体办学。矿区健康教育学校，属个体办学。以上7所社会办学性质的学校，按规定均不得颁发毕业证书，国家不承认学历，学生修业期满，发给结业证书。

2010年，阳教成字〔2010〕4号文件《关于我市民办学校启用修订后的〈民办学校办学许可证〉的通知》规定：学前及义务教育阶段的民办幼儿园、学校、培训机构，由县级教育行政部门审批换证；高中阶段民办学校由市级教育行政部门审批换证；高等教育阶段民办院校由省级教育行政部门审批换证；各类职业技能培训机构均可到市级劳动部门和教育部门审批换证；各类成人民办培训机构由县级以上教育行政部门审批换证。

2011 年，境内有 4 所民办培训机构：阳泉市矿区海涛舞蹈培训中心（四矿百货大楼五层）、阳泉市矿区洋嘴巴语言培训中心（阳泉市北大街洪桥商场五层）、阳泉市矿区英大安全技术培训中心（阳泉市煤矿技工学校）、阳泉市矿区永唤英语培训中心（矿区四矿口金谷大厦四层）。

四、义务教育标准化建设

2004 年，根据山西省关于“实施义务教育标准化建设工程”的要求，矿区强化落实“以县为主”的管理体制，深入开展“控辍保学”工作，年内实现了 6 周岁入学，小学、初中的入学率达 100%，巩固率、毕业率达 99.8% 以上。2006 年，为规范办学行为，区教育局下发《关于进一步规范义务教育阶段办学行为的实施意见》《关于规范高中教育管理工作的实施意见》。2007 年，根据《阳泉市义务教育标准化建设实施规划》，区教育局制订了《阳泉市矿区义务教育标准化建设的实施意见》，成立了阳泉市矿区中小学标准化建设工作领导小组。2008 年 2 月，区教育局成立了义务教育标准化建设办公室，补充完善档案资料 860 余本、260 余盒。5 月，在省、市专家组的初审基础上，积极进行整改。11 月，矿区义务教育标准化建设工作通过验收。省验收组认为，矿区义务教育标准化建设特色突出，成效明显。特别是政府重视，确保发展；增加投入，改善条件；强化管理，提升水平；推进课改，提高质量。各方面工作到位，促进了全区义务教育事业快速、协调、健康发展。2011 年，根据《阳泉市人民政府关于实施义务教育标准化学校建设工程的意见》，区教育局制定了《阳泉市矿区人民政府关于实施义务教育标准化学校建设工程的意见》，力争用 3 年时间使全区义务教育阶段学校全部达到“办学标准”，实现义务教育办学条件明显改善、学校布局更加合理、师资结构更加优化、学校管理更加规范、教育质量全面提升、义务教育均衡发展，为矿区实现教育现代化县（区）的目标奠定坚实的基础。2008 ~ 2011 年，全区小学适龄儿童入学率和初中适龄少年入学率、三类残疾儿童少年入学率、14 周岁人口中小学教育完成率和 16 周岁人口中初中教育完成率均为 100%。

五、创建省级示范高中

2006 年，阳泉市第十五中学校按省级示范高中建设标准，确定了“创高质量、有特色示范学校”的发展目标。该校建于 1958 年，是矿区创办最早的中学之一。特别是改革开放后，该校发扬“团结协作、敬业报国”的精神，确立“创三晋名校、创全国名校”的战略目标，形成为学生导航的办学理念，在教育改革、学校管理、队伍建设、教学质量等方面取得了成效，积累了经验，形成了自己的办学特色。2005 年 12 月 30 日移交矿区政府后，为支持该校创建省级示范高中工作，区政府邀请市教育学院、市教育局有关领导和专家召开了论证会，并于 2007 年组织教育、规划等部门深入学校进行了前期调研。区政府根据需要，增加投入，狠抓学校基础设施的升级改造工程。教学设施设备全部按省级示范高中建设标准配置和更新优化。

2008 年 12 月 8 ~ 11 日，山西省示范高中评估验收专家组对该校进行了初验。验收组充分肯定了十五中的工作，认为十五中已经初步达到了山西省示范高中的要求，初验顺利通过。2009 年 9 月，十五中通过省级示范高中复评验收。2009 年 10 月，山西省教育厅授予十五中“山西省示范高中”称号。

六、招生制度改革

从 1997 年秋季开始，对初中学生学籍实行微机备案。全区初中学生实行新的统编学号制度，新的编号采用 9 位号码，学生只允许在一所学校报名注册备案，不允许出现双重学籍。2005 年，对全区中小学生实行新的统编学号制度，学生学籍实行微机备案，新的编号采用14位号码，学生只允许在一所学校报名注册备案，不允许出现双重学籍。每年秋季中小学新生招生，坚持实行“划片、就近、免试入学”的原则，消除义务教育阶段择校现象。2011年，根据阳泉市教育局《关于规范办学行为，促进教育公平、均衡的通知》，矿区各中小学新生实行均衡编班，均衡配备教师，保障了适龄少年儿童平等享受义务教育的权利，推进义务教育均衡发展和教育公平。

2007年，为扶持薄弱初中，进一步规范高中阶段学校的招生秩序，区教育局根据全市的统一安排，研究制定了《关于矿区高中教育管理工作的实施意见》《阳泉市矿区招收高中指标生实施办法》。2008年，将优质高中指标生的比例由上年的20%提高为30%，全区298名高中指标生全部按比例分配到各个初中学校作为计划内招生。2011年，又将优质高中指标生的比例由2010年的50%提高为60%，全区595名高中指标生全部按比例分配到各个初中学校作为计划内招生。

第三节 教育教学研究

一、教研机构

（一）矿区教研室

1985年11月，矿区文教局开始筹建教研室，有教研人员2人。1986年8月，矿区教研室正式成立。教研室创办了《矿区教育信息》简报，教研人员增加至4人。

（二）矿区普及实验教学领导组

1997年9月，为全面推进矿区的实验教学普及进程，矿区教委成立“矿区普及实验教学领导组”，办公室设在矿区教委电教仪器站。

（三）师训科

2005年12月30日，阳煤集团所属24所中小学移交矿区政府管理，矿区基础教育改革向纵深发展。为促进教师专业发展，区教育局成立师训科。2006～2008年，师训科在骨干教师、学科带头人培训、中小学教师继续教育培训、校长队伍的培训、语言文字和推广普通话等项工作中取得显著的成绩。共培训骨干教师、学科带头人131人，教师继续教育合格率97%。普通话水平测试合格率92%。2009年，进一步充实完善了名师培养、考核、奖励机制。先后制订了《矿区中小学名师队伍建设“十一五”规划》《矿区教育局名师管理办法》，进一步修改完善了《矿区教育局名师管理制度》，起草了《矿区教育局“名师工程”实施方案》《矿区教育局名师名校长短期培训计划》。启动名师工程，建立名师档案，举办名师名校长培训活动。2009～2011年，培训名师、校长554人，选拔省级中小学学科带头人、骨干教师17人。2011年，师训科被省教育厅评为“山西省‘十一五’中小学教师培训先进集体”，师训科秦秀萍老师评为“山西省‘十一五’中小学教师培训先进工作者先进个人”。

（四）矿区教育学会

1981年，矿区成立教育学会。至2011年，召开了4届会议。在教育学会推动下，矿区成立了中小学语文、数学、政治、物理、化学、历史、地理、外语、生物、音乐10个学科教学研究会。

（五）矿务局教育处教研室

1979年，矿务局教育处开始筹建教研室，工作人员4人。1982年9月，矿务局教育处教研室正式成立，有专职教研员6人。

二、研究课题与成果

矿区各中小学根据教育教学改革实践的需要，历年承担了国家级、省级、市级和自选的多项课题的研究，取得众多优秀成果，促进了师资质量和教育教学水平的提高。

红岭湾小学于2001年开始运行“自主发展”教学模式后，承担了省级课题《基于网络下自主学习语文》《在日常课堂教学中培养学生数学实践能力的研究》、阳泉市教科所规划课题《校本课程开发与实施研究》、山西省教育科学“十一五”规划重点课题《基于数学思考的小学生数学能力培养研究》子课题《培养学生自主合作探究能力的研究》的研究。其中阳泉市教科所规划课题《校本课程开发与实施研究》于2008年8月顺利结题，获A级，并获阳泉市矿区首届教育科学研究成果评审一等奖。研究成果《小学数学教学中培养学生实践能力的研究》在山西省第二届基础教育“三优”工程评选活动中获优秀地方与校本课程一等奖，研究团队获山西省教育科学“十五”规划课题先进集体。《快乐说写、读写新天地，语文乐游园》《让灿烂星光一路陪伴学生快乐成长》在全市基础教育课程改革成果评选中，分获优秀校本课程一等奖、优秀科研成果一等奖。《戏曲大舞台》《数学乐园、思维广角、数学天地》《一步一脚印　用心看阳泉》在阳泉市矿区首届教育科学研究成果评审中，均获一等奖。

洪城河小学承担了中国科普研究会《活动课程和中小学生科学素质的提高》、山西省电教馆《现代教育技术在“自主—创新”教学模式中的运用》、山西省教育科学规划办《小学生自主创新教育实验研究》、市教育局教育科学规划办《“自主—创新”教学模式的研究运用》、中国教育技术协会《现代教育技术在“自主—创新”教学模式中的运用》、市教育局教育科学规划办《新课程下教师教学方式与学生学习方式的转变》、市教育局教育科学规划办与山西省及中央电化教育馆《信息技术与有效教学研究》。专题论文实验报告《构建“自主—创新”教学模式》《立足以人为本，创新课堂教学》《个性化教学实践与研究》发表于《阳泉教育》及山西省《教育理论与实践》杂志，获中国煤炭教育协会基础教育分会科研成果一等奖、中国煤炭教育协会科研三等奖、阳煤集团科学技术成果一等奖。学校被评为全国总课题组优秀实验学校、山西省教科所示范实验学校。全校有600余篇关于教学模式运用的论文在国家、省、市评奖中获奖或发表。

西河路小学承担的山西省教育科研课题“创新英语实验与研究”已结题。2008年11月，学校被确定为中国教育学会“十一五”科研规划课题“现代教学艺术研究”实验学校。

赛鱼小学参与了国家教育科学“九五”规划部级重点课题“活动课程和中小学科学素质的提高”、国家重点课题“信息化进程中的教育技术发展研究”的子课题“基于信息技术与课堂整合的实验研究”的研究和实验；独立承担了省级规划课题“校园文化建设与小学生道德品质形成关系的研究”的研究和实验。2005年，学校成为阳泉市现代教育技术实验校，张瑛等4名教师撰写的综合实践案例入编山西省科技出版社出版的《小学综合实践活动案例》一书。

平潭街小学2001年承担了“山西省小学英语课程改革课题组PWW英语教材”的教学实验，使该校成为“山西省小学英语课程改革实验示范校”。

东四尺小学“应用信息技术，促进学习方式变革”的课题研究报告获国家科研成果三等奖。2002年8月，李晓华、王素芳老师撰写的《关于废电池危害的研究》获全国教育科学“十五”规划重点课题分课题综合实践活动课理论与实践的实验研究一等奖。该校于2005年被山西省教育厅确定为山西省首批校本研修示范学校，被评为基础教育课程改革先进学校。2005年5月，省级课题“基于BLOG的教育叙事研究，引领教师专业成长”列入山西省“13150”工程。

马家坪小学1999年承担了阳泉市教科所规划课题“小班化教育实验”，该课题于2001年11月通过有关专家评审。课题“‘培养幸福的人’办学思想研究”，2007年11月12日列入阳泉市教育科学“十一五”规划课题，2011年8月12日结题。

刘家垴小学承担的山西省“九五”现代教育技术课题“运用多媒体手段，优化课堂教学，提高课堂效率”于2001年结题。2002年，学校承担了“十五”国家重点课题组“运用现代教育技术，构建学科教学模式”项目的实验任务，2005年结题。

段家背小学承担了国家级教改课题“注音识字，注提读写”“应用信息技术整合课堂教学研究”“在小学数学课堂中培养实践能力的研究”。

沙台小学7个探究性学习案例收入山西省教科所编写的“综合实践活动案例”教材。该校承担的课题“活动课程和中小学生素质的提高”获煤炭部基础教育优秀科研成果二等奖。

黄石板小学承担了国家级科研项目“信息技术教育与小学课堂的整合”。

小南坑小学承担的山西省“十五”规划实验课题“学校、家庭、社会一体化的研究”于2005年获得省二等奖。

阳泉市外国语学校承担的阳泉市教育科学规划（重点）课题“校园文化建设与师生的共同发展”及论文“加强中学校园文化建设的几点思考”于2006年结题；阳泉市教育科学“十一五”规划（重点）课题“中学生学习适应性心理辅导与训练研究”，研究成果“帮助学生预防心理问题产生”“帮助学生解决心理问题”“提高学生的心理素质”于2008年6月结题；省级课题“优秀历史教学手段与创新教育教改课题”“快乐式历史教学模式”“历史课愉快教学模式与创新能力的培养研究”获省级二等奖。

阳泉市第十五中学承担了国家级课题“信息技术条件下新课程教学方式试验研究”。与阳泉市教育学院共同承担了省级课题“远程继续教育市级站建设”，已完成第一周期的研究任务，进入第二周期研究。市级课题“高效课堂教学效率研究”已经结题。

阳泉市第十六中学校于1996年开始“目标教学”课堂教学模式探索，2003年“‘目标—探究’教学模式”申报省级教研课题。2005年9月，学校开展“转变教师的教学方式与学生的学习方式”的课堂教学改革活动。2007年7月，“新课程理念下的学科课堂教学模式探究”课题立项，成为阳泉市教育科学“十一五”规划课题，2008年5月通过了阳泉市教育科学研究所中期验收。

阳泉市第十七中学承担了国家级课题“高中英语合作学习”“建构学习方案研究与实验”“全面提高高中女生数学学习质量研究”“综合实践活动：指导中学生自我管理学习方案”，省级课题“心理健康教育研究与实验”（一等奖）、教育科学“十一五”规划课题“现代远程教育非学历培训市级站建设”课题研究“学习技能对中学生发展的影响”，市级课题“良好个性心理品质对高中生学习和发展的影响”（优秀研究成果二等奖）、“中学生视力现状的调查”（二等奖）、“认知教育对高中生学习和发展的影响”（二等奖）、“强化远程教育培训，全面提高教师素质——现代远程教育资源的有效应用”“高中女生数学能力的培养”“任务驱动在研究中学生指导中的实践与发展”。

三、信息化建设

2003年1月，阳泉市教育城域网工程启动。2004年3月，有13所学校（外国语学校、十二中、十三中、十四中、十五中、十六中、十七中、段家背小学、刘家垴小学、东四尺小学、红城河小学、红岭湾小学、小南坑小学）实施了二期工程，建设校园网中心机房13个，新增计算机316台，有216个教室实现了“两机一网”（多媒体投影机、计算机和教育城域网）进教室。2005年，平潭街小学、南楼小学、十八中等18所学校实施了三期工程，共建设校园网中心机房12个，增加计算机286台，有159个教室实现了“两机一网”进教室。2006年12月，实施了“山西省农村中小学现代远程教育工程”，全区26所学校全部加入。共配备计算机教室8个（每个教室包括教师机1台，学生机30台），多媒体教室8个，计算机52台。至此，全区26所中小学全部接入教育城域网，实现“校校通”。小学、初中计算机生机比分别达到15.7 ∶ 1和11.3 ∶ 1，多媒体教室占班级总数的比例分别达到57.5%和65%。

2006年6月26日，山西省教育城域网建设暨初中信息技术应用现场会在阳泉市召开，十三中作为应用典型接受了省内外参会人员的观摩，获得一致好评。洪城河小学的“信息技术运用与有效教学研究”、东四尺小学的“基于BLOG的教育叙事研究，引领教师专业成长”、刘家垴小学的“校本研究应用信息技术的教学实践”被列为山西省教育科学“十一五”规划重点课题“13150工程”的子课题，洪城河小学的“信息技术运用与有效教学研究”被列为中央电化教育馆全国教育技术研究“十一五”期间立项课题。2006～2008年，先后有27名教师被评为山西省信息技术与学科课程整合教学能手，其中红岭湾小学的王红莲在2008年全国第六届信息技术与学科课程整合大赛中获一等奖。

2009年，组织开展“阳泉市教育城域网和农村中小学现代远程教育工程教学应用年”系列活动，区教育局被评为山西省农村中小学现代远程教育工程教学应用先进单位，并获得优秀组织奖。2010年4月，阳泉市教育博客应用现场会在小南坑小学召开，小南坑小学教育博客在教育教学工作中的有效应用的经验在全市进行推广。10月，区教育局和区教育系统工会联合会举办矿区教育系统首届中小学教师计算机应用技能竞赛；12月，在山西省第二届信息技术教学能手评选活动中，小南坑小学齐媛被评为教学能手。同月，阳泉市第十二中学开始进行初中网络教材实验工作。2011年7月，小南坑小学的《基于信息技术环境的有效学习研究》课题列为全国教育信息技术研究十二五规划重点课题，小南坑小学被评为山西省首批信息技术学科基地校；12月，在阳泉市“应用网络环境，创新教育模式”展评活动中，洪城河小学的“校园管理数字化”和阳泉市第十五中学的“基于网络的双课堂教学”被评为一等奖，区教育局电教馆获得优秀组织奖。

四、教育报刊

矿区教研室创办的《矿区教育信息》简报、洪城河小学自办的《教育科研专集》、东四尺小学创办的《学习快报》等报刊已成为教师交流教改经验的窗口。

第三章　基础教育

在党和政府的关怀下，矿区教育事业发展迅速，管理水平逐年提升，教育教学改革和教育科研成绩显著。至2011年年末，全区有幼儿园34所、小学17所、中学9所；在校学生（幼儿）38374人，教职工3474人，专任教师2873人。

第一节　学前教育

一、综　述

境内幼儿教育兴起于新中国成立初期。1955年，矿务局开办机关幼儿园。1958年“大跃进”中，大批矿工家属参加劳动，幼儿入园人数激增，矿务局托幼园所增至60所，入托入园幼儿2846人。阳泉发电厂也开办了幼儿园。1961年，境内托幼园所开始调整。至1965年，境内托幼园所调整为10所，其中矿务局9所，入托入园幼儿705人。

“文化大革命”中后期，境内幼儿教育得到恢复和发展。1970年，居委会带领煤矿家属自力更生创办了马家坪西区托幼园、里沙坪东区幼儿园、洪城河幼儿园、赛鱼托幼园，由街道办事处主管。1972年，阳泉市商业局开办了“七一幼儿园”。1975年，境内托幼园所增至20所。1973～1977年，平潭街小学、刘家垴小学、洪城河小学先后增设了学前班。此后，矿务局所属17所小学都办了学前班，入学幼儿3600余人。

1978年后，幼儿教育快速发展。阳泉一矿“临时家属区”居委会主任张维仙，开办了一所能容纳70余名幼儿的个体“秋沟幼儿园”。1984年，市政府投资21万元，建成了拥有一座二层教学楼的矿区直属托幼园，1987 年更名为新蕾幼儿园。1984～1988 年，兴办了桥头、蔡洼七股道、蔡洼东四尺、赛鱼如意庄、沙坪西区 5 所托幼园，由街道办事处主管。1991 年 6 月，区政府投资 24 万元，建成新蕾幼儿园四层教学楼。

2002 年，矿区“基本满足幼儿学前三年教育”工作通过省政府验收，2008 年通过复查验收。2003～2005 年，平潭街小学及阳煤集团所属 17 所小学附设的学前班全部撤销，未满 6 周岁的幼儿分批安排转入辖区各幼儿园。

2011 年，矿区有各级各类幼儿园 34 所，其中政府办园 1 所，企业单位办园 13 所，公民个人办园 20 所。34 所幼儿园中，省级示范幼儿园 2 所，地市级示范幼儿园 3 所，乡镇中心幼儿园 4 所。星级达标：五星级幼儿园 6 所，四星级幼儿园 7 所，三星级幼儿园 6 所，二星级幼儿园 10 所，一星级幼儿园 5 所。幼儿园教职工 696 人，其中园长 46 人，学历达标率 97.8%。专任幼儿教师 348 人，学历达标率 94.5%。在园幼儿 5707 人，学前三年幼儿入园率达 94%，学前一年幼儿入园率达 96%。

二、幼儿园选介

（一）阳煤集团董存瑞幼儿园

创建于 1951 年，初为哺乳室，1953 年改为托儿所，1955 年 4 月扩建为矿务局机关幼儿园，位于矿务局机关西北角，占地面积 1200 平方米。1959 年 3 月，著名战斗英雄董存瑞的父亲董全忠到矿务局参观，为纪念董存瑞烈士，遂将机关幼儿园命名为董存瑞幼儿园。该园为全日制幼儿园，招收 3～6 岁幼儿，是阳煤集团幼教科研基地。

1983 年，矿务局投资 83 万元，建成占地面积 3062 平方米、总建筑面积 4716 平方米的新园，于 1984 年 10 月正式开园。全园分前后两院，有 2 幢 4 层楼，可容纳 550 名幼儿。每班配有符合幼儿标准的桌椅、钢琴、电视机、录音机、DVD、消毒柜、消毒灯、洗衣机；每名幼儿配备一巾一杯；各班都有适合幼儿年龄特点的玩具、图书；保健室配有药品柜、身高体重测量器、听诊器、血压器、幼儿视力灯箱、冰箱、消毒器械，备有常用药品；食堂配有和面机、压面机、切肉机、冰柜、远红外消毒柜。园内每层楼及重点部位设有应急照明、灭火装置，全园配置计算机 3 台，投影仪 1 台，钢琴 11 架，大型玩具 5 组。

该园以“一切为了幼儿的发展”为宗旨，以孩子为中心、保教为重点、美育为特色，内强素质、外树形象、锐意改革、力求创新，整体工作逐步提升。1956 年被评为山西省先进集体。1960 年 6 月出席全国文教群英会，受到国家领导人接见。1960 年、1979 年两次被评为全国三八红旗集体。1988 年、2003 年、2007 年先后被评为市一类幼儿园、省示范园、市五星级幼儿园。多次获省煤管局、省煤炭工业厅“八个一工程”双文明服务窗口、阳泉市首批德育示范园、市教委文明幼儿园和手拉手送教下乡先进单位、矿区文明单位，以及阳煤集团、阳煤集团工会、升华公司先进单位、红旗党支部、巾帼文明岗等称号。1999～2008 年，有 22 名教职工获市级、阳煤集团授予的骨干教师、保教能手、优秀教师、十佳教师、优秀教师标兵等称号。2011 年，有大、中、小班共 12 个，幼儿 382 人；教职工 68 人，其中专任教师 29 人（高级教师 4 人，一级教师 3 人，二级教师 5 人）。

（二）阳泉市矿区新蕾幼儿园

始建于 1984 年，原名阳泉市矿区托幼园，后更名阳泉市矿区新蕾幼儿园，园址在平潭三小区，是矿区政府开办的一所全日制幼儿园。1988 年 12 月，由省教委验收为省级示范园。2002 年 11 月通过省级示范园二轮复验，2007 年评为市五星级幼儿园。

1990 年，矿区政府投资 24 万元对新蕾幼儿园进行扩建，全园分为前后两院，能容纳 300 名幼儿的教学楼 2 幢。2000～2008 年，投资 50 万元对园内的设施进行改造。2009～2011 年，投资近 100 万元改造了大门、围墙，上下水管道、采暖设备，并对全园进行了简单装修，更换了室内套装门、吸顶灯，安装了监控设备和大型净水设备，二层楼顶扩建为幼儿的户外活动场地。

2011 年年底，占地面积 1487 平方米，建筑面积 2080 平方米。设有幼儿活动室、盥洗室、寝室、餐厅、教研室、财务室、保健室、隔离室、警务室、音乐活动室。班班配有电视机、空调、钢琴、音箱、热水器、消毒柜。保健室配有药柜、资料柜、身高体重测量器、听诊器、血压计、冰箱、消毒器械。食堂配有烤箱、压面机、河捞机、烙饼机、冰柜、保鲜柜、蒸饭车等。在园幼儿 380 人，教职工 45 人，其中专任教师 18 人，保教人员学历合格率 100%。园长先后为赵素英、翟瑞红、杨瑞芬。

新蕾幼儿园坚持教养并重，保教结合，完成了《怎样有效地开展区域活动》《幼儿园活动组织与实施过程》《通过体验学习促进幼儿的情感发展》等省级课题的研究。1988 年 12 月省幼儿教育工作会议在阳泉市召开期间，100 多名与会代表到新蕾幼儿园观摩了教学活动。1999 年 12 月市幼教工作会议召开期间，200 多名参会人员观摩了新蕾幼儿园的室内环境及设施。2001 年 5 月，全市幼教科研人员在新蕾幼儿园举行题为《怎样有效地发挥活动区的作用》的教研观摩。2005 年 10 月市幼教工作会议召开期间，新蕾幼儿园作为省市两级示范园，向 70 多名参会人员展示区域活动的课程游戏化课改成果。1990 年 3 月，被市政府授予德育教育先进集体称号；1991 年 5 月，被市教委授予幼儿教育先进集体称号；1997 年 11 月，被市政府授予文明单位标兵称号；2001 年 6 月，被省教育厅授予绿色幼儿园称号；2004 年，被省妇联授予三八红旗集体称号；2010 年 9 月，被省幼儿园管理协会授予省优秀幼儿园称号。

第二节　小学教育

一、综　述

境内有兴办教育的传统。光绪二十一年（1895），平潭街村牛、王两家创办义学。光绪二十六年至三十年（1900～1904），平潭街村牛炳强父辈兴办私塾。清宣统元年（1909），义学、私塾改称学堂，旧式教育开始向新式教育转变。平潭街牛宅院、铁铺园先后设立新式学堂。民国 2 年（1913），按民国教育部《普通教育暂行办法》，平潭街学堂改称平潭街国立初级小学校，学校设在马王庙。同年，平定县第五高小（赛鱼高小）成立。民国 26 年，日军侵占阳泉矿区，赛鱼高小停办，平潭街小学勉强维持。

民国 36 年 5 月，阳泉解放，平潭街小学校学生增至 70 多人。1949 年 10 月，井阳矿务局在裕公矿创办国营裕公矿子弟学校。1950 年，阳泉矿务局创办机关职工子弟小学，阳泉发电厂创办职工子弟小学校。1951～1960 年，阳泉矿务局先后创办了四矿小学、二矿小学、马家坪小学、一矿小学、洪城河小学。二矿小学被评为阳泉市模范学校。1963 年，矿务局机关小学被定为省级重点小学。截至 1966 年，境内共有小学 9 所（矿务局系统小学 7 所），教学班 204 个，在校学生 9069 名，教职工 378 人。

“文化大革命”开始后，学校领导、教师被批斗，又实行“工宣队”管理学校，开展“教育学大庆”“教育学大寨”的双学活动，教学秩序混乱，教育质量普遍下降。

1976 年 10 月粉碎江青反革命集团后，教育战线拨乱反正，教学秩序逐步恢复。20 世纪 80 年代，矿务局采用裂变滚动、以老带新的办法扩大办学规模。先是马家坪学校分出西河学校，接着三矿小学分成南楼、赛鱼、沙台小学，四矿小学分成段家背小学、刘家垴小学，一矿小学分成黄石板小学、红岭湾小学，二矿小学分成小南坑小学、东四尺小学。1990 年，境内共有小学 19 所，教学班 405 个，教职工 1093 人，在校小学生 20779 人。

1987 年 9 月，矿务局教育处决定试办弱智辅读班，矿区境内特殊教育自此起步。1988 年 1 月，南楼小学首办弱智辅读班。学校选派具有 25 年教龄、有丰富教学经验的李秀兰老师担任班主任。南楼小学、段家背小学、刘家垴小学也都开办了弱智儿童辅读班，得到了学校、家长、社会的广泛支持。

2005年12月30日，根据省市推进国有企业分离办社会职能的有关文件精神，阳煤集团自办的17所普通全日制小学校移交矿区管理，全区小学共18所。2011年8月，西河路小学与平潭街小学合并。截至2011年年末，境内共有小学17所（另有阳泉市第十八中学附设的小学部），教学班355个，教职工1361人，专任教师1249人，在校小学生16035人。

2011年阳泉市矿区小学一览表

表23－4

校　　名	学生人数（人）	轨制	教学班数（个）	最大班容量（人）	教职工人数（人）	专任教师数（人）
黄石板小学	418	2	12	39	51	43
红岭湾学校	1971	7	40	54	121	109
沙台学校	1796	6	36	60	110	100
赛鱼小学	1105	4	24	53	89	81
南楼小学	1046	4	24	56	91	81
小南坑小学	1341	6	36	48	125	119
东四尺小学	654	2	12	57	61	57
桃南路小学	255	2	7	47	40	32
段家背小学	992	4	23	52	84	79
刘家垴小学	1091	4	23	55	96	88
马家坪小学	631	2	13	56	65	64
平潭街小学	854	4	23	56	106	99
洪城河小学	2022	6	36	60	120	114
桥头小学	580	3	12	54	55	47
大井小学	409	2	11	43	38	35
小河滩小学	333	2	9	49	40	35
亚美小学	155	1	6	30	31	28
阳泉市第十八中学（小学部）	382	2	8	51	38	38

二、学校选介

（一）平潭街小学

位于矿区平潭街东社区，占地面积7644平方米，建筑面积4570平方米。前身是光绪二十一年（1895）开办的私塾、义学，后称学堂。民国2年（1913），更名为平潭街村国立初级小学校。民国36年（1947）阳泉解放后改称现名。1950年建立少先队组织，1951年建立工会组织，1959年建成完全小学，1967年，市教育局投资2万元建成10个教室。1968年附设初中班，建成七年一贯制学校（小学5年，初中2年）。1970年撤销初中，恢复五年制小学体制。1977年在三年级设英语课。1982年，市政府投资24万元建成4层教学大楼，实现“一无两有”（校内无危房；班班有教室，学生人人有课桌）。同年学校建立党支部。1983年配备简易电教室。同年获省政府颁发的普及初等教育合格证书。1984年改为六年制小学。1985年，在全国“创造杯”少先队活动竞赛中获得3个“创造杯”，名列全市之首，其中《石头—艺术—文学》在北京儿童活动中心《学与玩》杂志上刊登。同年建成电教室。1987 年平潭街小学少先队大队被评为“小主人小目标”先进集体，受到山西省教委、共青团山西省委、省少工委的表彰。1988 年配备了放像机、彩电、投影仪、录音机，全市电教实验现场会在平潭街小学召开。1989 年，区政府投资 38 万元，建成教学配套楼、教师宿舍楼，增添了教学仪器、图书资料和文体器材。1990 年，实现教学仪器、图书资料和文体器材“三配套”并通过市教委检查验收，校实验室在检查中获 90 分，位居全市榜首。1991 年设微机室。同年，阳泉市小学电化教学研讨会在平潭街小学召开，平潭街小学被评为阳泉市科技教育先进集体。1992 年成为阳泉市首批规范化学校，1994 年成为山西省示范小学，1997 年成为阳泉市电化教学示范校、健康教育示范校，1998 年成为阳泉市民主管理示范学校。同年，接受辰光发电厂小学全部学生和部分资产。2001 年被评为阳泉市现代教育技术先进学校。2004 年建成生态室。2005 年投资 31.7 万元购置微机、液晶投影仪等设备，建成计算机网络远程教育平台。同年被评为山西省民主管理先进学校、阳泉市绿色学校。2009 年安装了净水设备，改造了操场，新建了水冲厕所，更换了供暖管道，购置了应急灯、消毒灯、照像机，增购了乐器、文件柜、电教软件、图书。2011 年 8 月，西河路小学并入。平潭街小学以“办人民满意教育”为宗旨，以“团结、务实、精干、高效”为目标，围绕“自觉、自治、自强、互爱、互助、互勉”十二字要求，提出了“平潭街小学学风建设初步设想”。同年被评为山西省优秀家长学校，少先队小蜜蜂社团被评为山西省红领巾优秀小社团。

学校坚持“以人为本教学教育理念，全面实施素质教育”的办学思想，形成“爱国诚实，博学健康”“勤学多思，求知向上”的优良校风和学风。1990 ~ 2008 年，学生在各种比赛中多次获奖。在纪念安徒生诞辰 200 周年“点燃爱的火柴”少年儿童“读童话，写童话，画漫画”主题国际大赛中，有 1 人作品获金奖。在全国小学数学奥林匹克竞赛、全国第二届小学自然智力竞赛、首届《希望工程杯》全国书画印艺术竞赛、《金秋杯》第六届全国青少年美术书法摄影大赛中，有 17 人获二等奖、1 人获三等奖、11 人获优胜奖。在山西省小学数学竞赛、素质教育“红花少年”活动中，2 人获三等奖、1 人获优秀奖。在阳泉市首届科学创造发明和科学讨论会、首届小学生计算机汉字输入竞赛、第二届中小学生艺术教育活动、第十届青少年科技创新赛中，2 人获一等奖、4 人获二等奖。2009 ~ 2011 年，学校获“阳泉市依法治理示范校”“阳泉市心理健康教育特色校”“阳泉市红旗大队”、阳泉市先进教研集体、阳泉市庆祝中国共产党建党 90 周年唱红歌教育活动示范校等称号。

2011 年，全校有教学班 23 个，学生 865 人，在编教职工 102 人，其中具有中级以上职称的 68 人，大专以上学历的 90 人。全校拥有省级学科带头人、骨干教师 8 人，市级教学能手 12 人，区级能手 13 人。

（二）赛鱼小学

位于赛鱼街西川。始建于 1949 年 10 月 7 日，前身为国营裕公矿子弟学校。1958 年附设初中班，更名为三矿学校。1960 年初中班迁出，改名为三矿小学。1974 年修建北教学楼。1985 年分为南楼、赛鱼、沙台 3 所小学，分校后建立赛鱼小学。1985 年投资 47 万元，建成南教学楼。1994 年投资 517 万元，建成东综合教学楼。2004 年投资 30 余万元建成职工浴室、餐厅、休息室。2005 年投资 70 余万元开通了阳泉城域网。2006 年投资 140 余万元建成标准化操场，设有塑胶篮球场、羽毛球场、排球场。2007 年完成西教学楼改扩建工程。2009 ~ 2011 年完成了操场大修结尾、校舍装修、校园安全监控系统安装等项工程，并对校园饮水、环境卫生加强管理。至 2011 年，学校占地面积 8663.59 平方米，建筑面积 9165 平方米，有教学班 24 个，学生 1105 人，教职工 89 人，其中专任教师 81 人，中级职称 58 人，初级职称 23 人。

学校坚持“以德立校、依法治校、民主理校、科技强校”的办学理念，按照“全长俱进、和谐发展”的办学目标，积极开展教育教学改革和科研，下大力抓学生的养成教育，把自主探究性学习作为重中之重。围绕学校课程资源，组建了乒乓球队、象棋队、田径队、武术队、小乐队、军乐队、文艺队，组建了音乐班、舞蹈班、书法班、绘画班、足球班、乒乓球班、篮球班、科技制作班、小发明创新俱乐部、小记者培训班、主持人培训班，解说员培训班等。坚持一年一度的“小百灵”声乐比赛、器乐独奏、文化月系列活动，促进学生全面发展。学校还建成占地300余平方米的科学宫，内设学校科技、奇妙实验、军事科学、动物世界、综合科学、自然景观、时空隧道、火山喷发、地震监测等10个展区，先后培养学生解说员200余名，接待省内外参观者2万余人次。《走进科学宫》列入3~6年级校本课程，每周一节。1997~2008年，学校先后获“山西省义务教育示范校”、全国“科技教育示范基地”“全国艺术教育特色校”“山西省文明学校”、山西省“依法治校”先进集体、山西省德育示范学校等称号。

（三）沙台小学

位于沙坪西沙台。1958年创建，称三矿沙台小学分校。1966年改名为三矿继红小学。1970年改名叫三矿继红小学四连。1973年称继红小学沙台分校。1985年8月分为南楼、赛鱼、沙台3所小学，分校后名为三矿沙台小学。2005年12月称矿区沙台小学校。2011年有教学班36个，学生1799人；教职工109人，其中专任教师99人（中级职称68人，初级职称30人）。

1971年建成3层西教学楼。1985年建成4层北教学楼。1990年建成的5层双面新北教学楼。占地面积8593平方米，建筑面积6968平方米。有电脑教室2个，教师备课室1个，多功能教室2个，有实验室，劳技室2个，乐器训练室1个，图书34670册。

沙台小学把学生的素质教育放在首位，本着“全面发展、弘扬个性”的办学理念，坚持以“达规范、办特色、争一流”为目标，以艺术教育为龙头，以开放的教学形式，逐步形成“规范加特色，合格加特长”的办学模式。沙台学校管乐队先后3次参加中央电视台举办的全国校园春节联欢晚会，分别获一等奖、金奖和特等奖。1985~2011年，沙台小学校获全国学校艺术教育先进单位、全国校园文化单位、全国教育先进单位、山西省级体育传统项目学校、阳泉市教育技术实验学校、阳泉市先进学校、阳泉市基础教育改革先进集体、阳泉市矿区人民政府红旗单位、阳泉市平安文明校园等荣誉。

（四）洪城河小学

位于洪城路33号，1950年9月创建。前身为矿务局机关职工子弟初级小学。1953年9月称矿务局职工子弟完全小学。1958年称阳泉市平潭街第一小学。1959年4月称矿务局机关小学。1963年被确定为省重点小学。1966年8月称矿务局红卫小学。1970年附设初中一年级，后称矿务局红卫七年制学校。1974年撤销初中，称矿务局洪城河小学。2005年12月称矿区洪城河小学校，至2011年，学校占地面积17200平方米，建筑面积18788.28平方米。有教学班36个，学生2022人；教职工120人，其中专任教师114人，中级职称83人，初级职称31人。

1966年建成东、南教学楼。1994年建成多功能综合教学1号楼。2008年9月建成综合教学2号楼。2011年12月完成东、南教学楼的重建工程。学校设200米环形跑道、100米直道，标准篮球场地、乒乓球训练馆等。2001年建立了全市最早的校园信息网站“洪城河小学教育信息网”（域名www.yqsun.com）。学校现有计算机175台，电子图书8万余册，投影机40台，交换机13台，数码像机4台、摄像机1台。有计算机室、实验室、师生阅览室、多媒体及音体美专用教室，藏书4.2万余册。教学配套设备达国家城市小学一类标准。2009~2011年，围绕校园改扩建工程，加大信息技术运用空间，建立了学校的数据库管理系统。2011年12月，参加“阳泉市2011年应用网络环境 创新教育模式展评”活动，交流网络环境下的管理经验，荣获一等奖和最佳创新奖。

学校坚持“以人为本，让每一个孩子都能发展”的办学理念，以“办名校、出名师、有特色、高质量”为办学目标，以师德师风建设为核心，全面实施素质教育。1994年，在“办规范加特色学校，育合格加特长学生”的基础上，又提出了“办现代化学校，实施素质教育”的新目标。1983~2011年，学校先后获山西省重点小学、山西省首批验收合格示范小学、山西省具有特色的优秀小学、全国先进体育传统项目学校、全国群体工作先进单位、山西省合格学校、煤炭部首批标准化学校、山西省文明学校、少先队全国红旗大队、全省示范学校中推行素质教育好的学校、山西省绿色学校、山西省文明单位、山西省卫生先进单位、全省义务教育示范学校评估检查先进学校、全国青少年科技活动先进集体、全国教育科学“九五”规划国家部委级重点课题优秀课题实验学校、山西省“十五”“十一五”期间现代教育技术课题研究工作先进单位等荣誉。

（五）西河路小学

位于西河路16号。1984年8月，与矿二中分开独立建制，称西河路小学。学校占地面积6667平方米，建筑面积2419.34平方米。2008年，有教学班14个、学生706人；教职工78人，其中专任教师71人（高级职称1人，中级职称56人，初级职称14人）。2011年8月，矿区区委、区政府决定，原西河路小学与平潭街小学合并，合并后统称为平潭街小学。

学校全面贯彻党的教育方针，在学制、课程、教育思想和教学方法等方面进行了一系列的改革和探索。学校承担的省级教育科研课题《创新英语实验与研究》已结题，学校被省教委命名为“三星级英语实验学校”，校长被授予“三星级校长”称号，英语教师马丽丽被授予“三星级英语教师”称号。学校以科技活动为切入点，把科技活动融入德育教育中，在全国、省、市青少年科技创新大赛中获一、二、三等奖的人数达685人，有4名学生获中国少年科学院“小院士”称号，3名学生获中国海尔科技奖。学校连续9年获阳泉市科技创新优秀组织单位奖。杨懿同学2006年9岁时获得“第三届中国青少年科技创新奖”，2008年9月被评为第十三届全国“十佳少先队员”。学校全面实施素质教育，教育教学成绩显著，体验教育、科技教育、学校文化建设成为特色。1984～2010年，先后获得阳泉市德育示范校、煤炭部标准化学校、山西省文明学校、省级未成年人生态道德教育基地、山西省青少年科技活动先进集体、山西省红旗少先大队、全国双语学习研究中心“两星级英语特色学校”、阳泉市青少年中华古诗词吟诵大赛二等奖、山西省未成年人生态道德教育基地、矿区文明和谐单位等奖项和称号。

（六）红岭湾小学

位于一矿红岭湾沙沟口。始建于1956年，原名一矿小学。1968年附设初中班，更名为一矿七年制学校。1971年增设高中班，改称一矿九年制学校。1973年小学班与中学班分开，恢复一矿小学原名。1987年分出黄石板小学后，更名为红岭湾小学。全校有教学楼5幢，教师办公楼1幢，设有语音室、多功能电脑室、电子备课室、电教室、实验室、生态环保教育室、师生阅览室，以及音、体、美训练室，还设有教职工活动室、职工澡堂。各类教学设备均按一类标准配备，有设备仪器576台（件），藏书25221册。硬化了上下院操场。1～3年级21个教室建成了城域网。至2011年，学校占地面积9803平方米，建筑面积9396平方米，校园绿化面积5600平方米。有教学班40个，学生1971人，教职工121人，其中专任教师109人，中级职称69人，初级职称40人。

学校认真贯彻党的教育方针，全面实施素质教育，“为生命奠基”是学校的办学理念，“校风正、质量高、创特色、争一流”是学校的办学目标。1993～2011年，学校先后获阳泉市首批规范化学校、山西省红领巾计算机试点学校、国家体委、国家教委推行《国家体育锻炼标准施行办法》先进单位、阳泉市科技教育示范学校、煤炭部标准化学校、阳泉市雏鹰大队、矿区红旗文明单位、阳泉市体育卫生十佳学校、山西省绿色学校、第十七届阳泉市青少年科技创新大赛优秀组织奖和优秀项目一等奖、山西省创建安全文明铁路走廊先进单位、山西省群众体育先进单位、阳泉市艺术教育特色学校、全国绿色学校创建活动先进学校、山西省基础教育课程改革实验基地、山西省课堂教学样板校、山西省创建“平安校园”先进单位、山西省科技教育基地、阳泉市未成年人生态道德教育基地、阳泉市养成教育先进学校、阳泉市教育技术装备工作先进集体等奖项和荣誉称号。

第三节　中学教育

一、综　述

境内中学教育始于1958年，阳泉矿务局当年创办了第一中学和第二中学。初期局一中附设于马家坪小学，局二中附设于三矿小学。1961年，两所中学独立建校。1962年，局一中招收一个高中班。1965年，省教育厅正式批准局一中招收高中班，该校始为完全中学建制。

1960～1974年，阳泉矿务局又先后创办二矿中学、四矿中学、一矿中学和工程处学校。这一时期，境内各校体制较为灵活，有的小学附设初中班，有的初中附设高中班。

1977年高考制度恢复。1979年，局二中改称三矿中学。1983年，矿区创办矿区初级中学。1984年，西河学校分成西河路小学和阳泉矿务局第二中学两所学校。1985年，三矿中学确定为完全中学。同年，阳泉矿务局在贵石沟创办五矿中学。1989年，五矿中学开始招收高中班，成为矿务局第三所完全中学。1999年，矿区中学增设高中班，确定为完全中学，改称阳泉市外国语学校。

2005年12月30日，根据省市推进国有企业分离办社会职能的有关文件精神，按照市编制办公室《关于确定阳煤集团移交中小学校机构名称规格和领导职数的通知》的要求，阳煤集团自办8所普通全日制中学全部移交地方政府。至2011年，矿区共有中学9所，教学班297个，在校学生16632人，教职工1417人。

2011年阳泉市矿区境内中学一览表

表23－5　　　　单位：人、个

校　　名	学生人数	轨　制	教学班数	最大班容量	教职工人数	专任教师数
阳泉市第十一中学	3984	高中12 初中9	62	高中50 初中80	243	207
阳泉市第十二中学	1418	8	26	74	103	99
阳泉市第十三中学	1253	8	24	61	126	112
阳泉市第十四中学	1331	6	29	51	149	135
阳泉市第十五中学	4337	15	75	64	346	317
阳泉市第十六中学	1322	10	26	56	134	119
阳泉市第十七中学	1733	6	31	54	181	160
阳泉市第十八中学（初中部）	429	4	10	51	55	50
阳泉市外国语学校	825	4	14	65	80	77

二、学校选介

（一）阳泉市第十一中学校

位于育才路。创办于1958年5月，始称阳泉矿务局红旗一中，是企业自办的职工子弟初级中学，有教职工10名，首届招生140人。1961年更名为阳泉矿务局第一中学（简称矿一中）。1962年设高中班，招生45人。1965年，省教育厅正式批准矿一中招收高中班，该校始为完全中学建制。1984年成为山西省重点中学。1997年，被煤炭部评为标准化中学。1999年，阳泉矿务局改制为阳泉煤业（集团）有限责任公司，学校随之更名为阳煤集团第一中学（以下简称阳煤一中）。2005年12月30日由企业移交市教育局，更名为阳泉市第十一中学校。

1997 年，投资 750 万元，新建实验楼和 300 米喷灌系统封闭运动场，各种仪器设备以及实验条件达到省内一流水平。2003 年，学校提出创建山西省“示范高中学校”的目标，投入资金约 4000 万元，用于教学楼、体育馆、图书馆、阅览室的建设以及“两机一幕”等电教设备的购置。2008 年，学校建有教学楼、实验楼、学生公寓、食堂、体育馆、塑胶田径运动场、7 个球类运动场及 1 个标准化游泳池，学校构建了先进的网络教学环境和教育教学综合管理 ABC 卡系统，校园网光纤到户。2009 年学校改建西、北教学楼，建成综合教学楼，总面积为 13686 平方米。至 2011 年，学校占地面积 40000 平方米，建筑面积 33965 平方米。有教学班 62 个，学生 3984 人；有教职工 243 人，专任教师 207 人，其中中学高级教师 77 人，中学一级教师 73 人。

2006 年 10 月，通过山西省教育厅普通高中示范学校评估。2008 年 1 月，被山西省教育厅授予山西省示范高中学校称号。年内，学校承担 2 项国家级、1 项省级科研课题研究任务。2009 年，学校制订完善了《师德建设十项规定》《党员带头实施素质教育若干规定》《教学常规管理细则》《安全管理条例》《后勤“走动式”管理制度》等规章制度。学校新课程改革稳步进行，全校教师共计完成课题研究论文 60 篇，参加国家总课题组中后期工作汇报“全国知名中学经验交流及分享会”专家组的评审，其中有 19 篇论文、1 个现场课光盘、1 个案例获奖。作为首批山西省公民教育实验校，学校以“中学生的乘车问题”作为研究主题，在全省进行实验展示，并以此为案例写入了山西省校本培训课程。改善治安环境，保障校园安全和稳定，学校和矿区公安分局、马家坪派出所合作成立阳泉市首家校园警务室，建立了马家坪派出所、学校警务室。制定了学校安全工作联席会议制度。2010 年学校实施校舍安全工程，拆除原西教学楼、北楼，改建综合教学楼，同时对学校的实验楼、学生厕所进行加固改造，彻底消除校舍安全隐患，进一步改善办学条件。

1995 年，山西省煤炭系统授予该校“先进学校”称号。1996 年，省人民政府授予该校“教书育人先进集体”称号。2003 ~ 2011 年，该校获得全国教育科研先进学校、全国群众体育先进集体、基础教育课程改革先进集体等荣誉称号。荣立阳泉市五一表彰集体二等功。

学校鼓励和支持教师通过自学、进修等途径取得双学历或更高学历，通过以老带新、教学基本功大赛等多种方法，提高教师整体素质。2011 年，有本科学历 198 人，专科学历 8 人，专任教师学历合格率 100%。学校有省级骨干教师 1 人，市级骨干教师 5 人；省级学科带头人 3 人，市级学科带头人 2 人。有 16 名教师参加北师大、山西师大研究生课程学习并结业。涌现出山西省特级数学教师程天祥，全国优秀教师孙建荣、薛喜炎，全国煤炭系统青年优秀知识分子凌爱宏等一批山城名师。

1962 年，初五班学生阎淑英获得阳泉市中考第一名。1986 年高考中，高 61 班 52 名学生全部考入大专院校。1990 年，理科考生李海珠高考物理满分，获山西省第一名，荣获任之恭数理奖学金。1991 年，文科考生张晓明获阳泉市高考文科状元，考取北京大学。1992 年，理科考生岳学理物理高考满分，并列山西省第一名，考入复旦大学。1993 年高考中，阳泉市物理、数学、英语单科第一名均来自矿务局一中。2004 年高考中，理科考生蔺茜获阳泉市理科状元，考入清华大学。在 2006 年学科竞赛中，获国家级一等奖 2 个，二等奖 15 个，三等奖 23 个；省级一等奖 3 个，二等奖 7 个，三等奖 13 个。2007 年，理科考生王升获阳泉市理科状元，王海旺、郭宇霆、王育文分获阳泉市理科第三、六、七名，获 600 分以上的考生有 21 人；文科达线 39 人，创历年最高水平。在 2007 年学科竞赛中，获国家级一等奖 2 个，二等奖 15 个，三等奖 23 个；省级一等奖 3 个，二等奖 7 个，三等奖 13 个。2011 年，学校中考、高考再创佳绩。中考达 600 分以上的有 126 人，占学生总数的 20%；包揽矿区前三名，全市前 10 名中占有 6 名。高考全校二本以上达线人数有 212 人，创历史最好水平。理科 239 班全班达线，全市理科前 10 名中占有 4 名，包揽全市文科第一、二名。

（二）阳泉市第十五中学校

位于三矿南楼。始建于 1958 年，前身为阳泉矿务局第二中学，最初设在赛鱼街西川（今赛鱼小学），首届招初中生 100 人。1960 年迁一矿沙坪（今一矿幼儿园），1965 年迁三矿河口（今阳煤三院），1967 年更名为阳泉矿务局红旗二中。1969 年设机电技工班，招收初中毕业生 59 人。1970 年、1972 年各招 1 个师范班。1977 年恢复阳泉矿务局第二中学校名。1979 年更名为三矿中学。1985 年确定为完全中学。2005 年 12 月 30 日更名为阳泉市第十五中学校，移交矿区政府管理。2009 年，按照省级示范高中硬件建设标准，对学校基础设施进行了全新改造。改造扩了建学校实验楼，实验室购置了全新的设备，理化生实验室按 5－5－3 的标准配置，图书馆完成自动化管理及防盗系统的建设，建设了两个通用技术专业教室及音乐、美术、体育、劳技等各类专用教室，当年，通过了山西省普通高中示范学校复评验收，被省教育厅正式确定为“山西省示范高中”。配合课题研究，学校投资 20 万元购置了由清华同方开发的“创新教育平台”。2010 年，装配了两个网络教室，试行网络课堂教学。2011 年，在阳泉市“创新教育模式”展评中，阳泉市第十五中学校的网络课堂教学获一等奖。

学校占地面积 13964.8 平方米，建筑面积 15521.3 平方米，教学设施设备全部按省级示范高中建设标准升级改造、更新优化。有教学楼、实验楼、学生公寓、师生食堂及建有 260 米环形跑道的操场；有理化生实验室、音乐美术专用教室、综合实践教室、多媒体网络系统、标准塑胶篮球场、排球场、羽毛球场、篮球场、乒乓球台、单双杠、高低杠、联合训练器；有自行车棚、花池、硬化校园路、人行道；翻新了旧厕所，新建了水冲厕所，修缮了打水间。校园实现了绿化。至 2011 年，学校占地面积 2.69 万平方米，建筑面积 3.19 万平方米。有教学班 75 个，学生 4337 人；教职工 346 人，其中专任教师 317 人，副高职称 51 人，中级职称 173 人，初级职称 93 人。

1986 年，在全省率先组织学生进部队开展军训，在阳泉市首创“师徒共进”活动，开办了第一所家长学校。1990 年，被省军区、省教委确定为军训试点单位。1991 年，被省教委命名为省级体育传统项目训练学校。1997 年，被煤炭部评为标准化学校。2006 年，确定“创高质量、有特色示范学校”的发展目标。

1988～2011 年，学校先后获得山西省创建平安校园先进集体、阳泉市五一劳动奖状、阳泉市教育系统先进集体等多项荣誉。初中入学率、巩固率、达线率均为 100%，中考成绩一直名列全区前两名。高中阶段累计培养出省高考状元 2 名、市高考状元 5 名，考入清华大学、北京大学 36 人，2008 年高考达线突破 600 人，2011 年高考达线 666 人。

（三）阳泉市外国语学校

位于桃北中路 100 号，矿区直属中学。1983 年创办，原名矿区中学，开始设在平潭街小学。1984 年 10 月，迁至新址。1999 年 6 月，增办高中，并更名为阳泉市外国语学校，成为一所以外语教学为特色的完全中学，承担初中义务教育与普通高中教育的任务。学校占地面积 13965 平方米，建筑面积 15431 平方米。有独立的教学楼、实验楼、办公楼、学生及外教公寓楼和体育场地；有理化生实验室、计算机室和图书室，拥有校园互联网，教室配备液晶投影设备。2010 年，该校初中部并入第十二中学。至 2011 年，学校占地面积 13965 平方米，建筑面积 15431 平方米。有教学班 14 个，学生 825 人；教职工 80 人，其中专任教师 76 人，副高职称 13 人，中级职称 29 人，初级职称 34 人。

学校全面贯彻党的教育方针，坚持分类发展的办学方向，逐步形成“质量立校、特色兴校”的办学宗旨，“博学、宏志、厚德、乐群”的教育教学理念，“诚信、和谐、严谨、创新”的校风，“以德育人、以才博众”的教风，“求知、求进、善思、循道”的学风。学校面向全省公开招聘高中教师、择优录取，先后聘请过 5 名外籍英语教师，开设了英语口语课和俄语选修课。加强了对教师的培训。设立了英语角，举办了英语演讲比赛、英语口语大赛、英语夏令营活动。在每年一次的圣诞节联欢和校园文化艺术节中，都有英语短剧的表演。

学校先后获得国家基础教育实验中心外语教研中心外语实验学校、山西省文明学校、山西省国防教育试点校、山西省德育传统项目校、山西省依法治校示范单位、山西省依法治校十佳单位、山西省未成年人生态道德教育基地、全国中小学外语教研工作示范学校、阳泉市现代教育先进校、阳泉市首批十佳庭院绿化标兵单位、山西省庆祝建党 90 周年“铭记党史”主题活动优秀组织奖等称号。教师中有6人获得省骨干教师、教学能手、电教能手的称号，10人获得市学科带头人、教学能手的称号。校长郑天才获得2010年全国百名高中优秀校长的称号。

第四章 职业教育和成人教育

为满足企业对人才的迫切需要，矿区大力发展职业教育和成人教育。从1950年矿务局工会创办井口职工业余学校起，半个多世纪中，矿区形成了以阳煤集团教育培训基地为主的职业教育平台和成人教育网络，具有3万人次/年的培训能力。此外，山西广播电视大学阳泉分校于1986年10月迁入矿区境内，壮大和加强了矿区成人教育队伍和力量。

第一节 中等职业教育

一、综 述

矿区境内中等职业教育始于20世纪60年代。1965年年底，阳泉矿务局面向社会招收学生，创办了半工半读学校——红旗工读学校。学校设机电和护理两个班，有学生92名，其中机电班50名，护理班42名。机电班和局属机电修配厂挂钩，由3名技术人员担任教师；护理班和局医院挂钩，由2名医务人员担任教师。学校结合实际，参照中等专业学校课程设置，制订教学计划。经过三年学习，培养了一批机电和护理专业人员，其中大多成为工作岗位上的骨干。

“文化大革命”期间，中小学学生人数逐年增加，师资严重短缺。为此，阳泉矿务局于1970和1972年两次在普通高中附设二年制师范班，从应届初中毕业生中一共招收了4个班，200人。1974年11月，山西省煤管局又委托阳泉矿务局开办了山西省煤矿师范学校，简称煤师，学制两年，开设语文、数学、理化、文体、外语5个专业。学生毕业后，大多留在阳泉矿务局担任中小学教师。

1979年8月，煤炭部在阳泉矿务局创办阳泉煤矿技校，主要招收阳泉地区的初中和高中毕业生，为煤炭企业培养初、中级技术人才。1984年10月，阳泉市职业专科班借用矿区中学教学楼办学，先后招生6届510人，毕业后全部就业。1986年10月，阳泉矿务局采用集中办学和分散办学两种形式，创办职业高中，招收未考入高中、中专和技校，及未到就业年龄的初中毕业生。职业高中以职业技术教育为主，学制三年，学生毕业后不包分配，但招工时优先录用或择优录用，录用为干部的可享受中专待遇，录用为工人的可享受技校毕业生待遇。职业高中的创办解决了不少矿工子弟的就业问题。1986~1987年，阳泉矿务局创办了第一职业技术学校（职业一校）和第二职业技术学校（职业二校）。职业一校设6个班，分幼儿师范、机电修配、水暖和食品4个专业；职业二校设4个班，分土建、园艺、食品和电测4个专业。1987年，两校共有教学班26个，学员1056名。同时，一矿中学附设了1个土建专业班、1个机修专业班；二矿中学附设了1个体育专业班、1个美术专业班；四矿中学附设了1个木工专业班、1个缝纫专业班。1993年，阳泉矿务局两所职业技术学校经山西省劳动厅评估，被确定为合格技工学校。1995年，又经山西省和煤炭部评估，被确定为标准化技工学校。

1995年，矿区职业学校招生709人，八中、五中、化工厂、铁路、阳钢等职业学校共招收矿区学生211人，共计920人。矿区普通高中录取700人。职业学校与普通高中招生比为1.3∶1。

2001年，阳煤集团两所职业技术学校被评为省级重点职校。2002年4月，阳煤集团两所职业学校划归阳泉煤矿技工学校，在阳煤集团教育培训基地这一平台内，职业技术教育获得健康发展。

二、学校选介

阳泉煤矿技工学校　位于育才路。成立于1979年3月，由煤炭部直属、阳泉矿务局主管，实行双重领导。主要招收阳泉地区的应往届初、高中毕业生，为煤炭生产培养初、中级技术人才。

从1988年秋季起，每年均对新生进行两至三周的军事训练。1993年5月，经山西省劳动厅评估验收，阳泉煤矿技工学校被评为山西省合格技工学校。1995年11月，经山西省、煤炭部两级复审评估，被评为标准化技工学校。1996年9月，山西省劳动厅袁子良厅长专程到该校检阅新生军训队伍，观看汇报表演，给予高度评价。

1996年6月，阳泉矿务局对内部教育资源进行整合，将阳泉煤矿技工学校、山西煤炭职工联合大学阳泉校本部、安全技术中心和职工教育中心合并组建为阳泉矿务局教育培训基地。同年9月，阳泉煤矿技校井下专业扩大招生范围，开始招收省内农村户口应往届初中毕业生。

2002年4月，阳煤两所职业学校划归阳泉煤矿技工学校，阳煤党校划归职工教育中心，也进入阳煤集团教育培训基地，形成了集技工、高职高专、党校、安全培训、职工和职业教育为一体的复合办学格局，“一套机构、多块牌子”，各教育机构的原有职能保持不变。

学校占地总面积114102平方米，建筑面积75985平方米，学校拥有教学楼、综合实验室、分实验室、综合实训楼、实习工厂、计算机教室、多媒体教室、图书大楼、学生宿舍、学生食堂、运动场等设施。图书馆藏书17.95万册。

学校拥有实验室28间，其中包括多媒体计算机室、电教室、电工技能训练室、电子技能训练室、拖动、供电、煤矿安全、电工、电子等实验室，满足在校学生的基础实训实验。实习工厂为学生提供了实习条件。学校与阳煤集团联合，建立了20个实习实训教学基地，学生通过实习实训，达到了岗位对操作技能的要求，毕业后直接走向工作岗位，省略了岗前培训。

学校有教职工335人，教学人员335人，其中理论教师57人，实习指导教师180人，高级职称77人，中级职称101人，本科以上学历258人。建校34年中，先后开设了采掘电钳、采区运输、炊事、地面电钳、地质测量、电子技术、锻铆、发供电、焊接、护理、机电安装、机械检修、井下地质、井下机电、矿建、矿井通风、矿井运输、钳工、通风、土建、维修电工、选煤、有机化工、综采电器、综采机械等30多个专业，共培养了12000多名各类技术工人。

学校实行严格管理。按照“精细化、制度化、人本化、系统化”的管理目标，本着“精干高效、有利发展”的原则，建立了REM精细化科学管理制度。各部门、各岗位职责明确，按工作流程和教学流程开展工作。教师严格遵循《教学管理工作标准》《教师教学工作标准》《教学事故界定与处理规定》等规定，学生管理依据《学生管理细则》，加大德育教育力度，注重日常行为养成。

2007年9月，学校先后被评为山西省和全国教育系统先进集体。同年12月，经山西省人力资源和社会保障厅评估验收，被确定为山西省重点技工学校。2010年，学校被确定为国家级重点技工学校。在全省技工学校“应知、应会”毕业统考中，该校连续多年名列前茅，考生的取证率保持在95%以上。2008年全省技校学生技能大赛中，采掘电钳班学生名列第二，矿井通风班学生名列第三。2010年第七届全省技工学校职业技能大赛中，技校学生获得瓦斯检查工一、二、三名的好成绩。

第二节　成人教育

一、综　述

1950年1月7日阳泉矿务局成立时，工人绝大多数是文盲。矿务局工会以井口为单位开办职工业余学校，帮助工人学文化。“一五”期间，矿务局开办了职工技术学校，课程有高小文化、初中文化、地质、通风、机电、康拜因采煤、企业管理等，学校采用脱产、半脱产、业余等形式。43331人次参加了学习，其中1929人扫盲毕业，647人小学毕业，25人初中毕业。矿务局还开办了领导干部业余文化技术学校，共开办9期，112名局、处、矿领导干部参加学习并全部结业。为了培养煤矿技术与管理人才，矿务局选送1089名职工到外地学习。

1958年，在“全党办学、全民办学”的热潮中，矿务局大办红专学校。其中红专小学56所，学员22428人；红专中学52所，学员3070人；红专大学20所，学员986人。1960年，由于国家经济困难，职工教育处于半停滞状态。同年，矿务局党校成立。1961年，贯彻国民经济“调整、巩固、充实、提高”的方针，矿务局恢复了职工业余学校，设总校8所，分校57所。许多工人以宿舍作为学习场所，被称为“红专之家”。“文化大革命”期间，职工业余教育受到严重破坏，发展停滞。1969年撤销矿务局党校建制，1972年再度恢复。1975年8月，阳泉矿务局创办“七二一”工人大学，后更名为矿务局职工大学。1978年，矿务局创办函大、电大。

1981年，中共中央作出《关于加强职工教育工作的决定》后，阳泉矿务局每年拿出80余万元，用于职工教育工作。1982年，矿区政府成立职工教育管理委员会，制定了1982～1985年职工教育事业发展规划。区属各单位举办了以初中语文、数学为主的文化补习班，参加了市有关部门组织的统一考试。1981～1986年，矿务局从实际出发，采取了局、矿（处、厂、院）和井区、车间多层次办学体制。局、矿、井区、车间成立了职工教育领导机构，全局配备专职教育干部123名。各级职工业余学校配备专职教师63名、兼职教师255名。在组织文化补课的同时，开展职工岗位培训。全局有12793人领取了初中文化补课合格证书；2686名职工参加高中课程补习，其中30%的职工升入成人大、中专学校。六大主要技术工种的培训基本完成，17515人领取了初级技术合格证书；11490名采煤、开拓、掘进工人接受安全培训，占应培人数的66%；21242名新工人进行了脱产2个月的安全生产知识教育；举办各种业务管理培训班532期，11363名职工参加了培训；开办“一事一训培训班”3201期，培训职工117990人次；选送各级领导干部到外地培训750人。矿区境内其他单位的职工教育工作也成绩斐然。阳泉市商业局有104人通过学习领取了初中文化课合格证。阳泉发电厂1985年完成全厂职工文化、初级技术补课任务。山西广播电视大学阳泉分校于1986年10月迁入位于矿区境内的桃北中路92号，加强了矿区成人教育队伍和力量。1987年，矿务局职工教育经费增加到159万元，扩大了职教校舍，充实了图书资料，更新了教学设备。阳泉市商业局于1987年、1989年举办了两期高中文化补习班，151人取得了高中合格学历。矿区机关于1988年、1989年举办了两届干部高中文化补习班，课程有政治、语文、数学、历史、地理5门，94名学员领取了毕业证书。

1991年3月，根据国家教委的批复，阳泉、西山、汾西和潞安4个矿务局的职工大学联合成立山西煤炭职工联合大学（简称煤联大），校本部设在阳泉矿务局，系全省8所成人院校之一。1995年，矿区机关开展“一堵、二扫、三提高”（堵住新文盲产生渠道，重点扫除15～50岁有学习能力的青壮年文盲，提高脱盲人员的综合素质）工作，扫除文盲49人。全区青壮年文盲率降为1.6/10000，达到了国家规定的扫盲标准。1996年6月，阳泉矿务局将煤联大校本部、阳煤技校、职工教育中心和安全培训中心合并组建为阳泉矿务局教育培训基地。同年，阳泉矿务局与南开大学和中国矿业大学签署联合培养研究生办学协议。1999和2000年，开办了阳泉煤专教学班。2002年4月，阳煤党校及两所职业学校划入教育培训基地，形成“一套机构、七块牌子”的办学格局。2006年11月，阳煤集团设立职工教育管理部，负责全公司的职工教育培训工作。2006～2011年，阳煤集团职工技术业务培训达到3万人次/年。

二、学校选介

（一）山西煤炭职工联合大学阳泉校本部

位于育才路，隶属阳煤集团教育培训基地，包含职工大学（简称工大）、电视大学（阳煤集团电大教学点）和函授大学（阳泉函授站），有全脱产、半脱产、不脱产三种形式。占地面积12.47公顷，建筑面积10.3万平方米，有教学楼、实验楼、实习车间、公寓制学生宿舍、学生食堂等设施。图书馆藏书17万册，实验楼能同时开设11个门类的27个实验项目，3400平方米的实习厂房有7个实习车间，80个实习工位，能进行采煤、通风和电钳等各项操作实习、实训教学。

职工大学前身是阳泉矿务局于1975年8月创建的“七二一”工人大学，首届招收学员117人，有采煤、机电、综合机械化三个专业；同时按照山西省安排，按高考分数线录取94名学员，组成山西师范学院阳泉矿务局师专班，其中中文专业49名，物理专业45名。这94名学员毕业后，大部分充实进阳泉矿务局的教师队伍。

1979年，矿务局“七二一”工人大学更名为矿务局职工大学，负责在职工中培养具有大专以上文化程度的煤矿专业人才。1980年10月，山西省政府正式确认阳泉矿务局职工大学。1982年6月，教育部予以复核备案。1986年10月，职工大学附设中专部，开设采煤和护理两个专业班，后陆续增设了机电、煤矿生产调度、发电厂与电力系统和煤矿企业管理（区队管理）等专业。1991年3月，根据国家教委的批复，阳泉、西山、汾西和潞安4个矿务局的职工大学联合成立山西煤炭职工联合大学（简称煤联大），校本部设在阳泉矿务局，系全省8所成人院校之一，主要招收北方14省煤炭系统成人教育学历的学生。9月，煤联大校本部为山西矿业学院举办了大专层次的专业证书班2期，共培养学员200人。1994年9月，煤联大校本部开始试办业余班。

煤联大校本部函大、电大始办于1978年，前后开设了电气、中文、机械、企业管理、工业会计、工业与民用建筑、新闻、财务会计、教育管理和工商管理等专业。1979年，依托职工大学的师资优势，矿务局函大、电大开设了专（本）科学历教学班。1981年年初，阳泉矿务局为贯彻落实国务院批转教育部《关于大力发展高等学校函授教育和夜大学的意见》的通知精神，在山西矿业学院的支持下设立了函授站。1984年，函授站与电大工作站并入职工大学，实现了与职工大学教学资源的共享。

1996年6月，阳泉矿务局对内部教育资源进行整合，将煤联大校本部、阳煤技校、职工教育中心和安全培训中心合并组建为阳泉矿务局教育培训基地。同年，阳泉矿务局与南开大学和中国矿业大学签署了联合培养研究生办学协议，包括南开大学的工商管理、企业管理等专业和中国矿业大学的采矿工程、矿产普查勘探和安全技术与工程等研究生进修课程，前后共计培养在职研究生177人。

1999年，设立电大函授管理科，负责函授站与电大工作站的日常管理工作。1999和2000年，开始尝试全日制普通大专教育，经省教委批准，开办了阳泉煤专教学班2届、4个班，共计149名学生。2001年，正式招收普通大专生18人。

2002年4月，阳煤集团整合教育资源，阳煤党校划归职工教育中心，阳煤两所职业学校划归阳煤技校，形成“一套机构、七块牌子”的办学格局。对外履行山西煤炭职工联合大学（阳泉校本部）的基本功能，对内实行“一套机构、七块牌子”、高职高专教学部负责日常管理与教学组织的运行机制。内部基础设施共享，专兼职教师队伍相对稳定。2003年5月，煤联大机电工程专业被省教育厅确定为省教学试点专业。2004年10月，经中央电大批准，电大工作站确定为“开放教育试点项目”专科、本科教学点。2008年9月，煤联大被确定为山西省煤矿“五长”（煤矿矿长、生产副矿长、机电副矿长、安全副矿长及总工程师）培训点。2011年12月，煤联大被山西省教育厅、省总工会列为山西省首批职工继续教育基地。

1975年8月至2011年，煤联大前后设置专业有：财会电算化、采矿工程、采煤、磁性材料、地质测量、电气技术、工商企业管理、工业与民用建筑、管理专业、环境保护、机电工程、机电一体化技术、计算机维护与应用、计算机信息与管理、计算机应用、酒店管理、矿井通风、矿山地质、煤产品检验与管理、煤矿安全监察与管理、煤矿机电、煤矿机电工程、煤矿企业管理、市场营销、选煤、幼教、中师、综合机械化采煤。煤联大阳泉校本部有教职员工585人，专职教师225人（高级职称70人，中级职称145人），长期聘请南开大学、中国矿业大学、太原理工大学等院校的学者、教授作为客座、名誉教授，建立了比较稳定的兼职教师队伍。30 余年中，共有 4000 余人毕业。2011 年在校生 2953 人，其中成人大专生 2523 人，成人中专生 430 人。有 6 位老师获得“山西省煤炭职业技术教育发展基金会优秀教师”称号。青年教师赵红梅先后获得阳煤集团劳动模范、劳动创新能手、阳泉市优秀教师、阳泉市五一劳动奖章，先进个人等荣誉。

（二）山西广播电视大学阳泉分校

始建于 1979 年 12 月，名为山西广播电视大学阳泉工作站，租用市第一招待所的房间作为办公场所。又先后设在市教育局、市图书馆。1984 年 6 月，经市政府批准，更名为山西广播电视大学阳泉分校（以下简称阳泉电大）。1986 年 10 月，阳泉电大迁入阳泉市桃北中路 92 号。下设平定县、盂县、阳泉市郊区、阳煤集团、晋东化工集团 5 个电大教学点（工作站），建成辐射全市三区两县及周边地区的远程教育网络。至 2011 年，学校党政领导人先后为：李道林、刘金堤、王吉明、李奕明、史可全、曹慕植、张清河、张补川、史素瑛、吉云辉。

阳泉电大隶属市教育局管理，业务上接受山西广播电视大学指导。学校占地 2866 平方米，建筑面积 7377 平方米，有教学楼、微机机房、图书室、阅览室、网管员实验室、财会模拟实验室、职工食堂等设施。为适应经济建设和社会发展的需求，阳泉电大举办了普通高等学历教育、成人高等学历教育、现代远程开放教育和多种形式的岗位培训。教学方式由 20 世纪 80 年代和 90 年代的面授、广播电视教学逐渐转变为以学生自学为主，利用电脑和远程教学为辅的形式。为了适应现代远程教育的需要，1999 年 10 月开始组建校园网，2001 年成立了财会模拟实验室，2002 年建立了阳泉电大互联网站（www. yqrtvu. com）和“电大在线”教学平台（www. yqoe. com），2006 年建成了网络实验室。2011 年对三个网络机房进行了设备更新。截至 2011 年年底，全校有入网计算机 218 台，图书资料 15000 余册，报刊杂志 40 余种；建数字图书馆，电子图书 500 余种。

1998 年，阳泉电大新增了联合办学这一教学模式，与清华大学联合办学，成立了“清华大学远程教育阳泉站”。2003 年与兰州大学、南开大学开展现代远程教育合作办学。2005 年，与中国医科大学合作办学。2007 年与大连理工大学合作办学，2009 年又与东北大学合作办学。与国内著名大学开展的联合办学，满足了各个层面的学习需求。

从成立至 2011 年，共开设了计算机应用、法学、现代文员、行政管理、电算会计、工商管理、教育管理、汉语言文学、英语、会计学、采矿工程、土木工程、护理学、药学、卫生事业管理等涉及理工科、文科、财经学科、农科、医科 5 个学科的 16 类 50 余个专业。

1982 ~ 2011 年，共开设了 26 类继续教育培训项目，参加培训人员达 3.5 万人。在计算机应用能力培训方面，在设备、规模、项目、质量等方面均处于全市领先地位。1996 年，山西省计算机应用能力培训考核办公室确定阳泉电大为全省首批计算机应用能力培训点和考核点，举办了计算机应用能力中级培训、全国计算机等级考试一级和二级培训。举办了中小学教师多媒体课件制作技术培训、阳泉市企事业单位专业技术人员 WTO 知识培训、成人高考考前辅导班、保险代理人资格考试、普通话测试、阳泉市中青年干部培训班、工程网络管理员培训班，为老年大学举办了健康知识及计算机应用知识讲座。

至 2011 年，阳泉电大有教职工 47 人，其中高级职称 8 人，中级职称 16 人；长期聘请太原理工大、教育学院、党校学者、教授以及财政局、法院资深专业人士为兼职教师，建立了较为稳定、完整的专兼职教师队伍。随着年轻教师不断加入教师团队，教师队伍的结构日趋合理；通过不间断的学校培训、自学，全校教师素质不断提升，教育教学质量明显提高。1982 ~ 2011 年共培养本科和专科毕业生 16700 余人，学生遍布全市各行业，成为多条战线上的“下得去、留得住、用得上、信得过”的生力军，其中不少毕业生成为单位的业务骨干，有的还走上领导岗位，为阳泉市的经济建设和社会发展作出了贡献。

第二十四编　科学技术

矿区境内科技事业起步于20世纪50年代初。1950～1966年，境内先后成立了瓦斯研究小组、地质学会、科学技术协会、煤炭学会等科研组织，在采煤方法、采煤支护工艺与材料、瓦斯防治的研究方面取得多项成果。“文化大革命”期间，科技事业遭受重创。1978年全国科技大会召开后，矿区迎来了科学发展的春天，科技组织机构纷纷恢复。矿区成立了科技管理机构科学技术委员会。科技队伍日益壮大，科普工作频掀高潮，科研成果不断涌现，为矿区经济的发展插上了腾飞的翅膀。

第一章　综合管理

新中国成立后，矿区科技队伍发展迅速，实力日渐雄厚，形成了由科技管理和服务机构、学术团体和组织、科研机构、科技企业构成的富有活力的科技网络。科技管理涵盖体制改革、计划项目、基金、成果、专利等方面和地震、地质、水文、测绘等领域。

第一节　机构　队伍

一、机　构

（一）科技管理机构

1. 矿区科学技术局。成立于1985年3月27日，初建时称矿区科学技术委员会，简称矿区科委，是矿区人民政府的科学技术管理综合职能部门，与矿区计划经济委员会（简称计经委）合署办公。1986年6月27日分设，定编6人。2001年10月10日改称阳泉市矿区科学技术局，编制5名。

2. 矿区地震局。前身为2003年成立的矿区地震办公室，为区科技局内设机构，行政编制1名。2006年3月，设置矿区地震局，为区政府直属全额预算事业单位，正科级建制，编制5名；管理全区地震工作。2009年9月，矿区成立地震灾情速报网络建设领导组，对"三网一员"（地震宏观观测网、地震灾情速报网、地震知识宣传网和防震减灾助理员、联络员）进行重新审核登记。2010年，矿区成立地震谣传突发事件应急处置工作领导小组。

3. 街道科技网络。1989年，沙坪、赛鱼、桥头、蔡洼、平潭、贵石沟6个街道办事处分别成立科技领导小组，在全区形成区、街道办事处两级科技管理体制。

（二）科技服务机构

1. 矿区生产力促进中心。成立于1998年9月18日，初称阳泉市矿区技术成果转化推广站，隶属区科技局，为社会公益性自收自支事业单位。中心设主任一名，由科技局局长兼任。业务范围：为企业提供技术咨询、技术引进、技术推广、引进人才、科技情报、专利服务等。2003年9月27日，矿区政府常务会议议定，将阳泉市矿区技术成果推广站更名为阳泉市矿区生产力促进中心，职能为技术引进、技术推广、信息咨询、科技情报、企业诊断、人才培养、专利技术、专利服务等。2011年，核定编制4名。

2. 矿区民营科技园区。位于蔡洼街道办事处辖区，创建于2000年5月。园区管理委员会投资10余万元，配备了融信息咨询、综合管理为一体的计算机网络。先后有华盛电脑有限公司、晋宝制药厂、中旭电子有限公司、育英电子服务中心、北方机电安装公司、阳泉新鑫科技研究所、阳泉市聚力技术中心、恒泰华应用技术研究所、蓝天环保型煤有限公司等12家民营科技企业入驻，2005年，从业人数385人，其中技术人员为65人，其中高级职称25人，中级职称28人。

3. 矿区贵石沟工业园区。位于贵石沟街道办事处辖区，创建于2004年8月。园区设管理委员会，担负规划、管理、协调和服务的职责。园区以煤炭、电力、铝冶、磁材为主导产业，至2008年年底，入驻大中型企业23家，形成以煤为主，多业并举的格局。主要有：山西兆丰铝冶有限公司、阳煤集团煤矸石综合利用电厂、阳煤集团五矿。

（三）学术团体和组织

1. 矿区科学技术协会。成立于1987年9月18日，同时召开第一次代表大会，选举产生了第一届委员会，由9名委员组成，是矿区科技群众团体。矿区科协初建时与矿区科委合署办公，1999年10月8日单设。

2. 阳泉矿务局科学技术协会。原名为阳泉市科学技术普及协会矿务局工作委员会，于1956年成立。1957年5月7日，召开第一次代表大会，更名为科学技术协会，为阳泉市科协的团体会员。1966年“文化大革命”开始后，该组织解体。

3. 阳泉市地质学会。1955年成立，1959年并入阳泉矿务局科普协会。该会为境内最早成立的专业学术性群众团体。该会在“文化大革命”中解体。

4. 阳泉市煤炭学会。1964年4月成立，设在阳泉矿务局，“文化大革命”期间停止活动。1980年6月20日恢复。1991年办公地点设在阳泉矿务局科技处。该学会是中国煤炭学会的团体会员，受阳泉市科协和山西省煤炭学会的双重领导。下设阳泉一矿分会、二矿分会、三矿分会、四矿分会、五矿分会、工程处分会、矿务局机关分会、荫营煤矿分会、固庄煤矿分会、阳泉市煤炭工业局分会共10个分会。

5. 阳泉市地质测绘学会。1983年4月成立，学会设在原阳泉矿务局地质测量处，是阳泉市科学技术协会的团体会员，分5个小组，有会员220人。

（四）科研检测机构

1. 阳煤集团所属科研检测机构

阳泉煤业（集团）有限责任公司技术中心。是阳煤集团设置的专职科研机构，也是阳煤集团科技管理机构。

1953年3月，阳泉矿务局成立瓦斯研究小组。1959年2月成立煤炭综合利用研究所。同年4月，该所改称煤炭科学研究所。“文化大革命”开始后，科研工作被迫停止。1968年9月，矿务局革命委员会设科技小组，恢复科研工作。1973年，撤销科技小组，成立科学技术处，内设瓦斯、机械化、自动化、综合利用和情报管理5个小组。1978年全国科技大会召开后，阳泉矿务局成立煤炭科学研究所，与科技处一套机构，两个职能，设瓦斯、综合机械化、矿井自动化、综合利用、科技情报和科技管理6个组。1984年5月9日，阳泉矿务局科技处（煤炭科学研究所）下设科技情报室、机械化研究室、自动化研究室、综合利用研究室、瓦斯利用研究室、科技管理科。1999年，科技处和综合利用处合并为科技环保处，下设科技管理科、节能计量科、环保检测科、瓦斯研究室、矿机研究室、总化验室、经营管理部。

1999年10月，经省经贸委、省国税局、省地税局、太原海关审定，阳泉煤业（集团）有限责任公司技术中心为第三批省级企业技术中心。2000年3月19日，成立阳泉煤业（集团）有限责任公司技术中心。同时成立阳泉煤业（集团）有限责任公司技术委员会，技术委员会秘书处设在技术中心。4月10日，技术委员会决定建立采矿专业委员会（含采、掘、运、地测专业）、机电专业委员会（含选煤专业）、通风专业委员会、建筑专业委员会、非煤产业专业委员会、经济专业委员会和科技管理专业委员会。2006年9月，国家发改委、科技部、财政部、海关总署、国家税务总局联合发布2006年第67号公告，认定阳泉煤业（集团）有限责任公司技术中心为第十三批享受优惠政策的国家级企业（集团）技术中心。

山西省科技厅批准成立的“山西省煤矿瓦斯综合治理工程技术研究中心”，依托阳煤集团在煤矿瓦斯治理方面的多项专利与科技成果，与中国矿业大学、煤炭科学研究总院北京开采所、重庆分院、武汉冶金研究院等科研院所合作组建，于2009年正式挂牌成立。又建成“煤矿瓦斯灾害防治技术研发实验室”，并通过山西省经信委组织的验收。

2009年9月由省经信委会同省科技厅、省财政厅、省国税局、省地税局、太原海关共同认定阳泉煤业集团华越机械有限公司技术中心、山西太行建设开发有限公司技术中心为山西省第十三批省级企业技术中心。

2011年年底，阳煤集团已拥有包括两个煤炭、化工国家级技术中心（阳煤集团和三维华邦），四个省级技术中心（华越机械、太行地产、丰喜肥业、太化集团），山西省煤矿瓦斯灾害防治工程技术中心、阳煤集团博士后科研工作站、国家级技术中心煤矿瓦斯灾害防治实验室，以及各中心下设的专、兼职研究所、试验设施等机构。

2. 自来水公司水质检测中心。该中心于1994年3月动工兴建，10月31日竣工，总投资100万元，建筑面积1379平方米，可检测30多项全分析项目。

3. 阳泉市矿区矿山技术设备研究所。成立于1984年12月，由阳泉矿务局退休工人周竹堂创办，是阳泉市第一个民办科研所。该所具有新技术开发、研究、咨询、试验并小批量生产部分产品的能力，有职工7人（高级职称1人，中级职称2人）。1985～1992年，该所与省内外数家企业合作，开发了9个系列、37种煤矿电气新产品，其中8项被中国专利局授予专利权。周竹堂1989年被评为山西省劳动模范。

4. 晋东综合技术开发应用研究所。位于桃北中路8号。成立于1989年4月，是山西广播电视大学阳泉分校、山西“九三学社”晋古服务部、山西大学物理学会服务部联合创办的。有专职人员5人，兼职人员14人，其中高级技术职称10人。拥有较完备的理化实验设备、仪器及实验场所，从事科技开发、技术服务、技术引进、技术推广、技术培训等多项业务。

二、队　伍

1950年1月阳泉矿务局成立后，采取由院校毕业分配、签订师徒合同、以老带新、业余培训、脱产进修、委托代培、学校深造、吸收外地科技人员来矿工作等形式，聚集和培养科技人员，科技队伍由小到大，迅速发展。1952年，矿务局有各类专业技术人员255人，其中技术行政人员58名，工程师3名，技师1名，技术员183名。1977年，全局有工程师221人，技术员306人。中共十一届三中全会后，科技队伍不断壮大。矿务局积极落实知识分子政策，实施科技奖励，加大科技投入，解决科技研究工作中的图书资料、信息传递、经费设施、学术交流等问题，并提拔了一批德才兼备的科技人员担负领导重任。1987年，破除论资排辈观念，开展职称改革工作。1990年，矿务局有各类专业技术人员7247人，其中高级498人，中级2007人，初级职称4842人。2008年年底，阳煤集团有各类专业技术人员12531名，其中具有高级职称的770人，中级职称的3714人；有技能操作员工94597名，其中高级技师32人，技师1454人，高级工6691人。截至2011年年底，阳煤集团企业科技活动人员13410人，其中企业研究与试验发展人员6675人；技术中心拥有职工481人，高级职称专家75人，博士9人，从事研发工作的外部专家214人，2011年投入培训费用153.99万元。

1980年，矿区与矿务局政企分开之初，区属企事业单位科技人员很少，随着科技事业发展，区属科技队伍逐步充实。1987年开展职称改革，实行专业技术职务聘任制度。1990年，区属企事业单位有359人获得专业技术职称，其中高级职称4名，中级职称63名，初级职称292名。20世纪90年代和21世纪初，随着经济建设规模的扩大和国家教育事业的发展，矿区科技队伍有了长足的发展。2008年，区属单位有各类专业技术人员3158名，其中具有高级职称157人，中级职称1582人，初级职称1419人；有技能操作员工381名，其中技师58人，高级工170人，中级工100人，初级工53人。2011年，全区共有各级各类专业技术人员15689人。

第二节　科技企业

矿区有多家科技企业，主要有以下单位：

山西新派塑胶有限公司　系阳煤集团控股、与新加坡豪利机械有限公司合资创办的新型建材企业。公司组建于1995年，位于平定县冠山镇，紧邻207国道和太旧高速公路，占地6万平方米，厂房1万平方米，是山西省最大的塑胶工业园。公司拥有国际一流的德国PVC管材挤出生产线、香港奥克兰全自动电脑数控精密注塑机、上海经纬PP－R管材生产线、北汽福田塑机公司PVC塑料异型材生产线，采用新加坡进口模具组织生产。主要产品有U－PVC管材管件、PP－R管材管件、PVC塑料异型材、PVC塑钢门窗、中空玻璃和隔热断桥铝合金门窗。公司具有完整的质量保证体系，具备年产1万吨型材、管材（件）生产能力和20万平方米塑钢门窗、铝合金门窗组装安装能力。产品通过ISO9001质量标准体系认证和ISO14001环境管理体系认证，并获国家金奖，被建设部评定为国家小康住宅楼建设推荐产品，被山西省名牌产品推荐委员会评定为山西省名牌产品。

山西京宇磁源新材料有限公司　是专门从事磁性材料生产和技术开发的高科技企业，始建于1996年12月，位于贵石沟街道办事处，占地面积12万平方米。产品有3大类别、9大系列、100余种规格。其中煤结钕铁硼稀土永磁材料年产1200吨，位居全国同行前五名；永磁铁氧体材料年产10000吨，位居华北之首。有员工2030人，全部为初中毕业以上文化程度，其中大专以上毕业生268人，占员工总数的13.2%。公司建有技术研发中心，进行磁性材料研发和技术储备。与国内5所高等院校和科研机构建立了长期、稳定、密切的协作关系，并长年聘请12位专家指导生产。1998年公司被列为国家技术监督局稀土永磁质量监督网理事单位。1999年列为山西省稀土协作网理事单位，并通过北京新世纪质量体系认证中心和英国国家质量保证有限公司的ISO9002、ISO14000国际质量体系认证。

阳泉同达实业有限公司　山西省高新技术企业。成立于2000年，位于阳泉市经济技术开发区青岛路5号，占地面积6400平方米，建筑面积5200平方米。设有焊接事业部、变压器事业部、技术中心、贸易分公司、综合办公室，为科研、生产、销售一体化企业。通过ISO9001质量体系认证和国家强制性产品认证。公司致力于逆变电源、高电压变频调速装置、卷绕式非包封大容量干式变压器、矿用隔爆型移动变电站及其领域的研发和生产。承担国家级重点新产品1项、国家火炬计划1项、国家成果推广计划1项、省火炬计划4项，在变压器及逆变电源的研究开发中取得多项成果，有的填补国内空白，获得专利3项。

阳泉市新鑫科技研究所有限责任公司　山西省高新技术企业，阳泉市专利开发试验示范基地。位于阳泉市矿区政府东楼4层。公司从事煤矿环境、安全工程、技术咨询，承包小煤矿通风管与矿井瓦斯治理（含瓦斯利用）方案的设计与实施，矿井火灾防治方案的设计与实施，开发应用新产品、新技术，组织科技信息、培训及推广实施服务。公司拥有国家专利25项（发明专利14项，实用新型专利11项），其中MKY－360型二氧化碳发生器项目获山西省科技进步二等奖和山西省优秀新产品奖，定向裁割控制爆破技术获国家重点科技成果和阳泉市科技进步二等奖，矿井快速充气闭墙科研项目获山西省科技发明一等奖，瓦斯检查记录板获煤炭部科技二等奖，风门开启闭锁装置获煤炭部科技二等奖。

阳煤集团煤矸石综合利用电厂　位于贵石沟，煤电铝工业园区内，占地21.33公顷（320亩），2003年8月30日开工建设。1号机组和2号机组分别于2006年6月和9月并网发电，3号机组于2008年2月完成72小时试运行，具备商业运行条件。电厂总装机容量405兆瓦，年发电量28亿千瓦时。总投资17.46亿元，采用3×135兆瓦超高压单抽凝汽式汽轮发电机组，配3×480吨/时循环流化床锅炉，炉内脱硫，脱硫效率85%以上。煤矸石、中煤和劣质煤配比混烧，年用量210万吨。采用间接空冷技术，年节水650万吨。采用先进的DCS分散控制系统，可实现机、炉的全部自动控制。该工程可同时实现除尘、脱硫、空冷、污水闭路循环、煤矸石综合利用、铝电联产六位一体目标，是国家审批立项的第三批重点技术改造“双高一优”（高新技术产业化、高新技术和先进适用技术改造传统产业、优化重点产品和技术结构）项目，同时被列为山西省和阳泉市的重点调产项目。

山西兆丰铝业有限责任公司电解铝分公司　位于贵石沟办事处，其前身山西兆丰铝冶有限公司于

1994 年成立，为阳泉矿务局（阳煤集团）和香港莫兆记企业有限公司合资兴建。占地面积 5.6 万平方米，建筑面积 1.1 万平方米，从业人员 1070 余人。1995 年 12 月试产出铝，1996 年 7 月正式投产。2008 年 6 月，阳煤集团组建山西兆丰铝业有限责任公司，原公司成为铝业公司下属的电解铝分公司。截至 2011 年年底，公司有员工 1790 余名，资产总额 16.7 亿元，商品铝锭生产规模达 22.5 万吨。公司主要产品为重熔铝锭、电工圆铝杆，其中“兆丰”牌重熔铝锭为山西省名牌产品，畅销全国各地。公司先后被评为省、市优秀外商投资企业、经济效益先进企业、守信用重合同单位、质量信誉“AAA”级企业。公司在阳泉市率先通过 ISO9002 质量体系认证、ISO14001 环境管理体系认证和 OHSAS18001 职业安全健康管理体系认证。是国内为数不多的一家有自备电厂和氧化铝厂的大型铝电解企业。

第三节　管理工作

一、科技体制改革

资金投入　2001 年，矿区重点对高新技术产业、传统产业升级改造、机械制造业、节能环保产业予以资金扶持。重点对山西华鑫电气有限公司的电动机变频器、隔爆型稀土永磁电机和电机车技术；阳泉信达通矿山机械有限公司的刮板输送机配件；金法支护有限公司的聚乙烯（PE）管件等 5 个“百项工程”项目进行了扶持。其中，华鑫电气有限公司的两项科研项目正式投产，隔爆型稀土永磁电机技术被确定为省级技术转化项目和示范项目。华鑫电气公司被确定为省级高新技术企业和科技创新型示范企业。同时，还对佰益粮贸物流中心、年产 10 万立方米煤矸石免烧砖、多功能矫姿背包、煤雕等调产项目进行了扶持。2009 年，组织实施科技发展计划项目，区级 30 项、市级 7 项、省级科技成果推广项目 1 项，共计投入科技研发资金 354 万元。2010 年，实施区级科技发展计划项目 3 批 31 项，下达科技技研发经费 337 万元。2011 年，确定区级科技发展计划项目 16 项，配套下达科技研发经费 372 万元。有效发挥了政府科技投入的引导作用。

产学研结合　矿区积极推动产学研相结合和科技成果转化工作。2008 年 3 月，与北京理工大学、中科院自动化研究所、北京市生产力促进中心等单位开展两地产学研结合、专项技术合作开发和科技产业孵化器平台等事宜进行交流。阳煤集团与南开大学等多个高等学校和科研设计机构协作和联合。华越机械有限责任公司与北京理工大学缔结了长期技术合作关系，签订了大型采煤机变频器故障检测系统专项技术开发合同。矿区粮贸中心与郑州粮食学院联合开发的“无公害营养面粉推广项目”列入省级科技发展项目。矿区政府设立了矿区生产力促进中心、矿区矿山机械与配件制造业协会、矿区中小企业创业辅导服务中心等 3 家科技服务机构，建立了矿区科技信息库、矿区中小企业信息网、矿山机械与配件制造业公共技术服务等技术服务网络平台。全区共有科技研发、技术服务机构 8 个。矿区规模以上工业企业技术开发经费为 17337.2 万元，占产品销售收入的 0.62%。

发展壮大民营经济　2001 年，矿区以发展新型能源、新型材料为重点，加大对煤炭深加工、机电一体化、矿山机械与配件制造和循环经济等项目的支持力度，对引进的多功能营养面粉专利项目、恒汇液压有限公司的液压阀项目、恒星云支护用品厂的玻璃钢树脂锚杆等中小企业特色科技新产品、新项目进行扶持。先后有 5 家企业被确定为省级民营科技企业。华鑫电气公司的防爆特殊型变频电机车、新鑫科研所的二氧化碳发生器、恒汇液压阀、金法支护公司的聚乙烯（PE）管材、安明门窗公司的镨钕镝合金、矿区管件厂的中频炉改造等一批新产品、新技术的研发相继完成，并投入批量生产。2010 年 10 月，华鑫电气公司被确定为省级高新技术企业，截至 2011 年年底，全区省级高新技术企业有 1 家，省级民营科技企业 10 家。

二、项目和资金管理

2001年10月，矿区科学技术局成立后，制订了科技项目管理程序。规定首先公开申报程序、申报时间、申报条件，实行网上申报。确定项目采取单位申报、考查筛选、集体研究决定的办法，项目确定后由区科委行文下达；其次是对科技项目实行专项合同管理制度，与用款单位签订科技项目专项合同，按照合同进行拨款；科技、财政、审计等部门对项目实施和完成情况共同进行跟踪、检查、管理，监督资金使用；对虚报项目、挪用专项资金等违规行为按合同进行处理。

在科技资金管理方面，2005年制订了《矿区科学技术研究与开发专项资金管理办法》，对资金用途和使用方法作出了规定。该办法规定，资金主要用于扶持区属企事业单位科技开发研究、新产品试制、科技成果推广等项目。还规定科技“基金”由银行代管，实行有偿、有息使用。同时，积极联系金融部门为民营科技企业实施科技成果转化提供贷款、担保。

三、科技成果管理

（一）成果鉴定

根据《中华人民共和国科学技术成果鉴定办法》等相关法令法规的规定，矿区科学技术成果均报请国家或省级相关部门进行鉴定。据不完全统计，历年经燃化部（煤炭部、中国统配煤矿总公司）组织鉴定的项目有19项，经山西省科技厅（科委）、经委、标准局、煤管局、卫生厅组织鉴定的项目有43项。

（二）表彰奖励

据不完全统计，1980～2011年，矿区获国家级科技奖13项（全国科学大会奖2项；国家科技进步奖二等奖1项，三等奖2项；全国发明展览会银牌2项，铜牌5项；国家“八五”科技攻关重大科技成果项目1项），获煤炭工业协会科学技术进步奖15项（特等奖2项、一等奖2项、二等奖3项、三等奖8项），获山西省科学技术进步奖35项（一等奖4项、二等奖21项、三等奖10项），获其他省部级颁发的奖项15项。矿区历年获得多项阳泉市颁发的科学技术进步奖和其他奖项。矿区每两年召开一次全区科技大会，表彰在促进矿区科学技术进步，加快经济发展中作出贡献的先进科技企业、先进个人及获奖科技项目。阳煤集团对科技成果项目，均按照其技术含量、获得的经济和社会效益，依照科学技术奖励实施办法进行表彰奖励，奖金额逐年提高，2005～2008年，年度科学技术奖励金额均超过100万元。

（三）专利管理

1984年3月12日，国家颁布《中华人民共和国专利法》。1985年，矿区开展专利工作。2001～2011年，矿区获授权（或公告）专利项目共计336项。

2006年，矿区被评为专利工作先进县（区），新鑫科研所的杜志刚被评为专利工作先进个人。2008年，聚力技术中心的矿用隔爆型β型冷却R型卷绕式铁芯变电站项目获省知识产权局的赞助。2009～2010年，成功举办两届科技成果及专利技术（项目）推介会，编印了《阳泉市专利技术（项目）介绍》和《科技成果推广项目介绍》，推介、发布科技项目200项。部分项目签订了合作意向书。2010年，全区每十万人专利拥有量达到40件，步入全国先进行列。2011年，根据2009年12月出台的《阳泉市矿区专利资助（奖励）实施细则》的规定，对2009年、2010年申请受理专利和授权进行了资助奖励，截至2011年12月底，累计发放专利资助奖励资金101800元。

四、民营科技管理

根据国家科技部、国家经贸委及省、市《关于促进民营科技企业发展的若干意见》的精神，1999年12月，区委、区政府成立了矿区民营科技企业协调领导组；2000年5月，组建了矿区民营科技园区，并出台了《关于大力发展民营科技企业的实施办法》《矿区民营科技企业管理细则》等相应的政策和措施。华盛电脑有限公司、晋宝制药厂、中旭电子有限公司、育英电子服务中心、北方机电安装公司、阳泉新鑫科技研究所、阳泉市聚力技术中心、恒泰华应用技术研究所、蓝天环保型煤有限公司等12家民营科技企业入驻矿区民营科技园区。2002年，全区民营科技企业增至17家，年产值超过2000万元。聚力技术中心的矿用隔爆型β型冷却R型卷绕式铁芯变电站项目被列为省级新产品项目，新鑫科研所的二氧化碳发生器获省、市科技进步奖，绿色鞋业的保健拖鞋远销南亚、日本、韩国。全区民营科技企业技工贸收入呈逐年递增趋势，为全区经济结构调整培育新的经济增长点增添了活力。2002～2006年，部分矿区民营科技企业因规模扩大而外迁，也有部分企业因资金和技术等问题难以为继，民营企业的发展呈现萎缩趋势。2006年年底，矿区民营科技企业仅余6家，从业人员281人，有各类高级职称技术人员22人，从事技术研究的专业人员22人。2007～2011年，区委、区政府为发展民营科技企业，加大了资金扶持力度，培育了一批新产品、新项目、新企业。矿区粮贸中心与郑州粮食学院联合开发的无公害营养面粉项目，被列入省级科技发展项目，矿区粮贸中心被认定为省级民营科技企业。具有自主知识产权的“美帅”牌多功能背包也投入生产。先后对多功能营养面粉专利项目、恒汇液压有限公司的液压阀项目、恒星云支护用品厂的玻璃钢树脂锚杆项目进行了持续扶持。截至2011年年底，矿区有民营科技企业10家，5家企业被确定为省级民营科技企业。

第二章　科技发展

新中国成立后，矿区科技研究有了快速发展。中共十一届三中全会后，矿区科技在采矿工程、医药卫生和一般科技领域均实现了大幅提升，取得许多重要成果。特别是在采矿工程领域，由阳泉煤业（集团）有限责任公司与煤炭科学研究总院重庆分院共同完成的《阳泉矿区高瓦斯易燃煤层高产高效综放工作面瓦斯综合治理技术研究与应用》项目，获得2005年度国家科学技术进步奖二等奖。有多项成果达到国际领先水平、国际先进水平和国内领先水平，多次获得国家级和省部级、市级和区级奖项，还取得多项国家专利。

第一节　采矿工程

从1947年阳泉解放到中共十一届三中全会前的30年间，阳泉矿务局的科技事业取得一定的成就。1953年，阳泉矿务局成立瓦斯研究组，对煤层瓦斯来源、涌出规律及其治理方法进行研究。1957年，顶板穿层钻口抽收四尺煤层邻近瓦斯的试验获得成功，为超级瓦斯煤矿的瓦斯综合治理开辟了新的途径。此后的8年间，阳泉矿务局开展了空心集力毫秒爆破、瓦斯裂化，薄煤层刮斗采煤、锚杆支护和康拜因“一炮一刀”采煤等科技项目的试验，对引进的苏式M2金属摩擦支柱进行了矿压观测。

“文化大革命”初期，阳泉矿务局科技工作陷于停顿。1968年9月局革命委员会成立后，科技工作重新起步。1973年开始电子技术的推广应用，同时开展了动力载波、动力载波电话、硅整流、架线式电机车脉冲调速和采煤机离机控制等项目的研究。在煤炭工业部工作组的组织下，科技处的工程技术人员参与了在四矿进行的首套国产综采设备的采煤试验。1974～1977年，全局先后完成科研和技术革新项目1508个，其中较大的项目52个。除工程技术人员外，工人技师们的贡献也很突出。三矿技师王登祥革新成功双槽轮，取代30马力绞，使无级绳运输的效益明显提高。三矿技师张世祯完成技术项目80多个，被职工誉为“智多星”。四矿技师张双贵等人土法上马，改制成功全局第一台滚筒采煤机。

1978年，在全国科技大会上，阳泉矿务局参与研究的BZZB型液压支架、矿井瓦斯抽放技术等8项科研成果受到奖励。1978～1987年，阳泉矿务局的科技事业取得多项成果。主要有：斜井机械化配套作业线及施工新工艺、MLS3－170型双滚筒采煤机、倾斜长壁采煤法、600毫米轨距3吨底卸式矿车、等厚筛分法、抗磨液压油、计算机调度管理程序、ZK14－6/250－1型架线式电机车、QZB－160/660矿用隔爆型真空电磁启动器和QZBH－200/660矿用隔爆兼安全火花真空电磁启动器、阳泉七尺煤层瓦斯处理方法、Y形通风等。

1988～1992年，阳泉矿务局科学技术攻关取得重要成果。针对阳泉矿务局高沼气矿井综采工作面瓦斯积聚超限问题，煤炭部于1987年7月下达国家“七五”科技攻关项目“综采工作面瓦斯处理技术的研究”，这是阳泉矿务局唯一承担的国家攻关项目。为此矿务局组成课题组，在一年半时间里，在二矿71211和71210两个工作面，采用Y型通风解决了上隅角瓦斯超限；在无煤柱条件下，采用迎向钻孔布置方式，抽放邻近层瓦斯；引进消化英国充填设备，应用国内材料研制成功“高水速凝巷旁充填”；采用电子计算和物理试验模拟，建立了数字模型；试验在综采工作面取得较好经济效益，巷道掘进量减少54.6%，回采率提高11.89%。1992年4月，机厂助理工程师李永信在有关部门协助下，利用三圆坐标法攻克了大容量风机不平衡的技术难题，填补了山西省的一项技术空白。由阳泉矿务局与煤科院西安分院共同研制的MKD－5型大直径深孔瓦斯抽放钻机，1992年年初设计出样机并在三矿一号井、裕公井进行井下工业性试验，各项技术指标达到设计要求，填补了国内坑道大口径瓦斯抽放钻机的一项空白。

这个时期，民营科技机构也为采矿工程科研作出了贡献。市应用研究所工程师韩少杰研制的甲烷检测仪、数字式袖珍甲烷警报器两种产品，分别达到国内和国际先进水平，其中后者获第38届尤里卡世界发明博览会金奖及特别奖，并被列为全国统配煤矿安全必备品。矿山设备研究所所长周竹堂8年研制成功9个系列37个煤矿电器新产品，如SGA－36/127矿用隔爆兼本质安全型声光信号装置、矿用隔爆型高压真空配电装置、BGP6－6型高压真空防爆配电装置、矿工安全帽型头灯等，其中8项获技术成果奖，4次获国际发明成果奖，7次获省、市科技进步奖，6项获得国家专利。

1993～1997年，阳泉矿务局围绕煤炭生产中的关键科技项目开展攻关，尤其是在瓦斯治理研究方面取得了较大突破。1993年8月，阳泉矿务局成功进行四矿8312综采放顶煤工作面上层中间巷动压注水试验。1994年9月7日，阳泉矿务局与省148煤田地质勘探队共同承担的“韩庄井田矿井瓦斯等级预测的研究”项目通过省级技术鉴定，为四矿接替井的韩庄井田矿井建设提供了依据。同时通过鉴定的还有“阳泉矿务局五矿综放工作面采空区注氮后气体流动及氮气分布规律研究”项目，为实施向采空区注氮防治工作面自燃发火的工作提供了依据。1994年12月通过省级鉴定的“阳泉矿区主采煤层巷道锚杆参数与钻具的选择”项目，具有全面性、可靠性、适用性、先进性和工程实用价值。1996年9月12日通过部级技术鉴定的“阳泉五矿放顶煤综采瓦斯防治技术研究”，解决了初采期和上隅角瓦斯频繁超限问题，达到国际先进水平。12月25日，“阳泉矿务局瓦斯综合治理技术的研究”项目鉴定会在北京举行。鉴定委员会主任由中科院工程院院长戚颖敏担任，中科院工程院院士钱鸣高等13名知名专家组成鉴定委员会。鉴定委员会一致评价，该项目达到了国际先进水平，上邻近层抽放技术处于国际领先水平。采用瓦斯综合治理技术，保障了瓦斯大而且突出频繁的阳泉矿务局连续18年未发生重大瓦斯事故。

1998～2001年，阳煤集团坚持科技投入，科技创新成为支撑集团公司扭亏脱困的重要力量。这一期间，阳煤集团完成了许多科技创新的研究和应用项目。抗变形雷达站下采煤研究项目，经过15年的尝试获得成功，1998年8月4日通过省鉴定，为综放条件下的建筑物下采煤开创了先河。QBZ－200G矿用隔爆型双电机真空电磁启动器，填补了国内空白。1999年完成的“岩巷定向断裂控制爆破”新技术，工效达到每工0.065米，创历史最好水平；每米材料消耗节约188.28元～302.35元。

"九五"期间国家重点科技攻关项目"岩石长钻孔成孔设备及工艺的研究"，创造了国内煤矿井下岩石近水平定向钻孔的新纪录。2000年完成的《高瓦斯矿井易自燃煤层综放面胶体防灭火技术》和煤炭部"九五"科技攻关项目《高瓦斯易燃煤层综放开采安全保障技术研究》达到国际先进水平。2000年10月20日，"粉状乳化炸药"项目通过了山西省民爆局组织的专家论证，为化工厂的扭亏脱困发挥出重要作用。群众性的技术革新、"五小"科技创新、合理化建议积极开展，取得了丰硕成果。1998~1999年，机电总厂开发研制新产品11项，进行技术改造12项，创造价值3000多万元。1999年，三矿完成技术革新和改造项目87项，创造价值1000余万元。

2002~2008年，投入大量的科技项目资金，年度科技奖励金额均在百万元以上，7年中科技创新硕果累累。其中经省部级鉴定认为达到国际领先水平的项目有："阳泉矿区高瓦斯易燃煤层高产高效综放工作面瓦斯综合治理技术研究与应用""高瓦斯矿井陷落柱密集区松散煤顶板条件下开采技术的研究与应用""大跨度厚层泥岩复合顶板煤巷预应力组合支护""综放面顶板初次垮落瓦斯不稳定涌出治理技术与适应性研究""高瓦斯大采长综放面煤与瓦斯共采技术""超远距离下保护煤层开采对强化上部突出煤层瓦斯抽采的试验研究"；达到国际先进水平的项目有："阳泉矿区煤与瓦斯突出综合防治技术研究与应用""无线电波坑道透视法探测综采工作面隐伏地质构造的试验研究""选煤厂装车自动化系统""疏水性煤层开采条件下节水型综合防尘技术研究及应用""碎裂围岩巷道变形破坏规律及其控制技术研究""高瓦斯矿井综放工作面沿空侧回采巷道矿压规律及维护技术研究"；达到国内领先水平的项目有："选煤设备故障预警及综合保护系统研究与应用""高瓦斯掘进工作面瓦斯排放控制系统""TB250M-4YC隔爆型稀土永磁同步电机""矿井水回用于井下降尘喷雾技术研究""落叶松腮扁蜂、松阿扁叶蜂两种暴发性松扁叶蜂综合防控技术研究"。另外还有："二矿井下电网监测监控系统"项目达到国内同行业领先水平，"高瓦斯综放面本煤层与邻近层卸压瓦斯同步抽采技术研究"项目经济和社会效益显著，"强化本煤层瓦斯抽采主动支护式封孔技术试验研究"项目具有良好的推广应用前景。

2009~2011年，阳煤集团取得多项科技创新成果。2009年，阳煤集团参与的"深井煤与瓦斯突出煤层区域性瓦斯灾害防治关键技术及应用"项目，获得2009年度国家科技进步二等奖。阳泉、晋中地区煤层气立体抽采和全面利用三年规划正式发布。2010年，不断加大研发投入，在资金上给予保障。全年实施科技项目281项，其中产学研合作项目156项，企业科技活动经费支出23.52亿元，其中企业研究与试验发展经费支出10.04亿元。由阳煤集团与河南理工大学共同完成的"置换解析和抑制解析技术防治瓦斯突出试验研究"项目获2010中国煤炭工业科学技术一等奖。由阳煤集团与中国矿业大学共同完成的"阳泉矿区煤与瓦斯安全高效共采技术研究"项目获2010中国煤炭工业科学技术二等奖。由阳煤集团与太原理工大学共同完成的"钻孔水力割缝抽采瓦斯关键技术研究"项目，在阳泉集团寿阳开元矿业有限责任公司9804工作面顺利开展了水力割缝试验。"高瓦斯突出厚煤层大采高综采工艺与安全保障技术研究"项目，在阳泉矿区首次成功应用大采高综采工艺开采15号高突煤层，实现了阳泉矿区采煤技术的变革。"高应力孤岛综放面沿空掘巷围岩变形机理及其控制技术"项目于2010年7月经省科技厅鉴定，达到国际领先水平。阳泉煤业集团华越机械有限公司研制了高工作阻力液压支架形式、出厂试验台，处于国内领先水平。山西华鑫电气有限公司开发的拥有自主知识产权的直流无刷电机和永磁调速电机，产品标准被国家确定为行业标准。2010年研发的"无齿轮永磁同步变频智能驱动系统"无齿轮传动，节电率达20%以上。以科学技术手段促进节能减排工作，引入"合同能源管理模式"，该项目于2010年完成，年节约1900吨标准煤。2011年，"阳泉矿区煤与瓦斯共采技术研究与实践"项目获山西省科技进步三等奖，"高瓦斯突出厚煤层大采高综采工艺与安全保障技术研究"项目获中煤协会科技进步二等奖，"高灰低硫及中灰中硫贫煤作配煤组分生产冶金焦的研究"项目获中煤协会科技进步二等奖，"地震反演技术预测煤矿瓦斯富集区的研究与应用"项目获山西省科技进步三等奖，"高瓦斯突出厚煤层大采高综采工艺与安全保障技术研究"项目获山西省科技进步三等奖，“自燃煤矸石山治理与生态重建技术研究”项目获山西省科技进步三等奖。

1974～2010年阳泉市矿区科技项目、产品获省部级鉴定、评审、认定情况一览表

表24－1

项目及产品名称	完成单位	鉴定、评审及试验情况
综合机械化采煤设备	阳泉矿务局	1974年10月通过国家燃化部技术鉴定，并开始推广使用
JY－Ⅱ型掩护式液压支架	中国煤炭科学研究院太原研究所、阳泉矿务局	1980年10月27日通过煤炭工业部鉴定，填补了国内煤炭行业一项空白
斜井机械化配套作业线及施工新工艺	阳泉矿务局第二工程处、陕西煤炭研究所	1985年3月通过煤炭工业部技术鉴定。
MWK－10/127型煤电钻无触点开关	阳泉市五金电器厂	1986年12月16日，由阳泉市科学技术委员会、山西省煤管局、山西省煤炭厅、山西质量鉴定研究所鉴定，填补了山西省的一项空白，具有省内先进水平。
Ⅱ型钢顶梁	矿务局机修厂	1987年3月通过鉴定，填补了山西省一项空白
矿用隔爆型安全火花声光电铃、电笛	阳泉市矿区矿山技术设备研究所	获国家专利权
综采工作面瓦斯处理技术	阳泉矿务局	1989年2月4日通过部级鉴定。达到国内水平，部分内容填补了国内空白
矿用隔爆型高压真空配电装置	阳泉市矿区矿山技术设备研究所	获国家专利权
综采放顶煤工艺	阳泉矿务局	1990年9月通过中国统配煤矿总公司技术评定
MCD5.5～6侧底卸矿车	阳泉矿务局机厂	1991年5月8日通过由中煤总公司技术发展司、山西省经委、省标准局、省煤管局的技术鉴定
矿用液压升降台	阳泉矿务局、太原索斯沃斯	1992年5月11日经工业性试验通过省科委技术鉴定
YGDZ－2780型单体支柱	阳泉矿务局供应处单体柱租赁站	1992年11月10日通过国家煤矿支护设备产品质量监督检验中心鉴定
MKD－5型全液压大直径深孔瓦斯抽放钻机	阳泉矿务局、煤科总院西安分院	1993年1月8日通过山西省煤管局技术评议和技术鉴定，填补了中国坑道大口径瓦斯抽放钻机的一项空白
HDJS1型金属双锲铰接顶梁试制与推广应用	阳泉矿务局	1993年1月8日通过山西省煤管局技术评议和技术鉴定
超级软带旋转密封圈	阳泉矿务局	1993年1月8日通过山西省煤管局技术评议和技术鉴定
国产MG200－W型采煤机与SGB－630/220型刮板输运机在12号煤层配套试验	阳泉矿务局	1993年1月8日通过山西省煤管局技术评议和技术鉴定
综采工作面生产技术及顶板监控优化管理	阳泉矿务局和一矿	1993年7月20日通过山西煤管局的鉴定

续表 24－1

项目及产品名称	完　成　单　位	鉴定、评审及试验情况
综采放顶煤工作面上层中间巷动压注水降尘试验	阳泉矿务局	1993 年 8 月 5 日通过山西煤管局鉴定
KS8 型系列矿灯	阳泉矿务局二矿矿灯厂	1993 年 12 月 28 日通过煤炭部技术鉴定鉴定，认为该产品设计合理，具有国内先进水平
特异煤矸石	阳泉矿务局某教师	1994 年 5 月 18 日发现。该石呈扁圆形，直径约 0.4 米，厚约 0.35 米，表面光滑，有规则的条状花纹，重约 100 千克。经山西矿院地测系副教授李克和中国煤炭博物馆专业人员鉴定，认为是一块不可多得的矿物标本，为揭示煤层生成条件和发育过程提供了实物依据，兼具展览和研究价值。该石被中国煤炭博物馆收藏
阳泉矿务局五矿综放工作面采空区注氮后气体流动及氮气分布规律研究	阳泉矿务局	1994 年 9 月 7 日通过山西煤管局受省科委委托进行的技术鉴定
阳泉矿区韩庄矿井瓦斯等级预测研究	阳泉矿务局	1994 年 9 月 7 日通过山西煤管局受省科委委托进行的技术鉴定
阳泉矿区主采煤巷道锚杆支护参数与钻井选择	阳泉矿务局	1994 年 12 月 28 日通过省科委、山西煤管局的鉴定。专家们认为该成果达国内领先水平
阳泉五矿放顶煤瓦斯防治技术研究	阳泉矿务局	1996 年 9 月 12 日通过煤炭部技术鉴定，达国际先进水平
放顶煤综合工作面综合防尘的研究	阳泉矿务局	1996 年 9 月 12 日通过煤炭部技术鉴定
阳泉矿务局瓦斯综合治理技术的研究	阳泉矿务局	1996 年 12 月 25 日在京通过技术鉴定，专家们认为，该项目达到国际先进水平，其中上邻近抽放技术处于国际领先水平
PVC 塑料深覆布正压风筒	阳泉矿务局二矿多营、煤科总院重庆分院	1997 年 10 月 8 日经国家煤矿防尘通风安全产品质量监督检验测试中心检验，符合部颁标准，通过省部级技术鉴定
KBM－200/2ZG 矿用隔爆型母线盒、XBH21－127/38/9 矿用隔爆型声光信号装置、KBJ－45/3ZG 矿用隔爆型三通接线盒和 LA81 系列矿用隔爆型按钮“四小”电器	阳泉矿务局二矿多营、煤科总院上海分院	1997 年 10 月 16 日通过山西省煤管局的技术鉴定
矿用洁净型特高含水液压工作液	阳煤集团一矿多营总公司、中国煤科总院北京开采所	1998 年 5 月 22 日通过煤炭部科教司组织的技术鉴定，专家认为该成果属国内首创，达到国际先进水平
抗变形雷达站下采煤	阳煤集团、煤科总院唐山分院	1998 年 8 月 4 日通过省科委、省煤管局组织的专家论证和鉴定，认为该项目技术上有创新，达到国内先进水平
ZB－1 型矿用隔爆兼本质安全型胶带运输机综合保护装置	北京煤成电器设备公司、阳煤集团四矿华鑫机电修造公司电器厂	1998 年 11 月 21 日通过煤炭部的鉴定，填补了阳煤集团胶带运输机保护装置的生产空白

续表 24－1

项目及产品名称	完　成　单　位	鉴定、评审及试验情况
MKY－360 型 CO_2 发生器（组）	阳煤集团职教中心、阳泉新鑫科技研究所、中国煤炭劳动保护科学技术协会	1999 年 9 月 15 日通过山西煤管局和山西省科学技术委员会的科学技术成果鉴定
岩石长钻孔成孔设备及工艺	阳煤集团、煤科总院西安分院	国家“九五”攻关项目“改善煤矿安全状况综合配套和关键技术的研究”中的子专题，1999 年 10 月 28 日通过国家技术鉴定
阳泉煤矸石防治自燃方法的研究	阳煤集团、煤科总院杭州环保研究所	1999 年 11 月 17 日经省科委有关专家对各类技术鉴定资料考察，认为达到国内先进水平
高瓦斯矿井易自燃煤层综放面胶体防灭火技术	阳煤集团	2000 年 5 月 20 日通过国家级专家鉴定，认为是一项具有国际先进水平的防灭火技术
高瓦斯易燃煤层综放开采安全保障技术研究	阳煤集团、煤科院重庆分院	2000 年 12 月 25 日通过国家煤矿安全监察局专家的鉴定和验收
阳泉矿区高瓦斯易燃煤层高产高效综放工作面瓦斯综合治理技术研究与应用	阳煤集团	2002 年 5 月 29 日通过省科技厅组织的专家鉴定，鉴定认为该项目达到国际领先水平
阳泉矿区高瓦斯易燃煤层高产高效综放工作面瓦斯综合治理技术研究与应用	阳煤集团	2002 年 5 月 29 日通过省科技厅组织的专家鉴定，鉴定认为该项目达到国际领先水平
阳泉矿区煤与瓦斯突出综合防治技术研究与应用	阳煤集团	2002 年 5 月 29 日通过省科技厅组织的专家鉴定，鉴定认为该项目达到国际先进水平
无线电波坑道透视法探测综采工作面隐伏地质构造的试验研究	阳煤集团	2002 年 5 月 29 日通过省科技厅组织的专家鉴定，鉴定认为该项目达到国际先进水平
国阳新能公路运输信息化管理系统	选运处和新闻信息中心	2005 年 10 月 22 日通过山西省科技厅专家鉴定
高瓦斯矿井陷落柱密集区松散煤顶板条件下开采技术的研究与应用	阳煤集团技术中心、生产地质技术部、通风部	2006 年 12 月 22 日通过省科技厅组织的专家鉴定，鉴定认为达到国际领先水平
大跨度厚层泥岩复合顶板煤巷预应力组合支护	新元公司 北京科技大学	2006 年 12 月 22 日通过省科技厅组织的专家鉴定，鉴定认为达到国际领先水平
选煤厂装车自动化系统	国阳公司一矿 唐山大禹科技公司	2006 年 12 月 22 日通过省科技厅组织的专家鉴定，鉴定认为达到国际先进水平
综放面顶板初次垮落瓦斯不稳定涌出治理技术与适应性研究	阳煤集团技术中心、五矿	2006 年 12 月 22 日通过省科技厅组织的专家鉴定，鉴定认为达到国际先进水平
选煤设备故障预警及综合保护系统研究与应用	新景矿、唐山大禹科技公司	2006 年 12 月 22 日通过省科技厅组织的专家鉴定，鉴定认为达到国际先进水平
含氧煤层气分离液化工业实验	北京赞成国际投资有限公司、中国科学院理化技术研究所、阳煤集团	2007 年 8 月 5 日获得成功，获专家组肯定。经查新，此项技术属国际首创，达到国际领先水平
高瓦斯大采长综放面煤与瓦斯共采技术	阳煤集团 中国矿业大学	2007 年 8 月 14 日在北京通过有关专家鉴定，鉴定认为该项目达到了国际领先水平

续表 24－1

项目及产品名称	完 成 单 位	鉴定、评审及试验情况
高瓦斯掘进工作面瓦斯排放控制系统	阳煤集团	2007 年 11 月 15 日通过省科技厅组织的专家鉴定，鉴定认为达到国内领先水平
TB250M－4YC 隔爆型稀土永磁同步电机	阳煤集团	2007 年 11 月 15 日通过省科技厅组织的专家鉴定，鉴定认为达到国内领先水平
钢绳芯强力带式输送机	华越公司	2008 年 1 月 14 日通过阳泉市科技局组织的技术评审，达到国内先进水平
疏水性煤层开采条件下节水型综合防尘技术研究及应用	阳煤集团 北京科技大学	2008 年 7 月 23 日通过省科技厅组织的专家鉴定，鉴定认为达到国际先进水平
碎裂围岩巷道变形破坏规律及其控制技术研究	阳煤集团 中国矿业大学	2008 年 7 月 23 日通过省科技厅组织的专家鉴定，鉴定认为达到国际先进水平
二矿井下电网监测监控系统	国阳公司、阳煤集团机电动力部、技术中心、二矿、北京威通诚信机电科技公司	2008 年 8 月 20 日通过省科技厅组织的专家鉴定，鉴定认为达到国内同行业领先水平
矿井水回用于井下降尘喷雾技术研究	国阳新能公司、石家庄泽绿水科技有限公司	2008 年 10 月 24 日通过省科技厅组织的专家鉴定，鉴定认为达到了国内领先水平
高瓦斯矿井综放工作面沿空侧回采巷道矿压规律及维护技术研究	国阳新能公司 中国矿业大学	2008 年 10 月 24 日通过省科技厅组织的专家鉴定，鉴定认为达到了国际先进水平
落叶松腮扁蜂、松阿扁叶蜂两种暴发性松扁叶蜂综合防控技术研究	阳煤集团林业处等	2008 年 11 月 3 日通过省林业有害生物防治检验检疫局、省林业科学研究院等部门专家组成的评审委员会评审，认为达到了国内领先水平
高瓦斯综放面本煤层与邻近层卸压瓦斯同步抽采技术研究	阳煤集团 中国矿业大学	2008 年 12 月 23 日通过中国煤炭工业协会专家鉴定委员会的鉴定，专家鉴定认为经济和社会效益显著
强化本煤层瓦斯抽采主动支护式封孔技术试验研究	阳煤集团 河南理工大学	2008 年 12 月 23 日通过中国煤炭工业协会专家鉴定委员会的鉴定，专家鉴定认为具有良好的推广应用前景
超远距离下保护煤层开采对强化上部突出煤层瓦斯抽采的试验研究	阳煤集团 河南理工大学	2008 年 12 月 23 日通过中国煤炭工业协会专家鉴定委员会的鉴定，专家鉴定认为达到了国际领先水平
深井煤与瓦斯突出煤层区域性瓦斯灾害防治关键技术及应用	阳煤集团	2009 年项目制定行业技术标准 2 部，获发明专利 2 项，在全国 40 多个矿井得到了推广，取得显著经济和社会效益
置换解析和抑制解析技术防治瓦斯突出试验研究	阳煤集团	2009 年 12 月 23 日通过中国煤炭工业协会专家鉴定委员会的鉴定，专家鉴定达到了国际领先水平
阳泉矿区煤与瓦斯共采技术研究与实践	阳煤集团	2009 年 12 月 23 日通过中国煤炭工业协会鉴定，研究成果达到国际领先水平
高瓦斯突出厚煤层大采高综采工艺与安全保障技术研究	阳煤集团	2010 年 12 月 30 日通过省科学技术厅鉴定，达到国际先进水平
高灰低硫及中灰中硫贫煤作配煤组分生产冶金焦的研究	阳煤集团	2010 年 12 月 30 日通过省科学技术厅鉴定，成果在炼焦配煤方面达到国际先进水平

续表 24－1

项目及产品名称	完　成　单　位	鉴定、评审及试验情况
钻孔水力割缝抽采瓦斯关键技术研究	阳煤集团	2010 年 4 月 23 日通过中国煤炭工业协会鉴定，达到国内领先水平
突出煤层煤巷掘进工作面水力挤出快速消突技术研究	阳煤集团	2010 年 1 月 16 日通过省科学技术厅鉴定，达到国际先进水平
低透气性煤层瓦斯抽采工艺技术研究	阳煤集团	2010 年 1 月 16 日通过省科学技术厅鉴定，达到国际先进水平
高应力孤岛综放面沿空掘巷围岩变形机理及其控制技术研究	阳煤集团	2010 年 7 月 13 日通过省科学技术厅鉴定，达到国际领先水平
煤矿胸部外伤特点及临床救治系列研究	阳煤集团	2010 年 1 月 22 日通过省科学技术厅鉴定，达到国际先进水平
2000KN 液压支架内加载整架试验台	阳煤集团	2010 年 11 月 30 日通过省科学技术厅鉴定，达到国内领先水平
自燃煤矸石山治理与生态重建技术研究		2010 年 12 月 11 日通过省科学技术厅鉴定，达到国际先进水平
地震反演技术预测煤矿瓦斯富集区的研究与应用	阳煤集团	2010 年 1 月 16 日通过省科学技术厅鉴定，达到国际先进水平

1978～2011 年阳泉市矿区获省部级以上奖励科技成果一览表

表 24－2

项　目　名　称	完　成　单　位	获　　奖　　情　　况
BZZB 型垛式液压支架	阳泉矿务局	1978 年全国科技大会奖
矿井抽放瓦斯技术	阳泉矿务局	1978 年全国科技大会奖
阳泉七尺煤层瓦斯处理	阳泉矿务局、中国矿业学院、抚顺煤研所、山西矿院	1978 年获得山西省科技进步二等奖
ZK14－6/250－1 型架线式电机车	阳泉矿务局	1981 年获得山西省科技进步奖一等奖
MLS3－170 型双滚筒采煤机	阳泉矿务局	1981 年获得煤炭工业部科技成果特等奖
无煤柱开采	阳泉矿务局	1984 年获得山西省科技成果二等奖
高压铁塔下采煤推广应用	阳泉矿务局	1984 年获得山西省科技成果二等奖
三吨底卸矿车	阳泉矿务局	1984 年获得山西省科技成果二等奖
长壁旋转式采煤法	阳泉矿务局	1984 年获得山西省科技成果二等奖
倾斜长壁采煤	阳泉矿务局	1984 年获得山西省科技成果二等奖
四矿选煤生产缓解改造	阳泉矿务局	1984 年获得山西省科技成果二等奖
SLRUS－400 采煤机油路系统改造	阳泉矿务局	1984 年获山西省科技成果二等奖
斜井机械化配套作业线及施工新工艺	阳泉矿务局第二工程处、陕西煤炭研究所	1985 年全国煤炭系统十大科技成果
阳泉七尺煤层顶板岩巷抽放邻近层瓦斯试验研究	阳泉矿务局	1985 年获煤炭工业部科技进步三等奖
DGT－1 型电子功率自动调节及检测仪	阳泉矿务局	1985 年获煤炭工业部科技进步三等奖
阳泉村庄下采煤的试验	阳泉矿务局	1985 年获得煤炭工业部科技进步三等奖

续表 24－2

项 目 名 称	完 成 单 位	获 奖 情 况
斜井机械化配套作业线及施工新工艺	阳泉矿务局第二工程处、陕西煤炭研究所	1986 年获国家科技进步奖三等奖。
MWK－10/127 型煤电钻无触点开关	阳泉市五金电器厂	1987 年获山西省经济委员会优秀新产品奖
SGL36/127 矿用隔爆兼本质安全型声光电铃	阳泉市矿区矿山设备研究所	1988 年北京国际发明展览会银牌
矿车自动刹车装置	阳泉矿务局科技处	1988 年北京国际发明展览会铜牌
阳泉矿区邻近层煤层气地面钻孔抽放技术研究	阳泉矿务局	1989 年获得山西省科技进步二等奖
高压多用并相仪	阳泉矿务局三矿	第四届全国发明展览会铜牌
矿用隔爆型高压真空配电装置	阳泉市矿区矿山设备研究所	第四届全国发明展览会铜牌
BPJ6－6 矿用隔爆型高压真空配电装置	汾西机器厂、阳泉市矿区矿山设备研究所	1989 年山西省科技进步奖二等奖
SGL36/127 矿用隔爆兼本质安全型声光电铃	阳泉市矿区矿山设备研究所	1989 年山西省科技进步奖三等奖
DNP－10 单管旁路采暖装置	阳泉矿务局机厂	第五届全国发明展览会银牌
高水速凝巷旁充填材料	阳泉矿务局	1990 年获得能源部三等奖
自动出筷卫生筷笼	阳泉矿务局一矿	第六届全国发明展览会铜牌
上行开采对七尺煤层预抽瓦斯效果的研究	阳泉矿务局	1990 年山西省科技进步奖三等奖
斜井巷道防跑车装置	阳泉矿务局	1990 年山西省科技进步奖三等奖
矿区井上下控制测量微机管理系统	阳泉矿务局	1990 年山西省科技进步奖三等奖
综采工作面瓦斯处理技术	阳泉矿务局	1990 年能源部煤炭工业科技进步奖三等奖
采空区沼气抽检	阳泉矿务局	在山西省总工会、山西省经委“上质量、增品种、创效益”百项重大技术难题攻关活动中，被评为 1991 年度优秀成果
综采工作面瓦斯处理技术研究	阳泉矿务局	1992 年山西省科技进步奖一等奖
MCD5.5－6 五吨侧底卸矿车卸载站	阳泉矿务局	1992 年山西省科技进步奖一等奖
电流的测定与限制技术研究	阳泉矿务局	1992 年山西省科技进步二等奖
阳泉矿区 15#煤层综采放顶煤开采顶煤冒落机理的研究	阳泉矿务局 煤科总院北京开采所	1994 年山西省科技进步奖二等奖
阳泉矿区韩庄井田矿井瓦斯等级预测研究	阳泉矿务局煤炭科学研究所 山西省煤田地质勘探 148 队	1994 年山西省科技进步奖三等奖
阳泉市矿区主采煤层锚杆支护参数与钻具选择研究	阳泉矿务局 煤科总院北京开采所	1995 年山西省科技进步奖二等奖
路堑深拉槽峒室抛松爆破在宽路基开挖中的应用	山西矿业学院 阳泉矿务局第一工程处	1995 年山西省科技进步奖三等奖
加快突出煤层采掘速度安全保障系统的研究	阳泉矿务局	1996 年获国家“八五”期间科技攻关重大科技成果项目”证书

续表 24－2

项　目　名　称	完　成　单　位	获　　奖　　情　　况
阳泉矿务局瓦斯综合治理技术的研究	阳泉矿务局	1997 年 11 月获煤炭工业部科技进步奖特等奖
阳泉矿务局瓦斯综合治理技术的研究	阳泉矿务局	1998 年 12 月获国家科学技术进步奖三等奖
阳泉煤矿瓦斯治理技术	阳泉煤业（集团）有限责任公司	2000 年获国家煤炭工业局煤炭工业科技进步三等奖
抗变形建筑物下厚煤层一次采全高试验研究	阳泉煤业（集团）有限责任公司、煤科总院唐山分院	2000 年获山西省科学技术进步二等奖
新型高效低位放顶煤液压支架及提高回采率的研究	阳泉煤业（集团）有限责任公司	2001 年获中国煤炭工业协会科技进步奖一等奖
阳泉矿区高瓦斯易燃煤层高产高效综放工作面瓦斯综合治理技术研究与应用	阳泉煤业（集团）有限责任公司	2002 年度煤炭工业十大科技成果
高瓦斯易自燃煤层综放面胶体防灭火技术研究	阳泉煤业（集团）有限责任公司、西安科技学院	2002 年获山西省科技进步二等奖
阳泉矿区锚索支护技术研究与应用	阳泉煤业（集团）有限责任公司	2003 年中国煤炭工业协会科学技术奖一等奖
阳泉矿区高瓦斯易燃煤层高产高效综放工作面瓦斯综合治理技术研究与应用	阳泉煤业（集团）有限责任公司	2003 年山西省科技进步一等奖
阳泉矿区煤与瓦斯突出综合防治技术研究与应用	阳泉煤业（集团）有限责任公司	2003 年山西省科技进步二等奖
无线电波坑道透视法探测综采工作面隐伏地质构造的试验研究	阳泉煤业（集团）有限责任公司	2003 年山西省科技进步二等奖
综放面内错尾巷与自然发火相关关系的研究	阳泉煤业（集团）有限责任公司	2004 年中国煤炭工业协会科学技术奖三等奖
阳泉矿区高瓦斯易燃煤层高产高效综放工作面瓦斯综合治理技术研究与应用	阳泉煤业（集团）有限责任公司、煤炭科学研究总院重庆分院	2005 年度国家科学技术进步奖二等奖
煤质管理创新与应用	阳泉煤业（集团）有限责任公司	2005 年度全国煤炭企业管理现代化成果一等奖
拐弯钻孔替代倾斜高抽巷抽放邻近层瓦斯技术研究	阳泉煤业（集团）有限责任公司、煤炭科学研究总院西安分院	2006 年获国家安全生产监督管理总局第三届安全生产科技优秀推广项目奖
高瓦斯矿井陷落柱密集区松散顶板条件下开采技术的研究与应用	阳煤集团技术中心、生产地质技术部、通风部	2006 年度煤炭工业十大科技成果
岗位价值精细管理研究与实施	阳泉煤业（集团）有限责任公司	2007 年度煤炭企业管理现代化创新成果一等奖
企业岗位精细管理信息系统	阳泉煤业（集团）有限责任公司	2007 年度煤炭企业管理现代化创新成果二等奖
中层干部绩效管理体系的研究与应用	阳泉煤业（集团）有限责任公司	2007 年度煤炭企业管理现代化创新成果二等奖
选煤厂装车自动化系统	国阳公司一矿 唐山大禹科技公司	2007 年度中国煤炭工业协会科学技术奖二等奖

续表 24－2

项目名称	完成单位	获奖情况
大跨度厚层泥岩复合顶板煤巷预应力组合支护	新元公司、北京科技大学	2007年度中国煤炭工业协会科学技术奖三等奖
大跨度厚层泥岩复合顶板煤巷预应力组合支护	新元公司、北京科技大学	2007年度山西省科技进步奖二等奖
综放面顶板初次垮落瓦斯不稳定涌出治理技术与适应性研究	阳煤集团技术中心、五矿	2007年度中国煤炭工业协会科学技术奖三等奖
煤炭安全生产执行系统（C－MES）的应用发展	五矿	2007年度中国制造业信息化最佳实践奖
选煤厂装车自动化系统	国阳公司	2008年获中国煤炭工业协会科学技术奖二等奖
强化企业能源计量管理，打造资源节约型企业	阳泉煤业（集团）有限责任公司	2008年8月获中国计量协会论文二等奖
数字煤矿安全CWebGIS网络远程多级实时监测监管系统平台	阳泉煤业（集团）有限责任公司、煤炭科学研究总院抚顺分院等5单位	2008年12月获得中国煤炭工业协会科学技术奖二等奖
高瓦斯大采长综放面煤与瓦斯共采技术研究	阳泉煤业（集团）有限责任公司、中国矿业大学	2008年度中国煤炭工业协会科学技术奖二等奖
基于.NET平台的实时协会企业办公系统	阳泉煤业（集团）有限责任公司	2009年度中国煤炭工业协会科学技术奖三等奖
管理“六化”体系的研究与应用	阳泉煤业（集团）有限责任公司	2009年度中国煤炭工业协会科学技术奖三等奖
企业青工网上成才平台研发与应用	阳泉煤业（集团）有限责任公司	2009年度中国煤炭工业协会科学技术奖三等奖
高瓦斯矿井综放工作面沿空侧回采巷道矿压规律及维护技术研究	阳泉煤业（集团）有限责任公司	2009年度中国煤炭工业协会科学技术奖三等奖
高瓦斯综放面本煤层与邻近层采动卸压瓦斯同步抽采技术研究	阳泉煤业（集团）有限责任公司	2009年度中国煤炭工业协会科学技术奖三等奖
综放面顶板初次垮落瓦斯不稳定涌出治理技术与适应性研究	阳泉煤业（集团）有限责任公司	2009年国家安全生产监督管理总局三等奖
高瓦斯大采长综放面煤与瓦斯共采技术研究	阳泉煤业（集团）有限责任公司	2009年国家安全生产监督管理总局三等奖
疏水性煤层开采条件下节水型综合防尘技术研究及应用	阳泉煤业（集团）有限责任公司	2010年山西省科技进步三等奖
高瓦斯综放面本煤层与邻近层采动卸压瓦斯同步抽采技术研究	阳泉煤业（集团）有限责任公司	2010年山西省科技进步三等奖
置换解吸和抑制解吸技术防治瓦斯突出试验研究	阳泉煤业（集团）有限责任公司	2010年中国煤炭工业协会一等奖
阳泉矿区煤与瓦斯共采技术研究与实践	阳泉煤业（集团）有限责任公司	2010年中国煤炭工业协会二等奖
钻孔水力割份抽采瓦斯关键技术研究	阳泉煤业（集团）有限责任公司	2010年中国煤炭工业协会三等奖
高瓦斯矿井综放工作面沿空侧回采巷道矿压规律	阳泉煤业（集团）有限责任公司	2010年中国能源化学工会全国委员会、中国职工技术协会煤矿分会三等奖
企业青工网上成才平台研发与应用	阳泉煤业（集团）有限责任公司	2010年中国能源化学工会全国委员会、中国职工技术协会煤矿分会三等奖

续表 24－2

项 目 名 称	完 成 单 位	获 奖 情 况
深井煤与瓦斯突出煤层区域性瓦斯灾害防治关键技术及应用	阳泉煤业（集团）有限责任公司	2010 年国家科技进步二等奖
阳泉矿区煤与瓦斯共采技术研究与实践	阳泉煤业（集团）有限责任公司	2011 年山西省科学技术委员会三等奖
高瓦斯突出厚煤层大采高综采工艺与安全保障技术研究	阳泉煤业（集团）有限责任公司	2011 年中煤协会科技进步二等奖
高灰低硫及中灰中硫贫煤作配煤组分生产冶金焦的研究	阳泉煤业（集团）有限责任公司	2011 年中煤协会科技进步二等奖
地震反演技术预测煤矿瓦斯富集区的研究与应用	阳泉煤业（集团）有限责任公司	2011 年山西省科技进步三等奖
高瓦斯突出厚煤层大采高综采工艺与安全保障技术研究	阳泉煤业（集团）有限责任公司	2011 年山西省科技进步三等奖
自燃煤矸石山治理与生态重建技术研究	阳泉煤业（集团）有限责任公司	2011 年山西省科技进步三等奖

第二节　信息化建设

一、矿区信息化和电子政务建设

2002～2011 年，矿区信息化和电子政务建设坚持以“服务党政机关，服务社会公众”为宗旨，以“实现网络资源有效整合，促进互联互通”为重点，在四个方面取得很大进展。

（一）“中国—欧盟信息社会”城乡公共服务系统社区信息化示范点建设

2006 年年初，阳泉市被国家选为中欧信息社会示范项目城市，阳泉市矿区参与了这个项目。在实施该项目的三年中，建成“中国—欧盟信息社会”城乡公共服务系统社区信息化示范点 18 个，分布在 6 个街道办事处的 18 个社区。其中沙坪街道办事处包括桥南园、沙沟 2 个社区示范点，赛鱼街道办事处包括赛鱼、麻地巷、虎尾沟社区及办事处 4 个示范点，桥头街道办事处包括段南沟、段西沟、刘家垴社区及办事处 4 个示范点，蔡洼街道办事处包括蔡东、东窑房、蔡市 3 个社区示范点，平潭街道办事处包括平潭东、平潭西 2 个社区示范点，贵石沟街道办事处包括枣岭山、苏村社区及办事处 3 个示范点。示范点共配置计算机 37 台、激光打印机 18 台，组建局域网 18 个，各示范点专线宽带接入互联网。示范点为社区居民提供行政审批事项、社会保障服务和社会公共服务的查询，为低收入者提供网上政民交流的平台。三年中组织社区、街道人员参加各种类型、层次的培训 20 多期，培训 300 多人次，提高了基层工作人员的电脑网络应用水平。

（二）政府局域网建设

2002 年，区政府投资 12 万元建成政府局域网。2010 年，增加了服务器空间应用服务。到 2011 年的 10 年中，局域网安全不断得到加强，覆盖面逐步扩大。通过光缆，陆续将区政府一号楼、二号楼、档案楼、财政局、环保局、老干局、检察院、卫生局、会管中心、民政局共计 600 余台电脑终端接入局域网。局域网覆盖率达 90%。机关之间通讯带宽由 100 兆上升到 1000 兆，基本建成了连接区直各单位的电子政务网络平台。全区 6 个办事处、40 个社区通过移动宽带和网通 ADSL 业务平台，建成以 VPN 技术标准为支撑的 40 个终端网点，实现了各社区与区级各部门互联互通的电子政务公共安全网络体系。

（三）电子政务建设

以前期局域网建设为基础，矿区逐步建成了工资查询系统、邮件服务系统、网络电视直播系统、网络硬盘系统、可视协同办公系统等项目，电子政务建设初具规模。

1. 可视协同办公系统。采用256位加密技术，具有高质量的视频，清晰无延时的音频效果。功能主要有灵活定制的组织目录、发布内部消息、文件传输、文件共享、便签、远程控制、远程协作、在线交流等。点对多点的文件传输既速度快，又可避免使用U盘传染病毒的弊端。文件共享功能可方便地将部门文件共享给需要使用的员工，查找更方便快捷。当电脑出现问题，需要人帮忙时，点击远程控制或远程协作即可请求对方协助解决计算机问题。

2. 短信群发系统。2009年4月17日开通了利用手机短信平台建立的短信群发系统，具有政务通知、便民信息、任务催办等功能，可实现政府内部、政府与群众之间的信息实时交流，从而提高办事效率，节约办公成本。系统储备了千余条人员信息数据，短信接收范围扩大到相关企业和学校。除日常工作信息外，还发送警示宣传、知识普及、提醒、应急、节日问候等各类短信，并将应用扩展到相关软件中。年均发送信息量4万余条。

3. 工资查询系统。2009年1月开通。为安全保密，方便职工查询工资明细，工资查询系统的查询方式采用内网查询，可查询、打印工资详单。全年访问量可达到8000人次。

4. 电视网络直播系统。利用传统数字电视与互联网相结合的方式，在局域网内用户可以清晰流畅地在线观看直播电视节目。

5. 全区公务人员电子邮箱服务系统。采用统一租用运营商邮箱服务系统，开通VIP服务。推行以单位域名@yqkq.cn的定制邮箱，优点是安全稳定，百兆容量，短信提醒，过滤和网络存储，使办公更加方便快捷。

6. 网络硬盘系统。是一套实用、可靠的大批量电子文档存储系统。

7. 阳泉矿区内网平台。该平台是为加强政府内部人员的工作和学习交流，提高工作效率，加强监督，转变机关工作作风，形成行为规范、运转协调、公正透明、廉洁高效的内网办公平台。平台由工作和学习两大频道以及论坛、博客等组成。工作频道设通知公告、下载基地、专题专栏、办公软件、新闻信息、实用工具等子栏目。学习频道设学习计划、学习通知、资料下载、考察学习、在线报刊、专题学习、视频播报、区情区史、业余学习等子栏目。

8.“矿区信息资源库”网站。是基于政府局域网建立的内部学习交流视频播放网站平台。栏目有政治理论、政策法规、业务知识、文化素养、技能训练、百科知识、书籍资料、网上直播、视频专题等。

（四）服务型政府建设

建设服务型政府是信息化建设的一个重要目标，主要完成了“阳泉矿区”网站项目。详见第二十五编文化第三章第五节阳泉矿区网。

二、公安计算机信息系统

1995年，矿区公安分局计算机信息系统建成并投入运行。工程由区政府投资70余万元，购置计算机22台及其他硬件、软件、辅助设备，该系统包括人口管理、案件统计、指纹识别、人像组合、犯罪情报、内勤管理信息等六大部分。在1999年8月省科委组织的科技成果鉴定会上，认定该系统在基层公安部门刑事侦查综合信息计算机辅助管理上已达国内先进水平。2000～2011年，该系统在提高公安工作的效率，侦察破案等各方面起到重要作用。

三、阳煤集团企业信息化建设

（一）企业信息化体制与机构

1984年之前，阳泉矿务局尚无信息化专门机构。1984年5月，阳泉矿务局成立计算机应用办公室，隶属于科技处。1990 年 10 月成立局信息中心（处级单位），下设信息管理科、软件开发科两个科室。1994 年这两个科室整体划归计划处，后又合并为信息管理部。2003 年，阳煤集团成立以阳煤集团总经理为组长，副总经理为常务组长的信息化工作领导组，加强了对信息化工作的领导。2004 年，信息管理部划归新闻信息中心，负责阳煤集团的信息化建设工作。

（二）通信专网建设

1949 年 1 月，阳泉矿务局内部电话即已开通。

1978 年投资 100 万元，订购了 HJ905 型纵横制交换机 5 台，总容量为 2800 门，分别为局机关和一、二、三、四矿建设了用户交换中心。1981 年工程竣工投产后，公司各矿之间的电话通信实现了准自动交换接续。由水电处下设的通信科主管专网通信业务。

“七五”期间，投资 2000 万元进行线路扩容改造，经邮电部设计院、煤炭部邯郸设计院规划设计后组织实施。建设了局机关 8000 门、赛鱼 6000 门两个 HJ921 纵横制交换中心，五矿安装了 2000 线 MD110 数字程控交换机。局机关各矿建设了通信管道，与五矿新区以数字微波中继联网。1987 年二分局（局机关）开通，1990 年三分局（赛鱼）开通，1991 年五分局（五矿）开通。实现了内部电话通信五位制等位拨号。

1993 年，兴建了局机关到五矿 480 路数字微波传输系统和局机关到山西煤管局 120 路数字微波传输系统。1996 年在二分局开通了西门子 EWSD 程控交换机 6000 线，1998 年在三分局开通了西门子 EWSD 程控交换机 5000 线，并建设了 1920 路光纤通信中继网络。1997 年 11 月，水电处通信科改制为升华通信公司，隶属于升华实业总公司，经营方式由单纯服务型转变为经营服务型。

2001 年 3 月，组建了阳煤集团控股的“阳泉升华通信技术有限责任公司”。2002 年，公司依托固话网络，自筹资金组建西门子 ADSL 数字宽带网，经营数字宽带业务。2004 年 3 月，阳泉升华通信技术有限责任公司作为“三网”之一，参与了阳煤集团“三网一报”重组整合。

2007 年 5 月，对通信固话收费系统进行改造，实现了实时计费，满足了用户自动查询话费和预存话费等需求。2008 年 7 月，完成了通信机房集中监控系统建设，实现了对所有通信机房和收费点的集中监控。9 月，建设了 NGN 软交换平台，实现了数字与模拟的混合接入，为通信业务的发展奠定了基础。

（三）管理应用软件

1984 年后，阳煤集团自主开发了科技档案管理、煤炭销售管理、财务成本管理、物资供应系统、人事档案管理、医疗统筹管理、医院管理等应用软件。随着系统平台环境的不断升级，SQL Server、Oracle 数据库以及 Delphi、VS. NET 等开发工具的使用，阳煤集团开发或重新开发了通风瓦斯监测监控系统、安全生产系统、物资供应系统、人力资源管理等应用系统，这些系统的相继开发使用，全面提升了企业的安全生产和经营管理水平。

1. 人力资源管理系统。通过对企业人力资源的全面管理，确保企业在发展过程中对人力的需求，控制人力成本，有计划地逐步调整人员分布状况，为人员的考核录用、培训开发、晋升、调整、工资、激励政策等提供可靠的信息和依据，实现绩效考核管理。系统具有组织与干部管理、技术干部管理、劳动组织管理、员工调配管理、工资核算管理、业务系统培训与考核管理、查询统计管理等功能，有网络终端用户 400 多个。

2. 物流供应系统。该系统按照行业特点编制物资编码 6 万多个，对出入库物资进行滚动价和批次价结算。将物流管理与整个企业的生产管理、生产流程、商品流、资金流有机地结合在一起，对生产成本管理、产运销系统形成有力的支撑作用。

3. 安全生产调度系统。将生产作业现场的各种原始信息完整地传输到信息化平台，经过整理、优化后，进入数据库系统。通过对井下 800 余个瓦斯探头的信息采集和超限浓度的短信发布，构成了安全生产防护体系；通过地质成图系统查询生产走向和当前的地质构造情况；生产队组用信息平台建立基层单位出勤、生产量、掘进量、耗用材料、交接班情况等原始记录，并逐层汇总形成生产调度系统。通过相关信息系统的建立与应用，形成生产辅助决策系统和安全监控网络。

4. 合同审计系统。该系统将资质、合同内容审查和合同会签等业务按标准固化到系统当中，合同待批单位将所需鉴证审批的合同上网，业务部门可在网上实行限时审批，按确定的规范流程由系统控制自动在网上会签审批，这样可以减少人为因素、特别是因合同管理审计员工作水平和鉴别能力原因造成的缺陷，实现合同管理审计的标准化。

5. 办公系统。办公系统基于.NET 技术平台和 SOA 分布式服务架构设计理念，依托阳煤集团内部 Intranet 网络而建立。除一般办公系统具有的公告、通知、档案、内刊、沟通、协作等功能外，还增加了腾迅通的 RTX 系统，使该系统的日常办公文字处理和音视频紧密地衔接起来，两种技术将组织机构、人员编制等基础信息紧密地结合在一起，形成了系统的唯一性，为企业办公人员提供了强大的交流、协同、工作、任务、统一的信息管理平台。该系统采用集中化部署，统一化管理、运行、维护，提高了系统的稳定性和扩展性。所属组织机构（公司、处室、科室；矿、科、队）1000 余个、4000 人在系统上注册并使用该系统。

6. 跟班人员稽核系统。稽核范围包括原煤生产矿跟班队干 1161 名、安检人员 475 名、跟班副总以上领导干部 151 名、科级干部 502 名，总计 2289 人。系统整合共享了井下工业监控网络和人员定位数据资源，可满足对原煤生产单位各级干部的跟班稽核管理需求。

7. 完全成本核算系统、岗位精细化管理系统。一矿、三矿、五矿、新景矿等单位开发的《完全成本核算》《岗位精细化管理》等系统，支持岗位精细化管理业务的创新和改革。

8. 煤炭公路调运管理信息系统。该系统是将阳煤集团煤炭外运管理的所有汽车运输进行 ID 卡信息管理；在每个发运站，建立车辆 ID 卡信息的门禁系统，车辆的智能出入管理系统；在发运站的出入口和装载处安装工业摄像机，进行全天候监控；将所有的汽车计量衡系统通过企业网络相连；根据车辆的 ID 卡号，自动记录车辆的装载净重值；实现公司、矿、部、厂各种报表统计、浏览及打印功能。

（四）企业网建设

1. 网络基础系统和网站建设。阳煤集团在 20 世纪 80 年代就构建了局域网络，2003 年进行了网络的升级和扩容，从阳煤集团信息中心到各矿（厂）采用了三层交换机部署。第一层为阳煤集团信息中心（核心层交换机），第二层为矿级单位（汇聚层交换机），第三层为各单位工作站和终端设备（接入层交换机）。覆盖 200 千米范围内 50 余个二级单位，上网终端数量超过了 5000 台。此外，建立了 VPN 通道，将远离企业网的部门和外出办公人员也纳入专网体系。

阳煤集团注重计算机网络和信息安全工作。采用认证、网管、检测三种技术手段联动的方式配套构建了网络安全防范体系，从制定信息管理制度和强化技术手段两方面入手，安装网络防火墙，将网站分为外网、内网，安装网管设备等防范设施，确保企业利益不受侵犯。

阳煤集团注重网站系统的建设与应用，通过层层培训，从生产队组到矿、厂、处，建立起一支开发、应用、维护网站系统的队伍。截至 2008 年，阳煤集团的网站（内、外网站）已达到 20 余个，服务器数量近百台，参与人数近千人。

2. 工业以太网矿井生产综合监控系统。至 2008 年，一矿、二矿、三矿、新景矿、五矿先后搭建了井下工业以太环网。基于工业以太网光纤环冗余网的矿井综合监控信息传输平台，构建了多功能信息化调度指挥中心，接入井下通信系统、人员跟踪定位系统、考勤管理系统、井下供电监控系统、生产设备监测和工业视频监视系统、原煤生产及井下皮带运输监测、煤炭产量监控系统、轨道运输监测、主扇/压风机监测、绞车提升监测、选煤厂工艺流程监测系统、井下皮带秤系统、矿压监测系统和其他工业自动化监测监控系统，实现与已有企业网管理信息系统的无缝链接，从而形成阳煤集团的综合信息化、数字化监控管理系统。监测监控系统以组态方式，直观显示原煤生产工艺流程各环节的设备状况，对生产环节的实时信号进行采集、加工、发布、反馈，实现了对矿井生产情况的实时监测，提高了监督和处理矿井故障的时效性，有效预防了各类事故的发生，促进了安全生产，确保了企业生产能力的提高。

3. 瓦斯监测监控系统。1979年后，阳煤集团所属矿井都装备了AYJ－1型瓦斯遥测警报仪。1984年8月，一矿安装使用法国制造的CTT63/40U矿井环境监测系统。1986年8月，又在四矿安装使用了波兰制造的CMC－1型瓦斯监测系统。1988年4月，KJ4监测系统第一台分站在二矿投入试运行。1988年10月，全套设备经过安装调试顺利通过验收。2005年8月，五矿监测系统由KJ4升级为KJ4－2000。之后，阳煤集团对监测监控系统的改造升级一直延续，至2006年，公司装备有KJ4、KJ66、KJ90、KJ101、KJ2000等多种型号的系统。

从1999年3月开始，阳煤集团在四矿83317工作面、新景矿71115工作面对监测监控后备保障系统进行试验研究，采用监控系统后备断电保障技术，在超限而未断电的异常情况下，自动或手控执行二级即上一级电源的断电控制功能，通过“双保险”断电技术措施保证超限断电功能的可靠实现，试验取得成功。至2006年，阳煤集团一线作业区域全部装备了二级后备断电保障系统。

2003年5月，阳煤集团开始建立“数字煤矿安全”广域网络信息动态实时多级监管系统。2004年1月，组建了阳煤集团监测监控中心，实现了各矿瓦斯监测数据动态联网和网上瓦斯数据实时查询显示。2007年，完善了对主扇系统的运行监测。2008年7月，完成各矿监测系统改造升级，完成22套三级联网；完成了一系列新技术攻关，实现了数字煤矿安全实时测控管综合一体化信息系统的应用。

阳泉煤业（集团）有限责任公司信息化建设，“以需求促发展、以应用为导向”，突出“三个延伸”，即管理应用系统向工业监测监控系统延伸、地面信息系统向井下安全生产监测监控延伸、业务系统向企业综合应用门户延伸，企业信息化的整体水平不断提高，多次获得省国资委等上级部门的表彰奖励，企业信息化综合应用水平在中国企业信息化500强中名次不断前移，2010年位列中国企业信息化500强集团公司第50位，在全国煤炭系统位居第一。

阳煤集团企业网经过多年的建设，已经形成了采用三层架构、千兆带宽到主干，百兆带宽到二级单位的、具有良好网络管理和安全管理的高速企业专网。到2010年年底网络覆盖了集团公司70多个二级单位，覆盖范围达400千米，入网终端数量超过8000台。依托于阳煤集团内部Intranet网络平台开发完成的《合同审计管理系统》《物流供应系统》和《办公自动化系统》等管理应用系统已在全集团公司广泛推广应用，工作效率不断提高、管理流程持续规范；基于以太网的工业监测监控系统为煤炭安全生产指挥提供了有力的保障。

第三节　医药卫生科技

阳煤集团医疗机构建立初期，人员少，设备差，技术水平低，只能收治一些小伤小病和一般骨折外伤，最大的手术是阑尾切除，也要进行3个小时。1954年开始，矿务局医院先后选派高芳、姜达民、弓玉鸾等专业技术人员赴唐山、北京进修学习。返院后，他们勇于实践，边学边干，因陋就简，克服困难，使医疗水平有较大提高。

1956年，医院开展的新技术项目有300余项，骨科由简单的整复发展到脊柱压缩骨折整复位、膝关节融合固定术、腰椎间盘切除术；外科开展了肾、脾、胃等脏器摘除、胃肠吻合、蒂状植皮等；五官科开展扁桃体摘除术；妇产科推广雷佛奴尔引产，开展子宫切除等大中型手术40余项；化验室也由常规的化验发展为生化、细菌、血清学检查；药房也开展各类注射剂的制剂、药品分析、中药炮制等技术项目。

1960年，以内、外、妇、儿、骨科、中医、五官为主的临床科室已初具规模，全面承担了矿区的医疗服务。20世纪60年代，随着医院的发展和壮大，医院进入新的发展时期。1961年骨外科成功进行了阳泉市第一例颅脑手术；内科开展了胃镜检查，在治疗脑出血时采用冬眠疗法；外科开展了甲状腺切除、胃切除等，都取到满意的效果。

“文化大革命”开始后，医院的业务受到影响，但本着治病救人的原则，医务人员仍然努力工作，使技术力量不断增强。1974年，全市第一例“断肢再植术”取得成功。

中共十一届三中全会后，随着改革开放的不断深化，医疗技术和医疗设备水平有了大幅提升。据不完全统计，到70年代末，骨科小组进行的八例断肢再植手术，成功率50%以上。除开放性骨折和手术适应症外，均实施了小夹板固定，既缩短了病程，又提高了愈合率。内科成功救治1例心跳停搏五分钟的患者1例风湿性心脏病停搏数次的患者，中西医结合治疗心肌梗死13例，见效12例；外科采用中西医结合治疗胃穿孔42例，皮肤病100例，抢救垂危病人52人，还开展了食管癌、脾胃切除吻合手术。

80年代，各学科飞速发展，外科分设了普外、胸外、烧伤专业组，内科分设呼吸、消化、心血管等二级专业组，骨科分设骨创、骨病、脑科专业组，结核病从传染科中分离，设立了结核科。开展了大量新技术项目，1988～1989年，胸外科在中国人民解放军国际和平医院的协助下，成功开展了心脏直视手术11例；外科开展了门脉高压症的脾切除及脾肾分流术、肝血管瘤切除术、右髂总动脉血管置换术等；烧伤科开展了大面积烧伤切痂植皮、异体皮覆盖、烧伤瘢痕整形术；脑科开展了颅脑外伤和脑出血血肿清除、大脑、小脑肿瘤及垂体瘤切除；眼科开展了眼内异物摘除、角膜移植；骨科开展了人工全髋全膝关节置换、脊柱侧弯矫形、小腿骨折闭合复位髓内钉固定、骶部肿瘤切除术等；妇产科开展了输卵管吻合术；五官科开展了喉裂开、鼻侧切、喉切除成型、唇颊缺损修复、舌切除术；麻醉科配合各类手术开展了心外手术麻醉、低温麻醉；内科开展了上消化道内镜检查、支气管镜、结肠镜检查、血液透析、胸膜活检、透析、腹水浓缩回输、食管调搏、潘生丁试验等；药剂科自制制剂60余种，自制大输液10多个品种；中医中药治疗血栓闭塞性脉管炎和溃疡性结肠炎也取得了新的进展。各临床、医技科室涌现出了一批优秀专家，完成省级科研项目6项，1980～1990年全院185篇学术论文在国家级、省、市级刊物上发表。

90年代后，阳煤总医院投资数百万元开展了160多项新技术项目，包括心脏双瓣膜置换术、肾移植、ICU加强医疗、髋臼再造、人工关节的应用，脑干损伤病人综合治疗、颈髓巨大肿瘤切除术、体外心脏起搏器应用、胸腔镜手术、白内障超声乳化手术、介入放射技术、皮肤病性病治疗、大面积烧伤的综合治疗、肝病治疗、双肺同期灌洗、脑血管溶栓治疗、口腔正畸治疗等。其中麻醉科开展的对危重创伤病人术中动脉、静脉有创血流动力学监测项目填补了阳泉市的空白，ICU开展呼吸机治疗、血流动力学监测及循环支持、床旁血液滤过、外科营养等高级生命支持技术填补了省内空白。

1994年12月，阳泉矿务局医院职防所《煤矿综采工煤肺患病及预防》项目通过省科委组织的鉴定，以5个综采队、295名综采工为观察对象，采取分级采样等研究方法和手段，测算了接尘工人的粉尘接触剂量，测定了工作面的喷雾降尘、煤层注水等防尘措施的降尘效果及防尘口罩对呼吸性粉尘的阻尘效率，具有较高的实用价值。阳煤二院1996年年底，医院妇产科撰写的近5万字的《妇产科腹腔镜的临床应用》获得阳煤集团科技进步三等奖。

2001～2008年，阳煤集团总医院投巨资引进西门子高速螺旋CT、德国关节镜、法国LEXXOS全身双能X光数字骨密度仪、德国西门子1.5T核磁共振仪，以及大型数字减影血管机、ECT、直线加速器、数字胃肠机等设备。组建了医学心理学门诊、肿瘤科、老年病科。施行了“全膝关节表面置换术”、舌肿瘤切除术＋同期前臂血管化游离虎瓣舌再造术、先天性心脏病动脉导管未闭导管介入封堵术，填补了全市空白。发表专业学术论文700余篇。“基因修饰的骨髓间充质干细胞/骨膜骨块复合移植修复兔关节软骨缺损的临床研究”等5项科研成果通过了省科技成果鉴定，分别达到了国际和国内领先水平。2008 年 6 月 19 日，集团公司总医院成为全省尘肺病灌洗定点医院。

矿区疾控中心 1994～2008 年间，在《中华医药科技理论与临床》《中国临床医药》《中国流行病学》《山西医药与临床》等杂志发表论文 13 篇，成果丰硕。

2009～2011 年，阳煤集团总医院投资引进了 C 型臂移动式 X 线机、生化分析仪、全自动血球分析仪、DR 等设备。发表专业学术论文 300 余篇，中华级刊物论文发表 36 篇。“煤矿胸部外伤特点及临床救治系列研究”等 10 项成果通过科技成果鉴定，分别达到了国际和国内领先水平。

阳煤三院 2006～2011 年发表省级论文 7 篇，发表国家级论文 118 篇。

1985～2011 年阳泉市矿区通过省部级鉴定、评审、认定的医药卫生成果一览表

表 24－3

项目名称	完成单位	发表、鉴定及获奖情况
炮采煤工煤肺发病趋势研究	阳泉矿务局医院	1985 年 12 月 7 日通过山西省卫生厅鉴定，达到国内水平
前路椎管扩大减压植骨融合术治疗颈椎损伤合并高位截瘫 31 例临床分析	阳泉矿务局医院	1989 年 2 月 23 日通过山西省卫生厅组织的专家鉴定，认为达到了国际水平
脊椎手术牵引床的临床应用	阳泉矿务局医院	1989 年 2 月 23 日通过山西省卫生厅专家鉴定，认为达到国内先进水平
脊椎手术牵引床的临床应用	阳泉矿务局医院	1989 年 3 月 2 日被国家专利局授予实用新型专利
三硝基甲苯中毒性晶体混浊符号记载诊断法	阳泉矿务局医院	1990 年 7 月 20 日通过山西省卫生厅鉴定，达到国内先进水平
煤矿综采工煤肺患病及预防的研究	阳泉矿务局医院	1994 年 12 月 9 日通过山西省科委鉴定，达到国内领先水平
正骨霜实验与临床研究	阳泉矿务局医院	1995 年 11 月 25 日通过山西省科委鉴定，达到国内领先水平
过伸复位内外减压治疗胸腰椎骨折脱位并脊髓损伤实验与临床研究	阳泉矿务局医院	1996 年山西省科委组织鉴定认为属国内首创，达到国际先进水平
煤矿综采工佩戴防尘护具效果和效益的研究	阳煤集团总医院	1999 年 1 月 26 日通过山西省科委鉴定，达到国内领先水平
生肌橡皮膏外用及组织瓣移位修复肢体软组织缺损的临床研究	阳煤集团总医院	1999 年 9 月 3 日通过山西省科委鉴定，达到国内先进水平
正骨霜的实验与临床研究	阳泉矿务局医院	2000 年 1 月 28 日被国家专利局授予发明专利证书
GF－1 型消化道吻合器系列改良在食管胃吻合中的研究应用	阳煤集团总医院	2000 年 12 月 23 日通过山西省科技厅鉴定，总体达到国内领先水平，顶胃圈的应用达到国际先进水平
中药浴治疗慢性肾功能衰竭及高钾血症的临床研究	阳煤集团总医院	2001 年 12 月 14 日通过山西省科技厅鉴定，达到国内领先水平
基因修饰的骨髓间充质干细胞/骨膜骨块复合移植修复兔关节软骨缺损的实验研究	阳煤集团总医院	2001 年 12 月 14 日通过山西省科技厅鉴定，达到国内领先水平
排粪造影划线对盆底 X 线解剖的研究	阳煤集团总医院	2002 年 12 月 17 日通过山西省科技厅鉴定，达到国内领先水平
尿激酶静脉溶栓治疗急性脑梗死临床研究	阳煤集团总医院	2004 年 1 月 9 日通过山西省科技厅鉴定，达到国内领先水平
WAB 生物黏合剂粘贴自体超薄皮片移植治疗白癜风临床研究	阳煤集团总医院	2004 年 12 月 17 日通过山西省科技厅鉴定，达到国内领先水平

续表 24－3

项目名称	完成单位	发表、鉴定及获奖情况
血液透析滤过治疗急慢性肾功能衰竭的推广应用	阳煤集团总医院	2006年5月29日通过阳泉市科技局组织鉴定，鉴定意见为：该项目达到国内先进水平
经皮多功能外固定架在治疗股骨粗隆间骨折的应用	阳煤集团总医院	2006年7月14日经阳泉市科技局组织鉴定，鉴定意见为：总体上达到了国内领先水平
合并胸腰段脊柱损伤的多发骨折的临床研究	阳煤集团总医院	2006年7月14日经阳泉市科技局组织鉴定，鉴定意见为：该课题达到同类研究的国内领先水平
针后探测气泡动脉穿刺在建立血液透析通路的临床研究	阳煤集团总医院	2007年12月20日经山西省科技厅组织鉴定，鉴定意见为：该项目达到国内领先水平
阳泉煤矿地区儿童血铅水平调查分析	阳煤集团总医院	2009年12月26日经市科技局组织鉴定，鉴定意见为：该项目达到国内领先水平水平
煤矿胸部外伤特点及临床救治系列研究	阳煤集团总医院	2010年1月经省科技厅组织鉴定，鉴定意见为：该项目达到国际先进水平
体表创伤性煤尘异物综合治疗的研究	阳煤集团总医院	2009年12月经市科技局组织鉴定，鉴定意见为：该项目达到国内领先水平
磁共振胰胆管水成像联合扩散加权成像诊断梗阻性	阳煤集团总医院	2009年12月经市科技局组织鉴定，鉴定意见为：该项目达到国际先进水平
利用Excel制作护理执行单系统的应用研究	阳煤集团总医院	2009年12月经市科技局组织鉴定，鉴定意见为：该项目达到国内先进水平
喉罩在临床麻醉中的应用推广研究	阳煤集团总医院	2009年12月经市科技局组织鉴定，鉴定意见为：该项目达到国内先进水平
生物蛋白胶止血在鼻内镜手术中的临床应用研究	阳煤集团总医院	2011年3月经市科技局组织鉴定，鉴定意见为：该项目达到国内领先水平
阳泉市居民脑卒中知晓率调查	阳煤集团总医院	2011年3月经市科技局组织鉴定，鉴定意见为：该项目达到国内领先水平

1991～2011年阳泉市矿区获省部级以上奖励的医药卫生科技成果一览表

表 24－4

项目名称	完成单位	发表、鉴定及获奖情况
前路椎管扩大减压植骨融合术治疗颈椎损伤合并高位截瘫31例临床研究	阳泉矿务局医院	1991年获得山西省科技进步二等奖S2
三硝基甲苯中毒性晶体混浊符号记载诊断法	阳泉矿务局医院	1993年获山西省科技进步二等奖S2
一种治疗偏瘫症的药衣	阳泉四矿医院	全国第七届发明展览会铜牌G－3
正骨霜的实验与临床研究	阳泉矿务局医院	1995年获得山西省科技进步三等奖S3
山西省煤矿区先心病及各类先天畸形的病因患病率调查	山西医科大学第一医院、阳煤集团总医院等五家医院	1996年获得山西省科技进步三等奖S3
煤矿综采工煤肺患病及预防的研究	阳泉矿务局医院	1996年获得山西省科技进步三等奖S3
过伸复位内外减压治疗胸腰椎骨折脱位并脊髓损伤实验与临床研究	阳煤集团总医院	1997年获山西省科技进步二等奖S2
排粪造影划线对盆底X线解剖的研究	阳煤集团总医院	2006年获山西省科技进步奖三等奖S3

1994～2011年阳泉市矿区部分医学论文发表情况统计表

表24－5

论　　文	作　　者	发表情况
社区服务中老年人的医疗保健	马　嵘	发表于《中华医药科技理论与临床》杂志
阳泉市矿区流行性乙型脑炎爆发调查	王万玲	发表于《中国临床医药》杂志
一起02病爆发的调查和分析	武建香　杨子华	发表于《山西预防医学》杂志
吃涮羊肉后引起布鲁氏菌病1例的报告	王万玲　武建香	发表于《中国流行病学》杂志
阳泉市矿区1996—2000年餐具消毒效果检测分析	胡翠英	发表于《山西预防医学》杂志
浅谈从业人员健康体检中梅毒检测的重要性	李静林	发表于《中国医药与临床》杂志
怎样才能搞好食品卫生监督工作	郝巧平	发表于《山西医药与临床》杂志
阳泉市矿区1999—2000年医疗机构及托幼机构预防性消毒效果监督监测结果分析	李佺亲	发表于《山西医药与临床》杂志
阳泉市矿区中学生健康检查状况调查分析	张芝兰	发表于《山西医药与临床》杂志
浅谈提高卫生监督人员文书制作的几点建议	刘志斌	发表于《山西医药与临床》杂志
浅谈食品从业人员的健康教育	马　嵘	发表于《山西医药与临床》杂志
从餐饮业从业人员便中检出2例阿贡纳沙门氏菌的报告	胡翠英	发表于《山西医药与临床》杂志
阳泉市矿区1987—2005年传染病漏报调查分析	李佺亲	发表于《山西医药》杂志
煤矽肺的X线诊断与分析	梁　良	发表于《中国医疗前沿》杂志
小骨窗显微手术治疗高血压基底区脑出血的围术期对策	白　斌	发表于《中国医疗前沿》杂志
中药药枕治疗颈椎病	贾潮英	发表于《中外健康文摘》杂志
旋履代赭汤加味治疗食管癌术后并发呃逆30例	贾潮英	发表于《中国民间疗法》杂志
内外兼治治疗糖尿病周围神经病变45例	贾海燕	发表于《中国民间疗法》杂志
特布他林联合布地奈德雾化吸入治疗小儿哮喘急性发作疗效观察	范明月	发表于《山西职工医学院学报》杂志
利尿剂与血管紧张素转换酶抑制剂治疗61例高血压疗效观察	麻贵平	发表于《基层医学论坛》杂志
剖宫产术对再次妇科手术的影响	张润平	发表于《医学理论与实践》杂志
浅析护士履行告知程序的方法与技巧	李小红	发表于《护理研究》杂志
幼儿急性煤油中毒1例临床分析	杨志梅	发表于《基层医学论坛》杂志
预防性激素吸入与三联雾化治疗哮喘疗效观察	王金凤	发表于《山西职工医学院学报》杂志
心理护理在初产妇分娩中的应用	白　斌	发表于《基层医学论坛》杂志
留置导尿患者溢尿26例原因分析和护理对策	耿云艳	发表于《中国煤炭工业医学杂志》杂志
依达拉奉联合辛伐他汀治疗急性脑梗死	王金芳	发表于《基层医学论坛》杂志
围绝经期阴道不规则出血21便误诊误治	杨秀俊	发表于《基层医学论坛》杂志
超声对下肢浅静脉曲张病因他类的诊断价值	武建中	发表于《山西医科大学学报》杂志

续表 24－5

论　　文	作　　者	发 表 情 况
培哚普得治疗中度高血压病 80 例临床观察	田克龙	发表于《中西医结合心脑血管病杂志》杂志
肺间质纤维化的病机和证治	贾海燕	发表于《实用中医内科杂志》杂志
自发性食管破裂综述	袁美卿	发表于《基层医学论坛》杂志
针刺攒竹穴为主治疗呃逆 32 例	王瑞峰	发表于《实角中医内科杂志》杂志
胸腹部联合损伤 18 例诊治分析总结	袁美卿	发表于《医药前沿》杂志
老年糖尿病合并社区获得性肺炎 61 便临床分析	贺灵爱	发表于《基层医学论坛》杂志
精神失常的误诊分析	贺灵爱	发表于《基层医学论坛》杂志
微波联合局部用药治疗复发性口腔溃疡临床观察	高俊华	发表于《基层医学论坛》杂志
吗咪爱治疗母乳性黄疸疗效观察	杨志梅	发表于《基层医学论坛》杂志
酚妥拉明联合多巴胺治疗小儿肺炎合并心力衰竭	石　红	发表于《基层医学论坛》杂志
金双歧联合蒙脱石散治疗小儿腹泻病 42 例临床体会	石　红	发表于《基层医学论坛》杂志
空心钉张力带治疗髌骨骨折疗效分析	魏庆宏	发表于《山西医药杂志》杂志
中西医结合治疗急性胰腺炎	白建勇	发表于《山西医药杂志》杂志
严重多发伤患者的急救护理	刘永梅	发表于《中国煤炭工业医学杂志》杂志
反流性食管炎内镜诊断及分析	梁庆华	发表于《基层医学论坛》杂志
经尺骨鹰嘴肘关节骨折脱位 9 例临床分析	崔海明	发表于《基层医学论坛》杂志
足踝部大面积皮肤软组织缺损的修复	冀敏波	发表于《实用手外科杂志》杂志
舒利迭与普米克吸入治疗儿童轻度哮喘疗效比较	范明月	发表于《基层医学论坛》杂志
小儿静脉留置针穿刺失败的原因及补救	黄清明	发表于《基层医学论坛》杂志

第四节　地震测报和应急

一、阳泉市地震局的地震测报工作

市地震局设在矿区境内。从 1974 年 4 月开始，至 20 世纪 80 年代，建成全市地震宏观观测网，并设立了设备较为先进、功能较为完备的地震监测台站，包括 1980 年建成的阳泉地震台、1986 年建成的盂县水化观测站，以及 1987 年建成的平定县和盂县动物宏观观测点。

2000 年，市财政投资 15 万元改造地震台办公设施，建成 140 平方米观测大厅，并投资 3 万多元配备了全新的办公设备。2002 年投资 20 万元对测震手段进行数字化改造，2003 年 1 月 1 日投入运行，新增两条 DDN 数据专线，实现了省、市地震监测联网和数据共享。2003 年投资 5 万元增设 DJF－2000B 地震电磁波脉冲前兆观测仪，具备了测震、倾斜、地磁、电磁波 4 种观测手段，地震监测预报能力有较大提高。2005 年安装了基于 GIS 的新一代 MPSIS2. 1 地震预报软件系统，安装了 MapInfo6. 5 支撑平台，实现了地震活动、地震前兆资料、地质构造条件、地球物理环境及其他空间信息的综合分析。2006 年投资 19. 5 万元安装了阳泉市地震信息节点工程设备并投入运行。

市地震局建立了周、月会商制度，为市委、市政府、省地震局提供可靠的信息和资料。按照国家和省地震局的要求，完成了《阳泉市地震监测预报实施方案》，1984 年 5 月 23 日，阳泉、太原、晋中 3 地市在阳泉召开地震联防会议后，成立了山西省中部地区地震联防协作区。参加单位以震情监视和地震监测预报为中心，捕捉信息，研究震情，开展业务技术交流，组织会商，交换资料，有效地促进了地震监测预报水平的提高。

二、矿区地震局的地震应急工作

2009 年，重新考实地震应急志愿者，保证每个街道办事处有 1 支地震应急救援志愿者队伍，每个社区志愿者人数不少于 10 人。全区中小学校联合组建 1 支学校地震应急志愿者队伍，每个学校上报 5 名志愿者。地震应急救援志愿者队伍由地震局负责培训，可以与其他应急救援队伍重合使用，开展多种应急救援。

2010 年 1 月 21 日，矿区召开《矿区地震应急预案》修订讨论听证会，40 个防震减灾领导组成员单位的负责人参加了会议，各成员单位高度重视，预案涉及的应急分组和成员单位针对各自的职责进行了认真研讨，为分预案的修订做了充分准备。3 月 4 日上午，在国阳二矿工业广场，举行了矿区蔡洼地震应急避难场所揭牌暨矿区地震应急救援志愿者队伍授旗仪式。在 3 月 29 日“全国中小学安全教育日”，市十六中 1400 名师生进行了地震应急演练，演练共用了 3 分 38 秒，与上年相比短了 10 秒。4 月 21 日，矿区在党校举办了地震应急预案宣传培训班，矿区防震减灾领导组成员单位及全区 26 所学校的有关人员参加了培训。6 月 5 日 20 时 58 分，在山西省太原市阳曲县附近（北纬 38.2°，东经 112.7°）发生 4.6 级地震，矿区普遍有感，地震局工作人员第一时间到岗，按照区委、区政府领导指示，与市地震局取得联系并积极采取应对措施。

2011 年，矿区地震局根据省、市防震减灾应急物资储备工作的统一安排，委托阳泉市天利超市有限公司、阳泉市宜购超市有限公司和阳泉市华龙赛鱼超市有限公司三个单位设立矿区地震应急物资储备点，定仓库、定联系人，保证应急物资的数量和质量，做到有备无患，常备不懈。

2006 年，矿区地震局被评为阳泉市防震减灾工作先进集体。2009 年 9 月，矿区成立地震灾情速报网络建设领导组，对“三网一员”（ 地震宏观观测网、地震灾情速报网、地震知识宣传网和防震减灾助理员、联络员）进行重新审核登记。2010 年，矿区地震局举办了 98 人参加的地震应急救援志愿者培训班，成立了地震谣传突发事件应急处置工作领导小组，获阳泉市防震减灾工作先进集体奖。2011 年，举办了 46 人参加的矿区防震减灾“三网一员”培训班，培训期间参观了赛鱼小学国家级防震减灾科普教育基地（科技馆、地震宫）。地震应急救援志愿者队伍发展为 7 支 536 人。

第五节　一般科技

一、新产品研发

阳泉市泰康食品厂于 1985～1988 年研发成功多味葵花籽、酸枣系列饮料、膨化雪糕三种产品。其中多味葵花籽 1985 年年底试产，1986 年正式生产，有奶油型、五香型两个品种，1986 年获阳泉市人民政府创优奖和新技术开发奖。酸枣系列饮料 1986 年 10 月～1987 年 4 月间经数百次试验研制成功，1987 年 5 月由阳泉市标准计量局送中国食品质量检测中心检验确认合格后投入生产，有酸枣汁、酸枣酒、酸枣露、酸枣汽水、酸枣汽酒 5 个品种，1989 年获阳泉市星火项目科技三等奖。膨化雪糕 1988 年 1 月正式生产。

阳泉市矿区橡塑制品厂生产的热塑橡胶底（SBS）童鞋，1987 年 7 月从河北蒿城鞋厂引进，被列为阳泉市科委 1987 年科技发展计划推广项目。1988 年 8 月试产，当年年底正式投产。产品分凉鞋、拖鞋、轻便鞋 3 类。1989 年 1 月经阳泉市标准计量局鉴定，符合 DH/1403Y75001—89 标准。1990 年获阳泉市经委颁发的新产品科技进步奖。阳泉市钢木制品厂开发的童床童椅，1989 年 10 月试制，1990 年 4 月投产，增加了阳泉市钢木制品的花色品种，满足了市场的需求。

阳泉市弹簧厂研制的柱齿型凿岩钻头，1989年6月从太原硬质合金厂引进产品图纸，并由李康、高涛、秦春玲负责试制。试制中对原设计的几何尺寸加以修改，增加了硬质合金的镶嵌强度。7月投入生产。矿区管件厂生产的新产品卡箍式柔性接头——管道快速接头，1993年1月被煤炭部列为100项推广项目之一。1997年8月21日，阳泉矿务局多营总公司热力设备厂开发生产的组合式燃煤热风炉通过煤炭部基建司组织的专家鉴定，并向全煤系统推荐使用。

阳泉市矿区赛鱼办事处建起了陶粒砂厂，开发生产石油支撑剂，1987年10月试产，年末正式投产。产品有0.4厘米~0.8厘米、0.8厘米~1.2厘米、0.3厘米~0.5厘米、0.01厘米以下等5种规格。1988年10月，石油工业部鉴定为国内电结型陶粒砂第一。1997年7月31日，阳泉矿务局水泥厂开发研制的复合硅酸盐水泥通过省、市经贸委、建材局、质检站的评审鉴定，填补了全省建材产品项目的一个空白。

二、技术革新

20世纪80年代至90年代，区属企业完成较大的技术革新14次。其中沙坪锻压厂铸造车间改进，桥头钢窗厂设备改造，泰康食品厂扩建和生产设备技术改造，赛鱼办事处陶粒砂厂改制了2台废旧电力变压器，节省资金近10万元。第三食品厂革新了盐水搅拌机，解决了电机运转时间长，易烧坏的问题。革新氟利昂冰糕机，变两道工序为一道，提高了产量。沙坪锻压厂自制了5吨天车，还将75千瓦鼓风电机改造为节能型的22千瓦，年节约电能36000千瓦时。沙坪橡胶厂仿制4台电热硫化器。桥头钢窗厂革新挡圈模具，使三道工序一次完成，提高工效3倍。泰康食品厂革新专用节能灶，年节煤134.5吨。矿区弹簧厂革新蛇形绕簧机，提高工效40倍。

1987~1990年阳泉市矿区一般科技成果概况表

表24-6

项目及产品名称	完成单位	鉴定、评审及试验情况
酸枣系列饮料（酸枣汁、酸枣酒、酸枣露、酸枣汽水、酸枣汽酒5个品种）	阳泉市泰康食品厂	1987年5月阳泉市标准计量局送中国食品质量检测中心检验确认合格
高浓缩倍率循环水技术处理项目	阳泉发电厂环保监测站	1993年中华人民共和国科学技术委员会向站长席赠福颁发国家科技成果完成者证书
复合硅酸盐水泥	阳泉矿务局水泥厂	1997年7月31日通过省、市经贸委、建材局、质检站的评审鉴定，填补了山西省的一项空白
组合式燃煤热风炉	阳泉矿务局多营总公司热力设备厂	1997年8月21日通过煤炭部基建司组织的专家鉴定，并向全煤系统推荐使用
多味葵花籽（含奶油型、五香型两个品种）	阳泉市泰康食品厂	1986年获阳泉市人民政府创优奖和新技术开发奖
膨化雪糕	阳泉市泰康食品厂	1988年1月正式生产，填补了阳泉市冷食业的一项空白
热塑橡胶底（SBS）童鞋	阳泉市矿区橡塑制品厂	1989年1月经阳泉市标准计量局鉴定，符合DH/1403Y75001-89标准。1990年获阳泉市经委颁发的新产品科技进步奖
柱齿型凿岩钻头	阳泉市弹簧厂	1989年6月引进并创新
陶粒砂（又称石油支撑剂）	阳泉市矿区赛鱼办事处厂	1988年10月，石油工业部鉴定为国内电结型陶粒砂第一
童床童椅	阳泉市钢木制品厂	1990年4月投产，增加了钢木制品的花色品种

第三章　科普工作和科技合作

除了专业研究开发方面，取得许多成果外，矿区还大力开展科技普及工作，科普宣传持久深入，科普教育成果卓著，科技培训和咨询扎实开展，全社会科技文化水平大幅提高。矿区在科技交流和科技引进和输出方面，方式多，幅度大，成效显著，使矿区科技水平迅速提高。

第一节　科普工作

一、科普宣传

1978年全国科技大会后，矿区政府和驻区企业加强了对科普工作的领导。1986年后，矿区科委、矿务局科技处牵头，有关部门通力合作，利用各种场合，通过各种渠道，采取多种形式，在全区范围内定期或不定期的进行科学知识普及宣传活动。1990年10月，为增强全民科技意识，在教育、宣传、文化、共青团、工会、妇联等有关部门积极配合下，矿区成功举办了“首届科技周”活动，在社会上产生了广泛影响。

2005年，区科技局牵头组织京宇公司、新鑫科技公司等18家企事业单位，在矿区举办了第五届科技周活动，结合各单位的自身业务，以挂图、板面、录像和口头咨询等形式向群众展示科技创新成果，宣传科技知识。2006年举办的第六届科技周活动，围绕循环经济和建设节约型社会的内容展开宣传活动。根据全市统一安排，矿区2007年、2008年两年的科技活动周主题均为“携手建设创新型阳泉”。2007年5月21日至27日，为第七届科技活动周，设立了咨询台进行集中宣传，发放科技宣传资料4000余份，展出科技知识、技术创新成果、科技活动成果等宣传版面16块。《阳泉矿区》报连续2天编发科技周专刊，介绍矿区“十五”期间科技工作，宣讲科技法律法规。2008年5月19日至25日，为第八届活动科技周，区科技局、地震局与区科协结合四川汶川5月12日特大地震，展出了10余幅地震知识宣传版面，突出宣传防震减灾科普知识。还展出了各类宣传版面30余块，咨询台现场解答了群众提出的各种问题，发放宣传《中华人民共和国科学技术进步法》《中华人民共和国防震减灾法》的小册子800余册，散发宣传资料近2万份。《阳泉矿区》设立科技活动周宣传专版，刊登了《高新技术企业认定管理办法》《中华人民共和国科学技术进步法（摘要）》等法律、法规。

2009年5月16日至22日，区委宣传部、区科技局、区科协联合举办了2009年度科技活动周。活动周以“携手建设创新型矿区——实现转型发展、安全发展、和谐发展”为主题，集中宣传科技法律、法规和科技政策、科技创新成果，展示科普工作的成效，反映公众对科技的实际需求。5月19日，活动周集中宣传活动在区民营科技园区管委会门前举行。当天，展出各类宣传版面30余块，内容包括科技法律法规、科技知识、科技成果、矿区专利技术介绍等，并结合汶川大地震一周年纪念，集中展出了防震减灾方面的知识。现场发放科技宣传资料3000余份，向500余人次提供了科技咨询。通过新闻媒体向公众宣传《中华人民共和国科学技术进步法》《中华人民共和国专利法》《高新技术企业认定管理办法》《阳泉市矿区专利管理办法》。还举办了科普电影放映周，在6个街道办事处巡回放映科普电影6场。举办了修订后的《中华人民共和国科学技术进步法》《高新技术企业认定管理办法》宣传贯彻培训班。

2010年5月15日至21日，区科技局、区委宣传部、区科协联合举办了2010年度科技活动周。活动周以“携手建设创新型矿区——实现转型发展、安全发展、和谐发展”为主题，集中宣传各级各类科技政策和科技事业发展的最新成果，集中展示科普工作的成效，反映公众对科技的实际需求。5月19日，科技活动周集中宣传活动在区民营科技园区管委会门前举行。宣传日当天，展出各类宣传版面10余块，内容包括科技法律法规、科技知识、科技成果、矿区专利技术介绍等。现场发放科技宣传资料2000余份，向300余人次提供了科技咨询。通过新闻媒体向公众宣传《中华人民共和国科学技术进步法》《中华人民共和国专利法》《阳泉市矿区专利管理办法》，并在《阳泉矿区》报刊发科技活动周专辑。

2011年5月14日至21日，区科技局、区委宣传部、区科协联合举办2011年度科技活动周。活动周以“携手建设创新型矿区——实现转型跨越”为主题，集中宣传科技政策和科技法律法规，展示科技事业发展的成就，推介最新科技成果和专利技术项目，反映公众对科技的实际需求。5月18日，举行了科技周集中宣传活动。展示版面12块，发放宣传资料3万余份。在《阳泉矿区》报刊登了《提高科技创新能力，促进转型跨越发展》科技活动周宣传专版，对“十一五”期间科技工作进行了回顾，讲解了“十二五”期间科技工作重点及主要措施。开展了“知识产权宣传周”活动。

至2011年，矿区共举办了11届全区科技周活动，参与者达15万余人次。

二、科普教育

1986～1990年间，矿区政府和驻区企业重视科普教育，大力开展青少年科技活动。矿区科委每年结合教育改革，开展青少年科技活动，由各中小学教师具体组织指导学生开展各项科技活动。活动形式有小论文、小发明、小创造、小制作、小课题研究、小学数学奥林匹克竞赛、小学自然智力竞赛、素质教育英语知识能力竞赛、美术书法摄影竞赛、环境保护知识竞赛、读童话、写童话、画漫画国际大赛、“新世纪我能行”少先队员素质大赛、“中华魂”主题读书活动、环境保护科学考察、网页制作、汉字输入竞赛等20余种。充分利用第二课堂，组织中小学生进行小论文、小发明、小制作等科技活动81次，有2000余人（次）参加。1992～1993年，平潭街小学1人获全国小学数学奥林匹克竞赛三等奖，17人获全国第二届小学自然智力竞赛中二等奖。1993年，沙台小学奥林匹克数学兴趣小组获全国、全省竞赛第二名。1996年，平潭街小学有10人获首届“希望工程杯”全国书画印艺术竞赛儿童组美术类优胜奖。2001年，平潭街小学1人获“金秋杯”第六届全国青少年美术摄影大赛优秀奖。2005年，1人获纪念安徒生诞辰200周年“点燃爱的火柴”少年儿童“读童话、写童话、画漫画”主题国际大赛金奖。赛鱼小学《电话暗锁》《新型粉笔盒》分别获得全国科技创新和全国科技新发明二等奖，其中《新型粉笔盒》还荣获中国少年儿童海尔科技创新希望奖。2002年，矿区西河路小学有4名同学获得中国少年科学院小院士称号。翌年，西河路小学又有3名同学获中国海尔科技奖。2006年，西河路小学《多功能清洁用具》获第三届中国青少年科技创新奖。

教育城域网建设进展顺利。1991年，平潭街小学购置5台微机，设立微机室。1996年12月，红岭湾小学成为首批“山西红领巾计算机学校”。1999年，阳煤集团教育处为东四尺小学配备10万元的多媒体设备。到2004年，外国语学校、第十八中学、第十四中学等也相继建成校园网，并接入市教育城域网，实现了多媒体投影机、计算机和教育城域网“两机一网”进教室。2005年10月，第十三中学投资200多万元进行环境改造和城域网建设，该校26个教室全部安装了多媒体，被命名为“山西省现代技术实验校”。

三、防震宣传

2002年“728”防震减灾宣传周期间，“阳泉地震信息网”（www. yqdzj. gov. cn）开通。矿区利用报纸、广播、电视和网络广泛开展了防震减灾知识宣传。区政府和区地震部门结合各种群众活动，进行防震减灾知识和法律法规的宣传，普及地震和防震避震知识。

区地震局在中小学多次举办防震减灾科普讲座，并积极筹措资金建设防震减灾科普教育基地，

2005年12月，“阳泉市防震减灾科普教育基地”在赛鱼小学挂牌。2009年5月，区地震局印制新修订的《中华人民共和国防震减灾法》手册，《地震灾害勇敢面对》等资料，制作宣传展板、条幅。“512”国家第一个防灾减灾日期间，《阳泉矿区》报刊发防震减灾专版，出台《阳泉市矿区地震参数公告办法》，各学校还组织实施应急演练，掀起宣传、纪念热潮。2010年，“512”国家第二个“防灾减灾日”，印发了《阳泉市矿区2010年防灾减灾日活动方案》，以“减灾从社区做起”为主题，以社区为活动平台，为街道、社区、学校提供宣传单40000余份、光盘70张、画册1000本、科普书100本，宣传展板40块。全区26所中小学校普遍开展了一次地震应急演练。“728”防震减灾宣传周期间，根据《中华人民共和国防震减灾法》及省、市要求，区地震局对全区中小学校舍安全工程进行了抗震设防调查。2011年5月12日，汶川大地震三周年纪念日，宣传周期间，开展了以“增强防震减灾意识，建设安全和谐山城”为主题的宣传活动，发放《中华人民共和国防震减灾法》200本，宣传单3000余份，制作展板30块。7月28日，唐山地震35周年，矿区和市防震减灾领导组、城区政府联合开展了以“全民关注地震灾害，构建防震安全社区”主题和宣传活动。矿区制作宣传展板30块，印制宣传资料20000余份，出动宣传人员40多名，发放宣传资料2000余份。29日，矿区地震局组织6个街道办事处防震减灾工作人员及马家坪部分居民，进行了一次地震应急避险演练。连续3天通过手机短信，宣传防震减灾法律法规和地震知识。

四、科技培训

1987～1990年，矿区科委和科协按照缺什么、急需什么，就办什么的原则，举办各种形式的技术培训6期，培训专业技术人员300余人次。培训专业有初级工程技术、初级经济专业人员、统计、会计专业培训、技术合同法培训、胆红素提取技术培训等。

2005年，区、局领导干部分别参加了市科技局举办的“自主创新与企业发展”报告会和山西省科技厅举办的“知识产权知识”培训班。区有关部门、民营科技企业负责人和社区干部先后参加两期科技知识培训班。同年，科技局协助新鑫科技公司成功举办了由国家安全生产总局在矿区组织的国家矿山救护灭火装置培训班。

2007年，区科技局举办了企业创新与知识产权保护专题讲座，10月，区科技局与区商务局邀请山西科卫专利事务所主任温彪飞举办讲座，参加讲座的有各街道办事处分管主任、各有关部门分管领导、区高新技术企业和民营科技企业分管领导及技术负责人等共50余人。

五、科技咨询

1987年年初，区科委创办《科技信息》简报。1988年12月，矿区成立科技开发咨询中心。1998年9月18日，成立阳泉市矿区技术成果转化推广站，后更名为阳泉市矿区生产力促进中心。2005年，区生产力促进中心重点抓好S型煤溜、CO_2发生器、变压器和弧焊机等4个国家级项目跟踪服务和成果转化工作，同时为企业提供咨询服务，帮助投资1500万元的麟豪安全防盗门项目、投资330万元的侨联绿色鞋业项目、晋宝公司稀土合金项目、名扬公司钕铁硼磁体项目建成投产。

第二节　科技合作

一、科技交流

内部协作。阳煤集团所属各部门和单位之间进行了有效合作，如阳煤集团技术中心、生产地质技术部、通风部共同完成的《高瓦斯矿井陷落柱密集区松散煤顶板条件下开采技术的研究与应用》项目，2006年12月22日通过省科技厅组织的专家鉴定，鉴定认为达到国际领先水平，被评为2006年度煤炭工业十大科技成果。与高等院校及科研院所合作。阳煤集团与北京科技大学、中国矿业大学、山西矿业学院、河南理工大学、西安科技学院、太原理工大学等高校合作完成多项成果。阳煤集团与煤科总院下属的北京、抚顺、上海、唐山、西安、重庆等分院及北京开采所，以及中科院及其下属的理化技术研究所、陕西煤炭研究所、煤科院太原研究所、武汉冶金研究院等科研院所有多次合作，取得大量成果。2008 年 5 月 1 日，阳煤集团与煤科总院重庆研究院正式签署了战略合作协议，在形式和法律上进一步明确了双方的合作关系和地位。11 月 21 日，全国矿井通风学术研讨会暨山西省煤炭学会矿井通风及瓦斯治理专业委员会成立大会在阳煤集团召开，新一届矿井通风与瓦斯治理专业委员会挂靠阳煤集团。省科协、中国矿业大学、太原理工大学、河南理工大学、煤矿瓦斯治理国家工程研究中心等单位的专家在会上作了学术报告，与会人员进行了广泛深入交流。

与各类企业合作。阳煤集团与北京煤成电器设备公司、北京威通诚信机电科技公司、北京赞成国际投资有限公司、北京奥润恩特能源技术有限公司、石家庄泽绿水科技有限公司、太原索斯沃斯、唐山大禹科技公司等国内各类企业进行了多次有效合作。阳泉市矿区矿山设备研究所与汾西机器厂合作完成的 BPJ6 -6 矿用隔爆型高压真空配电装置获 1989 年山西省科技进步奖二等奖。

国际合作。20 世纪 50 年代，苏联专家到阳泉矿务局帮助工作；阳泉矿务局也派员到苏联学习。1972 年，引入波兰综采设备。1978 年后，对外交流趋于频繁。联邦德国、美国、英国、法国、日本、朝鲜、瑞典、新西兰等十几个国家的考察团和技术服务组到阳泉矿务局进行技术考察、学术交流、推销产品等活动，仅 1984 ~1987 年，就有 70 批 134 人次。阳泉矿务局同期出国考察、交流人员有 41 人次。1990 ~2011 年，随着科技引进和输出的规模不断扩大，国际合作也不断加深。

二、技术引进和输出

1986 ~1990 年，区办和街道办企业引进新技术与开发新产品 18 项。平潭街办事处引进了热塑弹性体 SBS 童鞋旅游鞋制作生产线，贵石沟办事处引进造纸生产技术，桥头办事处引进瓜子加工技术，矿区直属企业引进矿用电机车钢板弹簧、硬质合金柱齿钻头。矿区矿山技术设备研究所研究开发的系列高低压真空防爆开关和声光电铃、电笛被中国统配煤矿总公司列为推广项目。该所无偿地将 C83ZH 系列真空开关、LBH 系列安全火花电铃、ZZT 系列安全火花继电器技术，提供给阳泉矿务局机修厂服务公司，使其办起电控厂，并被中国统配煤矿总公司定为维修制造防爆电器定点厂。ZBH 系列开关技术向阳泉电器厂无偿提供后，使其创产值 100 万。SGL/SGD -36/127 型户光电铃、电笛，分别向平定太行矿机配件厂和 4370 厂有偿转让后，为两个厂创产值 80 万元。BGD -6 矿用隔煤型高压真空配电装置技术，转让给太原 884 厂和湖南湘潭煤矿机械厂，这两个厂产品通过部级鉴定，并认定为国家首创和技术领先，可代替同类进口设备。该项技术由中国煤矿总公司介绍给邮电七所，9352 厂和桐乡煤矿机械厂定点生产。1991 ~2008 年，引进开发新项目有 S 型煤溜、CO_2 发生器、变压器和弧焊机、稀土永磁电机、高强度玻璃钢锚杆、易接管件、防爆特殊型变频电机车、恒汇液压阀、聚乙烯（PE）管材、镨钕镝合金等。

20 世纪 70 年代和 80 年代，阳泉矿务局从波兰引入综采设备和相关技术，从联邦德国引入液压支架、电器设备，从法国引入采煤机和其他多种采掘设备，从日本引入瓦斯抽放设备，引入多种测量仪器设备。1993 年，阳泉矿务局与香港莫兆记企业有限公司合资兴办的山西兆阳玻璃装潢有限公司，从意大利、法国、日本、中国香港引进玻璃深加工设备，从泰国和南非进口大版面厚玻璃和高级镀银镜片，引入香港的工厂管理方式，由美国和香港专家担任技术指导。山西新派塑胶有限公司，1997 年引入德国 PVC 管材挤出生产线和香港奥克兰全自动电脑数控精密注塑机，采用新加坡进口模具组织生产，具有完整的质量控制和检测手段，产品质量达到了国家标准，荣获了国家金奖。同年，矿务局引入瑞典瓦锡兰公司煤层气发电机组，总投资约 4000 万元人民币。2006 年 12 月，阳煤集团向俄罗斯出口放顶煤成套设备及技术获得成功，工作面达产。

第二十五编　文　　化

新中国建立前，境内经济凋敝，文化落后。新中国建立后，特别是1978年中共十一届三中全会后，矿区在发展经济的同时，大力发展文化事业，取得很大成绩。建立了精干高效的文化管理机构。文化艺术业蓬勃发展，文艺创作广泛开展，发表、展出和上演了大量优秀作品。图书馆、档案馆和考古文物工作成绩斐然，建立了完善的三级群众文化活动网络和遍布区境的群众文化活动场所，群众文化活动广泛开展。传媒业发展欣欣向荣，报刊出版、史志编纂取得可观的成绩，国家和省市广电网络遍布境内，企业自办的广播、电视也为广大居民所喜闻乐见，电影和网络等大众媒介深受群众欢迎。本编还在艺文部分收入矿区古今作者代表性诗文14篇、省级以上发表及获奖单篇作品目录，以及矿区境内作者著述目录。

第一章　文化管理

矿区文化管理机构成立于1981年7月，后逐步演变为矿区文化体育旅游局，主管文化艺术、新闻出版、文物保护、体育、旅游等方面的工作。1980年矿区与阳泉矿务局机构分设后，矿区的文化管理步入正轨，文化体制改革逐步加快，文化事业和文化产业有序开展，逐步形成了由区文化馆、街道文化站、社区和企业文化活动室组成的三级群众文化活动网络，建成了多处大型群众文化活动广场，实现了群众文化活动和文艺创作与表演的繁荣。

第一节　管理机构

矿区文化管理机构是文化体育旅游局。原为矿区文教卫生局，成立于1981年7月，主要负责文化、教育、卫生、体育方面的工作。1984年3月，更名为文教局，主管文化、教育和体育工作，另设卫生局。1987年8月，另设体委。1997年4月机构改革中，成立矿区文化体育运动委员会，主管文化、体育工作。2001年，矿区文化体育运动委员会更名为矿区文化体育局。2009年12月，矿区文化体育局更名为矿区文化体育旅游局，主管文化艺术、新闻出版、文物保护、体育、旅游等方面的工作。至2011年年末，矿区文化体育旅游局内设办公室、文化艺术股、竞赛训练群众体育股、旅游管理股；下属单位有矿区文化馆、矿区少年体育运动学校、矿区图书馆、矿区文化市场行政综合执法队、矿区文化娱乐指导中心。

第二节　体制改革

1978年中共十一届三中全会后，矿区的文化体制改革走过了30年历程，大体经历了三个发展阶段。

第一阶段（1978～1992年）。矿区文化事业呈现复苏与空前的繁荣，文化市场的发展和地位得到承认。针对原有文化体制的弊端，阳煤集团各俱乐部通过有偿放映电影等形式，实行以文补文、多业助文等改革措施，以解决文化单位出现的经济困难。同时实行“双轨制”：一轨为阳煤集团的全民所有制文工团，另一轨为来自民间的文化艺术团体。在山西省4次汇演中，矿区有5个剧目参赛，李天和等4人获创作奖，康变英等5人获优秀演员奖。在文艺创作方面，有13支歌曲在省级以上报刊发表，21件书法和25件摄影作品入选全国性展览。翟清军、姚仁承、高广的书法赴国外展出。葛保庆和黄旭升的摄影获亚洲文化中心奖，封泉生的阳泉说唱获晋冀豫“山河杯”创作三等奖。许元上的小说获山西省首届“赵树理文学奖”三等奖和全国“乌金奖”三等奖，他的《沧桑路》出版了单行本。吕海潮、翟贵明、陋岩等人的作品在全国核心期刊频频亮相。姚富祥执笔主编的《阳泉煤矿史》《阳泉矿务局四十年》出版发行。《阳泉市矿区民间文学集成》内部印刷发行，区内先后成立了美术、摄影、书法、音乐、舞蹈、戏剧、曲艺、文学等专门研究机构。电影系统在影介、影评中吸收电影爱好者“说长道短”。图书和档案部门创造条件方便用户借阅查找资料。广播电视中心实现了闭路电视节目微波联网。各单位和俱乐部、游艺室为学习舞蹈的人们大开方便之门。

第二阶段（1993～2002年）。文化管理部门加大自身改革的力度，转变职能，提高效率，加强和改进对文化事业的宏观管理，进一步完善文化经济政策，逐步建立了把社会效益放在首位的保障机制。阳煤集团各文工团、电影院等文化单位根据不同特点，建立健全了激励竞争机制，努力增强生机和活力。全区初步建立了包括文艺演出市场、电影电视市场、音像市场、文化娱乐市场、文化旅游市场在内的文化市场体系。这一阶段的文化体制改革激活了文化人才的合理流动，区内的闭路电视得到普及；《阳泉日报》《阳泉矿工报》《阳泉矿区报》出版质量提高，发行量加大；各文化团体通过下乡演出、商业助兴演出增加了收入；剪纸艺术家李金柱、书法家姚仁承等人的作品在全国全省连连获奖；郭祯田、孙祥栋、翟贵明、陋岩、江素清、张敬红、刘双凤、王红莲等或出版专著或发表作品，在全国有较大影响。

第三阶段（2002年～）。中共十六大以后，矿区的文化体制改革步伐明显加快，强调要积极发展文化事业和文化产业。群众文化活动、文艺创作和音像市场、歌厅、舞厅等空前繁荣。科幻作家刘慈欣连续六年获国家“银河杯”科幻文学大奖，赵生才、王俭、赵锁仙等一批作家出版了专著；故事创作出现高潮，陋岩、冀幼农、张春义等作家的故事，连续在《民间文学》《故事会》等杂志发表；平潭街西社区女子腰鼓队获国家级奖励；阳煤集团各文工团社会效益、经济效益创新高；工程处电影院等文化场所办起了歌舞厅，丰富了群众文化生活，增加了企业经济收入。全区有7家正式营业的歌城。矿区文化管理部门强化了对网吧、印刷厂、打字复印店、书刊店、棋牌室等经营场所的日常管理，组织开展了每年的扫黄打非集中行动；完成了书店、打字复印店、网吧年检换证工作；对新闻出版产业进行了调查；组织开展安全生产宣传活动，对文化市场进行了安全大检查，与辖区内的文化市场经营户签订了《安全经营责任状》；对校园周边环境进行了集中整治。2010年9月，省文化市场检查组对矿区文化市场管理予以充分肯定。

第二章　文化艺术

1947年解放后，矿区境内文艺创作蓬勃开展，在全市处于重要地位，在国家级、省级、市级报刊、展览、演出中发表、展出和上演了大量作品，获得广泛好评。矿区图书档案事业逐步发展，至2011年年末，全区有图书馆（室）30余家，藏书35万册，区档案馆步入国家二级馆行列，阳煤集团档案馆馆藏各类档案、资料达12万卷（件）。考古与文物工作成绩斐然。群众文化工作广泛开展，满足了居民日益增长的精神文化生活的需要。

第一节　文艺创作

一、文学创作

矿区境内文学创作一直在全市遥遥领先。据不完全统计，从1948年开始，区内作家共出版文学专著33部，在《人民文学》《诗刊》等国家级文学期刊及各省文联和作协主办的省级以上纯文学和国家中文核心期刊上发表小说、散文、诗歌、故事等作品300余篇（首），在《人民日报》《光明日报》等国家级报纸及全国省级以上党报发表各类文学作品上千篇。一大批文学作品被《读者》《中国剪报》等报刊转载。

（一）诗　歌

新中国建立前，境内矿工中流传有许多反映矿工生活及其与把头、日伪斗争的顺口溜，实际上就是诗歌创作。新中国建立后，境内煤矿工人中有50余名诗歌爱好者的作品在省市报刊发表，影响较大的有从 1957 年开始在《火花》《汾水》《星星》发表作品的郭庆平；在《新港》《山西文学》《诗刊》发表作品的吕海潮；在《人民文学》《北京文学》《雨花》《青海湖》发表作品的翟贵明；在《人民文学》《诗刊》《中华诗词》发表作品的赵生才；在《诗刊》《星星》《山西文学》发表作品的陋岩；在《中华诗词》发表作品的王立强等。出版诗歌专著的诗人有翟贵明、赵生才、陋岩、李贵平等。1998 年 10 月诗集《延伸的斑马线》由北岳文艺出版社出版，诗集收入矿区及阳泉市的 18 位诗人在交警一大队深入生活后创作的 72 首诗歌，著名诗人马作楫作序，荆升文和黄顺荣合写的关于《延伸的斑马线》的文艺评论《爱在每一寸路面洒脱》发表于同年 10 月 20 日《人民公安报》。陋岩的诗歌《歌手》获《九州诗文》征文优秀奖，《藏在木纹中的黑白镜头》获山西作协主办的山西诗歌大奖赛三等奖，《半袋炒面》获广东省纪念红军长征胜利 70 周年征文三等奖，《老树》获 2007 年度“中国诗歌·采浪年度最佳诗歌奖”二等奖，《深夜给妻》获香港《圆桌》诗刊与《情诗》季刊联袂举办的“华语情诗大奖赛”三等奖。2009 年《圣地歌谣》（组诗）获湖北省作家协会、《都市小说》等六家单位联合主办的建国 60 周年征文一等奖，诗歌《长翅膀的娘》获成都市文联主办的“民族魂”征文三等奖。2011 年陋岩的诗歌《走在洗耳滩，我步履轻轻》获《人民文学》主办的“善卷故里，善德鼎城”征文优秀奖；陋岩的组诗《起跑线上的歌唱》获安徽作协主办的建党 90 周年征文三等奖；陋岩组诗《红色经典》获天津市精神文明办公室和《支部生活》杂志社联合主办的“党在我心中”征文三等奖；陋岩的诗歌《井下也是我们的祖国》获中国作家协会与中国移动公司联合主办的建党 90 周年文学征文二等奖；陋岩以全国道德模范黄代小为素材创作的叙事诗《爱满人间》获北京市写作学会主办的 2011 年“感恩人生”全国纪实诗歌散文大赛三等奖。2011 年大众文艺出版社出版阳泉市矿区作者的两本诗集，即陋岩的煤矿诗歌集《垂直向下八百米》和白瑞勤的诗集《清风徐来》。

（二）小说　故事

1948 年，著名作家康濯到阳泉附近煤矿体验生活，写出了反映煤矿生活的长篇小说《黑石坡煤窑演义》，开阳泉矿区小说创作之先河。1963 年，吴晶波在《人民文学》发表短篇小说《新来的矿工》和《女电车司机》，后又在山西《火花》杂志转载，成为这一时期矿区文学创作“独领风骚”的人物。许元上的短篇小说《为我们干杯》获山西省首届“赵树理文学奖”三等奖；短篇小说《秋雨沙沙》获煤炭部文艺创作基金会优秀作品奖；广播剧《选煤楼里的歌》获全国首届“乌金奖”三等奖。封泉生的作品多次发表于《人民日报》《鹃花》等报刊。翟贵明的小说发表于《山西文学》等报刊，并获《北京文学》《文艺报》征文奖、市第三届文学艺术一等奖。陋岩的小说发表于《小说月刊》《北京文学》《黄河》《延河》等文学期刊，并获《小说月刊》征文二等奖。孙祥栋创作了长篇小说《石评梅传奇》。

1990 年后，矿区作者创作的故事走向全国。陋岩、张春义、冀幼农等作家创作的故事在《民间文学》《故事会》《民间传奇故事》《上海故事》《山海经》《故事世界》《中外故事》《故事林》《古今故事报》等全国名牌故事报刊上发表。陋岩的故事还被《民间故事选刊》《传奇传记文学选刊》《故事精选》等杂志转载；张春义、冀幼农的故事作品也多次被《民间故事选刊》选用；冀幼农的长篇故事被多家故事报刊连载。陋岩的中篇故事《走火》获《上海故事》读者最喜爱的作品奖。

（三）散文　报告文学

陋岩的《五条好汉》《藏在手机里的爱》《你是个好人》等 200 余篇散文，在《光明日报》《山西文学》《读者》等省级以上报刊发表，散文《父亲的小亲圪蛋》入选《人民文学》编辑出版的《我与茅台的故事》一书。赵锁仙出版了散文集《姐姐北大，妹妹清华》。吕海潮散文《带手机的掏粪工人》获《人民日报》征文二等奖。姜素清的散文《女人的世界》获山西日报征文一等奖。徐京儒出版了作品集《过滤日子》《一个京城打工的山西作家》。郭祯田、翟贵明等作家出版了散文专著。2009 年陋岩发表于《延河》的小说《九月菊花香》获中国作家协会、中国国土资源作家协会主办的第四届中华宝石文学奖短篇小说奖；2009年陋岩的散文《流泪的醋瓶子》获《国家电网报》“改革开放30年·印迹”征文一等奖，《词林深处捉鸟鸣》分别获中共中央宣传部、国家新闻出版署主办的“读一本好书”征文优秀作品奖和全国第十九届图书博览会征文三等奖。2010年张春义的小说入选《中国微型小说名家名作百年经典》，陋岩的小说《兰花花探亲》获重庆作协“畅通重庆”征文三等奖。2011年陋岩的小说《初恋情人住对门》被拍成电视剧，在湖北襄阳电视台播出；陋岩的小说《井口的阳光》获中国作协与全国煤矿文联联合主办的煤炭系统最高文学奖“乌金奖”提名奖。

相惊彦、赵云鹏合作的《奋进曲》发表于1984年《山西文学》，并获中国煤炭部煤矿文化基金会“乌金奖”。许元上与张希信合作的《未获骑士勋章的骑士》发表于1986年《火花》。许元上的《失意者的跋涉》《黑色世界摇滚乐》《商业大潮的冲浪者》发表于《黄河》。许元上的《强将手下无弱兵》，1986年获山西省“三创”报告文学一等奖。张东红2005年在《报告文学》杂志发表了《幼吾幼，以及人之幼》和《矿山脊梁》。其中《矿山脊梁》获《报告文学》杂志主办的征文一等奖。陈永刚、陋岩、张青山、赵锁仙、张春义等均有报告文学作品发表。

（四）民间文学整理

境内民间故事源远流长，是民间文化的奇葩，反映了不同时期劳动人民的生活和爱情，褒贬了真善美和假恶丑，成为劳动人民抒发感情和休闲娱乐的文化形式。

民歌民谣在境内流传久远，用简洁朴实的语言和不固定的顺口溜格式，表达了人情冷暖、人间爱憎。主要作品有《八路军下了狮脑山》《狼虎口》《窑黑汉》等。

《阳泉市矿区民间文学集成》，1989年内部出版。全书分三个部分，20余万字，包括传说故事152篇，民谣、民谚223首（条）。由矿区副区长贾冰宇负责，文教局局长任选荣任主编，刘建民、娄志华任副主编，任俊祥、岳润生等编辑，历时两年编纂而成。

二、艺术创作

（一）绘　画

阳泉解放初期，煤矿美术活动仅限于板报、墙报的报头、宣传栏的插画等简单的绘画形式。随着社会经济的发展，出现了幻灯片、壁画、宣传画等较高层次的美术创作。1955年起，刘建功的漫画、葛思海的国画和宣传画、王惟中的连环画、宋云田和王杰的组画在国家和省级报刊发表，并多次参加国家和省级展览。

1972年，在纪念《在延安文艺座谈会上的讲话》发表三十周年时，矿务局举办美术培训班，邀请全国著名画家邵宇、王角、孙全、力群、董其中、姚天沐指导讲学。此后，美术新秀层见叠出。1973年，矿区有26件美术作品参加“建国24周年山西省美术展览”。赵荣纪的宣传画，王永惠、王雨生、叶欣的连环画由山西人民出版社出版。郭贵明、王永惠、李树隆、赵荣纪、叶欣、马强、姚天沐的作品在《山西日报》《北京日报》《文汇报》《解放日报》《解放日报》发表。1974年，杨建国、郭袂成、王远明、许元上合作的《煤海新歌》入选全国美展；赵荣纪、张登魁合作的《踏遍煤海千条巷》在《人民日报》《解放军报》发表并赴港、澳、美国展出。同年矿区有13件美术作品入藏北京展览馆，有25件入选“上海、阳泉、旅大工人画展”，25件作品入选“山西省工人画展览”；山西人民出版社出版了《阳泉工人画选》，收录15位作者的22件作品。1975年，矿区有6件作品在省级出版社出版。

1978年中共十一届三中全会后，矿区美术创作大胆创新，追求笔墨意趣，驰骋思想情怀，成绩斐然。到1990年，矿区有28件美术作品在全国报刊发表和入选全国性美展，有16件作品在省级报刊发表，有68件作品入选省级美展。刘继德出版了版画著作，巩毛牛出版了画册。

2001年后，矿区美术取得多项新的成绩。2004年，在全国第十三届群星奖选拔赛中，美术作品《藏书票》获金奖，美术作品《红了南方红北方》获银奖。2006年，在山西省第七届版画展中，崔群的版画《新时代，新矿工》获金奖，王建华的版画《出坑》获银奖。2008 年，在山西煤炭职工“喜迎百年奥运再铸煤炭辉煌”书法美术摄影展览中，崔群的版画《舞动的荷花》获一等奖，王建华的版画《皖南民居》和薛连生的版画《养生之道》获二等奖，孟彦明的国画《雨后山更青》和白根弟的国画《山水》获三等奖。2009 年矿区美术家协会积极组织创作并参加各级展览，其中王建华的版画《送饭工》、刘文会的版画《秋韵》、崔群的版画《血色太行》、薛连生的版画《空间》和韩东升的国画入选山西省第十五届美术作品展览。2011 年，矿区 22 件作品参加了“脊梁——上海、阳泉、大连工人画展”；13 件作品参加了山西省举办的“霍州杯煤炭系统美术展”，崔群的版画获一等奖；还参加了“庆祝阳泉市文联成立 60 周年美术书法摄影展”。

（二）书　法

1984 年，矿务局成立书法研究会，举办短期书法培训班，开展书法比赛和书法展览，影响广泛。书法研究会成员每年春节深入井口，为矿工义务写春联，1987 年除夕一天就写了 9987 副对联。翟德年的隶书《廖承志致蒋经国先生的信》参加了 1987 年“爱国杯”海内外书法篆刻作品展览。1984 ~ 1990 年，翟清军、姚仁承、宋秀文、梁世昌、王文锐、高广、杨金华、张延威、魏晓刚等 13 位作者的 22 件作品参加全国书展及诸省联展，王岳青、张建国、周敏等 6 位作者的 7 件作品参加省级展览，均有多件作品获奖。翟德年、王岳青 1989 年分别举办个人书法篆刻展，均获好评。2001 年，姚仁承、闻林的书法作品入选中国书法家协会全国优秀会员作品展。2008 年，在山西煤炭职工“喜迎百年奥运再铸煤炭辉煌”书法美术摄影展览中，王岳青的行书获二等奖，张秀兰的行书获三等奖。

（三）摄　影

20 世纪 70 年代初，阳泉矿务局及所属各矿、处党委宣传部和工会陆续购置照相器材，主要用于拍摄新闻图片，也进行少量艺术创作。70 年代中后期，一些业余摄影爱好者自购相机，进行摄影创作。1979 年矿务局在市文化馆举办职工摄影作品展览，有 40 余人的 200 多幅作品参展。

80 年代，摄影爱好者不断增多，摄影水平有明显提高。代表作者有曹喜生、葛保庆、董华、蒋世科、韩万成、白文华、王庆虎、孟文献、王建康、张绍斗、张玉鸿、马金良等。1980 年，葛保庆和黄旭升合拍的《闹洞房》参加了亚洲太平洋地区摄影作品展览，并获得亚洲文化中心奖。1983 年曹喜生的《桃河夜景》获山西省职工摄影大赛二等奖；葛保庆的《煤的旋律》获华北五省市摄影作品展览一等奖，并为当年《中国摄影年鉴》收录。1982 ~ 1990 年，14 位作者的 24 件作品入选全国展览及诸省联展；12 位作者的 21 件作品入选省级展览，均有多件作品获奖。2006 年 3 月，阳煤集团举办“矿工拍身边人身边事”摄影比赛活动，杨立辉、李军的作品获一等奖，邢军的作品获二等奖。2008 年 11 月，在山西煤炭职工“喜迎百年奥运再铸煤炭辉煌”书法美术摄影展览中，王坚克的《抢修》获摄影一等奖，王长命的《踢毽》获摄影三等奖。2010 年，摄影家协会组织 10 名会员赴福建地区创作采风，创作作品 120 件，18 人 21 件作品参加阳泉市第十六届摄影艺术展，王坚克的作品获一等奖，另获 2 个二等奖，4 个三等奖。在市总工会、市文联举办的“五一文化奖”美术书法摄影展中，有 2 人作品获金奖，6 人作品获银奖，8 人作品获铜奖。在纪念中国煤矿工会成立 60 年美术书法摄影展中，王长命的《心愿》获一等奖，王坚克的《世博之夜》、许文权的《工地乐章》获三等奖，张银贵的《相随》、杨立辉的《安全是福》、刘桂美的《农民工的欢乐》获优秀奖。

（四）剪　纸

剪纸在矿区有深厚的群众基础。蔡东社区的居民李金柱 2003 年 4 月当选山西省民间工艺美术协会理事，其剪纸作品多次获得国家及省市级奖项：1994 年获山西省民间艺术一绝大赛优秀奖；1995 年 8 月获“中华巧女”手工艺品大赛一等奖、中国扑克文化艺术展金奖、中国面塑文化剪纸项目一等奖；1999 年获阳泉市民间艺术剪纸一等奖；2002 年获全国第四届民间艺术“山花奖”，入选“海峡两岸四地团圆艺术剪纸展览”；2005 年 10 月获山西省“珍奥杯”老年才艺大赛金奖。其剪纸作品还参加了河南洛阳牡丹节、山东潍坊风筝节等全国重要艺术节，并应山西土特产进出口公司之邀到台湾参展，受到关注和好评。此外，2000年矿区5名民间艺术家的15件剪纸作品入选全省剪纸艺术大赛，矿区获得艺术大赛的“优秀组织奖”。

三、表演艺术

（一）音　乐

新中国建立后，随着社会主义事业的不断发展，境内音乐创作日渐繁荣。煤矿工人王永顺1958年创作的《炊事员之歌》和《编个小曲唱自己》两首独唱歌曲，获全国煤矿文艺汇演创作奖。之后，其作品多次在省以上刊物发表，多次参加全省及全国的职工文艺汇演并获奖，被誉为工人作曲家。此外，魏国忠、杜守仁、王惟中、李天和等人的创作也取得很大成绩。

20世纪50年代，商宝珍、荆德生、王永顺等人在声乐方面展现才华，多次在全省、全国文艺汇演中获奖。此后又陆续涌现出唐文美、陈菊珍、赵清俊、张素华、康变英、刘兆昌、石晨明、胡长河、尹殿全、张素花、张素琴、靳丽萍、白俊杰等，都获得省级以上奖励，有的多次获奖。

2000年，在市“五个一工程”歌曲创作比赛活动中，李树珍、陈玉花、王秀珍分别创作的《醋乡》《舞者的心声》《西部，西部，明天的太阳》三首歌曲被评为优秀奖。2001年3月，阳煤集团有线电视选送的《阳煤集团之歌》获全国企业歌曲大赛金奖。2004年，在全国第十三届群星奖选拔赛中，杨锦龙的歌曲《西部放歌》获银奖，曹文工作曲、曾国华表演的器乐作品《竹篓夜歌》获铜奖。2005年，杨锦龙的男声独唱《西部放歌》获山西省首届职工文化艺术节一等奖，杨锦龙入选第六届全国推新人十佳歌手。在2005年阳泉市“百花迎春”晚会上，五矿文工团表演唱《矿山新事多》获优秀节目一等奖和创作奖，五矿文工团男声独唱《采煤队里过大年》、矿区“春之声”合唱团大合唱《阳光乐章》获优秀节目二等奖，一矿文工团女声独唱《夸张一夜》获优秀节目三等奖。2006年，李诚创作的歌曲《撑起一片蓝天》获全市廉政之歌征文比赛二等奖。

2007年、2008年，矿区“春之声”合唱团参加山西省第二届、第三届“三晋之声”合唱音乐会，获“春花”奖、“春花”优胜奖。2008年，参加“首届中国民歌合唱大赛”获铜奖。2009年，参加首届中国南方（海口）国际合唱艺术大赛，获成人混声组铜奖。

（二）舞　蹈

矿区舞蹈活动兴起于20世纪50年代初，每逢节日和各种庆典，各单位排练的秧歌舞、腰鼓舞、霸王鞭常在街头献演。其后新疆舞、朝鲜舞、苗族舞、西班牙舞、俄罗斯舞、日本花伞舞都被移植到矿区。50年代中期，交谊舞一度走红。1955年，全总歌舞团和煤矿文工团深入矿区体验生活，进行舞蹈创作，同时指导帮助矿务局培训舞蹈演员，促进了阳泉矿区舞蹈艺术的发展。由其指导、二矿文工团移植排演的舞蹈《采茶捕蝶》《荷花舞》很受群众欢迎。工程公司文工团排练的《打蛊盘》获全国煤矿第一届文艺汇演优秀节目奖。

1956年自编舞蹈《第一次上班》公开演出，为阳泉矿区舞蹈创作的发端。60年代自创的舞蹈作品有《游击队之歌》《赛跑》《草原骑兵》《石圪节矿风就是好》《我们矿工新一代》等，其中王永顺创作的《我们矿工新一代》获1963年山西省职工文艺汇演创作一等奖和演出一等奖。70年代舞蹈题材较前广泛，李秀云、李天和创作的《煤乡亲》《怀念敬爱的周总理》，李掌印、张世清创作的《明灯》，张静儒创作的《慰忠魂》《明亮的早晨》均在1979年山西省第四届职工文艺汇演中获奖。

20世纪80年代获市级以上荣誉的创作舞蹈有60多个，其中《江河水》获1986年山西省“三民”调演创作奖；《我和小鸡》《分桃》参加了1989年山西省电视台“五彩缤纷”教师节专场演出；《四小天鹅》参加了1990年山西省电视台“五彩缤纷”“校园之声”音乐会，并获山西省煤炭工会首届艺术节特别奖。20世纪80年代和90年代，舞会兴盛起来，交谊舞、迪斯科舞、华尔兹、探戈、桑巴舞、恰恰舞、斗牛士舞等形式争奇斗艳，人们于清晨、班后、晚间，在公园、庭院、家中翩翩起舞，休闲娱乐，强身健体，陶冶情操。

2000年后，矿区舞蹈创作成绩显著。2000年，舞蹈《在欢腾的大地上》入选全省第十届“群星杯”舞蹈大赛决赛。2001年，音、诗、舞《世纪畅想曲》获阳泉市春节文艺晚会优秀创作奖。同年5月，陈玉花创作的舞蹈《世纪第一春》获华北五省首届少儿舞蹈比赛一等奖。2002年10月，阳煤集团选送的选手史菲菲表演的独舞《矿山慈母心》获得首届全国职工艺术节“中原油田杯”全国职工舞蹈展演金奖。2004年，在全国第十三届群星奖选拔赛中，韩建平编导，贾飞、李文华等表演的群舞《太阳石之光》获银奖，陈玉花创作的舞蹈《春雨沙沙》获少儿组银奖。2005年8月，陈玉花改编辅导的舞蹈《美丽的姑娘》获山西省推新人大赛优秀节目奖，陈玉花获优秀辅导教师称号，区文化馆获优秀集体组织工作奖。同年，五矿文工团的舞蹈《红肚兜》、歌舞《走向辉煌》获全国煤矿安全文艺汇演一等奖。在阳泉市2005年“百花迎春”晚会上，三矿文工团的舞蹈《康定情歌》获优秀节目一等奖；五矿文工团的大型歌舞《阳煤的春天》获优秀节目二等奖和创作奖；二矿文工团的歌舞《梦幻》获优秀节目三等奖。

（三）戏　剧

20世纪50年代至80年代，矿区文化各团体成绩斐然，多次获得国家级、省级和市级奖项。1990年，在“山西省戏剧调演”中，方言剧《打针》（李天和创作）获优秀创作二等奖，毛荣花获演员二等奖，单院明、张俊美、张桂珍获演员三等奖。同年，在“山西省业余戏剧大奖赛”中矿区编排的话剧《多彩的假日》获优秀节目三等奖，陈玉花获优秀演员二等奖，刘建民获优秀舞美设计。2001年，矿区戏剧曲艺家协会创作的小品《回家》获得阳泉市春节文艺晚会优秀创作奖。2004年，在全国第十三届群星奖的选拔赛中，三矿文工团邓振民编剧的小品《送礼》获铜奖。2005年，阳煤集团三矿文工团演出的小品《网》获阳泉市“百花迎春”颁奖晚会优秀节目三等奖、创作奖。2009年在太钢举行的“太钢杯”全国小品大赛中，五矿文工团选送的群口快板获得三等奖。10月，在全国煤矿系统淄博矿业杯曲艺小品原创作品汇演中，四矿文工团选送的小品《找原因》获得了二等奖。二矿文工团选送的《矿山情》、四矿文工团选送的《除夕夜》均获得了三等奖。2010年，阳煤五矿文工团获山西省文化工作先进单位奖。12月份，矿区选送的独幕话剧《矿山汉子》获得全国首届戏剧文化奖小型剧目一等奖，区文化体育旅游局获“首届全国戏剧文化奖优秀作品推荐奖”。在全市举办的“森宇大戏台”戏迷电视大赛中，矿区选手获得金奖，区戏迷协会获得优秀组织奖。

（四）曲　艺

20世纪50年代初，霍春发、王八怀的阳泉评说，王八怀与师永录表演的莲花落《保护矿产》受到群众欢迎。王玉贵创作并演出的阳泉评说《我家的故事》于1960年随山西省职工文艺代表团赴京演出，受到周恩来总理、朱德委员长的亲切接见。魏荣堂创作表演的阳泉评说《拜寿》《乱成一团》和移植曲目《糊涂县官》等风靡一时。60年代流行于矿区的曲种还有相声和快板书。相声演员有刘三元、李福林等。快板书演员有二矿范宝贵等，1969年他的快板书《中国煤源不容侵犯》和《珍宝岛》代表阳泉市参加了全省文艺汇演。70年代曲艺作品主要有刘敏、郭成毛、武延龄、李荣贵合作的评说剧《相女婿》《夜巡》。进入80年代，矿区新增潞安鼓书、山东琴书、京东大鼓、山东快书、武乡鼓书和小品等曲种。封泉生创作的相声《花》、阳泉说唱《矿长摆宴》，李天和创作的相声《接镐》等作品在省级以上报刊发表。这一时期，多个节目获市级以上奖励。

1990年后，曲艺取得很大成绩。1997年，《老子是八路》《裙子与腰带》获省“原太杯”曲艺比赛一等奖，《雷声》获二等奖。2003年12月，五矿文工团集体创作的音舞说唱《采访记》在中央电视台、中华全国总工会、中国文联、国资委联合举办的文艺汇演中获金奖。2004年，在全国第十三届群星奖选拔赛中，张文彪、刘阳平、吴宝英等表演的快板剧《相女婿》获铜奖。2005年，天兴公司文工团演出的评说《找原因》获阳泉市“百花迎春”颁奖晚会优秀节目三等奖。2009年在太钢举行的“太钢杯”全国小品大赛中，五矿文工团选送的群口快板获得三等奖；10月，在全国煤矿系统淄博矿业杯曲艺小品原创作品汇演中，四矿文工团选送的小品《找原因》获得了二等奖；二矿文工团选送的《矿山情》、四矿文工团选送的《除夕夜》均获得了三等奖。2010年，矿区选送的节目化装快板《相女婿》获全国第十五届群星奖。在山西省第十五届群星奖比赛中，矿区选送的节目化装快板《相女婿》《除夕夜》获一等奖，《新婚之夜》《冰山上的军礼》《欢声笑语赞五矿》《红灯情》获二等奖，《通往天堂的电话》《家法》获三等奖，刘云彪、王金玉被评为“群文之星”。2011年，戏剧曲艺家协会组织节目参加巡回演出270场次。参加市文联组织的曲艺小品下乡活动，送去节目20场次。

五、艺术表演场馆

20世纪50年代至60年代，矿区的电影戏剧市场开始起步，至70年代到80年代最为兴旺。影剧院有10家：阳煤集团矿区俱乐部及一矿、二矿、三矿、天兴公司、工程处、五矿、华越、亚美、辰光发电厂职工俱乐部。其中一矿、二矿、三矿、工程处、矿务局俱乐部和阳泉的东风剧场、铁路电影院等循环播放电影。20世纪90年代以后，随着电视的普及，戏剧电影开始萧条。到2008年年底，一、二、三、五矿、华越职工俱乐部尚能正常演出，其他职工俱乐部设施设备陈旧老化，失去演出功能。所有俱乐部房产所有权为企业自有，平均面积在2000平方米左右，坐席1000个左右，先后建成于在50年代至80年代，经费均来自所属各企业，不对外创收，为本企业职工服务。这些电影院同时为大型会议和临时演出的场所。

为了活跃职工及其家属的业余生活，阳煤集团（阳泉矿务局）等企业所属的职工俱乐部常年接待专业表演艺术团体，演出戏剧和歌舞。戏剧主要是本地戏曲剧种晋剧，还有豫剧及其他一些外地剧种，还演出少量话剧、歌剧。戏曲剧目有新编历史戏、传统戏和现代戏，话剧和歌剧主要是反映当代中国社会生活的剧目，还有一些革命历史题材的剧目。票价一般比电影票价略高。演出团体主要为阳泉市和山西省内的表演艺术团体，来自外省的剧团较少。除营业性演出外，各俱乐部还接待一些中央、部属和省市文艺团体的慰问演出。慰问演出一般不售票，但工会一般会招待演职人员，提供食宿。部分俱乐部还与市内的演出团体结成了友好关系，常为这些团体提供新剧目的彩排场地，一般彩排后还要进行首演和招待演出。

20世纪90年代后，一些职工业余文艺宣传队改革管理和经营方式，除服务于本地本单位的宣传工作外，还办理了演出经营许可证，在本地和外地进行一些营业性演出，增加经济收入。

阳泉市矿区艺术表演场馆一览表

表25－1

俱乐部名称	地　　点	建成时间	观众座位
矿务局职工俱乐部	王岩沟口	1956年	999个
一矿职工俱乐部	红岭湾	1985年	1484个
二矿职工俱乐部	二矿矿部	1976年	2003个
三矿职工俱乐部	三矿办公楼东侧	1974年	2498个
天兴公司职工俱乐部	四矿矿部	1968年	1500个
五矿职工俱乐部	贵石沟五矿矿部	1986年	1127个
工程处职工俱乐部	四矿口	1958年	1080个
华越职工俱乐部	桃南中路10号	1970年	1043个
辰光热电有限公司职工俱乐部	蔡洼	1952年	—

第二节 图书馆 档案馆

一、图书馆

20世纪50年代和60年代，境内机关、厂矿、医院和学校纷纷建立图书馆，图书借阅活动随之开展。图书馆每购回新书，图书管理员便采用各种方式向读者介绍图书的内容和特点，为读者提供方便，同时开展书评活动，进行读书比赛，促进了读书活动的广泛开展。

“文化大革命”时期，各图书馆的大量书刊流失，许多书刊被封存，借阅活动日渐冷落。进入80年代，图书种类增多，尊重知识成风，图书借阅活动再度高涨。矿区文化馆图书室发放借书证200个，年流通2000册次；矿务局图书馆发放借书证1000个，年流动5000册次；三矿图书馆发放借书证120个，年流动3000册次；工程处图书馆借阅人数一年达2000人，图书年流动6000册次。

矿区文化馆图书室始建于1982年，原馆址在矿区弹簧厂旧址，面积140平方米。1987年图书室随文化馆迁至平潭街小学背后马王庙内。1988年矿区政府投资2万元增加设备、购买图书。1991年，矿区文化馆图书室有办公室、阅览室、图书库房3间，使用面积90平方米。专职管理人员2名，藏书量6000余册，报刊50余种，有固定读者200余名，年借阅人数2000人次，图书流通量为3000余册次。1995年帮助平潭街小学建立图书室，完成8000册藏书的登记、入库、编目、分类等工作。1999年矿区图书馆成立，下设两个分馆；文化馆图书室改名为“矿区图书馆机关图书室”，2005年藏书量为8300余册，有固定读者300余人，年图书流通量为4000余册次。

1998年“八一”前夕，矿区区委书记李体柱率队为南山部队建立长期“图书流动站”和“读书活动小组”。到2005年，共送书18次1800余册。

截至2011年，全区有图书馆（室）30余家。其中矿区图书馆为公共图书馆，其余为各单位建立的图书馆，较大的有阳煤集团工会图书馆、一矿图书馆、二矿图书馆、三矿图书馆、五矿图书馆、天兴公司图书馆、华越公司图书馆，各图书馆运行良好。全区各图书馆（室）共有图书35万册，有固定的阅览坐席，全天开放。

二、档案馆

（一）机构和库馆建设

1971～1980年，矿区与阳泉矿务局实行“政企合一”体制，除人事档案由矿区革命委员会政工组管理外，其他档案资料由各单位自行管理。

1980年4月23日，设立矿区档案室。1984年3月13日，矿区档案馆成立，与区委机要室合署办公。同年12月，档案馆单设，配备专职档案员2名。1985年5月7日，矿区档案局成立，为区政府直属局。区档案局与区档案馆实行“局馆合一”体制，负责对区委、区政府档案室和各主管局、街道的档案工作进行指导和监督。1986年，区档案馆开展档案和资料征集工作，全区推行由文书处理部门立卷，按“六个特征”（作者、时间、问题、名称、地区、通讯者）立卷的方法进行档案整理，区委办公室、区政府办公室、各主管局、各街道相继建立档案室，配备专兼职档案干部。1997年，区档案局（馆）改制为区政府直属全额事业单位，正科级，定编10人。1995年被评为山西省综合档案馆二级标准，1996年被评为山西省档案系统先进集体，2006年被评为阳泉市“十五”期间档案工作先进集体。2007年通过市档案局初审为国家综合档案馆二级标准。

1984年矿区档案馆初成立时，与区委机要室合用一间仅13平方米的房子。1988年档案馆面积达81平方米，其中办公室及查阅阅览室2间、27平方米，库房3间（文书档案库、专业档案库、声像资料库）共54平方米。1995年，矿区建成全市县区第一家独立档案馆，档案馆位于北大街386号矿区政府院内，内设接待室、阅览室、计算机室和复印室。建筑面积550平方米，其中办公用房154平方米，档案库房137平方米，其他用房94平方米。2006年后，馆库陆续配备了密集架1112节、五节铁皮柜15组、检索工具柜3组，购置了防磁柜、除湿机、消毒机、空调、温湿度仪、报警器、缝纫机、装订机等档案专用设备，配备了计算机、高速扫描仪、160G双硬盘服务器、复印机、打印机及网络版档案软件，实现了馆藏档案文件目录计算机检索。2011年9月，省发改委将阳泉市矿区档案馆列入2012年中央财政投资新建档案馆项目，拟新建1500平方米的档案馆馆舍，总投资300万元，其中申请中央投资76万元，地方政府配套224万元。

2004年11月，成立现行文件利用中心。2007年4月，创建爱国主义教育基地。2007年4月，建立目录级电子档案数据库，矿区档案馆步入标准化、现代化、信息化轨道。截至2011年年末，矿区档案馆馆藏77个全宗，分文书、会计、专业、声像、实物、电子、资料7大类档案。除文书档案外，专业档案利用率较高的还有会计、国有资产、基建、婚姻、干部任免、劳动人事档案等。保存历史最早的档案有民国38年（1949）矿区平潭街村土地房产地契证原件4卷245件。

阳煤泉矿务局档案室成立于1953年8月。1965年设立档案科，专职人员8名。“文化大革命”中改成档案室。1986年文书档案室和科技档案室合并为档案科，专职人员10名。1990年6月，成立阳泉矿务局档案馆，专职人员6名。1997年6月，受国家档案局委托，煤炭企业档案馆登记审核小组对阳泉矿务局档案馆进行了审核认证。1998年1月煤炭部批准阳泉矿务局档案馆在国家档案局办理登记注册，编号为4110080。阳煤集团档案馆建筑总面积1300平方米，其中库房面积980平方米，有档案专职人员12人。承担着阳煤集团各类档案的收集、整理、鉴定、保管、统计、提供利用，参与阳煤集团新建、改建、扩建、技改项目以及公益设施等工程的竣工验收，并负责对集团所属各单位档案工作进行监督检查和业务指导。2011年年末，馆藏各类档案、资料约12万卷（件）。

（二）法制建设和宣传服务

1987年9月5日《中华人民共和国档案法》颁布后，全区各级档案部门努力学习、宣传、贯彻《档案法》，提高了全民的档案意识，同时也加大了档案行政执法力度，依法管理档案事业的力度进一步加大。区档案局把行政执法与业务检查紧密结合起来，每年坚持执法检查，对有违法行为的单位和个人当场发出整改通知书，责令限期整改。通过执法检查，完善了各项档案管理制度，加强了档案业务和基础建设，促进了各种应归档文件材料及时归档，有效地防止了档案违法现象的发生，使档案事业逐步走上了法制化的轨道。

2004年3月，区档案局制订下发了《社区档案管理办法》，并组织业务骨干深入全区6个办事处40个社区宣传指导建档工作。为了提高全区档案工作水平，矿区档案局举办了档案工作业务学习班，区属各部门办公室人员参加了学习，考试合格率96%以上。2005年，阳煤集团24所中小学校划归矿区政府管理，矿区下发了《阳泉市矿区中小学校档案管理办法》《阳泉市矿区中小学校基本归档范围》《阳泉市矿区中小学校档案分类方案》《阳泉市矿区中小学校档案分类说明》等，为进一步规范学校建档工作奠定了基础。2007年，举办了全区档案专业知识培训班。2008年5月，对全区所有学校的档案管理人员组织了培训，参加培训人数80余人。2009年，对全区40个社区档案室进行了规范化指导检查。

2011年，对27家达标档案室进行了复查检查，促进了档案制度化、规范化建设。深入贯彻落实国家档案局8号令《机关文件材料归档范围和文书档案保管期限规定》，严格按照《山西省档案管理条例》要求，对全区各单位档案室加大档案业务技能方面的指导力度，派出业务人员上门指导服务，涉及专业建档、档案室复查、新标建档等，预立卷指导率达100%。严格按照《山西省社区档案工作暂行办法》的要求，结合矿区实际，采取跟踪服务、电话咨询、上门指导培训、个别蹲点示范操作等方法，深入社区档案室进行检查指导服务。对欠交档案多年的单位，多次沟通督促，追交欠交进馆文书档案246卷，2206件，专业档案1088卷，1680件。

矿区档案局还举办了档案法制培训班，对各级档案业务人员进行专题培训；利用“9 · 5”《中华人民共和国档案法》颁布日，走出机关，面向社会，对全体公民进行法制宣传，扩大了《档案法》的宣传面和社会影响。

阳煤集团档案馆认真贯彻落实档案法律法规，强化档案法制意识，加强档案法制建设，保障阳煤集团档案事业持续、健康、有序发展。2011 年 10 月在原有档案工作制度的基础上，重新制订、修订、完善各项规章制度。主要包括：阳煤集团档案管理规定、阳煤集团档案分类规则、阳煤集团档案归档制度、阳煤集团档案保管制度、阳煤集团档案鉴定销毁制度、阳煤集团档案统计制度、阳煤集团档案利用制度、阳煤集团档案保密制度、阳煤集团电子档案管理制度、阳煤集团档案管理系统操作管理制度、阳煤集团声像档案管理办法、阳煤集团实物档案管理办法、阳煤集团档案安全定期清点制度、阳煤集团档案库房安全检查制度、阳煤集团档案出入库登记交接制度、阳煤集团报告制度、阳煤集团分管档案工作领导岗位职责、阳煤集团档案部门负责人岗位职责、阳煤集团专职档案员岗位职责、阳煤集团档案馆工作职责、阳煤集团档案工作考核管理规定、阳煤集团档案工作责任追究制度、阳煤集团档案管理应急预案，形成完善、规范的档案制度体系。加强对企业员工档案法律法规的宣传教育，有效推进《企业档案工作规范》在企业的顺利实施。组织阳煤集团各单位认真学习《企业档案工作规范》，将宣传贯彻情况列为年度考核重要指标。同时利用《档案法》颁布纪念日之际，组织员工学习《档案法》《山西省档案管理条例》《阳煤集团档案管理规定》等法律、政策，增强了员工的档案意识，保证了档案工作的有序发展。

（三）档案收集和保管

1985 年 9 月，区委、区政府下发了《关于组织区级机关档案进馆的通知》，全面收集整理了机关各部门 1984 年以前积存的文件资料。其后，收集整理了 1970 ~ 1980 年矿区政企合一期间档案 442 卷；收集整理民国 38 年（1949）矿区平潭街村土地房产地契证原件 4 卷 245 件。1989 年，区档案馆下发了《矿区档案馆接收档案的暂行规定》，编制了接收单位名册。据此接收了矿区翔达复合材料厂等破产企业档案 122 卷。1984 ~ 2011 年，矿区档案馆接收了 6 个街道及其他基层单位档案室提交的文书、专业类档案 30266 卷 52087 件，声像类档案 4127 盘（张），电子类档案 176 盘，资料 7122 册。

2006 年起，区档案馆致力于改善档案馆藏结构，建立覆盖广大人民群众的档案资源体系。在重点抓好婚姻、公证、环保等各类专业档案、重点工程项目档案、重大活动档案资料收集进馆工作的同时，区档案馆努力发掘有矿区地方特色的档案，征集散失在民间的珍贵史料，将区直机关和企事业单位保存的各类涉及民生的档案资料，如劳动招工、定级档案、低保档案、职工保险（医疗、养老、失业）档案、再就业人员登记档案、劳模档案、土地房产档案、拆迁档案、学籍档案、个人出生档案等收集进馆，改善了档案馆藏结构。

矿区档案馆 1984 年成立时，档案存放在木橱、木箱内，采取放置樟脑丸、安放温度表和湿度表、自然通风和清洁卫生的方法，防止虫蛀、鼠咬、霉烂的发生。1988 年，库房基本达到防光、防尘、防高温、防潮、防霉、防虫、防火、防盗要求。1995 年，新建档案馆库。2007 年，档案馆库安装温湿度自动控制系统和消防自动报警系统，实现了现代化的科学管理。

1998 年起，开始进行破损档案修复，将破损档案全部进行裱糊、修复，还对平潭房契卷永久档案进行了复制。2003 年，按照国家档案局的要求，矿区档案局全面推进档案电子化、信息化管理，文书档案资料整理方式由原来的以卷整理改成以件为单位整理。2007 年，矿区开始执行每份归档文件要纸质和电子版同时移交进馆。到 2011 年年末，档案数据库共输入各类条目 41400 条。

阳煤集团档案工作坚持集中统一管理的原则，每年依据归档范围、归档时间、归档要求，及时接收各类档案进馆，并积极参与各项重点工程验收，确保了项目档案质量。主要接收阳煤集团党群类、行政类、经营类、生产技术类、地质勘测类、基本建设类、科学技术研究类、设备仪器类、产品类、会计类、声像类、实物类以及各种资料。并严格依据《阳煤集团档案分类规则》进行系统整理，做到分类准确、立卷规范、排列合理、系统编目、正确编号、科学上架、有序管理。

阳煤集团档案馆为山西省消防安全重点单位，为了保证档案的安全，先后制定了《阳煤集团档案管理应急预案》《阳煤集团档案安全管理制度》《阳煤集团消防档案》等，要求各级档案部门高度重视档案安全工作，增强防范和抵御各种灾害的能力，确保档案实体和档案信息安全。整个馆区按要求配备了灭火器材、电子监控设备、防盗门、防盗窗等设施。有效落实“全员有责安全责任制”，确定每个库房的安全负责人，实行每天安全检查签字制度，发现问题立即进行整改，杜绝不安全隐患。做到了分工明确、职责明确、责任到人、各负其责，保证了档案环境的安全。

阳煤集团档案馆设有档案专用库房，做到办公室、阅览室、库房三分开。配备专用柜架、白炽灯光源、防光窗帘、温湿度测试仪、去湿机、空调、吸尘器等设施、设备。定期打扫库房卫生，保持库房内空气畅通、无尘，定期不定期地检查档案的保管状况，维护了档案的完整与安全。

（四）档案编研和利用

为使档案资料便于查找利用，矿区档案馆与阳煤集团档案馆都对馆存档案进行了全宗序号编排、案卷分类和编目。矿区档案馆编写了案卷目录、资料目录、文件字号索引、人名索引、全宗介绍等各类检索工具126本，绘制了馆藏示意图，建立了借阅登记手续、档案利用效果登记册。

为了方便利用，矿区档案馆为馆藏档案编写了《矿区组织机构沿革》文件汇编、专题概要、会议简介、大事记等10种资料20万字。2007年，区档案局全力开展达标晋级工作，完成馆藏档案26437卷2781件、资料8196册目录的计算机录入工作。

1978年后，档案工作逐步由封闭型向开放型转变。档案利用主体的范围，由主要是党政机关，扩大到社会各方面和公民个人；每次查阅利用案卷数量，由单个案卷、单个文书，扩展为成批系统查阅数卷、数十卷、数百卷；利用档案的种类，由主要利用文书档案，扩展到利用基建档案、婚姻、会计档案及其他档案。

2004年11月10日，经区委、区政府研究决定，矿区档案馆设立“已公开现行文件阅览中心”和“干部职工报刊阅览中心”，收入45个区直单位1998年后形成的3328卷文件汇编、各类党报党刊，以及其他向社会各界和人民群众公开的文件材料，机关干部和各界群众可免费到中心查阅。

2009年，利用计算机数据库开展计算机检索，提高了查阅利用率。逐步建立健全2003年后文件级电子档案数据库。充分发掘馆藏档案的潜力，向社会公开查阅档案的数量和质量大幅提升。为固定资产购置原始单据、干部人事短缺档案、干部任免、干部离任审计、离退休干部人事手续、劳动招工、人员调资、婚姻、公证、会计、审计、基建、保险、单位编制、部门文书资料档案、革命遗址普查、党史编纂、纂写方志所需文书档案等提供了快捷方便的利用服务。

阳煤集团档案馆不断完善档案检索工具，及时准确提供服务，为矿井改扩建、技改、各项认证、人事任免、查账对账、审计办案，编史修志、维护企业的合法权益等项工作提供了大量的档案资料和可靠依据，为各项工作的开展发挥了重要作用。2008年，阳煤集团档案馆采用“方正博通”数字档案馆版软件，配置了相应设备，完成了各类档案案卷级条目和文件级条目著录及重要档案全文数据化建设。至2011年年末，馆存各类档案电子目录10万卷（件）。并逐步开展了电子档案查询和利用，突破了传统的档案利用服务模式，为阳煤集团各项工作提供了优质高效的服务。

为记录总结工作，探索企业发展规律，满足各级管理人员对档案信息的利用需求，阳煤集团档案馆从1985年起每年编写一部《阳煤集团记事》，按大类和时间顺序进行编排。为了完成好这项工作，编写人员付出了大量精力，查阅收集了阳煤集团各类文件、报纸、资料，精心摘编、整理重要信息；对阳煤集团作出的一些重大决策，制定的管理制度、管理办法、经济政策等材料进行收集分析；还收集了反映企业重要活动的照片并编写说明。至2011年，共编印发行27册，受到各级领导和管理人员的重视和欢迎。

阳煤集团档案馆按照上级部门对志书编写的具体要求，完成了《山西省煤炭志》《社会赈灾志》

《新中国成立以来阳煤集团创建的“全国煤炭第一”和“全省煤炭第一”》《山西煤炭资源整合志》《山西年鉴》《阳泉市志》《阳泉年鉴》《阳泉改革开放三十年》《阳泉市矿区志》的编写任务，被山西省史志研究院评为“全省地方志系统先进集体”。

第三节　考古与文物

一、考古与文物工作

20 世纪 50 年代，国家考古工作者在矿区及周边地区的考古发现表明，矿区所在区域自古就有人类文明存在和发展，是历史悠久之地。旧街枣园有人工打制的石器出土，为旧石器时代中期文化，距今约 10 万年以上。其后，冶西一带又有石斧、石刀、骨针、陶器等出土，为新石器时代文化，距今约 5000～7000 年。

在第一次、第二次全国文物普查中，经实地调查，矿区有 6 处不可移动文物：平潭烽火台遗址、洪城河汉墓、西河路宋墓、北大街宋墓、北大街清墓、平潭马王庙。2003 年 8 月，在马家坪旧区改造施工中，发现时代为距今约 2000 年的东汉家族古墓。经清理，发现部分陶器、铜器皿和东汉时期的五铢钱等随葬品，墓穴的结构和布置形式属汉代。马家坪东汉家族古墓未予保留。

2008 年 8 月 29 日，矿区开始第三次全国文物普查。经过田野调查，以往登记的 6 处不可移动文物中，有 5 处已消失，保存较好的一处是平潭街马王庙。2003 年 8 月发现的马家坪东汉家族古墓（未保留）在这次文物普查中未予登记。新发现两处文物，一为简子沟煤炭生产线，一为辰光热电有限公司职工俱乐部。两处都属于近现代重要史迹及代表性建筑。

阳泉市矿区第三次全国文物普查消失文物登记表

表 25－2

名称　年代	级　别	类　别	地址　位置	消失时间及原因	原登记文件	调查人及调查时间
烽火台遗址 年代不详	未核定为保护单位	古遗址－军事设施遗址	阳泉市矿区北大街南侧	1997 年矿区平潭街旧区改造时拆毁	《中国文物地图集 山西分册》	袁盛慧、潘磊、王俊彦、薛丽琴、王超 2008.09.05
洪城河汉墓	未核定为保护单位	古墓葬－普通墓葬	阳泉市矿区洪城河路	于 2000 年清理，已改建洪西小区家属楼，地形地貌已发生改变	《中国文物地图集 山西分册》	袁盛慧、潘磊、王俊彦、薛丽琴、王超 2008.09.08
西河路宋墓	未核定为保护单位	古墓葬－普通墓葬	阳泉市矿区西河路	于 1986 年清理，已改建成居民楼，地形地貌已发生变化	《中国文物地图集 山西分册》	袁盛慧、潘磊、王俊彦、薛丽琴、王超 2008.09.08
北大街宋墓	未核定为保护单位	古墓葬－普通墓葬	阳泉市矿区北大街	于 1988 年清理，已改建成居民楼，地形地貌已发生变化	《中国文物地图集 山西分册》	袁盛慧、潘磊、王俊彦、薛丽琴、王超 2008.09.08
北大街清墓	未核定为保护单位	古墓葬－普通墓葬	阳泉市矿区北大街	消失原因及时间不详，已改建成居民楼，地形地貌已发生改变	《中国文物地图集 山西分册》	袁盛慧、潘磊、王俊彦、薛丽琴、王超 2008.09.08

二、文物简介

（一）消失的不可移动文物

1. 平潭烽火台遗址。未核定为保护单位，属古遗址－军事设施遗址类别文物。原址位于矿区北大街南侧平潭街西社区（原平潭街村村西），创建年代不详。形状为正四棱台，高7.2米，底边长7.4米，顶边长5.8米。沙石条石垒砌。烽火台选材严格，尺寸一致，台中心是用黄土和石灰混合土夯实的，十分坚硬，拆除时挖掘机有时一铲下去，只留一道划痕。一侧自上而下有一道用砖砌成的排水道。从设计和施工都保证了烽火台的质量。20世纪90年代尚保存完好，仅轻微损坏。1997年开始实施平潭旧区改造工程时，市文管会批示“移址重建”，拆除后迄未建成。

2. 西河路宋墓（阳煤集团技校宋墓）。未核定为保护单位，属古墓葬－普通墓葬类别文物。原址位于矿区西河路阳煤集团技校院中，1986年基建取土时发现。该墓由墓门、甬道和墓室组成，平面呈八角形，砖碹穹窿顶，各转角处为砖制仿木斗拱。随葬品有钵、罐、盏、枕、盆等瓷器和錾、犁铧两件铁器，钱币有“元符通宝”“元祐通宝”“淳化通宝”等。原址已改建成居民楼，地形地貌已发生变化。

3. 马家坪东汉家族古墓。原位于平潭街街道办事处马家坪社区。2003年8月在马家坪旧区改造施工中发现。时代为距今约2000年的东汉。该家族墓葬共有4个墓穴，墓穴相距仅3米余，用长方形绳纹灰砖砌筑，砌砖两平一立循环交错砌筑。根据砖纹和砌法可以判断此墓为汉代古墓。墓穴分为前室、后室和耳室，每室面积约6平方米~7平方米，一个墓穴的面积约20多平方米。墓穴的结构和布置形式反映了汉代庭院式的建筑文化。随葬品有壶、盆、灶、杯等陶器、铜器皿和东汉时期的五铢钱。马家坪东汉家族古墓未予保留，原址已改建成居民楼，地形地貌已发生改变；矿区第三次全国文物普查时未予登记。

（二）主要不可移动文物

1. 平潭街马王庙。清代文物。市级、区级文物保护单位，属古建筑坛庙祠堂类文物。位于矿区平潭街街道办事处平潭街东社区（原平潭街村），平潭街小学北侧。始建年代不详；明嘉靖四十三年（1564）、清乾隆二十一年（1756）重修，道光、光绪年间均有修葺。坐北朝南，东西27.55米，南北26.9米，占地面积741平方米。由上下两座院落组成，上院现存正殿，下院由东西两座院落组成，西院建有正殿、南殿和西配殿，东院建有东西山门和钟鼓楼，均为清代遗构，2007年维修。上院正殿面阔三间，进深五椽，卷棚顶，筒板瓦覆盖。前檐明间辟门，两次间辟窗。戏台台基条石砌筑，高1米。面宽三间，进深五椽，卷棚顶，筒板瓦覆盖，三面观。戏台后部置槅扇门窗，将戏台分为前后台。院中有唐槐1株，清碑7通。

2. 简子沟煤炭生产线。2008年第三次全国文物普查时新发现文物，尚未核定为文物保护单位，属近现代重要史迹及代表性建筑工业建筑及附属物类文物。位于矿区蔡洼街道办事处东窑房社区简子沟西侧，分布面积约6050平方米。据当年童工，现年76岁（2008）的老矿工刘守登（小名刘三孩）回忆，该处矿井原为阳泉保晋公司所建，拆除当时烟囱时，砖上刻铭有“民国十三年”（1924）字样。日军1937年占领阳泉时劫夺该矿，雇用中国劳工、矿工，采用残柱法进行开采，并在生产中采用电力，建成由矿井、选煤线、装煤线组成的煤炭生产线。该生产线直到1945年日军投降才停止使用。现存竖井式坑口1个，选煤生产线1条，办公院落2座。

3. 辰光热电有限公司职工俱乐部。2008年第三次全国文物普查时新发现文物，尚未核定为文物保护单位，属近现代重要史迹及代表性建筑文化教育建筑及附属物类文物。原名阳泉发电厂职工俱乐部，位于蔡洼街道办事处东窑房社区辰光热电有限公司工厂西侧。坐西朝东，东西27.3米，南北12.6米，占地面积344平方米。建于1952年，砖混结构，仿苏式建筑风格。平面呈长方形，墙体青砖垒筑，双坡项，钢瓦布顶。四周墙体水刷石罩面。东面辟门，门前搭建进深2.5米的门厅。门厅两侧各辟窗1个。东面墙正中浮雕五角星5枚，正中一枚五角星下水泥竖刻繁体“职工俱乐部”5字。

俱乐部南北两面墙底部辟门3道，顶部辟窗8个。俱乐部进深25.3米，舞台建于西端，深5米，其中后台深3米。俱乐部内为水泥地面。

第四节　群众文化

一、文化活动场所

（一）矿区文化馆

矿区文化馆成立于1982年，位于平潭街西社区马王庙内，2011年年末有工作人员7人，其中专业技术人员6人（副高职称1人，中级职称2人，初级职称3人）。主要职责是：组织全区各种群众文化活动，进行艺术创作，负责图书管理、借阅工作，进行艺术培训，开展艺术展览等活动。文化馆的专业人员还开展群众文化理论研究。陈玉花的论文《浅谈舞台调度》《浅谈新形势下的群众文化》《舞蹈教学中的幼儿美育启蒙》分别获得山西省群众文化论文一等奖、二等奖。

全馆占地面积约1700平方米，馆舍18间，其中有文艺室、摄影室、美术室、图书室、会议室及教室等。最大的活动场所是集培训、展览、活动为一体的多功能厅，面积72.3平方米，内设音箱设备、电视、钢琴。馆内有固定资产23万元，1998年购买健身器材6件，2005年购买空调、电脑各一台。每年购置图书、杂志、报刊资金4000元。2011年年末，有藏书6300余册，报刊50余种；有读者300余人，每年图书流通量达到3000余册。

1982年成立后，矿区文化馆负责指导基层文化站开展活动；辅导各单位开展各类文艺活动及比赛；组建、培训了一支业余合唱团，并积极参加各项比赛活动；利用周六、周日及寒暑假举办各类少儿艺术培训班，其中有二胡、钢琴、架子鼓、英语、美术等，学员40余人。1998~2011年，在每年的“三节”（元旦、春节、元宵节）活动中，矿区文化馆负责为全区春节文艺汇演和大型街头表演选拔节目，并具体组织全区春节文艺汇演和大型街头表演。矿区文化馆还负责选拔、推荐优秀节目参加全市、全省乃至全国的各类艺术比赛及活动。矿区文化馆的图书阅览室还竭诚为干部职工服务，并每年为狮脑山部队送书上山。

（二）文化站和文化活动室

矿区6个街道办事处均设文化站，站长由各街道办事处副主任兼任，年龄30岁左右，学历大专以上，90%为男性。40个社区都有文化活动室，有专人负责管理，年龄35岁左右，初中、高中学历，95%为女性。文化站和文化活动室面积平均40余平方米，配有少量设备，如电视机、VCD、音箱、照相机、录音机、图书等。

驻区企业共有文化活动室82个，面积平均25平方米左右，有专人负责，年龄35岁左右，学历在高中以上，80%为女性，设备设施齐全。

（三）文化活动广场

区委、区政府和驻区企业联手，在一矿、二矿、三矿、四矿、太行国际新城阳煤总部大楼建成了7个大型群众文化活动广场。

二、群众业余文艺团体

矿区境内无专业文艺团体，但拥有一批由群众业余文化活动积极分子组成的业余剧团、文工团。这些团体除努力完成市、集团公司、矿（处）安排的各项群众文化活动任务外，还逐步走向市场，减轻企业和工会负担。

二矿剧团。成立于20世纪50年代，为企业工会创办的业余剧团。演员从井下工人中选出。主要演员有：许志林（艺名“抓心旦”）、郭玉仙（艺名“梅梅旦”）、史占端（艺名“鼻头丑”）、荆发

厚、荆玉春。主要剧目有：现代晋剧《忆苦思甜》，话剧《朋友与敌人》《智取威虎山》（王惟中改编）、《班前》（王惟中、王永顺编）、《阵地》（高堂斌、王惟中编）。

天兴公司文工团。成立于1957年，为企业工会创办的业余剧团，1963年停演。1980年，矿工会重新组建业余晋剧团，演出剧目近30个，其中《挑女婿》在矿区很受观众喜欢。剧团于1985年3月解散。1987年，矿工会组建四矿宣传队，演出了广播剧《选煤楼里的歌》（许元上作）、歌剧《老两口争出工》（武延龄作，旭明、高桂桂演出）、秧歌剧《改婚期》等。四矿破产重组后改名为天兴公司文工团。

三矿工会文工团。成立于1962年，为企业工会创办的业余文艺团体，团址设在阳煤集团三矿俱乐部，隶属于阳煤集团三矿工会。1994年改制为三矿艺术团（含歌舞团和晋剧团），除努力完成市、局、矿安排的各项群众文化活动任务外，还逐步走向市场，以文养文。2002年办理演出经营许可证，成为营业性戏剧演出团体，靖希有任书记，李天和、霍增胜先后任团长，有演职人员45人。演出剧目有《嘉定宫变》《杨八姐游春》《祥麟镜》《齐王拉马》《春江月》《金沙滩》《下河东》《金水桥》等30余部传统戏。主要演员有李兰荣、王永政、李艳萍等。袁建英、张丽君、胡丽娟、张巧文、陈玉梅、王娟平、王润平、贺海荣、李丽萍、刘雪梅等。

矿务局工程处文工团。活动于1965年。组织者：孙以学。演员有张全通、赵广安、荆太华、陈容镇等。演出剧目为现代歌剧《夺印》。

阳泉矿务局职工业余文工团。活动于1965年。组织者：王永顺。演出剧目为清唱剧《生动的一课》。

山西国阳晋剧演出一团。成立于1970年，始称一矿晋剧团，为企业工会创办的业余剧团。2002年办理演出经营许可证，改称今名，成为营业性戏剧演出团体。团址设在阳煤集团一矿俱乐部，隶属于阳煤集团一矿工会，有演职人员52人，多为本矿职工。2007年年底姚玉生任团长。主要演出剧目有《算粮 登殿》《打金枝》《忠保国》《龙凤呈祥》《双官诰》等。主要演员有郑爱萍、吴林计等。

阳煤五矿文工团。成立于1995年5月。2008年、2009年连续两年获山西省集体一等功。2011年被评为山西省文化先进单位。2000年舞蹈《欢腾的煤乡》获全煤系统第二届艺术节文艺调演一等奖。2001年舞蹈《红肚兜》获全煤系统“安全杯”文艺汇演一等奖。2004年参加在人民大会堂举办的全国企业（产业）庆祝建国55周年《共创辉煌》文艺展演，音舞说唱《采访记》获金奖。2005年《煤海春韵》文艺晚会获第三届煤矿职工文化艺术节汇演金奖。2007年代表中华人民共和国文化部赴土耳其、以色列参加国际文化艺术节演出。2007年代表山西省参加中华人民共和国第八届少数民族传统运动会，《草原风》获银奖，《民族健身操》获金奖。2010年曲艺作品《相女婿》获全国第十五届“群星奖”，《祖国颂》获得由中国文联、中央电视台举办的《庆祝新中国成立60周年》合唱比赛二等奖。2010年、2011年参加山西省职工五一专场文艺晚会及慰问山西省重点工程演出。2011年代表山西省总工会参加全国亿万职工全健排舞大赛并获金奖。

三、群众文化活动

1947年矿区解放后，在发展经济的同时，为满足人民精神生活的需要，人民政府积极组织开展文化活动，充实文化设施，培养文化队伍，经常开展各种群众文化活动。

20世纪50年代，矿务局各级工会组织了职工业余文艺宣传队，深入坑口和居民区，为职工和家属演出，内容贴近矿工生活，风格朴实，地方特色浓郁，受到群众欢迎。群众性的广场文化活动遍及全区，跑驴、跑旱船、二鬼抱跌、踩高跷、打腰鼓、秧歌、威风锣鼓、霸王鞭、舞龙灯、打迓鼓等民族民间艺术色彩斑斓，热闹红火。

60年代，阳泉矿务局有业余文工团6个，业余文艺创作组8个，俱乐部6个，电影队6个。街头文艺、汇演比赛、各种展览、讲座培训连绵不断。

1971 年矿区成立后，每年“三节”（元旦、春节、元宵节）都组织得红火热闹。各业余文工团、剧团还在各矿进行巡回演出，还邀请外地演出团体在矿区演出。

80 年代，矿区文化馆和矿务局工会经常举办音乐、舞蹈、书法、晋剧培训班，举办书法、摄影、篆刻作品展览。90 年代，卡拉 OK、交谊舞、街舞等外来艺术形式受到广大青少年和中老年的欢迎。文化馆开设的舞蹈、健身操、秧歌、声乐等各类艺术培训常年不断。90 年代初开始的居民消夏文化活动逐渐形成惯例，活动内容和形式也逐渐向多样化发展，受到群众欢迎。1997 年 10 月，矿区组队参加省老干局、省文联等八单位联合举办的中老年卡拉 OK 大赛，有 7 人获优秀奖。1998 年 8 月，区文体委和阳煤集团工会抽调各单位文艺团体，在二矿俱乐部与英国切斯特菲尔德市访问团同台演出，友好交流。同年“三节”期间，矿区举办了首届“矿区春节业余文艺汇演”

2000 年后，矿区群众文化事业进一步发展，组织开展形式多样的文化活动。圆满完成了每年“三节”群众文化系列活动的安排、组织、协调工作。成功举办了每年的新春文艺晚会、元宵节大型民间艺术展演和灯展、焰火燃放活动。2004 年，矿区成立了由机关干部、社区干部 60 余人组成的矿区“春之声”合唱团，每周五下午定期开展活动，合唱团代表矿区参加各种歌咏比赛，多次取得好成绩。同年，区委、区政府、阳煤集团联合举办了“煤海欢歌闹元宵”大型街头民间艺术表演活动，之后这一活动每年元宵节都要举办，至 2011 年已成功举办了八届。

文化活动日渐丰富多彩，基层的各类活动每年达 200 余次。2001 年，平潭街东社区成立了老年戏迷剧团。2004 年起，矿区每年均举办“社区文体艺术节”。全区 6 个街道办事处、40 个社区在各自的范围内有组织、有计划地在 7 ~ 9 月开展了多种多样的文化活动，有电影放映、戏剧演出、文艺表演、歌咏比赛、艺术讲座培训、各种展览等活动。“八一”期间，组织文艺小分队到部队进行慰问演出，并开展送书等活动，受到官兵的热烈欢迎。

举办了多次大型文化活动。2005 年，区文体局举办了矿区首届“三口之家”才艺展示。同年 10 月，阳煤集团五矿的《共创辉煌》晚会获全国煤炭系统第三届文化艺术节金奖。2006 年 10 月，区文体局举办了矿区首届“社区新秧歌”大赛，选拔全健排舞参加全省广场文化系列活动大赛，取得全省第一名。同年元宵节前夕，由中国文联副主席胡珍、中国电视艺术家协会党组书记黎明带队的“送欢乐构建和谐社会，下基层百花回报沃土”中国文联、中国视协艺术家慰问团一行 130 人到阳煤集团慰问演出，在二矿体育馆举行了晚会。文艺工作者还深入到一矿、二矿井口，新景矿井下进行演出。2010 年举行了矿区庆祝建区 30 周年大型文艺系列活动：组织党员群众观看革命现代戏晋剧《江姐》，协调阳泉市晋剧院分别在平潭街东社区、蔡洼蔡市社区演出两场；举行了“激情广场爱国歌曲千人唱”活动；举行了矿区庆祝建区 30 周年文艺演出，举办了纪念建区 30 周年小戏小品大赛，受到市文艺界专业人士的高度评价。开展了“送欢乐进社区”活动，协调市歌舞团在三矿文化广场为居民群众奉献了一场精彩的歌舞演出，受到职工和居民群众的热烈欢迎。

加强人才队伍建设。多次在全区举办舞蹈、声乐、小提琴等各类培训，建立了“阳泉市矿区艺术人才库”并对矿区艺术人才进行了摸底登记，分别组织成立了全区曲艺小品爱好者、歌唱爱好者、舞蹈爱好者业余表演队并开展活动。

第三章　出版　广电　网络

1947 年阳泉解放后，矿区境内出版、广电、网络事业蓬勃发展。至 2011 年年末，境内编辑出版的报纸有党报《阳泉日报》《阳泉矿区》，专业报纸《阳泉矿工报》等。期刊均属内部交流性质，有科技期刊、专业期刊和文艺期刊三类。图书编纂工作主要集中在史志领域。境内无出版社，有 16 家图书销售门店和销售点，体制有国营和个体两种。随着矿区社会经济的发展，境内广播电视和网络媒体得到迅速发展。广播电视主要是阳煤集团兴办的企业宣传媒体。网络媒体主要是矿区政府门户网站和阳煤集团网站。

第一节 报 刊

一、报 纸

（一）《阳泉日报》

《阳泉日报》是中共阳泉市委机关报，阳泉日报社位于矿区境内桃北中路87号。

1947年12月16日，中共阳泉市委机关报《翻身小报》于阳泉解放当年创刊。该报共出版12期，于1948年2月底停刊。1948年3月6日，1948年3月6日，阳泉市总工会创办《阳泉职工报》（后改名《阳泉职工》），四开两版，周刊，有职工6人，胡克任社长、总编。1949年4月，报纸改由中共阳泉市委（中共阳泉工矿区区委）主办，市委宣传部副部长李延章兼任社长，改为四开四版，五日刊。设要闻、综合、职工副刊和文艺时事专版，宣传党在城市的工商业政策，教育并发动群众恢复生产，支援前线。发行量由300份增至1500份。同年5月建报社印刷厂，先后用手工刻印、石印、铅印进行印刷。报纸于1950年5月26日停刊，共出版114期。1952年8月1日，中共阳泉市委主办《阳泉建设报》作为市委机关报，由市委书记康洛题写报头，市委宣传部部长刘敏兼任社长、总编辑，报纸为四开四版，三日一刊，由阳泉印刷厂铅印。1953年3月停刊，出刊约70期。1957年6月16日，中共阳泉市委整风办公室创办《整风报》，由市委整风办公室主任张跃华负责，内部发行。初为四开两版，后改为四开四版，不定期出版，所载内容为全市开展整风运动的情况。1958年4月26日停刊，共出版63期。

1958年5月1日，中共阳泉市委创办《阳泉报》，报头由时任市委书记李玉田题写，为市委机关报。四开四版，周双刊。同年10月1日，报头改由中共中央政治局候补委员康生题写，隔日刊（一度改为周刊），年内阳泉市投资3万元扩建报社印刷厂。1962年6月30日《阳泉报》停刊，共出刊755期。1962年8月10日，市委办公室创办《工作通讯》，为16开合订本，出刊12期后改为报纸，不定期内部发行。1964年6月9日改由市委主办，并组建编辑部，杨四箴任编辑部副主任。内容主要是宣传和反映开展社会主义思想教育运动的情况，进行艰苦创业教育，1965年9月底停办，共出版210期。1965年10月1日，《阳泉报》复刊，为中共阳泉市委机关报，四开四版，周双刊，刊号续接原编号。社长、总编辑由市委宣传部部长任直生兼。1966年5月1日改为四开八版，周三刊。由于“文化大革命”的冲击，于1966年年底被迫停刊，出至第932期，共出版177期。1967年3月16日，由中共阳泉市核心小组主办《红阳泉》，四开四版，周二刊，在全市城乡各单位发行，发行量为4000份到5000份，同年6月13日停办，共出版24期。1969年10月1日，阳泉市革命委员会创办《新阳泉报》，四开四版，周三刊，设党的生活、妇女工作、东方红、工农兵论坛等6个版面36个栏目，发行量8000份至10700份，出刊496期。1972年8月10日，《新阳泉报》改名《阳泉报》，接原出刊期数，从497期开始出版发行，先后由李建明、陈霈、刘芝田任总编辑。1970年5月28日，新购轮转机投产，每分钟可印报纸500份，比原来的平台铅印机提高效率30多倍。

1980年7月1日，市委副书记刘寰为《阳泉报》题写报头。1984年春，阳泉报社从北大街迁至矿区境内桃北中路。1984年10月1日，《阳泉报》改周三刊为周六刊。到1986年，报社固定资产原值达54.7万元。1988年元旦，更名《阳泉日报》，全国人大常委会委员长彭真应邀为《阳泉日报》题写报头。陈虎运任社长、总编辑，设专版10个，栏目99个，并增加周末版（出至1991年年末）。1989年，报社印刷厂安装了胶印轮转机、胶印显影机、胶印晒装机等设备，当年9月12日印出首张胶印报纸。1990 年 1 月 1 日，《阳泉日报》发行体制改为自办发行，发行量由 1989 年邮局投递的 27076 份增加到 30000 份，还加快了投递过程，提高了服务质量，同时节省年投递费 9 万元。年内，安装激光照排系统，提高了报纸印刷质量。1986～1990 年，全报社有 33 件作品获国家级和省级奖。其中国家级奖 6 件，省级奖 27 件。

1992 年 1 月，改为每周出六期正刊，另增加一张四开四版的周末增刊。1997 年 1 月 1 日，《阳泉日报》及周末增刊由四开四版改为对开四版。2000 年年末，《阳泉日报》子报《农民之友》（四开四版）正式出刊 30 期；《阳泉日报 · 新视野》（四开八版）试刊 31 期；《阳泉日报 · 信息超市》出版 16 期。2002 年 1 月 4 日，创办《阳泉日报 · 晚报版》，每周一、三、五出版，8 个版面。2005 年 1 月 1 日，创办《阳泉日报 · 法治周刊》，至同年 12 月 10 日停刊，共出版 45 期。2005 年 8 月 1 日，新闻采编电子系统启动运行，采编人员人手一台电脑，一线人员配备数码照相机。2006 年 1 月 1 日，《阳泉日报 · 晚报版》扩版，改为周六。2006 年开通了"阳泉新闻网"。2008 年 8 月 7 日，《阳泉日报》和中国移动阳泉分公司联合开办《阳泉手机报》。2008 年，《阳泉日报》广告收入 1581 万元。至 2011 年年底，《阳泉日报》共出版 10765 期，出版周期由周六变为周七，版面由四版扩为八版；《阳泉日报 · 晚报版》共出版 2348 期，版面由四版扩为八版。《阳泉日报》社人员编制 200 名。人员编制结构为：管理人员 12 名，专业技术人员 124 名，工勤人员 24 名，生产工人 40 名。领导职数设：总编 1 名，社长 1 名，副社长 1 名，副总编 2 名。报社有 22 个内设机构：办公室、人事教育科、计划财务科、行政科、总编办公室、新闻研究室、城市经济部、农村经济部、摄影部、政教部、技术部、晚报版部、综合编辑部、采通部、新媒体部、广告中心、开发中心、出版中心、平定县记者站、盂县记者站、郊区记者站、监察室。基本实现编采、印刷、发行系统化、规范化，固定资产原值增加到 116.5 万元。

（二）《阳泉矿区》

前身为《阳泉矿区报》，是中共阳泉市矿区区委机关报，1999 年 5 月 8 日开始试刊，出版 31 期。经省新闻出版局批准，按周报出版，于 2000 年 4 月 21 日正式创刊，为四开四版，有主编 1 名，记者、编辑、排版人员 7 名。2002 年 1 月 1 日改为周二刊，2003 年 1 月 18 日改为周三刊。有主编 1 名，记者、编辑、排版员 10 名。2004 年 1 月 16 日改为《阳泉矿区》。2004 年 5 月 15 日经区委常委会议和 6 月 3 日区编委会议研究决定，单独设立《阳泉矿区》编辑部，由区委宣传部主管，其主要职责是定期编辑、出版、发行内部资料《阳泉矿区》。2008 年 1 月改为对开四版，有主编 1 名，副主编 2 名，记者、编辑、排版人员 10 名。截至 2011 年年底，共出版《阳泉矿区》1175 期。主要版块为一版政治、经济，二版综合，三版专版，四版副刊。

《阳泉矿区》坚持围绕区委、区政府中心工作，注重强化党报特色，突出特色区域发展战略；强化群众观念，突出工矿区居民生活热点，全景式关注时代与生活，近距离反映社会焦点，唱响时代主旋律。对全区各项工作起到了宣传、指导、交流经验、传递信息、提供社情、反映民意、广纳诤言、汇集良策、传播知识的作用。

（三）《阳泉矿工报》

《阳泉矿工报》1950 年 6 月创刊，由矿区工会主办，为八开二版或四开四版，隔三日出版，报社设兼职总编 1 人，专业编辑、记者 3 人，发行于矿务局及一些地方煤矿，共出版 111 期，于 1952 年 4 月停刊。1956 年 9 月《阳泉矿工报》复刊，版本为八开两版，周一刊。1958 年春节后改为 5 日刊，同年 3 月 30 日再次停刊，共发行 86 期。1959 年 7 月 1 日《阳泉矿工报》第三次复刊，成为阳泉矿务局党委机关报。1960 年 6 月 4 日又成为中共阳泉矿区人民公社机关报。报社人员增至 11 名，配置了胶印机、照相机，版面开设 6 个专栏，成为全局干部职工喜爱的读物。在 60 年代初国家经济困难时期，矿务局党委坚持"宁愿少吃一个窝头，也不能少出一张报纸"的观点，千方百计支持报纸出版。1962 年 5 月，因纸张奇缺和机构精简而第三次停刊，共出版 314 期。

1968 年 9 月，阳泉矿务局革命委员会成立，12 月 1 日《阳泉矿工报》作为革命委员会的机关报重新问世。起初报社仅 2 人，后增至 16 人，报纸固定为四开四版周二刊。70 年代中期，报社办公楼落成。1978 年开始出版四开二版的单页小报。1985 年进行体制改革，报社由科级单位改为处级单位，设总办公室、编辑室、采通科、人员增到 25 人，多为大专毕业。1987 年，报社组建了印刷厂，字号由老五号改为小五号。《阳泉矿工报》共有固定栏目 26 个：头版栏目主要有“群言堂”“新闻故事”“煤海短波”，二版主要是“班组生活”“矿山人物”“改革动态”“经济信息”，三版为“党的生活”“共青团园地”“法制园地”“研究和探讨”“文友园地”，四版有“银河”文学版、“班后”生活版、“文摘”“科苑”“百花园”等，另有多个不定期栏目。1988 年扩为四开四版。截至 1990 年年底，报社办公大楼及车间使用面积 2100 平方米，职工 24 人，报纸发行量达 8100 多份。1998 年，实现了胶印，出版周期变为每周 5 期，发行量达 22000 多份。报社设有总编室、编辑部、采访部、印刷厂，共有员工 70 人，其中采编人员 25 人。2004 年 10 月 8 日，对开四版瘦身报开始试刊。2005 年 1 月 1 日，正式扩版为瘦身报。2006 年 1 月第二次扩版，成为真正的对开四版。

2007 年 2 月 14 日，彩印系统投入运行，电子采编系统投入使用。报社的工作程序、版面的编排、栏目的设置相应发生了很大变化。基本实现了无纸化网络传递，采编人员写稿、传稿、审稿、编版、看样，全部在网上进行，提高了工作效率，降低了编采成本。与此同时，取消了专业校对岗位，改为责任编辑自编自校。由于彩色印刷的便捷，报纸的固定栏目也根据报道需要进行了完善和调整，开辟了“视点”“速览”“聚焦管理”“微评”“现场实录”等栏目；增加了反映基层单位工作的图文并茂的专版。2011 年，为弥补主报版面、栏目局限，创立了周刊，集中反映各区域公司和矿厂的重点工作、工作目标、工作成绩及劳动者风采。

2011 年 6 月，报社进行了重要基础设施建设，建设了大会议室博园，装修了和园、怡园两个会议室，对办公室、卫生间、楼道等场所进行了粉刷翻新。新落成投用的博园会议室，安装有视频设备、立体环绕音响、配备了全新的桌椅，不仅可以召开电视电话会议，还可以进行视频教学、新闻业务技能培训等活动。同年 12 月，阳泉矿工报采访部与阳煤有线电视采访部实现大融合，改为“一部三室”。采访部一室主要负责煤炭、安全、建筑、房地产等系统的采访报道；采访部二室主要负责化工、铝电、后勤、机电制造等系统的采访报道；采访部三室主要负责党工团、纪检监察、武装保卫、财务、中小企业等的采访报道。为便于开展工作，党支部也作了相应调整，成立了采访部室党支部、编辑部室党支部。

全体采编人员秉承“敏锐、严谨、博学、创新”的理念，站在政治家办报的高度，准确把握企业发展态势，及时确立宣传重点，策划宣传方案，选树先进人物，用典型引路，营造舆论氛围，为阳煤集团的改革发展提供了强大的思想保证和舆论支持，受到社会的赞誉和企业领导的肯定，多次荣获山西省、中国煤炭记协、中国企业报协会“优秀企业报”奖。报社培养了一支 1000 多人的通讯员队伍。

二、期　刊

（一）科技期刊

1.《阳煤科技》。是阳泉煤业（集团）有限责任公司主办，技术中心承办的科技期刊，经省新闻出版局登记批准出版，创刊于 1975 年 1 月，季刊。每期 48 个页码，约 5 万文字，20 幅图片，1987 年《阳煤科技》获得省煤炭管理局科技情报优秀成果奖。至 2008 年年底共出版 130 期，主要有“问题探讨”“经验交流”“企业管理”等栏目，刊发与煤矿生产有关的技术论文。《阳煤科技》参与评审了论文 3000 余篇，部分论文获得了国家、省、市级奖励。该刊对外主要与国内煤炭行业、大型煤炭企业和院校交流，对内主要向本公司内所属矿、厂（处）、公司和机关职能部门发放。

2.《科技信息》。是阳泉煤业（集团）有限责任公司技术中心主办的科技信息刊物，创刊于

1996 年 6 月，月刊，至 2008 年年底出版 151 期。该刊向本公司所属各单位发放，主要报道公司科技信息、科技动态及相关消息，推荐煤炭行业、科研院所的最新科技成果、新技术、新产品，进行相关信息服务。

3.《阳煤科普》。是阳泉煤业（集团）有限责任公司技术中心主办的科普性刊物，创刊于 1999 年，双月刊。该刊为面向本公司创办的一种科普刊物，创刊初衷主要是为反对和破除迷信活动，确保社会稳定，至 2007 年 4 月，共出刊 44 期。此后《阳煤科普》并入《科技信息》。

（二）专业期刊

1.《采编通讯》。由阳泉日报社主办，1991 年创刊，主编由《阳泉日报》历任总编兼任，主要刊发记者、编辑、通讯员采写的新闻写作经验、新闻论文、上级的新闻政策、记者与编辑及通讯员创作的文学作品、文学评论。2005 年年底停刊，共出版 58 期。

2.《矿区史志》。由矿区地方志办公室编辑出版，1989 年 1 月创刊，主编赵联庆。办刊宗旨是提高各级党政领导对史志工作重要意义的认识；同时让大家通过对矿区历史的了解，激发对矿区的热爱；提高编纂人员的业务水平。主要栏目有专文辑要、编委议事、人大议志、培训班专栏、业务辅导、党史研究、志稿选登、志坛今古、编读往来、党史研究、工作锦苑、工作动态、轶闻轶事等。每期 4 万字，印数 100 余册，赠送区委、人大、政府、政协有关领导和各修志部门。每年出刊 3 至 4 期，连办 4 年共 15 期，1992 年下半年停刊。

（三）文艺期刊

1.《蒙河》。由阳煤集团一矿文联主办，2003 年创刊，不定期出版，以发表文学作品为主，兼顾其他艺术门类。至 2008 年年底已经出版 8 期，主要发表小说、诗歌、散文。《蒙河》坚持纯正的文学趣味和审美格调，推出了一批有影响的作品和作者，在全国煤矿文学界有一定影响。2008 年在由中国煤矿文联和中国煤矿作协联合举办的第三届全国煤矿文艺期刊评奖活动中，获“双十佳”文艺期刊奖。

2.《墨苑》。由阳煤集团五矿党委政治工作部主办，季刊，2008 年创刊，每期 40 个页码，至当年年底共出版 4 期，主要发表小说、诗歌、散文等文学作品。

第二节　图　　书

一、文史资料征集出版

矿区政协履行人民政协职能，努力做好文史资料征集出版工作，取得多项成果，促进了地方历史研究。2006 年 1 月至 7 月，根据省市政协的安排，完成了矿区商史资料的征集编纂。紧接着就开展了以平潭为重点的文史资料的搜集整理工作。由文教法制委员会负责，于 2007 年 3 月出版了《阳泉矿区文史》第一辑《平潭街专辑》。接着于 2008 年 8 月着手编辑《阳泉矿区文史》第二辑《保矿运动中的平潭》，至年底，已收集到许多重要资料。平潭街的老居民牛贵福、翟玉玺、宋润生热情参与此项工作。

《阳泉矿区文史（第一辑）·平潭街专辑》。2007 年 3 月由政协阳泉市矿区委员会文史资料委员会编辑出版。本辑收入 88 篇文章，105 幅图片，共 13.8 万字。主要记述了平潭街村（今平潭街东社区和平潭街西社区）的人文、地理、历史和古迹文物，全书分为史海钩沉、古迹文物、晋商一粟、乡贤名士、文教史话、艺文采撷、民间传说、乡风民俗、政协之页 9 部分。

《阳泉矿区文史（第二辑）·保矿运动中的平潭》。2010 年 3 月由政协阳泉市矿区委员会文史资料委员会编辑出版。本辑收入 99 篇文章，60 幅图片，共 35 万字。主要为区政协搜集相关史料，全书分为史海钩沉、附篇、档案辑存、有关资料 4 部分。

二、煤矿历史编写

1982年7月，由煤炭工业部高扬文部长倡导，召开了全国统配矿务局和各省煤炭厅矿史编写会议，要求各省厅和矿务局都要编写自己的煤矿史。会议之后，阳泉矿务局由党委宣传部负责，组成矿史编写组。在一年多的时间里，编写组人员跋涉山西、北京、湖北、湖南等省市，查阅了山西省图书馆、山西省公安厅档案室、北京图书馆、北京地质图书馆和中国第一历史档案馆等单位的图书档案资料，走访了由多名老干部、老工人，获得许多翔实生动的第一手资料。而后汇集成册，书名《阳泉煤矿史》，于1985年10月，山西人民出版社出版发行。其后再接再厉，于1989年10月，由山西人民出版社出版了《阳泉矿务局四十年》一书。

《阳泉煤矿史》。1985年10月山西人民出版社出版。该书是在阳泉矿务局党委宣传部领导下，由景仲元、胡喜瑞、郭希濂、李燕生、姚富祥组成的矿史编写组，经过近二年的资料收集和组织编纂收集成书的。执笔人姚富祥。全书5章26节，13万字，36幅图片。该书从生产技术、经营管理和矿工的生活与斗争三个方面，记述了阳泉煤矿从古代到1947年解放的历史。《山西日报》在报道其出版消息时指出：这是中共十一届三中全会以来，山西省出版的第一部厂矿史。中共中央委员、煤炭工业部部长高扬文为该书题写了书名，山西省省长王森浩和省委副书记王克文为其题词，中国史学会理事、山西大学历史系主任乔志强撰写了序言。

《阳泉矿务局四十年》。是一部记载阳泉矿务局40年历史的史书。1989年10月山西人民出版社出版发行。姚富祥主编，邢春钢、张彦德、赵贵华、姚富祥、高潮、郭海亮等参加编辑。全书6章46节，33万字，77幅照片，35张图表。该书从矿井建设、生产技术、经营管理、煤炭加工等方面记述了阳泉矿务局40年（1947～1987年）发展历程。该书由中共中央顾问委员会副主任薄一波题词，原煤炭工业部副部长贾慧生和山西省人大副主任阎武宏合写序言。

《阳煤集团六十年》。是在2010年1月7日，阳煤集团60华诞之际，由山西人民出版社出版发行。编纂部门由党委宣传部牵头，《阳煤集团六十年》编委会集体编纂。主编白英、裴西平，执行主编李演珍，主要撰稿人李演珍、王月生、张富江、高金祥、张晨等。本书主体以1950年1月7日建企为上限，下限2008年12月31日，少数内容延伸至2009年9月30日。本书采用篇、章、节的结构体系，语体文记述，兼用述、记、传、图、表、录的体式。本书主体分为两篇9章，综述篇编入发展成就、领导体制与组织结构、战略调整、企业荣誉、领导关怀，共5章；人物篇编入企业领导与矿处级领导简介、劳模简介、天南地北阳煤人，共4章。主要内容按祥今略古的原则，对阳煤集团建企60年的发展成就、历程变迁、人物风采进行了客观记述。

三、地方志编纂

1984年7月2日，阳泉市矿区地方志编纂委员会成立。1987年8月19日，矿区地方志编纂委员会重组，并设区地方志办公室，与同时成立的中共矿区区委党史资料征集领导组办公室（后改名党史研究室）合署办公，两个机构，一套人马。

鉴于地方志和党史两个部门的工作任务均十分繁重，且任务完成时间紧迫，工作人员太少，很难适应工作的实际，经区委、区政府研究同意，地方志办公室与党史研究室于1991年7月分设。此后，充实了人员，增添了办公设备，办公条件不断改善。至2011年年底，矿区地方志办公室编制5人，在职4人，其中主任1人，副主任1人，科员2人。

矿区地方志编纂委员会及办公室成立后，组织了两轮《阳泉市矿区志》的编纂工作。

1. 编纂出版《阳泉市矿区志》（远古至1990年）。编纂工作始于1987年8月，至1999年7月志书出版发行，历时12年。其间区委、区政府多次研究地方志工作，区人大常委会于1991年9月19日专门听取了地方志工作汇报并于9月21日作出《关于〈阳泉市矿区志〉编纂工作的决议》，市委、市政府和阳煤集团多位领导给予了多方面的大力支持。整个编纂工作经过宣传发动、收集资料、编写分志、全志总纂、评审修改、出版发行6个阶段，召开编纂委员会工作会议4次，举办分志编写人员培训班1次（3天），编印《矿区史志》15期，省、市修志专家多次莅临指导，召开修志工作汇报会、表彰会和座谈会3次，修订篇目框架5次，全面修改志稿6次，多次向社会各界征求意见。1999年7月，《阳泉市矿区志》由中华书局出版发行，赵联庆任主编。全书共18编、77章、250节，88万字，130余幅图片。该志上溯至事物发端，下限为1990年年底，内容包括建置、环境、人口、工业、交通、邮电、城建、环保、商业、财税金融、经济管理、党派群团、政权政协、政法、政务、军事、教育、科技、体育、卫生、文化、民情风俗、人物等方面，是矿区的首部志书。

2. 编纂《阳泉市矿区志》（远古至2011年)》。根据《山西省新一轮修志规划》要求，矿区于2004年后半年开始进行新一轮修志的准备工作，并于12月1日召开了《阳泉市矿区志》续修工作动员会。接着，区地方志办公室编印了7万字的培训教材，举办了矿区二轮修志人员培训班。本年矿区地方志办公室被省史志院评为新一轮修志工作先进集体。2006年12月，区地方志办公室再次举办纂稿人员培训班。2007年和2008年，共召开小型座谈会30余次。2008年区地方志办公室再次获得山西省地方志系统先进集体称号。根据市委、市政府的部署和区委、区政府的工作安排，《阳泉市矿区志》的下限进行了两次延伸：第一次从2005年年末延至2008年年末，第二次又延至2011年年末。截至2011年年末，二轮《阳泉市矿区志》进入总纂阶段。

四、年鉴编纂

矿区统计局编辑出版了两种年鉴：一是《阳泉市矿区国民经济统计资料》、一是《阳泉市矿区经济普查年鉴》，均由区统计局编辑出版。

《阳泉市矿区国民经济统计资料》的编辑出版始于1988年，收入人口、工业、物资供应、劳动工资、商业、饮食和服务业、财政、基本建设和固定资产投资、文教、民政和计划生育等方面的统计资料，各册根据实际情况有所增删。第一册为1980～1986年共7年的统计资料，第二册为1987～1990年共4年的统计资料，第三册为1991～1995年共5年的统计资料，第四册为1996～2000年共5年的统计资料，第五册为2001～2005年共5年的统计资料。2006年后每年编辑出版一册。至2011年，共计完成10册《阳泉市矿区国民经济统计资料》的编辑出版。

《阳泉市矿区经济普查年鉴》第一册于2007年5月编辑出版，记录了第一次全国经济普查矿区的有关情况，主要内容包括综合卷、第二产业、第三产业三卷，调查时间为2004年12月31日。《阳泉市矿区经济普查年鉴》第二册于2010年8月编辑出版，记录了第二次全国经济普查矿区的有关情况，主要内容包括综合卷、第二产业、第三产业三卷，调查时间为2008年12月31日。

五、图书销售

截至2011年，矿区有16家图书销售门店和销售点，体制有国营和个体两种。具体有：

山西晚报和阳泉日报销售点15个，负责销售当天出版的《山西晚报》和《阳泉日报》；

新华书店矿区门市部，主要销售图书、杂志、教材辅导书籍等。位于四矿口，始建于1981年，建筑面积800平方米，投资27万元。1984年4月正式营业，经营综合类图书和教材订购业务。1986年接管红岭湾新华书店，1989年在赛鱼口设代销店。1971年市新华书店在一矿前庄购置房屋设代销店，称沙坪新华书店。1980年迁至红岭湾，新建三层综合楼，书店占下层，改名为红岭湾新华书店，使用面积9.4平方米，上架图书1万册左右。1986年归阳泉市新华书店矿区门市部管理，1989年由个人承包经营。

第三节　电影放映

一、电影放映

1950年阳泉矿务局组建电影放映队，深入基层流动放映。1956年矿务局机关、工程处都组建了流动放映队。1958年时电影队一度增至25个。电影队开始使用的是16毫米黑白皮包机。1958年后使用16毫米解放牌130皮包机，灯泡用氙气新光源，在俱乐部定点放映；16毫米黑白皮包机继续在基层流动放映。进入80年代后，流动放映改为定点放映，16毫米型皮包机逐渐淘汰，广泛使用"松花江"牌5502型座机，截至1990年，矿区共有放映点11个；截至2011年，由于俱乐部设施设备陈旧老化，放映点仅余5个。

20世纪50年代电影为黑白片。租片每场价格为20元，60年代每场为30元。70年代彩色影片出现。放映收入采用分成办法，俱乐部与电影公司按故事片四六分成；纪录片三七分成；短片和学生包场三七分成。50年代，电影票价故事片为0.20元，纪录片为0.15元，儿童票为0.10元，新闻专场为0.10元。60年代票价调整为宽银幕甲票0.40元，乙票0.30元；乙级电影片普通票0.25元，儿童票0.15元，纪录片普通票0.20元，儿童票0.10元。"文化大革命"期间票价平均降低0.05～0.10元。1985年票价上浮0.10元；1987年一类片票价0.60元，上浮0.30元；二类票价0.50元，上浮0.20元；三类片票价0.40元，上浮0.10元。90年代全国逐步放开电影票价，电影票价格基本由市场调节。1992年9月，国家物价局宣布放开电影票价，同年年底平均票价涨到2元。1993年，平均票价上升至4元。1994年，引进首部大片《亡命天涯》首创30元票价。1998年《泰坦尼克号》票价达40元。电影票价全面实行院线定价。一般电影票价达20至30元。

二、电影宣传

电影宣传主要有影片介绍和影片评论两种方式。

影片介绍：形式有海报、阵地宣传和幻灯三种。海报为宣传画形式，由放映点电影工作者根据电影内容创作，或采用电影发行公司印制的宣传画，张贴于放映点周围。矿区电影宣传画经常参加阳泉市举办的电影海报、宣传画展。1981年，巩毛年创作的宣传画《佐罗》入选"全国电影宣传画展览"并获一等奖。阵地宣传是利用矿区各俱乐部所设置的宣传栏、玻璃橱窗、广告牌、海报画栏进行电影宣传，预告当月或当日放映的影片、时间，介绍影片故事梗概。幻灯是电影开映前对观众进行宣传教育的一种形式，可加强电影的社会效益。20世纪60年代起，每个电影队均配有幻灯设备。省、市电影公司经常举行幻灯汇映评比。1986年山西省在运城举行幻灯汇映，阳泉矿务局工程处俱乐部绘制的《十五的月亮》参加了汇映并获奖。

影片评论：一矿俱乐部积极开展影评活动，1987～1990年举办影评员培训班37期，授课1803课时，出版发行《影评》小报，还经常在全矿开展影评征文。在放影《周恩来》《大决战》等影片后收到评论稿3000多件。1987年邀请10名爱好影评的职工组成影评小组，并建立影评员管理档案，发放影评员证书和月票，规定每位影评员每月看电影不得少于9场，撰写两篇以上评论稿件。截至1990年年底，影评小组共撰写评论稿5000余篇，其中8篇在国家级刊物上发表，120多篇发表于省级报刊，骨干评论员阎吉维、曹书评、陈铁明、吕秀田、贾银萍、曾海林等人撰写和发表的评论文章数量多、质量好。一矿俱乐部1988年被山西省总工会评为先进俱乐部，1989年被省文化厅评为山西省电影发行放映系统先进单位，1990年获省文化厅"群艺乐园"金匾，并作为山西省唯一获邀的代表队参加中国电影发行放映公司、中国记者协会、电影电视记者协会联合举办的第二届电影评论文"星光杯"颁奖大会。1990～2000年，影评工作逐渐废弛。2001～2011年，基层的影评工作基本停止。

第四节　广播　电视

一、广电机构

境内最早的广播电视机构是“矿区工会广播站”，成立于1950年年初，隶属于矿区工会，工会主席申梦华为负责人，设机务员1名，编通1名，播音员2名，外线维修由电话班代管。

1956年，“矿区工会广播站”调整为阳泉矿务局广播站，其他地方煤矿也先后成立广播站。1958年广播站归党委宣传部领导。1985年12月24日调频广播开播后，全天广播时间增至9小时，局广播站的工作人员包括编、采、播、维修共13人。

1987年11月1日，阳泉矿务局广播电视中心成立，下设二室八部和七个基层站。新闻采访、编辑、制作、播出集于一体，统称为新闻专题部。全中心有采编播和网络管理人员共125人。其中具有专科以上学历的58人，具有中高级专业技术职称的27人。

2000年2月，有线广播电视中心对全集团公司有线电视网络和电视宣传工作实行专业化管理，各矿闭路电视站和电视记者划归中心统一管理。

2000年3月，新闻专题部划分为新闻部、专题栏目部、制作播出部和广告部。部室分工明确，新闻节目更加丰富多彩。新闻部在册13人，其中主持人3人，编辑1人，记者8人。主要承担集团公司及社会新闻采访和新闻编辑工作。有采访机16台。专题栏目部在册10人，开设专栏“记者观察”和“专题”。制作播出部在册10人，其中节目编辑5人，前端播出值班人员4人，承担自办节目的频道包装、编排、制作、播出任务，同时承担两套《互动点播频道》运作，并完成48套有线电视节目的收转，集团公司重要资料、影视节目的建档保存等工作。广告部在册6人，主要业务是联系、制作、发布电视广告。

2003年3月，阳泉矿工报社、阳煤有线电视、通讯公司、信息中心合并为新闻信息中心。

2004年3月，新闻部改为采访部。同年3月26日电视和报纸广告合并，实行统一管理。

2011年11月，阳泉矿工报社、阳煤有线电视推行采编部室业务融合，采编一部三室正式成立（采访部机构调整为采访一室、采访二室、采访三室，编辑部机构调整为编辑一室、编辑二室、编辑三室），采编工作实现了集中式管理，专业化分工。

二、广播事业

矿区广播事业肇始于1950年年初成立的“矿区工会广播站”。该站广播覆盖范围北至汉河沟煤矿，南至南庄煤矿，包括地方和私营煤矿，共计26个煤矿，区域比较分散，干线总长度达15千米以上。设备由中央广播事业局提供。建站初仅有一台不定型的250瓦扩音机。1952年后，新增一台1500瓦扩音机，干线置放15瓦至25瓦的高音喇叭约50多只，全天广播7小时，自办节目2小时。宣传内容主要是中央有关方针政策，配合煤矿的“反把头”斗争，提高工人当家作主的积极性。1956年，阳泉矿务局接办矿区工会广播站后，广播设备逐步更新，用户渐增至2200余户。“文化大革命”初期，广播工作受到冲击。1974年由于电视机和晶体管收音机进入家庭，有线广播用户减少了50%。

1983年，在矿务局党政领导的重视支持下，阳泉矿务局广播站决定以调频广播代替部分有线广播，以解决贵石沟新区职工和家属长期收听不到本局新闻的问题，弥补老区有线广播之不足。调频广播于1985年12月24日开机试播，发射功率为50瓦，发射距离达35千米。1987年11月1日，广播电视中心成立，增加了自办节目。自办节目每天播出约1小时，每星期二、四、六的20时播出，主要节目有“全局新闻联播”“安全生产”“矿工之友”“法制园地”“学习园地”“矿山新闻”等栏目。

1995 年 8 月 22 日，阳泉矿务局有线电视和调频广播的有线用户达 3 万余户。

2001 年年初，阳煤电视台开设建立“金桥商务”栏目，每天播出 5 次，10 小时滚动播出。主要节目包括“每周一歌”“生活指南”“牵线搭桥”三大板块。

三、电视事业

1985 年，在实现一矿、二矿、三矿、四矿、五矿及工程处调频广播联网的同时，阳泉矿务局广播站会同局机关有关处室，开始安装闭路电视。至 1986 年，500 多户闭路电视调试完毕。这是矿区电视事业的发端。

1987 年 11 月 1 日，阳泉矿务局广播电视中心成立。1988 年年初，中心采用微波发射接收系统，实现了全局闭路电视节目的微波联网，闭路电视用户达 1 万余户，成为全市最大的闭路电视系统。闭路电视用户可收看 7 套电视节目，即中央电视台第一、二、三套，山西、河北、阳泉和中心自办节目。1996 年，新闻节目由每周二、四、六播出改为每周一至五，时间 10 分 ~30 分不等。

1999 年，开始逐步购置 DVCAM 格式数字录像机，原来的 U – MATIC 型模拟录像机逐步淘汰，其中新闻采编采用索尼 DSR – 80P、1600P、1800P 等型号录像机，播出采用 DSR – 30P、40P 等型号录像机，节目播出质量得到很大程度的提高。并购置索贝创意 99 非线性编辑系统，用于专题片创作，创作的阳煤集团成立 50 周年专题节目《火热光华》获中国电视艺术家协会企业分会年度奖。

2000 年 3 月，新闻部单设后，有采访机 16 台，其中索尼 PD190 型 5 台，索尼 PD150 型 5 台，索尼 PD250 型 2 台，索尼 PD200 型、PD100 型、有煤安标志的防爆机、暗访机各 1 台。专题栏目部单设后，有摄像机 6 台，其中 DSR – 300P、DSR – 600 各 1 台，DSR – 190、DSR – 250 各 2 台。

2001 年，阳煤有线电视在创意 99 非编工作站的基础上扩充了 1 台创意 777 有卡工作站和 3 个无卡预编工作站，形成了“二加三”的非编网络系统，专题和栏目的制作实现了非编化，节目制作更加新颖。

2002 年，阳煤有线电视前端播出采用了安徽现代自动播控系统，播出切换更加精确，播控水平迈上了一个新台阶。

2004 年 3 月起，“阳煤新闻”改为周一至周五每周五期播出，播出时间新闻时长固定为 20 分钟。3 月 26 日，电视和报纸广告合并，实行统一管理。

2005 年 3 月，阳煤有线电视总前端升级为硬盘自动播出系统，实现了节目播出的数据化和自动化，基本淘汰了传统的磁带播出模式。

2007 年 3 月，购置了一套中科大洋的新闻非编网（包括三个工作站、一个服务器和一个硬盘矩阵），实现了新闻节目的自采自编。4 月，对专题栏目部的设备进行了升级改造，基本实现了专题栏目编辑的非线化，有效解决了编辑设备紧张的问题，提高了工作效率。8 月，根据中共中央办公厅、国务院办公厅联合下发的《关于抓紧做好卫星广播电视地面接收设施调整工作的通知》要求，进行了大规模的卫星传输和地面接收设施调整工作，在中共“十七大”前完成了转星任务。8 月 15 日，开始进行数字电视平移工作，首先在大垴西区、洪西小区、馨康家园进行数字电视转换，开通了 14 个频点，101 套数字电视节目。9 月，购置了先进的大洋、久合成、索贝非线性编辑网络，初步实现了制作播出的无带化、数字化、自动化。12 月，中心购置了价值 600 万元的 6 +2 信道标清转播车。

2008 年 1 月，近 200 平方米的播控一体数字化前端机房和新演播室建成启用，转播车投用。中国南方遭遇冰雪灾害，在通讯员中开展“保生产、保装车、保外运，支援抗灾救灾新闻报道竞赛”，电视开设了“倾力组织电煤生产全力支援抗灾救灾”栏目。6 月，应省台邀请，派出 10 人转播小组及转播车，出色完成了奥运火炬在省内传递的现场直播。6 月上旬，派出记者随集团公司赴川援建队伍采访，采写了大量有分量的报道。8 月，报道和转播了 2008 年北京奥运会盛况。10 月，数字电视平移工作全面完成。至年底，阳煤有线电视自办节目一套，每天播出各类节目10个小时，主要自办节目有：新闻性栏目“新闻联播”“一周要闻”；评论性栏目“记者观察”；文化娱乐性栏目“金色大舞台”“荧屏飞虹”；服务性栏目“信息服务窗”；生活类栏目“健康长廊”；导视性栏目“下周荧屏”；少儿类节目“动画城”等。前后期摄录编播设备实现了数字化，播出实现了自动化。750MHz带宽的有线电视网除覆盖阳煤集团本部的所有矿、分公司及子公司外，还延伸至寿阳区的开元公司、新元公司、平舒公司，平定区的药林会议中心，昔阳区的寺家庄公司，为用户传输42套模拟电视节目，有线电视用户近6万户。12月，阳煤有线停止模拟信号传输。

2009年6月，阳煤有线电视全面改版，并开始在19：00转播中央一台《新闻联播》。

2010年1月，编辑制作大厅落成，媒资系统建成投用。创造了25小时内连续进行3场直播的纪录，使“建企60年庆祝大会”“建企60年庆祝晚会”“焰火晚会”的历史性画面呈现在广大电视观众面前。6月，新增19套节目，数字电视达到146套，实现省、市台节目全部转播。7月，完成集团公司“两开一竣”直播，首次实现了三地连线（3个会场信号互传，同时直播）。8月，“阳煤新闻”实现非编制作。设置了FTP服务器，实现了各网间的相互传输，解决了文件在播出、制作、办公之间网传输问题，同时也解决了驻外和基层记者新闻素材远程传递的问题。

2011年2月，中心虚拟演播室建成投用，总前端播出系统数字化改造完成，节目制作大厅投用，中心采编播设备升级换代，“阳煤新闻”全新改版推出。8月，成功直播了集团公司“两开一停”活动，首次成功实现了“两地三点”异地卫星直播。

第五节　网　　络

一、“阳泉矿区”网站

“阳泉矿区”网站（http：//www. yqkq. gov. cn）2004年建成开通，是中共阳泉市矿区区委、阳泉市矿区人民政府主办，矿区经济信息中心承办的政府门户网站。开通运行后，经过两次改版。2006年的改版主要针对资料的收集完善、栏目的归类增减、界面的优化更新问题。2010年的改版以“阳泉矿区”政府网站群的形式出现。网站群基于ASP. NET平台，运用C#语言开发，由一个主网站和多个部门的子网站构成，设有“领导之窗”“走进矿区”“新闻中心”“信息公开”“网上办事”“政民互动”“便民服务”“招商引资”“图看矿区”等9个主栏目，其功能完备性、内容实用性和代码安全性都得到很大的提高。网站群涵盖了矿区的所有党委、政府、街道办事处、社区，成为全市首家实现三级网站建设的政府门户网站。全网累计点击率突破70万次，逐渐成为人们了解政务信息、反映社情民意、提供便民服务、展示政府形象的重要平台。

二、阳煤集团网站

2002年，阳煤集团完善了互联网接入技术，推出了ADSL宽带上网业务，提供了快捷方便的各种增值业务，可承揽大型通信工程设计，开发与设备安装，线路敷设、智能化小区的规划建设等工程，承担阳煤集团网站的策划与建设、网页设计与制作、信息采编与维护、网络信息安全与监管以及集团所属单位网站运行的业务指导和日常监管。阳煤集团网站包括外网和内网两部分。外网：阳煤集团网（http：//www. ymjt. com. cn/），包括8个频道：“关于阳煤”“产业结构”“企业文化”“产品展示”“人才招聘”“新闻中心”“科技创新”“招商引资”。内网：阳煤集团内部管理信息网（http：//www. ymjt. com. cn/Page/268/Default. aspx），包括7个频道：“集团简介”“媒体新闻”“办公系统”“企业资源”“综合信息”“党性教育”“通知公告”。

第二十六编　卫　　生

解放前，矿区境内卫生状况极差，瘟疫横行，矿井事故频仍，人民缺医少药。民国 36 年（1947）5 月阳泉解放不久，人民政府就在裕公矿建立卫生所，为矿工解除病痛。建国伊始，人民政府在矿区境内设立了医疗机构和卫生防疫机构，医疗事业不断发展，医疗护理水平迅速提高，爱国卫生运动广泛开展，实施预防接种，使传染病发病率逐年降低，职业病和地方病得到有效控制。改革开放后，进一步加强了卫生防疫和疾病防治管理，正确处置突发公共卫生事件，有效地遏制了传染病的流行和蔓延，减轻了职业病和地方病的危害。妇幼保健事业迅速发展，婚前保健、孕期保健、妇女病防治和儿童免疫、儿童常见病防治等工作全面展开，妇女儿童的健康水平不断提高。职工医疗保健、社区卫生、学校卫生、食品卫生、饮水卫生、计划生育技术服务等各项工作全面实施，取得了显著成绩。至 2011 年，矿区有各级各类医疗机构 113 家，拥有医疗技术人员 2243 人。有床位 1774 张，年诊疗 934043 人次。卫生行政综合管理、医政管理、药政管理、食品药品监督检查等项工作全面依法有序进行。爱国卫生运动实行群众运动和专业队伍相结合的方针，以除四害、讲卫生、消灭疾病和市容环境卫生为主要内容，加强科学技术指导，与精神文明建设和卫生城市创建活动紧密结合，规模宏大，活动持久，效果显著。

第一章　卫生事业管理

新中国成立后，经过半个多世纪的发展，矿区卫生局、阳煤集团卫生管理部、市食品药品监督管理局矿区分局等卫生管理机构实现了健全、规范、配套，卫生行政综合管理、医政管理、药政管理、食品药品监督检查等项工作全面依法有序进行，保证了矿区境内卫生事业的健康发展，维护了人民身体健康和社会的和谐稳定。

第一节　行政综合管理

一、管理机构

（一）矿区卫生行政管理机构

矿区卫生行政管理机构是矿区卫生局，系阳泉市矿区人民政府组成部门。其前身为矿区文教卫生局，成立于 1981 年 7 月。1984 年 8 月 13 日，卫生局与文教局分设。其后与计划生育委员会合署办公，1985 年 3 月 27 日与计划生育委员会分设。至 2011 年，矿区卫生局编制 6 人，内设办公室、医政科、监督科。直属事业单位有矿区疾病预防控制中心、矿区卫生局卫生监督所、矿区妇幼保健院、矿区医院。其中矿区卫生局卫生监督所和矿区社区卫生服务管理中心为卫生监督管理服务机构。

矿区卫生局卫生监督所成立于 2005 年 6 月，是矿区卫生局下设的卫生监督执法机构，全额预算事业单位。主要职责是依法监督管理食品、环境、职业、放射、学校卫生等工作；依法监督传染病预防工作；依法监督医疗机构和采供血机构及其从业人员的执业活动；整顿和规范医疗服务市场，打击非法行医；承担法律法规规定的其他职责。设有办公室、监督一科、监督二科、综合科、稽查科、办证室 6 个职能科室。至 2011 年年底，在职员工 12 人，其中管理人员 4 人，工勤人员 1 人，卫生技术人员 7 人（中级职称 4 人，初级职称 3 人）。主要仪器设备有卫生监督车一辆、电脑 5 台、取证器材 6 台，现场监测设备 7 台，固定资产 30 余万元。

矿区社区卫生服务管理中心成立于 2007 年 6 月，是矿区卫生局下设的管理服务机构，编制 3 人。至 2011 年年底，有职工 3 人。

（二）阳煤集团卫生管理机构

阳煤集团设置了卫生行政综合管理机构。初为矿务局福利科，成立于 1954 年，1960 年改建为卫生防疫科，1962 年 7 月升格为卫生处，与矿务局医院合署办公。

1968 年 9 月撤销卫生处，1972 年恢复卫生处，与局医院合署办公。1973 年 5 月，卫生处独立办公，下设医政科、防疫科、妇幼保健科。

1979 年 5 月，设立计划生育办公室。1986 年 7 月，计划生育办公室并入卫生处。卫生处内设医政科、防疫科、计划生育 3 个科室。

1996 年 12 月，矿务局设医疗基金统筹中心，隶属于局医疗管理委员会，机构设在卫生处，主任由卫生处处长兼任。下设办事处，主要负责医疗基金的筹集、管理、使用，对医疗机构的治疗、收费、服务等进行监督检查。1999 年 3 月，卫生处并入生活服务总公司（升华实业分公司），仍保留卫生处牌子，履行原有职责。将医政科、防疫科合并为卫生科，仍保留计划生育办公室和医疗基金统筹中心。2004 年 1 月，成立疾病预防控制中心，负责协调处理公司内突发性公共卫生事件，分析调查各种急慢性传染病的发展与流行。

2004年3月，卫生处从升华实业分公司划出，归集团公司直接管理，更名为卫生管理部，为集团公司职能部室，正处级建制，具有一定的医政管理和药政管理职能。内部机构仍保留卫生科、疾病预防控制中心、医疗统筹中心、计划生育办公室。2004年12月成立工伤保险科，主要职责是参与集团公司工伤事故的调查、分析和工伤认定，因工伤残、职业病等级和劳动能力的鉴定以及工伤保险待遇的审核报批、领发等。

2005年3月，撤销阳煤集团总医院职业病防治科、机厂医院，有关业务、人员、财产划归卫生管理部。该部内设职业卫生科、职业病防治所、后勤服务监管科、工伤保险科、疾病预防控制中心、医疗统筹中心、计划生育办公室。职业卫生科主要负责组织领导集团公司的职业病防治工作，职业危害因素的监督性监测，建立健全职业卫生档案等。职业病防治所负责集团公司范围内的急慢性职业病的治疗，职工健康监护，职业危害因素的常规性监测和分析等。同年6月，增设后勤服务监管科，同卫生科合署办公，主要负责制订集团公司员工生活福利和后勤服务质数量的标准，对班中餐、职工食堂、澡堂、集体宿舍、工作服卫生等进行监督管理。2006年6月增设医政科，主要职责是制订集团公司的医疗卫生管理制度、考核办法，监督检查医院的医疗服务质量、医疗规范、收费标准，调解处理内部医院的医疗纠纷及卫生统计等。2011年1月增设药械管理科，主要负责处理药械监管委员会的日常工作；3月增设安全监察科，主要负责总院、二院、三院及5个社区卫生服务中心、宾馆旅游管理中心、升华公司餐饮供水点、阳泉本部煤炭和非煤企业内部餐饮点、供水点、取水点的安全监管工作。至2011年年底，卫生管理部在册人数为120人，10个科室，其中卫技人员64人。

（三）食品药品监督管理机构

矿区食品药品监督管理机构，初为阳泉市食品药品监督管理局矿区分局，2005年5月31日成立，是阳泉市食品药品监督管理局派出机构，主要承担对辖区内药品和医疗器械的研制、生产、流通、使用履行行政监督和技术监督管理职能，负责对辖区内食品、保健品、化妆品安全管理的综合监督，组织协调和依法组织开展对重大事故查处。机构编制6人，内设3个职能股室：办公室、食品安全监管股、药品综合监管股。2009年12月机构改革，阳泉市食品药品监督管理局矿区分局更名为阳泉市矿区食品药品监督管理局。截至2011年年底，有工作人员16人，有药品快速鉴别箱，照相机、摄像机等执法设备。

二、卫生综合管理

阳泉解放后至矿区建制前，矿区境内的卫生工作是在市政府、市卫生局领导下，由驻地单位具体实施的。这一时期，卫生工作的主要任务和工作内容是：宣传卫生知识，开展疾病防治，大搞爱国卫生运动等。新中国成立前，矿区境内没有公立官办的医疗卫生机构。1950年，阳泉矿务局成立职工医院。自此，矿区的卫生事业从无到有、从弱到强，逐步发展。至20世纪70年代末，矿区境内各大型企业单位，都相继建立了医疗卫生机构，医疗设备和人员队伍也在不断更新和壮大。

1984年，随着国家机构改革，矿区卫生局正式成立后，通过改革、调整、理顺管理体制，转变政府职能，全面正确地行使区政府和上级卫生行政部门授予的卫生行政管理职能和职权，遵循党和国家新时期的卫生工作方针、政策，制订实施本地区卫生事业发展战略规划和一系列政策规定，领导、监督、协调、管理各项卫生工作。全区医疗、防疫、保健事业协调发展，自上而下实现了组织稳定，机构健全，布局合理，职能齐全的卫生体系，卫生事业成为矿区经济和社会发展的重要组成部分。至80年代末，全区各级各类医疗卫生机构有71个，其中县级以上医院9所。

1990年，“政府领导、政企协调、全民参与、条块结合、以块为主”的具有矿区特色的医疗卫生格局和大矿区卫生观念的确立，使全区卫生工作随着社会经济发展不断发展。初级卫生保健、爱国卫生运动不断取得可喜成绩。各级医疗卫生预防保健网络进一步巩固充实提高，劳动卫生、环境卫生、学校卫生、食品卫生逐步走向依法监督的轨道。2001年年初，经卫生部审核评估，矿区完成了

"2000 年人人享有卫生保健"的目标。

2000 年后，矿区卫生局制订和实施区域卫生规划，坚持科学设置、分级分类管理的原则，基本形成了以阳煤集团总医院为龙头，以一、二级医院为骨干，社区卫生和社会、个体办医为延伸的多层次医疗服务体系。2011 年年末，全区拥有各级各类医疗机构 113 个。其中县级以上医院 9 所，包括三级医院 1 所（阳煤集团总医院），二级医院 3 所（阳煤二院、阳煤三院、阳煤总院一矿医院），一级医院 4 所（矿区医院、阳泉市商业医院、阳煤总院工程处医院、阳煤总院四矿医院）；矿区妇幼保健院 1 所；阳煤（集团）有限责任公司职业病防治所 1 所；厂矿卫生所 4 所；民营医院 1 所，门诊部 2 所，社会办医 2 所，个体诊所 70 所；社区卫生服务中心 6 所；社区卫生服务站 19 所。全区卫生技术人员 2310 人，床位 1804 张。

第二节　医政管理

新中国成立后，境内医政管理由市卫生主管部门负责，阳泉矿务局卫生处负责所属医疗机构医政管理工作。1981 年矿区文教卫生局成立后，境内医政管理逐步完善，逐步以常规管理取代突击性管理。

20 世纪 90 年代初，加强了对社会办医、个体办医的管理，坚持个体医生例会制度，组织个体医生学习有关政策，提高其守法经营的自觉性。1995 年 7 月，矿区卫生局对境内各类社会办医和个体行医机构，各级各类药品生产、经营单位进行了清理整顿；对无证行医、非法行医，假医假药、伪劣药品等诈骗行为进行了彻查，进一步加强了医药市场的管理。1996 年，区卫生局根据医院分级管理标准，加大监管力度，各级各类医疗单位把达标上等活动作为医院系统管理目标，纳入工作日程。

2000 年后，卫生局加大卫生执法力度，强化卫生监督管理，保证了医疗秩序的正常运转。2002 年，矿区以整顿医疗市场为重点，清查打击无证行医为突破，规范全区医疗市场秩序。对全区医疗市场进行突击检查、依法监督，共取缔无证行医 4 户，限期整改 1 户，没收销毁伪劣药品 0.2 万元，处理违法义诊 2 次。对 73 户注册医疗机构进行常规督导、定期检查，集中清理医疗机构的虚假广告、房屋租赁等违法违规行为。开展医疗安全大检查，消除了医疗活动中的不安全因素。2004 年，认真贯彻《执业医师法》《医疗机构管理条例》，规范医疗机构执业行为，严把医疗机构准入关。依法对各级各类医疗机构进行年度校验，对 6 户不符合要求的医疗机构提出整改意见，限期改进。对 81 户注册医疗机构进行常规督导、检查，对存在的问题及时发现，督促整改。集中力量对全区医疗市场进行了三次集中整顿，严厉打击非法行医，取缔无证行医 5 户，进一步净化了医疗市场。

2005 ~ 2011 年，连续开展了医疗机构管理年活动，制订了《医疗机构管理年活动实施方案》，召开了动员大会。组织医务人员系统学习《执业医师法》《传染病防治法》《临床输血技术规范》等法律法规和技术操作规范，开展"以病人为中心，提高医疗质量和服务水平"为主题的学习讨论，规范医疗行为，促进医疗服务质量水平的提高。进一步建立和完善了各项规章制度和岗位职责规定，开展自查自纠，对存在的问题及时进行整改。整顿和规范医疗市场秩序。制订出台了《整顿和规范医疗市场实施方案》，对各类医疗机构加强监督检查，打击非法行医活动和非法采供血活动。2005 ~ 2007 年共检查各级各类机构、单位、个人 367 户次，取缔无证行医 28 户次，查处聘用非卫生技术人员、超诊疗范围 2 户，罚款 7550 元，没收药品器械价值 3570 元。严把医疗机构准入关。依法对全区各级各类医疗机构进行了年度检验，对 11 户不符合要求的医疗机构提出整改意见，限期改进。对注册医疗机构进行常规督导、检查，对存在的问题及时发现，督促整改。坚持社会办医、个体行医每月例会制度，以会代培，进行政策、法律法规、业务知识、医疗安全和职业道德教育，加强对社会办医、个体行医的管理。加强血液管理工作，规范医疗机构的临床用血。2006 年度被市献血办评为

“无偿献血先进集体”。加强急诊科室和重点科室管理，加强重大节日和重大活动期间的急诊工作，提高了整体服务水平和应急救治能力。开展卫生技术人员继续教育工作，如2006年组织未取得护士执业证书的60名护理人员参加了全国护士执业注册考试，及格率为94%。落实信访责任制，认真受理卫生信访和医疗纠纷，未发生越级上访事件；认真做好城市贫困居民医疗救助鉴定工作。

阳煤集团内部的医政管理工作也有序进行。1982年加强了预防和处理医疗事故工作，开展了卫生专业技术职称晋升工作。1983年全局卫生医疗系统建立技术档案，开展技术考核，加强对毒、麻、精神类药品管理。1986年举办煤矿创伤急救培训，参加人员为一线工人骨干。1988年开展全局卫生医疗系统优质服务立功竞赛活动，在全局贯彻执行《消毒管理办法》《医疗事故分级标准》和《医院消毒供应室验收标准》。1989年成立了医疗事故鉴定委员会，负责处理和鉴定本局的医疗纠纷和医疗事故。1990年制订《阳泉矿务局矿级医院标准化管理标准》，在所属8所医院开展标准化管理。1991年矿务局成立创伤急救领导组，由副局长担任组长，建立了全局三级急救网。1993年实行全局药品采购供应集中管理，设立了局药品采购供应站，单独开户、设账、核算。同年，组建了矿务局医院血库。1994年开展了争做赵雪芳式白衣战士竞赛评比和创建爱婴医院活动。1995年在全局医院“五窗口”和护理系统开展优质服务百日竞赛活动。1996年在全局医疗卫生系统开展了加强职业道德建设，纠正行业不正之风活动。1998年医政科与防疫科合并成立卫生科。2006年6月集团公司医疗系统改制，卫生管理部增设医政科。10月对三所医院的基本情况进行摸底，开展了卫生统计工作。

第三节　药政管理

一、药品市场检查管理

1950年，市政府卫生科（1956年改为卫生局）负责境内的药政管理。1984年矿区设立卫生局，境内始有药政管理专门机构。1985年7月1日《中华人民共和国药品管理法》实施后，矿区卫生局设立药品监督员2名，在医疗单位设立药品检查员13名，在个体医疗协会中设立药品检查员4名，形成区、医、市场三位一体的药品监督管理网。境内医院均成立药事管理委员会，卫生所、门诊部确定专、兼职药品管理人员。在药品监督工作中，矿区卫生局坚持定期检查与经常性监督相结合的原则，及时处理发现的问题，及时查处违法案件。1985～1990年，区卫生局受理违反《药品管理法》的案件82起，立案81起，结案81起，其中罚款46起，罚款金额2400元，依法取缔无证经营30起，责令停业整顿3起，限期改进2起，没收假劣药品1208种580.04千克，价值3.2万元。

90年代，矿区卫生局严格按照国家有关政策法规，对药品生产企业、药品集贸市场、药品经销单位、个体工商户、医疗单位自制药品进行了彻底清查。1996年，以打击游医药贩和清查药品“回扣”为重点，对全区医药市场实施全面整顿，查处假劣药品价值5000元，取缔游医药贩5家，对3家药检不合格单位进行了立案审查。

2000年后，对医疗市场和药品生产、流通、使用过程实行全方位监管。在各级各类医疗药品机构中，建立健全了区、院、市场三位一体的药品监督管理网络，设立了6名基层医药市场检查员。对54名药品从业人员全部进行了健康检查，体检发证率100%。2001年，取缔游医药贩10户，罚款900元，限期整改1户。对药品质量抽检中发现的2起假劣药品案，予以立案查处，罚款412元，没收非法所得20.80元。加强了医疗机构一次性医疗用品消毒的管理和消毒效果监测，全区共监测66家，监测样品920份，合格率67.59%。2005年，共检查药品经营企业22家，县级医院机构7家，预防保健站2家，社区卫生服务站及个体诊所46家，立案18起，结案11起，案件总值3644.80元，罚没款3550.60元，其中经营使用假劣药品案7起，案值2342.80元；从非法渠道购进药品案5起，案值621元；无证经营药品案2起，案值521元；未凭处方销售抗菌药案1起，案值56元；无“医疗机械经营许可证”经营二类医疗器械案1起，案值65元。

2006年后，开展了药品市场专项检查、医疗器械专项检查、疫苗专项检查、中药饮片专项检查等多种专项检查，加强了日常检查。2006年开展专项检查10余次，日常检查468家次，监督覆盖面达到296%，出动执法人员1480人次，立案55起，结案41起，案值达3万余元，罚没款6.8万元。2007年共检查涉药单位195家，出动执法人员482人次，组织开展各类专项检查8次，查处各类违法违规案件22起，结案22起，罚没款7.11万元。2008年出动执法人员1028人次，日常检查559次，立案64起，其中罚没款5.85万元。

2009～2011年，在全区推进基本药物制度的实施，非基本药物全部封存下架，全区基层医疗机构全面实行了基本药物制度，实行基本药物零差率销售。

二、麻醉药品使用管理

1950年，根据中央的法令，在市政府卫生科（局）直接领导下，境内严格实行戒烟和限制鸦片烟草的种植。20世纪60年代，对麻醉药和剧毒药实行专门管理，同公安部门配合，严格对剧毒药的审批。1982年，按卫生部规定，淘汰了127种疗效不佳、毒副反应大的药品。1985年《药品管理法》实施后，药政纳入依法管理轨道，管理更加经常化、制度化。医院加强了内部管理，落实毒麻药品“五专”（专人负责、专柜加锁、专用账册、专用处方、专用登记）制度，杜绝了毒麻药品的滥用与流失。

20世纪90年代，对全区24家医药经营单位坚持经常性检查和突击检查相结合，重点对毒麻药品进行监督检查，实行毒麻药品“五专”管理制度。共查处假冒伪劣过期药品26种，没收销毁假冒伪劣药材23.45千克，抽检控中药材29千克，西药片7044片，针剂395克。

2000～2011年，加强了麻醉精神药品的管理，确保了用药安全，严格禁止麻醉精神药品外流。

第二章　卫生防疫

中华人民共和国成立之初，人民政府就在矿区境内设立了医疗机构和卫生防疫机构，广泛开展爱国卫生运动，实施预防接种，使传染病发病率逐年降低，职业病和地方病得到有效控制。改革开放后，进一步加强了卫生防疫和疾病防治管理，正确处置突发公共卫生事件，有效地遏制了传染病的流行和蔓延，减轻了职业病和地方病的危害。

第一节　机　　构

一、矿区疾病预防控制中心

矿区疾病预防控制中心前身为矿区卫生防疫站，1984年成立，内设卫生科、防疫科、检验科、办公室。主要设备有X光机、紫外线分光光度仪、BM微量电泳仪、超微量生化分化仪等。2005年有工作人员23人，其中卫生技术人员17人（中级职称7人，初级职称10人）。2005年6月，按照政事分开、综合执法、依法行政的原则，矿区卫生防疫站改设为矿区疾病预防控制中心和矿区卫生局卫生监督所。矿区疾病预防控制中心内设办公室、综合防治管理科、传染病预防控制科、计划免疫规划管理科、检验科、健康教育与促进科，以及结核病防治门诊。主要设备有原子吸收仪、超净工作台、酶标仪、洗板机等大型仪器10台，固定资产60余万元。至2011年年末，有职工19人，其中卫生技术人员10人（中级职称2人，初级职称8人）。

二、阳煤集团职业病防治所

成立于2005年4月，是按照职业病三级预防原则设立的综合性职业病防治机构。同年8月和10月，经山西省卫生厅批准，先后取得《职业健康检查机构资质证书》《职业卫生技术服务资质证书》，2010年1月取得《计量认证证书》。承担阳煤集团职业危害因素监测、职工职业健康监护和职业病病人的住院诊疗服务的职责，服务的职业危害人群约7万余人。全所占地面积1824平方米，建筑面积2061.8平方米。阳煤集团先后投资购置了岛津500mA X光机、美能肺功能仪、心电图仪、普通B超仪、红外光谱仪、10万分之一天平、显微镜、噪声分析仪、日立全自动生化分析仪、全自动胸片库、全自动隧道式血压计、捷斯特肺功能仪、丹麦耳听美纯音测听仪、尿常规分析仪等仪器设备。至2011年年末，有职工46人，其中卫生技术人员35人（高级职称2人，中级职称16人，初级职称14人）。设有独立科室7个，开放床位30个。

三、阳煤集团结核病防治所

始建于1954年，原称阳泉矿务局医院传染科。1978年11月，更名为结核科。1988年，改建为结核病防治所。设病床30张，有卫生技术人员等工作人员20人。

第二节　疾病防治

一、传染病防治

（一）传染病发病概况

20世纪50年代，境内呼吸道传染病、肠道传染病的发病率仍然很高，麻疹、流感、流脑三种传染病每隔几年流行一次。60年代以后，呼吸道传染病和脊髓灰质炎的发病率显著下降。70年代，境内传染病有流脑、麻疹、百日咳、猩红热、痢疾、伤寒、副伤寒、病毒性肝炎、疟疾9种。80年代新增斑疹伤寒、乙脑、流行性出血热、布鲁氏菌病、狂犬病、淋病和副伤寒7种传染病。进入21世纪，肠道传染病的发病率有所下降，性病、肺结核发病率有所上升，特别是病死率极高的艾滋病、非典型肺炎、狂犬病、人感染高致病性禽流感成为重点防控的传染病。2009年，矿区发生乙、丙类传染病21种、1562例。2010年，共发生乙、丙类传染病19种，1668例。2011年，共发生乙、丙类传染病1656例。

（二）传染病管理

1. 管理病种。1955年，山西省人民委员会发布《传染病管理办法实施细则》，规定传染病的管理病种为二类19种。1978年，卫生部颁发《急性传染病管理条例》，规定管理的病种为二类25种。1989年2月，全国人大常委会通过《传染病防治法》，规定传染病管理病种为三类35种，其中甲类2种，乙类22种，丙类11种。1989年9月1日《传染病防治法》施行，矿区管理的传染病病种为甲乙两类共24种。2004年8月，全国人大常委会对《传染病防治法》进行修订，规定传染病管理病种为三类37种，将原来的丙类传染病管理病种肺结核、新生儿破伤风、血吸虫纳入乙类传染病管理病种，将原来的乙类传染病管理病种斑疹伤寒、黑热病纳入丙类传染病管理病种，将非典型肺炎、炭疽中的肺炭疽、人感染高致病性禽流感纳入乙类传染病管理病种并执行甲类传染病预防、控制措施。矿区管理的传染病病种为甲乙丙三类共37种。

2. 疫情报告。20世纪50年代初期，境内医院、医务室、保健站、私营诊所及家属委员会就开始向市政府卫生科报告疫情。60年代，境内医疗机构向市卫生防疫站进行传染病旬报、月报和年报。

1984年矿区卫生防疫站成立后，规定阳泉矿务局所属的医疗机构向矿务局卫生处报告，该处再向区卫生防疫站报告，驻区的其他医疗单位直接向区卫生防疫站报告。1997～2003年，实行传染病属地管理并执行三级疫情报告制度。1997年开始实行传染病疫情微机管理制度。2004年，中国疾病控制中心信息监测网络开通，疫情报告实行"一报三审核"（医疗机构报告，县、市、省逐级审核）。境内县级以上医疗机构通过疫情直报网络上报区卫生防疫站（区疾病预防控制中心），经审核后上报市卫生防疫站（市疾病预防控制中心）。

（三）疫情处置

1. 天花　俗称"痘疮"，儿童最易感染的急性传染病。50年代全面开展牛痘接种，此病逐渐消失。

2. 麻疹　民间叫"害糠疮"，解放前流行甚广，无人躲过。1959年、1963年、1966年矿区出现3次流行高峰。1966年开始接种麻疹疫苗，麻疹发病率逐年下降。2005年4月，矿一中、三矿中学、西河路小学、工程处小学短期内发病20例，及时采取应急接种丙种球蛋白、麻疹疫苗和在各校开展晨检等措施，未发生流行。根据卫生部《2006—2012年全国消除麻疹行动计划》，2008年组织开展了8月龄～14周岁儿童麻疹疫苗强化免疫活动。

3. 脊髓灰质炎　俗称小儿麻痹。1963年应用脊髓灰质炎疫苗后，本病发病水平一直很低。1973～1990年，矿区发生脊髓灰质炎8例。为了更加敏感地监测脊髓灰质炎疫情，在全区县级以上医疗机构设立急性弛缓性麻痹病例（AFP）哨点，开展主动与被动监测，连续14年开展儿麻强化免疫。1991～2007年未发现该病病例，AFP监测的灵敏度和特异度均达要求。

4. 病毒性肝炎　矿区于1973、1977、1982和1986年出现4次发病高峰，每次持续1～2年。1987年3月在医务人员中接种乙肝疫苗，1988年后开始实行儿童接种乙肝疫苗，1989年起在食品从业人员接种乙肝疫苗。90年代后，国家将乙肝疫苗纳入儿童计划免疫程序，开展了从业人员健康检查，乙肝发病率有所下降，5岁以下儿童HBsAg阳性携带率明显降低。

5. 霍乱　简称"02"病，为甲类传染病。解放前，此病流行广，患病人数多，死亡人数也非常可怕。新中国成立后，各级政府对此病的防治工作非常重视，加强了饮用水的消毒和改质工作，开展了腹泻病监测，使霍乱疫情得到了有效的控制。1950～1997年，矿区未发生一例霍乱。1998年8月3日至13日，矿区赛鱼地区暴发霍乱疫情，菌型为埃尔托01群小川型流行性霍乱弧菌，经临床确诊4例，实验室确诊7例，带菌者2例。经确定致病源和紧急处置，疫情得到有效控制，没有发生死亡病例和二代病例。后经矿务局对供水系统进行了改造和加强了饮用水的消毒，全区从1999～2008年，连续10年未发生霍乱疫情。

6. 狂犬病　1989年前，矿区未发现确诊病例，1990年1～2月，矿区发现狂犬病病例2例，死亡2例。1990年3月，二矿七股道一条疑似疯狗两小时内咬伤26人。经群众举报后，疑似疯狗被蔡洼派出所击毙。区卫生防疫站立即派专业技术人员进行现场调查，一面对咬伤者进行伤口处理，一面派人到市卫生防疫站和省卫生防疫站购回狂犬病疫苗和狂犬病血清，对咬伤者进行注射。由于措施得当，未发生狂犬病病例。2001年，市卫生防疫站允许区卫生防疫站购进狂犬疫苗，为当地狗咬伤者有偿提供狂犬疫苗。每年接种疫苗人数有800～1000人，有效控制了狂犬病疫情的发生。

7. 流行性出血热　1985年，矿区赛鱼地区发现首例病例，至1990年共发生病例57例，死亡1例，年发病率为2.43～7.99/10万，且主要在赛鱼地区。经对密切接触者采血检测和对家鼠检测，认定发病原因是带菌老鼠传染。经大规模灭鼠后，1991～1994年的5年间，矿区未发生流行性出血热。1995～2001年，该病发病率呈上升趋势，2001年发病达10例。对此，区政府加大灭鼠投入，爱委会及各街道办事处开展大规模灭鼠，使流行性出血热发病率下降。2001年后，该病发病率保持在较低水平。

8. 流行性乙型脑炎　矿区1980～1990年发病15例，死亡5例，患者为儿童。1990年后每年进行乙脑疫苗接种，发病率明显下降。1994 年 7 月 ~8 月，矿区该病暴发，45 天内发病 46 例，死亡 17 例。发病率高达 24.86/10 万、死亡率 36.96%；发病年龄最小 19 岁，最大 76 岁。发病原因主要是降雨量大，气温高，湿度大，环境卫生差。矿区应急接种乙脑疫苗 9000 人份，并采取广泛宣传、消灭蚊虫等措施，疫情得到控制。1995 年后，矿区偶有该病发生，未发生流行和暴发。2007 年，区内报告 1 例病例，区疾病预防控制中心积极应对，采取积极治疗、规范隔离病人、对高危人群大面积接种乙脑疫苗、对外环境严格消杀、灭蚊等有效措施，未发生第二例病例。

9. 肺结核　俗称“痨病”，解放前，本病感染人数多，患病人数多，死亡人数多（简称“三多”）。新中国成立后，矿区开展了卡介苗接种，矿务局医院设立了结核科。1982 年，矿区根据全国《儿童计划免疫接种程序》，将卡介苗纳入儿童计划免疫接种程序，结核病发病率大幅度下降。90 年代结核病发病率明显上升。2004 ~2008 年，中央及矿区财政、全球基金为结核病防治提供资金 18 万元。矿区按照全国统一结核病防治规划，全面实施现代结核病控制策略。区卫生防疫站按照“早期、规律、全程、适量、联合”五项治疗原则，实施了结核病控制项目，在病人发现、转诊、诊断治疗、实验室检测、督导、宣教培训等方面加强了规范管理，开设了结核病防治门诊，对初治涂阳和重症涂阳病人实行免费诊断治疗，共接待初诊病人 714 人，治疗初治涂阳和复治涂阳病人 224 例，治愈率 85.31%，完成了上级下达发现病人指标的 85.70%。

10. 细菌性痢疾　是矿区发病率较高的传染病，1982 发病率高达 2663.54/10 万。后开展腹泻病监测，县级以上医疗机构实行了“四固定，六分开”（人员固定、诊室固定、医疗器械设备固定、门诊时间；挂号分开、候诊分开、检验分开、收费分开、取药分开、厕所分开），加强了饮用水管理、食品卫生管理和健康教育。从 1987 年起，发病率呈逐年下降趋势，2007 年发病率下降到 124.52/10 万。

11. 手足口病　国家于 2008 年 5 月 2 日将该病列为丙类传染病，同年矿区报告该病散发病例 231 例。区疾病预防控制中心加强医疗机构报告管理，对中小学校及托幼机构采取综合防控措施，未发生疫情流行。2009 ~2011 年，矿区进一步加强手足口病的预防工作和疫情监测，一级以上医疗机构开设了肠道门诊，按照肠道传染病监测方案，加强了预检分诊、病人登记、筛检、网络直报等工作。各中小学和托幼机构对学生、幼儿和家长进行了手足口病预防知识宣传。

1973 ~2011 年阳泉市矿区急性传染病总发病率统计表

表 26 -1

年　份	总病例数（例）	总发病率（/10 万）	年　份	总病例数（例）	总发病率（/10 万）
1973 年	—	1519.96	1983 年	—	3285.04
1974 年	—	2395.24	1984 年	—	2216.40
1975 年	—	2437.56	1985 年	—	1909.42
1976 年	—	1452.39	1986 年	—	1560.30
1977 年	—	3029.48	1987 年	—	1043.60
1978 年	—	1791.14	1988 年	—	1101.1
1979 年	—	1696.94	1989 年	—	937.27
1980 年	—	1715.81	1990 年	—	815.21
1981 年	—	2568.22	1991 年	1748	920.15
1982 年	—	3110.79	1992 年	1451	815.46

续表 26－1

年　份	总病例数（例）	总发病率（/10 万）	年　份	总病例数（例）	总发病率（/10 万）
1993 年	1333	731.54	2003 年	465	213.50
1994 年	1498	809.72	2004 年	1004	452.47
1995 年	1566	830.21	2005 年	1057	474.73
1996 年	1560	810.54	2006 年	949	425.81
1997 年	1551	810.54	2007 年	1089	486.44
1998 年	899	799.14	2008 年	984	415.06
1999 年	895	444.26	2009 年	1527	679.90
2000 年	665	319.78	2010 年	1628	724.19
2001 年	713	338.81	2011 年	1619	666.26
2002 年	644	295.70			

二、职业病防治

煤矿职业病主要是采掘工人在煤炭生产作业过程中吸入煤、岩粉尘造成的尘肺病（后称矽肺病）。主要工种有：井下采煤机组司机、打眼、放炮、装煤、推车、支回柱、放顶、采掘、修检钉道工以及皮带运输机和装岩机司机等；井上为装火车工、选煤、洗煤工等。

新中国建立前，矿区境内的矿井大多采用自然通风，煤炭生产过程中产生的粉尘和沼气在现场滞留时间长、浓度大，数以万计的采掘工人死于尘肺病。

新中国建立后，国家制订了一系列防治尘肺病的方针和政策，防治工作取得了很大的进展。阳泉矿务局不断改进煤炭生产手段，努力搞好通风、防尘、降尘工作，安装洒水设备，采用湿式作业，有效地改善了作业环境。50 年代初，阳泉市成立职业病防治所，承担全市的职业病防治工作。1959 年，矿务局医院、三矿医院、四矿医院等单位先后开展了粉尘作业职工健康检查，检查对象大多数为井下老工人。1960 年，矿务局设立卫生防疫科，负责全局的职业病防治工作。1963 年，卫生部、劳动部、全国总工会联合发出《关于加强对矽肺职工医疗与疗养工作的通知》，确定接触岩尘的职工每 3 年检查一次，接触煤尘 10 年以上的职工进行初查，每 7 年复查一次，对检查出的可疑矽肺患者每年复查 1 次。同年，阳泉市成立职业病诊断小组，矿区的职业病由市职业病诊断小组集体诊断，确诊的病例由市职业病诊断小组通知患者所在单位，按劳保条例处置。70 年代初井下辅助工人初查工龄调整为 8 年。1968 年，职防工作由矿务局医院工业卫生科负责，设置病床 8 张。1972 年，二矿、三矿和四矿医院设立职业病病床，对矽肺病患者加强治疗。1973 年，市职业病防治所对矿区接触铅、锰、三硝基甲苯的职工开展了健康检查。同时对职工加强了职业病防治的宣传教育。1984 年，矿区卫生防疫站成立。1985 年 7 月，矿务局医院工业卫生科更名为职业病防治科，床位增加到 30 张。区卫生防疫站协助矿务局职业病防治科开展工作，并开展区属企业的职业病防治工作。

2001 年 10 月 27 日，《中华人民共和国职业病防治法》颁布后，矿区卫生防疫站广泛开展职业病防治的宣传教育，普及职业病防治知识，对增强用人单位的职业病防治观念，提高劳动者自我健康保护意识和劳动安全意识起到积极作用。

2005 年 4 月，阳煤集团职业病防治所成立，同时在各矿设置了分支机构，具有“职业病危害因素检测”和“职业病健康体检”两项资质。积极开展职业病诊疗服务，为接触粉尘、噪音、有毒化学物质等有害因素的员工进行职业健康检查；阳煤集团总医院专门设立了职业病区，配备了相关仪器设备。2006～2010 年，阳煤集团共完成职业健康体检 84157 人次，其中粉尘作业人员 72511 人次，噪声作业人员9444人次，化学物质作业人员2122人次，放射作业人员80人，共检出疑似尘肺病611人，诊断尘肺病412人。共完成尘肺病人住院诊疗1100余人次。

1964～2011年阳煤集团尘肺病情况统计表

表26－2　　单位：人

年 份	Ⅰ期	Ⅱ期	Ⅲ期	本年合计	累 计	本年死亡	累计死亡
1964年	22	36	12	70	70	1	1
1965年	58	16	0	74	144	5	6
1966年	6	9	0	15	159	0	6
1967年	20	8	0	28	187	7	13
1969年	47	2	0	49	236	0	13
1970年	2	1	1	4	240	0	13
1971年	0	2	0	2	242	0	13
1972年	56	156	57	269	511	36	49
1973年	45	6	2	53	564	10	59
1974年	72	15	5	92	656	6	65
1976年	72	20	3	95	751	14	79
1977年	58	8	2	68	819	13	92
1978年	58	20	2	80	899	19	111
1979年	1	0	0	1	900	0	111
1980年	123	27	1	151	1051	9	120
1981年	3	1	0	4	1055	7	127
1982年	73	2	0	75	1130	4	131
1983年	48	0	0	48	1178	6	137
1984年	64	8	1	73	1251	8	145
1985年	13	1	0	14	1265	5	150
1986年	9	1	0	10	1275	1	151
1987年	13	0	0	13	1288	12	163
1988年	27	1	1	29	1317	6	169
1989年	105	1	1	107	1424	134	303
1990年	115	4	4	123	1547	26	329
1991年	32	8	3	43	1590	17	346
1992年	34	6	2	42	1632	19	365
1993年	27	9	13	49	1681	47	412
1994年	11	3	7	21	1702	22	434
1995年	24	2	0	26	1728	41	475
1996年	36	0	0	36	1764	52	527

续表26－2

年　份	Ⅰ期	Ⅱ期	Ⅲ期	本年合计	累　计	本年死亡	累计死亡
1997年	18	4	3	25	1789	16	543
1998年	9	1	1	11	1800	14	557
1999年	18	2	3	23	1823	26	583
2000年	17	3	1	21	1844	70	653
2001年	41	8	1	50	1894	18	671
2002年	47	7	1	55	1949	42	713
2004年	21	6	4	31	1980	56	769
2005年	21	9	2	32	2012	28	797
2006年	41	16	2	59	2071	54	851
2007年	47	19	2	68	2139	27	878
2008年	33	17	1	51	2190	34	912
2009年	58	13	2	73	2263	84	996
2010年	97	28	4	129	2392	23	1019
2011年	72	22	12	106	2498	23	1042

三、地方病防治

1995年，区卫生防疫站对防治碘缺乏病加强了宣传力度，向群众讲解鉴别真假碘盐的知识，解答群众咨询，在中小学校开展尿碘监测和甲状腺肿大检查，对居民食盐用户进行食盐含碘监测。至2008年，区卫生防疫站（区疾病预防控制中心）共采集食盐样品3468份，其中碘盐合格率达99%以上；尿碘监测104份，尿碘中位数提高到2006年的289.75ug/L；检查中小学生甲状腺肿大1300人，甲状腺患病率明显降低。监测结果显示，矿区居民碘盐食用率持续提高，碘营养水平明显改善，达到了基本消除碘缺乏病的目标。

第三节　卫生检疫

一、食品卫生

矿区食品卫生监督工作始于1961年。1966年至1972年期间食品卫生监督工作一度中断。1973年，防疫部门对饮食生产经营人员进行卫生知识培训。1982年，《食品卫生法（试行）》颁布后，体检对象扩大到各类食品生产经营人员，合格者发给健康合格证。1984～1990年，矿区食品生产经营者接受检查的有1.53万人次，查出传染病患者246例，发放健康证1.17万个。体检率、检出率、病调率及合格证发放率分别为97.13%、1.16%、100%、93.85%。1984～1988年，矿区防疫站举办食品生产经营人员卫生培训班12期，培训893人。1987年，矿区卫生局制订了《矿区食品生产经营人员卫生知识培训规划》，区防疫站相应地制订了培训大纲，对新上岗人员进行岗前培训。1989～1990年，办培训班84期，参培学员1035人次。

矿区食品企业卫生审查始于1984年，实行卫生许可证制度。1984～1990年，区防疫站进行现场审查5000余次，发放卫生许可证4607个，发证率达90.33%；共查处食品卫生违法案件1097件，给予警告并限期改进222户次，没收销毁禁止生产经营的产品5218.67千克，罚款5.3万元，责令停业整顿的270户次，吊销许可证2户。1988年到1990年，对熟肉及豆制品、冷食、冷饮、糕点和消毒餐具中的肠道病菌进行专项监测，抽样559件，合格347件，合格率62.08%。

1996年，按照新修订的《中华人民共和国食品卫生法》和属地管理的原则，区卫生防疫站对矿务局内部食堂进行监督管理，发放卫生许可证。2002年起，区卫生局每年与大中型食品生产经营企业签订食品卫生安全责任状。同年，区卫生防疫站开展了全区食品卫生专项整治，整治内容包括食品卫生许可证发放、食品进货索证、散装食品、食品添加剂购进与使用、保健食品、婴幼儿食品等项。2003年，区卫生防疫站进一步承接了矿务局内部的食品、公共场所及饮用水管理和从业人员健康检查任务。2004年，在全区推行餐饮业食品监督量化分级管理制度。

2006年，认真贯彻《食品卫生法》等卫生法律法规，强化卫生监督管理。一是继续组织实施食品放心工程，召开了全区食品卫生工作会议，对80余名较大的餐饮业企业、学校食堂、职工食堂负责人进行了食品卫生培训。组织开展了食品卫生专项整治、学校食堂和餐饮业专项整治、卫生许可证专项整治、超市食品专项整治、集贸市场专项整治、保健食品专项整治、婴幼儿食品专项整治，以及食品添加剂、水产品、餐饮业食用油专项整治，进一步强化了食品卫生监督管理。二是重点加强了学校食堂、餐饮业的量化分级管理工作，严格条件准入，强化分类监管。全区有3户餐饮业企业达到B级卫生单位，40户达到C级卫生单位。三是在餐饮业统一推行卫生管理制度规范上墙。四是强化了元旦、春节、“五一”等重大节日期间的监督检查。五是强化卫生许可和监督管理，共办理卫生许可证792个，为3073名从业人员做了体检，查出“五病”禁忌人员13人，全部调离原工作岗位。实施卫生监督4280户次，取缔违法经营单位9户，没收销毁不合格食品278千克，监测食品样品137份，合格125份，合格率90.8%。监测餐具样品1148份，合格1029份，合格率89.6%。

2007年，开展了肉类产品专项整治，及时查处了平遥注水牛肉和其他肉类经营违法行为。开展了食品生产单位专项整治行动和创建食品放心社区活动，推行了卫生监督公示制度。全年办理卫生许可证992个，为3314名从业人员做了体检。实施卫生监督1412户次，取缔违法经营单位1户，没收销毁不合格食品52千克，监测食品样品1146份，合格1094份，合格率95.46%。开展了学校、幼儿园卫生专项检查，加强了学校、幼儿园食品卫生管理。

2008年，开展了城乡清洁工程和迎奥运保食品安全活动。在日常监督管理的基础上，对餐饮业进行了拉网式专项整治，开展了创建食品放心社区活动，推行了原材料进货索证台账记录制度和卫生监督公示制度。同时，强化了卫生许可和监督管理，共办理卫生许可证705个，为4040名从业人员做了体检，查出“五病”（痢疾、伤寒、甲型或戊型病毒性肝炎、活动性肺结核、化脓性或渗出性皮肤病）禁忌人员10人，实施卫生监督1650户次，取缔违法经营单位8户，罚款3000元。监测食品样品166份，合格156份，合格率93.98%。监测餐具样品1221份，合格1143份，合格率93.61%。年内还针对三鹿问题奶粉事件，加大了对学校、幼儿园、餐饮单位的检查力度，认真组织实施了婴幼儿食用问题奶粉排查救治工作。

2009～2011年，加强了食品卫生监督工作。发放卫生许可证559个。其中食品生产加工单位37个，流通领域275个，餐饮服务单位247个。监测食品12份，检验合格率100%。对食品行业从业人员进行了体检，食品行业从业人员健康证持证率100%。2009年2月28日，《中华人民共和国食品安全法》颁布，矿区卫生局卫生监督所与多部门联合举办大型宣传活动，出版报3块、散发宣传单2000余份、现场咨询120人次。强化食品卫生监督量化分级管理，要求没有固定铺面、在露天场所或人行道上摆摊设点的一律入室经营；有固定铺面的，地板要铺瓷砖，镶1.5米以上的白色瓷砖墙裙，并有专用的食具电子消毒柜。经过量化评估，确定B级单位有4家，C级单位有284家。对全区餐饮服务单位、食堂进行了食品添加剂专项检查和安全隐患排查。未发现有使用非食品添加剂生产加工食品的现象，对超范围使用食品添加剂的10个单位进行了处罚，没收销毁20千克食品添加剂。对存在食品安全隐患的11户餐饮单位下达了整改意见书。对平潭东社区55户餐饮单位进行了摸底检查，对其中28户下达了整改意见书，对其中15户因灶房面积过小不适合餐饮服务行业的予以取缔。在元旦、春节、五一、国庆节、中考和高考前，均进行食品卫生大检查，保证了食品卫生安全。在餐饮服务安全整顿工作中，行政处罚2户，罚款金额为3600元；责令整改1户；警告10户；取缔1户；查处投诉举报案件1起。

1991～2011年阳泉市矿区食品卫生工作情况一览表

表26－3

年份	卫生知识培训		卫生许可证		查处违法案件（起）	给予警告并限期整顿（户次）	没收销毁禁止生产（件）	罚款（万元）	责令停止整顿营业（户次）	吊销许可证（户）
	期数	人次	发放数（个）	发证率（%）						
1991年	3	2340	1244	84.1	2	3	劣质14000	—	3	—
1992年	3	2210	1239	96.8	2	3	6500 罐头6309千克	4.212	5	—
1993年	2	2450	1208	91.23	21	1	540	0.307	8	—
1994年	2	2430	1235	95.89	4	2	600	—	4	—
1995年	2	2344	1214	98.3	21	11	320	0.798	14	—
1996年	2	2335	1252	97.28	41	14	710	1.4635	10	—
1997年	2	2380	1198	97.3	5	13	480	0.0252	3	1
1998年	2	2810	1260	83.94	3	23	7千克	1.63	3	—
1999年	2	2451	960	87.19	6	13	570	0.071	4	—
2000年	2	2159	940	91.8	3	22	494	0.02	1	—
2001年	2	2291	1030	85	2	12	680	8.76	3	—
2002年	2	2654	966	81.48	3	11	6千克	3.616	3	—
2003年	2	2918	946	95.6	3	12	316	0.29	2	—
2004年	2	2816	978	97.5	3	23	326	0.2	1	—
2005年	2	2741	742	98.2	2	61	2100千克	0.28	2	—
2006年	2	2953	656	95.2	6	3	240	0.1	2	—
2007年	2	4109	720	94.5	—	21	—	—	56	—
2008年	2	4026	705	95.62	1	18	—	0.2	—	—
2009年	20	2554	528	98	2	14	20	0.36	15	1
2010年	1	260	264	85	5	64	30	0.8	15	1
2011年	2	520	345	98	3	232	62	0.7	97	3

二、饮水卫生

20世纪60年代初期，境内在水源井进行人工加氯消毒。1967年，赛鱼水厂建成，市自来水公司各水源生产的水均输送到该厂进行集中消毒。1990年，矿务局投资39万元，购置次氯酸钠发生仪13台，安置于各水源井口，水质消毒效果有所改善。

1961年，市卫生防疫站开始对矿务局的水源水进行监测，监测项目为色、嗅、味、PH值、总固体、总硬度、溶解氧、硝酸盐氮、亚硝酸盐氮、氨氮、氯化物、氰化物、挥发酚、氟化物、铁、铜、锌、铅、大肠菌群和细菌总数等20项。监测结果是：水质污染较轻，合格率较高，主要超标项目为大肠菌群和细菌总数。

1970年，监测项目增加了锰、砷、汞、六价铬、硫酸盐5项。监测结果显示，合格率降低，工业污染加重，挥发酚、氰化物、锰和铁超标，地下水总硬度和硫酸盐含量超标较严重。

20世纪80年代后，区防疫部门督促各单位加强环境保护与污染治理，合格率有所回升。1962～1990年，共监测矿务局水源92份，1280项次，合格1178项次，合格率为92.03%。1984～1990年，对末梢水监测36份，共计670项次，合格642项次，合格率为95.82%。

2003年桃河综合治理后，因河床地下水污染严重而关闭自备井，居民饮用水全部由市自来水公司经由升华供水公司管网送到居民家中。

2006年，区疾病预防控制中心监测居民用户末梢水6份，管网水9份，监测项目是余氯、细菌总数和大肠菌群，其中末梢水合格2份，管网水合格2份，不合格项目是细菌总数和余氯，最高超过国家标准41倍。区疾病预防控制中心就此要求阳煤集团升华供水公司加大水源水消毒管理力度，并改造输水管网。2009～2011年，共采集居民和学校生活饮用水末梢水样品190份。

三、公共场所卫生

1987年4月1日，国务院发布施行《公共场所卫生管理条例》，矿区涉及公共场所的有饭店、招待所、公共浴室、理发店、美容店、录像厅、游戏厅、歌舞厅、游泳馆、商店等5类10种。1991年3月11日，卫生部发布实施《公共场所管理条例实施细则》。区卫生防疫站于1987年开展了对公共场所从业人员进行健康检查，对公共场所的气压、温度、湿度、风速、CO、CO_2、照度、噪声、空气、用品用具进行现场监测和实验室检测，并实行卫生许可和两年复核一次的制度。1991～2006年共体检和培训人员4980名，查出“五病”禁忌症14名，全部调离原工作岗位。检测各类样品10420项次数，合格率达92.60%。

2009～2011年，核发和换发公共场所卫生许可证621户。其中理发159户次，美容110户次，茶座83户次，住宿50户次，浴室67户次，商店33户次，饭店97户次，游泳场所6户次，其他16户次。共出动监督员1520人次，经常性巡回监督检查各类公共场所经营单位700余户次，监测项目3600余项次。同时进行了公共场所量化分级管理培训。根据卫生部《公共场所卫生量化分级管理制度》要求，2009年12月，矿区住宿业公共场所量化分级率达40%；2010年，住宿、游泳场所的量化分级管理达标率为100%；2011年，住宿、游泳场所量化分级达标率为100%，洗浴业达80%，美容美发业达30%。

四、化妆品卫生

2004年，区卫生防疫站根据卫生部要求，对全区经营化妆品的单位进行了监督检查，主要是监督化妆品的标识、名称、执行标准、规格、生产日期、有效日期、生产单位、卫生许可证、批准文号是否齐全和是否符合标识的内容，共检查化妆品经营单位39家，涉及化妆品5类160种，未发现有标识不合格的情况。2009～2010年，共出动监督人员120人次，监督检查辖区内化妆品经营单位50余户次。矿区多数经营单位销售的化妆品都有标签、说明书，但在索证、记录、备案资料方面欠缺。针对不符合要求的经营单位均提出了整改意见。

第四节　突发公共卫生事件应急处理

一、传染病暴发流行的处置

1998年8月3日，矿区赛鱼地区发生“02”病（霍乱）疫情。接到三矿医院（今阳煤集团三院）疫情报告后，区防疫站迅速派专业技术人员调查核实并上报区卫生局。确诊后，确定三矿医院为“02”病救治医院，院内和病房实行强制管理，区卫生防疫站全体职工实行24小时值班，随后开展了对病人家属等密切接触者的调查和留观，采集病人呕吐物、粪便标本和饮用水水样，送市卫生防疫站检测，结果为四尺煤水仓、东山3000立方米水仓和井下水都检出了小川型流行株霍乱弧菌并与病人菌型一致。致病源找到后，区卫生防疫站立即向区政府报告，立即对病人的活动场所和三矿饮用水源进行消毒，在较短的时间内就控制了“02”病的蔓延。本次疫情共发生“02”病例7例，采集病人呕吐物、粪便等标本84份，饮用水样（含矿井水）23份，调查病人和密切接触者48人，消杀面积1万平方米，投放1.5万余元预防性药品。此次疫情扑灭后，区卫生防疫站受到了区政府的表彰。

2003年春季，广州等地区首先发生传染性非典型肺炎（严重急性呼吸综合征）病例，后发展到部分省市，阳泉市也发现此病。矿区迅速开展了防控传染性非典型肺炎工作：出台了防控应急预案；成立了防控应急分队；召开防控非典型肺炎紧急动员会；举办防控非典型肺炎知识培训，培训各类人员824人次；消毒面积达1万余平方米；设立发热门诊10所，诊治发热病人586例，排除510例，调查和隔离观察发热病人76例，未发生一例传染性非典型肺炎病例，未发生一例疑似传染性非典型肺炎病例，实现了区政府“零感染、零发病、零死亡”的防控目标。5月7日，《突发公共卫生事件应急条例》颁布实施后，矿区建立了区突发公共卫生事件应急处理领导组，组建了应急医疗救治专家组和应急救治队伍；制订了防控人感染高致病性禽流、食物中毒、重大传染病防控及防汛、防震等卫生应急预案；建立了卫生信息网络系统和传染病网络直报系统，加强了疫情的监测报告工作。

2006年，面对各地发生的人感染高致病性禽流感疫情的威胁，矿区加强了疫情监测和禽类养殖管理，要求对禽类进行封闭饲养，对禽室内外环境进行严格消毒，注意通风换气，严禁放养。在防控工作中，累计消毒面积达24580m2。组织了三期相关工作人员培训班，有260人接受了培训。下发了宣传资料6000余份，对145户生产经营场所进行了监督检查，组织开展了3次免疫接种，累计接种各种禽类12850只次，同时建立了禽类免疫接种户口管理制度。

2007年，矿区组织实施高致病性禽流感和猪蓝耳病防控工作。一是组织进行了禽类、猪调查工作。以办事处、社区为单位，深入养殖场（户）和居民住户，逐门逐户进行摸底，取得准确数据。二是对全区各类禽类4264只，猪193头进行了免疫。

2008年4月和5月，部分学校发生风疹疫情，矿区有关部门及时深入发病学校开展调查核实，召开专题会议，安排专业培训，严格进行晨检、消毒、隔离，及时控制了疫情。全年报告该病散发病例231例。成立了手足口病防控工作领导组、疾病预防控制专家组和医疗救治专家组。加强了人员培训。各中小学和托幼机构在学生、儿童和家长中进行了手足口病预防知识宣传。对宾馆、饭店、学生食堂、幼儿园食堂、职工食堂等单位进行了检查，防范食物中毒和食源性疾患的发生。开展了托幼机构和中小学传染病防治专项检查。多数学校、幼儿园及时配备了紫外线消毒灯等设施，开展了晨检等，有效地控制了手足口病的蔓延。报告散发病例231例，未发生疫情流行。

2009年4月，矿区积极应对甲型H1N1流感疫情，成立了防控甲型H1N1流感领导组，制订了实施方案。区疾病控制中心大力宣传防控甲型H1N1流感的知识，积极组织易感人群接种甲型H1N1流感疫苗。10月29日，区疾病控制中心接到刘家垴2名学生患病，疑似甲流感病例报告后，迅速行动，立即派专业技术人员对病人和病人密切接触者开展流行病学调查，全体职工实行24小时值班。2009年5～12月，矿区疾病控制中心共进行流行病学调查37人，采样37份，排除11例，确诊甲型H1N1流感26例，医学观察密切接触者547人，对易感人群接种甲型H1N1流感疫苗18910人份。矿区未发生甲型H1N1流感病例，全区甲流感疫情得到了有效控制。

二、防灾减灾和食品公共卫生突发事件的应急处置

2006年8月中旬，天降大雨，狮脑山西侧发生泥石流，山洪夹带大量粉煤灰下泻，小南坑地区多处厂房和居民受灾。区疾病预防控制中心迅速派员赶赴灾区，制订疫病防控措施，了解居民健康状况，宣传防疫防病知识；连续消毒和杀虫15天，消杀面积达1.5万平方米；推行预防性服药，使灾中和灾后未发生一例相关病例。

2008年5月12日汶川发生地震之后，区卫生局组建了一支由骨科、外科、急救、院前急救等18名技术专家组成的医疗急救预备队，随时待命赴灾区执行任务。

2008年7月，国内发生三鹿问题奶粉事件后，矿区卫生局按照上级要求，组织实施了婴幼儿食用问题奶粉排查救治工作，成立了领导组、专家组，与各办事处签订了责任书；实施了广泛的排查和救治，对全区5岁及5岁以下婴幼儿逐一排查，对有食用史的婴幼儿及时通知，组织进行初诊筛查，对可疑患者和确诊患者及时安排到阳煤总医院进行救治。实行了逐日报告制度，确保不漏一户一人。全区5岁及5岁以下婴幼儿7907人中，有服用史的3179人，医疗机构接诊筛查3175人，确诊患儿13例。

2008年，区政府制订出台了《阳泉市矿区突发公共卫生事件应急预案》和《阳泉市矿区突发公共事件医疗卫生救援应急预案》，各级各类医疗卫生单位建立完善了《人感染高致病性禽流感应急预案》。全年实施了多项突发公共卫生事件应急处置。

第三章　医疗与护理

1947年5月阳泉解放前，矿区境内医疗事业几乎是空白。解放后，医疗事业迅速发展，医疗护理水平迅速提高。至2011年，境内有各级各类医疗机构113家；医疗机构有职工2762人，其中医师983人，注册护士1152人；有床位1774张；年诊疗934043人次，住院、手术7972人（台），出院38631人次。

第一节　医疗机构

一、医　院

（一）三级甲等医院——阳煤集团总医院

全称阳泉煤业（集团）有限责任公司总医院，位于北大街西段。1950年5月在几个卫生所的基础上成立，称阳泉矿务局医院，有职工35人，病床50张，设内科和外科。1958年10月更名为矿区人民公社中心医院，1965年7月恢复阳泉矿务局医院的名称。1997年2月，阳泉矿务局医院更名为阳泉矿务局总医院。同年3月，一矿医院、二矿医院、三矿医院、四矿医院、机电修配厂医院、工程处医院划归总医院，实行系统化管理，共有职工2102人，总床位1290张。1997年12月阳泉矿务局改建为阳煤集团后，阳泉矿务局总医院亦随之更名。1998年，在工程处医院内筹建了老龄专家医院。

2006年5月，原一矿医院、三矿医院、工程处医院从总医院划出，合并成立阳泉煤业（集团）有限责任公司第三医院。

阳煤集团对总医院进行了一系列建设。1998年10月，总医院建成老干部康复中心，扩增老干部病床36张，中医科、职业病科后迁入老干部病房大楼。同时投资300多万元，在郊区辛兴村建成阳泉市医用氧气厂，年产3万瓶，结束了全市工业氧气代替医用氧的历史；投资5000万元，修建了方便门诊，改造了门诊取药大厅，新建了康复中心、高压氧区，在病区内建成开通了“三集中”工程（中心吸引、中心供氧及传呼）；进行了院内污水、炉渣及医疗废弃物的处理；增加了院内环境绿化面积（达38%）；新建了400多平方米的图书馆。2002年，建立了医院信息系统（HIS），实现了各病区护士工作站联网，实现了全院门诊和急诊信息、住院信息、药品信息、医疗设备及医用消耗品管理及卫生经济信息的计算机网络化管理。开通了远程专家会诊系统，与上海各大医院、北京301医院进行业务合作，进一步提高了对疑难病例的诊疗水平。2003年7月，通过ISO9000质量认证。2006年，建立医院新网站，与西门子公司联合成立助听器验配中心，设立心理医学科、鼾症治疗、骨质疏松、风湿性关节炎、乳腺病、疼痛、营养咨询等特色门诊，骨科成为阳泉市重点学科。2006年12月14日，创伤急救大楼建成投入使用。2007年成立创伤急救、医学影像、肿瘤防治及内科老年病4个学科联合组，促进了重点优势学科的发展；肾病内科透析室进行了调整、改扩建，成为全市规模最大的肾病治疗单元；进一步规范及扩大了CCU、RCU及NCU；设施及规模在全省领先的综合ICU投入使用，提高了急、危、重症的诊疗水平。2007年11月，达到国家三级甲等医院标准。2008年6月，成为山西省尘肺病灌洗治疗定点医院。

截至2011年年底，阳煤总医院开设床位900张。设立临床、医技二级、三级学科共49个。外科先后分为普通外科、心胸外科、泌尿外科、烧伤整形外科、神经外科、乳腺外科；骨科分为创伤、脊柱骨病外科、手外科、关节外科、整骨康复科6个病区；内科分为呼吸内科、消化内科、心血管内科、神经内科、肾病内科、内分泌科、老年病科、肿瘤科，其他学科有急诊科、ICU、妇科、产科、眼科、耳鼻喉科、口腔科、麻醉科、中医科等。有职工1443人，其中卫生技术人员1030人（高级职称287人，中级职称364人，初级职称379人）。拥有中央监护系统、直线加速器、双探头断层扫描仪、数字化多功能X线诊断系统、数字成像血管造影系统、生化分析仪、射频肿瘤热疗机、全自动血球分析仪、全功能肺功能仪、尿沉渣分析系统、麻醉机、螺旋机CT机、罗氏模块式生化免疫分析系统、核磁共振仪、光子治疗工作站、骨密度仪、电脑扫描成像系统、彩色超声诊断仪、X线图像采集装置、C型臂移动式X线机等医疗设备898台（件），医疗设备总资产达1.117亿元。

（二）二级医院

1. 阳煤集团第二医院　全称阳泉煤业（集团）有限责任公司第二医院，位于平定县水磨湾。原名阳泉矿务局医院贵石沟分院，由第二工程处医院、第三工程处医院、五矿医院合并而成。筹建于1989年，1991年11月开始试诊，1992年11月20日正式开诊。占地面积为41900平方米，建筑面积21059平方米，有门诊楼、住院楼、康复中心住院楼、药械楼、总务楼、供应室等主要建筑。1995年，更名为阳泉矿务局第二医院。1997年，更名为阳泉煤业（集团）有限责任公司总医院第二医院，通过二级乙等医院评审。2006年5月，更名为阳泉煤业（集团）有限责任公司第二医院。设有临床科室12个，医技科室4个，行政职能科室7个。2007年，成立社区服务中心；设立了寺家庄矿卫生保健站、长沟保健站；对门诊楼、住院楼进行大规模装饰整修，形成以康复、精神病科为重点，创伤急救、妇科等全面协调发展的医院。设有临床科室12个（内科、儿科、外科、骨科、妇产科、中医科、精神科I科、精神II科、康复科、五官科、麻醉科、急诊科）、医技科室4个（放射科、检验科、药械科、功能科）、行政职能后勤科室有7个（财务科、医务科、护理部、综合办公室、人力资源科、总务科、门诊部）。医疗设备主要有CT、彩超、10A500maX光机、牛邦呼吸机、阿罗卡630B超、全自动生化分析仪和血球计数仪、脑电地形图分析仪、宫腔镜等。2011年，有职工260人，其中专业技术人员215人，包括医疗医技人员173名（高级职称17人，中级职称148人，初级职称50人），有床位165张。

2. 阳煤集团第三医院　全称阳泉煤业（集团）有限责任公司第三医院，前身为裕公矿医务所，1948年成立。1953年更名为三矿卫生所。1957年改称三矿医院。曾先后三次移址，1972年迁至赛鱼口。占地面积4800平方米，建筑面积3600平方米。下设7个坑口车间保健站。1997年更名为阳泉矿务局总院三矿医院，1998年更名为阳泉煤业（集团）有限责任公司总医院三矿医院。2006年5月，从阳煤集团总医院分出，与原一矿医院、工程处医院合并重组，称为阳泉煤业（集团）有限责任公司第三医院。设外科、内科、妇产科、儿科、五官科、中医科、放射科、功能科等科室。医疗设备主要有500毫安与400毫安X光机、B超诊断仪、万能手术床、多功能监护仪、全自动生化仪、中央监护仪、脉动真空消毒柜、彩超、螺旋CT、纤维支气管镜、血气分析仪、超声波骨密度仪、电子肠镜等。至2011年年底，全院有职工307人，其中医疗技术人员197人（高级职称26人，中级职称106人，初级职称65人），有床位165张。

3. 阳煤集团总医院一矿医院　全称阳泉煤业（集团）有限责任公司一矿医院，位于矿区中沙坪，前身为黄石板坑口诊疗所，成立于1955年。1977年在省内首创运用液氧冷冻术治疗妇女宫颈糜烂病。1987年，省卫生厅授予文明医院称号。1997年更名为阳泉矿务局总院一矿医院。1998年改称阳泉煤业（集团）有限责任公司总医院一矿医院。2005年7月，通过二级乙等医院验收。2006年5月，从阳煤集团总医院分出，与原三矿医院、工程处医院合并重组为阳泉煤业（集团）有限责任公司第三医院。占地面积12532平方米，建筑面积6173平方米。设内科、外科、妇产科、儿科、急诊科、麻醉科、五官科、放射科、功能检查室等科室。医疗设备主要有500毫安X光机、万能手术床、多功能监护仪、麻醉机、呼吸机、心电监视仪、B超诊断仪、半自动生化分析仪、动态心电图分析仪、红外线乳脉诊断仪等。2007年12月，设立沙坪社区卫生服务中心。2009年年初改称阳煤集团总医院一矿医院。2011年，有职工157人，其中卫生技术人员141人（高级职称10人，中级职称53人，初级职称63人）。

4. 阳煤集团总医院二矿医院　全称阳泉煤业（集团）有限责任公司总医院二矿医院，位于桃南西路5号。前身为二矿医务所，1951年成立。1960年更名为二矿医院。1965年与矿务局医院合并，改称矿务局医院二分院。1966年与矿务局医院分开，复称二矿医院。1995年，卫生部、联合国儿童基金会、世界卫生组织授予爱婴医院称号。1997年更名为阳泉矿务局总院二矿医院，1998年改称阳泉煤业（集团）有限责任公司总医院二矿医院。1999年12月26日，通过二级乙等医院评审验收。2007年12月，设立蔡洼社区卫生服务中心。有万元以上大型设备46台（件），主要有牛邦呼吸机、血球计数仪、多功能监护仪、欧林巴斯胃镜、超声波扫描仪、B超诊断仪、400毫安X光机、高压氧舱等，医疗设备总金额达到255.19万元。2011年，占地面积10400平方米，建筑面积8939平方米。设外科、内科、妇产科、儿科、麻醉科、五官科、中医科、方便门诊、皮肤科、功能科、放射科、检验科等科室。有职工189人，其中卫生技术人员153人（高级职称12人，中级职称73人，初级职称68人），有床位140张。

5. 阳煤集团总医院工程处医院　全称阳煤（集团）有限责任公司第三医院工程处分院，位于矿区水泉沟口。前身为土建队（工程处）医务所，1980年改称工程处医院。1997年更名为阳泉矿务局总院工程处医院，1998年更名为阳泉煤业（集团）有限责任公司总医院工程处医院。同年在工程处医院内筹建了老龄专家医院。2003年，经市卫生局批准，增挂阳煤集团妇产医院的牌子。2005年通过二级甲等医院复审。2006年5月，从阳煤集团总医院分出，与原一矿医院、三矿医院合并重组为阳泉煤业（集团）有限责任公司第三医院，改称现名。设外科、内科、儿科、功能科等科室。主要设备有B超诊断仪、全自动生化分析仪、显微胃镜、麻醉机、呼吸机、心电监护仪、50maX光机、彩超、中央监护仪、气血分析仪、双极电凝、螺旋CT等。2011年，有职工88人，其中卫生技术人员78人（高级职称4人，中级职称34人，初级职称40人），有床位50张。

（三）一级医院

1. 阳煤集团总医院四矿医院　全称阳泉煤业（集团）有限责任公司总医院四矿医院，位于阳泉市矿区煤山路40号，前身为四矿卫生所，1948年成立。1958年更名为四矿医院。为矿区境内最早建立井下急救站的医院。1989年被市卫生局授予健康教育先进集体。1990年被矿区政府授予计划免疫工作先进集体。1997年更名为阳泉矿务局总院四矿医院，1998年改称阳泉煤业（集团）有限责任公司总医院四矿医院。2003年，在寿阳开元矿设立医疗服务保健站（后划归三院）。2004年10月通过等级医院评审。2007年，设立桥头社区卫生服务中心和桥西社区卫生服务站。2011年，占地面积5950平方米，建筑面积4052平方米。设内科、外科、中医科、检验科、放射科、综合科等科室。主要医疗设备有500毫安X光机、牙科综合治疗机、二氧化碳发生器、B超诊断仪、万能手术床、麻醉机等。有职工74人，其中卫生技术人员55人（高级职称1人，中级职称24人，初级职称30人），有床位50张。

2. 阳泉市矿区医院—平潭街社区卫生服务中心　位于阳泉市北大西街30号。始建于1987年10月，称矿区卫生院。有卫生技术人员7人，内设中医诊室、西医诊室、治疗室、药房、观察室，有床位10张。1993年经省卫生厅、省计委批准更名为阳泉市矿区医院。2007年按照全区社区卫生服务整体规划，转型为平潭街社区卫生服务中心，主要服务于西山社区、平潭街东社区、平潭街西社区和平果园社区，担负着4.8万居民的疾病预防、医疗、康复、健康教育、计划生育技术服务等工作。2011年有职工48人，其中高级卫生技术人员2人，中级卫生技术人员12人，初级卫生技术人员25人。内设全科诊室、中医诊室、口腔诊室、康复治疗室、抢救室、预检分诊室等临床科室，预防接种室、儿童保健室、妇女保健与计生服务室、健康教育室等预防保健科室，检验室、B超室、心电图室、X光室、药房、治疗室、处置室、观察室、健康信息管理室等医技科室。其中中医诊室、妇女保健与计生服务室、口腔诊室、康复治疗室和健康咨询门诊是特色科室。主要设备有全自动生化分析仪、妇科微米光治疗仪、B超诊断仪、牙科X光诊断机、颈、腰椎电脑牵引仪、300MAX光机、全自动血细胞仪、全自动酶标仪、心电图机、血红蛋白仪等。中心下辖东山、大院和平潭东3个社区卫生服务站。

3. 阳泉市商业局医院　始建于1957年，原名商业职工卫生所，1963年改名为商业局职工医院。1979年从河边街迁至桃北中路，原河边街旧址改为门诊部。占地面积4142平方米，建筑面积1616平方米。2002年8月，增挂阳泉市妇产医院牌子。2003年，开设4个社区医疗服务点。妇产科相继开展了100多项诊疗项目，专科技术有了较大提高，形成了人有专长，科有特色，院有专科的良好格局。至2011年，有职工82人，其中卫生技术人员69人（高级职称4人，中级职称36人，初级职称29人），有床位100张，设临床科室5个，医技科室7个，行政后勤科室9个。

二、卫生所、保健室

（一）区属卫生所

矿区卫生所。位于矿区蔡洼北区176号，前身是蔡洼中医联合诊所，组建于1954年秋季。1958年与石卜咀中医诊疗所合并，成立石卜咀联合中医院，院址在石卜咀老君庙。1962年两家诊疗所分设，蔡洼诊疗所迁回蔡洼原址。1976年4月，蔡洼诊疗所改归矿区管理，更名为矿区卫生所，为集体所有制单位，该所医务人员渐增至9名。1995年6月，矿区卫生所撤销。

（二）区属工厂卫生所

平潭综合厂卫生所。位于平潭街西社区，组建于1974年，有中医1名，服务对象为本厂职工。

矿区肉联厂卫生所。位于赛鱼口，组建于1986年，有医务工作者3名，服务对象为本厂职工与当地居民，为集体所有制单位。

（三）园、校校医室、保健室

境内中学、规模较大的小学和幼儿园大多组建了校医室、保健室。对师生就近医疗和卫生保健、防疫起到一定作用。

（四）厂矿卫生所（4家）

阳泉煤业（集团）有限责任公司第三医院新景矿卫生所、阳泉市建筑工程公司一处卫生所、二矿老年社会服务中心卫生所、阳泉市第三人民医院平潭街卫生所。

三、社区卫生服务机构

（一）社区卫生服务中心（6家，为医院第二名称）

沙坪社区卫生服务中心（即阳泉煤业（集团）有限责任公司总医院一矿医院）、蔡洼社区卫生服务中心（即阳泉煤业（集团）有限责任公司总医院二矿医院）、赛鱼社区卫生服务中心（即阳泉煤业（集团）有限责任公司第三医院）、桥头社区卫生服务中心（即阳泉煤业（集团）有限责任公司总医院四矿医院）、贵石沟社区卫生服务中心（即阳泉煤业（集团）有限责任公司第二医院）、平潭社区卫生服务中心（即阳泉市矿区医院）。

（二）社区卫生服务站（19家）

黄石板社区卫生服务站、沙沟社区卫生服务站、蒙北社区卫生服务站、蔡西社区卫生服务站、东窑房社区卫生服务站、东四尺社区卫生服务站、如意庄社区卫生服务站、麻地巷社区卫生服务站、大脑沟社区卫生服务站、桥西社区卫生服务站、小河滩社区卫生服务站、虎尾沟社区卫生服务站、桥头社区卫生服务站、西马家坪社区卫生服务站、东山社区卫生服务站、大院社区卫生服务站、平潭东社区卫生服务站、洪成河社区卫生服务站、马家坪社区卫生服务站。

四、民营医院和个体诊所

新中国建立初期，矿区境内有私营诊所19所：赛鱼村的张之城、吴士明、潘作宝，平潭村的王殿民，大村的荆子明、荆福田，官沟村的张敦伦，石卜咀村的杨恒寿、段国秦、武录先、普盖、武录岩、赵玉川、刘兴华、王宗得、张万喜、孙会文、穆忠义、赵学思。1954年，私营诊所成立联合诊所，1956年5月，私营诊所全部实行公私合营。1985年4月25日，《国务院批转卫生部〈关于卫生工作改革若干政策问题的报告〉的通知》颁布实施，根据其中的有关规定，矿区积极支持个体行医，组织和支持经过考试合乎条件的闲散人员和离退休、退职医务人员个体开业行医，矿区社会办医和个体行医发展迅速，解决了群众部分就医难治病难的问题。2011年，全区累计建立了民营医院1家、个体诊所70家。

（一）民营医院（1家）

阳泉日潭医院。

（二）个体诊所（70家）

梁文章诊所、王巨兰诊所、裴世祥诊所、翟义峰诊所、任忠寿诊所、韩光明诊所、张俊仙诊所、张心玲诊所、杨学武诊所、王培清诊所、秦双贵诊所、郭平诊所、张翠林诊所、贾广贤诊所、郭凤兰诊所、王金仙诊所、任桂芳诊所、王云仙诊所、刘永发诊所、李志军诊所、侯建耀诊所、杨琦诊所、荆高宏诊所、刘少春诊所、张义礼诊所、施常明诊所、赵积岗诊所、乔振福诊所、张俊卿诊所、孟宪莲诊所、李硕富诊所、李泽民诊所、存义济民诊所、王晓佳诊所、李永斌诊所、刘俊口腔诊所、杨林昌诊所、岳海杰诊所、陈学忠诊所、赵俊文诊所、史经环诊所、祁连明诊所、郭有栓诊所、朱进诊所、郭为政诊所、张大东诊所、李素敏诊所、谢秀云诊所、齐保忠诊所、崔淑英诊所、卢占浩诊所、吕美润诊所、商继华诊所、刘康诊所、付瑞琴诊所、益民口腔诊所、耿四保诊所、康尔诊所、李斌仙诊所、许青梅诊所、李昧福诊所、乔昌富诊所、康鑫牙科、王志锐诊所、任海军诊所、曹贵存诊所、王志礼诊所、黄义田诊所、刘鸿香诊所、爱雅口腔诊所。

四、职工疗养机构

阳煤集团为了保障职工身体健康，在境外风景胜地购置房地产，建立两处职工疗养院。

盂县温泉疗养院。位于阳泉市盂县梁家寨乡寺平安村西北约300米的滹沱河畔，距矿区100余千米。始建于1990年，原名为阳泉矿务局第二职业病防治所，主要负责对内的矿务局职工疗（休）养工作。2003年改制后，更名为阳泉煤业集团盂县温泉疗养院。占地面积1.67公顷（25亩），建筑面积1.1万平方米。疗养院在册职工39人，每年接待集团公司职工疗养800～1000人次，接待散客10000余人次，床位周转率为11%。2006年被阳泉市人民政府评为“守合同重信用企业”。疗养院所在地有着丰富的地下温泉资源，水温44℃－53℃，矿化度为0.77至0.89克/升。PH值7.71至8.16，含氡量620.9贝可，属于中等放射性氡水，水质为氯化物，硫酸钠型水，医疗价值甚高。同时疗养院毗邻五台山、藏山和西柏坡等风景名胜区，具有区位优势。

南戴河疗养院。1989年7月1日开业。占地1.73公顷（26亩），建筑面积1.2万平方米。为阳煤集团驻外福利设施，集休养、旅游、职工培训为一体，主要面向本企业劳模、先进工作者及生产一线职工。至2011年，接待疗养职工和家属数万人次。

第二节　医务职工队伍

民国36年（1947）5月2日阳泉解放时，境内仅有4家药铺，6名开业医生，煤矿工人与居民常因无处求医延误诊治。新中国建立初期，国家重视卫生事业，境内医疗机构不断发展，医务工作者队伍不断扩大。1950年5月，全区卫生医疗机构有医务工作人员144名，1958年，增加到461名，1966年，有医务工作人员638名。

1971年矿区建立后，医务职工队伍有了很大发展。1971年各类医疗机构有职工740人，其中医疗技术人员600人。1980年，各类医疗机构有职工1269人，其中医疗技术人员912人。1990年，各类医疗机构有职工2159人，其中医疗技术人员1661人。2008年，各类医疗机构有职工2910人，是1971年的3.93倍；其中医疗技术人员2319人，是1971年的3.87倍。2011年，矿区卫生技术人员2364人，医师数为983，注册护士数为1152人，实有床位1774张，每千人卫生技术人员数为9.73，每千人医师数为4.05，每千人床位数为7.43。

医疗机构职工队伍的质量也逐步提高。阳煤集团总医院高等院校毕业生占比从1985年的16.67%提高到2008年的74.91%，高中级职称人员占比从2000年的18.11%提高到2008年的48.05%。2001年该院始有研究生学历人员，2008年，该院研究生学历人员已达30位。2011年，该院总人数达1443人，其中研究生学历达63人，卫生技术人员1196人。

1985～2011年部分年度阳煤集团总医院职工学历及职称统计表

表26－4　　单位:%

年份	学历			职称		
	高等院校毕业	中等院校毕业	初中毕业及以下	高级职称	中级职称	初级职称
1985年	16.67	39.61	43.73	…	…	…
1990年	28.05	48.61	23.34	…	…	…
2000年	55.43	40.94	3.62	3.16	14.95	29.61

续表 26－4

年份	学历			职称		
	高等院校毕业	中等院校毕业	初中毕业及以下	高级职称	中级职称	初级职称
2008 年	74.91	19.14	5.95	14.01	34.04	33.70
2009 年	72.22	15.86	11.92	17.98	24.56	28.95
2010 年	75.23	14.50	10.27	18.58	24.49	26.67
2011 年	77.48	12.47	10.05	19.89	25.29	26.20

第三节　医疗技术

一、中　医

祖国的传统医学源远流长。新中国建立后，人民政府对中医的发展尤为重视，大力予以扶持。1950 年，境内中医在官办民助的有利社会条件下开始发展。1951 年，平潭街、石卜咀、赛鱼等地成立了村办或联办中医诊疗所。1953 年，矿务局医院设立中医科，随后设立针灸按摩室。1954 年，赛鱼成立联合诊所，以中医诊疗技术为主，结合西医技术防治病患。“文化大革命”期间，中医被当成“封、资、修”货色批判，中医诊疗技术在“一根针”“一把草”上徘徊不前。改革开放后，中医逐步发展为中医、中药、针灸、按摩为一体的诊疗体系。20 世纪 80 年代，境内不少医院建立了中医病房、病床，分设中医内、外、伤、妇、小儿等单科，对常见病、多发病、疑难病，如高血压、心脑血管、肾功能衰竭、慢性消化系统疾病进行治疗探索。朱文虎医生的“中医治疗雷诺氏综合症”经验，被收入战士出版社出版的《千家秘方》之中。1990 年，境内矿务局医院中医外科采用“内扎法”治疗痔疮，受到患者欢迎。1995 年 11 月，翟文江等医生的“正骨霜的实验与临床研究”通过山西省科委鉴定，达到国内领先水平；1997 年获得山西省科技进步三等奖；2000 年 1 月被国家专利局授予“发明专利证书”。2001 年 12 月，陆宪英等医生的“中药浴治疗慢性肾功能衰竭及高钾血症的临床研究”通过山西省科技厅鉴定，达到国内领先水平，2004 年获得阳泉市科技进步二等奖。

二、西　医

民国 28 年（1939）西医传入境内。抗日战争时期，日本侵略军在今阳煤集团机关大院设立医院，在简子沟设立分院，有医护人员 20 名，设有内科、外科、手术室和病房，进行简单的内科疾病诊疗、外科清创缝合手术。

1950 年，矿务局医院初组建时，仅有医护人员 20 名，只能进行简单清创缝合、骨折整复、阑尾切除、疝气修补手术和普通内科病诊治。1955 年增设骨科、外科、内科、儿科、妇产科、五官科等，医疗技术有了新的突破。普外、妇产、五官科尤为显著。当时能进行脊椎压缩骨折整复、腰椎间盘切除、膝关节配合固定、胃肠吻合、蒂状植皮、关节成型和肾、脾、子宫、扁桃体切除等 20 多项大中手术。放射诊断由一般透照发展到拍片造影。化验室在三大常规基础上，开展了生化、血清、细胞等项检查。

1976 年，首次成功施行断肢再植手术；内科危重症抢救也取得重大进展，死亡率明显减少。1978 年以后，西医诊治技术蓬勃发展，心血管病救治水平逐年提高，冠心病诊治有了较大突破。心源性休克、感染性休克的诊治较 1978 年之前又有新的进展。免疫系统、血液系统和肿瘤诊治亦有重大发展。泌尿系统引用了“人工肾”血液透晰疗法，不少肾功能衰竭患者得到有效救治。

20 世纪 80 年代中后期，境内矿务局医院骨科创伤治疗技术处于山西及华北地区领先水平。“前路椎管扩大减压植骨融合术治疗颈椎损伤合并高位截瘫”技术被鉴定具有国内先进水平。骨科主任吕实川与技师李尚志研制的“脊椎手术牵引床”，获国家科研成果奖和专利。“断肢再植术”达到异位成活。眼科开展了角膜移植术，“三硝甲苯中毒晶体混浊符号记载诊断法”达到国内先进水平。眼肿瘤切除、肝肿瘤及囊肿切除、肺叶与肺段切除、膀胱切除，喉癌、胃癌、食道癌、乳腺癌根治术，心外科、胃镜、支气管镜等先进技术的引进，为早期确诊进行有效治疗创造了条件。腹水回输、心脏调搏、心脏起搏器安置、支气管成形术，均成功应用于临床实践。临床血清、免疫、病理、细胞及各种生化检查，可为诊断提供准确数据。放射医学、超声医学及“CT”机应用，可为诊断提供更直观、准确依据，为进一步诊治疑难病，创造了诊断治疗条件。

90年代，阳煤总医院投资数百万元开展了心脏双瓣膜置换术、肾移植、ICU加强医疗、髋臼再造、人工关节的应用，脑干损伤病人综合治疗、颈髓巨大肿瘤切除术、体外心脏起搏器应用、胸腔镜手术、白内障超声乳化手术、介入放射技术、皮肤病性病治疗、大面积烧伤的综合治疗、肝病治疗、双肺同期灌洗、脑血管溶栓治疗、口腔正畸治疗等160多项新技术项目，其中麻醉科开展的对危重创伤病人术中动、静脉有创血液动力学监测项目填补了阳泉市的空白，ICU开展呼吸机治疗、血液动力学监测及循环支持、床旁血液滤过、外科营养等高级生命支持技术填补了省内空白。

“十五”期间，阳煤总医院的“基因修饰的骨髓间充质干细胞/骨膜骨块复合移植修复兔关节软骨缺损的临床研究”等5项科研成果通过了省科技成果鉴定，分别达到了国际和国内领先水平；30项科研成果获得集团公司科技进步奖。专业技术人员发表论文667篇，其中中华医学会系统杂志46篇，科研成果、论文的数量和质量均创历史最好水平。

2006年，阳煤（集团）总医院检验科新的计算机信息系统（LIS）启用；开展了乳腺钼靶摄影、床旁血液滤过、腹膜透析治疗、眼震电图检查、拇指再造术、肾上腺皮质功能测定、嗜铬细胞瘤切除术、肩部巨大肿瘤切除及CT引导下骨组织穿刺活检等新技术项目14项。总医院的“经皮多功能外固定架在治疗股骨粗隆间骨折的应用”和“合并胸腰段脊柱损伤的多发性骨折临床研究”通过了市科技局的鉴定，达到了国内领先水平。同年，境内阳泉市商业局医院成功救治了一名“RH”阴性血型的患者，受到了阳泉日报专题采访报道。阳煤二院收治了一例“胎盘大面积植入”患者，进行中西医结合治疗，住院仅50天，为年仅23岁的患者保住了子宫。内科成功复苏了急性心肌梗死、心脏骤停的患者。抢救成功多例糖尿病合并酮症酸中毒的患者和一例脑出血、脑疝的患者。

2007年，阳煤（集团）总医院对照三级综合医院评审的要求和标准，进一步加速了必备技术项目完成的数量和质量。开展了冠状动脉造影术及经皮冠状动脉介入术、冠状动脉搭桥术、听骨链重建术及人工听骨植入术、舌再造等新技术项目18项。完成《三级综合医院评审标准》要求的技术项目203项，开展率达94%。同年12月，阳煤（集团）总院肾病内科开展的“针后探测气泡动脉穿刺再建立血液透析通路的临床研究”，通过省科委科技成果鉴定，达到国内领先水平。

2008年，阳煤（集团）总医院神经外科对一例左侧巨大型听神经瘤患者于全麻下进行了肿瘤切除，术后病情平稳。该患者肿瘤巨大，国内少见，手术风险大、难度高，填补了阳泉地区的空白。同时，开展了对肿瘤的X光刀治疗、三维高分辨率MRL血管成像、CT冠状动脉成像、十二指肠乳头切开取石、冠脉旁路搭桥、胃肠内营养支持、口面部矫形及DAS下经皮肝穿胆道引流及支架植入新技术项目。冠脉造影及支架植入累计突破400例。开展了“动态血糖监测仪与胰岛素泵联合治疗糖尿病的临床研究”及“生物蛋白胶止血在鼻内镜手术中的临床应用研究”两项科研。总医院发表学术论文162篇。

2009～2011年，阳煤集团总医院投资引进了C型臂移动式X线机、生化分析仪、全自动血球分析仪、DR等设备。发表专业学术论文300余篇，其中中华级刊物论文发表36篇。“煤矿胸部外伤特点及临床救治系列研究”等10项成果通过科技成果鉴定，分别达到了国际和国内领先水平。阳煤三院2006～2011年发表省级论文7篇，发表国家级论文118篇。

第四节　护理工作

20世纪50年代初，境内医院的护理工作主要是协助医生对患者进行临床治疗。随着医疗规模的扩大和逐步正规化，护理制度逐步建立并完善，对患者实行了分级护理和专科护理，建立了严格的护理技术操作常规和检查制度、查对制度、隔离消毒制度，保证医嘱的严格执行，减少了差错事故的发生。护理工作逐渐走向规范化、制度化，为医疗质量的提高起到了积极作用。

1966年“文化大革命”开始后，一向严谨的护理工作程序被强行打乱。1978年恢复三级护理。1980年推行专科护理常规。1984年后，矿区各医院普遍制订了护理人员岗位责任制，使护理人员在急诊、抢救、门诊、注射、治疗、换药、手术、病房等各个岗位上，既明确分工，又团结协作，做到人人尽职尽责，消灭差错和意外事故，保证了护理质量。1986年矿区各大医院开展了计划护理和责任制护理。计划护理是按全面制订的护理计划，严密地观察病情，预防患者意外情况发生的一种管理方法，从根本上改进了护理工作机械地执行医嘱的被动局面，使护理工作有计划、有步骤地开展，保证了护理的系统性、连贯性。责任护理是从病员入院到出院，由一个护士负责“包干到底，落实到人”，使护理管理学不断发展和在实践中不断修正、补充、健全。

1991年，学习省眼科医院多维护理经验，建立新型护患关系。1992年，建立了护士技术档案。1993年11月，根据省卫生厅关于加强对急诊危重病人抢救的指示，组织护理人员进行了培训。1995年，根据省卫生厅提出的“开展加强职业道德建设，学习赵雪芳精神活动”的号召，在护理队伍中开展了学习赵雪芳“三个一切”的竞赛活动：一切为患者，一切方便患者，一切服务于患者。

2004年，护理工作主要着重于“非典”后各项规章制度的重整与落实。年内，对护理人员在护理服务中的语言行为作出了人性化要求。2005年，重新修改、整理和制订了《护理工作制度》等多项制度。2007年，进一步强化护理安全意识，加强了护理安全管理，组织了护理技术操作考核。2008年，按省卫生厅护理文件书写规范要求制订了护理文件书写实施细则；强化了护理法制意识，保障护理安全，定期督促检查。

2009年，按照医疗质量万里行检查标准，完善了工作制度、岗位职责规定、工作标准、疾病护理常规、技术操作规程，建立实施基础护理的评价标准、护士技术档案、紧急状态下对护理人员的调配方案和重点环节管理办法。2010～2011年，力求护理管理水平不断提升，出台了优质护理服务实施方案，注重业务学习、疾病护理查房、“三基”（基础理论、基本知识及基本技能）理论考试。

第四章　妇幼保健

矿区境内妇幼保健机构除专职的矿区妇幼保健院外，各综合性医院均设有妇产科、儿科，驻区的阳泉市妇产医院亦有一定规模。各机构在婚前保健、孕期保健、推行科学接生、妇女病防治和儿童免疫、儿童常见病防治等方面，都起到很大作用，使矿区妇女儿童的健康水平不断提高。

第一节　机构　队伍

矿区妇幼保健院是矿区境内妇幼保健的专业机构。该院前身是矿区妇幼保健站，建立于1984年6月。内设妇保组、儿保组、检验室、办公室；价值300元以上的医疗设备有10件，总价值2.7万元；工作人员11人，其中主治医师1人，医师5人，医士5人。1999年，矿区妇幼保健站更名为矿区妇幼保健院。同年年底，经山西省卫生厅评审，达到“一级甲等妇幼保健所”标准。2007年12月12日，该院通过阳泉市妇幼保健机构的等级复审。至2011年年底，内设科室7个：妇女保健科、儿童保健科、婚姻保健科、健康教育科、信息资料科、检验科、办公室。有工作人员15人，其中卫生技术人员9人（中级职称6人，初级职称3人）。主要设备有B超诊断仪、生物显微镜、血红蛋白仪、721分光光度计、KS妇科治疗仪等仪器。

阳煤集团各医院及矿区医院均设有妇产科、儿科，驻区的阳泉市妇产医院（原为阳泉市商业局医院）亦有一定规模，在矿区妇幼保健方面都起到很大作用。

第二节　妇女保健

一、婚前保健

矿区1991年5月开展婚前保健工作。矿区妇幼保健院1993年4月15日领取了山西省婚前健康检查许可证。1995年起开展婚前培训，每周为未婚青年进行一次婚前知识电教培训。1996年7月启用《出生医学证明专用章》和《山西省婚前医学检查专用章》，11月开始推广孕前期妇女口服叶酸，累计婚检7309对、14600人，培训1002人，同时对查出的疾病及时治疗，耐心解答应婚青年的问题，受到应婚青年的欢迎，婚检率由开始的30%达到1997年的60.75%。其后婚检率逐年下降。2003年10月民政部《婚姻登记条例》的颁布后，婚检由强制婚检改为自愿婚检，接受婚前保健服务的人数锐减，2005年仅为全区应婚人员的0.82%。为落实区政府为群众办实事办好事的精神，2007年6月开始，对居住在矿区、且户口在矿区的应婚青年实行免费婚前医学检查，当年婚前检查人数开始上升，婚前医学检查率达3.5%。但与两纲要求的80%的城市婚前医学检查率仍有较大的差距。2007年当年婚检117人。2008年，卫生部门积极开展婚前医学检查和咨询服务工作。实施削峰工程，降低新生儿出生缺陷，开展新生儿疾病筛查工作，有效地提高了医疗机构的母婴保健水平。加强了出生医学证明管理，会同计生部门做好育龄妇女风疹疫苗接种工作。为育龄妇女接种风疹疫苗469例，婚检143人。

2009年，共有278名应婚青年接受了婚前医学检查。2010年，有48名应婚青年接受了婚前医学检查。2011年，矿区妇幼保健院安装了电子显示屏，滚动宣传婚检的好处，为105名应婚青年接受了婚前医学检查。

二、孕妇保健

20世纪50年代，随着新法接生的推广，危害母婴的产褥热和新生儿破伤风得到控制。为了控制胎位性难产、子宫破裂、产后出血的发生，50年代到70年代，着重普及产前检查，以查胎位为重点，及时指导矫治。1986年，为加强产前检查服务的连贯性、系统性，矿区在平潭街街道办事处平东区开展孕产妇系统保健试点，建立孕产妇保健卡，对孕产妇从怀孕到产后进行系统保健指导、监护，环环相扣。在试点基础上，1987年3月，矿区卫生局确定按地段划分任务，各医院和保健站

（所）各负其责，形成围产保健指导网络，对高危孕妇重点监护，发现异常，及时处理，开展新生儿访视和体弱儿登记管理。

重点加强对4～6个月孕妇进行B超筛查，早期发现畸形儿，尽早杜绝缺陷儿的出生。同时严格质量控制和漏报调查（半年一次），对发现的问题及时纠正，现场解决，确保监测工作的及时、准确、顺利进行，为提高出生人口素质，提供了科学依据。同时大力推广提高人口素质的适宜技术，继续巩固爱婴医院成果。

1997年后，区妇幼保健院认真贯彻实施《母婴保健法》，将母婴保健执法与爱婴复评、"削峰工作"相结合，依法严格管理母婴保健技术服务，建立了母婴保健技术执业许可制度。举办母婴保健技术服务培训班，聘请省市和阳煤总院妇产科专家，对从事母婴保健技术服务的人员进行产科适宜技能培训，对10所从事母婴保健技术服务的执业机构及110余名从事母婴保健技术的人员进行审核换证工作和年度审核校验工作。严格按规定每三年一次换证，每年母婴执法检查1～2次，对合格证、许可证校验审核严格把关，杜绝了无证上岗、弄虚作假等违法现象。

2004年，认真贯彻"一法两纲"（母婴保健法、儿童发展纲要和妇女发展纲要），启动母婴安全大行动。分管区长牵头，组织卫生、妇联等部门共同督查管理，由区妇幼院具体负责行动计划的实施，成立了母婴安全大行动专家技术指导组，定期指导评审。结合矿区实际情况制订行动计划，为妇女儿童提供优质的保健服务，预防和减少出生缺陷和残疾儿发生。2005年，推行住院分娩，做好孕产妇系统化管理，降低孕产妇残废率，孕产妇死亡率为45.6/10万，低体重发生率为5.53%，新生儿破伤风发病率为0。

2006年，卫生部门积极开展《母婴保健法》执法检查。对辖区内从事母婴技术服务的10个执业机构、110名母婴技术服务人员进行审核换证工作和年度审核校验工作。开展了产后保健和更年期咨询服务。协助计生部门做好禁止非医学需要的胎儿性别鉴定和严禁选择性别的人工终止妊娠工作。对已婚妇女体检420人，全区孕产妇住院率达100%，高危产妇住院率达100%，孕产妇保健覆盖率达80.5%，监测围产儿3141例次，出生缺陷发生率为132.4/万，孕产妇死亡率45.6/万，5岁以下儿童死亡率为9.58‰。2008年儿童系统管理率达82.34%，孕产妇保健覆盖率81.82%，孕产妇系统管理率达82.85%，住院分娩率达100%。同时还做好高危孕产妇管理工作，高危产妇住院率达100%。低体重发生率5.64%。

2009～2010年，组织与实施了"降低孕产妇死亡率和新生儿破伤风"项目，举办母婴保健技术人员学习班和新生儿窒息复苏技术培训班，提高了母婴保健人员的技术水平。对全区从事母婴保健技术服务的103人进行审核，合格99人。开展了孕产妇和0～36个月儿童健康系统管理工作，建立了孕产妇和0～36个月儿童"保健手册"和健康档案。2011年，全区孕产妇早孕建册率、产前健康管理率、产后访视率达80%；0～36个月儿童保册检测率达95%以上，新生儿访视率、儿童系统管理率达80%。

三、科学接生

解放前，境内主要是民间旧法接生。新中国成立后，推行新法接生，举办新法接生学习班，改造旧产婆，培训新的接生员。1957年，境内52个居委会都配备了合格的新法接生员。60年代到医院分娩的人数逐渐增多。70年代后，产妇住院分娩率达95%以上。1984年，山西省卫生厅要求开展科学接生，按"一观察，二灭菌，三做到，四正规"（观察产程，接生用具灭菌、接生操作灭菌，做到产时戴手套、备皮、查肛，正规处理产程、正规保护会阴、正规处理新生儿、正规记录和登记产程）的要求接生。开展科学接生后，矿区孕产妇死亡率大幅下降，由1983年的14.84‰降低到1990年的3.45‰。至2008年，全区科学接生率达100%，住院分娩率达100%，新生儿死亡率为10.87‰。

2004年5月，根据省市要求，矿区全面启动新生儿疾病的筛查工作，成立了矿区新生儿疾病筛查中心。截至2008年年底，共筛查新生儿2184例，除1例确诊为异常携带者定期随访外，其余均为正常。新生儿疾病筛检率由2.43%上升到38.12%，使苯丙酮尿症、甲状腺功能低下症患儿能够早期发现、早期得到治疗。2009年为1514例新生儿进行了疾病筛查，筛查率为54.75%，发现苯丙酮尿症疑似病例1例。

四、妇女病防治

矿区解放前，"两病"（子宫脱垂和尿瘘）发生率很高。解放后"两病"的发生逐步受到控制。1978年，各级政府拨专款免费治疗"两病"。1979年7月，阳泉市卫生局召开会议，研究妇女"两病"防治工作，委托矿务局医院进行治疗。1980年以后，"两病"矿区已不多见。

20世纪70年代初，宫颈糜烂的治疗采用电烙、敷药等方法。1977年，一矿医院妇产科主任李茹心采用液氧（-183℃）作为冷冻源，治疗宫颈糜烂及宫颈癌前病变，治愈率达90%以上。这项技术获1978年阳泉市科研成果四等奖，并在全区得到推广应用。

1976年，一矿医院率先对职工家属开展妇女病普查普治。1980年，阳泉矿务局全面开展这项工作。1984年区妇幼站成立后，组织和协调全区进行妇女病全面查治。1984～1990年，全区累计检查18954人，年平均检查率15.50%，检出率81.53%。

1991～2008年，矿区累计普查妇女病122512人，查出妇女病52334例，患病率为42.72%；治疗人数48222，治疗率92.14%。据2008年数据，宫颈糜烂患病率14.2%，阴道炎患病率7.83%，宫颈癌1例，未发现子宫脱垂和尿瘘病。乳腺检查1491人，查出乳腺疾病271，患病率18.18%，产后检查742人。妇女病普查资料显示，影响矿区妇女健康的主要疾病是宫颈糜烂、阴道炎。

2009年，免费服务社区干部，开展妇女保健。矿区妇幼保健院为全区社区女干部进行了免费妇科检查。应检281人，实检133人，检查率为47.33%；已婚妇女例行妇科检查115人，妇科B超检查101人。对体检中实验室宫颈细胞初筛发现有疑问者，通过电话告知当事人，建议其到综合医院检查确诊以排除恶性病变，通过随访未发现恶性病变者。此次检出患病61人，患病率为47.65%。通过体检对妇女各期保健知识进行宣传教育。免费为社区居民进行妇女病普查。9月21日至10月26日，矿区妇幼保健院对刘家垴社区居民进行免费妇科病及B超普查。全年共普查357人，检出患病人数为115人，患病率为32.21%。

2010年，矿区妇幼保健院与矿区医院联合承担了医疗保险参保人员妇科检查、白带常规和乳腺检查项目。妇科检查300余人，白带常规186人，妇女乳腺检查360余人。

1981～2011年阳泉市矿区妇女病防治统计表

表26-5

年份	已婚妇女数	实查人数	患病人数	患病率（%）	治疗人数	治疗率（%）
1981年	…	614	267	43.49	…	…
1982年	…	496	43	8.67	…	…
1983年	62642	832	266	31.97	…	…
1984年	10972	1718	457	26.60	…	…
1985年	15058	1299	378	29.12	377	99.74
1986年	…	1569	1020	65.01	970	95.10
1987年	22083	4172	2357	56.50	2187	92.79
1988年	24668	871	407	46.73	358	87.96

续表 26-5

年份	已婚妇女数	实查人数	患病人数	患病率（%）	治疗人数	治疗率（%）
1989 年	30247	4529	1947	42.99	1941	99.69
1990 年	32752	4796	873	18.20	823	94.27
1991 年	45580	5957	3023	50.75	2467	81.64
1992 年	45690	8066	4183	51.87	3156	75.45
1993 年	45756	8965	4973	55.48	4234	85.15
1994 年	45880	5128	2996	58.42	2714	90.6
1995 年	45930	6218	3386	54.47	3216	95
1996 年	45969	488	188	38.52	178	95.01
1997 年	46038	480	171	35.62	162	95.04
1998 年	46137	10923	4844	44.35	4650	96
1999 年	46216	464	266	57.33	253	95.11
2000 年	46320	12677	5590	44.10	5396	96.53
2001 年	46455	676	239	35.33	229	96.03
2002 年	46580	10195	3562	34.94	3401	95.5
2003 年	46820	646	209	32.35	201	96.17
2004 年	46832	369	118	31.98	113	96.1
2005 年	46860	12483	4593	36.79	4409	96
2006 年	45680	13615	4888	35.90	4700	96.15
2007 年	45685	12022	4010	33.35	3851	96.03
2008 年	45688	13140	5095	38.77	4892	96.02
2009 年	46879	11735	5691	48.50	5492	96.50
2010 年	47921	11407	3067	26.80	2956	96.38
2011 年	47995	10910	3881	35.57	3757	96.80

第三节　儿童保健

一、儿童免疫

1951 年，境内开始实行春秋两季为儿童接种“牛痘”。1955 年前后，开始为儿童接种白喉类毒素、百日咳菌苗、百日咳菌苗与白喉类毒素混合制剂、百白破混合制剂等生物制品。50 年代后期，为儿童接种卡介苗预防肺结核。1960 年，在职工和居民中接种炭疽疫苗；在儿童中口服脊髓灰质炎减毒活疫苗水剂，1963 年改为糖丸。1966 年，开始为儿童接种麻疹减毒活疫苗。1970 年后为儿童接种流脑疫苗、乙脑疫苗。“文化大革命”期间停种卡介苗。

1978 年，矿区各单位普遍建立儿童接种登记本和计划免疫卡，用于登记每年儿童的接种情况。1982 年，矿区各医院先后开设计划免疫门诊，实行按月、按旬、按周接种。1983 年恢复对新生儿接种卡介苗。1983～1986 年为 0 至 15 岁儿童普种，接种率达 91%。1982 年，脊髓灰质炎减毒活疫苗改为三价混合糖丸。至 1990 年，矿区服糖丸人数达 7.2 万人次，其中 1982 年、1990 年两次普服达 2.5 万人次。

1985 年全国建成冷链系统，矿区各医疗卫生单位分别投资购置了电冰箱、冷藏运输箱和冷藏包，解决了疫苗的低温运输和低温贮存，供儿童基础免疫的百白破、麻疹、糖丸、卡介苗 4 种疫苗开始常年供应。1982 ~ 1990 年，接种麻疹减毒活疫苗（1984 年改用沪 191 毒株冻干制品）6.3 万人次，流脑多糖菌苗 8.4 万人次，乙脑疫苗 5.6 万人次。1988 年，开始为儿童接种乙肝疫苗。1988 ~ 1990 年，0 岁组儿童共接种 3275 人。上述 8 种疫苗及吸咐精制白喉类毒素，平均年供量为 2000 人份 ~ 3000 人份，年使用率为 24.39% ~ 88.87%。1980 ~ 1990 年，全区 12 月龄内的“卡介苗”“百白破”“麻疹”“糖丸 2”接种率超过国家“七五”计划规定指标。1989 年后，计划免疫实行属地管理，全区疫苗统一由区防疫站供应。1990 年，矿区被市卫生局授予“计划免疫达标县区”称号。

1995 年，为儿童接种卡介苗 2702 人次，接种率为 97%。接种百白破三联菌苗 7423 人次，接种率为 91.69%。接种麻疹疫苗 2396 人次，接种率为 87.1%。接种乙肝疫苗 4282 人次，接种率为 94%。接种脊髓灰质炎疫苗 6863 人次，接种率为 90.43%。1996 年，全国政协委员林佳楣在视察矿区时，对矿区的儿童计划免疫工作给予高度评价。2000 年，为儿童接种卡介苗 2615 人次，接种率为 99.66%。接种脊髓灰质炎疫苗 2204 人次，接种率为 98%。接种百日破三联疫苗 2065 人次，接种率为 97.54%。接种麻疹疫苗 2261 人次，接种率为 97.79%。接种乙肝疫苗 2082 人次，接种率为 98.99%。2005 年 3 月，矿区政府按照国务院颁布的《疫苗流通和预防接种条例》，加强了预防性生物制品的采购、运输、冷藏、接种与技术指导工作，实行了对国家规定的一类疫苗接种全部免费，并按《疫苗流通和预防接种条例》要求，对全区从事计划免疫工作的人员进行培训、考核，合格后发给《资质证书》，持证上岗。

2006 年，认真组织开展了计划免疫管理年活动，进一步健全了计划免疫组织网络，对承担全区计划免疫工作的 29 名人员进行了资格认定，对各个接种单位发放了预防接种证书。全区儿童“五苗”接种率以街道办事处为单位达到了 95% 以上。2007 年，全区儿童“五苗”接种率以街道办事处为单位达到了 95% 以上。2008 年始，矿区全面实施扩大免疫规划，将流脑、乙脑、甲肝等 12 种传染病全部按免疫程序对儿童进行免费接种，由上年的“七苗”防九病增加到“十一苗”防十二病。首先开展了麻疹疫苗强化接种工作。盂县发生麻疹疫情后，及时对全区中小学、重点人群接种了麻疹疫苗，全区未发生麻疹疫情的暴发流行。同时积极开展流行性乙型脑炎防治工作，按照《全国流行性乙型脑炎监测方案》组织全区各医疗单位贯彻落实，每个医疗卫生单位专设了专家救治组，强化了医疗救治工作，同时组织对全区 15 岁以下人群开展乙肝疫苗查漏补种工作，有效控制了乙肝的发病。全区儿童“五苗”接种率以街道办事处为单位继续达到了 95% 以上，继续保持了无脊髓灰质炎状态。2009 年，计划免疫接种 2944 人次，季节性流感疫苗接种 265 人次，甲型 H1N1 流感疫苗接种 1653 人次。

2010 年，计划免疫接种 2461 人次。完成了第六批和第七批甲型 H1N1 流感疫苗接种工作，共计接种 1065 人份。同年 9 月，矿区妇幼保健院还承担马家坪社区、西马家坪社区、平潭西社区和桥头社区居住的 8 月龄 -4 岁儿童的麻疹疫苗强化免疫工作。全面开展脊髓灰质炎疫苗强化免疫和麻疹疫苗查漏补种工作，全年共查漏补种脊髓灰疫苗 403 人，麻疹接种 519 人次。

2011 年，计划免疫接种 3328 人次。开展对 0 ~ 5 岁儿童脊髓灰质炎疫苗的强化工作，为 320 名儿童接种了脊髓灰质炎疫苗，咨询 50 余人。

二、儿童常见病防治

全区儿童体检资料表明：1981 ~ 1990 年，境内儿童佝偻病患病率居各种疾患首位。1988 年、1989 年连续二年分析病因，根源在食物中维生素 D 含量不足。针对这一问题，医疗保健人员深入家户传授合理的喂养知识，保证小儿户外活动时间，以3岁以下特别是1岁以内小儿为重点，积极采用药物预防，对早产、多胎及低体重出生小儿早投药取得了一定成效。80年代后，矿区儿童轻度贫血患者比例较高。1989年对新蕾幼儿园调查，贫血患病率为31.08%，其中1至3岁组患病率较高，均为轻度缺铁性贫血。经过调整饮食和治疗，血色素平均增加1.86克/毫升。小儿肠道寄生虫病以蛔虫病多见。1986年，在平潭街小学学前班和新蕾幼儿园178名儿童中进行了服药排出率试验，总排出率为23.6%。其中2至3岁组最低，6岁组最高，为44.04%。分析认为蛔虫感染与儿童饮食卫生和个人卫生有关，因此，加强了这方面的保健管理工作。

1993年，在全区进行了小儿佝偻病、营养性缺铁性贫血的专项调查。1996年，根据《中华人民共和国母婴保健法》，散居儿童体检由驻地医院的防保科承担。1997年后，矿区妇幼保健院每年为新入园的儿童进行健康检查，累计检查2万余名，入园体检率达100%。查出传染性疾病18例，多为乙型肝炎表面抗原携带者。严格托幼机构工作人员持证上岗制度，患有乙肝表面抗原携带者，滴虫性阴道炎者，先行离岗治疗，经复查恢复健康后发放健康证，再行上岗。患梅毒、乙肝者均调离工作岗位，持证上岗率达99%。对健康证进行审核，实行三年一换证制度。每年均为托幼机构工作人员进行健康检查，累计检查8012人，查出传染病21人。定期举办保健人员培训班，提高保健工作质量。2005年，对1164名儿童进行健康检查，有营养性缺铁性贫血629人，肥胖症67人，营养不良58人，龋齿410人。对查出的疾病进行有效治疗，杜绝了传染病患儿的入园。2006年，体检儿童6700名，保育员463人。2007年，体检儿童7011名，保育员581人。2008年，加强了托幼机构预防保健的监督检查和指导，对托幼机构工作人员、入托（园）儿童和在园儿童进行健康检查，共体检儿童7327名，体检保教人员571人。

全区儿童的健康检查资料显示，影响矿区儿童健康的主要疾病前五位依次是：龋齿、贫血、佝偻病、肥胖、营养不良。1996年后，全区儿童保健覆盖率由65.5%上升到78.38%；健康率由49.04%上升到80.58%；患病率由50.96%降为19.42%。

1996～2011年阳泉市矿区7岁以下儿童健康检查情况一览表

表26－6

年份	健康检查数（人）	健康率（%）	患病率（%）	龋齿患病率（%）	贫血患病率（%）	佝偻病患病率（%）	肥胖症发生率（%）	营养不良患病率（%）
1996年	6989	49.04	50.96	22.43	19.93	31.07	0.51	3.52
1997年	6669	47.88	52.12	21.59	21.67	40.37	0.67	3.49
1998年	1827	61.74	38.26	22.03	14.29	26.72	0.81	3.26
1999年	1296	65.58	34.42	20.07	13.97	22.03	1.21	3.51
2000年	6735	73.94	26.06	16.96	13.33	9.77	2.35	4.01
2001年	6511	71.78	28.22	15.56	12.29	6.08	4.29	3.13
2002年	11135	67.21	32.79	18.94	9.64	6.82	4.61	3.28
2003年	6845	66.86	33.14	15.47	6.89	4.65	4.28	3.56
2004年	7899	75.03	24.97	13.54	7.16	4.71	4.03	2.98
2005年	8325	73.83	26.17	9.35	7.22	6.71	4.15	3.05
2006年	7085	75.37	24.63	12.66	6.86	5.46	4.82	2.97
2007年	7011	78.34	21.66	12.38	6.76	5.23	4.91	2.95
2008年	7327	80.58	19.42	12.26	6.52	5.15	4.95	2.91

续表 26-6

年份	健康检查数（人）	健康率（%）	患病率（%）	龋齿患病率（%）	贫血患病率（%）	佝偻病患病率（%）	肥胖症发生率（%）	营养不良患病率（%）
2009 年	7715	71.89	28.11	15.63	8.50	4.26	3.80	1.23
2010 年	7361	72.35	27.65	18.47	7.65	4.35	4.12	0.65
2011 年	12494	79.71	20.29	24.76	7.30	3.81	3.70	0.38

第五章　公共卫生

公共卫生是主要由国家（政府）承办或负担的社会公益性卫生事业。在各级政府和全社会的重视下，矿区境内职工医疗保健、社区卫生、学校卫生、食品卫生、饮水卫生、计划生育技术服务等各项工作全面实施，取得了显著成绩。

第一节　职工医疗保健

一、改善医疗条件

解放前，矿区境内职工医疗保健条件极差。解放后，人民政府对职工健康极为重视，在各矿、坑口建立了医务所、急救站。从20世纪50年代后期开始，各矿相继建立了职工医院，区属企业和居民区也建立了卫生所、保健站，职工医疗保健条件迅速改善，传染病、职业病、地方病得到有效控制。

二、公费医疗保健制度

在改善医疗条件的同时，还在广大职工中实行公费医疗保健制度，职工可按规定报销各种常见病诊疗和各种健康体检（如婚前检查、旅游体检、职业检查、出境体检）等费用。

1996 年，阳泉矿务局实行医疗制度改革。从 1997 年 1 月 1 日起，全局正式实施职工医疗基金统筹制度，实行医疗基金统筹与个人账户相结合的新的管理办法，实行“全额收费，按比例报销”的制度。在计算机联网运行的基础上，全局各医院引进磁卡就诊管理系统，以一次性结算代替了反复划价、反复交费，减少了繁琐的就医程序，方便了职工就医。医疗制度改革对全局职工家属的医疗保障发挥了重要作用。国务委员彭珮云、国家体改委对阳泉矿务局医疗制度改革进行了实地调研，并给予高度评价，认为这一医疗保障运行模式值得推广。煤炭部先后于 1997 年 5 月和 10 月两次召开现场会，推广阳泉矿务局医疗统筹的运行模式。

1999 年，为了与国家、省、市医疗保险模式接轨，阳煤集团对医疗统筹政策进行部分调整，对管理进一步进行了规范。

2005 年，针对医疗统筹制度运行中职工使用医疗费用不平衡、药费比例不合理、医疗收费不够规范、药品价格虚高等问题，阳煤集团对系统管理流程进行再造，重建职工就医流程，拓宽管理的深度和广度。对职工的整个医疗过程进行实时监控，对 8 所定点医院的门诊挂号、门诊收费、门诊药房、住院收费、护理工作站、住院药房实行联网集中控制，对医疗行为进行定性和定量的限定和考核，形成了严密的无缝隙职工医疗统筹监督和考核体系。山西省总工会对阳煤集团职工医疗保障情况进行了调研，省委副书记薛延忠给予了高度评价，认为阳煤集团以创新的思路和方法，解决了其他企业难以解决的职工就医的实际问题。

三、工伤保险统筹

2004 年 6 月 1 日，阳煤集团全部职工参加了山西省工伤保险统筹。2006 年 1 月，对原有的工伤保险统筹各项业务操作程序和业务流程进行了修改和完善，规范了工伤保险待遇的支付发放工作。4 月，2456 名 1～4 级老工伤和工亡职工的供养亲属定期待遇纳入山西省工伤保险基金支付。

四、职工大病医疗互助

2005 年，阳泉市总工会开展全市职工大病医疗互助活动，矿区当年有 1352 名职工参加了这一活动，共缴纳大病医疗互助金 49348 元。当年年底，矿区有 3 名职工因患病获大病医疗补偿金 28967 元。2006 年和 2007 年，矿区参加了这一活动的单位和人数逐年增加，缴纳互助金大幅增长。到 2011 年，参加职工大病医疗互助活动的达 98 个单位 4769 名职工，缴纳互助金 170834.5 万元。

第二节　社区卫生

矿区卫生部门认真贯彻落实市、区政府关于大力发展社区卫生服务的实施意见，制订了社区卫生机构的设置规划，并将组建 6 个街道办事处社区卫生服务中心的任务交由区内 6 所医院负责。其中矿区医院整体转型为社区卫生服务中心，一矿医院、阳煤三院、二矿医院、四矿医院、阳煤二院实施部分转型，内部组建社区卫生服务中心。另外，根据地理位置、服务人口等情况，规划设置 19 个社区卫生服务站（黄石板、沙沟、如意庄、蔡西、虎尾沟、桥头、桥西、蒙北、大垴沟、麻地巷、东四尺、东窑房、平潭东、大院、西马家坪、东山、马家坪、洪成河、小河滩）。矿区卫生部门及时下拨了各级财政公共卫生服务补助经费和市财政的部分工资补助。至 2008 年年底，下拨了公共卫生补助经费 93.2712 万元、工资补助 4.5 万元。

为确保任务的完成，落实了目标责任，明确了责任人和时间要求。至 2008 年年底，建成和初步建成了 6 个中心和 9 个站。市、区对 6 个中心 9 个站统一配备了 B 超、煎药机、药品柜、电脑、电视、DVD、打印机、诊断床、输液椅、桌椅、服装等诊疗设备和服务设施。统一配置了社区卫生服务信息管理软件，取得兰州商源网络软件科技有限公司协作，开发了社区卫生管理服务信息平台。对已建机构，从一开始就加强规范化建设。区卫生部门与阳煤集团卫生管理部联合下发通知，在人员、制度、管理、服务和设施设备方面进行规范。加强了社区卫生服务人员的培训，2008 年进行了社区卫生信息系统管理培训、全科医生和社区护士培训，参加培训的有 178 人次；组织各中心、站负责人赴太原参观学习。

坚持对广大居民宣传引导，服务跟上，取得居民的大力支持和配合。共发放健康手册 3.5 万本，建立居民家庭健康档案 93057 例。各项社区卫生服务逐步开展。2008 年头 11 个月，社区门诊和急诊诊疗 258544 人次；社区计划免疫 30106 人次；社区儿童保健 5985 人次；社区孕产妇保健 3444 人次；社区上门服务 1425 人次；社区参加健康教育讲座 6916 人次；社区接受规范化管理高血压患者 1294 人；社区接受规范化管理糖尿病患者 447 人；社区康复指导 9843 人次。

2009～2010 年，矿区抓住国家扩大内需，促进经济增长的有利时机，为全区 6 个社区卫生服务中心争取到国家拉动内需建设项目，对其基础设施进行了改扩建，总计投资 1065 万元，其中国家投资 860 万元，市级投资 100 万元，区级投资 105 万元。同时，矿区严格按照社区卫生服务的功能定位，面向家庭，面向居民，不断完善和规范基本公共卫生服务和医疗服务功能。开展了“创建省级示范社区卫生服务机构”活动和“创建规范化社区卫生服务机构”活动。桥头社区卫生服务中心成为省级示范中心，大院社区卫生服务站成为规范化社区卫生服务站。

2011 年，利用国家医改的有利时机，在全区社区卫生服务中心（站）全面实施国家基本药物制度，各社区卫生服务中心实行了场地、人员、账户独立。药物集中从矿区指定的国家基本药物配送企业统一采购，坚持零差率销售，共计购入基本药物（包括国家基本药物目录和山西省补充目录）294 种，1005685.64 元，政府补贴 296026.46 元，并全部到位，使居民得到了实惠。

第三节　学校卫生

1973 年，矿务局一中设校医室，负责本校学生常见病的预防治疗。1982 年后，区属及驻区各校先后设立校医室，开展学校卫生工作。

1987 年，市、区卫生防疫站对境内部分中小学学生进行了生长发育、营养状况和健康状况调查。一是对矿区中学、矿务局一中、平潭街小学、洪城河小学、发电厂小学 5 所学校的 2128 名学生进行了生长发育调查。主要情况为：11 岁女生身高体重高于男生，14 岁后男生超过女生；11 岁时女生胸围高于男生，肺活量则男生始终大于女生。生长发育年龄女生为 11 岁，男生为 14 岁。以上指标均符合青少年生长发育的一般规律。在接受调查的 392 名 9 至 17 岁女生中，月经初潮最早为 10.83 岁，最晚为 15 岁，平均年龄为 12.93 岁，近于常态分布。月经初潮夏季占 31.25%，春季占 25.52%，秋季最低。二是对洪城河小学进行了学生营养状况调查，发现洪城河小学 7～10 岁学生营养不正常者占 69.01%，营养不良者占 29.48%，轻度肥胖者 3.5%。三是全面进行了中小学健康状况调查。在进行视力测试的 3110 名学生中，视力低下率为 37.62%；视力低下程度随年龄增长而逐渐上升，以 12 岁以上最为突出，且女生高于男生。在进行牙齿检查的 1036 名学生中，有 597 人患有龋齿，龋齿率为 57.63%，龋均为 1.82，女生高于男生。龋齿中乳、恒磨牙分别占 88.73%、73.06%，龋齿率及龋均以 7 至 8 岁最高，12 至 13 岁最低；乳、恒牙的补牙率分别为 0.09%、0.74%。在进行沙眼检查的 2189 名学生中，有 257 人患沙眼，占 11.74%，小学生高于中学生。四是对矿区中学、平潭街小学、发电厂小学的 643 名学生进行了肠道蛔虫感染率调查，调查采用直接涂片法，感染率为 13.48%，比 8 年前大幅度降低。根据区防疫部门提出的防治措施，全区教育系统 11 所校医室及保健室的医疗设备得到进一步充实，专业医务人员增至 14 名。

1987 年后，区卫生防疫站每年都对矿区中学和平潭街小学进行学生健康检查和学校环境卫生监督。阳泉矿务局卫生处也每年都对本系统学校进行学生健康检查和学校环境卫生监督。

2000 年，区疾病预防控制中心对全区 8 所中学及平潭街小学的 8022 名学生进行了健康检查。检查的项目有身高、体重、肺活量、贫血、视力、龋齿、沙眼、牙龈炎、心肺听诊、营养状况和胸围 11 项。总体情况是：学生健康全部合格率只有 7.94%；学生的身高、体重呈上升趋势，视力呈下降趋势，肺活量中下等和下等的占 52.33%，视力低下者占 67.2%，营养过剩者占 22.65%。

2008 年 4 月 30 日～7 月 12 日，沙台小学、市十一中学、市十二中学、市十五中学发生了风疹疫情。疾控中心及时派出专业技术人员，对学校防控风疹疫情进行技术指导。各校实施了学生晨检，对患病学生进行隔离，加强教室通风换气，实施紫外线灯消毒，加强对学生进行健康教育。由于采取了综合防控措施，这次风疹疫情得到了有效控制。同年，加强了手足口病防控工作。

2009～2011 年，每年对全区 26 所中小学校及 1 所托幼机构进行春秋两季安全大检查，检查的内容是：对饮用水卫生管理制度、饮用水管理人员健康状况、净水设备索证情况和水质检验报告等进行监督检查；对学校传染病防治预案的建立、落实情况，晨检、缺（复）课登记、疫情报告、健康宣传教育、教室通风、紫外线消毒各项等预防措施落实情况，预防接种证查验落实情况，学生体检档案进行监督检查；在春秋季传染病流行高发期，对学校防控传染病疫情工作进行专项监督检查。

第六章　爱国卫生运动

矿区爱国卫生运动委员会成立于1971年7月。爱国卫生实行群众运动和专业队伍相结合的方针，工作层层有人管，处处有人抓，形成全社会讲卫生的局面。爱国卫生以除四害、讲卫生、消灭疾病和市容环境卫生为主要内容，加强科学技术指导，与精神文明建设和卫生城市创建活动紧密结合，规模宏大，活动持久，效果显著，多次获得国家和省市有关部门授予的荣誉。

第一节　机　　构

1971年7月，矿区爱国卫生运动委员会成立。1978年4月25日，阳泉矿务局爱国卫生运动委员会成立，所属各单位随后也建立了爱国卫生运动机构，实行群众运动和专业队伍相结合，推行环境卫生分片划区责任制。

矿区与阳泉矿务局机构分设后，于1981年10月5日重新成立矿区爱国卫生运动委员会。1982年3月，矿区成立“五讲四美三热爱”（讲文明、讲礼貌、讲卫生、讲秩序、讲道德；心灵美、语言美、行为美、环境美；热爱祖国、热爱党、热爱社会主义）领导组，爱国卫生运动开始与“五讲四美三热爱”活动结合进行。全区实行环境卫生专业队伍清运与单位分层包干负责制，按街划片，以院设组，制订了居民卫生公约，爱国卫生工作层层有人管，处处有人抓，形成全社会讲卫生的局面。

1983年1月31日，区市容管理委员会成立，与区爱卫会合署办公。1984年3月13日，区市容管理委员会撤销。

1984年8月，区爱卫会设立办公室，办公室设在区卫生局。区爱卫会组织开展了“门前三包、门内达标”（三包：包卫生、包绿化、包秩序）活动，并制订了“三包”和“达标”标准，与188个单位签订了“三包”合同。

1989年4月15日至5月15日，矿区组织第一个爱国卫生月活动。区政府、街道办事处和驻地单位分别成立领导组。7月，区爱卫会办公室与卫生局分设。

1990年，所属各街道办事处建立爱卫会机构，并由一名办事处副主任分管爱国卫生工作。全区有爱卫会专职人员80名，兼职人员107名（含驻区单位）。年内，开展了爱国卫生达标活动，区政府与工商局、城环局、矿务局、电厂、市商业局、矿区粮油公司等单位和6个街道办事处签订了卫生达标承包责任状。9月，区爱卫会进行卫生达标验收，有147个单位、53个居民区被区政府命名为爱国卫生达标单位。

1992年，矿区把群众性的爱国卫生运动和创建卫生城市、卫生县城（区）活动结合起来部署、安排。1997年4月，区爱卫会办公室设在区建设管理局。2008年12月，阳煤集团获山西省爱国卫生先进单位称号。

第二节　卫生宣传

境内爱国卫生运动机构成立后，运用多种方式，长期坚持爱国卫生宣传。20世纪70年代，常通过标语、传单、广播、会议等形式宣传讲卫生、除四害。80年代，宣传车、电视在卫生宣传中发挥了很大作用。90 年代后，各级领导和相关部门注重在群众中普及卫生防疫知识。矿区卫生防疫站在健康教育中，倡导以改变不良行为防止常见病和传染病。矿务局成立了安全健康教育领导组，针对井下工作环境开展了健康教育和行为干预。

进入 21 世纪后，各单位、各部门经常开展主题宣传活动和大型集中宣传。如 2004 年 5 月，在第十七个无烟日宣传活动中，散发禁烟宣传材料 5 万份，25 所学校的 3 万名学生签订了拒绝吸烟承诺书。2005 年 4 月，全区开展了以“党员带头做表率，清洁家园见行动”为主题的春季大清扫宣传活动，发放《山西省爱国卫生管理条例》《食品卫生法》《传染病防治法》以及各种卫生科普资料 4 万份。2006 年 4 月 7 日组织了爱国卫生宣传高潮日，各街道办事处、各单位都设立了宣传咨询点，发放宣传资料 1 万余份，展出宣传专栏 100 多块，张挂横幅、吊挂 60 条，出动宣传车 6 辆，锣鼓队 8 支，观众和听众达 4 万余人次。同年 7 月 27 日，阳煤集团聘请北京大学医学部钮文异教授，作了题为“用健康的生活方式储备健康”的演讲。2007 年，在全区范围掀起了以“构建和谐社会、整治环境卫生、创建国家园林城市”为主题的声势浩大的宣传活动。2008 年，组织近万名机关干部、驻地单位职工、社区居民、中小学生、党员志愿者，开展了以“清洁家园，除害防病迎奥运”为主题的宣传活动，发放《灭蟑知识问答》《预防红眼病》等专题宣传资料 2 万余份。区卫生防疫站每年利用“3·24”结核病防治宣传日、“4·25”儿童计划免疫宣传日、“5·15”碘缺乏病宣传日、“12·1”艾滋病宣传日，以及食品卫生宣传周、职业病防治活动宣传周等大型宣传活动，在人员集中地进行广泛宣传，通过向过往群众展出宣传板块，散发宣传资料，解答群众提出的问题，通报典型案例，使广大群众掌握卫生知识，提高了防病意识、法律意识和自我保护意识。特别是在重大突发事件中，区卫生防疫站组织技术人员深入到各个单位、学校和居民区开展相关知识的卫生宣教与卫生培训，普及防病知识，提高防病意识，在防控突发公共卫生事件中发挥了重要的作用。2004 年～2008 年，区卫生防疫站共举办各类大型宣教活动 76 次，散发宣传资料 20 万余份，受教育人数达 11 万余人次。

2010 年，矿区充分利用“爱国卫生月”开展了各种形式的宣传活动。参加了阳泉市第二十二个爱国卫生月和世界卫生日的宣传活动，共展出卫生宣传版面 70 多块，散发“创建卫生城市知识问答”等宣传资料 1 万余份，装置彩虹门 1 个，锣鼓队 1 支，向来往行人发放宣传资料 20000 余份，并解答群众提问。

2011 年，矿区在各街道所辖社区建立了健康教育宣传专栏，同时在主要街道和公园、广场、商店、农贸市场、车站等设置了以公益广告和卫生防病宣传、健康教育为内容的宣传栏。同时集中开展宣传整治活动。4 月份，组织全区 6 个街道、40 个社区及阳煤集团各矿、阳煤升华分公司等 62 个单位的干部职工群众、青年志愿者 5000 余人，共同参与了卫生宣传和卫生整治的义务劳动。全区设 8 个宣传咨询点，散发宣传资料 80000 余份，展出宣传版面 42 块，条幅 28 条，彩旗 32 面，锣鼓队、秧歌队 3 支，劳动地点 69 处，清运垃圾 630 吨，出动铲车、垃圾清运车 50 余辆次，清除“牛皮癣”小广告、白色垃圾 1000 余处，整治卫生死角 769 处，清除规范垃圾点 1697 处。10 月 15 日，开展了全球洗手日宣传活动，当天散发宣传资料 15000 余份，各种卫生知识小册子 2000 多份。参与宣传的单位有各街道办事处、社区、机关单位、阳煤集团各矿等 14 个单位，受教育人数达 4000 余人次。

第三节 除 四 害

新中国建立至 20 世纪 60 年代，在阳泉市爱卫会的组织领导下，境内开展了灭菌消毒、除“四害”（麻雀、老鼠、苍蝇、蚊子）等爱国卫生群众运动。1971 年 7 月区爱卫会成立后，多次组织了除四害集中行动，全区统一时间、统一行动，开展熏杀蚊蝇、挖蛹、灭蛆、灭鼠、灭臭虫活动。所用的消毒、杀虫、灭鼠药品由区爱卫会无偿供给。

80年代后，消杀药品的经营渠道放开，经常性、预防性消杀药品由受益单位或个人购买，疫源地消杀工作由区卫生防疫站负责。1982年7月11日，区爱卫会下拨专门经费用于季节性消毒杀虫，各街道办事处均设专人从事杀灭蚊蝇工作。1983年，区爱卫会组织了两次全区性的突击灭鼠，向各单位发放鼠药2000千克，共灭鼠6.8万只。阳泉矿务局组织冬季群众性灭鼠活动，除60岁以上老人、7岁以下的儿童以及井下采掘工人外，其余人员人均一只，并将死鼠深埋或焚烧，体现了群众性爱国卫生的特点。

1987年，全区投鼠药1160千克，灭鼠3.3万只。矿务局爱卫会提出创建无鼠害单位目标，投入了大量人力物力灭鼠。全区还投资7.26万元，购买消杀药品21825千克；组织消毒专业队9个，配备专业人员59人、兼职人员377人，培训消毒骨干93人，对境内厕所、垃圾点、污水坑、粪堆、畜圈进行大规模消毒杀虫，面积达2.5万平方米，年内矿区被评为山西省卫生红旗区。1989年，全区开展创建无鼠害单位活动，共计购鼠药7种、50余万包，分发到各单位与居民区。1986年~1989年，区卫生防疫站连续4年用盗食法进行灭鼠效果评价，鼠密度分别降低到22.14%、22.20%、4.30%和4.90%。1990年，区政府与各街道办事处及各单位签订灭鼠承包合同，全区投入2520人、筹资8万余元、购饵和鼠药25.1吨，鼠夹800个，掀起灭鼠高潮，除在地面灭鼠外，首次在矿井井下开展灭鼠。矿务局聘请省农科院副研究员马壮行进行灭鼠培训，培训了投药员200人。在阳泉市确定的投药日，全局井上井下、室内室外，全方位不留死角，统一进行布药，并组织专职灭鼠督察验收队伍，灭鼠取得空前效果。1990年11月8日~9日，省爱委会验收鼠密度为0.37%，矿区灭鼠实现“一役达标”。经大规模灭鼠后，由老鼠传染的流行性出血热疫情得到有效控制。此后，区爱委会无偿发给各街道办事处鼠药，街道办事处将鼠药再发给各个社区，统一投放鼠药进行集中灭鼠，区卫生防疫站负责鼠密度监测。1991年4月，经区编委批准，成立“阳泉市矿区消杀服务队”，隶属区爱卫会。

2002年3月，矿区对不同类型的单位、行业、系统、居民区进行了鼠密度和蟑情调查，根据调查结果，确定鼠药、蟑螂药的购置量和投药量，对40名投药人员进行了专门培训，实行“五个统一”（统一组织、统一购药、统一时间、统一投药、统一检查）。总投药量达5200余千克。2005年，按照市爱卫会的统一部署，在市爱卫会指定的地点购药，严禁毒鼠强等有毒化学药品流入矿区，保证了灭鼠药品的质量和安全。全区鼠密度由投药前的4.7%降至2.1%，达到了国家规定的标准。2006年3月份，全区对春季灭鼠、灭蟑作了统一部署，统一购置了蟑药、鼠药，总投药达4200余千克，鼠密度由投药前的6.47%降至1.33%，达到了国家规定的标准，获得省检查团好评。

2010年，开展以灭鼠灭蟑为中心的“除四害”活动，投入2万元购置蟑药、鼠药；采取各种防治措施，科学治理街道、建筑工地、公厕等“四害”孳生地；组建专职消杀队伍对蚊蝇孳生地进行全方位消杀。2011年7月8日至9日，省有害生物病媒防治专家组对矿区病媒生物（蚊、蝇、蟑、鼠）防治工作进行鉴定，对矿区的阳煤总院、墨玉宾馆、华龙超市赛鱼店、二矿班中餐、金花园居民区楼道、地下停车场、十五中食堂等处进行了粉块测试，矿区鼠、蟑、蚊、蝇控制在国家规定的标准以内，实现了灭鼠灭蟑、灭蚊蝇达标。

2011年4月，矿区召开“除四害”专题安排会，通过对蟑、鼠密度的调查摸底，共投资23.1万元，购置鼠药600千克，蟑药33箱，对全区的饭店、旅店、粮店、医院、居民区以及阳煤集团各矿的班中餐灶房等特种行业进行了统一布药，收到了良好的杀灭效果。

第四节　市容环境卫生

1978 年，区爱卫会把卫生突击活动和经常性的卫生工作结合起来，每季大突击，每月大扫除，经常进行“除四害”活动，经常组织检查评比。

1984 年，全区居民踊跃参加文明礼貌月活动，有 8 万人走上街头，清除垃圾 3.2 万吨，粉刷墙壁 2.6 万平方米，疏通下水管道 1.7 万米，填平污水坑 504 个，清理死角 322 处，清扫大小街道 5531 条。在全区推行门前三包（包卫生、包绿化、包秩序）责任制。在第一个爱国卫生月（1989 年 4 月 15 日至 5 月 15 日）活动中，投资 18 万元，硬化路面 1.2 平方米，组织大小“会战”203 次，夺得省爱国卫生月流动奖杯。在第二个爱国卫生月（1990 年 4 月 1 日至 30 日）活动中，区政府筹资 40 万元整修桥东街，增设环境卫生设施 46 个，硬化道路 8 万平方米，整修花池 600 余个，修建凉亭、喷水池 10 余个，油刷门窗、粉刷墙壁 80 万平方米，再次夺得省爱国卫生月流动奖杯，被评为省、市卫生红旗区。

1992 年，矿区爱卫会开始把群众性的爱国卫生运动和创建卫生城市结合起来。1994 年，矿务局党政工团联合组织了建设矿山文明工程，召开了广播电视动员会，印发了《爱国卫生管理办法》及卫生检查评比标准；集中两个月时间，组织上万人参加义务劳动 4 次，召开现场会和推进会 3 次，深入现场办公 10 余次，发简报 10 余期，完成了 92 项清运工程，突击清运了长年积存的垃圾。1995 年和 1996 年，引深建设矿山卫生文明工程，各单位结合办实事，每年完成 3 ~ 5 项重点工程。1998 年和 1999 年，在居民区进行了推广垃圾袋装化管理工作。1999 年，矿区采取“以块为主，条块结合，责任到人，任务到人”的方法，区级各部门、各街道办事处和驻区各单位明确分工，任务、资金、人员三到位。坚持经常性管理与突击整治相结合，主要道路按绿化和美化标准进行整治，全面铺开赛鱼口、小南坑、四矿口等重点地段的综合整治。区政府和阳煤集团协调行动，共同对赛鱼口至一矿的道路加以整修。赛鱼口地段过去是脏、乱、差的典型，矿区建设局和赛鱼街道办事处等单位协调配合，多方筹资 20 多万元，组织实施了整治改造。二矿对小南坑 2 千米长的沿街墙壁进行油漆粉刷，美化小区环境，使居民区达到了卫生、整洁和文明的标准。

2002 年的爱国卫生月活动中，大力开展环境整治，出动干部、群众、学生清除卫生死角，清理废旧广告、“牛皮癣”，出动铲车和运输车辆，清运积存垃圾，清理绿地杂物，市容市貌明显改善。2003 ~ 2005 年，三矿建成花园式工业厂区。开元公司、一矿、三矿兴建了文化休闲广场，增添了健身器材。开元公司按园林式绿化小区的要求分别进行布局和设计，建设了 9 个各具特色的草坪绿化带。2006 ~ 2008 年，矿区政府坚持日常监督和突击检查相结合，常规监督检查和卫生学监测相结合，使全区清洁卫生工作经常化、制度化。对北大西街、矿山路、煤山路、桃北中路、桃北西路等 7 条主要街路依法进行了集中整治，矿区卫生城区创建活动受到省卫生文明城市检查团的好评。

2010 年，开展城市跨路空架线的整治活动，拆除洪城河至河神庙段沿街及跨街空架线路。区政府聘请北京规划设计院对北大西街、桃北路沿街 26 幢建筑物的立面整饰进行规划设计，并通过市专家审定。6 月，全面启动北大西街、桃北路立面整饰工程。矿区国家卫生城市创建工作领导组办公室加强同市有关部门联系协调，督促各街道、环卫、执法、卫生、工商、药监以及阳煤集团升华公司、卫生管理部等相关责任单位认真落实各项卫生城市创建任务，组织开展环境卫生集中整治，领导实施爱国卫生月活动和除“四害”等工作。2011 年，阳煤集团投资 1000 余万元，对蒙河、洪城河河道进行了全面清理。完成蒙河、洪城河、水泉沟、洪桥排洪渠道及其他各类排洪沟、渠、涵洞清障量 150 万立方米。2009 ~ 2011 年，矿区连续获得“省级卫生区”称号。

第二十七编　体　　育

矿区境内有组织的体育活动始于民国2年（1913），当时平潭街国立初级小学校首次开设体操课。新中国建立后，境内的体育事业获得蓬勃发展。在人民政府的重视和关怀下，政府机关和企事业单位都很重视开展体育运动，民众中体育锻炼蔚然成风。企业办体育是矿区体育事业的显著特点，发挥了重要作用。厂矿、学校普遍建立了各类运动场馆，体育设施设备从无到有，日趋完善，境内还经常举办各种体育比赛，体育人才不断涌现，矿区运动员多次参加市、省、国家级体育比赛并取得优异成绩，有的还在国际体育竞赛中为国争光。

第一章 综合管理

矿区体育管理机构是区文化体育旅游局，自成立后，历经多次变动。境内群众体育组织有两种，一是各单位（区直属单位和驻区单位）的体育协会，二是各种老年体协。矿区体育运动员队伍以各单位的体育活动积极分子为主组成，具有一定的运动水平，不少项目曾创造过优异成绩。矿区还有一支具有相当水平的国家裁判员队伍。区文化体育旅游局局及各协会对群众体育和竞技体育进行了高效的组织管理。

第一节 机构 队伍

一、体育管理机构

矿区区级体育管理机构最初为区文教卫生局，成立于1981年7月，负责体育及文化、教育、卫生等方面的工作。1984年3月13日，成立矿区体育运动委员会，与区文教局合署办公。5月，区体委配备专职干部1人。12月13日，副区长贾冰宇兼任区体育运动委员会主任委员，另设副主任委员1人。1986年，区体委配备专职干部2人。1987年8月6日，区体委与区文教局分设。1997年机构改革，成立矿区文化体育运动委员会。2001年，矿区文化体育运动委员会更名为矿区文化体育局，内设体育科，行使对矿区体育事业的管理、监督、指导和服务的职能；下设矿区少年体育运动学校，负责组织、协调全区体育训练和比赛等工作。2009年12月，区文化体育局更名为区文化体育旅游局，内设竞赛训练群众体育股，下属少年体育运动学校，至2011年年底未变。

二、群众体育组织

1. 区直属单位体育协会。矿区体委成立后，区直属单位陆续成立体育协会，由单位1名领导担任主任委员，下设2~5名兼职工作人员。1987年年底，区直单位共成立体协23个。至2011年，区直单位体协有16个。

2. 驻区单位体育协会。1955年6月，市政府召开组建基层体育协会动员会。会后，中国煤矿体育协会阳泉矿区理事会（矿务局体协前身）成立，境内其他单位也陆续成立了体育协会。1966年“文化大革命”开始后，体协组织陷于瘫痪。1983~1988年，矿务局及下属一矿、二矿、三矿、四矿、五矿、工程处、局医院和阳泉发电厂先后恢复体协，由单位主要领导任主席，下设专兼职工作人员。至2011年，驻区单位体育协会有16个。

3. 矿区老年人体育协会。1984年9月12日，矿区成立老年人体育协会（简称矿区老年体协），设主席1人、副主席2人、秘书长1人。老年体协业务活动受区体委指导。1989年8月29日，矿区老年体协召开第二届代表大会，设主席1人，副主席3人，秘书长1人。1993年8月10日，矿区老年体协召开第三届代表大会，设名誉主席1人，主席1人，副主席2人，秘书长1人（兼）。2000年1月4日，矿区老年体协召开第四届代表大会，设名誉主席1人，主席1人，副主席4人，秘书长1人（兼）。2001年3月，对第四届老年体协进行了调整，设名誉主席2人，主席1人，副主席5人，秘书长1人。2004年12月，矿区老年体协召开第五届代表大会，设名誉主席4人，主席1人，第一副主席1人，副主席6人，秘书长1人。

4. 区直属单位老年人体育协会。1989年起，区直属的平潭街街道办事处、沙坪街道办事处、赛鱼街道办事处、蔡洼街道办事处、桥头街道办事处、贵石沟街道办事处先后成立老年人体育协会，业务受区老年体协指导。

5. 驻区单位老年人体育协会。1985 年 5 月至 1986 年年底，阳泉矿务局及下属一矿、二矿、三矿、四矿、五矿、工程处、三处、局医院成立老年人体育协会，由离退休或在职领导任主席、副主席，下设专兼职工作人员。2005 年 12 月，中国能源化学工会、中国体育协会授予高生亮、吴江、郝宝生、邓增义、霍增胜、苗存祥“全国煤矿体育先进工作者”称号；授予马永魁、王海瑜“全国煤矿优秀社会体育指导员”称号；授予米守业、刘文广“全国煤矿优秀裁判员”称号。

三、运动员

境内运动员队伍主要分布于田径、自行车、体操、篮球、排球、足球、手球、网球、乒乓球、毽球、射击、举重、中国象棋等项目，特别是篮球、田径、乒乓球、自行车、中国象棋等项目，开展时间长，群众基础好，运动员人数较多，运动水平也较高。阳煤集团及所属各矿及下属企业多年开展篮球运动，在全国煤炭系统取得较高名次，积累了一批水平较高的运动员。在自行车、手球、乒乓球运动方面也为国家、省、市输送了多名运动员。矿区还有相当数量的优秀中国象棋选手，在全市、全省曾取得优异成绩。矿区少体校也为市和省体校、体工队输送了不少体育人才。

四、裁判员

20 世纪 50 年代初，随着体育比赛的开展，裁判员队伍应运而生。1955 年，延贵、何志勇、季沛荣等被批准为篮球三级裁判。1957 年，何志勇、季沛荣被评选为全国优秀裁判员。1958 年，全区拥有田径、篮球、乒乓球、排球、自行车、射击、中国象棋、摔跤等项目的等级裁判员近 60 人。1963 年，何志勇、季沛荣、延贵、郭祥云等人被批准为篮球一级裁判员。1966 年“文化大革命”初期，裁判队伍受到冲击，裁判员技术等级制度无法推行。1973 年，潘仲英参加了亚非拉国际乒乓球邀请赛的裁判工作。1978 年，省体委决定承认和恢复“文化大革命”前批准的一级以上裁判员的技术等级。1981 年 11 月，国家体委公布了新的裁判员技术等级制度。1987 年以前，市体委各项工作直接对口市属单位和驻地单位、学校，工作关系紊乱，工作效率低。1987 年，体育工作实行县区管理，矿区体委制定了全区体育工作管理制度，并加强了对裁判员队伍的管理。

1988 年到 1990 年，区体委审批、申报等级裁判员近 100 人。1992 年上半年，区体委批准国家三级裁判员 16 人。其中续雅明、张国锦、刘忠丽、刘春花、吕永生、杨振东为田径三级裁判员，杨烁、秦秀萍、孙文秀、张树芳、许金生、张金律为乒乓球三级裁判员，刘忠丽、续雅明为毽球三级裁判员，魏东为足球三级裁判员，史春文中国象棋三级裁判员。1994 年 8 月，经国家体委考试合格，米守业晋升为国家级篮球裁判员。

1997 年，省、市体委批准矿区一、二级裁判员 12 人。其中吕桂英、闻林、梁金贵、杨锦辉、刘永录、李军平为网球二级裁判员，张承寿为篮球一级裁判员，尚保元、李明兴为篮球二级裁判员，魏东为田径一级裁判员，徐刚为举重二级裁判员，赵玉曼为自行车二级裁判员。截至 1997 年，共发展各类国家裁判员 314 人。其中国家级裁判员 4 人，国家一级裁判员 36 人，国家二级裁判员 110 人，国家三级裁判员 164 人。1998 年，矿区文化体育运动委员会批准国家三级裁判员 7 人。其中任志刚、刘江为田径三级裁判员，孙运红、潘金贵为篮球三级裁判员，崔千成为乒乓球三级裁判员，王军为摔跤三级裁判员。

2006 年 8 月，全国煤炭系统第七期篮球裁判员培训班在阳煤集团举办。来自全国 43 个煤炭企业的 130 余名篮球裁判员参加了学习和考试，考试合格者均获得国家一级篮球裁判员资格。2007 年 9 月，阳煤集团刘媛媛、刑晓峰参加了全国煤炭系统乒乓球裁判员培训，经考试获得国家一级乒乓球裁判员的资格证书。2010 年 10 月，阳煤集团高峰、陈大胖、李宏民参加了全国煤炭系统第八期篮球裁判员培训班的学习，经考试获得国家一级篮球裁判员的资格证书。

第二节 体育设施

新中国建立后，境内始有体育设施。1951 年，四矿小学建成一个普通篮球场。1955 年，矿区工会在矿区俱乐部兴建了 2 个灯光篮球场，1 个排球场，1 个小型运动场，1 个乒乓球活动室和 1 个棋类活动室。

改革开放后，境内各单位加大了对体育事业的投资。1982 年，建成多处游泳池、旱冰场、网球场。1988 年 9 月 29 日，一矿体育馆建成。这是境内第一座体育馆，投资 110 万元，占地面积 2000 平方米，使用面积 1680 平方米，观众席位 1500 个。1989 年，二矿体育馆建成，投资 400 万元，建筑面积 6800 平方米，观众席位 2700 个。

90 年代，区政府投资扩建了区网球场；矿务局工会、阳泉发电厂、三矿、四矿、矿务局医院相继建成综合体育活动中心和较高标准的网球场、健身房。1992 年，天兴公司灯光篮球场建成，投资 120 万元，占地面积 3600 平方米，观众席位 2000 个。

1996 年全国第四次体育场地普查资料显示，矿区有体育设施 111 处，其中体育馆 2 个，室外游泳池 2 个，有固定看台的灯光篮球场 15 个，门球场 5 个，网球场 14 个，其他场地 73 个；另有基层文体活动室 400 多个。

2002 年，三矿灯光篮球场建成，投资 200 万元，占地面积 1200 平方米，观众席位 3776 个。

2011 年，全区共有各类体育场地 106 处，其中有体育馆 2 个，篮球场 34 个（其中灯光篮球场 7 个），排球场 3 个，网球场 9 个，门球场 6 个，游泳池 2 个，训练房 3 个，其他场地 20 个，基层文体活动室 27 个。每个社区设有 60 平方米文体活动室，区政府建成职工健身房。全区设置了多处健身路径、健身器材。

第三节 管理工作

一、群众体育管理

（一）开展全民健身活动

矿区文化体育旅游局和各体育协会积极推进《体育法》《全民健身计划纲要》的落实，大力推动群众体育工作，开展全民健身活动。在群众中大力开展了“群众体育月”、全民健身周活动，举行了职工运动会、“社区趣味运动会”系列体育比赛，举办了长跑、越野赛、登山、健身健步走、职工篮球比赛、乒乓球比赛、华牌比赛、中国象棋比赛等活动。矿区积极参加省、市举办的各项体育比赛，取得了一定的成绩。在 2004 年 10 月山西省举办的首届“城市社区运动会”上，矿区代表队勇夺 13 个项目中的 7 个金杯，总分全省第一。

在全民健身活动中，全区涌现出众多先进单位、集体和个人。1987 ~ 1997 年，全区获省级体育先进集体 21 个，先进个人 36 个。1996 年，区体委李俊平、矿务局工会何新民被评为省级先进工作者；矿务局教育处赵秀霞、四矿工会张润录被评为市级先进工作者。1997 年 10 月，矿务局工会、矿一中被评为全国群体工作先进集体，区文体委主任王建国被评为全国群体工作先进个人。区文体委获山西省迎 97 香港回归全民健身长跑活动优秀奖、群体工作量化一等奖。2002 年，平潭街小学被评为全省全民健身工作先进集体。2004 年 8 月，平潭大院社区被评为全省先进体育社区；省体育局于同年 12 月分别奖励沙坪街道办事处、平潭街道大院社区各价值 5000 元的健身器材。2004 年 11 月，矿区政府被山西省授予“全民健身优秀组织单位”称号。2007 年 12 月 26 日，矿区平潭街西社区被评为全国全民健身先进单位。平潭街西社区健身队于 2003 年和 2008 年两次被国家体育总局授予“全国巾帼文明健身队”称号。2008 年，矿区区直机关举办了“先锋杯”全民健身健步走暨干部职工登山比赛，并在狮脑山进行了新老党员宣誓仪式。

2009 年 4 月，矿区文化体育局荣获“全国群众体育先进单位”称号。同年，山西省授予平潭街街道办事处“全民健身先进单位”称号。2010 年，印发宣传材料 150 份，在全区范围内宣传《全民健身条例》，争取多方支持，为 15 个社区配备了 15 条健身路径。

（二）社区体育建设

矿区积极加强社区体育建设，40 个社区均建立了健身指导站，区文体局为各健身指导站制作、颁发了站旗，并加强了健身指导站管理，多次对社区健身指导站进行检查、指导。2001 年举办了一期社会体育指导员培训班，举办了社区健身指导站健身项目表演比赛和区直老干部文体娱乐比赛，使社区健身指导站得到巩固和发展。

矿区按照上级部署，积极进行体育场地普查。在 1996 年第四次体育场地普查中，区体委被评为山西省第四次体育场地普查先进集体。在 2004 年 7 月 6 日至 8 月 30 日第五次体育场地普查中，矿区合理安排，取得了准确数据，掌握了全面情况。

（三）开展各种群体培训

矿区文化体育旅游局、各体育协会以及有关部门开展了各种类型的群体培训。2000 年 4 月，区文体委举办第八套广播操培训班，全区 17 个部门、单位的 25 名学员接受了培训。同年 9 月，区妇联举办为期一周的健身操培训班，聘请教练对全区 39 个社区近 50 名社区干部进行三套“无极健身球保健操”的培训。2001 年，区文体委举办一期国家三级社会体育指导员培训班，培训、发展三级社会体育指导员 60 名。2002 年 8 月，区文体局举办 6 期文体知识专题讲座，选派专业人员深入 6 个街道办事处，为 300 余名街道、社区文体骨干讲解文化体育方面的专业知识。2006 年 3 月，矿区组队参加阳泉市老年柔力球第二期培训。同年 8 月，区老年体协举办社区老年体育骨干培训，全区 40 个社区的近 60 名老年体协成员参加了培训。同年 10 月，矿区老年体协对全区 6 个街道办事处、40 个社区的 80 余名体育骨干进行了为期一周的培训。

二、竞技体育管理

随着体育体制改革的深化，《体育法》的颁布和实施，矿区制订了《参加市以上比赛成绩奖励规定》《全区学校体育竞赛办法》等规章制度，逐步建立了以少体校为龙头，省、市级体育项目传统校为重点的全区业余训练网络。重点指导、重点投入，提高了教练员、运动员的积极性，业余训练水平得到了提高，历年为全国、全省输送了许多体育后备人才。2002 年山西省第十届运动会期间，矿区位列输送优秀体育后备人才县区第 10 名。

矿区境内还举办了多次全国性和全省体育比赛，如全国甲级队篮球邀请赛、全国煤矿乒乓球山西分区赛运动会、山西省煤炭系统第五届中小学生新苗杯运动会等。

三、国民体质监测

2000 年 9 月，区文体委配合市国民体质监测中心对矿区沙坪、赛鱼、蔡洼、桥头、平潭 5 个街道办事处和一矿、四矿老年体协，区新蕾幼儿园共 8 个测试点的 742 名人员进行了体质测试。测试结果为：幼儿组（3～6 周岁）协调性、柔韧性、灵敏性良好，上下肢力量较弱，心血管系统功能一般；成年组（20～59 周岁）体力劳动者力量型、柔韧性、灵敏性及反应能力等体能指标优于非体力劳动者，心血管系统功能一般，女性腰腹部肌群力量较差；老年组力量型、柔韧性情况良好，心血管功能一般，反应能力差。幼儿组和成年组体重偏高者占 30%，偏低者占 10%。

2001年，区文体委组织人员完成了市政府下达的908名的国民体质监测任务。同年，区文体局被评为全国国民体质监测工作先进单位，平潭街街道办事处被评为全省国民体质监测先进单位。2010年，开展了第三次国民体质监测活动，对全区1000余名成人、300余名幼儿进行了监测。

第二章　学校体育

矿区学校体育广泛开展。学校体育以体育课和课间操为主，同时广泛开展专项训练，举办多种形式的体育比赛，圆满完成学校体育教育任务，为国家培养了大量合格人才和体育新秀，提高广大青少年的体质。

第一节　体育课和课间操

民国2年（1913），平潭街村国立初级小学增设体操课，教学内容主要是指导学生坐、立、走的姿势及带领学生进行跑、跳、做操。新中国成立后，区境各学校均开设体育课，教学内容为列队训练、跑步、做操、打篮球。1953年，四矿小学的续秀威老师是境内最早的专职体育教师。1956年，教育部和国家体委规定，每班每周开设两节体育课，按部颁《体育教学大纲》和《体育教师用书》教学。1961～1962年，因国家处于困难时期，体育课时减少，教学质量下降，1963年才逐渐恢复。1966年“文化大革命”开始，体育课改称军体课，开展学军活动。1976年后，体育教学逐渐转入正常。1979年体育课按省编体育课本和《体育教学大纲》施教。1985年起，中小学都有了国家统一用书，体育课教学按照省编体育课本和《体育教学大纲》施教。

学校每天上午第二节课后上课间操。1951年起，各校普遍推行1950年国家体委公布的第一套广播体操。1954年，各校改做少年广播操。1955年小学一、二年级推行国家规定的儿童广播体操。1973年，全区小学中推行国家体委新编的第五套儿童广播体操。1981年中小学改做第六套广播操和儿童广播操。1988年，改为青少年韵律操。1990～1997年，全区中学推广第八套广播体操。2000年改为第一套中学生韵律操。小学推广第二套广播体操。2002年，小学推广第八套广播体操；中学改为第二套中学生广播体操。2008年，小学课间操推广第三套广播体操和第八套广播体操；中学改为第二套中学生广播体操。为提高课间操质量，各校常开展班级之间的竞赛评比，增强了活动锻炼效果。

第二节　专项训练

1949～1953年，各校在下午第二节课后，鼓励学生自愿做些体育健身活动。1954年起，课外体育锻炼列入学校体育教学内容。同时组建校体育代表队，陆续开展篮球、乒乓球、射击、航模、武术等项目的课外训练。同年，国家体委发布施行《准备劳动与卫国体育制度》（简称劳卫制）的通告。各校利用体育课与课外活动时间，按照劳卫制标准进行锻炼，1958年，境内80%以上的学生达标。1964年，劳卫制改称《青少年体育锻炼标准》。1975年，国务院颁布《国家体育锻炼标准》，矿区在全区陆续实施。1980年，市体委决定学校设重点运动队，洪城河小学田径队和西河学校（现矿二中）乒乓球队被定为省级代表队。西河学校田径队、二矿学校田径队、矿一中男女篮球队、一矿中学男子篮球队、矿二中（现三矿中学）女子篮球队等被定为市级代表队。1987 年，矿务局少年体育运动学校成立，实行食宿、训练、文化课学习三集中办校方法，职工 14 人，其中专职教练 5 人，学生 100 名。设田径、篮球、乒乓球三个训练项目，有 792 平方米的训练房。同年，设立幼儿园—小学—初中“一条龙”体育班。1988 年，山西省体委、教委将洪城河小学和四矿中学分别命名为全省首批国际象棋和田径、击剑传统校。1989 年，马家坪、红岭湾小学和工程处学校被定为省级田径训练点学校。工程处学校 2 个体育班被评为省级体育班。1990 年，矿区成立业余体育训练领导组、青少年业余训练科学选材领导组，进一步加强了对课外专项训练的管理。同年，全区达到《国家体育锻炼标准》（1987 年修改公布）的中小学生 18000 名，达标率 85.8%。

90 年代后，全区 26 所中小学校组织了田径队、篮球队、乒乓球队、足球队等专项运动队，各队配有专职教练，利用课外活动时间和假期组织训练，提高队员的专项技能和身体素质。1987 ~ 1997 年，洪城河小学、矿一中、三矿中学等七所中小学先后被确定为“山西省体育传统项目学校”。矿务局二矿、矿务局洪城河小学、红岭湾小学获全国体育先进集体，其中洪城河小学两次获此称号。2007 年 9 月，矿区在全市率先开展中小学生校园集体舞活动。阳泉市第十六中学（原四矿中学）被阳泉市教育局授予“2007 年实施《国家学生体质健康》先进单位”称号。2008 年，段家背小学向市集训队输送队员 10 人（射击 1 人、田径 1 人、篮球 2 人、自由式摔跤 3 人、古典式摔跤 3 人）。段家背小学和红岭湾小学被评为集体训练队有特色的学校。2009 年，经过省体育局、省教育厅评审验收，大井小学成为“山西省体育传统项目学校”。

第三节　体育比赛

1950 年后，学校举行拔河、赛跑等简单比赛。1954 年起，开始举办较大型的综合性运动会，逐步制定了比赛计划和制度。1957 年，强调德、智、体全面发展，区内各校普遍举办田径运动会，经常进行篮球、乒乓球、长跑单项比赛，并组成代表队参加了阳泉市首届职工学生运动会。1968 年起，矿务局教育处每年举办所属各校学生田径运动会和元旦越野赛。1980 年，洪城河小学足球队获全国小足球赛阳泉赛区冠军。1984 年矿区体委成立，连续三年组建区直代表队，参加阳泉市学生田径运动会。1987 年，矿区与矿务局所属学校，第一次统一组成矿区代表队，参加阳泉市学生运动会，以后每年均统一组成矿区代表队参加市组织的各种竞赛活动，1988 年获市少年组团体冠军；四矿中学击剑队、洪城河小学国际象棋队代表市参加了省首届青少年运动会。1990 年，四矿中学击剑队代表阳泉市参加省青少年击剑比赛。

1994 年，洪城河小学杨军刚获山西省少儿国际象棋冠军赛男子第二名，李妍平获女子第三名；刘佳获山西省三项赛 50 米第二名；苏媛媛、王丽君、李晓明均获山西省三项赛踢毽第三名，尹静获第四名，张立冬获第五名。1996 年，孙洁、杨乐、王峰分别获山西省小学生田径运动会女子 50 米第一、第二、第四名；荆海丽、陈燕红分别获山西省田径运动会踢毽第四名、第五名。2001 年，赛鱼小学参加山西省小学生乒乓球比赛，获男子团体第二名。2002 年，赛鱼小学获山西省软式排球赛女子团体第二名、男子团体第三名。2003 年，阳泉市外国语学校白杨获阳泉市中小学生田径运动会高中女子 100 米第一名、200 米第一名。2005 年，红岭湾小学获阳泉市田径运动会小学组团体第六名。2008 年，有 2 所中学、10 所小学共 99 人参加了阳泉市田径运动会。段家背小学获小学组团体第一名，小南坑小学获团体第三名，马家坪小学获团体第四名，红岭湾小学获团体第六名。同年，在全国小学生女子中国象棋比赛中，红岭湾小学获冠军，段家背小学获省级古典式摔跤团体第一名。

第三章　群众体育

矿区境内群众体育开展广泛、持久。职工体育始于抗战前中共党员王凤山组建矿工武术团，建国后各单位广泛开展了多项职工体育，成绩斐然。社区体育广泛开展，多次获得国家和省市有关部门的表彰。老年人和残疾人体育受到社会各界广泛重视，为保障老年人和残疾人身心健康，维护社会和谐发挥了重要作用。

第一节　职工体育

民国25年（1936），以二矿工人、中共党员王凤山为首的武术团，以练拳习武聚集工人，宣传抗日主张，并以矿工武术团为基础建立了阳泉煤矿工人武装抗日游击队。

新中国成立后，各级政府重视职工体育健身活动。1950年，各级工会在职工中组织开展乒乓球、游泳、篮球、中国象棋等体育活动。1951年，矿务局机关、四矿、裕公矿、修理厂等100多名运动员参加了阳泉工矿区总工会举办的篮球、乒乓球、排球、中国象棋、拔河等项比赛。1954年，阳泉矿务局召开首届职工运动会。1957年，矿区职工张守德、梁敦锦、许启堂、王庆棣、黄炳信、张家珍、潘廷学出席山西省首届体育积极分子代表大会并受到表彰。1958年后，境内广泛开展了广播操、“劳卫制”锻炼，以射击为主的军体运动在职工中兴起，自行车、举重、无线电、航模等项目也开展起来，1960年，职工李永志在市第三届工人运动会上，打破10000米田径自行车记录，入选省体工队。三矿工人张宗谦被选为全省体育先进个人。在山西省体育先进单位积极分子代表大会上，三矿被评选为全国体育先进单位，张宗谦被评为出席全国文教群英会的先进个人。

1976年以后，田径、球类、棋牌、游泳、武术、射击、台球等项目又重新活跃起来。进入80年代，职工体育得到进一步发展。1982年，矿区职工郝培成被授予“全国职工体育先进工作者”称号。1984年，矿区体委先后举办了区直单位职工篮球、乒乓球、越野赛，还会同有关部门，召开了妇女运动会和独生子女家庭运动会，并积极组队参加了阳泉市妇女运动会和市第七届运动会。驻区单位市商业局举办了职工运动会。1988年，矿区体委与矿务局体协联合举办首届职工篮球赛，矿务局被省体委和省总工会评为“热情支持体育的先进企业”。1989年，在全区开展了首届“群众体育月”活动，一矿、二矿被授予“山西省体育先进厂矿（企业）”称号。1990年，围绕北京亚运会的召开，矿区举办了“迎亚杯”系列体育比赛，矿务局、发电厂、市商业局按行业组队，参加了市第八届运动会。

1991年4～6月，矿区举办了规模空前的机关干部职工篮球赛，31支代表队的300多名运动员进行了100余场比赛。1997年9月，矿区举办了区直职工第四届运动会。11个单位的200余名干部职工分别参加了中国象棋、乒乓球、篮球等项目的比赛。1987～1997年，矿务局一矿、二矿、三矿、四矿、工程处、阳泉发电厂先后被授予“山西省体育先进集体”称号。1997年10月，在第八届全运会期间召开的全国群体工作先进表彰会上，矿务局工会、矿一中被评为“全国群体工作先进集体”。

2002年，区文体局与区机关工委、矿区总工会联合组织开展了迎接党的十六大区直机关系列体育比赛活动。2003年7月，矿区在三矿体育场举行了全民健身周启动仪式，随后组织了“国税杯”区直机关干部篮球比赛。2004年3月6日，组队参加了阳泉市“健康杯”县级以上领导干部华牌比赛。5月18～19日，矿区组队参加全市“鸿源杯”中国华牌矿区选拔赛，矿区政府队夺得冠军，矿区文体局获优秀组织奖；同月，阳泉市举行“体育彩票”杯围棋、中国象棋、华牌（拱猪）比赛。阳煤集团参加了全部比赛。阳煤集团总医院焦健获围棋第一名，总医院李向春获中国象棋第一名，二矿李树文和白志祥获华牌（拱猪）第一名。6月12~13日，组队参加了阳泉市华牌精英赛；6月17~22日，组队参加了山西省华牌邀请赛，夺得了个人第四名、团体第七名的好成绩。6月18日，组队参加了阳泉市县团级以上领导干部乒乓球比赛。2005年5月，全国总工会授予阳煤集团“2005年全国亿万职工‘迎奥运健身活动月’先进单位”。11月，国家体育总局授予阳煤集团全国群众体育先进单位称号，集团公司副总经理、体育协会主席张巨海获得全国群众体育先进个人称号。2006年5月至7月，阳煤集团所属20个基层单位的1143名运动员参加了阳泉市第五届职工运动会的全部项目。一矿获中国象棋团体冠军，三矿获乒乓球男子冠军，三矿张存庆获乒乓球男子单打冠军，新景矿获网球比赛团体冠军，三矿获广播体操金奖，五矿获大众健身操金奖，五矿、三矿分别获得啦啦队金奖。2007年11月，在第八届全国民运会上，阳煤集团五矿文工团表演的《民族健身操》和《草原风》分获民族健身操项目金奖和综合类室内表演项目银奖；省劳动竞赛委员会为阳煤集团五矿文工团舞蹈队荣记集体一等功一次，阳煤集团还被确定为山西省首批民族体育发展训练基地之一。2008年5月14日至6月6日，举办了全区干部职工“全民健身与奥运同行”篮球赛，激发了全区干部职工“支持奥运、迎接奥运、参与奥运”的热情。

矿区职工还参与了体育对外交流活动。1997年2~3月，应美国火奴鲁鲁体育与文化交流协会的邀请，由国家体委群体司城市处处长王度、中国煤矿体育协会秘书长许金山、副秘书长陈建国、阳泉矿务局副局长郭兆龙、工会主席王炳俊为团长，由阳泉矿务局职工男子青年篮球队、哈尔滨自来水公司女子篮球队组成的中国职工体育代表团访问了美国，与夏威夷州大学生联队、美军驻夏威夷陆军总部队、洛杉矶市华人联队小马队、洛杉矶市绿豆苗食品公司队进行了4场篮球比赛。

第二节　社区体育

矿区积极加强社区体育建设，广泛开展社区群众体育活动。2001年，矿区组织了社区体育指导员培训班，举办了社区健身指导站健身项目比赛和区直老干部文体娱乐比赛，建成并巩固发展社区健身指导站40个，为各健身指导站制作、颁发了站旗。

平潭社区体育活动丰富多彩，秧歌队、腰鼓队、晨练队、健身队等文体组织活跃在街头、广场，本着“您参加，我欢迎，您健康，我快乐”的原则，不断吸收新队员，队伍不断壮大。2003年，平潭社区被全国妇联、国家体育总局授予“全国巾帼文明健身队”称号，获资金5000元。

2004年8月16~20日，矿区文体局举办了全区首届“社区趣味运动会”，全区6个街道办事处、40个社区、608名运动员参加了比赛。运动会设有3人制篮球、乒乓球、祖孙三代迎面接力、背媳妇、毽球、单摇集体跳绳等10个项目。该运动会的比赛实况被制成专题片《矿区首届社区趣味运动会集锦》，受到欢迎。同年8月20日，平潭大院社区被省体育局授予“全省先进体育社区”称号。省体育局奖励沙坪蒙北社区和平潭大院社区价值5000元健身器材各一套。同年10月9日至12日，阳泉市矿区组队参加山西省首届城市社区运动会，勇夺11个项目16个金杯中的7个金杯，获得第二名至第八名14个奖项，在各代表队中成绩最为突出。11月，阳泉市体育局向平潭社区“全国巾帼文明健身队”捐赠5000元，矿区政府被省政府授予“全民健身优秀组织单位”称号。

2007年12月26日，矿区平潭街西社区荣获2007年度“全国全民健身先进单位“称号。2008年7月，平潭街西社区健身队再次被国家体育总局授予“全国巾帼文明健身队”称号。

2009年9月，沙坪秋沟社区代表队参加了山西省第二届社区运动会的全部比赛项目，勇夺2个冠军、3个亚军、3个第二名和1个第七名，荣获团体总分第二名。同年，沙坪秋沟社区被山西省授予“第三批山西省城市体育先进社区”称号，获赠10件价值5万元的全民健身路径。年内，矿区为15个社区配置了全民健身路径。2011年10月，矿区组队参加全省第四届社区运动会，在参赛的10个项目中，矿区代表队一举夺得6个项目的第一，其中定点投篮、毽球混合赛、踩气球、健身两项接力赛均获得团体第一，健身技能展示、呼啦圈竞走获个人第一；太极拳表演获团体第二名，呼啦圈竞走女子获第二名，门球射门获团体第四名，袋鼠跳接力获第六名；矿区代表队获团体总分第一，并获得赛会优秀组织奖。

第三节　老年体育

矿区老年体育活动一直比较活跃，20世纪50年代初，境内老年体育项目主要有中长跑、武术和中国象棋等。1960年，阳泉矿务局举办的万人乒乓球赛有老年代表参加。此后，境内从事体育锻炼的老年人逐年增多。

1978年，市体委在二矿建立了太极拳辅导站。1980年建成一矿辅导站，配备了辅导员，吸引了很多老年人参加。太极拳辅导站于1980年更名为群体健身辅导站。在老年体育不断发展的同时，涌现了一批老年体育积极分子。退休职工田太江长年坚持武术锻炼，积极向群众传授武艺，是全市知名的拳师。职工高素祯中年时患高血压不能正常上班，55岁时开始跑步锻炼，一年后身体恢复健康，60岁时每天跑万米以上；1983年71岁时，参加了山西省女子马拉松比赛，以6小时27分跑完全程。退休职工卢永照1983～1985年三年中参加6次马拉松比赛。1984年老年体协成立后，老年体协每年都要组织老年人参加羽毛球、乒乓球、网球、门球、中长跑、越野跑及中国象棋、迪斯科、武术、气功、射击等活动，多次组队参加市老年人运动会。1985年4月，区体委和区老年体协联合举办了区直老年人羽毛球比赛。同年5月，矿务局敖国斌、范承旭、施宝球等人代表阳泉市参加了全省首届老年人网球赛。1986年，矿务局40名老年人组成的太极剑表演队，在市第三届老年运动会开幕式作了表演。1988年，矿务局组队参加了全国煤矿职工第二届运动会老年门球比赛。1989年9月，矿务局老年网球队代表全省统配煤矿参加了山西省第五届老年人网球赛。10月，又组队参加了省统配煤矿首届离退休职工运动会。

2001年，矿区选拔60名老年运动员组成矿区代表队，参加阳泉市第八届老年人运动会5个项目的比赛。2003年11月，矿区承办了全市社区老年体育工作经验交流会，矿区老年体协在会上介绍了经验。2004年6月20日至28日，矿区老年体协组织100余人的老年运动队伍，参加了阳泉市第九届老年人运动会，取得了团体总分第五名的好成绩，矿区老年体协获优秀组织奖。在2004年10月26日全市老年体协表彰会上，矿区老年体协被评为“老体工作先进集体”。2005年4月，矿区老年体协派3人参加了全市老年体协组织的柔力球培训，之后在矿区进行了柔力球培训。6月19日，矿区老年体协组队参加了阳泉市体育局组织的全民健步走启动仪式，矿区老年队表演的节目《竹板秧歌》受到好评。11月5日，矿区老年体协组织队伍参加了全市老年柔力球比赛，取得较好成绩。2006年11月30日，矿区文体局、矿区老年体协举办了阳泉市矿区首届社区中老年人柔力球比赛，矿区有5个街道办事处组队参赛。2007年8月8日，矿区组织600名老年人参加了全市“千人健步走”健身展示活动。2008年6月19日至26日，矿区组织10支队伍270余人，参加了阳泉市老年人第十届运动会。在9个比赛项目中，矿区中老年网球队、老年健身秧歌队、柔力球队、女子乒乓球队、女子乒乓球个人55岁以上组勇夺冠军，矿区健身操队获第二名，矿区太极拳队获第三名，矿区毽球队获第八名，矿区还获得优秀组织奖。

2009年4月，矿区组织老年人参加了阳泉市纪念中华人民共和国成立60周年暨市老年体协成立25周年论文大赛，有5篇论文获奖。6月，矿区组织老年人参加了阳泉市举办的以“我运动，我健身，我快乐”为主题的老年人书法、绘画、摄影大赛，有12件作品获奖。2010年，在“九九”重阳节期间，矿区老年体协组织百名老年人参加了“纪念百团大战胜利70周年”登山活动。同年10月，在三矿广场举行了老年人体育健身项目精品展演。

2011年6月，矿区选送健身秧歌《中国鼓》参加市老年体协举办的纪念中国共产党成立90周年中老年人体育健身项目精品展演，矿区代表队由来自基层老年健身站的80位中老年人组成，健身秧歌《中国鼓》获得优秀表演奖。12月，矿区老年体协秋沟健身点被阳泉市体协确定为市五星级老年体协、老年体育生活化社区。

第四节　残疾人体育

新中国成立后，残疾人有了参加体育活动的机会。其中很多人参加了残疾人运动会和其他运动会。他们的主要参赛项目有中国象棋、跑步、乒乓球、羽毛球等。1978年中共十一届三中全会后，残疾人体育不断发展，参加体育活动的人数和参加比赛的机会逐年增多。1982年10月，盲人医师李友苏在山西省第二届伤残人运动会中国象棋（盲棋）比赛中夺得个人冠军。1984年，四矿截肢职工申喜元获得全省残疾人乒乓球比赛截肢A2、4级男子单打冠军。在同年举行的第一届全国残疾人运动会上，申喜元获男子截肢A2级铁饼第五名，蔡洼街道办事处截肢居民王玉新获男子截肢A5级800米和5000米两枚银牌，1500米铜牌。1985年，申喜元获全省残疾人乒乓球比赛截肢A2、4级男子单打冠军。1986年5月，矿区举行首届残疾人运动会，赛鱼、蔡洼、平潭和沙坪办事处及区电器厂、矿灯厂近30名残疾职工参加了田径、乒乓球、羽毛球、中国象棋等项目的比赛。同年9月，在市残疾人田径运动会上，李友苏获盲人组男子60米、铅球和跳高3项冠军。同年10月，李友苏获山西省第三届残疾人田径运动会盲人A级男子组60米第一名和铅球第二名。1987年10月，申喜元获第二届全国残疾人运动会截肢A5级800米第三名和1500米第四名。1988年10月，矿区举行第二届残疾人运动会，30多名残疾人参加了比赛，运动水平较前提高。2008年，矿区肢残羽毛球运动员刘存祥参加了奥运火炬山西境内的传递活动。

第四章　竞技体育

矿区境内竞技体育始于20世纪50年代初，田径、自行车、篮球等项目均取得较好成绩，在省市运动会多次夺名次、破纪录。在此基础上，境内竞技体育逐步发展，运动项目增多，运动人才辈出。在全国性体育比赛和国际比赛的赛场上，活跃着多名来自阳泉市矿区的运动员，矿区有多支运动队在全国性比赛中展现英姿。

第一节　综合运动会

1996年7月至10月，阳泉市第九届运动会青少年组比赛举行，矿区共派出160名运动员，参加了乒乓球、篮球、足球、体操、田径5个项目的全部比赛，获得乒乓球、篮球男女冠军和足球比赛的冠军，获青少年组7项冠军中的5项，成人组获得10项冠军中的4项。矿区代表队以总分45分获县区团体总分第一名。

2002年7月，阳煤集团组队代表省煤炭体协参加了第十一届省运会职工组乒乓球比赛，获得女子团体第2名和男子团体第3名，并被评为“体育道德风尚队”。2002年8月，参加了第十一届省运会职工组中国象棋和网球的比赛。在中国象棋比赛中，获男子团体冠军，女子网球获双打第四和单打第五。

第二节　单项运动会

一、田径、自行车与体操

（一）田径运动

20世纪50年代初，田径运动就在境内职工群众中广泛开展。1956年，产生了张守德、刘树俊、黄炳信等优秀田径运动员。1957年，工人张守德在山西省首届职工田径运动会上，打破1500米和10000米两项省纪录，并分别获得冠军、亚军。1958年，刘树俊获首届市运会男子100米和200米两项冠军。同年，张守德、刘树俊、黄炳信等代表市和晋中地区参加了省级以上的田径比赛。1964年，矿区有20名运动员在比赛中打破17项次阳泉市和矿务局田径纪录。1975年，在山西省中小学生田径运动会上，李彦林获女子组200米冠军。1978年，刘春花在山西省中长跑比赛中获女子少年组3000米冠军。1983年，张喜登在省春季田径运动会上获男子青年组1500米第二名。同年，曹青军在山西省秋季马拉松竞走比赛中，打破男子10千米竞走省纪录，刘春花夺得女子3千米、5千米竞走两项冠军。10月，曹青军在全国秋季竞走运动会上获得男子20千米第9名和50千米第10名。1984年，李建林在省职工田径运动会上获男子5000米和10000米两项冠军，刘春花在省青少年田径运动会上获女子青年组5千米竞走冠军。1985年8月，刘春花代表“八一”队在全国秋季竞走比赛10千米竞走中达到运动健将标准。1987年，史花红在全国马拉松比赛中获女子组第三名。1988年9月，张秀生在中日田径对抗赛中，夺得男子5千米竞走金牌。同年，张秀生获全国冠军赛5千米竞走金牌。1990年，史花红获全国“泰山杯”马拉松赛女子组第二名。同年，在全国大学生运动会田径比赛中，安翠萍获女子1500米和3000米两项冠军，赵文仁获女子800米第三名。

（二）自行车运动

1956年后，自行车运动在境内兴起，运动水平迅速提高。1957年，李永志在省第一届工人运动会上获男子10000米自行车比赛第三名；1958年在省自行车锦标赛中获男子50千米和1500米两项冠军。5月，李永志、张家珍代表山西省参加了在长春举行的全国自行车比赛。8月，在榆次、长治、阳泉三市自行车比赛中，李永志、王有玉、张秀兰与其他2名队员合作，夺得男女团体两项冠军。1958~1966年，李永志10次打破全国纪录，获7项全国冠军。1959年2月，李永志、张秀兰被批准为自行车运动健将，王有玉被批准为自行车一级运动员。1974年，阳泉矿务局一中学生段林章代表中国参加第七届亚运会，并作为主力队员夺得自行车100千米团体赛第六名。1972~1978年，段林章1次打破全国纪录，11次获全国冠军。1975年，段林章被批准为自行车运动健将。

（三）体　操

1965年，矿一中体操队代表阳泉市参加山西省青少年体操比赛。马家坪小学学生郭秀双1973年入选省体工队；1975年代表山西省参加第三届全运会体操比赛，获女子团体第八名；同年入选国家队；1976年在北京全国体操分区赛获个人全能第五名、跳马第三名和高低杠第四名；同年代表中国参加在日本、罗马尼亚的体操比赛。

二、球类运动

（一）篮　球

20世纪50年代，境内职工群众篮球运动广泛开展。1958年，三矿男篮代表阳泉在晋中地区篮球锦标赛中夺得冠军。1959年，阳泉矿务局男女篮球队参加了全省煤炭系统选拔赛，在18支男队中名列第二，13支女队中名列第五；王世鹏、张久生、孙东方、郑英平、史恭平、史恭谨等队员代表全省煤矿职工参加全国煤矿系统分区赛，在12支男队中获第五名。1962年，阳泉矿务局男子篮球队获晋中地区厂矿篮球锦标赛冠军，队员王世鹏、贾林入选省体工队。70年代后，境内企事业单位培养出一批优秀篮球运动员，其中尹卫彤、崔四和、赵秀明、张致瑾、朱萍、赵建平、杨建平、吕桂英、张维红、宋志刚、王文生、刘永生等队员，有的入选省体工队，有的进入体育院校学习。

1988年，矿务局组建青年男子篮球队。1989年在少体校组建男、女篮球队。1991年，阳泉矿务局青年篮球队代表全煤体协参加了全国青年篮球锦标赛，进入青年男篮24强。1992年9月中旬，阳泉矿务局获全国煤矿第五届“乌金杯”男子篮球甲级比赛第三名。1994年6月，阳泉矿务局获全国煤矿第七届“乌金杯”男子篮球乙级比赛第一名，取得甲级队出线权。同年9月，阳泉矿务局获全国煤矿第七届“乌金杯”男子篮球甲级比赛第三名。1995年9月，阳泉矿务局获全国煤矿第八届“乌金杯”男子篮球甲级比赛第二名。1996年5月，全国第三届工人运动会男子篮球比赛在四川乐山市举行，阳泉矿务局队代表山西省参赛，获第6名。同年10月，全国煤矿第九届“乌金杯”男子篮球甲级比赛在阳泉矿务局举行，共有12个队参赛，平顶山矿务局队、鸡西矿务局队、阳泉矿务局队获前三名。同年，在第九届市运会青年组比赛中，矿务局获男女篮球冠军。1997年8月，阳泉矿务局获全国煤矿第十届“乌金杯”男子篮球甲级比赛第二名。

2005年9月，矿区文体局承办了全市青少年“动感地带三人制”篮球比赛矿区赛区比赛，矿区赛区被市体育局授予优秀组织单位奖。2006年7月，矿区文体局再次承办全市青少年“动感地带三人制”篮球比赛矿区赛区比赛，有36支青少年队、队员172人参赛，其中甲级队11支，乙级队25支，比赛在阳煤机关篮球场和宏厦三建篮球场进行，矿区代表队荣获第一名。同年8月，矿区组织县级领导干部参加了阳煤集团二矿杯篮球比赛。参加比赛的有阳煤一矿、二矿、三矿、天兴公司、开元公司的副处级以上领导干部，经过激烈比赛，矿区领导干部获亚军。2007年5月12日至27日，矿区文体局组织承办了CBO（中国业余篮球公开赛）阳泉市矿区“人保财险杯”篮球比赛，阳煤兆丰铝冶、阳煤新景矿、阳煤升华公司分获前三名。同年6月16～19日，在CBO阳泉市“人保财险杯”篮球比赛中，矿区一队获亚军，矿区二队获第四名。

（二）排　球

境内一些厂矿在20世纪50年代就开始发展排球运动，但参与的人数不多。1958年，矿务局工程公司男女队双双获得市排球锦标赛冠军，并代表阳泉市参加山西省排球锦标赛。1970年后，阳泉矿务局一中学生吴玉怀入选河北青年男排，张致瑾、吕微风、杨占平、赵建平等人入选山西省体工队。阳泉矿务局一中学生张致瑾1975年入选省女排后，成为主力队员，1984年被批准为排球运动健将。

（三）足　球

足球是矿区群众喜爱的一项运动。1965年，矿一中足球队获市足球赛冠军，三次代表阳泉市参加省青少年足球比赛。1971年，二矿足球队获第五届市运会足球第三名。1979年，矿一中足球队获省中学生“三好杯”足球赛第八名。1985年，矿务局机关、二矿、技校、三矿分获第七届市运会足球第一、第二、第四和第六名。1987年，矿一中女子足球队代表阳泉市参加了省青少年女子足球比赛。1996年，矿务局代表队获第九届市运会青少年组足球冠军。2004年10月，阳煤集团举行“国阳新能杯”首届职工足球赛，共有10支代表队参赛，职教中心队、教育处队、直属机关队分获前三名，直属机关队聂志鹏当选最佳射手。

（四）手　球

手球运动在境内开展较晚，但涌现出一些优秀选手。1977年后，矿区向省体工队、省体校输送了张维红、刘芳、周君、郄瑞萍等优秀手球人才。原三矿中学学生张维红，1980年省体校毕业，入选太钢女子手球队（山西女子手球队），1981年入选国家队，参加了同年在加拿大举行的第三届世界青年手球锦标赛，获第六名（12个队参加）。1982年，张维红随国家青年队参加了在意大利举行的“茵特拉姆杯”手球邀请赛，中国队获冠军。同年，张维红被批准为手球运动健将。1984年入选国家手球队，参加了在美国举行的第23届奥运会，同队友合作夺得女子手球第三名。2005年5月，阳煤集团少体校输送的运动员崔磊，在广州举行的全国男子手球锦标赛上获冠军。同年10月，崔磊、崔亮参加了第十届全运会手球赛，获第二名。2008年8月，崔磊、崔亮代表中国参加了在北京举行的第29届奥运会手球比赛。

（五）网　球

1995年11月，区网球协会组队参加了阳泉市首届网球等级赛，共有10名运动员参加了5个年龄组的比赛，在15支代表队中获第11名，打入了市乙级队。1997年，矿区组队参加了市网协举办的阳泉市第三届网球团体等级赛，矿区代表队获乙级队团体第三名，获晋升甲级队资格。

2001年，矿区组织2支队伍、20名队员参加了市网球团体等级赛，获乙级队第三名，晋升为甲级队。2002年8月，阳煤集团组队代表省煤炭体协参加了第十一届省运会职工组网球比赛，女子网球获双打第四名和单打第五名。2004年9月20～23日，矿区组织5支队伍参加全市“教育杯”网球赛，在这次比赛中，矿区代表队晋升甲级队。2005年3月，矿区组队参加阳泉市“体彩杯”网球公开赛，矿区青年队获全市第一名。8月13日，在晋中市网球公开赛中，矿区选手马强、成刚获男子双打冠军。9月，矿区代表队参加全市“人寿杯”网球团体赛，保住了甲级队资格。2006年8月，矿区代表队获全市网球团体赛第二名。2010年，矿区组队参加“佳丽宝杯”阳泉市第十六届网球赛，矿区网球二队获团体赛冠军。

（六）乒乓球

20世纪50年代，乒乓球运动在境内各单位普遍开展。1960年，职工刘淑清、何蜀锦在全国煤矿乒乓球山西省分区赛中获男子单打第二名和女子单打第三名。1984年，以职工姚秉寿、张重庆为主力的男子乒乓球队，代表阳泉市在省职工乒乓球比赛中获第三名。同年，阳泉发电厂乒乓球队在全省电力系统比赛中，获晋中、忻州赛区女子团体第二名。1986年4月，全国煤炭系统举办11项体育比赛活动，阳泉矿务局队获中学生乒乓球男子团体第二名。1987年，矿务局乒乓球队获全省煤炭系统职工运动会乒乓球男子团体冠军，姚秉寿获男子单打第四名。1988年9月，在第二届全国煤矿工人运动会乒乓球比赛中，阳泉矿务局代表队获男子乒乓球赛团体冠军。1991年，阳泉矿务局男子乒乓球队代表省煤体协参加省八运会职工乒乓球比赛，获团体第二名。1996年，在第九届市运会青少年组比赛中，矿区代表队获乒乓球男女冠军。

2001年12月，山西省企业工委在太原举办“联通杯”省管国有企业乒乓球比赛，阳煤集团代表队获团体第二名，集团公司纪委书记李彦璧获领导组单打第五名。2002年7月，阳煤集团组队代表省煤炭体协参加了第十一届省运会职工组乒乓球比赛，获女子团体第二名、男子团体第三名，同时获体育道德风尚奖。2005年7月，阳煤集团少体校输送的运动员武杨在亚洲青年乒乓球锦标赛中获团体第一。8月，武杨在国际乒乓球邀请赛中获团体第一。2006年，武杨在世界青年乒乓球锦标赛中获团体第一、双打第二、女单第三。2007年5月，武杨获中国乒乓球俱乐部甲A比赛第二站团体第二。9月，武杨获中国乒乓球俱乐部甲A比赛第三站团体第一。

（七）毽　球

2006年9月，为庆祝中华人民共和国成立57周年，阳煤集团工会和体协联合主办了阳煤集团首届职工毽球比赛，有39支代表队分别参加男子、女子团体比赛，一矿队获男子冠军，二矿队获女子冠军。2007 年 5 月 16 日至 18 日，阳泉市举办首届“南煤杯”毽球比赛，矿区男女毽球队均获第五名，1 人获男子单踢毽球第二名。2008 年 7 月 3 ~5 日，矿区举办了“全民健身与奥运同行”阳泉市第二届暨矿区第二届毽球比赛，来自全市三区二县的 31 支代表队、300 余名运动员参加了比赛。9 月 22 ~24 日，区文体局、平潭西社区联合举办全市毽球邀请赛，32 支代表队、200 余名选手参加了比赛。9 月 22 日，矿区毽球协会成立。

2009 年 7 月，矿区组织男女毽球代表队参加了阳泉市第四届毽球比赛，女子代表队获第一名，男子代表队获第二名。同年 8 月，组织了 5 支毽球队参加山西省首届毽球大赛。这次大赛共有 98 支参赛队，500 余名运动员，矿区代表队敢打敢拼，在强手如林的决赛中，取得三人赛冠军、亚军，单人计数获第八名，其余 2 个项目进入全省 16 强。2011 年 10 月，矿区组队参加了“嘉怡杯”2011 年山西省毽球锦标赛，有 5 个项目获奖，代表队获“集体道德风尚奖”。

2011 年，阳煤二矿组队参加了中国毽球公开赛，获得女团第三、男团第四的好成绩。

三、其他运动

（一）射　击

1958 年，矿区职工中涌现出一批优秀射击选手。三矿工人王文君以 89 环的成绩创造了男子小口径步枪 50 米（3 +10）的省纪录，以 93 环的成绩创造了该项目少年组省纪录。工人程启帮以 85 环的成绩创造了男子军用步枪 300 米（5 +15）速射省纪录。同年，王文君以 263 环的成绩打破了 261 环男子小口径运动步枪 50 米（3 ×10）的全国纪录。1958 ~1975 年，王文君打破一项全国纪录，获得 2 次全国冠军，创造并打破 20 次省纪录。1981 年，原四矿中学学生王富明在山西省青少年射击比赛中，获男子手枪慢加速射第二名、男子标准手枪 69 发第三名。1983 年，在省青少年优秀射手比赛中，王富明获男子手枪速射 8 秒 30 发和气手枪 60 发两项冠军。1984 年，王富明在省优秀射手比赛中，获得男子气手枪 60 发冠军。1988 年，在省首届青少年运动会射击比赛中，原四矿中学学生井炜获气枪 40 发卧射冠军，同时打破该项目的省纪录。1989 年 8 月，在全国青少年射击比赛中，井炜获小口径 60 发卧射青年组气枪达标赛第三名。

（二）举　重

1958 年，在首届市运会举重比赛中，三矿代表队获团体冠军，冯少义、李占明、刘世成、王歪歪分别获男子最轻量级、次轻量级、轻重量级、中量级冠军。同年 10 月，三矿举重队代表阳泉市参加了榆次专区首届运动会举重比赛，获团体总分第一名。1959 年，李占明代表晋中地区参加第三届省运会举重比赛，获男子中量级第六名。1960 年，李占明、刘世成、窦富义等参加了省举重锦标赛，获团体冠军，三人还分别获得次轻量级、轻重量级个人第三名。1987 年，一矿中学学生荆泉生、胡丽旗入选市体校举重队；荆泉生于 1990 年参加了全国少年举重比赛。

（三）中国象棋

1958 年，在首届市运会中国象棋比赛中，境内选手矿工杨文文、杜存山、马凤义、佘祥贵分别夺得个人第一、二、三、四名。1963 ~1965 年，二矿职工亢海臣连续 3 次夺得阳泉市中国象棋个人赛冠军。1974 年和 1975 年，亢海臣连续 2 次获得省职工象棋赛个人第二名。1974 年，亢海臣代表山西省参加了全国中国象棋赛成都赛区的比赛。1980 年，在市职工象棋赛中，矿区棋手分别夺得团体第一名、个人第三名和第五名。1985 年，亢海臣代表山西省煤炭系统参加了全国煤矿职工棋类邀请赛，获得个人第三名。1986 年 10 月，一矿代表队获省煤炭系统职工象棋赛团体第二名。1987 年，四矿职工柳铁汉代表阳泉市参加三省、十二市协作区中国象棋赛，获个人第四名。同年 7 月，柳铁汉获全省青少年中国象棋赛个人冠军。1990 年 3 月，一矿代表队获全国煤炭系统职工象棋团体赛第四名。1991 年 3 月，阳泉矿务局队获全国煤矿象棋个人赛第三名。2002 年 8 月，阳煤集团组队代表省煤炭体协参加了第十一届省运会职工组中国象棋比赛，获得男子团体冠军。2004 年 5 月，阳泉市举行

“体彩杯”围棋、中国象棋、华牌比赛。阳煤集团工会、体协组织选手参赛，经过一个月的鏖战，集团公司选手焦健、李向春、李树文和白志祥分别获得三项比赛桂冠。2005 年 11 月，阳煤集团代表队获全国煤矿第十二届“乌金杯”中国象棋比赛团体第二名。

（四）桥　牌

1991 年，矿务局工程处桥牌队进入全煤系统甲级队行列。

第五章　重要活动和赛事

由区政府和区体委、矿务局等部门或单位组织，矿区境内多次举办大型群众体育比赛以及“群众体育月”、为亚运会捐款、亚运之光火炬传递、“全民健身与奥运同行”等群众体育活动。此外，矿区承办了多项全省性和全国性赛事。

第一节　重要活动

一、群众体育月

首届群众体育月　1989 年 9 月 20 至 10 月 31 日，矿区体委在二矿俱乐部举办了全区首届“群众体育月”活动，有 3 万多名运动员参加了篮球、摔跤、拔河、中小学生韵律体操、自行车等项目的竞赛。在此期间还举办了“国庆 40 周年矿区体育成就图片展”，11 个单位制作了图版，在全区进行了一个多月巡回展出，观众累计 8 万余人次。在这次活动中，有 5 个单位、7 名个人被评为全省先进集体和先进工作者。

第三届群众体育月　1991 年，在全区第三届群众体育月活动中，区体委与区工商局联合举办了迎国庆“矿区工商杯”全市体育邀请赛，来自全市工商、个体协会的 18 个单位、56 支代表队、386 名运动员参加了篮球、乒乓球、中国象棋比赛，160 多名个体工商人员参加了比赛。

二、大型群众体育比赛

万人乒乓球比赛　1960 年 1 月 1 ~2 月，驻区单位阳泉矿务局举办了万人乒乓球比赛活动。第一阶段比赛由各基层单位主办，参加人员 1 万余人，包括学生、职工、老年人等。三矿专门为 5000 名参赛职工制作了 35 副乒乓球台。2 月 20 日后，矿务局体协组织了第二阶段比赛，由第一阶段选拔出的 100 余名选手参加。这是境内有史以来规模最大的一次全民体育比赛活动，促进了体育健身意识的普及。

庆祝阳泉解放 40 周年火炬接力赛　1987 年 5 月 2 日晚 8 点至 10 点，区体委举办了庆祝阳泉解放 40 周年火炬接力赛活动。路线为：阳钢汽车队门前—桃北中路—深圳街—北大街—四矿口—四矿桥—桃南西路—赛鱼桥—区政府门前，全程约 9000 米。中途设 14 个接力点，21 个厂矿、机关、学校的 300 多名运动员参加了比赛，队员年龄最大 73 岁，最小 17 岁。沿途观众达万余名。矿一中、阳泉发电厂、矿务局机修厂、工程处、矿务局技校、区机关被评为最佳火炬制作单位。在全市三区两县庆祝阳泉解放 40 周年火炬接力赛活动中，矿区被评为最佳赛区。

全球 1988 年国际体育援助长跑接力活动　1988 年 9 月 11 日上午，区体委与区卫生局联合举办了矿区全球 1988 年国际体育援助长跑接力活动。路线为：一矿办公楼—三矿办公楼—赛鱼桥—桃南路—四矿桥—区政府—矿务局机关办公楼—深圳街—阳钢车队门前—桃河桥—市政府广场。参加接力的有一矿、三矿、二矿、矿区中学、四矿、矿山救护队6支队伍，每支队伍均由40名职工、干部、青年学生和退休人员组成。沿途观众达万余名，本次活动被市红十字会评为先进集体，阳泉电视台进行了录像报道。

城、矿区元旦越野赛　1991年12月，矿区体委和城区体委联合举办了城区和矿区元旦越野赛，36个单位的200多名长跑爱好者参加了比赛。

阳泉市“迎香港回归”长跑活动　1997年6月28日，区领导和驻地单位的干部、工人、公安干警、学生近万人，参加了阳泉市“迎香港回归”长跑活动。区文体委获山西省迎’97香港回归长跑活动优秀奖、群体工作量化一等奖。

迎接党的十六大系列体育比赛　2002年，区文体局与区机关工委、工会联合组织，开展了迎接党的十六大区直机关系列体育比赛活动，区直27个基层党支部、300多名职工参加了为期半个月的8个项目的比赛。

全民健身周暨“国税杯”区直机关干部篮球比赛　2003年7月，矿区在三矿体育场举行了全民健身周启动仪式，随后组织了“国税杯”区直机关干部篮球比赛。

全民健身健步走暨职工登山比赛　2004年5月，区文体局举行了首届“人保财险杯”矿区全民健身健步走启动仪式暨首届矿区干部职工登山寻宝比赛，全区共有300多名干部职工登上了狮脑山。2005年8月18日，区文体局、登山协会承办了第二届矿区全民健身健步走暨矿区干部职工登山比赛，全区共有500多名干部职工登上了狮脑山。

三、群众体育活动

发行亚运会基金奖券及为亚运会捐款　1989年11月，由区政府组织，在全区发行了北京第十一届亚运会基金奖券36000张。阳泉发电厂、市商业局、矿务局机关和一、二、三、四矿购买了全部奖券。1990年2至3月，全区为亚运会捐款76.39万元，超额完成了市领导组下达任务的28.16%。其中矿务局超额完成27.16%、区境商业局超额完成27.06%，区直单位超额完成133.74%。全区92542人进行了捐款，捐款50元以上的398人。退休干部孙守良一人捐款500元，位居区、市个人捐款数之首。

亚运之光火炬传递活动　1990年9月17日晚7点至10点，区政府组织、区体委承办了北京亚运会西北路“亚运之光”的火炬传递活动。区党政主要领导及市体委主要领导参加了火炬传递点火仪式。区委书记张希祯手持主火炬依次引燃了驻区11个单位主要领导手持的火炬，再由各单位领导引燃本单位彩车上设置的火炬。在前导车、宣传车带领下，区委书记张希祯、区人大主任张宸、区长王克恭身披彩带、手持火炬，率领11个单位主要领导和30名政法干警，向矿务局机关大门跑去。11个单位组装的12辆火炬彩车依次开动，彩车上大型火炬熊熊燃烧，车上的职工服装统一，身披彩带，敲锣打鼓，燃放鞭炮，队伍到达矿务局机关大门外后，矿务局党委副书记接过了区委书记手持的火炬，由其他矿务局领导和100名矿工组成的队伍陪同，经过深圳街跑到商业局办公大楼。此后，彩车队伍沿桃北路驶过四矿口，到达四矿办公楼前，再折返四矿口向西驰过赛鱼口，经过三矿和一矿办公楼前后，折返赛鱼桥，从二矿西门进入二矿，从二矿东门驶出，经过矿务局机厂、阳泉发电厂门前返回四矿口，传递活动结束。全程设火炬迎送活动点10个，直接参与迎送者达4500多人，彩车到达后，迎送点单位的主要领导和职工夹道迎送，并组织人员进行各种文体表演，各迎送点都是彩旗飘扬，锣鼓喧天，鞭炮齐鸣。火炬传递途中，围观群众达7万人次，阳泉电视台进行了录像报道。区政府和矿务局被评为全省先进单位。

“全民健身与奥运同行”活动　2008年3月10至4月16日，矿区在区机关和6个街道办事处中老年人中开展以“全民健身与奥运同行”奥运知识竞赛活动，在全区掀起了学习奥运知识的热潮，全区发放竞赛答卷500份，收回500份，参加率达100%，在全区中老年人中营造了企盼奥运、参与奥运、奉献奥运、共享奥运的浓厚氛围，增强了中老年人对奥林匹克知识的了解和参与的热情，该项活动获市优秀组织奖。5 月 14 日至 6 月 6 日，举办了全区机关干部职工“全民健身与奥运同行”篮球赛，参加队伍 30 余支，20 余天共进行了 74 场比赛，激发了全区干部职工“支持奥运、迎接奥运、参与奥运”的热情，展示了机关干部团结拼搏的精神风貌。

第二节　重要赛事

一、全省性比赛

全国煤矿乒乓球山西分区赛运动会　1950 年 6 月 25 日至 7 月 1 日，阳泉矿务局承办了全国煤矿乒乓球山西分区赛运动会。来自大同、西山、汾西、潞安、轩岗和阳泉矿务局及太原管理局、洗选公司 8 个单位的 100 余名运动员进行了比赛，比赛在阳泉矿务局俱乐部等场地进行，选拔出男女 20 名选手组成山西煤矿代表队，参加煤炭部举办的全国煤矿乒乓球运动会。

山西省煤炭系统第五届中小学生新苗杯运动会　1989 年 7 月 19 日至 23 日，阳泉矿务局承办了山西省煤炭系统第五届中小学生“新苗杯”运动会。来自大同、西山、汾西、轩岗、潞安、晋城、霍县和阳泉八大矿务局的 36 支代表队、271 名中小学生运动员参加了田径、篮球、乒乓球项目的比赛。比赛分别在市体育场、一矿体育馆、二矿体育馆和矿务局技校等场地进行。

二、全国性比赛

全国甲级队篮球邀请赛　1989 年 3 月 17 日至 3 月 19 日，北京军区、黑龙江、前卫和火车头体协 4 支全国男篮甲级队在落成不久的一矿体育馆进行了 6 场表演赛，还进行了远投和扣篮表演。

全国青年篮球联赛　1990 年 3 月 20 日至 29 日，阳泉矿务局和市体委联合承办了全国青年篮球联赛第一阶段阳泉赛区的比赛。来自全国的 14 支男女青年篮球队、169 名运动员，分别在一矿、二矿和市体育馆进行了 60 场比赛。

全国煤矿第九届“乌金杯”男子篮球赛　1996 年 10 月，阳泉矿务局承办了全国煤矿第九届“乌金杯”男子篮球甲级赛，有 12 支队参加了比赛。平顶山矿务局队、鸡西矿务局队、阳泉矿务局队获得前三名。

第二十八编　民俗　方言

阳泉市矿区境域原属平定，民情风俗与晋东六县一脉。作为新兴工矿区，以本地民间传统习俗为基础，融合新民俗和外来习俗，形成了涵盖衣食住行、婚丧喜庆、岁时节日、娱乐游艺等方面的独特的阳泉市矿区民俗文化。矿区话亦属平定方言范畴，有25个声母，前后鼻韵母合流，有入声。由于外来人口比重较大，不少居民操外地方言，在一定程度上加剧了本地方言的变异。加之普通话的巨大影响和现代城市生活的熔铸，阳泉市矿区话听起来与老的平定话已经有了很大的不同。

第一章　民　　俗

历史上，矿区境内民风淳朴厚道，人民勤劳朴实。人际关系中推崇礼让和互相帮助，街坊邻里和睦相处，是社会和谐发展的重要因素之一。经过漫长的历史演化，矿区民间在生活饮食、岁时节令、婚丧礼仪等方面形成多种传统习俗。新中国建立后，矿区发展为全国重要的无烟煤产地。矿区的建设者除本地人外，还有大量来自祖国各地。他们扎根矿区，带来众多的异地习俗。特别是 1978 年步入改革开放新时期后，经济建设加速，人口流动规模扩大，科学技术日新月异，对思想观念和民间习俗产生巨大影响，形成不少新民俗。以本地传统民间习俗为基础，结合外来习俗和新民俗，形成阳泉矿区绚烂多彩的民情风俗。

第一节　生活习俗

一、饮　食

（一）家常饭菜

1. 主食。20 世纪 80 年代前，以玉米面、小米为主，兼食黄豆、绿豆、高粱等杂粮。居民习惯一日三餐。早饭一般吃玉米面馓，加小米、瓜薯熬制而成，配山药丝、萝卜丝、酸菜等。午饭是一天中最重要的一顿饭，常吃的有抿圪蚪、犁圪瘩、河捞、圪挞等煮饭，也吃糊嘟、窝头、不漏、饼子等。逢年过节，招待亲朋，有黄米面枣糕、油糕，也吃白面做的小开条、揪片、河捞、拨鱼、闷条、烙饼、饺子、馒头、抿蛐等。晚饭多吃米汤、菜饭、和和饭、面条汤，配窝头、饼子或小米涝饭。20 世纪 80 年代后，随着生活水平的提高，主粮则变为以白面、大米为主，玉米面、小米的比重大大下降，饭菜品种增多。早饭多吃方便面、挂面、馒头、花卷、牛奶、面包，午饭多吃面条、圪蚪、河捞、馒头、烙饼、馅饼、包子、饺子等，晚饭在早午饭的基础上适当调配。过去逢年过节才能吃上的高档饭食已成为家常便饭，具有独特地方风味的玉米面撒、酸菜抿圪蚪、糊嘟、不漏等，成为居民改善生活、调剂口味的美味佳肴。

2. 副食。20 世纪 80 年代前，民间以素食为主，常吃的蔬菜，冬春有白萝卜、老倭瓜、大南瓜、白菜、胡萝卜、土豆，夏秋有豆角、茄子、菠菜、北瓜，平时有头年沤制的酸菜、黑豆叶菜和用萝卜、芥根腌制的咸菜，肉、蛋、豆腐等吃得很少，主要用于逢年过节。20 世纪 80 年代后，随着生活水平的提高，肉、蛋、奶成为主要副食，各色水果也成为不少家庭的常备食品。平时荤素搭配，蔬菜以鲜菜为主，若逢喜庆节日，还增加鸡鸭、鱼虾、牛羊肉等。

（二）岁时饮食

矿区逢年过节有吃特定饭菜的习俗。

腊月三十中午和春节吃“隔年糕”，这是必不可缺少的特定食品，以示一年胜过一年。年糕的种类很多，以“枣介糕”为主，还有油糕、豆糕、包馅糕等。随着外省人口的迁入，引入不少别具风味的糕类食品，如江米糕、江米凉糕、黄米切糕等，糕类品种更加多样。除夕夜吃饺子、烙饼，大年初一早晨吃饺子、馒头炒菜。

元宵节吃“元宵”，是新中国建立后形成的饮食习俗。元宵的吃法有水煮、油炸两种，水煮的粘软香甜，色泽洁白，油炸的外焦里软，色泽金黄。

二月初二龙抬头，吃面条称为“挑龙须”，吃烙饼称为“揭龙鳞”，吃饼子称为“镶龙牙”。五月端午吃粽子，七月十五中元节送面羊。

八月十五中秋节，烙团圆，吃月饼。“烙团圆”就是烙一些小饼子和一个大饼子，饼内包糖、芝麻、桂花和蔬菜之类。中秋夜，全家团聚在一起，拜月之后，分食月饼、水果，并将最大的“烙团圆”大饼子按人头切成块，各守一块，表示团圆。

九月九日重阳节吃糕。冬至，喝馄饨，吃油糕、枣糕或豆糕。

腊八吃腊八粥。腊月二十三吃糖瓜。糖瓜用麻籽和糖制成。形状有核桃大小，有瓜形的，有圆柱形的，还有扁平长条形的，扭成麻花形的等。表面粘有许多芝麻，香甜可口。

还有因时令节气不同食用特定食物的，如夏季喝绿豆汤、吃凉粉和凉糕；冬季喝羊杂割汤、油茶，吃火锅。

（三）宴　席

境内居民平时较节俭，但逢婚嫁、丧葬、寿诞、生辰、暖房待客之事，或逢年过节，亲朋聚会等大事，总要大力操办，以结婚酒席为最隆重。传统宴席名目如下：

碟面，主食浇臊拉面，副食七碟小菜。

盘菜面，主食馒头或油条，浇臊拉面。副食为荤菜 4 盘，素菜 4 盘，共 8 盘。

十大件宴席，是较为普通的筵席，俗称十大件。压桌菜，四拼八样，正席十大菜，分五道上菜，最后上汤（什锦一品锅），随上米饭十小碗。旧时，一般中等家庭办红白大事，常摆此席。

八八肉菜席，俗称“二八席”。由八个盘，八个碗组成，分三道上菜，最后上米饭八小碗。

三八肉菜席，是较为讲究的宴席，富户或客商宴请，常以此席招待。由八个小碗，八个大碗组成，分五道上菜，最后上馒头、米饭。

两套席与四套席，是最为讲究的宴席，是富豪之家招待高朋贵友，或巨商大贾宴请达官贵人特意摆设的宴席。一般都不过两桌，以独席为尊。开席之后主客边吃边聊，往往要坐上几个小时，乃至半天之久。第一套席上罢之后，客人要休息片刻，然后再就坐，品尝第二套席的美味佳肴。

此外，还有“八盘”“十二盘”“冷热十个盘，馒头大米饭”等民间常用席。另外还有“素三八席”“龙头凤尾席”“清真席”“满汉全席”等宴席。

20 世纪 80 年代后，居民设宴多在饭店酒楼订席，午餐多以“二八席”招待宾客，且质量比传统宴席更好，肉类除猪、牛、羊外，全鸡整鸭，海鲜鱼虾，已属普遍。各大饭店、招待所、宾馆先后引进不少外地名菜、名吃，如北京烤鸭、德州扒鸡、武汉汤包、川菜、粤菜，乃至宫廷菜、孔膳等也列入矿区的菜谱，使传统宴席品种更加丰富多彩。

（四）风味名吃

过油肉。为境内传统特色菜肴。先将鲜里脊肉横纹切薄片，然后用鸡蛋黄和水淀粉调匀，下油锅炸到肉变色，油温不能太高，出锅备用。蒜苗切段，木耳泡发扯成小块，洋葱取居中较嫩的一层掰成和肉片差不多大的块，锅中放少许油，油热放配料翻炒，到闻到蒜苗的香味后放入炸好的肉片，翻炒几下放入味精、盐、水淀粉，加少许酱油和黄酒翻炒，香味出，起锅，出锅前喷入山西醋少许即可。

什锦砂火锅。冬令时菜，用阳泉特产砂火锅烹调，分肉、素二种。肉什锦砂火锅将大白菜装入锅底，加海米、粉丝，再将肉丸、烧丸、喇嘛肉、鸡块、海参片分层装入，灌汤加盐，煮沸后加姜末、葱丝、菠菜段、蛋糕片、酱油、料酒、二味水、香油即可食用。素什锦砂火锅，将白菜叶装入锅底后，铺粉丝、海带丝、豆腐块、烧豆腐斜刀块、烧土豆、面筋、烧豆腐丸等，灌汤加盐，煮沸后加姜末、葱丝、红萝卜斜刀块、香菜、酱油、香油等调料即可食用。

拉面。传统面食。将面粉倒入盆内，配适量盐和碱。一般 500 克面粉用 6 克盐，4.5 克碱，调匀后，加水和面，反复搅拌揉匀。水温分四季，冬热，春夏秋宜温。面和好后，用布或锅盖盖半小时以上，俗称“醒面”。然后双手将面团反复拉扯缠绕成条状，俗称“绕面”。面绕好后，多次对折伸拉，一般对折 7 次即成香柱粗细，对折 9 次以上即成“龙须面”。拉扯成面条状后，分把下锅煮熟，浇汤汁即可食用。

抿蛐。传统面食。炊具俗称“抿曲床”，上杵下臼，用两根木棒联结，臼底装铜底或铁底，底上有若干小漏眼。主料以白面掺绿豆面为最佳，也有细白玉米面加豆面制作的。制作时将和好的面团塞入臼内，双手各执一棒，使劲用上杵挤压臼内面团，使面团从漏眼挤出，呈细拉面状，下锅煮熟，浇汤即可食用。

抿圪蚪。传统名食。炊具俗称“圪蚪床”“抿圪蚪锄”。主料有白面、玉米面、豆面、高粱面，可单一面粉做。制作时将面粉和成软面，在圪蚪床上用抿圪蚪锄将软面推压漏入沸水锅中，成两头尖形，形似蝌蚪，煮熟涝出，浇汤即可食用。

二、服　饰

（一）成人服装

民国以前，平民衣料一般以土布、粗布为主，多系黑、白、蓝“获鹿布”（经河北省获鹿转运来的河北民间生产的土布），俗称“老蓝布”。上衣为右襟式、对襟式，或长衣、或短装；长衣分单、夹、棉，有大衫、夹袄、长袍，短装有小布衫、小袄。

新中国建立初期，土布、粗布渐被淘汰，衣料以哔叽、海昌兰、斜纹、卡叽、华达呢、灯芯绒为主。男装为中山服、青年服、工作服、西式裤，中青年喜戴八角帽、前进帽。女装时兴大翻领单衣、偏开口制服裤、春秋衫、对门藏襟中式棉衣、棉小大衣。

“文化大革命”期间，色调一直以蓝、黑、灰、白为主。脚穿方口鞋、松紧口鞋、五眼系带鞋、军用胶鞋、球鞋，冬季戴围巾、手套，穿带绒领小大衣、棉猴衣、风雪衣等。青年男女以一身戎装为美，喜穿军干服、军大衣服，喜戴军便帽。

进入20世纪80年代，衣料品种繁多，有涤棉、涤纶、涤卡、混纺、弹力呢、全毛华达呢等，服饰变化较大，男装流行喇叭裤、牛仔裤、老板裤、健美服、T恤衫、皮茄克、呢大衣、军大衣、西服套装，时兴各类皮鞋、运动鞋、胶底鞋、塑料底鞋、网球鞋等。女装流行连衣裙、蝙蝠衫、健美服、牛仔服、登山服、呢大衣、羽绒衣、呢纶袜、长筒丝袜、高中根皮鞋、凉鞋等。20世纪90年代后，高档呢大衣、羽绒衣、皮夹克、皮马夹增多，皮鞋、旅游鞋普遍流行。

（二）儿童服装

20世纪50年代以前，婴儿穿连脚裤，男童戴老虎帽、狮狮帽、狗狗帽，穿虎鞋、猪鞋，女童戴绣花帽，穿绣花鞋，披斗篷。新中国建立后，尤其是20世纪80年代后，儿童服装品种式样繁多，出现旅游鞋、皮鞋、老板裤、牛仔裤等现代服装。学校、幼儿园还为儿童制作统一服装。

（三）发　型

清代，男子依满族习俗蓄发辫；女子幼时前额留刘海，梳单辫子或双辫子，出嫁时盘成髻，俗称“髻发”，标志着女子已经成婚。民国时，男子留顶或剃光头，孩子留桃形顶、刘海、后尾辫等，青年多留平头、分头，老年人多为光头。新中国成立后，男青年留前进寸发头者多，其次为分头、背头等，女青年多留双辫扎蝴蝶结。“文化大革命”时期，无论男女老幼一律兴短发。进入80年代，发型式样渐多，男青年以无缝吹剪式为主，总体可分为长发型和短发型两大类；妇女发式由卷曲刘海和辫梢式发展为吹剪发和烫发，主要有双花式、单花式、波浪式、云纹式等。

（四）首　饰

旧时，本地女婴百天内要扎耳朵眼，备日后配戴耳环用。富家男女佩长命百岁银锁，女孩戴耳坠。姑娘出嫁时，戴有头簪、头钗、耳环、戒指、手镯、银针葫芦等首饰。新中国成立后，首饰习俗渐变，发饰多有变化，丝纱、束发带、发网取代过去头上的装饰品。20世纪80年代后，姑娘戴戒指、耳环、项链之风兴起。

三、宅　居

新中国成立前，居民的住宅有窑洞、瓦房、平房3种。20世纪50年代，阳泉矿务局（今阳煤集团）兴建了一批成排连片的新式瓦房，俗称“排房”。排房之间设有自来水，室内分为大、小间和厨房，取暖初用火炕，后用火炉。后又修建了一批二层单元式住宅楼，20世纪70年代和80年代，为解决住房紧张的突出问题，分期分批拆除旧排房，兴建4层~7层的单元成套式住宅楼。90年代中期实行住房改革，房地产业兴起，建成了大批5层~7层居民住宅楼，21世纪初出现了10层~30层甚至更高的高层建筑。居民住宅楼内的单元房有一室一厅一厨一卫、两室一厅一厨一卫、三室一厅或两厅一厨一卫、四室两厅一厨两卫（室指居室，厅指客厅和餐厅，厨为厨房，卫指卫生间）等多种款式，均通水、通电、通煤气、通暖气、通有线电视、通电话、通网络。不少居民迁入楼房，部分居民仍住着平房、瓦房和窑洞。

四、器　用

（一）炊　具

20世纪70年代前，居民使用的炊具有铁锅、大小把锅、铁鏊、圪蚪床、河捞床、砂锅、水瓮、粗瓷碗、粗瓷面盆等。20世纪80年代后，不锈钢及铝合金炊具和餐具、高压锅、电热锅、电热杯、电磁炉、节煤炉、煤气炉、液化气灶、排风扇、抽油烟机、电冰箱、电冰柜等现代化炊具和餐具进入寻常百姓家。

（二）家　具

旧时，穷人家里一般没什么摆设，只是有个放衣服的铺柜，盛粮食的台瓮，放米面的盆罐和一两条凳子；富裕人家有铺柜、竖柜、椅子、条桌、开箱、方桌、条几、炕桌、方凳、长凳等，其中相当考究的有描金竖柜、八仙桌、太师椅、掸瓶、帽盒、穿衣镜等。

新中国建立初期，家庭陈设仍为旧式箱柜，随着生活水平的逐渐提高，钟表、穿衣镜、收音机等陆续进入家庭生活。20世纪70年代后，旧式家具逐渐被淘汰，扣箱、三门立柜、酒柜、平柜、高低柜、写字台、梳妆台、圆桌、方桌、沙发、茶几、靠背叠折椅逐年增多。20世纪90年代后，家具陈设趋向高档化，流行各式组合柜、板式家具、沙发、席梦思床。

（三）家用电器

20世纪80年代后，家用电器逐步普及。如录音机、电视机、收音机、两用收录机、洗衣机、组合音响、DVD、洗衣机、电冰箱、电风扇、空调、电脑，以及炊具中的电器设备等，更新换代加速。

五、行　旅

（一）行旅方式

1.步行、乘骑和坐轿。阳泉多山，道路崎岖，步行是最古老的行旅方式。每逢集市庙会，方圆数十里的百姓翻山越岭、绕沟爬梁，全靠步行。平日出门探亲访友，或独自上路，或结伴而行，主要靠步行；推车挑担、搬运物品，虽说各有辅助工具，但主要功力还是双脚。

毛驴是山区的重要行旅工具，民间有“二呼啦啦小车车，灰毛驴驴拉”的歌谣。旧时，民间迎亲多用毛驴，老人和妇女出门也多是骑驴，只有少数富裕人出门才乘骑骡马。

轿子，是由2至8人抬的行旅工具。轿子由轿身、轿杆、轿座、轿底、轿顶五部分组成，前面开门，两边有窗，轿顶四边围沿有缨穗下垂。出行的人坐在轿里，由专门的轿夫抬轿。历代官员出行多坐轿，20世纪40年代后，官员乘轿的已不多。民间婚嫁有乘轿之俗。新娘所乘的轿又称花轿，轿身多为红色。但少数乡村花轿多为使用时租赁。50年代后，民间用轿者渐少。

2.乘车。清光绪三十二年（1906），正太铁路通车到阳泉，民众出行始乘火车。民国初年，平（定）辽（县）公路、平（山）、盂（县）公路建成后，境内始通汽车，但直到20世纪50年代后，普通百姓出行才乘汽车。

山区民众出行的交通工具还有独轮车、平车、胶轮马车、自行车等。独轮车不受道路条件的限制，可载人也可载物。因单轮着地，行走时不太颠簸，故民间卖笼床瓦瓮的小商贩尤为喜用。平车是一种小型双轮车，可用人力推拉，也可用畜力拉动。大车又称马车，是以大牲畜为动力的双轮载重车，20 世纪 60 年代以前常见，一般用来拉石头、煤炭、砖瓦等，还可载人。

自行车。新中国成立后，自行车逐渐增多，至 80 年代末，自行车几乎达到户均一辆以上，是城乡民众必不可少的行旅工具。自行车还是城乡职工上下班的主要通行工具。

20 世纪 80 年代后，随着经济的发展，道路建设加快，各种车辆大幅度增加，境内民众出行方式趋于多样化、现代化。21 世纪初，私人购置汽车者渐多，并逐渐流行“自驾游”（旅游者驾驶私家车出游）。

3. 旅店。旅店是出门人歇脚的地方。旧时境内“通京大道”旁设有驿站和车马店，如甘桃驿、平潭驿、固驿铺、新店等，是供过往官吏、驿卒和行人食宿、调换马匹的处所。解放后，交通要道两侧有不少公办或私办的小旅店，不少机关、企业和一些富裕乡镇建起了宾馆、招待所，城市和乡镇开办了许多旅馆。

（二）行旅习俗

1. 问路、指路。本地人出门若遇不明方向路径时，讲究施礼问路，境内有“见人不施礼，多走二十里”的谚语。遇人问路，本地人多热心指路，详告路径，以及如何转弯，何处过桥，路程远近等，有时还指点捷径或热心带路。

2. 让路。结伴同行忌抢路，讲究先宾后主，先长后幼。如遇路窄，则礼让为先，少让老，大让小，男让女，轻让重，行人让车辆，货车让客车，下坡让上坡。

3. 回归。本地人出行返乡有为家人带纪念品的习俗，家人则以好饭好菜为回归的亲人接风洗尘。

第二节　礼仪习俗

一、婚　嫁

（一）传统婚俗

阳泉矿区解放前，男婚女嫁讲究门当户对，属相无悖，生辰无忌克。婚嫁取决于父母之命，媒妁之言，或实行买卖婚姻。婚礼有纳采、问命、纳吉、纳征、请期、迎亲、谢婚等程序。贫寒之家则一切从简，仪式简单。

纳采。也称议婚、提亲。一般男子 16 岁，女子 14 岁，父母即托媒往来游说，从中捏合。

问名。俗称下帖、换庚帖。纳采后，由家长询问对方的年龄生辰，如果合适，即择吉日交换男女庚帖，亲事初步议定。

纳吉。俗称订婚。卜得吉兆后，正式缔结婚约，商谈彩礼。解放前彩礼一般为粮食、布匹。

纳征。俗称下彩、看天气。纳吉后，择定婚期，由男方主婚人偕同媒人持彩礼去女家拜送，告良辰吉日，求其同意，女家盛情款待。

迎亲。俗称完婚。男方花轿迎亲，将新娘抬入大门，新娘由女娶戚或伴娘扶出轿后，脚不沾地，踏红毯行至天地爷神位前，即刻举行拜堂仪式，俗称拜天地。新郎社帽金花，长袍马褂，披红挂绿，新娘凤冠霞帔。司仪唱礼，新人先拜天地，后拜高堂、亲友，夫妻对拜，俗称四双八拜。拜毕，入洞房。新婚之夜有闹新房、逗新娘、听房、三日内不分大小之俗。

谢婚。完婚翌日或第三日，由男方出资在岳家设宴谢婚，同时也即岳家“请女婿”。宴席一般从正午入席至落日方散，故有“打着灯笼送女婿”之说，新媳妇则必于日落前先归。

（二）婚姻新俗

新中国建立后，沿袭几千年的封建买卖婚姻被废除，提倡男女平等，婚姻自由，依照《中华人民共和国婚姻法》成婚。传统的婚礼程序也逐渐由繁到简，一般程序是恋爱、订婚、登记、完婚、谢婚。

恋爱。男女自由恋爱已被人们普遍接受。方式多种多样，有的找家长、介绍人牵线搭桥，还有通过“征婚启事”或婚姻介绍所找到意中人的。

订婚。男女双方通过自由恋爱，经互相同意，确定爱情关系后，在双方家长操持下，进行订婚仪式，互赠信物，合影留念。

登记。男女双方各持本人有关证件，到民政部门登记，正式确定婚姻关系，成为合法夫妻。

完婚。20世纪50年代至70年代，婚礼一般在家里举行；80年代后，移至宾馆、饭店举办婚礼，有的还要请婚庆公司筹办。新中国建立后半个多世纪中，婚礼规模渐大，档次渐高。也有举行集体婚礼，实行旅游结婚的。由于矿区外来人口较多，因此婚礼常有外地婚俗因素，如井陉籍的是天刚明送走闺女，盂县籍的是黄昏时娶黑媳妇，还有闺女出门、媳妇进门不履地，背出背进背上车的习俗。

谢婚。谢婚仪式仍循旧俗。新婚后第一个正月夫妇要到女方亲友家送礼大拜年，正月十五岳母家要请新女婿，俗称“住十五”。女方亲友长辈要给新女婿压岁钱，以取吉利。

二、丧　葬

20世纪50年代前，通行土葬。至70年代，火葬土葬并存。70年代后，火葬渐被人们普遍接受。传统丧仪由装裹、入殓、守灵、破孝、报丧、摆供、出殡、服三、尽七、做周年等形式组成。

装裹。人快断气前，要理发、洗脚、穿寿衣，俗称“穿装裹衣”。寿衣一般为单、夹、棉3至7件，喜单忌双，忌用兽皮、毛料。装裹时所用之物，凡借凑来的，丧主应立即付给吉利钱，忌白拿白用。

入殓。俗称入棺。一般在第三日，也有当日入殓者。棺木多为松木板，柏木档头。入棺前，孝子亲属祭拜，举行入棺仪式。忌哭泣、忌呼人名，更不能将眼泪滴到死者身上。棺内铺上儿子为其准备的褥子，慢慢将遗体移入棺内。入殓完毕，不盖棺盖，用竹帘罩上，以便亲友瞻仰遗容。父母合葬时，棺木上要覆盖女儿送的被子，民间称“铺儿盖女”。

守灵。停尸之房称灵堂，俗称“丧房”。灵前安放灵牌、遗像、供品、供菜、香炉、腊台、长明灯，孝子轮流守灵，香火不断，直至出殡之日。停灵时间视气候、家境而定，由阴阳先生根据死者的生卒时辰选择，有三、五、七、九日之分，一般守灵3日~5日。

破孝。报丧前，用长约二尺的柳枝作“孝棒”。正孝子（儿子、儿媳、女儿）执粗的，孙侄辈拿细的。按辈分远近用白布分等制作孝服。

报丧。出殡日期确定后，男孝子向亲戚报丧。正孝子到娘舅家报丧，要披麻戴孝，手执孝棒，踩倒鞋根，并有同族长辈或兄长陪同，进门后，先磕头，后讲话。其他亲戚由死者晚辈分头通知。

摆供。出殡前一日晚上，至亲好友前来摆供祭奠，闺女、外甥一般要请乐队吹奏，并燃放烟火。院中设灵棚，灵棚后悬挂幕布，正中立一个“奠”字花牌。幕前供桌上正中安放灵牌、遗像，遗像前摆放儿子们献上的供品、供菜，两侧悬挂挽联、挽幛等。

出殡。俗称发丧、埋人。是日上午，亲朋故友陆续到齐，孝孙头顶纸盘，由司仪主持分别烧香磕头行祭奠之礼。所带祭品按亲戚朋友分别入账，祭品有馒头、花圈、挽幛、纸炮。女儿、儿媳带上新笤帚哭泣着到墓地扫墓。

服三、尽七、做周年。出殡三日上坟祭奠，谓“服三”。从死者去世之日起每七天为一七，逢七上坟祭奠一次，谓“做七”。一般做“三七”“五七”“七七”，至“七七”终了叫“尽七”。死者死后头周年、二周年家人到坟地小祭。三周年贴红对联、请乐队，隆重举行祭奠仪式，称“做三周年”。

新中国建立后，国家提倡火葬，倡导丧事简办，改变殡葬仪式，一些陋习逐渐革除。矿区境内大部分是火葬。简化了一些传统仪式，丧仪中时兴臂戴黑纱，胸佩白花，送花圈、挽联，开追悼会。

三、喜　庆

1. 生育。凡生头胎者，皆开宴作庆，俗称“做满月”。也有做40天、双满月或百日的。满月之日，外婆家族以及亲友邻居前来祝贺。礼品有小被、斗篷、肚兜、项链、衣服、帽子及衣料。民间有“姑姑的鞋，姨姨的袜，老娘送的圪叉叉”之说。婴儿至周岁生日时，大人置食品、玩具、书籍、纸笔、尺、刀、剪、女工针钱等物于中堂，放周岁婴儿于其间，观其先拿何物，以测孩子未来事业和爱好，谓之“抓周”。倘若拾书、笔等文化用品，寓志在圣贤，全家皆大欢喜。

2. 生辰。境内做生日、祝寿之俗已久。50岁以下做生日，吃长寿面。20世纪80年代始，随着独生子女的增多，孩子过生日渐成时尚。父母买生日蛋糕，好衣服，燃生日蜡烛，合家庆贺。12岁以上过生日相对简单，但吃“长寿面”，仍是必不可少的。50岁以上过生日谓之祝寿，一般不大操大办。除了家庭祝寿外，每年农历九月九日老年节，社会各界都要组织老年人开座谈会，搞娱乐活动，赠送慰问品，其形式不亚于祝寿。

3. 乔迁。俗称暖房，凡新建或新买住宅，迁居前要先清扫、粉刷，有的还要装潢，然后择吉日，张贴红对联，备足烟酒菜肴，邀客来贺。亲朋好友的贺礼分礼品、礼金。届时，燃放鞭炮，将宾客请入新房，宾主饮酒畅叙。此俗“文化大革命”期间曾废止。20世70年代后期又复兴。

4. 竣工或开业典礼。古时民间修房盖屋竣工，主家都要备酒设宴，招待工匠，俗称“吃犒劳”。凡国家、集体、企事业单位大型建筑工程建成、竣工投产或公私商业店铺开业，均张灯结彩，燃放爆竹，举行剪彩纪念仪式。若是商贸、店铺开业，均伴有优惠商品展销以招待顾客。

5. 送喜报。新中国建立前，对金榜题名、疆场立功、官职升迁者，多有官方为之送喜报、赐匾额，以示表彰祝贺。新中国建立后，对光荣参军、荣立军功、捐资助教、勤劳致富以及在某些方面做出重大贡献的个人、家庭或单位，矿区政府及各单位常送喜报、挂牌匾以资鼓励。

四、称　谓

（一）亲属称谓

亲属指血亲、配偶、血亲的配偶和配偶的血亲（如岳父母，妻的兄弟姐妹）。由于亲属关系牵涉得较远，名称又分得很细，所以称谓上也较复杂。父亲古时称考。母亲古时称妣，后来多指已下世的父母为考妣。现在称父亲为爸爸、爹爹、俗称“大”。称母亲为妈、娘、妈妈。父亲的父母称祖父、祖母，俗称爷爷、奶奶或娘娘。父亲的祖父母称曾祖父、曾祖母，俗称姥姥。父亲的哥哥、嫂嫂称伯父、大爷和伯母、大妈、大娘。父亲的二哥、二嫂俗称二大爷、二大妈或二大娘。余类推。父亲的弟、弟媳称叔叔、婶婶或几叔、几婶。父亲的姐妹及其丈夫称姑姑、姑夫或几姑、几姑夫。父亲的姑母、姑夫称老姑、老姑夫。父之姨及姨夫，俗称老姨、老姨夫。

母亲的父亲、母亲称外祖父、外祖母，俗称老爷、老娘（有的称外婆、婆婆）。母亲的兄弟及其妻，俗称舅舅、妗子或舅妈。母亲的姐妹及其丈夫，称姨妈、姨姨、姨夫。

夫妻之间，过去丈夫称妻子为俺老婆、俺家的、俺女人、俺婆姨，有孩子的称孩他妈。妻子称丈夫为当家的、俺掌柜、俺男人、俺老汉，有孩子的称孩他爹。新中国建立后，夫妻之间这种称呼逐渐消失，改为直呼其名，年纪大的互称老伴。干部和知识界则称爱人。

丈夫的父亲、母亲称爹娘或爸爸妈妈，背后称公婆或孩家他爷爷、孩家他奶奶。妻子的父亲、母亲，随妻直呼爸爸、妈妈，与人言时称岳父、岳母或老丈人、老丈母。

丈夫的兄弟姐妹及其配偶随夫相称，与人言时称丈夫的兄弟姐妹为大伯子、小叔子、大姑子、小姑子。妻子的兄弟姐妹及其配偶随妻相称，与人言时称妻子的兄弟为内兄、内弟或大兄哥、小舅子，称妻子的姐妹为妻姐、妻妹或大姨、小姨。夫妻双方的父母互称亲家。

直系的晚辈，称子、孙、曾孙、玄孙、来孙。

父母对子女按长次直呼其名，对人言时也称老大、老二等。公婆对儿媳过去称“××家”，建国后也渐改为直呼其名。

（二）社会称谓

清末和民国时期，封建等级制度存在，人们对县官（知事、县长）称大老爷，对县衙人员称师爷或××长、××先生，对当兵的称老总，长官称某老爷或以职务称某团长、营长等，对有钱人家称某财主，对商界称某买卖人。在铺号入财股的称东家，在铺号管事者称掌柜，称管账、管钱、管事的为先生，年轻的称伙计。手工艺行业称掌柜、师傅，徒弟之间称某师兄、某师弟。对学校教员、医生和有声望的人称先生，对官宦和有钱人家的女人称太太，称其子女为小姐、千金、公子、少爷。对一般人则视其性别、年龄，尊称大爷、大娘、大哥、大嫂、大姐、小弟、小妹等。新中国成立后，对成年人统称同志，工厂则称师傅，或按职务称某书记、某长、某主任、某经理，学校则称某老师，医生则称某大夫，知识界则称某总工、某工或称某女士及某先生。

五、礼　俗

境内居民受中国传统文化影响，行为举止注重礼节，外出办事必须衣服整洁，襟开、帽歪被人视为不礼貌。出门问路，要根据不同对象，用礼貌语言施礼，有“见人不施礼，多走二十里”的告诫。路上熟人相见，抢先致意问候。与长辈同行，不抢先走路，少让老，大让小，男让女，轻让重，行人让车辆，大车让小车，货车让客车。路上遇长者，骑车的立即下车问候。进入他人房中要先打招呼，求人相助惯称“劳驾”“拜托”，若有所询“请”字当先。遇拉车上坡的，主动帮助。

日常生活中，长辈出门未归或未入席不开饭。来客出门相迎，为客掀帘，请客先入；留客进餐，以客人“酒足饭饱”为快。但斟茶、斟酒又以不满不溢为雅敬，有“茶七酒八”之说。

客人告辞，主人挽留，送客门外，恳嘱“慢走”“再来”，旧时拱手长揖，新中国建立后握手告别。客人在场，不打骂孩子，不看钟表，免有逐客之嫌。邻里相处和睦为贵，逢年过节，互送饭菜；每遇办事，鼎力相助，素有“远亲不如近邻，近邻不如对门”之说。与人同桌吃饭，尊客上坐。用餐中若有事提前退席，惯说“对不起”“失陪了”“请原谅”。邻友、同事、同学等有病，皆携带礼品探视，以示关怀。凡熟人、亲友建房、迁居，彼此帮工。遇婚丧嫁娶之事，互通以礼。

民间交往，偶尔发生争执、纠纷，一经认识，即相互致谢，握手言和。

六、禁　忌

（一）言语禁忌

逢年过节，忌说不吉利的话，饺子煮破了忌说“破了”，而说“挣了”“煮过了”。喜庆日子，忌说鬼、死、破、倒霉、完蛋、吃药、赔钱等不顺当的话。人亡，在亲人面前忌说“死了”，老人去世说“老驾了”“老了”，儿童夭折说“丢了”或“没了”。为老人备寿物忌说“割棺材”“缝装裹”，而说“做寿材”“做寿衣”。劝酒忌说“喝完了”，要说“喝起了”。煤窑上的老鼠不能叫老鼠，而叫“窑猫”。上门拜访，忌问“不在了?”或“没人了?”，常问“在家呀不在?”人到中年论岁数忌说“九”，因有“逢九圪节头”之忌讳。残疾人面前忌说“秃”“瞎”“拐”等伤害对方心灵的话。

（二）行为禁忌

旧时代过春节忌讳最大。大年初一，不能扫地倒土（倒垃圾），怕把财气扫走；破五以前，不得动刀（主凶杀），不得动剪（主口舌），不得动针（长针眼）。

借别人家的药壶、药锅忌送还，要等主家来取。借别人的蒸馒头面剂（俗称续头），则一定要还，以避断“续头”之嫌。借别人的水桶忌空担着送还，应肩挑一只手拿一只或担水送还。

嫁出去的闺女，不能在娘家过年和分娩。坐月子门上挂红布，示意外人勿进。窑工不能进丧房、月房。生人忌入月房、绣房、账房。

洗后晾晒的衣服忌在屋外过夜。忌在人前放屁，忌在人背后吃饭，忌朝人泼水、吐唾沫、打喷嚏、打哈欠。忌在枕头上坐、椅子上蹲、坑上蹲。忌用红笔写信。到别人家作客，忌带中草药、纸钱、香蜡，白布等不祥之物进屋。客人或家人刚出门，忌立即扫地。逢年过节、结婚、做寿等喜庆日，忌打破家具。忌以麻绳做腰带。

父母亡日称“死忌日”。三年内逢忌日不饮酒作乐。直系长辈死后子孙忌穿红戴绿，身穿重孝不入婚嫁喜庆场所。父母去世后头年不扫房、不贴春联，次年、三年分别贴灰色、紫色春联。

第三节　岁时习俗

一、传统节日

腊八。农历腊月初八日古称腊日，俗称“腊八节”。家家吃腊八粥（用黄米、江米、玉米、小豆、黄豆、豇豆、红枣、杏仁、花生等熬成）。

腊月十八老君节。过去境内开煤窑的奉太上老君为窑神。窑主敬神，是请神保佑多出煤，发大财；矿工敬神，是请神保佑平安，免于塌方落顶。每年腊月十八，窑口要摆上两张大八仙桌，祭品是整猪，猪脊上留一小撮鬃毛，梳成小辫插上红花，窑主们烧香叩拜，还要摆酒席招待矿工，赶驴拉大车的也可入席。矿区过去开煤窑的多，所以腊月十八祭老君成为矿区历史上一个特有的节日。新中国成立后，这个节日已自行终止。

腊月二十三。俗称“祭灶节”，传说灶王是玉皇大帝派到人世间管灶的神，其职责是察看人们有无丢米撒面、行善作恶之事，每年腊月二十三日，要上天庭向玉皇大帝汇报。腊月二十三晚上，家家都要点香火，立灶王牌位，供上糖果，意在糊住灶王爷的嘴，免他上天说坏话，并焚香祷告“上天言好事，回宫降吉祥”。又因“祭灶节”期间，家家打扫卫生，洗晒衣服，谚有“糖瓜祭灶，新年来到”，故“祭灶节”亦称“扫尘日”。

除夕。农历每年最后一天（腊月三十，小月二十九）的晚上称除夕，俗称小年。家家户户贴春联，剁馅包饺子，阖家团聚、吃“团圆饭”，通宵不眠，俗称“熬年”“守岁”。午夜12点，家家户户燃放鞭炮。长辈给晚辈“压岁钱”。20世纪80年代起，观看中央电视台春节联欢晚会渐成新民俗。

春节。正月初一至初五称过年。初一人们黎明即起，着新装，放鞭炮，早饭多吃饺子。早饭后，家长携儿孙出门，向家族长辈及邻居拜年，各家都准备了瓜子、花生、糖果、红枣待客。邻友相见则作揖打躬，恭喜发财。午饭较为丰盛，举家人同宴同庆，象征合家和睦、年年升高。从正月初二开始，家家外出走亲戚拜年，一般初二拜老娘（外婆）家，初三拜岳父家，初四拜姑妈家或姨妈家。正月初五俗称“破五”，吃破五饺子，不走亲访友。

元宵节。农历正月十五称元宵节，境内有观灯习俗。机关单位、街市商号、平民百姓家家张灯结彩，处处燃放焰火。民间有扭秧歌、踩高跷、跑旱船、耍狮子、转黄河、猜灯谜、放焰火等娱乐活动，活动从正月十四至十六延续三个晚上。市民老少都要出门游玩、观灯，谓之“消百病”。20世纪80年代后，元宵节灯展增加了机电设备，用各种自动装置表现“白蛇传”“西游记”“嫦娥奔月”等戏剧神话故事，制作精致，栩栩如生，引人注目。

二月二。农历二月初二，俗称“龙抬头”，出于龙能行雨的观念，认为此后雨水开始增多。居民不同饮食均冠以“龙”字，以示吉庆。如吃面条叫“挑龙须”，吃油糕叫“吃龙胆”，吃鸡蛋叫“煮龙蛋”，吃烙饼叫“剥龙皮”，吃煎饼叫“揭龙鳞”，吃米面油茶叫“炒龙髓”。境内蔡洼一带过去将二月初二称为“女儿节”。出嫁的女儿这天由哥或弟接回家，同父母兄嫂叙谈一年家常，但这天不接女婿。此俗大多已不存在。

清明节。春季祭祖的节日，又称“鬼节”。是日，家家户户备祭品、赴祖茔，焚化纸钱、冥币，祀祖修坟。新中国建立后，机关、学校、厂矿也在清明节组织群众为革命烈士扫墓，缅怀革命先烈，对青少年进行革命传统教育。清明节期间，民间还有踏青、郊游、放风筝的习俗。

端午节。农历五月初五为端午节，又称“端阳节”。是日，家家户户包粽子或拍凉糕，门上插艾叶、桃枝借以避邪驱瘟。中午吃粽子、喝雄黄酒，谓“避邪毒”与“祭屈原”。

七月十五。俗称“秋祭日”，也称“鬼节”。是日，人们带香纸供品上坟祭祖。

中秋节。农历八月十五为中秋节。此日自古就有合家欢聚，赏月、祭月、拜月之俗。节日期间，外甥、女婿要分别给老爷、丈人家送月饼，乡邻亲友间互赠月饼。

重阳节。农历九月初九称“重阳节”，民间有亲友相邀“登高”，开“高山会”，吃重阳糕，饮菊花酒之俗。1989年，国务院把这一天定为“中国老人节”。

十月初一。为祭祖的节日，又称“寒衣节”。

冬至。农历二十四节气之一，这一天开始“数九”，俗称“过冬”。这一天午饭家家吃黄米面枣糕或油炸糕。

二、公历节日

元旦。公历1月1日，俗称“阳历年”“新年”。每逢元旦，境内的机关、厂矿、商店、学校都要悬挂“庆祝元旦”的标语、挂彩灯，插彩旗、贴对联、举办多种形式的团拜会、茶话会，矿区各级党政领导一起到工厂、医院、单位看望节日坚持工作的干部职工，同时，配民政部门，一起参加拥军优属活动，向当地驻军、军烈属、离退休干部及病休人员慰问、拜年。居民亦有清扫院舍、改善生活的习惯。

妇女节。公历3月8日，国际妇女节。是日，矿区各级妇联会都要组织妇女参加演讲比赛、召开报告会、放映电影或举办丰富多彩的文体活动；开展评比“五好家庭”和“三八红旗手”活动进行表彰奖励。

植树节。公历3月12日，1979年，国家定为植树节。届时，矿区机关、厂矿都要广泛开展植树造林、绿化矿区的宣传、发动工作，节后组织全民人人动手，开展大规模的植树活动。

劳动节。公历5月1日国际劳动节，政府、单位及各级工会组织均举行集会，宣讲阳泉矿工的光荣战斗历史，表彰劳动模范，举办文体活动以示纪念。也有人将婚宴安排在这一日，以图兴旺吉庆。

青年节。公历5月4日为中国青年节。届时各级共青团组织均举办丰富多彩的纪念活动，如报告会、新长征突击手表彰会、各界青年联欢会、书画摄影展览、文艺表演、体育比赛等。

儿童节。公历6月1日为国际儿童节。境内各中、小学、幼儿园都要进行庆祝，表彰优秀师生，组织文体比赛，参观展览，吸收新队员入队，聘请老干部、老战士、老工人对少年儿童进行革命传统教育。节日期间，各单位还主动向小学和幼儿园捐款捐物，赠送礼品。各级领导还深入学校、幼儿园参加庆祝活动，和少年儿童一起欢度节日。

中国共产党成立纪念日。公历7月1日为中国共产党诞辰纪念日。每年“七一”前后，各级党组织都要组织党员重温党章党规，学习党报社论，评比表彰先进党支部、党小组和优秀党员，举行新党员入党仪式，举办入党积极分子培训班，并通过报纸、广播、电视宣传党领导下各项工作所取得的巨大成就，开展各种形式的纪念活动。

建军节。公历8月1日为中国人民解放军建军节。节日期间，各单位举办军民联欢会，组织民兵、青年、妇女、少先队员开展拥军优属活动，为军烈属送温暖、办实事。矿区政府及驻区各单位领导还赴狮脑山驻军营房慰问人民子弟兵。

教师节。1985年国家确定9月10日为教师节。每逢此日，矿区各单位均隆重举行庆祝会、座谈会或联欢会，对先进教师、尊师重教模范进行表彰，还向教师赠送一些礼品表示祝贺。

国庆节。公历10月1日为中华人民共和国成立纪念日。节日期间，政府、机关、厂矿、企事业单位都升国旗、插彩旗、挂红灯、办展览、出专栏、搞花卉展、举办文艺晚会、组织体育比赛隆重庆祝。

第四节　娱乐习俗

一、游艺竞技

民间游艺竞技活动名目繁多，丰富多彩，具有浓厚的地方特色。除节令性游艺活动，如龙灯、旱船、舞狮子、扭秧歌、踩高跷等外，还有一些对抗性的竞技活动，更多的是不受时间、地点和其他条件限制的自娱自乐活动。

（一）棋　类

境内民间的棋类活动十分普遍，除中国象棋、军棋、跳棋等外，还有不少土棋。如成三、狼吃羊、跳茅坑等。

成三。棋类游戏。一般由两人对弈。棋盘设24处布子点或走子点，凡直线相交处为布子点或走子点。一方有3子摆于一直线的3个布子点上，谓之“成三”。一方“成三”即可吃掉对方一个未成三的棋子，被全部吃掉棋子者为输，另一方则为胜。成三的棋局因阵式不同，有“单三”“双三”“活三”“十字三”“簸箕三”之别。

狼吃羊。棋类游戏。一般由两人对弈。狼子1个，羊子20个。摆棋时，狼居中心点，羊以每5个为一群分别摆放在四个分中心点上（羊圈）。开局以狼先走，狼每跃过羊（独羊和群羊）一次吃子一个；羊以围堵狼路为防守方式，狼无路可走则为输，羊堵不住狼路则羊子为输。一般羊子在12个以上的情况下，狼有被围困的危险。

跳茅坑。棋类游戏。双方交战，双方各两个棋子。摆棋时，分别将各方棋子放在左右两侧角上。任意一方先走，先走一方不得一步逼死对方，然后活动棋子，计议躲闪，直到将一方逼至茅坑为赢。

（二）牌　类

扑克牌。纸牌游戏。共54张，除正、副“王”外，分红桃、黑桃、方块、梅花四种花色。玩法主要有“争上游”“小二定主”（打四十分）、“升级”“打五十”“牵骆驼”“捉娘娘”“吹牛皮”“拱猪”等，还有打桥牌的。

麻将牌。传统游戏。牌分万、索、筒3门，每门自1至9，各4张；另加中、发、白、东、西、南、北各4张，共136张。四人成局，以东西南北分坐，每人13张牌，以先合成四组（三张牌为一组）一对（两张牌为一对）者为赢。

（三）其　他

民间流行翻花、折纸、放风筝、玩跷跷板、荡秋千、过家家、捉迷藏、拉大锯、跳绳、抓子、踢毽、弹球、赶箍（滚铁环）、弹格格（跳房房）、赶蜗牛、滑冰、举石墩等游戏和体育活动。

二、民间文艺

（一）曲　艺

阳泉评说。本地曲种，属于韵诵类。诞生于清末民初，发源于平定，发展于阳泉，流行于晋中。创始人郗富根（平定籍）一生中创作演出了评说段子1000余个。阳泉评说运用方言韵白，以幽默见长，将戏剧、相声、评书等艺术形式融为一体，使学、说、逗、唱、做有机结合，采用单人、对口、多口、化妆等形式进行表演，具有琅琅上口、通俗易懂、幽默风趣、亲切感人的特点，深受群众欢迎。矿区的作者和表演者有霍春发、王八怀、王玉贵、魏荣堂、封泉生等。

迓鼓。源于宋朝，用于敌我双方对阵时鼓舞士气。清代传入民间。农历正月，民众组成迓鼓队，街头献艺，击打小鼓、小锣、小钗，节奏明快，边走边舞。80年代又增加了伴唱、舞蹈及乐队文场。

（二）游　艺

旧时民间流行跑驴、旱船、二鬼抱跌、踩高跷、舞龙灯、扭秧歌、打腰鼓、威风锣鼓、霸王鞭等游艺形式。新中国成立后，这些民间游艺仍盛行不衰。

第五节　陈规陋习

一、迷　信

冥婚。俗称“骨头亲”“妮骨亲”或“结阴亲”。男子未婚死亡或已婚死亡妻子另嫁他人者，都要找已故女子遗骸，行合丧之礼，结成阴间夫妻。冥婚只辨男女，不论年龄。合葬之后，两家成为亲戚，按辈份称呼，逢年过节相互走动。亦有以面人代替为死者合葬的。此俗至今仍有沿袭。

看风水。旧时采坟、建房者要请阴阳先生看风水，选取“风水宝地”，以图吉利。尤其选择坟地，认为关乎儿孙祸福兴衰，更不能马虎行事。新中国建立后，此俗曾废。20世纪80年代后又有所抬头。

择吉日。婚丧嫁娶、动工修建、新居搬迁，要请阴阳先生择“吉日”。阴阳先生根据生辰八字，阴阳八卦，选择黄道吉日。农历三、六、九日，一般都看作吉日。

算卦。预测祸福吉凶的习俗，有相面、卜卦、测字、押宝、看手相、黄雀衔牌等多种方式。新中国建立后，曾被禁止，但或明或暗仍有存在。

鬼魂。鬼魂观念自古就有，认为人死后灵魂永在，能施祸福于世人，因而形成鬼魂观念，产生崇拜畏惧心理。由此衍生出招魂、撵殃、送鬼、驱鬼等迷信活动。新中国建立后此俗逐渐为科学精神取代。

讨药。居民家若有人患恶疾，久病不愈，其亲眷便到庙宇、荒野求神讨药，有的还向神灵许愿。其实所讨“神药”不过风刮之香灰、草叶或爬入碗中之小虫。也有因患者自身抵抗力强而病愈的，则在神灵过庙日，用白面蒸成猪、羊供奉。随着科学知识普及，此俗基本废除。

供神。古时因科学不发达，人们把天地万物加以神化，对其信仰崇拜。还认为不同神灵有不同职司，进大门有土地爷，院子有天地爷，入宅有家堂爷，厨房有灶王爷。过春节要贴歌颂神灵的对联，并焚香设供，直至破五。新中国建立后，供神活动日渐消除，但尚未绝迹。

巫术。女巫俗称师婆，男巫俗称神汉。以做法事、念咒语、通咒符、跳神、下马等法，诡称看病求生，看宅求子，看家产求财源，驱邪免灾，以此诈骗钱财。解放后巫术逐渐消除。

二、陋　习

赌博。俗称“耍钱”，流传很久，有打麻将、摸纸钱、推牌九、丢骰子、押宝等多种形式。金银财宝，田地房产，均为赌注，好赌者有的倾家荡产，有的沦为盗贼、乞丐。清至民国初期，官府明令禁区止，但暗中借此吃请受贿，故难于禁止，赌博恶习祸村民，有的嗜赌成性，常年聚赌。新中国建立后，人民政府严令禁止，赌博之风根绝。但到20世纪80年代后，村民富裕后，此恶习又有抬头。

缠足。俗称裹足。清代女子以足小为美，又以“三寸金莲”为最美。女孩4岁~9岁即用白布条紧扎双足，限制两足正常生长发育，致使双足骨骼变形，甚至严重骨折，走路摇摇晃晃，苦不堪言。

民国时期，政府曾三令五申禁止缠足，并称不缠足者为“天足”，但除求学女子外，大多数女子仍受缠足之苦。新中国建立后，政府提倡缠足妇女放足，称为“解放足”，未缠足妇女严禁缠足，这一陋俗被彻底废除。

吸毒。俗称“抽大烟”“抽时起料面”。毒品主要有鸦片、吗啡、海洛因等。清道光年间，鸦片流入境内，初仅有钱人吸食，后来波及平民。民国禁而无效，日军占领期间吸毒者甚多。新中国建立后，政府严令禁止，烟毒绝迹。20 世纪 80 年代后又有所抬头。

第二章　方　言

阳泉矿区方言属于平定城关话。其特点主要表现在语音上。一是声母有 26 个，比普通话多 3 个声母（唇齿浊擦音［v］、舌根鼻音［ŋ］和舌尖前浊擦音［z］），舌尖前音、舌尖后音与普通话不完全对应。二是前鼻韵母与后鼻韵母合流。三是有阴平、阳平、上声、去声、入声 5 个声调。阳泉矿区话特色词汇丰富，语法方面也特点鲜明。由于国家大力推广普通话，加之阳泉市矿区外来人口占很大比重，不少居民操外地方言，因此阳泉市矿区方言受到普通话和外来方言很大影响。

第一节　语音分析

一、声　母

阳泉矿区话有 26 个声母：

声母	例　字	声母	例　字	声母	例　字	声母	例　字	声母	例　字
p	巴保布	p‘	跑皮铺	m	毛门米	f	凡飞夫	v	完温物
t	到丁对	t‘	他天图	n	内牛奴			l	兰灵路
k	给共沟	k‘	看空扣	ŋ	安挨恶	x	旱后火		
tɕ	交精军	tɕ‘	巧清权	ȵ	泥女年	ɕ	消休玄		
ts	在争朱	ts‘	层初吹			s	色生苏	z	绒如瑞
tʂ	针知周	tʂ‘	昌车吃			ʂ	设升收	ʐ	然若肉
ø	而衣云								

阳泉矿区话声母与普通话声母有下列不同之处：

（1）连同零声母在内，阳泉矿区话有 26 个声母，普通话有 23 个声母。阳泉矿区话比普通话多 3 个声母，即［ŋ、v、z］。

（2）舌尖前音、舌尖后音与普通话不完全对应，如“资、瓷、思”二者均读舌尖前音，“知、迟、石”二者均读舌尖后音，而“支、柴、诗”阳泉矿区话读舌尖前音，普通话读舌尖后音。

（3）［ŋ］是舌根鼻音。阳泉矿区话声母［ŋ］只和零声母开口呼相拼，如“鹅［ŋə］”“安［ŋæ］”“欧［ŋəu］”“恩［ŋəŋ］”。

（4）［v］是唇齿浊擦音。阳泉矿区话声母是［v］的，普通话里都是以［u］开头的零声母合口呼音节，如“物［vəʔ］”“哇［vɑ］”“歪［vᴇ］”“卫［vei］”“完［væ］”“王［vɑŋ］”“温［vəŋ］”等字，普通话分别读作［u］［ua］［uai］［uei］［uan］［uaŋ］［uəŋ］。

（5）［z］是舌尖前浊擦音。阳泉矿区话声母［z］只和以［u］开头的合口呼韵母相拼，如“儒［zu］”“瑞［zui］”“软［zuæ］”“润［zuŋ］”等，这些音节在普通话里声母都是［ʐ］。

（6）个别普通话的舌面音字，阳泉矿区话读成舌尖音。如“今［tɕin］”“俊［tɕyn］”“泉［tɕ‘yan］”

"宣［çyan］"，阳泉矿区话分别读成［tsẽr］［tsuŋ］［tsʻuæ］［suæ］。

二、韵　母

阳泉矿区话有39个韵母。

ɿ	支思	i	机器	u	姑苏	y	居区
ʅ	知持						
ər	而耳						
ɑ	巴拉	iɑ	家虾	uɑ	瓜花		
ɔ	高考	iɔ	条巧				
ɤ	波可				uɤ	果火	
ᴇ	白排	iᴇ	姐且	uᴇ	拽快	yᴇ	靴瘸
ei	背美			uei	对内		
əu	勾楼	iəu	油求				
æ	干看	iæ	天迁	uæ	专团	yæ	权玄
ɑŋ	堂张	iɑŋ	娘江	uɑŋ	光庄		
əŋ	根灯	iŋ	丁心	uəŋ	村瓮	yŋ	君巡
əʔ	福目	iəʔ	北笔	uəʔ	国毒	yəʔ	捋足
ɑʔ	各喝			uɑʔ	夺刮		

阳泉矿区话韵母的主要特点是：

（1）前响复韵母比普通话少。普通话前响复韵母［ai］在矿区话中读如［?］，［uai］也因此读如［uᴇ］。普通话前响复韵母［au］在矿区话中读如［ɔ］，［iau］也因此读如［iɔ］。矿区话前响复韵母［ei］中，［ᴇ］比单发时舌位略低，从［ᴇ］到［i］之间的变化很小，接近单韵母。

（2）没有前鼻韵母。普通话的前鼻韵母［an］、［ian］、［uan］、［yan］，阳泉矿区话分别读作［æ］、［iæ］、［uæ］、［yæ］；普通话的［ən］、［in］、［uən］、［yn］，阳泉矿区话分别读作后鼻韵母［əŋ］、［iəŋ］、［uəŋ］、［yŋ］。

（3）［ʔ］是喉塞音。主要元音［ə］、［ʌ］加上喉塞音尾，构成了阳泉矿区话的入声韵［əʔ］、［iəʔ］、［uəʔ］、［yəʔ］、［ɑʔ］、［iɑʔ］、［uɑʔ］、［yʌʔ］。

三、声调

（一）单字调

阳泉矿区话有5个单字调：阴平、阳平、上声、去声、入声。

阴平	˧˨˧ $_{323}$	梯	诗	衣	方	妈	呼	千
阳平	˧ $_{33}$	题	时	移	房	麻	油	长
上声	˥˧ $_{53}$	体	使	椅	仿	马	有	厂
去声	˦˧ $_{43}$	替	是	意	放	又	唱	四
入声	˨˧ $_{23}$	一	绿	笔	日	客	月	喝

（二）连读变调

1. 非叠字两字组变调。

阳泉矿区话非叠字两字组变调，情况较为多样，其中有两个显著特点，一是入声字不参与连读变调；二是阳平字和去声字之后，除入声字外，全部读成阳平调。详见下表。

阳泉市矿区话非叠字两字组变调一览表

表28－1

种　　类	前　字	后　字	例　　词
阴平和阴平相连（1）	变去声	变阳平	冬天　机关　家乡　天津　天空　科班
阴平和阴平相连（2）	不变	变去声	西瓜　张庄　西郊　苍蝇　公鸡　花椒
阴平和上声相连	不变	变阳平	端午　村长　欢喜　争取　烟筒　光景
上声和上声相连	变阴平	变阳平	管理　产品　草纸　小米　理想　老虎
上声和阳平相连	不变	变阴平	顶棚　奶油　粉红　女人　老娘　种场
阳平和阴平相连	不变	变阳平	长期　茴香　黄瓜　棉花　行家　龙灯
阳平和上声相连	不变	变阳平	人口　尘土　黄酒　凉水　红薯　齐楚
阳平和去声相连	不变	变阳平	长治　平定　白面　油匠　咸菜　仪器
去声和阴平相连	不变	变阳平	负担　地瓜　变更　画家　圣经　四方
去声和上声相连	不变	变阳平	下午　户口　地主　右手　道理　上海
去声和去声相连	不变	变阳平	电话　肺病　僻静　教育　岁数　地下

2．叠字两字组变调。

阳泉矿区话叠字两字组变调，前字不变；后字阴平变去声（如家家、花花、天天、姑姑、听听、偏偏），上声变阴平（如好好、匾匾、悄悄、铲铲、苦苦、死死），去声变阳平（如户户、弟弟、馅馅、看看、豆豆、处处）。

四、儿　化

阳泉矿区话的儿化音有两类。一是普通儿化音。儿化时在原韵母后加上卷舌动作即可，如“马”［mɑ］→“马儿”［mɑr］，“花”［xuɑ］→“花儿”［xuɑr］，“朵”［tuɤ］→“朵儿”［tuɤr］，“猫”［mɔ］→“猫儿”［mɔr］，“兔”［t‘u］→“兔儿”［t‘ur］，“头”［t‘əu］→“头儿”［t‘əur］。

二是变音儿化音，儿化时韵母发生变化，有的声母也受儿化影响发生音变。阳泉矿区话的39个韵母中，除［yə］、［yŋ］、［uəʔ］及卷舌韵母［ər］和叹词“噢”的韵母［ɔ］外，有34个韵母可以儿化。附加卷舌动作后，基本韵母的主要元音变成或者加上带卷舌音的元音［ɐr］、［ər］、［ɔr］或［əur］，与开齐合撮四呼匹配，形成12个儿化韵母：［ɐr］、［iɐr］、［uɐr］、［yɐr］，［ɔr］、［iɔr］，［ər］、［iər］、［uər］、［yər］，［əur］、［iəur］。受儿化影响发生音变的声母限于三类：一为齐齿呼零声母音节，加声母［z］，韵头［i］失落；二为撮口呼零声母音节，加声母［z］，韵头或韵母［y］变成［u］；三为舌面音［tɕ］、［tɕ‘］、［ɕ］与齐齿呼韵母相拼，分别变成［tʂ］、［tʂ‘］、［s］，韵头或韵母［i］失落。

阳泉市矿区话儿化韵母表

表28－2

基本韵母	儿化韵母	开口呼	齐口呼	合口呼	撮口呼
ɑ	ɐr	疤儿 $pɐr^{323}$	芽儿 $zɐr^{33}$	画儿 $xuɐr^{35}$	
æ	ɐr	豆瓣儿 $təu^{35}$ $pɐr^{35}$	冒烟儿 $mɔ^{35}$ $iɐr^{323}$	款款儿 k‘uæ $k‘uɐr^{323}$	考试卷儿 $k‘ɔ^{53}$ $sʅ^{33}$ $tɕyɐr^{35}$

续表 28－2

基本韵母	儿化韵母	开口呼	齐口呼	合口呼	撮口呼
E	ɐr	名牌儿 miŋ^{33} p‘ɐr^{33}		煤块儿 mei^{33} k‘uɐr^{33}	
ɑŋ	ɐr	茶缸儿 ʈʂ‘ɑ^{33} kɐr^{323}	样儿 zɐr^{35}	蛋黄儿 tæ^{35} xuɐr^{33}	
iəʔ	iɐr		吹笛儿 ts‘uei^{323} tiɐr^{33}		月儿 zuər^{35}
ɑʔ	ɐr	策法儿 ts‘ɑʔ^{33} fɐr^{33}		戳戳儿 ʦ‘uɑʔ^{43}ʦ‘uɐr^{33}	
ɔ	ɔr	道儿 tɔr^{35}	条儿 t‘iɔr^{33}		
ɿ	ər	头发丝儿 t‘əu^{33}fɑʔ^{5}sər^{323}	小鸡儿 ɕiɔ^{53} tsər^{323}	鱼肚儿 y^{33} tuər^{33}	鱼儿 zuər^{33}
ʅ	ər	豆豉儿 təu^{35}ʈʂər^{53}			
ə	ər	上坡儿 ʂɑŋ^{35} p‘ər^{323}	发茶儿 fʌʔ^{5} niər^{323}		
uɤ	uər			油果儿 iəu^{33} kuər^{33}	
ei	ər	宝贝儿 pɔ^{53} pər^{35}		耳坠儿 ər^{53} tsuər^{35}	
əŋ	ər	笔记本儿 piəʔ^{43} ʨi^{35} tər^{53}	今儿 tsər^{323}	木棍儿 məʔ kuər^{35}	
əʔ	ər		蝴蝶儿 xu^{33} tiər^{33}		
əu	əur	小狗儿 ɕiɔ^{53} kəur^{53}	皮球儿 p‘i^{33} ʨ‘iəur^{33}		

第二节　同音字表

说明：

本表按阳泉市矿区话的语音系统排列。先按韵母分部，韵母相同的字按声母排列，声韵相同的按声调次序排列，声韵调次序参见本章第一节声母表、韵母表和声调表。

ɿ

ʦ　[˧˨˧]支枝肢栀眵眼眵资姿咨兹滋辎之芝[˧][˥˧]紫纸姊脂旨指子梓滓止趾址[˧˥]自至字志痣

ʦ‘　[˧˨˧]疵差参差嗤[˧]雌瓷慈磁辞词祠[˥˧]此齿[˧˥]刺赐翅次侍

s　[˧˨˧]私诗斯厮撕施私师狮尸屍司丝思[˧]时鲥匙[˥˧]使史驶始豕死屎矢[˥˧]士仕柿俟寺嗣饲事试市恃是氏四肆示视嗜伺思祀巳寺嗣饲舐

ʅ

ʈʂ　[˧˨˧]知蜘[˧]痔治滞制掷炙智致雉雉鸡置

ʈʂ‘　[˧˨˧]痴[˧]池驰迟持[˥˧]侈豉耻[˧˥]

ʂ　[˧˥]世势誓逝

i

p　[˥˧]彼俾鄙比比较秕秕谷[˧˥]蔽蓖闭箅箅子敝弊币毙陛鐾鐾刀臂避泌庇痹蓖

p‘　[˧˨˧]批坯披丕[˧]皮疲脾琵枇[˧˥]屁

m　[˧˨˧]、[˧]迷谜糜弥[˥˧]米靡[˧˥]

t　[˧˨˧]低[˥˧]底抵[˧˥]帝弟第递地

t‘　[˧˨˧]梯[˧]堤题提蹄啼[˥˧]体[˧˥]替涕剃屉

n　[˧]泥倪尼拟[˥˧]你[˧˥]腻

ʨ　[˧˨˧]鸡稽饥肌基几几乎,茶几机讥饥屐[˧]、[˥˧]挤己几几个[˧˥]祭际穄穄子计继系系鞋带济剂寄技妓冀纪记忌既

ʨ‘　[˧˨˧]妻栖欺期时期[˧]齐脐荠畦奇骑岐歧祁鳍其棋旗[˥˧]稽启企起杞岂祈乞[˧˥]契砌器弃气汽泣讫

ɕ　[˧˨˧]西溪奚兮犀牺嬉熙希稀[˥˧]洗玺徙喜

蟢[˨˦]细系中文系戏

ø [˧˩]伊医衣依[˧]宜仪移夷姨疑饴沂沂蒙山[˥˧]蚁倚椅矣已以[˨˦]艺刈瞖目瞖谊义议易难易肄肄业意异毅忆亿翼

u

p [˥˧]补捕[˨˦]布佈怖恐怖部簿步埠商埠

p' [˧˩]铺铺设[˧]蒲菩菩萨脯胸脯[˥˧]谱普浦[˨˦]铺店铺

m [˧]模模子谋[˥˧]某亩牡母拇[˨˦]暮幕墓募幕

f [˧˩]夫肤跗敷麸[˧]俘孵符扶芙浮[˥˧]府腑俯甫斧脯肉脯抚殕腐辅釜否[˨˦]付赋傅赴讣父附富副妇负阜缚

t [˧˩]都都城[˥˧]堵赌肚鱼肚[˨˦]妬杜肚腹肚度渡镀

t' [˧]徒屠途涂图[˥˧]土吐吐痰[˨˦]吐呕吐兔

n [˧]奴[˥˧]努[˨˦]怒

l [˧]卢炉芦芦苇鸬鸬鹚庐[˥˧]鲁橹虏滷[˨˦]路赂露鹭鹭鸶

k [˧˩]姑孤箍[˥˧]古估估计盬盬子牯股鼓[˨˦]故固锢锢露锅雇顾

k' [˧˩]枯[˥˧]苦[˨˦]库裤

x [˧˩]呼乎[˧]胡湖狐壶核果核斛[˥˧]虎浒[˨˦]户沪互护瓠瓠子,瓠瓜戽戽水

ts [˧˩]租猪诸诛蛛株朱硃珠[˥˧]祖组阻煮拄主[˨˦]著箸筷子苧苧麻助驻註柱住注蛀铸

ts' [˧˩]粗初[˧]除锄厨雏[˥˧]储褚姓础柱下石楚处相处杵[˨˦]醋处处所

s [˧˩]苏酥疏注疏,生疏梳蔬书舒枢输殊[˧]熟[˥˧]暑黍鼠署薯数动词秫粟[˨˦]素诉塑塑像嗉鸟嗉子庶恕数名词戍竖树

z [˧]如儒[˥˧]汝乳擩擩进去[˨˦]

ø [˧˩]乌污坞巫诬[˧]吴蜈蜈蚣吾梧梧桐无[˥˧]五伍午武舞侮鹉[˨˦]恶恨,可恶误悟务雾戊

y

ȵ [˥˧]女[˨˦]

tɕ [˧˩]车象棋居拘驹[˥˧]举矩规矩[˨˦]据锯巨拒距聚俱句瞿具惧剧

tɕ' [˧˩]蛆生蛆趋区驱[˧]渠[˥˧]取娶[˨˦]去趣

ɕ [˧˩]墟嘘虚须需吁[˧]徐[˥˧]许[˨˦]序叙绪絮婿

ø [˧˩]於姓淤吁迂[˧]鱼渔余馀舁抬愚虞娱于盂榆逾愉[˥˧]语与雨宇禹羽[˨˦]御誉预豫遇寓吁芋愈愈合喻裕狱玉

ər

ø [˧]儿而而[˥˧]耳饵尔[˥˧]二贰贰心

ɑ

p [˧˩]巴芭疤[˧]把把握,把守,一把[˥˧]霸把把柄坝堤坝爸耙犁耙,耙地罢

p' [˧˩]、[˧]爬琶琵琶杷枇杷钯钯子[˨˦]怕帕

m [˧˩]妈[˧]麻痳蟆蛤蟆[˥˧]马码码子[˨˦]骂

v [˧˩]蛙洼蛙挖[˧]瓦[˨˦]瓦动词袜

t [˥˧]打[˨˦]大

t' [˧˩]他

n [˧]拿[˥˧]哪哪个?[˨˦]那

l [˧˩]拉

k [˨˦]尬

x [˧˩]哈

ts [˧˩]楂山楂渣[˨˦]诈榨榨油炸炸弹乍

ts' [˧]茶搽涂茬查调查[˨˦]叉杈枝杈差差别,差不多岔三岔口

s [˧˩]沙纱[˥˧]洒撒[˨˦]厦偏厦,前廊后厦萨

ʂ [˥˧]傻[˨˦]

ø [˧˩]啊

iɑ

tɕ [˧˩]家加痂嘉佳[˥˧]假真假贾姓[˨˦]假放假架驾嫁稼价

ɕ [˧˩]虾鱼虾[˧]霞瑕遐暇[˨˦]厦厦门吓吓一跳下下降夏春夏

ø [˧˩]鸦丫丫头桠桠杈[˧]牙芽衙伢小孩子涯崖[˥˧]雅哑[˨˦]砑平亚压轧

uɑ

k [˧˩]瓜[˥˧]寡剐[˨˦]挂卦

k' [˧˩]夸[˥˧]侉垮[˨˦]跨

x [˧˩]花[˧]华中华铧划划船[˨˦]化华华山,姓桦桦树画话划

ts　[˦˨]抓髽髽髻[˥˧]爪[˧˥]

s　[˥˧]耍[˧˥]

ɔ

p　[˦˨]褒包[˧]雹[˥˧]保堡宝饱[˧˥]报抱暴抱菢菢小鸡豹爆鲍鉋曝

pʻ　[˦˨]胞泡抛剖[˧]袍刨麅[˥˧]跑[˧˥]炮泡

m　[˧]毛茅猫矛[˥˧]卯[˧˥]冒帽貌茂贸

t　[˦˨]刀叨[˧]、[˥˧]祷岛倒打倒[˧˥]到倒倒水道稻盗导

tʻ　[˦˨]滔掏涛[˧]桃逃淘陶萄[˥˧]讨[˧˥]套

n　[˧]挠[˥˧]脑恼[˧˥]闹

l　[˧]劳捞牢唠[˥˧]老[˧˥]烙涝

k　[˦˨]高膏篙羔糕[˥˧]稿搞[˧˥]告膏膏油

kʻ　[˥˧]考烤[˧˥]靠犒

ŋ　[˧]熬[˥˧]袄[˧˥]傲鏊烙饼用具奥懊懊悔

x　[˦˨]蒿薅除田草[˧]豪壕毫号呼号[˥˧]好好坏[˧˥]好喜好耗浩号号数

ts　[˦˨]遭糟[˧]凿[˥˧]早枣蚤澡[˧˥]躁灶罩糙皂造

tsʻ　[˦˨]操抄钞[˧]曹槽巢[˥˧]草炒吵

s　[˦˨]骚梢捎稍[˥˧]扫打扫嫂[˧˥]臊潲猪食潲潲雨扫扫帚

tʂ　[˦˨]朝今朝昭招[˧]着睡着[˥˧]沼[˧˥]赵兆召照诏

tʂʻ　[˦˨]超焯焯菜[˧]朝朝代潮

ʂ　[˦˨]烧[˧]韶绍勺芍[˥˧]少多少[˧˥]少少年邵

ʐ　[˧]饶桡桨[˥˧]扰绕围绕[˧˥]绕绕线

ø　噢

iɔ

p　[˦˨]膘肥膘标彪[˥˧]表[˧˥]鳔

pʻ　[˦˨]飘[˧]瓢[˧˥]漂漂亮,漂白票

m　[˧]苗描[˥˧]藐渺秒[˧˥]庙妙谬

t　[˦˨]刁貂雕[˥˧]鸟[˧˥]钓吊掉调音调,调动

tʻ　[˦˨]挑挑选[˧]条调调和[˥˧]挑挑战[˧˥]跳粜眺

ȵ　[˥˧]鸟[˧˥]尿

l　[˧]燎疗聊辽撩寥[˥˧]燎火燎眉毛了了结[˧˥]廖瞭料尥

tɕ　[˦˨]交郊胶教教书焦蕉香蕉椒骄娇浇[˧]、[˥˧]绞狡铰搅剿矫缴侥饺[˧˥]教教育校校对较酵窖觉睡觉醮打醮轿叫噍牛倒噍

tɕʻ　[˦˨]敲锹缲缲边[˧]樵瞧乔侨桥荞[˥˧]巧悄[˧˥]俏鞘窍

ɕ　[˦˨]消宵霄硝销枵嚣萧箫[˧]淆[˥˧]小晓[˧˥]孝效校学校笑

ø　[˦˨]妖邀腰要要求么么二三吆吆喝[˧]肴摇谣窑姚尧[˥˧]咬舀杳[˧˥]要重要耀鹞药钥跃岳

ɤ

p　[˦˨]波菠菠菜玻[˧]、[˥˧]跛跛足簸簸一簸[˧˥]簸簸箕擘擘毛豆檗黄檗薄薄荷

pʻ　[˦˨]颇坡[˧]婆[˧˥]破

m　[˦˨]、[˧]魔磨磨刀摩馒模模范摹摹仿[˧˥]磨磨面,石磨

k　[˦˨]歌哥[˧˥]个个人,一个

kʻ　[˦˨]科窠棵颗一颗珠[˥˧]可[˧˥]课

ŋ　[˦˨]阿阿胶[˥˧]蛾鹅俄讹[˧˥]饿

x　[˧]河何荷荷花和和气禾[˧˥]贺荷荷担

tʂ　[˦˨]遮[˥˧]者

tʂʻ　[˦˨]车马车[˥˧]扯

ʂ　[˦˨]奢赊[˧]蛇佘姓[˥˧]舍[˧˥]射麝麝香舍騇母的牛马社折折断

ʐ　[˥˧]惹

uɤ

t　[˦˨]多[˥˧]朵躲[˧˥]舵~手驮驮子剁惰垛柴垛

tʻ　[˦˨]拖[˧]驼~铃驮驮运[˥˧]妥椭椭圆[˧˥]唾唾液,唾沫

n　[˧]挪[˧˥]糯糯米

l　[˧]罗锣箩骡螺螺蛳腡手指文啰啰嗦[˥˧]裸裸体瘰瘰疬[˧˥]摞摞起来

k　[˦˨]过姓锅[˥˧]果裹馃[˧˥]过

x　[˦˨]和和面[˥˧]火伙[˧˥]货祸

ts　[˥˧]左佐撮[˧˥]坐座做

tsʻ　[˦˨]搓矬矮[˧˥]锉莝莝草,切碎的草措措置错错误

s　[˦˨]蓑梭织布梭唆莎莎草[˥˧]锁琐琐碎所

ø　[˦˨]倭踒踒了脚窝蜗[˥˧]我[˧˥]卧涴弄脏

E

p　[˧]白[˥˧]摆[˧˥]拜韛稗败

pʻ　[˧]排牌[˧˥]派

m　[˦˨]埋[˨˩]买[˥˧]卖迈麦脉
v　[˦˨]歪[˥˧]外
t　[˦˨]呆[˨˩]逮[˥˧]戴带贷待怠殆代袋大大夫
t‘　[˦˨]胎台天台,台州苔[˨˨]台抬[˥˧]态太泰
n　[˨˩]乃奶[˥˧]耐奈捺
l　[˨˨]来[˥˧]赖癞攋
k　[˦˨]该[˨˩]改[˥˧]概溉盖丐
k‘　[˦˨]开[˨˩]凯慨楷
ŋ　[˦˨]哀埃挨挨近[˨˨]呆挨[˨˩]蔼矮[˥˧]艾碍爱隘
x　[˦˨]咳[˨˨]孩[˨˩]海[˥˧]亥害骇
ʦ　[˦˨]灾栽斋[˨˨]窄宅[˨˩]宰载年载[˥˧]再载载重在债寨
ʦ‘　[˦˨]猜钗差出差[˨˨]才材财裁豺柴[˨˩]彩睬采棌[˥˧]蔡菜
s　[˦˨]腮鳃筛筛子[˥˧]赛晒

iE

t　[˦˨]爹
ȵ　[˨˨]茶发茶
ʨ　[˦˨]皆阶稽街[˨˩]姐解解晓[˥˧]借藉藉故褯褯子,婴儿尿布介界芥疥届戒
ʨ‘　[˦˨]揩[˨˨]茄茄子[˨˩]且[˥˧]笡斜
ɕ　[˦˨]些[˨˨]邪斜鞋谐[˨˩]写[˥˧]泻卸谢械懈解姓蟹泄屑不屑
ø　[˨˨]耶爷[˨˩]也者也,也是野[˥˧]夜液腋

UE

k　[˦˨]乖[˨˩]拐[˥˧]怪
k‘　[˨˩]蒯[˥˧]块会会计刽块快筷
x　[˨˨]怀槐淮[˥˧]坏
ʦ　[˥˧]拽
ʦ‘　[˨˩]揣揣度[˥˧]
s　[˦˨]衰[˥˧]帅率率领蟀

yE

ʨ‘　[˨˨]瘸瘸腿
ɕ　[˦˨]靴
ø　[˨˩]哕

ei

p　[˦˨]杯碑卑婢悲[˥˧]贝辈背倍焙被被子备
p‘　[˦˨]胚[˨˩]培陪赔裴[˥˧]沛配佩
m　[˨˨]梅枚媒煤眉楣霉[˨˩]每美[˥˧]妹昧媚寐
f　[˦˨]非飞妃[˨˨]肥翡[˨˩]匪榧[˥˧]废肺吠痱费
v　[˦˨]威猥危[˨˨]为作为维惟违唯微违围桅[˨˩]伪萎委尾伟苇纬[˥˧]卫喂为为什么位未味魏畏慰胃谓
l　[˨˨]离离别篱璃梨狸犁黎[˨˩]李里理鲤礼[˥˧]荔离使离开利痢吏例厉励丽隶
ʦ　[˨˨]贼

uei

t　[˦˨]堆[˥˧]对碓队兑
t‘　[˦˨]推[˨˩]腿[˥˧]退蜕
n　[˥˧]内
l　[˦˨]雷累累赘驴[˨˩]儡履垒累累累吕稆野生旅缕屡[˥˧]累类泪虑滤
k　[˦˨]圭闺规龟归[˨˩]诡轨癸鬼[˥˧]桧鳜鳜鱼桂柜贵
k‘　[˦˨]盔亏[˨˨]魁奎逵葵[˨˩]傀[˥˧]溃窥跪愧
x　[˦˨]恢灰麾挥辉徽[˨˨]回茴[˨˩]悔毁[˥˧]桧贿晦汇会绘惠慧秽讳彙
ʦ　[˦˨]追锥[˨˩]嘴[˥˧]最罪缀赘醉坠
ʦ‘　[˦˨]催崔吹炊[˨˨]锤槌垂[˨˩]脆翠粹
s　[˦˨]虽[˨˨]绥髓随谁[˨˩]水[˥˧]碎岁税遂隧穗睡
z　[˥˧]芮姓锐瑞蕊

əu

t　[˦˨]都都是兜[˨˩]斗抖陡[˥˧]斗斗争豆逗
t‘　[˦˨]偷[˨˨]头投[˥˧]透
l　[˨˨]楼搂耧[˨˩]篓[˥˧]漏陋
k　[˦˨]勾钩沟[˨˩]狗枸[˥˧]彀往上彀够构购
k‘　[˦˨]抠眍[˨˩]口[˥˧]叩扣寇
ŋ　[˦˨]欧瓯[˨˩]藕偶配偶,偶然呕呕吐殴[˥˧]怄
x　[˨˨]侯喉瘊[˨˩]吼[˥˧]后厚候
ʦ　[˦˨]邹掫[˨˩]走[˥˧]奏皱绉骤
ʦ‘　[˦˨]搊[˨˨]愁[˨˩]瞅[˥˧]凑
s　[˦˨]叟搜飕馊蒐[˥˧]嗽瘦漱
ʈʂ　[˦˨]周舟州洲[˨˨]轴粥[˨˩]肘帚[˥˧]昼纣

宙咒

tʂʻ　[˧˩]抽[˧]绸稠筹仇酬[˥˧]丑[˥]臭

ʂ　[˧˩]收[˥˧]手首守[˥]兽受寿授售

ʐ　[˧]柔揉[˥]肉

iəu

t　[˧˩]丢

ȵ　[˧]牛[˥˧]钮扭

l　[˧˩]溜[˧]流刘留榴硫琉[˥˧]柳[˥]溜馏六

tɕ　[˧˩]揪鸠阄抓阄纠[˥˧]酒九久韭灸[˥]就救究臼舅咎旧柩

tɕʻ　[˧˩]秋丘[˧]囚泅游水求球仇姓[˥˧]糗

ɕ　[˧˩]修羞休[˥˧]朽[˥]秀绣宿星宿锈嗅

ø　[˧˩]优忧悠幽游[˧]坳尤邮由油犹[˥˧]有友酉[˥]又右佑莠诱柚鼬釉幼

æ

p　[˧˩]班斑颁扳般搬[˥˧]板版[˥]扮瓣辦伴拌半绊

pʻ　[˧˩]攀潘[˧]爿盘[˥]盼袢判叛

m　[˧]蛮瞒馒[˥˧]满[˥]慢漫幔

f　[˧˩]帆藩翻番[˧]凡烦矾繁[˥˧]反[˥]范犯泛贩嬔鸟下蛋饭

v　[˧˩]豌剜弯湾[˧]完丸玩顽[˥˧]皖碗晚挽[˥]腕万蔓

t　[˧˩]耽担担任丹单单独[˥˧]胆掸鸡毛掸子[˥]担挑担淡诞旦但弹子弹蛋

tʻ　[˧˩]贪坍滩摊[˧]潭谭谈痰檀坛弹弹琴[˥˧]毯坦[˥]探炭叹

n　[˧]南男难[˥]难患难

l　[˧]蓝篮缆兰拦栏[˥˧]览揽榄懒[˥]滥烂

k　[˧˩]甘柑泔尴肝竿干干湿[˥˧]感敢橄杆秆扞扞面[˥]干

kʻ　[˧˩]堪龛勘看看守刊[˥˧]坎[˥]看看见

ŋ　[˧˩]庵安鞍[˥˧]揞埯[˥]暗按案岸

x　[˧˩]蚶蚶子憨酣鼾[˧]含函寒韩还还有[˥˧]喊罕[˥]撼憾旱汉汗焊翰

ts　[˧˩]簪[˥˧]斩盏攒[˥]暂錾站蘸赞绽栈饡

tsʻ　[˧˩]参搀餐[˧]蚕谗馋残惭[˥˧]惨铲产[˥]灿

s　[˧]三杉衫珊山删疝疝气[˥˧]散散开伞[˥]钐大钐散分散

tʂ　[˧˩]沾粘瞻占占卜毡[˥˧]展[˥]占战

tʂʻ　[˧]蟾缠蝉禅[˥˧]、[˥]颤

ʂ　[˧˩]扇羶搧[˥˧]陕闪[˥]扇膳单姓禅禅让善

ʐ　[˧]然燃[˥˧]染冉

iæ

p　[˧˩]鞭编边蝙[˥˧]扁[˥]便辨辩变汴便方便遍辫

pʻ　[˧˩]篇偏[˥]骗片

m　[˧]绵棉眠[˥˧]免勉娩缅渑[˥]面

t　[˧˩]掂颠[˥˧]点典[˥]店簟簟席电殿奠佃垫

tʻ　[˧˩]添天[˧]甜田填[˥˧]舔腆

ȵ　[˧˩]拈蔫[˧]黏鲇年[˥˧]碾辇撚撵[˥]念

l　[˧]廉镰簾连联怜莲[˥˧]敛殓[˥]练楝

tɕ　[˧˩]监监视尖歼歼灭艰间空间奸煎肩坚[˧]、[˥˧]减硷检俭简裥柬拣剪囝茧趼笕以竹通水[˥]鉴监国子监舰渐剑间间断谏监涧锏践件箭溅贱饯犍犍子建键健腱荐见

tɕʻ　[˧˩]鸧鸟啄物嵌竿签兼搛搛菜谦迁千牵铅笺[˧]潜钳钱乾乾坤虔掮犍犍为县前[˥˧]浅遣[˥]欠歉

ɕ　[˧˩]仙鲜新鲜廯掀先[˧]咸衔嫌闲涎贤[˥˧]险鲜少显[˥]陷馅限苋线羡宪献现县

ø　[˧˩]淹阉腌焉烟燕姓[˧]严炎盐阎簷盐严颜延筵言研沿[˥˧]掩魇眼演兖[˥]验厌黡焰俨酽酽茶雁晏谚堰砚燕燕子咽宴

uæ

t　[˧˩]端[ˋ]短[˥]断锻段缎椴

tʻ　[˧]团檲[˥˧]疃

n　[˥˧]暖[ˊ]

l　[˧]鸾[ˋ]卵[˥]乱恋

k　[˧˩]官棺冠鳏关[˥˧]管馆[˥]贯灌罐观冠惯

kʻ　[˧˩]宽[˥˧]款[˥]

x　[˧˩]欢[˧]桓还还原环[˥˧]缓[˥]唤焕换幻患宦

ts　[˧˩]专砖膞鸡膞[˥˧]转转送[˥]纂撰篆转转圆圈传传记

tsʻ　[˧˩]汆川穿[˧]全泉传椽船篅盛谷具[˥˧]喘

[˦˥]篡窜串
s [˧˩]酸闩拴宣喧[˥˧]选[˦˥]涮算蒜
z [˥˧]软阮[˦˥]

yæ

tɕ [˧˩]绢捐[˥˧]卷[˦˥]圈猪圈眷卷倦
tɕʻ [˧˩]圈[˧]拳权颧[˥˧]犬[˦˥]劝券
ɕ [˧˩]轩[˧]弦旋玄悬[˦˥]镟楦鞋楦眩
ø [˧˩]冤渊[˧]圆员缘元原源袁辕园援[˥˧]远[˦˥]院苑愿怨

ɑŋ

p [˧˩]帮邦浜[˥˧]榜绑[˦˥]谤傍磅棒蚌
pʻ [˧]滂旁螃庞[˦˥]胖
m [˧]忙芒茫盲[˥˧]莽蟒[˦˥]
f [˧˩]方芳[˧]肪房防[˥˧]妨仿仿效纺访[˦˥]放
v [˧˩]汪一汪水[˧]亡王[˥˧]网辋枉往[˦˥]忘妄望旺
t [˧˩]当当时[˥˧]党[˦˥]当当作荡宕
tʻ [˧˩]汤[˧]堂棠螳唐糖塘[˥˧]倘躺[˦˥]烫趟
n [˧]囊饢[˥˧]攮用刀子捅
l [˧]郎廊狼螂[˥˧]朗[˦˥]浪
k [˧˩]刚纲钢缸[˥˧]冈岗港[˦˥]杠
kʻ [˧˩]康糠慷[˥˧]扛[˦˥]抗炕囥藏
ŋ [˧˩]肮肮脏[˥˧]昂[˦˥]
x [˧˩]夯[˧]行行列航杭
ts [˧˩]脏[˦˥]葬藏西藏
tsʻ [˧˩]仓苍[˧]藏隐藏
s [˧˩]桑丧婚丧[˥˧]磉柱下石嗓搡[˦˥]丧丧失
tʂ [˧˩]张章樟[˥˧]长生长涨掌[˦˥]丈仗杖帐账胀障瘴
tʂʻ [˧˩]昌菖[˧]长长短肠场常尝裳偿[˥˧]厂[˦˥]畅唱倡
ʂ [˧˩]商伤[˥˧]赏晌饷[˦˥]上上山尚
ʐ [˧]瓤瓜瓤穰禾茎[˥˧]壤攘嚷[˦˥]让

iɑŋ

ȵ [˧]娘[˦˥]酿
l [˧]良凉量丈量粮梁粱[˥˧]两[˦˥]亮谅辆量数量
tɕ [˧˩]将浆疆僵薑礓缰姜江豇[˥˧]讲蒋奖桨耩耩地[˦˥]强倔强酱将大将匠降降落
tɕʻ [˧˩]枪羌腔[˧]墙强[˥˧]抢[˦˥]呛
ɕ [˧˩]相箱厢湘襄镶香乡[˧]详祥降投降[˥˧]想鲞享响[˦˥]象像橡相相貌向项巷
ø [˧˩]央秧殃[˧]羊洋烊融化杨阳扬疡[˥˧]仰养痒[˦˥]样

uɑŋ

k [˧˩]光[˥˧]广[˦˥]桄一桄线逛
kʻ [˧˩]匡筐[˧]狂[˦˥]眶旷况矿
x [˧˩]荒慌[˧]黄簧皇蝗[˥˧]谎[˦˥]晃
ts [˧˩]庄装[˦˥]幢壮状
tsʻ [˧˩]窗疮[˧]床[˥˧]闯[˦˥]创
s [˧˩]霜孀双[˥˧]爽[˦˥]双双生

əŋ

p [˧˩]奔锛崩[˥˧]本[˦˥]笨奔蚌蚌埠迸
pʻ [˧˩]喷烹[˧]盆朋彭膨棚篷[˥˧]捧[˦˥]喷喷香
m [˧˩]闷懵蒙[˧]门萌盟蒙[˥˧]虻猛蒙蒙古蠓蠓虫[˦˥]孟闷梦
f [˧˩]分芬纷风枫疯丰封峰蜂锋[˧]焚坟冯逢缝缝衣服[˥˧]粉讽[˦˥]愤忿粪奋份凤奉俸缝一条缝
v [˧˩]温瘟翁[˧]文纹闻蚊[˥˧]稳吻刎[˦˥]问璺裂璺瓮
t [˧˩]登灯[˥˧]等[˦˥]凳镫鞍镫邓澄水浑，澄一澄瞪
tʻ [˧]腾誊藤疼
n [˧]能
l [˧]楞[˥˧]冷[˦˥]愣
k [˧˩]跟根更更换庚羹耕[˥˧]梗梗米哽埂梗耿[˦˥]更更加
kʻ [˧˩]坑[˥˧]恳垦啃肯[˦˥]
ŋ [˧˩]恩
x [˧˩]亨[˧]痕恒衡横横直[˥˧]很[˦˥]恨横蛮横
ts [˧˩]曾姓增争筝睁[˦˥]憎赠
tsʻ [˧˩]参参差撑[˧]岑曾曾经层[˦˥]衬蹭牚椅子牚儿
s [˧˩]森参人参僧生牲笙甥[˥˧]省[˦˥]渗
tʂ [˧˩]针斟珍榛臻真征蒸贞侦正正月征[˧]、

[˨˩˧]枕诊疹拯整[˧˥]枕动词镇阵振震证症郑正政

tʂ‘ [˦˨˦]称称呼蛏蛏子[˧]辰晨臣沉陈尘澄橙乘塍田塍承丞呈程成城诚盛盛满了[˨˩˧]惩逞[˧˥]趁称相称秤

ʂ [˦˨˦]升深身申伸娠声[˧]绳神[˨˩˧]沈审婶[˧˥]胜胜任剩葚桑葚甚肾慎圣盛盛典

ʐ [˧]壬任姓人仁[˨˩˧]忍仍扔[˧˥]任责任纫缝纫刃认韧

iŋ

p [˦˨˦]彬宾槟冰兵[˨˩˧]禀丙秉柄饼[˧˥]殡鬓病并

p‘ [˦˨˦]拼拼命姘[˧]贫频凭平坪评瓶屏萍[˨˩˧]品[˧˥]聘

m [˧]民鸣明名铭[˨˩˧]闽悯敏抿皿[˧˥]命

t [˦˨˦]丁钉铁钉疔[˨˩˧]顶鼎[˧˥]锭钉钉住订订购定

t‘ [˦˨˦]听厅汀[˧]亭停廷庭蜓[˨˩˧]艇挺[˧˥]听听任

ȵ [˧]凝宁[˧˥]宁宁可佞

l [˦˨˦]拎[˧]林淋临邻鳞燐陵凌菱灵零铃伶[˨˩˧]檩领岭翎[˧˥]赁吝令另

tɕ [˦˨˦]今金禁禁不住襟津巾斤筋茎京荆惊鲸兢精晶睛径经[˨˩˧]锦紧仅谨景警井颈[˧˥]禁禁止尽进晋近劲境敬镜竞静靖净

tɕ‘ [˦˨˦]侵钦浸亲卿清轻年轻青蜻[˧]琴禽擒秦勤芹擎情晴[˨˩˧]寝请倾顷苘[˧˥]吣猫吣揿亲亲家庆磬

ɕ [˦˨˦]心辛新薪欣兴兴旺星腥馨[˧]寻行行为形型刑陉井陉荥[˨˩˧]省反省醒[˧˥]信兴高兴杏行品行幸性姓

ø [˦˨˦]音阴荫因姻殷鹰应应对莺鹦樱英婴缨[˧]吟淫银湮寅蝇迎盈赢萤营茔[˨˩˧]饮引隐尹影颖[˧˥]荫窨地窨子印应应当硬映

uəŋ

t [˦˨˦]敦墩蹲东冬[˨˩˧]董懂[˧˥]盾顿囤沌钝遁盾动冻栋洞

t‘ [˦˨˦]吞通[˧]臀囤屯豚饨同铜桐童瞳[˨˩˧]筒捅桶统[˧˥]褪痛

n [˧]农脓侬浓[˧˥]嫩弄

l [˧]论论语仑伦沦轮笼聋隆龙[˨˩˧]拢陇垄[˧˥]论议论

k [˦˨˦]公蚣工功攻弓躬宫恭供供不起[˨˩˧]滚汞拱巩[˧˥]棍贡共供供养

k‘ [˦˨˦]昆坤空空洞[˨˩˧]捆孔恐[˧˥]困控空空缺

x [˦˨˦]昏婚轰烘荤[˧]魂馄浑混混沌宏红洪鸿虹弘[˨˩˧]哄哄骗[˧˥]混

ts [˦˨˦]尊遵肫棕鬃宗综中当中忠终踪钟锺盅[˨˩˧]撙准总冢种种类肿[˧˥]俊重中射中仲众纵纵横，放纵重重要种种树

ts‘ [˦˨˦]村皴脸皴椿春聪匆葱充从从容冲舂[˧]存唇纯莼醇丛虫崇从随从重重复[˨˩˧]忖蠢囱铳放铳宠[˧˥]寸

s [˦˨˦]孙松嵩[˨˩˧]损榫榫头怂[˧˥]逊顺舜送宋诵颂讼

z [˧]戎绒茸[˧˥]润闰

yŋ

tɕ [˦˨˦]均钧君军[˨˩˧]窘菌迥[˧˥]郡

tɕ‘ [˧]群裙琼穷[˧˥]

ɕ [˦˨˦]熏勳薰兄胸凶吉凶[˧]荀旬循巡殉熊雄[˧˥]讯衅迅训

ø [˦˨˦]晕雍痈庸壅壅肥[˧]匀云荣容蓉镕融[˨˩˧]允永泳咏拥甬勇涌冗[˧˥]熨韵运孕用

əʔ

p [˧]不

m [˧]木没沉没目穆牧

f [˧]复复兴佛仿佛福幅蝠腹覆服伏

v [˧]杌杌凳物勿屋沃握

t‘ [˧]忒特

k [˧]胳

x [˧]黑核审核赫吓恐吓

s [˧]涩瑟虱

tʂ [˧]只稚蛰执汁侄秩质直值织职殖植

tʂ‘ [˧]饬赤斥尺吃

ʂ [˧]湿什什物拾十实失室食蚀识式饰适释石

ʐ [˧]日

iəʔ

p [˧]鼻别鳖憋笔毕必弼伯泊北逼百柏伯璧碧壁

pʻ　[˧]撇匹迫拍魄僻劈譬
m　[˧]密蜜灭篾墨默陌觅
t　[˧]跌叠碟牒蝶谍得德的目的滴嫡笛敌狄籴
tʻ　[˧]帖贴铁踢剔
ȵ　[˧]聂镊蹑孽捏匿逆溺
l　[˧]立笠粒列烈裂劣栗肋勒力历猎
tɕ　[˧]訾夹甲胛肩胛接捷劫缉集辑急级给给予及杰揭节截结洁疾吉即鲫极戟积迹脊籍藉绩寂击激
tɕʻ　[˧]洽恰掐妾怯切锲镰刀七漆膝戚
ɕ　[˧]辖匣胁协习袭瞎歇蝎悉塞息熄媳惜昔席夕锡析狭峡吸
ø　[˧]叶页[丫]鸭押缢业揖咽乙一逸抑益亦译疫役靥

uəʔ

t　[˧]独读牍犊笃督毒
tʻ　[˧]突秃
l　[˧]绿录陆鹿禄
k　[˧]骨郭国虢谷稻谷
kʻ　[˧]窟哭酷
x　[˧]忽或惑获霍藿劐用刀劐开镬
ts　[˧]拙卒族竹筑逐祝烛嘱
tsʻ　[˧]猝畜触出
s　[˧]术述速叔淑粟束蜀属
z　[˧]辱褥入弱

yəʔ

ȵ　[˧]虐疟
l　[˧]捋律率略掠
tɕ　[˧]嚼脚绝厥憠脾气憠掘橛橛子决诀橘掘倔爵觉知觉角菊掬足锔局
tɕʻ　[˧]缺屈雀鹊却确榷促曲焌火焌手黢黢黑
ɕ　[˧]薛屑木屑雪血穴戌恤削学肃宿缩畜畜牧蓄俗续赎
ø　[˧]月悦阅越曰粤约乐音乐域郁姓育欲浴

ɑʔ

p　[˧]八拔钵拨钹勃博薄驳帛卜
pʻ　[˧]泼朴扑仆仆倒仆仆人瀑
m　[˧]抹抹布末沫莫膜寞摸
f　[˧]法乏发头发,发展伐筏罚
t　[˧]答搭达
tʻ　[˧]踏搨沓塔榻塌溻汗溻溻
n　[˧]纳诺
l　[˧]腊蜡镴辣拉落
k　[˧]戈合十合一升蛤鸽割葛各阁搁格革隔
kʻ　[˧]咳磕渴壳刻克客
ŋ　[˧]额扼轭鄂恶善恶
x　[˧]喝合盒郝姓鹤
ts　[˧]泽择杂扎眨闸札铡则摘责
tsʻ　[˧]拆厕插擦察观察策册侧测
s　[˧]杀色啬栅
tʂ　[˧]蔗折折叠褶哲蜇蜜蜂蜇人辙折弄折了浙
tʂʻ　[˧]彻撤
ʂ　[˧]舌设赦摄涉
ʐ　[˧]热若

uɑʔ

t　[˧]掇拾掇夺铎踱
tʻ　[˧]脱讬托
l　[˧]落骆酪洛络乐
k　[˧]聒刮
kʻ　[˧]阔廓扩括
x　[˧]滑猾豁活
ts　[˧]作昨柞着着衣酌桌卓琢涿啄浊捉镯浞
tsʻ　[˧]撮绰戳
s　[˧]刷说索绳索朔

第三节　词汇选录

一、名词、代词和数量词

俺 æ^{323} 我，我们
壁虱 piəʔsəʔ 臭虫
大 tɑ^{323}爸爸
大灰 tɑ^{35}xuei^{323} 石灰
大妈 tɑ^{35}mɑ^{323} 大娘
大爷 tɑ^{35}iə^{33}伯伯
□脑 təʔau^{53}头部
肚肚 tuˈu^{35}兜肚
多会儿 tuə^{323}xur^{33}什么时候
多咱 tuə^{323}tsæ^{33}什么时候
麸炭 fu^{323}t‘æ^{35}煤核儿
圪哒 kəʔtʌʔ 个
圪定盖 kəʔtiŋ^{35}kᴇ^{33}膝盖
圪台 kəʔt‘ᴇ^{33}台阶
各人 kʌʔʐəŋ^{33}各自
挂 kuɑ^{35}辆
黑张 xəʔtʂɑŋ^{323} 晚上
后脑勺 xəu^{35}nɔ^{53}ʂɔ^{33}
和和饭 xuər^{35}xuər^{33}fæ^{35}一种主食
饥荒 tɕi^{35}xuɑŋ^{33}外债
甲甲 tɕiəʔtɕiʌʔ 指甲
解 tsiə^{53}几个（几外的连读）
老娘 lɔ^{53}niɑŋ^{33}外祖母
门颅盖 məŋ^{33}ləu^{33}kᴇ^{33}脑门儿
那 nɔ^{35}那
年 niɑ^{33}人家
年时 niæ^{33}sɿ^{33}去年
戚人 tɕ‘iəʔʐəŋ^{323} 客人
然交 ʐæ^{33}tɕiɔ^{33}生活费用
腮骨嘟 sᴇ^{323}kuəʔtu^{33}腮帮子
儆 sɑ^{33}平方米面糊
臊 sɔ^{35}浇头
山药蛋 sæ^{323}iɔ^{35}tæ^{35}土豆
屎巴牛 sɿ^{53}pɑ^{323}niəu^{33}屎壳郎
摊张 t‘æ^{323}tʂaŋ^{33}样子，局面
天每 t‘iæ^{323}mei^{33}每天
秃舌 t‘uəʔʂʌʔ 口齿不清的人
土坷垃 t‘u^{53}k‘əʔlʌʔ 土块儿
外 vᴇ^{35}个
外 vᴇ^{35}那
围围 vei^{33}vei^{33}围嘴儿
小来期 ɕiɔ^{53}lᴇ^{33}tɕ‘i^{33}小时候
兄弟 ɕyŋ^{323}ti^{35}弟弟
暄糕 ɕyæ^{35}kɔ^{33}发糕
仰升 iɑŋ^{53}ʂəŋ^{33}顶棚
衣裳 i^{323}tʂ‘aŋ^{33}衣服，上衣
玉茭 y^{35}tɕiɔ^{33}玉米
曰 yᴇ^{35}一个（一外的连读）
云彩 yŋ^{33}ts‘ᴇ^{33}云，云朵
咱 tsæ^{33}我们
早起 tsɔ^{53}tɕ‘i^{323} 早晨
正个家 tʂəŋ^{33}kəʔtsiɑ^{33}这样
正些 tʂəŋ^{33}ɕiə^{323} 这么多
煮饭 tsu^{53}fæ^{35}面食
姊妹 tsɿ^{53}mei^{35}妹妹

二、动　词

不好 pəʔxɔ^{33}身体不适
不卯 pəʔmɔ^{53}不合
策划 ts‘ʌʔxuʌʔ 想法儿，搜罗
超理 tʂ‘ɔ^{323}li^{33}理睬
成心 tʂəŋ^{33}ɕiŋ^{323}故意
憷阵 ts‘u^{35}tʂəŋ^{35}害怕
戳火 ts‘uʌʔxuə^{53}生气
打冷黑森 tɑ^{53}ləŋ^{53}xəʔsəŋ^{33}发抖
捣舌 tɔ^{53}ʂʌʔ 聊天
捣笑话 tɔ^{53}ɕiɔ^{35}xuɑ^{33}讲故事
风发 fəŋ^{323}fʌʔ 感冒
干哕 kæ^{323}yə^{33}想吐
圪就 kəʔtɕiəu^{323} 蹲
搁 kʌʔ 放

各不着 kɑʔpəʔtʂɔ^{33}合不来
各驾 kɑʔtɕiɑ^{35}结交
黑挤眼 xəʔtɕi^{33}iæ^{53}闭眼
觳觫 xuəʔsuəʔ 发抖
解在 tɕiə^{53}tsᴇ ^{35}注意，爱惜
坷 k‘əʔ 去
料摸 liɔ^{323}mʌʔ 估计
没览 məʔlæ^{35}溜跶，慢慢走
摸挲 mʌʔsuə^{323} 抚摸
磨蹭 mə^{33}ts‘əŋ^{33}拖延
跑茅 p‘ɔ^{53}mɔ^{33}拉肚子
日噘 ʐəʔtɕyəʔ 骂人
煞吃挣 sʌʔi^{35}tsəŋ^{33}说梦话
施假 sɿ^{323}tɕiɑ^{53}装假
拾掇 ʂəʔtuəʔ 收拾
抬将 t‘ᴇ ^{33}tɕiaŋ^{33}抚养
提溜 t‘iəʔliəu^{323} 提着，拎
听侍 t‘iŋ^{35}sɿ^{33}侍候
习跟 ɕiəʔkəŋ^{323} 一起走，相处
洗涮 ɕi^{53}suæ^{35}清洗
响忽雷 ɕiaŋ^{53}xuəʔ luei^{33}打雷
心烦 ɕiŋ^{323}fæ^{33}讨厌
专意 tsuæ^{323}i^{35}专门
转游 tsuæ^{35}iəu^{33}闲逛
作么嘞 tsuə？ mɑ^{33}lə^{33}做什么

三、形容词和副词

便意 piæ^{35}i^{33}随便
不占 pəʔ^{53}tʂæ^{323} 不好，不行
缠长 tʂ‘æ^{33}tʂ‘ɑŋ^{33}难缠
戳莽 tʂ‘uʌʔmaŋ^{53}胆大
瓷 ts‘ɿ^{33}紧，坚实
次凳 ts‘ɿ^{323}təŋ^{33}慢吞吞
次脑 ts‘ɿ^{35}nɔ^{33}不舒服
挡不住 tɑŋ^{53}pəʔtsu^{35}有可能
倒灶 tɔ^{53}tsɔ^{35}倒霉
得撅 tiəʔtɕyəʔ 得意，神气
得手 tiəʔ ʂəu^{33}好
二气 ər^{35}tɕ‘i^{33}鲁莽
嘎 kɑ^{53}行事不端
刚儿刚儿 kãr^{35}kãr^{33}刚才
圪料 kəʔliɔ^{35}不平整，不顺溜
鬼 kuei^{53}精明
好满 xɔ^{323}mæ^{33}大概
坷到 k‘əʔtɔ^{35}已经（表惊异）
坷溜 k‘əʔliəu^{323} 弯曲
块儿块儿 k‘uər^{53}k‘uər^{323} 恰巧
邋遢 lʌʔt‘ʌʔ 不整洁
愣怔 ləŋ^{35}tsəŋ^{33}反应迟钝
凉稍 liɑŋ^{33}sɔ^{33}凉快
腻歪 ni^{35}vᴇ ^{33}令人厌烦
皮 p‘i^{33}小孩身体壮实
求其 tɕ‘iəu^{33}tɕ‘i^{33}稍微
骚造 sɔ^{323}tsɔ^{33}风骚浪荡
舒妥 su^{323}t‘uə^{33}舒服
通满 t‘uəŋ^{323}mæ^{33}总共
幸稍 ɕiŋ^{35}sɔ^{33}爽快
样长 iɑŋ^{35} tʂ‘ɑŋ^{33}索性
一刬 iəʔts‘æ^{33}非常，一概
意般 i^{35}pæ^{33}已经
造义 tsɔ^{35}i^{33}（表不利条件）
占先 tʂæ^{323}ɕiæ^{35}好，行

第四节　语　　法

一、特殊词语

（一）语气助词。“来来［lᴇ ^{33}lᴇ ^{33}］”“来［lᴇ ^{33}］”。使用频率很高。用于句中动词之前时，起舒缓语气、提起注意的作用。如“他来来不是曰好人，你总惯跟棱他作么嘞？”“快给咱把灯来来关了，看费电。”用于句尾时，表已然。如“坷哪来？下街来来。”还用于简短的对话中，表省略。如

"谁来？我来来。"

（二）时间助词。"来期［lᴇ^{33}tɕ'i^{33}］""棱老［ləŋ^{33}lɔ^{33}］""登老［təŋ^{33}lɔ^{33}］"，意为"……的时候"。"来期"用于已然，"棱老""登老"表未然。如"这鞋买来期试着小，穿棱老也不咋。""来登老捎上。"

（三）时态助词。"棱［ləŋ^{33}］""老［lɔ^{33}］""啦［lɑ^{33}］""过 kuɤ^{33}"分别与普通话的"着""了""过"相对应。如"看棱电视，嗑棱瓜子，挺得。""等他走了再说。""已经走啦。""这人来过。""走了就走了哇，不管他。"

二、构词法

（一）附加手段

1. 圪［kəʔ］。如"圪落［kəʔlɔ^{323}］"（角落），"圪搅［kəʔtɕiau^{33}］"（扰乱），"圪灵［kəʔliŋ^{323}］"（松鼠），"圪冉［kəʔʐæ^{323}］"（萎缩），"圪节［kəʔtɕiəʔ］"（段）。

2. 日［ʐəʔ］。日捣［ʐəʔtɔ^{33}］（哄骗，应付），日脏［ʐəʔtsaŋ^{323}］（肮脏）。

3. 不［pəʔ］。不漏［pəʔləu^{35}］（食品名，又称不烂，窟类），不来［pəʔlᴇ^{53}］（来回摇摆）。

此外，还有"骨［kuəʔ］""忽［xuəʔ］"等。

（二）重　叠

1. 名词。娘娘［niəʔniaŋ^{33}］（奶奶），大大［tɑ^{323}tɑ^{33}］爸爸，瓶瓶［p'iŋ^{33}p'iŋ^{33}］，钵钵［pʌʔpʌrʔ］。

2. 动词。尝尝［tʂ'ɑŋ^{33}tʂ'ɑŋ^{33}］（尝一尝），捣舌捣舌［tɔ^{53}ʂɑʔtɔ^{53}ʂɑʔ］聊聊天。

3. 形容词。好好儿［xɔ^{53}xɔr^{325}］，邋里邋遢［lɑʔli^{53}lʌʔt'ɑʔ］。

此外，副词、量词的重叠同样有其特点。

三、句法特点

（一）特殊补语

1. 结果补语"着［tʂɔ^{33}］""住［tʂəu^{33}］"，表示达到目的、有了结果、造成伤害。如"听着没有？听着啦。""摔着啦。""给咱看住孩，听住门。""真吃不住嘞。"

2. 程度补语"杀［sɑʔ］"表"……得厉害"。如"气杀我啦。""高兴杀！""一后晌忙杀啦。"

3. 可能补语"老［lɔ^{33}］"。如"担动老"（担得动）"干不老"（不会干）"吃住老"（受得了）。

4. 趋向补语"张来［tʂɑŋ^{33}lᴇ^{33}］""圪［kəʔ］""张圪［tʂɑŋ^{33}kəʔ］"，表示"过来"。如"他跑张来啦。"（他跑过来了）"把这碗饭给他端张圪。"（把这碗饭给他端过去）"写不张圪。"（写不出来，不会写）。

（二）特殊句式

1. 量名结构作补语。如"烧老张烙饼。""编老本书。"

2. 动量结构作宾语。如"下回街。""网上买了件羽绒大衣。"

3. 反复问句的简化。如"你抽烟呀不?""你抽烟不抽?"（你抽烟不抽烟?）

第五节　方言的发展

一、矿区语言系统的三个圈次

矿区是新中国建立后发展起来的新兴工矿区，具有语言复杂的特点。其语言系统包含三个圈次：

一是普通话，是媒体使用的主体语言，也渐成学校和党政机关交流的主体语言。

二是本地方言（阳泉矿区话），具有浓郁的地域特色，弥漫于市井街巷，是市民的日常用语。本地方言反映了本地的历史文化风貌，有久远的历史文化作为支撑，同时有数量占优势的本籍人口，因而比普通话的交流范围更广泛和更具社会性。在官方交流中，除部分人使用普通话和外地方言外，多数人仍使用本地方言，但词汇和语法与普通话相近，较为严谨。

三是外来人口所带来的其他方言。矿区是国家重要的能源基地。新中国成立后，矿区进行了大规模经济建设，大批建设者汇聚境内，除本籍人外，还聚集了大量外来人口，带来了多种外地方言。境内的外来人口包括本市其他县区人、省内其他县市人和外省人。主要的外地方言有盂县话、寿阳话和其他晋中话，山西话的其他方言，井陉话和其他河北话。

二、本地方言与普通话及外来方言的关系

本地方言不但是原籍为本地的居民所使用的语言，而且为多数外来人口所接受。不少外来人口学会了本地话，其后代从小就受本地话熏陶。因而本地话成为交际中的通用方言。

作为民族共同语的普通话，势力巨大，影响深远。经过国家多年普及普通话的努力，普通话的主流地位已在全民心中扎根，普通话在广播、电视、电影中被广泛使用，在学校中被用作教学语言，在党政机关被用作交流的主体语言，因而在社会上形成了一种使用普通话的环境。可以说，没有人不懂普通话，与共和国同龄的人至少都会说几句普通话。在这种情况下，本地话受到普通话的巨大影响。

大量的外来人口带来了多种方言，这些方言同样在交际中被使用，与本地方言共存，并相互作用，相互影响。

在普通话和外来方言的影响下，本地方言除保持了自身的特点外，在语音、词汇和语法诸方面均产生了多种变化（详见下）。同时，本地说普通话和外地方言的人，其口语也不可避免地受到本地方言的影响，以至于令人感到他的话“变了味儿”。

本地方言中融进普通话和其他方言有生命力的因素，同时多种语言相互作用，相互影响，不仅为本地方言注入鲜活的语义表达要素，也促进了使用不同方言的居民在城市生活中的和谐相处。

三、本地方言的发展状况

随着社会生活的发展，阳泉矿区话一直处于发展变异之中。新中国建立后，作为阳泉市矿区的本地方言，城市环境的影响更加速了其变异的进程。变异包括语音、词汇和语法三方面。

（一）*语音方面*

1. 声母：主要有下列 4 种情况：

（1）原读零声母，改读［ʐ］。如“荣”“容”“溶”原读［yŋ］，改读［ʐuəŋ］。

（2）原读［ŋ］，改读零声母。如“俄”“爱”“安”原读［ŋə］［ŋᴇ］［ŋæ］，改读［ə］［ᴇ］［æ］。

（3）原读［z］，改读［ʐ］。如“儒”“瑞”“软”“润”，原读［zu］［zui］［zuæ］［zuŋ］，改读［ʐu］［ʐui］［ʐuæ］［ʐuŋ］。

（4）原读舌尖音，改读舌面音。如“今”“俊”“泉”“宣”，原读［tsẽr］［tsuŋ］［ts‘uæ］［suæ］，改读［tɕiŋ］［tɕyŋ］［tɕ‘yæ］［ɕyæ］。

2. 韵母：主要有下列 4 种情况：

（1）原读［uɤ］，改读［ɤ］。如“科”“课”“和”，原读［k‘uɤ］［k‘uɤ］［xuɤ］，改读［kɤ］［kɤ］［xɤ］。

（2）原读［uei］，改读［ei］。如“雷”“内”“泪”，原读［luei］［nuei］［luei］，改读［1ei］［nei］［lei］。

（3）原读［uei］，改读［y］。如“旅”“虑”“律”，原读［luei］［luei］［luei］，改读［ly］［ly］［ly］。

（4）原读［uæ］，改读［iæ］。如“联”“恋”，原读［luæ］［luæ］，改读［liæ］［liæ］。

3. 声调：一些入声字，改读其他声调，如“特别”［tʻəʔpiəʔ］、“钢笔”［kaŋ^{323}piəʔ］，部分人读成［tʻə^{35}piə^{53}］、［kɑŋ^{323}pi^{53}］。

（二）词汇方面

在词汇方面，本地方言的大量特色词汇仍活跃在日常生活当中。但一些与普通话差异过大的词语，在日常生活中已较少使用，有逐渐被淘汰的趋势。具体如：

1. 名词、代词和数量词：

方　言	普通话	方　言	普通话
壁虱 piəʔsəʔ	臭虫	解 tsᴇ^{53}（几外的连读）	几个
麸炭 fu^{323}tʻæ^{35}	煤核儿	门颅盖 məŋ^{33}ləu^{33}kᴇ^{33}	脑门儿
圪定盖 kəʔtiŋ^{35}kᴇ^{33}	膝盖	然交 ʐæ^{33}tɕiɔ^{33}	开销
挂 kuɑ^{35}	辆	曰 yᴇ^{35}（一外的连读）	一个
饥荒 tɕi^{35}xuaŋ^{33}	外债	云彩 yŋ^{33}tsʻᴇ^{33}	云，云朵
甲甲 tɕiəʔtɕiəʔ	指甲	正个家 tʂəŋ^{33}kəʔtsiɑ^{33}	这样

2. 动词、形容词和副词：

方　言	普通话	方　言	普通话
好满 xau^{323}mæ^{33}	大概	日噘 ʐəʔtɕyəʔ	骂人
块儿块儿 kʻuər^{53}kʻuər^{323}	恰巧	抬将 tʻᴇ^{33}tɕiaŋ^{33}	抚养
跑茅 pʻɔ^{53}mɔ^{33}	拉肚子	听侍 tʻiŋ^{35}sɿ^{33}	侍候
皮 pʻi^{33}	小孩身体好	通满 tʻuəŋ^{323}mæ^{33}	总共
求其 tɕʻiəu^{33}tɕʻi^{33}	稍微	暄 ɕyæ^{323} 空隙多	松软，肿

（三）语法方面

总的来说，相对于语音和词汇，语法较为稳定，但也不是一成不变的。如语气助词“来来［lᴇ^{33}lᴇ^{33}］”、时间助词“来期［lᴇ^{33}tɕʻi^{33}］”“棱老［ləŋ^{33}lɔ^{33}］”“登老［təŋ^{33}lɔ^{33}］”等。在构词法中，一些附加手段使用频率也大大降低，如圪［kəʔ］、日［ʐəʔ］、骨［kuəʔ］、忽［xuəʔ］的使用等。

第六节　标音举例

一、谚　语

（一）农事谚语

1. pᴇ^{33} lu^{35} tsɔ^{53}，xæ^{33} lu^{35} tʂʻɿ^{33}，tɕiəu$^{323-35}$ fəŋ$^{323-33}$ tsuəŋ^{35} mᴇ^{35} tʂəŋ^{35} tɑŋ^{323} sɿ^{33}。
白 露 早，寒 露 迟， 秋 分 种 麦 正 当 时。

2. tsʻu^{35} su^{53} pəʔ^{43} tsʻuəʔ^{43} tʻəu^{33}，kʌʔ^{43} ɕiɑ^{35} vei^{35} lɔ niəu^{33}。
处 暑 不 出 头，割 下 喂 了 牛。

3. ər^{35} yəʔ^{43} ər^{35}，luəŋ^{33} tʻᴇ^{33} tʻəu^{33}，tɑ^{35} tsʻaŋ^{323} mæ^{53}，ɕiɔ^{53} tsʻaŋ^{323} liu^{33}。
二 月 二，龙 抬 头，大 仓 满，小 仓 流。

4. kuəʔ^{43} dɔ^{53} kuəʔ^{43}，ʂəu^{53} nəŋ kuəʔ^{43}。
谷 倒 谷，守 着 哭。

5. kuəʔ^{43} y^{53} tɕʻiæ^{33} xəu^{35}，æ^{323} kuɑ^{323} diæ^{53} dəu^{35}。
谷 雨 前 后，安 瓜 点 豆。

6. tɕiɑ^{323} li^{53} k‘æ^{35} k‘aŋ^{35} iæ^{33}，tsuəŋ^{35} ti^{35} k‘æ^{35} piæ^{323} iæ^{33}。
家里看炕沿，种地看边沿。

7. tɕiŋ^{323} tʂɑʔ^{43} tsuəŋ^{35} yæ^{33}，tɕ‘iŋ^{323} miŋ^{33} ɕiɑ^{35} ti^{35}。
惊蛰种园，清明下地。

8. liu^{35} yəʔ^{43} liu^{35}，k‘æ^{35} kuəʔ^{43} tɕ‘iu^{35}。
六月六，看谷秀。

9. mE^{35} ʂəu^{323} pɑʔ^{43}、ʂəʔ^{43}、sæ^{323} tʂ‘ɑŋ^{53} y^{53}。
麦收八、十、三场雨。

10. mE^{35} ɕiɑ^{35} sæ^{323} yəʔ^{23} y^{53}，tæ^{323} p‘ɑ^{35} ər^{35} yəʔ^{43} ɕyəʔ^{43}。
麦夏三月雨，单怕二月雪。

11. t‘əu^{33} fəʔ^{43} luə^{33} p‘i^{33} ər^{35} fəʔ^{43} ts‘ai^{35}，sæ^{323} fəʔ^{43} kuə^{35} lE^{33} sɑ^{53} tɕ‘iɔ^{33} mE^{35}。
头伏萝卜二伏菜，三伏过来撒荞麦。

12. ɕiɑ^{35} tsɿ^{35} pəʔ^{43} tsuəŋ^{35} kɔ$^{323-35}$ sæ$^{323-33}$ su^{53}，p‘iŋ^{33} ti^{33} xæ^{33} iəu^{33} ʂəʔ^{43} ʂɑŋ^{53} kuəʔ^{43}。
夏至不种高山黍，平地还有十晌谷。

13. tsuəŋ^{35} ti^{35} pəʔ^{43} ʂɑŋ^{35} fəŋ^{35}，təŋ^{53} y^{33} ɕiəʔ^{43} xu^{33} xuəŋ^{35}。
种地不上粪，等于瞎胡混。

（二）煤炭生产谚语

1. ts‘u^{33} tɕiŋ^{35} æ^{35} tɕiɔ^{323} xɔ^{53} ɕiŋ^{33} ts‘uæ^{33}，sɿ^{35} ku^{35} fɑŋ^{33} xuæ^{35} y^{33} vuei^{35} ræ^{33}。
除尽暗礁好行船，事故防患于未然。

2. tɕiɔ^{53} ɕiŋ^{35} tsi^{323} ɕiŋ^{323} pəʔ^{43} k‘ə^{53} iəu^{53}，tɕiŋ^{53} ʂəŋ^{35} tsi^{323} tɕiŋ^{323} pəʔ^{43}k‘ə^{53} u^{33}。
侥幸之心不可有，谨慎之心不可无。

3. rəŋ^{33} xuɑʔ^{43} iəʔ^{43} k‘əu^{53} tɕ‘i^{35}，k‘uaŋ^{35} t‘uəŋ^{323} iəʔ^{43} ku^{53} fəŋ^{323}。
人活一口气，矿通一股风。

4. sɿ^{35} ku^{35} ɕiɔ^{323} miəʔ^{23} tsE^{35} məŋ^{33} iɑ^{33}，æ^{323} ts‘uæ^{33} tsE^{35} y^{33} tɕiŋ^{53} t‘iəʔ^{43}。
事故消灭在萌芽，安全在于警惕。

5. ɕiɑ^{35} tɕiŋ^{53} sæ^{323} t‘iæ^{323} iæ^{53} xuəŋ^{323} ər^{53} luəŋ^{33}，ɕiɑ^{35} tɕiŋ^{53} sæ^{323} niæ^{33} ər^{53} ts‘uəŋ^{323} məʔ^{43} miŋ^{33}。
下井三天眼昏耳聋，下井三年耳聪目明。

6. tsu^{35} si^{35} tæ^{53}，təŋ^{323} si^{35} iæ^{53}，suei^{53} si^{35} piŋ^{35}，fəŋ^{323} si^{35} miŋ^{35}。
柱是胆，灯是眼，水是病，风是命。

（三）气象谚语

1. tuəŋ^{323} fəŋ^{323} ɕiɑ^{35} y^{53} ɕi^{323} fəŋ^{323} ɕiŋ^{33}，tsɔ^{53} ʂɔ^{323} liæ^{33} iŋ^{323} væ^{53} ʂɔ^{323} ɕiŋ^{33}。
东风下雨西风晴，早烧连阴晚烧晴。

2. tuəŋ^{323} xuəŋ^{33} xuəʔ^{43} luei^{33} ɕi^{323} xuəŋ^{33} y^{53}。næ^{33} xuəŋ^{33} tɕ‘i^{53} lE^{33} mE^{35} kuei^{323} ny^{53}。
东虹忽雷西虹雨。南虹起来卖闺女。

3. xæ^{33} lu^{35} piəʔ^{43} ts‘ɔ^{53} k‘u^{323}，suɑŋ^{323} tɕiɑŋ^{35} suei^{53} liəu^{33} tʂ‘əu^{33}。
寒露百草枯，霜降水流稠。

4. næ^{33} sæ^{323} təʔ^{43} sæ^{323}，p‘iŋ^{33} t‘æ^{33} təʔ^{43} tʂ‘uæ^{323}，pəʔ^{43} p‘ɑ^{35} y^{53} kuæ^{35} pəʔ^{43} p‘ɑ^{35} xæ^{35}。
南山的山，平潭的川，不怕雨灌不怕旱。

5. si^{323} nɔ^{53} sæ^{323} tE^{35} ʂɑŋ^{35} mɔ^{35}，tʂɑŋ^{33} kuəŋ^{323} nəŋ^{33} suei^{35} tɕiɔ^{35}。
狮脑山戴上帽，长工能睡觉。

6. suei^{53} kɑŋ^{323} tʂuæ^{323} tɕ‘yŋ^{33}，y^{53} suei^{53} lE^{33} liŋ^{33}。
水缸穿裙，雨水来临。

7. t‘iæ323 xæ35 iəʔ43 tɑ35 piæ35，pɔ33 tɑ53 iəʔ43 tiɔ33 ɕiæ35。
天旱一大片，雹打一条线。

8. ɕiɑ35 tsɿ24 tuəŋ323 næ33 fəŋ323，xæ35 sʌʔ43 tɕiŋ53 piæ323 tɕ‘ɔ53。
夏至东南风，旱煞井边草。

（四）生活谚语

1. pɔ53 xæ35 pəʔ43 tʂɿ323 ŋə35 xæ35 tɕi323。
饱汉不知饿汉饥。

2. ts‘əʔ43 lɔ53 ʐəŋ33 tiəʔ43 tsuei53 zuæ53，t‘əu323 lɔ53 ʐəŋ33 tiəʔ43 t‘uei53 zuæ53。
吃了人的嘴软，偷了人的腿软。

3. tiə323 iəu53 niɑŋ33 iəu53，pəʔ43 zu33 xuE33 ts‘uE323 tsɿ35 iəu53。
爹有娘有，不如怀揣自有。

4. tuɤ53 lɔ53 ts‘u323 iəʔ43，tuɤ53 pəʔ43 lɔ53 ʂəʔ43 u53。
躲了初一，躲不了十五。

5. xɔ53 xæ35 pəʔ43 tsE35 tsuei53 ʂɑŋ35，xɔ53 mɑ53 ts‘uæ33 tsE35 t‘uei53 ʂɑŋ35。
好汉不在嘴上，好马全在腿上。

6. tɕiæ35 ʐəŋ33 pəʔ43 sɿ323 lei53，tuɤ323 tsəu53 ər35 ʂəʔ43 lei53。
见人不施礼，多走二十里。

7. lɑ323 miæ35 miŋ53 kəʔ43 təu53，tʂ‘əʔ43 lɔ53 pəʔ43 ɕiɑŋ53 tsəu53。
拉面抿圪抖，吃了不想走。

8. mei33 tsE35 xəʔ43 iə53 xuei35 fɑʔ43 kuɑŋ323，ʐəŋ33 tsE35 mei53 iə53 iəu53 tɕ‘yəʔ43 tiæ53。
煤再黑也会发光，人再美也有缺点。

9. p‘ɤ33 p‘ɤ33 tsuei53 suei35，ɕiəʔ43 fu35 ər53 pei35。
婆婆嘴碎，媳妇耳背。

10. tɕ‘iəʔ43 yəʔ43 ʂəʔ43 u53 suən35 miæ35 iɑŋ33，pʌʔ43 yəʔ43 ʂəʔ43 u53 suən35 yəʔ43 piəŋ53。
七月十五送面羊，八月十五送月饼。

11. tɕ‘iɑŋ33 təu33 ts‘ɔ53，liɑŋ53 miæ35 tɔ53。
墙头草，两面倒。

12. tɕ‘iŋ33 sɿ35 iɔ33 tɕ‘iæ33 su35，tɕiæ53 sɿ35 tɕy35 pɔ53 p‘əŋ33。
勤是摇钱树，俭是聚宝盆。

13. su35 iɔ35 tɕ‘iŋ33 t‘uəŋ323 k‘æ53，ʐəŋ33 iɔ35 tɕ‘iŋ33 tɕiæ53 tiæ53。
树要勤捅砍，人要勤检点。

14. suʌʔ43 tɔ35 tsuɤ35 pəʔ43 tɔ35，tɕiəu35 zu33 fɑŋ35 k‘uəŋ323 p‘ɔ35。
说到做不到，就如放空炮。

15. vəŋ35 kəu53 səŋ53 ts‘E33 sɿ35 səŋ53，vəŋ35 ti53 sɿ35 yə35 tɑ35 k‘uəʔ43 luəŋ33。
瓮口省才是省，瓮底是个大窟窿。

16. iəu53 lei53 pəʔ43 tsE35 kɔ323 iæ33，sæ323 kɔ323 tʂɤ323 pəʔ43 tsu35 t‘E35 iɑŋ33。
有理不在高言，山高遮不住太阳。

17. iəu43 ʂəʔ43 mɑ iə53 pəʔ43 iɔ35 iəu53 piŋ35，məʔ43 ʂəʔ43 mɑ iə53 pəʔ43 iɔ35 məʔ43 tɕ‘iæ33。
有什么也不要有病，没什么也不要没钱。

18. tsuəʔ43 tsE35 ʐəŋ33 tʂ‘iæ33，tʂ‘əʔ43 tsE35 ʐəŋ33 xəu35。
做在人前，吃在人后。

二、歇后语

1. ts‘E33 fəŋ33 tiəu323 lɔ53 tɕiæ53——kuɑŋ53 ʂəŋ35 ɕiɑ35 iəʔ43 tʂ‘əʔ43。
裁缝丢了剪——光剩下一尺(吃)。

2. tsʻE^{33} i^{323} fəʔ^{43} pəʔ^{43} yŋ^{35} tɕiæ^{53}——xu^{33} tʂʻə^{53}。
裁 衣 服 不 用 剪——胡 扯。

3. tsʻəŋ^{35} ʐʌʔ^{43} tɑ^{53} tʻiəʔ^{43}——lE^{33} tiəʔ^{43} kʻuE^{35}。
趁 热 打 铁——来 得 快。

4. tʂʻəŋ^{33} xuɑŋ^{33} niɑŋ^{33} niɑŋ^{33} xE^{35} ɕi^{53}——xuE^{33} tiəʔ^{43} sɿ^{35} kuei^{53} tʻE^{323}。
城 隍 娘 娘 害 喜——怀 的 是 鬼 胎。

5. kuəŋ^{323} tɕi^{323} tɑ^{53} tɕiɑ^{35}——tʻəu^{33} tuei^{35} tʻəu^{33}。
公 鸡 打 架——头 对 头。

6. tɕiə^{53} mei^{35} liɑŋ^{53} tsɔ^{53} pʻə^{33} tɕiɑ^{323}——kʌʔ^{43} tsəu^{53} kʌʔ^{43} tiəʔ^{43} lu^{35}。
姐 妹 两 找 婆 家——各 走 各 的 路。

7. mɔ^{33} luei^{33} kʻəŋ^{53} ʂəʔ^{43} mə^{35}——tsuei^{53} iŋ^{35}。
毛 驴 啃 石 磨——嘴 硬。

8. tʻiəʔ^{43} tɕiɑŋ^{35} kʻuɑ^{323} tʻu^{33} ti^{33}——tɑ^{53} tiəʔ^{43} xɔ^{53}。
铁 匠 夸 徒 弟——打 得 好。

三、民 谣

（一）kəu^{323} liæ^{33} kəu^{323} 沟连沟

tɕiŋ^{35} lɔ^{53} məŋ^{53} tsuəŋ^{323} kəu^{323}，tɑ^{35} kəu^{323} tɔ^{35} ɕiɔ^{53} kəu^{323}。
进 了 蒙 村 沟，大 沟 套 小 沟。
tɕʻiæ^{33} tsuɑŋ^{323} iəu^{53} tʻiɔ^{33} xuɑ^{323} ti^{35} kəu^{323}，xæ^{33} iəu^{53} iəʔ^{43} tʻiɔ^{33} tɑ^{35} nɔ^{53} kəu^{323}。
前 庄 有 条 花 地 沟，还 有 一 条 大 垴 沟。
tɕu^{35} tsE^{35} tɑ^{35} nɔ^{53} kəu^{323}，ʂɔ^{323} mei^{33} ʂɔ^{323} tʻæ^{35} pəʔ^{43} yŋ^{35} tʂʻəu^{33}。
住 在 大 垴 沟，烧 煤 烧 炭 不 用 愁。
tɑ^{35} nɔ^{53} kəu^{323} lei^{53} iəu^{35} iəu^{53} kəu^{323}，kəu^{323} miŋ^{33} tɕiɔ^{35} tsuəʔ^{43} ɕyəʔ^{43} luei^{35} kəu^{323}。
大 垴 沟 里 又 有 沟，沟 名 叫 做 血 泪 沟。
vɑŋ^{35} lei^{53} xæ^{33} iəu^{53} iəʔ^{43} tʻiɔ^{33} kəu^{323}，kəu^{323} miŋ^{33} ʐəŋ^{33} tɕiɔ^{35} tuəŋ^{323} tsuɑŋ^{323} kəu^{323}。
往 里 还 有 一 条 沟，沟 名 人 叫 东 庄 沟。
tɕiŋ^{35} tɑ^{35} tsʻuəŋ^{323} xæ^{33} iəu^{53} kəu^{323}，ʂəʔ^{43} tsʻɔ^{33} kəu^{323} lei^{53} iəu^{53} tsʻɔ^{33} xuɑŋ^{33} kəu^{323}。
进 大 村 还 有 沟，石 槽 沟 里 有 槽 黄 沟。

（二）xu^{53} lɑŋ^{33} kʻəu^{53} 虎狼口

lE^{33} tsE^{35} tuəŋ^{323} tsuɑŋ^{323} kəu^{323}，tɕiŋ^{35} lɔ^{53} xu^{53} lɑŋ^{33} kʻəu^{53}。
来 在 东 庄 沟，进 了 虎 狼 口。
iɔ^{35} ɕiɑŋ^{53} pɑ^{53} tɕiɑ^{323} xuei^{33}，sæ^{323} pʻɤ^{323} tʂɔ^{53} kuəʔ^{43} tʻəu^{33}。
要 想 把 家 回，山 坡 找 骨 头。

（三）iɔ^{33} xəʔ^{43} xæ^{35} 窑黑汉

kuei^{323} ny^{53} tɕiɑ^{35} kei^{53} iɔ^{33} xəʔ^{43} xæ^{35}，xəʔ^{43} suei^{53} i^{323} tʂʻɑŋ^{33} ɕi^{53} pəʔ^{43} væ^{33}，
闺 女 嫁 给 窑 黑 汉，黑 水 衣 裳 洗 不 完，
xəʔ^{43} ʐəŋ^{33} xəʔ^{43} i^{323} xəʔ^{43} sɿ^{35} tɕiɛ^{35}，xəʔ^{43} iɔ^{33} tuəŋ^{35} lei^{53} ʐəʔ^{43} tsɿ^{53} næ^{33}。
黑 人 黑 衣 黑 世 界，黑 窑 洞 里 日 子 难。

第二十九编　精神文明建设

新中国建国62年中，阳泉市矿区广泛持久地开展公民思想道德教育。1980年5月，矿区和阳泉矿务局政企分开后，矿区区委、区政府作出了一系列社会主义精神文明建设的重大部署，以培养有理想、有道德、有文化、有纪律的“四有公民”，提高民族素质为基本目标，大力开展“五讲四美三热爱”（讲文明、讲礼貌、讲卫生、讲秩序、讲道德；心灵美、语言美、行为美、环境美；热爱祖国、热爱社会主义、热爱中国共产党）活动，学雷锋、树新风活动，突出“四德”（社会公德、职业道德、家庭美德、个人品德）培养，弘扬艰苦创业精神；大力推进文明城市、文明社区、文明窗口、文明企业创建活动，营造优良环境；培育文明新风，破除陈规陋习，社会主义精神文明建设取得明显成效。

第一章　精神文明建设管理

中共矿区区委把社会主义精神文明建设作为一项战略任务来抓。1986 年 12 月矿区第二次党代会通过的《阳泉市矿区“七五”期间社会主义精神文明建设基本措施》得到全面落实。1989 年 5 月，成立了矿区精神文明建设领导机构，并按照全区精神文明建设的总体规划，逐级进行了任务分解。按照区委的安排，驻区各大单位都成立了精神文明建设领导组。

第一节　机　　构

1989 年 5 月 3 日，区编委同意撤销原“阳泉市矿区五讲四美三热爱委员会”及其办公室，成立“阳泉市矿区社会主义精神文明建设协调委员会”，下设办公室。办公室为副科级建制，事业编制 2 名，设在区委宣传部。

1996 年 12 月，阳泉市矿区社会主义精神文明建设协调委员会改称“阳泉市矿区社会主义精神文明建设指导委员会”，下设办公室。办公室升格为正科级机构，设在区委宣传部。1997 年 4 月，根据《阳泉市矿区党政机构改革方案》，区精神文明建设指导委员会办公室挂靠区委宣传部。1998 ~ 2008 年精神文明办公室行政编制 2 名。

与区级机构建立健全的同时，按照区委的安排，驻区各大单位都成立了精神文明建设领导组。

第二节　重大部署

从 20 世纪 80 年代初开始，矿区区委、区政府作出了一系列社会主义精神文明建设的重大部署。

1981 年 3 月，全区部署开展了第一个“文明礼貌月”活动。

1982 年 11 月 5 日召开的矿区第一次党代会要求，要搞好以共产主义思想为核心的社会主义精神文明建设，要在广大职工群众中加强马列主义、毛泽东思想的教育，加强党的纲领、党的历史和党的革命传统的教育，加强宪法和公民权利、义务、道德品质教育。把“五讲四美”活动深入持久地开展下去，形成经常化、制度化。此后，矿区从 1982 年开始，在全区广泛开展了以“五讲四美”和学雷锋、树新风活动为主要内容的群众性精神文明建设活动。

1983 年 4 月，区委作出《关于开展学雷锋、学先进的决定》。5 月，又发出《关于贯彻中央指示，开展学习张海迪活动的通知》，学雷锋、树新风、见行动活动在全区全面开展。

1986 年 12 月 28 日，矿区第二次党代会对社会主义精神文明建设进行了部署，并审议通过了《关于“七五”期间社会主义精神文明建设的基本措施》。会议强调，大力推进两个文明建设是摆在全区级党组织和全体党员、广大人民群众面前的一项根本任务，所有部门都应从建设好两个文明出发，采取切实步骤，尽职尽责，尽心尽力，作出成效。必须十分明确两个文明建设之间的关系，吃透党的十二届六中全会作出的《关于社会主义精神文明建设指导方针的决议》精神实质，从社会主义现代化建设总体布局的战略高度理解精神文明建设，不能把它们对立起来，要坚持两个文明一起抓。必须大力加强精神文明建设，搞好职业道德建设，培育有理想、有道德、有文化、有纪律的社会主义公民。

1990 年 9 月 13 日召开的矿区第三次党代会决定，全区要把社会主义精神文明建设推进到一个新水平，要继续贯彻执行《中共中央关于社会主义精神文明建设指导方针的决议》和区第二次党代会通过的《基本措施》，认真落实中共中央《关于加强宣传思想工作的通知》，大力倡导“实现四化、振兴中华”的共同理想，培养有理想、有道德、有文化、有纪律的一代新人。各行各业都应健全和完善职业道德建设规范，进一步提高创建“文明单位”的水平。企业要善于树立自己的企业精神，用身边的事教育身边的人，以艰苦创业的干劲办好企业，搞好生产。

1993年6月27日召开的矿区第四次党代会提出，要立足基层，深化主题，拓宽领域，引深创建文明单位、文明社区、文明街道、五好家庭活动。要深入持久地开展“岗位学雷锋，行业树新风”活动，倡导文明、科学、健康的生活方式，开展移风易俗活动。加强职业道德、社会公德教育，发动和组织驻区单位开展群众性的文化、娱乐、体育活动。

1996年8月1日，为了发展区域经济，改善群众住宿条件，创建文明城市，区政府以“学习张家港，建设新阳泉”为目标，决定改造平潭旧区。平潭旧区（原平潭街村）是阳泉市占地面积最大的旧城区，地处繁华地段，交通便利，地势平坦，地理位置优越；但该区人口密集，街道狭窄，房屋陈旧，公用设施简陋，常年污水乱流，垃圾乱堆，居民生活环境恶劣，改造平潭旧区刻不容缓。

1996年12月12日召开的区委四届六次会议重点讨论并原则通过了《中共阳泉市矿区委员会贯彻〈中共中央关于加强社会主义精神文明建设若干重要问题的决议〉的实施意见》。确定了今后五年至十年矿区精神文明建设指导思想和主要任务。全会要求，全区各级党组织一定要认清形势，抓住机遇，增强责任感、紧迫感和使命感，充分认识新形势下加强社会主义精神文明建设的重要意义，切实把精神文明建设提到更加突出的地位，促进全区两个文明建设协调发展，为全面实施矿区“追赶战略”提供强大的精神动力、有力的思想保证、健康的舆论环境和良好的文化条件。会议强调，要进一步加强党对精神文明建设的领导，坚持“两手抓、两手都要硬”的方针，深入开展反腐败斗争，切实加强党风和廉政建设。全会号召全区共产党员和广大干部群众要认真贯彻中共十四届六中全会精神，开拓进取，顽强拼搏，扎实工作，把社会主义精神文明建设推上一个新台阶。

2003年4月11日召开的矿区第六次党代会确定了今后五年全区工作的总体思路和奋斗目标。指出强化文明矿区建设，就是要以思想道德建设为基础，以社区建设和城市建设为载体，以提高矿区文明程度和公民素质为目的，政企携手，协调配合，广泛开展形式多样的文明创建和文化创建活动，初步形成现代教育、科技、文化创新体系和全民健身、医疗卫生体系，使人们的思想道德素质、科学文化素质和健康素质明显提高。同时要全面提升社会文明程度。坚持以邓小平理论和“三个代表”重要思想教育广大干部群众，引导全区人民树立中国特色社会主义的共同理想和正确的世界观、人生观、价值观。深入开展文明单位、文明行业、文明社区、文明家庭等群众性精神文明创建活动。确立教育优先发展的战略地位，优化教育资源配置，全面推进素质教育，努力提高全区人民的知识技能和科学文化素质。

2004年5月18日，区委、区政府颁布《关于建设文明矿区的实施意见》，要求以提高市民的文明素质和矿区文明程度为目标，突出优异素质、优美环境、优良秩序、优质服务、优秀文化五个工作要点，努力把矿区建设成为市民言行文明、环境整洁优美、社会秩序良好、各类服务优质、科教文化发达、基础设施完备的文明新矿区。

2006年6月19日召开的矿区第七次党代会要求，以开展“八荣八耻”社会主义荣辱观教育为重点，以“爱区、奉献”为主题，深入开展思想道德建设和精神文明建设，再建一批标志性文化设施，大力发展健康向上、丰富多彩、具有工矿特色的先进文化。

2007年5月，为进一步加强文明和谐单位的建设和管理，区精神文明指导委员会转发了《山西省文明和谐单位创建管理规定》和《山西省文明和谐社区创建管理规定》。9月，区委、区政府联合下文出台了《阳泉市矿区文明和谐单位创建管理办法》。

2008年，深入开展群众性精神文明创建活动，继续开展“文明和谐单位与社区结对共建工作”，继续深入推进诚信建设，开展文明诚信个体工商户和私营企业创建活动，继续推进科教、文体、法律、卫生、警务“五进社区”活动，倡导文明、健康、向上的生活方式。

2009 年，继续深入推进精神文明创建活动，区精神文明指导委员会按照《阳泉市矿区文明和谐单位创建管理办法》制订了《阳泉市矿区文明和谐单位考核细则》。

2010 年，根据中央、省、市文明委关于创建文明城市测评体系和矿区开展“三城同创”的要求，不断完善文明城市创建工作的内容和形式，强化对创建工作的总体规划、协调、指导、督查和考核。开展文明单位复查工作，强化文明单位的动态管理。

2011 年 5 月 19 日召开的矿区第八次党代会要求，全面加强社会事业建设，构建完善、高效、均衡的公共服务体系。推进宜居城市和新社区建设，建立健全基本医疗卫生服务和社会保障体系，突出抓好惠民工程，切实加强生态建设和环境保护，推进文化体育事业大发展大繁荣，努力实现社会安全、文明和谐。区委书记刘德跃担任区文明委主任，区委副书记、区长刘乙佑担任第一副主任，区委常委宣传部部长高海明担任常务副主任，区人大、区政府、区政协、阳煤集团分管领导任副主任，区直各部门一把手为文明委成员，切实加强对精神文明创建工作的领导。同时，区委、区政府把精神文明创建的各项任务纳入到了每年度对各街道、各部门、各单位的目标考核，形成党政齐抓共管，各方面分工负责的领导体制，科学规范的工作机制和严格管理的长效机制。

第二章　思想道德教育

新中国建国后的 62 年中，阳泉市矿区广泛持久地开展公民思想道德教育，把“三爱”（爱人民、爱祖国、爱中国共产党）教育和“四德”（社会公德、职业道德、家庭美德、个人品德）教育放在重要位置，注重艰苦创业精神培养，广泛开展学习先进人物活动，不断增强干部群众对党、对祖国、对社会主义的凝聚力和向心力，增强干部群众对改革开放事业、全面建设小康社会目标的信念和信心，凝聚了强大的精神力量，保证了矿区经济社会的又好又快发展。

第一节　“三爱”教育

新中国建立后，境内广泛开展了爱国主义教育活动。1951 年 6 月，阳泉矿务局邀请中国人民赴朝慰问团作报告，介绍志愿军战士的英雄事迹，进行爱国主义教育。三矿、四矿的 5600 名职工和家属听了报告。

1978 年中共十一届三中全会召开以后，境内各界在人民群众中，特别是在青少年中广泛、深入、持久地开展了“三爱”（爱人民、爱祖国、爱中国共产党）教育活动。20 世纪 80 年代，广泛开展了坚持“四项基本原则”（必须坚持社会主义道路，必须坚持无产阶级专政，必须坚持共产党的领导，必须坚持马列主义、毛泽东思想）的教育，利用广播电视、影视音像、书籍报刊、标语墙报、宣传资料、知识竞赛、文体活动、表彰会等各种形式，对青少年进行爱国主义、集体主义教育。1989 年 3 月 7 日，矿区举行国防教育报告会，区委书记郭彦庚作题为《弘扬爱国尚武光荣传统，巩固国防长城》的报告，500 余名干部和报名应征的适龄青年到会听报告。

90 年代，“三爱”教育继续向纵深发展。1995 年 8 月，在抗日战争胜利 50 周年之际，200 名新党员在狮脑山百团大战纪念碑前举行集体宣誓仪式。1997 年 1 月 1 日，阳泉矿务局隆重举行首次升国旗仪式。该局还对新招收的 1000 多名新工人进行“爱国、爱矿、爱岗”教育，这一做法得到煤炭部的肯定。年内，全国百家新闻出版单位联合举办“强我国防，爱我中华”国防知识竞赛，阳泉市矿区印发试卷9000份，回收率超过98%。

21世纪初，“三爱”教育活动在基层单位和社区得到蓬勃发展。2000年1月春节前，马家坪派出所干警冒雪为特困户和残疾人送去煤、面、米、油，为他们安装门窗玻璃。2001年“八一”前夕，区财政局24名共青团员在百团大战纪念碑下缅怀革命先烈，接受爱国主义教育。2006年11月，马家坪社区组织青年志愿者为群众义务刮痧。2008年“七一”期间，蒙北社区和一矿多营的共产党员开展“迎七一便民利民活动”，为群众测血压、称体重，宣传《中华人民共和国劳动法》，讲解医保，受益群众有500人次。洪城河社区请老八路弓树年为少年儿童讲述亲身经历的战斗故事，同学们纷纷表示，一定牢记历史，刻苦学习，争做祖国的栋梁之才。同年，水滩社区以退休职工为主建立的“俏夕阳”文艺宣传队，自编自导节目，为矿山、坑口送去温暖，为社区居民带来文明健康。

工会、妇联和共青团组织均投入大量精力开展“三爱”教育，取得良好效果。

第二节　艰苦创业精神教育

2000年5月23日，区委、区政府召开表彰大会，对10名劳动模范、10个红旗单位、27个先进集体、118名先进工作者进行表彰，弘扬艰苦创业精神。

2001年3月7日下午，在阳泉市纪念“三八”节“十大女杰”表彰大会上，矿区沙坪办事处桥南园社区党支部书记杜三俗和区地税局纪检组长仇慧琴获得阳泉市“十大女杰”提名奖。

矿区姑娘张捷、出租车司机王丽明被评为2005年“感动阳泉十大人物”。张捷带着下肢截瘫的妈妈上大学的故事，感动了千万人；华贸出租公司司机王丽明，将乘客遗忘在车中的10万元现金毅然归还失主，又一个拾金不昧的故事广为人们传颂。

在2007年“山西省公民道德建设十大系列先进典型人物”评选中，蔡洼街道办事处退休职工芦荐林，红岭湾派出所所长赵云平，阳煤集团党委书记、副董事长石盛奎，阳煤集团退休职工赵锁仙，分别被列为“十大文明形象大使”“十大未成年人工作者”“十大时代女性”候选人。

矿区妇联一直对妇女坚持爱国主义教育和艰苦奋斗、勤俭建国、勤俭持家的教育，激发妇女的爱国主义热情和适度消费、艰苦奋斗的自觉性。

第三节　公民道德教育

一、青少年道德品质教育

2004年7月28日，洪城河社区团组织邀请80多岁的老红军刘宝山，给中小学生讲述自己亲身经历的战斗故事，进行革命传统教育。

2005年，区教育局颁发《关于加强和改进中小学未成年人思想道德建设的实施意见》。在开展的“中华魂”读书教育活动中，全区有16名选手获奖，其中有3名选手荣获市级优秀奖和区级一等奖，3名选手荣获区级二等奖，10名选手荣获区级三等奖。在“反对邪教，崇尚科学”和“拒绝诱惑，远离毒品”为主题的教育活动中，加强了学生的自我保护意识。在纪念抗战胜利60周年活动中，由区委宣传部牵头，邀请抗日老英雄为全区中小学学生做了“铭记历史，不忘过去”专题报告，通过主题升旗仪式、图片展览、校园革命歌曲比赛、“太行精神赞”有奖征文活动等形式，使学生们受到了一次革命传统教育。

胡锦涛总书记倡导的“八荣八耻”公布之后，矿区青少年认真学习，大力宣传，开展“知荣明耻，从我做起”的各种活动，鞭策自己。同时以此为座右铭，规范自己言行，好人好事大量出现。2006年5月，大院社区50人组成的社区老年艺术班高唱退休老教师吴启明谱曲的“八荣八耻”歌，振奋人心，影响广泛。

同年，在进一步开展“德育示范校”的创建活动中，赛鱼小学通过了省级“德育示范校”验收。矿区德育工作档案资料进一步完善，德育管理体制更加科学规范。

2007年，区教育局建立中小学德育工作评价体系，引导各中小学校认真贯彻落实《中小学生守则》《中（小）学生日常行为规范》，并使用好《德育评价手册》，学生道德行为合格率达95%以上。广泛开展以社会主义荣辱观为重点的道德实践活动。7月16日，赛鱼社区在暑假组织了社区的十几位小朋友，到市福利院，把自己心爱的玩具、书籍送给了这里的小朋友，还为福利院的孩子们表演了节目。

2008年4月12日，举行矿区中小学生“中华魂”（知荣明耻，从我做起）读书演讲比赛，34名选手参赛。在层层选拔的基础上，组织参加省市“中华魂”读书演讲比赛（青年组、小学组和中学组），十六中的雷黎黎同学获得国家二等奖，矿区教育局获得国家优秀组织奖。5月，举办矿区首届班主任素质大赛暨班主任工作论坛活动，8月，在山西省第四届班主任素质展示大赛上，矿区推荐的韩慧玲、阎伟分获二等奖、三等奖。10月13日，矿区西河路小学六年级的杨懿同学被评为第十三届全国十佳少先队员，在北京人民大会堂由全国政协副主席孙家正亲自为她颁奖。

2008年5月19日，为了增进母子间的沟通与交流，赛鱼社区举办“关爱母亲，分享幸福，亲子对话”活动，孩子们把手工作品送给母亲。

二、职业道德教育活动

1981年3月，全区开展第一个“文明礼貌月”活动。1983年4月，区总工会在职工中开展了以建立新思想、新道德、新风尚为主要内容的职业道德教育活动；各级工会组织用多种方式教育职工顾大局、识大体，爱国、爱厂、爱岗、敬业，以主人翁的姿态投身改革，投身四化建设。区妇联开展了“树理想、比素质、赛本领、争贡献”等活动。

获第三届山西道德模范“敬业奉献模范”称号的赵泉祥是矿区环卫处清掏组组长。自1979年参加工作以来，一直坚持在环卫一线从事清掏、清运工作。他始终如一地用实际行动践行着“宁愿自己一人脏，换来百姓万家净”这一誓言，不怕脏、不怕累，勤勤恳恳、任劳任怨地工作。他用对环卫事业的一颗热爱之心和对党的事业的一腔热忱，在平凡的岗位上，谱写了一曲为人民服务的赞歌。

三、道德模范表彰活动

1971～2011年，矿区涌现了众多敬老孝亲的模范人物，受到各级表彰。

蔡洼街道小南坑社区居民朱成英。朱成英悉心照顾患老年痴呆症的公公4年，受到广泛赞誉，被中宣部等五部门评为2004年度“中华孝亲敬老之星”。

平潭街街道东山社区居民冯淑琴。冯淑琴被中宣部等五部门评为2006年度“中华孝亲敬老之星”。

蔡洼街道办事处蔡东社区居民黄代小。2006年12月11～15日，《三晋都市报》分5次连载郭玉田、荆升文采写的通讯《阳泉媳妇：“婆婆，您比亲妈还要亲”》，报道了黄代小15年照顾身患重病儿媳的事迹，在全国引起强烈反响，被《人民日报》《光明日报》《山西日报》等30多家媒体转载，中央电视台、山西电视台播发了黄代小的事迹。黄代小被评为全国第二届道德模范。2009年9月20日，在第二届全国道德模范评选表彰颁奖仪式上，蔡洼街道办事处蔡东社区居民黄代小，因十五年如一日无微不至地照顾身患重病的前儿媳的事迹，获得“全国孝老爱亲模范”称号。全国文明办对黄代小的评语是：“15年照顾瘫痪儿媳，山西人眼中的好婆婆。”至2011年，黄代小是全市惟一被评为全国道德模范的先进个人。

矿区某福利彩票投注站负责人任效均。2006年6月29日，一位彩民委托任效均他代买彩票，没想到奖金高达656万元，而当事人却毫不知情。面对巨额奖金，任效均没有丝毫犹豫，第一时间通知了中奖人。2009年9月20日，中央文明办、全国总工会、共青团中央、全国妇联联合主办的全国首届道德模范评选表彰活动，任效均被推选为全国十大诚实守信模范候选人，并获得全国首届道德模范提名奖。

平潭西社区杨凤金。同社区74岁的陈双妮老人孤身一人，身患糖尿病，上下楼都不方便，同住一层的杨凤金，经常到陈双妮家照顾她。2007年1月10日的《矿区报》予以报道。

段西沟社区副主任康海莲。康海莲照顾瘫痪在床的婆婆5年；多年中帮助有病的邻居老人，照顾社区里的七八位老年人，给她们理发，领着他们看病。被授予市"十佳孝老爱亲"称号。

平潭西社区居民王春花。王春花11年照料瘫痪在床的婆婆，侍候得干干净净。她的行动感动了老人，也感动了2个在外地的大姑姐，她的大姑姐专程回来找到社区，表彰和感谢自己的亲弟媳。

段西沟社区修鞋匠张明。"5·12"汶川大地震后，张明2次赴灾区修鞋补裤33天。2010年4月，张明自费赴王家岭煤矿事故现场，为救援人员缝补衣鞋；自费赴青海西宁，为玉树地震伤者及志愿者义务服务。张明经常到阳泉社会福利院、敬老院、聋哑学校、驻军营房义务修鞋。张明获得山西省抗震救灾先进个人、阳泉市首届道德模范提名奖、矿区首届道德模范奖，被评为2010感动山西十大新闻人物。"感动山西"组委会对张明做出了如下评价："修好一双鞋就止住一分痛苦，伤心的哭泣会变成前行的幸福。一针一线从脚下做起，志愿者的祝福放大了具有时代质感的朴素。把爱心点燃在迈出第一步的地方，让温暖铺满战胜灾难、重建家园的道路。"

矿区环卫处职工赵泉祥。赵泉祥在环卫工作30多年，被誉为山城"时传祥"，先后被授予山西省劳动模范、山西省优秀共产党员、山西省特级劳动模范等称号。2010年荣膺山西省道德模范。2011年9月，赵泉祥获第三届全国道德模范提名奖。

四、五好家庭竞赛活动

1980年初，区妇联决定在职工家属群众中开展"五好家属"竞赛活动，在社办、区办企业中开展"五好职工"竞赛活动（五好指：破旧俗、立新风，用社会主义思想正确处理恋爱、婚姻、家庭问题；夫妻和睦平等；尊婆爱媳；实行计划生育；精心培养后代）。当年评出五好家属172人，五好职工40人。1981年，区妇联将"五好家属"竞赛活动扩展为"五好家庭"。随着社会的发展，"五好"的评比条件也在不断更新。1985年的评比条件是：热爱党、热爱祖国、热爱社会主义、遵纪守法好；家庭和睦、尊老爱幼、夫妻之间"八五"做得好；教育子女、计划生育、婚丧喜事、移风易俗好；邻里团结、文明礼貌好；清洁卫生、全家成员都能为振兴中华实现四化而勤奋工作好。引导每个家庭立足于"改"和"新"，将"五好家庭"的活动内容做了充分完善，由评比责任型五好家庭转到评比事业型的五好家庭上来，促使在现代化家庭里，夫妻不仅成为生活上的伴侣，更要成为事业上的挚友，父母子女之间不仅在生活上相互照顾，还要在思想上共同提高，不仅在事业上要做到"有理想、有道德、有文化、有纪律"，在家庭生活中也要有文化、有礼貌。1985年全区共评出"五好家庭"2368户，区妇联给1511户挂了"五好家庭"光荣牌。1988年五好家庭的评比条件包括学习、改革、家庭素质好；遵纪守法教育子女好；移风易俗、文明礼貌、计划生育好；积极参加各项社会活动好等。到1988年年底全区共涌现出五好家庭6070户。其中受区政府表彰100户，市政府表彰38户，省政府表彰1户，全国妇联表彰2户。2000年平潭社区和桥南园社区被区妇联定为"五好文明家庭"示范点，示范户达到总户数的85%，并挂牌。

第四节　学习先进人物

一、学雷锋　树新风

1963年3月，毛泽东发出“向雷锋同志学习”号召，矿区境内青少年和民兵掀起了学雷锋活动。

1975年4月6日，阳泉矿务局四矿小学学生刘春祥为保护集体羊群，献出了生命。四矿小学追认他为“优秀红小兵”。向阳公社革委、四矿党委、团委分别发出“向刘春祥学习”的通知。《阳泉报》发表了“向优秀‘红小兵’刘春祥学习”的社论。

1983年4月，区委作出“关于开展学雷锋、学先进的决定”；5月，又发出“关于贯彻中央指示，开展学习张海迪活动的通知”。“学雷锋，树新风，见行动”活动在全区广泛开展。团区委组织各级团组织开展了“为您送温暖”“为大兴安岭救灾募捐”“为老山前线阳泉籍战士写慰问信”等活动。广大团员、青年和少先队员积极响应区委的号召，深入到街道、工厂、影院、商店和饭店等场所和老干部、老工人、老红军、老八路、老居民主任和孤寡老人家中，进行“学雷锋，送温暖，踏着雷锋的足迹前进”为主题的活动。他们有的担水挑土，拆洗衣物；有的扫院子，擦玻璃；有的修缮厨房，清理厕所；有的粉刷墙壁，植树种花，受到群众的广泛赞扬。区总工会在职工中开展了以建立新思想、新道德、新风尚为主要内容的职业道德活动。各级工会组织根据各自的实际，通过各种方式，教育职工顾大局、识大体，爱国、爱厂、爱岗、敬业，以主人翁的姿态投身改革，投身四化建设。区妇联开展了“树理想、比素质、赛本领、争贡献”“学牡丹，见行动，我为人间留什么”“亲人身边无事故，安全生产创水平”等活动，广大妇女组织各种慰问服务小组286个，定期深入到工房、坑口第一线为职工送茶送水，为单身职工缝补衣服、被褥，到医院为病残人员理发。她们还以实际行动为马牡丹烈士、老山前线战士和灾区人民捐款2554元，捐物8100件。区公、检、法、司等部门多次深入街道、学校、矿山举办法制宣传活动，组织专人设立了“法律咨询处”，向群众宣讲新《中华人民共和国宪法》《中华人民共和国刑法》《中华人民共和国刑事诉讼法》《中华人民共和国民事诉讼法》等法律知识，许多群众争相阅读宣传资料，排队等候询问法律知识。通过开展法律宣传教育，实施帮教活动，提高了居民的法制意识，增进了警民关系。

1989年6月中共十三届四中全会以后，全区政治思想工作普遍得到加强，有关部门在党员和群众中开展了学习雷锋、李双良等英雄模范人物活动，在进行共产主义理想教育的同时，加强了矿区各行各业职业道德建设，不断纠正行业不正之风，全区干部和广大人民群众坚持党的领导和走社会主义道路的立场更加坚定，团结向上、无私奉献的精神得到发扬，诚实劳动、热忱服务的道德风尚进一步形成。在全区范围内坚持不懈地开展了创建“文明单位”和“五好家庭”活动，坚持定期评比检查，定期召开精神文明单位验收总结大会，定期表彰活动中出现的文明单位和五好家庭。全区文明单位数由1986年的46个上升到1989年的92个，通过验收、总结、评比、表彰和推广典型经验，全区精神文明建设有了进一步发展。

1989年矿区政协委员岳新峰提出了“把雷锋同志请回来”的建议，被区委、区政府采纳。

1999年3月5日，组织广大青少年开展“学雷锋，送温暖”活动，矿区中学团委利用节假日组织学生在平潭小区开展清扫卫生、美化社区活动。为使青年志愿者活动进一步深化，把新蕾幼儿园确定为青年志愿者服务基地，为广大志愿者提供了服务场所，使青年志愿者活动逐步科学化、规范化、社会化。大力宣传保护和改善生态环境的重要意义，倡导绿色文明意识，号召全区团员青年积极行动起来，为保护母亲河献出一片爱心，奉献一份力量，广大青少年纷纷慷慨解囊，共捐款600余元。2000年，继续组织开展“保护母亲河”活动，共捐款777元。

2003年3月5日，团区委在区机关一号办公楼前设立矿区青年志愿者服务点，开展法律援助、医疗保健、社会保障、财会知识、税法等宣传咨询活动，展出版面10余块，有40余名机关志愿者在大雪纷飞中义务参加了此项活动，大力弘扬了“奉献、友爱、互助、进步”的志愿精神。6月3日，团区委向全区青少年发出倡议书，要告别陋习，讲究卫生，健康生活，握手文明，做到“三讲一树十革除”，带动影响全社会，美化环境，积极行动起来，创建文明矿区。

2004年，团区委就节日期间“送温暖”活动进行安排，同时积极开展青年文明号“一助一”帮扶活动，全区16家青年文明号与贫困青年家庭结成帮困对子。

2006年3月3日上午，在团区委组织下，矿区集中开展“弘扬雷锋精神、建设和谐矿区”“学雷锋和青年志愿者”活动，团工委悬挂条幅、张贴标语，义务量血压、修理自行车、清理小广告，体现了雷锋精神。

二、学习身边的英雄模范

1985年12月3日《山西工人报》以四个版面刊登长篇通讯，介绍矿务局二矿工会代主席葛德林生前全心全意为矿工服务的先进事迹。13日，山西省总工会作出关于开展学习葛德林，做“职工之友”活动的决定。20日，中共阳泉市委作出关于向优秀共产党员、模范政工干部葛德林同志学习的决定。葛德林是1985年11月15日因患胆结石而病逝的。1986年1月《工人日报》头版头条刊登通讯《忠于职工群众的公仆》，介绍阳泉矿务局二矿工会代主席葛德林全心全意为矿工服务的先进事迹。该报还同时发表评论员文章，题目是《全心全意为职工群众服务》。

1995年11月23日，全省职工爱岗敬业、职业道德建设标兵评选揭晓，阳泉矿务局邢军、朱文虎榜上有名。11月30日，阳泉矿务局决定，对煤炭部1995年命名的阳泉矿务局六名全煤劳模邢军、樊玉林、王建平、赵宝玉、朱文虎、荆淑萍每人给予5000元的一次性奖励。1997年6月27日阳泉矿务局党委作出“关于向邢军同志学习的决定”。1997年9月12日，阳泉矿务局一矿工人技师邢军作为阳泉市出席党的十五大代表，在北京参加党的十五大。1999年8月27日，阳煤集团作出《关于向赵昧玉同志学习的决定》。2000年4月26日，在山西省“五一”表彰大会上，阳煤集团一矿北头嘴井综采一队工人技师邢军荣获“全国劳动模范”称号，阳煤集团一矿荣获山西省“五一”劳动奖状，阳煤集团副总工程师张福喜、二矿东丈八区综采六队队长宋保学荣获山西省“五一”劳动奖章。

2002年4月，集团公司召开韩贵珠模范事迹报告会，报告团5名成员对二矿丈八区主任工程师韩贵珠的模范事迹进行了生动感人的宣讲，会上宣读了集团公司党委作出的《关于向韩贵珠同志学习的决定》。2003年4月，阳煤集团组织16名劳模标兵，分两批赴新加坡、马来西亚、泰国进行为期13天的荣誉休养，这是建企50年来的头一次。10月，在全国总工会、国家科技部、劳动和社会保障部等部委联合举办的全国首届职工职业技能大赛上，华越机械公司技师杨立斌夺得钳工比赛第六名，杨立斌被授予“山西省职工技术创新能手”称号。集团公司为此作出了《关于向杨立斌同志学习的决定》和《关于为杨立斌同志记功和奖励的决定》，为杨立斌记个人一等功，奖电脑一台，华越公司授予杨立斌“首席员工”称号，集团公司还举行了杨立斌事迹报告会。同年，薛国仁荣获全国“五一”劳动奖章，成为集团公司继张跃恒、邢军之后第3位以工人身份获此殊荣的劳模，使集团公司历年荣获的全国“五一”劳动奖章数达到8枚，薛国仁同时还获得了“山西省技术创新能手”称号。2004年，韩贵珠荣获全国“五一”劳动奖章。2005年4月赴京参加了全国劳动模范和先进集体表彰大会，聆听了胡锦涛总书记的讲话，并被授予“全国劳动模范”。集团公司党委积极培养三矿竖井运输队工人技师薛国仁，命名他为“矿山鲁班”并号召全体员工向薛国仁学习。9月在全国高技能人才工作会议暨第八届中华技能大奖和全国技术能手表彰大会上，蔡廷军获得了“全国技术能手”称号。三矿裕公井职工蔡廷军经过多年培养之后，同年在全国煤炭行业五大工种职业大赛中夺得综采维修电工工种第四名，荣获“全煤行业优秀技术能手”称号。

2006年，国家煤矿安全监察局、中国煤炭工业协会、中国煤矿文联、中国能源化学工会、中国煤炭报社、阳光杂志社、中央电视台联合举办了“首届寻找感动中国的矿工”活动，经过全国煤炭企业投票和评委会评选。2007 年 4 月 15 日，阳煤集团二矿副矿长郑拴龙最终被推选为感动中国的矿工“十大杰出人物”。集团公司党委随即于 7 月 30 日作出了《关于向优秀共产党员郑拴龙同志学习的决定》。同年李国栋在全煤系统职业技能大赛中获得井下电钳工第四名，被评为全煤优秀技术能手。荣获阳泉市经济创新能手、山西省一等功、全国“五一”劳动奖章等荣誉。2008 年，李国栋又获全国“五一劳动奖章”，成为阳煤集团继金元斌、邢玉明、张跃恒、赵芝田、邢军、王亦农、薛国仁、韩贵珠之后第九位全国“五一劳动奖章”获得者。2010 年 5 月，二矿丈八区综采一队副队长李国栋荣获全国劳动模范称号。

第三章　精神文明创建活动

矿区扎扎实实组织开展精神文明创建活动，取得突出成绩，涌现了大批优秀的创建典型。2001 年，平潭社区被评为省级文明社区创建活动示范点。平潭街西社区健身队于 2003 年和 2008 年两次被全国妇联、国家体育总局授予全国巾帼文明健身队称号。2005 年 10 月，中央文明委授予一矿“全国文明单位”光荣称号。一矿、二矿、新景矿、开元公司先后获得了“全国文明煤矿”称号。全区有 18 个小区获得了阳泉市“园林示范小区”称号，21 家单位获得了“园林示范单位”的称号，全区顺利通过了省级园林城市的验收考核，受到考核组的好评。

第一节　文明城市创建活动

1982 年 3 月，在矿区开展的第一个文明礼貌月活动中，全区开展了综合治理脏、乱、差的活动，驻区各单位、居民区普遍制订卫生公约和“五讲四美”（讲文明、讲礼貌、讲卫生、讲秩序、讲道德，心灵美、语言美、行为美、环境美）守则，建立卫生监督岗，开展文明居民区、文明楼院、文明厂矿、文明车间竞赛活动。全区先后组织卫生大会战 15 次，参加人数 5 万余人，出动各种车辆 1800 多辆（次），清除垃圾 8900 吨，粉刷墙壁 9 万平方米，粉刷树干 4776 株，疏通沟渠 5.3 万米，整修厕所 77 个，矿区市容、厂容、矿容、店容、校容焕然一新。在此后的几年间，矿区的文明礼貌月活动把“五讲四美”与“三热爱”（热爱祖国、热爱社会主义、热爱中国共产党）的教育结合起来，使文明礼貌月活动的内容更全面，目标更明确；同时把文明礼貌月活动同加强思想政治工作、改革以及充实完善各种行为规范结合起来，认真开展优质服务、建优良秩序、创优美环境和学雷锋、学先进的“三优一学”活动。各单位从实际出发，发动和组织群众参加清理卫生、植树、维护交通和公共秩序等各项公益活动，进行共产主义的理想、信念、道德教育，进行职业道德、职业责任、职业纪律的教育。通过活动，干部群众的劳动态度、工作态度、服务态度有了较大的改善，社会风尚、社会秩序、社会治安有明显好转，环境卫生、绿化、美化工作取得了一定成绩。

1986 年 9 月，中共十二届六中全会通过了《中共中央关于社会主义精神文明建设指导方针的决议》。区委根据省、市委的要求，就落实好该《决议》，深入开展社会主义精神文明建设活动制定了具体实施方案。

“七五”期间，区委、区政府把科技、教育、文化、卫生、体育、计划生育、民兵建设等项社会事业纳入精神文明建设范畴，一件一件加以落实，抓住薄弱环节予以突破。全区引进和开发新技术、新产品 18 项，完成技术改造项目 3 项，完成较大技术革新 14 项，新增产值 1830.33 万元，新增效益

43.44万元。在此期间，区委、区政府成立了科学技术委员会，筹备召开了矿区科协第一次代表大会，设立了矿区科技开发咨询中心，各街道办事处成立了科技领导小组，部分区属企业设立了技术科或技术室。全区设立了科技发展基金和科技进步奖励基金，改革了科技三项费用的使用和管理办法，与八所科研院所建立了技术联系。区委、区政府制定了《关于放宽、放活专业技术人员政策实施意见》，加强了对科技人才的开发培养，有359人取得了相应专业技术任职资格。教育投入逐年增加，年平均增长44.4%，高于同期财政收入增长幅度。制定了鼓励在职人员参加各种学历教育的奖励政策，中小学校提前实现了“一无二有三配套”（校校无危房；班班有教室，学生人人有课桌椅；校舍配套，仪器设备配套，师资配套），新蕾幼儿园被省教委批准为示范幼儿园。文化艺术坚持“双百”方针，一手抓扫黄，一手抓繁荣，清除各种丑恶社会现象，净化社会环境。新扩建了区文化馆、图书馆等文化场所，为37个居民区修建了多功能活动室，群众性文化娱乐活动蓬勃开展。1989年10月，区政府、区政协联合举办矿区首届书画、刺绣、剪纸作品展览，展出书画作品134件，剪纸作品23件，刺绣作品20件。作者年龄最大的75岁，最小的10岁。建立了矿区卫生院，改变了矿区自身无医疗机构的现状；爱国卫生运动取得显著成绩，1987～1989年，矿区连续三次被省爱委会评为“山西省爱国卫生红旗县（区）”；投资322万元扩宽了北大西街、煤山路、矿山路等三条主干大街，对4万平方米的街巷路面进行了硬化，投资107万元修建了游园、凉亭和厕所，部分单位粉刷了墙壁、门面，公共场所摆放了果皮箱。组织卫生汇战203余次，清理卫生死角520处，清运垃圾1万余吨；植树58万株，整修花池450个，种花2.1万盆，建花廊97米，种草坪1.4万平方米，绿化达标单位有13个；开展了3次规模较大的群众性灭鼠活动，投放灭鼠毒饵1849千克76万包，鼠密度连续三年控制在5%以下，达到了无鼠害单位标准；食品卫生，“门前三包”，消毒杀虫，卫生宣传教育等项工作也均取得了较好成绩。计划生育实行了目标责任制，强化基础工作，狠抓流动人口管理，严格控制计划外生育，在第四次人口普查中，全区人口出生率、人口自然增长率等指标名列全省各县区榜首。1989年9月20日，矿区举办了全区首届“群众体育月”活动，同时举办了“国庆40周年矿区体育成就图片展”，11个单位制作了版面。在本次活动中，3万多名运动员参加了市、区组织的各项比赛，5个单位、7名个人被评为全省先进集体和先进工作者。1991年4月，矿区计划生育委员会被省政府授予“山西省计划生育标兵单位”。民兵组织进一步加强，军事训练和全民国防教育有了新的突破；阳泉军分区在矿务局四矿召开民兵应急分队建设训练现场会，四矿民兵应急分队进行了分列式、班排队列、擒拳、快速集中等演练；7月30日，矿区举行民兵武器库落成典礼。

2000年1月5日，省民政厅批准阳泉市矿区为全省首家“山西省社区建设实验区”。全区顺利完成了社区改革、居民委员会直选工作。2000年12月，苹果园社区和阳煤集团总医院签署了“社企党组织共建文明社区协议”，创造了新鲜经验。2000年，全区狠抓全民法制宣传教育，依法治区，全区创建了2个依法治理示范街道办事处、20个依法治理示范居委会。

2001年4月22日是“世界地球日”，全区1000多名干部职工在桃河两岸进行垃圾集中清理。4月28日，赛鱼地区治安巡逻大队成立。巡逻大队由派出所干警、社区干部、老党员和离退休干部职工组成，500名巡逻队员按社区归属分为7个中队，在2.4平方千米的区域进行全天候巡逻。贵石沟街道党委积极推动社区群众共同参与创建精神文明社区活动。7月，贵石沟水滩社区党支部组织在职党员30名清除垃圾7吨。水滩社区剧团在阳煤集团康复中心进行慰问演出，为残疾人事业献出了一片爱心。日潭社区在“九九重阳节”组织“老年戏迷剧团”和“老年秧歌队”为群众表演戏剧节目，“老年秧歌队”成员平均年龄56岁。沙坪街道办桥南园社区共产党员张雅琴擅长医疗保健，利用业余时间为居民提供无偿服务，随叫随到。年内，平潭社区被评为省级文明社区创建活动示范点。

2002年3月，平潭社区在创建文明社区工作中，坚持“硬件实抓、软件硬抓”。街道、社区党政领导分片包干，责任到人、到户的办法，使社区实现了“有人办事、有地方办事、有钱办事、有章办事”。获得“山西省创建文明社区示范点”称号。段家背小学党支部书记许金凤家庭和睦，四邻和谐，省吃俭用为婆婆治病，她的家庭被评为市“五好”文明家庭。同年，矿区民兵在精神文明建设中努力发挥主力军作用，围绕矿区创建文明城市和文明行业的部署和要求，广泛开展建文明连队，创文明家庭，当文明标兵等精神文明创建活动。阳煤集团一矿武装部把塑造现代企业文化作为民兵参建的重点，要求民兵在思想上确立16条企业理念，在举止上杜绝10种不文明行为，在交往中推行8类30句常用文明用语。一矿连续两年获得全国文明煤矿荣誉称号。

2003年6月，阳煤集团各矿、自来水公司和北大街房管所等33个文明单位，主动伸出援助之手，深入所在街道和社区慰问战斗在非典防控一线的社区干部和志愿者。全区39个社区共收到慰问金7300元和价值27650元的各类慰问品。在沙坪街道办事处，国家级文明单位阳煤集团一矿的主要领导将3500元现金，分别送到7个社区主任手中。年内，矿区7个社区开展青年文明社区创建活动试点，社区青年通过多项活动，发挥典型模范带动作用。

2004年7月15日，矿区在天利广场举行创建青年文明社区活动启动仪式，社区团干部代表宣读了“创建青年文明社区，共建和谐美好家园”倡议书。200余名社区青年志愿者身着印有“青年文明社区”标志的服装，现场对过往群众开展业务咨询活动。中学生表演了文艺节目。同年7月，东山社区、苹果园社区青少年特色暑假活动被省电台、《矿区报》采访报道。

沙坪桥南园社区团工委积极开展创建文明社区活动。在“清洁家园总动员”活动中，社区团工委动员团员青年260余人、绿色志愿者30余人，对蒙河河槽进行了彻底清理。2005年5月沙坪桥南园社区被推荐为“全国青年文明社区”。2005年12月，在全市精神文明建设先进典型命名表彰大会上，矿区12家单位、7名个人受到表彰。一矿、矿区交通征费稽查所被授予“标兵文明单位”称号；赛鱼小学、矿区质量技术监督分局被授予“文明单位”称号；小河滩社区、蔡西社区被授予“文明社区”称号；一矿、新景矿被授予“爱国主义教育基地、重大建设工程和城乡先进单位”称号。一矿、新景矿、宏厦三建、市自来水公司荣获“企业文化建设示范单位”称号。三矿离休干部常玉生、日潭社区书记兼主任向永碧、二矿丈八区主任工程师韩贵珠被授予“优秀公民”称号；平潭街道党工委副书记杨翠萍、区文明办主任霍绘莉被授予“精神文明建设先进工作者”称号；区委常委、宣传部部长王刚、自来水公司党委书记胡宪忠被授予“精神文明优秀领导干部”称号。

2006年3月，矿区创建青年文明社区活动领导组深入社区，对“青年文明社区”创建活动进行验收。4月，领导组向首批命名为“青年文明社区”的10个社区授牌。年内，矿区各社区纷纷组建了毽球队、手球队、舞蹈队、戏迷剧团、腰鼓队，在文明和谐社区创建活动中起到很大作用。

2009年4月，蔡洼街道东窑房社区干部张艳梅荣获全省铁路护路联防先进个人称号。她8年如一日，巡视在铁路沿线，多次身处险境，果断处理各种危机，带领护路队员排除多起涉路险情，共劝离疏导涉路人员183人次，排除险情26次。9月，刘家垴社区在“三城同创”活动中，社区干部、党员、低保户和刘家垴小学的学生200余人参加了活动，粉刷树木300棵，铲除小广告500余处；贵石沟街道办事处组织老党员、青年志愿者、社区低保户、学校学生共1300人参加了“三城同创”高潮日活动。同年，赛鱼社区志愿者坚持为居民群众服务，为驻地企业服务的“二为”服务方针，有针对性地开展矿山安全宣传、家访，每月两次到坑口慰问等安全联保工作，并组织社区志愿者深入三矿坑口慰问。

2011年11月，矿区召开创建和谐文明家庭表彰会。对开展3年的和谐文明家庭建设工作进行了总结，对150户和谐文明家庭，100户和谐文明特色家庭，6个“零暴力”社区和10个和谐文明社区进行命名表彰。

第二节　文明窗口创建活动

一、创建文明单位活动

在精神文明建设中，区委努力克服“一手硬、一手软”，自觉抵制削弱思想政治工作的倾向。党的十三届四中全会以后，通过认真贯彻中共中央〔1989〕7号文件，全区的政治思想工作普遍得到加强。尤其是企业思想政治工作明显加强，确定了企业党组织的政治核心地位，成立了企业政治思想工作研究会，建立健全了一支专兼职政工队伍，发挥了职代会的民主管理作用，逐步探索出一套符合矿区小型企业特点的思想政治工作经验，召开了沙坪思想政治工作现场会，总结推广经验。

矿区开展群众性的创建文明户、守法户、文明巷、文明楼、文明院、文明单位的活动。区委成立了精神文明建设指导委员会及其办公室。制定了精神文明建设规划，提出了具体工作措施。1991年6月24日，区委、区政府召开1990年度“文明单位”总结命名表彰大会，授予阳泉矿务局机电修配厂、阳泉矿务局一矿、阳泉矿务局第三工程处、阳泉矿务局洪城河小学、阳泉发电厂、阳泉市商业局百货公司矿区百货大楼、阳泉市商业局蔬菜公司副食厂、阳泉市粮食局矿区粮油供应公司二矿粮店、阳泉市弹簧厂、矿区新蕾幼儿园等10个单位“红旗文明单位”称号，授予沙坪桥南园第一居委会等81个单位“文明单位”称号，同时撤销部分单位“文明单位”称号。

1997年5月，阳泉矿务局被命名为“山西省精神文明建设先进企业”和1995～1996年度“山西省思想政治工作优秀企业”。

2001年5月，居住在平潭社区的“五一照相馆”摄影师高学锋，主动协助社区开展的离退休干部职工摸底工作，在社区主任刘玉英的支持下，利用业余时间上门为老人服务10余次，有20多人受益。

2001年12月4日，矿区召开文明单位、文明社区命名表彰大会，自来水公司等35个单位被命名为“红旗文明单位”。阳煤集团三矿等55个单位被命名为“文明单位”。

2002年6月11日，在中国煤炭职工思想政治工作研究会上，阳煤集团一矿被授予“全国煤炭系统双文明矿”称号，阳煤集团党委宣传部部长李演珍获得中国煤炭工业第六届石圪节精神奖。11月6日，中央精神文明指导委员会授予一矿“全国精神文明建设先进单位”称号。2003年1月30日，在山西省精神文明总结表彰大会上，阳煤集团一矿被山西省委、省政府荣记集体一等功，一矿党委书记胡志宏荣立个人一等功。10月9日，全煤系统用企业文化打造文明煤矿现场推广研讨会在阳煤集团召开。各地代表对阳煤集团企业文化建塑工作给予高度评价。

2003年3月29日，矿区开展“优化发展环境，转变政府职能，树立行业新风”评优评差活动，确定27个行政部门、司法机关以及与18个群众生活密切相关的行业窗口单位为双评对象。2004年3月24日，矿区区委、区政府制订下发了《关于深入开展“优化发展环境，树立行业新风”评优评差活动的实施意见》。此项活动在全区27个行政、司法部门和20个行业窗口开展。通过自查自评整改和考核评议总结，活动取得了显著成效。

2004年6月3日，全煤系统用企业文化打造高标准文明煤矿现场学习推广研讨会在阳煤集团召开。一矿被评为全煤第一个企业文化示范矿。经过对一矿的严格检查考核以后，2005年10月26日，中央文明委授予一矿“全国文明单位”光荣称号。在此期间，一矿、二矿、新景矿、开元公司陆续获得了“全国文明煤矿”称号，一矿、二矿、宏厦三建等单位被评为山西省文明单位，国资委系统和阳泉市以及各个行业的文明单位大量涌现。12月30日，山西省委、省政府召开2004、2005年山西省文明创建总结表彰大会，阳煤集团一矿荣获“山西省文明标兵”称号，同时被省劳动竞赛委员会授予“五一”劳动奖状。

2006 年，南台社区狠抓荣辱观教育，激发社区活力。社区党支部以“三会一课”为载体，形成支部书记率先学，全体党员带头学，社区骨干集中学，全区居民自觉学的深厚氛围。深刻理解“八荣八耻”的丰富内涵。南台社区组织人员编排形式多样的文艺节目，在广场、街头、坑口进行荣辱观的教育，宣传 20 多场。

2007 年 6 月，开展了文明单位“捐助贫困大学生，共建和谐社区”的活动。12 月，召开了 2006～2007 年度群众性精神文明创建活动先进典型表彰大会，推动了我区精神文明建设再上新台阶。

2008 年 1 月区精神文明创建领导组决定命名金象大药房有限公司等 6 个单位和吴新红等四个先进个人为“文明诚信经商户”。继续选树好公民道德建设先进典型，组织开展了第六个公民道德宣传日活动，在我区主要公共场所推出了一批新的公民道德建设公益广告。

2009 年区精神文明指导委员会决定在全区文明和谐单位中广泛开展“文明和谐单位扶贫济困送温暖”活动，辖区 30 户贫困家庭收到了文明单位的资助。在清明节期间组织全区中小学生开展了网上祭奠英烈的活动。

2010 年，积极开展了“我们的节日”主题活动，组织参与了“阳泉市文明交通行动计划”，在纪念建区 30 周年之际，在一矿文化广场举办了激情广场爱国歌曲千人唱活动。组织开展各级文明单位评选工作。评选出 84 个区级文明单位，区文明委撤销了 19 个单位的“文明单位”称号。

2011 年，举办了我区精神文明创建工作业务培训班。开展各级文明单位评选工作，对申报的 96 家单位及社区进行了考核验收。目前，我区共有国家级文明单位 1 个，省级文明单位 5 个，市级文明单位 34 个，区级文明单位 84 个，全区区级以上文明社区覆盖率达到 45%。制订了矿区关于开展“文明和谐单位扶贫济困送温暖”活动实施方案，组织各文明单位开展了“扶贫济困送温暖”活动，文明单位共慰问特困户 130 余户，慰问资金达 290 万元，在全区树立了文明单位的表率作用。

二、青年文明号创建活动

1999 年下半年，青年文明号单位区国税局征收一股经过申报、创建、验收等环节，条件已经成熟，年底正式挂牌运行。

2000 年上半年，申报了国税局发票管理所、地税局营业大厅两个市级青年文明号，同时申报了新蕾幼儿园等三个“市级青年文明号示范集体”。在创建活动当中，严格创建标准，不断加强机制建设，完善各种制度，使工作步入经常化、规范化、科学化轨道。

2003 年 6 月底，在全区掀起了争创青年文明号活动的新高潮，多家服务窗口单位按照要求积极开展创建工作。团区委多次派人到创建单位进行指导。经过团市委验收组的验收，区国税局征管税政股、区地税局赛鱼税务所和桥头税务所、区财政局会计管理中心被命名为市级青年文明号，区国税征收一股、桥头工商所两家被命名为“市级青年文明号示范集体”。

2003 年 12 月，建设银行矿区支行平潭分理处培养一流的高素质员工队伍，开展“争当青年岗位能手”竞赛活动，储蓄员全部达到省分行二级标准，被命名为“青年文明”称号。

2004 年初，团区委召开工作会议，具体安排节日期间“送温暖”活动，同时积极开展青年文明号“一助一”帮扶活动，全区 16 家青年文明号与贫困青年家庭结成帮困对子。

2006 年 4 月上旬，经团市委验收组验收，区会计核算中心被命名为“市级青年文明号示范集体”，区行政审批中心被命名为市级青年文明号。

第三节　优良环境创建活动

矿区长期坚持优良环境创建活动，积极采取措施，取得了显著成效。

1991 年 1 月 25 日，在全区范围内开展了以整顿市容环境卫生、交通秩序、集贸市场、食品卫生为内容的“四整顿”活动月活动。

1991 年 2 月 3 日，区直各部门、各单位近 300 人利用星期日在平潭街新区参加了清运垃圾义务劳动。

1992 年，矿区政协委员们深入赛鱼、桥头、平潭地区的 3 个书摊、1 个录像厅、2 个电子游艺厅对矿区文化市场进行视察。针对矿区文化生活设施较差，分布网点少，消费层次低等问题，提出书面建议。

1993 年 6 月 5 日，矿区在全区范围内开展了“贫穷与环境——摆脱恶性循环”为主题的环境日大型宣传活动。

1995 年，结合区委、区政府制定的创建文明卫生区的目标计划，政协委员对矿区环境卫生工作进行了视察，提出理顺管理体制、成立环卫监察队伍等 4 条建议。为推进平潭街旧居改造工程项目的实施，矿区政协委员对区属房地产开发公司进行视察，提出了政府出面协调、多方解决资金等五个方面的建议。

1996 年 8 月 1 日，区政府决定改造平潭旧区（原平潭街村）。平潭旧区是阳泉市占地面积最大的一块旧城区，地处繁华地段，交通便利，地势平坦，地理位置优越，但人口密集，街道狭窄，房屋陈旧，公用设施简陋，常年污水横流，垃圾乱堆，生活环境十分恶劣。区政府为创建文明城市，发展区域经济，改善群众住宿条件，以“学习张家港，建设新阳泉”为目标，决定改造平潭旧区。

同年，为落实区委、区政府提出的创新文明城市“八个一”工程，推动矿区精神文明建设，矿区政协委员对桃北中路实行“门前三包”，建设文明一条路责任制落实情况进行视察，召开了现场会，听取先进经验介绍，并提出了四条具体建议。

1997 年 1 月 29 日，阳泉市安全文明小区现场会在矿区召开。市委副书记张俊华，市委常委、政法委书记卫克兴，城区、矿区分管领导、政法委书记、综治办主任、公安局长，矿区各街道办事处书记主任、综治书记、各派出所所长，驻区有关单位领导等 250 余人参加了会议。

1998 年 7 月 7 日至 8 月 30 日，矿区在创建卫生城市和城市环境综合整顿活动中，投资 300 万元，解决了赛鱼街、桥东街、西河路的“脏乱差”问题，对 70 个垃圾点、170 个厕所进行了整修，拆除乱搭乱建 110 处、违章围墙 500 米、违章建筑 150 栋，粉刷街道树木 5000 株，粉刷墙壁、栏杆、桥梁 52000 平方米。全区涌现红旗单位 21 个，文明单位 65 个，文明居民区 46 个。

1999 年，矿区政协组成专题调研组，深入 20 多个职能部门，调查了解城市建设管理工作的现状、发展的制约因素与症结所在，提出了理顺体制、明确职责、突出重点、加大投入等六条建议，并向区委、区政府报送了《矿区城市建设管理情况的调研报告》。被聘为特色监察员、检查员、审计员、督察员的政协委员，参与了对平潭旧区改造拆迁安置的全程监督、税收工作的监督和全区各单位目标责任制落实情况的监查工作。

同年 7 月，矿区为创建国家级文明示范小区，拆除楼前楼后临时违章建筑 4500 平方米，增加绿地 4500 平方米，设立垃圾转运站 1 个，建设水冲式厕所 2 个，新建便民存车棚 2 个，成立社区服务网点 10 个。

2000 年 6 月 17 日，矿区组成 50 余人的整顿监管队伍，对北大西街进行市容整顿，对违规临建下达限期整改通知，对违章占用的马路市场摊点进行了整治。同年，矿区团委开展“保护母亲河”活动，大力宣传保护和改善生态环境的重要意义，倡导绿色文明意识，号召全区团员青年行动起来，为保护母亲河献一片爱心，尽一份力量。全区团员青年为保护母亲河踊跃捐款。

2001年，桥头社区退休劳模张万明、共产党员王富文带头义务清扫卫生，为居民干好事数也数不清，受到居民赞扬。

2002年，矿区政协委员对矿区城市建设管理情况进行视察，提出成立综合执法队伍、增加城市建设资金投入等8条意见、建议。

2004年4月8日，矿区制订下发《关于全面推进社区建设工作的意见》，要求建设管理有序、服务完善、环境优美、治安良好、生活便利、人际关系和谐的新型现代化社区。

截至2008年年底，有18个小区获得了阳泉市“园林示范小区”称号，21家单位获得了“园林示范单位”的称号，全区顺利通过了省级园林城市的验收考核，受到考核组的好评。桃南路景观大道建设已完成路面的维修和行道树种植工作。矿山路和五矿循环路绿化全部完成，在矿山路上拆除临建1000余平方米，栽植雪松36株，法桐420株，各类乔灌木7万余株，新增绿地3.4万平方米。五矿循环路完成新建绿化11000平方米。

小南坑小学从2009年3月份开始，对校园进行了绿化设计，并将绿化与学校建设有机结合起来，一改以往只讲植绿种绿，不大讲求整体造型的做法，采用错落有致，排列有序的植树方法，精心培育绿色校园文化，有多种名贵树种落户校园。

2010年春，矿区小游园建设紧锣密鼓向前推进，本着出门见绿，就近游园，体现特色，打造精品的思路，新建的总面积近4万平方米的6个小游园已然成型。各小游园中设置了休闲广场，摆放有木质或石质桌凳。在园林绿化上注重乔、灌、花、草的搭配，注重复层绿化和立体绿化相结合，力求达到整体设计错落有致，色彩丰富的效果。

第四章　文明新风

矿区境内民众向有传统美德良风。新中国成立后，特别是1978年中共十一届三中全会后，美德良风被赋予新的内涵。在社会主义精神文明创建活动中，矿区社会文明新风得到发扬光大，尊老爱幼、扶贫济困、见义勇为、崇尚科学、尊师重教、抢险救灾的动人故事广为传扬，好人好事层出不穷，为人赞颂，成为人民群众学习的楷模。

第一节　尊老爱幼

一、各级政府的尊老爱幼行动

1991年2月11日，矿区召开老年人迎春联欢会，在全区掀起尊老爱幼教育热潮。1993年6月16日，矿区于《山西省保护老年人合法权益规定》颁布5周年之际，开展了大型宣传活动，全区共设宣传点6个，散发宣传材料2万余份，办各种板报175块，悬挂标语28条、条幅110条。

2000年重阳节期间，区四套班子领导分别带队深入6个街道办事处12户老红军、老干部、老职工、老居干家中进行慰问。区政府召开了庆祝老年节表彰会，对桥南园社区等7个老龄工作先进集体和史拉才等29名老龄工作先进个人进行了表彰。

2001年八月十五前，蔡洼街道办事处、东四尺社区干部看望孤寡老人赵义花，给她送去白面、油、月饼。重阳节期间，区民政局、老龄委、老干局、文化体育局先后到如意庄、井沟社区看望王叩林、刘凤岐等老人，为他们送去问候和祝福。桥头社区关心老年人，主动与社区卫生所联系，为社区的200多名老年人免费体检，并将检查结果建卡存档。

2005年重阳节前夕，阳泉市副市长王敬瑞、矿区区长董仙桃来到平潭社区百岁老人朱喜梅家，对老人进行慰问，赠送了500元慰问金和“福如东海长流水、寿比南山不老松”牌匾。区四套班子领导分6路慰问了12名孤寡老人、伤残军人、退休居干和军烈属，送去米、面、油和慰问金。段北沟社区烈属张秀琴老人瘫痪在床18年，大儿子残废、二儿子残疾、小儿子没有工作。经社区反映情况，市委、市政府、区委、区政府帮助老人解决了儿媳户口问题，并列入低保对象。东山社区关怀社区老年人的身体健康，积极与市炙视明青少年康复中心联系，为居民检查视力，受到居民称赞。

2011年3月，蔡洼街道蔡东社区被山西省老龄工作委员会评为“十大敬老文明社区”。蔡东社区60岁以上老年人1768人，占总人口的34.8%。该社区积极探索老龄工作新机制，坚持为老年人送温暖，解忧难，办实事，营造了一个尊老敬老的良好社会氛围。

二、尊老爱幼传佳话

（一）贾俊林的和谐家庭

贾俊林和丈夫都是下岗职工。尽管家庭生活十分困难，却把公婆当作亲生父母侍奉，每年总要给公婆买新衣穿，买营养品滋补身体，买老人爱吃的菜蔬，饭要煮烂一点，以适合两老的胃口。平时，她经常向公婆嘘寒问暖，从精神上给老人以慰藉。她的婆婆耳朵听不到别人说话，很少与人交流，可婆婆的一举一动贾俊林都知道是什么意思。她每天要为社区义务看管活动室、图书室，还不能耽误给公公、婆婆和孩子做饭，做家务。每天早上8点准时到社区开门，11点半关门后，赶紧回家做饭；下午2点半再到社区开门，6点半关门后，又赶紧跑回家做家务，日复一日，年复一年，平平淡淡，周而复始，不管刮风下雨，她都是这样从无怨言地重复做着同样的事情。她每天做的都是些平常事，可要坚持始终如一并不容易。贾俊林的孩子高考结束后，想让妈妈陪着出去玩玩，但贾俊林怕耽误社区的事，没有答应孩子的要求。贾俊林的公公是一位退休的老党员，年过七旬，还经常为社区工作出谋划策。社区有什么困难，媳妇回去一说，他准过来问长问短，跑前跑后帮着解决。

（二）张家的好媳妇

19年前，蔡西社区于淑萍的婆婆去世了。公公是位退休矿工，愿意独自在老家生活。

虽然老人有两个儿子，但于淑萍还是独自挑起了照顾公公生活起居的担子，她按时给老人邮寄生活费用，并且每年回老家两三次，给公公拆洗被褥、棉衣，安排老人的饮食、燃料。

为了更好地照料老人，于淑萍克服居室窄小的困难，硬把老人接到身边。老人回到矿山，于淑萍首先带老人到医院做了全面体检，了解到老人患有冠心病、肺气肿、气管炎。为防不测，于淑萍遵照医嘱，准备了急救药品。在于淑萍的精心照料下，老人很少犯病。为了使老人舒适，于淑萍给老人铺了厚厚的床垫。做好饭后，第一碗都是先给老人端来。老人喜欢热乎些、清淡些、软和些的饭菜，于淑萍尽量满足他，往往一顿饭要做两次，先给老人做了，再给丈夫和儿子做。老人行动迟缓，有时上厕所不及时，难免弄脏衣裤，于淑萍不怕麻烦，总是随时清洗。有时老人不好意思说，她就给老人勤换内衣，总是让老人穿得干干净净，舒舒服服。于淑萍还常陪老人看电视，给老人讲社区新闻和新鲜事，逗老人开心。

老人有晨练爬山的习惯，每次出门，于淑萍总要叮嘱一番。有一次老人晨练时遇上雷雨，正好丈夫、儿子都不在家，急得于淑萍拿上雨伞就去找，拼命往山上爬，跑了好几个地方也没找着。爬到半山腰时，听到公公喊：“我在这呢！路滑，下不去了，快来接我！”山道崎岖光滑，于淑萍连背带拖，硬是把老人挪下山，搀扶着回了家。进家后不顾自己淋成了落汤鸡，找出干净衣服先让老人换上，又烧姜汤给老人驱寒。缓过神来的老人动情地说：“你比亲闺女还好，有你这样的好儿媳，是我这辈子的福气，真难为你了！”于淑萍常说，照顾好老人是晚辈人的职责和光荣。

于淑萍的孝顺被社区居民传为佳话。社区的老人们都说，张家不知哪一辈子修的福，得了于淑萍这样的好媳妇。

（三）赵义花老人的幸运

蔡洼街道东四尺社区的赵义花老人，1985年后半年遇到了天大的不幸：儿子出车祸死亡，儿媳另嫁人，丈夫得急病去世了，女儿被蚊子叮后死亡。短短半年，一个完美的家庭就剩下61岁的老人和一个4岁的孙女。

她的遭遇引起了社会的强烈关注，社会承担起了一老一小的生活。各个单位纷纷伸出援手，区政府、街道办事处和社区更把赵义花老人作为主要照顾对象。居委会及时送上粮食、衣服等生活必需品；平时安排了专人给她家担水，照顾她的身体；社区干部经常帮助老人打扫房屋，清理卫生；夏季帮她修缮房屋，解决了漏雨问题，冬季为她清除屋顶积雪；逢年过节，各级干部到她家慰问，年三十还和祖孙俩一起包饺子。老人身体不好，社区干部多次为她请医看病，输液打吊瓶。特别是2000年12月，老人得了肠梗阻，社区干部及时将她送到二矿医院，又转院到阳煤集团总医院治疗。经社区干部多方照顾，老人很快恢复了健康。

她的小孙女刘涛偶尔伤风感冒，社区干部给她讲故事，陪她玩，哄她吃药。在六一儿童节，社区干部早早地来到她家，为她洗澡，梳头，教她做手工，给她买新衣服。她常对老师和同学们说："我有好多妈妈，她们都是我的妈妈。"从小学到初中毕业，从不懂事到懂事，"妈妈"们照顾着她，看着她成长，直到她成人，帮助她找到工作，一直到她出嫁。

矿区的"包片单位"区人大、法院、民政局、办事处民政、蔡洼派出所，以及东四尺社区的居民，都给予她们大量帮助，有钱、衣服、粮油、鸡蛋、水果等，让老人家过得幸福、愉快、安康。老人于2007年5月底去世。

第二节　扶贫济困

一、帮残助残活动

1988年7月，根据中央和省、市的统一布置，在全区范围内开展了一次帮残助残"有奖募捐"活动，用募捐所得资助了矿区残疾人福利生产1.2万元。1990年，矿区开展了第二次社会福利有奖募捐活动，9000余名群众参加，为残疾人事业筹集资金2000多元。

矿区连续几年开展"春雨行动"，每年资助25例义务教育内的残疾儿童，分别给予200元的学习补助和字典、台灯等生活学习用具。

2000年和2001年，矿区组织了两次"我为残疾人献上一份爱"大型捐助活动，全区广大干部职工踊跃捐款，一次捐款50元的有18人，捐款30元以上的有180人。区属53个单位的1000余名干部职工捐款12600元。区公安局捐款3145元，区政法委9人捐款300元，残联6人自愿给赵德文家捐助200元。四矿职工在工会的组织下，共捐款20891元。全区捐款共有15.2873万元，其中14万元由矿区残联购买康复器材，赠送给阳煤集团总医院康复科，使矿区的康复服务又增加一个平台。

2001年1月，区委、区政府表彰扶残助残先进，区人民法院等6个集体、高锦孝等21名个人获扶残助残先进集体和个人称号。

2010年3月5日，矿区在天利广场举行了第11个"爱耳日"活动。现场为残疾人发放了康复辅助器具7个品种、176件，其中轮椅15辆、铝合金腋杖10副、坐便椅10个、伸缩手杖30个、助行器50个、肘杖21副、折叠盲杖和电子语音表40个。

二、社会关爱

2001年4月13日，《上学咋就这么难》在阳泉日报刊登后，方凤仙、方云仙姐妹俩的不幸遭遇牵动了矿区工商分局干部职工的心。大家在分局党组织的倡议下捐款400元，表示只要孩子们继续上学，分局将每年为其捐助400元。

2002年2月23日，区地税局纪检组长仇慧琴带领3名税务干部，为阳煤集团五矿下岗职工赵昌锁送去米、面、油和慰问金。

2004年9月，赛鱼街道办事处虎尾沟社区王玉萍的双胞胎儿子，一个考取西安交通大学，一个考取中国民用航空飞行学院，他们为孩子的学费犯愁，区总工会向他们伸出援助之手。区总工会这次共资助了3名贫困大学生，将1500元助学金送到他们手中。

矿区民革党员多年来一直参加扶贫济困和“红丝带”献爱心活动，多次组织党员中的医卫人员到农村送医送药，为农民服务，深受农民欢迎。

2005年8月26日，矿区举行2005年度特困家庭子女上大学资助仪式，出资11.2万元，资助张盛栋等28名特困学生上大学，支持和鼓励贫困大学生完成学业。

2005年12月16日上午，区四大班子领导、区公检法负责人和各街道办事处、区直各部门负责人在区政府二号楼前，参加了扶贫济困送温暖集中募捐，捐款达5000元，确保困难群众过好元旦和春节。

2006年2月，矿区青年张捷带着母亲上大学的故事，感动了阳泉市金联置业建设有限公司总经理姚发兴，他送去慰问金1万元，还准备对张捷的大学生活进行全程资助。

阳煤集团及其员工多年中积极参加各种社会公益活动，主动捐款捐物，资助各类公益事业。2008年春节前后南方冰冻雪灾发生后，集团公司积极组织电煤生产发运，职工群众中不少人主动伸出援助之手。“5·12”汶川大地震发生后，集团公司向灾区捐款550万元。5月15日“抗震救灾献爱心”捐款活动启动后，全公司95227名职工共捐款472万元，全体女职工捐献棉衣棉被12361件。5月23日起，集团公司16692名党员以特殊党费的形式向灾区捐款1092万元。截至5月24日，集团公司党员干部、职工群众通过各种形式向灾区捐款总计2115万元。10月，集团公司70756名职工又向灾区捐款140万元。集团公司派出了由宏厦三建组成的援建灾区过渡安置房突击队，完成了四川省都江堰市安龙镇泊江村和川苏工业园区水电十局547套过渡安置房的施工任务。还派出由二矿18名精兵强将组成的恢复煤矿生产突击队，协助四川广元市大昌沟煤业股份公司恢复生产。同时还运去价值近百万元的煤矿生产专用设备和100万元捐款。12月15日，阳煤集团获得国家民政部颁发的“中华慈善奖”。

蔡西社区是区工商分局的结对子社区。2009年1月，区工商分局职工向蔡西社区的5户困难党员户，捐款500元。“我是党员我承诺，服务群众促和谐”。2009年1月，区民政局积极与段北沟社区取得联系，认领了“扶贫济困岗”，分别与5个困难户结对子，定期不定期地走访、帮助、上门慰问，送去大米、食用油和现金。2009年1月，区政协党支部拿出500元现金，帮助井沟社区购买了一台复印机，还看望了特困户刘秀华，给她送去了大米、白面和食用油。为了让困难职工过一个快乐、祥和的节日，2009年1月，区总工会投入12万元，对全区522名困难职工进行帮扶。2009年1月，区审计局职工带着米、面、油和学习用具以及全体党员捐献1800元慰问金，慰问了西马家坪社区的困难群众。

2009年1月6日，区困难职工帮扶中心揭牌，连续开展了信访接待、生活救助、法律援助等工作，帮扶对象为生活困难、就业困难、子女上学困难、法律维权困难群体和农民工等，帮扶内容从生活救助向政策咨询、生活救助、就业帮扶、法律援助、金秋助学、农民工维权等方面拓展。该中心被省总工会授予“五星级困难职工帮扶中心”称号。

井沟社区的困难职工子女张功哲学习成绩优秀，以602分的成绩考入哈尔滨工业大学，但他7岁就失去父亲，靠母亲打工为生，生活困难。2011年8月18日，赛鱼街道总工会为张功哲送去了旅行箱，还为他争取到帮扶资金。

2011年8月，矿区区委、区政府拨款19.2万元资助53名贫困生上大学。这些贫困大学生为低保户家庭子女、单亲家庭子女、残疾人家庭子女、下岗失业人员子女和特殊困难家庭子女。8月23日，矿区总工会连续第三年举办“金秋助学”活动，12名困难职工子女获得了总额3万余元的助学金。

三、社区扶贫济困活动

2001年，退休后的原平潭3小区主任苏秀英等十个大妈，共唱一台戏，成立了平潭姐妹扶贫小组，专心搞起了帮扶工作，义务为困难群体排忧解难，仅入冬后最近的一次捐助就有衣物41件。里沙坪社区干部经常上门帮助10余户困难居民，社区干部自备慰问品上门看望了80岁高龄，瘫痪在床30年的老党员冀润明。

2002年9月，为了更好地为低保户、贫困户服务，矿区蔡洼街道办事处成立了“爱心捐助站”，在所属的6个社区成立了捐助点。社会热心人很快捐赠了衣物200多件、文具100多套、现金100多元。同年，赛鱼街道社区干部主动上门，为大垴沟社区的盲人翟三平、虎尾沟社区王二梅老人、麻地巷社区的精神病患者等20多户特困家庭办理手续，使他们享受到最低保障。社区干部责任心强，工作细致，做到了应保尽保。平潭街街道社区干部通过定期上门走访弱势群体，广泛开展“扶弱助残献爱心”活动，帮助身边的弱势群体，组织成立“家政中介服务中心”，广开就业门路，安置弱势群体就业，广泛宣传低保政策，上门为行动不便的弱势群体送温暖。为残疾人和下岗失业人群提供服务，解决困难。

2005年9月，东四尺社区党支部向党员发出倡议，捐款助困。47名党员共捐437元，为6名困难户送去牛奶、豆粉、鸡蛋和200元慰问金。

2006年9月20日，西马家坪社区干部把一面“助人为乐献爱心”的锦旗送到私企老板李春宙手中，表彰他帮助残疾人李霖、刘爱文，孤寡老人董秀英，贫困户窦兰花等8户家庭的义举。

2007年春节前夕，贵石沟街道苏村大井自建区刘丽平家突然失火，大火还殃及一户邻居。经过五矿消防队、平定消防队和周围群众的奋力抢救，大火被扑灭了，但两家财产都受到了很大损失，过年的年货也烧成了灰烬。苏村社区主任胡守卿和街道办事处主任刘世平，分管主任韩晋明当场凑了700元钱，分别送给受灾的两家人，并表示要继续想办法给予帮助。

李玉是一个因患先天性唇裂症被亲生父母遗弃的小女孩，后被一个住在东四尺社区自建房的71岁老大娘收养，母女俩靠捡破烂为生。社区干部得知情况后，发动社会各界进行帮扶。2006年年底，在社区干部和矿区会计核算中心志愿者的帮助下，小李玉在市一院做了唇腭裂修复手术。小李玉的事情在媒体公开后，得到社会各界的关注。2007年年关将近时，市团委书记杨日祥和企业家王志亲自前来慰问，送来日常生活用品、1000元现金及住房一套，市团委书记表示要尽快圆小李玉的上学梦。

2008年12月，大垴社区党支部和新景矿党员张晓宝在“我是党员我承诺，服务群众促和谐”活动中，主动认领“扶贫帮困岗”，给困难家庭送去粮、油等生活必需品，发挥了党员8小时外的先锋模范作用。

冯晋莲是一位老居干，她全力支持社区工作，邻居无人照看小孩的时候，她总是热心帮助照管。三年前，她家对门夫妻在同一天死亡，留下一个没成家的男孩儿。她一有空就帮他收拾整理家务，还叫孩子到她家吃饭。孩子晚上回来迟，她总是等他回家才放心。遇到他有事出远门，她帮助照看他家的安全。灾区有困难，她主动到社区询问情况，看能帮什么忙，积极捐款捐物。楼前楼后困难的人家买不起衣服，她把她家的衣服送给需要的人们。

2009年，西马家坪社区居民王殿成年仅15岁的儿子患了白血病。为了帮助这一家人度难关，西马家坪社区开展献爱心帮助活动，帮他花12万元做了手术，又通过开展募捐等渠道，帮助归还了欠医院的3万余元医药费。

2010年，桥头社区工会联合会积极开展就业技能培训，为会员再就业创造条件。会员籍爱华发挥自己专长，开设美发班，免费培训困难家庭学员。桥头社区工会联合会被授予“山西省基层联合会标兵单位”称号。

第三节　崇尚科学

一、群众科技活动

（一）“鸿源杯”首届家庭科学知识大赛

2002 年 4 月 24 日，矿区科学技术协会和阳煤集团工会联合举办“鸿源杯”首届家庭科学知识大赛。大赛在阳煤集团有线电视台《金色大舞台》演播现场举行。参赛的 6 个家庭是各街道办事处选送的。本次大赛共决出一等奖 1 名、二等奖 2 名、三等奖 3 名、组织奖 6 名，贵石沟街道家庭代表获得一等奖。本次大赛的目的是“崇尚科学，反对迷信，欢迎家庭，健康人生”。在大赛结束时，区委领导为“矿区科普示范基地”鸿源乳制品厂授牌。

（二）团区委的倡议

2003 年 6 月 3 日，团区委向全区青少年发出倡议：告别陋习，讲究卫生，健康生活，握手文明，做到“三讲一树十革除”（讲文明，讲卫生，讲科学；树新风；革除随地吐痰陋习，革除乱扔垃圾陋习，革除厕所脏乱差陋习，革除随地便溺陋习，革除不勤洗澡陋习，革除吃野生动物陋习，革除饭前便后不洗手陋习，革除饮用不清洁水陋习，革除烧荒陋习，革除公共场所大声喧哗陋习），带动和影响全社会，美化环境，创建文明矿区。

二、崇尚科学先进个人

（一）崇尚科学的“大姐教练”张秀金

1995 年，张秀金在蔡西社区的帮助下，拉起了一支健身队。没有场地，自己找；没有资金，大伙凑；没有教练，“我来当!”张秀金当教练没有上级的任命，但大伙都亲切地称她为“大姐教练”，这一干就是十三年。每当旭日东升，霞光万道之际，在蔡西社区舞场，总会看到她领着一队人，伴着优美的乐曲翩翩起舞。随着她的指挥和口令，这支队伍舞步一致，节奏鲜明，歌声高昂，曲调优美。好多来爬狮脑山晨练的人们，都被这独特的景象吸引住了，纷纷驻足观看。

张秀金坚信科学，反对迷信，坚持全民健身，并大力向队员们宣传科学知识，破除迷信。经她的耐心宣传教育，健身队的成员不但一个也没被拉走，反而增加了不少人。邪教被取缔后，一些受蒙蔽的人也纷纷加入了健身队的行列。

令张秀金欣慰的是，健身队的发展壮大，不仅强壮了姐妹们的身体，活跃了社区文化生活，带动和促进了社区其他工作的顺利开展。健身队队员成了社区各项文体活动的骨干，蔡洼办事处、二矿、集团公司、政府有什么喜庆大典、井下宣传慰问、街头文娱活动，都能见到健身队员们矫健的身影。

（二）渴求科学知识的老居干、老党员

边桂花是蔡洼的一名老居民干部，路俊德是菜市社区的一名老共产党员。他们的共同特点是，虽然文化不高，但强烈渴求科学知识，长期坚持学习。他们退休后，坚持每天收看新闻，阅读科普书籍，逢人就宣传科学知识，还言传身教，勉励下一代好好学习，积极上进，培养爱科学，用科学的兴趣，提升了社区学习科学文化知识的氛围。

第四节　尊师重教

矿区大力弘扬尊师重教风气。1990 年 9 月 10 日，区委、区政府为教师办的 10 件重点实事全部兑现。一是为 20 名教师分配了住房；二是投资 45 万元扩建了平潭街小学教学办公楼；三是投资 30 万元扩建了新蕾幼儿园教学办公楼；四是投资1.8万元为中学、幼儿园、电教站购置了钢琴、录像机等电教器材和教学设备；五是投资修建了教师宿舍楼；六是为15名模范教师和先进教育工作者每人发放奖金100元；七是组织机关干部为学校整修校舍；八是专门为教师开放了文化馆；九是区委、区政府主要领导深入中小学、幼儿园对教师进行慰问，并专程到家中看望了老教师；十是召开了全区教师节庆祝大会。

2001年9月10日，矿区召开庆祝教师节表彰大会，对2000~2001年度涌现出来的9名先进教师进行了表彰。

2002年9月5日，市委副书记在区委领导的陪同下，到市外国语学校慰问教职工，给他们带去节日的问候和5000元慰问金。9月10日是第18个教师节，矿区召开教师节表彰大会，对阎慧琴、王晓莺等9名教师进行表彰，区领导还到阳煤一中、段家背小学等学校慰问教师。

2005年10月10日，蔡洼社区83岁的二等一级伤残军人贾海泉再次助教捐款。从1991年起，他每年都自带学习用品，慰问小南坑幼儿班的孩子们。十多年来，他共购置了5000余元的学习用品，资助了700多名学生，抗非典捐款2000余元，多次受到省市区及阳煤集团的表扬。

2006年9月8日，矿区隆重召开庆祝教师节大会，对82名模范教师进行表彰。

2008年9月8日，在第24个教师节，矿区四套班子领导带着节日的礼物、分10组慰问了中小学及幼儿园教师，为他们送去了节日的问候，勉励他们为矿区教育事业的发展作出新贡献。

第五节　见义勇为

袁崇发是阳煤集团工程处离休干部。1989年离休后，袁崇发凭着党性和一颗正义之心，把抓小偷作为离休后的职业。十几年从不间断，共抓小偷700人次，缴获凶器100多件，协助公安部门破案130多起，挽救失足青年400多人，为群众挽回经济损失数万元，被群众称为“老干探”。他的先进事迹先后被《人民日报》《人民公安报》等10余家报刊报道，受到了党和国家领导人李鹏、乔石等的接见。袁崇发1990年获“全国见义勇为先进分子”称号；1997年荣获“全国老有所为奉献奖”；并多次被评为省、市见义勇为先进分子和集团公司劳模。1996年4月，中央电视台“夕阳红”栏目以袁崇发的事迹为题材，摄制了10集电视短剧《老干探》。

2001年3月30日晚8时许，两名歹徒酒后滋事、殴打无辜，路经此地的《阳泉矿工报》记者卞崇夫见义勇为，反遭两名歹徒殴打。案件发生后，《阳泉矿工报》《阳泉日报》等媒体相继报道，予以强烈关注。矿区公安分局民警迅速行动，于4月13日将一名歹徒抓获。

2001年8月17日，在阳泉市见义勇为第四次表彰会上，矿区平潭社区居委会、阳煤集团一矿治安分队、阳煤集团矿山救护队、阳煤集团洪城河小学等4个单位被授予“见义勇为先进集体”称号；卞崇夫、吴付平等11人被授予“见义勇为积极分子”称号。

2002年6月30日晚，矿区人武部参谋于冰洋、实习生王秀军、刘军峰在河神庙附近巡逻时，遇到歹徒抢劫，他们挺身而出，及时救助遭劫妇女，挽回经济损失500多元，受到周围群众的称赞。

2003年正月十三晚上，蔡洼办事处樊文斌在盘问歹徒时，被歹徒用火枪击伤，致高位截瘫。事情发生后，社区干部、居民纷纷捐款，用友爱回报这位见义勇为先进个人。

翟成科是二矿维运区职工。2007年3月的一天，他在阳泉市天桥遇到一名与母亲走失的8岁小女孩，通过整整一天的询问和打探，将小女孩安全送回家。翟成科义举引起了广大居民的强烈反响。

蔡洼居民段海玉，是社区的一名志愿者，经常在铁路沿线义务巡逻。他50多岁，是市直企业的一位下岗人员，右臂残疾。2007年2月的一天，张秀英老人在铁道上拣炭，火车过来了，老人耳聋没听见，情况危急。段海玉见状，不顾一切扑上去，把老人从铁道上拉开，自己却重重地摔倒在地，胳膊伤得很重，20 多天都动弹不得。

2010 年 3 月 31 日凌晨两点多钟，市巡防支队红岭湾中队赵卫平、郭志昌发现有人偷割了十几米电缆，从河滩下面扛着上来。赵卫平和郭志昌迅速一前一后抓住盗窃者，赵卫平被砍伤，郭志昌迅速拨打 110 报警。区公安局、沙坪街道办事处的负责人到阳煤医院，慰问了赵卫平，并送去了慰问金和慰问品。

第六节　抢险救灾

1966 年 8 月 23 日，桃河发生特大洪水，直接经济损失达 1500 万元。矿区组织 3400 名民兵抗洪救灾。二矿小学教师、共青团员李宜德在桃河大坝抗洪抢险时牺牲。

1976 年唐山发生大地震后，阳泉矿务局矿山救护队和矿务局医院组织救援队奔赴灾区，在抗震救灾中出色地完成了任务。

1989 年 11 月，区妇联及各办事处妇联发动广大妇女急灾区人民所急，想灾区人民所想，自愿捐款献物，共计向雁北地震灾区捐款 2143.24 元，捐衣 7270 件，受到了灾区人民政府的感谢。

1992 年 2 月 15 日，矿区公安分局抽调干警 10 多名，协助市消防队扑灭狮脑山山林大火。

1996 年汛期，面对严重的洪水灾害，矿区 2000 余名矿工参加了石太铁路和赛鱼路桃河护坝的抢险工作。

1999 年 4 月 6 日，吴家掌风机房周围发生大面积山火，风机房一旦被烧毁，将使井下生产全面瘫痪。在这紧急时刻，一矿民兵应急分队紧急出动，迅速赶到吴家掌，激战 4 小时，扑灭了大火，保证了风机房的安全。2000 年 10 月 28 日，8802 工作面发生大面积自燃，为避免火情蔓延，一矿民兵应急分队积极参与 8802 工作面事故抢险，在一个小时内向坑口紧急装运 1200 袋黄沙，快速封闭巷道口。

2004 年，先后组织民兵完成抢险救灾任务 10 多次，特别是 3 月 29 日，盂县诸龙山森林大火，矿区人武部调集特别能战斗的一矿民兵应急分队进行灭火。在人武部的精心组织下，应急分队百余名队员以全市第一支灭火队伍开赴火灾现场，经过 40 多个小时奋战，及时控制了火势。

2006 年 8 月 15 日小南沟泥石流灾害发生后，南楼社区 16 户居民家中被褥被泥石流浸湿，不能使用。区委区政府及时拨付 10000 元救济款，由区民政部门购回 38 套被褥发放给居民，16 户居民领到了崭新的被褥。

2006 年入冬后，狮脑山山脚下的蔡西社区加大防火工作力度，定期组织社区志愿者在进山路口进行巡查。

2007 年 7 月 22 日早 7 点，突降暴雨，蔡洼东四尺铁路护坡坍塌，石太铁路被土石覆盖，导致石太铁路列车运行中断。蔡洼办事处得知情况后，立即向区政府汇报，并组织相关人员赶赴现场，经过 500 余人 5 个多小时冒雨奋战，石太铁路恢复通车。

第五章　打击社会丑恶现象

矿区在深入持久地开展社会主义精神文明教育、扎实开展精神文明创建活动、大力弘扬社会文明新风的同时，坚决打击社会丑恶现象，积极开展打击“黄赌毒”、扫除“六害”活动，深入开展反腐倡廉，进一步净化了社会环境，维护了社会治安秩序，促进了社会和谐稳定发展。

第一节　打击“黄赌毒”

1980 年矿区与阳泉矿务局“政企分开”后，矿区和阳泉矿务局均根据各自特点，发挥各自优势，积极开展打击“黄赌毒”、扫除“六害”活动。

1985 年 4 月，根据中共中央《关于打击淫秽录（音）像的决定》精神，矿区公安机关组织集中行动，收缴淫秽录（音）像带 14 盘，查处贩卖、播放淫秽录像的违法犯罪分子 12 名。

1986 年，国务院《关于坚决取缔卖淫和制止性病蔓延的通知》下达后，组织开展全区性的禁娼活动。

1987 年元旦和春节期间，在全区开展了以抵制婚嫁丧葬陋习、破除封建迷信、打击聚众赌博行为为重点内容的“倡导文明新风，革除封建陋俗”宣传教育活动。领导干部率先垂范，党团员积极带头，把宣传教育和查处打击结合起来，采取多种形式，充分发挥了群众自治组织的作用。各街道办事处、各企事业单位都将搞好社会主义精神文明列入了街规民约、厂规厂约，5 个办事处、12 个街办企业、86 个居民区先后建立了红白理事会。8 月和 9 月，继续广泛、深入、持久地开展“倡导文明新风，革除封建陋俗”活动，深入贯彻落实《中共中央关于社会主义精神文明建设指导方针的决议》，各基层单位党组织把倡导文明新风，革除封建陋俗纳入了精神文明建设的总体规划。各级工会、共青团、妇联组织号召广大职工、团员、青年、妇女带头革除封建陋习，积极宣传新人新事新风尚，为群众提供科学知识，倡导现代文明生活方式。民政和司法部门重点突出了《婚姻法》的宣传，及时发现和纠正婚姻登记方面的问题，加强民调工作。公安、检察、法院等司法部门保持严厉打击刑事犯罪活动和经济领域犯罪活动的势头，突出打击凶杀、抢劫、强奸、拐卖妇女儿童、卖淫、吸毒聚众赌博、封建迷信等违法犯罪行为，打击和震慑犯罪分子。纪检部门对于借红白喜事大操大办、行贿受贿，在群众中造成不良影响的党员干部予以查处。在宣传教育活动中，区委、区政府注重加强了精神文明的阵地建设，各个企业、学校、街道积极兴办文化室、游艺室、阅览室等活动场所，通过举办读书、书法、美术、摄影、舞会、知识竞赛等活动，提高群众的思想文化修养，摒弃封建陋俗，引导人们逐步形成文明、健康、科学的生活方式和良好的社会风尚。

1988 年，区公安分局破获贩卖淫秽扑克案，涉案 120 人，依法逮捕 3 人，对 23 名主要参与人罚款 1.83 万元。

1989 年，区公安分局调集 100 名公安干警突击整顿检查文化市场，依法收缴各种淫秽书刊、画册、录像带 2069 件，封存违禁书刊 1450 册。11 月 7 日，区委、区政府召开扫除“六害”（卖淫嫖娼、制作贩卖传播淫秽品、拐卖妇女儿童、私种吸食贩卖毒品、聚众赌博、利用封建迷信害人）动员大会，安排部署开展扫除“六害”活动。区属及驻区各单位开展了广泛宣传，共出动宣传车 8 辆，印发宣传材料 17 万份，张贴标语 2000 余条，办专栏板报 100 余块，接待群众 2 万余人，解答疑难问题 1 千多条。同年年底，区公安分局配合“扫六害”专项斗争，破获案件 94 起，其中聚众赌博案 44 起，查获各类“六害”违法犯罪团伙 32 个、400 余人，逮捕劳教首要分子 20 名，治安罚款 10 万余元。缴获淫秽录像带 16 盘，色情扑克 136 副，色情、暴力、凶杀、封建迷信等不健康书刊 1545 册，赌款 4500 元，赌具 17 副。扫除“六害”斗争的开展，大大净化了社会风气，促进了社会治安的好转。

1991 年 1 月 28 日，召开全区“扫黄”工作会议，部署“扫黄”工作。7 月 29 日，矿区公安机关查获首例私种罂粟案件。二矿工人某某在家属楼后山坡和自家阳台上私种 18 株罂粟毒品，并分两次用刀割汁，获鸦片 1 克，被治安处罚。1993 年 12 月 24 日晚，根据群众举报，红岭湾派出所民警迅速出警，当场查获一起 20 余人的聚众赌博大案，缴获赌资 4000 余元，赌头及窝主等 14 名参与赌博的人员被当场抓获。1994 年，蔡洼派出所打掉 10 名女青年及 40 余名嫖客组成的卖淫嫖娼违法犯罪团伙。1995 年 5 月 29 日，赛鱼派出所打掉一个贩卖毒品团伙，查获参与贩毒吸食毒品的犯罪分子 4 名，缴获毒品盐酸二氢埃托啡 330 粒。8～9 月，矿区打击卖淫嫖娼专项活动取得成效，共查封变相赌博游戏厅 6 个，取缔无证经营的歌舞厅、放像厅、卡拉 OK 歌厅 6 个，打掉卖淫嫖娼窝点 23 个，涉及成员 195 名。8 月，矿务局党委下发了《关于打击嫖娼卖淫、整顿企业内部文化生活环境的安排意见》的文件，阳泉矿务局公安处积极部署开展打击嫖娼卖淫、整顿企业内部文化环境专项斗争。

1997 年 6 月 25 日晚，矿区公安分局巡警队打掉一个贩毒并利用毒品控制妇女在歌厅当小姐进行卖淫的特大犯罪团伙，缴获毒品海洛因 7.6 克和吸毒用的针管、吸管等，抓获贩毒、吸毒、卖淫的犯罪分子 6 人。1998 年 8 月 13 日，矿区公安分局在墨玉宾馆捣毁一个利用电脑进行赌博的窝点，当场收缴赌资 15593 元，用于赌博的筹码 364 枚，价值 27850 元，同时还收缴了赌具电脑 20 台，乒乓游戏机 1 台。10 月 13 日，在全区 6 个禁毒作战区域，大张旗鼓地开展声势浩大的宣传，并组织开展了全区禁毒大清查统一行动。共出动宣传彩车一辆，悬挂标语横幅 8 条，印发宣传品 4000 余张，放映电影专场 3 场，受教育群众达 2 万余人。2000 年 2 月 12 日，区公安分局开展了取缔非法电子游戏机娱乐场所专项行动，出动警车 30 多部，民警 200 多名，查封带有赌博性质的啤酒机、麻将机、牌机和跑马车等娱乐场所 25 家，查扣用于赌博的主机 9 台，探头 2 个，乒乓球 2 套。7 月 11 日 22 时至 13 日 22 时，阳煤集团公安处出动警力 364 人次，车辆 49 辆，治安积极分子 382 人次，清查歌厅、舞厅、电子游艺场所、出租房屋及废品收购站点 231 家。查扣矿用废旧财产 2 吨，扣押光盘 41 盘、游戏机卡 19 个、VCD3 台、游戏机 2 台。

2001 年 4 月 13 日，区公安局在全区开展“打黑除恶”集中抓捕行动，查获吸毒人员 6 名，强制戒毒 2 名。2002 年 1 月 23 日，区公安分局开展“集中收戒吸毒人员和集中打击多发性侵财犯罪”为重点的专项行动，收戒吸毒人员 53 名，破获刑事案件 43 起，劳教 6 名，刑拘 25 名，打掉犯罪团伙 4 个，涉及成员 24 名，追抓各类逃犯 10 名，缴获毒品 8 克。一季度，赛鱼派出所紧密结合集中收戒行动，重点打击吸毒犯罪。全所连续奋战，实现首季开门红，抓获吸毒 18 起，抓获吸毒人员 24 名，抓获逃犯 9 名，破获刑事案件 3 起，缴获毒品 5 克。6 月 26 日“世界禁毒日”，区公安分局举办以“吸毒与艾滋病”为主题的宣传活动。分局干警通过播放录音，发放宣传资料，现场咨询，进行禁毒宣传。9 月，刑警大队四中队加大禁毒工作力度，在不到一个月的时间，破获 7 起吸毒、贩毒案件，逮捕 6 人，劳教 4 人。10 月 30 日，刑警二队端掉一吸毒团伙，抓获 6 名吸毒人员。

2003 年，矿区成立了由区领导担任组长的区禁毒工作领导小组，在区公安分局内增设禁毒大队，调配了专职缉毒警察，并配置了电脑、警车，增拨了经费。全年矿区分局共破获各类毒品案件 277 起，其中贩毒案件 140 起，非法持有毒品案件 1 起，吸毒案件 136 起，查起毒品违法犯罪人员 242 人次，缴获海洛因 39.67 克。3 月 25 日，桥头派出所和禁毒大队破获郝某、张某贩卖毒品案、查获海洛因 0.6 克。4 月 5 日，禁毒大队和马家坪派出所侦破一贩卖毒品案，缴获海洛因 1.03 克。12 月 2 日，禁毒大队经两天两夜的跟踪守候，破获一贩卖毒品案，抓获涉毒人员 4 名，缴获土制海洛因 1.5 克。在禁毒严打整治的专项斗争中，贵石沟办事处与派出所把社区责任区民警和社区干部同步建立毒情检测网络，入户核对并与楼、户鉴定责任状，从而获得“无毒办事处”称号。随后，红岭湾、赛鱼、桥头、马家坪也逐步相继对涉毒人员进行分层管理，建立“三知、四清、五包”帮教制度和实行责任追究等措施，涌现出一批涉毒人员底数清、情况明、制度健全、帮教小组落实到位、吸毒人员戒了毒、人民群众反映好的“无毒社区”。

2004 年，矿区公安分局坚持“四禁并举，堵源截流，严格执法，标本兼治”的工作方针，禁毒部门与刑警、巡警、治安、派出所协调作战，破获一批毒品案件；对全区涉毒人员进行摸底，掌握吸毒人员的基本情况；开展毒品问题区域性综合治理，推动创建“无毒区”工作；组织开展了三次打击毒品违法犯罪的专项行动；以“6·26”国际禁毒日为契机，动员社会一切力量，大力开展宣传教育工作。6 月 26 日世界禁毒日，团区委联合公安分局团委在日潭小区开展了禁毒宣传，向青少年散发了禁毒宣传品，并设立咨询点。贵石沟街道办事处广泛发动群众，积极开展创建“无毒社区”工作。赛鱼街道王氏兄弟俩因父母吸毒被判刑，责任区民警毛增社把兄弟俩的情况，反映到赛鱼派出所，为兄弟俩办了低保，全体干警为他们捐款，还为他们缴纳电费。

2005年3月8日，区妇联分别在6个街道办同时展开“不让毒品进我家”宣传活动，提高戒毒意识，共同创建“无毒社区”，在天利广场、一矿广场、二矿、四矿、五矿广场，出动400余人宣传，营造全民禁毒。同日，禁毒大队与市局禁毒支队联合作战，将赛鱼西川2名毒枭抓获，当场缴获土制海洛因52克，接着又前往河北省阜平县将4名毒贩抓获，并缴获制毒工具一套，已加工成品毒品海洛因62克，毒资6万余元。侦破了沙坪一贩毒案，缴获毒品0.52克。6月24日，区公安部门把赛鱼西川地区列为打毒、禁毒工作重点。先后组织四次集中专项行动，抓获吸毒、贩毒人员101人。10月22日，经过连续三天的蹲守，在市三角线一租用的楼房内抓获吸、贩毒人员6人。11月6日晚在二矿梅苑宾馆打掉了一个吸毒团伙，抓获团伙吸毒人员6人。全年共破获各类涉毒案件187起，其中吸毒案件72起，吸毒案件115起。抓获涉毒人员236名，缴获毒品土制海洛因121.07克、摇头丸23粒、三唑仑30片，没收毒资6万元。

2006年6月25日世界禁毒日，团区委联合公安分局团委在日潭小区开展了禁毒宣传，向青少年散发禁毒宣传品，并设立咨询点，号召青少年积极行动起来，做禁毒青年卫士。此外，团区委与阳泉二监第四监区签订帮教责任状，定期开展帮教活动。10月15日，矿区公安分局与市局配合，经过秘密侦查、蹲坑守候、巧妙审讯，发扬连续作战作风，成功捣毁一重大吸贩毒团伙，抓获犯罪嫌疑人7名，缴获土制海洛因50余克。年内，西城分局把禁毒工作作为维护阳煤和谐发展的重要措施来抓，成立了禁毒大队，配备了专门工作人员，维护了辖区的稳定。全年共破获各类涉毒案件180余起，其中贩毒案件35起，吸毒案件145起，抓获涉毒人员190人次。

2007年，矿区分局把预防和打击毒品违法犯罪作为重点工作之一，加强领导，由1名局领导主抓禁毒工作，派出所由1名副所长负责禁毒工作；为禁毒大队增加了3名干警，配备了车辆，并给予办案经费上的保障。12月4日，在省公安厅、市公安局和忻州市公安局的大力协助下，分局禁毒大队民警远赴忻州市繁峙县，一举将涉嫌贩运毒品的嫌疑人抓获归案，缴获毒品80余克。成功阻断这条由忻州市繁峙县通往阳泉市的毒品通道。8月初，西城分局在三矿矸山一个临时工棚内，摧毁一利用电子游戏机聚赌窝点，抓获了6名参赌人员。全年共破获各类涉毒案件187起，抓获涉毒人员250余名。

2008年4月5日下午，根据群众举报，西城分局禁毒大队与段家背派出所联手作战，先后在三矿煤台、三矿悬窑沟将正在吸食毒品的3名违法人员抓获。后经深挖细查、缜密调查，发现三矿工人某某从2007年11月以来为吸毒人员提供吸毒场所，4月6日将其刑事拘留。矿区分局开展了为期两个月的禁毒严打专项行动。5月22日，在市公安局禁毒支队统一安排部署下，矿区分局禁毒大队与城区分局禁毒大队联合行动，一举捣毁了一个由7名东北籍人员组成的贩毒团伙，缴获毒品1200余克、毒资3万余元、贩毒车辆1部以及电子秤等其他贩毒工具。年内，共破获涉毒刑事案件18起，吸食毒品案件143起，抓获各类违法犯罪人员302人次。

2009年6月26日“国际禁毒日”，矿区开展了以“依法禁毒，构建和谐”为主题的禁毒宣传活动，矿区公安干警走上街头，深入社区和网点，广泛宣传毒品的危害，教育居民群众要增强拒毒、防毒意识，远离毒品，关爱生命。8月，矿区公安分局在第二阶段严厉打击毒品违法犯罪专项行动中，破获3起案件，抓获吸毒人员6名。

2011年10月，副市长董仙桃深入矿区东山、秋沟、赛鱼社区戒毒康复站，向社区干部，民警和医疗卫生人员详细了解吸毒人员管理和帮扶工作，对矿区的社区戒毒康复工作给予肯定。10月31日，全市社区戒毒工作现场观摩会在矿区召开。观摩团成员深入了解社区戒毒和社区康复工作情况。参观了秋沟和里沙坪社区，区长刘乙佑介绍了矿区的社区戒毒和社区康复工作情况。

第二节　反腐败工作

1980年矿区与阳泉矿务局“政企分开”后，于1981年成立区纪检筹备组，重点查处利用职权建私房问题。1982年，国务院发出《关于打击严重经济犯罪活动的紧急通知》，区纪检配合有关部门，查处以权谋私、贪污受贿案件，追缴赃款。同时，坚持进行党风党纪教育，针对不同时期暴露的不同问题，举办党员轮训班，党员、干部学习班和科级以上环节领导读书班，提高党员干部的思想觉悟，增强免疫能力。阳泉矿务局纪委也开始查处案件。1983年，对全区5个街道办事处的21个单位120种生产资料价格进行了检查；对全区215名国家干部住房情况做了摸底调查，张榜公布，其中2个干部退出了超占住房。1984～1985年，共查处违纪案件7件，1人移交司法查办，2人开除党籍，3人受党内严重警告，1人给予批评教育。

1986年，区纪检部门查出私设“小金柜”单位2个，查出超编小轿车1辆；查出各种经济犯罪案件14起，挽回经济损失11629元。1987～1988年，查处财务、物价、税收部门不廉洁问题30多条，查出违纪金额54.7万元。1989年，纪委根据“两院一部”通告精神，认真开展反贪肃贿工作，要求各单位，倾向性问题综合反映，重大问题专题反映、苗头性问题及时反映，坚持把纪检工作同深化改革、治理整顿与廉政建设结合起来，查处违纪者，保护改革者，宣传廉洁者，帮助失误者，全年共查处贪污受贿案40件，追回赃款61万元。1990年，区纪检部门清理“乱收费、乱摊派、乱罚款”，查出行业不正之风问题31件，同时对区内868名干部、职工的住房、建房、购房情况再次进行调查，对住房超标进行了清退或加租处理。

1991年，共查处党员违纪案件3件，涉及5人，给予1人党内严重警告处分，批评教育2人。1992年，矿区集中在全区党员干部中进行典型案例警示教育。贯彻省委“六不准”规定，狠刹公款请客送礼、大吃大喝之风。1993年，集中清理规范公款安装个人住宅电话问题和党政机关及工作人员经商办企业问题，对全区党政机关和行政事业单位的汽车情况进行了摸底，封存了4辆违规汽车。同时组织全区党规党法教育文艺汇演。组织党员、干部观看了《新中国第一大案》等警示教育影视片。1994年，阳泉矿务局出台了《关于对截留职工工资奖金违纪人员党纪、政纪处分的暂行规定的通知》。1995年，对全区1006名干部职工的住房情况进行了再次清理。有23名干部在分配新房后退出了原有住房，有5名干部的超面积住房实行了加租处理。

1996年，进一步引申反腐败斗争，开展了“一整两反”工作，对全区32个单位上年度预算外资金的管理使用情况进行了清查，对18户不同程度存在违纪违规问题的单位依照规定进行了处理。1997年，将治理全区中小学乱收费和公路“三乱”问题作为纠风工作重点，对6项不规范收费进行了清退，开展了“一整两反”工作，对区民政局无证收取婚前体检表工本费和区残联收取残疾证工本费进行了严肃批评，将违规所收费用全部上缴财政。1998年认真贯彻落实中央《关于党政机关厉行节约制止奢侈浪费若干规定》，对全区公款安装住宅电话进行清理整顿，15人15部不符合规定公款安装的住宅电话补交了2.52万元初装费，对公费安装的住宅电话一律取消了公款托付，实行领导干部和特岗人员住宅电话通话费定额补助。对移动电话进行了严格清理，清理出的13部移动电话全部按照规定办理了使用审批手续。查处了区交安委自96年以来私设“小金库”30万元，坐支现金26万元的违纪事实，查处了原矿区计生委主任挪用公款20余万的违法犯罪问题，在全区引起很大反响，有效的震慑了违纪者。年内，阳煤集团在《阳泉矿工报》开辟了“廉政建设”专栏，加大了党风廉政建设成果的宣传力度。1999年，矿区着力抓好全区党政机关和企事业单位领导干部一年两次的廉洁自律专题民主生活会，把解决好干部的廉洁自律问题作为“三讲”的一个重要方面。2000年，党风廉政建设和反腐败斗争取得了新的进展，全年查处大案1件，要案2件，挽回经济损失7000余元。阳煤集团 1993 ~ 2000 年查办各类违法违纪违规案件 365 件，党政纪处分 233 人，收缴违纪款 98 万元，挽回经济损失 520 余万元。

2001 年 7 月 31 日，矿区召开党风廉政建设，执法监察暨纠风工作会议。对区计划、财政、劳动、人事部门开展民主评议行风工作进行了安排。组织全区 50 余名管钱管物管人的一把手和基层纪委书记，举办党风廉政建设培训班。印发了《关于鼓励和支持署实名举报的办法》，充分调动广大党员和人民群众参与反腐败斗争的积极性。

2002 年，矿区对全区党风廉政建设责任制进行了责任分解。通过知识竞赛、警示教育、组织开展“创新纪检监察工作调查研究月”等形式的活动，营造反腐倡廉舆论氛围，宣传全区党风廉政建设和反腐败斗争的重要成果。7 月 24 日，区纪检委、区委组织部、区委宣传部联合组织《网住邪念》读书心得交流会，各街道办事处和公检法司等部门的领导干部在会上发言，广大干部主动联系实际谈体会，受到深刻的教育。

2003 年，开展了以整治领导干部“吃、住、行”方面的问题为主要目的，以清车、清房和制止奢侈浪费为内容的“三项治理”工作。全区共清理违规车辆 6 辆，全部予以纠正。对全区 1493 名干部职工住房情况进行了第一阶段的填表申报工作。对区民政局利用婚姻登记搭车乱收费形成“小金库”的违规行为给予了严肃处理。立案侦查贪污贿赂犯罪案件 9 件 10 人，追缴赃款、赃物 38 万余元，挽回损失 70 余万元。在全区开展“艰苦奋斗、廉洁从政”主题教育活动，开展“清清白白当公仆”为主题的“八个一”活动。抓好党风廉政建设责任制的落实，建立和完善各级领导干部“一岗双责”责任制体系。为调动办案人员和举报人员的积极性，下发了《纪检监察从查办案件罚没款收入中提取费用奖励办案有功人员和举报人员的实施办法》。制订了《关于对违法违纪违规行为予以经济处罚的规定（试行）》，提高了腐败成本，出台了《纪检监察审理党纪政纪案件暂行办法》，为保证案件审理质量，正确执行纪律，提供了制度依据。

2004 年，矿区结合《中国共产党党内监督条例（试行）》和《中国共产党纪律处分条例》颁布，开展了“条例伴我行”演讲比赛，组队参加了全市学习上述两个《条例》知识竞赛。立案查处经济案件 2 件，挽回经济损失 1.84 万元。

2005 年，清房工作中，全区应退住房 6 套，均做了处理。对全区车辆购置实行了审批制度。为了推进廉政文化“进机关、进社区、进学校、进家庭”工作，制订了《党纪政纪违纪案件公开审理暂行办法》，被全市定为唯一的公开审理试点县区。同年，阳煤集团举办了反腐倡廉公益广告大赛，74 件作品和 7 个单位受到表彰奖励，有 30 件作品在省市展出展播。2 个反腐倡廉公益广告片在山西各大电视台黄金时段冠名展播。集团公司纪委荣获了“山西省反腐倡廉公益广告大赛组织奖”和“阳泉市反腐倡廉公益广告大赛优秀组织奖”。组织开展了“百日反腐倡廉示范和警示教育活动”，两万余名党员和领导干部收看了成克杰、王怀忠、李真等腐败案例教育专题片和任长霞、汪洋湖等先进清廉典型教育电教片共 20 余部。

2006 年 11 月，平潭街道办事处组织辖区干部学唱廉政歌曲。年内，阳煤集团制订了《贯彻落实〈建立健全教育、制度、监督并重的惩治和预防腐败体系实施纲要〉实施办法》和《廉洁文化建设实施方案》。廉洁文化进机关、进社区、进家庭、进厂区（车间）和进岗位的“五进”活动全面启动，全公司先后三次组织了廉洁文化专题研讨。广泛开展了“万人高唱正气歌”活动，廉政歌曲唱响煤海山城。制订了《阳煤集团案件协审暂行办法》，使公司的案件管理工作走上正轨。2001 ~ 2006 年，集团公司共查办案件 342 件，党政纪处分 791 人，收缴违纪款 867 万元，为企业挽回经济损失 476 万元。抓反面典型 476 件。

2008 年，矿区查处涉嫌贪污案件 3 起。

2011 年 7 月 5 日至 7 日，矿区举办庆祝建党 90 周年反腐倡廉书画摄影展，展览共征集到基层党员、群众创作的作品 177 件，内容体现了作者对党的深厚感情和对美好生活的向往。

第三十编　人　　物

阳泉市矿区钟灵毓秀，人杰地灵。自20世纪初近代煤矿的兴起，至21世纪初新型园林矿山城市的崛起，在绵延一个世纪的社会发展中，矿区涌现出大量人物。其中有积极为中华人民共和国的诞生而前仆后继的革命先驱；有为国家繁荣昌盛而成就卓著的各界精英；有为矿区经济发展而努力探索、革故鼎新的企业领导；有将聪明才智汇入科学文化成果、泽被后世的学者名士，有以德行道、垂范世人的师表楷模，还有在平凡岗位上默默耕耘、无私奉献的劳动模范。由于资料所限，本编收入的人物仅为矿区众多优秀人物中的一部分，分“人物传略”和“人物名表”两章。第一章“人物传略”坚持“生不立传”的原则，收录了至2011年年底已故的35位人物，入传人物兼顾行业分布、古今分布和性别分布。第二章“人物名表”列了“矿区省部级以上先进人物名表”“矿区闻人表”和“矿区烈士名表”3个表，其中，“矿区省部级以上先进人物名表”收入境内历年省部级以上荣誉获得者；“矿区闻人表”收入在矿区的社会主义建设中作出杰出贡献的各界人士；“矿区烈士名表”收入烈士42位，主要为矿区籍烈士，也收入部分为矿区的革命和建设而牺牲的烈士。

第一章　人物传略

本章从工人、农民、科技工作者、干部、军人、家属、学生、士绅等各界人士中选收35位影响较大的、在矿区境内生活和工作过的已故先进人物。这些人物在境内为人民的解放和革命的胜利、为捍卫民族利益、为社会主义建设和矿区经济发展作出了卓越贡献，赢得了人民的尊敬和赞誉。入传人物以卒年为序。

牛步庭　牛葆田

牛步庭（生卒年不详），平定州赈灾救民首倡者。字升芷，清嘉庆年间出生在平潭一个殷实农商家庭，卒于光绪初年。牛步庭幼年入本族私塾接受启蒙教育，深受家庭书香文风传统的熏陶，天资聪颖，勤奋好学，十五岁考入平定嘉山书院，熟读背诵四书五经，十八岁入晋阳书院，二十一岁入北京国子监深造肄学。随后经商，先到其家在河北张家口开设的商铺锻炼，坚守诚信，经营有方，商铺兴旺，业务向直隶、邯郸、获鹿等地拓展。牛步庭一向以“仁、义、德”为怀，乐善好施，热心社会公益事业。平潭马王庙《续修河堤碑》记载，咸丰八年（1858），平潭续修河堤，牛步庭与他人承揽此项工程，并捐款九十五千文。光绪二年（1876），平定州大旱，春不能播，秋无颗粒收。光绪三年，旱灾蔓延，灾情一直延续到光绪四年。为了活命，老百姓四处逃荒，以树皮草根充饥，人食人的惨剧到处发生。面对如此惨状，牛步庭心急如焚。对租地者，免收租米，村人有求必助。为了救助更多的难民，牛步庭在平定州域首倡“社会解囊捐款，购粮赈灾救民”，并向平定府衙呈禀请示，要求赈济灾民。同时规劝本村绅耆同心协力救济灾民。他首先捐钱600千文，随后本村十余人都捐了钱，共一千一百一十千文。牛步庭倡导的善举，使平潭老百姓无一人因荒而故、无一人因荒而逃往外乡。平定时任知州孔广培亲笔撰文，镌石“急公好义”碑立于平潭驿道旁予以表彰。光绪三年，牛步庭将自己在桃坡村的74.5亩耕地施给嘉山书院作为院课奖赏的费用；将西河村41.5亩耕地，连地内粮食捐给平定州教育界，作为儒学岁修地费用，清政府特授其“五品同治”衔奖励。一生教育子女要传承祖训，勤奋学习，与人为善，多做好事、善事，做受社会尊重的人。晚年病魔缠身，再三叮嘱家人丧事要从简，不得浪费。

牛葆田（生卒年不详），扶危济困楷模。牛步庭长子，字培直，清同治六年（1867）开科乡试，考取举人，曾任平潭村村长。一生在村经营家业，受家族熏陶，当村长期间，处处为民办实事、办好事。平潭自古只有西井一眼，泉清味甘，供乡民饮用，即使遇上旱灾也长流不息。可由于人口众多，挑水排队误时误事。牛葆田出任平潭村长后，牢记先父嘱托，秉承先父遗愿，为民掘井解困。竣工核计需款伍拾捌千伍百文，用“丁卯赈款余资生息肆拾千文”支付后，仍亏钱壹拾捌千伍百文。牛葆田慷慨解囊全部捐款补上。光绪十六（1890）年十月亲自撰文刻石记述。

张士林

张士林（1856—1927），开明士绅。字墨卿，平定官沟村（今属阳泉市郊区）人。出生在一个富有的农商家庭，因其爱国爱民、扶危济困、热心教育而受到人们的尊敬和爱戴。张士林重知识，爱人才，堪称重教楷模。张家是平定西乡的富户之一，其“永”字商号在辽宁、吉林、河北、山西等地都开有分店。张士林自幼涉足商海，深知发展教育培养人才对于发展经济的重要性，于是在家中办起两个私塾：一个是为初入学的儿童办的，另一个是为学“八股”应科举的童生办的，教师是以优厚的待遇从平定城内聘请的。平定的西乡（今郊区辛兴、旧街两乡）一向是文化落后的地区，读书人很少，有科名的（如秀才、举人）几乎没有。自张家成立家塾之后，西乡人在其中就学的，便连续出了几个秀才。他开办的两所学校中，自家人只有长子鸿寿一人，其余全是别人家的子弟。清光绪三十年（1904），废科举，兴学堂，张士林把2个家塾合为1个小学，定名为官沟村养正小学，办学经费仍由他负担。宣统元年（1909）全县小学会考，养正小学名列第二。民国2年（1913），平定县成立了5所高等小学，第五高小就设在离官沟村一里许的赛鱼村。为了支持新学，他把养正小学并入第五高小，把自己的儿孙都送到五高上学，以示倡导。翌年，他了解到外村学童不去五高上学的原因主要是家长怕花钱，便主动拿出500吊钱，又联络大阳泉郗家施钱100吊，作为学生津贴基金，存放在赛鱼村较大的商号里，津贴分三等，用于补贴贫困学生。此法施行后，学生一年多似一年。数年之后，学校已容纳不了入学的学生，他又协助五高买了一座院子供教学使用，还租了一所有六眼窑洞、三间瓦房的院子做宿舍。革命干部甄华、甄杰人、刘征田、余子宜等都是五高享受津贴的学生，后来先后升入中学、大学，走上了革命道路。

张士林对国家大事和民族利益十分关注。光绪三十一年春，英国福公司增派驻平潭村人员，勘测绘图，限制百姓开矿挖煤，引起民愤。张士林与平定士绅黄守渊、黄汝彦、黄世芬等人组建保艾、固本、矿产公会，张士林出任保艾会副会长。为便于活动，移居平潭街村姻亲牛宅西窑，并以马王庙西南房为办公地。他常与平潭村村长沈简堂、矿主牛惇伦等人商讨对抗英福公司的策略。在村内多处搭台唱戏，宣传和发动对福公司的斗争。斗争中，他个人四次出资一万零五百两白银。时有矿产小业主劝张士林入股开矿，他婉言谢绝，执笔写下近万字的《保矿纪闻》。辛亥革命后，省政府奖给他“急公好义”匾额。

沈简堂　牛惇伦　翟培源

沈简堂（1867—1922），平潭村村长。秀才出身，家境殷实。从小聪明颖慧，学业拔尖。未入仕途，继承祖业经商，在河北邯郸、邢台、承德都有店铺，在平定城内有沈记货栈。

牛惇伦（1872—1929），平潭人，小名八斤小，出身于农民家庭，家境贫寒。与人合伙开煤窑后，家境逐渐好转。为人厚道，与矿工相处融洽，受到拥戴。

翟培源（1881—1968），平潭人，乳名红小，出身于农民家庭，为人正直。

光绪三十一年（1905）春，英福公司派人在平潭村一带勘测绘图，限制百姓开矿挖煤，引起民愤。沈简堂、牛惇伦、翟培源联络各乡士绅、民众，走家串户做动员工作，与英商斗智斗勇。召开族长会议，要求大家携起手来一致抗英。并约法三章：一不许给洋人一分土地；二不许村民给洋人打工干活；三不卖给洋人食物，要卖也得高价出售。还制定了村规民约，设置了监视洋人活动的哨所。在对抗福公司的斗争中，他们聚亲友、率乡亲、组矿工，开展了围洋宅、斗恶狗、拔洋旗、毁界石、上府衙、闯州衙等一系列斗争活动，在整个平定造成了很大影响。同时，他们经常和各村名人士绅联络。经过不懈努力，取得赎回矿权的胜利。

王四毛

王四毛（1894—1954），全国劳动模范。又名王富万，平定县黄统岭乡白甘泉村人。

王四毛出身贫农，自幼随母讨饭度日，十几岁开始打短工维持生活。步入青年时代后，又跟两个哥哥到阳泉下煤窑，先后在汉河沟、莱洼等几个煤窑挖过煤。民国26年（1937）日军入侵阳泉，他不堪忍受欺凌，返回故里靠挑贩砂货谋生。民国36年阳泉解放后，年已50多岁的王四毛到四矿当了采煤工人。是时四矿刚刚恢复生产，采掘方法和技术装备落后，安全设施缺乏，井下伤亡事故频繁，一般矿工都迷信依赖老君爷的保佑。他不信神，不信鬼，用自己的亲身经历向工友讲解安全要靠自己，要靠大家的道理。台坡、顶掌、合皮等几种地质构造容易造成顶板塌落，他就现场教大家认识这些构造，并讲解如何掌握它的规律和处理维护技术，并列举事例告诫大家挖煤时，要精神集中，随时注视煤层有什么变化，支柱有什么动静，周围环境有什么异常，手把手教大家听挖煤发出的声音来识别预测险情，并强调生产操作一定要按规定要求进行。王四毛总结的“搬根凿壕操作法”“敲帮问顶保安全”和“搬根凿壕找窍门”绝活，在整个四矿无人不晓、无人不知。矿工会还总结了他的先进操作法在全矿推广。由于他重视安全宣传和经验传授，他所在过的班组，1949 年、1950 年从未发生过任何事故，年年超额完成国家生产任务。

王四毛爱矿如家，视工人兄弟如手足，默默无闻的献身精神赢得了党和广大群众的信赖与赞扬。1950 年 9 月，出席了全国工农兵劳动模范代表大会，荣获“全国劳动模范”称号。1952 年调任阳泉矿务局工会职工养老院院长。1954 年病逝。

王凤山　张秀坤

王凤山（1905—1970），抗日游击大队长。原名焦岐峰，河北省高邑县人。从小酷爱武术，长拳短打样样精通。民国 12 年（1923）迫于生计离家出走，落脚到直系军阀吴佩孚的游击陆一师当兵。直奉军阀混战时，所在部队被冯玉祥部属高桂滋部收编，王凤山任部队国术教官。民国 19 年中原大战后，所在部队驻扎平定城。民国 20 年 4 月，中共山西特委加强了对驻晋国民党军队的军运工作，王凤山在共产党人的教育帮助下，投身革命。同年 7 月，中共山西党组织领导和发动了高桂滋部的平定武装起义，成立中国工农红军第 24 军，开赴河北。王凤山受党组织派遣，留在矿区与地方党组织联系。民国 22 年，中共山西省委派何英才到阳泉煤矿开辟工作。王凤山成为党领导下的工人运动的活跃分子，他的家成为秘密接头的地点。王凤山配合何英才在矿区联络工友，传播革命思想。民国 23 年夏，经何英才介绍，王凤山和母亲张秀坤一同加入中国共产党。民国 25 年 2 月，按照党的指示，王凤山利用其武术特长，召集青年矿工组成矿工武术团，开展革命活动。民国 26 年 4 月，王凤山任中共阳泉矿区委员会组织部部长。同年春，牺牲救国同盟会阳泉煤矿区分会成立。不久，矿工武术团集体加入牺盟会。民国 26 年 7 月抗日战争爆发后，牺盟会以武术团为骨干组建了护矿队。10 月，在护矿队的基础上建立了阳泉煤矿工人抗日游击大队，王凤山任队长，何英才任政委。日军占领娘子关后，根据上级指示，王凤山、何英才率领阳泉煤矿工人抗日游击大队转移到和顺县石拐镇。11 月，在八路军 129 师协助下，与一同转移到和顺县石拐镇的正太铁路工人抗日游击队、平定县抗日游击队、平定青年抗日游击队合编为平定抗日游击大队，王凤山任大队长，何英才任政委。翌年 2 月，该大队编入八路军 129 师秦（基伟）赖（际发）支队。王凤山在战斗中身先士卒，发挥武术优势，使敌人闻风丧胆。民国 27 年获“抗日英雄”称号。在民国 31 年开展的大生产运动中，荣获“劳动英雄”奖章。民国 32 年，王凤山到延安中央党校学习。民国 35 年赴东北解放区，任东北铁路工作团团长，参加了解放区的恢复建设工作。民国 37 年，王凤山因妻子遭土匪暗杀，性格变得孤僻，常常酗酒无度。1952 年 4 月被分配到阜新矿务局选煤厂当工人。1970 年病故。

张秀坤（1876—1946），阳泉市第一名女共产党员。王凤山之母，河北省新河县人。民国 15 年初，丈夫病故，全家 3 口人生活十分艰难。民国 20 年 7 月，随儿子到阳泉二矿定居。其子王凤山、王凤岗均为采煤工。民国 22 年 7 月，中共山西省委派何英才到阳泉矿区开展工作。张秀坤和儿子王凤山协助联络工友，传播革命思想。民国 23 年夏，张秀坤与儿子王凤山一同加入中国共产党。张秀坤入党后，积极参加宣传发动组织群众的工作，把自己的家作为革命活动的秘密据点。在印发宣传材料时，何英才撰稿，王凤岗刻写，王凤山油印，张秀坤装订整理，一百张一捆，每晚印 10 至 15 捆。

第二天，张秀坤挎着装有传单的篮子，以挖野菜、拣煤炭作掩护，把传单散发到阳泉火车站、平潭街、赛鱼、四矿、二矿等地。民国26年日军占领娘子关后，上级命令何英才、王凤山领导的阳泉煤矿工人抗日游击大队撤离阳泉。年过花甲的张秀坤随部队转战太行山区。民国31年，张秀坤到达延安。民国35年，王凤山奉命赴东北工作，张秀坤随儿子前往，途经山西灵丘时，不幸染病去世。灵丘县政府为她举行了追悼会，并把她的遗体安葬于县文庙右侧，墓碑上镌刻着："共产党员张秀坤之墓"，以示人民对她的敬仰和怀念。

李玉藻

李玉藻（1907—1972），劳动模范。阳泉市甘河村人，中共党员，初中文化程度。

1950年1月，甘河村民积极响应党中央号召，发展集体经济，成立了阳泉市第一个生产合作社——甘河磺业合作社，开采硫铁矿和炼磺，李玉藻任村党支部书记兼磺业社主任。长期的过度操劳使他患上了胃病，但他不听村民的劝告，坚持带病工作。他既教育村民不违农时抓好农业生产，多打粮食，支援国家建设，又着手磺业社经营建设。他以身作则带头执行规章制度，严格企业管理，甘河磺业合作社所产硫磺纯度一直稳定在国家标准以上，行销华北地区，并出口到西欧国家。1950年11月，在省政府召开的工农劳动模范大会上，李玉藻被授予"一等劳动模范"奖章。1951年11月，被阳泉工矿区和省矿务管理局分别授予"劳动模范"奖章。1951年和1952年，甘河磺业合作社连续两年被中华合作总社评为"全国模范磺业生产合作社"，成为全国四大模范社之一。1953年，该社再次被评为全国先进。1954～1956年，先后有苏联专家日俄比斯柴夫和朝鲜工业相到甘河磺业社参观。1957年，李玉藻出席了全国手工业合作社第一次社员代表大会。1958年10月，该社转为地方国营，更名为阳泉市甘河磺厂，年创工业产值66.15万元。1965年，李玉藻出席了全国农业表彰大会，受到刘少奇、朱德等中央领导的亲切接见，并合影留念，刘少奇还对他的管理经验和分配办法给予了充分肯定。

1966年"文化大革命"开始后，李玉藻被多次揪斗，身心遭受严重摧残，胃病日益恶化，于1972年去世。

何英才

何英才（1905—1974），工人运动领袖。原名杨高梧，曾用名杨云集，山西洪洞县人。民国14年（1925）进太原兵工厂当了工人，并于同年加入中国共产党，先后担任中共太原兵工厂特别支部书记、山西省委组织部部长等职。民国17年3月因叛徒告密被捕入狱。民国22年获释后，由中共山西省委派往阳泉煤矿开展工作。

何英才初到阳泉煤矿，化装成小贩，以提篮卖花生和饼子为名主动接近矿工。后来他进入保晋公司第二矿厂，和工人吃住劳动在一起，秘密宣传革命道理。民国23年夏，何英才发展矿工王凤山及其母张秀坤加入中国共产党，并建立了保晋公司第一个党小组。同年秋他搞到一台小型油印机，亲自撰稿，在王岩沟一眼土窑里油印革命传单，宣传革命，启发矿工的阶级觉悟，号召矿工组织起来解放自己。每次印数约千张之多，散发七八次后，在矿工中引起很大反响。煤矿当局惊恐万状，悬赏捉拿印发传单者。驻矿防共保卫团突然查抄了王凤山的家，幸亏早有防备，把油印机藏在了狗窝里，才使敌人扑了空。

何英才在保晋公司二矿厂、四矿厂、一矿厂、保晋铁厂以及建昌煤矿发展党员40余人，相继建立了党支部。在此基础上，根据中共山西省委指示，又组建了中共阳泉矿区委员会，由他出任书记，从而使矿工反对资本家和把头的斗争深入健康地发展。民国25年2月，在中共阳泉矿区党委及何英才的领导下，组成了阳泉矿工武术团。翌年5月，武术团集体参加牺盟会，会员发展至300人。“七七”事变后，何负责组建阳泉总工会，同时以牺盟会成员为骨干组织了阳泉工人护矿队。后在此基础上组建了500余人的阳泉煤矿工人抗日游击大队，由他担任政委。民国26年10月30日，日军侵占阳泉前，何英才按照党的指示，率领游击大队撤离阳泉。不久，这支队伍正式编入八路军，成为129师独立支队的骨干力量，勇敢顽强地战斗在太行山上。在抗日战争和解放战争中，何英才任太行区委组织部部长、延安党校一部第三支部书记、鄂豫皖区党委组织部部长等职。

中华人民共和国成立后，何英才先后任大冶矿区党委书记、中南区总工会副主任、中华全国总工会执委、全国农林工会主席等职。晚年调回山西任中共山西省委第二届委员会常务委员，政协山西省第三届委员会副主席、党组书记和全国政协第四届委员会委员等职。“文化大革命”期间受到迫害，1974年8月14日含冤而逝。

中共十一届三中全会以后，何英才的冤案得到平反昭雪。1979年5月22日，中共山西省委在太原双塔寺革命公墓礼堂为他举行了追悼会，彭真、薄一波等中央领导送了花圈。1985年2月24日，《人民日报》刊登毛铎等4人撰写的《何英才同志永远活在我们心中》的文章，对何英才战斗的一生作了高度评价。

刘春祥

刘春祥（1965—1975），优秀红小兵。男，汉族，阳泉矿务局四矿二年级50班学生。

刘春祥从小受家庭和周围矿工叔叔阿姨的影响，对共产党和社会主义有着深厚的感情。入学前，他就会唱《东方红》等歌曲，心里记着不少革命故事。入学后，在学校老师的教育下，他热爱集体，关心班级工作。1975年4月6日，刘春祥与两个小伙伴主动帮石卜嘴生产大队王岩沟生产队牧羊人上山放羊。下午4时，刘春祥与小伙伴一起，随同牧羊人赶着羊群从二矿南山返回。羊群刚走到铁道边，一列火车突然呼啸而来，当时，两只小羊已走到铁道中间，刘春祥二话没说，冒着生命危险冲上铁道抢救小羊，小羊得救了，而刘春祥却被火车严重撞伤头部，抢救无效，于4月8日不幸离世。刘春祥为救集体羊群而光荣牺牲后，四矿小学追认他为“优秀红小兵”，四矿党委、团委、向阳公社革命委员会分别发出《向刘春祥学习的通知》，号召共青团员、学生、红小兵学习他爱护集体财产、舍己为公、勇于奉献的优秀品质。《阳泉报》发表了题为《向优秀红小兵刘春祥学习》的社论。

田振宗

田振宗（1904—1979），河北定县人，出生于农民家庭。系全国第三届人大代表，全国第五届政协委员，山西省第二、三届人大代表 ，阳泉市第三、四届人大代表。

民国12（1923）年，田振宗考入天津北洋大学采矿冶金系。民国17年，曾在原籍加入国民党，一年后脱离关系。民国19年毕业后从事采矿冶金工作，先后任河北临城矿务局坑务员、煤师，江西省乐平鄱乐煤矿副矿师兼工务科副主任，四川綦江铁矿工程课长，重庆钢铁厂副工程师，上海淮南煤矿公司工程师等职务。中华人民共和国建立后，党和政府积极吸收知识分子参加革命建设，田振宗在京西煤矿公司、燃料工业部煤矿管理总局担任工程师。1951年10月调阳泉矿务局，先后担任副总工程师和总工程师，是当时区境内第一代煤炭科技工作者。从此，他一直工作在煤炭战线，参与重大科技决策，主持全局科技研究工作。

田振宗初到阳泉矿务局时，适逢四矿发生重大矿井瓦斯爆炸事故。他自动要求主持抽放瓦斯的试验，坚持不懈地研究煤层的复杂结构，分析瓦斯的涌出规律，虚心听取他人的建议，认真探索瓦斯抽放技术。历时数年，终于使阳泉矿务局的矿井瓦斯基本得到治理。田振宗非常重视阳泉矿务局各矿新技术、新工艺的使用和推广。20世纪60年代，为了减少丈八煤的自燃现象，他提出开凿岩石、集中顺糟方案，耐心说服各矿在丈八煤层使用金属网假顶采煤新工艺，为采煤机的使用创造了条件。他积极开展工作面无煤柱采煤试验，这一试验的成功，大大减少了煤炭资源的浪费，为国家和企业增加了可观的经济效益。同时，他还积极参与领导了全国第一座重介质选煤厂的建设工作。“文化大革命”开始后，田振宗遭到迫害，身心受到严重摧残。1979年10月18日病逝。

蔡银花

蔡银花（1917—1985），女，矿工家属、模范街道干部。和顺县城关镇久京村人。

蔡银花出身贫寒，从小就做了“童养媳”，过着凄苦的生活。抗日战争时期，她响应和顺县抗日民主政府“组织起来，生产自救”的号召，用自己节省的钱买纺车和织布机，积极组织家乡妇女纺线织布，支援前线，多次被评为“支前模范”。蔡银花是矿工们广为称颂的好家属、优秀居委会干部。1951年，她随丈夫到阳泉二矿巩窑洼居住。那时候，矿工大都住在沟沟梁梁的土窑洞和草棚房里，条件十分艰苦。到矿区后，由于她处邻和善，勤俭持家，得到了居民们的称赞，1953年被选为居委会干部。其间，她积极主动开展工作，出色完成各项工作任务。结合矿工实际，她提出了要使矿工不误班，安心安全去生产，就要使工人们“吃好、喝好、休息好”的“三好”建议，得到领导的支持和家属们的拥护。为了落实好“三好”建议，她主动了解辖区内每个矿工的上班时间，并逐个进行登记，然后制作了值班牌，由家属挨门挨户轮流交接班。值班时，当班家属须按照每个矿工的班次时间，准时呼叫上班。为坚持落实好这一制度，她经常半夜三更进行检查督促。对于不安心井下工作的工人，她主动登门谈心，一次不通二次再来，并嘱咐其家属协助做好思想工作，直到做通为止。矿工有患病者，或是家里有了特殊困难的，凡她知道的，都要登门探望，询问情况，设法帮助解决。实在解决不了的，或发动居民互助互济，或向领导及时反映，受到矿领导的多次表扬。1954年，蔡银花被选为人民陪审员；同年，被评为“山西省劳动模范”。1963年，她的家庭被评为“山西省五好家庭”。1985年病逝。

葛德林

葛德林（1929—1985），模范工会工作者。郊区南庄村人。民国18年（1929）生于热河省平泉县（今属河北省）其外祖父家。1952年辗转回到原籍并到阳泉二矿当了工人，同年加入中国共产党。

葛德林在井下工作16年，深知矿工的辛苦。1968年，他调任二矿工会副主席，1984年任工会主席。凭着一副热心肠，他在工会工作的17年间，时时处处维护职工的合法权益，经常和基层领导一道进行劳动保护宣传，为职工办的好事实事难以计数，却从未替自己和儿女办过一件事。他先后走访职工家属6000余户次，接待群众上万人次，亲自处理伤亡职工善后工作135件。葛德林一贯反对干部以权谋私。1973年，他大病一场欠外债800元，矿工会补助他100元，他没去领，却和体弱多病的妻子商量去河滩砸石子解决困难。1984年，被评为阳泉市劳模标兵，晋升一级工资，将补发的96元工资凑足100元捐给矿幼儿园。1985年，把矿务局发给他的100元奖金全交了党费。

葛德林以自己的行动赢得了领导的信任和群众的爱戴，多次被评为矿、局、市的“优秀共产党员”和“劳动模范”。1984年4月，省总工会授予他“山西省模范工会干部”称号。同年10月，他出席了中国工会第十次全国代表大会，被选为主席团成员，受到叶剑英委员长的亲切接见，大会授予他“全国优秀工会工作者”称号。

1985年11月14日晚11点，忙碌了整整一天的葛德林突发胆结石，抢救无效，溘然长逝。葛德林遗体火化的那一天，人们一大早就伫立在街道两旁，静静地等待着灵车的到来。灵车在寒风中缓缓移动，前面是残疾矿工的两行轮椅，后面是上千送行的群众。灵车开得很慢很慢，数百米长的矿街足足走了几十分钟。葛德林去世后，中共阳泉二矿党委、中共阳泉矿务局党委、中共阳泉市委、阳泉市总工会和省总工会先后作出向葛德林学习的决定。《阳泉矿工报》《山西工人报》《山西日报》和《工人日报》都以头版头条的显著位置发表长篇通讯，报道他的先进事迹。1986 年 1 月 31 日，《工人日报》发表题为《全心全意为职工服务》的文章，介绍工会干部葛德林的先进事迹。省煤矿地质工会、阳泉矿务局工会联合组织的葛德林先进事迹报告团历时 45 天，行程 2500 千米，先后在全省 8 个矿务局巡回报告 22 场，听众达 20 余万人次。

王占国

王占国（1919—1986），阳泉矿务局局长。河北省沙河县人。家境贫穷，11 岁就给地主放羊，14 岁到外县下煤窑遭受矿主打骂和把头欺负，在悲惨苦难中度过了童年。抗日战争爆发后，王占国投身革命，参加了村自卫队，并担任队长。民国 27 年（1938）加入中国共产党，10 月担任沙河县支队部支队长。在抗击日军的战斗中，他机智勇敢，克敌制胜，于民国 30 年升任沙河县独立营政委。解放战争时期，历任太行分区武委会军事部长、太行行署荣军管理局组教科科长等职。

中华人民共和国成立后，王占国历任山西省劳动局督导科科长，阳泉市工业局局长兼党委书记，阳泉市副市长等职。1959 年 5 月任阳泉矿务局局长。20 世纪 60 年代初，他结合矿务局实际情况，领导组织了矿井的采掘调整部署，并亲临现场蹲点调查，实事求是地制订方案，避免了大起大落的做法，保护了工人干部的生产积极性。同时，在工资分配、生产管理、经营机制上进行了一系列改革，克服了平均主义倾向，体现了社会主义按劳分配的优越性，极大地调动了广大职工的积极性，为全局煤炭生产持续增长打下了基础。王占国经常深入工作现场了解工人工作情况，想方设法减轻工人的劳动强度，改善工人的工作条件。为了便于工作，他长住办公室，和工人一起排队买饭，边吃饭边与工人交谈，作风平易近人。“文化大革命”中，王占国受到迫害，但他依旧关心党的事业，努力做群众的思想工作，开导他们消除“派性”，共同搞好煤炭生产。之后他担任过矿务局革命委员会副主任、党委第二书记、中共阳泉市委常委等职务。1980～1983 年，任阳泉市总工会主席。后为山西省政协五届委员。1986 年 7 月病逝。

田志斌

田志斌（1920—1989），阳泉矿务局党委书记。河北井陉人。民国 27（1938）年参加革命，民国 29 年加入中国共产党。

田志斌家境贫寒，未曾上学读书，青少年时在农村劳动。抗日战争爆发后，参加抗日斗争，先后担任抗日自卫小队长，井陉县区青年抗日先锋队中队长、大队长和区人民武装大队指导员。他积极组织民兵和当地人民武装力量进行游击战，并参加了著名的百团大战。解放战争时期，曾任井陉县敌工部副部长和二区、三区区委书记。民国 38 年 8 月，他参加了军事接管大同煤矿工作，而后转业到大同矿务局工作，历任同家梁矿副矿长、支部书记，四老沟矿总支书记、代矿长，矿务局地质处、生产处副处长和处长，矿务局副局长等职。其间，恢复了同家梁、四老沟、白洞等 10 多处矿井，对旧采煤方法进行革新试验，同时还组建了一支拥有 30 多台钻机的煤田地质勘探队伍。1964 年，田志斌调任抚顺矿务局副局长，组织领导并参与试验成功中国煤矿第一家井下排泥管道化和井下大阶段一次性排水等攻关项目。1977 年 7 月，调西山矿务局，先后任局党委副书记、革委会主任、局长职务。上任后，排除派性干扰，积极进行矿井技术改造，促进了煤炭产量的连续增长。1980 年 4 月，调阳泉矿务局任党委书记，并任中共阳泉市委常委。针对矿务局的实际情况，开展形势教育，加强政治思想工作，稳定了干部职工的思想情绪，年年超额完成生产任务。1982 年 5 月调山西省煤管局任副局长，同年离休。1983 年，担任省政府煤炭资源规划领导组组长和省煤炭资源管理委员会副主任职务，领导了对全省煤炭资源的统一规划划分工作，组织编纂了《山西省煤炭资源图集》，为山西煤炭事业的发展发挥了余热。

田志斌从事煤炭工作 30 多年，勤奋好学，干练果断，具有高度的革命事业心和责任感，为社会主义革命和建设事业贡献了毕生的精力。1989 年 9 月 15 日病逝。

王　体

王体（1914—1990），全国党代会代表，候补中央委员。山西省平定县巨城镇南庄村人。为生活所迫，14 岁离家跟木匠师傅当学徒工，出徒后以做木工活维持生计。早年曾在阳泉煤矿做工，后返回原籍。民国 36 年（1947）春，王体经平定县政府介绍到晋察冀军分区修械所当木工，同年加入中国共产党。民国 37 年，到阳泉矿务局四矿机电土木科当工人。1952 年任木工组组长，是当时四矿屈指可数的八级工匠之一。1963 年、1964 年，被评为“山西省劳动模范”，多次受到矿务局和阳泉市政府的表彰奖励。

“文化大革命”时期，他看到两派群众组织武斗，生产遭到严重破坏，痛心疾首。1968 年 4 月，王体以老工人代表的身份到北京出席了全国煤炭会议，向周恩来总理如实反映了情况，促进了阳泉问题的快速解决。之后，王体担任了阳泉市革命委员会副主任。1969 年出席了中国共产党第九次全国代表大会，被选为候补中央委员。此后担任了中共山西省核心小组成员、省革命委员会副主任、中共阳泉矿务局委员会常委、第二书记。1973 年参加了中国共产党第十次全国代表大会，再次当选候补中央委员。后历任中共山西省委常委、省总工会主席。1982 年 4 月至 1984 年，任阳泉矿务局顾问。1985 年 3 月离休。1990 年 1 月病逝。

任直生

任直生（1918—1991），革命干部。山西省孝义县城关楼东村人。民国 26 年（1937）参加革命，民国 27 年 5 月加入中国共产党。任直生出生于商人家庭，自幼勤奋好学。其父病逝后，家境日渐贫穷。高小毕业后考入太原国民师范，因参加纪念“九一八”三周年游行示威和签名运动，遭当局通缉而辍学。民国 26 年 3 月，在孝义参加牺盟会，做宣传工作。同年 10 月，到八路军总部随营学校学习。民国 27 年 3 月，在延安抗日军政大学第四期学习班学习。后历任八路军 115 师晋西支队秘书、教导队政治指导员、鲁西北军区政治部宣传科科长、冀鲁豫第三军分区教导大队政委、整训团主任、第七军分区后勤政委。民国 32 年 3 月，到延安中央党校学习。抗战结束后，历任北线财经工作队副队长、晋绥野战司令部秘书、晋绥随军工作队支书、吕梁区党委城工部晋南工作组组长、吕梁区临汾前线工作组组长等职。曾参加解放包头、归绥、大同、临汾等战役，还曾作为解放军代表进城与国民党大同守军谈判。中华人民共和国成立后，历任中共山西省委政策研究室秘书科科长，阳泉矿务局计划处处长、党总支书记、局党委副书记、局党委书记，阳泉市委秘书长、常委、宣传部部长，《阳泉报》总编，阳泉市副市长。1980 年 5 月，调山西省地方志编纂委员会，任办公室副主任。1983 年 10 月离休。1991 年 9 月病逝。

任仲元

任仲元（1908—1993），革命干部。山西沁源人。民国22年（1933）冬加入山西抗日牺牲救国同盟会。民国23年参加党的外围组织——山西赤色互济会。民国26年加入中国共产党。任仲元是沁源县首批共产党人之一，同时担任党的小组长和组织委员。民国26年5月，在沁源县一区参加八路军工作团。后历任沁源县三区区委书记、沁源县委组织部部长、永济县委副书记、乡宁县委书记等职。1952年8月至1958年4月，任阳泉矿务局党委委员、三矿党委书记、矿务局党委副书记。1958年4月至1959年，任阳泉市委地方工业部部长、阳泉钢铁厂党委书记。1959～1962年，任市委候补委员、阳泉矿务局党委副书记。1962～1964年兼任国家经济委员会驻阳泉调运专员。“文化大革命”中遭到迫害。1973～1982年，任阳泉矿务局党委常委、副局长，兼矿区革委会主任。1983年2月离休，享受副厅级待遇。

抗日战争时期，任仲元参加了沁源围困战，多次冒着生命危险做地下交通工作，发展党员，掩护革命党人，为八路军筹措军粮，动员青年农民参军。解放战争时期，发动群众打击国民党特务，取缔反动“会道门”等反革命组织，清除顽伪残部，并开展土地改革，对阎锡山势力进行经济斗争。建国以后，任仲元全身心投入到国家的经济建设中，深入煤矿第一线，与井下工人一起昼夜奋战，为阳泉矿务局的发展作出了积极贡献。1993年去世。

王伟堂

王伟堂（1926—1997），矿区区委副书记、区长、政协主席。山西阳泉人。民国31年（1942）1月参加工作并加入中国共产党。抗日战争期间，在阳泉市郊区南窑庄村先后任抗日青年救国会主任、武委会主任、村党支部组织委员、村治保主任、村长等职。民国34年至1949年，任盂县铁金沟、东南岸小学教员和柳沟联校校长。建国后历任共青团阳泉市三区、一区书记，省团校行政科长，共青团阳泉市委书记，市青年联合会主席，团省委委员，市农机局局长，市社队局党委副书记、局长，矿区区委副书记、区长等职。1984～1987年，任矿区政协主席。先后获得“阳泉市模范党员”“阳泉市老年先进工作者”“山西省老年先进工作者”“山西省离休干部先进个人”等荣誉。

王伟堂参加革命后，紧紧追随中国共产党，服从党的命令，时时处处严格要求自己。担任领导职务后更是以身作则，吃苦在前，享受在后，多次受到各级表彰奖励。1997年11月因公不幸去世。

金元斌

金元斌（1926—1998），全国五一劳动奖章获得者。河南固始人。1951年毕业于中国矿业学院采煤系。1952年调任阳泉矿务局四矿通风区技术员，同年又调阳泉矿务局从事瓦斯研究和治理工作。1982年加入中国共产党，1984年任阳泉矿务局煤炭科学研究所副所长，1988年退休，1989年晋升为教授级高级工程师。

从20世纪50年代开始，金元斌领导的瓦斯研究组根据矿区实际情况，通过不断的试验和研究，总结出了瓦斯的主要来源和基本规律，提出先开采解放层，即先采上部四尺煤层解放下部丈八煤层的开采顺序，成功完成以顶板钻孔、地面钻孔抽放邻近层瓦斯等试验，解决了四尺煤层的瓦斯抽放问题。20世纪70年代，通过大量的试验数据，总结出七尺煤层瓦斯突出预测公式，进行了大直径钻孔预排瓦斯防突的试验研究。撰有《阳泉矿区k3石灰岩沼气的形成与储气构造》《邻近层瓦斯抽放的理论和方法》，1978年获全国科技大会奖。80年代，他与工程技术人员一起，准确地预测出阳泉矿务局15个煤层的瓦斯含量、瓦斯压力，以及邻近层对开采层的瓦斯涌出量影响范围、涌出预测公式，进行了大规模的通风方式改革试验、顶板岩巷抽放邻近层瓦斯试验、地面垂直钻孔抽放邻近层及采空区试验等多项研究，取得重大科研成果，在国内和国际上处于领先地位。

1982年，金元斌获“山西省科技成果一等奖”。1984年和1986年分别获山西省和煤炭工业部“特等劳模“称号。1985年4月，荣获全国五一劳动奖章。1986年被国家科学技术委员会、人事部授予“有突出贡献的中青年专家”称号。1987年获煤炭部颁发的“科技进步特等奖”。从1991年7月起享受国务院颁发的政府特殊津贴。1998年3月去世。

赵芝田

赵芝田（1934—2000），阳泉矿务局党委书记。山西平定人，1949年12月参加工作，1955年3月加入中国共产党。参加工作后，赵芝田在阳泉矿务局三矿测绘股先后担任测工练习生、技术员、副科长。1956年8月赴山西省委党校学习。1957年2月任阳泉矿务局三矿技术科科长，1961年2月任三矿副矿长。1964年10月任一矿代矿长，1968年9月任一矿革委会副主任。1973年12月赴波兰进行综采机械化采煤实习，担任实习组组长。1974年2月任阳泉矿务局革委会副主任，1975年8月任革委会主任，1978年6月任阳泉矿务局局长，1985年4月任阳泉矿务局党委书记。1988年晋升高级工程师、高级政工师。1993年1月当选山西省第八届人大常委会委员。1995年10月被煤炭部聘为特邀巡视员。

1975～1995年，赵芝田在阳泉矿务局行政、党务主要领导岗位上工作了20年。20年间，阳泉矿务局各方面的工作均取得了突出成绩，尤其是1976年阳泉矿务局实现煤炭产量比矿井设计能力翻一番，阳泉矿务局建成部级质量标准化矿务局和现代化矿务局，晋升为国家二级企业。

赵芝田多次受到国家、省、市的表彰。1982年9月，获得国务院科学技术干部局授予的“测量工程师”称号；1993年5月，被中华全国总工会授予“全国优秀政治工作者”称号，获全国五一劳动奖章；1994年10月，荣获省总工会授予的“荣誉工会积极分子”称号；1997年11月，赵芝田主持的“阳泉矿务局瓦斯综合治理技术研究”项目被原煤炭工业部评为“国家煤炭工业科学技术进步特等奖”。2000年2月8日病逝。

张世祯

张世祯（1930—2001），技术革新能手。山西平定人。中共党员。1949年9月到阳泉国营裕公矿（1951年5月改称阳泉矿务局三矿）工作，先后当过场面工、维修工，后来又担任了机电科副科长。他潜心钻研技术，一号井开拓第一条大巷时，他利用旧铁管焊制“T”形简易装置，运用压风机的富余风量将巷道中的积水排出，解决了当时生产上的技术难题。此后，他走上了技术革新的道路。20世纪50年代，根据生产需要，先后研制成拔轮器，革新成功能旋转360度的一吨吊车，将手拉锯改为圆盘锯等等，大大减轻了工人的劳动强度，企业经济效益随之大幅度提升，张世祯被工人们亲切地誉为“智多星”，多次受到上级表彰。1959年10月，荣获“全国劳动模范”称号，参加了国务院和中华全国总工会召开的全国群英会。1984年退休。2001年9月11日病逝。

王治国

王治国（1902—2001），曾用名占莹，全国劳动模范。山西省平定县人。1941年4月加入中国共产党。王治国18岁就参加了平定（路北）县武装抗日自卫总队。先当通讯员，后调任县公安局通讯班长、公安局特务队长，开展了抓捕反动分子、铲除汉奸等工作。在担任五区治安员期间，与日军和汉奸特务进行了殊死搏斗，刀斩当汉奸的本家爷爷王国毛，铲除了汉奸特务曹昆、荆三牛、荆碰全、史先臣等，成为威震一乡的杀敌英雄。1946 年 10 月，调任晋察冀边区四分区公安局警卫队队长。1950 年 8 月，调阳泉矿务局工作，先后任股长、秘书、副科长、副队长、副处长、总调度室主任、新区建设指挥部副总指挥等职。

在阳泉矿务局工作期间，参加了“两沟”（蒙村沟、贵石沟）建设，担任运搬路综合工程队队长。建成三矿 1 号井和 2 号井，完成桑沟风井、北头咀平峒、黄石板平峒的建设工作，使原煤产量大幅度提高。1956 年，王治国到北京参加全国劳模会，在中南海怀仁堂受到毛泽东主席、周恩来总理的亲切接见并合影留念。1978 年 7 月，王治国任贵石沟新矿区建设指挥部副总指挥，带领广大职工迎难而上，为建设新区作出了积极贡献。1983 年 12 月离休。2001 年去世。

许　坚

许坚（1917—2001），市政协副主席。河南省滑县人。1937 年 3 月参加革命，1938 年 3 月加入中国共产党。先后在牺盟会任十人团长、协勤员、区委书记、政卫四支队组织干事；1940 年 4 月，在抗大总校学习，后任太岳三军分区武装科干事。1942 年 6 月，任霍县武委会主任。1944 年 1 月，任翼城、夏县武委会主任。1949 年 8 月，任安邑中心县组织部部长。从 1952 年 7 月起，先后任阳泉矿务局三矿矿长、局行政办公室主任、局医院院长。1959 年 6 月始，先后任中共阳泉市委统战部副部长、部长，市政协副主席。1968 年 10 月在阳泉“五七”干校学习劳动。1973 年 7 月，任市粮食局副主任。1979 年起，先后任市委统战部副部长、市政协副主席。1983 年 9 月离休。2001 年 12 月 15 日病逝。

王永惠

王永惠（1973—2003），革命烈士。阳泉市矿区人，原籍山西平定。1992 年 8 月以优异的成绩考入空军长春飞行学院。1997 年 4 月加入中国共产党，空军上尉军衔。历任北京军区空军某部飞行一大队副连职飞行员、空军某部 20 团飞行二大队中队长、空军某部 21 团飞行三大队中队长，多次出色完成战备值班、接送飞机、演习、轮战等重大任务，荣立个人三等功。2003 年 3 月 20 日，在部队执行战备飞行训练中不幸牺牲，年仅 30 岁，被中国人民解放军总政治部批准为革命烈士。

吴景忠

吴景忠（1935.3—2004.4），市政府副市长。锡伯族，辽宁省沈阳市人，1962 年 9 月参加工作，1966 年 4 月加入中国共产党。1953 年 8 月至 1956 年 8 月在沈阳市第十二中学读书。1956 年 8 月至 1962 年 8 月在太原采矿学校、山西矿院采煤专业读书。1962 年 9 月至 1973 年 4 月，任阳泉矿务局三矿四尺煤“硬骨头采煤二队”技术员、队长。1973 年 5 月至 1975 年 2 月，任阳泉矿务局生产技术处副处长、副总工程师。1976 年 10 月至 1982 年 7 月，任阳泉市革委会副主任。1982 年 7 月至 1983 年 12 月任阳泉市人民政府副市长。1980 年 3 月至 1982 年 7 月兼任市科委主任，1981 年 1 月至 1983 年 12 月兼任市科协主席。1983 年 12 月至 1995 年 10 月任市煤炭工业局局长、党委副书记；1995 年 10 月至 1998 年 7 月任市煤炭工业局巡视员。

吴景忠在担任阳泉矿务局三矿四尺煤“硬骨头采煤二队”队长期间，勇挑重担，善打硬仗，管理有序，严细成风，12 年无重大事故，被煤炭部授予“严细成风硬骨头采煤二队”光荣称号，树为

"全国煤炭战线十面红旗"之一。他本人被评为市劳动模范，荣立三等功。在担任阳泉矿务局生产技术处副处长、副总工程师期间，带领工程技术人员赴波兰学习先进的综采技术，并结合阳泉实际，攻关破题，试采一举成功，从而结束了阳泉地区无应用综采技术的历史，为彻底改变阳泉地区开采技术落后的状况作出了重大贡献。

吴景忠在担任市革委会副主任期间，分管科技工作，主持进行了技术职称改革等工作。任副市长期间，分管文教工作，重点抓了"五讲四美"活动；1983 年 1 月，携带半导体收音机、课桌凳、台灯和文体器材等，前往辛兴、旧街、东村、燕龛 4 个公社慰问了在山区单人校工作的 20 多名教师，调动了广大教师的积极性和创造性。任市煤炭工业局局长期间，坚持生产、基建、多营三位一体，共同发展的思路，使老矿延长了寿命，大刀阔斧建设新井，加快了大阳泉矿的建设速度，新建改建了程庄、燕龛、上社 3 个矿井，完成市营煤矿的健康接续，为阳泉市地方煤矿的健康发展奠定了基础。吴景忠 1998 年 7 月退休。2004 年 4 月 21 日逝世。

贾慧生

贾慧生（1920—2004），阳泉矿务局党委书记、局长。曾名贾清芳，河北省元氏县人。1938 年参加革命，同年 3 月加入中国共产党。抗日战争和解放战争时期，历任元氏县区委书记、元氏县人民武装部副部长、元氏县委宣传部部长、沙河县委宣传部部长、沙河县委组织部部长兼政工部部长、沙河县委书记、武安县委书记、太行区党委组织部组织科科长等职务。

中华人民共和国成立后，曾任中共山西省委组织部党员干部管理处副处长。1952 年 5 月，调任阳泉市委副书记。8 月兼任阳泉矿务局党委副书记、副局长。10 月任阳泉矿务局党委书记兼局长。1953 年，他主动辞去市委副书记和局党委书记职务，专任矿务局局长。1958 年，任山西省经济委员会办公室主任、省经济委员会副主任。1962 年，调任大同矿务局党委书记。1965 年 10 月调山西省煤管局任党委书记。"文化大革命"初期受到迫害，被下放到汾西矿务局基层工作。1970 年，任汾西矿务局党委副书记、革命委员会主任。1972 年，调阳泉矿务局，先后担任革命委员会主任和党委书记。1975 年调任煤炭部副部长。1982 年离休。2004 年 6 月病逝。

马维华

马维华（1924—2004），市人大常委会主任。山西省沁源县人，1938 年 7 月加入中国共产党，同年参加革命。曾任沁源县抗日青救会儿童部长、青救会区主席，参加了沁源围困战。l945 年 5 月，奉太岳地委指示赴河南孟县开辟新区，任工作队第一大队队长，开展反奸除霸、减租减息斗争。建立新政权后，任孟县农会县常委兼区主席。1946 年 1 月至 1948 年 4 月，任太岳四地委检查团团员。1948 年 9 月至 1949 年 3 月，在中共太岳区委党校学习，毕业后任中共垣曲县委委员、秘书、办公室主任。1953 年 8 月，调任中共阳泉市委办公室副主任。1953 年 8 月至 1957 年 3 月，任市委农工部副部长；1957 年 3 月至 9 月，任市荫营区委第一书记。1957 年 9 月至 1958 年 8 月，任郊区区委书记。1958 年 8 月至 10 月，任平定县委常务书记。1958 年 10 月至 1959 年 4 月，任市城市人民公社书记处书记。1959 年 5 月至 8 月，任市委农工部部长。1959 年 8 月至 1966 年 2 月，任市委副秘书长、秘书长。"文化大革命"初期受到冲击，1967 年 3 月至 5 月，任市委核心小组办公室副主任。1968 年 10 月至 1971 年 12 月，任阳泉矿务局革委会副主任。1972 年 1 月至 1973 年 4 月，任市革委会副主任。1973 年 4 月至 1980 年 5 月，任市委副书记。1980 年 5 月至 1981 年 11 月，调任中共忻州地委副书记。1981 年 12 月至 1983 年 11 月，调任中共长治市委副书记兼组织部部长。地方人大常委会设立后，马维华于 1983 年 12 月任阳泉市人大常委会主任。1990 年 4 月离休。

马维华在长期的工作实践中，不管走到哪里都和群众打成一片，他热爱农村，经常深入田间地头，了解农民的生产生活情况，并针对性地解决问题，有力地促进了全市农村经济和社会的发展，特别是为阳泉能源重化工基地的建设和“三农”基础的奠定付出了不懈努力。马维华带领市人大常委会一班人，努力探索人大工作的新途径，充分发挥人大代表作用，加大监督力度，为推进全市的民主政治建设作出了积极贡献。

马维华一生服从党的安排，勤于学习，勤政为民，为党和人民的事业作出了重要贡献。从领导岗位上退下来后，仍以极大的热情关注着党和人民的事业，关注着阳泉市经济社会的发展。认真倾听群众呼声，积极为市委、市人大常委会和市政府领导通达民意，建言献策。2004 年 11 月逝世。

阎武宏

阎武宏（1925—2005），阳泉矿务局党委书记。山西定襄人，1939 年 3 月参加工作，同年 6 月加入中国共产党。曾任定襄县青救会主任、抗联会主任、区委会书记和冀晋二地委青年团组织部部长、定襄县委组织部部长等职。中华人民共和国成立后，历任定襄县委书记、轩岗煤矿党委书记、阳泉矿务局党委书记、省煤管局政研室副主任、大同矿务局党委书记、大同矿务局机修厂副书记、大同矿务局局长、省电管局局长、省经济委员会副主任、副省长、省人大常委会副主任等职。1995 年 12 月离休。2004 年，中央批准享受省部级医疗待遇。

革命战争年代，阎武宏积极投身于爱国救亡运动，在党的领导下组织开展抗日宣传、发动群众、训练干部等工作，积极参加反扫荡和支前工作，领导了当地的减租减息、反奸除霸、土地革命、农民翻身解放和大生产运动，为民族独立和解放作出了积极贡献。在社会主义革命和建设中，阎武宏长期担任地方和部门的党政领导，认真贯彻党的路线方针政策，深入基层调查研究，虚心听取各方面的意见，实事求是，总结经验，开展工作。在阳泉矿务局工作期间，正值国家三年经济困难时期，为缓解能源紧张状况，在全国率先推行了计件工资办法，实行多劳多得、按劳分配制度，极大地调动了广大职工的积极性，为山西煤炭工业的发展作出了重大贡献。任省电管局局长、省经委副主任、副省长期间，坚定不移地贯彻执行省委、省政府制定的改革开放、整体创新、综合开发的经济发展战略，积极研究新情况，解决新问题，大胆而稳妥地推进各项改革，提出“在发展煤炭工业的同时要加快电力工业建设、煤炭电力并重”的发展战略思想，主持兴建改造了一大批新兴产业重点项目，为山西成为全国能源重化工基地和山西经济结构调整付出了巨大心血。1989 年，荣获国务院颁发的“有突出贡献领导者金杯奖”。2005 年 10 月逝世。

王景文

王景文（1933—2006），劳动模范。河北徐水人，1950 年入井陉矿务局当工人。1955 年加入中国共产党。1954 年调至阳泉矿务局三矿当工人。在三矿一号井任采煤一队队长兼党支部书记的 7 年中，不顾身患高血压、关节炎等多种疾病，克服家庭困难，顽强奋战在千米井下，最长的一次在井下连续工作 49 小时，团结带领全队职工年年超额完成原煤生产任务。1978 年，获“山西省学大庆标兵”“煤炭工业部劳动英雄”称号。1979 年获“山西省先进个人”荣誉。1982 年，获“全国煤炭工业劳动模范”“山西省劳动模范”称号。1988 年退休。2006 年去世。

高东升

高东升（1927—2006），市政协副主席。山西文水人，1938 年 8 月参加革命，1946 年 6 月加入中国共产党。曾任文水县武委会队长，汾阳县邮政局局长、电报局局长，汾阳县团委宣传部部长，清徐县团委书记。1952 年调到阳泉，先后任阳泉矿务局四矿团总支书记、三矿党委宣传部部长，《山西日报》阳泉记者站站长，阳泉市委工业部科长，市委宣传科科长，市建工局党委书记，阳泉钢铁公司党委书记，阳泉市委宣传部副部长。1983 年 9 月任市委常委、市纪委书记。1985 年 4 月后任政协阳泉市第六届、第七届委员会副主席、党组副书记。系中共阳泉市第五届委员会委员、阳泉市第八届人大代表，1993 年 4 月离休。2006 年 10 月 23 日因病去世。

高东升早年参加革命，11 岁便投身于中国人民抗击日本侵略者的斗争中，为中华民族的独立和中国人民的解放事业作出了贡献。解放后，高东升先后从事共青团、宣传和党委工作，并在企业担任党的主要领导，为党的建设作出了积极贡献。特别是在担任阳泉钢铁公司党委书记期间，他团结党委一班人，为谋求阳钢的生存和发展努力工作，带领科技人员和广大职工昼夜奋战 100 天，新建了四号高炉，组装了烧结机，使炼钢生产得以迅速恢复，满足了省冶金厅对阳钢产品的急需。与此同时，他还想方设法争取到冶金部领导的支持，下大力改善了职工交通、居住条件及厂部办公条件，深得广大职工的好评。

改革开放后，高东升先后担任市纪委书记，市政协六届、七届副主席，他以对党对人民的高度忠诚和满腔热情忘我工作，认真贯彻党的解放思想、实事求是的思想路线和以经济建设为中心的工作方针，积极探索新时期政协工作的新形式，为推动阳泉市的民主政治建设和统一战线工作做了大量工作。在政协工作期间，高东升和班子成员一道，认真履行“政治协商、民主监督、参政议政”的职能，就电力发展问题、深化国企改革、治理桃河污染、发展千亩蔬菜日光温室等问题，先后深入到工厂、农村、机关、商店和集贸市场进行了大量的调查研究，组织撰写了大量的调查报告和考察报告，提出了许多意见和建议，受到市委、市政府领导的高度重视，对实现决策科学化、民主化起到了积极的作用。

冯成喜

冯成喜（1930—2007），劳动模范。河北井陉人，1952 年入阳泉矿务局工程处掘进队当工人。1955 年加入中国共产党。任五七掘进队第一队队长期间，率领全队职工多次创造掘进进尺新纪录。1964 年，五七掘进队以年成巷 1013 米的成绩跃入全国煤炭系统甲级掘进队行列。其后，他带领五七掘进队转战四川、江西等地，为支援祖国各地的矿井建设作出了贡献。1958、1962、1963 年获“山西省先进工作者”称号。1964 年获“山西省五好职工”称号。1957 年、1982 年获“山西省劳动模范”称号。1987 年退休。2007 年去世。

李玄如

李玄如（1945—2011），市政协副主席。山西原平人，大学学历，无党派人士，1970 年 8 月参加工作。在阳泉矿务局四矿工程区先后任工人、技术员、工程师和工程区副区长、区长，1988 年 5 月任阳泉矿务局四矿副矿长，1997 年 3 月任阳泉矿务局审计处处长，2003 年 3 月任阳煤集团巡视员，2008 年 5 月退休。其间，1990～1997 年兼任阳泉市矿区人大常委会副主任，1997 年 4 月至 2007 年 5 月兼任政协阳泉市第九届、第十届委员会副主席。2011 年 4 月 15 日病逝。

李玄如热爱矿山，工作高度负责，从一名普通工人逐步成长为一名领导干部。在任四矿工程区工程师、副区长、区长期间，主持了岩巷打装爆破工艺的现场实验，开展了锚喷支护新工艺的推广和应用，组织完成了矿井扩区五项主要工程。担任四矿副矿长后，他卓有成效地抓了降成本、增效益工作，阳泉矿务局四矿被评为全国统配煤矿组织实施扭亏增盈工作“十佳企业”，他代表阳泉矿务局参加了全国十面红旗表彰会，受到大会表彰。李玄如勤勉敬业，成绩突出，先后获得“阳泉市节能先进个人”“质量管理先进工作者”“环境保护先进工作者”等称号。在任审计处处长期间，他充分发挥内部审计监督、服务的职能作用，认真履行职责，积极开展内部审计工作。注重制度建设和新领域审计探索，先后修订出台了阳泉矿务局审计实施暂行规定、阳煤集团经济合同审计管理办法、阳煤集团自有资金工程审计实施办法等制度，并在财务收支审计的同时，增加了经济责任审计和二级单位经营集团年度承包兑现审计、工程预结算审计等内容，大力推进审计管理的科学化建设，为阳煤集团内部审计工作的规范化奠定了坚实的基础。

在担任市政协副主席期间，李玄如主要分管社会法制联络工作，他认真贯彻中国共产党关于统一战线和人民政协工作的方针、政策，坚持团结、民主两大主题，为全市统一战线和人民政协工作倾注了大量心血。他自觉坚持党对政协工作的领导，积极参政议政、建言献策，为促进全市经济社会又好又快发展做了许多深入细致的工作，赢得社会各界的广泛赞誉。

第二章　人物名表

本章设置“矿区省部级以上劳模先进人物名表”“矿区闻人表”“矿区烈士名表”3个人物名表。其中，“矿区省部级以上先进人物名表”和“矿区闻人表”按出生时间排列；出生时间相同和出生时间缺失的，按姓氏汉语拼音音序排列。“矿区烈士名表”按烈士牺牲时间排列，牺牲时间相同的，按姓氏汉语拼音音序排列。

阳泉市矿区省部级以上劳模先进人物名表

表30－1

姓　名	简　　况
王四毛	1894年生，又名王富万，山西平定人，阳泉矿务局四矿工人。1950年9月获全国劳动模范
王国臣	1909年生，山西平定人，阳泉矿务局工程公司技术主任。1955年获山西省劳动模范
高万俊	1912年生，山西阳泉人，阳泉矿务局二矿工人。1956年获山西省劳动模范
李官祥	1912年生，山西盂县人，阳泉矿务局工程处工人。1957年获山西省劳动模范
乔瑞阳	1912年生，河北井陉人，阳泉矿务局工程处工人。1957年获山西省劳动模范
任世昌	1913年生，河北行唐人，阳泉矿务局裕公矿工人。1950年获山西省劳动模范
许荣堂	1913年生，河北井陉人，阳泉矿务局四矿工人。1962年获山西省劳动模范
仇小猪	1915年生，河北行唐县人，阳泉矿务局二矿工人。1961年、1962年获山西省劳动模范
张进祥	1915年生，山西平定人，阳泉矿务局四矿供应科科长。1955年获山西省劳动模范
王德中	1917年生，山西太原人，阳泉发电厂技术员。1953年获山西省乙等劳动模范

续表 30－1

姓　名	简　　　　况
王祥仁	1919 年生，山东肥城人，阳泉矿务局三矿工人。1952 年获山西省乙等劳动模范
李乃宏	1920 年生，山西阳泉人，阳泉矿务局修理厂工人。1950 年获山西省劳动模范
张二毛	1920 年生，山西阳泉人，阳泉矿务局工程公司工人。1954 年获山西省劳动模范
霍玉璞	1921 年生，河北井陉人，阳泉矿务局机修厂工人。1956 年获山西省劳动模范
姬九奎	1921 年生，山西平定人，阳泉矿务局供应处工人。1962 年获山西省劳动模范
张桂能	1921 年生，浙江宁波人，阳泉矿务局四矿工人。1981 年获山西省劳动模范
李保成	1922 年生，山西盂县人，阳泉矿务局四矿工人。1960 年获山西省劳动模范
任树亭	1922 年生，河北保定人，阳泉矿务局三矿工人。1954 年获山西省劳动模范
王根柱	1922 年生，山西平定人，阳泉矿务局四矿材料员。1955 年获山西省劳动模范
张敦仁	1922 年生，山西平定人，阳泉矿务局一矿工人。1958 年获山西省劳动模范
鲍锡纯	1923 年生，河北武邑人，阳泉矿务局二矿工人。1952 年获山西省劳动模范
高堂堂	1923 年生，河北井陉人，阳泉矿务局一矿工人。1962 年获山西省劳动模范
高会昌	1924 年生，河北井陉人，阳泉矿务局医院药剂员。1957 年获山西省劳动模范
李润元	1924 年生，山西定襄人，阳泉矿务局一矿工人。1962 年获山西省劳动模范
崔承教	1925 年生，河北保定人，阳泉矿务局计划处副科长。1956 年获山西省劳动模范
梁本金	1925 年生，河北井陉人，阳泉矿务局一矿工人。1956 年获山西省劳动模范
王双龙	1925 年生，河北井陉人，阳泉矿务局四矿工人。1950 年获山西省劳动模范
陈　三	1926 年生，河北石家庄人，阳泉矿务局四矿工人。1956 年被评为中国煤矿全国劳动模范
王永祯	1926 年生，山西平定人，阳泉发电厂工人。1954 年获山西省乙等劳动模范
郝改善	1927 年生，河北沙河人，阳泉矿务局四矿党委组织部部长。1952 年获山西省乙等劳动模范
刘毛小	1927 年生，河北井陉人，阳泉矿务局工程公司工人。1955 年获山西省劳动模范
王洋洋	1927 年生，河北井陉人，阳泉矿务局一矿黄石板一队党支部书记。1962 年获山西省劳动模范
阎海清	1927 年生，山西太原人，阳泉矿务局四矿工人。1978 年被评为全国煤炭战线劳动模范
何秉权	1928 年生，河北深泽人，阳泉矿务局工人。1985 年被评为全国煤炭系统劳动模范
刘绍义	1928 年生，山西阳泉人，阳泉矿务局机修厂工人。1952、1953 年获山西省劳动模范
毛芙菊	女，1928 年生，浙江诸暨人，阳泉矿务局工程处技术员。1986 年获山西省劳动模范
王从益	1928 年生，河北邢台人，阳泉矿务局四矿技师。1981 年获山西省劳动模范
王华东	1928 年生，河北保定人，阳泉矿务局医院医师。1962 年获山西省劳动模范
张跃恒	1928 年生，山西阳泉人，阳泉矿务局三矿工人。1986 年获山西省劳动模范

续表 30－1

姓　名	简　　　　况
葛德林	1929年生，山西阳泉人，阳泉矿务局二矿工会干部。1986年被追授山西省劳动模范
李二联	1929年生，河北井陉人，阳泉矿务局三矿工人。1962年获山西省劳动模范
王　洪	1929年生，山西沁源人，阳泉矿务局工人。1984年被评为煤炭部劳动模范；1989年获山西省劳动模范
王　骏	1929年生，山西阳泉人，阳泉矿务局机修厂工人。1983年被评为“全国优秀工会工作者”
戴银锁	1930年生，山西阳泉人，阳泉矿务局三矿工人。1962年获山西省劳动模范
李国苑	1930年生，山西昔阳人，阳泉矿务局工程处工人。1963年获山西省劳动模范
靳增禄	1931年生，河北临城人，阳泉矿务局医院医师。1992年获山西省劳动模范
张子固	1931年生，安徽人，阳泉矿务局二矿工程师。1956年获山西省劳动模范
匡聚庚	1932年生，河北石家庄人，阳泉矿务局二矿技术员。1978年获山西省劳动模范
张福全	1932年生，辽宁义县人，阳泉矿务局二矿工人。1956年被评为全国煤炭先进生产者
周竹堂	1932年生，山西阳泉人。阳泉矿务局机修厂工程师。1989年获山西省特级劳动模范；1992年获山西省劳动模范
梁玉慧	1933年生，辽宁兴城人，阳泉矿务局四矿技术员。1956年获山西省劳动模范
刘吾茂	1933年生，山西平遥人，阳泉市商业局科长。1958年获山西省劳动模范
商维生	1933年生，山西阳泉人，阳泉市自来水公司党委书记。1958年获山西省劳动模范
石老虎	1933年生，山西盂县人，阳泉矿务局三矿工人。1962年获山西省劳动模范
王怀荣	1933年生，河北井陉人，阳泉矿务局二矿工人。1978年、1982年被评为煤炭部劳动模范
王景文	1933年生，河北徐水人，阳泉矿务局三矿工人。1978年获山西省学大庆标兵、煤炭工业部劳动英雄；1979年获山西省先进个人；1982年获全国煤炭工业劳动模范、山西省劳动模范
张海元	1933年生，河北任县人，阳泉矿务局轧钢分厂厂长。1992年获山西省劳动模范；1993年获省三等功
石东澄	1934年生，山西阳泉人，阳泉发电厂工人。1953年获山西省劳动模范
杨文才	1934年生，四川重庆人，阳泉矿务局三矿工人。1955年获山西省劳动模范
张二捧	女，1934年生，河北井陉人，矿区赛鱼街道办事处职工。1979年被评为“全国三八红旗手”
宋德堂	1935年生，辽宁阜新人，阳泉矿务局工程处机电工区服务公司修理厂厂长。1992年获山西省劳动模范
苏景云	女，1935年生，辽宁黑山人，高级工程师，阳泉矿务局女采煤队长、工会副主席。1953年被评为全国煤矿先进生产者、全国先进工作者
张万明	1935年生，山西昔阳人，阳泉矿务局工程处工人。1978年被评为煤炭工业部劳动模范
高保和	1936年生，山西盂县人，阳泉矿务局三矿工人。1962年获山西省劳动模范
郎广新	1936年生，辽宁沈阳人，阳泉市电石厂工人。1985年被评为全国化学工业劳动模范
万宝成	1936年生，河北卢龙人，阳泉矿务局局长。1981年获山西省劳动模范
王观宇	1936年生，山西阳泉人，阳泉矿务局二矿科长。1989年获山西省劳动模范

续表 30-1

姓　名	简　　　　况
赵有生	1936 年生，山西平定人，阳泉矿务局公安处干警。1989 年被评为公安部先进个人
丁玉生	女，1937 年生，山西平定人，阳泉市商业局干部。1989 年被公安部荣记三等功
范垣秀	1937 年生，山西阳泉人，阳泉矿务局二矿工人。1961 ~ 1963 年被连续评为山西省劳动模范
刘志英	1937 年生，河北曲阳人，阳泉矿务局医院医师。1986 年获山西省劳动模范
王永顺	1937 年生，北京昌平人，阳泉矿务局二矿工人。1965 年获山西省劳动模范
张翠茹	女，1937 年生，辽宁黑山人，矿区平潭街办事处干部。1985 年被评为全国计划生育先进个人
刘秀庭	1938 年生，河北献县人，阳泉矿务局三矿工人。1956 年获山西省劳动模范
朱文虎	1938 年生，浙江湖州人，阳煤集团总医院中医科主任。1995 年获山西省劳动模范
丁正明	1939 年生，江苏如皋人，阳泉矿务局机修厂工人。1981 年、1986 年获山西省劳动模范
任忠殿	1939 年生，河北定县人，阳泉矿务局二矿饭店经理。1986 年获山西省劳动模范
张崇义	1939 年生，山西平定人，阳泉矿务局一矿副总工程师。1989 年被评为能源部劳动模范、山西省劳动模范
曹大良	1940 年生，山西应县人，阳泉矿务局四矿综采四队工人。1989 年获山西省特级劳动模范、全国劳动模范；1992 年获山西省劳动模范
郭兆龙	1940 年生，山西寿阳人，阳煤集团董事、副总经理。1998 年获山西省劳动模范
潘仲英	1940 年生，山西寿阳人，阳泉矿务局少体校教师。1987 年被国家体委、教育部评为“优秀教师”
杨守安	1941 年生，山西寿阳人，阳泉矿务局四矿一井五队党支部书记。1992 年获山西省劳动模范；1993 年获省三等功
高拉贵	1942 年生，山西阳泉人，阳泉矿务局四矿工人。1984 年被评为煤炭工业部劳动模范；1986 年获山西省劳动模范
李顺柱	1942 年生，山西原平人，阳泉矿务局四矿中学教师。1989 年被评为国家体委、教委体育先进工作者
眭兰芳	1942 年生，山西昔阳人，赛鱼火车站工人。1963 年获山西省劳动模范
乔来籽	1942 年生，山西昔阳人，阳泉矿务局机修厂工人。1985 年被评为全国煤炭系统劳动模范
邢玉明	1942 年生，山西昔阳人，阳泉矿务局机电修配厂书记。1989 年获山西省劳动模范；1991 年获全国五一劳动奖章
张建德	1943 年生，山西平定人，阳泉发电厂工人。1982 年获山西省劳动模范
刘素莲	女，1944 年生，山西阳泉人，阳泉矿务局一矿工人。1962 年获山西省劳动模范
王亦农	1944 年生，河北定兴人，阳煤集团董事长。1998 年获全国五一劳动奖章
武　启	1944 年生，山西平定人，阳泉发电厂工会主席。1989 年获山西省劳动模范
张贵来	1945 年生，山西交城人，阳煤集团五矿多营乙炔厂厂长。1995 年获山西省劳动模范
陈树鸿	1946 年生，山西沁水人，阳泉市建筑一公司工人。1977 年获山西省劳动模范
樊玉林	1946 年生，河北井陉人，阳泉矿务局二矿西丈八区综合采煤队工人。1995 年获山西省劳动模范

续表 30－1

姓　名	简　　况
贾瑞森	1946 年生，山西临县人，阳泉矿务局三矿工人。1992 年获山西省劳动模范
李智先	1946 年生，山西平定人，阳泉市建筑工程总公司一公司副经理。1986 年获山西省劳动模范
宿振荣	1946 年生，山东临朐人，阳泉矿务局四矿中学教师。1983 年被评为“国家优秀班主任”
孙建荣	1946 年生，山西阳泉人，阳泉矿务局第一中学教师。1989 年被评为全国优秀教师
范国良	1948 年生，山西浑源人，阳泉矿务局三矿工人。1988 年被评为能源部劳动模范。1989 年、1992 年获山西省劳动模范
王晓凤	1949 年生，山西阳泉人，阳煤集团二矿医院内科主任。1998 年获山西省劳动模范
白凤旭	1950 年生，山西平定人，阳泉矿务局一矿工人。1978 年被评为全国煤炭战线劳动模范
梁　璧	1950 年生，山西平定人，山西兆丰铝冶有限公司董事长、书记。1999 年获全国五一劳动奖章；2004 年获山西省特级劳动模范
薛国仁	1950 年生，山西阳泉煤业集团三矿工人。2001 年获山西省劳动模范；2003 年获全国五一劳动奖章
董二明	1951 年生，山西榆社人，阳泉矿务局三矿工人。1984 年被评为煤炭部劳动模范；1986 年获山西省劳动模范
梁寅香	女，1951 年生，山西盂县人，阳泉矿务局三矿中学教师。1995 年获山西省劳动模范
邢　军	1951 年生，河北蠡县人，阳煤集团一矿北头咀机电队工人。1995 年获山西省劳动模范；1996 年获全国五一劳动奖章；1997 年当选中共第十五次全国代表大会代表；1998 年获山西省特级劳动模范；2000 年获“全国劳动模范”和“全国职业道德建设标兵”称号
逯海青	1952 年生，山西寿阳人，阳泉矿务局二矿西丈区副队长。1992 年获山西省劳动模范
王毛岐	1952 年生，山西河曲人，阳泉矿务局二矿工人。1985 年被评为煤炭部劳动模范
王千柱	1952 年生，山西阳泉人，阳泉矿务局二矿工人。1989 年获山西省劳动模范
赵昧玉	1952 年生，山西寿阳人，阳煤集团四矿通风队段长。1999 年获全国职工自学成才十名标兵之一，是山西省获此殊荣第一人；2001 年获山西省劳动模范
王占礼	1953 年生，河北深州人，阳煤集团深州化肥有限责任公司董事。2008 年获河北省劳动模范
白晋宁	1954 年生，山西岢岚人，洪城河小学教师。1989 年被评为“全国优秀教师”
陈贵萍	女，1954 年生，山西盂县人，矿区财政局干部。2007 年获山西省劳动模范
陈金堂	1954 年生，河北行唐人，阳煤集团四矿副总工程师。2004 年获山西省劳动模范
葛风云	女，1954 年生，内蒙古林西人，阳泉发电厂干部。1982 年被全国总工会授予“优秀女工干部”称号
赵计平	1954 年生，山西左权人，矿区公安分局书记、局长。1998 年获山西省劳动模范
刘锦峰	1955 年生，山西平定人，阳煤集团总医院神经内科主任。2001 年获山西省劳动模范
刘在康	1955 年生，山西五台人，阳煤集团二矿西丈八区综四队副队长。1998 年获山西省劳动模范
苏福昌	1955 年生，山西寿阳人，阳煤集团五矿综采一队队长。2004 年获山西省特级劳动模范
王二牛	1955 年生，山西平定人，阳煤集团四矿综二队队长。1998 年获山西省劳动模范

续表 30－1

姓 名	简 况
杨继春	1955 年生，山东莱州人，阳泉市物资再生利用总公司经理。1989 年获山西省劳动模范
赵宝玉	1955 年生，山西盂县人，阳煤集团综采二队队长。1994 年获全国煤炭工业劳动模范；1995 年获山西省特级劳动模范、全国劳动模范
董海清	1956 年生，山西榆社人，阳煤集团林业处处长。2010 年获全国劳动模范
冯爱国	1956 年生，河北临城人，阳泉矿务局三矿工人。1990 年被团中央评为新长征突击手
李爱祥	1956 年生，山西平定人，阳煤集团保卫部消防大队大队长。2009 年获山西省劳动模范
李兰英	女，1956 年生，山西阳泉人，阳泉矿务局东四尺小学教师。1979 年被团中央评为“新长征突击手”
宇文军刚	1956 年生，河北行唐人，阳煤集团新景矿综掘五队队长。2009 年获山西省劳动模范
张海昌	1956 年生，山西和顺人，阳泉矿务局一矿工人。1990 年被团中央评为新长征突击手
冯 璟	1957 年生，河北井陉人，阳煤集团光运工贸公司董事长。2001 年获山西省劳动模范
卢玉忠	1957 年生，山西平定人，阳煤集团一矿北丈八井综五队工人。2004 年获山西省劳动模范
史星燎	1957 年生，山西阳泉人，阳泉矿务局一矿队长。1992 年获山西省劳动模范
王建平	1957 年生，山西盂县人，阳煤集团三矿竖井三队工人。1995 年获山西省劳动模范
向永碧	女，1957 年生，重庆人，矿区平潭街道办事处日潭社区主任兼书记。2004 年获山西省劳动模范
赵泉祥	1957 年生，山西昔阳人，矿区环卫处清掏组组长、技师。1995 年获山西省劳动模范；1997 年获省三等功；1998 年、2006 年，获省优秀共产党员；2010 年获省特级劳动模范，被评为山西省十大道德模范；2011 年获全国五一劳动奖章
梁银柱	1958 年生，河北井陉人，开元矿业公司生产技术部副部长。2009 年获山西省劳动模范
刘建明	1958 年生，河北迁西人，阳泉矿务局机修厂工人。1988 年获山西省劳动模范
王瑞喜	1958 年生，河北井陉人，阳泉矿务局四矿工人。1990 年被团中央评为新长征突击手
高瑞祥	1959 年生，山西平定人，矿区赛鱼中心邮局支局长。1998 年获山西省劳动模范
张福喜	1959 年生，山西朔州人，阳煤集团副总工程师。2001 年山西省劳动模范
窦颜荣	女，1960 年生，山西平定人，阳泉矿务局红岭湾小学。1983 年被全国妇联评为“三八红旗手”
张玉田	1960 年生，山西昔阳人，阳泉矿务局工人。1989 年获山西省劳动模范
李金华	1961 年生，山西静乐人，阳煤集团一矿红翎服装厂厂长。1998 年获山西省劳动模范
杨乃清	1961 年生，山西榆社人，阳煤集团二矿丈八区综采一队队长。2007 年获山西省劳动模范
穆非祥	1962 年生，山西平定人，阳煤集团新景矿综二队队长。2004 年获山西省劳动模范
王虎牛	1962 年生，山西阳泉人，阳煤集团一矿北丈八井综采五队队长。2001 年获山西省劳动模范
卢辉生	1963 年生，山西平定人，山西三维华邦集团有限公司董事长。2009 年获山西省劳动模范
牛俊江	1963 年生，山西翼城人，山西三维集团公司有机分厂技术员。2009 年获山西省特级劳模

续表 30－1

姓　名	简　　　况
王元富	1963 年生，山西浑源人，阳煤集团五矿开拓一队班长。2007 年获山西省劳动模范
杨瑞敏	1964 年生，山西人，阳煤集团专业支行（一矿所）所长。1998 年获山西省劳动模范
刘红卫	1967 年生，山西平鲁人，阳煤集团宏厦三建第七项目部经理。2009 年获山西省劳动模范
韩继英	1968 年生，山西孝义人，阳泉市第十一中教师。2007 年获山西省劳动模范
魏惠芬	1968 年生，山西武乡人，矿区蔡洼街道办事处蔡东社区主任兼书记。2007 年获山西省劳动模范
姚润祥	1968 年生，山西阳泉人，阳煤集团华越机械有限责任公司机械制造厂工人。2007 年获山西省劳动模范
王惠荣	1969 年生，山西朔州人，阳煤集团太行建设开发有限公司副总工程师。2007 年获山西省劳动模范
杨立斌	1970 年生，山西盂县人，阳煤集团华越机械有限责任公司工人。2004 年获山西省劳动模范
任海平	1971 年生，山西阳泉人，阳煤集团一矿运输工区机电队副队长。2007 年获山西省劳动模范；2009 年获山西省特级劳模
蔡廷军	1976 年 11 月生，山东高唐人，先后为阳煤集团三矿采煤项目总部综采一队工人、平定东升兴裕煤业公司生产技术部部长助理。2005 年获全国煤炭行业优秀技术能手称号；2006 年获全国技术能手、山西省五一劳动奖章、山西省十大职工技术创新能手、山西省五四青年奖章；2007 年获山西省特级劳动模范；2008 年获全国五一劳动奖章"；2009 年获山西省劳动模范
贾彬丽	女，1979 年生，山西阳泉人，阳煤集团亚美建工公司试验中心化验员。2006 年获山西省五一劳动奖章。2009 年获山西省劳动模范
李国栋	1981 年 12 月生，山西平遥人，阳煤集团二矿丈八区综采一队副队长。2007 年获全国煤炭行业技术能手称号；2008 年记山西省个人一等功，矿党委和集团公司党委向广大职工发出"向李国栋学习"的号召；2009 年获全国五一劳动奖章；2010 年获全国劳动模范、山西省五一劳动奖章、山西省职工道德模范标兵个人
白凤旭	阳煤集团工会干部。1982 年获山西省劳动模范
冯　璟	山西光远工贸有限公司董事长。2001 年获山西省劳动模范
高　勇	山西国阳新能股份有限公司第二热电厂电焊班班长。2007 年获山西省劳动模范
黄　山	山西新景矿煤业有限公司洗煤厂洗煤副总经理。2006 年获山西省劳动模范
侯丽娟	阳煤集团二矿通风工区六队仪器工段工人。2011 年获全国"五一劳动奖章"
匡巨庚	阳煤集团选煤运销处处长。1978 年获山西省劳动模范
李金花	阳煤集团一矿多营服装厂书记。1998 年获山西省劳动模范
梁艮柱	开元公司综采二队党支部书记。2009 年获山西省劳动模范
梁艳明	阳煤集团五矿机运区党总支书记。1981 年获山西省劳动模范
逯海清	阳煤集团二矿西丈八综四队副队长。1992 年获山西省劳动模范
王毛歧	阳煤集团升华二矿热力公司职工。1986 年获山西省劳动模范
王三泉	阳煤集团三矿通风工区二队队长。2007 年获全国煤炭工业劳动模范
朱建华	山西阳煤集团一矿长沟筹建处常务副处长。2007 年获全国煤炭工业劳动模范

阳泉市矿区闻人表

表 30－2

姓　名	简　　　　况
田泽仁	1913 年生，山西五台人。1963 年 11 月后历任阳泉矿务局党委书记、省纺织工业厅厅长兼党委书记。1983 年离休
刘其恒	1914 年生，河北安平人。1950 年 7 月任阳泉矿务局党委书记。后调任国家计委统计组支部书记和国家统计局顾问。1982 年离休
白猷之	1915 年生，山西榆社人。1949～1953 年任阳泉矿务局首任局长。后任煤炭部财劳司司长，1983 年离休
陈子万	1915 年生，山西昔阳人。1952 年任阳泉矿务局党委副书记。1954～1960 年任省经济委员会副主任等职务
藉步廷	1916 年生，山西武乡人。1950 年由阳泉矿务局二矿党办调出，历任中共阳泉市属区委书记、省计划委员会副主任
乔林布	1916 年生，山西洪洞人。曾任阳泉矿务局保卫处处长，1956 年 6 月调出。历任阳泉市委常委、市政法委书记、市公安局局长
温藏宝	1916 年生，河北平山人。1968 年 3 月至 1971 年 6 月，任阳泉矿务局革命委员会党委书记。1971 年 6 月调晋东南地区任革命委员会副主任。1982 年离休
郭守信	1923 年生，山西高平人。1952 年 7 月调阳泉发电厂工作，历任党支部书记兼厂长、党总支书记、厂长。1956 年 7 月调任省电力工业局副局长。1980 年离休
武　忠	1923 年生，山西五台人。1956 年 5 月从阳泉矿务局调出，历任省煤管局生产处副处长、副局长
常　杰	1924 年生，山西长子人。1955 年 1 月由阳泉矿务局调出，历任阳泉市人民政府副市长，市人大常委会副主任
耿义德	1924 年生，山西平定人。矿区政府干部。1953 年获朝鲜三级国际勋章、军功章
马书绅	1925 年生，河北深县人。1982 年 4 月至 1985 年 4 月任阳泉矿务局党委书记。高级政工师
成五江	1928 年生，河北正定人。1971 年 6 月至 1974 年 2 月，率部队进驻阳泉矿务局，曾任阳泉矿务局军事管制委员会主任、局党委书记等职务。1974 年 2 月调回原部队。1977 年任师副政委
何秉权	1928 年生，河北井陉人。阳泉矿务局总工程师，在中厚煤层高沼气工作面通风方式改革上有较大贡献
徐岐瑞	1928 年生，河北望都人。阳泉矿务局副总工程师，设计采用钢缆橡胶运输皮带，解决了四矿主井大运输量长距离运输问题
张双贵	1928 年生，山西阳泉人。1976 年任煤炭部机械化局副局长
刘保山	1929 年生，辽宁北镇人。1977 年 7 月任阳泉矿务局党委书记兼阳泉市委常委。1980 年调煤炭部，先后任地质局党委副书记兼政治主任、中国地方煤矿公司经理、中国地方煤矿经济技术研究会副理事长
原兴华	1929 年生，山东掖县人。1974 年 2 月任阳泉矿务局局长，1975 年 6 月任局党委书记。1977 年 8 月调任江苏省煤炭管理局副局长
江　风	1930 年生，河北高阳人。曾任阳泉矿务局团委书记，1952 年调出。历任共青团山西省委秘书长，山西省广播电视厅厅长、总编辑
张光远	1930 年生，山西盂县人。阳泉矿务局一矿副矿长，组织开展“JLM－LA 型特制型煤加温器及航空特制型煤”项目，获得山西省科技进步二等奖

续表 30－2

姓　名	简　　况
李云初	1932 年生，山东高密人。1965 年从阳泉矿务局调出。1985 年 10 月任山西省煤管局安全监察局局长
温秉汉	1932 年生，河北宁晋人。阳泉矿务局副总工程师，大胆改革矿井及采区布置，实现了皮带运输，建立了合理的通风供电系统
刘　荣	1933 年生，辽宁绥中人。阳泉矿务局四矿总工程师，对四矿煤层开采工艺、推广机械化采煤和放顶煤开采方法，以及改革巷道布置做了大量工作
周竹堂	1933 年生，山西阳泉人。阳泉矿务局工人，发明的“声光电铃电笛”1988 年在北京国际发明展览会上获银质奖
包剑影	1934 年生，北京通县人。阳泉矿务局总工程师，在防治瓦斯突出、自燃和杜绝通风瓦斯事故方面贡献突出，获省部级一等奖 4 项、二等奖多项
郎义山	1934 年生，辽宁抚顺人。阳泉矿务局第二工程处副总工程师，主持完成“斜井机械化配套作业线及新工艺新纪录”项目，获国家科技进步三等奖
王德修	1934 年生，山东邹县人。阳泉矿务局安监局局长，提出预防矿井发生重大事故十个方面的措施，有效杜绝了重大事故的发生
杨秀枝	艺名筱桂桥，女，1934 年生，山西祁县人，山西省著名晋剧表演艺术家。“文化大革命”中被下放到阳泉矿务局一矿
袁崇发	1934 年生，山东临朐人。1958 年调阳泉矿务局工作。1990 年 8 月出席了全国第二次人民群众见义勇为与犯罪分子作斗争先进分子代表大会，被评为“全国见义勇为先进分子”
王玉龙	1935 年生，北京人。1950 年 8 月到阳泉矿务局四矿工作。1975 年 6 月后，历任山西省煤管局副局长、大同市市长、省煤炭工业厅厅长
吕实川	1936 年生，北京人。阳泉矿务局医院骨科主任，脊髓损伤课题研究项目 1989 年通过省部级鉴定，攻克骨科关键性技术难题
李梦更	1938 年生，河北获鹿人。曾任阳泉矿务局二矿副矿长、矿长，1974 年 11 月调出，历任山西省乡镇企业管理局局长、省煤炭厅副厅长
赵庆祥	1938 年生，山西寿阳人。阳泉矿务局三矿工人。1982 年带领全队生产原煤达 345817 吨，夺得全国同原煤层炮采队冠军。1985 年当选第六届全国人大代表
李振中	1940 年生，山西洪洞人。1983 年从山西矿院毕业分配到阳泉矿务局工作。1991 年 8 月调出，先后任阳泉煤专校长、山西师大副校长
杨宝国	1940 年生，河南潢州人。1964 年西安矿业学院毕业分配到阳泉矿务局工作。1983 年 10 月任阳泉矿区区长。1992 年 6 月任阳泉市人大常委会副主任
贾银环	1941 年生，山西平定人。1976～1983 年，先后任阳泉矿务局二矿矿长、党委书记。1985 年任阳泉市委副书记。1992 年任山西省交通厅副厅长
孟广献	1942 年生，山西平定人。坚持业余摄影 34 年，作品多次在各级摄影比赛中获奖。1988 年入选《中国摄影家大辞典》和大型画册《中国摄影家名录》
尚代江	1942 年生，山西武乡人。1957 年在阳泉矿务局四矿参加工作。1965 年调阳泉报社。1994 年调山西日报社任副主编、社长
杜汉舟	1945 年生，河北深泽人。1970 年北京对外贸易大学毕业分配到阳泉矿务局二矿。1986 年调任阳泉市人民政府秘书长。2005 年任山西省广电局正厅级巡视员
杨清风	1945 年生，江西万安人。1967 年从山东矿院毕业分配到阳泉矿务局二矿。1995 年任阳泉市人民政府副市长。2002～2006 年任市人大常委会副主任

续表 30－2

姓　名	简　　　　况
卢　渝	1946 年生，江苏扬州人。1970 年到阳泉矿务局工作。多年从事社科理论研究，后任山西当代晋商品牌文化研究院院长
吕素孝	1947 年生，山西平定人。阳泉矿务局三矿裕公井采煤二队工人。1975 年、1978 年，当选第四届、第五届全国人大代表
梅玉文	1949 年生，河北井陉人。阳煤集团职工子弟，国家一级导演，多个艺术作品获国家级奖项
梁贵生	1951 年 8 月生，河北井陉人。阳煤集团新景矿矿长。2007 年获全国煤炭系统劳动模范
翁小绵	1951 年生，江苏常州人。1969 年在阳泉矿务局一矿工作。大学毕业后历任山西日报社副总编辑，山西日报报业集团常务副总编辑，山西晚报社社长、总编辑等。2008 年 8 月任省作协党组书记、常务副主席（正厅级）。2011 年 3 月任省人大常委会教科文卫委副主任。曾获“全国百佳新闻工作者”“山西省五一劳动奖章”“山西省优秀新闻工作者”“山西省劳动模范”等。2006 年获“长江韬奋奖”
周瑞福	1952 年 11 月生，山西平定人。阳煤集团发供电分公司总经理。全国煤炭工业十佳供电公司经理、山西省功勋企业家
吴克忠	1953 年生，天津宝坻人。阳煤集团调研员（副厅级）。在缓解煤矿生产采区接替紧张问题上发挥了重要作用，解决了采煤工作面巷道布置问题
贾江武	1954 年 10 月生，山西平定人。阳煤集团总医院院长兼党委书记。2004 年被人事部、卫生部、中医药管理局授予“全国卫生系统先进工作者”称号。2005 年被评为“全国职工医院优秀院长”
贾英廷	1955 年生，河北井陉人。1971 年在阳泉矿务局机厂工作。1974 年 12 月入伍，历任武警北京总队八支队中队长、北京天安门地区管委会办公室主任
王玉来	1956 年生，阳泉矿务局职工子弟，北京东方医院教授、博士生导师
武建森	1956 年生，山西文水人。1975 年到阳泉矿务局一矿当工人。1978 年参加成人高考。2009 年任山西省煤炭工业厅副厅长
张　明	1958 年生，山西五寨人。矿区桥头街道办事处段西沟社区个体修鞋匠，2009 年省委、省政府授予“山西省援川抗震救灾先进个人”；2010 年省慈善总会授予“慈善工作先进个人”，获“感动山西十大人物”称号
赵贵生	1959 年 5 月生，山西代县人。阳煤集团太行地产有限公司董事长，获得“全国房地产创新人物奖”，荣登全国房地产 8 位创新人物榜首
刘彦斌	1959 年 8 月生，河北深县人。阳煤集团高级工程师，阳煤晋南公司总工程师。2003 年、2005 年荣获“山西省优秀煤炭科技工作者”称号
李　柱	1959 年生，山西寿阳人。阳煤集团财务部副部长，多次被评为山西省煤炭系统先进会计工作者
郑拴龙	1960 年 10 月生，山西原平人。阳煤集团寿阳公司副总经理，2005 年被评为“山西十大新闻人物”。2007 年被评为“感动中国的矿工”
聂建华	1960 年生，阳煤集团职工子弟。武警文工团国家一级演员、全国著名男高音歌唱家
张富勇	1960 年生，山西阳泉人。2005 年 5 月在总装轻武器研究所任总工程师、副所长
邵满存	1962 年 10 月生，山西平定人。矿区人武部工作，2005 年 12 月被北京军区授予“人武之星”
陈国新	1962 年生，山西原平人。1981 年到阳泉矿务局工作。1990 年 5 月调出，先后任煤炭部安全司通风处副处长、国家煤矿安全监察局监察专员
管建华	女，1962 年出生，山东五莲人。优秀乒乓球运动员、国家级运动健将、新长征突击手。

续表 30－2

姓　名	简　　　　况
赵岩峰	1963 年 3 月出生，河北辛集人。2007 年 12 月任阳煤集团新元煤炭有限责任公司总经理。获得中国煤炭工业科技奖。后调任阳煤集团晋东煤炭管理公司总经理
张柱庭	1963 年生，阳煤集团职工子弟。全国著名交通法学专家，北京交通管理干部学院政法系主任、法学副教授
吴　兵	1967 年生，阳煤集团职工子弟。中国矿业大学（北京）资源与安全工程学院安全工程系教授、博士生导师
胡政军	1969 年 8 月生，山西武乡人。矿区人武部工作。2003～2006 年，连续 4 年被北京军区政治部授予“新闻报道先进个人”
王美琴	女，1973 年生，山西平定人。阳煤集团职工子第。山西农业大学农学院植物病理系主任
任效均	1976 年生，四矿口福利彩票投注站负责人。2007 年，被推选为“全国十大诚实守信模范”候选人，获得全国道德模范提名奖
柴小青	1970 年毕业于阳泉矿务局一中。中国政法大学商学院教授，获省部级软科学奖励 5 项，发表论文 50 余篇，出版专著 2 部
柴宁宁	1974 年毕业于阳泉矿务局一中。美国加州大学洛杉矶分校（UCLA）医学院医学中心研究员，主要从事免疫排斥反应的基础研究
刘全忠	阳煤集团职工子弟。天津医科大学总医院皮肤科主任，天津市药品评审专家

阳泉市矿区烈士名表

表 30－3

姓　名	性别	出生时间	籍　贯	参加工作时　间	牺　牲　简　况
韩连元	男	1913	河北安新	1932	1938 年 5 月河北安新膳马庙战斗牺牲
李重田	男	1913	山西昔阳	1937	1939 年攻打辽县牺牲
吴耀增	男	1914	河北定县	1939	1940 年南下牺牲
董喜成	男	1914	河北行唐	1938	1941 年蔚县战斗牺牲
秦国恩	男	1905	河北保定	1934	1941 年河北井陉梅庄牺牲
张四孩	男	1913	山西沁源	1942	1942 年 8 月山西沁源县送情报途中遇害
许兰芳	男	1923	河北井陉	1937	1942 年被敌抓捕在北京遇害
赵　海	男	1915	山西昔阳	1937	1942 年昔阳被日军杀害
赵庆龙	男	1902	山西左权	1938	1942 年沙河作战牺牲
张玉峰	男		河北玉田	1945	1945 年 5 月北京南苑机场因公牺牲
苗再田	男	1920	山西武寨	1940	1945 年神池凤凰山战斗牺牲
孙开太	男	1913	山西昔阳	1937	1945 年河北赞皇战斗牺牲

续表 30－3

姓　名	性别	出生时间	籍　　贯	参加工作时　　间	牺　牲　简　况
张转成	男	1923	山西昔阳	1945	1946 年 3 月白晋战斗牺牲
王　星	男	1921	山西寿阳	1944	1946 年 6 月山西太原野孤岭战斗牺牲
李同道	男	1922	山西昔阳	1946	1946 年 8 月辉县车站战斗牺牲
张有祥	男	1907	山西定襄	1945	1946 年 12 月被捕遇害
吴守珍	男	1891	山西阳泉	1943	1946 年被叛徒告密在平潭街村被捕牺牲
武栓纣	男	1926	山西武乡	1946	1946 年山西沁源配合大部队作战牺牲
赵英梅	女	1910	山西定襄	1945	1947 年 2 月被捕遇害
牛华极	男	1911	山西阳泉	1947	1947 年 9 月在天津大城战斗中牺牲
范朝子	男	1926	河北建平	1946	1947 年河北唐县牺牲
王四孩	男	1912	山西榆社	1946	1947 年安徽大白山阻击战牺牲
张顺田	男	1923	河南林障	1947	1947 年牺牲
王怀章	男	1929	山西阳泉	1947	1948 年 11 月晋源战斗牺牲
安炳奎	男	1923	山西寿阳	1946	1948 年在山西榆次牺牲
陈步华	男	1930	山西柳林	1948	1948 年陕西宝鸡南北沟战斗牺牲
董玉德	男	1921	山西昔阳	1947	1948 年淮海战役牺牲
仇长贵	男	1929	河北井陉	1947	1948 年河北完县战斗牺牲
王定祥	男	1924	山西昔阳	1947	1948 年河南商丘战斗牺牲
吴启忠	男	1922	河北邢台	1948	1948 年南下岳西县牺牲
郗洪宪	男		河北魏县	1946	1948 年河北临漳县杜集村牺牲
张恩江	男	1925	山西左权	1943	1948 年淮海战役牺牲
张素科	男	1925	山西昔阳	1947	1948 年大别山战斗牺牲
王华雨	男	1930	山西阳泉	1946	某部战士，1949 年 1 月太原战斗牺牲
荆义杨	男	1910	山西阳泉	1936	某部战士，1950 年朝鲜战场牺牲
连梦升	男	1934	河北屈周	1947	1950 年西康雅安战斗牺牲
张瑞林	男	1928	山西榆社	1946	1950 年四川达县战役牺牲
荆寿山	男	1922	山西阳泉	1947	某部副班长，1951 年 10 月朝鲜战场牺牲
张存善	男	1924	山西昔阳	1948	1953 年 6 月朝鲜战场牺牲
李宜德	男	1942	河北藁城		二矿小学教师，民兵，1966 年 8 月 23 日在桃河大坝抗洪抢险时牺牲

续表 30－3

姓　名	性别	出生时间	籍　　贯	参加工作时　　间	牺　牲　简　况
王有义	男		盂县仙人		1995 年 4 月在扑灭盂县仙人乡西峪村山林大火时牺牲
王永惠	男	1973	山西平定	1992	空军某部中队长，2003 年 3 月执行任务时牺牲

限外辑要

本志下限为 2011 年 12 月 31 日。为了记录和反映本志下限年至出版年之间矿区经济社会的发展变化，保存更多的历史资料，提高志书存史价值和读志用志的时效性，特设限外辑要。

2012 年

概况　2012 年，矿区全年地区生产总值完成 168 亿元，比 2011 年增长 9.1%；财政总收入完成 6.2 亿元，比 2011 年增长 21.5%；一般预算收入完成 3 亿元，比 2011 年增长 19.17%；固定资产投资总额完成 78 亿元；社会消费品零售总额完成 16.89 亿元，比上年增长 15.6%；城镇居民人均可支配收入达到 2.37 万元，居全市第一。第三产业增加值完成 19.31 亿元，比上年增长 11.9%。全区民营经济总收入实现 16 亿元，比上年增长 9.6%。

总部经济　矿区政府、阳煤集团出台《发展总部经济实施意见》《加强合作，共同繁荣矿区经济的实施细则》一系列政策性文件，政企合作加强。总部商务大楼全面启用，对阳煤集团供应商注册矿区制定了优惠政策，52 户企业落户矿区。同信证券、长安信托、博亿通典当公司等金融机构挂牌运营，立博线缆、江东科技等企业借助“银、政、企”对接平台实现融资。新落户矿区企业的注册资金达 2.6 亿元。华骏减速机项目已落地投产。

项目建设　年内，矿区实施区级领导包保制度，10 个市级重点项目全部完成年度任务，全年重点工程投资达 15.08 亿元，完成市下达任务的 105.75%。全年包装项目 44 项，引进新项目 22 项，协议利用外来资金 116.34 亿元。

优化发展环境　为华鑫公司等企业争取国家老工业基地建设政策和煤炭发展可持续基金 2000 万元、贴息补贴 350 万元。加大科技研发经费投入，对 28 项科技发展项目支持 605 万元，比去年增长 47.56%。切实发挥鑫利信公司作用，为 11 家中小企业提供 438 万元担保贷款。

城市环境和管理　全年更新花墙、花柱等观赏花卉 7 万余株，新增园林绿化面积 3500 平方米、改造 2 万余平方米，完成荒山造林 66.67 公顷（1000 亩）。二级以上天数达到 338 天，其中一级以上天数达到 58 天。成立严管街中队对北大西街等七条主要街道实施全天候零摊位管理，该做法在全市城管系统得到推广。组建 6 支城市管理志愿者队伍，实现了文明城市创建全民参与。开展城乡清洁工程百日集中整治，主干道清扫保洁率达到 100%。规范便民市场管理，新建、扩建洪城河等 6 个便民市场，居民生活更加便利。

文化产业　煤雕、剪纸、铝箔画等产业规模和影响力进一步扩大，在市文化中心展览馆成功举办矿区文化艺术产品展，引起积极反响；组织参加了“第八届深圳国际文博会”等一系列重大展会，选送的葫芦画《中华旗袍》系列在“全国休闲农业创意精品大赛”上获金奖，并与多家企业达成合作意向，中央电视台等多家媒体采访报道。文化产业平台初步搭建，成立博艺文化传播公司，积极推进洪城河文化一条街建设。

社会事业　全年用于民生投入 1.69 亿元，占财政支出的 29%。新增就业人员 4129 人，发放低保金 2130 余万元，城镇基本医疗保险参保人数 77095 人，城镇基本养老保险参保人数 5039 人。成立了 6 个社区卫生服务中心，居民就医看病更加便捷。免费发放康复辅助器具 919 件，社区康复辅助器具基本实现全覆盖。分发廉租住房 65 套，发放廉租补贴 260 余万元。新建、加固、维修校舍 9600 平方米。“天网”工程新装探头 820 个，深入开展严打斗争，社会治安秩序好转。

省初中课改学校校长高峰论坛在矿区召开　4 月 11 日，由省教育厅、省教育科学研究院主办，矿区承办的“山西省初中课堂教学改革学校校长高峰论坛暨阳泉矿区现场会”在阳泉宾馆隆重召开。省教育厅副厅长张卓玉，副市长董仙桃出席会议并作重要讲话。省教科院院长马玉玺主持会议。省教育厅、教科院、初中课堂教学改革相关专家，省课改先行先试的 80 多位校长和全省各地市教育局领导参加了会议。这次校长高峰论坛是市近几年来举办的规模较大的一次盛会，是对阳泉市教育事业发展的鼓励和肯定。会上，阳泉市第十二中学、灵石二中等七所中学还做了亮点介绍。李萍、薛红霞等七位专家从不同角度对课改新模式做了深度的解读和探讨。会议期间，参会人员还深入到阳泉市十二中进行了现场观摩。

公安分局荣膺“全国优秀公安局” 年内，在全省公安系统英雄模范立功集体表彰大会上，矿区公安分局被授予“全国优秀公安局”称号。2011 年，面对错综复杂的治安形势和繁重艰巨的公安职责任务，矿区公安分局紧紧围绕“三项重点工作”“三项建设”的总体部署和建设“平安矿区”战略要求，大胆创新，奋力拼搏，在打击犯罪、治安防控、社会管理、规范执法、队伍建设等方面做了大量卓有成效的工作，“清网行动”、涉案财务管理、“打死黑除四害”等专项行动取得丰硕成果，公安工作成效日益凸显，平安矿区建设水平不断提升，辖区治安形势持续平稳。

西藏同信证券阳泉北大街营业部开业 2011 年以来，矿区区委、区政府把打造金融洼地作为发展总部经济的配套举措同步考虑、联动发展，积极引进各大银行类金融机构注册分支机构。同时，努力搭建企业之间关联互动、银企之间合作共赢的对接平台，为金融机构对企业集中授信创造有利条件，降低企业运营成本，着力破解中小企业融资难题。5 月 29 日，西藏同信证券阳泉北大街营业部正式开业。这是矿区首个证券公司营业部，标志着矿区在发展金融经济上迈出了新步。矿区有关领导出席开业庆典。西藏同信证券有限责任公司发展至今已拥有北京、上海、四川、西藏等地 27 家直属营业部，是目前国内资产质量优异、专业团队精干、创新能力突出的全国性证券公司之一。

确定 6 处文物保护单位 根据山西省文物局《关于转发国家文物局〈关于做好第三次全国文物普查后续文物保护工作的通知〉的通知》要求，矿区政府对境内的文物进行了普查和筛选，经专家考察、研究、论证，形成了矿区区级文物保护单位名单。经矿区政府研究批准，7 月，确定了马王庙、简子沟煤炭生产线、辰光电厂职工俱乐部、赛鱼大桥、阳泉矿务局四矿旧址、阳泉矿务局三矿旧址 6 处具有一定历史价值和研究价值且保存较为完好的不可移动文物作为区级文物保护单位。矿区文化部门还协同有关单位对本地区内的文物保护单位划出保护范围，做出标志说明，逐步建立科学记录档案，并督促文物保护单位做好辖区内文物的保护管理工作，矿区政府也将每年投入一定资金对文物保护单位进行维护和修缮。

王智伟获伦敦奥运会男子 50 米手枪铜牌 24 岁的王智伟是从矿区走出的一名射击运动员，于 2003 年 1 月由市第十六中学（原四矿中学）进入市体校开始训练，2007 年 1 月进入省队。2009 年和 2010 年两次被选入国家队集训。2011 年正式进入国家射击一队训练，成为射击国际运动健将。在 2012 年 8 月 5 日，伦敦奥运会男子射击 50 米手枪慢射项目决赛中，一举获得铜牌，这一成绩是矿区和阳泉市运动员首次在奥运会上获得的个人单项奖牌。8 月 23 日，矿区区委、区政府领导对其进行了慰问，并亲自把 1 万元慰问金送到王智伟手上。

低保家庭子女上大学政府全额“埋单” 矿区特困基金会于 2012 年 7 月启动，走出一条常态化、规范化、长效性的帮扶新路。8 月 27 日，矿区举行特困帮扶基金会帮扶贫困家庭子女上大学资助仪式，为 84 名考上大学的低保家庭子女给予学费全额资助，帮扶资金共计 24.25 万元。此次活动是矿区针对辖区内特困家庭子女上大学进行全额、全程的学费资助。受资助的 84 名学生不仅拿到了本学期的全额学费资助，而且在他们上大学期间，全部学费也都由基金会资助。

与江苏高校“联姻”建立研究基地 9月13日，苏州大学与矿区“联姻”，在矿区社区管理指导中心建立了“地方政府与社会管理重点研究基地”。阳泉市市委、矿区区委有关领导及苏州大学党委宣传部部长陈进华，政治与公共管理学院院长金太军、党委书记张才君、副院长潘晓珍、培训中心主任宋煜萍出席揭牌仪式。参加仪式的领导观看了矿区城镇人口信息化管理和特殊人群管理工作演示，并深入虎尾沟社区、矿区法院进行实地察看。矿区坚持民生优先、服务为先、基层在先，推进管理模式网格化、管理平台信息化、管理手段综合化、重点工程项目化、公众参与制度化，以21个项目为抓手，扎实推进社会建设。研究基地落户矿区，是高校与地方优势互补、理论与实践有效结合的一次尝试和探索。

彩绘作品《旗袍葫芦》获全国金奖 11月，在首届全国休闲农业创意精品大赛上，来自全国28个省、自治区、直辖市的5000多件作品参加了五大类休闲农业创意精品展示和评比。矿区张建维和宋红梅夫妇创作的彩绘葫芦作品《旗袍葫芦》凭借其精美的图案和精湛的技法，在众多参赛作品中脱颖而出，最终在总决赛中，喜获产品创意金奖。彩绘葫芦作品《旗袍葫芦》是矿区众多文化产品瑰宝中的一项，该作品将东方人神韵的旗袍演绎在作为中华几项文化象征的葫芦上，充分体现了旗袍的娴静优雅、婉约清丽。作品集艺术性和实用性为一体，可供观赏亦可做笔筒或花瓶。

美沙酮社区药物维持治疗门诊开诊 11月30日，矿区医院维持治疗门诊开诊，并举行揭牌仪式。社区戒毒是国家采取的帮助吸毒人员戒除毒瘾、教育和挽救吸毒人员的一项新举措，是整个戒毒措施的重要内容。矿区区委区政府根据区情特点，于2011年8月8日将矿区医院社区（美沙酮）药物维持门诊建设列入了矿区社会管理创新重点项目之一，经过一年多的筹备，在卫生、公安、药监等部门的共同努力下，建成了山西省县（市、区）首家美沙酮社区药物维持治疗门诊。社区药物维持治疗门诊的开诊可以有效缓解吸毒人员吸毒成瘾问题，有效解决其因为吸毒而筹措毒资走向犯罪的问题。

国防动员指挥中心落成 12月21日，矿区国防动员指挥中心举行落成典礼。市委、市政府、阳泉军分区、阳煤集团、矿区有关领导出席落成典礼。矿区国防动员指挥中心占地5.2亩，建筑面积4493平方米，集日常办公、国防动员、战备训练、国防教育、人防指挥于一体，是矿区人武部新型信息化、自动化的办公场所。

阳煤集团总医院用上自动发药、包药机 年内，阳煤集团总医院500万元购回了阳泉市首套全自动智能发药设备。其中，“整包装门诊全自动发药机”“智能瓶装药品存取机”和“特殊药品智能管理机”高近2米、占地15平方米，可以存储约1万盒左右的药品，是名副其实的“大肚汉”；每小时可处理200多张处方，而在以前，人工每小时处理的处方不过百张。还有一台“药品单剂量自动分包机”，每分钟可分装40包的药品，以前2名药剂师只能完成5个住院科室的单剂量配药工作，如今3名药剂师就可以完成全院40多个科室的单剂量配药工作。发药机发药时，是在门诊患者交费后，药房内的电脑系统中就会接收到患者的处方信息，并向“整包装门诊全自动发药机”下达处方指令。发药机接收到处方指令后，通过激光扫描设备，迅速找齐所需药品，并一一转入药柜左右两侧的智能药筐中。每个出药口均带有光电计数器，能精确统计所发药品的数量和种类，并详细记录药品的规格、生产厂家等有效信息。药剂师核对无误后，将药品发给患者，完成发药工作。机器替代人工操作，会自动识别、分拣、分装药品，整个过程精准、快捷，设备发送药品到工作人员手中不超过20秒，大大提高了药房人员的工作效率。除了门诊药房实现全自动化外，该院住院部药房还引进自动单剂量包药机，根据分包机控制系统中传出的处方信息，分别将住院患者每日每次所需口服的药品分别打包，包装袋上打印有患者姓名、药品名称、规格、服用时间等，这样既能最大限度地减少差错率，又可解决人工拆封药品后易受污染等问题。

环卫工作成果 年内，矿区环卫处共有3条街道被评为保洁示范街道，其中，桃北中路（省级）、北大西街（市级）、桃南中路（市级）；有一座公厕被评为四星级公厕；在阳泉市的环卫技术比武中，矿区环卫处共有5名一线职工分别获得2个一等奖，2个二等奖，1个三等奖，矿区环卫处获得了团体第一的好成绩；在全市环卫风采摄影比赛中，矿区环卫处有5幅摄影作品入围，并获得了摄影比赛三等奖；环卫节表彰会上，矿区环卫处清掏组被市劳动竞赛委员会评为“工人先锋号”，有2名同志分别荣获个人一等功、三等功，有50余名职工受到表彰。矿区被山西省爱国卫生运动委员会评为省级卫生区，矿区环卫处被评为爱国卫生先进单位，有一名同志被评为灭鼠先进工作者。同时，矿区环卫处清掏组被山西省劳动竞赛委员会荣记集体一等功。

国库集中支付改革 2012年，矿区财政局根据省财政厅《关于进一步加强全省财政专户管理工作的通知》，开展了财政专户清理整顿工作。根据省、市财政部门对国库集中支付改革的要求，结合实际情况，拟定了《矿区财政国库管理制度改革资金支付管理办法》《矿区财政国库集中支付制度改革相关工作管理暂行规定》等，为国库集中支付改革启动做了前期准备工作。根据全省推进和规范市县国库集中支付改革的精神，6月份开始试运行；7月份全面启动了财政国库集中支付工作，搭建了财政—支付中心—代理银行—代理金库财政一体化信息管理平台，配置了指标管理系统、国库集中支付管理系统、总预算会计系统，全区151个预算单位及财政预算管理的资金（包括公共财政预算资金和政府性基金）全部纳入国库集中支付改革；11月份召开了应用公务卡改革推进会；12月份启动了非税收入收缴管理系统。矿区国库集中支付改革工作两次接受了省财政厅国库集中支付督查组的现场督导。

矿区人口计生信息化工作接受全国检阅 2012年12月7日，参加全国人口计生信息化建设工作会的与会领导到矿区，就人口计生信息化建设工作进行观摩指导。矿区作为省内唯一的一个基层观摩点，接受了来自中央及全国31个省（区、市）领导的检阅。矿区在人口计生信息化建设工作中，紧紧围绕管理模式网格化、管理平台信息化、管理手段综合化和“硬件从优、软件从实、突出应用、服务群众”的总体思路，将人口管理服务工作广泛融入政府公共服务和社会管理的各个层面。矿区被确定为山西省人口网格化管理服务试点区以来，大力推行“责任分级、网格管理、分类服务、信息覆盖”的城镇人口计生网格化管理服务新模式，投资500万元建成了矿区社会服务管理指导中心，整合了人口计生管理、公共服务管理等管理资源，形成了受理、转办、督办、反馈“一条龙”工作机制，为人口计生及各项社会管理工作的开展提供了高效便捷的网络平台。

2013年

概况 2013年，矿区地区生产总值完成163.9亿元，增长4%；规模以上工业增加值完成135.6亿元，增长3.2%；固定资产投资完成93.8亿元，增长20%；公共财政预算收入完成3.2亿元，增长6.4%；社会消费品零售总额完成18.73亿元，增长10.9%；城镇居民人均可支配收入完成23950元，增长9.4%；第三产业增加值完成20.8亿元，增长7.8%。财政总收入完成7.06亿元，增长13.76%，增幅连续3年位居全市之首。

总部经济稳健发展　（1）实施了区级领导联系企业制度，将总部经济扶持服务范围辐射到在矿区的所有税域企业。（2）抓好项目企业引进入驻工作，截至年底从原材料处引进的原材料供应商、中间商达到67户，增长45.7%，围绕阳煤集团供应链自发成立的33户企业注册矿区，增长200%；原材料供应商实现税收近千万元，增长120%以上。（3）出台《关于进一步促进总部经济发展的实施意见》、《扶持税域内企业发展的实施办法》，深化了与阳煤集团企地良好沟通、建立共识、互助共赢机制，对50户重点纳税企业给予帮扶，区级财政出资300万元扶持税域内中小企业，“政、银、企”金融扶持平台帮助企业融资4200余万元，应付账款质押等金融创新模式全面开展。落户辖区的原材料供应商增加到67户，有5户发展成为实体企业，实现利税较上年翻了一番，总部经济对区域经济贡献不断增强。

飞地经济成效显著　自2013年2月5日在全市率先与郊区签订合作协议起，矿区大力发展“飞地经济”。成立了矿区发展“飞地经济”领导组，建立“飞地经济”项目库，着力推动商贸企业向实体经济转化，与郊区、盂县协商了兴峪煤矿等3个项目的分成事宜。以“飞地”模式引进7个项目，总投资24.3亿元。

项目建设扎实推进　“六位一体”各项指标考核全部超额完成市下达的任务，其中项目储备完成111.7%、签约完成103.66%、落地完成115.26%、开工完成103.17%、省市重点工程完成105.63%、投产完成110.54%。包装项目67项，总投资488.24亿元，完成任务的139.5%；签约45项，协议利用外资124.45亿元，完成任务的103.71%；到位资金32.63亿元，完成任务的116.54%；签约和到位资金两项均排名全市第二。

发展环境不断优化　着力搭建企业发展平台，区中小企业创业基地通过省级审查，争取省级发展资金385万元。继续加大科技支持力度，为25项科技项目配套687万元，对236项专利发放资助（奖励）15.1万元。扎实推进“品牌兴区”“质量兴区”等活动。全区民营经济总收入实现17.9亿元，增长12%。

狠抓城市环境建设　（1）“蔡洼新居”竣工入住，“城市春天”棚户区改造等项目按进度推进。委托代建的200套廉租房、公租房完成投资1406万元。馨泽园等7个便民市场进行了更新，西河路人行道完成改造。协调阳煤集团投资7400余万元，实施了洪城河路拓宽改造等一批市政建设工程。（2）区政府投资完成了440块门头牌匾的改造，对148家沿街商铺实行垃圾上门收集，对158处问题井盖建立联动处理长效机制。（3）新建、改造绿地9.6万余平方米，增设花柱、挂盆2600余个（盆），完成矸山绿化5363亩。创模33项指标中涉及矿区的25项指标全部达标。空气质量二级以上天数达到329天。

积极发展社会事业　（1）28个学校改造完工，为30%的一线教师配备笔记本电脑，每所学校都建成一间配置较高的计算机教室。（2）政府主办基层医疗卫生机构全面实施国家基本药物制度，区属公立医院全部实现药品零差价销售，辖区55家药品经营企业、大型医疗机构实行远程电子监管，药品安全示范县（区）创建工作通过省级验收。（3）为5个街道办事处、25个社区配备385台（套）文化活动设备；4项民间传统工艺被确定为市级非遗项目，其中剪纸盘合被确定为省级非遗项目。（4）妥善处置“2·19”突发事件，辖区交通事故下降21.72%，在全区开展安全生产大检查、“回头看”等活动。

着力改善民生　全年民生投入1.89亿元，占财政支出30.93%。新增就业人员3156人，城镇居民社会养老保险参保1.78万人，城镇社会参保率达98%。规范落实30套廉租住房实物配租工作，完成28户贫困残疾人家庭无障碍改造。发放低保金等政策性惠民补助资金4144.6万元。在平潭步行街等5个公共场所实施免费无线网络覆盖。

教师王红莲获全国教学艺术大赛特等奖　1月，矿区红岭湾小学教师王红莲在中国教育学会现代教学艺术研讨会暨第三十五届“创新杯”全国教学艺术大赛评比中被评为特等奖，是阳泉市唯一获此殊荣的教师。

总工会荣获两项全国荣誉　1月，矿区总工会连获两项全国荣誉，分别被评为第二批全国工会职工法律援助维权服务示范单位和推进工资集体协商暨“建制扩面提质年”活动先进单位。两项评选中，均为阳泉市惟一入选单位。矿区总工会夯基础抓建设，确保维权服务机构，提高法律维权意识，做好法律维权工作，注重维权效果，确保维权工作落到实处，切实维护了广大职工的合法权益，促进了职工队伍稳定与社会和谐。在开展区域性工资集体协商工作中，签订了40份区域性工资集体协议，覆盖企业1254家，职工13700人，25人以上的18家企业单签了工资集体协议，覆盖1478人，工资集体协议在全区实现了动态全覆盖。

石家庄桥东区观摩团到矿区“取经”　2月26日，由石家庄桥东区区委副书记马立宁和副区长张雪敏带队的观摩团到矿区，就加强和创新社会管理工作进行考察观摩。矿区区委副书记冉志伟、副区长徐本宁陪同观摩。观摩团一行首先来到矿区社会服务管理指导中心，观看了城镇人口信息化管理应用系统演示，随后到蔡洼街道社会管理服务中心和水潭社区，听汇报、查资料，深入细致地了解了矿区城镇人口信息化管理和人口计生工作开展情况。观摩团成员还对数据资源共享、“网络化”管理人员配置等问题进行了详细咨询，并表示把矿区的先进经验与桥东区的实际结合起来，因地制宜地促进桥东区的社会管理创新发展。

新编《阳泉市矿区志》评审会　4月9日，山西省地方志办公室、阳泉市地方志办公室联合召开新编《阳泉市矿区志》评审会。山西省地方志办公室副主任刘益龄，山西省地方志办公室市县志处处长马正英、副处长杨颖、副调研员郝世文，阳泉市地方志办公室主任任佟苏，副主任高忠乐、董雪卉等领导和专家就新编《阳泉市矿区志》送审稿进行了评议。矿区区委书记刘德跃，区委常委、区委宣传部部长高海明，副区长苏涛参加了评审会。新编《阳泉市矿区志》客观记述了全区环境、经济、政治、文化、社会的历史和现状，全书设概述、专志、专记、大事记、附录等部分，共30编，117章，444节，全志约230万字。与会专家集思广益、精益求精，提出修改意见。

“12380”举报平台开通　4月，矿区区委组织部开通了“4012380”干部监督专项举报电话，主要受理对矿区各级领导班子和领导干部违反干部任用条例及有关法规选人用人问题的举报。这是矿区落实中央和省、市委组织部有关加强“12380”举报平台建设要求，强化对领导班子、领导干部和干部选拔任用工作的监督，畅通干部群众举报渠道的一项重要举措。同时，组织部门向全区机关事业单位的全体干部职工发放了“12380”举报平台智晓卡，进一步扩大了“12380”在干部群众中的影响力和知晓度。健全完善了组织系统信访举报、电话举报、短信举报和网上举报“四位一体”的举报平台，并本着“认真调查、严肃处理”的原则，及时查收举报信息，慎重负责地处理群众举报，切实提高举报办理质量，从严查处各类违规违纪问题，努力发挥好群众对领导干部和干部选拔任用工作的监督作用，真正提高了选人用人的透明度和公信度，为推进矿区转型跨越发展提供了坚强的干部保障。

机械化装备项目在中博会成功签约　5月18日，第八届中国中部投资贸易博览会在河南郑州开幕，矿区机械化装备工程项目在会上成功签约。阳泉市市长陈永奇率领代表团参加了本届博览会。市委常委、常务副市长李利生一同参加。矿区区委副书记、区长刘乙佑带领区政府办、招商局及相关企业代表参加了此次博览会。矿区机械化装备工程项目由阳煤集团计划投资8.1亿元，将对一矿、二矿、三矿、五矿、宏厦一建、新景公司以及平定兴裕、裕泰、泰昌和盂县兴峪等煤矿装备、电机设备进行更新升级。项目建成后，可进一步提高矿区乃至全市煤矿经济效益和安全水平，全市煤炭产业和转型跨越的基础。展会期间，矿区主要以宣传、突出展示当地资源优势和特色产品优势为重点，向外界进一步展示矿区的投资环境和产业发展优势，为驻区企业搭建引进来、走出去的平台，促进矿区经济又好又快发展。与很多机械公司签约，是打包项目。2013 年年底涉及各矿及公司的煤矿设备、设备更新已全部按进度完成。

第十二中学课改跻身全国新九大范式　6 月，在全国“高效课堂新九大范式”发布会上，经过全国范围内的层层筛选，阳泉市第十二中学“三段五环节”课堂教学模式入选为全国“高效课堂新九大范式”，这是山西省惟一入选的学校。经过探索与实践，学校总结提炼出了适合学校课堂特点的“三段五环节”课堂教学模式。“三段”是指为突出教学活动螺旋式发展的特点，在时空上划分为三个阶段，突出教与学的完整性、延续性和提升性，即：课前、课中和课后。“五环节”是指在课堂的具体实施中按“预习质疑——认定目标——交流探究——梳理小结——达标反馈”完成教与学的活动。市十二中的课堂教学模式成为全国各中学争相学习的典范，接受该校培训与送课的学校遍布北京、河北、山东、山西、河南、安徽、江苏、广东、深圳、四川、重庆等地。目前已有省内外 40 多所学校，4000 余名领导和教师到该校参观学习。学习、合作、交流在市十二中已是常态。

检察院“检务中心”正式成立　11 月，矿区检察院“检务中心”正式揭牌成立。矿区区委常委、区委政法委书记侯彦军与矿区检察院检察长严志勇共同为“检务中心”揭牌。“检务中心”运行后将为办理案件的当事人和人民群众提供案件举报受理、查询、法律咨询“一站式”服务。其主要功能是受理案件、民事行政申诉案件；提供案件办理情况查询、行贿档案查询；提供法律法规、犯罪预防、社会综合治理等方面的咨询服务。

法学会成立　12 月 12 日，矿区法学会第一次代表大会召开，标志着矿区法学会正式成立。矿区区委副书记冉志伟，区人大常委会主任苏满晓，区政协主席王贵平，区委常委、区委政法委书记侯彦军，区法院院长梁庆，区公安分局局长韩文明出席会议。阳泉市法学会常务副会长段俊富应邀出席会议。会议听取了矿区法学会筹备组《关于阳泉市矿区法学会成立暨第一次成员代表大会筹备工作的报告》，通过了《阳泉市矿区法学会成立暨第一次会员代表大会筹备工作的决议》选举产生了阳泉市矿区法学会第一届领导班子。冉志伟、苏满晓、王贵平被推举为矿区法学会名誉会长，侯彦军当选会长，张敬泽当选常务副会长、秘书长。

启动“两网一平台”　12 月 26 日，矿区党建网、矿区考核网、矿区党员短信平台正式开通。矿区区委书记、党建工作领导组组长刘德跃及有关部门领导出席开通仪式，并启动了矿区“两网一平台”水晶球。全区各党工委书记、街道党工委党务副书记和区委组织部工作人员 30 余人参加开通仪式。网站的主界面分为 17 个栏目，涵盖了干部、党建、人才等各方面内容。还有大学生社区干部、党代表工作室、非公党建、党建研究、远程教育、自身建设等 6 个板块。考核网进入的方法，在党建网的右上方点击进入，考核网有 7 个版块内容，分别为：机构设置、政策规章、工作动态、被考核单位、考核结果、任务监控、通知公告。党员手机短彩平台，主要依托中国移动公司定期对全区党员手机发送党建信息，让基层党员及时了解矿区党建动态。全区已录入 3939 名党员手机信息。

环卫荣誉　2013 年，矿区环卫处被山西省爱国卫生运动委员会授予爱国卫生先进单位称号；在第十七届环卫节评比中，矿区环卫处清洁中心荣立省级三等功一次，有 2 人分别荣记市级一等功、市级三等功，有5人获得环卫职工标兵称号，5人获得优秀环卫管理工作者称号，36人获得优秀环卫职工称号。在阳泉市第十七届环卫节暨第四届环卫系统干部职工技术竞赛中，矿区环卫处获得总成绩第二名，侯秉建获得小型垃圾车比赛项目第一名，李鹏、黄树明、徐建国、王春瑞获得5吨压缩车比赛项目第一名。

矿区试行“区直管社区”模式 2013年，矿区围绕“减少层级、下沉资源、提高效能、提升服务”的目标，探索实施了“区直管社区”扁平化管理综合体制改革。在工作层面上试点撤销了桥头街道办事处，将7个社区整合为5个，并实行了“一委一居一中心”（社区党委，社区居民委员会，社区社会服务管理中心）的管理模式，试行了“区—社区”直管体制，在部署工作、落实政策、服务居民、考核验收等方面一竿子插到社区，在财政支出不增加、人员总数不增加、办公场所不扩建的前提下，社区工作经费翻了一番，工作人员增加了近一倍，居民活动场地平均增加了300平方米。扁平化管理实行8个月中，共化解各类信访问题13件，调解居民家庭、邻里矛盾300余件。网格员上报反映的问题和办结率在全区38个社区中位居前列。社区干部工作积极性明显增强，社区办事效率明显提高，群众满意度明显提升，较好地解决了“管理层级多、办事效率低、街道和社区职能错位、居民自治职能缺位”等弊端。《山西信息》进行了专题刊发，《山西日报》两次进行报道，在全省基层党组织建设座谈会上作了交流发言，得到了充分肯定。

矿区社会服务管理指导中心正式启用 2012年9月26日，矿区社会服务管理指导中心正式启用，形成了以区级社会服务管理指导中心为龙头，区、街道、社区、网格“四级”联动的社会服务管理模式，按照区域范围内的人、地、事、物、组织等，把全区40个社区划分为以街巷型、楼院型、单位型为主要形式的252个社区网格，将社区的主次干道、背街小巷、居民小区、公共场所、商贸中心、驻地单位等全部纳入网格，实现了横向到边、纵向到底的全覆盖。设置了网格员上报统计、考核评价等功能，实现了网格员工作的量化考核；将党员管理信息、统战信息、纪检网站等13个部门、53类信息录入管理系统，形成了“一网多面”的网格精细化管理新模式；健全了民情日志、网格员入户等管理制度；与阳煤升华公司等驻地企业建立了信息共享、快速反应的联动机制。全年上报涉及居民生产生活的各类急难问题5120件，处理办结5020件，办结率98%。中心成为倾听民意、解决民忧、服务民需、化解矛盾的重要渠道。《光明日报》于2013年7月报道了矿区“‘网’惠民生”的成果。8月21日，省委书记袁纯清检查区级指导中心时给予了充分肯定。

矿区与盂县举行飞地经济合作签字仪式 2013年4月28日，矿区政府与盂县政府举行飞地经济合作框架协议签字仪式。矿区政府副区长苏涛和盂县政府副县长张立军分别代表矿区政府和盂县政府签订了合作框架协议。矿区政府作为“飞出方”，负责将符合国家产业政策和环保政策的阳煤中小企业集团相关投资项目和市外、省外及境外的投资项目，经过筛选，确定“飞地经济”项目，分批次、类型、规模安排落户盂县，并在盂县注册。盂县政府作为“飞入方”，负责“飞地经济”项目用地安排、基础投入、开发建设、运营管理、政策扶持等方面的管理与服务。通过“飞地经济”模式，双隆办公设备制造等一批项目落地开工。

“飞地”招来鑫利达游乐园项目 11月19日，福建鑫利达游乐发展有限公司与郊区桃林沟村委会就桃林沟鑫利达游乐园项目，签署了招商合作的协议。此协议的签署，是在矿区招商局的全力协调下促成的。桃林沟鑫利达游乐园项目是矿区发展飞地经济重点招商引资项目，由福建鑫利达游乐发展有限公司建设，项目一期计划投资1.8亿元左右，占地3.3公顷（50亩），项目建设包括过山车、摩天轮、激流勇进等20多个大、中、小型娱乐设施，是集娱乐、休闲、运动等于一体的综合娱乐项目。

项目二期根据发展情况，将继续引进海洋馆、海洋剧场等项目，占地约 6.7 公顷（100 亩）。该项目以科技含量高、娱乐性强、参与性强、互动性强为特色。2013 年签订合作协议，年底出具项目建议书、平面设计图和设计规划。预计 2014 年年底一期完工，2015 年正式开园。

洪城河文化产品一条街初具规模　2013 年 7 月 9 日，矿区在洪城河小学门前举行洪城河文化产品一条街（区文化广场）启动仪式。该地段面积约 3300 平方米，有门面房 34 间，主要经营煤雕、剪纸、版画、铝箔画、葫芦画、木雕、手工制作蝴蝶等文化产品。阳泉市矿区文化产品具有深厚的底蕴和灿烂的历史：版画在 20 世纪 70 年代就享誉全国，煤雕产品曾获得“世界杰出手工艺品徽章”称号，铝箔画参加过全国文博会并远销新加坡等地，葫芦画曾获得全国农业产品创意金奖。为进一步扩大文化产业规模，不断提升文化产业发展的层次和水平，矿区进一步制定出台优惠政策，以“政府主导、企业运作、强化外宣、打造品牌”模式运作，由政府引导并扶持成立了博艺文化传播有限公司，以其为龙头和牵引，利用洪城路沿街硬件资源建设矿区文化广场，使原先散居在厂房、作坊甚至家庭的文化产品有了集体亮相、抱团展示的平台，有了统一对外营销、参与市场竞争的渠道。经过努力，一批特色文化产品实现规模化经营，博艺文化公司被山西省确定为“阳泉市矿区中小企业创业基地”，并成功申报成为全省 14 家之一、阳泉市唯一一家获得国家级服务业标准化试点项目。

文化产品在首届山西文博会上展风采　7 月 3 日，为期 5 天的首届山西文化产业博览交易会在太原圆满落下帷幕。代表矿区文化产业发展成果的剪纸、煤雕、版画、铝箔画、葫芦画等 5 大类百余件优秀文化产品在阳泉展区精彩亮相，成为客商及观展者关注的焦点。矿区此次参展首届山西文博会，集中展示了近年来矿区文化产业发展的成果，收获颇丰；矿区区委常委、区委宣传部部长高海明获活动先进个人；涂庆福、侯喜全创作的铝箔工艺画《孔雀》，张建维夫妇创作的旗袍葫芦《太平盛世》分别获得工艺美术神功奖铜奖；独具矿区特色的煤雕产品获得优秀展示奖。

矿区政府与易盟集团签署合作协议　2013 年 12 月 1 日，矿区政府与易盟集团签署合作协议，在矿区打造家庭服务业发展平台，填补了阳泉市专业化家庭服务的空白。易盟集团随之在矿区成立分公司，首批 60 人经过培训陆续上岗。易盟集团是一家致力于家庭服务行业平台研发和业务综合运营的公司，经营家庭服务和社区居家养老服务等业务。以“让天下家庭后顾无忧”为企业使命。公司主要部门设在北京、天津两地，并在 26 个省 85 个城市设有分支机构。

附　　录

附录收入三部分内容。第一部分《艺文》收入矿区历代作家篇幅较为短小的各种体裁的作品14件及部分作品目录。第二部分《著述存目》收入矿区境内个人及单位的部分著述存目，包括政治、经济、史志、文学著作。第三部分《文献辑存》收入区委、区政府历年来具有重大历史意义的文件8件。

一、艺　文

本章选录矿区古今作者诗（9篇）文（5篇）共14篇，后附矿区作者发表于省级以上报刊的文学作品及文学评论目录（160篇），以彰显矿区文学创作的繁荣和发展。

诗文选录

本节所收诗文，包括诗9首（其中明代3首、清代1首、当代5首），散文5篇（其中清代1篇、当代4篇），另收入在省级以上报刊发表的文学作品160篇目录。

平潭驿

［明］李春芳

名州依峻岭，古驿接平潭。
境土人能辨，云林鸟自谙。
几回历涧道，数欲解征骖。
野寺逢僧处，山川煮茗甘。

山　驿

［明］吴　雯

欹侧群峰里，盘回石漱边。
春云连柏井，芳草入芹泉。
驿路沿溪曲，龛松抱日圆。
可能青嶂底，细读玉胎篇。

打麦词

［明］李　念

农家求饱常受饥，日长无食暑雨时。
八月芟禾亟种麦，乳下孙多亲头白。
每日烧香望春雨，全指今年着短裤。
热风皮破收上场，趁晴打晒举家忙。
亟呼丁男扫草屋，城中有人来此宿。
官家开仓富家仆，沿村买鸡还借谷。
宁且不衣与不食，回头语妻不要哭。

李念，字惟克，号松溪，平定平潭（今阳泉市）人。嘉靖十四年（1535）与弟愈同榜进士。任钱塘（今杭州）知县、归德（今河南商丘）知府。著有《松溪文稿》、《越中吟》、《松溪乐府古律诗类稿》等。

平潭秋月

［清］吴安祖

素影金闺夜，斜筵宝瑟情。
何如潭上月，留照读书声。

吴安祖，浙江会稽（今绍兴）人。荫生。嘉庆十六年（1811）任平定知州。

平潭城忆古迹

赵生才

康熙捧日堂，御赐孝节坊。
同治提金甲，蒲峰抱秀乡。

掌子面

吕海潮

地球的胳膊只伸到这里
前面是掌子面
掌子面，一个混沌的地方

不断剖开的岩石
会嗅到我们身上的热汗味
嘀哒嘀哒地淋头水
伴着我们的手关节
嘎嘣嘎嘣地响

钢铁传导意志
我们的心，总是在一个
最新延伸出的角落里
跳动

我们就采掘在这里
生命拥有常新的感觉
边缘消失了还有边缘
陌生和陌生
不断地认识又不断地放弃
掌子面
这空间的最末端
我们的生命在这里淬火

我属于我的祖国

郭庆平

我是一个跳跃的音符，温暖而又活泼，
我属于一支雄壮动人的新歌。

我是一茎春天的小草，清新而又蓬勃，
我属于一片绿色的大漠。

我是一枚悠扬的驼铃，镇定而又执着，
我属于用希望连接的桥索。

我是一滴清亮的水珠，透明而又快乐，
我属于奔腾不息的江河。

像泥土属于大地，花朵属于春色，
我属于我贫穷而富有的祖国。

因为我的血里流着母亲的乳汁，
——流着黄河的浪，流着长江的波。

因为我的躯体有着母亲给的骨骼，
——昆仑一样硬实，泰山一样巍峨。

早晨，我上班，挤上公共汽车，
耳边呵，回响着母亲的嘱托；

静静地车厢里流动着太阳的温暖，
无声的命令把热情聚合。

黄昏，我回家，抱起儿子亲吻，
笑声呵，像要把小屋挤破。

我看见母亲擦着眼角的喜泪，
和我一起分享着生活快乐。

我的呼吸连着母亲的呼吸，
我的血管跳动着母亲的脉搏。

母亲是一株根深叶茂的大树，
我是树上一只有待成熟的青果。

母亲是一个宁静皎洁的星座，
我是银河中的小星一颗。

我贴着母亲的胸脯轻喊：
“我的生命呵属于我亲爱的祖国”。

歌　者

翟贵明

听他悦耳的歌声真好
其实他在用古老的方式讲述着久远
讲述着一个夜行者
在赶往光明路上的艰难
这是一个黑夜里用歌声燃烧的人
我伫立在寂寞的欢愉中
听湿了这个夜晚

地铁口一个男人正当中年
盘膝而坐衣衫褴褛
这夜莺鼓荡我的耳膜
撞响心灵的宫殿

料峭的风在悲鸣
凋敝的心在咏叹
那是生命迸出的声音
让灵魂在黑暗中灿烂

疼

陋　岩

一头小牛死了
牧牛人用牛皮
做了一杆牛鞭

小牛的母亲
每次都躲避着牛鞭的驱打

不是怕自己挨打
而是害怕牛鞭疼

（原发表于《诗刊》2003 年 12 期）

怀潭记

李　愈

怀，思也。人和而思，其官属于心。思孰为大？思亲为大。《诗》云：“明发不寐，有怀二人。”言思亲也。兹潭也，何以名怀？何忍言又何忍无言？惟予家世，平定之赛鱼人。离郡西二十里许，有古寺一区，众水汇潭于前，平衍光鉴，故以平潭名镇，居民数百家。去镇三里有村，亦以平潭名，惟予李氏一族居之。予大父京兆双崖翁生五子俱贵，予考长史府君为长，少读书寺中，顾而乐之，因号潭水。甫冠领乡荐，历掌高陵、巩昌、庐州学事，三庠弟子无虑千余，沐其教化，乐其有成也，咸尊称为潭水先生云。历官晋府右长史，进四品服。以双崖祖老弃官归养不复仕，享年七十有六，遗藐诸孤，今越七载矣。前潭亦为山水激没，无复余址。郡北数里，水出半崖，悬泻如练，故因名瀑。前更有泉出山下，清洌可掬，余因买加修葺，颇亦成潭。实怆诸怀而谋于侍御龙庄甄君，遂命名为怀潭。

夫古之于亲也，思其居处，思其笑语，思其所嗜，思其所乐，而况其于亲之所自号及诸门人之尊称者乎！第时序清和，偕悫意二弟，杖游潭上。见其溥博静深，则思其德；川流不息，则思其健；盈科后进，则思其化；风行水上，则思其文；澄不清而挠不浊，则思其量。出言举足，罔非思，罔非怀也。潭前有泉，兄子粟亦聚水为池。立而顾瞻，则怀予兄松溪归德府君，如见其参于前也。夫仁之实，事亲是也；义之实，从兄是也；智与礼乐胥此焉。生生，则恶可已，宁已于思乎？则予于兹潭也，盖终身怀之矣，则其名为怀也，固宜。惟予之后，苟能励志向上，读书于此，其出也则怀仁义以事君，其处也则怀德刑以修身。不怀仁义以事君者非忠也，非忠者无君；不以德刑自怀者非孝，非孝者无亲，天地所不容也。理欲之际，诚伪之辩，君子小人之攸分也，吁可畏哉！其亦深思也，夫其亦深思也夫！

李愈，字惟中，号蒲石，平定平潭（今阳泉市）人。嘉靖十四年（1535）与兄念同榜进士。任南京太常博士、直隶凤阳府知府。著有《金陵集》《蒲石山房诗文集》等。

清明上坟

马金元

清明时节上坟，寄托对逝者的哀思。国人这一习俗由来已久。

临近午时，乡村的大道、田间的小径，到处可见三三两两的上坟者。人们或挎着篮子或提着小包，里面装着的一串串金银箔、五色纸等祭祀用品半掩半露。上坟的人都在静静赶路，彼此很少搭话，遇到熟人也只是低低问一声：“上坟去?”然后埋头走自己的路，并不求回答。上坟的路上，肃穆的气氛已悄然生成，人们开始渐渐进入角色。

一个家族一片墓地。烧纸除了等时辰，还得等齐了人。来早的人不能单个烧，要等家族上坟的都到了，一块儿烧纸。终于等齐了人。各个坟头前都摆上祭品，五色纸、金银箔、天堂银行的票子都烧着了。上坟者虔诚地跪在坟头。烧毕，磕头起身。这一切，都是统一动作，统一行动。之后便分工了。

女眷们坐在坟头，哭声大作。在叫应了“大大呀，妈妈呀”之后，便高一声低一声地号啕起来。由怀念逝去的先人开始，引发了诸多心思。丈夫的不忠、儿女的不孝、亲戚的吝啬、邻居的白眼……一年的伤心事一古脑儿涌上心头，汇成了一声高过一声的哭声，口中还念念有词，絮絮叨叨，心中的郁闷尽情宣泄出来。

年轻人和孩子们却忙着放鞭炮。胆大的放二踢脚，胆小的挑一把小鞭炮在地头啪啪作响。据说，放鞭炮是让逝去的先人知晓后辈们来上坟啦。在这必要的程序中，年轻人和孩子们也窃喜自己除了过年又多放了一回鞭炮。

此时最清闲的是上了点年纪的汉子们。烧完了纸，往地边一坐，跷起二郎腿，点上一支烟，悠然自得地抽起来。这边瞅瞅忙着放鞭炮的孩子们，那边瞧瞧呼天抢地的老婆们，全然一个旁观者。烟一口一口地冒，时间一分一分地过，汉子们心安理得地消遣这野外的风景。一支烟之后，瘾也过足了。起身招呼一声女眷们："行了，别哭了！坟头风大，看着凉了。"话音一落，女眷们的哭声戛然而止。

大家相跟着离开墓地。回家的路上遇到乡里乡亲，那话就多了。从去年哪个村没给社员兑了现到今年地里种什么，从张家的媳妇要离婚到李家的孩子上了大学，可扯远啦！

2002 年

藏在手机里的爱

陋　岩

那天，我从阳泉站登上了汉口到太原的 2233 次列车。因为下雪高速公路危险的缘故，坐火车的人很多。我这人一生最头疼人挤人的环境，便索性站在了车厢与车厢的接口处。和车厢里的温度比，这里显然多了几丝寒冷，但由于这里人少，在我眼里就已经是很惬意的世外桃园了。

列车到达寿阳站的时候，从车厢里挤出一个满身大汗的男人，这个男人咿咿呀呀地指着手中的手机叫着。哑巴还拿手机？大家都有点奇怪。此时，我正好接完朋友打来的电话，刚要把手机装起，哑巴却盯着我的手机挨了过来。他咿咿呀呀地指着我的手机"说"了半天，我也没有弄清楚他的意思。

这时，站在我旁边的一位中年妇女说话了。中年妇女说，哑巴是想借我的手机电池用一下。现在经常有人装成残疾人骗人钱财，我才不上当呢。但看着哑巴那着急的样子，又不像是装的。再说手机电池又值不了几个钱，那些正经八百的骗子应该是看不起这点收入的。反正车厢这么拥挤，哑巴即使想骗我的电池，也休想跑掉。何况我上学的时候，还学过几招擒拿术，此时要是万一出现"敌情"的话，我也正好有机会能"英雄"上一回。

打个长途电话至多不就是几块钱的事嘛，换电池干嘛，费劲。我说那就用我的手机打吧。哑巴摇了摇头。真是个神经病！用我的手机打电话，不仅省下了换电池的麻烦，还能省下话费，哑巴遇上了我这么"慈善"的人，还不领情，啧啧！

安上我的电池，哑巴飞快地按了一串号码，也就是十几秒的功夫，哑巴的手机就断了信号。哑巴用感激的目光看着我，咿咿呀呀地连"说"带比画了好几分钟，我却一头雾水。中年妇女说她是聋哑学校的老师，她把哑巴刚才的"话"讲述了一遍。

原来，哑巴是河北省一家福利厂的工人，他的爱人也是个聋哑人，这次出门是要去太原参加表弟的婚礼。为了克服语言障碍并保持联系，他们专门在家里装上了有"来电显示"功能的电话机。平时，只要丈夫一外出，哑巴妻子便每隔几个小时就给丈夫打个电话。哑巴丈夫听到手机响，却并不接听，只是看着号码嘀嘀地笑。那边妻子挂机后，他再给妻子打回去。妻子同样也不接听，只是看着来电显示上那一串熟悉的号码，为哑巴丈夫祝福。他们就用这种特殊的方式，一路报着平安，他们就这样彼此牵挂着，就这样彼此相爱着。面对生理缺陷造成的障碍，他们发明的这种联系方式，真令人羡慕、嫉妒，乃至吃惊！

刚才，哑巴丈夫接到妻子打来的电话后，由于他的手机正好耗完了电，怎么也给妻子打不回去了。妻子打电话后，收不到丈夫的回音，一定会很着急的。因为他和妻子有"言"在先，只要平平安安，他就会立刻给妻子"回话"。而这"回话"就是那一串熟悉的电话号码。我这时才明白哑巴和我借电池，并执意要用自己的手机回话的原因。

听完中年妇女的翻译，我的周围不知什么时候已围过来好几位乘客，他们都和我一样热泪盈眶。

真该感谢这位聋哑学校的教师为哑巴救了急，要不然的话，哑巴还不知道要挤过多少车厢，费多少口舌，才能让人明白他的意思，才能把平安给妻子报回去呢。绝不能让哑巴夫妻的爱丢失了信号，我假装要去厕所，手里拿着已经没有电池的手机，消失在了人群中。

（原发表于《读者》2003 年第 3 期）

小人也是人

郭祯田

关于“小人”的话题，早就有话想说。因为在我们的生活中小人无处不在，令我们避之不及。但将小人当作一个话题来谈，又觉得有些无聊，因为小人办的都是些上不了台面的屁事，太当回事儿，难免“大”了小人，“小”了咱自个。

作家叶延滨对小人之“小”表述得已很到位，列出小圈子小山头小恩惠小是非小花活小报告小把戏小家子等“八小”。重要的是叶作家提醒大伙：小人不一定是坏人，小人不一定是敌人，小人也许还不是别人。

或许包括小人自己也不愿承认自己的“小”，或者干脆就没有觉察到自己的“小”，这也很正常。就拿本人来说，活到过了不惑之年，才突然觉悟到 30 年前也曾干过一件典型的小人勾当：刚上初中那年，正值“文革”中期，校园里分成了好多派，经常在一起辩论些“大是大非”问题，有时就是看谁更会骂人。因为本人嘴笨，在一次辩论中当着本阵营几个女同学的面败下阵来。那天晚上同学们都走了，我就骗来值班副班长的钥匙，与一位死党摸黑进了教室，在那个口才比我好的同学的桌子上痛痛快快撒了一泡骚尿。

这件事做得很不地道。经过几十年的反省，我发现，其实小人是值得同情的，小人也是人。用当今时髦的话说，小人就是心理上和道德上有残疾的人，是弱势群体。小人不一定是小人物，但他一定处于社会的最底层，一定有一些比他更优秀的人总在他眼前晃来晃去，于是他会心理失衡，心生嫉妒。正如我在《羡慕嫉妒恨》一文中说过的话，一个人到了靠嫉妒别人活着的时候，就很危险了，他往往会将诽谤和中伤当做自卫的武器，甚至当做一种生活方式。活着的目的不再是如何使自己过得更好，而是如何让别人活得更不好。

作为弱势群体的小人，其实活得很不如意，很不舒坦，其中一些人从此卧薪尝胆发愤图强，逐渐走上了正道。另一些人则因太受刺激，对生活失去了信心，便甘愿去做小人了。

对于小人，我们一般倡导的是小心提防，敬而远之。其实小人是很难“远之”的。你不招惹他，但你让他不舒服了，他就会缠住你不放。我倒是觉得用以下两种办法对待小人更有效。一种办法是更加勤奋努力提升自己。这就好比登山时你比某人多走了两个台阶，他就会嫉妒你，你超过他几十上百个台阶，与他已不在一个“档次”上了，他只好仰视你。另一种办法是不把小人放在眼里，甚至就不想知道谁是小人。杂文家阮直不久前写了篇文章，说一年前他所在的单位有人捣乱，一纸匿名信把他本应该得到的好事给搅黄了。开始他还很想知道这个人是谁，但等到一年后他管上了单位的档案，有机会看到那份匿名信的原件时，他却放弃了。阮直先生的大度或许我们很难做到，但很值得效仿。你想，当你知道了谁是害你的小人，又不能挽救他于水火之中，不是更添堵吗？

2007 年 10 月 29 日

平潭秋月

（民间故事）

宋润生　整理

一轮明澈、圆润、纯净的秋月高高地悬在平潭村镇之上，曾映照古人又映照今人；曾映照平衍光鉴秀美的潭水又映照雨露甘甜的饮水泉井；这轮古月就是这样走进辽阔的天空，又这样走进我们的视野。“平潭秋月”和“九曲流杯、石瓮生风、五渡平波、白岸秋霜、冠山雨过、红楼晚照、阳泉春色”为平定八景，也有将“清泉浸月、双林古寺、帽石烟凝”立为平定八景之中。八景也好，十一景也罢，都反映了古州平定境域风光艳丽、景色宜人、山川秀美。何为“平潭秋月”呢？据《平定州志》述“在州北二十里桃河北岸，有宋熙宁敕建寿圣寺，一区众水汇滩于前，平衍光鉴故名”。《阳泉叙水诗碑地闻拾蹟》中述：“平潭位于本市矿区平潭村，曾一泓众水汇滩于前，平衍光鉴，故名平潭”。经实察考确位于平潭村东，现阳泉公路分局处，属古州平定西乡水系。“平潭秋月”相传在每年深秋，天气高爽，秋意深浓，璀璨群星布满天际的晚上，皓月当空，山峦密林，山涧潺潺流水，亭台楼阁，村镇庙坛，均倒映在平而广、透明如镜的平潭水中，如海市蜃楼十分迷恋诱人。秋月浸在水中相映，如广寒宫临在潭中，确为平潭一胜景。

又相传平潭村西烽火台旁有饮水井一眼，俗称下井，相隔不足十米，互不相干，水质有苦甜之分，下井水质甘甜可口，清澈见底。从秦汉建置邮亭到明末清初，驿站一直享用井水，并在两眼水井旁各备放有一尺高，1.5 米直径的白砂石饮马池专供驿马饮水用。稀奇的是年复一年中秋之夜，月浸入井内泉水中，异彩缤纷，馨气芬芳，香溢陶人，招得四邻乡人结伴前来赏景者络绎不绝，别有情趣。

康熙四十二年（1703）十月，康熙帝西巡驻跸平潭。一日晚饭后，闲散漫步游览至村西烽火台旁，听相随人员讲述西井赏月故事，触动好奇之心，急步走到井边亲临观赏。说也怪，已是深秋十月天，明月当空却浸射井水中，明若方镜又如玉盘忽悠，五颜六色光彩辐射四壁，芬芳香气格外薰人，喜得康熙帝龙心大悦，连连赞不绝口地说：“好个平潭秋月，好个平潭秋月啊。”后听老人们讲，把麦麸或谷壳撒在井水里，日后在大阳泉五龙庙前水池、瀑里怀潭、娘子关河滩水都将随水漂浮流淌出来。对“平潭秋月”更增添美好传诵。惜后煤炭频频开采使水源毁掉，上世纪 60 年代井枯。

“平潭秋月”究竟指潭景还是指井景，众说不一。实两景均存，都广为流传。墨客文人下笔珠玑作诗唱吟。浙江会稽（今绍兴）进士吴安祖在清嘉庆十六年（1811）任平定知州时，对平定八景加以赞吟，曾赋“平潭秋月”诗一首。云：“素影金闺夜，斜筵宝瑟情。何如潭上月，留照读书声。”

1957～2011 年阳泉市矿区作者发表于省以上报刊的部分作品

表 F－1

标　　题	作　者	发 表 报 刊	发 表 期 数
问我的城市	郭庆平	火花	1957 年 7 期
新来的矿工	吴晶波	人民文学	1963 年（期数不详）
女电车司机	吴晶波	人民文学	1963 年（期数不详）
煤	吴晶波	人民文学	1965 年 11 期
太行山怀念朱老总	郭庆平	长安	1976 年（期数不详）
轻轻，轻轻	郭庆平	汾水	1980 年 3 期

续表 F－1

标　　题	作　者	发 表 报 刊	发 表 期 数
我属于我的祖国	郭庆平	汾水	1981 年 3 期
井口（诗）	吕海潮	新港文学	1980 年 1 期
春，在矿工心里（诗）	吕海潮	新港文学	1981 年
读山西地图	郭庆平	北京文学	1982 年 7 期
为我们干杯（小说）	许元上	山西文学	1983 年 9 期
奋进曲（报告文学）	相惊彦　赵云鹏	山西文学	1984 年（期数不详）
我住在中国的宪法里	郭庆平	星星	1984 年 5 期
六十大寿（小说）	张水江	山丹	1984 年 12 期
夜（诗）	吕海潮	山西文学	1985 年（期数不详）
巷道（诗）	吕海潮	山西文学	1985 年（期数不详）
矿工（诗）	吕海潮	山西文学	1985 年（期数不详）
矿灯房遐想（诗）	吕海潮	山西文学	1985 年（期数不详）
井场（诗）	吕海潮	山西文学	1985 年（期数不详）
请你原谅我（小说）	张水江	小说创作	1985 年 2 期
我和她，又成了陌生人（小说）	许元上	山西文学	1985 年 12 期
未获骑士勋章的骑士（报告文学）	许元上　张希信	火花	1986 年（期数不详）
失意者的跋涉（报告文学）	许元上	黄河	1986 年（期数不详）
煤魂（小说）	许元上	山西文学	1987 年 3 期
黑色世界摇滚乐（报告文学）	许元上	黄河	1991 年 5 期
商业大潮的冲浪者（报告文学）	许元上	黄河	1986 年（期数不详）
中国（诗）	吕海潮	火花	1993 年（期数不详）
路公民和他的战友们（报告文学）	许元上	黄河	1993 年 2 期
歌手（诗）	陋岩	九州诗文	1993 年 5 期
伯乐就是你自己	赵锁仙	写作	1996 年 2 期
手（小说）	翟贵明　翟贵廷	青海湖	1997 年 2 期
马（诗二首）	陋岩	星星	1997 年 2 期
一米八零（诗二首）	吕海潮	诗刊	1997 年 3 期
剑（诗二首）	翟贵明	山西文学	1997 年 8 期
水袖与折扇（诗）	张东宏	诗歌报月刊	1997 年 10 期
不要让爱情感冒（诗）	陋岩	山西文学	1997 年 11 期
父亲和树	翟贵明	北京文学	1997 年 11 期
手（小说）	翟贵明	青海湖	1997 年 12 期
冬雪（小说）	翟贵明	人民文学副刊	1997 年 2 期
山村女教师（诗）	翟贵明	雨花	1998 年 1 期

续表 F－1

标　　题	作　者	发 表 报 刊	发 表 期 数
清明（诗二首）	翟贵明	青年诗人	1998 年 2 期
歌手（诗二首）	翟贵明	青年诗人	1998 年 5 期
渡口（诗）	吕海潮	山西文学	1993 年（期数不详）
下井（诗）	陋岩	山西文学	1999 年 9 期
山楂（诗）	陋岩	青春诗歌	1999 年 10 期
弯腰，我拾起西部（诗）	翟贵明	北京文学	1999 年 12 期
一夜惊魂（小说）	翟贵明	山西文学	1999 年 12 期
神秘的声音（小说）	陋岩	山西文学	2000 年 2 期
最后的桃河（诗）	翟贵明	九州诗文	1999 年 12 期
刀（诗二首）	陋岩	扬子江诗刊	2000 年 5 期
羊（诗）	陋岩	星星	2000 年 6 期
写在百团大战纪念碑前（诗三首）	陋岩	西南军事文学	2000 年 6 期
在一幅西部油画前走失（诗）	陋岩	西南军事文学	2000 年 6 期
诗歌进入紧急状态（诗评）	陋岩	青春诗歌	2000 年 6 期
让我怎样形容你（随笔）	陋岩	山西文学	2000 年 11 期
亮点（故事）	张春义	民间传奇故事	2000 年 12 期
阳光普照（组诗）	张东宏	阳光	2001 年 1 期
男孩的味道好极了（小说）	陋岩	火花	2001 年 6 期
李玉花之死（故事）	张春义	民间传奇故事	2001 年 9 期
五条好汉（散文）	陋岩	读者	2001 年 12 期
掏出心来与煤相比（诗外三首）	吕海潮	诗刊	2002 年（期数不详）
天堂（小说）	陋岩	通俗小说报	2002 年 1 期
桃花（诗二首）	陋岩	星星	2002 年 4 期
雪地红狐（小说）	陋岩	小说月刊	2002 年 8 期
双腿狼王（小说）	陋岩	小说月刊	2002 年 8 期
猪八戒婚姻状况的最新调查报告	陋岩	微型小说选刊	2002 年 11 期
防空洞历险记（散文）	陋岩	小溪流	2002 年 11 期
立体的湖（诗）	吕海潮	火花	2003 年（期数不详）
为煤伴舞（诗）	吕海潮	山西文学	2003 年（期数不详）
路的记忆（诗）	吕海潮	火花	2003 年（期数不详）
福相（小说）	陋岩	微型小说选刊	2003 年 4 期
春秋（诗）	吕海潮	诗刊	2003 年（期数不详）
青鸟（诗二首）	赵生才	诗刊	2003 年 6 期
三峡观鬼城（诗三首）	赵生才	诗刊	2003 年 11 期

续表 F－1

标　　题	作　者	发 表 报 刊	发 表 期 数
黄山即兴（诗）	赵生才	人民文学	2003 年 3 期
游冠山（诗）	赵生才	中华诗词	2003 年 9 期
筷子（诗二首）	陋岩	诗刊	2003 年 6 期
半把刀和及时雨	陋岩	传奇传记文学选刊	2003 年 9 期
谁是谁的爹（小说）	陋岩	小说月刊	2003 年 11 期
复仇的狼（小说）	陋岩	小说月刊	2003 年 11 期
疼（诗二首）	陋岩	诗刊	2003 年 12 期
藏在手机里的爱（散文）	陋岩	读者	2003 年 23 期
脸红的女孩不见了	郭祯田	今日文摘	2004 年 7 期
某一夜和我	杨润之	诗歌月刊	2004 年 12 期
邓小平文艺理论对我国文学艺术的繁荣与推动	荆升文	理论探索	2004 年增刊
幼吾幼，以及人之幼（报告文学）	张东红	报告文学	2005 年 2 期
矿山脊梁（报告文学）	张东红	报告文学	2005 年（期数不详）
铺轨工人（诗）	陋岩	中国铁路文艺	2005 年 9 期
高小姐给猪八戒的情书（故事）	陋岩	民间故事选刊	2005 年 10 期下半月版
井口的阳光（小说）	陋岩	黄河	2004 年 5 期
矿灯（诗三首）	吕海潮	诗刊	2005 年 9 期
咸水鱼，淡水鱼（散文）	陋岩	读者（乡村版）	2005 年 10 期
水调歌头·千年感怀	王立强	中华诗词	2005 年 12 期
歌者	翟贵明	人民文学	2007 年 12 期
健忘症（小说）	陋岩	中国年度微型小说	2005（漓江出版社出版）
送你送到屠宰场（小说）	陋岩	微型小说选刊	2005 年 15 期
清明	杨润之	诗歌月刊	2006 年 5 期
井口的阳光（小说）	陋岩	阳光	2006 年 6 期（转载）
光棍三猫（小说）	陋岩	民间文学	2006 年 9 期
月亮岛酒吧（小说）	陋岩	通俗小说报	2006 年 10 期
井下藏着金元宝（小说）	陋岩	微型小说	2006 年 10 期
王进喜（诗歌）	陋岩	青海湖	2006 年 10 期
九月菊花香（小说）	陋岩	延河	2007 年 1 期
斗棋娶了个俏妹妹（故事）	张春义	故事家	2007 第 2 期
爱情岛上的死亡游戏（中篇故事）	冀幼农	百姓故事	2007 年 2 期上、下半月刊连载
狗和狼的爱情绝唱（小说）	陋岩	小说月刊	2007 年 4 期
妻子的绝招（故事）	冀幼农	百花故事	2007 年第 5 期

续表 F-1

标　　题	作　者	发 表 报 刊	发 表 期 数
难玩的古玩	张春义	百家故事	2007 年 8 期
风二娘（故事）	冀幼农	百家故事	2007 年 10 期下半月
晨练（诗歌二首）	陋岩	山东文学	2007 年 11 期
送块古玉拍马屁（故事）	张春义	民间文学	2007 年 11 期
这辈子就是对不起你（故事）	张春义	民间传奇故事	2007 年 11 期
换妻协议（故事）	张春义	新故事会	2007 年 12 期
熟悉的遗忘（故事）	冀幼农	民间故事	2007 年 12 期
苏子仪勘无春对（故事）	冀幼农	今古传奇故事版	2007 年 12 期
行走在矿山（诗歌二首）	陆晋生	阳光	2007 年增刊
化妆镜里的骷髅		三月三	2007 年 12 期
井下绝吻（小说）	陋岩	当代文苑	2008 年 2 期
察妻记（故事）	陋岩	故事家	2008 年 2 期
州府里的响马贼（小说）	陋岩	民间文学	2008 年 5 期
对楼的女孩（小说）	陋岩	通俗小说报	2008 年 6 期头条
月亮掉到井里了（小说）	陋岩	山东文学	2008 年 7 期
亲亲我的祖国（诗歌）	陋岩	中国文学	2008 年 7 期
以花开的姿势迎接盛典（诗歌）	陋岩	北京文学	2008 年 8－9 期合刊
私奔（小说）	陋岩	安徽文学	2009 年 2 期
废墟上的书包（组诗）	陋岩	草地	2009 年 3 期
钓鱼（杂文）	陋岩	杂文选刊	2009 年 4 期
马（诗歌·外一首）	陋岩	文艺天地	2009 年 4 期
父亲的小亲圪蛋（散文）	陋岩	我与茅台的故事（《人民文学》编辑出版）	2009 年
疼（诗三首）	陋岩	放歌山海——建国 60 年诗歌精选（作家出版社）	2009 年
玉马血案（小说）	陋岩	山海经	2009 年 7 期
圣地歌谣（组诗）	陋岩	都市小说·汉江文学	2009 年 12 期
一路歌声（散文）	陋岩	中国铁路文艺	2010 年 3 期
下井（诗歌）	陋岩	星星诗刊	2010 年 4 期增刊
在民工宿舍采访（组诗）	陋岩	上海诗人	2010 年 4 月刊
在民工宿舍采访（组诗）	陋岩	上海诗人	2010 年 2 期
矿工（诗）	陋岩	星星	2010 年 4 期增刊
我的矿工父亲（诗）	侯灵俊	星星	2010 年 4 期增刊
初恋情人住对门（小说）	陋岩	牡丹	2010 年 8 期

续表 F－1

标　　题	作　者	发表报刊	发表期数
天上掉下个白骨精（小说）	陋岩	椰城	2010 年 11 期
一路歌声（散文）	陋岩	中国铁路文艺	2010 年 3 期
雪落在岳父家的煤堆上（诗歌·外一首）	陋岩	北方作家	2011 年 1 期
在煤中寻找一朵鲜花（诗歌）	陋岩	扬子江诗刊	2011 年 2 期
圣地歌谣（组诗）	陋岩	星河（人民文学出版社）	2011 年 1 期
圣地歌谣（组诗）	陋岩	照亮中国（江西高校出版社编辑出版）	为纪念建党 90 周年
红色经典（组诗）	陋岩	党旗颂（中国文联出版社）	为纪念建党 90 周年
这群穿黑色工装的兄弟（组诗）	陋岩	阳光	2011 年 10 期
一路向西（组诗）	陋岩	黄河	2011 年 5 期
我的矿工父亲（诗歌·外二首）		星河（人民文学出版社）	2011 年 2 期
山西地图上的两只眼睛（诗歌）	陋岩	寥城诗刊	2011 年 3 期
竹香卷（陋岩情诗 5 首）	陋岩	情诗季刊	2011 年
碗（诗歌·外二首）	陋岩	葡萄园诗刊	秋季号
晋陕黄河大峡谷（诗歌）	陋岩	星星	2011 年 12 期
特殊赞助（小说）	陋岩	今古传奇·故事版	2011 年 1 期
杀手锏（小说）	陋岩	小说月刊	2011 年 1 期
微笑是不需要翻译的（散文）	陋岩	思维与智慧	2011 年 2 期
鸳鸯蝴蝶掌（小说）	陋岩	中华传奇	2011 年 4 期
妖侠（小说）	陋岩	小说月刊	2011 年 5 期
客栈飞贼（小说）	陋岩	中华传奇	2011 年 9 期
太阳出来暖洋洋（小说）	陋岩	荒原	2011 年 6 期

二、著述存目

本章收入矿区境内作者的著述 82 部（存目），其中古籍 8 部，史志、年鉴和科技著述 21 部，文学作品（集）53 部，虽远非矿区文献的全部，但也可从中看到矿区学术发展的概况。

阳泉市矿区古籍集萃

表 F－2

书　　名	类　别	责任者
潭水文集	古籍	［明］李应奎

续表F－2

书　　　名	类　别	责任者
潭水诗集	古籍	［明］李应奎
松溪文稿	古籍	［明］李　念
越中吟	古籍	［明］李　念
松溪乐府古律诗类稿	古籍	［明］李　念
金陵集	古籍	［明］李　愈
蒲台山房诗文集	古籍	［明］李　愈
明事纪略	古籍	［明］李可贽

阳泉市矿区史志、年鉴、科技著述集萃

表F－3

书　　　名	类　别	责任者	出　版　者	出版年月
西北油脂植物	科技	牛运达	陕西人民出版社	1973年
阳泉煤矿史	历史	矿史编写组　编 姚富祥　执笔	山西人民出版社	1985年10月
阳泉市矿区国民经济统计资料（1980～1986）	年鉴	区统计局	区统计局	1988年
阳泉矿务局四十年	历史	姚富祥　主编	山西人民出版社	1989年10月
阳泉市矿区国民经济统计资料（1987～1990）	年鉴	区统计局	区统计局	1991年
中国共产党山西省阳泉市矿区组织史资料（第一卷）	历史	矿区区委组织部、区委党史研究室、矿区档案局编 主　编　梁怀玉	山西人民出版社	1994年12月
阳泉市矿区国民经济统计资料（1991～1995）	年鉴	区统计局	区统计局	1996年
阳泉市矿区志	地方志	赵联庆　主编	中华书局	1999年7月
中国共产党山西省阳泉市矿区组织史资料（第二卷）	历史	矿区区委组织部　编 主　编　李富平	山西人民出版社	2000年7月
阳泉市矿区国民经济统计资料（1996～2000）	年鉴	区统计局	区统计局	2001年
经济普查年鉴（2004）	年鉴	区统计局	区统计局	2005年
中共阳泉市矿区历史纪事（1924.7—2000.12）	历史	矿区区委党史研究室编辑 主　编　史润才 副主编　贾志萍　张素林	山西人民出版社	2005年12月
阳泉市矿区国民经济统计资料（2001～2005）	年鉴	区统计局	区统计局	2006年
阳泉市矿区国民经济统计资料（2006）	年鉴	区统计局	区统计局	2007年
阳泉矿区文史（第一辑）·平潭街专辑	历史	政协阳泉市矿区委员会文史资料委员会	政协阳泉市矿区委员会文史资料委员会	2007年3月

续表 F－3

书名	类别	责任者	出版者	出版年月
阳泉市矿区国民经济统计资料(2007)	年鉴	区统计局	区统计局	2008 年
阳泉市矿区国民经济统计资料(2008)	年鉴	区统计局	区统计局	2009 年
阳煤集团六十年	历史	主编　白英　裴西平	阳煤集团	2009 年 10 月
阳泉市矿区国民经济统计资料(2009)	年鉴	区统计局	区统计局	2010 年
阳泉矿区文史（第二辑）·保矿运动中的平潭	历史	政协阳泉市矿区委员会文史资料委员会	政协阳泉市矿区委员会文史资料委员会	2010 年 3 月
阳泉市矿区国民经济统计资料(2010)	年鉴	区统计局	区统计局	2011 年

阳泉市矿区文学艺术著述集萃

表 F－4

书名	类别	责任者	出版者	出版年月
太监泪	中篇小说	封泉生　著	群众文艺出版社	1985 年
沧桑路	中篇小说	许元上　著	北岳人民出版社	1987 年 3 月
阳泉市矿区民间文学集成	民间文学	主　编　任选荣 副主编　刘建民　娄志华	矿区文联　文教局	1989 年
天边的风	诗集	桦楠　著	西北大学出版社	1990 年 9 月
百团大战		郭庆平　许元上等	山西电视台、阳泉电视台、晋中电视台　摄制	1992 年
孤独的太阳	诗集	桦楠　著	现代出版社	1992 年 5 月
石评梅传奇	长篇小说	孙祥栋　著	北岳人民出版社	1992 年 12 月
百团大战	影视文学	郭庆平　许元上　合著	解放军人民出版社	1994 年 1 月
思女河		许元上　著	北岳人民出版社	1994 年 7 月
虬龙		许元上　著	厦门文艺出版社	1996 年 7 月
延伸的斑马线		翟静文　黄顺荣　主编	北岳人民出版社	1998 年 10 月
毛牛版画集		巩毛牛　著		1999 年
记者的尴尬	杂文随笔集	郭祯田　著	中国文联出版社	2001 年
昨夜秋风		翟贵明　著	中国文联出版社	2001 年
娘子关酒话		孙祥栋　王贵莲　合著	山西古籍出版社	2002 年 8 月
魔鬼积木	科幻小说	刘慈欣　著	福建少年儿童出版社	2002 年 9 月
超新星纪元	科幻小说	刘慈欣　著	作家出版社	2003 年 1 月
万岁，和平	小说	徐京儒　著	远方出版社	2003 年
名家书赵生才诗选	诗词集	赵生才　著	民族出版社	2003 年 5 月
娘子关茶话		孙祥栋　王贵莲　合著	山西古籍出版社	2003 年 9 月

续表 F－4

书　　名	类　别	责任者	出　版　者	出版年月
紫色的月光		李贵平　著	重庆出版社	2004 年
带上她的眼睛	科幻小说	刘慈欣　著	人民文学出版社	2004 年 6 月
当恐龙遇上蚂蚁	科幻小说	刘慈欣　著	北京少年儿童出版社	2004 年 6 月
墨池烟雨	诗词集	赵生才　著	当代中国出版社	2004 年 9 月
刘慈欣科幻小说精品选	科幻小说	刘慈欣　著	上海科学普及出版社	2004 年 10 月
风雨夜下的阳泉		孙祥栋　王贵莲　合著	人民日报出版社	2005 年
低吟浅唱	诗词集	赵生才　著	群言出版社	2005 年 2 月
张穆诗词笺释		王　俭　著	山西人民出版社	2005 年 2 月
球状闪电	科幻小说	刘慈欣　著	四川科学技术出版社	2005 年 6 月
古风		翟贵明　翟贵廷　合著	山西人民出版社	2005 年 12 月
睡与醒	诗集	翟贵明　著	山西人民出版社	2005 年 12 月
站在后台看人生	散文小品集	郭祯田　著	山西人民出版社	2005 年 12 月
夤夜泉	诗集	赵生才　著	当代出版社	2006 年
姐姐北大，妹妹清华		赵锁仙　著	中国广播电视出版社	2006 年 3 月
情归何处	散文集	姜素清　著	中国文史出版社	2006 年 3 月
陋岩诗歌精选	诗集	陋　岩　著	山西人民出版社	2006 年 12 月
刘继德版画作品选	版画集	刘继德　著	中国文化出版社	2007 年 6 月
珠联璧合	诗集	赵生才　著	民族出版社	2007 年 6 月
山城行走	散文集	马金元　著	大众文艺出版社	2007 年 7 月
60 年，我们一起走过		《阳泉日报》编	中国社会出版社	2007 年 11 月
天南地北阳泉人		《阳泉日报》编	中国社会出版社	2007 年 11 月
阳泉日报获奖新闻作品选		《阳泉日报》编	中国社会出版社	2007 年 11 月
阳泉日报优秀副刊作品选		《阳泉日报》编	中国社会出版社	2007 年 11 月
阳泉日报优秀杂文时评选	杂文时评	《阳泉日报》编	中国社会出版社	2007 年 11 月
三体	科幻小说	刘慈欣　著	重庆出版社	2008 年 1 月
三体Ⅱ：黑暗森林	科幻小说	刘慈欣　著	重庆出版社	2008 年 5 月
夕下孤舟	诗集	赵生才　著	群言出版社	2008 年 7 月
滴水集	诗文集	白瑞勤　著	时代文化出版社	2009 年 4 月
裸魂	小说集	桦楠　著	内蒙古人民出版社	2009 年 5 月
夜花园	小说集	桦楠、黄炜　合著	九州出版社	2010 年 4 月
三体Ⅲ：死神永生	科幻小说	刘慈欣　著	重庆出版社	2010 年 11 月
垂直向下八百米	诗集	陋岩　著	大众文艺出版社	2010 年 12 月
清风徐来	诗集	白瑞勤　著	大众文艺出版社	2010 年 12 月

三、文献辑存

中国共产党
阳泉市矿区第一次代表大会
关于区委工作报告的决议

（一九八二年十一月八日通过）

中国共产党阳泉市矿区第一次代表大会听取、审议并一致通过了耿义德同志代表区委所作的题为《全区党员动员起来，认真学习十二大文件，努力贯彻十二大纲领为开创矿区社会主义现代化建设的新局面而奋斗》的工作报告。

大会认为，几年来，区委认真贯彻执行党的十一届三中全会以来所确定的路线、方针、政策以及省、市委的一系列指示，做了大量卓有成效的工作，使全区各项工作逐步走上正轨，各项事业迅速发展，出现了安定团结的新局面。

大会认为，耿义德同志代表区委所作的工作报告，体现了党的十二大精神。符合省、市委对我们的要求，反映了我区的实际情况。报告中提出的今后一个时期我区党的工作任务和要求是正确的，全区各级党组织和全体党员应当在实际工作中认真贯彻执行。

大会认为，党的十二大在全党和全国各族人民面前展现了社会主义现代化的宏伟前景，提出了全面开创社会主义现代化建设新局面的艰巨任务。十二大把加强能源的生产确定为在本世纪末实现工农业总产值翻两番宏伟目标的战略重点之一，我区是全国重要的大型煤炭生产基地阳泉矿务局的所在地，我们所肩负的为煤炭生产服务，为矿区人民生活服务的任务是十分光荣的。大会要求，全区各级党组织和全体共产党员要认真学习十二大文件，积极宣传十二大精神，坚决贯彻执行十二大制定的方针、政策，为完成十二大提出的各项任务做贡献；要进一步加强党的建设，整顿党风，严肃党纪，加强和改善党的领导，更好地发挥党组织的战斗堡垒作用和共产党员的先锋模范的作用。

大会号召全区的共产党员、共青团员，在党中央和省、市委的领导下，团结全区人民，高举马克思列宁主义、毛泽东思想的旗帜，振奋精神，坚韧不拔，同心同德，努力工作，坚定不移地沿着党的十二大指引的方向前进，为全面开创我区社会主义现代化建设的新局面，夺取新的更大的胜利。

中共阳泉市矿区委员会
“七五”期间社会主义精神文明建设的
基　本　措　施

（一九八六年十二月二十八日）

阳泉市矿区地处国家能源重化工建设基地，在全省和全国的煤炭生产中占有重要地位。围绕经济建设，坚持为煤炭生产建设服务，为矿区人民生活服务的方针，加强社会主义精神文明建设，是摆在全区人民面前的一项重要任务。几年来，我们贯彻执行中央关于两个文明一起抓的方针和省、市委的有关指示，在社会主义精神文明建设方面做了许多工作，取得了可喜的进展。但是应该看到，社会主义精神文明建设是长期、艰巨的战略任务，已有的成绩还只是个开端。为了认真贯彻《中共中央关于社会主义精神文明建设指导方针的决议》（以下简称《决议》），适应社会主义现代化建设和改革的需要，建设一个安定、宽松、和谐、优美、文明的新型矿区，今后要采取以下加强社会主义精神文明建设的基本措施。

一、认真学习《决议》，统一思想，明确任务

全区党组织要组织广大干部和群众认真学习《决议》，把思想统一到《决议》精神上来。要全面领会、准确理解《决议》的基本观点和主要要求，紧紧抓住坚持四项基本原则和改革开放这两条。要采取灵活多样的学习形式和学习方法，讲求实际效果。要在学习《决议》的基础上，针对存在的问题，通过调查研究，根据《决议》精神和本措施的要求，提出符合实际的、切实可行的贯彻落实办法。

学习贯彻《决议》要在把握住大方向的前提下，把注意力集中到无烟煤生产基地建设上来；集中到调动全区人民发挥社会主义积极性和创造性上来；集中到发展和满足矿区人民的文化与精神生活需要上来；集中到加强全区人民思想道德建设上来；集中到推动全区的科学技术进步上来。

“七五”期间，全区人民的思想道德水平和科技、文化素质要有新的提高，教育、科技、文化、卫生、体育事业要有大的进步，人民的生活和生产环境要有显著改善。

二、广泛深入地开展理想教育

进行理想教育的宗旨，是造就有理想、有道德、有文化、有纪律的新人，提高全区人民的素质，适应改革、开放的需要。要用共同理想动员和团结全区人民，加快矿区现代化建设。一切有利于煤炭生产发展的积极思想和精神，一切有利于改革、促进经济发展和人民幸福的积极思想和精神，一切用诚实劳动建设矿区和争取美好生活的积极思想和精神，都应加以尊重、爱护和发扬。

教育全区人民立足矿区，胸怀祖国，增强做一名矿区公民的光荣感和责任感。抓紧制订全区经济和社会发展规划，用矿区的光辉前景激励和鼓舞全区人民。各单位、各部门要根据规划制定自己的奋斗目标。共产党员、共青团员要树立为共产主义事业奋斗的远大理想。要把远大理想同各单位、各部门的奋斗目标结合起来，增强人们的事业心和主人翁责任感。

要重视对青少年一代的理想教育。结合老一辈工人阶级的斗争史，结合矿区政治、经济、科技、文化的发展史，加强对青少年的形势教育、爱国主义教育和革命传统教育，使他们的精神世界充实、丰富、崇高。激发青少年从小热爱矿区、长大立志建设矿区的雄心壮志。鼓励青少年勤奋学习，自学成才，树立为建设四化，振兴中华建功立业的革命英雄主义精神。

要在矿区个体劳动者中建立党、团组织，加强对个体劳动者的理想教育。

要总结和运用实践证明是行之有效的理想教育的好经验。继续在青年工人中开展读书、请英雄模范人物作报告等活动，在中小学开展举行升旗仪式、唱国歌、为烈士扫墓、组织学生外出瞻仰革命史迹、游览祖国河山等活动。同时，要注意探索新的、群众喜闻乐见的教育形式和方法。

三、树立与改革、开放相适应的新观念

“七五”期间，全区的各项改革将向更深更广的领域发展。要引导人们树立新思想、新观念，增强改革、开放、创新意识，促进改革和开放的顺利进行。

要彻底清除封建遗毒及其产生的旧观念，如宗法思想、等级观念、专制作风、裙带关系、拉帮结伙、以权谋私等；要彻底清除资本主义的腐朽思想及其产生的唯利是图、尔虞我诈、金钱至上、损人利己等旧观念；要彻底清除一切不符合时代精神的固定观念和僵化模式，如小生产观念，个体低于集体、集体低于全民的固定观念，曲解社会主义的平均主义观念，竞争不道德、改革怕风险的因循守旧、安于现状、自我封闭的僵化思想。要树立适应社会主义现代化建设新时期的新思想、新观念，如发展商品经济、实行对外开放、加强民主与法制以及尊重科学、尊重人才等。当前，特别要树立社会主义商品经济观念以及商品经济发展所要求的效益、竞争、市场、信息等观念。

观念变革要结合干部教育和党的思想建设来进行。共产党员、共青团员，尤其是各级领导干部，要带头实现观念变革。要有计划地选派一批干部到省、市举办的各类培训班、进修班学习。组织好在职干部的正规化理论教育，学习马列主义基本理论，学习党在新时期的基本方针和基本政策，还要让党员、干部了解现代科技和世界经济发展的新情况，以开阔视野，强化新观念。要抓紧创办区委党校，建立我们自己的干部正规化教育基地。

大力加强群众尤其是青年的思想政治工作。组织青年职工和学生联系实际学习马列主义的基本知识。改革学校政治课教学的内容和方法，按照面向四化、面向世界、面向未来的要求，使学生在校期间就具备适应新形势需要的新知识和新思想。

要充分利用各种宣传工具和宣传手段，采取知识讲座、知识竞赛等多种形式，宣传党的方针政策，介绍现代科学文化知识和经营管理经验。在全区造成一个有利于开放、搞活，发展社会主义商品经济，建设高度文明的新型矿区的社会舆论环境。

四、加强社会主义道德建设

加强社会主义道德建设，从根本上说，就是要使爱祖国、爱人民、爱劳动、爱科学、爱社会主义的基本要求在全区社会生活的各个方面体现出来。

当前，要突出抓好职业道德建设，逐步形成各行各业的职业信誉和道德规范，努力纠正带有行业特点的不正之风。党政领导机关要树立领导就是服务、为人民排忧解难、做人民公仆的思想，在职业道德建设方面做出表率。如政法部门要秉公执法，人事部门要公道正派，管钱管物的部门要清正廉明等等。制定和修订各类守则公约，做到厂有厂规，店有店规，校有校规，街道、居民区有街规民约。各企业和商业门店，要在社会主义竞赛中广泛开展优质服务竞赛活动，以自己的优质产品、优质服务丰富和美化人民生活。要遵从社会主义物质利益原则，正确处理国家、集体、个人三者利益，多为国家做贡献。职业道德建设，要把思想教育同执行各种岗位责任制，工作制度、管理制度、奖惩制度、考核制度等结合起来。

继续开展建设“文明单位”“文明街道”“文明楼”“五好家庭”等竞赛活动。评比“五好家庭”要注入新的时代精神，不能把封建道德当作社会主义精神文明发扬。要真正实行男女平等，注意表彰那些事业心强的妇女，不能因为她们工作繁忙顾不上家务而受责难；要破除封建的贞节观，不能对那些因丧偶、离异而再婚的妇女加以非议；要注意表彰那些夫妻在事业上有贡献、培养子女有成就的社会学意义上的核心家庭；对举止正派而崇尚打扮和正当娱乐活动的家庭成员不应指责。

大力提倡社会公德，发扬社会主义人道主义精神，建立和发展平等、团结、友爱、互助的新型人际关系。努力抓好公共场所和社会交往中讲礼貌、守秩序、爱护公物的社会风尚建设，开展净化语言、普及礼貌用语的活动。在中小学中推广普通话。提倡尊敬老人，保护妇女儿童，尊敬烈军属，关心、帮助鳏寡孤独和残疾人。办好优抚、救济等社会福利事业，发展社会福利生产，积极安置残疾人员就业。要试建为老年人、残疾人、烈军属、荣誉军人、群众婚丧嫁娶服务的各种组织机构。全区上下都要设立“老龄问题委员会”，为老年人办实事。

要进行革除婚丧嫁娶陈规陋俗，树立社会新风的宣传教育。提倡婚事新办，丧事简办，提倡改革殡葬习俗，一反对大操大办、铺张浪费。各级党政领导和群众团体，要制止本单位、本系统的封建奢侈，铺张浪费的婚丧嫁娶活动。要严厉制止、打击封建迷信和一切旧社会遗留下来的丑恶现象。

在道德建设中，要鼓励先进，照顾多数，把先进性和广泛性结合起来。要表彰那些大公无私，舍己救人，为四化献身，赞助社会公益事业的新人新事。

五、加强社会主义民主、法制与纪律教育

要加强对干部群众的民主与法制教育，增强全区人民的民主、法制观念和公民意识。要力争在四年内完成向全区公民普及法律常识的任务。今年内区直机关副科级以上干部要普遍学完《宪法》《刑法》等九部法律和条例。司法干警要在三年内学完《简明法学教材》，达到中专水平，争取有三分之一达到大专水平。中小学要开设法制教育课，使学生从小养成学法、守法的好习惯。各街道办事处要在司法机关配合下，运用各种宣传工具和宣传形式，在居民中开展普法宣传活动。

各级领导干部要带头学法、懂法、守法，依法办事，自觉接受法律约束和群众监督。

要充分发挥居委会的群众自治作用，要加强居委会、基层治保组织、民事调解组织的整顿、建设。要加强民事调解工作。要发展律师和公证事业，企事业单位要逐步建立健全法律顾问制度。

要大力建设民主政治。各级领导干部要坚持民主制度，发扬民主作风，广开言路，虚心倾听群众意见，造成一个宽松、和谐、生动、活泼的政治局面。要在企业中普遍实行职工代表大会制度，全面落实职代会的各项民主权力。

要继续依法严厉打击各种敌对分子、刑事犯罪分子和经济犯罪分子，依法禁止和取缔卖淫、赌博、吸毒，传播淫秽录像、书刊等违法犯罪活动。要进一步落实综合治理措施和治安管理责任制。要同有关单位达成协议，定期到劳改、劳教场所给矿区籍罪犯及劳教人员帮教送暖。要抓好对刑满释放、解除劳教人员及其他失足青少年的帮教、管理和安置工作。

各行各业都要加强纪律教育。全区人民都应遵守有关的劳动纪律、工作纪律、学习纪律、公共生活准则等。

六、努力发展教育、科技，文化、卫生、体育事业，加强环境保护和城市管理

教育是社会主义现代化建设的重点，全社会都要重视教育，形成尊师重教的良好风尚。“七五”期间，在全区范围内全面实行九年制义务教育。制定具有矿区特点的教育体制改革方案，充分发挥国家办学和企业办学两个积极性，坚持两条腿走路。要注意到全区非矿务局学龄少年儿童增多这一趋势，努力争得省、市支持，近年内新建一至两所中小学校，解决少年儿童入学难的问题。尽可能多地增加教育经费，加强校舍、校园等基础设施建设，扩大学生容量，改善办学条件. 加强师资培训，使我区中小学教师都达到规定的学历和考核标准。端正教育方向，努力提高教学质量。加强电化教育建设。搞好学前教育。发展幼托事业，提高入托率，抓紧保教人员培训，提高教养质量和管理水平。要把区幼儿园办成示范性幼儿园。鼓励和支持各单位自办、联办各种职业学校，矿区中学要适应社会需要开设职业班。大力提倡在职干部、职工自学成才，制定鼓励自学成才的奖励办法。通过电大、夜大、函大等教育和技术培训、岗位练兵等活动，提高职工的文化、科学、业务、技术水平。要加快全区文化事业的发展。明年要扩建矿区文化馆，抓紧筹建矿区图书馆。“七五”期间，街道办事处要建立文化站，居民区要有文化室。着手创建矿区的新闻、广播、电视事业。建立区委通讯组，实现全区通讯报道网络化。给宣传部门配备“四机”（收录机、彩色电视机、照相机、录放机），实现宣传工具现代化。各企业要建立和巩固“职工之家”“青年之家”，积极开展文娱活动，活跃职工生活。要设法开辟活动场地，开展群众性的体育活动。学校要有90%以上的在校生达到国家体育标准。

要在全区造成尊重知识、尊重人才的浓厚空气。充分发挥知识分子的作用，支持他们的工作，让他们参与经济建设和改革的咨询活动，帮助他们解决生活中的困难，表彰做出优异成绩的知识分子。发挥驻区单位科技人员较多、智力资源雄厚的优势，组织各单位的横向联系，进行人才、智力交流，积极引进新技术、新材料、新工艺，开发新产品。加强科普宣传，搞好科技知识普及。积极创造条件建立区科技图书室，在企业中建立科研机构和群众性的科技组织，逐步实现科技组织网络化。

努力发展卫生事业。积极争取省、市支持，建立矿区人民医院，各街道办事处也要逐步设立卫生所，形成全区的医疗卫生网；鼓励支持驻区单位医疗机构向社会开放，逐步解决非矿务局职工、家属看病难的问题。加强防疫站、妇幼保健站的建设，完善业务职能，尽快全面开展工作。要加强药检管理。继续搞好疾病防治，消灭和控制严重危害人民健康的传染病，保护人民健康。

继续抓紧计划生育工作。加强计划生育的宣传教育，提倡晚婚晚育、优生优育，树立新的生育观。严格执行计划生育政策，控制人口增长，全区的计划生育率要达到95%以上，出生率要控制在8.9%以内，人口自然增长率控制在3.7‰以内。加强对新转户、长住临时户和待业青年的计划生育管理。进一步加强计划生育工作队伍的组织建设和业务建设。逐步装备微机等设施，使计划生育管理手段现代化。

加强环境保护工作。积极进行《环境保护法》《水资源保护法》等法律和条例的宣传教育，建立健全环保监测机构，加强对污水、粉尘、空气、噪声的监测，开展排污收费业务，抓紧对污染的控制和综合治理。发动群众养花、植树、种草，尽快完成桃河北路的绿化工作。加强城市管理和集贸市场的卫生、秩序管理，严格控制“三乱”。根据市委、市政府的指示，配合有关部门、单位，为搞好贵石沟新区的规划和建设做出努力。

七、各级党组织要站在社会主义精神文明建设的最前列，共产党员要在精神文明建设中发挥先锋模范作用

各级党组织要把领导精神文明建设作为自己的主要职责之一，紧紧抓在手上。要以党团员为骨干，建没一支强有力的思想政治工作队伍，动员全社会人人都来做思想政治工作。要把思想政治工作渗透到各项工作中去。要改变那些陈旧的思想政治工作方法，减少呆板的灌输和说教，增加疏导和说理的份量。提倡党的各级领导干部以普通公民身份，与群众一起讨论大家关心的问题，通过党组织的工作，提高群众对社会主义精神文明建设重要意义的认识，把党中央的指导方针变成广大群众的自觉行动。

全体共产党员、共青团员要严格要求自己，人人争做社会主义精神文明建设的先锋。党组织要在改革中始终注意端正党风，坚决纠正以以权谋私、严重官僚主义和无组织、无纪律的自由主义为代表的错误思想作风。严格组织生活，改革“一课三会”的内容，通过教育提高党员素质。共产党员要带头讲理想、比贡献、树新风、做表率。工青、妇等群众组织要在精神文明建设中开展适合自己特点的活动，发挥团结、教育、组织群众的作用。

全体党员、干部和全区人民，要努力贯彻落实《决议》精神，共同努力，把矿区的社会主义精神文明建设推向新水平。

各单位、各部门的党组织要根据《决议》精神和本措施的要求，深入调查研究，本着扎扎实实办实事的原则，尽快做出本单位、本部门近期和远期社会主义精神文明建设的规划。

本措施中涉及区人民代表大会和政府部门的工作，建议区人大常委会和区政府研究实施。

中共阳泉市矿区委员会
阳泉市矿区人民政府
关于加快矿区区域经济发展的意见

——二○○四年一月十五日区委六届三次全会讨论通过

为深入贯彻十六大和十六届三中全会精神，积极落实“五个统筹”“五个坚持”，加快资源型城市的转型步伐，提高区域经济整体素质和综合竞争力，现结合我区实际，制定本意见。

一、发展现状

改革开放以来，随着我区经济体制改革的日益深化，区域经济战略的大力实施，政府职能的深入转变，区域经济综合实力和人民生活水平得到显著提高。同时，也必须看到，我区以煤炭产业为主的资源型城市的转型还任重道远，经济发展与社会发展、经济社会与人的全面发展不相协调的矛盾还比较严重，具体表现在：经济结构性矛盾比较突出，支柱产业单一，三产发展相对薄弱，非公有制经济发展缓慢，产业布局不尽合理，区域经济产业关联度较差，资源环境压力巨大，对外开放程度不高，发展环境不宽松，土地、人才、资金等生产要素匮乏或不能得到合理有效配置，经济整体素质和综合竞争力不强等等，这些已成为制约我区经济发展、影响全面建设小康社会进程的不利因素。当前和今后一段时期，我们面临着难得的发展机遇：世界经济继续复苏，劳动密集型产业和部分资本密集型产业从发达国家向发展中国家转移，从东部沿海地区向中西部地区转移，有利于我区接替产业的发展；国家继续坚持扩大内需的方针，实施积极的财政政策和稳健的货币政策，总体上有利于我区争取国家和省、市更多的政策和资金支持，必然拉动经济的更快发展；能源需求的瓶颈制约将继续偏紧，国家提出要进一步加强大型煤炭基地建设和电力基地建设，市委、市政府提出要建设特新材料基地，这些都为我区充分发挥自身优势提供了新的发展机遇。可以说，我们所面临的形势是机遇与挑战并存，但机遇远远大于挑战，我们必须紧紧抓住这个战略机遇期，强化引导，真抓实干，攻坚克难，赶超发展。

二、指导思想

以邓小平理论和“三个代表”重要思想为指导，以全面建设小康社会为目标，以赶超发展为主题，以产业结构调整为主线，以改革创新和科技进步为动力，坚持以人为本，牢固树立全面、协调、可持续的发展观，促进经济社会和人的全面发展。

三、基本原则

立足区情，实事求是，把握当前，着眼长远，坚持统筹规划，突出重点，有利于资源更为合理有效配置的原则；坚持经济快速健康增长，兼顾各项社会事业同步发展，促进经济社会全面进步和人的全面发展的可持续发展原则；坚持政策引导为主、多种手段综合灵活运用相结合的原则；坚持与阳煤集团产业发展战略相融合的原则。

四、目标任务

产业结构和布局明显优化，区域经济关联度更高，服务体系健全完善，城市综合服务功能完备，区域经济整体素质和综合竞争力明显提高，经济社会和资源环境协调发展。到2010年，国内生产总值、财政收入均保持11%的年递增速度，第三产业比重占到经济总量的40%，非公有制经济比重占到经济总量的50%，推动阳煤集团“以大博强，十年双百亿”战略目标的顺利实现，把我区建设成为全国最大的无烟煤生产基地、煤电铝联产基地、磁材加工基地和国内重要的煤化工基地。

五、总体思路

围绕产业结构调整这条主线，坚持巩固发展公有制经济与大力发展非公有制经济相结合，改造传统产业与培育新型产业相结合，实行二产、三产两轮驱动，以“一带两区”建设为重点，全力实施工业强区、三产活区、民营兴区和招商引资促发展战略，促进区域经济快速健康发展。

（一）实施工业强区战略，做大做强工业经济

我区的资源禀赋和现有产业格局，决定了工业经济在相当长的时期内，仍将是我区的主导产业。必须确立“大矿区”的观念，加大对阳煤集团的引导、协调和服务力度，充分发挥阳煤集团作为区域经济火车头的带动作用，推动工业经济强势发展。

在产业结构转型的过程中，政府要重点发挥体制保障、宏观调控、产业引导、政策服务和环境支撑等方面的作用，进一步建立和完善“以市场为导向，企业自主决策，政府扶持发展”的调产运作方式，以优惠的政策和宽松的环境着力扶持发展大项目、大企业，鼓励发展接续产业、替代产业，延伸产业链条，提升产品档次，引导产业结构纵向延伸、横向关联和高位提升。要把大力促进非煤产业发展，延伸发展铝冶、磁材和煤化工三大产业链条，作为我区调产的重点，建设在全国占有重要位置的煤电铝联产、磁材加工和煤化工基地。

引导企业积极采用高新技术和先进适用技术，改造提升传统产业，大力发展高新技术产业，实现经济增长方式由粗放型向集约型、外延型向内涵型的转变，由资源开采型向加工延伸型转变，走新型工业化道路。

加快推进国有企业改制步伐。抓住阳煤集团放开搞活资产2000万以下中小企业的机遇，尽快制定出台鼓励阳煤集团加快实行主辅分离、辅业改制和中小企业民营化的相关政策，成立协调领导组，推行目标责任制，按照市政府关于新建企业属地管理原则，确保改制企业工商、税务变更登记在矿区。加速区属企业改制步伐，2004年区属企业要基本实现民营化。引导驻地企业、区属企业改制与区域产业结构调整有机结合，向铝产品加工、磁材深加工等产业方向靠拢，促进产业链条延伸。

（二）实施三产活区战略，大力发展第三产业

大力发展第三产业，对于我区优化产业布局，加快资源型城市转型步伐，为阳煤集团加快推进主辅分离、剥离办社会职能提供承载平台，都具有十分重要的意义。要按照“强化服务、完善功能、提高档次”的思路，进一步拓展服务业的内涵，推进服务业改革与创新，通过鼓励企业优化重组，放宽市场准入，广辟融资渠道，引入竞争机制，加速服务业的市场化、产业化和社会化步伐；通过制定优惠政策，鼓励支持社会各方面投资发展服务业，把我区建设成服务行业门类齐全、服务功能完备、运行良好的现代化工矿区。

大力发展商贸餐饮娱乐业。以满足市场需求为原则，布局发展规模化、专业化、特色化的商贸餐饮娱乐行业；积极推广运用连锁经营、物流配送、电子购物等现代经营方式和管理手段；加快商贸餐饮企业改制步伐，推动国有、集体资本有序退出；依托有实力的商贸餐饮集团，结合下岗再就业工程，采用授权特许、连锁经营等形式，在社区建设小超市、快餐店，统一标识，统一商品配送，方便群众生活，拓宽就业渠道。

重点发展房地产业。以旧区改造和小区建设为主渠道，优先考虑建设经济适用型中、低档住宅，

适当开发高档房地产，尽可能吸引更多社会资金进入住宅市场，带动建材装饰、物业管理、社区服务等相关产业的发展。要积极探索房地产开发、销售与物业管理的分业经营，促进传统住宅管理方式向社会化、专业化的物业管理转变，鼓励社会力量兴办物业管理企业。

着重发展社区服务业。按照“政府主导、市场运作、企业化经营、产业化发展”的指导思想，建立完善社区便民商业服务、就业指导服务、卫生医疗服务、法律服务、公益福利服务等社区服务体系，实现社区服务网络化、实体化、产业化。

局部优先发展现代物流及交通运输业。引导鼓励企业和个人针对地区运力紧张的现状，采取股份制、合作制、合伙制等形式，整合社会闲散资源，组建具有一定规模的运输或物流集团，促进客运、货运以及商品配送等业务的快速发展；注重提高科技含量和信息化水平，要把发展具有较强竞争力的网络化运输代理服务企业作为行业发展的重点。

积极发展现代服务业。通过发展信息、金融、保险、中介服务等现代服务业，规范发展代理、代办、经纪、拍卖等商品市场中介服务，稳步发展证券、房地产、劳动力、技术、产权等要素市场中介服务，建立和完善社会就业服务体系，提升产业层次，增强城市竞争力。

（三）实施民营兴区战略，培育发展民营大企业

发展非公有制经济，是推动经济增长和扩大就业的重要途径，可以从资金、就业等多方面为国企改革提供重要承接力量，而且也是所有制结构调整的重要内容。必须大力引导和鼓励非公有制经济发展，坚持“不禁止，则自由”的原则，放宽市场准入，使非公有制企业享有平等的投资机会和待遇。要制定出台鼓励和扶持民营经济发展的办法，以优惠的政策和宽松的环境扶持符合我区产业发展政策、市场前景看好、有潜力的民营企业做大做强，尽快引进和培育发展一批产值超亿元的龙头民营企业。鼓励，支持非公有制经济参股、控股、并购国有企业，参与我区国企改革改制，参与沿桃经济带的开发建设。

（四）实施招商引资促发展战略，扩大引深对外开放

顺应经济全球化的趋势，立足自身优势，制定相应政策，以提高经济竞争力为重点，加快形成全方位、宽领域、多层次的对外开放格局。要抓住新一轮全国乃至全球范围内生产要素优化重组和产业转移的重大机遇，确立“无论外资内资都是招商引资”的观念，完善社会联动、全民参与、筑巢引凤的招商引资机制，营造“亲商、富商、安商”的投资环境，千方百计吸引外来资金；创新招商手段，通过实行项目招商、用存量资产招商、以商招商、利用中介机构实行商业化招商等方式，广开招商引资新渠道，扩大利用外资规模；积极探索股份制、合作制、合伙制等形式，广泛吸收社会资金和民间资金，全面启动民间资本，为区域经济发展不断注入新的活力。

六、建设重点

1.贵石沟工业园区。争取市规划部门认可，在贵石沟地区规划建设矿区贵石沟工业园区。以贵石沟区域内业已初具规模的煤电铝、煤化工、磁材产业为基础，充分利用市委、市政府加强能源材料基地建设与发展下游终端产品并重的优惠政策，引导引深产业结构的纵向延伸、横向关联、高位提升，建成国内一流的煤电铝、煤化工、磁材加工制造等一体化的工业园区。

2.坡头科技工业园区。在整合3000亩土地的基础上，规划建设以铝箔、铝轮毂项目为龙头，集技术开发、项目储备和铝产品深加工等为一体的矿区坡头科技工业园区。园区建设可分两步实施：一是在桑掌、中庄村建设以技术开发和成果转化为主的孵化器——科技创业园，通过建立与各大专院校、科研院所的广泛联系，吸引高科技企业和人才入园创业，在进行铝产品的上下游技术研发和市场开发的同时，还要有重点地针对阳煤集团结构调整，储备项目、技术和人才；二是以阳煤集团铝箔和铝轮毂项目建设为切入点，依托我区煤、电、铝等资源优势和交通优势，重点引进和开发优质铝型材等各种铝产品的后续精加工、深加工项目，提高产品的附加值，形成产业聚集，力争把坡头科技工业

园区建成我区铝产品深加工工业基地。

3. 大力发展沿桃河三产经济带，构建板块新格局。

平潭综合商贸板块。以天利购物广场、矿区文化综合大楼为中心，辐射周边，在附近再规划建设一座面积28000平方米的大型购物商城；结合人防工程，规划建设北大西街矿一中路口地下过街通道及地下商场；对苹果园地区进行综合改造，建成集底商、写字楼、住宅为一体的高档住宅区；以沙江酒家、泉美二部、墨玉酒家、三江大酒店为依托，结合规划建设的阳煤大酒店，对建筑一公司办公大楼及桃北中路沿街办公楼底层进行商业化改造，集中培育发展一批中高档餐饮、娱乐、休闲、洗浴等第三产业；结合马家坪旧区改造，在阳煤集团运输处所在地规划建设一个大型超市；规划开发改造庙西商业一条街，使北大西街、西河路与桃北中路南北贯通。通过集中发展具有较高档次、较大规模的商贸、餐饮、娱乐业，吸引客流，力争把平潭综合商贸板块打造成阳泉的“西单”。

桥头商贸板块。以矿区百货大楼、桥东街市场为中心，结合桥东街——河神庙步行一条街建设，对奥伦胶带有限公司与酱菜厂进行整体规划改造，建成全市最大的粮油副食品批零市场；以上海大众汽车阳泉维修站为中心，辐射周边地段，建设形成集汽车销售、汽车配件、汽车装饰美容等服务功能齐全的专业汽配市场；以明珠大厦及明珠家具超市为依托，延伸周边地段，扩充市场容量，实施名品入名店、中低档商品入市场的经营策略，建成我市最大的家具周转库和家具大市场。

蔡洼物流商贸板块。加强与阳煤集团、辰光发电厂和铁路部门的协调，引导企业对桃南路临街房屋进行商业化改造，建成阳泉地区规模最大的工矿配件专营市场；充分利用桃南路直接面对阳煤集团、城矿交界、交通便利的条件，重点培育发展物流配送，建成一批社会化的多功能配送中心；开发建设简子沟园林式别墅住宅小区，建筑群以别墅型三层建筑为主，利用现有的植被依山而建，同时在周围地区集中发展高档休闲娱乐中心。

赛鱼商贸板块。以赛鱼集贸市场为中心，调整赛鱼地区整体商业格局，规划实施赛鱼集贸市场、华夏公司商业化改造，以连锁直销和特新廉为特色，广泛吸引区内外客商，逐步把该地区建成具有一定规模的小商品集散地。

七、保障措施

（一）真正做到以经济建设为中心，把经济工作摆在各项工作的首要位置。实现全面小康目标，经济发展是基础和关键，各级领导的主要精力都要用于谋划经济发展，各个部门，无论经济部门与否，都要直接参与经济建设，整体形成比学赶超、发展经济的良好氛围。在发展经济的过程中，要力戒急功近利、靠牺牲环境谋求一时的发展，必须树立科学的发展观，实现区域经济量的突破和质的飞跃。

（二）要把强化政策研究，扬长避短、充分发挥我区比较优势，作为经济工作的重中之重。要制定针对性更强、更具吸引力和可操作性的政策，按照“谁投资、谁管理、谁经营、谁受益”的原则，利用财政贴息、补助、返还等形式，引导鼓励有实力的企业、个人，投资城市基础设施、市政服务设施、园区基础设施和大型专业市场的建设；要加强对国家和省、市的政策研究，及时了解掌握政策动态，加大公关力度，争取更多的优惠政策；认真落实各项既定政策，及时兑现承诺，取信于民。

（三）转变职能，深化改革。设立行政审批中心，规范部门行政审批行为，简化办事程序，提高工作效率；设立行政效能投诉中心，强化行政效能监督；成立新建企业服务中心，对所有新建项目都要设立相应的项目协调组，从项目洽谈、审批立项到项目建成投产，都要有区级领导挂帅，责成专人负责，提供“全方位、一条龙、保姆式”服务；优化服务环境，强化为纳税人服务的“公仆”意识，建立服务承诺制，实行首问责任制、限时办结制和责任追究制，全力建设服务型政府。

（四）充分发挥政府产业引导和宏观调控作用．盘活存量资产，优化配置资源，加快资源要素的有效聚集和资源共享。争取省、市支持，解决我区区划不合理的问题。对沿桃工业企业所处重点区域、重点地段，进行第三产业规划，加强政策的研究制定，充分发挥政策的引导和推动作用，调动企业的积极性，按照政府规划，通过资产置换、变现等形式，盘活存量资产，实施“退二进三”，为发展三产提供广阔空间。成立土地经营储备中心，利用各种手段，多方争取资金，有重点、有计划地进行土地储备，为园区建设和实施沿桃第三产业规划创造有利条件。结合政府网络建设，加强信息部门职能建设，进一步强化对经济信息资源的挖掘、利用。加快劳动力市场建设，进一步促进我区劳动力的合理流动。创新人才管理体制，搞好企业经营管理人才、专业技术人才和党政人才队伍建设，建立矿区人才资源库；面向全社会聘请专家、学者和高级经营管理人才，组建区域经济发展智囊团，为矿区经济发展提供强大智力支持。成立中小企业担保中心，采取财政补一块，企业出一块，机制引一块三家抬的办法，依托有实力的民营企业筹集担保中心注册资金，解决中小企业融资问题，同时科学合理使用科技三项费用、调产资金等专项资金，发挥财政资金投入和推动经济建设的最大效益，引导企业按照我区确立的产业政策和产业布局，调整经营方向，加快生产要素向优势产业、优势产品的聚集，促进区域经济综合实力的不断提高。

（五）切实转变观念，强化对阳煤集团的协调服务。必须加强与阳煤集团的协调，建立与阳煤集团的全方位、多层次的协商对话长效机制，加强沟通，促进了解，达成共识，形成合力，促进双方发展战略的相互融合，全面落实“大矿区”发展战略。

中共阳泉市矿区区委办公室
阳泉市矿区人民政府办公室
社区干部管理办法

（试　行）

第一章　总　　则

第一条　为切实加强我区社区干部规范化管理，不断推进社区干部队伍建设，为社会主义新社区创建提供强有力的组织保证，根据《中华人民共和国城市居民委员会组织法》和上级有关文件精神，结合我区实际，制定本办法。第二条　本办法所称的社区干部，指社区党支部书记、副书记；社区居委会主任、副主任、委员（以下简称居委会干部）；社区职业工作者（以下简称社工）。

第三条　社区干部由街道党工委负责管理。

第二章　选拔任用

第四条　基本原则。社区干部选拔任用必须坚持党管干部原则；任人唯贤、德才兼备原则；群众公认、注重实绩原则；公开平等、竞争择优原则；民主集中制原则；依法办事原则。

第五条　选用标准。认真贯彻执行党的路线方针政策，努力践行“三个代表”重要思想，坚持科学发展观；作风正派，办事公道，奉公守法，廉洁自律，群众公认度高；热爱社区，吃苦耐劳，求真务实，开拓进取，真心实意为社区居民和辖区单位服务；会协调，善管理，具有较强的人际沟通、语言表达、组织管理、建言献策能力，能带领居民群众共同建设社会主义新社区。

第六条　基本条件。社区干部任职年龄一般应在50周岁以下，新任职的一般不超过40周岁；社区干部文化程度应达到初中以上，社区居委会主任和新任职的社区干部一般应具有高中（中专）以上文化程度；不得有违反计划生育政策的行为；身体健康。

第七条　职数配备。社区干部职数按每300－400户左右配置1人的比例设定，社区居委会设主任1名、副主任1名、委员和社工若干名。提倡社区党支部书记通过法定程序选举兼任社区居委会主任，不设专职书记；提倡社区党支部委员通过法定程序选举兼任社区居委会成员，以精干干部队伍，强化工作协调。配置人数在换届时由区社区换届工作领导组核定，一届核定一次，一般届中不做调整。

第八条　选拔范围。社区居委会干部在本街道范围内竞争择优选拔，可跨社区使用。社工在全区范围内择优选拔聘用，可跨街道使用。

第九条　选拔方式。社区党支部班子成员按《党章》和《中国共产党基层组织选举工作暂行条例》的相关规定采取党内选举和组织任命方式产生；社区居委会干部必须按照《中华人民共和国城市居民委员会组织法》、山西省实施《中华人民共和国城市居民委员会组织法》办法和省、市、区《关于大力推进社区建设的意见》等规定，由全体有选举资格的居民和驻社区单位代表直接选举产生，实行选举制；任期三年；社工由区社区换届工作领导组在全区范围内公开招聘，实行聘用制，任期和居委会干部相同；社区居委会任期届居委会干部出现空缺，由街道党工委提出候选人报区民政局进行资格审查，通过后由社区成员代表大会民主选举产生并报区民政局备案；社工出现空缺时由区民政局负责择优选聘。社区党支部成员选举产生后由街道党工委下文批复，报区委组织部备案；社区居委会干部依法选举产生后由区民政局颁发《社区居委会干部当选证书》；社工择优选聘后由区民政局颁发《社区职业工作者聘用书》。

第三章　教育培训

第十条　教育培训制度。坚持统筹规划、分级负责、分层培训的原则。社区主要干部定期培训由区委负责，经常性学习教育由街道党工委负责；社区一般干部定期培训由街道党工委负责，经常性学习教育由社区党支部负责；社区干部业务培训由区各职能部门负责。

第十一条　教育培训内容。坚持理论联系实际，体现时代要求，做到按需施教，学以致用。一是政治理论学习，包括马列主义、毛泽东思想、邓小平理论、“三个代表”重要思想、科学发展观以及党和国家的路线方针政策等；二是思想作风教育，包括社区党建、法律法规、经济科技、社区建设、城市管理和社区服务等业务知识。

第十二条　教育培训方法。坚持培训形式灵活多样，注重实效。一是经常性学习教育，包括党建教育、形势教育、专题学习以及干部自学；二是定期培训学习，社区干部每年应轮训一次，每次轮训时间不少于3天。三是参加社会教育，鼓励社区干部参加自考、函大、电大等成人教育，努力使社区居委会班子成为学习型、知识型干部队伍。

第四章　考核奖惩

第十三条　考核内容。主要考核：政治立场、思想道德和工作作风的情况；维护群众利益，解决居民难题的情况；组织和带领群众开展社区建设、管理和服务，完成工作目标的情况；贯彻民主集中制原则，团结协作的情况；居务公开，廉洁自律情况。各街道要根据实际，对考核内容进一步分解细化，制定具体的、量化的考核指标。

第十四条　考核档次。考核结果分为优秀、称职、基本称职、不称职四个档次。

第十五条　考核方法。街道党工委按照组织考核与群众评议，日常工作与年度考核相结合的方式对社区干部进行考核。考核主要分为岗位目标和述职评议两个方面。岗位目标的制定应结合社会主义新社区建设目标和干部岗位职责，一年一定，增强科学性、可操作性。述职评议应坚持上下结合，综合评议。社区主要干部应在社区党支部、社区居委会和社区成员代表大会上进行述职，接受党员群众的民主测评。街道考核小组应对社区干部各方面表现作出总体评价，在综合岗位目标考核和述职评议结果的基础上，由街道党工委对社区干部作出档次评定，作为兑现奖惩的主要依据。

第十六条　结果运用。考核结果与社区干部的报酬、奖惩、任用直接挂钩。对优秀的社区干部，应给予一定奖励；对基本称职的应指出缺点和不足，督促其整改；对不称职属居委会干部的由街道党工委按照有关规定及时进行调整，属社工的由区民政局予以解聘。

第五章　报酬待遇

第十七条　在职补贴。在职社区干部的生活补贴标准是：社区居委会书记、主任750元/月，副书记（专职）、副主任730元/月，委员、社工700元/月。

第十八条　保险待遇。社区干部上任时已参加医疗保险、养老保险，但参保资金全部由个人缴纳和没有参加医疗保险、养老保险，且符合参加两险条件的可自愿参保，参保资金属单位缴纳的由区财政负担，属个人缴纳的由本人负担。

第十九条　退养补贴。未参加养老保险的社区干部（虽未参加养老保险但有退休工资的除外），离任时连续担任社区干部不满10年的实行一次性结算。标准是：每任职1年结算1个月的生活补贴。离任时连续担任社区干部10年（含）以上的，按月发给生活补贴，标准是：离任时居龄在10~15年的为210元/月；居龄在16~21年的为215元/月；居龄在22年（含）以上的为220元/月，该标准从二〇〇八年年元月一日起执行。

第六章　附　　则

第二十条　各街道应依据本办法，结合各自实际，制定具体实施办法。

第二十一条　本办法由区民政局负责解释。

第二十二条　本办法自公布之日起试行。

阳泉市矿区人民政府
关于振兴矿区矿山机械制造业的
实施方案（节录）

（2007年1月9日）

各街道办事处，区直各部门，驻区有关单位：

为了认真落实我区“打造资源转型示范区”的结构调整战略，促进矿山机械与配件制造业发展，着力打造煤矿机械制造基地，特制定本实施方案。

一、目的和意义

“十一五”时期是全面建设小康社会的关键时期，省、市在《“十一五”规划纲要》中都提升装备制造业作为全省全市产业发展的重要内容。结合省市的总体规划部署，区委、区政府提出在“十一五”期间，要大力发展煤矿机械制造，以华越机械、华鑫电器为龙头，以恒轩机械、鑫盛托辊、华茂截齿、金法支护等重点企业为支撑，加强企业间协作配合，全面运用新技术、新工艺，进一步促进产业升级，扩大生产规模，提高市场占有率，力争到2010年，销售收入达到10亿元，形成煤矿机械制造产业集群，打造煤矿机械制造基地。特别是近期国务院通过了振兴装备制造业的实施意见，为建设煤矿机械制造基地提供了政策机遇。振兴全区矿山机械与配件制造业、建设煤矿机械制造基地，对于促进我区经济结构的战略性调整，加快区域经济发展，具有十分重要的现实意义。

二、工作重点和主要任务

1. 矿山机械与配件制造业现状调查及分析。研究制定统计调查方案，进行统计调查安排，疏理加工有关统计数据，对现状进行分析，发现问题，总结经验。

2. 调查掌握全国同行业发展情况，了解先进地区的主要经验和做法，搜集国家及省市相关政策。

3. 研究制定行业发展的长远规划，包括确立符合我区区情的行业发展思路、发展战略、发展模式、指导思想和原则，制定振兴矿山机械与配件制造业的有关政策措施，制定行业发展的主要目标、布局、规模、结构，以及在全区经济发展中的地位、作用等等。

4. 建立完善产业发展服务体系。

(1) 促进矿山机械与配件制造行业协会的发展。协会是沟通政府与企业的桥梁和纽带，通过了解市场动态，研究行业发展方向，制定行业公约，开展行业自律，向会员提供信息、建议、指导等服务，有效促进政府与企业间的双向沟通，加强同行业的联络与合作，促进行业的健康有序发展。

(2) 加快建立完善信用担保体系。组建以政府出资为主的政策性信用担保中心，重点对经济效益好、信誉度高、市场前景广阔的成长型企业进行扶持，解决这些企业的贷款难、融资难、担保难等问题，为企业发展创造宽松的投、融资环境。

(3) 加强信息服务体系建设。建立并逐步完善企业产品、质量品牌、技术装备、行业重点项目、科技管理人才等信息数据库，积极筹办"矿区中小企业信息网"，打造行业信息平台。

(4) 加强技术创新体系建设。大力支持中小企业与科研院所、高院校和大型骨干企业联合建立技术中心或研发机构，引导形成以市场为导向、以企业为主体、产学研一体化的地区技术创新体系，构建社会化的技术服务平台，全面提高中小企业科技创新能力。

(5) 加大创业辅导力度。积极筹备举办"机械与配件制造业论坛"，开展有关论文征集活动，通过大力宣传营造氛围。积极筹建中小企业创业辅导服务中心，鼓励、支持社会有识之士积极兴办、创办各类民营企业，为创业者提供市场信息、项目推介、产品指导、产品定位、企业设计、创业运作、营销策划、企业融资、人才举荐等方位服务。……

中共阳泉市矿区委员会
关于创建"标准化、示范化社区党组织"的
实　施　意　见

(2008年11月17日)

为深入贯彻落实党的十七大精神，努力构建以服务群众为重点的城市社区党建工作新格局，为全面建设小康社会提供坚强的组织保证。按照市委的安排意见，区委决定在全区开展创建"标准化、示范化城市社区党组织"活动，具体实施意见如下：

一、充分认识开展创建"标准化、示范化城市社区党组织"的重要性

城市社区党组织是党在城市工作的基础，是城市社区各种组织和各项工作的领导核心，是党联系居民的桥梁和纽带。近年来，我区社区党建工作紧紧围绕改革发展稳定的大局，牢牢抓住领导班子这个核心，始终坚持用改革创新的精神进行探索，社区党建工作水平不断提高，对全区经济、政治、文化和社会建设起到了积极推动作用，提供了坚强的组织保证。同时，我们应清醒地看到，在我区社区党建工作中，部分地区和个别领导依然存在思路不清、目标不明、措施不力、方法不活、标准不高等问题。开展"标准化、示范化城市社区党组织"创建活动，是提升社区党建工作水平的客观要求，是贯彻中央关于以服务为重点，构建城市社区党建工作新格局的有效载体，是促进新型社区建设、推进城市现代化建设的一种有效形式；是贯彻落实十七大精神、以改革创新精神全面推进党的建设新的

伟大工程的具体举措。搞好创建活动，对于激发社区党组织的内在活力，调动各级党组织抓社区党建工作的积极性；对于深入贯彻党要管党、从严治党方针，加强和改进党对社区党建工作的领导具有重大而深远的意义。

二、指导思想

以邓小平理论、“三个代表”重要思想和党的十七大精神为指导，深入贯彻落实科学发展观，围绕改革发展稳定大局，结合我区社区建设实际，以保持党同人民群众血肉联系为核心，以服务群众为重点，构建我区社区党建工作新格局，不断提高城市社区党组织的创造力、凝聚力和战斗力，充分发挥社区党组织推动发展、服务群众、凝聚人心、促进和谐的作用，为创建“环境优美、治安良好、文明和谐、管理民主、服务完善”社会主义新社区，实现我区“三区”建设目标提供坚强的组织保证。

三、创建“标准化、示范化城市社区党组织”目标要求

创建“标准化、示范化城市社区党组织”，要以城市社区党组织建设“五个好”为主要内容，以城市社区党组织硬件建设为基础，全面加强和整体推进城市社区党的建设。

（一）社区党组织建设“五个好”目标要求

创建“标准化、示范化社区党组织”，要努力实现领导班子好、党员队伍好、工作机制好、工作业绩好、群众反映好的“五个好”目标要求。

1. 领导班子好。社区党组织和社区居民自治组织机构健全，实现“一社区一支部”；按时进行换届，社区领导班子年龄、文化结构合理；社区党组织能够发挥在各种组织和各项工作中的领导核心作用，同社区居委会团结协作，职责清楚、分工明确，认真落实社区党建责任制；选好配强社区党组织书记，书记、主任“一肩挑”的，设立专职副书记，书记、主任有较高政治素质、较强组织领导能力和协调能力；领导班子及成员能够认真执行党的路线、方针、政策，密切联系群众，政治坚定、求真务实、开拓创新、清正廉洁、奋发有为，在社区工作中发挥骨干带头作用；班子成员经过社区工作专门培训，具备基本知识和技能，熟悉社区党建和城市基层管理工作。

2. 党员队伍好。城市社区党员能够发挥先锋模范作用，“三支”队伍建设效果好。一是对所辖党员教育管理严格，成效显著。社区党组织加强对所属党员的教育管理，使社区党员政治素质不断提高，服务社区、建设社区的意识不断增强，在社区精神文明与和谐社会建设中，发挥先锋模范作用；定期开展民主评议党员活动，90%以上社区党员被评为合格党员，不合格党员低于2%；做好发展党员工作，不断增强党员队伍的生机和活力。二是对在职党员管理措施到位，作用发挥好。制定在职党员参与社区建设办法，并能主动协调驻地单位组织实施；坚持自愿参加和力所能及的原则，通过开展党员承诺、结对共建等活动，引导和鼓励在职党员参与社区建设；通过建立党员服务中心、党员联络服务站、居民楼栋党组织、党员志愿服务队等方式、方法，充分发挥在职党员在社区建设中的作用；建立健全社区党组织与在职党员所在单位基层党组织之间的定期联系制度，教育、引导和督促在职党员增强在社会生活中的党员意识，充分发挥先锋模范作用。三是对流动党员管理制度健全，方法创新。建立流动党员管理、教育和服务制度，加强和改进对退休人员、下岗失业人员和流动人员中党员的教育管理，采取措施，做好对流动党员的服务；将流入党员纳入流动党员管理站管理，搞好对流动党员的服务工作；加强对流出党员的管理，通过发放《流动党员活动证》，加强沟通交流，适时进行教育。

3. 工作机制好。积极构建以社区党组织为核心，功能健全、运转有序的社区组织体系；社区党组织建立健全发展党员制度、“三会一课”制度、民主评议党员制度、党员承诺制度、党员教育培训制度、党务公开制度、财务制度、帮扶制度等，并坚持规范运行；按照条块结合、资源共享、优势互补、共驻共建的要求，建立社区党组织牵头，驻区有关单位党组织共同参加的社区党建工作协调议事机构，共商社区建设大事，协调和组织辖区各单位和广大党员开展社区党建活动。

4. 工作业绩好。社区各项事业协调发展；民主管理成效显著，有效化解各种矛盾，突发性事件处理及时，社区治安良好；搞好社区卫生，实现社区“洁、绿、美”；发展社区文化，经常开展群众性文化活动；积极开展“十星级示范社区”“文明楼院”“文明家庭”等创建活动，建设文明社区，社区无非法组织的参与者；搞好社区服务，满足居民群众多方面需要，困难户得到救助；“示范化城市社区党组织”在居民委员会办公及附属设施建设方面达到“一类社区”标准。

5. 群众反映好。社区服务设施完备，服务功能完善，程序规范，质量优良，居民普遍满意；社区志愿者和各类民间服务组织发育良好，积极开展活动，服务形成体系和网络；社区建有综合性、多功能的社区服务中心，社区内老年人服务形成网络，残疾人合法权益得到保障，城市居民的最低生活保障得到落实，优抚对象的生活得到妥善安排，面向社区居民的婚丧服务、便民利民服务和面向社区单位的社会化服务及时方便，下岗职工再就业服务成效显著；定期组织社区群众、驻地单位对社区党组织进行评议，驻区单位和社区群众对社区党组织的工作满意。

（二）城市社区党组织硬件建设目标要求

创建“标准化、示范化城市社区党组织”，要努力实现社区管理规范化、服务社会化的要求，完成“三室”“两点”建设和“三电”“三机”配备。

1. “三室”，即：党组织办公室、党员活动室、图书室。“三室”建设是创建标准化、示范化城市社区党组织的基础。党组织办公室要实现“四有”“三上墙”，包括：有牌子（党组织牌子）、有旗子（党旗）、有戳子（党组织公章）、有册子（党组织各种活动记录本）。实现党组织职责上墙、活动制度上墙、党务公开上墙；党员活动室要实现“四有”、设置“三栏”，包括：有柜子（资料柜）、有盒子（资料盒）、有桌子、有椅子，设置党员公开承诺栏、政策宣传栏、科普教育栏；图书室要有“三刊一报”，包括：党建书刊、科技书刊、文化书刊和各种报纸，以满足不同层次居民、党员的阅读需求。

2. “两点”，即：党员服务点、困难群众救助点。“两点”建设是服务社区党员、群众的平台。要逐步扩大服务对象，拓宽服务领域，通过“一站式服务”，方便社区广大党员、群众。

3. “三电”，即：电话、电视、电脑。“三电”配备是推进党员教育管理服务现代化的基本设备。通过配置“三电”，设立流动党员咨询服务电话，建立远程教育接收平台，逐步实现党员管理网络化，使社区党员教育管理服务高效化、科学化。

4. “三机”，即：打印机、影碟机、照相机。“三机”配备是提升党员教育管理水平的有效手段。通过配置“三机”，逐步实现社区党员教育管理规范化、现代化。

四、创建任务

“标准化、示范化城市社区党组织”创建活动，在我区2007年创建全市10个“示范化社区党组织”的基础上，从2008～2009年分两年，将我区其余的30个社区党支部全部创建为“标准化城市社区党组织”（今明两年各15个）；同时要再创建6个市级“示范化城市社区党组织”（今明两年各3个），通过创建活动，推动全区社区党建工作整体水平再上一个新台阶。

五、创建方法

“标准化城市社区党组织”创建工作在社区自评、街道党工委初评的基础上由区组织部进行验收、命名、挂牌、表彰；被县区命名为“标准化城市社区党组织”的社区方可申报全市“示范化城市社区党组织”，“示范化社区党组织”由市委组织部统一验收、命名、表彰。

（一）“标准化城市社区党组织”的创建

1. 区委统一指导。区委组织部根据本《实施意见》，调动社会各方力量，形成工作合力，做好验收、命名、挂牌、表彰工作。

2. 街道组织实施。各街道党工委要按照区委《意见》，结合实际，制定《创建方案》，明确今明两年的创建任务，搞好组织实施。

3. 社区开展创建。社区党组织要按照街道党工委出台的《创建方案》，制定本社区创建“标准化、示范化城市社区党组织”的具体创建办法，以创建活动为抓手，切实加强和改进社区党组织建设，确保实现“标准化社区党组织”创建目标，并积极开展“示范化社区党组织”的创建活动。

（二）“示范化城市社区党组织”的创建

1. 社区创建、街道考评、区委初验。社区党组织在被评为“标准化社区党组织”的基础上，按照创建“示范化社区党组织”的目标要求，积极开展创建工作，在自评基础上，向街道党工委申报；街道党工委制定考评方案，做好考评工作，在此基础上，向区委组织部申报；区委组织部按照市委组织部制定的“示范化城市社区党组织”的目标要求和规划数，在社区、街道逐级申报基础上，对社区进行初步验收，并向市委组织部申报。

2. 市委组织部统一考核验收。市委组织部根据区委组织部上报的社区名单，抽调有关人员，组成考核评价小组，对申报社区进行考核验收。

3. 命名、表彰。市委组织部在确定“示范化社区党组织”名单后，对“示范化城市社区党组织”命名、表彰，并采取“以奖代助”的方式拨付每个社区10000元的钱、物，用于社区建设。

六、组织领导

（一）高度重视，切实加强领导。各级党组织要高度重视创建工作，努力形成区委统一领导、组织部门牵头总抓、街道党工委组织实施、社区党组织创建、有关部门密切配合的工作机制。区委要将创建工作纳入对街道干部年度考核范围之内。各街道党工委要充分发挥好作用，按照本《实施意见》制定具体方案，具体抓好落实。

（二）严格考核，推动工作开展。区委将把抓此项工作的情况列入党建目标责任制中，列入对各街道党政领导班子考核范围之内；各街道党工委要高度重视，切实加强对创建工作的领导和指导，积极推进“标准化、示范社区党组织”创建工作的开展，促进社区党建工作水平进一步提高。

（三）注重宣传，营造良好氛围。要注重挖掘和总结标准化、示范化社区党组织创建工作中的好经验、好做法，特别要注意发现和总结基层单位中有推广、借鉴价值的先进典型，对创建典型的先进经验要加强理性思考，用点上经验推动面上工作；宣传部门和新闻媒体要注重宣传“标准化、示范化城市社区党组织”的创建典型、经验，形成社会各界广泛关注社区党建工作的良好舆论氛围。

附：《阳泉市矿区创建“示范化城市社区党组织”考核细则》（略）

中共阳泉市矿区区委办公室
阳泉市矿区人民政府办公室
关于进一步促进民营经济发展的实施意见

为深入贯彻落实市委、市政府《关于进一步加快民营经济发展的决定》和市委办公厅、市政府办公厅《关于进一步促进民营经济发展的实施意见》精神，进一步推动我区民营经济发展，促进民营经济的快速增长，努力实现打造“全市资源转型首创之区、经济发展首富之区、社会和谐首善之区”的“三区建设”目标，结合我区实际，制定如下实施意见。

一、实施各项优惠政策

（一）实施宽松的市场准入政策

1. 拓宽民营经济准入领域。坚持“非禁即入”“非限即允”的原则。鼓励、支持民间资本通过参股、联合、并购、独资等方式参与交通、能源、通信以及科技、文化、教育、卫生、体育等领域的投资建设。在投资核准、融资服务、财税政策、经济技术合作等方面，与其他所有制企业一视同仁，实行同等待遇。对需要审批、核准和备案的事项，有关部门必须公开相应的制度、条件和程序。城市公用设施、新建基础设施和社会公益性项目，可通过招投标方式公开选择业主，引导民营企业参与投资、建设和经营；已建成的项目，可以向民营企业出让股份，也可通过实行特许经营权招标等方式，选择和变更项目法人。

2. 降低民营企业准入门槛

放宽出资登记。凡申办个体工商户、个人独资企业、合伙企业的，不限制其最低注册资本金额，且无需审验注册资本金。允许新设立私营企业注册资本分期注入，分批到位。在法定期限内确因资金紧张不能按时出资的，经登记机关批准后，其出资期限可延长至三年；公司在以未分配利润或法定公积金、资本公积金转增注册资本时，新增注册资本不受非货币出资比例规定的限制；投资人以知识产权等非货币财产出资设立企业，其非货币财产出资比例可达到企业注册资本的70%。

放宽主体登记。实行预备登记制度。对申办须前置审批的生产类企业，一时达不到企业登记条件又亟需营业执照开展筹建等相关活动的，可由工商行政管理部门先核发经营范围为“筹建项目相关服务”的预备期营业执照，待其筹建完毕后，再核发正式营业执照。预备期企业享受新设立企业的优惠政策，并视为非正规劳动组织，缓缴各项社会保险。

放宽名称核准。投资主体可自行选择规范的企业名称、字号；凡注册资本（金）在5000万元以上，且企业经营范围中包括3个以上国民经济大类的，允许名称中不反映行业特点；外地冠省名知名字号企业到我区投资，允许新办企业名称前冠以控股企业行政区划和字号；鼓励服务业企业名称体现行业特点，允许服务业企业在牌匾中使用简化名称。

放宽经营场所登记。允许经营者按照法律法规规定的条件、程序和合同约定，在家庭住所、租借房、临时商业用房等作为创业经营场所；对于只有使用权而无产权证的房屋，经营者可提交使用权证明和权属证明或提交租赁合同和出租方产权证明予以登记。

放宽企业集团登记。允许核心企业注册资本在3000万元人民币以上，拥有3家以上控股子公司，母子公司注册资本之和在5000万元人民币以上的，申请办理集团登记；允许服务业企业核心企业注册资本在1000万元人民币以上，拥有3家以上控股子公司，母子公司注册资本之和在2000万元人民币的，申请办理集团登记。

3. 简化审批手续。相关部门要印制国家规定的前置审批项目目录，予以公布。对部分不涉及国计民生和人民生命财产安全的审批，由前置变更为后置。凡不需要政府出资、符合国家产业政策的竞争性领域的基建项目、技术创新和技改项目，一律由审批制改为登记备案制。对办理前置审批的，相关部门必须公开办事程序、办事条件和制度，实行“工商受理、抄告相关、同步审批、限时完成”的审批登记程序，承诺服务、首办负责、一次性告知，减少审批时间，提高工作效率。

（二）推行化解企业融资难的政策

4. 落实中小企业发展“两金”。设立区中小企业发展资金和区创业投资引导基金，保持动态资金100万元。主要用于对符合国家产业政策与环保要求、科技含量高、带动效应大的民营企业和重大调产项目提供资本金注入和贷款贴息等支持，以及民营企业创业辅导、技术创新、人才培训、信用网络、市场开拓、管理咨询、法律维权等公共服务建设。

5. 区财政出资保持动态资金50万元，建立矿区科技性中小企业技术创新资金，用于鼓励和支持矿区科技中小企业开展技术创新活动的专项资金，以技术创新项目为对象，以市场为导向，重点支持符合矿区发展特点的项目和企业。

6. 区政府在煤炭可持续发展基金和调产资金中每年安排不少于100万元资金，采取贷款贴息、贷款担保和奖励等方式用于支持服务业示范项目、培育服务业知名品牌和领军企业。通过政府资金的导向作用，更多地吸引金融部门和社会民间资金在服务业领域的投入。

7. 鼓励企业上市融资。抓住国家开通创业板市场的机遇，对成长性好、有直接融资要求、具备或接近上市条件的民营企业，指导和帮助其进行规范的股份制改造。区有关部门要为其申请、推荐、包装、核准上市搞好全程服务。对符合我区产业政策、技术含量高、创新性较强、知识产权清晰、技术处于国内领先水平，对产品或服务有明确市场需求和较强的市场竞争力，可以产生较好的经济效益和社会效益，并有望成为新型产业，在国内外取得上市的区域内公司可给予一次性补贴50万元的资金支持。积极争取国家和省各项专项扶持资金。要认真细致研究国家和省的各项扶持政策，努力把握政策机遇，千方百计为民营经济争取更多的发展资金，重点要支持中小企业服务体系、信用担保体系、公共技术平台建设和技术改造、新产品开发、技术创新、清洁生产、发明专利申请及专利技术成果转化等项目。区经济商务信息化局具体负责项目申报工作，对民营企业项目进行筛选、储备和包装，对资金争取进行全程服务。

（三）推进产业结构调整，促进矿山机械制造业发展

8. 引导民营经济根据国家产业政策，搞好矿山机械与配件制造业的改造升级，着力培育一批技术先进，产业集中，主导产品突出，规模较大的企业，形成矿山机械制造业“三大方阵”的重要支撑和后备力量。

9. 鼓励和支持矿山机械制造业骨干企业进行联合重组，发展具有工程总承包、系统集成和融资能力的集团公司。建立企业间稳定的协作关系，形成较强的生产配套能力，通过核心或重点企业发展，带动相关和配套产业的发展，形成具有较强竞争力的集团公司，促进矿山机械制造业发展。

（四）实施促进民营企业技术进步的政策

10. 鼓励民营企业建立自主研发机构。每年组织1－2家符合条件的民营企业研发机构申报国家级、省级和市级认定。对通过国家级、省级企业技术中心或工程技术研究开发中心认定的民营企业研发机构，区有关专项资金（科学技术研究及开发经费）中以项目的形式，给予资金支持；对新认定的市级企业技术中心给予资金支持。

11. 鼓励民营企业加大研发投入，实现产品更新换代。工业企业研制开发新产品、新技术、新工艺当年所发生的研发费用，未形成无形资产计入当期损益的，在按照规定据实扣除的基础上，按照研发费用的50%加计扣除；形成无形资产的，按照无形资产成本的150%抵消；对当年实际发生的技术开发费用，当年抵扣不足部分，可在5年内结转抵扣。企业用于研究开发的仪器和设备，单位价值在30万元以下的，可一次或分次摊入管理费，其中达到固定资产标准的应单独管理，但不提取折旧；单位价值在30万元以上的，可采取适当缩短固定资产折旧年限或加速折旧的政策。

12. 鼓励民营企业开展技术改造。对列入市、区重点技改项目的企业，实施技改贴息；对企业购置并实际使用国家有关规定的环境保护、节能节水、安全生产等专用设备，符合法定条件的，其专用设备投资额的10%可以从企业当年的应纳税额中抵免，当年不足抵免的，可在以后5个纳税年度结转抵免。一个纳税年度内，符合法定条件的民营企业技术转让所得不超过500万元的部分，免征企业所得税；超过500万元的部分，减半征收企业所得税。企业从事技术转让、技术开发业务和与之相关的技术咨询、技术服务取得的收入，符合相关条件的，免征营业税。

13. 鼓励民营企业实施品牌战略，争创名牌产品，提高产品质量和服务水平。对获得中国名牌产品或中国驰名商标的企业，市政府一次性给予100万元的奖励；对获得山西省名牌产品或山西省著名商标的企业，市政府一次性给予30万元的奖励。凡获得山西省著名商标的企业，按照税域管理原则，

区政府一次性不重复奖励人民币 10 万元，对获得注册商标的企业给予一次性奖励 5000 元。同时对认定企业申报技术进步项目，获得国家和省级科技进步奖、星火奖的企业，分别给予奖励。对新认定的国家级高新技术企业一次性给予资金支持。

14. 鼓励民营企业推进标准化战略。对参与并积极开展标准化建设，且取得突出成绩的企业，区财政予以一定奖励。

15. 鼓励争创国家级、省级科技园区、科技企业孵化器、特色产业基地。对新认定的国家级、省级科技园区、国家级科技企业孵化器、国家级特色产业基地、省级科技企业孵化器、省级特色产业基地，给予奖励。

（五）落实促进民营企业成长壮大的相关扶持政策

16. 鼓励增资扩股。民营企业取得利润直接再投资于该企业，增加注册资本，或者作为资本金投资开办其他企业，经营期不少于五年的，按其再投资部分已缴纳企业所得税地方留成部分的 20% 安排资金奖励企业；对直接再投资兴办、扩建出口企业或技术先进企业，其再投资部分缴纳的企业所得税中的地方留成部分，按 30% 的比例奖励企业。

17. 鼓励区外投资者兴办企业。境外投资者兴办区本级工业，投资额度在 3000 万元以上且外方控股的，区财政每年按照企业当年入库税金（地方留成部分）10% 的额度给予补助，连续补助三年。

对区域外企业到我区投资建厂及投资超过 3000 万元的物流、大市场建设、市政基础设施建设和社会公益事业项目，以及国有企业投资新上单独纳税的独立法人企业，可采取“一事一议”的办法给予更优惠的政策。

18. 鼓励区内投资者投资发展。区内投资者新办区本级工业企业注册资本在 200 万元以上的，从企业投资之日起，区财政在本级企业挖潜改造支出项目中安排资金给予支持。第一年按企业入库税金（地方留成部分）的 50% 给予财政扶持；第二年按企业实缴税金超过上年基数地方留成部分的 50% 给予扶持；第三年按企业实缴税金超过第二年基数地方留成部分的 50% 给予扶持。对实际投资 5000 万元以上的重大项目，应交纳的区权范围内的行政规费减半收取；投产后两年内上缴的增值税和所得税，地方留成部分的 50% 对企业实行奖励。

19. 鼓励民营企业与外商设立独资、合资、合作企业。民营企业向外商出让的股权，按规定转让独资、合资、合作的企业，享受外资企业优惠政策。民营企业利用外资嫁接改造时，减免各种权证费用；凡涉及行政规费的，只收取工本费；对涉及中介服务机构收费的，按最低标准收费。

20. 鼓励中小民营企业做大做强。实施“扶小工程”。制定“小进规”计划，力争每年有 1－2 户的小企业进入规模以上工业企业行列。凡列入“小进规”培育对象和已起步“小进规”的企业，可优先享受公共财政设立的政策资金扶持。对做出突出贡献的民营企业给予奖励。按照全区民营经济产业、行业扶持重点要求，对规模大、发展速度快、就业人员多、对社会贡献突出，且遵纪守法、诚实守信、合法经营、依法纳税的民营企业，区委、区政府授予其本年度“标兵企业”金字牌匾，授予民营企业主“企业功臣”荣誉称号。并对其进行物质或资金奖励。奖励考核主要以税收指标为主。

21. 支持民营企业开拓国内外市场。区财政设立企业国内外市场开拓资金，对参加国际、国内各项专业展销会、交易会、洽谈会等活动的企业，给予一定的资金补贴。具体由区经济商务信息化局组织实施，费用从服务体系建设专项资金中列支。

22. 对参与国有、集体企业重组改造的税域内民营企业给予优惠。对收购国有、集体中小工业企业，一次性付清收购款却有困难的，可以采取三年内分期付款的方式，但首期付款不得低于总价的 30%，其余款项应提供合法担保，并按同期银行贷款利率向转让方支付延期付款期间的利息。购买有净资产的中小国有、集体企业，依照国家法律法规与劳动保障部门认定的原企业职工签订不少于五年的劳动合同的，凡吸纳原企业职工超 50% 部分，每签订 1 人，可按当地上年企业平均工资 2 倍的标准折抵购买价款，最低到零。

23. 落实劳动保障政策。对民营企业招用原属国有集体企业就业困难对象并与其签订2年以上劳动合同的、个人带头创业开发岗位安置就业困难对象的，可根据实际给予一定的岗位补贴，补贴标准为当地最低工资标准的50%，补贴资金从就业基金中支付。凡接受一名下岗失业人员，并签订三年以上劳动合同的，从政府就业基金中一次性给予用人单位3000元的安置费。各类民营企业新增岗位新招用持有“再就业优惠证”的下岗失业人员，与其签订一年以上劳动合同，并交纳社会保险的，按规定在相应的期限内定额依次减免营业税、城市维护建设税、教育费附加和企业所得税，并在相应期限内给予社会保险补贴，期限最长不超过3年。社会保险补贴标准按企业应为所招人员缴纳养老、医疗和失业保险费计算。个人缴纳的养老、医疗和失业保险费任由本人负担。

（六）落实鼓励全民创业政策

24. 鼓励大学生社区干部自主创业。对其自主创业，领办、创办民营企业和经营性实体的，除享受有规定的优惠政策外，在中小企业发展专项资金中予以一定的创业资助。

25. 鼓励高校毕业生和军转干部从事民营经济。对从事民营经济的高校毕业生，区人才开发交流服务中心应及时办理人事代理手续，三年内免收管理费。计划内分配的军转干部，自愿从事民营经济，三年内申请重新安置的，军转安置部门予以安置。高校毕业生从事个体经营（国家限制的行业除外）的，且在工商部门登记注册日期在其毕业后两年以内的，自工商部门登记注册之日起，三年内免交有关登记类、证照类和管理类收费。军转干部从事个体私营（国家限制的行业除外）的，经税务部门批准，自领取税务登记证之日起，三年内免征营业税和个人所得税。

26. 鼓励阳煤集团在职职工和离退休人员创办和投资民营企业。对其投资额度100万元以上的企业或兴办投资50万元以上的科技型企业（省、市科技部门认定），在贷款上给予优先支持，享受区政府一定额度的贴息，贴息资金由区中小企业发展基金列支。

27. 鼓励下岗失业人员自谋职业和自主创业。对下岗失业人员从事个体经营（国家限制的行业除外）的，凭《再就业优惠证》，三年内按每户每年8000元为限额依次扣减其当年应缴纳的营业税、城市维护建设税、教育费附加和个人所得税。

28. 鼓励和扶持全民创业，改善创业和就业环境。对经过创业辅导培训，获得一技之长，并取得合格证书且符合贷款条件的创业者，由区鑫利信担保有限公司担保，市商业银行提供5万元以下的贷款扶持，并由区中小企业发展基金列支给予贴息支持；对于企业5万元以上贷款，根据其实际情况，给予一定额度的贴息扶持。对创办高科技、高投入企业的创业者或新迁入矿区的企业及楼宇经济可给予较大额度的贷款扶持并给予一定额度贴息，由区中小企业发展资金列支。

二、健全综合服务体系

（一）构建融资担保平台

29. 继续加大对区鑫利信担保有限公司资本金的投入，2010年将本公司资本金增加到1000万元，并逐步达到5000万元以上，以扩大担保规模。建立政策性资金补偿机制，区财政每年在预算中按年再保责任余额的3%～5%的资金用于担保公司的赔付准备，以保证担保公司的可持续发展。

（二）搭建银行、担保机构与企业的沟通平台

30. 强化银行、担保机构及企业的沟通联系。定期举办多层面、多形式的融资服务洽谈会，鼓励银行提供适合民营企业特点的买方贷款、出口信贷、无形资产担保贷款、审批确定项目抵押贷款、票据贴现等多样化金融产品，展示有良好发展前景的企业项目，实现金融产品和项目的对接。鼓励支持金融机构为民营企业提供信贷、结算、财务、咨询、投资管理等全方位的金融服务，促进银行、担保机构和民营企业间的良性互动。

31. 探索适合民营经济特色的融资方式。金融机构要积极探索、推进和建立中小企业金融服务专营机构，完善中小企业授信业务制度，在工作机制上进行常态化持续建设，创新信贷产品，降低融资

成本，努力实现民营企业融资方式的创新。要努力提高民营企业中长期到款的规模和比重，使民营企业的贷款占到新增贷款的50%以上，并做到逐年增加。对信用度高的民营企业给予一定的贷款额度，由企业按经营情况循环使用。对积极支持民营经济发展、自觉主动为民营企业解决资金急需的金融部门，其向民营企业发放贷款所得利息交纳的营业税地方留成部分的20%予以奖励（奖励资金按现行分税体制分级负担）。

（三）构建信用平台

32. 整合信用信息资源。重点整合政府部门、金融机构、公共服务机构以及行业协会的企业和个人信用信息。建立全区统一的企业和个人信用中心数据库和信用共享机制，为金融机构改善对中小企业的金融服务提供支持。要建立适合民营企业的信用评级体系、企业信用档案盒企业信用信息网络，逐步形成比较完善的全方位的企业社会信用评级和奖惩制度。按"免检、预警、惩戒、淘汰"四类，实行分类监管，对信用等级较高的企业，有关等级审计机关要实行免检或简化年检、备案等手续；对信用达到要求等级且负债率低于50%以下的，金融部门要积极给予贷款扶持。区民营经济管理服务机构要整合优化已有资源，实现与全市、全省的企业信用等级联网。

（四）构建创业发展平台

33. 推进创业服务的载体建设。加强区创业培训指导和创业服务中心建设，结合实际制定年度"创业者培训计划"，或依托各级职业教育机构或聘请专门人员开展培训教育、政策指导。重点组织实施好"小企业孵化工程"，为初创业和创业者提供创业辅导和综合服务，特别是面向大中专毕业生、复转军人、下岗职工，组织开展大规模的公益性创业培训，提高创业成功率。区民营经济管理服务机构每年从中小企业发展专项资金中拿出5%～10%的资金，用于创业辅导和培训。

34. 建设创业孵化基地。依托给类经济小区、工业集中区、商贸物流区、农产品加工区，建设各具特色的创业孵化基地。重点建设1～2个基地，在中小企业发展专项资金中给予一定的补助，用于完善基础设施和配套服务功能。

（五）构建人力资源平台

35. 要继续加强对中小企业的培训工作，整合全区各类相关培训，开展多层次、多类别的专业培训，切实提高中小企业职工队伍素质。对市场营销、财务会计、人力资源、生产技术管理人才及其他专业管理人员进行各种行之有效的培训，使之更新知识，提高能力，对企业生产经营一线技能要求较高岗位的人员进行专业培训，提高操作水平和技术等级。按企业需求，对企业员工及后备员工开展多层次职业技能培训，搭建职教供给与企业需求平台，开展订单教育。区每年举办1－2期民营企业高级管理人员培训班；根据实际需要及时举办经营管理人才、专业技术人才、技能人才和紧缺人才培训班；定期举办技术进步、节能减排、环境保护、财税政策、上市融资等政策讲座。依托高校、科研院所，在重点行业、骨干企业建设创新型人才继续教育基地，加快创新型人才培养。认真落实"银河工程""蓝色证书工程"，全面提高经营者和在职职工素质。制定培训计划，落实培训经费，三年内对民营企业主普遍轮训一遍以上，素质明显提高；培训民营企业员工三分之二以上，使技术工人比例达到10%左右，中专技校以上文化程度职工比例达到15%以上，民营企业专业技术人才占全区专业技术人才总量的比例达到50%以上。

36. 对企业人才培训工作予以资助。区财政每年从中小企业发展专项资金中列支培训专项经费，民营企业用于员工培训的经费，可按职工工资总额的2.5%提取，列入成本开支，年度超出部分，在以后纳税年度结转扣除。

（六）构建科技创新平台

37. 建立技术创新体系。加快建立以政府投入为引导、企业投入为主体、社会广泛参与、产学研紧密结合的技术创新体系。规模以上民营企业都要建立技术研发机构，中小企业都要建立技术依托，每年都要有计划地从中小企业发展专项资金中列出专门资金，建立健全技术创新服务体系，支持企业自主的技术创新活动。每年专项资金中用于民营企业科技进步的支出不少于15%。区重点支持建设3个依托主导产业、产业集群、面向同类企业的公共技术中心、测试中心、研发中心等技术服务平台，为民营企业技术进步、产品开发提供支持。对经认定的、运行效果好的共性科技服务平台，通过绩效考评给予一定的资金资助。

三、优化发展环境

（一）优化政务环境

38. 依法加大对民营企业的保护力度。按照多服务、少干预的原则，健全和完善政务中心，实行“一站式”服务、“一条龙”审批、“一卡制”收费。严格禁止“三乱”行为，严肃查处对民营企业“吃、拿、卡、要”的恶劣行为。创造性地执行中央和省有关鼓励支持民营经济发展的政策规定，最大限度释放政策效应。强化完善重点民营企业挂牌保护制度。对于纳税额达100万元以上和区政府授予“守合同、重信用”以及拥有驰名、著名商标的民营企业每年评定一次，由政府挂牌保护。

（二）优化法制环境

39. 整顿和规范市场经济秩序。对严重干扰和破坏市场经济的行为出重拳、下猛药予以打击，切实保护民营企业和民营企业主的合法权益。对企业处罚实行预警制，处罚决定要由单位主要领导签字。对查封或数额较大的处罚，当时企业或个体工商户有要求的，可进行听证。进一步强化和完善区民营企业投诉督查中心职能，对于投诉事项，有关部门应当在接到投诉后10个工作日内作出处理和答复，情况复杂的可适当延期，但最长不得超过20天。对不属于本部门职权范围内的投诉事项，应在接到投诉后3个工作日内向负有服务管理责任的部门移送，并通知投诉人。定期不定期组织民营企业对政府职能部门的管理和服务进行民主评议。

（三）优化舆论环境

40. 开展民营经济宣传月活动。利用一切宣传形式，把区委、区政府发展民营经济的态度和决心、政策规定、发展重点和具体措施宣传到企业、深入到全民。对做出突出贡献的企业和个人，大张旗鼓地进行宣传表彰。区委、区政府每年要召开一次民营企业家座谈会，听取意见和工作建议；对重点民营企业，实行区领导联系点制度。积极推荐优秀民营企业家作为各级人大代表和政协委员人选，鼓励和支持民营企业家参政议政，给予民营企业和民营企业主应有的社会政治地位和舆论支持，努力在全区上下形成人人关心、人人支持、人人参与民营经济发展的良好氛围。

41. 本意见使用范围。个体工商户、私营企业、自然人控股的公司制和股份合作制企业以及实行国有民营、公有民营的企业。

2010年8月14日

后　记

首部《阳泉市矿区志》问世于1999年7月，资料下限为1990年末。从那时起，经过20年的发展，矿区经济社会发生了巨大变化。为了全面反映矿区的历史和现状，充分发挥存史、资治、教化功能，按照《山西省新一轮修志规划》要求，重新编纂出版了《阳泉市矿区志》。

本轮修志工作于2004年12月正式启动。由于全市二轮修志两次统一调整下限（原定下限为2005年，先后调整为2008年和2011年），因此，对编纂工作方案和资料征集工作进行了数次调整和重新部署。2011年年末，编修工作转入总纂阶段。2013年1月，经过不懈努力，完成送审稿，并送省市地方志办公室审查。4月，由阳泉市地方志办公室组织省市专家对送审稿进行了评审。根据专家提出的意见建议，我们对志稿进行了全面修改。2014年8月，完成终审稿，经省市地方志办公室审核批准，送方志出版社出版。

本轮修志工作得到区委、区政府高度重视，全区各部门和驻区单位给予了大力支持并全面参与。全区50多个部门的主要领导及驻区十几个主要单位的领导参加了二轮修志工作会议。区领导就区志工作的重要性作了讲话并要求各部门协同配合方志部门积极开展修志工作，并对矿区二轮修志工作进行了具体安排。区地方志办公室举办了矿区二轮修志纂稿人员培训班，编印了7万字的培训教材。在总纂过程中，区委、区政府领导多次过问方志工作，对志书质量提出明确要求，参加了省市评审会，并对志书提出具体修改意见，保证了志书编修工作的顺利进行。区地方志办公室的工作得到省市区领导的肯定和好评，2008年被评为山西省二轮修志工作先进单位。

本轮修志工作始终得到了省市专家学者、本区老领导、老同志和社会各界的关怀和支持。山西省地方志办公室副主任刘益龄、市县志处处长马正英、市县志处调研员郝世文、市县志处副处长杨颖对送审稿进行了通篇审阅并提出修改意见，阳泉市地方志办公室主任任佟苏、市地方志办公室原主任陈霈、市地方志办公室原主任孟宏儒、副主任董雪卉、县级调研员高忠乐、副编审周立业、原总编办主任王秋生、原资料征集科科长魏兰花、方志科科长张卫萍、年鉴科科长孟学武等对志书进行了审读把关。在此，我们对关心、支持区志编纂工作的专家学者、各界人士和有关单位表示衷心感谢!

《阳泉市矿区志》虽然已经问世，但在资料征集和编纂水平上还存在一定不足，敬请社会各界人士批评指正。

阳泉市矿区地方志办公室

2014年11月30日

索 引

说 明

一、本索引是全书内容的主题索引。

二、索引主题按首字汉语拼音字母的顺序排列，首字同音时按四声的声调顺序排列，同音同调时按笔画和笔顺排列。如以上各项完全相同，则按第二字的音、调、笔画和笔顺排列。余类推。用阿拉伯数字和字母开头的主题，排在汉字条目之后。

三、索引主题之后的阿拉伯数字是主题内容所在的版面页码。

A

B

C

D

R

S

Z